Quellen zur Geschichte des Parlamentarismus
und der politischen Parteien

Vierte Reihe
Deutschland seit 1945

*Im Auftrag der
Kommission für Geschichte des Parlamentarismus
und der politischen Parteien
herausgegeben von*

*Winfried Becker, Hans Günter Hockerts,
Marie-Luise Recker*

Band 8/VI

Die SPD-Fraktion im
Deutschen Bundestag
Sitzungsprotokolle 1972–1976

Herausgegeben von der
Kommission für Geschichte des Parlamentarismus
und der politischen Parteien
sowie dem
Archiv der sozialen Demokratie der Friedrich-Ebert-Stiftung

Droste Verlag Düsseldorf

Die SPD-Fraktion
im Deutschen Bundestag

Sitzungsprotokolle
1972–1976

Bearbeitet von
Sven Jüngerkes

Droste Verlag Düsseldorf

Copyright © 2020
Kommission für Geschichte des Parlamentarismus
und der politischen Parteien e. V., Berlin
www.kgparl.de
Droste Verlag GmbH, Düsseldorf 2020
www.drosteverlag.de
ISBN 9-783-7700-5350-6

Vorwort

Mit der Veröffentlichung der Sitzungsprotokolle der SPD-Bundestagsfraktion der Jahre 1972 bis 1976 präsentiert die Kommission für Geschichte des Parlamentarismus und der politischen Parteien (KGParl) eine weitere Edition, die aus dem Überlieferungsschatz der Fraktionen von CDU/CSU, SPD, FDP, Grünen und der CSU-Landesgruppe schöpfen kann. Die Protokolle sind eine erstrangige Quelle zur Geschichte des Parlamentarismus in der Bundesrepublik Deutschland. Kein anderes Nationalparlament in Europa verfügt über einen vergleichbaren Fundus an Dokumenten über die Funktion und Arbeitsweise politischer Parteien im parlamentarischen Betrieb – ein einzigartiger Bestand der kulturellen Überlieferung deutscher Parlamentsgeschichte.

Als Ergebnis der vorgezogenen Bundestagswahlen von 1972 wurde die SPD erstmals stärkste Kraft im Bundestag. Zusammen mit dem Partner FDP errang Bundeskanzler Willy Brandt einen deutlichen Sieg über die Opposition. Wer aber glaubte, angesichts der klaren Mehrheiten im Bundestag sei eine reibungslose Fortsetzung des 1969 angekündigten Programms der inneren und äußeren Reformen problemlos möglich, der sah sich bald getäuscht. Ideologische Konflikte innerhalb der SPD-Fraktion brachen offen aus. Die Regierungsbildung war durch einen Krankenhausaufenthalt von Bundeskanzler Brandt überschattet, der auch in den folgenden Monaten einen politisch geschwächten Eindruck machte und zunehmend vom SPD-Fraktionsvorsitzenden Wehner kritisiert wurde. Die Ölpreiskrise im Herbst 1973 und die sich anschließende Rezession belasteten die sozial-liberale Koalition und die Regierung. Im April und Mai 1974 erschütterten die Enttarnung eines DDR-Spions im Kanzleramt, der anschließende Rücktritt des Bundeskanzlers und die Amtsübernahme Helmut Schmidts Fraktion und Regierung. Obwohl das Selbstbewusstsein des liberalen Koalitionspartners mitunter hohe Anforderungen an Geschlossenheit und Kompromissfähigkeit der SPD-Fraktion stellte, gelangen der Koalition mit der Eherechtsreform, der Reform des Paragraphen 218 StGB, der Neuregelung der Unternehmensmitbestimmung und der Reform des Hochschulrahmenrechts wegweisende gesellschaftspolitische Weichenstellungen für die nächsten Jahre.

Für die Zeit von 1972 bis 1976 kann auf 147 Sitzungsprotokolle zurückgegriffen werden. Der Bestand, der im Archiv der sozialen Demokratie in der Friedrich-Ebert-Stiftung in Bonn verwahrt wird, umfasst die Sitzungsprotokolle der SPD-Fraktion mit den dazugehörigen Unterlagen und Korrespondenzen. Dass die Originalschriften und die Tonbandaufnahmen der KGParl uneingeschränkt zugänglich waren, ist der bewährten Kooperation mit der Friedrich-Ebert-Stiftung und der SPD-Bundestagsfraktion zu verdanken. Weil der Bestand so umfangreich ist, musste eine Auswahl zu kommentierender Dokumente getroffen werden.

Grundlage der Editionsarbeit der KGParl ist die Bereitstellung zweckgebundener Mittel durch den Deutschen Bundestag. Dank der langfristig angelegten Förderung kann das Forschungsvorhaben über das Ende der »alten« Bundesrepublik 1990 bis ins Jahr 2005 (dem Ende der rot-grünen-Koalition) fortgesetzt werden. Das Editionsteam der Kommission wird dabei von einem Editionsbeirat unterstützt, dem Vertreter der beteiligten Bundestagsfraktionen und der Archive der Parteistiftungen sowie der Vorstand der KGParl angehören. Ihnen sei für ihr großes Interesse an dem Projekt und die umfassende Unterstützung herzlich gedankt.

Berlin, im Juni 2020

Dominik Geppert
Vorsitzender der KGParl

Blick in den Fraktionssaal der SPD anlässlich einer Fraktionssitzung am 12. März 1974. Rede des Fraktionsvorsitzenden Herbert Wehner. (J. H. Darchinger/Friedrich-Ebert-Stiftung)

Inhalt

Vorwort		5*

Einleitung

I.	Ausgangssituation	11*
II.	Die Sitzungsprotokolle als historische Quelle	15*
III.	Die Zusammensetzung der Fraktion	21*
	1. Geschlecht und Altersdurchschnitt	21*
	2. Konfession und Beruf	23*
	3. Fraktionsaustritte	23*
IV.	Die Organisation der Fraktion	25*
	1. Ablauf der Fraktionssitzungen	25*
	2. Der Fraktionsvorsitzende und der Fraktionsvorstand	29*
	3. Die Parlamentarischen Geschäftsführer	35*
	4. Bundestagsausschüsse und Arbeitskreise	38*
	5. Die Mitarbeiterinnen und Mitarbeiter der Fraktion	43*
V.	Die Arbeit der Fraktion im parlamentarischen Umfeld	47*
	1. Von der Amtsmüdigkeit zum Rücktritt des Bundeskanzlers	48*
	2. Der Sturz des Parlamentarischen Geschäftsführers Karl Wienand	57*
	3. Flügel- und Gruppenbildung in der Fraktion	62*
	4. Das Verhältnis zur FDP und zur CDU/CSU-Opposition	71*
	5. Gesellschaftspolitische Reformen – vom Paragraphen 218 StGB zur Mitbestimmungsreform	76*
	5.1. Die Reform des Paragraphen 218 StGB	79*
	5.2. Eherechtsreform	86*
	5.3. Hochschulrahmengesetz	87*
	5.4. Mitbestimmung in Kapitalgesellschaften	90*
	6. Innenpolitik und innere Sicherheit	92*
	7. Außenpolitik	98*
	8. Wirtschafts- und Sozialpolitik nach dem Ölpreisschock	101*
	9. Die Reform der Rechtsstellung der Abgeordneten (Diätenreform)	106*
	10. Die Fraktion im Bundestagswahlkampf 1976	109*

Hinweise – Übersichten – Verzeichnisse

A.	Hinweise zur Edition	115*
B.	Verzeichnis der Dokumente	121*
C.	Mitglieder der SPD-Bundestagsfraktion 1972–1976	127*
D.	Verzeichnis der Archivalien	151*
E.	Quellen- und Literaturverzeichnis	152*
F.	Verzeichnis der Abkürzungen	158*

Inhalt

Dokumente
   Protokolle der SPD-Fraktion im Deutschen Bundestag
   November 1972–Dezember 1976   1

Personenregister 911
Sachregister 923

Die SPD-Fraktion im Deutschen Bundestag 1972–1976

Einleitung
von Sven Jüngerkes

Vertreter der Sozialdemokratischen Wählerinitiative besuchen die SPD-Fraktion (30. Juni 1974). Heinrich Böll, Herbert Wehner, Thaddäus Troll, Günter Grass und Willy Brandt (von links nach rechts). (J. H. Darchinger/Friedrich-Ebert-Stiftung)

I. Ausgangssituation

Am 28. April 1972 verlor die sozial-liberale Koalition in der Abstimmung über den Kanzlerhaushalt erstmals ihre parlamentarische Mehrheit. Das war nur ein Tag nach dem Triumph Willy *Brandts* über die Opposition in der Abstimmung um das konstruktive Misstrauensvotum nach Artikel 67 des Grundgesetzes.[1] Nur unter Aufbietung aller Kräfte gelang es der Koalition noch, die Ratifizierung der Ostverträge im Mai 1972 unter Dach und Fach zu bringen. Aber schon bei der Verabschiedung des umfangreichen Rentenreformgesetzes 1972 war die Koalition erneut knapp in der Minderheit. Die Opposition konnte diesem wichtigen Gesetzespaket ihren Stempel aufdrücken.[2] Um den fortdauernden Pattzustand zu beenden, einigten sich Bundesregierung, Koalition und Opposition darauf, die Wahlperiode vorzeitig zu beenden und Neuwahlen anzustreben. Bundeskanzler Willy *Brandt* stellte am 20. September 1972 die Vertrauensfrage nach Artikel 68 des Grundgesetzes. Wie erwartet, verlor *Brandt* durch die verabredete Enthaltung der Regierungsmitglieder die Abstimmung am 22. September.[3] Nun konnte der Kanzler Bundespräsident Gustav *Heinemann* vorschlagen, den Bundestag aufzulösen. Am 29. September 1972 fand die letzte SPD-Fraktionssitzung in der 6. Wahlperiode statt.[4] Die Wahl zum 7. Deutschen Bundestag erfolgte am 19. November 1972. Es begann der bisher kürzeste Bundestagswahlkampf in der Geschichte der Bundesrepublik.

Nach der Auflösung des Parlaments war die öffentliche Stimmung für die Koalition eingetrübt, auch wenn sich die SPD-Fraktion in ihrer letzten Sitzung noch in Zweckoptimismus geübt und die parteipolitische Geschlossenheit nach den Tiefschlägen der letzten Wochen beschworen hatte. Es sah zu Beginn der heißen Phase des Wahlkampfes nicht gut aus. Einer der ehemals prominentesten Vertreter der Bundesregierung, der im Juli 1972 mit großem Aplomb zurückgetretene »Superminister« Karl *Schiller*, warb inzwischen zusammen mit Ex-Kanzler Ludwig *Erhard* für die Opposition. Die öffentliche Empörung über das Misstrauensvotum und Abgeordnete, die mitsamt Mandat unter teils fragwürdigen Umständen zur Opposition gewechselt waren, wurde durch unüberlegte Äußerungen des Bundeskanzlers überschattet, welcher der Opposition Korruption unterstellt hatte, ohne seine Vorwürfe jedoch beweisen zu können.[5]

---

[1] Zur Einbringung des Antrags auf konstruktives Misstrauen sowie zur Diskussion und Abstimmung im Bundestag am 27. April 1972 vgl. BT Plenarprotokoll 06/183, S. 10697–10714. Zum Wortlaut des Antrags der CDU/CSU-Fraktion nach Art. 67 GG vom 24. April 1972 vgl. BT Drs. 06/3380. Vgl. auch die drei SPD-Fraktionssitzungen am 27. April 1972, online (alle Fraktionssitzungen werden in der Folge mit Verweis auf die Online-Edition unter www.fraktionsprotokolle.de zitiert). – Bei der Abstimmung zum Haushaltsplan des Bundeskanzlers herrschte Stimmengleichheit, damit war der Haushalt abgelehnt. Vgl. die Fortsetzung der zweiten Beratung des Haushalts am 28. April 1972; BT Plenarprotokoll 06/184, S. 10782–10789.

[2] Vgl. die SPD-Fraktionssitzung am 23. Juni 1972, SVP A, online.

[3] Vgl. die Plenarsitzungen am 20. und 22. September 1972; BT Plenarprotokoll 06/197 und 06/199. – Zwischen dem Antrag nach Art. 68 GG und der Abstimmung mussten 48 Stunden liegen.

[4] Vgl. die SPD-Fraktionssitzung am 29. September 1972, online.

[5] Vgl. *Brandts* Interview »Wir haben einen hohen Preis bezahlt«; »Der Spiegel«, Nr. 40 vom 25. September 1972, S. 24–31.

Die Stimmung für die Koalition besserte sich in den Wochen nach der Auflösung des Bundestags jedoch merklich, was vor allem daran lag, dass sich die Regierung nun weitgehend ungestört von den Querelen im Parlament in der Öffentlichkeit darstellen konnte. Die Auseinandersetzungen im Bundestag hatten so viel öffentliches Interesse erregt, dass auch CDU und CSU sich mit ihrem Spitzenkandidaten Rainer *Barzel* profilieren konnten. Die Opposition verlor mit dem vorzeitigen Ende der Wahlperiode eine wichtige Bühne.

Der demoskopische Durchbruch gelang der SPD schließlich nach dem brillant inszenierten Dortmunder Wahlparteitag am 12. und 13. Oktober 1972. In einem Wahlkampf, der wie kein anderer bisher in der Geschichte der Bundesrepublik personalisiert und medial inszeniert war, schaffte es das Organisationsteam um SPD-Bundesgeschäftsführer Holger *Börner*, das Bild einer sich geschlossen um den Bundeskanzler scharenden Partei zu vermitteln. Auf einem Plakat an der Stirnwand der Dortmunder Westfalenhalle las man in meterhohen Buchstaben den zentrale Wahlkampfslogan: »Willy *Brandt* muss Kanzler bleiben«. Die Bilder der Redner wurden auf eine Großleinwand übertragen, prominente SPD-Politiker waren den Delegierten und Zuschauern buchstäblich zum Greifen nah. Das Wahlprogramm war ganz auf den Kanzler zugeschnitten und stand unter dem Motto »Mit Willy *Brandt* für Frieden, Sicherheit und eine bessere Qualität des Lebens«.

Die Fokussierung auf den Bundeskanzler setzte sich bei den Wahlkampfmaterialien fort. Mit Aufklebern oder Buttons konnte man seine Verbundenheit mit Willy *Brandt* sichtbar machen.[6] Für andere prominente Kabinettsmitglieder und Sozialdemokraten wurden Sonderplakate oder Postkarten gedruckt, die eingängige Slogans enthielten. Der Fraktionsvorsitzende *Wehner* wurde mit dem Spruch »Sozialdemokraten leisten mehr« beworben. Ein Sonderzug – die »Kampagne 72« – fuhr *Brandt* und seine sozialdemokratischen Kabinettsmitglieder quer durch die Bundesrepublik zu Veranstaltungen, Gewerkschaftskongressen oder regionalen Parteiversammlungen. Über anderthalbtausend Wahlkampfveranstaltungen wurden von Bonn aus mit prominenten sozialdemokratischen Rednerinnen und Rednern versorgt. Auch die bereits aus dem Bundestagswahlkampf 1969 bekannte »Sozialdemokratische Wählerinitiative« (SWI),[7] die sich um berühmte Autoren, Künstler oder Schauspieler wie Günter *Grass*, Siegfried *Lenz* oder Inge *Meysel* gebildet hatte, griff die Personalisierung des Wahlkampfs auf und rief unter dem Motto »Bürger für Brandt« von nicht parteigebundener Seite zur Unterstützung des Kanzlers auf.

Die regionale und örtliche Wahlwerbung wurde von den Direktkandidaten zusammen mit der Parteibasis vor Ort und der Bundesgeschäftsführung organisiert. Rund 130 Tonnen Papier wurden verteilt, oft gehörten Jungsozialisten und Neumitglieder zu den eifrigsten Wahlkämpfern. Sehr begehrt waren Auftritte der Parteiprominenz. Willy *Brandt* war so zugkräftig, dass beispielsweise der Kieler Ortsverein dazu überging, pro Kopf eine Mark Eintritt zu verlangen. 6 000 DM kamen so in Kiel zusammen.[8]

---

6   So konnte man als *Brandt*-Anhänger seinem Bekenntnis zum Bundeskanzler mit Autoaufklebern – »Ich bin für Willy« oder »Willy Brandt, wer denn sonst« – Ausdruck verleihen. Die SPD-Wahlkämpfer verteilten eine Millionen Buttons mit dem Slogan »Willy wählen«. Vgl. SPD-JAHRBUCH 1970–1972, S. 280.

7   Vgl. dazu die Fraktionssitzung am 23. März 1971, SVP E, online, in der Günter *Grass* mit den Abgeordneten der SPD-Bundestagsfraktion über die SWI diskutierte.

8   Vgl. die Aussage des Kieler Abg. Norbert *Gansel* in der SPD-Fraktionssitzung am 29. Juni 1976, SVP B, online.

Der Oppositionsführer und Konkurrent *Barzel* hatte selbst seine Fraktion nicht geschlossen hinter sich[9], und seine persönlichen Beliebtheitswerte lagen kontinuierlich hinter denen des Kanzlers. Der Versuch, das Kanzleramt auch gegen den Wahlausgang 1969 zu übernehmen, hatte seinem Image geschadet. Mit der starren Ablehnung der Ostpolitik, die – wie Umfragen zeigten – von einer Mehrheit der Wähler unterstützt wurde, konnte die Opposition ebenfalls keine neuen Wählerschichten erschließen. Die oppositionellen Erfolge bei der Rentenreform verblassten dagegen, zumal auch die Koalition diese als Erfolg für sich verbuchte und am Ende selbst Experten Schwierigkeiten hatten, zu erkennen, wer welchen Anteil an der Reform hatte.[10]

Mit der personalen Fokussierung auf Willy *Brandt,* der Inszenierung als international anerkanntem Staatsmann und, unter Anspielung auf den Friedensnobelpreis 1971, »Friedenskanzler«, griff der SPD-Wahlkampf geschickt jene Punkte auf, mit der sich die Sozialdemokraten positiv von der Opposition abheben konnte: die Ostpolitik, die positive ökonomische Leistungsbilanz, die Fortschritte bei der Verhandlung mit der DDR, den Ausbau des sozialen Sicherungssystems und die Fortsetzung der inneren Reformen. Vor allem bei den letzten Punkten erhielten die Sozialdemokraten die klare Unterstützung der Gewerkschaften. Wichtige gewerkschaftspolitische Anliegen wie die Einführung der paritätischen Mitbestimmung harrten noch der Verwirklichung und wären mit einer unionsgeführten Regierung wohl kaum zu machen gewesen. Sicherlich leistete auch die 1972 noch rechtzeitig vor der Wahl erfolgte Herabsetzung des aktiven Wahlalters von 21 auf 18 Jahre einen Beitrag zum Wahlerfolg im November. Die SPD war sich des Stimmenpotenzials der jungen Wählerinnen und Wähler bewusst und hatte diese im Wahlkampf auch intensiv umworben. Mit Erfolg, denn knapp 70 Prozent der erstmals wählenden Achtzehnjährigen entschieden sich im November 1972 für SPD oder FDP.[11]

Wie sehr die Kontroversen der letzten Jahre um die Ostpolitik oder das Programm der inneren Reformen und der kurze, aber intensive Wahlkampf die Gesellschaft mobilisiert hatten, zeigte sich am Wahltag. Niemals zuvor hatten sich so viele Wahlberechtigte an einer Bundestagswahl beteiligt. Bei einer Wahlbeteiligung von 91,1 Prozent gelang es den Sozialdemokraten erstmals in der Geschichte der Bundesrepublik, CDU und CSU zu überholen. Im Verhältnis zur Wahl 1969 gewannen die Sozialdemokraten 3,1 Prozentpunkte hinzu und erreichten 45,8 Prozent der Zweitstimmen. Die Union büßte 1,2 Prozentpunkte ein. Sie erreichte mit 44,9 Prozent der Zweitstimmen Platz zwei. Die FDP, die 1969 herbe Verluste erlitten und nicht einmal mehr sechs Prozent der Zweitstimmen erhalten hatte, konnte zwar immer noch nicht an ihr Ergebnis von 1965 anknüpfen, verbesserte sich aber mit 2,6 Prozentpunkten auf 8,4 Prozent der Zweitstimmen deutlich. Das Gespenst des Scheiterns an der Fünf-Prozent-Hürde hatte damit an Schrecken verloren, die Politik der liberalen Modernisierung der Partei, die sich nach 1969 weitgehend von den Resten ihres nationalliberalen Flügels getrennt hatte, zeigte erste Erfolge. Die rechtsextreme NPD, die intern tief zerstritten war, spielte bei der Bundestagswahl 1972

---

[9] *Barzel* hatte beispielsweise vor seiner Fraktion immer wieder dafür plädiert, die Ostverträge nicht pauschal abzulehnen. Vor allem die CSU nahm ihm die kompromissbereite Haltung übel. – Vgl. auch DIE CDU/CSU-FRAKTION IM DEUTSCHEN BUNDESTAG. SITZUNGSPROTOKOLLE 1969–1972, hier S. 65*–72*.

[10] Zur Rentenreform 1972 vgl. HOCKERTS, Hans-Günter: Vom Nutzen und Nachteil parlamentarischer Parteienkonkurrenz: Die Rentenreform 1972, ein Lehrstück, in: Karl Dietrich Bracher et al. (Hrsg.): Staat und Parteien. Festschrift für Rudolf Morsey zum 65. Geburtstag, Berlin 1992, S. 903–934.

[11] SPD-JAHRBUCH 1970–1972, hrsg. vom Vorstand der Sozialdemokratischen Partei Deutschlands, Bonn 1973, S. 292.

praktisch keine Rolle mehr; ihre Wähler waren, auch dank der extremen Polarisierung des Parteiensystems, zu den anderen Parteien abgewandert.[12]

Besonders der linke Flügel der SPD-Bundestagsfraktion profitierte vom Wahlerfolg und ging gestärkt in die 7. Wahlperiode. Sein Anspruch, die Politik der Fraktion stärker als bisher zu beeinflussen, führte zu Friktionen und Konflikten, die während der 6. Wahlperiode wegen der knappen Mehrheitsverhältnisse noch weitgehend eingefroren gewesen waren.

Zum besseren Verständnis der Sitzungsprotokolle als Quelle werden im folgenden Teil die verschiedenen Protokollarten vorgestellt. Darauf folgt ein Abschnitt zur Zusammensetzung und Struktur der Bundestagsfraktion in der 7. Wahlperiode. Ein weiterer Abschnitt wird Arbeitsweise und Organe der Fraktion beschreiben, die sich allerdings seit der 6. Wahlperiode nur in Nuancen verändert hatten. Daher wird hier nur auf etwaige größere Veränderungen eingegangen. Der folgende, größte Teil der Einleitung umfasst kurze Fallstudien zur Arbeit der Fraktion im parlamentarischen und bundespolitischen Alltag.

---

12 Die NPD erhielt nur 0,6 Prozent der Zweitstimmen, 3,7 Prozentpunkte weniger als 1969.

II. Die Sitzungsprotokolle als historische Quelle

Die SPD-Bundestagsfraktion traf sich in der 7. Wahlperiode zu 148 Sitzungen. Die erste Fraktionssitzung fand am 20. November 1972 statt. Der Bundestag traf sich am 13. Dezember 1972 zu seiner konstituierenden Sitzung. Die 7. Wahlperiode endet mit dem Zusammentritt des neuen Bundestags am 14. Dezember 1976.[1] Für die vorliegende Edition der 7. Wahlperiode wurden die 146 Sitzungen bis zum 7. Dezember 1976 berücksichtigt. Die beiden letzten Sitzungen vor dem 14. Dezember, die zwar formal noch in der 7. Wahlperiode stattfanden, sich jedoch ausschließlich mit der Konstituierung des neuen Bundestags befassten, wurden nicht aufgenommen.[2]

Bei der überwiegenden Mehrheit dieser Sitzungen handelte es sich um turnusmäßig anstehende Fraktionssitzungen. Einige weitere Sitzungen wurden außer der Reihe anberaumt, um über wichtige parlamentarische oder politische Entwicklungen zu berichten oder zu entscheiden. In zwei Sitzungen, am 14. und am 15. Mai 1974, trafen sich die Mitglieder der Bundestagsfraktion und alle sozialdemokratischen Vertreterinnen und Vertreter der Bundesversammlung, um die Wahl Walter *Scheels* zum Nachfolger Gustav *Heinemanns* im Amt des Bundespräsidenten vorzubereiten. Die Sitzung am 14. Mai diente vor allem der Einstimmung der Delegierten und den Hinweisen zum Ablauf der Wahl. Willy *Brandt* begründete als Parteivorsitzender nochmals, warum *Scheel* der gemeinsame Kandidat war, und Bundeskanzler Helmut *Schmidt* nutzte die Gelegenheit zu einem pädagogisch-politischen Rundumschlag vor den Vertretern der Bundesländer und dozierte unter anderem über den Länderfinanzausgleich und die Probleme der Weltwirtschaft.[3] Die zweite Sitzung zur Bundesversammlung am 15. Mai bestand ausschließlich aus einem Zählappell von einer knappen halben Stunde – damit wurde sichergestellt, dass alle sozialdemokratischen Delegierten auch rechtzeitig zur Wahl des Bundespräsidenten anwesend waren.

Aus dem gewohnten Rahmen fiel eine Sitzung am Mittwoch, dem 13. März 1974 – bereits am Dienstag zuvor hatte die normale Fraktionssitzung stattgefunden –, in der Thaddäus *Troll*, Günter *Grass* und Heinrich *Böll* von der »Sozialdemokratischen Wählerinitiative« vor der Fraktion jeweils einen Vortrag hielten. Ob es eine Diskussion über die mahnenden und insgesamt sehr kritischen Worte der drei Schriftsteller gab, ist nicht bekannt, da keine Tonaufnahme der Sitzung, sondern nur eine Abschrift der drei Vorträge überliefert ist.

Die gemeinsame Sitzung der Bundestagsfraktion, des Parteirats, Parteivorstands, der Kontrollkommission und des Gewerkschaftsrats am 7. Dezember 1973 ist streng genommen ebenfalls keine richtige Fraktionssitzung. Im Fraktionsbestand findet sich kein

---

[1] Die 8. Wahlperiode begann laut Art. 39 des Grundgesetzes mit dem ersten Zusammentritt des neuen Bundestages am 14. Dezember 1976. – So präzise war Art. 39 GG jedoch erst mit einer Grundgesetzgesetznovelle, in der 7. Wahlperiode gefasst worden. Die Präzisierung des Artikels sollte verhindern, dass, wie in der 6. Wahlperiode, bei einer vorzeitigen Auflösung des Bundestags die Zeit zwischen den Wahlperioden bei aufgelöstem Bundestag undefiniert blieb. Vgl. »Dreiunddreißigstes Gesetz zur Änderung des Grundgesetzes« in der Fassung vom 23. August 1976; BGBl. I, Nr. 107, S. 2381 f.

[2] Die letzten beiden Sitzungen (9. Dezember und 13. Dezember 1976) befassten sich unter anderem mit dem Rentenhaushalt 1977 und der Regierungserklärung von Bundeskanzler Helmut *Schmidt*. – Vgl. auch das Verzeichnis der Dokumente am Ende der Einleitung.

[3] Vgl. die SPD-Fraktionssitzung der Bundesversammlung am 14. Mai 1974, SVP B, online.

Protokoll, nur die Einladung und Tagesordnung zur Sitzung. Das Wortprotokoll befindet sich im Bestand der Sitzungen des SPD-Parteivorstands.[4]

Zu 117 Sitzungen existieren Audioaufnahmen, allerdings sind zwei davon qualitativ derart schlecht, dass sie nicht transkribiert werden konnten.[5] 115 Fraktionssitzungen konnten transkribiert werden. Nicht überliefert ist die Sitzung, die am 5. Juni 1973 stattfand, nur die Tagesordnung liegt vor.[6]

Bei der Überlieferung der Tonmitschnitte fällt auf, dass die Lücken in den Aufnahmen zumeist in Blöcken auftreten. Es fehlt selten nur eine Aufnahme. Die Lücken betreffen häufig mehrere aufeinanderfolgende Sitzungen. Möglicherweise befanden sich mehrere Sitzungen auf einem Tonband, das dann vor der Archivierung oder bereits im Fraktionssekretariat verloren ging.[7] Auch die sehr langen, teils ganztägigen Klausursitzungen der Fraktion sind auffällig oft nicht als Tonaufnahme überliefert. Vielleicht liegt dies daran, dass bei diesen Sitzungen häufig Abschriften von wichtigen Wortmeldungen angefertigt wurden, die die Abgeordneten dann als Gedächtnisstütze oder Argumentationshilfe erhielten, und dass die Bänder möglicherweise anschließend nicht mehr korrekt in der Fraktionsregistratur abgelegt wurden. Die erste große Lücke in der Tonbandüberlieferung ist im Juni 1973 entstanden – aus diesem Monat ist nur eine einzige Sitzung vor der parlamentarischen Sommerpause als Tonaufnahme überliefert. Nicht überliefert als Tonaufnahme ist auch die sicherheits- und verteidigungspolitische Klausurtagung der Fraktion am 5. November 1973, die von knapp 10 Uhr morgens bis 16.30 Uhr am Nachmittag dauerte. Vom 3. Dezember 1973 fehlt die fast acht Stunden dauernde Klausur zum »Stand der Beratung über die Gesetze zur Fünften Strafrechtsreform (§ 218) und der ergänzenden Maßnahmen«. Beide Klausursitzungen sind in der vorliegenden Online-Edition somit nur als Mischung von schriftlichem Verlaufs- und Ergebnisprotokoll dokumentiert.

Eine weitere Lücke an Tonbandaufnahmen tut sich vom 19. Februar bis zum 23. April 1974 auf. Hier fehlen die Aufnahmen an zwölf aufeinanderfolgenden Sitzungsterminen, darunter auch das bereits erwähnte Treffen der Fraktion mit *Troll*, *Grass* und *Böll*. Danach werden die zusammenhängenden Lücken weniger. Leider fehlt auch das Tonband der Sitzung am 7. Mai 1974, in der die Fraktion über den Rücktritt von Willy *Brandt* vom Amt des Bundeskanzlers informiert wurde. Da die Abgeordneten später Abschriften der Redebeiträge von Willy *Brandt* und Herbert *Wehner* erhielten, ist anzunehmen, dass das Tonband, nachdem die Abschrift erfolgt war, nicht korrekt ab- oder zurückgelegt wurde.[8] Eine Lücke existiert auch zwischen dem 4. und 17. Juni 1974.[9] Vom 13. Mai

---

[4] Vgl. die gemeinsame Sitzung von Parteivorstand, Parteirat, Kontrollkommission, Bundestagsfraktion und Gewerkschaftsrat am 7. Dezember 1973, online (Wortlaut der Sitzung zu finden unter: AdsD, PVAS/0000597).

[5] Die Aufnahme der Sitzung am 25. Juli 1974 (vgl. AdsD 6/TONS000027) brach nach fünf Minuten ab und es sind nur noch Störgeräusche auf dem Tonband zu hören. Die zweite Fraktionssitzung am 17. Dezember 1974 (vgl. AdsD 6/TONS000032) ist zwar vollständig auf Tonband überliefert, wurde jedoch offenbar falsch ausgesteuert und ist akustisch so verzerrt, dass eine Abschrift nicht möglich war.

[6] Zur Auswahl und Einrichtung der Dokumente für die vorliegende Edition vgl. den Abschnitt »Hinweise zur Edition«.

[7] Es ist daher auch nicht davon auszugehen, dass gezielt bestimmte Aufnahmen oder Sitzungen entfernt wurden.

[8] Die Tatsache, dass nur diese eine Sitzung fehlt und dass die Sitzungen davor und danach als Tonband überliefert sind, stützt die These zusätzlich.

[9] Die Bandbreite der in diesen Sitzungen behandelten Themen erstreckte sich vom deutsch-tschechischen Vertrag über Berichte des Bundeskanzlers und des Parteivorsitzenden bis hin zum Haushalt des Bundestags.

bis zum 4. Juni 1975 sind drei aufeinanderfolgende Sitzungen nicht als Tonaufnahme überliefert.[10] Der Rest des Wahlperiode ist gut überlieft, nur die Tonbandaufnahme vom 12. September 1975 fehlt[11].

Veränderungen in der Protokollführung

Da Mikrofone und Verstärkeranlage fest im Fraktionssaal installiert und über ein Schaltpult mit dem Tonbandgerät verbunden waren, ist anzunehmen, dass alle Sitzungen auf Tonband aufgenommen wurden. Originale Tonbänder wie die digitalisierten Kopien werden im AdsD aufbewahrt. Als Folge der Tonbandaufnahmen wandelte sich der Charakter der parallel angefertigten schriftlichen Protokolle im Laufe der 7. Wahlperiode deutlich. Bis 1975 wurden die Sitzung weiterhin parallel zur Aufnahme in einer Mischung aus Verlaufs-, Ereignis- und Beschlussprotokoll festgehalten, wobei Umfang und Präzison der Protokolle je nach Protokollführer schwankte und generell seit der 6. Wahlperiode eine im Umfang abnehmende Tendenz zu beobachten ist.

Ende 1975 oder Anfang 1976 beschloss der Fraktionsvorstand förmlich, die Protokollführung grundlegend zu ändern. »Im schriftlichen Protokoll werden die Tagesordnung, die in der Sitzung gestellten Anträge, die Beschlüsse der Fraktion, die Namen der Redner in der Reihenfolge, in der sie das Wort erhalten, und das Thema, zu dem sie sich äußern, aufgeführt. Der Verlauf der Fraktionssitzung wird im Übrigen auf einem Tonband festgehalten, das Bestandteil des Protokolls ist.«[12] Es dauerte eine Weile, bis sich die neue Form standardisiert hatte. Zuerst fertigten die Referenten der Fraktion weiterhin knappe Beschlussprotokolle an, die vor allem die Aufgabe hatten, die Entscheidungen der Fraktion langfristig zu dokumentieren. Aber auf die bis dato übliche, mitunter zwar knappe oder nur zusammenfassende Wiedergabe von Diskussionen oder einzelnen Standpunkten der Rednerinnen und Redner wurde von nun an fast vollständig verzichtet. Stattdessen fanden sich nach der Auflistung der jeweiligen Diskutanten jeweils Nummern, die offenbar vom Zählwerk des Tonbandgeräts stammen und markieren, an welchen Stellen auf dem Tonband die jeweilige Person redete. Im Layout lehnte man sich anfangs an die bisherigen knappen Beschlussprotokolle an – noch gab es ganze Sätze und so etwas wie einen Fließtext. Bereits im Laufe des Januars kristallisierte sich 1976 dann eine tabellarische Form der Protokollierung heraus. Zu jedem Tagesordnungspunkt finden sich nun nur noch sehr knappe Eintragungen, sei es ein verkürzter Satz oder wenige Stichworte aus dem Titel eines Gesetzesvorhabens, um das behandelte Thema zu beschreiben. Anschließend wurden in tabellarischer Form die Diskutanten und die entsprechende Zählwerknummern vom Tonband notiert.[13] Danach folgt der Hinweis, ob die Fraktion der Vorlage oder dem Antrag zustimmte oder nicht. Zu den Inhalten der Redebeiträge – egal ob politische Berichte der SPD-Spitzen in Fraktion oder Regierung, Diskussionen oder wichtige Gesetzentwürfe – schweigt das »Protokoll« von nun an vollständig. Im Grunde handelte es sich in diesen Fällen auch nicht

---

10 Die behandelten Themen der Sitzungen reichten von der Landtagswahl in Nordrhein-Westfalen über Berichte des Bundeskanzlers zur Lage der Weltwirtschaft und zur Außen- und Europapolitik bis zur Umsatzsteuerreform.

11 Die Reden von Bundesfinanzminister *Apel* und Bundeskanzler *Schmidt* zur Haushalts- und Konjunkturpolitik wurden in Pressemeldungen der Fraktion verwendet, möglicherweise wurde auch hierbei das Tonband herangezogen und wurde nicht zurückgelegt.

12 Vgl. Entwurf betr.: Protokoll der Fraktionssitzung, ohne Datum (vermutlich Ende Dezember 1975); AdsD, 2/BTFG000509.

13 Ohne die originalen Tonbandgeräte sind diese Zählerstände heute leider nutzlos, da sie keine zeitlichen Markierungen darstellen, die man auf die Digitalisate übertragen kann.

mehr um echte Sitzungsprotokolle, sondern um Inhaltsverzeichnisse, die einen Zugriff auf das Tonband als nun eigentliches Protokoll erleichterten.

Im Hintergrund der neuen Form der Kurzprotokollierung stand vermutlich auch die Hoffnung auf eine weitere Arbeitserleichterung für die Protokollanten. Diese hatten bereits in der 6. Wahlperiode erreicht, dass sie das schriftliche Protokoll der Sitzung unter Rückgriff auf die Tonbandaufnahme anfertigen konnten; sie mussten sich also nicht mehr allein auf ihre eigenen, teils stenographischen Notizen aus der Sitzung verlassen. Der Verzicht auf ein echtes Protokoll und der Verweis auf die Tonbänder lagen auf dieser Entwicklungslinie und waren auch eine Folge der immer größeren Zuverlässigkeit der technischen Aufnahmemedien. Der Verzicht auf ausführliche schriftliche Protokolle wurde dadurch erleichtert, dass die Protokollierung der Sitzungen in der Regel nicht für die einfachen Abgeordneten gedacht war, sondern den Kreis der Fraktionsverwaltung und -führung selten verließ und dort vor allem Dokumentationszwecken diente. Zwar konnten seit Sommer 1973 alle Abgeordnete Einblick in die Protokolle erhalten, aber sie mussten ihren Wunsch bei der Fraktionsführung anmelden und billigen lassen. Die Protokoll-Neuregelung lag ganz auf dieser Linie und sah ebenfalls vor, dass Einsicht in das Protokoll zwar »den Mitgliedern und Referenten der Fraktion« zustehe, darüber aber »im übrigen […] ein Parlamentarischer Geschäftsführer« entscheiden solle.[14]

Aus Platzgründen wurden schriftliche Kurzprotokolle für Sitzungen, die keine Tonbandüberlieferung haben, nicht in den vorliegenden Auswahlband übernommen.[15] Die überlieferten Fraktionssitzungen ohne Tonbandaufzeichnung sind jedoch mit den edierten Fassungen der schriftlichen Protokolle in der Online-Edition abrufbar.[16]

Die organisatorischen und technischen Rahmenbedingungen der Aufnahmen waren praktisch dieselben wie in der 6. Wahlperiode. Die sozialdemokratische Fraktion besaß eine fest im Sitzungssaal installierte Verstärkeranlage, bei der im Raum einige durchnummerierte Saalmikrofone verteilt waren, die die einfachen Fraktionsmitglieder nutzten. Auf den Tischen des Fraktionsvorstands, an dem auch die Regierungsmitglieder und der Parteivorsitzende Platz nahmen, standen hingegen fest installierte und verkabelte Tischmikrofone. Aufnahmegerät und Schaltpult standen ebenfalls an der Stirnseite des Fraktionssaals bei den Vorstandstischen und wurden vermutlich von einem Parlamentarischen Geschäftsführer oder einem seiner Mitarbeiter bedient.[17] Die Verantwortlichen waren offenbar mit den Tücken der Technik diesmal vertrauter als in den Jahren zuvor, denn gravierende Fehlbedienungen wie Übersteuern oder Aufnahmen, bei denen die Sprecher zu leise waren, kamen kaum mehr vor. Gleichwohl schwankt die Tonqualität von Band zu Band, ohne dass man weiß warum. Die meisten Tonaufnahmen wurden, vermutlich zu Beginn der Aufnahme, mit einer Datumsmarke versehen: Vor dem

---

14 Vgl. Anm. 12. – Der Passus über die Einsichtnahme auch einfacher Fraktionsmitglieder ins Protokoll sei, so der Abg. Carl-Christoph *Schweitzer*, im Rahmen der Ergebnisse der Klausursitzung am 12. Juni 1973 entstanden. Vgl. SCHWEITZER, Carl-Christoph: Der Abgeordnete im parlamentarischen Regierungssystem der Bundesrepublik, Opladen 1979, S. 43 f.

15 Die Sitzung, in der *Wehner* den Rücktritt von Bundeskanzler *Brandt* bekannt gab, ist leider nicht in Form einer Tonaufnahme, sondern nur als Kurzprotokoll überliefert. Das Protokoll findet sich aufgrund seiner Bedeutung dennoch im vorliegenden Auswahlband.

16 Auf eine Parallelüberlieferung von Kurz- und Tonbandprotokollen wie noch in der 6. Wahlperiode wurde diesmal verzichtet. Die Kurzprotokolle wurden jedoch für die Kommentierung und textkritische Aufarbeitung hinzugezogen. – Vgl. dazu auch den Abschnitt »Hinweise zur Edition« sowie die tabellarische Übersicht der Dokumente am Ende der Einleitung.

17 Vgl. zum Beispiel die Fotoaufnahmen in BOLL, Friedhelm (Hrsg.): Die SPD im Deutschen Bundestag. Der Bildband zur Geschichte der sozialdemokratischen Bundestagsfraktion 1949–2009. Mit Fotos von Jupp, Frank und Marc Darchinger u. a., Bonn 2009, S. 102 oder S. 117.

Beginn der Fraktionssitzung nennt eine weibliche, später dann eine männliche Stimme Datum und Zeit.

Eine vom Fraktionsvorsitzenden immer wieder angeprangerte Nebenwirkung der Verstärkeranlage war die mangelhafte Geräuschdisziplin der Abgeordneten, die sich ganz auf die Lautsprecher verließen, wenn jemand vortrug, und dafür ihre privaten Gespräche am Tisch in der Regel nicht unterbrachen. Zudem herrschte im Fraktionssaal ein reges Kommen und Gehen. Den Abgeordneten, von denen nur wenige die gesamte Zeit an der Sitzung teilnahmen, wurde Kaffee oder Tee aufgetragen. Auch die sozialdemokratischen Regierungsmitglieder kamen häufig erst zu den Sitzungsteilen, die sie betrafen, und verließen den Saal meist rasch danach wieder. Entsprechend hoch war der Geräuschpegel. Ab und an, wenn auch die zur Ordnung rufende Glocke des Vorsitzenden nichts mehr bewirkte, kam es vor, dass der Fraktionsvorsitzende die Abgeordneten über Mikrofon bat, ihre lautstarken Unterhaltungen doch vor dem Sitzungssaal zu beenden.[18]

Meldete sich ein Abgeordneter zu Wort, wurde eines der Saalmikrofone in seiner Nähe über das Schaltpult aktiviert. Ohne aktivierte Mikrofone sind Redebeiträge auf der Tonaufnahme nicht verständlich.[19] Daher konnten auch die Zwischenrufe, die zumeist ohne aktivierte Mikrofone erfolgten, nur in seltenen Fällen transkribiert werden. Mitunter lässt sich nur an der Reaktion der Redner erkennen, dass sie auf einen spontanen Zwischenruf oder eine Zwischenfrage reagierten. Umgekehrt konnte es passieren, dass Mikrofone noch aktiviert waren – meist passierte das am Vorstandstisch –, ohne dass dies bemerkt wurde. Beispielsweise beschwerte sich *Wehner* in der Sitzung am 20. Januar 1976 bei seinem Nebenmann, dass man ihm Kaffee statt Tee gebracht habe.[20] Und als Erich *Meinike* einen langen Vortrag über Gemeinnützigkeitsgrenzen für Bewirtungsbetriebe von Vereinen bei Sportveranstaltungen hielt, hörte man *Wehner*, kurz bevor er *Meinike* das Wort entzog, leise murmeln: »Wie lange soll denn das noch dauern? Ist ja entsetzlich.«[21]

Einige Abgeordnete beschwerten sich, dass sie trotz der Anlage vor allem in den hinteren Reihen nichts mehr verstünden. Falls die Redner nicht ins Mikrofon sprachen, gab es entsprechende Zwischenrufe aus der Fraktion. In seltenen Fällen funktionierte die Lautsprecheranlage offenbar, ohne dass das Tonbandgerät aufzeichnete.[22] Dahingestellt bleibt, ob akustische Probleme, wie Norbert *Gansel* mutmaßte, mitunter Teil einer gezielten Strategie des Fraktionsvorsitzenden waren, die Fraktion bei umstrittenen Fragen bewusst im Ungefähren zu lassen und die Entscheidung im kleinen Kreis der Fraktionsführung zu treffen: »Hier hinten hört man ja oft gar nicht das, was vorne gesagt wird, vor allen Dingen dann, wenn Onkel Herbert bei wichtigen Sachen noch immer ein Stückchen weiter vom Mikrofon zurückrückt.«[23]

---

18 »Kann man nicht diese Diskussionen, die sicher lebensnotwendig sind, vor der Tür führen? [...] [D]as ist unmöglich, dass wir hier im allgemeinen Lärm so tun, als ob wir Berichte anhören.« Vgl. die SPD-Fraktionssitzung am 10. Juni 1975, SVP C, online.
19 Wenn dies vorkam, wurde es bei der Transkription entsprechend in den Anmerkungen ausgewiesen.
20 Vgl. die SPD-Fraktionssitzung am 20. Januar 1976, SVP D, online.
21 Vgl. die SPD-Fraktionssitzung am 17. Juni 1976, SVP C, online.
22 Diese Fälle sind ebenfalls in den Anmerkungen nachgewiesen.
23 Vgl. die SPD-Fraktionssitzung am 12. Juni 1973, SVP D, online. – Die Klausurtagung befasste sich unter anderem mit organisatorischen Verbesserungen in der Fraktionsarbeit. *Gansel* legte in seinem Beitrag, der für Unruhe in der Fraktion sorgte, nahe, dass es nicht nur an der Disziplinlosigkeit der Abgeordnete liege, wenn die Partizipation an den Sitzungen zu wünschen übrig ließ. Es liege vielmehr daran, dass man als junger Abgeordneter den Eindruck bekomme, dass die informelle Arbeit neben der Fraktion wichtiger sei als das, was in den Fraktionssitzungen geschehe. Dies, so *Gansel*,

Der Stellenwert der Audioaufnahmen als historische Quelle kann weiterhin gar nicht hoch genug eingeschätzt werden. Da auch keinerlei nachträgliche Eingriffe in den Audioaufnahmen zu erkennen sind, erlauben die Mitschnitte einen weitgehend ungefilterten und unverstellten Zugang zu den Sitzungen der SPD-Bundestagsfraktion. Mit den Abschriften der Tonbänder, die in der Edition zur 7. Wahlperiode auszugsweise im vorliegenden Band und vollständig im Internet präsentiert werden, besitzt die Forschung, trotz aller Einschränkung, die eine Transkription von gesprochener Sprache mit sich bringt, eine erstrangige und im europäischen Vergleich weitgehend einzigartige historische Quelle.[24]

---

werde ja im kleinen Kreis des Vorstands zuvor abgesprochen. – Zu den Wünschen, Anregungen und der Kritik der Abgeordneten im Vorfeld der Klausurtagung vgl. AdsD 2/BTFG000508.

24 Zur formalen Einrichtung der Edition und den Transkriptionsrichtlinien vgl. den Abschnitt »Hinweise zur Edition«.

III. Die Zusammensetzung der Fraktion

Die SPD-Bundestagsfraktion war erstmals die stärkste Kraft im Bundestag. Sie umfasste zu Beginn der 7. Wahlperiode 242 Mitglieder. Zwölf Abgeordnete stammten aus Berlin (West) und waren daher nur beschränkt stimmfähig.[1] Im Vergleich zur Zahl der Mandate zu Beginn der 6. Wahlperiode war die SPD-Fraktion zwar nur um fünf Abgeordnete gewachsen. Da die Fraktion zwischen 1969 und 1972 jedoch vier Abgeordnete durch Fraktionswechsel verloren hatte, errang sie somit in der Bundestagswahl 1972 neun Mandate mehr, als sie am Ende der 6. Wahlperiode umfasste. Die komfortable Mehrheit der sozial-liberalen Koalition resultierte vor allem aus dem Zuwachs in der FDP-Fraktion, die immerhin elf Mandate im Vergleich zu ihrem Wahlergebnis von 1969 und gar 15 Mandate im Vergleich zum Ende der 6. Wahlperiode hinzugewonnen hatte.[2]

1. Geschlecht und Altersdurchschnitt

Die Fraktion war jedoch nicht nur größer, sie war im Vergleich zur 6. Wahlperiode auch deutlich männlicher und jünger geworden. Die Anzahl der weiblichen Abgeordneten in der SPD-Fraktion schrumpfte mit der Bundestagswahl 1972 auf 5,6 Prozent oder zwölf Abgeordnete. Damit unterboten die Sozialdemokraten die CDU/CSU-Bundestagsfraktion, die zu Beginn der Wahlperiode immerhin 15 weibliche Abgeordnete aufweisen konnte und damit auf einen Frauenanteil von 6,4 Prozent kam. Die FDP unterbot allerdings beide Fraktionen mit nur zwei weiblichen Abgeordneten, einem Anteil von 4,8 Prozent, deutlich.

Die Zahl der weiblichen Mitglieder erhöhte sich während der 7. Wahlperiode durch Veränderungen in der Fraktion geringfügig. Zu den zwölf ursprünglich in der Bundestagswahl gewählten Parlamentarierinnen Lenelotte *von Bothmer*, Herta *Däubler-Gmelin*, Elfriede *Eilers*, Katharina *Focke*, Antje *Huber*, Renate *Lepsius*, Elisabeth *Orth*, Annemarie *Renger*, Anke (Riedel-)*Martiny*[3], Hildegard *Schimschok*, Marie *Schlei* und Helga *Timm* kamen Angelika *Grützmann*, die am 2. Februar 1974 für den verstorbenen Klaus Dieter *Arndt* nachrückte, und Wiltrud *Rehlen*, die den am 13. November 1974 ausgeschiedenen Werner *Staak*, der Innensenator in Hamburg wurde, ersetzte. Für den im Dezember 1974 ausgeschiedenen Parlamentarischen Geschäftsführer Karl *Wienand* rückte Waltraud *Steinhauer* nach. Mit dem Tod von Elisabeth *Orth* am 10. Mai 1976 verringerte sich die Zahl der Frauen jedoch wieder, da ein Mann nachrückte. Erst in der 10. Wahlperiode, also seit 1983, überschritt der Frauenanteil unter den Abgeordneten in

---

[1] Aufgrund des Vier-Mächte-Status von Berlin durfte sich die Bevölkerung von Berlin (West) nicht an der Gesetzgebung der Bundesrepublik und auch nicht an den Bundestagswahlen beteiligen. Die Berliner Abgeordneten des Bundestages wurden vom Abgeordnetenhaus in Berlin entsprechend den dort herrschenden politischen Kräfteverhältnisse nach Bonn entsandt. Sie waren außer bei Fragen zur Geschäftsordnung des Bundestages nicht stimmberechtigt beziehungsweise stimmten getrennt ab, ohne dass ihre Stimmen gewertet wurden.

[2] Die FDP-Fraktion verlor in der 6. Wahlperiode vier Mandate durch Fraktionswechsel zur CDU/CSU-Fraktion. Vgl. Datenhandbuch 1949–1999, S. 923f.

[3] Nach ihrer Scheidung wurde die Abgeordnete wieder unter ihrem Geburtsnamen *Riedel* in den Listen der Fraktion geführt.

der SPD-Fraktion die Zehn-Prozent-Marke. In der 12. Wahlperiode (1990–1994) betrug der Anteil der Parlamentarierinnen dann 27,2 Prozent. Die Zunahme auf ein knappes Drittel war Folge der 1988 eingeführten Frauenquote in der SPD; mindestens 33 Prozent aller Ämter und Mandate sollten von nun an mit Frauen besetzt werden.[4]

Der siebte Deutsche Bundestag war der jüngste Bundestag bis 1990, daran änderte auch der Einzug der Grünen in den Bundestag 1983 nichts. Das Durchschnittsalter aller Abgeordneten betrug 46,6 Jahre. Die sozialdemokratischen Abgeordneten waren im Schnitt 0,8 Jahre jünger als der Gesamtdurchschnitt des Parlaments. Die »jüngste« Fraktion war die der FDP, deren Altersdurchschnitt 1,3 Jahre weniger betrug als der des gesamten Bundestags.

Nach den traditionellen Familienmodellen war es weiterhin eine ungeschriebene Regel, dass die Frauen deutlich später als ihre männlichen Kollegen Karriere in der Politik machten und ihre Bundestagsmandate in der Regel erst in höherem Alter als die Männer errangen. Möglicherweise hing das ebenfalls mit den traditionellen Rollenmodellen zusammen, die den Frauen erst dann eine Karriere ermöglichen, wenn keine familiären Verpflichtungen mehr vorlagen oder Kinder und ältere Angehörige zu versorgen waren. Eine Ausnahme diesbezüglich stellte beispielsweise Herta *Däubler-Gmelin* dar, die in der 7. Wahlperiode zu den zehn jüngsten Mitgliedern des Bundestags gehörte. Die 1943 geborene SPD-Politikerin aus Baden-Württemberg, die 1972 über die Landesliste in den Bundestag einzog, bekam ihr erstes Kind, bevor sie ins Parlament gewählt wurde. Ihr zweites Kind wurde kurz vor Weihnachten 1974 geboren, und bereits zur ersten Fraktionssitzung des Jahres 1975 war *Däubler-Gmelin* wieder in Bonn und übernahm die Berichterstattung für eine Kleine Anfrage zu den Allgemeinen Geschäftsbedingungen.[5] Allerdings blieb ihr als Bundestagsabgeordnete auch wenig anderes übrig, denn jenseits des gesetzlichen Mutterschutzes gab es keinerlei Hilfestellungen für Abgeordnete mit Kindern.[6] Für Frauen war es nach dem traditionellen Familienmodell praktisch unmöglich, eine Karriere in Bonn und Kinder zu vereinbaren. Die Mütter waren auf die Unterstützung von Familienmitgliedern angewiesen. Eine solche Hilfestellung, die männlichen Abgeordneten selbstverständlich von Seiten ihrer Ehefrauen zukam, war jedoch auch in der SPD die Ausnahme.[7] Parlamentarierinnen im Bundestag waren im Schnitt häufiger kinderlos als ihre männlichen Kollegen.[8]

---

4 Vgl. DATENHANDBUCH 1949–1999, S. 636.
5 Vgl. die SPD-Fraktionssitzung am 28. Januar 1975, SVP E, online. – Der Fraktionsvorsitzende gratulierte *Däubler-Gmelin*, merkte aber zugleich an, dass er erst am Tag der Sitzung von der Geburt erfahren hatte.
6 Zu den möglichen Gründen für den höheren Altersdurchschnitt vgl. HOECKER, Beate: Frauen in der Politik: eine soziologische Studie, Opladen 1987, S. 83 und S. 89.
7 Wie schwierig eine solche Unterstützung war, beweist bspw. die Homestory über Anke *Riedel-Martiny* und ihren Mann im »Spiegel« 1973, in der das Ehepaar *Riedel-Martiny* die familiäre Arbeitsteilung beschrieb, aber auch einschränken musste, dass trotz aller Emanzipation sich die Unterstützung des sich selbst als Hausmann bezeichnenden Ehepartner, der noch für Fotos in der Küche posierte, in Grenzen hielt: »Nur indem sie eine andere Frau dafür entlohnt, wieder im Haushalt zu dienen, kann sie selber sich ein wenig nach Männer Art verwirklichen.« Vgl. »Sieben Jahre er – jetzt ich«; »Der Spiegel«, Nr. 53 vom 31. Dezember 1973, S. 30–32.
8 Vgl. dazu BROCKMANN, Hilke: Frauen und Mütter im Deutschen Bundestag: Eine explorative Längsschnittstudie, in: Zeitschrift für Parlamentsfragen (ZParl) 4 (2012), S. 727–738.

2. Konfession und Beruf

Wie schon in den Wahlperioden zuvor sind Angaben zur konfessionellen Struktur der Fraktion nur unter großem Vorbehalt zu sehen.[9] Die Angabe der Konfession im offiziellen Bundestagshandbuch, auf das sich die Auswertung stützt, war eine freiwillige Selbstauskunft. Die Mehrzahl der sozialdemokratischen Abgeordneten – 157 – machte keinerlei Angaben zur Religionszugehörigkeit. Als explizit konfessionslos bezeichnete sich jedoch nur ein Abgeordneter, Heinz *Westphal*, der dies bereits in der 6. Wahlperiode so angegeben hatte. 25,6 Prozent der Abgeordneten ordneten sich als evangelisch, 8,7 Prozent als katholisch ein. Hermann *Barche* bekannte sich zur freireligiösen Bewegung. Die sehr begrenzte Aussagekraft dieser konfessionellen Auswertung lässt sich daran ermessen, dass selbst ein evangelischer Pfarrer, Horst *Krockert*, keinerlei Angaben zur Konfession machte. Andere SPD-Abgeordnete verzichteten zwar auf Konfessionsangaben, führten aber Mitgliedschaften in Organen der kirchlichen Selbstverwaltung, beispielsweise Synoden, auf. Ganz im Gegensatz zu CDU oder CSU, wo fehlende Angaben zu den Konfessionen einen absoluten Ausnahmestatus besaßen, hatte ein offenes religiöses Bekenntnis in der SPD-Fraktion einen sehr geringen Stellenwert.

Ähnlich ist dies bei der Übersicht der Berufszugehörigkeit der SPD-Bundestagsabgeordneten. Ohne aufwändige prosopographische und biographische Untersuchungen besteht die Quellengrundlage mehrheitlich aus den Selbstauskünften der Abgeordneten im Bundestagshandbuch. Die Angaben dort sind naturgemäß nicht standardisiert und besitzen häufig einen ausgesprochen symbolischen Charakter. Zwischen erlerntem und ausgeübtem Beruf wurde selten unterschieden, aktuelle oder ehemalige Regierungsmitglieder nutzten gerne die Bedeutung der Amtsbezeichnung, um sich im Bundestagshandbuch auszuweisen. Je nach ausgeübtem Amt konnte die Berufsbezeichnung dann auch sehr schwankend sein. Willy *Brandt* gab in der 7. Wahlperiode noch den Beruf »Bundeskanzler« an, in der 8. Wahlperiode war er hingegen »Journalist« und »SPD-Vorsitzender«. Unspezifische Berufsbezeichnungen wie »Geschäftsführer« oder »Referent« verwiesen mitunter auf hauptamtliche Tätigkeiten in den Gewerkschaften. Mancher gab sein ausgeübtes kommunales Wahlamt an. Seltener finden sich Kombinationen, die offenbar symbolisch auf Herkunft und sozialdemokratische Verwurzelung verweisen sollten, wie bei Holger *Börner*, der als »Betonfacharbeiter« und »Bundesgeschäftsführer der SPD« firmierte. Da er bereits 1957 als damals jüngster Abgeordneter mit 26 Jahren in den Bundestag einzog sowie auch in der Partei rasch aufgestiegen war und 1976 schließlich aus dem Bundestag ausschied und auf das Amt des hessischen Ministerpräsidenten wechselte, wäre in diesem Fall die damals allerdings kaum gebräuchliche Bezeichnung »Berufspolitiker« sinnvoller gewesen.

3. Fraktionsaustritte

Die SPD-Bundestagsfraktion startete mit 242 Abgeordneten in die 7. Wahlperiode und beendete sie am 14. Dezember 1976 mit 240 Abgeordneten. Am 24. November 1975 starb der Abgeordnete Friedrich *Beermann*. Die Nachfolge gestaltete sich reichlich kompliziert und führte dazu, dass die Fraktion am Ende des Jahres 1975 nur noch 241 Abgeordnete zählte. Da *Beermann*, der über ein Direktmandat in den Bundestag ge-

---

[9] Vgl. dazu die Einleitung zur 6. Wahlperiode: Die SPD-Fraktion im Deutschen Bundestag. Sitzungsprotokolle 1969–1972, S. 21*.

kommen war, auch auf der Landesliste von Schleswig-Holstein stand, wäre Richard *Bünemann* sein natürlicher Nachfolger gewesen. Doch *Bünemann*, SPD-Kreisvorsitzender im Landkreis Plön und ehemaliger Abgeordneter des schleswig-holsteinischen Landtags, war im Februar 1975 aus der SPD ausgeschlossen worden. *Bünemann* hatte sich nicht an den Unvereinbarkeitsbeschluss zur Zusammenarbeit mit kommunistischen Gruppierungen gehalten. Der Landeswahlleiter nominierte ihn daraufhin nicht als Nachrücker für *Beermann*. Aber auch Hans *Wiesen*, der nächste Kandidat auf der Landesliste, stand nicht bereit. Er sagte ab, da er zwischenzeitlich in den Landtag von Schleswig-Holstein gewählt worden war. Somit rückte schließlich Hans-Uwe *Emeis* nach, ein Realschullehrer aus dem Kreis Dithmarschen. *Emeis*, der 1975 auch erfolglos für den schleswig-holsteinischen Landtag kandidiert hatte, war jedoch schwer belastet. Er hatte während des Landtagswahlkampfs wahrheitswidrig damit geworben, dass Bundesverkehrsminister Kurt *Gscheidle* ihm den Bau eines Tunnels unter dem Nord-Ostsee-Kanal bei Brunsbüttel zugesichert habe. Doch das Gegenteil war der Fall gewesen, *Gscheidle* hatte erklärt, ein Tunnelbau sei aus Kostengründen nicht möglich. Bald bekam die Presse Wind von *Emeis*' Fälschung. Zu Sanktionen in Form eines Parteiordnungsverfahrens mit dem Ziel, ihn auszuschließen, griff die Partei aber erst, nachdem sich *Emeis* im Dezember 1975 weigerte, als Nachrücker auf sein Mandat zu verzichten.[10] In Bonn erklärte *Wehner* daraufhin der Fraktion, er wolle *Emeis* nicht in der Bundestagsfraktion sehen und habe das bereits auch offiziell der Bundestagspräsidentin mitgeteilt. Die Fraktion war einverstanden, und damit war sie um einen Abgeordneten geschrumpft.[11] *Emeis* selbst blieb bis zum Ende der Wahlperiode als fraktionsloser Abgeordneter im Bundestag.

Kurz vor dem Ende der 7. Wahlperiode verlor die SPD schließlich den 1972 direkt in den Bundestag gewählten Krefelder Rechtsanwalt Karl-Heinz *Stienen*. Der Abgeordnete, der zum rechten Flügel der Partei gehörte und Kontakte zur Fritz-Erler-Gesellschaft unterhielt,[12] die immer wieder vor einem Linksruck in der SPD warnte, trat am 8. Dezember 1976 aus der SPD aus und verließ die Fraktion. Laut Medienbericht hatte er nach einer intensiven Lektüre von Alexander *Solschenizyns* »Archipel Gulag« einen strikten Antikommunismus entwickelt und sah die SPD zunehmend in der Gefahr, die Distanz zum Kommunismus zu verlieren. Zusammen mit einigen anderen Vertretern der Fritz-Erler-Gesellschaft gründete *Stienen* daher Ende 1976 die »Soziale Demokratische Union«, die sich als anti-marxistisch empfand und in Teilen an das Godesberger Programm der Sozialdemokraten anknüpfte.[13]

---

10 Vgl. den Artikel »Der Abgeordnete, den seine Partei nicht will«, in »Die Welt« vom 10. Dezember 1975; BT Pressedokumentation, Personenordner Emeis, H.-U.

11 Vgl. die erste SPD-Fraktionssitzung am 9. Dezember 1975, SVP A, online.

12 Vgl. den Abschnitt zur innerparteilichen Flügel- und Gruppenbildung weiter unten.

13 Vgl. den Artikel »Bundestagsabgeordneter verläßt die SPD«; in: »Süddeutsche Zeitung« vom 14. September 1976; BT Pressedokumentation, Personenordner Stienen, K.-H. – *Stienen* war bei der Aufstellung für die Bundestagswahl 1976 einem innerparteilichen Konkurrenten unterlegen und wurde von der Krefelder SPD bei Wahlkampfveranstaltungen nicht mehr berücksichtigt. Er kündige daraufhin an, seine kommunalen Mandate sofort niederzulegen und Ende des Jahres, nach Ende der Wahlperiode, auch aus der Partei auszutreten.

IV. Die Organisation der Fraktion

1. Ablauf der Fraktionssitzungen

Der Ablauf einer normalen parlamentarischen Sitzungswoche war seit vielen Jahren mehr oder minder festgelegt. Der Vorstand der SPD-Fraktion traf sich nach dem Wochenende erstmals am Montagnachmittag zur Vorbereitung der Fraktionssitzung. Am Dienstagvormittag kamen die Abgeordneten zu Sitzungen ihrer Arbeitskreise und Arbeitsgruppen zusammen. Der Nachmittag war dann für die Fraktionssitzung reserviert. Mittwochvormittags und auch nachmittags tagten die Ausschüsse, zwischendurch fand die wöchentliche Fragestunde des Bundestags statt. Der Donnerstag war ganztägig, der Freitag normalerweise nur vormittags für die Plenarsitzung reserviert. Am Freitagnachmittag verabschiedeten sich die meisten Abgeordneten in ihre Wahlkreise.

Das Muster für den Ablauf einer normalen, turnusmäßigen Fraktionssitzung hatte sich lange vor der 7. Wahlperiode herausgebildet und war von Herbert *Wehner*, der nach der Bundestagswahl 1969 den Vorsitz von Helmut *Schmidt* übernommen hatte, nur in Kleinigkeiten angepasst worden. Die größten Änderungen gab es beim persönlichen Stil der Sitzungsführung. Bis auf zwei Ausnahmen eröffnete und leitete der Fraktionsvorsitzende *Wehner* in der 7. Wahlperiode jede Fraktionssitzung – im Unterschied zur 6. Wahlperiode, wo *Wehner* wegen eines Krankenhausaufenthalts einige Male von Ernst *Schellenberg* vertreten worden war, erwies sich die Gesundheit des Fraktionsvorsitzenden, der in der 7. Wahlperiode 70 Jahre alt wurde, als außerordentlich robust.[1] Lediglich die beiden Sitzungen mit den sozialdemokratischen Mitgliedern der Bundesversammlung, die vor der Wahl von Walter *Scheel* zum Bundespräsidenten einberufen wurden, leitete Willy *Brandt* in seiner Eigenschaft als SPD-Vorsitzender. Nur sehr wenige Fraktionssitzungen leitete *Wehner* nicht bis zum Ende.[2]

Wehner eröffnete die Sitzungen, indem er entweder zu Geburtstagen gratulierte oder an kürzlich verstorbene Genossen erinnerte. Den Geehrten überreichte *Wehner* zumeist einen Strauß roter Rosen, in der Regel mit einem launigen Satz und dem Hinweis auf die Dornen.[3] Beim Gedenken an Verstorbene erhob sich die Fraktion zu einer Schweigeminute. Häufig fand der Fraktionsvorsitzende einige einfühlsame Worte, mit denen er die Toten charakterisierte. Der Fraktionsvorsitzende zeigte bei diesen Angelegenheiten eine außerordentliche sprachliche Sensibilität, und seine gedenkenden Worte nahmen nicht selten den Charakter eines kurzen, warmherzigen Nekrologs an.[4] Danach folgte meist die Aufzählung der Abgeordneten, die aufgrund akuter Krankheit oder aus ande-

---

1 *Wehners* Ausdauer erstreckte sich auch auf die Plenarsitzungen, an denen er, sofern möglich, immer teilnahm.
2 Über den Grund der Abwesenheit wurde während der Sitzungen nicht informiert.
3 »Pass auf die Dornen auf!« Vgl. die SPD-Fraktionssitzung am 20. März 1973, SVP A, online, in der *Wehner* Friedel *Schirmer* zum 47. Geburtstag gratulierte.
4 Vgl. bspw. die SPD-Fraktionssitzung am 8. Mai 1973, SVP A, online, in der *Wehner* den am 4. Mai 1973 verstorbenen ehemaligen Abgeordneten Helmut *Bazille* ehrte. – Knapp zwei Jahre nach dem überraschenden Tod von Wolfgang *Jansen*, dem langjährigen Pressesprecher der Fraktion, der zugleich ein enger Vertrauter *Wehners* war, nahm der Fraktionsvorsitzende dessen Geburtstag zum Anlass, die Fraktion um Spenden für die in einem Altersheim lebende Mutter *Jansens* zu bitten. Nach *Jansens* Tod hatte *Wehner* dafür gesorgt, dass dessen alleinstehende Mutter, um die *Jansen* sich ge-

ren Gründen entschuldigt waren. Vor allem die Sitzungsperioden des Europäischen Parlaments hinterließen große Lücken unter den Abgeordneten. Hin und wieder wurden auch Abgeordnete begrüßt, die nach langer Krankheit oder Krankenhausaufenthalten erstmals wieder die Sitzung besuchten.[5]

Nach einem kurzen Überblick über die Tagesordnung der Sitzung folgte in der Regel die fraktionsinterne Fragestunde. »Informationen« lautete der entsprechende Tagesordnungspunkt. In der Fragestunde konnten die Abgeordneten seit deren Einführung in der 5. Wahlperiode knapp sechzig Minuten lang Fragen stellen – zumeist an Regierungsvertreter, seltener auch an die Fraktionsführung oder Vertreter der Arbeitskreise und Obleute der Ausschüsse –, die nicht in die allgemeine Fragestunde des Bundestags passten. Wenn die Regierung gefragt wurde, übernahmen es in der Regel die Parlamentarischen Staatssekretäre, direkt zu antworten. Die Fragen sollten jedoch vorab an die zuständigen Vertreter in den Gremien und Ministerien übermittelt werden, damit diese eine Chance hatten, sich innerhalb ihrer Arbeitsbereiche zu informieren. Wurde dies versäumt oder handelte es sich um eine kurzfristige Frage, wurde die Antwort auf eine andere Sitzung verschoben oder die Angelegenheit außerhalb der Fraktionssitzungen geklärt.

Auf die Informationsstunde folgten bis Mitte 1973 die Tagesordnungspunkte zur »Vorbereitung der Plenarsitzung«. Zunächst gab der zuständige Parlamentarische Geschäftsführer einen Gesamtüberblick zu den anstehenden Plenarsitzungen der Sitzungswoche, dann folgten die jeweiligen Berichterstatter mit Berichten und Beschlussempfehlungen zu den einzelnen anstehenden Tagesordnungspunkten des Bundestags – Beratungen, Große und Kleine Anfragen oder internationale Verträge und Abkommen. Die Fraktion stimmte nach jedem Bericht ab, meist in Form einer Akklamation, ob der Empfehlung des Berichterstatters gefolgt werden sollte. In aller Regel folgte die Fraktion den Empfehlungen. Ausnahmen oder weitergehende Diskussion gab es nur bei sehr komplexen oder umstrittenen Vorhaben, zumeist jenen aus dem Kernbereich sozialdemokratischer Überzeugung – beispielsweise bei der Sozialgesetzgebung oder dem Arbeitsrecht, wo es vorkommen konnte, dass die Berichterstatter die Fraktion erst von nicht immer einfachen Koalitionskompromissen überzeugen mussten.

Als fester Programmpunkt folgten dann die Berichte über Initiativen aus den Fraktionsarbeitskreisen – die »Vorlagen aus den Arbeitskreisen«. Entweder waren es Vorhaben – Gesetzentwürfe oder Entschließungsanträge –, die sich in einem sehr frühen Stadium befanden und noch nicht in den Bundestag eingebracht worden waren, oder es wurde um Zustimmung zu geplanten Großen und Kleinen Anfragen nachgesucht und über diese teilweise diskutiert. Als letzter übergeordneter Tagesordnungspunkt stand »Sonstiges«. Meist berichtete hier die Parlamentarische Geschäftsführerin Helga *Timm* und informierte über Ausschussumbesetzungen, internationale Tagungen oder Delegationen.[6] Zum Punkt »Verschiedenes«, der immer am Ende der Tagesordnung stand, gab es in den allermeisten Fällen keine Wortmeldungen mehr.

In der 6. Wahlperiode hatten Abgeordnete immer wieder bedauert, dass die knappen Mehrheitsverhältnisse und der äußerst straffe Zeitplan keinen Platz ließen, um ausführlich über die zukünftige Fraktionsarbeit zu debattieren. Ein Dreivierteljahr nach

---

    kümmert hatte, in einem Seniorenheim untergebracht wurde. Die Büroleiterin der Fraktion, Thea *Kox*, betreute die alte Dame seitdem. Vgl. die SPD-Fraktionssitzung am 29. Juni 1976, SVP C, online.

5 *Wehner* gratulierte den Abgeordneten auch zur Geburt ihrer Kinder.

6 Zum Ablauf der Fraktionssitzungen, in den Teilen, die sich seit der 6. Wahlperiode nicht verändert hatten, vgl. außerdem die Einleitung zu DIE SPD-FRAKTION IM DEUTSCHEN BUNDESTAG. SITZUNGSPROTOKOLLE 1969–1972, S. 34*–39*.

der Bundestagswahl 1972 traf sich die Fraktion zu einer ersten Klausurtagung über das Selbstverständnis und die Arbeitsorganisation.[7] Im Vorfeld dieser fast sechseinhalb Stunden langen Sitzung am 12. Juni 1973 bat der Fraktionsvorstand die Abgeordneten, sich zunächst schriftlich zu Wünschen oder Verbesserungsvorschlägen hinsichtlich der Arbeitsbedingungen zu äußern.[8] Dabei stellte sich heraus, dass gerade unter den jüngeren und neu in den Bundestag gewählten Abgeordneten eine Ernüchterung hinsichtlich der Partizipationsmöglichkeiten in Parlament und Fraktion eingetreten war.[9] Sie fühlten sich im Verhältnis zu den erfahrenen Kolleginnen und Kollegen diskriminiert, zu selten, auch personell, an den wichtigen Entscheidungen der Fraktion beteiligt und vor allem zu wenig informiert.[10] Für den linken Kieler Abgeordneten Norbert *Gansel* stellte sich gar die Frage, »ob ich das in Zukunft verantworten kann, weiter an jeder [Fraktions-] sitzung teilzunehmen«, es gebe keine Informationen, die man nicht genauso gut in der Presse lesen könne, und es habe noch keine Abstimmung gegeben, die wirklich kontrovers gewesen sei. Das Desinteresse, so *Gansel*, sehe man auch daran, dass am Ende einer Sitzung »nur manchmal 50, 80 Mann von 242« noch übriggeblieben seien.[11]

Nach einer kontroversen Diskussion beschloss die Fraktion, eine Projektgruppe einzusetzen, die alle Vorschläge sammeln und nach Ende der Sommerpause einen entsprechenden Bericht abliefern sollte. Eine bereits im September 1973 umgesetzte Sofortmaßnahme war die Erweiterung der normalen Fraktionstagesordnung um zwei Tagesordnungspunkte: »Bericht aus der Fraktionsvorstandssitzung«, der in der Regel von *Wehner* gegeben wurde, und, je nach Notwendigkeit, Berichte aus den einzelnen Arbeitskreisen. So sollten die Abgeordneten zumindest einen Überblick über die Arbeit jener Arbeitskreise und -gruppen erhalten, die sie selbst nicht besuchen konnten. Sie sollten außerdem wissen, womit sich die Fraktionsführung mittel- bis langfristig beschäftigte, um entsprechend vorbereitet zu sein, falls diese Themen dann auf die Tagesordnungen der Arbeitskreise oder des Bundestags kommen sollten.

Der geschilderte Ablauf der Fraktionssitzungen war jedoch nur ein Gerüst, das vom Fraktionsvorsitzenden beziehungsweise vom Fraktionsvorstand je nach tagespolitischer Notwendigkeit modifiziert werden konnte. Mit einer gewissen Regelmäßigkeit standen auch die sogenannten Politischen Berichte auf der Tagesordnung. Meist handelte es sich dabei um längere Referate des Bundeskanzlers, einzelner Minister, Parlamentarischer Staatssekretäre oder des SPD-Parteivorsitzenden. In Ausnahmefällen kamen hier auch hochrangige Gäste der Fraktion zu Wort: beispielsweise Berlins Regierender Bürgermeister Klaus *Schütz*, der die Fraktion mit Neuigkeiten aus der geteilten Stadt versorgte[12],

---

7 Vgl. die SPD-Fraktionssitzung am 12. Juni 1973, SVP C und D, online.
8 Zu den Antworten vgl. AdsD, 2/BTFG000508. – Ernst *Waltemathe*, einer der 1972 neu in den Bundestag gewählten Abgeordneten, bemängelte beispielsweise, die Abgeordneten seien von »für ihn nicht leicht zu durchschauende[n] Strukturen und Bürokratien abhängig«.
9 Diese Enttäuschung artikulierten einige Abgeordnete in einem schriftlichen Resümee auch zehn Jahre später nochmals sehr deutlich, vgl. BRANDT, Hugo (Hrsg.): Hoffen, zweifeln, abstimmen. Seit 1969 im Bundestag. 14 SPD-Abgeordnete berichten, Reinbek bei Hamburg 1980.
10 »Es ist mißlich und wenig effektiv, wenn wir oft erst bei Betreten des Fraktionssaals erfahren, daß an dem betreffenden Tag z. B. über Probleme des Paragraphen 218 debattiert werden soll«, monierte Carl-Christoph *Schweitzer*, der 1972 erstmals in den Bundestag gewählt worden war, in der Vorbereitung der Klausursitzung 1973. Vgl. das Schreiben *Schweitzers* an den Fraktionsvorstand, z. Hd. von Karl *Wienand* und durchschriftlich an alle Mitglieder der SPD-Fraktion, 24. Mai 1973; AdsD, 2/BTFG000508. – Vgl. auch seine nachträgliche Deutung in SCHWEITZER, Carl-Christoph: Der Abgeordnete im parlamentarischen Regierungssystem der Bundesrepublik, Opladen 1979, S. 42–44.
11 Vgl. die SPD-Fraktionssitzung am 12. Juni 1973, SVP D, online.
12 Vgl. bspw. die SPD-Fraktionssitzung am 22. Oktober 1973, SVP B, online.

oder SPD-Schatzmeister Alfred *Nau*, der über die Verwendung der Fraktionsbeiträge für die Parteiarbeit referierte¹³. Vor allem Helmut *Schmidt* nutzte die Berichte als Finanzminister, aber noch mehr als Bundeskanzler gern zu längeren Ausführungen in globaler Volkswirtschaftslehre. Hin und wieder rügte *Schmidt* dabei die Fraktion, falls aus seiner Sicht Geschlossenheit oder Arbeitsmoral wieder einmal zu wünschen übrigließen.¹⁴

Die Sitzungen der SPD-Bundestagsfraktion fanden im gleichen Saal wie zwischen 1969 und 1972 statt, da die CDU/CSU-Fraktion sich geweigert hatte, ihren etwas größeren Sitzungssaal abzugeben, obwohl sie nicht mehr die stärkste Fraktion des Bundestags stellte.¹⁵ Damit verschärfte sich die Raumnot, unter der die Sozialdemokraten bereits in der 6. Wahlperiode gelitten hatten, der auf 242 Abgeordnete angewachsenen SPD-Fraktion weiter.¹⁶ Die Folge war, dass die SPD-Fraktion ihren Sitzungssaal und einige umliegende Büros umbauen lassen musste, um die größer gewordene Fraktion unterzubringen. Die lautstarken Bauarbeiten dauerten auch noch an, als die Abgeordneten sich zu ihrer ersten Klausurtagung traf. Die Bundestagsverwaltung weigerte sich jedoch, die Arbeiten für die Dauer der Sitzung einstellen zu lassen, da dies mit Kosten verbunden wäre. Die SPD-Fraktion sah sich somit vor die absurde Situation gestellt, entweder die Sitzung unter dem Lärm von Presslufthämmern durchzuführen oder 750 DM zu zahlen, um die Arbeiten zu unterbrechen. Sie entschied sich für die Zahlung. Doch obwohl die Abgeordneten den Bauarbeitern zusätzlich zwei Kästen Bier spendierten, damit diese vielleicht auch noch das Ende der Sitzung bei einer Flasche Bier abwarten würden, setzte der Baulärm genau sechs Stunden später wieder ein.¹⁷

Obgleich die Zahl der anwesenden Abgeordneten gegen Ende einer Sitzung immer wieder bedenklich sank, wurde die Frage der Beschlussfähigkeit gemäß der Fraktionsgeschäftsordnung nie gestellt.¹⁸ Allerdings kam es vor, dass die Fraktionsführung ihrerseits Abstimmungen über wichtige oder kontroverse Themen auf die nächste Sitzung verschob, um angesichts der geringen Teilnehmerzahl nicht zu Zufallsergebnissen zu kommen. Zudem konnte es passieren, dass umstrittene Themen ans Ende einer Sitzung rutschten, vielleicht in der Hoffnung, dass die Diskussion dann aufgrund der wenigen

---

13 Vgl. bspw. SPD-Fraktionssitzung am 3. April 1973, SVP C, online. – Andere Gäste waren bspw. Hans *Koschnick*, der als Mitglied des Parteivorstands über die Flügelkämpfe in München informierte (SPD-Fraktionssitzung am 30. März 1976, SVP A, online), oder der Präsident der Deutschen Bundesbahn, Wolfgang *Vaerst*, der zur finanziellen und strukturellen Lage der DB referierte (SPD-Fraktionssitzung am 4. Dezember 1973, SVP C, online).

14 So *Schmidts* wütende Zurechtweisung der Fraktion, nachdem der SPD-Kandidat *Buchstaller* bei der Wahl zum Wehrbeauftragten des Bundestags an der Enthaltung einiger SPD-Abgeordneter gescheitert war: »Das ist ein Mangel an Anstand! Und es ist ein verdammter Mangel an politischem Urteilsvermögen, sich so zu verhalten.« Vgl. SPD-Fraktionssitzung am 14. März 1975, online. – Vgl. auch den entsprechenden Abschnitt weiter unten.

15 Vgl. die SPD-Fraktionssitzung am 14. Dezember 1972, SVP A, online. – Die CDU/CSU musste nach den Zahlenverhältnissen zehn Räume an die SPD-Fraktion abgeben, tat dies aber nicht. Wegen dieses »Mangels an interfraktioneller Kooperation« fehlten der SPD Räume für Arbeitskreisvorsitzende und stellvertretende Fraktionsvorsitzende. Vgl. Schreiben von Helga *Timm* an den Parlamentarischen Geschäftsführer der CDU/CSU-Fraktion, Rudolf *Seiters*, 8. März 1973; AdsD 2/BTFG000444.

16 Erst im Sommer vor der Bundestagswahl 1972 hatte der Fraktionsvorstand den Kreis derjenigen Mitarbeiter, Regierungs- und Parteivertreter, die an der Fraktionssitzung teilnehmen durften, zum zweiten Mal seit 1969 aus Platzgründen eingeschränkt.

17 Vgl. die SPD-Fraktionssitzung am 12. Juni 1973, SVP A und E, online.

18 Analog zur Geschäftsordnung des Bundestags war die Fraktion erst dann nicht mehr beschlussfähig, wenn erstens weniger als die Hälfte der Mitglieder anwesend waren und zweitens die Beschlussunfähigkeit explizit festgestellt worden war. Vgl. Paragraph 1 der GESCHÄFTSORDNUNG DER FRAKTION (SPD – 06. WP) vom 2. Juni 1970, online (https://fraktionsprotokolle.de/handle/347).

Teilnehmer rascher und ohne Kontroverse vonstattenging. Die hohe Fluktuation der Abgeordneten und das mit fortschreitender Sitzungsdauer stark abnehmende Interesse an der Sitzung macht es praktisch unmöglich, verlässliche Aussagen über eine durchschnittliche Anwesenheitsquote zu treffen. Die überlieferten Anwesenheitslisten stellen daher bestenfalls die Quote zu Beginn einer Sitzung dar. Abgeordnete, die später kamen, trugen sich mitunter noch nachträglich ein, Regierungsmitglieder, die nur zu einem Tagesordnungspunkt erschienen waren, hingegen kaum.

Obwohl ausschließlich Abgeordnete stimmberechtigt waren und sich bis auf sehr wenige Ausnahmen nur diese zu Wort meldeten[19], besuchten natürlich nicht nur Abgeordnete die Sitzungen. Die Teilnehmerlisten verzeichnen Referentinnen und Referenten der Fraktion, Vertreter der sozialdemokratischen Pressedienste oder des Parteivorstands. Fallweise waren auch Mitarbeiter oder Assistenten der Bundesminister oder des Bundeskanzlers anwesend. So unterschrieben auf der Anwesenheitsliste der Sitzung am 25. November 1975 beispielsweise Vertreter des Bundeskanzleramts, des Bundespresseamtes, der Bundesministerien für Arbeit, der Justiz, des Inneren, der Verteidigung, für wirtschaftliche Zusammenarbeit, für Bildung und Wissenschaft, für Finanzen oder auch ein Vertreter des Auswärtigen Amtes.[20]

2. Der Fraktionsvorsitzende und der Fraktionsvorstand

Die organisatorischen Strukturen der Fraktion änderten sich in der 7. Wahlperiode nicht. An der Spitze der Fraktion stand seit 1969 der Fraktionsvorsitzende *Wehner*, der in der ersten Sitzung der neuen Wahlperiode ohne Gegenkandidat mit über 94 Prozent der abgegebenen Stimmen in geheimer Wahl gewählt wurde.[21] Damit übertraf er noch das gute Ergebnis von knapp 90 Prozent zu Beginn der 6. Wahlperiode.[22] Nach der Geschäftsordnung der Fraktion erfolgte die Wahl zunächst für eine Dauer von zwölf Monaten, sodann in einem Abstand von 18 Monaten. Dieselben Fristen galten für die Stellvertreter und den übrigen Fraktionsvorstand. Die erste turnusmäßige Neuwahl fand am 4. Dezember 1973 statt. *Wehner* wurde ohne Gegenkandidat erneut im Amt bestätigt, konnte aber das sehr gute Ergebnis von 1972 nicht mehr erreichen und bekam nur noch knapp 79 Prozent der Stimmen.[23] Bei der nächsten Wahl am 11. Juni 1975 erhielt *Wehner* 196 von 221 Stimmen.

An der Seite des Fraktionsvorsitzenden standen fünf Stellvertreter und die Parlamentarischen Geschäftsführer. Sie alle waren auch bereits Teil des Fraktionsvorstands. Zu den weiteren »geborenen« Mitgliedern des Vorstands gehörten die sozialdemokratischen Mitglieder des Bundestagspräsidiums, Annemarie *Renger* und Hermann *Schmitt-Vockenhausen*. Dazu kamen 18 Mitglieder, die aus den Reihen der Fraktion gewählt wurden.[24]

---

19 Neben Wortbeiträgen von geladenen Gästen der Fraktion antwortete ab und an der Pressesprecher der Fraktion, Wolfgang *Jansen*, auf Fragen.
20 Vgl. die Anwesenheitsliste zur Fraktionssitzung am 25. November 1975; AdsD, 2/BTFG000115.
21 Von 225 abgegebenen Stimmen erhielt *Wehner* 212 Stimmen. Zwei Abgeordnete enthielten sich. Vgl. die SPD-Fraktionssitzung am 29. November 1972, SVP C und D, online.
22 Vgl. die SPD-Fraktionssitzung am 22. Oktober 1969, SVP A, online.
23 Vgl. die SPD-Fraktionssitzung am 4. Dezember 1973, SVP A, online. – Von 219 abgegebenen Stimmen erhielt der Fraktionsvorsitzende 172 Stimmen. Die restlichen 47 Stimmen waren Nein-Stimmen.
24 Von den 18 vom Fraktionsvorstand vorgeschlagenen Kandidaten waren nur vier nicht bereits in der 6. Wahlperiode im Vorstand vertreten. Vgl. AdsD, 2/BTFG000150.

Die Wahl des Vorstands fand in der zweiten Januarhälfte 1973 statt, da die Fraktionsführung zunächst die Aufstellung des personalpolitischen Tableaus der Bundesregierung abwarten wollte. Für die Übergangszeit amtierte nach Paragraph 12 der Fraktionsgeschäftsordnung der alte Fraktionsvorstand weiter, so wurde ein Machtvakuum verhindert.[25] Dem amtierenden Vorstand aus des vorangegangene Wahlperiode oblag auch das Vorschlagsrecht für den neuen Fraktionsvorstand und die Parlamentarischen Geschäftsführer.

Am 17. Januar 1972 gab *Wehner* die Vorschlagsliste des Vorstands bekannt und rief die Fraktion dazu auf, etwaige Ergänzungen einzureichen. Die Listen basierten auf Vorschlägen, die der Fraktionsvorstand erhielt und über die er in geheimer Wahl entschied. Vertreter der Parteilinken, beispielsweise Dietrich *Sperling*, hatten dabei in der Regel nur sehr wenige Chancen, auf die Vorschlagslisten des Vorstands zu gelangen. *Sperling* erhielt immerhin sechs Stimmen, doch damit fehlten ihm noch mindestens vier Stimmen aus dem Fraktionsvorstand. Dass jemand von der Gesamtfraktion gewählt wurde, der nicht die Unterstützung des Vorstands besaß, war theoretisch möglich, kam jedoch praktisch nicht vor.

Wehner vergaß bei der Bekanntgabe der Listen, wie viele Stellvertreter es überhaupt geben sollte. Das musste die Fraktion eigentlich vor der Wahl entscheiden. Der Vorsitzende ließ sich daher am 23. Januar nachträglich von der Fraktion bestätigen, dass es bei der bisherigen Anzahl – fünf stellvertretende Fraktionsvorsitzende, vier Parlamentarische Geschäftsführer und 18 weitere Mitglieder des Fraktionsvorstands – bleiben sollte.[26] Die Wahlen zum Fraktionsvorstand fanden am 24. und 25. Januar 1973 außerhalb der Fraktionssitzung statt.[27]

Zu Stellvertretern *Wehners* wurden zunächst Klaus Dieter *Arndt*, Alex *Möller*, Günther *Metzger*, Friedrich *Schäfer* und Ernst *Schellenberg* gewählt. Nach dem Tod von Klaus Dieter *Arndt* am 29. Januar 1974 wählte die Fraktion am 21. März 1973 den ehemaligen Staatssekretär im Bundesministerium für Arbeit und Sozialordnung, Herbert *Ehrenberg*, der 1972 erstmals in den Bundestag eingezogen war, zum Nachfolger. Bei der Neuwahl des Vorstands im Dezember 1973 färbten die eher mäßigen Ergebnisse des Fraktionsvorsitzenden augenscheinlich auf dessen Stellvertreter ab, die zwischen 86 (Friedrich *Schäfer*) und 62 Prozent (Ernst *Schellenberg*) der abgegebenen Stimmen erhielten.[28]

Eine weitere Veränderung unter den stellvertretenden Fraktionsvorsitzenden gab es im Juni 1975, also zur letzten turnusmäßigen Neuwahl des Fraktionsvorstandes vor den Bundestagswahlen 1976. Aus gesundheitlichen Gründen gab Ernst *Schellenberg* sein Amt ab, für ihn wählte die Fraktion den Vorsitzenden der IG Bergbau und Energie, Adolf *Schmidt*.[29]

Der Vorstand war die zentrale Steuerungs- und Koordinierungsinstanz der Fraktion. In der Geschäftsordnung hieß es knapp, aber zutreffend: »Der Fraktionsvorstand führt die Geschäfte der Fraktion [...].« Im Vorstand trafen sich regelmäßig und in vertraulicher

---

25 Er setzte sich in diesem Fall aus den wieder in den Bundestag gewählten Mitgliedern des alten Fraktionsvorstands zusammen. Zum Wortlaut der Fraktionsgeschäftsordnung vom 2. Juni 1970 vgl. GESCHÄFTSORDNUNG DER FRAKTION (SPD – 06. WP), online (https://fraktionsprotokolle.de/handle/347).
26 Vgl. die SPD-Fraktionssitzung am 23. Januar 1973, SVP C, online.
27 Vgl. Protokoll der Sitzung des Fraktionsvorstands, 17. Januar 1973; AdsD, 2/BTFG000150. – Vgl. auch den entsprechenden Abschnitt weiter unten.
28 Vgl. Anm. 26.
29 Vgl. DATENHANDBUCH 1949–1999, S. 975.

Runde das Führungspersonal der Fraktion und qua Amt der sozialdemokratische Teil der Bundesregierung. Zwar sickerte auch aus dem Fraktionsvorstand immer wieder etwas an die Presse durch, doch die Vertraulichkeit blieb besser gewahrt als in der Fraktion selbst. Dort konnte es passieren, dass bereits während der Fraktionssitzung erste Pressemeldungen über das herauskamen, was gerade in der Fraktion verhandelt wurde.[30] Wer Mitglied im Fraktionsvorstand war, hatte daher nicht nur einen enormen Informationsvorteil vor den einfachen Abgeordneten, er übte auch einen Einfluss auf die Fraktion aus, der normalen Abgeordneten verwehrt war. Entsprechend begehrt waren die Mitgliedschaften im Vorstand – und entsprechend schwer war es für neue oder linke Abgeordnete, in dieses Gremium zu gelangen.

Über den Fraktionsvorstand liefen, mit Ausnahmen der Themen für die Fragestunde, die über einen Parlamentarischen Geschäftsführer gingen, alle Initiativen, Gesetzentwürfe, Anträge oder Anfragen der Fraktion. Erst wenn der Vorstand sich mit den Entwürfen und Vorschlägen beschäftigt und sie gebilligt hatte, konnten sie in die Fraktion eingebracht werden. Die Fraktion konnte mit ihrer Mehrheit ein negatives Votum des Vorstands überstimmen oder mit Mehrheitsbeschluss nicht im Vorstand behandelte Themen in der Fraktionssitzung behandeln. Es kam jedoch sehr selten vor, dass die Gatekeeper-Funktion des Vorstands auf diese Weise überstimmt wurde. Üblicherweise hielt sich die Fraktion an die Vorgaben des Vorstands.

Einen sehr großen Einfluss auf die Fraktionsarbeit übte der Fraktionsvorstand über sein Vorschlagsrecht in personellen Fragen aus. In Paragraph 4 der Geschäftsordnung der Fraktion hieß es dazu: »Die Fraktion entscheidet über die Besetzung von Ausschüssen, Gremien und Delegationen und wählt für Ämter und Funktionen die von der Bundestagsfraktion zu benennenden Kandidaten aufgrund von Vorschlägen des Fraktionsvorstandes.«[31] Wie einflussreich der Vorstand über sein Vorschlagsrecht war, zeigte sich in der 7. Wahlperiode am erstarkten linken Flügel der Fraktion, dem es trotz bedeutender Zuwächse kaum gelang, seine Vertreter in Funktionsstellen zu positionieren. Linke Personalwünsche wurden vom Fraktionsvorstand zumeist ignoriert. Im Vorstand saßen daher keine dezidierten Vertreter des jungen linken Flügels der Fraktion. Sie fanden sich schlicht nicht auf dessen Vorschlagslisten wieder.

Dort, wo es einzelnen Linken gelang, auf die Wahllisten zu gelangen, fehlten dann die Stimmenmehrheiten aus der Fraktion, um sich durchzusetzen. Dafür, dass die Linken keine Mehrheit in der Fraktion bekamen, sorgten beispielsweise die wohlorganisierten »Kanalarbeiter«[32] um Egon *Franke*[33], wie der Abgeordnete *Hansen* kritisch bemerkte: »In dieser Fraktion kannst du was werden, bist du gut aufgehoben, wenn du dich an Egon *Franke* und seine Mannen hältst. Und in der Tat, die Praxis sah so aus, wie ich bald erfahren konnte. Als nämlich die ersten Vorstandswahlen anstanden und neben mir einer von seinen Mannen wortwörtlich abschrieb, was dort an Empfehlungen ihm vorgelegt und anempfohlen war. Und so ist es ja dann auch weitergegangen. Ich entsinne mich, dass ich selbst mal kandidiert habe und hab' sehr sorgfältig nachher die Ergebnisse gezählt und nachgeprüft. Mir ist klargeworden, dass auch hier wiederum einem Vorschlag von den meisten von der Mehrheit der Fraktion gefolgt [worden] war. […]

---

30 Helmut *Schmidt* beschwerte sich auch als Bundeskanzler immer wieder darüber, dass seine Äußerungen in den Fraktionssitzungen praktisch nie lange vertraulich blieben.
31 Zur Geschäftsordnung der SPD-Bundestagsfraktion vgl. Anm. 18.
32 Vgl. Abschnitt zur Gruppenbildung in der Fraktion.
33 Zu Egon *Frank* vgl. Grajetzki, Katrin: »Kanalarbeiter« und Bundesminister. Der Sozialdemokrat Egon Franke (1913 bis 1995), Bonn 2020.

Die Arbeitskreise und die Arbeitsgruppen waren ja fest in eurer[34] Hand.«[35] Noch drastischer ärgerte sich Ernst *Waltemathe* über dieses Defizit an fraktionsinterner Chancengleichheit: »Ich darf beispielsweise daran erinnern, dass es mich eigenartig berührt hat als Neuling in dieser Fraktion […], wie eine Delegation dieser Fraktion zum Bundesparteitag hier gewählt wird, ohne vorherige Sachdiskussion, und dann habe ich mir sagen lassen, dass es da eine ganze Reihe [gibt], etwa 50 Prozent der Stimmzettel, die abgegeben worden sind, die zufällig etwa gleichlautend aussahen. […] Es haben Neulinge kandidiert, zum großen Teil doch ohne Chancen, sich zu artikulieren vorher und dann auch Chancen zu haben, gewählt zu werden.«[36]

Neben der Organisationsmacht von Egon *Frankes* »Kanalarbeitern« gab es weitere, ebenfalls effektive Strategien, um kritische Debatten über Vorschläge des Vorstands in der Fraktion zu verhindern. So wurden Nachnominierungen oder Umbesetzungen in Bundestagsgremien in der Regel immer erst am Ende der Fraktionssitzung verhandelt. Das erhöhte die Chancen, dass die meist arg zusammengeschrumpfte Fraktion nach einer langen, anstrengenden Sitzung die Vorschläge des Vorstands ohne Diskussion billigte. Abgeordnete, die nicht zu den »Kanalarbeitern« gehörten, hatten dadurch noch weniger Chancen.

In anderen Fällen erfuhren Kandidaten nicht, dass der Vorstand sie nicht nominiert hatte, und konnten sich daher auch nicht rechtzeitig darum bemühen, in der Fraktion Unterschriften für eine Wahl gegen den Vorstand zu organisieren. So klagte Norbert *Gansel*, der sich auf das Amt eines Schriftführers im Bundestag beworben hatte, im Herbst 1974 darüber, dass Helga *Timm* es nicht für notwendig gehalten habe, ihm die Nichtnominierung mitzuteilen. In der Fraktionssitzung kritisierte *Gansel* dann lautstark, dass selbst solche Kleinigkeiten mitunter wie ein »Staatsgeheimnis« im Fraktionsvorstand behandelt würden. *Wehner* wies ihn lapidar darauf hin, dass der Fraktionsvorstand eben das Vorschlagsrecht habe und wenn *Gansel* dies in der Fraktion thematisieren wolle, solle er sich an die Widerspruchsfristen und -regeln halten.[37]

Das Vorschlagsrecht war zu sehr ein Machtinstrument der Fraktionsführung, als dass diese hierbei Zugeständnisse gemacht hätte. Nur einmal rebellierte die Fraktion. Im Februar 1975 sollte bei der Wahl des Wehrbeauftragten zum ersten Male ein Kandidat der SPD zum Zuge kommen und den FDP-Amtsinhaber ablösen. Der Fraktionsvorstand hatte sich, ohne auf das Stimmungsbild in der Fraktion zu achten, auf Werner *Buchstaller* als Kandidaten geeinigt. Für den weitgehend unauffälligen Rheinland-Pfälzer Abgeordneten sprach jedoch wenig. *Buchstaller* hatte sich zwar auf Verteidigungspolitik spezialisiert und saß im Verteidigungsausschuss, die hervorstechende Eigenschaft des selten in der Fraktion sprechenden Abgeordneten war aber seine Loyalität zur Fraktionsführung und zu Herbert *Wehner*. Ansonsten war *Buchstaller* in der 6. Wahlperiode vor allem damit aufgefallen, dass er jahrelang einen Beratervertrag mit einem wehrpolitischen Verlag hatte – was er nur zugab, um einem entsprechenden »Spiegel«-Artikel zuvorzukommen. Damals stand der Vorwurf der Interessenkollision im Raum. Einen anderen Kandidaten sollte es nach Auffassung von *Wehner* aber nicht geben. *Wehner* erlaubte es der Fraktion auch nicht, selbst andere Vorschläge einzubringen. Das, so beschied der Fraktionsvorsitzende den Abgeordneten knapp, nachdem er *Buchstaller* als Kandidaten präsentiert hatte, verbiete sich mit Blick auf die Fraktionsgeschäftsordnung wie auch

---

34 Gemeint sind die Vertreter der »Kanalarbeiter«.
35 Vgl. die SPD-Fraktionssitzung am 12. Juni 1973, SVP E, online.
36 Vgl. Anm. 35.
37 Vgl. die SPD-Fraktionssitzung am 15. Oktober 1974, SVP E, online.

auf den straffen parlamentarischen Zeitplan zur Wahl des Wehrbeauftragten. Mit seinem Hinweis, die einzige Möglichkeit, doch noch zu diskutieren, sei die Verschiebung der Wahl im Plenum des Bundestags, was die Opposition natürlich ausnutzen werde, setzte der Vorsitzende die Fraktion unter Druck. Eine Diskussion ließ er nicht zu und zwang die Fraktion abzustimmen.

Da *Buchstaller* der einzige Kandidat blieb, war das Votum der Fraktion absehbar. Besonders überzeugend war das Ergebnis nicht. 58 Nein-Stimmen und 13 Enthaltungen bei insgesamt 194 abgegebenen Stimmen zeigten, wie unzufrieden die Fraktion war.[38] Als die Wahl in der Plenarsitzung am 13. März 1975 anstand, passierte schließlich das Undenkbare: *Buchstaller* verfehlte die erforderliche notwendige Mehrheit der Mitglieder des Bundestags. Offensichtlich hatten sich SPD-Abgeordnete, ohne dies in der Fraktion zuvor zu erklären, der Stimme enthalten und so den sozialdemokratischen Kandidaten zu Fall gebracht. Zwar erreichte auch der Kandidat der Union nicht die erforderliche Mehrheit, doch die Opposition frohlockte. *Wehner* und Bundeskanzler *Schmidt* tobten hingegen. Zeitweilig stand sogar der Rücktritt des Fraktionsvorsitzenden im Raum, denn es war klar, dass die Niederlage vor allem ein an den Fraktionsvorsitzenden gerichtetes Signal war. Die Fraktionssitzung nach dem Debakel war ruppig. *Wehner* und *Schmidt* verliehen ihrem Unmut lautstark Ausdruck. Besonders zornig waren viele Abgeordnete aber auch darüber, dass die unbekannten Abweichler zuvor nicht mutig genug gewesen waren, ihr Verhalten in der Fraktion anzukündigen, sondern die Anonymität der Abstimmung im Plenum nutzten. Auch jetzt bekannte sich kein Abgeordneter dazu, *Buchstaller* nicht gewählt zu haben. Einige äußerten Verständnis für die Niederlage und kritisierten die überhastete und intransparente Personalentscheidung an der Fraktion vorbei. Die Atmosphäre war aber so angespannt, dass alle, die sich zu Wort meldeten, zugleich abstritten, zu den Abweichlern gehört zu haben und pflichtgemäß das unsolidarische Verhalten der unbekannten Kollegen geißelten. Um den Schaden zu begrenzen, gingen *Wehner* und *Schmidt* auf Nummer sicher und schlugen der Fraktion als neuen Kandidaten den allseits angesehenen Parlamentarischen Staatssekretär im Verteidigungsministerium, Willi *Berkhan*, vor. *Buchstaller* sollte als Wiedergutmachung an die Spitze des Verteidigungsausschusses wechseln, wo er Hermann *Schmidt* ablöste, der *Berkhan* als Parlamentarischen Staatssekretär beerben sollte.[39] Letztlich änderte die Niederlage des Fraktionsvorstands aber nichts an der fortgesetzten Intransparenz der Personalentscheidungen in der Fraktion. Niemand aus dem inneren Zirkel der Fraktionsführung war ernsthaft bereit, dieses Machtinstrument der Führung zu liberalisieren oder transparenter zu gestalten.

Zwar gab es in der siebten Wahlperiode gerade von Seiten der jüngeren Abgeordneten diverse Ansätze zu mehr Transparenz, denen sich auch der Vorstand nicht gänzlich verweigern konnte. Aber es gelang ihm zumeist, die Transparenz so zu gestalten, dass der Einfluss des Fraktionsvorstands nicht gemindert wurde. So beugte sich *Wehner* dem Wunsch vieler Abgeordneter, aus den Sitzungen des Fraktionsvorstands zu berichten. Denn viele Abgeordnete bemängelten, dass sie oft kurzfristig mit Gesetzesinitiativen oder fertigen Stellungnahmen in den Fraktionssitzungen überrascht wurden oder dass sie schlicht nicht wussten, was der Vorstand gerade besprach. Als Folge der Kritik wurde im Spätsommer 1973 mit den »Berichten aus dem Fraktionsvorstand« ein zusätzlicher Tagesordnungspunkt in den Fraktionssitzungen eingeführt. Auf Erläuterungen der personalpolitischen Entscheidungen des Fraktionsvorstands musste die Fraktion jedoch auch weiterhin vergeblich warten.

---

38 Vgl. die zweite SPD-Fraktionssitzung am 25. Februar 1975, SVP A, online.
39 Vgl. die SPD-Fraktionssitzung am 14. März 1975, online.

Mehr Transparenz und den Einbezug der Wünsche von einfachen Abgeordneten sollte auch eine andere auf der Klausursitzung von 1973 beschlossene Neuregelung bringen. Die Fraktionsmitglieder wurden aufgerufen, den Vorstand ab Oktober 1973 monatlich in tabellarischer Übersicht über Wünsche und Anregungen zu informieren. Die Abgeordneten sollten darin auch mitteilen, welche Themen sie aus ihrer Wahlkreisarbeit oder Wählerkorrespondenz als besonders wichtig erachteten, wo sie dringenden Handlungsbedarf sahen oder bei welchen Themen sie sich selbst besonders kompetent sahen. Umgekehrt waren die Sacharbeitsgruppen und -kreise der Fraktion gehalten, Materialien zur aktuellen Gesetzgebung, beispielsweise Redeentwürfe oder Argumentationshilfen, bereitzuhalten und bei Bedarf den Interessenten zukommen zu lassen. So sollte die Kluft zwischen der immer offenkundiger werdenden Spezialisierung der Abgeordneten im parlamentarischen Alltag und dem Wunsch, auch bei fachfremden Themen vor den Bürgerinnen und Bürgern im Wahlkreis Auskunft geben zu können, ein wenig verringert werden.[40] Solche Neuerungen halfen sicherlich, die Fraktionsarbeit besser zu koordinieren, aber sie stärkten auch den Informationsvorsprung des Fraktionsvorstands und stärkten seine Stellung als Gatekeeper.

Der verstärkten Vernetzung von Fraktion und Partei sowie der besseren Vorbereitung auf die Parteitage diente eine weitere Vorgabe des Vorstands: Die Fraktion wurde aufgefordert, vor Parteitagen in übersichtlichen Formularen Auskunft über die parlamentarische Behandlung der vergangenen Beschlüsse des Parteitags geben. So sollten Funktionäre, Basis, Ortsvereine und Bezirke eine bessere Übersicht darüber erhalten, welche ihrer Beschlüsse Eingang in die Bundespolitik gefunden hatten.[41] Einem ähnlichen Zweck dienten auch die bereits seit der 6. Wahlperiode bekannten Delegationsreisen der Fraktion in einzelne Wahlkreise, die nun regelmäßig und nicht nur anlässlich von Landtagswahlen durchgeführt wurden.[42]

Der engere Fraktionsvorstand

Vor jeder montags stattfindenden Sitzung des Fraktionsvorstands traf sich ein in der Geschäftsordnung der Fraktion von 1970 nicht erwähnter engerer Fraktionsvorstand zur sogenannten Vorsitzendenbesprechung. Der Kreis umfasste den Fraktionsvorsitzenden, die Parlamentarischen Geschäftsführer und die Stellvertreter des Fraktionsvorsitzenden. Die Aufgaben des informellen Gremiums hatten sich seit der 6. Wahlperiode nicht verändert. In den kurzen Sitzungen wurden die Termine der anstehenden Plenarwoche knapp besprochen, die Tagesordnung der Fraktionsvorstandssitzungen festgelegt und ein erster Vorschlag für die Tagesordnung der Fraktionssitzung gemacht. In diesen Treffen, die protokollarisch nicht überliefert sind, wurden laut Manfred *Schulte* auch vertrauliche Personalfragen der Fraktionsverwaltung – Assistenten, wissenschaftliche Mitarbeiter, Sekretariat oder Personalrat der Fraktion – besprochen.[43]

---

40 Im Frühjahr 1975 installierte die Fraktion einen Postbeauftragten, um die immer umfangreicher werdende Bürgerpost an die Fraktion zentral zu bearbeiten und nach Rückfrage mit den zuständigen Abgeordneten oder Arbeitskreisen zu beantworten. Die Arbeitskreise erhielten die Abschriften der Fragen und Antworten zum Verbleib. Vgl. Schreiben von Gerhard *Jahn* an alle Mitglieder der Fraktion, 7. April 1975; AdsD 2/BTFG000440.

41 Für Beispiele dieser Formulare, hier zum Parteitag der SPD, vgl. AdsD 2/BTFG000441.

42 Für einen Bericht über eine solche Reise nach Rheinland-Pfalz vgl. die SPD-Fraktionssitzung am 12. Februar 1974, SVP E, online.

43 Vgl. SCHULTE, Manfred: Manipulateure am Werk? Zur Funktion des Fraktionsvorstandes und der Parlamentarischen Geschäftsführer, in: Der Bundestag von innen gesehen, hrsg. von Emil Hübner, Heinrich Oberreuter und Heinz Rausch, München 1969, S. 68–82.

Interessant ist, dass der engere Fraktionsvorstand 1975 plötzlich und nach vielen Jahren seines informellen Bestehens kodifiziert wurde. Dafür wurde Paragraph 12 der Geschäftsordnung, der die Aufgaben des Fraktionsvorstands definierte, um einen zweiten Absatz ergänzt: »Der Vorsitzende, seine Stellvertreter und die Parlamentarischen Geschäftsführer bilden den geschäftsführenden Fraktionsvorstand, der den Fraktionsvorstand regelmäßig über die Regelung laufender Angelegenheiten der Geschäftsführung zwischen den Zusammenkünften des Fraktionsvorstandes unterrichtet.«[44] Zeitlich geschah die Ergänzung der Geschäftsordnung vermutlich im Zusammenhang mit den notwendig gewordenen personellen Veränderungen im Kreise der Parlamentarischen Geschäftsführer, nachdem Karl Wienand aus dem Bundestag ausgeschieden war. Die Neueinteilung ihrer Aufgabenbereiche hatten die Parlamentarischen Geschäftsführer im Dezember 1974 untereinander besprochen und offenbar als Vorschlag an *Wehner* geschickt. *Wehner* übersandte die Vorschläge seinerseits in einem vom ihm unterzeichneten Schreiben an die Teilnehmer der Vorbesprechung, in dem die entsprechende Ergänzung der Geschäftsordnung erläutert wurde. »Eine solche [...] Änderung der Geschäftsordnung durch eine Zusatzbestimmung würde Möglichkeiten und Notwendigkeiten zu regelmäßiger Unterrichtung des Fraktionsvorstandes zur Folge haben«, lautete die Begründung. Die Änderung »würde wahrscheinlich auch die Stellvertretenden Vorsitzenden in eine regelmäßigere Zusammenarbeit mit den Parlamentarischen Geschäftsführern bringen [...].«[45] *Wehner* ließ unerwähnt, dass Art und Teilnehmerkreis der Vorbesprechung schon bisher genau diesen Charakter hatten und hier nur etwas in der Geschäftsordnung fixiert wurde, was seit einigen Wahlperioden bereits Praxis war.

3. Die Parlamentarischen Geschäftsführer

Das organisatorische Rückgrat aller Fraktionen im Deutschen Bundestag bildeten die Parlamentarischen Geschäftsführer, die gerne als »Manager des Parlaments«[46] bezeichnet werden. Die Geschäftsordnung der SPD-Bundestagsfraktion drückte es wesentlich nüchterner aus: »Die Parlamentarischen Geschäftsführer erledigen die parlamentarischen, juristischen und organisatorischen Aufgaben der Fraktion. Der Vorstand verteilt die Aufgabengebiete.«[47] Die Parlamentarischen Geschäftsführer deckten in der SPD das gesamte Spektrum der politischen und administrativen Arbeit der Fraktion im Parlament und in der Partei bis hin zu den verschiedensten Verbänden und Interessengruppen in der Gesellschaft ab. Im engeren Fraktionsvorstand bereiteten die Geschäftsführer die Sitzungen vor. Im Ältestenrat vertraten sie die Interessen ihrer Fraktion und achteten darauf, dass diese in der parlamentarischen Arbeit gut vertreten waren, beispielsweise wenn es um die Festsetzung der Tagesordnung oder jeweiligen Redezeit in der Plenarwoche ging. Sie hielten Kontakt zu den Landesverbänden, den Fraktionen der Landtage und den Gewerkschaften. Für die Fraktionsadministration waren die Parlamentarischen Geschäftsführer bedeutender als die stellvertretenden Fraktionsvorsitzenden, deren Einfluss, neben der symbolischen Bedeutung, sich vor allem über einen Sitz

---

44 Vgl. die SPD-Fraktionssitzung am 14. Januar 1975, SVP D, online.
45 Die genauen Adressaten sind mangels Anschreiben unklar. Das Schreiben ist jedoch im Bestand des Fraktionsvorstands abgelegt worden. Vgl. Vorlage für die Vorbesprechung am 12. Januar 1975; AdsD 2/BTFG000243.
46 Vgl. bspw. PETERSEN, Sönke: Manager des Parlaments: parlamentarische Geschäftsführer im Deutschen Bundestag – Status, Funktionen, Arbeitsweise, Opladen 2000.
47 Zur Geschäftsordnung vgl. Anm. 15.

im engeren Fraktionsvorstand definierte. Die »Manager des Parlaments« hingegen saßen an den organisatorischen und politischen Schlüsselstellen, über ihre Schreibtische lief die gesamte Koordination der Fraktionsarbeit im parlamentarischen Raum. Die enge Zusammenarbeit mit dem Fraktionsvorsitzenden verstärkte ihre Gatekeeper-Funktion. Den Stellenwert der Parlamentarischen Geschäftsführer innerhalb der Fraktion erkennt man auch daran, dass sie laut Geschäftsordnung der Fraktion die gesamte Wahlperiode über amtierten.

Unter den Parlamentarischen Geschäftsführern gab es eine klare Hierarchie, die nur zum Teil durch die Aufgabenverteilung festgelegt war, die zu Beginn der Wahlperiode jeweils vom Fraktionsvorstand festgelegt wurde.[48] Entscheidend für die hierarchische Stellung der Geschäftsführer waren Nähe und Vertrauensverhältnis zum Fraktionsvorsitzenden. Das zeigte sich an keiner Person besser als an Karl *Wienand*. Der Rheinländer war bis zu seinem Rücktritt 1974 einer der engsten Vertrauten *Wehners*.

Wienands Aufgabengebiet als Parlamentarischer Geschäftsführer war vielfältig: Er war Obmann der Fraktion im Ältestenrat und im Vermittlungsausschuss und bereitete für die Fraktion die Plenarsitzungen sowie die Sitzungen des Fraktionsvorstands und der Fraktion vor. Er hielt Kontakt zu den anderen Fraktionen des Bundestags, außerdem zu den SPD-Landtagsfraktionen, den sozialdemokratisch geführten Landesregierungen und zu den europäischen Gremien. Zusammen mit seiner Kollegin Helga *Timm* war *Wienand* auch der erste parlamentarische Ansprechpartner für die hauptamtliche Fraktionsbürokratie. Er war maßgeblich an der Auswahl des Personals für die Verwaltung der Fraktion beteiligt.[49]

Wienand war wohl auch am ehesten, was bis heute im angelsächsischen Raum als »whip«, Fraktionseinpeitscher, bezeichnet wird. Immer wieder berichteten ehemalige Abgeordnete, dass *Wienand* derjenige war, der in schwierigen Situationen auf die Fraktionsdisziplin achtete und nicht nur dafür sorgte, dass die Mitglieder vollzählig anwesend waren – dafür war Helga *Timm* verantwortlich –, sondern dass sie sich in diesen Situationen an die Fraktionslinie hielten. Auch kritische Mitarbeiter wurden nicht immer zimperlich behandelt, sondern auch mal gezielt persönlich unter Druck gesetzt.[50] Dass *Wienand* in heiklen Fällen sehr robust und an den Grenzen der Legalität agieren konnte, erfuhr die bundesdeutsche Öffentlichkeit bei der Aufarbeitung der Vorkommnisse um den gescheiterten Versuch der CDU/CSU-Fraktion, Bundeskanzler *Brandt* im April 1972 über ein konstruktives Misstrauensvotum zu stürzen.[51]

Der Parlamentarische Geschäftsführer Helmut *Lenders* war vor allem für die Außenbeziehungen der Fraktion zuständig, er kümmerte sich um Kontakte zu allen Institutionen, Einrichtungen oder Körperschaften, die für die Fraktion von Bedeutung waren. *Lenders* war auch für die Vermittlung von Referenten oder Rednern aus der Fraktion für Kongresse oder Tagungen zuständig. Über sein Büro liefen alle Fragen der Parlamentarier für die Fragestunde und die etwaige Beantragung Aktueller Stunden. Allerdings war in der Fraktionsgeschäftsordnung nur festgelegt, dass die Fragen über den Parlamenta-

---

48 Die Geschäftsordnung der Fraktion hingegen behandelte die Parlamentarischen Geschäftsführer gleichrangig.
49 Guntram *von Schenck*, der 1971 eine Arbeitsstelle als wissenschaftlicher Referent in der Fraktion angetreten hatte, schilderte, dass bei seinem Einstellungsgespräch *Wienand*, *Wehner* und Thea *Kox* anwesend waren. Vgl. VON SCHENCK, Guntram: Historiker, Politiker, Diplomat. Autobiographie, Radolfzell 2001, S. 38 f.
50 Vgl. VON SCHENCK, Historiker, S. 42 f.
51 Vgl. dazu den Abschnitt »Von der Amtsmüdigkeit zum Rücktritt des Bundeskanzlers« in dieser Einleitung.

rischen Geschäftsführer eingereicht werden sollten, eine inhaltliche Kontrolle oder gar Freigabe sollte in der Regel nicht stattfinden. Die Regelung sorgte aber natürlich dafür, dass die Fraktionsführung regulierend eingreifen konnte, bevor politisch heikle oder gar schädliche Fragen in der Fragerunde besprochen wurden. Dass dies öffentlich in der Fraktion thematisiert wurde, kam allerdings selten vor und betraf meist außenpolitische Themen, wo das große und publikumswirksame Podium des Bundestags im Vergleich zur diskreten Diplomatie eher schädlich war. In solchen Fällen riet auch *Wehner* der Fraktion von parlamentarischen Anfragen oder Forderungen an das Auswärtige Amt ab und verwies auf informelle Kanäle.

Als Parlamentarischer Geschäftsführer zuständig für Gesetzgebungs- und Geschäftsordnungsfragen sowie die juristische Beobachtung der Gesetzgebung und der Äußerungen der Fraktion war der Jurist und Richter Manfred *Schulte*. *Schulte* war zugleich Justitiar der SPD-Bundestagsfraktion. Daneben fungierte er als Kontaktperson zu den Gewerkschaften in arbeits- und tarifrechtlichen Fragen. Er war auch für die Überwachung der Finanzen der Fraktion und die Ausgaben der Fraktionsverwaltung zuständig.

Helga *Timm*, schon seit der 6. Wahlperiode die einzige Frau unter den Parlamentarischen Geschäftsführern, kümmerte sich um die parlamentarische Präsenz der Fraktion – dazu verteilte sie auch die berühmten »Roten Zettel«, die den Abgeordneten Anwesenheitspflicht für Plenarsitzungen signalisierten.[52] *Timm*, die auch im Ältestenrat saß, war außerdem verantwortlich für die Besetzung der Bundestagsausschüsse und von Gremien außerhalb des Bundestags, in die Abgeordnete entsandt wurden – beispielsweise den Europarat, das Europäische Parlament, die Interparlamentarische Union (IPU), die NATO-Parlamentarierkonferenzen oder auch Aufsichts- oder Beiräte der Bundeszentrale für politische Bildung oder von Entwicklungshilfeorganisationen des Bundes. Helga *Timm* betreute die Parlamentarier bei Reisen und Delegationen und versuchte, den Überblick über Besuchergruppen aus den Wahlkreisen zu behalten. Sie war die Ansprechpartnerin für die Abgeordneten und deren Mitarbeiter in personalpolitischen Fragen gegenüber dem Bundestag. Ihr oblag zudem die Raumvergabe für Büros – angesichts des notorischen Raummangels keine unwichtige Aufgabe.[53]

Nachdem Karl *Wienand* zunächst sein Amt als Parlamentarischer Staatssekretär ruhen lassen musste, um sich gegen die Vorwürfe und Ermittlungen wegen Steuerhinterziehung und der *Steiner-Wienand*-Affäre verteidigen zu können, und nach seinem körperlichen Zusammenbruch am 1. Juli 1974, der letztlich zur Mandatsaufgabe führte[54], wurden *Wienands* Aufgaben zunächst auf die drei verbliebenen Geschäftsführer sowie die stellvertretenden Fraktionsvorsitzenden verteilt. Manfred *Schulte* übernahm die meisten

---

52 Helga *Timm* sorgte auch dafür, dass die Abgeordneten bei außerordentlichen Sitzungen des Bundestages möglichst vollzählig anwesend waren. Das konnte bedeuten, dass sie geradezu detektivische Arbeit leisten musste, um Abgeordnete im Urlaub auf französischen Campingplätzen, in der Transsibirischen Eisenbahn oder in Kreuzfahrthäfen aufzuspüren. Vgl. AdsD, 17095 (Ordner Helga Timm, Sondersitzung).

53 Wurde es aber knifflig bei der Raumvergabe oder steigerte sich der Unmut der Abgeordneten über die beengten Platzverhältnisse zu sehr, konnte es passieren, dass sich Karl *Wienand* einschaltete und das Anliegen in den Ältestenrat brachte. Vgl. die Fraktionssitzung am 13. März 1973, SVP B, online. – Hier beschwerte sich der Abgeordnete *von Bülow*, dass einige Kollegen oder Kolleginnen eine privilegierte Unterbringung genössen, während andere nicht einmal über einen eigenen Telefonapparat verfügten, sondern sich diesen mit den Abgeordnetenmitarbeitern teilten. Das Thema löste große Unruhe unter den Teilnehmern der Sitzung aus.

54 *Wienand* brach auf einer Sitzung des Ältestenrats zusammen. Vgl. SPD-Fraktionssitzung am 1. Juli 1974, SVP A, online. – Am 10. Dezember 1974 teilte er dann der Bundestagspräsidentin seinen Mandatsverzicht mit. Vgl. die SPD-Fraktionssitzung am 10. Dezember 1974, SVP A, online.

der politisch heikleren Aufgabengebiete von *Wienand*, beispielsweise die Vertretung der Fraktion im Ältestenrat und im Vermittlungsausschuss.⁵⁵

Anfang Dezember 1974 bat auch Manfred *Schulte* darum, aus gesundheitlichen Gründen von seinem Amt als Parlamentarischer Geschäftsführer entbunden zu werden. Der Fraktionsvorstand schlug daraufhin den ehemaligen Bundesminister der Justiz, Gerhard *Jahn*, sowie Konrad *Porzner*, der bis zu diesem Zeitpunkt noch Parlamentarischer Staatssekretär beim Bundesminister der Finanzen war, als neue Geschäftsführer und Ersatz für *Schulte* beziehungsweise *Wienand* vor.⁵⁶ Die Fraktion stimmte zu. *Porzner* und *Jahn* traten ihre neuen Ämter kurz vor Weihnachten an. Der Fraktionsvorstand nutzte die personellen Neubesetzungen und die Weihnachtspause, um die Aufgabenverteilung unter den vier Geschäftsführern zu überarbeiten. Im Januar 1975 präsentierte *Wehner* der Fraktion die neue Geschäftsverteilung. Die Verantwortung für den Vermittlungsausschuss, die zuvor *Wienand* übertragen war, wurde aus *Porzners* Zuständigkeitsbereich herausgelöst und Gerhard *Jahn* übertragen, der *Schulte* ablöste. *Jahn* übernahm auch die Verbindung der Fraktion in den Bundesrat und die organisatorisch-personelle Verantwortung für die Fraktionsadministration. Der enorme Einfluss, den *Wienand* zuvor mit seinem Amt besaß und der auch aus seinem Verhältnis zum Fraktionsvorsitzenden resultierte, wurde damit auf mehrere Schultern verteilt. Die übrigen Geschäftsbereiche der Parlamentarischen Geschäftsführer blieben weitgehend gleich.⁵⁷

4. Bundestagsausschüsse und Arbeitskreise

Die Konstituierung der Ausschüsse des Bundestags war angesichts der schleppenden Regierungsbildung über den Jahreswechsel 1972/1973 in Verzug geraten und es dauerte einige Wochen, bis Ausschüsse sowie die sie begleitenden Fraktionsarbeitskreise ebenfalls konstituiert waren. Die endgültigen Personalentscheidungen des Fraktionsvorstands und der Fraktion für die Ausschüsse konnten erst Ende 1972 getroffen werden.⁵⁸ Besonders dringend war jedoch schon vorher die Konstituierung des Haushaltsausschusses, um endlich zu einem verfassungsmäßigen Haushaltsplan für das Jahr 1972 zu kommen. Seit den gescheiterten Haushaltsberatungen im April 1972 verfügte die Regierung über keinen ordentlichen Bundeshaushalt. Um diesen Zustand zu beenden, sollten die Haushaltsberatungen im Ausschuss zügig aufgenommen werden. Die Fraktion beschloss am 12. Dezember, dass diejenigen Mitglieder des Haushaltsausschusses der 6. Wahlperiode, die weiterhin dem 7. Bundestag angehörten, diese Arbeit übergangsweise übernehmen sollten, bis die Aufteilung und Besetzung der Bundestagsausschüsse nach Abschluss der Regierungsbildung abgeschlossen sein würde.⁵⁹

Die Fraktionen einigten sich auf 19 ordentliche Bundestagsausschüsse, in neun von ihnen stellte die SPD den Ausschussvorsitz, in einem die Liberalen⁶⁰, in den restlichen

---

55 Vgl. Schreiben von Helga *Timm* an alle Fraktionsmitglieder, 18. Dezember 1974; AdsD 2/BT-FG000440.
56 Vgl. die SPD-Fraktionssitzung am 10. Dezember 1974, SVP A, online.
57 Vgl. die Geschäftsvertretung gemäß Paragraph 17 der Geschäftsordnung; AdsD, 2/BTFG000440.
58 Vgl. die SPD-Fraktionssitzung am 17. Januar 1973, SVP D, online, sowie SPD-Fraktionssitzung am 23. Januar 1973, SVP C, online.
59 Vgl. die SPD-Fraktionssitzung am 12. Dezember 1972, SVP C, online.
60 Der Finanzausschuss wurde von der FDP-Abgeordneten Lieselotte *Funcke*, der einzigen Frau an der Spitze eines Ausschusses, geleitet.

neun die CDU/CSU-Opposition. Die der sozialdemokratischen Fraktion zustehenden Vorsitze verteilten sich auf den Ausschuss für Wahlprüfung, Immunität und Geschäftsordnung[61], den Innenausschuss[62], den Ausschuss für Ernährung, Landwirtschaft und Forsten[63], den Ausschuss für Arbeit und Sozialordnung[64], den Verteidigungsausschuss[65], den Ausschuss für Jugend, Familie und Gesundheit[66], den Ausschuss für Verkehr[67], den Ausschuss für Forschung und Technologie und für das Post- und Fernmeldewesen[68] sowie den Ausschuss für Wirtschaftliche Zusammenarbeit[69]. Zur Reform des Paragraphen 218 Strafgesetzbuch gab es wie auch in der 6. Wahlperiode einen Sonderausschuss für die Strafrechtsreform[70].

Die tatsächliche Vorbereitung der Arbeit im Parlament sowie in den Ausschüssen und Unter- wie Sonderausschüssen konnte schon aus organisatorischen und zeitlichen Gründen natürlich nicht ausschließlich in den Fraktionssitzungen erfolgen. Dafür waren die Arbeitskreise und Arbeitsgruppen da, in denen sich die Abgeordneten nach ihrer fachlichen Präferenz mindestens einmal pro Sitzungswoche trafen. In den Fraktionssitzungen wurden die restlichen Abgeordneten dann darüber informiert, zu welchen Ergebnissen die Fachgruppen gekommen waren, und die Ergebnisse wurden der Fraktion gegebenenfalls zur Entscheidung vorgelegt. In den allermeisten Fällen folgte die Fraktion den Vorschlägen der jeweiligen Experten in den Arbeitskreisen.

Die Fraktion richtete zu Beginn der Wahlperiode sechs Arbeitskreise ein. Der Fraktionsvorstand machte die Personalvorschläge zur Besetzung der Arbeitskreisleitung. Die Fraktion stimmte dann außerhalb einer Fraktionssitzung über die Vorschläge des Vorstands ab. Wer sonst im jeweiligen Arbeitskreis mitarbeitete, richtete sich nach den Ausschussmitgliedschaften. Prinzipiell standen die Arbeitskreise allen interessierten Abgeordneten offen, stimmberechtigt waren jedoch nur die ordentlichen Mitglieder. Die Arbeitskreise orientierten sich an der Arbeit der Bundestagsausschüsse, deren Sitzungen mit wenigen Ausnahmen aus Gründen des Geheimschutzes – der Auswärtige Ausschuss wäre hier zuvörderst zu nennen – ebenfalls allen Abgeordneten, wenn auch ohne Stimmrecht, offenstanden. Das bereits in normalen Zeiten recht hohe Arbeitspensum sowie die schlichte Tatsache, dass Fraktionsarbeitskreise wie auch die Bundestagsausschüsse zumeist zeitgleich stattfanden, sorgten jedoch dafür, dass solche Besuche nicht die Regel wurden. Auch wenn gerade die jungen Abgeordneten dies mitunter bemängelten, zwang die schiere Fülle der parlamentarischen Arbeit die Fraktionsmitglieder, sich auf klar umrissene Fachgebiete zu spezialisieren und sich beim Rest weitgehend auf die Expertise der Kollegen zu verlassen.

---

61 Zunächst Hans *de With*, dann ab dem 6. Juni 1974 Gerhard *Jahn* und ab dem 14. Mai 1975 Manfred *Schulte*. – Hans *de With* wurde nach dem Kanzlerwechsel von *Brandt* zu *Schmidt* Parlamentarischer Staatssekretär beim Bundesminister der Justiz. *Jahn*, der sein Ministeramt verlor, wurde sein Nachfolger im Ausschuss.
62 Friedrich *Schäfer*.
63 Martin *Schmidt*.
64 Ernst *Schellenberg*.
65 Hermann *Schmidt*. Er wurde am 9. April 1975 von Werner *Buchstaller* abgelöst.
66 Rudolf *Hauck*.
67 Holger *Börner*. – Seit 18. Juni 1974 Ausschuss für Verkehr und für das Post- und Fernmeldewesen.
68 Ulrich *Lohmar*. – Seit dem 18. Juni 1974 hieß dieser Ausschuss nur noch Ausschuss für Forschung und Technologie.
69 Alwin *Brück*, ab 6. Juni 1974 Uwe *Holtz*. – *Brück* wechselte im Mai 1974 als Parlamentarischer Staatssekretär ins Bundesministerium für wirtschaftliche Zusammenarbeit.
70 Adolf *Müller-Emmert*.

Die sechs Arbeitskreise waren zwei weniger als in der 6. Wahlperiode. Die bisher eigenständigen Arbeitskreise »Vertriebene« und »Sicherheitsfragen« fielen weg; ihre Angelegenheiten wurden in andere Arbeitskreise eingegliedert. Der Arbeitskreis I war zuständig für auswärtige und innerdeutsche Politik, das Europäische Parlament und die europäischen Gremien, die IPU, die Entwicklungshilfe und Sicherheitsfragen. Er deckte damit den Auswärtigen Ausschuss und die Ausschüsse für innerdeutsche Beziehungen, wirtschaftliche Zusammenarbeit und Verteidigung ab. An der Spitze des Arbeitskreises stand wie in der vorigen Wahlperiode der Berliner Abgeordnete Kurt *Mattick*. Seine Stellvertreter zu Beginn der Wahlperiode waren Werner *Buchstaller* und Hans-Jürgen *Wischnewski*.

Der Arbeitskreis II bearbeitete die Bereiche Inneres, Bildung, Sport, Forschung und Technologie sowie Post- und Fernmeldewesen. Sein Vorsitzender war Karl *Liedtke*. Als Stellvertreter agierten anfangs Karl-Hans *Kern* und Rolf *Meinecke*. Die im Arbeitskreis berücksichtigten Ausschüsse waren der Innenausschuss, der Ausschuss für Bildung und Wissenschaft, für Forschung, Technologie und das Post- und Fernmeldewesen sowie der Sportausschuss. Dem Arbeitskreis waren die Arbeitsgruppen für Umweltfragen, Heimatvertriebene und Flüchtlinge sowie Presse und Massenmedien zugeordnet.

Der Wegfall eines Arbeitskreises für Heimatvertriebe hatte mit der in der 6. Wahlperiode begonnenen neuen Ostpolitik zu tun – zumal die SPD die Vertriebenen knapp 25 Jahre nach Kriegsende für sozial und wirtschaftlich weitgehend integriert hielt und eine Aussicht auf Rückkehr in die ehemaligen deutschen Ostgebiete angesichts der Ostverträge nicht mehr realistisch war. Der Verzicht auf einen eigenen AK erklärte sich aber auch daraus, dass die SPD durch ihre Ostpolitik keine politische Heimat mehr für die meisten Mitglieder der Vertriebenenverbände war. Der letzte bedeutende Vertriebenenfunktionär der Partei, Herbert *Hupka*, verließ im Frühjahr 1972 im Streit um die Verträge mit Warschau und Moskau Fraktion wie Partei und trat unter Mitnahme seines Bundestagsmandats in die CDU ein. Die Betreuung der verbliebenen Vertriebenenfragen im AK II signalisierte damit auch klar, dass sich SPD-Bundestagsfraktion und Partei mit dem Status quo der deutschen Ost- beziehungsweise der polnischen Westgrenze abgefunden hatten. In der Arbeit der Fraktion spielte die Frage der Vertriebenen in der 7. Wahlperiode keine Rolle mehr.

Den für Wirtschaftspolitik zuständigen Arbeitskreis III leitete Hans-Jürgen *Junghans*, seine Stellvertreter waren Hans Georg *Schachtschabel* und Martin *Schmidt*. Neben dem Ausschuss für Wirtschaft deckte dieser Arbeitskreis die Bundestagsausschüsse für Ernährung, Landwirtschaft und Forsten, für Verkehr sowie für Raumordnung, Bauwesen und Städtebau ab. Eine eigene Arbeitsgruppe beschäftigte sich mit den Fragen und Problemen der Selbstständigen.

Für die Bundestagsausschüsse für Familie, Jugend und Gesundheit, für Arbeit und Sozialordnung sowie für den Petitionsausschuss war der Arbeitskreis IV, Arbeit und Sozialpolitik, zuständig. Er wurde von Eugen *Glombig* und dessen Stellvertretern Hans *Bardens* und Wilhelm *Nölling* geleitet. Elfriede *Eilers* leitete die Arbeitsgruppe Frauenpolitik im Arbeitskreis.

Der ehemalige Finanzminister Alex *Möller* war Vorsitzender des Arbeitskreises V, Öffentliche Finanzwirtschaft. Er wurde von Karl *Haehser* und Rainer *Offergeld* vertreten. Der Arbeitskreis war für die Sachgebiete des Haushaltsausschusses und seines ständigen Unterausschusses für Rechnungsprüfung zuständig.

Der Arbeitskreis VI, Rechtswesen, deckte den Rechtsausschuss, den Sonderausschuss für die Strafrechtsreform (Paragraph 218 StGB) und den Ausschuss für Wahlprüfung, Immunität und Geschäftsordnung ab. Im Laufe der Wahlperiode bildeten die Bundestagsauschüsse je nach Bedarf Unterausschüsse, die dann je nach Wichtigkeit ebenfalls in den Arbeitskreisen abgedeckt wurden, teilweise indem man entsprechende Arbeitsgruppen bildete. So wurde ein nicht geringer Teil der Arbeitskraft des AK VI von den Beratungen des Unterausschusses für die Familien- und Eherechtsreform beansprucht. Die Bildung des Unterausschusses war ein Versuch, die seit der 6. Wahlperiode umkämpfte und außerordentlich komplizierte Modernisierung des Eherechts sowie des Scheidungs- und des Scheidungsfolgenrechts noch in der 7. Wahlperiode zu einem erfolgreichen Abschluss zu bringen. Den Vorsitz des Arbeitskreises hatte Hermann *Dürr* inne, er wurde von Adolf *Müller-Emmert* und Jürgen *Schmude* vertreten.

Für jeden Bundestagsausschuss war jeweils ein Obmann im Arbeitskreis zuständig, der die Arbeit der Fraktion in den Ausschüssen koordinierte sowie eng mit den sozialdemokratischen Ausschussvorsitzenden beziehungsweise den sozialdemokratischen stellvertretenden Vorsitzenden zusammenarbeitete. Die Obleute nahmen an den Sitzungen des Fraktionsvorstands teil, so dass dieser immer zeitnah über etwaige Probleme in den Ausschüssen informiert war und gegebenenfalls, auch personalpolitisch, reagieren und Fraktionsmitglieder aus dem Ausschuss entfernen konnte.

Die Ausschussvorsitzenden gehörten wie auch die Vorsitzenden der Arbeitskreise und deren Obleute zur Spitze der Fraktionshierarchie. Hatte man sich einmal zu einem Ausschuss- oder Arbeitskreisvorsitz emporgearbeitet – das zeigt eine vergleichende Betrachtung über mehrere Wahlperioden –, war man relativ fest an der Fraktionsspitze etabliert. So standen die bereits erwähnten *Mattick*, *Schäfer* (Tübingen), *Schmidt* (Gellersen), *Lohmar* und *Brück* bereits seit der 6. und teils seit der 5. Wahlperiode an der Spitze eines Bundestagsausschusses. Hermann *Schmidt* hatte zuvor den Posten des Stellvertreters im Verteidigungsausschuss bekleidet. Allerdings gab es auch keinen Automatismus, der sicherstellte, dass Abgeordnete, die sich in Führungspositionen in den Ausschüssen oder den Fraktionsarbeitskreisen bewährt hatten, auch irgendwann in entsprechende Positionen, sei es als Parlamentarischer Staatssekretär oder gar als Minister, in die Bundesregierung wechselten. Dies gelang nur, wenn zugleich eine Reihe anderer Faktoren – Stellung innerhalb der Partei, Unterstützung in der Fraktion durch informelle Fraktionsnetzwerke wie die »Kanalarbeiter« und durch die Fraktionsführung, Landsmannschaft oder die Zugehörigkeit zu bestimmten Interessengruppen wie den Gewerkschaften – stimmig waren. Ein prominentes Beispiel war Hans *Apel*, der in der 6. Wahlperiode Vorsitzender des Ausschusses für Verkehr und für das Post- und Fernmeldewesen war, in der 7. Wahlperiode unter Bundeskanzler *Brandt* als Staatsminister (von der Funktion her war dies der Posten eines Parlamentarischen Staatssekretärs) ins Auswärtige Amt wechselte, wo er für Europafragen zuständig war, und von Bundeskanzler *Schmidt* schließlich als Minister ins Finanzministerium berufen wurde. Der talentierte und selbstbewusste Abgeordnete, der vor seiner Abgeordnetenkarriere als Beamter beim Europäischen Parlament tätig gewesen war, hatte sich schon früh im engsten Umfeld des Fraktionsvorsitzenden *Wehner* positioniert und diesen immer wieder nachdrücklich unterstützt. *Apel* war rasch in der Fraktionshierarchie aufgestiegen. Außerdem gehörte er dem einflussreichen rechten Flügel der »Kanalarbeiter« an. Seine hanseatische »Nachbarschaft« zu Helmut *Schmidt* war ebenfalls hilfreich beim parlamentarischen Aufstieg.

Umgekehrt war es dagegen beim Universitätsprofessor Ulrich *Lohmar*, der sich seit 1961 kontinuierlich in der Wissenschafts- und Bildungspolitik engagierte und 1965 den Vorsitz im entsprechenden Ausschuss übernahm, nachdem er zuvor dort Stellvertreter war. In der Großen Koalition musste er noch seinem CDU-Rivalen *Stoltenberg* den Vortritt als Minister lassen. 1969 machte sich der in der Fraktion beliebte *Lohmar* berechtigte Hoffnungen, in einem Kabinett von Willy *Brandt* das Amt des Wissenschaftsministers übernehmen zu können. Diese Hoffnungen zerschlugen sich, als der Bundeskanzler der Fraktion den parteilosen, aber als Experten anerkannten Hochschullehrer Hans *Leussink* als Bildungs- und Wissenschaftsminister präsentierte, der ebenso gut zur FDP gepasst hätte. Der Protest der Fraktion war wirkungslos, was vielleicht auch daran lag, dass *Lohmar* zwar ein allseits anerkannter und beliebter Fachpolitiker war, ihm aber die Unterstützung der Fraktionsführung fehlte. So war er immer nur kraft seines Amtes als Ausschussvorsitzender Teil des Fraktionsvorstands, nie weil er gewählt wurde. *Lohmar* erhielt zwar 1969 als Ausgleich erneut den Vorsitz im entsprechenden Ausschuss, aber eine mögliche Karriere in der Exekutive war damit vorbei. Und als *Leussink* zurücktrat, wurde *Lohmar* nicht einmal mehr in die engere Wahl für die Nachfolge gezogen. Er zog sich daraufhin auch innerhalb der Fraktion auf sein Fachgebiet zurück und wirkte immer weniger »öffentlich« in den Fraktionssitzungen. In der 7. Wahlperiode meldete sich *Lohmar* nur noch ganze zwei Mal in allen überlieferten Fraktionssitzungen zu Wort.[71] Umso häufiger äußerte er sich jedoch journalistisch mit Kritik an der Troika um *Brandt*, Bundeskanzler *Schmidt* und *Wehner*.[72] In Partei und Fraktion machte er sich damit keine Freunde. Es war daher nur folgerichtig, dass *Lohmar* 1976 auf eine erneute Kandidatur für den Bundestag verzichtete.

Dass auch jahrzehntelange und bedeutende Fraktions- und Parteiämter keine verlässlichen Garanten für eine Karriere in der Exekutive waren, zeigte ebenfalls der langjährige Sozialexperte der SPD, Ernst *Schellenberg*. Er wurde im Wahlkampf 1969 noch als Schattensozialminister gehandelt, doch als es an die Regierungsbildung ging, zog *Brandt* den einflussreichen Gewerkschaftsfunktionär Walter *Arendt* vor. Weder seine langjährige Bundestagsmitgliedschaft – *Schellenberg* war seit 1952 unterbrochen Abgeordneter und hatte seit 1957 den Vorsitz im Sozialausschuss inne – noch die Tatsache, dass er seit 1960 im SPD-Vorstand saß, halfen dem habilitierten Versicherungsmathematiker gegen den gewerkschaftspolitischen Proporz. Die Fraktion honorierte *Schellenbergs* unbestrittenen Einsatz immerhin mit dem Posten des stellvertretenden Fraktionsvorsitzenden. Vielleicht lag es mit daran, dass *Schellenberg* unzweifelhaft ein kompetenter, aber eben auch nur ein Fachpolitiker war. Bis zu seinem Ausscheiden aus dem Bundestag mit Ablauf der 7. Wahlperiode blieb sein Tätigkeitsfeld die parlamentarische Sozialpolitik. Dort, aber eben auch nur dort und nicht unbedingt in der Öffentlichkeit stehend, war er dann auch sehr erfolgreich. Aber weder *Schellenberg* noch *Lohmar* zeigten im Laufe ihrer Bundestagskarrieren, dass sie universell einsetzbar waren. Beide beschränkten sich weitgehend auf ihre Fachgebiete und waren vor allem in der Fraktion, seltener in der Öffentlichkeit bekannt.

Um aber innerhalb der SPD-Fraktion aufzusteigen und sich die Chance zu erarbeiten, irgendwann einmal vielleicht ministrabel zu werden, war mehr notwendig: harte parlamentarische Arbeit, die Neigung zum intensiven fraktions- und parteiinternen Netzwerken und die Fähigkeit, sich einen Namen auch jenseits des fachpolitischen Expertentums zu machen. Fachliche Flexibilität gehörte dazu. Grundlegend blieb aber die parlamentarische Ochsentour. Wer sich bei der Kärrnerarbeit in Arbeitskreisen und Ausschüssen einen Namen machte, sich Unterstützung in der Fraktion aufbaute, die Fachgebiete beharrlich beackerte und dies dann auch in der Fraktion und im Plenum darzustellen wusste, hatte die Möglichkeit, sich langsam in der Fraktionshierarchie emporzuarbeiten und am Ende vielleicht einen Platz im Fraktionsvorstand zu finden oder gar zum Parlamentarischen Staatssekretär ernannt zu werden.

---

71 Seine allerletzte Wortmeldung war allerdings nur noch der Hinweis auf einen Schreibfehler in einem Gesetzentwurf. Vgl. SPD-Fraktionssitzung am 11. März 1975, SVP B, online.

72 Vgl. den Artikel »Der Kampf um Bonn«; »Frankfurter Allgemeine Zeitung« vom 29. Januar 1976, S. 10.

Der Kreis der Parlamentarischen Staatssekretäre[73] in der SPD-Fraktion wurde, nachdem *Schmidt* das Kanzleramt 1974 übernommen hatte, zum eigentlichen Reservoir, aus dem sich der Ministernachwuchs für die Bundesregierung aus der Fraktion rekrutierte. In der 6. Wahlperiode gab es nur zwei neu ernannte Minister, Gerhard *Jahn* und Klaus *von Dohnanyi*, die zuvor ein Amt als Parlamentarischer Staatssekretär innehatten. In der 7. Wahlperiode war es schon die Hälfte aller in dieser Wahlperiode neu ernannten Minister, die vom Parlamentarischen Staatssekretär beziehungsweise Staatsminister in das Amt eines Ministers wechselten. Knapp ein Drittel aller Minister stammte damit am Ende Wahlperiode aus dem Kreis aktiver oder ehemaliger Parlamentarischer Staatssekretäre.[74]

Katharina *Focke* wurde, nachdem sie von 1969 bis 1972 Parlamentarische Staatssekretärin im Kanzleramt war, Nachfolgerin von Käte *Strobel* im Amt der Bundesministerin für Jugend, Familie und Gesundheit. Staatsminister Hans *Apel* übernahm 1974 das Bundesministerium für Finanzen. Hans *Matthöfer*, zuvor Parlamentarischer Staatssekretär beim Bundesminister für wirtschaftliche Zusammenarbeit, wurde im Mai 1974 nach dem Wechsel an der Spitze des Kanzleramts Bundesminister für Forschung und Technologie. Karl *Ravens*, bislang Parlamentarischer Staatssekretär bei Bundeskanzler *Brandt*, übernahm unter Bundeskanzler *Schmidt* das Bundesministerium für Raumordnung, Bauwesen und Städtebau. Vom Bundesministerium für Arbeit und Sozialordnung wechselte Helmut *Rohde* 1974 ins Amt des Bundesministers für Bildung und Wissenschaft.

5. Die Mitarbeiterinnen und Mitarbeiter der Fraktion

Der hauptamtliche Mitarbeiterstab der Fraktion hatte die Aufgabe, den Binnenbetrieb der Fraktion organisatorisch wie inhaltlich möglichst reibungslos zu garantieren. Der Fraktionsführung stand dafür jeweils ein Sekretariat mit einem wissenschaftlichen Assistenten zur Verfügung. Zudem verfügte auch jeder der fraktionsinternen Arbeitskreise über ein Sekretariat und je nach Größe und Bedeutung des Arbeitskreises mit seinen Arbeitsgruppen über einen oder mehrere wissenschaftliche Referenten, auf die vor allem der Vorsitzende des Arbeitskreises zurückgreifen konnte.

Am größten war naturgemäß das Fraktionssekretariat mit Thea *Kox* an der Spitze, das insgesamt 21 Mitarbeiterinnen und Mitarbeiter, zumeist wohl aus der Laufbahn des einfachen und mittleren Dienstes, umfasste. Die meisten, nämlich elf Angestellte, arbeiteten in der Poststelle, der Rest verteilte sich auf Sekretariat, Archiv und Registratur, Büromaterialien oder Fahrdienst. An der Spitze der Pressestelle stand Wolfgang *Jansen*, später Knut *Terjung*. Ihnen unterstellt waren zwei Referentinnen und drei Referenten sowie fünf weitere Angestellte.

Die männliche Dominanz der Fraktion setzte sich auch in ihrem Apparat fort, allerdings war der Frauenanteil dort deutlich höher als unter den Abgeordneten. Das lag allerdings in erster Linie daran, dass praktisch alle Sekretariate mit weiblichen Angestellten besetzt waren. Auf der Stufe der Fachreferentinnen und -referenten waren Frauen ebenfalls deutlich unterrepräsentiert. Im Arbeitskreis I, der mit 23 Angestellten am größ-

---

[73] Zur Rolle und den Aufgaben der Parlamentarischen Staatssekretäre, die es erst seit der 5. Wahlperiode gab, vgl. DIE SPD-FRAKTION IM DEUTSCHEN BUNDESTAG. SITZUNGSPROTOKOLLE 1969–1972, S. 50*–53*.
[74] Vgl. DATENHANDBUCH 1949–1999, S. 1115.

ten war, war Helga *Köhnen* die einzige Frau außerhalb der Schreibstube. Gleiches galt für den AK IV mit 15 Angestellten, wo Dorothea *Brück* als Referentin arbeitete. Im AK VI, mit elf Fraktionsmitarbeitern, war Bettina *Lange* die einzige Referentin neben vier männlichen Kollegen. Im AK II und AK III mit jeweils 15 Mitarbeitern sowie im AK V mit sechs Angestellten arbeiteten keine Frauen als wissenschaftliche Referenten.[75]
Die Referenten bearbeiteten in der Regel als ausgewiesene Experten auf ihrem Felde eigenverantwortlich ihre politischen Bereiche. Sie bereiteten die Sitzungen der Arbeitskreise vor, erstellten Gutachten oder juristische Expertisen, waren eng beteiligt an der Formulierung der Gesetzentwürfe, die aus der Fraktion kamen, und unterstützten die Arbeitskreisvorsitzenden und die Mitglieder der Arbeitskreise bei ihrer parlamentarischen Arbeit. Daneben wurde auch erwartet, dass die Referenten über gute Verbindungen in die jeweilig zuständigen Ministerien verfügten und den Kontakt zu relevanten außerparlamentarischen Einrichtungen, beispielsweise Gewerkschaften oder Parteiverbänden, hielten.[76]

Durch ihre Direktanstellung bei der Fraktion waren diese Beschäftigten arbeitsrechtlich deutlich bessergestellt als die Mitarbeiter der Abgeordneten, deren Arbeitsverträge beispielsweise mit dem Mandat des Abgeordneten verknüpft waren. Das Gehalt der Fraktionsmitarbeiter orientierte sich an der Tarifstruktur des öffentlichen Dienstes, so dass sie von dessen tariflichen Verbesserungen weitaus eher profitierten als Abgeordnetenmitarbeiter, die davon abhängig waren, dass der Bundestag das Mitarbeiterbudget für die Abgeordneten erhöhte. Außerdem verfügte die Fraktion über eine Personalvertretung – was an sich für einen politischen Tendenzbetrieb bereits bemerkenswert war –, die die Interessen der Fraktionsmitarbeiter gegenüber der Fraktionsführung in den Grenzen, die ein Tendenzbetrieb vorgab, vertreten konnte.

Über die Angestellten der Fraktion, insbesondere die wissenschaftlichen Mitarbeiter und Referenten, die maßgeblich für das Funktionieren des Fraktionsapparates und der Arbeitskreise zuständig waren, ist außer ihren Namen nur wenig überliefert. Oftmals sind, vor allem bei Frauen, nur ihre Nachnamen bekannt. Einige wurden bei Fraktionssitzungen auf einer gesonderten Anwesenheitsliste als Referenten geführt, die an der Sitzung teilnehmen konnten. Die Anwesenheitslisten zeigen, dass immerhin bis zu zwei Drittel der namentlich aufgeführten Referenten auch während einer Fraktionssitzung zumindest zeitweise anwesend waren. Allerdings sind Wortmeldungen durch die Referenten nicht überliefert – mit einer Ausnahme: In sehr seltenen Fällen beantwortete der Pressesprecher der Fraktion Fragen von Abgeordneten.

Neben den hauptamtlichen Mitarbeitern der Fraktion nahmen auch immer wieder Mitarbeiter der Partei an den Fraktionssitzungen teil. Dies beschränkte sich aber in der Regel auf die Vertreter der verschiedensten Pressedienste der Partei und die Verbindungsleute beziehungsweise Referenten des Parteivorstands und der SPD-Bundesgeschäftsstelle, für die bis knapp vor Ende der Wahlperiode Holger *Börner* als Bundesgeschäftsführer der Partei zuständig war.

In seltenen Fällen konnte es passieren, dass wissenschaftliche Referenten die Fraktionsverwaltung verließen, um entweder direkt oder nach einigen Jahren in den Kreis der

---

[75] Zu den Namen und Zahlenangaben vgl. den Organisations- und Geschäftsverteilungsplan der Fraktion der SPD im Deutschen Bundestag, Stand Oktober 1975. Hier zitiert nach SCHWEITZER, Carl-Christoph: Der Abgeordnete im parlamentarischen Regierungssystem der Bundesrepublik, Opladen 1979, S. 294–300.
[76] Vgl. SCHÖNE, Helmar: Fraktionsmitarbeiter: Tätigkeitsprofil, Karrierewege und Rollenverständnis, in: Zeitschrift für Parlamentsfragen 4 (2005), S. 791–808.

Bundestagsabgeordneten zu wechseln.⁷⁷ Einer der bekanntesten Wechsler vom Mitarbeiter zum Abgeordneten vor 1969 war sicherlich Horst *Ehmke*, der von 1952 bis 1956 als Assistent des damaligen Abgeordneten und Fraktionsjustitiars Adolf *Arndt* arbeitete. Zur 7. Wahlperiode wechselte Uwe *Jens* in den Kreis der Abgeordneten. *Jens* war von 1967 bis 1972 in der Fraktion als Assistent beim Arbeitskreis Wirtschaft tätig, zuletzt engagierte er sich noch in der Personalvertretung der Fraktion. Er war aber nicht der einzige Fraktionsreferent, der 1972 für die SPD kandidiert hatte. 1976, kurz vor Ende der Wahlperiode, rückte Dietrich *Elchlepp* für den im Juni 1976 ausgeschiedenen Erhard *Eppler* auf der Landesliste Baden-Württemberg nach. Zum Ende der Wahlperiode schied *Echlepp* bereits wieder aus dem Bundestag aus, er wurde nicht wiedergewählt. Der kurze Ausflug in die Politik zahlte sich dennoch aus. *Elchlepp* kehrte nicht in den Fraktionsdienst zurück, sondern wechselte als Ministerialrat ins Bundesministerium für Bildung und Forschung. Andere Mitarbeiter der Fraktion waren nicht ganz so erfolgreich, doch die meist sehr harte und zeitraubende Arbeit für die Fraktion schadete der Karriere in der Regel nicht. Guntram *von Schenck*, der bis kurz vor der Bundestagswahl im Büro von Karl *Wienand* arbeitete und sich dann wegen dessen Affären versetzen ließ, arbeitete im Bereich Hochschul- und Bildungspolitik und trat schließlich ins Auswärtige Amt ein, wo er später zum Botschafter ernannt wurde.⁷⁸

Über die Anzahl der hauptamtlichen Mitarbeiter lässt sich aufgrund der Überlieferungslage nur eine ungefähre Auskunft geben. Während das Datenhandbuch des Bundestags von 130 Mitarbeiterinnen und Mitarbeitern der SPD-Fraktion ausgeht⁷⁹, spricht ein internes Dokument bereits von 150 Mitarbeitern der Fraktion 1974⁸⁰. Mit einem so großen Apparat war auch offenbar eine Schwelle überschritten, bei der die bestehende Organisationsstruktur der hauptamtlichen Mitarbeiter langsam an ihre Grenzen stieß. Versuchen, eine die Verwaltung so umzubauen, dass beispielsweise das Sekretariatspersonal in einem zentralen Schreibbüro versammelt wurde, um die Kräfte je nach Bedarf zuteilen zu können, wurde jedoch eine Absage erteilt.⁸¹

Sehr hoch war auch die Arbeitsbelastung des Fraktionsapparates, besonders bei den wissenschaftlichen Referenten in der Fraktion. Denn die Abgeordneten griffen immer häufiger auf die Experten der Fraktion zurück, um sich auf Feldern, bei denen sie oder ihre Referenten nur über wenig Sachkenntnis verfügten, beraten zu lassen. Die Abgeordneten hofften dann, die Fraktionsexperten würden ihnen nicht nur Informationen liefern, sondern gleich fertig ausformuliertes Material, Antwortschreiben an Ratsuchende aus den Wahlkreisen oder Gutachten erstellen. Die Fraktionsführung sah sich außerstande, das Problem kurzfristig zu beheben. Erst nach der Diätenreform und der Erhöhung der Aufwandspauschale, die für die Bezahlung von Mitarbeitern der Abgeordneten aufgewendet werden konnte, entspannte sich die Situation ein wenig, da zugleich der Apparat der Fraktion von Wahlperiode zu Wahlperiode kontinuierlich ausgebaut wurde.

---

77 Dies galt auch für Mitarbeiter der Abgeordneten. So arbeitete Peter *Reuschenbach* bspw. von 1970 bis 1972 als Referent bei Willy *Brandt* und zog nach der Wahl 1972 als Abgeordneter in den Bundestag ein.
78 Vgl. VON SCHENCK: Historiker, Politiker, Diplomat. – Zu den Mitarbeiterkarrieren allgemein vgl. bspw. den Artikel von Helmut *Herles*: »Wie aus Bonner Dienern Bonner Herren werden«; »Frankfurter Allgemeine Zeitung« vom 18. April 1980, S. 11.
79 Vgl. DATENHANDBUCH 1949–1999, S. 1008. – Das Datenhandbuch verzeichnet 58 Mitarbeiter im höheren Dienst und 72 weitere, die auf anderen Qualifikationsebenen beschäftigt wurden.
80 Zum Ende der 6. Wahlperiode hatte die Fraktion 125 Mitarbeiter. Vgl. DIE SPD-FRAKTION IM DEUTSCHEN BUNDESTAG, SITZUNGSPROTOKOLLE 1969–1972, S. 57*.
81 Vgl. den vermutlich von Helga *Timm* für Karl *Wienand* angefertigten Vermerk vom 13. Februar 1974; AdsD, 2/BTFG001452.

Als große Belastung des Fraktionsapparats wurde auch die beständig wachsende Pressearbeit identifiziert – neben der Medienarbeit der einzelnen Abgeordneten gab es den fraktionseigenen Pressedienst, der schon durch die Menge der Meldungen die Schreibbüros und Vervielfältigungstellen der Fraktion strapazierte. Auch die Pressedienste der Partei erwarteten, kontinuierlich von der Fraktion mit Meldungen versorgt zu werden. Mit den klassischen tagesaktuellen Pressemitteilungen der Partei, dem »Sozialdemokratischen Pressedienst« oder dem »Parlamentarisch-politischen Pressedienst – PPP«, der auch als Unterausgabe »Volkswirtschaft« existierte[82], wetteiferten täglich Dutzende Meldungen nicht nur um die Aufmerksamkeit von Journalisten und Abgeordneten, sondern auch um die Ressourcen des Fraktionsapparates, wenn es darum ging, die Meldungen zu erstellen. 1973 erschienen so beispielsweise über 900 Pressemitteilungen jeweils in einer Auflage von über tausend Exemplaren.[83]

Helga *Timm* war als Parlamentarische Geschäftsführerin für die Fraktionsbürokratie zuständig. Ihr stand seit 1961 Thea *Kox* zur Seite, die immer noch den eher unscheinbaren Titel einer Büroleiterin trug, jedoch praktisch Chefin der hauptamtlichen Fraktionsverwaltung war.[84] Finanziert wurde der Fraktionsapparat sowohl aus den Zuschüssen des Bundestags an die Fraktionen als auch aus den Fraktionsbeiträgen der Abgeordneten[85]. Letztere kamen allerdings keineswegs vollständig der Fraktion zugute, sondern zum Teil auch der SPD-Parteiorganisation.[86] Die Zuschüsse des Bundestags an die Fraktionen stiegen seit 1969 steil an und erreichten für alle drei Bundestagsfraktionen 1976 bereits die Marke von über 30 Millionen DM pro Haushaltsjahr.[87]

---

82 Zur außerordentlich vielfältigen Landschaft sozialdemokratischer Pressedienste vgl. SOMMER, Antje: Vom Pressedienst zur Pressemitteilung. Der Wandel der politischen Kommunikation von Partei und Bundestagsfraktion der SPD (1946–1995), in: Personen – Soziale Bewegungen – Parteien: Beiträge zur Geschichte. Festschrift für Hartmut Soell, hrsg. von Oliver von Mengersen, Klaus Kempter, Heidemarie Lauterer, Volker Schober, Matthias Frese, Heidelberg 2004, S. 377–405.

83 Vgl. Anm. 81.

84 Thea *Kox* wurde auch als »Mutter der Fraktion« bezeichnet. Vgl. PETERSEN, Manager des Parlaments, S. 51.

85 Der am Anfang jeder Wahlperiode festgesetzte Beitrag betrug in der 7. Wahlperiode 450 DM pro Monat für jeden Abgeordneten. Vgl. die SPD-Fraktionssitzung am 17. Januar 1973, SVP D, online. – Die Pauschalierung des Beitrags war umstritten, es gab immer wieder Forderungen, den Beitrag am tatsächlichen Einkommen der Abgeordneten zu bemessen, das gerade vor der Diätenreform beträchtliche Unterschiede aufweisen konnte.

86 In der 6. Wahlperiode überwies die Fraktion aus den Fraktionsbeiträgen knapp 3,2 Millionen DM an den Bundesschatzmeister der SPD. Vgl. den Bericht von Alfred *Nau* in der SPD-Fraktionssitzung am 3. April 1973, SVP C, online.

87 Vgl. DATENHANDBUCH 1949–1999, S. 3250.

V. Die Arbeit der Fraktion im parlamentarischen Umfeld

Die sozial-liberale Koalition konnte sich nur kurz auf den Ergebnissen der Bundestagswahl ausruhen. Wenige Wochen nach der Regierungserklärung am 13. Januar 1973 waren bereits die ersten wichtigen und kontroversen Entscheidungen zu treffen. Die Schwierigkeiten, mit denen sich Regierung und Parlament konfrontiert sahen, waren vielfältig: Der inflatorische Preisauftrieb in der Bundesrepublik, der durch die seit Jahren anhaltende Dollarschwäche angeheizt wurde, weil die starke DM ein lukratives Ziel für ausländische Anleger war und daher viele Devisen nach Deutschland flossen, setzte sich auch 1973 fort und wuchs sich zu einer handfesten Inflation im Mai 1973 aus. Der Streik einer kleinen, aber privilegierten Gruppe von beamteten Fluglotsen zog über Monate Hunderttausende Reisende in Mitleidenschaft und ließ die Regierung hilflos erscheinen. Ähnlich sah es aus, nachdem es im Sommer 1973 überraschend zu wilden Streiks in der Metallindustrie kam. Für die regulären Tarifauseinandersetzungen im öffentlichen Dienst verhieß dies nichts Gutes. Und auch in den übrigen Branchen sahen sich die Gewerkschaften gezwungen, nach Jahren des Booms ihre tarifpolitische Zurückhaltung abzulegen und angesichts alljährlicher Rekorde bei den Unternehmensgewinnen auf hohe Abschlüsse zu drängen. Die SPD-Bundestagsfraktion erweckte einen gespaltenen Eindruck, nachdem sich knapp 30 ihrer Mitglieder kurzerhand und ohne Absprache innerhalb der Fraktion mit den irregulären Arbeitskämpfen der Metaller solidarisiert hatten. Die Gewerkschafter in der Fraktion schäumten, denn für sie waren die wilden Streiks ein Anschlag auf Tarifautonomie und Flächentarifverträge und schwächten gewerkschaftliche Verhandlungspositionen.

Im Sommer 1973 gerieten die obskuren Umstände des konstruktiven Misstrauensvotums vom April 1972 wieder in den Fokus der Öffentlichkeit.[1] Die Union drängte auf einen parlamentarischen Untersuchungsausschuss. So musste sich *Wehners* Intimus *Wienand* als der Strippenzieher der Fraktion im Krimi um den konstruktiven Misstrauensantrag vor dem Untersuchungsausschuss verantworten – womit auch das Ende seiner Karriere eingeläutet wurde. Unrund lief es auch in der Parteiführung. Schon bei der Regierungsbildung hatte es Differenzen an der Spitze gegeben, 1973 war kaum zu übersehen, dass das Dreigestirn *Brandt*, *Wehner* und *Schmidt* nicht mehr harmonierte und vor allem *Wehner* immer unzufriedener mit der Politik der Bundesregierung, aber auch mit dem Bundeskanzler persönlich wurde. In der Fraktion, deren linker Flügel aus der Bundestagswahl 1972 gestärkt hervorgegangen war, nahmen die Auseinandersetzungen über den Kurs der Regierung ebenfalls zu.

Die Ölpreiskrise im Gefolge des israelisch-arabischen Krieges 1973[2] – der auf israelischer Seite als Jom-Kippur-Krieg bezeichnet wurde – beendete den konjunkturellen Höhenflug der westdeutschen Wirtschaft jäh. Die Regierung stand vor einer Rezession, die Arbeitslosigkeit stieg erstmals wieder an. Ölkrise und Inflation überschnitten

---

1 Vgl. dazu GRAU, Andreas: Auf der Suche nach den fehlenden Stimmen 1972. Zu den Nachwirkungen des gescheiterten Misstrauensvotums Barzel/Brandt, in: Historisch-Politische Mitteilungen 16 (2009), S. 1–17.

2 Die Kampfhandlungen begannen am 6. Oktober 1973 mit einem Überraschungsangriff Ägyptens und Syriens auf den Sinai und die Golan-Höhen. Nach anfänglichen arabischen Erfolgen konnte Israel die Angreifer zurückdrängen und stieß bis an den Suez-Kanal vor. Am 24. Oktober trat ein Waffenstillstand in Kraft.

und verstärkten sich gegenseitig. Anstatt eine überschäumende Konjunktur zu dämpfen, musste innerhalb eines kurzen Zeitraums auf konjunkturstützende Maßnahmen umgeschwenkt werden.

Im Mai 1974 wurde der Kanzleramtsreferent Günter *Guillaume* als DDR-Spion in unmittelbarer Nähe zum Bundeskanzler enttarnt. *Brandt* trat zurück. Dem neuen Kanzler Helmut *Schmidt* gelang es, trotz fraktionsinterner Auseinandersetzungen, zusammen mit Herbert *Wehner* die verbliebenen reformerischen Großprojekte der Koalition, wenn auch unter teils schmerzhaften Kompromissen, durchzusetzen. 1976 stand die Fraktion weitgehend vereint hinter dem Bundeskanzler und der sozial-liberalen Koalition.

1. Von der Amtsmüdigkeit zum Rücktritt des Bundeskanzlers

Vor allem bei Willy *Brandt* war nach dem erfolgreichen, aber auch außerordentlich anstrengenden Wahlkampf buchstäblich die Luft raus. Die ersten Fraktionssitzungen und die ersten Koalitionsverhandlungen fanden ohne ihn statt, da sich der Kanzler noch von einer Stimmbänderoperation erholen musste.[3] Als er am 14. Dezember 1972 erstmals nach der Wahl vor der Fraktion sprach, erlebten die Abgeordneten einen Kanzler, der sich umständlich und mit wenig Elan rechtfertigen musste für all die Zugeständnisse, die der FDP in den Koalitionsverhandlungen gemacht worden waren.[4] Vier ordentliche Ministerposten, darunter das Innen- und das Wirtschaftsministerium, einen Minister ohne Geschäftsbereich sowie den Chefposten im Bundespresseamt konnten die Liberalen in den Koalitionsgesprächen heraushandeln. »Ich sage euch ganz offen, ich ging nicht davon aus, dass sie den Wirtschaftsminister kriegen und den Innenminister behalten«, kommentierte *Brandt* diesen beispiellosen Zugriff fatalistisch und vermittelte den Eindruck, praktisch nichts mit der Regierungsbildung zu tun gehabt zu haben. Dagegen war das, was die Sozialdemokraten an Posten zusätzlich erhalten hatten, nur schwer als Erfolg zu vermitteln: *Brandts* Staatssekretär Egon *Bahr* wurde zum Bundesminister ohne Geschäftsbereich befördert.[5] Hans *Apel* wurde mit dem Titel eines Staatsministers im Auswärtigen Amt versehen, was aber eine rein protokollarische Erhöhung auf dem diplomatischen Parkett darstellte, de facto war er einer der Parlamentarischen Staatssekretäre im Ministerium.

Da die Kabinettsliste feststand und bereits auf dem Weg zum Bundespräsidenten war, konnte die Fraktion keinen Einfluss mehr nehmen, zumal es das Vorrecht eines Kanzlers war, über die Besetzung der Regierung zu entscheiden. *Brandt* erklärte, er wolle die Regierungserklärung erst Mitte Januar 1973 halten und daher frühestens Ende 1972, Anfang 1973 in der Fraktion über deren Inhalte sprechen. In der Zwischenzeit wurde der parlamentarische Zeitplan von den überfälligen Beratungen für den Haushalt 1972 diktiert. Dennoch gab es wie schon 1969 Kritik an der Regierungsbildung, vor allem an den Zugeständnissen gegenüber dem Koalitionspartner, der in der Wahl weniger Stimmen hinzugewonnen hatte als die Sozialdemokraten. Dietrich *Sperling* und Norbert *Gansel* kritisierten scharf, dass ein Liberaler an die Spitze des Bundespresseamtes gerückt war, da so die Gefahr bestehe, dass die Vermittlung der sozialde-

---

3 Vgl. bspw. das Schreiben *Brandts* an *Wehner* und *Schmidt* vom 27. November 1972; WILLY BRANDT: Berliner Ausgabe, Band 7. Mehr Demokratie wagen. Innen- und Gesellschaftspolitik 1966–1974, Bonn 2011, hier Dokument Nr. 81.
4 Vgl. die SPD-Fraktionssitzung am 14. Dezember 1972, SVP A und B, online.
5 Bezeichnenderweise versprach sich *Brandt* an dieser Stelle und erklärte, Heiterkeit hervorrufend: »Wir machen den Egon *Bahr* zum Bundeskanzler ohne Geschäftsbereich, beim Bundeskanzler.«

mokratischen Inhalte der Politik zu kurz käme. Ein begeisternder und begeisterter Anfang sah anders aus.

Ungewohnt für den von hohen Popularitätswerten verwöhnten Kanzler war zudem, dass in den folgenden Wochen scharfe Kritik an ihm persönlich nicht nur von Seiten des politischen Gegners geäußert wurde, sondern aus den eigenen Reihen kam. Über Weihnachten musste er sich mit öffentlichen Vorwürfen führender Jungsozialisten auseinandersetzen, er, der Friedenskanzler, habe eine angemessene Antwort auf die US-amerikanischen Massenbombardements in Nordvietnam bislang verweigert und mache sich durch sein Schweigen sogar mitschuldig an der Verletzung und am Tod unschuldiger Zivilisten.

In der Fraktion versuchte *Brandt*, die Vorwürfe zu entkräften, und hoffte auf Solidarität. Doch er musste erkennen, dass sich das Klima in der Fraktion seit 1969 geändert hatte. Auch der Bundeskanzler war nicht mehr sakrosankt. So wurde in der Fraktion, vornehmlich von linker Seite, kritisiert, dass Kanzler und Regierung in Sachen Vietnam zu spät und zu wenig eindeutig reagiert hätten. Die linken Abgeordneten forderten von *Brandt* eine klare politische Missbilligung der US-amerikanischen Aktionen. In der sich anschließenden Diskussion erhielt *Brandt* aber auch Unterstützung. So verdächtigte Rolf *Meinecke* Jusos und andere Linke innerhalb der Partei, sie versuchten, durch ihre Kritik an *Brandt* ganz bewusst dessen »Charisma, Friedenskanzler zu sein« zu zerstören. Peter *Conradi* hingegen wies gerade auf die Diskrepanz zwischen *Brandts* »Friedenskanzler-Charisma« und seiner realpolitischen Haltung hin, die natürlich auch den USA als wichtigstem Bündnispartner gerecht werden musste. Im Widerspruch zwischen dem Symbol und dem Bundeskanzler, so *Conradi* hellsichtig, liege der Kern der Unzufriedenheit mit *Brandt*. Durch die Proteste werde »etwas eingeklagt, was wir am 19. November mobilisiert haben«, und »diese Erwartungen haben wir nicht erfüllt und diese Erwartung hat zu den Protesten geführt«.[6]

Die linken Abgeordneten, die eine öffentliche Äußerung der Fraktion zu Vietnam forderten, ließen sich am Ende aber überzeugen, dass so etwas in der aktuellen medialen Situation immer in Verbindung mit der innerparteilichen Kritik an Bundeskanzler *Brandt* gesehen würde. Die Fraktion beschränkte sich daher darauf, eine interne Spendensammlung durchzuführen und einige Wochen später eine durchaus beachtliche Summe dem Internationalen Roten Kreuz publikumswirksam zu überreichen.[7] Der Vorfall zeigte jedoch, dass in Zukunft mit dem linken Flügel in Partei und Fraktion häufiger zu rechnen war, denn auch die Spende kam erst auf Initiative von Norbert *Gansel* zustande.

Auf dem Bundesparteitag 1973 in Hannover gelang es *Brandt* dann vorübergehend, die Strömungen in der Partei einigermaßen unter ein gemeinsames Dach zu bringen. Er erwies sich, trotz einiger linker Erfolge[8], wieder als großer Integrator und konnte einen scharfen Linksruck der Partei verhindern. Zwar trat Herbert *Wehner*, wie angekündigt,

---

6 Vgl. die SPD-Fraktionssitzung am 17. Januar 1973, SVP A, online.
7 Die Fraktion brachte insgesamt 75 750 DM auf. Vgl. die SPD-Fraktionssitzung am 13. März 1973, SVP D, online.
8 Diese Erfolge waren vor allem personeller Art, denn seit dem Parteitag gab es im Parteivorstand eine Mehrheit von linken Mitgliedern bzw. Vertretern der linken Mitte, die sich bis 1979 hielt. Programmatisch war die Bilanz der Linken jedoch bestenfalls gemischt, sie erhielt zwar für einen Teil ihrer Beschlussvorhaben Mehrheiten, aber letztlich wurden alle »antikapitalistischen« Beschlüsse, sei es zur Bodenreform oder zur Investitionslenkung, zur weiteren Beratung an Kommissionen abgegeben, die bis zum nächsten Parteitag über die konkrete Umsetzung beraten sollten. Vgl. BARING, Arnulf: Machtwechsel. Die Ära Brandt-Scheel, Gütersloh 1982, S. 547–557.

nicht mehr als stellvertretender Parteivorsitzender an,⁹ und einige politische Ungereimtheiten wie den Maklerbeschluss, der de facto auf ein grundgesetzwidriges Berufsverbot für Makler hinauslief, konnte *Brandt* auch nicht verhindern, doch insgesamt bot die Partei in Hannover ein Bild der Geschlossenheit.

Der linke Flügel der Fraktion war mit den Ergebnissen des Parteitags daher nicht gänzlich zufrieden und vermisste eine Generaldebatte über den zukünftigen Kurs der SPD im Spannungsfeld von parteipolitischen Erwartungen, Fraktion und Bundespolitik. So wurde beispielsweise bemängelt, dass die Fraktion vor dem Parteitag nicht ausführlich über dessen Programm debattiert habe und dass es immer noch keine Klärung des Verhältnisses von Langzeitprogramm der Partei und der Regierungserklärung des Bundeskanzlers gebe. Bertram *Blank* und Norbert *Gansel* ärgerten sich vor der Fraktion über Aussagen des Bundeskanzlers und Parteivorsitzenden im Parteirat, wo *Brandt* die Erwartung geäußert hatte, dass sich die Partei an die Wahlplattform des Dortmunder Parteitags 1972 – die auch Grundlage der Regierungserklärung sei – halten möge. *Gansel* argwöhnte, dass solche Aussagen, die in den Medien als Rücktrittsdrohung vom Amt des Parteivorsitzenden verstanden wurden,¹⁰ eine Art Maulkorb für kritische Abgeordnete der Fraktion seien. Damit wiederholte er in der Fraktion etwas, was er bereits zuvor in der Presse geäußert hatte. Das wiederum rief den Widerspruch von Helmut *Schmidt* hervor, der den 1972 erstmals in den Bundestag gewählten *Gansel* zurechtwies, dass Kritik erst dann öffentlich geäußert würde, wenn »es hier in dieser Fraktion zur Debatte gebracht« worden sei.¹¹

Kurz vor Ausbruch des Krieges in Nahost im Oktober 1973 hatte sich der Streit zwischen *Brandt* und *Wehner* über die Ostpolitik der Regierung neu entzündet. *Wehner* war der Meinung, einerseits ruhe sich der Kanzler seit der Ratifizierung des Grundlagenvertrags im Mai 1973¹² zu sehr auf dem Erreichten aus, andererseits fehle es ihm an Führungskraft, um die erreichten Abkommen mit Leben zu füllen.¹³ Öffentlich wurde *Wehners* schon lange vorhandener Unmut, als der Fraktionsvorsitzende vom 24. September bis zum 1. Oktober 1973 mit einer Delegation des Bundestags in Moskau weilte und von dort aus in den deutschen Medien mit kanzlerkritischen Aussagen zitiert wurde. *Wehner* bemängelte in Moskau unter anderem, dass die Bundesregierung nach der Unterzeichnung und Ratifizierung der Verträge – »Unterschriften-Sammeln« nannte dies der Fraktionsvorsitzende ein wenig despektierlich – kaum noch Initiativen zeige, wenn es darum ging, die aktive Politik nach den Abkommen zu betreiben. Nur wenig von dem, was *Wehner* in Moskau äußerte, hatte er nicht bereits in Deutschland gesagt. Aber dank der umfassenden, nicht selten auch sensationsheischenden und verzerrenden Berichterstattung durch die mitreisenden deutschen Journalisten, die aus verstreuten Äu-

---

9 Er ließ sich aber in den Parteivorstand wählen und erhielt bei der Wahl mehr Stimmen als Willy *Brandt* bei seiner Wahl zum Vorsitzenden.
10 Vgl. den Artikel »Brandt macht mit seiner Rücktrittsdrohung Front gegen die Jungsozialisten«; »Frankfurter Allgemeine Zeitung« vom 19. März 1973, S. 1 und S. 5. – *Wehner* und Vertreter des Parteivorstands bestritten, *Brandt* habe mit seinem Rücktritt als Parteivorsitzender gedroht. Vgl. »Debatte über die Äußerungen Brandts. Wehner bestreitet Rücktrittsdrohung«, »Frankfurter Allgemeine Zeitung« vom 20. März 1973, S. 1 und S. 4.
11 Vgl. die SPD-Fraktionssitzung am 3. April 1973, SVP A, online.
12 Vgl. die SPD-Fraktionssitzung am 10. Mai 1973, SVP A, online.
13 Dies war wohl auch ein Thema des berühmten Aufenthalts *Wehners* in der DDR im Mai 1973, wo er sich unter anderem mit Vertretern der Volkskammer sowie Erich *Honecker* traf. Diese Reise wurde in der Fraktion nicht thematisiert. Vgl. zur Reise WIEGREFE, Klaus/TESSMER, Carsten: Deutschlandpolitik in der Krise. Herbert Wehners Besuch in der DDR 1973, in: Deutschland Archiv 27/6 (1994), S. 601–627.

ßerungen des Fraktionsvorsitzenden schon mal ein angebliches Interview machten, wurden *Wehners* Ansichten erstmals in der breiten Öffentlichkeit wahrgenommen. Die Art und Weise der Kritik wurde von dem in den USA weilenden Kanzler nicht nur als Ausdruck des politischen Dissenses, sondern als persönlicher Angriff wahrgenommen. *Brandt* musste annehmen, dass der Medienprofi *Wehner* nicht einfach aus Versehen gerade die erste Reise einer Bundestagsdelegation in die Sowjetunion als Bühne für eine umfassende Kritik an der bundesdeutschen Ostpolitik gewählt hatte. Und auch wenn *Wehner* das verheerende Echo in der Bundesrepublik wohl unterschätzt hatte, blieb es doch ein beispielloser Vorgang, dass der Vorsitzende der größten Regierungsfraktion im Ausland seinen ebenfalls im Ausland weilenden Bundeskanzler derart bloßstellte.[14]

Am 2. Oktober, einen Tag nach der Rückkehr *Wehners* aus Moskau – *Brandt* war wie geplant bereits am 30. September aus den USA zurückgekehrt –, trafen sich beide Kontrahenten erstmals wieder vor der Fraktion und berichteten von ihren jeweiligen Reisen.[15] *Brandt* sprach in der Sitzung zunächst ausführlich von seiner USA-Reise und verteidigte dabei etwas verklausuliert die Ostpolitik seiner Regierung und deren Auslegung des Vier-Mächte-Abkommens gegen seine Kritiker. Ein wenig Unruhe und Heiterkeit erzeugte *Brandt* dann, indem er nachfragenden Fraktionsmitgliedern empfahl, »wenn irgendwo Gras zu wachsen im Begriffe ist, dann soll man nicht wie das Kamel auftreten, das das wieder abfrisst«. Dass der Fraktionsvorsitzende *Wehner* der maßgebliche Adressat von *Brandts* Bericht war, musste man erahnen, der Kanzler jedenfalls ließ es unerwähnt. Ohne Presseberichterstattung und *Brandts* beredtes Minenspiel vor der Sitzung[16] hätten die Abgeordneten vielleicht den Eindruck haben können, dass zwischen den beiden Spitzengenossen weitgehend Einverständnis herrsche. *Brandt* hatte sich nach ersten Gesprächen kurz nach seiner Rückkehr aus den USA bereits entschieden, einer offenen Konfrontation mit dem Fraktionsvorsitzenden aus dem Weg zu gehen. Offensichtlich war ihm klargeworden, dass das Kräftemessen – sprich das Ringen um den Rücktritt *Wehners* vom Amt des Fraktionsvorsitzenden – mit dem populären *Wehner* einen ungewissen Ausgang nehmen könnte. Es war ungewiss, ob *Wehner* freiwillig auf den Vorsitz verzichtet hätte. Und auch der Loyalität der Fraktion konnte sich der Kanzler nicht sicher sein. Bestenfalls über eine Rücktrittsdrohung als Bundeskanzler wäre es *Brandt* gelungen, die Fraktion zumindest teilweise hinter sich zu bringen. Aber selbst die Durchschlagskraft dieser ultimativen Waffe war inzwischen zweifelhaft geworden. *Brandt* entschied sich, den Konflikt nicht in die Fraktion hineinzutragen. Dass er mit seinen Befürchtungen recht gehabt haben könnte, zeigte ihm spätestens die Sitzung des Vorstands am 5. Oktober, in der sich eine knappe Mehrheit *Wehners* Forderungen nach mehr Engagement in der Ostpolitik anschloss und sich dessen Auslegung des Vier-Mächte-Abkommens weitgehend zu eigen machte. Auch unter den Abgeordneten gab es nicht wenige, die die Kritik des Fraktionsvorsitzenden an der Ostpolitik der Regierung insgeheim teilten.[17]

Auch *Wehner* trug am 2. Oktober mit seinem ausführlichen Bericht über seine Treffen mit sowjetischen Spitzenpolitikern nichts dazu bei, die Atmosphäre zu klären. Der Fraktionsvorsitzende ging ebenfalls nur indirekt und sprachlich noch gewundener als

---

14 Zum Ablauf der Reise, *Wehners* Gesprächspartnern und der verzerrenden Berichterstattung vgl. MEYER, Christoph: Herbert Wehner. Eine Biographie, München, 3. Aufl. 2006, S. 405–411.
15 Vgl. die SPD-Fraktionssitzung am 2. Oktober 1973, SVP A und B, online.
16 Vgl. Abbildung auf Seite 2 (Dokumententeil) im vorliegenden Band.
17 Das Stimmenverhältnis im Vorstand betrug 12:11 für die Position *Wehners*. Vgl. MEYER: Herbert Wehner, S. 412. – Vgl. außerdem MERSEBURGER, Peter: Willy Brandt 1913–1992. Visionär und Realist, Stuttgart/München 2002, S. 702–705.

sonst auf seine Kritik an der Ostpolitik ein. Seine persönliche Kritik an *Brandt* sprach er erst gar nicht an. »Ich habe nach dem, was Willy *Brandt* und Herbert *Wehner* eben vorgetragen haben, den Eindruck bekommen, dass es offenbar überhaupt keine Meinungsunterschiede in der Ostpolitik zwischen dem Fraktionsvorsitzenden und der Bundesregierung oder einzelnen Mitgliedern der Regierung gibt, dass also offenbar alles, was wir in der letzten Woche gelesen haben, einen völlig falschen Eindruck hervorgerufen hat. Ich möchte gerne, dass mir dieser Eindruck bestätigt wird,« bemerkte Peter *Corterier* etwas konsterniert. *Wehner* bürstete den Einwurf schmallippig ab: »Wer anderen Leuten aufsitzt, dem kann ich nicht helfen.« Annemarie *Renger*, die Bundestagspräsidentin, pflichtete *Wehner* bei: Es handle sich bei den angesprochenen ostpolitischen Differenzen doch nur um einen »kleinen Dissens«.

Auch auf weitere Nachfragen, beispielsweise von Carl-Christoph *Schweitzer*, der sich wunderte, ob es denn keine enge Absprache zwischen *Wehner* und *Brandt* vor der Reise gegeben habe, reagierten die Spitzenleute weiterhin ausweichend. So wurde *Schweitzer*, der zudem *Wehners* in Moskau geäußerte Kritik an der Ostpolitik unterstützte, von Finanzminister *Schmidt* kurzerhand mit den Worten abgekanzelt: »Wenn das, lieber Genosse *Schweitzer*, deine, wie du denkst, fachlich begründete Meinung sein sollte, die du hier vorgetragen hast, dann kann ich nicht gut verstehen, dass du sie in diesem Stadium des Gesprächs vor 200 Paar Ohren ausbreitest, nachdem du fünf Minuten vorher durch den Bundeskanzler seine Interpretation der Situation gehört hast.«[18] Im ganzen überwog die Haltung, die Angelegenheit nicht aufzubauschen oder Journalisten in die Schuhe zu schieben, die, wie Helmut *Schmidt* spitz bemerkte, hier mal wieder »Brunnenvergiftung« trieben.[19]

Das harte Wort von der »Brunnenvergiftung« war zwar stark übertrieben, das Verhalten der Presse war aber ebenfalls nicht jenseits aller Kritik. Das konnte die Fraktion am 8. Oktober anhand der Titelgeschichte des »Spiegels« zu *Wehners* Kritik an *Brandt* sehen. Zwar las man dort korrekt, wie despektierlich sich *Wehner* über den Kanzler geäußert hatte, *Brandt* sei »entrückt«, »abgeschlafft« und »badet gerne lau – so in einem Schaumbad«. Man las aber auch, dass *Wehner* bemängelt habe, der Regierung fehle »ein Kopf«.[20] Für den »Spiegel« und andere war völlig klar, dass sich dies auf Bundeskanzler *Brandts* Führungsqualitäten beziehen musste. Am 16. Oktober 1973 nahm *Wehner* vor der Fraktion Stellung zu diesen jüngsten Presseenthüllungen. Die Berichterstattung machte es *Wehner* leicht, von den Umständen seiner Kritik im Ausland abzulenken. Denn gerade sein Zitat zum fehlenden Kopf war aus dem Zusammenhang gerissen worden. *Wehner* erklärte der Fraktion, er habe mitnichten gemeint, die Regierung sei »kopflos«, wie es der »Spiegel« suggeriert hatte. Er habe vielmehr nur das Fehlen eines ostpolitischen Koordinators moniert. Indem er die Entschuldigung des »Spiegel«-Korrespondenten Hermann *Schreiber*, der an der Moskau-Reise teilgenommen hatte, vor-

---

18 *Schweitzer* empörte dies offenbar so sehr, dass er sich noch Jahre später ausführlich über *Schmidts* Bemerkung ausließ. Vgl. SCHWEITZER, Carl-Christoph: Der Abgeordnete im parlamentarischen Regierungssystem der Bundesrepublik, Opladen 1979, S. 260.
19 Finanzminister *Schmidt* bezog sich damit auf den »dpa«-Korrespondenten, der aus verstreuten Äußerungen *Wehners* ein Interview gemacht hatte, und erklärte der Fraktion, »dass man im Übrigen nichtautorisierte sogenannte Interviews, die sich Journalisten in irgendwelchen Korridoren zusammengelesen und als Interview verkauft haben, als das bezeichnet, was es ist, nämlich der sehr bewusste Versuch zur Brunnenvergiftung.« Der einzige Protest gegen diesen drastischen Ausdruck kam bezeichnenderweise vom Journalisten und Abgeordneten Conrad *Ahlers*, der sich dagegen verwehrte, dass »immer die Journalisten schuld sein sollen«.
20 Vgl. den Artikel »Was der Regierung fehlt, ist ein Kopf«; »Der Spiegel«, Nr. 41 vom 8. Oktober 1973, S. 25–34.

las, erweckte der rhetorisch ausgebuffte Fraktionsvorsitzende geschickt den Eindruck, seine anderen Zitate über *Brandt* seien ebenfalls aus dem Kontext gerissen worden oder gar falsch. Jedenfalls hütete er sich, seine anderen Aussagen im betreffenden Artikel aufzugreifen, und arbeitete sich ausschließlich am »Kopf«-Thema ab. Die Fraktion zog es ebenfalls vor, das Thema nicht mehr zu diskutieren. *Brandt* selbst meldete sich erst recht nicht zu Wort, er wusste inzwischen, dass Parteiführung und auch Teile der Fraktion eher hinter *Wehner* als ihm standen. Das Vertrauensverhältnis zwischen *Wehner* und *Brandt* blieb jedoch irreparabel beschädigt.

Der Beginn des israelisch-arabischen Krieges und die sich entwickelnde Ölpreiskrise ließen die innerparteilichen Konflikte zwischen Parteifreunden in den Hintergrund rücken.[21] *Brandt* musste angesichts der ökonomischen Abhängigkeit vom arabischen Erdöl vorsichtig agieren, um die Beziehungen zu den arabischen Staaten nicht über Gebühr zu strapazieren. Seine vorsichtige Politik zugunsten Israels fand weitgehend unter Ausschluss der Öffentlichkeit statt.[22] Die Diskussion der Sozialdemokraten über eine angemessene Reaktion der Bundesrepublik auf die arabische Aggression gegen Israel spielte sich eher in den Parteigremien als vor der Fraktion ab. Die Haltung der SPD-Spitze war ambivalent, nur wenige bekannten sich wie der nordrhein-westfälische Ministerpräsident Heinz *Kühn* offen zur Solidarität mit Israel. Auch Heinz *Ruhnau*, der ehemalige Innensenator von Hamburg, und Bremens Bürgermeister Hans *Koschnick* plädierten vor dem Hintergrund der deutsch-jüdischen Geschichte für eine Unterstützung Israels und warben für Waffenlieferungen an den jüdischen Staat. Hans *Apel* hingegen verteidigte im Parteivorstand die strikte Neutralität der Bundesregierung. Für die arabische Aggression gab es innerhalb von Partei und Fraktion ebenfalls ein gewisses Verständnis. Lenelotte *von Bothmer*, Gründerin der Deutsch-Arabischen Parlamentarischen Gesellschaft, warnte Mitte Oktober 1973 in einer mit dem Vorstand nicht abgesprochenen Pressemitteilung vor einer einseitigen Parteinahme für Israel. In offiziellen Stellungnahmen vermied die SPD eine eindeutige Position und betonte das Lebensrecht Israels wie auch die berechtigten Interessen seiner Nachbarn. Deutschland selbst, so lautete die vorsichtige offizielle Linie der Sozialdemokraten, solle in diesem Konflikt bei aller Freundschaft mit Israel möglichst neutral bleiben.[23]

Diese abwägende Sichtweise entsprach in etwa auch der offiziellen Haltung der Bundesregierung zum Konflikt. *Brandt* erläuterte dies Mitte Oktober 1973 der Fraktion: Die Bundesrepublik ergreife bei aller Sympathie für Israel nicht Partei, unterstütze aber jede Anstrengung, die zum sofortigen Ende der Kampfhandlungen führe. Die Bundesregierung trete außerdem für die Sicherheit aller Staaten und das Lebensrecht aller Völker in der Region ein. Auf europäischer Ebene versuchte die Bundesregierung, auf eine einheitliche Haltung der EG-Mitglieder hinzuwirken, was jedoch nicht zuletzt wegen der pro-arabischen Haltung Frankreichs schwierig war.[24]

Wenn man sich die ausführlichen Diskussionen über die Haltung der Regierung zum Vietnamkrieg zu Beginn des Jahres vergegenwärtigt, fällt allerdings das Schweigen des

---

21 Vgl. die SPD-Fraktionssitzung am 16. Oktober 1973, SVP B, online.
22 Vgl. bspw. die sehr polemische und überzogene Kritik von Michael WOLFFSOHN: Friedenskanzler? Willy Brandt zwischen Krieg und Terror. Mit Beiträgen von Thomas Brechenmacher, Lisa Wreschniok und Till Rüger, München 2018. – Vgl. dazu auch die »Richtigstellung. Zum Buch ›Friedenskanzler? Willy Brandt zwischen Krieg und Terror‹« auf der Webseite der »Bundeskanzler Willy Brandt Stiftung«; (https://willy-brandt.de/neuigkeiten/richtigstellung [abgerufen am 25. April 2020]).
23 Vgl. dazu HEPPERLE, Sabine: Die SPD und Israel. Von der Großen Koalition 1966 bis zur Wende 1982, Frankfurt a. M. u. a. 2000, S. 182–184.
24 Vgl. die SPD-Fraktionssitzung am 16. Oktober 1973, SVP A, online.

linken Flügels der Fraktion zum Nahost-Konflikt auf. *Brandts* Berichte über den Fortgang des Konflikts oder die existentielle Bedrohung, in der sich Israel zeitweise befand, sowie über die politische Kontroverse um US-amerikanische Waffenlieferungen an Israel, die von den Amerikanern über bundesdeutsche Häfen geleitet wurden und die zeitweilig zu ernsthaften atmosphärischen Störungen zwischen den beiden NATO-Partnern führten, wurden ohne große Diskussionen hingenommen. Wenn es überhaupt zu Fragen kam, dann unterstützten die meisten Abgeordneten die Haltung der Regierung oder äußerten sich besorgt über die sozialen wie ökonomischen Folgen der Ölpreiserhöhung für die Bundesrepublik. Es war eine absolute Ausnahme in den Fraktionssitzungen, dass Peter *Reuschenbach*, der vor seiner Wahl in den siebten Bundestag zwei Jahre lang Referent bei Willy *Brandt* gewesen war, darauf hinwies, dass die Bundesrepublik auf Ebene der europäischen Politik zu wenig nachhaltig für die gesicherte Existenz Israels eingetreten sei.[25]

Der Bundeskanzler vermied es, vor der Fraktion viel mehr zu berichten, als durch Presse- und Medienbeiträge bereits allgemein bekannt war. Die Scheu, hier sensible außenpolitische Fragen zu diskutieren, hatte sicherlich damit zu tun, dass dem Kanzler bewusst war, dass auch vertrauliche Äußerungen in Bonn nur selten solche blieben, sondern meist rasch ihren Weg in die Hauptstadtpresse fanden. Gezielte Äußerungen, wie *Brandts* Hinweis an die arabischen Staaten, »Trotzdem hätte ich nichts dagegen, wenn im Kommuniqué über das, was ich hier sage, der Satz drin stünde an die Adresse einiger Staaten im Nahen Osten, dass man durch Druck keine Freunde gewinnt, auch nicht mit Druck, der aus der Ölpolitik heraus resultiert«, bedeuteten daher das Maximum an gezielter außenpolitischer Kritik, die sich der Regierungschef vor der Fraktion erlaubte. Für alles andere zog er vertraulichere Foren vor.[26]

Zwar schwiegen seit Ende Oktober 1973 die Waffen, aber der Ölpreis, der von den arabischen Ölförderländern als Waffe gegen den Israel unterstützenden Westen eingesetzt wurde, stieg bis ins nächste Jahr weiter. Die wirtschaftlichen Probleme nach dem Ölboykott wuchsen sich 1974 zu einer handfesten Wirtschaftskrise aus. Zugleich traten zentrale Gesetzesvorhaben der Koalition wie die Mitbestimmungsreform auf der Stelle, weil sich die Koalitionspartner nicht einig werden konnten, sie die Komplexität mancher Reformen unterschätzten oder angesichts sinkender Steuereinnahmen schlicht kaum noch Geld für teure Sozialprogramme da war. Handwerkliche Fehler *Brandts* kamen hinzu und verstärkten den Eindruck, dass der Kanzler und die Regierung ohne Plan und ohne Fortüne agierten. Ohne jede politische oder taktische Notwendigkeit exponierte sich *Brandt* im Frühjahr 1974 beispielsweise in der Tarifauseinandersetzung mit der ÖTV, die von Bund und Ländern mindestens 15 Prozent mehr Lohn für die Angestellten des öffentlichen Dienstes forderte. Dies waren Forderungen, die angesichts der De-facto-Unkündbarkeit dieser Arbeitnehmer und der wachsenden finanziellen Belastungen des Bundeshaushalts auf wenig Verständnis stießen und in der Öffentlichkeit nicht unumstritten waren. *Brandt* kritisierte ÖTV-Chef Heinz *Kluncker* und plädierte öffentlich für einen Tarifabschluss, der deutlich einstellig sein sollte. Vor der Fraktion bekräftigte der Kanzler seine Bitten an die Gewerkschaft »mit dem vollen Gewicht des Satzes«, dass es »eine Grenze gibt, die die Beteiligten heute zur Kenntnis bekommen, über die ich auf gar keinen Fall – auch mit den Konsequenzen, die dies für mich bedeu-

---

25 Vgl. die SPD-Fraktionssitzung am 6. November 1973, SVP A, online.
26 Vgl. die SPD-Fraktionssitzung am 6. November 1973, SVP A, online. – Vgl. bspw. den Artikel von Klaus *Harpprecht* »Der falsche Verdacht«; »Die Zeit«, Nr. 18 vom 27. April 2000, S. 44. *Harpprecht* berichtet darin, dass er damals als eine Art Sonderberater in vertraulicher Mission für den Bundeskanzler in den USA agierte, um Israel im Vertraulichen Waffen aus deutschen Beständen zu liefern.

tet – hinausgehen werde.«²⁷ Am nächsten Tag einigten sich die Verhandlungskommission und Innenminister *Genscher* auf elf Prozent mehr Lohn und damit auf einen der höchsten Tarifabschlüsse im öffentlichen Dienst in der Geschichte der Bundesrepublik. Die ÖTV und *Kluncker* hatten sich auf ganzer Linie durchgesetzt. Der Unmut hingegen traf weniger *Genscher*, der der Verhandlungsführer des Bundes war, sondern den Kanzler, der sich mit seinen Äußerungen weit aus dem Fenster gelehnt hatte. Er hatte das prestigeträchtige Duell mit einem sozialdemokratischen Gewerkschaftsführer verloren. Der Tarifabschluss wurde als seine persönliche Niederlage gewertet. Von den vor der Fraktion angekündigten Konsequenzen war jedoch keine Rede mehr. Seit dem Tarifdebakel machte sich der Kanzler in der Fraktion rar und ließ seine Minister die sogenannten Politischen Berichte erstatten.

Bei der Hamburger Bürgerschaftswahl am 3. März 1974 rächten sich die Fehler, die SPD verlor über zehn Prozentpunkte an Stimmen, während CDU und FDP knapp acht beziehungsweise fast vier Prozentpunkte hinzugewannen. *Wehner* musste eingestehen, dass die »Gewinne [der CDU] […] nicht auf Leistung der CDU oder auf Persönlichkeiten der CDU in Hamburg zurückzuführen [sind], sondern auf Faktoren, bei denen ein erheblicher Teil bei uns selbst liegt«.²⁸ Am 29. März gelang es der Opposition, die Koalition parlamentarisch bloßzustellen, indem sie die schwache Präsenz der beiden Fraktionen zum Anlass nahm, die Beschlussunfähigkeit des Bundestags ausgerechnet in der Debatte zum Jahreswirtschaftsbericht feststellen zu lassen.²⁹ Nun sah es in der Öffentlichkeit auch noch so aus, als nähmen die Koalitionspartner die wirtschaftlichen Probleme nicht ernst. Entsprechend verärgert war der SPD-Fraktionsvorsitzende, der im Gegensatz zu seinen Fraktionskollegen praktisch nie seinen Platz während einer Plenardebatte verließ.

Scharfe Kritik am Auftritt von Regierung und Koalition kam auch aus Kreisen, die sonst verlässliche Unterstützer der SPD und des Bundeskanzlers waren. Als Günter *Grass*, Heinrich *Böll* und Thaddäus *Troll* einige Wochen nach der Wahl in Hamburg vor der Fraktion sprachen, gingen sie hart mit der Regierung und den sozialdemokratischen Abgeordneten ins Gericht. Von einer »parteipolitischen Pornographie« war die Rede, »die genüßlich in der Öffentlichkeit serviert« werde, von »Sprachlosigkeit«, »ansteckender Erschlaffung« und »Gezänk« unter Sozialdemokraten. Die SPD, so *Grass*, solle sich endlich als Regierungspartei begreifen und ihre »fatale Opferrolle« abstreifen.³⁰ Dass das nicht gelang, zeigte sich bei den Kommunalwahlen in Rheinland-Pfalz, wo die Sozialdemokraten über fünf Prozentpunkte an Stimmen einbüßten. Im Fernsehen lief sich bereits Helmut *Schmidt* warm, der *Brandts* integrativen Führungsstil nach dem Hamburger Desaster scharf kritisierte, die Jungsozialisten attackierte und grundsätzlich die Partei vor weiterem Abdriften nach links warnte.³¹

Mitten in die Vorbereitung der parlamentarischen Behandlung der Reform des Paragraphen 218 Strafgesetzbuch platzte die Nachricht, dass mit Günter *Guillaume* ein hochrangiger Offizier der DDR-Staatssicherheit als Spion im Kanzleramt enttarnt worden war. Justizminister Gerhard *Jahn* informierte die Fraktion noch am selben Tag über *Guillaume*, der dem Kanzler bislang als Referent für Kontakte zur Partei gedient hatte

---

27 Vgl. die SPD-Fraktionssitzung am 12. Februar 1974, SVP A, online.
28 Vgl. die SPD-Fraktionssitzung am 12. März 1974, SVP A, online.
29 Vgl. die SPD-Fraktionssitzung am 29. März 1974, online.
30 Vgl. die SPD-Fraktionssitzung am 13. März 1974, online.
31 Vgl. MERSEBURGER, Willy Brandt, S. 715 f. – *Schmidt* hatte am 6. März 1974 in der ARD-Sendung »Im Brennpunkt« das schwache Auftreten der Bundesregierung und der SPD-Führung erwähnt und eine Kabinettsumbildung angeregt.

und der während eines Urlaubs *Brandts* in Norwegen auch mit Geheimmaterial in Kontakt gekommen war.[32] Die Reaktionen – der Kanzler beteiligte sich nicht an der Fraktionssitzung[33] – schwankten zwischen Panik – »zwei Tage halten wir hier durch«[34] – und der Warnung vor »Dramatisierung und vor einer Weltuntergangsstimmung«[35]. Einig waren sich die Abgeordneten im dringenden Wunsch, möglichst umgehend mit Dokumentationsmaterial über den Fall versorgt zu werden, um entsprechend auf Bürger- oder Medienanfragen reagieren zu können. Bundesgeschäftsführer Holger *Börner* sicherte zu, dass der Parteivorstand zusammen mit der Fraktionspressestelle rasch entsprechendes Material in die Fächer der Abgeordneten legen werde.

Wehner versuchte, die Fraktion mit Hinweisen auf ältere Spionagefälle zu beruhigen, *Guillaume* sei nicht der erste und auch diesen werde man überstehen. Als problematisch erwies sich jedoch die Tatsache, dass etliche Sozialdemokraten, auch solche in hohen Regierungsämtern, an der Förderung von *Guillaumes* Karriere beteiligt gewesen waren.[36] Verteidigungsminister Georg *Leber*, in dessen Frankfurter Wahlkreis *Guillaume* aufgestiegen war und der den DDR-Flüchtling für höhere Aufgaben in Bonn empfohlen hatte, wählte eine offensive Art der Verteidigung, wusch seine Hände vor der Fraktion in Unschuld und erklärte: »Ich kenne *Guillaume* seit etwa zwölf Jahren. Ich hätte ihm vorgestern Abend noch jedes Zeugnis ausgestellt, wenn er gekommen wäre. Ich bin ehrlich und sage das hier. […] Ich kann nur sagen, es gibt hier überhaupt nichts, was zu verbergen ist. *Guillaume* hat bei mir nie, das möchte ich noch dazufügen, auch nur den geringsten Eindruck von Dingen bekommen, die der Geheimhaltung bedürfen. Wenn ich das jetzt betrachte, seit ich Verteidigungsminister bin, habe ich ihn nur gelegentlich gesehen, wenn er irgendwo war, um Guten Tag zu sagen. Mehr überhaupt nicht.«[37] Schon zuvor hatte Herbert *Ehrenberg* – von etlichen »Ahas« aus den Reihen der Zuhörer begleitet, was wiederum bei *Ehrenberg* und anderen Unmut provozierte – eingestehen müssen, dass auch er 1970 *Guillaume* für einen Posten im Kanzleramt empfohlen hatte.[38] Die Nervosität der Fraktion war nicht zu überhören.

Trotz der außerordentlichen Aufregung, die nach der Verhaftung *Guillaumes* zweifelsohne in Bonn herrschte, blieb der parlamentarische Zeitplan unerbittlich, die Neuregelung der Strafbarkeit des Schwangerschaftsabbruchs stand auf der parlamentarischen Tagesordnung. Vor Mitternacht trafen sich die Abgeordneten ein drittes Mal. Nun ging es um die anstehenden Beratungen zur Strafrechtsreform, aber auch ein kurzes Referat des Wohnungsbauministers Hans-Jochen *Vogel* zur Bodenreform stand auf der Tagesordnung. Das Informationsmaterial zur Spionage-Affäre war ebenfalls fertig, so dass

---

32 Vgl. die zweite SPD-Fraktionssitzung am 25. April 1974, online. – Zur *Guillaume*-Affäre vgl. auch MICHELS, Eckard: Guillaume, der Spion. Eine deutsch-deutsche Karriere, Berlin 2013.

33 Es findet sich auch keine Unterschrift des Bundeskanzlers auf der Anwesenheitsliste der Fraktion. Vgl. AdsD, 2/BTFG000059.

34 So Norbert *Gansel* in der Sitzung am 25. April, der eine rasche gemeinsame Sprachregelung und umfangreiche Informationen forderte, um vor der Basis bestehen zu können.

35 Manfred *Schmidt* in direkter Antwort auf *Gansels* Wortmeldung.

36 Pikant war insbesondere, dass sich der Personalrat des Kanzleramts gegen *Guillaumes* Einstellung ausgesprochen hatte, da ihm die formale Qualifikation für die Stelle fehlte und alles nach einer Parteibuch-Gefälligkeit aussah. Zugleich hatte es bereits bei der Einstellung Sicherheitsbedenken gegeben, über die sich der damalige Kanzleramtschef Horst *Ehmke* wie auch *Guillaumes* Förderer, der damalige Verkehrsminister Georg *Leber*, hinweggesetzt hatten. Vgl. dazu KNABE, Hubertus: Der Kanzleramtsspion, in: Geheimdienste in der Weltgeschichte. Spionage und verdeckte Aktionen von der Antike bis zur Gegenwart, hrsg. von Wolfgang Krieger, München 2003, S. 216–229.

37 Vgl. Anm. 32.

38 Vgl. Anm. 32.

sich die Abgeordneten, wie *Wehner* nur zum Teil scherzhaft meinte, in den wenigen verbliebenen Nachtstunden ja noch auf die von der Union beantragte Aktuelle Stunde zur *Guillaume*-Affäre vorbereiten konnten.[39]

Die Eindämmung der Affäre *Guillaume* funktionierte genauso wenig wie das Aussitzen.[40] Die Angelegenheit konzentrierte sich immer mehr auf *Brandts* Privatleben und angebliche »Frauengeschichten« des Regierungschefs. Erste Befürchtungen, der Kanzler werde dadurch vielleicht erpressbar, wurden laut. Die genauen Umstände, die zur Entscheidung zum Rücktritt führten, sind bis heute unklar.[41] Aber es war *Brandt*, der sich schließlich zum Rückzug entschied. Am 7. Mai 1974 wurde die Fraktion von *Wehner* über den Rücktritt des Bundeskanzlers unterrichtet.[42] Als *Brandt* unter Beifall den Fraktionssaal betrat, überreichte ihm der Fraktionsvorsitzende einen Strauß dunkelroter Rosen und rief: »Die Fraktion grüßt Willy *Brandt*! Sie grüßt in ihm den Vorsitzenden der Sozialdemokratischen Partei Deutschlands und steht hinter ihm, komme, was da will! Wir fühlen Schmerz über das Ereignis, Respekt vor der Entscheidung und Liebe zur Persönlichkeit und zur Politik Willy *Brandts* miteinander! Dies ist nicht das Ende [...].« Die Tonbandaufnahme der Sitzung ist nicht überliefert worden, doch die relevanten Reden *Wehners* und *Brandts* wurden zeitnah im Fraktionssekretariat transkribiert und den Abgeordneten als Argumentationshilfe in die Fächer gelegt. Hinweise auf Diskussionen oder Wortmeldungen sind im schriftlichen Ergebnisprotokoll nicht zu finden, was allerdings nicht verwundert angesichts der politischen Krise, in der sich die Koalition nun befand. Einigkeit war das Gebot der Stunde. Helmut *Schmidt* sollte als Nachfolger im Kanzleramt einen reibungslosen Start haben. Zwei Tage nach dem Rücktritt *Brandts* lieferte der designierte Kanzler der Fraktion eine Kostprobe davon, wie Kanzlerberichte von nun an aussehen würden: In einer Mischung aus einem lautstarken wie wortgewaltigen Aufruf zur Geschlossenheit sowie einer keinen Widerspruch duldenden faktengesättigten Tour de force durch die Weltwirtschaftspolitik schwor *Schmidt* die Fraktion auf Haushaltsdisziplin, Pragmatismus und Selbstbewusstsein ein. Der Unterschied zum vorsichtig formulierenden, abwägenden und manchmal auch sehr zaudernden Redestil *Brandts* war überdeutlich. Die Fraktion dankte es dem designierten Bundeskanzler mit tosendem Beifall.[43]

2. Der Sturz des Parlamentarischen Geschäftsführers Karl Wienand

Der erst langsam beginnende, dann immer schneller Fahrt aufnehmende Niedergang des ersten Parlamentarischen Geschäftsführers erlaubt einen Blick auf die Loyalitätsstrukturen und den internen Krisenbewältigungsmodus der Fraktion. Karl *Wienand* war, wie oben bereits erwähnt, bis zu seinem Rücktritt und der Aufgabe seines Bundestagsmandats 1974 einer der einflussreichsten SPD-Abgeordneten in der Fraktion. Der erste Parlamentarische Geschäftsführer war ein begnadeter Netzwerker und »Strippenzieher«.

---

39 Vgl. die dritte SPD-Fraktionssitzung am 25. April 1974, online.
40 Zu den Geschehnissen von der Enttarnung *Guillaumes* bis zum Rücktritt *Brandts* vgl. BRACHER, Karl-Dietrich/JÄGER, Wolfgang/LINK, Werner: Republik im Wandel 1969–1974. Die Ära Brandt, Stuttgart/Wiesbaden 1986, S. 199f. – Vgl. Anm. 32.
41 Vgl. bspw. CONZE. Eckart: Die Suche nach Sicherheit. Eine Geschichte der Bundesrepublik Deutschland von 1949 bis in die Gegenwart, München 2009, S. 413–415.
42 Vgl. die SPD-Fraktionssitzung am 7. Mai 1974, online.
43 Vgl. die SPD-Fraktionssitzung am 9. Mai 1974, SVP A, online.

Neben dem Fraktionsvorsitzenden war *Wienand* eine der einflussreichsten Personen in der Fraktion.

Der kriegsversehrte *Wienand* – er wurde im Zweiten Weltkrieg schwer verwundet und verlor ein Bein – zog 1953 als bislang jüngster Abgeordneter in den Deutschen Bundestag ein. Zuvor hatte er ein Studium der Rechtswissenschaft und Volkswirtschaft abgeschlossen, beim Wirtschaftswissenschaftlichen Institut des DGB gearbeitet und die DGB-Jugendschule geleitet. Im Bundestag machte sich *Wienand*, der schnell innerhalb der Partei aufstieg – zunächst innerhalb der Parteistrukturen im Rhein-Sieg-Kreis und im Bezirk Mittelrhein, ab 1955 mit seiner Wahl in den SPD-Parteirat auch auf Bundesebene –, rasch einen Namen als Experte für den Verteidigungsbereich. Er war Mitglied der NATO-Parlamentarierkonferenz und von 1963 bis 1967 stellvertretender Vorsitzender des Verteidigungsausschusses. Von 1964 bis 1967 leitete er den Fraktionsarbeitskreis Sicherheitsfragen. Es dauerte nicht lange, bis Helmut *Schmidt*, der kurz darauf in der Großen Koalition den Fraktionsvorsitz übernahm, auf den jungen Abgeordneten aufmerksam wurde. Als *Wienand* im März 1967 Parlamentarischer Geschäftsführer der Fraktion wurde, legte er seine Ämter im Arbeitskreis nieder. Auch nachdem Herbert *Wehner* im Oktober 1969 den Fraktionsvorsitz von Helmut *Schmidt* übernommen hatte, blieb *Wienand* in dieser Position und entwickelte sich zum engsten Vertrauten und zur rechten Hand des Fraktionsvorsitzenden.[44] *Wienand* organisierte nicht nur den parlamentarischen Alltag, sondern vertrat die Fraktion im Ältestenrat und kümmerte sich um die Kontakte zur CDU/CSU und vor allem zur FDP, wobei er zusammen mit *Wehner* und den FDP-Vertretern eine Art ständigen Koalitionsausschuss bildete. Der bestens vernetzte *Wienand* sorgte hinter den Kulissen für Mehrheiten und stellte sicher, dass Posten und Ämter mit den richtigen, das heißt der Fraktionsführung genehmen Personen besetzt wurden. Dies tat er vermutlich auch in den Tagen vor dem konstruktiven Misstrauensvotum. Schon bald nach der überraschenden Niederlage *Barzels* gab es Gerüchte, die auch um *Wienands* Rolle kreisten und unterstellten, dass nicht alles mit rechten Dingen zugegangen sei.

Was Skandale anging, war *Wienand* im April 1972 längst kein unbeschriebenes Blatt mehr. Sogar in einem Untersuchungsausschuss waren die vielfältigen außerparlamentarischen Geschäfte des Rheinländers Thema. Am 7. September 1971 stürzte eine Maschine der kleinen Fluggesellschaft Paninternational, die ihren Heimatflughafen in Düsseldorf hatte, bei Hamburg wegen eines Triebwerksschadens ab und 22 Menschen kamen dabei ums Leben. In diesem Moment dachte sicherlich noch niemand an den Parlamentarischen Geschäftsführer der Sozialdemokraten. Im Verlauf der Ermittlungen stellte sich jedoch nicht nur heraus, dass Schlampereien bei der Wartung der Maschine für den Absturz verantwortlich waren, sondern dass *Wienand* als Berater von Paninternational tätig war und seit 1970 teils erhebliche Beträge aus der Firmenkasse erhalten hatte. In der Fraktion gärte es, denn *Wienand* gab im Zuge der sich überschlagenden Presseenthüllungen immer nur das zu, was bereits Gegenstand intensiver Presseberichterstattung war. Dass er zudem nicht schlüssig erklären konnte, worin die Gegenleistung für die Entlohnung durch Paninternational bestanden hatte, sorgte ebenfalls für Unmut unter seinen Kollegen. Doch bevor eine kritische Debatte in der Fraktion entstehen konnte, ergriffen *Wehner* und Verteidigungsminister *Schmidt* wortmächtig Partei zugunsten des wichtigen Parlamentarischen Geschäftsführers. Dann beantragte, womöglich nicht zu-

---

44 Vgl. die Selbststilisierung *Wienands* im Portrait von Reker, Stefan: Der Deutsche Bundestag. Geschichte und Gegenwart im Spiegel von Parlamentariern aus fünf Jahrzehnten, Berlin 1999, hier S. 113–128, sowie die (allerdings völlig unkritisch *Wienands* Perspektive wiedergebende) Biographie von Lotze, Gerd: Karl Wienand. Der Drahtzieher, Köln 1995.

fällig und spontan, Alfons *Pawelczyk*, damals noch ein Hinterbänkler und zufälligerweise mit Hamburger Wahlkreis in direkter Nähe zu *Schmidt*, den Abbruch der Debatte, und die Mehrheit der Fraktion stimmte dem zu.⁴⁵

Dabei hätten die Einlassungen *Wienands* ausgereicht, um misstrauisch zu werden. Denn zuerst konnte sich der Parlamentarische Geschäftsführer gar nicht an eine Vertragsbeziehung mit Paninternational erinnern. Dann, als er unter dem Druck von »Spiegel«-Recherchen im Frühjahr 1972 zugeben musste, Zahlungen erhalten zu haben, behauptete er plötzlich, die Gelder seien die Rückzahlung eines privaten Darlehens von ihm an den Inhaber der Firma, einen Freund, gewesen. Bald stellte sich heraus, dass Paninternational diese Zahlungen intern ordentlich als Kosten für Beraterverträge verbucht hatte. Nicht nur in der Opposition gab es Vermutungen, *Wienand* habe seinen politischen Einfluss im Rheinland genutzt, um die Firma vor allzu strengen Untersuchungen des Luftfahrtbundesamtes zu schützen, sodass die technischen Unzulänglichkeiten im Geschäftsbetrieb der kleinen Fluggesellschaft nicht rechtzeitig auffielen. Damit stand der schwerwiegende, wenn auch nie bewiesene Vorwurf im Raum, dass *Wienand* indirekt mitschuldig am Absturz der Maschine war. Es war daher nicht verwunderlich, dass sich ein von der CDU/CSU-Fraktion angestrengter Untersuchungsausschuss zum Absturz der Maschine und zu der Rolle des Luftfahrtbundesamtes rasch zu einer Art *Wienand*-Untersuchungssausschuss auswuchs.⁴⁶ Doch im März 1972, als die Vorwürfe ihren vorläufigen Höhepunkt erreichten und *Wienand* sukzessive von seinen früheren Positionen abgerückt war, wurde der umtriebige Parlamentarische Geschäftsführer noch gebraucht, um die Zukunft der sozial-liberalen Koalition zu sichern. *Wehners* offenbar unerschütterliche Treue zu seinem Geschäftsführer sorgte dafür, dass dieser einstweilen in Amt und Würden blieb und bereits in den Koalitionsverhandlungen im November 1972 wieder ganz oben mitmischte.

Für was *Wienand* im April 1972 noch gebraucht worden war, erfuhren Fraktion und Öffentlichkeit Mitte 1973. Der ehemalige CDU-Abgeordnete Julius *Steiner* erhob den Vorwurf, die SPD habe sich seine Stimme im Misstrauensvotum erkauft und *Wienand* sei der Drahtzieher gewesen. Plötzlich stand der Verdacht der politischen Korruption im Raum und kratzte an der moralischen Glaubwürdigkeit der Regierung *Brandt*. Niemand glaubte so recht, dass die Regierungsspitze bei einem solchen Deal ahnungslos gewesen sei. Die Union schäumte. In der Presse lancierte *Steiner* den Vorwurf, *Wienand* sei bereits vor dem Misstrauensvotum an ihn herangetreten, um sich seine Stimme für die Ratifizierung der Ostverträge zu sichern. Kurz darauf behauptete der ehemalige FDP-Bundestagsabgeordnete Wilhelm *Helms*, der 1972 zur CDU übergetreten war, dass *Wienand* versucht habe, ihn ebenfalls zu bestechen, um beim Misstrauensvotum gegen *Barzel* zu stimmen. *Wienand* bestritt alle Vorwürfe vehement. Es stand Aussage gegen Aussage – und zu *Wienands* Glück erwies sich der hochverschuldete *Steiner*, der auch noch bekannte, Doppelagent für den Bundesnachrichtendienst und die Staatssicherheit der DDR gewesen zu sein, als äußerst unseriöser Kronzeuge.

Die Opposition forderte einen Untersuchungsausschuss, der die Vorgänge vom April 1972 und auch die Rolle *Wienands* dabei beleuchten sollte. *Wienand* selbst bot der Fraktion daraufhin an, er werde sein Amt als Parlamentarischer Geschäftsführer für die Zeit des Untersuchungsausschusses ruhen lassen. Dass dies vor allem ein taktischer Vorschlag war, zeigte die Diskussion der Fraktion. Denn *Wehner* unterstützte zwar vorder-

---

45 Vgl. die SPD-Fraktionssitzung am 14. Oktober 1971, SVP B, online.
46 Vgl. den Artikel »Kopf runter«; »Der Spiegel«, Nr. 12 vom 13. März 1972, S. 32–34. – Vgl. außerdem den Abschlussbericht des Untersuchungsausschusses vom 21. September 1972; BT Drs. 06/3830.

gründig das Anerbieten *Wienands* und wollte darüber abstimmen lassen, hatte aber mit seiner scharfen Presseschelte, in der er den Medien eine Hetzjagd und Vorverurteilung unterstellte, bereits den Weg vorgezeichnet. Letztlich war der Fraktionsvorsitzende immer noch nicht bereit, seinen engsten Vertrauten fallenzulassen. Prompt und wie bestellt meldete sich erneut ein sonst eher stiller Abgeordneter zu Wort. Egon *Höhmann*, der zur Gruppe der »Kanalarbeiter« um Egon *Franke* gehörte[47], forderte die Fraktion auf, sich umgehend mit *Wienand* zu solidarisieren. So kam es auch: Nach einer längeren Diskussion, in der die meisten Redner sich mit Lob und Solidaritätsadressen an *Wienand* überboten. Nur ganze drei Abgeordnete – acht enthielten sich – wollten, dass *Wienand* sein Amt ruhen ließ, der Rest der Fraktion »dankt[e] Karl *Wienand* für seine mit Umsicht und Fleiß geleistete Arbeit und [sprach] ihm ihr Vertrauen aus.«[48]

Der in Skandalen gestählte *Wienand* schaffte es auch diesmal wieder, die Untersuchungen der Opposition zu überstehen. Nach vielen Monaten der Zeugenvernehmungen, in denen auch *Wienand* befragt wurde, brachte der Untersuchungsausschuss keine konkreten Ergebnisse hervor. Union und Koalition konnten sich nicht auf eine gemeinsame Schlusserklärung einigen. Eine Bestechung *Steiners* durch *Wienand* konnte nicht bewiesen werden.[49]

Zum Verhängnis wurde *Wienand* am Ende nicht die *Steiner-Wienand*-Affäre, sondern der bereits überwunden geglaubte alte Paninternational-Skandal. Ende August 1973 wurde bekannt, dass es einen Verdacht der uneidlichen Falschaussage vor dem Paninternational-Untersuchungsausschuss in der 6. Wahlperiode gebe und die Staatsanwaltschaft konkrete Ermittlungen aufnehmen wolle. Es ging vor allem um *Wienands* Aussage, er habe keinerlei Geschäftsbeziehung mit Paninternational gehabt. *Wienand* reagierte während der parlamentarischen Sommerpause instinktsicher und erklärte öffentlich, er habe den Ausschuss für Wahlprüfung, Immunität und Geschäftsordnung um die Aufhebung seiner Immunität gebeten. So konnte er sich als Saubermann inszenieren, während ihm natürlich klar war, dass ein Abgeordneter gar nicht um die Aufhebung seiner Immunität bitten konnte. Dies musste auf Antrag der Staatsanwaltschaft geschehen. Während der laufende Untersuchungsausschuss versuchte, die Vorwürfe des Stimmenkaufs bei der Abstimmung über das Misstrauensvotum aufzuklären, wurde gemeldet, dass die Kölner Staatsanwaltschaft ein zweites Verfahren wegen Steuerhinterziehung gegen den SPD-Politiker plante. *Wienand*, so der Verdacht, habe nicht nur Beraterhonorare von Paninternational erhalten, sondern diese auch am Finanzamt vorbeigeschleust.

Anfang Dezember 1973 wurde *Wienands* parlamentarische Immunität schließlich aufgehoben. Noch bevor der zuständige Ausschuss sich mit dem Fall beschäftigen konnte, versuchte die Kölner Staatsanwaltschaft, die Privatwohnung wie die Büroräume

---

47 1976 wurde *Höhmann* Parlamentarischer Staatssekretär im innerdeutschen Ministerium von Egon *Franke*.

48 Vgl. die SPD-Fraktionssitzung am 12. Juni 1973, SVP A, online.

49 Erst nach dem Ende der DDR wurde bekannt, dass *Steiner* und vermutlich auch der CSU-Abgeordnete Leo *Wagner* Geld vom MfS erhalten hatten, um gegen *Barzel* zu stimmen bzw. um sich zu enthalten. Ob *Steiner* parallel auch von *Wienand* und der SPD bezahlt wurde, ist bis heute nicht geklärt. *Wienand* stritt die Behauptungen *Steiners* kategorisch ab. 1977 wurde *Steiner* wegen uneidlicher Falschaussage vor dem damaligen Untersuchungsausschuss verurteilt, da *Steiners* Aussagen zu einer angeblichen Geldübergabe durch *Wienand* nachweisbar falsch waren. Vgl. den Artikel »Steiner zu 1500 Mark Strafe verurteilt«; »Süddeutsche Zeitung« vom 24. Dezember 1977; BT Pressedokumentation, Sachordner Untersuchungsausschuss Steiner (Nr. 10). – Vgl. außerdem DER DEUTSCHE BUNDESTAG 1949 BIS 1989 IN DEN AKTEN DES MINISTERIUMS FÜR STAATSSICHERHEIT (MfS) DER DDR. Gutachten an den Deutschen Bundestag gemäß Paragraph 37 Absatz 3 des Stasi-Unterlagen-Gesetzes, Berlin 2013.

Wienands im Bundestag zu durchsuchen. Als die Fraktion informiert wurde, stand daher das unglückliche und die Souveränität des Parlaments verletzende Verhalten der Staatsanwaltschaft im Vordergrund. Der Versuch, noch vor Aufhebung der Immunität mit der Durchsuchung zu beginnen, sorgte für Empörung unter den SPD-Abgeordneten. So trat der Grund für das Vorgehen der Staatsanwaltschaft in den Hintergrund. Auch von *Wienand* selbst kam nichts Erhellendes, er inszenierte sich weiterhin als unschuldig und erklärte, er habe ja bereits vor Monaten gefordert, dass ein Ermittlungsverfahren gegen ihn angestrengt werde, damit die Vorwürfe – er spielte hier auf die *Steiner-Wienand*-Affäre an – endgültig ausgeräumt werden könnten. Wie bestellt, kam erneut ein Antrag eines Hinterbänklers – diesmal Hubert *Weber* –, wohl auch nicht ganz zufälligerweise ein Kölner Abgeordneter, die Fraktion möge *Wienand* doch das Vertrauen aussprechen. *Wehner* weigerte sich diesmal jedoch, den Antrag zur Abstimmung zuzulassen. Die Absetzbewegung hatte begonnen. Dem Fraktionschef war klar, dass eine Solidaritätsadresse der Fraktion in der diesmal sehr anrüchig erscheinenden Situation nicht günstig wirken würde. Es schien besser zu schweigen.[50]

Der Druck auf *Wienand* wurde immer stärker, doch die durch die *Guillaume*-Affäre gebeutelte und vom Kanzlerrücktritt überraschte Fraktion hatte offenbar andere Prioritäten, als sich um ihren zunehmend zur Belastung werdenden ersten Parlamentarischen Geschäftsführer zu kümmern. Hinzu kam, dass *Wienand* beliebt war. Viele Abgeordnete hatten dem Mann etwas zu verdanken, dessen Vater von den Nationalsozialisten umgebracht worden war und der sich dann trotz schwerster Kriegsverletzungen aus eigener Kraft in der Partei emporgearbeitet hatte. Aber dass *Wienand* ebenfalls langsam an die Grenzen seiner Belastbarkeit stieß, zeigte sein Zusammenbruch während einer Sitzung des Ältestenrats am 1. Juli 1974. Seitdem war er krankgeschrieben. Doch noch wollte *Wehner* seinen Vertrauten nicht fallenlassen.[51] Erst als Ende August 1974 ein drittes Ermittlungsverfahren wegen Steuerhinterziehung öffentlich wurde und immer höhere Beträge, die *Wienand* hinterzogen haben sollte, in den Medien erwähnt wurden, zog *Wienand*, der immer noch krankgeschrieben war, die Notbremse und trat von seinem Amt als Parlamentarischer Geschäftsführer der Fraktion zurück.

Selbst in dieser Situation war *Wehner* nicht bereit, auch nur einen Schatten auf seinen engsten Vertrauten fallen zu lassen.[52] In der Fraktion war es der nordrhein-westfälische Abgeordnete Friedhelm *Halfmeier*, der erstmals darauf hinwies, dass die ungeklärte Situation um *Wienand* zunehmend zu einer Belastung des Wahlkampfs in seinem Bundesland wurde. Doch noch Anfang November reagierte *Wehner* äußerst unwirsch auf diese vorsichtige und verklausulierte Forderung nach einem Mandatsverzicht *Wienands*. Selbst Willy *Brandt* plädierte dafür, zunächst abzuwarten.[53] Der Druck auf *Wienand* nahm dennoch zu, und Teile der Parteispitze begannen, die Geduld zu verlieren. Heinz *Kühn*, Ministerpräsident von Nordrhein-Westfalen, der im Mai 1975 Landtagswahlen zu bestehen hatte, legte *Wienand* via Interview nahe, doch endlich auf sein Mandat zu verzichten und der Partei damit einen letzten Dienst zu erweisen.[54] Am 3. Dezember 1974 erklärte *Wehner* schließlich den Mandatsverzicht seines Freundes, konnte sich da-

---

50 Vgl. die erste SPD-Fraktionssitzung am 13. Dezember 1973, SVP B und C, online.
51 Vgl. die SPD-Fraktionssitzung am 1. Juli 1974, SVP A, online.
52 Vgl. die SPD-Fraktionssitzung am 17. September 1974, SVP B, online.
53 Vgl. die SPD-Fraktionssitzung am 5. November 1974, SVP A, online. – Norbert *Gansel* zeigte sich immerhin irritiert über Gerüchte, *Wienand* wolle eventuell zurückkehren und wieder für das Amt des Parlamentarischen Geschäftsführers kandidieren.
54 Vgl. den Artikel »Nach 21 Jahren kam das Aus für den Zauberer hinter den Kulissen«; »Saarbrücker Zeitung« vom 28. November 1975; BT Pressedokumentation Personenordner Karl Wienand (Nr. 8).

bei einen Seitenhieb – »Interviewbeschießerei« nannte *Wehner* das Vorgehen *Kühns* – nicht verkneifen.[55] Danach verwundert es nicht, dass wohl niemand parteiinterne Sanktionen für das eigentlich parteischädigende Verhalten *Wienands* in Betracht zog.[56]

3. Flügel- und Gruppenbildung in der Fraktion

Die Existenz unterschiedlicher ideologischer Flügel innerhalb der SPD-Fraktion war kein Phänomen, das erst in der 7. Wahlperiode auftrat. Bis dahin sorgten die knappen Mehrheitsverhältnisse jedoch für Disziplin. Dass dies nicht mehr so sein würde, musste *Wehner* ausgerechnet bei der Besprechung des Haushalts 1972 erfahren, hatte dessen Scheitern doch mittelbar zu den vorgezogenen Neuwahlen geführt. Die Debatte am 12. Dezember 1972 zeigte, wie schwer es sein würde, die vergrößerte Fraktion und besonders den linken Flügel in die Fraktionsdisziplin einzubinden. Der junge linke Abgeordnete Manfred *Coppik*, der 1972 seinen Wahlkreis in Offenbach direkt gewonnen hatte und sich bei den Jungsozialisten engagierte, erklärte in der Sitzung einem hörbar verärgerten Fraktionsvorsitzenden, er werde den Wehretat ablehnen. Dies sei er seinen Wählern und dem Bezirksparteitag schuldig, denn dort habe er versprochen, sich für eine Senkung des Wehretats einzusetzen, doch dieser sei nun höher als 1971. Dass die Erhöhung vor allem auf den Anstieg der Personalkosten infolge von Tariferhöhungen, also auf klassische sozialdemokratische Politik, zurückzuführen war, focht *Coppik* dabei nicht sonderlich an. Trotz einer massiven und lautstarken Intervention[57] der politischen Prominenz – nacheinander ergriffen der Fraktionsvorsitzende, der Bundeskanzler, der ehemalige Verteidigungs- und derzeitige Finanzminister Helmut *Schmidt* und der amtierende Verteidigungsminister Georg *Leber* sowie Karl *Haehser*, der als Berichterstatter der Sozialdemokraten den Haushalt 1972 vorstellte, das Wort – blieb *Coppik* bei seiner grundsätzlichen Ablehnung des Wehretats.[58]

---

55 Vgl. die SPD-Fraktionssitzung am 3. Dezember 1974, SVP B, online.

56 Im Gegenteil, noch Jahre nach seinem Rückzug aus der Bundespolitik war *Wienand*, der 1996 wegen Agententätigkeit für die DDR verurteilt wurde, so gut vernetzt, innerhalb der SPD wie auch im deutsch-deutschen Funktionärsmilieu, dass er Anfang der achtziger Jahre unter Mitwirkung des Kanzleramts an der Vermittlung von delikaten Geldzahlungen an die DDR im Gegenzug für Ausreiseerleichterungen für DDR-Bürger beteiligt war. Vgl. hierzu BAHL, Holger: Karl Wienand. Hochbezahlter Landesverräter oder ein mögliches Fehlurteil?, in: Deutschland-Archiv 6 (2005), S. 1071–1077. – Der Zürcher Bankier Holger *Bahl,* der allerdings selbst an den geplanten Milliardenzahlungen über Schweizer Banken an die DDR, die parallel zur Kredit-Verhandlung zwischen Franz Josef *Strauß* und Alexander *Schalck-Golodkowski* stattfanden, beteiligt war, sah die Verurteilung *Wienands* sehr kritisch und als letztlich nicht gerechtfertigt. – 2004 wurde *Wienand*, der offenbar auch nach seiner Verurteilung wegen Landesverrats weiterhin exzellente kommunalpolitische Verbindungen besaß, wegen seiner Rolle im Schmiergeldskandal um den Bau einer Müllverbrennungsanlage in Köln in den Jahren zwischen 1994 und 1999 zu einer zweijährigen Haftstrafe auf Bewährung verurteilt. Vgl. dazu bspw. »Wienand soll Hauptfigur im Müll-Skandal sein«; »General-Anzeiger für Bonn« vom 10. April 2003, online.

57 »Das war für mich natürlich eine neue Erfahrung in diesem Gremium, [...] dass mitunter hier auch für die Aussagekraft dessen, was gesagt wird, die Lautstärke eine Rolle zu spielen scheint, woran ich nicht gewohnt bin,« erklärte *Coppik*, der offenbar etwas verwundert war über die Heftigkeit der Reaktionen auf seine radikalpazifistische Erklärung. Vgl. die SPD-Fraktionssitzung am 12. Dezember 1972, SVP C, online.

58 *Coppik* blieb seinen pazifistischen Anschauungen auch in den folgenden Jahren treu und kritisierte regelmäßig den Wehrhaushalt. 1982 trat er schließlich im Streit um den NATO-Doppelbeschluss von 1979 aus Fraktion und Partei aus und gründete die »Demokratischen Sozialisten«.

Solche Auseinandersetzungen zwischen politischem Dogmatismus, Rigorismus und der parlamentarischen Realität, die auch Kompromisse und Fraktionsdisziplin erforderte, um als Fraktion und als Regierungskoalition handlungsfähig zu bleiben, tauchten an neuralgischen politischen Punkten – der Wehretat war notorisch – immer wieder auf. Als problematisch stellte sich heraus, dass sich die Fraktion schwertat, das Institut der grundgesetzlich verbrieften Gewissensfreiheit eines Abgeordneten normativ zu fassen. Meist lief es auf Hilfskonstrukte hinaus, um zu definieren, was nun unter Gewissensfreiheit fiel.[59] Das Thema blieb umstritten. Die Mehrheitsverhältnisse nach der Bundestagswahl 1972 begünstigten sicherlich eine Haltung, in der einzelne Abgeordnete meinten, sich mehr Freiheiten, auch Gewissensfreiheiten bei Abstimmungen herausnehmen zu können, ohne Gefahr zu laufen, die Mehrheit der sozial-liberalen Koalition zu gefährden.

Um ihre Interessen besser gegen die eher konservative Mehrheit der Fraktion zu repräsentieren, hatten sich schon in der 6. Wahlperiode linke Abgeordnete gezielt zusammengeschlossen.[60] Sie vollzogen damit etwas, was ein anderer Teil der sozialdemokratischen Parlamentarier Ende der fünfziger Jahre bereits getan hatte. Seit 1957 gab es eine Gruppe, die sich zunächst »Kanalarbeiter-Riege« nannte.[61] Die Vereinigung war eine eher lockere Verbindung von gewerkschaftsnahen Abgeordneten, die, wie es gerne kolportiert wurde, für »saubere« und ehrliche Verhältnisse – ihr Name spielte darauf an – in der Partei eintraten und damit zugleich – so lautete eine andere Legende – gegen zu kleine Portionen in der Bundestagskantine protestierten.[62] Ihr unangefochtener, wenn auch niemals gewählter Chef von den 1960er bis in die 1980er Jahre war Egon *Franke*. Er und seine »Kanalarbeiter«, wie sie sich bald nannten, warben mit ihrer unbedingten Treue zum Godesberger Programm von 1959.[63] *Franke* und seine Anhänger lehnten in der Hochzeit der 68er-Debatte jede linke Ideologisierung von Partei und Fraktion ab. Aus den Reihen der »Kanalarbeiter« wurde immer wieder gegen eine theoretische Überfrachtung der politischen Arbeit durch Studenten und andere akademisch gebildete Jungsozialisten polemisiert. Ein weiteres Anliegen der »Kanäler« bestand darin, die einfachen und nicht akademisch gebildeten Abgeordneten zu unterstützen, wenn diese

---

59 Hugo *Collet* versuchte sich beispielsweise während einer erneuten und ähnlichen Diskussion über den Verteidigungshaushalt 1975 an einer Art kategorischem Imperativ der Gewissensfreiheit: »[...] Jeder Einzelne, der das erklärt, muss sich so verhalten, als wäre seine Stimme die Ausschlaggebende. Nur dann kann man sagen, und er müsste also in Kauf nehmen, dass er mit seiner Stimme etwas zu Fall bringt oder hält. Nur wenn die Bereitschaft da ist, bis ins Letzte durchdacht, meine ich, ist die Stärke des Gewissens deutlich sichtbar.« Vgl. die SPD-Fraktionssitzung am 18. März 1975, SVP B, online.
60 Im Gegensatz zur CDU/CSU-Fraktion fehlte der SPD-Fraktion eine starke landsmannschaftliche Binnendifferenzierung. Die Binnendifferenzierung verlief eher anhand der großen Parteibezirke und der Bundesländer. So wurden beispielsweise zu Beginn der 6. Wahlperiode die nach Bundesländern sortierten Vorschläge für die Wahl zum erweiterten Fraktionsvorstand in der Vorsitzendenbesprechung diskutiert.
61 Damit knüpfte man namentlich zunächst an die berühmte, allerdings linke Berliner »Keulenriege« an, eine straff geführte und einflussreiche Gruppierung innerhalb der Berliner SPD der 1950er Jahre, die damals versuchte, *Brandts* Wahl zum Regierenden Bürgermeister zu verhindern.
62 Zu den innerparteilichen Gruppierungen der SPD vgl. REINHARDT, Max: Aufstieg und Krise der SPD. Flügel und Repräsentanten einer pluralistischen Volkspartei, Baden-Baden 2001 sowie MÜLLER-ROMMEL, Ferdinand: Innerparteiliche Gruppierungen in der SPD. Eine empirische Studie über informell-organisierte Gruppierungen von 1969–1980, Opladen 1982.
63 Vgl. das Grundsatzprogramm der Sozialdemokratischen Partei Deutschlands. Beschlossen vom Außerordentlichen Parteitag der Sozialdemokratischen Partei Deutschlands in Bad Godesberg vom 13. bis 15. November 1959.

beispielsweise bei der Vergabe von Plätzen in Auslandsdelegationen, wo sie aufgrund ihrer fehlenden Sprachkenntnisse oft unterrepräsentiert waren, benachteiligt wurden. Politisch stand die Gruppierung eher rechts. Nach 1969 entwickelten die »Kanalarbeiter« eine sehr ausgeprägte Loyalität gegenüber *Wehner* und der Fraktionsführung. Diese Gruppe, die zahlenmäßig sicherlich am stärksten innerhalb der Fraktion war, wurde zu einer zuverlässigen Stütze des Fraktionsvorstands. Sie bildete eine Barriere für alle Abgeordneten, die sich ihr nicht anschlossen. Die Mehrheit der Fraktionsführung rekrutierte sich bald aus dieser Gruppe.[64] Typisch für die »Kanalarbeiter« war, dass sie selten öffentlich oder nach außen wirkten und bis auf ihre seit 1961 stattfindenden Spargelfahrten auf dem Rhein auch kaum die Aufmerksamkeit der Presse suchten.

Für jüngere linke Abgeordnete, die seit 1969 im Gefolge der Studentenbewegung oder der Vietnam-Proteste in die Fraktion gelangten, erwies sich das informelle Netzwerk der »Kanalarbeiter« als wirkungsvolle personalpolitische Hürde beim Versuch, in relevante Positionen innerhalb der Fraktion zu gelangen. Seit der 6. Wahlperiode versuchten sich daher auch die Linken in der SPD-Fraktion verstärkt zu vernetzen und zu organisieren. Zunächst schlossen sie sich unter dem Namen »Gruppe der 16. Etage« zusammen. Der Name verwies auf das 16. Stockwerk des Abgeordnetenhochhauses, in dem die meisten neuen Abgeordneten ihr Büro hatten. Der lockere Zusammenschluss überschnitt sich personell mit dem bereits seit längerem bestehenden »Frankfurter Kreis«. Dieser nahm jedoch auch Politiker jenseits der Fraktion auf und war stärker darauf ausgerichtet, den linken Einfluss auf die Gesamt-SPD und die Parteitage zu verstärken.[65] Schon vor der Bundestagswahl 1972, die zu einer Stärkung des linken Flügels der Fraktion führte, gründete sich der selbstbewusste und auch nach außen wahrnehmbar auftretende »Leverkusener Kreis« als Nachfolger der »16. Etage«.[66]

Schon die »16. Etage« hatte Kritik der Fraktionskollegen auf sich gezogen, und diese verstärkte sich, nachdem der »Leverkusener Kreis« an die Öffentlichkeit trat. Viele Abgeordnete witterten in den »Leverkusenern« eine Bedrohung für den fraktionsinternen Zusammenhalt. Als bekannt wurde, dass es nach der Bundestagswahl im »Leverkusener Kreis« Pläne für ein eigenes Sekretariat gab, läuteten in der Fraktionsführung und im Parteivorstand die Alarmglocken. Selbst der Parteivorsitzende Willy *Brandt* schaltete sich ein und warnte die Abgeordneten: »Laßt die Finger davon, das kann zur Abspaltung führen«[67]. Der Unwillen, der den »Leverkusenern«, die sich vor allem als Ausgleich zum mächtigen Flügel um Egon *Franke* sahen, dabei entgegenschlug, machte sich besonders in der Fraktionsklausur im Juni 1973 bemerkbar, als sie sich unversehens in die Defensive gedrängt sahen.[68] Mancher Abgeordnete hatte die Befürchtung, dass die

---

64 Prominente »Kanalarbeiter« in der SPD-Fraktion waren neben Bundesminister *Franke* seit 1972 unter anderem Hans *Apel*, Karl *Herold*, Annemarie *Renger*, Werner *Buchstaller* und Peter *Corterier*.

65 Mitglieder des »Frankfurter Kreises« waren unter anderen Jochen *Steffen*, bis 1975 Landesvorsitzender von Schleswig-Holstein, der Juso-Vorsitzende (1969–1972) Karsten *Voigt* oder Wilhelm *Dröscher*, der im Oktober 1971 aus der SPD-Bundestagsfraktion als Oppositionsführer in den Landtag von Rheinland-Pfalz wechselte.

66 Bekanntere Vertreter des »Leverkusener Kreises« waren Dietrich *Sperling*, Karl-Heinz *Hansen*, Jürgen *Schmude*, Georg *Schlaga*, Norbert *Gansel*, Manfred *Coppik*, Rudolf *Schöfberger*, Jürgen *Vahlberg*, Manfred *Marschall*, Uwe *Holtz*, Dieter *Schinzel*, Hans *Matthöfer*, Karl-Heinz *Walkhoff*, Günter *Wichert* und Lenelotte *von Bothmer*. – Nur der IG-Metall-Funktionär Hans *Matthöfer* bekleidete in der 7. Wahlperiode ein herausgehobenes Amt – zunächst Parlamentarischer Staatssekretär, ab 1974 sogar als Bundesminister.

67 So *Brandt* am 10. Dezember 1972 auf einer Sitzung von Parteivorstand, Parteirat und Kontrollkommission der SPD, zitiert nach CHRONIK DER DEUTSCHEN SOZIALDEMOKRATIE, Bd. III, S. 567.

68 Vgl. die SPD-Fraktionssitzung am 12. Juni 1973, SVP E, online.

Institutionenbildung die Gefahr einer Spaltung der Fraktion in unterschiedliche weltanschauliche Flügel vergrößern würde. Sonderlich realistisch waren diese Befürchtungen jedoch nicht, denn die linken Abgeordneten waren noch immer deutlich in der Minderheit, sowohl in der Fraktion als auch noch mehr in der Fraktionsführung.

Zum Ende der 7. Wahlperiode flammten die Auseinandersetzungen in der Fraktion erneut auf, nachdem bekannt wurde, dass der »Leverkusener Kreis« eine eigene Zeitschrift – »DS – Demokratischer Sozialismus« – gegründet hatte, die innerhalb der Fraktion sofort als Konkurrenz zur »Neuen Gesellschaft«, dem Theorieorgan der Partei[69], gewertet wurde. Auch hier ging es, ähnlich wie bei der Auseinandersetzung um die »Kanalarbeiter«, darum, wer innerhalb der Partei einen Anspruch der Führung auf programmatische Hegemonie in Frage stellte. Parteirechte wie der Berliner Abgeordnete Kurt *Mattick* drangen darauf, dass solche Initiativen auf gar keinen Fall vom Parteivorstand unterstützt werden dürften: »Eine zweite solche Zeitschrift extra mit der Bezeichnung der führenden Sozialdemokraten, die dem linken Flügel angehören, ist eine einseitige Position, die die Parteigemeinsamkeit zerstört.«[70] Für die Parteilinken hingegen stand ihre Zeitschrift im Zeichen programmatischer Vielfalt innerhalb der SPD.

Da die »Kanalarbeiter« eine bewusste Abstinenz gegenüber Theorie- und Programmdiskussionen pflegten sowie eine allzu feste Organisation vermieden, gerieten sie trotz ihrer zahlenmäßigen Überlegenheit in Partei und Fraktion mitunter ins Hintertreffen, wenn es um die langfristige Programmatik der Sozialdemokraten ging. Das zeigte sich sehr deutlich auf dem Hannoveraner Parteitag der Sozialdemokraten im April 1973, wo den Linken zwar kein personalpolitischer oder programmatischer Durchmarsch gelang, wo sie aber durch disziplinierte und dezidierte Zusammenarbeit einige personalpolitische und programmatische Erfolge feiern konnten, die ihnen zuvor verwehrt waren.[71]

Dem Versuch einiger »Kanalarbeiter«, den Linken in der SPD auch theoretisch-programmatisch entgegenzutreten, war 1972 zunächst wenig Erfolg beschieden. Theoriearbeit blieb eine Domäne der Linken. Mittelfristig sorgten die innerparteilichen Auseinandersetzungen um linke wie rechte Programmatik jedoch dafür, dass sich auch bei den »Kanalarbeitern« stabilere Organisationsstrukturen herausbildeten. In der 6. Wahlperiode hatte der Abgeordnete Günther *Metzger* aus Darmstadt versucht, einen Kreis gleichgesinnter Abgeordneter um sich zu scharen. Ähnlich wie die »Kanalarbeiter« sahen sich auch die Abgeordneten um *Metzger* als Gralshüter des Godesberger Programms. In der 7. Wahlperiode erhielt der *Metzger*-Kreis mit Hans-Jochen *Vogel* einen prominenten bundespolitischen Neuzugang. Weitere »Godesberger« wurden schließlich Helmut *Schmidt*, Georg *Leber*, Werner *Buchstaller*, Karl *Herold*, Kurt *Mattick* oder Hans *Koschnick*. Sie alle wollten eine programmatische Weiterentwicklung der Partei- und Fraktionsarbeit auf der Basis des Godesberger Programms von 1959, lehnten aber den radikalen gesellschaftspolitischen Umbaukurs, den die Jungsozialisten forderten, strikt ab. Damit wurden auch die Grundlagen für den späteren »Seeheimer-Kreis« der SPD geschaffen, der die lockere Verbindung der »Kanalarbeiter« ablöste.[72]

---

69 Nach dem Tod Leo *Bauers* 1972 wurde allerdings Herbert *Wehner* erster Chefredakteur der »Neuen Gesellschaft«, was das Verlangen der Linken, ihre Theoriedebatten dort zu führen, offenbar nicht verstärkt hatte.
70 Vgl. die SPD-Fraktionssitzung am 30. März 1976, SVP A, online.
71 Der wohl bekannteste linke Beschluss des Parteitags, die juristisch umstrittene Forderung an die Bundespolitik, den Beruf des Maklers zu verbieten, sorgte anschließend in der SPD-Bundestagsfraktion für Kopfzerbrechen. Vgl. bspw. die SPD-Fraktionssitzung am 12. Februar 1974, SVP E, online.
72 Vgl. bspw. GEBAUER, Annekatrin: Der Richtungsstreit in der SPD. Seeheimer Kreis und Neue Linke im innerparteilichen Machtkampf, Wiesbaden 2005.

Ein weiteres Instrument, um dem Linksruck in der SPD etwas entgegenzusetzen, sollte die »Arbeitsgemeinschaft für Arbeitnehmerfragen« (AfA) werden. Die AfA ging auf einen Vorschlag von Herbert *Wehner* zurück und wurde nach einigen Vorarbeiten schließlich 1973 gegründet. Ihr erster Vorsitzender wurde Helmut *Rohde*. Die AfA sollte die Interessen der Arbeitnehmer wahrnehmen und in die parteipolitische Willensbildung einbringen sowie als Vorfeldorganisation Arbeitnehmer in Betrieben und Unternehmen mit der Politik der SPD vertraut machen. Ein Hintergedanke der Gründung bestand darin, mit der zentristisch und gewerkschaftsnah angelegten AfA ein Gegengewicht zu den linken Jungsozialisten zu schaffen. Doch bereits auf dem ersten Bundeskongress der AfA im Oktober 1973 in Duisburg, auf dem Parteigrößen wie *Wehner* und Helmut *Schmidt* auftraten, konnte man beobachten, dass die Arbeitnehmer nicht bereit waren, sich als innerparteilicher Ausgleich zu den theorielastigen linken Jusos instrumentalisieren zu lassen. Die Teilnehmer des Bundeskongresses stellten sich mehrfach gegen ihre Führung, pflegten eine durchaus linke und antikapitalistische Rhetorik und erwiesen sich nicht als Hausmacht der traditionellen Gruppen in der SPD-Führung oder der Fraktion. Sie sahen sich vielmehr als Unterstützer des DGB, den sie aber auch hin und wieder links überholten. So lehnte die AfA beispielsweise den Kompromiss zur Mitbestimmung ab, forderte staatliche Preiskontrollen und eine Investitionslenkung oder wollte über die Verstaatlichung des Gesundheitswesens nachdenken.[73]

Mit der Wahl von Helmut *Schmidt* zum Nachfolger von Willy *Brandt* für das Amt des Bundeskanzlers erlitten die Bemühungen des linken Flügels in der Fraktion einen Rückschlag. Personalpolitisch dominierten im Bundeskabinett eindeutig die Vertreter des Godesberger Flügels, wenngleich *Schmidt* natürlich klug genug war, einzelne Vertreter der Linken, wie Hans *Matthöfer*, einzubinden. Dennoch blieb in einigen Teilen der SPD eine diffuse Angst vor linken Umtrieben verbreitet, denen man immer wieder eine Mitschuld bei den teils schmerzhaften Wahlniederlagen der SPD auf regionaler Ebene anlastete. Im Jahr der Bundestagswahl 1976 und nachdem die CDU in Niedersachsen die SPD-Regierung gestürzt hatte, gründete sich die sogenannte »Fritz-Erler-Gesellschaft«. Sie war explizit gegen die linken Strömungen in der SPD gerichtet und machte diese auch für die Niederlage in Niedersachsen verantwortlich. Allerdings konnten die Gruppe in der Fraktion nie Fuß fassen. Im Gegenteil, bald forderten SPD-Abgeordnete, die zudem den Missbrauch des Namens des verstorbenen Fraktionsvorsitzenden *Erler* beklagten, Parteiausschlussverfahren gegen Mitglieder dieser Gruppierung. Zunächst unterstützten die Vertreter der »Fritz-Erler-Gesellschaft« noch den gemäßigten Flügel der SPD und bekannten sich zum Godesberger Programm. Sie lehnten jede Zusammenarbeit mit kommunistischen Kräften im In- und Ausland ab und warnten vor Volksfronttendenzen in der SPD. Doch die immer schärfer werdende antikommunistische Ausrichtung führte dazu, dass die »Fritz-Erler-Gesellschaft« im Bundestagswahlkampf 1976 zunehmend Wahlhilfe für die Union betrieb, indem sie indirekt deren Wahlslogan »Freiheit statt Sozialismus« unterstützte und zugleich hemmungslos gegen vermeintlich linksextreme Umtriebe in der SPD-Fraktion polemisierte. So wurde beispielsweise der linke Abgeordnete Manfred *Coppik* von Mitgliedern der »Fritz-Erler-Gesellschaft« staatsfeindlicher und kommunistischer Umtriebe verdächtigt, nur weil dieser seinem Sohn den Vornamen Ernesto – nach Ernesto Che *Guevara* – gegeben hatte.[74] Wegen der teils offenen Unter-

---

[73] Vgl. den Artikel »Die Basis der SPD muckt auf«; »Die Zeit«, Nr. 44 vom 26. Oktober 1973, S. 6. – Vgl. auch den Bericht von Helmut *Rohde* vor der Fraktion zum Duisburger Gründungskongress der AfA; zweite SPD-Fraktionssitzung am 24. Oktober 1973, SVP D, online.

[74] Vgl. die SPD-Fraktionssitzung am 6. Oktober 1976, SVP A, online.

stützung der Union im Bundestagswahlkampf leitete der SPD-Parteivorstand dann etliche Parteiordnungsverfahren gegen Mitglieder dieser Gruppierung ein.⁷⁵

Eine besondere Rolle während der 7. Wahlperiode nahmen die Jungsozialisten ein. Sie waren oder lieferten immer wieder Anlass für Auseinandersetzungen innerhalb der Bundestagsfraktion. Das Verhältnis der Mutterpartei zu ihrer Nachwuchsorganisation war seit dem Ende der sechziger Jahre nicht mehr ungetrübt. Mit der Studentenbewegung, der APO-Zeit und der auch innerparteilich kontrovers geführten Debatte über die Notstandsgesetze der Großen Koalition hatte sich die ehemals parteikonforme und wenig auffällige Jugendorganisation immer stärker nach links bewegt. Peter *Corterier*, der seit 1969 im Bundestag saß, war der letzte Juso-Bundesvorsitzende, der zum gemäßigten Flügel gehörte. Karsten *Voigt* löste ihn 1969 im Zuge des Linksrucks der Jungsozialisten ab. Spätestens nach dem Münchner Bundeskongress 1974 verstanden sich die Jusos nunmehr als ein dezidiert linker Verband innerhalb der SPD und strebten eine sozialistische Transformation der bundesrepublikanischen Gesellschaft und des westdeutschen Wirtschaftssystems an.

Die Bundestagsfraktion schätzte einerseits zwar die tatkräftige Hilfe des Nachwuchsverbands bei den Bundestagswahlen, kritisierte aber die Strategie der Jusos, gezielt Einfluss auf die Kandidatenaufstellung zu nehmen, um möglichst linke Kandidaten auf vordere Listenplätze zu setzen.⁷⁶ Die Anstrengungen der jungen Sozialdemokraten bei der Kandidatenkür – vor allem die jungen Akademiker verzögerten Abstimmungen durch endlose Debatten, harrten dann bis in die frühen Morgenstunden aus und warteten, bis ältere Mitglieder aufgaben und nach Hause gingen – und im Wahlkampf lohnten sich; nachdem bereits 1969 ein kleiner Linksruck in der Fraktion stattgefunden hatte, fiel dieser 1972 deutlich stärker aus. Die Gruppe der Parteilinken verdoppelte sich 1972 annähernd auf etwa 40 bis 50 Abgeordnete. Zugleich verzeichnete die Nachwuchsorganisation einen kräftigen Mitgliederzuwachs und eine deutliche Vermehrung der lokalen Juso-Gliederungen – die Herabsetzung des Wahlalters hatte politisierend auf die Jugendlichen gewirkt, und dies war vor allem den Sozialdemokraten zugutegekommen.

Die Geschlossenheit der Jusos im Wahlkampf zerbrach 1973 jedoch rasch und die zunächst zurückgestellten Konflikte, Theorie- und Strategiediskussionen traten wieder hervor. Die Auseinandersetzung zwischen »Stamokap«⁷⁷-Anhängern, die den Staat vor allem als Büttel einer zunehmend monopolistisch agierenden Wirtschaft sahen, »Antirevisionisten«, die der Meinung waren, Reformen innerhalb des bestehenden politisch-kapitalistischen Systems seien nicht sinnvoll, da sie dieses stabilisieren würden, oder

---

75 An der Spitze der Gesellschaft standen der Braunschweiger Oberstadtdirektor Hans-Günther *Weber*, der, um dem Ausschluss zuvorzukommen, noch 1976 die SPD verließ, und der ehemalige Abgeordnete der Hamburgischen Bürgerschaft Winfried *Döbertin*, der 1977 aus der SPD ausgeschlossen wurde. Vgl. den Artikel »Gesellschaft mit beschränkter Haftung«; »Die Zeit«, Nr. 45 vom 29. Oktober 1976, S. 4. – Vgl. auch MÜLLER-ROMMEL, Innerparteiliche Gruppierungen in der SPD, S. 121–131. – Fritz *Erlers* Witwe Käthe *Erler* bemühte sich ebenfalls darum, der Gruppe die Nutzung des Namens des verstorbenen Fraktionsvorsitzenden juristisch zu untersagen.

76 Vgl. die SPD-Fraktionssitzung am 23. Juni 1972, SVP B, online. – Kritisiert wurde unter anderem, dass die Parteiführung es zugelassen habe, dass der Juso-Bundesvorstand eine Broschüre vertrieb, die eine Anleitung zur Beeinflussung der Kandidatenaufstellung für die vorgezogene Bundestagswahl 1972 enthielt.

77 Mit dem Begriff »Staatsmonopolistischer Kapitalismus« kritisierten innerhalb der SPD vor allem die Jungsozialisten eine angeblich spätkapitalistische Phase, in die die Bundesrepublik eingetreten sei und die aus ihrer Warte gekennzeichnet sei durch die Verschmelzung des (imperialistischen) Staates mit einer monopolistisch organisierten und von wenigen gelenkten kapitalistischen Wirtschaft.

einem reformistischen Flügel, der die Entwicklung in einen »demokratischen Sozialismus« ausschließlich im Rahmen der bestehenden freiheitlich-demokratischen Ordnung anstrebte, waren für Außenstehende kaum nachvollziehbar. Wahrgenommen wurde jedoch die wachsende Stärke des linken Flügels bei den Jusos und, dass man sich dort mitunter schwertat, den Abgrenzungsbeschluss der SPD zu kommunistischen Parteien oder Organisationen konsequent anzuwenden.

Zu Auseinandersetzungen in der Fraktion über die Jusos kam es immer dann, wenn sich einzelne Abgeordnete oder Gruppen – meist die Linken aus dem »Leverkusener Kreis« – kontroversen Forderungen oder Stellungnahmen der Jusos anschlossen und damit Widerspruch in der Fraktion provozierten oder gar dort den Eindruck hervorriefen, auf Kosten der Partei oder Gesamtfraktion ihr linkes Profil schärfen zu wollen. Besonders sensibel reagierten die übrigen Abgeordneten, wenn zugleich noch sozialdemokratische Kernthemen betroffen waren. So kam es am 12. September 1973 zu einem scharfen Schlagabtausch zwischen den Gewerkschaftern in der Fraktion und Abgeordneten vom linken Flügel, die sich Anfang September 1973 in einem offenen Brief einem Aufruf des Bundesausschusses der Jusos angeschlossen und mit den irregulären Streiks in der Metallindustrie solidarisiert hatten. Pikant war die Solidaritätsadresse, weil die Jusos sich in ihrer Erklärung nicht nur klar gegen führende Vertreter der Partei positioniert hatten, die zum Einhalten der Spielregeln der Tarifautonomie aufriefen, sondern dazu noch das gängige Schema tariflicher Auseinandersetzungen frontal angriffen: »Die spontanen Arbeitsniederlegungen haben sich als ein Kampfmittel erwiesen, das in der schwierigen tarifrechtlichen Situation der Gewerkschaften dazu beigetragen hat, den Handlungsspielraum zu erweitern.«[78] Nicht zu Unrecht wurde das als Angriff auf die Bundesregierung und den Bundeskanzler aufgefasst, die ja beide angesichts der konjunkturellen Lage im Sommer 1973 zu tarifpolitischer Mäßigung aufgerufen hatten.

Willy *Brandt* verurteilte in seinem Bericht vor der Fraktion das Vorgehen der Jungsozialisten und ihrer Unterstützer unter den SPD-Abgeordneten: »Keine Sondergliederung der Partei kann so tun, als könne sie sich, zumal mit Empfehlungen an die Betriebe, an die Öffentlichkeit, an die Gewerkschaften, an die Stelle der Partei setzen. Das geht nicht!« Er wiederholte damit die scharfe Zurechtweisung, die zuvor schon vom Parteivorstand veröffentlicht worden war. Seine Kritik enthielt zugleich eine Solidaritätsadresse an die Gewerkschaften. *Brandt* kritisierte die 34 Abgeordneten, dass sie genau diese Solidarität vermissen ließen. Auch andere Abgeordnete hielten nichts von der Erklärung. Vor allem die den Gewerkschaften eng verbundenen Abgeordneten – unter anderem Philipp *Seibert*[79], Friedhelm *Farthmann*[80] und Adolf *Schmidt*[81] – erklärten, die Kritisierten hätten weder Ahnung von Tarifpolitik noch von Tarifvertragsrecht und würden die zukünftigen Verhandlungspositionen der Gewerkschaften schwächen. Bildungsminister Helmut *Rohde* und andere kritisierten den innerparteilichen Umgang miteinander. Wenn aus Profilierungsgründen öffentliche Äußerungen immer seltener innerhalb der zuständigen Parteigremien abgesprochen würden, laufe das am Ende »darauf hinaus [...], dass wir dann so eine Art von GmbH sind, in der dann der Parteivorstand nur noch die beschränkte Haftung für die Auslassungen und

---

78 Vgl. die SPD-Fraktionssitzung am 12. September 1973, SVP B, online.
79 *Seibert* war Vorsitzender der Gewerkschaft der Eisenbahner Deutschlands.
80 *Farthmann* bekleidete eine führende Position im Wirtschafts- und Sozialwissenschaftlichen Institut des DGB. – Besonders irritiert zeigte sich *Farthmann* darüber, dass Dietrich *Sperling* das Kunststück gelang, einerseits die Erklärung der 34 zu unterschreiben, andererseits diese wortreich in der Fraktion zu kritisieren.
81 Vorsitzender der IG Bergbau und Energie.

für die Aktionen der Arbeitsgemeinschaften in der Partei übernehmen« könne. Für Horst *Grunenberg* war das Vorgehen der Kollegen schlicht ein »Scheißspiel«, das die Verhandlungen der laufenden Tarifrunde massiv erschweren würde. Selbst Finanzminister Helmut *Schmidt* nahm sich die Zeit, die Abgeordneten *Gansel*, *Sperling* und die anderen Unterzeichner scharf zu kritisieren: »Ich hab' wenig Verständnis dafür, dass Kollegen in dieser Fraktion, die in 26 Wochen des Jahres Gelegenheit haben, in diesem Raum mit dem Bundeskanzler zu sprechen, ihm ihre Meinung zu sagen, und Gelegenheit haben, seine Meinung zu hören, dass die glauben, ihn durch öffentliche Appelle unter Druck setzen zu sollen oder aber, wie jemand anders es ausgedrückt hat, ihm öffentlich vors Schienbein treten.«[82]

Im Laufe des Jahres 1974 wurde es immer schwieriger, in der Fraktion für Positionen der Jungsozialisten zu werben. In der sich ausweitenden Wirtschaftskrise wurde die antikapitalistische Rhetorik der Jungsozialisten, die von Bundeskongress zu Bundeskongress schärfer wurde, zunehmend als Belastung für Fraktion und Regierung empfunden. Wahlanalysen und Umfragen deuteten darauf hin, dass ein Teil der Stimmverluste für die SPD bei den Landtagswahlen auf die Angst, Jusos könnten zu viel Einfluss in der Bundesrepublik erhalten, zurückzuführen war. Die Jungsozialisten wurden zum Bürgerschreck und Risikofaktor. Die Führung übte sich in Schadensbegrenzung. Der Parteivorstand erklärte Ende Juni 1974, dass die politische Position von Arbeitsgemeinschaften – gemeint waren natürliche die Jusos – nicht im Widerspruch zu Parteibeschlüssen stehen dürfte.[83]

Mit dem Rücktritt von Bundeskanzler *Brandt* und dem Amtsantritt seines Nachfolgers Helmut *Schmidt* trat das Thema Jungsozialisten in der Fraktion zunächst zurück. Der Schock über den Abgang des Kanzlers sorgte vorübergehend dafür, dass sich die Reihen schlossen. Und Bundeskanzler *Schmidt*, der seine negative Meinung über die Jungsozialisten nie verhehlt hatte, machte klar, dass das ehrgeizige und teure Programm der inneren Reformen zugunsten einer konjunkturorientierten Realpolitik zurücktreten müsse. Auch linke Kernprojekte wie die Reform der Vermögensbildung wurden auf den Prüfstand gestellt. Personalpolitisch setzte der neue Kanzler fast ausschließlich auf Vertreter des »Kanalarbeiter«-Flügels. Tauchten einmal doch vonseiten der Juso-Bundesspitze kritische Bemerkungen zur Politik des neuen Kanzlers in der Öffentlichkeit auf, reagierten Parteivorstand und Bundesgeschäftsführung der SPD rasch und energisch. Parallel zum Bedeutungsverlust linker Projekte innerhalb der sozial-liberalen Koalition verschärften sich die internen Flügelkämpfe der Jungsozialisten und verstärkten den Eindruck ihrer zunehmenden Abkapselung von einer an realen Problemen orientierten Politik.

In der Fraktion war vor allem Norbert *Gansel* bis zuletzt ein unverdrossen auftretender Verteidiger der Jungsozialisten. Aber sogar ihm wurde es schwer gemacht, wenn er beispielsweise eine Pressemitteilung der Bremer Jungsozialisten verteidigte, die einen linksterroristischen Bombenanschlag auf den Bremer Hauptbahnhof am 7. Dezember 1974 verharmloste und indirekt rechtfertigte.[84] Vor dem Mannheimer Parteitag Mitte November 1975 sorgten die Jusos für Aufregung in der Fraktion, nachdem es ihnen beispielsweise in Oldenburg gelungen war, auf Unterbezirksebene Anträge für den Parteitag durchzubringen, die eine staatliche Investitionslenkung und die Mobilisierung der arbeitenden Massen gegen staatliche Strukturen forderten. Noch einmal war die altbe-

---

82 Vgl. zu den Zitaten die SPD-Fraktionssitzung am 12. September 1973, SVP A und B, online.
83 STEPHAN, Dieter: Jungsozialisten. Stabilisierung nach langer Krise? 1969–1979, Bonn 1979, S. 57 f.
84 Vgl. die erste SPD-Fraktionssitzung am 17. Dezember 1974, SVP A, online.

währte Strategie aufgegangen: »Die junge Generation [...], die hat dann die alte herausgeredet, und am Schluss saßen dann einfach 100 Jungsozialisten und 50 Altgenossen, wenn ich das mal so bezeichne.«[85] Und als wäre das nicht genug, musste sich die Fraktion noch mit Forderungen der Juso-Bundesvorsitzenden Heidemarie *Wieczorek-Zeul* aus Wiesbaden auseinandersetzen, die im Vorfeld des Parteitags eine Einkommensobergrenze von 5 000 DM monatlich gefordert hatte. *Brandt* hatte inzwischen so etwas wie eine resignierte Routine entwickelt, mit so etwas umzugehen: Es gab einen Rüffel an die Juso-Bundesvorsitzende durch den SPD-Bundesgeschäftsführer, zeitgleich ein Dementi der Parteiführung durch den Pressesprecher des Parteivorstands und, wie immer, die Nachbereitung des Fehltritts im SPD-Präsidium.[86]

Die SPD-Fraktion und die Partei mussten sich vor allem im Bundestagswahlkampf 1976 immer wieder in wahltaktischer Schadensbegrenzung üben, wenn Juso-Gruppen eine verstärkte Zusammenarbeit mit kommunistischen Organisationen forderten, um die bundesrepublikanische Gesellschaftsordnung möglichst rasch zum Sozialismus zu führen, und so dem Wahlkampfslogan der Union neue Nahrung gaben. Oder wenn Jungsozialisten Wahlkampfveranstaltungen unter dem Motto »Rettet die Grundrechte« durchführten und dabei ohne Differenzierung die Notstandsgesetze, den Radikalenerlass, die Gesetzgebung zur inneren Sicherheit sowie CDU und CSU kritisierten und dabei in ihrer Rhetorik den Eindruck erweckten, die Bundesrepublik stünde nach zwei Legislaturperioden mit einem sozialdemokratischen Bundeskanzler praktisch kurz vor der Errichtung eines Polizeistaats. Vor der Fraktion äußerte Bundesjustizminister *Vogel* die Befürchtung, dass sich nicht nur die SPD damit lächerlich mache, sondern auch das Ansehen der Bundesregierung auf dem Feld der inneren Sicherheit in Mitleidenschaft gezogen werde.[87] Unfreiwillig zeigten die Jungsozialisten damit zudem, wie schwer sich einzelne Teile der Partei immer noch damit taten, das Bedürfnis der Bevölkerung nach Sicherheit ernst zu nehmen. Kein Wunder, dass die Bevölkerung in dieser Hinsicht der Union vor der Wahl durchgängig mehr Kompetenz zuschrieb.[88]

Kurz vor dem Ende der Wahlperiode, nach der Bundestagswahl im Oktober 1976, zeigte sich im Umgang der Fraktion mit der sogenannten *Rudel*-Affäre noch einmal die Spaltenheit der Fraktion in einen kleineren, aber aktiven linken Flügel, der vor expliziter und teils destruktiver Kritik an der Bundesregierung und Fraktionsführung nicht zurückschreckte, und in eine Mehrheit, die sich im Sinne der »Kanalarbeiter« hinter Regierung und Fraktionsführung stellte. Die Affäre entzündete sich, nachdem bekannt geworden war, dass der ehemalige Weltkriegs-Luftwaffenoffizier Hans-Ulrich *Rudel*, der nach dem Zweiten Weltkrieg weiterhin enge Kontakte in die rechtsextreme und neonazistische Szene hatte und seit 1973 in Chile lebte, auf Einladung ranghoher Bundeswehroffiziere an einem Traditionstreffen auf dem Fliegerhorst Bremgarten im Oktober 1976 teilgenommen hatte. Als die Presse auf diese Veranstaltung, die unglücklicherweise vom Parlamentarischen Staatssekretär im Verteidigungsministerium, Hermann *Schmidt*, genehmigt worden war, aufmerksam wurde, relativierten der Kommandierende General der Luftwaffe Walter *Krupinski* und sein Stellvertreter Karl-Heinz *Franke* die rechtsextreme Vergangenheit *Rudels* in einem informellen Gespräch vor Journalisten mit Hinweisen auf die kommunistische Vergangenheit von Herbert *Weh-*

---

85 So der Abg. Walter *Polkehn*, der zugleich im Bezirksvorstand Oldenburg saß. Vgl. die SPD-Fraktionssitzung am 23. September 1975, SVP B, online.
86 Vgl. die SPD-Fraktionssitzung am 4. November 1975, SVP A, online.
87 Vgl. die SPD-Fraktionssitzung am 29. Juni 1976, SVP B, online.
88 Vgl. bspw. ALLENSBACHER JAHRBUCH DER DEMOSKOPIE 1974–1976, Band VI, hrsg. von Elisabeth Noelle-Neumann, Wien/München/Zürich 1976, S. 121.

ner. Daraufhin entließ Bundesverteidigungsminister *Leber* beide Generale, und auch Hermann *Schmidt* schied zum Ende der Legislaturperiode aus seinem Amt. Der linke Flügel der Fraktion forderte, noch bevor die Fraktion sich am 9. November 1976 mit dem inzwischen öffentlich äußerst kontrovers diskutierten Fall befassen konnte, in einem offenen Brief, der von insgesamt vierzig Abgeordneten unterschrieben worden war, eine sofortige Entlassung der Generale. In der Presse wurde allerdings kolportiert, dass das Ziel nicht nur die Entlassung der Generale, sondern auch der Rücktritt *Lebers*, eines prominenten Vertreters des rechten Parteiflügels[89], war. Zumindest habe man den Verteidigungsminister mit der Drohung unter Druck gesetzt, am Tag der Kanzlerwahl in der kommenden 8. Wahlperiode nicht für Helmut *Schmidt* zu stimmen, wenn bis dahin die beiden Generale nicht entlassen worden seien. Die Initiative ging dabei offenbar maßgeblich von Manfred *Coppik* aus. *Wehner* war über das illoyale wie intrigante Verhalten der Abgeordneten derart aufgebracht, dass er sich offenbar mit Rücktrittsgedanken trug. Willy *Brandt* seinerseits warnte ausdrücklich davor, die ideologischen Differenzen auf dem Rücken der Fraktion und der Regierung auch weiterhin rücksichtslos in der Öffentlichkeit auszutragen. Man werde als Fraktion, sozial-liberale Koalition und Bundesregierung, so *Brandt*, die »nächsten vier Jahre nur bestehen, wenn wir wirklich als geschlossene Fraktion dastehen, die intern über alles Mögliche ringen und streiten muss, aber wie eine Gemeinschaft nach außen auftritt und anderen [...] nicht zu irgendeinem Zeitpunkt im ersten oder zweiten Jahr der Legislaturperiode die Ausrede gibt oder den Vorwand gibt, die Grundlagen der Koalition infrage zu stellen, die wir jetzt zu legen im Begriff sind«.[90]

4. Das Verhältnis zur FDP und zur CDU/CSU-Opposition

Das Verhältnis zwischen Sozialdemokraten und Liberalen innerhalb der Bundesregierung war gut. Für manche Abgeordnete der SPD-Bundestagsfraktion war es vielleicht sogar zu gut. Einzelne Stimmen innerhalb der Fraktion kritisierten den Einfluss der Liberalen auf die Regierungsarbeit – das begann mit der Anzahl der liberalen Minister im Kabinett und ging bis hin zu den schmerzhaften Kompromissen in sozialdemokratischen Herzensangelegenheiten wie der Mitbestimmung. Ein Teil der Kritik war jedoch weniger an die Adresse der Liberalen gerichtet, sondern galt auch Bundeskanzler *Brandt*, dem, wenn auch etwas verbrämt, mangelnde Durchsetzungsfähigkeit vorgeworfen wurde und der ein klares Auge für sozialdemokratische Interessen vermissen lasse. Dass sich FDP-Bundeswirtschaftsminister Hans *Friderichs* ohne Not in der Ölpreiskrise profilieren konnte, während die sozialdemokratischen Minister aus dem Hintergrund agierten, wurde ihm ebenso als Versäumnis vorgehalten wie das unkluge Management der Tarifauseinandersetzung mit der ÖTV Anfang 1974, als es *Brandt* selbst war,

---

89 Georg *Leber* war bereits seit Herbst 1975 ins Visier der Parteilinken geraten, da er eine explizit proamerikanische Haltung im Vietnamkonflikt vertrat. Außerdem fiel er immer wieder mit Angriffen gegen den linken Flügel der SPD und die Jungsozialisten auf. Im linken hessischen Landesverband wurde daraufhin versucht, seine Kandidatur für die Bundestagswahl 1976 zu hintertreiben. Am Ende verzichtete *Leber* darauf, in seinem Frankfurter Wahlkreis aufgestellt zu werden – an seine Stelle trat der ehemalige Juso-Vorsitzende Karsten *Voigt* – und kandidierte ausschließlich als Spitzenkandidat auf der Landesliste. Vgl. *Lebers* Artikel »Vietnam und wir«; »Frankfurter Allgemeine Zeitung« vom 5. April 1975, S. 8, sowie den Artikel »Zu sich selbst zurück«; »Der Spiegel«, Nr. 40 vom 29. September 1975, S. 34.
90 Vgl. die SPD-Fraktionssitzung am 9. November 1976, SVP A, online.

der plötzlich wegen des Abschlusses im Fokus stand und nicht der eigentlich verantwortliche Innenminister *Genscher*.

Die Fraktionsführung und der Bundeskanzler, gleichermaßen *Brandt* wie *Schmidt*, sorgten jedoch dafür, dass der immer mal wieder aufflackernde Unmut der sozialdemokratischen Abgeordneten über den liberalen Partner keine schwerwiegenden Folgen hatte. Schon kurz nach der Wahl wies *Brandt* beispielsweise darauf hin, dass die großen Stimmengewinne der SPD nicht darüber hinwegtäuschen dürften, dass die Liberalen aller Wahrscheinlichkeit nach auch über weitere Bundestagswahlen hinweg benötigt würden. Wenn es Abgeordnete gegeben haben sollte, die daran zweifelten, dann zerstreuten sich diese Zweifel im Laufe der Wahlperiode, in der die Sozialdemokraten in fast allen Bundesländern an Boden verloren und selbst in ihren Hochburgen auf die FDP als Koalitionspartner angewiesen waren.

Ein wenig erstaunlich mutet an, dass es nach dem Rücktritt von *Brandt* im Mai 1974 praktisch keinerlei Diskussion in der Fraktion über die Rolle von Innenminister *Genscher* in der *Guillaume*-Affäre gab. *Guillaume* war schon Monate vor dem Bekanntwerden der Affäre unter Verdacht geraten. Bundesinnenminister *Genscher* als Vorgesetzter der Geheimdienste hatte *Brandt* offenbar nicht mit dem gebotenen Nachdruck vor *Guillaume* gewarnt und auch nicht aktiv verhindert, dass dieser als Begleitung von *Brandt* in dessen Urlaub Zugriff auf Geheimmaterial hatte. Offenbar war die schockierte SPD-Fraktion über den weitgehend reibungslosen Übergang zu Helmut *Schmidt* als Kanzler so erleichtert, dass man darauf verzichtete, genauer hinzuschauen. Möglicherweise trug auch eine Attacke linker SPD-Vertreter auf die CDU/CSU dazu bei, dass die Rolle des liberalen Innenministers in der SPD-Fraktion nicht hinterfragt wurde.[91]

Regelmäßige und formale Koalitionsrunden gab es bereits in der 6. Wahlperiode nicht mehr. Koalitionsgespräche fanden vielmehr je nach politischem Bedarf spontan statt. Der eher informelle Charakter galt auch für die Teilnehmer der Gespräche, deren Kreis je nach Sachlage differierte. Da auch in der 7. Wahlperiode kaum Überlieferungen zu den Koalitionsgesprächen existieren, sind genauere Aussagen über Mechanismen der Absprache oder Kompromissfindung praktisch unmöglich. Hinzu kommt, dass führende Vertreter der SPD-Fraktion über Koalitionsgespräche unter den jeweiligen Spitzenvertretern von Partei, Fraktion und Kabinett hinaus in gutem Kontakt mit der Fraktionsführung der FDP standen. Vor allem das Verhältnis zwischen den beiden Fraktionsvorsitzenden war von außerordentlicher Nähe und von großem Vertrauen geprägt. Über Wolfgang *Mischnick* hatte Herbert *Wehner* gleichsam einen direkten Draht in die FDP-Fraktion und wusste relativ genau, wo in dieser mögliche rote Linien bei der Kompromissbereitschaft bestanden. Dass dies auch umgekehrt galt, kann angenommen werden.

Der Austausch zwischen den Fraktionen geschah zu unterschiedlichen Gelegenheiten, beispielsweise wenn *Mischnick* und *Wehner* an den Sitzungen des Bundeskabinetts teilnahmen und so Informationen aus erster Hand erhielten. Sonst fand die regelmäßige Absprache zwischen den beiden Fraktionen auf der Ebene der Parlamentarischen Geschäftsführer statt. So trafen sich Karl *Wienand*, und nach dessen Rücktritt Manfred *Schulte*, und der FDP-Vertreter Werner *Mertes* regelmäßig, um die Plenarsitzungen vorzubereiten. Gelegentlich rief *Mertes* auch während der SPD-Fraktionssitzung an, um *Wienand* oder später *Schulte* über Ergebnisse aus der FDP-Fraktionssitzung zu berichten. Besonders intensiv war diese eher technische Absprache zwischen beiden Fraktio-

---

91 Vgl. Anm. 99.

nen immer dann, wenn komplexe und umstrittene Gesetzesvorhaben wie die Reform des Paragraphen 218 oder die Eherechtsreform durch den Bundestag gebracht werden mussten.

Gleichwohl konnte die gute Zusammenarbeit der beiden Fraktionsführungen nicht verdecken, dass die Liberalen sich seit dem Wahlkampf verstärkt um die Schärfung ihres eigenen Profils kümmerten und daher vor allem im Bereich der Wirtschafts- und Sozialpolitik aus Sicht der Sozialdemokraten häufig die Rolle eines Bremsers einnahmen.[92] Besonders groß war der Unmut innerhalb der SPD-Fraktion beispielsweise in der Mitbestimmungsfrage, wo die FDP weitreichende Sonderrechte für die leitenden Angestellten erringen konnte. Allerdings wird es auch den meisten sozialdemokratischen Abgeordneten klar gewesen sein, dass es für die FDP angesichts der auf deutliche Polarisierung abzielenden Politik der CDU/CSU überlebenswichtig war, in der sozial-liberalen Koalition als gestaltende politische Kraft wahrgenommen zu werden. Umgekehrt erklärt das Profilierungsbedürfnis als liberale Kraft, warum die FDP gerade im Bereich der gesellschaftspolitischen Reformprojekte – beispielsweise bei der Liberalisierung von Abtreibung und Ehescheidung – konsequenter agierte als die SPD-Fraktion, die, vielleicht abgesehen vom linken Flügel der Fraktion, hier oftmals konservativere und traditionellere Werte vertrat.

Die FDP wiederum blieb ebenso auf die SPD als Koalitionspartner angewiesen. Denn auch in der 7. Wahlperiode verfolgte die CDU/CSU ihre Absicht von 1969, die FDP aus möglichst allen Landtagen zu vertreiben.[93] Es gab daher zu Beginn der Wahlperiode keine CDU-FDP-Koalition auf Landesebene mehr. So gesehen trug die schrille Rhetorik aus der Union, wo der CSU-Vorsitzende *Strauß* die Liberalen völlig unironisch als »Linkspartei« titulierte, dazu bei, die sozial-liberale Koalition zwischen 1972 und 1976 zu stabilisieren. Erst nach der Bundestagswahl 1976 – die Gefahr, sozial-liberale Wählerschichten durch zu große ideologische Flexibilität zu verprellen, war vorüber –, streckte die FDP auf Landesebene wieder erste Fühler zur Union aus und ging schließlich in Niedersachsen und im Saarland eine Regierungskoalition mit dem vormaligen Gegner ein.

Das gespannte Verhältnis zwischen Union und SPD hatte sich seit 1969 nicht wirklich verbessert. Bis zum überraschend gescheiterten Misstrauensvotum 1972 hatten die beiden Unionsparteien gehofft, die »Koalition der Wahlverlierer« – so sah es jedenfalls für CDU und CSU aus, die 1969 zusammen klar stärkste Kraft im Bundestag geworden waren – noch während der 6. Wahlperiode zu Fall zu bringen. Entsprechend schwankte die CDU/CSU-Fraktion auch zwischen harter, kompromissloser Opposition und dem Versuch, den Initiativen der Bundesregierung und der sozial-liberalen Koalition konsequent Unionsalternativen entgegenzusetzen. Angesichts der stetig bröckelnden Bundestagsmehrheit der Koalition und der teils überwältigenden Wahlerfolge von CDU und CSU auf Länderebene hatte sich die Union nach der Auflösung des Bundestags immer noch berechtigte Hoffnung auf einen Machtwechsel gemacht. Umso größer war der Schock, als die sozial-liberale Regierung im November 1972 nicht nur im Amt bestätigt worden war, sondern die Unionsparteien auch gemeinsam hinter die Sozialdemokraten zurückgefallen waren. Sofort brachen in der Unionsfraktion die alten Diskussionen über die eigene Rolle wieder aus. Erschwerend kam hinzu, dass vor allem der

---

92 Zur FDP in der Zeit der sozial-liberalen Bundesregierungen vgl. bspw. DITTBERNER, Jürgen: Die FDP. Geschichte, Personen, Organisation, Perspektiven. Eine Einführung, Wiesbaden, 2. überarb. und erw. Auflage 2010, S. 44–55 und S. 207–215.
93 Der ehemalige Bundeskanzler Kurt Georg *Kiesinger* hatte nach der Bildung der sozial-liberalen Koalition 1969 die Losung ausgegeben, die FDP bei Landtagswahlen aus den Parlamenten zu drängen.

christdemokratische Teil der Fraktionsgemeinschaft enttäuschend abgeschnitten hatte. Neben Bayern, wo die CSU über 55 Prozent der Stimmen errang, schaffte es die CDU nur in Baden-Württemberg und Rheinland-Pfalz, stärkste Kraft vor der SPD zu werden. Entsprechend kündigte der CSU-Vorsitzende *Strauß* an, dass zukünftig nur ein harter, kompromissloser Oppositionskurs, namentlich in der Ost- und Deutschlandpolitik, in Frage komme, damit CDU und CSU ihre Fraktionsgemeinschaft wie bisher fortführen könnten.

Die Verbitterung der Unionsfraktion war nicht nur auf politischer Ebene, sondern auch im organisatorischen Alltag im Bundestag zu spüren. So weigerte sich die Unionsfraktion, wie erwähnt, mehrere Büroräume zu verlassen, die ihr, nachdem sie nicht mehr stärkste Kraft im Bundestag war, eigentlich nicht mehr zustanden. Ein solches Verhalten war symptomatisch für den verschlechterten zwischenmenschlichen Umgang, der sich nach und nach zwischen Teilen der Unionsfraktion und den Sozialdemokraten einschlich. Die ständigen und teilweise maßlosen Angriffe aus den Reihen der CSU-Landesgruppe auf den linken Flügel der SPD-Fraktion verärgerten deren Abgeordnete. Ein Tiefpunkt war nach der Veröffentlichung der Sonthofener Rede des CSU-Vorsitzenden *Strauß* erreicht, in der er Mitglieder der Koalitionsfraktionen in die Nähe des RAF-Terrorismus rückte: »Dann möchte ich wissen, wie viele Sympathisanten der *Baader-Meinhof*-Verbrecher in der SPD- und FDP-Fraktion in Bonn drinsitzen.« *Strauß* beantwortete die Frage selbst: »Es ist ein ganzer Haufen«.[94] Die SPD-Fraktion reagierte mit einer scharfen Zurückweisung auf diese »Infamie«, wie es Helga *Timm* nannte, und »Selbstentlarvung *Straußens*«, so Willy *Brandt*. *Strauß*' Provokation sorgte allerdings auch dafür, dass sich die SPD-Fraktion in Solidarität hinter den angegriffenen linken Abgeordneten sammelte.[95]

Politisch kam es der SPD-Fraktion sehr entgegen, dass die Reaktionen auf die Rede auch in der Öffentlichkeit verheerend waren und der Ruf des CSU-Vorsitzenden zumindest außerhalb Bayerns nachhaltig beschädigt wurde. In der Öffentlichkeit kam die in Sonthofen von *Strauß* skizzierte Oppositionsstrategie einer kompromisslosen und konfrontativen Politik gegen die Bundesregierung nicht gut an. Der Versuch des CSU-Vorsitzenden, das Profil der Unionsparteien zu schärfen und die politischen Reihen, insbesondere der CDU/CSU-Fraktion, zu schließen, wurde in Teilen der Öffentlichkeit als Versuch wahrgenommen, der Union notfalls zu Lasten des Landes eine Machtoption zu verschaffen. Tatsächlich verfolgte *Strauß* dieser Vorwurf bis in die Bundestagswahl 1980, in der er als Kanzlerkandidat der Unionsparteien gegen Bundeskanzler *Schmidt* antrat und unterlag.[96]

Zur CSU und vor allem ihrem Vorsitzenden blieb das Verhältnis nachhaltig zerrüttet, doch aufgrund der Mehrheitsverhältnisse im Bundesrat konnten weder die Sozialdemokraten noch die Liberalen auf eine parlamentarische Zusammenarbeit mit der CDU/CSU-Fraktion verzichten. Die Mehrzahl aller gesetzlichen Regelungen, die ja zu großen Teilen eher technischer oder administrativer Natur waren, wurde zwar auch in der 7. Wahlperiode ohne Kontroversen und nach kollegialer, konstruktiver Arbeit in den Ausschüssen von allen Parteien gemeinsam verabschiedet.[97] Aber auch dort, wo die Koalitionsfraktionen und die Opposition einen unterschiedlichen Regelungsbedarf sahen,

---

[94] Vgl. die CSU-Landesgruppe im Deutschen Bundestag. Sitzungsprotokolle 1972–1980, Dok. 33.
[95] Vgl. die SPD-Fraktionssitzung am 11. März 1975, SVP A, online.
[96] Vgl. die CSU-Landesgruppe im Deutschen Bundestag. Sitzungsprotokolle 1972–1980, S. 73*–76*.
[97] Dazu bspw. Nienhaus, Volker: Konsensuale Gesetzgebung im Deutschen Bundestag: Zahlen und Anmerkungen zur 7. bis 9. Wahlperiode, in: Zeitschrift für Parlamentsfragen 16, Bd. 2 (1985), S. 163–

gelang es, diese Gesetzesvorhaben zu verwirklichen, selbst wenn die Gegensätze anfangs unüberwindbar schienen. Entsprechende Absprachen und gegenseitige Kompromissbereitschaft sah man beispielsweise beim Hochschulrahmenrecht oder bei der Eherechtsreform. Innerhalb der SPD-Fraktion führten Kompromisse zwar häufig zu Diskussionen und mitunter auch zu handfestem Streit, ob das der eigenen Überzeugung und der sozialdemokratischen Wählerschaft zuzumuten sei, doch in aller Regel überwog am Ende die Fraktionsdisziplin und selbst die schärfsten Kritiker schlossen sich, bis auf wenige Ausnahmen, der Fraktionsmehrheit an.

Allerdings blieb der SPD-Fraktion auch wenig anderes übrig, wollte sie weiterhin eine gestaltende Regierungsfraktion bleiben. Denn die komfortable Mehrheit im Bundestag konnte nicht darüber hinwegtäuschen, dass der Union im Gegensatz zur 6. Wahlperiode weitaus mehr Möglichkeiten zur Verfügung standen, ihre von Rainer *Barzel* geprägte Maxime des »So nicht« im Gesetzgebungsverfahren umzusetzen. Das lag vor allem am Bundesrat mit seiner klaren Unionsmehrheit. Er bot der Opposition die Möglichkeit, sich in diesem Sinne konstruktiv und mit dezidiert eigenen Ideen gegen die sozial-liberale Koalition in den Gesetzgebungsprozess einzubringen. In 127 Vermittlungsverfahren in der 7. Wahlperiode gelang es der Opposition erstaunlich oft, einen Gesetzentwurf der Regierungsparteien zu ihren Gunsten zu beeinflussen. Und obwohl die Opposition grundsätzlich auch in der 7. Wahlperiode an ihrer Strategie einer harten, gleichwohl Alternativen aufzeigenden und nicht einfach nur blockierenden Politik festhielt, gab es doch Themenfelder, bei denen die Union jeden Kompromiss verweigerte. Vor allem die Außenpolitik und hier insbesondere die Ostpolitik blieb weiterhin kontrovers. Dass die Opposition es aber wie im Falle der Reform des Radikalenerlasses schaffte, ein Gesetzgebungsvorhaben der Koalition über den Bundesrat derart zu torpedieren, dass das Vorhaben komplett scheiterte, blieb die Ausnahme bis 1976.

In der dunkelsten Phase der sozial-liberalen Koalition, nach der Enttarnung von Günter *Guillaume* als DDR-Spion und dem folgenden Rücktritt von Bundeskanzler *Brandt*, hielt sich die Union anfangs mit Angriffen zurück. Als immer mehr Ungereimtheiten ans Licht kamen, gerieten zunächst Innenminister *Genscher* und der ehemalige Kanzleramtschef *Ehmke* unter Beschuss der Unionsfraktion. Erst als aus der SPD-Bundestagsfraktion heraus versucht wurde, vom internen Zwist in der sozialdemokratischen Führungsebene und vom Missmanagement im Innenministerium abzulenken, und Vorwürfe laut wurden, die Union habe zusammen mit den Geheimdiensten der Bundesrepublik den Sturz des Kanzlers betrieben[98], reagierte die Opposition mit der Forderung nach der Einsetzung eines Untersuchungsausschusses.[99]

Gegen Ende der Legislaturperiode verschlechterte sich das Verhältnis zwischen beiden Fraktionen allerdings atmosphärisch wieder. Die Sozialdemokraten empörten sich vor allem über fortgesetzte Kampagnen der Union, jede linke Tendenz in der SPD unter den Generalverdacht der Sympathie mit dem Kommunismus zu stellen. In diesen Rahmen gehörte auch die im Mai 1976 rasch eskalierte Auseinandersetzung über eine von der SPD initiierte und ordnungsgemäß angemeldete Ausstellung von Plakaten des Künst-

---

169. – Außerdem dazu die Einleitung in: DIE CDU/CSU-FRAKTION IM DEUTSCHEN BUNDESTAG. SITZUNGSPROTOKOLLE 1969-1972, hier S. 78*–87*.

98 Die Bundesvorsitzende der Jungsozialisten, Heidemarie *Wieczorek-Zeul*, sprach bspw. von einem Komplott, das von CDU und Großkapital ausgeheckt worden sei. Vgl. den Kommentar »Beginn einer Legende«; »Frankfurter Allgemeine Zeitung« vom 9. Mai 1974, S. 10.

99 Vgl. GRAU, Andreas: Der Rücktritt von Bundeskanzler Willy Brandt im Mai 1974 aus Sicht der Union: »Eine Summe von Pannen« und »mäßiges Krisenmanagement«, in: Historisch-Politische Mitteilungen 22 (2015), S. 153–170.

lers Klaus *Staeck* im Klubhaus der Deutschen Parlamentarischen Gesellschaft. Kaum hingen die Plakate, die allerdings scharf mit Aussagen einzelner Vertreter der Opposition ins Gericht gingen[100], rissen emotionalisierte Unionsabgeordnete die Ausstellungsstücke von den Wänden. So soll beispielsweise der Vorsitzende des Rechtsausschusses, der CDU-Abgeordnete *Lenz*, dem Künstler *Staeck* ein Plakat aus den Händen gerissen und anschließend mit den Worten »Auf Eigentum kommt es hier nicht an« zerrissen haben.[101] Nachdem Richard *Stücklen* als Vorstand der Gesellschaft auch auf ausdrückliche Nachfrage nicht auf das Verhalten seiner Kollegen in der CDU/CSU-Fraktion einwirken und weiteren Vandalismus nicht verhindern wollte, ließen die SPD-Vertreter in der Parlamentarischen Gesellschaft die restlichen Plakate wieder abhängen.[102] Solche Ereignisse ließen nichts Gutes für den kommenden Bundestagswahlkampf erwarten.

5. Gesellschaftspolitische Reformen – vom Paragraphen 218 StGB zur Mitbestimmungsreform

Nach der Wahl im Dezember 1972 hofften viele sozialdemokratische Abgeordnete, dass die sozial-liberale Koalition angesichts ihres starken Stimmenzuwachses an das Programm der inneren Reformen der 6. Wahlperiode anknüpfen werde. Mit dem eindeutigen Wahlsieg der bisherigen Koalition und einer glänzend laufenden Konjunktur vor Augen fühlten sich viele sozialdemokratische Parlamentarier in ihrem Willen bestärkt, nun auch die inneren Reformen erfolgreich abzuschließen. Doch bald wurde sichtbar, dass es nicht so einfach war, wie man angesichts der komfortablen Bundestagsmehrheit gehofft hatte. Die Gründe dafür, warum 1976 dann vieles, was 1969 und erneut 1973[103] von Willy *Brandt* angekündigt worden war, bestenfalls als Kompromiss, in manchen Augen auch nur halbherzig oder gar nicht umgesetzt werden konnte, waren vielschichtig. Sie reichten von den bekannten und oben beschriebenen Ermüdungserscheinungen des Kanzlers, dem es nach dem Abgang von *Ehmke* aus dem Kanzleramt nicht mehr wirklich gelang, den Ressort- und Planungspartikularismus der anderen Minister aufzufangen, über einen selbstbewusster gewordenen liberalen Partner, der sein Profil vor allem auf dem Gebiet der Wirtschaftspolitik schärfte, bis zu den ökonomischen Problemen einer zunächst heißlaufenden Konjunktur, dem enormen Anstieg der Inflation und nach dem Ölpreisschock der schweren Rezession.[104]

Allerdings wäre es auch ohne solche äußeren Umstände schwer geworden, das gesamte Reformpaket, das der Bundeskanzler in seiner Regierungserklärung von 1973 präsentiert hatte, bis 1976 zu realisieren. *Brandts* Liste war wie schon 1969 beeindruckend

---

100 Auf einem Plakat wurde der CDU-Abgeordnete Bruno *Heck*, der im Oktober 1973 Chile bereist hatte, in satirischer Absicht mit dem auf die in Sportstadien internierten politischen Gefangenen gemünzten Satz zitiert: »Das Leben im Stadion ist bei sonnigem Frühlingswetter recht angenehm«. *Staeck* hatte den Satz mit dem Spruch ergänzt: »Seit Chile wissen wir genauer, was die CDU von Demokratie hält.« Vgl. den Artikel »Rechtfertigung von Gewalt«: »Der Spiegel«, Nr. 22 vom 24. Mai 1976, S. 200 f.
101 Vgl. den Artikel »Hinter den Spiegel zu staecken«; »Die Zeit«, Nr. 16 vom 9. April 1976, S. 34.
102 Vgl. die SPD-Fraktionssitzung am 6. April 1976, SVP B, online.
103 Vgl. die Regierungserklärung am 18. Januar 1973; BT Plenarprotokoll 07/7, S. 121–134.
104 Als *Brandt* im Mai 1974 zurücktrat, lag die Inflation bei fast sieben Prozent, die Arbeitslosigkeit hatte sich fast verdreifacht, etwa 600 000 Menschen waren bereits arbeitslos. Das Wirtschaftswachstum verlangsamte sich, nachdem die Wirtschaft 1973 noch eine Phase der konjunkturellen Überhitzung erlebt hatte, auf unter ein Prozent.

lang: Sie reichte von der Kartellgesetznovelle, der Steuerreform, dem Familienlastenausgleich beziehungsweise der Reform des Kindergelds über Änderungen der Agrarstrukturpolitik, des Bodenrechts und der Einführung einer Bodenwertzuwachssteuer, der Reform der beruflichen Bildung, dem Hochschulrahmenrecht bis zur Fusionskontrolle und dem Presserechtsrahmengesetz. Aus der 6. Wahlperiode übriggeblieben und auf Verwirklichung wartand nannte er die Ausweitung der betrieblichen Mitbestimmung, die Reform des Ehe- und Familienrechts und die Reform des Paragraphen 218.

Bereits 1973 zeigte sich jedoch, dass das konjunkturelle Umfeld zunehmend ungünstig für die zumeist teuren Reformvorhaben wurde. Zum Zeitpunkt der Regierungserklärung befand sich die bundesdeutsche Konjunktur bereits in einer Phase der Überhitzung – vor allem die nicht konjunkturell, sondern politisch motivierte Steigerung der Staatsausgaben seit 1970, die boomende Wirtschaft und der aufgrund der starken D-Mark weiterhin ungebremste Zufluss von ausländischem Geld ließen die Inflationsrate in die Höhe schießen. Eine rein keynesianische Wirtschaftspolitik hätte nun antizyklische Maßnahmen treffen, die öffentliche Hand ihre Ausgaben beschränken und Kaufkraft oder liquide Mittel im überhitzten Markt stilllegen müssen. Allerdings befand sich die Weltwirtschaft da schon in einer Phase des Abschwungs, und das Weltwährungssystem hatte sich immer noch nicht vom Zusammenbruch der internationalen Nachkriegswährungsordnung von Bretton Woods erholt[105], so dass die nicht unberechtigte Sorge bestand, mit harten Einschnitten die Konjunktur abzuwürgen und die deutsche Wirtschaft ebenfalls in den Abschwung zu schicken. Die konjunkturellen Spielräume der Bundesregierung waren also begrenzt, wie Finanzminister *Schmidt* vor der SPD-Fraktion immer wieder betonte.[106]

Besonders für die Inflationsrate war eine Kombination von Weltwährungskrise, DM-Stärke und einer heißlaufenden Binnenkonjunktur kritisch. Der Bundesregierung war klar, dass ihr eine hohe Inflationsrate nach den Erfahrungen von Weimar und der Nachkriegszeit bis zur Währungsreform gerade in Deutschland politisch besonders gefährlich werden konnte. Sie stand daher vor einem Dilemma, denn alles, was die Inflation eindämmte, konnte gleichzeitig die konjunkturelle Entwicklung negativ beeinflussen und ein Überschwappen der weltwirtschaftlichen Probleme auf Deutschland fördern. Es war auch keineswegs klar, ob die SPD-Fraktion mögliche harte Einschnitte mittragen würde. So war das konjunkturelle Stabilitätsprogramm zur Senkung der Inflation, das die Regierung im Mai 1973 vorstellte, auch recht halbherzig. Die vorgesehenen Maßnahmen an Haushaltsdisziplin, restriktiver Kreditpolitik, Stabilitätsanleihe und Investitionssteuer waren zwar mehr als nur symbolisch, aber sie waren auch nicht ausreichend, um die Konjunktur wirklich zu dämpfen. Und tatsächlich tat sich bereits hier die SPD-Fraktion schwer, der Regierung vorbehaltlos zu folgen.[107]

Fraktion und Bundesregierung befanden sich somit spätestens seit Mitte 1973 in einer wirtschaftspolitischen Zwickmühle. Während in einzelnen Wahlkreisen, die von der Schuh- und Textilindustrie geprägt wurden, bereits die Vorzeichen einer schweren

---

105 1944 wurde im US-amerikanischen Ort Bretton Woods die Grundlage für ein neues Weltwährungssystem gelegt, das auf dem US-Dollar als Leitwährung und flexiblen Wechselkursbandbreiten beruhte. Durch eine wachsende Dollarschwäche brach das System Anfang der 1970er Jahre zusammen, und 1973 entschieden sich mehrere europäische Länder, die Wechselkursbandbreiten des Bretton-Woods-Systems zu verlassen und die Wechselkurse der eigenen Währung zum Dollar freizugeben.
106 Vor allem die notwendig werdende Aufwertung der D-Mark im Frühjahr 1973 und die Dollarschwäche waren für die exportorientierte westdeutsche Wirtschaft nicht ungefährlich. Vgl. SPD-Fraktionssitzung am 13. Februar 1973, SVP A, online.
107 Vgl. die SPD-Fraktionssitzung am 10. Mai 1973, SVP B und C, online.

Rezession zu erkennen waren, mussten andere Abgeordnete mit der wachsenden Unzufriedenheit von Arbeitern und Angestellten fertig werden, die auf Lohnerhöhungen pochten. Seit Jahren waren die Gewinne der Unternehmen weit über das Maß der Tariflohnsteigerungen gewachsen. Immer wieder hatte die sozialdemokratisch geführte Bundesregierung zur Zurückhaltung aufgerufen, zuletzt, weil sie nicht zu Unrecht befürchtete, dass hohe Lohnabschlüsse nur eine Verschärfung der Inflation zum Ergebnis haben würden. Das führte 1973 zu wachsenden Schwierigkeiten mit den Gewerkschaften, die unter den zunehmenden Druck ihrer Mitglieder gerieten.

Die sozialdemokratischen Abgeordneten taten sich erneut schwer, ihrer Klientel ihre Politik zu erklären oder gar als Erfolg zu verkaufen. Kritik, Mäkelei und Unzufriedenheit über die notwendigen politischen Kompromisse fielen den sozialdemokratischen Abgeordneten leichter, als die unbestritten vorhandenen Leistungen der sozial-liberalen Koalition zu vermitteln. Es sah so aus, als sei die deftige Kritik von Günter *Grass* bereits vergessen worden, der den Abgeordneten erstmals 1971 vorgehalten hatte: »Ein Sozialdemokrat ist jemand, der nicht an seine Leistungen, sondern an seine weitergehenden Resolutionen glaubt.«[108] Dabei hatte die sozial-liberale Koalition zum Beginn des Nahostkrieges und der Energiekrise im Oktober 1973 gerade auf dem Feld der inneren Reformen einiges vorzuweisen: Die Koalition konnte große Teile der seit den Zeiten von Finanzminister *Strauß* und der Großen Koalition überfälligen Steuerreform verabschieden.[109] Auch die Kartellgesetznovelle war ein Erfolg für die Sozialdemokraten, da sie eben nicht nur die Großkonzerne betraf, sondern gerade für die Verbraucher finanzielle Vorteile hatte, indem sie vertikale Preisbindung verbot und eine unverbindliche Preisempfehlung einführte. Preistreibende Absprachen zwischen Produzenten und Handel gehörten nun der Vergangenheit an, erstmals konnte man in vielen Branchen durch Vergleiche bares Geld sparen.[110] Beides waren Anliegen gewesen, an denen sich die Große Koalition vergeblich versucht hatte. Und auch auf ihrem ureigensten Feld der Sozialpolitik standen die Sozialdemokraten nicht schlecht da. Arbeits- und Sozialminister Walter *Arendt* konnte Fortschritte bei der Arbeitssicherheit und der ärztlichen Betreuung von Arbeitnehmern am Arbeitsplatz vorweisen. Für Behinderte und Schwerbeschädigte brachte die Koalition bis September 1973 weitreichende gesetzliche Verbesserungen auf den parlamentarischen Weg. Die Landwirte profitierten von einer verbesserten Altershilfe, die erstmals analog zu den übrigen Rentenanpassungen dynamisiert wurde. Um das wachsende Dickicht der Sozialgesetzgebung zu vereinheitlichen, begann die Regierung mit den Vorarbeiten für ein zusammenfassendes Sozialgesetzbuch.[111] Selbst der kritische »Spiegel« meinte, die Leistung der Koalition sei ein knappes Jahr nach der Wahl »gemessen am Regierungstrott konservativer Unions-Administrationen [...] gute[r] Durchschnitt«.[112]

---

108 Vgl. die SPD-Fraktionssitzung am 23. März 1971, SVP E, online.
109 Die Einigung gelang jedoch nur um den Preis der Ausklammerung der Reform der Körperschaftssteuer. Schwerwiegender war jedoch, dass nach Inkrafttreten der Steuerreform am 1. Januar 1975 etliche Lohnsteuerzahler, vor allem Ehepaare, bei denen beide Ehepartner verdienten, statt mit Entlastungen mit höheren Abgaben konfrontiert wurden. Die Fraktion schob das Problem indirekt dem Finanzminister zu, dessen Haus vorab nicht ausreichend über die Bedeutung der Wahl der Steuerklassen aufgeklärt habe. Vgl. die SPD-Fraktionssitzung am 21. Januar 1975, SVP B, online. – Artikel »Steuerreform: Unruhe und böses Blut«; »Der Spiegel«, Nr. 6 vom 3. Februar 1975, S. 26–30.
110 Vgl. das Zweite Gesetz zur Änderung des Gesetzes gegen Wettbewerbsbeschränkungen vom 3. August 1973; BGBl. I, 1973, Nr. 64 vom 4. August 1974, S. 917–929.
111 Vgl. die SPD-Fraktionssitzung am 18. September 1973, SVP D, online.
112 Vgl. den Artikel »Willy Brandt 60: Das Monument bröckelt«; »Der Spiegel«, Nr. 50 vom 10. Dezember 1973, S. 28–47, hier, S. 38.

Wie schnell es jedoch notwendig werden konnte, von der Konjunkturdämpfung zur Konjunkturstützung umzuschalten, merkte die Fraktion nach Ausbruch des Jom-Kippur-Krieges und der folgenden Ölpreiskrise. Mit dem konjunkturellen Einbruch verringerte sich der politische Spielraum für strukturverändernde Reformen merklich. Angesichts der sozialen Verwerfungen durch die starke Verteuerung von Heizöl kurz vor Beginn der winterlichen Heizperiode und mit Blick auf die wachsende Arbeitslosigkeit, drängte die Fraktion die Regierung zu kurzfristigen sozialpolitischen Interventionen. Die waren schon deshalb notwendig, weil die Opposition Ende Oktober 1973 mit ihrem Entwurf für ein Inflationsentlastungsgesetz vorgeprescht war und die Sozialdemokraten unter Zugzwang setzte.

1974 wuchs sich die anfängliche Konjunkturkrise, die durch die hohen Energiepreise ausgelöst wurde, zu einer handfesten Rezession aus. Nun standen ausgabenträchtige Reformvorhaben erst recht unter Vorbehalt. Innerhalb der Partei und der Bundestagsfraktion war niemand darauf vorbereitet, dass der Verteilungsspielraum so schnell zusammenschmolz. Viele hofften auf eine kurzfristige Episode. Warnungen von Finanzminister *Schmidt*, dass man erst am Anfang einer Krise stehe, wurden wenig beachtet. Im »Orientierungsrahmen 85«, mit dem das Godesberger Programm von 1959 an die Gegenwart angepasst werden sollte und der erst auf dem Parteitag im November 1975 in Mannheim, also mitten in der Rezession, endgültig verabschiedet wurde, wurde weiterhin reformoptimistisch mit einer baldigen Fortsetzung der Hochkonjunktur gerechnet. Es dauerte, bis sich die Sozialreformer in der Fraktion auf die veränderten ökonomischen und gesellschaftlichen Rahmenbedingungen nach den langen Jahren des Booms eingestellt hatten.[113] Kurz vor seiner Wahl zum Bundeskanzler erklärte *Schmidt* der Fraktion beispielsweise: »Ich warne vor unzeitgemäßen Geschenken, sofern sie nicht von uns aus Gerechtigkeitsgründen, nicht als Geschenke, sondern als Notwendigkeiten angesehen werden müssen.«[114] Vor diesem Hintergrund spielten sich in der zweiten Hälfte der Wahlperiode die Auseinandersetzungen um die verbliebenen großen Reformvorhaben der sozial-liberalen Koalition ab.

5.1. Die Reform des Paragraphen 218 StGB

Die Reform des Paragraphen 218 des Strafgesetzbuchs war in der 7. Wahlperiode eines der zentralen Anliegen der Bundesregierung. Allerdings hatte es in der vorangegangenen Wahlperiode der berühmten Selbstbezichtigungskampagne des Magazins »Stern« bedurft[115], um den Gesetzgebungsprozess zu beschleunigen. Und es war im Bundeskabinett vor allem die FDP, die sich als treibende Kraft bei der entschiedenen Liberalisierung des Paragraphen 218, die eine weitgehende Straffreiheit des Schwangerschaftsabbruchs über ein Fristenmodell vorsah, erwies. Die SPD-Minister, auch Justizminister Gerhard *Jahn*, waren eher Befürworter einer vorsichtigen Reform, Straffreiheit sollte es nur unter bestimmten Umständen geben. Die SPD-Fraktion befand sich in einem Findungsprozess, der sich bis Ende 1971 hinzog, und war zwischen Anhängern des Fristen- und des Indikationenmodells gespalten. Auf einen einheitlichen Entwurf konnte sich die SPD-Fraktion schon in der 6. Wahlperiode nicht verständigen.

---

113 Vgl. dazu RAPHAEL, Lutz/DOERING-MANTEUFFEL, Anselm: Nach dem Boom. Perspektiven auf die Zeitgeschichte seit 1970, 3. erg. Aufl. Göttingen 2012.
114 Vgl. die SPD-Fraktionssitzung am 9. Mai 1974, SVP A, online.
115 »Wir haben abgetrieben« titelte das Magazin am 6. Juni 1971 und portraitierte Frauen, die sich dazu bekannten, vorgeblich oder tatsächlich abgetrieben zu haben.

Im Februar 1972 wurden schließlich zwei Gesetzentwürfe in den Bundestag eingebracht – der Entwurf der Bundesregierung sah ein Indikationenmodell vor, nach dem die Abtreibung in bestimmten Fällen legal sein sollte. Eine Gruppe von SPD- und FDP-Abgeordneten legte den Entwurf für ein Fristenmodell vor, nach dem die Abtreibung innerhalb eines bestimmten Zeitraums legal sein sollte.[116] Es würde keinen Fraktionszwang geben, jeder Abgeordnete sollte nach seinem Gewissen entscheiden können, welchem Modell er in zweiter und dritter Lesung den Vorzug gab.[117] Durch das vorzeitige Ende der Wahlperiode kam es allerdings zu keiner weiteren Lesung der Gesetzentwürfe in der 6. Wahlperiode.

In der 7. Wahlperiode musste das Gesetzgebungsverfahren wegen des Diskontinuitätsprinzips[118] erneut aufgenommen werden. Neu war allerdings auch, dass die Bundesregierung diesmal darauf verzichtete, einen eigenen Antrag einzubringen. Die Reform sollte, wie Willy *Brandt* in seiner Regierungserklärung betonte, aus »der Mitte des Parlaments beraten und verabschiedet werden«.[119] Das bedeutete aber auch, dass Bundeskanzler *Brandt* weiterhin jede persönliche Festlegung auf ein Modell vermied. Selbst in der ersten Lesung ließ er Bürger wie Abgeordnete im Ungewissen über seine persönliche Haltung.[120]

Um die Gewissensfreiheit der Abgeordneten zu wahren, wollte sich die SPD-Fraktion auch diesmal nicht auf einen gemeinsamen Entwurf festlegen. Vier verschiedene Entwürfe wurden bis Mitte 1973 in den Bundestag eingebracht: Das Indikationenmodell der Regierung fand sich in einem Gruppenantrag der SPD-Abgeordneten *Müller-Emmert*, *Dürr* und *Bardens* sowie 24 weiterer sozialdemokratischer Parlamentarier wieder.[121] Das Fristenmodell wurde wieder, wie zuvor, als Gruppenantrag aus den Reihen der sozial-liberalen Koalition eingebracht, wobei die FDP-Fraktion weitgehend geschlossen hinter diesem Antrag stand.[122] Die CDU/CSU-Opposition hielt mit zwei Entwürfen, einem Fraktionsantrag und einem Gruppenantrag, dagegen. Der Entwurf der Unionsfraktion sprach sich für den Fortbestand der Strafbarkeit der Abtreibung aus, wollte aber die Möglichkeit zum Abbruch der Schwangerschaft in bestimmten Konfliktsituationen erweitern und straffrei ermöglichen.[123] Er stellte damit ein im Vergleich zur *Müller-Emmert*-Variante verschärftes Indikationenmodell dar. Der Entwurf der Unionsabgeordneten *Heck*, *Köster* und *Blüm* sowie weiterer Unionsparlamentarier schränkte hingegen auch die möglichen Indikationen stark ein: Die Straffreiheit des Schwangerschaftsabbruchs sollte nur dann möglich sein, wenn das Leben der Mutter bedroht war.[124] Dieser

---

116 Vgl. bspw. die SPD-Fraktionssitzung am 1. Februar 1972, SVP A, online. – Die Entwürfe wurden an den Sonderausschuss für die Strafrechtsreform überwiesen.
117 Ende September und Anfang Oktober 1971, noch bevor es einen Kabinettsbeschluss gab, diskutierte die Fraktion erstmals ausführlich über die Problematik. Vgl. die SPD-Fraktionssitzungen am 28. September bzw. am 12. Oktober 1971, SVP F bzw. SVP E, online.
118 Alle Gesetzesvorlagen, die in der vorigen Wahlperiode noch nicht beschlossen wurden, müssen in der aktuellen Wahlperiode erneut ins Gesetzgebungsverfahren eingebracht und im Plenum verhandelt werden.
119 Zur Regierungserklärung am 18. Januar 1973 vgl. BT Plenarprotokoll 07/7, S. 132.
120 *Wehner* kritisierte den Kanzler deswegen sogar vor der Fraktion.
121 Vgl. BT Drs. 07/443.
122 Vgl. BT Drs. 07/375. – Die SPD-Fraktion achtete erneut darauf, dass trotz eines Gruppenantrags die Leistungen der FDP-Fraktion, die die Reform zu einem ihrer Markenkerne gemacht hatte, gut sichtbar blieben, und es unterschrieben nur so viele SPD-Abgeordnete, dass das Verhältnis zu den FDP-Parlamentariern ausgewogen blieb.
123 Vgl. BT Drs. 07/554.
124 Vgl. BT Drs. 07/651.

restriktive Oppositionsentwurf unterschied sich nach Meinung vieler SPD-Parlamentarier kaum vom bestehenden Recht.

Konsens aller Fraktionen war es weiterhin, dass die Abgeordneten allein ihrem Gewissen folgen sollten und die Abstimmung ohne Fraktionszwang erfolgen sollte. Durch den Linksruck innerhalb der SPD-Fraktion hatte sich die Zahl derjenigen, die das Fristenmodell forderten, stark vergrößert. Von linker Seite wurden die vorgesehenen sozialflankierenden Maßnahmen zur Reform des Paragraphen 218 genutzt, um zugleich auf eine Ausweitung der Krankenkassenleistung auf Verhütungsmittel zu drängen. Besonders Norbert *Gansel* setzte sich für die »Pille auf Krankenschein« ein und äußerte sich enttäuscht darüber, dass der Fraktionsarbeitskreis für Arbeit und Sozialpolitik dies aus Kostengründen abgelehnt hatte. In der Fraktion konnten sich die Linken bei diesem Thema nicht durchsetzen.[125]

Strittig blieb das formale Verfahren, wie aus den vier verschiedenen Entwürfen, die vermutlich nach der Ausschussberatung bestehen bleiben würden, in zweiter und dritter Lesung ein Gesetz werden sollte. Die Geschäftsordnung des Bundestags sah eigentlich vor, dass der federführende Ausschuss am Ende der Beratungen dem Plenum bestimmte Beschlüsse empfehlen sollte.[126] Das normale Verfahren im Ausschuss sorgte in der Regel dafür, dass am Ende ein Gesetzentwurf stand, in Ausnahmefällen auch zwei Gesetzentwürfe. Im Falle der Reform des Paragraphen 218 war das Verfahren jedoch riskant, denn es bestand die Gefahr, dass einer der beiden Koalitionsanträge – Fristenmodell und Gruppenantrag zur Indikationenregelung – im Laufe der Beratungen auf der Strecke bleiben konnte und die Wahlfreiheit der Abgeordneten einschränkte. Die sozial-liberalen Vertreter forderten daher, dass alle vier überarbeiten Entwürfe der ersten Lesung, auch diejenigen, die keine Mehrheit im Ausschuss fanden, in zweiter Lesung dem Bundestag vorgelegt werden sollten. So sollte beispielsweise vermieden werden, dass sozialdemokratische Anhänger des Indikationsmodells plötzlich vor die Wahl gestellt würden, entweder das von ihnen abgelehnte Fristenmodell oder das gemäßigtere der beiden Indikationenmodelle der Union unterstützen zu müssen. Eine solche Einschränkung, so meinten viele Abgeordnete der SPD, sei nicht mit der postulierten Gewissensfreiheit zu vereinbaren. Die CDU/CSU-Vertreter beharrten dagegen darauf, dass sich der Ausschuss zumindest eine eigene Meinung bilden und eine Beschlussempfehlung fassen sollte. Sie sahen hier eine Zeitlang die Möglichkeit, einen Keil zwischen die Vertreter der verschiedenen Modelle in der sozial-liberalen Koalition zu treiben; durchsetzen konnten sich die Unionsvertreter aber nicht. Am Ende einigte man sich im Strafrechtsreformausschuss und mit den Fraktionen auf einen Kompromiss, der sicherstellen sollte, dass alle Entwürfe dem Parlament zur Abstimmung vorlagen. Es bekam auch keiner der vier Entwürfe zum Ende der Ausschussberatungen mehr Ja-Stimmen als Nein-Stimmen, so dass der Ausschuss formal nicht imstande war, eine Beschlussempfehlung zu geben. Das Plenum war nun wieder am Zuge.[127]

Um das Gesetzgebungsverfahren entsprechend zu modifizieren, musste der Bundestag vor der Beratung mit Zweidrittelmehrheit eine einmalige Abweichung von der Geschäftsordnung des Bundestags billigen. Die drei Fraktionen hatten sich außerdem im Ältestenrat vorab darauf verständigt, keine Änderungsanträge in der zweiten Lesung zu stellen – solche Anträge hätten die Behandlung der verfahrensrechtlich sowieso schon

---

125 Vgl. die SPD-Fraktionssitzung am 12. März 1973, online.
126 Vgl. dazu Paragraph 60 Absatz 2 der Geschäftsordnung des Bundestags in der Fassung vom 22. Mai 1970 (BGBl. I, 1970, Nr. 48, S. 628–646.)
127 GANTE, Michael: § 218 in der Diskussion. Meinungs- und Willensbildung 1945–1976, Düsseldorf 1991, S. 149–151.

komplizierten Materie nur zusätzlich erschwert –, sondern diese im Sonderausschuss für die Strafrechtsreform zu stellen und in die zugrundeliegenden Ausschussempfehlungen für die vier Varianten einzubeziehen. In zweiter Lesung sollte aus den vier Entwürfen ein Entwurf mit Mehrheit geworden sein, der Grundlage der dritten Beratung werden sollte. Sollte, was zu erwarten war, am Ende der zweiten Lesung kein Entwurf die absolute Stimmenmehrheit erhalten, war ein weiterer Wahlgang, ein Stichentscheid zwischen den beiden Entwürfen mit den jeweils meisten Stimmen geplant. Auch diese Abweichung von der normalen Geschäftsordnung des Bundestags musste zunächst mit einer Zweidrittelmehrheit der Abgeordneten beschlossen werden.

Karl *Wienand*, der auch Mitglied des Ältestenrats war, machte sich die Mühe, in der Fraktionssitzung am 24. April 1974 der SPD-Fraktion die Vorschläge für die genauen Modalitäten bis in die kleinste verfahrensmäßige Verästelung zu erklären. Eine längere Diskussion gab es über die Gestaltung des Wahlzettels für die zweite Lesung – alle vier Entwürfe sollten aufgeführt werden, das war klar, aber sollte es auch die Möglichkeit geben, alle vier Entwürfe zusätzlich zur Möglichkeit einer Enthaltung durch eine globale Nein-Stimme abzulehnen? Oder reichte die Möglichkeit der impliziten Verneinung, indem man keinen der Entwürfe ankreuzte? Immerhin handelte es sich um eine namentliche Abstimmung, die einen hohen symbolischen Gehalt für die Abgeordneten hatte, da sie sich offen vor ihrer Wählerbasis zu einem bestimmten Modell bekennen mussten. Die sozial-liberale Koalition rechnete außerdem fest damit, dass die Opposition nach einer Niederlage das Bundesverfassungsgericht anrufen würde. Daher musste das Wahlverfahren verfassungsrechtlich einwandfrei sein. Vor Gericht zu unterliegen, weil der Wahlzettel falsch gestaltet war, wollte niemand riskieren. *Wienand* und *Collet*, die die Fraktion im Ältestenrat in dieser Hinsicht vertraten, sprachen sich für einen Stimmzettel mit sechs Möglichkeiten aus: vier Anträge, globales Nein und globale Enthaltung, die man erreichen konnte, wenn man nichts ankreuzte. *Müller-Emmert*, der die Sozialdemokraten im Strafrechtssonderausschuss vertrat, und Carl-Christoph *Schweitzer* empfahlen hingegen eine noch kompliziertere Variante: Hinter jedem Entwurf sollten die drei Möglichkeiten Ja, Nein, Enthaltung aufgeführt werden – so wären keine Zweifelsfälle hinsichtlich der politischen Präferenzen der Abgeordneten möglich. Das hätte auch dem Beschluss der Fraktion vom Vortag entsprochen, der vorsah, dass jeder Abgeordnete sich zu jedem Entwurf äußern konnte.[128]

Ein wohl nicht unerwünschter Nebeneffekt der Verfahrensvorschläge des Ältestenrats lag darin, dass er sich nicht nur auf die geplante temporäre Änderung der Bundestagsgeschäftsordnung geeinigt hatte, sondern mit der Festlegung auf einen Wahlzettel mit allen Entwürfen auch die Erfolgschancen des Minderheitenantrags von *Müller-Emmert* und Genossen, mit den Stimmen von CDU/CSU-Abweichlern den Entwurf mit der Fristenlösung zu überholen, deutlich geschmälert hatte. In der erwähnten Fraktionssitzung am 23. April war nämlich nach längerer, leider nicht als Tonband überlieferter Diskussion noch beschlossen worden, dass über die vier Anträge in Reihenfolge im Plenum abgestimmt werden sollte. Bei nur einer Möglichkeit, ein Kreuz zu machen, mussten sich die Abgeordneten in zweiter Lesung hingegen von vornherein endgültig entscheiden. Um diese Änderung nicht als gezielten Affront gegenüber *Müller-Emmert* und seinen Mitstreitern aussehen zu lassen, wiesen *Wienand* und später *Wehner* ausführlich darauf hin, dass das ein Vorschlag der FDP, namentlich von Lieselotte *Funcke*, gewesen sei und dass es letztlich keine Möglichkeit gegeben habe, hier dem Koalitionspartner zu widersprechen.

---

128 Vgl. die SPD-Fraktionssitzung am 23. April 1974, SVP A, online.

Wehner und andere beharrten zudem darauf, dass *Müller-Emmerts* Vorschlag der drei Alternativen pro Entwurf problematisch sei, weil er vorsah, dass die Abgeordneten sich zu jedem der vier Anträge hätten äußern müssen, dass es also vier Stimmen pro Abgeordnetem geben würde. Noch komplizierter wäre der Wunsch des Abgeordneten *Ostman von der Leye* umzusetzen gewesen, der eine weitere Alternative – »Belassen beim alten Zustand« – vorschlug. Allen Vorschlägen war gemeinsam, dass sie die Auszählung erheblich verkomplizierten, dass Raum für Missverständnisse blieb und dass am Ende des ersten Wahlgangs der zweiten Lesung eventuell mehr als zwei Varianten mit unklarer Mehrheit übriggeblieben wären.

Weniger kompliziert, aber eben auch abweichend vom üblichen Prozedere waren die vorgeschlagenen Regularien für eine erwartete Stichentscheidung, sollte keiner der vier Entwürfe beim ersten Wahlgang die erforderliche absolute Mehrheit von 249 Stimmen erhalten. Im Stichscheid, wo die einfache Mehrheit genügen würde, sollte – das war ein Zugeständnis an die Gruppe um *Müller-Emmert* – auf dem Stimmzettel nicht nur die Möglichkeit bestehen, sich für einen der Entwürfe auszusprechen beziehungsweise sich zu enthalten, sondern es war auch ein dritter Punkt enthalten: »Ablehnung beider Entwürfe«. Nachdem sich zuletzt noch Bundesjustizminister *Vogel* und der Fraktionsvorsitzende *Wehner* eindringlich für die von *Wienand* und *Collet* vorgestellte Variante eingesetzt hatten, stimmte auch die Fraktion dem Wahlzettel-Vorschlag für die zweite Lesung zu.[129]

Der Vorschlag für den Wahlzettel der ersten Abstimmung in der zweiten Lesung konnte sich dann auch im Ältestenrat durchsetzen, wie Karl *Wienand* am nächsten Morgen der Fraktion mitteilte. Es gab vier Kreise, um jeweils einem Entwurf zuzustimmen, und einen weiteren Kreis für die Ablehnung aller Entwürfe. Wer sich enthalten wollte, sollte den Wahlzettel ohne jede Markierung abgeben.[130]

Die eigentlichen Abstimmungen in der zweiten Lesung verliefen dann wie geplant, wenn auch überschattet von der Meldung, dass mit Günter *Guillaume* ein Spion der DDR im Kanzleramt festgenommen worden war. Der Entwurf von SPD- und FDP-Fraktion, also das Fristenmodell, setzte sich gegen die drei anderen Alternativen durch, bekam aber keine absolute Mehrheit. Er musste sich nun in einem Stichscheid gegen den zweitplatzierten Unionsantrag durchsetzen. Beim Stichentscheid waren die Mehrheitsverhältnisse schon wesentlich knapper, denn der erstplatzierte Entwurf hatte in der ersten Abstimmung der zweiten Lesung 233 Stimmen[131], der zweitplatzierte Unionsentwurf immerhin 161 Stimmen (ohne Berliner Abgeordnete) und der Gruppenantrag aus den Reihen der Union 62 uneingeschränkte Stimmen erhalten. Damit war das Ergebnis, zählt man die Stimmen beider Unionsanträge zusammen, doch ziemlich knapp geworden. Es lag vor allem an den 35 Stimmen, die das Indikationenmodell von *Müller-Emmert* und anderen SPD-, einem FDP- sowie wenigen CDU/CSU-Abgeordneten erhalten hatte, welcher der beiden Entwürfe mit den meisten Stimmen am Ende der zweiten Lesung siegreich aus dem Stichentscheid hervorgehen würde. Die Befürchtung der Mehrheit der SPD-Fraktion war, dass sich die 35 Abgeordneten um *Müller-Emmert* bei der anstehenden Stichwahl und der folgenden dritten Beratung entweder der Stimme enthalten oder gar mit Nein stimmten könnten.[132] In beiden Fällen hätte sich im für die

---

129 Vgl. die SPD-Fraktionssitzung am 24. April 1975, SVP A und B, online.
130 Vgl. die erste SPD-Fraktionssitzung am 25. April 1975, online.
131 Ohne die Berliner Stimmen.
132 Diese Befürchtung bestimmte schon die Vorbereitung der 2. und 3. Beratung in der Woche zuvor; vgl. SPD-Fraktionssitzung am 22. April 1974, SVP A und SVP C, online.

Koalition ungünstigsten Falle das restriktive Indikationenmodell der CDU/CSU-Fraktion durchsetzen können.

Wie hoch der Druck auf die Abweichler in der SPD-Fraktion war, zeigte die dritte Fraktionssitzung am 25. April 1974, die noch kurz vor Mitternacht stattfand, als etliche Rednerinnen und Redner versuchten, die Gruppe um *Müller-Emmert* auf eine Stimmabgabe für das Fristenmodell zu verpflichten. Von der Versicherung, dass jeder nach seinem Gewissen abstimmen sollte, war kaum noch etwas zu spüren. Im Gegenteil, die Atmosphäre unter den Genossen war bereits während des ersten Teils der zweiten Lesung reichlich vergiftet. Es ging das Gerücht um, dass *Wehner Müller-Emmert* während dessen Rede im Bundestag als zweiten *Hupka*[133] der Fraktion bezeichnet habe: »Nach der Abstimmung hat mich der Kollege *Köster* von der CDU angesprochen und hat mir erklärt, er hätte gehört, dass Herbert *Wehner* bei meiner Rede erklärt hätte, das ist ein zweiter *Hupka*. Er, Kollege *Köster*, könne das aber nicht hundertprozentig bestätigen. Er könne sich auch verhört haben.« Noch im Plenum habe er deswegen *Wehner* zur Rede gestellt: »Genauso wie dies mir Kollege *Köster* gesagt hat, habe ich es auch Herbert *Wehner* gesagt und habe ihm erklärt, er sei wohl aus Gründen der Solidarität verpflichtet, mir dazu eine Erklärung abzugeben. Er [*Wehner*, SJ] sagte: ich habe das nicht gesagt, ich habe lediglich erklärt, das war eine Rede gegen die SPD. Im Übrigen glaubst du ja dem *Köster* mehr. Der *Köster* steht dir näher.« In der Fraktionssitzung blieb *Wehner* bei dem, was er zuvor *Müller-Emmert* gesagte hatte: er habe keinen Vergleich zu *Hupka* gezogen. Er machte aber auch keinen Hehl daraus, dass er *Müller-Emmerts* Verhalten, insbesondere seine Rede im Plenum, als einen Auftritt gegen die eigene Fraktion erlebt habe. Etwas versöhnlicher erklärte *Wehner* zum Schluss, »[d]ass ich *Müller-Emmert* in seiner Ehre und Integrität nicht antaste, das möchte ich hier in aller Feierlichkeit erklären.«[134]

Es war durchaus nicht selbstverständlich, dass sich die sozialdemokratischen Befürworter eines Indikationenmodells am Ende der Fraktionsmehrheit unterordneten und für das Fristenmodell, dessen Verfassungskonformität sie anzweifelten, stimmten. Der Druck, den die Mehrheit der Fraktion und der Parteigliederungen sowie die den Sozialdemokraten nahestehenden Medien[135] nicht erst im Vorfeld der zweiten und dritten Beratung auf die wenigen ausübten, die sich in der SPD-Fraktion zum Indikationenmodell bekannten, war erheblich.[136] Und doch blieben *Müller-Emmert* und acht weitere SPD-Parlamentarier bei ihrem Nein, sie lehnten aber beide Entwürfe im Stichentscheid der zweiten Lesung ab. 13 SPD-Abgeordnete, darunter Bundesjustizminister *Jahn* und Bauminister *Vogel*, enthielten sich der Stimme.[137] Das reichte, um wie geplant dem Fristenmodell die Mehrheit zu sichern. 245 Parlamentarierinnen und Parlamentarier stimmten für den Entwurf, damit war er mit einfacher Mehrheit angenommen worden und konnte als Grundlage für die dritte Lesung dienen.

Die dritte Lesung folgte am 26. April. Wie von der Fraktion erwartet brachte die CDU/CSU-Opposition ihr in zweiter Lesung gescheitertes Indikationenmodell in Form eines Änderungsantrags für den zur Abstimmung anstehenden Koalitionsentwurf ein. Der Änderungsantrag wurde in namentlicher Abstimmung mit 267 qualifizierten Stim-

---

133 Herbert *Hupka* hatte aus Protest gegen die Ostpolitik der Bundesregierung im Mai 1972 die SPD verlassen und war zur CDU bzw. CDU/CSU-Fraktion gewechselt.
134 Vgl. zu allen Zitaten die dritte SPD-Fraktionssitzung am 24. April 1974, SVP A und B, online.
135 Vgl. bspw. den Kommentar von Rudolf *Augstein* »Gewissen ist Macht«; »Der Spiegel«, Nr. 17 vom 22. April 1974, S. 20.
136 GANTE, § 218 in der Diskussion, S. 159–162.
137 Vgl. die zweite Beratung am 25. April 1974; BT Plenarprotokoll 07/95.

men zurückgewiesen, unter ihnen waren auch die meisten Anhänger des *Müller-Emmert*-Antrags. Nur Adolf *Müller-Emmert* selbst und der zur Fraktionsrechten zählende SPD-Abgeordnete Günther *Metzger* enthielten sich hier. Ähnlich sah es auch bei der Abstimmung über das Fristenmodell von SPD und FDP aus. Nach erbitterter zweitägiger Debatte und mit einer Mehrheit von 247 zu 233 Stimmen setzte die sozial-liberale Koalition schließlich am 26. April 1974 die Reform des Paragraphen 218 in Form des Fristenmodells durch. Immerhin acht SPD-Parlamentarier, darunter auch *Müller-Emmert*, stimmten in namentlicher Abstimmung gegen das Fristenmodell, zehn, unter ihnen Bundesjustizminister *Jahn* und *Vogel*, enthielten sich erneut.[138] Am 18. Juni 1974 unterzeichnete Bundespräsident *Heinemann* das Gesetz.

Die Freude über den erfolgreichen Abschluss des Gesetzgebungsverfahrens währte jedoch nur kurz. Nachdem es der Unionsmehrheit im Bundesrat nicht gelungen war, das Gesetz zu verzögern, beantragte Baden-Württemberg beim Bundesverfassungsgericht eine einstweilige Verfügung. Ziel war es, das Inkrafttreten des Gesetzes so lange zu verhindern, bis über eine Verfassungsbeschwerde von Abgeordneten der CDU/CSU-Bundestagsfraktion und einer Reihe unionsgeführter Bundesländer entschieden war. Es gelang Baden-Württemberg zwar nicht, den gesamten Gesetzeskomplex zu stoppen, aber wesentliche Teile, insbesondere die Fristenregelung, waren betroffen, nachdem das Verfassungsgericht dem Unionsantrag gefolgt war und eine einstweilige Anordnung erlassen hatte. So konnten nur Teile von Paragraph 218 b, die die zusätzlichen Indikationen betrafen, in Kraft treten. Der wesentliche Teil der Reform, der eine Liberalisierung der Abtreibung bedeutet hätte, lag auf Eis, und der Tenor der einstweiligen Verfügung ließ nichts Gutes für das Gesetz der Koalition erwarten. Am 25. Februar 1975 schließlich wurde offiziell, was sich durch die temporäre Entscheidung bereits angekündigt hatte, die Fristenregelung wurde vom Bundesverfassungsgericht als verfassungswidrig verworfen.[139]

Zum Ärger der SPD-Fraktion machte das Verfassungsgericht zugleich detaillierte Vorgaben über die Ausgestaltung eines zukünftigen Gesetzes zur Notlagenindikation. *Wehner* musste mehrfach an seine Abgeordneten appellieren, sich in ihrem Unmut über das Bundesverfassungsgericht zumindest in der Öffentlichkeit zurückzuhalten. Auch von einer Fraktionserklärung, die eine scharfe Kritik am Bundesverfassungsgericht enthielt, riet er ab. Noch weniger hielt *Wehner* von einer Drohung, die Friedhelm *Farthmann* ins Spiel brachte. Man müsse, so *Farthmann*, ab jetzt die politische Rolle des Gerichts überdenken. Solche Äußerungen kämen einer »politische[n] Selbstverstümmelung« gleich, entgegnete *Wehner*, und sie seien eine Einladung an die Opposition, die Verfassungstreue der SPD-Fraktion in Zweifel zu ziehen.[140]

Da die sozial-liberale Koalition nach dem Scheitern des Gesetzes praktisch wieder am Anfang eines neuen Gesetzgebungsverfahrens stand, dauerte es ein weiteres knappes Jahr, bis im Februar 1976 endlich eine neue Regelung mit einem Indikationenmodell zum Paragraphen 218 verabschiedet wurde.[141] Der Weg dahin war innerhalb der SPD-Fraktion deutlich weniger kontrovers als die Auseinandersetzungen in den Jahren davor, denn das Bundesverfassungsgericht hatte den gesetzgeberischen Spielraum eingeengt. Daher war die Zustimmung der Fraktion zum Indikationenmodell des Entwurfs auch praktisch einstimmig. Nur der SPD-Abgeordnete *Ostman von der Leye* stimmte,

---

138 Zur dritten Beratung und Schlussabstimmung am 26. April 1974 vgl. BT Plenarprotokoll 07/96, S. 6470–6505.
139 Vgl. BVerfGE 39, 1.
140 Vgl. die SPD-Fraktionssitzung am 25. Februar 1975, SVP A, online.
141 Zur zweiten und dritten Beratung des 15. Strafrechtsänderungsgesetzes am 12. Februar 1976 vgl. BT Plenarprotokoll 07/221, S. 15320–15359.

wie er bereits im Jahr zuvor angekündigt hatte, aus prinzipiellen Gründen gegen den Entwurf – er sah mit einem Indikationenmodell den Lebensschutz viel stärker ausgehöhlt, als beim Fristenmodell, dem er im Jahr zuvor zugestimmt hatte.[142] Die Opposition verweigerte weiterhin jeden Ansatz zu einem Kompromiss und lehnte den neuen Entwurf ebenso entschieden und unversöhnlich ab wie im Jahr zuvor.

5.2. Eherechtsreform

Bei der Ehe- und Familienrechtsreform, deren Wurzeln bis in die Zeit der Großen Koalition zurückreichten, stellte sich für die SPD-Fraktion die Frage nach der Aufhebung des Fraktionszwangs nicht. Dass gerade das alte, auf dem Schuldprinzip basierende Scheidungsrecht mit seiner völlig unzureichenden Unterhaltsregelung genauso dringend reformbedürftig war wie das noch tief im 19. Jahrhundert verhaftete Eherecht, das Frauen systematisch benachteiligte und in Abhängigkeit vom Mann hielt, war unter den sozialdemokratischen Abgeordneten unumstritten. Selbst die Opposition zweifelte nicht daran, dass eine Novellierung geboten war. Wie genau das neue Ehe- und Familienrecht aber aussehen sollte, war nicht nur zwischen den Parteien umstritten, sondern Teil einer emotional geführten gesellschaftlichen Debatte, an der sich Kirchen, Gewerkschaften und Medien intensiv beteiligten. Die verkürzte Wahlperiode war mit dafür verantwortlich, dass das außerordentlich komplexe Gesetzespaket in der 6. Wahlperiode nicht mehr zu Ende beraten wurde und in der 7. Wahlperiode erneut eingebracht werden musste.[143]

Nachdem die SPD-Bundestagsfraktion sich 1971 noch erfolgreich für Änderungen am Entwurf des Bundesjustizministers eingesetzt hatte[144], war die 7. Wahlperiode von der scharfen Auseinandersetzung mit der Opposition geprägt, die beim Ehe- und Familienrecht eine Möglichkeit sah, die sozial-liberale Koalition in der Öffentlichkeit unter Druck zu setzen. Es gab zwar auch in der SPD-Fraktion nicht ausschließlich überzeugte Anhänger des Gesetzentwurfs, den der Justizminister in enger Abstimmung mit den Sozial- und Rechtspolitikern der Fraktion erarbeitet hatte, aber die Kritiker blieben deutlich in der Minderheit und schlossen sich am Ende der Fraktionsmehrheit an. Entschieden kritischer fielen die Reaktionen in der Fraktion auf die notwendig gewordenen Kompromisse aus, nachdem die Union 1975 die Novelle im Bundesrat wie erwartet gestoppt hatte. Etliche Abgeordnete, insbesondere die sozialdemokratischen Parlamentarierinnen, verurteilten die Zugeständnisse an die Opposition. Sie befürchteten eine Aufweichung der sozialen Grundlagen des Gesetzes und beklagten vor allem die Möglichkeit, einen Versorgungsausgleich über eine Vereinbarung beider Eheleute vor dem Scheidungsgericht ausschließen zu können. Dies entspreche, so

---

142 Vgl. die SPD-Fraktionssitzung am 10. Februar 1976, SVP E, online. Zur persönlichen Erklärung von *Ostman von der Leye* vor dem Plenum vgl. BT Plenarprotokoll 07/221, S. 15357.

143 Zum ersten Eherechtsreformgesetz vgl. ausführlich JÜNGERKES, Sven: »Dieses ist kein Gesetz für Casanova«. Die Ehe- und Scheidungsrechtsreform in der SPD-Bundestagsfraktion 1969–1976, in: Löhning, Martin (Hrsg.): Scheidung ohne Schuld? Zur Genese und Auswirkung der Eherechtsreform 1977, Tübingen 2019, S. 85–114.

144 Im Einklang mit der öffentlichen Diskussion lehnte die SPD-Fraktion 1971 vor allem die geplanten Unterhaltsregelungen von Justizminister *Jahn* ab. Während *Jahn* die Eigenverantwortlichkeit der Frau betonte, für ihren Unterhalt, beispielsweise durch Arbeit, nach der Scheidung selbst zu sorgen, sah die Fraktionsmehrheit die soziale Realität gerade für ältere Frauen deutlich skeptischer und sprach sich für einen starken Unterhaltsanspruch der Frauen gegenüber ihren Ex-Männern aus. Der Unterhaltsanspruch sollte deutlich vor dem Zwang rangieren, jede zumutbare Arbeit anzunehmen. Vgl. die SPD-Fraktionssitzung am 30. März 1971, SVP C, online.

Marie *Schlei*, einem »ganz bitteren und schweren Verzicht« auf sozialdemokratische Prinzipien. Die Alternative zum Kompromiss mit der Union – der Verzicht auf ein modernisiertes und sozial stark verbessertes Ehe- und Familienrecht – wog aber ungleich schwerer. Am Ende versprachen daher alle sozialdemokratischen Parlamentarierinnen und Parlamentarier, den Kompromiss zu unterstützen. Aber erst auf Druck der Fachpolitiker und der Fraktionsführung zogen die Abweichler ihre Ankündigung zurück, den Kompromiss in der Öffentlichkeit zu kritisieren oder als Einknicken vor der Union zu charakterisieren.[145]

5.3. Hochschulrahmengesetz

Bis 1969 war der Hochschulbereich praktisch ausschließlich Ländersache. Erst 1969, vor dem Hintergrund der Studentenproteste und der Ängste vor einer vermeintlich drohenden Bildungskatastrophe[146], wurde noch in der Großen Koalition unter Bundeskanzler *Kiesinger* mit einer Ergänzung des Grundgesetzes die Basis dafür geschaffen, dass neben den Ländern der Bund auch im Bereich der Hochschulen eine Rahmengesetzgebungskompetenz erhielt.[147]

Was noch fehlte, war ein einheitliches Hochschulrahmenrecht, das die unterschiedlichen Hochschullandschaften der Bundesländer vereinheitlichte und für vergleichbare Studienbedingungen und Hochschulzugänge sorgte. Das Hochschulrahmengesetz war ein Baustein im ambitionierten bildungspolitischen Gebäude der sozial-liberalen Koalition, das der Bundeskanzler in seiner Regierungserklärung 1969 skizzierte. Sie gipfelte darin, dass *Brandt* dazu aufrief, »Schule, Hochschule, Berufsausbildung und Erwachsenenbildung nach [...] [einer] durchsichtigen und rationalen Konzeption zu koordinieren« mit dem Ziel der »Erziehung eines kritischen, urteilsfähigen Bürgers, der imstande ist, durch einen permanenten Lernprozeß die Bedingungen seiner sozialen Existenz zu erkennen und sich ihnen entsprechend zu verhalten«.[148]

Der von *Brandt* angeschlagene hohe Ton war ein erster Hinweis auf die kommende Ideologisierung der Bildungspolitik. Viele Punkte, die Einführung einer integrierten Gesamtschule oder die gleichberechtigte Mitbestimmung, waren Forderungen, die aus dem Programm der FDP stammten. In der SPD-Bundestagsfraktion herrschte dagegen keine Eindeutigkeit darüber, wie das zukünftige Rahmenrecht genau aussehen sollte. Bei der Vorbereitung der ersten Beratung des Regierungsentwurfs im März 1971 kam es auch prompt zu Diskussionen innerhalb der SPD-Fraktion, beispielsweise über das Ausmaß der studentischen Mitbestimmung. Es lag am Ende nicht nur am Widerstand der Opposition, sondern auch an der langwierigen Meinungsbildung in der Koalition,

---

145 Vgl. die SPD-Fraktionssitzungen am 6. April 1976, SVP D, und am 8. April 1976, online.

146 Das Schlagwort vom Bildungsnotstand oder der Bildungskatastrophe wurde 1964 vom Pädagogen Georg *Picht* geprägt. *Picht* und später Ralf *Dahrendorf* sahen Deutschlands Wettbewerbsfähigkeit und teils sogar die Demokratie durch einen zu geringen Bildungsstand der Bevölkerung gefährdet. Die Folge der Diskussionen waren die Bildungsreformen der sozial-liberalen Koalition, die beispielsweise mehr Schulabgängern eine akademische Ausbildung an Universitäten oder den neuen Gesamthochschulen ermöglichen sollten. Vgl. LAMBRECHT, Wolfgang: Deutsch-deutsche Reformdebatten vor »Bologna«. Die »Bildungskatastrophe« der 1960er-Jahre, in: Zeithistorische Forschungen 4 (2007), S. 472–477.

147 Vgl. für den Hintergrund der Hochschulpolitik BOCKS, Philipp: Mehr Demokratie gewagt? Das Hochschulrahmengesetz und die sozial-liberale Reformpolitik 1969–1976, Bonn 2012; HOYMANN, Tobias: Der Streit um die Hochschulgesetzgebung des Bundes. Politische Aushandlungsprozesse in der ersten großen und der sozialliberalen Koalition, Wiesbaden 2010.

148 BT Plenarprotokoll 06/5, S. 26 f.

dass das Hochschulrahmengesetz in der 6. Wahlperiode nicht mehr verabschiedet werden konnte. Die CDU/CSU-Opposition stellte im Gegensatz zur Bundesregierung die Autonomie von Forschung und Lehre in den Vordergrund und lehnte die geplante Mitbestimmung von Studenten und akademischem Mittelbau klar ab. Zugleich plädierte sie als Lehre aus den Studentenprotesten der vergangenen Jahre für ein starkes Ordnungsrecht des Staates und der Universitäten mit weitreichenden Befugnissen gegenüber protestierenden oder störenden Studenten.[149] Verkompliziert wurde der Gesetzgebungsprozess dadurch, dass auch die Bundesländer, in deren Gestaltungsrahmen eingegriffen wurde, miteinbezogen werden mussten.

Der alte Gesetzentwurf wurde in leicht veränderter Form in der 7. Wahlperiode erneut eingebracht. Zu diesem Zeitpunkt hatten allerdings etliche Länder bereits selbst Fakten geschaffen und Hochschulgesetze erlassen, die dazu führten, dass die Hochschullandschaft in der Bundesrepublik sich immer stärker ausdifferenzierte, wobei auch die jeweiligen parteipolitischen Orientierungen der Landesregierungen eine Rolle spielten. Dabei wurde von den Ländern wenig bis keine Rücksicht auf das in Planung befindliche Bundesgesetz in Bonn genommen. Erschwert wurde der neuerliche Gesetzgebungsprozess durch in der Zwischenzeit ergangene Urteile des Bundesverfassungsgerichts. Besonders das Urteil zum niedersächsischen Hochschulgesetz durchkreuzte die Pläne der sozial-liberalen Koalition, da hier einer der Kernbereiche des bundeseinheitlichen Hochschulrechts als nicht vereinbar mit der Forschungsfreiheit zurückgewiesen wurde: Die Gruppenparität, die Hochschullehrenden, nichtakademischen Angestellten und Studierenden ein gleichwertiges Stimmgewicht in den Hochschulgremien einräumte, war damit noch vor einer bundeseinheitlichen Regelung gescheitert. Auch in Zukunft mussten die Stimmverhältnisse in universitären Gremien gesetzlich so gestaltet werden, dass gegen die Gruppe der Hochschullehrer keine Entscheidungen über Forschung und Lehre getroffen werden konnten.[150]

Eine weitere Hürde für die zügige Beratung des Regierungsentwurfs war der Bundesrat, in dem die unionsgeführten Länder eine Mehrheit besaßen. Bevor die Regierung den neuen Entwurf in den Bundestag einbrachte, wurde er im September 1973 dem Bundesrat zugeleitet und dort mit über 200 Änderungswünschen versehen, von denen 170 durch die Bundesregierung abgewiesen wurden. Bundesregierung und SPD-Fraktion war völlig klar, dass die Opposition alles tun würde, um das Gesetz spätestens dann zu Fall zu bringen, wenn nach der dritten Lesung die Zustimmung der Länderkammer notwendig werden würde. Daher konnte sich die Koalition es auch nicht leisten, sämtliche vorab vorliegenden Einsprüche des Bundesrats einfach zu verwerfen. Ende November 1973 wurde der überarbeitete Entwurf in den Bundestag eingebracht.[151] Ein knappes Jahr wurde in den zuständigen Bundestagsausschüssen über den Entwurf gerungen, zuweilen mit allen Spitzfindigkeiten der Ausschussgeschäftsordnung, denn manchem CDU-Ausschussvorsitzenden war nicht daran gelegen, die Beratungen zügig durchzuführen – den Gesetzgebungsprozess in den Bundestagswahlkampf 1976 zu verschleppen wäre der Opposition sicherlich sehr gelegen gekommen. So konnte erst ein Jahr später, im Dezember 1974, der Entwurf der Bundesregierung mit der Stimmenmehrheit der Koalition im Bundestag verabschiedet werden. Doch damit begann der eigent-

---

149 Vgl. DIE CDU/CSU-FRAKTION IM DEUTSCHEN BUNDESTAG. SITZUNGSPROTOKOLLE 1969–1972, S. 62* f.
150 Zum Urteil des Bundesverfassungsgerichts vom 29. Mai 1973 vgl. BVerfGE 35, 79.
151 Vgl. BT Drs. 07/1328. – Vgl. zudem die SPD-Fraktionssitzung am 11. Dezember 1973, SVP A und E, online.

liche Kampf um das Gesetz erst, denn die Länderkammer legte erwartungsgemäß ihr Veto ein.

Über dem zähen Ringen um einen Kompromiss im Bundesrat verging ein weiteres Jahr. Erschwerend kam hinzu, dass SPD und FDP unterschiedliche Vorstellungen über Kompromisspunkte mit der Union und den Ländern hatten. Für die Sozialdemokraten war beispielsweise die integrierte Gesamthochschule kein Streitpunkt, man konnte sich bei den Sozialdemokraten solch ein Hochschulgebilde auch als eine einfache kooperative Gesamthochschule aus verschiedenen, eigentlich selbstständigen Einheiten vorstellen. Die auch in der SPD ursprünglich angestrebte Drittelparität war bereits durch die Entscheidung des Bundesverfassungsgerichts vom Tisch. Am Ende kamen die Koalitionäre der Union vor allem beim Ordnungsrecht und dem sogenannten Gewaltschutz-Paragraphen entgegen, der den Universitäten erlaubten sollte, mit mehr Sanktionsmöglichkeiten gegen studentische Störenfriede vorzugehen. Viel weniger Kompromissbereitschaft herrschte, zumal im linken Flügel der SPD-Fraktion, bei der Frage des Numerus clausus und des Hochschulzugangs. Linke Abgeordnete aus Ländern wie Hessen, die über ein sehr flexibles, offenes und mit wenig Zugangshürden versehenes Hochschulrecht verfügten – und sich rühmten, besonders viele Arbeiterkinder an die Universitäten gebracht zu haben –, wollten ihre Landesregelungen am liebsten bundesweit sehen. Sie forderten vergeblich eine weitreichende Öffnungsklausel für ihre Universitäten.

Die Abgeordneten aus diesen Ländern waren daher auch am wenigsten einverstanden mit dem komplizierten und kleinteiligen Kompromiss, den Gerhard *Jahn* als sozialdemokratischer Unterhändler im Vermittlungsausschuss im Dezember 1975 der Fraktion – wie so oft, recht kurzfristig – präsentierte. Die Koalition machte Zugeständnisse bei den integrierten und kooperativen Gesamthochschulen und gab den Ländern innerhalb eines gesteckten Rahmens weitreichende Regelungsmöglichkeiten in Fragen der Zulassungskriterien zur Hochschule. Gerade letzteres führte dazu, dass zwar die besonders strengen Regeln Bayerns aufgeweicht, aber gleichzeitig die besonders liberale hessische Regelung gefährdet war. Insgesamt, das wurde rasch deutlich und besonders stark kritisiert, hatten sich die Bundesländer ihre Zustimmung mit einer deutlichen Ausweitung ihrer eigenen bildungspolitischen Spielräume bezahlen lassen. Dieter *Schinzels* Kritik in der Sitzung am 12. Dezember 1975 sprach offen aus, was wohl viele Abgeordnete fühlten: »Wir werden den ganzen Hochschulsektor politisch aus der Hand geben müssen, ihn anderen überlassen müssen, die unter Umständen auch ganz woanders stehen, nicht nur auf der Rechten, sondern auch auf der Linken.«

Die Fraktionsführung musste sich zudem scharfe Kritik anhören, auch weil die Abgeordneten entscheiden sollten, ohne überhaupt Zeit zu haben, sich die umfangreichen von *Jahn* vorgelegten schriftlichen Unterlagen durchzulesen. Als immer mehr Fraktionsmitglieder erklärten, sie würden im Bundestag gegen den Kompromiss stimmen, schaltete sich sogar Bundeskanzler *Schmidt* ein und appellierte eindringlich an die Verantwortung der Parlamentarier gegenüber den Studenten, aber auch gegenüber den steuerzahlenden Wählern, die einem weiteren jahrelangen Hickhack und Tauziehen um das Hochschulgesetz verständnislos gegenüberstehen würden. Im Hintergrund der Intervention stand auch die Überlegung, dass die CSU-Landesgruppe bereits angekündigt hatte, gegen den Kompromiss zu votieren, und es unklar war, ob die christdemokratischen Abgeordneten der eigenen Führung geschlossen folgen und wie abgesprochen für den Kompromiss stimmen würden. Im ungünstigsten Fall wäre der Kompromiss dann an der Uneinigkeit in den beiden großen Fraktionen gescheitert. Aber der CDU/CSU-Fraktionsvorsitzende *Carstens* konnte verhindern, dass sich CDU-Abgeordnete dem CSU-Boykott anschlossen, so dass der Kompromiss mit breiter Mehrheit trotz etlicher

Gegenstimmen in der SPD-Fraktion am 12. Dezember 1975 angenommen wurde. Da es zu keiner namentlichen Abstimmung kam, ist nicht erkennbar, welche Folgen die Intervention des Kanzlers vor der SPD-Fraktion tatsächlich hatte. Die politische Auseinandersetzung verlagerte sich nach Inkrafttreten des Gesetzes wieder stärker in die Bundesländer, die nun ihre Hochschulpolitik und Hochschulgesetzgebung anpassen mussten, und in die Hochschulrektorenkonferenz, die sich dort auf konkrete Ausführungsrichtlinien zu einigen hatte, wo das Bundesgesetz nur sehr grob den Rahmen definierte.[152]

5.4. Mitbestimmung in Kapitalgesellschaften

Nach dem Betriebsverfassungsgesetz, das bereits in der 6. Wahlperiode verabschiedet worden war, wurde das »Gesetz über die Mitbestimmung der Arbeitnehmer« das zweite sozialpolitische Großvorhaben der Sozialdemokraten.[153] Die Verhandlungen mit den Liberalen waren jedoch kompliziert und zogen sich hin. Vor allem die Mitbestimmungsansprüche der sogenannten leitenden Angestellten, die von der FDP zu ihrer Klientel erkoren worden waren, waren umstritten. Den Sozialdemokraten und erst recht den Gewerkschaften unter dem Dachverband DGB wäre es lieber gewesen, diese Gruppe würde innerhalb der Arbeitnehmerschaft keine herausgehobene Rolle bekommen, sondern bei den Aufsichtsratswahlen das gleiche Wahlrecht wie jeder andere Arbeitnehmer haben. Die FDP hingegen wollte nicht nur, dass die leitenden Angestellten eigene Kandidaten für den Aufsichtsrat aus ihren Reihen aufstellen konnten, sondern verlangte auch, dass diese Kandidaten allein von der Gruppe der leitenden Angestellten gewählt werden sollten.

Ende Januar 1974 konnte Bundesarbeitsminister Walter *Arendt* nach langen Verhandlungen einen mit dem Koalitionspartner abgestimmten Regierungsentwurf der Fraktion präsentieren. *Arendt* hatte dabei einiges erreicht. So hatte die FDP zugestanden, dass die Vertreter der leitenden Angestellten für den Aufsichtsrat doch von der Gesamtbelegschaft gewählt werden sollten. Als Zugeständnis hatte *Arendt* sich dazu bereit erklärt, dass die leitenden Angestellten als eigenständige Gruppe ihre Kandidaten vorschlagen durften. Geschickt hatte er jedoch dafür gesorgt, dass der liberale Unterhändler der Klausel zustimmte, dass ein Quorum von mindestens 20 Prozent oder 100 Mitgliedern einer Gruppe notwendig war, um auf die Wahllisten zu gelangen. Damit bestand vor allem in Großbetrieben mit vielen leitenden Angestellten die Möglichkeit für die DGB-Gewerkschaften, selbst 100 gewerkschaftsnahe leitende Angestellte zu organisieren, die dann von der insgesamt gewerkschaftsfreundlichen Arbeitnehmerschaft eher gewählt werden würden als beispielsweise leitende Angestellte, die der DGB-fernen »Union der Leitenden Angestellten« nahestanden. Dass diese Vereinbarung im Grunde ein geschicktes Ausmanövrieren der Liberalen darstellte, wurde nicht nur von Gewerkschaftsseite so gesehen, sondern auch von wirtschaftsnahen Zeitungen wie dem »Handelsblatt« beklagt. Aber selbst solche taktisch klugen Zugeständnisse an die Liberalen führten zu Streit innerhalb der SPD-Fraktion. Erstaunlicherweise war es gerade Friedhelm *Farthmann*, Mitbestimmungsexperte des DGB, der am heftigsten gegen den Entwurf polemisierte. *Farthmann* sprach von einem Einstieg in ein Drei-Klassen-Wahlrecht für Aufsichtsräte und wollte lieber einen gescheiterten Gesetzentwurf als diesen Kompromiss. Allerdings sprangen ihm diesmal nur wenige Abgeordnete des linken Flügels,

---

152 Vgl. die SPD-Fraktionssitzung am 12. Dezember 1975, SVP B und C, online. Zur Abstimmung am 12. Dezember 1975 vgl. BT Plenarprotokoll 07/210, S. 14532.
153 Zur Geschichte des Mitbestimmungsgesetzes vgl. TESTORF, Christian: Ein heißes Eisen. Zur Entstehung des Gesetzes über die Mitbestimmung der Arbeitnehmer von 1976, Bonn 2017.

wie Norbert *Gansel*, zur Seite. Alle anderen – zum Erstaunen *Farthmanns* waren auch so gut wie alle anderen wichtigen Gewerkschaftsvertreter, beispielsweise Adolf *Schmidt*, Vorsitzender der IG Bergbau und Energie, darunter – warnten *Farthmann* vor überzogenen Erwartungen. Weder werde die SPD 1976 die absolute Mehrheit erreichen, um dann das ideale Mitbestimmungsgesetz zu verabschieden, noch lasse sich die FDP zu weiteren Zugeständnissen drängen. Alle außer *Farthmann* und den linken Abgeordneten sahen, dass *Arendt* das Maximum dessen erreicht hatte, was der FDP abgerungen werden konnte.[154]

Wie richtig diese Einschätzung war, zeigte der weitere parlamentarische Gang des Gesetzentwurfs, der ursprünglich zum 1. Januar 1975 in Kraft treten sollte. Denn die Liberalen versuchten während der parlamentarischen Beratungen im Ausschuss verzweifelt, das inzwischen auch von ihnen als solches erkannte gewerkschaftsfreundliche Schlupfloch bei den leitenden Angestellten zu schließen. Sie forderten, dass Kandidaten der leitenden Angestellten von mindestens 50 Prozent ihrer Standesgenossen unterstützt werden mussten und dass das Quorum ganz aus dem Entwurf zu verschwinden habe. Ein eventuell DGB-naher Minderheitenbewerber hätte so keine Chance mehr gehabt. Zugleich gab es noch eine Reihe anderer Baustellen, auch innerhalb der Fraktion, beispielsweise die Frage, wie eine Pattsituation im Aufsichtsrat aufgelöst werden sollte, damit es zu keiner Totalblockade im Unternehmen kommen konnte.

Helmut *Schmidt*, inzwischen Bundeskanzler, und Herbert *Wehner* waren angesichts der heranrückenden Bundestagswahl durchaus bereit, zusätzliche Forderungen des Koalitionspartners zu erfüllen, um das lange angekündigte Gesetz endlich zu verabschieden.[155] Doch diesmal stellte sich Arbeitsminister *Arendt* selbst quer, der seine Glaubwürdigkeit gefährdet sah, nachdem er sich zuvor vehement für den von ihm geforderten Entwurf eingesetzt hatte. Er forderte zugleich, weiterhin an den Verhandlungen mit der FDP beteiligt zu werden. Das sah *Wehner* jedoch etwas anders. Ihm ging es darum, im Einvernehmen mit dem FDP-Fraktionsvorsitzenden *Mischnick* und ohne weitere Einmischung des Ressorts das Gesetz durch die Ausschüsse und nach der Sommerpause 1975 in die zweite und dritte Beratung zu bekommen.[156]

Letztlich gelang es *Wehner*, den Arbeitsminister wieder so einzubinden, dass der darauf verzichtete, *Wehners* Vorgehen in der Fraktion zu thematisieren. Der Arbeitsminister erläuterte stattdessen erneut den Entwurf und rekapitulierte die Erfolge von 1974, um schließlich zu den kritischeren Punkten der Kompromisse mit der FDP zu kommen, die aus seiner Sicht nicht gravierend waren. Auch der Fraktionsvorsitzende bemühte sich, Kompromisse und Zugeständnisse vor allem als Folge der zwischenzeitlich erfolgten höchstrichterlichen Rechtsprechung in Sachen Leitende Angestellte zu deklarieren und weniger dem Verhandlungserfolg der FDP zuzuschreiben. Die übrigen Verhandlungsmitglieder der Fraktion verteidigten ebenfalls den Kompromiss. Die Stimmung in der Fraktion war leicht resigniert, den Abgeordneten war aber klar, dass es sich hier um die letzte Möglichkeit mindestens in der Wahlperiode, wenn nicht gar in den nächsten Jahren, handelte, die Mitbestimmung endlich zu verabschieden. Auch der DGB erkannte, dass es keinen Sinn mehr hatte, auf irgendwelchen Maximalforderungen zu beharren. Klar war aber auch, dass eine echte Parität von Arbeitnehmern und Arbeitgebern mit der Anerkennung der gesonderten Gruppenrechte der leitenden An-

---

154 Vgl. die SPD-Fraktionssitzung am 22. Januar 1974, SVP B, online.
155 Helmut *Schmidt* hatte die Mitbestimmung in seiner Regierungserklärung am 17. Mai 1974 ebenfalls prominent erwähnt und implizit zu einem Prüfstein des Gelingens der Politik der inneren Reformen erklärt. Vgl. BT Plenarprotokoll 07/100, S. 6594.
156 TESTORF, Ein heißes Eisen, S. 402.

gestellten und mit dem Doppelstimmrecht des Aufsichtsratsvorsitzenden, der ja in der Regel aus der Arbeitgeberschaft stammte[157], bei Pattsituationen ebenfalls vom Tisch war. Daran änderte auch der Versuch von Adolf *Schmidt*, die Genossen mitzureißen, nichts. Dass er es wirklich ernst meinte, als er das Gesetz »die bedeutendste gesellschaftliche Veränderung […], die jedenfalls gemacht worden ist in der Zeit, in der ich diesem Parlament angehöre«, nannte, nahm ihm vermutlich niemand so richtig ab. Die Mehrheit der Fraktion empfand wohl eher wie Claus *Grobecker*, der erklärte: »[H]ier ist die Frage in unserem Vergleich, ob wir Kampfmaßnahmen einleiten wollen gegen die FDP. Das können wir nicht. Keener (sic!) will das hier, also drehen wir bei, nehmen den Kompromiss an und warten die Mehrheiten von '76 ab, ob wir da etwas anderes machen können. Ich weiß nicht, weshalb und worüber wir hier im Einzelnen debattieren.«[158] Am Ende stimmten bei fünf Enthaltungen nur acht Abgeordnete gegen die Annahme des Kompromisses, der schließlich am 18. März 1976 vom Bundestag ebenfalls mit großer Mehrheit verabschiedet wurde.[159] Damit war das letzte große Vorhaben aus dem Bereich der inneren Reformen abgeschlossen.

6. Innenpolitik und innere Sicherheit

Wenn die SPD-Fraktion in der 7. Wahlperiode über Innenpolitik und innere Sicherheit debattierte, ging es sehr häufig um die Bekämpfung des Terrorismus, um die Verschärfung des Strafrechts oder den sogenannten Radikalenerlass. Man muss allerdings sehen, dass diese Themen innerhalb der sozialdemokratischen Fraktion eine geringere Rolle spielten als bei der CDU/CSU-Fraktion, die bereits zwischen 1969 und 1972 versucht hatte, sich als die Hüterin der inneren Sicherheit zu inszenieren. Doch nachdem es den Sicherheitsbehörden gelungen war, bis Ende Juni 1971 die gesamte Führungsriege der ersten Generation der »Roten Armee Fraktion« festzunehmen, war das Thema im Bundestagswahlkampf 1972 wenig relevant. Daran änderte auch der katastrophale Umgang mit dem palästinensischen Terroranschlag auf die israelische Olympiamannschaft – alle elf israelischen Geiseln waren, teilweise beim missglückten Befreiungsversuch, ums Leben gekommen – während der Sommerspiele in München nichts. Alle Verantwortlichen, das FDP-geführte Bundesinnenministerium wie die CSU-Landesregierung in Bayern, aber auch die SPD-Bundestagsabgeordneten, waren angesichts des anstehenden Wahlkampfs äußerst vorsichtig bei möglichen Schuldzuweisungen.[160]

Seit 1973 verlagerte sich die Auseinandersetzung über die innere Sicherheit dann auf die Frage des Umgangs mit inhaftierten Terroristen. Es gab Befürchtungen, dass sie mit Hilfe ihrer Anwälte aus Stammheim heraus weiterhin die Aktionen der RAF koordinieren und Anweisungen zu Befreiungsaktionen geben könnten. Die CDU/CSU-Opposi-

---

157 Konnten sich Arbeitgeber und Arbeitnehmer nicht auf einen Vorsitzenden einigen, der mit einer Zweidrittelmehrheit gewählt werden musste, so bestimmten die Anteilseigner den Vorsitz und die Arbeitnehmer dessen Stellvertreter.
158 Vgl. die erste SPD-Fraktionssitzung am 9. Dezember 1975, online.
159 Zur zweiten und dritten Beratung im Plenum vgl. BT Plenarprotokoll 07/230.
160 Als der SPD-Abgeordnete *Schäfer* (Tübingen) der SPD-Fraktion über die Sitzung des Innenausschusses zum Attentat berichtete, verwandte er viel Raum darauf, den Abgeordneten klar zu machen, dass die Bundesregierung praktisch keinerlei Verantwortung am Desaster getragen habe. »[…] [D]ie Prüfung ergab, dass dabei nach Lage der Dinge, dass das nach Lage der Dinge Mögliche getan, angemessen gehandelt und richtig entschieden worden ist.« Die Fraktion nahm den Bericht kommentarlos zur Kenntnis. Vgl. die SPD-Fraktionssitzung am 19. September 1972, SVP A, online.

tion plädierte dafür, notfalls in die verbrieften Rechte der Verteidiger einzugreifen und deren Kommunikation mit den Inhaftierten zu überwachen. Gegebenenfalls sollten Verteidiger auch vom Verfahren ausgeschlossen werden können. So wurde es schließlich in der Praxis gehandhabt, wenn auch die Rechtsgrundlage dafür unklar war. Nachdem das Bundesverfassungsgericht 1973 den im Juni 1972 erfolgten Ausschluss Otto *Schilys* von der Verteidigung im Verfahren gegen Gudrun *Ensslin* als verfassungswidrig zurückgewiesen hatte, drang die Union verstärkt auf eine entsprechende Gesetzesänderung.

Im September 1974 legte die Bundesregierung, die ebenfalls eine Regelungslücke erkannt hatte, eine Novelle zum Strafverfahrensrecht vor, die auch als »Lex *Baader-Meinhof*« bekannt wurde und die wie gewünscht den Verteidigerausschluss ermöglichte. In Rekordzeit wurde die Novelle im Bundestag beraten und im Dezember 1974 in zweiter und dritter Lesung beschlossen. Im Gegensatz zu späteren Gesetzesentwürfen, die in die verbrieften Rechte von Angeklagten eingriffen, regte sich in der SPD-Fraktion keinerlei Widerspruch, auch nicht unter den Linken, und die Fraktion stimmte den im Rechtsausschuss zwischen Opposition und Bundesrat ausgehandelten Entwürfen einmütig zu. Die Ermordung des Berliner Kammergerichtspräsidenten Günter *von Drenkmann* durch die Terrorgruppe »Bewegung 2. Juni« war noch in frischer Erinnerung.[161]

Die Union forderte nach der Entführung und Freipressung des Berliner CDU-Spitzenkandidaten Peter *Lorenz* durch Terroristen eine aktuelle Sicherheitsdebatte im Bundestag.[162] Die SPD-Fraktion tat sich schwer mit einer Antwort auf die Vorwürfe der Opposition, Bundesregierung und Koalition würden die Bevölkerung nicht mehr ausreichend schützen. Mit der von Karl *Liedtke* skizzierten Strategie war *Wehner* nicht zufrieden. *Liedtke* hatte erklärt: »Letztlich muss der Bevölkerung deutlich gemacht werden, dass in einer freien und offenen Gesellschaft auch in Zukunft der Preis, dass Einzelpersonen von Terroristen entführt werden, gezahlt werden muss, nicht auszuschließen ist«. *Wehner* hingegen forderte die verantwortlichen Sicherheitsexperten in der Fraktion auf, deutlicher zu werden und die Ängste in der Bevölkerung ernster zu nehmen. Die Koalition müsse auch konkrete Vorschläge vorlegen können, wie der Staat auf zukünftige terroristischen Bedrohungslagen, auch präventiv, reagieren wolle. Unterstützt wurde er dabei von Justizminister *Vogel*, der mit Wechsel von *Brandt* zu *Schmidt* im Kanzleramt das Justizministerium von Gerhard *Jahn* übernommen hatte und der zwar zur Besonnenheit aufrief, aber auch klarmachte, dass es nicht angehe, dass Terrorverdächtige ihre Unterstützer aus den Gefängnissen heraus weiterhin lenkten. Die Überwachung oder der Ausschluss verdächtiger Anwälte müsse daher auch innerhalb der SPD-Fraktion konkret erörtert werden. Norbert *Gansel* hingegen warnte vom linken Flügel der Fraktion aus, die gegenwärtige Bedrohungslage durch Terroristen als »Freibrief« für Polizei und Exekutive zu betrachten.[163]

Wie sehr die Fraktion bei der inneren Sicherheit, die zunehmend synonym war mit der Frage, wie der Staat auf den RAF-Terrorismus reagieren sollte, unter Druck stand, zeigte die kurze Sondersitzung nach dem Anschlag auf die deutsche Botschaft in Stockholm am 24. April 1975. Zunächst kam es zu einem scharfen Streit zwischen dem Fraktionsvorsitzenden *Wehner* und dem Abgeordneten *Krockert*, der die Entscheidung der schwedischen Regierung, den Forderungen der Terroristen nicht nachzukommen, als falsch bezeichnete und zugleich den Bundestag dafür kritisierte, dass er während der entscheidenden Stunden der Botschaftsbesetzung und des Zugriffs der schwedischen

---

161 Vgl. die erste SPD-Fraktionssitzung am 17. Dezember 1974, SVP B, online.
162 Vgl. die Plenarsitzung am 13. März 1975; BT Plenarprotokoll 07/155.
163 Vgl. zu den Zitaten die SPD-Fraktionssitzung am 11. März 1975, SVP D, online.

Polizei einfach weiter sein Programm »abgespult« habe. Beistand bekam *Krockert* von Norbert *Gansel*, der, wenn auch vorsichtiger, davor warnte, dass sich in Zukunft eine harte und kompromisslose Haltung durchsetzen könnte, die womöglich nur zur gegenseitigen Eskalation führen würde. *Wehner*, Horst *Ehmke* und Philip *Rosenthal* verteidigten die getroffene Entscheidung hingegen. *Wehner* wies *Krockert* zudem scharf darauf hin, dass es grundfalsch sei, wenn Terroristen nun auch noch die Tagesordnung des Bundestags bestimmen würden.[164]

Bereits im zweiten Halbjahr 1975 folgten weitere Gesetzentwürfe, die als legislative Reaktionen auf die Anschläge der RAF gedacht waren und ihr unterstützendes Umfeld ins Visier nahmen. In der SPD-Fraktion äußerte vor allem der linke Flügel immer mehr Bedenken über die stetige Verschärfung und Ausweitung der repressiven Maßnahmen des Staates. Die Befürchtung wurde laut, diese könnten sich unter anderen Umständen auch einmal gegen die bundesdeutsche Linke richten. Relativ unumstritten war noch die Einführung eines Paragraphen 129 a im Strafgesetzbuch, der die Bildung einer terroristischen Vereinigung betraf und der vorsah, dass der bloße Verdacht ausreiche, um Personen in Untersuchungshaft zu nehmen. Mit den Paragraphen 88 a und 130 a des Strafgesetzbuchs tat sich die SPD-Fraktion schon weitaus schwerer. Beide Paragraphen stellten schon die bloße Befürwortung von verfassungsfeindlichen Straftaten oder die Anleitung dazu unter Strafe.[165] Sie sollten das Umfeld und die Unterstützer der RAF treffen, waren jedoch, wie beispielsweise Dieter *Lattmann* am 13. Januar 1976 in der Vorbereitung der zweiten und dritten Beratung der Entwürfe mit Blick auf die Zeit des Nationalsozialismus kritisierte, so schwammig formuliert, dass sie im schlimmsten Fall missbraucht werden könnten, um »überhaupt jede Kritik am bestehenden Zustand dieser Gesellschaft, wie sie also sehr viel von uns geäußert wird, in die Nähe des Terrorismus zu rücken«.[166]

Etliche Abgeordnete des linken Flügels kündigten an, gegen die Strafrechtsverschärfung zu stimmen. Die Fraktionsführung, Bundesjustizminister *Vogel* und die zuständigen Berichterstatter im Rechtsausschuss versuchten, die Abweichler auf ihre Linie zu ziehen, indem sie vor den Folgen einer Ablehnung warnten. Gerade im anstehenden Bundestagswahlkampf würden die Opposition und vor allem die Springer-Presse, so die Befürchtung, ein Scheitern der Gesetzentwürfe nicht nur als Einknicken vor dem Terrorismus brandmarken, sondern der Fraktion auch Sympathie für die RAF und ihre Unterstützer unterstellen. Außerdem bestehe die Gefahr, dass die CDU/CSU-Opposition dann, eventuell zusammen mit Teilen der FDP, eine Mehrheit ohne Sozialdemokraten nutzen werde, um einen wesentlich schärferen Entwurf auf den Weg zu bringen.[167] Tatsächlich ließen sich die Kritiker in der Fraktionssitzung überzeugen, dass der sozial-liberale Entwurf auch nach den Beratungen im Rechtsausschuss genügend Sicherungsmechanismen enthalte, um keine Gefahr für die Demokratie heraufzubeschwören. Am Ende stimmten daher alle sozialdemokratischen Parlamentarier, wie auch ihre Kollegen von der FDP, den Entwürfen der Koalition zu – wenn auch, wie *Lattmann* vor dem Bundestagsplenum ausdrücklich zu Protokoll gab, mit »ernsthaften Bedenken«.[168] Die Appelle zur Geschlossenheit und Solidarität mit der Bundesregierung und die Hinweise auf die Schwierigkeiten im anstehenden Bundestagswahlkampf überwogen die rechtspolitischen Bedenken, die viele Abgeordnete des linken Flügels hatten.

---

164 Vgl. die SPD-Fraktionssitzung am 25. April 1975, online.
165 Vgl. bspw. die SPD-Fraktionssitzung am 10. Juni 1975, SVP C und D, online, sowie die SPD-Fraktionssitzung am 14. Oktober 1975, SVP D, online.
166 Vgl. die SPD-Fraktionssitzung am 13. Januar 1976, SVP E, online.
167 Vgl. Anm. 167.
168 Vgl. die zweite und dritte Beratung am 16. Januar 1976; BT Plenarprotokoll 07/213, S. 14719–14744.

Die von vielen SPD-Abgeordneten gewünschte Reform oder Abschaffung des sogenannten Radikalenerlasses wurde immer wieder dadurch verhindert, dass Partei und Regierung fürchten mussten, von der Opposition als Risiko für die innere Sicherheit dargestellt zu werden. Schon kurz nach der Bildung der sozial-liberalen Koalition 1969 hatte die Strategie der CDU/CSU-Opposition darin bestanden, der Bundesregierung und vor allem den Sozialdemokraten Nähe zu linksradikalen Gruppierungen vorzuwerfen. Die Aktivitäten der Jungsozialisten machten es der Opposition aber auch einfach. Immer wieder konnte die Union daher suggerieren, dass zumindest Teile der Partei von Bundeskanzler *Brandt* nicht vollständig auf dem Boden der freiheitlich-demokratischen Grundordnung stünden. In der SPD wuchs trotz ihres Münchner Abgrenzungsbeschlusses zu den Kommunisten vom November 1970, der im Februar 1971 von allen Führungsgremien der Partei erneut bekräftigt wurde[169], die Befürchtung, dass man hier langfristig eine offene Flanke bieten würde, zumal weite Teile der bundesdeutschen Gesellschaft empfindlich auf jede Nähe zum Kommunismus reagierten. Vor dem Hintergrund verschiedener Vorfälle, in denen die Berufung von Professoren auf universitäre Lehrstühle mit der Begründung verhindert wurden, sie seien Mitglied in nicht verbotenen kommunistischen Parteien wie der DKP, sowie terroristischer Aktivitäten im Umfeld der *Baader-Meinhof*-Gruppe, trafen sich die Ministerpräsidenten der Länder, um über Gegenmaßnahmen zur Sicherung der freiheitlich-demokratischen Grundordnung zu beraten. Am 28. Januar 1972 veröffentlichten Bund und Länder einen gemeinsamen Erlass, mit dem länderübergreifend gewährleistet werden sollte, dass nur jene Beamtenanwärter oder Auszubildende verbeamtet beziehungsweise in den öffentlichen Dienst übernommen werden sollten, die eine Gewähr böten, dass sie »jederzeit für die freiheitlich demokratische Grundordnung im Sinne des Grundgesetzes« einträten.[170]

Was als Befreiungsschlag gedacht war, legte den Grundstein für jahrelange Auseinandersetzungen innerhalb der Sozialdemokratie. Denn rasch stellte sich heraus, dass die Umsetzung des Erlasses, der selbst kein neues Recht setzte, sondern bestehendes Recht pointiert zusammenfasste, keineswegs die erhoffte Rechtssicherheit und Einheitlichkeit bei der Bewertung von Angehörigen des öffentlichen Dienstes brachte. Die Überprüfungspraxis, aber auch die Kriterien für die Entfernung aus dem öffentlichen Dienst – all das differierte je nach Bundesland ganz erheblich und schuf damit Unfrieden und Rechtsunsicherheit. Je nach Bundesland reichte es, an Veranstaltungen kommunistischer Parteien wie der nicht verbotenen DKP teilzunehmen oder auf gemeinsamen Demonstrationen gesehen zu werden, um Nachforschungen der Behörden auszulösen und beispielsweise als Lehrer im Vorbereitungsdienst das Risiko einzugehen, nicht in den Schuldienst übernommen zu werden.[171]

Die Kritik an der Praxis des Radikalenerlasses, die von Regelanfragen beim Verfassungsschutz bis zu nachrichtendienstlichen Nachforschungen reichte, wurde in der SPD-Fraktion nach der Bundestagswahl 1972 immer lauter. In der Partei mehrten sich

---

169 Vor allem Kontakte (insbesondere der Jungsozialisten) zu den kommunistischen Parteien wie der DKP oder anderen, teils von der DDR unterstützten, kommunistischen Gruppierungen sollten damit unterbunden werden. Vgl. dazu CHRONIK DER DEUTSCHEN SOZIALDEMOKRATIE, Band III, S. 500 und S. 508f.

170 Zum Wortlaut der später als »Radikalenerlass« bezeichneten Grundsätze zur »Beschäftigung von rechts- und linksradikalen Personen im öffentlichen Dienst« (Fassung vom 18. Februar 1972) vgl. MINISTERIALBLATT FÜR DAS LAND NORDRHEIN-WESTFALEN, 1972, Ausgabe A, Nr. 20, S. 342.

171 Wer, wie die Juristin Charlotte Nieß, in Bayern 1975 als ungeeignet für den Justizdienst angesehen wurde, konnte es in Nordrhein-Westfalen im gleichen Jahr zur Regierungsrätin bringen. Vgl. auch die zweite SPD-Fraktionssitzung am 9. Dezember 1975, SVP C, online.

kritische Stimmen, eine einheitliche Beschlusslage gab es aber lange nicht. Nicht nur Vertreter des linken Flügels der Partei im Bundestag, die häufiger in ihrem persönlichen Umfeld wie auch in ihren Wahlkreisen mit entsprechenden Fällen konfrontiert waren als die antikommunistisch eingestellten »Kanalarbeiter«, sondern auch der DGB begannen zunehmend gegen die Umsetzung des Erlasses Front zu machen, weil immer mehr Mitglieder seiner Gewerkschaften betroffen waren.

Dass es innerhalb der SPD keine einheitliche Meinung in der Frage des Radikalenerlasses gab, zeigte sich erneut deutlich im Februar 1973, als sich 18 Abgeordnete vom linken Flügel der Fraktion zusammen mit Vertretern der FDP-Fraktion öffentlich kritisch über jene Bundesländer äußerten, die Bewerber für den öffentlichen Dienst wegen ihrer DKP-Mitgliedschaft ausschlossen, während eine Mitgliedschaft in der NPD keinen Hinderungsgrund darstellte.[172] Noch schärfer protestierten erwartungsgemäß die Jungsozialisten. Sie warnten davor, dass die CDU/CSU den Radikalenerlass irgendwann einmal nutzen werde, um auch SPD-Mitglieder als linksextrem und verfassungsfeindlich zu denunzieren.[173] Das Unbehagen beschränkte sich aber nicht nur auf die linken Kreise in der SPD, auch Bundeskanzler *Brandt* meldete Zweifel an und sprach sich für ein Bundesgesetz aus, das bis Ende 1973 die Praxis des Radikalenerlasses vereinheitlichen und die rechtsstaatlichen Bedenken ausräumen sollte. Auf dem Bundesparteitag der Sozialdemokraten in Hannover wurde schließlich beschlossen, dass eine bloße Mitgliedschaft beispielsweise in der DKP nicht mehr ausreichen sollte, um ein Beschäftigungsverbot im öffentlichen Dienst zu begründen. Es musste erst das Merkmal der aktiven Betätigung für die Partei oder Organisation hinzukommen. Mit diesem Vorschlag sollte auch dem wachsenden Widerstand gegen den Radikalenerlass in den eigenen Reihen und den Gewerkschaften Rechnung getragen werden.[174]

Allerdings standen den Vorstößen zur vollständigen Abschaffung des Radikalenerlasses nicht nur die Union und die mehrheitlich unionsgeführten Bundesländer entgegen, auch der Öffentlichkeit wäre angesichts der konkreten terroristischen Bedrohungen durch die RAF eine vollständige Abschaffung der Überprüfungspraxis nicht zu vermitteln gewesen. Daher beschränkten sich die Initiativen der Fraktion und der Bundesregierung darauf, die Überprüfungspraxis zu vereinheitlichen und auf eine bundeseinheitliche gesetzesförmige Basis zu stellen. Wie vom Parteitag gefordert einigten sich die Sozialdemokraten mit den Liberalen darauf, dass eine bloße Mitgliedschaft in einer radikalen, gleichwohl nicht verbotenen Partei kein Berufsverbot ermöglichen sollte. Die Union sah dies jedoch bis zuletzt anders und drohte damit, das Gesetz spätestens im Bundesrat aufzuhalten.

Im November 1974 – der Entwurf hatte bereits im März 1974 das Kabinett passiert[175] – brachte die Regierung ihren Vorschlag im Parlament ein.[176] Ein halbes Jahr später musste

---

172 Vgl. den Artikel »Koalitionsabgeordnete gegen den Extremistenerlaß«; »Frankfurter Allgemeine Zeitung« vom 22. Februar 1973, S. 4. – Vgl. außerdem RIGOLL, Dominik: Staatsschutz in Westdeutschland. Von der Entnazifizierung zur Extremistenabwehr, Göttingen 2013, S. 378f.

173 Vgl. den Artikel »Jungsozialisten attackieren Brandt und Kühn«; »Frankfurter Allgemeine Zeitung« vom 29. September 1973, S. 1. – Vgl. außerdem den Artikel »Im Streit um den Radikalen-Beschluß spricht die SPD mit vielen Stimmen«; »Frankfurter Allgemeine Zeitung« vom 19. September 1973, S. 6.

174 Vgl. den Artikel »Die Treuepflicht des Beamten ist wichtiger als das Parteienprivileg«; »Frankfurter Allgemeine Zeitung« vom 22. September 1973, S. 4.

175 Vgl. die Kabinettssitzung am 6. März 1974; DIE KABINETTSPROTOKOLLE DER BUNDESREGIERUNG 1974, online.

176 Vgl. BT Drs. 07/2433.

er nach einem Urteil des Bundesverfassungsgerichts[177] nochmals durch einen weiteren, von FDP- und SPD-Fraktion eingebrachten Entwurf ergänzt werden.[178] Ein knappes Jahr später – an den Zeiträumen der Beratung erkennt man bereits, wie sehr sich beide Lager unversöhnlich gegenüber standen – wurde das Gesetzespaket in namentlicher Abstimmung mit den Stimmen der Koalition verabschiedet.[179] Danach stoppte die Union mit ihrer Bundesratsmehrheit das zustimmungspflichtige Gesetz, und zugleich stimmte die Länderkammer für den abgelehnten CDU/CSU-Entwurf. Nachdem es im anschließenden Vermittlungsverfahren bis Februar 1976 keinerlei Fortschritte hin zu einem Kompromiss gab, überstimmte der Bundestag den Bundesratseinspruch, worauf dieser wiederum sein Veto einlegte. Damit hatten sich beide Lager in ein Patt manövriert, denn auch der CDU/CSU-Entwurf, der vom Bundesrat eingebracht worden war, erhielt natürlich keine Mehrheit im Bundestag. De facto war das Gesetz damit gescheitert.

In der Folge erklärten die sozial-liberal regierten Bundesländer, dass sie sich nicht mehr an den gemeinsamen Erlass von 1972 gebunden fühlten.[180] Dass es sich hierbei eher um ein symbolisches Vorgehen handelte, das dazu gedacht war, die eigene Anhängerschaft im beginnenden Wahlkampf nicht zu verprellen, zeigte sich, als das Bundeskabinett im Mai 1976 eine überarbeitete Regelung zur Überprüfung von Anwärtern für den öffentlichen Dienst auf Bundesebene bekanntgab, die im Verfahren dem entsprach, was 1972 erlassen worden war.[181]

Auch wenn der Wunsch nach einer präziseren legislativen Fassung des Radikalenerlasses immer wieder in einzelnen Fraktionssitzungen aufkam[182], war allen Fraktionsmitgliedern bewusst, dass ein weiterer Kompromissversuch angesichts der aufgeheizten Atmosphäre im Wahlkampfjahr und angesichts der Aktivitäten linksextremer Terroristen im Umfeld der »Roten Armee Fraktion« offenkundig zum Scheitern verurteilt sein würde.[183] Spätestens als die Union ihr Wahlkampfmotto »Freiheit statt Sozialismus« vorstellte, war klar, dass der Bundestagswahlkampf mit harten Bandagen und als Lager-

---

177 Das Bundesverfassungsgericht urteilte 1975, dass auch bei Zweifeln an der Verfassungstreue zumindest der staatliche Vorbereitungsdienst in jenen Bereichen gewährt werden müsse, für die der Staat das Ausbildungsmonopol habe, zumal der Auszubildende mit einer solchen Ausbildung auch außerhalb des öffentlichen Dienstes arbeiten könne.

178 Vgl. BT Drs. 07/4187.

179 Zur zweiten und dritten Beratung am 24. Oktober 1975 vgl. BT Plenarprotokoll 07/197, S. 13538–13596 und S. 13598–13600.

180 Vgl. den Artikel »Radikalenbeschluß gekündigt – Gesetz gescheitert«; »Frankfurter Allgemeine Zeitung« vom 20. März 1976, S. 6.

181 Vgl. die Kabinettssitzung am 19. Mai 1976; Die Kabinettsprotokolle der Bundesregierung 1976, online.

182 Vgl. bspw. die Einlassungen des Parteivorsitzenden *Brandt* zur Kritik von François *Mitterrand* von den französischen Sozialisten am Radikalenerlass. *Mitterrand* kritisierte, dass Silvia *Gingold*, Tochter zweier Résistance-Angehöriger, wegen ihrer DKP-Mitgliedschaft aus dem hessischen Schuldienst entfernt worden war.

183 Spätestens nach der Besetzung der deutschen Botschaft in Stockholm vermischten sich sowohl in der Medienberichterstattung als auch in der öffentlichen Wahrnehmung die sogenannten Sympathisantenkreise der RAF, ihre Unterstützer und die neue Generation von Terroristen in Nachfolge der 1972 verhafteten *Baader-Meinhof*-Gruppe zu einer diffusen Bedrohungslage von Linksaußen. Vgl. dazu Balz, Hanno: Von Terroristen, Sympathisanten und dem starken Staat. Die öffentliche Debatte über die RAF in den 70er Jahren, Frankfurt a. Main/New York 2008, S. 95–100. – Der Abg. Hugo *Collet* warnte beispielsweise davor, dass ein Terroranschlag während der heißen Phase des Wahlkampfs etliche Wählerstimmen kosten werde, wenn Partei und vor allem Fraktion argumentativ nicht auf solch einen Fall vorbereitet seien. Vgl. die SPD-Fraktionssitzung am 29. Juni 1976, SVP B, online.

wahlkampf geführt werden würde. Eine Verständigung über den Radikalenerlass war endgültig in weite Ferne gerückt.

7. Außenpolitik

Die Außenpolitik war traditionell mehr eine Angelegenheit der Bundesregierung denn des Bundestags. Dieser kann über den Auswärtigen Ausschuss nur in engen Grenzen in das Feld der auswärtigen Politik wirken.[184] Entsprechend beschränkt war auch die Einflussnahme der sozialdemokratischen Bundestagsfraktion auf die Außenpolitik der Bundesregierung. Da seit Beginn der sozial-liberalen Koalition das Auswärtige Amt in den Händen des kleineren liberalen Koalitionspartners lag, fiel die Möglichkeit weg, in den Sitzungen auf direktem Wege den Außenminister anzusprechen. Auch Ministerberichte waren so natürlich nicht möglich. Das wurde dadurch kompensiert, dass die beiden Bundeskanzler, *Brandt* und später *Schmidt*, in ihren politischen Berichten zur Lage jeweils auch die Berichterstattung zur Außenpolitik lieferten. In den ersten zwei Jahren der 7. Wahlperiode übernahm zusätzlich Hans *Apel* als Staatsminister im Auswärtigen Amt die Aufgabe, die Verbindung zwischen Fraktion und Auswärtigem Amt herzustellen, zu informieren, wenn es um europäische Belange ging, oder dem Amt in selteneren Fällen Wünsche und Anliegen der Fraktion zur Europapolitik zu übermitteln.

Dass die Außenpolitik und verbunden damit auch die Ostpolitik der Regierung im Alltagsgeschäft der sozialdemokratischen Fraktion eine wesentlich geringere Rolle spielte als beispielsweise bei der Unionsopposition, lag aber auch daran, dass die von der Regierung verfolgten Grundlinien praktisch unumstritten und ganz auf der Linie der Fraktion waren. Nachdem in der 6. Wahlperiode die letzten verbliebenen Kritiker der Ostpolitik die sozialdemokratische Fraktion verlassen hatten und zur CDU/CSU gewechselt waren, gab es auch keinerlei Auseinandersetzungen mehr über den ostpolitischen Kurs der Regierung. Sowohl der Grundlagenvertrag mit der DDR als auch das letzte verbliebene bilaterale Abkommen im ostpolitischen Vertragsgebäude, der Vertrag mit der Tschechoslowakei, waren beide unstrittig. Wenn die Fraktion darüber diskutierte, ging es um taktische Fragen, wie die notwendigen Mehrheiten in der Ratifizierungsdebatte gesichert werden konnten oder wie man die Opposition in den Plenarsitzungen auflaufen lassen konnte. Ähnlich sah es auch beim Sozialversicherungsabkommen mit Polen aus, das im Oktober 1975 in Warschau paraphiert wurde und das in der Union fast so umstritten war wie der Moskauer oder Warschauer Vertrag.[185] Bundeskanzler *Schmidt* und Fraktionschef *Wehner* hatten die Fraktion im Verlauf der fünfmonatigen Auseinandersetzung mit der Opposition stetig informiert. So wusste die Fraktion über den Stand der Verhandlungen mit der Union oder den Ministerpräsidenten der uniongeführten Länder – das Gesetz war zustimmungspflichtig – Bescheid. Als es am 3. März 1976 schließlich gelang, den Widerstand der unionsgeführten Länder, die im Bundesrat über eine Mehrheit verfügten, zu überwinden, traf sich die Fraktion zu einer Sondersitzung, auf der neben Bundeskanzler *Schmidt* auch Hans-Dietrich *Genscher* als Außenminister kurz Bericht

---

[184] Vgl. dazu bspw. DER AUSWÄRTIGE AUSSCHUSS DES DEUTSCHEN BUNDESTAGES 1972–1976, bearb. von Joachim Wintzer und Wolfgang Hölscher, Düsseldorf 2010.

[185] Die Bundesregierung und Polen einigten sich 1975 darauf, dass die Bundesrepublik, im Gegenzug für die zugesicherte Ausreisegenehmigung von 125 000 Deutschstämmigen aus Polen, polnische Rentenansprüche, teilweise resultierend aus Ansprüchen polnischer Zwangsarbeiter im Dritten Reich, in Höhe von 1,3 Milliarden D-Mark anerkannte und der Volksrepublik zugleich einen ungebundenen Kredit in der Höhe von einer Milliarde D-Mark zusagte.

erstattete und zugleich die Glückwünsche und den Beifall der Abgeordneten entgegennahm.[186]

Dass dennoch immer wieder außenpolitische Themen jenseits der großen parlamentarischen Konjunkturen – wie die bereits erwähnten Debatten über die ostpolitischen Verträge oder den Nahostkrieg – auf der Agenda der Fraktion standen und mitunter kontrovers diskutiert wurden, lag zu einem nicht geringen Teil am erstarkten linken Flügel der Fraktion, der sich nicht scheute, auch unbequeme Fragen zu stellen oder Vorstellungen jenseits der regierungsamtlichen außenpolitischen Linie zu artikulieren. Bereits die erste außenpolitische Debatte in der Fraktion über die zögerliche Haltung der Bundesregierung und besonders von Bundeskanzler *Brandt* gegenüber den verbündeten USA im Vietnamkrieg und etwaiger Hilfe für das kommunistische Nordvietnam wurde durch Kritik der linken Jungsozialisten über die Abgeordneten, die sich später im Leverkusener Kreis versammelten, in die Fraktion getragen.

Auch die immer wieder aufkommende Debatte über eine angemessene Reaktion der Bundesregierung auf den Sturz der Regierung *Allende* in Chile und die Machtergreifung durch eine Militärjunta unter General *Pinochet* wurde in erster Linie vom linken Flügel dominiert. Meinungen wie die von Friedrich *Beermann*, der sich sehr kritisch über die *Allende*-Regierung ausließ und die Vermutung äußerte, »ob es nicht grade die Armee war, die durch ihren Widerstand die Verfassung rettete und damit das Land vielleicht in Zukunft wieder zu verfassungsmäßigen Zuständen zurückführt«, waren eine absolute Ausnahme.[187] Allerdings war auch der linke Ruf nach einschneidenden, sowohl diplomatischen wie wirtschaftspolitischen Sanktionen nicht vor mitunter schmerzhaften Kontakten mit der Realpolitik gefeit. Denn wen würde man treffen, wenn man beispielsweise die vorgesehenen Kredite für den Kauf von Weizen nicht genehmigte? Die Junta oder die Bevölkerung? Bedeutete ein Abbruch der wirtschaftspolitischen Fördermaßnahmen auch, dass man bestehende Entwicklungshilfeprojekte beendete? Und war es nicht besser, auch mit der neuen Regierung im Gespräch zu bleiben, um auf sie einzuwirken und so vielleicht mehr für die politischen Gefangenen oder Botschaftsflüchtlinge zu erreichen als mit einem Abbruch der Beziehungen? Auch die Linke musste erkennen, dass vordergründig sinnvolle Handlungen Folgen haben konnten, die den eigentlich positiven Intentionen völlig zuwiderliefen. *Wehner* warnte unter Verweis auf seine persönliche Flucht- und Exilerfahrung aus der Zeit des Nationalsozialismus, dass es gefährlich sei, öffentlich zu verkünden, die deutsche Botschaft in Santiago de Chile würde jedem Regimegegner als sicherer Hafen dienen. Die Folge einer plakativen Ankündigung, so *Wehner*, wäre fatal, denn diese würde das chilenische Militär nur ermuntern, die Botschaft abzuriegeln und jedes Fahrzeug auf dem Weg dorthin zu durchsuchen. Damit sei das Gegenteil von dem erwirkt, was man mit stiller Diplomatie erreichen könne.[188]

Die Fraktion einigte sich schließlich darauf, zunächst eine Resolution zu verabschieden, in der sie die Geschehnisse in Chile verurteilte. Zugleich wollte sie ihre nichtöffentlichen Kanäle ins Auswärtige Amt nutzen, um sich weiter zu informieren und sich für die Verfolgten der Militärdiktatur einzusetzen. Als eine Einladung der »Radikalen Partei«, wie die dortigen Sozialdemokraten hießen, eintraf, machten sich die beiden Abgeordneten Hans-Jürgen *Wischnewski* und Alwin *Brück* auf den Weg nach Chile, um sich vor

---

186 Vgl. die SPD-Fraktionssitzung am 12. März 1976, online.
187 Vgl. die SPD-Fraktionssitzung am 6. November 1973, SVP C, online.
188 *Wehner* erklärte in der Sitzung am 6. November 1973 auch: »Vor einem warne ich dich ganz ernst als jemand, der schon in mehreren Ländern vor der Tatsache gestanden hat, Asyl zu suchen: Jede Botschaft, Genosse *Marschall*, die öffentlich plakatiert, dass man bei ihr Asyl bekommen kann, ist eine Falle. Ist eine Falle, Genosse.«

Ort ein Bild zu machen und sich zugleich für inhaftierte Bundesbürger und chilenische Regimegegner einzusetzen. Es gelang den SPD-Parlamentariern, die auch mit dem chilenischen Innenministerium verhandelten, beispielsweise die Freilassung des linken Soziologen Klaus *Meschkat* zu erreichen und diesen in die Bundesrepublik zurückzubringen.[189]

Zu ideologischen Auseinandersetzungen über das Verhältnis der Bundesrepublik zu undemokratischen Staaten kam es immer wieder. Besonders häufig waren Anfragen zur Beziehung zum Nato-Staat Griechenland, in dem bis 1974 eine Militärdiktatur herrschte, und zum franquistischen Regime in Spanien. Kontakte auf staatlicher Ebene bereiteten linken Abgeordneten immer wieder Sorgen. So verlangten sie von Staatsminister *Apel* bereits im Januar 1973 Auskunft darüber, ob der Außenminister eine Reise nach Griechenland plane oder ob das Bundeskabinett Waffenlieferungen an Griechenland zugestimmt habe, und erhoben die Forderung, darauf zu verzichten.[190]

Besonders radikalpazifistisch taten sich die Abgeordneten *Hansen* und *Coppik* hervor, die weit über die 7. Wahlperiode hinaus ein linkspazifistischer Stachel innerhalb der Fraktion blieben.[191] Im Juni 1975 kritisierte Karl-Heinz *Hansen* den Besuch des Generalinspekteurs der Bundeswehr, *Hildebrandt*, in Spanien scharf und ohne Absprache mit der Fraktion in einem offenen Brief. *Hansen* warf dem General eine unzulässige Einmischung des Militärs in die Politik vor. Nicht nur Verteidigungsminister *Leber* stellte sich hinter seinen General, der, wie er erklärte, eine ganz normale und immer wieder vorkommende Reise in ein sicherheitspolitisch verbündetes Land unternommen habe. Auch *Wehner* reagierte empört. Er verurteilte *Hansen* in der Fraktion, da *Hansen* mit seinen Zweifeln an der Verfassungstreue der Bundeswehr ohne konkrete Beweise an die Öffentlichkeit gegangen sei.[192] *Wehner* hatte insgesamt wenig übrig für die außenpolitischen Alleingänge mancher seiner Fraktionskollegen.

Wenig Reaktion in der Fraktion erzeugte die ostpolitische Kontroverse zwischen Herbert *Wehner* und Willy *Brandt*, die im Oktober 1973, während *Wehners* Aufenthalt in Moskau, eskaliert war.[193] Die Fraktion akzeptierte, dass dieser Bereich vor allem Sache der Bundesregierung war und die Fraktion in erster Linie ein Recht auf Information besaß. Dies setzte sich während des Nahostkrieges fort, über den die Fraktion zwar regelmäßig informiert wurde, aber selbst kaum debattierte.

Auch nach dem Wechsel an der Spitze des Kanzleramts konnte sich die Fraktion über mangelnde Informationen zur Außenpolitik nicht beschweren. Bundeskanzler *Schmidt* hatte allerdings die Angewohnheit, Ausflüge in die auswärtige Politik mit langen weltökonomischen Exkursen zu garnieren, und duldete in der Regel keinen Widerspruch. Und auch Willy *Brandt* fand als SPD-Parteivorsitzender wenige Monate nach seinem Rücktritt wieder Gefallen an auswärtiger Politik. Vor allem die Situation im postrevolutionären Portugal und die Situation der sozialistischen Schwesterpartei dort war nicht

---

189 Vgl. die SPD-Fraktionssitzungen am 18. September 1973, SVP E, und am 2. Oktober 1973, SVP C, online.
190 Vgl. bspw. die SPD-Fraktionssitzungen am 30. Januar 1973, SVP A, online und am 18. September 1973, SVP C, online.
191 *Hansen* wurde 1982 aus der SPD ausgeschlossen, *Coppik* verließ die Partei kurz darauf. Beide Abgeordnete gründeten 1982 aus Protest gegen den Nato-Doppelbeschluss schließlich die Partei der »Demokratischen Sozialisten«.
192 Vgl. die SPD-Fraktionssitzung am 3. Juni 1975, SVP B, online, sowie das Schreiben von *Wehner* an *Leber* vom 5. Juni 1975; AdsD 2/BTFG000244.
193 Vgl. den entsprechenden Abschnitt im Kapitel »Von der Amtsmüdigkeit bis zum Rücktritt des Bundeskanzlers«.

erst seit kurzem im Fokus des Parteivorsitzenden, der sich nach seinem Rücktritt verstärkt im Rahmen der »Sozialistischen Internationale« (SI) außenpolitisch betätigte. Die SPD unterhielt seit den 1960er Jahren ein enges Verhältnis zur SI und unterstützte in ihrem Rahmen die sozialdemokratischen Parteien im Ausland, beispielsweise in Portugal. In seinen Berichten, die *Brandt* nun auch wieder regelmäßiger und mit größerem Engagement vor der Fraktion hielt, machte er jedoch zugleich klar, dass er sich auf keinen Fall in die offizielle Außenpolitik mische und dass seine Initiativen im Rahmen der SI immer auch mit dem Kanzleramt koordiniert seien.

8. Wirtschafts- und Sozialpolitik nach dem Ölpreisschock

Auf den Jom-Kippur-Krieg, der am 6. Oktober 1973 begann und in dem sich der Westen zur Unterstützung Israels bekannte, reagierte die Organisation der arabischen Erdöl exportierenden Staaten (OAPEC[194]) mit einer Drosselung ihrer Fördermenge. Über den sofort folgenden Preisanstieg für Rohöl sollte der Westen unter Druck gesetzt werden, seine Unterstützung für Israel zu überdenken. Mitte Oktober kostete das Barrel Öl bereits fünf Dollar, das waren knapp 70 Prozent mehr als vor Beginn des Krieges.[195] Die Bundesrepublik wurde nicht vom Ölboykott der arabischen Erdölproduzenten verschont, obwohl die Bundesregierung eine sehr vorsichtige Haltung im Nahostkonflikt einnahm, die auf einen Ausgleich zwischen den Konfliktparteien ausgerichtet war und eine einseitige Parteinahme für Israel bewusst vermied. Obwohl 1972 die Bundesrepublik knapp über 70 Prozent ihres Rohölbedarfs aus arabischen Ländern importierte und damit energiepolitisch schon vor dem israelisch-arabischen Krieg in einer Abhängigkeitssituation war, traf der Ölpreisschock die Bundesregierung politisch und ökonomisch weitgehend unvorbereitet. Die Vervierfachung des Erdölpreises in den Monaten nach Beginn des Krieges machte alle Stabilisierungskonzepte und Programme zur Eindämmung der Inflation[196] obsolet. Zur psychologisch nachteiligen inflationären Entwicklung, die die Regierung wegen der internationalen Kapitalverflechtung und der Angst vor einem Abwürgen der guten Konjunktur in ihren Stabilisierungsprogrammen auch schon vor dem israelisch-arabischen Krieg nur äußerst vorsichtig bekämpfen konnte, traten nun erste Anzeichen einer Wirtschaftskrise.

In der Fraktion wurde heftig um eine angemessene Reaktion auf die ökonomischen und sozialen Folgen des Ölpreisschocks gerungen. Das Wirtschaftswachstum verlangsamte sich rapide und sank 1974 auf null, die Arbeitslosenzahlen zogen spätestens seit Jahreswechsel spürbar an. Der Energiesektor erlebte eine bis dahin nicht gekannte Teuerungswelle, die die Bürger in Form rasant steigender Benzin- und Heizölpreise traf. Angesichts des nahenden Winters waren diese Preissteigerungen vor allem ein Problem für das klassische Klientel der Sozialdemokraten. Während die Bundesregierung vor allem beruhigen wollte, sprach sich beispielsweise der Berliner Bundestagsabgeordnete und Leiter des Deutschen Instituts für Wirtschaftsforschung Klaus Die-

---

194 Organization of Arab Petroleum Exporting Countries.
195 Vgl. bspw. GÖBEL, Stefan: Die Ölpreiskrisen der 1970er Jahre. Auswirkungen auf die Wirtschaft von Industriestaaten am Beispiel der Bundesrepublik Deutschland, der Vereinigten Staaten, Japans, Großbritanniens und Frankreichs, Berlin 2013, hier S. 25 f.
196 Vgl. die SPD-Fraktionssitzung am 20. Februar 1973, SVP B und C, online. Zur Ausweitung des Stabilisierungsprogramms der Bundesregierung im Frühjahr vgl. die SPD-Fraktionssitzungen am 8. und 10. Mai 1973, SVP A bis C, beziehungsweise SVP B und C, online.

ter *Arndt* schon Mitte Oktober 1973 klar dafür aus, den Privatleuten zu raten, rasch ihre Erdölvorräte aufzustocken – eine Perspektive, die der Bundesregierung gar nicht behagte; das unangenehme Wort von »Angstkäufen« stand im Raum.[197] Das Kabinett wartete zunächst noch ab und schaltete erst mit Winterbeginn in einen Krisenmodus, ab Anfang Dezember 1973 begann jede Kabinettssitzung mit der Behandlung der Energiekrise. Der Kabinettsausschuss für Wirtschaft konstituierte sich als »Energiekabinett«, die Arbeiten an einem Gesetz zur Sicherung der Energieversorgung bei Gefährdung oder Störung der Einfuhren von Mineralöl oder Erdgas, dem Energiesicherungsgesetz, sollten umgehend beginnen und wurden in Rekordzeit abgeschlossen.[198] Die Fahrverbote an vier Sonntagen im Spätherbst 1973 waren ein für alle sichtbares Zeichen, dass die Zeiten einer florierenden Konjunktur vorbei waren. Sicherlich war auch den Verantwortlichen klar, dass solche Aktionen praktisch nichts zur Öleinsparung beitrugen, sie sollten die Handlungsfähigkeit der Regierung symbolisch demonstrieren und die Bevölkerung auf ernste Zeiten einstimmen. Zunächst jedoch trugen sie eher zur Beunruhigung bei.[199]

Anfang Dezember 1973 brachte die Regierung ein Gesetz auf den Weg, das besonders jene Personen einmalig entlasten sollte, die von den steigenden Energiepreisen sozial besonders benachteiligt wurden. In der Fraktion regten sich zeitgleich erste Stimmen, die das Krisenmanagement der Regierung kritisierten und aus parteipolitischer Sicht bemängelten, dass es vor allem der FDP-Wirtschaftsminister *Friderichs* war, der sich in den letzten Wochen habe profilieren können. Der Regierungsentwurf bringe außerdem zu wenig Entlastung[200], und die sozialdemokratischen Minister – insbesondere der für Arbeit und Soziales zuständige *Arendt* wurde kritisiert – hätten sich von der FDP und *Friderichs* ausmanövrieren lassen. Die Ablehnung des Maßnahmenpakets stand im Raum. Die Stimmung in der Sitzung am 7. Dezember 1973 war vor der Abstimmung so aufgeheizt, dass *Wehner* zu Vergleichen mit der letzten sozialdemokratischen Regierungsbeteiligung vor *Brüning* in der Weimarer Republik griff: »Ich möchte nicht, mein Bekenntnis sage ich euch, in eine Lage kommen, in der die SPD – als ich ihr nicht angehörte – einmal gewesen ist, dass die letzte sozialdemokratisch geführte Koalitionsregierung vor *Hitler* auseinanderfiel und die Sozialdemokraten gingen und es dann *Brüning*

---

197 Vgl. die SPD-Fraktionssitzung am 16. Oktober 1973, SVP A, online.
198 Mit dem Gesetz sollte erstmals eine gesetzliche Grundlage geschaffen werden, mit deren Hilfe in Zukunft dann erforderliche staatliche Krisenmaßnahmen und Interventionen getroffen werden sollten. Der erste Entwurf wurde am 7. November 1973 dem Bundestag zugeleitet, am gleichen Tag beraten und zwei Tage später in zweiter und dritter Lesung verabschiedet. Vgl. BT Drs. 07/1198 sowie BT Plenarprotokoll 07/63 und 07/65.
199 Die Debatte über Fahrverbote und eine Beschränkung der Höchstgeschwindigkeit auf Autobahnen, um Benzin zu sparen, mündete im Februar 1974 in eine generelle Debatte über eine Geschwindigkeitsbegrenzung auf Autobahnen – die wenig später so endete wie danach alle Debatten über eine Höchstgeschwindigkeit auf Bundesautobahnen. Es stellte sich heraus, dass die temporäre Geschwindigkeitsbegrenzung zwar nicht den erwünschten Effekt auf den Ölverbrauch hatte, aber die Zahl der tödlichen Autounfälle signifikant gesunken war. Die Fraktion konnte sich aber nicht darauf einigen, eine entsprechende Initiative für eine langfristige Gesetzesänderung zu starten. Es setzten sich jene Abgeordnete durch, die, ohne eine Begründung liefern zu können, davor warnten, dass eine Begrenzung der Höchstgeschwindigkeit den Absatz deutscher Autos und damit Arbeitsplätze gefährden würde und die gesunkenen Unfallzahlen mit anderen, noch unbekannten Faktoren als der Geschwindigkeit erklärten oder in ihnen nur eine Scheinkorrelation sahen. Vgl. die SPD-Fraktionssitzung am 12. Februar 1974, SVP C, online.
200 *Gansel* nannte das Gesetz eine bloße »Rote-Kreuz-Station hinter der Frontlinie des Kapitalismus« und forderte für die Zukunft eine Generaldebatte über das Wirtschaftssystem der Bundesrepublik, schließlich hätten »die Konzerne dem Staat die Machtfrage gestellt«.

überließen wegen ein halb [sic!] Prozent Arbeitslosenversicherung.«[201] Aber auch *Wehner* kritisierte, dass der Entwurf und das mit ihm eingereichte Zahlenmaterial handwerklich zu wünschen übrig ließen. Ob es nun die Appelle des Fraktionsvorsitzenden waren oder weil man verhindern wollte, dass die Öffentlichkeit das Spektakel eines Zerwürfnisses zwischen Regierung und sozialdemokratischer Bundestagsfraktion erlebte[202], die Fraktion stimmte letztlich dem Entwurf, wenn auch mit Bauchgrimmen, zu.

Dennoch entbrannte in der Fraktion spätestens mit der Dezember-Sitzung wieder einmal der seit langem schwelende Streit zwischen dem linken Flügel, der in der Energiekrise und im Energiesicherungsgesetz eine Möglichkeit zu mehr staatlichem Einfluss im Energiesektor sah, und einer eher stillen Mehrheit, die sich gegen die geforderte Verstaatlichung von großen Energiefirmen aussprach. Der Streit flammte während der 7. Wahlperiode periodisch immer wieder auf. Bereits bei der Vorstellung des gegen die Inflation gerichteten Stabilitätsprogramms der Bundesregierung im Frühjahr 1973 musste Finanzminister *Schmidt* mehrfach mit den Befürwortern einer staatlichen Preiskontrolle oder eines staatlich verordneten Preisstopps streiten. Damals reichte es noch, darauf hinzuweisen, dass ein Preisstopp ohne staatlich kontrollierte Löhne – was das Ende der Tarifautonomie bedeutet hätte – die Inflation nicht eindämmen würde.[203] Nun kam angesichts der rasanten Preissteigerungen am Ölmarkt, die auch durch Mitnahmeeffekte durch die Ölkonzerne gekennzeichnet waren[204], wieder die Forderung nach verstärkter staatlicher Kontrolle der Energiekonzerne oder der Ölpreise auf. Die Forderung war einerseits begreiflich, sie war aber auch weitgehend realitätsfern. Bundeswirtschaftsminister *Friderichs* von der FDP hatte genauso wenig für solche Forderungen übrig wie Helmut *Schmidt*. Letzterer erklärte den Anhängern staatlicher Interventionen in der Fraktion, dass es höchstens zu einem Lieferstopp käme, wenn die Bundesrepublik den deutschen Teil eines multinationalen Unternehmens wie Shell verstaatlichen würde oder mit unilateralen Eingriffen auf dem Markt begänne. *Schmidt* musste aber durchaus selbstkritisch zugeben, dass dem Gebaren dieser multinationalen Energiekonzerne »eine Machtmechanik zugrunde [liege], die weder durch Parlamentsbeschluss noch durch einen Beschluss der Arbeitsgemeinschaft der Jungsozialisten änderbar« sei und die von der Bundesregierung seit Jahren auch auf internationaler oder europäischer Ebene vernachlässigt worden sei. *Schmidt* konnte sich jedoch zugleich nicht verkneifen, den linken Flügel der Fraktion darauf aufmerksam zu machen, dass zumindest ein großer Teil der bundesdeutschen Energieunternehmen – *Schmidt* zählte neben VEBA oder Gelsenberg genüsslich auch etliche kommunale Energieversorger auf – in öffentlicher Hand seien. Die Abgeordneten, so der unausgesprochene Tenor seiner Ausführung, mögen doch einmal in ihren eigenen Wahlkreisen nachfragen, ob man dort für soziale Wohltaten auf Kosten ökonomischer Vernunft bereit sei.[205]

Als *Schmidt* im Mai 1974 das Kanzleramt übernahm, machte sich die wirtschaftliche Talfahrt zunehmend auf dem Arbeitsmarkt bemerkbar. Binnen weniger Monate war die Zahl der Arbeitslosen von knapp 150 000 im Jahr 1970 auf weit über 500 000 im Jahr 1974 in die Höhe geschnellt. Doch *Schmidt* wollte vor dem Herbst kein weiteres Kon-

---

201 Vgl. die erste SPD-Fraktionssitzung am 7. Dezember 1973, online.
202 Oder wie es *Wehner* drastisch ausdrückte: »Wo sollen wir noch die Hosen runterlassen, damit dann wieder in den Zeitungen steht, der murrt gegen den Kanzler?«
203 Vgl. die SPD-Fraktionssitzung am 8. März 1973, online.
204 Der (Roh-)Ölpreis sank auch nach dem Ende der politischen Ölverknappung nicht, da die ölproduzierenden Länder sich darauf verständigten, den Ölpreis auf fast 12 Dollar pro Barrel zu erhöhen. Vgl. GÖBEL, Die Ölpreiskrisen der 1970er Jahre, S. 28 f.
205 Vgl. die SPD-Fraktionssitzung am 27. November 1973, SVP B und C, online.

junkturprogramm bekanntgeben. Ein Problem lag darin, dass nicht alle Branchen gleichermaßen vom Abschwung betroffen waren. Während die Stahlwerker einen Produktionsrekord nach dem anderen verbuchten und die Regierung eher Angst vor hohen Tarifabschlüssen hatte, drangen Abgeordnete wie Hugo *Collet* aus der Schuhstadt Pirmasens immer stärker auf Staatshilfen für ihre vom Strukturwandel gebeutelten Regionen. Betroffen waren aber nicht nur das Schuh- und Textilgewerbe, das unter den hohen Lohnkosten bei vergleichsweise wenig industrialisierter Arbeitsweise und geringer Produktivität litt, sondern auch die Automobilbranche, die im Vergleich mit dem Vorjahr 20 Prozent weniger Fahrzeuge verkaufen konnte, sowie die Baubranche. Dass es im Laufe des Jahres nicht besser werden würde, war den verantwortlichen Regierungsmitgliedern klar. Bereits im August 1974 rechnete das Finanzministerium unter dem neuen Minister Hans *Apel* in einem vertraulichen Papier mit einem mittelfristigen Anstieg der Arbeitslosenzahl auf über eine Million.[206]

Im Dezember 1974 stellten *Apel* und *Schmidt* der Fraktion schließlich das lang erwartete Konjunkturprogramm vor. Es war eine Mischung aus öffentlichen Investitionen des Bundes, beispielsweise in der Baubranche, und steuerlichen Anreizen für Unternehmer wie Privatleute, wieder mehr zu investieren. Ergänzt wurden die Maßnahmen durch milliardenschwere Lohnzuschüsse für Unternehmer, die bereit waren, Arbeitslosen eine Beschäftigung zu verschaffen. Außerdem sollte das Kurzarbeitergeld von zwölf auf 24 Monate ausgeweitet werden, um Unternehmen die notwendige Flexibilität zu ermöglichen und keine Mitarbeiter entlassen zu müssen. Die Abgeordneten dankten es ihren Spitzenleuten mit starkem Beifall.[207]

Das Programm hielt nicht einmal ein Jahr. Bereits vor der Sommerpause 1975 debattierte die Fraktion wieder über die bundesdeutsche Konjunktur, die sich nun endgültig in einer Rezession befand. Bei einer Inflationsrate von knapp sechs Prozent schrumpfte die Wirtschaft um einen knappen Prozentpunkt, etwas über eine Million Menschen waren wie prognostiziert arbeitslos. Neben den Folgen der Energiekrise, den anhaltenden internationalen Währungsproblemen und einer immer noch viel zu hohen Inflationsrate hatte der industrielle Strukturwandel die Bundesrepublik voll erfasst. Arbeitsintensive, aber wenig technologisierte Branchen wie die angesprochene Textil- und Schuhindustrie litten besonders und verschwanden fast vollständig aus Deutschland. Auch die Schwerindustrie musste sich mit den Folgen des technologischen Wandels, der zunehmenden Automatisierung, stellte sie doch ganz neue Anforderungen an die Qualifikation der Arbeitnehmer, fertigwerden. Die Folge war, dass die Mehrzahl der Arbeitslosen aus un- oder angelernten Arbeitern bestand, während nur eine Minderzahl der neu geschaffenen Stellen, sei es im Industrie- oder Dienstleistungssektor, für sie geeignet war. Darunter litten auch die während der Boomjahre angeworbenen sogenannten Gastarbeiter, deren Qualifikation nie ein Thema gewesen war und die nun besonders von der Krise getroffen wurden.[208]

Nach der Sommerpause 1975 besprach die Fraktion das neue Konjunkturprogramm, das zur Gegenfinanzierung unter anderem eine Mehrwertsteuererhöhung sowie Einsparungen bei der öffentlichen Hand vorsah, und wieder einmal musste sich die Regierung teils scharfe Kritik vorhalten lassen. Die Information über das Programm sei zu spät erfolgt, die Maßnahmen seien sozial unausgewogen, kleinere Einkommen würden

---

[206] Vgl. den Artikel »Bald eine Million Arbeitslose?«; »Der Spiegel«, Nr. 35 vom 16. August 1974, S. 17 f. – Diese Zahl wurde im Januar 1975 erreicht.
[207] Vgl. die SPD-Fraktionssitzung am 12. Dezember 1974, SVP A und B, online.
[208] Vgl. bspw. ABELSHAUSER, Werner: Deutsche Wirtschaftsgeschichte. Von 1945 bis zur Gegenwart, München, 2. überarb. und erw. Aufl. 2011, S. 363–400.

von den Steuererhöhungen überproportional belastet, während die Beamten wieder einmal ungeschoren davon kämen, lauteten nur einige der Monita, die sich Bundeskanzler *Schmidt* und Finanzminister *Apel* anhören mussten. Der linke Flügel um Norbert *Gansel* und Manfred *Coppik* nutzte die Debatte, um sein Lieblingsthema der staatlichen Investitionslenkung auf die Tagesordnung zu setzen und eine Debatte auf dem Mannheimer Parteitag im November 1975 zu fordern. Bundeskanzler *Schmidt* warnte hingegen vor einer Verwässerung des Konjunkturprogramms. An die Adresse der Befürworter einer staatlichen Investitionslenkung gerichtet, »bitte er darum, den Parteitag nicht zerfallen zu lassen in eine Abteilung ›Zukunft‹ und eine Abteilung ›nützliche Idioten‹ für die Gegenwart«. Auch andere gemäßigte Vertreter der Fraktion warnten die linken Abgeordneten wieder einmal, dass eine staatliche Investitionslenkung die Lohnpolitik und damit die Tarifhoheit der Gewerkschaften betreffen würde und dass eine solche Debatte aktuell zur Unzeit käme.[209] Wie schon in den Jahren zuvor, stimmte die Fraktion den Vorschlägen der Regierung zu.

Und ungeachtet der immer wieder aufflammenden linken Kritik aus der SPD an der Wirtschaftspolitik und den Konjunkturprogrammen konnte sich die Bundesregierung vor der Bundestagswahl 1976 bestätigt fühlen. Noch 1975 hatte sich die Regierung in ihren Prognosen über eine wirtschaftliche Erholung getäuscht, 1976 war diese dann tatsächlich zu beobachten. Vor allem die Auslandsnachfrage trieb die Konjunktur an, aber auch die Investitionszulage sorgte zumindest bis ins Frühjahr 1976 für eine verstärkte Investitionstätigkeit in der Industrie. Die Binnenkonjunktur und der private Verbrauch stagnierten jedoch weiterhin. Auch auf dem Arbeitsmarkt entspannte sich die Lage keineswegs, denn die meisten Investitionen flossen in die Rationalisierung und den Ausbau der Produktivität und nicht in eine mit Arbeitskräftezuwachs verbundene Expansion der Unternehmen. Der schwache Rückgang der Arbeitslosigkeit 1976 war vor allem darauf zurückzuführen, dass etliche der sogenannten Gastarbeiter das Land verließen, Arbeitnehmer in Frührente gingen und Frauen aus der Erwerbsarbeit ausschieden oder Jugendliche ohne Ausbildungsplatz sich nicht als arbeitssuchend meldeten.[210] Für die Sozialdemokraten war der bescheidene Aufschwung, der sich zu Beginn des Sommers 1976 abzeichnete, jedoch lebenswichtig, um im Wahlkampf gegen die Union punkten zu können.[211] Denn gerade bei der Wirtschaftskompetenz, insbesondere wenn es um die

---

209 Vgl. die SPD-Fraktionssitzung am 12. September 1975, SVP A und B, online. – Vordergründig konnte sich der linke Flügel zumindest auf programmatischer Ebene durchsetzen, denn der auf dem Mannheimer Parteitag im November 1975 verabschiedete »Orientierungsrahmen 85« enthielt das klare Bekenntnis zu staatlichen Eingriffen in die Wirtschaft, forderte die Vergesellschaftung von Schlüsselindustrien und sah die SPD als Speerspitze der sozialistischen Umwandlung der bundesdeutschen Gesellschaft, die im Orientierungsrahmen als Klassengesellschaft beschrieben wurde. Tatsächlich aber erreichte das Programm zu keinem Zeitpunkt handlungsleitende Relevanz. In der konkreten politischen Praxis wurde der Orientierungsrahmen angesichts der wirtschaftlichen Schwierigkeiten schlicht ignoriert, zumal er mit Wachstumsprognosen operierte, die in den Jahren nach 1975 nicht einmal mehr ansatzweise erreicht wurden. Seit dem Parteitag im Frühjahr 1977 war er praktisch in Vergessenheit geraten. Vgl. dazu bspw. GREBING, Helga: Ideengeschichte des Sozialismus in Deutschland. Teil II, in: Geschichte der sozialen Ideen in Deutschland. Sozialismus – Katholische Soziallehre – Protestantische Ethik. Ein Handbuch. Hrsg. von Helga Grebing, Essen 2000, S. 490–496.

210 Vgl. PEHL, Günther: 1976. Wirtschaftlicher Aufschwung, aber die Arbeitslosigkeit bleibt hoch, in: Gewerkschaftliche Monatshefte 1976 (12), S. 728–737.

211 Bundeskanzler *Schmidt* ermahnte die Abgeordneten in der letzten Sitzung vor der Wahl ausdrücklich: »Mir scheint, dabei spielt der wirtschaftliche Aufschwung oder dabei kann der wirtschaftliche Aufschwung eine große Rolle spielen, wenn wir nun nicht so tun, als ob es die verdammte Pflicht und Schuldigkeit einer Regierung gewesen wäre, ihn zustande zu bringen, sondern wenn wir jeder-

Preisstabilität und die Bekämpfung der Arbeitslosigkeit ging, wurden CDU und CSU von den Wählern als die Parteien mit der größten Kompetenz gesehen.[212]

9. Die Reform der Rechtsstellung der Abgeordneten (Diätenreform)

Die Besoldung der Bundestagsabgeordneten war seit geraumer Zeit und nicht erst seit der 7. Wahlperiode ein umstrittenes Thema im Parlament. In der SPD-Bundestagsfraktion wurden insbesondere zwei Punkte kritisch gesehen: Der linke Flügel stieß sich vor allem daran, dass die Diäten im Gegensatz zu anderen Einkünften nicht besteuert wurden. Der zweite Punkt betraf die Ungleichheit der Abgeordneten bei den Einkünften, die je nach vorigem Arbeitsverhältnis sehr unterschiedlich sein konnten, und die bis 1968 teils prekäre soziale Absicherung von ausgeschiedenen Abgeordneten oder deren Angehörigen.[213] Doch gerade das aufgrund allgemeiner Gerechtigkeitserwägungen der SPD-Fraktion besonders am Herzen liegende Steuerthema war so komplex – der Regelungsbedarf erstreckte sich vom Einkommensteuerrecht über Beamtenbesoldung bis hin zum Dienstrecht des gesamten öffentlichen Dienstes, und das vom Bund zu den Ländern bis hinein in die Kommunalparlamente –, dass die Vorarbeiten für einen Gesetzentwurf nur langsam vorankamen. Am 5. Juni 1974, kurz nachdem sich die Abgeordneten ihre Diäten um einige Hundert D-Mark erhöht hatten – Protest kam von Abgeordneten des linken Flügels, die auch, wie beispielsweise Norbert *Gansel*, gegen die Erhöhung stimmten –, brachten SPD- und FDP-Fraktion einen Entschließungsantrag ein, in dem sie forderten, das Diätengesetz und das Einkommensteuergesetz so rechtzeitig zu ändern, dass zum 1. Januar 1975 mit der Besteuerung der Diäten begonnen werden konnte.[214] Doch das ließ nicht schaffen. Der Zeitraum war einfach zu knapp bemessen. Aufgrund der Schwierigkeiten und sicherlich auch, weil sich die Fraktionen nicht über einen interfraktionellen Entwurf einig geworden waren, wurde Ende 1974 eine Expertenkommission unter Führung des ehemaligen DGB-Vorsitzenden Ludwig *Rosenberg* eingesetzt. Ergänzt wurde die Kommission durch weitere prominente Vertreter aus Wirtschaft und Verbänden wie beispielsweise Bundesbankpräsident Karl *Klasen* und DIHT-Präsident Otto *Wolff von Amerongen*.[215]

---

mann begreifbar machen, dass wir ihn und wie gut wir ihn zustande gebracht haben [...].« Vgl. die SPD-Fraktionssitzung am 29. Juni 1976, SVP A, online.

212 Bereits Ende Juni 1976 rechneten Demoskopen mit der Fortführung der sozial-liberalen Koalition, allerdings sahen sie die Union wieder als stärkste Kraft im Bundestag. Dass die Koalition dennoch vorn bleiben könne, so die Wahlforscher, verdanke sie vor allem der Popularität des Kanzlers (sowie umgekehrt der Unpopularität des CSU-Vorsitzenden *Strauß*) und den sich verbessernden wirtschaftlichen Kennzahlen. Vgl. den Artikel »Neue Umfrage sieht Wahlsieg der Koalition«; »Frankfurter Allgemeine Zeitung« vom 30. Juli 1976, S. 2.

213 Erst 1964 wurde beispielsweise die Todesausfallsversicherung auf ausgeschiedene Abgeordnete ausgedehnt, um zu verhindern, dass Hinterbliebene nach dem Tod des ehemaligen Abgeordneten in die Bedürftigkeit rutschten. Zuvor wurden Härtefälle aus einem Hilfsfonds des Bundestagspräsidenten bezahlt bzw. Hinterbliebene mitunter auch durch die Fraktionen unterstützt. Eine Abgeordnetenpension wurde erst 1968 mit dem Diätengesetz eingeführt. Vgl. DATENHANDBUCH 1949–1999, S. 3235–3240.

214 Zum Entschließungsantrag der Fraktionen der SPD, FDP zur dritten Beratung des von der Bundesregierung eingebrachten Entwurfs eines Dritten Steuerreformgesetzes (BT Drs. 07/1470, 07/2164) vom 5. Juni 1974 vgl. BT Drs. 07/2195.

215 Vgl. die Informations- und Argumentationshilfe zur Neuregelung der Rechtsverhältnisse der Mitglieder des Deutschen Bundestags (ohne Datum); AdsD, 2/BTFG000246.

Fast alle vorab angestellten Überlegungen mussten allerdings überarbeitet werden, nachdem das Bundesverfassungsgericht am 5. November 1975 der Klage eines saarländischen Landtagsabgeordneten gegen eine Regelung der Abgeordnetenbesoldung des Landtags im Saarland stattgab.[216] Konkret ging es zwar nur darum, dass im saarländischen Landtagsgesetz ein Mandat im Landtag als unvereinbar galt mit der Stellung eines Leitenden Angestellten in Betrieben, an denen die öffentliche Hand mehrheitlich beteiligt war, doch das Bundesverfassungsgericht ging in seinem Urteil weit über die saarländische Landespolitik hinaus. Im Karlsruher Urteil wurden überraschend auch gesetzliche Regelungen für verfassungswidrig erklärt, die nur peripher etwas mit der Beschwerde zu tun hatten. Das Bundesverfassungsgericht griff vielmehr erneut aktiv gestaltend in die Legislative ein und machte konkrete Vorgaben für die zukünftige Rechtsstellung der in den Landtag gewählten Beamten und Angestellten, die ihnen zustehenden Versorgungsbezüge, die Erstattung des mandatsbedingten Verdienstausfalls und die Steuerfreiheit der Entschädigung von Landtagsabgeordneten. Damit entwickelte das Urteil eine bundesweite Sprengkraft und erreichte Signalwirkung für die gesamte parlamentarische Landschaft der Republik. Der SPD-Bundestagsfraktion war rasch klar, dass eine grundlegende Neuregelung der Abgeordnetenentschädigung und des Rechtsverhältnisses der Angehörigen des öffentlichen Dienstes im Parlament notwendig geworden war. Zudem war die bequeme Lösung, die Diäten an die Gehälter von Beamten, beispielsweise Bundesrichtern, zu koppeln, vom Verfassungsgericht eindeutig verworfen worden.[217]

Das Bundesverfassungsgericht korrigierte auch die Überlegungen des Parlamentarischen Rats, der, als er über Artikel 48 Absatz 3 beriet[218], das Abgeordnetenmandat noch als eines der höchsten in einer Demokratie möglichen Ehrenämter ansah und dementsprechend davon ausgegangen war, dass Abgeordnete, zumal in Landtagen, immer nebenher berufstätig waren. Davon ausgehend waren damals die Diäten dann auch als persönliche Entschädigung gedacht worden, nicht als umfassende Alimentierung von Abgeordneten und ihren Familien aus der Staatskasse.

Dass diese Auffassung zumindest für den Bundestag und angesichts der Arbeitsbelastung der Parlamentarier keinerlei Verankerung mehr im Berufsalltag der Abgeordneten hatte, war immer wieder thematisiert worden.[219] Zudem führte die Regelung zu sozialen Verzerrungen: Während die Angehörigen der freien Berufe oder Selbstständige immerhin noch die Möglichkeit hatten, ihre Berufstätigkeit so zu gestalten, dass sie zeitlich nicht zu sehr mit dem Mandat kollidierte, und während Beamte und Angestellte des öffentlichen Dienstes für ihre Zeit als Abgeordnete zumindest einen Teil ihrer Bezüge zusätzlich zu ihren Diäten erhielten, war es normalen Arbeitnehmern oder gar Arbeitern praktisch unmöglich, ihrer beruflichen Tätigkeit neben dem Mandat nachzukommen. Auch aus diesen Gründen waren diese Berufsgruppen entsprechend unterrepräsentiert im Parlament, wie Claus *Grobecker*, einer der wenigen Arbeiter in der SPD-Fraktion, 1972 seinen Kollegen erklären musste, während diese wieder einmal über die Einschränkung der teils lukrativen Nebentätigkeiten von Abgeordneten nachdachten: »Es gibt welche, die kommen aber nicht ins Parlament, weil sie nichts nebenbei verdienen kön-

---

216 Zum Schlussurteil des Zweiten Senats vom 5. November 1975 betr. Abgeordnetendiäten vgl. BVerfGE 40, 296.
217 Vgl. die SPD-Fraktionssitzung am 5. November 1975, online.
218 »Die Abgeordneten haben Anspruch auf eine angemessene, ihre Unabhängigkeit sichernde Entschädigung.«
219 Zur Diätengesetzgebung zwischen 1949 und 1977 (dem Zeitpunkt des Inkrafttretens des sogenannten Abgeordnetengesetzes) vgl. Datenhandbuch 1949–1999, S. 3198–3201.

nen, nicht. Da ist nichts zu wollen. Ich kann nicht an meine Maschine. Ja, ich kann nicht an meine Maschine.«[220]

Mit dem Urteil des Verfassungsgerichts wurde diese Ungleichbehandlung beendet. Die Tätigkeit des Abgeordneten galt nun als Vollzeitjob, der angemessen zu entlohnen war; der Abgeordnete hatte ein Einkommen zu erhalten, das ihn und seine Familie ernähren würde. Zugleich betonte das Gericht aber auch, dass der Abgeordnete kein Beamter, auch kein Beamter auf Zeit sei und daher die Abgeordnetenentschädigung sich eben nicht einfach starr an den Gehältern von Spitzenbeamten orientieren dürfe. Bezüge von dritter Seite, für die die Abgeordneten keine Dienste leisteten und die sie nur deshalb erhielten, weil sie ein Mandat innehatten, untersagte das Verfassungsgericht ganz – lukrative Nebentätigkeiten, die vorgeblich nichts mit dem Mandat zu tun hatten, blieben jedoch erlaubt.

Ein knappes Jahr vor dem Ende der Wahlperiode war der Bundestag also gezwungen, für sich und die Landesparlamente ein neues Abgeordnetengesetz zu schaffen. Neben der bestehenden Diätenkommission mit externen Fachleuten setzte der Bundestag Ende November 1975 daher einen Sonderausschuss zur Diätenreform ein. Auch die SPD-Fraktion installierte eine interne Arbeitsgruppe, die unter der Führung von Gerhard *Jahn* an dem Entwurf arbeitete. Kurz vor der Sommerpause 1976 lagen die ersten Ergebnisse der Beratungen des Sonderausschusses in Form eines Gesetzentwurfs vor. Die dort aufgeführte Abgeordnetenentschädigung und die steuerfreien Aufwandspauschalen waren für die Vertreter des linken Flügels der SPD-Fraktion jedoch zu hoch. Norbert *Gansel* kritisierte unter anderem die üppige Krankenversorgung im Entwurf sowie die Höhe der Bezüge und erklärte: »Ich halte es für vollkommen ausgeschlossen, dass, solange wir es nicht geschafft haben, für die Rentner ein dreizehntes Monatsgehalt oder eine Weihnachtsgratifikation zu ermöglichen, dass die Abgeordneten von der bisherigen Praxis abweichen und sich ein 13. Gehalt bewilligen.«[221] Auch Dietrich *Sperling* kritisierte, dass der geplante Entwurf den »ohnehin recht dürftige[n] Besitzstand an Ansehen und Vertrauen der Bevölkerung« weiter ruiniere und man Gefahr laufe, einen »Selbstbedienungsladen« aufzumachen. Die Mehrheit der Fraktion unterstützte jedoch den interfraktionellen Entwurf, der auch auf die Ergebnisse der *Rosenberg*-Kommission zurückgriff.[222]

Vor der zweiten und dritten Beratung des Gesetzentwurfs Anfang Dezember 1976 konnte sich die Fraktionslinke mit einem erneuten Versuch, die Fraktion auf einen Antrag zur Kürzung der Pauschalen zu verpflichten, nicht durchsetzen.[223] Am 8. Dezember 1976 wurde das Gesetz, das neben einer kräftigen Einkommenserhöhung eine deutliche Verbesserung der sozialen Sicherung der Abgeordneten brachte, mit großer Mehrheit aller drei Fraktionen angenommen. Mit dem Inkrafttreten 1977 wurde das fordernde und zeitlich anspruchsvolle Mandat eines Bundestagsabgeordneten zu einer, seiner Bedeu-

---

220 Vgl. die SPD-Fraktionssitzung am 19. September 1972, SVP C, online. – In der Sitzung ging es um einen Verhaltenskodex für Parlamentarier, insbesondere darum, ob die Nebenverdienste ausgewiesen werden sollten. Die SPD-Bundestagsfraktion war in dieser Frage gespalten, vor allem die linken Abgeordneten drängten auf Transparenz. Die bereits im Dezember 1970 erhobene Forderung von Dietrich *Sperling* – »Warum sollten wir nicht von allen Abgeordneten erfragen, was für andere Einkünfte sie haben?« – hatte für erhebliche Unruhe gesorgt. Vor allem Karl *Wienand* hatte damals davor gewarnt, diese Fragen weiterzuverfolgen. Vgl. die SPD-Fraktionssitzung am 1. Dezember 1970, SVP A, online.
221 Vgl. die SPD-Fraktionssitzung am 9. November 1976, SVP C, online.
222 Vgl. die SPD-Fraktionssitzung am 30. November 1976, SVP C, online.
223 Vgl. die SPD-Fraktionssitzung am 7. Dezember 1976, SVP B, online.

tung angemessenen entlohnten Vollzeitstelle. Auch einige der Kritiker stimmten zu, nur Norbert *Gansel* – wieder einmal, möchte man sagen – war nicht zu überzeugen; er kritisierte, das Gesetz entfremde die Abgeordneten der normalen Bevölkerung, es schaffe undemokratische Privilegien und enthalte keinerlei Regelungen gegen Lobbyismus. Folgerichtig stimmte er gegen den Gesetzentwurf.[224]

10. Die Fraktion im Bundestagswahlkampf 1976

Für die sozial-liberale Koalition war die demoskopische Ausgangslage für die Bundestagswahl 1976, die am 3. Oktober stattfand, schwierig. Seit der Wahl 1972 hatte die Opposition deutlich an Gewicht gewonnen. Im Bundesrat verfügte die Union über eine komfortable Mehrheit. Der überraschende Regierungswechsel in Niedersachsen Anfang 1976 war über die Landespolitik hinaus auch eine schwere Niederlage der Bundes-SPD. Zunächst war der sozialdemokratische Landesfinanzminister Helmut *Kasimier* im Januar 1976 daran gescheitert, sich zum Nachfolger für den zurückgetretenen Ministerpräsidenten Alfred *Kubel* wählen zu lassen. Obwohl SPD und FDP in Niedersachsen seit der Landtagswahl 1974 eine knappe Mehrheit von einer Stimme besaßen, erhielt CDU-Herausforderer Ernst *Albrecht* mehr Stimmen als sein sozialdemokratischer Konkurrent. Allerdings reichte es noch nicht zur absoluten Stimmenmehrheit des CDU-Kandidaten, die für einen Regierungswechsel notwendig war. Nach zwei vergeblichen Wahlgängen setzte die SPD alles auf eine Karte und schickte Bundesbauminister Karl *Ravens* ins Rennen. *Ravens* gelang es jedoch nicht, die Abweichler in der Koalition, von denen bis zuletzt unklar war, in welcher der beiden Fraktionen sie zu finden waren, zu überzeugen. Er unterlag ebenfalls und zudem noch deutlicher als *Kasimier* dem CDU-Kandidaten, so dass Ernst *Albrecht* mit 79 Stimmen die erforderliche Mehrheit erhielt und damit der erste CDU-Ministerpräsident in Niedersachsen wurde.[225]

Um die bundespolitischen Auswirkungen unter Kontrolle zu halten und die Atmosphäre in der Bonner Koalition nicht zu gefährden, warnten *Ravens* und Parteichef *Brandt* die Bundestagsfraktion, jetzt nicht auf Jagd nach den Abweichlern zu gehen oder gar Druck auf den liberalen Koalitionspartner auszuüben. Vor allem angesichts des Wahlkampfs in Baden-Württemberg, wo im April 1976 ein neuer Landtag gewählt wurde und wo zumindest *Brandt* die Chancen der Partei, ihr schlechtes Ergebnis von vor vier Jahren zu verbessern, als durchaus realistisch bezeichnete, rief die Parteiführung zur Geschlossenheit auf. Außerdem solle unbedingt der Eindruck vermieden werden, durch die nun erdrückende Bundesratsmehrheit der Union sei die sozial-liberale Koalition in ihrer Handlungsfähigkeit blockiert.[226]

Das tatsächliche Ergebnis der Wahl in Baden-Württemberg am 4. April 1976 war jedoch eine Katastrophe für die SPD. Die Sozialdemokraten verloren über vier Prozentpunkte im Vergleich zu 1972, und die CDU konnte ihre absolute Mehrheit weiter ausbauen. Als Willy *Brandt* das Ergebnis vor der Bundestagsfraktion im Hinblick auf die Bundestags-

---

224 Zu *Gansels* Einlassung in der zweiten und dritten Beratung sowie zur Schlussabstimmung am 8. Dezember 1976 vgl. BT Plenarprotokoll 07/259, S. 18592 sowie Anlage 5, S. 18597.
225 Karl *Ravens* erklärte einige Tage später vor der SPD-Bundestagsfraktion: »Hier ist aus dem Hinterhalt heraus der Versuch unternommen worden, die sozial-liberale Koalition in Niedersachsen zu kippen und gleichzeitig über diesen Weg die sozial-liberale Koalition in Bonn zu treffen.« Vgl. die SPD-Fraktionssitzung am 10. Februar 1976, SVP A, online.
226 Vgl. die SPD-Fraktionssitzung am 10. Februar 1976, SVP A, online.

wahl analysierte, wies er unter anderem auf die trotz seiner Appelle immer noch fehlende bundespolitische Geschlossenheit hin. In der Öffentlichkeit müsse angesichts egoistischer Eskapaden Einzelner – konkret nannte *Brandt* den ehemaligen Pressesprecher der Bundesregierung Conny *Ahlers*, der neben seinem Abgeordnetenmandat in seinen Pressekolumnen für »Stern« und »Spiegel« gerne die Arbeit der Bundesregierung zerpflückte, sowie die Jungsozialisten – der Eindruck entstehen, die SPD kreise nur noch um sich selbst. Zudem habe die Partei immer noch ein nicht zu unterschätzendes Mobilisierungsproblem in den groß- und mittelstädtischen Kommunen, wo die Union bei Wahlen weiterhin besser abschneide.

In der Diskussion der Analyse des Parteivorsitzenden gab es jedoch Streit darüber, wer für das schwache Abschneiden in den Städten verantwortlich war. Für den linken Flügel, für den Norbert *Gansel* das Wort ergriff, waren vor allem die Bundesregierung und ihre restriktive Finanzpolitik verantwortlich für das Debakel: »Man kann nicht bei den einen Leistungsverkürzungen durchführen, man kann nicht dem Rentner zehn Prozent seines Realeinkommens nehmen über das Wohngeld, man kann nicht dem Geschiedenen im öffentlichen Dienst [...], man kann nicht den Studenten von der Preisentwicklung abkoppeln, man kann nicht dem Umschüler zehn Prozent seines Umschulgeldes nehmen, ohne dass der reagiert, und das kann man vor allen Dingen dann nicht, wenn gleichzeitig diskutiert werden kann, dass man eine Körperschaftsteuerreform machen will, die den höheren Einkommensgruppierungen, über deren Einkommensentwicklung gerade neue Zahlen herausgekommen sind, zusätzliche Vorteile gibt.« Doch bei der Mehrheit der Fraktion und erst recht bei Bundeskanzler *Schmidt* stieß *Gansel* mit seiner Rhetorik aus Klassenkampf und Wahlversprechen auf Ablehnung. Im Gegenteil, *Schmidt* warnte davor, den Pfad der wirtschaftspolitischen Konsolidierung zu verlassen, zumal die Bundesrepublik im internationalen Vergleich hervorragend dastehe. Zugleich sah auch der Bundeskanzler ein Vermittlungs-, aber auch Glaubwürdigkeitsproblem im kommenden Wahlkampf. Die Sozialdemokraten müssten endlich aufhören, die Leistung der eigenen Regierung schlechtzureden und sich gegenseitig niederzumachen. Zudem müsse die Partei ein Gespür für die sich ausdifferenzierende Schicht der modernen Angestellten gewinnen. Es werde keine zusätzliche Stimme in den Großstädten bringen, wenn man diesen Personenkreis, wie es der linke Flügel immer wieder tat, verbal undifferenziert als »Lohnabhängige« bezeichne, denn, so *Schmidt*, »das mögen die nicht hören«.[227]

Der eigentliche Wahlkampf, der bereits im April 1976 mit einer Phase der sozialdemokratischen Selbstdarstellung einsetzte, die bis zum Dortmunder Wahlparteitag Mitte Juni dauerte, wurde von den hauptamtlichen Parteigremien um SPD-Bundesgeschäftsführer Holger *Börner* organisiert. Unter dem selbstbewussten Slogan »Modell Deutschland« wurden die Kernkompetenzen der SPD und vor allem des Bundeskanzlers, der die Liste der beliebtesten Politiker anführte, herausgestellt: Friedenssicherung durch eine umsichtige Ost- und Außenpolitik, wirtschaftliche Stabilität und soziale Sicherheit. So sollte auch ein Kontrapunkt zur im baden-württembergischen Wahlkampf erprobten und auf starke Polarisierung setzenden »Freiheit statt Sozialismus«-Kampagne der Union gesetzt werden.

Ende Juni 1976 stimmte Holger *Börner* die Bundestagsfraktion aktiv auf den Wahlkampf ein und stellte Materialien und Konzepte für die heiße Phase von der parlamentarischen Sommerpause bis Oktober vor. Für jeden Abgeordneten waren personalisierte Plakate vorbereitet worden. Kritisch merkte *Börner* an, dass 20 Abgeordnete bislang noch keine Bestellungen für Wahlplakate aufgegeben hatten. *Börner* verhehlte auch

---

227 Vgl. zu den Zitaten die SPD-Fraktionssitzung am 6. April 1976, SVP A, online.

nicht, dass der Finanzrahmen der Bundespartei aufgrund der fehlenden industriellen Großspenden weitaus kleiner sei als bei CDU und CSU. Entsprechend forderte er, wie schon 1972, mehr direktes finanzielles Engagement aus den einzelnen Wahlkreisen und Ortsvereinen.

Um die Abgeordneten während der sitzungsfreien Wochen auch argumentativ auf dem Laufenden zu halten und Informationen rasch und breit zu verteilen, hatte der Parteivorstand eine Reihe technischer wie organisatorischer Vorkehrungen getroffen: Über Telefaxgeräte und Fernschreiber, mit denen die Ortsvereine ausgerüstet wurden, sollten aktuelle Informations- und Argumentationshilfen verteilt werden. Beim Parteivorstand waren Anrufbeantworter geschaltet, die eine Erreichbarkeit rund um die Uhr garantierten. Anrufbeantworter wurden auch genutzt, um bei kleineren Geschäftsstellen die ständige Erreichbarkeit der Partei sicherzustellen. Zusätzliche Mitarbeiter, die zuvor intensiv geschult worden waren, konnten Gegenden, in denen die Parteistrukturen nicht sehr stark waren, gezielt besuchen und die Wahlkreiskandidaten vor Ort unterstützen. Dazu setzte der Parteivorstand auch erneut auf medientechnische Hilfsmittel wie mobile Lautsprecheranlagen und Großprojektoren.

Nachteilig bei der Mobilisierung wirkte sich die Presselandschaft der Bundesrepublik aus. Ein Großteil des wichtigen Massenmarkts der Boulevard-Zeitungen stand der Opposition nahe. Vor allem die auflagenstarken Zeitungen des Springer-Verlags unterstützten offen die Union. Die SPD versuchte, diesen medialen Nachteil auf verschiedene Arten zu kompensieren. Zum einen, indem sie selbst mit der »Zeitung am Sonntag« viermal im September eine eigene, boulevardesk aufgemachte Sonntagszeitung verteilte. Zum anderen setzte der Vorstand auf regelmäßige größere und kleinere Anzeigen in der Presse und in Wochenmagazinen, um zumindest Teile von deren Leserschaft zu erreichen und deren unionsfreundlicher redaktioneller Berichterstattung etwas entgegensetzen zu können.

Als zusätzliche Wahlkampfhilfe sammelten Holger *Börner* und seine Mitarbeiter aus der Abteilung für Öffentlichkeitsarbeit der SPD-Parteizentrale Informationen über Organisationen und Personen, die CDU und CSU im Wahlkampf und darüber hinaus unterstützten. Zu einem kleineren Skandal kam es, nachdem dieses sogenannte Helfer-Handbuch der CDU/CSU noch vor der Veröffentlichung durch den Parteivorstand in die Hände der Opposition und der Springer-Presse geriet. In der Öffentlichkeit wurde es rasch als »schwarze Liste« bekannt. Die Unionsparteien kritisierten das Handbuch scharf und bezeichneten es als diffamierende Gesinnungsschnüffelei unter Journalisten. Ihnen kam dabei zugute, dass *Börner* zugeben musste, dass seine Informationssammlung teilweise gravierende Fehler und Ungereimtheiten enthielt. Ärgerlich war aber auch, dass es der SPD selbst zu Wahlkampfzeiten nicht gelang, die eigenen Lecks in der Partei zu stopfen, und immer wieder interne Informationen an unionsnahe Zeitungen weitergegeben wurden. *Wehner* nutzte den berechtigen Ärger darüber, um die Fraktion in der letzten Sitzung vor der Bundestagswahl nochmals eindringlich auf Geschlossenheit einzuschwören: Der »Wahlkampf [muss] von allen gemeinsam für dieselbe Partei geführt« werden. »Wir gehen doch baden, wenn wir daran ein Fragezeichen setzen, damit wir uns richtig verstehen!«[228]

---

[228] Zur Wahlkampfvorbereitung in der Fraktion vgl. die SPD-Fraktionssitzung am 29. Juni 1976, SVP B, online.

Die SPD-Fraktion im Deutschen Bundestag 1972–1976

Hinweise – Übersichten – Verzeichnisse

Wahl zum Fraktionsvorstand am 24. Januar 1973. Herta Däubler-Gmelin (im Vordergrund) und Helmut Schmidt (2. v. l.). (J.H. Darchinger/Friedrich-Ebert-Stiftung)

A. Hinweise zur Edition

Die Edition der Sitzungsprotokolle der sozialdemokratischen Bundestagsfraktion in der 7. Wahlperiode (1972–1976) knüpft an die bereits erschienenen Bände für die ersten sechs Wahlperioden an. Dank des seit 2013 vom Deutschen Bundestag finanzierten Programmschwerpunkts »Fraktionen im Deutschen Bundestag« konnte die bewährte Editionsarbeit der Kommission für Geschichte des Parlamentarismus und der politischen Parteien (KGParl) sichergestellt werden. Parallel zur Edition der Protokolle der SPD-Bundestagsfraktion erfolgt die Veröffentlichung der Protokolle der CDU/CSU-Bundestagsfraktion für den gleichen Zeitraum, so dass ein paralleles Studium der Dokumente von größter Regierungsfraktion und Opposition leicht möglich ist. Bei den Sitzungsprotokollen der Fraktionen des Deutschen Bundestages handelt es sich um einen, auch im europäischen Vergleich, einzigartigen Quellenfundus, der die Überlieferungsbasis zur deutschen Parlamentsgeschichte erheblich verbreitert. Kein anderes Nationalparlament in Europa verfügt über einen vergleichbaren Quellenkorpus zu seinen zentralen politischen Organisationseinheiten.

Einrichtung der Edition

Die Edition orientiert sich hinsichtlich ihrer formalen Einrichtung an der Editionsreihe »Quellen zur Geschichte des Parlamentarismus und der politischen Parteien«. Erstmals umfasst der vorliegende gedruckte Band der Edition aus Platzgründen nicht mehr den kompletten Bestand aller überlieferten Protokolle der SPD-Bundestagsfraktion, sondern nur noch ausgewählte Protokolle und diese in aller Regel auch nur noch in Auszügen. Sämtliche Protokollteile im vorliegenden Band liegen, wie immer, textkritisch erfasst und inhaltlich kommentiert vor. Der ständig wachsende Umfang der Edition machte es notwendig, den Fokus von den gedruckten Bänden auf die Internet-Plattform des Editionsprogramms der KGParl – www.fraktionsprotokolle.de – zu verschieben. Hier finden sich zeitgleich mit der Veröffentlichung des gedruckten Bandes nicht nur die vollständigen Versionen aller edierten und inhaltlich kommentierten Protokolle aus dem vorliegendem Band[1], sondern auch alle anderen edierten, jedoch nicht kommentierten Sitzungsprotokolle der SPD-Bundestagsfraktion zwischen 1972 und 1976.[2] Die Internet-Plattform fraktionsprotokolle.de macht darüber hinaus alle von der KGParl edierten Sitzungsprotokolle von CDU/CSU, SPD, FDP und CSU-Landesgruppe sowie der GRÜNEN nach und nach im Volltext unter einer einheitlichen Oberfläche zugänglich.[3]

Der Umfang der Protokolle macht es inzwischen unmöglich, sämtliche Sitzungen inhaltlich zu kommentieren. Auch die Edition der SPD-Bundestagsfraktion muss daher ihre Kommentierung, wie bereits zuvor die Edition der CDU/CSU-Bundestagsfraktion seit der 5. Wahlperiode, auf ausgewählte Dokumente beschränken. Um auch über den gedruckten Band einen komfortablen Zugang zu allen Dokumenten zu gewährleisten,

---

1   Die im Buch abgedruckten kommentierten Teilprotokolle liegen online vollständig kommentiert vor.
2   Vgl. das Verzeichnis der Dokumente weiter unten.
3   Zum Erscheinungsdatum dieses Buches sind für die beiden großen Fraktionen alle Protokolle im Zeitraum von 1949 bis 1976 vollständig überliefert und unter fraktionsprotokolle.de abrufbar. Für die Fraktion der Liberalen umfasst die Überlieferung aktuell den Zeitraum von 1949 bis 1969 und für die Landesgruppe der CSU von 1949 bis 1983.

wurden die Dokumentenköpfe und Sitzungsverlaufspunkte jener Sitzungen, die nicht abgedruckt wurden, ins Buch mit aufgenommen.

Editionsgrundsätze für die Tonbandaufzeichnungen der Fraktionssitzungen
Sämtliche Protokolle, ebenso die Tonbandaufnahmen, stammen aus dem Bestand der SPD-Bundestagsfraktion des Archivs der sozialen Demokratie (AdsD) der Friedrich-Ebert-Stiftung in Bonn. Im Gegensatz zur Edition der SPD-Bundestagsfraktion der 6. Wahlperiode beruht die Edition der 7. Wahlperiode nicht mehr auf den schriftlichen Protokollen, sondern auf den Tonbandaufnahmen der Fraktionssitzungen. Nur in den wenigen Fällen, in denen keine Aufnahmen vorhanden sind oder Teile von Aufnahmen nicht transkribiert werden konnten, wurde auf die schriftlichen Protokolle der SPD-Bundestagsfraktion zurückgegriffen. Ebenfalls im Gegensatz zur 6. Wahlperiode wurde darauf verzichtet, schriftliche (Kurz-)Protokolle und Langfassungen der Tonbandtranskriptionen parallel zu edieren. Angesichts der inhaltlichen Qualität und Informationsdichte der Tonbandaufnahmen fällt das Fehlen der entsprechenden Kurzprotokolle kaum ins Gewicht – zumal sie leicht über den ausgezeichnet erschlossenen Quellenbestand im Archiv der Friedrich-Ebert-Stiftung eingesehen werden können.

Die 115 Tonbandabschriften der 7. Wahlperiode umfassen mehr als 160 Stunden Aufnahmen. Die originalen Tonbänder beziehungsweise die digitalen Kopien werden wie die zeitgenössischen schriftlichen Protokolle im AdsD verwahrt. Für die Edition wurden alle Aufnahmen in Zusammenarbeit mit dem Archiv von einer Fachkraft verschriftlicht. Im folgenden Schritt glich die Editionsgruppe der KGParl die Transkription mit der Aufnahme ab und korrigierte sie soweit notwendig punktuell nochmals. Da es sich bei den Tonbandaufnahmen um mündliche Rede handelt und die Sprecher in der Regel auch zu komplexeren Themen frei redeten, obgleich sie sich natürlich bei längeren Ausführungen wohl an einem Sprechzettel orientierten – nur äußerst selten lasen sie einen vorgefertigten Text ab –, fällt die Textqualität im Vergleich zu den schriftlichen Protokollen naturgemäß etwas ab. Bei der Verschriftlichung wurde der textliche Charakter der mündlichen Rede so weit wie möglich übernommen. Abhängig von den jeweiligen Rednern sind somit unvollständige oder grammatikalisch nicht korrekte Sätze, Lücken oder inhaltliche Sprünge nicht selten. Dies ist jedoch auch in großem Maße abhängig von den jeweiligen Rednern und ihren sprachlichen wie rhetorischen Eigenheiten.

Im Rahmen der Verschriftlichung wurden Satzzeichen und Absätze nach Maßgabe der Sinnhaftigkeit und Lesefreundlichkeit eingefügt. Da der Grundsatz der Quellennähe gilt, bleiben Defizite in der mündlichen Rede jedoch erkennbar, auch wenn dadurch die Lesbarkeit oder Verständlichkeit gegebenenfalls erschwert wird. Die textkritischen Eingriffe wurden auf ein Minimum beschränkt und beziehen sich zumeist auf einzelne Wörter, nur sehr selten auf ganze Sätze.

Mit aufgenommen wurden auch, sofern akustisch identifizierbar, Zwischenrufe oder zufällig eingefangene Äußerungen von Abgeordneten, wenn das Mikrofon gerade angeschaltet war, die aber nicht zum eigentlichen Kontext dessen gehörten, was gerade verhandelt wurde. Wenn möglich, wurde der Name des betreffenden Abgeordneten erfasst. Stellen, die in der Tonbandaufnahme aufgrund von Störgeräuschen oder auch sehr undeutlicher Aussprache des Redners nicht zu verstehen waren, wurden durch geschweifte Klammern und das Auslassungszeichen gekennzeichnet: {...}. Eckige Klammern markieren nachträglich vorgenommene Ergänzungen. Kleine grammatikalische und umgangssprachliche Fehler der Sprecher, beispielsweise ein Singular-Gebrauch, wo der Plural korrekt wäre, wurden im Sinne einer Lese-Edition analog zum Vorgehen bei den schriftlichen Protokollen stillschweigend korrigiert. Stillschweigend wurde bei Selbstkorrekturen des Sprechers, beispielsweise bei Artikeln, nur die korrekte Variante bei der Transkription berücksichtigt. Verzögerungslaute wie »äh« oder andere sehr kurze Interjektionen, die typisch für die mündliche Sprache sind, wurden bei der Transkription ebenfalls nicht übernommen. Auch dialektale Färbungen oder Mundarten konnten bei der Transkription in der Regel nicht berücksichtigt werden. Sprichwörter im Dialekt oder fremdsprachliche Äußerungen (insbesondere Helmut *Schmidt* nutzte hin und wieder das Plattdeutsche, um drastische Zurechtweisungen milder erscheinen zu lassen, oder schmückte seine Rede mit englischem Fachvokabular aus dem wirtschaftspolitischen Umfeld) wurden entsprechend transkribiert und, sofern notwendig, kommentiert.[4] Fremdsprachige Personennamen – besonders problematisch ist die Aussprache sowjetischer oder chinesischer Politikernamen – wurden in den Transkriptionen, sofern verständlich, nach Vorgaben der Edition des Auswärtigen Ausschusses beziehungsweise der Akten zur Auswärtigen Politik der Bundesrepublik Deutschland (AAPD) geschrieben.

Um erkennbar zu machen, dass die Transkriptionen der Tonaufnahmen nicht zeitgenössisch, das heißt in den Jahren von 1972 bis 1976, angefertigt wurden, wurde die neue deutsche Rechtschreibung für die Verschriftlichung verwendet.[5] Wortergänzungen sowie syntaktische grammatikalische Korrekturen wurden, um den mündlichen Charakter der Protokolle zu betonen, nur sparsam vorgenommen und jeweils eigens in Fußnoten vermerkt beziehungsweise in eckige Klammern gesetzt. Von den Sprechern falsch genannte Namen oder Daten wurden möglichst berichtigt und analog zu den schriftlichen Protokollen in besonderen Fällen in den Anmerkungen kenntlich gemacht. Die namentlichen Aufrufe der Sprecher und Sprecherinnen durch den Fraktionsvorsitzenden beziehungsweise den Sitzungsleiter dienen dazu, Sprecher zu identifizieren. Zusätzlich zum Namensaufruf, der nicht immer verlässlich oder verständlich war, wurden die schriftlichen Protokolle zur Erkennung der Sprecher herangezogen. Konnten Sprecher dennoch nicht identifiziert werden, wurde dies im Text durch »N. N.« kenntlich gemacht.

Beifall, Heiterkeit oder Unruhe in der Fraktion wurden in runden Klammern in einem eigenen Absatz vermerkt. Gleiches gilt für die erwähnten Zwischenrufe. Alle nonverbalen Töne oder Ereignisse, beispielsweise der Klang der Ordnungsglocke des Vorsitzenden, das Klingeln des Telefons am Vorstandstisch, das Klappern von Geschirr oder das Stühlerücken der Abgeordneten, sind nicht Gegenstand der Verschriftlichung geworden. Auch die üblichen kurzen Pausen zwischen den Wortbeiträgen, geschuldet dem Warten des Vorsitzenden auf eine Wortmeldung oder dem Gang des jeweiligen Sprechers zum Mikrofon, oder die Schweigeminuten nach den Nekrologen des Fraktionsvorsitzenden sind im verschriftlichten Tonbandprotokoll nicht erkennbar.

Editionsgrundsätze für die schriftlichen Protokolle

Der gesamte schriftliche Archivbestand der Fraktionsprotokolle umfasst 147 Faszikel, die aus Tagesordnung, eigentlichem Protokoll, Anwesenheitslisten und Anlagen zu den Protokollen sowie Dubletten bestehen. Die Orthografie der schriftlichen Vorlagen wurde stillschweigend, jedoch im Rahmen der damals gültigen alten deutschen Rechtschreibung angepasst. Inhaltliche und textkritische Kommentare liegen hingegen in der neuen deutschen Rechtschreibung vor. In den Protokollen falsch geschriebene Namen

---

[4] Da es sich um eine Leseedition handelt, erfolgte die Transkription nicht nach sprachwissenschaftlichen oder linguistischen Standards.
[5] Hier ist auf den Unterschied zu den ebenfalls aus Tonbandaufnahmen hervorgegangen Wortprotokollen der CDU/CSU-Bundestagsfraktion hinzuweisen, die bereits relativ kurze Zeit nach den Sitzungen von Fraktionsmitarbeitern vom Tonband abgeschrieben wurden.

oder Daten wurden, soweit erkannt, korrigiert. Die Korrekturen wurden im Text in Form eckiger Klammern sowie, sofern notwendig, auch in den Anmerkungen kenntlich gemacht. Waren Wortergänzungen notwendig, so sind diese mit eckigen Klammern in den Text eingefügt worden. Wortänderungen, die aus grammatikalischen oder syntaktischen Gründen notwendig wurden, werden im Text ebenfalls über eckige Klammern kenntlich gemacht und zusätzlich in den Anmerkungen erläutert. Sie wurden jedoch auf ein Minimum beschränkt, um auch hier den eigenen Charakter der Protokolle zu erhalten. Auslassungen, beispielsweise bei doppelt getippten Wörtern, sind ebenfalls über das in eckigen Klammern stehende Auslassungszeichen – […] – nachgewiesen und werden zusätzlich in den Anmerkungen erläutert. Die in den schriftlichen Protokollen nicht selten vorkommenden Hervorhebungen (beispielsweise von Personen, Schlüsselwörtern oder Drucksachennummern) wurden nicht in die edierten Protokolle übernommen. Das Layout der Protokolle orientiert sich zwar am Typoskript der originalen Protokolle, wurde aber der besseren Lesbarkeit wegen geringfügig angepasst, vereinfacht und vereinheitlicht. Sprechernamen wurden gefettet und alle übrigen erwähnten Personennamen kursiv ausgezeichnet. Biographische Angaben zu den Personen wurden auf ein Mindestmaß beschränkt in die Anmerkungen aufgenommen, beispielsweise wenn aus dem Kontext nicht hervorging, über wen gesprochen wurde. Ansonsten finden sich biographische Angaben zu den Fraktionsmitgliedern in der Einleitung folgenden Verzeichnis der SPD-Bundestagsabgeordneten der 7. Wahlperiode.

Anordnung und Gestaltung der edierten Protokolle
Die Reihenfolge der Sitzungsprotokolle in der Online-Edition erschließt sich aus der Chronologie.[6] Zu jeder Sitzung wurde ein Dokumentenkopf erstellt, der die wichtigsten Angaben zur nachfolgenden Quelle enthält: Nach einer fortlaufenden Dokumentennummer folgen zunächst das Datum und der Typ der Sitzung. Es folgen die Archivsignatur sowie die zeitgenössische Überschrift des Protokolls, die gemäß der Quelle wiedergegeben wird beziehungsweise sich beim Tonband am Findbuch des AdsD orientiert. Dann folgen bei den schriftlichen Protokollen Angaben zum Beginn und, sofern verzeichnet, zum Ende der Sitzung; bei den Tonbandprotokollen werden, sofern aus den schriftlichen Protollen ersichtlich, ebenfalls Anfang und Ende sowie die Dauer der Sitzung nach der Laufzeit der Audiodatei angegeben. Es folgen sodann der Name des Sitzungsleiters und bei den schriftlichen Protokollen des Protokollführers, sofern dieser verzeichnet wurde, sowie das Datum der Niederschrift des Protokolls.

Sitzungsverlaufspunkte und Kommentierung
Zur besseren Orientierung über den Inhalt der Fraktionssitzungen ist jedem Protokoll ein Sitzungsverlauf vorangestellt, der sich an den überlieferten Tagesordnungen orientiert, aber beispielsweise zu einzelnen allgemeinen Tagesordnungspunkten wie »Information« oder »Politische Berichte« in Stichworten weitergehende Angaben bietet. Wenn keine Tagesordnung überliefert ist, wurde der Sitzungsverlauf nachträglich auf Grundlage des Protokolls erstellt. Die einzelnen Sitzungsverlaufspunkte (SVP) sind durch Großbuchstaben (A., B., C. usw.) gekennzeichnet. Die den SVP zugeordneten Großbuchstaben finden sich im Dokumententext wieder und ermöglichen so einen rascheren Zugriff auf die verschiedenen inhaltlichen Abschnitte des Protokolls.

---

[6] Die beiden Sitzungen zur Bundesversammlung, die im Archivbestand am Schluss der Fraktionssitzungen verzeichnet wurden, sind in der vorliegenden Edition in die Sitzungschronologie eingefügt worden. Vgl. das Verzeichnis der Dokumente unter B.

Die Kommentierung verfolgt das Ziel, die wichtigsten Protokolle eingehend und schnell zu erschließen. Die Auswahl der zu kommentierenden Sitzungen geschah nach mehreren Kriterien: Einerseits sollte die Edition eine Übersicht über die wichtigsten gesetzgeberischen Themen geben, mit denen sich die Fraktion befasste – beispielsweise Sozial- und Arbeitsgesetzgebung, Hochschulreform, Paragraph 218, Eherechtsreform oder Ölkrise – und dabei auch relevante politische Ereignisse – den Putsch in Chile, den Nahostkrieg, die *Guillaume*-Affäre, den Rücktritt von Bundeskanzler *Brandt* oder die »*Rudel*-Affäre« der Bundeswehr – mit einbeziehen. Außerdem wurde Wert darauf gelegt, über die Auswahl der kommentierten Dokumente die Arbeit und Organisation der Fraktion, ihre Binnendynamik und -struktur, darzustellen.

Grundsätzlich wurde eine »schlanke« Kommentierung angestrebt, zumal heute viele Sachverhalte oder historische Grundfakten schnell und einfach online recherchiert werden können. Aus diesem Grund enthalten die Anmerkungen neben den notwendigen textkritischen Angaben in erster Linie Nachweise zu Bezugsdokumenten wie zum Beispiel zu Gesetzen aus dem Bundesgesetzblatt oder zu zwischenstaatlichen oder internationalen Verträgen. Auch zeitgenössische Zeitungsartikel gehören zu diesen Bezugsdokumenten. Parlamentaria, also Drucksachen und Plenarprotokolle des Deutschen Bundestages, machen den Großteil aus. Aus Gründen der Übersichtlichkeit und des einfachen Zugriffs wurden diese Angaben nach den online verfügbaren Ressourcen des Deutschen Bundestages zitiert. Unter der entsprechenden Rechercheseite des Bundestages (pdok.bundestag.de) sind die zitierten Dokumente anhand der Wahlperiode und der Nummer der Drucksache oder des Plenarprotokolls aufzufinden. In der Regel wird in den Fußnoten lediglich die Fundstelle des betreffenden Bezugsdokuments angegeben. Nur dort, wo es zum Verständnis des Textes notwendig ist, werden weitere Erläuterungen gemacht oder Auszüge aus der Bezugsquelle wiedergegeben. Weiterhin werden auch konkrete Bezugsvorgänge wie Konferenzen oder Staatsbesuche nachgewiesen und gegebenenfalls sehr knapp erläutert. Gleiches gilt für Medienveröffentlichungen, die in den Sitzungen thematisiert wurden.

Danksagung

Editionsarbeit ist immer auch Teamwork. Die vorliegende Edition wäre ohne die Mitarbeit und Unterstützung durch viele Personen und Institutionen nicht möglich gewesen. Zu danken ist besonders dem Archiv für soziale Demokratie der Friedrich-Ebert-Stiftung in Bonn, das die originalen Dokumente und Tonaufnahmen verwahrt und zur Verfügung gestellt hat. Persönlich gilt der Dank den Mitarbeiterinnen und Mitarbeitern des Archivs, insbesondere der Archivleiterin, Frau Dr. Anja Kruke, sowie ihren Kolleginnen und Kollegen Michael Oberstadt, Ralf Gräf, Alexander Boix, Stephanie Kröger, Alexander Braune, Sarah Christine Wefel und Katja Wollenberg. Ein ganz besonderer Dank geht an Ute Raasch, die die unendlich mühsame Arbeit der Transkription der Tonbandaufnahmen mit Bravour geleistet hat. Allen weiteren Archiven, Bibliotheken und Institutionen, die dem Projekt ihre Unterstützung zukommen ließen, möchte ich meinen Dank aussprechen.

Die Mitglieder der Kommission für Geschichte des Parlamentarismus und der politischen Parteien e.V. haben das Projekt auf bewährte Weise unterstützt. Der Herausgeberin und den Herausgebern der Edition, Prof. Dr. Marie-Luise Recker, Prof. Dr. Winfried Becker und Prof. Dr. Hans Günter Hockerts, ist der Bearbeiter besonders für die gründliche Durchsicht des Manuskripts zu Dank verpflichtet.

Vor allem aber haben die Kolleginnen und Kollegen in der Kommission dazu beigetragen, dass der vorliegende Band und die Online-Edition erscheinen konnten. Hervorzuheben ist hier vor allem meine Kollegin Dr. Barbara von Hindenburg, die die vorliegenden Texte nicht nur kritisch und unerbittlich lektorierte, sondern mit ihrer Expertise substanziell zum Gelingen der Edition beitrug. Besondere Erwähnung verdienen außerdem die derzeitigen wie ehemaligen Kolleginnen und Kollegen aus dem Editionsprogramm der KGParl: Carsten Deitmer, Dr. Wolfgang Hölscher, Simon Rabus, Sylvia Rochow, Benita Stalmann, Dr. Volker Stalmann, Simon Weistenhöfer, Dr. Benedikt Wintgens und Dr. Joachim Wintzer.

B. Verzeichnis der Dokumente

Die gefetteten Dokumente sind mit einzelnen, extra ausgewiesenen Sitzungsverlaufspunkten in vorliegender Edition abgedruckt. Bei allen nicht gefetteten Dokumenten wurden nur die Sitzungsverlaufspunkte abgedruckt. Sofern nicht anders angegeben, handelt es sich bei allen Sitzungen um Abschriften vom Tonband. Sämtliche in der Liste aufgeführten Dokumente finden sich im Volltext online unter: **www.fraktionsprotokolle.de**

Dok. 1	**29.11.1972**	**Fraktionssitzung**	SVP A und B	S. 3
Dok. 2	**12.12.1972**	**Fraktionssitzung**	SVP C und D	S. 30
Dok. 3	**14.12.1972**	**Fraktionssitzung**	SVP A	S. 34
Dok. 4	18.12.1972	Fraktionssitzung		S. 55
Dok. 5	**17.01.1973**	**Fraktionssitzung**	SVP A bis C	S. 56
Dok. 6	23.01.1973	Fraktionssitzung		S. 89
Dok. 7	30.01.1973	Fraktionssitzung		S. 89
Dok. 8	13.02.1973	Fraktionssitzung		S. 90
Dok. 9	20.02.1973	Fraktionssitzung		S. 91
Dok. 10	**13.03.1973**	**Fraktionssitzung**	SVP A	S. 91
Dok. 11	20.03.1973	Fraktionssitzung		S. 98
Dok. 12	22.03.1973	Fraktionssitzung		S. 99
Dok. 13	03.04.1973	Fraktionssitzung		S. 99
Dok. 14	08.05.1973	Fraktionssitzung		S. 100
Dok. 15	10.05.1973	Fraktionssitzung		S. 101
Dok. 16	**15.05.1973**	**Fraktionssitzung**	SVP A und B	S. 101
Dok. 17	22.05.1973	Fraktionssitzung		S. 121
Dok. 18	05.06.1973	Fraktionssitzung (nicht überliefert)		S. 122
Dok. 19	07.06.1973	Fraktionssitzung (Kurzprotokoll)		S. 123
Dok. 20	**12.06.1973**	**Fraktionssitzung**	SVP A, C bis E	S. 123
Dok. 21	13.06.1973	Fraktionssitzung (Kurzprotokoll)		S. 209
Dok. 22	15.06.1973	Fraktionssitzung (Kurzprotokoll)		S. 209

Dok. 23	17.06.1973	Fraktionssitzung (Kurzprotokoll)		S. 210
Dok. 24	20.06.1973	Fraktionssitzung (Kurzprotokoll)		S. 210
Dok. 25	**12.09.1973**	**Fraktionssitzung**	**SVP A und B**	**S. 211**
Dok. 26	18.09.1973	Fraktionssitzung		S. 251
Dok. 27	**02.10.1973**	**Fraktionssitzung**	**SVP A bis C**	**S. 252**
Dok. 28	**16.10.1973**	**Fraktionssitzung**	**SVP A und B**	**S. 286**
Dok. 29	22.10.1973	Fraktionssitzung		S. 302
Dok. 30	24.10.1973	Fraktionssitzung (1. Sitzung)		S. 303
Dok. 31	24.10.1973	Fraktionssitzung (2. Sitzung)		S. 303
Dok. 32	05.11.1973	Fraktionssitzung (Kurzprotokoll)		S. 304
Dok. 33	**06.11.1973**	**Fraktionssitzung**	**SVP A und B**	**S. 304**
Dok. 34	**27.11.1973**	**Fraktionssitzung**	**SVP A bis C**	**S. 348**
Dok. 35	03.12.1973	Fraktionssitzung (Kurzprotokoll)		S. 392
Dok. 36	04.12.1973	Fraktionssitzung		S. 393
Dok. 37	07.12.1973	Fraktionssitzung		S. 394
Dok. 38	07.12.1973	Gemeinsame Sitzung von Parteivorstand, Parteirat, Kontrollkommission, Bundestagsfraktion und Gewerkschaftsrat (Wortprotokoll)		S. 394
Dok. 39	**11.12.1973**	**Fraktionssitzung**	**SVP B**	**S. 395**
Dok. 40	**13.12.1973**	**Fraktionssitzung (1. Sitzung)**	**SVP A bis C**	**S. 402**
Dok. 41	13.12.1973	Fraktionssitzung (2. Sitzung)		S. 414
Dok. 42	15.01.1974	Fraktionssitzung		S. 415
Dok. 43	**22.01.1974**	**Fraktionssitzung**	**SVP B**	**S. 415**
Dok. 44	12.02.1974	Fraktionssitzung		S. 442
Dok. 45	19.02.1974	Fraktionssitzung (Kurzprotokoll)		S. 443
Dok. 46	21.02.1974	Fraktionssitzung (Kurzprotokoll)		S. 444

Dok. 47	12.03.1974	Fraktionssitzung (Kurzprotokoll)		S. 444
Dok. 48	13.03.1974	Zusammenkunft mit Heinrich Böll, Günter Grass und Thaddäus Troll (Redemanuskript		S. 445
Dok. 49	14.03.1974	Fraktionssitzung (Kurzprotokoll)		S. 446
Dok. 50	19.03.1974	Fraktionssitzung (Kurzprotokoll)		S. 446
Dok. 51	26.03.1974	Fraktionssitzung (Kurzprotokoll)		S. 447
Dok. 52	29.03.1974	Fraktionssitzung (Kurzprotokoll)		S. 448
Dok. 53	02.04.1974	Fraktionssitzung (1. Sitzung/Kurzprotokoll)		S. 448
Dok. 54	02.04.1974	Fraktionssitzung (2. Sitzung/Kurzprotokoll)		S. 448#
Dok. 55	22.04.1974	Fraktionssitzung (Kurzprotokoll)		S. 449
Dok. 56	23.04.1974	Fraktionssitzung (Kurzprotokoll)		S. 449
Dok. 57	**24.04.1974**	**Fraktionssitzung**	**SVP A bis C**	**S. 450**
Dok. 58	25.04.1974	Fraktionssitzung (1. Sitzung)		S. 470
Dok. 59	**25.04.1974**	**Fraktionssitzung (2. Sitzung)**	**SVP A bis C**	**S. 471**
Dok. 60	**25.04.1974**	**Fraktionssitzung (3. Sitzung)**	**SVP A und B**	**S. 481**
Dok. 61	**07.05.1974**	**Fraktionssitzung (Kurzprotokoll)**	**SVP A**	**S. 489**
Dok. 62	**09.05.1974**	**Fraktionssitzung zur Bundesversammlung**	**SVP A**	**S. 510**
Dok. 63	**13.05.1974**	**Fraktionssitzung zur Bundesversammlung**	**SVP B**	**S. 510**
Dok. 64	14.05.1974	Fraktionssitzung		S. 670
Dok. 65	15.05.1974	Fraktionssitzung		S. 670
Dok. 66	16.05.1974	Fraktionssitzung (1. Sitzung)		S. 511
Dok. 67	16.05.1974	Fraktionssitzung (2. Sitzung)		S. 511

Dok. 68	20.05.1974	Fraktionssitzung		S. 512
Dok. 69	04.06.1974	Fraktionssitzung (Kurzprotokoll)		S. 512
Dok. 70	10.06.1974	Fraktionssitzung (Kurzprotokoll)		S. 513
Dok. 71	11.06.1974	Fraktionssitzung (Kurzprotokoll)		S. 514
Dok. 72	17.06.1974	Fraktionssitzung (Kurzprotokoll)		S. 514
Dok. 73	**01.07.1974**	**Fraktionssitzung (1. Sitzung)**	**SVP A**	**S. 515**
Dok. 74	01.07.1974	Fraktionssitzung (2. Sitzung)		S. 522
Dok. 75	02.07.1974	Fraktionssitzung		S. 522
Dok. 76	10.07.1974	Fraktionssitzung		S. 522
Dok. 77	25.07.1974	Fraktionssitzung (Kurzprotokoll)		S. 523
Dok. 78	**17.09.1974**	**Fraktionssitzung**	**SVP A**	**S. 524**
Dok. 79	24.09.1974	Fraktionssitzung		S. 554
Dok. 80	08.10.1974	Fraktionssitzung		S. 555
Dok. 81	09.10.1974	Fraktionssitzung		S. 556
Dok. 82	15.10.1974	Fraktionssitzung		S. 556
Dok. 83	05.11.1974	Fraktionssitzung		S. 557
Dok. 84	12.11.1974	Fraktionssitzung		S. 558
Dok. 85	03.12.1974	Fraktionssitzung		S. 559
Dok. 86	05.12.1974	Fraktionssitzung		S. 560
Dok. 87	10.12.1974	Fraktionssitzung (teilw. Kurzprotokoll)		S. 560
Dok. 88	12.12.1974	Fraktionssitzung (teilw. Kurzprotokoll)		S. 561
Dok. 89	17.12.1974	Fraktionssitzung (1. Sitzung)		S. 561
Dok. 90	17.12.1974	Fraktionssitzung (2. Sitzung/Kurzprotokoll)		S. 562
Dok. 91	14.01.1975	Fraktionssitzung (teilw. Kurzprotokoll)		S. 562
Dok. 92	21.01.1975	Fraktionssitzung		S. 563

Dok. 93	28.01.1975	Fraktionssitzung		S. 564
Dok. 94	18.02.1975	Fraktionssitzung		S. 565
Dok. 95	**25.02.1975**	**Fraktionssitzung**	**SVP A**	**S. 565**
Dok. 96	11.03.1975	Fraktionssitzung		S. 590
Dok. 97	**14.03.1975**	**Fraktionssitzung**	**SVP A**	**S. 591**
Dok. 98	18.03.1975	Fraktionssitzung		S. 604
Dok. 99	08.04.1975	Fraktionssitzung		S. 605
Dok. 100	15.04.1975	Fraktionssitzung		S. 606
Dok. 101	22.04.1975	Fraktionssitzung		S. 606
Dok. 102	24.04.1975	Fraktionssitzung		S. 607
Dok. 103	**25.04.1975**	**Fraktionssitzung**	**SVP A**	**S. 608**
Dok. 104	13.05.1975	Fraktionssitzung (Kurzprotokoll)		S. 616
Dok. 105	20.05.1975	Fraktionssitzung (Kurzprotokoll)		S. 617
Dok. 106	03.06.1975	Fraktionssitzung (Kurzprotokoll)		S. 618
Dok. 107	**10.06.1975**	**Fraktionssitzung**	**SVP A**	**S. 619**
Dok. 108	**17.06.1975**	**Fraktionssitzung**	**SVP A**	**S. 638**
Dok. 109	**24.07.1975**	**Fraktionssitzung**	**SVP A**	**S. 659**
Dok. 110	12.09.1975	Fraktionssitzung (Kurzprotokoll)		S. 670
Dok. 111	16.09.1975	Fraktionssitzung		S. 671
Dok. 112	**23.09.1975**	**Fraktionssitzung**	**SVP A und B**	**S. 671**
Dok. 113	30.09.1975	Fraktionssitzung		S. 701
Dok. 114	14.10.1975	Fraktionssitzung		S. 702
Dok. 115	21.10.1975	Fraktionssitzung		S. 703
Dok. 116	04.11.1975	Fraktionssitzung		S. 704
Dok. 117	05.11.1975	Fraktionssitzung		S. 704
Dok. 118	25.11.1975	Fraktionssitzung		S. 705
Dok. 119	02.12.1975	Fraktionssitzung		S. 706
Dok. 120	**09.12.1975**	**Fraktionssitzung (1. Sitzung)**	**SVP A und B**	**S. 707**
Dok. 121	09.12.1975	Fraktionssitzung (2. Sitzung)		S. 730

Dok. 122	**12.12.1975**	**Fraktionssitzung**	SVP B und C	S. 731
Dok. 123	13.01.1976	Fraktionssitzung		S. 750
Dok. 124	15.01.1976	Fraktionssitzung		S. 751
Dok. 125	20.01.1976	Fraktionssitzung		S. 751
Dok. 126	27.01.1976	Fraktionssitzung		S. 752
Dok. 127	10.02.1976	Fraktionssitzung		S. 753
Dok. 128	17.02.1976	Fraktionssitzung		S. 754
Dok. 129	09.03.1976	Fraktionssitzung		S. 755
Dok. 130	12.03.1976	Fraktionssitzung		S. 756
Dok. 131	**16.03.1976**	**Fraktionssitzung**	SVP B	S. 756
Dok. 132	**30.03.1976**	**Fraktionssitzung**	SVP A	S. 778
Dok. 133	**06.04.1976**	**Fraktionssitzung**	SVP A	S. 794
Dok. 134	08.04.1976	Fraktionssitzung		S. 836
Dok. 135	04.05.1976	Fraktionssitzung		S. 837
Dok. 136	10.05.1976	Fraktionssitzung		S. 837
Dok. 137	18.05.1976	Fraktionssitzung		S. 838
Dok. 138	01.06.1976	Fraktionssitzung		S. 839
Dok. 139	08.06.1976	Fraktionssitzung		S. 840
Dok. 140	22.06.1976	Fraktionssitzung		S. 841
Dok. 141	**29.06.1976**	**Fraktionssitzung**	SVP A und B	S. 842
Dok. 142	06.10.1976	Fraktionssitzung		S. 869
Dok. 143	**09.11.1976**	**Fraktionssitzung**	SVP A	S. 869
Dok. 144	10.11.1976	Fraktionssitzung		S. 909
Dok. 145	30.11.1976	Fraktionssitzung		S. 909
Dok. 146	07.12.1976	Fraktionssitzung		S. 910

C. Mitglieder der SPD-Bundestagsfraktion 1972–1976

Die Übersicht enthält biographische Daten zu den 257 Abgeordneten, die in der 7. Wahlperiode (1972–1976) der SPD-Fraktion im Deutschen Bundestag angehörten.[1] Die Angaben sind in folgende fünf Kategorien unterteilt: (1) persönliche Daten, erlernter/ ausgeübter Beruf bzw. akademischer Abschluss ~ (2) Mitgliedschaft in deutschen Parlamenten (Bundestag, Landtage in der Bundesrepublik, parlamentarische Gremien bis 1949) ~ (3) wesentliche politische Funktionen/Ämter auf parlamentarischer oder staatlicher Ebene in der Bundesrepublik Deutschland ~ (4) wesentliche parteipolitische Funktionen/Ämter (Führungspositionen) ~ (5) Mitgliedschaft im Europäischen Parlament bzw. der Parlamentarischen Versammlung des Europarats[2]; sonstige politisch relevante Spitzenfunktionen.

Bei der letzten Kategorie wurde nur eine eng begrenzte Auswahl aufgenommen. Die Daten zum beruflichen Werdegang der Abgeordneten beruhen weitgehend auf Selbstangaben und bieten keine Basis für eine tiefergehende wissenschaftliche Analyse. Verzichtet wurde auch auf Angaben zur Biographie der Abgeordneten während der NS-Zeit, da hier eine gründliche wissenschaftliche Aufarbeitung noch aussteht.

Adams, Rudi, * 10.11.1919 Masburg/Kreis Cochem, †23.05.2013; ev.; Kaufm. Angestellter, 1957–1972 Bundesarbeitsrichter. ~ (2) 1966–1980 MdB (SPD). ~ (3) // ~ (4) // ~ (5) 1970–1979 MdEP (1977–1979 Vizepräsident des Europäischen Parlaments).

Ahlers, Conrad, * 08.11.1922 Hamburg, †18.12.1980 Bonn; ev.; Journalist. ~ (2) 1972–1980 MdB (SPD). ~ (3) 1966–1969 stellv. Leiter, 1969–1972 Leiter des Presse- und Informationsamtes der Bundesregierung und Staatssekretär. ~ (4) // ~ (5) //.

Ahrens, Karl, Dr., * 13.03.1924 Hilter/Teutoburger Wald, †06.03.2015 Gehrden; ev.; Jurist, Verwaltungsbeamter, Verbandsdirektor des Verbandes Großraum Hannover, Ministerialdirigent im niedersächsischen Innenministerium. ~ (2) 1969–1990 MdB (SPD). ~ (3) // ~ (4) // ~ (5) 1973–1991 Mitglied der Parlamentarischen Versammlung des Europarats (1983–1986 Präsident der Versammlung; 1986–1991 Vorsitzender der Sozialistischen Fraktion).

Amling, Max, * 28.04.1934 Eibelstadt, †07.04.2017 Friedberg; kath.; Installateur, Gewerkschaftsfunktionär. ~ (2) 1972–1990 MdB (SPD). ~ (3) // ~ (4) // ~ (5) //.

---

[1] Die SPD-Fraktion verfügte zu Beginn der 7. Wahlperiode – inklusive der Berliner Abgeordneten – über 242 Mandate, zum Ende der Wahlperiode aufgrund von Austritten aus der Fraktion über 240 Mandate. Die höhere Anzahl von 257 Abgeordneten in der gesamten Wahlperiode ergibt sich aufgrund von nachgerückten Abgeordneten, die für ausgeschiedene oder verstorbene Abgeordnete in die Fraktion eintraten.

[2] Bis Juli 1974 war die Bezeichnung »Beratende Versammlung des Europarats«. Zur Vereinfachung wird in der folgenden Übersicht nur die Bezeichnung »Parlamentarische Versammlung des Europarats« benutzt. – Die aus der Bundesrepublik Deutschland stammenden Mitglieder der Parlamentarischen Versammlung des Europarats gehörten zugleich der Versammlung der Westeuropäischen Union (WEU-Versammlung) an. Diese Zugehörigkeit wird in den biographischen Daten daher nicht gesondert nachgewiesen.

Anbuhl, Jürgen, Dr., * 05.05.1940 Berlin; ev.; Studienrat. ~ (2) 03.11.1970–1976 MdB (SPD). ~ (3) // ~ (4) // ~ (5) //.

Apel, Hans, Dr., * 25.02.1932 Hamburg, † 06.09.2011 Hamburg; ev.; Kaufmännischer Angestellter, Diplomvolkswirt. ~ (2) 1965–1990 MdB (SPD). ~ (3) 1969–1972 Vorsitzender des Ausschusses für Verkehr und das Post- und Fernmeldewesen; 1969–1972 stellv. Fraktionsvorsitzender; 1972–1974 Parl. Staatssekretär beim Bundesminister des Auswärtigen; 1974–1978 Bundesminister der Finanzen; 1978–1982 Bundesminister der Verteidigung; 1983–1988 stellv. Fraktionsvorsitzender. ~ (4) // ~ (5) 1966–1970 MdEP.

Arendt (Wattenscheid), Walter, * 17.01.1925 Hamm-Heessen, † 07.03.2005 Bornheim; Bergmann, Gewerkschaftsfunktionär. ~ (2) 1961–1980 MdB (SPD). ~ (3) 1969–1976 Bundesminister für Arbeit und Sozialordnung; 15.12.1977–1980 stellv. Fraktionsvorsitzender. ~ (4) 1968–1979 Mitglied des SPD-Parteivorstandes, 1973–1979 Mitglied des SPD-Präsidiums. ~ (5) 1961–1970 MdEP, 1964–1969 Erster Vorsitzender der IG Bergbau und Energie; 1967–1969 Präsident des Internationalen Bergarbeiterverbandes.

Arndt (Hamburg), Claus, Dr., * 16.04.1927 Marburg, † 10.02.2014 Hamburg; Jurist, Verwaltungsbeamter, 1973 Senatsdirektor der Hamburger Justizbehörde. ~ (2) 1968–1972 und 1974–1976 MdB (SPD). ~ (3) 1969–1972 stellv. Vorsitzender des Rechtsausschusses; 1974/75 stellv. Vorsitzender des »Guillaume-Untersuchungsausschusses«. ~ (4) 1951–1955 stellv. Bundesvorsitzender des SDS. ~ (5) //.

Arndt (Berlin), Klaus Dieter, * 09.03.1927 Berlin, † 29.01.1974 Berlin; ev.; Diplomvolkswirt. ~ (2) 1963–1965 Mitglied des Abgeordnetenhauses von Berlin (SPD); 1965–1974 MdB (SPD). ~ (3) 1967–1970 Parl. Staatssekretär beim Bundesminister für Wirtschaft; 1972–1974 stellv. Fraktionsvorsitzender. ~ (4) // ~ (5) 1971–1974 MdEP.

Augstein, Hans-Jürgen, Dr., * 16.01.1925 Königsberg, † 07.10.2001 Essen; Jurist. ~ (2) 1972–1980 MdB (SPD). ~ (3) //~ (4) //~ (5) //.

Baack, Herbert, * 03.02.1921 Witten, † 05.07.2006; ev.; Dreher, Industriemeister. ~ (2) 1969–1983 MdB (SPD). ~ (3) 1982–1983 stellv. Vorsitzender des Finanzausschusses. ~ (4) // ~ (5) //.

Bahr, Egon, * 18.03.1922 Treffurt, † 19.08.2015 Berlin; ev.; Industriekaufmann, Journalist, Verwaltungsbeamter. ~ (2) 1972–1990 MdB (SPD). ~ (3) 1960–1966 Leiter des Presse- und Informationsamtes von Berlin; 1969–1972 Staatssekretär im Bundeskanzleramt und 1969–1974 Bundesbevollmächtigter für Berlin; 1972–1974 Bundesminister für besondere Aufgaben; 1974–1976 Bundesminister für wirtschaftliche Zusammenarbeit; 1980–1990 Vorsitzender des Unterausschusses Abrüstung und Rüstungskontrolle. ~ (4) 1976–1981 Bundesgeschäftsführer der SPD; 1976–1991 Mitglied des SPD-Vorstands und des SPD-Präsidiums. ~ (5) //.

Barche, Hermann, * 29.07.1913 Hannover, † 28.11.2001 Wunstorf; freireligiös; Zimmermann, Angestellter. ~ (2) 1967–1976 MdB (SPD). ~ (3) // ~ (4) // ~ (5) //.

Bardens, Hans, Dr., * 26.01.1927 Ludwigshafen, † 20.03.2003 Ludwigshafen; Arzt. ~ (2) 1965–1983 MdB (SPD). ~ (3) // ~ (4) 1968–1980 Vorsitzender der Arbeitsgemeinschaft sozialdemokratischer Ärzte u. Apotheker. ~ (5) 1977–1980 Mitglied, 1980–1981 stellv. Mitglied u. 1981–1983 Mitglied der Parlamentarischen Versammlung des Europarats.

Batz, Hans, * 23.10.1927 Nürnberg, † 25.09.1986 Nürnberg; Schreiner, Schweißer. ~ (2) 1969–1980 MdB (SPD). ~ (3) 1976–1980 stellv. Vorsitzender des Ausschusses für Verkehr und für das Post- und Fernmeldewesen. ~ (4) // ~ (5) //.

Bäuerle, Willi, * 24.03.1926 Weinheim/Bergstr., † 01.02.1996 Offenbach; Technischer Zeichner, Gewerkschaftsfunktionär. ~ (2) 31.05.1963–1976 MdB (SPD). ~ (3) // ~ (4) // ~ (5) //.

Bayerl, Alfons, Dr., * 27.12.1923 Haid/Sudetenland, † 20.03.2009 München; kath.; Jurist (Richter). ~ (2) 1965–1967 MdL Bayern (SPD); 1967–1980 MdB (SPD). ~ (3) 1969–1974 Parl. Staatssekretär beim Bundesminister der Justiz; ab 1974 Vors. der bayerischen Landesgruppe in der SPD-Fraktion. ~ (4) // ~ (5) 1974–1979 MdEP.

Becker (Nienberge), Helmuth, * 03.09.1929 Münster/Westf., † 20.05.2011 Münster/Westf.; kath.; Elektroingenieur, Postangestellter. ~ (2) 1969–1994 MdB (SPD). ~ (3) 1976–1980, 1983–1990 Parl. Geschäftsführer der Fraktion; 1980–1982 Parl. Staatssekretär beim Bundesminister für das Post- u. Fernmeldewesen; 1990–1994 Vizepräsident des Deutschen Bundestages. ~ (4) // ~ (5) //.

Beermann, Friedrich, Dr., * 09.10.1912 Moskau, † 24.11.1975 Kiel; ev.; Jurist (Rechtsanwalt), Offizier (Brigadegeneral). ~ (2) 1969–1975 MdB (SPD). ~ (3) // ~ (4) // ~ (5) //.

Behrendt, Walter, * 18.09.1914 Dortmund, † 23.07.1997 Dortmund; Buchhalter, Kaufmann, Redakteur. ~ (2) 1957–1976 MdB (SPD). ~ (3) 1961–Januar 1967 stellv. Vorsitzender des Ausschusses für Arbeit. ~ (4) // ~ (5) 1967–1977 MdEP, 1969–1971, 1973–1977 Vizepräsident, 1971–1973 Präsident des Europäischen Parlaments.

Berkhan, Karl Wilhelm, * 08.04.1915 Hamburg, † 09.03.1994 Hamburg; Maschinenschlosser, Maschinenbauingenieur, Gewerbelehrer. ~ (2) 1953–1957 Mitglied der Hamburgischen Bürgerschaft (SPD); 1957–19.03.1975 MdB (SPD). ~ (3) 1967–1969 stellv. Vorsitzender des Verteidigungsausschusses; 1967–1969 Vorsitzender des Fraktionsarbeitskreises VIII »Sicherheitsfragen«; 1969–1975 Parl. Staatssekretär beim Bundesminister der Verteidigung; 1975–1985 Wehrbeauftragter des Deutschen Bundestages. ~ (4) // ~ (5) 1959–1961 MdEP; 1966–1970 Mitglied der Parlamentarischen Versammlung des Europarats.

Biermann, Günter, * 25.01.1931 Herford, † 02.11.1997 Bonn; Industriekaufmann, Gewerkschaftsfunktionär. ~ (2) 1961–1983 MdB (SPD). ~ (3) // ~ (4) // ~ (5) //.

Blank, Bertram, * 09.04.1930 Bonn, † 23.05.1978 Bergisch Gladbach; kath.; Jurist (Rechtsanwalt), Verwaltungsbeamter. ~ (2) 1972–1978 MdB (SPD). ~ (3) // ~ (4) // ~ (5) //.

Böhme, Rolf, Dr., * 06.08.1934 Konstanz, † 12.02.2019 Freiburg im Breisgau; Jurist. ~ (2) 1972–02.12.1982 MdB (SPD). ~ (3) 1978–1982 Parlamentarischer Staatssekretär beim Bundesminister für Finanzen, 1982–2002 Oberbürgermeister von Freiburg. ~ (4) 1969–1977 Vorsitzender des SPD-Kreisverbandes Freiburg. ~ (5) //.

Börner, Holger, * 07.02.1931 Kassel-Wolfsanger, † 02.08.2006 Kassel; Betonfacharbeiter. ~ (2) 1957–22.10.1976 MdB (SPD); 1978–1987 MdL Hessen (SPD). ~ (3) 1965–April 1967 Vorsitzender des Verkehrsausschusses; 12.04.1967–04.02.1972 Parl. Staatssekretär beim Bundesminister für Verkehr bzw. (seit 1969) beim Bundesminister für Verkehr u. für das Post- und Fernmeldewesen; 1972–1976 Vorsitzender des Verkehrsausschusses bzw. (seit Juni 1974) des Ausschusses für Verkehr und für das Post- und Fernmeldewesen; 1976–1987 Ministerpräsident des Landes Hessen. ~ (4) 1948–1956 Vorsitzender der Falken; 1961–1963 Bundesvorsitzender der Jungsozialisten; 1972–1976 Bundesgeschäftsführer der SPD; 1975–1978 Vorsitzender des SPD-Bezirks Hessen-Nord; 1977–1987 Landesvorsitzender der SPD Hessen; 1987–2003 Vorsitzender der Friedrich-Ebert-Stiftung. ~ (5) //.

von Bothmer, geb. Wepfer, Lenelotte, * 27.10.1915 Bremen, † 19.06.1997 Hannover; Hausfrau, zeitweise Dolmetscherin bzw. Fachschullehrerin. ~ (2) 1966–1967 MdL Niedersachsen (SPD); 1969–1980 MdB (SPD). ~ (3) // ~ (4) // ~ (5) 1973–1977 stellv. Mitglied u. 1977–1981 Mitglied der Parlamentarischen Versammlung des Europarats; 1976–1981 Präsidentin der Deutsch-Arabischen Gesellschaft.

Brandt (Grolsheim), Hugo, *04.08.1930 Mainz-Mombach, †12.09.1989 Grolsheim; Grundschullehrer. ~ (2) 1969–1983 MdB (SPD); 1983–1985 MdL Rheinland-Pfalz (SPD). ~ (3) 1980–1983 Vorsitzender des Fraktionsarbeitskreises II »Inneres, Bildung und Sport«; 1983–1985 Vorsitzender der rheinland-pfälzischen SPD-Landtagsfraktion. ~ (4) 1981–1985 SPD-Landesvorsitzender Rheinland-Pfalz. ~ (5) //.

Brandt (Berlin), Willy, *18.12.1913 Lübeck, †08.10.1992 Unkel/Rhein; Journalist. ~ (2) 1949–1957 MdB (SPD); 1950–1966 Mitglied des Abgeordnetenhauses von Berlin (SPD); Oktober–Dezember 1961; 1969–1992 MdB (SPD). ~ (3) 1957–1966 Regierender Bürgermeister von Berlin; 1966–1969 Bundesminister des Auswärtigen u. Vizekanzler; 1969–1974 Bundeskanzler; 1983, 1987 und 1990 Alterspräsident des Deutschen Bundestages. ~ (4) 1954–1958 stellv. Landesvorsitzender; 1958–1962 Landesvorsitzender der SPD Berlin; 1962–1964 stellv. Bundesvorsitzender; 1964–1987 Bundesvorsitzender der SPD; 1976–1992 Präsident der Sozialistischen Internationale; 1987–1992 Ehrenvorsitzender der SPD. ~ (5) 1979–1983 MdEP.

Bredl, Wenzel, *28.04.1924 Deffernik (Markt Eisenstein, Železná Ruda, Böhmerwald), †17.09.2003, München; kath.; Kaufmännischer Angestellter, Gewerkschaftsfunktionär. ~ (2) 1969–1976 MdB (SPD). ~ (3) // ~ (4) // ~ (5) //.

Brück (Holz), Alwin, *23.09.1931 Holz; ev.; Journalist. ~ (2) 1965–1990 MdB (SPD). ~ (3) 1969–1974 Vorsitzender des Ausschusses für wirtschaftliche Zusammenarbeit; 1974–1982 Parl. Staatssekretär beim Bundesminister für wirtschaftliche Zusammenarbeit. ~ (4) // ~ (5) 1968–1970 stellv. Mitglied der Parlamentarischen Versammlung des Europarats.

Buchstaller, Werner, *04.11.1923 Rosenheim, †19.10.1989 Koblenz; Kaufmann, Parteifunktionär. ~ (2) 1961–1980 MdB (SPD). ~ (3) 1969–1972 Vorsitzender des Fraktionsarbeitskreises VIII »Sicherheitsfragen«; 1975–1976 Vorsitzender; 1976–1980 stellv. Vors. des Verteidigungsausschusses. ~ (4) 1949–1959 Vorsitzender bzw. 1959–1961 Bundesgeschäftsführer der Jungsozialisten. ~ (5) //.

Büchler (Ebersbach/Hof), Hans, *02.02.1940 Ebersbach, †29.04.2019 Hof an der Saale; ev.; Ingenieur, Parteifunktionär. ~ (2) 1971–1994 MdB (SPD). ~ (3) // ~ (4) Geschäftsführer der Arbeitsgemeinschaft Selbständige in der SPD, Vorsitzender des SPD-Unterbezirks Hof. ~ (5) 1991–1995 Mitglied der Parlamentarischen Versammlung des Europarats.

Büchner (Speyer), Peter, *05.03.1943 Heidelberg, †25.03.2009 Tunesien; ev.; Lehrer. ~ (2) 1971–1990 u. 1991–1994 MdB (SPD). ~ (3) // ~ (4) // ~ (5) 1973–1981 stellv. Mitglied, 1981–1983 Mitglied, 1983-1987 stellv. Mitglied u. 1987–1991 Mitglied der Parlamentarischen Versammlung des Europarats.

Bühling, Reinhard, *21.01.1926 Erfurt, †25.08.2012; Jurist (Richter, Justitiar), Verwaltungsbeamter. ~ (2) 1963–1965 Mitglied des Abgeordnetenhauses von Berlin (SPD); 1965–1980 und 1981–1983 MdB (SPD). ~ (3) // ~ (4) // ~ (5) //.

Bülow, Andreas von, Dr., *17.07.1937 Dresden; ev.; Jurist, Verwaltungsbeamter. ~ (2) 1969–1994 MdB (SPD). ~ (3) 1974–1976 stellv. Vorsitzender des Haushaltsausschusses; Dezember 1976–1980 Parl. Staatssekretär beim Bundesminister der Verteidigung; 1980–1982 Bundesminister für Forschung und Technologie. ~ (4) // ~ (5) //.

Buschfort, Hermann, *25.06.1928 Bocholt, †13.09.2003 Bocholt; Feinmechaniker, Gewerkschaftsfunktionär. ~ (2) 1965–1990 MdB (SPD). ~ (3) 1974–1982 Parl. Staatssekretär beim Bundesminister für Arbeit und Sozialordnung; 1980–1982 Beauftragter der

Bundesregierung für die Belange der Behinderten. ~ (4) // ~ (5) 1983–1989 Bundesvorsitzender der Arbeiterwohlfahrt.

Bußmann, Bernhard, Dr., *01.07.1929 Essen, †22.11.2013 Lüdenscheid; ev.; Politikwissenschaftler, wissenschaftlicher Mitarbeiter, Parteifunktionär. ~ (2) 1969–1980 MdB (SPD). ~ (3) 1976–1980 stellv. Vorsitzender des Haushaltsausschusses. ~ (4) // ~ (5) //.

Collet, Hugo, *15.09.1921 Völklingen/Saar, †19.12.1993 Pirmasens; Gewerkschaftsfunktionär. ~ (2) 1965–1987 MdB (SPD). ~ (3) 1968 Gründer der Arbeitsgemeinschaft Parlamentsreform im Deutschen Bundestag. ~ (4) // ~ (5) //.

Conradi, Peter, *10.12.1932 Schwelm (Westfalen), †11.03.2016 Stuttgart; ev.: Diplomingenieur (Architekt), Regierungsbaumeister. ~ (2) 1972–1998 MdB (SPD). ~ (3) 1980–1990 stellv. Vorsitzender des Ausschusses für Raumordnung, Bauwesen und Städtebau. ~ (4) 1968–1972 Mitglied des Landesvorstandes der baden-württembergischen SPD; 1972–1977 Kreisvorsitzender der SPD in Stuttgart; 1979–1993 Mitglied des Parteirats; 1984–1993 Mitglied der SPD-Kontrollkommission, ab 1986 deren Vorsitzender. ~ (5) //.

Coppik, Manfred, *01.11.1943 Bromberg, †21.09.2016 Offenbach am Main; Jurist. ~ (2) 1972–1982 MdB (SPD, ab 27.01.1982 fraktionslos). ~ (3) // ~ (4) 1974–1980 Vorsitzender des SPD-Unterbezirks Offenbach-Stadt, 1973–1976, 1980–1981 Mitglied des Bezirksvorstands Hessen-Süd, 2008–2012 stellv. Landesvorsitzender für DIE LINKE in Hessen. ~ (5) //.

Corterier, Peter, Dr., *19.06.1936 Karlsruhe, † 22.02.2017 Karlsruhe; ev.; Jurist (Rechtsanwalt), Verwaltungsbeamter. ~ (2) 1969–1983 und 1984–1987 MdB (SPD). ~ (3) Dezember 1976–April 1977 stellv. Vorsitzender des Auswärtigen Ausschusses; 1981/82 Staatsminister im Auswärtigen Amt. ~ (4) 1963–1967 stellv. Bundesvorsitzender; 1967–1969 Bundesvorsitzender der Jungsozialisten. ~ (5) 1973–1977 MdEP; Januar–September 1981 Mitglied der Parlamentarischen Versammlung des Europarats; 1980/81 Vizepräsident und 1982/83 Präsident der Nordatlantischen Versammlung.

Däubler-Gmelin, Herta, Dr. *12.08.1943 Bratislava; ev.; Juristin (Rechtsanwältin), Hochschullehrerin. ~ (2) 1972–2009 MdB (SPD). ~ (3) 1977–1980 stellv. Vorsitzende; 1980–1983 Vorsitzende des Rechtsausschusses; 1983–1993 stellv. Vorsitzende der SPD-Bundestagsfraktion; 1994–1998 Justitiarin der SPD-Fraktion; 1998–2002 Bundesministerin der Justiz; 2002–2005 Vorsitzende des Ausschusses für Verbraucherschutz; Ernährung und Landwirtschaft; 2005–2009 Vorsitzende des Ausschusses für Menschenrechte und humanitäre Hilfe. ~ (4) 1970–1972 Vorsitzende des SPD-Kreisverbandes Tübingen; 1971–1976 Vorsitzende der Arbeitsgemeinschaft sozialdemokratischer Frauen (ASF) Baden-Württemberg; 1978–2005 Mitglied des Bundesvorstandes der SPD; 1981–1997 Mitglied des Präsidiums der SPD; 1988–1997 stellv. Bundesvorsitzende der SPD. ~ (5) 2008–2009 Vorsitzende des Rechtsausschusses der Parlamentarischen Versammlung im Europarat.

von Dohnanyi, Klaus, Dr., *23.06.1928 Hamburg; ev.; Jurist. ~ (2) 1969–1981 MdB (SPD); April/Mai 1979 MdL Rheinland-Pfalz (SPD); 1982–1988 Mitglied der Hamburgischen Bürgerschaft (SPD). ~ (3) 1968–1969 Staatssekretär im Bundesministerium für Wirtschaft; 1969–1972 Parl. Staatssekretär beim Bundesminister für Bildung u. Wissenschaft; 1972–1975 Bundesminister für Bildung u. Wissenschaft; Dezember 1976–1981 Staatsminister im Auswärtigen Amt; 1981–1988 Erster Bürgermeister der Freien und Hansestadt Hamburg. ~ (4) 1979–1981 Landesvorsitzender der SPD Rheinland-Pfalz. ~ (5) //.

Dübber, Ulrich, Dr., *02.01.1929 Berlin, †08.05.1985 München; ev.; Journalist. ~ (2) 1971–1983 MdB (SPD). ~ (3) // ~ (4) // ~ (5) //.

Dürr, Hermann, *07.01.1925 Konstanz, †09.02.2003; ev.; Jurist (Rechtsanwalt). ~ (2) 1957–1965 MdB (FDP); 1969–1980 MdB (SPD). ~ (3) 1961–November 1964 Parl. Geschäftsführer der FDP-Fraktion; 1972–1980 Vorsitzender des Fraktionsarbeitskreises VI »Rechtswesen«. ~ (4) 1957/58 Bundesvorsitzender der Deutschen Jungdemokraten; 1966 Wechsel von der FDP zur SPD. ~ (5) //.

Eckerland, Günther, *14.11.1919 Kreidelwitz/Kreis Glogau, †06.11.1998 Marl/Kreis Recklinghausen; ev.; Bergmann, Kaufm. Angestellter. ~ (2) 1965–1976 MdB (SPD). ~ (3) // ~ (4) // ~ (5) //.

Egert, Jürgen, *23.10.1941 Berlin, †16.12.1992 Berlin; Verwaltungsbeamter. ~ (2) 1971–1972 Mitglied des Abgeordnetenhauses von Berlin; 1972–1990 MdB (SPD). ~ (3) April–Oktober 1982 Parl. Staatssekretär beim Bundesminister für Arbeit und Sozialordnung. ~ (4) 1969–1972 Vorsitzender der Berliner Jungsozialisten; 1980–1985 stellv. Landesvorsitzender; 1985–1986 Landesvorsitzender der Berliner SPD. ~ (5) //.

Ehmke (Bonn), Horst, Prof. Dr., *04.02.1927 Danzig, † 12.03.2017 Bonn; ev.; Jurist (Rechtsanwalt), Hochschullehrer. ~ (2) 1969–1994 MdB (SPD). ~ (3) 1967–1969 Staatssekretär im Bundesjustizministerium; März–Oktober 1969 Bundesminister der Justiz; 1969–1972 Chef des Bundeskanzleramtes u. Bundesminister für besondere Aufgaben; Dezember 1972–1974 Bundesminister für Forschung u. Technologie und für das Post- u. Fernmeldewesen; 1977–1990 stellv. Fraktionsvorsitzender. ~ (4) // ~ (5) //.

Ehrenberg, Herbert, Dr., *21.12.1926 Collnischken/Ostpreußen, †20.02.2018 Wilhelmshaven; ev; Polizeibeamter, Diplomvolkswirt. ~ (2) 1972–1990 MdB (SPD). ~ (3) 1969–1971 Ministerialdirektor der Abteilung Wirtschafts-, Finanz- und Steuerpolitik im Kanzleramt; 1971–1972 Staatssekretär im Bundesministerium für Arbeit und Sozialordnung, 1972–1976 stellv. Vorsitzender des Ausschusses für Wirtschaft; 1974–1976 stellv. Vorsitzender der SPD-Bundestagsfraktion; 1976–1982 Bundesminister für Arbeit und Sozialordnung. ~ (4) 1975–1984 Mitglied des SPD-Bundesvorstands. ~ (5) //.

Eilers (Bielefeld), Elfriede, *17.01.1921 Bielefeld, †04.06.2016 Bielefeld; Sozialarbeiterin ~ (2) 1957–1980 MdB (SPD). ~ (3) 1977–1980 Parl. Geschäftsführerin der SPD-Fraktion. ~ (4) 1973–1979 Vorsitzende der Arbeitsgemeinschaft sozialdemokratischer Frauen. ~ (5) 1971–1989 stellv. Bundesvorsitzende der Arbeiterwohlfahrt.

Elchlepp, Dietrich, *07.03.1938 Freiburg im Breisgau; Kaufmann, Jurist. ~ (2) 1976 MdB (SPD). ~ (3) // ~ (4) // ~ (5) 1996–1999 MdEP.

Emmerlich, Alfred, Dr., *10.05.1928 Osnabrück, †31.03.2017; Jurist (Richter). ~ (2) 1972–1990 MdB (SPD). ~ (3) 22.05.1977–1980 stellv. Vorsitzender des Rechtsausschusses; 1983–1987 stellv. Vorsitzender der SPD-Bundestagsfraktion. ~ (4) // ~ (5) //.

Enders, Wendelin, Dr., *20.10.1922 Langenberg/Rhön (Kreis Fulda), †23.04.2019 Petersberg; kath.; Gymnasiallehrer. ~ (2) 1967–1987 MdB (SPD). ~ (3) // ~ (4) // ~ (5) //.

Engholm, Björn, *09.11.1939 Lübeck; ev.; Schriftsetzer, Diplompolitologe, Dozent, Journalist. ~ (2) 1969–1983 MdB (SPD); 1983–1994 MdL Schleswig-Holstein (SPD). ~ (3) 1977–1981 Parl. Staatssekretär beim Bundesminister für Bildung u. Wissenschaft; 1981–1982 Bundesminister für Bildung u. Wissenschaft; September–Oktober 1982 Bundesminister für Ernährung, Landwirtschaft und Forsten; 1983–1988 Vorsitzender der schleswig-holsteinischen SPD-Landtagsfraktion; 1988–1993 Ministerpräsident des Landes Schleswig-Holstein. ~ (4) 1991–1993 Bundesvorsitzender der SPD. ~ (5) //.

Eppler, Erhard, Dr., *09.12.1926 Ulm, †19.10.2019 Schwäbisch Hall; ev.; Gymnasiallehrer. ~ (2) 1961–1976 MdB (SPD); 1976–1982 MdL Baden-Württemberg (SPD). ~ (3) 1968–1974 Bundesminister für wirtschaftliche Zusammenarbeit; 1976–1980 Vorsitzender der baden-württembergischen SPD-Landtagsfraktion. ~ (4) Mitbegründer der Gesamtdeutschen Volkspartei; seit 1956 SPD-Mitglied; 1973–1981 Landesvorsitzender

der SPD Baden-Württemberg; 1973–1992 Vorsitzender der Grundwertekommission der SPD. ~ (5) //.

Esters, Helmut, *15.12.1935 Geldern, †09.08.2017 Kevelaer; kath.; Historiker, wissenschaftlicher Mitarbeiter. ~ (2) 15.01.1969–1994 MdB (SPD). ~ (3) 1976–1982 Vorsitzender des Rechnungsprüfungsausschusses; 1982–1983 Vorsitzender des Haushaltsausschusses. ~ (4) // ~ (5) //.

Ewen, Carl, *23.02.1931 Leer (Ostfriesland); ev.; Grund- und Hauptschullehrer. ~ (2) 1972–1994 MdB (SPD). ~ (3) 1961–1972 Bürgermeister von Visquard; 1964–1972 Landrat des Kreises Norden; 1980–1987 Parl. Geschäftsführer der SPD-Bundestagsfraktion. ~ (4) 1965–1979 Vorsitzender des Unterbezirks Norden; 1979–1987 Vorsitzender des Unterbezirks Aurich. ~ (5) //.

Farthmann, Friedhelm, Dr., *25.11.1930 Bad Oeynhausen; ev.; Jurist (Rechtsanwalt), Gewerkschaftsfunktionär, Hochschullehrer. ~ (2) 1971–1975 MdB (SPD); 1980–Mai 1995 und November 1995–2000 MdL Nordrhein-Westfalen (SPD). ~ (3) 1975–1985 Minister für Arbeit, Gesundheit und Soziales in Nordrhein-Westfalen; 1985–1995 Vorsitzender der nordrhein-westfälischen SPD-Landtagsfraktion. ~ (4) // ~ (5) //.

Fellermaier, Ludwig, *02.07.1930 Wien, †11.03.1996 Ravensburg; kath.; Kaufmann. ~ (2) 1965–1980 MdB (SPD). ~ (3) // ~ (4) // ~ (5) 1968–1989 MdEP (1975–1979 Vorsitzender der Sozialistischen Fraktion).

Fiebig, Udo, *13.07.1935 Altena/Westfalen; ev.; Pfarrer. ~ (2) 1969–1987 MdB (SPD). ~ (3) // ~ (4) // ~ (5) //.

Fischer, Willi, Dr., *15.11.1920 Mayen, †02.09.1991 Worms; kath.; Jurist, Verwaltungsbeamter. ~ (2) 1969–1980 MdB (SPD). ~ (3) // ~ (4) // ~ (5) //.

Flämig, Gerhard, *19.12.1919 Glauchau/Sachsen, †28.09.2011 Böhl-Iggelheim; ev.; Schriftsetzer, Journalist. ~ (2) 15.02.1963–1980 MdB (SPD). ~ (3) 1957–1964 hauptamtlicher Bürgermeister (Großauheim). ~ (4) // ~ (5) 1966–1970 stellv. Mitglied der Parlamentarischen Versammlung des Europarats; 1970–1979 MdEP; 1979–1981 Mitglied der Parlamentarischen Versammlung des Europarats.

Focke, geb. Friedlaender, Katharina, Dr., *08.10.1922 Bonn, †10.07.2016 Köln; Übersetzerin, Journalistin. ~ (2) 1966–1969 MdL Nordrhein-Westfalen; 1969–1980 MdB (SPD). ~ (3) 1969–1972 Parl. Staatssekretärin beim Bundeskanzler; Dezember 1972–1976 Bundesministerin für Jugend, Familie u. Gesundheit. ~ (4) // ~ (5) 1979–1989 MdEP.

Franke (Hannover), Egon, *11.04.1913 Hannover, †26.04.1995 Hannover; Kunsttischler. ~ (2) 1946–1951 MdL Niedersachsen; 1951–1987 MdB (SPD). ~ (3) 1966–1969 stellv. Fraktionsvorsitzender; 1967–1969 Vorsitzender des Ausschusses für gesamtdeutsche und Berliner Fragen; 1969–1982 Bundesminister für innerdeutsche Beziehungen. ~ (4) 1947–1952 Mitglied des SPD-Parteivorstands; Vorsitzender des SPD-Bezirks Hannover; 1950–1970 SPD-Landesvorsitzender Niedersachsen. ~ (5) //.

Frehsee, Heinz, *30.08.1916 Stobnitt/Kreis Mohrungen (Ostpreußen), †17.09.2004; ev.; Landwirt, Gewerkschaftsfunktionär. ~ (2) 1953–1976 MdB (SPD). ~ (3) 1967–1973 Parl. Geschäftsführer der SPD-Fraktion. ~ (4) // ~ (5) 1956–1959 Vorsitzender der Gewerkschaft Gartenbau, Land- u. Forstwirtschaft; 1973–1977 MdEP.

Friedrich, Bruno, *31.05.1927 Helmbrechts, †20.06.1987 bei Biebelried; ev.; Grund- und Hauptschullehrer, Redakteur. ~ (2) 1972–1980 MdB (SPD). ~ (3) 1973–1979 Mitglied im Fraktionsvorstand; 1976–1979 stellv. Vorsitzender der SPD-Fraktion. ~ (4) 1973–1985 Mitglied des Parteivorstandes. ~ (5) 1979–1987 MdEP, 1980–1984 Vizepräsident des Europäischen Parlaments.

Gansel, Norbert, *05.08.1940 Kiel; ev.; Jurist. ~ (2) 1972–1997 MdB (SPD). ~ (3) Januar–Dezember 1991 stellv. Fraktionsvorsitzender; 1997–2003 Oberbürgermeister der Stadt Kiel. ~ (4) 1969–1970 stellv. Bundesvorsitzender der Jungsozialisten; 1971–1973 Mitglied des SPD-Landesvorstands in Schleswig-Holstein; 1991–1995 Mitglied des SPD-Parteivorstandes; 1986–1991 Vorsitzender des Parteirats der SPD. ~ (5) //.

Geiger (Aalen), Hans, *17.11.1912 Neckarsulm, †20.02.1986 Leonberg; ev.; Schlosser, Gewerkschaftsfunktionär, Angestellter. ~ (2) 1950–1952 MdL Württemberg-Baden (SPD); 1954–1976 MdB (SPD). ~ (3) // ~ (4) // ~ (5) //.

Gerlach (Emsland), Horst, *16.08.1919 Lötzen/Ostpreußen, †16.12.1990 Leer; Verwaltungsangestellter. ~ (2) 1961–1976 MdB (SPD). ~ (3) // ~ (4) // ~ (5) 1966–1977 MdEP.

Gerstl, Friedrich, *16.05.1923 Außernzell (Niederbayern), †21.08.2014 Passau; Eisenbahner, Landrat. ~ (2) 1972–1987 MdB (SPD). ~ (3) 1955–1964 Erster Bürgermeister in Passau; 1964–1970 Landrat in Passau. ~ (4) seit 1968 einige Jahre Mitglied des Landesvorstandes Bayern der SPD, 1971–1990 Unterbezirksvorsitzender. ~ (5) //.

Gertzen, Hans, *22.01.1921 Gelsenkirchen, †07.09.1998 Gelsenkirchen; Angestellter. ~ (2) 1962–1965 MdL Nordrhein-Westfalen (SPD); 1965–1980 MdB (SPD). ~ (3) // ~ (4) // ~ (5) //.

Geßner, Manfred Achim, Dr., *30.11.1931 Zwickau, †31.10.2016; Diplompolitologe, Verwaltungsangestellter, Redakteur. ~ (2) 1969–1983 MdB (SPD). ~ (3) // ~ (4) // ~ (5) 1973–1983 Mitglied der Parlamentarischen Versammlung des Europarats (1978–1981 Vizepräsident).

Glombig, Eugen, *23.01.1924 Hamburg, †31.10.2004 Kiel; Leitender Angestellter. ~ (2) 1957–1962 Mitglied der Hamburgischen Bürgerschaft (SPD); 1962–1980 u. 1980–1987 MdB (SPD). ~ (3) 1972–1983 Vorsitzender des Fraktionsarbeitskreises IV »Sozialpolitik«; 1983–1987 Vorsitzender des Ausschusses für Arbeit und Sozialordnung. ~ (4) // ~ (5) //.

Glotz, Peter, Prof. Dr., *06.03.1939 Eger, †25.08.2005 Zürich; Kommunikationswissenschaftler, Hochschullehrer, Rektor. ~ (2) 1970–1972 MdL Bayern (SPD); 1972–1977, 1983–1996 MdB (SPD). ~ (3) 1974–1977 Parl. Staatssekretär beim Bundesminister für Bildung und Wissenschaft; 1977–1981 Senator für Wissenschaft und Forschung in Berlin. ~ (4) 1972–1976 stellv. Landesvorsitzender der SPD Bayern; 1981–1987 Mitglied des SPD-Vorstands; 1981 Landesvorsitzender der Berliner SPD; 1981–1987 Bundesgeschäftsführer der SPD; 1987–1991 Vorsitzender des SPD-Bezirks Südbayern. ~ (5) //.

Gnädinger, Fritz-Joachim, *18.04.1938 Konstanz, †12.11.2019 Konstanz; kath.; Jurist (Staatsanwalt). ~ (2) 1969–1976 MdB (SPD). ~ (3) 1973–1976 stellv. Vorsitzender des Rechtsausschusses. ~ (4) // ~ (5) //.

Grimming, Jürgen, *23.04.1938 Berlin; Leitender Angestellter. ~ (2) 1975–1976 MdB (SPD). ~ (3) // ~ (4) 1967–1969 Landesvorsitzender der Berliner Jungsozialisten. ~ (5) //.

Grobecker, Claus, *05.04.1935 Bremen, †06.02.2018 Bremen; Buchdrucker, Vorsitzender der IG Druck u. Papier des Bezirks Bremen. ~ (2) 1970–1983 MdB (SPD). ~ (3) April–Oktober 1982 Parl. Staatssekretär beim Bundesminister für Jugend, Familie u. Gesundheit; 1983–1985 Senator für Arbeit in Bremen; 1986–1991 Senator für Finanzen, November/Dezember 1988 zugleich Senator für Inneres. ~ (4) // ~ (5) //.

Grunenberg, Horst, *19.11.1928 Schmolsin (Pommern), †14.12.2006 Bremerhaven; Fleischer, Elektroschweißer. ~ (2) 1972–1990 MdB (SPD). ~ (3) // ~ (4) // ~ (5) //.

Grützmann, Angela, *22.10.1937 Brandenburg an der Havel; ev.; Angestellte, Journalistin. ~ (2) 1974–1976 MdB (SPD). ~ (3) // ~ (4) // ~ (5) //.

Haack, Dieter, Dr., * 09.06.1934 Karlsruhe; ev.; Jurist, Verwaltungsbeamter. ~ (2) 1969–1990 MdB (SPD). ~ (3) Dezember 1972–1978 Parl. Staatssekretär beim Bundesminister für Raumordnung, Bauwesen u. Städtebau; 1978–1982 Bundesminister für Raumordnung, Bauwesen u. Städtebau. ~ (4) 1975–1985 stellv. Landesvorsitzender der SPD Bayern. ~ (5) 1988–1991 Präsident des Kuratoriums Unteilbares Deutschland.

Haar (Stuttgart), Ernst, * 26.01.1925 Birkach/Stuttgart, † 25.05.2004 Frankfurt/Main; ev.; Kaufmännischer Angestellter, Gewerkschaftsfunktionär. ~ (2) 1965–1990 MdB (SPD). ~ (3) 1972–1979 Parl. Staatssekretär beim Bundesminister für Verkehr u. für das Post- u. Fernmeldewesen. ~ (4) // ~ (5) 1979–1988 Vorsitzender der Gewerkschaft der Eisenbahner Deutschlands.

Haase (Kellinghusen), Detlef, * 15.07.1924 Kellinghusen, † 11.12.1997 Itzehoe; ev.; Zimmermann, Verwaltungsangestellter. ~ (2) 1954–1961 MdL Schleswig-Holstein (SPD); 10.11.1961–1976 MdB (SPD). ~ (3) // ~ (4) // ~ (5) 1976–1977 MdEP.

Haase (Fürth), Horst, * 26.10.1933 Königsberg, † 19.06.2019 Prien am Chiemsee; ev.; Jurist (Rechtsanwalt). ~ (2) 1962–1972 MdL Bayern (SPD); 1972–1987 MdB (SPD). ~ (3) // ~ (4) 1970–1972 stellv. Vorsitzender der SPD-Landtagsfraktion in Bayern. ~ (5) 1977–1979 MdEP.

Haehser, Karl, * 31.03.1928 Bendorf-Sayn/Landkreis Koblenz, † 11.10.2012 Trier; kath.; Parteifunktionär, Redakteur. ~ (2) 1955–1965 MdL Rheinland-Pfalz (SPD); 1965–1987 MdB (SPD). ~ (3) 1969–1972 Vorsitzender des Rechnungsprüfungsausschusses; 1972–April 1974 stellv. Vorsitzender des Haushaltsausschusses; 1974–1982 Parl. Staatssekretär beim Bundesminister der Finanzen. ~ (4) 1962–1964 Landesvorsitzender der Jungsozialisten Rheinland-Pfalz, 1967–1986 Vorsitzender des SPD-Bezirks Trier. ~ (5) //.

Haenschke, Frank, Dr., * 27.09.1937 Altenburg (Thüringen); Chemiker, wiss. Mitarbeiter. ~ (2) 1972–1976 MdB (SPD). ~ (3) // ~ (4) // ~ (5) //.

Halfmeier, Friedhelm, * 30.06.1914 Bochum, † 11.10.1977 Bonn; Grund- und Hauptschullehrer. ~ (2) 1969–1976 MdB (SPD). ~ (3) // ~ (4) // ~ (5) //.

Hansen, Karl-Heinz, * 17.05.1927 Linderhofe/Lippe, † 22.06.2014 Bremen; ev.; Gymnasiallehrer. ~ (2) 1969–1983 MdB (SPD, ab 14.12.1981 fraktionslos). ~ (3) 1972–1976 stellv. Vorsitzender des Petitionsausschusses. ~ (4) 1981 Ausschluss aus der SPD; 1982 Mitbegründer der Partei »Demokratische Sozialisten«. ~ (5) //.

Hauck, Rudolf, * 20.04.1924 Schweinfurt, † 17.10.2003 Berlin; ev.; Industriekaufmann, Jugendwohlfahrtspfleger. ~ (2) 1965–1987 MdB (SPD). ~ (3) 1969–1982 Vorsitzender des Ausschusses für Jugend, Familie und Gesundheit. ~ (4) 1973–1989 Vorsitzender des SPD-Bezirks Braunschweig. ~ (5) //.

Hauff, Volker, Dr., * 09.08.1940 Backnang; ev.; Diplomvolkswirt. ~ (2) 1969–1989 MdB (SPD). ~ (3) Dezember 1972–1978 Parl. Staatssekretär beim Bundesminister für Forschung u. Technologie; 1978–1980 Bundesminister für Forschung u. Technologie; 1980–1982 Parl. Staatssekretär beim Bundesminister für Verkehr; 1983–1988 stellv. Fraktionsvorsitzender; 1989–1991 Oberbürgermeister von Frankfurt/Main. ~ (4) // ~ (5) //.

Henke, Erich, * 07.05.1931 Köln; Verwaltungsangestellter, kaufmännischer Angestellter. ~ (2) 1969–1980 MdB (SPD). ~ (3) 1976–1980 stellv. Vorsitzender des Ausschusses für Raumordnung, Bauwesen und Städtebau. ~ (4) // ~ (5) //.

Herbers, Rudolf, * 29.07.1935 Dortmund; Redakteur. ~ (2) 12.05.1976–1976 MdB (SPD). ~ (3) // ~ (4) // ~ (5) //.

Hermsdorf (Cuxhaven), Hans, * 23.12.1914 Berlin-Spandau, † 30.12.2001 Hamburg; konfessionslos; Angestellter, Parteifunktionär, 1974–1982 Präsident der Landeszentralbank Hamburg. ~ (2) 1953–1974 MdB (SPD). ~ (3) 1957–1965 stellv. Vorsitzender des Rechnungsprüfungsausschusses; 1969–Juni 1971 stellv. Vorsitzender des Haushaltsausschusses; 1969–1972 Vorsitzender des Fraktionsarbeitskreises V »Öffentliche Finanzwirtschaft«; 1971–1972 Parl. Staatssekretär beim Bundesminister für Wirtschaft u. Finanzen; 1972–1974 Parl. Staatssekretär beim Bundesminister für Finanzen. ~ (4) // ~ (5) //.

Herold, Karl, *06.11.1921 Kulmbach, †01.09.1977 Kulmbach; ev.; Bäckermeister, Kaufmann. ~ (2) 1953–1976 MdB (SPD). ~ (3) 1969–1976 Parl. Staatssekretär beim Bundesminister für innerdeutsche Beziehungen. ~ (4) // ~ (5) 1966–1967 stellv. Mitglied u. 1967–1970 Mitglied der Parlamentarischen Versammlung des Europarats.

Heyen, Roelf, *12.12.1938 Emden, †05.06.1975 Berlin; Tischler, Schiffszimmermann, Diplompolitologe, Redakteur. ~ (2) 1969–1975 MdB (SPD). ~ (3) // ~ (4) // ~ (5) //.

Hofmann (Kronach), Karl, *11.07.1926 Pilnikau/Kreis Trautenau (Sudetenland), †18.01.2012; kath.; Volksschul- u. Realschullehrer. ~ (2) 1965–1983 MdB (SPD, ab 01.04.1982 fraktionslos). ~ (3) // ~ (4) // ~ (5) //.

Höhmann (Hessisch Lichtenau), Egon, *29.09.1926 Sandershausen/Kreis Kassel, †19.01.1979 Bonn; Lehrer. ~ (2) 1957–1979 MdB (SPD). ~ (3) 1971–1976 stellv. Vorsitzender des Ausschusses für innerdeutsche Beziehungen; 1976–1979 Parl. Staatssekretär beim Bundesminister für innerdeutsche. Beziehungen. ~ (4) // ~ (5) //.

Holtz, Uwe, Dr., *19.03.1944 Graudenz (Westpreußen); ev.; Historiker, Romanist, wiss. Mitarbeiter. ~ (2) 1972–1994 MdB (SPD). ~ (3) 1974–1994 Vorsitzender des Ausschusses für wirtschaftliche Zusammenarbeit; 1976–1981 Mitglied im Vorstand der SPD-Fraktion. ~ (4) // ~ (5) 1973–1995 Mitglied der Parlamentarischen Versammlung des Europarates.

Horn, Erwin, *02.05.1929 Annerod, †13.05.2006; Gymnasiallehrer. ~ (2) 1969–1998 MdB (SPD). ~ (3) // ~ (4) // ~ (5) 1982 Vizepräsident der Nordatlantischen Versammlung.

Huber, geb. Pust, Antje, *23.05.1924 Stettin, †30.09.2015 Essen; Redakteurin, Studienleiterin. ~ (2) 1969–1987 MdB (SPD). ~ (3) 1975–1976 stellv. Vorsitzende des Finanzausschusses; Dezember 1976–1982 Bundesministerin für Jugend, Familie u. Gesundheit. ~ (4) 1972–1991 stellv. SPD-Landesvorsitzende Nordrhein-Westfalen. ~ (5) //.

Huonker, Gunter, *24.02.1937 Schwenningen; ev.; Jurist, Verwaltungsbeamter, 1968–1972 Leiter des Büros des Bundesministers für wirtschaftliche Zusammenarbeit. ~ (2) 1972–1994 MdB (SPD). ~ (3) 10.12.1979–1982 Staatsminister beim Bundeskanzler; 1982 Parlamentarischer Staatssekretär beim Bundesminister der Finanzen. ~ (4) // ~ (5) //.

Immer, Klaus, *09.03.1924 Manslagt; ev.; Diplomlandwirt, Verbandsfunktionär, Volkshochschuldozent. ~ (2) 1972–1987 MdB (SPD). ~ (3) // ~ (4) 1969–1982 Vorsitzender des Ortsvereins Altenkirchen. ~ (5) //.

Jahn (Marburg), Gerhard, *10.09.1927 Kassel, †20.10.1998 Müllheim/Schwarzwald; ev.; Jurist (Rechtsanwalt, Notar). ~ (2) 1957–1990 MdB (SPD). ~ (3) 1960–1961 Vorsitzender des Ausschusses für Wiedergutmachung; 1961–1963 Parl. Geschäftsführer; März–August 1962 stellv. Vorsitzender des FIBAG-Untersuchungsausschusses; 1963–1967 Vorsitzender des Fraktionsarbeitskreises VII »Rechtswesen«; 1965–1967 Parl. Geschäftsführer; 1967–1969 Parl. Staatssekretär beim Bundesminister des Auswärtigen; 1969–1974 Bundesminister der Justiz; 1974–1976 Vorsitzender des Ausschusses für Wahlprüfung, Immunität und Geschäftsordnung; 1974–1990 Parl. Geschäftsführer; 1975–1977 u. 1979–1982 Vertreter der Bundesrepublik Deutschland in der Menschenrechtskommission der Vereinten Nationen. ~ (4) // ~ (5) 1966/67 Gründungspräsident der Deutsch-Israelischen Gesellschaft; 1979–1995 Präsident des Deutschen Mieterbundes.

Jaschke, Günter, *21.03.1921 Breslau, †23.08.1985 Soest; kath.; Verwaltungsangestellter, Verwaltungsbeamter. ~ **(2)** 1965–1976 MdB (SPD). ~ **(3)** // ~ **(4)** // ~ **(5)** //.

Jaunich, Horst, *07.06.1930 Breslau; ev.; Großhandelskaufmann, Maurer, Gewerkschaftsfunktionär. ~ **(2)** 1972–1994 MdB (SPD). ~ **(3)** 1984–1996 ehrenamtlicher Bürgermeister der Stadt Ahlen. ~ **(4)** 1968–1975 Vorsitzender des Unterbezirks Hamm; 1975–1985, 1997–1999 Vorsitzender des SPD-Stadtverbandes Ahlen. ~ **(5)** //.

Jens, Uwe, Dr., *02.10.1935 Hamburg, †20.03.2013 Hamburg; Kaufmännischer Angestellter, Arbeiter, Diplomvolkswirt, Hochschullehrer, 1967–1972 Referent des Arbeitskreises Wirtschaftspolitik der SPD-Bundestagsfraktion. ~ **(2)** 1972–2002 MdB (SPD). ~ **(3)** // ~ **(4)** seit 1970 Mitglied des Vorstandes der SPD Niederrhein; 1993–1995 stellv. Vorsitzender des SPD-Landesausschusses Nordrhein-Westfalen. ~ **(5)** //.

Junghans, Hans-Jürgen, *27.01.1922 Hannover, †15.07.2003 Salzgitter; Diplomingenieur. ~ **(2)** 1957–1987 MdB (SPD). ~ **(3)** 1961–1965 stellv. Vorsitzender des Ausschusses für wirtschaftlichen Besitz des Bundes; 1965–1969 Vorsitzender des Ausschusses für das Bundesvermögen; 1969–13.06.1972 stellv. Fraktionsvorsitzender; 1969–1980 Vorsitzender des Fraktionsarbeitskreises III »Wirtschaftspolitik«. ~ **(4)** 1968–1974 Vorsitzender des SPD-Bezirks Braunschweig. ~ **(5)** //.

Junker, Heinrich, *15.04.1923 Liemke/Kreis Wiedenbrück, †30.12.2012; kath.; Kaufmännischer Angestellter, Verwaltungsangestellter. ~ **(2)** 1961–1980 MdB (SPD). ~ **(3)** // ~ **(4)** 1962–1965 stellv. Vorsitzender des SPD-Bezirks Ostwestfalen-Lippe. ~ **(5)** //.

Kaffka, Rudolf, *14.06.1923 Radeberg/Sachsen, †30.01.1985 Kaiserslautern; ev.; Pfarrer. ~ **(2)** 1961–1980 MdB (SPD). ~ **(3)** // ~ **(4)** stellv. Vorsitzender des SPD-Bezirks Pfalz. ~ **(5)** //.

Kahn-Ackermann, Georg, *04.01.1918 Charlottenburg, †06.09.2008 Ammerland am Starnberger See; Journalist, Lektor, 1971–1974 geschäftsführendes Vorstandsmitglied der Verwertungsgesellschaft WORT. ~ **(2)** 1953–1957, 1962–1969 u. 1970–1974 MdB (SPD). ~ **(3)** // ~ **(4)** // ~ **(5)** 1963–1966 stellv. Mitglied, 1960–1970 Mitglied, 1971–1972 stellv. Mitglied u. 1972–1974 Mitglied der Parlamentarischen Versammlung des Europarats (1973/74 Vizepräsident); 1966–1970 Vizepräsident der WEU-Versammlung.

Kater, Helmut, *30.08.1927 Danzig, †07.09.2012 Timmendorfer Strand; ev.; Industriekaufmann, Gewerkschaftsfunktionär, Lehrer, Arbeitsdirektor. ~ **(2)** 1969–1976 MdB (SPD). ~ **(3)** // ~ **(4)** // ~ **(5)** 1973–1975 MdEP.

Kern, Karl-Hans, *03.10.1932 Stuttgart, †21.05.2014 Heilbronn; ev.; Pfarrer, Gymnasiallehrer. ~ **(2)** 27.02.1967–1976 MdB (SPD). ~ **(3)** 1969–1976 stellv. Vorsitzender der Enquetekommission »Auswärtige Kulturpolitik«. ~ **(4)** // ~ **(5)** //.

Koblitz, Kurt, *27.09.1916 Waldenburg (Schlesien), †13.10.1979 Würselen; Kaufmännischer Angestellter, Verwaltungsangestellter, Bergmann, Heimleiter. ~ **(2)** 1946–1950 MdL Brandenburg (SPD); 1972–13.10.1979 MdB (SPD). ~ **(3)** // ~ **(4)** 1961–1979 Vorsitzender des SPD-Unterbezirks Aachen. ~ **(5)** //.

Konrad, Klaus, *22.12.1914 Charlottenburg, †15.06.2004 Scharbeutz/Lübeck; ev.; Jurist (Rechtsanwalt, Notar), Verwaltungsbeamter. ~ **(2)** 1962–1969 MdL Schleswig-Holstein (SPD); 1969–1980 MdB (SPD). ~ **(3)** // ~ **(4)** // ~ **(5)** //.

Kratz, Paul, *13.03.1921 Eschweiler, †04.06.1994 Viersen; Stahlbauschlosser, Angestellter, Gewerkschaftsfunktionär. ~ **(2)** 1972–1980 MdB (SPD). ~ **(3)** // ~ **(4)** // ~ **(5)** //.

Kreutzmann, Heinz, Dr., *23.09.1919 Darmstadt, †14.11.2005; ev.; Historiker, Journalist, Verwaltungsbeamter. ~ **(2)** 1965–1983 MdB (SPD-Gast, ab Februar 1967 SPD). ~ **(3)** 1979–1982 Parl. Staatssekretär beim Bundesminister für innerdeutsche Beziehungen;

1982/1983 Vorsitzender des Ausschusses für das Post- und Fernmeldewesen. ~ (4) 1950–1966 GB/BHE bzw. DP; 1966 SPD. ~ (5) //.

Krockert, Horst, *17.02.1924 Wriezen/Mark Brandenburg, †26.05.2015 Wiesbaden; ev.; Pfarrer. ~ (2) 1969–1980 MdB (SPD). ~ (3) // ~ (4) // ~ (5) //.

Kulawig, Alwin, *17.01.1926 Krughütte/Saar, †19.10.2003 Saarlouis; Optiker. ~ (2) 1955–1961 MdL Saarland (SPD); 1961–1976 MdB (SPD). ~ (3) 1972–1976 Vorsitzender des Rechnungsprüfungsausschusses. ~ (4) 1956 stellv. Landesvorsitzender der SPD Saarland. ~ (5) 1964–Januar 1970 MdEP.

Lambinus, Uwe, *21.07.1941 Würzburg, †31.12.2019 Marktheidenfeld; ev.; Kaufmann, Jurist (Notar). ~ (2) 1972–1976, 20.05.1977–1994 MdB (SPD). ~ (3) 1967–1974 Bürgermeister der Gemeinde Zimmern. ~ (4) // ~ (5) //.

Lange (Essen), Erwin, *10.05.1914 Essen, †30.10.1991 Essen; ev.; Schriftsetzer, Leitender Angestellter. ~ (2) 1949–1980 MdB (SPD). ~ (3) 1957–1965 stellv. Vorsitzender des Ausschusses für Mittelstandsfragen; 1965–1969 Vorsitzender des Beirates für handelspolitische Vereinbarungen. ~ (4) // ~ (5) 1970–1984 MdEP.

Lattmann, Dieter, *15.02.1926 Potsdam, †17.04.2018 München; Verlagsbuchhändler, Schriftsteller. ~ (2) 1972–1980 MdB (SPD). ~ (3) // ~ (4) // ~ (5) 1969–1974 Vorsitzender des Verbandes Deutscher Schriftsteller.

Lauritzen, Lauritz, Dr., *20.01.1910 Kiel, †05.06.1980 Bad Honnef; ev.; Jurist (Justitiar), Verwaltungsbeamter. ~ (2) Dezember 1966–Februar 1967 MdL Hessen (SPD); 1969–1980 MdB (SPD). ~ (3) 1954–1963 Oberbürgermeister (Kassel); 1963–1966 Minister der Justiz u. für Bundesangelegenheiten des Landes Hessen; Dezember 1966–1972 Bundesminister für Städtebau u. Wohnungswesen; Juli–Dezember 1972 Bundesminister für Verkehr, Post u. Fernmeldewesen; Dezember 1972–1974 Bundesminister für Verkehr. ~ (4) // ~ (5) //.

Lautenschlager, Hans, *20.01.1919 Montigny/Metz, †19.09.2007; Verwaltungsbeamter. ~ (2) 09.11.1960–1976 MdB (SPD). ~ (3) // ~ (4) // ~ (5) 1968–1977 MdEP.

Leber, Georg, *07.10.1920 Obertiefenbach/Oberlahnkreis, †21.08.2012 Schönau am Königssee; kath.; Kaufmann, Gewerkschaftsfunktionär. ~ (2) 1957–1983 MdB (SPD). ~ (3) Dezember 1966–1969 Bundesminister für Verkehr; 1969–1972 Bundesminister für Verkehr u. für das Post- u. Fernmeldewesen; 1972–1978 Bundesminister der Verteidigung; 1979–1983 Bundestagsvizepräsident. ~ (4) // ~ (5) 1957-1966 Erster Vorsitzender der IG Bau-Steine-Erden; 1958–1959 MdEP.

Lemp, Hans, *11.12.1928 Vechta, †08.07.2014 Vechta; kath.; Finanzbeamter, Leitender Angestellter. ~ (2) 29.11.1967–1980 MdB (SPD). ~ (3) // ~ (4) // ~ (5) 1977 Mitglied der Parlamentarischen Versammlung des Europarats; 1977–1979 MdEP.

Lenders, Helmut, *13.08.1922 Wuppertal, †20.01.2002 Düsseldorf; Buchhalter, Gewerkschaftsfunktionär. ~ (2) 1965–1980 MdB (SPD). ~ (3) 1969–1972 stellv. Vorsitzender des Beirats für handelspolitische Vereinbarungen; 1973–1976 Parl. Geschäftsführer der Fraktion. ~ (4) 1952–1954 Gesamtdeutsche Volkspartei; seit 1955 SPD, 1971–1983 Vorsitzender des SPD-Unterbezirks Düsseldorf. ~ (5) 1984–1994 Präsident der Arbeitsgemeinschaft der Verbraucherverbände in der Bundesrepublik Deutschland.

Lepsius, Renate, Dr., *21.06.1927 Berlin †28.06.2004 Weinheim; ev.; Soziologin, Angestellte. ~ (2) 1972–1983, 1984–1987 MdB (SPD). ~ (3) // ~ (4) 1980–1983 Leiterin der SPD–Arbeitsgruppe Frauenpolitik. ~ (5) //.

Liedtke, Karl, *10.03.1925 Bochum, †19.07.2008 Bochum; ev.; Grund- und Hauptschullehrer. ~ (2) 1965–1987 MdB (SPD). ~ (3) 1972–1976 Vorsitzender des Fraktions-

arbeitskreises II »Inneres, Bildung, Forschung und Technologie, Post und Sport«; Dezember 1976–März 1983 stellv. Fraktionsvorsitzender; 1983–1987 Vorsitzender des Ausschusses für das Post- und Fernmeldewesen. ~ (4) stellv. Vorsitzender des SPD-Bezirks Westliches Westfalen; 1970–1987 Vorsitzender des SPD-Parteirats. ~ (5) //.
Löbbert, Josef, * 26.05.1916 Gelsenkirchen, † 22.02.1996 Gelsenkirchen; Glasschneider. ~ (2) 1965–1976 MdB (SPD). ~ (3) 1969–1975 Oberbürgermeister von Gelsenkirchen. ~ (4) // ~ (5) //.
Löffler, Lothar, * 11.08.1929 Berlin, † 17.01.2005 Berlin; Kaufmann, Lehrer, Verwaltungsbeamter. ~ (2) 1969–1987 MdB (SPD). ~ (3) 1980–1981 stellv. Vorsitzender des Haushaltsausschusses; 1981–1983 stellv. Fraktionsvorsitzender; 1983–1987 Vorsitzender des Innerdeutschen Ausschusses. ~ (4) 1981/82 stellv. SPD-Landesvorsitzender Berlin. ~ (5) //.
Lohmar, Ulrich, Prof. Dr., * 30.04.1928 Engelskirchen, † 28.11.1991 Bonn; ev.; Soziologe, Publizist. ~ (2) 1957–1976 MdB (SPD). ~ (3) 1961–1965 stellv. Vorsitzender des Ausschusses für Kulturpolitik und Publizistik; 1965–1969 Vorsitzender des Ausschusses für Wissenschaft, Kulturpolitik und Publizistik; 1969–1972 Vorsitzender des Ausschusses für Bildung und Wissenschaft; 1972–1976 Vorsitzender des Ausschusses für Forschung und Technologie (und bis Juni 1974: für das Post- und Fernmeldewesen). ~ (4) 1952–1955 Bundesvorsitzender des SDS. ~ (5) //.
Lutz, Egon, * 16.01.1934 Bayreuth, † 05.09.2011 Oldenburg; Schriftsetzer, Redakteur, Gewerkschaftsfunktionär. ~ (2) 1972–1990 MdB (SPD). ~ (3) // ~ (4) // ~ (5) //.
Mahne, Erhard, * 29.09.1931 Bielefeld; ev.; Leitender Angestellter, Parteifunktionär. ~ (2) 1972–1983 MdB (SPD). ~ (3) 1979–1980 Parl. Staatssekretär beim Bundesminister für Verkehr und für das Post- und Fernmeldewesen; 1980–1982 Parl. Staatssekretär beim Bundesminister für Verkehr. ~ (4) 1964–1972 Geschäftsführer der SPD für den Unterbezirk Lippe; seit 1973 Vorsitzender des SPD-Unterbezirks Lippe. ~ (5) //.
Männing, Peter, * 03.05.1941 Berlin; ev.; Diplompolitologe, Parteifunktionär, Verwaltungsangestellter. ~ (2) 1975–1983 MdB (SPD). ~ (3) // ~ (4) // ~ (5) //.
Marquardt, Werner, * 02.06.1922 Klein-Wittenberg, † 28.12.2001 Laatzen; Kaufmännischer Angestellter, Verwaltungsangestellter. ~ (2) 1961–1980 MdB (SPD). ~ (3) // ~ (4) // ~ (5) 1973–1975 stellv. Mitglied, 1975–1981 Mitglied der Parlamentarischen Versammlung des Europarats.
Marschall, Manfred, * 20.12.1937 München, † 08.10.2004; Chemielaborant, technischer Angestellter, Redakteur. ~ (2) 1972–1983 MdB (SPD). ~ (3) // ~ (4) 1967–1973 Vorsitzender des SPD-Kreisverbandes München. ~ (5) //.
(Riedel-)Martiny, Anke, Dr., * 01.07.1939 Dortmund, † 11.01.2016 Berlin; ev.; Musikwissenschaftlerin. ~ (2) 1972–1989 MdB (SPD). ~ (3) 1973–1989 Vorsitzende der deutsch-italienischen Parlamentariergruppe; 1974–1989 verbraucherpolitische Sprecherin der SPD-Bundestagsfraktion; 1989–1991 Senatorin für Kulturelle Angelegenheiten in Berlin. ~ (4) 1974–1977, 1985–1991 Mitglied des SPD-Parteivorstands; 1985–1991 stellv. Landesvorsitzende der SPD Bayern. ~ (5) //.
Matthöfer, Hans, * 25.09.1925 Bochum, † 24.11.2009 Berlin; kath.; Diplomvolkswirt, Gewerkschaftsfunktionär. ~ (2) 1961–1987 MdB (SPD). ~ (3) Dezember 1972–1974 Parl. Staatssekretär beim Bundesminister für wirtschaftliche Zusammenarbeit; 1974–1978 Bundesminister für Forschung und Technologie; 1978–1982 Bundesminister der Finanzen; April–Oktober 1982 Bundesminister für das Post- u. Fernmeldewesen. ~ (4) 1985/86 SPD-Bundesschatzmeister. ~ (5) //.
Mattick, Kurt, * 27.06.1908 Berlin, † 06.01.1986 Berlin; Schlosser, Handelsvertreter, Parteifunktionär. ~ (2) 1946–1953 Mitglied des Abgeordnetenhauses von Berlin (SPD);

1953–1980 MdB (SPD). ~ **(3)** 1956–1957 stellv. Vorsitzender des 1. Sonderausschusses (Wahlrechtsausschuss); 1967–1976 stellv. Vorsitzender des Auswärtigen Ausschusses; 1969–1972 Vorsitzender des Fraktionsarbeitskreises I »Auswärtige und innerdeutsche Beziehungen«, 1972–1976 Vorsitzender des Fraktionsarbeitskreises I »Außen- und Sicherheitspolitik, innerdeutsche Beziehungen, Europa- und Entwicklungspolitik«; 1976–1980 Vorsitzender des Ausschusses für innerdeutsche Beziehungen. ~ **(4)** 1947–1952 u. 1958–1963 stellv. SPD-Landesvorsitzender Berlin; 1963–1968 Landesvorsitzender. ~ **(5)** 1974–1977 Mitglied, 1977–1981 stellv. Mitglied der Parlamentarischen Versammlung des Europarats.

Meermann, geb. Schmitt, Hedwig, *07.08.1913 Essen, †09.04.2000 Tuttlingen; kath.; Hausfrau, Sekretärin, Dolmetscherin. ~ **(2)** 1961–1976 MdB (SPD). ~ **(3)** 1970–1972 stellv. Vorsitzende des Ausschusses für Städtebau und Wohnungswesen. ~ **(4)** // ~ **(5)** //.

Meinecke (Hamburg), Rolf, Dr., *04.12.1917 Hamburg, †27.03.1984 Hamburg; ev.; Arzt. ~ **(2)** 1957–1966 Mitglied der Hamburgischen Bürgerschaft (SPD); 1965–1980 MdB (SPD). ~ **(3)** 1972–1976 stellv. Vorsitzender; 1976–1980 Vorsitzender des Ausschusses für Bildung u. Wissenschaft. ~ **(4)** // ~ **(5)** //.

Meinike (Oberhausen), Erich, *27.11.1929 Duisburg, † 21.08.2018; Verwaltungsangestellter. ~ **(2)** 1969–1983 MdB (SPD). ~ **(3)** 1976–1980 stellv. Vorsitzender des Finanzausschusses. ~ **(4)** 1999 Austritt aus der SPD. ~ **(5)** //.

Metzger, Günther, *23.01.1933 Heppenheim, †18.08.2013 Darmstadt; Jurist (Rechtsanwalt, Notar). ~ **(2)** 1969–1976 MdB (SPD). ~ **(3)** 1973–1976 stellv. Fraktionsvorsitzender; 1972–1973 stellv. Vorsitzender des Rechtsausschusses; 1981–1993 Oberbürgermeister von Darmstadt. ~ **(4)** // ~ **(5)** //.

Möhring, Helmuth, *11.03.1922 Brockhöfe/Kreis Uelzen, †21.06.2006 Lüneburg; Bäcker, Parteifunktionär. ~ **(2)** 1969–1983, 1986–1987 MdB (SPD). ~ **(3)** // ~ **(4)** // ~ **(5)** 1986/87 Präsident des Verbandes der Reservisten der Dt. Bundeswehr.

Möller, Alex, Dr. h. c., Dr.-Ing. e. h., *26.04.1903 Dortmund, †02.10.1985 Karlsruhe; ev.; Bahnangestellter, Redakteur, Gewerkschaftsfunktionär, Unternehmer, Versicherungsangestellter. ~ **(2)** 1928–1933 Mitglied des Preußischen Landtages (SPD); 1946–1952 MdL Württemberg-Baden (SPD); 1952–1961 MdL Baden-Württemberg; 1961–1976 MdB (SPD). ~ **(3)** 1950–1961 Vorsitzender der SPD-Landtagsfraktion (Württemberg-Baden/Baden-Württemberg); 1961–1969 Vorsitzender des Fraktionsarbeitskreises V »Öffentliche Finanzwirtschaft«; 1964–1969 stellv. Fraktionsvorsitzender; 1969–1971 Bundesminister der Finanzen; 1972–1976 stellv. Fraktionsvorsitzender; 1972–1976 Vorsitzender des Fraktionsarbeitskreises V »Öffentliche Finanzwirtschaft«; 1972–1976 Vorsitzender des Vermittlungsausschusses. ~ **(4)** 1962–1966 Landesvorsitzender der SPD Baden-Württemberg; 1973–1979 Vorsitzender der SPD-Kontrollkommission. ~ **(5)** //.

Müller (Nordenham), Heinrich, *28.10.1919 Klein-Jannewitz/Kreis Lauenburg (Pommern), †10.03.2005; ev.; Verwaltungsangestellter, Verbandsfunktionär. ~ **(2)** 1961–1965 u. 1969–1980 MdB (SPD). ~ **(3)** // ~ **(4)** // ~ **(5)** //.

Müller (Bayreuth), Richard, *31.03.1920 Lichtenfels, †11.07.1986 Bayreuth; Verwaltungsbeamter. ~ **(2)** 1962–04.12.1972 MdL Bayern (SPD); 1972–1983 MdB (SPD). ~ **(3)** 1976–1983 stellv. Vorsitzender des Petitionsausschusses. ~ **(4)** 1960–1979 SPD-Kreisvorsitzender Bayreuth-Stadt. ~ **(5)** //.

Müller (Schweinfurt), Rudolf, *26.11.1932 Thomigsdorf; kath.; Gymnasiallehrer. ~ **(2)** 1972–1994 MdB (SPD). ~ **(3)** 1987–1990 Vorsitzender des Ausschusses für Ernährung, Landwirtschaft und Forsten. ~ **(4)** 1972–1976 Vorsitzender des SPD-Kreisverbandes Schweinfurt-Stadt; 1975 Vorsitzender des SPD-Unterbezirks Schweinfurt. ~ **(5)** //.

Müller (Mülheim), Willi, *14.07.1925 Mülheim, †18.01.2007; kath.; Anwaltsgehilfe, Angestellter. ~ (2) 1965–1980 MdB (SPD). ~ (3) // ~ (4) // ~ (5) 1973–1979 MdEP.

Müller-Emmert, Adolf, Dr., *01.03.1922 Ludwigshafen/Rhein, †02.07.2011 Neuhemsbach; kath.; Jurist (Staatsanwalt). ~ (2) 1961–1987 MdB (SPD). ~ (3) 1963–1969 stellv. Vorsitzender des Sonderausschusses »Strafrecht« bzw. für die Strafrechtsreform; 1969–1976 Vorsitzender des Sonderausschusses für die Strafrechtsreform; 1980–1983 Vorsitzender des Wahlmännerausschusses. ~ (4) 1970–1980 stellv. Vorsitzender des SPD-Bezirks Pfalz. ~ (5) //.

Müntefering, Franz, *16.01.1940 Neheim-Hüsten; kath.; Industriekaufmann, kaufmännischer Angestellter. ~ (2) 1975–1992, 1998–2013 MdB (SPD); 1996–1998 MdL Nordrhein-Westfalen (SPD). ~ (3) 1991–1992 Parlamentarischer Geschäftsführer der SPD-Fraktion; 1992–1995 Minister für Arbeit, Gesundheit und Soziales des Landes Nordrhein-Westfalen; 1998–1999 Bundesminister für Verkehr, Bau- und Wohnungswesen; 2002–2005 Vorsitzender der SPD-Bundestagsfraktion; 2005–2007 Bundesminister für Arbeit und Soziales, Vizekanzler. ~ (4) 1974–1998 Mitglied des Vorstands des SPD-Bezirks Westliches Westfalen; 1984–1992 stellv., 1992–1998 Vorsitzender des SPD-Bezirks Westliches Westfalen; 1984–1988 Vorsitzender des Unterbezirks Hochsauerland der SPD; 1991–2009 Mitglied des Parteivorstands; 1995–1998 Bundesgeschäftsführer der SPD; 1999 kommissarischer Bundesgeschäftsführer der SPD; 1998–2001 SPD-Landesvorsitzender in Nordrhein-Westfalen; 1999–2002 Generalsekretär der SPD; 2004–2005, 2008–2009 Bundesvorsitzender der SPD. ~ (5) //.

Nagel, Werner, *18.02.1934 Mannheim, †12.07.1993 Mannheim; Mechaniker. ~ (2) 1972–1990 MdB (SPD). ~ (3) // ~ (4) 1968–1972 stellv. Vorsitzender des SPD-Kreisverbands Mannheim ~ (5) //.

Neumann (Stelle), Paul, *06.12.1929 Bad Ziegenhals/Schlesien, †11.03.2015; Kaufmännischer Angestellter (Exportkaufmann). ~ (2) 1965–1983 MdB (SPD). ~ (3) // ~ (4) // ~ (5) //.

Nölling, Wilhelm, Dr., *17.11.1933 Wemlighausen/Kreis Wittgenstein, † 21.11.2019 Hamburg; ev.; Verwaltungsangestellter, Diplomvolkswirt, Hochschullehrer. ~ (2) 1969–1974 MdB (SPD). ~ (3) 1974–1976 Senator für Gesundheit der Freien und Hansestadt Hamburg, 1976–1978 Senator für Wirtschaft, Verkehr u. Landwirtschaft, 1978–1982 Senator für Finanzen. ~ (4) // ~ (5) //.

Oetting, Hermann, Dr.-Ing., *27.03.1937 Gladbeck/Westfalen; ev.; Diplomingenieur. ~ (2) 19.10.1971–1976 MdB (SPD). ~ (3) // ~ (4) // ~ (5) //.

Offergeld, Rainer, *26.12.1937 Genua; Jurist (Rechtsanwalt), Verwaltungsbeamter. ~ (2) 1969–1984 MdB (SPD). ~ (3) 1972 Parl. Staatssekretär beim Bundesminister für Wirtschaft u. Finanzen; 1973–Januar 1975 stellv. Vorsitzender des Finanzausschusses; 1975–1978 Parl. Staatssekretär beim Bundesminister der Finanzen; 1978–1982 Bundesminister für wirtschaftliche Zusammenarbeit; 1984–1995 Oberbürgermeister von Lörrach. ~ (4) // ~ (5) 1974–1975 stellv. Mitglied der Parlamentarischen Versammlung des Europarats.

Orth, geb. Fritz, Elisabeth, Dr., *24.03.1921 Hannover, †10.05.1976 Köln; Diplomlandwirtin. ~ (2) 1969–1976 MdB (SPD). ~ (3) // ~ (4) // ~ (5) 1970–1976 MdEP.

Ostman von der Leye, Wilderich Freiherr, *04.06.1923 Bonn, †30.05.1990 Bremen; kath.; Verleger, Redakteur. ~ (2) 1969–1976 MdB (SPD). ~ (3) // ~ (4) // ~ (5) //.

Pawelczyk, Alfons, *26.02.1933 Parnow/Kreis Köslin (Pommern); ev.; Berufssoldat, Lehrer an der Heeresoffiziersschule. ~ (2) 1969–1980 MdB (SPD); 1988–1991 Mitglied der Hamburgischen Bürgerschaft (SPD). ~ (3) 1980–1984 Innensenator der Freien und

Hansestadt Hamburg, 1984–1987 Zweiter Bürgermeister u. Vertreter Hamburgs beim Bund, 1986–1987 Innensenator, 1987–1988 Senator für das Personalamt. ~ (4) // ~ (5) 1972–1980 stellv. Mitglied, 1980–1981 Mitglied der Parlamentarischen Versammlung des Europarats.

Peiter, Willi, *22.01.1917 Diez/Lahn, †26.07.1989 Bad Krozingen; ev.; Kaufmännischer Angestellter, Verwaltungsbeamter. ~ (2) 1962–1965 MdB (SPD); Mai–Oktober 1967 MdL Rheinland-Pfalz (SPD); 1967–1980 MdB (SPD). ~ (3) // ~ (4) // ~ (5) //.

Penner, Willfried, Dr., *25.05.1936 Wuppertal; Jurist (Staatsanwalt, Rechtsanwalt). ~ (2) 1972–2000 MdB (SPD). ~ (3) 1979–1980 Mitglied des SPD-Fraktionsvorstands, 1980–1982 Parl. Staatssekretär beim Bundesminister der Verteidigung; 1985–1991 stellv. Vorsitzender der SPD-Bundestagsfraktion; 1995–2000 Vorsitzender des Innenausschusses; 2000–2005 Wehrbeauftragter des Deutschen Bundestags. ~ (4) // ~ (5) //.

Pensky, Heinz, *22.08.1921 Essen, †04.11.2009 Ratingen; Elektrotechniker, Polizist, Gewerkschaftsfunktionär. ~ (2) 1969–1983 MdB (SPD). ~ (3) // ~ (4) // ~ (5) //.

Peter, Helwin, *18.07.1941 Oberthal (Saar); kath.; Elektriker, Gewerkschaftsfunktionär. ~ (2) 10.06.1974–1980 MdB (SPD). ~ (3) // ~ (4) // ~ (5) 1989–1999 MdEP.

Polkehn, Walter, *24.07.1921 Ortelsburg (Ostpreußen), †16.08.1985 Oldenburg; Polsterer, Bankbeamter. ~ (2) 1972–1985 MdB (SPD). ~ (3) // ~ (4) 1967–1982 Vorsitzender des SPD-Unterbezirks Oldenburg-Stadt. ~ (5) //.

Porzner, Konrad, *04.02.1935 Larrieden/Kreis Feuchtwangen; ev.; Studienrat. ~ (2) 1962–1981, 1983–1990 MdB (SPD). ~ (3) 1969–1972 stellv. Vorsitzender des Finanzausschusses; 1972 stellv. Fraktionsvorsitzender; Dezember 1972–1974 Parl. Staatssekretär beim Bundesminister der Finanzen; 1975–1981 Parl. Geschäftsführer der Fraktion; Januar–Juni 1981 Senator für Finanzen in Berlin; 1981–1982 Staatssekretär im Bundesministerium für wirtschaftliche Zusammenarbeit; 1983–1987 Parl. Geschäftsführer der Fraktion; 1987–1990 Vorsitzender des Ausschusses für Wahlprüfung, Immunität u. Geschäftsordnung. ~ (4) // ~ (5) 1990–1996 Präsident des Bundesnachrichtendienstes.

Rapp, Heinz, *25.07.1924 Schramberg, †07.03.2007 Pfinztal; kath.; Kaufmann, Leitender Angestellter. ~ (2) 1972–1987 MdB (SPD). ~ (3) // ~ (4) // ~ (5) //.

Rappe, Hermann, *20.09.1929 Hannoversch Münden; Kaufmännischer Angestellter, Gewerkschaftsfunktionär. ~ (2) 1972–1998 MdB (SPD). ~ (3) 1976–1983 Vorsitzender des Ausschusses für Arbeit und Sozialordnung. ~ (4) // ~ (5) 1982–1995 Vorsitzender der IG Chemie-Papier-Keramik, 1988–1995 Präsident der Internationalen Föderation von Chemie-, Energie- und Fabrikarbeiterverbänden (ICEF), 1988–1995 Präsident der Europäischen Föderation von Chemiegewerkschaften (EFCG).

Ravens, Karl, *29.06.1927 Achim, †08.09.2017 Hannover, Metallfacharbeiter, Kraftfahrzeugschlosser. ~ (2) 1961–1978 MdB (SPD); 1978–1990 MdL Niedersachsen. ~ (3) 1969–1972 Parl. Staatssekretär beim Bundesminister für Städtebau u. Wohnungswesen; Dezember 1972–1974 Parl. Staatssekretär beim Bundeskanzler; 1974–1978 Bundesminister für Raumordnung, Bauwesen u. Städtebau; 1978–1986 Vorsitzender der SPD-Landtagsfraktion; 1986–1990 Vizepräsident des Landtags. ~ (4) 1979–1984 SPD-Landesvorsitzender Niedersachsen. ~ (5) //.

Rehlen, Wiltrud, Dr., *06.07.1930 Regensburg, †08.05.1984 Hamburg; ev.; Diplomvolkswirtin, wissenschaftliche Mitarbeiterin. ~ (2) 14.11.1974–1976 MdB (SPD). ~ (3) // ~ (4) // ~ (5) //.

Reiser, Hermann P., *27.12.1923 Speyer; Grund- und Hauptschullehrer, Journalist. ~ (2) 1972–1976 MdB (SPD). ~ (3) // ~ (4) // ~ (5) //.

Renger, geb. Wildung, verw. Renger-Loncarević, Annemarie, *07.10.1919 Leipzig, †03.03.2008 Remagen-Oberwinter; Verlagskauffrau. ~ (2) 1953–1990 MdB (SPD). ~ (3) 1969–1972 Parl. Geschäftsführerin der SPD-Fraktion; 1972–1976 Bundestagspräsidentin; 1976–1990 Bundestagsvizepräsidentin; 1977–1983 stellv. Vorsitzende des Auswärtigen Ausschusses. ~ (4) 1966–1973 Vorsitzende des Bundesfrauenausschusses der SPD. ~ (5) 1959–1966 stellv. Mitglied der Parlamentarischen Versammlung des Europarats; 1972–1976 Präsidentin der Interparlamentarischen Gruppe der Bundesrepublik Deutschland.

Reuschenbach, Peter, *24.08.1935 Oberhausen (Rheinland), †10.04.2007 Essen; Industriekaufmann, 1970–1972 Referent von Bundeskanzler Willy Brandt. ~ (2) 1972–1994 MdB (SPD). ~ (3) 1976–1994 stellv. Vorsitzender des Wirtschaftsausschusses; 1984–1989 Oberbürgermeister der Stadt Essen. ~ (4) 1982–1987 Vorsitzender der SPD Essen. ~ (5) //.

Richter, Klaus, *24.10.1923 Breitenmarkt/Oberschlesien, †12.01.2011; Realschullehrer. ~ (2) 1965–1976 MdB (SPD). ~ (3) // ~ (4) // ~ (5) 1967–1970 stellv. Mitglied u. 1970–1977 Mitglied der Parlamentarischen Versammlung des Europarats (1975–1977 Vizepräsident).

Rohde (Hannover), Helmut, *09.11.1925 Hannover, †16.04.2016 Hannover; Journalist. ~ (2) 1957–1987 MdB (SPD). ~ (3) 1969–1974 Parl. Staatssekretär beim Bundesminister für Arbeit u. Sozialordnung; 1974–Februar 1978 Bundesminister für Bildung u. Wissenschaft; 1978–1983 stellv. Fraktionsvorsitzender. ~ (4) 1972–1984 Vorsitzender der SPD-Arbeitsgemeinschaft für Arbeitnehmerfragen (AfA). ~ (5) 1964–1965 MdEP.

Röhlig, Siegfried, *02.04.1928 Langburkersdorf (Sachsen), †23.09.2000 Hamburg; Steuerbeamter, Fachhochschullehrer. ~ (2) 1975–1976 MdB (SPD). ~ (3) // ~ (4) // ~ (5) //.

Rosenthal, Philip, *23.10.1916 Berlin, †27.09.2001 Selb; kath.; Leitender Angestellter, Unternehmer. ~ (2) 1969–1983 MdB (SPD). ~ (3) 1970–1971 Parl. Staatssekretär beim Bundesminister für Wirtschaft. ~ (4) // ~ (5) //.

Sander, Engelbert, *30.01.1929 Schweskau/Lüchow, †17.04.2004 Lippstadt; ev.; Kaufmännischer Angestellter; Gewerkschaftsfunktionär. ~ (2) 1969–1976, 1978–1987 MdB (SPD). ~ (3) // ~ (4) // ~ (5) //.

Saxowski, Karl-Heinz, *13.09.1918 Paderborn, †09.04.1981 Paderborn; kath.; Verwaltungsbeamter. ~ (2) 1961–1980 MdB (SPD). ~ (3) // ~ (4) // ~ (5) //.

Schachtschabel, Hans Georg, Prof. Dr., *16.03.1914 Dessau/Anhalt, †29.10.1993 Mannheim; ev.; Diplomvolkswirt, Hochschullehrer. ~ (2) 1969–1983 MdB (SPD). ~ (3) 1972–1980 stellv. Vorsitzender des Beirats für handelspolitische Vereinbarungen. ~ (4) // ~ (5) 1974–1975 MdEP.

Schäfer (Tübingen), Friedrich, Hon.-Prof. Dr., *06.04.1915 Sindelfingen, †31.08.1988 Tübingen; ev.; Jurist, Verwaltungsbeamter. ~ (2) 1957–1967, 1969–1980 MdB (SPD). ~ (3) 1961–1967 Parl. Geschäftsführer der SPD-Fraktion; 1965–1967 Vorsitzender des Ausschusses für Wahlprüfung, Immunität u. Geschäftsordnung; 1967–1969 Staatssekretär im Bundesministerium für Angelegenheiten des Bundesrates u. der Länder; 1969–1976 Vorsitzender des Innenausschusses; 1969–1980 stellv. Fraktionsvorsitzender; 1973–1974 Vorsitzender des Untersuchungsausschusses zur Prüfung, »ob Entscheidungen von Abgeordneten des 6. Bundestages im Zusammenhang mit den Abstimmungen über das konstruktive Misstrauensvotum und die Ostverträge beeinflusst worden sind« (Steiner-Wienand-Ausschuss). ~ (4) // ~ (5) 1979–1983 Präsident des Deutschen Städte- u. Gemeindebundes.

Schäfer (Appenweier), Harald B., * 20. 07. 1938 Waldbrunn (Odenwald), † 22. 01. 2013 Offenburg; Gymnasiallehrer. ~ **(2)** 1972–1992 MdB (SPD). ~ **(3)** 1980–1983 Vorsitzender der Enquetekommission »Zukünftige Kernenergie-Politik«; 1988–1992 stellv. Vorsitzender der SPD-Bundestagsfraktion; 1992–1996 Minister für Umwelt des Landes Baden-Württemberg. ~ **(4)** 1971–1972 Kreisvorsitzender der SPD Heidelberg; 1973–1977 Kreisvorsitzender der SPD Ortenau; 1977–1996 stellv. Landesvorsitzender der SPD Baden-Württemberg. ~ **(5)** //.

Scheffler, Hermann, * 29. 03. 1920 Westig (heute zu Iserlohn), † 11. 01. 1983 Hemer; Parteifunktionär. ~ **(2)** 1962–1966, 1968–1970 MdL Nordrhein-Westfalen (SPD); 1972–1980 MdB (SPD). ~ **(3)** 1968–1974 Bürgermeister von Hohenlimburg. ~ **(4)** 1960–1973 Landesgeschäftsführer der SPD Nordrhein-Westfalen. ~ **(5)** //.

Schellenberg, Ernst, Prof. Dr., * 20. 02. 1907 Berlin, † 06. 06. 1984 Berlin; Fürsorger, Volkswirt, leitender Angestellter, Hochschullehrer. ~ **(2)** 1952–1976 MdB (SPD). ~ **(3)** 1957–1969 Vorsitzender des Ausschusses für Sozialpolitik; 1957–1972 Vorsitzender des Fraktionsarbeitskreises IV »Sozialpolitik«; 1966–1975 stellv. Fraktionsvorsitzender; 1969–1976 Vorsitzender des Ausschusses für Arbeit u. Sozialordnung. ~ **(4)** // ~ **(5)** //.

Scheu, Adolf, * 26. 04. 1907 Owen/Teck (Württemberg), † 20. 12. 1978 Wuppertal; Industriekaufmann, Industrie- und Unternehmensberater. ~ **(2)** 1969–20. 12. 1978 MdB (SPD). ~ **(3)** // ~ **(4)** 1952 Mitbegründer der Gesamtdeutschen Volkspartei. ~ **(5)** //.

Schimschok, geb. Luke, Hildegard, * 22. 04. 1913 Bövinghausen/Dortmund, † 24. 10. 2001 Dortmund; Kinderpflegerin, Krankenschwester, Sozialarbeiterin, Verbandsfunktionärin. ~ **(2)** 1965–1976 MdB (SPD). ~ **(3)** // ~ **(4)** // ~ **(5)** //.

Schinzel, Dieter, * 14. 11. 1942 Berlin; Diplomphysiker, wissenschaftlicher Mitarbeiter. ~ **(2)** 1972–1976, 1980 MdB (SPD). ~ **(3)** // ~ **(4)** 1976–1994 Vorsitzender der SPD Aachen. ~ **(5)** 1979–1994 MdEP.

Schirmer, Friedel, * 20. 03. 1926 Stadthagen, † 28. 11. 2014 Stadthagen; Verwaltungsbeamter, Sportlehrer. ~ **(2)** 1969–1983 MdB (SPD). ~ **(3)** 1969–1972 stellv. Vorsitzender des Ausschusses für Sport u. Olympische Spiele. ~ **(4)** // ~ **(5)** //.

Schlaga, Georg, * 03. 11. 1924 Kirchmöser/Havel, † 30. 12. 2018; Lehrer. ~ **(2)** 1969–1987 MdB (SPD). ~ **(3)** // ~ **(4)** // ~ **(5)** 1973–1975 Mitglied der Parlamentarischen Versammlung des Europarats.

Schlei, geb. Stabenow, Marie, * 26. 11. 1919 Reetz/Pommern, † 21. 05. 1983 Berlin; Gymnasiallehrerin. ~ **(2)** 1969–1981 MdB (SPD). ~ **(3)** 1974–1976 Parl. Staatssekretärin beim Bundeskanzler; 1976–1978 Bundesministerin für wirtschaftliche Zusammenarbeit; 1978–1980 Vorsitzende des Fraktionsarbeitskreises I »Außen- und Sicherheitspolitik, Innerdeutsche Beziehungen, Europa- und Entwicklungspolitik«; 1980–1981 stellv. Fraktionsvorsitzende. ~ **(4)** // ~ **(5)** //.

Schluckebier, Günter, * 15. 02. 1933 Duisburg, † 20. 01. 2002 Duisburg; Maschinenschlosser, Gewerkschaftsfunktionär. ~ **(2)** 1970–1972 MdL Nordrhein-Westfalen (SPD), 1972–1998 MdB (SPD). ~ **(3)** // ~ **(4)** // ~ **(5)** //.

Schmidt (Wattenscheid), Adolf, * 18. 04. 1925 Holzhausen bei Homberg, † 26. 11. 2013 Bochum; Grubenschlosser, Gewerkschaftsfunktionär. ~ **(2)** 1972–1987 MdB (SPD). ~ **(3)** // ~ **(4)** // ~ **(5)** 1969–1985 Vorsitzender der IG Bergbau und Energie; 1971–1984 Präsident des internationalen Bergarbeiterverbandes.

Schmidt (Hamburg), Helmut, * 23. 12. 1918 Hamburg, † 10. 11. 2015 Hamburg; ev.-luth.; Diplomvolkswirt, Verwaltungsbeamter. ~ **(2)** 1953–1962, 1965–1987 MdB (SPD). ~ **(3)** 1961–1965 Senator der Polizeibehörde bzw. für Inneres in Hamburg; 1965–1967 stellv.

Fraktionsvorsitzender; 1967–1969 Fraktionsvorsitzender; 1967–1969 Vorsitzender des Fraktionsarbeitskreises I »Außenpolitik und gesamtdeutsche Fragen«; 1969–1972 Bundesminister der Verteidigung; Juli–Dezember 1972 Bundesminister für Wirtschaft u. Finanzen; Dezember 1972–1974 Bundesminister der Finanzen; 1974–1982 Bundeskanzler; September/Oktober 1982 Bundesminister des Auswärtigen. ~ (4) 1968–1984 stellv. SPD-Vorsitzender. ~ (5) 1958–1961 MdEP; 1966–1968 stellv. Mitglied der Parlamentarischen Versammlung des Europarats.

Schmidt (Würgendorf), Hermann, * 06.02.1917 Allendorf/Lahn-Dillkreis, † 10.02.1983 Burbach; ev.; Leitender Angestellter, Prokurist. ~ (2) 1950–1961 MdL Nordrhein-Westfalen (SPD); 1961–1983 MdB (SPD). ~ (3) 1969–1972 stellv. Vorsitzender des Verteidigungsausschusses; 1973–April 1975 Vorsitzender des Verteidigungsausschusses; 1975–1976 Parl. Staatssekretär beim Bundesminister der Verteidigung. ~ (4) // ~ (5) 1967–1968 und 1968–1971 Mitglied, 1971–1973 stellv. Mitglied und 1977–1983 Mitglied der Parl. Versammlung des Europarats.

Schmidt (München), Manfred, * 16.01.1936 Schwabhausen/München, † 21.08.2016 München; Jurist (Staatsanwalt). ~ (2) 1969–1990 MdB (SPD). ~ (3) // ~ (4) // ~ (5) 1973–1979 MdEP.

Schmidt (Gellersen), R(einhold) Martin, Dr., * 16.06.1914 Gassen/Niederlausitz, † 30.07.2002; ev.; Diplomlandwirt. ~ (2) 1949–1987 MdB (SPD). ~ (3) 1961–1969 stellv. Vorsitzender; 1969–1987 Vorsitzender des Ausschusses für Ernährung, Landwirtschaft u. Forsten. ~ (4) // ~ (5) 1958–1961 MdEP.

Schmidt (Niederselters), Wolfgang, * 18.04.1934 Niederselters, † 22.05.2000 Selters/Taunus; kath.; Angestellter. ~ (2) 1969–1976 und 1978–1980 MdB (SPD). ~ (3) // ~ (4) // ~ (5) //.

Schmitt-Vockenhausen, Hermann, Dr., * 31.01.1923 Vockenhausen/Taunus, † 02.08.1979 Bad Soden; kath.; Kaufmännischer Angestellter, Jurist, Verlagskaufmann. ~ (2) 1953–1979 MdB (SPD). ~ (3) Januar 1961–1969 Vorsitzender des Ausschusses für Inneres; 1961–1969 Vorsitzender des Fraktionsarbeitskreises II »Innenpolitik«; 1969–1972 Vorsitzender des Fraktionsarbeitskreises II »Inneres, Bildung und Sport«; 1969–1979 Vizepräsident des Deutschen Bundestages; 1975–1976 stellv. Vorsitzender des 2. Sonderausschusses zur Vorbereitung und Erarbeitung eines Gesetzes zur Ausführung des Art. 48 GG. ~ (4) // ~ (5) 1973–1979 Präsident des Deutschen Städte- und Gemeindebundes.

Schmude, Jürgen, Dr., * 09.06.1936 Insterburg/Ostpreußen; ev.; Jurist (Rechtsanwalt). ~ (2) 1969–1994 MdB (SPD). ~ (3) 1974–1976 Parl. Staatssekretär beim Bundesminister des Innern; 1976–1978 Vorsitzender des Fraktionsarbeitskreises I »Außen- und Sicherheitspolitik, Innerdeutsche Beziehungen, Europa- und Entwicklungspolitik«; 1978–Januar 1981 Bundesminister für Bildung und Wissenschaft; Januar 1981–1982 Bundesminister der Justiz; September–Oktober 1982 Bundesminister des Innern; 1984–1985 stellv. Fraktionsvorsitzender. ~ (4) // ~ (5) 1985–2003 Präses der Evangelischen Kirche in Deutschland.

Schöfberger, Rudolf, Dr. * 29.06.1935 München, † 13.11.2019 München; Postangestellter, Jurist (Rechtsanwalt), Verwaltungsbeamter. ~ (2) 1966–07.12.1972 MdL Bayern (SPD), 1972–1994 MdB (SPD). ~ (3) // ~ (4) 1967–1970 Vorsitzender der bayerischen Jungsozialisten; 1970–1972 stellv. Vorsitzender; 1972–1976 Vorsitzender der SPD München; 1985–1991 Landesvorsitzender der SPD Bayern. ~ (5) //.

Schonhofen, Friedrich, * 22.09.1921 Hille/Westfalen, † 03.07.1984 Nienburg/Weser; ev.; Bahnangestellter, Gewerkschaftsfunktionär. ~ (2) 1965–1976 MdB (SPD). ~ (3) // ~ (4) // ~ (5) //.

Schreiber, Heinz, * 24.11.1942 Solingen; Diplomkaufmann, Dozent. ~ (2) 1972–1983 MdB (SPD). ~ (3) // ~ (4) // ~ (5) 1977–1979, 1984–1989 MdEP.
Schulte (Unna), Manfred, * 16.08.1930 Hamm, † 19.09.1998 Hameln; Jurist (Richter), Verwaltungsbeamter. ~ (2) 1965–1987 MdB (SPD). ~ (3) 1967–1975 Parl. Geschäftsführer; 1975–1987 Vorsitzender des Ausschusses für Wahlprüfung, Immunität und Geschäftsordnung. ~ (4) // ~ (5) 1973–1981 stellv. Mitglied und 1981–1987 Mitglied der Parlamentarischen Versammlung des Europarats.
Schwabe, Wolfgang, * 12.10.1910 Frankfurt/Main, † 04.01.1978 Dietzenbach; Angestellter, Verwaltungsbeamter. ~ (2) 1961–1978 MdB (SPD). ~ (3) // ~ (4) // ~ (5) 1970–1978 MdEP.
Schwedler, Rolf, * 25.03.1914 Berlin, † 13.02.1981 Berlin; Diplomingenieur. ~ (2) 1958–1972 Mitglied des Abgeordnetenhauses von Berlin (SPD), 1972–1976 MdB (SPD). ~ (3) 1955–1972 Berliner Senator für Bau- und Wohnungswesen; 1972–1976 stellv. Vorsitzender des Ausschusses für Raumordnung, Bauwesen und Städtebau. ~ (4) 1961–1969 Mitglied des Landesvorstands der Berliner SPD. ~ (5) //.
Schweitzer, Carl-Christoph, Prof. Dr., * 03.10.1924 Potsdam, † 04.07.2017 Bonn; ev.; Politikwissenschaftler, Verwaltungsangestellter, Hochschullehrer. ~ (2) 1972–1976, 11.03.1980–1980 MdB (SPD). ~ (3) // ~ (4) // ~ (5) //.
Schwencke, Olaf, Dr., * 27.01.1936 Pinneberg; Schiffsmaschinenschlosser, Theologe. ~ (2) 1972–1980 MdB (SPD). ~ (3) // ~ (4) // ~ (5) 1973–1979 Mitglied der Parlamentarischen Versammlung des Europarates, 1979–1984 MdEP.
Schwenk, Wolfgang, Dr., * 05.08.1931 Hamburg, † 09.05.2011 Stade; ev.; Chemiehilfswerker, Jurist, Verwaltungsbeamter. ~ (2) 1974–1987 MdB (SPD). ~ (3) // ~ (4) // ~ (5) //.
Seefeld, Horst, * 21.11.1930 Berlin, † 10.01.2018 Bretten; Speditionskaufmann, Parteifunktionär. ~ (2) 1969–1980 MdB (SPD). ~ (3) // ~ (4) 1961–1967 stellv. Bundesvorsitzender der Jungsozialisten. ~ (5) 1970–1989 MdEP.
Seibert, Philipp, * 20.03.1915 Gimbsheim/Kreis Worms, † 20.11.1987 Frankfurt/Main; ev.; Technischer Kaufmann, Bahnangestellter. ~ (2) 1961–1976 MdB (SPD). ~ (3) // ~ (4) // ~ (5) 1959–1979 Erster Vorsitzender der Gewerkschaft der Eisenbahner Deutschlands.
Sieglerschmidt, Hellmut, * 17.10.1917 Berlin, † 01.03.1992 Berlin; ev.; Diplomkaufmann, kaufmännischer Angestellter, Verwaltungsangestellter, Journalist, Verwaltungsbeamter. ~ (2) 1946–1947 MdL Mecklenburg (LDP); 1969–1980 MdB (SPD). ~ (3) // ~ (4) // ~ (5) 1970–1973 stellv. Mitglied und 1973–1977 Mitglied der Parlamentarischen Versammlung des Europarats; 1977–1984 MdEP.
Simon, Paul Heinrich, * 30.10.1912 Regensburg, † 26.10.1978 Regensburg; Grund- und Hauptschullehrer. ~ (2) 1969–1976 MdB (SPD). ~ (3) // ~ (4) // ~ (5) //.
Simpfendörfer, Hansmartin, * 22.06.1934 Creglingen; ev.; Gymnasiallehrer. ~ (2) 1972–1980 MdB (SPD). ~ (3) // ~ (4) 1968–1972 Vorsitzender des SPD-Kreisverbands Bad Mergentheim. ~ (5) //.
Slotta, Günter, Prof. Dr., * 04.08.1924 Beuthen/Oberschlesien, † 09.06.1974 Saarbrücken; ev.; Lehrer, Pädagoge, Hochschullehrer. ~ (2) 1969–1974 MdB (SPD). ~ (3) // ~ (4) 1970–1974 stellv. Vorsitzender der saarländischen SPD. ~ (5) //.
Sperling, Dietrich, Dr., * 01.03.1933 Sagan/Schlesien; Jurist, Angestellter im Bildungsbereich. ~ (2) 1969–1998 MdB (SPD). ~ (3) 1978–1982 Parl. Staatssekretär beim Bundesminister für Raumordnung, Bauwesen u. Städtebau. ~ (4) // ~ (5) //.

Spillecke, Hermann, * 15.05.1924 Homberg/Niederrhein, † 05.05.1977 Bonn; ev.; Lehrer. ~ (2) 1962–1965 MdL Nordrhein-Westfalen (SPD); 1965–1977 MdB (SPD). ~ (3) // ~ (4) // ~ (5) 1977 MdEP.

Staak (Hamburg), Werner, * 29.01.1933 Trittau/Kreis Stormarn, † 27.11.2006 Hamburg; Tischler, Betriebswirt, Arbeiter, Angestellter. ~ (2) April–Mai 1970 Mitglied der Hamburgischen Bürgerschaft (SPD); 1970–1974 MdB (SPD). ~ (3) 1974–1980 Senator für Inneres in Hamburg. ~ (4) // ~ (5) //.

Stahl, Erwin, * 25.06.1931 Eigenheim (Kr. Hohensalza, Posen), † 07.08.2019 Tönisberg; ev.; Bergmann, Bergingenieur. ~ (2) 1972–1990 MdB (SPD). ~ (3) 1978–1982 Parlamentarischer Staatssekretär beim Bundesminister für Forschung und Technologie. ~ (4) 1969–1986 Vorsitzender des SPD-Unterbezirks Kempen. ~ (5) //.

Steinhauer, Waltraud, * 08.02.1925 Velbert, † 09.03.2002 Velbert; ev.; Industriekauffrau, Gewerkschaftsfunktionärin. ~ (2) 1974–1990 MdB (SPD). ~ (3) 1983–1987 Vorsitzende der Kommission für Mitarbeiterangelegenheiten des Ältestenrates. ~ (4) 1969–1988 Vorstandsmitglied des SPD-Bezirkes Westliches Westfalen. ~ (5) //.

Stienen, Karl-Heinz, Dr., * 11.07.1932 Duisburg, † 17.02.2004 Krefeld; kath.; Jurist (Rechtsanwalt). ~ (2) 1972–1976 MdB (SPD), ab 08.12.1976 fraktionslos. ~ (3) // ~ (4) 1972–1976 stellv. Vorsitzender des SPD-Unterbezirks Krefeld. ~ (5) //.

Suck, Walter, * 21.09.1912 Flensburg, † 11.11.1983 Flensburg; ev.; Maschinenbauer, technischer Angestellter, Gewerkschaftsfunktionär. ~ (2) 1969–1976 MdB (SPD). ~ (3) // ~ (4) 1967–1971 Vorsitzender des SPD-Kreisverbandes Flensburg-Stadt. ~ (5) 1975–1977 MdEP.

Sund, Olaf, * 31.08.1931 Heide (Dithmarschen), † 08.01.2010 Beedenbostel bei Celle; Verwaltungsangestellter. Diplomvolkswirt, Angestellter im Bildungsbereich, 1982–1991 Präsident des Landesarbeitsamtes Nordrhein-Westfalen. ~ (2) 1970–1972 MdL Niedersachsen; 1972–1977 MdB (SPD); 1979–1982 Mitglied des Abgeordnetenhauses von Berlin (SPD). ~ (3) 1977–1981 Senator für Arbeit und Soziales des Landes Berlin; 1981–1982 stellv. Vorsitzender der Berliner SPD-Fraktion; 1991–1996 Staatssekretär im Ministerium für Arbeit, Soziales, Gesundheit und Frauen des Landes Brandenburg. ~ (4) // ~ (5) //.

Tietjen, Günther, * 09.11.1943 Heisfelde, † 07.07.1993 Leer; ev.; Kriminalpolizeibeamter. ~ (2) 1974–1976, 1980–1993 MdB (SPD). ~ (3) // ~ (4) 1974–1987 Vorsitzender des SPD-Unterbezirks Leer. ~ (5) //.

Timm, Helga, Dr., * 11.07.1924 Hamburg, † 06.12.2014 Darmstadt; Historikerin, Dozentin. ~ (2) 1969–1990 MdB (SPD). ~ (3) 1973–Januar 1987 Parl. Geschäftsführerin. ~ (4) // ~ (5) //.

Tönjes, Albert, * 02.01.1920 Oldenburg i. O., † 25.04.1980 Rheine; ev.; Ingenieur, Bundesbahnbeamter. ~ (2) 1965–1980 MdB (SPD). ~ (3) // ~ (4) // ~ (5) //.

Urbaniak, Hans-Eberhard, * 09.04.1929 Dortmund; Bergmann, Gewerkschaftsfunktionär. ~ (2) 1970–2002 MdB (SPD). ~ (3) // ~ (4) stellv. Bundesvorsitzender der Arbeitsgemeinschaft für Arbeitnehmerfragen in der SPD. ~ (5) //.

Vahlberg, Jürgen, * 12.02.1939 Braunschweig; Schriftsetzer, Diplomsoziologe. ~ (2) 1972–1976, 1983–1990 MdB (SPD). ~ (3) // ~ (4) Mitglied des Präsidiums und Schatzmeister der Bayerischen SPD, seit 2016 als Ehrenvorsitzender Mitglied im SPD-Bundesvorstand, Bundesvorsitzender der Arbeitsgemeinschaft der Selbständigen in der SPD und deren Ehrenvorsitzender. ~ (5) //.

Vit, Franz, * 06.10.1916 Herrlich/Kreis Dux (Sudetenland), † 11.04.2005 Jülich; kath.; kaufmännischer Angestellter. ~ (2) 1965–1976 MdB (SPD). ~ (3) // ~ (4) // ~ (5) //.

Vogel, Hans-Jochen, Dr., * 03.02.1926 Göttingen, † 26.07.2020, München; kath.; Jurist, Verwaltungsbeamter. ~ (2) 1972–28.01.1981, 1983–1994 MdB (SPD), 1981–1983 Mitglied des Abgeordnetenhauses von Berlin (SPD). ~ (3) 1960–1972 Oberbürgermeister von München; 1972–1974 Bundesminister für Raumordnung, Bauwesen und Städtebau; 1974–1981 Bundesminister der Justiz; 1981 Regierender Bürgermeister von Berlin; 1983–1991 Vorsitzender der SPD-Bundestagsfraktion. ~ (4) 1971–1977 Landesvorsitzender der SPD Bayern; 1984–1987 stellv. Parteivorsitzender; 1987–1991 Parteivorsitzender der SPD. ~ (5) 1964–1972 Präsident des Bayerischen Städtetags; 1971 Präsident des Deutschen Städtetags.

Vogelsang, Kurt, * 04.08.1925 Gadderbau, † 05.10.2015 Bielefeld; Werkzeugmacher, Gewerkschaftsfunktionär. ~ (2) 1972–1987 MdB (SPD). ~ (3) 1980–1987 Vorsitzender des Ausschusses für Bildung und Wissenschaft. ~ (4) // ~ (5) //.

Voigt, Karsten, * 11.04.1941 Elmshorn; ev.; Leitender Angestellter im Bildungsbereich. ~ (2) 1976–1998 MdB (SPD). ~ (3) // ~ (4) 1969–1972 Bundesvorsitzender; 1972–1973 stellv. Bundesvorsitzender der Jungsozialisten; 1984–1995 Mitglied des SPD-Parteivorstands. ~ (5) 1977–1998 Mitglied, 1992–1994 Vizepräsident, 1994–1996 Präsident der Nordatlantischen Versammlung.

Walkhoff, Karl-Heinz, * 26.02.1936 Habighorst/Celle; ev.; Gymnasiallehrer. ~ (2) 1969–1976, 1978–1980 MdB (SPD). ~ (3) // ~ (4) // ~ (5) 1973–1977 MdEP.

Waltemathe, Ernst, * 02.02.1935 Bremen, † 09.06.1997 Bremen; Verwaltungsbeamter. ~ (2) 1972–1994 MdB (SPD). ~ (3) // ~ (4) 1964–1969 Landesvorsitzender der Bremer Jungsozialisten. ~ (5) //.

Walther, Rudi, * 22.10.1928 Kassel, † 16.10.2010 Wolfhagen; ev.; Verwaltungsbeamter. ~ (2) 1972–1994 MdB (SPD). ~ (3) 1957–1972 Bürgermeister der Stadt Zierenberg, 1983–1994 Vorsitzender des Haushaltsausschusses. ~ (4) 1972–1986 Schatzmeister des SPD-Bezirks Hessen-Nord. ~ (5) //.

Weber (Köln), Hubert, Dr., * 10.05.1929 Bad Kissingen; kath.; Jurist (Rechtsanwalt), 1960–1969 richterliches Mitglied am Verfassungsgerichtshof Nordrhein-Westfalen. ~ (2) 1969–1980 MdB (SPD). ~ (3) // ~ (4) // ~ (5) //.

Wehner, Herbert, * 11.07.1906 Dresden, † 19.01.1990 Bonn; ev.; Industriekaufmann, Journalist/Redakteur, Verbands- und Gewerkschaftsfunktionär. ~ (2) 1930–1931 MdL Sachsen (KPD); 1949–1983 MdB (SPD). ~ (3) 1949–1966 Vorsitzender des Ausschusses für gesamtdeutsche (und Berliner) Fragen; 1953–1967 Vorsitzender des Fraktionsarbeitskreises I »Außenpolitik« (ab 1961 Arbeitskreis »Außenpolitik und gesamtdeutsche Fragen«); 1956–1957 stellv. Vorsitzender des Auswärtigen Ausschusses; 1957–1958 und 1964–1966 stellv. Fraktionsvorsitzender; Dezember 1966–1969 Bundesminister für gesamtdeutsche Fragen; 1969–1983 Fraktionsvorsitzender; 1969–1972 stellv. Vorsitzender des Ausschusses zur Wahrung der Rechte der Volksvertretung gemäß Art. 45 GG; 1980 Alterspräsident des Deutschen Bundestages. ~ (4) 1927–1942 Mitglied der KPD; seit 1946 SPD; 1958–1973 stellv. SPD-Bundesvorsitzender. ~ (5) 1952–1958 MdEP.

Wende, Manfred, * 23.12.1927 Breslau, † 03.08.2015 Stuttgart; ev.; Journalist. ~ (2) 1969–1976 MdB (SPD). ~ (3) // ~ (4) // ~ (5) 1975–1977 stellv. Mitglied der Parlamentarischen Versammlung des Europarats.

Wendt, Martin, * 24.03.1935 Velmede, † 08.09.2010; kath.; Zimmererlehre, Ingenieur für Tiefbau. ~ (2) 1965–1980 MdB (SPD). ~ (3) // ~ (4) // ~ (5) //.

Wernitz, Axel, Dr., * 17.04.1937 Königsberg (Ostpreußen); ev.; Diplomkaufmann. ~ (2) 1970–07.12.1972 MdL Bayern (SPD), 1972–1994 MdB (SPD). ~ (3) 1976–1987 Vorsitzender des Innenausschusses. ~ (4) // ~ (5) //.

Westphal, Heinz, * 04.06.1924 Berlin, † 30.10.1998 Bonn; konfessionslos; Schlosser. ~ (2) 1965–1990 MdB (SPD). ~ (3) 1969–1974 Parl. Staatssekretär beim Bundesminister für Jugend, Familie u. Gesundheit; 1976–28.04.1982 Vorsitzender des Fraktionsarbeitskreises V »Öffentliche Finanzwirtschaft«; April–Oktober 1982 Bundesminister für Arbeit und Sozialordnung; 1983–1990 Vizepräsident des Deutschen Bundestages. ~ (4) 1953–1957 Vorsitzender der Sozialistischen Jugend Deutschlands »Die Falken«. ~ (5) //.

Wichert, Günter, Dr., * 20.05.1935 Steinen/Kreis Johannisburg (Ostpreußen); Historiker. ~ (2) 1969–1974 MdB (SPD). ~ (3) 1974–1976 Staatssekretär im niedersächsischen Ministerium für Wissenschaft u. Kunst. ~ (4) // ~ (5) //.

Wiefel, Bruno, * 02.12.1924 Betzdorf/Sieg, † 23.09.2001 Leverkusen; ev.; Gewerkschafts- und Parteifunktionär. ~ (2) 1961–1962 MdL Nordrhein-Westfalen (SPD); 1965–1987 MdB (SPD). ~ (3) // ~ (4) // ~ (5) //.

Wienand, Karl, * 15.12.1926 Lindenpütz/Rosbach (Sieg), † 10.10.2011 Trier; ev.; Jurist, Gewerkschaftsfunktionär, Unternehmer, Unternehmensberater. ~ (2) 1953–1974 MdB (SPD). ~ (3) 1963–1967 stellv. Vorsitzender des Ausschusses für Verteidigung; 1964–1967 Vorsitzender des Fraktionsarbeitskreises VIII »Sicherheitsfragen«; 1967–1974 Parl. Geschäftsführer. ~ (4) 2002 Aussetzung der SPD-Parteimitgliedschaft durch den Parteivorstand; Juli 2002 Parteiaustritt. ~ (5) 1959–1973 stellv. Mitglied der Parlamentarischen Versammlung des Europarats.

Wilhelm, Werner, * 23.12.1919 Neunkirchen, † 17.11.2006; ev.; Verwaltungsangestellter, Verwaltungsbeamter. ~ (2) 1958–1980 MdB (SPD). ~ (3) // ~ (4) // ~ (5) //.

Wimmer, Manfred, * 08.03.1937 Eggenfelden, † 05.01.1993 München; kath.; Verwaltungsbeamter. ~ (2) 1974–1976, 1980–1983 MdB (SPD). ~ (3) // ~ (4) 1972–1977 Vorsitzender des SPD-Kreisverbandes Rottal-Inn. ~ (5) //.

Wischnewski, Hans-Jürgen, * 24.07.1922 Allenstein/Ostpreußen, † 24.02.2005 Köln; konfessionslos; Metallarbeiter, Gewerkschaftsfunktionär. ~ (2) 1957–1990 MdB (SPD). ~ (3) Dezember 1966–1968 Bundesminister für wirtschaftliche Zusammenarbeit; Mai–August 1974 Parl. Staatssekretär, bis 1976 Staatsminister im Auswärtigen Amt; 1976–1979 Staatsminister im Bundeskanzleramt; 1976–1979 Bevollmächtigter der Bundesregierung in Berlin; 1980–1981 stellv. Fraktionsvorsitzender; April–Oktober 1982 Staatsminister im Bundeskanzleramt; 1981–1982 stellv. Vorsitzender des Untersuchungsausschusses »Fall Rauschenbach«; 1983–1984 und 1987–1990 stellv. Vorsitzender des Auswärtigen Ausschusses. ~ (4) 1959–1961 Bundesvorsitzender der Jungsozialisten; 1968–1972 Bundesgeschäftsführer der SPD; Dezember 1979–1982 stellv. SPD-Vorsitzender; 1984/85 Schatzmeister der SPD. ~ (5) 1961–1965 MdEP.

With, Hans de, Dr., * 21.05.1932 Gera; Jurist (Staatsanwalt, Rechtsanwalt). ~ (2) 1969–1994 MdB (SPD). ~ (3) 1972–Juni 1974 Vorsitzender des Ausschusses für Wahlprüfung, Immunität u. Geschäftsordnung; 1974–1982 Parl. Staatssekretär beim Bundesminister der Justiz. ~ (4) 1967–1991 Vorsitzender des SPD-Unterbezirks Bamberg; 1970–1990 stellv. Vorsitzender des SPD-Bezirks Franken. ~ (5) //.

Wittmann (Straubing), Otto, * 13.08.1921 Straubing, † 03.02.2006 Straubing; Schlosserlehre, Lokomotivführer, Bahnbeamter. ~ (2) 1969–1980 MdB (SPD). ~ (3) // ~ (4) // ~ (5) //.

Wolf, Willi, * 24.02.1924 Essen, † 30.09.2007 Lingen; Dreher, Bergmann, Gewerkschaftsfunktionär. ~ (2) 1963–1976 MdB (SPD). ~ (3) // ~ (4) // ~ (5) //.

Wolfram (Recklinghausen), Erich, * 05.10.1928 Bruch/Sudetenland, † 08.02.2003; ev.; Diplom-Versicherungssachverständiger, Leitender Angestellter. ~ (2) 1969–1987 MdB

(SPD). ~ **(3)** 1972–1986 Oberbürgermeister der Stadt Recklinghausen. ~ **(4)** // ~ **(5)** 1970–1973 MdEP.

Wrede, Lothar, *12.11.1930 Hagen, † 28.02.2019; Betriebselektriker, kaufmännischer Angestellter. ~ **(2)** 1962–1969 MdL Nordrhein-Westfalen (SPD); 1969–1983 MdB (SPD). ~ **(3)** 1964–1971 Oberbürgermeister von Hagen; Dezember 1976–1980 Parl. Staatssekretär beim Bundesminister für Verkehr u. für das Post- u. Fernmeldewesen; 1980–1982 Vorsitzender des Ausschusses für das Post- und Fernmeldewesen; April–Oktober 1982 Parl. Staatssekretär beim Bundesminister für innerdeutsche Beziehungen. ~ **(4)** // ~ **(5)** //.

Wurche, Gottfried, *24.09.1929 Essen; Bahnbeamter, Leitender Angestellter. ~ **(2)** 1963–1965 und 1979–1986 Mitglied des Abgeordnetenhauses von Berlin (SPD); 1972–1975 MdB (SPD). ~ **(3)** 1975–1979 Bürgermeister des Berliner Bezirks Tiergarten. ~ **(4)** 1962–1982 Kreisvorsitzender der SPD Tiergarten. ~ **(5)** //.

Würtz, Peter, *06.09.1939 Berlin; ev.; Maschinenschlosser, Berufssoldat. ~ **(2)** 1969–1990 MdB (SPD). ~ **(3)** // ~ **(4)** // ~ **(5)** 1977–1979 MdEP.

Wüster, Kurt, *29.06.1925 Lüttringhausen, †22.11.1999 Remscheid; ev.; Kaufmann, Leitender Angestellter, Betriebsingenieur. ~ **(2)** 1969–1980 MdB (SPD). ~ **(3)** // ~ **(4)** // ~ **(5)** //.

Wuttke, Günther, *07.12.1923 Breslau, †11.02.2002 Fulda; Maschinenbauarbeiter, Angestellter. ~ **(2)** 1969–1983 MdB (SPD). ~ **(3)** // ~ **(4)** // ~ **(5)** //.

Wuwer, Johann, *23.07.1922 Gladbeck, †11.07.2009; kath.; Diplomvolkswirt, Leitender Angestellter. ~ **(2)** 1965–1980 MdB (SPD). ~ **(3)** 1963–1965 Oberbürgermeister von Gladbeck. ~ **(4)** // ~ **(5)** //.

Zander, Karl Fred, *23.1.1935 Köln, †06.11.2012 Frankfurt/Main; Kraftfahrzeughandwerker, Gewerkschaftsfunktionär. ~ **(2)** 03.11.1969–1990 MdB (SPD). ~ **(3)** Dezember 1972–1974 Parl. Staatssekretär beim Bundesminister für Bildung und Wissenschaft; 1974–1982 Parl. Staatssekretär beim Bundesminister für Jugend, Familie und Gesundheit. ~ **(4)** // ~ **(5)** //.

Zebisch, Franz Josef, *16.10.1920 Weiden, †24.2.1988 Gran Canaria; kath.; Arbeiter. ~ **(2)** 1965–1980 MdB (SPD). ~ **(3)** // ~ **(4)** // ~ **(5)** //.

Zeitler, Werner, *28.09.1926 Triebes (Thüringen), †24.01.2004; Jugendpfleger, Gewerkschaftsfunktionär, Parteifunktionär. ~ **(2)** 1972–1990 MdB (SPD). ~ **(3)** 1980–1983 Parlamentarischer Geschäftsführer der SPD-Fraktion. ~ **(4)** 1969–1972 Geschäftsführer des SPD-Landesverbandes Nordrhein-Westfalen; 1972–1991 Vorsitzender des SPD-Unterbezirks Dortmund. ~ **(5)** //.

D. Verzeichnis der Archivalien

Archiv für soziale Demokratie, Bonn (AdsD)

SPD-Fraktion im Deutschen Bundestag, 7. Wahlperiode
– Fraktionssitzungen
– Fraktionsvorstandssitzungen
– Arbeitskreise und Arbeitsgruppen
– Fraktionsgeschäftsführung/Parlamentarische Geschäftsführer der SPD-Bundestagsfraktion
– Büro Herbert Wehner
– Audiomaterial der SPD-Bundestagsfraktion, 7. Wahlperiode

SPD-Parteivorstand
– Sitzungsprotokolle von Präsidium, Parteirat und Parteivorstand

Nachlässe

Parlamentsarchiv des Deutschen Bundestags, Berlin

– Ältestenrat, 7. Wahlperiode
– Gesetzesdokumentation

Pressedokumenation des Deutschen Bundestags, Berlin

Sammlung von Zeitungen und Zeitschriften
Presseausschnittsammlung zu Abgeordneten und Mitgliedern der Bundesregierung

E. Quellen- und Literaturverzeichnis

AAPD 1972 = Akten zur Auswärtigen Politik der Bundesrepublik Deutschland 1972, hrsg. im Auftrag des Auswärtigen Amts vom Institut für Zeitgeschichte, bearbeitet von Mechthild Lindemann, Daniela Taschler, Fabian Hilfrich und Ilse Dorothee Pautsch, 3 Teilbände, München 2003.

AAPD 1973 = Akten zur Auswärtigen Politik der Bundesrepublik Deutschland 1973, hrsg. im Auftrag des Auswärtigen Amts vom Institut für Zeitgeschichte, bearbeitet von Matthias Peters, Michael Kieninger, Michael Ploetz, Mechthild Lindemann, Fabian Hilfrich und Ilse Dorothee Pautsch, 3 Teilbände, München 2004.

AAPD 1974 = Akten zur Auswärtigen Politik der Bundesrepublik Deutschland 1974, hrsg. im Auftrag des Auswärtigen Amts vom Institut für Zeitgeschichte, bearbeitet von Daniela Taschler, Fabian Hilfrich, Michael Ploetz und Ilse Dorothee Pautsch, 2 Teilbände, München 2005.

AAPD 1975 = Akten zur Auswärtigen Politik der Bundesrepublik Deutschland 1975, hrsg. im Auftrag des Auswärtigen Amts vom Institut für Zeitgeschichte, bearbeitet von Michael Kieninger, Mechthild Lindemann, Daniela Taschler und Ilse Dorothee Pautsch, 2 Teilbände, München 2006.

AAPD 1976 = Akten zur Auswärtigen Politik der Bundesrepublik Deutschland 1976, hrsg. im Auftrag des Auswärtigen Amts vom Institut für Zeitgeschichte, bearbeitet von Matthias Peters, Michael Ploetz, Tim Geiger und Ilse Dorothee Pautsch, 2 Teilbände, München 2007.

ABELSHAUSER, Werner: Deutsche Wirtschaftsgeschichte. Von 1945 bis in die Gegenwart, München, 2. überarbeitete, aktualisierte und erw. Neuauflage 2011.

ABELSHAUSER, Werner (Hrsg.): Das Bundeswirtschaftsministerium in der Ära der Sozialen Marktwirtschaft. Der Deutsche Weg der Wirtschaftspolitik (= Wirtschaftspolitik in Deutschland 1917–1990, Band 4), Berlin/Boston 2016.

ALLENSBACHER JAHRBUCH DER DEMOSKOPIE 1974–1976, Band VI, herausgegeben von Elisabeth Noelle-Neumann, Wien/München/Zürich 1976.

APEL, Hans: Bonn, den … . Tagebuch eines Bundestagsabgeordneten, Köln 1972.

AUSSERORDENTLICHER PARTEITAG DER SOZIALDEMOKRATISCHEN PARTEI DEUTSCHLANDS IN BONN-BAD GODESBERG VOM 18. BIS 20. NOVEMBER 1970. 1. Teil Steuerreform, Massenmedien, § 218 StGB. Protokoll der Verhandlungen. Hrsg. vom Vorstand der SPD, Bonn o. J.

AUSSERORDENTLICHER PARTEITAG DER SOZIALDEMOKRATISCHEN PARTEI DEUTSCHLANDS IN DORTMUND AM 12. UND 13. OKTOBER 1972, Protokoll der Verhandlungen, Dokumentarischer Anhang, herausgegeben vom Vorstand der SPD, Bonn o. J. (1973).

AUSWÄRTIGER AUSSCHUSS 1972–1976 = Der Auswärtige Ausschuss des Deutschen Bundestages. Sitzungsprotokolle 1972–1976. Bearbeitet von Joachim Wintzer, 2 Halbbände, Düsseldorf 2010.

BAGE = Entscheidungen des Bundesarbeitsgerichts, herausgegeben von den Mitgliedern des Gerichtshofs, Berlin/New York 1955 ff.

BAHL, Holger: Karl Wienand. Hochbezahlter Landesverräter oder ein mögliches Fehlurteil?, in: Deutschland-Archiv 6 (2005), S. 1071–1077.

BALZ, Hanno: Von Terroristen, Sympathisanten und dem starken Staat. Die öffentliche Debatte über die RAF in den 70er Jahren, Frankfurt a. M./New York 2008.

BARING, Arnulf: Machtwechsel. Die Ära Brandt–Scheel. Unter Mitarbeit von Manfred Görtemaker, Berlin 1998.

BIOGRAPHISCHES HANDBUCH der Mitglieder des Deutschen Bundestages 1949–2002. Herausgegeben von Rudolf Vierhaus und Ludolf Herbst unter Mitarbeit von Bruno Jahn, 3 Bände, München 2002/2003.

Bocks, Philipp: Mehr Demokratie gewagt? Das Hochschulrahmengesetz und die sozial-liberale Reformpolitik 1969–1976, Bonn 2012.

Boll, Friedhelm (Hrsg.): Die SPD im Deutschen Bundestag. Der Bildband zur Geschichte der sozialdemokratischen Bundestagsfraktion 1949–2009. Mit Fotos von Jupp, Frank und Marc Darchinger u. a., Bonn 2009

Bracher, Karl Dietrich/Jäger, Wolfgang/Link, Werner: Die Ära Brandt 1969–1974 (Geschichte der Bundesrepublik Deutschland, Band 5, hrsg. von Karl Dietrich Bracher), Stuttgart 1986.

Brandt, Hugo (Hrsg.): Hoffen, zweifeln, abstimmen. Seit 1969 im Bundestag. 14 SPD-Abgeordnete berichten, Reinbek 1980.

Brandt, Willy – Berliner Ausgabe, Band 5: Die Partei der Freiheit. Willy Brandt und die SPD 1972–1992, bearbeitet von Karsten Rudolph, Bonn 2002.

Brandt, Willy – Berliner Ausgabe, Band 6: Ein Volk der guten Nachbarn. Außen- und Deutschlandpolitik 1966–1974, bearbeitet von Frank Fischer, Bonn 2005.

Brandt, Willy – Berliner Ausgabe, Band 7: Mehr Demokratie wagen. Innen- und Gesellschaftspolitik 1966–1974, bearbeitet von Wolther von Kieseritzky, Bonn 2001.

Braunthal, Gerhard: Political Loyalty and Public Service in West Germany. The 1972 Decree against Radicals and Its Consequences, Amherst 1990.

Braunthal, Gerhard: The German Social Democrats since 1969. A Party in Power and Opposition, Boulder, 2nd. Ed. 1994.

Bulletin der Europäischen Gemeinschaften, herausgegeben vom Generalsekretariat der Kommission der Europäischen Gemeinschaften, Brüssel 1968 ff.

Bulletin des Presse- und Informationsamtes der Bundesregierung, Bonn 1951 ff.

BVerfGE: Entscheidungen des Bundesverfassungsgerichts, herausgegeben von den Mitgliedern des Bundesverfassungsgerichts, Tübingen 1953 ff.

Chronik der deutschen Sozialdemokratie. Band III. Nach dem Zweiten Weltkrieg, zusammengestellt und bearbeitet von Franz Osterroth/Dieter Schuster, Bonn, 2. neu bearb. Aufl. 1978.

Datenhandbuch 1949–1999 = Schindler, Peter: Datenhandbuch zur Geschichte des Deutschen Bundestages. 1949 bis 1999. Gesamtausgabe in drei Bänden. Eine Veröffentlichung des Wissenschaftlichen Dienstes des Deutschen Bundestages. Baden-Baden 1999.

Der Deutsche Bundestag 1949 bis 1989 in den Akten des Ministeriums für Staatssicherheit (MfS) der DDR. Gutachten an den Deutschen Bundestag gemäß Paragraph 37 Absatz 3 des Stasi-Unterlagen-Gesetzes, Berlin 2013.

Der Deutsche Gewerkschaftsbund. 1969–1975. Bearbeitet und eingeleitet von Klaus Mertsching (= Quellen zur Geschichte der deutschen Gewerkschaftsbewegung im 20, Jahrhundert, Band 16), Bonn 2013.

Der Deutsche Gewerkschaftsbund. 1975–1982. Bearbeitet und eingeleitet von Johannes Platz (= Quellen zur Geschichte der deutschen Gewerkschaftsbewegung im 20. Jahrhundert, Band 17), Bonn 2019.

Die CDU/CSU-Fraktion im Deutschen Bundestag. Sitzungsprotokolle 1972–1976, bearbeitet von Kathrin Zehender, 2 Halbbände, Düsseldorf 2016.

Die CSU-Landesgruppe im Deutschen Bundestag. Sitzungsprotokolle 1972–1983, bearbeitet von Volker Stalmann, Düsseldorf 2019.

Die SPD-Fraktion im Deutschen Bundestag. Sitzungsprotokolle 1966–1969, bearbeitet von Bettina Tüffers, Düsseldorf 2009.

Die SPD-Fraktion im Deutschen Bundestag. Sitzungsprotokolle 1969–1972, bearbeitet von Sven Jüngerkes, 2 Halbbände, Düsseldorf 2017.

Dokumente zur Deutschlandpolitik. VI. Reihe: 21. Oktober 1969 bis 30. September 1982. Band 2: Die Bahr-Kohl-Gespräche 1970–1973. Bearbeitet von Hanns Jürgen Küsters, herausgegeben vom Bundesministerium des Innern unter Mitarbeit des Bundesarchivs, München 2004.

DOKUMENTE ZUR DEUTSCHLANDPOLITIK. VI. Reihe: 21. Oktober 1969 bis 30. September 1982. Band 3: 1. Januar 1973 bis 31. Dezember 1974. Bearbeitet von Monika Kaiser und Helmut Altrichter, herausgegeben vom Bundesministerium des Innern unter Mitarbeit des Bundesarchivs, München 2005.

DOKUMENTE ZUR DEUTSCHLANDPOLITIK. VI. Reihe: 21. Oktober 1969 bis 30. September 1982. Band 4: 1. Januar 1975 bis 31. Dezember 1976. Bearbeitet von Hans-Heinrich Jansen, Anke Löbnitz und Helmut Altrichter, herausgegeben vom Bundesministerium des Innern unter Mitarbeit des Bundesarchivs, München 2007.

ENTSCHEIDUNGEN DES BUNDESARBEITSGERICHTS, Band 27 (1975) hrsg. von den Mitgliedern des Bundesarbeitsgerichts, Berlin u.a. 1980.

EUROPA-ARCHIV. Zeitschrift für Internationale Politik, herausgegeben von der Deutschen Gesellschaft für Auswärtige Politik e. V., Bonn 1946 ff.

FLACH, Karl-Hermann/MAIHOFER, Werner/SCHEEL, Walter: Die Freiburger Thesen der Liberalen, Reinbek 1972.

GANTE, Michael: § 218 in der Diskussion. Meinungs- und Willensbildung 1945–1976, Düsseldorf 1991.

GEBAUER, Annekatrin: Der Richtungsstreit in der SPD. Seeheimer Kreis und Neue Linke im innerparteilichen Machtkampf, Wiesbaden 2005.

GÖBEL, Stefan: Die Ölpreiskrisen der 1970er Jahre. Auswirkungen auf die Wirtschaft von Industriestaaten am Beispiel der Bundesrepublik Deutschland, der Vereinigten Staaten, Japans Großbritanniens und Frankreichs, Berlin 2013.

GÖRTEMAKER, Manfred: Geschichte der Bundesrepublik. Von der Gründung bis zur Gegenwart, München 1999.

GRAJETZKI, Katrin: »Kanalarbeiter« und Bundesminister. Der Sozialdemokrat Egon Franke (1913 bis 1995), Bonn 2020.

GRAU, Andreas: Auf der Suche nach den fehlenden Stimmen 1972. Zu den Nachwirkungen des gescheiterten Misstrauensvotums Barzel/Brandt, in: Historisch-Politische Mitteilungen 16 (2009), S. 1–17.

GRAU, Andreas: Der Rücktritt von Bundeskanzler Willy Brandt im Mai 1974 aus Sicht der Union: »Eine Summe von Pannen« und »mäßiges Krisenmanagement«, in: Historisch-Politische Mitteilungen 22 (2015), S. 153–170.

GREBING, Helga: Ideengeschichte des Sozialismus in Deutschland. Teil II, in: Euchner, Walter/Grebing, Helga/Stegmann, Franz Josef/Langhorst, Peter/Jähnichen, Traugott/Friedrich, Norbert (Hrsg.): Geschichte der sozialen Ideen in Deutschland. Sozialismus – Katholische Soziallehre – Protestantische Ethik. Ein Handbuch, Essen 2000, S. 490–496.

GROSSER, Alfred: Das Bündnis. Die westeuropäischen Länder und die USA seit dem Krieg, München/Wien 1978.

GRUNDSATZPROGRAMM DER SOZIALDEMOKRATISCHEN PARTEI DEUTSCHLANDS, beschlossen vom außerordentlichen Parteitag der Sozialdemokratischen Partei Deutschlands in Bad Godesberg vom 13. bis 15. November 1959, herausgegeben vom Vorstand der Sozialdemokratischen Partei Deutschlands, Bonn 1959.

HARPPRECHT, Klaus: Schräges Licht: Erinnerungen ans Überleben und Leben, Frankfurt a. M. 2014.

HEPPERLE, Sabine: Die SPD und Israel. Von der Großen Koalition bis zur Wende, Frankfurt a. M. 2000.

Herbert Wehner. Beiträge zu einer Biographie. Herausgegeben von Gerhard Jahn unter Mitwirkung von Reinhard Appel, Sven Backlund, Klaus Bölling und Günter Gaus, Köln 1976.

HOCKERTS, Hans-Günter: Vom Nutzen und Nachteil parlamentarischer Parteienkonkurrenz: Die Rentenreform 1972, ein Lehrstück, in: Karl Dietrich Bracher et al. (Hrsg.): Staat und Parteien. Festschrift für Rudolf Morsey zum 65. Geburtstag, Berlin 1992, S. 903–934.

HOECKER, Beate: Frauen in der Politik: eine soziologische Studie, Opladen 1987.

HOYMANN, Tobias: Der Streit um die Hochschulrahmengesetzgebung des Bundes. Politische Aushandlungsprozesse in der ersten großen und der sozialliberalen Koalition, Wiesbaden 2010.

HÜBNER, Emil/OBERREUTER, Heinrich/RAUSCH, Heinz (Hrsg.): Der Bundestag von innen gesehen, München 1969.

JÄGER, Alexandra: Mehr Toleranz wagen? Dier SPD und der Radikalenbeschluss in den 1970er Jahren, in: Schildt, Axel/Schmidt, Wolfgang (Hrsg): »Wir wollen mehr Demokratie wagen.« Antriebskräfte, Realität und Mythos eines Versprechens, Bonn 2019, S. 155–170.

JÄGER, Wolfgang/LINK, Werner: Republik im Wandel. 1974–1982. Die Ära Schmidt (Geschichte der Bundesrepublik Deutschland. Band 6. Herausgegeben von Karl Dietrich Bracher), Stuttgart 1987.

JAHRBUCH DER SOZIALDEMOKRATISCHEN PARTEI DEUTSCHLANDS. 1970–1972, herausgegeben vom Vorstand der Sozialdemokratischen Partei Deutschlands, Bonn o. J.

JAHRBUCH DER SOZIALDEMOKRATISCHEN PARTEI DEUTSCHLANDS. 1973–1975, herausgegeben vom Vorstand der Sozialdemokratischen Partei Deutschlands, Bonn o. J.

JAHRBUCH DER SOZIALDEMOKRATISCHEN PARTEI DEUTSCHLANDS. 1975–1977, herausgegeben vom Vorstand der Sozialdemokratischen Partei Deutschlands, Bonn o. J.

JÜNGERKES, Sven: »Dieses ist kein Gesetz für Casanova«. Die Ehe- und Scheidungsrechtsreform in der SPD-Bundestagsfraktion 1969–1976, in: Löhnig, Martin (Hrsg.): Scheidung ohne Schuld? Zur Genese und Auswirkung der Eherechtsreform 1977, Tübingen 2019, S. 85–114.

KNABE, Hubertus: Der Kanzleramtsspion, in: Wolfgang Krieger (Hrsg.), Geheimdienste in der Weltgeschichte. Spionage und verdeckte Aktionen von der Antike bis zur Gegenwart, München 2003, S. 216–229.

LAMBRECHT, Wolfgang: Deutsch-deutsche Reformdebatten vor »Bologna«. Die »Bildungskatastrophe« der 1960er-Jahre, in: Zeithistorische Forschungen 4 (2007), S. 472–477.

LÖSCHE, Peter/WALTER, Franz: Die SPD. Klassenpartei – Volkspartei – Quotenpartei, Darmstadt 1992.

LOTZE, Gerd: Karl Wienand. Der Drahtzieher, Köln 1995.

MERGEL, Thomas: Propaganda nach Hitler. Eine Kulturgeschichte des Wahlkampfs in der Bundesrepublik. 1949–1990. Göttingen 2010.

MERSEBURGER, Peter: Willy Brandt. 1913–1992. Visionär und Realist, Stuttgart 2002.

MEYER, Christoph: Herbert Wehner. Biographie, München, 3. Aufl. 2006.

MICHELS, Eckard: Guillaume, der Spion. Eine deutsch-deutsche Karriere, Berlin 2013.

MÜLLER-ROMMEL, Ferdinand: Innerparteiliche Gruppierungen in der SPD. Eine empirische Studie über informell-organisierte Gruppierungen von 1969–1980, Opladen 1982.

MÜNKEL, Daniela: Kampagnen, Spione, geheime Kanäle. Die Stasi und Willy Brandt, in: BF informiert 32 (2013).

NIENERNER, Jürgen: Die FDP. Geschichte, Personen, Organisation, Perspektiven. Eine Einführung, Wiesbaden, 2. überarb. und erw. Auflage 2010

NIENHAUS, Volker: Konsensuale Gesetzgebung im Deutschen Bundestag: Zahlen und Anmerkungen zur 7. bis 9. Wahlperiode, in: Zeitschrift für Parlamentsfragen 16, Bd. 2 (1985), S. 163–169.

ÖKONOMISCH-POLITISCHER ORIENTIERUNGSRAHMEN FÜR DIE JAHRE 1975–1985 in der vom Mannheimer Parteitag der SPD am 14. November 1975 beschlossenen Fassung, herausgegeben vom Vorstand der SPD, Bonn o. J

PARTNERSCHAFT HEUTE – UNSERE POLITIK NACH AUSSEN. AUSSENPOLITISCHE BUNDESKONFERENZ DER SPD. 17.–19.1.1975. DOKUMENTE hrsg. vom Vorstand der SPD, Bonn o. J.

PARTEITAG DER SOZIALDEMOKRATISCHEN PARTEI DEUTSCHLAND vom 10. bis 14. April 1973 in Hannover. Band I. Protokoll der Verhandlungen. Anlagen, herausgegeben vom Vorstand der SPD, Bonn o. J.

Pehl, Günther: 1976. Wirtschaftlicher Aufschwung, aber die Arbeitslosigkeit bleibt hoch, in: Gewerkschaftliche Monatshefte 1976 (12), S 728–737.

Petersen, Sönke: Manager des Parlaments: parlamentarische Geschäftsführer im Deutschen Bundestag – Status, Funktionen, Arbeitsweise, Opladen 2000.

Posser, Diether/Wassermann, Rudolf (Hrsg.): Freiheit in der sozialen Demokratie. 4. Rechtspolitischer Kongress der SPD vom 6. bis 8. Juni 1975 in Düsseldorf. Dokumentation, Karlsruhe 1975.

Profittlich, Sonja: Mehr Mündigkeit wagen. Gerhard Jahn (1927–1998). Justizreformer der sozial-liberalen Koalition, Bonn 2010.

Protokolle des CDU-Bundesvorstands 1969–1973: Barzel: »Unsere Alternative für die Zeit der Opposition«. Bearbeitet von Günter Buchstab mit Denise Lindsay, 2 Teilbände, Düsseldorf 2009.

Protokolle des CDU-Bundesvorstands 1973–1976: Kohl: »Wir haben alle Chancen«. Bearbeitet von Günter Buchstab, 2 Teilbände, Düsseldorf 2015.

Protokolle des CDU-Bundesvorstands 1976–1980: Kohl: »Stetigkeit, Klugheit, Geduld und Zähigkeit.« Bearbeitet von Günter Buchstab, 2 Teilbände, Düsseldorf 2018.

Raphael, Lutz/Doering-Manteuffel, Anselm: Nach dem Boom. Perspektiven auf die Zeitgeschichte seit 1970, 3. erg. Aufl. Göttingen 2012.

Reinhardt, Max: Aufstieg und Krise der SPD. Flügel und Repräsentanten einer pluralistischen Volkspartei, Baden-Baden 2011.

Reker, Stefan: Der Deutsche Bundestag. Geschichte und Gegenwart im Spiegel von Parlamentariern aus fünf Jahrzehnten, Berlin 1999.

Rigoll, Dominik: Staatsschutz in Westdeutschland. Von der Entnazifizierung zur Extremistenabwehr, Göttingen 2013.

Ritter, Gerhard A./Niehaus, Merith: Wahlen in Deutschland 1946–1991. Ein Handbuch, München 1991.

Rupps, Martin: Troika wider Willen. Wie Brandt, Wehner und Schmidt die Republik regierten, Berlin 2004.

Schöne, Helmar: Fraktionsmitarbeiter: Tätigkeitsprofil, Karrierewege und Rollenverständnis, in: Zeitschrift für Parlamentsfragen 4 (2005), S. 791–808.

Schulte, Manfred: Manipulateure am Werk? Zur Funktion des Fraktionsvorstandes und der Parlamentarischen Geschäftsführer, in: Der Bundestag von innen gesehen, hrsg. von Emil Hübner, Heinrich Oberreuter und Heinz Rausch, München 1969, S. 68–82.

Schüttemeyer, Suzanne S.: Fraktionen im Deutschen Bundestag. Empirische Befunde und theoretische Folgerungen, Opladen 1998.

Schweitzer, Carl-Christoph: Der Abgeordnete im parlamentarischen Regierungssystem der Bundesrepublik, Opladen 1979.

Sommer, Antje: Vom Pressedienst zur Pressemitteilung. Der Wandel der politischen Kommunikation von Partei und Bundestagsfraktion der SPD (1946–1995), in: Oliver von Mengersen, Klaus Kempter, Heidemarie Lauterer, Volker Schober, Matthias Frese (Hrsg.): Personen – Soziale Bewegungen – Parteien: Beiträge zur Geschichte. Festschrift für Hartmut Soell, Heidelberg 2004, S. 377–405.

Stephan, Dieter: Jungsozialisten. Stabilisierung nach langer Krise. Theorie und Politik 1969–1979. Eine Bilanz, Bonn 1979.

Testorf, Christian: Ein heißes Eisen. Zur Entstehung des Gesetzes über die Mitbestimmung der Arbeitnehmer von 1976, Bonn 2017.

United Nations Resolutions, Serie II.

von Karczewski, Johannes: »Weltwirtschaft ist unser Schicksal.« Helmut Schmidt und die Schaffung der Weltwirtschaftsgipfel, Bonn 2008.

von Schenck, Guntram: Historiker, Politiker, Diplomat. Autobiographie, Radolfzell 2001.

WEHRSTRUKTURKOMMISSION DER BUNDESREPUBLIK DEUTSCHLAND, Die Wehrstruktur in der Bundesrepublik Deutschland, Bonn 1972.

WENIGER LÄNDER – MEHR FÖDERALISMUS: Die Neugliederung des Bundesgebietes im Widerstreit der Meinungen 1948/49–1990. Eine Dokumentation. Bearbeitet von Reinhard Schiffers. Düsseldorf 1995.

WIEGREFE, Klaus/TESSMER, Carsten: Deutschlandpolitik in der Krise. Herbert Wehners Besuch in der DDR 1973, in: Deutschland Archiv 27/6 (1994), S. 601–627.

WIESENDAHL, Elmar: Überhitzung und Abkühlung: Parteien und Gesellschaft im Zeitenwechsel der siebziger und achtziger Jahre; in: Axel Schildt, Barbara Vogel (Hrsg.), Auf dem Weg zur Parteiendemokratie. Beiträge zum deutschen Parteiensystem 1848–1989, Hamburg 2002 (= Forum Zeitgeschichte, Bd. 13), S. 138–169.

WILLY BRANDT – HELMUT SCHMIDT. Partner und Rivalen. Der Briefwechsel. Herausgegeben und eingeleitet von Meik Woyke, Bonn 2015.

WILKE, Reinhard: Meine Jahre mit Willy Brandt. Die ganz persönlichen Erinnerungen seines engsten Mitarbeiters. Stuttgart 2010.

WOCHENBERICHT DES DEUTSCHEN INSTITUTS FÜR WIRTSCHAFTSFORSCHUNG.

WOLFFSOHN, Michael: Friedenskanzler? Willy Brandt zwischen Krieg und Terror. Mit Beiträgen von Thomas Brechenmacher, Lisa Wreschniok und Till Rüger, München 2018.

WOYKE, Meik: Management und Krise der sozial-liberalen Koalition 1969–1982, in: Philipp Gassert, Hans-Jörg Hennecke (Hrsg.), Koalitionen in der Bundesrepublik. Bildung, Management und Krisen von Adenauer bis Merkel, Paderborn 2017, S. 161–184.

Online:

Bundesgesetzblatt (BGbl.): https://www.bgbl.de/xaver/bgbl/start.xav

Bundesrat, Plenarprotokolle (BR Plenarprotokoll): https://www.bundesrat.de/DE/dokumente/plenarprotokolle/plenarprotokolle-node.html

Chronik der deutschen Sozialdemokratie (1818–1979), hrsg. von Franz Osterroth u.a.: http://library.fes.de/fulltext/bibliothek/chronik/

Deutscher Bundestag, Plenarprotokolle/Stenographische Bericht (BT Plenarprotokoll) und Drucksachen (BT Drs.): http://pdok.bundestag.de

Foreign Relations of the United States: https://history.state.gov/historicaldocuments

Gewerkschaftliche Monatshefte, hrsg. vom Bundesvorstand des DGB: http://library.fes.de/gmh/

Grundsatz-, Regierungs- und Wahlprogramme der SPD (seit 1949): https://www.fes.de/bibliothek/grundsatz-regierungs-und-wahlprogramme-der-spd-1949-heute

Kabinettsprotokolle der Bundesregierung: https://www.bundesarchiv.de/cocoon/barch/0000/index.html

Sozialdemokratischer Parteitag Magdeburg 1929 vom 26. bis zum 31. Mai in der Stadthalle, Berlin 1929: http://library.fes.de/parteitage/pdf/pt-jahr/pt-1929.pdf.

SPD-Pressemitteilungen und Informationen 1958–1998: http://library.fes.de/cgi-bin/populo/spde.pl?t_maske=x.

Sozialdemokratischer Pressedienst 1946–1995: http://library.fes.de/cgi-bin/populo/spdpd.pl

Union in Deutschland, UiD (Deutschland-Union-Dienst, DUD): https://www.kas.de/de/web/geschichte-der-cdu/union-in-deutschland

WOLFRUM, Rüdiger: Dritte Seerechtskonferenz der Vereinten Nationen in: Zeitschrift für die Vereinten Nationen und ihre Sonderorganisationen, 4/23. Jahrgang (1975), S. 114–116: https://zeitschrift-vereinte-nationen.de/suche/zvn/artikel/dritte-seerechtskonferenz-der-vereinten-nationen/ (zuletzt abgerufen am 10. Mai 2020).

F. Verzeichnis der Abkürzungen

AA	Auswärtiges Amt
AAPD	Akten zur Auswärtigen Politik der Bundesrepublik Deutschland
Abg.	Abgeordnete(r)
ABM	Anti-Ballistic Missile
Abs.	Absatz
ACDP	Archiv für Christlich-Demokratische Politik
ADAP	Akten zur Deutschen Auswärtigen Politik
AdG	Archiv der Gegenwart
AdL	Archiv des Liberalismus
AdsD	Archiv der sozialen Demokratie
AG	Aktiengesellschaft
AK	Arbeitskreis
Anl.	Anlage(n)
Anm.	Anmerkung(en)
APO	Außerparlamentarische Opposition
ARD	Arbeitsgemeinschaft der öffentlich-rechtlichen Rundfunkanstalten der Bundesrepublik Deutschland
Art.	Artikel
AVG	Angestelltenversicherungsgesetz
BA	Bundesarchiv
BBC	British Broadcasting Corporation
BDA	Bundesvereinigung der Deutschen Arbeitgeberverbände
Bd./Bde.	Band/Bände
BDI	Bundesverband der Deutschen Industrie
BdV	Bund der Vertriebenen
bearb.	bearbeitet
bes.	besonders
betr.	betreffend
BGB	Bürgerliches Gesetzbuch
BGBl.	Bundesgesetzblatt
BGH	Bundesgerichtshof
BGS	Bundesgrenzschutz
BHE	Block der Heimatvertriebenen und Entrechteten
BKA	Bundeskanzleramt/Bundeskriminalamt
BMB	Bundesminister(ium) für innerdeutsche Beziehungen
BMBW	Bundesminister(ium) für Bildung und Wissenschaft
BMELF/BELF	Bundesminister(ium) für Ernährung, Landwirtschaft und Forsten
BMF	Bundesminister(ium) der Finanzen
BMI	Bundesminister(ium) des Innern
BMJ	Bundesminister(ium) der Justiz
BMP	Bundesminister(ium) für das Post- und Fernmeldewesen
BMV	Bundesminister(ium) für Verkehr
BMVtg	Bundesminister(ium) der Verteidigung
BMWF	Bundesminister(ium) für Wirtschaft und Finanzen
BMWi	Bundesminister(ium) für Wirtschaft
BMZ	Bundesminister(ium) für wirtschaftliche Zusammenarbeit
BND	Bundesnachrichtendienst
BPA	Bundespresseamt (Presse- und Informationsamt der Bundesregierung)
BR	Bayerischer Rundfunk
BR/BRat	Bundesrat
BRD	Bundesrepublik Deutschland
BT Drs.	Drucksachen des Deutschen Bundestages, Anlagen zu den Stenographischen Berichten

CDA	Christlich-Demokratische Arbeitnehmerschaft	EZU	Europäische Zahlungsunion
CDU	Christlich Demokratische Union Deutschlands	f./ff.	folgende/fortfolgende
		FAZ	Frankfurter Allgemeine Zeitung
CSA	Christlich-Soziale Arbeitnehmerschaft/Arbeitnehmer-Union	FDGB	Freier Deutscher Gewerkschaftsbund
CSSR	Tschechoslowakische Sozialistische Republik	FDJ	Freie Deutsche Jugend
		FDP	Freie Demokratische Partei
CSU	Christlich-Soziale Union	Febr.	Februar
DDR	Deutsche Demokratische Republik	FRUS	Foreign Relations of the United States
Dep.	Depositum	FU	Freie Universität (Berlin)
Dez.	Dezember	GATT	General Agreement on Tariffs and Trade
DGB	Deutscher Gewerkschaftsbund	GB/BHE	Gesamtdeutscher Block/Bund der Heimatvertriebenen und Entrechteten
d. h.	das heißt		
Dir.	Direktor		
DKP	Deutsche Kommunistische Partei	GDP	Gesamtdeutsche Partei
		Gen.	Genossen
DM	Deutsche Mark	gez.	gezeichnet
Dok.	Dokument	GG	Grundgesetz
dpa	Deutsche Presse-Agentur	GmbH	Gesellschaft mit beschränkter Haftung
DPS	Demokratische Partei Saar		
DRK	Deutsches Rotes Kreuz	GO	Geschäftsordnung
Drs.	Drucksache(n)	hrsg.	herausgegeben
DU	Deutsche Union	Hrsg.	Herausgeber
DUD	Deutschland-Union-Dienst	IfZ	Institut für Zeitgeschichte
DzD	Dokumente zur Deutschlandpolitik	IG	Industriegewerkschaft
		IGH	Internationaler Gerichtshof
e. V.	eingetragener Verein	IHK	Industrie- und Handelskammer
ECE	Economic Commission for Europe	IPA	Interparlamentarische Arbeitsgemeinschaft
EFTA	European Free Trade Association	IPU	Interparlamentarische Union
EG	Europäische Gemeinschaft(en)	Jan.	Januar
EGKS	Europäische Gemeinschaft für Kohle und Stahl	JU	Junge Union
		Juso	Jungsozialisten
EKD	Evangelische Kirche in Deutschland	KAB	Katholische Arbeitnehmer-Bewegung
ERP	European Recovery Program	KGB	Komitet gosudarstvennoj bezopasnosti (Komitee für Staatssicherheit)
ESK	Europäische Sicherheitskonferenz		
EURATOM	Europäische Atomgemeinschaft	KGParl	Kommission für Geschichte des Parlamentarismus und der politischen Parteien (Berlin)
EVG	Europäische Verteidigungsgemeinschaft		
		KP	Kommunistische Partei
EWG	Europäische Wirtschaftsgemeinschaft	KPD	Kommunistische Partei Deutschlands

KPdSU	Kommunistische Partei der Sowjetunion	NZZ	Neue Zürcher Zeitung
KPV	Kommunalpolitische Vereinigung	OB	Oberbürgermeister
		OECD	Organisation for Economic Cooperation and Development
KSE/KSZE	Konferenz für Sicherheit in Europa/für Sicherheit und Zusammenarbeit in Europa	OEEC	Organisation for European Economic Cooperation
		ÖTV	Gewerkschaft Öffentliche Dienste, Transport und Verkehr
KZ	Konzentrationslager		
LAG	Lastenausgleichsgesetz	Okt.	Oktober
MBFR	Mutual and Balanced Force Reductions	OKW	Oberkommando der Wehrmacht
MdA	Mitglied des Abgeordnetenhauses	OLG	Oberlandesgericht
		ORR	Oberregierungsrat
MdB	Mitglied des Bundestages	PA-DBT	Parlamentsarchiv des Deutschen Bundestags
MdBR	Mitglied des Bundesrates		
MdEP	Mitglied des Europäischen Parlaments	PPP	Parlamentarisch-Politischer Pressedienst
MdL	Mitglied des Landtages	PVAP	Polnische Vereinigte Arbeiterpartei
MdPR	Mitglied des Parlamentarischen Rates		
MdR	Mitglied des Reichstages	Präs.	Präsident
m. E.	meines Erachtens	Prot.	Protokoll
Mill.	Million(en)	PStS	Parlamentarischer Staatssekretär
Min.	Minister		
MinDir.	Ministerialdirektor	RCDS	Ring Christlich-Demokratischer Studenten
Min.Rat	Ministerialrat		
Mitgl.	Mitglied	RGBl.	Reichsgesetzblatt
MP	Ministerpräsident	RGW	Rat für gegenseitige Wirtschaftshilfe
MRCA	Multirole Combat Aircraft		
Mrd.	Milliarden	RIAS	Rundfunk im amerikanischen Sektor
NASA	National Aeronautics and Space Administration		
		RM	Reichsmark
NATO	North Atlantic Treaty Organisation	RVO	Reichsversicherungsordnung
		s.	siehe
ND	Neues Deutschland	S.	Seite
NDR	Norddeutscher Rundfunk	SALT	Strategic Arms Limitation Talks
NL	Nachlass		
Nov.	November	SBZ	Sowjetische Besatzungszone
NPD	Nationaldemokratische Partei Deutschlands	SD	Sicherheitsdienst der SS
		SED	Sozialistische Einheitspartei Deutschlands
Nr.	Nummer		
NS	Nationalsozialismus/nationalsozialistisch	Sept.	September
		SDAJ	Sozialistische Deutsche Arbeiterjugend
NSDAP	Nationalsozialistische Deutsche Arbeiterpartei	SHB	Sozialdemokratischer Hochschulbund, ab 1972 Sozialistischer Hochschulbund
NV[-Vertrag]	Nichtverbreitung[svertrag]		
NVA	Nationale Volksarmee	SJ	Societas Jesu

Sp.	Spalte	US	United States
SPD	Sozialdemokratische Partei Deutschlands	USA	United States of America
		usw.	und so weiter
SS	Schutzstaffel	u.U.	unter Umständen
StA	Staatsanwaltschaft	VAR	Vereinigte Arabische Republik
Stamokap	Staatsmonopolistischer Kapitalismus	VdK	Verband der Kriegsbeschädigten, Kriegshinterbliebenen und Sozialrentner Deutschlands e.V.
StGB	Strafgesetzbuch		
StM.	Staatsminister	VDS	Verband Deutscher Studentenschaften
StPO	Strafprozessordnung		
StS	Staatssekretär	VEBA	Vereinigte Elektrizitäts- und Bergwerks-Aktiengesellschaft
stv./stellv.	stellvertretend		
SVP	Sitzungsverlaufspunkt(e)	VfZ	Vierteljahrshefte für Zeitgeschichte
SWI	Sozialdemokratische Wählerinitiative		
		vgl.	vergleiche
SZ	Süddeutsche Zeitung	v.H.	von Hundert
TASS	Telegrafnoe Agentstvo Sovetskogo Sojuza	VIAG	Vereinigte Industrie-Unternehmungen Aktiengesellschaft
to	Tonne	VN	Vereinte Nationen
TOP	Tagesordnungspunkt(e)	Vors.	Vorsitzende(r)
u. a.	unter anderem	VS	Verschlußsache
UA	Unterausschuß	WAV	Wirtschaftliche Aufbau-Vereinigung
UdSSR	Union der Sozialistischen Sowjetrepubliken		
		WBA	Willy-Brandt-Archiv
UiD/DUD	Union in Deutschland/ Deutschland-Union-Dienst	WDR	Westdeutscher Rundfunk
		WEU	Westeuropäische Union
UN	United Nations	WHO	World Health Organisation
UNCTAD	United Nations Conference on Trade and Development	WP	Wahlperiode
		z. B.	zum Beispiel
UNESCO	United Nations Educational, Scientific and Cultural Organisation	ZDF	Zweites Deutsches Fernsehen
		Ziff.	Ziffer
		ZK	Zentralkomitee
UNR	Union pour la Nouvelle République	ZParl	Zeitschrift für Parlamentsfragen
UNO	United Nations Organisation	z. Z./z. Zt.	zur Zeit
UNTS	United Nations Treaty Series		
UPI	United Press International		

Die SPD-Fraktion
im Deutschen Bundestag
1972–1976

Dokumente

Sitzungsprotokolle

Fraktionssitzung am 2. Oktober 1973. Von links nach rechts: Alex Möller, Willy Brandt und Herbert Wehner. (J.H. Darchinger/Friedrich-Ebert-Stiftung)

1.

29. November 1972: Fraktionssitzung (Tonbandtranskript)

AdsD, SPD-BT-Fraktion 7. WP, 6/TONS000017. Titel: »Fraktionssitzung vom 29.11.1973«.
Beginn: 15.10 Uhr. Aufnahmedauer: 02:33:25. Vorsitz: Wehner.

Sitzungsverlauf:

A. Politischer Bericht des Fraktionsvorsitzenden *Wehner* (Brief von Bundeskanzler *Brandt* an die Fraktion; Bewertung der Bundestagswahl 1972; Fortsetzung der sozial-liberalen Koalition; Koalitionsgespräche; Neubildung des Bundeskabinetts; Zuschnitt von Bundesministerien; Aufgaben der Parlamentarischen Staatssekretäre; Enquete-Kommission zur Reform der staatlichen Gliederung; Dienstrechtsreform; Wirtschafts- und Finanzpolitik; Kartellgesetznovelle; Geschäftsordnung der SPD-Bundestagsfraktion; vorläufiger Fraktionsvorstand; Wehrstrukturreform; Reform der Mitbestimmung in Unternehmen; Ad-hoc-Arbeitsgruppen zur Besprechung der ersten Ergebnisse der Koalitionsverhandlungen.
B. Aussprache der Fraktion über den Bericht des Fraktionsvorsitzenden.
C. Wahl des Fraktionsvorsitzenden.
D. Bericht über die parlamentarische Arbeit (Tagesordnung und Ablauf der Plenarsitzungen). – Ergebnis der Wahl des Fraktionsvorsitzenden. – Verschiedenes.

[A.]

Wehner: Die Sitzung ist eröffnet.

(Pause. Hintergrundgeräusche. Die Abgeordneten setzen sich.)

Zu Beginn dieser Sitzung gedenke ich eines Genossen, der zwar vielen nicht mehr als Kollege des Bundestages in Erinnerung ist, der aber in der Geschichte der Sozialdemokratischen Bundestagsfraktion als Angehöriger des Deutschen Bundestages von 1949 bis 1957 nicht nur eine bedeutende, sondern eine uns unvergessliche Rolle gespielt hat: Unseres Freundes Willi *Richter*[1], der am Montag dieser Woche verstorben ist. Vielen wird er als langjähriger Vorsitzender des Deutschen Gewerkschaftsbundes und als ein Mensch, der unermüdlich – bis in die letzte Zeit seines Lebens hinein – für das, was man unter Sozialpolitik bezeichnet im weitesten Sinn, für das, was inzwischen an besonders Menschlichem im Zusammenwirken mit den Ländern, die man Entwicklungsländer nennt, immer wieder begegnet, und er hat sich immer wieder engagiert. Diese Fraktion, die im 7. Deutschen Bundestag als Sozialdemokratische Fraktion die stärkste des Bundestages sein wird[2], gedenkt dieses Vorkämpfers. Ich danke.

(Pause.)

---

[1] Willi *Richter* war als Gewerkschaftsfunktionär und MdB in den ersten beiden Wahlperioden maßgeblich an der Mitbestimmungsgesetzgebung (beispielsweise der Montanmitbestimmung) beteiligt.
[2] Die SPD erhielt in der vorgezogenen Bundestagswahl am 19. November 1972 45,8 Prozent der Zweitstimmen und wurde damit stärkste Kraft (242 Sitze) im Bundestag. Sie lag damit erstmals in der Geschichte der Bundesrepublik vor der CDU und CSU, die zusammen auf 44,9 Prozent der Zweitstimmen (234 Sitze) kamen. Die FDP erhielt 8,4 Prozent der Zweitstimmen (42 Sitze).

Die Tagesordnung liegt vor. Wird das Wort zur Tagesordnung gewünscht? Wird nicht gewünscht.

Dann möchte ich unter Punkt 1 zunächst Kenntnis geben von einem Brief, den ich heute Morgen von Willy *Brandt* bekommen habe, um ihn den Mitgliedern der Fraktion zur Kenntnis zu bringen.³ Ich habe es so gehalten, dass ich diesen handgeschriebenen Brief im Fotokopierverfahren für jedes Mitglied habe vervielfältigen lassen⁴, und ich möchte jetzt zur Einleitung dessen, was ich hier nach der Tagesordnung sagen muss, das mit den Worten des Briefes von Willy *Brandt* sagen, die sich a) mit seiner augenblicklichen eigenen Situation und mit einigen politischen Wünschen an die Fraktion befassen. Er schreibt: »Liebe Freunde, im hinter uns liegenden Wahlkampf habe ich wohl zum ersten Mal keine einzige Versammlung platzen lassen müssen, sondern ich habe noch einige zusätzliche Termine übernehmen können. Umso mehr bedauere ich, ausgerechnet an der ersten Sitzung der neuen Fraktion nicht teilnehmen zu können. Zunächst allen Kolleginnen und Kollegen und durch sie unseren unzähligen Helfern aufrichtigen Dank für die große gemeinsame Anstrengung und auf gute Zusammenarbeit in den vor uns liegenden Jahren.«

Er hat dann eine Bitte, die sich mit der heutigen Sitzung und praktisch der nächsten befasst, und ich fahre dann mit den politischen Ausführungen fort: »Meine Zwangspause ist ärgerlich, aber sie braucht niemanden zu beunruhigen. In ein paar Tagen kann ich die Klinik verlassen, muss die Stimmbänder dann noch schonen, werde aber zur Konstituierung des Bundestages jedenfalls zur Stelle sein und am 15. Dezember auch die vorgesehene Erklärung abgeben können.⁵ Natürlich müssen inzwischen die Koalitionsgespräche zu einem gewissen Abschluss geführt haben. Dabei geht es ja aber nicht um das Ob, sondern um das Wie der gemeinsamen Regierungsverantwortung. Man kann das Ergebnis des 19. Novembers drehen und wenden wie man will, es enthält den klaren Auftrag zum Regierungsbündnis von SPD und FDP.⁶

Auch unabhängig davon möchte ich gern, dass wir als Partei und als Einzelne behutsam umgehen mit dem hohen Maß an Vertrauen, das uns am vorletzten Sonntag entgegengebracht wurde. Was – wer den Bundeskanzler zum Bleiben anempfohlen hat, wird heute auch seinen Rat gelten lassen müssen: unser Konto nicht überziehen, weder programmatisch noch personell, soll in der Sache zielstrebig weiterarbeiten und das wesentliche Teil dessen verankern, was uns der Dortmunder Parteitag aufgetragen hat.⁷

Mit sehr herzlichen Grüßen, euer Willy *Brandt*.«

---

3   Nach der Bundestagswahl musste sich Bundeskanzler *Brandt* einer Operation an den Stimmbändern unterziehen. Nach der Entlassung aus dem Krankenhaus konnte er wegen eines zweiwöchigen ärztlichen Sprechverbots nur schriftlich in die Koalitionsverhandlungen eingreifen. Vgl. MERSEBURGER, Peter: Willy Brandt. 1913–1992. Visionär und Realist, Stuttgart 2022, S. 658–660.

4   Eine Kopie des handschriftlichen Schreibens vom 29. November 1972 von Bundeskanzler *Brandt* an die Mitglieder der sozialdemokratischen Fraktion ist dem Fraktionsprotokoll als Anlage beigefügt. Vgl. AdsD, 2/BTFG000001.

5   Bundeskanzler *Brandt* gab nach der Vereidigung der Bundesregierung 15. Dezember 1972 nur eine kurze Erklärung vor dem Bundestag ab. Die eigentliche Regierungserklärung sollte am 18. Januar 1973 folgen. Vgl. BT Plenarprotokoll 06/4, S. 27–30.

6   Gemeint ist das Ergebnis der Bundestagswahl am 19. November 1972. Vgl. Anm. 2.

7   Im handschriftlichen Original heißt der Schluss dieses Satzes: »[…] sondern in der Sache zielstrebig weiterarbeiten und den wesentlichen Teil dessen verankern, was uns der Dortmunder Parteitag aufgetragen hat«. Vgl. Anm. 4. – Der außerordentliche Parteitag im Dortmund fand am 12. und 13. Oktober 1972 statt. Auf ihm wurde die Wahlplattform der Partei beschlossen. Vgl. SPD-PRESSEMITTEILUNGEN UND INFORMATIONEN Nr. 409 vom 29. September 1972, S. 1, online.

Fraktionssitzung 29.11.1973 **1.**

Ich habe, wie gesagt, jedem, jeder Genossin, jedem Genossen, eine Fotokopie dieses Schreibens übermitteln lassen.

Und nun zu dem, was ich angesichts dieses ersten Zusammentritts zu sagen habe, außer dem Willkommen allen, die heute hier, wenn auch in ziemlicher Enge[8], zusammenkommen. Diejenigen, die hier jetzt beieinandersitzen und miteinander arbeiten sollen, Genossinnen und Genossen, sind die stärkste Fraktion des 7. Deutschen Bundestages. Bei allem, was die oder der Einzelne besonders im Auge oder auf dem Herzen hat, müssen wir immer mindestens im Hinterkopf behalten, diejenigen, die uns gewählt haben, sind Wählerinnen und Wähler, die insgesamt 17 166 952 Zweitstimmen abgegeben haben. Das sind 3 101 236 mehr als bei der Wahl 1969. Einschließlich der zwölf vom Abgeordnetenhaus Berlin gewählten, nicht voll stimmberechtigten Abgeordneten zählt unsere Fraktion 242 Mitglieder. Zusammen mit dem Koalitionspartner FDP sind wir 285 gegenüber 233 der CDU und der CSU. Ohne die Berliner, und das spielt eben dann bei bestimmten Abstimmungen leider auch eine Rolle, dass es dann ohne die Berliner auch gehen muss, 272 zu 224.

Der Sieg der Sozialdemokratischen Partei vom 19. November und das Vertrauen zum Bundeskanzler Willy *Brandt* verpflichtet meiner Ansicht nach die Fraktion im 7. Deutschen Bundestag, und ich möchte einiges zu dem sagen, was ich darunter verstehe: Sozialdemokratische Bündnispolitik, Partnerschaft mit der FDP, wird nicht nur eine gute Erinnerung aus der schwierigen ersten Periode des 6. Deutschen Bundestages, der Bundeskanzlerschaft Willy *Brandts* sein und bleiben, sondern wird für die weiteren Entwicklungen der SPD als bewegende Kraft der deutschen Politik lebenswichtig in dieser Periode zweite Regierung des Bundeskanzlers Willy *Brandt*. Das ist jedenfalls das Gebot des Wählerwillens.

Nun müssen wir immer dabei daran denken, dass SPD und FDP im Wahlkampf sowohl für ihr eigenes jeweiliges Wahlprogramm als auch für die Fortsetzung der Bundeskanzlerschaft Willy *Brandts* im Zusammenwirken mit dem Koalitionspartner Walter *Scheel* geworben haben. Die Mehrheit der Wählerstimmen hat sich für eine zweite Regierung Willy *Brandts* und des Partners entschieden. Regierungsbildung und Regierungserklärung müssen deshalb personell und sachlich diesem Wählerwillen entsprechen. Dabei wird es nicht ausbleiben können, dass Teile der SPD-Wählerschaft einerseits und Teile der FDP-Wählerschaft andererseits jeweils etwas mehr oder etwas weniger vom Wahlprogramm der anderen Partei in der Regierungserklärung beziehungsweise dem Regierungsprogramm sehen möchten.

Entscheidend für den Erfolg der zweiten Regierung des Bundeskanzlers Willy *Brandt* ist die Aufrichtigkeit, mit der beide Partner feststellen, was sie aus beiden Wahlprogrammen übereinstimmend in die Regierungserklärung bringen, und wie sie mit gutem Gewissen überzeugend darlegen, in welchen Punkten sie unterschiedlicher Auffassung bleiben. Personell geht es nicht nur darum, welche Persönlichkeiten welche Regierungsämter übertragen bekommen, sondern auch darum, dass im Kabinett und im Verhältnis von Kabinett und Parlamentsfraktionen beider Koalitionspartner eine Atmosphäre des Vertrauens in die Aufrichtigkeit der Partnerschaft vorhanden ist und bleibt.

Wer an die Durchsetzung ihm besonders wichtiger Forderungen etwa mithilfe des Mittels wechselnder Mehrheiten, also gegen einen Teil des Koalitionspartners – einmal be-

---

[8] Der Sitzungssaal war für die gewachsene Fraktion zu klein geworden. Allerdings weigerte sich die CDU/CSU, aus ihrem etwas größeren Sitzungssaal auszuziehen. Vgl. die SPD-Fraktionssitzung am 14. Dezember 1972, SVP A, online.

trifft es die, ein anderes Mal beträfe es uns – denkt oder das versuchen möchte, der muss sich vergegenwärtigen, dass dies der Anfang vom Ende des Koalitionsbündnisses sein könnte. Die Sozialdemokraten müssen aus übergeordneten Überlegungen daran festhalten, dass sie selbst zwingende Gründe haben, das Koalitionsbündnis nicht ihrerseits ins Schlingern zu bringen, denn wir haben ja ein Zeitziel und ein politisches strategisches Ziel mit dem Jahre 1976. Die führende Kraft muss die SPD auch geistig sein. Das historische Ereignis, Genossinnen und Genossen, ist die Vollmacht der Wählerinnen und Wähler an den ersten sozialdemokratischen Bundeskanzler, eine zweite Regierung zu bilden, damit, um sein eigenes Wort aus dem letzten Teil des Wahlkampfes zu nehmen, man nicht auf halbem Wege stehenbleibt, sondern als gleichberechtigter Friedenspartner im Interessenausgleich zwischen den Bündnissen von West und Ost teilnimmt, weitere Grundsteine zur Sozialstaatlichkeit der Bundesrepublik gelegt werden können und die Einseitigkeiten aus 20 Jahren CDU-Kanzlerschaft durch Reformen überwunden werden. Das durch die Wählerschaft bestätigte und gestärkte Koalitionsbündnis von SPD und FDP ist zur Bewährung und zum Erfolg verpflichtet. Damit schafft es zugleich die Voraussetzungen dazu, dass die parlamentarische Opposition ihre eigene Rolle findet und ausübt.

Und hier noch einmal ein Blick zurück auf die manchmal vielleicht verständlich erscheinende Möglichkeit, wechselnde Mehrheiten ausnützen zu wollen, das hätte die Folge, dass wir es der CDU ersparten, als Opposition ihre eigene Situation zu klären und ihr Auswege nach allen möglichen Seiten zu lassen. Und zu den großen Aufgaben, die wir haben, gehört die, in dieser Periode, ohne dass wir uns als Erzieher der CDU aufspielen wollen, sie in diese Lage zu bringen und aus ihr nicht entweichen zu lassen.

(Beifall.)

Wir führen den Streit in der CDU nicht. Wir führen ihn auch nicht zwischen CSU und CDU, weder auf der einen noch auf der anderen Seite. Wir sollten Abstand halten, aber deshalb, weil wir eine größere Aufgabe – eben die, die mich eben zu diesen Nebenbemerkungen veranlasst hat – zu erfüllen verpflichtet sind. Und da will ich noch sagen: Für die weitere Entwicklungen, Genossen, unserer Bundesrepublik im Innen- und im Außenverhältnis ist diese Kur für die Opposition höchst notwendig. CDU und CSU kommen nicht umhin, sich mit Fragen und Problemen auseinanderzusetzen, die brennenden Fragen der Menschen unserer Zeit und unseres Landes sind. Tricks, wie wir sie erlebt haben in der allerletzten Zeit des 6. Deutschen Bundestages – etwa mit diesem plötzlichen auf dem Boden Herumhüpfen des Sozialpolitikers[9] oder ähnliche in diesen letzten Tagen oder Wochen –, Tricks ersetzen diesen Klärungsprozess nicht, ebenso wenig Kosmetik.

Wenn Franz Josef *Strauß* und der Unionsführer in Hessen zum Beispiel, Alfred *Dregger*, das harte Nein zum Vertrag über die Grundlagen der Beziehungen zwischen den beiden deutschen Staaten zur Bedingung für weitere[10], wie sie sagen, Kooperation un-

---

[9] Gemeint ist vermutlich die Rentenreform 1972, wo sich Opposition und Koalition einen Überbietungswettbewerb lieferten, der zu einer massiven Verteuerung der Reform führte. Die CDU/CSU-Fraktion konnte sich bei der Erweiterung des sozialpolitischen Leistungskatalogs letztlich knapp gegen die sozial-liberale Koalition durchsetzen. Vgl. bspw. die SPD-Fraktionssitzung am 19. September 1972, SVP B, online.

[10] Gemeint ist der am 7. November 1972 paraphierte Vertrag über die Grundlagen der Beziehungen zwischen der Bundesrepublik Deutschland und der Deutschen Demokratischen Republik. Das Ratifizierungsverfahren im Bundestag war für 1973 vorgesehen. Zum Vertragstext vgl. BULLETIN 1972, Nr. 155 vom 8. November 1972, S. 1841–1843. – Für die parlamentarische Behandlung vgl. auch BT Drs. 07/153 vom 9. Februar 1973.

ter einem Dach für CDU und CSU machen wollen, so gewinnen sie damit nicht mehr als sie an Stimmen bei der Bundestagswahl im November '72 ergattert haben. Das müssen wir uns immer vergegenwärtigen. Sie haben den Raum rechts außen ausgeschöpft, aber sie gewinnen damit weder innen noch außen Vertrauen und das sollte uns in unserer Haltung nicht selbstsicher, aber selbstbewusst sein lassen. Der Union oder den Parteien in der Union tut die Entschlackungskur meiner Ansicht nach not. Nur in dem Maße, in dem sie sich freizumachen vermag von der fixen Idee, unser Volk etwa retten zu können, damit es sich unter die Fittiche der Union begebe aus Angst vor dem, was sie im Wahlkampf bis fast zum Exzess uns angestrichen haben, dies kann die Union in der Gestalt eines sachlichen Gegners der SPD zu einem Teilnehmer an der Diskussion und des Ringens um die Lösung der politischen und gesellschaftlichen Fragen unseres Staates nur machen, wenn sie genötigt ist, sich genötigt sieht, sich freizumachen, soweit sie das kann, von dieser fixen Idee.

Ich halte es für die große Chance der Sozialdemokraten, im Bündnis mit der FDP die Union zur Klärung ihrer Rolle als parlamentarische Opposition zu bringen. Das ist nicht eine der Nebenabsichten oder Nebenaufgaben, sondern wir werden das hier zum Teil in gar nicht einfachen Auseinandersetzungen erleben und unseren Freunden, unseren Helfern, unseren Mitarbeitern, unseren Genossinnen und Genossen draußen verdeutlichen müssen, damit sie das ihre dazu tun.

Nun finden ja zurzeit Koalitionsgespräche statt.[11] Willy *Brandt* hat zum Beginn dieser Gespräche, und er hatte das schon am 20. [November], am Tage nach der Wahl, in der Sitzung des Parteivorstandes deutlich gemacht, gesagt, bei den Koalitionsgesprächen geht es ja nicht darum, ob die SPD und die FDP wieder eine Regierung bilden sollen, sondern darum, das bisherige Bündnis mit der beiderseitigen Bereitschaft zu Kompromissen fortzuführen. Notwendiges darf dabei nicht ausgeklammert und im Bundestag darf nicht mit wechselnden Mehrheiten gearbeitet werden. War das, womit er die Erörterungen begann.

Er hat diese Koalitionsgespräche nicht als ausführliche Koalitionsvereinbarungen, in denen sie sich niederschlagen müssen, verstanden wissen wollen, und da waren die Teilnehmer übereinstimmender Meinung, sondern als Bausteine zur Regierungserklärung. Nun sind ja inzwischen die Termine bekanntgegeben worden, darunter auch der, dass der Bundeskanzler die Regierungserklärung im Januar, das heißt, es wird der 19. Januar sein[12], abgeben will. Was vorhin in seinem Brief, den ihr habt, mit dem 15. [Dezember] gemeint ist, das ist eine kurze Erklärung nach der Vereidigung, nach der Konstituierung des Kabinetts[13], zu dem, was unmittelbar auf der Tagesordnung steht, zum Beispiel die Verabschiedung des Haushaltsplans 1972[14], über die wir noch sprechen werden, und das, was sehr dringend ist für den Beginn der Sitzungen, Fortführung der Sitzungen im Januar.

Nun zu den Koalitionsgesprächen selbst, über die ja eine Menge in Zeitungen steht und eine Menge kommentiert, auch spekuliert wird. Vieles von dem, was man darüber liest und hört, entspricht gar nicht dem, worüber dort gesprochen worden ist. Anderes ent-

---

11 Zu den Koalitionsverhandlungen vgl. WOYKE, Meik: Management und Krise der sozial-liberalen Koalition 1969–1982, in: Philipp Gassert, Hans-Jörg Hennecke (Hrsg.), Koalitionen in der Bundesrepublik. Bildung, Management und Krisen von Adenauer bis Merkel, Paderborn 2017, S. 161–184.
12 Die Regierungserklärung hielt Bundeskanzler *Brandt* am 18. Januar 1973. Vgl. BT Plenarprotokoll 07/7, S. 121–134.
13 Vgl. Anm. 5.
14 Zur ersten Beratung des Haushalts 1972 vgl. die SPD-Fraktionssitzung am 12. Dezember 1972, SVP E, online, sowie die Bundestagssitzung am 15. Dezember 1972; BT Plenarprotokoll 07/4, S. 32–38.

spricht, so wie darüber berichtet oder es kommentiert wird, in der Regel nicht dem, was und worüber gesprochen worden ist. Natürlich ist das eine willkommene Möglichkeit für manche, vor allen Dingen für ausgesprochene Gegner unserer Partei, dass sie auf ihre Weise sozusagen eine Art Anhängsel an den Wahlkampf veranstalten, um bei der Gelegenheit einmal die Koalitionspartner etwas misstrauisch gegeneinander zu machen und sie auch weiter im Sinne dessen, was man schon im Wahlkampf, etwa von der Springer-Presse, aber nicht nur von ihr, erlebt hat, weiter abzustempeln.

Ich will anhand der tatsächlichen Koalitionsgespräche vom 23. November und vom gestrigen Tage jedenfalls sagen, worüber gesprochen worden ist und auch warum worüber gesprochen worden ist: Darüber ob es in der Außen-, in der Europa-, in der Deutschland-Politik Übereinstimmungen gibt, darüber ob es hinsichtlich des Themas innere Sicherheit Übereinstimmungen oder gegengesetzte Meinungen gibt und wie wir zurande kommen wollen mit Fragen, die sich in der Rechtspolitik ergeben, die sich in der, in dem großen Bereich Wirtschaft, Währung, Finanzen und Haushalt ergeben, wie wir damit klarkommen wollen. Die Bildungspolitik ist angesprochen worden, aber noch nicht schon durchberaten. Fragen der Infrastruktur sind als erörterungswürdig angesprochen, aber nicht durchberaten worden, und es hat sich dann ergeben, dass wir in Bezug auf die Parlamentsarbeit übereinstimmender Meinung der Teilnehmer an dieser Runde waren, dass wir auch in dieser Periode, die wir nun beginnen, nicht mit wechselnden Mehrheiten operieren wollen. Das war die beiderseitige Auffassung. Jeder weiß, dass das zeitweilig bei bestimmten Stoffen für die einen, für die anderen eine Sache ist, die man dann ausdiskutieren muss, wo es Versuchungen gibt, wo man nicht einfach nur mit der Feststellung allein operieren kann, aber politisch ist das ein entscheidender Punkt.

Da [wir] für die Terminkoordinierung, auch mit dem Europäischen Parlament und mit der beratenden Versammlung Europarat, endlich in Ordnung bringen wollen, dass wir das, auch wenn wir jetzt mehr sind als in der vorigen Periode, nicht einfach weiterwuchern lassen können, dass ohne Rücksicht darauf, was es hier an Notwendigkeiten gibt oder was es dort an Notwendigkeiten gibt, die Termine durcheinandergehen. Dass wir uns über die Wahl und die Besetzung der Ausschüsse zu gegebener Zeit – bald ist das – klarwerden wollen. Wir haben das Thema Parlamentarische Staatssekretäre angesprochen, ihre Rechtsstellung, die durch ein besseres Gesetz, als das jetzt gültige, geklärt werden muss und wird.[15]

Über die Frage, ob Zahl und Zuordnung zum Minister so bleiben oder geändert werden soll, und da hat auch eine Anregung eine gewisse Rolle gespielt, dass solche, die im Ausland in Verhandlungen mit Regierungen anderer Länder oder deren Kabinettsmitgliedern zu tun haben, in London oder in Paris oder in Brüssel oder an anderen Stellen, sehr oft in die Situation gekommen sind, dass sie dort es mit Juniorministern, mit Staatsministern oder ähnlichen zu tun haben, und das war der einzige Punkt, an dem man darüber redete, wie man, ohne etwas Zusätzliches einzuführen, dieses miteinander vereinbaren kann, sodass die, die in solcher Eigenschaft dort draußen dann zeitweilig tätig sind, mit Recht ihren Partnern sagen können, denn das entspräche deren Rang.

---

15 Zum alten »Gesetz über die Rechtsverhältnisse der Parlamentarischen Staatssekretäre« in der Fassung vom 6. April 1967 vgl. BGBl. 1967, I, Nr. 19, S. 396–397. – Zum Ende der 6. Wahlperiode hatte es Kontroversen darüber gegeben, inwieweit die Amtszeit der Parlamentarischen Staatssekretäre von einer vorzeitigen Auflösung des Bundestages und dem vorzeitigen Ende der Wahlperiode betroffen ist. Vgl. bspw. die Fragen des Abg. Friedrich *Vogel* (CDU) und der Antwort der Bundesregierung am 22. September 1972; BT Plenarprotokoll 06/199, S. 11725–11730.

| Fraktionssitzung | 29.11.1973 | **1.** |

Was [es] da an Kombinationen über neue, zusätzliche Minister und auch an neuen zusätzlichen Bezügen und Pensionen gibt in Zeitungen, ist zwar erlaubt zu schreiben, entspricht aber nicht den Erörterungen dieses Koalitionsgesprächs. {...} und ich erlaube mir dies, obwohl ich kein Erzieher sein will und sein darf, schon gar nicht gegenüber Generalsekretär von Partei[16], der weitgehend auf diese so liebenswerte, charmante Informationsfreudigkeit eines der Genannten zurückzuführen. Ich hab's ihm gesagt. Die Frage Kabinett ist bis jetzt nicht erörtert worden, und hier ist ja auch das Recht des Bundeskanzlers nicht zu dividieren.

Bei der Parlamentsarbeit, auf die ich noch mal zurückkomme, habe ich meine Skepsis ausgedrückt gegenüber übertriebenen Hoffnungen auf ein nun vielleicht mit Aussicht auf Erfolg einzuhaltendes Pairing – wie gesagt, es wird Momente geben, in denen wir uns darauf nicht verlassen können, nur von Fall zu Fall. Diejenigen, die in diesen europäischen und ähnlichen Versammlungen tätig waren, oder solche, die dort nun wieder oder neu tätig sein werden, werden mit Augenmaß und ohne sich darauf zu verlassen, dass – weil ja von dieser Seite jeweils die entsprechende Zahl fehlt – wir uns hier nicht zu bemühen brauchen, werden sich dieser in manchen Fällen fatalen Erwartungen hingeben, gibt ja auch Notwendigkeiten, in denen man hier die absolute Mehrheit in der Zahl haben muss und es nicht genügen würde, wenn man nur die Mehrheit gegenüber der Minderheit der anderen hat. Wie gesagt, da werden wir uns verständigen müssen.

Dass die Zahl der Ausschüsse erst festgestellt werden kann, wenn die Struktur des Kabinetts feststeht, ist in diesen Gesprächen natürlich festgestellt worden. Wir wollen grundsätzlich an der Praxis festhalten, für jedes Ressort einen Ausschuss gegenüberstehend zu haben. Ausschüsse wollen wir versuchen, nicht zu groß werden zu lassen. Wobei wir allerdings der Meinung sind, wenn es zu machen geht, ohne dass das Präjudize für andere schafft, dass die FDP in etwa dem Haushalts-, dem Finanzausschuss unter Umständen so kommt, dass sie drei Sitze hat statt nur zwei.

Es hat in der Presse, wie es dies aus Kreisen sozialdemokratischer Rechtspolitiker – hier war nicht eine Richtung gemeint, in andern Fällen entgegengesetzte, sondern das Justiz, glaube ich, wenn ich das Fremdwort richtig verstehe, gemeint gewesen – angeregt und als deren Meinung lanciert und auch ziemlich gewichtig wiedergegeben, dass man jetzt zwei Rechtsausschüsse schaffe. Ich bedaure das, ich hab' nichts dagegen, dass man vieles erörtert, nur, es wird dann immer, sowohl in der Faktion als auch außerhalb der Fraktion, welche geben, die sagen, danach bin ich zum Beispiel gar nicht gefragt worden, beziehungsweise da liegt doch, meiner Meinung nach, zwar sicher eine Anregung, aber die sollten wir ja erst einmal erörtern, und das sollten wir versuchen zurzeit. Manchmal geht so was ins Hemd, ehe man erörtern kann. Dies aber war, ist ja nicht gefährlich, nur sofort gab es natürlich in diesem Fall beim Koalitionspartner, nicht generell, sondern bei einem, der sagt, hat auch seine Bedenken, wenn man etwa die parlamentarische Arbeit vielleicht belastet durch zwei Rechtsausschüsse. Das muss durchdiskutiert werden in der Praxis, wie so viele andere Dinge, wenn wir klarsehen, welche Ausschüsse unbedingt und welche Ausschüsse zur Verbesserung der Arbeitsfähigkeit um Flaschenhälse – und beim Rechtsausschuss hat es einen solchen gegeben, nicht weil dort Flaschen waren, sondern weil dort so unheimlich viel Arbeit mitberatend zusammenkam und es manchmal nur möglich war, in Tag- und Nachtschichten. Wenn ich an die Vertragsberatungen

---

16 Vermutlich ist damit Karl-Hermann *Flach*, Generalsekretär der FDP, gemeint. – Zur Berichterstattung über die Kabinettsbildung, an der Bundeskanzler *Brandt* aufgrund einer Operation an den Stimmbändern nicht teilnehmen konnte, vgl. bspw. den Artikel »SPD und FDP klären zunächst Sachfragen«; »Süddeutsche Zeitung« vom 24. November 1972, S. 1 und 2. – An Stelle des erkrankten Bundeskanzlers nahm SPD-Generalsekretär *Börner* teil an den Koalitionssitzungen.

denke, das ist ja kaum jemals öffentlich gewürdigt worden, was die Genossen dort getan haben, um die Dinge unter Dach zu bringen.

Was die Parlamentarischen Staatssekretäre betrifft, ich habe gesagt, das Gesetz muss sobald es zu machen ist, neu und besser gemacht werden.[17] Bei der Gelegenheit ist auch einmal gesagt worden – und nicht als Regel, auch nicht als das Gegenteil davon –, dass man hier oder da nicht absolut unicolor sein muss bei der Besetzung. Das kann es in einem Ministerium mal geben, aber das wird man von Fall zu Fall erörtern müssen. Beide Seiten waren der Meinung, das müsse nicht unbedingt so sein, dass immer nur der Angehörige derselben Fraktion sowohl das eine als das andere und auch das Dritte ist, aber das hätten wir von Fall zu Fall, und zwar mit zu bereden, sodass also in dem Zusammenhang festgestellt werden konnte, jeder Minister werde einen Parlamentarischen Staatssekretär bekommen. Es kann in Einzelfällen, das werden ganz wenige sein, vorkommen, dass ein weiterer für besondere Aufgaben ernannt wird. Solche ergeben sich auch im Verlauf der Gespräche oder aus ihnen heraus.

Der Parlamentarische Staatssekretär soll der politische Stellvertreter des Ministers sein, und das wird auch im Gesetz deutlich gemacht werden müssen. Ihm sollen keine Abteilungen des Ministeriums, in dem er tätig ist, unterstellt werden. Das müssen wir versuchen, zu entflechten. Es sind wohl zunächst einmal Erfahrungen gesammelt worden, um es also milde zu sagen, wie es einem älter werdenden Menschen zukommt, und schließlich müssen sich die Parlamentarischen Staatssekretäre, und zwar jeder einzelne, für ihre jeweiligen Minister um den engsten Kontakt mit dem Parlament, und das heißt den Ausschüssen, den Fraktionen, den Arbeitskreisen, den Gruppen in den Ausschüssen, kümmern und dafür gradestehen. Und es ist dabei nicht unangesprochen geblieben, dass es nicht wenige Fälle und ganze Schränke gegeben hat, in denen man sich in den Ausschüssen damit begnügen hat müssen, dass noch so tüchtige Beamte des betreffenden Ressorts dort für die Auskunft und für Formulierungen zur Verfügung standen.

Wie gesagt, über die Größe des Kabinetts, die Zahl der Ministerien ist noch nichts erörtert und schon gar nichts beschlossen worden. Wenn ich dabei nebenbei sage, die bis in die Details gehenden Darlegungen über das Schatzkanzleramt und über das, was dann bliebe – sind interessante und auch lehrreiche Darlegungen –, sind überhaupt nicht angesprochen worden, geschweige denn sind dort Skizzen oder Umrisse zur Erörterung gestellt worden. Dass es hier Probleme geben wird – es wäre töricht von mir, dass in dieser Stunde etwa verhehlen zu wollen, nur, wir werden sehen, dass wir mit diesen Problemen fertigwerden. Diese Fragen – Kabinett, Größe, Ressorts – werden zunächst zwischen dem Bundeskanzler und Walter *Scheel* erörtert werden.

In der Frage der Verteidigungspolitik hat es, weil es der Partner, die Partnerseite, so gewollt hat, einige Probleme gegeben, die keine Gegensätze in der Stellung zu den Verteidigungsproblemen, aber, bei, vor allem bei der FDP besonders akzentuierte Auffassungen betroffen haben. Da ist gesagt worden, wie es etwa diesen Bundeswehrstellen gemeint war und verlaufen soll, dass also keine Dissonanz darüber besteht, dass eine Entwicklung wünschenswert ist und erstrebt wird, in der die Bundeswehrhochschule in eine integrierte Gesamthochschule aufgeht.[18] Darüber gibt es keine Dissense. Es hat ja

---

17 Vgl. Anm. 15.
18 Die Idee für Bundeswehrhochschulen stammte noch aus der Zeit von Verteidigungsminister *Schmidt*. Im Mai 1971 empfahl eine von *Schmidt* eingesetzte Expertenkommission die Errichtung zweier Bundeswehrhochschulen. Am 29. Juni 1972 stimmte das Bundeskabinett dem Vorschlag des Verteidigungsministers zu. Vgl. DIE KABINETTSPROTOKOLLE DER BUNDESREGIERUNG 1972, online. – Im Oktober 1973 begann schließlich der Lehrbetrieb.

bei manchen von uns und es hat artikuliert, wie man heute gerne sagt, bei der FDP auch dazu sogar aufs Papier gebrachte andere Auffassungen gegeben.

Was die Frage der staatlichen Ordnung, und was damit zusammenhängt, betrifft, so hat der Bundesminister des Innern[19] festgestellt, wie das mit der Enquete-Kommission läuft und auch dass die Ergebnisse der Neugliederungskommission vorliegen. Die hat er am Freitag vor der Wahl bekommen. Er wird sie erst im Januar bekanntgeben, was völlig in der Ordnung ist {…}.[20] Womit wir einverstanden sind. Über das, was mit diesem Begriff Neugliederung des Bundesgebietes alles zusammenhängt, werden wir sehr konkret und sehr präzise reden, nicht jetzt in diesen Koalitionsgesprächen, sondern es wird eine Sache sein, die in der Linie in der Regierungserklärung so zu formulieren sein wird, wie es in eine Regierungserklärung passt, von der der Bundeskanzler sagt, sie soll sich von der des Jahres '69 dadurch unterscheiden[21], dass sie viel weniger Angaben über welche Gesetze und welche Details, sondern, ohne dabei flüchtig werden zu wollen, stromlinienförmig, worauf es ankommt, worauf es hinausgehen soll, enthalten wird.

Der Minister hat auch mitgeteilt, wann das Gutachten der Kommission zur Dienstrechtsreform vorliegen wird[22], und wir haben dann einige Erörterungen begonnen, die, wenn auch nicht ausgeschöpft, sondern umrissen haben, das, was er mit Presse- und Medienpolitik bezeichnen möchte, etwa die Erörterung, ob es sinnvoll sei, Fragen des Presserechts mit den wettbewerbsrechtlichen Fragen zu verquicken. Ob man eine Form finden muss oder ob es anders geht, die Medienpolitik in den Griff zu bekommen. Darüber werden wir sicherlich detailliert in der Runde, aber müssen auch hier die Gelegenheiten Anregungen, die nicht mit dem Ehrgeiz gegeben werden, dass sie alle notiert, ich meine, dass sie alle registriert werden in der Regierungserklärung, sondern dass sie das, was dazugehört, jedenfalls anmelden, aber aus unseren Kreisen mit auf den Tisch gebracht werden können.

Ich denke, dass eine Anregung, in einer kleinen Kommission einiges zu gewissen Presseentwicklungen zu erörtern, dass die sinnvoll ist und dass man da weiter an das Konkrete herankommen wird.

Der Wirtschafts- und Finanzminister[23] hat im ersten Koalitionsgespräch, zweiter Teil, einen eingehenden Bericht zur wirtschaftlichen Lage, zur Preisentwicklung, zu Fragen der Haushalts-, Steuer-, Verkehrs- und Energiepolitik gegeben. Dieser Bericht ist dann gestern ergänzt durch das, was er zum inzwischen vorliegenden Sachverständigengut-

---

19 Hans-Dietrich *Genscher*.
20 Gemeint ist vermutlich die Enquete-Kommission für Fragen der Verfassungsreform, die im Mai 1970 vom Bundestag eingesetzt wurde. Vgl. Antrag der Fraktionen der SPD und FDP betr. Enquete-Kommission zur Reform der bundesstaatlichen Struktur vom 6. Mai 1970; BT Drs. 06/739. – Seit dem 2. Oktober 1970 erarbeitete zudem eine von der Bundesregierung eingesetzte unabhängige Sachverständigenkommission, die sog. *Ernst*-Kommission, ein Gutachten zur Frage der Schaffung leistungsfähiger Bundesländer. Zum Auftrag der Kommission vgl. WENIGER LÄNDER – MEHR FÖDERALISMUS: die Neugliederung des Bundesgebietes im Widerstreit der Meinungen 1948/49–1990. Eine Dokumentation. Bearbeitet von Reinhard Schiffers. Düsseldorf 1995, Dok. 38 c, S. 241–244.
21 Zur Regierungserklärung von Bundeskanzler *Brandt* am 28. Oktober 1969 vgl. BT Plenarprotokoll 06/5, S. 20–34.
22 Im Zuge der Debatte über die Änderung des Bundesbesoldungsgesetzes beantragte der Bundestag die Einsetzung einer Studienkommission unabhängiger Fachleute, die bis 1972 Vorschläge für eine zeitgemäße Weiterentwicklung des öffentlichen Dienstes erarbeiten sollte. Zum Antrag vgl. BT Drs. 06/420, S. 2. Zur Abstimmung im Plenum vgl. die Sitzung am 27. Februar 1970; BT Plenarprotokoll 06/35, S. 1686–1691.
23 Helmut *Schmidt*.

achten hat sagen können²⁴, ohne damit vorzugreifen dem, was die Regierung mit dem Jahreswirtschaftsbericht laut Gesetz nach unseren Gepflogenheiten jeweils im Februar, wenn es zu machen ist²⁵, bieten und so gewünscht sein wird, ist diese Diskussion gestern also begonnen worden. Ich werde hoffentlich Verständnis dafür finden, wenn ich sage, es ginge wohl über das Notwendige oder Mögliche hinaus, wenn ich jetzt versuchte, Tendenzen dieser Diskussion wiederzugeben. Das würde ungerecht sein gegenüber dem einen oder gegenüber dem andern. Ich denke, dass wahrscheinlich Helmut *Schmidt* selbst einiges dazu hier noch sagen will und wahrscheinlich auch Alex *Möller*, der uns – hier mach' ich einmal eine Ausnahme auf, ich fand das sehr verständlich, mir ist das nämlich auch so gegangen – auf ungenügendes, sagen wir mal, Ausschlachten der tatsächlichen Ergebnisse der Luxemburger Konferenz der Wirtschafts- und Finanzminister der neun Länder der Europäischen Wirtschaftsgemeinschaft im Zusammenhang mit den 15 Punkten, die vorher Helmut *Schmidt* als die Auffassung des Kabinetts zu Fragen, die die andere Seite immer mit Stabilität und gegen die Preis- und Kostenentwicklung glaubte erledigen zu können²⁶, wie das ausgeschlachtet wird. Ich nehme an, er wird noch einiges dazu selbst sagen wollen.

Hier sind einige Anregungen, die wir sehr bald auch spüren werden, und da bin ich schon bei einer Reihe von in der nächsten Woche zum Teil auch mit Genossinnen und Genossen unseres Kreises in der Fraktion zu erörternden mehr oder weniger Spezialproblemen, etwa Energiepolitik, Verkehrspolitik, etwa über die von beiden Seiten – und ich fand, das ist eine erfreuliche Feststellung – als eilbedürftig festgestellte Behandlung der erneut einzubringenden Kartellgesetznovelle²⁷,

(Beifall.)

und zwar einer verbesserten Kartellgesetznovelle, und zwar auch in unserem Sinne, auch vom Partner selbst formuliert, einschließlich Preisbindung, Formel nenne ich nur audit. Da wird also nicht nur dran gearbeitet, sondern auch werden wir Konsultationsmöglichkeiten haben. Problematisch ist, und wahrscheinlich auch nicht erörterungsfähig von Anfang an, sondern erst wenn gewisse Vorarbeiten gemacht worden sein werden, ist das, was zur Verfeinerung, entschuldigt den laienhaften Ausdruck, des Stabilitätsgesetzes, vor allen Dingen bestimmter Paragraphen des Stabilitätsgesetzes, ich denke an 26, gemacht werden soll und beide Seiten gemacht haben wollen.²⁸ Wir werden Probleme haben im Zusammenhang mit Haushalt '73²⁹, aber das werden keine unüberwindlichen Probleme sein.

Ich nehme an, Helmut [Schmidt] wird dazu einiges sagen und es wäre Stümperei, wenn ich dem jetzt vorgreifen wollte. Im Grunde ist seit dem September das Notwendige ge-

---

24 Zum Jahresgutachten des Sachverständigenrats zur Beurteilung der gesamtwirtschaftlichen Entwicklung vgl. BULLETIN 1972, Nr. 165 vom 8. Dezember 1972, S. 1959.
25 Der Jahreswirtschaftsbericht 1973 erschien am 21. Februar 1973. Vgl. BT Drs. 07/225.
26 Am 30. und 31 Oktober 1972 berieten die Wirtschafts- und Finanzminister auf der 211. Tagung des Ministerrats in Luxemburg über Maßnahmen zur Bekämpfung der Inflation und Wiederherstellung der Preisstabilität. Vgl. dazu EUROPA-ARCHIV 1972, Z 230 f.
27 Gemeint ist der am 18. August 1971 vorgelegte Entwurf der Bundesregierung zur Änderung des Gesetzes gegen Wettbewerbsbeschränkungen. Er wurde in der 6. Wahlperiode nicht mehr abschließend beraten. Vgl. BT Drs. 06/2520.
28 Zum »Gesetz zur Förderung der Stabilität und des Wachstums der Wirtschaft« in der Fassung vom 8. Juni 1967 vgl. BGBl. 1967, I, Nr. 32, S. 582–589. – Paragraph 26 behandelte vor allem Abschreibungsmöglichkeiten für Unternehmen.
29 Die parlamentarischen Haushaltsverhandlungen 1973 begannen am 3. April 1973. Vgl. BT Plenarprotokoll 07/25.

| Fraktionssitzung | 29. 11. 1973 **1.** |

sagt, und jetzt muss man genau wissen, was, wenn wohl im Februar, ohne jetzt Termin zu kurz zu nennen, der eingebracht werden kann, was, auf was wir dabei achten müssen, und es ist mit Recht von Helmut *Schmidt* gesagt worden, dass der Haushalt '73 im Kabinett behandelt werden kann, sobald der für die Finanzen zuständige Minister im neuen Kabinett ernannt sein wird. Anders geht das nicht.

Es soll auch eine – braucht man eigentlich nicht besonders zu sagen. Ich bitte da um Entschuldigung, wenn ich das noch mal gesagt habe.

Es gibt Probleme, die in den letzten Tagen mit dicken Überschriften versehen wurden {...} und über die wir auch gestern gesprochen hatten, mit der Bundesbahn, Bundespost. Dabei stellt sich heraus, dass wir ohne die Problematik des Bundesbahndefizits, die ja keine von jetzt, sondern vorgestern oder vorvorgestern ist, sondern eine seit vielen Jahren sich entwickelnde ist, ohne sie etwa bagatellisieren oder auch nur verkleinern zu wollen, dass das, worum es da jetzt geht, diese Schreckschüsse nicht rechtfertigt, nicht rechtfertigt für dieses Jahr. Das nur nebenbei und das werden einige, die an Diskussionen teilgenommen haben, noch deutlicher sagen. Das ist dürftig, was ich jetzt hier sage, und ich mache mich darauf gefasst, dass ich durch Fragen genötigt werde und auch nicht nur genötigt werde, sondern bin ich auch, bin ich auch gern bereit, darauf anzuspringen, dieses oder jenes konkreter oder über dieses und jenes, worüber geschrieben worden ist und das ich hier nicht erwähnt habe, zu behandeln, noch zu erörtern, zu erläutern, wenn es auskunftsfähig ist.

Wir führen die Koalitionsgespräche in dem Kreis, auf der einen Seite sieben, auf andern Seite sieben[30], am Dienstag nächster Woche fort. In der Zwischenzeit gibt es also Erörterungen, die leider aufgrund von Willys Situation vorwiegend schriftlich geschrieben und dem Vizekanzler und auch zwischen ihm und anderen geführt werden[31] und es gibt auch beidseitig die Erklärung, dass etwa die Fraktionsvorsitzenden den Versuch machen sollen, einige Dinge, die noch im großen Kreis nicht angesprochen worden sind, oder solche, die noch nicht zu klären sind, mal gegenseitig zu prüfen.

Der neue Bundestag, Genossen, wird also, und das werden wir dann im Einzelnen, weil heute Morgen ein interfraktionelles Gespräch gewesen ist, was die Termine betrifft und was das vorläufige Planen, und wir haben da wirklich, da es ein vorläufiges sein muss, nur müssen wir alle Gespräche, wir können ja nicht sagen: und zu Neujahr werden wir dann sehen, was uns geschehen wird. Jeder hat ja seine eigenen privaten Partei- und anderen Termine, mit denen er sonst brechen muss, da werden wir dann bedient, das ist also heute Morgen bis Januar und Februar vorzuschlagen formuliert worden. Wenn wir und ehe der Bundestag zusammentritt, werden wir in der Fraktion unsere Vorschläge zu bestimmen haben durch Wahl für die Besetzung des Bundestagspräsidiums. Das wird also am 12. [Dezember] geschehen können[32] und bis dahin werden die Vorschläge dazu oder der Vorschlag also gemacht werden können. Wir müssen außerdem Schriftführer für diese Runde haben. Auch darüber ist vorgesprochen worden.

---

30 Teilnehmer des ersten Koalitionsgesprächs am 23. November 1972 waren auf Seiten der SPD: Bundeskanzler Willy *Brandt*, Helmut *Schmidt*, Georg *Leber*, Herbert *Wehner*, Alex *Möller*, Karl *Wienand* und der NRW-Ministerpräsident Heinz *Kühn*. Auf Seiten der FDP nahmen Walter *Scheel*, Hans-Dietrich *Genscher*, Josef *Ertl*, Wolfgang *Mischnick*, Karl-Hermann *Flach*, Liselotte *Funcke* und Werner *Mertes* teil. Vgl. Brandt, Partei der Freiheit (Berliner Ausgabe, Bd. 5), S. 511.

31 Vgl. Anm. 3. – Vgl. bspw. die handschriftlichen Notizen *Brandts* zur Regierungsbildung; Brandt, Mehr Demokratie wagen (Berliner Ausgabe, Bd. 7), Nr. 83, S. 387–396.

32 Vgl. die SPD-Fraktionssitzung am 12. Dezember 1972, SVP C und D, online.

Und nun, um das, was wir – ich tue es ungern, aber ich tue es gewissenhaft, jedenfalls als eine Art Leitfaden, solange wir nicht einen, falls es gewünscht wird, besseren haben – anwenden müssen, das ist die Geschäftsordnung der Fraktion im Bundestag, das heißt, ich muss darum bitten, dass die Fraktion heute, auch wenn es nicht ausdrücklich als ein Punkt auf der Tagesordnung steht, die Geschäftsordnung der Fraktion im Bundestag, die Fassung, die euch zugegangen ist, ist die vom 2. Juni 1970[33], womit eine Geschäftsordnung in der Fassung vom 6. Dezember '66 außer Kraft gesetzt wurde, dass sie zunächst einmal für uns gilt und in Anspruch genommen wird und wo und wieso Wünsche zu Verbesserungen bestehen, dass wir dann uns an die begeben müssen. Der Paragraph 10 dieser Geschäftsordnung, von der ich eben spreche, befasst sich mit der Weiterführung der Geschäfte und sagt, dass bei Neuwahl des Bundestages der bisherige Fraktionsvorstand die Geschäfte bis zur Wahl eines neuen Fraktionsvorstandes weiterführt. Nach dem Wahltag setzt er sich aus den wiedergewählten bisherigen Mitgliedern des Fraktionsvorstandes zusammen. Das ist also ein Notbehelf, von dem nur soweit und solange Gebrauch gemacht werden soll und will, als die Fraktion keine Gelegenheit hat, einen Fraktionsvorstand neu zu wählen.

Wir haben in der vorigen Woche in einer Sitzung des amtierenden Vorstands auf Basis dieser Geschäftsordnungsbestimmung vorgeschlagen, dass der Fraktionsvorsitzende heute gewählt werden solle. Dazu äußere ich mich nicht, weil ich betroffen bin. Das wird dann geschehen. Was die Neuwahl des Fraktionsvorstands betrifft, sind wir, und ich bitte das zu verstehen, daran gehalten zu wissen, wie das Kabinett aussehen wird, personell, wie oder wer Parlamentarische Staatssekretäre sein werden und im Zusammenhang damit, welche Ausschüsse, das heißt damit wir ein Gesamttableau haben können, denn vorher können wir nicht über die verfügen wollen, von denen, ich weiß nicht wer oder welche, Kabinettspflichten übernehmen, das heißt dies müssen wir vorher geschehen lassen. Da wir Weihnachten haben und eine bestimmte Pause, wird es wohl richtig sein, dass einige Vorarbeiten so gemacht werden, damit wir sehr bald nach dem Wiederzusammentritt, unter Einhaltung der gehörigen Fristen und mit den Überlegungsmöglichkeiten und den einander sich kennen und beschnuppern können Möglichkeiten, sobald es geht, wäre eine gute Sache, werden noch im Januar diese Wahlen vornehmen. Das ist dann der Fraktionsvorstand und das sind die Arbeitskreisvorsitzenden, das sind die Obleute der Sozialdemokraten in den Ausschüssen. Das ist eine ganze Menge, die wir da zu wählen haben. Dazu gehört dann Europaparlament. Dazu gehört Beratende Versammlung des Europarats.

Manches brennt uns auf den Nägeln aus Gründen, die mit dem Gefüge des Bundeshauses und dem, was dazu gehört, zusammenhängt. Es gab natürlich Entwicklungen, die nicht einmal unter dem Einfluss eines sozialdemokratischen Bundestagspräsidenten haben stehen können, und so werden wir nun einiges auch mit Augenmaß, aber sehr bestimmt dort, wo es am meisten erforderlich ist, zuerst in die richtigen Ordnungen bringen. Dabei werden uns manche natürlich alarmieren. Manche werden auch den Versuch machen, ihre besonderen und häufig im Einzelfall sehr verständlichen Enttäuschungen als Bedienstete hier, als Zurückgesetzte, wir sollten alles sehr aufmerksam zur Kenntnis nehmen und dann prüfen, selbst prüfen und durch solche vergleichen, prüfen lassen, nicht untergehen, wie wir ja auch untereinander, wenn es geht, Genossen, ist sehr schwer, ich weiß das, versuchen müssen, aufeinander zu hören. Und ich sage, auch unabhängig davon, was man über oder von einem andern gehört haben mag, dennoch aufeinander zu hören, das ist – ja, da lächelst du, das ist aber die Kunst, dort fängt sie erst

---

[33] Zum Wortlaut der Fraktionsgeschäftsordnung vom 2. Juni 1970 vgl. GESCHÄFTSORDNUNG DER FRAKTION (SPD – 06. WP), online.

an, Hans[34], nicht. Weißt du aus eigener Lebenserfahrung. Da fängt sie erst an. Ich will jetzt hier keine Vorträge machen, die die Arbeit der Fraktion unmittelbar betreffen. Ich möchte nur, weil das eine, wenn auch arbeitsam, aber liebgewordene Einrichtung erstmals in der 6. Legislaturperiode geworden ist, gleich sagen, die regelmäßigen Obleutebesprechungen, wenn wir die Obleute wieder haben bei den Ausschüssen, waren wohl das konstruktivste, was es überhaupt hat geben können, denn nie hat einer gefehlt und wenn er musste, dann hat er den Kompetenten geschickt und legte Wert darauf, und dort wurde eben, manchmal drei, manchmal auch vier Stunden, nur über das geredet, was in diesen Tagen in den Ausschüssen war, wo es nicht lief, wo wir eigene, wo wir Schwierigkeiten in der Partnerschaft hatten, damit wir von dort aus und auch im Zusammenhang mit dem, was dann regierungsseitig kann wieder zugefügt oder wo abgeholfen werden kann, in Zusammenarbeit erreicht werden.

Ich möchte sagen, von uns wird viel abhängen, Genossen, wie der Bundestag seine Aufgaben löst und wie er wirken wird. Da müssen wir sehr aufpassen, darauf, dass auf uns die Leute viel schärfer aufpassen werden als je auf andere. Allerdings hängt das – das ist ein gewisser Trost, eine gewisse Einschränkung – eben nicht nur von uns ab. Das Verhältnis zum Koalitionspartner ist eine Sache, die ich am Anfang mal erwähnt habe, und das Verhältnis zur Opposition wird auch eine Sache sein. Eine einzige Anregung noch: Wenn man jetzt schon und heute Presse, Rundfunk nimmt, dann wird man mir nachsehen, wenn ich milde überlege, ob es nicht heute Zeit ist, nicht um heute etwas zu beschließen, sondern um es zum Nachdenken mitzugeben, dass wir etwas qualifiziert versuchen, zusätzlich zu der uns sehr bald, weil also belastenden Tagesordnungs- und sonstigen Arbeit finden werden und praktizieren werden, qualifizierte Informationen, zum Beispiel heute kann man über den Bericht des Rechnungshofes lesen[35], Kommentare lesen, die Fraktion wird, ich nehme das an, ohne dass ich mir das Recht anmaße, für jeden hier und sein Bedürfnis zu sprechen, wird doch kaum gerne haben wollen, dass das zwar erörtert, aber dass es zu einer solch einer Sache nicht, sobald es sich machen lässt, von denen, die Einblick haben, eine Information geben wird, durch die weder die festgelegt werden hinsichtlich ihrer eigenen im zuständigen Ausschuss/Unterausschuss erforderlichen Maßnahmen, Schritte, Vorschläge, aber die Fraktion insgesamt, soweit sie sich hinter {...} es wird ja niemand gezwungen, daran teilzunehmen, informiert.

Genauso ist es mit dem Sachverständigengutachten[36], von dem ich vorhin in anderem Zusammenhang etwas gesagt habe. Das ist ein dickes Buch, aber es gibt auch ein Drittes, das jetzt Schlagzeilen und Kommentare macht, der Bericht der Wehrstrukturkommission.[37] Drei Dinge innerhalb zweier Tage und es wäre eine gute Sache, wenn wir uns nach Überlegung dazu finden könnten, wie wir, ohne uns zu überfüttern – und ohne dabei zu erleben, was wir bei ähnlichen Versuchen erlebt haben, dass dann immer weniger da sind –, überlegen, wie sollen wir es machen, ob Anschluss der Behandlung aller Tagesordnungsfragen oder wie sonst, ohne damit eine eiserne, eiserne Ordnung einführen zu wollen. Aber gewiss sind solche Dinge, sind nicht sehr viele, aber gewiss sind solche Dinge, wie die hier drei genannten, die zufällig in diesen Tagen kommen, muss ja

---

34 Es ist unklar, wen der Fraktionsvorsitzende hier anspricht.

35 Möglicherweise ist damit die Unterrichtung des Bundesrechnungshofs vom 31. August 1972 gemeint. Vgl. BT Drs. 07/8. – Vgl. zum Bericht des Bundesrechnungshofs zur Haushaltsrechnung 1970 außerdem BULLETIN 1972, Nr. 162 vom 30. November 1972, S. 1926–1929.

36 Vgl. Anm. 24.

37 Am 28. November 1972 legte die im Juli 1970 eingesetzte Wehrstrukturkommission einen zweiten Bericht zur zukünftigen Struktur der Bundeswehr vor. Vgl. WEHRSTRUKTURKOMMISSION DER BUNDESREPUBLIK DEUTSCHLAND, Die Wehrstruktur in der Bundesrepublik Deutschland, Bonn 1972.

jeder, er wird ja auch von Wählern gefragt wird, von Funktionären gefragt, muss ja jeder mindestens beurteilen können, ohne dass er damit sagen muss: ich schwöre euch, so ist es möglich – aber er kann sich darauf verlassen, muss sich darauf verlassen können, dass das, was er darüber gehört hat, sachkundig und keine Mogelei ist. Das war es. Das war schon viel zu viel. Ich bitte dafür um Entschuldigung und stelle das zur Diskussion.
(Beifall.)
Wer wünscht das Wort? Da wir hier nicht damit angefangen haben, was sonst sicher gerne gemacht worden wäre, im Bundestagsplenum wird der Aufruf gemacht, namentlich. Mancher kennt noch nicht manchen, so wäre es gar nicht schlecht, wenn wir zunächst mal sagen, so und so und so und so, nicht. Ob er einer nun älter oder jünger ist, das macht nichts. Auf die Weise lernen wir uns allmählich auch im Profil kennen, wenn auch noch nicht in der Profilierung. Wird das Wort gewünscht?
(Unruhe in der Fraktion. Pause.)
Dann nehme ich mir das noch einmal, Genossen, und zwar um einige Vorschläge zu dem Stichwort zu machen, das ich so en passent vorhin, ohne dass es gestochen hat, gegeben habe, nämlich dass zu einigen Themen, die in den Koalitionsgesprächen eine Rolle spielen werden oder spielen können, die Möglichkeit geschaffen wird, konsultativ und nicht nur konsultativ, sondern so, dass dargelegt wird, worum es dabei gehen kann, ohne dass man dabei Beschlüsse fassen kann, das können wir nicht mit der ganzen Fraktion machen, dass jeweils, und das ist schon eigentlich eine Zumutung, einige Mitglieder der Fraktion, die sich auf diesem Gebiet besonders engagiert oder interessiert fühlen, Initiativen ergreifen. Ich denke dabei an das Kapitel Mitbestimmung und wäre froh, wenn Hermann *Buschfort*, nicht etwa alleine, sondern mit einigen, die sich bei ihm melden werden, zusammen einmal daran geht und dass dann jemand aus oder einige aus diesem Gesprächskreis, Koalitionsgespräch mit ihnen reden und erstens Mal von ihnen hören und zweitens auch ihnen sagen, wenn das dort, bis jetzt ist das dort nicht erörtert, wird aber natürlich zur Erörterung kommen und sieht auch gar nicht völlig hoffnungslos aus. Ich will keine Prognosen stellen. Ich bin jedenfalls in einem Punkte festgelegt, dass wir nicht biedenkopfen[38], nicht, womit ich sagen will, dass wir nicht sagen, ein oder zwei mehr sind zwar keine Parität, aber und sind besser als weniger. Das wäre nicht gut. Das haben wir so gehalten, und ich nehme an, wir werden in der Übereinstimmung uns finden,
(Beifall.)
dass das so {...}. Wir werden auch wahrscheinlich auch uns finden, nun sage ich es unvorsichtig, dass wir kein Mehrklassenwahlrecht für Betriebsräte haben wollen werden, nicht.
(Beifall.)
Und dann ist unser Spielraum enger als es auf den ersten Blick aussehen mag, aber keineswegs eine Sackgasse und das ist gestern nach der Erörterung einmal in unserem Kreis kurz festgestellt, da möchten wir auch gerne miteinander reden mit denen, die, womit wir, natürlich könnte die ganze Fraktion, ein großer Teil von ihr, daran Interesse haben, nur da kommen wir nicht durch in der zur Verfügung stehenden Zeit. Da müssen wir uns aufeinander verlassen, das heißt die besonders Interessierten, ohne dass sie ein Abzeichen dafür angeheftet bekommen, und wenn es verlangt wird, bei nächster Gelegenheit weiter darüber reden. Also das wäre mein Vorschlag: Hermann *Buschfort*.

---

38 Gemeint sind wohl die Vorschläge der Sachverständigenkommission zur Mitbestimmung in Unternehmen (sog. *Biedenkopf*-Kommission). Vgl. BT Drs. 06/334.

Dann zu diesem Komplex Steuerreform und auch Eckwertbeschlüsse des Kabinetts vorige Periode[39] ist mein Vorschlag, dass einige, die damit unmittelbar zu tun hatten und haben, sich kümmern, dass andere, die dazu auch noch etwas sagen wollen und können, solch eine Konsultationsmöglichkeit bekommen. Ich schlage vor, dass *Porzner*, dass *Eppler* und *Offergeld* zusammen sich bemühen um diese Möglichkeit, mit einem dann wahrscheinlich etwas größeren Kreis, aber nicht zu großen Kreis.

Ich bin in Verlegenheit bei Bildung, Berufsbildung, aber nur partiell in Verlegenheit. Ich wäre sehr dankbar, wenn Helmut *Rohde* die Initiative ergriffe, ohne damit irgendwas vorgreifen zu wollen. Alles das ist ohne Ahnung, was die Kabinettsbildung betrifft, aber eine Sache ahne ich, dass Bildung und Berufsbildung ganz dicht zusammenkommen muss,

(Beifall.)

und aus dem Grunde wäre ich froh, wenn Helmut *Rohde* zusammen mit Rolf *Meinecke* und dann etwa mit *Sperling*, und das sind noch einige andere, versuchte, diejenigen, die – früher war das ja getrennt, soweit es sich dabei um Anregungen handelt –, wobei ja, was die Regierungserklärung betrifft, wirklich nicht Details formuliert werden sollen, sondern eben in Anregungen oder meinetwegen auch, soweit man meint, man warne vor dem oder vor dem.

Medienpolitik habe ich mit einigen Genossen uns daran erinnert, dass unser Berliner Genosse *Sieglerschmidt* mit den Sachen sich befasst hat, wenn der sich einmal umsehen und nicht zu engherzig umsehen wollte, wer da noch etwas. Das ist ein ganz schwieriges Kapitel, Genossen, weil dieses Fremdwort hat es in sich und [ist] deswegen gewählt worden, weil man es klarer nicht ausfüllen kann. Nur, da kommt dann sofort die ganze Pressegeschichte mit hinein, und wir hatten ja in der vorigen Periode, das erinnere ich nun wirklich deutlich, bei den Koalitionsgesprächen in der Frage Regierungserklärung, was Fusionen betrifft, einen Anspruch gehört, das müsse dann in das Generelle zum Kartellgesetz bei Fusionskontrollen[40], vorbeugenden Fusionskontrollen, reinkommen und als das dann gemacht wurde, war das plötzlich, das mag an dem damals federführenden Minister gelegen haben[41], ich möchte es nicht nur so vermuten, war das da nicht am Platze und dann war es nirgendwo am Platze und da haben andere sich mit Recht daran gestoßen. Nur es lohnt ja die Überlegung. Vielleicht, jetzt sag' ich es ganz dilettantisch, geht es wirklich nicht, bei einer Novelle zum Kartellgesetz diese spezifische Sache auch mit noch hineinzupacken. Dann brauchen wir eine andere, eine besser geeignete Form. Jedenfalls brauchen wir eine Gesprächsmöglichkeit, die uns, wenn es geht, davor bewahrt, dass alle möglichen Standesorganisationen und Richtungsstandes- und Standesrichtungsorganisationen sofort wieder, wie das jetzt schon seit dem 20. [November] losgeht, den Wahlkampf auf ihre Weise, obwohl sie meist zu den Verlierern gehören, nochmal, als ob er von vorne angefangen werden könnte, beginnen mit Äußerungen über Dokumentation und Ähnliches. Wir müssen da auch vorsichtiger sein. Mir tut besonders der Bundeskanzler leid, der dann meist in die Schusslinie gebracht wird und dann auch noch gezwungen wird oder genötigt wird, sich dazu erklären zu sollen. Davor sollten wir ihn versuchen, zu bewahren, soweit er das selber will.

Personalvertretungsgesetz muss sehr bald kommen, und da hat es einige Dinge während des Wahlkampfes gegeben. *Wichert* schrieb. Ich hab' mich dann umgesehen, ich war

---

39 Die Eckwerte zur Steuerreform wurden während der Sitzung am 9. und am 10./11. Juli 1971 im Bundeskabinett verabschiedet. Vgl. DIE KABINETTSPROTOKOLLE DER BUNDESREGIERUNG 1971, online. – Vgl. auch die SPD-Fraktionssitzung am 15. Juni 1971, SVP B, online.
40 Vgl. Anm. 27.
41 Gemeint ist der ehemalige Bundesminister für Wirtschaft und Finanzen *Schiller*.

auch dauernd unterwegs, aber immer mal doch wieder hier stundenweise, und dann hat Helmuth *Becker* (Nienberge), mir dazu geschrieben. Ich weiß nicht, ob das dann, wie ich es gewollt hatte, *Wichert* vermittelt worden ist, der winkt ab, *Becker*, dass man etwas Spezifisches formuliert, aber hat über die weitere Behandlung des Personalvertretungsgesetzes und über Änderungen an dem Entwurf, der nicht zu Ende hat beraten und verhandelt werden können, wie er sagt, Vorstellungen und über die sollte bald gesprochen werden in dem Zusammenhang. Ich nehme nicht an, dass wir genügend sind, da einen besonderen Nagel in der Tür wieder einzuschlagen, aber ich wäre froh, wenn dennoch noch während der Dauer dieser Koalitionsgespräche einige der in diesen Bereich gehörenden Punkte wenigstens von uns zur Sprache gebracht werden könnten.

Das dazu. Und ich wäre froh, wenn Klaus Dieter *Arndt* und vielleicht auch Helmut *Lenders* mit ein paar anderen sich Gedanken machten. Der Koalitionspartner hat, vielleicht hat er es schon, ich will den Helmut nicht herauslocken, so einfach eine Art Liste gemacht von Punkten, die man mal durchsprechen soll, wirtschaftspolitische und so weiter, nicht, von ihrer Seite einen, Helmut macht das selbst, aber für einige Äußerungen, zum Beispiel auch was Kartellnovelle, aber anderes auch betrifft, sollte, abgesehen von Hans-Jürgen *Junghans*, sollte Klaus Dieter *Arndt* und *Lenders* sollte, wer noch, uns zurate stehen mit ihrem kritischen Verstand. Das waren meine Vorschläge. Können andere sein, aber das könnte sich ja schon machen lassen, ohne dass es absolute Schlachten geben müsste darum, wer nun wo, nicht, da kann man sich wohl verständigen.

Eugen *Glombig*!

[B.]

Glombig: Genossinnen und Genossen, Herbert *Wehner* hat eben davon gesprochen, dass Bildung und Ausbildung wohl zusammengehören. Dem will ich nicht widersprechen. Ich meine, dem muss man im Grundsatz zustimmen. Ich will auch dazu gar nichts mehr sagen, sondern ich möchte in dem Zusammenhang nur an einen anderen Punkt erinnern, den ich bei, vor der letzten Regierungsbildung in kleinerem Kreise angesprochen habe und von dem, wenn ich ihn hier nicht anspreche, befürchte, dass er wieder untergehen wird, einfach deswegen, weil immerhin Hunderttausende und Millionen von Menschen in diesem Lande nicht die genügend starke Lobby haben, um zur rechten Zeit zu sagen, um was es geht. Ich meine hier die Sozialhilfe.

Ich bitte sehr, alle Genossinnen und Genossen, die mit der Vorbereitung der Regierungsbildung und auch mit der Vorbereitung der Regierungserklärung betraut sind, sich mit der Frage der Zuständigkeit der Sozialhilfe zu beschäftigen. Ich bin der Meinung, aus Überzeugung, dass die Sozialhilfe in die Zuständigkeit von Arbeit und Sozialordnung gehört, und ich werde mich auch weiterhin sehr mit Nachdruck dafür einsetzen. Ich möchte zumindest das heute mit aller Deutlichkeit anmelden.

(Zwischenruf: Wo ist sie denn jetzt?)

Jetzt ist sie beim Bundesministerium für Jugend, Familie und Gesundheit.

Wehner: *Walkhoff*.

Walkhoff: Zum Thema Mitbestimmung. Herbert *Wehner* hat gesagt, nicht biedenkopfen[42], und ich wäre ihm dankbar, wenn er hinzufügen würde, auch nicht maihofern.[43]

---

[42] Gemeint sind wohl die Vorschläge der Sachverständigenkommission zur Mitbestimmung in Unternehmen (sog. *Biedenkopf*-Kommission). Vgl. BT Drs. 06/334.

[43] Gemeint ist der FDP-Politiker Werner *Maihofer*, Vorstand der FDP-Programmkommission. Er war maßgeblich an den Freiburger Thesen beteiligt, die einen ausführlichen liberalen Entwurf für die Reform der Mitbestimmung im Unternehmen enthielten. Vgl. FLACH, Karl-Hermann/MAIHOFER, Wer-

Fraktionssitzung 29.11.1973 **1.**

Wenn Informationen zutreffen, die man in letzter Zeit gehört hat auch inoffiziell aus der Verhandlungsdelegation, dann wird offenbar eine Taktik vorbereitet, die einmal einen Kompromiss ermöglichen soll. Solch ein Kompromiss muss aber zwangsläufig unter der Parität liegen und Verantwortungsbewusstsein sollte uns eigentlich dazu veranlassen, in dieser Fraktion, sofern es zutrifft, zu den einzelnen heute schon zu sagen, solch einen Kompromiss könnte man nicht mitmachen, damit nicht von vornherein die falsche Taktik eingeschlagen wird.

Wehner: Nun bitte ich um Entschuldigung. Ich werde den Namen nicht aufgreifen – aus vielen Gründen.

(Vereinzelter Beifall.)

Die im Einzelnen darzulegen, würde wahrscheinlich viel Gelächter hervorrufen. Ich habe aber gesagt, ein Mehrklassenwahlrecht, nicht, und die, die Betriebserfahrung haben, wissen, was ich damit meine, oder –

(Beifall.)

na bitte, ich habe auch welche, und dies ersetzt jeden Namen, nicht.

Biedenkopf ist noch eine andere Sache. Mit dem stehe ich ja auch nicht Verhandlungen. Das ist aber ein Modell, das draußen bekannt ist. Ein Mehrklassenwahlrecht, dafür gibt es verschiedene Autoren und verschiedene Modelle und da habe die Bitte, klemmt euch nicht an dem oder jenem Namen fest, wenn wir einer Meinung sind, dass wir kein Mehrklassenwahlrecht wollen, und kommen über alle Namen hinweg.

(Beifall.)

Heinz *Westphal*!

Westphal: Liebe Genossen, zunächst möchte ich einmal einen Vorschlag machen. Ich finde, wir sollten dem Willy *Brandt* einen Blumenstrauß schicken, wenn er schon nicht hier sein kann, wäre das sicher eine gute Idee, ihn von hier aus zu grüßen.

(Beifall.)

Das Zweite, was Eugen *Glombig* angesprochen hat,

(Heiterkeit in der Fraktion.)

betrifft ein wenig den Bereich, in dem ich bis jetzt tätig war, und ich möchte gerne abraten davon, dass wir in Ressortdiskussionen jetzt kommen. Dies ist meine Überlegung, weil ich wirklich sage, nach der Rede von Herbert hatte man ja hier so ein bisschen den Eindruck, was tun wir nun, gehen wir gleich dran an Politikdiskussionen, lassen wir den Willy das machen und die Gruppe, die von der Partei beauftragt ist, die inhaltliche Diskussion zu führen, die die Regierungserklärung vorbereitet, oder sind wir schon dran als Fraktion.

Wir sind uns darüber, glaube ich, alle noch nicht ganz im Klaren, auch die Vorschläge, die Herbert *Wehner* gemacht hat, dass wir auf einigen Teilgebieten, die uns wichtig sind, erst einmal so ein bisschen Vorarbeit machen sollen, sind ja sicher hilfreich, aber sie klären noch nicht auf, was denn die Rolle dieser Gruppen sein dürfte oder werden soll, aber es muss ja auch nicht gleich am ersten Tag alles klargemacht werden. Ich finde, wir sollten uns darüber einig sein, dass im Hinblick auf Personensachen Willy *Brandt* sehr, sehr weitgehend von uns sein Vertrauen benutzen soll und darf und stillhalten soll, damit das nicht noch weiter zerredet wird, wie das ja leider in solchen Wochen vor einer Re-

ner/SCHEEL, Walter: Die Freiburger Thesen der Liberalen, Reinbek 1972, hier der dritte Teil »Mitbestimmung«.

gierungsbildung wohl oder übel der Fall ist, aber jedenfalls wir sollten dazu keine Beiträge leisten.

Es wäre zweitens hilfreich, wenn dies gelingen könnte, mindestens also in der Weise, dass es nicht eine öffentliche Diskussion oder zwischen uns wird, bezogen auf die Teile, die da Ressortbildung betreffen. Wenn da jeder seine Meinung sagt und schreibt und niederlegt in einfachen Formeln, die von denjenigen Genossen, die die Verantwortung von der Partei dafür bekommen haben, diese Vorbereitung der Koalitionsgespräche zu führen, die das auf den Weg mithaben, wäre das ein guter Weg. Also da würde auch das hingehören, was Eugen *Glombig* gesagt hat. Ich würde gerne also meine andere Position natürlich gerne dazu aufschreiben, aber sie jetzt zu führen als Fraktion und unter uns ist, glaube ich, kein hilfreicher Gedanke.

Also diese Dreiteilung, in die Politik einsteigen im Sinne der Vorschläge, die Herbert *Wehner* gemacht hat, vorbereitend, ohne festgelegt zu sein, dass das schon Teile der Regierungserklärung werden, Personendiskussionen überlassend den Vorsitzenden und die Ressortdiskussionen, eigene Gedanken dazu niederschreiben, aber nicht zum Diskussionsthema für uns jetzt machen. Wir helfen uns dabei nicht weiterzumachen, da wir ja keine Einparteien-, sondern eine Koalitionsregierung zu bilden haben.

Darf ich noch einen Gedanken sagen? Ich bin ja jemand, der aus dem Haushaltsausschuss gekommen ist und ich hab' gehört, dass der Haushalt '72 noch vor Weihnachten erledigt werden soll. Mir scheint, dass die Fraktion gut beraten wäre, wenn sie den Haushaltsausschuss und die SPD-Besetzung dafür sehr schnell zusammenholen würde.

Wehner: Worauf du dich verlassen kannst!

Westphal: Aha, gut.

Wehner: Ich nehme deine Anmerkungen zur Kenntnis.

Westphal: Ich wollte mich dafür melden, Herbert.

Wehner: Nein, Genossen. Das machen wir, werden wir dann sagen – ich wollte den Punkt nicht vorgreifen. Die müssen doch auch noch was zu sagen haben. Nur, nachdem es jetzt aufgegriffen worden ist, natürlich wird der Haushaltsausschuss gebildet werden, und zwar nicht so, dass er unveränderlich für die ganze Zeit sein muss, aber dass er gut besetzt ist für die Zeit, in der der Haushalt '72 beschlossen werden muss. Denn wenn er beschlossen werden soll, muss am 18. [Dezember], das werden wir dann hören, eine Haushaltsausschusssitzung sein, und dann muss er einen Vorsitzenden haben und einen stellvertretenden Vorsitzenden haben und dann muss er Mitglieder haben.[44] Und so wie das aussieht, einen Obmann, so wie das aussieht, heißt das, dass diejenigen, die früher ordentliche Mitglieder, und diejenigen, die früher stellvertretende waren, wenn man das jetzt zusammenzieht, eine Besetzung ausmacht. Wir werden uns dann darüber verständigen müssen wer, nachdem Max [*Seidel*] nicht mehr dabei ist, als Obmann fungiert, greifen damit keiner endgültigen Regelung vor.

Aber ich darf mir, ohne schulmeistern zu wollen, doch erlauben, Heinz *Westphal* zu sagen, dass ich *Glombigs* Diskussionsbeitrag anders verstanden haben, als dass jetzt hier über personelle oder strukturelle Dinge diskutiert werden sollte. Ich persönlich sage, ich bin dankbar für jede Anregung, die, welcher Genosse und welche Genossin es überhaupt gibt, kann aber nicht versprechen und keiner von der Kommission kann verspre-

---

44 Zum Bericht des Haushaltsausschusses vom 18. Dezember 1972 über das Haushaltsgesetz 1972 vgl. BT Drs. 07/32. Der Bundeshaushalt 1972 wurde am 19. Dezember ins Plenum eingebracht. Vgl. BT Plenarprotokoll 07/4, S. 41–47. – Zum von der Bundesregierung eingebrachten Entwurf eines Gesetzes über die Feststellung des Bundeshaushaltsplans für das Haushaltsjahr 1972 vgl. BT Drs. 07/10.

Fraktionssitzung 29.11.1973 **1.**

chen, dass man das so machen wird, aber kann versprechen, dass es geprüft wird, und ich selber gehöre zu denen, die da sagen, irgendwo muss der Kanzler wirklich ein Bundeskanzlerentscheidungsrecht haben und eine Pflicht haben, aber das heißt, er sucht auch, das sind Meinungen. Es ist ein Unterschied, wie man welche Vorschläge heranbringt oder ob man darauf besteht, so müsse es sein. Man kann sie sogar sehr dringlich machen. Also ich möchte da doch ein wenig zum Moderieren raten und ich hatte verstanden, *Glombig* hat eine solche Anregung und der Anregung wird man ja dann auch versuchen müssen, weil es andere auch noch geben wird und bei manchen Fällen empfehle ich es {...}. Ich will ja jetzt nicht mit deinem Kopf Heinz *Westphal* zunicken, weil es ja vorher schon aus eurem Kreis Briefe gegeben hat, wie ihr euch wiederum denkt, dass bestimmte, ja nun, alle haben Wünsche, alle haben Wünsche. Das werden wir sehen. Fred *Zander*!

Zander: Liebe Genossinnen und Genossen, wir haben in der Bundesrepublik mehr als drei Millionen Ausländer. Davon sind mehr als zwei Millionen ausländische Arbeiter. Ich würde es sehr begrüßen, wenn in der Regierungserklärung mit einigen Bemerkungen, einigen Sätzen von diesem Phänomen Kenntnis genommen würde.

(Beifall.)

Wehner: Darf ich, ohne das jetzt an die große Glocke hängen zu wollen, sagen, dass bei den Erörterungen gestern dieses Problem, und zwar auch das Problem, ob man da nicht etwas Zusätzliches machen muss, machen muss in Bezug auf, ob jemand sich speziell damit zu befassen hätte, abgesehen von dem, was es sonst an Zuständigkeiten gibt, jedenfalls ist das eine wichtige und richtige Sache und {...} wird ihren Platz haben müssen auch in der Regierungserklärung[45], schon dieses riesigen Volumens wegen und auch einiger perspektivischen Änderungsnotwendigkeiten wegen, wenn man an die wirtschaftliche Entwicklung denkt. Hugo *Collet*!

Collet: Genossinnen und Genossen, ich meine, es war aufgrund unserer Situation kein Zufall, dass Herbert nach seinen ersten Ausführungen geradezu provozieren musste, um doch noch zu einer Diskussion zu kommen, obwohl wir alle sehr viele Anregungen mitbekommen haben aus der Arbeit, die wir hinter uns gebracht haben in den letzten sechs Wochen, weil ja doch eine ziemliche Schwierigkeit für uns entstanden ist, hier etwas beizutragen aufgrund der Tatsache, weil wir wissen, wie die Zuständigkeiten sind und wie es in einer Koalitionsverhandlung zugeht. Aber ich darf diejenigen, die in der letzten Legislaturperiode dabei waren, daran erinnern, dass wir in den ersten anderthalb Jahren manche Auseinandersetzung darüber hatten, dass die Diskussion von manchem draußen statt hier gesucht wurde. Das hat sich in den letzten anderthalb Jahren nur dadurch gebessert, weil einfach die Disziplin wegen der besonderen Schwierigkeiten der Genossen ausging von denen, die keine Rücksicht auf die Fraktion nahmen, aber das hier die Disziplin eine Rolle gespielt hat und das dann nicht mehr geschah.

Aber nun ist das geschehen, und ich fürchte eine ähnliche Schwierigkeit für die Zukunft, weil zwei Faktoren ja doch, wenn es auch nach drei Jahren nicht mehr ganz neu ist, für diese Fraktion neu waren, dass einmal eine Meinungsbildung im Kabinett entsteht und eine natürliche Solidarität der Minister den Meinungsstreit in der Fraktion nicht aufkommen lässt, der uns eine Beteiligung schafft, und weil zum andern die Schwierigkeit, auf einen Koalitionspartner Rücksicht nehmen zu müssen, weiterhin als Bremse für Diskussionen in diesem Saal wird. Und ich meine, es wäre der Anstrengung des Vorstandes und des Präsidiums der Partei Wert, sich zu überlegen, wie kann man trotzdem Diskussionen, nicht einfach abhandeln und zustimmen und kleinere Änderungen

---
[45] Zur Regierungserklärung vgl. Anm. 12.

dann, Diskussion in der Fraktion schaffen. Wenn ich gefragt wurde nach meinen sieben Jahren, was waren deine größten Erlebnisse, dann war das nicht irgendetwas, abgesehen vom 27. April [1972], wo *Barzel* versucht hatte und ist gescheitert[46], aber sonst waren die größten Erlebnisse hier in dieser Fraktion der 5. Legislaturperiode, Kampf und Große Koalition. Das war ein Erlebnis. Hier haben Männer und Frauen miteinander zwei Nächte gerungen. Das hat in der letzten Legislaturperiode völlig gefehlt. Oder Notstandsdebatte.[47]

(Unruhe in der Fraktion.)

Freunde!

(Große Unruhe in der Fraktion.)

Das zeigt jedenfalls, dass die Härte des Wahlkampfs uns auch noch Humor gelassen hat, aber ich darf doch sagen, es hat einfach gefehlt in der vergangenen Legislaturperiode die wirkliche Auseinandersetzung. Wir haben einfach nachgeplappert. Ich weiß zwar, was ich jetzt sage. Man kann nicht alles vom Kabinett hier reintragen und auch nicht alle Koalitionsgespräche. Vielleicht gibt's aber den Weg, ich weiß es nicht, ich bitte euch das zu überlegen, dass man vorher ohne Abstimmung, schon eh etwas irgendwo gärt oder notwendigerweise entschieden werden muss, hier in der Fraktion einfach mal in harter Auseinandersetzung zur Meinungsbildung zu kommen. Sonst ist das dasselbe wie das letzte Mal, dass man unbefriedigt ist, man hat nicht das Gefühl, man arbeitet mit, man hat etwas mitgestaltet.

Ich weiß, dass der Unterlegene in früheren Auseinandersetzungen der 5. Legislaturperiode einfach durch das Reden miteinander nachher auch integriert war. Ich erinnere beispielsweise an Notstandsdebatte. Er war integriert, und das letzte Mal war es einfach enttäuschend.

Wenn ich eine zweite Bemerkung nun nicht zur Fraktion, sondern zum Parlament machen darf, dann meine ich, dass aufgrund der gespannten Verhältnisse wir in der letzten Legislaturperiode nicht fortsetzen konnten, was wir in der 5. begonnen haben, nämlich im Parlament zu reformieren. Ich meine, jetzt wäre wieder die Möglichkeit, hier mehr zu tun. Wir müssen uns von unnötigem Papier Entlastung schaffen und Wege suchen, wie wir dem Abgeordneten mehr Chance für politische Arbeit geben. Das müssen wir miteinander hier doch schaffen können.

Und wenn ich jetzt als dritten Punkt noch eine Sachfrage stellen darf, weil ich nicht übersehen kann, wie es aussieht und gefragt werde immer: Gibt es Überlegungen, bei den Verhandlungen eventuell in der Rentenreform zwei Dinge wieder zu reparieren, bevor man endgültig bei flexibler Altersgrenze und Mindestrente mit dem Rechnen begonnen hat, gibt es da Überlegungen?[48] Ich persönlich würde es für sinnvoll halten, kann aber nicht alle Zusammenhänge übersehen.

Wehner: Wenn ich, um nicht heraufzubeschwören ein langes Fachgespräch, sagen darf, dass sowohl unsere Seite als auch die FDP-Seite in der Frage, der einen Frage, flexible[49], die ja so unheimlich belastet worden ist durch den Christbaumschmuck der CDU, das richtige Gerüst, das sie die ganze Zeit vorher abgelehnt hatten, natürlich zu einer Mei-

---

46 Zum gescheiterten konstruktiven Misstrauensvotum der CDU/CSU-Fraktion am 27. April 1972 vgl. die zweite SPD-Fraktionssitzung am 27. April 1972, online.
47 Zu den Auseinandersetzungen zwischen CDU/CSU und SPD während der Großen Koalition vgl. SPD-Fraktion im Deutschen Bundestag. Sitzungsprotokolle 1966–1969, S. XLVIII–LVIII.
48 Zur Rentenreform in der 6. Wahlperiode vgl. SPD-Fraktionssitzung am 23. Juni 1972, SVP A, online.
49 Gemeint ist die flexible Altersgrenze.

Fraktionssitzung 29.11.1973 **1.**

nung gekommen sind. Nur – als wir gestern, und zwar in Zusammenarbeit mit beiden Seiten, in welcher Lage sind wir gesetzgeberisch und was Fristen betrifft, so sind wir in einer beschissenen Lage. {...} In Kraft treten diese Dinge am 1. Januar '73 und wir haben – mancher wird sich erinnern, ist auch gut rauszusuchen – damals eine Entschließung eingebracht, der es aber gegangen ist, wie es in den Tagen solche Sachen ging, deren erster Punkt von der Regierung verlangt, spätestens Ende '73 zu berichten, wie es mit flexibler Altersgrenze in dieser Form und mit drei weiteren schwierigen Stellen des Gesetzes ist. Also hier ist auf beiden Seiten der Koalition die übereinstimmende Erkenntnis, was zu ändern wäre. Nur sehe ich den nicht bis jetzt, der {...} und weil man den Bundesrat nicht ausschalten kann, bis zum 1. Januar eine brauchbare Vorlage durchzieht. Das ist unsere Situation. Aber dazu wird vielleicht Walter noch was sagen wollen. Jetzt nicht. Oder bist du da ganz anderer Meinung? Walter *Arendt*!

Arendt: Genossinnen und Genossen, ich glaube, das ist gar keine Frage, dass das, was im September beschlossen wurde mit einer Stimme Mehrheit in der Frage der Rentenreform, der nicht in der Sache entschieden wurde, da braucht man nur das Protokoll nachzulesen, sondern das war eine Demonstration der Stärke, und bei näherer Betrachtung gibt's da einen ganz dicken Punkt, den will ich hier mal nennen. Die Frage, dass man Rente und Einkommen gleichzeitig beziehen kann und noch nicht einmal Sozialversicherungsbeiträge bezahlen braucht, das heißt mit anderen Worten, dass man sein Einkommen verdoppeln kann, das ist ja keine sozialpolitische Gerechtigkeit, sondern ist Unsinn, sozialpolitischer Unsinn.

(Beifall.)

Und ich habe in vielen Versammlungen bei den Arbeitnehmern das immer wieder bestätigt gefunden, und Herbert, wenn es möglich ist, wir können ja noch einmal die Termine prüfen, dass durch Fraktionsinitiativen noch recht kurzfristig, bevor überhaupt sich Besitzstände entwickeln, diese Frage geändert würde, dann glaube ich, würden wir uns alle miteinander einen großen Gefallen tun.

(Beifall.)

Wehner: Ich bin dafür sehr dankbar, ist nämlich auch meine Meinung. Nur – eines dürfen wir nicht annehmen, dass es uns vor Jahresschluss gelingt, das Ding durchzuziehen. Dass wir eine Fraktionsinitiative machen, darüber haben Ernst [*Schellenberg*] und haben seine Partner aus dem Ausschuss {...}, das heißt die Vorlage haben wir in der letzten Woche, ganz klar. Übrigens bei der Gelegenheit sage ich, Fraktionsinitiative ist auch abgesprochen mit dem Partner in Bezug auf Kartellgesetznovelle, damit es schnell geht, bringen wir dann ein mit Jahresanfang, die verbesserte, weil die Arbeit daran ist von höchster Bedeutung. Hans *Matthöfer*!

Matthöfer: Hat sich schon erledigt.

Wehner: Hedwig *Meermann*

Meermann: Ich nehme an, dass bei den Koalitionsverhandlungen auch die Reform des Bodenrechts eine Rolle spielt. Für den Fall, dass auch da sachkundiger Rat aus der Fraktion erwünscht ist, würde ich gern einen personellen Vorschlag machen. Ja?

Wehner: Tu das!

Meermann: Karl *Ravens* hat immer mit viel Erfolg vermittelt, wenn wir beim Städtebauförderungsgesetz Schwierigkeiten mit der FDP hatten, und ich denke, dass er sich auch hierfür anbieten würde.

Wehner: Ich hab' das vorhin sozusagen unterlassen. Ich hatte mir notiert, Hans-Jochen *Vogel* zu bitten, und zwar aus dem Grunde, er ist in der Fraktion und sie haben damals zusammen mit *Koschnick*[50] und anderen jenen Vorschlag gemacht, der Beschluss geworden ist. Der sollte dann wohl mit dabei sein, wenn er will. Aber das ist mir vorhin entgangen, war bei meinen Notizen. Helmut *Schmidt*!

Schmidt (Hamburg): Genossinnen und Genossen, ich bin hier vorhin apostrophiert worden und möchte gerne zu dem wirtschaftlichen und finanzwirtschaftlichen Hintergrund, vor dem sich die Regierungsbildung vollziehen muss, ein paar Bemerkungen machen. Wir haben im Wahlkampf gesagt, und das können wir mit guten Gründen genauso nach dem Wahltag weiterhin sagen wie vor dem Wahltag, dass nicht im Traum wir vor der Notwendigkeit eines sogenannten Haushaltssicherungsgesetzes stünden, was andere uns einreden wollen. Auf der anderen Seite muss man bei alledem, was man sich vornimmt, eine gewisse zeitliche Reihung sich auch vornehmen, damit man nicht in der gegenwärtigen Haushaltssituation sich mit zusätzlichen Gewichten belastet, die man nicht zusätzlich tragen kann. Die wirtschaftliche Lage, um davon zunächst zu sprechen, sieht so aus, dass wir uns in einem sehr verhaltenen Aufschwung befinden, sehr langsamen Aufschwung, der keineswegs etwa alle Branchen der Wirtschaft schon erfasst hätte. Insbesondere befinden sich in einer einstweilen unbefriedigenden Entwicklung die ganze Stahlindustrie, mit ein/zwei Ausnahmen, die Werftindustrie, Aluminiumindustrie.

Es gibt, Stahl habe ich gesagt, Steinkohle versteht sich von selbst, das hat sich eher noch ein bisschen verschlechtert gegenüber dem vorigen Jahr, es gibt auch gewisse Sorgen, die ich allerdings im Verhältnis zu den vorher erwähnten Branchen nicht ganz so gravierend empfinde, bei bestimmten Bereichen der Textilindustrie, insbesondere in solchen Städten, die im Wesentlichen auf dieser Grundlage stehen. Der Auftragseingang beim Maschinenbau ist nach wie vor sehr schleppend, was ein Indiz ist dafür, dass insgesamt die Investitionskonjunktur in keiner Weise in Gang gekommen ist. Auf der anderen Seite haben wir es mit einem ungebrochenen Preisauftrieb zu tun.

Ich will hier keine schwarzmalerischen Prognosen abgeben, ich könnte das aber. Die würden nicht sehr erfreulich klingen, wenn ich sage müsste, was ich erwarte, wenn wir da nichts täten. Der schon in den Zeitungen zitierte Bericht der Sachverständigen, der nur aus technischen Gründen noch nicht veröffentlicht ist, weil sie nur zwei Maschinen haben, er wird zurzeit gesetzt und dann gedruckt, wird wohl am 6. Dezember oder 7. Dezember vorliegen und dann auch in jedermanns Hand kommen anschließend.[51] Dieser Bericht skizziert eine Reihe von Möglichkeiten, den Preisauftrieb in den Griff zu kriegen. Sie unterscheiden sich in keiner Weise von dem, was wir im Wahlkampf öffentlich gesagt haben, außer insofern, dass die dort aus konjunkturpolitischen, aus reizpolitischen Gründen empfohlenen Steuerzuschläge wesentlich schärfer empfohlen werden, als wir gewagt haben, das anzupeilen.

Der Bericht geht in bemerkenswerter Klarheit davon aus, dass eine rein nationale Konjunktur- und Preispolitik keine Aussicht auf Erfolg mehr hat. Er geht in ebenso realistischer Betrachtungsweise davon aus, dass gleichwohl von dem Ministerrat der EWG oder auch von der Kommission oder sonstigen Organen der EWG keine wesentliche Hilfe gegenwärtig erwartet werden kann, einfach deswegen, weil die Interesselage in einer Reihe unserer Partnerländer eine andere ist als bei uns.

Jemand, der es zuhause mit hoher Arbeitslosigkeit zu tun, möglicherweise mit einer Mischung aus struktureller Arbeitslosigkeit plus konjunktureller Arbeitslosigkeit, dem brennt dieses Problem viel mehr auf den Nägeln als etwa die Bremsung des Preisauftriebes und er ist infolgedessen wegen seines Arbeitslosigkeitsproblems, ich spreche von

---

50 Der Bremer Regierungschef *Koschnick* war zugleich Mitglied des SPD-Bundesvorstands.
51 Vgl. Anm. 24.

Fraktionssitzung 29.11.1973 **1.**

Italien, ich spreche von England, ich spreche von Irland und sage das alles nicht für das Mitschreiben in öffentlichen Diensten oder SPD-Pressedienst oder sonst wo. Jemand, dem wie in diesen Regierungen die Arbeitslosigkeit auf den Nägeln brennt, der kann sich nicht bereitfinden zur Kreditverknappung. Wegen des Gesamtzusammenhangs nicht nur der Kredit- und Kapitalmärkte, sondern auch der Warenmärkte und der Lohnmärkte, der Arbeitsmärkte innerhalb der EWG sind also die Möglichkeiten, die wir national haben, nur begrenzt wirksam.

Gleichwohl können wir nicht daran vorbeisehen, dass der Anstieg der Lebenshaltungskosten gegenwärtig schneller vor sich geht als etwa Anstieg der Sparzinsen in den Sparguthaben. Ich nehme an, dass die Habenzinsen bei den normalen einfachen Spareinlagen zum 1. Januar auf fünf Prozent erhöht werden. Ich hab' eine ganze Menge Druck dahinter gemacht, aber die Lebenshaltungskosten stehen gegenwärtig auf 6,4 und da bleiben sie gar nicht stehen. Wenn man das gegenüberstellt, Sparzins als Ausdruck der Geldstabilität auf der einen Seite und Lebenshaltungskosten als anderen Ausdruck auf der anderen Seite, dann sieht man, dass wir eigentlich nicht auf lange Zeit ertragen können, dass hier eine Lücke klafft. Wir müssen also mit erheblichen Anstrengungen versuchen, die zu schließen. Das wird uns zum Teil gelingen. Wie groß dieser Anteil ist, in dem uns das gelingt, hängt, das muss ich hier alten Fuhrleuten nicht extra erklären, ganz wesentlich von den beiden entscheidenden Lohnrunden ab, in die wir praktisch schon eingetreten sind beziehungsweise davon, wie weit die Ergebnisse sich auf die Preise auswirken müssen, wie weit sie durchschlagen. Verschiedene Gestaltungsmöglichkeiten.

Ich habe das Wort Stabilitätspakt, von dem heute so viel gequatscht wird, öffentlich nie in den Mund genommen. Die Sachverständigen sagen mit Recht, dass die Aussichten, eine Verabredung für eine bestimmte Zeit, sagen wir auf neun oder zwölf Monate, herbeizuführen, nicht besonders rosig sind. Wir sind gleichwohl der Meinung, dass es versucht werden muss. Dazu gehört dann auch, dass der dritte Partner, dass der Staat seinerseits nicht etwa im Laufe des Jahres '73 oder im Laufe der Zwölf-Monate- oder Neun-Monatefrist, wie immer man sie wählt, dass der dritte Partner, nämlich der Staat, nicht durch Mehrwertsteuererhöhungen seinerseits die Preise nach oben bringt. Er kann aber nicht völlig auf Steuermehreinnahmen verzichten, auch wenn die FDP da nicht ran will. Ich will hier ganz deutlich sagen, dass der Haushalt 1973 auszugleichen ist, wenn auch mit schrecklichem Knarren und Knirschen und Ächzen und Bitterkeiten bei allen möglichen einzelnen Feldern der einzelnen Ressorthaushalte, aber er ist nur auszugleichen, wenn also auch mehr Einnahmen in die Kasse kommen.

Ich fühle mich nicht befugt, über das hinaus, was Herbert schon gesagt hat, aus den Koalitionsverhandlungen mehr zu sagen und hier in Einzelheiten zu gehen. Ich möchte mich hier nicht auf die Stufe mit Herrn *Flach* stellen[52], der jeden Tag drei Interviews gibt, über Dinge redet, die überhaupt nicht besprochen worden sind, und dann auch ein paar, über die schon gesprochen worden ist. Ich will hier nur deutlich sagen, wir können das Haushaltsjahr '73 mit Anstand und mit gutem Gewissen können wir das hinter uns bringen. Heute in zwölf Monaten werden wir darauf zurückblicken können, genauso wie wir auf den '72 mit gutem Gewissen zurückblicken können. Das ist alles so gegangen, wie im Juni und August verabredet, wird der Haushaltsausschuss, wenn er nächste Woche drangeht, wird das sehen. Mit gutem Gewissen können wir das vorzeigen, auch mit konjunkturpolitisch gutem Gewissen. Das wird auch für '73 machbar sein, aber dazu gehört, dass auf der Einnahmenseite etwas korrigiert wird, und vor allen Din-

---

52 Der FDP-Bundestagsabgeordnete *Flach* war zugleich Generalsekretär seiner Partei.

gen gehört dazu, dass wir im Jahre '73 uns nicht behängen mit übereilten Dingen, die dann ganz schnell gleich zusätzliches Geld kosten.

Für die anschließenden Haushaltsjahre '74, '75 und dergleichen, ich will ja nicht aus dem Handgelenk eine mittelfristige Finanzplanung schütteln, will ich nur sagen, dass die Einnahmeseite des Haushalts einen sehr viel größeres Interesse braucht, als man das heute vor drei Jahren bei Bildung der vorigen Regierung der sozial-liberalen Koalition sich selber klargemacht hat, braucht ein sehr viel größeres Interesse, ganz abgesehen davon, dass der Versuch der Konjunktursteuerung über die Ausgabenseite des Haushalts in seiner beschränkten Möglichkeit, nun inzwischen glaube ich, sogar von der Wissenschaft kapiert worden ist.

(Beifall.)

Man kann mit Sozialpolitik den Konjunkturablauf beeinflussen, aber dies im Wesentlichen über die Einnahmeseite. Der Sachverständigenrat, das ist in den Zeitungen richtig berichtet, hat den Vorschlag gemacht, schon für '73 einen zehnprozentigen Zuschlag bei Einkommen- und Körperschafts- und Lohnsteuer zu erheben aus konjunkturpolitischen Gründen. Wir sind nicht der Meinung, dass das gegenwärtig schon angezeigt ist, aber dann, wenn der Bericht veröffentlich wird, wird dieses schon in die Diskussion kommen. Man kann sich fragen, ob das ganz glücklich ist, denn sicherlich wird das dazu führen, dass auf mancher gewerkschaftlichen Seite dies von vornherein antizipiert und mit eingekauft wird bei den Verhandlungen, jedenfalls die Tendenz dazu könnte geweckt werden.

Auf der anderen Seite wäre es unehrlich zu verschweigen, dass die Preisentwicklung insgesamt Züge an sich hat, die jedenfalls den distanzierten Beurteiler zum Ergebnis kommen lassen muss, dass nicht auszuschließen ist, dass man im Jahr 1973 nun nicht aus Haushaltsdeckungsgründen, sondern aus konjunkturpolitischen Gründen an Beschlüsse in der Richtung ran muss mit anschließender Stilllegung des Geldes. Das ist nicht völlig auszuschließen. Wenn das so ist, ich will hier nicht schwarzmalen, ich hab' mich bemüht in den letzten drei Monaten, die Schwarzmalerei einzudämmen, die in aller Öffentlichkeit mit viel Zweck und Fleiß und viel Geldaufwand betrieben worden ist. Ich möchte doch, dass eine realistische Einschätzung unseres Handlungsspielraums in diesen ersten zwölf oder 15 Monaten von vornherein Platz greift und man sich keine Illusionen macht. Ich würde die politische Konsequenz daraus ziehen, dass man das, was dem Bürger unangenehm sein muss, über die parlamentarische Bühne bringt im Laufe der ersten zwölf Gesetzgebungsmonate, bis das Jahr '73 zu Ende ist,

(Beifall.)

und dass man diese ersten zwölf Monate nicht benutzt, lauter Dinge zu versprechen, von denen man nicht weiß, ob man sie '75 und '76 realisieren kann,

(Beifall.)

sondern dass man sich in Bezug auf das, was hinterher an den Reformen, die wir noch zu machen haben, viel Geld kostet, auf dem Felde der Bildungspolitik, auf dem Felde der Kommunalpolitik, auf dem Felde der Sozialpolitik, dass man sich das in der Tat für die zweite Hälfte, ich drück' mich ganz normal aus, man könnte das noch genauer ausdrücken, dass man sich das aufspart für die zweite Hälfte einer vierjährigen Legislaturperiode und dass man dies erste Viertel jedenfalls benutzt, um sich den Spielraum zu verschaffen, den man dafür braucht, um sich den finanzwirtschaftlichen Spielraum zu verschaffen, den man dafür braucht, und das heißt also auch, dass man nicht jetzt, wo diese Koalitionsverhandlungen, die ein bisschen zu lange dauern nach meinem Geschmack, sie könnten auch etwas zügiger vor sich gehen, die Krankheit von Willy macht

Fraktionssitzung 29.11.1973

das praktisch – war ja nun nicht anders möglich, dass man nun in dieser Zeit sich nicht anstecken lässt von einem Haufen Journalisten, die viele Sachen nur in die Zeitung setzen, um ein Dementi zu kriegen, über das sie dann eventuell wieder schreiben können. Manche Kollegen auch aus anderen Fraktionen setzen alles Mögliche in die Zeitung, um Reaktionen dann zu kriegen, dass man sich nicht verführen lässt, an diesem Karussell mitzudrehen und alle möglichen Sachen zu versprechen. Wir haben da ein bisschen was zu lernen aus dem Herbst 1969, bisschen was zu lernen,

(Vereinzelter Beifall.)

und innerlich wissen muss, dass im Grunde die Staatsfinanzen in Ordnung sind. Es ist nicht so, dass wir das nicht überwinden könnten, die {…} Anno 1973, ohne dass man sich umbringt, kann man das hinkriegen. Wir werden am Ende des Jahres '73 zufrieden auf das zurückblicken, was wir hingedeichselt haben, aber dann sind wir auch über den Berg vorausgesetzt, wir haben die Einnahmeseite des Haushalts richtig gestaltet, was die Steuergesetzgebung angeht, und brauchen überhaupt keine Sorge zu haben, dass uns in den Jahren '75 oder '76 die Hände gebunden werden. So ist das gar nicht. Nur es hat keinen Zweck, heute große Versprechungen zu machen, wenn man weiß, dass man in den ersten zwei Jahren nicht viel tun kann. Jetzt habe ich versucht, hoffentlich hat es nicht zu fachlich geklungen, habe ich versucht, als eine Art politischer Strategie für den Ablauf der verschiedenen Aufgaben in dieser vierjährigen Regierungsperiode einmal vorzustellen. Herzlichen Dank.

(Beifall.)

Wehner: Peter *Conradi*!

Conradi: Nachdem hier vorher Jochen *Vogel* und Karl *Ravens* genannt worden sind zur Konsultation der Verhandlungskommission in der Sachen Bodenrecht, möchte ich noch eine Anregung geben über Ressortstruktur, nämlich die Frage, wo wird Raumordnung zukünftig sein? Ohne das im Detail jetzt zu begründen, meine ich, dass wenn Raumordnung aus unverbindlichen Absichtserklärungen raus soll, dann muss sie verbunden werden mit dem, was Bauleitplanung, Bundesbaugesetz, das heißt, was da im Ressort drin ist, an den lokalen Verhandlungsentscheidungen und deswegen die dringende Bitte, bei den Koalitionsverhandlungen zu prüfen, ob eine Herübernahme dieses Raumordnungsbereichs in das Ressort Städtebau und Wohnungswesen möglich ist.

Wehner: Das ist so goldrichtig, dass ich es schwerhabe zu sagen, da gehören zwei dazu.

(Heiterkeit.)

Vielen Dank für die Anregung. Dietrich *Sperling*!

Sperling: Genossinnen und Genossen, ich möchte die Bemerkungen von Helmut *Schmidt* zum Anlass nehmen, eine Bitte auszusprechen, und zwar in Bezug auf die öffentliche Darstellung der Preisdämpfungspolitik. Wenn wir es bei dem, was der Sachverständigenrat vorgeschlagen hat oder vorgeschlagen zu haben scheint, allein belassen, die Steuererhöhung, dann sieht das so aus, als würden eigentlich in der Mehrheit unsere Wähler zunächst einmal die Lastenträger der Preisdämpfungspolitik sein. Mir wäre es lieb, wenn es gelänge, in der Öffentlichkeit auch noch ein paar Betroffene der Preisdämpfungspolitik zu nennen, und ich meine, man sollte daran denken, hier die Anzeigenfinanzierer mit hinzuzuziehen. Wenn ich das richtig verfolgt habe an Zahlen im Lauf des Wahlkampfes, dann ist eine Menge an Konzentrationspflicht und einfach durch Kreditaufnehmen im Ausland erkauft worden, was zur Vermehrung der umlaufenden Kaufkraft beigetragen hat. Und vorbeugende Fusionskontrolle ist ja nicht nur ein Instrument, was also am Markt Macht verhindern soll, sondern was auch verhindern soll, dass unsinnig Kaufkraft vermehrt wird und in diesem Zusammenhang, meine ich, sollte man einige andere Instrumente, die man kostenlos haben kann, in die Debatte mit einführen, damit man unseren Stammwählern und unseren Jungwählern zeigt, an wen man noch denkt, wenn man Preisdämpfungspolitik betreiben will.

(Vereinzelter Beifall.)

Wienand: Genossinnen und Genossen, um es kurz zu machen. Das, was Dieter *Sperling* soeben angesprochen hat, ist schon Gegenstand ausführlicher Erörterungen gewesen, und ich glaube, dass man da auch sehr gut mit dem Koalitionspartner weiterkommen wird. Ungeachtet dessen wird das noch einmal registriert werden.

Ich möchte, was sonst hier nicht üblich ist, versuchen, eine Zusammenfassung und dann noch einen Hinweis, weil ja immerhin 64 Neue unter uns sind und die dann auch in etwa wissen, wie das in den nächsten Tagen und Wochen in etwa weitergehen kann. Hier ist von Herbert *Wehner* gesagt worden, Mitbestimmung und das, was dazugehört, Hermann *Buschfort*. Das heißt Hermann *Buschfort* wird einige, die auf diesem Gebiet sachverständig sind, bitten, mit ihm gemeinsam dieses Problem noch einmal zu durchdenken und uns etwas zur Verfügung zu stellen, und es ist auch jeder andere gebeten, Hermann *Buschfort* zur Hand zu gehen. Aber wir haben eine Bitte in dieser Verhandlungskommission, dass diese Papiere und die Diskussionen, die zu diesen Papieren führen, und das gilt zu allem, was ich nachher noch aufführe, nicht erst auf dem Markt und in der Presse zu lesen sind und dann von uns in die Verhandlungskommission eingeführt werden. Das ist keine gute Sache, und damit kann man dann schon von vorherein sagen, dass viel gute Arbeit fehlinvestiert worden ist. Je mehr das also zusammengehalten wird und je enger das gehalten wird und in je weniger Exemplaren die Ergebnisse nur an die Mitglieder der Verhandlungskommission gegeben werden, umso mehr kann erreicht werden.

Ich glaube, das sollten wir uns hier alle noch einmal in Erinnerung rufen und deshalb keine Diskussion nach draußen in diesen Fragen, sondern die Diskussion in diesem Kreis unter der Leitung der Leute, die hier genannt worden sind und die sorgen dafür, dass sie dann auch wirklich nur an die Adresse oder an die paar Adressen geht, die in der Kommission sind, damit wir nicht schon in einer Abwehrstellung gegenüber der Öffentlichkeit und den Koalitionsverhandlungen gegenüber anderen sind, ehe dass wir überhaupt an diese Fragen kommen.

Um ein Missverständnis auszuräumen, wenn unter Punkt 2, ohne dass das jetzt eine Prioritätenfolge ist, Steuerreform und Eckwertbeschlüsse genannt wurden, dann fällt darunter selbstverständlich auch Vermögensbildung. Denn kein Sozialdemokrat hat das je anders verstanden und deshalb werden auch von Konrad *Porzner* und anderen auch hier besonders solche hinzugezogen werden, die auf diesem Gebiet Vermögensbildung in der letzten Zeit gearbeitet haben. So ist das mit Konrad *Porzner* abgesprochen. Für die anderen Gebiete Helmut *Rohde*, *Meinecke*, *Sperling*, *Sieglerschmidt*, ich brauch' das jetzt nicht im Einzelnen auszuführen, gilt, was hier gesagt worden ist und für jeden einzelnen gilt, damit sich keiner ausgeschlossen fühlt, dass er an den Fraktionsvorstand, aber nach Möglichkeit nicht in der Publizität nach draußen, Anregungen, die er hat, mündlich und schriftlich vorbringen kann, denn man kann sehr leicht das eine und andere übersehen. Und in dem Zusammenhang bitte ich, gewisse Termine vorzumerken.

Wir werden am 5.12. wieder ein Koalitionsgespräch haben. Es wäre dann gut, wenn einige Dinge schon so konkretisiert wären, dass nur die Mitglieder dieses Koalitionsgespräches etwas damit anfangen könnten. Wir werden am 6.12. wieder ein Koalitionsgespräch haben und dazwischen ist eine Fraktionsvorstandssitzung, und es könnte ja

Fraktionssitzung 29.11.1973 **1.**

sein, dass das eine oder andere auch in einer solchen Gruppe strittig, in den Fraktionsvorstand zur politischen Entscheidung gebracht müsste, deshalb wollte ich auf die beiden Termine, 5.12. Koalitionsgespräch, 6.12. Koalitionsgespräch, aber am Vormittag des 6.12. Fraktionsvorstand, sofern in einem solchen Kreis Fragen politisch entschieden werden müssten, damit es dann in den Fraktionsvorstand gegeben werden kann, so wie wir das gewöhnt sind, wenn nicht Sachfragen, sondern politische Fragen zur Entscheidung anstehen. Was danach kommt, wie es dann weiterläuft, vermag keiner zu sagen. Wir waren zeitlich gesehen, wir werden nachher im Einzelnen ja noch auf den Zeitplan zu sprechen kommen und daraus werden sich dann einige weitere Termine und dadurch auch einige weitere Festpunkte ergeben.

Wehner: Danke. Weitere Wortmeldungen habe ich bis jetzt nicht gesehen. Manfred *Geßner*.

Geßner: Genossinnen und Genossen, in Anlehnung an das, was eben Helmut *Schmidt* gesagt hat, würde ich ganz gerne Bemerkungen machen. Es ist so und es wird unstreitig sein in der Fraktion, dass wir die Einnahmeseite jetzt in der ersten Hälfte so verbessern müssen, dass wir in der zweiten Hälfte das leisten können und durchführen können, was als Reformpolitik eine Menge Geld kostet. Nun gibt es ja eine ganze Reihe von Reformvorhaben, etwa im Bereich der Rechtspolitik, die wichtig sind durchzuführen und die den Haushalt nicht so belasten wie – ja überhaupt nicht belasten zum Teil. Und ich glaube, wenn wir mit den Mitteln Kontinuität herstellen wollen, der Bevölkerung den Eindruck vermitteln wollen, dass zügig weitermachen mit unserer Rechtspolitik, dann sollten wir hier vielleicht ein gewisses Timing herstellen, dass wir uns auf das konzentrieren, was zunächst einmal die Karte nicht belastet und trotzdem in der Öffentlichkeit klarmachen, dass wir mit unserer Reformpolitik weiter fortfahren. Mein Wunsch wäre also, dass wir hier ein gewisses Timing herstellen, damit der Eindruck vermieden wird, jetzt kommt erst mal ein großes Loch, jetzt passiert nichts und in der zweiten Hälfte werden wir aktiv.

Wehner: Kein Loch, lieber Manfred, sondern Regierungserklärung und dann ruckzuck eins nach dem andern. Das ist ganz klar, einige der Dinge müssen schon in Angriff genommen werden, etwa die, und da verlasse ich mich auf solche Kumpels wie *Junghans* und andere, Kartellgesetznovelle, nicht. Das werden sie zusammen machen mit Helmut [*Schmidt*], der sich also angeboten hat, aber sie werden die Hauptarbeit machen, weil der auch noch andere Dinge im Kopf hat. Es gibt einige solche Sachen, die sehr schnell abfahren müssen und diese rechtspolitischen auch, weil unsere Genossen im Strafrechtssonderausschuss und auch die im anderen entsprechenden Ausschuss eine ganze Menge Dinge erarbeitet haben, die nunmehr, ich sage nochmal {…} wieder eingebracht werden können, sogar müssen manche bald. Keine weiteren Wortmeldungen? *Sperling*.

Sperling: Ich habe noch eine Bitte. Ist es wohl möglich, mit unserem Koalitionspartner zu vereinbaren, dass man die Wahlkampfkostenerstattung nicht erhöht, das wäre sicher sehr populär, und außerdem sich bemühen wird, eine Kostenobergrenze für zukünftige Wahlkämpfe einzuführen, damit der Bevölkerung nicht so viel Unsinn zu teuren Preisen wieder zugemutet wird?

Wehner: Ich kann keiner anderen Partei anbieten, dass wir ihr die Kosten abnehmen. Das ist die Lage, nicht, und insofern stellen die Forderungen und was davon ästhetisch zu halten ist, darüber haben wir wahrscheinlich nicht sehr verschiedene Meinungen. Nur – wir können nicht mit etwas kommen, worauf die sagen können, gut, dann brauchen wir die Forderung nicht zu stellen. Zumal einige Veröffentlichungen darüber nicht anständig gewesen sind, muss ich sagen. Leider auch in einer Zeitung, die man sonst gerne liest aus Informationsgründen. Da wurde plötzlich von Steigerungen und damit in Zusammenhang geredet, als wäre das irgendeine geheimnisvolle Geschichte. Wir haben erstens Mal vor dem Schluss der vorigen Periode konsequent abgelehnt, das war sehr schwierig, weil andere, und einige davon sind hier angesprochen worden, das natürlich sehr hart zu tragen hatten. Nur – sehr detailliert darüber zu reden, ist nicht möglich. Haupteinwand von mir ist, obwohl ich den Geschmack teile, wir können das Geld nicht geben, das die haben wollen. Das ist unser Problem. Norbert *Gansel*!

Gansel: Erledigt!

(Unverständlicher Zwischenruf.)

Wehner: Dann bitte ich, Genossen, dass ich noch mal zurückkommen darf und die Fraktion um Zustimmung oder Ablehnung bitten darf, was die Gültigkeit der Geschäftsordnung betrifft, damit wir sie haben und das, was ich gesagt habe über Änderungswünsche und -anträge, dann eben sobald solche eingebracht werden, dann auch einen Gegenstand hat. Wer ist für diese Übernahme der Geschäftsordnung, den bitte ich ums Handzeichen. Ich danke. Dagegen. Und Stimmenthaltung. Das ist also beschlossen. Vielleicht liegt das daran, dass sie gelesen haben.

(Kurze Pause.)

Dann gebe ich den Vorsitz an Alex *Möller*.

[C.-D.] → online unter www.fraktionsprotokolle.de

2.

12. Dezember 1972: Fraktionssitzung (Tonbandtranskript)

AdsD, SPD-BT-Fraktion 7. WP, 6/TONS000017. Titel: »Fraktionssitzung vom 12.12.1972«. Beginn: 15.15 Uhr. Aufnahmedauer: 02:26:55. Vorsitz: Wehner.

Sitzungsverlauf:

A. TOP 1: Bericht des Fraktionsvorsitzenden *Wehner* über die Koalitionsgespräche. – Aussprache der Fraktion dazu.
B. TOP 2: Informationen (Erschwerte Einreisebedingungen bei Besuchen aus der DDR; Vorwegnahme von Fraktionsentscheidungen im Fraktionsvorstand).
C. TOP 3: Vorbereitung der Plenarsitzungen am 13. Dezember 1972: Wahl des Bundestagspräsidenten und seiner Stellvertreter. a) Wahl der sozialdemokratischen Mitglieder des Bundestagspräsidiums: 1. Bundestagspräsident, 2. Vizepräsident, b) Antrag betr. Einsetzung des Haushaltsausschusses.
D. TOP 4: Vorbereitung der Plenarsitzung am 14. Dezember 1972: Wahl und Vereidigung des Bundeskanzlers. – TOP 5: Vorbereitung der Plenarsitzung am 15. Dezember 1972: Bekanntgabe der Bildung der Bundesregierung. Vereidigung der Minister.
E. TOP 6: Erste Beratung Haushalt 1972 am 15. Dezember 1972.
F. Vorlagen aus den Arbeitskreisen: TOP 7: Änderung des Rentenreformgesetzes. – Sonstiges: TOP 8: Nächste Termine. – Verschiedenes.

[A.-B.] → online unter www.fraktionsprotokolle.de

[C.]

Wehner: Wenn das alles war, dann rufe ich den Punkt 2 auf. Den Punkt 3, die Vorbereitung der Plenarsitzung am 13. [Dezember].[1] Auf der Tagesordnung steht die Wahl des Bundestagspräsidenten und seiner Stellvertreter, das heißt, wir werden, nachdem was dazu zu sagen ist, die Sitzung, wir werden die Wahl vornehmen und dann die Sitzung wohl kurz unterbrechen. Ich möchte vorweg sagen, Genossen, es ist über die Kandidaturen manches geschrieben worden, für das diejenigen nicht durchweg verantwortlich gemacht werden können, denen man seien es Überlegungen oder taktische Schachzüge zuschreibt. Ich will darauf nicht eingehen, nur auf einen einzigen Fall, auf das, was der »Vorwärts« für richtig gehalten hat, in Bezug auf eine Kandidatur einer Berliner Abgeordneten an Mutmaßungen zu unterstellen.[2] Dies ist so, dass ich bedaure, dass in einem Blatt Überlegungen, die die Berliner Abgeordneten insgesamt abwerten, in dem Zusammenhang haben gedruckt werden können und dazu auch noch unter Bezugnahme auf Überlegungen, die etwa Willy *Brandt*, der langjährige Regierende Bürgermeister von Berlin, oder ich angestellt hätten.

Nun stehen wir vor der Notwendigkeit, durch Abstimmung in der Fraktion festzustellen, wer morgen von der Fraktion dem Plenum zur geheimen Abstimmung vorgeschlagen wird. In der Frist, die am Montag ausgelaufen war, sind keine weiteren Vorschläge für die Wahl des Bundestagspräsidenten und auf uns entfallende Vizepräsidenten eingetroffen, das heißt, hier stehen die beiden Vorschläge zur Wahl, und man könnte, das heißt, ich bin nicht frei gewesen von der Erwägung, dass das eigentlich heißt, die Fraktion ist wohl mit diesen Kandidaten einverstanden. Womit ich aber nicht sagen will, sie solle nicht darüber ausdrücklich abstimmen. Nur soll jeder sich dabei überlegen, dass bevor morgen mit verdeckten Stimmzetteln, wie es nach der Geschäftsordnung heißt, der Bundestag die Wahl vornimmt, die Schlagzeilen und auch entsprechende Berichte oder Kommentare die sozialdemokratische Kandidatur, erstmalige, für das Amt des Bundestagspräsidenten begleiten werden. Das sollte nicht völlig unwesentlich sein. Es war in der Ordnung, die Frist für andere, für weitere und für Gegenkandidaturen zu nutzen. Nachdem das nicht geschehen ist, gibt es immer noch Möglichkeiten für oder durch Stimmenthaltung oder durch Ablehnung sich bei dieser Abstimmung zu beteiligen. Da kann niemandem eine Vorschrift gemacht werden, aber an dem Unterschied zwischen der Gesamtzahl der Abstimmenden und der bei dieser Abstimmung hier auf den einzigen Kandidaten für das Amt des Präsidenten und auf den einzigen für das Amt des Vizepräsidenten entfallenden jeweiligen Namen zu unserem Anspruch, dass diese morgen gewählt werden, ist natürlich ein politischer Spielraum für die Betrachtungen anderer und auch unserer Gegner im Bundestag. Präsidentenwahlen waren auch bei früheren Bundestagskonstituierungen nicht ohne Delikatesse. Der Präsident steht der stärksten Fraktion zu, das heißt nicht, dass die anderen alle in geheimer Wahl für den stimmen werden und das wollte ich gesagt haben, wie viel davon abhängt, dass unsere eigene Fraktion diese erstmalige Gelegenheit zur Wahl eines sozialdemokratischen Fraktionsmitglieds in das Amt des Bundestagspräsidenten einzusetzen hat. Bei der Wahl

---

[1] Zu den Plenarsitzungen, einschließlich der Fragestunde, am 13., 14. und 15 Dezember 1972 vgl. BT Plenarprotokoll 07/1, 07/2, 07/3 und 07/4.

[2] Der »Vorwärts« spekulierte über die möglichen Kandidatinnen für das Amt der Bundestagspräsidentin. Als eine Kandidatin wurde Marie *Schlei* genannt. Doch da sie Berliner Abgeordnete war, spekulierte der »Vorwärts«, dass der Vorschlag nur ein »Manöver zur Abschirmung« sei, da Berliner Abgeordnete nicht die vollen parlamentarischen Rechte hatten und aus ihren Reihen daher kaum ein solches Amt zu besetzen wäre. Zum Artikel »Zweiter Mann im Staat: eine Frau« vgl. »Vorwärts« vom 30. November 1972, S. 3.

der Vizepräsidenten wird es sich noch um ein anderes Problem handeln, das sich daraus ergibt, dass eine interfraktionelle Vereinbarung die Wahl aller vier Vizepräsidenten per Akklamation ins Auge gefasst hat. Mancher wird den einen oder den anderen, der dabei mit zur Wahl steht, ungern als seinen eigenen Kandidaten gesehen haben wollen. Andererseits geht's hier um vier Vizepräsidenten und, wenn diese [Wahl] aufgedrieselt wird, dann bleibt ja wohl nichts anderes übrig, als über jeden einzelnen ebenfalls in geheimer Abstimmung abzustimmen. Das wollte ich nur vorweg gesagt haben. Ja, Genossen, das Wort hat *Wienand*.

Wienand: Genossinnen und Genossen, wir haben es bisher so gehalten, dass wir Günter *Biermann* als Leiter der Wahlkommission, Hugo *Collet*, Erwin *Horn*, Lothar *Löffler*, Martin *Wendt*, Hans *de With* und Peter *Würtz* gebeten haben. Wir haben Stimmzettel vorbereitet, und ich glaube, wir können dies in einem Wahlvorgang machen, um Zeit zu sparen. Diesen für die Wahl des Bundestagspräsidenten – einziger Vorschlag Annemarie *Renger* –, in den Kästchen soll angekreuzt werden Ja, Nein, Enthaltung, und diesen für den Vizepräsidenten *Schmitt-Vockenhausen*. Wir haben hier im Fraktionsvorstandszimmer Wahlkabinen aufgestellt, damit jeder, der diese benutzen will, diese, aber auch Telefonzellen oder anderweitig, seinen Stimmzettel ausfüllen kann. Ich bitte, das so nehmen, wie ich dies gesagt habe, denn selbstverständlich hat jeder das Recht, seinen Wahlzettel so auszufüllen, dass er unbeobachtet ist, und wir sollten dies respektieren. Ich schlage deshalb vor, dass wir, sobald die Zettel von der Wahlkommission verteilt worden sind, eine kurze Unterbrechung machen, damit jeder, so wie er es für richtig hält, den Stimmzettel ausfüllt, dass wir dann wieder zusammenkommen und einsammeln und dann in der Tagesordnung fortfahren. Dann hat keiner Grund, sich irgendwie zu beschweren. Wenn also die Fraktion mit den vorhin von mir vorgelesenen Mitgliedern der Wahlkommission einverstanden ist, würde ich vorschlagen, dass wir diese jetzt bitten, die Zettel auszuteilen und dass wir nach zehn oder 15 Minuten wieder zusammenkommen zum Einsammeln und dann in der Sitzung fortfahren. Ja bitte schön, ich hab' keine Wortmeldung zu geben.

Wehner: Bitte.

Däubler-Gmelin: Ich hatte eigentlich noch eine Frage, aber ich weiß nicht, ob wir schon im Wahlgang, im eigentlichen, drin sind, und zwar war die Frage an die Annemarie *Renger* gerichtet. Ich hab' in einigen Zeitungen Etliches gelesen, was gesagt wurde, das deine Vorstellungen zur Parlamentsreform seien. Da es aber bloß Fragmente waren und ich außerdem gar nicht weiß, ob du das gesagt hast, wäre meine Bitte an dich, ob du nicht noch einiges über deine Vorstellungen zur Parlamentsreform hier sagen könntest.

Renger: {...} Ich wollte bitten, das zu vertagen. Das wäre eine längere Ausführung. {...}

Wehner: Bevor wir, wenn die Zettel ausgeteilt werden, die Sitzung für diesen Zweck unterbrechen, den sich, die hier sitzen, nicht ausgedacht haben, sondern aufgrund von Äußerungen aus der Fraktion, dass man ja, wenn man hier so sitze, gar nicht wirklich geheim abstimmen könne, damit das niemanden bedrückt, muss man das so machen, obwohl es sich hier nur um einen einzigen Namen in jedem einzelnen Falle handelt. Bevor wir aber diesen Akt vollziehen, möchte ich gern, was ich sonst am Anfang der Sitzung gemacht hätte, aber nicht machen konnte, weil dieser davon schon unmittelbar berührte, erst später kommen konnte, was bekanntgegeben war, Roelf *Heyen* zu seinem heutigen Geburtstag gratulieren.

(Beifall.)

Alles Gute! So, die Sitzung wird zum Zwecke des Abstimmungsaktes unterbrochen.

Fraktionssitzung 12.12.1972 **2.**

Wienand: Genossinnen und Genossen, es stehen draußen Wahlurnen. Wer dort einwerfen will, kann dort einwerfen. Sonst wird hier eingesammelt bei denen, die nicht dort einwerfen.
(Längere Unterbrechung des Sitzungsablaufs.)³
Genossinnen und Genossen, Günter *Biermann* bittet mich, die Wahlhandlung zu schließen. Es wird eingesammelt.
(Fortdauer der Unterbrechung.)⁴
Genossinnen und Genossen, haben alle ihre Stimmzettel abgegeben? – Dann ist die Wahlhandlung geschlossen. Ich bitte auszuzählen.
(Fortdauer der Unterbrechung.)⁵
Wehner: Wir setzen die unterbrochene Sitzung fort. Zu Punkt 3b, betreffend Antrag Einsetzung des Haushaltsausschusses.⁶ Karl *Wienand*.

Wienand: Ja, Genossinnen und Genossen, wir hatten in der jüngsten Fraktionssitzung schon über die Empfehlung des Fraktionsvorstandes berichtet.⁷ Wir hatten hier vorgeschlagen, dass wir die alten Mitglieder des Haushaltsausschusses provisorisch für den Haushaltsausschuss, der am Montag zu tagen hat, vorschlagen, dass das aber keine Präjudizierung für das Gesamttableau der Ausschüsse ist, das Ende Januar vorgelegt und dann von der Fraktion beschlossen werden soll⁸. Wir bitten also jetzt, dem Antrag, den wir geschäftsordnungsmäßig morgen stellen müssen und der lediglich beinhaltet, dass die in der jüngsten Sitzung genannten Mitglieder des Haushaltsausschusses für den Haushaltsausschuss benannt werden, bis der Bundestag sich endgültig konstituiert, diesem Antrag zuzustimmen.

Wehner: Wird das Wort dazu gewünscht? Einverständnis.

[D.]

Wehner: Dann kommt Punkt 4, *Wienand*.

Wienand: Genossinnen und Genossen, hier ist nur Folgendes zu sagen: Dem Verfahren nach wird die Wahl des Bundeskanzlers genauso abgewickelt wie die Wahl des Bundestagspräsidenten morgen.⁹ Das bedeutet also, am Donnerstagvormittag um 11:00 Uhr werden dem Alphabet nach die Namen aufgerufen. Es stehen rechts und links Wahlkabinen. Jeder, der aufgerufen worden ist, begibt sich dann mit dem Stimmzettel in einem Kuvert, die dort ausgegeben werden, nach vorne in eine der Wahlkabinen und gibt dann bei den Schriftführern seinen Stimmbrief ab. Ich möchte in dem Zusammenhang für die Wahl morgen, soweit es das Präsidium angeht, und auch für die Wahl am Donnerstag aufmerksam machen, dass das vom Fernsehen übertragen wird. Das hat nichts mit

---

3 Die Tonbandaufnahme läuft währenddessen weiter. – Auf der Tonbandaufnahme ist während der Unterbrechung im Hintergrund in Bruchstücken ein informelles Gespräch über die Haltung der CDU/CSU-Fraktion zur bevorstehenden Verabschiedung des Bundeshaushalts 1972 zu hören.
4 Die Tonbandaufnahme läuft währenddessen weiter.
5 Die Tonbandaufnahme läuft währenddessen weiter.
6 Zum interfraktionellen Antrag der CDU/CSU-, SPD- und FDP-Fraktion vom 13. Dezember 1972 betr. Einsetzung des Haushaltsausschusses vgl. BT Drs. 07/1.
7 Vgl. die SPD-Fraktionssitzung am 29. November 1972, SVP A, online.
8 Vgl. die SPD-Fraktionssitzung am 17. Januar 1973, SVP D, online, sowie SPD-Fraktionssitzung am 23. Januar 1973, SVP C, online.
9 Zur Wahl der Bundestagspräsidentin am 13. Dezember 1972 vgl. BT Plenarprotokoll 07/1, S. 3. Zur Wahl des Bundeskanzlers am 14. Dezember 1973 vgl. BT Plenarprotokoll 07/2, S. 13f.

schulmeisterlich zu tun, aber wir bekommen in der Regel, wenn Bundestagssitzungen oder solche Wahlhandlungen voll in der Länge übertragen werden, nachher Hinweise, dass schlecht besetzt war oder dass der eine oder andere sich so oder so verhalten hätte. Wir machen deshalb nur darauf aufmerksam, dass dies voll übertragen wird und bitten die einzelnen, dies in Erinnerung zu behalten.

Wehner: Zu Punkt 5 ist nichts weiter zu sagen. Das ist am Tag drauf.

[E.-F.] → online unter www.fraktionsprotokolle.de

3.

14. Dezember 1972: Fraktionssitzung (Tonbandtranskript)

AdsD, SPD-BT-Fraktion 7. WP, 6/TONS000017. Titel: »Fraktionssitzung vom 14.12.1972«. Beginn: 16.40 Uhr. Aufnahmedauer: 02:22:18. Vorsitz: Wehner.

Sitzungsverlauf:

A. Bericht von Bundeskanzler *Brandt* über die Regierungsbildung (Zuschnitt der Ministerien; Personalfragen).

B. Aussprache der Fraktion.

C. Verschiedenes (Ablauf und Tagesordnung der Plenarsitzungen: Provisorische Einsetzung des Rechtsausschusses zur Mitberatung des Haushaltsplans '72; Verabschiedung des Haushaltsplans '72).

[A.]

Wehner: Die Sitzung ist eröffnet. Tagesordnung liegt vor. Wird das Wort zur Tagesordnung gewünscht? Nicht. Unter Verschiedenem wird das, was über den Tagesordnungsplan der morgigen Plenarsitzung zu sagen ist, noch gesagt werden. Bevor ich Punkt 1 aufrufe, möchte ich Willy *Brandt* noch einmal unsere Glückwünsche und unseren guten Willen

(Lang anhaltender Beifall.)

zum Ausdruck bringen. Es wäre zwar auch schön gewesen, wie es am Mittag war, aber nachdem es so ist, wie es inzwischen ist, das wollte ich nicht sagen. Ich wollte nur sagen, sind die eine ihrer Sorgen los, die da oben eben getrampelt haben, und wir sind befreit von einer Versuchung zur Schadenfreude, nicht. Das jedenfalls –

(Heiterkeit.)

(Beifall.)

das jedenfalls ist sicher, dass da noch einiges andere gedacht wird, ist nicht zu vermeiden. Also erstens Glückwunsch und zweitens, wir werden uns {...}. Deswegen wollen die ja auch so ungern weg da oben, nicht.

(Heiterkeit.)

Obwohl ich gesagt habe, dies sei ja keine Eigentumswohnung,

(Heiterkeit.)

sondern dies seien sogenannte Diensträume,

Fraktionssitzung 14.12.1972 **3.**

(Beifall.)
und ich hätte nie gemeint, dass wir hier aus getäfelten Sonderzimmern weg [wollen], wir wollten nur den Sitzungssaal und den wollen wir nach wie vor tauschen,
(Sehr starker Beifall.)
das heißt auch, diese damit verbundenen, durch Schiebetüren oder so verbundenen Räume, die gehören ja dazu, wenn es da Expeditionskabuffs gibt oben und unten, dann wird man die tauschen. Mehr wollen wir nicht, weil einige behauptet haben von der andren Seite, wir wollten in alle möglichen Zimmer. Wollen wir nicht, wir wollen weder die CSU, das geht ganz gut, wenn man dort mal immer durch muss und diese Front abschreitet.[1]
(Heiterkeit. Beifall.)
Warum nicht? Das sollten wir auch nicht vermengen lassen mit allen möglichen Dingen, die die uns in der Sache unterschieben. Das ist eine rein umweltfreundliche Maßnahme, die wir vorschlagen, nicht. Weiter nichts. Ich wollte bei der Gelegenheit auch noch sagen, dass ich gestern gefragt worden bin von einem, der nicht nur dem Bundestag, sondern vorher schon dem Parlamentarischen Rat angehörte, ist eigentlich eine etwas despektierliche Bezeichnung dessen, welche Rollen er da gespielt hat, ich meine Carlo *Schmid*, ich wollte nur sagen, wenn es ihn hierher zieht, wird er uns nicht nur immer willkommen sein, sondern es uns eine Ehre sein,
(Sehr starker Beifall.)
dass wir sein Interesse finden. Schönen Dank für diese Bekundung durch die Fraktion. Und nun lange Rede, kurzer Sinn, Bericht des Bundeskanzlers.
Brandt (Berlin): Ich habe mich für die Glückwünsche zu bedanken. Es ist nicht nur so, wie Herbert eben sagte, dass man der Versuchung der Schadenfreude nicht erliegen sollte, wenn es geht, sondern diese Stunden zeigen auch ganz allgemein, dass man nie übermütig werden darf, aber dass es sich auch fast immer lohnt, Meldungen – und dies gilt nicht nur für Pressemeldungen – mit einiger Skepsis zunächst einmal aufzunehmen. Dies gilt auch für manche Meldungen in der Presse – oder nicht in der Presse – in den letzten Tagen und Wochen, über die nun mal anstehende und notwendige Neubildung des Bundeskabinetts. Dies galt auch, dass man nicht allen Meldungen gleich glauben soll und daraufhin dann gleich eigene Stellungnahmen abgeben soll, galt zum Beispiel auch für einige Kurzfassungen – aus meiner Sicht etwas unerlaubte Kurzfassungen – über das, was ich dem Parteirat[2] am Sonntag in diesem Raum gesagt hatte[3], und es gilt für manches, was meine Beurteilung von Mitstreitern und Zeitgenossen betrifft. Ich mache diese Zusammenfügung absichtlich, von Mitstreitern und Zeitgenossen, wo-

---

1 Die CDU/CSU-Fraktion weigerte sich, mit der SPD-Fraktion den größeren Sitzungssaal zu tauschen, obwohl die SPD-Fraktion inzwischen zahlenmäßig stärkste Fraktion war. Das führte zu beengten Platzverhältnissen im SPD-Sitzungssaal. Vgl. SPD-Fraktionssitzung am 29. November 1972, SVP A, online.
2 Der Parteirat traf sich vierteljährlich und setzte sich aus Vertretern der Bezirke, Landesausschüsse bzw. Landesverbände, den Vorsitzenden der Landtagsfraktionen, dem Vorsitzenden der Bundestagsfraktion, den SPD-Ministerpräsidenten und SPD-Mitgliedern der Bundesregierung zusammen. Der Parteirat wurde vor grundlegenden innen- und außenpolitischen Beschlüssen oder grundsätzlichen organisatorischen Fragen die Partei betreffend, bspw. die Organisation des Bundestagswahlkampfs, angehört. Vgl. JAHRBUCH DER SOZIALDEMOKRATISCHEN PARTEI DEUTSCHLANDS 1973–1975, S. 267.
3 Bundeskanzler *Brandt* hatte sich am Sonntag überraschend eindeutig gegen die innerparteiliche Gruppenbildung ausgesprochen und besonders den linken Parteiflügel um die Jungsozialisten kritisiert. Vgl. bspw. den Artikel »Brandt warnt den linken Flügel vor einer Fraktionsbildung«; »Frankfurter Allgemeine Zeitung« vom 11. Dezember 1972, S. 1.

bei die Letzten sehr wohl auch verdiente und geschätzte Mitglieder der gemeinsamen Partei sein können.

Zur Vermeidung von überflüssigem Ärger möchte ich anraten, nehmt, wo es zum Beispiel mir in den Mund gelegte Äußerungen angeht, die dann irgendwo in Zeitungen auftauchen, nehmt, wenn es irgend geht, davon nur das auf, was als freundliche Äußerung mir in den Mund gelegt wird, und geht zunächst davon aus, dass das andere vielleicht oder wahrscheinlich gar nicht stimmt, und erlaubt mir, dies bis zu einem gewissen Punkt auch zu tun, insoweit ich selbst durch Äußerungen anderer aus unserem Kreis und unseren Kreisen betroffen werde oder mich betroffen fühlen könnte. Das als Vorspruch. Das, was ich hier jetzt zu sagen habe, ist nicht eine bloße Formalität und ist keine Erklärung für die Öffentlichkeit, wenn ich natürlich auch weiß, dass es nicht sich um eine vertrauliche Sitzung handelt, ist keine Erklärung für die Öffentlichkeit. Ich werde an das, was unsere Pressemitarbeiter hierüber herausgeben, ein besonders strengen Maßstab anlegen aus zwei Gründen, weil es zu einem Punkt noch was zu überlegen gibt, aber weil wir ja auch auf Stilfragen achten müssen, zum Beispiel darf der Bundeskanzler, auch wenn er mit ein paar mehr Stimmen gewählt worden ist als das letzte Mal, dann darf er trotzdem nicht dem Bundespräsidenten, der eine, seine eigene, besondere Verantwortung zu tragen hat, dem darf er nicht zuvor kommen. Es wäre ungehörig, wenn der Brief, den ich dem Bundespräsidenten geschrieben habe, bevor ich in diese Sitzung kam, und über den ich natürlich in etwa auch mich äußere, wenn dieser Brief durch jemand anders als durch den Empfänger dieses Briefes veröffentlicht wird. Wir müssen uns auch hier, wo Sozialdemokraten miteinander in dem, was man hohe Staatsämter nennt, umgehen, an das halten, was sich so in der halbwegs zivilisierten Welt als Umgangsform oder sogar als Notwendigkeiten, die in Verfassungen festgelegt sind, herausgebildet hat. Man muss kein extrem Konservativer sein, um diese Auffassung sich zu eigen zu machen, und soweit es geht, sich an sie zu halten.

Auf der anderen Seite bitte ich bei dem, was ich auszuführen habe, weil ich hier und da mal ein wenig vorsichtig formuliere, nichts von dem, was ich sage, aufzufassen, als wolle ich mich um irgendetwas herumdrücken und irgendwo ein Stück Verantwortung, die bei mir liegt, auf irgendjemand sonst abwälzen. Das gibt's auch in unseren Kreisen. Ich möchte das nicht. Ich habe, so gut ich es konnte, Genossen konsultiert, aber das womit, wozu man letztlich kommt, für das muss man einstehen und wissen, man kann nicht jedermanns Zustimmung finden. Wenn man darauf aus wäre, dann braucht man sich in dieses Geschäft nicht erst hinein – das, wem sage ich das hier. Ich rede ja doch nicht vor ABC-Schützen, sondern vor Frauen und Männern, die das selber in ihrer Verantwortung x-mal, bitte, x-mal durchgemacht haben und immer wieder durchmachen auf den verschiedenen Ebenen der Verantwortung, die wir sonst in Ländern, Gemeinden und anderswo zu tragen haben.

Erste Frage, die sich mir stellte oder uns stellte, die gemeinsam mit mir überlegt haben, war folgende: War dies, die Konstituierung des Bundestages und die Wahl des Bundeskanzlers nach dem 19. November '72[4], der notwendige, der richtige, der geeignete Zeitpunkt für eine umfassende Kabinettsumbildung oder -neubildung? Frage, die mir gestellt wurde, die ich mir selbst gestellt habe, die mir gestellt worden ist, die in der Öffentlichkeit hier und da erörtert worden ist. Ich darf wiederholen, das darf man in solchen Zusammenhängen, was ich am Sonntag vor dem Parteirat gesagt habe und was sich bei mir

---

[4] Die SPD erhielt in der vorgezogenen Bundestagswahl am 19. November 1972 45,8 Prozent der Zweitstimmen und wurde damit stärkste Kraft (242 Sitze) im Bundestag. Sie lag damit erstmals in der Geschichte der Bundesrepublik vor CDU und CSU, die zusammen auf 44,9 Prozent der Zweitstimmen (234 Sitze) kamen. Die FDP erhielt 8,4 Prozent der Zweitstimmen (42 Sitze).

| Fraktionssitzung | 14.12.1972 **3.** |

in den Tagen seit Sonntag eher noch verfestigt hat, ich sage nicht, dass dies die einzig mögliche Folgerung ist, ich sage nur, zu welchem Ergebnis ich gekommen bin, das ist ein großer Unterschied, nicht, was man selbst für richtig hält oder was nach welchen Maßstäben und von denen dann immer sonst noch gemessen irgendwann sich als richtig herausstellt. Ich sage, es sprach viel dafür, dass man im Wesentlichen mit denen zusammen weiterarbeitet, mit denen zusammen man in Partei, Fraktion und Regierung die Wahl gewonnen hat. Man hat sie doch mit andern zusammen gewonnen und wenn die alle Mist gebaut hätten, hätte man sie nicht gewinnen können. Das ist mal eine Orientierung.

Jetzt will ich hier nicht ausdrücklich wiederholen, was ich dem am Sonntag vorm Parteirat hinzugefügt habe. Ich hatte nämlich am Sonntag vor dem Parteirat hinzugefügt, was ich hier zwar in Erinnerung rufen, aber nicht inhaltlich außerdem noch mal wiederholen will, ich hatte hinzugefügt am Sonntag, dass ich außerdem versuchen würde klarzumachen, dass auch in Deutschland, und bis auf weiteres haben wir es mit der Bundesrepublik Deutschland zu tun, für die wir die Verantwortung tragen, dass auch in Deutschland eine Umbildung innerhalb einer Regierung besser in der Mitte einer Legislaturperiode stattfindet als nach gewonnener Wahl. In der Bundesrepublik Deutschland, so hatte ich gesagt, herrsche bei manchen noch immer die Vorstellung, als sei dies etwas ganz Ungewöhnliches, was es bei anderen nicht ist. {...} Ich wollte es nur in Erinnerung rufen und nicht ausdrücklich wiederholen, sondern nur den Gedankengang nochmal klarmachen. Wenn ich es ausdrücklich wiederholte, etwa gar für eine öffentliche Erklärung, dann könnte es so aussehen, als wollte ich jetzt irgendwas reduzieren von dem, was ich vorschlage. Aber der Gedankengang, den ich Sonntag angestellt habe, der sollte denen, die es für interessant genug halten, bewusst bleiben.

Liebe Freunde, dann kam die zweite Frage und die lautete für mich: Was hatte sich zu ergeben, für mich zu ergeben oder für die, die zusammen mit mir dies prüften, was ergab sich, was hatte sich zu ergeben aus dem 19. November für die Zusammenarbeit mit den Freien Demokraten und für deren Vertretung im Kabinett? War die zweite Frage. Da war ich ein Engagement eingegangen bereits vor der Wahl, zu dem muss man stehen, ich steh' jedenfalls dazu, ich bin nicht im verschlossenen Kämmerlein es angegangen, es waren auf beiden Seiten ein paar dabei, bei Walter *Scheel* und bei mir, aber auch da sage ich wiederum, betrachtet das mehr als eine Zeugenschaft auf beiden Seiten und nicht als ein Abwälzen der politischen Verantwortung. Ich habe im Juli, als jemand politisch abhandengekommen war, an dessen Namen ich mich im Augenblick nicht erinnere[5],

(Beifall.)

und als hier die Stimmung nicht so glänzend war, wie sie sich dann hinterher um den 19. November herum darstellte, aber nicht nur aus diesem Grunde habe ich gesagt, etwas worüber ich mit *Scheel* im Laufe der Zusammenarbeit seit Ende '69 mehrfach gesprochen habe, dass wenn wir ein über den Tag hinausgehendes Regierungsbündnis schließen, das ist nun mal meine Überzeugung, dass unser Land dies braucht. Ich habe in Berlin, nachdem ich von den CDU-Leuten die Nase voll hatte, und zwar aus Gründen, die mit der Außenpolitik zusammenhängen, wie jeder weiß, da habe ich die FDP in den Senat genommen, nicht mit einem, sondern mit drei Senatoren, obgleich wir fast eine Zweidrittelmehrheit der Stimmen bekommen haben.[6] Ich sage euch, ich habe ei-

---

5 Gemeint ist der ehemalige Bundesminister für Wirtschaft und Finanzen *Schiller*, der am 7. Juli 1972 als Bundesminister zurücktrat und im Bundestagswahlkampf offen für die CDU/CSU warb.
6 Der Bundeskanzler spielte auf die Wahl zum Berliner Abgeordnetenhaus am 17. Februar 1963 an, in der die SPD die absolute Mehrheit der Stimmen und der Sitze im Abgeordnetenhaus errang und trotzdem mit der FDP eine Koalitionsregierung einging.

nige Stimmen mehr gekriegt, weil ich deutlich gemacht, ich wünsche auch bei deutlicher Mehrheit einige andere zu beteiligen. Ich habe das soweit geführt, dass ich damals gesagt habe, und sollten die Freien Demokraten nicht in das Abgeordnetenhaus kommen, dann werde ich ein paar nicht parteigebundene geeignete Senatoren berufen, damit nirgends der Eindruck aufkommt, man verwechsele eine Regierungssitzung mit einer Vorstandssitzung der eigenen Partei. Das war ein bisschen salopp gesagt, aber es hat dazu beigetragen, das Vertrauen der Bürgerschaft – nun muss nicht eine solche städtische Erfahrung typisch sein für die in einem ganzen Staat. Ich will nur sagen und knüpfe hier noch mal an den Parteirat an, manche haben mich in Zuschriften in diesen Tagen bestätigt in dem, was andere unter Berufung auf einen Willy-*Brandt*-Einwand fragten, hat er es nicht diesmal selbst eine Nummer kleiner. Nein, in Bezug auf die letzten 130 Jahre deutscher Geschichte, oder wie Gustav *Heinemann* es morgen früh in einer Rede sagen wird, *Naumann*, *Bebel*, nicht, man stelle sich vor, was um die Jahrhundertwende uns von dort bis zum Ersten Weltkrieg anders in diesem Land, in der Welt hätte werden können, und *Naumanns* Wort, es wird nie eine Mehrheit links von der Mitte geben, wenn nicht das, was aus der Arbeiterbewegung kommt, und das, was echt liberal ist – außerdem noch echt liberal ist, würde ich jetzt fast sagen –, zusammenfindet. Lasst das mal außen vor, da könnte man eine ganze Menge dazu sagen. *Heinemann* wird selbst etwas mithelfen durch das, was er morgen dazu sagt.[7]

Ich bin jedenfalls an dieses Problem nicht nur kurzatmig rangegangen, nicht nur die Verlegenheit, sondern wir haben uns gesagt, wenn zwei Parteien diesen Typs eine ganze Weile zusammenwirken wollen, das spricht viel dafür, zumal sehr bodenständig meiner Meinung nach gemacht wurde. Schon '69, da haben sie gesagt, der Respekt vor dem Mann, der hier rechts neben Herbert *Wehner* sitzt, der hindert uns Freie Demokraten daran, uns statt für das Innenministerium für das Finanzministerium nach dem damaligen Zuschnitt zu interessieren. Aber mit dem Blick auf eine neue Wahl kam immer mal wieder der Gedanke darauf, sollen nicht zwei Parteien diesen Typs, sie müssen ja eh am Kabinettstisch über Wirtschaft und Finanzen miteinander hinkommen und im Bundestag müssen sie ja sich zusammenraufen, sollen sie dann nicht auch jeder ihr Stück ministerieller Verantwortung tragen. Und ich habe dieses Wort gegeben im Juli, dass die Freien Demokraten personell ministerielle Verantwortung im Gesamtbereich Wirtschaft/Finanzen übernehmen, ohne dass dies, und zwar bewusst, ohne dass dies damals konkretisiert worden wäre. Es hat Leute gegeben, die das im Wahlkampf von den Freien Demokraten extensiv ausgelegt haben. Ich hab' es nicht für sinnvoll gehalten, es zu relativieren, sondern zu sehen, wie das nun weiterläuft.

Nun kommt hinzu, da kommt jetzt der 19. November rein, liebe Freunde, da können wir die Sache drehen und wenden, wie wir wollen, und wir können unter uns sagen, ja, ist nicht in Wirklichkeit so, dass zwischen den acht Komma ich weiß nicht was, anderthalb Prozent oder zwei, wie mancher sagt, eigentlich so und so einzustufen sind, das ändert doch nichts daran, dass es selten einen so klaren Wählerauftrag gegeben hat wie diesen. Die wollen, natürlich entscheiden marginale Wählergruppen, die Wähler haben gesagt, ihr seid die größte Partei, bei den Erststimmen haben wir euch sogar 48,9 Prozent

---

[7] Gemeint ist die Ansprache des Bundespräsidenten vor dem neuen Bundeskabinett am 15. Dezember 1972. Unter anderem äußerte *Heinemann*: »Nach der Wahlentscheidung dieses Jahres aber kann nicht mehr angezweifelt werden, daß sich in der Tat verwirklicht, was Friedrich *Naumann* in den Jahren vor dem Ersten Weltkrieg unter den damaligen Gegebenheiten mit der Aussage beschrieb, es werde die rechte Seite in Deutschland so lange regieren, bis eine Mehrheit links von der Zentrumspartei zustande komme. Das ist mit der diesjährigen Wahl eindeutig geschehen.« Vgl. BULLETIN 1972, Nr. 168 vom 16. Dezember 1972, S. 1986 f.

Fraktionssitzung 14.12.1972 **3.**

gegeben, aber als Gesamtergebnis wollen wir, dass ihr miteinander dieses Land regiert für vier Jahre. SPD und FDP. Das ist der Auftrag, nicht, und da muss man, das gehört zum Respekt vor dem Wähler, hieraus die Konsequenz ziehen, und jetzt merke ich nur noch mal an, ich will das ja nicht aus dem Parteirat genommen, mal wieder alles hochbringen, ich merke und ohne jede kritische Bemerkung zu Genossen, die auch ihre guten Überlegungen schon angestellt haben, ich sage nur, jetzt erinnere ich noch mal an meine kleine Berliner Erfahrung von vorhin, wer mit dem Blick auf '76 sagt oder grad' plakatiert, dass er jemand anders wegpusten will, gerät in die Gefahr, dass er selbst geschwächt aus der Sache rausgeht,

(Beifall.)

weil sich eben erst die neu formierte Konstellation auch wieder umformieren könnte, anstatt sich zu festigen und wenn sie sich genügend stark festigen, dann sind wir fein raus und werden trotzdem nicht unser Konto überziehen. Jetzt brauch' ich das nicht schon für '76 auszumalen, was das dann bedeutet, haben wir noch viel Zeit. Bis dahin werden wir noch einiges leisten und auch Ärger haben mit uns und mit den andern.

Also, nun ging ich auch schon vor der Wahl davon aus, dass die Kollegen von dem andern Verein einen vierten Minister kriegen. Drei hatten sie[8], dass sie 'nen vierten kriegten, ich sage euch ganz offen, ich ging nicht davon aus, dass sie den Wirtschaftsminister kriegen und den Innenminister behalten, nicht, aber beide haben was gewonnen. Die ein paar Mandate mehr, wir ein paar Stimmen mehr. Beide haben gewonnen, und nun mussten wir sehen, dass wir ihren starken Wunsch, da gibt's auch selbstbewusste Leute, nicht nur bei uns, den starken Wunsch, Inneres zu behalten und von dem andern was dazu zu kriegen, so hinzuschaukeln sag' ich nicht, aber so abzusprechen, dass es nicht zu viel des Guten für sie oder aus deren Sicht wurde, sondern dass die Gewichte hier einigermaßen zurechtgerückt wurden. Das ist durch einige neue wichtige Zuordnungen erfolgt, die ich {...} auch nicht, ich werde sie in gehöriger Form, wie *Barzel* sagen würde, in gehöriger Form vortragen, ich bitte sie nicht überall, um die FDP damit zu ärgern, an den Mann zu bringen, aber die Fraktion muss ja wissen, was bleibt unter dem Strich zur Beurteilung der Gewichte im Kabinett.

Bevor ich das sage, will ich allerdings eine allgemeine Bemerkung machen. Es gab in diesem Land mal einen Bundeskanzler, der war nicht Sozialdemokrat, aber verstand auch was von Politik, der hieß *Adenauer*. Der hat in Zeiten, in denen seine Partei ziemlich stark war, Kabinette gebildet, da waren aus seiner eigenen Partei nur die Hälfte der Minister drin. Er hat die Stellung des Bundeskanzlers ziemlich stark veranschlagt, ziemlich stark veranschlagt, nun war er ein bisschen anders veranlagt als ich. Dasselbe Grundgesetz, immerhin ganz unerheblich ist dies natürlich nicht. *Scheel* hat mal scherzhaft gesagt, wenn ihr uns den Bundeskanzler gebt, könnt ihr Sozialdemokraten alle Ministerien stellen, hätten wir nichts gegen einzuwenden. Aber das hielten wir nicht für praktisch, auf diesen Vorschlag einzugehen. Also was haben wir bei Eingehen auf den Vorschlag, der an sich ein ungewöhnlicher ist für eine kleine Partei, nicht, neben dem Auswärtigen und dem Inneren, Landwirtschaft lasse ich mal beiseite, die ist wichtig, aber ist natürlich objektiv nicht viel wichtiger als eine große Abteilung des Wirtschaftsministeriums, bei aller Bedeutung der Landwirtschaft, ja, aber sie ist nicht sicher im Übrigen, Verzeihung, ich wollte den Agrarpolitikern nicht zu nahe treten, ich sage nur, Energiepolitik ist auch wichtig zum Beispiel,

(Unruhe.)

---

8 *Scheel, Genscher, Ertl.*

nur, sie haben also diese beiden und das dritte, das ich eben erwähnte, das ich da mal im gesamtökonomischen Gewicht etwas anders einschätze und nun Wirtschaft dazu, nachdem wir uns einig waren, der ganze Laden dort soll eh nicht zusammenbleiben. Dieser Meinung war schon der, an dessen Namen ich mich vorhin nicht erinnern konnte. Dieser Meinung war jemand, der ganz anders ausgestattet ist und an diese Aufgabe rangegangen ist, wofür ich dankbar bleibe, in dieser beschriebenen schwierigen Lage vom letzten Sommer, aus der heraus wir einen Wahlkampf entwickeln mussten und diese neue Zuordnung weist hier nämlich den eben genannten vier FDP-Ministerien, die neuen Zuordnungen, die das Ganze für die Sozialdemokraten etwas anders aussehen lässt, als wenn sie nur die vier Ressorts {…} sind folgende Elemente.

Erstens. Zum Finanzminister Helmut *Schmidt* kommt neben dem, was ein Finanzminister sonst zu tun hat und neben dem Haushalt und der Steuerreform, die eine der zentralen Aufgaben der Wahlperiode ist, die Geld- und Kreditpolitik, die jetzt beim Wirtschaftsminister war, sodass der Finanzminister neuer Prägung damit die staatlichen Instrumente einheitlich handhaben kann und die Interessen der Bundesrepublik Deutschland einheitlich, und zwar durch ihn, in der Welt auf den eben genannten Gebieten wahrgenommen werden können. Was das Wirtschaftsressort angeht, von einem anderen Punkt abgesehen, auf den ich gleich noch zurückkomme, nein, nicht gleich, aber nachdem ich ein paar andere Dinge behandelt habe, bitte um Nachsicht, ich kann mich nicht in einer Viertelstunde, aber das ist wichtig genug, dass ich das sorgfältig auf die einzelnen Ressorts bezogen durchgehe, damit die Genossen wissen, woran sie sind.

(Vereinzelter Beifall.)

Ich sage, abgesehen von einem Punkt, auf den ich noch zu sprechen komme, geht von Wirtschaft dem durch Dr. *Friderichs*, früher Bundesgeschäftsführer der FDP, dann Staatssekretär Rheinland-Pfalz, zu übernehmenden Wirtschaftsressort die Kapitalhilfe mit den dazugehörenden bilateralen und multilateralen Aufgaben über auf das Bundesministerium für wirtschaftliche Zusammenarbeit. Wenn ich es recht in Erinnerung habe, haben sich Sozialdemokraten dafür auch früher schon eingesetzt.

(Beifall.)

Zweitens überträgt der Bundesminister des Auswärtigen einem unserer Kollegen, nämlich unserem Freund Hans *Apel*, die permanente Vertretung der Europapolitik, zumal die im Ministerrat der Europäischen Gemeinschaft. Dies ist ein wichtiges Bindeglied zwischen dem sozialdemokratischen Bundeskanzler, dem sozialdemokratischen Finanzminister auf der einen Seite und den freidemokratischen Außen- und Wirtschaftsministern auf der andern Seite. Es erleichtert nicht das Geschäft von Hans *Apel*, aber, sagt er, er ist bereit, das zu machen.

Drittens. Der Innenminister gibt die Raumordnung, die Paul *Lücke*[9] vom Städtebau zum Innenminister mitgeschleppt hatte, wieder zurück an ein neu zu errichtendes, ich beschreibe es noch, Ministerium, dessen Titel mit Raumordnung nicht endet, sondern anfängt, anfängt, und macht es uns dadurch möglich, unter der Federführung von Hans-Jochen *Vogel* ein Programmministerium auf dem Gebiet der Raumordnung, des Bauwesens und des Städtebaus aufzubauen.

Und viertens haben wir uns mit dem Innenminister darüber verständigt, wie wir nicht nur sachlich, sondern auch personell an dem bei ihm zu erarbeitenden Medienkonzept zu beteiligen sind, eine Thematik, auf die wir ja achten müssen, schon aus Respekt vor

---

[9] Paul *Lücke*, CDU, 1957 bis 1965 Minister für Wohnungsbau, 1965 bis 1968 Bundesminister des Innern.

unseren Parteitagsbeschlüssen, ob die nun in Bezug auf jeden Punkt schon immer der Wahrheit letzter Schluss waren oder nicht. Aber dies darf nicht eine Thematik sein, die an uns sachlich und personell vorbeigeht.

Wobei ich aber noch einmal hinzufügen möchte, da ich den Innenminister erwähnt habe, liebe Genossen, das ist ein Vollblutpolitiker, wie man so sagt, aber gegenüber manchen Vorurteilen, auf die ich gestoßen bin hier und da, möchte ich die Fraktion bitten, nicht zu übersehen, dass unter dem Innenminister *Genscher* an die Spitze der beiden zentralen Sicherheitsorganisationen, die ihm unterstehen, Sozialdemokraten beziehungsweise von ihnen Nominierte gesetzt worden sind, nämlich als Präsident des Bundeskriminalamtes und des Bundesamtes für Verfassungsschutz. Man sollte dies nicht geringachten und das Stück eben auch konkreter Mitverantwortung auf dem Gebiet der inneren Sicherheit, das sich hierin ausdrückt. So, jetzt kommt die dritte Frage.

Die dritte Frage war, da habt ihr einiges gerade zu diesem Punkt gelesen in den Zeitungen[10] und ich habe auch schon besorgte Fragen gehört, Briefe bekommen, dritte Frage war: Soll man einige Bundesminister ohne eigenen Geschäftsbereich, also ohne eigenen Unterbau, berufen? Das heißt für besondere Aufgaben, nicht Ausgaben, sondern besondere Aufgaben. Meine eigene Erfahrung, die mit zur Erörterung dieses Themas führte im Koalitionskreis am letzten Freitag, meine eigene Erfahrung besagte, dass wir das Kabinett vor drei Jahren zahlenmäßig eher etwas zu stark reduziert hätten und ich selbst vielleicht damals etwas zu sehr gehört hatte auf die, die sagten, das ist aber eine schöne Sache, vier Ministerien weniger. Das war richtig, ohne die kam man aus, aber die Zustimmung dazu war 'ne Sache von zwei oder drei Tagen in der Presse. Und obwohl diese Ministerien überflüssig waren, hat es sich mehr als einmal ergeben, dass eine Kabinettsrunde, so wie sie jetzt ist, in einem Staat, wie den, für den wir da sind, manchmal sehr schwer zurande kommt, auch wo es über Ressortaufgaben oder ressortüberschreitende Aufgaben geht. Ich habe aber bald erfahren, insofern braucht ihr hier keine Angst zu haben, womit ich komme, jedenfalls keine übertriebene, ich habe bald erfahren, dass diese gutgemeinte Anregung überwiegend kritisch aufgenommen worden ist, und ich bin ja dann auch nicht unverständig, wenn ich so was höre. Nur der Gedanke hatte sich bei den Freidemokraten schon selbstständig gemacht bis zu einem Stadium, in dem dort, die haben auch ihre Beschlussgremien, sogar ein bisschen komplizierter in diesem Fall als bei uns, die hatten da schon Beschlüsse gefasst, ich komm' gleich darauf. Wenn ich nun sage, ich bin davon im Wesentlichen wieder runter von diesem Dampfer, der ja auch nur mal so auf Probefahrt geschickt werden sollte zur Erörterung, dann bedeutet dies nicht, dass ich die Heuchelei akzeptieren kann, die zum Beispiel von einer im Süden der Bundesrepublik beheimateten Landesregierung an den Tag gelegt wird, die für ihre Landesaufgaben mehr Minister und Staatssekretäre in Anspruch nimmt als das, was wir hier für die Bundesrepublik Deutschland brauchen. Dies ist 'ne Unverschämtheit

(Beifall.)

aus der Sicht derer, an die ich jetzt denke, uns hier, uns hier Verschwendung vorwerfen zu wollen. Jetzt lasse ich mal andere ganz beiseite, aber ich denke auch an einige aus der sogenannten Wirtschaft, die personell und materiell in ihren Verantwortungsbereichen mit einem ganz anderen Maß messen als das, das sie an die Regierung ihres eigenen Staates anlegen.

(Beifall.)

---

10 Vgl. bspw. den Artikel »Führende Politiker der SPD gegen Minister ohne Ressort«; »Die Welt« vom 14. Dezember 1972, S. 1.

Das möchte ich auch mal, auch mal gesagt haben. Nun, wie gesagt, das Kind, wenn Gedanken Kinder sein können, hat es sich rasch selbstständig gemacht, marschierte bei den Freien Demokraten durch die Verhandlungssäle und die haben da beschlossen, sie wollen einen solchen gerne – nicht nur haben, sondern die haben bereits einen beschlossen, den sie dem Bundeskanzler vorschlagen, und zwar den Professor *Maihofer*, der sich bei ihnen in Verbindung mit Freiburger Thesen[11] und sonstigen Geschichten um gesellschaftspolitische Probleme mit gekümmert hat. Wir haben dann geprüft, jetzt sage ich zu diesem Punkt betonter als an andern Stellen, hier in der Verhandlungskommission, die sich mehrfach versammelt hat, gestern Abend noch mal zu diesem Zweck beisammen war, nachdem mir Walter *Scheel* gesagt hat, sie wissen, ich streite mich ungern, aber diesen Punkt, ich komme hier nicht wieder runter von, ich habe geglaubt, ich dürfte dies bereits dort zu einer Beschlussfassung machen, Fraktion und Bundesvorstand bei uns haben beschlossen, sie müssen mir einen Gefallen tun, sie müssen irgendjemand oder einigen Sozialdemokraten das Opfer zumuten, für eine bestimmte Zeit, wenn nichts anderes, dann Titel und Gehalt eines Bundesministers zu ertragen. Ich muss sie um diese Opfer oder die ihrer Kollegen, um dieses Opfer bitten. Nun haben wir geprüft, was machen wir mit dem Gedanken, und es gab zwei Möglichkeiten. Entweder zu sagen, wenn der Stellvertreter des Bundeskanzlers, sag' ich jetzt mal bewusst und nicht der Außenminister, der Stellvertreter des Bundeskanzlers einen Bundesminister ohne eigenen Geschäftsbereich hat, der neben dem allgemeinen {...} verantwortlich am Kabinettstisch, aber sonst ihm hilft bei den ressortüberschreitenden Aufgaben, dann können die Sozialdemokraten entweder sagen, dann brauchen wir drei davon oder sie können sagen, ich hätte fast gesagt, wir pfeifen auf Relation und Stimmenergebnisse, sondern wir nehmen auch nur einen. Und so wie der Stellvertreter des Bundeskanzlers einen für ressortüberschreitende Aufgaben ohne eigenen Apparat hat, so kriegt der Bundeskanzler auch einen, nämlich bei sich, er hat ja auch jetzt, nebenbei gesagt, einen Bundesminister, der der Form nach einer ohne Geschäftsbereich ist, kriegt der Bundeskanzler einen Bundesminister ohne Geschäftsbereich, und da habe ich unseren Kollegen vorgeschlagen, die haben das akzeptiert, da nehmen wir nicht erst einen lange, werden wir rumsuchen, sondern einen, von dem ihr hier wisst und die Öffentlichkeit auch, dem brauchen wir nicht künstlich erst Aufgaben zu geben, der hat nämlich welche. Wir machen den Egon *Bahr* zum Bundeskanzler ohne Geschäftsbereich,

(Gelächter. Unruhe.)

beim Bundeskanzler.

(Zwischenruf: Bundeskanzler ohne Geschäftsbereich?)

So weit noch nicht. Nö, Minister reicht. Das kommt aus dem Bundeskanzleramt raus, aus dem Bundeskanzleramt raus, wo ja auch mal jemand passiert ist, den dort bisher tätigen Minister, auf den ich nachher noch zu sprechen komme, als den Bundesminister für den Bundeskanzler, den Chef des Bundeskanzlers, statt Kanzleramtes zu bezeichnen. Nun, liebe Genossen, ist das so, dass wir das andere also jedenfalls jetzt nicht weiterverfolgen. Da kann mal eine Zeit kommen, wo man einen solchen Gedanken wieder aufgreift.

Was wir nicht aufgeben wollen, aber nicht vor Weihnachten konkretisieren müssen, sind einige Beauftragungen und Bevollmächtigungen besonderer Art, die nicht den Charakter des, der Berufung zum Minister oder zum Staatssekretär haben müssen. Wir ha-

---

[11] Zu den sog. Freiburger Thesen, die das Grundsatzprogramm der FDP bildeten und am 27. Oktober 1971 auf dem Freiburger Parteitag verabschiedet wurden, vgl. FLACH, Karl-Hermann/MAIHOFER, Werner/SCHEEL, Walter: Die Freiburger Thesen der Liberalen, Reinbek bei Hamburg 1972.

| Fraktionssitzung | 14.12.1972 **3.** |

ben bei ein paar unserer Elder Statesmen und dafür noch in der letzten Legislaturperiode gute Präzedenzfälle geschaffen, aber das muss nicht auf unsere Elder Statesmen beschränkt bleiben. Ich freue mich, dass die Verlängerung der Beauftragung von Carlo [*Schmid*] als Koordinator nach dem deutsch-französischen Vertrag noch vor dieser Regierungsbildung erneuert und verlängert werden konnte. Carlo wird uns auch auf andern Gebieten, uns, der Regierung meine ich, helfen. Und, und Alex *Möller* hat uns, um ein Beispiel zu nennen, aber es ist nicht das einzige, entscheidend geholfen, um die Deutsche Marshall-Plan-Stiftung oder die Deutsche Stiftung aus Anlass der Wiederkehr der Marshall-Rede auf den Weg zu bringen, die mir den Hintergrund gab für das, was wir in Harvard Anfang Juni gemacht haben[12] – aber ich denke an auch andere Aufgaben, die ich jetzt nicht konkretisieren will, damit wir das in Ruhe besprechen.

Das Tableau übrigens, von dem ich vor der Wahl mal, ich glaube im Parteivorstand, gesprochen hatte[13], ein Tableau, bei dem man in Zukunft Partei, Fraktion und Regierung im Zusammenhang miteinander sieht, das ist sehr viel schwieriger darzustellen, als man das zunächst glaubt – denn das fängt erst an mit der Henne oder der alten Frage, Henne und Ei, denn die Fraktion sagt, nun bildet ihr mal erst 'ne Regierung, damit wir sehen, was wir dann weiter machen. Der, der die Regierung bildet, würde an sich ganz gerne, geht ja aber gar nicht nach der ganz unterschiedlichen Art der Entscheidungsmechanismen, der würde ganz gerne wissen, was macht von zweien oder dreien, die ihm genannt werden für ein bestimmtes Gebiet, was macht die Fraktion mit denen. Denn dann, wenn er das wüsste, würde ihm es leichter fallen, einem Ministerkollegen einen Rat zu geben, wie er sich zu dem oder jenem einstellt. Hier liegt eine Schwierigkeit, auf die wir bisher noch keine vernünftige Antwort gefunden haben. Immerhin, wir sind auf dem Wege, denn zwei wichtige Vorentscheidungen waren gefallen, bevor ich an diese Sachen heranging. Die Fraktion hatte die Vorentscheidung getroffen, Herbert *Wehner* als Fraktionsvorsitzenden zu wählen, und Holger [*Börner*] hatte mir nicht erst nach dem 19. November, sondern bereits im Juni, ohne auf Befragungsergebnisse zu gucken, gesagt, wenn du's willst, mach' ich weiter die Bundesgeschäftsführung, und das ist gut, dass er sie weitermacht, sonst wäre er selbstverständlich hier mit in Betracht gezogen worden für das, worüber ich jetzt weiter spreche. Es ist gut, dass hier zum zweiten Mal ein gutes Beispiel gesetzt wurde, das erste Mal hat es Hans-Jürgen *Wischnewski* gesetzt, als er ohne mit der Wimper zu zucken auf meine Frage nach der baden-württembergischen Wahl, die ja so schön nicht war, wenn ihr euch erinnert, '68, gesagt hat, wenn du das willst, ich rufe nur noch mal meine Frau an, dann steige ich dort aus und übernehme, da hast du noch den Wahlkampf '69 gemacht, und Holger [*Börner*], wir werden miteinander sagen, auch den 72er, von dem er damals glaubte, es würde ein 73er werden, wie wir alle, schon einleitend geplant. Meinen aufrichtigen Dank auch für das Beispiel –,

(Starker Beifall.)

auch für das Beispiel, das hierin liegt, an Gleichwertigkeit. Da gibt's nicht die feinen Aufgaben und dann geht das so runter bis, weiß ich wohin, sondern der Gleichwertigkeit von Tätigkeiten, die wir im Laufe der Zeit lernen, vermutlich, vielleicht, immer noch besser als bisher, wenn es geht, abzugrenzen, aufzugliedern.

---

12 Bundeskanzler *Brandt* besuchte am 4. und 5. Juni 1972 Boston, wo er an einem Festakt der Harvard-Universität zum 25. Jahrestag der Verkündung des Marshall-Plans teilnahm.
13 Gemeint ist möglicherweise die gemeinsame Sitzung von Parteivorstand, Parteirat und Kontrollkommission am 11. Oktober 1972 in Dortmund, auf der Bundeskanzler *Brandt* die Partei auf den Wahlkampf und die auf dem Sonderparteitag zu beschließende Wahlplattform einschwor. Vgl. AdsD, 2/PVAS0000575.

So, jetzt kam die vierte Frage. Welche strukturellen Veränderungen boten sich an oder waren ratsam, ohne eine große Kabinettsumbildung zu machen? Aber eben auch nicht einfach nur zu sagen wie beim Kommiss, weitermachen wie bisher. Nicht. Also so 'nen mittleren Weg, die Suche nach einem solchen ist mir ohnehin nicht fremd. Dadurch blieben unberührt in der Überlegung Georg *Leber* mit seiner Verantwortung und seinem Parlamentarischen Staatssekretär Willi *Berkhan*. Davon blieb unberührt, bitte verzeiht jetzt, Reihenfolgen, die ich jetzt nenne, sind in dem einen oder anderen Fall auch nicht rein zufällig, aber bedeuten keine innerparteilich protokollarische Rangordnung, Walter *Arendt* blieb von dieser Überlegung unberührt mit seinem Parlamentarischen Staatssekretär Helmut *Rohde*, Gerhard *Jahn* mit seinem Parlamentarischen Staatssekretär, dem Genossen *Bayerl*, und strukturelle Fragen ergaben sich erstens, das ergibt sich, leitet sich aber schon ab aus meiner Bemerkung vorhin Wirtschaft/Finanzen, für die Neuabgrenzung dieser zeitweilig zusammengefassten, ja aber nicht etwa zu einem Haus vereinigten, sondern zwei Häuser, nicht, mit einer Spitze, die übermenschliche Leistungen dadurch auf sich zu nehmen hatte, und wir sind zu dem Ergebnis gekommen oder Helmut [*Schmidt*] ist zu dem Ergebnis gekommen, und ich habe es mit ihm {...} wie die andern auch, mich gefragt, wollen wir das so machen, wollen wir das so machen, dass Hans *Hermsdorf* ihm weiter zur Seite steht, was den Haushalt angeht und dass, nachdem der Genosse *Offergeld* gebeten hatte, entbunden zu werden von seiner Beauftragung, was die Steuerreform angeht, den Genossen Konrad *Porzner* zu Helmut [*Schmidt*] gehen zu lassen, um sich um die Steuerreform zu kümmern. Ich habe dem Genossen *Offergeld* ein paar Zeilen geschrieben, aber die sind mehr die des Bundeskanzlers. Ich weiß nicht, ob er sie schon hat und mit wie und was so dazugehört. Ich möchte hier sagen, ich rechne es auch ihm sehr hoch an, dass er in einer schwierigen Situation damals, die war, wenn sich noch die Genossen daran erinnern, ganz gewiss eine schwierige, nicht gezögert hat und die Geschichte ein großes Stück dort vorangebracht hat und nun auch auf seine Weise –

(Starker Beifall.)

auf seine Weise ein Beispiel setzt, denn wir sind bei der ganzen Institution der Parlamentarischen ja noch auf Neuland und durch sein Verhalten zeigt, hier werden nicht Erbhöfe begründet, sondern hier muss die notwendige Flexibilität bei dem Einzelnen und im Zusammenspiel des Ganzen da sein, verbunden dies also noch einmal, er ist nicht herausgeboxt worden. Ihr kennt alle den Konrad *Porzner*, und mancher wird mit mir bedauern und vor allen Dingen wird's der Herbert [*Wehner*] tun, dass er nicht hier an dieser Stelle unter den stellvertretenden Vorsitzenden der Fraktion sitzen kann aufgrund dieser Aufgabe. Ihr kennt den gut genug, um zu wissen, der boxt nirgends jemand raus, schon gar nicht den Genossen *Offergeld* aus dieser Aufgabe, sondern hier ist sachlich – honorig – eine Lösung gefunden worden, von der alle Beteiligten meinten, sie bringt in dieser Situation den Effekt, den wir erwünschen müssen, nämlich in dieser Legislaturperiode die Steuerreform im Zusammenspiel der Beteiligten durchzubringen. Das war die Situation, nachdem sie, ich sage es noch einmal, durch den Genossen *Offergeld* sehr gut gefördert worden war.

Nächster Punkt, habe ich auch schon angedeutet, will ich aber noch etwas erläutern. Es gibt also ein Ministerium für Raumordnung, Bauwesen, Städtebau zu dem neben dem bisherigen, ich nenne es mal etwas verkürzt *Lauritzen*-Ministerium, die Raumordnung, die ich schon erwähnte, die beim Innenminister lag {...} kommt, und vom Finanzminister die Bundesbauverwaltung, das Bauwesen des Bundes, damit entsteht dort eine breitere Basis, nicht alles, was Architekten und Baumeister in ihren Vereinigungen sich ausgedacht hatten, wo überall sonst noch irgendwo Bau steht, aber diese Elemente

Fraktionssitzung 14.12.1972 **3.**

werden zusammengefügt, das ist vernünftig. Und es kommen zwei Dinge hinzu, nämlich die sich aus der Verantwortung des Raumordnungsministers, ihr müsst das bedenken, es gibt in Europa eine Konferenz der Raumordnungsminister zum Beispiel, nicht nur derer, die für Bau zuständig sind. Aus dieser Zuständigkeit ist er mitbeteiligt an den Problemen der regionalen Wirtschaftsförderung, und es kommt auf ihn eine Hauptverantwortung in Bezug auf das Bodenrecht zu und damit eine zentrale Frage des außerordentlichen Parteitages in Dortmund, und jetzt seht ihr hier auch einen Zusammenhang zwischen dem, da ich Jochen *Vogel* sehr kurzfristig etwas zumuten musste, was ich nachher begründe, was er auch ohne jedenfalls laut erkennbar, ohne Ausrufen deftiger bayerischer Ausdrücke geschluckt hat, ich musste über Karl *Ravens* anders verfügen, was ich gleich noch mal begründe, und nachdem ich eben das Ressort beschrieben habe und es mit Bodenrecht abgeschlossen habe, versteht man vielleicht auch, warum der Genosse *Vogel* zu seinem Parlamentarischen Staatssekretär den Genossen Dieter *Haack*, Erlangen, hier mir vorgeschlagen hat, während ein neuer beamteter Staatssekretär in den nächsten Tagen berufen werden wird.

Jetzt kommt, jetzt kommt das Ministerium für Bildung und Wissenschaft. Ich war ja dieser Tage schon mal in der Lage, ein paar Bemerkungen zu machen über dieses und das neu zu schaffende Ministerium für Forschung und Technologie. Das für Bildung und Wissenschaft, das nun neben anderem dieses sehr mühsame, aber sehr notwendige Geschäft des Aushandelns mit den Ländern betreiben muss und das Hochschulrahmengesetz und was sonst dazugehört, hat nun durch, ich hätte fast gesagt Parteibefehl, außerordentlicher Parteitag, Wahlprogramm und so weiter, die Berufsbildung zu einem Zentralpunkt zu machen, einem Schwerpunkt, einem Teil des bildungspolitischen Gesamtkonzepts, das heißt die Fragen der Ausbildung und Weiterbildung im Beruf, dazu gehört die vernünftige Zuordnung. Einiges von dem, was bisher in zwei anderen Ressorts, das muss dort zusammenfließen, und der Genosse *von Dohnanyi* hat mir vorgeschlagen – und ich habe dem zugestimmt –, dass er diese Aufgabe mit dem Parlamentarischen Staatssekretär Fred *Zander* gemeinsam lösen will.

(Vereinzelter Beifall.)

Im Ministerium für Forschung und Technologie sieht die Sache so aus, dass die jetzt vorgesehene Lösung einem Vorschlag entspricht, der von der Projektgruppe, beim Innenminister beheimateten Projektgruppe für die Regierungs- und Verwaltungsreform, stammt aus der Zeit vor den Wahlen, bevor Personalien überhaupt eine Rolle gespielt haben. Ich bitte dies [ein]mal zu beachten. Es gibt hier eine Gruppe, die arbeitet damit in der Regierung, für die Regierung, und einer der Vorschläge ist diese Aufgliederung. Und wenn jetzt schon von Personalien die Rede ist, dann ist es so, dass Horst *Ehmke* mich beträchtliche Zeit vor dem 19. November um ein eigenes Aufgabengebiet gebeten hatte. Die Meinung der Projektgruppe, dass aus dem, worum es sich hier handelt, gut zwei Gebiete gemacht werden sollten, wobei das zweite nicht einfach ein Teil des jetzigen ist, sondern ein Teil des jetzigen plus etwas Neuem, was ich gleich erläutere. Diese Auffassung wird von Klaus *von Dohnanyi* und anderen ausdrücklich geteilt und ist in den Koalitionsbesprechungen dargelegt, erörtert, gebilligt worden. Wenn ich gesagt habe, Horst *Ehmke* hatte mich vor dem 19. November gebeten, ein eigenes Aufgabengebiet zu übernehmen, dann möchte ich sagen, der bedarf an sich nicht dessen, dass andere für ihn reden, er ist selbst nicht auf den Mund gefallen, aber wie ich vor dem Parteirat schon mal gesagt habe, es wäre ein Irrtum zu glauben, dass seine Mitarbeit bei mir sich im Wesentlichen darin ausgedrückt hätte, dass er es mir schwergemacht hätte, meinen Teil dazu beizutragen, dass wir die Wahlen gewonnen haben. Das Gegenteil ist richtig. Unsere Zusammenarbeit hat mit dazu geführt, dass wir diese drei Jahre insgesamt gut bestanden haben. Nun wegen der Kommunikationstechnologie, beachtet bitte hier die beiden Elemente, ich habe soeben beim Innenminister von der Medienpolitik gesprochen. Wer sich aber mit dem Thema schon mal befasst hat, der weiß, dass zur Medienpolitik neben dem Presserechtsrahmengesetz und der Fusionskontrolle[14], und was es da alles gibt, noch andere hochinteressante Themen gehören und wegen der Verbindung und an Bedeutung zunehmenden Verbindung mit der Kommunikationstechnologie wird dem Bundesminister für Forschung und Technologie für die Monate, in denen es ein Postministerium noch gibt, dieses zugeordnet und für die Zeit nach Inkrafttreten des neuen Postverwaltungsgesetzes die Dienstaufsicht wegen des Teils Fernmeldewesen insbesondere und dessen Zusammenhang mit der, ich sage es noch einmal, Kommunikationstechnologie.

Bei dem Gebiet Jugend, Familie, Gesundheit ist Folgendes zu bedenken:

(Unruhe.)

Käte *Strobel* hatte mir schon vor der Wahl im Einzelnen dargelegt, sie hat ja auch nunmehr nun da sechs Jahre Erfahrung gesammelt, sie hatte mir dargelegt, dass zwischen den Bereichen Soziale Sicherung und Bildung etwas Drittes liege, das durch die Zusammenfassung in ein Ministerium Impulse für viele konkrete Aufgaben geben kann, zumal im Bereich dessen, was wir uns angewöhnt haben, die Qualität des Lebens zu nennen. Katharina *Focke* wird dieses in seiner Bedeutung wachsende Amt übernehmen. Heinz *Westphal* wird ihr dafür weiter zur Verfügung stehen. Ich hoffe, dass in diese Arbeit auch der ärztliche Sachverstand aus der Fraktion noch stärker als in der Vergangenheit einbezogen werden kann. Bei der Regierungsbildung in der Absprache mit dem Partner haben wir dafür gesorgt, dass dieser Minister, von dem ich jetzt spreche, die Federführung für Frauenfragen, haben wir einen ersten Beginn mit dem Frauenbericht gemacht und dabei auch gesehen, wie mühsam es war, hier die Dinge einmal in den Griff zu bekommen, vor allem aber auch für die zunehmend wichtiger werdende Freizeitproblematik, Freizeit- und Erholungsproblematik, allerdings ohne den Sport, der beim Innenminister bleibt.

(Unruhe.)

Die Verbraucherpolitik wird, das darf ich bei dieser Gelegenheit sagen, wird intensiviert werden, ohne dass sich die Zuständigkeiten der Ministerien ändern, aber bei diesem Ministerium, von dem ich jetzt spreche, ist zu bemerken, dass das Lebensmittelrecht natürlich ein wichtiges Instrumentarium für die Verbraucherpolitik ist und dass auch die Jugendpolitik an Bedeutung zunehmen wird. Ich will also, ich will also apropos Qualität des Lebens, noch einmal sagen, dass die Lebensbedingungen in unserer Gesellschaft – wir sind da erst im Vorfeld der Arbeiten, wenn ich es recht sehe auch in der Programmatik –, dass die Lebensbedingungen in unserer Gesellschaft das Bedürfnis nach Freizeit und Erholung weiter wachsen lassen werden und dass wir dieser Frage als koordinierender Aufgabe in Bezug auf die Bemühungen von Bund, Ländern und Gemeinden Beachtung zu schenken haben. Rehabilitation ist eine Frage, auf die uns nicht zuletzt unser Freund Eugen *Glombig* hingewiesen hatte hier im Plenum der Fraktion, auch in einem Brief vor einigen Tagen, in dem er das Thema erläutert hat. Wir haben es für den

---

14 Die Fraktionsarbeitskreise erarbeiteten zwar bis 1974 einen internen Entwurf für ein Presserechtsrahmengesetz, brachten den Gesetzentwurf jedoch, unter anderem wegen des anhaltenden Widerstands der Verleger, in der 7. Wahlperiode nicht in den Bundestag ein. Die geplante, aber ebenfalls nie eingebrachte Gesetzesnovelle zur Fusionskontrolle sollte verhindern, dass durch Zusammenschlüsse oder Käufe übermächtige marktbeherrschende Pressekonzerne entstanden. Sie richtete sich vor allem gegen die Strategie des Springer-Verlags, durch Verlagsübernahmen zu wachsen.

Fraktionssitzung 14.12.1972 **3.**

Koalitionspartner durchgesprochen und damit zwischen den beiden Kollegen, die es bei uns betrifft, jetzt, wenn wir das Gröbste hinter uns haben, kollegial erörtern. Walter *Arendt* hat schon vor der Wahl gesagt und auch in den Koalitionserörterungen – das wird in der Regierungserklärung Niederschlag finden –, dass die Rehabilitation Behinderter und Schwerbeschädigter diesmal ein Schwerpunkt unserer Politik der sozialen Sicherheit sein wird,

(Beifall.)

und dass der Staat denen, von denen ich in der vorigen Regierungserklärung gesagt hatte, dass sie weithin im Schatten der sogenannten Wohlstandsgesellschaft leben müssen, dass der Staat das Mögliche tun muss, ihnen zu einem erfüllten Leben in Beruf und Gesellschaft zu verhelfen. Und ich danke Eugen [*Glombig*] für seinen Einsatz, auf diese große menschliche Aufgabe hinzuweisen, und wir werden bei der Regierungserklärung und der Zuordnung dafür sorgen, dass ein gutes Einvernehmen der beiden beteiligten Ressorts hergestellt wird. Es wäre nicht vernünftig, jetzt überstürzt irgendwo ein paar Referate zu verschieben, sondern dies so zusammenzufügen, dass daraus eine Gesamtaufgabe wird, sodass unser Aktionsprogramm vom April '70 in gemeinsamer Anstrengung dort wirksam gemacht werden kann, wo es noch nicht wirksam ist, im Übrigen aber ausgebaut werden kann.

Bevor ich jetzt weitergehe, habe ich ein Versäumnis nachzuholen. Als ich vom neuen Ministerium für Forschung und Technologie sprach, habe ich vergessen zu erwähnen, mit welchem Parlamentarischen Staatssekretär Horst *Ehmke* dieses Haus verwalten möchte. Horst *Ehmke* hat mir hierfür Volker *Hauff* vorgeschlagen, und ich habe den Vorschlag aufgegriffen.

(Beifall.)

Dann, liebe Genossen, kommen wir, dann kommen wir zu dem Punkt Verkehr, den ich nur erwähne, um deutlich zu machen, dass Lauritz [*Lauritzen*] und ich uns unterhalten haben, und das etwa die Tatsache, dass er nicht Städtebau weitermacht, nichts mit einem Verschiebebahnhof zu tun hat, sondern er mir gesagt hat, er hielte dies für eine, nachdem er das andere sechs Jahre lang betrieben hat, wie wir alle wissen mit großen Erfolgen, zumal in dieser Drei-Jahres-Periode, wo wir mehr zu sagen hatten als in der vorigen, dass er gerne das Verkehrsressort dort mit Ernst *Haar* zusammen wahrnehmen will.

Das BMZ habe ich schon erwähnt, wo die Kapitalhilfen betroffen waren und so, das ist ja auch kein Pappenstiel, ob man dreieinhalb Milliarden bewegt im Jahr oder nicht oder ob das andere für einen tun, gut, das war eben ganz böse, denn es hat gar nichts mit hehren Ideen zu tun, sondern mit schnödem Mammon, den ich –

(Unverständlicher Zwischenruf.)

sondern mit, ich komme da plötzlich mit Ziffern, aber Geld braucht man ja oft für die Sachen, um die es hier geht. Ja, das war so, liebe Genossen, dass, Augenblick, dass hier {...} besonders schwer zu entscheiden war zwischen zwei, wo ich wirklich sagen musste, zwei Genossen, von denen man beide sagen muss, beide sind in hervorragendem Maße geeignet, dies vorausschickend und in der Hoffnung, dass das Ganze sich dann doch zusammenfügt in der weiteren Zuordnung von Verantwortlichkeiten, folge ich dem Vorschlag, Hans *Matthöfer* als Parlamentarischen Staatssekretär

(Beifall.)

zu berufen, und wenn ich dies sagen darf, auch in der Hoffnung, dass es uns insgesamt die Kräfte in dieser Partei uns allen dabei hilft, so gut wie möglich miteinander voranzukommen.

(Unruhe.)[15]

Dann, liebe Genossen, was schließlich das BMB angeht, also das Bundesministerium für innerdeutsche Beziehungen, so hätte ich es vorhin schon zu Beginn mit aufrufen können, weil sich nichts ändert an meinem Vorschlag, dass Egon *Franke* wieder berufen werden soll mit Karl *Herold* als Parlamentarischem Staatssekretär. Ich erwähne es deswegen, weil nicht nur in der Öffentlichkeit, sondern natürlich auch bei uns die Frage – bei mir auch, wie ihr euch denken könnt –, die Frage auftaucht, die Aufgaben verändern sich doch, nicht, sie verändern sich zum Teil durch das Berlin-Abkommen der Vier Mächte[16], sie verändern sich zum Teil durch den Grundvertrag mit der DDR[17], den wir nicht hatten, als wir das vorige Mal eine Regierung bildeten. Aber dies ist eine Geschichte, die ja nicht nur sich für den einen oder anderen darstellen mag als Veränderung oder auch sogar Einschränkung von Aufgaben, es gibt auch Felder, aus denen sich neue Aufgaben ergeben. Denkt allein daran, dass in Verbindung mit dem Grundvertrag, und es wird ja nicht dabei bleiben, zunächst einmal für sechs Millionen Menschen entlang der Grenze zwischen den beiden deutschen Staaten jene Art von Personenverkehr in Gang kommt, der für die Berliner nun seit einigen Monaten gilt mit mehreren Besuchen im Jahr und so weiter und Tagesbesuchen und alle diese Dinge erfordern eine Betreuung, lässt sie sich nicht einfach irgendwo anders hingeben und das ist nicht nur dies. Trotzdem, Egon [*Franke*] und ich haben uns über die Sache unterhalten, wir wollen werden in aller Ruhe in der Zeit, die vor uns liegt, prüfen, wo sich Dinge durch Zeitablauf erledigen oder in ihrem Aufgabencharakter verändern, werden wir dem Rechnung tragen.

Dies gilt übrigens auch, was gar nicht sein Haus angeht, um dieses schreckliche Wort mit den Häusern zu verwenden – mein Haus, dein Haus, unser Haus –, sondern auch die Berlin-Dependancen der verschiedenen Ministerien, nicht, wir verstehen uns dazu, müssen anguckt werden. Einfache, einfache Niederlassungen zur Show, just for show, die entsprechen nicht dem Stadium der Beziehungen zwischen West-Berlin und der Bundesrepublik, sondern da muss, ich weiß mich hier auch in voller Übereinstimmung mit Klaus *Schütz*[18], das soll da sein und wo es notwendig ist, soll sogar was dazukommen was 'nen Sinn hat. Aber Dinge, die in einer ganz andren Zeit aus propagandistischen oder bloß optischen Gründen einen Sinn haben mochten, die dürfen nicht einfach mitgeschleppt werden. Sonst passiert es einem, wie es mir mal passiert ist kurz nach'm Krieg in Berlin, da kam einer angerannt aus England in einer schönen Uniform und sagte, er sei für die Kriegsgräber zuständig, und da ich wiederum mich interessierte für ein paar Freunde, norwegische, die auf englischer Seite gefallen waren, enge persönliche Freunde, fragte ich, ob er mir helfen könnte. Der eine war über Berlin abgeschossen worden, und da sagte er, Sie irren sich, ich bin für die vom Ersten Weltkrieg zuständig. Und so müssen wir eben auch aufpassen, dass in Berlin nicht plötzlich Stellen sind oder

---

15 Es ist nicht erkennbar, ob sich die Unruhe in der Fraktion auf die Ausführungen des Bundeskanzlers bezieht oder ob der bereits recht hohe allgemeine Geräuschpegel (Gespräche etc.) in der Fraktionssitzung noch weiter ansteigt.

16 Zum Vier-Mächte-Abkommen über Berlin vom 3. September 1971 und zum Schlussprotokoll vom 3. Juni 1972 vgl. BUNDESANZEIGER, Nr. 174 vom 15. September 1972, Beilage, S. 44–73; EUROPA-ARCHIV 1971, D 443–454.

17 Gemeint ist der am 7. November 1972 paraphierte Vertrag über die Grundlagen der Beziehungen zwischen der Bundesrepublik Deutschland und der Deutschen Demokratischen Republik. Das Ratifizierungsverfahren im Bundestag war für 1973 vorgesehen. Zum Vertragstext vgl. BULLETIN 1972, Nr. 155 vom 8. November 1972, S. 1841–1843. – Für die parlamentarische Behandlung vgl. auch BT Drs. 07/153 vom 9. Februar 1973.

18 Regierender Bürgermeister von Berlin.

Fraktionssitzung 14.12.1972 **3.**

anderswo, die noch aus der Zeit nicht von vor dem Zweiten Weltkrieg, aber doch aus einer ganz anderen politischen Konstellation heraus sich festgesetzt haben. So, und außerdem ist auch unbestritten, dass die politische Leitung der beiden Bevollmächtigten, die politische Leitung der beiden Bevollmächtigten, nämlich desjenigen, der nach dem Vier-Mächte-Abkommen in West-Berlin bestimmte Zuständigkeiten hat, und desjenigen, der in Zukunft bei der DDR sein wird, dass die politische Leitung in beiden Fragen natürlich bis zu einem gewissen Grade beim Bundeskanzler selbst liegen muss.

Fünfter Punkt: Bundeskanzleramt. Nachdem ich eben einige Strukturfragen erörtert hatte – da sieht das so aus, liebe Genossen, dass ich ja eins vorhin schon vorweggenommen habe. Als Bundesminister für besondere Aufgaben wird Egon *Bahr* tätig und dem Bundeskanzler direkt zugeordnet sein. Chef des Bundeskanzleramtes wird als Beamteter Staatssekretär Horst *Grabert*, bisher Senator für Bundesangelegenheiten des Landes Berlin. Dieser wird auch die Aufgaben wahrnehmen, die sich als Kontrolle auf den BND ergeben. Als Parlamentarischen Staatssekretär werde ich dem Bundespräsidenten Karl *Ravens* vorschlagen

(Beifall.)

und deswegen das Opfer, von dem ich vorhin sprach, das ich Hans-Jochen [*Vogel*] zumuten musste, das ihn härter trifft als einen anderen, der schon länger hier rumfuhrwerkt, und deshalb weiß ich es besonders zu schätzen, dass er nicht allzu böse ist, es jedenfalls nicht besonders deutlich erkennen lässt, sondern nur ein bisschen traurig darüber, weil der Start halt für ihn etwas schwieriger ist. Nur, ich habe ihm gesagt, ganz ohne ist es ja auch nicht, wenn er mit dem bisherigen Parlamentarischen auf diesem Gebiet relativ nah an der Quelle ist, die ein bisschen mithelfen kann, Hans-Jochen, bei der Gesamtkabinettsarbeit und für den Kabinettstisch und die Koordinierung der Dinge. Nimm mich beim Wort, wenn du glaubst, dass es erforderlich sein sollte. Karl [*Ravens*] ist der Fraktion seit vielen Jahren bekannt und mit ihrer Arbeit vertraut und auch die neuen Kollegen werden von seiner Tätigkeit wissen, die nicht die eines bloßen Fachmannes war, er hat für andere Aufgaben immer wieder mit zur Erörterung gestanden und ist im guten Sinne ein Allroundmann unter uns. Seine Hauptaufgabe wird sein, ich komm' gleich noch mal ganz allgemein auf die Parlamentarischen, der beim Bundeskanzler ist ja, nach der berühmten Geschichte von *Orwell*, nicht gleich, wie alle Tiere gleich sind, aber einige sind gleicher als andere, der beim Bundeskanzler kann diesen ja nicht vertreten. Die anderen Minister waren ja in politischen, in Parlamentarischen meinen ja {...} vertreten, der Bundeskanzler wird vertreten durch den Bundesminister des Auswärtigen. Dieser hat eine eigenständige Aufgabe und diese ist, so sind wir uns gestern Nacht klargeworden, vor allem andern der Kontakt zwischen Bundeskanzleramt, Sozialdemokratischer Bundestagsfraktion und darüber hinaus Bundestag in seiner Gesamtheit, nicht, neben dem, was sonst so bei uns da in dem Laden und der kollektiven Führung, hätte ich fast gesagt, die wir dort entwickeln, dann anfällt. Die Zusammenarbeit im Kanzleramt, ich habe es eben schon anklingen lassen, war in den vergangenen Jahren hervorragend, menschlich und sachlich, und ich habe mich dafür nicht nur bei dem zu bedanken, der Chef des Kanzleramtes gewesen ist und es heute noch ist, wenn ich das recht sehe. Ich habe gar keinen Zweifel, dass dies, wo es um den menschlichen und den sachlichen Kontakt, das gilt für Katharina [*Focke*] gleichermaßen, die nun weiterzieht in einen eigenen Verantwortungsbereich, dass das so bleiben wird. Professor *Jochimsen* bleibt im Bundeskanzleramt.[19] Ich nenne aus der bisherigen Verantwortung auch den Peter *Reuschenbach*. Plötzlich kommt der auf dem Wege vom Unterbezirks-

---

[19] Reimut *Jochimsen*, Chef der Planungsabteilung im Bundeskanzleramt.

sekretariat in Essen über Land {...} zum ersten Mal aber auch Bundestagsabgeordneter, kommt hier aus Essen 2 mit einer der höchsten Stimmenzahlen wieder an. Der Günter *Guillaume*, der aus der Frankfurter Parteiorganisation kommt, übernimmt im Kanzleramt, in dem er bisher schon war, vornehmlich für gewerkschaftliche Aufgaben, die, oder hat schon übernommen, die Aufgaben von Peter *Reuschenbach*, beide im Beritt, der unter Verantwortung unseres Genossen Dr. *Wilke*[20], also in meinem unmittelbaren Mitarbeiterbereich dort tätig ist. Ich möchte aber die Fraktion auch darüber unterrichten, dass Albrecht *Müller*, den die meisten von uns aus dem Wahlkampf kennen, mit einer wichtigen Planungsaufgabe im Bundeskanzleramt betraut werden wird.

(Beifall.)

So! Jetzt möchte ich noch nicht mich heute Abend, weil ich da noch ein paar Gespräche führen muss im Laufe des Abends, ich möchte mich noch nicht im Einzelnen über das Bundespresseamt äußern, außer ein Wort zunächst mal über Conny *Ahlers* zu sagen. Ich weiß gar nicht, wo er sitzt und ob er da ist, aber wenn er nicht da ist, wird das er es auf andere Weise hören. Er ist aus seinem Amt ausgeschieden, wie das ist, wenn man als beamteter Staatssekretär kandidiert zum Bundestag. Das ist vergleichsweise der Fall bei dem Genossen *Ehrenberg*, der mit Glanz aus Wilhelms Tagen, Wilhelmshaven, hier in den Bundestag und diese Fraktion einzieht nach den Aufgaben, die er in der hohen Bürokratie zuletzt wahrgenommen hatte. Was den Conny angeht, zu dem ich mich jetzt äußere, das ist keine Vernachlässigung von Herbert *Ehrenberg*, denn der war mir schon eine Zeit vorher entlaufen, aber mit meiner ausdrücklichen Zustimmung, um bei Walter *Arendt* tätig zu sein. Wenn ich zu Conny 'nen Wort sage, dann deswegen, da werden mir auch viele Genossen zustimmen, die gelegentlich an ihm Kritik geübt haben, und ich habe die Kritik, die hier offen geäußert worden ist, mehr geschätzt als die, die an anderer Stelle, wo man nicht das selbst zur Kenntnis nehmen konnte, vorgebracht wurde. Auch die, die manches kritisch gesehen haben, die werden mir zustimmen, erstens, der Conrad *Ahlers* gehört nicht zu den, zu den – den Grauen im – im – im Bereich des – des – des Federvolks, sondern zu den Farbigen und die Farbe, die er vermittelt, bringt Luft {...} und bringt Farbe, er hat es auch in Zeiten, in denen ihm in der Regierung und in der Partei und in der Fraktion mancher nicht recht folgte, in erstaunlicher Weise verstanden, das Vertrauen des ganz überwiegenden Teils der aktiven Journalisten sich zu sichern. Das ist auch was wert, auch was wert für eine Regierung, die es sonst häufig sehr, sehr schwer hatte. Er hat sicher darüber hinaus, wie ich mich überzeugt habe, und das war nicht schwer, diese Überzeugung zu gewinnen, auch bei den ausländischen Tätigkeiten, die mit diesem Amt zusammenhängen, viel Ansehen erworben und deshalb wünsche ich ihm nicht nur Gutes, wie allen anderen, sondern ich werde ihn bitten, der Außenminister auch, neben seiner Abgeordnetentätigkeit hier das eine und das andere für uns wahrzunehmen, wo wir glauben, gestützt auf seine Erfahrungen uns seiner mit Vorteil bedienen zu können.

Aber im Übrigen, sage ich, gehört das Presseamt zu dem, worüber ich heute noch ein bisschen weiterreden muss. Ihr wisst, ich war 'ne Woche im Krankenhaus, dann all diese Sitzungen, die wir gehabt haben und sonst auch noch. Hier bin ich mit den Besprechungen nicht ganz durch. Ich will euch nur so viel sagen. Mein Bestreben wird dahin gehen, Sprecher und stellvertretenden Sprecher nicht primär parteipolitisch zu sehen oder zu besetzen, sondern fachlich und zugleich und in Verbindung damit eine Lösung zu finden, durch die sozialdemokratischer Einfluss in personeller und materieller Hinsicht verstärkt wird, was diesen Arbeitssektor angeht. Ich bitte, es mit diesen Hinweisen, ist

---

[20] Reinhard *Wilke*, persönlicher Referent des Bundeskanzlers.

Fraktionssitzung 14.12.1972 **3.**

ein besonders heikler Punkt, wenn da die Journalisten betroffen sind, berichten sie über solche Geschichten besonders gerne, kommt da nicht viel bei raus. Ich glaube, ich bin verstanden worden.

Jetzt bleibt nur noch ein Wort über die Stellung der Parlamentarischen Staatssekretäre, nein, auch ein Wort über die Beamteten. Alle Minister, die heute dem Bundespräsidenten zur Berufung oder Wiederberufung vorgeschlagen worden sind, kriegen gleichzeitig mit dem Vorschlag, dem ich dem Bundespräsidenten gemacht habe, einen Brief des Bundeskanzlers, durch den sie auf zwei Dinge hingewiesen werden. Da sich das eine auf die Beamteten bezieht und das andere auf die Parlamentarischen, soll die Fraktion auch beides wissen. Wir wollen hier auch auf diesem Gebiet mit offenen Karten und nicht mit {...} Dingen arbeiten, die sozusagen nur im Bürokratischen bleiben. Was die Beamteten angeht, so teilt der Bundeskanzler seinen Ministerkollegen mit, dass er es für ein Interesse der Regierung halte, so steht es nicht wörtlich drin, aber ich darf es hier mal so interpretieren, es gibt hier Beamtensachverständige, die würden das sehr viel schöner formulieren können, was ich hier mit meiner Laiensprache sage, es kann nicht – konnte übrigens bisher schon nicht, aber bisher waren wir in einem Übergangsprozess ganz anderer Art, darum liegt auch nicht eine Andeutung einer Kritik in dem, was jetzt folgt –, es kann nicht unser Interesse sein, das Interesse einer Partei, die für viele Jahre die Chance hat, dieses Land zu regieren mit wechselnder personeller Besetzung, es kann nicht unser Interesse sein, die Stellung der höchsten Beamten in den Ministerien herabzumindern, zu reduzieren, sondern diese Stellung der beamteten Staatssekretäre bleiben zu lassen, hier und da noch wieder deutlicher erscheinen zu lassen, als die besonders herausgehobene Stellung derer, die an der Spitze der Beamtenschaft stehen, die in Demokratien sogar in der Regel Regierungswechsel überdauern, zumindest dann tun sollten, wenn es Regierungen ähnlicher Couleur sind. In anderen Regierungen tun sie es auch dann, aber ist noch ein bisschen Zukunftsmusik. Bei meinen Norwegern habe ich den denselben Genossen wiedergetroffen bei dem Ministerpräsidenten der Bauernpartei, der vorher bei den Sozialdemokraten war und bei *Heath*[21] habe ich denselben Staatssekretär wiedergetroffen, im Kanzleramt hätte ich fast gesagt, in Downing Street No. 10, der das vorher bei *Wilson*[22] gemacht hat. Das will ich jetzt nicht auf Deutschland übertragen. Ich weiß erstens nicht, ob es ganz richtig ist und zweitens sind wir noch lange nicht soweit, aber für die Zeit, die wir hier mal eins, zwei oder wieviel Legislaturperioden, die wir uns erst mal vornehmen, müssen wir hier eine gewisse Kontinuität, Konsistenz in die Sache hineinbringen. Dazu gehört, dass ich die Kollegen um zweierlei bitte in meinem Brief. Erstens, Berufung von Staatssekretären nicht als Routineangelegenheiten zu betrachten, die der Bundeskanzler dann erfährt, wenn sie auf dem Kabinettstisch liegen, sondern sie sind von einer solchen Wichtigkeit, dass der Bundeskanzler bittet, hierüber vorher konsultiert zu werden

(Beifall.)

und zweitens bei der Berufung von beamteten Staatssekretären eine Frage zu stellen, die keinerlei rechtliche Relevanz hat, aber politisch von Interesse ist, nämlich die Frage zu stellen, ob der Betreffende für die jeweils bevorstehende Bundestagswahl eine Kandidatur zum Deutschen Bundestag anstrebt,

(Beifall.)

weil ich in diesem Fall dem betreffenden Minister raten müsste, die Berufung nicht vorzunehmen. Ich sage noch einmal, hierin liegt keine Kritik, denn wir waren jetzt in einer

---

21 Edward *Heath*, von 1970 bis 1974 Premierminister von Großbritannien.
22 Harold *Wilson*, von 1964 bis 1970 Premierminister von Großbritannien.

Zeit, in der wir Nachholbedarf hatten und der in mehrere Genossen durch mehrere Stationen durchmussten, nicht, das vorige Mal schon, jetzt wieder. Nun beginnt sich dies zu setzen und ich wünsche dieses Ordnungselement jetzt mit eingeführt zu sehen. Was die Parlamentarischen angeht, so haben *Genscher* und Alex *Möller* für den Koalitionskreis hierzu Grundsätze entwickelt, die wir uns zu eigen gemacht haben und die ich hier der Fraktion bekanntgeben darf, weil sie zum Teil abweichen von dem, was bisher galt. Wir haben jetzt zweimal drei Jahre Erfahrung. Erst in der Großen Koalition, da haben wir allerdings nur in sieben Ministerien oder genauer sechs Ministerien und dem Kanzleramt, jetzt drei Jahre in allen Ministerien. Wir haben im Haus eine – jetzt im Haus dort, wo ich es in Zukunft weiter anwenden werde, nämlich wenn ich den Bundestag meine, auch wenn ich das »Hohe Haus« für einen Zopf halte, den ich in meinem eigenen Sprachgebrauch abschneiden darf,

(Beifall.)

aber das Haus im Sinne des Bundestages wird ja dies ganz alleine zu entscheiden haben, denn ihm wird ein Gesetz über die Parlamentarischen Staatssekretäre vorgelegt. Soweit kann ich euch nur mitteilen, was wir euch und dem Bundestag insgesamt hierzu vorschlagen werden, wonach wir aber bereits verfahren intern, als ob dies Gesetz würde. Wenn es dann anders wird, richten wir uns nach dem, was der Bundestag beschlossen hat. Also, danach soll der Parlamen- – gerichtet haben wir uns –, danach soll der Parlamentarische Staatssekretär der politische Vertreter des Ministers sein, aber nicht sein Vertreter im Willen, das heißt er kann nicht am Kabinettstisch für ihn abstimmen. Dies bleibt so, wie es jetzt insoweit ist.

(Unverständlicher Zwischenruf.)

Bitte? Es ginge außerdem nur durch eine Grundgesetzänderung. Wir wollen, wir nicht, wegen solcher, erstens bin ich überhaupt nicht dafür, das Grundgesetz mehr zu ändern als nötig, und zweitens wollen wir nicht mit solchen Dingen zur CDU laufen und betteln um irgendwas, wofür wir dann womöglich sogar noch Preise bezahlen müssen. Zahlt sich nicht aus! Ist auch nicht nötig! Und nach den Erfahrungen, die man gemacht hat, ohne das nun sklavisch dem Einzelnen zu genau vorschreiben zu wollen, muss insgesamt gelten, der eine, der vertritt den Minister politisch und der andere ist der Chef der Verwaltung, sage ich jetzt mal wieder mit meinem Laiendeutsch zu diesem insgesamt natürlich etwas schwierigeren Tatbestand. Und die erste Aufgabe ist nicht, sich um Referate oder Abteilungen oder was sonst im Ministerium zu kümmern, sondern, wie der Name schon sagt, die erste Aufgabe ist, sich um die eigene Fraktion und den Bundestag zu kümmern. Dann kommen die anderen Sachen dazu. Die Benennung wird deshalb auch, wie es jetzt schon in den meisten Fällen geschehen ist, wird nicht so, wie ich es damals, man lernt ja immer dazu, ich habe noch, als ich das erste Mal Bundeskanzler wurde, gesagt, jeder macht mir seinen Vorschlag und den leite ich weiter, teile es der Fraktion mit und teil das dem Bundespräsidenten mit. {…} aber meine Interpretation richtig ist, dass der Einzelne vor allen andern Aufgaben den Kontakt mit der Fraktion und dem Bundestag wahrzunehmen hat, dann muss, bevor entschieden wird über den Vorschlag des Ministers, eine Konsultation stattgefunden haben, an der der Bundeskanzler und der Fraktionsvorsitzende beteiligt ist, und dieser muss dann selbst und wird wissen, mit wem er sich seinerseits weiter ins Benehmen setzt. Ich will das erläutert haben. Ich sehe dieses etwas anders und meine, dass dieses Verfahren das ist, das wir zugrunde legen sollten. Der Parlamentarische kriegt in Zukunft ein Amtsgehalt. Er kriegt wie der beamtete Staatssekretär das Amtsgehalt eines Staatssekretärs, unterliegt dann aber dem Berufsverbot wie der Bundesminister,

(Vereinzelter Beifall.)

muss auf der anderen Seite dann eine Ruhegehaltsanrechnung bekommen, die ja, wie ich mich leider jetzt überzeugen muss bei manchen der Jüngeren, mühsam genug zu irgendwas führt, aber immerhin, es muss, das Berufsverbot muss hierin ein Pendant finden, sonst ergäbe das Ganze keine Ausgewogenheit. Und die Bundestagsbezüge, die können nicht bei den Parlamentarischen, die ihr Amtsgehalt bekommen, können die nicht anders berechnet werden als bei den Ministern. Nicht. Also was sozusagen den einen nicht zugutekommt, kann den andern auch nicht zugutekommen. Hier muss gleiches Recht gelten für Minister wie für Parlamentarische Staatssekretäre nach dieser Regelung.

Jetzt noch zum Schluss habt ihr gelesen, ist aufgetaucht der Gedanke, auch Staatsminister zu berufen. Und diejenigen, die nun polemisieren wollen, die haben gesagt, was wird das da alles geben, Bundesminister ohne Ressorts und dann noch Staatsminister? Was ist dran an der ganzen Geschichte? Dran ist allein Folgendes: Das Gesetz wird dem Bundespräsidenten die Möglichkeit geben, im Einzelfall einem Parlamentarischen Staatsekretär, dort wo es dienstlich geboten ist, diese Amtsbezeichnung zu verleihen. Der erste, der diese Amtsbezeichnung verliehen bekommen wird, sobald es gesetzlich möglich ist, ist Hans *Apel*, denn er muss als Staatsminister in den Ministerrat der Gemeinschaft gehen. Wir haben, sind dabei, unsere Partner zu überzeugen, dass dort Leute, die einen Ministerrang haben und auch permanent am Kabinettstisch ihrer Regierung sind, wenn auch mit einem Status besonderer Art und einen Teil der Woche woanders verbringen, und wenn man ihn dem Hans *Apel*, gibt, wird es schwer zu vermeiden sein wird, dass der zweite im Auswärtigen Amt ihn auch bekommt {...} eine auf den Auswärtigen Dienst schon wegen der Gleichstellung mit, denkt mal an das englische Foreign Office und die dort in Betracht kommenden Gesprächspartner und sonst hier diesen Titel nicht inflationieren.

Schlussbemerkung nun wirklich, ich bitte sehr um Nachsicht. Bei all dem, wovon hier gesprochen worden ist, liebe Genossen, die Aufgabe nicht vergessen bei dem, was Herbert *Wehner* in der Fraktion, ich weiß schon gar nicht mehr, ob es gestern oder vorgestern war, vorgetragen hat, aber Bezug genommen auf die gemeinsame Erklärung der beiden Parteien, die eine Regierung zusammen bilden, und da heißt es, das ist ja an sich keine Kleinigkeit, in der gemeinsamen Erklärung, dass dieses Regierungsbündnis die Außen-, Europa- und Sicherheitspolitik, die Deutschland- und Berlin-Politik, die Verteidigungspolitik sowie die Politik für die innere Sicherheit zielstrebig fortsetzen wird.

Dies ist, auch wenn die Außenpolitik mit der großen Ressortverantwortlichkeit bei meinem Kollegen Walter *Scheel* liegt, dies ist stark ein Gebiet unserer eigenen Verantwortung Außen-, Sicherheit in der Welt und Deutschland- und Berlin-Politik und daneben steht gleichgewichtig das, was mit Wirtschaft und Finanzen zusammenhängt, wozu auch die beiden Parteien gesagt haben, dass sie über die Grundsätze volles Einverständnis erzielt hätten. Und es heißt dann, die stabilitätspolitischen Bemühungen sollen in enger Zusammenarbeit mit der Bundesbank in Abstimmung mit den europäischen Partnern auf der Grundlage des 15-Punkte-Stabilitätsprogramms[23], das Helmut *Schmidt* noch im Wahlkampf im Oktober bekanntgegeben hatte, für die Regierung weitergeführt werden. Dann heißt es, die Koalitionspartner wollen den Ausbau der sozialen Sicherheit und des Bildungswesens, die Rechtsreformen, die Reformen im öffentlichen Dienst und

---

[23] Zum Stabilitätsprogramm, das vor allem die Preissteigerung bekämpfen sollte und das Bundesminister *Schmidt* Ende Oktober 1972 der Öffentlichkeit vorstellte vgl. den Artikel »Liegt am Herzen«; »Der Spiegel«, Nr. 45 vom 30. Oktober 1972, S. 27 f. Vgl. auch die Artikel »Bundesregierung legt ein Programm zur Bekämpfung des Preisauftriebs« vor in der »Süddeutschen Zeitung« vom 28. Oktober und »Der Lernprozeß des Helmut Schmidt« im »Handelsblatt« vom 30. Oktober 1972; BT Pressedokumentation, Ausschnittsammlung Helmut Schmidt.

den Schutz der Umwelt mit allen geeigneten Mitteln fortführen. Steuerreform und vermögenspolitische Maßnahmen gehören zu den dringlichen Aufgaben der bevorstehenden Legislaturperiode. Besondere Aufmerksamkeit wollen die Koalitionspartner in den kommenden vier Jahren der Berufsbildung, dem Bodenrecht, der Förderung des Wettbewerbs und dem Ausbau der Mitbestimmung zuwenden.

Und jetzt vergleicht bitte mit diesen kurzen Stichworten das, was ich personell hier zu erläutern versucht habe. Ausbau der sozialen Sicherheit, die Visitenkarte, ist überall im Wahlkampf deutlich vorgezeigt worden, brauchen wir uns keine neue dazu anzuschaffen. Ausbau Bildung und Forschung, das wird schon aus der Organisation deutlich, hier sollen zusätzliche Anstrengungen gemacht werden. Rechtsreformen, hier muss vieles, was erst mühsam angeleiert werden konnte, nun durch richtige Rationierung der Arbeit auf den Weg der Verwirklichung gebracht werden. Umwelt, nicht nur bei *Genscher*, der, und das werden die neu dazu Kommenden bald merken, im Umweltkabinett sitzen wir alle und der Bundeskanzler hat den Vorsitz, er wird ihn auch gelegentlich selbst ausüben und das, was *Vogel* macht, und das, was *Lauritzen* macht, und das, was der Technologiemann macht, und Walter *Arendt* und Katharina [*Focke*], da habe ich noch nicht mal alle genannt, gehört alles hier mit hinein. Steuern liegen bei Helmut [*Schmidt*]. Berufsbildung liegt bei Klaus *von Dohnanyi* mit der Hilfe von Walter *Arendt*. Bodenrecht liegt bei Jochen *Vogel* im Zusammenwirken mit Gerhard *Jahn*. Ausbau der Mitbestimmung, weiß jeder, wo es liegt, und jetzt lasst mich, ohne dass draußen falsche Schlüsse daraus gezogen werden, sagen, so schlecht muss es dann vielleicht nicht sein, dass für das Weiterbewegen dieses Themas mein Stellvertreter als Bundeskanzler ein Bundesminister ohne besonderen Geschäftsbereich mit dabei hat für das Weiterbewegen dieses Themas, denn festgestellt ist in der Koalitionsvereinbarung, und das kein schlechter Ausgangspunkt, dass beide Seiten ausgehen von der grundsätzlichen Gleichwertigkeit von Anteilseignern und Arbeitnehmern. Das war nicht immer so und dies muss nun und von hier aus muss es weiterbewegt werden. Das sind schwierige Jahre, die vor uns liegen, aber Jahre, in denen wir einiges erreichen können. Die Regierungserklärung wird am 18. Januar abgegeben.[24] An ihr wird sorgfältig gearbeitet. Die letzte war gar nicht so schlecht, wenn ihr sie noch mal anguckt, vom Oktober '69[25]. Schlechter war, dass einige sie zu euphorisch ausgelegt haben, der Text der Regierungserklärung kann sich weiter sehen lassen. Trotzdem, wir werden diesmal noch aufmerksamer darauf achten, wo geht es um die Philosophie – philosophy, wie die Angelsachsen sagen – und wo geht es um Tacheles – wie die Araber sagen oder verwandte Völkerschaften in jener Region –, das heißt, was konkret vom Punkt 1 bis X in den vier Jahren einer Legislaturperiode verwirklicht werden kann. Und morgen werde ich in einer kurzen Erklärung dem Hohen Haus sagen, dass von mir aus, – verzeiht, jetzt bin ich doch bei dem Zopf, kommt davon –, werde ich dem Bundestag morgen sagen, dass wir oder – bitte, für diesen Termin da im Januar Anregungen, Arbeitskreise und von einzelnen werden dankbar aufgegriffen, auch bei dem, was ich hier erzählt habe, wird mancher gespürt haben, wird mancher sich wiedergefunden haben hier und da in dem, was er mich hat wissen lassen. Auch wenn ihr nicht alle lange Briefe dazu kriegt, könnt ihr wissen, das wird selbst gelesen, wie es sich gehört, was Mitglieder der Fraktion dem Bundeskanzler oder Parteivorsitzenden, in welcher Eigenschaft ihr euch an ihn wendet, mitzuteilen haben, und was er aufgreifen kann, das versucht er aufzugreifen. Und morgen geht es dann aber nur darum zu sagen, der Respekt vor dem Bundestag gebietet, ihm zu sagen, welche Dinge die Re-

---

24 Zur Regierungserklärung von Bundeskanzler *Brandt* vgl. BT Plenarprotokoll 07/7, S. 121–134.
25 Zur Regierungserklärung vom 28. Oktober 1969 vgl. BT 06/5, S. 20–34.

gierung tun muss, bis der Bundestag wieder zusammen ist.[26] Denn die Weltgeschichte bleibt nicht stillstehen. Wir wollen alle nicht, nehme ich an, Heilig Abend hier debattieren oder zwischen Weihnachten und Neujahr, also machen wir das erst im Januar, dann werden wir mehrere Tage miteinander streiten, wir nicht so sehr unter uns, aber die andern mit uns, wir mit denen, und nun muss der Bundestag hören, das wir den Grundvertrag am 21. [Dezember] unterzeichnen[27] und das das und das und das ansteht in der Innenpolitik und in der Außenpolitik, was keinen Aufschub erfordert, aber nur dies wird registriert werden. Ich such' keinen Streit morgen mit der Opposition. Ich werde ihn in Zukunft nicht auf jeden Fall vermeiden, aber die werden schon selbst dafür sorgen, dass man Gelegenheiten genug findet. Morgen besteht von mir aus keine Veranlassung, ihn unbedingt zu suchen, sondern morgen ist die Veranlassung zu sagen, was die Regierung, die bestätigt ist, tun muss, bis wir uns dann Mitte Januar wieder zusammenfinden. Schönen Dank für die Geduld, die ihr bewiesen habt.
(Beifall.)

[B.-C.] → online unter www.fraktionsprotokolle.de

4.

18. Dezember 1972: Fraktionssitzung (Tonbandtranskript)

AdsD, SPD-BT-Fraktion 7. WP, 6/TONS000017. Titel: »Fraktionssitzung vom 18.12.1972«. Beginn: 17.00 Uhr. Aufnahmedauer: 01:19:40. Vorsitz: Wehner.

Sitzungsverlauf:

A. TOP 1: Information (Zeitplan für die Steuerreform; Koalitionsvereinbarungen zur Reform der betrieblichen Mitbestimmung; Koalitionsvereinbarungen über eine mögliche Erhebung des Konjunkturzuschlags; Zeitplan und parlamentarische Umsetzung der Reform des Paragraphen 218 StGB; Einbeziehung der Arbeitskreise der Fraktion in die Vorbereitung der Regierungserklärung; Regierungserklärung und Wahlprogramm der SPD; Umgang mit Gesetzentwürfen der 6. Wahlperiode; Einbringung von Umweltschutzgesetzen; Postverfassungsreform).

B. Vorbereitung der Plenarsitzungen: TOP 2: Tagesordnung und Ablauf der Plenarsitzungen. – TOP 3: 2. und 3. Beratung Haushalt 1972. – TOP 4: 1., 2. und 3. Beratung Viertes Rentenversicherungsänderungsgesetz.

C. Sonstiges: TOP 5: Zahl, Benennung und Größe der Bundestagsausschüsse. – TOP 6: Festsetzung des Fraktionsbeitrags. – TOP 7: Nächste Termine. – Sonstiges.

[A.-C.] → online unter www.fraktionsprotokolle.de

---

[26] Bundeskanzler *Brandt* gab an diesem Tag nur eine sehr knappe Erklärung ab, da die Regierungserklärung erst im Januar 1973 erfolgen sollte. Vgl. BT Plenarprotokoll 07/4, S. 27–30.

[27] Gemeint ist der am 7. November 1972 paraphierte Vertrag über die Grundlagen der Beziehungen zwischen der Bundesrepublik Deutschland und der Deutschen Demokratischen Republik. Das Ratifizierungsverfahren im Bundestag war für 1973 vorgesehen. Zum Vertragstext vgl. BULLETIN 1972, Nr. 155 vom 8. November 1972, S. 1841–1843. – Für die parlamentarische Behandlung vgl. auch BT Drs. 07/153 vom 9. Februar 1973.

5.

17. Januar 1973: Fraktionssitzung (Tonbandtranskript)

AdsD, SPD-BT-Fraktion 7. WP, 6/TONS000017. Titel: »Fraktionssitzung vom 17.01.1973«. Beginn: 15.00 Uhr. Aufnahmedauer: 03:42:03. Vorsitz: Wehner.

Sitzungsverlauf:

A. TOP 1: Politischer Bericht von Bundeskanzler *Brandt* (Krieg in Vietnam; Lage in Nahost; Berlin-Abkommen, Status von Berlin (West) und Bindungen an die Bundesrepublik; Regierungserklärung).

B. TOP 2: Informationen (Personeller Zuschnitt der Bundesministerien; Freibeträge in der Rentenversicherung nach der Rentenreform '72; unseriöser Fragebogen zur Atomenergie).

C. Vorbereitung der Plenarsitzung: TOP 3: Tagesordnung und Ablauf der Plenarsitzung. – TOP 4: Zur Abgabe einer Regierungserklärung. – TOP 5: Erste Aussprache über die Regierungserklärung.

D. Sonstiges: TOP 6: Besetzung der Ausschüsse. – TOP 7: Bericht der Rechnungsprüfungskommission. – TOP 8: Festsetzung des Fraktionsbeitrages. – TOP 9: Vorschlag des Vorstandes für die Wahl zum Fraktionsvorstand am 24. und 25. Januar in der Mittagspause von 13–15 Uhr. – TOP 10: Nächste Termine. – Verschiedenes.

[A.]

Wehner: Vor Beginn dieser ersten Sitzung im neuen Jahr wünsche ich jedem und uns allen zusammen eine gute Fortsetzung des begonnenen Jahres, aber den dreien, die heute ihren Geburtstag haben, die es also so genau angepasst haben, wünsche ich noch einiges dazu. Das ist Elfriede *Eilers*,

(Beifall.)

Walter *Arendt*

(Beifall.)

und Alwin *Kulawig*.

(Beifall.)

Da es drei auf einmal sind, {...} bei der Größe der Sträuße gespart, nehmt es mir nicht übel. Jetzt zur Tagesordnung. Wird das Wort gewünscht, Genossen? Wenn nicht, dann rufe ich auf Punkt 1 und bitte den Bundeskanzler, das Wort zu nehmen.

Brandt (Berlin): Liebe Freunde, ich möchte auch meinerseits alles Gute wünschen fürs neue Jahr und um gute Zusammenarbeit bitten, die meinerseits, soweit ich dazu in der Lage bin, in Aussicht stellen, und was hat es für einen Sinn, wenn dieser Punkt auf der Tagesordnung steht, wie ein Lamm zu reden. Das Vernünftigste ist, um das sich zunächst zu kümmern, was am meisten Kritik hervorgerufen hat in den Wochen, in denen wir nicht beieinander waren, und ich möchte zu diesem Punkt, also zu dem, was mit dem Krieg in Vietnam und den Bomben der Amerikaner zusammenhängt[1], folgende

---

[1] Die USA dehnten vom 18. bis 30. Dezember 1972 ihre Bombenangriffe auch auf Gebiete Nordvietnams nördlich des 20. Breitengrades aus. Durch die schwersten Luftangriffe seit Beginn des Krieges wurden die Städte Hanoi und Haiphong schwer zerstört, tausende von Zivilisten wurden verwundet oder starben. Vgl. EUROPA-ARCHIV 1973, Z 20 f.

Fraktionssitzung 17.01.1973 **5.**

Feststellungen treffen: Ich kann mich dazu verständlicherweise etwas deutlicher äußern, als das morgen, ob das nun der Einzelne würdigen mag oder nicht, als ich das aus meiner Stellung als Bundeskanzler morgen im Plenum tun kann[2], wiederum nicht ganz so deutlich, wie heute früh im Vorstand[3]. Das ist auch wieder nur eine Abstufung, aber vielleicht keine große. Das, was ich sagen möchte, ist Folgendes liebe Genossen. Erstens versteht es sich von selbst, dass ich mich in der Regierungserklärung morgen, und zwar nicht an irgendeiner Stelle in irgendeinem eingepackten Zusammenhang, sondern herausgehoben, zu Vietnam äußern werde, und ich bin sicher, was es sonst an vielleicht nicht nur Nuancen, vielleicht auch an deutlichen Meinungsverschiedenheiten geben mag. Ich bin sicher, für uns alle steht dabei im Vordergrund, dass der schreckliche Krieg in Vietnam endlich zu Ende geht. Für mich ist das jedenfalls noch wichtiger, als was es sonst an Forderungen zu dem Thema gibt.[4]

Zweitens, falsch ist der Eindruck, als ob die Bundesregierung sich in den letzten Wochen nicht zu Vietnam geäußert habe. Der Eindruck ist falsch. Ich erinnere, auch wenn Weihnachtsferien waren, an die Erklärung der Bundesregierung vom 21. Dezember[5], das war nicht der Zeitpunkt, wo demonstriert wurde, sondern wo gebombt wurde, das war auch der richtige Zeitpunkt, noch für eine Regierung, 21. Dezember, abgewogener in der Veröffentlichung als in dem, was den amtlich beteiligten Stellen mitgeteilt worden ist, allen sag' ich hier mal in Klammern. Und Egon *Bahr* hat auch nicht nur Anfang Januar für mich in Washington Gespräche geführt[6], wir waren am zweiten Weihnachtstag zum Beispiel mit denen drüben in Verbindung. Wir waren vorgestern mit denen in Verbindung, und um mal so eine praktische Frage einzufügen, ich weiß natürlich auch man hier gewesen wäre, hätte ich meine Neujahrsansprache anders gehalten als die, die ich vor Weihnachten habe aufnehmen lassen.[7] Andererseits als ich in Urlaub, und Anspruch auf Urlaub hatte ich auch mal nach den Monaten, die vorausgegangen waren, also ich mir überlegt habe, ziehst du es zurück, da war in demselben Augenblick, wo ich wusste, der Bombenstopp tritt ein. Soll ich nun, nachdem ich weiß, dass das noch nicht in der Öffentlichkeit war, der Bombenstopp tritt ein, ihn fordern, dann bin ich doch nicht mehr ein ernstzunehmender Partner für den, der es mich grade hat wissen lassen, dass der Bombenstopp eintritt, auch wenn es erst ein paar Tage später raus ist. Und dann war Helmut *Schmidt*, war ja jetzt auch schon wieder über eine Woche her, denke ich, hat in seiner Rede an der Hochschule, die ihm ihren Ehrendoktor verliehen hat, wozu ich ihm gratuliere, denke für uns alle,
(Beifall.)

---

2 Gemeint ist die Regierungserklärung am 18. Januar 1973. Vgl. Anm. 4.
3 Gemeint ist die Fraktionsvorstandssitzung am selben Tag.
4 Zur Regierungserklärung vgl. BT Plenarprotokoll 07/7, S. 121–134. Zum Teil, der Vietnam betraf, vgl. die S. 121 f.
5 Das Auswärtige Amt veröffentlichte am 21. Dezember 1972 eine Mitteilung, in der Besorgnis über die Lage in Vietnam ausgedrückt und eine politische Lösung, die dem Willen der vietnamesischen Bevölkerung Rechnung tragen solle, befürwortet wurde. Vgl. EUROPA-ARCHIV 1973, Z 15.
6 Egon *Bahr* weilte vom 4. bis zum 6. Januar 1973 in den USA, um dort an der Trauerfeier für den verstorbenen ehemaligen US-Präsidenten Harry S. *Truman* teilzunehmen. Er traf sich dort auch mit US-Außenminister William P. *Rogers* und Sicherheitsberater Henry *Kissinger* und trug beiden die Auffassung der Bundesregierung zur Vietnam-Frage vor. Vgl. den Artikel »Bahr bringt in den USA auch Vietnam zur Sprache«; »Die Welt« vom 5. Januar 1973, S. 2.
7 Bundeskanzler *Brandt* hatte in seiner Neujahrsansprache die US-amerikanischen Bombenangriffe in Nordvietnam nicht kritisiert, was ihm scharfe Kritik von Seiten der Jungsozialisten einbrachte. Vgl. den Artikel »SPD weist Vorwürfe der Jusos gegen Brandt scharf zurück«; »Die Welt« vom 6. Januar 1973; BT Pressedokumentation Sachordner Jungsozialisten (Nr. 76).

aber den hat er nicht für diese paar Tage gekriegt⁸,
(Heiterkeit.)
sondern die hat da außerdem noch an den Mann gebracht, die haben gesagt, damit gibt er unsere Auffassung wieder, und jetzt nicht auf Regierung nur bezogen, sondern auf Bundesrepublik Deutschland. Der Bundespräsident⁹ hat in seiner Weihnachtsansprache sich geäußert, die Bundestagspräsidentin¹⁰ zum 1. Januar. Die Welt hat also über die Meinung und die Stellung der Bundesrepublik Deutschland nicht zu rätseln brauchen.

Drittens, die Auffassung der Sozialdemokratischen Partei Deutschlands war für meine Begriffe ohnehin klar. Ich habe sie zum Beispiel wiederholt, nicht zum ersten Mal formuliert, sondern zum Beispiel wiederholt, als ich Ende Juni des zurückliegenden Jahres auf dem Kongress der Sozialistischen Internationale mich geäußert habe¹¹. Nicht hinter verschlossenen Türen, sondern schwarz auf weiß und jeder konnte es ja damals lesen oder, wenn es ihm heute noch Spaß macht, nachlesen und zuletzt auf unserem Parteipräsidium noch am Montag dieser Woche eine Erklärung abgegeben.

Viertens, dass ich nicht selbst unmittelbar vor und nach Weihnachten öffentlich, ich unterstreiche öffentlich, mich geäußert habe, das ist von vielen nicht verstanden worden, und ich kann das sehr wohl verstehen, dass es viele nicht oder nur schwer haben verstehen können. Das Schweigen ist mir selbst auch nicht leichtgefallen, aber ich musste, wenn ich mal die Sache außen vorlasse, die ich ja hier offen geklärt habe mit {…}, wenn man an Ort und Stelle gewesen wäre, hätte das vielleicht noch etwas anders ausgesehen. Wenn ich das mal außen vorlasse, das hätte nämlich nicht viel an der Sache selbst geändert, ein Satz oder zwei, es sei denn, man nimmt ein oder zwei Sätze wichtiger in großen Zusammenhängen, als ich das tue. Wenn ich das außen vorlasse, dann musste ich diesmal in Kauf nehmen, egal ob das jeder gleich versteht oder nicht, dass mich erhebliche, und zwar nicht nur unsachliche, Kritik treffen sollte. Das musste in Kauf genommen werden, weil das Interesse der Bundesrepublik Deutschland, so wie ich es erkenne und in voller Verantwortung zu vertreten habe, für mich den eindeutigen Vorrang hatte, haben musste, aus meinem Verständnis, aus dem heraus kann ich mich nur äußern – persönliche Neigungen und innenpolitische Opportunität hätten das Einsteigen in den verständlichen und in weiten Teilen auch sympathischen Chor, ich sage in weiten Teilen sympathischen Chor des Protestes, leicht gemacht, aber ich musste andere, sag' ich noch einmal, andere Erwägungen schwerer wiegen lassen.

Fünftens, ich habe Verständnis, auch wenn ich nicht so gut verstanden werde, ich habe Verständnis für die meisten, dass sie protestiert haben und für viele, wie sie ihren Protest artikuliert haben. Ich mache diesen Unterschied, für die meisten dass und bei vielen auch wie. Kein Verständnis habe ich für die törichte Maßlosigkeit, die so tut, als sei die Bundesregierung an den Opfern des Bombenkrieges mitschuldig oder als müsse ich das Interesse am Frieden erst noch lernen.¹²

---

8 Schon 1971 verlieh das College von Newberry (South Carolina) Helmut *Schmidt* den akademischen Grad eines Ehrendoktors im Fach Jura. Das College hatte seine Wahl damit begründet, dass *Schmidt* Protestant sei. Offiziell diente *Schmidts* Amerikareise der Information über die US-amerikanische Vietnam-Politik. Vgl. den Artikel »Alter Hut«; »Der Spiegel«, Nr. 2 vom 8. Januar 1973, S. 15.
9 Gustav *Heinemann*.
10 Annemarie *Renger*.
11 Gemeint ist der Kongress der Sozialistischen Internationale (SI), der in Wien vom 26. bis zum 29. Juni 1972 stattfand. Zum Wortlaut von *Brandts* Äußerungen vor der SI am 26. Juni 1972 vgl. SPD-PRESSEMITTEILUNGEN UND INFORMATIONEN, Nr. 259 vom 27. Juni 1972, S. 1–8, online.
12 Bundeskanzler *Brandt* hatte das Thema Vietnam in seiner Neujahrsansprache ausgelassen.

(Beifall.)

Da hat es auch eher kränkende Texte gegeben. Ich will sie weder zitieren noch auf die Goldwaage legen. Nicht übersehen habe ich natürlich, denn das durfte ich nicht übersehen, weil es darin nicht um mich als Person, sondern um die Partei geht, nicht übersehen hab' ich, wo Mitglieder der Partei hier und da zusammen mit erklärten Parteifeinden tätig geworden sind. Ich weiß auch die Fälle, wo sie sich von diesen klar abgegrenzt haben, aber ich hab' die andern eher zu beachten gehabt. Völlig unsinnig war übrigens, auch von solchen Jungsozialistenfunktionären, die es besser wissen konnten, wenn sie sich die Mühe gemacht hätten, sich zu erkundigen, die Behauptung, ich sei am vergangenen Wochenende der Vietnamfrage wegen nicht auf Einladung *Pittermanns*[13] und *Mitterrands*[14] zum Informationsgespräch, nicht zu einer nach den Satzungen vorgesehenen Tagung, sondern zum Informationsgespräch sozialistischer Parteien oder sozialdemokratischer Parteien nach Paris gereist[15]. Unsere Dispositionen zu diesem Treffen hatten hiermit überhaupt nichts zu tun und waren Wochen vorher, in anderem Zusammenhang zu sehen, getroffen worden. Es hat viele Informationsgespräche von Vorsitzenden oder Vorsitzenden-Stellvertretern gegeben, an denen der Vorsitzende der SPD nicht teilgenommen hat, mal aus diesen, mal aus jenem Grunde, manchmal auch nur, weil er keine Zeit hatte. In diesem Grunde war es nicht nur, weil er keine Zeit hatte.

Sechstens, wenn ich vom, will nicht sagen, wenn ich also spitz formulieren wollte, dann würde ich sagen: Ich habe keinen besonderen Sinn darin erblicken können, in meinem etwaigen Protest so maßvoll wie *Breschnew*[16] oder so zugespitzt wie *Palme*[17] zu sein, aber die Bundesregierung hat selbstverständlich nicht die Daumen gedreht. Allerdings ist es noch nicht an der Zeit, über unsere Bemühungen, zumal unmittelbar vor Weihnachten und in den Weihnachtstagen selbst, zu sprechen, das heißt, als wir versucht haben, etwas mehr zu tun, als es ein öffentlicher Protest bewirken kann, ich hab' dem Fraktionsvorstand heute Morgen ein paar Hinweise gegeben, was man am Abend des Heiligabends und am Abend des 1. Weihnachtstages an Kontakten wahrgenommen hat, an dem einen Abend mit dem Außenminister zusammen, am andern mit anderen, wo man sich ja normalerweise anderen Tätigkeiten hingibt. Ich sage das nicht, um mich dafür zu beklagen, im Gegenteil, dazu sind ja solche Tage auch mit da oder die Feiertage sind dazu da, dass man die Aufgaben wahrnimmt, die sich ergeben. Ich befinde mich nicht, um das hier ganz deutlich zu sagen, liebe Freunde, ich befinde mich nicht in Dissens mit denjenigen, die öffentliche Appelle für ein legitimes und manchmal unerlässliches Mittel der Politik halten. Ich sage noch einmal, ich befinde mich nicht in Dissens mit diesen, aber meine Aufgabe war jetzt eine andere. Es gibt Situationen, in denen man auf keinen Fall machen darf, was sich hinterher, auf einen selbst bezogen, als potenzierte Impotenz entlarven würde,

(Vereinzelter Beifall.)

um das mal so deutlich zu sagen. Für mich ging es nicht nur um den Anblick, den ich nicht oder nur sehr bedingt mit andern teilen durfte und darf in den widerspruchsvollen Abschluss jenes schrecklichen Krieges, sondern vor allem auch darum, dass wir ge-

---

13 Bruno *Pittermann*, Mitglied der SPÖ, Präsident der Sozialistischen Internationale 1964–1976.
14 Vorsitzender der französischen Sozialistischen Partei.
15 Gemeint ist die Konferenz führender sozialistischer Politiker Europas und Israels in Paris, die am 13. und 14. Januar 1973 stattfand. Als Vertreter der SPD entsandte der Parteivorstand den Parlamentarischen Geschäftsführer der Fraktion, *Wienand*, nach Paris.
16 Generalsekretär der KPdSU.
17 Schwedischer Ministerpräsident.

rade jetzt, so schwierig das ist, nichts verschossen durften und dürfen, was mit dem Begriffen KSZE und MBFR zusammenhängt und was in beiden Fällen zwei große Mächte, was immer man sonst von ihnen hält, zu maßgeblichen Partnern erfordert, zwei, ohne dass ich sonst zwischen den beiden in diesem Augenblick werten will.

Und schließlich siebtens, knüpfe ich noch mal an an meinen ersten Punkt, entscheidend ist, dass endlich der Krieg beendet wird. Wenn die jetzt laufenden Bemühungen, nein, man kann sagen seit Frühherbst laufenden, dann unterbrochenen Bemühungen, wobei das ja auch noch mal interessant sein wird, genau auseinander zu puhlen, warum unterbrochen wurde und werden musste, wenn die jetzt anlaufenden Anstrengungen erfolglos geblieben wären oder bleiben sollten, liebe Freunde, dann könnte dies sehr, sehr ernste deutsche, europäische, internationale Auswirkungen haben. Auswirkungen, die, ich sage es ausdrücklich, bis nach Europa reichen werden, sonst der Krieg in Südostasien jetzt seit geraumer Zeit sich selbstständig gemacht hatte, und nicht zuletzt, das, was ich eben andeutete, war zu berücksichtigen. Im Übrigen sehe ich, dass hier und da versucht worden ist, im Zusammenhang mit den verständlichen Gefühlen und Empfindungen im Zusammenhang mit Vietnam eine ganz andere Außenpolitik zu befürworten, als sie noch in unserem Dortmunder Wahlprogramm skizziert worden ist,

(Vereinzelter Beifall.)

das heißt, als sie von uns den Wählern unterbreitet worden ist mit der Bitte, dieser Außenpolitik zuzustimmen. Hierauf werde ich zurückkommen und dem Parteitag in Hannover empfehlen[18], dass er sich nicht auf gefährliche Abwege begeben möge. Ich bin überzeugt, dass er nicht die Absicht haben wird, das zu tun, und sollte es solche Neigungen geben, dann werden wir in dieser Frage miteinander kämpfen in der Partei, verehrte Freunde, in dieser Frage miteinander kämpfen.

Im Übrigen, da ich Paris erwähnt habe, wo übers Wochenende diese Zusammenkunft war[19], dann liegt es nahe, ein paar Sätze über den Nahen Osten hinzuzufügen, weil aus dem Bericht, den uns im Präsidium eingehend Karl *Wienand* erstattet hat, das, was Golda *Meir* dort vorgetragen hat für die Israelische Arbeiterpartei, bei dieser Zusammenkunft eine große Rolle spielte, wenn auch unterschiedlich beurteilt worden ist, in einzelnen Teilen jedenfalls. Ich denke, jeder wird Verständnis dafür haben, dass, wenn der Bundeskanzler morgen in der Regierungserklärung sich zu einem aktuellen, weil noch nicht abgeschlossenen, sondern sogar noch mit besonders schlimmen Begleitumständen verbundenen Aspekt der internationalen Politik beschäftigt, dann muss er auch ein paar Worte sagen zu dem, was vor der europäischen Haustür immer noch schwelt und was, das ist noch immer den meisten nicht klar, ja im Unterschied zu Vietnam sogar die Gefahr eines Weltkrieges immer noch auslösen könnte.[20] Neben dem, was aus deutscher Sicht sonst mit jenem Konflikt auf der einen und auf der andern Seite verbunden ist.

Dann werde ich sehr wenig sagen, nein, ich werde nur eine allgemeine Bemerkung machen in dem außenpolitischen Teil morgen, was Berlin angeht. Aber diejenigen, die genau hinhören, werden in diesem Satz meine Art von Reaktion finden auf die Debatte, die es gegeben hat zu der Frage der Mitwirkung Berlins oder unserer Berliner Freunde im Bundestag. Genossen, wenn ich das etwas ausführlicher sagte, dann würde ich darauf hinweisen, dass die Alliierten – die Westalliierten nämlich, nicht die Russen, trotz

---

18 Der 16. ordentliche Parteitag der SPD war für den 10. bis 15. April 1973 in Hannover geplant.
19 Gemeint ist Konferenz führender sozialistischer Politiker Europas und Israels in Paris. Vgl. Anm. 15.
20 Vgl. BT Drs. 07/7, S. 122.

des Viermächteabkommens[21], sondern die Westalliierten –, die können, wenn sie wollen und sie wollen wohl weiterhin, gestützt auf ihre Stellung als Träger der obersten Gewalt, sagen, sie sind dagegen, dass in Berlin gewählt wird. Das können sie. Das entspricht der Rechtslage. Sie können nicht, gestützt auf ihre, auf diese ihre Stellung, in Berlin bestimmen, wer im Bundestag wie abstimmt. Das ist ein anderer Fall. Aber sie können auch niemanden von uns daran hindern oder die meisten von uns schwer daran hindern, schwer daran hindern, sich für eine Veränderung, gleich Verbesserung, des Zustandes einzusetzen, mit dem wir geraume Zeit gelebt haben. Nur jetzt sind wir wieder an einem Punkt, wo alle nicht gleich sind auf dem Papier und einer ist noch ein bisschen in einer anderen Lage. Es tut mir ja leid. Ich hatte das auch nicht so gedacht, dass ich grade in diese Verlegenheit komme, aber wer das genau verfolgt hat mit dem Berlin-Abkommen, das ja nach vielen Jahren der Unsicherheit einer der großen Erfolge unserer Politik gewesen ist, das wollen wir doch mal festhalten, den wir uns auch nicht vermiesen lassen wollen, und die am wenigsten, die wissen, wie oft wir damals gezittert haben, ob wir durchkommen werden. Aber zu den Elementen jenes Abkommens gehörte, dass mir die Westmächte gesagt haben, mir, das heißt dem Bundeskanzler, der Bundesregierung gesagt haben, der Bundeskanzler musste dann für die Regierung tätig werden, sie müssten dann erwarten, dass ihnen ein Brief *Adenauers* in der Frage des Stimmrechts, den wir damals, als wir zum ersten Mal von ihm erfuhren, kritisiert haben, den müsste ich bestätigen. Das habe ich nicht hinter dem Rücken von irgendjemand gemacht. Das ist Teil der erklärten Veröffentlichungspolitik, und da sind wir wieder an einem Punkt, nicht so tragisch, nur wird es uns noch ein bisschen näher angehen als das andere, wovon ich sprach, wo man abwägen muss, und ich habe den Brief geschrieben, in dem ich *Adenauers* Brief bestätige, und das ist veröffentlicht und ihr werdet ihn mit als Teil eurer Dokumentation haben, wenn über den Grundvertrag das Ganze noch mal zu debattieren ist, nicht, weil es da bestimmte Zusammenhänge noch mal gibt.[22]

Ich würde nun Folgendes sagen, liebe Freunde, und da bin ich auch mit Klaus *Schütz* einer Meinung, der sich geäußert hatte, Sonntag hier war. Mit der Bundestagspräsidentin, habe ich festgestellt, sind wir auch einer Meinung. Wir müssen als unseren eigentlichen Aufhänger, und dies nehme ich alleine in der Regel morgen als einen Satz, wir müssen anknüpfen an jene Passage im Viermächteabkommen, die davon spricht, dass die Bindungen, die links, wie es im englischen Text heißt, zwischen West-Berlin und der Bundesrepublik Deutschland aufrechterhalten und entwickelt werden sollen. Maintained and developed. Da hat es ja Streit gegeben, ihr könnt euch erinnern. Die Ostberliner wollten die Bindungen auf Verbindungen reduzieren.[23] Aber das ist ein wichtiger Punkt.

---

21 Zum Vier-Mächte-Abkommen über Berlin vom 3. September 1971 und zum Schlussprotokoll vom 3. Juni 1972 vgl. BUNDESANZEIGER, Nr. 174 vom 15. September 1972, Beilage, S. 44–73; EUROPA-ARCHIV 1971, D 443–454. – Vgl. auch die SPD-Fraktionssitzung am 9. Juli 1971, SVP A, online.

22 Im Genehmigungsschreiben der drei westlichen Militärgouverneure zum Grundgesetz vom 12. Mai 1949 erhielt das offiziell der Kontrolle der Vier Mächte unterstehende Berlin einen Sonderstatus. Die Berliner Bundestagsabgeordneten, die vom Berliner Abgeordnetenhaus gewählt wurden, hatten im Bundestag bspw. kein Stimmrecht. Bundeskanzler *Adenauer* akzeptierte diese Sonderstellung Berlins in seiner Regierungserklärung am 21. Oktober 1949. Vgl. BT Plenarprotokoll 01/13, S. 309. Anlässlich der Unterzeichnung des Vier-Mächte-Abkommens über Berlin am 3. September 1971 wiederholte Bundeskanzler *Brandt* die Anerkennung des Sonderstatus' von Berlin in einem Schreiben an die drei Westmächte. Vgl. EUROPA-ARCHIV 1971, D 461. Nach der Unterzeichnung des Grundlagenvertrags am 8. November 1972 bekräftigte die Bundesregierung in gleichlautenden Noten an die drei Westmächte den Fortbestand der Sonderregelungen für Berlin. Vgl. BULLETIN 1972, Nr. 155 vom 8. November 1972, S. 1849.

23 Da es vom Vier-Mächte-Abkommen, das offiziell auf Englisch, Französisch und Russisch vorlag, keine rechtsverbindliche deutsche Übersetzung gab, wichen die von den beiden deutschen Staaten ge-

Das ist entwicklungsfähig, wenn auch im Moment ich dazu raten würde, das nicht zu sehr zu aktualisieren, denn im Moment haben die Amerikaner erstmal, die auch andere Dinge im Kopf haben, gesagt, sie seien mit den Russen einer Meinung. Das muss man erst langsam wieder ein bisschen aufschnüren. Das ist dieser Punkt.

Dann wollte ich, das hängt damit direkt zusammen, zum Bericht zur Lage der Nation eine Bemerkung machen, zumal *Barzel* ja am Montag bei mir war und seine Stunde da abgesessen hat mit Bruder Richard [*Stücklen*] zusammen, der einen beklagenswerten Eindruck machte, sich offenbar im Unterschied zu mir in einer Abmagerungskur befindet. Bei mir geht das in die entgegengesetzte Richtung, weil das Stoppen auf einem anderen Gebiet dazu führt, dass also der Appetit zugenommen hat.

(Heiterkeit.)

Bei dem Richard ist es so, dass er eingefallen und blass ist und auch im Unterschied zu *Barzel* ein Selters bestellt hat. Das hab' ich in meiner Laufbahn bisher noch nicht erlebt, dass er sich mit Selters vergnügt hat in den 60 Minuten, aber es war nicht das, was hier eigentlich zur Berichterstattung anstand. Ich hatte ja am Tag vorher gesagt, wenn der *Barzel* weiter solche Reden wie in Siegen über Lage der Nation, dann haben solche Unterhaltungen zwischen Bundeskanzler und Oppositionsführer keinen Sinn.[24]

(Beifall.)

Das habe ich ihm auch zu Beginn des Gesprächs noch mal auseinandergesetzt, nicht weil ich töricht genug bin, Wohlverhalten zu erwarten oder selbst in Aussicht zu stellen, wir sind eigene Partner, da muss man auch, man braucht Dinge nicht auf die Goldwaage zu legen. Der Punkt war ja nur, er hatte am Vorabend praktisch dieses Gespräch in Siegen so mitgehört, vor vielen im Fernsehen gesagt, er sei ein Lump, wenn er im Zusammenhang mit Vietnam und deutschen Äußerungen dazu nicht darauf hinweise, ich hab' ihm nicht gesagt, dass er es sei, da bin ich mir viel zu vornehm dazu, wenn er nicht darauf hinweise, dass die Bundesregierung nicht mehr über die deutsche Nation und ihre Teilung sprechen wolle. Dies ist ungeheuerlich. Wir haben in diesen Jahren, wie ihr alle wisst, sogar besondere Berichte gemacht über die Lage im geteilten Deutschland. Wir haben diesmal mit der allgemeinen Regierungserklärung das Thema. Schon in einem Monat oder etwas mehr kommt der Grundvertrag und ein besonderer dokumentarischer Bericht, das weiß er alles, über das Verhältnis zwischen der Bundesrepublik und der DDR wird im Bundestag unterbreitet im Zusammenhang mit der parlamentarischen Behandlung des Grundvertrages. Dann wollen wir uns also bitte nicht die Dinge unnötig durcheinanderbringen lassen.

Was die Regierungserklärung angeht, über die ja noch getrennt gesprochen wird nachher, über ihre Behandlung wohl mehr, damit das nicht alles sozusagen zu langweilig wird morgen, ich will zur Bewertung, zur politischen Bewertung aus meiner Sicht noch folgende Bemerkungen machen, liebe Freunde: Erstens, mit den Freien Demokraten zu Arbeitsabsprachen zu kommen für die Behandlung, sag' ich jetzt bewusst, der Punkte, die aus der Programmatik der beiden Parteien gar nicht so einfach anzugehen sind, das

---

nutzten Übersetzungen voneinander ab. So wurde bspw. das englische »ties« in der Bundesrepublik mit »Bindungen« im staatsrechtlichen Sinne übersetzt, während die DDR es als »Verbindungen« und eher im Sinne von Verkehrsverbindungen übersetzte.

[24] Der CDU-Bundesvorsitzende und CDU/CSU-Fraktionsvorsitzende *Barzel* sprach am 12. Januar 1973 auf dem Westfälischen Landesparteitag der CDU in Siegen. Dort äußerte er sich kritisch über den »Bericht zur Lage der Nation« und warf *Brandt* vor, die Bundesregierung wolle den Bericht der Öffentlichkeit vorenthalten. Vgl. den Artikel »Fällt das Gespräch Brandt-Barzel aus?«; »Die Welt« vom 15. Januar 1973, S. 1.

| Fraktionssitzung | 17.01.1973 **5.** |

hat sich als gar nicht so schwierig erwiesen, und ich leite eigentlich daraus relativ optimistische Folgerungen ab, zumal auch noch der Prozentsatz der Kollegen in der FDP zunehmen wird, der sich daran erinnert, dass die Sozialdemokratische Fraktion auch nicht kleiner ist als die FDP-Fraktion im Bundestag, wird sich auch noch herumsprechen. Wir kommen vor eine schwierige Frage, schwierigere Frage auf kurze Sicht nämlich noch in diesem Monat als dieses Verhältnisses zur FDP durch die Tarifverhandlungen im öffentlichen Dienst, und ich sage und weise darauf in aller Offenheit hin, weil das kann hineinhauen in die Woche der Debatte, das ist die nächste Woche, und hier ist ja einiges vorgegeben, der Abschluss in der Wohlstandsbranche der Metallindustrie, der es bekanntlich sehr gut geht, und die vom Staat nie was in Anspruch nimmt, um bei der Wohlstands- äh, die das gar nicht in Anspruch nehmen lässt. In der Stahlindustrie hat man den bekannten Abschluss getroffen und es ist natürlich für die Gewerkschaftsführer im öffentlichen Dienst nicht ganz einfach, drunter zu bleiben. Aber der Finanzminister muss schon, müsste schon bei einem Abschluss, der drunter bleibt, hierfür eine Steuermehreinnahme erbitten, damit die Genossen sich hier bitte nichts vormachen über die Schwierigkeit der Lage, was die Verhandlungen angeht.

Dann noch Folgendes: Es wird, insofern stimmen mit manchem Quatsch die Hinweise hier und da in der Presse, dass die Innen-, die Wirtschafts-, Finanz- und Gesellschaftspolitik mehr Raum einnehmen werden als die auswärtige Politik in dem, was morgen vorzutragen ist, und trotzdem kann es nicht mein Ehrgeiz sein, jedes Unterkapitel mit einem eigenen Satz vorzubringen. Das sage ich hier jetzt nochmal auch für die Kollegen, auf deren Mitarbeit es nun sehr ankommt in den Arbeitskreisen und Ausschüssen und von deren Sachverstand und Hinweisen wir ja jetzt schon wieder profitiert haben, sie müssen bitte die Genossen, die für wichtige Bereiche oder welche Bereiche auch immer zuständig sind, ebenso wie die Mitglieder des Kabinetts davon ausgehen, die Nichterwähnung eines Unterthemas bedeutet nicht, dass das Thema nicht verhandelt wird von der Regierung. Wir haben ja schon in wenigen Wochen den Haushalt.[25] Da muss ich auch noch was sagen. Wir haben den Jahreswirtschaftsbericht.[26] Nächste Woche wird drei Tage debattiert. Ich kann ja den Kabinettskollegen auch nicht all ihre guten Ideen schon jetzt vorwegnehmen für die Diskussionsreden, die sie da halten. Also es kann nicht morgen alles, zu allem etwas gesagt werden und auch wenn ein Thema etwas kürzer wegkommt, ist das nicht eine Minderbewertung. Zum Beispiel werden wir einige Dinge, die einfach weiterzuführen sind, aber besonders wichtig sind, nur noch mal unterstreichen, während wir einige der neuen Themen wie Bodenrecht, aber ich sage es hier nur beispielhaft, es gibt ein paar andere, die werden wir als neue Schwerpunktthemen eben etwas begründen müssen.

Ich wollte also das hier sagen, um Verständnis dafür bitten, dass nicht aus dem Zusammenzählen von Teilen geschlossen wird auf das Gewicht, das tatsächliche Arbeitsgewicht von Bereichen in der Regierung und im Zusammenwirken zwischen Regierung und Parlament. Der Martin *Schmidt* guckt mich schon skeptisch an. Ich sage, dies, was ich eben sage, bezieht sich ausdrücklich nicht darauf, dass ich bei den landwirtschaftlich orientierten Genossen, denen ich nämlich gegenüber neulich ein Unrecht begangen habe durch ein paar flapsige Bemerkungen in der Woche vor Weihnachten. Ich hab' dir das geschrieben und um Nachsicht gebeten. Das war jetzt nicht ein Versuch, hier was abzuwiegeln, sondern da kommt ihr morgen auf eure Kosten, jedenfalls verbal.

---

25 Die Lesung des Bundeshaushalts für 1973 begann am 3. April 1973. Vgl. BT Plenarprotokoll 07/25.
26 Der Jahreswirtschaftsbericht 1973 der Bundesregierung wurde am 21. Februar 1973 veröffentlicht. Vgl. BT Drs. 07/225.

(Heiterkeit.)

Über die Preise müssen wir dann noch später weiterreden. Vielen Dank für die Aufmerksamkeit.

(Beifall.)

Wehner: Danke, Willy *Brandt*. Wer wünscht das Wort?

(Zwischenruf *Wienand:* Norbert *Gansel.*)

Wehner: Norbert *Gansel*!

Gansel: Genossinnen und Genossen, Willy *Brandt* hat sehr ausführlich zu dem Punkt Vietnam Stellung genommen, und ich möchte deshalb auch in der Diskussion gleich ein paar Worte dazu sagen, weil wir uns dann vielleicht manches hier heute sparen können. Zunächst einmal möchte ich mich bedanken für die zusätzlichen Informationen, die wir bekommen haben, die manches eher erklärbar machen, die vielleicht auch in manchen Fällen verständlich machen, warum die Proteste aus der Partei in vielen Fällen so nicht nur klar, sondern auch scharf gewesen sind. Ich habe mit vielen Genossen gesprochen über diese Dinge und das wird euch allen ja auch so gegangen sein, und ich meine, dass in einer Situation, in der die Partei darüber diskutiert, darüber sich ihren Willen bildet überall in den Unterbezirken und in den Bezirken, auch die Bundestagsfraktion das Thema nicht einfach als nicht existent betrachten kann, sondern wenn wir uns zuhause zu dieser Frage äußern, dann müssen wir das auch hier machen, denn auch das liegt in unserem Recht, sogar in unserer Verantwortung, in unserer Pflicht. Ich habe mit mehreren Genossen aus der Fraktion darüber gesprochen gehabt, ob es nicht sinnvoll wäre, heute etwa folgenden Antrag zu stellen und hier in der Fraktion darüber zu diskutieren und abzustimmen, ein Antrag, und zwar folgenden Inhalts, dass wir die Bundesregierung auffordern, noch einmal ihre Bereitschaft zu erklären, zu allen Staaten diplomatische Beziehungen aufzunehmen, selbstverständlich auch zur Volksrepublik Nordvietnam, und dass wir bereit sind, so schnell wie möglich für beide Teile humanitäre Hilfe zu leisten. Ich bin zusammen mit den anderen Genossen zu der Auffassung gekommen, nachdem wir schon einiges gehört hatten über das, was in der Regierungserklärung stehen könnte, auf einen solchen Antrag und auf eine solche Abstimmung heute in der Bundestagsfraktion zu verzichten, weil das sicherlich die Bedeutung der Erklärung des Bundeskanzlers in der Regierungserklärung relativieren würde und in ein vielleicht schiefes Licht setzen würde.

Ich bin aber der Meinung, dass, je nachdem wie sich die Dinge entwickeln, es notwendig sein wird, in der nächsten Fraktionssitzung darüber zu diskutieren und vielleicht sogar abzustimmen, und ich würde mir dann vorbehalten, zur nächsten Sitzung rechtzeitig auch einen schriftlichen Antrag zu diesem Punkt einzubringen. Ich meine aber, dass auch heute aus der Fraktion gesagt werden sollte, und ich glaube, ich spreche, wenn ich das sage, sicherlich nicht nur mit denen, mit denen ich vorhin gesprochen habe, sondern auch für einige, die man nicht kontaktiert hat, dass in dieser Situation auch in unserer Fraktion wir der ernsten und entschiedenen Auffassung Ausdruck geben müssen, dass wir erwarten, dass dieser Krieg so schnell wie möglich zu Ende geht, dass wir der Auffassung sind, dass es völkerrechtswidrig ist, wenn man durch Flächenbombardements die Vietnamesen an den Verhandlungstisch bombardieren will, dass wir eine Gefährdung auch unserer eigenen Sicherheit darin sehen, wenn mit dem Spiel der Atombombe auch nur gedroht wird, und dass wir schließlich auch zu der Auffassung kommen müssen, dass ein korruptes Einparteiensystem für uns noch nicht deshalb eine Alternative zum Vietkong sein kann, weil es von den amerikanischen Verbündeten unterstützt wird.

(Beifall.)

Wehner: Horst *Krockert*!

Krockert: Genossen, ich will jetzt nicht zu diesem Antrag Stellung nehmen, ich will nur sagen, dass ich ihn unterstütze. Ich hatte etwas anders vor. Vieles von der Diskussion, die wir jetzt führen, ist ja so eine Art Nachklappen gegenüber den Ereignissen. Ich halte es trotzdem für gut und richtig, dass wir uns hier darüber noch aussprechen. Es ist ja offensichtlich, und viele unter uns haben wohl darunter, jeder auf eine andere Weise, leiden müssen, dass hier ein gewisser Kontrast sichtbar geworden ist zwischen der Erwartung in der Öffentlichkeit, weit über unsere eigenen Reihen hinaus, viele davon Freunde, die uns gewählt haben. Wir haben nicht bloß Freunde in Amerika, mit denen man offen, aber nicht öffentlich reden muss. Wir haben ja auch Freunde im Lande und irgendjemand müsste uns sagen, wie man eigentlich mit diesen Freunden redet. Ich will damit sagen, ich habe eigentlich heute das erste Mal in der Erklärung des Kanzlers Zeichen und Äußerungen des Verständnisses für die gehört, die sich in diesen Wochen zu Wort gemeldet haben und die da ihre Erwartungen, manchmal vergeblich, zum Ausdruck gebracht haben. Es war dies eigentlich für mich das erste Mal, dass ich vonseiten der Parteiführung oder eben auch der Regierung ein Wort der Solidarität mit denen gehört habe, die sich hier ohne Echo zu Wort gemeldet hatten.

Ich meine, es ist an der Zeit, dass man jedenfalls hier etwas nachholt, und es wäre gut, jetzt nicht in Richtung auf Amerika, sondern in Richtung auf unser eigenes Land und eben diese unsere Freunde, wenn hier eine Brücke geschlagen wird, die bisher nicht geschlagen wurde. Jedenfalls nicht in dieser Zeit und in diesen Wochen! Früher war das offenbar möglich. Ich habe hier einen Entschließungsantrag der SPD-Bundestagsfraktion aus dem Jahre 1968 in der Hand, da konnte offenbar diese Fraktion noch Erklärungen abgeben, ja nicht nur für sich selber abgeben, sondern sie sogar dem Deutschen Bundestag ansinnen, indem Sätze vorkommen wie etwa dieser: »Der Bundestag stellt fest, ein Verzicht der Vereinigten Staaten von Amerika auf eine militärische Lösung würde unser Vertrauen in die Garantie der USA, ohne die es keine Sicherheit für Europa, die Bundesrepublik Deutschland und Berlin gibt, nicht berühren.«[27] Ich finde, das war damals ein gutes Wort, grade weil diese Frage, wie weit sich Amerika beweisen muss der Welt gegenüber in Bezug auf die Glaubwürdigkeit seiner Garantieäußerungen, bei uns selber eine Rolle gespielt hat in den Jahren '66 bis '68 und zum Teil in der Diskussion heute noch eine Rolle spielt, dies war ein gutes Wort der Klarstellung, was uns dieser Erwartung gegenüber betrifft. Ich frage mich, was uns eigentlich von damals unterscheidet, dass eine solche Bekundung etwa als öffentliche Bekundung aus unseren Reihen, und sei es wenn auch nicht von der Regierung, so doch wenigstens vonseiten der SPD, dass dies heute nicht mehr möglich wäre. Der Bundestag sollte damals nach dem Willen der SPD-Bundesfraktion auch sagen, der Bundestag tritt für die Einstellung der Bombenangriffe auf Nordvietnam ein. Ach ja, es war also nicht nur möglich im Sinne einer allgemeinen Friedenshoffnung und Erwartung zu wünschen, dass dieser Krieg langsam zu Ende geht oder schnell zu Ende geht. Es war sogar möglich, dass die SPD-Bundestagsfraktion damals, das war die der 5. Legislaturperiode, meinte, der Bundestag könnte die Aufforderung an die Amerikaner aussprechen, ganz bestimmte Kriegshandlungen zu unterlassen. Ich frage wiederum, was unterscheidet eigentlich die Situation heute von damals oder was unterscheidet uns

(Zwischenruf.)

---

27 Für den Wortlaut des Entschließungsantrags der SPD-Fraktion vom 1. April 1968 vgl. BT Plenarprotokoll 05/165, Umdruck 386, S. 8665.

von der Situation damals, dass es diesmal nicht möglich war, eine solche Aufforderung öffentlich an die Amerikaner zu richten, denn dies war damals die Aufforderung zu einer öffentlichen Äußerung des Deutschen Bundestages, und es steht schließlich in dieser Entschließung, die der Deutsche Bundestag hat verabschieden sollen: Der Deutsche Bundestag begrüßt das politisch-moralische Engagement, besonders der jungen Generation unseres Landes, in dieser Frage. Wer begrüßt das heute?
(Vereinzelter Beifall.)

Wehner: Rolf *Meinecke*.

Meinecke (Hamburg): Genossinnen und Genossen, den Worten von Norbert *Gansel* kann man in den meisten Punkten durchaus zustimmen. Ich möchte aber auch ganz gerne sagen, man muss auf der andern Seite begreifen, wie schwer das, was hier gewünscht worden ist, nämlich die Solidarisierung dieser Fraktion oder der Spitze der Regierung oder der Parteiführung mit denjenigen, die in den letzten Wochen demonstriert haben, wie schwer das ist, dann herbeizuführen, wenn man zumindest bei einigen Demonstrationen, bei den dort gefassten Resolutionen und Beschlüssen, das Gefühl hat, dass in diesen Fällen leider nicht nur der Tod in Vietnam und das Schicksal dieses unglücklichen Volkes, sondern auch andere Ziele mit in politische Bewegungen und das Weltgeschehen eingebracht werden, die hier wiederum einmal auf dem richtigen Gleis fahren sollen dann. Wie anders soll ich es dann also verstehen, wenn zum Beispiel der Bundeskanzler, dem wir ja hier eigentlich bei unserem letzten Zusammensein im Dezember alle unterstellen mussten, dass er diese Entwicklung sieht. Ich kann selbst kann für mich heute sagen und ich muss euch bitten, mir das abzunehmen, ich habe da in der letzten Informationsrunde mit verklemmtem Sitzteil gesessen und mich gefragt, sollst du ihn bitten, fragen, ermahnen oder lässt du es und habe mir dann gesagt, er wird schon auf seine Weise das Richtige tun. An diesem Tag, am 18. Dezember, waren die Bombardierungen schon eingeleitet. Jeder hätte in der Fraktion hier die Frage stellen können und einige unserer Genossen in der Fraktion, ich nenne den Genossen Hans *Kern*, haben an den dann folgenden Tagen die richtige Form des Protestes und die richtige Form der Kundtuung ihres moralischen Gewissens gebildet. Die richtige Form! Und dann haben diejenigen, die Horst *Krockert* unsere Freunde nennt, in vielen Fällen den unrichtigen Ton gegriffen. Wie soll ich es denn anders interpretieren, als denn durch eine offizielle Organisation dieser Partei im Kampf danach gesagt wird, dass er objektiv zum Handlanger von imperialistischen Aggressionen sich bereit gefühlt hat und herbeigelassen hat. Und da muss man sagen, wenn hier von Norbert *Gansel* gebeten wird, dass wir draußen wie hier drinnen in der richtigen Tonart in aller Offenheit miteinander reden, dann muss ich bitten, dass auch diese neue Fraktion, so wie es die letzte nach einigen Monaten auch geschafft hat, in Zukunft sich auch bemühen möchte, draußen wie drinnen hier die gleiche Tonart zu finden und die gleiche Wahrheit in der gleichen Offenheit zu sagen.

(Beifall.)

Ich habe ja nicht alles an Zitaten sammeln können, sondern nur ein Teil entnehmen können. Diesem Zitat entnehme »konkret« unter der Überschrift {...} und dann kommt »Willy go home«, eines auch für einige unserer Genossen beliebtes Publikationsorgan.[28]
Ich habe das Gefühl, dass manche unserer Genossen und Freunde, dass manche, hätte ich auch lesen können, ja, unserer Genossen, unserer Freunde in einem besonders schwierigen Punkt zum Zeitpunkt der Politik jetzt, den Bundeskanzler und auch die

---

28 Gemeint ist die Zeitschrift »konkret«, Nr. 3 vom 11. Januar 1973, in der unter anderem eine Reportage über Saigon abgedruckt war.

Parteivorsitzenden angriffen und angreifen und angreifen wollen, und ich möchte auch Zitate hinzuziehen, die wir in den letzten Wochen und Monaten unter der Überschrift »Kanzlerwahl« sowohl von *Gaus*, wir auch von dem von uns geschätzten Peter *Merseburger* gelesen und gehört haben.[29] Sei jetzt dahingestellt, ob dies eine Kanzlerwahl war oder nicht, richtig ist, dass es deshalb eine Kanzlerwahl gewesen ist und dass diese so entschieden wurde, so wie *Merseburger* sagt, weil dem Bundeskanzler Willy *Brandt* ein gewisses Charisma, Friedenskanzler zu sein, anhaftet und dass dieses Charisma zu der Entscheidung beigetragen und dass viele Äußerungen und Zitate aus Kreisen der Jungsozialisten in den letzten Tagen genau an diesem Punkt versuchen anzugreifen und dieses Charisma zu zerstören. Davor möchte ich warnen, davor möchte ich warnen gerade im Zusammenhang mit diesem Problem Vietnam.

Nun hat der Bundeskanzler im Fraktionsvorstand eine Bemerkung gemacht, die er hier in der Fraktion nicht gemacht hat, die aber Norbert *Gansel* aufgegriffen hat, nämlich dass der Bundestag und dass die Regierung sich dazu bekennen möge, für beide Teile Vietnams, also für das ganze Volk, nach Friedensschluss humanitäre Hilfe zu leisten. Nun sage ich euch, Genossen, ich kenne die Problematik der humanitären Hilfe und weiß auch um das Gelächter, wenn man damit kommt, wo dann so argumentiert wird, hinterher wollt ihr das wieder zupflastern, was ihr jahrelang nicht verhindert habt. Und es fällt schwer dann in diesem Zusammenhang, den nötigen Ernst und mit der nötigen moralischen Begründung diese Bereitschaft zur humanitären Hilfe darzustellen. Die Regierung hat es im Übrigen in der Pause, in der es keinen Bundestag gab, durch Uta *Ranke-Heinemann* zu erkennen gegeben, jedenfalls wurde in der Presse gemeldet, dass dies eine offizielle Meinungsäußerung gewesen ist. Ich meine, vielleicht ist es erwägenswert, dass bis zu dem Zeitpunkt, zu dem eine solche offizielle humanitäre Hilfeleistung eingeleitet werden kann, all diejenigen demonstrieren möchten und wiedergutmachen möchten das, was sie selbst nicht verschuldet haben, wenn jetzt zum Beispiel eine offizielle Fraktion des Deutschen Bundestages vorher einen Beitrag humanitärer Hilfe leisten könne. Wir haben das einmal in Berlin beschlossen, als wir uns sehr große Sorgen machten um das Schicksal der Häftlinge und der Flüchtlinge aus Griechenland. Ich bitte zu erwägen, ob wir nicht als Fraktion einen nicht unbeträchtlichen Betrag aus unserer eigenen Tasche vorher an karitative Hilfsorganisationen, die ihre Mittel seriös und nachprüfbar sagen wir für den Aufbau eines Krankenhauses in Hanoi verwenden, hier spenden können. Bitte mit der notwendigen, richtigen, moralischen Begründung und nicht mit einem fadenscheinigen Augenzwinkern, nun, wir tun ja auch ein bisschen etwas. Wenn man das richtig begründet, würde es in der Öffentlichkeit gut ankommen.

Und nun, Norbert *Gansel*, zum letzten Punkt. Aus vielen Parteiversammlungen kann ich dir leider sagen, dass das der richtige Wunsch und vielleicht auch in der nächsten und übernächsten Woche der Antrag, diplomatische Beziehungen zu Nordvietnam aufzunehmen, ein neues Problem kommt. Denn jedes Mal, wenn ich das vorgetragen habe, dass man dies in Erwägung ziehen oder prüfen sollte, dann kommt die nächste Argumentation und die heißt: aber dann auch sofortiger Abbruch der diplomatischen Beziehungen zu Südvietnam. Ich bitte, diese Gefahr zu sehen und bitte, diesen Antrag dann vernünftig abzusichern. Wir möchten {…} durchaus unterstreichen.

(Vereinzelter Beifall.)

Wehner: Bundeskanzler.

---

[29] Gemeint ist die Berichterstattung des Magazins »Der Spiegel« zur Wahl und zum Wahlsieg der sozial-liberalen Koalition. Die Chefredakteure des Magazins waren Günter *Gaus* und Peter *Merseburger*. Vgl. bspw. »Der Spiegel« Nr. 47 und Nr. 48 vom 13. November 1973 und vom 20. November 1973.

5. 17.01.1973 Fraktionssitzung

Brandt (Berlin): Liebe Genossen, zum letzten Punkt möchte ich deshalb gleich ein paar Bemerkungen machen, weil der noch hineinreicht in das, was man hier morgen sagt, und da kann ich natürlich nicht versprechen, aber das gilt auch für andere Punkte, dass überall nur Dinge gesagt werden, denen alle zustimmen können. Hier wäre es schade, wenn man zu diesem Punkt, wird vorher etwas anders über Vietnam zu sagen sein, wenn man dort zu weit vorprescht. Es kann nicht nur gehen, meiner Überzeugung nach, um die Inaussichtstellung humanitärer Hilfe, sondern darum, dass die Bundesrepublik Deutschland über humanitäre Hilfe hinaus dann, wenn die Waffen schweigen, bereit ist, gemeinsam mit anderen, und das ist jetzt ein ganz wichtiger Zusatz, gemeinsam mit anderen am Wiederaufbau beider Teile Vietnams mitzuwirken. Dies ist nicht, da möchte ich Rolf *Meinecke* beruhigen, nicht etwas, womit wir jetzt kommen, obgleich es natürlich von den Betroffenen leicht so gesehen werden kann, weil, nicht, was haben die alles durchgemacht seit 30 Jahren und mehr, gibt doch kein Volk auf der Erde, das in dem Maße unter Krieg gelitten hat, aber ich kann jedenfalls hier sagen, bei mir sind es fast sechs Jahre, dass ich mit Regierungen anderer Länder darüber in Kontakt bin, denn die erste eingehende konkrete Verhandlung darüber haben wir im Frühjahr 1967, da war ich wenige Monate Außenminister, in Tokio geführt mit Vertretern asiatischer Regierungen über den noch gegen Ende der 60er Jahre erwarteten Schluss dieser schrecklichen Auseinandersetzung. Hat man sich geirrt! Aber dieses ist wichtig, dass wir, beide hatten es ja, *Gansel* und *Meinecke*, als Thema, nicht das Einengen als eine Frage der Caritas, so wichtig sie ist, also der humanitären Hilfe, sondern mit anderen zusammen, nicht, am Wiederaufbau mitzuwirken, wobei man natürlich auch sehen muss, alles muss hier auch eingeordnet werden. Wir können natürlich auch hier nicht, sagen wir mal, plötzlich die Bäume ausreißen wollen. Auch darum müssen wir gemeinsam mit anderen, auch deshalb gemeinsam mit anderen, damit das durch die Zusammenfügung von Bemühungen und Leistungen verschiedener dann doch insgesamt etwas erbringt.

Die andere Frage, von der Norbert *Gansel* sagt, sie hätte auch Gegenstand einer Äußerung sein können, die aber er nicht heute herbeiführen wolle oder beantragen wolle, da ist es so, dass ich eben die Fraktion bitte, davon Kenntnis zu nehmen, das Kabinett sieht das so wie ich, dass schon in der Regierungserklärung vom Oktober 1969 unsere Bereitschaft zur Aufnahme von Beziehungen auch mit Nordvietnam liegt, denn wir haben niemand ausgenommen, auch Albanien nicht, und ich meine jetzt ohne jeden Vergleich hier zu finden, alle unterschiedlich, wir haben aus guten Gründen erst Moskau und dann China, erst China und dann dies andere angepeilt. Die Mongolei kommt auch {...} bei der Gelegenheit mal sagen darf, da ist noch das eine oder das andere Land, was noch auf dem Zettel steht, und es würde nicht helfen, ich kann die Fraktion weder heute noch in der nächsten Woche daran hindern zu beschließen, was sie beschließen will. Ändern wird das überhaupt nichts, denn die Politik ist festgelegt seit '69. Die Frage, wann im Einzelnen eine Beziehung aufgenommen wird mit einem Land, dazu kann die Regierung natürlich Empfehlungen entgegennehmen. Das muss sie in eigener Verantwortung entscheiden, weil das noch mit anderen Dingen häufig zusammenhängt, nämlich anderen, anderen Partnern und so weiter. Aber ich kann hier, verrate ich ein großes Geheimnis, sagen, dass nicht auf irgendeiner Etage, sondern auf der Etage des Mannes, der hier zu euch spricht, es auch in der Woche vor Weihnachten einen Kontakt zu eben diesem Staat gegeben hat. Nur, liebe Genossen, würde ich vor einem auch warnen schon jetzt. Nachdem die Amerikaner ja nicht so eine besonders gute Figur abgegeben haben, vor allem andern mit ihrer Einschätzung politischer Entwicklungen in Ländern fremder Zivilisationen und mit ihrem Übertragen ihrer Kategorien oder ihrer Vorstellung davon, was sie für westliche, quasi westliche Ordnungsprinzipien halten, auf andere Erdteile, sollten wir sehr aufpassen, uns nicht zu verheddern. Ich fühlte mich jedenfalls überfor-

dert für die Zukunft in dem Auseinanderdividieren von korrupten und nichtkorrupten Einparteienstaaten.
(Beifall.)
Wir müssen hier mit einer Vielzahl von Staaten in der Welt Beziehungen haben, ohne dass wir dem Zugrundelegen unserer genauer Bewertung, wie gesagt, das gelingt uns auch nur zum Teil, da zu brauchbaren Ergebnissen, nicht. Das fängt ja schon in Europa an, fängt ja schon in Europa an, in Südeuropa, in dem einen und andern Fall.
Dann noch Folgendes: Ich habe Horst *Krockert* in einem Punkt nicht ganz verstanden. In einem, in dem andern schon, das habe ich ja wohl einleitend zum Ausdruck gebracht und in anderen bin ich nicht ganz seiner Meinung. Als er der Fraktion empfahl, sich ein Beispiel zu nehmen an einem Entschließungsentwurf als dem Jahre 1968, wo das abgesprochen war nebenbei, Helmut *Schmidt* war Fraktionsvorsitzender, ich war Außenminister, wir haben doch nicht solche Dinge gegeneinander gemacht, sondern miteinander geredet, das passte durchaus rein in die Politik, nur was soll das heute. Wir können doch nicht heute auffordern, dass wieder gebombt werden soll. Das will ja keiner. Morgen wird das Bomben eingestellt und die Beschuss ist auch eingestellt, und nächste Woche sind wir schlauer, wenn wir Pech haben, dann zieht sich diese schreckliche Art in der Auflösung des Vorgangs dort noch etwas in die Länge, aber ich sage, da sind wir nächste Woche schon etwas schlauer, vielleicht auch erst die Woche danach. Das werden wir sehen.
Nur, der Punkt, wo ich meinerseits eine Frage stellte, ist dieser, das ist völlig klar, es gibt im Lande Menschen, die gar keiner Partei angehören zum Beispiel, die aus ihrer Sicht besonders strenge Maßstäbe anlegen oder auch nicht, da ist klar, da haben wir manche Erwartung nicht erfüllen können. Nur, ich würde nicht das sagen, was ich meine, wenn ich nicht hinzufügte, es gab nicht nur das, sondern es gab auch das, dass mancher sich zu leicht hat treiben lassen und dass hier und da Sozialdemokraten nicht als Sozialdemokraten gesprochen haben, sondern sich haben einkassieren lassen für Aktionen, die in Wirklichkeit gegen die Sozialdemokratische Partei Deutschlands, das sollte man nicht machen.
(Starker Beifall.)
Wehner: *Schweitzer*!
Schweitzer: Genossinnen und Genossen, ich möchte die Vietnam-Debatte hier nicht unnötig verlängern. Sicherlich bewegt uns das Thema alle, deswegen werden vielleicht noch einige sich dazu äußern. Manche haben vielleicht eine Resolution gemacht, die wir heute dieser Fraktion vorlegen würden, ich selber habe das auch getan, habe aber angesichts der Langentwicklung meinen eigenen Resolutionsentwurf nicht gerade eingemottet, aber zurückgestellt, weil es ja sinnlos ist angesichts dieser Entwicklung an Formulierungen festzuhalten, die manchen von uns früher eingefallen sein mögen. Dennoch meine ich hier formal und Norbert *Gansel* folgend, dass diese Fraktion gewissermaßen on record hier und heute gehen sollte, nicht zur Salvierung unseres individuellen, unseres kollektiven Gewissens, sondern als das entscheidende Gremium, das diese unsere Bundesregierung hier zu tragen hat in der Bundesrepublik Deutschland, on record gehen mit einer kurzen Feststellung, Resolution oder wie man das nennen mag, ich möchte das jedenfalls in aller Form beantragen. Ich habe das nur nicht ausformuliert, aber ich würde Folgendes vorschlagen, dass diese Fraktion zustimmend Kenntnis nimmt von der Stellungnahme, die abgegeben worden ist von Willy *Brandt*, in diesem Falle {...} des Bundeskanzlers, und die am 15.11. veröffentlichte Erklärung des Präsidiums der Sozialdemokratischen Partei Deutschlands, die wir alle im Wortlaut bekommen

haben, zu eigen macht. Das würde nach meiner Empfindung genügen. Man hätte noch diese ganze humanitäre und wirtschaftliche Hilfe ansprechen können, aber ich glaube, die Äußerungen, die wir gerade gehört haben, überzeugen alle, mich jedenfalls, hier die Äußerungen also von Willy *Brandt*. Sehr unterstützen möchte ich persönlich den zusätzlichen Vorschlag, er ist ja als solcher wohl gedacht gewesen, von Rolf *Meinecke*, dass wir als Fraktion, wiederum nicht zur Salvierung irgendeines Gewissens, sondern aus der Geste, wie es gemeint ist, hier einen Betrag zur Verfügung stellen, wäre so eine zweite Sache.

Ganz kurz zur Problematik selber möchte ich auch persönlich meine Sympathie zum Ausdruck bringen gegenüber allen, die sich aus unserem Kreise sich zum Thema geäußert haben, aber nun aus gegebenem Anlass, den wir alle kennen, doch gerade Norbert *Gansel* auffordern, zumal er sich ja hier auch zu Worte gemeldet hat, mit dafür zu sorgen, dass solche unsinnigen Formulierungen, wie wir sie in dieser einen Juso-Erklärung gehabt haben, in Zukunft unterbleiben. Der kann das {...}. Wir sollten alle in unseren Gremien hier aus dieser Fraktion heraus, die damit haben, hier dazu beitragen, dass solche Formulierungen unterbleiben, dass {...} hier mit einer ganz klaren Äußerung {...} nach außen hier auftreten und in solchen Fragen eben nicht nur zu einer parteipolitischen Anweisung {...} unserer Mitbürger beitragen, sondern auch zu einem politischen common sense, der in manchen dieser Erklärungen wegen mangelnder Ausgewogenheit nach meiner Auffassung fehlte.

Wehner: Horst *Krockert*.

Krockert: Genossen, ich weiß gar nicht, weshalb diese Richtigstellung noch nötig ist. Ich hatte eigentlich meinen Beitrag deutlich genug auch als ein Stück Manöverkritik für die zurückliegenden Wochen angekündigt und nicht nur als, sagen wir mal, Implikation für die Regierungserklärung. Das, was ich also gerade im mittleren Teil meiner Ausführungen sagen wollte, war dies: Wir haben ja doch erlebt, dass die Erwartung, es sollten also konkreten Äußerungen, etwa zum Bombenstopp, wenn nicht von der Regierung, dann wenigstens von der SPD ausgehen können, häufig konterkariert wurden mit dem Hinweis, dass solche Dinge den Amerikanern gegenüber jedenfalls nicht opportun seien. Meine Frage war: Wie kann eigentlich etwas jetzt nicht opportun gewesen sein, was damals opportun war? Die Äußerungen, die sich in diesen Wochen offiziell hören ließen, es sind ein paar genannt worden und die waren gut, aber aus der Baracke haben wir nicht viel Gutes gehört und was da kam, das hatte eher den Charakter einer Zurückweisung dieser öffentlichen Erwartung, als den Charakter einer Äußerung des Verständnisses und der Sympathie dafür. Darum ging es. Das betrifft sowohl das, was etwa Lothar *Schwartz*[30] gesagt hat, wenn er sagte, bei uns zählen Taten mehr als Worte. Welche Diskreditierung für Leute, denen nur das Wort zur Verfügung steht, um sich zu äußern oder auch das, was dann der Bundesgeschäftsführer gesagt hat, als er sagte, der Kanzler wird schon wissen, warum er schweigt. Punkt! Das war alles. Das war sehr unbefriedigend. Es wirkte peinlich und es wirkte hochmütig. Das wollte ich gesagt haben.

Wehner: Adolf *Scheu*!

Scheu: Rolf *Meinecke* hat so quasi in einem Nebensatz die Frau Professor Uta *Ranke-Heinemann* erwähnt und ihre Aktion, für die ich großes Verständnis habe, so als eine offizielle und fast amtliche Aktion bezeichnet. Es würde mich interessieren, ob da etwas dran ist oder ob das ein Missverständnis von mir war. Denn wenn wir schon nicht für Sippenhaft sind, dann können wir auch nicht für Sippenrechte sein.

---

[30] Sprecher des SPD-Bundesvorstands.

| Fraktionssitzung | 17.01.1973 | **5.** |

Wehner: *Hansen!*

Hansen: Genossinnen und Genossen, da die Diskussion doch eben auch auf das Prinzipielle gegangen ist, möchte ich doch noch einige grundsätzliche Bemerkungen machen auch zu dem, was der Bundeskanzler ausgeführt hat. Ich meine, dass Politik und Moral und dass der Zusammenhang zwischen beiden nicht nur verbal begrüßt werden kann, besonders nicht von unserer Partei, wie das zum Beispiel Carlo *Schmid* in vielen seiner Schriften getan hat, sondern dass sich hier und hier in historischen Augenblicken zeigt, wie weit man diese Prinzipien ernst zu nehmen bereit ist und Vietnam war ein solcher Fall. Und jetzt nehme ich an, dass der Bundeskanzler eben als Regierungschef gesprochen hat, als er sagte, ich mache mich nicht anheischig, korrupte Einparteienregierungen auseinanderdividieren zu wollen oder zu können, denn ich glaube, die Sozialdemokratische Partei sollte aufgrund ihrer Tradition und ihres Selbstverständnisses diesen Divisor sehr wohl haben, um das in der aktuellen Geschichte zur Situation in dieser Welt tun zu können.

Brandt (Berlin): Entschuldige bitte, aber ich habe gesagt, zwischen korrupten Einparteiensystemen und anderen Einparteiensystemen. Für mich erst mal ein Unterschied der zwischen demokratisch regierten und nicht demokratisch regierten.

(Beifall.)

Hansen: Oder zwischen scheindemokratischen und wirklich demokratischen Regierungen. Gut, ich nehme das auf. Aber ich möchte noch mal klarifiziert haben, ob wir nicht aufgrund als Sozialdemokratische Partei den Divisor sehr wohl haben, diese dividieren zu können, auseinanderdividieren zu können. Ich bin der Meinung, wir haben diesen Divisor.

Wehner: Wünscht noch einer das Wort?

(Unruhe.)

{...} *Reiser.*

Reiser: Ich möchte etwas anders, ein anderes Thema –

Wehner: Bleiben wir erst bei diesem Thema. Wenn das weg ist, dann – okay, ich merk' dich vor. *Meinecke!*

Meinecke (Hamburg): Genossinnen und Genossen, ich möchte nach der Reflektion, die ich vernommen habe, jetzt nunmehr den Antrag stellen, dass diese Fraktion pro Fraktionsmitglied eine Summe von 200 Mark einem geeigneten karitativen Verband, pro Nase, einem geeigneten karitativen Verband in aller Stille und ohne großen publizistischen Aufwand überweist, der im Februar uns wieder abgezogen wird.

(Unruhe.)

Wehner: Holger *Börner.*

Börner: Hier hat Horst *Krockert* gemeint, er hätte bestimmte Pressäußerungen, die die Partei in der Pause hier herausgegeben hat, rügen müssen. Ich möchte hier ausdrücklich feststellen, dass der Verlauf der Aussprache in der letzten halben Stunde doch deutlich gezeigt hat, dass die Äußerungen, die hier von Lothar *Schwartz* und von mir zu einem gewissen Zeitpunkt abgegeben wurden, einen sehr ernsten sachlichen Hintergrund hatten, und außerdem möchte ich hier einmal feststellen, dass das, was an unverschämten Bemerkungen von einigen Genossen über den Bundeskanzler hier eben gemacht worden ist, in der SPD kein Gleiches bisher hatte

(Beifall.)

und wenn die Partei sich das gefallen lässt, dann kann sich jeder ausrechnen, wo die faire Diskussion in dieser Partei hinkommt.

(Beifall.)

Wehner: Lenelotte *von Bothmer.*

von Bothmer: Also Holger, wenn diese Bemerkungen von euch vor einem ernsten Hintergrund sah, oder einem Hintergrund, der wohl etwas meinte, dann mag das hingehen, aber wir kannten den Hintergrund nicht und nicht wir alleine, wir wussten nicht, was der Bundeskanzler in der Zwischenzeit getan hatte, und ich konnte nur annehmen, dass er Gespräche geführt hatte, aber welche wusste niemand. Ich hätte mich damit zufriedengeben können und ich habe auch nicht protestiert und stelle mich auch nicht auf eine Ebene mit denen, die den Bundeskanzler angegriffen haben. Ich habe es nur bedauert, dass wir all den vielen Wählern nicht sagen konnten, wie die Meinung der Regierung und des Kanzlers wirklich war. Das war eine außerordentlich schwierige Situation, in der wir uns über Weihnachten befunden haben, und ich hätte mir in der Tat gewünscht, der Bundeskanzler hätte es fertiggebracht, in seine Rede noch etwas hineinzubringen, was wenigstens das Bedauern über diesen Bombenkrieg geäußert hätte.

Wehner: Peter *Conradi.*

Conradi: Ich glaube, wir machen es uns zu einfach, wenn wir die ganze Sache hier abtun mit Hinweisen auf Reaktionen, die mit Sicherheit überzogen waren, und nicht sehen, dass eine große Mehrheit von Reaktionen da war in der Vietnam-Frage, die durchaus in unserem Sinne waren. Rolf *Meinecke* hat ja Henne und Ei hier wohl verwechselt. Grade weil dieser Kanzler dieses Charisma hat, grade weil diese Partei Vertrauen gewonnen hat, grade deshalb kommen die Proteste jetzt und nicht, um dieses Charisma zu zerstören, sondern hier wird etwas eingeklagt, was wir am 19. November mobilisiert haben und davor. Das sind unsere –

(Beifall.)

das sind unsere Wählerinitiativen. Das sind die Pfarrer. Das sind Schriftsteller. Das sind Künstler. Sind nicht irgendwelche verrückten Leute bei »konkret« oder bei {…} und die gilt es doch ernst zu nehmen, denen stehst du doch im Wahlkampf gegenüber, im Wahlkreis gegenüber und denen kannst du doch nicht kommen mit Antworten, hier, da ist irgendwas Dämliches in »konkret« gestanden. Diese Erwartungen haben wir nicht erfüllt und diese Erwartung hat zu den Protesten geführt.

(Vereinzelter Beifall.)

Wehner: Wer wünscht weiter das Wort? *Gansel!*

Gansel: Genossinnen und Genossen, nachdem jetzt solange darüber diskutiert worden ist, was nicht im Sinn meines Beitrages war, aber natürlich auch nicht dagegen sein sollte, aber nachdem solange darüber geredet worden ist, meine ich, jetzt gilt wirklich der Satz, dass Taten mehr zählen als Worte und Rolf *Meinecke* hat einen Vorschlag gemacht. Und wenn wir hier ein paar hundert Mark auf den Tisch legen für ein Krankenhaus in Hanoi,

(Unruhe.)

dann kann man sich ausrechnen, wie viel gute Taten das sind und dazu sollten wir uns jetzt und heute durchringen, und ich bitte, über den Antrag von Rolf *Meinecke* abzustimmen.

Wehner: Helmut *Schmidt.*

Schmidt (Hamburg): Ich möchte eine kleine Bemerkung vorweg machen zu Norbert *Gansel*. Menschen leiden in beiden Teilen Vietnams und ich würde davor warnen, dass wir unsere Hilfe, selbst wenn sie nur symbolisch sein kann im Augenblick, dass wir unsere Hilfe auf einen Teil des Landes beschränken. Da würde ich sehr davor warnen.

Fraktionssitzung 17.01.1973

(Beifall.)

Ich habe mich aber aus einem anderen Grunde zu Wort gemeldet, weil ich ein großes Verständnis dafür habe, dass viele von uns und noch mehr viele draußen, die ja keinen Zugang zu dem Hebel, an dem vermeintlicherweise etwas geändert kann am Lauf der Welt, vermeintlicherweise etwas geändert werden kann am Lauf der Welt, weil viele, die einen solchen Zugang zu solchen vermeintlichen Hebeln nicht haben, natürlich danach drängen auf die eine oder andere Weise, ihr Wort zu machen. Das kann ich gut verstehen. Eine Bundestagsfraktion ist schon etwas näher dran an den vermeintlichen oder vielleicht zu einem ganz kleinen Teil auch mal tatsächlich wirksam zu machenden Hebeln. Sie ist auf der andern Seite aber auch schon sehr viel näher dran an der Notwendigkeit, auch das, was da nun morgen und übermorgen und überübermorgen auf anderen, auf dritten, auf vierten Feldern geschieht, mit verantworten zu müssen. Ich darf jetzt hier einmal sagen, nachdem der Mann, von dem ich sprechen will, in diesen Tagen sein Amt verlässt, nämlich der amerikanische Verteidigungsminister[31], der es bisher war, dass ich viele Jahre lang ihn nie in Zweifel darüber gelassen habe, was ich von der Sache dort hielt, und ich hatte das Gefühl, das war für ihn sehr schwer, nicht nur bei ihm verstanden zu sein, sondern das Gefühl, dass er manches ähnlich empfand und doch nicht ändern konnte. Was wäre ihm oder mir oder jemandem genützt gewesen, das öffentlich zu machen? Ich bin hier vorhin ein bisschen beschämt gesessen, als ich das Gefühl hatte, einige hätten das besonders nützlich empfunden oder besonders ehrlich oder was, dass ich da in Amerika diese Bemerkung gemacht habe. Da will ich hier also meine eigene Erwägung dazu dartun. Vielleicht bin ich dann in den Augen mancher nicht mehr ganz so angesehen. Mich hat sehr beschäftigt in den letzten Jahren schon wegen dieses Krieges, und *Krockert* hat ja mit dem Hinweis auf größere Befassung dieser Fraktion mit dem Thema darauf hingewiesen, dass wir uns viele Jahre damit herumgeschlagen haben, nicht nur mit diesem Problem – ist übrigens nicht die einzige schlimme Sache, die gegenwärtig in der Welt stattfindet –, aber in diesen ganzen vielen Jahren, in denen man sich damit beschäftigt hat, hat mich immer bewegt auf der einen Seite die Notwendigkeit, als Politiker Ausdruck zu geben, öffentlichen Ausdruck zu geben den moralischen Inhalten, die unsere Menschen hier, unser Volk, die öffentliche Meinung, wenn auch nicht unbedingt die veröffentlichte Meinung unseres Landes. In einer Demokratie eine Notwendigkeit, dass die Politiker, die Führer, in einem solchen Staat respondieren auf das, was die Menschen in diesem Staat denken und fühlen und was sie wollen und was sie nicht wollen. Ein wesentlicher Inhalt eines demokratischen gesellschaftlichen Staatsgefüges. Dass die Leute, die an der Spitze Führung ausüben, darauf respondieren.

Auf der andern Seite war ganz klar, dass jede harte Kritik, noch dazu wenn sie nicht gepaart werden konnte mit noch dem geringsten hilfreichen Hinweis an die, die da in Amerika beispielsweise handeln, dass sie nicht zur Erleichterung oder zur Beschleunigung dessen, was wir erhofften, beitragen könnte, eher möglicherweise, so wie die psychologische Situation ist, eher zum Gegenteil, zur Verhärtung. Dieses beides, je höher man steht oder mehr man an den Hebeln, den vermeintlichen oder tatsächlichen Hebeln, an denen man etwas bewegen kann, dran ist, umso mehr hat man das gegeneinander abzuwägen, und ich bin für diese Äußerung da in Amerika nach sorgfältigem Abwägen, zunächst hier in dieser Stadt und dann unterwegs drüben mit Freunden, die nicht alle nur einen deutschen Reisepass hatten, dazu gekommen, diese Bemerkung zu sagen, zu machen, weil ich einen Vortrag über den Frieden in der Welt zu halten hatte und weil es schlechterdings nicht angeht, in einem solchen Vortrag an diesem Geschehnis da

---

31 Melvin Robert *Laird*. Sein Nachfolger wurde Elliot Lee *Richardson*.

drüben vorbeizuschauen. Das ist also eine Sache und so kann man sich benehmen. Man kann, wenn man weiter weg ist von der Außenpolitik, wie ich gegenwärtig, kann man so etwas durchaus sagen und entspricht damit dem, was viele Menschen in unserem Lande und in anderen europäischen Ländern und auch zum Teil, zum erheblichen Teil, in den Vereinigten Staaten oder sonst wo in der Welt denken, dem entspricht man dann. Eine ganz andere Sache, und deswegen habe ich hier das Wort eigentlich noch mal genommen, ist es, eine solche Gelegenheit zu benutzen, um andere politische Geschäfte innerhalb dieser Partei oder von außen gegen diese Partei dabei gleichzeitig mit zu betreiben.

(Beifall.)

Ich weiß, dass Willy *Brandt* ein erhebliches Verständnis – ein bisschen größeres Verständnis als ich – hat für mancherlei jugendliche politische Übertreibungen, und es war wohl auch ganz natürlich, dass er auf diese persönliche Verunglimpfung, die gegen ihn als Person gerichtet hat, nicht weiter eingegangen ist hier. Ich möchte aber ganz gerne das Gefühl haben aus dieser Fraktionssitzung, wenn wir nachher wieder rausgehen, dass wir uns darin auch einig sind, dass es nicht angehen kann für einen Sozialdemokraten, den eigenen Parteivorsitzenden als Handlanger des Imperialismus zu

(Starker Beifall.)

{...}

Wehner: Manfred *Geßner*.

Geßner: Genossinnen und Genossen, sicherlich besteht in dieser Fraktion genügend Verständnis, dass ein Zusammenhang zwischen Politik und Moral hergestellt wird und es bedarf wohl keiner Frage, dass dieser Zusammenhang zwischen Politik und Moral in der sozialdemokratischen Politik seit jeher eine große Rolle gespielt hat, und es ist nur folgerichtig, wenn man sich dann umsieht nach Partnern, die einem helfen können bei der Durchsetzung gewisser politischer und damit verbundener moralischer Ansprüche. Und ich verstehe auch, wenn hier in der Fraktion eben davon gesprochen worden ist, dass diese und jene {...} sozusagen danach gesehnt werden, dass ein offenes Wort aus unserer Richtung käme. Aber was hier Zirkel genannt worden ist, waren ja Gruppen, die außerhalb der alten Partei standen. Notwendig wäre doch gewesen, dass wir uns mit einem bestimmten Teil in der Partei hätten solidarisieren können, ich meine eine Arbeitsgemeinschaft, die dazu Stellung bezogen hat, zu dem Vietnam-Problem. In der Erklärung, um die es hier geht, ist ja der Bundesregierung auch vorgeworfen worden eines Verschweigens, eine Schweigetaktik habe sie zum Handlanger des Imperialismus gemacht. Das heißt hier wird unterstellt, dass die Bundesregierung bewusst geschwiegen habe, um jemanden in der Welt gewissen Vorschub zu leisten. Und da muss ich euch sagen, unter diesen Aspekten fällt es natürlich außerordentlich schwer, sich zu solidarisieren.

Wehner: *Rapp*.

Rapp (Göppingen): Genossinnen und Genossen, Holger *Börner* hat auf, wie er sagte, gewisse unverschämte Äußerungen abgehoben, und Helmut *Schmidt* und andere sagen, dass sich manche haben in ein schiefes Licht bringen lassen. Nun, Genossinnen und Genossen, das alles ist richtig und gut, aber wenn ich den Inhalt der hier vorgebrachten Kritik richtig verstehe, geht es doch dahin, dass wir der Meinung sind, dass es zu all dem nicht hätte kommen müssen, wenn die Partei rechtzeitig auch nur mit dem parat gewesen wäre, was hier allgemeiner Konsens ist in Bezug auf das, was gelaufen ist. Manche von uns haben es ja in ihrem Wahlkreis geschafft und haben das artikuliert, was hier sich als Konsens in Bezug auf den Vietnam-Krieg und auf die Bombardierung herausgestellt hat, und ich kann nur sagen, diejenigen, die es geschafft haben, die hatten die Schwierigkeiten nicht, derentwegen wir uns jetzt unterhalten.

Fraktionssitzung 17.01.1973 **5.**

Brandt (Berlin): Es tut mir leid. Ich möchte dem Eindruck widersprechen, als gehe das, was ich ja selbst gar nicht weiter ausgemalt habe, ich habe gesagt, darauf komme ich mal zurück, und wenn es notwendig ist, unterhalten wir uns vor und auf dem Parteitag weiter, aber verniedlichen wollen wir nun bitte nichts. Ich habe nicht gesprochen von Leuten außerhalb der Partei, sondern solchen in der Partei im Zusammenwirken mit anderen. Der Vorstand der Jungsozialisten hat nicht nur gesprochen von objektiver Handlangerschaft, sondern er hat auch, und das sind ja keine Jugendlichen, das wollen wir ja auch mal, nicht,
(Unruhe. Vereinzelter Beifall.)
sondern er hat in derselben Resolution davon gesprochen, was soll denn das, er hat die von Regierung *Brandt/Scheel* eingeläutete Friedens- und Entspannungspolitik in Europa hineingebracht und gesagt, diese werde unglaubwürdig, wenn man nicht genau das mache, was sie dort oder einer von uns genau das mache und sage. Das ist aber nicht nur der Punkt, sondern, lieber Genosse *Conradi*, in deinem Landesverband[32], ich nehme dich jetzt deswegen nicht an, sondern {…}, was, gehört er ja zum Bundesvorstand der Jusos, *Kopp*, und den fragt eine Tageszeitung, nämlich die »Südwestpresse« in Ulm, am 4. Januar, ob die in der Vietnamfrage gezeigte Härte, wie es der Fragesteller nennt, symptomatisch sei für die künftige Haltung der Jungsozialisten gegenüber dem Kanzler in den nächsten vier Jahren – ist ja ganz gut, dass man Bescheid weiß, aufgrund dieser Fragestellung. Antwort darauf von *Kopp*, befasst sich nicht mit Moralfragen, die hier andere Genossen beschäftigen, oder Krankenhäuser bauen lassen und einige Tausend Mark gut gebrauchen können, nein, *Kopp* beschäftigt sich mit dem, was man dort wohl Strategie nennt. In der Antwort auf die eben genannte Frage sagt er: Richtig ist, dass wir in der Phase, der kommenden Phase der Auseinandersetzung in der harten, in der hart geführten Diskussion die politische Position *Brandts* jeweils dort, wo es sein muss, wenn sie unserem Kurs denn nun widerspricht, auch in Ordnung, hart angreifen werden, das ist doch gar keine Frage.[33] Ich will ja das doch hier nicht wichtiger nehmen als es ist, ich sage nur, wir müssen hier miteinander wissen, es gibt einen Teil, und ich nenne hier jetzt ein paar Adressen, für die ist das nur ein Vehikel für das, was hier anschließend aufgeführt worden ist.
(Beifall.)
Und da mag nun jeder bedenken, wie er sich dazu verhält in der weiteren Verhandlung {…} findet sich außerdem wieder unter internationale Initiative »Internationale Vietnamsolidarität«. Die ist nicht gegründet worden jetzt, da finde ich aber eine ganze Reihe kommunistischer Organisationen und {…}mit ihm und anderen in und am Rande der Sozialdemokratie zusammen. Also wir wollen es einerseits nicht dramatisieren, wie ich gesagt habe, den Teil, von dem jetzt die Rede ist, aber wir wollen auch nichts verniedlichen.
(Beifall.)
Wehner: Dietrich *Sperling*.

---

32 Baden-Württemberg.
33 Korrekt lautete das Zitat: »Richtig ist, daß wir in der kommenden Phase der Auseinandersetzung in der Partei, die sachlich, aber sehr hart geführt werden muß, die politische Position Willy *Brandts*, jeweils dort, wo es sein muss – wenn sie unseren Vorstellungen widerspricht – hart angreifen werden. Das ist doch gar keine Frage.« Zum Interview mit Heinz *Kopp* vgl. »Südwest-Presse« vom 4. Januar 1973; AdsD, 2/BTFG000528.

Sperling: Ich meine, das Thema ist eigentlich zu ernst in Vietnam, als dass wir hier eine Juso-Schelte oder eine Schelte anderer Gruppen daraus machen sollten. Grade wenn man –

(Große Unruhe.)

gerade wenn man denjenigen, die aus diesem Thema eine Attacke gegen unsere Partei und auch eine Attacke gegen den Kanzler machen wollen, grade wenn man denen das Wasser abgraben möchte, dann wäre es sinnvoll, eine Erklärung für Partei oder Fraktion deutlich abzugeben. Denn sonst wäre ja, wenn man es früher getan hätte, wäre es ja nicht erfolgt, dass solch eine Folge von Erklärungen, darauf hat *Conradi* hingewiesen, eine Folge von Erklärungen abgegeben worden wäre, die einerseits von kommunistischen Organisationen über die Jusos bis hin genau zu den Personen reichen, die uns im Wahlkampf nun ganz erheblich von außerhalb der Partei unterstützt haben. Und mir täte es leid, wenn die Fraktion immer nur Beifall zollt für scharfe Zurückweisungen derjenigen, die hier alle gemeinsam ganz selbstverständlich zurückweisen, sondern wenn sie auch Beifall zollen könnte für Erklärungen von Heinrich *Böll* zum Beispiel.

Wehner: Wer wünscht weiter das Wort? Wie heißt der? Fraktionswortmeldung da hinten. Bitte.

Stienen: *Stienen*, mein Name. Genossinnen und Genossen, ich möchte gegen diesen Antrag sprechen. Nach dem Aufsehen, das die Juso-Attacke auf den Kanzler in der Öffentlichkeit erregt hat, könnte eine solche Beschlussfassung nur als Missbilligung des Kanzlers aufgefasst werden. Ich bin der Auffassung, dass es stark verwundern muss, solche Erklärungen und Überlegungen zu Moral und Politik jetzt zu hören, da wir doch wissen, dass der Bombenkrieg in Nordvietnam seit langem besteht, geführt wird in dieser schrecklichen Form, die auch seitens der Partei und Regierung, wie wir gehört haben und bisher unwidersprochen geblieben ist, missbilligt worden ist. Wenn dem doch so war, dass wir nun wirklich Jahre schon Gelegenheit hatten, aber auch in den letzten Monaten, hier in dieser Fraktion eine Erklärung, die ja so vermisst wurde, herbeizuführen, dann hätte das hier diskutiert werden müssen. Ich hab für diese Art parteipolitischen Handelns, wie das hier gezeigt worden ist von einer bestimmten Arbeitsgemeinschaft, absolut kein Verständnis mehr.

(Vereinzelter Beifall.)

Wehner: Wer wünscht weiter zu sprechen?

Rappe (Hildesheim): Liebe Genossen, ich möchte nur kurz zu dem Antrag *Meinecke* meine Auffassung dahingehend sagen, dass ich jetzt diesen Antrag zu diesem Zeitpunkt für falsch halte. Es sieht mir ein bisschen danach aus, als wäre das eine Art Ablasszettel.

(Beifall.)

Ich meine, eine solche Sache kann diese Fraktion möglicherweise in acht oder 14 Tagen oder zu einem späteren Zeitpunkt beraten, aber nicht heute.

(Beifall.)

Wehner: Wird weiter das Wort gewünscht? Karl *Ravens*!

Ravens: Liebe Genossinnen und Genossen, gerade weil uns hier alle miteinander die sehr beschäftigt haben, die in den letzten Wochen in den Attacken auf den Bundeskanzler eine Rolle gespielt haben, rate ich auch dringend ab, heute einen solchen Antrag aufrechtzuerhalten und ihm zuzustimmen. Einfach aus dem Grunde, weil ich sehe, dass der dann betrachtet werden würde wie eine Reaktion auf Vorwürfe aus einem bestimmten Kreis in der Öffentlichkeit. Ich rate, unsere Aktion so zu gestalten, dass sie als eine Reaktion auf die Kanzlerworte in der Regierungserklärung wirken und dass sie dann auch eine sich ausweitende Wirkung haben, die Erklärung der Bundesregierung, wie der Kanzler hier auch vorgetragen, dass wir humanitäre und Aufbauhilfe leisten wollen, darauf eine Antwort der Fraktion. Das wäre angemessen. Dieses würde bedeuten, in der nächsten Woche uns mit einem solchen Antrag zu beschäftigen. Dann hätte er auch die von uns gewünschte Wirkung.

Wehner: Renate *Lepsius*.

Lepsius: Ich bin etwas überrascht über die Reaktionen jetzt, wo ein praktikabler Vorschlag gemacht ist, hier aus dem Kapitel Vergangenheitsbewältigung der letzten vier Wochen herauszukommen und einen praktischen Schritt zu tun, dieses sozusagen jetzt unter dem opportunen Gesichtspunkt, wann könnte ein solcher Vorschlag öffentlichkeitswirksam von der Bevölkerung aufgenommen werden, zu diskutieren. Ich halte eine solche Diskussion nicht für gut. Ich möchte ausdrücklich schützen nochmal den Antrag hier vonseiten der Fraktion, zu einem Beitrag für beide Teile Vietnams zu kommen, einen humanitären Beitrag praktisch zu leisten, dass wir hier jetzt darüber zur Abstimmung kommen sollten. Ich möchte aber noch eine Ergänzung geben. Ich glaube, dass es wenig hilfreich ist, wenn wir sozusagen hier den Hut abnehmen zum Gebet und Erklärungen abgeben, die uns ja alle nichts kosten, die uns praktisch nichts kosten. Ich bin da praktischer. Ich meine, dass es hier nottäte, wirklich etwas zu tun. Ich möchte aber das noch weiter ausführen. Es gibt sicher keinen unter uns, der diese Vorgänge in Vietnam irgend anders als verabscheuen würde.

Ich meine aber auf der andern Seite, dass wir uns selber davor hüten sollten, das, was an Bewegung in der Bevölkerung da ist, nämlich Willy *Brandt*, den Bundeskanzler, auf den Sockel eines Friedensapostels zu heben, dass wir diese Tendenz als Politiker hier in der Fraktion nicht noch unterstützen sollten. Denn ich bin kritisch genug und ich brauch' das Willy *Brandt* nicht zu sagen und auch unserer Fraktion eigentlich, hätte ich gedacht, dass die Möglichkeiten *Brandts*, auch als Nobelpreisträger zu wirken auf die amerikanische Konfliktstrategie außerordentlich gering sind. Ich würde sehr herzlich darum bitten, dass wir hier etwas vorsichtiger operieren auch gegenüber der Öffentlichkeit. Ich persönlich halte sehr viel von einem Bundeskanzler, aber nicht von einem Friedensapostel.

(Vereinzelter Beifall.)

Wehner: Günter *Biermann*.

Biermann: Genossinnen und Genossen, wenn es jetzt darum geht, einen Beschluss oder, wie es hier auch aussieht, einen Mehrheitsbeschluss zu fassen über etwas, was abgeführt werden soll, so muss ich ganz offen sagen, ist das eine neue Allüre. Wir können zwar über Fraktionsbeitrag hier reden, aber nicht bei jeder Gelegenheit darüber, über anderer Leute Geldbeutel verfügen, indem ich sage, du hast so und so viel abzuführen. Wer will mich daran hindern, dass ich 500 Mark abführe und das hier nur 200, und zum anderen, es könnte ja auch sein, dass ich dieses Geld dahin geben möchte, oder wer weiß, was ich getan habe, was nicht mit dem übereinstimmt, was hier vielleicht eine, unter Umständen knappe Mehrheit will. Ich sage ganz offen, wenn wir bei jeder Gelegenheit diese Art Sammlungen auf Mehrheitsbeschluss durchführen werden oder wollen, halte ich davon sehr wenig. Ich würde wesentlich mehr davon halten, dass man dann einen zuen Kasten dahin stellt und denjenigen, der mehr übrig hat, dann auch die Chance gibt, mehr geben zu können.

(Vereinzelter Beifall.)

Wehner: *Walkhoff*.

Walkhoff: Rolf *Meinecke*, ich habe die Bitte, den Antrag etwas zu modifizieren. Wenn wir also schon glauben, dass Bedürfnis nach Ablass durch eine Spende befriedigen zu müssen, dann sollten wir hier nicht mit 200 Mark anfangen. Damit machen wir uns nicht nur in Vietnam, sondern auch hier in der deutschen Öffentlichkeit, die ohnehin etwas falsche Vorstellungen von der Höhe unserer Diäten hat, total lächerlich und erreichen genau das Gegenteil damit, von dem, was du vorhast.

Wehner: Rolf – *Zander.*

Zander: Liebe Genossinnen und Genossen, ich möchte sehr an Rolf *Meinecke* appellieren, diesen Antrag für heute zurückzuziehen, um mich nicht in die Verlegenheit zu bringen, dagegen stimmen zu müssen. Ich finde es nicht gut, wenn wir uns heute darauf beschränken, eine Äußerung dieser Art oder eine Aktion dieser Art ohne eine zugleich politische Stellungnahme in der Sache abzugeben.

(Beifall.)

Ich wäre daher sehr dankbar, wenn wir übereinkommen könnten, diese Frage nach der Regierungserklärung und zugleich nach dem 20. Januar, der ja ein wichtiges Datum in diesem Zusammenhang ist[34], erneut in der nächsten Woche hier zu behandeln, um uns zu überlegen, wie nach dem 20.1. die Sache ist, was wir politisch zu sagen haben, ob wir eine solche zusätzliche Sache machen, wie sie der Rolf dankenswerter Weise angeregt hat, um damit auch die dann nach dem 20.1. sicher erneut beginnende Welle von Demonstrationen und Äußerungen politisch von uns mit beeinflussen zu können. Darum appelliere ich an Rolf [*Meinecke*], aus diesen Gründen den Antrag für heute zurückzuziehen.

(Vereinzelter Beifall.)

Wehner: Rolf *Meinecke.*

Meinecke (Hamburg): Liebe Genossinnen und Genossen, ich stelle den Antrag, der Fraktionsvorstand und dann anschließend die Fraktion möge alsbald und zum baldmöglichst geeigneten Zeitpunkt diese Aktion überlegen, um dann der Fraktion konkrete Vorschläge zu machen.

(Vereinzelter Beifall.)

Wehner: Wird weiter das Wort gewünscht? Das scheint nicht der Fall zu sein.

(Unruhe.)

Darf ich noch einmal fragen, welche Qualität diese letzte Bemerkung von Rolf *Meinecke* hat? Ist damit, meint er, dass er den Antrag als so eingebracht behandelt lassen will oder ist das nur ein Diskussionsbeitrag hier gewesen? Ja, es hat ja andere gegeben, die haben gewollt, dass man es jetzt macht. Ich müsste dann abstimmen lassen, ob jetzt oder nicht. Aber wenn der Antragsteller seinen Antrag eine Motivierung gibt, die man klar verstehen kann, ist die Lage wieder eine andere. *Meinecke*!

Meinecke (Hamburg): Ich möchte beantragen und motivieren, dass mir einige Argumente eingeleuchtet haben, dies nicht heute und ad hoc und vielleicht war es wirklich ein etwas zu spontaner Einfall, sondern überlegt sowohl wegen des Zusatzantrages von Helmut *Schmidt*, uns zu dem geeigneten Zeitpunkt und nach den Erklärungen der Bundeskanzlers und nach dem Ereignis des 20. Januar so schnell wie möglich durch Fraktionsvorstand zu beraten und dann der Fraktion den einstimmigen konkreten Vorschlag zu machen.

Wehner: Norbert *Gansel.*

---

[34] Gemeint ist vermutlich die Amtseinführung von US-Präsident *Nixon*, der am 20. Januar 1973 seine zweite Amtsperiode antrat.

Gansel: Genossinnen und Genossen, um das noch mal aufzugreifen. Mir lag es wirklich fern, durch irgendeinen Mehrheitsbeschluss hier eine Abgabe einzuführen. Ich kenne aber die Gepflogenheiten nicht, ich dachte, es würde jemand, der es kennt, der weiß, wie man so was macht, Vorschlag machen, dass das hier privat gesammelt wird oder aus dem Fraktionstopf kommt. Aber das ist wirklich nur eine Randfrage. Ich muss sagen, nachdem die Diskussionen jetzt so gelaufen sind, dass wir über Vietnam, dass wir von Vietnam über den Juso-Bundesvorstand bis zu der Frage des Charismas von Willy *Brandt* bis hin zu der Frage der Diäten und des Ansehens der Volksvertreter gekommen sind, ist diese Debatte zum Ende für meine Begriffe so peinlich geworden, dass man sie jetzt abschließen muss. Aber das Mindeste, was dann herauskommen muss, ist, dass wir in der nächsten Fraktionssitzung einen Vorschlag des Fraktionsvorstandes auf dem Tisch haben und dann nicht wieder anzufangen brauchen zu diskutieren, wann denn nun der geeignete Zeitpunkt gekommen sei. Also in der nächsten Sitzung, meine ich, muss dann dieser Vorschlag auf dem Tisch liegen.

Wehner: Was für ein Vorschlag?

(Unruhe und Heiterkeit.)

Genossen, nachdem hier Zensuren ausgeteilt werden, bei denen die meisten nicht gut wegkommen, gleichgültig wofür oder wogegen sie gesprochen haben, muss ich ja vorsichtig sein. Was heißt, was der Fraktionsvorstand in der nächsten Sitzung der Fraktion vorzulegen hat, bitte?

Gansel: Ich könnte mir vorstellen, dass der Fraktionsvorstand aus der Kasse der Fraktion einen bestimmten –

(Starke Unruhe.)

Augenblick mal bitte! Ich weiß nicht – ich weiß nicht – ich weiß nicht, ob es sich lohnt, sich daraus einen Spaß zu machen, aber eine Information mir gegenüber hätte genügt oder einer der alten Hasen kann doch klipp und klar sagen, wie so etwas funktioniert. Ihr habt das doch sicherlich nicht das erste Mal heute gehabt, diese Situation.

Wehner: Aber ich bitte um Entschuldigung, ich habe Anträge zu nehmen, wie sie sind, und ich habe verstanden, dass hier jeder 200 Mark geben soll. Und jetzt plötzlich heißt es, alte Hasen hätten sagen können, wie man so was macht {...}. Sollte also nicht jeder 200 Mark geben? {...} Das sollte ja gar nicht die Sache sein, sondern jemand sollte sagen, wie man so was macht, aus einer Kasse, dann bitte ich um eine Erläuterung.

(Gelächter.)

Bitte, *Oetting*.

Oetting: Genossinnen und Genossen, Herbert *Wehner*, hier ist gefragt worden und hier ist erwogen worden, nicht nur pauschal, dass jedes Mitglied der Fraktion 200 Mark überweist, hier ist erwogen worden, bis zu 1 000 Mark zu gehen, das hat *Walkhoff* gesagt. Hier ist gesagt worden, eine Kasse aufzustellen und da kann jeder nach Belieben einzahlen. Das sind doch die Fragen, die *Gansel* meint, wenn er sagt, mir soll mal jemand sagen, wie man das am zweckmäßigsten macht, damit die Genossen einigermaßen gleichmäßig dabei belastet werden.

Wehner: Hans-Jochen *Vogel*.

Vogel: Genossinnen und Genossen, ich bin zwar kein alter Hase, sondern ein junger Vogel hier, so wie ihr, aber ich möchte mich dem Antrag des Genossen *Zander* anschließen, mir zu eigen machen und ihn dahin konkretisieren, dass wir die Sache in die nächste Sitzung des Fraktionsvorstandes und in die nächste Sitzung der Fraktion nach der Regierungserklärung vertagen. Die Diskussion bewegt sich nämlich jetzt wirklich auf einem

Geleise, wo im Hinblick auf die Regierungserklärung und die Gesamtproblematik manches nicht ganz frei von Peinlichkeit ist. Deswegen dieser Vertagungsantrag.
(Beifall.)

Wehner: *Wichert.*

Wichert: Genossinnen und Genossen, ich will das unterstützen. Was die Öffentlichkeit von uns erwartet, ist, wenn überhaupt, eine politische Stellungnahme und kein Spendenbeitrag, gleich in welcher Höhe auch immer. Das kann für uns kein Alibi sein und was *Zander* und *Gansel* und *Vogel* gemeint haben, ist, dass der Fraktionsvorstand dieser Fraktion auch bei der Wahl des Zeitpunktes behilflich sein soll und einen Vorschlag machen, wann wir uns, in welcher Form wir uns zum Thema Vietnam äußern können.

Wehner: Wird weiter das Wort gewünscht? Ich möchte bitten um Zustimmung oder Ablehnung des jetzt hier so entwickelten Antrags. Wer dafür ist, dass der Fraktionsvorstand der Fraktion nach der Vorlage der Regierungserklärung oder nach der Debatte einen Vorschlag macht, den bitte ich um das Handzeichen. Ich danke. Gegenteilige Meinung. Stimmenthaltungen. Einstimmige Annahme. Danke.

Dann ruf' ich auf den Punkt 2. Ja, da war noch eine andere Frage des Genossen *Reiser*, die nichts mehr mit dieser Thematik –

Reiser: Genossinnen und Genossen, wie immer man diese so wichtige, für mich so wichtige Vietnamdebatte bewerten mag, ich bitte um Entschuldigung, wenn ich noch [auf] zwei andere Themen ganz kurz zu sprechen komme. Ich mache es auch ganz bestimmt, wie gesagt, ganz kurz. Die beiden Themen betreffen zwei Minister. Mir ist in der »FAZ« am Montag ein Kommentar des militärpolitischen Kommentators *Weinstein* aufgefallen, der von sich behauptet, dass er ganz besonders gut informiert immer sei, und es muss ja einige Leute, Leser, geben, die ihm das halt auch abnehmen und das endet dann, dieses Stück Lesewerk, am Ende mit folgender Passage: Auch die Position des stellvertretenden Generalinspekteurs wird frei.[35] Hier hat die Personalbürokratie bereits Vorentscheidungen getroffen. Der Einfluss des Ministers auf die Auswahl der Personalabteilung war gering. Ich würde darum bitten, dass der Minister dazu etwas sagt, wie das zu deuten ist.

Das andere betrifft eine regionale Fernsehsendung, das Freitagsmagazin im norddeutschen Raum. Ich habe Mitte Juli Minister *Lauritzen* gefragt nach den Tariferhöhungen bei der Bahn. Er hat damals gesagt, man darf nicht immer gleich an Erhöhung der Tarife denken, man muss zunächst mal sich um Rationalisierungen bemühen. Ich habe daraufhin gefragt, im neuen Jahr, wenn wir im neuen Jahr aufwachen, kann es dann passieren, dass die Tarife dann doch erhöht werden? Daraufhin sagte Minister *Lauritzen*, das bedeutet auf keinen Fall, die Bundesbahn werde in diesem Jahr nicht die Tarife erhöhen und das bedeutet auch nicht, dass sie zum 1. Januar erhöht werden. Jetzt möchte ich freundlicherweise darum bitten, dass vielleicht eine Verbindung hergestellt wird von Ministervoraussagen zu den Realitäten auf diesem Gebiet. Danke schön.

Wehner: Georg *Leber*.

Leber: Genossinnen und Genossen, ich habe diese Bemerkung in der »Frankfurter Allgemeinen Zeitung« auch gelesen. Dies ist kein Punkt, der so erheblich ist. Der stellvertretende Generalinspekteur der Bundeswehr tritt normal am 1. April zurück, hat ein Gesuch eingereicht, dem ist stattgegeben worden. Er hat die Altersgrenze im Jahre 1973

---

[35] Gemeint ist offenbar der Kommentar »Nach Brunssum«; vgl. »Frankfurter Allgemeine Zeitung« vom 15. Januar 1973, S. 3. – Nachfolger des stellv. Generalinspekteurs *von Freytag-Loringhoven* sollte Generalleutnant *Schnell* werden.

erreicht. Diese Stelle wird neu besetzt. Ich kann hier zu der Erklärung, die zitiert worden ist, nur zweierlei sagen. Erstens, der Informationsstand von Herrn *Weinstein* war sehr schlecht. Die Entscheidung hat der Minister selber getroffen, anders als Herr *Weinstein* in der »FAZ« angedeutet hat.

Wehner: Zusatzfrage? Nein. Dann Lauritz [*Lauritzen*].

Lauritzen: Genossinnen und Genossen, die Hauptverwaltung der Deutschen Bundesbahn hat immer die Genehmigung gehabt, bis zu 20 Prozent Tariferhöhungen durchzuführen ohne Genehmigung des Verkehrsministers, und die hatten die Absicht, wenn ihr euch noch daran erinnert, kurz nachdem ich das Ministerium übernommen hatte, von dieser Genehmigung Gebrauch zu machen und wären dann mit der Gebührenerhöhung genau in Bundestagswahlkampf hineingekommen. Das habe ich damals im Einvernehmen mit der Hauptverwaltung verhindert und wenn *Reiser* dann so peinliche Fragen stellt, wie wird das dann nun weitergehen, muss ich in dieser Situation natürlich sagen, im Jahr '72 nicht mehr, aber dass in '73 eine Tariferhöhung der Bundesbahn nicht zu vermeiden war, war damals schon sicher. Und dann hat die Bundesbahn, auf diese Erhöhung zurückkommend, kurz nach der Wahl sofort den Antrag wieder vorgelegt, und ich meine nach Rücksprache auch mit dem Finanzminister bei der Situation, in der die Bundesbahn sich befindet, können wir berechtigte Forderungen auf Tariferhöhungen nicht ablehnen. Die Auswirkung ist auch nicht so, wie es gelegentlich dargestellt worden ist. Wenn der D-Zug-Zuschlag von vier auf sechs Mark erhöht wird, ist doch eine Steigerung von 50 Prozent, aber es sind eben nur zwei Mark, nicht, und mit solchen Zahlen kann man diese Tariferhöhung nicht diskreditieren. Wir kommen um diese Tariferhöhung nicht herum und sie ist in einem Umfang durchgeführt worden, der nach meiner Meinung wirtschaftlich und sozialpolitisch auch nicht unerträglich ist. Das ist die Situation. Die tritt ein nicht am 1. Januar, insofern stimmt also die Auffassung des Ministers mit der Realität in diesem Fall auffallend überein, sondern am 1. Februar.

(Heiterkeit.)

Wehner: Zusatzfrage *Reiser*!

Reiser: Ich glaube, dass {...} Wähler nicht viel anfangen könne. Entschuldigung. Ich meine nämlich, wenn ich jetzt gefragt werde, wie kommt das, dann stehe ich eben da und sage, dann müssen sie den Minister selber fragen. Das ist der Punkt.

Wehner: *Lauritzen*.

Lauritzen: Im Grunde genommen, *Reiser*, lag keine Veranlassung vor, die Tariferhöhung im Juli vorigen Jahres abzulehnen. Das ist nur gelungen im Einvernehmen mit der Hauptverwaltung der Bundesbahn und ist eine politische Entscheidung gewesen, nicht. Das muss man einfach sehen. Das bedeutet natürlich nicht, dass man damit auf beliebige Zeit das berechtigte Verlangen nach Tariferhöhungen ablehnen kann. Das ist die Situation. Diese politische Entscheidung ist damals auch in der Öffentlichkeit kritisiert worden, auch in der Zeitung, die du zitiert hast, aber wir haben das durchgeführt und ich bin der Meinung, dass es eine richtige Entscheidung war. Wir werden jetzt, und es sind ja noch einige Dinge, die im Augenblick für den Verkehrshaushalt diskutiert werden, im Februar/März vor der ganz entscheidenden Frage stehen, wie notwendige Investitionen und die Zuschüsse für die Bundesbahn, die im Verkehrshaushalt einen ziemlich hohen Umfang angenommen haben, auch weiterhin haushaltsmäßig verkraftet werden können. Das werden noch ganz schwierige Fragen sein, vor denen wir stehen werden im Februar/März. Ich muss darauf aufmerksam machen. Wenn wir hier nicht dazu beitragen, dass auch die Verkehrsteilnehmer der Bundesbahn zum Teil mit dazu beitragen, dann kommen alle diese Forderungen auf den Haushalt zu, und was die Bundesbahn nicht aus Tarifen erwirtschaftet, kommen Forderungen an den Haushalt. Das muss man sehen.

Wehner: Genossen, wir sind jetzt faktisch über die Schwelle des nächsten Punktes gekommen, denn es ging nicht mehr um Diskussion. Wenn niemand, um noch einmal zu dem ersten Punkt zurückzukommen, einen Diskussionsbeitrag außer dem, was zu Vietnam hier diskutiert worden ist, machen wir, möchte ich rechtzeitig fragen, denn sonst, denke ich, richtig zu handeln, dass wir fortfahren mit dem Punkt Informationen, der faktisch jetzt von einigen angefangen hat. Ist die Meinung. Ja, ich wollte nur sichergehen, denn sonst hätten noch andere Teile der Ausführung von *Brandt* hier erörtert werden können von manchen. Dann *von Bülow*.

[B.]

von Bülow: Bei Regierungsbildungen ist es üblich, wenn Kompetenzverlagerungen stattfinden zwischen dem einen und dem anderen Ministerium, wenn Abteilungen wechseln, dass man daraus beim abgebenden Ministerium sozusagen Züge bildet, sie mit Flaschen besetzt und sie in das andere, in den anderen Bahnhof hinüberschickt. Ich habe gelesen, in ganz anderem Zusammenhang, eine Bemerkung, dass im *Arendt*-Ministerium so kräftig geholzt worden sei, dass also drei Abteilungsleiter der CDU oder hohe Beamte der CDU genommen worden sind, in den Zug hineingesetzt worden sind, Berufsbildung, und der dann hinübergeschoben worden ist in das *Dohnanyi*-Ministerium oder hinübergeschoben werden soll. Ich wüsste nun gerne, ob diese Meldung zutrifft und ob sie ein Ausdruck der Schwerpunktbildung Berufsbildung in den nächsten vier Jahren sein soll.

Wehner: Ich meine, hier ist – damit kein Missverständnis entsteht –, hier ist vom Zug die Rede gewesen, doch ein anderer als dessen Preiserhöhungen *Lauritzen* grade begründet hat.

(Heiterkeit.)

Deswegen ruf' ich nicht den Verkehrsminister auf, Genossen. Helmut *Rohde*!

Rohde: Genossinnen und Genossen, mit den Personalveränderungen im Arbeitsministerium, die auf die Aufgabenstruktur in den nächsten vier Jahren zielt, hat sich auch eine Frage von einem CDU-Abgeordneten oder zweien vor 14 Tagen beschäftigt.[36] Darauf habe ich eine ausführliche und sachliche Antwort gegeben.[37] Darauf darf ich in diesem Zusammenhang hinweisen. Die ist im Protokoll abgedruckt, aber zusätzlich möchte ich noch anfügen, dass überhaupt kein Abteilungsleiter aus dem Arbeitsministerium zum *Dohnanyi*-Ministerium mit herübergeht und zum Zweiten sind die personellen Umgliederungen, die sich natürlicherweise aus der Kompetenzverlagerung ergeben, einvernehmlich mit dem Genossen *Dohnanyi* abgesprochen worden. Es gehen die Fachkräfte, die auch im Arbeitsministerium Berufsbildung gemacht haben, und einige andere Veränderungen, die aber mit der Aufgabenstruktur des Ministeriums und mit den Schwerpunkten dieser Legislaturperiode zusammenhängen, vor der wir heute stehen. Es können sich ja nicht die Aufgaben verändern im Ministerium, in einer Reihe Gebiete neue Schwerpunkte herausbilden und die Personalstruktur bleibt festgeschrieben über alle Jahre hinweg gleich. Als wenn diese Referate nur Erbhöfe, die nur von Zeit zu Zeit mal wieder mit Beförderungen bekränzt werden.

---

36 Gemeint sind die Fragen der Abg. Wilhelm *Krampe* (CDU) und Heinrich *Franke* (CDU). Zu den Fragen der beiden Abg. vgl. BT Drs. 07/12, Fragen A 32 bis A 35.

37 Zur schriftlichen Antwort durch den Parl. Staatssekretär Helmut *Rohde* am 20. Dezember 1972 vgl. BT Plenarprotokoll 07/6, S. 112.

Wehner: Zusatzfragen? Dann *Müller*!

Müller (Nordenham): Genossinnen und Genossen, wir haben am 20. Dezember '72 unseren Gesetzentwurf zum vierten Rentenversicherungsänderungsgesetz beschlossen[38], und da heißt es im Vorblatt, das aus der Weiterarbeit erzielte Arbeitseinkommen darf bei durchgehender Beschäftigung grundsätzlich 30 vom Hundert der monatlichen Beitragsbemessungsgrenze – 1973 690 D-Mark – nicht überschreiten. Ich habe hier eine Broschüre, herausgegeben von der Landesversicherungsanstalt Hannover, »Was bringt die Rentenreform 1972?«, und da heißt es dann, ich will es mit wenigen Worten sagen, dieses Arbeitseinkommen darf nicht monatlich 257,50 Mark überschreiten. Wenn das überschritten wird, fällt das Altersgeld weg. Diese Broschüre hat viel Unruhe gestiftet und ich bitte doch um eine Antwort, was ist nun richtig. Das, was wir beschlossen haben oder was die LVA hier nun veröffentlicht?

Wehner: Helmut *Rohde*.

Rohde: Natürlich ist immer das richtig, Kollege *Müller*, was der Gesetzgeber beschlossen hat und diese Zahl trägt schon gar nicht {…} erklären können, dass die LVA Hannover nach der Verabschiedung des Reformgesetzes die ursprüngliche Fassung vielleicht unters Volk gebracht hätte und {…}, was ja bedeutete, volle Weiterarbeit zuzulassen und sich von daher hinsichtlich der neuen Veränderungen jetzt Fragen ergeben hätten. Aber ich wäre dankbar, wenn ich diesen Text kriegen würde. Das werde ich zum Anlass nehmen, die LVA Hannover darauf aufmerksam zu machen, wie die Rechtslage zu beurteilen ist.

Wehner: Zusatzfrage? Bitte! Andere Fragen? *Flämig*!

Flämig: Genossinnen und Genossen, in einigen Fächern wird in diesen Tagen hier ein Zettel verteilt, der, den ich hier zugestellt bekommen habe, von G. *Bollermann*, Hamburg, und zwar handelt es sich um einen Vordruck an den sehr geehrter Herrn Bundestagsabgeordneten und die sehr geehrte Frau Bundestagsabgeordnete.

(Heiterkeit.)

Ein ganz primitiv aufgezogener Fragebogen, so ähnlich wie wir ihn im Wahlkampf gehabt haben mit ja und nein. Es dreht sich um die Atomkernenergie. Wer so einen Zettel findet, ich bitte, ihn nicht zu beantworten, nicht in dieser Weise zu beantworten. Denn es ist ganz unmöglich, die Fragen, die hier gestellt worden sind, mit ja und nein zu beantworten. Es dreht sich hier um ganz wichtige fachliche Dinge, zum Beispiel ob wir für die Schnellbrüterentwicklung Steuergelder ausgeben wollen oder nicht. Liebe Genossinnen und Genossen, wenn ihr das nicht in den Papierkorb schmeißen könnt, weil der Absender jemand aus eurem Wahlkreis ist, dann würde ich vorschlagen, dass wir uns mit Minister *Ehmke* absprechen und eine gemeinsame Antwort formulieren.

Wehner: Keine Zusatzfragen?

(Zwischenruf: Schnellbrüter *Ehmke*!)

Welche weiteren Fragen werden hier gewünscht?

[C.]

Wehner: Sind keine, dann ruf' ich auf Punkt 3.

---

38 Zum Entwurf der SPD- und FDP-Fraktion vom 13. Dezember 1972 eines Gesetzes zur Änderung von Vorschriften der gesetzlichen Rentenversicherungen vgl. BT Drs. 07/3. Zur Dritten Beratung am 20. Dezember 1972 vgl. BT Plenarprotokoll 07/6, S. 95–100. – Vgl. auch die Vorbereitung auf die parl. Beratung in der SPD-Fraktionssitzung am 18. Dezember 1972, SVP B, online.

Wienand: Genossinnen und Genossen, wir haben morgen nur einen, zwei Tagesordnungspunkte, die Regierungserklärung, über die jetzt noch zu reden sein wird, und die Debatte dazu.[39] Es konnte kein Einvernehmen über die Begrenzung der Debatte morgen erzielt werden. In jedem Falle will der Fraktionsvorsitzende der Opposition unmittelbar nach dem Kanzler das Wort haben. Sie wollten uns zu einer Zusage bewegen, wenn ich sage uns, die FDP und die SPD, dass dann mit der Rede des Oppositionsführers die Debatte auf nächste Woche vertagt würde.
(Heiterkeit.)
Wir haben diesem Wunsch nicht entsprochen. Wir werden sehen, wie das morgen läuft, sodass also mit einer Debattenrunde gerechnet werden kann, vielleicht auch mit zwei Debattenrunden, je nachdem ob sie dann noch einmal auf einen unserer Redner eingehen. Allgemein ist aber das Interesse der Opposition auch so, dass wir mit der Mittagspause fertig sind, und uns dann mit der Debatte auf Mittwoch nächster Woche vertagen.

Wehner: Wer wünscht dazu zu sprechen? Ja, was den nächsten Punkt betrifft, so bitte ich zwar nicht um Ablass oder wie man das nennt unter den Sachkundigen, sondern um Nachsicht. Ich habe gestern teilgenommen, ebenso wie der Vorsitzende der anderen Koalitionsfraktion, *Mischnick*, auf Einladung an der Kabinettssitzung, bin also im Bilde darüber, wie schon verschiedentlich veränderte Textentwürfe nun gestern in einer letzten Lesung des Kabinetts behandelt worden sind und wie in der Zwischenzeit Ressortminister oder auch, das eine schließt das andere nicht aus, Parlamentarische Staatssekretäre Auskünfte über die Passagen oder die Teile der Regierungserklärung in Arbeitskreise gegeben haben und wie dann nach wiederaufgenommener Sitzung des Kabinetts darauf noch einmal Bezug genommen worden ist.[40] Aber ich bin nicht imstande, weil ich dies nicht haben kann, bevor es fertig ist, zu sagen, wie sieht nun die Regierungserklärung aus, nicht, denn dafür {…}
(Heiterkeit.)
Nachdem wir heute in einer ernsten Verfassung sind, ist es vielleicht wichtig, den Versuch zu machen, in Form einer Art Angebotes zu der Regierungserklärung das zu sagen, was eben bei begrenzten Kenntnissen der jetzt […] sich zu bewegende zu sagen ist. Das können wir auch sagen, dass eine ganze Reihe der Kabinettsmitglieder, die hier, weil sie auch Mitglieder der Fraktion sind, anwesend sind, dass die einiges zu den letzten oder auch noch vorletzten Änderungen zu sagen imstande und auch gerne bereit wären. Diese Regierungserklärung und das Gerippe zu kennzeichnen, ich meine, das gehört in diese Erklärung, und selbst das, was im Anschluss an die Kurzerklärung vom 15. Dezember ohne Umschweife und ohne große Feierlichkeiten gesagt zu werden möglich war, nachdem ja dort über einige Dinge, die unmittelbar bevorstanden, vordringlich waren und über einige Grundzüge geregelt worden sind. Und ich halte das, aber ich will sonst keine Wertung geben, für das Praktischste. Es folgen dann mehr oder weniger ausführliche Kapitel, beginnend mit der auswärtigen Politik, im Vordergrund Europa und die da vor sich gehenden oder/und beabsichtigten Entwicklungen. Es kommt dann der nächste, III bezeichnete Abschnitt über Sicherheit, Atlantische Allianz und was in diesen Bereich gehört. Es kommt dann unter IV das, was zur Einheit der Nation, zur Lage der Nation, zum Verhältnis zwischen den beiden deutschen Staaten mit dem Blick auf die bevorstehende Behandlung des Grundlagenvertrags zu sagen notwendig und auch

---

39 Zur Plenarsitzung am 18. Januar 1973 vgl. BT Plenarprotokoll 07/7.
40 Zur Sondersitzung des Kabinetts am 16. Januar 1973 vgl. Die Kabinettsprotokolle der Bundesregierung 1973, online. – Einziger Punkt der Kabinettssitzung war die Erörterung der Regierungserklärung.

| Fraktionssitzung | 17.01.1973 **5.** |

möglich ist. Es kommt dann der Teil V, der direkt in die Stabilitätsbemühungen und in die Probleme der Wirtschaft und damit zusammenhängende Probleme hineingeht. Der folgende Abschnitt VI behandelt Umweltprobleme im weitesten Sinn, ausgehend von der Deutung des Begriffes »Qualität des Lebens«, und es folgen dann mit VII Bildungsreform und weitere Reformarbeiten, die sich Sozialpolitik, Gesellschaftspolitik, das was zu Frauen im Rahmen der Gesellschaftspolitik, das was zur Rechtspolitik zu sagen ist. Und schließlich ist dann der letzte längere Abschnitt der, der sich mit dem Staat, mit dem Inneren quasi, mit den Fragen auch der, na sagen wir einmal, klassischen Innenpolitik und den damit zusammenhängenden Problemen befasst und ausmündet in einem direkten Ansprechen der Bürgerinnen, Mitbürgerinnen und Mitbürger.

Das wäre also, nun sehr in Überschriften, Teilüberschriften gesagt, der Zug, dem diese Regierungserklärung folgt. Ich nehme an, dass bei den Erörterungen, die gestern in Arbeitskreisen haben geführt werden können, solche Punkte, wie sie in letzter Zeit teilweise durch Presse oder teilweise durch Interviewdeutungen erneut aufgebracht worden sind, wie das, was mit der Einbringung der Kartellgesetznovelle zusammenhängt, was mit der Einnahmepolitik, Steuerpolitik zusammenhängt, was mit dem Begriff Sparbildung und vermögenswirksame Leistungen zusammenhängt, Steuerreform, die Mitbestimmung, die Bodenrechtsfragen und auch die Reform des Paragraphen 218.

Ich nehme an, dass diese Fragen gestern in den Arbeitskreisen in der Aussprache mit den Ressortministern ihre Rolle gespielt haben. Wo unter den hier genannten Stichworten das nicht der Fall war oder nur dazwischen Genossen und solche, die gestern dabei waren oder nicht haben dabei sein können, Fragen haben, dann wäre es wohl am besten, damit ich nicht wieder über eure sowieso ungeduldigen Köpfe hinwegrede, wenn wir direkt aussprächen, nicht, um zu verbinden. Die einen konnten dabei sein, die anderen waren nicht dabei. Die einen waren bei der, die anderen waren bei der, bei dem Arbeitskreis. Das könnten wir also nun jetzt als Frage und Antwort Situation, solange auch noch ein ganzer Teil hier anwesend ist, daraus entwickeln, denn sonst wäre es natürlich vermessen, und ich weiß nicht, wie es dann qualifiziert würde, wollte ich jetzt auch nur durchgängig oder an der Oberfläche einiges über diese Punkte sagen, die in diesen Themenabschnitten, neuen Abschnitten, bitte um Entschuldigung, gegliedert sind. Ich hatte den Eindruck, dass noch in der gestrigen Sitzung des Kabinetts sowohl im ersten Teil als auch in dem nächtlicheren Teil nichts unberührt geblieben ist, um das natürlich sagen jetzt ohne Klage oder Theorie für jemand, der nun nicht die letzten Formulierungen kennen kann, der Eindruck vielleicht so gut sein mag, aber meiner war insofern gut, als über alle diese Fragen, die die Leute sich angemerkt hatten, und dann über die, die vom Bundeskanzleramt als solche bezeichnet wurden, um deren besondere, genaue Beachtung man bitte, weil es eben solche Punkte sind, gewesen sind, die in der Presse oder in Interviews so eine Rolle gespielt haben, wie einige der hier Genannten, wenn das also gut ging, ohne dass dabei etwas ungeklärt geblieben ist, dann muss eigentlich der Gesamteindruck ein solcher sein, dass man nicht bange zu sein hat vor dem morgigen Tag und der sich daran rankenden Debatte.

Diese Debatte wird gar nicht einfach sein, denn was vorhin bemerkt worden ist über die Absicht des Herrn *Barzel*, darf ja, auch wenn man es nicht tragisch und dramatisch nimmt, nicht anders verstanden werden, als wolle er {...} 15. Dezember, bei dem er, und so soll es nach Möglichkeit ständig sein, unmittelbar auf den Bundeskanzler Widerrede gibt und das letzte Wort hat und dann im Übrigen mögen die Leute sich mit den anderen Fragen, die übrigbleiben, beschäftigen. Es gab doch einmal einen Bundestag, der in mehreren Perioden, die dann in diesem Sinne, sagen wir mal, klassischen Parlaments{...} gehalten hat und Generaldebatte und Einzeldetaildebatte möglichst so geführt hat, dass

5. 17.01.1973 Fraktionssitzung

bei aller Schärfe der Gegensätze, und die Gegensätze waren damals nicht weniger scharf als heute, in den fünfziger Jahren, es wirklich möglich war, für den, der berichten wollte, sich ein klares Bild zu machen. Die Gefahr droht jetzt, dass das durch die inneren Auseinandersetzungen bei der CDU {…}, aber das durch die dort diese ganze Geschichte, das Parlament wieder belastet und notleidend machen wird. Das müssen wir wissen und das Parlament selbst in der nächsten Woche {…} einen sichtbar schlechten Eindruck machen, weil die Reden so geführt werden, dass die meisten, die das für guten Stil bei parlamentarischen {…} sich von Generation zu Generation (uvs {…} sofern sie nicht ein Stichwort für sich persönlich zu erwarten haben. Jetzt kommt, also das ist nicht ein Hilferuf von mir, bei wem sollte ich um Hilfe rufen, kommen Briefe wohl auch mit Ausblick auf die nächste Woche und auf diese nun in Gang kommenden Debatten, in denen jene Leute, die uns kritisch begleiten, darauf hinweisen, wie bei den Debatten jedes Mal die CDU/CSU mit kräftigem Applaus ihre Redner belohnt, wie das im Fernsehen wirkte und wie das bei der SPD völlig anders ist. Es fällt mir sehr schwer, das aufzugreifen, fällt mir sehr schwer, das aufzugreifen, das gebe ich zu, weil ich auch nicht für Schau bin. Andererseits sind das nicht Leute, die das schreiben, die für Schau sind, sondern das sind die durchschnittlichen Bürgerinnen und Bürger, denen unsere Blasiertheit gar nicht in den Kopf gehen will. Das können sie sich nicht vorstellen, dass wir blasiert oder ich weiß nicht, wie sonst versiert sind und es nicht nötig haben. Ich bin ja gewiss also kein Applaudierer von, von, von – da können wir uns mal miteinander aussprechen, wenn ihr glaubt, ihr könnt durch Randbemerkungen eine an sich schwierige Situation noch deftiger machen. Mich bringt ihr da nicht aus der Ruhe, auch wenn ihr da auf der Pseudo-Regierungsbank sitzt. Ich möchte nur –

(Heiterkeit.)

ja bitte, Genossen, das ist ein schlechter Eindruck, den wir draußen machen, und wenn ich jetzt, ich scheue mich nämlich diese Frage in der Fraktion aufzubringen, weil ich ganz genau weiß, dass das unter anderem auch anders gesehen eine Geschmacksfrage ist, nicht. Soll man animieren, soll applaudieren, aber hier ist von Leuten, und das ist nicht das erste Mal, das fängt jetzt wieder an, wird beobachtet und gefragt, warum ist das bei euch so, mögt ihr euch nicht oder haltet ihr nichts davon und wieso ist die Opposition so geschlossen. Pass auf. Ich gebe hier keine Vorschläge. Welche sollte ich auch geben? Ich bitte nur darum, das auch mal zu überlegen.

Aber noch zurück zur Debatte. Ich fürchte, diesmal wird man nicht trennen wollen, so wie das in den letzten Jahren sowieso meist damit gehadert hat, in Generaldebatte, in denen man wirklich über die großen Züge und Linien der Politik debattiert hat, und zwar debattiert hat auch in den {…} Sachgebieten, wobei das eine das andere nicht völlig ausschließt, sondern jetzt wird der Sache der Stempel aufgedrückt. Der Bundeskanzler redet. Der CDU-Vorsitzende und CDU/CSU-Fraktionsvorsitzende widerredet und dann in der nächsten Woche kommt sozusagen der Aufwasch. Da werden wir es dann haben mit all den Leuten, die so tun, als seien sie Sachkenner. Wir müssen sehen, dass wir vom morgigen Tage retten, das wird nicht zuletzt auch von der Verfassung abhängen, in der der Willy *Brandt* sich befindet beim Vortrag der Regierungserklärung und von der Verfassung, in der wir uns befinden beim Ausdruck geben auf diese Regierungserklärung. Es wird sehr viel davon abhängen und da kann man ja niemanden hypnotisieren. Das hängt ganz von klimatischen und ähnlichen Verhältnissen ab. Aber wie gesagt, wir werden, da es diese Woche dann nicht mehr zu machen ist, nächste Woche die Stunden aussitzen müssen, damit die Arbeitskreise, bei uns ist das alles, leider kann das noch nicht anders sein, noch provisorisch, sich damit befassen, qualifizierte Debattenbeiträge zu erörtern und sich gegenseitig dabei zu helfen, solche zustande zu bringen. Das ist diese er-

| Fraktionssitzung | 17.01.1973 **5.** |

ste große Gelegenheit nach der Wahl vom 19. November wert, das heißt, dass wir uns darüber verständigen.

Im Übrigen komme ich noch mal zurück darauf, was ich vorhin gesagt habe in Bezug auf Änderung des Kartellgesetzentwurf, auf wie es etwas abstrakt heißt Einnahmepolitik des Staates also, auf Probleme wie die der vermögenswirksamen Maßnahmen, Anteil am Produktionsvermögen, auf das Bündel Steuerreform, auf die vielseitigen Probleme Umweltfragen, auf Mitbestimmung, auf Bodenrecht, auf Strafgesetzreformen, speziell auf 218, ist aufmerksam gemacht worden vor dieser letzten gestrigen Lesung im Kabinett. Diese Punkte sind erörtert, nicht nur sie, sondern jeder Punkt von den, gestern waren es noch 190, Textpunkten ist erörtert worden im Kabinett und die Zahl ist vermindert, der Umfang ist verringert. Ich wollte nur noch einmal sagen, wir müssen es jetzt umgekehrt machen und es müssen die Fragen zu bestimmten Gebieten gestellt werden, sofern das Bedürfnis nach dem Stellen, Klären solcher Fragen hier besteht und wir haben Genossinnen und Genossen aus dem Regierungsbereich hier, die uns dann helfen werden, die Sache zu klären, soweit sie noch von Belang sein kann für die Debatte. Wer wünscht das Wort? Wird das Wort nicht gewünscht? Nein. Bruno *Friedrich*!

Friedrich: Ich mache mir keine Illusion, dass da nicht mehr viel zu ändern ist, aber in einer Wochenzeitung, die sich für informiert hält oder für informiert ausgibt, war zu lesen, dass in Abschnitt VII im Zusammenhang mit dem Umweltschutz eine Grundgesetzänderung angestrebt wird und dass dies zu interpretieren wäre als die Einführung sozialer Grundrechte[41]. Nun wäre dies ja in der Tat ein tiefer Einschnitt in das Verfassungsdenken und in diesem Zusammenhang wurde *Genscher* genannt.

Was mich interessiert: Wird, erstens, über die Mehrheit Möglichkeiten der Koalition eine Absichtserklärung zu Grundgesetzänderungen abgegeben. Zweitens: Welche Ressorts sind davon betroffen? FDP/SPD. Drittens: Geht es um allgemeine Absichtserklärungen? Geht es um Grundgesetzänderungen oder geht es um soziale Grundrechte? Umwelt halte ich nicht unbedingt für zum Bereich der sozialen Grundrechte gehörend, weil hier geht es mehr um Folgelasten. Wenn eine solche Absichtserklärung abgegeben wird, dann müsste auch angesprochen werden, was man in der bisherigen Diskussion unter sozialen Grundrechten, Mitbestimmung, Recht auf Arbeit, Bildung, Gesundheit verstanden hat.

Wehner: Danke. Der Bundeskanzler.

Brandt (Berlin): Bruno *Friedrich*, zunächst zum Allgemeinen, das heißt zur Frage der Überprüfung unserer Verfassung, unseres Grundgesetzes. Dort sagen wir, dass wir zwar uns weiter interessieren werden, aufgeschlossen sein werden für die Fragen der Verfassungsreform, ohne nun uns in diesem Augenblick einzumischen in die Enquete-Kommission, die ja ihre Arbeit fortführt, aber wir sagen, und ich glaube, hier siehst du die Orientierung, sie, die Bundesregierung, sieht aber nach wie vor das Sozialdemokratische, jedenfalls nach meiner Auffassung, nicht übereinstimmt, aber das gilt dann morgen, nach wie vor keinen Anlass zu einer Gesamtrevision des bewährten grundgesetzlichen Rahmens für unser staatliches Leben. Ich weiß, das kann man auch anders sehen, ich bin dieser Meinung, habe schon eher meine Bedenken gehabt gegen zu viele Verfassungsänderungen bis hin zu der Diktierung von Daten über steuerliche Regelungen in einer Verfassung. Auf dem Gebiet sind wir, glaube ich, das einzige Land in der Welt, in dem es so was gibt.

---

41 Vgl. den Artikel »Progressiver Vortänzer«; »Der Spiegel«, Nr. 1 vom 1. Januar 1973, S. 21–23.

Jetzt zur speziellen Frage. Richtig ist, dass bei den Freien Demokraten, besonders durch Professor *Maihofer*, der jetzt dem Kabinett angehört ohne Ressort, der Gedanke vertreten wird, den ich für einen interessanten Gedanken halte, dass man, wenn man doch zu einer weitergehenden Reform käme, werden wir ja dann sehen, wie weit die Bundestagsexperten kommen, eben was man dann macht mit dem, was man in der früheren Terminologie die unechten Grundrechte genannt hat, gegenüber den angeblich echten oder klassischen. Ich halte diese Unterscheidung für nicht zeitgemäß, nebenbei gesagt, aber wir wollen uns bei der Terminologie jetzt nicht aufhalten, und da kommt *Maihofer* dann genau zu etwa deinem Katalog, wie du ihn eben andeutest, Arbeit, Bildung, Umwelt, Eigentum hat er, glaube ich, auch noch drin, und zwar eine andere Art von Eigentum als die, die geschützt sei, im Sinne der sogenannten echten Grundrechte. Das wird eine interessante Diskussion, die wird aber bis auf weiteres mehr akademischen Charakter haben. Und nun kommt *Genscher* und sagt, aber bei mir liegt ein Sonderfall vor. Ich werde in einer Reihe von Fragen nicht durchkommen, weil die Leute zum Verfassungsgericht laufen werden aufgrund der jetzigen Rechtslage, wenn ich nicht in der Verfassung eine Handhabe kriege für diesen neuen Tatbestand, den man ja nicht gekannt hatte, war uns allen nicht bewusst, nicht mal '49, als die Verfassung geschrieben wurde, noch Jahre lang danach nicht bewusst, und nun haben wir das durch eine, werdet ihr morgen ja merken an der Formulierung, durch etwas nicht gelöst, sondern vor uns hergeschoben, was die Sache nicht unnötig präjudiziert. *Genscher* wollte gerne die Ankündigung eines zu titulierenden Grundrechts auf Umwelt haben. Dies kann man jetzt nicht übers Knie brechen wegen der damit verbundenen rechts- und verfassungspolitischen Fragen und was macht der Laie, der dann außerdem noch, wenn er Journalist gewesen ist, er übersetzt erst Grundrecht in elementares Recht, ja, aus dem kann er auch wieder ein Grundrecht im Sinne der Verfassung machen. Das schließt das nicht aus. Zunächst sagt er aber nur durch elementares Recht, er hält es nicht für besonders wichtig und dann akzeptiert er den Zusatz des Innenministers hinter dem Komma, dass dieses elementare Recht einen Verfassungsrang bekommen müsse, damit sagt aber der Bundeskanzler nichts darüber aus, ob der Grundrechtskatalog angegangen werden muss. Das heißt, wir präsentieren das Thema, binden uns nicht die Hände und vor allen Dingen, wie gesagt, müssen uns dann noch sehr neben den Sachfragen mit den Juristen, ich habe das gemerkt, was es da für Probleme offenbar gibt, mit denen auseinandersetzen. Das ist also der Stand jetzt am Tag vor der Regierungserklärung. Dort wird es nur mit dem einen Satz jetzt zu Komplex 2, mit dem anderen vorhin, Tendenz sagt, keine völlig neue Verfassung zum Allgemeinen, mehr gegen Ende der Erklärung abgehandelt werden.

Wehner: Danke. Fritz *Schäfer*!

Schäfer (Tübingen): Darf ich dazu nur noch sagen, wir haben gestern Abend mit *Genscher* diese Fragen beraten. *Genscher* war ja ursprünglich der Meinung oder wollte ein Grundrecht ausdrücklich hier angekündigt wissen. *Genscher* hat sich genau in diesem Sinne, wie es der Bundeskanzler eben vorgetragen hat, nachher, ich will nicht sagen geeinigt, sondern geäußert, wobei wir uns darüber klar waren, dass die Erörterung dieser komplizierten Fragen gerade mit der ganzen Ausweitung, die du angesprochen hast, nicht in dieser Regierungserklärung orientiert werden kann, sondern das es dann eine Aufgabe der Enquete-Kommission sein wird[42], sie zu prüfen und konkrete Vorschläge zu machen.

---

[42] Zum interfraktionellen Antrag vom 22. Februar 1973 betr. Einsetzung einer Enquete-Kommission Verfassungsreform vgl. BT Drs. 07/214.

Wehner: Wird weiter das Wort gewünscht zu dieser oder zu anderen Fragen? Wenn nicht, dann würde ich den nächsten Punkt aufrufen.

[D.] → online unter www.fraktionsprotokolle.de

6.

23. Januar 1973: Fraktionssitzung (Tonbandtranskript)

AdsD, SPD-BT-Fraktion 7. WP, 6/TONS000017. Titel: »Fraktionssitzung vom 23.01.1973«. Beginn: 15.10 Uhr. Aufnahmedauer: 01:49:08. Vorsitz: Wehner.

Sitzungsverlauf:

A. TOP 1: Information (Organisation der Fragestunde der Fraktion; Bezeichnung von Berlin (West) in offiziellen Dokumenten; Einführung einer Autobahngebühr).
B. Vorbereitung der Plenarsitzungen: TOP 2: Tagesordnung und Ablauf der Plenarsitzungen. – TOP 3: Aussprache über die Regierungserklärung. – TOP 4: Einsetzung (Anzahl, Größe) der Bundestagsausschüsse.
C. Vorlagen aus den Arbeitskreisen: TOP 5: Kartellgesetznovelle. – Sonstiges: TOP 6: Entscheidung nach Paragraph 8 der Fraktionsgeschäftsordnung über die Anzahl der stellvertretenden Vorsitzenden (bisher 5), der Parlamentarischen Geschäftsführer (bisher 4), der weiteren Vorstandsmitglieder (bisher 18). – TOP 7: Nächste Termine. – Verschiedenes.

[A.–C.] → online unter www.fraktionsprotokolle.de

7.

30. Januar 1973: Fraktionssitzung (Tonbandtranskript)

AdsD, SPD-BT-Fraktion 7. WP, 6/TONS000017 (Erster Teil); 6/TONS000018 (Zweiter Teil). Titel: »Fraktionssitzung vom 30.01.1973«. Beginn: 15.15 Uhr. Aufnahmedauer: 00:46:09 (Erster Tonbandteil); 02:29:21 (Zweiter Tonbandteil). Vorsitz: Wehner.

Sitzungsverlauf:

A. TOP 1: Informationen (Zukunft von EURATOM und der Gemeinsamen Forschungsstelle; Notwendigkeit von Steuererhöhungen 1973, Bundeshaushalt 1973 und mögliche Erhebung eines Konjunkturzuschlags; Zeitpunkt für das Auslaufen der Investitionssteuer; angebliche öffentliche Äußerungen von Staatssekretär *Schlecht* aus dem Bundesministerium für Finanzen über die erwartete Höhe der Inflation Ende 1973; Differenzen zwischen SPD und FDP über die Notwendigkeit für einen Konjunkturzuschlag; verstärkte Zusammenarbeit zwischen dem Postbusbetrieb der Deutschen Bundespost und den Busbetrieben der Deutschen Bundesbahn; Zuständigkeiten für Verbraucherschutz

8. 13.02.1973 Fraktionssitzung

und Verbraucherpolitik beim Bundesminister für Ernährung, Landwirtschaft und Forsten; Einrichtung einer Fraktionsarbeitsgruppe für Verbraucherpolitik; Aufgabenverteilung zwischen dem Parlamentarischen Staatssekretär *Moersch* und dem Staatsminister im Auswärtigen Amt, *Apel*; Zweck und Datum der geplanten Reise von Außenminister *Scheel* nach Griechenland; bessere Koordinierung wichtiger Bundestagsdebatten innerhalb SPD-Fraktion und zwischen den Koalitionspartnern).

B. Vorbereitung der Plenarsitzung: TOP 2: Tagesordnung und Ablauf der Plenarsitzung. – TOP 3: 1. Beratung Kartellgesetznovelle. – TOP 4: 1. Beratung Postverfassungsgesetz. – TOP 5: 1. Beratung Viertes Strafrechtsreformgesetz. – TOP 6: 1. Beratung Zweites Gesetz zur Änderung des Weingesetzes.

C. Sonstiges: TOP 7: Besetzung der Bundestagsausschüsse. – TOP 8: Schriftführer. – TOP 9: Ältestenrat. – TOP 10: Humanitäre Hilfe für Vietnam. – TOP 11: Terminplanung. – TOP 12: Nächste Termine. – Verschiedenes.

[A.–C.] → online unter www.fraktionsprotokolle.de

8.

13. Februar 1973: Fraktionssitzung (Tonbandtranskript)

AdsD, SPD-BT-Fraktion 7. WP, 6/TONS000018. Titel: »Fraktionssitzung vom 13.02.1973«. Beginn: 15.15 Uhr. Aufnahmedauer: 02:46:01. Vorsitz: Wehner.

Sitzungsverlauf:

A. TOP 1: Politischer Bericht von Bundesminister *Schmidt* zur Währungssituation. – Diskussion der Fraktion über den Bericht.

B. TOP 2: Informationen (Diplomatische Beziehungen zu Süd- und Nordvietnam; Neuregelung der Versteuerung von Nacht- und Sonntagsarbeit; Kostensteigerung beim Multi-Role Combat Aircraft-Rüstungsprojekt; deutsche Aussiedler aus Polen; Reise des Heeresinspekteurs nach Indonesien; Zukunft des Saar-Pfalz-Kanal-Bauprojekts).

C. Vorbereitung der Plenarsitzungen: TOP 3: Tagesordnung und Ablauf der Plenarsitzungen. – TOP 4: 1. Beratung Grundvertrag. – TOP 5: 1. Beratung Beitritt zur Charta der Vereinten Nationen. – TOP 6: Einbringung des Agrarberichts.

D. Vorlagen aus den Arbeitskreisen: TOP 9: Änderung des Bardepotgesetzes. – TOP 7: Bundespersonalvertretungsgesetz. – TOP 8: Änderung des zivilen Ersatzdienstes. – Kleine Anfrage zur Eingruppierung von Frauen in Leichtlohngruppen.

E. Sonstiges: TOP 10: Besetzung von Gremien. – TOP 11: Vorschlag für die Neuordnung der Arbeitskreise und für die Wahl der Arbeitskreisvorsitzenden und deren Stellvertreter und der Obleute. – TOP 12: Sitzordnung im Plenarsaal. – TOP 13: Verwaltungsrat Deutscher Entwicklungsdienst. – TOP 14: Einsetzung einer Arbeitsgruppe Postverfassungsgesetz. – TOP 15: Nächste Termine. – Verschiedenes.

[A.–E.] → online unter www.fraktionsprotokolle.de

Fraktionssitzung 20.02.1973 **9.**

9.

20. Februar 1973: Fraktionssitzung (Tonbandtranskript)

AdsD, SPD-BT-Fraktion 7. WP, 6/TONS000018. Titel: »Fraktionssitzung vom 20.02.1973«. Beginn: 15.15 Uhr. Aufnahmedauer: 03:19:28. Vorsitz: Wehner.

Sitzungsverlauf:

A. TOP 2: Informationen (Sinkender deutscher Anteil an der EWG-Bürokratie; Ausweitung der Fischereigrenzen vor Island auf 50 Seemeilen; Auseinandersetzung um die staatliche Erstattung der Visagebühren bei Besuchen in der DDR; Verhältnis zu Polen und Situation der Ausreisewilligen deutscher Volkszugehörigkeit).

B. TOP 1: Bericht durch Bundesminister *Schmidt* über die Kabinettsbeschlüsse vom 17. Februar 1973 (Haushalt '73; finanzpolitische Maßnahmen zur Stabilisierung der Konjunktur; Stabilitätsabgabe; Stabilitätsanleihe).

C. Diskussion der Fraktion über die Kabinettsbeschlüsse.

[A.–C.] → online unter www.fraktionsprotokolle.de

10.

13. März 1973: Fraktionssitzung (Tonbandtranskript)

AdsD, SPD-BT-Fraktion 7. WP, 6/TONS000018. Titel: »Fraktionssitzung vom 13.03.1973«. Beginn: 15.14 Uhr. Aufnahmedauer: 02:08:20. Vorsitz: Wehner.

Sitzungsverlauf:

A. TOP 1: Bericht von Bundesminister *Schmidt* über die europäischen Reaktionen auf die Weltwährungskrise. – Diskussion der Fraktion über den Bericht.

B. TOP 2: Informationen (Gespräche mit dem Vorsitzenden der Gewerkschaft der Polizei; Umgestaltung des Bundesgrenzschutzes; Bundeszuschuss zur Rentenversicherung; Wohn- und Arbeitssituation der Abgeordneten im Gebäude in der Bonner Saemisch-Straße).

C. Vorbereitung der Plenarsitzung: TOP 3: Tagesordnung und Ablauf der Plenarsitzungen. – TOP 12: Informationen durch die Bundesregierung im Bundestag. – TOP 4: Aussprache über das Jahresgutachten 1973 und den Jahreswirtschaftsbericht 1973. – TOP 5: 1. Beratung CDU/CSU-Entwurf Änderung Einkommensteuergesetz.

D. Sonstiges: TOP 7: Vorschlag für die Benennung der Mitglieder der Enquete-Kommission Auswärtige Kulturpolitik. – TOP 8: IPU-Delegation vom 23. bis 29. April 1973. – TOP 9: NATO-Parlamentarierkonferenz. – TOP 10: Zeitliche Disposition 1. Lesung Haushalt 1973. – TOP 11: Flankierende sozialpolitische Maßnahmen zu Paragraph 218 StGB. – TOP 13: Wahl der Delegierten zum Bundesparteitag. – Spendenaktion der Fraktion für Vietnam. – TOP 14: Nächste Termine.

[A.]

Wehner: Die Sitzung ist eröffnet. Vor Eintritt in die Tagesordnung möchte ich Paul *Kratz* Glückwünsche zum Geburtstag aussprechen

(Beifall.)

und die Blumen des Tages übergeben. Schimpf nicht auf den Übergeber der Blumen. Er übergibt sie nur.

Zur Tagesordnung wird das Wort nicht gewünscht? Dann ruf' ich auf Punkt 1 und bitte Helmut *Schmidt*, zu seinem Bericht das Wort zu nehmen.

Schmidt (Hamburg): Liebe Freunde, ich bin mir nicht ganz darüber klar, wie weit der Einzelne aus der Zeitungsberichterstattung von heute Morgen sich ein klares Bild gemacht hat von dem, was tatsächlich beschlossen wurde und davon, wie es politisch zu bewerten sei. Deswegen bitte ich um Nachsicht, wenn ich zunächst einmal skizziere die wichtigsten Beschlüsse, die in der Nacht von Sonntag auf Montag in Brüssel getroffen worden sind.[1] Erstens: Die französische Regierung für den französischen Franc, die anderen Regierungen für den belgischen, luxemburgischen Franc, für den holländischen Gulden, für die deutsche Mark und für die Dänenkrone, haben beschlossen, nach festgelegten Regeln des gegenseitigen Währungsbeistandes dafür zu sorgen, dass die Wechselkurse ihrer Währungen untereinander fest bleiben oder genau und technisch gesprochen, dass sie sich nicht mehr als 2 ¼ Prozent voneinander entfernen dürften. Das heißt dass die bisher geltenden Regeln, die für diese Länder innerhalb der EWG gegolten haben, weiterhin gelten sollen und dass sie zweitens dadurch gegen den Ansturm des immer weicher werdenden US-Dollars verteidigt werden, dass diese sechs Regierungen gemeinsam beschlossen haben, ihre Notenbanken von der Pflicht zu entbinden, an dem unteren Interventionspunkt für den Dollar zu intervenieren, das heißt Dollars zu kaufen. Von der Pflicht entbinden werden – nicht von dem Recht, solches möglicherweise zu tun.

Dritter Punkt: Auf Drängen aller Übrigen ist beschlossen worden, die bestehenden Kapitalverkehrskontrollen, die insbesondere ja zur Abschirmung gegen kurzfristige Geldbewegungen eingeführt worden sind, noch zu verstärken und gegebenenfalls beizubehalten. Die Bundesregierung hat im Augenblick nicht die Absicht, aus diesem Beschluss konkrete Konsequenzen zu ziehen. Ich erwähne ihn aber, um darzutun, dass entgegen einer in unserer deutschen Publizistik weit verbreiteten Meinung, die Kapitalverkehrskontrollen nach Paragraph 23[2] etwa oder Bardepotgesetz[3] würden der europäischen Integration schaden, dass entgegen dieser Meinung alle übrigen europäischen Regierun-

---

1 Bereits am 4. März 1973 trafen sich die Finanzminister und Notenbankchefs der EG zu einer Sondersitzung des Rats, um über Maßnahmen gegen die internationale Währungskrise zu beraten, die sich durch die Abwertung des Dollars verschärft hatte. Für die Bundesrepublik bedeutete die anhaltende Dollarschwäche einen fortgesetzten Aufwertungsdruck, da immer mehr Dollar in die DM-Zone flossen. Die Bundesbank war daher gezwungen, immer häufiger am Devisenmarkt zu intervenieren, um die DM innerhalb der im Europäischen Wechselkursverbund vereinbarten Schwankungsbreite von 2,25 Prozent zu halten. In der Sitzung vom 11. auf den 12. März einigten sich die Finanzminister und Notenbankchefs schließlich auf gemeinsame Maßnahmen zur Überwindung der Währungskrise. Zur Erklärung des Rates der Europäischen Gemeinschaften vom 12. März 1973 über Maßnahmen zur Bewältigung der Währungskrise vgl. EUROPA-ARCHIV 1973, D 177. – Die D-Mark wurde am 14. März 1973 um drei Prozent aufgewertet.

2 Paragraph 23 des Außenwirtschaftsgesetzes regelte die Möglichkeiten zur Beschränkung von Geldgeschäften zwischen »Gebietsansässigen und Gebietsfremden«. Zum »Außenwirtschaftsgesetz« in der Fassung vom 28. April 1961 vgl. BGBl. 1961, I, Nr. 29, S. 481–495.

3 Zum »Gesetz zur Änderung des Kapitalverkehrssteuergesetzes und anderer Gesetze (Bardepotgesetz)« in der Fassung vom 23. Dezember 1971 vgl. BGBl. 1971, I, Nr. 135, S. 2134–2136.

Fraktionssitzung 13.03.1973 **10.**

gen der Meinung sind, wir Deutschen hätten eher noch zu wenig solcherart dirigistischer Schleusen eingeführt.

Es war nicht möglich, die britische, die irische und die italienische Regierung davon zu überzeugen, dass es wünschenswert wäre, wenn sie mit ihren Währungen sich in dasselbe Boot begäben. Wozu man ja wissen muss, dass diese drei Währungen schon vorher frei gefloatet hatten.[4] Die Gruppe der sechs hat eine ständige Einladung ausgesprochen an diese drei Regierungen, jederzeit der Vereinbarung beitreten zu können, und sie hat zu diesem Zweck eine Reihe von Vorschlägen durch die Kommission entgegengenommen, eine Arbeit in Gang gesetzt, die darauf hinausläuft, zu dem Zeitpunkt, wo etwa diese drei anderen Währungen der Vereinbarung beitreten wollen, dann allerdings die Regeln des gegenseitigen Währungsbeistandes wesentlich auszuweiten und auch die Zusammenlegung von Währungsreserven im sogenannten Europäischen Fond für währungspolitische Zusammenarbeit einzuleiten. Das wäre dann auch deswegen notwendig, weil die drei Währungen, um die es sich hier handelt, das englische Pfund, die italienische Lira und das irische Pfund, abwertungsverdächtige schwache Währungen sind, die einer außerordentlichen Stützung durch die Starken bedürfen würden, wenn sie sich in das gemeinsame Boot begäben.

Für die Ablehnung der englischen Regierung ist besonders maßgeblich, und das sage ich hier mit der Bitte, diesen Teil meines Berichtes nicht zu drucken, ist besonders maßgebend die Tatsache, dass Staatsbürger dritter Staaten, sagen wir Australien, Indien, Neuseeland, frühere englische Kolonien in Afrika und dergleichen, in hohem Maße Sterling-Guthaben in London besitzen, wenn wir sie zu D-Mark rechnen würden, handelt es sich um Beträge zwischen 30 und 40 Milliarden D-Mark, die möglicherweise beunruhigt werden würden durch ein Einscheren, ein Wiedereinscheren des englischen Pfundes in die sogenannte Schlange[5], in die Gruppe, da hat ja das englische Pfund mal acht Wochen sich drin befunden im vorigen Frühjahr, die möglicherweise beunruhigt würden und dann, wahrscheinlich, dazu führen würden, dass diese Pfunde im Gegenwert von 30 oder 40 Milliarden zu einem erheblichen Teil in Frankfurt anmarschiert kommen würden, in D-Mark umzutauschen wären mit der doppelten Konsequenz, mit der doppelten unerfreulichen Konsequenz, dass einerseits wir dafür zusätzliche D-Mark-Liquidität zunächst zu schaffen hätten, die anschließend über Mindestreserven und dergleichen versuchen würden, sie wieder zu eliminieren, und der zweiten Konsequenz, dass natürlich die Londoner City und ganz England uns das bitter übel nehmen würde, wenn wir diesen letzten Rest an Reservewährungsposition, den das Pfund darstellt, auf die D-Mark vereinnahmen würden. Dies ist der Hauptgrund gewesen für die englische Regierung, trotz der sehr weitgehenden Angebote, die wir gemacht haben, und wir sind am weitesten gegangen gegenüber allen. Wir haben vorgeschlagen eine gemeinsame europäische, sprich EWG-Wechselkursgarantie für diese Pfund-Sterling-Guthaben in London, der Grund gewesen, weswegen sie das gleichwohl abgelehnt haben.

Wir haben dann in dieser Sitzung bekanntgegeben, dass wir die Absicht hätten, autonom die Parität der Deutsch-Mark um drei Prozent anzuheben. Ich will hier in Klammern dazu fügen, dass wir dieses ohnehin sonst im Laufe des späteren Sommers so oder

---

4 Am 23. Juni 1972 verließen Großbritannien und Irland den Europäischen Wechselkursverbund, nachdem das britische Pfund wegen der anhaltenden Inflation und dem wachsenden Zahlungsbilanzdefizit unter Druck geraten war. Im Februar 1973 schied dann auch Italien aus dem Wechselkursverbund aus.

5 Gemeint ist der Europäische Wechselkursverbund. Innerhalb des Verbunds sollten sich die Wechselkurse der Mitgliedswährungen zueinander nur innerhalb einer Bandbreite von plus oder minus 2,25 Prozent (wie eine »Schlange«) um die vereinbarten Referenzkurse bewegen.

vielleicht dann sogar möglichweise in größerem Ausmaß hätten tun müssen aus zwei Gründen. Zum einen weil die Auftragseingänge uns zeigen, aus dem Ausland uns zeigen, dass im Lauf des Jahres 1973 der deutsche Außenhandelsüberschuss gewaltig steigen und auch zu einem erheblichen Zahlungsbilanzüberschuss führen würde, und zweitens, weil es darauf ankommen muss, die Gewinnexplosion, die hier entstehen könnte, in den Exportindustrien zu beschränken. Wir haben diese dreiprozentige Aufwertung im Ministerrat angekündigt. Das ist das erste Mal, dass die Bundesrepublik Deutschland so etwas nur nach Absprache mit ihren Partnern im Ministerrat der EWG tut.

Ich will nun zu den Nebenabreden kommen. Die Nebenabreden bestehen darin, dass man bereit ist, solche europäischen Währungen, die dem beizutreten wünschen, auch tatsächlich beitreten zu lassen. Theoretisch wäre dies denkbar für die Schweiz, für Österreich, für Schweden, für Norwegen, für Finnland. Bisher hat die schwedische Regierung schon zu erkennen gegeben, dass sie auf jeden Fall beitreten wolle. Ich nehme das auch von der österreichischen Regierung an. Es bleibt aber im Augenblick während dieser Woche, die Börsen bleiben ja geschlossen bis nächsten Montag überall auf der Welt, auch in Tokio, es bleibt in dieser Woche noch auszuarbeiten, ob die Währungen, die beizutreten wünschen, auch einbezogen werden wollen in einen danebenzustellenden Mechanismus gegenseitigen Währungsbeistandes oder in einen Mechanismus gegenseitigen Währungsbeistandes von geringerem Volumen oder ob sie, wie ich das für die Schweiz annehmen möchte, zunächst autonom floaten, aber mit dem Ziel, mit ihren eigenen währungspolitischen Reserven dafür zu sorgen, dass sie innerhalb der Bandbreite hineingelangen und innerhalb ihrer bleiben. Eine der Voraussetzungen für dieses ganze Paket von Maßnahmen war die Abstimmung mit der Regierung der Vereinigten Staaten von Amerika, die zwei Tage zuvor in Paris stattgefunden hatte.[6]

Die Vereinigten Staaten begrüßen diese europäische Lösung, weil sie sich nicht in der Lage sahen, ihrerseits an einer allseitigen massiven Intervention zur Stützung des Dollarkurses teilzunehmen. Das muss man wissen. Im Übrigen ist der amerikanische Finanzminister wieder auf dem Wege nach Bonn, und wir werden gemeinsam am Freitag uns mit den übrigen Mitgliedern des Zehnerklubs wiederum treffen, also auch die Schweden, die Japaner, die Kanadier dabei, um, wie ich hoffe, bei dieser Gelegenheit dann auch einige zusätzliche kooperative Hilfsmaßnahmen der Vereinigten Staaten zur Beruhigung der Märkte beschließen zu können.

Was nun die Bewertung dieses Vorgangs angeht, so muss man zunächst sagen, dass hiermit das Weltwährungssystem, das 1944 in Bretton Woods begründet wurde[7], endgültig zusammengebrochen ist. Ein erster ganz wesentlicher Schritt bei diesem Zusammenbruch in mehreren Stufen war im August 1971 die Aufgabe der Konvertibilität des Dollars.[8] Jetzt sind wir in einer Phase angelangt, wo keine der wichtigen Währungen der

---

6 Gemeint ist die Konferenz der Länder der Zehnergruppe und der Europäischen Gemeinschaft über Währungsfragen am 9. März 1973 in Paris. Zum Kommuniqué der Konferenz vgl. Europa-Archiv 1973, D. 176 f.
7 Auf der Währungs- und Finanzkonferenz im US-amerikanischen Bretton Woods (New Hampshire) beschlossen 44 Staaten im Jahr 1944 die Gründung des Internationalen Währungsfonds und legten Grundzüge einer internationalen Währungspolitik fest, die auf der Golddeckung des US-Dollars und einem System fester Wechselkurse zwischen den Währungen basierte.
8 US-Präsident *Nixon* kündigte am 15. August 1971 an, das System fester Wechselkurse (Bretton-Woods-System) einseitig aufzuweichen und den Dollar von nun an frei floaten zu lassen. Zudem kündigte er das Ende der Dollar-Konvertibilität in Gold an. – Zu diesem sog. *Nixon*-Schock in der Währungspolitik (der Schock bezog sich zudem noch auf die unerwartete Aufnahme diplomatischer Beziehungen zur Volksrepublik China) vgl. die SPD-Fraktionssitzung am 18. Januar 1972, Anm. 55, online.

Fraktionssitzung 13.03.1973 **10.**

Welt gegenüber einer der anderen wichtigen Währungen der Welt in einem festen Wechselkursverhältnis sich mehr befindet. Der Yen floatet. Das Pfund floatet. Die Lira floatet. Eine Gruppe von sechs europäischen Währungen, denen sich wahrscheinlich, wie gesagt, Schweden, Schweiz auf die eine, andere Weise anschließen werden, floatet gemeinsam und das heißt auch, der Dollar hat keinen festen Kurs.

In diesem System, in dem alle wichtigen Währungen auf der Welt sich frei bewegen, gibt es eine für uns sehr wichtige Ausnahme. Das ist diese europäische Gruppe von Währungen, die untereinander ein festes Wechselkursverhältnis beibehalten. Was übrigens bedeutet, dass zum Beispiel rund 50 Prozent des deutschen Außenhandels in Zukunft zu festen Wechselkursen weiterhin abgewickelt werden wird, während umgekehrt für Japan oder für England gilt, dass 100 Prozent ihres Außenhandels zu Floatingkursen mit all den Risiken, die das bedeutet, und all den Handelshemmnissen, die das bedeutet, abgewickelt werden muss. Für Frankreich, für Holland sieht es ähnlich günstig aus wie für die Bundesrepublik. Dieser Zustand des allgemeinen Freischwimmenlassens der wichtigsten Währungen der Welt ist von keiner Regierung, die hier beteiligt ist, bewusst und intentional herbeigeführt worden im Lauf der letzten zwei Jahre, aber es bleibt der einzig mögliche Ausweg, der, wie ich vermute, erst dann halbwegs mit dauerhafter Aussicht auf Erfolg verlassen werden kann, wenn es inzwischen kommen sollte zu dem, was in den Zeitungen mit der Überschrift versehen wird »Reform des Weltwährungssystems«. Die Reform des Weltwährungssystems trifft auf eine Reihe von Interessengegensätzen, zum Beispiel zwischen Industrieländern und Entwicklungsländern, zum Beispiel zwischen den Vereinigten Staaten auf der einen Seite und allen anderen auf der andern Seite. Ich will das Letztere erläutern. Es gibt, wie man schätzt, eine Masse von 80 Milliarden mehr oder minder liquiden Dollars, die in der Welt rumschwimmen. Solange diese riesenhafte Menge von amerikanischen Dollarforderungen, in unseren Zeitungen häufig auch als Eurodollars bezeichnet, nicht auf irgendeine Weise konsolidiert wird, kann jeden Tag erneut spekulativ ausgelöst das neue Weltwährungssystem wieder in Gefahr gebracht werden.

Zweitens: Darüber hinaus befindet sich eine ähnlich große Menge Dollars in den Tresoren, wenn ich mich bildhaft so ausdrücken darf, der Zentralbanken der übrigen Welt als sogenannte Währungsreserve. Zentralbanken vor allen Dingen in der Dritten Welt sind schrittweise dazu übergegangen, diese Währungsreserven auf den Markt zu werfen und dafür D-Mark als Reservewährung zu nehmen. Dies hat Vorteile für uns und auch Nachteile. Die amerikanische Erfahrung besagt, dass es à la longue mehr Nachteile hat als Vorteile. Wir können es im Augenblick bestenfalls als ein Kompliment für unsere Währung nehmen, die eben im Verhältnis zu allen übrigen Währungen der Welt, was wir auch alles an Negativa empfinden mögen über die Preisentwicklung innerhalb unseres Landes, gleichwohl im Verhältnis zu allen übrigen Währungen der Welt gegenwärtig eine der begehrtesten Währungen ist.

Was nun die Interessen der EWG angeht in diesem Zusammenhang, so muss man wohl sagen, dass diese Vereinbarung einer Gruppe von sechs EWG-Staaten nicht ein Schritt nach vorne ist im Sinne weiterer monetärer Integration. Das wäre eine übertreibende Behauptung. Ich habe gesehen, dass einer der Finanzminister, der an diesen Verhandlungen beteiligt war, es so ausgedrückt hat. Ich würde so weit nicht gehen, sondern ich würde mich darauf beschränken zu sagen, es handelt sich darum, dass diese sechs Staaten das, was sie an monetärer Integration bisher erreicht hatten seit dem März vorigen Jahres, dass sie dies allerdings nun auch gemeinsam und entschlossen verteidigen und daran nicht knabbern lassen durch diesen weichgewordenen Dollar. Es ist in dem Zusammenhang gewiss bedauerlich, dass Italien nicht beigetreten ist. Ich hätte eigentlich keine unüberwindbaren Schwierigkeiten für Italien gesehen. Was den Nichtbeitritt Englands angeht, trotz der außerordentlich tiefgreifenden politischen Bemühungen, die der britische Premierminister[9] und der deutsche Bundeskanzler angestellt haben, so glauben alle Beteiligten der Währungsgespräche der letzten sieben, acht Tage, dass wahrscheinlich doch das Risiko zu groß gewesen wäre, sowohl für die Briten, was mögliche Abflüsse aus dem englischen Pfund angeht, als auch für die Übrigen, insbesondere dabei für Frankreich und uns, die diese Abflüsse hätten finanzieren müssen. Ich glaube also, dass das einstweilige Draußenbleiben Englands im beiderseitigen Interesse das Risiko kalkulierbar gelassen hat. Andererseits wäre es ein sehr hohes Risiko geworden und wir hätten ganz gewiss Währungsreserven zusammenlegen müssen in einen Topf mindestens im Umfang von 30 Milliarden D-Mark.

Was das deutsche Interesse angeht, so habe ich schon anklingen lassen, dass die Tatsache, dass gut die Hälfte unseres Außenhandels weiterhin zu festen Kursen abgewickelt werden kann, natürlich in unserem Interesse liegt. Ich habe anklingen lassen, dass die dreiprozentige Aufwertung auch in unserem Interesse liegt, nicht nur wegen der zu erwartenden Einseitigkeit unserer Außenhandelsüberschüsse, sondern auch wegen der Entwicklung der Gewinne in diesem Jahr. Wir sind drittens auch insofern befriedigt, als das Ganze ohne jedwede Konfrontation mit den Vereinigten Staaten von Amerika hat zustande gebracht werden können. Im Gegenteil, wir sind sogar einmal in der angenehmen Lage gewesen, am letzten Freitag erfolgreich eine sich zuspitzende Konfrontation zwischen Amerika und Frankreich applanieren zu können. Ich bitte, diesen Satz nicht aufzunehmen in das, was etwa gedruckt wird.

Wir sind uns, glaube ich, auch einig darüber, dass es wünschenswert war, dass drei Wochen vorher der Dollar allgemein abgewertet wurde. Wenn das nicht geschehen wäre vorher, würde jetzt der Aufwertungseffekt für die D-Mark wie für die gemeinsam zusammengeschlossenen sechs europäischen Währungen ein bisschen zu groß geworden sein. Es ist zweifellos so, dass die amerikanische Regierung wie auch die übrigen Beteiligten vor drei Wochen nicht angenommen haben, dass diese amerikanische Dollarabwertung zusätzlich zu einem quantitativ nicht gerechtfertigten, psychologisch oder sagen wir besser psycho-pathologischen Effekt auf den Devisenmärkten der Welt hätte führen können. Das hat man nicht vorausgesehen. Wir glauben im Augenblick, und das sage ich im Namen aller Mitglieder der Zehnergruppe, einschließlich Japaner, einschließlich Amerikaner und einschließlich des Gastes Schweiz, wir glauben im Augenblick, dass im Grunde die festgesetzten Paritäten und Leitkurse dieser wichtigsten Währungen der Welt zwar ökonomisch richtig festgesetzt sind, dass aber wegen der psychologischen Verfassungen der Märkte möglicherweise Monate, vielleicht sogar eine ganze Menge Monate, vielleicht mehr als ein Jahr darüber hingeht, bis die jetzt im Augenblick frei pendelnden Kurse sich so einspielen, wie die Leitkursrelationen es erstrebt haben.

Ich will in dem Zusammenhang deutlich sagen, weil der eine oder andere vielleicht hat irritiert werden können durch ein Interview, was ich vorige Woche mit Fleiß einer deutschen Wochenzeitung gegeben habe[10], und auch dafür gesorgt habe, dass es über'n Tikker in ganz Europa lief, da mag der eine oder andere irritiert gewesen sein, weil da drinstand, im Notfall könnten wir leisten, allein zu floaten. Dieses war notwendig, dass es in einigen Hauptstädten so gelesen wurde, hat dazu beigetragen, dass man sich zusammenfinden konnte. Es mussten einige unserer Partner deutlich lesen, dass wir glaubten, es uns auch leisten zu können, alleine das durchzustehen. In dem Zusammenhang verdient

---

[9] Edward *Heath*.
[10] Vgl. das Interview »Dämme gegen den Dollar«; »Die Zeit«, Nr. 11 vom 9. März 1973, S. 4.

Fraktionssitzung 13.03.1973 **10.**

nun aber als nächstes Erwähnung die Tatsache, dass das Zusammenspiel mit Frankreich, trotz der noch bevorstehenden Stichwahl in Frankreich[11], außerordentlich gut funktioniert hat. Natürlich musste die französische Regierung die bereits Freitagnacht in Paris zustande gebrachten Verabredungen solange trocken halten, das Pulver so lange trocken halten, bis der Wahlvorgang am Stichwahlsonntag abgeschlossen war. In dem Zusammenhang wird wohl auch jeder verstehen, dass aus diesem Grunde, nicht nur aus diesem, auch aus anderen Gründen, wir sehr schweigsam gewesen sind und die ganze Woche keine Informationen gegeben haben, sodass wir in Kauf nehmen mussten, dass in deutschen, aber auch in anderen europäischen Zeitungen zum Teil der blühendste Unsinn stand. Es wird ja nun auch in den Kommentaren noch so weitergehen. Die großen Fachzeitschriften wie »Spiegel« und »Welt« werden das sicherlich fortsetzen.

Stabilitätspolitisch wird die Auswirkung von dem Bundeswirtschaftsminister positiv bewertet. Auf mittlere Frist, sagt er, können bei den Werften Schwierigkeiten eintreten. Kurzfristig erfordert dies eine noch stärkere Anstrengung bei der Kohle, wie ich an dem Gesicht von Adolf *Schmidt* mühelos ablesen kann. Das ist klar. Insgesamt wird die Wirtschaft in der Lage sein, das zu verkraften, was ihr zugemutet wird. Was die Landwirtschaft angeht, so besteht die Zusage der Kommission, dass der Grenzausgleich in wenigen Tagen angepasst werden wird. Hier treten also keine Folgen ein – und das bedeutet im Übrigen ja auch, dass der Aufwertungseffekt ein wenig verringert wird. Unter den gegebenen Umständen hält die Bundesregierung die gefundene Verabredung für eine optimale Lösung, eine Lösung, die keine unkalkulierbaren Risiken enthält. Im Gegenteil, es handelt sich um eine relativ homogene Gruppe von Währungen, die schon bisher ohne große Mühe beieinander haben gehalten werden können. Wir wünschen hervorzuheben, dass auch die Kooperation der daran nicht Beteiligten, England, Italien, Irland, Amerika, und die besondere Kooperation mit dem französischen Partner habe ich schon hervorgehoben. Schönen Dank.

(Beifall.)

Wehner: Wer wünscht das Wort? *Reuschenbach!*

Reuschenbach: Mich würde interessieren, was der Nebensatz konkret bedeuten könnte, dass kurzfristig für die Kohle besondere Anstrengungen nötig sind.

Wehner: Weitere Fragen oder Bemerkungen? Bitte, *Oetting.*

Oetting: Mich würde die Frage interessieren, was es bedeutet, dass die anderen, die beschlossen haben, mit uns zu floaten, gemeinsam mit uns zu floaten, nicht floaten müssen, sondern ihrerseits aufkaufen können Dollar.

Wehner: Weitere Fragen? Wenn keine weiteren Fragen sind, bitte ich Helmut *Schmidt* zu antworten.

Schmidt (Hamburg): Zunächst zu Peter *Reuschenbach*. Die Kohle wird ja nicht unmittelbar betroffen, weil wir keine Kohle exportieren, jedenfalls nicht in einem besonderen Maße. Sie wird mittelbar betroffen insofern, als es Verträge gibt, die abgestellt sind auf den Preis der Wettbewerbskohle. Hier handelt es sich um die amerikanische Wettbewerbskohle. Hier ist die Bundesrepublik vertraglich gebunden und wird das Notwendige tun.

Was die Frage vom Genossen *Oetting* angeht, da liegt wohl ein Missverständnis zugrunde. Alle in der Sechsergruppe, auch wir haben uns das Recht vorbehalten, Dollars zu kaufen, wenn uns das notwendig erscheinen sollte. Wir haben nicht gesagt, wann wir

---

11 Am 11. März 1973 fanden in Frankreich die Stichwahlen nach dem ersten Durchgang der Wahl zur Nationalversammlung am 4. März 1973 statt. Vgl. Europa-Archiv 1973, Z 69.

das tun oder ob wir es überhaupt tun. Wir haben nur gesagt, wir behalten es uns vor. Und zweitens ist ganz klar, dass wenn wir es tun, und das könnten auch die Vereinigten Staaten ja tun mithilfe von Krediten, die wir ihnen geben würden, darüber wird am Freitag in Paris geredet werden, zweitens ist klar, dass wir das alle nur tun würden nach entsprechender Vereinbarung miteinander, die im Augenblick nicht getroffen werden soll, weil wir im Augenblick gar nicht den Eindruck machen wollen, als ob wir den Dollarkurs weiterhin stützen.

Wehner: Sind noch Fragen? Bitte Antje *Huber*.

Huber: Ist damit zu rechnen, dass die Amerikaner, wie es in einigen Zeitungen zu lesen war, auch noch einen besonderen Beitrag zur Situation leisten werden?

Wehner: Noch Fragen? Bitte!

Sander: Ich gehe davon aus, dass die Aufwertung nur gegenüber dem US-Dollar erfolgen wird. Das hat aber doch Wirkungen für alle Währungen, die außerhalb der EWG liegen.

Wehner: Weitere Fragen? Wenn nicht, dann bitte ich Helmut *Schmidt*.

Schmidt (Hamburg): Was Antje *Hubers* Frage angeht, ich möchte vorsichtig sein in der Antwort. Dieses bleibt noch auszuhandeln am Donnerstag und Freitag. Wir haben darüber vorbereitende Gespräche mit der amerikanischen Seite gehabt in der letzten Woche. Ich möchte glauben, dass es kooperative Maßnahmen von der amerikanischen Seite geben wird, ohne dass ich sie im Augenblick näher definieren möchte.

Was den Genossen *Sander* angeht, wir werten auf unsere Parität oder sagen wir genauer unseren Leitkurs in Gold oder in Sonderziehungsrechten. Das überlegen wir im Augenblick noch, was uns zweckmäßiger erscheint. Technisch läuft es auf akkurat dasselbe hinaus. Was uns währungspolitisch zweckmäßiger erscheint, wird im Augenblick in der Gruppe der Stellvertreter des Zehnerblocks noch erwogen. Die Bedeutung einer solchen dreiprozentigen Aufwertung, der Effekt ergibt sich gegenüber allen anderen, nicht nur gegenüber den Mitgliedern der Sechsergruppe, sondern gegenüber allen anderen.

Wehner: Keine weiteren Fragen?

[B.-D.] → online unter www.fraktionsprotokolle.de

11.

20. März 1973: Fraktionssitzung (Tonbandtranskript)

AdsD, SPD-BT-Fraktion 7. WP, 6/TONS000018. Titel: »Fraktionssitzung vom 20.03.1973«. Beginn: 15.15 Uhr. Aufnahmedauer: 04:38:01. Vorsitz: Wehner.

Sitzungsverlauf:

A. TOP 1: Information (Staatliche Hilfe für Orkanschäden in Waldgebieten; Erhöhung der Kriegsopferrenten; Sozialklausel für die steuerliche Absetzbarkeit von Schuldendiensten; Einkommensgrenzen für die Berechtigung auf eine Sozialwohnung; Äußerungen zur Tarifpolitik der Gewerkschaften; Bezüge der Abgeordnetenmitarbeiter; Waffenlieferungen an Nicht-NATO-Staaten; Entschädigungen für Opfer der nationalsozialistischen Zwangssterilisierungen).

Fraktionssitzung 22.03.1973 **12.**

B. Vorbereitung der Plenarsitzungen: TOP 2: Tagesordnung und Ablauf der Plenarsitzungen. – TOP 3: 1. Beratung Änderung Gerichtsverfassungsgesetz. – TOP 4: 2. und 3. Beratung Änderung BGB (Paragraph 313). – TOP 5: 1. Beratung Änderung Bundessozialhilfegesetz. – TOP 6: 1. Beratung CDU/CSU-Antrag Gesetz über Naturschutz und Landschaftspflege. – TOP 10: Änderung des Gesetzes über forstwirtschaftliche Zusammenschlüsse. – TOP 7: CDU/CSU-Antrag betr. Berufs-/Laufbahnreform.

C. Vorlagen aus den Arbeitskreisen: TOP 8: Fünftes Strafrechtsreformgesetz (Paragraph 218 StGB). – TOP 9: Sozialflankierende Maßnahmen zu Paragraph 218 StGB.

D. Sonstiges: TOP 11: Ausschussumbesetzungen. – TOP 12: Nächste Termine. – Verschiedenes.

[A.–D.] → online unter www.fraktionsprotokolle.de

12.

22. März 1973: Fraktionssitzung (Tonbandtranskript)

AdsD, SPD-BT-Fraktion 7. WP, 6/TONS000018. Titel: »Fraktionssitzung vom 22.03.1973«. Beginn: 8.05 Uhr. Aufnahmedauer: 00:54:48. Vorsitz: Wehner.

Sitzungsverlauf:

A. Einziger Tagesordnungspunkt: Bericht von Bundesminister *Genscher* im Innenausschuss (Vorwürfe des GdP-Chefs *Kuhlmann* gegenüber Bundesgrenzschutz).

[A.] → online unter www.fraktionsprotokolle.de

13.

3. April 1973: Fraktionssitzung (Tonbandtranskript)

AdsD, SPD-BT-Fraktion 7. WP, 6/TONS000019. Titel: »Fraktionssitzung vom 03.04.1973«. Beginn: 16.45 Uhr. Aufnahmedauer: 02:39:13. Vorsitz: Wehner.

Sitzungsverlauf:

A. TOP 1: Informationen (Veräußerung bundeseigener Grundstücke; soziale Ausgewogenheit bei der Grundsteuerreform; Verhaftung des griechischen Professors *Tsatsos* bei der Einreise nach Griechenland; kontroverse Äußerungen von Willy *Brandt* zu möglichen Beschlüssen des kommenden SPD-Bundesparteitags; Verhältnis von Regierungserklärung und Langzeitprogramm der SPD; dubiose Organisationen, die sich als Vertretung der nach dem Zweiten Weltkrieg verlorenen deutschen Ostgebiete ausgeben; Umgang mit Kunstwerken, die das griechische Obristenregime kritisieren; bessere Abstimmung bei Besuchen von Bundesministern in Wahlkreisen; Selbstverständnis und Funktion von Gruppen innerhalb der SPD-Bundestagsfraktion).

B. Vorbereitungen Ablauf der Plenarsitzungen: TOP 2: Tagesordnung und Ablauf der Plenarsitzungen. – TOP 3: 1. Beratung Haushalt 1973 und Finanzplan des Bundes 1972–1976. – TOP 4: 1. Beratung Steueränderungsgesetz 1973, Mineralölsteuer und Branntweinsteuer-Änderungsgesetz. – TOP 5: 1. Beratung 16. Rentenanpassungsgesetz. – TOP 6: 1. Beratung CDU/CSU-Entwurf 5. Anpassungsgesetz KOV. – TOP 7: 1. Beratung Zweites Bundesbesoldungserhöhungsgesetz.

C. Sonstiges: TOP 8: Bericht von Alfred *Nau* (SPD-Schatzmeister).

D. Fortsetzung zu Sonstiges: TOP 9: Bericht von Hermann *Dürr* über Gruppenantrag Paragraph 218 StGB (5. Strafrechtsreformgesetz). – TOP 10: Vorschlag für die Mitglieder des Kuratoriums der Bundeszentrale für politische Bildung. – TOP 11: Vorschlag für die Mitglieder zur Deutschen Sportkonferenz. – TOP 12: Vorschlag für die Mitglieder der NATO-Parlamentarierkonferenz. – TOP 13: Deutsches Komitee für UNICEF. – TOP 15: Nächste Termine. – Verschiedenes.

[A.–D.] → online unter www.fraktionsprotokolle.de

14.

8. Mai 1973: Fraktionssitzung (Tonbandtranskript)

AdsD, SPD-BT-Fraktion 7. WP, 6/TONS000019. Titel: »Fraktionssitzung vom 08.05.1973«. Beginn: 15.15 Uhr. Aufnahmedauer: 03:59:22. Vorsitz: Wehner.

Sitzungsverlauf:

A. TOP 1: Politischer Bericht von Bundeskanzler *Brandt* (Konjunktur- und währungspolitische Stabilisierungsmaßnahmen der Bundesregierung).

B. Politischer Bericht von Finanzminister *Schmidt* (Konjunktur- und währungspolitische Stabilisierungsmaßnahmen der Bundesregierung). – Diskussion der Fraktion über beide Berichte.

C. Bericht von Horst *Ehmke* zur geplanten Erhöhung der Postgebühren – Diskussion der Fraktion über den Bericht – TOP 2: Informationen.

D. Vorbereitung der Plenarsitzungen: TOP 3: Tagesordnung und Ablauf der Plenarsitzungen. – TOP 4: 2. Beratung und Schlussabstimmung Grundlagenvertrag. – TOP 5: 2. Beratung und Schlussabstimmung UNO-Beitritt. – TOP 6: 1. Beratung Rechte der Ständigen Vertretung der DDR. – TOP 7: Bericht über die Entwicklung der Beziehungen zwischen der Bundesrepublik und der DDR.

E. Sonstiges: TOP 8: Enquetekommission Verfassungsreform. – TOP 9: Bundesgrenzschutz. – TOP 10: Nächste Termine. – Verschiedenes.

[A.–E.] → online unter www.fraktionsprotokolle.de

Fraktionssitzung 10.05.1973 **15.**

15.

10. Mai 1973: Fraktionssitzung (Tonbandtranskript)

AdsD, SPD-BT-Fraktion 7. WP, 6/TONS000019. Titel: »Fraktionssitzung vom 10.05.1973«. Beginn: 19.25 Uhr. Aufnahmedauer: 01:36:47. Vorsitz: Wehner.

Sitzungsverlauf:

A. Tagesordnung und Ablauf der Plenarsitzungen.
B. Bericht von Bundesminister *Schmidt* zur Erweiterung des konjunkturpolitischen Stabilitätsprogramms der Bundesregierung.
C. Diskussion der Fraktion über das Stabilitätsprogramm.

[A.–C.] → online unter www.fraktionsprotokolle.de

16.

15. Mai 1973: Fraktionssitzung (Tonbandtranskript)

AdsD, SPD-BT-Fraktion 7. WP, 6/TONS000019. Titel: »Fraktionssitzung vom 15.05.1973«. Beginn: 15.10. Aufnahmedauer: 04:01:11. Vorsitz: Wehner.

Sitzungsverlauf:

A. TOP 1: Informationen (Soziale Härten bei der Umsetzung des konjunkturpolitischen Stabilitätsprogramms der Bundesregierung; Reduzierung der privaten Bautätigkeit durch das Stabilitätsprogramm; Beschluss des SPD-Bundesparteitags zur Abschaffung des Maklerberufs; Gerüchte über mögliche Stilllegung der Kohleförderung im Ruhrgebiet; Terminplanung zur Klausurtagung der SPD-Bundestagsfraktion).
B. Vorbereitung der Plenarsitzungen: TOP 2: Tagesordnung und Ablauf der Plenarsitzungen. – TOP 3: 1. Beratung der Gesetzentwürfe und Anträge zu Paragraph 218 StGB. – TOP 4: 1. Beratung der flankierenden Gesetze und Anträge zu Paragraph 218 StGB.
C. TOP 5: 1. Beratung Betriebsärzte und Fachkräfte für Arbeitssicherheit. – TOP 7: 1. Beratung Änderung Adoptionsrecht. – TOP 8: 2. und 3. Beratung Ziviler Ersatzdienst. TOP 9: 1. Beratung Reform Strafverfahrensrecht. – TOP 10: CDU/CSU-Antrag betr. Amt zu Bewertung technologischer Entwicklungen. – TOP 11: CDU/CSU-Antrag betr. Enquete-Kommission »Frau und Gesellschaft«. – TOP 12: CDU/CSU-Antrag betr. Bundesjugendplan. – TOP 13: 1. Beratung Änderung Bundesausbildungsförderungsgesetz.
D. Fortsetzung der Diskussion zu TOP 3 und TOP 4 (Reform des Paragraphen 218).
E. TOP 6: 2. und 3. Beratung 16. Rentenanpassungsgesetz. – Verschiedenes.

[A.]

Wehner: Die Sitzung ist eröffnet. Erlaubt mir am Anfang ein Wort des Gedenkens an einen am 11. Mai verstorbenen alten Genossen aus Dinslaken, Willy *Lantermann*, aus der

Kommunalpolitik hervorgegangen, in ihr verwurzelt geblieben, Mitglied des Bundestages gewesen in der 3. Legislaturperiode. Ich danke.

Heute hat Hermann *Spillecke* seinen Geburtstag. Da es kein runder ist und er noch denkt, er gehört zu den Vierzigern,

(Beifall.)

sind das noch hoffnungsfrohe Rosen. Danke und alles Gute.

Wegen Krankheit sind heute Hermann *Barche*, Günther *Eckerland*, Helmut *Rohde*, wegen einer dringend gewordenen Kur Adolf *Scheu* entschuldigt und Elisabeth *Orth*, die sehr schwer krank darniederliegt. Wir wünschen ihr Erleichterung ihres Leidens, soweit wir zugehört haben, Genossen.

Es haben außerdem eine Menge sich der Stimme – ich bitte um Entschuldigung, entweder machen wir Sitzung oder wir machen {...}.

(Beifall.)

Es gab Zeiten, da gab es keine Lautsprecher, man machte dennoch Sitzungen und verständigte sich. Entschuldigt meine Grobheit.

Es sind sehr viele wegen Europaratstagung und wegen anderer Termine entschuldigt. Ich fürchte, dass das nicht die ganze Woche durch so anhalten kann. Genossen, wir haben heute eine Tagesordnung, die nicht nur ihrer Länge nach, sondern auch wegen einiger Bestandteile des Inhalts allerlei Überlegungen erfordert, und ich bitte deshalb von vornherein um Geduld in diesen Fragen, die zum Teil, während man noch disponiert anschwellen wie ein Hefeteig, zum Beispiel alles das, was mit dem Paragraphen 218 [Strafgesetzbuch] und dazugehörigen Entwürfen und Gesetzen oder Anträgen, die zum Thema gehören, zu beachten sein wird. Zu[r] Tagesordnung wird das Wort nicht gewünscht.

Ich rufe auf Punkt 1, Informationen. Wer hat Fragen zu stellen. Bitte *Emmerlich*.

Emmerlich: Ich habe eine Frage zum zweiten Stabilitätsprogramm[1], speziell zur Aussetzung der Abschreibung nach Paragraph 7 b[2]. Es ist gestern jemand zu mir gekommen, der hat im Januar dieses Jahres einen notariellen Vertrag mit einer Firma abgeschlossen, die Eigenheime in Fertigbauweise vertreibt. Danach hat er von ihr ein Grundstück gekauft und ein solches Eigenheim und die Firma beauftragt, dieses Eigenheim im September dieses Jahres zu errichten. Der Antrag auf Baugenehmigung ist noch nicht gestellt. Für den Fall, dass er diesen Vertrag nicht erfüllt, ist eine Vertragsstrafe von sieben Prozent des Kaufpreises, rund 10 000 Mark vereinbart. Meine Frage lautet: Können wir in den Fällen, in denen eine vertragliche Verpflichtung zur Errichtung eines Gebäudes in der Zeit vom 9. Mai 1973 bis zum 1. Mai 1974 besteht, nicht die Aussetzung nach Paragraph 7 b Einkommensteuergesetz gewähren, hilfsweise, wenn diese Frage aus mir noch unerfindlichen Gründen verneint werden sollte, müssen wir dann nicht erwägen, diesen Personen ein außerordentliches Rücktrittsrecht zu gewähren? Dazu eine Anmer-

---

1 Zum Stabilitätsprogramm, das vor allem die Preissteigerung bekämpfen sollte und das Bundesminister *Schmidt* Ende Oktober 1972, nach der Auflösung des Bundestages in der 6. Wahlperiode, der Öffentlichkeit vorstellte vgl. den Artikel »Liegt am Herzen«; »Der Spiegel«, Nr. 45 vom 30. Oktober 1972, S. 27 f. – Vgl. auch die SPD-Fraktionssitzungen am 8. Mai, SVP B, und am 10. Mai 1973, SVP B und C, online, in der Bundesminister *Schmidt* zur Erweiterung des konjunkturpolitischen Stabilitätsprogramms vom Oktober 1972 Stellung nahm.

2 Die Bundesregierung versuchte, mit der Änderung bei der einkommensteuerlichen Abschreibung der Baukreditbelastungen die private Bautätigkeit zu dämpfen. Alle, noch nicht genehmigten Bauten, die dennoch innerhalb der Jahresfrist getätigt würden, sollten lebenslang steuerlich nicht mehr anrechenbar sein.

kung: Es handelt sich bei derartigen Bauherrn gewöhnlich nicht um solche Personen, die auf Rosen gebettet sind finanziell, die also darauf angewiesen sind, dass die Gesamtkalkulation einschließlich des 7b stimmt. Und letztlich: Wir sollten diese Frage sobald wie möglich entscheiden, bevor Unruhe und Unsicherheit sich ausbreitet.

Wehner: Zur gleichen Frage? Rainer *Offergeld*!

Offergeld: Ich wollte an und für sich ein paar Worte zur Beantwortung der Frage sagen. Wir haben nämlich über diese Frage in der Arbeitsgruppe heute Morgen diskutiert. Es gibt eine ganze Reihe ähnlicher Probleme im Zusammenhang mit Paragraph 7b und, wir werden uns bemühen, diese Probleme zu lösen. Entweder die Finanzverwaltung schafft eine Billigkeitsregelung, dass solchen Leuten der 7b gewährt wird, oder wir ziehen hier auch das Bestelldatum vor, dass also für die Gewährung des 7b das Datum der Bestellung maßgebend ist, wie wir es ja auch bei der Investitionssteuer haben. Welche Regelung wir da technisch treffen, müssen wir noch abschließend diskutieren in der Arbeitsgruppe, aber das Problem ist gesehen, und man kann den Leuten draußen sagen, dass das gelöst wird.

(Vereinzelter Beifall.)

Wehner: Noch zur selben Frage? Nicht. Andere Fragen? Bitte, *Gerlach*!

Gerlach: Zum ersten Stabilitätsprogramm, liebe Genossinnen und Genossen, die Niedersächsische Landesregierung, und zwar Wirtschaftsministerium, hat eine Alternativregelung hinsichtlich der Investitionsreduzierung auf 7,5 Prozent gestellt, und ich frage das Wirtschaftsministerium beziehungsweise Finanzministerium, wie es sich zu diesem Vorschlag stellt, der vorsieht, für Anbauten und Rationalisierungsmaßnahmen auf fünf Prozent zu reduzieren und stattdessen die bisherige Investitionszulage auf zehn Prozent zu erhalten. Nach den Berechnungen des Ministeriums ergäbe das eine größere Ersparnis, als jetzt den Durchschnitt von 7,5 Prozent zu nehmen.

Wehner: Konrad *Porzner*!

Porzner: Auch das ist ein Thema, das wir heute behandelt hatten. Es findet noch mal ein Gespräch statt zwischen dem, heute Abend in der Arbeitsgruppe, wobei das Wirtschaftsministerium beteiligt ist. Wobei ich sagen möchte, dass die Erhöhung der Investitionszulage wieder auf zehn Prozent bei Neuschaffung von Arbeitsplätzen wohl kaum zu machen sein wird, eine Herabsetzung der Investitionszulage auf fünf Prozent bei sogenannten Rationalisierungsinvestitionen, das war von Anfang an unser Vorschlag schon. Wir besprechen das nochmal. Allerdings kann ich von mir aus hier nicht eine Änderung der Kabinettsvorlage vorschlagen, anregen. Wir sehen das nochmal. Mit statistischen Angaben bitte ich vorsichtig zu sein, denn wenn die Sache geregelt würde, dann könnte es nachher anders ausschauen hinsichtlich der finanziellen Auswirkungen, Erweiterungsbauten und Neuschaffung von Arbeitsplätzen.

Wehner: Zum selben Thema noch? Keine. Andreas *von Bülow*!

von Bülow: Wir haben in Hannover den von manchen gefürchteten, von manchen begrüßten Maklerbeschluss bekommen und wir werden ja, wenn wir jemals zu einem Verbot der Maklerei kommen würden, sicher ein Bundesverfassungsgerichtsurteil zu dieser Frage bekommen.[3] Man wird dort nachweisen müssen, dass man mit anderen Mit-

---

3 Der Beschluss des Parteitags auf Antrag des Bezirks Hessen-Süd lautete: »Die Ausübung des Gewerbes zur Vermittlung von Grundstücken und Wohnungen ist gesetzlich zu unterbinden. Eine öffentliche Vermittlungsstelle ist einzurichten.« Vgl. PARTEITAG DER SOZIALDEMOKRATISCHEN PARTEI DEUTSCHLANDS VOM 10. BIS 14. APRIL 1973, STADTHALLE HANNOVER, BAND I, PROTOKOLL DER VERHANDLUNGEN, ANLAGEN, hrsg. vom Vorstand der SPD, Bonn, o. J. (1974), S. 1135.

teln dem Unwesen in der Maklerei nicht hat beikommen können. Nur dann ist ja ein Berufsverbot überhaupt gerechtfertigt nach der Rechtsprechung des Bundesverfassungsgerichts. Ich wüsste nun gern von der Regierung, was sie zu tun gedenkt, um in diesem Bereich für saubere Verhältnisse zu sorgen.
(Heiterkeit.)
Wehner: Da ist noch eine Zusatzfrage und zum selben Thema. Bitte!
Simpfendörfer: Genossinnen und Genossen, nur zur Ergänzung ein Hinweis auf Dinge, die bei der Beratung im Haushaltsausschuss vorgekommen sind, dass die Bundesregierung fast 300 000 Mark zahlen soll für die Vermittlung von Büroräumen, weil die hiesigen Makler anscheinend das Verfahren praktizieren, dass sie nicht nur von einer Jahresmiete ausgehen, sondern dass sie zugrunde legen die Miete, die für eine ganze Vertragsdauer gilt, drei Prozent für ein Jahr. Wenn für fünf Jahre ein Vertrag abgeschlossen wird, dann muss man für fünf Jahre die Maklergebühr entrichten. In diesem Fall also für die neuen Räume für das Ministerium für die innerdeutschen Beziehungen sollen wir deswegen fast 300 000 Mark bezahlen, nur als Beispiel für die Zustände und der zuständige Beamte im Finanzministerium hat gesagt, es handele sich hier um eine Art Kartellwettbewerb. Auf diesem Sektor gäbe es überhaupt keinen [Wettbewerb], alle würden sich an diese vereinbarten Gebühren, die sie in diesem freien Raum Bonn erheben, halten, sodass also ein Ausspielen des einen gegen den anderen unmöglich sei.
Wehner: Noch Zusatzfragen? Gerhard *Jahn*!
Jahn: Der Parteitagsbeschluss wirft eine ganze Reihe schwieriger Fragen auf. Ob man auf der Grundlage des geltenden Verfassungsrechtes zu einem Verbot ohne weiteres kommen kann, ist zumindest höchst fraglich. Ich habe auf dem Parteitag darauf hingewiesen.[4] Wir sind im Augenblick dabei, die Gesamtheit der damit zusammenhängenden Rechtsfragen zunächst einmal zu klären und mit dem in der bisherigen Ordnung der Bundesregierung dafür verantwortlichen Wirtschaftsministerium diese Fragen zu prüfen. Wir müssen versuchen, zunächst einmal das, worauf Andreas *von Bülow* hingewiesen hat, herauszubekommen, nämlich die Frage, was ist denn über die allgemeine Behauptung von Missständen hinaus zu konkretisieren, sodass man daran weitere gesetzgeberische Überlegungen anknüpfen kann. Das heißt wir brauchen zunächst einmal eine sehr gründliche Tatsachenfeststellung, die bereiten wir im Augenblick vor.
Wehner: Zusatzfragen? Bitte *Metzger*!
Metzger: Gerhard, ist denn daran gedacht, eine Gebührenordnung für Makler einzuführen, weil ich der Meinung bin, dass eine solche Gebührenordnung einen großen Teil der Missstände bereits erfassen könnte?
Wehner: Gerhard *Jahn*.
Jahn: Das ist eine der Überlegungen, mit denen wir uns auseinandersetzen. Ich kann aber noch nicht sagen, dass daran gedacht ist, es so zu machen. Ich glaube, wir sollten dahin kommen, aber das ist im Augenblick noch nicht so weit vorbereitet, dass das schon endgültig bejaht werden kann.
Wehner: Zu derselben Frage? *Conradi*!
Conradi: Mir ist nicht ganz klar, warum, aus welchen Gründen zu dem Beschluss des Parteitags da im Brustton der Überzeugung gesagt wird, das sei verfassungswidrig, eine

---

[4] *Jahn* wies auf dem Parteitag daraufhin, dass ein Verbot des Maklerberufs vermutlich gegen die im Grundgesetz (Art. 12) verbriefte freie Berufswahl verstoßen wurde. Vgl. das Parteitagsprotokoll unter Anm. 3, hier S. 563.

bestimmte Dienstleistungstätigkeit, die bisher privat erbracht wird, zukünftig im öffentlichen Dienst zu erbringen. Ich halte es für etwas fahrlässig, da sofort zu sagen, das ist verfassungswidrig, denn das Problem wird unter Umständen in unserer zukünftigen Politik öfter kommen, und ich meine, das sollte vorher geprüft werden, bevor man sofort sagt, das ist verfassungswidrig und damit dem Parteitag unterstellt so etwas. Das heißt in der zukünftigen Diskussion sollte davon ausgegangen werden, dass es geprüft werden muss, ob es verfassungsrechtlich möglich ist, aber nicht hier bereits Urteile abgegeben werden, bevor eine Prüfung stattgefunden hat.

Wehner: Bitte *Collet*!

Collet: Nun bin ich nicht mehr ganz sicher. Ich hab' den Beschluss nicht vor mir, aber nach der Frage von Peter *Conradi* bin ich jetzt im Zweifel, ob es nur darum ging, solche Dienststellen einzurichten bei den Kommunen oder wo immer, also im öffentlichen Dienst, oder ob [es] auch darum ging, einen Berufsstand zu verbieten. Ich meine, es war beides, sowohl zu verbieten diese Tätigkeit als auch. Das einzurichten, kann ich mir gar nicht vorstellen, dass das gesetzwidrig ist. Wenn es eingerichtet wird, ist es da. Aber nur, ob man dann die andere Konkurrenz abschaffen kann gegenüber dem öffentlichen Dienst, das ist ja wahrscheinlich die Frage, um die es jetzt geht. Da war ich nicht mehr ganz sicher.

Wehner: Noch Zusatzfragen? Gerhard *Jahn*!

Jahn: Die Frage, ob man solche öffentlichen Maklerbüros einrichten kann, die ist ganz unumstritten. Das war nicht das Thema des Parteitagsbeschlusses. Der Parteitagsbeschuss ging sehr viel weiter und er hat zwei Probleme, Genosse *Conradi*. Das eine ist die Frage, ob man zu einem generellen Verbot kommen kann, und der zweite Aspekt ist, wie soll dieses Verbot ausgestaltet werden. Wenn es nämlich soweit ginge, dass man die bestehenden Maklerbetriebe verbieten würde, dann wäre dieses verfassungsrechtlich ein enteignungsgleicher Eingriff mit allen Konsequenzen bis hin zur Entschädigungspflicht, die daraus folgt.

(Zwischenruf.)

Bitte?

(Zwischenruf.)

Das kommt darauf an. Jedenfalls stecken da so viele Fragen drin von diesen beiden Seiten her, dass man sicherlich keine Patentantwort darauf geben kann, da gebe ich dir recht, aber dazu war der Abschluss oder der Antrag, der zunächst diskutiert wurde, auch reichlich pauschal.

Wehner: Peter *Conradi*.

Conradi: Wärst du bereit, in deinem Haus dazu einmal eine grundsätzliche Überprüfung anstellen zu lassen und uns von dem Ergebnis zu informieren? Denn wir müssen über diesen Beschluss jetzt draußen dauernd berichten, werden zur Rede gestellt und etwa einen Vergleich, was würde geschehen, wenn wir den Vertrieb von Arzneimitteln in Zukunft nicht mehr durch private Apotheker, sondern durch öffentliche Arzneimittelverkaufsstellen betreiben würden, das heißt, die Apotheke damit verstaatlichen würden. Wär' eine ähnliche Lage. Das heißt, könntest du es im Grundsatz zum Grundproblem uns mal eine Studie schicken aus deinem Haus, der verfassungsrechtlichen Abteilung, damit wir da antworten können?

Jahn: Ja, wenn wir uns zu gegebener Zeit noch darüber verständigen, wie die Berichterstattung erfolgt.

Wehner: Weitere Fragen? Helmuth *Becker*!

Becker: Ich bin bei einigen Versammlungen in den letzten Tagen im Ruhrgebiet gefragt worden, ob es zuträfe, dass der Bundeskanzler bei seinem Besuch in Polen mit der polnischen Regierung ein Abkommen getroffen habe, dass Ruhrkohle stillgelegt wird.[5]
(Gelächter.)
Ich bin daraufhin diesen Erklärungen einmal nachgegangen und hab' mal versucht, heranzukommen an denjenigen, der so was verbreitet. Das ist mir inzwischen auch gelungen. Das geht über vertrauliche Mitteilungen aus »Politik und Wirtschaft« und da steht dann ganz klar drin, dass ein Abteilungsleiter eines großen Industrieunternehmens in Polen war und der dann sagte: »Ich wunderte mich, warum in Oberschlesien zurzeit acht neue Schächte abgeteuft werden, um Kokskohle zu gewinnen. Auf meine Frage, weshalb das geschehe, obwohl doch in Europa ein Überhang von Kohle vorhanden sei, wurde mir erklärt, das sei erforderlich, weil die polnische Regierung mit Herrn *Brandt* ein Abkommen getroffen habe, dass die Ruhrkohle stillgelegt werde und die oberschlesische Bergwerksgesellschaft die Versorgung der Stahlindustrie an der Ruhr mit Koks übernehmen müsse. Unser deutscher Informant konnte seine Erschütterung nicht verbergen. Der polnische Gesprächspartner bemerkte das und sagte, ja, wissen Sie denn das nicht. Bei uns ist das offiziell bekanntgegeben worden. Wir fordern die Bonner Opposition auf, dieser ungewöhnlichen Nachricht mit Tatkraft auf den Grund zu gehen.« Soweit die Meldung.
Wehner: Der Bundeskanzler!
Brandt (Berlin): Ich kann nur sagen, dass ich auf diese Weise höre, was in »Politik und Wirtschaft« steht. Es ist von A bis Z erlogen.
Wehner: Zusatzfragen? *Reuschenbach*!
Reuschenbach: Es ist richtig, dass die Fraktionsführung vorgesehen hat, am 7. und 8. Juni jene Klausurtagung zu machen, von der hier schon mal früher die Rede war? Ich frag' deshalb, weil dieses eine Sitzungswoche ist und ich etwas im Zweifel bin, ob diese Meldung im Pressedienst stimmen kann.
Wehner: Wenn ich mich nicht ganz irre, habe ich in der vorigen Fraktionssitzung gesagt, nach genauem Überprüfen sind wir, ich {...} und findet man im Fraktionsvorstand nur diesen Termin.[6] Ich möchte ihn deshalb allen Genossinnen und Genossen anheimgeben, damit wir demnächst sagen können, ob der geeignet ist. Wenn er nämlich nicht geeignet ist, es gibt keinen anderen, weil ich gesagt habe, der sich sonst anbietende Tag nach Schluss, vor der Sommerpause geht nicht, weil so und so viele aufgrund von Ferien der Kinder und so weiter dann in einer Situation sind, in der ihre Beteiligung gar nicht möglich wäre ohne zusätzliche Schäden. Das war das. Das ist bisher weder beschlossen noch – aber hier ist es zur Erörterung gegeben worden, aber es spricht nichts dagegen, darüber noch eine Zeit lang zu reden. *Sperling*!
Sperling: Kommt unser Sitzungsplan nicht ohnehin ins Rutschen, weil die Opposition einen neuen Vorsitzenden braucht, und könnten wir nicht die Klausurtagung dann machen, wenn die sich sowas wählen?
Wehner: Ich bitte um Entschuldigung, ich würde unsere Klausur nicht abhängig machen von den Dispositionen der CDU.
(Beifall.)

---

5 Gemeint ist wahrscheinlich *Brandts* Besuch in Polen anlässlich der Unterzeichnung des Warschauer Vertrags, der jedoch bereits vom 6. bis 8. Dezember 1970 stattfand.
6 Die Klausursitzung der SPD-Bundestagsfraktion fand am 12. Juni 1973 statt.

Fraktionssitzung 15.05.1973 **16.**

Bitte um Entschuldigung! Da ist mir das noch zu wenig sicher, was bei denen Disposition heißt, und wir können uns mit ihnen wegen dieser Sache schlecht kurzschalten.
Sperling: Mir geht es um Folgendes: Der Haushaltsausschuss wird auf jeden Fall sitzen müssen am 7. und 8., sonst kommt er nicht durch, wenn ich das richtig sehe und von daher, ich würde ja gern an der Klausursitzung der Fraktion teilnehmen, von daher käme, wenn der Terminkalender ins Rutschen geriete wegen eines Sonderparteitags der CDU, es uns doch ganz gelegen, in dieser Woche, in der der Haushaltsplan dann gedruckt wird, eine Klausurtagung zu machen. Nicht weil die CDU da tagt, sondern weil die vielleicht den Bundestag zu neuen Dispositionen zwingt und das, frage ich also, ist das nicht ohnehin drin?
Wehner: Wird sich ja wohl im Laufe der nächsten Tage herausstellen, ob es da eine Unterbrechung des vorgesehenen Sitzungsplanes gibt, und dann werden wir, wenn uns dieses Geschenk gemacht wird, diese Überlegung mit anstellen, aber Beschluss ist das eh nicht. Fraktion muss überhaupt keine Klausur machen. Ich war nur der Meinung, es war der Wunsch einer ganzen Reihe –
(Beifall.)
und wenn jetzt gesagt wird, es ist aber keine Zeit, dann gebe ich eben noch mal zu überlegen. Nur möchte ich nicht die Lesart draußen haben, die vielleicht dann jetzt schon draußen ist, dass wir abhängig machen eine Klausursitzung von einem Sonderparteitag der CDU. Ich denke, dass das nicht ganz missverständlich ist. *Gerlach*!
Gerlach: Können wir den Termin dann nicht heute festlegen {...}.
Wehner: Wenn das so ist! Ich meine, da muss ich nun also in *Sperlings* Kielwasser schwimmen, zu schwimmen oder Wasser zu treten versuchen, dass eh ein freier oder zwei freie Tage kommen, plenarfreie, das ist dann eine andere Situation. Aber das muss man in den nächsten Tagen erfahren können. Sonst bleibt nur 7. und 8., wahrscheinlich dann um den Preis, dass einige nicht da sein können, obwohl sie wollen. Weitere Fragen, Genossen? Noch ist Zeit!

[B.]

Wehner: Wenn keine, dann ruf' ich auf Punkt 2, Tagesordnung und Ablauf der Sitzungen[7]. *Wienand*!
Wienand: Genossinnen und Genossen, ich bitte um Nachsicht, wenn ich das eine oder andere etwas anders erklären muss, als es auf der ausgedruckten Tagesordnung erscheint. Aber ich fürchte, bis zu den Sommerferien oder noch länger werden wir uns an den Zustand gewöhnen müssen, da bei der Opposition es schwierig ist, verbindliche Zusagen zu bekommen. Nun, wir haben zunächst einmal am Mittwoch um 14 Uhr den Bericht der Bundesregierung aus der Kabinettsitzung.[8] Ich glaube, es ist wirklich Anlass gegeben, darauf hinzuweisen, dass unsererseits dies auch durch Präsenz entsprechend ernst genommen wird, besonders weil erstmals jetzt auch der Außenminister[9] diesen Bericht gibt. Die Opposition ist schon eifrig dabei, im Ältestenrat nicht zuletzt auch unter Hinweis auf die Präsenz und die Beteiligung diese ganze Einrichtung infrage zu stellen.

---

7 Zu den Plenarsitzungen, einschließlich der Fragestunde, am 16., 17. und 18. Mai 1973 vgl. BT Plenarprotokoll 07/32, 07/33 und 07/34.
8 Zum Bericht der Bundesregierung aus der Kabinettsitzung am 16. Mai 1973 vgl. BT Plenarprotokoll 07/32, S. 1726–1730.
9 Walter *Scheel* (FDP).

Wenn sie sie infrage stellen will, dann soll dies wenigstens nicht unter Hinweis auf uns geschehen können. Es schließt sich dann die Fragestunde an, die bis 15.30 Uhr dauert.

Am Donnerstag hatten wir vorgesehen, um 9 Uhr mit der Reform des Strafrechts zu beginnen.[10] Nun ist die Opposition heute an uns herangetreten und hat die Bitte geäußert, unter Hinweis darauf, dass der Bundesrat eh schon das 16. Rentenanpassungsgesetz sehr kurzfristig zugeleitet bekäme, mit Hinweis darauf, dass auch Bundesratsmitglieder das Wort ergreifen wollen, vor allen Dingen Herr *Geißler* von Rheinland-Pfalz, ob wir nicht dieses 16. Rentenanpassungsgesetz als Punkt 1 am Donnerstag[11], also übermorgen, auf die Tagesordnung setzen können. Ich würde empfehlen, dem zuzustimmen, nicht zuletzt unter Hinweis auf Bundesrat, aber auch unter Berücksichtigung, dass keiner im Augenblick absehen kann, wie lange die 218-Debatte mit den begleitenden und ergänzenden Maßnahmen läuft. Ganz abgesehen davon, dass wir versuchen müssen, das 16. Rentenanpassungsgesetz in den Bundesrat zu bringen, sollten wir auch ein Interesse daran haben, diese 218er Debatte mit den ergänzenden Maßnahmen zeitlich nicht allzu sehr ausufern zu lassen. Aber darauf wird später noch einzugehen sein. Ich habe der Opposition noch nicht zugesagt, weil ich es zunächst mit der FDP und auch hier mit der Fraktion abstimmen wollte. Die Empfehlung geht dahin, dieser Änderung der Tagesordnung zuzustimmen und am Donnerstag mit dem 16. Rentenanpassungsgesetz zu beginnen. Wenn wir damit einverstanden wären, käme dann der Punkt 3 a, b, c und es kommt noch ein Punkt d, nämlich ein Gruppenantrag der CDU zum 218 hinzu, sodass wir also praktisch vier Gesetzesentwürfe vorliegen haben[12], und wenn ich dann die Punkte 4 bis 9 nehme, wie sie ausgedruckt sind, dann hätten wir die Ergänzungsgesetze inklusive der Enquete-Kommission, die die CDU plant[13]. Während die CDU im Ältestenrat und bis gestern noch der Meinung war, keine verbundene Debatte zuzulassen, hat sie sich heute einverstanden erklärt, dass diese Punkte verbunden debattiert werden sollen. Das ist schon ein Fortschritt. Die FDP, die im Ältestenrat noch, wenn auch vorsichtiger, Bedenken geäußert hatte, will heute in ihrer Fraktionssitzung ebenfalls für eine verbundene Debatte eintreten. Wir werden uns ja nachher bei der Behandlung anhand eines Berichtes noch über den Ablauf dieser Debatte zu unterhalten haben.

Es würde dann so sein, dass gegen 10, 10.30 Uhr nach der Debatte und der Verabschiedung des 16. Rentenanpassungsgesetzes die Punkte 3 a bis ausgedruckt 9 aufgerufen und in einer verbundenen Debatte begründet und debattiert würden. Geprüft wird zurzeit noch, ob der Punkt 10, das Behindertengesetz, abgesetzt werden kann[14]. Die Opposition hat hier noch nicht zugestimmt. Ich bitte also unsere vorgesehenen Redner in jedem Falle, wenn man glaubt, es müsste etwas dazu gesagt werden, sich in Bereitschaft zu halten. Die Punkte 11 a und b, Änderung von Vorschriften des Adoptionsrechtes[15], werden dann im Anschluss daran im Rahmen einer Debatte den Ausschüssen überwiesen,

---

10 Gemeint ist die erste Beratung über den Gesetzeskomplex zur Reform des Paragraphen 218 Strafgesetzbuch.
11 Zum 16. Rentenanpassungsgesetz vgl. die Debatte der Fraktion unter SVP E in der vorliegenden Sitzung.
12 Zu den verschiedenen Gesetzentwürfen vgl. die Diskussion unter Tagesordnungspunkt 3 und 4 in der vorliegenden Sitzung.
13 Zum Antrag der Fraktion der CDU/CSU vom 11. Mai 1973 betr. Enquete-Kommission vgl. BT Drs. 07/548.
14 Zum Antrag der CDU/CSU-Fraktion vom 11. Mai 1973 betr. Behindertengesetz vgl. BT Drs. 07/553.
15 Zum Gesetzentwurf der Bundesregierung vom 28. März 1973 zur Änderung von Vorschriften des Adoptionsrechts vgl. BT Drs. 07/421.

Fraktionssitzung 15.05.1973 **16.**

und wir werden eine Debatte über, das hatte ich schon gesagt, der Punkt 12 würde dann, wenn Einverständnis vorhanden ist, vorgezogen werden, 12 a und 12 b.

In Änderung der ausgedruckten Tagesordnung, das geht jetzt auf einen Wunsch von uns zurück, würde dann die erste Lesung des Ausbildungsförderungsgesetzes und des Berufsförderungsgesetzes am Freitag um 9 Uhr stattfinden.[16] FDP und Opposition haben zugesagt. Dann würden die Punkte kommen, die für Freitag vorgesehen sind, nämlich Änderung des Gesetzes über den zivilen Ersatzdienst[17]. Heute Mittag hat die Opposition zugesagt, das Gesetz ohne Debatte zu verabschieden. Ich glaube, es wäre gut, wenn wir es so vom Tisch bekommen. Eine Debatte wollen sie allerdings über die zweite und dritte Beratung Mindestanforderungen an Unterkünfte für Arbeitnehmer[18] und über den Schutz der Arbeitnehmer vor ionisierenden Strahlen[19], also die Punkte 14 und 15.

16, Gesetz über forstwirtschaftliche Zusammenschlüsse[20], soll ohne Debatte verabschiedet werden. Erste Beratung des von der Bundesregierung eingebrachten Entwurfs eines Gesetzes über Betriebsräte und Fachkräfte für Arbeitssicherheit[21], Punkt 17, mit Erklärungen an die Ausschüsse zu überweisen. Ebenso 18, Reform des Strafverfahrensrechtes[22], hier eventuell mit Erklärungen. Die Opposition will das schlüssig heute in ihrer Fraktionssitzung klären. Die Punkte 19, 20 und 21, alle drei Punkte erste Beratung ohne Debatte, Ausschussüberweisung und dann der Punkt 22, Änderung des Berufsausbildungsförderungsgesetzes[23], würde dann vorgezogen, wie ich vorhin sagte, als Punkt 1, nicht Punkt 1, als der Punkt, der am Freitag um 9 Uhr aufgerufen wird. Punkt 23, Amt zur Bewertung technologischer Entwicklungen beim Deutschen Bundestag[24], ebenfalls eine kurze Debatte. Enquete-Kommission Frau und Gesellschaft[25], kurze Debatte oder

---

16 Zum Gesetzentwurf der Bundesregierung vom 14. Mai 1973 zur Änderung des Bundesausbildungsförderungsgesetzes und des Arbeitsförderungsgesetzes vgl. BT Drs. 07/556. Zum Antrag der Fraktion der CDU/CSU vom 15. Mai 1973 betr. Bericht gemäß Paragraph 35 des Bundesausbildungsförderungsgesetzes vgl. BT Drs. 07/562.

17 Zum Entwurf der SPD- und FDP-Fraktion vom 13. Februar für ein Drittes Gesetz zur Änderung des Gesetzes über den zivilen Ersatzdienst vgl. BT Drs. 07/177.

18 Zum Gesetzentwurf der Bundesregierung vom 26. Februar 1973 über die Mindestanforderungen an Unterkünfte für Arbeitnehmer vgl. BT Drs. 07/262. Zum Bericht und Antrag des Ausschusses für Arbeit und Sozialordnung vom 9. Mai 1973 vgl. BT Drs. 07/262. Zur zweiten und dritten Beratung am 18. Mai 1973 vgl. BT Plenarprotokoll 07/34, S. 1868 f.

19 Zum Entwurf der Bundesregierung vom 5. Februar 1973 eines Gesetzes zu dem Übereinkommen Nr. 115 der Internationalen Arbeitsorganisation vom 22. Juni 1960 über den Schutz der Arbeitnehmer vor ionisierenden Strahlen vgl. BT Drs. 07/105. Zum Bericht und Antrag des Ausschusses für Arbeit und Sozialordnung vom 9. Mai 1973 vgl. BT Drs. 07/526. Zur zweiten Beratung und Schlussabstimmung am 18. Mai 1973 vgl. BT Plenarprotokoll 07/34, S. 1869.

20 Zum interfraktionellen Entwurf vom 22. März 1973 eines Gesetzes zur Änderung des Gesetzes über forstwirtschaftliche Zusammenschlüsse vgl. BT Drs. 07/400. Zum Bericht des Haushaltsausschusses vom 16. Mai 1973 gemäß Paragraph 96 der Geschäftsordnung des Bundestages vgl. BT Drs. 07/575. Zum Bericht und Antrag des Ausschusses für Ernährung, Landwirtschaft und Forsten vom 11. Mai 1973 vgl. BT Drs. 07/547. Zur zweiten und dritten Beratung am 18. Mai 1973 vgl. BT Plenarprotokoll 07/34, S. 1869.

21 Zum Entwurf der Bundesregierung vom 26. Februar 1973 eines Gesetzes über Betriebsärzte und Fachkräfte für Arbeitssicherheit vgl. BT Drs. 07/260.

22 Zum Entwurf der Bundesregierung vom 2. Mai 1973 eines Ersten Gesetzes zur Reform des Strafverfahrensrechts vgl. BT Drs. 07/551.

23 Vgl. Anm. 27.

24 Zum Antrag der CDU/CSU-Fraktion vom 16. April 1973 betr. Amt zur Bewertung technologischer Entwicklung beim Deutschen Bundestag vgl. BT Drs. 07/468.

25 Zum Antrag der CDU/CSU-Fraktion vom 20. März 1973 betr. Enquete-Kommission »Frau und Gesellschaft« vgl. BT Drs. 07/367.

Erklärungen. Reform und Weiterentwicklung des Bundesjugendplanes[26], kurze Debatte und der letzte Punkt 26 ohne Debatte.

Rein informativ: Zu dem Punkt 22, Änderung des Berufsausbildungsförderungsgesetzes und des Arbeitsförderungsgesetzes wird die CDU einen Antrag einbringen und nach diesem Antrag einen Bericht gemäß Paragraph 35 verlangen, der eh im nächsten Jahr, wenn ich nicht irre, fällig wird.[27] Ich wollte nur darauf hingewiesen haben. Wenn wir also, Genossinnen und Genossen, in einem zeitlich vertretbaren Rahmen mit der Debatte 218 bleiben, könnten wir Freitag gegen Mittag fertig sein. Ich hab' in der vorigen Woche gesagt, der Freitag muss ganz hier in unsere Zeitplanung einbezogen werden, wenn die Debatte 218 den ganzen Tag beansprucht oder gar noch in den Freitag überlappt. Dies bitte ich bei den Dispositionen und auch bei den Beschlüssen und Beratungen hier zu berücksichtigen.

Dann, Genossinnen und Genossen, es wird noch ergänzend auf die Tagesordnung gesetzt werden erneut der Bericht »Entwicklung innerdeutsche Beziehungen«[28]. Dazu wird es keine Debatte mehr geben, sondern der Bericht wird an den Ausschuss überwiesen. Wir hatten den in der vergangenen Woche abgesetzt, und heute haben sie dann erklärt, sie würden keine Debatte mehr verlangen, sondern der Ausschussüberweisung zustimmen.

Dann haben wir heute versucht, die dritte Verordnung über steuerliche Konjunkturmaßnahmen, Drucksache 7/546[29], ohne Debatte morgen zu Beginn des Berichtes der Bundesregierung in den Ausschuss zu überweisen. Sie haben erklärt, die Fraktionsführung, sie könne ohne die Fraktion hierzu keine Entscheidung treffen. Wenn es eine Debatte gibt, wird es knapp, dann kann es nur eine kurze sein. Dann müssen wir dies am Donnerstag machen. Ich hoffe allerdings noch morgen, dass wir dies ohne Debatte zu Beginn der Erklärung der Regierung oder der Fragestunde erledigen können. Damit hätten wir dann das, was wir uns für diese Woche vorgenommen hätten, auf der Tagesordnung.

Informativ noch: Die CDU wählt am Donnerstag ihre neuen Fraktionsvorsitzenden.[30] Sie hat deshalb gebeten, da sie dies in den Mittagsstunden zu tun beabsichtigt, die Fragestunde von 13 auf 15 Uhr zu verlegen und damit die Plenarsitzung nicht um 15 Uhr, sondern erst um 16 Uhr beginnen zu lassen. Ich habe diesem Petitum selbstverständlich zugestimmt, da wir es bisher immer so gehandhabt haben, wenn Fraktionen für ihre Dispositionen Zeit benötigen, dass wir dem stattgeben. So viel für die Tagesordnung und den Ablauf dieser Woche.

---

26 Zur Großen Anfrage der CDU/CSU-Fraktion vom 6. April 1971 betr. Situation der Jugendhilfe in der Bundesrepublik vgl. BT Drs. 06/2067. Zur Antwort der Bundesregierung vom 22. Februar 1972 vgl. BT Drs. 06/3175.

27 Zum Gesetzentwurf der Bundesregierung vom 14. Mai 1973 zur Änderung des Bundesausbildungsförderungsgesetzes und des Arbeitsförderungsgesetzes vgl. BT Drs. 07/556. Zum Antrag der Fraktion der CDU/CSU vom 15. Mai 1973 betr. Bericht gemäß Paragraph 35 des Bundesausbildungsförderungsgesetzes vgl. BT Drs. 07/562.

28 Zum Bericht der Bundesregierung über die Entwicklung der Beziehungen zwischen der Bundesrepublik Deutschland und der Deutschen Demokratischen Republik vom 28. März 1973 vgl. BT Drs. 07/420.

29 Gemeint ist die zustimmungsbedürftige dritte Verordnung über steuerliche Konjunkturmaßnahmen vom 10. Mai 1973. Vgl. auch BT Plenarprotokoll 07/32, S. 1725.

30 Der CDU/CSU-Fraktionsvorsitzende *Barzel* war am 9. Mai 1973 vom Fraktionsvorsitz zurückgetreten, nachdem am 8. Mai die CDU/CSU-Fraktion seinem Vorschlag, dem Gesetzentwurf über den Beitritt der Bundesrepublik zu den Vereinten Nationen zuzustimmen, die Mehrheit verweigert und den Beitritt bei einer Probeabstimmung mit 101 zu 93 Stimmen abgelehnt hatte. Zum neuen Fraktionsvorsitzenden wurde Karl *Carstens* gewählt. Vgl. die CDU/CSU-Fraktionssitzungen am 8., 9. und 17. Mai 1973, online.

Wehner: Rudi *Hauck.*

Hauck: Ich hab' zunächst die Frage, ob bei Punkt 9, Enquete-Kommission 218[31] die federführende Ausschussüberweisung festgelegt worden ist. Das steht hier noch offen.

Wienand: Wir haben heute, nachdem im Ältestenrat diese Dinge nachträglich ausgesetzt wurden, das heißt, wir hatten der Aussetzung zugestimmt, aber es war im Einzelnen nicht beraten worden, welche Ausschüsse. Heute versucht, dies in Ordnung zu bringen. Wir haben noch keine verbindliche Zusage von der CDU. Ich habe hier in meinem Exemplar stehen, dass wir notfalls, weil es nicht im Ältestenrat zu einem Beschluss gekommen ist, bei den Punkten 8 und 9, das ist einmal Sammlung und Auswertung der Erfahrungen über die Folgen ärztlich vorgenommener Schwangerschaftsabbrüche und Enquete-Kommission, dass der Ausschuss für Jugend, Familie und Gesundheit federführend wird bei beiden Punkten und dass die andern entsprechend mitberatend sind.

Hauck: Und jetzt noch eine andere Bemerkung. Der Punkt 21 der Tagesordnung wird ohne Debatte über die Bühne gehen. Es handelt sich um das Bundeskindergeldgesetz[32], und es ist, glaube ich, notwendig, dass man eine Bemerkung dazu sagt, weil ich immer wieder gefragt werde. Es wird in diesem Änderungsgesetz nur vorgeschlagen, die Einkommensgrenze beim Zweitkindergeld von 15 000 Mark jährlich auf 16 800 Mark zu erhöhen. Sonst hat die Bundesregierung keine Vorschläge gemacht. Das Land Nordrhein-Westfalen hat beim Bundesrat den Antrag eingebracht, auch für das vierte und weitere Kind ebenfalls zehn Mark zuzulegen. Das bedeutet eine jährliche Belastung von 120 bis 150 Millionen. Ihr werdet wissen, dass ich immer dafür eingetreten bin, dass man eigentlich für diese Gruppe etwas tun sollte und tun müsste. Wenn man aber jetzt die Gesamtlage betrachtet, dann sieht es so aus, dass auch die CDU/CSU-Fraktion, die ja das in den vorherigen Legislaturperioden ständig gefordert hat, dass sie auch einsieht, dass sie in das Stabilitätsprogramm eingepasst als Fraktion nichts tun kann. Sie wird, in der Fragestunde habe ich das dreimal erlebt, immer wieder Fragen stellen. Sie wird über den Bundesrat versuchen, sich in Erinnerung zu bringen, und sie hat auch im Haushaltsschuss keinen formellen Antrag gestellt, den Bundeskindergeldansatz zu erhöhen, und sie hat darauf verzichtet, nun bei der ersten Lesung schon einmal eine Debatte ankommen zu lassen. Ich bitte also um Verständnis dafür, dass wir wahrscheinlich, so wie die Bundesregierung das eingebracht hat, haushaltsrechtlich und stabilitätsgemäß ohne eine weitere Leistung für das vierte und weitere Kind diesen Gesetzentwurf passieren lassen. Wir müssen es schnell machen, weil es vor der Sommerpause noch verabschiedet wird. Eine kleine verbesserte Situation ergibt sich für uns daraus, dass wir beim Bundesausbildungsförderungsgesetz eine wesentliche Gruppe, nämlich die der Berufsfachschüler, die keinen Realschulabschluss haben, nun in die Förderung mit hineinbekommen, und das ist auch eine wichtige familienergänzende Maßnahme.

Wehner: Ernst *Schellenberg.*

Schellenberg: Genossen, zur Tagesordnung wollte ich nach Besprechung mit einigen Genossen Folgendes sagen: Hinter dem CDU-Wunsch, das 16. Rentenanpassungsgesetz als ersten Punkt am Donnerstag zu behandeln[33], steht natürlich die politische Absicht, die Frage des Rentenniveaus unter Zuhilfenahme von Herrn *Geißler* zu einem Punkt zu machen, der den ganzen Donnerstagvormittag in Anspruch nimmt, und dadurch wird

---

31 Zum Antrag der Fraktion der CDU/CSU vom 11. Mai 1973 betr. Enquete-Kommission vgl. BT Drs. 07/548.
32 Zum Entwurf der Bundesregierung vom 10. Mai 1973 eines Vierten Gesetzes zur Änderung des Bundeskindergeldgesetzes vgl. BT Drs. 07/531.
33 Vgl. SVP E der vorliegenden Sitzung.

das politische Gesamtgewicht, nämlich [Paragraphen] 218 eine große Bedeutung zu geben, das wird dadurch verändert. Darauf möchte ich aufmerksam machen und wir hatten also in ganz kurzen Gesprächen, soweit dies hier möglich war, doch die Bitte, es bei der grundsätzlichen Einteilung zu lassen, Donnerstag mit 218 zu beginnen und das 16. Rentenanpassungsgesetz dann zu behandeln, wann es an der Tagesordnung steht. Ich wollte das nur hier sagen. Vielen Dank.

Wehner: Karl *Wienand*.

Wienand: Ich bin sicher, dass diese Absicht der Opposition dahintersteckt, aber ich bitte, in die Überlegungen zwei Gesichtspunkte mit einzubeziehen. Einmal ist unsere Position im Bundesrat nicht ganz so einfach. Der Bundesrat kann aus formalen Gründen sagen, das Gesetz ist eh schon zu spät zugeleitet, denn sie haben ein Recht auf eine Drei-Wochen-Frist, und wir haben also morgen, übermorgen den 16. und am 25. tagt der Bundesrat[34]. Das sind keine 21 Tage, sondern neun Tage. Das ist ein formelles Argument, wenn man etwas verhindern will. Hinzu kommt, dass mit Sicherheit der Vermittlungsausschuss angerufen wird, und wenn er dann später angerufen wird, nämlich wenn es im Durchgang erst am 15. Juni aus diesem formelle Einwendungen gibt, dann weiß ich nicht, wie wir vorm 15. noch die Ladungsfrist des Vermittlungsausschusses von fünf Tagen einhalten sollen, ohne dass wir das Parlament länger hierhalten müssen als vorgesehen, dann kommen wir durch unsere zeitlichen Dispositionen, weil wir das Rentengesetz vor dem 1. Juli in Kraft haben wollen, garantiert über den 20. hinweg, allein schon aus den gesetzlich vorgeschriebenen Ladefristen. Das ist etwas, worauf man bei einer so zugespitzten Zeitdiskussion mit aufmerksam machen muss. Ein weiteres Argument, aber das belastet mich etwas mehr als einer der Parlamentarischen Geschäftsführer, ist, Genossinnen und Genossen, ich weiß nicht, wie lang diese 218-Debatte dauert. Ich weiß aber, dass es darüber keine kontroversen Abstimmungen gibt, denn alles, was dort an Gesetzesvorlagen ist, wird in die Ausschüsse überwiesen, und ich möchte dem ganztägigen Druck nicht ausgesetzt sein, wie das bei jeder Plenarsitzung der Fall ist, wie lang müssen wir dann jetzt noch hier sitzen, wir müssen in den Ausschuss, ich habe diese Verabredungen. Dann ist es mir schon lieber, wenn ein Gesetz in zweiter und dritter Lesung, auf das wir Wert legen, morgens zügig durchgeht und wenn man dann noch mit den Zeitdispositionen entsprechend zu Recht kommen kann.

(Beifall.)

Hinzu kommt, Genossinnen und Genossen, dass wir die Debatte über das Gesetz dann eventuell auch noch in den Freitag hineinbekommen werden, wenn die Opposition solange zu filibustern beabsichtigt. Wenn die Fraktion dem Vorschlag folgen würde, am Donnerstag um 9 Uhr als Punkt 1, könnte man sich dafür stark machen und sagen, aber nur eine Debatte von einer oder höchstens anderthalb Stunde und um 10.30 Uhr wird der 218 aufgerufen. Das ist mein Hintergedanke dabei gewesen, weil man sonst beides, den 218 und das 16. Rentenanpassungsgesetz, weit in den Freitag hineinbringen kann. Ich wollte auch damit etwas Druck auf die Opposition ausüben, um meine Motive hier klarzulegen.

Wehner: Ich gebe zusätzlich zu bedenken, dass bei Abwägen der Nachteile, jedenfalls eine zusätzliche Behauptung, dass eine Fristeneinsprache oder ein entsprechendes Zeichen des Bundesrates wegen Rentenanpassungsgesetz auch an uns läge oder vorwiegend an uns läge, einen größeren Skandal hervorruft, als hier in den Augen mancher Stilbruch, dass man an dem Tage nicht mit 218 beginnt. 218 wird uns in der ersten Lesung lange

---

[34] Zur Bundesratssitzung vgl. BR Plenarprotokoll, 394. Sitzung am 25. Mai 1973.

| Fraktionssitzung | 15.05.1973 **16.** |

befassen und in der zweiten Lesung wahrscheinlich viele Tage lang. Weiter das Wort? Ernst *Schellenberg*!

Schellenberg: Könnte man vielleicht einen Ausgleich dadurch finden, indem man das 16. Rentenanpassungsgesetz nach der Fragestunde, nämlich um 15 Uhr, auf die Tagesordnung setzt sonst. Das haben wir oft schon gemacht, nicht wahr, auf die Tagesordnung setzt, zumal ja die Sache nun so ist, an dem Termin der in Kraftsetzung der Rentenanpassung sind ja nicht nur wir interessiert, nicht wahr, das ist genauso eine Sache des Bundesrates. Da können wir nicht mit spekulieren.

Wehner: Darauf würde ich mich nicht verlassen, denn die haben die größere Dreckschleuder und wir haben den verwickelteren Fachjargon – und da ist die Dreckschleuder im Vorteil. Also ich weiß nicht, was wir damit gewinnen sollen, dass wir für nach der Fragestunde am Donnerstag, vielleicht weil die CDU dann einen Vorsitzenden hat oder so, ich weiß es nicht, jetzt hat sie ja einen kommissarischen. Mir kommt das etwas gespenstig vor angesichts einer beinah uns erdrückenden Tagesordnung mit einem noch nicht abzusehenden Labyrinth von Punkten zu 218 und was dazugehört, die wir mit Anstand durchgehen müssen, jetzt, ob man anderthalb, höchstens zwei Stunden vorher, man kann sie ja einbinden, wenn es geht, soweit das überhaupt geht. Ich hätte beinah einen Sammelbegriff gebraucht, bei Rentengesetzen diejenigen, die alle was zu sagen haben, einzubinden, aber dass das also eine begrenzte Zeit ist. Nur – am Donnerstagnachmittag kannst du auch wieder nicht. Ich weiß nicht, ob es andere Gründe gibt, es nicht am Morgen zu machen. Kann ja sein, dann müsste man sie uns sagen. Weitere Wortmeldungen? Die Fraktion einverstanden, dass, vorausgesetzt das Einverständnis des Koalitionspartners, von dem ich Grund habe anzunehmen, dass er sich dem nicht widersetzen wird, mit diesem 16. Rentenanpassungsgesetz begonnen wird aus den angegebenen Gründen? Dann kommen wir zu dem Punkt 3 unserer Tagesordnung, Hermann *Dürr*, die erste Lesung der Gesetzentwürfe und Anträge zu 218.

Dürr: Liebe Genossinnen und Genossen, es geht am Donnerstag zunächst um den Fraktionsentwurf der Koalitionsparteien[35], dessen Formulierung von den Sozialdemokraten stammt, zweitens um den Gruppenantrag *Müller-Emmert* und andere[36]. Zu beiden Sachen brauche ich, glaube ich, zum Inhalt nichts mehr hinzufügen. Es ist sicher bekannt. Die CDU-Fraktion hat am Freitag, als wir uns grade zum Heimfahren anschickten, einen Fraktionsantrag zu 218 bekanntgegeben[37]. Dazu eine ganz kurze Inhaltsangabe. Er erweitert den geltenden Paragraphen 218 nur wenig, indem er Gesichtspunkte der kindlichen Indikation in die medizinische Indikation einbindet, dass die Belastung der Frau, ein missgebildetes Kind möglicherweise zu gebären, so stark sei, dass sie Krankheitswert haben könne. Das sei mit zu berücksichtigen. Er erwähnt die kriminologische oder wie andere sagen ethische Indikation, ein Problem, das gedanklich interessanter ist, aber in der Praxis nicht so oft vorkommt, und er gibt verschämt zu, dass es außer diesen Indikationen die soziale Indikation gibt, indem nämlich Frauen, die sich in einer besonderen Konfliktlage befinden, in Aussicht gestellt wird, dass der Richter möglicherweise von Strafe absehen könnte. Das sind die ganzen, in Gänsefüßchen, »Fortschritte« gegenüber dem geltenden Recht. Das Vorliegen einer Indikation soll durch die sattsam bekannte Kommission festgestellt werden, zu der nicht alle Schwangeren hin-

---

35 Zum Entwurf der SPD- und FDP-Fraktion vom 21. März 1973 eines Fünften Gesetzes zur Reform des Strafrechts vgl. BT Drs. 07/375.
36 Zum Entwurf der Abgeordneten Dr. *Müller-Emmert*, *Dürr*, Dr. *Bardens* und Genossen vom 4. März 1973 eines Fünften Gesetzes zur Reform des Strafrechts vgl. BT Drs. 07/443.
37 Zum Entwurf der CDU/CSU-Fraktion vom 11. Mai 1973 1973 eines Fünften Gesetzes zur Reform des Strafrechts vgl. BT Drs. 07/554.

gehen werden. Es gibt aber 21 Leute in der CDU, denen der eben geschilderte Antrag noch zu weit geht. Man hört, sie wollen auch einen Gruppenantrag einbringen, aber der könnte eigentlich nur heißen, wir stellen einen Reformantrag mit dem Ziel, nichts zu reformieren. Man kennt den Inhalt noch nicht, aber es kann so gut wie nichts drinstehen.[38]

Außerdem beantragt die CDU die Einsetzung einer Enquete-Kommission, um also dort festzustellen, was an positiven Hilfsmaßnahmen für Mutter und Familie getroffen werden sollen.[39] Wir können diese Enquete-Kommission nicht verhindern. Wir werden den Antrag ohne große Debatte in die Ausschüsse verweisen und dort dafür sorgen, dass der Auftrag an die Enquete-Kommission, die wir nicht verhindern können, Hand und Fuß kriegt und nicht so schludrig ist wie alles, was die CDU aus nicht unverständlichen Gründen in der letzten Woche so schludrig zu Papier gebracht hat. Eines ist klar, die Enquete-Kommission wird nicht den Erfolg haben, dass die Opposition hier den Fortgang der Reformen auf dem strafrechtlichen oder nichtstrafrechtlichen Gebiet zu bremsen in der Lage ist.

Der Arbeitskreis Rechtswesen hat sich in seiner letzten Sitzung mit der Frage befasst, wie legen wir diese Debatte an? Es haben sich inzwischen einige Änderungen ergeben. Das neue Ziel, das ist höchstwahrscheinlich, wenn auch noch nicht völlig sicher, ist, dass gemeinsam debattiert wird, was uns richtig erscheint, weil dann die Möglichkeit besteht, die Sachen in den Gesamtzusammenhang zu stellen und nicht ein Molekül nach dem andern gesondert zu betrachten. Neu ist auch, was gestern im Fraktionsvorstand gesagt wurde, dass die FDP gesteigerten Wert darauf legt, den Antrag der Koalitionsfraktionen zu begründen.

Ihr werdet nachher von Eugen *Glombig* hören, dass die Sozialpolitiker die ergänzenden Maßnahmen durch eine Sprecherin begründen wollen, sodass wir also bei den Begründungsreden haben werden Koalitionsantrag, Gruppenantrag, CDU-Fraktionsantrag, CDU-Gruppenantrag. Wann die Begründung, wenn die CDU die Enquete begründen will, ist noch nicht klar. Dann geht es in die volle Debatte. Wahrscheinlich wird vor dieser Runde der Bundesjustizminister sprechen. In der ersten Runde wird Helga *Timm* die Fraktionsstellungnahme darlegen, und zwar nicht vom Juristischen, sondern vom Grundsätzlichen her.[40]

Und jetzt haben wir Folgendes: Es ist in der letzten Fraktionssitzung schon gesagt worden, dass die Gewissensfreiheit auch das Recht beinhaltet, darüber zu reden.[41] Auf der anderen Seite ist gestern im Fraktionsvorstand gesagt worden, dass es in unserem Interesse liegt, diese Debatte zeitlich nicht zu weit ausufern zu lassen. Unter Berücksichtigung beider Gesichtspunkte wird der Arbeitskreis Rechtswesen heute Abend, vielleicht sind wir bis dahin auch gescheiter, was mit CDU und FDP klargelegt werden kann, die Debattenstrategien im Einzelnen vorbereiten. Ich darf vielleicht eins hinzufügen: Der

---

38 Der von *Dürr* erwartete Gruppenantrag von Abgeordneten der CDU/CSU-Fraktion wurde noch am selben Tag, am 15. Mai 1973, eingebracht. Zum Entwurf der Abgeordneten Dr. *Heck, Köster*, Dr. *Unland*, Dr. *Becker* (Mönchengladbach), Dr. *Blüm*, Dr. *Jahn* (Münster), *Nordlohne, Carstens* (Emstek) und Genossen eines Fünften Gesetzes zur Reform des Strafrechts vgl. BT Drs. 07/561. – Zur Diskussion in der CDU/CSU-Fraktion über den Fraktionsentwurf und den Gruppenantrag vgl. die CDU/CSU-Fraktionssitzung am 10. Mai 1973, online.
39 Zum Antrag der Fraktion der CDU/CSU vom 11. Mai 1973 betr. Enquete-Kommission vgl. BT Drs. 07/548. – Die Kommission sollte sich nach dem Willen der CDU/CSU-Fraktion mit Maßnahmen zum Schutz des ungeborenen Lebens befassen.
40 Zur von der Fragestunde unterbrochenen Debatte am 17. Mai 1973 vgl. BT Plenarprotokoll 07/33, S. 1761–1783 und S. 1796–1840.
41 Vgl. die SPD-Fraktionssitzung am 10. Mai 1973, SVP A.

Fraktionsvorstand war sich gestern auch darüber klar, dass man den Fortgang der Beratungen sämtlicher Entwürfe und Anträge in den verschiedenen Ausschüssen des Hauses koordinieren muss, und er hat dafür ein kleines Gremium für diese Koordination vorgeschlagen. Das heißt unsere Aufmerksamkeit kann nicht erlahmen, wenn wir die Entwürfe in die Ausschüsse geschickt haben, und erst wieder aufwachen, wenn sie aus den Ausschüssen in die zweite und dritte Beratung zurückkommen. Danke schön.

Wehner: Karl *Wienand*.

Wienand: Genossinnen und Genossen, ich habe im Einzelnen nicht hören können, was Hermann *Dürr* vorgetragen hat, weil *Ollesch* von der FDP-Fraktion anrief, um mir mitzuteilen, wie der Stand oder besser die Beschlussfassung zu dieser Debatte in der FDP-Fraktion ist. Sie haben zunächst einmal den Wunsch, dass wir unterstützen verbundene Debatte, das hat die CDU bereits zugesagt, aber die Punkte 5 und 6 aus der verbundenen Debatte herausnehmen, das sind die Anträge der CDU, Verbesserung der Hauspflege und der Familienhilfe im Rahmen der Reichsversicherungsordnung[42] und Leistungsverbesserungsgesetz[43], dass diese Punkte 5 und 6 herausgenommen werden, dann verbundene Debatte von 3a, da wird sie dann noch eingesetzt, bis 10 und dass dann 5 und 6 kommen und dann nach 5 und 6 wie ausgedruckt 11, Adoptionsrecht[44]. Ich glaube, dass da keine grundsätzlichen Bedenken bestehen, wenn ich die Debatte gestern im Fraktionsvorstand und die einzelnen Gespräche mit denen noch in Erinnerung habe, die auch in der Arbeitsgruppe die Debatte vorbereitet haben. Man kann hier in der Tat begründen, dass das nicht notwendigerweise zu ergänzenden Maßnahmen gehört. Wie sich die Opposition dazu verhält, bleibt abzuwarten.

Sie haben dann in der FDP-Fraktion für den Debattenablauf von der FDP her gesehen folgenden Vorschlag einmütig verabschiedet und *Ollesch* gebeten, mir den zu unterbreiten. Sie sagen, wenn wir uns in Einzelbegründungen zu jedem Entwurf verlieren und dann noch eine Minderheiten- und eine Mehrheitenmeinung in der Begründung gegeben wird, hätten wir acht Begründungen und hätten bis in den Abend hinein Begründungen, ohne dass der verbundenen Debatte Rechnung getragen würde, und sie wollen deshalb, sie bitten deshalb, dass auch wir prüfen, ob es nicht sinnvoller wäre, dass von jeder Fraktion Begründungen gegeben werden, aber praktisch schon keine Einzelbegründungen, sondern zur Gesamtmaterie hin. Ich habe es übernommen, dies hier vorzutragen. Dies würde die Debatte straffen und würde naturgemäß auch das Pro und Kontra aus den einzelnen Lagern etwas deutlicher machen. Sie sind damit von dem ursprünglichen Vorschlag etwas abgewichen. *Ollesch* sagte mir, dass dies der einmütige Vorschlag der FDP-Fraktion wäre, um dann möglichst schnell in die verbundene Debatte hineinzukommen.

Wehner: Ich möchte dazu noch etwas Erklärendes hinzufügen. Ich habe heute Mittag in einem Koalitionsgespräch den Gedanken, den *Mischnick* zu erwägen bat, unterstützt. Nämlich denkbar wäre, dass man umgekehrt verfährt, statt zehn Begründungen praktisch und dazu auch immer noch Minderheitenbegründungen und dann praktisch eine völlig irritierte Hörer- und Teilnehmerschaft anzufangen, wenn es geht mit, ist hier genannt worden, fünf Grundsatzbeiträgen, wo zusammenfassend gesprochen wird und

---

[42] Zum Entwurf der CDU/CSU-Fraktion vom 13. April 1974 eines Gesetzes zur Verbesserung der Hauspflege und der Familienhilfe im Rahmen der Reichsversicherungsordnung vgl. BT Drs. 07/464.

[43] Zum Entwurf der SPD- und FDP-Fraktion vom 21. März 1973 eines Gesetzes zur Verbesserung von Leistungen in der gesetzlichen Krankenversicherung vgl. BT Drs. 07/377.

[44] Zum Gesetzentwurf der Bundesregierung vom 28. März 1973 zur Änderung von Vorschriften des Adoptionsrechts vgl. BT Drs. 07/421.

dann was übrig bleibt noch begründend gesagt werden kann. Nachdem die FDP, er war sich nicht sicher, ob sie dem folgen würde, sich dem so angeschlossen hat, empfehle ich sehr, dass wir den Versuch machen, weil uns sonst Begründungen und Debatte ganz einfach nicht nur zum Hals heraushängen werden, sondern aus dem Griff gehen werden. *De With* hatte das Wort gewünscht.

de With: Genossinnen und Genossen, einiges zur Prozedur. Ich meine, dahinter muss eine grundpolitische Überlegung stehen. Einmal ist ganz offenkundig, dass die CDU/CSU verzögern, uns auseinanderdividieren und den Fristenantrag zu Fall bringen will. Meiner Auffassung nach muss es unsere Aufgabe sein, klarzumachen, dass es an der Zeit ist, zügig zu beraten, denn wir hatten genügend Zeit, zweitens, dass die große Mehrheit unserer Fraktion für den Fristenantrag ist, und drittens, dass wir die flankierenden Maßnahmen als das Gewichtigere ansehen. Deswegen ergibt sich nach meinem Dafürhalten für die erste Runde Folgendes: Es kann uns gleichgültig sein, ob die bezeichnet wird als Begründungsrunde oder als Debattenrunde. Mir persönlich, und ich glaube, das ist die Auffassung der Arbeitsgruppe Strafrechtsreform, und wie ich sehe auch nach der heutigen Diskussion unsrer Sozialpolitiker, auch deren Auffassung, sollte deswegen einer von uns den 218 begründen oder hierzu etwas sagen, danach aber einer zu allen flankierenden Maßnahmen, damit ersichtlich wird –

(Zwischenruf.)

ich bin mit deiner Sprachregelung einverstanden –,

(Zwischenruf.)

ja, ich bin mit deiner Sprachregelung einverstanden, aber ich glaube, ich habe auch gesagt, dass dies für das Gewichtigere halte, dass, wie gesagt, zweitens einer von uns das gebündelt macht, damit hier klar wird, wie der Wille der SPD-Bundestagsfraktion ist. Dann müssen wir *Müller-Emmert* sprechen lassen. Dazwischen kann aber auch ein FDP-Mann reden. Wir können ihnen nicht vorschreiben, ob es einer macht zu beidem. Unser Wille wäre, es wäre gut, wenn in der ersten Runde es einer macht und dann käme CDU/CSU. Ich kann mir vorstellen, dass dann der Minister eintritt und dann die zweite Runde kommt, wobei wir wiederum klarmachen müssen, von wem sei dahingestellt, ich sage das hier frank und frei, möglicherweise durch den Fraktionsvorsitzenden, dass die Ziele und die Motive identisch sind, dass es aber mindestens zwei Wege zur Erreichung dieser Ziele gibt, dass es bei uns Gewissensfreiheit gibt und noch einmal, dass das Gewichtigere, Herbert [*Wehner*] sagte es schon, die Maßnahmen sind, die wir von den Sozialpolitikern beigesteuert haben. Wir werden uns heute Abend im Arbeitskreis noch klarwerden, wie die Reihenfolge ist. Namen von uns wurden genannt der Reihenfolge nach: *de With*, *Timm*, *Krockert*, *Brandt* [(Grolsheim)] und dann kann zu Sachproblemen Stellung genommen werden. Also wir möchten, und darauf legen wir Wert, in der Gewichtung klarmachen, das gilt auch gegenüber dem Koalitionspartner, dass unsere Mehrheit für die Fristenregelung ist, dass wir das Gewichtigere nicht in den 218er Reformen sehen. Das wäre unser Petitum und insoweit bitte ich, mit der FDP noch zu verhandeln.

Wehner: Helga *Timm*.

Timm: Genossinnen und Genossen, ich weiß nicht, ob ich eben Karl *Wienand* mit dem Bericht über den Beschluss der FDP-Fraktion richtig verstanden habe, aber ich glaube, wenn ich es so verstanden habe, meinen sie, dass wir erstens gebundene Debatte haben sollten, und das bedeutet doch wohl auch, dass der erste Sprecher sozusagen unsere Fraktionsgesetze, unsere Fraktionsentwürfe sowohl zum Paragraphen 218 als auch zu den ergänzenden dazugehörenden Maßnahmen zusammen begründet. Ich habe neulich schon in der Arbeitsgruppenbesprechung in unserer ersten Debatte über diese schwierige Frage der Strukturierung dieser Debatte darauf hingewiesen, dass ich eine solche Prozedur für außerordentlich gut und gewichtig halten würde und glauben würde, dass das wirkliche gesamtpolitische und gesellschaftspolitische Gewicht darin zum Ausdruck käme, wenn diese Begründung, diese erste gesamte Darstellung unseres Einbringens dieser Gesetzentwürfe vom Fraktionsvorsitzenden selber vorgenommen würde. Dass wir dann später in der Debatte auf einzelne Fragen eingehen können, das ist unbenommen und selbstverständlich, aber dann wäre der wirklichen politischen Bedeutung dieser Frage alles Gewicht gegeben. Das wollte ich nur mal sagen.

Wehner: *Glombig.*

Glombig: Genossinnen und Genossen, ich möchte im Augenblick nur etwas zum Prozedere sagen und etwas darüber berichten, in welcher Weise der Arbeitskreis Sozialpolitik sich mit diesem Prozedere befasst hat. Wenn es so ist, dass es eine verbundene Debatte nur geben soll zusammen zwischen den Strafrechtsänderungsgesetzentwürfen auf der einen Seite und dem Gesetzentwurf, der die eigentlichen sozialen Ergänzungsmaßnahmen zu 218 vorsieht, so hab' ich Karl *Wienand* vorhin verstanden, und wenn das Leistungsverbesserungsgesetz in der Krankenversicherung ausgeklammert werden soll[45], sowohl der Entwurf der SPD/FDP als auch der Entwurf der CDU/CSU, dann würden wir natürlich das Ziel nicht erreichen, dass Helga *Timm* hier eben angesprochen hat, und auch das, was Hans *de With* angesprochen hat, weil nämlich das Leistungsverbesserungsgesetz in der Krankenversicherung einen ganz wesentlichen Teil der sozialen Ergänzungsmaßnahmen betrifft, ohne dass es unmittelbar auch in der Begründung hierzu angesprochen ist. Und wir haben diesen Gesetzentwurf doch vorgelegt, um damit auch in diesem Bereich der gesetzlichen Krankenversicherung die Ergänzung zu schaffen. Das war unsere Überlegung. Wenn wir diese beiden Gesetzentwürfe nun ausklammern, kriegen wir ganz bestimmt eine Spaltung der sozialpolitischen Vorhaben und damit wird das, was wir hier in einem Zusammenhang wollen, nicht so deutlich auch draußen in der Öffentlichkeit. Das trifft auch dann noch zu, wenn der Antrag auf Familienplanung[46], der dann wieder in der verbundenen Debatte behandelt werden soll, behandelt wird und, das ist etwas ganz Neues, der Antrag wegen des Behindertengesetzes mit einbezogen werden soll in die verbundene Debatte[47], im Gegensatz zum Krankenversicherungsleistungsverbesserungsgesetz[48].

Genossinnen und Genossen, dies Behindertengesetz hat nun ganz und gar nichts mit ergänzenden Maßnahmen zum Paragraph 218 zu tun, und wenn wir, nicht wahr, dies Behindertengesetz in einen engeren Zusammenhang zu Paragraph 218 stellen, dann haben wir die ganzen sozialen Ergänzungsmaßnahmen mindestens für zwei Jahre auf Eis gelegt, weil wir dieses Problem bis zum 31.12. überhaupt gar nicht lösen können – und es hat da auch in der Tat nichts zu suchen. Es geht da doch nur um Folgendes, die Lasten von den Kommunen abzuwälzen auf den Bund. Hier bedarf es unter Umständen sogar einer Grundgesetzänderung, denn das ist ja im Grundgesetz festgelegt, die Aufgabenteilung in diesem Punkt zwischen Bund und Ländern, und ich bin der Meinung, wir soll-

---

45 Zum Entwurf der SPD- und FDP-Fraktion vom 21. März 1973 eines Gesetzes zur Verbesserung von Leistungen in der gesetzlichen Krankenversicherung vgl. BT Drs. 07/377.

46 Zum Antrag der SPD- und FDP-Fraktion vom 21. März 1973 betr. Familienberatung und -planung vgl. BT Drs. 07/374.

47 Zum Antrag der CDU/CSU-Fraktion vom 11. Mai 1973 betr. Behindertengesetz vgl. BT Drs. 07/553. – Der Antrag wurde am 18. Mai 1973 im Plenum behandelt. Vgl. BT Plenarprotokoll 07/34, S. 1858–1862.

48 Vgl. Anm. 45.

ten uns nun wirklich in diesem Punkt auf den Dampfer nicht verladen lassen. Das Behindertengesetz muss auf alle Fälle in einem besonderen Tagesordnungspunkt beraten werden, und ich bin der Meinung, das kann man auch im Rahmen einer anderen Tagesordnung machen als der von Donnerstag oder Freitag, weil es hierzu wirklich noch einiger Vorbereitung bedarf. Ich habe heute Morgen diesen Antrag überhaupt zum ersten Mal zu Gesicht bekommen, und das würde uns insgesamt wirklich in große Schwierigkeiten bringen. Ich möchte deswegen ganz gerne dafür plädieren im Namen des Arbeitskreises, dass die Sozialergänzungsmaßnahmen zu Paragraph 218, das Krankenversicherungsleistungsverbesserungsgesetz verbunden wird mit dem Gesetzentwurf zur Änderung des Paragraphen 218 selbst, und dazu dann kommt der Antrag auf Familienberatung, und dass das Behindertengesetz, nicht wahr, an einer anderen Stelle kommt oder bei einer anderen Tagesordnung. Sollte sich das nicht erreichen lassen, dann müsste auf jeden Fall dann das Behindertengesetz auch verschwinden im Zusammenhang, nicht wahr, dem Krankenversicherungsleistungsverbesserungsgesetz, weil es da einfach nichts zu suchen hat.

Wehner: Karl *Wienand*.

Wienand: Ich glaube, wir können die Frage des Behindertengesetzes hier ziemlich kurz aus der Debatte herausnehmen, weil bis zur Stunde, und ich glaube, deshalb ist auch ein Lapsus in der FDP passiert, weder die CDU als Einbringer des Gesetzes noch irgendein anderer dazu Debatte oder Erklärungen beantragt hat. Es soll also lediglich den Ausschüssen überwiesen werden. So viel zu dem Punkt 10. Ich bin sicher, Eugen *Glombig*, dass sich dies auch bei der FDP so aufklärt.

Nun zu dem, was du zu diesem Leistungsverbesserungsgesetz gesagt hast. Mir leuchtet dies ein. Ich habe wiedergegeben, was aus der FDP herauskommt, und es ist bekannt, dass die am liebsten den 218 ohne alle ergänzenden Maßnahmen gesehen hätten. Dass das jetzt natürlich in der Fraktion noch nachschwingt und dass sie das versuchen, so entsprechend zu gliedern, war mir von Anfang an klar und musste jedem klar sein, der seit Tagen oder Wochen sich mit der Vorbereitung dieser Debatte befasst. Selbst wenn es jetzt in der Tagesordnung, wenn sie endgültig festgestellt wird, und so wie der Stand im Augenblick hin- und hergeht bin ich sicher, dass wir hier auch nichts definitiv Abschließendes sagen können, wird es noch heute oder morgen ein abschließendes Gespräch mit dem Koalitionspartner geben müssen, damit wir dann eventuell morgen noch einmal versuchen, im Ältestenrat dies zu klären oder aber das, worauf wir uns dann verständigt haben, am Donnerstagfrüh bei der Feststellung der Tagesordnung zustande zu bringen. Ich hätte aber auch keine Bedenken, wenn man es anders ordnet und ausdruckt, selbst wenn man dann sagt, verbundene Debatte, oder dass vor dem Adoptionsrecht, dass es dann in einer allgemeinen Begründung, ohne expressis verbis zu erwähnen, mit angesprochen wird, auch wenn es nachher überwiesen wird, wird es mit erledigt. Das wäre nicht neu, wenn die grundsätzlichen Bedenken bei der FDP so bestehen würden. Ich hätte also diese Sorgen, die du hier anführst im Hinblick auf Verzögerung, nicht und ich glaube, es würde auch nicht die Debatte von der Substanz her erschweren.

Wehner: Hugo *Brandt*.

Brandt (Grolsheim): Karl [*Wienand*], ich wollte nur grade auf folgenden Umstand noch hinweisen und dich unterstützen in der Absicht, das noch klären zu wollen. Denn die CDU hat in ihrem Antrag in der Begründung gleich im zweiten Absatz ausdrücklich dieses Bundesbehindertengesetz hervorgehoben, und zwar in der Formulierung hervorzuheben ist der Antrag auf Verabschiedung eines Bundesbehindertengesetzes und so weiter. Das steht gleich am Anfang. Ich erwarte also, dass sie, wenn sie das schon in ihre Begründung hingeschrieben hat, irgendwie damit kommen wird.

Wehner: Hermann *Dürr*.

Dürr: Liebe Genossinnen und Genossen, da unser Koalitionspartner verständlicherweise bei 218 sehr auf eigenes Profil Wert legt, hätte ich nicht zu hoffen gewagt, dass der Vorschlag, den uns Karl *Wienand* vorher übermittelt hat, an die Überlegungen unseres Arbeitskreises, sagen wir mal, bis zu 95 Prozent herankommt. Das, was wir haben wollen, und der Vorschlag gibt uns die Möglichkeit, dass wir als Fraktion und für die Fraktion mit dem ersten Sprecher das Ganze in den Zusammenhang hineinstellen können, die FDP ebenfalls, dem CDU-Sprecher dürfte es etwas schwerer fallen. Wenn danach die beiden Begründungen der Gruppenanträge kommen, dann sind es genau diese fünf, die Herbert *Wehner* für die erste Runde genannt hat. Ich glaube, das ist für uns bei der Empfindlichkeit unseres Koalitionspartners in dem Punkt das relative Maximum, was wir in der Sache zu erreichen in der Lage sind. Wenn sich nicht wieder was ändert, sollten wir schauen, dass wir es auf die Marschroute hinkriegen.

Wehner: Hans *de With*.

de With: Genossinnen und Genossen, es tut mir leid, aber ich sehe nicht ein, warum wir von vornherein mit dieser Marschroute in die Verhandlungen mit der FDP hineingehen sollen. Wir waren uns einig, als wir das Gesetzesbündel vorgelegt haben, dass dies ein Gesetzesbündel sein sollte und so wurde es der Öffentlichkeit in einer Bundespressekonferenz präsentiert und daher sollten wir zunächst dabeibleiben. Und ich unterstütze Eugen *Glombig* ganz deutlich mit dem Hinweis, dass im Leistungsverbesserungsgesetz sehr wesentliche Merkmale drinstecken. Wenn wir von vornherein sagen sechs, dann geben wir in einem Punkt, der uns wesentlich ist und wofür wir streiten mit Nachdruck, ich will nicht sagen klein bei, machen wir einen Abstrich, der uns, meine ich, wehtut. Deswegen würde ich dafür plädieren, mit Nachdruck beim Koalitionspartner zu sagen, lassen wir es doch so laufen wie bei der Präsentation unseres Gesetzesbündels. Und ich neige nach wie vor dazu, in der ersten Runde sowohl die Ergänzungsmaßnahmen als auch den 218 Fristenregelung durch zwei Personen darlegen zu lassen, weil wir sonst zeitmäßig und personenmäßig zu klein erscheinen. Ich meine, das sollte zumindest die Marschroute sein. Ich würde nicht von vornherein uns in unserem Verhandlungsspielraum beschneiden wollen.

Wehner: {...} vorschlagen, dass *de With* und ein, zwei andere mit der FDP sprechen. Hier geht es jetzt gar nicht mehr darum, ob die einen sich oder die anderen sich profilieren und die anderen sie daran hindern wollen. Hier geht es darum, ob wir überhaupt eine erste Lesung zustande bringen, die nicht in dem juristischen Teil die anderen gähnend langweilt und abstößt und im sozialen Teil die anderen verwirrt. Darum geht es. Um nichts anderes geht es. Ich selber möchte mich nicht bei dieser Gelegenheit profilieren oder sonst etwas anderes oder produzieren,

(Heiterkeit.)

aber wenn dem so ist, dass die, die die Sachen gemacht haben und die auch die Ehre haben sollen, jetzt Sorge haben, ich bitte darum, dass die Fraktion meinem Vorschlag folgt, dann müssen jetzt *Wienand* und *de With* und, ich weiß nicht, noch ein Dritter mit der FDP über die Sache noch einmal reden für den Fall, dass sich dort noch etwas ändern lässt. Fraktion einverstanden?

(Zwischenrufe: Ja! Ja!)

Dann kommt – habe ich grade gesagt womit, dass drei Personen, falls kein anderer Vorschlag ist, es kam kein anderer Vorschlag, mit der FDP reden. Dann kommen wir zum Punkt, Eugen *Glombig* über diese ergänzenden Gesetze und Anträge zur Sache.

Glombig: {...} Genossinnen und Genossen gegenüber dem Zeitpunkt der Einbringung unserer Gesetzentwürfe hat sich insofern einiges geändert jetzt zur ersten Lesung, als die Opposition aufgewacht ist und nun alles Mögliche an eigenen Anträgen zur sogenannten und auch Sozialergänzungsmaßnahmen eingereicht hat. Ich möchte daran erinnern, dass unser Strafrechtsreformergänzungsgesetz aus der Drucksache 376 als Leistung der gesetzlichen Krankenversicherung und der Sozialhilfe einen Anspruch ärztliche Beratung, Übertragen der Empfängnisregelung sowie ärztliche Hilfe bei Schwangerschaftsabbruch einführen will[49]. Dazu gibt es einen eigenen Vorschlag der CDU/CSU nicht. Der zweite Gesetzentwurf, von dem bereits vorhin die Rede war, aus der Drucksache 377 enthält Regelungen über die Einführung eines Rechtsanspruchs auf zeitlich unbegrenzte Gewährung von Krankenhauspflege[50], und nun kommt es, die Gewährung von Haushaltshilfe, die Zahlung von Krankengeld bei Verdienstausfall wegen der Betreuung des erkrankten Kindes und den Anspruch auf Freistellung von der Arbeit während dieser Zeit sowie die Aufhebung der Vorschriften über die Krankenscheinprämie.

Zu diesem Gesetzentwurf hat inzwischen die CDU/CSU ebenfalls einen Vorschlag eingebracht aus der Drucksache 464[51]. Hierzu ist zu bemerken, dass der CDU/CSU-Entwurf über den SPD/FDP-Entwurf in folgenden Punkten hinausgeht, indem nämlich Haushaltshilfe auch für sechs Wochen vor und für mindestens acht Wochen nach der Entbindung gewährt werden kann, Pflegegeld auch dann gewährt wird, wenn ein erwachsener Familienangehöriger zu pflegen ist, also das bezieht sich hier nicht nur auf Kinder und insofern ist es natürlich nicht nur eine Maßnahme im Zusammenhang mit Paragraph 218, und Pflegegeld für längstens zwei Wochen zu gewähren ist. Dieser Gesetzentwurf enthält keine Kostenschätzungen, weil die CDU/CSU sagt, sie könnte sowas auch gar nicht schätzen, weil sie nicht wüsste, wie viele Leute diese Leistungen in Anspruch nehmen. Wir haben es bewusst, das heißt wir haben eine Schätzung vorgenommen in unserem Gesetzentwurf, danach werden also 440 Millionen aufzuwenden sein. Davon werden aber 390 Millionen aufgebracht durch die Einstellung der Krankenscheinprämienzahlungen ab 1. Januar 1974, sodass nur noch 50 Millionen Belastung für die Träger der gesetzlichen Krankenversicherung bleiben. Der Gesetzentwurf der CDU/CSU hat eine Mehrbelastung von 750 Millionen D-Mark im Jahr ohne einen Gegenwert in Form der Einstellung der Krankenscheinprämie. Das dazu.

Dann sind einige Anträge eingereicht worden von der CDU/CSU. Wir haben den Antrag Familienberatung und -planung bereits im März eingebracht. Nun hat auch die CDU/CSU einen Antrag auf Familienberatung und -planung eingebracht aus der Drucksache 549[52]. Der erste Punkt deckt sich weitgehend mit unserem Antrag. Im zweiten Punkt soll die Verpflichtung zur Verschwiegenheit klargelegt werden. Ich halte das für eine Selbstverständlichkeit. Dagegen werden wir uns auch nicht wehren. Die anderen beiden Punkte, die bildungspolitischen Maßnahmen für Eltern und Familien weiter zu fördern und die Bemühung und die Entwicklung sexualpädagogischer Unterricht

---

[49] Gemeint ist der Gesetzentwurf der SPD- und FDP-Fraktion vom 21. März 1973 über ergänzende Maßnahmen zum Fünften Strafrechtsreformgesetz (Strafrechtsreform-Ergänzungsgesetz – StREG). Vgl. BT Drs. 07/376.

[50] Zum Entwurf der SPD- und FDP-Fraktion vom 21. März 1973 eines Gesetzes zur Verbesserung von Leistungen in der gesetzlichen Krankenversicherung vgl. BT Drs. 07/377.

[51] Zum Entwurf der CDU/CSU-Fraktion vom 13. April 1974 eines Gesetzes zur Verbesserung der Hauspflege und der Familienhilfe im Rahmen der Reichsversicherungsordnung vgl. BT Drs. 07/464.

[52] Gemeint ist der Antrag der CDU/CSU-Fraktion vom 11. Mai 1973 betr. Familienberatung und -planung. Vgl. BT Drs. 07/549.

und Informationshilfen weiter zu fördern, ist in dem Antrag der CDU/CSU-Fraktion nicht enthalten. Ich halte das eigentlich auch für ziemlich typisch.

Über die Enquete-Kommission ist bereits gesprochen worden.[53] Hermann *Dürr* hat darüber einige Ausführungen gemacht. Es geht aus der Begründung, das geht nun aus dem Wortlaut des Antrags jetzt nicht hervor, dass im Vordergrund der Arbeit dieser Enquete-Kommission sozialpolitische, insbesondere familienpolitische Maßnahmen zu stehen haben und dann wird es nur logisch sein, dass dieser Antrag federführend vom Ausschuss für Jugend, Familie und Gesundheit und mitberatend vom Ausschuss für Arbeit und Sozialordnung behandelt wird. Trotzdem ist auch mein Ratschlag, nach Möglichkeit auf diesen Antrag nicht allzu viel einzugehen in der Debatte, sondern zu versuchen, auf diesen Antrag bei der Ausschussberatung entsprechend Einfluss zu nehmen.

Das Gleiche gilt für den ebenfalls inzwischen eingereichten Antrag der Fraktion der CDU/CSU aus der Drucksache 552 betreffend Sammlung und Auswertung der Erfahrungen über die Folgen ärztlich vorgenommener Schwangerschaftsabbrüche[54]. Hier handelt es sich um ein medizinisches Problem, das vor allem im Ausschuss für Jugend, Familie und Gesundheit zu beraten ist, und auch über diesen Antrag sollten wir eigentlich nicht allzu viel sprechen in der Diskussion, sondern ihn ebenfalls an den federführenden Ausschuss überweisen und ihn dort im Einzelnen beraten lassen. Das ist die gegenüber der Einbringung unserer Gesetzentwürfe veränderte Sachlage.

Über das Behindertengesetz habe ich bereits gesprochen. Wir wollen hoffen, dass wir das davon trennen können. Wir haben vorzuschlagen, dass, sollte es zu einer Begründung der sozialpolitischen Ergänzungsmaßnahmen, zu einer besonderen Begründung kommen, was ja wohl noch vom Koalitionsgespräch abhängig gemacht wird, dann diese Begründung durch Marie *Schlei* insgesamt vorgenommen wird. Gibt es keine Behandlung der sozialpolitischen Ergänzungsmaßnahmen insgesamt, dass dann das Krankenversicherungsleistungs-Verbesserungsgesetz begründet wird von Hans *Geiger*. Wie gesagt, das müssen wir wohl dann doch noch den Abmachungen zwischen den Koalitionspartnern vorbehalten. Danke schön.

Wehner: Wird dazu das Wort gewünscht?

[C.-E.] → online unter www.fraktionsprotokolle.de

17.

22. Mai 1973: Fraktionssitzung (Tonbandtranskript)

AdsD, SPD-BT-Fraktion 7. WP, 6/TONS000019. Titel: »Fraktionssitzung vom 22.05.1973«. Beginn: 15.10 Uhr. Aufnahmedauer: 02:33:40. Vorsitz: Wehner.

Sitzungsverlauf:

A. TOP 1: Politischer Bericht des Bundeskanzlers (Grundlagenvertrag; Staatsbesuch von Generalsekretär *Breschnew* in Deutschland; deutsch-sowjetische Beziehungen; Konferenz über Sicherheit und Zusammenarbeit in Europa; Nahostpolitik).

---

53 Zum Antrag der Fraktion der CDU/CSU vom 11. Mai 1973 betr. Enquete-Kommission vgl. BT Drs. 07/548.
54 Gemeint ist der gleichlautende Antrag der CDU/CSU-Fraktion vom 11. Mai 1973.

B. TOP 2: Informationen (Auseinandersetzung um Fischereirechte mit Island; bayerischer Widerstand gegen den Grundlagenvertrag; Rundfunkgebühren; möglicher atomarer Rüstungsexport von Frankreich; Geltungsbereich des Besoldungsgesetz 1973 und Zulagen an Polizei, Bundesgrenzschutz und Zoll; Stabilitätsanleihe; finanzielle Verbesserungen für Kriegsspätheimkehrer in der Rentenversicherung und für Kriegsgefangene in Entschädigungsfragen; Zeitplan für die Ratifizierung des Atomwaffensperrvertrags).

C. Vorbereitung der Plenarsitzungen: TOP 3: Tagesordnung und Ablauf der Plenarsitzungen. – TOP 4: 2. und 3. Beratung Steueränderungsgesetz 1973, Änderung Mineralölsteuer- und Branntweinmonopolgesetze, 3. Verordnung über steuerliche Konjunkturmaßnahmen. – TOP 5: Sondergutachten zur konjunkturpolitischen Lage im Mai 1973. – TOP 6: 1. Beratung Bundesrat-Entwurf Förderung von Stabilität und Wachstum. – TOP 7: 1. Beratung 27. Änderungsgesetz Lastenausgleichsgesetz. – TOP 8: 1. Beratung Förderung von Wohneigentum. – TOP 9: 2. und 3. Beratung Bundeskriminalpolizeiamt.

D. Vorlagen aus den Arbeitskreisen: TOP 10: Änderung des Westvermögensabwicklungsgesetzes. – TOP 11: Entschließungsantrag zur Medienpolitik (Kartellgesetznovelle). – Sonstiges: TOP 12: IPU-Jahrestagung. – Verschiedenes.

[A.–D.] → online unter www.fraktionsprotokolle.de

18.

5. Juni 1973: Fraktionssitzung

AdsD, SPD-BT-Fraktion 7. WP, 2/BTFG000018. Überschrift: »Tagesordnung für die Fraktionssitzung, Dienstag, 5.6.1973«. Beginn: 15.00 Uhr.

Tagesordnung:

TOP 1: Information.

TOP 2: Tagesordnung und Ablauf der Plenarsitzungen.

TOP 3: 2. und 3. Beratung 4. Strafrechtsreformgesetz (Sexualstrafrecht).

TOP 4: 1. Beratung BR-Entwurf Änderung Abzahlungsgesetz.

TOP 5: 1. Beratung 1. Eherechtsreformgesetz.

TOP 6: 1. Beratung BR-Entwurf Neuordnung Beamten- und Besoldungsrecht.

TOP 7: 1. Beratung Westvermögensabwicklungsgesetz.

TOP 8: 2. und 3. Beratung Vierte Novelle Bundeskindergeldgesetz.

TOP 9: 2. und 3. Beratung Achte Novelle Selbstverwaltungsgesetz.

TOP 10: Große Anfrage CDU/CSU betr. Rauschmittel und Drogenmissbrauch.

TOP 11: Kleine Anfrage betr. Sportförderung in den Entwicklungsländern.

TOP 12: Große Anfrage betr. Forschungspolitik.

TOP 13: Antrag betr. Spätheimkehrer.

TOP 14: Arbeitsgruppe Verbraucherfragen.

Fraktionssitzung 07.06.1973 **19.**

TOP 15: Unterausschuss für Abrüstung und Kontrolle.

TOP 16: Nächste Termine.

Für diese Fraktionssitzung ist weder ein schriftliches Sitzungsprotokoll noch eine Tonbandaufzeichnung überliefert.

19.

7. Juni 1973: Fraktionssitzung (Kurzprotokoll)

AdsD, SPD-BT-Fraktion 7. WP, 2/BTFG000019. Überschrift: »Kurzprotokoll über die Sitzung der Sozialdemokratischen Bundestagsfraktion am Donnerstag, 7. Juni 1973«. Zeit: 14.30–15.05 Uhr. Vorsitz: Wehner, Protokoll: Schmickler. Datum der Niederschrift: 5. November 1973.

Sitzungsverlauf[1]:

A. Einziger Tagesordnungspunkt: Bericht über den Beschluss des Vermittlungsausschusses zum Gesetzentwurf zur Reform des Grundsteuerrechts. – Berichte aus dem Ältestenrat und dem Innenausschuss. – Vorschlag von Norbert *Gansel* über die Einkommens- und Vermögensverhältnisse der Abgeordneten sowie das Verfahren zur Wahl des Bundeskanzlers zu diskutieren.

[A.] → online unter www.fraktionsprotokolle.de

20.

12. Juni 1973: Fraktionssitzung (Tonbandtranskript)

AdsD, SPD-BT-Fraktion 7. WP, 6/TONS000020. Titel: »Klausurtagung der SPD-Bundestagsfraktion am 12. Juni 1973«. Aufnahmedauer: 06:20:52. Vorsitz: Wehner.

Sitzungsverlauf[1]:

A. Bericht des Fraktionsvorsitzenden: Stellungnahme zu den Vorwürfen der CDU/CSU-Fraktion gegen den Parlamentarischen Geschäftsführer der SPD-Bundestagsfraktion, *Wienand*, im Zusammenhang mit der Abstimmung über das konstruktive Misstrauensvotum am 27. April 1972. – Diskussion der Fraktion über die Vorwürfe gegen *Wienand* und über dessen Wunsch, für die Dauer des Verfahrens beurlaubt zu werden.

---

1 Für diese Sitzung ist keine Tagesordnung überliefert.

1 Für die Klausurtagung der SPD-Bundestagsfraktion ist keine Tagesordnung überliefert. Die Abgeordneten wurden im Vorfeld gebeten, Themenvorschläge für die Fraktionsklausur einzureichen. Vgl. zu den Vorschlägen AdsD, 2/BTFG000020.

B. Stellungnahme zu den Vorgängen um die Entlassung von Redakteuren bei der »Hamburger Morgenpost« und die Reaktion einiger SPD-Abgeordneter darauf. – Diskussion der Fraktion über die Stellungnahme und die Vorwürfe gegen diese.

C. *Wehner* berichtet über Zuschriften der Abgeordneten im Vorfeld der Klausurtagung mit Wünschen, Anregungen, Problemen, die besprochen werden sollten.

D. Diskussion der Fraktion zu einzelnen Vorschlägen der Abgeordneten: Selbstverständnis der Fraktion; Verhältnis zur Bundesregierung; Arbeitsorganisation der Fraktion.

E. Fortsetzung der Diskussion: innerfraktionelle Gruppenbildung (Leverkusener Kreis; Linke Mitte; Kanalarbeiter).

[A.]

Wehner: {...} vor einer Viertelstunde gehört, dass es angeblich nicht möglich sei, diese Bauarbeiten während der Dauer unserer Sitzungen zu unterbrechen, weil das Geld kostet. Die Summe wurde mir auch genannt. Darauf habe ich gesagt, tut mir leid, ich erfahr' das erst heute. Dann sollen wir das Geld und werden wir das Geld unabhängig davon, was wir davon denken, von uns bezahlen, aber auf keinen Fall kann man uns zumuten, während dieses Lärms zu tagen.[2]

(Beifall.)

Ich bin jetzt informiert worden, dass das auch kaum gehe, weil damit Pläne in Unordnung kommen. Ich muss darum bitten, erinnern zu dürfen, dass uns zugesichert worden war, dass wir bis zum Eintritt in die Sommerpause von diesem Lärm, der unausbleiblich ist bei solchen Arbeiten, verschont blieben. Da ist mir gesagt worden, dann müsse das hier beschlossen werden. Ich bitte diejenigen, die meine Auffassung unterstützen, um ihr Handzeichen. Danke. Die gegenteilige Meinung. Stimmenthaltungen. Das ist einstimmig so beschlossen. Ich hoffe, dass das auch gemacht wird.

Nunmehr, Genossen und Genossinnen, möchte ich zunächst Willy *Brandt* beglückwünschen und Dank sagen für

(Beifall.)

das, was er mit der Reise, der ersten Reise eines Bundeskanzlers unserer Republik in Israel für uns alle und für dieses Volk zuwege gebracht hat.[3] Wir haben ihm unseren Dank zu erkennen gegeben und, nebenbei gesagt, war wohl jedem ein Stein vom Herzen gefallen, als gestern in den Nachrichten kam, dass bei diesem Unglück jedenfalls, wie man sagt, geringfügige Verletzungen nur erlitten werden mussten.[4] Und nunmehr, Genossinnen und Genossen, komme ich –

(Zwischenrufe.)

bitte um Entschuldigung, Mitglieder der Regierung sollten die Lage eines Fraktionsvorsitzenden zuerst verstehen, der eben hier erklärt hat, dass er vor einigen Minuten die Mitteilung bekommen habe, es sei angeblich unmöglich, diese Arbeiten einzustellen, weil das 750 Mark kostet, sage ich jetzt. Darauf habe ich gesagt, gleichgültig wieviel

---

2 Während *Wehner* spricht, ist im Hintergrund Baulärm zu hören.
3 Bundeskanzler *Brandt* hielt sich vom 7. bis zum 11. Juni 1973 zu Besuch in Israel auf. Vgl. BULLETIN 1973, Nr. 71 vom 13. Juni 1973, S. 701–720.
4 Beim Besuch der Bergfestung Masada wurde *Brandts* Hubschrauber während der Landung von einer starken Windböe erfasst und entging nur knapp einem Absturz. Vgl. dazu WILKE, Meine Jahre mit Willy Brandt, S. 143.

Fraktionssitzung 12.06.1973 **20.**

es kostet, wir bezahlen das dann, abgesehen von dem, was wir davon halten, dass das so ist. Das habe ich hier mitgeteilt
(Beifall.)
und dann habe ich, weil ein neuer Bescheid kam, das ginge auch deshalb nicht, weil damit Termine in Unordnung kämen, darum gebeten zu verstehen, dass wir von der Voraussetzung ausgegangen sind, nicht nur diese Sitzung betreffend, sondern überhaupt bis zum Eintreten in die Sommerpause, dass wir von diesem unausbleiblichen Lärm, den wir dem Begehren der Opposition zu verdanken haben, die die Säle, eine reine Zweckmäßigkeitsfrage, nicht ausgetauscht wissen wollte, dass wir bis zum Beginn der Sommerpause davon verschont blieben.[5] Das habe ich gesagt und hier ist von den Anwesenden einstimmig, ohne Gegenstimme und Enthaltungen, die Forderung ausgesprochen worden, im Sinne dessen, was ich hier berichtet habe, diese Arbeiten einzustellen. Bleibt die Möglichkeit, wir warten, bis sie eingestellt sind.
(Unruhe.)
Ein Sitzstreik gegen uns selbst, aber ich habe nichts dagegen. Geht von der Voraussetzung aus, dass hier tatsächlich, was eine Fraktion will, auch geschieht. Wenn wir Glück haben, werden wir hier also eines Besseren belehrt gegenüber anderen Erfahrungen. Dann warten wir!
(Unterbrechung der Sitzung und der Aufnahme.)
Wehner: {...} die Möglichkeit gegeben, mit dem akademischen Viertel anzufangen.[6] Genossen, ich muss vor dem Teil unserer Sitzung, der sich mit Fragen und Themen befasst und befassen soll, wie sie in einem Brief, den ich am 7. herausgegeben habe[7], einige andere Dinge hier zu Beginn zu behandeln bitten. Das ist einmal die Abgabe einer Erklärung, die ich gebe zu den gegen Karl *Wienand* erhobenen Beschuldigungen und zum Antrag der CDU/CSU auf Einsetzung eines Parlamentarischen Untersuchungsausschusses, und was sich daraus ergibt.[8] Das ist zum andern nach Abschluss dieses Punktes eine Erklärung, die ich abzugeben habe zu einer Information der Geschäftsführung Deutsche Druck- und Verlagsgesellschaft mbH zur Kündigung der Redaktion »Hamburger Morgenpost« *Conradi*, *Irle* und *Otto* mit der Bitte um eine Stellungnahme der Fraktion zu einem Vorschlag, den ich dann unterbreiten werde.[9] Und dann kommen wir zu diesem Teil, der mit einer kurzen, sehr kurzen Einführung in die Diskussion über Fragen und Themen, nämlich Probleme der Abgeordneten und der Fraktion und politische Sachfragen, sich befassen wird. Ist die Fraktion einverstanden mit dieser Regelung?
Dann, Genossinnen und Genossen, will ich mit meiner Erklärung beginnen. Ich habe in einem Brief, den ich am 7. abgeschickt habe, den Mitgliedern unserer Fraktion mitgeteilt, welche Fragen und Themen von Mitgliedern der Fraktion für die Behandlung in dieser Klausurtagung vorgeschlagen worden sind. Nach einer Erörterung der Vor-

---

5 Die CDU/CSU-Fraktion, die seit der Bundestagswahl nicht mehr die stärkste Fraktion war, weigerte sich, ihren Fraktionssaal mit dem der SPD-Fraktion zu tauschen. Die bereits in der 6. Wahlperiode vorhandene Platznot der SPD-Fraktion verschärfte sich dadurch weiter.
6 Als der Fraktionsvorsitzende *Wehner* die Sitzung schließlich wieder aufnimmt, sind die Bauarbeiten eingestellt.
7 Zum Brief *Wehners* vom 7. Juni 1973 vgl. die Anlagen zum Protokoll; AdsD, 2/BTFG000020.
8 Dem Parlamentarischen Geschäftsführer *Wienand* wurde vorgeworfen, beim Misstrauensvotum gegen Bundeskanzler *Brandt* am 27. April 1972 Stimmen der CDU/CSU-Fraktion zugunsten *Brandts* gekauft zu haben. Die CDU/CSU-Fraktion forderte einen Untersuchungsausschuss, um die Umstände bei der Abstimmung zum Misstrauensvotum aufzuklären. Vgl. Anm. 12.
9 Vgl. auch SVP B der vorliegenden Sitzung

schläge mit dem stellvertretenden Vorsitzenden und den Parlamentarischen Geschäftsführern hatte ich mitgeteilt, dass ich heute eine Einführung in die Diskussion geben und dabei sowohl einige der Fragen aus dem Themenkreis »Probleme der Abgeordneten der Fraktion« als auch aus dem Themenkreis »Politische Sachfragen« zu Ausgangspunkten nehmen werde. Ich habe das eben begründet. Es kann nicht ausbleiben, dass nicht alle Mitglieder der Fraktion gleichermaßen mit meiner Themenauswahl einverstanden sein werden, und andererseits stehen wir der Notwendigkeit gegenüber, aus der Fülle von Fragen und Themen jene zuerst aufzugreifen, von denen angenommen werden kann, dass sie in einer ersten Tagung dieser Art von den meisten als dringlich oder mindestens als Ausgangsthemen für weitere Diskussionen angesehen werden. Ich sage damit zugleich, dass wir versuchen müssen, Zeit und Gelegenheit zu schaffen, zwischen den unvermeidlichen Arbeiten, die sich aus dem Gesetzgebungsgang und unserer aktuellen parlamentarischen Arbeitsaufgabe ergeben, Fragen und Themen zu diskutieren, die für die Abgeordneten in unserer Fraktion und für diese selbst wesentlich sind. Ich danke jetzt schon allen, die Vorschläge eingereicht haben. In meiner Einführung in die Diskussion werde ich selbst versuchen, einige Vorschläge zu machen und zu begründen, von denen ich annehme, sie müssten, weil sie über den Rahmen dessen hinausgehen, was sich aus den politischen Berichten, die zu Beginn unserer Fraktionssitzungen in der Regel gegeben werden, den in der Informationsstunde gestellten Fragen und den bei der Behandlung der aktuellen Tagesordnung geführten Diskussionen ergibt, Platz bei uns in den Fraktionsarbeiten finden.

Nun aber, wie gesagt und angekündigt, bitte ich die Fraktion um Verständnis darum, vor dem Eintritt in diesen Teil unseres Gesprächs eine Erklärung abgeben zu wollen, die eine Stellungnahme zu den gegen Karl *Wienand* erhobenen Beschuldigungen enthält. Ich habe diese Stellungnahme abziehen lassen, so dass sie jedem vorliegt.

1. Die Fraktion der CDU/CSU hat seit zwei Wochen öffentlich verlauten lassen, sie werde die Einsetzung eines Parlamentarischen Untersuchungsausschusses verlangen.[10] In der vergangenen Woche ließ sie außerdem bekanntgeben, sie habe im Grundsatz beschlossen, einen Untersuchungsausschuss zu beantragen, der sich mit einem Thema befassen solle, das schon in der vorigen Legislaturperiode Gegenstand eines Untersuchungsausschussverfahrens gewesen ist[11]. Am 7. Juni stellte die CDU/CSU im Ältestenrat in Aussicht, in der kommenden Woche, das ist diese Woche, das Beweisthema für den von ihr angekündigten Untersuchungsausschuss vorzulegen.[12] In der Zwischenzeit wurde von Angehörigen der CDU/CSU viel über die Notwendigkeit einer Nachprüfung der Stimmkarten, die bei der geheimen Wahl zum Misstrauensvotum der CDU/CSU nicht zugunsten ihres damaligen Kanzlerkandidaten *Barzel* abgegeben worden sind, geredet und geschrieben.[13] Obwohl die Tatsache, dass der Kandidat nicht auf

---

10 Vgl. dazu die CDU/CSU-Fraktionssitzung am 5. Juni 1973, online.
11 Gemeint ist der Untersuchungsausschuss, der sich mit dem Absturz einer Passagiermaschine der Fluggesellschaft Paninternational beschäftigte. Er sollte zudem aufklären, ob Karl *Wienand* vor dem Absturz zugunsten der Fluggesellschaft beim Luftfahrtbundesamt interveniert hatte. Vgl. bspw. die SPD-Fraktionssitzung am 11. April 1972, SVP A, online.
12 Zum Antrag der CDU/CSU-Fraktion vom 13. Juni 1973 auf Einsetzung eines Untersuchungsausschusses vgl. BT Drs. 07/780.
13 Zum Misstrauensvotum am 27. April 1972 vgl. BT Plenarprotokoll 06/183, S. 10697–10714. – Der CDU/CSU-Fraktionsvorsitzende *Carstens* hatte am 8. Juni 1973 den Vorwurf erhoben, die Abstimmung im April 1972 sei manipuliert worden: »Offenbar sind Stimmkarten gekennzeichnet worden. Offenbar sind Abgeordneten Geldbeträge versprochen worden, um sie dazu zu bewegen, ihre Stimme in einem für Bundeskanzler *Brandt* günstigen Sinne abzugeben.« Vgl. Pressereferat der CDU/CSU-Fraktion des Deutschen Bundestages, 8. Juni 1973; AdsD, 2/BTFG000508.

Fraktionssitzung 12.06.1973 **20.**

249 Stimmen gekommen war, auch nicht dadurch verändert werden könnte, dass man, wie einer ihrer Abgeordneten es verlangt hat, durch Nachprüfung der Fingerabdrücke feststellen würde, welche Abgeordneten für und welche nicht für den Kandidaten der CDU/CSU gestimmt haben. Es handelt sich hier um eine nachträgliche Parteikontrolle über die Stimmenabgabe der eigenen Fraktionsmitglieder bei einer geheimen Wahl, die durch Beschuldigungen gegen Sozialdemokraten erzwungen werden soll. Um dieser Stimmungsmache den gewünschten öffentlichen Nachdruck zu verleihen, ist ein damaliger CDU-Abgeordneter zu einer Mittelpunktfigur gemacht worden, dessen nachrichtendienstliche Tätigkeiten für West- und Ostgeheimdienste sogar zum Gegenstand von Beschuldigungen gegen die Bundesregierung und die zuständigen Ämter gemacht worden sind, obwohl es Sache der CDU wäre, in sich zu gehen, weil sie einen ihrer Funktionäre, der seit den fünfziger Jahren für Nachrichtendienste verschiedener Himmelsrichtungen tätig gewesen ist, zum Bundestagsabgeordneten hat wählen lassen, obwohl namhaften Persönlichkeiten der CDU diese Tätigkeiten nicht unbekannt gewesen sind.[14]

2. In der Fraktionssitzung, die am Donnerstag, dem 7. Juni in der Mittagszeit stattfand[15], habe ich mitgeteilt, dass ich der Einladung, die vom Chef des Bundeskanzleramts, Staatssekretär *Grabert*, an die Vorsitzenden der drei Bundestagsfraktionen ergangen war, um ihnen vertrauliche Informationen über die dort vorliegenden Kenntnisse bezüglich nachrichtendienstlicher Beziehungen und Tätigkeiten eines ehemaligen CDU-Abgeordneten zu geben, folgen werde und der Fraktion in entsprechender Form berichten werde. Während außer mir der Vorsitzende der Fraktion der FDP der Einladung gefolgt war, hatte der Vorsitzende der CDU/CSU-Fraktion von vornherein mitgeteilt, er sei wegen Arbeitsverpflichtungen außerstande, der Einladung zu folgen. An seiner Stelle nahmen drei Abgeordnete der CDU/CSU teil. Ich füge eine Klammerbemerkung hinzu: Herr *Carstens* befand sich während der ganzen Zeit im Plenum des Bundestages. Klammer zu. Unmittelbar nach dieser Zusammenkunft ließ der CDU-Abgeordnete *Vogel* (Ennepetal) eine Mitteilung veröffentlichen, durch die er einen Teil der erhaltenen Informationen entkräften und verschleiern wollte. Inzwischen haben einige Tageszeitungen inhaltlich nicht den dort gegebenen Informationen entsprechende, aber auf sie reagierende Veröffentlichungen erscheinen lassen. Das war am Samstagfrüh. Als Vorsitzender der Bundestagsfraktion der SPD verwahre ich mich entschieden gegen diesen Missbrauch vertraulicher Informationen und gegen den Bruch der elementarsten Regeln parlamentarischen Verhaltens im Verkehr mit der Regierung unseres Staates. Es steht der CDU/CSU nicht zu, Möglichkeiten zur Information verantwortlicher Parlamentarier durch die Bundesregierung zu parteipolitischen Manövern auszunützen und gleichzeitig öffentlich eine Kampagne zu führen, als sei die CDU/CSU an der Aufklärung von Missständen führend tätig, während angeblich andere Fraktionen Tatbestände verschleierten.

---

14 Gemeint ist der ehemalige CDU-Abg. Julius *Steiner*, der unter anderem für den franz. Geheimdienst und für das Bundesamt für Verfassungsschutz gearbeitet hatte. *Steiner* hatte im Nachrichtenmagazin »Der Spiegel« behauptet, sich beim konstruktiven Misstrauensvotum enthalten zu haben. Zudem gab er zu, dass er Inoffizieller Mitarbeiter der Staatssicherheit der DDR und zugleich ein Doppelagent des BND gewesen sei. Vgl. die Artikel »Die sind ja alle so mißtrauisch«; »Der Spiegel«, Nr. 23 vom 4. Juni 1973, S. 24–29, sowie »Der Agent, der aus dem Kloster kam«; »Der Spiegel«, Nr. 24 vom 11. Juni 1973, S. 24. – Später wurde bekannt, dass Steiner 50 000 DM von der Staatssicherheit erhalten hatte, um sich beim Misstrauensvotum zu enthalten. Vgl. GRAU, Andreas: Auf der Suche nach den fehlenden Stimmen 1972. Zu den Nachwirkungen des gescheiterten Misstrauensvotums Barzel/Brandt, in: Historisch-Politische Mitteilungen, Archiv für Christlich-Demokratische Politik 16 (2009), S. 2–17.
15 Vgl. die SPD-Fraktionssitzung am 7. Juni 1973, online.

3. Bei allem, was wir hier erörtern, dürfen wir nicht einen Augenblick vergessen, dass vom politischen Gegner Kampagnen entfesselt werden, durch die zunächst einer der unseren und schließlich wir alle getroffen werden sollen. Ich möchte nicht, dass einer von uns sich, ohne es bewusst zu wollen, zeitweise dazu ausnützen lässt, den verbissenen Gegnern der SPD, die skrupellos verfahren, objektiv als Stütze für ihr Vorhaben zu dienen, das heißt dazu missbraucht zu werden. Damit möchte ich niemanden kränken und niemandem zu nahetreten, der aus bester Absicht heraus sich von der Vorstellung leiten lässt, es müsse eigentlich zunächst einmal alles stillgelegt werden, was ins Kreuzfeuer oder ins Zwielicht geraten zu sein scheint. Auch ich will keiner einzigen unbequemen Tatsache ausweichen oder Klärungen verschleppen, aber ich rate dringend und herzlich dazu, in keinem Moment außer Acht zu lassen, dass wir es unter unseren Gegnern auch mit manchen buchstäblich skrupellosen Leuten zu tun haben, die vor keiner Verleumdung zurückschrecken, wenn sie damit eine Schwächung von uns erreichen zu können meinen. Solchen Personen wäre es auch ganz lieb, wenn durch fortgesetzte Gerüchte und Behauptungswellen die breite Öffentlichkeit in eine Art Taumel versetzt würde, der es unmöglich machen, mindestens aber außerordentlich erschweren könnte, den Dingen auf den Grund zu kommen. Deshalb sage ich im vollen Bewusstsein meiner Verantwortung vor der Fraktion, vor unserer Partei und unserem Volke, dass ich dem nicht ausweiche, was etwa die Herren *Reddemann*, *Jobst*, *Stücklen* oder *Marx* und mancher andere gegen Karl *Wienand* vorbringen, nur muss man sich stets erinnern, am Anfang stand der Vorwurf, Karl *Wienand* müsse des fahrlässigen Totschlags angeklagt werden. Er sei mitschuldig am Tode von 22 Menschen, die mit jener Unglücksmaschine einer Unglücksfirma ums Leben kamen, als diese Maschine am 6. September '71 abgestürzt ist. Er habe nämlich, so wurde es lanciert, unter Missbrauch seines Abgeordnetenmandats die Flugsicherungsbehörden zu Pflichtverletzungen veranlasst, die schließlich zum Absturz der Maschine geführt hätten.[16] Davon ist im damaligen Untersuchungsausschuss nichts übriggeblieben. Im Ausschussbericht heißt es: Nach den bisherigen Ermittlungen kann nicht festgestellt werden, dass die Aufsichtsverletzungen ihren Grund in der Einflussnahme Dritter, unter anderem dem Zeugen *Wienand*, gehabt haben. Auf Verlangen der CDU/CSU-Mitglieder des Ausschusses ist dann freilich einschränkend hinzugefügt: Dies ist keine abschließende Feststellung. Der Ausschuss konnte die Beweisaufnahme in diesem Punkte nicht zu Ende führen.[17] Diese Einschränkung hat der Ausschussvorsitzende, der CDU/CSU-Abgeordnete *Rawe*, damals in einer Pressekonferenz erläutert. Er hat erklärt, sie beziehe sich auf ein Ermittlungsverfahren der Staatsanwaltschaft Hamburg.[18] Dieses Ermittlungsverfahren bezog sich aber nicht auf die Frage, ob und in welcher Weise und mit welchem Ergebnis *Wienand* auf das Bundesverkehrsministerium oder das Luftfahrtbundesamt eingewirkt habe. Auch die Unterlagen, die der Ausschuss gern von *Wienand* gehabt hätte, aber wegen jenes Ermittlungsverfahrens nicht bekommen konnte, hatten nichts zu tun mit der Frage, ob Pflichtverletzungen der Aufsichtsorgane etwas mit einer Einflussnahme von Karl *Wienand* zu tun hatten. Da ging es um die Beziehungen, auch finanzielle Beziehungen, zwischen *Wienand* und dem seinerzeitigen Geschäftsführer der Gesellschaft. Das wird für viele Menschen interessant sein und manche werden auch in Zukunft nicht müde werden, darin herum-

---

16 Gemeint ist der Untersuchungsausschuss, der sich mit dem Absturz einer Passagiermaschine der Fluggesellschaft Paninternational beschäftigte.
17 Zum schriftlichen Bericht des 1. Untersuchungsausschusses vom 21. September 1972 vgl. BT Drs. 06/3830.
18 Karl *Wienand* hatte zwei Journalisten des Nachrichtenmagazins »Stern«, die ihn der Lüge und Falschaussage bezichtigten, wegen Beleidigung und übler Nachrede angezeigt. Vgl. dazu auch den Artikel »Er lügt und lügt und lügt … «; »Stern«, Nr. 16 vom 9. April 1972, S. 130–136.

zustöbern. Da mag auch mancher seine eigene Meinung haben, doch für uns geht es um die Frage, ob er, wie ihm vorgeworfen wurde, sein Abgeordnetenmandat missbraucht hat und da sagt der Ausschuss nein, das hat er nicht.

4. Neuerdings wird Karl *Wienand* vorgeworfen, er habe Kontakte mit dem seinerzeitigen CDU-Abgeordneten *Steiner* gehabt, habe ihn vielleicht sogar bestechen wollen und habe über fantastische Geldsummen geredet.[19] Schiebt man den Wust sich überschlagender und immer mehr erhitzender Erklärungen beiseite, dann bleibt auf der einen Seite die Erklärung von Karl *Wienand*, von Geld war nicht die Rede, auf der anderen Seite steht zunächst die Äußerung, *Steiner* sei bestochen worden, um beim konstruktiven Misstrauensvotum gegen *Barzel* zu stimmen. Als dann entgegnet wurde, am 29. März wusste doch noch niemand von einem Misstrauensvotum, der Gedanke kam doch erst rund vier Wochen später nach der Landtagswahl von Baden-Württemberg auf, hieß es plötzlich, es sei ja auch gar nicht um das Misstrauensvotum gegangen, sondern um die Ostverträge und auch da gab es wieder verschiedene Versionen. Erst hieß es, *Wienand* habe nur bei *Baeuchles* in Abwesenheit von *Steiner* laut gedacht[20]. Dann kam die Version, er habe *Steiner* das Geld angeboten für den Fall, dass dieser wegen seiner Zustimmung zu den Ostverträgen Schwierigkeiten in der eigenen Partei bekäme. Nur – *Steiner* hat gar nicht für die Ostverträge gestimmt. Er hat sich genauso verhalten wie die meisten anderen CDU/CSU-Abgeordneten auch, er hat nämlich Stimmenthaltung geübt.

Mittlerweile kommen neue Versionen auf. Es sei gar nicht um die Ostverträge, sondern doch um das konstruktive Misstrauensvotum gegangen und das Geld sei auch nicht von *Wienand*, sondern vom Osten gezahlt worden. Seitdem die CDU/CSU-Fraktion durch die »Welt am Sonntag« am 10. Juni veröffentlichen ließ[21], angeführt, was der Untersuchungsausschuss klären soll, besteht die Möglichkeit, das Beweisthema zu beurteilen. Dass die CDU/CSU-Fraktion diesen Weg zur Bekanntmachung des Beweisthemas gewählt hat, mag ihre Sache sein. Sie wird dafür ihre Gründe haben. Ich füge jetzt hier, weil anzunehmen ist, dass manche dies gestern nicht gelesen haben in der »Welt am Sonntag«, ein, was unter der Überschrift in einem besonderen Kasten steht, was der Untersuchungsausschuss klären soll. Das ist vom Springerdienst, signiert Bonn, 9. Juni. Der Antrag der Opposition auf Einsetzung eines Parlamentarischen Untersuchungsausschusses hat folgenden Wortlaut[22]:

»Der Bundestag wolle beschließen:

I. Es wird ein Untersuchungsausschuss gemäß Artikel 44 Grundgesetz eingesetzt, bestehend aus neun Mitgliedern (4 SPD, 4 CDU/CSU, 1 FDP) zur Überprüfung folgender Fragen:

1. Trifft es zu, dass Entscheidungen von Abgeordneten des 6. Deutschen Bundestages im Zusammenhang mit einem Wechsel ihrer Fraktion oder im Zusammenhang mit den Abstimmungen vom 27. April 1972 über das konstruktive Misstrauensvotum und/oder

---

[19] Zu *Wienand* und *Steiner* vgl. den Artikel »Neue Vorwürfe gegen Wienand im Fall Steiner«; »Frankfurter Allgemeine Zeitung« vom 8. Juni 1973, S. 1 und S. 6.

[20] Im Haus des damaligen SPD-Abgeordneten Hans-Joachim *Baeuchle* trafen sich am 29. März 1972 *Wienand* und *Steiner* zu einem Gespräch, in dem es auch über *Steiners* Abstimmungsverhalten bei der Ratifizierung der Ostverträge gegangen sein soll. Vgl. dazu den Artikel »Das ist nur die Vorhölle«; »Der Spiegel«, Nr. 24 vom 11. Juni 1973, S. 21–27.

[21] Vgl. den Artikel »Was der Untersuchungsausschuss klären soll«; »Welt am Sonntag« vom 10./11. Juni 1973, S. 2.

[22] Zum Antrag der CDU/CSU-Fraktion vom 13. Juni 1973 auf Einsetzung eines Untersuchungsausschusses vgl. BT Drs. 07/780.

vom 17. Mai '72 über die Ostverträge durch Hingabe, Zusage, In-Aussicht-Stellen oder Ankündigungen von Leistungen oder Nachteilen irgendwelcher Art von Personen oder Stellen innerhalb oder außerhalb der Bundesrepublik Deutschland oder durch Schaffung oder Ausnutzung geschäftlicher Beziehungen beeinflusst oder zu beeinflussen versucht worden sind und dass einzelne Stimmkarten aus der Abstimmung vom 27. April '72 über das konstruktive Misstrauensvotum Kennzeichnungen tragen?

2. Besteht ein Zusammenhang zwischen den Beziehungen des früheren Abgeordneten Julius *Steiner* zu Nachrichten-, Geheim- oder ähnlichen Diensten innerhalb und außerhalb der Bundesrepublik Deutschland und seiner Entscheidung, bei der Abstimmung des Deutschen Bundestages am 27. April 1972 über das konstruktive Misstrauensvotum?

3. Trifft es zu, dass die zuständigen Behörden oder nachrichtendienstlichen Stellen ihre Kenntnis von nachrichtendienstlichen Beziehungen oder Tätigkeiten des früheren Abgeordneten Julius *Steiner* bis Ende Mai '73 nicht an ihre Behördenleiter beziehungsweise zuständigen Ressortchefs weitergegeben haben, und gegebenenfalls aus welchen Gründen unterblieb diese Unterrichtung?

4. Sind die zuständigen Behördenleiter beziehungsweise Ressortchefs durch andere Personen oder Stellen von den nachrichtendienstlichen Beziehungen oder Tätigkeiten des früheren Abgeordneten Julius *Steiner* in Kenntnis gesetzt worden?

5. Aus welchen Gründen unterblieb die Unterrichtung der von den nachrichtendienstlichen Beziehungen und Tätigkeiten des früheren Abgeordneten Julius *Steiner* unmittelbar betroffenen CDU/CSU-Fraktion bis zur Aufdeckung der Sache durch die Presse?

II. Dem Verfahren des Untersuchungsausschusses werden die Regeln zugrunde gelegt, die von Mitgliedern der Interparlamentarischen Arbeitsgemeinschaft im Entwurf eines Gesetzes über Einsetzung und Verfahren von Untersuchungsausschüssen formuliert wurden, soweit sie geltendem Recht nicht widersprechen.

Unterschriften: Karl *Carstens*, *Stücklen* und Fraktion«

Ich fahre jetzt in meiner Erklärung fort:

Dem Untersuchungsausschuss soll nicht vorgegriffen werden. Ich überlasse es deshalb auch, mich darüber zu äußern, was eigentlich an den von der CDU/CSU-Fraktion am Sonntag veröffentlichten Beweisthemen noch eindeutiger hätte formuliert werden sollen. Ob es zutreffe, und hier zitiere ich ein Stück, dass Entscheidungen von Abgeordneten des 6. Deutschen Bundestages im Zusammenhang mit einem Wechsel ihrer Fraktion[23] oder im Zusammenhang mit den Abstimmungen vom 27. April '72 über das Konstruktive Misstrauensvotum und/oder vom 17. Mai '72 über die Ostverträge durch Hingabe[24], Zusagen, In-Aussicht-Stellen von Leistungen oder Nachteilen irgendwelcher Art von Personen oder Stellen innerhalb oder außerhalb der Bundesrepublik Deutschland und durch Schaffung oder Ausnutzung geschäftlicher Beziehungen beeinflusst oder zu beeinflussen versucht worden ist, das verlangt die CDU/CSU durch den Untersuchungsausschuss zu überprüfen. Diese Fragen und die weiteren im Antrag der CDU/CSU aufgeführten Fragen werden zweifellos mit der gebotenen Gründlichkeit untersucht und beantwortet werden.

---

23 Gemeint sind unter anderem die Abgeordneten *Hupka* und *Seume*, die 1972 die SPD-Fraktion aus Protest über die Ostpolitik der Bundesregierung kurz vor der Ratifizierung der Ostverträge verließen und sich der CDU/CSU-Fraktion anschlossen.

24 Gemeint ist die Ratifizierung des Moskauers und des Warschauer Vertrags. Vgl. dazu die beiden SPD-Fraktionssitzungen am 17. Mai 1972, online.

| Fraktionssitzung | 12.06.1973 | **20.** |

5. Der ehemalige Bundestagsabgeordnete *Steiner* war nicht von der SPD, sondern von der CDU in den Bundestag entsandt. Er hat nicht für *Brandt* gestimmt, sondern er hat Herrn *Barzel* seine Stimme verweigert. Wir werden es der CDU/CSU nicht erlauben oder erleichtern, ihre innerpolitischen Querelen auf dem Rücken, innerparteilichen Querelen auf dem Rücken und auf Kosten der SPD auszutragen. Heute ist nicht der Zeitpunkt darzulegen, aus welcher Situation die CDU/CSU versucht, aus Affären, die ihre eigenen sind, eine SPD-Affäre zu machen, aber es muss mindestens erwähnt werden, dass die CDU/CSU zu keinem der im Bundestag anstehenden Probleme und zu keinem Problem der auswärtigen Politik Alternativlösungen darzubieten hat. Das gilt für das Bodenrecht, für Steuerreform, für die Mitbestimmung, für die Beteiligung der Arbeitnehmer am Zuwachs des Produktivvermögens ebenso wie für den bevorstehenden Abschluss eines Vertrages über unsere Beziehungen zur ČSSR[25] und das Inkraftsetzen des Vertrages über die Grundlagen der Beziehungen zwischen den beiden deutschen Staaten im getrennten Deutschland[26]. Es gilt für die Verwirklichung der Ostverträge mit dem Ziel der Normalisierung unserer Beziehungen ebenso wie für die in Helsinki vorbereitete Konferenz für Sicherheit und Zusammenarbeit in Europa und die Weiterführung der Sondierungsgespräche von Wien in Richtung schrittweiser Rüstungsbegrenzung und Truppenverminderung in Ost und West. Es gilt nicht zuletzt für die konkrete Fortführung der Entwicklungen, durch die die Europäische Wirtschaftsgemeinschaft zur Verwirklichung der Währungs- und Wirtschaftsunion, ihrem Ausbau zu einer Sozialunion und zur Bildung der politischen Union in Europa gelangen soll. Die CDU/CSU hat sich seit der Bundestagswahl in Personaldiskussionen ergangen. Es ist schon jetzt abzusehen, dass der Versuch mit der Wahl eines anderen Vorsitzenden bereits im Keime die Auseinandersetzungen über den Kanzlerkandidaten enthält. So, wie die CDU/CSU 1966 ihre *Erhard*-Krise auf den Staat zu übertragen suchte[27], stellt sie sich jetzt vor, aus ihren eigenen Krisenerscheinungen durch eine spektakuläre Anklageaktion gegen die SPD, die Koalition und Bundeskanzler Willy *Brandt* herauszukommen. Karl *Wienand* ist der Prügelknabe, auf den bedenkenlos eingeschlagen wird. Diejenigen, die seinerzeit *Barzel* zum Kanzlersturz durch Misstrauensvotum drängten oder lockten, versuchen nun, nachträglich ihre Wahlniederlage vom 19. November ins Zwielicht angeblicher Manipulationen zu bringen. Es kommt die Zeit, in der die dafür Verantwortlichen aus der Führung der CDU/CSU von der Mehrheit unseres mündigen Volkes die ihnen gebührende Antwort erhalten werden, so wie im April 1972 unser Volk aufgewühlt worden ist durch die Empörung über *Barzels* Versuch des Kanzlersturzes.

6. Nachdem die CDU/CSU am 10. Juni den Antrag auf Einsetzung eines Parlamentarischen Untersuchungsausschusses veröffentlicht hat, wird die Fraktion der SPD die von ihr in diesen Ausschuss zu entsendenden Mitglieder und deren Stellvertreter nominieren. Ich versage es mir, heute zu den Beweisthemen oder zu den von den Antragstellern verlangten Regeln für das Verfahren des Untersuchungsausschusses Stellung zu nehmen. Geltendes Recht ist das geltende Recht auch in diesem Verfahren. Die Fraktion der SPD

---

[25] Die Bundesrepublik und die ČSSR paraphierten den Vertrag über die gegenseitigen Beziehungen am 30. Mai 1973. Vgl. dazu AAPD 1973, II, Dok. 167.

[26] Die Ratifizierung des Vertrages vom 21. Dezember 1972 über die Grundlagen der Beziehungen zwischen der Bundesrepublik Deutschland und der Deutschen Demokratischen Republik fand in namentlicher Abstimmung am 11. Mai 1973 statt. Vgl. BT Plenarprotokoll 07/31, S. 1633–1655. – Die DDR ratifizierte den Vertrag 13. Juni 1973.

[27] *Wehner* spielt damit auf die Endphase der Kanzlerschaft *Erhard* an, als die CDU/CSU befürchten musste, dass der zunehmend unpopulärer werdende *Erhard*, der auch in der ersten Wirtschaftskrise der Bundesrepublik ungeschickt agierte, die christdemokratische Mehrheit im Bundestag gefährden würde.

wird von sich aus alles in ihren Kräften Stehende tun, damit in einem geordneten Verfahren festgestellt werden kann, was den Sachverhalten entspricht. Sie fordert alle Beteiligten zu einem fairen Verfahren auf. Mit Empörung und Verachtung wende ich mich gegen eine Praxis, einen beschuldigten Abgeordneten in einer skrupellosen Kampagne zum Verurteilten zu stempeln und schließlich zu versuchen, den Eindruck zu erwekken, als seien die für diese Kampagne Verantwortlichen auf Sauberkeit bedacht und um die Würde unserer Verfassungsorgane besorgt. Karl *Wienand* hat unter schweren Bedingungen seine Pflicht als Parlamentarischer Geschäftsführer der Fraktion der SPD erfüllt. Auch in den Reihen unserer politischen Gegner gibt es Menschen, die seine Zuverlässigkeit als Partner im parlamentarischen Geschehen kennen und schätzen. Ich bin überzeugt, dass er sich keine Unehrenhaftigkeit hat zuschulden kommen lassen und dass er wie andere, die in den Strudel gezogen worden sind und noch werden, in Ehren bestehen werden.

Dies ist meine Erklärung.

(Beifall.)

Das Wort hat Karl *Wienand*.

Wienand: Genossinnen und Genossen, ich habe am vergangenen Mittwoch, dem 6. Juni '73, in einer Sitzung, in einer Sendung, ZDF-Magazin, eine Darstellung meiner Begegnungen mit dem früheren CDU-Abgeordneten Julius *Steiner* gegeben.[28] Dieser Darstellung habe ich nichts hinzuzufügen. Damit ich dem Untersuchungsausschuss ohne Belastung aus meinem Amt zur Verfügung stehen kann, bitte ich die Fraktion, mich während dieser Untersuchung von meinen Pflichten als Parlamentarischer Geschäftsführer zu entbinden.

Wehner: Erklärung ist gehört. Ich schlage für eine Stellungnahme der Fraktion Folgendes vor: Nachdem die CDU/CSU ihren Antrag auf Einsetzung eines Parlamentarischen Untersuchungsausschusses veröffentlicht hat, wählt die Fraktion der SPD die folgenden vier Abgeordneten zu Mitgliedern: *Schäfer, Schmude, Emmerlich, Wischnewski*. Die nachfolgend genannten vier weiteren Abgeordneten werden zu stellvertretenden Mitgliedern gewählt: *Penner, Glotz, Sperling, Sieglerschmidt*. Die Fraktion ist damit einverstanden, dass Karl *Wienand* auf seinen Wunsch von seinen Pflichten als Parlamentarischer Geschäftsführer entbunden wird, damit er ohne die Belastung aus seinem Amt dem Untersuchungsausschuss zur Verfügung stehen kann. Die Bundestagsfraktion der SPD dankt Karl *Wienand* für seine mit Umsicht und Fleiß geleistete Arbeit und spricht ihm ihr Vertrauen aus. Das ist mein Vorschlag,

(Beifall.)

den ich nach Aussprache mit den stellvertretenden Vorsitzenden der Fraktion und Parlamentarischen Geschäftsführern heute Morgen hier jetzt vorgelesen habe, der leider noch nicht schriftlich vorliegt. Wird das Wort gewünscht oder will die Fraktion über diesen Vorschlag entscheiden? *Höhmann*!

Höhmann: Genossinnen und Genossen, dies ist nicht der erste Parlamentarische Untersuchungsausschuss, der eingesetzt wird, und es ist auch nicht zum ersten Mal, dass einer unserer Parlamentarischen Geschäftsführer aus Gründen, die mit einem solchen Untersuchungsausschuss zusammenhängen, sein Amt zur Verfügung stellen will. Ich erin-

---

28 *Wienand* hatte in der ZDF-Sendung überraschend zugegeben, dass er sich einige Wochen vor dem Misstrauensvotum mit *Steiner* in der Privatwohnung des damaligen baden-württembergischen SPD-Bundestagsabgeordneten *Baeuchle* getroffen habe. Über Geld sei bei dem Treffen jedoch nicht gesprochen worden.

nere, dass damals Gerd *Jahn* dies auch getan hat.[29] Ich bin der Meinung, dieser Parlamentarische Untersuchungsausschuss und die Stellung von Karl *Wienand* als Geschäftsführer und die Untersuchungen, die dort vorgenommen wurden, sind durchaus miteinander zu vereinbaren, und ich möchte dem widersprechen, dass wir Karl *Wienand* von diesem Amt entbinden.

(Starker Beifall.)

Wehner: *Schmude.*

Schmude: Zu der eben von Egon *Höhmann* angesprochenen Frage möchte ich mich nicht äußern, nachdem ich höre, dass ich für den Untersuchungsausschuss benannt worden bin. Zu dieser Benennung möchte ich aber sehr darum bitten, dass wir erst morgen entscheiden, wer dem Untersuchungsausschuss von uns angehören soll, nachdem auch der Fraktionsvorstand sich damit befasst hat. Ich weiß, dass es gut und politisch eindrucksvoll ist, wenn wir schnell reagieren und unsere Bereitschaft zur Untersuchung unverzüglich immer demonstrieren und auch zeigen, in anderer Form zeigen. Aber ich meine, dieses hat Zeit bis morgen Nachmittag.

Wehner: *Conradi.*

Conradi: Ich neige der Erklärung zu vom Genossen *Höhmann*. Ich meine nur, wenn wir Karl *Wienand*s Wunsch erfüllen sollen, dann kann es nicht heißen »entbinden«, sondern allenfalls »beurlauben«. Die Formulierung, wie sie hier war, hat es etwas Endgültiges. Dann kann es heißen, die Ämter ruhen, aber nicht »wird beendigt«, sondern es muss dann heißen »beurlauben«. Das heißt also, wenn du auf deinem Wunsch bestehst, dann »beurlauben«, sonst aber eher wie *Höhmann* gesagt hat.

Wehner: Weitere Wortmeldungen? Bitte! *Collet!*

Collet: Herbert *Wehner*, nachdem ich dir interessiert zugehört und mitgelesen habe, was ich schriftlich vor mir hatte, hatte ich anlässlich Punkt 3 auf Seite 3 nicht erwartet, dass dieser Vorschlag jetzt am Ende kommt, denn ich war davon ausgegangen, dass das ja grade, was wir jetzt zu tun bereit sind, dem entgegenkommt. Ich darf bitten, diesen Text nachzulesen. Ich brauche nicht vorzulesen, was hier steht. Ich sehe also jetzt nicht ein, dass wir, und unterstütze den Genossen *Höhmann* mit dem, was er gesagt hat, dass wir jetzt hier anfangen, uns dem anzupassen, was andere mit ihrer Gerüchteküche hier beginnen. Ich glaube, das wäre falsch und ich wäre dankbar, wenn wir darüber noch ein bisschen diskutieren könnten.

Wehner: *Rosenthal.*

Rosenthal: Ich kann die Dinge nicht ganz so überblicken, aber ich hab' das Gefühl, dass nach außen auch die Beurlaubung negativ wirken würde.

(Beifall.)

Wehner: Weitere Wortmeldungen? *Krockert!*

Krockert: Es gibt in diesem Zusammenhang wohl keine Entscheidung, von der man nicht annehmen müsste, dass sie draußen irgendwie ins Negative gedreht werden könnte. Deshalb halte ich dieses Argument nicht für so wichtig. Egon *Höhmann* ist von der, wie ich meine, falschen Voraussetzung ausgegangen, Karl *Wienand* habe sein Amt, wie er sich ausdrückte, zur Verfügung gestellt. Dies ist nicht der Fall. Wir haben

---

29 Der damalige Parlamentarische Geschäftsführer der SPD-Fraktion *Jahn* geriet im Frühjahr 1963 in die Kritik, da er während der »Spiegel«-Affäre vertrauliche Unterlagen des Bundestages an Journalisten weiter gegeben hatte. Als dies bekannt wurde, trat *Jahn* von allen seinen Fraktionsämtern zurück. Vgl. die SPD-Fraktionssitzung am 12. März 1963, online. – Vgl. dazu auch den Artikel »Nicht leichten Herzens«; »Der Spiegel«, Nr. 12 vom 20. März 1963, S. 17–27.

gehört seinen Wunsch, für die Dauer der Untersuchung beurlaubt zu werden, so habe ich es aufgefasst. Das waren doch auch wohl seine Worte. Dieser Wunsch ist respektabel, und ich sehe keinen gewichtigen Grund, dass wir uns diesem seinem Wunsch verschließen sollen.
(Vereinzelter Beifall.)

Wehner: *Simpfendörfer.*

Simpfendörfer: Genossinnen und Genossen, nachdem wir gehört haben, was Herbert *Wehner* gesagt hat, meine ich, wäre es ein Widerspruch, andererseits zumindest in der Öffentlichkeitswirksamkeit, andererseits das Anerbieten oder das Ersuchen Karl *Wienands* anzunehmen. Es ist die Sachlage sicher die, dass aus der eigenen Organisation im Augenblick in der Verwirrung, in der wir sind, ein Kopf gefordert wird, und unsere eigenen Genossen sagen auch zum Teil, *Wienand* soll nun zurücktreten. Aber ich bin der Auffassung, wenn das wahr ist, was Herbert *Wehner* hier uns erklärt hat, dann wäre es falsch, einem solchen Begehren nachzukommen, denn dann wäre das das erste Eingeständnis einer Unsicherheit.
(Beifall.)

Wehner: *Schweitzer.*

Schweitzer: Lieber Karl *Wienand*, als jemand, der dich auch schon bald 20 Jahre kennt, möchte ich dir zunächst persönlich sehr herzlich für deine Erklärung danken. Was mich betrifft, so stelle ich mich sicher wie alle hier vollinhaltlich hinter die Seite 8 und die anderen Seiten natürlich auch, die Seite 8 der Erklärung von Herbert *Wehner*. Ich meine aber tatsächlich, du hast der Fraktion und der Partei mit deiner sehr noblen Erklärung, glaube ich, einen Dienst erwiesen. Wir als Sozialdemokratische Partei Deutschlands sollten, glaube ich, die übergeordneten Gesichtspunkte der Festigung des demokratischen Bewusstseins in unserem Volk überhaupt hier in dieser Sache bedenken, und ich meine an sich, dass wir hier in der Bundesrepublik Deutschland gut daran täten, einen solchen Stil von Karl *Wienand* zu honorieren mit einer entsprechenden Erklärung, wie sie Herbert *Wehner* vorgeschlagen hat. In Großbritannien etwa wäre das ein völlig selbstverständlicher und von jedermann auch erwarteter Schritt, den unser Freund Karl *Wienand* hier heute uns angekündigt hat. Ich meine, Missdeutungen sind so oder so möglich. Der übergeordnete Gesichtspunkt ist, glaube ich, der, den Karl *Wienand* ganz richtig erkannt hat. Ich möchte ihm jedenfalls dafür danken und mich der Erklärung Herbert *Wehners* anschließen. Ich würde sagen, er hat ja ausdrücklich festgestellt, für die Dauer des Untersuchungsausschusses, und es muss festgehalten werden, dass er in der Tat nur um eine Beurlaubung bittet. Das scheint mir allerdings sehr wesentlich! Ich glaube, die Vorteile, dass wir von dieser noblen Erklärung unseres Freundes zustimmend Kenntnis nehmen, sind größer als die Nachteile.

Wehner: Wer meldet sich da, ich seh' nur die Hand? {...} Das Wort hat Hedwig *Meermann*.

Meermann: Liebe Genossen, ich sehe mich im Augenblick nicht in der Lage, abzuwägen, was besser sein wird. Ob es besser sein wird, Karl *Wienand* folgt dem Wunsch von vielen, ich möchte sagen der meisten von uns, sein Amt beizubehalten oder ob es besser ist, wenn wir ihm zunächst die Beurlaubung gewähren, um die er bittet. Mir geht es im Augenblick nach meinen Überlegungen mehr darum, was ist richtiger für Karl *Wienand*? Wir alle möchten doch, dass er in dieser Zeit unter so wenig Druck steht wie nur eben möglich, und wenn ich an das denke, was ihm passiert ist in der letzten Woche im Bundestag, als er oben seiner Pflicht als Geschäftsführer nachkam und von einem ungezogenen und unerhörten Buhruf von der andern Seite begleitet seine Ausführungen

Fraktionssitzung 12.06.1973 **20.**

zu Ende führen musste[30], dann habe ich einfach das Empfinden, dass dies ein Druck ist, dem unser Genosse und Freund ausgesetzt ist, den wir ihm nach Möglichkeit erleichtern sollten. Darum wäre ich der Meinung, wir sollten der Bitte von Karl *Wienand* entsprechen, aber die Formulierung so wählen, dass ganz klar daraus hervorgeht, wir halten an ihm fest, wir wollen ihm nur jetzt etwas Erleichterung geben für die harte Arbeit, die bevorsteht für ihn.

Wehner: Egon *Höhmann*.

Höhmann: Genossinnen und Genossen, ich gehe davon aus, dass die CDU/CSU in der Lage, in der sie sich im Augenblick befindet, versucht, nach jedem rettenden Strohhalm zu greifen. Der Strohhalm ist jetzt Karl *Wienand*. Das kann das nächste Mal sein Helmut *Lenders*. Das kann das nächste Mal sein Helga *Timm*. Das kann das darauffolgende Mal sein unser Freund Manfred *Schulte* oder Herbert *Wehner* oder Günter *Metzger* oder wer immer. Und wenn man von dieser Lage ausgehen darf, da die CDU/CSU sich ja also in den nächsten Wochen nicht beruhigen wird, wird es ein Leichtes sein, gegen irgendjemanden irgendetwas anzuzetteln, und wir lassen uns dann durch solche Anwürfe nachher hier kampfunfähig machen, einfach weil wir sagen, jawoll, die müssen dann alle von ihren Posten zurücktreten und wenn sie es anbieten, müssen wir dieses annehmen. Wenn wir Karl *Wienand* das Vertrauen aussprechen wollen, ist der größte Vertrauensbeweis der, dass wir sagen, jawohl, sein Anerbieten ehrt uns, dies muss auch veröffentlicht werden, aber die Fraktion nimmt es nicht an.

(Beifall.)

Wehner: Lothar *Wrede*.

Wrede: Ja, nach dem, was Egon *Höhmann* grad gesagt hat, kann ich mich sehr kurz fassen. Liebe Freunde, wir sollen uns daran erinnern und Herbert *Wehner* hat uns heute Morgen in seiner Einführung daran erinnert, dass dies nicht der erste Versuch ist in Bezug auf die Person Karl *Wienand*, Dinge in unzulässiger Weise miteinander zu verquikken. In dem Augenblick, wo wir dieses Anerbieten Karl *Wienands*, das ihn ehrt und von dem ich auch meine, das es deutlich in der Öffentlichkeit herausgestellt werden sollte, annehmen, ist in der deutschen Öffentlichkeit das Urteil über Karl *Wienand* gesprochen. Darüber sollten wir uns alle miteinander im Klaren sein. Deswegen meine ich, das eine, das, was Karl *Wienand* uns angeboten hat, ist die eine Seite, und wie wir als Fraktion darauf reagieren, indem wir ihm nämlich das Vertrauen aussprechen und ihn bitten, im Amt zu bleiben, ist die andere Seite und ich meine, beides wird in der deutschen Öffentlichkeit richtig gewertet werden.

(Beifall.)

Wehner: *Wichert*.

Wichert: Genossinnen und Genossen, ich will das unterstreichen. Wir haben hier keine englische Öffentlichkeit, die auf so etwas reagiert. Wenn sich nach den Erklärungen Herbert *Wehners* die Position Karl *Wienands* so darstellt, wie sie ist, dann haben wir keinen Grund, das Angebot Karls anzunehmen, sondern dann muss er für uns als Geschäftsführer weiter agieren. Alles andere würde nur missverstanden werden.

(Beifall.)

Wehner: *Schäfer*.

---

30 Nachdem die Bundestagsvizepräsidentin *Funcke* dem Abgeordneten *Wienand* am 7. Juni 1973 zu einem Antrag aus dem Vermittlungsausschuss das Wort erteilt hatte, waren »Buh-Rufe bei der CDU/CSU« zu hören. Vgl. BT Plenarprotokoll 07/39, S. 2178.

Schäfer (Tübingen): Genossinnen und Genossen, nach den Vorrednern kann ich es kurz machen. Eine Annahme des Anerbietens von Karl *Wienand* käme in der Öffentlichkeit einem Rücktritt und damit einer Selbstbeschuldigung gleich. Grade das Beispiel Großbritannien zeigt ja, dass die Rücktritte deswegen erfolgt sind, weil die Vorwürfe zurecht ergangen sind. Wenn das, was Herbert *Wehner* gesagt hat, Karl *Wienand* wird aus dem Untersuchungsausschuss ehrenhaft hervorgehen, richtig ist, sehe ich keinen Anlass, etwa, ich bitte um Nachsicht {...}, nur weil die Opposition im Parlament zischt und die Öffentlichkeit entsprechend reagiert, dieses Angebot von Karl *Wienand* anzunehmen. Wenn das richtig ist, was Herbert *Wehner* gesagt hat, müssen wir das Angebot von Karl *Wienand* zurückweisen, müssten das allerdings auch in der Öffentlichkeit so deutlich machen. Im Übrigen können wir uns, ich wiederhole es noch einmal, nur auf das verlassen im Grunde, was Herbert *Wehner* hier vorgetragen hat, weil wir ja nicht mehr wissen, als in der Presse kundgetan wurde.

Wehner: Walter *Behrendt*.

Behrendt: Ich habe zunächst eine Frage an Herbert *Wehner*. In Punkt 1 deiner Erklärung sagst du zum Schluss über *Steiner*, dass namhaften Persönlichkeiten der CDU diese Tätigkeiten nicht unbekannt gewesen seien. Ich frage nur: Ist es möglich, sie namentlich zu nennen? Wenn du sagst, es sei nicht opportun, das zu tun, bin ich selbstverständlich dann damit einverstanden. Zweite Frage: Zum Vorschlag *Höhmann* kann ich nur sagen, wir sind in Deutschland. Beurlaubung heißt in Deutschland Verurteilung, und ich stelle mich zunächst zu einem Sozialdemokraten.

Wehner: Wenn ich auf diese erste Frage gleich antworten darf. Ich habe hier keine Namen angeführt, weil ich sicher bin, dass sie im Untersuchungsverfahren eine Rolle spielen werden. Denn einige davon haben in jener Information, von der ich gesagt habe, dass wir uns an die Vertraulichkeit gehalten haben, *Mischnick* und ich, und wir haben, das sage ich jetzt ungeschützt, hinterher sogar gesagt, wir werden niemandem auch nur eine Andeutung darüber machen, was dort inhaltlich vorgetragen worden ist, und wollen mal sehen, welche Blasen an anderer Stelle und wo aufsteigen. Sie sind nach zwei Stunden mit der ersten Erklärung *Vogel* (Ennepetal) aufgestiegen und in Samstagszeitungen, »Welt« und andere, entsprechend behandelt worden. Es gibt solche Namen. Das wird nicht ausschließen, dass die jeweiligen Vorsitzenden, zum Beispiel der verschiedenen Landesverbände in Baden-Württemberg, und auch Vorsitzende, das wechselt ja bei denen, der CDU/CSU-Bundestagsfraktion oder CDU als Partei, sagen, ja aber ihnen ist das nicht gesagt worden. Hier dreht sich dann ihr Vorwurf, der gegen die Regierung gerichtet worden ist, sie hätte sie nicht informiert über etwas, was sie nur wissen konnte aus einer Zeit, in der der Mann gar nicht mehr Abgeordneter war, denn alle diese Daten sind dann danach wesentliche Daten, dreht sich gegen die, die einen, und das wollte ich damit sagen, die einen Mann in den Bundestag gesandt haben, von dem jedenfalls namhafte Personen in der CDU dort, möglicherweise auch hier, gewusst haben, dass er, ich habe es an einer Stelle gesagt, seit den 50er Jahren unterschiedlich gleichzeitig und so weiter tätig gewesen ist. Das war das. Das Wort hat *Kahn-Ackermann*.

Kahn-Ackermann: Liebe Genossinnen und Genossen, unabhängig davon, dass einige Publikationsorgane in diesem Lande ihren privaten Feldzug gegen Karl *Wienand* unter allen Umständen fortsetzen werden, davon bin ich überzeugt, und eine solche Beurlaubung als einen Triumph empfinden würden, geht doch seit längerer Zeit schon eindeutig aus all diesen Geschichten hervor, dass dieser Angriff nicht nur gegen Karl *Wienand* zielt, sondern weit höher seine Zielscheibe hat, und auch das muss man ja hier bei dieser Geschichte bedenken. Die Unverschämtheit, mit der einige versuchen, diesen ganzen Komplex mit gewissen Vorgängen in Amerika zu vergleichen und das hier so auf eine

Ebene zu bringen, zeigt ja ganz deutlich, von welchen Motiven diese Leute ausgehen. Ich bin der Meinung, es gibt nichts Besseres, als dass wir den Wunsch von Karl *Wienand* hier zur Kenntnis nehmen und ihn nicht akzeptieren. Dies ist die eindeutigste Antwort, die man in diesem Augenblick zu dieser ganzen Geschichte geben kann.

Wehner: Adolf *Scheu*.

Scheu: Ich bin der Auffassung, dass wir dem sehr ehrenwerten Wunsch von Karl *Wienand* unter gar keinen Umständen nachgeben dürfen. Einen weiteren Grund möchte ich hier in der Diskussion dazu beitragen. Karl *Wienand* hat beim letzten Untersuchungsausschuss, wo er beschuldigt wurde, indirekt am Tode von 22 Menschen beteiligt zu sein, nicht und die Fraktion hat nicht diese Konsequenz gezogen. Diesmal handelt es sich um ein paar, irgendwelche Markscheine, die er versprochen haben soll. Das ist doch gar kein Verhältnis, und hier wollen wir nun diese Konsequenz ziehen. Ich glaube, wir können das unter gar keinen Umständen machen.

Wehner: *Slotta*.

Slotta: Sieben. Ich will zwei Dinge sagen. Erstens zu Hedwig *Meermann*, wenn es darum geht, Vorkommnisse zu verhindern, wie sie in der letzten Woche geschehen sind, kann man das, meine ich, sehr einfach durch eine Änderung der Geschäftsordnung tun. Ich finde es auch peinlich, dass so etwas geschehen ist[31], und ich würde mir eigentlich gewünscht haben, dass in der letzten Woche jemand von der Fraktionsspitze in die Bütt gegangen wäre und dort gesagt hätte, es sei nicht zulässig ein solches Verhalten, dass man jemanden ausbuht, der noch nicht durch einen Untersuchungsausschuss für schuldig befunden wurde.

Zweitens will ich das, was Adolf *Scheu* gesagt hat, auch noch einmal betonen. Wenn es nur darum ginge, jetzt für diesen Untersuchungsausschuss Karl *Wienand* zu entlasten, dann würde ich in der Tat diesem Weg folgen. Aber es ist so, dass Karl *Wienand* im vorigen Jahr nicht die Konsequenz gezogen hat und jetzt die Konsequenz ziehen will, und das würde zu einer Täuschung führen, würde gleichbedeutend sein mit einem Zugeständnis von Schuld. Deshalb meine ich, wenn man beide Dinge vergleicht, muss Karl *Wienand* jetzt auch stehenbleiben.

Wehner: Helmuth *Becker*.

Becker: Acht. Genossinnen und Genossen, ich bin auch gegen die Beurlaubung von Karl *Wienand*, aber sicherlich braucht das nicht jeder hier zu erklären. Ich habe noch einen anderen Punkt. Herbert *Wehner* hat die Vorschläge für den Untersuchungsausschuss gemacht, den wir als Fraktion entsprechend beschicken sollten, und ich bin der Meinung, so sehr das den einen oder anderen überrascht haben mag, in der Kürze der Zeit war es sicherlich nicht möglich, mit allen einzeln zu sprechen, so sollte man doch die Mitglieder des Untersuchungsausschusses heute benennen, denn wir werden zu der Frage uns äußern und dann sollten wir uns auch zu der Frage Untersuchungsausschuss äußern. Und mein Vorschlag geht nur dahin, bei allem Verständnis für Jürgen *Schmude*, dass vielleicht das auch während der Mittagspause passieren kann, so dass wir heute noch unsere Mitglieder für den Untersuchungsausschuss benennen und nicht erst morgen.

Wehner: *Rappe*.

Rappe (Hildesheim): Ja, zwei Dinge noch. Ich würde erstens sagen, das Argument Arbeitsbelastung dürfte kein Argument sein. Es ist ganz sicher in der Fraktionsgeschäftsführung möglich, Karl *Wienand* von gewissen Aufgaben etwas mehr zu entlasten in-

---

31 Gemeint sind die Zwischenrufe, nachdem *Wienand* das Wort im Plenum ergriffen hatte.

nerhalb der Arbeit der Geschäftsführung für diese Zeit des Untersuchungsausschusses. Das bedarf keiner zeitweiligen Beurlaubung oder eines solchen Beschlusses hier in der Fraktion. Das ist also kein Argument. Und zweitens wollte ich sagen, die Stimmung im Wahlkreis, jedenfalls soweit ich das in meinem Wahlkreis sehe, ist ganz anders. Man entsinnt sich vielmehr an die schwierige Situation in der 6. Legislaturperiode und an schwierig zu lösende Aufgaben. Ich glaube nicht, dass die Genossen in meinem Wahlkreis Verständnis dafür hätten, dass jemand, der in diesen schwierigen Zeiten Aufgaben zu lösen hätte, einen solchen Beschluss der Bundestagsfraktion bekäme. Das würde genau von der Reaktion bei den Genossen in die falsche Richtung gehen und ich würde sagen, insofern dann also in die richtige Richtung keine Beurlaubung, keinen solchen Beschluss.

Wehner: *Löffler*.

Löffler: Liebe Genossinnen und Genossen, wir Sozialdemokraten zeichnen [uns][32] ja unter anderem dadurch aus, dass wir in moralischer Hinsicht Puristen sind. Nur glaube ich, dass wir hier das Anerbieten von Karl *Wienand* jetzt nicht annehmen dürften, aus folgendem Grunde nicht, obwohl ich persönlich also dazu neige, es vielleicht anzunehmen. Wenn man aber einmal die Beweisthemen sich ansieht, die die CDU formuliert hat, dann heißt es da, dass Entscheidungen von Abgeordneten des 6. Deutschen Bundestages im Zusammenhang mit einem Wechsel ihrer Fraktion und nun kommt das mit Leistung, Hingabe und so weiter stehen. Wenn jetzt Karl *Wienand* sich beurlauben lässt von der Fraktion, dann sind all die Vorgänge unangenehmer Art, die wir im vorigen Jahr, die Älteren in der Fraktion, miterlebt haben, einseitig auf Karl *Wienand* abgeschoben, dann sieht das so aus, als ob all das, was mit *Geldner* und so weiter dort in die Wege geleitet, in die Wege geleitet wurde[33], letztlich auf Karl *Wienand* zurückzuführen ist. Deshalb würde ich sagen, wir sollten versuchen, eine Erklärung zu formulieren, in der wir gegebenenfalls die Beurlaubung von Karl *Wienand* in Aussicht stellen, wenn die, deren Unterschriften damals unter bestimmten Dokumenten stehen, von der anderen Seite ebenfalls bereit wären, ihre Ämter zur Verfügung zu stellen, bis dieser Untersuchungsausschuss, soweit wie es geht, etwas geklärt hat. War ein Vorschlag, Genossen, damit wir nicht nur in einer neutralen Ecke stehen und uns Schläge einhandeln.

Wehner: In der Sache *Geldner* habe ich die volle Verantwortung für alles, was geschehen ist, öffentlich übernommen und halte sie. Da brauchst du also keine Angst zu haben. Nicht. Entfällt aus der Debatte. Ich bitte um Entschuldigung, es wird ja nicht besser, wenn eine harte Tatsache verbrämt wird. Ich habe das öffentlich getan. *Mischnick* hat das ebenso öffentlich getan. Wir haben wochenlang den Bundestagspräsidenten um eine Unterredung unter sechs Augen ersucht, haben sie schließlich bekommen und es ist dann so gegangen, wie es gegangen ist. Das ist also eine Geschichte. Ich werde hier doch jetzt nicht vorweg sagen, worauf unsere alle im Untersuchungsausschuss zu sprechen kommen werden. Ich bäte auch herzlich darum, Genossen, solche Vergleiche sich zu überlegen, ob, weil beim vorigen Untersuchungsausschuss,

(Vereinzelter Beifall.)

nun beim jetzigen nicht. Ich habe versucht, in meiner Erklärung, die habe ich nur persönlich zu verantworten, und bitte die Fraktion darum, dass man sie, so wie sie ist, der

---

32 Vom Bearbeiter korrigiert. Auf der Tonbandaufnahme zu hören »sich«.
33 Zum sog. Fall *Geldner*, als der SPD-Fraktionsvorsitzende *Wehner* und der FDP-Fraktionsvorsitzende *Mischnick* enthüllten, wie die CDU/CSU-Fraktion versuchte, einen FDP-Abgeordneten mit Geldzahlungen zum Fraktionsübertritt zu bewegen, vgl. die SPD-Fraktionssitzung 1. Dezember 1970, SVP A, online.

Fraktionssitzung 12.06.1973 **20.**

Öffentlichkeit übergibt, damit nicht in Versionen, jeder kann dazu, wenn er will, seine Meinung auch noch dazu sagen, aber das ist meine Erklärung, die ich hier abgegeben habe, zu der ich zu stehen habe und wenn ihr da genau nachlest, deswegen habe ich das ja gegeben, dann findet ihr, was die eigentliche erste Behauptung zu jenem Untersuchungsausschuss wegen eines Unfalles, Unglücksfalles mit Menschen als Opfer gewesen ist und wie die an *Wienand* nicht hängengeblieben ist. Das ist die eine Sache. Ich würde deswegen solche Vergleiche, wenn dann in dieser Weise und nicht in einer anderen Weise. Damals ist er nicht, heute stellt er sich. Damals ging es nicht darum, dass er in seiner Eigenschaft als Parlamentarischer Geschäftsführer etwas gemacht hätte. Heute geht es, und das wird sich in der Untersuchung immer wieder herausstellen, um Behauptungen, dass er in dieser seiner Eigenschaft etwas gemacht hätte. Ich will das nicht vertiefen, will nur sagen, bei allem, und darüber werden wir ja noch entscheiden müssen, was dazu gedacht und gesagt werden kann oder muss, sollte man die Vergleiche möglichst nicht anstellen. Das Wort hat Manfred *Schmidt*.

Schmidt (München): Genossen, gerade die Vergleiche waren es, die mich dazu veranlasst haben, einen Antrag zu stellen, nämlich den Antrag zur Geschäftsordnung, dass wir jetzt über zwei klare Alternativen abstimmen. Ich glaube, wir können hier nicht weiter diskutieren. In die Sache einzusteigen, ist nicht die Gelegenheit. Wir sollten jetzt abstimmen. Das, was zu sagen ist, ist gesagt worden und es gibt meines Erachtens nur zwei klare Alternativen. Karl *Wienand* hat eine Bitte an die Fraktion gerichtet. Die Fraktion hat zu dieser Bitte eine klare Stellungnahme abzugeben. Alle anderen Dinge, die versucht worden sind, scheinen mir nicht praktikabel zu sein, und ich bitte, dass wir jetzt gleich abstimmen, denn jede weitere Diskussion würde nur der Sache schädlich sein und nicht nützen.

(Beifall.)

Wehner: Spricht jemand gegen den Schluss der Debatte? Bitte *Kern*!

Kern: Ich halte es nicht für richtig, wenn die Fraktion darüber abstimmt, ob Karl *Wienand* in diesem Amt bleibt oder nicht. Ein solches Abstimmungsergebnis ist noch viel interpretationsfähiger als alles, was hier gesagt worden ist. Deswegen ist meine Bitte an Karl *Wienand* und Herbert *Wehner*, sich noch einmal zu überlegen, ob Karl *Wienand* sein Angebot aufrechterhält oder nicht.

(Unruhe.)

Die Fraktion aber sollte nicht darüber abstimmen.

Wehner: Es ist für und gegen gesprochen worden. Ich bitte also diejenigen, die für Schluss der Debatte sind, um das Handzeichen. Danke. Die gegen den Schluss der Debatte sind. Das Erste war die Mehrheit. Worüber wir nun abzustimmen haben: Ich hatte einen Vorschlag für eine Stellungnahme der Fraktion gemacht, wenn auch nur vorgelesen, der wäre, inzwischen hat man ihn abgezogen, schriftlich verfügbar. Es sind hier aus der Fraktion Anträge gestellt worden, zum Beispiel von *Höhmann*, dass man das ehrenhafte Angebot *Wienands* zur Kenntnis nimmt, während der Dauer dieses Untersuchungsverfahrens von seinen Pflichten als Parlamentarischer Geschäftsführer beurlaubt zu werden, oder an dieser Fassung, die ich hier vorgetragen hatte, zu verbleiben. Zur Abstimmung. Willy *Brandt*! Bitte?

(Zwischenrufe.)

Ja, sicher. Hoffentlich hat das jemand mitgeschrieben. Würdest du dir noch mal die Mühe machen, genau zu sagen, was du beantragen willst?

Höhmann: Ich beantrage, dass die Fraktion das Anerbieten Karl *Wienand*s zur Kenntnis nimmt und die Ehrenhaftigkeit dieses Angebots ausdrücklich anerkennt, aber ihm aus politischen Gründen nicht entspricht –

(Unruhe.)

und persönlichen Gründen.

(Zwischenrufe.)

Wehner: Das würde also so heißen: Die Fraktion hat das Angebot Karl *Wienand*s zur Kenntnis genommen, seine Ehrenhaftigkeit anerkannt, aber sie hat sich entschieden, diesem Angebot nicht zu entsprechen. Ist das der Text? Zu dieser Fassung *Kahn-Ackermann*.

Kahn-Ackermann: Liebe Genossen, ich halte jede Erklärung für interpretationsfähig, in der diese Fraktion ihrem Geschäftsführer nicht ausdrücklich das Vertrauen ausspricht.

(Zwischenruf.)

Nein, das steht nicht drin!

Wehner: Die würde aber damit entfallen!

Kahn-Ackermann: Ich glaube, also dieses muss unbedingt drin enthalten sein, und beantrage, das aufzunehmen.

Wehner: Ja dann, Genossen, ist sehr schwer aus dem Stand. Nur, um noch mal in Erinnerung zu bringen. Vielleicht verteilt ihr doch diesen Text. Da ist, nachdem, worüber wir noch entscheiden müssen, gesagt wird, welches die Mitglieder, welches die stellvertretenden Mitglieder sein sollen, dazu hat ja *Schmude* eine Verschiebung auf morgen beantragt, gesagt gewesen, die Fraktion ist damit einverstanden, dass Karl *Wienand* auf seinen Wunsch von seinen Pflichten als Parlamentarischer Geschäftsführer entbunden oder beurlaubt wird, damit er ohne die Belastung aus seinem Amt dem Untersuchungsausschuss zur Verfügung stehen kann. Dieser Satz entfiele, denn die Fraktion hat von dem Anerbieten Karl *Wienand*s, während der Zeit des Untersuchungsverfahrens von seinen Pflichten als Parlamentarischer Geschäftsführer beurlaubt zu werden, Kenntnis genommen, anerkennt die Ehrenhaftigkeit dieses Angebots, entspricht ihm aber nicht oder hat sich entschieden, ihm nicht zu entsprechen. Dann ist die Frage, weil vorhin gesagt wurde, ja, da ist das mit dem Vertrauen. In meiner Fassung von vorhin stand ein letzter Satz als Absatz. Die Bundestagsfraktion der SPD dankt Karl *Wienand* für seine mit Umsicht und Fleiß geleistete Arbeit, spricht ihm ihr Vertrauen aus. Es ist die Frage, ob dieser Satz nach dem durch *Höhmann* geänderten ersten Satz, den ich da vorgeschlagen hatte, auch noch stehen bleibt.

(Zwischenruf.)

Ja, Genossen, das werden welche finden, aber es war kein Verlangen. Ich bitte euch sehr um Verständnis, viele Worte ändern an der Sache nichts, mit der wir es zu tun haben. Bitte *Oetting*!

Oetting: Genossinnen und Genossen, wenn da steht, dankt Karl *Wienand* für die mit Umsicht geleistete Arbeit, dann ist das eine Verabschiedung. Das müsste also nach meinem Dafürhalten zumindest weg. Es genügt, wenn da steht, spricht Karl *Wienand* das Vertrauen aus.

Wehner: Wir können noch viele Formulierungen haben und vielleicht müssen wir eine Kommission einsetzen, um – ich bitte nur, dass diese sich nicht zu lange damit befasst, weil vorher sonst draußen Versionen in den Äther geschickt werden, Genossinnen und Genossen. Nur – das ist doch keine Verabschiedung, wenn da steht, nachdem gesagt

worden ist, dass sie das Anerbieten zur Kenntnis genommen hat, es als ein ehrenhaftes bezeichnet, aber ihm nicht entspricht, wenn dann folgt, die Bundestagsfraktion der SPD dankt Karl *Wienand* für seine mit Umsicht und Fleiß geleistete Arbeit und spricht ihm ihr Vertrauen aus. Ich sehe hier keinen Widerspruch. Wenn das andere Gründe hat, die zu respektieren wären, dann muss eben beantragt werden, diesen Satz wegfallen zu lassen. Ich habe ihn in Erinnerung gebracht, weil *Kahn-Ackermann* gesagt hat, nach der vorherigen Erörterung schiene ihm so, als fiele dieser Satz weg. Gibt es die Meinung, dass wir diese Feststellung, dass die Fraktion das Anerbieten Karl *Wienands* zur Kenntnis genommen, seine Ehrenhaftigkeit anerkannt hat, aber sich entschieden hat, ihm nicht zu entsprechen und dann kommt dieser letzte Satz.
(Zwischenruf. Unruhe.)
Vorhin war gesagt, Genossen, »verlangen«. Ich habe ein Verhältnis auch zur Sprache. Ich weiß genau, was andere draußen machen. Das war weder ein Wunsch noch ein Rücktritt, er hätte ja auch einfach zurücktreten können! Warum tut er das nicht? Verlangen wird jetzt also als, ich bitte euch um Entschuldigung, es gibt noch viele Worte, die ihr da nehmen könnt. Man sollte das Anerbieten als ein mögliches nehmen unter den vielen möglichen und manchen unmöglichen. Ist das zu Papier gebracht? Ja, dann werden wir das dann noch vorlegen. Sollen wir jetzt über diesen Text entscheiden
(Zwischenrufe: Ja!)
und ihn außerdem noch in Reinschrift nachliefern?
(Zwischenrufe: Ja!)
Das heißt, dass wir jetzt trennen meinen vorigen Vorschlag zu einer Stellungnahme, weil wir über den anderen noch zu entscheiden haben, was die Besetzung unsererseits des Untersuchungsausschusses betrifft. Das heißt wir sagen einfach dann, Stellungnahme der Fraktion, die Fraktion ist damit einverstanden und das heißt Karl *Wienands* Erklärung einschließlich des vollen Textes dessen, was er da gesagt hat bei *Löwenthal*[34], das führt dazu, das ist beigefügt, diese Erklärung wird auch rausgegeben. Meine Erklärung wird rausgegeben. Diese Erklärung wird herausgegeben und dann jene Sätze, über die eben jetzt die Rede war. Wer dafür ist, bitte ich ums Handzeichen. Danke. Gegenprobe. Stimmenthaltungen? Das war gegen eine Stimme? Gegen fünf Stimmen oder wie war das? Dürfen wir noch mal nachzählen, Genossen. Wer dagegen ist, bitte ich ums Handzeichen. Du hast die Regierungsbank vergessen zu zählen. Stimmenthaltungen? Das heißt, ist angenommen gegen drei Stimmen bei acht Enthaltungen.
Ja, Genossen, dann müssen wir zurück auf die Frage, ob wir, was den Untersuchungsausschuss betrifft, heute hier entscheiden wollen. *Schmude* hat vorgeschlagen, heute nicht, das müsste erst durch den Fraktionsvorstand. Ich hielte es für besser, wenn die Fraktion dieses hier entschiede. Ich habe das heute Morgen zugegebenermaßen nämlich mit den stellvertretenden Vorsitzenden und Parlamentarischen Geschäftsführern zu Papier bringen können, aber es mag Gründe geben, das aufzuschieben. Ich habe Erfahrungen, dass die Fraktion nicht schlechter dasteht, die sofort ihre Leute benennt. Das war übrigens das letzte Mal auch der Fall.
(Beifall.)
Da haben die anderen Tage gebraucht. Tage gebraucht. Das Wort hat *Hansen*.
Hansen: Ich möchte, ich greife jetzt wahrscheinlich Jürgen *Schmude* vor, der seinen Verfahrensvorschlag noch erläutern möchte, aber ich glaube, dass wir beiden, sowohl Hel-

---

34 Moderator des ZDF-Magazins.

muth *Becker* wie Jürgen *Schmude*, gerecht werden können, denn beide Anliegen sind berechtigt. Helmuth *Beckers* aus politischen Gründen, dass wir sofort die Zusammensetzung des Untersuchungsausschusses bekanntgeben zusammen mit dem, was wir eben beschlossen haben, und Jürgen *Schmude* in Bezug auf das Verfahren. Deshalb möchte ich den Vorschlag machen, dass der Vorstand in der Mittagspause ordnungsgemäß die Vorschläge berät und danach dann die Fraktion darüber abstimmen lässt.
(Unruhe.)

Wehner: Ludwig *Fellermaier*.

Fellermaier: Genossinnen und Genossen, natürlich hat der Vorstand normal das Recht, diese Dinge vorzuberaten. Hier geht es aber doch darum, dass wir eine politische Entscheidung jetzt herbeiführen in der Gesamtheit dessen, was wir diskutiert haben. Wir können das nicht auf den Nachmittag verschieben, weil wir auch den Medien unterworfen sind in der Wirkung, und Herbert *Wehner* hat mit Recht gesagt, die, die als erste klar und deutlich sagen, wen sie ausgewählt haben, Genossen, sind wir uns ehrlich, wenn wir hier die Namensliste sehen, die hier vorgeschlagen ist, dann ist sie ausgewogen in Bezug auf die Erfahrung hier im Parlament, sie ist ausgewogen in Bezug auf den Arbeitskreis Rechtswesen und sie ist ausgewogen bis hin zu den Stellvertretern und ich glaube, dass auch der Fraktionsvorstand wahrscheinlich nur zu dem Ergebnis kommen würde, wiederum diese Liste vorzulegen. Deshalb beantrage ich, dass jetzt entschieden wird.

Wehner: *Schlaga*.

Schlaga: Genossinnen und Genossen, die Entscheidungen des Vorstandes unterliegen in jedem Fall der Korrektur der Gesamtfraktion. Insofern ist es also durchaus richtig und angebracht, wenn wir hier über den Vorstand hinweg auf Vorschlag der Spitze entscheiden, und zwar jetzt.

Wehner: *Schmude*.

Schmude: Genossinnen und Genossen, ich will hier nicht einem Formalismus das Wort reden und nicht auf irgendein Verfahren achten wollen. Mir geht es darum, dass wir es uns nicht leisten können, wie ich meine, dass nach kürzerer Zeit schon eines von diesen benannten Mitgliedern wieder ausscheidet. Ich müsste aber als Mitglied dieses Untersuchungsausschusses, und ich bin bereit, die Aufgabe zu übernehmen, in anderen wichtigen Gebieten Entlastung bekommen. Diese vereinbaren sich nicht mit dieser Aufgabe und wer mehr gibt, als er hat, ist ein Lump, sagt man. Hier übertragen, wer mehr übernimmt, als er kann, kann es halt nicht leisten und darum nur meine Bitte um irgendeine Beratung, um irgendeinen Aufschub, dass irgendjemand mit mir redet und sagt, machen wir so und so und das nicht hier in drei Minuten gesagt wird, das machen wir und dann läuft es. Und wie es weitergeht, das können wir dann gucken. Meinetwegen in einer halben Stunde, aber irgendwer soll mit mir reden, Günther *Metzger*, Hermann *Dürr* oder wer.

Wehner: Weitere Wortmeldungen? Ich wollte, was das betrifft, dass der eine oder andere nach einiger Zeit ausscheidet, sagen, dies ist ein langwieriger Auftrag, der unverzüglich beginnt und dessen Ende zeitlich nicht vorweg zu bestimmen ist und der wird die ganze Sommerpause ausfüllen und von denen, die von der Fraktion in diesen Ausschuss entsandt werden, was das Plenum durch eine Wahl zu bestätigen hat, muss erwartet werden können, dass sie, wie übrigens auch einige andere, die da sein müssen, um ständige Auskünfte für die zu geben, in dieser Zeit vorrangig dafür parat sind. Das heißt dass wir in jedem Fall, da es sich um keinen handelt, der sonst im Ruhestand lebt, in jedem Fall mit jedem einvernehmlich darüber reden, wie seine sonstigen Verpflichtungen, soweit wir darauf Einfluss haben, hier im Bundestag, so behandelt werden, zwar nicht, wie er selbst

| Fraktionssitzung | 12.06.1973 **20.** |

sie behandeln würde, sondern so, dass sie keinen Schaden leiden, um es sehr behutsam zu sagen. Das versteht sich von selbst, Genossen. Wenn das in einer halben Stunde geklärt sein kann, dann können wir das eben in einer halben Stunde versuchen zu klären. Er hat ja einige genannt, die er dazu gesprochen haben möchte. Wenn es sich also darum handelt und nicht darum, dass die Gesamtzusammensetzung, was ja auch denkbar wäre, anders gemacht werden soll, dann empfiehlt es sich, dass wir diese Überlegenspause einschalten und dass wir um zwölf diesen Beschluss fassen. Damit Einverständnis? Danke. Aber das heißt, die andern Sachen gehen raus, denn sie aufzuschieben, halte ich für mit dieser Begründung nicht für begründet. Dann, Genossinnen und Genossen – bitte?
(Zwischenruf.)
Ich bitte euch um Entschuldigung, wir haben hier drei Dinge abgeklärt, Marie *Schlei*. Das eine war meine Erklärung. Das andere war eine Erklärung *Wienand* mit dem dazugehörigen, hier nicht verlesenen Text, aber den meisten bekannten Text von diesen Erklärungen im *Löwenthal*-Magazin[35] und das Dritte ist die Feststellung der Fraktion dazu. Wenn es andere Gründe gibt, zugleich nicht schon in einem Zug die Mitglieder zu benennen, die wir hier beschließen wollen, so ändert das an der Hauptsache nichts, dass das Übrige Spekulationen entzogen wird. Darum ging es doch. Ich habe jetzt hier noch mal den Klartext, ehe er euch zugeht, damit es so getippt werden kann, von dieser Entscheidung. Die Fraktion hat, nach der Erklärung *Wienands*, gegen drei Stimmen bei acht Enthaltungen folgenden Beschluss gefasst:
»Die Fraktion hat das Anerbieten Karl *Wienand*s zur Kenntnis genommen. Sie erkennt die Ehrenhaftigkeit dieses Anerbietens an, entscheidet sich aber, ihm nicht zu entsprechen. Sie dankt Karl *Wienand* für seine mit Umsicht und Fleiß geleistete Arbeit und spricht ihm ihr Vertrauen aus.«
Das war der Text, der da zustande gekommen ist, der nun geschrieben wird. Danke.

[B.] → online unter www.fraktionsprotokolle.de

[C.]

Wehner: Ja, Genossen, so sehr ich bedauere und auch fürchte, euch auf die Nerven zu fallen, muss ich nunmehr, noch bevor wir in die sehr kurze Mittagspause eintreten können, einiges sagen, was sicher verwegen klingt, wenn ich es die Einführung in die Diskussion nenne, was aber sicher auch nicht nur im Hinblick auf das, was wir schon bisher zu behandeln hatten, in Betracht zu ziehen ist wegen seiner Gedrängtheit, sondern auch weil ich ehrlich der Diskussion nicht vorgreifen, sondern einige zusätzliche Ansatzpunkte geben möchte zusätzlich zu dem, was diejenigen, die Vorschläge eingesandt haben, gemeint haben. Ich hatte mir erlaubt, mit meinem Brief vom 7. an die Mitglieder der Fraktion jene beiden Blätter, mit, das sind hilfsweise Gliederungen mit Problemen der Abgeordneten der Fraktion und politische Sachfragen untereinander subsumiert, zu schicken. Nun möchte ich Folgendes sagen. Mir erscheint am wichtigsten, das ist das Erste, dass kein Mitglied unserer Fraktion sich benachteiligt fühlt gegenüber anderen Mitgliedern in der Arbeit und dass die, die das so empfinden, sagen sollen, worin ihr Empfinden begründet ist. Das betrifft Arbeitsmöglichkeiten. Das betrifft Zugang zu Einrichtungen, Teilnahme an Delegationen und Reisen.
Zweitens: Wir müssen sicher, darauf ist schon früher einmal hingewiesen worden, in der Fraktion eine Möglichkeit schaffen, Fragen, die über die Tagesordnung des Bundestages und der damit verbundenen Arbeiten in der Fraktion hinausgehen, zu behandeln. Abge-

---

35 Gemeint ist Gerhard *Löwenthals* ZDF-Magazin.

sehen von solchen Fragen, die unter Information gestellt und beantwortet werden. Hier wird man nicht anders können, als unter Umständen über einen Turnus reden zu können und die Wünsche und Möglichkeiten zu erwägen, die da den Genossinnen und Genossen denkbar erscheinen.

Drittens: Ein Bericht des Fraktionsvorstandes, abgesehen von den von ihm gegebenen Empfehlungen zu den Vorlagen und Punkten der Tagesordnung als ein zusammenhängender Bericht, dann natürlich am Beginn jeder Fraktionssitzung. Das ist eine sehr delikate Sache, weil es sehr langweilig werden wird, wenn man einfach sagt, dass der Fraktionsvorstand sich stundenlang mit dem befasst hat, was dort aufgrund der bisherigen vorbereitenden Arbeitsausschüsse und auch in Arbeitsgruppen und in Kenntnis der wöchentlichen Obleutebesprechung, die ich für die interessantesten und wohl auch bisher am befriedigendsten für die meisten, wenn nicht für alle seiner Teilnehmer halte. Das also müsste in einem kurzen, sehr kurzen Bericht am Beginn gesagt werden, worum es ging oder auch wo die Meinungsunterschiede lagen und warum man sich so oder nicht so entschieden hat.

Viertens: Probleme der Arbeitskreise in einer regelmäßigen Folge in der Fraktion zur Diskussion stellen. Das ist zeitlich ganz schwierig. Wir hatten es in der vorigen Periode einige Male gemacht mit sehr schwacher Beteiligung, weil wir es jedes Mal ans Ende der übrigen Tagesordnung gesetzt haben. Ich sage, weil – weil das natürlich ein Grund dafür ist, dass manche da nicht mehr es aushalten oder auch mit anderen zeitlichen Dispositionen in Einklang bringen konnten. Aber wenn ich sagte viertens, die Probleme der Arbeitskreise in regelmäßiger Folge in der Fraktion zur Diskussion stellen, so müsste das eben nicht einfach nur sein der Arbeitskreis A, der Arbeitskreis B, der Arbeitskreis C der Reihe nach, sondern wir müssten den Versuch machen, je nach der zeitweiligen Aktualität und nicht nur Tagesaktualität zusammenhängend für alle Mitglieder der Fraktion zu sagen, worum es dort geht und was im Benehmen in manchen Fällen mit anderen Arbeitsgruppen versucht wird oder gemacht wird. Da hätte dann auch Platz der Gedanke, Projektgruppen zu machen über die Arbeitskreise hinaus oder sie, weil es aus verschiedenen Kreisen Interessierte sind, aber nicht anstelle der Arbeitskreise.

Das Fünfte, wir müssen die Vorbereitung der Berichterstattung über die Behandlung von Parteitagsbeschlüssen, die an die Fraktion überwiesen worden sind, in Auftrag geben und nicht nur dem Gang der Ereignisse überlassen, das heißt, wir müssen einige Genossen, die sehr sachkundig in verschiedenen Gebieten sind, darum bitten, einen solchen Bericht mit Vorschlägen nach der Sommerpause vorzulegen.

Das Sechste ist ein heikles Problem und mancher wird meinen, das ist doch sehr leicht zu lösen bei Obleute- oder ähnlichen Sitzungen. Das ist es aber nicht. Das ist die Verbindung unserer Fraktion und ihres politischen gesetzgeberischen Tuns mit dem Handeln im Europaparlament. Das ist eine ganz schwierige Sache, wenn wir daran denken, mancher wird ein ganz schlechtes Gewissen gehabt haben, ich auch, wenn dann der schnellst Lesende unter den Vizepräsidenten die Masse von Vorlagen ganz korrekt, aber eben so durchspricht, hat keiner von denen, die dann dem zuzustimmen haben und zustimmen, weiß über alles inhaltlich Bescheid. Hier ist ein wunder Punkt, der auch ganz schwer zu überwinden ist. Es geht um die Vorlagen aus dem Europäischen Parlament und da diese nur begrenzt überhaupt mit all dem zu tun haben, was Kommission, was Ministerrat zu befinden haben, brauchen wir also hier eine neue Transmission.

Und das Siebte: Wir brauchen einen Plan, mittel- oder auch längerfristigen Plan, für Delegationen, nennen wir sie einmal so, Gruppen, von Mitgliedern der Fraktion, die in solche Gebiete gehen für einige Tage, kürzlich war ein solcher Vorgang Westpfalz mit doch großem Echo dort abgeschlossen und auch mit sachdienlichen Vorschlägen und auch einigen unmittelbaren Wirkungen.[36] Wir haben es in der vorigen Periode häufig gemacht. Also solche, sagen wir, bleiben wir beim Begriff Delegation, in Gebiete, die besondere Aufmerksamkeit erfordern, sei es wegen Landtagswahlen, möglichst nicht unmittelbar vor den Landtagswahlen, sondern in längerer Sicht oder sei es der Struktur wegen der Gebiete und auch der politischen Struktur wegen, dass dort eine Unterstützung ist, und Erfahrungsberichte bei uns gründlicher nehmen. In diesem Falle hatte ich am Tage des Abschlusses einen Bericht, das hatte seinen Grund und guten Zweck, dass einige Mitglieder des Kabinetts unmittelbar {...} mussten, weil am gleichen Tage einer der Staatssekretäre oder Minister eines der Länder, die an bestimmten Dingen dort interessiert waren, hier ein Gespräch hatte. Das ist in diesem Falle gutgegangen. Nur – wir brauchen in der Fraktion einige Erfahrungsberichte {...}, damit wir nicht ermüden und damit es nicht allmählich peinlich auch für die wird, die sich diese Arbeit gemacht haben, nicht in der Fraktion, sondern wir nehmen eine Zeit, in der diese Delegationen denen zur Verfügung stehen mit Erfahrung und Auskünften und sehen auch zu, dass wir einiges von dem Material, das ist ja ein riesiges reiches Pressematerial aus der Lokal- und Regionalpresse, was natürlich dann schwer zu kopieren ist. Das würde nur unsere Papiermassen anhäufen, aber die Form der Erfahrungsberichterstattung, und ich kopple damit etwas zusammen, was nicht unbedingt dazugehört, wir müssen wohl eine Form finden, jene ziemlich regelmäßigen Bund-Länder-Konferenzen, die von uns hier verantwortet werden, mit den jeweiligen Landtagsfraktionen und auch den speziellen Sachbearbeitern zu bestimmten Fragen, die müssen wir hineinbringen in die Willensbildung und auch in die Kenntnisse der Fraktion. Da würde eine schriftliche Berichterstattung nicht ausreichen, sondern eher Unzufriedenheit schaffen.

Das sind meine sieben Punkte und diejenigen, die Vorschläge gemacht haben, manche sehr weitgehend, einer sogar mit der einsichtigen Bemerkung, vielleicht auch ironischen, seine eigenen Vorschläge bedürften eigentlich einer Klausurwoche, die werden natürlich darunter vieles vermissen, aber es ist niemandem, und genau darum habe ich das ja so knapp gehalten, verwehrt, auf seine eigenen Vorschläge zurückzukommen, aber im Interesse der Denk- und der Arbeitsfähigkeitsökonomie wird es wohl gut sein, [...][37] dabei diese von mir gemachten sieben, in dem sich vieles trifft und vieles zusammenfassen lässt, nicht völlig außer Acht zu lassen. Ich danke.

Es ist jetzt zwölf, Genossen, nach meiner Uhr, kann differieren um eine Minute oder so mit anderen. Wir müssen zweckmäßigerweise kurz vor eins unterbrechen für eine Stunde, um Punkt zwei fortzusetzen, nicht fortzufahren, sondern fortzusetzen. So. Wer wünscht jetzt das Wort?

Wir können ja auch erst mal fünf Minuten verschnaufen und auspusten, nicht? Dann wird das dann wiedereröffnet.

(Unterbrechung der Sitzung.)

[D.]

Wehner: Es hat sich gemeldet Peter *Glotz*, ihm folgt Hugo *Collet*.

Glotz: Genossinnen und Genossen, ich möchte in die Diskussion ein Papier einführen, dass wir mit zehn, zwölf Genossen Ende letzter Woche gemacht haben und auch gebeten haben, dies zu vervielfältigen. Aus technischen Gründen konnte das nicht passieren. Ich wäre dankbar, wenn das im Lauf des Nachmittags noch gemacht werden

---

36 Die Berichte der Fraktionsdelegationen gab es bereits in den Fraktionssitzungen der 6. Wahlperiode.
37 Bei der Bearbeitung gestrichen. Auf dem Tonband an dieser Stelle zu hören: »wenn man«.

könnte. Dieses Papier enthält acht Vorschläge, die zum Teil jetzt auch von Herbert *Wehner* schon aufgegriffen worden sind. Ich möchte sie kurz erläutern. Erstens: Es geht um die – gibt's da Einwände dagegen?
(Zwischenruf.)
Wehner: Ja, Genossen, das müsst ihr euch nicht so schwer machen. Der Genosse *Glotz* hat in der Pause festgestellt, dass er etwas geschickt hat. Dieses ist mir jedenfalls nicht zur Kenntnis gekommen. Das kann aber auch an mir liegen, weil ich in diesem seit Freitagnacht ununterbrochen einige andere Sachen zu machen hatte bis gegen Mitternacht dieses Tages, und ich habe ihn gebeten, dann sag' etwas zu dem Papier, und wir werden es im Laufe der Zeit doch vervielfältigen lassen können und dann kann man sich mit den Sachen beschäftigen genau wie mit anderen Diskussionsbeiträgen. Wird doch niemand festgelegt so oder so. Ich wäre doch dafür, dass man das so laufen lässt.
Glotz: Gut, Genossen, dann will ich das in aller Kürze tun. Erster Punkt: Ich würde vorschlagen, dass wir den Versuch machen, in der Fraktion regelmäßig an bestimmten Punkten zu etwas grundsätzlicheren Diskussionen zu kommen, die nicht schon, wie das ja notwendig ist bei Dingen, die schon in Koalitionsgesprächen festgeklopft sind, wenn sie demnächst auf der Tagesordnung stehen, die also nicht schon weitgehend festgelegt sind. Ich möchte ein Beispiel wählen. Etwa jetzt geht es um das Thema Mitbestimmung, lese ich irgendwo, Friedhelm [*Farthmann*], du habest erklärt, dass man sich überlegen muss, wenn diese Geschichte mit den leitenden Angestellten von der FDP weiter so gebracht wird, dann stünde hier die Alternative, in dieser Legislaturperiode lieber gar keine Mitbestimmung als diejenige, die dann möglich wäre. Ob dies nun richtig berichtet ist oder nicht, dies ist jedenfalls eine wichtige Alternativfrage, und ich könnte mir vorstellen, dass zu einem solchen Problem rechtzeitig vorher eine solche Diskussion einmal ganz unabhängig von der Durchführung des Gesetzentwurfs, der dann in allernächster Zeit irgendwann auf der Tagesordnung steht, also schon vorher stattfindet.
Ein anderes Beispiel wäre etwa ein Problem der Rechtspolitik. Erinnere mich an die Diskussionen, Genossen, dass viele in der Partei, auch in der Fraktion, gesagt haben, muss uns etwa das Thema Pornographie, dieses oder jenes Thema denn angetan werden, wir haben doch schon genug andere Probleme. Ich würde es für eine falsche Position halten, aber diese Position vorher zu diskutieren und eventuell den Ministern die Gelegenheit zu geben, die wichtigsten Vorhaben in einem bestimmten Ressort in einem Problembereich im nächsten Jahr oder in den nächsten zwei Jahren hier zur Kenntnis zu geben, das vorher anzukündigen, damit man sich vorbereiten kann. Also solche mittelfristigen Trenddiskussionen zu führen, das würde ich für vernünftig halten.
Zweitens ein konkreter Vorschlag zur Berichterstattung in der Fraktion. Wir sind der Meinung, dass es sinnvoll wäre, was oft ja schon geschieht, aber dass wir es generell machen sollten, soweit nicht wichtige Gründe entgegenstehen, dass diese Berichterstattung von den jeweiligen Berichterstattern selbst, nicht aber von den Obleuten oder Arbeitskreisvorsitzenden hier in der Fraktion durchgeführt wird.
Drittens, das betrifft dasselbe Problem im Grunde oder Ähnliches: Koalitionsgespräche. Auch dies wird oft schon so gehandhabt, aber nicht immer. Wir wären der Meinung, dass man die Berichterstatter, wo immer dies möglich ist, zu den Koalitionsgesprächen hinzuziehen sollte, dass also, wenn die Fraktionsspitze vertreten ist, wenn der Arbeitskreisvorsitzende oder Arbeitsgruppenvorsitzende vertreten ist, auch der zuständige Berichterstatter da mit dazukommt.
Vierter Vorschlag zum Thema Informationsstunde. Hier sollten wir uns darauf einigen, dass wir alle regionalen Fragen, die nur einzelnen oder zwei, drei Genossen interessie-

| Fraktionssitzung | 12.06.1973 **20.** |

ren, aus dieser Informationsstunde ausklammern und dafür nur solche Fragen stellen, die wirklich, wo wir einigermaßen sicher sein können, dass mehr Genossen sich dafür interessieren. Ich glaube, diese regionalen Fragen lassen sich brieflich oder mündlich mit den zuständigen Ministern auch ohne weiteres klären. Das würde alles abkürzen.

Fünfter Vorschlag: Kommissionen und Ausschüsse beim Parteivorstand. Da können wir nur eine Bitte äußern als Fraktion. Oft wird dort ja die Fraktion sowieso ausführlich vertreten sein. Die Überlegung ist nur, ob es nicht sinnvoll wäre, einen Genossen mit beratender Stimme in jeden dieser Ausschüsse zu entsenden, der dann auch eine Berichterstattungspflicht gegenüber der Fraktion hat. Natürlich ist es so, es sind viele Bundestagsabgeordneten sicherlich in jeder Kommission, in jedem Ausschuss, aber die notwendige Berichterstattungspflicht gegenüber der Fraktion, die wird wahrscheinlich kaum einer dann direkt empfinden. Vielleicht wäre es möglich, dass wir die im Parteivorstand bitten, mit beratender Stimme einen Genossen der Fraktion in jede dieser Kommissionen entsenden zu dürfen.

Sechstes Problem, Genossen: die Mitarbeiterpauschale. Ich will diese Diskussion, die hier mehrfach ja geführt worden ist, nicht noch mal im Einzelnen bringen. Im Zusammenhang mit der Besteuerungsdebatte und mit Änderungen, die irgendwann ja kommen werden im zeitlichen Zusammenhang, sollten wir uns vor allem um das Problem der Mitarbeiterpauschale kümmern. Ich glaube, am ehesten ist draußen zu vertreten, dass diese Mitarbeiterpauschale erhöht wird, weil dies nun wirklich nicht in die einzelne Tasche des Abgeordneten fließt, jedenfalls auch nicht in der Optik des Volkes draußen dürfte dies so sein. Hier können wir am ehesten deutlich machen, dass es um Arbeitsmittel für Abgeordnete geht, dass die notwendig sind und warum sie notwendig sind. Wir würden also vorschlagen, uns bei ganzen diesen Diskussionen vor allem um dieses Mitarbeiterproblem zu kümmern.

Das Thema, siebtens, Delegationen, hat Herbert *Wehner* schon angesprochen, dass wir also, wen wir delegieren, dass wir das vorher in der Fraktion erfahren und ebenso das Problem Parteitagsbeschlüsse. Wir würden denken, dass der Fraktionsvorstand uns eine Zusammenstellung machen soll, einen Vorschlag, wie soll mit denen verfahren werden, vielleicht bis Ende des Jahres und dass wir dann mal darüber diskutieren. Ich wäre also dankbar, wenn wir diese Vorschläge noch schriftlich vorlegen könnten, damit wir uns anschließend wirklich über solche Beschlussvorschläge unterhalten können und eine solche Diskussion nicht nur zu einer Schuttablage, zu einem Schuttablageplatz sozusagen von Unmut machen, sondern daraus ganz konkrete Konsequenzen ziehen. Danke schön.

(Beifall.)

Wehner: Ich hatte *Collet* aufgerufen, aber *Schäfer* insistiert, er wolle etwas zur Verfahrensordnung sagen. Ich bitte *Collet* um Entschuldigung. *Schäfer*!

Schäfer: Liebe Genossinnen und Genossen, ich will keine Geschäftsordnungsdebatte entfachen, aber ich meine, wir sollten uns ein Verfahren geben, das die Diskussion etwas strukturiert. Der Beitrag von Peter *Glotz* eben hat gezeigt, dass, wenn jeder nun sein Bündel von Vorschlägen insgesamt zur Arbeitsweise der Fraktion vorlegt, wir dann keine gezielte Diskussion hier haben werden und unter Umständen das Ergebnis sein wird, wir haben einen Kropf geleert und haben eigentlich nicht effektiv gearbeitet.

Deswegen erlaube ich mir folgenden Vorschlag zum Verfahren zu machen: Herbert *Wehner* hat uns am 7. Juni oder mit 7. Juni eine Zusammenstellung der bis dahin eingegangenen Vorschläge geordnet zugeleitet. Ich bitte euch, dieses Papier zur Hand zu nehmen. Ich schlage nämlich vor, dass wir folgendermaßen nun in der Diskussion verfahren. Wir fangen an mit bei Herbert *Wehner* vorgesehenen Punkt 2 über {...} Problem der Abgeordneten der Fraktion. Da heißt es Verhältnis zwischen Fraktion, Parteivorstand und Bundesregierung. Das scheint mir ein zentraler Punkt für die Arbeitsweise der Fraktion insgesamt zu sein. Wir würden dann nehmen können, was zusammengehört, Punkt 3 und 5 und dann, das gehört meiner Meinung nach zusammen, Vorankündigung wichtiger Tagesordnungspunkte der Fraktionssitzung, Punkt 5, Verbesserung der Fraktionsarbeit. Dann würden wir aufrufen Punkt 1 und 4, ausgedruckt und dann so wie vorgeschlagen verfahren. Jeder, der noch Vorschläge eingebracht hat oder zu den einzelnen Tagesordnungspunkten Vorschläge machen will, soll dann zu den aufgerufenen Tagesordnungspunkten die Vorschläge zur Diskussion stellen.

Das Verfahren hätte meiner Meinung nach den Vorzug, dass wir zu Sachbereichen zusammenhängende Komplexe, die die Arbeitsweise der Fraktion angehen, diskutieren. Im Übrigen gehe ich davon aus, dass wir uns heute nur mit Fragen der Arbeitsweise der Fraktion befassen und nicht Sachthemen diskutieren. Da sollten wir uns drauf verständigen, dass wir uns vielleicht die letzten zwei Wochen vor Beginn der Herbstarbeit eine Extraklausurtagung, wo wir Sachprobleme diskutieren, vornehmen. Ich will aber das Letzte abtrennen, nicht damit man deswegen die Diskussion darüber, ob man eine neue Klausurtagung machen, entfacht wird, bitte aber, meinem Vorschlag zur Strukturierung der Diskussion zu folgen, damit wir möglichst effektiv hier arbeiten können.

(Vereinzelter Beifall.)

Wehner: Wird das Wort dazu gewünscht? Nicht der Fall. Dann rufe ich auf diesen Punkt, von dem eben gesagt wurde, er solle zuerst behandelt werden, Verhältnis zwischen Fraktion, Parteivorstand und Bundesregierung und Selbstverständnis der Fraktion. Hugo, wolltest du dazu sprechen?

Collet: Genau das. Es war sowieso meine Absicht, genauso zu beginnen, weil ich der Meinung war, dass wir nicht Arbeitsbedingungen und diese Frage durcheinanderbringen können. Und ich kann also beginnen mit dem, was Peter *Glotz* als Punkt 1 erwähnt hat, das deckt sich mit dem, was im Papier hier Punkt 2 ist, und daran erinnern, dass ich in der zweiten Sitzung dieser Fraktion nach der Wahl den Versuch gemacht habe[38], hier deutlich zu machen oder anzuregen, dass wir manche Dinge im Vorfeld diskutieren sollen. Seit wir regieren, ich möchte eigentlich sagen, seit wir mitregieren schon, haben wir ja das Erlebnis im Wandel unserer Diskussion, das wissen natürlich nur diejenigen, die vorher schon [da] waren, als wir noch in der Opposition waren, dass also die Schwierigkeiten einmal der Abstimmung auf den Koalitionspartner und zum anderen auf die Regierung entstanden sind. Ich habe hier den Eindruck gewonnen, dass sowohl aus dem einen Grund als aber auch aus dem anderen, nämlich dass die Regierung meint, sie sei präjudiziert, wenn hier ein Thema vordiskutiert ist. Es kann sicherlich Situationen geben, in denen man nicht unbedingt einen Beschluss fassen soll, denn der lässt sich ja nun nicht hier drin halten und es wird dann schließlich zur Prestigefrage gegenüber einer anderen Fraktion, mit der wir eine Koalition haben oder gegenüber der Regierung, nun noch mal davon abzurücken. Aber ich meine, alle, und das merkt jeder, der immer wieder diskutiert, profitiert aus einer solchen Diskussion, ich meine auch die Regierung. Und es hat sich damals gezeigt, und ich hab' das sehr bedauert, bei der Regierungserklärung, aber auch schon im Zusammenhang mit den ersten Diskussionen über Bildung, nicht hier drin, sondern draußen, dieser Regierung, dass es hilfreich gewesen wäre, wenn wir hier diskutiert hätten. Und wir können, ich glaube, dazu sind wir bereit als Frak-

---

38 Vgl. die Äußerungen des Abg. *Collets* in der SPD-Fraktionssitzung am 29. November 1973, SVP A: »Es hat einfach gefehlt in der vergangenen Legislaturperiode die wirkliche Auseinandersetzung«.

tion, wenn es zum Koalitionsproblem werden könnte, auf Abstimmungen verzichten in einem solchen Vorfeld, aber einfach ein Problem ausdiskutieren, damit diejenigen, die dort verhandeln, jedenfalls einmal die Stimmungslage in der Fraktion kennen und damit wir auch, und ich glaube, das hilft zu einem anderen Punkt, den wir später diskutieren wollen, nämlich dem, dass wir doch vermeiden wollen, ich hab' das in der vergangenen Legislaturperiode zweimal hier vom Mikrofon aus beklagt, wenn jeder meint, er muss dann nach draußen reden anders als die Fraktion. Mitunter können wir uns das dadurch ersparen, dass wir ihm die Chance geben, hier zu reden. Wenn wir die Chance nicht bieten, ich rede nicht über mich, aber ich hab' Verständnis, dass manch einer dann sich artikulieren will, wobei es jedem sicherlich überlassen bleiben muss, zu prüfen, inwieweit ist das hilfreich fürs Ganze. Aber ich meine, das sollten wir doch noch mal miteinander überlegen und das ist vor allen Dingen mein Appell an die Mitglieder der Regierung, doch eine solche Möglichkeit lange vorher zu geben, hier zu diskutieren, ein Problem auszudiskutieren.

Und ein Zweites, was mir besonders aufgefallen ist, nachdem wir die Regierung übernommen hatten, 1969, dass ein Teil der Fraktion, deren Meinung wir vorher sehr geschätzt haben, plötzlich ohne Stimme war. Und hier ist auch abzuwägen, inwieweit Kabinettsdisziplin zu einem Zeitpunkt, wo das Kabinett noch nicht beraten und beschlossen hatte, soweit gehen muss, dass Minister und Staatssekretäre hier, solange sie nur Abgeordnete waren, zu irgendeinem Sachproblem immer wichtige Aussagen zu machen hatten. Darf ein Beispiel nennen. Ich erinnere an die Zeit, in der Karl *Ravens* hier in einem anderen Bereich tätig war, in dem er jetzt tätig ist oder in dem er vorher im Ministerium für Wohnungsbau tätig war, hier eine ganze Menge guter Anregungen gab. Man hört ihn nicht mehr dazu. Er darf nicht. Er soll nicht. Das gehört nicht zum Ressort. Ich weiß nicht, ob wir auf diese Stimmen einfach verzichten sollten, ob wir nicht Wege finden könnten, auch Minister und Staatssekretäre vor der Kabinettsberatung – hinterher sehe ich ein, dass sie hier nicht wieder umschmeißen können, wollen, was dort entschieden wurde –, aber ob nicht in einem Vorstadium auch ihre Stimme hier wichtig wäre bei den Beratungen, denn sie sind ja aus uns heraus ausgewählt, um dort mitzuwirken.

Ein weiterer Punkt in diesem Zusammenhang, den ich ansprechen möchte. Auch der spielt ja immer wieder eine Rolle. Es läuft plötzlich ein Papier um. {...} längst darüber gesprochen, so wie jetzt das Griechenlandpapier. Wenn man draufsieht, hat man keine Bedenken, man sieht, was da drinsteht, ist eigentlich richtig, so dass man sich eigentlich frägt, wieso haben nicht diejenigen, die dort tätig sind, von uns entsandt, schon längt etwas gemacht. Und dann taucht dann die Frage auf, vielleicht gibt es da irgendwelche Zusammenhänge, die nicht man übersieht und dann nicht aus sachlichen Gründen, sondern aus solchen Gründen sich dann nicht zur Unterschrift entschließt. Dann wäre es doch sinnvoll, wenn auch solche Dinge, die von allgemeinem Interesse sind, Chance hätten, vorher diskutiert zu werden, ehe eine Anzahl sich festgelegt hat durch eine Unterschrift, ohne zu wissen, warum andere, die wir dort hingeschickt haben, noch nicht tätig waren. Das, meine ich, ist in vielen Bereichen abzustellen, wenn wir uns die Chance der Diskussion im Vorfeld von Entscheidungen stärker gestalten.

Wehner: Das Nächste war *Schweitzer*.

Schweitzer: Genossinnen und Genossen {...} aber das hat sich erübrigt {...} ich werde dann später noch unter Punkt 5 von Herbert *Wehners* Tagesordnung vorschlagen, dass wir in der Tat eine erste Projektgruppe einsetzen, die Verbesserungsvorschläge ausarbeitet, damit wir für die nächste Klausurtagung noch mehr Unterlagen haben. Ich darf sagen als persönliche Vormerkung, mir ist ja beinah' schon unangenehm, dass mein Name jetzt so oft hinter diesen Einzelvorschlägen steht. Das war auch nur als Anstoß gedacht und deswegen melde ich mich jetzt hier zu Wort unter dem Punkt 2 des Schreibens von Herbert *Wehner*. Der Anfang ist ja mit Hugo *Collet* schon gemacht worden.

Was ich eigentlich mit dem Punkt 2 bezwecken wollte, ist schon teilweise von Hugo hier angesprochen worden und wird sicherlich von Alwin *Brück* auch noch weiter erläutert werden. Mir geht es um das Dreiecksverhältnis von Fraktion, Bundesregierung und Parteivorstand. Ich bedaure ein wenig, dass Willy *Brandt* jetzt nicht mehr hier ist. Ich hab' das neulich mit Egon *Bahr* aber auch schon besprochen. Ich meine, wir müssen immer wieder deutlich machen, dass diese Fraktion die entscheidende Kontroll- und Unterstützungsinstanz ist gegenüber unserer Bundesregierung in allen Fragen, die hier in diesem Parlament entschieden werden müssen. Deswegen stelle ich eben die Frage, werfe sie nur auf, ob es nicht eigentlich sinnvoller ist, dass die Bundesregierung, bevor sie sich qua Willy *Brandt* im Parteivorstand äußert zu grundsätzlichen Fragen, die hier entschieden werden müssen von uns, ob nicht, bevor sich ein Parteivorstand äußert, dort Beschlüsse fassen lässt und diese Beschlüsse an die Öffentlichkeit gibt, also wohlgemerkt an die Öffentlichkeit gibt, erst einmal hier in dieser Fraktion die Dinge vorträgt, also eine andere Reihenfolge vornimmt. Ich stelle nur die Frage, weil mir das ganz wesentlich zu sein scheint.

Ich will auch sagen, das an einem konkreten Beispiel erläutern. Wir hatten hier seinerzeit uns überlegt in dieser Fraktion gegen Ende des Jahres, ob wir uns nicht als Fraktion zur Vietnamproblematik äußern sollten.[39] Ich hatte mir seinerzeit als Neuling erlaubt, hier einen Antrag einzubringen, dass diese Fraktion sich hinter die Erklärung des Parteivorstandes vom selben Tag oder von einem Tag vorher und die hier abgegebene Erklärung von Willy *Brandt* stellt zur Vietnamsache. Das ist dann nicht allzu sehr auf Gegenliebe gestoßen. Ich benutze das nur als Beispiel für meinen Punkt und möchte eigentlich hier sagen, diese Fraktion soll sich drüber klar sein, dass sie die entscheidende Stimme der Sozialdemokratischen Partei Deutschlands ist in der Bundesrepublik Deutschland in allen Fragen, die hier im Parlament entschieden werden. Wir müssten also aus solchen Anlässen heraus selber Erklärungen abgeben, wie sie damals vorgeschlagen worden sind, wie wir sie heute ja auch abgegeben haben in Sachen Hamburg. Ich wollte das nur als grundsätzliches Problem mal aufwerfen. Es müsste eigentlich dann ein Vertreter des Parteivorstandes oder der Regierung hier dazu Stellung nehmen.

Wehner: Aber, Genosse *Schweitzer*, in Sachen Hamburg, was die »Morgenpost« betrifft, haben wir hier nichts entschieden, sondern, um das nicht immer wieder aufkommen zu lassen wie einen Korken auf den Wellen, ist dem Vorschlag entsprechend beschlossen worden, dass eine Anzahl hier genannter Genossen sich mit dieser Information vertraut macht, außerdem von der Gelegenheit weitergehender Informationen, die zugesagt worden ist, Gebrauch macht und der Fraktion berichtet. Alwin *Brück*!

Brück: Genossinnen und Genossen, wir haben doch alle, so glaube ich, das ungute Gefühl, dass wir gewisse Entscheidungen der Bundesregierung hier noch nachvollziehen, dass wir eine Art Notar sind für das, was in der Bundesregierung geschehen ist. Nun bin ich doch schon einige Jahre hier, um nicht zu wissen, dass das natürlich Schwierigkeiten aufwirft, wenn wir uns überlegen, welchen Einfluss denn die Fraktion auf die Entscheidungen der Bundesregierung nehmen sollte. Ich habe trotzdem darum gebeten, dieses Thema zu diskutieren. Ich meine, dass wir einen Weg finden müssen, wo die Fraktion, und Hugo *Collet* hat das angedeutet, vorher ihre Meinung sagt, zumal ich meine, dass die alte, dass die klassische Dreiteilung in Legislative, Exekutive und Rechtsprechung doch heute nicht mehr so stimmt in einer Zeit, da das Parlament ja den Bundeskanzler

---

[39] Vgl. die SPD-Fraktionssitzung am 17. Januar 1973, SVP A, online.

| Fraktionssitzung | 12.06.1973 | **20.** |

wählt und die Regierung mitbestimmt. Ich meine eher, es gibt eine Dreiteilung, die da heißt Regierende, das heißt Bundesregierung, die sie tragenden Fraktionen, Opposition und Rechtsprechung. Das ist doch, glaube ich, die Verfassungswirklichkeit. Die Frage ist nur, wie wir als Fraktion Einfluss gewinnen können, und ich weiß, dass wir nicht jedes Komma setzen können bei Gesetzen vorher, aber ich glaube, mancher Konflikt wäre ausgeräumt, wenn wir schon vorher auch auf Gesetze Einfluss nehmen könnten.

Ich will ein Beispiel nehmen, das kein Gesetz war, aber die Frage der Visagebühren für Berlin, wo doch eigentlich die Fraktion nicht mehr mitgetragen hat, was die Bundesregierung eigentlich wollte.[40] Das alles hätte uns erspart bleiben können, die Auseinandersetzung auch mit der Opposition, wenn wir vorher in der Fraktion darüber gesprochen hätten. Ich meine, dass wir, und ich will jetzt einige Verfahrensvorschläge machen, ohne zu sagen, dies sei nun unbedingt so richtig, ich glaube, dass alle Gesetze in Vorbereitung diskutiert werden müssen in den Arbeitskreisen und in den Arbeitsgruppen, und ich glaube, dass die Genossen in den Arbeitskreisen dann so viel Fingerspitzengefühl haben werden, um zu sagen, das Thema müssen wir jetzt doch in der Gesamtfraktion anschneiden oder wir müssen das mit einigen Abgeordneten aus bestimmten Regionen sprechen.

Ich will hier ein persönliches Beispiel geben. Eines Tages habe ich in der vergangenen Legislaturperiode in der Zeitung gelesen, dass es ein neues Bundesbergbaugesetz geben wird, und da waren Regelungen gegenüber Grubenschäden und all die Probleme, die jemand, der aus einem Bergbaugebiet kommt, gar nicht akzeptieren konnte. Es ist besser, so etwas vorher mit den Genossen in der Bundesregierung zu besprechen, als nachher im Parlament hier abzuändern und einfach einen Konflikt zwischen den Ministern und den Abgeordneten zu haben, und ich meine auch, dass wir beispielsweise, ob wir die Mineralölsteuer erhöhen sollten, in der Fraktion diskutieren sollten. Ich will jetzt nicht zur Sache etwas sagen. Ich weiß natürlich auf der anderen Seite, dass wir im Rahmen der Stabilitätspolitik hier irgendwo an die Grenze gekommen sind, einfach weil man so etwas nicht in aller Öffentlichkeit diskutieren kann. Aber wir sollten versuchen, einen Weg zu finden, der die Entscheidungen für die Fraktion transparenter macht, auf dass wir das alles mittragen können. In einigen Bereichen, in einigen Arbeitskreisen ist das so und für einige Abgeordnete, je nach ihrer Position, gilt das auch. Aber ich glaube, wir sollten uns bemühen, dass alle mitwirken können an dem, was wir hier tun. Schönen Dank.

(Vereinzelter Beifall.)

Wehner: Heinz *Rapp*.

Rapp (Göppingen): Genossinnen und Genossen, Selbstverständnisdiskussionen pflegt man im Allgemeinen nicht mit Beschlüssen abschließen zu können. Trotzdem ist es für jede Gruppe wichtig, gelegentlich mal über sich selber zu reflektieren, und ich hab' nach diesem ersten halben Jahr das dringende Bedürfnis dazu. Das Selbstverständnis der Fraktion im Spannungsverhältnis zur Regierung, zur Partei, zum Koalitionspartner kann nicht einschichtig sein. Es wird ganz zwangsläufig vielschichtig sein müssen. Selbstverständlich stützen wir die Regierung, aber es ist doch im Interesse der Regierung gelegen, dass dies in kritischer Solidarität geschieht. Es ist der Regierung nicht gedient, wenn wir sie nur Beifall spendend begleiten. Auch 'ne Regierung kann Fehler machen und es ist doch für die Partei, für die Regierung, für die Fraktion zuträglicher, wenn wir es sind, die die Regierung in solchen Fällen korrigieren, und wenn wir nicht abwarten,

---

40 Vgl. die SPD-Fraktionssitzung am 20. Februar 1973, SVP A, online.

bis dies andere tun. Wobei wir die Pflicht der anderen, die Regierung kritisch zu begleiten, ja gar nicht infrage stellen mögen und können.

Beispiel: die Geschichte, wie es gelaufen ist, mit den Nacht-, Sonntags- und Feiertagszuschlägen.[41] Wir wussten ja im Ausschuss, dass dies schiefläuft, aber wir haben, so sah ich dies damals, sage ich jetzt in der Rückschau, ganz klar aus falsch verstandener Loyalität geglaubt, dies durchtragen zu müssen, auch gegen unser sicheres Gespür, dass das letzten Endes in der Partei auch nicht laufen würde, in der Öffentlichkeit nicht laufen wird. Es wäre klüger gewesen, für die Partei besser gewesen, für die Regierung besser gewesen, wir hätten da rechtzeitig uns eingeschaltet und die Regierung korrigiert. Auch eine sozialdemokratisch geführte Regierung kann aus unter Umständen sehr verständlichen Gründen säumig werden. Es ist besser für sie, wenn wir sie herausfordern und die Dinge vom Eis holen, als wenn dies der politische Gegner tut, und deshalb ist es schlimmer als nur ärgerlich, wenn da zum Beispiel die Große Anfrage zur Verkehrspolitik nicht von uns, sondern von der Opposition stammt[42]. Wir gehen Tag für Tag landauf, landab, reden von der neuen Verkehrspolitik und wenn man uns fragt, was das heißt, müssten wir genau jene Antworten haben, die jetzt die Opposition aus der Regierung herausholt, nicht wahr. Und dies ist ein unbefriedigender Zustand, und wenn wir uns fragen, weshalb diese Große Anfrage nicht von uns stammt, dann würden wir, wenn wir ehrlich wären, bekennen müssen, dass auch hier wieder falsche Loyalitäten, niemandem nützende Loyalitäten im Spiel waren, Rücksichtnahmen, die letzten Endes zulasten der Regierung gegangen sind.

Und nun ist die Frage, wie das zum Beispiel jetzt, ich hänge das wieder auf an der Verkehrspolitik, weiter laufen wird. Nicht wahr. Die Regierung wird ad hoc, nehme ich an, und kurzfristig etwas vorlegen müssen als Antwort, und auch da stelle ich die Frage, die mehrfach gestellt worden ist, ob es nicht einfach im Blick auf die vielen Parteitagsbeschlüsse, auf die erkennbaren Grundströmungen und Tendenzen in der Partei richtig wäre, die Regierung würde uns Gelegenheit geben, hier mitzuwirken, ehe nun ad hoc, aufgrund einer Großen Anfrage des politischen Gegners, Festlegungen erfolgen und erfolgen müssen, die ja auch für die Partei von erheblicher Relevanz sind. Es ist immer wieder gesagt worden in diesem Zusammenhang, so etwas könne man nicht vor der Fraktion tun, da müsste man kleinere Gremien haben, da wäre möglicherweise sogar die Arbeitsgruppe zu groß. Ich kenne die Bedenken. Ich kenne die Einwendungen gegen den Vorschlag, hier bereits im Vorfeld mit der Fraktion oder wenigstens mit Fachleuten etwas abzuklären. Aber alle diese Gründe können nicht durchschlagend sein angesichts der Tatsache, dass es unbefriedigend ist, wenn wir in den Ausschüssen mitunter mit schlechtem Gewissen, mit mulmigen Gefühlen im Bauch Dinge durchtragen müssen, von denen wir wissen, dass der Entwurf wahrscheinlich so nicht vorliegen würde, wenn wir vorher Gelegenheit gehabt hätten, uns zu äußern. Ich bitte sehr herzlich, sich Gedanken zu machen, was zur Abstellung dieses Übelstands getan werden kann. Noch einmal die Grundlinie: Was die Regierung braucht, ist unsere kritische Solidarität und nicht nur unsere Beifall spendende Begleitung.

(Beifall.)

Wehner: Manfred *Schulte*.

---

41 Zur Frage um die Steuerfreiheit von Sonntags-, Feiertags- und Nachtarbeitszuschlägen vgl. die SPD-Fraktionssitzung am 15. Juni 1971, SVP B, online.
42 Gemeint ist die Große Anfrage der CDU/CSU-Fraktion vom 23. Mai 1973 betr. Verkehrspolitik. Vgl. BT Drs. 07/614.

Fraktionssitzung 12.06.1973 **20.**

Schulte: Genossinnen und Genossen, ich möchte mich äußern zu der Vorfelddiskussion, und zwar insoweit es sich um konkrete Gesetzgebungsvorhaben handelt. Diese Frage war in der letzten Legislaturperiode von ganz großer Relevanz und sie ist auch mehrfach im Kabinett behandelt worden. Es gab im Kabinett unterschiedliche Auffassungen darüber, ob man sehr konkret im Referentenstadium eines Gesetzes diesen Entwurf bereits Abgeordneten zur Verfügung stellen könne. Ich habe Bedenken gehabt, wie einige Kabinettsmitglieder, diese Sache zu institutionalisieren, weil dies ja bedeuten würde, dass man keinen Unterschied machen kann zwischen Mitgliedern eben der Koalitionsfraktionen und Mitgliedern der Opposition. Wir haben dann sehr sorgfältig über diese Frage gesprochen, weil auch da das Bedürfnis war, diese Vorfelddiskussion zu haben und nicht überrascht zu werden, vor allen Dingen auch noch unter dem Gesichtspunkt, weil ja Referentenentwürfe von den Referenten eben doch sehr weitgehend schon mit einem interessierten Teil der Öffentlichkeit in diesem Stadium abgeklärt werden, diskutiert werden, von dorther Vorschläge hereingeholt werden, verarbeitet werden und auch manche unserer Genossen dann konfrontiert worden sind draußen mit der Tatsache, dass zwar die Gesprächspartner aus dem interessierten Bereich der Öffentlichkeit, dass diese Partner bereits unterrichtet waren über Vorstellungen der Regierung, aber der Abgeordnete, der hinzukam, mit den Leuten diskutieren sollte, nichts wusste.

(Vereinzelter Beifall.)

Wir sind, und ich darf noch einmal daran erinnern, so verblieben, und dies schiene mir nach Abwägung der sachlichen, rechtlichen, aber auch für uns politischen Gesichtspunkte richtig zu sein, indem wir gesagt haben, es kann nicht passieren, dass, wenn wir aus diesem Stadium heraus eine Vorlage beziehungsweise Vorstellung haben wollen, um sie nicht unbedingt immer in der Fraktion, aber im Arbeitskreis oder in der Arbeitsgruppe oder in speziell dafür gebildeten kleinen interessierten Kreisen, diese Vorstellungen diskutieren zu wollen oder bei übergreifenden großen politischen Entwicklungen und Fragen auch unter Umständen in der gesamten Fraktion, dass wir diese Vorstellungen nicht erhalten.

Nun muss ich allerdings sagen, es sind ja eine Reihe von Beispielen eben hier angeklungen, die hier nicht konkret hineinpassen würden, weil es sich bei einer Anzahl dieser Beispiele eben doch nicht um Gesetzgebungsvorhaben gehandelt hat. Mir ist in dieser Legislaturperiode eigentlich noch kein Fall konkret bekannt geworden, wo auf ein Verlangen von Fraktionsmitgliedern, diese Vorstellungen der Regierung haben zu wollen, um sie diskutieren zu können, hilfreich für die Regierung diskutieren zu können, dem nicht nachgekommen worden ist. Und wenn dies der Fall ist, müssen wir mit unseren Genossen, die jetzt in der Regierung sind in dieser Legislaturperiode diese Fragen einfach noch mal ansprechen. Ich bin davon ausgegangen, dass der erste große Anstoß ja kommt, wenn der Minister mit seinem Arbeitsprogramm für die Legislaturperiode in den Ausschuss geht und sicherlich wird jeder Arbeitskreis ja dies zum Anlass nehmen, einmal dieses Programm dann auch sehr sorgfältig zu diskutieren. Aber dies ist meist mehr eine politische Globalvorstellung. Ich möchte gern erreichen, dass vor allen Dingen in den neuralgischen Punkten der politischen Entwicklung diese Koordination hundertprozentig klappt und im Rahmen auch der mir von der Fraktion zugeteilten Zuständigkeiten in der Geschäftsführung sehe ich Gesetzgebungsverfahren eben auch unter diesem Aspekt und ich bitte sehr herzlich, dass, wenn ihr den Eindruck habt, dass da irgendwas nicht klappt, ihr auch auf mich zukommt, damit ich versuchen kann, diese Koordination herzustellen. Wenn es nicht immer der Minister ist, müsste es der Parlamentarische Staatssekretär sein.

Wehner: *Ehrenberg.*

Ehrenberg: Genossen, ich glaube nicht, dass es genügt, wie Manfred *Schulte* eben gesagt hat, dass auf Verlangen es erfüllt wird. Das halte ich für eine Selbstverständlichkeit. Darüber brauchen wir hier nicht zu diskutieren. Den Minister wird's kaum geben, der sich also dem Arbeitskreisvorsitzenden oder der Arbeitsgruppe widersetzt, dann zu kommen und darüber zu reden. Worum es hier geht, was Peter *Glotz* und Alwin *Brück* schon gesagt haben, möchte ich mal versuchen, noch etwas zu konkretisieren. Es muss doch darum gehen, jetzt nicht jeden Gesetzentwurf in einzelnen Paragraphen mit Punkt und Komma hier zu behandeln, sondern das, was an grundlegend Neuem drin ist, was – das weiß man ja im Vorfeld – in der Leitung eines Ministeriums wie bei den Arbeitskreisvorständen, an Kontroversem zu erwarten ist, das so früh wie möglich nicht in einzelnen Gesetzesbestimmungen, sondern in den grundlegenden Entscheidungen hier zur Diskussion zu stellen. Und da kann man sich nicht drauf verlassen, dass der eine Arbeitskreis mehr oder der andere Arbeitskreis weniger die Minister zitiert, sondern das sollte 'ne feste Einrichtung der Fraktion werden. Und da wir hier mit Sicherheit von vornherein auf Zeitprobleme stoßen, würde ich glauben, dass man die von Peter *Glotz* schon angesprochene Informationsstunde, die heute zum großen Teil mit Regionalproblemen ausgefüllt wird – die jeder Einzelne direkt mit dem Ressort klären kann, da braucht er nicht das Forum der Fraktion dafür –, dass wir die Informationsstunde beschränken und nicht jede Informationsstunde, aber in größeren Abständen von – das müsste man dann mal durchprüfen, wie viel denn da im nächsten Jahr zur Diskussion steht – in größeren Abständen schätzungsweise von drei bis vier Wochen, statt der Informationsstunde einen Minister über das bei ihm anstehende, jetzt durchzuführende Vorhaben konkret berichten lassen und die kontroversen Punkte diskutieren. Ich glaube, nur mit so einer ständigen Einrichtung und nicht mit etwas zufällig den Arbeitskreisen Überlassenem können wir diese, wie ich glaube, für die Fraktion sehr entscheidende Frage in den Griff bekommen.

(Vereinzelter Beifall.)

Wehner: [*Haase.*][43]

Haase (Fürth)[44]: Mir scheinen auch zwei Probleme die wichtigsten zu sein. Das eine ist, wer entscheidet eigentlich die mittelfristige Politik denn nun wirklich. Für einen Neuling vielleicht auch in der Fraktion sieht sich das manchmal so an, dass das nicht einmal im Kabinett unbedingt geschehen muss, sondern bereits Planungen, Zielsetzungen und Zielfindungen und vielleicht auch Prognosen, festgeschriebene Prognosen entscheiden darüber, wie und zu welchem Zeitpunkt bestimmte politische Handlungen, ganz gleich in welcher Form immer, in Form eines Gesetzes oder in einer Absichtserklärung verwirklicht werden. Und da, Genossinnen und Genossen, bin ich der Meinung, dass nicht nur das Kabinett manchmal den Dingen hinterherläuft, sondern auch natürlich die Fraktion und die Abgeordneten, und dass so manches da aus der Ministerialbürokratie herauskommt, was uns allen gar nicht so lieb ist.

Ein konkretes Beispiel, das auch in diesen Rahmen passt, ist die Frage, wie werden wir uns jetzt in der nächsten Zeit mit der Energiepolitik auseinandersetzen. Wird das auch irgendwo entschieden? Werden da die Beteiligten gehört und wird dann zum Schluss also in der Fraktion eine Gesetzesvorlage diskutiert, von der man weiß, dass es keine Alternativen mehr dafür gibt, weil es eben eine Vorlage ist, die bereits das Plazet aller Beteiligten hat?

---

[43] Der Name ist auf der Tonbandaufnahme kaum zu verstehen. Gemeint ist vermutlich Horst *Haase* (Fürth), der erst 1972 in den Bundestag gewählt wurde.
[44] Vgl. Anm. 43.

Fraktionssitzung 12.06.1973 **20.**

Das also ist das eine Problem, und das zweite Problem ist, wie ist es denn eigentlich mit den Zuständigkeiten in den sich überschneidenden Kompetenzen von Bund und Ländern. Wer kontrolliert hier und wer entscheidet mit? Sind das nur die interministeriellen Ausschüsse? Sind es nur diejenigen, die da hineinberufen worden sind oder ist es doch letztlich auch der Bundestag und damit diese Fraktion? Genossen, wenn ich sehe, wie also Aufgaben zum Beispiel in der Gemeinschaftsaufgabe Strukturförderung entschieden werden, dann muss ich sagen, läuft vieles einfach auch an der Fraktion vorbei, weil das zwischen den Ländern und dem Bund in der Weise ausgehandelt wird, dass Ministerialbeamte in den entscheidenden Ausschüssen zusammensitzen. Diese Fragen, meine ich, müssten dadurch entscheidend geklärt werden, und das haben hier Peter *Glotz*, Alwin *Brück* und andere angesprochen, dass es sinnvoll ist, grundsätzliche Entscheidungen, bevor sie überhaupt in die Vorlage eines Gesetzes gegossen werden, hier gefällt werden, ohne dass man sich jetzt auf einzelne Paragraphen festlegt. Diese Entscheidungen, und da fand ich es sehr hilfreich, dass der Genosse *Arendt* eine Vorlage gemacht hat, in der er Zielprojektionen bekanntgab für sein Haus bis zum Sommer, so ein Beispiel ist gut, hier müsste dann nur über diese Zielprojektionen auch diskutiert werden und letztlich damit auch Entscheidungen deutlich werden und Alternativmöglichkeiten verlangt werden können. Denn, Genossen, darauf kommt es wohl entscheidend an, dass wir hier auch Alternativmöglichkeiten verlangen können und dieses Thema dann nach diesen Alternativfindungen auch hier noch einmal diskutieren können.

(Vereinzelter Beifall.)

Wehner: Helmut *Schmidt*.

Schmidt (Hamburg): Ich möchte {...} ganz klar sagen, dass nach meiner Überzeugung die sozialdemokratische Bundestagsfraktion eine Kontrollaufgabe hat gegenüber einer zur größeren Hälfte aus Sozialdemokraten bestehenden Bundesregierung, die außerdem sozialdemokratisch geführt ist. Auf der andern Seite hat nach dem Grundgesetz der Bundeskanzler bestimmte politische Führungsaufgaben und auch die Aufgaben der Bundesminister sind im Grundgesetz klar umrissen. Das heißt, das Zusammenwirken einschließlich der Kontrollfunktionen erfordert auf allen Seiten Aufmerksamkeit aufeinander, Willen zur gegenseitigen Beteiligung und zur Tuchfühlung und übrigens auch Takt. Nun meine ich, dass man diese Probleme sehr viel besser besprechen könnte, wenn konkrete Pannen erörtert würden und wenn man hier nicht abstrakt miteinander redete. Ich habe die Beispiele, ein paar konkrete Fälle vorzuführen, will aber vorweg sagen, dass bei der Vielfalt sowohl der Parlamentstätigkeit als auch der Vielfalt der Regierungstätigkeit als Kabinett wie auch der einzelnen Ministerien unzählige Entscheidungen, die einzelne Genossen in dem Ausschuss für dies oder Ausschuss für jenes des Bundestages zu treffen haben, jede Woche viele, unzählige Entscheidungen, die das Kabinett oder die die einzelnen Minister zu treffen haben, nicht alle hier im Plenum der Fraktion vorbesprochen werden können. Die ganz große Mehrheit all dieser Entscheidungen kann das Plenum der Fraktion überhaupt nicht erreichen, wenn es sie doch erreichen sollte, führt das nur dazu, dass wir alle überhaupt unsere eigentliche Arbeit nicht mehr leisten. Wir alle, da meine ich eingeschlossen die Abgeordneten.

Nun zu ein paar Beispielen. Ich fange mit einem Beispiel an, mit ein paar Beispielen an, die aus meinem eigenen Bereich kommen. Die Bundesregierung ist beteiligt, gemeinsam mit 120 anderen Regierungen der Welt, an einer sogenannten Reform des Weltwährungssystems, genauer gesagt an einer Novellierung des Vertrages über den Weltwährungsfonds. Es gibt hier in der Fraktion ein oder zwei Genossen, die sich damit beschäftigt haben und die sind zum Beispiel durch den für dieses Fachgebiet zuständigen Minister an Beratungen, zu Beratungen, die einen ganzen Tag und einen zweiten halben Tag gedauert haben, eingeladen gewesen, um auf diese Weise voll in den Genuss aller verfügbaren Informationen zu kommen und auch um ihre Meinung so zu sagen, dass der verantwortliche Minister sie rechtzeitig kennt. Das wird sicherlich noch ein paarmal geschehen. Die Reform des Weltwährungssystems geht nicht von heut' auf morgen.

Ich gebe ein zweites Beispiel. Steuergesetze aller Art, insbesondere soweit sie im Zusammenhang stehen mit der Steuerreform. Hier gibt es Parteitagsbeschlüsse, die die Sozialdemokratische Partei im Prinzip binden. Dann gibt es in der vorigen Legislaturperiode sogenannte Eckwertbeschlüsse des Kabinetts, die damals herbeigeführt worden sind im Zusammenwirken beider Parteien, die in diesem Kabinett vertreten sind und ihrer Fraktionsspitzen.[45] Nun, inzwischen werden also aus diesen Eckwertbeschlüssen Gesetzesvorlagen im Einzelnen. Da ergeben sich noch wichtige offene Fragen. Es ergeben sich auch Probleme, die man seinerzeit bei den Beschlüssen über die Eckwerte so nicht erkannt hatte, infolgedessen hat der dafür zuständige, in erster Linie zuständige Minister eine Klausur veranstaltet anderthalb Tage, wo die entsprechenden Fachleute dieser Fraktion eingeladen wurden, um diese beiden schwerwiegenden Probleme, Kindergeldlösung {...} und das andere Problem Anrechnungsverfahren bei der Körperschaftsteuer, unter Beisein von Experten aus dem Gesamtbereich der deutschen Wirtschaft von der Bundesbank bis zu den Experten des Finanzministeriums durchzukneten, und wir sind da auch noch nicht zu einem endgültigen Ergebnis gekommen. Und auch das wird sich wiederholen und es wird eines Tages dann vielleicht in den richtigen, in den vollen Arbeitskreis kommen.

Ein drittes Beispiel: Kartellgesetz[46]. Ich hab das Gefühl, dass dies ein Beispiel ist, das mich nicht angeht, in dem das Zusammenwirken zwischen Wirtschaftsminister, der der FDP angehört, und sozialdemokratischen Abgeordneten im Arbeitskreis relativ gut funktioniert hat – von außen gesehen jedenfalls.

Ein viertes Beispiel: Stabilitätsgesetz, das ich deswegen wähle, weil einer von euch vorhin von der Mineralölsteuer gesprochen hat. Stabilitätsgesetz meine ich nicht. Stabilitätspaket[47], korrigiere mich, zu dem unter anderem auch die Mineralölsteuer gehört. Das ist im Schoße der Regierung erarbeitet worden unter einem schrecklichen Zeitdruck, unter den nicht wir uns gesetzt hatten, sondern dieses überflüssige Sondergutachten von sachverständigen Professoren und außerdem unter dem Zeitdruck von Indiskretionen, die inzwischen dazu führten, dass alle möglichen Leute Investitionen bestellten, um noch rechtzeitig vor dem Kabinettsbeschluss eine Tatsache zu schaffen, die sie von der Investitionsteuer ausnehmen würde. Ich muss aber darauf hinweisen, dass hier, das ist ein sehr wichtiges, politisch gewaltiges Gesetzgebungs- und Rechtsverordnungspaket, nun die Fraktionsspitzen wiederum von Anfang an beteiligt waren und anschließend sofort Plenarsitzung dieser Fraktion und auch Öffentlichkeit. Ich glaube nicht, dass es vernünftig gewesen wäre, eine einzelne Maßnahme aus diesem Stabilitätspaket, sagen wir die Mineralölsteuer oder sagen wir die Investitionsteuer oder sagen wir die Frage eines allgemeinen Konjunkturzuschlages, den wir ja nicht erheben wollen, hier

---

[45] Zu den Eckwerten der geplanten Steuerreform vgl. die Sitzung des Bundeskabinetts am 9., 10. und 11. Juni 1971; DIE KABINETTSPROTOKOLLE DER BUNDESREGIERUNG 1971, online. – Die SPD-Fraktion erörterte die Beschlüsse wenige Tage später ausführlich in einer Fraktionssitzung. Vgl. SPD-Fraktionssitzung am 15. Juni 1971, SVP B, online.

[46] Zur ersten Beratung der Kartellgesetznovelle vgl. die SPD-Fraktionssitzung am 30. Januar 1972, SVP B, online.

[47] Zum 15 Punkte umfassenden Stabilitätsprogramm der Bundesregierung, das vor allem die Preissteigerung bekämpfen sollte und das Bundesminister *Schmidt* Ende Oktober 1972 der Öffentlichkeit vorstellte vgl. den Artikel »Liegt am Herzen«; »Der Spiegel«, Nr. 45 vom 30. Oktober 1972, S. 27 f.

vorher auszubreiten und anschließend in sämtlichen Zeitungen der Bundesrepublik mit dem Problem, dass wir vielerlei Worte überhaupt nicht mehr zurückholen können und vielerlei Entscheidungen, die Wirtschaftssubjekte aufgrund solcher Worte dann getroffen haben, anerkennen müssten, rechtlich anerkennen müssten.

Ein letztes Beispiel: Das Energieprogramm ist angesprochen worden. Mir scheint, dieses ist ein Punkt, der in dem zuständigen Arbeitskreis nicht nur behandelt werden muss, sondern auch schon mal behandelt worden ist und weiterhin behandelt werden wird.

Diese Beispiele liegen alle verschiedenartig und sie zeigen alle auf die eine oder andere Weise, dass Regierungspersonen sich mit denjenigen in dieser Fraktion, die auf dem einen oder anderen Fachgebiet Urteilskraft besitzen und das gezeigt haben, dass man die selbstverständlich fragt. Das ist übrigens die Hauptaufgabe Parlamentarischer Staatssekretäre. Dafür sind die da. Das ist seinerzeit der Ursprung gewesen der Erfindung der Parlamentarischen Staatssekretäre. Ich war derjenige, der das hier durchgesetzt hat in Bonn, heute vor sechs oder sieben Jahren. Es sollte ihre Hauptaufgabe sein, die Verbindung zu schaffen zwischen den Ministern oder Ministerien und den entsprechenden Arbeitskreisen, Arbeitsgruppen, wie immer das im Einzelfall auch heißt, innerhalb des Parlaments, und ich möchte denjenigen sehen, der von einem Arbeitskreis, denjenigen Parlamentarischen Staatssekretär, der eingeladen wird nächste Woche Dienstag zu dem und dem Thema, mal einen Überblick zu geben, was die da eigentlich vorhaben, den möchte ich sehen, der dem etwa ausweiche oder sagt, er hätte was Wichtigeres zu tun. Kann ich mir schlecht vorstellen.

Man muss natürlich im Einzelfalle abwägen, ob eine Sache wie das ganze Stabilitätspaket in das Plenum der Fraktion gehört oder ob es eine Sache ist von mittlerer Bedeutung, die zunächst im Arbeitskreis erörtert werden muss oder gar nur in einer Arbeitsgruppe. Das muss man von Fall zu Fall abwägen. Das ist nach meiner Meinung auch ohne weiteres möglich, und ich will hier eine Antwort dann auch einfließen lassen auf Hugo *Collet*. Hugo hat bedauert oder gar bemängelt, dass Minister und Staatssekretäre nicht hier in der Plenardiskussion der Fraktion zu allen möglichen Fragen so Stellung nähmen wie früher, als sie dies noch nicht waren, als sie bloße Abgeordnete waren. Hugo, das ist nicht so, dass der Willy *Brandt* oder sonst jemand im Kabinett den übrigen Ministerkollegen gesagt hat, ihr haltet gefälligst die Schnauze, oder dass die Minister ihren Staatssekretären gesagt haben, ihr haltet gefälligst die Schnauze, sondern das ist eine sich von selbst ergebende, ergeben habende Selbstdisziplinierung. Es ist sehr schwierig, sagen wir, für jemanden, der im Kabinett verantwortlich ist für Verkehrspolitik, hier nun in der Fraktion in die Wohnungsbaupolitik reinzureden, obgleich er davon sehr viel versteht, weil er das früher selbst mal wahrgenommen hat. Dieses würde auf die Dauer ein schwieriges Verhältnis. Es kann mal vorkommen, aber ich würde mich dagegen wenden wollen, dass der Hugo quasi das als Regel erwartet oder dass jemand, der Finanzminister ist, früher mal Verteidigungsminister war, hier in der Fraktion ohne wirkliche Not Stellung nähme zu sicherheitspolitischen oder verteidigungspolitischen Fragen. Dieses führt zu einem sehr schwierigen Arbeitsverhältnis. Es sei denn, dass man sich gegenseitig hilft, aber man kann Meinungsverschiedenheiten, die möglicherweise im Kabinett bestehen, nicht vor einer Versammlung von 242 Personen verlängern wollen. Das geht nicht. Wenn das Kabinett sich in irgendeiner Sache festgelegt hat –

(Zwischenruf.)

ja gut, Hugo [*Collet*], vorher wird eben der Arbeitskreis sicherlich nicht, der Arbeitskreis, der sich mit Wohnungsfragen beschäftigt, wird sicherlich nicht den *Lauritzen* einladen, sondern Jochen *Vogel* einladen. Das ergibt sich dann von selber, dass er nicht alle möglichen anderen Leute einlädt. Deswegen meine ich, so sehr mir das verständlich ist, soll man andererseits in der Fraktion dafür Verständnis haben, dass Dinge, die im Kabinett möglicherweise kontrovers waren, dann entschieden worden sind, sei es durch ein Wort des Kanzlers, sei es durch Mehrheitsbeschluss, dass es sich, dass es die Arbeit außerordentlich erschweren würde, wenn man hinterher durchblicken ließe oder gar erklären würde, warum man in irgendeinem Punkt anderer Meinung war.

Ich möchte einen Punkt aufgreifen, der hier gesagt worden ist, der auch mit meinen Beispielen sich belegen lässt. Es gibt hin und wieder Sachthemata von so großer politischer Bedeutung und auch von politischem Allgemeininteresse, dass sie nach meinem Gefühl auf der Tagesordnung der Fraktionsplenarsitzung stehen sollten und dort dann auch in gehöriger Form eingeleitet zu einer richtigen Debatte führen sollten. Die gibt es ganz gewiss und wenn Herbert *Ehrenbergs* Anregung aufgenommen wird und die Informations- oder Fragestunde nicht wie manchmal endlos ausgedehnt wird mit zum Teil so läppischen Punkten, dass sie sehr viel besser, ohne die übrigen 241 Genossen damit zu behelligen, im Privatgespräch bei dem zuständigen Parlamentarischen Staatssekretär oder Minister geklärt werden könnten, dann würde auch die Gesamtfraktion etwas Zeit haben für große Themata.

Ich nenne zwei, drei große Themata, die ich vom Gefühl her dringend der politischen Diskussion in der Gesamtfraktion hier für bedürftig halten würde. Das eine ist wirklich nur ein Beispiel. Man kann der Meinung sein, es sei post festum, gleichwohl würde ich nicht der Meinung sein, dass das ein Gegenargument wäre, das ist das Verhältnis der Bundesrepublik Deutschland zu Israel und zu den arabischen Staaten. Das ist ein guter Aufhänger, den wir heute haben. Man kann es auch mit etwas größerer Gelassenheit heute diskutieren. Aber das ist eins von den Themen, in denen, wie ich meine, jeder von uns eine klare Vorstellung kriegen sollte von dem, was der Bundeskanzler und was die Außenpolitik dieses Staates hier betreibt, möglicherweise auch eines der Themen, in denen der Bundeskanzler hören sollte, wenn es in der Fraktion dazu Nuancen gibt, die in einer solchen Diskussion zum Vorschein kämen.

Ich nehme ein anderes Beispiel: die Zukunft der Landwirtschaftspolitik insgesamt in der EWG und in der Bundesrepublik Deutschland als Unterteil.

(Vereinzelter Beifall.)

Oder ich gebe ein drittes Beispiel, das, wie ich denke, dringend aus seinem esoterischen Raum von Fachleuten herausgeholt und in das Licht einer gesamtpolitischen Diskussion gestellt werden muss. Ich meine den sogenannten Bildungsgesamtplan und seine Finanzierung durch Länder und Bund.[48] Und so lassen sich aus dem Handgelenke viele solche Beispiele finden, wo ich allerdings sagen würde, dass die auf diesem jeweiligen Fachgebieten arbeitenden Genossen eigentlich diejenigen sein sollten, ob Abgeordnete oder Minister, die sich an den Fraktionsvorsitzenden oder Fraktionsvorstand wenden müssten und sagen müssten, hört einmal, ich hab' das Gefühl, wir sollten in drei Wochen oder in vier Wochen dieses Thema sorgfältig vorbereitet in der Gesamtfraktion erörtern. Die Initiative insoweit, die wird niemandem beschnitten.

Ich möchte eine Schlussbemerkung machen. Eine Fraktion von 242 Frauen und Männern ist natürlich für den Einzelnen eine schreckliche Sache, weil viele der Themata, die ihn besonders berühren, in diesem Riesenladen natürlich nicht ausdebattiert werden können. Es ist auch schon schlimm genug, einer Regierungsfraktion anzugehören. Wenn sie kleiner wär', wär' das einfacher. Dann könnte man über vieles mithören und mitreden. Bei 242 ist das schlimm, einer Regierungsfraktion anzugehören und ich habe –

---

[48] Der Bildungsgesamtplan der Bundesregierung wurde am 20. Dezember 1973 dem Bundestag zugeleitet. Vgl. BT Drs. 07/1474.

(Zwischenruf.)

nein, ich bin dafür, dass sie größer wird. Deswegen muss man das in Kauf nehmen wollen, nicht, liebend mit umfassen, was da an –

(Vereinzelter Beifall. Heiterkeit.)

muss man liebend mit umfassen, was da an in Kauf zu nehmenden Negativa dabei ist. Ich hab' viel Verständnis dafür, dass offensichtlich, das ist aus den Diskussionsbeiträgen dieser ersten halben Stunde deutlich geworden wie auch vorher schon aus dem Wunsch nach dieser Klausur, die das Selbstverständnis der Fraktion oder in diesem magischen Dreieck Fraktion – Parteivorstand – Regierung das Verständnis voneinander klären soll. Ich hab' viel Verständnis dafür, dass viele offensichtlich sich nicht voll mit Arbeit und jedenfalls nicht voll mit Verantwortung in diesem Bonner Betrieb ausgefüllt fühlen im Rahmen dieser riesenhaften Fraktion. Liegt vielleicht, einige meinen mit Arbeit schon, aber nicht voll mit Verantwortung. Ich sag' ganz offen, ich bin nicht ganz sicher, ob alle voll mit Arbeit, und will dazu eine Empfehlung aussprechen. Nach meiner Meinung hat einer, der hier das Gefühl hat, eigentlich nicht am richtigen Hebel mit zu sitzen und manches entscheiden zu wollen, was er eigentlich doch mit entscheiden möchte, aber irgendwie laufen die Dinge immer so, dass das erst post festum auf ihn zukommt. Jemand, der sich in solcher Situation fühlt, sollte nach meiner Meinung zwei Regeln für sich selber prüfen, ob er sie nicht für sich selber aufstellen will.

Die erste Regel, sich auch selber mindestens auf einem Fachgebiet, und sei es noch so eng, so zu spezialisieren und so zu informieren und im Ausschuss so zu wirken, dass kein Minister und kein Staatssekretär und keine Fraktion an ihm vorbei kann auf diesem seinem Spezialgebiet, wo er der König ist. Dringende Empfehlung, sich nicht ein Spezialgebiet auszusuchen, was so groß ist, dass es die Hälfte der deutschen Innenpolitik oder die ganze deutsche Ostpolitik umfasst, sondern sich jedenfalls ein Gebiet zu suchen, auf dem nach einem halben oder einem ganzen Jahr niemand mehr an ihm vorkommt, weil er derjenige ist, auf dessen Urteil es im Wesentlichen ankommt und nach dessen Urteil sich dann im Laufe von zwei, drei Jahren die Fraktion dann auch zu richten angewöhnen wird. Wie kommt es denn, dass ein Mann wie *Schellenberg* oder ein Mann wie Helmut *Rohde* neben anderen, die ich nicht alle noch nennen will, das die maßgebend die Sozialpolitik der Sozialdemokratischen Partei in ihrem Kopfe formen können, weil eine Bundesfraktion nach der anderen sich überzeugt hat von der Fach- und Sachkompetenz und von der Urteilskraft. Ich hätte auch zwei andere Beispiele nehmen können von zwei Genossen auf diesem Felde. Und so ist es auf vielen anderen Feldern auch und das ist die Regel 1, ein Gebiet wenigstens, vielleicht zwei oder drei, aber eines wenigstens sich zu suchen, auf dem man wirklich nicht nur arbeiten kann, sondern auch die Verantwortung für das, was insgesamt auf diesem Fachgebiet geschehen wird, tragen muss.

Und die zweite Regel, ein bisschen Zeit sich übrig zu lassen für die Informationen über die allgemeine Politik im Großen und Ganzen, die wir ja zuhause in unseren Wahlkreisen zu vertreten haben werden. Es ist ja nicht so, dass dieses Parlament an Überarbeit stirbt. Wenn ich das Jahr zähle, hat es 52 Wochen. Ich glaub', wir kommen noch nicht mal auf 26 Sitzungswochen hier in Bonn. Herzlichen Dank für die Aufmerksamkeit.

(Beifall.)

Wehner: Genossen, ich unterbreche jetzt. Es haben sich bis jetzt noch gemeldet, die also nach der Pause gleich drankommen: *Rapp*, *de With*, Bruno *Friedrich*. Ich denke, wir fangen wieder an um halb drei.

(Unterbrechung der Sitzung.)

[N. N.]⁴⁹: {…} eindeutig klar, vor den Ministerien, die das ja auch zur Stellungnahme hinausgesandt bekommen und vor den Verbänden erhalten. Nun ist ebenso offenkundig, dass dies nicht gegenüber der Gesamtfraktion vorher geschehen kann. Ich meine deswegen, dass eindeutig, ehe die Verbände es erhalten und die Ministerien, dies jeweils dem Arbeitskreisvorsitzenden und den Obleuten mitgeteilt wird, damit die dann zunächst noch ein Gespräch führen können mit dem Ministerium und auch dann befinden, ob es eine breitere Diskussion geben möge oder nicht. Es ist in der Vergangenheit wiederholt vorgekommen, dass Abgeordnete erst über Ministerien, aus denen sie stammten oder mit denen sie Verbindung hatten, Informationen erhielten, und dann ist es schwer, auch wenn Meinungsidentität besteht, ohne weiteres zu sagen, wir tragen das mit, weil es an der vorangegangenen Diskussion fehlte. Deswegen mein Vorschlag, grundsätzlich übereinzustimmen, dass deutlich vor Zusendung an die Ministerien, an die Verbände die Arbeitskreise und die Obleute informiert werden, damit dann die weitere Prozedur erledigt werden kann.

Wehner: Gibt es, es kommt jetzt Manfred *Schulte*.

Schulte: Ich bitte die Fraktion um Entschuldigung dafür, dass ich den Text, der Aufschluss über diese Dinge gibt, eben noch nicht vorliegen hatte. Ich habe ihn mir noch mal besorgen lassen, und zwar den neuen Text nach der Änderung und nach der Diskussion, über die ich berichtet habe im Kabinett, der gemeinsamen Geschäftsordnung der Bundesministerien. Dies ist allerdings etwas, was nicht jedermann jederzeit zur Hand hat und auch nicht haben muss.

Das heißt nach der Änderung vom, nach der Bekanntmachung vom 8.10.1971 jetzt wie folgt⁵⁰: Überschrift erhält folgende Fassung: Unterrichtung der Fraktionen und Abgeordneten des Bundestages sowie anderer Stellen. Da ist ein Absatz 2 in Paragraph 25 angefügt worden, ein Absatz 2 und ein Absatz 3: Sobald und soweit ein Gesetzentwurf beteiligten Fachkreisen oder Verbänden gemäß Paragraph 23 zugeleitet worden ist, ist er den Geschäftsstellen der Fraktionen des Bundestages und auf Wunsch Mitgliedern des Bundestages zur Kenntnis zu geben. Dies gilt nicht, sofern der Unterrichtung besondere Umstände entgegenstehen. In Zweifelsfällen entscheiden die beteiligten Minister oder ihre Vertreter, bei besonderer politischer Bedeutung der Bundeskanzler, ob und in welcher Form die Unterrichtung zu geschehen hat. Bei der Unterrichtung nach Absatz 1 oder 2 ist ausdrücklich darauf hinzuweisen, dass es sich um einen vom federführenden Minister und von der Bundesregierung noch nicht gebilligten unverbindlichen Referentenentwurf handelt.

Dies war nach zähem Ringen und nach einer ähnlichen Diskussion wie dieser hier das Ergebnis, das quasi ausgehandelt worden ist, und jetzt lasst mich nur noch mal eine politische Würdigung daran anschließen. Ich bitte eigentlich herzlich darum, dass wir nicht in die Richtung tendieren, erneut die Geschäftsordnung, die gemeinsame Geschäftsordnung der Bundesministerien zu ändern, denn ich muss noch einmal darauf hinweisen, da kann natürlich nicht drinstehen, den die Regierung tragenden Fraktionen mitzuteilen, sondern da können nur alle Fraktionen gleich behandelt werden. Das Thema, das

---

⁴⁹ Der Abgeordnete spricht, obgleich das Mikrofon anfangs offenbar noch nicht aktiv war und auch nicht zu hören ist, ob *Wehner* ihn namentlich aufruft. Entweder handelte es sich um Heinz *Rapp* oder Hans *de With*. Falls es sich um *de With* handelte, muss *Rapp* zuvor gesprochen haben, ohne dass dies aufgenommen worden wäre, da sich *Ehrenberg* später auf die Wortmeldung von *Rapp* bezieht.

⁵⁰ Die Gemeinsame Geschäftsordnung der Bundesministerien wurde in der Kabinettssitzung am 29. September 1971 geändert. Vgl. DIE KABINETTSPROTOKOLLE DER BUNDESREGIERUNG 1971, online. – Zum Inkrafttreten der Gemeinsamen Geschäftsordnung der Bundesministerien vgl. die Bekanntmachung des BMI vom 8. Oktober 1971; GMBl. 1971, Nr. 27, S. 483.

Fraktionssitzung 12.06.1973 **20.**

hier überdies bereits Verabredete hinaus angesprochen worden ist, was grade Hans *de With* noch mal deutlich gemacht hat, bereits vor dieser Zuleitung an Verbände, Ministerien liegen ja dann noch später, ja, die werden ja erst befragt, wenn der Referentenentwurf fertig ist, das ist eine Frage der internen Verabredung und der internen Regelung unter uns, und deshalb bitte ich darauf zu verzichten, hier in dieser Richtung einen Antrag zu stellen.

Wehner: Bruno *Friedrich*.

Friedrich: Wir reden ja vom Selbstverständnis der Fraktionen, und ich hoffe, dass ich das richtig sehe, wenn ich davon ausgehe, dass das Selbstverständnis der sozialdemokratischen Fraktion im Verhältnis zur Regierung anders ist als in einer konservativen Partei. Nun ist ja in der Entwicklung der Bundesrepublik einiges vorgeprägt worden. Wir hatten unter *Adenauer* vor allem die Verlagerung der Willensbildung in die Exekutive. Die Frage ist nun, inwieweit sich das geändert hat, seitdem die Sozialdemokraten regieren. Diese Frage wäre an Helmut *Schmidt* zu richten, der vorhin vom Willen zur gegenseitigen Beteiligung gesprochen hat. Das ist natürlich ein faires Angebot, aber kann einfach nicht mehr sein, weil doch die Chancen der Beteiligung höchst ungleich sind. Wenn ich mir also mal die drei Enquete-Kommissionen ansehe, die eingesetzt worden sind[51], und wenn ich daran denke, wenn ich aus der Bibliothek ein Buch will, und wenn es ein aktuelles Thema ist, dann heißt es, höchstens zehn Tage, dann haben Sie das zurückzugeben, dass der Abgeordnete nicht mal eine Handbibliothek hat. Und wenn ich das vergleiche mit der Tatsache, dass allein im Bund-Länder-Verhältnis 224 Kommissionen angesiedelt sind, dann ist doch hier ein Informationsvorsprung der Exekutive, den das Parlament überhaupt nie aufholen kann und der beim besten Willen – hier sind wir den vorgeprägten Informationen einfach ausgeliefert. Ich werde demnächst mal die Frage stellen, was denn sonst noch an Kommissionen da ist und das wird alles von uns, soweit es die Finanzierung angeht, beschlossen, während die Arbeitsmöglichkeit eines Abgeordneten hinter der eines Regierungsrates mit Sicherheit und der eines Amtmannes wahrscheinlich zurücksteht.

(Vereinzelter Beifall.)

Das ist also die Wirklichkeit, in der wir uns befinden und insoweit, soweit es um die Arbeitsfähigkeit geht, befindet sich dieses Parlament in einer selbstverschuldeten Unmündigkeit, für die es allein verantwortlich ist. Ich bin der Meinung, dass man diese Dinge, wenn man einmal in der ganzen Entwicklung der westlichen Demokratien sieht, wie überall die Macht der Exekutive im Wachsen ist und der Einfluss der Parlamente im Schwinden ist, dass man dies nicht allein mit einer Klausurtagung bewenden lassen kann. Hier, glaube ich, muss einmal etwas tiefer angesetzt werden, zum Beispiel halte ich es für selbstverständlich, dass nicht der Ältestenrat, sondern die Fraktion über den Einzelplan 02 diskutiert[52], bevor er in die erste Lesung geht, das heißt, dass wir so etwas wie einen Stufenplan der Parlamentsreform erörtern, um zu sehen, wie alljährlich die Arbeitsbedingungen verbessert werden können. Ich habe jedenfalls noch kein Ressort erlebt, das mit den Arbeitsbedingungen des Vorjahres zufrieden ist.

Wehner: Helmut *Rohde*.

Rohde: Genossinnen und Genossen, einer der Diskussionsredner hat eine Frage aufgeworfen, die ich sehr interessant finde, nämlich wie die Fraktion und auch insbesondere die Arbeitskreise an den etwas längerfristigen Planungen beteiligt werden, die in den

---

51 Gemeint sind die Enquete-Kommissionen Verfassungsreform, Auswärtige Kulturpolitik und Frau und Gesellschaft.
52 Einzelplan 02 umfasste den Haushalt des Bundestags.

Ministerien gemacht werden. Das ist darum eine wichtige Frage, weil das ja politisch ganz relevant ist, was denn nun aus den sich schier unbegrenzt anbietenden Problembündeln von den Ministerien oder von anderen herausgesucht wird und zum Gegenstand konkreter Planungen mit der Absicht eines späteren gesetzgeberischen Vollzugs gemacht wird. Denn das, was nachher an Gesetzen auf dem Tisch liegt, auch in den Zuordnungen zueinander, ist ja praktisch nur die Konsequenz von Überlegungen, die Monate vorher angestellt worden sind. Insofern ist das die Endstufe, nicht der Anfang eines politischen Prozesses. Für die rein formale parlamentarische Behandlung sieht es so aus, als sei der Gesetzentwurf der Anfang. Aber wenn er erst einmal da ist, weiß man, dass damit Tatsachen geschaffen sind und die können verändert werden, aber in der eigentlichen Substanz wird ein solcher Entwurf, überhaupt wenn er an die Verbände herausgegeben wird, Gegenstand der politischen Entscheidungen und Diskussionen vorher.
Und deshalb also halte ich die Frage für berechtigt, wie es denn bewerkstelligt werden kann, dass zu einem früheren Zeitpunkt die jeweils fachlich-politisch Interessierten in gezielte Planungsüberlegungen einbezogen werden. Die vollziehen sich auf drei Ebenen, in der Fraktion, in den Arbeitsgruppen sehr sporadisch, wenn ich das sagen darf, das wisst ihr genauso gut wie ich, meistens verdeckt durch die Notwendigkeiten der täglichen Politik und die Bedürfnisse der Tagesordnung. Zweitens, und da soll es schon sehr viel gründlicher sein, vollzieht es sich in den Fachausschüssen des Parteivorstandes und drittens in den verschiedenen Planungsinstitutionen der Ministerien. Es ist schon ein Problem, dass diese verschiedenen Kreise der Diskussion und Behandlung von Themen mehr oder weniger nebeneinander her arbeiten und wenn man Glück hat, wird dann einiges zueinander gefügt. Wir müssten also, ich weiß auch nicht aus dem Handgelenk das heute zu schildern, darüber nachdenken, wie wir jetzt auch die Schwerpunkte unserer Arbeit in den Fachausschüssen und in den Ministerien und in der Fraktion, soweit sie längerfristige Planungen angeht, besser aufeinander abstimmen.
Ich will ein Beispiel nennen, um deutlich zu machen, was ich meine. Wir werden in der Sozialpolitik davon auszugehen haben, dass, nachdem wir Nachholbedürfnisse im engeren System der sozialen Sicherung befriedigt haben in den letzten zwei, drei Jahren, jetzt einen neuen, sehr viel schärfer akzentuierten Schwerpunkt zu setzen haben, nämlich die ganzen Strukturveränderungen in der Arbeitswelt. Das geht vom Arbeitsschutz bis zur Mitbestimmung, von den Sozialinvestitionen am Arbeitsplatz bis hin zur Ausländerbeschäftigung und da sind schwerwiegende Konsequenzen mit verbunden, Genossen. Wenn wir die Ausländerbeschäftigung quantitativ in den Zuwachsraten eingrenzen, hat das auch Auswirkungen auf den innerdeutschen Arbeitsmarkt, auf die Art und Weise, wie Rationalisierungsprozesse in den Betrieben und regional ablaufen. Das macht eine ganze Reihe von Überlegungen erforderlich, wo wir jetzt vorausschauend schon sozial intervenieren müssen, nicht nur als Gesetzgeber, beispielsweise auch als Gewerkschaftsmitglieder in der Politik. Und jetzt sich herauszusuchen, was man denn in einer Legislaturperiode an ganz entscheidenden Schwerpunkten bewältigen muss – im Verkehrswesen heißt es beispielsweise die Organisation des öffentlichen Nahverkehrs inhaltlich und hinsichtlich der Preisgestaltung, und da Aufträge zu synchronisieren in den verschiedenen Institutionen, die entweder rein sozialdemokratisch sind oder Ministerien, auf die wir Einfluss haben, das scheint mir Aufgabe einer kleinen Gruppe zu sein, die sich aus Beteiligten der verschiedenen Bereiche zusammensetzt. Denn, Genossen, das will ich auch offen anfügen, das war ja doch eigentlich, wenn man genau zusieht, die Schwäche der Langzeitprogrammdiskussion auch in Hannover, dass hier schwer zusammengebracht worden ist, was man ein gesamtgesellschaftliches Programm nennen könnte. Wir haben ja immer nur faktenspezifisch diskutiert und gar nicht die Interdependenzwirkungen in den Griff gekriegt, nämlich klargemacht, was eigentlich passiert,

wenn wir an einer bestimmten Stelle intervenieren, welche anderen gesellschaftlichen Folgewirkungen sich daraus ergeben. Nach meinem Dafürhalten, Genossinnen und Genossen, so wichtig andere Dinge auch sind, ist das Abstimmen an dem, was man plant, woran man arbeitet und was man zum Gegenstand konkreter Politik machen will in einer mittelfristigen Periode, das Wichtigste, was man sich eigentlich im Rahmen politischen Handelns und mit Blick auf das Programm, mit dem man dann zum Wahltag antreten muss, vornehmen kann und ich würde deshalb diesen Punkt für ganz besonders wichtig halten.

Noch eine andere Anmerkung: Genossen, bei dem, was wir an wechselseitigen Konsultationsmechanismen hier einführen, bitte ich auch von mir aus, das sagen zu dürfen, ist zu bedenken, dass wir uns hier nicht zu einem frühen Zeitpunkt wechselseitig festklopfen, weder die Regierung noch die Fraktion in dem Sinne, dass man schon meint, das sei das letzte Wort noch umgekehrt. Und wir haben auch zu bedenken, Genossinnen und Genossen, dass wir mit einem Koalitionspartner zu tun haben, der grade im gesellschaftspolitischen Bereich oft ganz schwierig zu behandeln ist und wo man auch in der Form, in der man die Politik betreibt, manches bedenken muss, wenn man zum Erfolge kommen will. Deshalb würde ich beispielsweise auch begrüßen, wenn wir einmal über das Mitbestimmungsproblem, um dies nur noch aufzugreifen, hier diskutieren würden. Ich würde dann von mir aus meine Bedenken geltend machen, in dieser Zeit schon zu sagen, wenn wir nicht dies und jenes kriegen, wollen wir in dieser Legislaturperiode überhaupt keine Mitbestimmung. Wenn ich das hier sage, bedeutet das, nicht alles um jeden Preis zu akzeptieren, aber, Genossinnen und Genossen, wir haben zu bedenken, dass wir durch die Art der Auslassung, nämlich andere, was diese gar nicht wollen, was ihr erklärtes Ziel ist, dazu zu animieren, ihre Schwellenwerte so niedrig zu hängen, damit wir einen Vorwand haben, in dieser Legislaturperiode zu nichts kommen zu wollen. Ich würde es für richtiger halten zu sagen, wir haben in der letzten Legislaturperiode zustande gebracht, was dieser Koalition niemand zugetraut hat, nämlich ein Betriebsverfassungsgesetz, und wollen das mit der Mitbestimmung in dieser Legislaturperiode auch tun.

(Vereinzelter Beifall.)

Wehner: Herbert *Ehrenberg*.

Ehrenberg: Genossen, auch im Anschluss an das, was Helmut *Rohde* grade gesagt hat, bitte ich euch sehr, unseren Vorschlag der Einführung von Trenddiskussionen, von der Diskussion weit im Vorfeld wichtiger Grundsatzentscheidungen, die nicht zu vermengen, wie Heinz *Rapps* Vorschlag hingeht, mit der formalen Zuleitung von Referentenentwürfen. Das, was Manfred *Schulte* aus der gemeinsamen Geschäftsordnung vorgelesen hat, reicht für die Formalien völlig und der Obmann, der direkt für seinen Bereich aus dem Ministerium, auf das seine Gruppe zugeschnitten ist, nicht mehr herausholt, nämlich alles, was er braucht, der sitzt sowieso am falschen Platz. Wir sollten hier nicht die Formalien der Zuleitung, die Fraktion hier nicht auf eine Stufe mit Verbänden bringen, aber wir sollten lange vor dem Referentenentwurf, nämlich in dem Zeitpunkt, in dem der Minister überlegt, welche Richtlinien er für diesen Referentenentwurf gibt, die Möglichkeit zur Diskussion haben und nicht diese formale Zustellung.

(Beifall.)

Wehner: *Schweitzer*.

Schweitzer: Ich möchte den Vorschlag machen, es kommen ja jetzt eine ganze Reihe Anträge und Vorschläge, dass wir die alle sammeln, bündeln sozusagen und dann bei einer der nächsten Sitzungen hier zur Abstimmung stellen, da nur noch pro und contra sprechen, denn [sonst] kommen wir wahrscheinlich mit unserem Programm nicht ganz durch. Aber das ist noch ein Vorschlag vorab. Bei dem Tagesordnungspunkt, bei dem wir uns jetzt befinden, möchte ich nur mal Helmut *Schmidt*, der nicht mehr da ist, wie ich sehe, voll zustimmen in dem, was er gesagt hat, und in dem, was er nicht gesagt hat, will ich vielleicht von ihm abweichen

(Heiterkeit.)

und mich auch hinter die eben gemachten Vorschläge stellen, und zwar dass wir hier Trenddiskussionen durchführen. Das scheint der entscheidende Punkt zu sein, der sich herauskristallisiert, sinngemäß hat sich auch Helmut *Schmidt* geäußert. Es kann sich nur darum handeln, dass die Fraktion zu grundlegenden politischen Fragen Stellung nimmt und nicht zu Einzelheiten {…} anderer. An das hat uns ja Manfred *Schulte* erinnert, ist in der Geschäftsordnung geregelt, sollte nur mehr ausgenutzt werden. Da folge ich auch Helmut *Schmidt*, das ist in der Tat die Aufgabe der Parlamentarischen Staatssekretäre, und soweit ich das sehe, klappt das natürlich in weiten Bereichen vorzüglich. Ich kann nur sagen, etwa jetzt in dem Hochschulrahmengesetzkomplex klappt das ganz erstklassig, dass diejenigen, die in der Fraktion ja dafür bestimmt worden sind, diese Sache zu steuern, hier sehr ausführlich mit dem Ministerium sich zusammensetzen. Also das wird in anderen Fällen auch so sein.

Ich hatte aber ja zwei Punkte in meinem ersten Votum hier angeführt und möchte zu dem zweiten noch mal zurückkehren und da aufnehmen, was Helmut *Schmidt* ja auch gesagt hat. Es geht mir jedenfalls darum, dass diese Fraktion insgesamt in der Lage ist, die echte Verantwortung mit zu übernehmen, was ja ihre Aufgabe ist, und da möchte ich noch mal an meinen zweiten Punkt erinnern dürfen. Ich hatte ja gesprochen von dem Dreiecksverhältnis Fraktion – Regierung – Parteivorstand. Wir haben jetzt über das Verhältnis gesprochen Fraktion – Regierung. Da folge ich auch im Grundsätzlichen all dem, was Bruno *Friedrich* gesagt hat, und deswegen die Diskussion. Ja, aber zum Parteivorstand möchte ich noch mal zurückkommen zu dem, was ich gesagt habe und meine Bitte damit an Herbert *Wehner* verbinden, dass er mal hier diese Dinge auch im Parteivorstand zur Sprache bringt aufgrund der heutigen Aussprache, mit Willy *Brandt* noch mal bespricht, mit dem ich das auch selber schriftlich erörtert habe. Es geht meines Erachtens nicht, Genossinnen und Genossen, dass diese Fraktion sozusagen in vielen ernsten politischen Grundsatzfragen sozusagen zur nachgeordneten Behörde des Parteivorstandes wird, was Beschlussfassung, ich sag' das mal so in aller Brutalität, was Beschlussfassung über wichtige politische Fragen betrifft und was {…} Veröffentlichung. Darum geht es mir ganz entscheidend, dass hier eine gewisse Reihenfolge eingehalten wird, dass erst einmal die Regierung Vorhaben, die sie in grundsätzlicher Art hier hat, und Beschlüsse, die sie fällen will, hier zur Diskussion stellt, nicht vor dem Parteivorstand, vor dem Parteivorstand danach. Auf jeden Fall dann der Parteivorstand das nicht vor der Vorveröffentlichung, bevor wir Gelegenheit haben, hier dazu Stellung zu nehmen.

Wehner: Als Nächste Antje *Huber*.

Huber: {…} Er hat von Arbeit und von Verantwortung gesprochen. Ich glaub', alle Abgeordneten, die sich aufstellen lassen als Kandidaten, wollen hier Arbeit leisten und ich glaub', die tragen auch Verantwortung. Aber mit der Verantwortung ist es sehr komisch bestellt. Man kommt hierher und arbeitet in einer Arbeitsgruppe, aber das Material bekommt man dann, wenn es ungefähr alles schon festgezurrt ist und dann bekommt man dort die Mitteilung, dass eigentlich wenig noch zu ändern ist, zum Beispiel in der Steuerreform, und dass Koalitionsabsprachen da sind, dass Entwürfe vorliegen und man macht eigentlich so die stilistische Feinarbeit und dafür trägt man dann Verantwortung.

Fraktionssitzung 12.06.1973 **20.**

(Vereinzelter Beifall.)

Aber im Grunde, möchte ich sagen, sind wir es doch, die im Plenum die Hand hochheben müssen, sonst wird nichts Gesetz. Wenn ich mir überlege, wie das bei der Steuerreform gelaufen ist, dann hat eine Parteikommission getagt, wir haben sehr wenig darüber erfahren. Im Ministerium wurden Arbeitsgruppen damit beschäftigt, haben wir auch sehr wenig erfahren. Und es geht nicht an, dass man es darauf abstellt, dass ein Experte oder zwei Experten hier aus der Fraktion beteiligt sind, und wir haben dann das beruhigende Gefühl, dass unsere Verantwortung sich darauf stützen kann, dass zwei Experten beteiligt gewesen sind. Dies ist zu wenig.

(Vereinzelter Beifall.)

Wenn man davon ausgehen muss, dass wir ohnedies nicht alle Gebiete verfolgen können und dass eigentlich die Gruppe, die diesem Bereich zugeteilt ist oder die darin arbeitet, vorne sitzt und die Dinge verfolgt und dafür dann die Verantwortung trägt, dann ist das das Mindeste, das ich erwarte, dass diese Leute, unsere Fachleute wenigstens überall beteiligt sind. Und wir hatten letztes Mal das Schauspiel hier, dass Karl *Liedtke* angegriffen wurde wegen der Polizeizulage[53]. Er war nicht an den Koalitionsverhandlungen beteiligt, als es um die Dinge ging. Er hat nur davon Kenntnis erhalten und nachher sich loyal zu dem ohne ihn gefassten Beschluss verhalten. Das war mir doch etwas peinlich zu hören, dass solche Leute, die in unserem Kreis die Verantwortung tragen, nicht beteiligt sind. Ich meine, so kann's mit unserer Verantwortung nicht sein. So ist es auch nicht gemeint. Ich kann nicht draußen für alles hinstehen, von dem ich hier im Nachhinein erst Kenntnis erhalte, und mein Spielraum, mein echter Spielraum ist ganz, ganz, ganz gering, um es nicht noch härter auszudrücken. Hier muss ich für eine frühe Behandlung plädieren, und wir haben in der Tat oft den Eindruck gehabt, dass Verbände und Organisationen mehr Mitwirkung hatten, indem sie frühzeitig ihre Dinge darlegen konnten, als wir im Nachhinein. Dies mag alles sehr schwierig sein, und man muss in einem gewissen Loyalitätsverhältnis zur Regierung stehen, aber es muss ein Weg gefunden werden, dass wir als die Letztverantwortlichen früher beteiligt werden.

(Beifall.)

Wehner: *Schlaga.*

Schlaga: Liebe Genossinnen und Genossen, um an Antje *Huber* anzuschließen, aber auch an Bruno *Friedrich*, wir befinden uns nicht nur in einem Informationsnotstand, sondern daraus resultierend in einem ständigen, in einem permanenten Interpretationsnotstand, der von uns, und das ist sicher ein Teil unserer Belastungen und ein Teil unserer Arbeit, draußen getätigt oder getan werden muss. Und ich meine, ist es möglich, das einzuengen beziehungsweise abzubauen.

Ich möchte in diesem Zusammenhang zu einem Thema kurz Stellung nehmen, das sicher ein sehr sublimes ist. Da ich in der vorletzten Woche mich bei der Verabschiedung des Haushaltsplans Verteidigung der Stimme enthalten habe und davon auch Kenntnis genommen worden ist[54], kritisch teilweise, meine ich, dass man das in Zusammenhang bringen kann mit dem, was ich Informationsrückstand und -notstand und letztlich dann auch nachher Interpretationsnotstand nennen kann. Ich habe versucht, in den zuständigen Gremien – denn hier in der Fraktion ist ja über Verteidigungsfragen so gut wie nie

---

[53] Vgl. die SPD-Fraktionssitzung am 22. Mai 1972, SVP B, online.
[54] Es ist unklar, auf welche Abstimmung der Abgeordnete *Schlaga* sich bezieht, da der Einzelplan 14 erst am 18. Juni 1973 in zweiter Lesung debattiert wurde (BT Plenarprotokoll 07/44) und *Schlaga* für die Plenarsitzungen der letzten Maiwoche beurlaubt war (BT Plenarprotokoll 07/35, S. 2009).

gesprochen worden; eine größere Debatte ergab sich in Hannover, natürlich vor einem wesentlich anderen Publikum und es war wohl vielleicht angebracht, es an dieser Stelle dann zu unterbrechen, – hier jedenfalls wird nicht hinreichend darüber gesprochen. Es gibt beispielsweise, um von der mittelfristigen Trenddiskussion zu sprechen, im Bundesverteidigungsministerium noch nicht einmal einen Rüstungsplan oder einen Beschaffungsplan, der für uns die Möglichkeit schafft, ungefähr eine Vorstellung uns zu machen, was denn nun im Laufe der nächsten Wochen, Monate, Jahre auf uns zukommt. Dass das wiederum mit der mittelfristigen Finanzplanung zusammenhängt, das ist jedem klar. Ich denke an einige Punkte, die man von außen zugetragen bekommt, nicht etwa aus den Arbeitskreisen oder aus den Arbeitsgruppen, sondern die bekommt man manchmal unter vorgehaltener Hand von einigen Leuten des Ministeriums und muss sich dann mühsam selbst hindurcharbeiten, um schließlich dann eines Tages zu erkennen, du hast Recht oder du hast Unrecht gehabt. Aber der Zeitpunkt bis zu dieser Erkenntnis kann furchtbar, furchtbar lange sein und kann also zu spät kommen, so dass dann wieder einige Hundert Millionen oder seien es nur einige Millionen in den Sand gesetzt worden sind. Ich halte das deswegen für besonders wichtig, diesen Punkt anzusprechen, weil es eben hier um 26 Komma soundsoviel Milliarden geht und das ist schließlich der größte Etat, den wir haben und deswegen, meine ich, wird hier zu wenig darüber gesprochen, sachlich darüber gesprochen. Ich halte es nicht, und sage das hier ganz klar, nicht für fair, eine Liste aufzustellen mit Einzelplannummern und dahinter zu schreiben, soundsoviel muss abgestrichen werden, unten drunter kommen zwei Millionen und Milliarden raus, ohne dass eine Begründung vorliegt. Das halte ich nicht für gut, aber es gibt eine ganze Reihe von konkreten Fällen, ich will nur einige anführen, ob das die EDV-Anlagen sind, die da oben sind. Ich möchte darauf hinweisen, dass man im Ministerium eine EDV-Anlage eingebaut hat, die im Monat, wenn ich mich nicht irre, nahezu zwei Millionen Mark an Miete kostet, und dass die eine Auslastung hat, die pro Frage, – ich lass' mich ganz gerne berichtigen –, die dann nachher eine Auslastung hat, so dass eine Frage ungefähr 40 000 Mark kostet. Solche Dinge haben wir in den letzten Jahren erlebt. Annemarie [*Renger*], ich hab' es schriftlich hier und sehr genau vom Bundesrechnungshof überprüft vor mir liegen.

Weiterhin möchte ich darauf hinweisen, dass Beschaffungen durchgeführt werden, die von niemandem mehr zu überprüfen und in die Hand zu nehmen sind, dass beispielsweise Türme für vorgesehene Radfahrzeuge in 19 Versionen vorgelegt werden und immer noch nicht funktionieren. Ich weise auf das besondere Problem MRCA hin. Niemand sagt uns, was das kostet. In den Zeitungen steht 50 Millionen, andere sagen 43 Millionen. Das sind doch ungeheure Gelder, die auf uns zukommen. Ich weise darauf hin, dass in den jetzt genehmigten, eben erst genehmigten Fla-Panzer wiederum neue Elektroniken zusätzlich eingebaut werden sollen, von denen wir nichts wissen. Und so könnte ich also noch eine Reihe von Fragen stellen, die damit zusammenhängen und die uns dann draußen in die Situation bringen, dass wir nicht antworten können, wenn wir gefragt werden.

Aber noch ein wesentlicher Punkt in diesem Zusammenhang, der gilt allerdings der Regierung und meiner Auffassung nach sehr hart, aber auch dem Parteivorstand. In der Regierungserklärung und in anderen Veröffentlichungen steht immer nur drin, wir müssen für unsere Sicherheit besorgt sein, aber selten oder kaum sagt einer von euch, Genossen, die an der Spitze stehen, dass es sich hier konkret um 26 Komma soundsoviel Milliarden Mark handelt und das ist das Entscheidende, das wir draußen dann nachher auf Heller und Pfennig zu vertreten haben. Deswegen bitte ich und fordere ich den Fraktionsvorstand, den Parteivorstand, den Bundeskanzler auf, hier gefälligst konkrete Zahlen zu nennen, damit wir nicht nachher mehr lavieren müssen damit. Die stehen natürlich, sicher, die stehen im Haushaltsplan, aber wer liest denn schon den Haushaltsplan draußen. Hier geht es darum, dass das deutlich genug in sonstigen Äußerungen und Reden von sich gegeben wird.

Noch eins: Mit der Ostpolitik hängt MBFR zusammen. Und wenn ich richtig informiert bin, Genossinnen und Genossen, existiert zurzeit nicht einmal ein Konzept, ein halbwegs brauchbares Konzept im BMVg, wie denn – das heißt, das trifft natürlich die Gesamtregierung –, wie denn überhaupt MBFR aussehen soll. Wir fragen danach. Wir halten Vorträge draußen. Wir sprechen darüber, um eines Tages nachher den Tritt zu kriegen, ja, was hast du uns denn da erzählt. Ich will also alles in allem noch einmal anhand dieser Beispiele aufzeigen, in welchem Informationsnotstand und schließlich Interpretationsnotstand wir uns befinden, und ich bitte und ich meine, dass es möglich ist, hier Veränderungen vorzunehmen und sei es auf einer Sonderfraktionssitzung, die wir im Herbst durchführen.

Wehner: Peter *Conradi*.

Conradi: Die politische Hierarchie vom Genossen *Schweitzer* soll hier nicht unwidersprochen bleiben, weil da Äpfel und Birnen durcheinander gewürfelt werden. Es kann ja wohl nicht so sein, dass die Bundesregierung anfängt, dann kommt die Bundestagsfraktion, dann irgendwann der Parteivorstand und dann die Partei. Das sind zweierlei Dinge. Die Partei, ihr Vorstand und ihr Parteitag, die werden weiterhin sagen, was sein soll und die Bundesregierung und die Fraktion werden machen, was möglich ist. Und mit dem Widerspruch musst du eben, Genosse *Schweitzer*, leben, muss jeder von uns leben, muss dann draußen dafür grade stehen, für das, was geht, gegenüber denen, die uns sagen, was sein soll. Aber das geht ja wohl nicht, dass die Bundesregierung dem Parteivorstand hier vorgeschaltet würde, das heißt dass der Parteivorstand sich an dem zu orientieren hätte, was die FDP in der Koalition noch zulässt. In der Frage der Trenddiskussionen meine ich, dass wir nicht darum herumkommen, von Zeit zu Zeit Fraktionsklausuren zu machen, möglichst an einem Montag einer Sitzungswoche, über langfristige Themen. Ich empfinde es als einen schweren Mangel –

(Zwischenruf.)

ein Montag einer Sitzungswoche! –

(Zwischenruf.)

an einem Montag einer Sitzungswoche hier eine Klausur. Ich empfinde es als einen schwerwiegenden Mangel, dass wir auf den Parteitag Delegierte hier entsenden und mit den kontroversen Themen dieses Parteitags uns hier überhaupt nicht befassen. Wenn die Diskussion über Vermögensbildung hier nicht stattfindet in der Fraktion, dann findet sie eben woanders statt. Gilt auch für andere kontroverse Themen auf dem Parteitag. Da kann man als Fraktion nicht hingehen und sagen, wir hören uns mal an, was die dazu zu sagen haben. Da muss man sich vorher mit befassen. Das gleiche gilt für die stabilitätspolitische Diskussion. Da hat es ja hier einen Ansatz gegeben mit Klaus Dieter *Arndt* und Helmut *Schmidt* und bevor dann dieses Gespräch richtig zum Gehen kam, denn da hätte man zwei, drei Stunden mal hart miteinander drüber reden müssen, was denn die nächsten Schritte sein können, wo wir da landen, bevor das Gespräch in Gang kam, kam dann die Frage, fangen wir bei 20 oder bei 24 oder 36 000 Mark an, das heißt, waren wir wieder in der Tagesroutine drin und nicht in der Lage, diese Frage hier mal so und ohne Zeitdruck zu diskutieren, dass man weiß, was führt denn über Stabilitätspaket Mai 1973 hinaus, wo werden wir denn landen. Deswegen klare Forderung: Wir brauchen drei-, vier-, fünfmal im Jahr Klausuren zu wichtigen langfristigen Themen.

Die andere Frage, die ich anschneiden möchte, betrifft das Verhältnis Arbeitsgruppe und Fraktion. Die bisherige kurze Erfahrung hier sagt mir, dass kontroverse Themen hier reinkommen, etwa nach der zweiten Lesung, dann wenn nichts mehr geändert werden kann. Musterbeispiel war diese Auseinandersetzung zwischen den Sozialpolitikern und *Arendt*. Da kam ich mir hier veralbert vor, dass wir hier eine Stunde über eine Sache diskutieren und am Schluss wird festgestellt, wir können gar nichts ändern, die Ausschussvorlage ist fertig, in 24 Stunden sitzen wir im Plenum und stimmen darüber ab. Das halte ich für einen Unfug, dass Differenzen zwischen der Arbeitsgruppe und dem Ministerium oder in der Arbeitsgruppe zu einem Zeitpunkt in die Fraktion kommen, wo nichts mehr zu machen ist. Und deswegen sollte festgehalten werden, dass Minderheiten in einer Arbeitsgruppe oder auch ein Ministerium, was der Meinung ist, es läuft nicht so, wie wir es haben wollen, das hier in der Fraktion anbringen können zu dem Zeitpunkt, wo noch was gemacht werden kann, das heißt lange, bevor die zweite Lesung im Parlament dann ansteht. Das heißt wir sollten eigentlich einen Tagesordnungspunkt haben: »Aktuelles aus den Arbeitsgruppen« nach der Information, wo eine Arbeitsgruppenminderheit antreten kann und sagen kann, wir stehen zurzeit in der Frage und da möchten wir euer Votum dazu haben. Sonst kommen wir immer dazu, dass wir hier erst nachklappen können, wenn die eigentlichen Entscheidungen gefallen sind.

Schließlich zum Verfahren: Es sieht ja so aus, dass wir heute hier nicht abstimmen können über bestimmte Vorlagen. Ich meine, es genügt aber auch nicht, dass wir sagen, im Herbst wollen wir das alle mal wiedersehen, sondern wir sollten hier vier oder fünf Genossen, Genossinnen und Genossen damit beauftragen, alles, was heute hier vorgebracht wird, in abstimmungsfähiger Form zusammenzubringen als eine Vorlage, die auf der ersten oder zweiten Fraktionssitzung nach der Sommerpause dann hier mit Abstimmungen behandelt und beschlossen wird, so dass wir für die Fraktionsarbeit dann auch Beschlüsse haben. Denn es wäre wohl zu wenig, wenn wir heute alle hier wären und würden nur drüber reden und dann nicht irgendwann einen Knopf dran machen.

Wehner: Norbert *Gansel*.

Gansel: Genossinnen und Genossen, wenn man sich die Fraktionssitzungen anschaut, und ich habe mir das Vergnügen gemacht, seitdem ich hier bin, an jeder Sitzung teilzunehmen und hab' jetzt das Problem,

(Unruhe.)

ja, ich werde sagen, warum ich das extra sage, ich habe jetzt das Problem, mir zu überlegen, ob ich das in Zukunft verantworten kann, weiter an jeder Sitzung teilzunehmen. Bitte, bevor ihr ungeduldig reagiert, hört euch an warum.

In den Fraktionssitzungen erhalten wir keine Information, die wir auch nicht in der Presse lesen könnten. Begründung: In den Fraktionssitzungen kann man nichts Vertrauliches behandeln, weil ja doch alles nach draußen geht. In den Fraktionen selbst werden keine politischen Entscheidungen getroffen. Soweit wie ich mich entsinnen kann, hat es hier noch nie eine Abstimmung gegeben, die wirklich kontrovers war, wo es darum ging, dabei zu sein, um mit abstimmen zu können, um mit zu entscheiden, obwohl es viele Dinge gibt in der Fraktion, die durchaus kontrovers wären und hier entschieden werden könnten. Dann ist also die Frage, wenn ich dort keine Informationen kriege, sondern mich lieber an Journalisten halte oder an Leute aus den Ministerien, wenn ich dort auch nicht an Entscheidungen mitwirken kann, sondern das kann ich allenfalls über informelle Kanäle oder in einzelnen Arbeitsgruppen, wenn ich mal Glück habe, dass ich grade zu der richtigen Frage im richtigen Zeitpunkt da reinkomme, was soll ich dann überhaupt hier. Und ich glaube, viele von uns stellen sich die Frage und haben sie auch beantwortet. Das kann man doch einfach daran ablesen, wie schlecht die Fraktionssit-

Fraktionssitzung 12.06.1973 **20.**

zungen besucht sind, wie schnell der Besuch abbröckelt. Ich hab' mir das Vergnügen auch immer gemacht, bis zum Schluss hier zu sein, und wir waren zum Schluss doch nur manchmal 50, 80 Mann von 242 und das ist doch kein Zufall. Man muss sich doch fragen, was bewegt die Genossen wegzugehen? Doch offensichtlich die Vorstellung, wir haben anderswo etwas Wichtigeres zu tun als in einer Fraktionssitzung.

Und das hängt nun zusammen mit dem Problem der Arbeit, das von Helmut *Schmidt* angesprochen worden ist. Ich hab' das Gefühl, dass ich furchtbar viel arbeite, aber dass furchtbar wenig dabei herauskommt. Woran liegt das? Wenn ich mir meine Wochenroutine in den Sitzungswochen anschaue, dann sieht das so aus, um nur den Dienstag und den Mittwoch zu nehmen, dass ich am Dienstagmorgen in Kiel um halb sechs oder um fünf Uhr weg muss. Dann bin ich um zehn Uhr hier. Dann stürze ich unvorbereitet in die Arbeitsgruppe hinein, danach fast genauso unvorbereitet in den Arbeitskreis. Das geht dann durch bis zu der Fraktionssitzung. Da weiß ich natürlich nicht, was passiert, sondern merke das erst, wenn ich draußen aus dem Postfach die Tagesordnung heraushole. Die hat man ja auch meist erst um halb drei. Dann übersteht man die Fraktionssitzung, liest dabei seine Post, dann kommt am Abend der Arbeitskreis Recht. Dann hab' ich an dem ganzen Dienstag von morgens um zehn bis abends um zehn ununterbrochen zwölf Stunden Sitzung, hab' dabei kaum eine wichtige Information erhalten und habe nicht das Gefühl, irgendeine Sache mitentschieden zu haben. Dann hab' ich noch kein einziges Telefongespräch geführt, noch keinen einzigen Brief geschrieben und dann frage ich mich doch wirklich, wann muss ich alle diese Sachen tun, die wichtig sind ja allein schon für die Wahlkreisarbeit? Da bleibt mir dann auch nicht der Mittwoch, denn da ist der Ausschuss und da ist nachmittags wahrscheinlich noch mal ein Arbeitskreis und dann wahrscheinlich das Plenum. Das heißt man geht nicht zu der Plenumssitzung, sondern setzt sich in sein Büro oder man gehört zu den Schwachköpfen, die treu und brav in jede Plenumssitzung hineinlaufen, weil sie meinen, vor allen Dingen, wenn Sitzungen übertragen,

(Unruhe.)

vor allen Dingen, wenn Sitzungen übertragen werden vom Fernsehen, dass es eine Blamage für die Partei ist, wenn sie dort nur mit 20 oder mit 25 Mann vertreten ist. Lasst mich das so deutlich sagen! Ich halt' das in der Tat, auf Deutsch gesagt, für eine Sauerei, wenn bei einer Diskussion über den Grundvertrag oder über den UNO-Beitritt von unserer Fraktion nur 15 oder 20 Leute da sind. Da muss man sich doch fragen, woran liegt das. Das liegt daran, dass das Plenum nicht ernst genommen wird. Es gibt viele Gründe dafür. Woran liegt das, dass die Fraktionssitzungen so schlecht besucht sind und dass die Disziplin meist so schlecht ist? Hier hinten hört man ja oft gar nicht das, was vorne gesagt wird, vor allen Dingen dann, wenn Onkel Herbert bei wichtigen Sachen noch immer ein Stückchen weiter vom Mikrofon zurückrückt. Woran liegt das, dass auch die Arbeitskreise und die Arbeitsgruppen nicht vollzählig besetzt sind? Das liegt doch daran, dass niemand das wirklich für ernst nimmt, sondern dass man meint, dass die Arbeiten im Büro für den Wahlkreis, die Post, die Telefonate, die informellen Kontakte mit den Ministerien, die Arbeitsgruppen, die außerhalb des Fraktionssystems existieren, wichtiger sind. Und nehmt mir das nicht übel, aber was soll man von einem System halten, das im Grunde genommen davon lebt, dass es sich nicht ernst nimmt? Da kann man offenbar nicht sehr viel von halten, und ich meine, dass also diese kurzen Bemerkungen gezeigt haben, wenn man es für ernst nimmt, wenn man treu und brav seine Sitzungen abreißt, wenn man ins Plenum geht, wenn man zu den Arbeitsgruppen, Arbeitskreisen und zur Fraktion geht, verdammt noch mal, wann soll man dann endlich zu der Arbeit kommen, bei der man sich zu dem begehrten Fachidioten ausbilden kann, den Helmut

169

Schmidt als so vorbildlich dargestellt hat? Das ist eine Frage, die ich also unbeantwortet lassen möchte und ganz provokativ stellen möchte. Wahrscheinlich werden die alten Hasen sagen, warte mal ab, in zwei Jahren wirst du schon merken, was wichtig ist. Ich frage mich nur, was mach' ich in den zwei Jahren bis dahin?
(Heiterkeit. Beifall.)

Wehner: Werner *Staak*.

Staak: Weißt du, Norbert, Fachidioten wollen wir alle nicht werden, und ich bin der Meinung, dass wir das nur draußen sind. Hier in der Fraktion sind wir die grauen Mäuse, die die Arbeit machen müssen, und wie wir das am besten aufziehen, das ist allerdings ein Punkt, über den man mehr als bisher reden muss. In der vergangenen Periode, ich habe das seit Mai '70 mitgemacht, war es so, dass wir dazu nicht einmal Zeit hatten, sondern pausenlos darüber nachdenken mussten, wie wir dieses Schiff durch die Klippen durchbringen. Ich sehe ein, dass wir heute mehr Vorlauf haben, und dazu wollte ich mich hier auch äußern. Ich halte es auch für unbefriedigend, dass wir so spät informiert werden über das, was an konkreten Gesetzeswerken entsteht, und dass wir aber, und hier liegt der Bruch, den wir draußen auch nicht erklären können. Wir haben im Wahlkampf uns hingestellt in jeder Versammlung, vor jeder Bevölkerungsgruppe, in den Betrieben und haben zu allen Themen verbindlich Auskunft gegeben. Wir haben gesagt, so werden wir das machen, weil das unser Wahlprogramm war. Die gleichen Leute, die uns jetzt abfragen und fordern, stellen fest, dass wir zu immer weniger Themen immer weniger verbindlich sind, und dieses Loch, diese Informationslücke zu füllen, ist unser Problem und ich wollte diesen Aspekt, den wir als Übersetzer haben, von hier nach draußen in die Betriebe hinein, in die Wohnbezirke hinein, noch einmal kurz unterstreichen, weil ich meine, wir müssen das hier zusammen schreiben und das Wesentliche herausdestillieren. Es geht nicht, wie der Genosse *Rappe* hier gesagt hat, dass wir all die Vorlagen bekommen. Dann werden wir in Papier ersaufen und werden zu noch weniger Arbeit kommen und der *Gansel* kommt überhaupt nicht mehr hier[her], der Norbert.

Wir haben zurzeit festgestellt bei den Besuchergruppen, dass uns in den Versammlungen, dass Informationslücken spürbar sind, wann die Steuerreform zum Beispiel durchkommt, wann Mitbestimmung, wann kommt {...} Wohnungskonzeption und vieles mehr und die Ursache liegt, wie wir wissen, darin, dass die Regierung an diesen Konzepten arbeitet und damit zurzeit auch unsere drängenden Fragen abwehrt, zumindest ist das in meinem Bereich so. Diesen Vorlauf, den die Regierung hier braucht, der muss aber von uns getragen werden, und wir können diese Politik zurzeit nicht mobilisieren.

Wir haben dann noch einen zweiten Zwang, den wir erledigen müssen. Das ist, dass wir zwischen den Bundesparteitagen überall immer mehr Landesparteitage oder Bezirksparteitage haben, dass hier die Diskussion in den Parteigliederungen weitergeht und weit über das hinausgeht, was wir uns für diese Periode vorgenommen haben, und wir müssen dort sogar noch mitmachen, weil wir über die konkreten Fortschritte in der Gesetzgebungsarbeit der Regierung nicht schon im frühen Stadium unterrichtet werden. Der Erfolg ist, dass wir alle freischwebend ohne Netz wie ein Clown auf diesem Seil herumtanzen und versuchen, möglichst vielen zu gefallen. Das ist unerträglich, deshalb brauchen wir Schwerpunktinformationen, die politisch aufgemacht werden aus den Referentenvorlagen anhand der Schwerpunkte, die der Bundesparteitag vorgegeben hat. Dann scheint es mir nicht dazu zu kommen, dass wir draußen immer weniger sagen können, obgleich wir viel Verantwortung haben.

(Vereinzelter Beifall.)

Wehner: Werner *Buchstaller*.

Fraktionssitzung 12.06.1973 **20.**

Buchstaller: Genossinnen und Genossen, bevor man sich darüber unterhalten kann, was besser gemacht werden muss, weil es bemängelt werden muss, muss man doch davon ausgehen, ob die Einrichtungen, wie wir sie uns geschaffen haben, heute schon so genutzt werden, dass das Bestmöglichste dabei herausgeholt werden kann. Jede Arbeitsgruppe, und ich bin der Meinung, dass die Zusammenarbeit zwischen Bundesregierung und Bundestagsfraktion ja nicht zu sehen ist in der Form, dass hier die Bundesregierung steht und hier die Bundestagsfraktion, sondern hauptsächlich fundiert ist auf Zusammenarbeit der Arbeitskreise, der Arbeitsgruppen mit den einzelnen Ressortministern. Hier hat jede Arbeitsgruppe die Möglichkeit, den Ressortminister oder den Parlamentarischen Staatssekretär zu jeder Gelegenheit aufzufordern, Bericht zu erstatten. Er muss sich nur Zeit dazu nehmen. Jede Arbeitsgruppe hat die Möglichkeit, wenn sie es glaubt oder Mitglieder der Arbeitsgruppe glauben, es müsste auch im Arbeitskreis behandelt werden, es beim Arbeitskreis zu beantragen zu einer ausführlichen Arbeitskreissitzung. Und jeder Arbeitskreis hat die Möglichkeit, beim Fraktionsvorstand zu beantragen, darüber soll einmal die Gesamtfraktion ausführlich diskutieren. Bevor doch nicht die heute schon gegebenen Möglichkeiten ausgenutzt sind – und sie werden offensichtlich zwischen den Arbeitsgruppen sehr unterschiedlich ausgenutzt – kann man doch nicht von vornherein nach völlig neuen Wegen und Möglichkeiten suchen, bevor man überhaupt nicht feststellen kann, ob sich das, was heute schon möglich ist, tatsächlich bewährt hat.

Aus diesem Grunde möchte ich wieder zurückkommen auf das, was Helmut *Schmidt* gesagt hat. Lasst uns doch die heute schon bestehenden Möglichkeiten voll und ganz ausschöpfen. Allerdings bin ich dabei der Meinung {...} Helmut *Schmidt* zwar unterstellt, aber dem kann ich nicht zustimmen, dass dazu notwendig ist, dass die Parlamentarischen Staatssekretäre sich endlich darauf besinnen, dass sie Parlamentarische Staatssekretäre sind und nicht Teil der Exekutive. Sie haben nicht immer nur in den Arbeitskreisen und den Arbeitsgruppen sozusagen als Vertreter der Exekutive den Standpunkt des Ressortministers zu vertreten, sondern sie haben auch den Versuch zu unternehmen, Vorstellungen der Arbeitsgruppen und der Arbeitskreise in den Verständnisbereich des Ministers einbeziehen zu lassen. Ich bin jedenfalls der Meinung, wenn wir diesen Tagesordnungspunkt 1 abschließend behandeln wollen, dann muss genau untersucht werden, warum die heutigen Möglichkeiten noch nicht ausreichend sind und welche zusätzlichen Möglichkeiten die Fraktion sich deshalb schaffen will.

Wehner: Peter *Reuschenbach*.

Reuschenbach: Die Diskussion in den letzten vier Stunden ist ja ziemlich einheitlich im Trend und in der Zielsetzung und mit Ausnahme des Letzten waren doch wirklich alle der Auffassung, dass es ganz vernünftig wär', das ein und das andere zu tun. Ich möchte aber dem Genossen *Schweitzer* widersprechen mit dem Hinweis oder mit dem Vorschlag, nun möge man das alles mal heute bei einer hübschen Diskussion lassen und nach den Ferien auf das ganze Thema erneut zurückkommen. Ich denke, dass es eine Reihe von Punkten gibt, in denen hier jedenfalls keine unterschiedlichen oder gegensätzlichen Meinungen dargelegt worden sind, und wenn ich mich auf das Papier von *Brück* und anderen beziehe, dann ist das der Punkt 1, dann ist das der Punkt 3, dann ist das der Punkt 4 letzter Satz, Information über Beratungsergebnisse des Fraktionsvorstandes, soweit sie in der Tagesordnung der Fraktionssitzung nicht erscheinen, und der Punkt 8, künftige Behandlung der Parteitagsbeschlüsse und dazu würde noch die Anregung von Peter *Conradi* gehören nach meinem Empfinden, Tagesordnungspunkt, so ähnlich jedenfalls, Aktuelles aus den Arbeitsgemeinschaften. Ich sehe nicht, dass es hier kontroverse Meinungen gibt, und plädiere deshalb dafür, die Verabredung über dieses nicht zu verschieben. Wenn bis zum September dem einen oder dem anderen noch etwas Neues und Gutes einfällt, kann er das ja erneut wieder vortragen oder einige tun sich wieder zusammen zu gegebener Zeit. Aber das Erfolgserlebnis, das ja bei Norbert *Gansel*s Bemerkungen auch eine Rolle spielte, könnte doch mit einer Beschlussfassung oder einer Verabredung mindestens in einigen Punkten jedenfalls schon einmal teilweise befriedigt werden.

(Vereinzelter Beifall.)

Wehner: Alex *Möller*.

Möller: Genossinnen und Genossen, im Gegensatz zu Norbert *Gansel* bin ich der Meinung, dass wir zu wenig Zeit haben, um die Arbeiten so gründlich hier in der Bundestagsfraktion durchzuführen, wie das aus übergeordneten politischen Gründen erforderlich ist. Dabei würde ich unterscheiden zwischen der aktuellen Arbeit, die sich in Arbeitsgruppe, Arbeitskreis, Fraktionsvorstand und Fraktion entwickelt und würde dabei alle Anregungen aufgreifen, die hier zur Intensivierung der Verantwortung auf den verschiedenen Ebenen gemacht worden sind, und ich würde unterscheiden zwischen den Schwerpunktprojekten oder der mittelfristigen Trenddiskussion, also mit der Politik anfangen, die sich über eine Legislaturperiode hinaus zu entwickeln hat. Wir gehen manchmal unter in der Alltagsarbeit, in der Arbeit um aktuelle Fragen, die von besonderer Bedeutung sind, und ich kann aus Erfahrung feststellen, dass zum Beispiel eine intensive Diskussion, sagen wir über Haushaltsprobleme, im Arbeitskreis III und V bei einer Beteiligung von 80 oder 90 Genossinnen und Genossen und einer gründlichen Sachaussprache die Konsequenz hat, dass dieses Thema in der Fraktion nicht mehr ankommt. Das bedeutet, dass wir uns alle viel zu sehr einseitig für Fachgebiete binden und interessieren und nicht das notwendige Interesse auch für andere Fachgebiete aufbringen. Das gilt für Arbeitskreise. Das gilt für die Fraktion. Das gilt in hervorragendem Maße für das Plenum und da, meine ich, muss also jeder an die eigene Brust schlagen und sich überlegen, was er hier noch zur Intensivierung der Arbeit tun kann. Und wer sich einmal in die Diskussion oder wer sich einmal die Diskussion im Bundestag angehört hat über das Ehescheidungsrecht, ein Gebiet, das mir aus naheliegenden Gründen fernliegt, der wird bestimmt sagen müssen, er ist nicht dümmer geworden. Und wenn man daran denkt, dass man ja draußen den Genossinnen und Genossen und auch andern Rede und Antwort stehen muss zu diesem und anderen Problemen, dann müsste es eigentlich sich ganz von selbst verstehen, dass man sich am stärksten auch im Plenum um die Probleme und Gesetze kümmert, von denen man glaubt, nicht selbst genügend zu wissen. Und da muss ich also auch sagen, ist die Beteiligung kümmerlich, und Norbert [*Gansel*], wenn du beispielsweise an dem Tag, wo darüber verhandelt wurde, im Plenum gewesen wärst, dann wärst du sicherlich in diesen Stunden nicht zu dem Ergebnis gekommen, dass du heute als deine generelle Erfahrung hier vorträgst.

Im Übrigen habe ich festgestellt, dass jeder, der sich in der Fraktion verantwortlich mit Arbeiten der Fraktion beschäftigen will, auch ein entsprechendes Betätigungsfeld erhält, ein Betätigungsfeld, das ihn selbst in seiner Arbeit befriedigt. Die Genossinnen und Genossen aus Baden-Württemberg, die neu in den Bundestag gekommen sind, werden mir bestätigen können, dass wir dafür gesorgt haben, dass sie ihren Neigungen entsprechend ein Betätigungsfeld gefunden haben, und sie sind durchaus nicht so unzufrieden, wie du das hier eben dokumentiert hast. Du hast doch gesagt, hier werden keine Themen ausdiskutiert unter den verschiedenen Gesichtspunkten.

(Unruhe.)

Ich glaube, das kann man nicht sagen, wenn man beispielsweise an die verschiedenen Streitfragen in der Rentenversicherung denkt, an die Frage der automatischen Anpassung der Renten oder der Anpassung der Renten durch Gesetz. Das war doch eine ganz entscheidend wichtige Frage, die hier in der Diskussion, die hier in der Fraktion ausdiskutiert wurde, und da stand eben der zuständige Arbeitskreis dem Arbeitsminister gegenüber und ich finde, das war eine Frage von großer Bedeutung.[55]

Oder denk' an den 218, nicht wahr. Auch das und das alles, was jetzt aus dem Justizbereich neu auf uns zukommt, sind doch Fragen von hoher gesellschaftspolitischer Bedeutung, bei denen es sich durchaus lohnt, hier in Diskussionen der Arbeitskreise und in den Diskussionen mit den Fachleuten den richtigen Weg zu finden. Das gilt auch für das ganze Steuerproblem. Ich halte die Frage, die jetzt im Vermittlungsausschuss so zu Ende diskutiert wurde, wie wir das in der vergangenen Woche zur Kenntnis nehmen konnten, die Verbindung Grundsteuer und Vermögensteuer für eine Frage von hoher politischer Bedeutung, und ich weiss noch nicht, wie hier eine Verständigung zustande kommt und wie hier vermieden wird, dass überhaupt eine neue Art des Regierens durch diese Betätigung des Vermittlungsausschusses aufkommt oder gar akzeptiert wird, dass alle Länder zusammen mit der Opposition des Bundestags Gesetze beschließen, die überhaupt im Bundestag in den Fachausschüssen oder im Plenum noch nicht ausdiskutiert worden sind. Fragen von ganz besonderer Bedeutung, mit denen wir uns eben beschäftigen müssen.

Oder wenn ihr sagt, wir könnten draußen den Genossinnen und Genossen nichts mehr vortragen über das, was wir nun im Laufe der Monate erarbeitet haben, so darf ich nur darauf hinweisen, dass eben nicht in einigen Monaten so viel Arbeit geleistet werden kann, dass man das gravierend draußen vertreten könnte, aber wenn wir diese Woche vor allen Dingen den Donnerstag gut überstehen, dann haben wir doch eine Novellierung der Kartellgesetzgebung durchgebracht, wie das seit vielen, vielen Jahren allen von uns völlig unmöglich erschienen ist, und die Frage der Aufhebung der Preisbindung der zweiten Hand ist doch wirklich eine Frage von großer politischer Bedeutung gewesen, die überall im Wahlkampf akzeptiert wurde und bei der es uns genauso ging wie beim Betriebsverfassungsgesetz, nämlich dass wir nicht geglaubt haben, noch vor den Sommerferien eine solche Gesetzgebung zum Kartellgesetz durchbringen zu können.

Ich glaube also, dass wir auch hier etwas vorzuweisen und etwas aufzuweisen haben. Ich möchte sagen, dass von meiner Warte aus gesehen eigentlich die wertvollsten Informationen in der Obleutebesprechung entstehen. Man kann sich eigentlich nur ein Bild über das Wirken der Fraktion, über Schwierigkeiten in der Koalition, über Schwierigkeiten im Verhältnis Koalition zur Opposition machen, wenn man an diesen Obleutebesprechungen teilnimmt und mal anhört, was die Obleute aus ihren Fachbereichen berichten. Dann zeigt sich auch ein großer politischer Spannungsbogen, der sehr viel größer ist, als der anzunehmen geneigt sein dürfte, der an solchen Besprechungen nicht teilnimmt. Wenn man also diese Besprechungen auch einem interessierten Teil der Fraktionskollegen mit eröffnen würde, wenn man ihnen zugestehen würde, an diesen Sitzungen mit teilzunehmen, dann würden sie ganz sicher einen anderen politischen Spannungsbogen erhalten, als das heute bei vielen aus verständlichen Gründen der Fall ist. Ich kann das auch von mir selbst sagen, dass ich von dem Tage ab, an dem ich an den Obleutebesprechungen teilnehmen konnte, ein ganz anderes Gesichtsfeld für die politischen Operationen unserer Fraktion erhalten habe, als das bis dahin der Fall war. Und nun noch ein –
(Zwischenruf.)
bitte? Ich habe ja diese Frage mal gestellt, ob das nicht möglich wäre, unter Beteiligung der interessierten Genossinnen und Genossen der Fraktion diese Obleutebesprechung

---

55 Vgl. die Fraktionssitzung am 15. Mai 1973, SVP E, online.

abzuhalten, weil das für mich persönlich die beste Informationsquelle ist über den großen Aktionsradius, über den wir politisch in der Fraktion verfügen.
Und nun noch ein letztes Wort. Ich bin persönlich der Meinung, dass uns zwei Dinge fehlen: Eine Verbindungsstelle zu Europa. Alles, was in den Begründungen in den Vorlagen gesagt worden ist zu diesem Thema, kann ich nur aus meiner eigenen Erfahrung unterstreichen. Es vollzieht sich hier auf diesem Feld Europa manches, was sich sehr nachteilig für unsere bestehenden Gesetze und für die Weiterentwicklung der Gesetze auswirken könnte, und deswegen müssten wir in einer ständigen Verbindung bleiben mit dieser Europagesetzgebung und das kann nur durch eine Informationsstelle geschehen, die uns dann laufend über wichtige Vorhaben unterrichtet. Das ist der eine Punkt und der zweite Punkt, den ich für bedeutungsvoll halte, ist eine Verbindungsstelle, die sehr intensiver arbeiten muss, als das bisher durch lose Fühlungnahme der Fall sein konnte mit den Landtagsfraktionen. Und zwar ist jede Landtagsfraktion umso bedeutungsvoller, je eher sie sich einem Landtagswahlkampf nähert und es ist eine Unterscheidung zu machen zwischen den Ländern, in denen wir uns in Opposition befinden, wo die Informationen also höchst mangelhaft sind für eine Auswertung dessen, was bundespolitisch auch für diese Länder gemacht wird. Und etwas einfacher ist es bei den Ländern, die auch eine sozialdemokratische Führung haben. Wir müssen das nach meiner Meinung nicht nur tun im Hinblick auf die Bedeutung der kommenden Landtags[wahl]kämpfe, sondern wir müssen es auch deswegen tun, um diesen Ländern das notwendige Material über Ergebnisse unserer Arbeit in den verschiedenen Fachgebieten zur Verfügung zu stellen, die einfach erforderlich sind, damit die Länder auch draußen die von der Bundestagsfraktion und von der Koalition vertretene und durchgeführte Politik verstehen lernen und da müssen wir ihnen das Material aus jedem Fachressort zur Verfügung stellen, das einfach zur Beurteilung der Lage erforderlich ist. Das bedeutet also, dass wir nach meiner Meinung uns dazu durchringen müssten, uns sowohl in der Fraktion eine Verbindungsstelle zwischen Fraktion und der Europaarbeit zu leisten, als auch eine Verbindungsstelle, die die Landtagsfraktionen und insbesondere die nicht sozialdemokratisch regierten Länder mit all dem Bundesmaterial versorgen, das notwendig ist, damit unsere Landtagsfraktionen draußen aktionsfähiger werden, als das bisher der Fall war.

Wehner: Genossen, ich wollte nur aufgrund eines Zwischenrufs oder einer Zwischenfrage sagen, es ist noch niemals ein Mitglied unserer Fraktion gebeten worden, aus einer Obleutesitzung herauszugehen, wenn es an ihr teilnehmen wollte, und es kann keine andere gegeben haben als die, die ich geleitet habe. Und einige Male haben wir uns gefreut, dass andere Genossen auch da waren. Das nur nebenbei. Das Wort hat *Waltemathe*.

Waltemathe: Genossinnen und Genossen, so interessant ich gerade auch als Neuling diese Diskussion empfinde, so habe ich doch langsam das Gefühl, dass die Aufmerksamkeit nachlässt und zum andern schon zur sehr Vieles zu dem Punkt 1 der Tagesordnung, bei dem wir immer noch sind, gesagt worden ist, wo es ja ging um das Selbstverständnis dieser Fraktion. Es sind hier einige konkrete Vorschläge gemacht worden, die vielleicht abstimmungsreif sind, Einsatz einer Projektgruppe, die unmittelbar nach der Sommerpause abstimmungsreife Vorlagen vorlegt, und ich meine, darüber könnten wir jetzt befinden und uns dann den nächsten Punkten auf unserer Tagesordnung zuwenden. Ich würde deshalb beantragen, dass wir mit dieser Debatte zu Punkt 1 jetzt Schluss machen.

Wehner: Wünscht jemand gegen diesen Antrag zu sprechen? Da ist eine Wortmeldung. Eine Wortmeldung, *Schwabe*.

Schwabe: Mir liegt nicht so sehr daran, dass dieser Wunsch jetzt erfüllt wird, aber ich möchte nur in aller Bescheidenheit sagen, ich gehöre zu denen, vielleicht gibt es mehr, die mit großer Spannung diese Aussprache erwartet haben, die geduldig alles angehört haben und ihrerseits vielleicht auch ein Wort aus bescheidenster Erfahrung dazugeben wollten. Aber wenn man meint, es wär' jetzt genug, gehen wir zum nächsten Punkt, da gibt's auch noch was. Ich will also nicht unterbrechen, ich will nur sagen, man soll nicht immer taktisch vorgehend Schluss der Debatte hervorrufen wollen, sondern man soll erst mal hören, wie viel noch gemeldet sind.

Wehner: Ich lasse abstimmen, ob Schluss der Debatte. Wer dafür ist, bitte ich ums Handzeichen. Danke. Gegenteilige Meinungen. Ist wohl die Mehrheit. Weitere Wortmeldungen liegen hier nicht vor.

(Heiterkeit.)

Rapp.

Schwabe: Verzeihung, ich habe mich zu Wort gemeldet.

Wehner: Ja, du hast es gerade gehabt. Du kriegst es dann wieder, wenn du [dich] wieder gemeldet hast. *Rapp*!

Rapp (Göppingen): Entschuldigung, ich hatte mich auch zu Wort gemeldet, und zwar vorher. Ich meine, dass man natürlich tun sollte, was *Ehrenberg* und andere unter dem Stichwort mittelfristige Trenddiskussion gefordert haben. Ich hab' das vorher ausdrücklich gesagt, als du möglicherweise nicht im Raum warst, aber man sollte das andere, meine ich, nicht lassen, sondern auch tun. Wir sollten das Angebot, das in der Geschäftsordnung der Bundesregierung uns vorliegt und von dem ich jetzt das erste Mal Kenntnis erhalte, eben auch ausschöpfen, und das haben wir ja bisher nicht getan. Ich war vorhin einen Augenblick unwillig, als *Schulte* dies zitierte, dass man nur auf Wunsch an diese Vorlagen, an diese Referentenentwürfe herankommt. Mittlerweile habe ich begriffen, dass hier instrumental für uns 'ne Chance liegt. Diese Bundesregierung sollte doch davon ausgehen können, dass es immer und generell der Wunsch der Bundestagsfraktion der SPD ist, hier in dieser Weise bedient und rechtzeitig in die Willensbildung mit einbezogen zu werden, über die wir ja nachher im Plenum zu befinden haben. Dies sollte als Wunsch doch der Bundesregierung bekannt sein und wieder nicht im Sinne der Aussage von *Staak*, dass nun alles auf uns zukommen muss. Auch dazu habe ich mich vorher geäußert. Ich habe gesagt, dass wir diesbezüglich unseren Regierungsmitgliedern und unseren Obleuten einen gewissen Personalkredit vorgeben müssen. Anders geht das gar nicht, nicht wahr. Nicht alles, aber die politisch relevanten Dinge sollten auf uns zukommen und die Bundesregierung sollte davon ausgehen können, dass dies generell unser Wunsch ist und die Geschäftsordnung der Bundesregierung gibt das ja her. Wir sollten sie nur ausschöpfen.

Wehner: Wolfgang *Schwabe*.

Schwabe: Schönen Dank. Ich wollte Folgendes sagen. Nach der Beobachtung der heutigen Diskussion, und die Diskussion spiegelt ja wieder, was wir da und dort zum Teil hier gehört, zum Teil woanders gelesen haben, gibt es eine Fülle von Vorschlägen, wie man die Arbeit hier noch besser machen könnte. Dazu möchte ich dann die Bitte aussprechen, dass bei dem breiten Kreis derer, die diese Vorschläge bringen, vielleicht auch ein gewisser Teil oder eine Spur von Bewusstsein dahingehend zu finden ist, dass wir, ich selbst kann nur für zwölf Jahre sprechen hier unter Erich *Ollenhauer*, unter Fritz *Erler*, unter Helmut *Schmidt* und unter Herbert *Wehner*, doch einigermaßen brauchbare Arbeit auch schon geleistet haben, obwohl wir vieles falsch gemacht haben oder noch nicht ganz so richtig, wie man es jetzt machen könnte, und da die theoretische Erwägung von Zuständigkeiten, Aufklärungen und so weiter und so weiter von jedem anders gewertet werden kann, will ich hier nur das eine Beispiel nennen, was wir uns gemeinsam errungen haben, nämlich die Arbeitsweise des, die Arbeitsmöglichkeit des Abgeordneten hier. Wir haben doch vor zwölf Jahren noch zu dritt in einem kleinen Zimmer gesessen, an Schreibkraft war überhaupt nicht zu denken. Das ist stufenweise anders geworden. Jetzt hat jeder ein Zimmer und hat schon einen Mitarbeiter und wenn jetzt weiter gefordert wird, dass das noch verbessert wird, ist das also meines Erachtens eine Trendbeobachtung und Trendförderung, die man nur unterstützen kann, die man aber nicht so jetzt motivieren kann, dass da seither nichts geschehen sei.

Was das ständige Klagen über Informationsmangel und über Interpretationsmangel hier anbelangt, muss ich meinetwegen etwas provozierend auch sagen, da ist auch ein Stückchen Erfahrungsmangel manchmal dabei und manchmal auch ein bisschen Wissensmangel und schließlich auch die Frage noch, wo muss ich hingehen, um mich noch weiter aufklären zu lassen. Da kann man hilfreich sein, wo immer man angesprochen wird, und ich habe das oft und oft getan.

Genossinnen und Genossen, was hier heute auch hier praktiziert wird, es interessiert mich sehr, weil es der Arbeit in der Partei und Auseinandersetzung gewissermaßen entspricht oder ein Spiegelbild ist. Das steht doch, seien wir ganz ehrlich, ein bisschen unter dem Motto der ständigen Herausforderung oder des begrenzten Konfliktes. Das ist offensichtlich sehr fruchtbar und sehr wirkungsvoll, aber ich selbst muss sagen, dass wir hier auch ganz gute Perioden erlebt haben. Die standen im Zeichen des gegenseitigen weitgehenden Vertrauens, der Solidarität und dem Wunsch, vor den zuständigen, ständig im Stress stehenden Genossen das Leben nicht noch schwerer zu machen, als sie es schon haben, und ich muss sagen, und darauf bin ich für mein Teil jedenfalls stolz, ich bin bis jetzt in all den Jahren, wo ich mich acht Jahre vergebens um den Bundestag bemüht habe, wo ich zwölf Jahre drin bin, mit den Möglichkeiten der Aufklärung, der Interpretation, der Information nicht unzufrieden gewesen. Das hätte besser sein können, aber dass man das Richtige draus machen kann, da habe ich auch keine Scham zu sagen, das kann man unter anderem auch ein bisschen aus den Ergebnissen meines Wahlkreises ablesen.

Wehner: Lothar *Wrede.*

Wrede: Genossen, ich habe mich vorhin nicht gemeldet, weil ich dachte, wir wären uns weitgehend einig. Aber da der Genosse *Rapp* das Thema der Referentenentwürfe noch einmal ins Gespräch gebracht hat, möchte ich doch dazu noch einige Bemerkungen machen, weil ich meine, dass es unserer politischen Arbeit nicht nützt, wenn wir uns damit zufrieden geben wollten zu sagen, wir sind als Fraktion schon ein ganzes Stück besser dran, wenn uns die Referentenentwürfe der Ministerien rechtzeitig zur Verfügung gestellt werden. Ich meine einmal, wir sind nicht dazu gewählt, als Abgeordnete die Arbeit der Exekutive noch einmal in Beratungen unserer Arbeitsgruppen und Arbeitskreise nachzuvollziehen und mit Einzelheiten also der Gesetzentwürfe in diesem Stadium zu beschäftigen, und ich meine andererseits, es nützt uns auch sehr wenig in der politischen Beurteilung. Wir müssten rechtzeitig, das heißt, Helmut *Rohde* hat es angesprochen, schon bevor der Minister Aufträge in sein Ministerium gibt, über die politischen Schwerpunkte bestimmter Maßnahmen informiert werden und wir müssten – auch so was gibt es ja, manche Dingen werden eben nicht in Gesetze gegossen und es gibt deswegen keine Aufträge unmittelbar an die Ministerien, auch dann, wenn die Minister zu wichtigen politischen Fragen sich in der Öffentlichkeit äußern – vorher die Möglichkeit haben, uns vielleicht damit zu beschäftigen. Wir haben das in der Vergangenheit wiederholt erlebt, dass wir durch solche Äußerungen vor vollendete Tatsachen gestellt wurden, die uns draußen in der Öffentlichkeit sehr viel Ärger gemacht haben und den haben ja in der Regel die Abgeordneten dann auszubaden. Ich meine also, die politische

Information sollte Vorrang haben. Dazu reicht in der Regel die Information in der Arbeitsgruppe oder im Arbeitskreis, aber es gibt auch Themen, für die Arbeitsgruppe oder Arbeitskreis überfordert sind, weil wir die damit verbundene politische Verantwortung nicht allein tragen können, und deswegen teile ich die Auffassung, wie sie hier im Papier vorgelegt und auch wiederholt vorgetragen wurde, dass wir unabhängig von den Tagesordnungen, in die unsere Sitzungen sonst gezwängt sind, hin und wieder in bestimmten Zeitabständen zu Fraktionssitzungen zusammen kommen sollten, in denen wir über politische Schwerpunktmaßnahmen diskutieren können.

Wehner: Bruno *Friedrich*.

Friedrich: Nur eine kurze Bemerkung zu dem, was der Genosse *Schwabe* sagte. Ich hör' das immer wieder: Wir haben damals zu dreien in einem Zimmer angefangen. Ich habe drüben mir mal vorgenommen die Stellenpläne von '55 der Ministerien, die von '63 und die von '73. Ich bitte doch mal, das zu vergleichen, und ich möchte mal den dann finden, der sagt, ich kann all das beantworten, womit ich aus den Ministerien programmiert werde. Wenn ich einen Tag in der Woche mit Arbeiten beschäftigt bin, die ein Mann in der Besoldungsgruppe V machen kann, dann ist einfach dieses Parlament in seiner Entwicklung hängengeblieben

(Beifall.)

und dann kann man nicht mit irgendwelchen Erzählungen – es will auch keiner mehr wohnen dort zu Hause, wo er '53 gewohnt hat.

(Heiterkeit.)

Wehner: Weitere Wortmeldungen liegen hier nicht vor. Ich schlage vor, dass der Fraktionsvorstand beauftragt wird, noch vor dem Eintritt in die Sommerpause das, was zu diesem Punkt diskutiert worden ist, aufzugliedern und vorzulegen. Damit Einverständnis? Danke!

Dann, Genossen, kommen wir zu den anderen Punkten, die hier genannt worden sind. Jetzt müssen wir uns gegenseitig etwas helfen. Jetzt war ja im Wesentlichen das, was unter dem zweiten Punkt auf dieser Übersicht besprochen werden konnte, Gegenstand der Diskussion. Jetzt sollte nach dem Vorschlag, der heute früh gemacht worden ist, das, was unter 3 und 5 steht[56], zusammen behandelt werden. Habe ich das richtig notiert?

(Zwischenruf.)

Bitte? Wer dazu das Wort wünscht, bitte ich, sich zu melden. *Conradi*!

Conradi: Es ist hier heute mal das Thema Projektgruppen angesprochen worden. Nun möchte ich aus eigener leidvoller Erfahrung nicht empfehlen, Inflationen von Projektgruppen jetzt zu machen. Aber was sich herausgestellt hat, ist doch, dass wir immer wieder Gesetzesvorhaben haben, die in drei, vier Ausschüssen beraten werden, sehr zeitraubend, oft mit vielen Reibungen, wo es notwendig wäre, die Dollpunkte, nicht das gesamte Gesetz, sondern die Dollpunkte mal vorher in einer Projektgruppe, die drei, vier Wochen an dem Thema arbeitet, dann der Fraktion berichtet, auszuarbeiten. Ich denke also etwa an Bodenrecht, gar nicht Bundesbaugesetz, sondern meine, dass das, was bodenrechtlich in den nächsten zwei Jahren geht hier, eine Sache ist, die den Finanzausschuss in Sachen Besteuerung, den Rechtsausschuss in Sachen Eigentumsformen und natürlich den Ausschuss Städtebauraumordnung befassen wird, dass es sinnvoll wäre also, aus jedem Ausschuss zwei Leute zusammenzuspannen und zu sagen, ihr liefert bis 1. November die Dollpunkte, die in verschiedenen Gesetzen im Lauf der nächsten zwei,

---

56 Punkt 3: Vorankündigung wichtiger Tagesordnungspunkte der Fraktionssitzung. Punkt 5: Verbesserung der Fraktionsarbeit.

drei Jahre hier aufkreuzen, an, damit die Arbeitsgruppen dann wissen, das etwa ist die Marschrichtung. Es geht also nicht um Detailarbeit, sondern um Ausarbeitung von den politisch wirksamen Punkten, und ich glaube, das wird sehr selten vorkommen, da wird man im Jahr wahrscheinlich zwei, drei solche Gruppen mal ansetzen. Sinnvoll sind sie nur, wenn sie befristet angesetzt werden mit klarem Arbeitsauftrag, der vorbereitet das, was dann in Arbeitsgruppen läuft.

Ich würde schließlich vorschlagen, dass zu Klausurtagungen zu langfristigen Themen auch eine solche Projektgruppe eingesetzt wird, die die Aufgabe hat, etwa zur Vermögensbildung das zusammenzustellen, das heißt, dass man eine Klausurtagung da nicht einleiten lässt von der Bundesregierung oder vom Parteivorstand, sondern ein paar Leute hier aus der Fraktion beauftragt, diese Sitzung vorzubereiten mit entsprechenden Positionspapieren, Alternativen, unter Umständen auch mit Gästen aus den Kommissionen beim PV. Projektgruppen also sehr sparsam mit klarem Auftrag und befristet.

Wehner: Norbert *Gansel.*

Gansel: Vorankündigung wichtiger Tagesordnungspunkte, »3.« in dem Vordruck, ist sicherlich gemeint eine langfristige politische Schwerpunktplanung. Wenn das möglich ist, wär's sehr gut. Ich will dazu nichts sagen. Ich habe nur die Bitte, kann nicht gesichert werden, dass die Tagesordnung für die Fraktionssitzung am Dienstag bis 9.30 Uhr in den Postfächern liegt? Denn der jetzige Zustand, dass man damit rechnen kann, dass die Tagesordnung zwischen Mittags halb eins und viertel vor drei, wenn es um drei Uhr losgeht, in den Fächern liegt, das halte ich wirklich für unmöglich.

Wehner: Tagesordnung kann am Montagabend in den Fächern liegen.

(Beifall.)

Das liegt daran, dass, nicht früher, dass am Montagabend der Fraktionsvorstand durch ist mit seiner Erörterung der Tagesordnungspunkte Plenum und so weiter. Aber das kann man also machen. Weitere Wortmeldungen? Ich glaube, dass diese beiden Vorschläge tatsächlich einer Notwendigkeit entsprechen, und es war auch schon angeregt worden, obwohl darüber zunächst einmal ermittelt worden ist von der Fraktionsgeschäftsführung aus, welche Arbeitskreise oder -gruppen wohl dazu gefragt werden müssten, dass man eine solche Sache Vermögensbildung bildet. Beim Bodenrecht wird das wohl auch der Fall sein. Können wir so verfahren, dass wir dieses, anders als bei dem vorigen Punkte, wo ich gesagt habe, der Fraktionsvorstand soll die Vorschläge und Forderungen aufgliedern und hier vorlegen, dass wir das jetzt so festlegen, dass zwei solche Gruppen gebildet werden und dass dazu Vorschläge gemacht werden? *Schäfer!*

Schäfer (Tübingen): Ich möchte bei dieser Gelegenheit auf einen weiteren Umstand aufmerksam machen zur Bildung von Gruppen. Wenn wir größere Gesetzgebungsvorhaben haben, nehmen wir zum Beispiel jetzt mal Ehescheidung, das ist vier Ausschüssen überwiesen, oder nehmen wir ein Gesetz, das jetzt ganz aktuell in der Beratung ist, Immissionsschutzgesetz, das ist vier Ausschüssen überwiesen. Ich halte es für richtig und notwendig, dass von jedem Ausschuss zwei Genossen zu einer Arbeitsgruppe zusammentreten, dass die mitberatenden Ausschüsse schon die gleiche politische Tendenz verfolgen wie am Schluss der federführende Ausschuss, weil es sonst allzu leicht geschieht, dass wir von einem Ausschuss, in dem wir die Mehrheit haben, wie in jedem Ausschuss, mit dem andern Ausschuss in Kontroversen kommen und dadurch zu Kompromisslösungen kommen müssen, die wir gar nicht wollen. Man würde also neben diesen zwei Ausschüssen ad hoc regelmäßig, und wir haben das in der Vergangenheit auch wiederholt mit gutem Erfolg getan, insbesondere zum Beispiel dem in vielen Dingen sehr bedrängten Rechtsausschuss, Hilfe leisten, indem von den Fachausschüssen schon Voten abgegeben werden, die nachher in die Richtung zielen, dass es auch durch den Rechtsausschuss zur richtigen Zeit mit dem richtigen Votum herauskommt. Das wird man auch in Zukunft sehr gezielt bei den einzelnen Gesetzesvorhaben zweckmäßigerweise tun.

Wehner: Habe ich nur eine kurze, möglicherweise ergänzende Anregung. Dann sollte man – Tatsache ist das ja, dass das in einigen Fällen schon geschehen ist –, dann sollte man in der Frage, die hier gestellt worden ist bezüglich Bodenrecht, Vermögensbildung und in solchen, die eben *Schäfer* hier genannt hat, der Fraktion mitteilen, wer die jeweils aus den Arbeitsgruppen dazu Benannten sind und in der Fraktion die Möglichkeit geben, dass andere, die daran interessiert sind, teilnehmen. Ist das akzeptabel? Das Wort hat zunächst *Schweitzer*.

Schweitzer: Ja, da ich hier unter 3 und 5 des Briefes von Herbert *Wehner* noch stehe, möchte ich ganz kurz etwas dazu sagen. Mein Vorschlag unter 3 war genauso gemeint, wie Norbert *Gansel* hier erläutert hat, ist ja schon erledigt, speziell auch durch das Votum von Herbert *Wehner*, dass wir also in Zukunft Montagabend spätestens die Tagesordnung kriegen für die Dienstags-Fraktionssitzung. Das war auch mein Wunsch gewesen. Unter Punkt 5 möchte ich noch einmal auf den Rednereinsatz zurückkommen, der ja auch dort unter dem Punkt 5 steht. *Conradi, Dübber, Schweitzer*. Ich glaube, das kommt hier von mir. Ich hatte ja auch einen Begleitbrief dazu geschrieben, den die Fraktionsmitglieder hier noch bekommen haben vom 24.5., hatte ja ganz spezielle Erläuterungen noch dazu gemacht. Ich meine nur, wir müssen uns irgendwie mal überlegen, das wär' eben Aufgabe dieser Projektgruppe oder einer der Projektgruppen, überlegen, wie wir bei gegebenen bestimmten Anlässen die Dinge noch etwas flexibler gestalten. Das heißt also, dass jemand hier von uns, wer auch immer, das hat gar nichts mit mir zu tun, das darf ich gleich sagen, im Plenum das Wort ergreift, wenn die Lage es erfordert, ohne dass das vorher abgesprochen werden konnte im zuständigen Arbeitskreis, in der Arbeitsgruppe, in der Fraktion. Wir haben ja ohnehin nach der Geschäftsordnung des Bundestages alle das Recht, das Wort zu ergreifen, wenn wir das wünschen. Bisher ist ja {…} eine kleine Sanktionsdrohung immer von der Fraktion dahinter, dass wenn einer sich meldet, ohne das nun abzustimmen, das hängt hier mit unserer Geschäftsordnung zusammen, dass das hier schwierig ist. Wir sollten aber etwas flexiblere Möglichkeiten schaffen. Wie sehe ich noch gar nicht. Ich wollte das nur gesagt haben. Es ist etwas zu rigoros so, was man verstehen kann aus dem Ablauf der Dinge, aber es müsste besser durchbrochen werden können. Das war eigentlich meine Idee dabei.

Wehner: Wenn ich mir erlauben darf, sofort eine Bemerkung dazu zu machen. Da steht in unserer Ordnung lediglich, dass man das wissen lassen soll und sich abspricht, und ich kenne einige Fälle, in denen ich die eine Seite war, in der ich Genossen gefragt habe, warum sie in dieser Debatte nicht in der und der Frage das Wort nehmen, und sie haben es nicht genommen, was ich ihnen nicht vorzuwerfen habe. Es ist eine völlig falsche Auffassung, anzunehmen, dass lediglich diejenigen, die hier genannt worden sind von den Arbeitskreisen, in die Debatte eingreifen können. Wer meint, etwas zu tun zu haben, muss das mit dem eigenen Risiko und dem Risiko der Fraktion, wenn es ein Fehlschlag ist, machen können. Aber verständigen muss man sich darüber. Weitere Wortmeldungen zu diesem Punkt? Bitte!

[N. N.]: Genossinnen und Genossen, ich möchte ein Wort von Antje *Huber* aufgreifen, die eben gesagt hat, wir könnten nicht alles verfolgen. Sicherlich darf man das ergänzen, indem man sagt, wir können auch nicht alles wissen. Mir geht es um Folgendes: Vielleicht wäre es möglich, dass wir in der Fraktion einmal eine Übersicht darüber erhalten, was draußen vor Ort geschieht und dieses im Grunde auf einer Evidenzliste, einer Anzeigenliste dieser Fraktion den Fraktionsmitgliedern bekannt gemacht werden kann, eventuell in Form eines Meldebogens, den man entwerfen kann und den man dann dieser Fraktion rein gibt und die Fraktion gibt dann die Themen, die uns draußen vor Ort ankommen, die wir aufschreiben, uns wieder zurück.

Zweitens könnte damit Folgendes verbunden werden, nämlich einem gewissen Mangel an Wissen abzuhelfen, indem man nämlich auf diesem Bogen vielleicht ankreuzen könnte, dass man zu den angegebenen Themen eine Hilfestellung erwartet, eventuell in der Form eines Redeentwurfs oder eines Briefentwurfs. Das hieße also, dass man das etwas vervollkommnet jeweils auf die Aktualität bezogen, was von vielen hier auch schon geübt wird, ich darf beispielsweise daran erinnern an den Brief von Karl-Heinz *Saxowski* zu dem Reiterproblem. Das würde uns sicherlich ermöglichen, zu manchen aktuellen Themen draußen vor Ort besser Stellung nehmen zu können. Vielleicht wäre eine Anregung damit zu verbinden, dass man es etwa in der Form abfasst, wie beispielsweise intern das Stabilitätsprogramm dargestellt hat. Das, meine ich, war beispielsweise eine sehr gute Argumentationsunterlage, um draußen vor Ort zu diesem Problem Stellung nehmen zu können.

Wehner: Mein Vorschlag, dass man in diesem Falle, um eine Person zu haben, Helmut *Lenders* angeht, sei es telefonisch, sei es mit dem von dir gedachten Meldebogen oder einfach fragen, früher gab es mal Fragekasten und die Hilfe dann kommt. In manchen Fällen, in mehr Fällen als mir jetzt im Moment erinnerlich war, gibt es von den Genossen in Arbeitskreisen, ich denke dabei an Ausarbeitungen von *Liedtke* und von anderen, ausführliche Darstellungen, damit sie eine Hilfe für unsere Redner draußen sind. Das muss sicher verbessert werden können. Mein Vorschlag wäre, das mit zu den unmittelbaren Zuständigkeiten von Helmut *Lenders* zu rechnen, der ja auch umgekehrt dafür sorgt, dass Genossen und Genossinnen zu Tagungen oder auch als Delegationen hinausgehen. Wer wünscht weiter das Wort? Bitte *Reiser*!

Reiser: Ich möchte nur etwas zu dem Punkt 5 noch sagen. Ich will überhaupt hier nicht etwa Dampf ablassen oder Unbehagen artikulieren, ich möchte auch nicht durch Übertreibungen provozieren, sondern ich hab' zwei konkrete Vorschläge. Ich bitte zu überlegen, ob man gegebenenfalls, das ist der Punkt »Informationswesen«, nicht die Arbeit der Fraktionspressestelle neu organisieren müsste, und zwar so, wir haben jetzt immer Kommuniqués, Verlautbarungen, die in die Fächer gelegt werden für die einzelnen Fraktionsmitglieder, aber das Gleiche geht automatisch nach draußen. Ich bin der Meinung, dass man das trennen muss, dass man insofern trennen muss, dass man einmal die Angaben für draußen als eine Gruppe behandelt und als andere Gruppe behandelt gewisse Insiderinformationen, die diese Fraktion unbedingt notwendig hat. Ich hab' bisher ja nichts dagegen gehabt, dass bestimmte Genossinnen oder Genossen notwendigerweise aus ihrer Arbeit heraus einen gewissen Informationsvorsprung haben und auch haben müssen, aber manchmal hatte ich den Verdacht, ich bitte um Entschuldigung, wenn ich etwas Ungerechtes jetzt ausspreche, manchmal habe ich den Verdacht gehabt, dass von diesem Informationsvorsprung zäh nur etwas abgegeben worden ist, sozusagen unter dem Aspekt Gunsterweis. Mag sein, dass das also nicht ganz zutrifft.

Wehner: Würdest du so nett sein, ein oder zwei Beispiele zu sagen, weil das sonst sehr schwer ist, dem zu folgen.

Reiser: Ich will das gerne nachher noch sagen.

Wehner: Ja, das wär' gut!

Reiser: Nur, ich bin der Meinung, dass man das vielleicht trennen sollte. Ich wäre sehr dafür, denn es wurde davon vorhin gesprochen, das wäre womöglich nicht in diesem vertraulichen Kreis zu halten. Ich halte das also [für] ein Misstrauensvotum, das ich für

Fraktionssitzung 12.06.1973 **20.**

mich auf keinen Fall gelten lassen möchte. Ich halte es für notwendig, dass man diese Fraktionspressearbeit in diese zwei Gruppen trennt.

Und dann habe ich noch etwas zu dem Rednereinsatz. Ich kann mir nicht vorstellen, dass diese großen langen Reden immer, auch immer wirkungsvoll sind, weil sie von der Publizistik gar nicht mehr in der Form aufgenommen werden, draußen bei dem Publikum in der Form nicht mehr ankommen. Hier werden also riesige Referate verlesen. Wir hätten uns doch wirklich zu überlegen, ob man es nicht so machen müsste, dass man unter den verschiedenen Aspekten noch einmal einen zum Teil auch durchaus harten und polemischen Schlagabtausch stattfinden lässt, der in der Länge nicht über fünf Minuten bleibt, und auf diese Art und Weise viel mehr Reaktionen bekommt und viel mehr Aufmerksamkeit und vor allen Dingen eben, wie gesagt, draußen bei den Medien und damit bei dem Publikum. Dies scheint mir doch sehr wichtig zu sein, denn es sind manchmal lange, quälend langatmige Reden darunter, die also einfach es nicht mehr möglich machen, das mit der nötigen Aufmerksamkeit zu verfolgen. Das möchte ich bitte sagen dürfen als einer, der ja neu in diesem Geschäft ist.

Wehner: Bitte, *Huonker*. Der heißt doch *Huonker*?[57]

Huonker: Ich möchte noch ein Wort sagen zur Frage der Pressearbeit. Wenn ich recht informiert bin, ist das so, dass die Journalisten, die uns eine Menge geholfen haben im Wahlkampf, zunehmend mehr Schwierigkeiten haben in ihren Zeitungen. Das gilt auch für solche Zeitungen, die von der Rechtspresse als regierungsnahe Zeitungen apostrophiert werden. Meine Frage wäre, ob es keine Chance gibt, Journalisten, die uns nahestehen, etwas besser zu informieren als solche, die eher gegen diese Regierung kämpfen. Dass das sehr schwierig ist, leuchtet mir ein, aber ich glaube, man könnte doch, wenn man das geschickt genug macht, etwas differenziert informieren und darum würde ich sehr herzlich bitten.

Wehner: Wolfgang *Jansen*.

Jansen: Ich möchte zu den zwei Fragen Folgendes sagen: Erstens halte ich es natürlich für richtig, dass alles, was wir an die Presse geben, auch jedem Abgeordneten bekannt ist. Das wäre schrecklich, wenn die euch auf Pressemitteilungen ansprechen würden, die ihr nicht habt. Dass wir darüber hinaus noch manches an Informationen tun, was ihr in die Fächer kriegt, wo ihr dann vielleicht nicht immer seht, dass es von der Pressestelle kommt, aber es kommt dann von uns, darf erinnern, dass wir zum Beispiel bei den Diskussionen, die wir hier um das Stabilitätspaket, um Währungsfragen gehabt haben, dass wir euch anschließend den Wortlaut gebracht haben, weil das gewünscht wurde, und es kamen dann Abgeordnete zu uns, die sagten, ja, aber die Diskussion, die wir heute haben, die schreibt ihr doch auch noch auf. Also dies tun wir schon. Ich bin gerne für Anregungen dankbar, wie wir das noch intensivieren können.

Zu der Frage von *Huonker*: Was ich an Schriftlichem rausgebe, muss ich natürlich an alle geben. Ich bitte mir abzunehmen, dass ich sehr gut weiß, wer unsere Freunde sind und dass ich die auch entsprechend gut behandle. Vielen Dank. – Aber wenn du einen Vorschlag hast, dass jemand sich beschwert hat, wäre ich für einen Hinweis dankbar.

Wehner: Wer wünscht weiter zu diesem Punkt das Wort? Bitte *Schäfer*!

Schäfer (Tübingen): Sechs. Eine kleine Anregung. Wir erfahren in der Regel über Informationen durch die Fraktion nur das, was Vorstellung der Sozialdemokratie bedeutet. Es wäre vielleicht hilfreich, wenn wir mehr erfahren könnten über die jeweiligen Vorstellungen von FDP und CDU, weil wir uns diese Informationen selbst beschaffen

---

[57] Diesen zweiten Satz spricht *Wehner* leise, offensichtlich nur zu seinem Nebenmann.

müssen. Es würde im Wahlkreis bei der Argumentation sehr hilfreich sein und nicht nur da. Meine Frage, ganz naiv: Wäre es denkbar, dass man zu einem Austausch der Pressedienste zwischen den einzelnen Fraktionen kommt? Dass wir denen die sozialdemokratischen Pressedienste anbieten und wir dafür »DUD«[58] und »freie demokratische korrespondenz«[59] erhielten?

Wehner: Norbert *Gansel.*

Gansel: {...} keine Hilfe, wenn wir zu den vielen Papieren, die wir haben, jetzt noch mal die Pressedienste von FDP und CDU dazu kriegen würden. Das wäre keine Hilfe, sondern was wir brauchten, das wäre gewissermaßen schon aufgeschlüsselt so eine Argumentation, wie sie von der CDU und von der CSU und von der FDP kommt, das, was auch teilweise im Wahlkampf geschehen ist. Ich meine, das würde auch in Zukunft für Wahlkämpfe nützlich sein, wenn eine kontinuierliche Beobachtung, Kategorisierung und Information erfolgen würde. Wär' wirklich eine große Hilfe.

Wehner: Weitere Wortmeldungen? Wolfgang *Jansen*!

Jansen: Ich weiß nicht, ob die erste Wortmeldung durch Norbert *Gansel* erledigt ist. Wir haben einen Austausch mit den anderen Fraktionen, aber die haben sich nur knurrend bereit erklärt, uns mit 30 Exemplaren zu helfen. Wenn wir also für alle das machen sollen, was CDU und FDP herausgeben, dann müssten wir es selbst vervielfältigen noch mal. Aber ich teile die Meinung von Norbert *Gansel,* dann erstickt ihr in Papier. Das andere will ich gerne aufgreifen und mit meinen Freunden in der Pressestelle besprechen, dass wir so eine Trendbeobachtung euch in regelmäßigen Abständen geben und sagen, die CDU/CSU argumentiert in der und der Richtung und dazu kann man so und so Stellung nehmen. Das wollen wir gerne aufgreifen.

(Vereinzelter Beifall.)

Wehner: Weitere Wortmeldungen? Bitte schön!

Halfmeier: Genossinnen und Genossen, man kann natürlich zu dieser Frage noch viele Vorschläge machen, aber eins, meine ich, könnte man sofort tun. Wir bekommen doch immer wieder auf unseren Schreibtisch Stellungnahmen des SPD-Pressesprechers, Fraktionspressesprechers oder sonst irgendwie, zu der Äußerung des Herrn Sowieso von der CDU erklärte er, und dann erklärt er was und wir wissen überhaupt gar nicht, was der gesagt hat, das steht da nicht etwa, sondern das kann man auch nicht erraten. Wie man da rankommen soll an diese Information, ist mir bisher immer noch schleierhaft geblieben.

Wehner: Bitte, *Becker*!

Becker: Genossinnen und Genossen, ich möchte das noch unterstützen. Es ist so, dass unsere CDU-Kollegen, in verschiedenen Ausschüssen habe ich das jetzt festgestellt, die sozusagen unsere Pendants sind in den Arbeitsgebieten, immer über unsere Pressemitteilungen verfügen. Könnte es nicht wenigstens so sein, dass die einzelnen Arbeitskreise das bekommen, was die Pendants aus der CDU-Fraktion zu diesen einzelnen Themen sagen? Ich sehe das auch als einen Mangel an, dass also die CDU über jede Äußerung von uns sofort informiert ist und das auch vorliegen hat, die einzelnen Abgeordneten, und dass das bei uns nicht der Fall ist. Ich glaube, dass man das nicht allgemein verbreiten muss, aber mindestens auf die Arbeitskreise, wo man das dann organisieren kann, dass der Einzelne an die Mitteilungen kommt.

---

58 Gemeint ist der Informations- und Pressedienst der CDU: »Union in Deutschland«, früher »Deutschland-Union-Dienst«.

59 Pressedienst der FDP.

Fraktionssitzung 12.06.1973 **20.**

Wehner: Weitere Wortmeldungen? Bitte schön!

[N. N.]: Liebe Genossinnen und Genossen, ich glaube, der Vorschlag von Wolfgang *Jansen*, man solle gewisse Trendanalysen der Pressedienste der anderen gelegentlich rausschicken, ist gut. Was das aktuelle Reagieren betrifft, zum Beispiel der an und für sich einleuchtende Vorschlag von Friedhelm *Halfmeier*, das hat gelegentlich seine ausgesprochenen Schwierigkeiten. Wer etwa als Arbeitskreisvorsitzender in der Situation ist, dass Freitag um 13.30 Uhr ein Anruf von der Pressestelle kommt, da hat doch die CDU grade über Schutz von Kindern im Strafprozess oder sonst so was losgelassen, sofort was dagegensetzen, aber bitte schnell, da und da ist Redaktionsschluss aller überregionalen Zeitungen, dann hängt man und dann hängt sehr oft die Pressestelle in einem Zeitdruck drin, der ist nicht mehr feierlich. Wenn man dieses Ding dann gleichzeitig zur Information für die eigenen Fraktionsmitglieder aufarbeitet, ist der Redaktionsschluss der Zeitungen rum, das heißt also hier die Schnelligkeit zur Bedienung der Presse und gleichzeitig die Vollständigkeit zur gleichzeitigen Bedienung der Fraktion hinzukriegen, ist fast unmöglich, zumindest in vielen Fällen.

Wehner: Weitere Wortmeldungen? Wolfgang *Jansen*!

Jansen: Zu dem, was *Halfmeier* sagte. Es ist natürlich so, dass diese Pressemitteilungen als Erstes mal gedacht sind für die in Bonn tätigen Journalisten und die haben das nu alle gelesen, was ihr nicht gelesen habt und die empfinden es als ausgesprochen lästig, wenn man ihnen das noch mal unter die Nase reibt, zumal die Pressestelle der SPD-Fraktion nicht dazu da ist, unter den Journalisten noch mal klarzumachen, was die CDU gesagt hat. Das ist nicht unsere Aufgabe. Wir müssen einen Weg finden, und insofern bin ich dankbar für die Anregung, wie wir euch das zugänglich machen, damit ihr das versteht. Ich gehe im Allgemeinen davon aus, am nächsten Tag wird es sich in der Presse irgendwie ergeben, aber man will es, da hast du völlig recht, natürlich auch am gleichen Tag wissen, bloß müssen wir also einen Weg finden, ist auch ein technisches Problem, Genossen. Wir sind mit der Kapazität unserer Pressemitteilungen langsam an der Grenze des Möglichen. Das Zweite, Helmuth *Becker*, muss ich dir sagen, das kriegt ihr alle. Ich hab' eben gesagt, 30 Exemplare von CDU und FDP kriegen wir, geht von uns an die Arbeitskreise. Wenn es von da nicht an die Abgeordneten geht, dann bitte ich um Entschuldigung, dafür bin ich nicht mehr zuständig.

Wehner: Weitere Wortmeldungen? Dann denke ich, dass wir zum nächsten Punkt übergehen. Das war nach meinen Notizen der hier mit 1 bezifferte auf dieser Übersicht: Transparenz unserer innerfraktionellen Entscheidungsprozesse. Wer wünscht dazu das Wort?

(Zwischenruf: Wurde hier nicht verstanden.)

Nachdem hier weiter keine Wortmeldungen vorliegen, war ich der Meinung, dass wir dann zum nächsten Punkt übergehen müssen, und nach meinen Notizen war das der mit 1 bezifferte auf der Übersicht: Transparenz unserer innerfraktionellen Entscheidungsprozesse. *Schweitzer*!

Schweitzer: Ich glaube, Herbert *Wehner*, das ist ein kleiner Irrtum. Wir hatten, glaube ich, gesagt, jetzt sollte Punkt 4 kommen, denn da ich selber 1 vorgeschlagen hab', kann ich ihn auch zurückziehen jetzt.

[E.]

Wehner: Wenn das gewünscht wird, fangen wir bei Punkt 4 an. Ich hatte ja deswegen gefragt, ob ich richtig notiert habe. Offenbar habe ich falsch notiert. Ist das der Wunsch, dass mit 4 angefangen wird?

(Zwischenrufe: Ja!)

Wer hat das Wort dazu? *Schweitzer*!

Schweitzer: Dieser Vorschlag Gruppenbildung hier unter Punkt 4 kommt nicht von mir, deswegen möchte ich aber trotzdem ihn aufgreifen, weil ich glaube, dass wir hier nicht um den heißen Brei herumgehen sollten, dass es Gruppen in dieser Fraktion gibt, ist ja jedem bewusst und weiß auch jeder. Es ist absolut unsinnig so zu tun, als ob das nicht so wäre. Ich halte es auch für völlig natürlich, dass in einer so großen Fraktion Gruppen sich bilden, welcher Art auch immer. Das ist mal Punkt 1. Es kommt daher, Punkt 2, meines Erachtens darauf an festzustellen, wo zwischen diesen Gruppen, die ich mal als bestehend voraussetzen kann, sicherlich mit euer aller Einverständnis, wo zwischen den bestehenden Gruppen tatsächlich kontroverse Auffassungen bestehen, wie sie zu bewerten, wie sie zu analysieren sind. Ich persönlich meine, dass unter anderem kontroverse Auffassungen, unter anderem und vielleicht nicht zuletzt, Genossinnen und Genossen, darüber bestehen, wie wir das Phänomen des Kommunismus in seinen ganzen Verästelungen in der Bundesrepublik Deutschland zu bewerten haben. Aus diesem Grunde hatte ich mir erlaubt, in meinem Brief vom 24. ja unter Sachthemen diese beiden ersten Vorschläge zu machen. Das nur als Hinweis darauf, was ich mir dabei gedacht hatte.

Ich meine also, wir sollten, wenn wir das heute nicht ausdiskutieren wollen, in der Tat einmal eine Sondersitzung der Fraktion nur zu diesem Thema hier haben, denn daraus ergeben sich viele Missverständnisse auch zwischen uns und Kontroversen zwischen uns, zwischen Gruppen und Nichtgruppen. Ich bin mir da meiner Sache sehr sicher. Wir sollten einfach nicht um den heißen Brei herumgehen. Ich will nur an eins erinnern. Ich habe hier seinerzeit teilgenommen an einem Vortrag abends hier, wo der Karsten *Voigt*[60] sprach über große außenpolitische Fragen, und ich habe mir erlaubt, ich konnte nur eine halbe Stunde dabei sein, die Frage an ihn zu richten, ob er denn qua Juso-Vorstand, Karsten *Voigt* in diesem Falle, für eine Zusammenarbeit begrenzt oder auch nicht begrenzt mit kommunistischen Gruppierungen in der Bundesrepublik Deutschland sei. Dabei hat er mir geantwortet – waren hier einige Genossen dabei, zum Beispiel Freund *Metzger* und andere –, hat er mir geantwortet, jawohl – Verzeihung *Metzger* nicht, sondern *Schmude* mein' ich,

(Heiterkeit.)

ja, Verzeihung, kann ja vorkommen –, hat er mir geantwortet, jawohl, ich bin durchaus für eine Zusammenarbeit mit kommunistischen Gruppen. Auf weitere Rückfrage hat er dann gesagt, nicht nur mit der DKP, sondern auch noch mit der KPD. Ich referiere das nur so exakt, wie es da stattgefunden hat; und diese und andere Dinge müssen wir meines Erachtens mal unter diesem Tagesordnungspunkt 4 oder aber in einer Sondersitzung diskutieren, da ist keineswegs drum herum zu reden.

Wehner: Wer wünscht weiter das Wort? – Sollen wir eine Pause machen?

(Heiterkeit.)

Schwencke!

Schwencke: Liebe Genossen, es sieht fast so aus, als ob alle für Gruppenbildungen sind. Wenn alle dafür sind, glaube ich, brauchen wir darüber nichts mehr zu diskutieren, dass es sie gibt, sondern vielleicht noch fragen, dass sie besser werden. Ich würde jetzt sehr daran interessiert sein, mal zu hören, ob es nicht doch noch welche unter uns gibt, die meinen, dass das etwas der Fraktion und der Partei Abträgliches ist. Dann, würde ich

---

60 Stellvertretender Bundesvorsitzender der Arbeitsgemeinschaft der Jungsozialisten.

meinen, sollten sie sich hier artikulieren und sagen, damit darauf eingegangen werden kann und nicht im »Vorwärts« oder wo sonst immer irgendwelche großen Artikel oder kleinen Artikel erscheinen, die das alles als unsozialdemokratisch infrage stellen. Danke.
Wehner: Wer wünscht weiter das Wort? *Halfmeier!*
Halfmeier: Acht. Genossinnen und Genossen, ich kann diese Frage jetzt noch gar nicht diskutieren, weil ich nicht weiß, was ihr unter Gruppen versteht. Meine Frage ist die, ist die Person des Genossen *Ahlers* eine Gruppe?
(Große Heiterkeit.)
Wehner: Ist der Conrad *Ahlers* da? Ist sehr schwer, dass ein anderer für ihn antwortet, nicht.
(Heiterkeit.)
Aber vielleicht gibt es jemanden? Gruppenbild mit Dame
(Heiterkeit.)
oder so. Müssen wir warten, bis wir *Ahlers* wieder unter uns haben oder zwischen uns.
(Heiterkeit.)
Wer wünscht weiter zu diesem Themenbündelchen das Wort, Genossen? Da geht es immerhin nach dieser stichwortartigen und sicher nicht alles wiedergebenden Kurzfassung, Analysen anhand der Fraktionssitzungen, Vorbereitung von Debatten, Entscheidungstransparenz, Gruppenbildung, Informationswesen. Manches davon ist in dem vorigen und vor allem in dem lange erörterten, zuerst hier aufgerufenen Punkt natürlich schon erwähnt oder behandelt worden und aus diesem Grunde wird sich mancher ersparen, darauf noch einmal zurück zu kommen. Keine Wortmeldungen? Ihr würdet euch sehr irren, wenn ihr immer meint, dass ich hier einen Vortrag hielte oder ein Bekenntnis ablege darüber, was von der Stelle des Vorsitzenden der Fraktion aus Gruppen, Gruppenbildungen, und zwar auch Gruppen gegeneinander handeln, für die tatsächliche Arbeit bedeutet und für die Atmosphäre. Das tue ich nicht, schon gar nicht dann, wenn andere darüber nicht bereit sind zu reden, was sie unter diesen Dingen verstehen. Hugo *Collet!*
Collet: Ja, Genossinnen und Genossen, ich habe an sich gewartet darauf zunächst, dass diejenigen, die mit ihrem Namen dahinterstehen, zunächst sich melden, um dann dazu antworten zu können. Nachdem das nun nicht geschieht, würde ich es geradezu bedauern, wenn, aber ich sehe Peter *Reuschenbach* ist, glaube ich,
(Zuruf: Schon weg!)
ist weg, ist nicht da. Vielleicht hat er nicht mit gerechnet, dass jetzt der Punkt schon dran ist. Gut, ich will das mal ausklammern, aber ich meine, wir sollten darüber doch miteinander reden. Mir scheint, immer dann, wenn in einer Gruppe etwas erarbeitet wird, ganz gleich, ob es zur Meinung einer anderen Gruppe oder einem anderen Teil der Fraktion im Widerspruch steht und das ist sachlich fundiert und wir schaffen das, was wir unter Punkt 1 heute diskutiert haben, nämlich die Plattform für Diskussionen zu schaffen, dann müssen wir aber auch erwarten, wenn wir das geschafft haben, dass diese Diskussionen stattfinden, dass nicht die Diskussion nach draußen geht, das Ergebnis der Gruppendiskussion, bevor es hier diskutiert wurde. Das scheint mir in dem Zusammenhang wichtig, damit wir nicht gegeneinander dann ausgespielt werden und man draußen dann gefragt wird, ehe es eine Diskussion in der Fraktion gab, was sagst du zum Antrag von Müller/Meier/Schulze von mir aus oder zu dem und dem. Hier, meine ich, also sollten wir den Weg finden, aber das können wir nur, wenn gesichert ist, was wir unter Punkt 1 diskutiert haben, nämlich die Diskussion. Andernfalls habe ich zwar ein ungutes Ge-

fühl, aber keine moralische oder wie auch immer geartete solidarische Handhabe, den andern einen Vorwurf zu machen, die das Ergebnis ihrer Gruppendiskussion nach draußen bringen, bevor es hier diskutiert wurde.

Wehner: Peter *Conradi*.

Conradi: Etwas Grundsätzliches vorweg: In Staaten, in Gesellschaften mit etwa gleicher wissenschaftlicher und technischer Entwicklung wird das Meinungsspektrum etwa gleich breit sein, das politische Meinungsspektrum. Bei uns konzentriert sich das Spektrum auf drei Parteien, in anderen Ländern auf fünf, zehn, 15, in Holland auf über 20 Parteien. Das, was wir damit gewinnen an Stabilität des Systems, muss bezahlt werden mit verstärkter innerparteilicher Diskussion, das heißt das Meinungsspektrum unserer Partei ist sicher wesentlich größer als das Meinungsspektrum etwa einer kleinen Partei in Holland, die sich sehr viel deutlicher nach den Seiten abgrenzen kann, die sehr viel mehr unter sich ist als wir als große Partei und *Apel* hat ja in diesen Tagen geschrieben von unübersehbaren, du hast nicht gesagt unüberbrückbaren, unübersehbaren Meinungsverschiedenheiten.[61] Das ist wohl der Preis, den wir dafür zahlen, dass wir hier weniger Parteien haben, in denen dasselbe Meinungsspektrum unterzubringen ist, was in Holland oder in Italien oder in Frankreich ja auch vorhanden ist. Wenn das so ist, dann wird sich das auch fortsetzen in einer Fraktion, das heißt dann wird es auch in einer Fraktion nicht Parteien geben, denn dies ist hier nicht ein Bündel von drei oder vier Parteien, sondern hier sind auch politische Strömungen vorhanden, die natürlich in der Partei draußen auch da sind, und dann stellt sich für mich die Frage nicht nach dem Ob von Gruppen, sondern nach dem wie solche Gruppen miteinander arbeiten, miteinander auch in Meinungsaustausch treten. Und da, meine ich, besteht dann allerdings ein sehr starker Zusammenhang zwischen der Arbeitsweise der Fraktion als Ganzes und dem, was Gruppierungen in dieser Fraktion diskutieren.

Das heißt, dass Bedürfnisse einzelner Abgeordneter, zum Beispiel nach Grundsatzdiskussionen, wenn sie hier nicht stattfinden in der Fraktion, dann eben an anderer Stelle befriedigt werden. Das heißt, dass die Art und Weise, wie die Gruppen arbeiten in einem unmittelbaren Zusammenhang stehen damit, wie die Fraktion hier dem Einzelnen Information, Mitbestimmung, Kommunikation ermöglicht, auch Erfolgserlebnisse ermöglicht, die er hier auch mal in der Fraktion oder im Plenum oder im Ausschuss braucht. Ich will dazu noch ein Wort sagen von Harold *Wilson*[62], denn es hat ja wohl auch etwas zu tun mit dem Verhältnis von Innendruck und Außendruck, und die Kollegen aus dem 6. Bundestag sagen, damals hatten wir die Probleme nicht, weil der Druck von außen so stark war, da konnten wir uns das nicht leisten. Harold *Wilson* hat einmal gesagt, wenn das Boot ganz tief im Wasser drin ist, nur ein paar Zentimeter drüber schaut, dann tanzt keiner in dem Boot rum, weil alle Angst haben, zu ertrinken. Wenn das Boot weiter aus dem Wasser ist, dann wird natürlich in dem Boot auch sehr viel mehr Unruhe und Rumtanzerei über den Kurs des Bootes sein. Insofern ist es, glaube ich, geradezu notwendig, dass jetzt mit der ganz anderen Lage im 7. Deutschen Bundestag auch in dieser Fraktion offener diskutiert wird, auch Sitzungen dieser Fraktion vorbereitet werden. Wobei für mich das Kriterium wäre, arbeiten die Gruppen der Frak-

---

61 Gemeint ist *Apels* Artikel im SPD-Pressedienst vom 8. Juni 1973: »Die Linken und die Rechten. Mit dem Aufkleben von Etiketten ist nichts getan«; BT Pressedokumentation, Ausschnittsammlung Hans Apel. – Darin schrieb *Apel* unter anderem von den »unübersehbare[n] politische[n] Unterschiede[n] in der Beurteilung unserer Gegenwart und der Bewältigung unserer Zukunftsprobleme« in der SPD und mahnte für die Partei einen »fruchtbaren und offenen Dialog« an, der nicht durch »Schablonen und Vorurteile erstickt und vergiftet« werden dürfe.

62 Ehem. Premierminister von Großbritannien, Mitglied der Labour Party.

Fraktionssitzung 12.06.1973 **20.**

tion zu oder von der Fraktion weg, sind Gruppierungen offen für andere oder gehen sie in sich und schließen andere aus und wollen sie nicht dabei haben, wird hier auf Personenbeförderung gemacht oder geht es darum, hier Sachthemen einzuführen und was hat der Einzelne in so einer Gruppe?
Ich muss sagen, dass ich mit den Freunden, mit denen ich diskutiert habe, von den Gesprächen sehr viel gehabt habe, auch an Rat, auch an Kritik, auch an dummen Fragen, die ich hier in der Fraktion gar nicht hätte vorbringen wollen, die ich vor einem kleinen Kreis diskutieren konnte, das heißt, dieses Gespräch in einer kleineren Gruppe entspricht auch sehr meinen Bedürfnissen, nämlich nicht immer mit 242 Leuten zu reden, sondern unter Umständen nur mal mit fünf oder zehn. Wenn wir also unter diesen Gesichtspunkten Gruppenarbeit hier sehen können, dann kann sie sehr wohl die Fraktionsarbeit stärken. Aber wie gesagt, es besteht ein unmittelbarer Zusammenhang zwischen Arbeitsweise und Umgang der Fraktion miteinander und Verhalten von Gruppierungen hier.
(Beifall.)
Wehner: Weiter, bitte, Erich *Henke*.

Henke: Peter *Conradi*, mit dem von dir jetzt Vorgetragenen kann ich mich in breiten Bereichen einverstanden erklären. Ich wüsste aber ganz gerne, wo denn die Grenze liegt. Meines Wissens hat es doch zumindest irgendwann einmal auch die Diskussion befrachtet, dass man von einem eigenen Büro für die Gruppe gesprochen hat und dass möglicherweise dann am Schluss vielleicht auch eigene Öffentlichkeitsarbeit stehen soll, Arbeit in die Partei und so weiter und so weiter. Hier, meine ich, hätte doch die Gesamtfraktion dann einmal den Anspruch darauf, genau den Rahmen zu kennen, in dem sich diese Gruppenarbeit bewegen soll. Das, was du jetzt vorgetragen hast, war mir zu allgemein.

Wehner: *Conradi*.

Conradi: Ja, du hebst ab auf das Peter-Papier, was nicht durch mein Zutun in eure Fächer gekommen ist, sondern was einen Entwurf darstellte für ein Gespräch mit einigen, wie so etwas vernünftig zu organisieren wäre. Das war in den ersten Wochen hier und ist zum Teil heute bei früheren Tagesordnungspunkten besprochen worden, zum Beispiel die Bildung von Projektgruppen, dass wir in der Lage nicht sind als Einzelne, zum Beispiel übergreifende Zusammenstellungen zu machen über das, was haben die Parteitage zu einem größeren Sachbereich beschlossen, wie kann das aufgearbeitet werden, wie kann das in verschiedene Ausschüsse eingebracht werden. Ich sehe zum Beispiel im Moment fast keine Möglichkeit, das, was ich, ich rede immer vom Bodenrecht, weil jeder hat sein Baby, aber das, was ich bodenrechtlich drin haben möchte im Finanzausschuss, da rein zu bringen, ich kann auch nicht hingehen, die tagen ja gleichzeitig, das war die Frage, ob zum Beispiel in Form eines Pools, dass mehrere Abgeordnete ihre Mitarbeiter zusammenlegen und dann einzelne Leute ansetzen auf übergreifende Themen und dazu auch Bezirksparteitagsbeschlüsse beischaffen, sagen, was läuft denn draußen, die Arbeit im Einzelnen vereinfachen. Das ist damals diskutiert worden. Darüber ist mit Herbert *Wehner*, mit Willy *Brandt* gesprochen worden. Wir haben damals gesagt, das lassen wir mal weg, jetzt geht's erst mal in diese Klausurtagung rein, um zu sehen, ob nicht die Arbeit dieser Fraktion zum Beispiel fachübergreifend, ressortübergreifend verbessert werden kann, ob auch die Arbeitsmöglichkeiten des Einzelnen hier verbessert werden können, wäre ja der nächste Tagesordnungspunkt, was solches dann unnötig machen würde. Aber dass, wenn Leute zum Beispiel sich regelmäßig vor einer Fraktion treffen oder einmal in der Woche einen Diskussionsabend machen über langfristige Themen, dass solches vorbereitet werden muss und dass solches nicht von einem Abgeordneten mit einer Halbtagsschreibkraft geleistet werden kann, ist, glaube ich, auch klar. Aus dem Hintergrund kam dieses Papier. Das Papier ist damals behandelt worden. Eine Beschlussfassung ist nicht erfolgt.

Wehner: Ich bin hier jetzt genannt worden und an dem Vorgang ist Folgendes, dass ich nicht vergessen habe, dass an einem Nachmittag, den wir hier zusammensaßen, in die Fächer eine fotokopierte Sache gelegt worden war, wovon ich nach dem Schluss der Fraktionssitzung erfahren habe. Klar, dass ich zunächst einmal feststellen lassen musste, wieso Dinge in die Fächer gelegt werden und wer das in diesem Fall verantworten muss oder kann, und wir haben in einer Sitzung des Fraktionsvorstandes, es war die in Berlin am 19. Februar, wenn ich mich jetzt nicht irre, darüber gesprochen. Meine sicherlich etwas unakademische Erklärung am Schluss dieser Diskussion war, was in diesem Blatt steht, halte ich für töricht und unter gewissen Umständen sogar könnte es gefährlich werden. Wie diese Sache hier in die Fraktion gebracht worden ist, das kann ich aber nur mit dem Volksspruch belegen, das heißt auf einen Schelm anderthalbe setzen, weil man eine Auseinandersetzung über etwas zu einer bestimmten Zeit auf diese Weise hat erzwingen wollen, wobei die Absichten durchaus diskutabel gewesen sein können. Diese Bemerkung von *Conradi*, dass wir damals miteinander gesprochen haben, bezieht sich auf diesen Vorgang, weil er und ein anderer Genosse diejenigen waren, die mich gefragt haben, wieso solche Blätter in die Fächer gelegt werden können, und ich darauf versucht habe, das, soweit es ging, noch am selben Abend festzustellen. Nachdem darüber Klarheit geschaffen worden war, habe ich gesagt, und ich nehme an, *Brandt* hat etwas Ähnliches gesagt, ich jedenfalls habe gemeint, wenn es gelingt, eine solche Klausurtagung zu machen und dort über solche und dazugehörige Dinge zu reden, dann würde vielleicht durch eine ganze Menge von Vorschlägen und auch den Teil der Vorschläge, die man realisieren kann in kurzer Zeit, na sagen wir mal 80 Prozent von Gegensätzen abgebaut werden können. Es wird ein weiterer bleiben, und ich habe gemeint, das würde sich eigentlich lohnen müssen, dass dann immer noch gegensätzliche Auffassungen in anderen Fragen bleiben und dass darüber geredet werden muss, wie man sich über sie in Diskussionen, von denen wir hier heute einige Möglichkeiten jedenfalls, wie man sie organisieren kann, gesprochen haben, auszusprechen hätte und herauszufinden hätte, wo es, wenn es solche gibt, unüberwindliche Gegensätze geben sollte. Das also würde dem Teil, der nicht mit solchen Vorschlägen, wie es die sind, die wir jetzt zum Teil heute besprochen und fast alle doch akzeptiert haben, übereinstimmt, gedeckt werden könnten. Das zu meiner Namensnennung. Wer wünscht weiter das Wort? *Huonker*!

Huonker: Es ist vorhin noch gefragt worden nach der Öffentlichkeitsarbeit dieser Gruppe oder Gruppierung, die Peter *Conradi* ansprach und die man gemeinhin handelt unter dem Namen Leverkusener Kreis.[63] Dazu eine Bemerkung. Dieser Kreis hat sich nur ein einziges Mal als Kreis in der Öffentlichkeit verlautbart, und zwar als Antwort auf einen Artikel im »Vorwärts«[64], der ja in dieser Zeit, als eine Menge im Vorfeld des Parteitags über Gefahr der Spaltung der Partei in der Zeitung geschrieben worden ist, eben in diese Kerbe hieb, und uns schien es damals notwendig, da ja der Leverkusener Kreis insgesamt angesprochen worden ist, in der Öffentlichkeit auch im Interesse der

---

63 In der 6. Wahlperiode hatte sich diese linke Gruppierung innerhalb der Fraktion noch nach ihrem Treffpunkt im Abgeordnetenhochhaus »Gruppe der 16. Etage« genannt. Seit 1972 war »sie als Leverkusener Kreis« bekannt. Vgl. dazu auch REINHARDT, Max: Aufstieg und Krise der SPD. Flügel und Repräsentanten einer pluralistischen Volkspartei, Baden-Baden 2011, S. 79–82.

64 Gemeint ist der Kommentar »Antwort an Frau Renger« von Friedrich *Beermann*; »Vorwärts« vom 29. März 1973, S. 2. – Der Kommentar bezog sich auf *Rengers* Kommentar »Gefahr für die Einheit der SPD?«; »Vorwärts« vom 22. März 1973, S. 2.

Fraktionssitzung 12.06.1973 **20.**

Partei klarzumachen, dass dieser Leverkusener Kreis eben eine lose Gruppierung ist, offen für alle Fraktionsmitglieder, die auch dann, wenn sie in diesem Kreis mitarbeiten, zu Gesprächsabenden kommen und Ähnlichem, in ihrer Entscheidung frei sind. Dies ist, soweit ich das überblicke, die einzige Gelegenheit gewesen, wo der Leverkusener Kreis sich als solcher geäußert hat, und zwar einfach deshalb, weil diese Replik unerlässlich war. Ansonsten, wenn heute zum Beispiel eine Erklärung rumginge, die einer abgefasst hat, NATO und Griechenland, dann ist das eine Initiative des Einzelnen und wer da unterschreiben will, kann unterschreiben. Das ist jedem frei. Wer es tun will, kann es tun. Wer es bleiben lassen will, kann es bleiben lassen.

Wehner: Heinz *Rapp*.

Rapp (Göppingen): Genossinnen und Genossen, die Sorge von *Henke* bezog sich auf die Vorstellung, hier wollte eine Gruppe ein Büro aufmachen, etwa im Sinn eines Zentralkomitees, das dann nachher Abgeordnete halt wie Puppen tanzen lassen könnte. Diese Vorstellung war von vornherein völlig gegenstandslos, nicht wahr. Wir haben ja den Gedanken überhaupt nicht weiterverfolgt in dieser Gruppe bis jetzt, nicht wahr. Aber mittlerweile haben doch genügend Genossen an Veranstaltungen, an Zusammenkünften dieses Kreises teilgenommen und wer das hinter sich hat, der weiß, dass die Vorstellung, wir könnten hier ein Büro aufmachen, das Puppen tanzen lässt, dass diese Vorstellung völlig absurd ist. Da wird mitunter sachliche und gute Sacharbeit geleistet, gute Diskussionen geführt. Da gibt es Veranstaltungen, die verunglückten völlig. Da ist ein völlig desolates Ergebnis nachher raus, wie es halt in Gruppen zu gehen pflegt. Ich will euch nur sagen, die Vorstellung und die Sorge und die Angst, hier könnte eine Fraktionierung in dem Sinn stattfinden, dass irgendein Apparat irgendwelche Abgeordnete irgendwie anbinden könnte, so hat es ja auch im *Rengerschen* Artikel angeklungen[65], dass das von vornherein überhaupt keinen realen Bezug hatte.

Wehner: *Schweitzer*.

Schweitzer: Hier ist jetzt also der Leverkusener Kreis angesprochen. Wir wussten ja auch schon vorher, was der Genosse *Huonker* gesagt hat, dass er bisher sich nur einmal als Kreis verlautbart hat, wie es ja eben hieß, in der Presse, das ist klar. Wir haben jetzt auch mehr gehört von Peter *Conradi* über das Selbstverständnis sozusagen dieser »Gruppe«, Vorbereitung also von Sitzungen aller Art, besonders Fraktionssitzungen, was ja auch sehr sinnvoll sein kann und sicherlich ist, der Diskussion über spezielle politische Sachfragen, also Beispiel Bodenrecht, auch außerordentlich wichtig. Ich habe jetzt zwei Fragen an *Conradi*, Peter *Conradi* hier, die er natürlich nicht zu beantworten braucht. Ich stelle sie trotzdem, weil ich meine, wir müssen das ganze Thema mal ein bisschen mehr andiskutieren, um zu einer Entspannung irgendwie zu kommen, die sinnvoll erscheint. Eine Frage, lieber Peter *Conradi*: Könntest du der Fraktion denn noch ein paar andere Beispiele geben über Themen, die in solchen losen Gruppengesprächen erörtert worden sind? Ich meine jetzt Sachthemen. Zum Zweiten die Frage, die ist ja eigentlich schon indirekt beantwortet worden: Wärst du nicht bereit, mit dafür zu sorgen, dass halt die ganze Fraktion regelmäßiger zu Sitzungen, Zusammenkünften solcherart eingeladen wird unter Angabe der Tagesordnungspunkte? Ich weiß nicht, wie formell das geht, aber das wären zwei Fragen.

Wehner: Alwin *Brück*.

Brück: Sieben. Genossen, ich will noch zu dem etwas sagen, was Gunter *Huonker* zum Schluss gesagt hat zu dieser Presseerklärung wegen NATO-Rat. Wir haben heute lange

---

65 Vgl. *Rengers* Kommentar »Gefahr für die Einheit der SPD?«; »Vorwärts« vom 22. März 1973, S. 2.

darüber diskutiert, wie es eine bessere Zusammenarbeit zwischen Bundesregierung und Fraktion geben kann, und ein bisschen von der Fraktion her die Bundesregierung beschuldigt, sie tue das nicht ganz. Ich meine, hier ist genau der umgekehrte Fall, dass die Loyalität zwischen Fraktion und Bundesregierung aufseiten der Fraktion fehlt oder derjenigen, die hier diese Erklärung unterschrieben haben. Ich will nichts zur Sache sagen, was da in der Presseerklärung drin steht, aber ich meine, wenn man mit dem NATO-Rat und damit mit der Bundesregierung und ihrem Standpunkt nicht einverstanden ist, dann sollte man das hier in der Fraktion diskutieren oder im Arbeitskreis diskutieren und nicht gleich eine Presseerklärung abgeben. Das ist auch eines unserer Probleme.

(Vereinzelter Beifall.)

Wehner: *Schlaga.*

Schlaga: Um an den letzten Punkt gleich anschließen zu können, Genossen, darüber mag man streiten können, das ist richtig, aber ich habe es mehrfach erlebt, dass wir also durchaus aktuelle, brennend aktuelle Themen diskutiert haben im Ausschuss und dann erst später sollte es in den Arbeitskreisen erfolgen, das ist bis heut' noch nicht erfolgt. Wenn ich also hergehe und würde das verlangen, das zu tun, dann würde ich glatt die Antwort bekommen, unser Terminplan ist so voll, dass wir also dazu in absehbarer Zeit nicht kommen. Man kann es vielleicht ad hoc einbringen, das halte ich für denkbar. Aber das nur als Antwort auf Alwin *Brück*.

Nun zu *Schweitzer*. Ich weiß gar nicht, wo hier eine Entspannung notwendig sein soll. Wer empfindet denn das als Spannung, was sich hier abspielt? Der muss doch wohl irgendwo diese Dinge völlig falsch sehen und er sollte sich bemühen, der sollte sich tatsächlich bemühen, Gast zu sein, denn da haben wir nie einen Hehl daraus gemacht, dass Dienstagsmittags um 13 Uhr in irgendeinem Raum, in 19, es wechselt manchmal, diese Gruppe zusammentritt. Da nehmen so viel Genossen daran teil, die sich informieren. Genosse *Schweitzer*, du bist herzlich eingeladen, um kennenzulernen, dass da also keine Spannungen erzeugt werden, sondern dass wir uns bemühen, Spannungen abzubauen. Im Übrigen scheint mir tatsächlich missverstanden zu werden, dass diese hier als einzige anscheinend nur existierende Gruppe angesprochen wird, es möglicherweise an Loyalität mangeln ließ oder lässt, denn das ist ja vor kurzem mal ausgesprochen worden, da wurde sogar unterstellt, wir hätten einen Mangel an Solidarität. Nun schön, wir haben darauf nicht weiter reagiert. An sich wäre das eine Reaktion wert gewesen, genauso wie die auf den Artikel im »Vorwärts«[66]. Ich bin der Auffassung, dass für uns oberster Leitsatz eben tatsächlich genau diese Loyalität ist. Sie mag manchmal von der einen auf die andere Seite hin strapaziert werden, das kann sich gar nicht anders ergeben bei einer so heterogenen Fraktion, aber auch genau dieser Verein, diese Gruppe, von der hier die Rede ist, ist in sich außerordentlich heterogen und grade durch dieses Spannungsverhältnis in sich ist er vielleicht in der Lage, vielleicht in der Lage, das eine oder andere dann als Motor wirken zu lassen, die eine oder andere Spannung als Motor wirken zu lassen und dadurch etwas, das mag sehr vermessen klingen, vielleicht etwas effektiver zu sein.

Denn das ist das Ziel, was wir uns eigentlich gestellt haben, effektiver zu arbeiten und einen Arbeitsstil zu entwickeln, der durch die Umstände, die in der Fraktion herrschen, sich nicht deswegen abheben soll, weil wir besser sein wollen als andere, sondern weil wir tatsächlich effektiver sein wollen. Wir mögen uns irren, das kann sein, aber jedenfalls habe ich die Hoffnung noch, dass das gelingt, und im Übrigen pflegen wir tatsäch-

---

[66] Gemeint sind die oben genannten »Vorwärts«-Artikel von Friedrich *Beermann* und Annemarie *Renger*.

lich die politische Diskussion um Fragen, um Probleme, die hier nicht diskutiert werden können. Wir wollen zwar, dass sie hier diskutiert werden. Wir wissen aber auch, dass es nicht immer möglich ist, sie hier zu diskutieren. Wir versuchen, das zu tun mit unterschiedlichem Erfolg, wie es eben gesagt worden ist. Hinzu kommt das, was man gegenseitige Hilfe, Rat und Tat ist, was Information ist und natürlich auch allerdings der Versuch, bis an die Grenze, und dieser Gefahr bin ich mir oder sind wir uns bewusst, bis an die Grenze der Belastbarkeit der Koalition zu gehen. Das allerdings ist auch eine Absicht, das gebe ich zu, und letztlich haben wir Verbindungen zu Jungsozialisten. Wir haben Verbindungen zu Gewerkschaftskreisen. Es gibt da andere Gruppen. Allerdings glaube ich wohl hier nicht sagen zu brauchen, dass wir außerhalb unserer Partei keine Verbindung suchen noch haben.

Das ist also das, was ich vielleicht der sachlichen Klarstellung wegen hier einmal umreißen darf. Aber eines suchen wir nicht, wollten wir nicht und wollen wir auch in Zukunft nicht, nämlich keinerlei Konfrontation zu irgendeiner anderen Gruppierung, die hier bestehen mag, aus welchen Intuitionen sie heraus sich auch versteht oder ein gewisses Selbstverständnis hat. Diese Absicht hat uns von vornherein ferngelegen. Wenn uns die unterstellt wird, ist das falsch!

Wehner: Lenelotte *von Bothmer*.

von Bothmer: Ich weiß nicht, liebe Freunde, das kommt mir ein bisschen komisch vor. Jetzt klingt es fast wie eine Verteidigung und dabei weiß doch jeder, der in dieser Fraktion ist, dass es mehrere Gruppierungen gibt. Wieso denn eigentlich nur diese eine? Da gibt es zum Beispiel die Linke Mitte, die ich absolut berechtigt finde. Das sind ebenso unsere Genossen. Die treffen sich zu Sachgesprächen, wahrscheinlich aus genau den gleichen Motiven, wie das der Leverkusener Kreis tut, und ich weiß nicht, was wir einander vorzuwerfen haben, wenn wir jeder nach seiner Weise versucht, die Dinge am besten in die Hand zu bekommen und für diese Partei allerdings das Bestmögliche herauszuholen. Ich glaube, das sollten wir einander gelten lassen, dass [dies] das Grundmotiv ist, und sollten das nicht verdächtigen. Ich sehe, dass da schon wieder der Kopf geschüttelt wird. Ich bedauere das sehr, wenn das so ist, denn dann möchte ich auch daran erinnern, dass es eine Gruppe gibt, die sich Kanalarbeiter nennt, die aus genau den gleichen Gründen, wenn ich richtig informiert bin, sich einmal zusammengetan hat, nämlich um –

(Zwischenruf.)

wie bitte? Ja gut, schön! Also eine Gruppe gegen Gruppenbildungen.

(Zwischenruf.)

Soweit ich etwas davon weiß, Genossen, hat die Gruppe Kanalarbeiter sich auf-, zusammengetan, weil sie das Gefühl, das richtige Gefühl hatten, miteinander mehr wirken zu können, als wenn jeder einzeln in einer großen Fraktion sitzt. Aber warum nun das bei anderen Gruppen mit einem negativen Zeichen versehen wird, bei solchen, die jetzt sich in diese Fraktion hineinarbeiten wollen und müssen, das kann ich im Grunde nicht verstehen.

(Vereinzelter Beifall.)

Wehner: Karl-Heinz *Hansen*.

Hansen: Ich muss jetzt Stellung nehmen zu dem, was Alwin *Brück* eben gesagt hat. Er hat hier einen ganz falschen Zungenschlag in die Diskussion über Gruppen gebracht, indem er nämlich meine persönliche Aktion von heute Morgen, die darin bestand, dass ich eine Presseerklärung rumgehen ließ zur bevorstehenden NATO-Ministerratstagung, die morgen in Kopenhagen stattfindet, und worunter ich gebeten hatte zu unterschreiben, wenn sie mit dem Inhalt einverstanden waren. Ich will jetzt für die, die nicht unterschrieben haben oder nicht da waren, um unterschreiben zu können, nur den Inhalt mit ein, zwei Sätzen erklären. Darin heißt es nichts weiter, als dass verlangt wird, dass der NATO-Ministerrat gefälligst das Problem Griechenland jetzt auch aus Sicherheitsgründen debattieren soll morgen. Das war die Erklärung. Ich könnte ergänzend dazu sagen, dass in den »Wehrpolitischen Informationen«, vom Mönch Verlag herausgegeben, heute genau diese Sorge so ausgedrückt wird, dass nämlich die Streitkräfte dort zusammengefasst werden und große Untersuchungen stattfinden. Man kann doch wohl mit Recht die politische Frage stellen, ob die Sicherheit nicht auch bedroht ist durch einen Bündnispartner, in dem Heer auf Marine aufpasst, die Marine auf die Luftwaffe und die Luftwaffe wieder aufs Heer und umgekehrt. Das kann nach außen ja keinen sehr großen verteidigungspolitischen Effekt mehr haben.

Wehner: Diese Gruppen blockieren einander dort. Die militärischen.

(Heiterkeit.)

Hansen: Und nun meine ich, ich brauche das nicht lange zu verteidigen, aber sehr deutlich wollte ich sagen, dass dies eben keine Aktion war eines bestimmten Kreises oder einer bestimmten Gruppierung in dieser Fraktion, und ich summiere das unter das Recht, von dem Herbert *Wehner* gesagt hat, dass es unbestritten ist für die Fraktion, zum Beispiel im Bundestag auch kontrovers vom Podium herunter seine Meinung zu sagen. Nichts anderes geschieht eigentlich hier auch auf schriftlichem Wege, und ich meine, um das ganze Problem noch mal aufzureißen, da hatten wir heute Morgen mit angefangen, dass nämlich einige, und darüber waren wir uns relativ weitgehend einig, gesagt haben, wir sollten als Fraktion uns als kritische Begleitung der Regierung, und ich sage es jetzt mit meinen Worten, nicht so sehr in den Arbeitsgruppen und Arbeitskreisen, Werner *Buchstaller*, als Erfüllungsgehilfen der Regierung [...]⁶⁷ verstehen. Diese Arbeitsteilung kann unserer Partei, der Regierung und der Fraktion insgesamt nur nützen.

(Vereinzelter Beifall.)

Wehner: *Coppik*.

Coppik: Genossinnen und Genossen, Leverkusener Kreis, das war nach meiner Auffassung stets eine, wie das hier bereits angeschnitten wurde, offene Gruppe, eine für alle Mitglieder offene Gruppe, die natürlich daraus entstanden ist, dass einige, vor allem auch neue Mitglieder dieser Fraktion glaubten, sich politisch besonders nahe zu stehen, nicht zuletzt vielleicht aufgrund ihrer früheren Tätigkeit und Arbeit bei den Jungsozialisten, vielleicht auch aufgrund heute noch bestehender Verbindungen zu dieser Arbeitsgemeinschaft. Dieses politische besondere Nahestehen bedeutet aber nicht, dass nicht auch dort unterschiedliche Meinungen in den einzelnen Sachfragen bestünden. Das zeigt sich selbstverständlich in den Veranstaltungen dort und ich habe bisher den Eindruck gehabt, dass jedem Mitglied der Fraktion es offensteht, zu diesen Veranstaltungen zu kommen, mitzuarbeiten auch an den konkreten Sachfragen, die dort angesprochen werden. Die dort vorgetragenen Auffassungen, etwa die von Karsten *Voigt*, die der Genosse *Schweitzer* hier vorhin angeschnitten hat, sind natürlich ebenso unterschiedlich, aber ich glaube, dass an dieser Stelle eines zumindest korrigiert werden muss, was hier gesagt wurde. Ich hab' an dieser Veranstaltung damals die ganze Zeit teilgenommen. Eine Äußerung dieses Inhalts, wie sie der Genosse *Schweitzer* hier heute wiedergegeben hat, hat der Genossen Karsten *Voigt* in dieser Form nicht abgegeben. Das ist einfach nicht richtig. Das muss hier, glaube ich, mal korrigiert werden.

---

67 Vom Bearbeiter gestrichen. Auf dem Tonband zu hören: »zu«.

Und nun vielleicht noch eine Anmerkung zu dem, was die Genossin *Bothmer* schon gesagt hat. Es ist ja nicht die einzige Gruppe, die hier tätig ist in dieser oder jener Form, und man hört auch von anderen. Und da möchte ich doch ganz gern die Frage stellen, nach welchen Kriterien zum Beispiel die Einladungen dieser Gruppe der sogenannten Kanalarbeiter verschickt werden. Also ich zum Beispiel selbst hab' nie eine solche Einladung bekommen und du, Genosse *Schweitzer*, hast ja gesagt, warum werden denn nicht alle zu den Veranstaltungen eingeladen. Nun, offenbar gibt es auch in anderen Gruppen Auswahlkriterien irgendwelcher Art, und mich würden vor allen Dingen diese Kriterien einmal interessieren. Sind es politische Kriterien? Glaubt man, dort sich politisch besonders nahezustehen? Dann wie, in welche Zielrichtung, aufgrund welcher Grundlage? Das würde mich einmal interessieren, wenn man hier von Gruppenbildung spricht. Ich hab' vorhin hier so einen Zwischenruf gehört, da wurde gesagt, das ist eine Gruppe, die gegen die Gruppenbildung ist. Nun ja, das mag sein, aber dann müsste sie ja erst recht alle einladen und keine Kriterien einer Auswahl vornehmen und vor allen Dingen, Genossinnen und Genossen, würde mich dann interessieren, da ja diese Gruppe besonders bei personellen Entscheidungen in Erscheinung tritt, würde mich interessieren, nach welchen Kriterien diese personellen Entscheidungen da gefällt werden, die ja dann letztlich offenbar dazu führen, dass in dieser Fraktion immer noch nahezu alle wesentlichen Ämter durch eine Liste dieser Gruppe besetzt werden.
(Vereinzelter Beifall.)

Wehner: Norbert *Gansel*.

Gansel: Sieben, sieben. Ich nehme regelmäßig an den Sitzungen dieses Kreises teil,
(Heiterkeit.)
der außerhalb Bonns der Leverkusener Kreis genannt wird, und daher rührt auch noch meine zusätzliche Arbeitsbelastung, obwohl ich das Gefühl habe,
(Zwischenrufe.)
dass das immer die politisch wichtigsten, und wie ich spüre, sinnvollsten Sitzungen sind, die ich in der Wochenroutine in Bonn habe, und ich will euch ganz einfach sagen warum. Nicht etwa aus dem Grunde, den Hans *Apel* zum Beispiel in seinem politischen Tagebuch für seine Besuche bei den Kanalarbeitern angegeben hat, das ist die nette menschliche Atmosphäre, Hans' wörtliches Zitat[68], sondern deshalb, weil in dieser Gruppe offen und kontrovers diskutiert wird und weil ich dort viele Informationen bekomme, die ich anderswo nicht bekomme, und weil ich weiß, hier finde ich auch Genossen, mit denen zusammen ich 'ne Initiative machen kann und mit denen ich mich absprechen und koordinieren kann. Und außerdem, ich glaube, dass dieser Kreis, bei dem ja Gott sei Dank auch ältere Genossen dabei sind, auch wirklich vor allen Dingen in diesem ersten Jahr für die Neulinge nicht nur eine psychisch-moralische Unterstützung gewesen ist, sondern auch eine praktische Unterstützung. Denn manchem von uns wäre das noch saurer geworden, wenn er dort nicht die Hilfe und den Rat und auch das politisch-menschliche Verständnis von anderen älteren Genossen gefunden hätte. Also da gibt es viele Gründe und die sind auch nach wie vor gegeben. Im Übrigen hat Willy *Brandt* ja auf dem Parteitag vier Bemerkungen zu diesen Gruppen gemacht und gegen keine dieser Kriterien verstößt dieser Kreis und der ist insofern, wenn man will, auch zusätzlich legitimiert worden.

---

[68] APEL, Hans: Bonn, den … . Tagebuch eines Bundestagsabgeordneten, Köln 1972, S. 135. – *Apel* schrieb über die Treffen der »Kanalarbeiter« im Restaurant »Rheinlust«: »Hier ist es warm und menschlich. Politik wird ernsthaft und ausdauernd nicht debattiert.«

Im Übrigen hat doch grade das Beispiel der acht Punkte des Genossen *Glotz* gezeigt, wie sinnvoll es ist, bevor man Initiativen macht in der Fraktion, sie voreinander abzusprechen und zu koordinieren. Und auch dieses ist doch gewissermaßen eine Gruppeninitiative. Nun gibt das noch Einzelinitiativen, die sich sehr oft mit Gruppen verbinden, siehe die Initiative Karl-Heinz *Hansen*. Für solche politischen Erklärungen von Abgeordneten gibt es, darüber sind wir uns doch alle einig, keinen Dienstweg. Es geht weiß Gott nicht an, dass, wenn man mit einer von der herrschenden Meinung abweichenden Auffassung nach draußen gehen will, man das erst mit Arbeitsgruppen, Arbeitskreisen, Obleuten und Fraktionsvorstand abzusprechen hätte. Das ist doch jedem benommen, mit solchen Erklärungen als Einzelner oder auch mit mehreren in die Öffentlichkeit zu gehen. Wobei ich auch der Auffassung bin, dass schon aus Gründen, so viel wie möglich dahinter zu sammeln, das gut ist, wenn man das in Fraktionssitzungen ankündigen kann oder auch andiskutieren kann. Aber ich erinnere daran, was für ein Krampf es gewesen ist und wie viel Unmut es gegeben hat, weil das Zeit kostete, als wir hier einmal vor zwei oder drei Monaten versucht haben, über das Thema Griechenland zu diskutieren.

Genossinnen und Genossen, wenn ihr alle bereiter wärt, über solche politischen Fragen zu diskutieren, die ihr vielleicht als unwichtig betrachten möchtet, die aber vor allen Dingen für viele junge Leute bei uns einen hohen politischen Stellenwert haben, oft nur wegen ihrer symbolischen Bedeutung – und oft ist es ja nicht nur die symbolische Bedeutung –, wenn ihr mehr Verständnis und mehr Zeit dafür hättet, dann könnte man das auch hier in der Fraktion machen.

Nun eine Bemerkung zu der Offenheit solcher Kreise, und da stelle ich Fragen an die Vertreter des Kreises Linke Mitte und der Kanalarbeiter. Ich bin nicht informiert, wann sie tagen, wo sie tagen und ob man dazukommen kann. Ich habe nur mal eine Geschichte erlebt mit den Kanalarbeitern, die fast anekdotischen Charakter hat, und deshalb will ich das noch eben erzählen. Ich hoffe, dass es bei den anderen Gruppen nicht so ist. Da hatte ich eine Einladung gekriegt in mein Fach zu einem Fest der Kanalarbeiter auf der Godesburg und da bin ich, ich wusste zunächst nicht, was das war und bin nichtsahnend hingegangen zu Egon *Franke* und hab' ihm gesagt, ich bedanke mich für die Einladung. Mein Großvater, der war Schleusenmeister am Kaiser-Wilhelm-Kanal, ich komm' also aus einer alten Kanalarbeiterfamilie und nehme an, das ist der Grund der Einladung gewesen. Daraufhin sagte Egon *Franke* zu mir, bei uns gibt das keine Sippenhaft und auch keine Sippenlegitimation.

(Heiterkeit.)

Und dann fügte er noch hinzu, wehe, wenn sich einer von euch bei uns sehen lässt.

(Heiterkeit.)

Und auch wenn ich nicht gleich den großen Holzknüppel gesehen habe, war das doch Anlass genug für mich, davon Abstand zu nehmen, an dem Abend dort aufzukreuzen. Ich hoffe, dass das nicht für andere sachpolitische Gespräche solcher Kreise gilt, und aus diesem Grunde wäre es gut, wenn man dann und wann erfahren könnte, wo so ein Kreis tagt und worüber er sprechen will, damit man halt einfach mal dazu gehen kann und sich informieren kann.

Wehner: Ehe ich das Wort weitergebe, wollte ich das, wenn auch nur in Worten, etwas illustrieren. Die einen haben zu einem Spanferkelessen eingeladen, da haben es andere vervielfältigt und zu Hunderten anderen gegeben. Das war das eine.

(Heiterkeit.)

Ja, sicher nicht nur deswegen. Der Saal war wohl auch nicht für so viele eingerichtet. Die anderen haben dann, ob es dieselben anderen waren, ist eine völlig andere Frage, die ha-

Fraktionssitzung 12.06.1973 **20.**

ben dann etwas, was sie in die Hand gekriegt haben, in die Fächer gelegt. Das ist die Logik von offenen Gruppen, Genossen. Irgendwo muss es dazwischen eine Möglichkeit geben, auch wenn man sich gegenseitig eine Boshaftigkeit antun will, doch über gewisse Dinge miteinander zu reden.
(Vereinzelter Beifall.)
Doch das nur nebenbei wegen des Spanferkels, das der Sohn eines Schleusenwärters hier genannt hat. Egon *Franke*!

Franke: Genossen, um gleich beim Letzten anzufangen, beim Vorletzten, bei dem, was Norbert *Gansel* sagte. Zum Schluss hat er seine eigene Wortung gefunden, um das Gespräch darzustellen. Ich habe nicht gesagt, lass' dich da ja nicht blicken, sondern ich hab' wohl in etwas freundlicher Form
(Heiterkeit.)
gesagt, du betrachtest dich doch wohl bei deiner Grundeinstellung zu uns nicht als eingeladen? Das kann sinngemäß zutreffender sein und ist außerdem auch redlicher, wenn wir diese Diskussion führen.

Aber nun zu dem Gruppenthema. Ich habe bewusst mich während der ganzen Zeit nicht zu Wort gemeldet, weil sich die Vertreter von Gruppen hier unter anderem über den Wert oder Nichtwert der Gruppennotwendigkeit unterhalten haben. In der Tat, ihr habt vorhin gelacht, als ich diesen Zwischenruf gemacht habe, ihr mögt es glauben oder nicht, war das seinerzeit jedenfalls das Bemühen, Sondergruppierungen in der Fraktion nicht zuzulassen, soweit man als Fraktionsmitglied überhaupt einen Einfluss nehmen konnte. Da ging es um elitäre Bevorzugungen, die durch den Bildungsgang bedingt waren, wenn zum Beispiel jemand nur ins Ausland reisen durfte, der auch die Fremdsprache beherrschte und nicht nur Sozialdemokrat und guter Sozialdemokrat war, wenn man sagte, dann wollen wir die Delegation mehr mitbestimmen und wehren uns gegen diese Art der Selektierung. Ich glaube, dann war das legitim, und wenn ihr so wollt eigentlich ein Vorspann für das, was ihr meint, jetzt wahrnehmen zu müssen, um Gruppen daraus zu machen. Uns ging es darum und geht es nach wie vor darum oder jedenfalls, soweit ich dran beteiligt bin, ich hab' grad niemanden gefragt, ob ich hier etwas sagen darf, denn das ist ja das Gediegene dabei. Es gibt Kritik an meinem Freundeskreis, dass wir uns nicht zu Sachproblemen, zu Diskussionen zusammenfinden und Erklärungen abgeben. Wollen wir ja auch gar nicht!

Ich darf hier an die Geschichte dieses Freundeskreises erinnern. Wir haben in den Zeiten, die Norbert *Gansel* jetzt vermisst, weil wir hier nicht kontrovers aufeinander losgehen, in denen es wirklich um grundlegende politische Fragen ging, zum Beispiel Große Koalition ja oder nein oder Notstandsgesetzgebung ja oder nein, Themen, die uns nicht nur in der Fraktion, sondern in der gesamten Partei und auch die gesamte Öffentlichkeit bewegten, hatten wir untereinander völlig unterschiedliche und entgegengesetzte Meinungen. Wir sind aber nicht in Sonderzirkel zurückgegangen, um die eine Pro-Auffassung zu organisieren oder die Kontra-Auffassung zu organisieren, sondern wir haben die Fraktionsoffenheit gewollt und wollen die noch immer. Darum auch keine Tagungen zu Sachthemen.

Und liebe Genossinnen und Genossen, ihr mögt das uns nicht abnehmen, oder mir nicht abnehmen, in der Tat geht es darum zu versuchen, uns als Gesamtheit zu erhalten. Jede organisierte Form, zu allen Fragen einen gleichen Personenkreis nur einzuladen, heißt doch auch wieder, eine Diskussions-, einen Informationsvorsprung vor anderen zu kriegen, die nicht aus der Fraktionssystematik und -organisationsform beteiligt sind. Und woher nehmt ihr die Legitimation, zu sagen, welche Themen von besonderer Bedeutung sind? Ich halte das für anmaßend. In dieser Fraktion sind wir hier heute doch hergekommen, um das Kriterium derer, die mit dem, was bisher war, nicht zufrieden sind, zu hören und Vorschläge zu hören, was nun grundlegend geändert werden soll. Da ist doch die Bereitschaft, bei allen gegeben mitzumachen, denn wir sind doch daran interessiert, uns nicht zu zerstückeln, sondern unsere Position zu verstärken, auch mit Sicht auf die kommenden Entscheidungen. Und wer sich dabei Illusionen hingibt, dass es darauf ankommt, dass wir uns gruppenmäßig artikulieren, die einen als Rechten verteufeln, das war 'ne sehr bewährte Methode von einigen, um auch innerparteilich etwas zu strukturieren, liebe Genossen, dann fängt es an, eine sehr wichtige Basis unserer Zusammenarbeit zu zerstören, nämlich das gegenseitige Vertrauen, und die Formel, dass bei aller Unterschiedlichkeit zu den Tagesfragen wir mehr Verbindendes als Fremdes haben können. Zu unserer Devise, meiner Devise, die ich in jeder Situation vertreten habe und für die ich eingestanden bin, und das müssen mir auch sachlich, mir gegenüber kritisch eingestellte Genossinnen und Genossen bestätigen, dass ich nicht versuchte, eine Mehrheit an Fraktionsmitgliedern für jede Frage zu erfassen und zu programmieren, sondern dass es darum ging, die Fraktionsoffenheit insgesamt zu erhalten.

Und im Übrigen ist das ein Kreis von Freunden, der sich darüber im Klaren ist, dass neben dem Respekt vor euch, die ihr Tag und Nacht Probleme wälzen müsst, wollt und euch dazu hergebt, dass wir auch eine andere Art des miteinander Umgehens für sinnvoll halten, denn schließlich gibt es neben den vielen speziellen Sorgen und Problemen, die der eine und der andere hat, auch noch das Bedürfnis, dass man sich mal unterhält und zusammenkommt und die sogenannten zwischenmenschlichen Beziehungen auch ein klein wenig mehr unter Genossen pflegt. Das ist das, um was uns die andern immer beneidet haben in der zurückliegenden Zeit, die sich als Fraktionsangehörige der andern Fakultät menschlich sehr fremd und sehr distanziert gegenüberstanden, während wir bemüht waren, auch jeden Einzelnen, und das werden viele Genossen bestätigen müssen, die im Laufe der Jahre hier in die Fraktion nachgerückt sind, dass wir uns bemüht haben, auch jedem bei der Lösung seiner unmittelbaren praktischen Aufgaben hilfreich zur Seite zu stehen, obwohl es oft die Anregung gab, das auf die Fraktionsführung zu übertragen. Das ist ja auch übernommen. Wir wollten da nicht Ersatzstelle für irgendein Führungsgremium oder sonst was sein, sondern uns ging es darum, Sozialdemokraten zu sein und dafür alles zu tun, um bei allen Meinungsunterschiedenheiten zu der einen oder anderen Frage doch das Verbindende zu pflegen und dabei bleibt es. Das ist keine Gruppenbildung im Sinne der bisherigen Diskussion. Ich wollte das nur erläutert haben. (Beifall.)

Wehner: Günter *Wichert*.

Wichert: Genossinnen und Genossen, es liegt wohl in der Natur der Sache, dass jeder seiner eigenen Gruppe den optimistischsten und für die Partei verträglichsten Aspekt abgewinnt, den es gibt. Man kann die Sache damit ein wenig verharmlosen und herunterspielen und es ist gut so, weil das eine Atmosphäre in der Fraktion schafft, in der man darüber reden kann ohne Aggressionen, wie es etwa vor dem Parteitag und der Atmosphäre, die von außen in die Fraktion und in die Partei hineingetragen worden ist, der Fall war. Trotzdem, meine ich, wird man der Sache nicht ganz gerecht. Ich frage mich zum Beispiel, was Willy *Brandt* in der Parteiratssitzung und vor der Fraktion dann gemeint hat, als er damals darüber gesprochen hat, welche Gruppierungen im Falle einer verlorenen Wahl, und er nannte da auch noch irgendeinen Kreis, den es da geben soll, schon über bestimmte Konsequenzen geredet hat, die dann in der Partei gezogen werden sollen. Und ich weiß nicht, mit welcher Gruppe, die unpolitisch ist oder sich gibt, das identisch ist oder nicht. Ich glaube deswegen, dass die Leverkusener Gruppe nicht die primäre und der primäre Gegenstand dessen sein kann, worüber hier geredet wird.

Als ich in die Partei und die Fraktion gekommen bin, habe ich Gruppenbildungen mit breiten Mehrheiten vorgefunden und die Zettel, die vor Fraktionsvorstands- oder Parteivorstandswahlen auf Parteitagen und Fraktionsvorstandswahlen herumgegangen sind, die haben immer charakteristischerweise einen Bogen um mich gemacht, weil ich bekannt war, aber als Minderheit und nicht als Mehrheit und verschiedene andere auch. Und dass man sich das auf die Dauer wird nicht bieten lassen können und wollen, grade wenn man eine offene Diskussion in der Partei haben will, ist doch wohl verständlich. Deswegen ist diese Tagung auch richtig, weil sie versucht, einen Teil der in den Arbeitsabläufen der Fraktion strukturierten Probleme, die Anlass zu Differenzen sein könnten, abzubauen versucht, indem sie insgesamt ein Modell zur Arbeitsweise und zur Verbesserung der Arbeitsweise in der Fraktion zu finden sucht. Was sie damit nicht beseitigen kann, sind die politischen Differenzen, die es in der Fraktion genauso notwendig gibt wie in der Partei auch. Wer zum Beispiel vor zwei Jahren in dieser Fraktion, als Karl *Schiller* Wirtschaftsminister gewesen ist, gewagt hat, darüber zu reden, dass wir zur Konjunktursteuerung auch Investitionslenkung in einer anderen Form betreiben müssen, so etwa wie es jetzt der Parteitag im Rahmen der Langzeitdiskussion beschlossen hat, den hätte ich erleben mögen in der Resonanz in dieser Fraktion und in der Partei.

Und es ist deswegen nötig und verständlich, wenn Probleme, deren Stellenwert in der Fraktion nach Beurteilung Einzelner, darüber kann es keinen Konsens geben, nicht richtig oder nicht auf dem Standpunkt, wie es zur Erfüllung und Weitervorbereitung und Durchführung unserer Partei für notwendig gehalten wird, auch in der Partei über die Fraktion hinaus weiterdiskutiert werden und einer Lösung nähergeführt werden. Ohne dieses Spannungsverhältnis Fraktion – Partei wird auch die Fraktion und wird auch die Regierung keine produktive Arbeit leisten und in dem Zusammenhang, reduziert auf die notwendigen Unterschiede in der politischen Sache, werden wir nicht daran vorbeikommen, dass es unterschiedliche Meinungsauffassungen gibt, die auch darüber reden und diskutieren, wie sie ihre Meinung in der Partei und in der Fraktion durchsetzen. Dass nicht alles dazu als Anlass dienen muss, sich in der Fraktion als Gruppe zu organisieren, wenn die Arbeitsweise in der Fraktion verbessert werden kann, ist eine andere Erkenntnis, und diejenigen, die hier erster Stelle über Gruppenbildungen genannt worden sind, haben ja den Vorschlag gemacht, so viel wie möglich zur Verbesserung dieser Arbeitsweise zu tun – und die Klausursitzung ist ja auch ein Wunsch mit derjenigen, die jetzt hier so als Minderheit dargestellt werden könnten, die für die Partei oder für die Fraktion eine Gefährdung darstellen. Diesen negativen Eindruck sollte man, glaube ich, in der Diskussion vermeiden und reduzieren auf die Arbeitsbedingungen in der Fraktion und auf die politischen Gegensätze, die man dann eben nur durch Mehrheitsentscheidungen korrigieren kann.

(Vereinzelter Beifall.)

Wehner: Wolfgang *Schwabe*.

Schwabe: Zehn. Ich kann mich verhältnismäßig kurz fassen, liebe Genossinnen und Genossen. Ich möchte den Zugang zu der einen oder anderen Gruppe kurz skizzieren. Das ist das eine. Als wir vor über zwölf Jahren hier herkamen, waren wir mehr oder weniger heimatlos. Ja, ich muss wieder zurückgreifen. Das ist ein Stück Nostalgie meinetwegen, aber gar nicht so schlecht. Waren wir mehr oder weniger heimatlos und da hieß es, wo treffen sich denn hier die Sozialdemokraten, und die trafen sich in einem Lokal, das inzwischen zu ist, aber einen legendären Ruf genossen hat, »Rheinlust«, und da gingen wir hin. Da trafen wir uns von den damaligen Neuen, Leute wie Horst *Schmidt*, Leute wie Werner *Figgen*, da trafen wir an Leute wie Fritz *Corterier*, Hanne *Willmann*, Hermann *Haage*. Da trafen wir auch unseren späteren Bundespräsidenten. Da trafen wir ein breites Spektrum von Genossinnen und Genossen aus der Partei, die dort uns die Möglichkeit gegeben haben, menschlich Kontakt zu haben und nicht irgendwie wieder ins Hotel zurückgehen zu müssen oder sonst was, und das hat sich so gehalten bis heute, und ich möchte sagen, dass ich bei den Abenden, bei denen ich dabei war, nicht ein einziges Mal erlebt habe, dass man einem, der, wenn er nicht sonst grade zu laut geworden ist oder aus andern Gründen, man dem gesagt hätte, verschwinde hier, das geht schon gar nicht. Das war ja ein öffentliches Lokal. Wenn es dem einen oder andern begegnet ist, dann tut mir das leid.

Das Nächste möchte ich aber auch sagen und das empfinde ich wieder ein bisschen schmerzlich. Ich verkörpere, nehmt mir es nicht übel, wenn ich das ein bisschen aufzulockern versuche, ich verkörpere in meiner Person einen gewissen Superlativ. Ich bin der südlichste Südhesse in der Sozialdemokratischen Partei, nicht wahr. Wäre für mich auch unerhört interessant gewesen, was die Progression insgesamt nun, sich in Leverkusen oder sonst wo sammelnd, mir an weiteren wegweisenden Dingen aufzeigen kann. Es ist offenbar ein reines Versehen gewesen, dass man nicht ein einziges Mal mir die Chance auch nur gegeben hat, zu fragen, ob ich mich dafür interessiere, und wenn ich die beiden Termine sage, wenn man hier agitieren wollte, ich bin kein Rechtsanwalt und habe noch nicht mal Jura studiert, auch sonst nicht, aber wenn man agitieren wollte, dann wäre ein gewisser feiner Unterschied auch noch zu sehen, ob sich eine Gruppe vor der Fraktionssitzung trifft oder nach der Fraktionssitzung. Das ist nämlich auch noch ein Unterschied, denn hier wird sicherlich nach der Fraktionssitzung keine missliche Programmatik betrieben, sondern da kommt man sehr rasch auf anderes ins Gespräch. Ich möchte viele Progressive einladen, sich in die große Familie zu begeben, und umgekehrt den anderen Gelegenheit zu geben, von euch zu lernen. Ich habe, seitdem ich in dieser Partei bin, das ist immer noch die erste meines Lebens, immer noch gerne gelernt. Danke schön.

Wehner: Das heißt einige klagen, dass sie von den anderen nicht eingeladen werden und das geht über Kreuz, aber noch keine Allgemeinerscheinung. Das wird's wohl auch nicht sein können.

(Zwischenruf.)

Ja bitte?

Franke: {...} Antworten gegeben. Es wurde nicht von vornherein wieder umgangen, sondern unter der Legendenbildung wurden wir dann eingestuft und dann kriegten wir sehr beachtliche Antworten. Freunde, die sich darum kümmerten, den technischen Teil ablaufen zu lassen. Wir haben auch zu arbeiten. Wir wünschen nicht oder ich wünsche nicht, eingeladen zu werden. Grüß mich nicht unter den Linden, mein Kind, so ähnlich war das alles da drin und man hat ja doch denn so ein Gespür dafür und schließlich wissen wir mehr über das, was ihr da macht, als ihr hier heute gesagt habt. Diese Verharmlosung war ja doch fast 'ne Zumutung, da zuzuhören und nicht zu platzen,

(Zwischenrufe. Unruhe.)

dass ihr, ich meine auch, das ist kontrollierbar, das ist alles kontrollierbar, was ich hier gesagt habe, aber in dieser Form, liebe Freunde, war das nicht und wer sich so bewusst auch mit der Einstufung derer, die so als Sozialdemokraten zusammenkommen, als Rechte hinstellt, mit einer ganz bestimmten Absicht, ist doch klar, wir haben doch darunter gelebt, als es wirklich Rechte in Deutschland gab, Genossen, das ist ein bisschen viel gewesen. Da muss man sich doch nicht unnötig bemühen, zumal es ja für manchen auch peinlich gewesen wäre, wenn er angesprochen wäre.

Fraktionssitzung 12.06.1973 **20.**

Wehner: *Waltemathe.*

Waltemathe: Genossinnen und Genossen, nachdem, was Egon *Franke* eben gesagt hat, muss ich auch sagen, es ist eine unzulässige Vereinfachung, so zu tun, als sei eine Gruppe, bestünde nur aus harmlosen Biertrinkern, die überhaupt darauf verzichteten, irgendwelche politischen Zielsetzungen zu verfolgen und seien es personelle politische Zielsetzungen. Ich darf beispielsweise daran erinnern, dass es mich eigenartig berührt hat als Neuling in dieser Fraktion, und ich sage dies, weil ich persönlich nicht dafür kandidieren wollte, aber umso mehr hat es mich also eigenartig berührt, nun kann ich frei darüber sprechen, wie eine Delegation dieser Fraktion zum Bundesparteitag hier gewählt wird, ohne vorherige Sachdiskussion, und dann habe ich mir sagen lassen, dass es da eine ganze Reihe, etwa 50 Prozent der Stimmzettel, die abgegeben worden sind, die zufällig etwa gleichlautend aussahen. Ich finde das eigenartig. In jedem Bezirksparteitag werden Delegierte gewählt nach Diskussion, nachdem auch sachliche Beiträge gewählt worden sind. Ich sage dies nur als Beispiel.

(Zwischenruf.)

Ich sage dies als Beispiel, natürlich,

(Zwischenruf.)

lieber Hans[69], ich will das gar nicht so harmlos machen, als wenn sich auch in den Bezirksparteitagen oder vor Bezirksparteitagen nicht irgendwelche Freundeskreise, politische Freunde treffen, das hab' ich nicht gesagt. Ich sage nur, es hat mich eigenartig berührt, dass es hier Stimmzettel gibt, eine Liste gibt und dann abgestimmt wird und dann ein Ergebnis dabei herauskommt, was man eigentlich schon zum Teil vorher sagen konnte, dass dieses Ergebnis dabei herauskommen würde. Ich halte das umso mehr für bedauerlich, als dies der erste wichtige Parteitag gewesen ist nach der Neuwahl auch dieser Fraktion, und immerhin ist zu bedenken, dass hier 65, sprich über 25 Prozent, Neulinge drin sind und es haben Neulinge kandidiert, zum großen Teil doch ohne Chancen, sich zu artikulieren vorher und dann auch Chancen zu haben, gewählt zu werden.

Genosse *Schweitzer*, ich halte es auch etwas für unzulässig, nun zu sagen, ich bin einmal dagewesen beim Leverkusener Kreis beziehungsweise beim *Matthöfer*-Kreis, ich war an dem Abend übrigens nicht da, als Karsten *Voigt* gesprochen hat, und der hat dies und das gesagt. Ich bin damit einverstanden, dass wir über die Frage Radikalismus in der Bundesrepublik eine eingehende Diskussion haben werden, aber ich halte es etwas für unzulässig von dir aus, sozusagen einen Schuh irgendwo hinzuschieben und zu erwarten, dass sich Leute eines bestimmten Kreises oder eine bestimmte Gruppe diesen Schuh anziehen.

Genossinnen und Genossen, ich bin von Anfang an bei dem Leverkusener Kreis dabei gewesen, das heißt, ich bin in Leverkusen gewesen, und ich habe dies als durchaus eine notwendige und sinnvolle Einführung in die Arbeitsmöglichkeiten eines Abgeordneten gehalten und ich habe eine zweite Informationsmöglichkeit inzwischen entdeckt, von der ich zeitlich allerdings bis jetzt nur zweimal Gebrauch gemacht habe, aber mir immer vornehme, da immer hinzugehen. Das ist die vorhin schon erwähnte Obleutebesprechung. Da bekommt man Informationen und in dem Kreis bekommt man auch Informationen. Wenn ich Egon *Franke* richtig verstanden habe, lohnt es sich nicht, zu den Kanalarbeitern hinzugehen, weil man dort keine bekommt, aber soweit ich weiß, gibt es beispielsweise Informationen in der Linken Mitte. Ich finde es auch eigenartig, Egon

---

69 Es ist unklar, wer hier angesprochen wurde. Möglicherweise Hans *Apel*, der sich öffentlich zum Kreis der »Kanalarbeiter« bekannt hatte.

Franke, dass diejenigen, die Kanalarbeiter sind, es gerne hier sein wollen, im Wahlkreis aber nichts davon wissen wollen.

Genossinnen und Genossen, ich halte es für nicht richtig, dass diese Diskussion hier so geführt wird, als wenn man alles verharmlosen würde. Die einen sind für die sauberen Verhältnisse und die anderen für verhältnismäßige Sauberkeit. Wir sollten offen zugeben, dass es hier Gruppen in dieser Fraktion gibt, und ich halte dies auch nicht für schlimm, sondern ich halte das für notwendig bei einer solch großen Fraktion. Wichtig scheint mir nur zu sein, dass dies keine Exklusivkreise werden, so wie ich es mir verbitten würde, dass mir irgendein Kreis, auch der Leverkusener Kreis mir etwa vorschreiben würde, wie ich in einer bestimmten politischen Frage abstimmen soll. Ich halte das nur für eine Möglichkeit, sich zu informieren, um sich selbst eine politische Meinung zu bilden.

Wehner: Genossen, ich habe jetzt hier noch acht Wortmeldungen. Das Wort hat *Hansen*.

Hansen: Ich möchte auf das, was Egon *Franke* gesagt hat, in wenigen Sätzen erwidern. Ich habe sehr offen das Plädoyer für Redlichkeit und zwischenmenschliche Beziehungen von Egon *Franke* gehört, aber ich meine, es bleibt unredlich, hier so einseitig schönzufärben, und dazu möchte ich einiges sehr Deutliches sagen. Als ich in diese Fraktion kam, 1969, wurde mir von einem schon von früher bekannten Genossen gesagt wörtlich: In dieser Fraktion kannst du was werden, bist du gut aufgehoben, wenn du dich an Egon *Franke* und seine Mannen hältst. Und in der Tat, die Praxis sah so aus, wie ich bald erfahren konnte. Als nämlich die ersten Vorstandswahlen anstanden und neben mir einer von seinen Mannen wortwörtlich abschrieb, was dort an Empfehlungen ihm vorgelegt und anempfohlen war. Und so ist es ja dann auch weitergegangen. Ich entsinne mich, dass ich selbst mal kandidiert habe und hab' sehr sorgfältig nachher die Ergebnisse gezählt und nachgeprüft. Mir ist klargeworden, dass auch hier wiederum einem Vorschlag von den meisten von der Mehrheit der Fraktion gefolgt war. Jetzt seien wir ehrlich. Ihr habt ja gar nicht nötig, anderes zu tun, als Bier zu trinken, wenn ihr nämlich 20 Jahre eure Position in der Fraktion aufgebaut habt. Das ist der Zustand, den ich '69 hier vorgefunden habe. Die Arbeitskreise und die Arbeitsgruppen waren ja fest in eurer Hand. Das muss festgestellt werden.

Und außerdem zum Punkt 2. Du sagst, wo nehmt ihr einfach eure Legitimation her, hier Themen für wichtig zu erachten. Das will ich dir genau sagen, wo wir die hernehmen. Wir nehmen die von der Diskussion in den Ortsvereinen und in den Unterbezirken mit und da hören wir, was die Genossen wollen, und wir sind eben der Meinung, dass zum Beispiel in einer Gruppe Biertrinken nicht genügt, sondern dass wir sagen, diese Themen sollen bei uns erörtert werden, und zwar kontrovers, weil jede kontroverse Erörterung eines Themas zur Qualität der dann folgenden Sachentscheidung beitragen kann. Das ist unsere Überlegung und das ist ein wesentliches Motiv und ein wesentlicher Beweggrund für unsere Diskussion im sogenannten Leverkusener Kreis und das unterscheidet uns von euch, um es sehr deutlich zu sagen, wenn wir heute schon so offen miteinander reden.

Und das wird auch so lange so bleiben, Punkt 3, wie das, was wir heute hier beraten und was wir diskutieren, nicht in Praxis umgesetzt wird. Um es sehr deutlich zu sagen, je besser die Arbeitsverhältnisse für uns werden, je besser die kontroversen Diskussionen über alle Sachthemen, die zur Entscheidung anstehen, die dann qualitativ besser sein werden, umso mehr entfällt die Notwendigkeit für solche Gruppierungen.

(Vereinzelter Beifall.)

Wehner: Günther *Metzger*.

Metzger: Liebe Genossinnen und Genossen, wir haben ja wohl alle schon unsere Erfahrungen mit Gruppenbildungen gemacht, nicht erst hier in der Bundestagsfraktion. Wer länger in der Partei ist, hat das auch schon in der Partei gemacht. Als ich hier in die Fraktion gekommen bin, mein Büro liegt auf der 16. Etage, wurde dort unter den Jüngeren, die in die 6. Wahlperiode des Bundestages hineingekommen sind, auch der Versuch unternommen, eine Gruppe zu bilden, die damals unter dem Etikett lief »16. Etage«. Diese Gruppe hat ja auch einige Propaganda für sich gemacht durch entsprechende Pressepolitik und ich war auch bei einigen Zusammenkünften dieser Gruppe anwesend und habe mir das angesehen. Aber ich möchte hier ganz offen sagen, dass mir einfach die politische Richtung dieser Gruppe nicht gefallen hat. Darüber kann man unterschiedlicher Auffassung sein, und wir haben uns überlegt, wir, das heißt einige andere, die auch zwei- oder dreimal bei dieser Gruppe waren, ob man nicht auch Alternativen aufzeigen soll, und zwar politische Alternativen, die auch hier in der Fraktion zum Ausdruck gebracht werden sollen. Nun wissen wir alle, und darüber haben wir im Verlaufe dieser Klausurtagung sehr eingehend diskutiert, dass wir in der 6. Wahlperiode unter ganz bestimmten Bedingungen arbeiten mussten. Auf die möchte ich nicht mehr näher eingehen. Diejenigen, die in der 6. Wahlperiode hier anwesend waren, wissen das.

Wir sind dann in die 7. Wahlperiode gekommen. Die Gruppe der 16. Etage hat sich etwas geändert, wenn ich das richtig sehe, und ich glaube auch, dass die Meinungsvielfalt in dieser Gruppe, die sich jetzt Leverkusener Kreis nennt, dass die Meinungsvielfalt eine wesentlich andere ist, als das in der 6. Wahlperiode der Fall war. Aber um eine kritische Anmerkung zu machen, und das war eigentlich der Grund, warum ich mich hier gemeldet habe, um eine kritische Anmerkung zu machen, so deshalb, weil durch das Papier, Peter [*Conradi*], das du ausgearbeitet hast und das ja wohl in eurem Kreis diskutiert werden sollte und wohl auch diskutiert worden ist –

(Zwischenruf.)

gut! Das war aber dann in wesentlich mehr Exemplaren vorhanden, wobei ich, das ist inzwischen ja auch bekannt, wobei ich die Verantwortung übernommen habe dafür, dass dieses Papier in der Fraktion verteilt worden ist. Ich selbst habe das Papier nicht verteilt, auch das will ich hier noch einmal ganz klar sagen, aber ich habe die Verantwortung für die Verteilung dieses Papiers übernommen. Wir auf dem Standpunkt gestanden haben oder ich auf dem Standpunkt gestanden habe, zumindest das Dach, was in diesem Papier enthalten ist, mehr ist als nur eine Gruppenbildung zur Sachdiskussion innerhalb der Fraktion.

Ich will jetzt auf die einzelnen Punkte in diesem Papier, die mir gefährlich erschienen, In-Group-Bildung, dann das Thema, dass Pressemitteilungen vorher durch die Gruppe gebilligt werden müssen und all diese Fragen, ich will das hier jetzt gar nicht vertiefen, einfach deshalb nicht, weil du ja in der Zwischenzeit erklärt hast, dass das wohl nur eine Diskussionsstudie war, über die einmal gesprochen worden ist. Über die ist kein Beschluss gefasst worden und wird wohl im Augenblick, dieses Papier wird wohl auch nicht praktiziert. Ich glaube, dass in dieser Gruppe selbst genug Gegenstimmen vorhanden waren – ich habe mich ja mit einer ganzen Reihe aus dieser Gruppe unterhalten – genug Gegenstimmen vorhanden waren, die diese Gefahr erkannten, die sich aus diesem Papier und aus der Praktizierung dieses Papiers ergeben konnte, und dass das mit auch der Grund war, warum dieses Papier dann nicht in die Wirklichkeit und in die Tat umgesetzt worden ist.

Ich glaube aber, und da stimme ich dir, Peter *Conradi*, in vollem Umfang zu, dass es in einer Fraktion mit 240 Mitgliedern gar nicht möglich ist, dass wir ohne die Bildung von Gruppen und auch ohne die Festlegung von bestimmten Meinungen zu Sachfragen möglich ist, eine Arbeit hier zu leisten. Die Grenze ist nach meiner Auffassung nur dort gegeben, wo die Gefahr besteht, dass sich eine solche Gruppe institutionalisiert und von den Mitgliedern dieser Gruppe verlangt, dass sie in einer ganz bestimmten Richtung hier in der Fraktion auftreten und auch ihre Meinung in der Fraktion sagen, und davor sollten wir uns hüten. Ich unterstelle das gar nicht, aber das Papier gab Anlass dazu, diese Befürchtung zu haben. Ich unterstelle das aber jetzt gar nicht mehr, vor allen Dingen, nachdem du hier klar gesagt hast, das Papier war eine Diskussionsstudie und darüber ist überhaupt kein Beschluss gefasst worden. Es wird also nicht praktiziert.

Noch eine Anmerkung zu dem, was hier *Hansen* gesagt hat im Zusammenhang mit den Kanalarbeitern. Ich gebe ja offen zu, dass ich bei der einen oder anderen Veranstaltung der Kanalarbeiter war, wenn es zeitlich möglich wäre, würde ich auch heute wieder diese Dampferfahrt mitmachen, weil ich grade diese Gruppierung –

Wehner: {...} auf die Uhr gucken.

(Heiterkeit.)

Metzger: Ich befürchte, Herbert, dass wir dieses Thema heute sowieso nicht zu Ende diskutieren können. Aber ich habe es immer als erfreulich empfunden, dass wir neben der starken Arbeitsbelastung, in der wir uns alle befinden und die auch Norbert *Gansel* vorhin noch einmal mit deutlichen und drastischen Worten gekennzeichnet hat, dass wir neben dieser starken Arbeitsbelastung ja auch die Möglichkeit haben, wobei kein Zwang besteht, die Möglichkeit –

(Zwischenruf.)

jetzt lasst mich doch mal ausreden. Ich habe doch auch die andern ausreden lassen –, die Möglichkeit besteht, sich in einem Kreis zusammenzutreffen, der außerhalb der Sachprobleme, die Fraktion oder Mitglieder der Fraktion zusammenfasst. Dabei wehre ich mich dagegen, soweit ich das beurteilen kann, dass dieser Kreis hier Marschrouten ausgegeben hat und dass die Mehrheit der Fraktion sich bedingungslos diesen Marschrouten angeschlossen hat. Du hast vorhin, lieber Genosse *Hansen*, du hast vorhin aus eigener Erfahrung gesagt und das kann sich nur auf Einzelfälle beschränken, wenn das überhaupt zutrifft, du hast vorhin gesagt und hast damit die Mehrheit der Fraktion als Hampelmänner hingestellt und dagegen wehre ich mich, dass der Egon *Franke* als Boss dieser Gruppe hier Befehle ausgegeben hat und die Mehrheit der Fraktion hat diese Befehle übernommen. Anders konnte ich doch das nicht verstehen, was du hier gesagt hast, und ich glaube, das wäre einfach falsch, wenn man das so darstellt. Auch in der 6. Wahlperiode hat die Mehrheit dieser Fraktion, und ich möchte davon ausgehen, die Gesamtheit der Fraktion, jeweils nach Sachfragen sich orientiert und auch nach Sachfragen entschieden und hat nicht Befehle entgegengenommen und diese Befehle hier ausgeführt.

(Vereinzelter Beifall.)

Wehner: *Conradi*.

Conradi: Es ist sicher hilfreich, dass einige Sachen hier offen ausgesprochen werden, dass auch einiges vom Tiefbau ans Licht kommt. Ich selbst bin Hochbauer, also was wir machen, sieht man immer. Ich meine,

(Zwischenruf.)

ich bin Hochbauer, nicht Hochstapler. Und man soll über diese Sachen sehr offen reden. Die Frage ist doch hier, und das soll man wohl auch nicht verharmlosen, dass hier Sachfragen anstehen. Ich hab' am Anfang etwas gesagt von der Spannung, von der not-

| Fraktionssitzung | 12.06.1973 **20.** |

wendigen Spannung zwischen der Partei, die Forderungen setzt, Ziele setzt, und uns, die wir uns mit einem Realitätenhorizont abzufinden haben und sehen müssen, was wir von den Zielen verwirklichen können. Das ist eine Spannung, die hier in dieser Fraktion mir bisher zu selten deutlich geworden ist, und das halte ich für einen wesentlichen Anlass, zu diesem Kreis zu gehen, nämlich dort zu diskutieren, was ist denn drin. Drei Gespräche, drei harte Diskussionen über Vermögensbildung und da werden weitere folgen zu andern Themen, wo wir mal hier abklopfen müssen, wie weit kann man denn mit der Fraktion gehen, was ist denn politisch drin, auch im Hinblick auf das, was Herbert *Wehner* hier immer anführt, auf die Koalition mit den Freien Demokraten. Das heißt, dass Sachfragen hier besprochen werden müssen, und zwar vorbesprochen werden müssen, weil man hier in der Fraktion gar nicht in der Breite diskutieren kann, die für den Einzelnen sehr häufig notwendig ist, und das ist ein wesentlicher Unterschied.

Insofern bin ich der Meinung, das war vorher ja nicht ganz einleuchtend, wenn Egon *Franke* hier sagt, Norbert *Gansel* nach seiner Grundeinstellung war er wohl nicht eingeladen und dann ist die Rede, wir treffen uns eigentlich nur als Freundeskreis hier zur Geselligkeit. Es spielt also doch offenbar die Grundeinstellung mit und um es klar zu sagen, Personalentscheidungen, die nicht hervorgehen aus Sachdiskussionen und Sachentscheidungen, sind für mich Kumpanei. Das heißt mir geht es darum, hier in dieser Fraktion auch mit möglichst vielen Genossinnen und Genossen Sachdiskussionen zu führen zu anstehenden harten Fragen, und ich glaube, wir werden in den nächsten zwei, drei Jahren, etwa Konjunktursteuerung, hier noch Auseinandersetzungen bekommen, wie wir sie bisher nicht hatten. Die einzelnen Genossen und ihre Meinung kennenzulernen, bevor ich ihnen meine Stimme gebe, sei es hier oder auf dem Parteitag, das ist mit eine wesentliche Vorleistung, die zu bringen ist, und da frage ich, wenn ihr nicht über Sachfragen diskutiert, mit welcher Legitimation gebt ihr dann Zettel raus, was steht denn dann an Sachpolitik dahinter? Ich war doch in Saarbrücken dabei und hab' den Zettel selber in der Hand gehabt.

(Beifall.)

Was steht denn an sachlicher Meinung dahinter, wenn Sachfragen nicht diskutiert werden? Und insofern sollten wir hier es akzeptieren, dass Gruppen in dieser Fraktion sich mit Sachfragen auseinandersetzen und sei es mit dem Ziel, Forderungen der Partei, die heute fehlen, als unerreichbar erscheinen, etwas näher an die Erreichbarkeit heranzubringen. Das heißt so, wie vorher hier gesagt worden ist, Dinge zu diskutieren, die vor zwei, drei Jahren hier noch gar nicht diskutiert werden konnten, weil sich inzwischen offenbar etwas im Problembewusstsein der Partei und der Fraktion geändert hat.

Auf die Frage schließlich, was von dem Papier geblieben ist, Günter *Metzger*, von dem Papier ist geblieben, dass wir vier Genossen beauftragt haben, zu organisieren die Treffen dieses Kreises. Das ist bekannt. Das sind *Huonker*, *Simpfendörfer*, Hugo *Brandt* und *Meinecke*. Dass die vier abwechselnd einladen, sich um die Vorbereitung der Diskussionen kümmern. Wir haben keinen Staatssekretär. Wir haben kein Büro. Insofern sind wir mit dem Apparat in einer etwas schwierigeren Lage und jeder weiß hier, dass, wenn er einmal fragt, er selbstverständlich eingeladen wird, so wie Herr *Schweitzer*.

(Zwischenruf.)

Gut! Aber dann muss es ja offenbar die entsprechenden apparathaften Ausstattungen gegeben haben. Noch einmal: Jeder, der hier gefragt hat, ist eingeladen worden und wird regelmäßig eingeladen, auch der Genosse *Schweitzer*. Dieser Kreis und seine Diskussionen sind offen. Sie binden niemand in seiner Stimmabgabe. Sie binden niemand in dem, was er sagt. Aber dieser Kreis gibt die Möglichkeit, die Sachfragen vorher mal zu diskutieren, bevor man hier auf eine doch sehr viel schwierigere Plattform geht, mal sich drüber klarzuwerden, was wollen wir eigentlich. Und das soll weiter so bleiben und wird auch weiter so bleiben.

(Beifall.)

Wehner: *Matthöfer.*

Matthöfer: Ich hab' eine Frage an Egon *Franke*. Diese Diskussion lief ja sehr offen und sehr wohlwollend eigentlich, aber da kam ein Ton in Egon *Frankes* Darstellung hinein, der mir gar nicht gefallen hat, nämlich diese Behauptung, wir wüssten ja eigentlich sehr viel mehr, was da sich abspielt und da wollen wir nur hier jetzt nicht drüber reden. Da kommen mir so allerhand Assoziationen in den Sinn über Methodik und über Denkweise und so weiter. Die will ich hier mal ganz weglassen, Egon. Ich möchte dich nur auffordern, vielleicht gibt's ja was, was du weißt oder meinst zu wissen, was hier eigentlich diskutiert werden müsste, dann leg' das doch mal hier offen auf den Tisch, dass man darüber sprechen kann.

(Beifall.)

Aber nur mit solchen Unterstellungen zu arbeiten, ja nicht nur hier, sondern das geschieht ja draußen noch sehr viel gröber, nicht wahr, nur mit Unterstellungen zu arbeiten, Egon, das ist unter dem Niveau der bisherigen Diskussion.

(Vereinzelter Beifall.)

Wehner: Ich gebe dir das Wort gleich. Ich wollte nur, was mich persönlich betrifft, sagen, ich muss sehr aufpassen, dass, wenn ich vor dem Untersuchungsausschuss stehe, ich nicht die Beschuldigungen verwechsle, die dort gegen die SPD ausgesprochen werden und die hier untereinander ausgesprochen werden. Das nur zu meiner Entlastung. Egon *Franke*.

Franke: {…} noch einmal dazu in aller Deutlichkeit sagen, dass es in der Tat das Bemühen gewesen ist von meinen Freunden und mir, unabhängig von der meinungsunterschiedlichen Auffassung zu Tagesfragen die Gemeinsamkeit zu pflegen. Ich halte es nicht für vertretbar, dass jetzt in dieser Weise wir das Thema heute auswalzen wollen, es ist ja wohl auch bekannt, dass die Freunde heute Abend zusammen mit dem Boot fahren wollen, aber ich bin gern bereit, noch mal darüber zu diskutieren bei anderer Gelegenheit. Wir können heute Abend sowieso nicht alles ausdiskutieren, aber das muss man doch wohl sagen, dass bewusst organisiert wurde zum Beispiel, um es deutlich zu machen, auch in Verbindung mit anderen, das ist doch hier auch gesagt, wir haben Verbindung mit dem, mit denen und dem, da ist von dieser Seite her doch auch in Personalien etwas gemacht und keiner von euch kann sagen, er hätte von mir einen Zettel gekriegt. Bei euch, ihr sagt, ihr habt das nicht offiziell gemacht, da haben es einige, die sich bei euch zu Hause fühlen, gemacht. Das kann genauso gut auch hier sein, aber es kann doch keiner sagen, dass ich ihm solch einen Zettel gegeben habe. Das gibt es gar nicht. Wenn ihr aber jetzt wissen wollt, was da außerdem noch geschehen ist, kann ich mich daran erinnern, wenn ihr auf solch einem Zettel rückgreifen wollt, dass da auch Namen drauf verzeichnet waren von Genossen, die nicht zu den sogenannten Kanalarbeitern gehören und auch gestützt wurden und dem Fraktionsvorstand angehören.

Lieber *Hansen*, du kannst dich nicht beklagen, weil du nicht die Sympathien aller hast, dass das nun Sache der Kanalarbeiter ist. Da kannst du auch mal bei dir selber ein bisschen nachgucken.

(Zwischenruf.)

Dazu gibt es noch eine interessante Anmerkung. Da hat es eine Verdächtigung gegeben, die weit bis in den Kreis gereicht hat, der untereinander Vertrauen hatte. Da ist festgestellt, dass nicht mal jene, die diese Wahl vorbereitet hatten, dem zugestimmt haben. Die hatten sich untereinander mit sechsen oder sieben im größeren Block gewählt und da fehlte die Stimmabgabe für Hans *Matthöfer*. Er hatte eine größere Zahl aus dem Freundeskreis, der hier zusammenkommt und Kanalarbeiter heißt, als von jenen, bei denen er seine Diskussionen immer pflegt. Da hat keiner was dagegen.

Wehner: Helmuth *Becker*? – Hugo *Collet*? – Werner *Staak*.

Staak: Genossinnen und Genossen, ich glaube, es war richtig, dass wir hier darüber sprachen, wenn wir jetzt antworten nach draußen, ob wir Gruppenbildung in der Fraktion akzeptieren. Ich für meinen Teil akzeptiere Kritikbedürfnis, Kollegialität, Diskussionsbereitschaft, Information, aber es ist auch die Schmutzzone, die Schmutzgrenze für die Fraktion deutlich geworden und hier liegt der Punkt, meine ich. Es wohl richtig, dass hier alles auf den Tisch gekommen ist, aber das beweist auch, dass wir so eigentlich miteinander die Kulisse künftig noch stärker ausleuchten müssen, wenn wir dazu kommen wollen, dass die Schwelle für diejenigen, die nicht zu solchen Gruppen gehören, so niedrig liegt, dass wir insgesamt ja eine Fraktion mit einer einigermaßen Solidarität und Meinungsbildung darstellen. Denn hier wird so getan, als wäre das Fell der gesamten Fraktion, als der 242, insgesamt schon verteilt. Das ist ja gar nicht der Fall. Hier gibt es einige, die ein stärkeres Bedürfnis haben, miteinander zu reden, und andere sind Suchende, Dritte sind Eingeladene, die nicht erscheinen und so weiter.

Aber es gibt auch eine Gruppe, wie zum Beispiel die Gewerkschafter, die eigentlich doch Grund hätten, was die Prüfsteine angeht, die Aufträge der Gewerkschaftstage[70], nun miteinander permanent zusammen zu sitzen, die große Apparate im Kreuz haben, die gar nicht erst aufgebaut werden müssten, die dieses aber nicht tun, sondern hier eine solide Mitte sind, ohne diese bewusste linke Mitte oder wie immer zu sein. Und deshalb meine ich, die Ansätze, die im ersten Teil der Diskussion hier hochkamen, waren vernünftig, waren gut, dass wir hier durch eine Neuorganisation der Arbeit zu einer offenen Aussprache kommen und dazu kommen, dass Fronten und Abwehrhaltungen gegen einen einzelnen, der eine Versammlung irgendwo besucht hat, abgebaut werden. Denn wenn dieses hineinwuchert bis in unseren Wahlkreis oder in das Land hinein und du dort hier oder in dieses oder jenes Kästchen getan wirst, dann ist die Wirkungsfähigkeit der Gesamtfraktion in der Auswirkung nach außen in das Land, in die Wahlkreise, in die politische Arbeit geschwächt worden. Gestärkt wird sie nur, wenn wir über den gemeinsamen Nenner erneut nachdenken und nicht gegenseitig verteufeln. Ich meine, heute haben wir einen guten Ansatz gefunden, und über den sollten wir miteinander weiterreden, denn wir haben so viele Aufgaben vor uns, dass wir diese Solidarität dringend benötigen.

(Beifall.)

Wehner: Philip *Rosenthal*.

Rosenthal: Genossinnen und Genossen, ich möchte jetzt an dieser Diskussion nichts verniedlichen, denn ich halte das für eine sehr gesunde Diskussion und ich habe auch keine große Angst vor Schaden, denn bisher ist diese Diskussion genauso unter der

---

70 Der DGB veröffentlichte zur Bundestagswahl 1972 acht sogenannte Prüfsteine, anhand deren die Kandidaten für den Bundestag von den Arbeitnehmern beurteilt werden sollten. Die Prüfsteine lauteten: Vermögensbildung, Bildungsreform, soziale Sicherung, Wirtschaftspolitik, Gleichstellung der Frau, Arbeitsrecht und Umweltschutz. Vgl. den Artikel »Acht Prüfsteine für Kandidaten«; »Der Spiegel«, Nr. 45 vom 30. Oktober 1972, S. 57.

Decke geführt worden. Als einer von denjenigen, der zu allen diesen Gruppen hingeht, ich bin häufig und sehr interessiert, ob du das Gruppe nennst oder nicht, das ist hier wurscht, ich gehe häufig und mit großem Interesse zu dem Kreis von *Matthöfer* oder wie er immer heißt, und ich gehe auch heute Abend zu den Kanalarbeitern, und ich bin sicher einer von den vielen, der von keiner dieser Gruppen ausgeschlossen wird, wenn er dort hingehen will. Aber ich gebe mal eins zu bedenken: Kann es für einen intelligenten Sozialdemokraten eine Lösung geben, wo er in zehn verschiedenen politischen Fragen rechts steht oder wo er in zehn politischen Fragen links steht?

(Beifall.)

Das ist doch ein Schubladendenken, das einfach unwürdig ist. Zum Beispiel ich persönlich stehe absolut links in der Frage des Eigentums in den Städten, links wie heute die Regierung noch steht. Ich stehe rechts in der NATO-Frage, und was der Karsten *Voigt* da neulich verzapft hat, erschien mir hoffnungsvolle Träumerei. Und ich glaube, dass wir doch am besten von diesem Schubladendenken wegkommen könnten, wenn wir erkennen, dass Gruppen notwendig sind. Denn Leute müssen miteinander reden können, aber dass wir versuchen könnten, dass diese Gruppen, alle Gruppen, offen sind und dass vielleicht der beste Weg dazu, diese Diskussion weiterzuführen hier nicht coram 242 Leuten, wo doch jeder ein bisschen verteidigungsmäßig agiert, sondern dass sich auch mal die sechs oder zehn Leitpersönlichkeiten dieser Gruppe mal drei oder vier Stunden zusammensetzen und sehen, wie können wir das, was an Differenzen nicht notwendig ist, hier ausscheiden.

Wehner: *Ostman von der Leye.*

Freiherr Ostman von der Leye: Genossinnen und Genossen, mir ist an der Diskussion nur eben aufgefallen, dass in der Gruppenbildung eigentlich niemals gesagt worden ist, diese Gruppe pro dies und jene pro das, sondern eigentlich nur gesagt worden ist, diese Gruppe ist anti gebildet worden und jene Gruppe ebenfalls anti jenem gebildet worden, sind offensichtlich ja Anti-Gruppen gewesen, die hier jahrelang bestanden haben. Nun will ich das gar nicht irgendwie als was Negatives darstellen, sondern ich kann es verstehen. Ich kann es sogar sehr gut verstehen. Was Egon *Franke* hier vorhin gesagt hat, aus welchem Grunde die Kanalarbeiter entstanden sind, nämlich aus Abwehr dagegen, dass sich einige hier vielleicht akademisch auf ein hohes Ross gesetzt haben und große Reden geführt haben und in Fremdsprachen und dann alleine delegiert wurden und die anderen eben nicht, das waren die Parteifunktionäre, die ja ihre Verdienste haben und die man genauso gut achten muss und die sicherlich manchen charakterlichen Vorzug haben, und das ist die Schuld derjenigen, die sich hier arrogant aufgeführt haben. Deswegen ist wahrscheinlich diese Anti-Gruppe entstanden. Und die andern sagen, ja wir sind ja nicht zum Zuge gekommen und weil wir nicht zum Zuge kommen, müssen wir uns hier solidarisieren.

Ich glaube, wenn wir einmal diese Anti-Stimmung analysiert haben, dann können wir die Emotionen abbauen. Gruppen sind in jedem Falle von zwingender Notwendigkeit, solange sie offen sind. Das ist das beste Ergebnis, was hier herausgekommen ist, dass es offene Gruppen geben muss. Das scheint mir das Beste zu sein, aber wir müssen die Emotionen, die hier uns als gegenseitige Vorwürfe so dauernd dabei herausgekommen sind, und deswegen habe ich mal die psychologische Motivation hier jetzt gesagt, diese Emotionen müssen wir dringend abbauen. Denn ich hab' das immer wieder festgestellt im Privatgespräch, das eine sind nicht alles Revolutionäre, die morgen also die Gesellschaft umbauen wollen und völlig vergesellschaften wollen, das stimmt nicht, wenn man mit den Einzelnen einmal spricht, und die andern sind nicht die rechten Reaktionäre, die man in die Kiste tut, das stimmt nämlich ebenfalls nicht. Und deswegen ist das Gespräch mal auf einer anderen Basis zu führen.

Wehner: Jürgen *Schmude*. – *Schweitzer*!

Schweitzer: Ich kann es ganz kurz machen. Ich schließ mich voll inhaltlich dem Votum von Philip *Rosenthal* an. Ich persönlich habe diese Diskussion zum Punkt 5 von Herbert *Wehners* Papier sehr begrüßt. Ich glaube, sie war auch notwendig. Sie kann sicherlich heute nicht zu Ende geführt werden, hat nach meiner Auffassung ein wenig die Atmosphäre geklärt. Ich wiederhole aber meinen Vorschlag, Genossinnen und Genossen, dass wir anhand eines konkreten Sachproblems diese Dinge noch gelegentlich einmal weiter ausloten. Ich hatte ja vorgeschlagen, die Bewertung, so habe ich es formuliert gehabt, des Phänomens Kommunismus, das scheint mir sehr wichtig zu sein, dazu zum Abschluss noch zu dir hier. Ich hatte nicht gewollt, dass der Leverkusener Kreis hier sich diesen Schuh anzieht, Karsten *Voigt*, um das ausdrücklich festzuhalten. Ich habe es nur als Beispiel angeführt für die Verwirrtheit der Diskussion in wichtigen Fragen in unserer Gesamtpartei, die natürlich auch gelegentlich widerspiegeln könnte in der Fraktion.

Wehner: Jetzt liegen keine weiteren Wortmeldungen vor. Ich will keinen Versuch machen, diesen Teil unserer Diskussion abschließend zu werten. Das wäre verwegen. Ja, ich bin ja kein Lehrer. Der täte das. Das ist mir früher schon vorgeworfen worden in einer anderen Partei, dass ich am Schluss nichts getan hätte bei bestimmten Sachen, weil man da genau sagen muss, das ist zu sagen. Ich habe gesagt, das könnt ihr von mir nie erwarten. In diesem Fall kam es darauf an, ob es denkbar ist, über zum Teil heikle Dinge zu reden. Dies ist möglich gewesen.

(Beifall.)

Es wäre völlig falsch, Halleluja zu rufen, denn es ist klar, nicht nur aus Äußerungen, wie sie jetzt zwischen *Franke* und *Hansen* im letzten Drittel gefällt worden sind, dass es da nicht noch ganz harte Knoten gibt, über deren Verteilung ich mir kein Urteil jetzt anmaße, jedenfalls nicht, wenn man darüber nicht länger und ernsthafter sprechen könnte, aber das hat, und hier schlage ich den Bogen zu jenen Dingen, die wir vorher behandelt haben, wo alle gleichermaßen teilgenommen haben, wo man doch wohl nicht sagen kann, dass dabei die eine Richtung eine andere Richtung besiegt hat. Möglicherweise ist manches durchsäuert worden, was sonst eben nicht geworden wäre. Da habe ich also eine Hoffnung. Ich sage von mir aus, Genossen, zum Unterschied von manchen anderen, es gibt keine Verbote für Zusammenkünfte, auch keine statuarischen Verbote, aber das ist kein Grund. – Die haben zwei Kasten Bier gekriegt und fangen pünktlich an.[71] – Ich sage, es gibt keine Verbote, auch keine statuarischen, und manche, die sich im Zorn und sogar im berechtigten Zorn über gewisse Auswirkungen dieses Anti-Gruppen-Wesens, wahr ist daran etwas, dass immer jeder sich auf jene beruft, die vorher je nachdem etwas gemacht hätten. Aber die Mahnung erlaube ich mir, die Handlungsfähigkeit von Fraktion und Partei in der parlamentarischen und politischen Aktion darf nicht eingeschränkt werden und wo man an solche Grenzen zu kommen scheint,

(Beifall.)

muss miteinander gesprochen und es kann auch Fälle geben, in denen gesagt werden muss, dass die Partei und die Fraktion höher steht als irgendeine noch so gut ausgedachte Meinung.

(Beifall.)

---

71 Im Hintergrund setzte in diesem Moment erneut Baulärm ein.

Das ist nicht nur eine Zeitfrage. Ich will mich hier nicht noch einmal in Einzelheiten vertiefen, das habe ich vorweggesagt, ich bin betrübt darüber, dass *Hansen* sich an einer Stelle auf mich berufen hat, zu der ich dann einiges hätte sagen müssen. Denn hier ging es darum, dass bei Diskussionen im Parlament ich, und vielleicht haben es auch andere mal gemacht, den einen oder anderen angesprochen, warum er hier nicht jetzt grade bei dieser Situation etwas sage, und darüber müsse man sich doch verständigen können. Ich habe gesagt, es geht ja nur darum, dass man weiß, wer was sagen will. Das hast du nun genommen und hast gesagt, das rechtfertige zum Beispiel dein Papier. Ich kenn' das gar nicht. Vielleicht ist es sogar ganz gut, dass der eine oder andere so etwas im Zusammenhang mit Griechenland und Dänemark sagt. Vielleicht! Ich könnte ja sagen, wenn ich es gelesen hätte, nur mancher wird, grade wenn er sich sehr weit vorausgewagt hat, dann, lieber *Hansen*, vielleicht auch du mal, vielleicht auch du mal, der Hilfe des Trosses bedürfen, dass er nicht fallengelassen wird und dass die sich auch für ihn einsetzt.

Ich kann mich an einen Parteitag erinnern, da habe ich, da warst du nicht, da habe ich mich öffentlich bei allen Differenzen, zum Beispiel zu einigen der Genossen, die damals in wichtigen Fragen die Deutschlandpolitik betrafen, völlig anderer Meinung gewesen sind, da habe ich mich gegen Äußerungen des Dr. *Marx* und andere öffentlich gewendet und habe gesagt, es gibt in dieser Partei keinen, der einfach als SED oder SED-Arm abgestempelt werden kann, auch nicht der oder der oder der, die sie unter besonderen Beschuss genommen hatten. Ich glaube, manchmal wird mancher eine solche Solidarität brauchen. Ich jammere nicht darum. Ich wollte das nur am Schluss mitgesagt haben.

Genossen, wir müssen jetzt schließen. Ihr habt gehört, die Abrede war also offenbar ganz wörtlich genommen worden. Wir werden das, was zu dem einen Punkt mit den mehreren Stockwerken gesagt worden ist, vorlegen, jene Sortierung von Vorschlägen, Anregungen, Forderungen und wir werden wieder zusammenkommen. In einem Turnus müssen wir zusammenkommen und das wird zu dem gehören, was in diesem Vorschlag, denn das war ja im ersten Punkt mitbehandelt worden, dass wir einen Turnus finden. Da gibt's einige Vorschläge. Ich will sie nicht wiederholen. Ich bedanke mich und schließe die Sitzung.

(Beifall.)

21.

13. Juni 1973: Fraktionssitzung (Kurzprotokoll)

AdsD, SPD-BT-Fraktion 7. WP, 2/BTFG000021. Überschrift: »Protokoll der SPD am Dienstag, den 13.6.1973«. Zeit: 15.10–18.00 Uhr. Vorsitz: Wehner, dazwischen Schellenberg. Protokoll: Sommer. Datum der Niederschrift: 11.7.1973.

Sitzungsverlauf:

A. Bericht des Fraktionsvorsitzenden über die Sitzung des Fraktionsvorstands (Rechte der ständigen Vertretung der DDR; Häftlingshilfegesetz; Saar-Kanalisierung). – TOP 1: Informationen (Wohngeld; Subventionen für den Airbus; Bericht über die Reise des Bundeskanzlers nach Israel; Doppelbesteuerungs- und Sozialversicherungsabkommen mit Polen; Stärke der NATO-Streitkräfte in Europa; Stärke der sowjetischen Streitkräfte; Streik der Fluglotsen).
B. Vorbereitung der Plenarsitzungen: TOP 2: Tagesordnung und Ablauf der Plenarsitzungen. – TOP 3: 2. und 3. Beratung Kartellrechtsnovelle. – TOP 4: 2. und 3. Beratung Änderung Bundesausbildungsförderungsgesetz. – TOP 5: 2. und 3. Beratung Änderung Adoptionsrecht. – TOP 6: 2. und 3. Beratung Änderung Wohneigentums- und Erbbaurecht. – TOP 7: 2. Beratung und Schlussabstimmung betr. Übereinkünfte Urheberrecht. – TOP 8: Antrag CDU/CSU betr. Jugendstrafvollzugskommission. – TOP 9: 2. und 3. Beratung Rechte der ständigen Vertretung der DDR.
C. Sonstiges: TOP 11: Unterausschuss Gesamtreform Lebensmittelrecht. – TOP 12: Unterausschuss für humanitäre Hilfe. – TOP 13: Unterausschuss für Rundfunkfragen. – TOP 14: Rundfunkrat Deutschlandfunk. – TOP 15: Rundfunkrat Deutsche Welle. – TOP 16: Arbeitsgruppe Vermögensbildung. – TOP 17: Ausschussumbesetzungen.
D. Termin und Ort der kommenden Klausurtagung des Strafrechtssonderausschuss. – TOP 18: Nächste Termine. – Verschiedenes: TOP 19: Informationsreisen des Sonderausschusses für die Strafrechtsreform in die USA.

[A.–D.] → online unter www.fraktionsprotokolle.de

22.

15. Juni 1973: Fraktionssitzung (Kurzprotokoll)

AdsD, SPD-BT-Fraktion 7. WP, 2/BTFG000022. Überschrift: »Kurzprotokoll über die Sitzung der Sozialdemokratischen [Fraktion] am Freitag, 15. Juni 1973«. Zeit: 08.30–09.00 Uhr. Vorsitz: Wehner. Protokoll: Schmickler.

Sitzungsverlauf:

A. TOP 1: Antrag der CDU/CSU-Fraktion auf Einsetzung eines Untersuchungsausschusses im Zusammenhang mit der möglichen Beeinflussung der Abstimmung im Bundestag über das konstruktive Misstrauensvotum am 27. April 1972. – TOP 2: Vorbereitung der Plenardebatte über den Antrag.

[A.] → online unter www.fraktionsprotokolle.de

23.

17. Juni 1973: Fraktionssitzung (Kurzprotokoll)

AdsD, SPD-BT-Fraktion 7. WP, 2/BTFG000023. Überschrift: »Protokoll über die Sitzung der Fraktion der SPD im Deutschen Bundestag am Sonntag, dem 17. Juni 1973«. Zeit: 15.15–19.30 Uhr. Vorsitz: Wehner. Protokoll: Hein.

Sitzungsverlauf:

A. TOP 1: Bericht aus der Fraktionsvorstandssitzung (Vorbereitung der 2. und 3. Beratung des Haushalts 1973; Verfahren am Bundesverfassungsgericht in Karlsruhe über den Grundlagenvertrag mit der DDR; Wahl zum Rundfunkrat des Deutschlandfunks; Schreiben des Vorsitzenden des Haushaltsausschusses an den Bundesminister der Finanzen; Reise einer Delegation der SPD-Bundestagsfraktion nach Jugoslawien; Obmann des Untersuchungsausschusses über die Abstimmung zum konstruktiven Misstrauensvotum am 27. April 1972). – TOP 2: Informationen (Sachstand Verfahren am Bundesverfassungsgericht in Karlsruhe über den Grundlagenvertrag mit der DDR; Erklärung zum Feiertag am 17. Juni; Veränderungen beim Verwaltungsabkommen zum deutsch-französischen Jugendwerk; Haltung der Bundesregierung zu den Befreiungsbewegungen in Afrika; Anschaffung eines Buches über Deutschland).

B. Vorbereitung der Plenarsitzungen: TOP 3: Tagesordnung und Ablauf der Plenarsitzungen. – TOP 4: 2. und 3. Beratung Haushalt 1973.

C. Vorlagen aus den Arbeitskreisen: TOP 5: Kleine Anfrage betr. Sportförderung in den Entwicklungsländern. – Sonstiges: TOP 6: Kleine Anfrage zur Erhebung umweltrelevanter Daten bei der Wohnungszählung 1975. – TOP 7: Rundfunkrat Deutschlandfunk. TOP 8: Nächste Termine. – Verschiedenes.

[A.–C.] → online unter www.fraktionsprotokolle.de

24.

20. Juni 1973: Fraktionssitzung (Kurzprotokoll)

AdsD, SPD-BT-Fraktion 7. WP, 2/BTFG000024. Überschrift: »Protokoll über die Fraktionssitzung am 20. Juni 1973 im Bundeshaus, Bonn«. Zeit: 15.10–17.30 Uhr. Vorsitz: Wehner. Protokoll: Moron. Datum der Niederschrift: 20. Juni 1973.

Sitzungsverlauf:

A. Bericht über die Fraktionsvorstandssitzung (Vermittlungsausschuss zum Besoldungserhöhungsgesetz; Kleine Anfrage der IPA zur Abwasserklärung; Situation bei der »Hamburger Morgenpost«; 2. und 3. Beratung Haushalt 1973).

B. Bericht von Bundesminister *Leber* zur Beratung des Einzelplans für das Bundesministerium der Verteidigung. – Diskussion der Fraktion über den Einzelplan.

Fraktionssitzung 12.09.1973 **25.**

C. Vorbereitung der parlamentarischen Sommerpause. – Verschiedenes: Rede des Parlamentarischen Staatssekretärs *Berkhan* in Kiel; Untersuchungsausschuss zur Abstimmung über das konstruktive Misstrauensvotum am 27. April 1972.

[A.–C.] → online unter www.fraktionsprotokolle.de

25.

12. September 1973: Fraktionssitzung (Tonbandtranskript)

AdsD, SPD-BT-Fraktion 7. WP, 6/TONS000021. Titel: »Fraktionssitzung am 12.09.1973«. Beginn: 15.15 Uhr. Aufnahmedauer: 04:28:03. Vorsitz: Wehner.

Sitzungsverlauf:

A. TOP 1: Politischer Bericht von Bundeskanzler *Brandt* (Bundeshaushalt '74; Steuerreform; Vermögensbildung; Mitbestimmung und Humanisierung der Arbeitswelt; Bodenrechtsreform; Bildungspolitik; Lage der Binnenkonjunktur; innerparteiliche Auseinandersetzungen mit den Jungsozialisten; Tarifauseinandersetzungen im öffentlichen Dienst und in der Metallindustrie; Radikalenerlass; Militärputsch in Chile; Menschenrechte in der Sowjetunion; Konferenz über Sicherheit und Zusammenarbeit in Europa; Wehrstrukturreform; Verhandlungen mit der ČSSR; SPD-Bundesparteitag in Hannover 1973).

B. Diskussion über die Stellungnahme von 34 SPD-Bundestagsabgeordneten zu den wilden Streiks in der Metallindustrie.

C. TOP 2: Bericht aus der Fraktionsvorstandssitzung (Vorbereitung der Plenarsitzungen; Europapolitik der CDU/CSU; Sozialer Wohnungsbau; Schutz von Auszubildenden, die zugleich Jugendvertreter im Betriebsrat sind; Aufnahme der Bundesrepublik in die UN-Vollversammlung; Fraktionssitzungen in Berlin; Initiativen von einzelnen Abgeordneten; Schlussfolgerungen aus der Klausurtagung der SPD-Bundestagsfraktion).

D. TOP 3: Bericht über den *Steiner-Wienand*-Untersuchungsausschuss. – TOP 4: Informationen (Verbesserung der Kriegsopferversorgung). – Persönliche Erklärungen der Abg. *Gansel* und *Schöfberger*.

E. Vorbereitung der Plenarsitzung: TOP 5: Tagesordnung und Ablauf der Plenarsitzungen. – TOP 6: Erklärung der Bundesregierung zur Europapolitik. – TOP 7: 1. Beratung Änderung von Wertgrenzen in der Gerichtsbarkeit. – TOP 8: 1. Beratung Mindestvorräte an Erdölerzeugnissen. – TOP 9: 1. Beratung Bundesrats- und CDU/CSU-Entwurf Änderung Hochschulbauförderungsgesetz. – TOP 10: 1. Beratung CDU/CSU-Entwurf Belegung der Sozialwohnungen. – TOP 11: CDU/CSU-Antrag betr. Bundessportplan.

F. Sonstiges: TOP 13: Abstimmungsanlage im Plenarsaal. – TOP 14: Auslandsreisen von Mitgliedern des Bundestags.

[A.]

Wehner: Die Sitzung ist eröffnet und gleich zuvor eine Bemerkung, dass wir in diesem auf neu aufgemöbelten Saal unsere Arbeit nach Ende der Sommerpause beginnen, danken wir der CDU.[1]

(Gelächter.)

Wir möchten aber auch nicht, dass sie in ihrer Bescheidenheit das Urheberrecht für diese Ausgabe uns zuschiebt, sondern sie hat es selbst. Denn der Vorgang, der dem vorausgegangen ist, der dazu geführt hat, begann damit, dass wir der Meinung waren, dass der stärksten Fraktion auch der größte Sitzungssaal zur Verfügung gestellt werden müsse, während die CDU/CSU offenbar Eigentumswohnungsbegriffe auch an Sitzungssäle knüpft. Wir haben, nachdem es keine Instanz gibt, die durchgreifen konnte und die Dinge in Ordnung bringen konnte, dem Eigentumswohnungsanspruch auf einen Sitzungssaal der CDU/CSU so bestehen lassen müssen, wie er ist, da wir ja niemand aus seiner Eigentumswohnung exmittieren können und auch wollen, und wir haben dann erlebt, dass, weil sie unbedingt oben sitzen wollen, wir hier unten sitzen zu bleiben haben, aber in einem auf neu umgebauten Saal. Weil aber in den Zeitungen vorgerechnet wird, was dieser angeblich von der SPD zu verantwortende Schritt koste, wollten wir gern, dass vom Urheberrecht und von der Verantwortung her keine Unklarheiten darüber bestehen. Ohne die CDU/CSU wären wir in einem nicht umgebauten Saal, der der größere war, und sie wäre in einem nicht umgebauten Saal, der der etwas kleinere war. Das wäre die einfachste Regelung gewesen. Das zuvor Genossen!

Bevor ich die Tagesordnung aufrufe, möchte ich darauf hinweisen, warum hier Blumen liegen. Deswegen, weil in dieser Sommerpause drei unserer Kollegen und Kolleginnen runde Geburtstage gehabt haben: Kurt *Mattick*, Hermann *Barche* und Hedwig *Meermann*.

(Beifall.)

Wir haben ihnen Glück gewünscht, und ich hoffe, dass sie die Blumen auch noch zu einem späteren Termin als dem eigentlichen annehmen oder aufnehmen. *Mattick* selbst ist zurzeit noch nicht hier. Er muss etwas später kommen. Ich wäre also dankbar, wenn die anderen mich von den Blumen erlösten und vorsichtig sind, weil die Dornen sogar durch dieses Papier – alles Gute!

Es haben sich heute wegen Krankheit mehrere entschuldigt: Herta *Däubler-Gmelin*, Günther *Eckerland*, Heinz *Frehsee*, Harald *Schäfer* und Hugo *Brandt*. Und wegen anderer Termine eine weitere Anzahl, die ich mir versage, hier zu verlesen. Die Tagesordnung, Genossinnen und Genossen, liegt vor. Ich hab' mir gleichzeitig erlaubt, nach einer Erörterung im Fraktionsvorstand und als deren Ergebnis einen Text hier schon vorweg auf die Plätze legen zu lassen – so war es die Meinung des Fraktionsvorstands –, der sich mit der Streitfrage Tarif- und Lohnauseinandersetzungen, so wie sie aktuell geworden ist, befasst. Die Tagesordnung ist umfangreich und auch wahrscheinlich inhaltsreich, wenn man daran denkt, was dann über alles im Einzelnen zu sagen sein wird. Wir müssen sehen, dass wir sie heute mit Anstand hinter uns bringen, denn eine frühere Möglichkeit war ja nicht als die, heute Nachmittag zu beginnen. Ich rufe also auf Punkt 1 und bitte den Bundeskanzler, das Wort zu seinem politischen Bericht zu nehmen.

Brandt (Berlin): Liebe Freunde, da ich mit dem Urlaub relativ früh begonnen hatte, ganz früh, schon um die Monatswende Juni/Juli, bin ich in der 7. Woche hier wieder in der Arbeit. Aber ich kann denen, die den Urlaub erst etwas später gemacht haben und

---

1 Vgl. auch die SPD-Fraktionssitzung am 12. Juni 1973, online.

Fraktionssitzung 12.09.1973 **25.**

jetzt wieder einsteigen, sagen, es hat schon schönere politische Situationen gegeben als die, in der wir uns gegenwärtig befinden. Es gibt eine ganze Menge schwieriger Probleme, mit denen wir fertigwerden müssen, eine eigenartige Anhäufung von Problemen im Innern und ein bisschen auch von außen, und doch ist das nicht so schwierig, wie es einige darstellen. Ich will zunächst ohne große Wertung berichten. Wir haben nach der entsprechenden Vorbereitung in der vergangenen Woche als Bundeskabinett den Entwurf des Bundeshaushalts '74 verabschiedet[2], und ohne dass wir uns heute damit groß befassen müssen, glaube ich, in dieser Fraktionssitzung, wird das hier Stoff geben in den kommenden Wochen und wenn es besondere Fragen gibt vorweg, dann können die gut beantwortet werden. Aber ich glaube, es braucht in diese Einleitung hinein. Heute haben wir uns befasst mit der Anpassung der Eckwerte der Steuerreform, noch genauer des einen Teils, der sich jetzt ergibt, Körperschaftsteuer kommt nächste Woche, diese Woche das, was die Einkommensteuer im Wesentlichen betrifft, und Steuerfreibeträge et cetera pp.[3] Die Fachleute wissen, was da als Teil des Pakets zusammengehört, und wir hatten uns zu orientieren an einigen Grundsätzen, die, glaube ich, dabei gewahrt worden sind, nämlich einmal die Eckwertbeschlüsse vom Herbst 1971 anzupassen an die seitherige wirtschaftliche Entwicklung, zweitens den Gesamtzusammenhang der Steuerreform zu wahren und drittens die soziale Ausgewogenheit dieser Reform zu beachten. Wir sind insofern mittendrin, als nach der Verständigung über den erwähnten Komplex heute Vormittag mit Vertretern der beiden Koalitionsfraktionen wir das Körperschaftsteuerpaket nächste Woche zur Behandlung uns vorgenommen haben. Ich will das also auch jetzt nur als Thema nennen und im Übrigen vorschlagen, dass, wenn heute darüber nähere Auskunft, soweit es nach dem jetzigen Stand möglich ist, gegeben werden soll, Helmut *Schmidt* dies freundlicherweise übernimmt.

Ich will dann ein Wort sagen zu unserem innenpolitischen Arbeitsprogramm. Wir hatten, als die Sommerpause begann, Walter *Scheel* und ich, uns auf ein Verfahren verständigt, wie wir die Komplexe behandeln wollen, die in der Regierungserklärung behandelt sind[4], aber nicht so abgeklärt sind, zumal auch mit und zwischen den beiden Koalitionsfraktionen so abgeklärt sind, dass wir schon Gesetzesvorlagen machen konnten, und inzwischen können wir dazu Folgendes feststellen: Es handelt sich um vier Bereiche, und ohne dass ich jetzt eine Rangfolge festgestellt haben will – in irgendeiner Reihenfolge muss man halt diese gleichwertigen Arbeitsbereiche nennen –, setze ich mal an die erste Stelle, zumal ich eben von Steuerreform sprach, Steuerreform und Vermögensbildung, ein Bereich. Steuerreform, sage ich eben, bedarf jetzt keiner zusätzlichen koalitionspolitischen Absprache mehr, wird mit den Experten der Fraktion im Kabinett in der nächsten Woche weiter angepasst und kommt dann auf den Tisch zur Beratung, jetzt immer in der Hoffnung, dass wir den großen Batzen Einkommensteuerreform mit dem, was dazugehört, so behandeln können, dass dieser Teil der Reform am 1.1.'75 und nicht '76 in Kraft treten kann. Dies bedeutet, dass der Bundesrat die Vorlage vor Weihnachten, in seiner letzten Sitzung vor Weihnachten behandelt haben muss, bedeutet, dass im Bundestag die Ausschussberatung in der ersten Hälfte des kommenden Jahres erfolgen muss, sonst schafft die Verwaltung nicht die Anpassung. Sie braucht dazu mindestens ein halbes Jahr, um diesen Teil der Reform am 1.1.'75 in Kraft treten zu lassen.

---

2 Vgl. die Sitzung des Kabinetts am 5. September 1973; DIE KABINETTSPROTOKOLLE DER BUNDESREGIERUNG 1973, online.
3 Zur Kabinettssitzung am 12. September 1973 vgl. DIE KABINETTSPROTOKOLLE DER BUNDESREGIERUNG 1973, online.
4 Zur ersten Regierungserklärung von Bundeskanzler *Brandt* in der 7. Wahlperiode am 18. Januar 1973 vgl. BT Plenarprotokoll 07/7, S. 121–134.

Die vermögensbildenden Maßnahmen, mit ja vermutlich Auswirkungen gewisser Interdependenzen mit der Körperschaftsteuer, werden behandelt durch einen Kabinettsausschuss, den ich konstituiert habe im vergangenen Monat und der jetzt unter dem Vorsitz von Werner *Maihofer* arbeitet und mit der festen Absprache, dass im Dezember vor Weihnachten dem Kabinett unterbreitet wird, dass dieser Ausschuss, der mit den beiden Fraktionen, mit den Experten der beiden Fraktionen eng zusammenwirken wird und vorschlagen kann.

Zweiter Bereich: Mitbestimmung und jene Maßnahmen, die ich unter das Rubrum weitere Humanisierung des Arbeitslebens setze. Ich lass' erst mal jetzt den zweiten Teil in Bezug auf die Konkretisierung beiseite, weil ich darauf gleich in einem anderen Zusammenhang zurückkomme. Mitbestimmung, die Pressemeldungen treffen zu, dass Walter *Arendt* mit Sachverständigen aus beiden Fraktionen beraten hat, auch gewisse Fortschritte erzielt hat, nicht etwa solche, die schon es rechtfertigen, dazu ein Modell als das sich abzeichnende zugrunde zu legen. Da hat man ja im Fernsehen einiges gesehen, in Zeitungen, das kann nicht bestätigt werden, aber es kann gesagt werden, dass die Beratungen weitergeführt werden demnächst und jedenfalls wir näher beieinander sind, als es schon mal der Fall war innerhalb der Koalition.

Dritter Bereich: Bodenrecht und gemeindliche Planungskompetenzen. Dort wäre ich unaufrichtig, wenn ich sagte, dass wir uns näher aufeinander zubewegt hätten. Dort ist es eher so, dass sich die Koalitionsparteien etwas voneinander wegbewegt haben. Allerdings, ich würde das jetzt auf einer Pressekonferenz anders formulieren, als ich es jetzt tue, da in allen drei Fraktionen etwas vor sich geht, setze ich in diesem Fall darauf, dass das, was auch im Lager der Union vor sich geht, unter dem Strich dazu führen wird, dass wir mit den Freien Demokraten eine akzeptable, in dieser Legislaturperiode schon ein Stück weiterführende Regelung finden, und ich wag' dann auch die Prognose, dass diese, wie es ja auch bei manchen anderen umstrittenen Geschichten im Laufe der Jahre immer wieder geschehen ist, dann letzten Endes doch mit relativ breiter Mehrheit durch den Bundestag gehen wird. Aber das wollen wir mal abwarten. Jedenfalls ist hier vorgesehen, dass unter Mithilfe, ohne die es leider nicht gehen wird, der Fraktionsvorsitzenden wir versuchen, die Gespräche hier neu in Gang zu bringen und eben auch mit diesem Ziel, in diesem Jahr zu wissen, bis Mitte Dezember zu wissen, wie weit wir kommen, immer ausgehend davon, dass wir alles Wesentliche bis zum Sommer nächsten Jahres oder kurz nach der Sommerpause nächsten Jahres auf dem Tisch haben [müssen][5], sonst werden wir trotz einer vollen Legislaturperiode hier also nicht nur drei Jahre zu viel liegen lassen, woran wir ja kein großes Interesse haben, was uns nur viel Arbeit gemacht hat, aber dann voll wieder aufgenommen werden müsste nach den nächsten Wahlen.

Vierter Bereich: Bildungsfragen mit einem, was uns angeht, gewissen Schwerpunkt bei der beruflichen Bildung. Aber wenn ich dies sage, dann sollte man den ersten Teil nicht zu leicht beiseiteschieben. Ich verstehe wohl, Genossen, dass das mühsame Arbeiten an dieser Front in den drei Jahren der verkürzten vorigen Legislaturperiode manchen zu der Meinung gebracht hat, na, viel werden wir nicht zustande bringen. Es ist aber in Wirklichkeit so, wenn wir uns anschauen, wo wir heute stehen, dann werden wir eine respektable Zwischenbilanz machen können, was die Bund- und Länderbemühungen angeht. Damit hab' ich noch nicht gesagt, dass der Bildungsgesamtplan am 20. September so über die Bühne geht, wie die Fachleute glauben, denn es könnte sein, dass die Länder es noch mal oder ein Teil von ihnen noch mal mit der Frage der Steueran-

---

5 Vom Bearbeiter ersetzt. Auf dem Tonband ist zu hören: »muss«.

teile koppelt, weil sie meinen, dass schon die 53 Milliarden als untere Grenze basieren auf fünf Punkten mehr zugunsten der Länder, wovon nicht die Rede sein kann, aber ich will das jetzt, ohne zu konkretisieren, sagen.[6] Wir werden auf mehr als einem Teilgebiet Bund-Länder-Bemühungen vorankommen trotz allem. Dies gilt auch, ohne dass ich jetzt eine Debatte darüber entfesseln will, für das Hochschulrahmengesetz, dessen Schicksal ich nicht so ungünstig beurteile wie manche Genossen, die etwas zu ernst nehmen, was dieser oder jener Verband dazu sagt.[7] Mein Eindruck ist, die Unzufriedenheit ist so gleichmäßig verteilt, dass eine gute Chance besteht, dass wir auf diesem Gebiet ein Stück vorankommen dieses Mal. Zur eigentlichen beruflichen Bildung wird wiederum nach Abklärung zwischen den Experten der Fraktionen und dem Minister für Bildung und Wissenschaft im Laufe des Herbstes eine Art Eckwertebeschlussfassung durch das Bundeskabinett erfolgen können.

Das sind diese besonders schwierigen, aber auch wichtigen Gebiete, und ich glaube, ich brauch' hier nicht besonders zu begründen, warum ich darauf gedrängt habe, dass wir diese Klärungen im Sommer, dort wo es ging, schon einleiten, dass wir sie jetzt im Herbst weiterführen und dass wir hier miteinander, also nicht nur im kleineren Kreis im Kabinett, sondern dass wir hier in der Fraktion vor der Weihnachtspause dann miteinander wissen, wo wir stehen. Der Grund ist natürlich der, unter anderem, dass manche Dinge trotz aller Schwierigkeiten, die sonst beschäftigen, jetzt im Verhältnis zu unserem Koalitionspartner trotz allem etwas einfacher sind, als sie in einem Jahr von jetzt ab sein mögen. Ein anderer Grund ist, dass wir mit einigen der Fragen, von denen ich gesprochen habe eben, in den nächsten Wochen schon und nicht erst im Dezember weiterkommen müssen, um vor dem CDU-Parteitag auf dem Markt zu sein. Wir sind ja nicht dazu da und nicht in erster Linie hier versammelt, um denen das Geschäft leicht zu machen, sondern wo es geht, es ihnen auch ein bisschen zu erschweren, und dann eben weil wir, grade wo es um unser Stammpublikum geht, es auf allen vier Gebieten, nicht auf allen gleichermaßen, aber doch im Ganzen mit Aufgaben zu tun haben, die man uns in besonderem Maße anvertraut hat.

Nun, liebe Genossen, haben wir aber heute früh im Bundeskabinett uns mit dem innenpolitischen Arbeitsprogramm noch unter einem anderen Gesichtspunkt befasst. Wir haben jetzt, wenn ich mal die beiden Pole nenne, die vier Arbeitsbereiche, von denen ich eben sprach, wir haben auf der andern Seite etwa 300, gestern hat man gezählt 301, Gesetze, wenn man kleines und großes Zeug zusammennimmt, darunter all den Routinekram, den, das sag' ich jetzt etwas leicht, jede Regierung machen muss, fast egal wie sie zusammengesetzt ist, und etwa die gleiche Zahl von rund 300 anderen Vorhaben, auch wenn sie nicht den Charakter von Gesetzen haben, also Rechtsverordnungen und ähnliche Vorhaben. Nun liegen zwischen diesen beiden Ziffern, den vier Bereichen, die sich jeweils aus mehreren Vorhaben zusammensetzen, und den, wenn ihr so wollt, 300 plus 300, über die hier zu reden nicht lohnt, wenn auch der einzelne Ausschuss und die einzelne Arbeitsgruppe mit manchem aus dem großen Paket zu befassen ist, dass zwischen diesen zwei Dutzend, drei Dutzend, vielleicht etwas mehr innenpolitischer Vorhaben, die a) nicht mehr koalitionsumstritten sind, die b) nicht finanzwirksam sein dürfen über das hinaus, was im Haushalt und der mittelfristigen Finanzplanung vorgesehen ist, und die gleichwohl einer besonderen Art von Abstimmung bedür-

---

6 Der Bildungsgesamtplan wurde erst am 20. Dezember 1973 in den Bundestag eingebracht. Vgl. BT Drs. 07/1474.
7 Das Hochschulrahmengesetz wurde am 30. November 1973 in den Bundestag eingebracht. Vgl. BT Drs. 07/1328.

fen, damit wir nicht, was unsere zeitliche Planung angeht, in der Regierung und im Parlament ins Gedränge kommen.

Jeder weiß ungefähr, wenn dieses schöne Jahr 1973 vorbei ist, dass dann die Wahllandschaft in den verschiedenen Teilen der Bundesrepublik wieder anders aussieht als jetzt und dass manche Zeiten sich besser eignen für eine Sache als andere. Also ich will mal sagen, es gibt einen Komplex, den ich jetzt nicht kennzeichnen will, den würde ich ganz bewusst lieber um die Jahreswende '74/'75 im Bundestag sehen, wenn wir das so hinkriegen, denn dann haben wir Bayern und Hessen hinter uns und Nordrhein-Westfalen liegt noch ein halbes Jahr vor uns[8]. Es gibt andere Vorhaben, die hätte ich gerne relativ kurz vor den Schwerpunkten, was die Landtagswahlen angeht. Dann gibt es ein paar Vorhaben, bei denen wir aufpassen müssen, dass sie nicht so spät eingespeist werden, dass sie erst im September oder Oktober '76 den Bundestag in dritter Lesung passieren, sondern das geht technisch gar nicht mehr und ergäbe auch keinen großen Sinn. Wir müssen dies also prüfen, dass wir entweder vorziehen oder hier und da auch schon früh genug sagen, das schaffen wir nicht mehr, sondern da begnügen wir uns lieber mit etwas weniger.

Wir sind also bei dieser Art von Ordnung unserer Aufgaben und es würde die Fraktion in diesem Augenblick überfordern, wenn ich ähnlich wie heute früh im Palais Schaumburg jetzt 27 oder 30 solcher Vorhaben durchginge. Das wird am besten die Arbeitskreise befassen. Ich will nur sagen, um welche Bereiche es sich dabei gehandelt hat. Es hat sich gehandelt um vier Punkte aus dem sozialen Bereich, vier/fünf aus dem betrieblichen Bereich, fünf aus dem Bereich Familien, Frau, Alte, Jugend, fünf aus dem Bereich Umweltschutz, drei aus dem Bereich Massenmedien. Das Energieprogramm, wisst ihr, ist auf den Weg gebracht, muss aber seine eigentliche Form erst noch finden. Das Kabinett wird dem Programm in diesen nächsten Wochen die Form geben, mit der wir dann es richtig auf den Weg bringen. Die Wehrstruktur, ich komme darauf gleich noch mal zurück, wird uns als ein solches wichtiges Vorhaben beschäftigen. Wir haben zwei, vier gesetzliche Vorhaben aus dem Bereich Verbraucherpolitik, zwei, davon eins schon im Parlament bei mir unter dem Rubrum Förderung der Wohnverhältnisse, und zwei zur Verkehrspolitik. Wie gesagt, das will ich jetzt nicht weiter ausmalen, sondern ich wollte nur die Fraktion wissen lassen und eben durch ein paar Hinweise dies erläutern, auf welche Weise wir hoffen, wirksamer als das vorige Mal diese Dinge so in den Griff zu bekommen, dass wir gut genug steuern, wann wir uns mit welcher Aufgabe befassen und wie wir hinterher möglichst wenig ins Gedränge kommen.

Jetzt, liebe Genossen, sitzt schon mancher da und denkt sich, will der die ganze Zeit über andere Dinge reden als die, die uns nun in Wirklichkeit in den letzten Tagen befasst haben oder die unsere Klientel draußen befassen. Ich hab' nicht die Absicht, nur von was anderem zu reden, sondern ich will durchaus auch etwas zur Wirtschaftslage sagen und das ist nämlich das Thema natürlich noch mehr als die unterschiedliche Beurteilung einiger Vorgänge auf dem Arbeitsmarkt. Liebe Genossen, auf die Gefahr hin, dass ich dafür nicht jedermanns Zustimmung finden kann, will ich doch sagen, dass die wirtschaftliche Lage zwar schwierig ist, dass es falsch wäre, die sich aus ihr ergebenden Probleme auf die leichte Schulter zu nehmen, dass aber meiner Meinung nach, ich sag' das hier jetzt ganz betont, auch wenn es schwerer ist, draußen mal gegenzuhalten, als nach dem Mund zu reden, ich sag' betont, es besteht auch kein Grund, wenn wir uns umschauen, in der Welt, in der wir leben, in dem Teil Europas, in dem wir le-

---

8 Die Landtagswahlen in Bayern und Hessen fanden am 27. Oktober 1974 statt. Nordrhein-Westfalen wählte erst am 4. Mai 1975 einen neuen Landtag.

ben, die Dinge so zu dramatisieren, wie die Opposition es selbstverständlich tut, wie aber auch einige zu tun geneigt sind, die uns näherstehen, als die Opposition es tut. Wie sieht es aus? Es ist ja nicht so, als ob wir plötzlich in dem Elendsgebiet dieser Welt lebten und nur noch zu prüfen hätten, wo wir Verelendungstheorien des vorigen Jahrhunderts zu verfeinern hätten, damit sie auf diesen Gesamtverelendungsprozess richtig angewandt werden könnten und passten, sondern es gibt auch in diesem schwierigen Jahr 1973, wohlwissend dass es differenziert ist, es gibt auch in diesem Jahr 1973 ein durchschnittliches Wachstum, einen durchschnittlichen Zuwachs und nicht eine Abnahme des Netto- und Realeinkommens eines Arbeitnehmers, ich weiß sehr wohl, da gibt's Ledige hier und da, bei denen es Null und es mag sogar welche geben mit ein bisschen Minus, aber der Schnitt wird bedeuten, 1. Halbjahr '73 verglichen mit '72 netto real plus zwei, ganzes Jahr '73 verglichen mit '72 netto real plus drei Prozent, und jetzt vergleicht das mit früheren Jahren und vergleicht es mit anderen Ländern.

Liebe Genossen, ich will allerdings hinzufügen, wenn ich gesagt habe, verglichen '72, dann zähle ich – das ist aber legitim –, dann zähle ich die Rückzahlung des Konjunkturzuschlages vom Frühjahr '72 dabei nicht mit, weil es ein in diesem Zusammenhang nicht relevanter Faktor ist. Dies ist jedenfalls, lasst es mich so sagen, jedenfalls keine dramatisch schlechte Ziffer für das, was unter dem Strich steht, wohlwissend dass das Bewusstsein der Betroffenen teilweise ein anderes ist, und das macht unsere Lage sehr schwierig, andererseits wiederum nicht so schwierig, dass man nicht sachlich drüber reden könnte. Hier sitzt zumindest einer, nämlich der Hans-Jürgen *Junghans*, vielleicht noch mehr, ich glaube der Karl *Ravens*, die dabei waren, dass man das auch vor 8 000 Stahlwerkern bei Salzgitter und mit deren Betriebsräten von Howaldt[9] bis runter in aller Sachlichkeit und Offenheit erörtern kann. Das ist an einem Ort leichter als am andern, ich gebe das wohl zu. Nun erscheinen diese drei Prozent, wie ich behaupte, einige meinen, man sollte lieber zwei sagen, ich bleib' bei meinen drei, diese drei Prozent Zuwachs netto und real für '73, die erscheinen niedrig im Verhältnis zur realen Steigerung des BSP, des Bruttosozialprodukts, denn dieses ist in dem ersten Halbjahr 1973 verglichen mit '72 um sechs Prozent heraufgegangen, und die Frage taucht auf, was ist – ich hab' sie selbst neulich bei uns gestellt im kleineren Kreis mit den zuständigen Kabinettskollegen und dem Bundesbankpräsidenten –, was ist denn aus diesem realen Wachstum geworden? Und da gibt's nun einige, die etwas übervereinfacht sagen, das haben sich die verdammten Kapitalisten alles in die Tasche gesteckt. Dieses ist eine Übervereinfachung, liebe Freunde, denn von dem eben angegebenen realen Wachstum des BSP ist erstens ein höherer Teil, als er bei den Arbeitnehmern zu Buche schlägt, in die Staatskasse, wenn auch dort zum Teil stillgelegt, und in die Taschen der Sozialversicherung geflossen, nämlich von dem rund 51,5 Milliarden errechneten Wachstum rund die Hälfte, und zum anderen ist eben das reale Wachstum des Bruttosozialprodukts zum Teil vertan für reale Einkommenssteigerungen dadurch, dass weiterhin ungewöhnlich viel ins Ausland geschaufelt wird durch die andauernde, trotz der Währungsbereinigung andauernde Exportlastigkeit unserer Volkswirtschaft. Nun, die Preisentwicklung ist weiter ungünstig. Sie zeigt auch für August wie für Juli die Ziffer 7,2 auf, verglichen mit dem Vormonat, dem Vorjahresmonat. Das ist ein bisschen besser in diesen beiden letzten Monaten als die 7,9 im Juni, aber ich will nicht daraus vorschnell und gar übertriebene Schlüsse ziehen und schon sagen, wir hätten Tritt gefasst. Trotzdem lasst mich hier in aller Offenheit feststellen, ich kann mir etwas Schlimmeres vorstellen, wenn ich mir die Welt anschaue, als ein Land mit Vollbeschäftigung, mit geordneter Zahlungsbilanz, mit einer Preisent-

---

9 Gemeint ist die Howaldtswerke-Deutsche Werft AG, an der unter anderem die Salzgitter AG beteiligt war.

wicklung, die zumindest erste Elemente eines Stabilisierungseffekts enthalten könnte, einem Wachstum, das weit über den Erwartungen liegt, und trotz allem realen Einkommenssteigerungen der breiten Schichten.

Also mein Rat, wir sollten trotz der gewiss schwierigen öffentlichen Diskussion und trotz der mir gar nicht unverständlichen schlechten Stimmung etwas selbstbewusster über die wirtschaftliche Lage sprechen und die Probleme dieses Landes auch in der Relation sehen zu den Problemen, mit denen man sich sonst in der Welt oder, wenn ihr es vorzieht, in der westlichen Welt auseinanderzusetzen hat.

Im Übrigen, das Stabilitätsprogramm, auch das wird schon leicht wieder vergessen, hat ja bei den oberen Einkommensschichten angesetzt, und zwar unter unserem Einfluss. Auch das brauchen wir nicht kleinmütig unter dem Tisch zu kehren, und im Übrigen, auch wenn dies eine weitere Durststrecke bedeutet oder wenn ihr das Bild vorzieht, wenn wir noch weiter durch eine Schlechtwetterzone müssen, wir können von diesem Stabilitätskurs nicht abgehen, müssen darauf hoffen, dass wir die Kurve rasch genug kratzen im nächsten Jahr, wenn es soweit ist, und es gibt dazu keine Alternative. Die Alternativen, die ich hier und da in der innerparteilichen Diskussion gehört habe, sind die einer anderen Art von Ordnung als der, in der diese Bundesregierung ihr Amt angetreten hat. Man kann über ganz andere Ordnungen diskutieren, auch solche, die einem sozialdemokratischen Grundsatzprogramm näher sind, aber man muss wissen, was man in einer bestimmten geschichtlichen Situation und zumal gestützt auf einen Wählerauftrag leisten kann. Jetzt könnten wir sogar mit einem stärkeren Wählerauftrag, das sage ich als eine feste Überzeugung, im Wesentlichen nicht anders operieren, als wir es in Anbetracht vorgegebener objektiver Faktoren tun. Ich will das in allem Freimut sagen. Ich hätte nur eine Kleinigkeit davon zurückzunehmen, wenn es hart kritisiert würde.

Nun, liebe Genossen, hat es gleichwohl jene Unzufriedenheit gegeben und die geht ja weiter, die in einer Reihe irregulärer Arbeitsniederlegungen ihren Ausdruck gefunden hat[10], und ich denke ja nicht, dass irgendjemand von mir vermutet hat, dass ich im Parteivorstand oder öffentlich oder hier oder irgendwo gesonnen sei, Arbeitnehmerschelte zu betreiben. Hab' doch keinen Vogel

(Unruhe.)

und hab' doch auch nicht vergessen, woher ich selbst komme, wo wir miteinander stehen, aber, liebe Genossen, es geht darum, dass man in einer solchen Situation, wie wir sie gehabt haben, sich klar wird, steht man nur neben einer Entwicklung, lässt man sie treiben, lässt man sie etwas anderes hinwegspülen, lässt man aus dem, was Ausdruck des Unmuts ist, etwas ganz anderes werden oder sagt man, Kinders, in Wirklichkeit müsst ihr die und die Prozeduren anwenden, wenn ihr insgesamt als Arbeitnehmer in diesem Land was erreichen wollt und wenn wir außerdem als Staat, für den wir Verantwortung tragen, nicht ins Rutschen kommen wollen. Was dazu zu sagen ist, hat vor einer Woche im Präsidium, Dienstag vor einer Woche, Walter *Arendt* zu Papier gebracht[11]. Ich lass' mal jetzt den Parteivorsitzenden, auf den komme ich gleich noch, außen vor. Das, was als Ordnungsprinzipien festzuhalten war, hat Walter *Arendt* formuliert. Das Präsi-

---

10 In den letzten zwei Augustwochen 1973 beteiligten sich zeitweise über 50 000 Arbeitnehmer an wilden Streiks in der Metallindustrie und konnten damit vor allem Teuerungszulagen durchsetzen. Zum Hintergrund der spontanen Arbeitsniederlegungen vgl. den Artikel »IG Metall – ein angeschlagener Dinosaurier«; »Der Spiegel«, Nr. 36 vom 3. September 1973, S. 19–26.

11 Zur Sitzung des Präsidiums der SPD am 4. September 1973 vgl. AdsD, Sitzungsprotokolle des SPD-Präsidiums. – Das Präsidium begrüßte, dass die spontanen Arbeitsniederlegungen abgeklungen seien und die Tarifvertragspartner in Verhandlungen stünden. Es kritisierte, dass die spontanen Streiks die Stellungen der Gewerkschaften gefährdeten und dass dies nicht im Sinne der Arbeitnehmer sein könne.

dium hat sich dem angeschlossen. Der Parteivorstand hat am Sonntag so gut wie einmütig sich dies zu eigen gemacht und das ist das starke Erinnern an die Tarifautonomie und das starke Erinnern daran, dass man mit den Gewerkschaften solidarisch sein muss, wovon ich mich übrigens auch dann nicht abbringen lasse, wenn ein paar Gewerkschaftsfreunde zwischendurch den Mund ein bisschen zu voll nehmen und sich mehr zutrauen, als sie dann hinterher durchsetzen können. Nun, liebe Genossen, ich bin sehr froh darüber, dass mir heute aus dem Fraktionsvorstand, an dessen Sitzung ich nicht teilnehmen konnte, ein Text vorliegt, der, jetzt lass' ich mal den letzten Satz beiseite, in dem ich selbst angesprochen bin, den ich aber auch nicht für falsch halte, eine Äußerung, die ich jedenfalls hier voll zu eigen machen könnte, auf die ich aber nicht weiter einzugehen brauche, das wird sicher geschehen, wenn aus dem Fraktionsvorstand berichtet wird.

Nun hat es eine Kontroverse gegeben, und eine Anzahl von Kollegen aus der Fraktion haben – ich hab' mir das ein bisschen mühsam besorgen müssen, hab' es dann aber nach ein paar Tagen auch bekommen –, Anzahl von Kollegen haben sich geäußert, und ich glaube, in dem, was sie gesagt haben, stecken ein paar Missverständnisse, wenn ich auf die offen hinweisen darf. Das eine Missverständnis ist, dass die Kollegen, die sich geäußert haben, meinen, der Parteivorsitzende oder der Parteivorstand, nein, zu dem Zeitpunkt war es der Parteivorsitzende und das Präsidium, hätten sich, noch dazu ungebührlich, dagegen gewandt, dass der Bundesausschuss der Jungsozialisten einen Beitrag zur innerparteilichen Diskussion geleistet hätte.[12] Das ist ein Irrtum. Der Bundesausschuss der Jungsozialisten hat nicht einen Beitrag zur innerparteilichen Diskussion geleistet, sondern er hat gesagt, er ist in einigen Grundfragen ganz anderer Meinung als der Parteivorsitzende. Das darf er auch sagen, nur muss er sich dann entgegenhalten lassen, wenn der Parteivorstand gesprochen hat, und das hat er am Sonntag getan, dass zwischen den Parteitagen für diese Partei niemand anders spricht als der Parteivorstand.

(Beifall.)

Jetzt kann man sogar zu Programmfragen anderer Meinung sein. Man konnte es in Godesberg und konnte in der Partei bleiben, aber klar war, es galt das Programm. Für die laufende Politik gilt das, was der Vorstand sagt, und andere Äußerungen haben das Gewicht, das dann übrigbleibt. Keine Sondergliederung der Partei kann so tun, als könne sie sich, zumal mit Empfehlungen, an die Betriebe, an die Öffentlichkeit, an die Gewerkschaften, an die Stelle der Partei setzen. Das geht nicht!

(Beifall.)

Das geht nicht, denn dann kann die Partei nicht bestehen als einheitliche Sozialdemokratische Partei. Das ist also das eine Missverständnis, dass das, was manchen von euch erschienen war als innerparteiliche Diskussion, das musste uns erscheinen als Gegenposition zur praktischen Politik, und da es so nicht nur erschien, sondern auch gemeint war, was ja in aller Freundschaft mir der Vorsitzende der Jungsozialisten bestätigt hat, musste das zurechtgerückt werden.

Und das zweite Missverständnis, nein, da darf ich nicht mehr sagen Missverständnis, sondern das sind unterschiedliche Einschätzungen und da darf keiner behaupten, nur er habe recht, sondern da ist es in der Politik so, wer Recht hat, stellt sich manchmal erst sehr viel später raus, da gilt nun das verstärkt, was ich eben gesagt habe. Es gibt verschie-

---

12 Der Bundesausschuss der Jungsozialisten hatte die wilden Streiks in der Metallindustrie begrüßt und sich damit auch gegen Bundeskanzler *Brandt* positioniert, der sich in der Öffentlichkeit immer wieder für die strikte Einhaltung der tarifrechtlichen Regeln für den Arbeitskampf ausgesprochen hatte. Vgl. bspw. den Artikel »Brandt rügt die Jungsozialisten«; »Süddeutsche Zeitung« vom 5. September 1973, S. 1.

dene Meinungen, aber man muss sich klar werden, wo wer über welche Fragen, wenn es unterschiedliche Meinungen gibt, entscheidet und das gilt dann bis neu entschieden worden ist, zum Beispiel ein Parteitag entschieden hat über das, was ein Parteivorstand nach Meinung eines Parteitages falsch gemacht haben sollte. Das, was also dann wohl nicht ein Missverständnis, sondern eine unterschiedliche Meinung war, ich glaube, nur noch bedingt heute ist, da ist die Frage, dass eine Reihe von Genossen meinten, dass man durch eine positive Haltung zu den irregulären Arbeitsniederlegungen, wobei ich das Wort irregulär ohne jede Werteinschätzung hier benutze, dass eine Reihe Genossen meinten, diese stärkten die Gewerkschaften. Ich sag' euch, liebe Genossen, das Gegenteil ist der Fall. Das Gegenteil ist der Fall,
(Beifall.)
auch wenn es im Augenblick einmal in einer Situation anders aussieht und jeder erfahrene Gewerkschafter schon mal in unserem Land in Situationen gewesen ist, wo er selbst an so etwas wie einer irregulären Bewegung teilgenommen hat. Das galt für Otto *Brenner*, bevor er Vorsitzender der IG Metall wurde, ebenso wie für Heinz *Ruhnau*, bevor er Innensenator in Hamburg wurde, und manche andere könnten mit in diesen Kreis einbezogen werden. Nein, aber worum es insgesamt geht, ist doch Folgendes, liebe Genossen: Die Arbeitgeber, wenn ihr euch jetzt mal freimacht von theoretischen Erwägungen, nehmt einfach dieses Jahr. Was hat sich denn abgespielt, und ich hab' es denen nebenbei gesagt. Es ist ja nicht so, als ob wir hier irgendwelche Diskussionen bloß führen losgelöst von den Beteiligten. Walter *Arendt* und ich haben ja, als dieses in Gang war, erst mit *Vetter* und *Loderer* und den anderen, am nächsten Tag mit der Arbeitgeberseite, und es war ja, um das hier mal zu sagen, nicht so, dass uns die Kollegen von der gewerkschaftlichen Seite gesagt hätten, bitte redet nicht mit denen und lasst uns auseinander, sondern es war ja da eine Meinung, dass wir uns nützlich machen könnten, indem wir Parteien an einen Tisch brächten oder ihnen dazu rieten, sich an einen Tisch zu setzen. So sieht's ja in Wirklichkeit aus! Nun, wie hat dieses Jahr sich, was die Metallindustrie angeht, abgewickelt? Da gab es zu Beginn des Jahres die 8,5 Prozent, die in Wirklichkeit elf waren, worüber ich mich ja für die Beschäftigten nur freue. Mir tut es nur Leid um den Eugen *Loderer*, von dem seine Kollegen meinen, er hätte nur 8,5 erreicht, während er elf erreicht hat. Aber das ist, von dieser Kleinigkeit abgesehen, ist der Herr *Schleyer*, der der künftige Vorsitzende der BDA ist, ins Fernsehen gegangen und hat gesagt, selbst diese 8,5, von denen auch er wusste, sie seien elf, sind zu viel, und die Tinte war nicht trocken, da hat er in Untertürkheim, was ich ja auch den Kollegen dort wieder gönne, das draufgelegt, was die Autorität, das Ansehen der IG Metall doch nur schwächen konnte. Und dann war Ostern kaum vorbei, dann hat man gesagt, ja, dieses Jahr machen wir schon Pfingsten zu Weihnachten, aber Weihnachten bleibt Weihnachten, ich brauch' das jetzt nicht weiter durchzubuchstabieren, was in diesen Hinweisen steckt. Das kann doch nur bedeuten, dass wir, wenn wir nicht aufpassen, wir meine ich jetzt Arbeiterbewegung, das heißt Sozialdemokratie, die dies eben auch ist mit Gewerkschaften, wenn wir nicht aufpassen, dann geraten wir in eine Lage hinein, die viel schwieriger wird einmal bei einem Rückschlag als die '66er, '67er, weil das mit einem Federstrich weg ist, die diversen Plusarrangements, und sich auf dem Wege dorthin wegen der Vielfalt der betrieblichen Geschichten gar nicht auffangen lässt, im Wesentlichen gar nicht einfangen lässt. Darum geht es mir! Und nun musste ich davon ausgehen, insofern ein Wort über mich selbst, deshalb hab' ich den Parteivorstand auch um ein Votum gebeten am Sonntag, ich hatte mich geäußert erstens in Gesprächen mit den Tarifvertragspartnern, dies mehr intern, dann in einer kurzen Äußerung im Fernsehen mit dem Wort Spielregeln, das man so oder so werten kann, aber das Publikum hat das richtig verstanden und bei Salzgitter hat man es auch richtig verstanden. Das war die Passage meiner Rede, ihr könnt sie

Fraktionssitzung 12.09.1973 **25.**

im Bulletin nachlesen[13], indem ich bewusst das »Du« und das »Ihr« der Belegschaft gegenüber angewandt habe und sie verstanden haben, was es bedeutet. Ich habe gesagt, ihr würdet es bereuen, wenn man eure Gewerkschaften in dieser Situation erschüttert und kaputtmacht und ihr würdet dann merken und wir miteinander, was das als Schwächung der Arbeitnehmerschaft, nicht nur im Betrieb, sondern im Staat und in der Gesellschaft, bedeutet. Das war abgeleitet aus dieser Spielregelfrage und aus dem Problem Solidarität mit der gewerkschaftlichen Bewegung insgesamt gesehen, und wie gesagt, der Parteivorstand hat, wenn auch mit etwas unterschiedlichen Motivierungen der Einzelnen, aber mit, glaube ich, mit deutlicher Mehrheit, wie auch die Zeitungen richtig festgestellt haben, gesagt, er teilte die Meinung des Vorsitzenden. Ich will das nicht hier weiter jetzt ausgewalzt sehen, wenn es nicht sein muss. Mir geht's heute um die Sache selbst und zur Sache selbst will ich nur noch hinzufügen, es hat ja eben auch hier und da nicht nur die gute Sorge um die ausländischen Kollegen gegeben, die uns alle miteinander befasst, und wir sind ja als Regierung dabei, ein Programm zu machen – und die Partei hat eine große Kommission eingesetzt –, sondern es hat doch auch die Narreteien gegeben derer, die glaubten, man könnte revolutionäre Politik machen mit dem Potenzial ausländischer Arbeitnehmer. Und das ist falsch, Genossen, denn das ist objektiv ein Ausspielen der ausländischen gegen die deutschen Arbeitnehmer und das kann nur schiefgehen.
(Beifall.)

Jetzt werden wir schon sehr bald in diesen Tagen ein paar Schwierigkeiten mit den Organisationen im öffentlichen Dienst zu bewältigen haben. Ich meine jetzt nicht die eigentliche Tarifrunde, die ja diesmal in etwa gleichzeitig kommt für Metall und öffentlichen Dienst. Ich lasse auch außen vor die gewerkschaftspolitisch wichtige Frage, ob man nicht zu größerer Flexibilität mit Laufzeiten kommt, als man sie jetzt weithin hatte. Ich lass' das mal außen vor, aber im Vorfeld der tariflichen Regelung fürs nächste Jahr haben wir die bekannten Forderungen mit einem Kernpunkt letztes Drittel Weihnachtsgeld, und, worüber ich mich wundere, bei allen Schwierigkeiten, die das mit sich bringt, ist, wie rasch manche derer, die kommunale Verantwortung tragen, einerseits, die natürlich, das gebe ich schon zu, mehr mit der Sache konfrontiert sind, die sich aus Müllstreiks und ähnlichem ergeben, aber wie rasch an einem Tag das Kapitel Gemeindefinanzen, nämlich deren Unterbedienung, eine Rolle spielt und am nächsten Tag das am Bund leicht Vorbeimarschieren in der Frage von Löhnen und Gehältern. Das ist nicht hilfreich. Ich will jetzt nur mal sagen, jeder muss sich im Klaren sein, wenn sich die Organisationen hier mit ihrer Forderung durchsetzten, wobei ich ihnen ja wiederum nicht verüble, dass sie ihre Forderungen stellen, dann hieße das, dass für die drei Ebenen zu Weihnachten allein gute 4,3 Milliarden als Konsumstoß neu zusätzlich da wären. So kommt das eine zum andern, ganz abgesehen davon, dass dies wiederum einen leicht eskalierenden Effekt auf die hat, die sich dann anschließen daran mit ihren Vorstellungen für das kommende Jahr, nicht in derselben Branche, sondern in der nichtöffentlichen Wirtschaft, wenn man so sagen darf. Einfach ist das alles nicht, und nun wird es noch schwieriger, wenn man sich vorstellt, wie ohnmächtig dieser Staat im vierten Monat ist, wo es um die Fluglotsen geht.[14] Eine bedrückende Erfahrung! Ich hoffe, dass der Arbeitskreis, die Arbeitsgruppe, die sich damit befasst und der voll Auskunft ge-

---

13 Zum Wortlaut der Rede von Bundeskanzler *Brandt* vor der Belegschaft der Salzgitter AG am 31. August 1973 vgl. BULLETIN 1973, Nr. 102 vom 4. September 1973, S. 1017–1020.
14 Seit Anfang Juni 1973 befanden sich die verbeamteten Fluglotsen erneut in einer Art Bummelstreik, um finanzielle und laufbahnrechtliche Verbesserungen zu erstreiten, und sorgten vor allem während der Ferienzeit für Chaos auf deutschen Flughäfen. Vgl. dazu den Artikel »Gehaßte Gruppe«; »Der Spiegel«, Nr. 27 vom 2. Juli 1973, S. 33 f.

geben wird natürlich über die diversen vergeblichen Bemühungen dieser Sommerwochen, dass die uns mit ihrem Rat ein Stück weiterhelfen und dass am Freitag der Ausschuss ein Stück weiterhelfen kann, aber es ist eine kühne Erwartung. Liebe Genossen, ich fürchte, wir stehen hier, wie andere Länder, erst am Beginn eines Vorgangs, bei dem, jetzt sag' ich nicht hochqualifizierte Gruppen, es gibt noch qualifiziertere Berufe als den des Fluglotsen, aber Beschäftigte in Schlüsselpositionen ihre quasi Monopolstellung geltend machen, dazu noch, wie in diesem Fall, ohne in eine gewerkschaftliche Organisation verantwortlich eingebunden zu sein. Hier verweise ich nochmal zurück auf das, was ich über die Rolle von Gewerkschaften in einer Gesellschaft wie der unseren gesagt habe, und nun passiert uns das so, dass wir nicht einmal ein Gesetz machen können, jedenfalls nicht rasch genug, wie es die Schweden gemacht haben vor einigen Jahren, als sie solchen Schlüsselgruppen bis hin zu den Offizieren gegenüberstanden, und dann durch ein Gesetz und einen Vertrag – oder zwei Verträge in Wirklichkeit zwischen dem Arbeitgeber Staat und den Organisationen der öffentlich Bediensteten – das Problem gelöst haben, Streik nicht ausgeschlossen als letzte Konsequenz, aber mindestens drei Etappen auf dem Wege dorthin, um eine andere Lösung zu finden, und sagt jetzt nicht gleich *McCarthy*[15], wenn man das sagt, denn die Schweden haben nicht reaktionäre Amerikaner kopiert. Das geht bei uns nicht wegen des verrückten Beamtenstatus, lasst mich das jetzt mal offen sagen, den man auch auf diesem Gebiet erfunden hat, der aber nicht eingeklagt werden kann wegen der Besonderheit der Beschäftigung, wegen der Gutachten von Medizinern, wegen der Atteste von Ärzten, zum Lachen, Dutzende am Tag dort, wo es drauf ankam, wegen der Langwierigkeit von Disziplinarverfahren, die sich nicht über Wochen, sondern über Monate erstrecken, wegen der Schwerfälligkeit von Gerichtsverfahren, die Monate in Anspruch nehmen, und deshalb werden wir über das hinaus, was die Regierung an gutem Willen gezeigt hat, eben prüfen müssen, ob wir mit konventionellen Mitteln hier weiterkommen. Ich kann nur sagen, ich halte dies mit dem zuständigen Minister zusammen für eine bedrückende Erfahrung.

Lasst mich nur noch hinzufügen eine andere schwierige Frage, dass ist die des berühmten Ministerpräsidentenbeschlusses von Anfang vorigen Jahres[16], wo mancher schon wieder den Hintergrund vergessen hat, denn der Hintergrund war ja damals im Vorfeld des Bundestagswahlkampfes das Drängen auf Inanspruchnahme des Grundgesetzes für einen anderen Vorgang als diesen, und die Sozialdemokratische Partei musste sowohl zu dem Komplex, den man dann mit dem Namen *Baader-Meinhof* umschrieben hat, wie zu diesem zu einer vernünftigen Eingrenzung des Vorgangs kommen, und dann ist nicht ein Erlass zustande gekommen, ist ja nicht neues Recht gesetzt worden, sondern ein Beschluss ist gefasst worden. Jetzt stellt sich heraus, wenn die Innenminister ihre Berichte abgeben, die haben sie abgegeben, dass der Bund nichts zu berichten hat, weil beim Bund kein einschlägiger Fall eingetreten ist.

Aber, liebe Genossen, ich will hier jetzt nicht viel sagen, denn wir haben ja einen Parteitag gehabt, und das, was ich vorhin in anderem Zusammenhang gesagt hab', gilt hier

---

15 Der Name wurde von Bundeskanzler *Brandt* sehr undeutlich ausgesprochen, so dass es sich an dieser Stelle um eine begründete Vermutung handelt. – Der US-amerikanische Senator Joseph *McCarthy* war mit seiner Kampagne gegen eine angebliche kommunistische Unterwanderung der US-Regierung zum Symbol für Denunziationskampagnen und staatliche Gesinnungsschnüffelei geworden.

16 Am 28. Januar 1972 beschlossen die Regierungschefs der Länder zusammen mit Bundeskanzler *Brandt*, dass die Mitgliedschaft in einer verfassungsfeindlichen Organisation unvereinbar mit einer Einstellung in den öffentlichen Dienst sei. Zum Wortlaut der später als »Radikalenerlass« bezeichneten Grundsätze zur »Beschäftigung von rechts- und linksradikalen Personen im öffentlichen Dienst« (Fassung vom 18. Februar 1972) vgl. MINISTERIALBLATT FÜR DAS LAND NORDRHEIN-WESTFALEN, 1972, Ausgabe A, Nr. 20, S. 342.

auch. Parteitag hat beraten. Parteitag hat Beschluss gefasst. Parteitag hat nicht, wie einige jetzt gesagt haben, beschlossen, ersatzlos streichen. Der Parteitag hat genau dies nicht beschlossen, sondern der Parteitag hat gesagt, spezifizieren und dementsprechend abändern[17], und das werden wir am 20. machen. Inzwischen hat uns unter dem Stichwort »*Götz* von Düsseldorf« der Sommer eine ganze Reihe von Problemen beschert[18], die wir uns auf diese Weise jedenfalls koalitionspolitisch und innerparteilich vielleicht hätten ersparen können, aber ich hoffe, dass wir nach dem 20. September weiter sind. Der Parteivorstand hat jedenfalls am Sonntag einmütig den Bericht entgegengenommen, den die sozialdemokratischen Ministerpräsidenten einschließlich des Bundeskanzlers erstattet haben über ihre Vorstellungen davon, wie sie am 20. September vorgehen wollen[19], und ich glaube, da wir heute schon den 12. haben, wäre es angemessen, dies nun dann auch zunächst einmal so sich vollziehen zu lassen.

Jetzt noch ein paar Bemerkungen zur auswärtigen Politik. Zunächst wäre es falsch, wenn wir heute als Fraktion beisammen sind, nicht ein Wort der tiefen Sorge, ja der Bestürzung darüber zu sagen, dass, wie immer man die Entwicklungen in diesem Land sonst betrachtet haben mag, durch den Militärputsch in Chile jener Kontinent sich weiter in Bürgerkriegsverwirrungen hineinbegibt, statt auf den Weg der demokratischen Veränderung der Gesellschaften, tiefe Sorge, ohne dass wir an diesem Vorgang etwas zu ändern vermögen, außer dass wir unseren Wunsch zum Ausdruck bringen, dass es sich hierbei um einen hoffentlich widerruflichen Vorgang handelt.

Die andere Bemerkung bezieht sich auf die Debatte, die nicht von allen gleich selbstlos zugunsten von Intellektuellen in der Sowjetunion geführt wird. Ich sage bewusst, nicht vor allen gleich selbstlos. Ich hab' dazu ein paar Sätze gesagt, die auch durchweg, nicht überall, aber durchweg richtig zitiert worden sind. Ich hab' mir sie, wie das sich gehört, aufmerksam überlegt und darf sie hier wiederholen. Sie lauten: »Ich fühle mich nicht erst seit gestern mit denen verbunden, die ihrer Überzeugung wegen gefährdet sind. Meine Meinung zur Freiheit von Kultur und Wissenschaft ist auch der sowjetischen Führung bekannt. Dies ist kein Stoff für Sensationen. Das Gefühl der Verbundenheit mit Menschen, die um ihre geistige Selbstbehauptung ringen, darf uns nicht jene vergessen lassen«, dies ist mein Apropos, »die immer noch durch offene Gewalt zu Tode kommen. Gerade eine Politik, die den Frieden zwischen den Staaten sicherer macht, hat sich stets bewusst zu sein, wie weit der Abstand noch ist zwischen der heutigen Wirklich-

---

[17] Der Bundesparteitag der SPD fand vom 11. bis zum 14. April 1973 in Hannover statt. Nach kontroversen Diskussionen wurde beschlossen, dass der Radikalenerlass nicht abgeschafft, sondern reformiert werden sollte. Die bisherige, von Bundesland zu Bundesland unterschiedliche Praxis sollte vereinheitlicht werden und die Betroffenen sollten erweiterte Möglichkeiten zu einer gerichtlichen Überprüfung der Entscheidungen erhalten. Die 22 einzelnen Anträge zum Ministerpräsidentenerlass (Radikalenerlass) wurden während des Parteitags vereinheitlicht und zu einem Antrag der Antragskommission umgeformt, der sich an Bundesregierung, Landesregierungen und SPD-Bundestagsfraktion richtete. Vgl. PARTEITAG DER SOZIALDEMOKRATISCHEN PARTEI DEUTSCHLANDS VOM 10. BIS 14. APRIL 1973, STADTHALLE HANNOVER, BAND 1: PROTOKOLL DER VERHANDLUNGEN. ANLAGEN, hrsg. vom Vorstand der SPD, Bonn o. J. (1974), S. 1128 f.

[18] Gemeint ist Volker *Götz*, der als einer der ersten Richter aufgrund des Radikalenerlasses aus seinem Amt entfernt wurde. Nachdem öffentlich bekannt wurde, dass *Götz* Mitglied der DKP war, machte der nordrhein-westfälische Justizminister Diether *Posser* ganz im Sinne des sog. Radikalenerlasses dessen 1973 erfolgte Ernennung zum Richter auf Probe rückgängig. Zuvor hatten der Koalitionspartner FDP, der Deutsche Richterbund und die Anwaltskammer in Nordrhein-Westfalen gegen die Ernennung von *Götz* protestiert. *Posser* hielt sein eigenes Vorgehen allerdings für verfassungswidrig, weil die DKP keine verbotene Partei war. Vgl. den Artikel »Dr. Diether *Posser* (SPD). Justizminister von Nordrhein-Westfalen. Porträt «; »Landtag intern«, Nr. 18 vom 31. August 1973, S. 2.

[19] Zur Sitzung des SPD-Parteivorstands am 9. September 1973 vgl. AdsD, 2/PVAS0000592.

keit und einer wahrhaft friedlichen Welt.« Und jetzt lasst mich, hier kann man das etwas verkürzt sagen, Folgendes hinzufügen: Es ist ein grundlegendes Missverständnis unserer Außenpolitik zu glauben, dass das Bemühen um den Abbau von Spannungen zwischen West und Ost und damit Sicherung des Friedens gebunden sei an Voraussetzungen, die sich auf die innere Ordnung in anderen Staaten beziehen. Dieses ist eine falsche Konstruktion. Es sind zwei verschiedene Vorgänge, und jetzt spitze ich es bewusst zu, auch wenn Josef *Stalin* heute an der Spitze der Sowjetunion stünde, würde ich gleichwohl, wenn es ginge, mich bemühen darum, dass zwischen Ost und West und zwischen der Bundesrepublik Deutschland und Russland bessere Verhältnisse zustande kommen und der Frieden sicherer gemacht wird

(Beifall.)

und gleichzeitig, aber nicht als Teil dieser Politik, sind meine Sympathien, soweit ich sie äußern darf in meinem Amt, dort, wo sie hingehören. Man darf also jetzt nicht etwa sagen, Konferenz über Sicherheit und Zusammenarbeit in Europa erst dann, wenn in diesem oder jenem und im dritten Land das und das in Ordnung ist, im Gegenteil, jedes mögliche Bemühen um mehr Sicherheit, um mehr Zusammenarbeit, um mehr Austausch bringt über die Jahre und wenn es sein muss über eine Generation und zwei hinweg, wenn nicht mehr für uns, dann für die, die danach kommen, auch größere Chancen für nuanciertere Auffassungen an dem einen und dem anderen Ort, wo sie nur schwer zum Ausdruck gebracht werden können. Im Übrigen hat es eine ganze Menge von Irrtümern gegeben in der Presse – ja, nicht nur Irrtümer, natürlich ist auch manches geplant worden. Da gab es diesen ganzen Roman darüber, was wohl zwischen Frankreich und der Bundesrepublik Deutschland sei. Da ist gar nix, außer dass ein Landwirtschaftsminister laut gedacht hat.[20] Wir haben gerade jetzt eine Konferenz hinter uns in Kopenhagen[21], und *Scheel* wird morgen früh im Bundestag darüber berichten[22], wo genauso, wie das hier Ende Juni abgesprochen war mit *Pompidou*, diese beiden Staaten, Frankreich und die Bundesrepublik Deutschland, mit ihren sieben Partnern in der Europäischen Gemeinschaft sagen, wie sie das Verhältnis untereinander und zu Amerika weiterentwickeln wollen. Da darf man sich nicht durch jede Geschichte verwirren und verrückt machen lassen. Amerika, die haben, wenn ich die Zeitungen recht lese, auch gelegentlich Probleme bei sich zu Haus, da kann ich auch nichts dran ändern, aber das Verhältnis zwischen Amerika und Westeuropa, Allianzprobleme, das ist in keiner Krise, sondern das verläuft gut, auch mit dem Blick auf die Expertenkonferenz in Genf, also zwischen den beiden Tagungsperioden Helsinki, auch mit dem Blick auf Wien, dies jetzt nicht Wien gleich SALT, sondern Wien gleich schwierigen Rüstungsbegrenzungsbemühungen.

Ich will in diesem Zusammenhang sagen, liebe Genossen, vor der Sommerpause, ganz kurz vor der Sommerpause hatte Schorsch *Leber* in Aussicht gestellt, wie wir es ja auch schon in der Regierungserklärung hatten schwach anklingen lassen, dass er sich nach der Sommerpause zum Thema Wehrstruktur äußern wollte. Jetzt hab' ich gehört, dass einige Genossen dies schon bezogen haben auf den Tag, an dem wir hier wieder zusammentreten. Das ist, wäre nicht fair. Wir haben am letzten Montag in aller Ruhe darüber

---

20 Landwirtschaftsminister *Ertl* hatte in einem Interview mit einer französischen Wochenzeitung erklärt, er sei überrascht über die Bemerkung des französischen Landwirtschaftsministers *Chirac*, dass sich die Bundesrepublik Deutschland von Europa distanziere. Vgl. EUROPA-ARCHIV 1973, Z 178 und Z 185.

21 Gemeint ist die Konferenz der neun EWG-Außenminister in Kopenhagen am 10. und 11. September 1973, in der über das amerikanisch-europäische Verhältnis, die KSZE und den Nahostkonflikt beraten wurde. Vgl. EUROPA-ARCHIV 1973, Z 199 f.

22 Zur Regierungserklärung, die Außenminister *Scheel* abgab, am 13. September 1973 vgl. BT Plenarprotokoll 07/48, S. 2741–2765.

gesprochen. Wir sind uns über die Grundlinien einig, aber das hat nun, ich sage nicht lange Zeit, aber in den nächsten Wochen kommt es zur Beratung und ich will hier gleich eines deutlich machen, ich begrüße, dass vorgesehen ist, dieses Thema nicht nur im engen Sinne unter sogenannten Experten, bei allem Respekt vor diesen, zu behandeln, sondern dort, wo es hingehört, nämlich in den Zusammenhang von Außenpolitik und Sicherheitspolitik, Arbeitskreis Außen und Sicherheit, und ich wünsche, gerne an dieser Debatte teilzunehmen und schon hier heute deutlich zu machen, hier geht es nicht um irgendein Hobby eines Genossen, der abgestellt ist und gebeten worden ist, Verteidigung zu machen, sondern hier geht es um einen neuen Abschnitt von etwas, wofür wir miteinander in Regierung, in Fraktion und als Sozialdemokratische Partei einstehen müssen, nachdem wir uns darauf geeinigt haben.

Nun, Genossen, könnte man noch fragen, ja, was ist denn aber mit Prag, warum seid ihr noch nicht längst dagewesen?[23] Ich will jetzt nicht bagatellisieren, was da ist. Ich will es aber auch nicht so behandeln, wie es die Springerpresse in Berlin und anderswo tut, nämlich weit an den Realitäten vorbei.[24] Weit an den Realitäten vorbei! Erstens gibt es überhaupt keinen Anhaltspunkt dafür, dass die sowjetische Führung sich entfernt hat von dem, was zum Berlinthema im gemeinsamen Kommuniqué *Breschnew – Brandt* drin steht.[25] Es gibt überhaupt keinen Anhaltspunkt dafür! Es gibt Spekulationen, Vermutungen. Meinem Empfinden nach ist ein anderer Faktor außerhalb der Bundesrepublik in Prag einflussreicher gewesen in dieser Sommerzeit als der sowjetische. Das werden wir klären. Das brauchen wir nicht zu überstürzen. Ich bin wie *Scheel*, wie der Außenminister, der Meinung, das wird in Ordnung gebracht. Und wenn das in Ordnung wird, wird dort der Vertrag gemacht und dann werden anschließend auch die Beziehungen mit Ungarn und Bulgarien aufgenommen.

Zum Schluss Folgendes: Ich hab' einleitend gesagt, es hat schon schönere Situationen gegeben. Das gilt auch für die Partei. Der ging es allerdings um diese Zeit vor einem Jahr auch nicht so schön, müsst ihr auch mit, ihr zusammen euch noch mal dran erinnern, April/Mai, nicht, himmelhochjauchzend, August/September ziemlich mies, und wenn wir Wahlen gehabt hätten im September, hätten wir sie verloren, sag' ich mal etwas abgekürzt nach dem, was man ablesen kann damals aus den Empfindungen, nachträglich aus den Ziffern und im November haben wir sie nicht verloren, sondern gewonnen. Im Oktober hätten wir sie auch schon gewonnen, nebenbei gesagt. Und das muss ich nicht einfach so wiederholen. Ich sage nur, die Lage war schon mal schöner, nur die Befragungen, darum bringe ich es eigentlich vor, die ihr neulich im »Spiegel« gelesen habt[26], ich lese ihn nur gelegentlich, aber die ihr neulich da gelesen haben werdet, geben ein viel zu günstiges Bild, ein viel zu günstiges Bild von der wirkliche Lage. Die Lage ist stimmungsmäßig nicht ganz einfach. Andererseits, ich habe sowohl zu Beginn der Sommerpause, Monats-

---

23 Der Vertrag über die gegenseitigen Beziehungen zwischen der Tschechoslowakei und der Bundesrepublik war am 20. Juni 1973 paraphiert worden. Für den Wortlaut vgl. BULLETIN 1973, Nr. 76 vom 21. Juni 1973, S. 757f. Die Unterzeichnung verzögerte sich jedoch, da in Prag und Bonn unterschiedliche Meinungen zur Einbeziehung von Berlin (West) in den Geltungsbereich des Vertrages bestanden. Konkret umstritten war, ob die künftige bundesdeutsche Botschaft in Prag zur konsularischen Rechtshilfe für Gerichte und Behörden in West-Berlin befugt sein dürfe. Vgl. dazu auch die SPD-Fraktionssitzung am 2. Oktober 1973, SVP A und B, online.
24 Die Tageszeitung »Die Welt« führte die schleppenden Verhandlungen mit der Tschechoslowakei über den Status von Berlin (West) auf sowjetische Bedenken zur vollen Einbeziehung Berlin (Wests) in den konsularischen Rechtsschutz zurück. Vgl. den Artikel »Unter Fernsteuerung bleibt Prag unnachgiebig«; »Die Welt« vom 24. August 1973, S. 4.
25 Zum Wortlaut des Kommuniqués vgl. BULLETIN 1973, Nr. 59 vom 22. Mai 1973, S. 573–576.
26 Eine entsprechende Umfrage konnte nicht nachgewiesen werden.

wende Juni/Juli, wie jetzt zum Ausklang der Sommerpause, Monatswende August/September, je einige Tage auf einer Informationsreise verbracht und mich davon überzeugt, dass überhaupt kein Grund besteht, den Kopf einzuziehen, sondern dass man mit einigem Erfolg unsere Politik vertreten kann, dass die Partei allerdings die Musik gebraucht und die Musik ist {...} durch Hannover gekommen. Jetzt stelle ich fest, hier und da ist so, als ob der Hannoversche Parteitag gar nicht stattgefunden hätte, sondern man muss wieder anfangen zu erklären, was dort in Wirklichkeit auf wichtigen Gebieten mit breiten Mehrheiten beschlossen worden war. Dies ist sehr betrüblich. Der Parteivorstand hat deshalb darum gebeten, dass die Bezirke mal feststellen mögen, welche Delegierten eigentlich wo in der Partei berichtet haben, wie das früher üblich war, über den Parteitag von Hannover. Das wird uns nicht allein die Antwort geben, aber vielleicht eine Teilantwort und eine Lehre für die künftige Entwicklung. Jetzt möchte ich darum bitten, dass wir gegenüber einer Opposition, die trotz des Führungswechsels sich im Grunde wieder auf das totale Nein einstellt, nur leicht camoufliert hier oder da, dass wir gegenüber einer solchen Opposition keinen Zweifel oder möglichst wenig Zweifel aufkommen lassen an der Handlungsfähigkeit unserer Regierung und an, jedenfalls in wesentlichen Fragen, der Geschlossenheit unserer Sozialdemokratischen Partei. Vielen Dank für die Aufmerksamkeit.

(Beifall.)

[B.]

Wehner: Genossen, es erleichtert vielleicht die Diskussion, wenn ich zwar jetzt nicht, das sei ferne von mir, unmittelbar anschließe den Bericht der Sitzung Fraktionsvorstand. Das tue ich dann, nachdem wir diesen Punkt diskutiert haben, aber doch jenen Punkt, dessen Ergebnis das, was hier als Vorlage für die Fraktionssitzung, ich hoffe, in euer aller Hände ist, geworden ist, weil Willy ja auf diese Sache eine Bemerkung hin gemacht hat und weil inzwischen auch die Kopien von Erklärungen, um die es sich gehandelt hat, und um Beschlüsse des Parteivorstands und vorher des Präsidiums, die sich mit diesen Erklärungen oder mit einer dieser Erklärungen befasst haben, in euren Händen sind in Kopieform.[27] Es haben, und das will ich nur kurz erwähnen, jetzt am 7. mit den Unterschriften von 34 Mitgliedern unserer Fraktion ebendiese eine Pressemitteilung herausgegeben, in der sie im Zusammenhang mit der gegenwärtigen Diskussion um spontane Arbeitsniederlegungen, wie es heißt, erklären[28], und dann kommt der Text, den ich jetzt hier nicht noch einmal vorbringen will. Dieser Text bezieht sich am Ende auch noch ausdrücklich auf die Erklärung des Bundesausschusses der Jungsozialisten vom 3.9., der dort als ein legitimer Beitrag zur innerparteilichen Diskussion bezeichnet wird. Ich habe nicht vor – und habe auch im Fraktionsvorstand dies als meine Meinung gesagt – darüber zu sprechen, was Beiträge und legitime Beiträge zur innerparteilichen Diskussion sind. Hier geht es zunächst um die Sache selbst und zur Sache gehört eben das Kapitel, das Willy *Brandt* hier, losgelöst von diesen Unterlagen, von denen er sagte, die würden ja noch eine Rolle beim Bericht aus dem Fraktionsvorstand spielen, einige sehr wesentliche Bemerkungen gemacht hat. Da ist das Wort von den Spielregeln gefallen, ein Wort, das in der Erklärung vom 3. September, die der Bundesausschuss herausgegeben hat[29], in dem Zusam-

---

[27] Die Presseerklärung der SPD-Bundestagsfraktion vom 13. September 1973 zu den spontanen Arbeitsniederlegungen in der Metallbranche ist dem schriftlichen Protokoll der Fraktion als Anlage III beigefügt. Vgl. AdsD, 2/BTFG000025.

[28] Die Presseerklärung der 34 Abgeordneten vom 7. September 1973 ist dem schriftlichen Protokoll der Fraktionssitzung als Anlage beigefügt. Vgl. AdsD, 2/BTFG000025.

[29] Zur »Stellungnahme des Bundesausschusses der Jungsozialisten vom 1. September zu den spontanen Arbeitsniederlegungen« vgl. Anlage VII zum schriftlichen Kurzprotokoll der Fraktionssitzung; AdsD, 2/BTFG000025.

Fraktionssitzung 12.09.1973 **25.**

menhang steht, den ich vorlese: »Die von führenden Sozialdemokraten erhobene Forderung nach Einhalten der Spielregeln zur Lösung der sozialen Konflikte verkennt die Tatsache, dass diese Spielregeln unter den gegenwärtigen Bedingungen eine krasse Benachteiligung der Arbeitnehmer bedeuten.« Nun ist sicher über Worte zu streiten, und ob Spielregeln jeweils jeder Mann oder jeder Frau Empfindungen über den Ernst dessen, was damit gemeint ist, entsprechen, das sei dahingestellt. Es ist jedenfalls in der Sache kein falsches Wort, aber ganz falsch wird das, wenn diese Regeln, das heißt das Aushandeln und Auskämpfen der Lohn- und Arbeitsbedingungen im autonomen tarifpolitischen Raum, wenn diese als solche, als eine krasse Benachteiligung der Arbeitnehmer hingestellt werden. Das könnte man auch nicht dadurch abschwächen, dass man sagt, unter den gegebenen Umständen, denn dann müssten die Spielregeln oder Regeln als solche fragwürdig oder falsch sein. Man stärkt damit leider nicht, wie es die Absicht war und betont worden ist, die Stellung der Gewerkschaften, die ja auf diese Regeln pochen müssen, wenn sie über tarifliche Forderungen mit der Tarifpartei Unternehmer verhandeln und auch, wenn es notwendig ist, kämpfen. Nur haben die 34 Unterzeichner der Erklärung vom 7.9. betont, dass unter den Bedingungen praktisch uneingeschränkter Machtpositionen der Unternehmen staatliche Maßnahmen nur in sehr begrenztem Maße korrigierend auf deren Preisgestaltung Einfluss nehmen. Was sicher unzweifelhaft ist, wenn maßvolle Tarifabschlüsse der Gewerkschaft, heißt es im nächsten Satz, seitens der Unternehmer mit überhörten Preissteigerungen beantwortet werden, werden Maßnahmen von Arbeitnehmern zur Erhaltung ihres Lebensstandards und zur Verbesserung ihrer Arbeitsbedingungen verständlich. Das ist mir auch verständlich, dass das so gesagt wird, und ich stelle mich an die Seite solcher, die dieser dummen und gezielten Bezeichnung aller spontanen oder sonst wie bezeichneten Arbeitsniederlegung den Makel anhängen wollen, das sei von Extremisten angezettelt, womit, da es ein sehr differenzierter und zu differenzierender Vorgang ist, keineswegs denen geholfen ist, die zu solchen Schritten sich treiben lassen oder getrieben werden, aber auch die, die sich haben treiben lassen, sind damit zunächst einmal in ihrem Arbeiter- und in ihrem Gesamtverständnis für die Gesamtarbeitnehmerschaft-Interessen anzusprechen und da kommt dann der meiner Meinung nach, erlaubt mit diese Bemerkung, Irrtum der Genossen, die das mit ihren 34 Unterschriften gedeckt haben im nächsten Satz: »Die spontanen Arbeitsniederlegungen haben sich als ein Kampfmittel erwiesen, das in der schwierigen tarifrechtlichen Situation der Gewerkschaften dazu beigetragen hat, den Handlungsspielraum zu erweitern.« Das, Genossen, wird man mit Genauigkeit erst feststellen können, wenn die Gewerkschaften in diesem Jahr und zu Anfang des nächsten Jahres die schweren Gänge zu gehen und auszufechten haben, über die aus der Kündigung der Tarife, die sind ja inzwischen bei vielen gekündigt, laufen bei anderen sowieso ab, sich ergebende Situation, zu neuen Tarifen zu kommen. Hier muss also durchaus sachlich über einige der Gesichtspunkte diskutiert werden.

Ich bin auch noch der Meinung, das sagte ich heute im Fraktionsvorstand, dass es den Gewerkschaften einen schlechten Dienst tun heißt, wenn zum Beispiel in der grundlegenden Erklärung, auf die sich die der 34 dann noch einmal ausdrücklich bezieht, als einem legitimen Beitrag zur innerparteilichen Diskussion, wenn es dort heißt, dass die zuständigen Gremien der SPD aufgefordert werden vom Bundesausschuss, sich auch bei Streiks, die aus formalrechtlichen Gründen nicht von der Gewerkschaft getragen werden können, mit aller Deutlichkeit auf die Seite der Arbeiter zu stellen. Ich würde mir eher die Zunge abbeißen, als der Unternehmensseite, die so viele Verkleidungen hat, dass sie, um auf den Metallkonflikt zu Anfang dieses Jahres zurückzukommen, nach einem Tarifabschluss plötzlich in anderer Verkleidung auftreten kann und kann, worauf die Tarifpartner keinen Einfluss mehr haben, die Opel-Preise und anderes erhöhen. Das ist der Punkt und darüber zu reden und darüber Tarifordnungsgesetze und andere

Dinge zu machen und sich den Kopf zu zerbrechen und dem Koalitionspartner nötigenfalls aufzunötigen, denn an diesem Punkt ist er völlig abweichend, das ist das Problem. Nur, ich will mich nicht verteilen und vertiefen.

Ich habe auf einige dieser Dinge heute hingewiesen. Wenn etwa in dieser grundlegenden Erklärung gesagt worden ist, dass die spontanen Arbeitsniederlegungen sich gegen die kapitalistische Arbeitsordnung, in der Lohnraub durch Preistreiberei, verschärfter Arbeitsdruck, menschenunwürdige Arbeitsbedingungen und Unternehmerwillkür alltägliche Erscheinungen sind, richten, so wäre es bei genauem Überlegen und wenn man in dieser schwierigen Situation helfen will, durchaus möglich, zu sagen, dass diese Arbeitsniederlegungen Begleiterscheinungen in Auswirkung solcher wie hier charakterisierter Bestandteile oder hier oder da besonders scharf zum Ausdruck kommender Bestandteile dieser unserer Ordnung sind. Aber die Stellung der Gewerkschaften wird dadurch problematisch, denn wenn Herr *Schleyer* oder andere, und ich will hier gar nicht an einzelnen Personen herummachen, aber der genügte im Grunde genommen, wie in der Politik der *Strauß* genügt, wenn Herr *Schleyer* und andere seinesgleichen, vielleicht noch intensivere, bei den nächsten Tarifverhandlungen den Gewerkschaften als Tarifpartei am Tisch gegenübersitzen und ihrerseits mit Augenzwinkern oder nur Aha, die können ja nur und haben ja nur aus formalrechtlichen Gründen, weil sie gezwungen sind und sonst regresspflichtig gemacht werden können, eingehalten, dies ist doch, ich werde doch einem Gegner, und in diesem Falle spreche ich einmal offen, einem klassenpolitisch anders interessierten Gegner nicht diese Waffe geben, sondern werde versuchen, unsere eigene Waffe so scharf wie möglich zu halten und weiter zu schärfen und zu vervollkommnen. Das ist manches sehr gut gemeint, und aus diesem Grunde kamen wir zu dem Ergebnis – ich will euch das nicht vorlesen –, ihr habt es vor euch als eine Vorlage zum Bedenken, zur Diskussion und zur Entscheidung zu stellen, die eben damit beginnt, dass die berechtigte Forderung der Arbeitnehmer, dass ihre Löhne nicht durch Preissteigerungen aufgezehrt werden, die in der jetzigen Konjunktursituation nur durch die Stabilitätspolitik nur schwer zu einem politisch und wirtschaftlich tragfähigen Ausgleich zu bringen. Das ist ehrlich vom Standpunkt Parlamentsfraktion, das zu sagen und weiter »bloße Anhebung der Nominallöhne führt nicht zu realen Lohnverbesserungen«. Dann bezieht sich diese Vorlage auf das, was der Parteivorstand in dieser Situation die Tarifparteien zu tun aufgefordert hat, denn hier soll man ja auch wohl die Unternehmerseite der Tarifparteien vor der Öffentlichkeit, der mitbürgerlichen Öffentlichkeit, an ihren Verpflichtungen packen, und es kommt die Feststellung: »Wer die Erfahrung hat und die Geschichte der Arbeiterbewegung nicht verdrängt, der weiß, dass eine Gefährdung der Tarifautonomie immer auch eine Schwächung der Position der Gewerkschaften darstellt.«

Hier braucht man gar nicht weit in der Geschichte zurückzugehen. Ich erlaube mir die Bemerkung, dass im Jahre 1963 in einer Regierungserklärung von der Tribüne des Bundestages aus die wenigen vier oder fünf Zeilen, in denen überhaupt das Wort Arbeitnehmerschaft vorkam, verbunden waren mit einer Drohung, nämlich mit der Drohung, dass, wenn die sich nicht verakkordieren, man zu anderen Mitteln als denen, die sich aus der Autonomie des tarifpolitischen Raums ergeben, verstehen müsse.[30] Das sollte man mal nachlesen. Das hat Jahre gedauert, damals gab es eine einzige Partei, die sich vorbehaltlos neben die Gewerkschaften gestellt hat, das ist die, deren Fraktion wir heute hier sind, während alle anderen, auch unser jetziger Koalitionspartner, *Mende* vor allen Dingen, der damals noch das Sagen hatte, sehr viele Vorschläge und nicht nur Vor-

---

30 Es ist unklar, auf welche Regierungserklärung *Wehner* hier anspielt. – In der ersten Regierungserklärung des Kabinetts *Erhard*, am 18. Oktober 1963, bekannte sich *Erhard* jedenfalls zur Tarifautonomie. Vgl. BT Plenarprotokoll 04/90, S. 4200.

Fraktionssitzung 12.09.1973 **25.**

schläge, sondern Insinuationen, was an die Stelle dieser Tarifparteiautonomie gesetzt werden müsste oder sollte oder könnte, und der *Erhard* selber, der Schwachmatikus, hat dabei sich mitschieben lassen und auch sein Teil dazu getan, das hat Jahre gedauert, ehe sie diese fünf Zeilen, diesen inhaltsschweren Inhalt dieser als, nun, die Situation ist nicht mehr dieselbe, hingestellt haben. Ich bitte sehr darum, allen, die es ernst meinen, und da meine ich alle, gleichgültig, welche Auffassung dieser oder jener zu der Frage hatte oder haben und was sie sonst davon halten und worüber alles noch zu sprechen sein muss, dieser Vorlage ihre Aufmerksamkeit angedeihen zu lassen, die am Schluss »begrüßt und billigt die Entschiedenheit, mit der Willy *Brandt* und der Parteivorstand die gebotene Solidarität mit den Gewerkschaften betont und Stellungnahmen zurückgewiesen haben, die geeignet sind, diese Solidarität zu belasten«. Das ist eine sehr sachliche Feststellung. Das wollte ich nur als Teil aus dem Bericht aus dem Fraktionsvorstand hier vorgezogen haben, weil es auf Willy *Brandts* politischem Bericht ratsam zu schien, das jetzt machen. Die Diskussion ist eröffnet. Wer wünscht das Wort? *Sperling!*

Sperling: Genossinnen und Genossen, ich begrüße die Vorlage für die Fraktionssitzung, so wie sie von Herbert *Wehner* hier eingeführt worden ist, obwohl ich dazu noch einige Bemerkungen machen werde und auch bitte, Verständnis für zwei Anträge zu haben, die ich zu dieser Vorlage stellen möchte. Lasst mich zunächst sagen, dass die Art und Weise, wie wir uns alle insgesamt vorbereitet haben auf die Situation, die in diesem Herbst auftritt, uns wohl unbefriedigt lassen muss. Seit dem Tarifabschluss zum Jahresanfang, der, wenn ich das richtig erinnere, von 70 Prozent der betroffenen Arbeitnehmer abgelehnt wurde, und seit der Preissteigerungsrate, die wir im Juni zur Kenntnis nehmen mussten, konnten wir ahnen, dass es im Herbst nicht ohne spontane Arbeitsniederlegungen vor sich gehen würde. Dies wurde noch deutlicher, als die IG Metall mit dem Angebot kam, vorzeitig über eine Erhöhung des Urlaubsgeldes zu verhandeln und dies abgelehnt wurde. Da stand es in allen Zeitungen, und ich glaube, jeder wusste im Juni, dass wir im Herbst in den Betrieben Schwierigkeiten haben würden, und zwar, wie ich weiß aus meinem Wahlkreis und in dem Gebiet, nicht um Rüsselsheim, sondern zwischen Limburg und Wetzlar in kleinen Betrieben, Schwierigkeiten, die Genossen und Kollegen uns bereiten, so wie es aussieht, oder aber, wie die es sehen, dass wir ihnen mit der Diskussion, die wir jetzt führen, Schwierigkeiten bereiten. Denn sie haben in guter Absicht und gutem Willen und zum Teil mit Verständnis derjenigen, die später einmal Tarifverhandlungen zu führen haben, ihre spontanen Arbeitsniederlegungen betrieben. Verständnis dafür haben wir, glaube ich, alle, das kommt in allen Erklärungen zum Ausdruck. Nur meine ich, dass die Art und Weise, wie wir uns darauf vorbereitet haben, schwierig war und schlecht war und dass uns dies für den kommenden Jahresanfang ebenfalls wieder bevorstehen wird, und darüber werden wir uns viel eingehender wohl unterhalten müssen, wenn auch nicht in der großen Fraktion, wie wir das Problem am kommenden Jahresanfang hin packen werden, wenn wieder 70 Prozent oder mehr Prozent der Arbeitnehmer ein Verhandlungsergebnis ablehnen oder wenn das Verhandlungsergebnis so ist, dass die Regierung kaum dazu sagen kann, es diene der Stabilitätspolitik. Dies ist das, was uns bevorsteht, und ich meine, dass die 34, die eine Erklärung dazu abgegeben haben in dieser Situation, genau darauf zielten, die Diskussion zu versachlichen, indem sie das, was zuvor gelaufen war, nicht als hilfreich empfanden, weder von der einen noch von der andern Seite hilfreich empfanden, das Verständnis mit den Kollegen und Genossen nicht nur in den großen Betrieben, sondern in den vielen kleinen, wo gestreikt wurde, wo keine Bonner Zeitung und auch keine große deutsche Zeitung drüber berichtet hat, das Verständnis dieser Kollegen doch zu erreichen auch in der Öffentlichkeit. Schließlich hätte auch die Intervention unseres Bundeskanzlers und Parteivorsitzenden im Einverständnis mit *Loderer* und *Vetter* bei den Arbeitgebervertretern wohl kaum erfolgen können, wenn nicht es sich in den Betrieben gerührt hätte, und da wir uns alle einig sind, das kann man bei den Jungsozialisten rauslesen, bei den 34 und bei allen anderen Erklärungen auch, dass es darum geht, die Stellung der Gewerkschaft zu stärken, müssen wir uns überlegen, wie wir das tun, denn 70 Prozent Ablehnung sind keine Stärkung der gewerkschaftlichen Position. Auch dies sollten wir mit einbeziehen in unsere Überlegungen und wenn die Jungsozialisten darauf verweisen, dass die gegenwärtigen Spielregeln es den Gewerkschaften eigentlich unmöglich machen, dann, wenn die Arbeitnehmer darauf drängen, das, was sie durch Überstunden, und darum geht's, jetzt noch an realer Kaufkraft mehr im Portemonnaie haben, durch Überstunden, als im vergangenen Jahr, wenn da die Arbeitnehmer darauf drängen müssen, dass sie dies auch dann abgesichert bekommen, wenn die Überstunden runtergehen, dann müssen wir sehen, dass nur dieser Schwung auch der IG Metall die Chance geben wird, über kürzere Laufzeiten von Tarifverträgen zu verhandeln. Auch das gehört zur Spielregelgestaltung. Dazu bedarf es, wie ich glaube, des Drucks von unten. All dies muss man mit sehen und muss auch sehen, dass es nicht sonderlich günstig aufgenommen wurde, wenn unser Parteipressedienst nur von dem größeren Weihnachtsbraten schreibt, wenn die Gewerkschaften fordern, dass man wenigstens zu Weihnachten eine gewisse Chance durch eine Verdreifachung oder Verfünffachung des Arbeitnehmer-, des Weihnachtsfreibetrages herbeiführen möge. Dies ist, wie ich der heutigen Zeitung entnehme, durch einen Kabinettsbeschluss oder eine Vorbereitung eines Kabinettsbeschlusses wieder ein bisschen rückgängig gemacht worden.

Wenn man dies alles sieht, glaube ich, sollten wir uns hier nicht viel Vorwürfe, sondern eher das alles zum Anlass nehmen darüber nachzudenken, wie wir es Anfang des nächsten Jahres hinkriegen werden, miteinander zurecht zu kommen und die Stellung der Gewerkschaften stark zu halten in dem, was bevorsteht, und darum, meine ich, sollten wir uns nicht lange streiten. Die Vorlage für die Fraktionssitzung, so wie sie Herbert *Wehner* eingeführt hat, ist, meine ich, in den ersten vier Absätzen von jedermann zu unterschreiben. Sie enthält das, was in allen Erklärungen wohl gemeint war. Aber verständlich ist wohl, wenn ich am 5. Absatz, wenn es um die Stellungnahmen geht, die dort zurückgewiesen wurden, ein paar Bedenken habe, denn ich halte die Stellungnahmen, die abgegeben wurden, keineswegs für solche, die geeignet wären, die Solidarität zu belasten. Dieser Auffassung kann man einerseits sein, ich bin andererseits aber völlig anderer Auffassung. Ich meine, die Stellungnahmen haben die Solidarität nicht belastet, und darum bitte ich um Verständnis für einen Abänderungsantrag. Ich würde ohne Einschränkung der gesamten Erklärung zustimmen können, wenn der letzte Satz lauten würde: »Die Fraktion begrüßt und billigt die Entschiedenheit, mit der Willy *Brandt* und der Parteivorstand die gebotene Solidarität mit den Gewerkschaften betont haben.« Alle anderen Wörter gestrichen, das ist mein Antrag. Ich nehme an, dieser Antrag wird wohl keine Mehrheit finden. Für den Fall bitte ich um eine Hilfe bei der geschäftsordnungsmäßigen Abstimmung des gesamten Antrags. Da wäre ich dankbar, wenn man die ersten vier Absätze gesondert vom fünften Absatz abstimmen lassen könnte, damit mir guten Gewissens eine Stimmenthaltung möglich ist. Schönen Dank.

Wehner: Wer wünscht weiter das Wort? Macht euch bitte bemerkbar, sonst wird's schwierig. *Seibert* und dann *Gansel*.

Seibert: Zu Beginn dieses Jahres stand auch in dieser Fraktion und allen möglichen Stellen, die sich mit diesen Fragen zu beschäftigen haben, im Vordergrund, dass die Stabilitätsbemühungen dieser Regierung, die von der Fraktion getragen wird, doch auch ihre Berücksichtigung finden sollten bei Lohnabsprachen und Tarifabschlüssen. Das darf nicht vergessen werden, dass das von uns allen getragen wurde. Dann hat man den Gewerkschaften von allen Seiten guten Rat gegeben, so sich zu verhalten, und die Gewerkschaften haben das im gewissen Umfange auch getan, wobei man drüber streiten kann, ob 8, 5 oder elf Prozent dabei, brutto, herausgekommen sind. Ich neige mehr der letzteren Zahl zu aus Erfahrungswerten, die wir gesammelt haben. Die Gewerkschaften haben natürlich unter starkem Druck stehen müssen, das war verständlich, nachdem sich zeigte, dass die Preisstabilität nicht so sichergestellt werden konnte, wie man glaubte, denn wenn es so gewesen wäre, hätte diese Regierung keine zusätzlichen Dämpfungsmaßnahmen im letzten Monat beschließen müssen und brauchen.

Was uns natürlich jetzt berührt, ist doch die Meinung, die teilweise getragen wird von Kollegen der Fraktion, dass sie mit ihren Erklärungen, die ich nicht aus den letzten Erklärungen heraus lese, sondern früher, dass wilde Streiks in Ordnung wären, legitim wären, keineswegs hilfreich gewesen sind nach draußen und auch in der Arbeit. Ich kann mir nicht vorstellen zum Beispiel, wie die wilden Streiks, die jetzt teilweise gelaufen sind und vielleicht noch laufen können, in der Forderung nach Teuerungszulagen im öffentlichen Dienst hilfreich sein können, in dem Augenblick, wo wir einen gekündigten Tarifvertrag über das 13. Monatsgehalt mit allen möglichen Maßnahmen, die die Tarifautonomie bietet, verhandeln. Da soll mir mal einer jetzt erklären, ob es uns möglich gemacht werden soll und kann, dass wir außer der Teuerungszulage, die jetzt 300 Mark beträgt, auch noch das letzte Drittel des Monatsgehaltes durchsetzen sollen, oder wie wir es bei den Kollegen draußen klarmachen können, dort, wo sie wild gemacht haben, kriegen sie was und haben sie was bekommen, und dort, wo das nicht der Fall war bislang, bestehen keine Aussichten zu dem 13. Monatsgehalt in der Gänze das noch zu holen. Ob das hilfreich ist, mögen die beantworten für sich, die das glauben. Ich möchte mich über die Spielregeln in der Tarifautonomie in diesem Kreise nicht unterhalten. Das wäre Wasser in den Rhein getragen, weil ich davon ausgehen darf, dass die Mehrzahl der Kollegen hier von Tarifautonomie und den gemeinten Spielregeln durchaus Bescheid wissen. Die Mehrzahl! Ja, wenn es alle wären, bräuchten wir uns über eine Entschließung nicht zu unterhalten. Ich hoffe aber, dass die Kollegen, die diese Auffassung bislang getragen haben, sich doch die Frage noch einmal vorlegen, ob das so hilfreich war für die Gewerkschaften. Vor allen Dingen dann, wenn ich daran denke, dass es nicht nur um die Tarifpolitik geht, sondern auch um die Frage der Mitbestimmung. Wenn wir die Mitbestimmung, so wie es vorgesehen ist, haben wollen, dann ist meines Erachtens Platz für solche als legitim bezeichneten Maßnahmen überhaupt nicht mehr, weil sich das nicht verträgt, und wer also glaubt, er hätte mit dieser Darstellung draußen den Gewerkschaften in der jetzigen Lohn- und Tarifrunde oder Bemühungen, was zu bekommen, geholfen, irrt sich nach meinen Erfahrungen.

Wir werden also die Verhandlungen in den nächsten Tagen zu führen haben mit gekündigten Tarifen. Kosten, die dabei entstehen für den gesamten öffentlichen Dienst, wurden vorhin genannt vom Bundeskanzler. Dazu müssen wir jetzt schon im Geist hinzuschlagen Kosten, die eventuell entstehen bei Übertragung der Teuerungszulagen. Das sind auch noch erhebliche Beträge. Wir werden im Dezember vor der Frage stehen, allgemein, welche Forderungen werden angewendet nächstes Jahr. Ich darf versichern, dass die Gewerkschaften keiner Anregungen bedürfen, um aus den Erfahrungen, die sie gemacht haben, gewisse Schlussfolgerungen für das nächste Jahr zu ziehen. Prozentsätze, wie sie in diesem Jahr zur Diskussion standen, werden der Vergangenheit angehören. Wir werden, wie vorhin schon gesagt wurde, mit erheblichen Schwierigkeiten zu rechnen haben, nicht nur im öffentlichen Dienst. Ich kann mir nicht vorstellen, dass wir unter zehn Prozent kommen werden. Ich kann mir nur vorstellen, dass man bei elf bis dreizehn Prozent ankommen wird. Mal ganz frei reden. Wenn man also das so sieht, muss man von vorherein sich überlegen, was kann man den Gewerkschaften jetzt zumuten. Mehr wollte ich nicht sagen.

Von hilfreich kann keine Rede sein, denn wir dürfen nicht übersehen, aus den Betrieben heraus und auf anderen Ebenen wurde die Diskussion doch damit geführt, dass die Bundesregierung Schuld sei an der Preissteigerung und dass die Bundesregierung es versäumt habe, Maßnahmen zu treffen und die Bundesregierung wurde verantwortlich gemacht, auch von der CDU, und man hat die Legalität der wilden Streiks und Verständnis für die wilden Streiks bei unserem politischen Gegner damit argumentiert und beständig erklärt, dass diese Bundesregierung in ihrer Preispolitik versagt habe. Gänzlich unverständlich erscheint mir die Hilfe dann, wenn ein Kollege von uns, von der Fraktion, anlässlich einer Sendung im Zweiten Programm, »Journalisten fragen – Politiker antworten«, die Meinung hat, dass die wilden Streiks legal sind und dass sei auch nun in der Preisentwicklung eine Folge gewisser Fehlentwicklungen auf der Regierungsseite, und gänzlich unverständlich halte ich die Mithilfe, wenn der gleiche Politiker von uns in aller Öffentlichkeit sagt, die Preise steigen, die Gewerkschaftsfunktionäre tun nichts, weil sie sich zu sehr dieser Regierung verbunden fühlen. In aller Öffentlichkeit dargestellt.

(Unruhe. Zwischenrufe.)

Na, na, bitte, ich meine, ich nehme doch an, dass noch mehr die Fernsehsendung gesehen haben. Warum muss ich denn den Namen sagen. Du bist ein Schlaumeier!

(Starke Unruhe. Zwischenrufe.)

Dann erfrag doch den Namen, da wo du den anderen siehst.

(Zwischenruf.)

Wieso denn?

(Zwischenruf.)

Nein! Ich darf doch davon ausgehen, dass viele Genossen die Sendung gesehen haben.

(Starke Unruhe.)

Na gut, ich will eure Neugierde nicht befriedigen. Ich will eure Neugierde anreizen, fragt woanders nach diesem Namen.

(Starke Unruhe.)

Liebe Kollegen, das geht natürlich zu weit! Wenn Gewerkschaftsfunktionäre sich öffentlich vorhalten lassen müssen von einem eigenen Genossen, dass sie dieser Regierung zu sehr verbunden wären und das wär' der Grund, weshalb sie nichts unternehmen, und von Tarifautonomie und von Friedenspflicht nichts sagt, und ich habe besonders bedauert, dass die Ausführungen der beiden anderen Politiker, CDU und CSU, dass die ganze Weiterentwicklung ungesund wäre und nur im Zusammenhang zu sehen ist mit der verfehlten Regierungspolitik, unwidersprochen geblieben ist, und es blieb dem FDP-Mitsprecher vorbehalten, dem SPD-Mitbeteiligten einmal über Friedenspflicht etwas zu sagen und noch die Erklärung abzugeben, dass er damit den Gewerkschaften einen schlechten Dienst erwiesen hat. Das wollte ich also nur sagen, damit man nicht versucht, die falschen Pferde zu satteln. Wenn wir diese Regierung stützen wollen und stützen müssen, dann kann man nicht den Versuch unternehmen, die tragenden Säulen der Demokratie, wie man sagt, gegeneinander auszuspielen. Für eine solche Unterstützung, für eine solche Hilfe der Gewerkschaften möchte ich ein absolutes Nein sagen, das müssen wir entschieden ablehnen und die Kollegen, die das sagen, sollten sich künftig einmal mehr um die gesetzlich abgesicherten Spielregeln mit beschäftigen, damit sie in der Öffentlichkeit solche Erklärungen, die nicht dienlich sind, auch nicht abgeben.

Fraktionssitzung 12.09.1973

(Beifall.)

Wehner: Sehr schwer, bei solcher Verschlüsselung zu wissen, wie das eigentlich ausdiskutiert werden soll. Norbert *Gansel*!

Gansel: Genossinnen und Genossen, ich nehme an, dass auf den Diskussionsbeitrag von Philipp *Seibert* der angesprochene Genosse und Kollege antworten wird, und gehe nicht weiter darauf ein, aber Willy *Brandt* und Herbert *Wehner* haben in ihren Diskussionsbeiträgen uns zur Diskussion aufgefordert über die Erklärungen, über die Meinungsverschiedenheiten, und wir sollten diese Chance nutzen, und als einer der Unterzeichner möchte ich zu zwei Punkten etwas sagen. Einmal habt ihr in der Sache gleich gesprochen von einem Missverständnis in puncto legitimer Beitrag zur innerparteilichen Diskussion und zweitens habt ihr gesprochen von einer falschen Einschätzung in einem konkreten Punkt. Lasst mich dazu Folgendes sagen. Als ich die Überschriften in den Zeitungen las am Tage nach der Juso-Erklärung, da habe ich mir gedacht, Teufel noch mal, jetzt haben wir denselben Mist gemacht wieder wie damals bei der Vietnam-Erklärung[31] und wir können uns damit in der Fraktion herumschlagen, ohne dass man richtig über die Sache sprechen kann. Dann habe ich angerufen beim Juso-Vorstand, habe gefragt, ob ich mal die Erklärung hören kann. Dann haben die mir vorgelesen, dann habe ich gesagt, das ist die Erklärung, die in der Presse dargestellt wird als sich anbahnende Spaltung der SPD und als massiver frontaler Angriff auf Willy *Brandt*? Denn ich meinte, über diese Juso-Erklärung kann man sich in einigen Punkten streiten, in vielen Punkten einer Meinung sein, aber man kann nicht behaupten, dass dieses zu äußern die Grenzen der innerparteilichen, notwendigermaßen in unserer großen Partei öffentlich geführten Diskussion überschreitet, und ich muss sagen, ich habe ein ungutes Gefühl, wenn bei uns in der Partei allzu leichtfertig mit dem Ausdruck »gewerkschaftsfeindlich« umgegangen wird und auch dem Ausdruck der »Abträglichkeit gegenüber den Gewerkschaften« und »Schädlichkeit für die Partei«, diesen Ausdruck, den Willy *Brandt* gebraucht hat, hielt ich nicht für angemessen. Man kann darüber streiten. Man kann darüber unterschiedlicher Meinung sein. Man kann auch, wenn gehandelt werden muss, abstimmen darüber, aber man muss darüber diskutieren können. Man muss so etwas sagen können. Und dazu kam schließlich noch, dass in der Presse die bevorstehende Parteivorstandssitzung angekündigt wurde, natürlich, wir wissen, wie solche Meldungen gemacht werden und in welchen Zeitungen sie vornehmlich stehen, als ein Aufräumen mit den Jungsozialisten, aber es gab leider auch Äußerungen von Genossen und von Kollegen, die befürchten ließen, dass das dort nicht zu den sachlichen politischen Auseinandersetzungen kommen würde, die ja dann wohl tatsächlich stattgefunden, und auch insofern war es sinnvoll, dem Parteivorstand und dem Parteivorsitzenden deutlich zu machen, dass es in der Fraktion eine ganze Reihe von Abgeordneten gibt, die diese Position für diskutabel halten. Ich bedaure, das ist ein Fehler von unserer Seite, Willy, dass wir dir nicht unmittelbar darauf so eine Abschrift zugeschickt haben. Das liegt halt daran, dass uns die Bürokratie fehlt, so etwas zu machen. Das ist ja nicht änderbar. Da kann man sich nur entschuldigen und sagen, das nächste Mal wird man rechtzeitig daran denken.

(Zwischenruf.)

Ja, tut mir leid. Das ist bei irregulären Presseerklärungen mal so, das lässt sich nicht mehr ändern.

(Zwischenruf *Wehner*.)

Nein, nein!

---

31 Gemeint ist die Kritik der Jusos an der Vietnam-Politik der Bunderegierung. Vgl. die SPD-Fraktionssitzung am 17. Januar 1973, SVP A, online.

Wehner: {…} Erklärung viele Stunden nachlaufen muss, ehe mir überhaupt vergönnt war, den wirklich authentischen Text zu bekommen.

Gansel: Das bedauere ich und kann nur sagen, dass wir das in einem andern Fall, wo es mal zu Meinungsverschiedenheiten kommen wird, nicht wieder machen werden.

Zu der zweiten Frage, zu der sachlichen, zu der inhaltlichen Frage, zur falschen Einschätzung der Lage zunächst einmal die Feststellung, wenn ihr diesen umstrittenen Satz über spontane Arbeitsniederlegungen als ein taugliches Kampfmittel sorgfältig lest, wenn ihr es in den Zusammenhang stellt, dann werdet ihr doch zugeben müssen, dass dort nicht etwa drinsteht, dass spontane Arbeitsniederlegungen zur Regel werden sollten, dass dort nicht etwa drinsteht –

(Unruhe. Zwischenrufe.)

ja, nun lasst uns doch über die Sache diskutieren! – dass dort nicht etwa drinsteht, dass zu spontanen Arbeitsniederlegungen aufgerufen wird, sondern dass dort nur drinsteht, dass a) die Haltung der Arbeitnehmer, die sich an diesen Arbeitsniederlegungen beteiligt haben, Verständnis finden muss bei uns, und das haben viele Genossen im Gegensatz zu Philipp *Seibert* hier auch bestätigt, und zweitens die objektive Beschreibung des Tatbestandes, dass nur unter dem Druck dieser spontanen Arbeitsniederlegungen Gesamtmetall an den Verhandlungstisch gebracht worden ist. Nun ist das so, auch wenn in der Erklärung nichts drin steht über Legalität und Illegalität, über Legitimität und Illegitimität, so bringt es uns wahrscheinlich weiter, wenn wir hier ein paar Worte darüber verlieren. Ein Streik kann legal sein und illegitim. Ein Streik kann illegal sein und trotzdem legitim. Die spontanen Arbeitsniederlegungen, wenn sie nicht von den Gewerkschaften oder von den Betriebsräten, die ja gesetzlich gebunden sind, organisiert werden, sind nicht illegal, sie sind vertragswidrig. Es ist das Risiko der daran beteiligten Arbeitnehmer, ihr Risiko und deshalb wäre es auch unverantwortlich von Leuten, die in Sicherheit sitzen, zu spontanen Arbeitsniederlegungen aufzufordern. Es ist das Risiko dieser Arbeitnehmer, aber sie sind halt nicht illegal, weil es keinen Arbeitszwang bei uns gibt und über die Frage der Legitimität kann man politisch diskutieren. Und dann ist im Übrigen in dieser Erklärung hingewiesen worden auf die Schwierigkeiten der Gewerkschaften und der Betriebsräte und dazu ist doch wohl festzustellen, dass unser System des Tarifrechts eigentlich nur funktioniert, erstens bei einigermaßen stabilen Preisen und zweitens wenn die Gewerkschaften und die Betriebsräte, ich meine, über die jetzt gegebenen Möglichkeiten hinaus die Möglichkeiten haben, bei spontanen Missständen in Betrieben, die auch mit Arbeitsniederlegungen verbunden sind, dort sich um die Kollegen zu kümmern und mehr zu machen, als bloße Arrangeure von Terminen zu sein. Ihr alle kennt die Probleme der Friedenspflicht. Ihr alle kennt die Probleme des Tarifvertragsgesetzes. Der Vorschlag über Öffnungsklauseln zu sprechen, der ist ja gar nicht zuerst von uns gekommen, sondern den hat der Vorsitzende des DGB gemacht, und ich meine, dieses ist eine ganz konkrete Konsequenz aus den Preisentwicklungen, über deren Beeinflussbarkeit wir hier schon gesprochen haben.

Aber auf eins möchte ich noch besonders hinweisen, weil ich glaube, dass das in den Diskussionen zu schlecht weggekommen ist und auch in der Erklärung, die Willy *Brandt* als Bundeskanzler abgegeben hat. Ich gebe zu, dass du wahrscheinlich als Kanzler dieser Regierung gar nichts anderes tun kannst, als so eine Erklärung abzugeben wie im Fernsehen. Aber was ich erwartet hätte und danach bin ich gefragt worden von vielen Arbeitnehmern, das hab' ich oft gehört, das ist, dass man die Preistreiberei deutlicher beim Namen genannt hätte und dass man auch mehr Verständnis gehabt hätte für die sich verschärfenden Arbeitsbedingungen, mehr Arbeitstempo, mehr Druck mehr zu produzieren. Genossinnen und Genossen, das ist doch kein Zufall, dass nicht die Leute an den

Schreibtischen und aus den gut gelüfteten Büros, wo man morgens mit dem weißen Hemd hingeht und abends mit dem weißen Hemd wieder rausgeht, wenn man so will, rebelliert haben, sondern dass das diejenigen gemacht haben, die noch immer tagtäglich hart schuften müssen bei künstlicher Beleuchtung, bei Gestank, bei Lärm, die nach Hause kommen und die kaputt sind und das merken, dass das Arbeitstempo in den Betrieben ständig zugenommen hat, auch wenn es mit realen Einkommensverbesserungen verbunden ist, die allerdings in der letzten Zeit ja merklich abgenommen haben. Und das ist doch auch kein Zufall, dass im öffentlichen Dienst jetzt gerade die Müllwerker, die doch wirklich die härteste und übelste Arbeit machen, damit anfangen. Das hängt doch auch nicht nur damit zusammen, dass die Leute mehr Geld wollen, sondern dass sie sich sozial unterbewertet fühlen und dass sie eine Wiedergutmachung haben für die Arbeit, deren Arbeitsbedingungen schlechter werden. Das ist ein Ausdruck –

Wehner: Darf ich hier einen Begriff zurufen zur Hilfe, weil das gut wäre, in diesem Gesamtzusammenhang auch darauf zurückzugehen und jene verelendenden Fluglotsengruppe zum Beispiel, ob die wie andere nicht fortgesetzt aufstachelst, wenn die einen sich leisten können, dann, warum sollen andere es sich nicht leisten können? Ist auch ein Problem.

Gansel: Ja, ja, das ist eine Erfahrung, die da mitdiskutiert werden müsste, dass für die Arbeitsniederlegungen im privatwirtschaftlichen Bereich nicht zuletzt ein Ungleichgewicht weniger in der Bezahlung, sondern mehr bei den Arbeitsbedingungen eine Rolle spielt, dass es dort ja manchmal Vorstellungen gibt bis hin zu Neidkomplexen, die allerdings verständlich sind, wenn man eine Ahnung hat, wie unterschiedlich sehr oft der Arbeitsstil, der Arbeitsdruck, die Arbeitsbedingungen bei privaten Unternehmern sind und in der öffentlichen Wirtschaft. Ich meine, das sind Dinge, auf die muss man hinweisen können, darüber muss man diskutieren können und dazu gehört dann auch die Frage, ob wir es so lassen sollen wie jetzt, dass bei spontanen Arbeitsniederlegungen, die immer wieder vorkommen können und die wir ja letztlich auch in unserem Godesberger Programm verbrieft haben, in dem es wortwörtlich heißt, wenn ich mich nicht irre, dass das Streikrecht das selbstverständliche Grundrecht der Arbeiter und Angestellten ist, auch wenn das unter dem Kapitel Gewerkschaften steht.[32] In diesem Zusammenhang ist klargestellt, was doch wohl auch unter uns unstrittig sein müsste, dass es immer Fälle gibt, denkbare Fälle, mögliche Fälle, in denen die Arbeitnehmer auch einmal ohne Gewerkschaften streiken können, vor allen Dingen, wenn die Gewerkschaften wie bei uns in diesem Maße gebunden sind. Da muss man sich überlegen, wenn das zu solchen Arbeitsniederlegungen kommt, ob man die streikenden Kollegen sich selbst überlassen will, ob man damit einigen extremistischen Agitatoren das Feld überlassen will oder ob man das Betriebsverfassungsgesetz so ändern will, dass die, die Vertrauensleute und die Betriebsräte haben, eine Möglichkeit haben, mehr zu machen, als nur Termine zu arrangieren. Ich meine, um diese Frage kommen wir nicht herum. Darüber kann man geteilter Meinung sein. Darüber kann man streiten und diskutieren, aber ich bitte darum, vorsichtig zu sein mit den Unterstellungen von Gewerkschaftsfeindlichkeit, ich meine jetzt nicht deine Äußerung, Willy, sondern das, was in anderen Bereichen eine Rolle gespielt hat, und dass wir den Begriff Solidarität auch so einschätzen sollten, dass wir vorsichtig sein sollten, den anderen unsolidarisches Verhalten vorzuwerfen. Aus all diesen Gründen, meine ich, ist es auch berechtigt gewesen, den Diskussionsbeitrag der Jungsoziali-

---

[32] Zum Godesberger Programm vgl. GRUNDSATZPROGRAMM DER SOZIALDEMOKRATISCHEN PARTEI DEUTSCHLANDS, beschlossen vom außerordentlichen Parteitag der Sozialdemokratischen Partei Deutschlands in Bad Godesberg vom 13. bis 15. November 1959, hrsg. vom Vorstand der Sozialdemokratischen Partei Deutschlands, Bonn 1959.

sten als einen legitimen zu bezeichnen, ohne dass man sich dort in Punkt und Komma damit identifiziert. Vielen Dank für die Aufmerksamkeit, obwohl ich ein bisschen länger geredet habe, als ich es gewollt habe. Bitte um Entschuldigung.

Rohde: Wir sollten uns hier nicht mehr lange streiten. Ich bin auch nicht wild auf Streit, aber der Tatbestand ist, dass jetzt seit Tagen Auseinandersetzungen um die hier diskutierte Frage sich in der Öffentlichkeit abspielen, und dann halte ich es schon für besser, lieber hier die Diskussion zu führen, als das nur über die Gazetten mit Verständigung über Resolutionen der verschiedensten Art zu versuchen. Und das Zweite, was ich hier auch sagen möchte zu seinem Begehren, dass wir uns besser vorbereiten sollten auf solche Lagen, wie sie eingetreten sind. Dazu gehört aber auch, dass dann von allen Beteiligten in der Partei das respektiert wird und dass nicht der Versuch gemacht wird, so die Gesamtstrategie, die Gesamthaltung der Partei durch Entschließungen von einzelnen Arbeitsgemeinschaften vorbestimmen zu wollen, denn, Genossinnen und Genossen, das müsste doch darauf hinauslaufen, dass wir dann so eine Art von GmbH sind, in der dann der Parteivorstand nur noch die beschränkte Haftung für die Auslassungen und für die Aktionen der Arbeitsgemeinschaften in der Partei übernehmen könnte. Ich sage das hier unter dem Eindruck der Tagung des Arbeitnehmerbeirats, die wir gehabt haben gestern, und ich möchte zu drei Punkten Stellung nehmen. Erstens zur Verantwortung der Gesamtpartei, zum anderen zu dem Tarifvertragswesen und zum Dritten zu den Inhalten der Sozialpolitik in dieser konkreten Phase, in der wir uns befinden. Ich unterstreiche das, was Willy *Brandt* hier über die Verantwortung der Gesamtpartei gesagt hat und es war manches in den letzten Tagen schon irritierend genug. Denn für manchen Betrachter musste das so aussehen, als wenn eine Arbeitsgemeinschaft der Parteiführung vors Schienbein tritt, dann wird der Parteivorstand an einem Sonntag bis Mitternacht diskutieren und dann gibt es noch eine besondere Zusammenkunft mit den Jungsozialisten, in der dann über die spontanen Arbeitsniederlegungen und andere Punkte gesprochen wird. Von daher ergibt sich doch dann die Frage, ob das die rechte Art ist und welche Wirkung das nicht nur nach außen, sondern auch nach innen in die Partei hat und in die Einschätzung dessen, was Arbeitsgemeinschaften sein sollten, und inhaltlich ist damit doch verbunden, dass doch nicht der Eindruck entstehen darf, als gehe es bei dieser Frage nicht um die Lage der Arbeitnehmer in erster Linie, sondern um die Art und Weise, wie in der SPD die Konfliktstrategie beinhaltet wird. Und deshalb wäre es gut gewesen, wenn zu solchen Gesprächen, würde ich auch sagen, die Betriebsräte, Gewerkschafter, andere hinzugezogen worden wären, die aus ihrer Verantwortung zu sagen haben zu diesem Punkt, was ihren Erfahrungen auch in den letzten Wochen und Monaten und darüber hinaus entspricht. Das will ich dazu anmerken.

Manche, ich versteh' das sehr gut, bei den Genossen, unter den Jungsozialisten, auch in der Fraktionsdiskussion ist das ja deutlich geworden, fragen sich, warum reagieren eigentlich Gewerkschafter und andere so nervös, wenn es um diese Frage Tarifvertragsrecht geht und auf die Formulierungen, die sie gefunden haben. Wobei ich hier einmal sagen will, Genossinnen und Genossen, soweit es die Haltung der Jungsozialisten oder einiger von ihnen angeht, betrifft sie nicht nur diese Wertung der spontanen Arbeitsniederlegungen, nachdem sie ausgebrochen waren, sondern da gibt's ja schon Erklärungen aus den Sommermonaten, ehe überhaupt eine erste spontane Arbeitsniederlegung stattgefunden hatte, wie dieses Instrument nun eingebracht werden könnte in politische Strategie mit allen Konsequenzen, die wir hier sehen. Sie fragen also, warum reagieren die so nervös. Das hängt einfach damit zusammen, weil unter den Gewerkschaften, unter den bewussten Arbeitern man sich ganz klar darüber ist, dass das Tarifvertragsrecht die Errungenschaft eines zähen politischen Kampfes ist, weil es abgelöst hat jene freien und von den Unternehmern unter wechselnden Konjunkturlagen manipulierten Zusagen für bestimmte Zeit, für bestimmte Gruppen und nach Befinden nur von den Unternehmern gesetzten Gesichtspunkten. Das ist der Grund dafür und es geht heute gar nicht darum, abqualifizierend oder auch nur ignorierend sich gegenüber den spontanen Arbeitsniederlegungen zu verhalten und ihre Ursache nicht zu sehen. Es handelt sich auch nicht darum, mit dem Hinweis auf die Tarifautonomie andere vertrösten oder von der Wahrnehmung ihrer Interessen ablenken zu wollen. Worum es geht, ist, welche Strategie wir in einer solchen Situation entwickeln, und die muss nach vorn führen und darum hat auch der Arbeitnehmerbeirat erklärt, dass die Aufgabe darin besteht, alles darauf zu konzentrieren, das Tarifvertragsrecht weiterzuentwickeln, damit die Gewerkschaften das sein können, was sie sein müssen, nämlich ein wirklich gleichgewichtiger Faktor im tarifpolitischen Bereich. Das sind sie heute nach meiner Meinung nicht, weil das Auseinanderklaffen von Tarif- und Effektivlöhnen eine der Hauptursachen und -quellen für die sozialen Spannungen und Auseinandersetzungen der letzten Monate gewesen ist. Und damit sich diese Strategie nicht verschiebt, damit nicht der Eindruck auftaucht, als seien spontane Arbeitsniederlegungen ein Ersatz für tarifvertraglich starke Gewerkschaften, darum reagieren Genossen aus diesem Bereich der Betriebe und der Tarif- und Gewerkschaftspolitik so, wie das hier auch heute zum Ausdruck gekommen ist. Darum geht es, nicht um einige Passagen von Resolutionen, nicht dass man uns vorliest, hier habe man doch auch an einer Stelle dieses und auch an einer Stelle jenes gesagt, sondern dass man sich hier politisch, und zwar ganz hart klar wird, wohin man will.

In diesem Zusammenhang eine Anregung, Genossinnen und Genossen. Nach dem, was in den letzten Tagen passiert ist, halte ich es für notwendig, dass die Partei in absehbarer Zeit eine Debatte für die Betriebe herausbringt, in der sie ihre Position zu diesen Fragen klarmacht, in der sie sagt, was sie jetzt auch auf dem Gebiete des Steuerrechts will, dazu sage ich noch ein Wort, und was sie auch jetzt mit dem Haushalt gemacht hat, was ja doch auch ganz bemerkenswert ist, dass die größte Steigerungsrate beim Sozialhaushalt ist und hier ein Signal gesetzt worden ist für Stabilitätspolitik mit sozialem Gleichgewicht. Wir haben also gestern beim Arbeitnehmerbeirat nicht nur die Bedeutung der Tarifautonomie unterstrichen, das wär' zu wenig, sondern eine Fortentwicklung das Tarifvertragsrechts gefordert, ohne dass ich das hier heute im Einzelnen darstellen kann, zweitens eine Stabilitätspolitik des sozialen Gleichgewichts, wobei ich an unsere Genossen aus der Wirtschaftspolitik die Bitte richte, uns zu helfen, wenn es darum geht, auf dem Gebiet, ich sage jetzt gar nicht so sehr der Preiskontrolle, sondern des Preiswuchers Instrumentarien einsetzen zu können, nicht eine pauschale Diskussion, hinter jeden Verkaufsstand auch einen Beamten zur Kontrolle zu stellen und alles kontrollieren zu wollen, aber doch wie bei den Mieten in den Wucherbereich eindringen zu können und da muss man doch schon auf einem sehr viel beengterem Gebiet Möglichkeiten instrumentaler Wirtschaftspolitik finden. Dann haben gesagt, was die Mitbestimmung bedeutet für die Fortentwicklung der Arbeitnehmerrechte und, Genossinnen und Genossen, das muss ich hier ganz hart unterstreichen, das Steuerrecht, die steuerlichen Belastungen, die Ungerechtigkeitsverzerrungen im geltenden Recht spielen in der Diskussion der Arbeitnehmer eine ganz große Rolle. Ich will hier nicht auf die Genossen vom SPD-Pressedienst eindreschen.[33] Ich war selbst lange genug Journalist, um zu wissen, dass man hier auch einmal schreibt und bei ruhiger Überlegung danach sich sagt, das hättest du vielleicht doch anders akzentuieren sollen. Geholfen hat es uns jedenfalls nicht. Ich bitte nur darum, eine solche Frage wie die Erhöhung der steuerlichen Abzugsfähigkeit oder der besseren steuerlichen Stellung der Weihnachtszuwendungen

---

33 Es ist unklar, auf welche konkrete Meldung des »Parlamentarisch-Politischen Pressedienstes« sich diese Aussage bezog.

ganz ernst zu nehmen, weil das auch ein Punkt ist, der erstens schnell zieht und zweitens den Vorteil hat, dass er nicht ins Gesamtsystem der Steuerreform abbröckelnd eindringt. Das ist also der Überlegung wert. Zu welchem Entschluss man auch kommt, aber nicht versuchen, durch öffentliche Erklärung die Partei oder die Fraktion in irgendeiner von vornherein festlegen zu wollen. Das hilft uns nicht in dieser Lage, in der wir uns jetzt befinden.

Und meine letzte Bemerkung. Das schließt an an manche Passagen, die der Genosse *Gansel* in seinen Diskussionsbeitrag aufgenommen hat. Ich möchte bitten – und denke auch ganz sicher, dass ich damit die Unterstützung unserer Genossen aus der Sozialpolitik in Sonderheit finde –, die staatliche Politik muss jetzt darauf hinzielen, einen Bereich aufzuarbeiten, der in der Sozialpolitik der ganzen sechziger Jahre vernachlässigt worden ist, das ist der Bereich der Arbeitsbedingungen. Sozialpolitik kann nicht nur Sozialversicherungspolitik sein. Das empfinden wir wachen Auges. Wir sind dabei, im Arbeitsministerium eine Gesamtstrategie zur Humanisierung der Arbeitsbedingungen zu entwickeln. Das muss der Schwerpunkt sein! Genossen, ich weiß auch, dass vom Versorgungsausgleich bis zu vielen anderen Sozialversicherungspunkten es notwendige und auch anzupassende Punkte gibt, aber wir dürfen das, was jetzt die Hauptlinie ist, nicht mit RVO-Paragraphen verdunkeln, und die Hauptlinie ist von Arbeitsschutz, von den Arbeitsstättenbedingungen, das jetzt in den Griff zu kriegen. Herbert *Wehner* hat mit Recht gesagt, dass die Ursachen für die spontanen Arbeitsniederlegungen differenziert sind. Vielfach hat sich ja nur in den Lohn- und Gehaltsforderungen auch eine tiefe Unzufriedenheit über die Arbeitsbedingungen ausgedrückt, denn das ist wahr und da hat der Norbert *Gansel* Recht, die industriellen Arbeitsbedingungen sind vielfach zum Hinterhof dieser Gesellschaft geworden. Das kann und muss auch staatliche Politik dazu beitragen, aber wir werden es nur kriegen, Norbert, wir werden es nur kriegen, wenn es uns gelingt, so stark gewerkschaftliches Drängen und staatliche Politik zu verbinden, dass wir nicht nur in diesem einen oder anderen Betrieb mal die eine oder andere Frage lösen, sondern dass wir hier die Gesamtqualität der Arbeitsbedingungen in dieser Gesellschaft verändern. Genossinnen und Genossen, entschuldigt, dass ich so lange und vielleicht auch so engagiert geredet habe, aber dies ist ja kein Punkt, bei dem wir uns nur einige Resolutionspassagen wechselseitig vorlesen können und uns bescheinigen gegenseitig, so bös' hätten wir es ja eigentlich nicht gemeint. Dazu ist das mit der Lage der Arbeitnehmer zu ernst.

(Beifall.)

Wehner: Herbert *Ehrenberg*.

Ehrenberg: Genossinnen und Genossen, ich will zu der Frage, ob hilfreich oder nicht hilfreich für die Gewerkschaften, hier nichts mehr sagen. Nach dem, was Philipp *Seibert* und Helmut *Rohde* hier ausgeführt haben, meine ich, da ich mich dem voll anschließen kann, hier nichts wiederholen zu müssen. Aber ich glaube, dass es notwendig ist, dass hier in unserem Kreis nicht nur über die Spielregeln der Tarifautonomie nachgedacht wird, sondern dass wir heute und hier auch über die Spielregeln unseres Umgangs miteinander reden

(Beifall.)

und dazu möchte ich gern nur einige Daten in Erinnerung bringen. Es war doch mit Sicherheit beim Bundesvorstand der Jungsozialisten, deren Vorsitzender Mitglied des Parteivorstandes ist[34], schon am 1. September bekannt, dass am 9. September eine Sitzung

---

[34] Gemeint ist Wolfgang *Roth*.

Fraktionssitzung 12.09.1973 **25.**

des Parteivorstandes ist. Allein diese Kurzfristigkeit der Daten auseinander hätte doch, bei aller Unterschiedlichkeit in der Beurteilung der Sache, bei vernünftigem Umgang miteinander dazu führen müssen, dieses Thema am 9. September zu erörtern und nicht in einer öffentlichen Erklärung am 1. September. So, wie das jetzt geschehen ist, konnte von jedem nicht direkt Beteiligten, von jedem Leser der Zeitungen, die Stellungnahme der Jungsozialisten nur als eine öffentliche Erklärung auf die Fernseherklärung des Bundeskanzlers und Parteivorsitzenden gewertet werden und das, glaube ich, ist der falsche Umgang miteinander, und das gleiche gilt, wie ich glaube, für die Stellungnahme der 34 Fraktionsmitglieder. Wir wissen seit Beginn der Sommerpause, dass heute hier Fraktionssitzung ist. Warum dann 34 Fraktionsmitglieder knapp sieben Tage vorher in der Öffentlichkeit zu so einem Thema Stellung nehmen müssen, anstatt hier in dieser Fraktion das zu diskutieren, werde ich, so wie ich Spielregeln des Umgangs miteinander bisher verstanden habe, nicht begreifen können

(Beifall.)

und dies umso weniger, und damit möchte ich schon aufhören, da ich dem Genossen *Sperling* voll zustimme, dass wir in diese Situation völlig unvorbereitet, unzureichend vorbereitet hineingegangen sind, aber die Stellungnahme der 34 war auch nicht weniger vorbereitet.

(Beifall.)

Wehner: Peter *Reuschenbach*.

Reuschenbach: Genossen, auch mir liegt daran, zum Stil des Umgangs in der Fraktion ein paar Bemerkungen zu machen, zu diesem Fraktionsstil in der Fraktion und zu der Tatsache, dass ohne das Abwarten von Diskussionen hier solche öffentlichen Erklärungen abgegeben werden. Gelegentlich wird ja so getan, als ob dieses ein Zufall sei. In Wirklichkeit ist dieses geplant und Methode und heute Abend oder im Laufe dieses Tages gibt's ja wohl auch schon ein neues Thema, das in den nächsten Tagen, morgen oder übermorgen, aufgrund einer öffentlichen Erklärung eines Teils dieser Fraktion das Licht der Welt erblicken soll und damit bin ich bei einem anderen Thema, das der Bundeskanzler angeschnitten hat, gemeint ist die Resolution der Ministerpräsidenten zur Beschäftigung im öffentlichen Dienst. Mir liegt der Entwurf eines Appells sozialdemokratischer Mitglieder des Bundestages und anderer vor, in dem es an zwei Stellen heißt: 1. In Übereinstimmung mit dem Grundsatz und so weiter appellieren wir an den Bundeskanzler und die Ministerpräsidenten, ihren Beschluss vom Soundsovielten aufzuheben. Und an der vierten Stelle, im vierten Absatz: Wir erwarten nicht nur vom Bundeskanzler und den sozialdemokratischen Ministerpräsidenten, sondern von allen Ministern in der Bundesregierung und in sozialliberalen Landesregierungen, dass sie zur Erfüllung sozialliberaler Politik in der Durchsetzung rechtsstaatlicher Grundsätze vor einer CDU/CSU nicht zurückweichen. Rechtsstaatliche Prinzipien dürfen taktischen Überlegungen nicht geopfert werden. Beigefügt ist ein Brief unseres Kollegen Karl-Heinz *Walkhoff* an einen Kreis, der nicht näher definiert ist, der aber in Bonn zuhause ist, denn er sagt, er kann heute, am Mittwoch, nicht bei euch sein, habe er paar Bedenken, aber bitte euch, die Angelegenheit zu beraten und ich wäre unter Umständen bereit, zu unterschreiben. Diese kleinen Bedenken formuliert er so, hier könnten die sogenannten Extremisten, für deren Rechte und für deren Einstellung in den öffentlichen Dienst wir uns einsetzen, als Verfassungsfeinde deklariert werden, und er befürchtet, dass an einem Punkt mit dieser Entschließung billige Argumente auch gegen die DKP geliefert würden.

(Unruhe.)

Ich möchte darauf hinweisen, dass grade diejenigen, die hier offensichtlich als Kreis angesprochen und gemeint sind, hier und anderenorts bei diversen Gelegenheiten zurecht darauf pochen, dass Parteitagsbeschlüsse für Parlamentarier und Sozialdemokratische Abgeordnete, soweit nicht ausdrücklich geklärt ist, dass es sich um Gewissensentscheidungen handelt, verbindlich sind, und ich wäre sehr dankbar, wenn diejenigen, die zu diesem Kreis gehören, und es ist ja nicht schwer zu erraten, um welchen Kreis es sich handelt, einmal darlegen würden, wie sie diese Forderung, die sie an andere richten, mit ihrem eigenen Verhalten in Übereinstimmung bringen wollen.

(Starker Beifall.)

Wehner: Friedhelm *Farthmann*.

Farthmann: Liebe Genossen, ich möchte vier Bemerkungen machen, die erste noch zu der Frage, ob durch die spontanen Arbeitsniederlegungen den Gewerkschaften geholfen worden ist. Genosse *Sperling* hat gesagt, subjektiv hätten sie das gewollt. Das kann ich ihm nicht und will ich ihm nicht bestreiten. Objektiv ist das ganz sicher falsch. Philipp *Seibert* hat das schon gesagt. Ich will das durch vier Punkte konkretisieren. Durch derartige Aktionen wird der Handlungsspielraum der Gewerkschaften nicht erweitert, sondern er wird eingeengt. Das Tarifniveau wird auseinandergerissen. Es klaffen Lücken, die kaum noch zu schließen sind. Das Verhandlungsgewicht der Gewerkschaften wird geschwächt, denn es gehört zum Bestandteil des Verhandlungsgewichts, dass die Gewerkschaften garantieren können, für den Zeitraum ist Ruhe. Auch das muss man realistisch sehen und schließlich, liebe Genossen, soll doch keiner meinen, die Gewerkschaften wären nicht in der Lage, sich eigene spontane Arbeitsniederlegungen zu bestellen, wenn sie die für richtig halten. Da braucht ihr ihnen nicht zu helfen.

(Beifall.)

Noch eine letzte Bemerkung dazu von Norbert *Gansel*, der gemeint hat, Genossen, die Betriebsräte, das Betriebsverfassungsgesetz müsste schon wieder reformiert werden und die Betriebsräte hätten nicht viel mehr als Termine zu notieren. Norbert, hast du denn noch nicht begriffen, dass –

(Zwischenruf.)

natürlich hast du das gesagt, ich hab' es mir wörtlich zitiert, lass mich mal bitte ausreden, du kannst gleich darauf antworten. – Ich kann nur sagen, hast du denn noch nicht begriffen, dass das Betriebsverfassungsgesetz mehr Möglichkeiten gebracht hat, als dass sie heute schon voll ausgeschöpft werden können. Wollen wir das denn jetzt schon wieder in den Dreck ziehen und auf-, unser Hauptreformgewicht von der letzten Legislaturperiode? Und dann noch eins, das war der Sinn deiner Ausführungen, du hast so ein bisschen dunkel angedeutet, da müsste was reformiert werden mit den Rechten Betriebsräte bei Streik. Das solltest du dir mal genau überlegen. Wir haben extra reingeschrieben, das hat viel Kampf gekostet, dass ein Betriebsrat künftig genauso gestellt ist wie jeder andere Arbeitnehmer, das heißt, voll streiken kann. Wenn du aber daran denken solltest, ich weiß das nicht, aber ich hab' das so dunkel deinen Andeutungen entnommen, dass die Betriebsräte etwa außerhalb der Gewerkschaften ein eigenes Streikrecht haben müssten, dann kann ich nur sagen, das ist das Ende unserer Sozialordnung, und da kann ich nur sehr vor warnen, das auch nur laut zu denken. Das war die erste Bemerkung.

Die zweite: Es wird hier immer gesagt zur Begründung, ist auch schon gesagt worden, ich darf das nochmal vertiefen, es sollte die Diskussion in der Partei geführt werden. Das dient alles der innerparteilichen Diskussion. Ich kann nur sagen, ich habe nicht einen einzigen Antrag oder ein einziges Begehren gehört, dass wir in irgendeinem Arbeitskreis über diese Themen sprechen wollten, sondern es wird zuerst in die Presse gegangen. Das ist doch immer derselbe Weg. Eine bestimmte Gruppe geht in die Presse und ist dann empfindlich, wenn die andern sagen, warum wird nicht innerparteilich diskutiert und nicht außerparteilich.

(Beifall.)

Und die dritte Bemerkung, Genossen, zur Preistreiberei. Norbert *Gansel* hat Willy *Brandt* vorgeworfen, warum die Preistreiberei nicht mehr gegeißelt werde. Ich halte diesen Vorwurf nicht für berechtigt. Wenn wir die Preissteigerungen, die grade die Arbeitnehmer am schärfsten treffen, analysieren, so lassen sich, glaube ich, grob gesprochen zwei Gruppen unterscheiden. Die erste ist die weltweit hervorgerufene Steigerung der Rohstoffpreise, vom Kakaopreis über den Kupferpreis bis zu den uns allen sehr treffenden Mineralölpreis. Das ist vielleicht ein Beitrag, den wir leisten müssen, oder eine Dankesschuld, die wir abtragen müssen, für 100 oder 200 Jahre Kolonisation, aber es hat nichts zu tun mit Preistreibereien von Unternehmern. Die zweite Hauptgruppe sind die Nahrungsmittelpreise. Ich bin dafür, Helmut *Schmidt* hat es schon angedeutet, dass man das mal infrage stellt, diese groteske und nicht mehr glaubwürdige Nahrungsmittelpreisfestsetzung. Nur müssen wir wissen, was das europapolitisch bedeutet. Ich bin dafür, dass man das in die Diskussion bringt. Nur hat es mit Preistreiberei deutscher Unternehmen nichts zu tun. Der dritte Sektor, der uns sehr trifft, ist die durch die Mietsteigerungen hervorgerufene Belastung. Wenn wir ehrlich sind, beruht das zurzeit weniger auf Bodensteigerungen, aber das ist auch wahr, sondern vielmehr, das müssen wir auch nüchtern sehen, ist die eigene Folge, die wir vorher nicht bedacht haben, unseres eigenen Stabilitätsprogramms, was in diesem speziellen Falle durch das Hochzinsniveau und gleitenden Hypothesenzinsen der Sparkassen nicht preismildernd, sondern preistreibend gewirkt hat. Hat auch nichts zu tun, müssen wir uns nur selbst an die eigene Brust klopfen, hat nichts zu tun mit Preistreiberei der Unternehmen, und nur der vierte Bereich der industriellen Erzeugerpreise, dafür gilt das, was ihr gesagt habt. Genossen, damit keiner einen falschen Eindruck hat. Ich habe keine Veranlassung, die Unternehmer gegen den Vorwurf der Preistreiberei zu verteidigen. Ich hab' nur was dagegen, dass wir Politik nur mit Fiktionen betreiben, und deswegen sage ich das. Das muss man in diesem Kreis ja auch mal sagen.

Und die letzte Bemerkung: Dietrich *Sperling*, du hast gesagt, die Vorlage, die wir jetzt vorlegten, könntest du auch unterschreiben. Da muss ich sagen, das bringt mich nun völlig aus der Fassung. Vielleicht ist mein Gemüt zu einfach dafür, aber ich kann nicht finden, wie man einmal A und einmal nicht A sagen kann, und da helfen auch die Verharmlosungsversuche von Norbert *Gansel* auch nicht mit Legalität und Legitimität. Entweder, das ist doch die Frage, Genossen, das sollten wir uns unserer eigenen Aufrichtigkeit in der Diskussion schuldig sein, entweder wünschen wir spontane Arbeitsniederlegungen, betrachten das gar als Mittel der Reformpolitik, wie einer zu sagen sich verstiegen hat, oder wir wünschen das nicht und in vollem Verständnis für die Kollegen, ich bin nicht einer, der das anklagt, aber trotzdem muss ich ihnen sagen, Kollegen, ihr tätet uns einen großen Gefallen, wenn ihr es nicht tut. Wir wünschen das nicht und wir können das nicht wünschen. Das ist auch nicht legitim und ist nicht legal, aber um diese klare Stellungnahme geht es – und wenn eine bestimmte Gruppe oder einer meint, er hätte sich vielleicht geirrt und könnte jetzt einer anderen Erklärung zustimmen, dann sollte man das sagen, aber sollte nicht so tun, als ob das dasselbe ist. Dann komm' ich in der Diskussion nicht mehr mit.

(Beifall.)

Wehner: *Grunenberg.*

Grunenberg: Liebe Genossinnen und Genossen, ich möchte hier keine Grundsatzerklärung abgeben, sondern nur welches Scheißspiel wir im Augenblick spielen müssen in der Vorbereitung der nächsten Tarifrunde. Das ist nämlich gar nicht mal so einfach. Entschuldigt, wenn ich das mal so sage und mich vielleicht manchmal ein bisschen drastisch ausdrücke, aber ich gehöre nun mal zu den Tarifschlossern aus dem Bezirk Hamburg, die für den Tarifbezirk Bremen-Bremerhaven-Unterweser sich Gedanken machen müssen über die nächste Tarifrunde und das ist nämlich gar nicht so einfach. Ich habe grade in der letzten Woche zweimal Feuerwehr spielen müssen in einem Betrieb, weil grade diese Erklärung rausgekommen ist von den, beziehungsweise in dieser Woche war das noch, die Erklärung rausgekommen ist von den Jungsozialisten und man fragte mich und eigenartigerweise haben sich die Leute von links außen daran gehängt, Kommunisten und Pseudosozialisten und andere, die jetzt meinten, warum nur 33 und warum nicht mehr und die könnten sich ja darauf berufen, jetzt nun wirklich noch mal einen Schluck aus der Pulle zu nehmen, obwohl sie ihn schon genommen haben, zwar in anderer Form und in sehr eleganter Form, aber immerhin genommen haben, und nun wollten sie noch mal auf die Barrikaden gehen, denn es waren ja nicht irgendwelche, die dort eine Erklärung abgegeben haben, sondern 34 Bundestagsabgeordnete. Sind nicht irgendwelche, und darauf berufen sich dann einige. Ich kann daran nur erinnern, vielleicht ist dem einen oder anderen vielleicht nicht ganz geläufig, dass intern in der IG Metall rausgekommen ist gewisser Appell an die Vertrauensleute, das war zu Anfang der Unsicherheiten oder der Unruhen in den Betrieben, dass wir uns tunlichst an die Tarifverträge zu halten haben und darauf zu achten haben als Funktionäre, dass diese Tarifverträge mit all ihren Konsequenzen eingehalten werden und dass wir uns möglichst nicht aufhängen sollten auf diese Sachen, die man als spontane Arbeitsniederlegungen oder wilde Streiks bezeichnet. Die Gewerkschaften – und das möchte ich jetzt sagen und da kann man nicht von irgendwelchen abstrakten Begriffen sprechen –, sondern die Gewerkschaften sind die Summe aller Mitglieder und jedes einzelne Mitglied, da muss ich noch mal ein bisschen deutlich werden, ist eben tarif- oder vertragsgebunden. Man kann nicht so ohne weiteres den Vertrag aufkündigen. Das beruht nur auf Gegenseitigkeit. Das dazu. Wie gesagt, ich bin lange genug in der Tarifschlosserei gewesen und ich verstehe das nicht ganz, dass man gleich in einer Stellungnahme hier reingeht in die Presse und ein ideologisches Mäntelchen umhängt und dann ist der ganze Kram gelaufen.

In der kommenden Tarifrunde, da sind wir uns drüber im Klaren, haben wir folgendes Dilemma, da muss man sich auch drüber im Klaren sein, erstens die außertariflichen Zulagen aufzufangen, das sind nämlich zum größten Teil die erkämpften Zulagen, die man bisher hat, und dazu noch eine entsprechende Forderung zu stellen, und wir müssen es in der Psychologie der Kollegen jetzt mal so sehen, die an einem Arbeitsplatz arbeiten. Das, was sie in der Tasche haben, das sehen sie als ganz normal an und das ist gleich 100 und von da aus wird aufgebaut, und wenn wir jetzt unsere Forderungen aufstellen müssen, das ist nämlich das Scheißspiel dabei, wenn wir unsere Forderungen aufstellen müssen, dann müssen wir erst mal darauf achten, dass wir das absichern, was sie sich bisher durch spontane Arbeitsniederlegungen erkämpft haben und obendrein noch etwas Vernünftiges raufpacken. Das soll doch einigermaßen noch laufen und dazu kommt noch, und das müssen wir wieder zurückstellen, es ist ja nicht nur der Lohn, der bei uns und im ganzen Tarifgeschehen eine Rolle spielt, Tarifverträge werden und Tarife werden sehr langfristig angelegt, über Jahre hinaus, sondern das ist noch der Lohnrahmentarif, das heißt dort, wo die Arbeitsbedingungen verbessert werden, und noch nebenbei versucht wird, von der Produktivitätssteigerung, die wir dadurch erreichen, durch bessere Arbeitsbedingungen, durch bessere Arbeit oder durch leichtere Arbeit, diese Produktivitätssteigerung auch noch mit abzusichern, das, was nicht im Lohntarif drinsteht und dann kommen noch dazu die ganzen anderen Fragen des Manteltarifs.

Und eins kann ich noch sagen zur Spontanität: Ich bin lange genug Vertrauenskörperleiter gewesen, um zu wissen, wie ein Streik entsteht oder auch spontan entsteht und da wollen wir uns nichts vormachen. Wenn ihr es wollt, dann können wir ganz schnell mal einen hier auf die Barrikaden bringen, brauch' ich bloß heute losfahren, übermorgen ist es passiert. Das ist nun die eine Seite. Die Sympathieerklärung der 33, und das hasse ich am meisten dabei, mit politischen oder mit politischen Theorien oder mit Ideologien verbrämt, möchte ich sagen, dass es in gewissem Sinne Scheuklappentheorien sind. Da gibt es immer so ganz verrückte Theorien und das möchte ich jetzt mal abwandeln. Es hat mal eine gegeben, die hat ein gewisser *Ludendorff* aufgestellt: Der Krieg ist der Ausdruck höchsten völkischen Lebenswillens. Das war die völkische Theorie. Was das für ein Unsinn ist, das haben wir ja erlebt 1945. Aber genauso ist der größte Blödsinn, dass man heute jubelt und Hosianna ruft und sagt, der Streik ist der Ausdruck höchsten proletarischen Bewusstseins. Das ist genau die gleiche Idiotie.

(Unruhe. Zwischenruf.)

Nein, aber ich meine, so ungefähr sind die Überlegungen, die dabei, wenn man grade diese spontanen Streiks oder diese Streiks im Augenblick damit hochjubelt. Der größte Stellenwert, da möchte ich noch mal drauf aufmerksam machen, der größte Stellenwert, den wir bei uns immer, den wir in den Gewerkschaften immer gesetzt haben, ist die Tarifautonomie. Der Preis, und das war uns da ganz klar, der Preis war uns sehr im Klaren, das ist die Marktwirtschaft so, wie wir sie jetzt haben, in Anführungsstrichen oder auch nicht, das ist der Preis, den wir zu zahlen haben, aber wir haben die Tarifautonomie etwas höher gesetzt. Ich möchte nur noch zum Abschluss um eins bitten und das ist nicht mein Wort, sondern dieser Ausdruck ist von einem Kollegen gefallen. Bitte etwas weniger schulmeisterliche Sozialromantik und etwas mehr sozialdemokratische Politik, das ist der Wunsch meiner Kollegen oder einer ganzen Anzahl meiner Kollegen, die verantwortlich sind im Tarifgeschehen. Zum Abschluss noch eins: Sollte ich jemand auf die Hühneraugen getreten haben, war das lautere Absicht.

(Gelächter. Beifall.)

Wehner: Adolf *Schmidt*.

Schmidt (Wattenscheidt): Genossinnen und Genossen, mein Beitrag kann jetzt ganz kurz sein. Ich unterstreiche das, was die letzten Genossen gesagt haben und verbinde damit die herzliche Bitte, die Resolution, die Gedanken, die aufgeschrieben sind, so wie sie aufgeschrieben sind, in allen fünf Absätzen zu verabschieden. Ich bitte ganz herzlich darum. Darf ich dies noch sagen: Genossinnen und Genossen, die von dem Gedanken ausgehen, wenn sie wilde Streiks, die sind das für mich einfachen Menschen, als ein Instrument bezeichnen, mit dem sie die Stellung der Gewerkschaften verbessern oder stärken können, können keine Ahnung haben von der Wirklichkeit des Arbeitslebens.

(Beifall.)

Es geht nicht nur bei den spontanen oder wilden Streiks, ja natürlich, um den Preis. Es geht vielmehr, Genossinnen und Genossen, um das, was die Kollegen in den Betrieben spüren täglich, stündlich, um die verheerende Differenz zwischen dem tariflich gesicherten Einkommen und dem tatsächlichen Einkommen. Es geht darum, dass die, die das tarifliche Einkommen niedrig halten wollen und auch bisher gelegentlich niedrig gehalten haben, am anderen Ende der Schaukel durch manchmal unbegreifbar arrogantes Verhalten demonstrieren, dass mehr möglich wäre, und wenn das so ist und so ist es, dann ist das Instrument einer außerhalb der gewerkschaftlichen Legalität und Aktivität liegenden Aktion nicht ein zusätzliches Werkzeug, sondern dann schlägt es geradezu den Gewerkschaften das Werkzeug aus der Hand, weil es so ist, wie Friedhelm *Farthmann* sagt. Wenn man in den Bereichen nämlich, liebe Genossinnen und Genossen, in denen in jüngster Zeit wild gestreikt wurde, dies zu einem Instrument gewerkschaftlicher Arbeit machen wollte, müsste man Lohnforderungen von manchmal 50 Prozent anmelden, um Neues zu bringen und das Geschaffene einzufangen. Die Phantasie eines jeden einzelnen wird ausreichen, um sich auszudenken, wo wir erstens hinkämen und zweitens zu erkennen, dass dies nicht möglich ist. Ich glaube, in diesem Kapitel ist eines für uns ein recht brauchbarer und sinnvoller Weg: Das, was da vor uns liegt, so zu verabschieden und dann bitte die Debatte, auch gelegentlich die philosophische Debatte, zu beenden, denn wer im nächsten Winter wieder vorm nächsten heißen Herbst spricht, der schlichtet nicht, der fordert heraus.

(Beifall.)

Wehner: Hermann *Dürr*.

(Zwischenruf: Hat sich erledigt!)

Helmut *Schmidt*.

Schmidt (Hamburg): Ich wollte noch mal ein Argument ein bisschen verstärken, das die gewerkschaftlichen Sprecher in der Diskussion und insbesondere Friedhelm *Farthmann* nur angedeutet haben. Viele hier im Saal werden sich erinnern an die Rolle, die wir als einzelne Abgeordnete unserer Partei zu spielen hatten, während der *Erhardschen* Rezession von '66, die bis nach '67 hineingewirkt hat. Das war unter anderem ein Zeitraum, in dem in unendlich vielen Betrieben die sogenannten übertariflichen Leistungen schlagartig abgebaut wurden in der Rezession und die Gewerkschaften waren vollständig hilflos, denn sie hatten sie ja nicht kontrahiert. Das ist eine noch vor uns liegende Spätfolge dessen, was jetzt durch spontane Arbeitsniederlegungen in dem einen oder andern Fall herausgehandelt worden ist, dass das, wenn die Geschäftstätigkeit sich abflauen wird, erneut zu schweren kritischen Belastungen der Belegschaften führen muss. Es ist völlig ausgeschlossen, dass die einzelnen Gewerkschaften, Adolf *Schmidt* hat es eben noch mal mit einem Prozentsatz belegt, es ist völlig ausgeschlossen, dass die das alles tarifpolitisch einfangen können, was auf die verschiedenste Weise mit verschiedensten Strukturen, mit verschiedensten Gebührenfragen oder Zuschlägen einzelbetrieblich gemacht worden ist, es ist völlig ausgeschlossen, dass die Gewerkschaften das alles einfangen können. Dann müssten sie Forderungen stellen, die sie selber nicht stellen können, weil sie wissen, dass die nicht durchsetzbar sind. Dieses alles muss jemand, selbst wenn er nicht hauptamtlicher Gewerkschafter ist, aber miterlebt hat die Konsequenzen der Rezession in den Betrieben damals, dies muss jemand wissen und deswegen kann man durchaus Verständnis dafür haben, wenn in einem Betrieb die Kollegen spontan ihre Arbeit niederlegen. Das ist nicht gleich ein Verfassungsbruch, da wird mit Norbert *Gansel* niemand streiten wollen, aber es ist ein Vertragsbruch. Schlimmer ist, dass es für die nächste Runde die Position, die Ausgangsposition der gewerkschaftlichen Tarifpolitik von vornherein verschlechtert, als sie vorher wäre. Das könnte eigentlich jeder wissen. Könnte eigentlich jeder wissen.

Ich frage mich, wem die Veröffentlichung dieser beiden Entschließungen, sie sind ja im Grunde dieselben, eine ist bei der andern ein bisschen kopiert, wem das eigentlich nun wirklich genützt hat? Hier ist deutlich geworden, dass es geschadet hat. Ich frage mich, wem es eigentlich wirklich genützt hat? Wem es wirklich hat nützen sollen? Die Partei hat eine Reihe von Einrichtungen, Arbeitsgemeinschaften, Ausschüssen, die sich mit allem Möglichen beschäftigen. Hat einen Arbeitnehmerbeirat, der jetzt im Laufe dieses Herbstes sich entfalten wird zu einer richtigen Arbeitsgemeinschaft. Jedenfalls haben die Kollegen und Genossen, die in diesem Arbeitnehmerbeirat sitzen, unendlich mehr Berufserfahrung in der Tarifpolitik als diejenigen, die diese Entschließungen öffentlich in die Welt gesetzt haben, und denen hätte man auf jeden Fall mal den Vortritt lassen müssen. Ich frage mich wirklich wieder, wem das eigentlich genützt hat, dass hier einige vorgeprellt sind. Ganz anders ist, dass in der Entschließung dieser 33 Bundestagskollegen auch ein Passus drin, den ich jederzeit unterschreiben würde, nämlich die Forderung nach einer Reform des Tarifvertragsgesetzes. Aber dazu braucht ihr keine sezessionistische Erklärung. Das ist eine Sache, die die Gesamtfraktion auf ihre Fahnen geschrieben hat. Da braucht man nicht vorweg irgendwas zu erklären.

Ich möchte noch darauf hinweisen, dass der Friedhelm *Farthmann* mit den Bemerkungen, die er zur Preisentwicklung gemacht hat, die Lage in wenigen Strichen absolut richtig gezeichnet hat. Einen Punkt hätte er vielleicht noch hinzufügen können unter den vier Hauptgründen für die Lebenshaltungskostensteigerungen in der Bundesrepublik. Er hätte noch hinzufügen können den für dieses Jahr 1973, insbesondere für die Monate Februar bis Juni einschließlich, außerordentlich bedeutsamen Zustrom ausländischer Liquidität in die Bundesrepublik. An einem Tag, das war die Spitze, sechs Milliarden D-Mark Liquidität geschaffen, weil wir unter Rechtsverpflichtung standen, jeden Dollar in D-Mark umzutauschen. Wir haben uns vom Dollar abgehängt am 19. März, und nur auf der Voraussetzung, dass wir uns abhängen konnten, war der ganze Versuch zur Stabilisierung des deutschen Preisniveaus überhaupt zulässig. Anders wäre es Unfug gewesen, denn dann hätten wir noch mehr Dollars bekommen. Wir haben uns abhängen können und wir haben eine sehr scharf greifende Stabilitätspolitik eingeleitet. Ich glaube, dass man heute vorhersagen kann, dass wir im Laufe dieses Herbstes, gegen Ende des Jahres alle europäischen Nachbarländer hinsichtlich des Preisauftriebs entweder unterboten haben werden oder mit ihnen gleichgezogen haben werden. Da wird kein anderes europäisches Land sein, das einen geringeren Preisanstieg hätte als wir. Wir werden wirklich etwas zustande gebracht haben. Man muss aber auch sehen, dass wir dabei auf einem relativ schmalen Grat unsere gesamte Wirtschaftspolitik betreiben, zum Beispiel haben die Aufwertungen, die jetzt anfangen sich auszuwirken, ihr werdet das bei den August- und insbesondere bei den Septemberzahlen dann deutlich sehen, bei den Preiszahlen für den September, fangen an sich auszuwirken, aber die Aufwertungen haben natürlich die Preise deutscher Exportgüter in Amerika oder in England oder in Italien, ja sogar in Frankreich und in Holland erheblich steigen lassen. Das war ja auch durchaus beabsichtigt, genauso wie die Importpreise für uns relativ billiger geworden sind als für viele Länder in der Welt, die unter dem mit Recht genannten phantastischen Preisauftrieb der Weltmärkte noch viel schwerer leiden als die Bundesrepublik. Wenn es aber richtig ist, dass die Aufwertung auch die Exportzuwächse des Jahres '74 wesentlich beeinträchtigen werden, das sollen sie ja auch, dann trifft das nicht nur ein Unternehmen wie das Volkswagenwerk, das 60 Prozent seiner Autos, die es im Inland produziert, im Ausland absetzen muss, um die Beschäftigung zu halten. Es trifft dann auch andere Unternehmen, die einen geringeren Exportanteil in ihrer Produktion haben, und ich wollte auf diesen Punkt gerne hingewiesen haben.

Mehrere Redner haben gesagt, wir seien völlig unvorbereitet in diese Situation gegangen. Ich kann das nicht ganz akzeptieren, denn die Debatten in diesem Saal, der damals noch nicht so groß und so schön war wie heute, anlässlich des sogenannten Stabilitätsprogramms haben doch dazu geführt, dass hier vonseiten der Regierung mit ganz großer Entschiedenheit, und die Fraktion hat es mitgemacht, abgelehnt wurde, den Rat der sogenannten Sachverständigen, alle Arbeitnehmer mit einem Konjunkturzuschlag von zehn Prozent zu überziehen. Wir haben das abgelehnt, weil wir gewusst haben, dass wir durch eine Durststrecke gehen müssen. Nicht nur die Opposition hatte das gefordert, sondern auch der sogenannte Sachverständigenrat. Wir haben die Zuschläge beschränkt auf die Unternehmen und auf die wohlverdienenden Einkommensklassen und haben die Arbeitnehmer im Wesentlichen freigestellt, weil wir die Entwicklung vor uns gesehen haben, und das sollte man nicht vergessen bei der jetzigen öffentlichen Diskussion, dass Leute in mittleren und oberen Einkommensstufen einen Zuschlag von zehn Prozent zur Einkommensteuer bezahlen gegenwärtig und dass alle Unternehmen, die körperschaftsteuerpflichtig sind, zehn Prozent mehr Körperschaftsteuer zahlen und dass außerdem Unternehmen, die investieren müssen oder wollen, eine elfprozentige Investitionssteuer zahlen.

Das bringt mich auf den vorletzten Punkt, den ich erwähnen wollte. Willy *Brandt* hat vorhin drauf hingewiesen, dass das Kabinett heute Morgen gemeinsam mit den beiden Fraktionsführungen und den steuerpolitisch sachverständigen Kollegen aus den beiden Fraktionen eine lange, ausgedehnte Sitzung gehabt hat zwecks Anpassung der im September 1971 festgelegten Eckwerte zur Steuerreform, spricht hier insbesondere Kindergeld, Familienlastenausgleich, Einkommensteuer, Lohnsteuer. Ohne dass ich im Augenblick die Einzelheiten hier vortragen möchte oder kann, sie werden jetzt ins Reine geschrieben heute Nachmittag und heute Abend, werden aber morgen in euren Fächern liegen, ohne dass ich das im Detail also hier im Augenblick vortragen kann, will ich doch sagen, dass eine große Zahl von zu Buche schlagenden Veränderungen bei den Eckwerten insbesondere zugunsten der kleinen Leute im Allgemeinen und der Arbeitnehmer im Besonderen heute Morgen beschlossen worden sind. Und ich will auch eine andere Katz aus dem Sack lassen: Die Bundesregierung hat beschlossen, vorerst von einem Eckwert abzusehen, der noch im Herbst '71 Bestandteil war, notwendiger Bestandteil aus damaliger Sicht der Steuerreform, nämlich von der Erhöhung der Mehrwertsteuer um einen Punkt.

(Vereinzelter Beifall.)

Das heißt hier ist eine erhebliche Veränderung der öffentlichen Diskussion, wie ich hoffe, wohl zu erwarten und es kann einstweilen auch bei dem Verzicht auf die Erhöhung der Mehrwertsteuer bleiben, wenn nicht etwa in zu Buch schlagender Weise zusätzliche Maßnahmen vorweg uns aufgedrückt werden.

Eine Bemerkung zum Bundeshaushalt. Auch das, finde ich, sollte man ins Bewusstsein nehmen. Die Zahlen sind veröffentlicht. Guckt euch mal den Entwurf der Bundesregierung zum Haushalt 1974 insgesamt an und guckt euch bitte die über 20-prozentige Steigerung der Sozialausgaben in diesem Haushalt an, um zu sehen, was tatsächlich gemacht wird. Guckt euch das an.

Letzte Bemerkung. Ich hab' wenig Verständnis dafür, dass Kollegen in dieser Fraktion, die in 26 Wochen des Jahres Gelegenheit haben, in diesem Raum mit dem Bundeskanzler zu sprechen, ihm ihre Meinung zu sagen und Gelegenheit haben, seine Meinung zu hören, dass die glauben, ihn durch öffentliche Appelle unter Druck setzen zu sollen oder aber, wie jemand anders es ausgedrückt hat, ihm öffentlich vors Schienbein treten. Das mag dem einen oder anderen nicht ganz so bewusst gewesen sein, aber so sehr wie in der Sache solche Appelle zugunsten spontaner Arbeitsniederlegungen die Arbeit der Gewerkschaften erschweren, so sehr haben sie auch die Nebenwirkung, das Ansehen der Gewerkschaften zu beschädigen und so sehr haben sie auch die, wie ich unterstelle, völlig unbewusste Nebenwirkung, das Ansehen des Bundeskanzlers zu beschädigen. Herzlichen Dank.

(Beifall.)

Wehner: Karl *Liedtke*.

Fraktionssitzung 12.09.1973

Liedtke: Genossinnen und Genossen, ich zeige euch mal folgende Perspektive der Lohn- und Gehaltsentwicklung im öffentlichen Dienst und folge damit dem Wunsch Dieter *Sperlings*, dass wir uns auf eine mögliche Frühjahrslage rechtzeitig vorbereiten. Wenn die von Norbert *Gansel* heute gezeichnete Formulierung stimmt, dass spontane Arbeitsniederlegungen, wenn sie auf Missverhältnissen im Betrieb beruhen, so hat er es eingeschränkt, legitim sind und die Würdigung von Bundespolitikern erfahren dürfen, dann darf man doch weiter folgern, dass diese Legitimität in der Basisentscheidung von denen, die die Missverhältnisse zu erleiden haben, ausschließlich getroffen werden können. Das heißt wenn man ein bisschen weiterdenkt, ist jede spontane Arbeitsniederlegung legitim oder sie wird durch politische Fremdbestimmung, sprich von der Bundesebene, korrigiert. Wer will das von diesen drei- oder 34 Unterzeichnern jemals tun?

Nächster Gedankengang. Wenn man sich zu dieser Entscheidung durchgerungen hat, ist es wohl in sich logisch, dass die Achtung vor der Legitimität einer Entscheidung bei einem Müllwerker genauso zu gelten hat wie bei einem Metallarbeiter, der die Arbeit niederlegt. Ja gut! Daraus also, danke, dass du es bestätigst, kommt die Forderung, dass eine Unterscheidung der Legitimität zwischen Privatwirtschaft und öffentlichem Dienst nicht richtig ist. Genossen, jetzt geht's weiter. Jetzt könntet ihr ziselieren und sagen, dann wollen wir aber wenigstens dem öffentlichen Dienst sagen, legitim ist es im Tarifbereich, nicht legitim ist es im Bereich der Beamten. Mein Ratschlag: Wenn ihr zuhause seid und bekommt Post, fragt den Postboten, bist du Arbeitnehmer, Angestellter oder Beamter. Die Antwort kommt zu gleichen Teilen, mal ist er das, mal ist er das, mal ist er das. Lauritz [*Lauritzen*] hat in großen Bereichen seiner Betriebe bei Bahn und Post in völlig gleichen Funktionen mal den Beamten, mal den Angestellten, mal den Arbeitnehmer. Ich will das nicht vertiefen. Wenn das so ist, Genossen, dann macht mir mal den Unterschied klar zwischen dem »legitimen« Streik der Fluglotsen bei dieser gedanklichen Ausgangsbasis und dem anderen Bereich. Ich mache es ganz kurz. Wenn das immer noch so gelten soll, dann versetzt euch mal in die Lage des Kollegen und Genossen Heinz *Kluncker*, der morgen in Stuttgart mit dem Innenminister *Genscher* darüber zu beraten hat, ob ein Drittel zusätzliches Monatsgehalt zur Weihnachtszulage kommt, der gleichzeitig –

(Zwischenruf.)

bitte? Heute! –, der gleichzeitig einen ständigen Telefondraht nach Hannover haben muss, um zu erkunden, ob die Stadt Hannover ihr Angebot, 300 D-Mark Teuerungszulage zu zahlen, verwirklichen konnte, will ich mal sagen, weil die spontan Niedergelegten das angenommen haben. Dann muss er einkalkulieren, dass in der übernächsten Woche, wenn der Verband kommunaler Arbeitgeber tagt, der in diesem Bereich der kommunalen Behörden zuständig ist, selbstverständlich die in Hannover erlangten 300 Mark mittlerweile über Oberhausen und andere Städte und – ich hoffe, ich hab' das deutlich gemacht – nicht zu beschränken auf die Müllwerker unter Auslassung der Stadtwerke was weiß ich, nicht zu beschränken auf den Tarifbereich Angestellte, das geht dann, Genossen, in den gesamten öffentlichen Dienst. Und dann mag, Erich *Meinike*, einer der Unterzeichner fröhlich nach Oberhausen fahren, wo er die Streiksituation hat, und ich kann ihm mitgeben, dass ein Drittel Weihnachtsgeld –

(Zwischenruf.)

bitte?

(Zwischenruf.)

–, dass ein Drittel Weihnachtsgeld und 300 Mark Teuerungszulage für eine Stadt, die 400 000 wie Oberhausen, zehn Millionen D-Mark ausmacht, bei einer Lohn- und Gehaltssumme von rund 160 Millionen in diesem Bereich dort, für den gesamten öffentlichen Dienst acht Milliarden.

Genossen, jetzt geht's weiter. Der öffentliche Dienst unterscheidet sich in wohltuender Weise von der Privatwirtschaft. Adolf *Schmidt* hat vorhin zu Recht gesagt, die große Not der Gewerkschaften beginnt, wenn es darum geht, tariflich abzusichern, was zusätzlich betrieblich gezahlt wird. Dieses Dilemma, die Spaltung zwischen Tariflohn und Effektivlohn gibt es im öffentlichen Dienst Gott sei Dank noch nicht. Was dort verdient wird, ist tariflich abgesichert. Schön! Jetzt kommt die nächste Frage. Wenn diese Teuerungszulage punktuell irgendwo im öffentlichen Dienst gezahlt wird, sollen wir dieses sichere Tableau, Effektivlohn, Leichttariflohn abgesichert, verlassen oder macht die Gewerkschaftsspitze nur noch den Nachvollzug, der in einzelnen Dingen erstrittenen Sachen. Genossen, wenn man also, das ist meine feste Überzeugung, diese vertretene These von *Gansel* zu Ende durchdenkt, dann tritt nämlich das ein, was Helmut *Schmidt* mal vor der Sommerpause hier mit einem Stoßseufzer gesagt hat: Wenn wir nicht aufpassen, frisst die Bürokratie dieses Staates diesen Staat langsam auf. Durch legitimierte Sonderaktionen kommen wir dann zu Summen, die von uns nicht beeinflusst werden können, die von den Gewerkschaften nicht beeinflusst werden können, von dem Versuch Besoldungsvereinheitlichung vorwärtszutreiben, können wir dann sofort Abstand nehmen.

Wehner: Genossen, bevor ich dem Nächsten das Wort gebe, will ich nur sagen, es ist gleich sechs. Bis jetzt haben 11 gesprochen. Es stehen auf der Liste noch 13. Hans *Geiger*!

Geiger: Genossinnen und Genossen, wir sind mitten hinein in eine wirtschafts- und lohnpolitische Auseinandersetzung gekommen. Eigentlich wollten wir nur diese beiden Entschließungen besprechen. Ich will aber auch meine Meinung dazu sagen. Ich habe eine eigene von der Spontanität eines Streiks und ich bin gar nicht überzeugt, dass die immer so ganz wild sind, wie sie da und dort gemacht werden, und will mich deswegen auch nicht in rechtsphilosophische Betrachtungen verlieren, ob sie legal sind oder legitim sind, sondern sie sind ein Mittel der Tarifpolitik. Diese Waffe muss aber in der Hand der Gewerkschaft bleiben. Tut sie das nicht und werden diese Entwicklungen von außen, so wie das mit dieser Entschließung da von einer Parteigliederung geschehen ist, dann wird die Waffe stumpf und es gibt keine Annäherung und keine Stärkung der Gewerkschaften, sondern die Gewerkschaften werden geschwächt. Die Arbeiter werden von den Gewerkschaften getrennt und, so wie ich meine, aus vielerlei Erfahrung, nicht nur von den Gewerkschaften, sondern auch von der Sozialdemokratischen Partei und deswegen war diese Entschließung der Jungsozialisten schädlich als ein politischer Akt, nicht weil sie sich mit dem Problem auseinandergesetzt hat, sondern weil diese Entschließung sich gegen den Chef der Regierung und den Parteivorsitzenden gewandt hat und ihn vor der Öffentlichkeit in seinen Auffassungen politisch bloßgestellt hat. Das ist die Schwierigkeit in dieser Auseinandersetzung und weil dieses Papier nicht zum konkreten Problem, nicht wahr, der Erhöhung des Lohnes Stellung nimmt, sondern weil sie diese Streiks noch zu einem Kampfmittel herausstilisiert und dadurch werden die ganzen Entwicklungen eigentlich erst lahmgelegt.

Genossinnen und Genossen, ich fürchte nicht so sehr, dass in dieser Entwicklung der Schaden eintreten könnte, dass hier die Arbeiter, die mit einem schmutzigen Hemd, Norbert [*Gansel*], am Abend nach Hause gehen, allein gezeigt haben, wie sie wollen, und die, die weiße Hemden tragen, abends, auch noch weiße Hemden ertragen, diesen Kampf gebremst haben. Ich habe viel größere Sorge, dass Menschen, die noch gar kein schmutziges Hemd am Abend von der Fabrik nach Hause getragen haben, in solche Entwicklungen eingreifen, ohne dass sie immer die konkreten Verhältnisse und Situationen selber kennen, und ich meine deshalb auch, Genossinnen und Genossen, die Entschließung, die jetzt der Fraktion vorliegt, ist ausgewogen. Ich würde keinen großen Schaden darin sehen, wenn der letzte Satz, wie Dieter *Sperling* angedeutet hat, ausgelassen würde. Für mich würde ich ihn nicht streichen. Ich würde ihm voll zustimmen, weil auch hier der Parteivorsitzende irgendwie bloßgestellt ist, und er muss eine Rechtfertigung durch diese Entschließung haben.

Wehner: *Rappe* (Hildesheim).

Rappe (Hildesheim): Genossinnen und Genossen, ich würde doch meinen, wir sollten alles versuchen, dass die vorliegende Erklärung des Fraktionsvorstandes, wenn irgend möglich, mit der größten Mehrheit oder einstimmig angenommen werden kann. Denn es gibt keinen Zweifel darüber, dass diese ganze Auseinandersetzung ja doch etwas tiefer geht und man sie auch tiefer durchdenken muss in Bezug auf die Positionen der Gewerkschaftsvorstände. Liebe Genossinnen und Genossen, zu allen Argumenten, die es hier gab, gegen die Erklärung der Jungsozialisten und der 34 Kolleginnen und Kollegen hier möchte ich noch vielleicht zwei oder drei Gedanken hier für die Überlegung anbringen, doch der Erklärung des Fraktionsvorstandes zuzustimmen. Erstens die Feststellung, dass man durchdenken muss die Position in den Gewerkschaftsvorständen von der Erkenntnis ausgehend nämlich, dass tarifliche Regelungen auf eigene Faust erstritten von den Beschäftigten in den Betrieben letztlich entsolidarisierend wirken können.

Und nun, liebe Genossinnen und Genossen, jede betriebliche tarifliche Zusatzregelung muss eingebunden sein, nach meiner Auffassung, in den regionalen Tarifvertrag. Damit spreche ich nicht gegen Zusatzverträge, die man erstreiten kann, aber sie können nur erstreikt werden bei der üblichen Tarifbewegung und nicht zwischendurch. Und eine weitere Feststellung. Betriebliche Tarifabmachungen, auch wenn sie durch spontane Aktionen selbst mit der Hilfe oder nach Diskussionen mit gewerkschaftlichen Vertrauensleuten erreicht werden, müssen nicht folgerichtig progressiv sein. Diesen Tatbestand, glaube ich, muss man etwas näher durchdenken, denn, liebe Genossinnen und Genossen, solche betrieblichen Regelungen, die sozusagen neben der Organisation erstritten werden, tragen auch den Keim dessen in sich, was man früher gelbe Gewerkschaften nannte. Eine Sache also, die auf eigene Faust entsolidarisierend für Gesamtorganisation neben der Organisation gemacht wird.

Das ist das doch der Tatbestand, der die Gewerkschaftsvorstände und die Funktionäre beschäftigen muss und den man mit den Mitgliedern diskutieren muss in dieser Lage. Spontane Aktionen führen auch zu der Erkenntnis, dass es ohne die Solidargemeinschaft Gewerkschaft geht. Hier leitet man auch im Verlauf der Zeit Wasser auf die Mühlen der ewig Unorganisierten. Auch das muss Bestandteil der Überlegungen sein. Ich würde also meinen, dass spontane Aktionen eben nicht von vorherin förderlich sind und in der konkreten Lage der IG Metall ist ja eben Folgendes von den Kolleginnen und Kollegen, die diese spontanen Aktionen gemacht haben, übersehen worden. Erstens die Tatsache, dass 200 Mark auf die Hand sich nicht in den Tarifgruppen sozusagen auswirken und damit Junge kriegen bei den nächsten Tarifverhandlungen, bei den Lohn- und Gehaltsgruppen, und weiter die Feststellung, diese spontanen Aktionen hätten um ein Haar die IG Metall in eine Bundesverhandlungssituation hineinmanövriert, die für die Folgezeit Kampfunfähigkeit bedeutet. Eine spontane Aktion, das muss man so in Klammern unterstützen, wie das Friedhelm *Farthmann* gesagt hat, muss im Grunde dann auch diskutiert und geplant sein, man braucht sie zu einer völlig normalen Tarifbewegung, zwischendurch wirken sie belastend für die Organisationen.

(Beifall.)

Wehner: Roelf *Heyen* zur Geschäftsordnung.

Heyen: Genossinnen und Genossen, angesichts unserer umfangreichen Tagesordnung und angesichts der Tatsache, dass sich hier bereits auch einige Argumente wiederholen, beantrage ich Schluss der Debatte.

Wehner: {...} dagegen sprechen? *Collet!*

Collet: Ich möchte diesem Antrag widersprechen, vor allen Dingen auch mit Hinweis darauf, dass mehrere auch auf die Frage des Spiels hingewiesen haben. Ich habe die für besonders wichtig gehalten. Allerdings bin ich Betroffener jetzt bei meinem Widerspruch, weil ich mich selbst noch äußern will. Aber ich meine, dass wenn wir einmal jetzt die Gelegenheit wahrgenommen haben, miteinander auch darüber zu streiten, darf uns die Zeit nicht zu schade sein, im Interesse der Zusammenarbeit hier miteinander weiter zu diskutieren.

Wehner: {...} für und dagegen gesprochen worden. Ich muss abstimmen lassen. Wer für Schluss der Debatte ist, den bitte ich um das Handzeichen. Ich bitte aufzupassen, weil das schwer zu übersehen ist. Gegenteilige Meinung. Das Erste war die Mehrheit. Bei dieser Sachlage muss ich noch einmal auf den Text zurückkommen. Dietrich *Sperling* hat vorgeschlagen, den letzten Absatz zu verändern. Für die, die das nicht mitgekriegt haben, lese ich vor wie. Er würde dann lauten: »Die Fraktion begrüßt und billigt die Entschiedenheit, mit der Willy *Brandt* und der Parteivorstand die gebotene Solidarität mit den Gewerkschaften betont haben.« Es fiele also weg: »und Stellungnahmen zurückgewiesen, die geeignet sind, diese Solidarität zu belasten«. Das ist der eine Vorschlag, über den ich zunächst, *Sperling* hat gesagt, wenn dem nicht beigetreten werde, dann wünsche er getrennte Abstimmung, dann das Ergebnis aus der Entscheidung also jetzt. Wer also ist für diesen Antrag *Sperling*? Bitte auszuzählen. Mir wird mitgeteilt, dass das 37 seien. Wer ist dagegen? Ist der Rest!

(Gelächter.)

Ich frage nun, Genossen, wer dem Antrag *Sperling* auf getrennte Abstimmung, ich verstehe es so, der ersten vier Absätze oder sollte jeder Absatz?

(Zwischenruf.)

Der ersten vier und dann des eben jetzt in anderem Sinne behandelten sich einstellen wird. Inzwischen haben, wenn auch nicht in der Diskussion, sondern hier durch einen Zettel *Rohde*, *Farthmann*, *Urbaniak* vorgeschlagen, dass auf der 5. Zeile dieses vierten Absatzes, also des vorletzten, nach dem Wort »sich bewährt«, wo ein Punkt ist, hinzugefügt werden sollte »und soll gestärkt werden«. Darüber hätten wir dann noch abzustimmen. Das heißt darüber hätten wir abzustimmen, zuerst ob wir diese Einfügung, die also bedeutet, sie entscheiden über die Formen, in denen Konflikte ausgetragen werden, dies, also Autonomie der Tarifverhandlungen, hat sich bewährt und dazu käme »und soll gestärkt werden«. Wer für diese Hinzufügung ist, bitte ich ums Handzeichen. Danke. Die gegenteilige Meinung. Stimmenthaltungen.

(Unruhe.)

Bei einer Stimmenthaltung. Dann frage ich, wer sich entscheidet für getrennte Abstimmungen in dem Sinne, die ersten vier zusammen und dann den letzten Absatz. Wer dafür ist, den bitte ich ums Handzeichen. Das sind 78. Ich denke, das sollte dem Rest zu denken geben, oder? Ja. Dann bitte ich also abzustimmen über die ersten vier Absätze. Wer für diese ist, den bitte ich ums Handzeichen. Danke. Die gegenteilige Meinung. Stimmenthaltungen. Die sind also offenbar einstimmig angenommen. Oder hab' ich einen übersehen? Nein. Dann bitte ich um Abstimmung über den letzten Absatz, der

Fraktionssitzung 18.09.1973 **26.**

also unverändert bleibt, nachdem der vorherige Antrag keine Mehrheit fand, der also lautet: »Die Fraktion begrüßt und billigt die Entschiedenheit, mit der *Brandt* und der Parteivorstand die gebotene Solidarität mit den Gewerkschaften betont und Stellungnahmen zurückgewiesen haben, die geeignet sind, diese Solidarität zu belasten.« Wer für diesen Abschnitt ist, bitte ich ums Handzeichen. Danke. Die gegenteilige Meinung. Gegen acht Stimmen. Stimmenthaltungen? 22. Dann ist also diese Vorlage abgestimmt.

[C.-F.] → online unter www.fraktionsprotokolle.de

26.

18. September 1973: Fraktionssitzung (Tonbandtranskript)

AdsD, SPD-BT-Fraktion 7. WP, 6/TONS000021. Titel: »Fraktionssitzung am 18.09.1973«. Beginn: 15.00 Uhr. Aufnahmedauer: 02:50:33. Vorsitz: Wehner.

Sitzungsverlauf:

A. TOP 1: Bericht aus der Fraktionsvorstandssitzung (Auswertung der Klausurtagung der Fraktion; Plenartagesordnung für die laufende Woche; Rechtsstellung der Parlamentarischen Staatssekretäre; Schifffahrtsenquete; Delegierte für das Umweltforum und den Beirat für Raumordnung; grobe Sitzungsübersicht des Bundestags für 1974; Berlin-Sitzungen der Bundestagsfraktion; Vorschläge zur Diätenbesteuerung). – Bericht von Bundesminister *Arendt* zur betrieblichen Altersversorgung in Betrieben. – Wunsch des Außenministers nach Abgeordneten, die in der UN-Delegation mitarbeiten. – Diskussion der Fraktion über Anpassung der Kriegsopferentschädigung und der betrieblichen Alterssicherung.

B. Diskussion über die Einrichtung einer Projektgruppe der Fraktion für die Aufstellung des Haushaltsplans für den Bundestag.

C. TOP 2: Information (Waffenexporte nach Griechenland; Verkauf bundeseigener Grundstücke; Situation der Deutschen in Polen; Einberufungspraxis bei Jugendvertretern in Betriebsräten; Stellungnahme des Abg. *Collets* zu seiner Kritik der Fraktion in der Presse; Kündigungsschutz für jugendliche Auszubildende; Finanzausstattung der regionalen Strukturpolitik im Haushalt 1974; Einschränkungen im Besucherprogramm der Abgeordneten; Teuerungszulage bei Angestellten der SPD; Zeitplan für das Personalvertretungs- und Volljährigkeitsgesetz).

D. Vorbereitung der Plenarsitzung: TOP 3: Tagesordnung und Ablauf der Plenarsitzungen. – TOP 4: 1. Beratung Heimarbeitsänderungsgesetz. – TOP 5: 1. Beratung Weiterentwicklung Schwerbeschädigtenrecht. – TOP 6: 1. Beratung Anpassung Altershilfe für Landwirte. – TOP 7: 1. Beratung Sozialgesetzbuch. – TOP 8: 1. Beratung Änderung Sozialgerichtsgesetz. TOP 9: 1. Beratung Rechtsstellung der Parlamentarischen Staatssekretäre. – TOP 10: CDU/CSU-Antrag Schifffahrtsenquete.

E. Entschließung der Fraktion zur aktuellen politischen Situation in Chile nach dem Militärputsch.

F. Sonstiges: TOP 11: Benennung der Delegierten zum Umweltforum. – TOP 12: Arbeitsgruppe für berufliche Bildung. – TOP 13: Beirat für Raumordnung. TOP 14: Tagungsplan 1974. – TOP 15: Nächste Termine. – Verschiedenes.

[A.–F.] → online unter www.fraktionsprotokolle.de

27.

2. Oktober 1973: Fraktionssitzung (Tonbandtranskript)

AdsD, SPD-BT-Fraktion 7. WP, 6/TONS000021. Titel: »Fraktionssitzung am 02.10.1973«. Beginn: 15.15 Uhr. Aufnahmedauer: 04:51:48. Vorsitz: Wehner.

Sitzungsverlauf:

A. TOP 1: Bericht von Bundeskanzler *Brandt* (Beitritt der Bundesrepublik zu den Vereinten Nationen; Gespräche mit dem amerikanischen und sowjetischen Außenminister u.a. über Berlin; Verhältnis USA–Europa; Ostpolitik; Vier-Mächte-Abkommen zu Berlin).

B. TOP 2: Bericht des Fraktionsvorsitzenden (Bericht über die Reise einer Bundestagsdelegation und *Wehners* nach Moskau; Stellungnahme *Wehners* zu Berichten über Meinungsverschiedenheiten zwischen dem Fraktionsvorsitzenden und der Bundesregierung). – Diskussion der Fraktion über den Bericht. – Kritik an der Informationspolitik des Fraktionsvorsitzenden.

C. TOP 3: Bericht aus der Fraktionsvorstandssitzung (Tagesordnung der Plenarsitzungen; Auswirkungen der Fraktionsklausurtagung; Projektgruppe Haushaltsplan des Bundestages). – TOP 4: Bericht von Hans-Jürgen *Wischnewski* und Alwin *Brück* über die politische Situation in Chile nach dem Militärputsch. – Diskussion der Fraktion über angemessene politische Reaktionen auf den Putsch.

D. TOP 5: Informationen (Militärübungen der Bundeswehr; Schwierigkeiten mit der FDP-Fraktion bei der Verbesserung des arbeitsrechtlichen Schutzes von Jugendvertretern in Betrieben und in Betriebsräten; Verzögerungen bei der Beantwortung von Kleinen Anfragen; Neueinteilung der Bundestagswahlkreise).

E. Vorbereitung der Plenarsitzungen: TOP 6: Tagesordnung und Ablauf der Plenarsitzungen. – TOP 7: 1. Beratung Bundesratsentwurf Änderung vermögenssteuerrechtlicher Vorschriften. – TOP 8: 1. Beratung CDU/CSU-Entwurf Inflationsentlastungsgesetz. – Politischer Bericht von Finanzminister *Schmidt* zur Welt- und Binnenkonjunktur. – Diskussion der Fraktion über Steuerfragen. – TOP 9: Große Anfrage CDU/CSU betr. Städtebau und Städtebaupolitik. – TOP 10: 1. Beratung Fünftes Anpassungsgesetz KOV. – TOP 11: 2. und 3. Beratung Krankenversicherungs-Leistungsverbesserungsgesetz.

F. Sonstiges: TOP 13: Beirat für Umweltfragen und Raumordnung beim Parteivorstand. – TOP 14: Bericht aus der Raumkommission. – TOP 15: Nächste Termine. – Verschiedenes.

Fraktionssitzung 02.10.1973 **27.**

[A.]

Wehner: {...} ist eröffnet. Bevor wir in die Tagesordnung eintreten, möchte ich Dr. Uwe *Jens*, der heute 38 Jahre alt geworden ist, Glück wünschen zum Geburtstag.

(Beifall.)

Jens: Danke schön.

Wehner: Es haben sich heute wegen Krankheit Elisabeth *Orth* und Günter *Slotta* entschuldigt. Wir hoffen auf ihre Genesung. Andere wegen Europaratsterminen, will ich jetzt hier nicht verlesen.

Die Tagesordnung ist ziemlich umfangreich und einiges wird davon – weil die von 1 bis 4 verzeichneten Berichte heute sicher nicht vermeidlich sind –, wird davon also mit großer Selbstüberwindung hinsichtlich des Notwendigsten dann bewältigt werden müssen. Einiges, was eigentlich heute zu erörtern wäre, muss man unter Umständen bis zur nächsten Sitzung zurückstellen. Ich habe, um das zu erklären, mir liegt ein Bericht von einer Sitzung, von einem Interview, das ich gestern in Moskau dem dortigen Korrespondenten von ARD gegeben habe, zu einer Verwendung in der Abendsendung von »Panorama«.[1] Ich habe das deswegen begrüßt, dass das hier verteilt worden ist, weil es manches von dem deutlich macht, was wirklich geschehen ist, beziehungsweise auch von dem beleuchtet, was andere gemeint haben, aufbringen zu müssen. In dieser Erklärung, die ich natürlich auch aus dem Stand gegeben habe, steht im Grunde genommen alles Wesentliche drin. Wird das Wort zur Tagesordnung gewünscht? Ist nicht der Fall. Dann ruf' ich auf Punkt 1, Bericht des Bundeskanzlers.

Brandt (Berlin): Liebe Genossinnen und Genossen, zu innenpolitischen Fragen wird im Verlauf der Sitzung noch mehrfach das Wort zu nehmen sein. Jedenfalls wird Helmut *Schmidt* sich äußern, was die steuerpolitischen Dinge angeht. Andere werden zu ihren Tagesordnungspunkten sprechen, deshalb darf ich heute mich einleitend mit einigen außenpolitischen Bemerkungen begnügen.

Zunächst einmal liegen hinter uns die beiden Wochen, in denen die Bundesrepublik Deutschland ebenso wie der andere deutsche Staat ihren Platz in der Organisation der Vereinten Nationen gefunden haben.[2] Ich will das jetzt nicht hier weiter ausmalen. Es ist ein Fraktionskollege dabei, der ein paar Tage mehr als ich, ich war nur zwei, drei Tage dort, das alles verfolgt hat. Der eine oder andere wird auch registriert haben, wie wir unsere Visitenkarte dort abgegeben haben als Bundesregierung.

(Beifall.)

Ich kann sagen, unser Beitritt hat starkes Interesse gefunden, und zwar quer durch den Gemüsegarten, den dort vertretenen politischen Gemüsegarten hindurch, und es gibt

---

[1] Vom 24. September bis zum 1. Oktober 1973 hielt sich eine Bundestagsdelegation, zu der auch der SPD-Fraktionsvorsitzende gehörte, unter der Leitung von Parlamentspräsidentin *Renger* zu Besuch in Moskau auf. *Wehners* Äußerungen während der Reise wurden in der Presse allgemein als Angriff auf Bundeskanzler *Brandt* persönlich und dessen politische Haltung in der Ostpolitik gedeutet. Vgl. AAPD 1973, II, Dok. 293. Vgl. bspw. auch den Artikel »Wehner bleibt in wichtigen Fragen auf Kollisionskurs mit der Regierung«; »Frankfurter Allgemeine Zeitung« vom 29. September 1973, S. 4. – Vgl. außerdem die SPD-Fraktionssitzung am 16. Oktober 1973, SVB B, online, in der *Wehner* eine Erklärung zu seiner durch den »Spiegel« zitierten Äußerung – »Was der Regierung fehlt, ist ein Kopf« – abgibt. – Zum Artikel »Was der Regierung fehlt, ist ein Kopf« vgl. »Der Spiegel«, Nr. 41 vom 8. Oktober 1973, S. 25–34.

[2] Zu Beginn der 28. Vollversammlung der Vereinten Nationen wurden die Bundesrepublik Deutschland und die DDR in die Vereinten Nationen aufgenommen. Die Antrittsrede für die Bundesrepublik hielt Außenminister *Scheel*. Bundeskanzler *Brandt* sprach am 26. September vor der UN-Vollversammlung. Vgl. EUROPA-ARCHIV 1973, Z 208 f.

natürlich auch schon im ersten Augenblick Hinweise darauf, dass die Welt eben auch für uns komplizierter wird. Wir müssen Stellung nehmen zu dem einen und anderen, wozu wir bisher nicht Stellung zu nehmen brauchten, jedenfalls nicht in Form von Abstimmungen, aber wir können uns auf sehr viel guten Willen stützen und wenn wir uns nicht übernehmen, wenn wir nicht so tun, als wären wir eine Weltmacht, sondern stattdessen in aller Bescheidenheit sagen, wir wollen ein Stück weltpolitischer Verantwortung mittragen, dann wird das auch, glaube ich, ganz gut gehen.

Ich darf dann in diesem Zusammenhang, liebe Genossen, erwähnen, dass sich am Rande dieses Beitrittsvorgangs natürlich viele, mehr oder weniger wichtige Kontakte mit den Vertretern anderer Staaten ergeben haben, weniger was mich angeht, ganz überwiegend, wie es sich gehört, durch den Außenminister wahrzunehmen und wahrgenommen. Das haben wir übrigens schon vor Jahren eingeführt, als der jetzige Bundeskanzler noch Außenminister war. Das macht sich bezahlt, wenn einer dort ein paar Wochen systematisch jeden Tag 'ne bestimmte Anzahl seiner Kollegen aus andern Ländern trifft, dann kann man eine ganze Menge einbringen und auch sogar die eine oder andere Reise sich danach dann schenken. Hier will ich jetzt nur einen Ausschnitt erwähnen, nämlich jenen Ausschnitt, der sich auf den gegenwärtigen Stand unserer Ost-West-Politik bezieht, weil er, glaube ich, dem einen und anderen doch dieser Hinweis wichtig sein kann, er kann nämlich, ohne die Dinge zu rosig zu malen, er kann doch, glaube ich, den richtigen Eindruck vermitteln, dass manches, was festgefahren zu sein schien, sich in Wirklichkeit in Bewegung befindet, und zwar hin zu vernünftigen Lösungen, da wo sie bisher noch auf sich haben warten lassen müssen.

Da geht es einmal darum, dass, – ich möchte übrigens, dass dieser Teil nicht in den Einzelheiten in der Presseverlautbarung auftaucht, sondern, ich komm' nachher noch mal auf einen solchen, als ein Stück direkter Information der Fraktion betrachtet wird. Wir haben einmal dort die Gelegenheit benutzt oder der Außenminister hat sie benutzt, auch der Egon *Bahr*, der ja in besonderem Maße für die Vertretung Berliner Dinge mit zuständig ist, hat in Abstimmung mit dem Außenminister die Gelegenheit benutzt, um auch unsere westlichen Verbündeten mit hereinzuziehen in die ja nicht immer ganz einfache Auseinandersetzung um das Vier-Mächte-Abkommen über Berlin. Und da hat sich insbesondere ein Gespräch oder ein paar Gespräche mit dem neuen amerikanischen Außenminister[3] als sehr nützlich erwiesen. Allerdings, und darum hab' ich eben gesagt, nicht aus Geheimniskrämerei, nicht im Kommuniqué festzuhalten, weil der sagt, er kann mehr erreichen durch bestimmte Schritte, die er nicht nach außen verkündet als amerikanische Schritte gegenüber einer anderen großen Macht, um nicht unnötig Prestigedinge hineinzubringen. Es hatte dann schon in der vorletzten Woche einen interessanten Kontakt, in anderen Dingen auch, aber auch was dieses Vier-Mächte-Abkommen angeht[4], zwischen unserem Außenminister und dem der Sowjetunion[5] gegeben. Dieser Kontakt ist durch mich weitergeführt worden, auch in Erinnerung daran, dass unsere Vertragspolitik 1968, also vor ziemlich genau fünf Jahren, durch Gespräche in New York eingeleitet worden ist, noch zurzeit der Großen Koalition, '69 weitergeführt worden ist. Und grade bei der Linie, die Verschiedene von uns in diesen Wochen eingenommen haben, wir in der Regierung, hier zu Hause und dort draußen, unser Fraktionsvorsitzender noch hier in Bonn, bevor er in Moskau war und dann in der Sowjetunion, Verschiedene von uns haben ohne

---

3 Henry *Kissinger*, der am 22. September 1973 zum Außenminister und Nachfolger von William *Rogers* ernannt wurde.
4 Zum Vier-Mächte-Abkommen über Berlin vom 3. September 1971 vgl. die SPD-Fraktionssitzung am 21. September 1971, SVP A, online.
5 Andrej *Gromyko*.

große Absprache darauf hingewiesen, dass es richtig ist, mit dem jeweils anderen Partner zu sprechen und selbst dort, wo man mal glaubt, dass man einen etwas mehr einsetzt als den anderen, tut man gut daran, dies nicht zu plakatieren.

Also, die Gespräche mit *Gromyko* sind ganz gut gelaufen und Walter *Scheels* Gespräche, was ja vermutlich noch mehr auf die eine oder andere offene Frage hingeht, Walter *Scheels* Gespräche mit dem tschechischen Außenminister[6], Gespräche von dem gesucht zu diesem Thema, und mit dem polnischen Außenminister[7] haben auf dem eben angedeuteten Gebiet einen günstigen Verlauf genommen. Wir sind also insgesamt, was diese Problematik angeht, nicht mit Überoptimismus, aber mit einer ganz ausbalancierten Gesprächsbilanz zurückgekommen, und die Dinge werden ihren Gang nehmen, einmal auf die Hauptstadt bezogen, in der noch ein Vertrag zu unterzeichnen ist, dann auf zwei andere Hauptstädte bezogen, die Ende Oktober und im November der Außenminister, nämlich Warschau und Moskau, besuchen wird, dabei auch eine Weiterentwicklung von Unterhaltungen über die Art der wirtschaftlichen Beziehungen mit diesen Staaten. Eine schwierige Problematik, wie jeder weiß, aber eine, bei der wir dann auch sehr mühsam im Kreis der Regierung Fortschritte erzielen. Das ist also dieser Komplex.

Ich bin dann noch ganz kurz in Washington gewesen – nach einem Ausflug in eine andere, auch nicht ganz kleine Stadt in den Vereinigten Staaten, die früher durch die Schlachthöfe bekannt war, die es aber seit dem Ende des Zweiten Weltkrieges nicht mehr gibt, und mit sehr starkem Interesse an, ich will das hier mal erwähnen, für mich war das insofern eine Überraschung, wenn dort die außenpolitische Gesellschaft einlädt an einem Nachmittag zu einem Vortrag über westeuropäische-amerikanische Verhältnisse, dann saßen dort 3 000 Leute im Saal und 4 000 andere haben keine Karten bekommen vorher.[8] Das ist ein nicht geringes Interesse an Fragen, von denen man früher glaubte, sie seien im mittleren Westen vielleicht gar nicht so aktuell. Hab' noch einen kurzen Abstecher nach Colorado gemacht, wo ich früher nie war, auch um ein Institut mit gründen zu helfen, das in Berlin sich entfalten wird[9], und bin dann kurz in Washington gewesen am Sonnabendvormittag und -nachmittag, weil *Nixon* mich zu sprechen wünschte. Der hat zwar auch, wie man aus der Zeitung lesen kann, sich dort an Ort und Stelle noch mehr überzeugen kann, hat auch noch andere Sorgen, als mit uns zu reden oder darüber nachzudenken, ob und wann er in diesen Teil der Welt kommt, aber es war der Zeitpunkt für eine Unterhaltung mit ihm, mit seinem Außenminister, seinem Verteidigungsminister[10], übrigens auch mit Mike *Mansfield*, dem Mehrheitsführer im Senat, der, wenn er auch seine eigenen Auffassungen hat über das Ausmaß des amerikanischen Engagements, in ungewöhnlich nachhaltiger Weise betont hat in meiner Gegenwart, dass er die Zusammenarbeit im Bündnis, im Atlantischen Bündnis, als die außenpolitische Priorität Nr. 1 der Vereinigten Staaten sieht. Das ist nicht jedem Zeitungsleser hier so geläufig, dass das bei allen sonstigen Meinungsverschiedenheiten über die konkrete Ausgestaltung des Bündnisses so gilt.

Also – wir haben im Wesentlichen gesprochen dort in diesen beiden Unterhaltungen über die beiden Dokumente, die im Augenblick ausgearbeitet werden zwischen den

---

6 Bohuslav *Chňoupek*, seit 1971 Außenminister der Tschechoslowakei.
7 Stefan *Olszowski*.
8 *Brandt* besuchte die Vereinigten Staaten vom 23. bis zum 30. September 1973. Nach seinem Besuch in Washington, D. C., wo er mit US-Präsident *Nixon* und Außenminister *Kissinger* sprach, hielt der Bundeskanzler vor dem »Council on Foreign Relations« in Chicago eine Rede.
9 Gemeint ist Colorado Springs, wo das Aspen-Institut eine Tagungsstätte unterhielt. Eine Zweigstelle des Aspen-Institutes wurde 1974 in Berlin eröffnet. Vgl. HARPPRECHT, Klaus: Schräges Licht: Erinnerungen ans Überleben und Leben, Frankfurt a. M. 2014, S. 488.
10 Elliot L. *Richardson*.

Amerikanern und uns. Also das, was abgeleitet worden ist aus dem, was [...]¹¹ unter dem vielleicht nicht besonders glücklichen Schlagwort neue Atlantik-Charta, in Gang gekommen ist. Das eine ist ein Dokument, das dann irgendwann Ende dieses Jahres oder Anfang nächsten Jahres in einer bestimmten Form verabschiedet wird, in dem die Ziele und Aufgaben des Atlantischen Bündnisses bestätigt oder auf dem einen und anderen Gebiet auch neu beschrieben werden sollen. Daran arbeitet man. Das betrifft dann also die beiden nordamerikanischen Staaten und die europäischen Mitgliedstaaten der Allianz.

Das, was noch schwieriger ist, weil man damit Neuland betritt – daran wird auch gearbeitet –, das ist eine Beschreibung der künftigen Beziehungen zwischen den neun Staaten der Europäischen Gemeinschaft oder zwischen der Gemeinschaft als dieser, jener Gemeinschaft, aus der eine Union werden soll, und den Vereinigten Staaten, dabei dann in erster Linie Wirtschaft, Währung und so weiter, aber auch bestimmte Elemente der politischen Relation zwischen diesen beiden großen Gebilden, die Partner und Konkurrenten zu gleicher Zeit sind. Da haben die Außenminister der neun neulich in Kopenhagen einen Entwurf gemacht für eine Erklärung.¹² Kopenhagen deshalb, weil die Dänen gegenwärtig den Vorsitz haben. Am Sonnabend haben die zuständigen hohen Beamten in New York gesessen, die der neun, und zwei oder drei aus Washington dabei, das geht jetzt Mitte Oktober weiter in Kopenhagen, erst die Westeuropäer unter sich, dann mit den Amerikanern dabei. Ich kenne inzwischen den für die Texte der Sitzung vom Sonnabend, also mit den amerikanischen Anregungen, da bleibt noch eine ganze Menge zu erörtern, aber man wird sich auf dieser oder in dieser Richtung fortentwickeln.

Gleichzeitig haben wir natürlich nicht nur über »Utsichten« gesprochen, wie die Hamburger sagen, sondern auch über »Tacheles«, wie die Araber sagen, nämlich über die Frage, wie die Amerikaner in Europa sind und bleiben werden, denn da hat es in der zweiten Hälfte der vergangenen Woche zahlreiche und einander zum Teil widersprechende Beschlüsse des amerikanischen Senats gegeben über Truppenverkürzungen, Beschlüsse, die überwiegend empfehlenden Charakter haben, die nicht bindend sind und gleichwohl ihre Bedeutung haben. Für diese Runde, die jetzt vor uns liegt, gibt es keine Veränderung in der Position der Regierung als dessen, was wir Regierung nennen, dessen, was man dort Administration nennt, weil ja im amerikanischen Wortsinn Regierung – Government – das zusammen ist, was bei uns Legislative und Exekutive bedeutet. Die Amerikaner weisen natürlich mit einem gewissen Nachdruck darauf hin, die amerikanische Regierung in unserem Sinne, in unserem Wortsinne, dass sie den Empfehlungen des Senats auch schon deshalb nicht folgen können und nicht folgen wollen, weil sie sonst den anstehenden Verhandlungen in Wien über beiderseitige und, wie wir in NATO-Terminologie sagen, ausgewogene Truppenreduzierung¹³ den Boden entziehen würden.

---

11 Vom Bearbeiter gestrichen. Auf dem Tonband zu hören: »man«.
12 Am 10. und 11. September 1973 trafen sich die Außenminister der EG in Kopenhagen, um über ihr Verhältnis zu den USA, die geplante Konferenz über Sicherheit und Zusammenarbeit in Europa und den Nahost-Konflikt zu diskutieren. Vgl. EUROPA-ARCHIV 1973, Z 199 f. – Vgl. dazu auch die Regierungserklärung von Außenminister *Scheel* am 13. September 1973; BT Plenarprotokoll 07/48, S. 2741–2745.
13 Gemeint sind die »Verhandlungen über die gegenseitige Verminderung von Streitkräften und Rüstungen und damit zusammenhängende Maßnahmen in Europa« (MBFR), die am 30. Oktober 1973 in Wien begannen.

Trotzdem, einfach wird das alles nicht, denn die Vorstellungen, sagen wir mal, teils von *Mansfield*, dann sehr viel abgeschwächter von *Humphrey*[14], der sagt, das, was wir zurücknehmen, können wir ja alles aus Asien wegnehmen und können in Europa so bleiben im Wesentlichen, wie es ist, Stabstrompeter könnten sie allerdings auch von hier wegnehmen, meint er und einige andere, aber da kommt dann rein eine für mich zunächst schwer verständliche Operation des auch sonst sehr aktiven Senator *Jackson*, der dem Präsidenten auch deswegen große Sorgen macht, weil er die Freigabe des Handels mit der Sowjetunion unter annehmbaren Bedingungen abhängig macht von bestimmten Leistungen der Sowjetunion auf humanitärem Gebiet, Leistungen, von denen *Kissinger* sagt, die kriegt er besser auf andere Weise hin {...} wenn man die Handelspolitik macht, also wenn man die auf diese Weise eng und stur koppelt.

Dieser erwähnte Senator *Jackson*, der ein nicht unbedeutender Mann ist, der den Staat Washington vertritt und neben seinem Staat auch ein gutes Stück Rüstungsindustrie, einfach weil die Leute bei ihm wohnen und ihr Brot verdienen, der sagt, man soll die Truppen in Westeuropa, das heißt dann eben konkret in Deutschland, um so viele Prozente senken, wie die betroffenen Westeuropäer, die Deutschen, das Offset-Begehren nicht erfüllen, das heißt, wenn ein hundertprozentiges Offset-Begehren, also Zahlungsausgleichs-, Währungsausgleichsbegehren, nur zu 80 Prozent erfüllt werde, dann solle man die Truppen um 20 Prozent zurücknehmen, 75 bis 25. Wir haben also ein bisschen uns lustig gemacht über diese Konstruktion, obgleich mir gar nicht zum Lachen zumute war, und haben gesagt, was würde nun passieren, wenn wir 110 Prozent ausglichen, dann sollte wohl die Folge sein, dass sie uns noch zehn Prozent mehr Truppen herschicken würden. Dies ist aber nicht bestätigt worden, möchte ich den Verteidigern hier und den Haushaltsexperten oder Finanzexperten gleichermaßen sagen.

Noch eine Bemerkung, liebe Genossen, was die Weiterverfolgung der Dinge im Kreise der neun angeht[15]. Ich sag' hierzu ein paar erläuternde mehr auch deswegen, weil sie morgen vom Außenminister in der Erklärung der Bundesregierung behandelt werden, aber natürlich ohne die, sagen wir mal, etwas erläuternden oder leichteren Nebenbemerkungen, die man sich hier in der Fraktion dazu leisten kann. Wir haben noch am Sonnabend abend, ich selbst bei einem Zwischenaufenthalt in New York den Vorsitz führenden Außenminister, das ist unser sozialdemokratischer Genosse K. B. *Andersen*, der frühere dänische Parteisekretär, diesen voll ins Bild gesetzt über den Stand unserer Überlegungen mit den Amerikanern. Ich habe gestern jemand in Paris gehabt, oder der Außenminister hat jemand dagehabt, aber von mir hat er dann auch um persönliche Unterrichtung für den Präsidenten der Französischen Republik mitgehabt. Ich bin nicht deswegen, sondern weil das seit Wochen verabredet war, zum Wochenende in Chequers[16], um mit den Engländern zu sprechen[17]. Wir versuchen also hier, die Dinge in vernünftiger Weise weiterzubringen. Und es wird vielleicht auch der eine oder andere bemerkt haben, dass *Pompidou* auf seiner Pressekonferenz am letzten Donnerstag nicht das bestätigt hat, was hier manche den Sommer über an Verrücktheiten in die Welt gesetzt hatten, in Paris und anderswo, sondern dass er sich in nicht nur sehr sachlicher, sondern auch in sehr freundschaftlicher Weise geäußert hat über das vertrauensvolle Verhältnis, das zwischen den beiden Regierungen, und auch ganz persönlich bezogen auf den Prä-

---

14 Ehemaliger Vizepräsident unter Lyndon B. *Johnson*, seit 1971 Senator von Minnesota, Demokratische Partei.
15 Gemeint sind die neun Mitgliedsstaaten der EG.
16 Offizieller Landsitz des britischen Premierministers.
17 Bundeskanzler *Brandt* hielt sich am 6. und 7. Oktober 1973 zu Gesprächen in Großbritannien auf.

sidenten und den Bundeskanzler zugeschnitten, besteht und dass wir das weiterentwickeln wollen und so ist das auch.

Es bleiben nun zwei nicht unwichtige Probleme, liebe Genossen. Wenn ihr an die Problematik dessen zurückdenkt, was *Kissinger* damals im Frühjahr unter dem, ich sage noch einmal, irreführenden oder missverständlichen Titel einer neuen Atlantik-Charta behandelt hatte, ein Teil der Thematik wird abgedeckt durch das, was in der NATO jetzt besprochen wird, ein anderer Teil durch neun plus USA. Was übrig bleibt, ist das Verhältnis zu anderen großen Industriemächten. Deshalb war es kein Zufall, dass Walter *Scheel* jetzt den Besuch in Kanada gemacht hat, weil wir, so wie wir eine Deklaration brauchen oder wie auch immer, 'ne Beschreibung der Politik zwischen den neun und den USA, so brauchen wir es auch mit Kanada. Für die Amerikaner mit dem etwas schmerzhaften Eingeständnis verbunden, dass sie für diese Vorgänge nicht der archimedische Punkt sind. Das stellt sich auch bei Japan heraus. Japan passt nicht rein in ein NATO-Dokument und Japan passt auch nicht rein in ein Dokument über das künftige Verhältnis zwischen den neun und den USA, sondern Japan muss sein Verhältnis zu den USA einerseits und zu den neun in Europa andererseits beschreiben und dann gibt es Situationen, wie jetzt bei den GATT-Besprechungen[18] oder da, wo Helmut [*Schmidt*] war in der vergangenen Woche, in Nairobi, Reform des Weltwährungssystems[19], wo die erwähnten großen Industriemächte der nichtkommunistischen Welt aufeinander angewiesen sind und sich bemühen müssen, gemeinsame Positionen zu erarbeiten.

Darf ich dann, da ich ohnehin das Wort habe, gleich ein paar Bemerkungen machen, liebe Genossen, die sich beziehen auf die Aufgeregtheiten der letzten Woche in Verbindung mit dem, was man Ostpolitik genannt hat. Ich knüpfe hier an an eine Unterhaltung an, die wir im Präsidium der Partei heute Vormittag gehabt haben und die wir heute Mittag im Kreis der Koalition, wie wir das dienstags mittags durchzuführen pflegen, gehabt haben. Mir liegt zunächst einmal daran, auch ohne dass ich an solchen Unterhaltungen teilgehabt hätte, einiges vor der Fraktion sehr nachdrücklich zurückzuweisen. Ich war ja selbst nicht da, sondern hab' dann erst zum Wochenende wieder eingefangen, was alles im Gange war. Ich muss sehr nachdrücklich zurückweisen zunächst einmal eine üble Kampagne, die auf Verdrehungen und Verdächtigungen aufgebaut wurde, einschließlich der Unterstellung, es gebe nicht bekanntgemachte Vertragsteile oder Nebenverträge mit der Sowjetunion, die dieses oder jenes Verhalten herausforderten oder zweckmäßig erscheinen ließen. Dies ist eine einfache Verleumdung und eine Irreführung der Öffentlichkeit und die muss als solche zurückgewiesen werden.

Ebenso muss zurückgewiesen werden der heuchlerische Versuch, der ja immer wieder in den letzten acht oder zehn Tagen unternommen worden ist, die eigentlichen Gegner, um nicht zu sagen Feinde, der Regierungspolitik als deren Verteidiger erscheinen zu lassen. Und drittens müssen zurückgewiesen werden Manöver, die darauf angelegt waren oder sind, Zwietracht zwischen den Koalitionspartnern zu säen. Ich kann der Fraktion hier sagen, darum erwähnte ich vorweg das Koalitionsgespräch, dass die führenden Vertreter der beiden Parteien und Fraktionen und ihre Repräsentanten in der Regierung nicht gesonnen sind, auf ein solches Manöver anderer einzugehen, dass sie sich nicht auseinanderdividieren lassen werden. Dies, was den Punkt Zurückweisung oder Zurechtrücken angeht.

---

18 Die GATT-Ministerkonferenz fand vom 12. bis zum 14. September 1973 in Tokio statt.
19 In Nairobi fand vom 24. bis zum 28. September 1973 die Jahrestagung des Internationalen Währungsfonds und der Weltbank statt. Eines der Hauptthemen war die Reform des Weltwährungssystems. Vgl. EUROPA-ARCHIV 1973, Z 210. – Vgl. auch die Äußerungen von Finanzminister *Schmidt* im vorliegenden Protokoll (SVP E).

Dann möchte ich drei Feststellungen treffen, bei denen mir daran liegt, dass sie auch festgehalten werden für die, die unseren Überlegungen draußen folgen. Die eine ist die, dass die Bundesregierung mit Nachdruck und Entschlossenheit bei ihrer Außenpolitik bleibt, wie sie in der Regierungserklärung formuliert[20], seitdem mehrfach vor dem Bundestag dargelegt wurde und wie sie von dem zuständigen Bundesminister des Auswärtigen durchgeführt wird. Zweitens, es gab und gibt keine Veranlassung, die Vertragspolitik – ich hab' eben von der Außenpolitik ganz allgemein gesprochen –, die Vertragspolitik, auf die Sowjetunion und andere Partnerstaaten des Warschauer Paktes bezogen, in Zweifel zu ziehen oder zu vermuten, die Regierung wolle die Verträge verkümmern lassen oder wolle sich nicht streng an die geschlossenen Verträge halten. Wir wollen uns streng an sie halten und wir wollen sie mit Leben erfüllen und wünschen, dass die jeweiligen Partner, wir und der jeweilige Partner, aufeinander zugehen bei der Erfüllung und Durchführung dieser Verträge. Und drittens, es gab und gibt keine Veranlassung, daran zu zweifeln, dass die Bundesregierung Buchstaben und Geist, Wortlaut und Geist des Vier-Mächte-Abkommens über Berlin als wesentliches Element ihrer eigenen Politik betrachtet. Da müsste man dann, wenn ich ganz korrekt wäre, müsste ich sagen, des Vier-Mächte-Abkommens und der dazugehörigen Abmachungen kompetenter deutscher Stellen, wissen wir ja alle hier, was damit gemeint ist. Wir hatten und haben weder die Absicht, unsere Rechte und Möglichkeiten aus diesem Abkommen zu überziehen, noch haben wir die Absicht, es bei anderen durchgehen zu lassen, wenn sie sich ihrer Pflichten aus diesem Abkommen entziehen wollen.[21]

Das ist die Position, die wir zu diesen Fragen einnehmen, und ich darf sie vielleicht ergänzen noch mit einmal der Unterstreichung des Eindrucks, den ich vorhin wiedergegeben habe. Der Eindruck ist also, so schwierig das alles bleibt, es ist nicht unbeweglich, und ich sehe voraus, dass auf den Gebieten, wie ich es vorhin andeutete, mit der einen Hauptstadt nach der anderen sachlichen Lösungen gefunden werden, und glaube, dass dabei das helfen kann, was gerade auch in der vergangenen Woche in der Sowjetunion, oder bis zum gestrigen Tage, besprochen worden ist. Ich denke, es gibt unter uns Sozialdemokraten im Allgemeinen und grade auch unter uns, die in der Führung von Partei und Fraktion stehen, keine Meinungsverschiedenheit darüber, dass wir miteinander auf der Hut sind gegenüber Kräften in unserem Land, die die Entwicklung zurückdrehen möchten oder die zu einer alten Politik im Gewand neuer Verträge möglicherweise kommen möchten, und wir sind auch der Meinung, ich deutete es an, dass wir in den schwierigen Fragen der wirtschaftlichen Kooperation, also das ist etwas mehr als traditioneller Handel, zu produktiven Lösungen kommen müssen. Wir haben übrigens vor der Sommerpause dies einmal schon besprochen unter einigen derer, die auch in diesem Raum sind, und sind nach der Sommerpause in Ressortbesprechungen, die noch mühsam sind, aber nicht deswegen, weil es bösen Willen gibt bei dem einen oder dem andern, sondern weil wir von der Sache her das ganz sorgfältig abklopfen müssen, und

---

20 Zur ersten Regierungserklärung von Bundeskanzler *Brandt* am 18. Januar 1973 vgl. BT Plenarprotokoll 07/7, S. 121–134.
21 Bundeskanzler *Brandt* wandte sich hier gegen den Fraktionsvorsitzenden *Wehner*, der während seines Besuchs in Moskau erklärt hatte, dass die Bundesregierung in Fragen der konsularischen Vertretung von Berlin (West) durch die Bundesrepublik »überzogen« habe. Berlin (West), so *Wehner* vor Journalisten in Moskau, müsse nicht in jedes internationale Abkommen einbezogen werden, dies würde auch dem Geist des Vier-Mächte-Abkommens über Berlin widersprechen. Zu den Aussagen *Wehners* vgl. bspw. den Artikel »Krach um Wehners Alleingang in Moskau«; »Süddeutsche Zeitung« vom 27. September 1973, S. 1 und S. 2. – Konkret umstritten zwischen der Bundesrepublik, der UdSSR und der DDR war beispielsweise, ob das neu zu gründende Umweltbundesamt seinen Sitz in Berlin (West) haben durfte.

schließlich bin ich ganz sicher, dass wir alle miteinander einen Vorteil davon haben, wenn wir ohne Überstürzung, ohne Hektik und ohne dass dies erscheint wie eine bloße Reaktion auf die Angriffe anderer, wenn wir in den nächsten Wochen in aller Ruhe das auswerten, was sich aus den Gesprächen dieser Wochen und Tage ergeben hat, in einem nicht zu großen Kreis der daran Interessierten und der hierfür Sachkundigen in Fraktion und Partei, um das, was davon dann wichtig genug und dringlich genug erscheint, einzuführen in die Arbeit der Koalition und damit der Regierung. Ich danke für die Aufmerksamkeit.

(Beifall.)

[B.]

Wehner: Danke. Wer wünscht das Wort? Keine Wortmeldungen. Zum Punkt 2, Genossen, der Tagesordnung. Als ich, bevor ich mit dieser Bundestagsdelegation nach Moskau reiste[22], mit den Genossen, die Geschäftsführer und stellvertretende Vorsitzende sind, besprach, was wir in der heutigen Fraktionssitzung zu behandeln hätten, da war ich davon ausgegangen, dass ich heute eigentlich Kunde geben wollte von einem Bericht, den *Krockert* mir zusammen mit zwei anderen Genossen am 19.9. gegeben hat mit Vorstellungen über Arbeitsweisen und Arbeitsgruppen, und ich wollte sie dann selbst auch in ihrer eigenen Darstellung das ausführen lassen und diskutieren lassen, und ferner wollte ich mich zu einer Sache äußern, die ich schon einmal vor einigen Wochen kurz erwähnt hatte, als mir die Unterlagen noch gar nicht vorlagen, sondern nur die Mitteilung darüber, nämlich die Mitteilung darüber, dass eine Reihe von Mitgliedern unserer Fraktion eine großangelegte Unterschriftenaktion »Demokratische Aktion« durch ihre Unterschrift unterstützt haben. Ich bekam dann danach erst die Unterlage, das sind über 70, die zusammen mit Abgeordneten der FDP und mit vielen anderen dann eine solche Aktion für eine als »Initiative *Slotta*« angekündigte Initiative hier verbreitet haben.[23] Sie hat dann auch schon einiges in der Presse hervorgerufen. Beide Dinge bedürften bestimmt sachlicher gründlicher Diskussion, und ich muss deshalb unter dem Eindruck des eben gegebenen Berichtes und der Tatsache, dass ich wohl einiges über diese Moskau-Delegation sagen will und soll, darum bitten, dass wir die nächste Gelegenheit zur Behandlung dieser beiden von mir genannten Fragenkomplexe wählen, sie nicht zu lange aufschieben. *Slotta* selbst ist auch krank. Ich hatte in den ganzen Wochen versucht, mit ihm in Fühlung zu kommen, aber er war krankgemeldet.

Ich hatte damals auch noch eine andere Mitteilung gemacht, nämlich die, dass der Herr *Reddemann*[24] Unterschriften sammelt für eine parlamentarische Initiative zur Aufhebung des Paragraphen 353c des Strafgesetzbuches.[25] Das ist eine besonders pikante Sache, da geht es um das nachträgliche Legitimieren der Veröffentlichungen aus der Zeit des Kampfes um die Ostverträge, der »Quick«-Veröffentlichungen und aller solcher Sa-

---

22 Vgl. die Erklärung *Wehners* zu Beginn der Sitzung.
23 Der SPD-Abgeordnete *Slotta* forderte eine weitgehende Offenlegung der staatlichen Gelder, die die Vertriebenenverbände erhielten. Zudem forderte *Slotta*, eine Änderung des Vertriebenengesetzes (Paragraph 7), damit der Status des bzw. der Vertriebenen nicht weiter wie bisher vererbt werden konnte. Der »Presseausschuß Demokratische Aktion« unterstützte die Forderungen *Slottas* mit einer Unterschriftenkampagne. Zu den Unterzeichnern gehörten auch Abgeordnete der SPD- und FDP-Bundestagsfraktion. Vgl. die Pressemitteilung des »Presseausschusses Demokratische Aktion« ohne Datum (17. September 1973); AdsD, 2/BTFG000680. – In der Folge beschwerten sich etliche Vertriebenenverbände und deren Vertreter beim Fraktionsvorsitzenden über die Forderungen *Slottas*.
24 Der Abg. *Reddemann* (CDU) war von Beruf Journalist.
25 Der entsprechende Paragraph des Strafgesetzbuches stellte die »Unbefugte Weitergabe geheimer Gegenstände oder Nachrichten« unter Strafe.

Fraktionssitzung 02.10.1973 **27.**

chen, die soll durch das Aufheben dieses Paragraphen erleichtert werden.[26] Damals war mir gemeldet worden, dass einige unserer Fraktion sich schon durch seine Unterschrift dieser Initiative angeschlossen hatte. Ich hatte einige Briefe von anderen bekommen, die von dem *Reddemann* aufgefordert worden waren, weil sie, wie das Handbuch ausweise, ja vom Journalismus herkämen oder noch solche seien. Darüber ist sonst weiter nichts gesagt worden außer dem, was ich damals sagte, aber es war im selben Zusammenhang mit dieser auch erst in den Konturen erkennbaren großen Unterschriftensammlung dieser Organisation »Demokratische Aktion«.

Ich habe gesagt, dass ich darum bitte, dass wir das heute nicht machen, aber so schnell wie möglich und dass ich jetzt einiges zu der hier von Willy *Brandt* berührten Moskau-Reise zu sagen habe[27]. Diese Reise ist die Folge einer vor 17 Jahren eingetroffenen Einladung an den damaligen Bundestagspräsidenten[28] und jedes Jahr hat es eine andere Begründung dafür gegeben, dass man sie in diesem Jahr nicht machen könne, in jedem Jahr jedenfalls. Diesmal hatte die sowjetische Seite aus Höflichkeit diese Einladung erneuert und es stand nun die Frage, dass die Bundestagspräsidentin und wer noch – mein Vorschlag war gewesen die Fraktionsvorsitzenden – reisten. Schon vor der Reise war es klar, mit welchen Besonderheiten wir es zu tun haben würden, weil in einer Zusammenkunft dieser Delegation die beiden Herren von der CDU/CSU[29] natürlich gesagt haben, ehe die Bundestagspräsidentin die Treppe zum Flugzeug bestiegen haben werde, müsste sie vorher Erklärungen darüber abgeben, was dort alles besprochen wird, und dann fielen die gängigen Namen jetziger Kampagnen. Ich habe damals erklärt, ich werde mich dem nicht nur nicht anschließen, es hätte keinerlei Instrument, mit dem ich beiträge zu einer solchen konzertierten Aktion. Ich würde mich immer distanzieren und meine eigene Meinung sagen. Die Herren haben dann schließlich gesehen, als das nicht ging, und sie sagten, sie wären also frei, dort zu sagen, was sie für notwendig hielten in Bezug auf diese Namen und in Bezug auf das, was man Freizügigkeit und ähnliches nennt. Ich habe gesagt, das ist jedem unbenommen.

Nun, die Reise also, wie gesagt, fand statt. Wir sind am Montag vor einer Woche nach Moskau abgeflogen und hatten es sofort zu tun mit einem ganzen Paket von zum Teil sehr gewichtigen Gesprächen, und ich darf vorweg sagen, dass die Gesprächspartner, die uns dort zur Verfügung sich stellten, durchweg kompetente, ihrer Sache sichere und uns sehr viel auch Informationen gebende, eben nach den dortigen Methoden an die leitenden Stellen gewählten Persönlichkeiten sind. Und wir sind während der ganzen Zeit in einer Weise, die ihresgleichen sucht, von der Präsidentin der einen Kammer, des Obersten Sowjets, des Nationalitätenrates, begleitet worden, die sich in allen Angelegenheiten unserer annahm. Am Ende hat es dann noch ein Gespräch mit dem Vorsitzenden des Präsidiums des Obersten Sowjets *Podgornyj* gegeben, ein durchaus politisches, schwergewichtig gemeintes Gespräch, und ich hatte den Eindruck, dass auch die beiden Vertreter der Oppositionsparteien, die vorher sehr abschätzig darüber gesprochen hatten, ob

---

26 Die Illustrierte »Quick« hatte im August 1971 geheime Telegramme der Botschaft der Bundesrepublik in Washington D.C an das Auswärtige Amt veröffentlicht. Die CDU/CSU-Fraktion hatte bereits in der 6. Wahlperiode im Januar 1972 einen Antrag auf Streichung der Strafvorschrift eingebracht Vgl. die SPD-Fraktionssitzung am 18. Januar 1972, SVP C, online.
27 Gemeint ist die Reise von Abgeordneten, zu denen auch *Wehner* gehörte, nach Moskau. Vgl. *Wehners* Erklärung zu Beginn der Sitzung.
28 Eugen *Gerstenmeier*. – Der Oberste Sowjet lud am 4. Juli 1956 den Bundestag nach Moskau ein. Vgl. FDP-Fraktionssitzung am 11. September 1956, SVP E, online.
29 CDU/CSU-Fraktionsvorsitzender Karl *Carstens* und Richard *Stücklen*, Vorsitzender der CSU-Landesgruppe.

wir, wenn überhaupt und wenn, dann schon den *Podgornyj* kriegen werden, doch von diesem Gespräch einiges mitgenommen haben.

Die politisch sicherlich für uns schwierigsten und wichtigsten Gespräche waren die mit dem ersten stellvertretenden Außenminister *Kusnezow*, mit dem Minister für Außenhandel *Patolitschew* und dann die Gespräche mit dem Vorsitzenden des Moskauer Stadtsowjets, mit den leitenden Persönlichkeiten des Obersten Sowjets der Russischen Sozialistischen Föderativen Sowjetrepublik, das ist die größte in diesem Bundesstaat und natürlich entsprechend für die Ukraine in Kiew und für Leningrad, diese als eine große Weltstadt uns sich darbietend, auch was das Programm betraf.

Bei all diesen Gesprächen, ich komm' noch mal auf die zuerst Genannten zurück, mit *Kusnezow* und mit *Patolitschew*, handelt es sich durchaus auch um sehr subtile Fragen. Ich will das damit kennzeichnen, dass ich als erster die Frage stellte, womit es zu erklären sei, dass bei verschiedenen Gelegenheiten die Fragen der Vertretung von Berlin (West) zu Schwierigkeiten führt, und ob ich es falsch verstünde, dass die Regierung der Bundesrepublik Deutschland bei Abkommen mit anderen Staaten Berlin (West) vertreten kann, ausgenommen in den Fragen Sicherheit und Status der Stadt. Darauf hat es entsprechende Erklärungen gegeben.[30]

Entsprechend war es mit *Patolitschew*, wo mir sehr daran lag, herauszubekommen, ob er eine Meinung und welche er hat über diese Kommission, die im Verlauf der Verträge, des sowjetischen Vertrags, als eine Wirtschaftskommission gebildet worden ist[31], ob sie noch im Stadium der Klärung oder des Deklarierens oder ob sie schon im Stadium des Tätiggewordenseins sich befinde und auch ob sie von ihrer Sicht aus bremsende Elemente sehen bei den Wirtschaftsbeziehungen, etwa bei der Wirtschaft oder sonst, weil es da in seinen einleitenden Ausführungen einige Nuancen über Firmen gegeben hat, mit denen sie seit Jahren ein vertrauensvolles Zusammenwirken haben zum beidseitigen Vorteil, und anderen, von dem sie wünschten, es müsste auch bald so sein. Die sind auch genannt worden. So gingen durchweg diese Erörterungen, wobei es im Gespräch mit *Kusnezow* auch vorkam, dass er im Gegenlauf zum Beispiel den Vorgang Karlsruher Urteilsspruch zur Sprache brachte[32] und wir gesagt haben, das ist eine Frage des Innenverhältnisses der Bundesrepublik Deutschland. Die Vertreter der Oppositionsparteien, die sich, wie ich es noch nie vorher erlebt habe, dort immer als voll hinter der Regierung stehend in Fragen Berlins und der Verträge bezeichnet haben, haben dann auch gelegentlich erklärt, und natürlich im Sinne der Resolution vom 17. Mai '72[33] und des

---

30 Vgl. auch *Brandts* Äußerungen zur Kritik von *Wehner* an Teilen der Ostpolitik der Bundesregierung.

31 Im Rahmen des am 6. Juli 1972 unterzeichneten Abkommens zwischen der Bundesrepublik Deutschland und der UdSSR über den Handel und die wirtschaftliche Zusammenarbeit war eine gemischte deutsch-sowjetische Kommission von Regierungsvertretern vorgesehen, die Fragen der Entwicklung des deutsch-sowjetischen Handels diskutieren sollte. Vgl. BGBl. 1972, II, Nr. 48, S. 843 f. – Zugleich gab es eine deutsch-sowjetische Kommission für wirtschaftliche und wissenschaftlich-technische Zusammenarbeit, die erstmals am 19. April 1972 zusammentrat und in der Repräsentanten der deutschen wie der sowjetischen Wirtschaft versammelt waren. Vgl. AAPD 1972, I, Dok. 74 und Dok. 114, Anm. 12.

32 Die bayerische Staatsregierung hatte vor dem Bundesverfassungsgericht eine Normenkontrollklage gegen den Grundlagenvertrag mit der DDR angestrengt. Am 31. Juli 1973 stellten die Verfassungsrichter jedoch fest, dass der Vertrag mit dem Grundgesetz vereinbar sei. Zum Urteilstext vgl. BVerfGE 36, Nr. 1.

33 Gemeint ist der am 17. Mai 1972 zusammen mit dem Warschauer und Moskauer Vertrag verabschiedete Entschließungsantrag aller Fraktionen des Bundestags zur deutschen Einheit. Vgl. dazu BT Plenarprotokoll 06/187, S. 10941–10943.

Karlsruher Spruches, so dass damit die Möglichkeit sozusagen des Innenverhältnisses sehr abgestützt wurde im Verständnis der Gesprächspartnerseite.

Es hat dort keine Behandlung von Fragen, die andere Staaten, mit denen wir Verbindung haben, etwa ČSSR, Polen, von denen aus gegeben und entsprechend auch nicht von uns aus, sondern wir haben deutlich zu machen versucht, was den Vorsitzenden der FDP[34] und was mich betrifft, deutlich zu machen versucht, dass wir das Ganze als ein System von Bezügen, multilaterale Sache eigentlich ansehen, diese Verträge mit Moskau, mit Warschau, mit ČSSR, das Vier-Mächte-Berlin-Abkommen und andere Sachen, die noch bevorstehen. Ich sage das deshalb, weil mir heute noch gesagt worden ist, ich hätte dort die bevorstehenden Erörterungen und Verhandlungen, die hier amtlicherseits mit der ČSSR geführt werden sollen und werden, über das In-Gang-Bringen zunächst einmal durch die Absage des Unterzeichnungsaktes, soll glaube ich am 6. September gewesen sein, entstanden sind, erschwert worden seien durch meine Bemerkungen.[35] Ich selbst habe in diesem Interview, das ich gestern aus dem Stand dem ARD-Vertreter in Moskau gegeben habe, mich bezogen auf das, was ich am 14. September im »Bericht aus Bonn«, der nachlesbar ist, im Fernsehen und am 22. in einem Interview mit dem Norddeutschen Rundfunk, dem Herrn *Kellermeier*, auch nachlesbar ist, gesagt habe und da steht zum Beispiel darin, dass es ganz undenkbar für uns wäre, in Moskau über die ČSSR zu sprechen.[36] Also habe ich mich daran gehalten und wer mir diesen Vorwurf macht, sitzt einer Information auf, wie sie hier Gang und Gäbe und marktgängig sind und wovon wir leben. Dasselbe trifft andere Staaten, mit denen wir Beziehungen haben, zumindest, was das Berlin-Abkommen betrifft, so war meine Auffassung und ist sie geblieben, es kommt darauf an, es nach Buchstaben und Geist einzuhalten und dass die vier Signatarmächte, wenn es irgendwo einmal nicht in Ordnung gehen sollte oder es Auslegungsunterschiede gibt, sich dazu zu äußern hätten. Ich habe nicht einmal vom Anrufen des Konsultationsmechanismus gesprochen, sondern das sei eine Sache der Vier, auch vorher.

Nun, damit komme ich schon zu den Feststellungen, die damit begannen, dass man hier gemeldet hat, ich hätte mich zu geheimen Gesprächen von der Delegation entfernt. Wahr ist, dass ich dort gefragt worden bin, wie jeder andere auch gefragt worden ist, ob er bestimmte Interessen hat, ob ich bereit wäre, an einem informativen und interpretierenden Gespräch teilzunehmen, das dann auch der politischen Führung dazu dienen würde, ihre Meinung zu bilden. Ich habe gesagt, ja, wenn sie das für wichtig halten, bin ich dazu bereit. Das Gespräch fand am Dienstag statt mit *Sagladin*, dem Stellvertretenden Leiter der zuständigen Kommission beim Zentralkomitee der dortigen Regierungspartei und hatte dann faktisch seine Fortsetzung in einem Gespräch, über das heute Morgen die »Prawda« kurz, wie es bei denen üblich ist, festgestellt hat, dass ich von *Ponomarjow* empfangen worden bin zu einem längeren Gespräch. Der ist in dieser

---

34 Walter *Scheel*.
35 Der Vertrag über die gegenseitigen Beziehungen zwischen der Tschechoslowakei und der Bundesrepublik war am 20. Juni 1973 paraphiert worden. Für den Wortlaut vgl. BULLETIN 1973, Nr. 76 vom 21. Juni 1973, S. 757f. Die Unterzeichnung durch die Regierungschefs und Außenminister beider Länder fand am 11. Dezember 1973 in Prag statt. Umstritten war vor allem der enthaltene Passus zur Nichtigkeit des Münchner Abkommens, der nicht klärte, ob das Abkommen von Beginn an nichtig war oder erst mit Abschluss des Vertrages. Beide Seiten einigten sich darauf, dass problematische Fragen der Entschädigung oder der Rechte deutscher Vertriebener ausgeklammert werden sollte.
36 *Wehner* hatte im »Bericht aus Bonn« am 14. September 1973 erklärt, dass das Berlin-Abkommen in den Verhandlungen mit der Tschechoslowakei überstrapaziert worden sei und dass es auf deutscher Seite an Fingerspitzengefühl gefehlt habe. Vgl. RUPPS, Martin: Troika wider Willen. Wie Brandt, Wehner und Schmidt die Republik regieren, Berlin 2004, S. 199f.

Eigenschaft der Vorsitzende des Ausschusses für internationale und auswärtige Beziehungen des Nationalitätenrats und ist außerdem Mitglied des Zentralkomitees und Kandidat des Politbüros und dort zuständig für solche Erörterungen.

Ich habe außerdem ein Informationsgespräch geführt, auf dessen Wunsch, mit dem ersten stellvertretenden Chefredakteur des Regierungsblattes »Iswestjia«, das dann auch noch einmal fortgesetzt worden ist, und dem es sicher zu verdanken ist, dass er sich einmal informativ mit den uns begleitenden oder mit uns gereisten Journalisten beschäftigt und ihnen Informationen gegeben hat. Dass wir mit *Podgornyj* einander gegenübersitzen konnten, was von Anfang an nicht feststand, ist sicher auch ein Ergebnis dieser von der anderen Seite begriffenen Notwendigkeit, dass wir ernsthafte politische Gespräche führen und dabei Rede und Antwort einander abwechseln. Dass wir in den Unionsrepubliken, also in Kiew oder in dieser großen anderen Stadt Leningrad oder bei den Erörterungen mit RSFSR-Sowjet und Mossowjet natürlich vor allen Dingen deren Probleme, zum Beispiel Probleme einer Stadt wie Moskau, die jetzt acht Millionen zählt und wenn's geht, nicht mehr haben will, war interessant natürlich herauszubekommen, wie sie das verhindern wollen angesichts der bei ihnen noch bevorstehenden Olympischen Spiele und dessen[37], was man da aus Erfahrung weiß.

Also das waren jedenfalls Gespräche, die es alle verdienen auf einen Kreis, der sich {…} Wir alle wären überfordert, ich wäre selbst überfordert, mithilfe meiner vielen Notizen, ich habe mitstenographiert, das hier darlegen zu wollen. Es waren hochrangige Gesprächspartner. Es waren höfliche Gesprächspartner, das ist ja nicht alltäglich. Und wir lernten bei der Gelegenheit auch, im Umgang mit ihnen und bei vielen anderen Begegnungen, die Tatsache kennen, dass man sich dort relativ frei miteinander ausspricht und auch einander Dinge sagt, in denen man unterschiedlicher Meinung ist, um herauszufinden, ob es dann Übereinstimmungen geben könnte. Bei diesen Gesprächen, von denen ich vorhin sprach, war die Ausgangsfrage, ob sie es richtig sehen, dass wir seinerzeit unter sehr viel schwierigeren Bedingungen als denen, die wir jetzt im Parlament und in der Regierung unterzogen sind, viel entschiedener und viel intensiver die Verträge durchgekämmt und zur Ratifikation gebracht haben als nun, wo wir unter leichteren Bedingungen tätig sind, wo man Eindruck hätte, dass das ein wenig nachgelassen hätte. Das heißt, es gab einen Anlass, die Situation zu erörtern, und allerdings, daraus habe ich nie einen Hehl gemacht, dass es meine Auffassung ist, mag sein, dass die, plump gesagt, dass ich, soweit ich kann, verhüten möchte, dass diejenigen, die Gegner und in manchen Fällen muss man sogar sagen Feinde der Verträge gewesen sind, jetzt den Takt dafür angeben wollen und möchten, was aus diesen Verträgen werden soll.

(Beifall.)

Diese Haltung halte ich unter gar keinen Umständen für einen Dolchstoß als, wie man mir sagte, Reaktion auf meine Äußerungen. Ich habe damals in einem kurzen Fernsehfrage- und Antwortspiel gesagt, die Begriffe Dolchstoß und Reaktion seien mir aus der Geschichte der letzten Jahrzehnte Deutschlands sowieso als sehr verbunden bekannt. Aber das ist ein Wortspiel.

Was wichtig war, was sie wichtig fanden und was sie uns wohl auch bewusst machen wollten, nun alle sind doch dabei, die westeuropäischen Länder außer der Bundesrepublik, die großen Vereinigten Staaten von Amerika sind doch dabei, das ist eine Weltpolitik mit langer großer Perspektive, den Frieden zu sichern und dann kommen also auch dabei die wirtschaftlichen Erwartungen, wobei uns eben deutlich zu machen versucht worden ist, dass es für uns dort keinen Logenplatz oder Sperrsitz gibt, weil wir Verträge

---

[37] Die Olympischen Sommerspiele fanden 1980 in Moskau statt.

| Fraktionssitzung | 02.10.1973 **27.** |

abgeschlossen haben. Man nimmt aber an, wir müssten eigentlich auch interessiert sein zum beiderseitigen Vorteil und dann wird deutlich gemacht in der unverbrämten {...} Sprache von *Patolitschew*, mit welchem großen amerikanischen Konzern sie gerade ein Viereinhalb-Milliarden-Abkommen getroffenen haben, das in der Woche nach unserer Ankunft, und wir haben es gestern erlebt, als diese über 80 Köpfe starke amerikanische USA-Delegation mit dem Minister *Shultz* an der Spitze zu langen Verhandlungen und Abkommenserörterungen dort eingetroffen ist und das Hotel inzwischen nun belegt hat[38]; oder dass große italienische Abschlüsse sind und manche andere mehr. Oder dass sie ins Gespräch bringen, nicht um uns zu locken, aber um deutlich zu machen, sie sind vielseitig engagiert, dass zum Beispiel ihre großen Kupfervorkommen im Fernen Osten, dass sie interessiert daran seien, dass auch mit denen etwas geschehe und dass sich dafür Amerikaner und Japaner interessieren und sie seien mit denen ins Geschäft darüber gekommen. Es handelt sich dabei um Kupfervorkommen, von denen sie sagen, die schädigen uns nicht, warum sollen sie liegen, das dient dem Austausch, das dient dem Verkehr, das dient dem beiderseitigen Vorteil und außerdem haben wir genügend an anderen Stellen Kupfervorkommen, die wir für unsere eigenen Zwecke und auch den Export gebrauchen können, für lange Zeit noch.

Das heißt sehr realistisch, sehr nüchtern, aber natürlich werbend, werbend, ohne dabei in den Ton zu verfallen, dass sie es nötig hätten, was bei uns ja manchmal so ausgelegt wird, sie täten alles das nur, weil sie wirtschaftlich sozusagen japsen müssten und nicht mehr recht weiterkommen. Das ist eine ganz andere Stimmung, als es etwa sich mit dem Namen *Chruschtschow* verbindet, der ja große Anstrengungen gemacht hat, nun also Lebensstandard und an den Amerikanern vorbei sie zu erreichen. Sie machen das anders. Worauf es hinauskommt, ist auch, dass sie die Notwendigkeit fühlen in den nächsten Jahren, in zehn Jahren, ihren Völkern den Anteil an ihrer harten Arbeit, und darunter auch an dieser schrecklich schweren Arbeit zur Beseitigung der Kriegsschäden, von denen wir uns ja immer zu wenig einen Begriff machen und wo wir einiges auch wieder erfragt haben, dass sie denen in ihrem Volk eben mehr von ihrer Arbeit geben wollen, als sie jetzt schon haben.

Frieden ist das Entscheidende, lange Friedensperspektive und mit sehr viel konkreten Gedanken und das, was multilateral notwendig ist. Die Befürchtung, dass – ohne dass sie Furcht hätten –, aber die Befürchtung, dass zum Beispiel gewisse Kampagnen hier in Westdeutschland, nicht nur, in Westeuropa, auch die mit der zweiten Phase der Konferenz für Sicherheit und Zusammenarbeit zusammenhängen, diese eben treffen sollen, beziehungsweise dass da ein anderes Interesse im Spiel ist, als jenes Interesse, das sie hätten und sicher auch andere, auch wir wohl hätten {...} Dinge mit dieser Konferenz zweite und dritte Phase möglichst noch in diesem Jahre erfolgreich fertig werden könnte. Mit derselben Vorbehaltlosigkeit haben sie über etwas gesprochen, was sie früher im Verkehr, Gesprächsverkehr weniger von sich aus angeschnitten haben, nämlich die Wiener Verhandlungen, diese Truppenreduzierung und Rüstungsbegrenzung und diese Dinge. Bei einem genauen Durchsehen der Gesprächsthemen wird man finden, dass da eine Fülle nicht nur von Anregungen, sondern auch von Erkenntnissen, und wenn sie auch nur partiell sind, die manches ergänzen, was sie bisher nicht so oder nicht so scharf haben sehen können, dass die Reise dazu viele Möglichkeiten geboten hat.

Die »Prawda« hat heute auf der ersten Seite über das Gespräch mit *Podgornyj* berichtet, ich habe gesagt, sie haben eine ihrer üblichen Nachrichten über das Gespräch

---

38 Der US-amerikanische Finanzminister *Shultz* hielt 30. September bis zum 3. Oktober 1973 in Moskau auf, um an einer Tagung der amerikanisch-sowjetischen Handelskommission teilzunehmen. Vgl. EUROPA-ARCHIV 1973, Z 220.

Ponomarjows mit mir gebracht. Das ist bei ihnen so üblich, wenn sie etwas mit einer gewissen Bedeutung versehen wollen. Nun komme ich noch einmal zurück auf das, was das Echo genannt worden ist. Ich habe weder über das, was ich am 14. im »Bericht aus Bonn« mit *Lueg* und eingeleitet von *Nowottny* und auch von *Nowottny* noch einmal kommentiert, gesagt habe, hier ernst zu nehmende Gegenpositionen gelesen oder gehört noch zu dem, was ich am 22. im Rundfunkinterview mit dem Norddeutschen, und alles das ist vorher gesagt gewesen, alles das. Außerdem wussten die Teilnehmer, dass ich mich an keiner konzertierten Aktion beteiligen werde. Das ist jedem freigestellt, sie für sich zu führen.

Denn das muss ich noch einmal erklären, ich kann nicht, ich kann nicht daran vorbei, das hab' ich die ganze Zeit in meiner Tasche gehabt, das ist eine aus der Katholischen Nachrichtenagentur entnommene Zwei-Seiten-Darstellung wörtlich, eines derer, die sich zum Beispiel als bevollmächtigter Vertreter einiger der so oft ins Gespräch gebrachten geistig schaffenden oder wissenschaftlichen Schriftsteller bezeichnet. Der beschreibt die Lage so: »Der Wille zum Widerstand, zum Kampf ist in der jungen sowjetischen Generation vorhanden. Es wäre, so glaubt er, längst sogar zu einer innersowjetischen Revolution gekommen, wenn der Westen dem Regime nicht immer wieder geholfen hätte und weiterhin hilft. Hilfe für die Sowjetunion bedeute jeder Wirtschaftsvertrag, jedes Entgegenkommen, jede Kredithilfe. Bei den Regimekritikern begründeten diese Verträge eine tiefe Verachtung für den Westen, der sich gleichzeitig mit derartigen Manipulationen selbst unterminiert.« Ich kann mich an die Seite solcher Gedanken und ihrer Träger unter keinen Umständen stellen. Wir haben das alles schon einmal durchgemacht,

(Beifall.)

auch im engeren Verhältnis, zu einer Zeit, als vor 20 Jahren *Adenauer* in der sowjetisch besetzten Zone {...} als der eigentliche Mann mit der Politik der Stärke auch bei Leuten, die es dann anders haben sehen lernen können, gesehen wurde mit der Hoffnung auf die sogenannte Europäische Verteidigungsgemeinschaft, die ein Jahr drauf dann in Frankreich zu Grabe getragen wurde. Dass ich über Familienzusammenführung gesprochen habe, nicht in allgemeinen Tönen, weil ich weiß, dass das nichts nützt, sondern konkret mithilfe einiger Briefe, die mir Leute, die ihre Familien zusammengeführt haben wollen und es begründen und genau angeben, wie oft sie sich bemüht haben, auch ihnen gegeben und sie haben gesagt, sie wollen das wohlwollend behandeln, und zwar durch die zuständige Stelle im Obersten Sowjet. Ich habe das sowohl bei denen als auch bei diesen Parteigesprächspartnern von der sowjetischen Regierungspartei angebracht. Aber an Kampagnen habe ich mich nicht und werde ich mich nicht beteiligen. Ich bitte dafür um Verständnis. Ich danke.

Das war jetzt ein kurzer Bericht, und das ist sicher ein zu flüchtiger. Es könnte sein, dass es Fragen gibt. Ich stünde jederzeit zur Verfügung, aber wir haben hier Annemarie *Renger*, der es eigentlich zugekommen wäre, hier zu berichten. Ich habe das nur deswegen zunächst in dieser verstümmelten Form von mir aus für notwendig gehalten, weil ich ein Objekt in dieser Auseinandersetzung geworden bin.

(Beifall.)

Peter *Corterier*!

Corterier: Ich habe nach dem, was Willy *Brandt* und Herbert *Wehner* eben vorgetragen haben, den Eindruck bekommen, dass es offenbar überhaupt keine Meinungsunterschiede in der Ostpolitik zwischen dem Fraktionsvorsitzenden und der Bundesregierung oder einzelnen Mitgliedern der Regierung gibt, dass also offenbar alles, was wir in der letzten Woche gelesen haben, einen völlig falschen Eindruck hervorgerufen hat. Ich möchte gerne, dass mir dieser Eindruck bestätigt wird.

Wehner: Ich habe keinen Namen genannt, keine Adressen genannt, habe ausdrücklich erklärt, ich unterstütze voll und helfe der Politik der Regierung, wie sie ist, die meine Regierung ist. Wer anderen Leuten aufsitzt, dem kann ich nicht helfen. Das wird sich bis spätestens zur Bundespräsidentenwahl wahrscheinlich noch äußerst zuspitzen[39], die Versuchungen, denen wir unterliegen. *Sperling!*

Sperling: {...} den beiden Vorsitzenden der Koalitionsfraktionen während ihres Aufenthaltes in Moskau jederzeit und trotz und wegen der Meldungen immer gut vertreten fühlte. Das, was ich jetzt fragen möchte, betrifft einen Sachverhalt, den ich dann etwas länger schildern muss. Die Frage lautet, ob Herbert *Wehner* den Optimismus teilt, den Willy *Brandt* vorgetragen hat aufgrund von Gesprächen mit Außenministern am Rande der UNO? Und der Sachverhalt, auf den sich diese Frage nach dem hoffentlich geteilten Optimismus bezieht, ist am Beispiel der Verhandlungen mit Prag für mich deutlich geworden. Als diese Meldungen aus Moskau eintrafen, habe ich mir das Berlinabkommen noch einmal angeschaut und insbesondere den Wortlaut betreffend Personen, die ihren ständigen Wohnsitz in Berlin haben, noch einmal angeschaut. Das Abkommen hat, wie es die Regierung veröffentlicht hat, auch einen englischen Text. Dort wird von »permanent residents« gesprochen.[40] Danach war mir nicht ganz begreiflich, wie die Mitarbeiter des Auswärtigen Amtes, die ich in den Beratungen des Rechtsausschusses über die Ostverträge kennengelernt habe als sehr fähige Mitarbeiter, auf die Idee gekommen sind, dass nach diesem Berlinabkommen auch juristische Personen aus Berlin in die konsularische Vertretung einbezogen werden können. Denn wohl kann man im deutschen Wortlaut unter dem Begriff Person sowohl die juristische als auch die natürliche fassen, nicht aber nach dem englischen Text und, wie ich mir habe berichten lassen, nach dem französischen und russischen geht's auch nicht. Also, obwohl ich bestimmte Mitarbeiter des Auswärtigen Amtes als sehr fähige kennengelernt habe, ist mir noch vorstellbar, wie man darauf gekommen ist, dies dennoch gegenüber Prag zu versuchen, konsularische Vertretung auch juristischer Personen, nur mein Problem ist, wie kommen wir jetzt davon herunter?[41] Ich habe den Worten von Willy *Brandt* entnommen, dass es dort Möglichkeiten gibt. Meine Frage an Herbert *Wehner* oder an Willy *Brandt* betrifft nicht das Verhältnis etwa zu Prag, das in Moskau hätte besprochen werden können, da hat er mich beruhigt, dies ist nicht geschehen, sondern die Frage, ob man nach den Gesprächen in Moskau den Optimismus teilen kann, von dem Willy *Brandt* gesprochen hat.

Brandt (Berlin): Die letzte Frage kann ich nicht beantworten und in der ersten Frage geht's nicht um Optimismus, sondern es geht darum, dass 'ne Regierung ihre Pflicht erfüllt, und die Pflicht besteht nicht darin, ob Regierung oder Fraktion einem Abkommen eine Deutung zu geben, die zulasten deutscher Interessen oder Berliner Interessen geht, sondern das rauszuholen, was rauszuholen ist, und das werden wir erreichen.

(Beifall.)

---

39 Die Wahl des Nachfolgers von Bundespräsident *Heinemann* fand am 15. Mai 1974 statt.
40 Zum Vier-Mächte-Abkommen über Berlin vom 3. September 1971 und zum Schlussprotokoll vom 3. Juni 1972 vgl. BUNDESANZEIGER, Nr. 174 vom 15. September 1972.
41 Die Unterzeichnung des Prager Vertrags (vgl. Anm. 33) hatte sich auch deshalb verzögert, weil das Auswärtige Amt der Meinung war, dass das Vier-Mächte-Abkommen nicht nur die konsularische Betreuung von natürlichen Personen, die ihren Wohnsitz in Berlin (West) hatten, einschloss, sondern dass damit auch Westberliner Behörden und Gerichte eingeschlossen seien. Vgl. dazu AUSWÄRTIGER AUSSCHUSS 1972–1976, Dok. 16, SVP C.

[N. N.]: Annemarie *Renger*.

Renger: Liebe Genossen, nachdem Herbert *Wehner* hier so umfassenden Überblick gegeben hat, bleibt mir nur noch einiges zu sagen übrig. Diese erste Delegation des Deutschen Bundestages ist in der Sowjetunion mit außerordentlichem Interesse aufgenommen worden. Es hat noch nie eine Delegation gegeben, die auch rein pressemäßig dort in den Zeitungen so ihren Niederschlag gefunden hat. Wir haben feststellen können, ganz allgemein, dass die Bereitschaft, über alle Fragen, die uns betreffen, über die natürlich noch unterschiedliche Meinungen und auch ausgesprochene Meinungsverschiedenheiten bestehen, dass man die in ganz großer Offenheit miteinander und Freimütigkeit besprechen kann, eine Sache, die ganz sicherlich vor zwei Jahren noch nicht möglich gewesen wäre. Es ist ganz eindeutig, dass der Vertrag vom 12. August 1970[42], dieses habe ich viele Male sagen müssen, deswegen werde ich bis an mein Lebensende an dieses Datum denken, dass dieser Vertrag in der Tat eine neue Phase der deutsch-sowjetischen Beziehungen eingeleitet hat, dass wir aus diesem Vertrag und in seiner Erfüllung wirklich eine Bereitschaft gefunden haben, genau das in die Wege zu leiten, wir sind noch nicht soweit, aber genau das in die Wege zu leiten, was in dem Kommuniqué zwischen Willy *Brandt* und *Breschnew* in Oreanda dringestanden hat[43], nämlich den Versuch zu machen, neue Phase unserer Politik und in der Tat das, was ich jetzt mit einem Satz sagen möchte, den Austausch zwischen Menschen und Ideen auf den verschiedensten Gebieten, Austausch zwischen Wissenschaftlern, Technikern und so weiter wirklich durchzuführen.

Dass es dann vielleicht in der sowjetischen Auslegung zum Beispiel auch des Berlinvertrages hier offensichtlich zu einem kleinen Dissens gekommen ist in der Delegation mit Herbert *Wehner*, das braucht nur insofern erwähnt zu werden, als hier Herbert *Wehner* sehr genau, wie er es eben dargestellt hat, die Möglichkeiten der Auslegung gesagt hat und {…} dessen, wozu sich die Sowjets unter keinen Umständen verstehen können. Deswegen hat *Sperling* Recht, wenn er gesagt hat, ich als, in diesem Fall als Delegationsführerin habe mich genau auf die Grundlage des Vertrages gestellt und habe gesagt, dass er strikt auszuführen und auszufüllen ist, dass Berlin kein Land der Bundesrepublik ist und dass dieser Vertrag, der auch von niemandem, dass bei niemand die Absicht besteht, diesen Vertrag einseitig zu verändern. Dieses war mein Standpunkt immer und diesen Standpunkt konnte ich für die ganze Delegation auch bekräftigen.

Ich glaube, dass aber darüber hinaus auch festgehalten werden sollte, dass seitens der Gesprächspartner über diese Dinge hinaus immer wieder betont worden ist, dass in der Tat sie auch bei Schwierigkeiten nach Lösungen suchen, und es hat mich überzeugt, dass diese Absicht bestand, nicht nur etwa stur auf irgendeinem Standpunkt zu beharren, sondern dass man auch gerade bei Schwierigkeiten gemeinsam nach Lösungen suchen möchte. Dieses Gespräch mit Herrn *Podgornyj* hatte eine ganz besondere Note. Ich darf sagen, die anderthalb Stunden, die wir dort gewesen sind, waren außerordentlich eindrucksvoll. Wir haben alle Fragen, ich möchte es nun nicht im Einzelnen wiederholen, auch dort freimütig diskutieren können. Ich meinerseits muss sagen, dass auch die Opposition hier ihren Beitrag geleistet hat, die sowohl schwierige Fragen angesprochen hat, aber ganz eindeutig erklärt hat, soweit es die beiden Teilnehmer be-

---

42 Gemeint ist die Unterzeichnung des Moskauer Vertrags an diesem Datum. Vgl. BULLETIN 1970, Nr. 109 vom 17. August 1970, S. 1094. Zur Vertragsunterzeichnung in Moskau vgl. auch AAPD 1970, II, Dok. 387–390.
43 Gemeint ist das Treffen von Bundeskanzler *Brandt* mit dem Generalsekretär der KPdSU, *Breschnew*, im Seebad Oreanda auf der Krim vom 16. bis zum 18. September 1971. Vgl. SPD-Fraktionssitzung am 21. September 1971, Anm. 4, online.

trifft, dass die Grundlage ihrer Politik die Verträge, der Vertrag vom 12. August ist, der legal zustande gekommen ist, und dass sie diesen auch für sich selbstverständlich erfüllen wollen. Dass dieses in der Oppositionspartei sicherlich auch unterschiedliche Nuancen hat, brauche ich hier ja nicht zu sagen. Ich spreche von den beiden Gesprächsteilnehmern dieser Delegation und dass auch dieses Bekenntnis hier durchaus einen Eindruck gemacht hat.

Wir hatten außerdem Gelegenheit, in einzelnen Gesprächen festzustellen, dass also auch die uns begleitenden Mitglieder des Obersten Sowjets, dass sie davon ausgehen, dass die Sicherheitskonferenz sowohl in Genf als auch in Wien die Abrüstungskonferenz, die Konferenz für Sicherheit und Zusammenarbeit in Europa, bei der sie ausdrücklich betonten, dass sie in der Vergangenheit in der ersten Phase einen sehr guten Kontakt mit den deutschen Delegierten hatten, dass sich dieser fortsetzt und dass sie davon ausgehen, das in der Tat zu einem Erfolg führen möge.

Ich möchte vielleicht noch eines sagen. Die persönliche Atmosphäre, die in dieser Delegation, das heißt, die wir als Delegation dort vorgefunden haben bei unseren Gastgebern, war eine ganz besondere, und ich muss hinzufügen, dass nach den, ich weiß nicht, wieviel Jahrzehnte ich jetzt hier anführen soll, nach den Jahrzehnten, in denen man miteinander nicht sprechen konnte, für mich die Überzeugung besteht, dass eine positive Lösung unserer Situation in Europa dort gesucht wird, dass selbstverständlich noch eine Reihe von Problemen immer wieder auftauchen werden, die selbstverständlich auch aus unserer anderen Gesellschafts- und Wirtschaftsordnung stammen. Es gibt manche Dinge, die sie nicht verstehen können. Das ist also die Sache der Presse, die da schreiben kann, was sie will. Es ist für sie unmöglich gewesen, es wurde wieder gesagt, dass es Radio Liberty und Free Europe gibt, dass wir so etwas auf unserem Boden dulden können. Es gab ein paar solcher Dinge. Da gibt es auch gar keine Beziehung, aber es ist die Möglichkeit, ihnen das klarzumachen. Ob sie es dann auch so aufnehmen, weiß ich nicht. Ich glaube, Herbert, hattest du schon gesagt, vielleicht hab' ich da grad nicht hingehört, dass es besonderen Gruß von *Breschnew* und *Kossygin* an Willy *Brandt* gab und an diese Bundesregierung und dass sich darin also auch wohl ausdrücken sollte, wie sie die Vorstellung haben, dass eine Kooperation hier auf den Gebieten, die auf dem Vertrag beruhen, möglich ist. Danke schön.

(Beifall.)

Wehner: Ich bin Dieter *Sperling* noch eine Antwort schuldig auf die eine Frage. Optimismus hin und her, ich jedenfalls habe nach einem langen Gespräch, gründlichen Gespräch im Kreml durch einen besonders dazu dann Beauftragten ausdrücklich für Willy *Brandt* aufgetragen bekommen, herzlichste Grüße und große Freude darüber, dass ich ihm Grüße hatte überbringen können – und insofern bin ich überzeugt, dass *Brandt* Grund hat, auf gegenseitiges Vertrauen zu rechnen. Was diese Spezialfrage, und das ist ja nur eine von vielen, natürliche und juristische Personen in konsularischer Vertretung betrifft, ich habe den Eindruck, dass das geregelt werden kann, wenn wir nicht auftreten, als ob wir alles einfach in Rechnung stellen können, und da habe ich vielleicht ein wenig dazu geholfen, aber das macht nichts. *Reuschenbach*!

Reuschenbach: Nach dem letzten Satz ist vielleicht etwas Luft raus, aber dennoch will ich folgende Frage stellen. Ich frage, ob es richtig ist, dass Sie, Genosse *Wehner*, zu *Nowottny* gesagt haben: »Die Fraktion hatte keine Gelegenheit, sich mit meinen Bedenken gegen die Vertragspolitik bisher zu befassen und was die Regierung betrifft, so habe ich seit Dezember vorigen Jahres im Zusammenhang mit Prag und anderen öffentlich keinen Zweifel an meiner anderen Auffassung über die Art der Verhandlungen – Nichtverhandlungen gelassen.«

Ich habe, vielleicht ist das aber meine Schuld, diese öffentliche Darlegung der anderen und abweichenden Auffassungen nicht festgestellt, aber ich frage mich, warum, wenn die Bedenken so lange schon bestanden, nicht der Fraktion dieses gesagt worden ist und ihr Gelegenheit gegeben worden ist, über solche unterschiedlichen und abweichenden Auffassungen zu diskutieren.

(Vereinzelter Beifall.)

Wir haben vor 14 Tagen hier aus anderem Anlass über besondere Meinungsäußerungen in der Öffentlichkeit diskutiert[44], und ich hatte den Eindruck, dass auch der Fraktionsvorsitzende glaubte und es für richtig hielt, dass man in diesem Kreise unterschiedliche Meinungen austragen sollte und nicht vor der Diskussion woanders. Ich denke, dass hätte auch bei einer so wichtigen Frage hier gegolten, und schließlich haben wir miteinander ja nicht davon geträumt, dass der Bundeskanzler vorzeitig seine Amerikareise abgebrochen hat. Es muss also wohl etwas mehr an Begründung dafür gegeben haben, als das, was nach den beiden einleitenden Berichten hier so erschien. Da hatte man den Eindruck, man habe in den letzten vier Tagen geträumt oder Zeitungen von einem anderen Erdteil gelesen.

Wehner: Wenn ich den Text hätte, ich habe ihn nicht, ich werde ihn beschaffen von jener Live-Übersendung Leningrad »Bericht aus Bonn«, dann würde sich herausstellen, dass ich *Nowottny* auf eine andere Art von Frage gesagt habe, die Fraktion hätte dazu gar keine Gelegenheit gehabt, das zu erörtern, und was meine Äußerung betrifft, auf die ich mich berufen habe, die kann jeder nachlesen, am 17. Dezember 1972 im »Deutschlandfunk« im Interview mit größter Loyalität zur Regierung, einschließlich ihres Außenministers, aber gesagt, ob da wir nicht doch ein wenig zu sehr Bilateralismus machen, ob wir die Sache nicht genügend in ihren Bezug stellen, alle diese Verhältnisse zu diesen Ländern angehend, behandeln. Das habe ich einige Male in dieser Beziehung, was die Prager Verhandlungen, die ja sehr schleppend gegangen sind, gesagt und das war legitim. Das war keine gegenteilige Meinung über die Außenpolitik, sondern um diese Außenpolitik fördern zu helfen.

(Vereinzelter Beifall.)

Wittmann!

Wittmann: Es mag der Eindruck entstehen, dass wir schon befriedigt sind mit den Antworten. Ich möchte sagen, wenn ich daran denke, dass ich morgen mich der Diskussion draußen in den Versammlungen stellen muss, genügt mir diese Antwort nicht.

(Unruhe.)

Ich meine, man soll es nicht so wörtlich nehmen. Ihr müsst alle in den nächsten Tagen raus und da werden konkrete Fragen nachgezogen. Warum ich überhaupt noch mal die Frage stelle, die Interpretation, wie sie Herbert *Wehner* gegeben hat, im Hintergrund mit dem Hinweis, dass der politische Gegner, in Bayern bei uns die CSU und die macht es uns in der Frage gar net leicht, dass die immer wieder etwas anderes hineininterpretieren wollen in die Verträge, hätte ich die Frage jetzt nicht gestellt, wenn nicht dazwischen Prag läge. Nicht die anderen haben was anderes in die Verträge hineininterpretiert, sondern die Regierung hat doch plötzlich gebremst mit Prag und wollte was anderes hineininterpretieren und das wird man uns doch sofort entgegenhalten und sagen, ja, nicht, wenn ich also ähnlich argumentiere wie Herbert *Wehner* draußen, der *Strauß*

---

44 Vermutlich ist die Sitzung vom 12. September gemeint, in der über eine öffentliche, jedoch mit der Fraktion nicht abgesprochene Stellungnahme von 34 Abgeordneten zu wilden Streiks in der Metallindustrie diskutiert wurde. Vgl. SPD-Fraktionssitzung am 12. September 1972, SVP B, online.

möchte andere Verträge aus den vorhandenen Verträgen machen, dann werden die sagen, ihr wollt ja selbst die Verträge anders auslegen, als wie sie tatsächlich abgeschlossen werden. Das ist jetzt die Realität, und da kommen wir doch nicht drüber weg und wir sollten uns auch doch nichts vorlügen. Alle, wie mer hier sitzen, saßen wir vorm Fernseher und da haben wir die einen in New York gehört, die was anderes in die Verträge hineininterpretieren wollten, und haben die Stimmen aus Moskau gehört, die, wie Annemarie *Renger* sehr deutlich gesagt hat, die Loyalität der vorhandenen Verträge wollten und gar nichts hineininterpretieren wollten, und das ist doch das Schwierige für uns jetzt, dass wir diese Brücke finden müssen, dem Bürger verständlich zu machen, warum reden die einen in Moskau so und die anderen in New York anders.

(Vereinzelter Beifall.)

Wehner: Bundeskanzler.

Brandt (Berlin): Erstens gibt's nur eine Regierung, die mit Regierungen anderer Staaten über diese Fragen zu verhandeln hat. Das ist mehr die formale Seite der Sache. Tatsächlich ist es so, dass, nachdem die Verträge mit der Sowjetunion und mit Polen in Kraft getreten waren und die Aufnahme diplomatischer Beziehungen mit der Tschechoslowakei noch nicht vereinbart war, sich in einem ersten Fall ergab, dass die polnische Regierung es ablehnte, einen Vorgang entgegenzunehmen auf dem Wege über unsere Botschaft, der von einem Gericht kam.[45] Gericht ist, nebenbei gesagt, nicht eine juristische Person. Der Sprachgebrauch auf diesem Gebiet ist nicht ganz korrekt. Und jetzt, wogegen ich vorhin polemisiert habe, ist, dass an einigen Stellen ich auf die Auffassung gestoßen bin, wenn das in einem solchen Fall passiert, dann sei das gültig, dann hat man sich dem zu fügen, was die sagen. In Wirklichkeit ist die Welt aber so schlimm auch nicht, sondern hier stellt sich heraus, die Regierung, um die das hier geht, die sieht selbst, hier ist ein Problem, das man lösen muss. Jetzt spreche ich von der polnischen. Ich sag' jetzt noch nicht genau wie, aber sie sagt, darüber muss man reden. Das haben die beiden Außenminister vereinbart. Das wird in Warschau besprochen, und zwar mit einer anderen Zielrichtung als die Oberjuristen in Warschau und Bonn das vielleicht wollen, aber auf den Zwischensatz könnt ihr auch streichen, hört sich unfreundlich an.

Jetzt war dieselbe Sache, von der man glaubte, sie sei kein Problem, stand nun vor der Aufnahme der diplomatischen Beziehungen mit Prag, und da haben unsere von dem zuständigen Ministerium, das ist das Auswärtige Amt, oder hat der Außenminister gesagt, wer auch immer, wollen wir sehen, ob wir das nicht durch einen Briefwechsel mit in Ordnung kriegen, was wir das vorige Mal, weil wir es nicht als Problem gesehen hatten, nicht durch einen Briefwechsel regelten, sondern jetzt nachträglich regeln müssen. Ich streite nicht darüber, ob man dies nicht dann, was die Durchführung der Geschichte angeht, auch noch anders hätte machen können, aber das ist der Schnee von gestern. Tatsächlich, und das war das, was vorhin Dieter *Sperling* Optimismus genannt hatte, was mir gar nicht als so optimistisch erscheint, sondern ich sage nur, diese Frage ist mitten im Prozess des Geregeltwerdens. Gibt konkrete Vereinbarung, ich möchte nur nicht, dass das an die große Glocke gehängt wird, aber ich muss ja schließlich den Sachstand berichten, wenn hier danach gefragt wird und der Eindruck entsteht, als ob wir irgendwelchen Phantastereien nachjagen, nein, es gibt konkrete Vereinbarungen, es gab sie zumindest zum Wochenende, welche Beamten mit wem wann wo reden sollten, und es gibt die entsprechende Vereinbarung zwischen dem bundesdeutschen und dem polni-

---

45 Polen lehnte die Erledigung von Rechtshilfeersuchen von Westberliner Gerichten durch die deutsche Botschaft in Warschau ab und begründete dies damit, dass sie vom Vier-Mächte-Abkommen nicht gedeckt seien. Vgl. AAPD 1972, II, S. 1195 f.

schen Außenministerium, dass diese unklare Geschichte aus dem Vier-Mächte-Abkommen regelungsbedürftig ist. Und es gibt die Absprache zwischen dem Außenminister *Gromyko* und dem der Bundesrepublik Deutschland, dass, bevor unser Außenminister nach Moskau geht, Experten der beiden Seiten sich mit diesem Problem befassen. Das würde der doch nicht vereinbart haben, wenn er der Meinung wäre, da gibt's gar nichts zu reden und dieses sei im Vier-Mächte-Abkommen über Berlin eindeutig zu unterlassen oder unter Ausklammerung dieses Problems negativ entschieden.

Also bei allen drei Adressaten sind die Voraussetzungen geschaffen für sachliche Gespräche, um dieses Problem zu regeln, das, nebenbei gesagt, teilweise bereits durch eine gültige Konvention, eine Haager Konvention aus dem Jahr 1954[46], der die betreffenden Staaten bis auf Bulgarien beigetreten sind, eine Regelung gefunden hat, aber nur zum Teil. Nur zum Teil, zu einem andern Teil erst noch finden muss. Dies ist also der Punkt. Nun war die Frage des Genossen *Wittmann*, was sagt man den besorgten Genossen draußen. Die besorgten Genossen draußen mögen manchen Grund dafür haben, besorgt zu sein. Da soll man nun zweierlei tun: Erstens sollen wir nicht glauben, dass die sich für die technisch-juristische Einzelheiten eines solchen Problems groß interessierten, sondern die wollen wissen und das könnt ihr ihnen guten Gewissens sagen, wir sind mitten an dieser Geschichte dran und lassen uns davon auch nicht abbringen, und lieber Peter [*Reuschenbach*], im Übrigen, wenn irgendwo Gras zu wachsen im Begriffe ist, dann soll man nicht wie das Kamel auftreten, das das wieder abfrisst.

(Heiterkeit.)

Wehner: *Schweitzer.*

(Unruhe.)

Schweitzer: {...} für eine Situation, die ja nun tatsächlich mal da ist. Wir sollten tatsächlich, um das zu wiederholen, ein wenig Kritik und Selbstkritik üben und die Ursachen hier ein wenig bloßlegen für diese Situation, die nun wirklich ernst ist. Das sollte man nicht hinwegdiskutieren. Ich glaube, das sehen viele von uns so. Ich sehe die Hauptursache darin, Genossinnen und Genossen, in einer gewissen mangelnden Abstimmung zwischen Regierung und Fraktionsführung, zwischen Fraktionsführung auch und Fraktionsarbeitskreisen, in diesem Falle dem Arbeitskreis I, und auf diese Weise, wenn das sich noch öfters wiederholt, könnten wir uns, glaube ich, alle um die Früchte unseres gemeinsam errungenen Sieges von 1972 bringen.

Ich persönlich, Genossinnen und Genossen, als ein Mitglied dieses Arbeitskreises I neige unter völkerrechtlichen und politischen Gesichtspunkten zu Herbert *Wehner*s Auffassung in der Sache. Ich glaube, dass in diesem Berlinabkommen in dieser Sache, die er angesprochen hat, tatsächlich, so wie es jetzt lautet, nichts mehr drin ist, und das kann ja auch, das ist schon oft gesagt worden, nicht von uns geändert werden, sondern nur durch alle vier Mächte zusammen, und auch nach meinen Auffassungen wollen insbesondere die drei Westmächte in dieser Sache hier nichts ändern und daher teile ich natürlich seine Auffassung, dass man sagen muss, ein Hochspielen würde, ich sage würde, in der Tat unsere Ostpolitik nach außen und nach innen ernsthaft gefährden. Andererseits aber steht hier das Wort von Willy *Brandt* im Raume, dass in der Tat wir die Pflicht haben und die Bundesregierung die Pflicht hat und wir alle mit ihr die Pflicht haben, sie darin zu unterstützen, hier in weiteren diplomatischen Verhandlungen mit anderen hier die Dinge voranzubringen. Hier ist in der Tat aber noch ein Dissens, der, glaube ich, vom Tisch muss. Und so sehr ich also Herbert *Wehner* in der Sache zustimme, so

---

46 Zum Wortlaut des Abkommens vgl. das »Gesetz vom 11. April 1967 zu der Konvention zum Schutz von Kulturgut bei bewaffneten Konflikten vom 14. Mai 1954«; BGBl. 1967, II, Nr. 17, S. 1233–1315.

Fraktionssitzung 02.10.1973

möchte ich noch mal das wiederholen, was andere, einschließlich Peter *Reuschenbach*, auch schon gesagt haben, bedauere eben außerordentlich, lieber Herbert *Wehner*, dass hier vorher nicht in der Fraktion oder in dem zuständigen Arbeitskreis zu einer so ernsten Sache, grade auch mit dir persönlich, eine Abstimmung erfolgt ist, erfolgen konnte, denn wir haben hier in der Tat uns im Arbeitskreis vor eurer Moskaureise zum Teil mit *Bahr* hier und anderen unterhalten. Da wäre es eben, glaube ich, sehr gut gewesen, wenn du mit von der Partie gewesen wärst, worum ich überhaupt auch in Zukunft stärker bitten würde.

Deswegen meine abschließende Frage noch einmal ganz konkret an den sehr geschätzten Fraktionsvorsitzenden, ob tatsächlich Willy *Brandt*, der Bundeskanzler, vor der Moskaureise wusste, dass diese Dinge in der Sowjetunion zur Sprache kommen würden, und die herzliche Bitte in eine Frage gekleidet, ob du nicht doch in Zukunft bei solchen wichtigen Dingen in den zuständigen Arbeitskreis kommen solltest, auch als Fraktionsvorsitzender, als gleicher sozusagen unter gleichen.

Wehner: Was *Brandt* betrifft, so habe ich, ehe ich abflog, von ihm ein Handschreiben bekommen, und wir haben bis zuletzt über diese bevorstehenden Sachen mit all ihren Schwierigkeiten gesprochen, und ich habe das, was darin stand, auch den dort führenden Leuten überbringen können. Von Abstimmung also, die fehlte, kann da nicht die Rede sein. Im Übrigen ging es um die Gesamtpolitik der SPD und ihrer Koalition zu den Verträgen und da glaube ich nicht, dass man sich also in die Details verfitzen soll.

Helmut *Schmidt*!

Schmidt (Hamburg): Liebe Freunde, der letzte Diskussionsbeitrag vom Genossen *Schweitzer* zeigt, dass auch Professoren Gras fressen können.

(Heiterkeit.)

Wenn das, lieber Genosse *Schweitzer*, deine, wie du denkst, fachlich begründete Meinung sein sollte, die du hier vorgetragen hast, dann kann ich nicht gut verstehen, dass du sie in diesem Stadium des Gespräches vor 200 Paar Ohren ausbreitest, nachdem du fünf Minuten vorher durch den Bundeskanzler seine Interpretation der Situation gehört hast.

(Vereinzelter Beifall.)

Vielleicht ist es aber doch für einige, die durch völkerrechtliche Bildung besonders empfindliche Aufnahmeorgane haben auf diesem Gebiet, notwendig, das noch ein bisschen breiter zu treten, was der Willy *Brandt* in Bezug auf die von dir aufgeworfene Interpretationsfrage hinsichtlich des Vier-Mächte-Abkommens schon ausgeführt hat, nämlich dass es möglicherweise im Laufe des Monats August, vielleicht auch noch in den September hineinwirkend, eine bessere Art und Weise gegeben hätte, diese Interpretationsfrage, die nachträglich aufgetaucht war durch das Verhalten der polnischen Behörden in einem sonst für Routine gehaltenen Einzelfall, vielleicht bessere Möglichkeiten der Art und Weise gegeben hätte, das publizistisch in der Bundesrepublik zu behandeln. Das will ich auch von mir aus einräumen, ich hab' damals im Urlaub das auch miterlebt, diese Fernsehinterviews durch Staatssekretäre und Ministerialdirektoren im Auswärtigen Amt. Ich hab' das auch nicht als glücklich empfunden. Wenn es aber doch so ist, dass Verträge nicht nur nach dem Text allein ausgelegt werden können, weder nach dem russischen noch amerikanischen noch deutschen noch französischen Text, sondern auch ausgelegt werden müssen nach ihrer Entstehungsgeschichte, nach den Materialien, um mich nur mal im juristentechnischen Deutsch auszudrücken, die auch dazugehören, dann wird man wohl zugestehen müssen, dass, nicht nur wie das Grundgesetz von verschiedenen Kommentatoren in einzelnen Punkten verschieden ausgelegt wird, natürlich auch jeder Vertrag von dem einen und von dem andern zunächst einmal verschieden ausgelegt werden kann. Es gibt dann ja übrigens noch eine Instanz in dem Vertrag, die notfalls eine solche Auslegungsfrage regeln könnte, aber so weit sind wir ja gar nicht. Der Willy *Brandt* hat gesagt, und er hat guten Grund dazu gehabt, das zu sagen, dass eine Operation wie diese hier aufgetretene Auslegungsstreitfrage zu regeln, dass eine Prozedur im Gange ist, die zu einem Erfolg führen wird, der, wie ich persönlich vermute als jemand, der in der Politik Erfahrung hat, nicht im Völkerrecht, wie ich zugebe, sicherlich nicht ganz die Ausgangsposition der einen Seite und sicherlich auch nicht ganz die Gegenposition der anderen Seite bestätigen kann. – Nun lasst mich dies doch mal, lasst euch dies doch mal in der Ruhe entwickeln, ohne da nun dauernd reinzureden. – Viel wichtiger erscheint mir, dass die Angehörigen der Fraktion bei, wie der bayerische Kollege gesagt hat, der Notwendigkeit, da die Vertragsinterpreten von der CSU auf den richtigen Stuhl zu setzen, dass die Angehörigen der Fraktion bei dieser notwendigen Abwehr sich stützen auf das, was Herbert *Wehner* hier in der Fraktion gesagt hat und was er uns zu Beginn der Sitzung in Form des gestrigen Abend gesendeten Fernsehinterviews, das noch in Moskau aufgenommen war, auf den Tisch gelegt hat. Wenn ihr dieses Fernsehinterview euch anguckt, so kann ich mir nicht gut denken, dass es hier noch Zweifel geben könnte. Mir scheint insbesondere, dass jeder hier, genau wie Willy *Brandt* es getan hat, nur unterstreichen kann die Bemerkung, dass man die Auslegung der Verträge und die Handhabung der Verträge nicht beeinflussen lassen darf hier in unserem Lande durch diejenigen, die die Verträge bekämpft haben und die nach wie vor in einem schweren Meinungszwiespalt mit uns stehen. Die sagen ja nur, um ihr Gesicht zu retten, dass sie sich auf den Boden der Verträge stellen würden. In Wirklichkeit bekämpfen sie die ganze Politik, die in diesen Verträgen ihren Ausdruck gefunden hat, und wir würden einen schweren Fehler machen, wenn wir zuließen, dass der Eindruck weiterhin genährt würde, nach dieser Fraktionssitzung weiterhin genährt würde durch Dritte, die zum Teil dumm sind und zum Teil bösartig sind, wenn wir zuließen, dass die weiterhin den Eindruck nähren, als ob ein Teil der Regierung mit Herrn *Strauß* und Konsorten einig sei in der Auslegung dieses Vertrages und einige unserer Genossen seien anderer Meinung.

(Beifall.)

Das ist geradezu idiotisch! Geradezu idiotisch! Ich würde wirklich bitten, dass man sich auf den Text des *Wehnerschen* Interviews und auf das, was er hier gesagt hat, stützt. Das wird ja dann vielleicht auch noch für die Kollegen schriftlich an die Hand gegeben werden können, damit jeder weiß, was er sagen kann, und dass man im Übrigen nichtautorisierte sogenannte Interviews, die sich Journalisten in irgendwelchen Korridoren zusammengelesen und als Interview verkauft haben, als das bezeichnet, was es ist, nämlich der sehr bewusste Versuch zur Brunnenvergiftung.

(Vereinzelter Beifall.)

Schmidt (München): Wenn ich mich zu Wort melde, dann nicht deshalb, weil ich mit den Ausführungen Herbert *Wehner*s nicht einverstanden wäre, aber ich glaube, es ist notwendig, als Mitglied dieser Fraktion einmal drei Feststellungen zu treffen. Ich treffe sie für mich und für niemand anders. Ich fühle mich als Fraktionsmitglied ausgesprochen schlecht informiert, sowohl was die Regierung betrifft, als auch was in diesem Fall den Fraktionsvorsitzenden betrifft. Wir haben immer als Abgeordnete die Schwierigkeit, aus der Zeitung von Differenzen zu lesen, draußen darauf angesprochen zu werden, aber in der Fraktion nie über irgendwelche Dinge informiert zu werden, und so ist jeder sein eigener Interpret und versucht, so gut er nur irgendwie kann, die Solidarität mit der Regierung zu wahren. Ich glaube aber, die Gegenleistung müsste auch sein, dass besser informiert wird. Und ich glaube auch nicht, Herbert *Wehner*, dass es eine befriedigende Antwort auf *Reuschenbach* war, wenn du darauf hingewiesen hast, dass du im

Fraktionssitzung 02.10.1973 **27.**

Rundfunk am soundsovielten bereits ähnliche Ausführungen gemacht hast. Ich glaube, da gilt das Gleiche, was du im andern Fall von Fraktionsmitgliedern verlangst, dass das nämlich in die Fraktion kommt.

Zweitens halte ich es nicht für gut, wenn sich zwei Mitglieder der Regierung durch öffentliche Presseerklärungen gegenseitig den falschen Weg vorwerfen. Ich glaube, da müsste das Gleiche gelten, dass auch diese Dinge einmal in der Fraktion angesprochen und dass sie da hingehören und weniger in öffentliche Erklärungen. Und das Dritte ist, auch das sollte einmal in der Fraktion angesprochen werden, weil es mich seit langem stört, wenn sich ein Mitglied der Fraktion ein Zubrot dadurch verdient, dass er uns immer in der Zeitung bescheinigt, in welch schwieriger Lage wir uns befinden, aber in der Fraktion nie darüber etwas sagt.[47]

(Beifall.)

Wehner: Horst *Ehmke*.

Ehmke: Genossinnen und Genossen, ich kann mich kurz fassen, weil Helmut [*Schmidt*] das Wesentlichste gesagt hat. Aber ich muss sagen, bei einem Teil der Fragesteller bin ich mir über die Motivation nicht recht klargeworden. Ich hatte den Eindruck, auf der einen Seite sind sie der Meinung, es ist schwierig, den Genossen draußen zu erklären, was vorgeht und auf der andern Seite bedauern sie, dass es hier heute keinen Krach gibt. Das scheint mir nicht recht miteinander zu vereinbaren zu sein.

(Unruhe.)

Nun entschuldigt doch, ich kann das doch mal hier –

(Unruhe.)

also ich darf ja vielleicht noch meinen Eindruck wiedergeben und ich bin der Meinung, wenn man sich die Sache anguckt, ist die Erklärung doch wohl nicht so schwierig. Nach dem, was der Bundeskanzler und der Fraktionsvorsitzende hier erklärt haben, ist in der Tat so, dass nicht immer alles gleichläuft, und ich würde den Satz von den Oberjuristen, den Willy *Brandt* gesagt hat, gar nicht streichen wollen, aber nach dem, was von beiden hier erklärt worden ist, ist es für mich jedenfalls sehr einfach, in die Partei rauszugehen, nämlich damit, dass wir uns im Grundsatz einig sind, dass es Schwierigkeiten gibt, wo wir auf dem Wege sind, diese Schwierigkeiten zu überkommen und dass es außerdem vielleicht noch ein hilfreiches Nebenprodukt dieser Woche war, den Oberjuristen klarzumachen, dass sie Hilfsorgane sind und nicht Außenpolitik machen können.

(Beifall.)

Wehner: Kurt *Mattick*.

Mattick: Genossinnen und Genossen – hallo? Genossinnen und Genossen, ich möchte nach Horst *Ehmke* eine Bemerkung machen, die auf dem Herzen liegt. Wer zu Anfang der Woche die Atmosphäre beobachtet hat, die durch den ersten Vorstoß, den wir gehört haben und gelesen haben, entwickelt worden ist und die nervöse Presse beobachtet hat, der muss der Fraktion heute Dank sagen in dem Wissen, wie einige Journalisten unter uns rumgewühlt haben, um Aussagen zu bekommen gegen, für oder in der Sache, wie sich die Genossen in dieser Woche zurückgehalten haben, um erst mal zu warten, bis Herbert *Wehner* und auch Willy *Brandt* wieder zurück ist, um zu hören, was wirklich war. Dafür möchte ich meinen Dank aussprechen. Wir hätten sonst heute hier eine

---

[47] Gemeint ist der Abgeordnete *Ahlers*, der sich weiterhin als Kolumnist für verschiedene Zeitungen und Zeitschriften betätigte.

weit größere Verwirrung, wenn nämlich einige auf die komischen Fragen der Journalisten eingegangen wären. Dies ist das eine, was ich sagen möchte.

Das Zweite, was ich sagen möchte, Genossen: Der Ring ist geschlossen, wenn man sich die Debatte hier heute vor Augen hält und auch das, was Willy *Brandt* und Herbert *Wehner* gesagt haben. Ich meine, die Beschwerden aus der Fraktion, dass wir nicht ausreichend oder sie nicht ausreichend informiert worden sind über die Schwierigkeiten oder Differenzen, die würde ich also zum Teil als berechtigt ansehen. Ich würde sagen, im Arbeitskreis haben wir mehrmals darüber geredet, aber die einzelnen Positionen sind uns da auch nicht mitgeteilt worden. Aber, Genossinnen und Genossen, mir scheint hier etwas anderes wichtig zu sein. Im Grunde genommen ist der erste Aufhänger, die Bemerkung von Herbert *Wehner* in Moskau, der hier falsch übermittelt worden ist, benutzt worden von der Gegenseite. Aus dem Erfolg, den wir erstens beim Eintritt in die UNO weltpolitisch hatten, und dem, was also auch aus dem Besuch in Moskau herauskommen konnte, vorher niedriger zu hängen und uns davon abzubringen zu wissen, was die Bundesregierung und was die Sozialdemokratische Partei in dieser Woche weltpolitisch, international erreicht hat. Dafür sollten wir dankbar sein. Ich möchte das auch noch mal an die Adresse von Willy *Brandt* sagen in Bezug auf seinen Auftritt in der UNO als des ersten Bundeskanzlers der deutschen Bundesrepublik. Und wir sollten meiner Ansicht nach uns jetzt damit beschäftigen, wie die Debatte in dieser Woche läuft, wie wir mit dem Vorgang fertig werden. Dieses heißt, uns nicht weiter von der Opposition in eine falsche Richtung lenken zu lassen, sondern zu wissen, dass wir es hier bei der Auseinandersetzung mit zwei positiven Elementen der deutschen Politik zu tun haben. Dies wollte ich vorausstellen. Deswegen muss ich eine Bemerkung als Berliner machen, was ich mir eigentlich heute verkneifen wollte, Genossen. In Berlin ist ein gewisser Schock ausgelöst worden durch die ersten Nachrichten und leider ist dieses Pflaster in dieser Beziehung nervöser als in der ganzen Bundesrepublik. Daher würde mir daran liegen, dass das Kommuniqué von heute von dieser Fraktionssitzung ganz deutlich die beiden Positionen darlegt und auch darlegt, dass es in der Zielvorstellung keine Differenzen gibt zwischen der Bundesregierung und der Fraktionsführung, sondern dass der Weg dorthin verschieden ausgelegt worden ist, aber im Grunde genommen wir gemeinsam wissen, um was es geht.

(Beifall.)

Wehner: Conrad *Ahlers*.

Ahlers: Genossinnen und Genossen, ich will hier nicht zu mir selbst Stellung nehmen und will auch kein Gras abfressen. Im Gegenteil, mein Wunsch ist ja, dass möglichst viel Gras wächst. Ich habe nur eine Bitte an die Fraktion und die richtet sich insbesondere an Helmut *Schmidt*. Ich finde es nicht gut, dass bei jeder Schwierigkeit, und dass wir gewisse Schwierigkeiten haben, ich glaube, Manfred [*Schmidt*], das kannst du auch nicht bestreiten, bei jeder Schwierigkeit, die auftaucht, immer die Journalisten schuld sein sollen, immer diejenigen, die sammeln, Meldungen sammeln. Dass einiges gesagt worden ist, nicht in Interviews, sondern auch bei Gesprächen, über die ja dann auch berichtet wurde, das ist doch gar keine Frage und ob der Ausdruck von der Halbstarkenpolitik, den wir hier auch auf dem Tisch haben, nun der Glücklichste ist, will ich gar nicht hier befragen, sondern bin froh, wenn das übergangen werden kann.

(Heiterkeit.)

Aber es sollte nicht im Sinne unserer Medienpolitik sein, wenn wir hier immer die Journalisten zum Prügelknaben von Sachen machen, die wir selber mit verschulden.

(Beifall.)

Wehner: Weitere Wortmeldungen? *Brück*!

Brück: Genossinnen und Genossen, ich habe die ganze Auseinandersetzung in dieser Frage nur am Schluss mitgekriegt, weil ich nicht im Land war. Aber ich muss auch offen bekennen, dass ich auch bestürzt und verwirrt war über das, was ich da las und was ich da hörte. Ich war von den Erklärungen Willy *Brandt*s und Herbert *Wehner*s nicht voll befriedigt, aber ich bin der Auffassung wie Willy *Brandt*, man müsste Gras über diese Sache wachsen lassen. Nur habe ich mich jetzt zu Wort gemeldet, nachdem Horst *Ehmke* gesprochen hat. – Bitte?

(Zwischenruf.)

Ach so, ja! Dass es Kamele gibt, gut. Ich hab' mich gemeldet, nachdem Horst *Ehmke* gesprochen hat. Ich meine, Horst, so kann man mit Genossen, die hier besorgte Fragen stellen, nicht umgehen.

(Beifall.)

Ich glaube, man kann doch denen, die hier ihrer Sorge Ausdruck geben, nicht unterstellen, dass sie das nur tun, um Krach zu haben. Ich glaube, so sollten wir nicht miteinander umgehen.

(Beifall.)

Wehner: *Schlaga*.

Schlaga: Genossinnen und Genossen – drück mal auf Knöpfchen da bitte! – Geht noch nicht. – Jetzt geht's. Genossen, ich habe den Verdacht, der Genosse dort hinten, der handelt im Auftrag der Regierung jetzt. Ich hatte mich zwar vor längerer Zeit gemeldet und habe auch nicht die Absicht, jetzt die Frage, die ich hatte, zu stellen. Aber, Horst *Ehmke*, es war wirklich nicht sehr klug und sehr fair, was du uns hier vorgetragen hast und es war natürlich ein recht guter Eindruck, den Helmut *Schmidt* und Horst *Ehmke* zu erwecken versuchten, wie einig sich doch das Kabinett in allen Fragen zu sein scheint. Ich meine, dass dem wohl nicht immer so ist, und wir sollten tatsächlich an einigen Stellen mal deutlicher darüber sprechen, und es wird uns immer wieder gesagt, wir sollten das in den zuständigen Arbeitskreisen tun. Nur kommt es dazu nicht in diesen Arbeitskreisen! Dem muss ich also auch noch einmal Nachdruck verleihen, dass ich darum bitte, dass dann tatsächlich nicht erst vier Wochen oder vier Monate später über entsprechende Probleme gesprochen wird, wenn sie dann wirklich der Schnee von gestern geworden sind. Ich habe nicht die Absicht, hier heute tatsächlich noch mal das vielzitierte Gras zu fressen. Ich ziehe also ein Filetsteak medium vor, behalte mir aber vor, Genossen, behalte mir aber vor, weil ich nämlich in sehr vielen Dingen der Meinung von Herbert *Wehner* bin, mal eines Tages, und wahrscheinlich gar nicht so lange hin, erheblichen Appetit auf Gras zu bekommen. Danke.

Wehner: Wird weiter das Wort gewünscht? Erlaubt mir noch eine Bemerkung zu dem Plädoyer für die Journalisten. Ich habe hier keinen Journalisten angegriffen und wenn jemand sagt, es war ein Interview, was sich einer zusammengesammelt hat, so sei das dem Journalisten *Ahlers* überlassen. Ein Interview ist ein Interview oder es ist keins und hier war keins. Im Übrigen habe ich mit sämtlichen Journalisten, ob sie mir gefielen oder nicht, die engste Fühlung gehalten und habe auf dieser Reise mit ihnen jedes gewünschte Gespräch geführt. Nur damit hier keine falschen Vorstellungen auch noch aus einer solchen gekürzten Wiedergabe entstehen. Im Übrigen finde ich nicht, dass die Herren *Reddemann*, *Windelen*, *Strauß*, *Carstens*, die hier diese Kampagne geführt haben, als Journalisten in Schutz genommen werden können.[48]

---

48 Die CDU-Abgeordneten *Reddemann*, *Carstens*, aber auch *Hupka* veröffentlichten im »Rheinischen Merkur« Artikel, die sich kritisch mit der Ostpolitik der Regierung auseinandersetzten. – Vgl. bspw.

(Beifall.)

Allen Journalisten, dieser *Wenger* zum Beispiel[49], der einer ist, nicht, der vorher das Stichwort gab, das ist die Reise, mit der *Wehner* seine Rehabilitierung begründen will und durch die er nichts anderes macht, als die Leute, die mit ihm gehen, dort hinzuschleppen zur Schau, das war auch ein Journalist, aber den greife ich wegen politischer Böswilligkeit als politischen Menschen an.

Wird noch das Wort gewünscht? Das ist nicht der Fall.

[C.]

Wehner: Dann ruf' ich auf den nächsten Punkt, Alex *Möller*, Bericht aus der Fraktionsvorstandssitzung.

Möller: Genossinnen und Genossen, abgesehen von den Routinefragen, die die heutige Tagesordnung, die Tagesordnung des Plenums betreffen, hat sich die Fraktionsvorstandssitzung gestern mit zwei großen Komplexen beschäftigt und in einer sehr eingehenden, über mehrere Stunden führende Diskussion den Versuch einer Klärung unternommen. Im ersten Fall handelt es sich um ein Arbeitspapier, das die Arbeitsgruppe Auswirkung der Klausurtagung vom 12.6. dem Fraktionsvorstand vorgelegt hat[50], und zwar ein überarbeitetes Papier, da der Fraktionsvorstand schon am 17.9. eine erste Lesung vornehmen konnte. In diesem Arbeitspapier werden die Arbeitsbedingungen der Fraktion und der Ablauf der Fraktionsarbeit festgelegt, und zwar aufgrund der Anregungen und Vorschläge aus der Klausurtagung. Nach einer sehr eingehenden, nicht immer erfreulichen Diskussion war festzustellen, dass der Fraktionsvorstand in wesentlichen Teilen nicht in der Lage war, der Auffassung der Arbeitsgruppe und ihren Vorschlägen beizutreten. Die Mitglieder der Fraktion erhalten in diesen Tagen eine Synopse, die auf der einen Seite die überarbeiteten Vorschläge des Arbeitskreises Reformgruppe beinhalten und auf der andern Seite die Stellungnahme des Fraktionsvorstands, so dass die Fraktion in der nächsten Sitzung in der Lage ist, aufgrund dieses Papiers eine Meinungsbildung vorzunehmen und die entsprechenden Beschlüsse zu fassen. Infolge dieser ausgiebigen Diskussion sind wir nicht mehr dazu gekommen, ein zweites von dieser Arbeitsgruppe bereits erarbeitetes Papier, das Verhältnis Fraktion – Partei, zu behandeln. Das soll in der nächsten Fraktionsvorstandssitzung geschehen. Bis dahin liegt auch eine Beschlussvorlage vor hinsichtlich der Regelung der europäischen Frage. Da man davon ausgehen kann, dass auch die Fraktion über die einzelnen Arbeitspapiere ausgiebig diskutiert, tritt also damit keine zeitliche Verzögerung ein.

Der Fraktionsvorstand hat aufgrund des Beschlusses in der letzten Fraktionssitzung hinsichtlich der Projektgruppe Haushalt, Einzelplan 02, einen Vorschlag für die Zusammensetzung zu machen, und zwar schlagen wir folgende Genossen vor: Bernhard *Bußmann*, auch in Verbindung mit dem Haushaltsausschuss, Hugo *Collet*, Peter *Conradi*, Horst *Haase*, Peter *Reuschenbach*, Jürgen *Schmude* und Manfred *Schulte*, auch im Hinblick auf die notwendige Verbindung bezüglich des Ältestenrats.[51]

---

den Artikel von *Carstens* »Neutralisierung – eine echte Gefahr«; »Rheinischer Merkur«, Nr. 37 vom 14. September 1973, S. 3.

49 Gemeint ist vermutlich der Kommentar »Rehabilitierung«; »Rheinischer Merkur«, Nr. 38 vom 21. September 1973, S. 10.

50 Vgl. die SPD-Fraktionssitzung am 12. Juni 1973, online.

51 Vgl. die SPD-Fraktionssitzung am 18. September 1973, SVP B, online. – Die Fraktion hatte beschlossen, dass sich eine spezielle Fraktionsarbeitsgruppe mit dem Haushaltsplan des Bundestags (Einzelplan 02) befassen sollte, damit sich die Vertreter der Fraktion im Ältestenrat rechtzeitig über Wünsche und Anregungen der Fraktion orientieren könnten.

Fraktionssitzung 02.10.1973 **27.**

Das war die eine große Gruppe und die zweite befasste sich mit dem Inflationsentlastungsgesetz der CDU/CSU[52]. Es kam dem Fraktionsvorstand dabei nicht nur darauf an, zu der Vorlage Stellung zu nehmen, sondern wichtiger war, überhaupt einmal unseren Standort hinsichtlich dieses Komplexes festzuhalten, weil wir ja im Zusammenhang mit der am Donnerstag stattfindenden Debatte wissen müssen, nicht nur wie am Donnerstag, sondern wie auch in den darauffolgenden Wochen und Monaten die Haltung der Koalition in diesen einzelnen Fragen sein wird. Der Fraktionsvorstand hat hierzu keinen Beschluss gefasst, sondern war der Meinung, dass eine ausgiebige Diskussion in den Arbeitskreisen III und V mit entsprechenden Beschlüssen erfolgen solle. Diese Diskussion hat heute Vormittag stattgefunden und hierüber wird im Laufe der Behandlung unserer eigenen Tagesordnung dann Rainer *Offergeld* berichten.

Wehner: Danke. Wird das Wort dazu gewünscht? Darf ich fragen, Genossen, ob ihr – es liegt ja wohl diese von Alex eben gegebene Namensliste allen vor –, ob das gleich entschieden werden kann? Ob andere Vorschläge sind? Werden andere Vorschläge gemacht? Hier sind also *Bußmann*, *Collet*, *Conradi*, Horst *Haase*, *Reuschenbach*, *Schmude* und Manfred *Schulte*. Wenn keine anderen Vorschläge sind, dann bitte ich um das Handzeichen derer, die diesem zustimmen. Danke. Gegenteilige Meinung. Ist also angenommen. Dann haben wir auf der Tagesordnung Bericht Hans-Jürgen *Wischnewskis* und Alwin *Brücks* zu Chile.[53] Hans-Jürgen!

Wischnewski: Liebe Genossinnen und Genossen, ich bin zuerst der Fraktion ein Wort schuldig, warum die Reise schneller unternommen worden ist, als damals vorgesehen war, als die Fraktion sich mit der Frage beschäftigt hat. Wenige Tage, nachdem die Fraktion ihren Beschluss gefasst hat, haben wir ein Telegramm von unserer Bruderpartei in Chile bekommen, von der Radikalen Partei[54], mit der Bitte, in einer Reihe von Fragen, insbesondere in Bezug auf Inhaftierungen, sofort aktiv zu werden. Da wir wissen, dass das unter den augenblicklichen Umständen mit einem Protest nicht zu regeln ist, insbesondere nachdem der Parteivorsitzende der Radikalen Partei verhaftet worden ist, war dieses der richtige Weg.

Wir haben in Santiago mit einer Reihe von Genossen der Radikalen Partei sprechen können, mit solchen, die inhaftiert waren, und solchen, die frei sind, solchen, die Minister in der Regierung *Allende* waren, die sich über diese Initiative der Sozialdemokratischen Partei gefreut haben, es als großen Solidaritätsbeweis betrachten und die Alwin *Brück* und mich gebeten haben, der Partei und der Fraktion sehr herzliche Grüße zu übermitteln, was ich hiermit tue.

Die Reise hatte drei Aufgaben. Erstens Informationen an Ort und Stelle zu sammeln. Dabei möchte ich gleich sagen, dieses ist sehr schwierig unter den augenblicklichen Umständen. Wir haben eigentlich nur die Stadt Santiago gesehen. Dort macht in der Zwischenzeit das Leben am Tage, nachts darf man nicht unterwegs sein, einen verhältnismäßig normalen Eindruck. Zweitens ging es um die Hilfe für die Bundesbürger, die in

---

52 Zum Gesetzentwurf der CDU/CSU-Fraktion vom 27. September 1973 zur Beseitigung von Inflationsschäden bei der Einkommen- und Lohnsteuer (Inflationsentlastungsgesetz) vgl. BT Drs. 07/1043
53 Die Abgeordneten *Wischnewski* und *Brück* hielten sich vom 24. bis 28. September 1973 in Chile auf. – Am 11. September 1973 wurde Präsident *Allende* von den chilenischen Streitkräften unter dem Kommando des Generals *Pinochet* gestürzt. Im Auswärtigen Ausschuss gab Staatsekretär *Moersch* am 19. September 1973 einen ausführlichen Bericht zur Lage in Chile nach dem Putsch. Vgl. Auswärtiger Ausschuss 1972–1976, Dok. 13, SVP C und D. – Die SPD-Fraktion hatte sich eine Woche nach dem Putsch auf eine Resolution zu Chile geeinigt, in der sie das Vorgehen des Militärs verurteilte. Vgl. die SPD-Fraktionssitzung am 18. September 1973, SVP E, online.
54 Die Radikale Partei (Partido Radical) war Mitglied der Sozialistischen Internationale.

Schwierigkeiten geraten waren. Es waren sieben Bundesbürger inhaftiert und eine erheblich größere Gruppe hat in der Residenz der deutschen Botschaft Schutz gesucht und war daran interessiert, ausreisen zu können. Und das Dritte, zu sehen, wie den politisch Unterdrückten, insbesondere den politisch Gefangenen geholfen werden kann, hier insbesondere natürlich auch unsere Verpflichtung gegenüber der Radikalen Partei, die der Volksfrontregierung angehört hat und die wie wir Mitglied der Sozialistischen Internationale ist.

Zu den Gesprächspartnern darf ich sagen, wir haben zwei Gespräche gehabt mit dem Innenminister der Militärregierung. Dabei ging es in erster Linie um die Befreiung der Bundesbürger und um die Situation der politischen Gefangenen mit einer Reihe von Vertretern des Auswärtigen Amts dort, die sind fast die gleichen, die auch vorher im Auswärtigen Amt dort tätig waren, mit dem Präsidenten des Obersten Gerichts, auch das ist der gleiche, allerdings ein sehr konservativer Vertreter, der zur Zeit *Allendes* tätig war, und mit dem Präsidenten des Verfassungsgerichts, einem Genossen, der seine Tätigkeit hat einstellen müssen in der Zwischenzeit, darüber hinaus mit den Vertretern insbesondere der Radikalen Partei, also unserer Bruderpartei in der Internationalen, mit dem Parteivorsitzenden, der sich in militärischer Haft befindet, mit dem früheren Minister für den Bergbau, der zuständig war für die Verstaatlichung der Kupferminen, der in Freiheit ist, mit dem früheren Staatssekretär im Auswärtigen Amt aus der Regierung *Allende* und einigen andern, außerdem mit dem Vorsitzenden der Christlich-Demokratischen Partei und einem Vertreter der Sozialdemokratischen Partei. Die Sozialdemokratische Partei ist dort eine rechte Absplitterung der Radikalen Partei während der Zeit der Volksfrontregierung, und ich möchte hier ganz offen sagen, dieses Gespräch war eigentlich das am wenigsten befriedigende von allen Gesprächen, für uns befriedigende, die geführt worden sind. Die Leute des Auswärtigen Amts haben zuerst Wert darauf gelegt, dass wir nur mit den Sozialdemokraten reden sollten. Wir haben ihnen ganz klar und eindeutig gesagt, die Radikale Partei aus der Volksfront ist unsere Schwesterpartei und wir führen mit ihr unsere Gespräche. Was die deutschen Staatsbürger anbetrifft, hat die Junta am ersten Tag versprochen, dass sie bis zu unserer Abreise alle freilassen will und denen, die Schutz gesucht hatten, Ausreisegenehmigung geben will. Ich darf sagen, wir haben uns zwar sehr bemüht, aber wir sollen die Botschaftsbemühungen nicht unterschätzen. Ich hab' den Botschafter[55], und Alwin *Brück* glaube ich auch, dort das erste Mal gesehen. Wie der Mann sich dort bemüht hat, kann nur unsere volle Anerkennung finden.

Es gab zwei schwierige Fälle. Das eine ist der Fall des früheren Genossen *Meschkat*, der war offensichtlich in sehr starkem Maße mit Leuten in Verbindung, die generell in Schwierigkeiten waren, das heißt die noch links von der Regierung *Allende* standen, und eines früheren Geistlichen, von dem behauptet worden ist, man habe Sprengstoff bei ihm gefunden. Beide sind dann sofort freigelassen worden. *Meschkat* hat mit uns zusammen ausreisen können. Eine Reihe von Genossen hatte sich an uns gewandt in dieser Frage, auch noch in Santiago de Chile, telegrafisch. *Meschkat* war für die Unterstützung, die er auf die Art und Weise erfahren hat, sehr dankbar und alle andern auch. Ein Teil ist ja mit uns gekommen.

In Bezug auf die politischen Gefangenen: Den Parteivorsitzenden der Radikalen Partei haben wir angetroffen im militärischen Gewahrsam, aber in einer völlig andern Situation als alle andern. Ihm sind gewisse Sonderrechte eingeräumt. Er ist in einer Offiziersunterkunft der Militärschule untergebracht. Es geht ihm persönlich dort gut. Die

---

55 Kurt *Luedde-Neurath*.

Behandlung ihm gegenüber ist korrekt. Ich spreche jetzt nur von ihm in diesem Falle. Zuerst wollte man uns nicht die Möglichkeit geben, mit ihm zu sprechen. Die Meinung hat man geändert. Wir konnten auch sprechen. Allerdings mit ihm nicht alleine, muss ich hier ausdrücklich sagen, man kann deshalb diesem Gespräch auch keinen besonderen Wert beimessen. Sehr viel schlechter geht es den 3 800 politischen Gefangenen, die zu der Stunde, als wir dort waren, im Stadion waren. Hier, liebe Genossinnen und Genossen, sind Alwin *Brück* und ich der Meinung, es wäre gut, wenn die Bundesregierung bereit wäre, für diese Leute etwas zu tun. Es fehlen insbesondere Medikamente, sie sind ganz dringend notwendig, und ich würde auch nicht die Auffassung vertreten, dass man sagt, über das Rote Kreuz oder über irgendjemand anders. In diesem Falle wäre es in der Tat gut, wenn die Bundesregierung etwas tun würde, um auf diese Art und Weise auch als Regierung ihr Engagement gegenüber den politisch Verfolgten zum Ausdruck zu bringen. Wir haben dem Auswärtigen Amt gestern eine Liste überreicht von Dingen, die fehlen, und es gibt durchaus die Möglichkeit, das innerhalb kürzester Zeit zu regeln.

Bei den politischen Gesprächen, insbesondere bei der Radikalen Partei, ich hab' es schon gesagt, dass die Genossen die Reise als große Unterstützung empfunden haben, denn bevor wir mit ihnen geredet haben, hatten wir bereits eine lange Liste von Inhaftierten der Junta übergeben mit dem Verlangen, diese Leute umgehend freizulassen. Die haben dazu folgende Haltung eingenommen: Junta sagt, sie will innerhalb von 30 bis 45 Tagen die politischen Gefangenen entlassen, bis auf diejenigen, gegen die Prozesse durchgeführt werden sollen. Bei diesen Prozessen sollen die Leute die Möglichkeit haben, Anwälte in Anspruch zu nehmen. Ich glaube, wir müssen sehr daran interessiert sein, dieses sehr genau zu verfolgen, [uns] ständig darum kümmern, damit auch mindestens das eingehalten wird, und eher Druck ausüben, um erheblich mehr erreichen zu können. Wir haben mit unseren Genossen unter vier Augen oder unter sechs Augen gesprochen über die Haltung, die wir einnehmen sollen. Niemand erwartet von diesen, dass etwa, es gibt erfreulicherweise auch keine Diskussionen darüber, dass etwa die Beziehungen abgebrochen werden sollen, ganz im Gegenteil, die Leute erwarten von uns, dass die Beziehungen genutzt werden, um ihnen zu helfen. Es gibt eine ganz bittere Enttäuschung, insbesondere über die Länder, die in der Zwischenzeit, wie die Sowjetunion und andere, die Beziehungen abgebrochen haben, die mit der Volksfrontregierung gute Beziehungen hatten. Nun sind die Leute inhaftiert. Die haben ihre Botschaften geschlossen, sind ins Flugzeug eingestiegen und verschwunden. Das wird von denen nicht sehr hilfreich empfunden, sondern die Einwirkung, soweit die Möglichkeiten gegeben sind, das ist die Vorstellung, die sie haben.

Das Zweite: Alwin *Brück* und ich haben kein Wort über Entwicklungshilfe dort gesprochen. Das war auch nicht unsere Aufgabe, sondern unsere Aufgabe war es, zu sehen, wie man helfen kann. Die Genossen dort sind der Auffassung, die Gewährung soll man abhängig machen von Zugeständnissen in Bezug auf die Wiederherstellung der Menschenrechte und die Wiederherstellung der Demokratie. Dieses ist auch unser beidiger Auffassung, aber ich sage hier deutlich, wir haben über diese Frage nicht ein einziges Wort dort gesprochen. Das wird mit Sicherheit mit Ruhe von der Bundesregierung überlegt sein müssen.

Wir haben jede Gelegenheit genutzt, die sich geboten hat, um einzutreten für die Durchsetzung der Menschenrechte, für die Wiederherstellung der Demokratie und für die Verfassungsrechte. Wir haben mit Sicherheit für die Zukunft eine Reihe von Familien zu unterstützen. Wir haben Abstand genommen von einer Vorstellung, die wir zu Beginn der Reise hatten, uns um Anwälte zu kümmern, die für Prozesse, die durchgeführt werden, notwendig sind. Die Genossen haben in der Zwischenzeit eine Reihe von Anwälten, die bereitstehen, die sogar kostenlos aus politischen Gründen die Vertretung übernehmen, auch wenn sie politisch ganz andere Vorstellungen haben, so dass wir uns mit Sicherheit auf den humanitären Sektor beschränken können.

Abschließend möchte ich noch ein Wort sagen. Wir haben heute im Arbeitskreis uns über die Fragen ausführlicher unterhalten, als es möglich ist. Es hat ein oder zwei Genossen gegeben, die der Auffassung waren, dass mein Interview nicht scharf genug war. Genossen, ich bitte mir und auch Alwin *Brück* diese Haltung zu gestatten, denn wir müssen uns um eine Vielzahl von Einzelfällen für die Zukunft kümmern. Ich habe aber Verständnis, wenn andere eine andere Haltung einnehmen. Hier sollte man gegenseitig Verständnis füreinander haben. Vielen Dank für eure Aufmerksamkeit.

(Beifall.)

Wehner: Alwin *Brück*, willst du noch etwas hinzufügen? Bitte!

Brück: Genossinnen und Genossen, nur noch ein paar Bemerkungen zu dem, was Hans-Jürgen *Wischnewski* gesagt hat. Ich habe mit dem Länderbeauftragten des Deutschen Entwicklungsdienstes gesprochen, nachdem er gerade von einer Reise in den Süden des Landes zurückgekehrt war. Für die deutschen Entwicklungshelfer gibt es keine größeren Probleme, wenn auch einige unter Hausarrest standen, wenn sie verhört worden sind. Sie sind aber alle in Sicherheit. Ich habe im Außenministerium in einem Gespräch mit dem Staatssekretär deutlich gesagt[56], was es bedeuten würde für die deutsche Öffentlichkeit und auch für das Image der Entwicklungshilfe, wenn es Schwierigkeiten gäbe für die deutschen Entwicklungshelfer. Nachdem ich gesagt habe, dass sie natürlich den Auftrag haben, sich nicht in die inneren Angelegenheiten eines Landes einzumischen, dass sie aber mit viel Gerechtigkeitssinn in diese Länder hineingehen und daher es vorkommen könnte, dass sie doch etwas mehr tun, als sie eigentlich tun sollten.

Ich habe mich immer dafür eingesetzt und ich habe das neulich in der Fraktion schon gesagt, dass wir die Entwicklungshilfe nicht zu einem Instrument der Außenpolitik in der Art machen, dass wir sie als Druckmittel benutzen. Ich will aber auch hier ganz offen sagen, weil für mich Chile eine andere Qualität hat als die Verhältnisse in vielen schwarzafrikanischen Staaten, dass ich hier nicht an der reinen Lehre hänge. Ich meine, wie es Hans-Jürgen *Wischnewski* gesagt hat, dass wir die Entwicklungshilfe einsetzen sollten, um zu erreichen, dass dort die Menschenrechte gewahrt werden. Ich bin nicht sehr optimistisch über die Entwicklung. Das Gespräch beim Präsidenten des Obersten Gerichtshofes[57] war nicht sehr befriedigend für uns, was die Wahrung der Rechte betrifft. Trotzdem meine ich, dass wir alles tun sollten, was in unseren Möglichkeiten steht. Wir haben dort gespürt, dass es den Militärs nicht gleich ist, was man in der Bundesrepublik Deutschland über sie denkt, und dass es ihnen vor allem nicht gleich ist, was man in der SPD über sie denkt, die die große Regierungspartei ist. Wir sollten das nutzen, für die einzelnen Häftlinge etwas zu tun. Ob uns das gelingt, weiß ich nicht, aber wir sollten uns bemühen, um vor allem unseren Genossen dort zu helfen, die, Hans-Jürgen *Wischnewski* hat es gesagt, sehr dankbar dafür waren, dass die SPD diese Aktion unternommen hatte. Schönen Dank.

(Beifall.)

Wehner: Genosse *Marschall*.

---

56 Es ist nicht klar, ob *Brück* damit das chilenische Außenministerium oder das bundesdeutsche Auswärtige Amt meinte. Im Auswärtigen Amt wäre in der Regel der Parlamentarische Staatssekretär *Moersch* Ansprechpartner des Abgeordneten gewesen.
57 Enrique *Urrutia Manzano*.

Fraktionssitzung 02.10.1973 **27.**

Marschall: Ich habe zwei Fragen an unsere beiden Vertreter, die auf die Reise nach Chile gegangen sind. Die erste Frage, ob geklärt werden konnte, dass die Botschaft in Santiago alle Möglichkeiten ausgenutzt hat, politisch Verfolgte zu unterstützen beziehungsweise auch aufzunehmen? Die zweite Frage, ob geklärt werden konnte, dass bundesdeutsche Stellen in Chile bedrohten Bundesbürgern Hilfestellung geleistet haben? Mir ist ein Fall berichtet worden, die Unterlagen liegen mir noch nicht vor, dass einem bedrohten Bundesbürger von einem Konsulat sogar die Hilfeleistung finanzieller Art zur Ausreise verweigert wurde. Ich glaube, man sollte solchen Dingen nachgehen. Es wäre interessant, von der Delegation zu erfahren, ob sie hierüber etwas vernommen hat. Eine dritte Frage an den Vertreter des Auswärtigen: Ist die Anerkennung der Junta durch die Bundesregierung jetzt bereits vollzogen oder nicht? Es gibt hier widersprüchliche Meldungen.

Wehner: Hein *Müller* (Nordenham).

Müller (Nordenham): Genossinnen und Genossen, ich habe in zwei Unterbezirkskonferenzen in der letzten Woche mit Chile zu tun gehabt. Ich habe unseren Beschluss hier, unsere Resolution verteilt[58], begründet. Sie fand auch Anklang. Darüber hinaus wurde aber beschlossen, die diplomatischen Beziehungen sofort abzubrechen, und zwar die Bundestagsfraktion aufzufordern, eine dementsprechende Empfehlung abzugeben. Weiter wurde beschlossen, sich bei der Vergabe von Entwicklungshilfe an den Beschluss der Sozialistischen Internationale zu halten, wie *Wischnewski* ihn hier auch erläutert hat. Mich interessiert nun, wie denkt die Fraktion über das, was bei der Sozialistischen Internationale beschlossen worden ist über die Verknüpfung der Entwicklungshilfe mit der Wiederherstellung der demokratischen Verhältnisse und mit der Beachtung der Menschenrechte, wie Alwin *Brück* es eben gesagt hat, und wie denken Fraktion und Bundesregierung über diese Forderung, die erhoben worden ist, Abbruch der diplomatischen Beziehungen?

Wehner: Bruno *Friedrich*.

Friedrich: Ich möchte etwas sagen zur Sitzung der Internationale. Man war sich dort einig, und zwar alle Parteien, was da nicht immer der Fall sein soll, dass ein Abbruch der Beziehungen den Genossen dort nicht helfen kann, sondern dass es darauf ankommt, Einfluss zu nehmen und dass man deshalb auch alle Maßnahmen so abstufen muss, dass es der Junta nicht sinnlos erscheint, überall, dass es ihr nicht sinnlos erscheint, die Sache laufen zu lassen. Deshalb war die Entscheidung der Internationale, erstens Nahrungsmittel, Medizin sollte man liefern, zweitens Entwicklungshilfe abgestuft handhaben und das Dritte habe ich bereits gesagt, Beziehungen nicht abbrechen. Darüber gab es volle Übereinstimmung. Außerdem war interessant, dass man übereinkam, keine Stellungnahme zu starten von außerhalb, sondern man hat in der Entschließung die multinationalen Konzerne genannt.

Walkhoff: Noch nicht eingestellt. – Ich stimme mit Hans-Jürgen *Wischnewski* darin überein, dass der Abbruch der diplomatischen Beziehungen kein geeignetes Mittel ist. Ich möchte die Bundesregierung aber fragen, ob sie auch den Standpunkt von Hans-Jürgen *Wischnewski* teilt und sich diesen zu eigen macht, ein Standpunkt, dem zustimme, dass die weitere Gewährung von Entwicklungshilfe abhängig gemacht wird von der Wiederherstellung demokratischer Verhältnisse in Chile. Bei Alwin *Brück* schien mir der Akzent, aber vielleicht habe ich ihn missverstanden, etwas anders zu sein. Ich habe ihn so verstanden, dass er weiter Entwicklungshilfe leisten möchte, das vorschlägt, um

---

58 Zum Wortlaut der Resolution vgl. Informationen der Sozialdemokratischen Fraktion im Deutschen Bundestag, Ausgabe: Tagesdienst 525 vom 19. September 1973, betr.: Fraktionssitzung III; AdsD 2/ BTFG000026.

dadurch zu erwirken, dass sich die Verhältnisse in Chile ändern. Ich glaube, das wäre nicht der rechte Weg. Ich wäre sehr dankbar, wenn die Bundesregierung zu dieser Frage Stellung nehmen würde.

Wehner: Heinz *Rapp*.

Rapp (Göppingen): Genossinnen und Genossen

{...}[59]

unverhohlenen Genugtuung über den Militärputsch Ausdruck gegeben. Wir haben ihm das bisher ziemlich unangefochten durchgehen lassen. Ich würde es begrüßen, wenn bei nächster Gelegenheit im Plenum ihm dies mal unter die Nase gerieben würde und wenn ihm gesagt würde, dass es sich um einen Putsch von Verfassungsfeinden im öffentlichen Dienst Chiles gehandelt hat.

(Vereinzelter Beifall.)

Wehner: Hans *Matthöfer*.

Matthöfer: Liebe Genossinnen und Genossen, ich halte gar nicht viel davon, den Abbruch von Lieferungen der Entwicklungshilfe als unmittelbares Druckmittel einsetzen zu wollen. Das wird relativ schwierig. – Bitte schön!

(Zwischenruf: Näher ans Mikrofon!)

Also noch näher gehe ich nicht ran, dann muss der das lauter drehen da vorne, ich bin ja schon drei Zentimeter davon. Versuch's mal, ok?

(Zwischenruf: Vier Zentimeter.)

Besser so?

(Zwischenruf: Nein!)

So besser?

(Zwischenruf: Ja!)

Ok. Also ich sag's noch mal. Ich halte nichts davon, in der Öffentlichkeit zu erklären, wir setzten die Entwicklungshilfe als Druckmittel ein. Worum geht es konkret im Falle Chile hier? Wir werden im Oktober 15 000 Tonnen Weizen verschiffen von Antwerpen aus, die werden Ende November ankommen. Wir können den Weizen noch aufhalten, irgendwo anders hinlenken. Es gibt in der Welt genug Hungergebiete, wo man den Weizen hingeben könnte. Tatsache ist, dass hier aber gültige, von uns unterzeichnete Verträge zwischen der Bundesrepublik Deutschland und der Republik Chile vorliegen, und hier muss man wirklich dann die Sache nicht am Beispiele Chiles diskutieren, weil hier mit einem Mal die Emotionen hochkommen, sondern man muss grundsätzlich dann darüber diskutieren, was man in der Welt mit Entwicklungshilfe machen will. Ich bin der Meinung und ich hab' das immer vertreten, dass man die Entwicklungshilfe einsetzen sollte zur Stärkung der demokratischen und sozialistischen Reformkräfte in der Welt. Der Meinung bin ich. Das kann aber nicht so geschehen, dann hätten wir relativ wenige Länder zurzeit, wo man Entwicklungshilfe einsetzen könnte, es kommt auch darauf an, die Entwicklungshilfe in solchen Ländern einzusetzen, dass die Leute in der Lage sind, überhaupt sich demokratisch zu betätigen. Und ich bin der Meinung, dass kein Diktator und kein Militärregime in der Welt deshalb sicherer sitzt, und die in Chile schon mal gar nicht, wenn die Leute vernünftig ernährt sind, wenn sie gesund

---

[59] Auf dem Tonband unverständlich. Aus dem schriftlichen Kurzprotokoll geht hervor, dass der Abgeordnete *Rapp* hier den Unions-Fraktionsvorsitzenden Karl *Carstens* wegen dessen Haltung zum Putsch in Chile kritisierte. Zum schriftlichen Kurzprotokoll der Sitzung vgl. AdsD, 2/BTFG000027.

sind, wenn sie lernen, sich wieder zu organisieren und Erfolge zu haben. Ich glaube, das wird die demokratischen Kräfte in Chile stärken. Wir werden hier nicht mit voller Kraft fahren. Die Frage ist zum Beispiel, was man mit den 21,2 Millionen macht, die ebenfalls in vertraglicher Verpflichtung vorliegen, und man muss hier auch sehen, dass Weizen und 21 Millionen, vielleicht darf man das hier noch erzählen, schon längst da hätten sein können, wenn die chilenische Regierung nicht auf alle mögliche Art und Weise versucht hätte, hier Dinge zu regeln mit den Verträgen, die völlig neben der Sache lagen. Zum Beispiel haben wir eine Klausel darin, dass bei Rechtsstreitigkeiten die deutsche Sprache maßgebend ist, in diesem Schenkungsvertrag. Das war für sie eine besondere Äußerungsform des Imperialismus und sie weigerten sich monatelang, nachdem wir schon im Frühjahr bei der EWG durchgesetzt haben, dass der Weizen geliefert wird, diesen Vertrag wegen der Klausel zu unterschreiben, so dass das Ganze nun verzögert ist, der Weizen hätte längst da sein können. Wir haben ihn mit humanitären Gründen bekommen und durchgesetzt. Es ist völlig unmöglich, nach meiner Sicht der Dinge, jetzt zu sagen, wir liefern nicht.

Wie wir aber in Zukunft überhaupt Entwicklungshilfe einsetzen, um Demokratie und Reformkräfte in der Welt zu stärken, ist ein Grundsatzproblem. Ich glaube nicht, dass man das am Beispiel Chiles jetzt nun mit dem Brecheisen machen sollte. Meine Linie wäre, den Weizen laufen zu lassen, auch einige wenige Dinge weiter zu tun, wo sowieso völkerrechtliche Verbindungen vorliegen, dann aber abzubremsen, mit den Leuten in Verbindung zu bleiben, die demokratischen Kräfte in Chile zu stärken, die Gefangenen herauszuholen, ihre Bedingungen zu verbessern, auch ihr Überleben zu sichern, um auf diese Art und Weise sicherzustellen, dass die tiefe demokratische und ich darf sagen, sozialistische Grundstimmung im chilenischen Volke auf irgendeine Art und Weise wieder ihren Ausdruck finden kann. Ich würde es für nicht richtig halten, wenn wir in der Öffentlichkeit, ich darf das noch mal zusammenfassen, als Fraktion oder als Regierung jetzt sagen würden, in diesem Falle brechen wir die Entwicklungshilfe ab.
(Vereinzelter Beifall.)

Wehner: Alwin *Brück*.

Brück: Ja, liebe Genossinnen und Genossen, niemand hat gesagt, dass wir das mit der Brechstange tun sollten. Natürlich soll die Getreidelieferung erfolgen, weil die Menschen dort Hunger haben, weil es Tag für Tag lange Schlangen vor allem vor den Bäckereien gibt. Ich habe auch nur gesagt, dass wir sie einsetzen sollen in den Verhandlungen und auch darauf hinweisen, dass von deutscher Hilfe auch eine Normalisierung der Verhältnisse in Chile abhängt. Ich will ganz offen sagen, Karl-Heinz *Walkhoff*, ob wir warten müssen, bis dort wieder ein demokratischer Staat entwickelt ist, das weiß ich nicht. Wir sollten wenigstens versuchen, Menschenrechte einigermaßen dort durchzusetzen.

Nun zur Frage der diplomatischen Beziehungen. Da ist schon genügend gesagt worden, wie notwendig es ist, diplomatische Beziehungen zu unterhalten. Ich will nur zur Information sagen: Die Bundesrepublik hat der chilenischen Regierung mitgeteilt, dass sie die diplomatischen Beziehungen fortsetzt. Die Formel ist ungefähr die gewesen im Brief, in der Note des Botschafters, dass der Eingang der Note der chilenischen Regierung bestätigt worden ist, wonach diese mitteilt, dass sie jetzt die Macht übernommen habe, und dass dann im zweiten Satz mitgeteilt worden ist, dass die Bundesregierung nicht das Problem der Anerkennung von Regierungen kenne, und dann mitgeteilt worden ist, dass sie die diplomatischen Beziehungen fortsetzt. Was das Verhalten von deutschen Konsuls betrifft im Süden Chiles, meine ich, dass die Bundesregierung sich einmal Gedanken darüber machen müsste, ob das System der Wahlkonsuln von Deutschstämmigen in manchen Ländern immer das Beste ist, das müsste man mal wirklich überprüfen.

28. 16.10.1973 Fraktionssitzung

Wehner: Hans-Jürgen *Wischnewski*.

(Zwischenruf.)

Bevor ich den nächsten Punkt aufrufe, Genossen, will ich nur sagen, dass Helmut *Schmidt* auf meine Frage mir gesagt hat, dass er das, was er zu Nairobi[60] und zu dem Inflations- und zu den finanziellen Entwicklungen sagen möchte, in Klammer mit Punkt 8, das ist dieser CDU/CSU-Entwurf Inflationsentlastungsgesetz[61], sagen will.

[D.-F.] → online unter www.fraktionsprotokolle.de

28.

16. Oktober 1973: Fraktionssitzung (Tonbandtranskript)

AdsD, SPD-BT-Fraktion 7. WP, 6/TONS000021. Titel: »Fraktionssitzung vom 16.10.1973«. Beginn: 15.10 Uhr. Aufnahmedauer: 03:45:51. Vorsitz: Wehner.

Sitzungsverlauf:

A. TOP 1: Politischer Bericht von Bundeskanzler *Brandt* (Vierter arabisch-israelischer Krieg (Jom-Kippur-Krieg); wirtschaftliche Hilfe für osteuropäische Länder und engere wirtschaftliche Zusammenarbeit mit Polen; geplante gemeinsame Arbeitstagung von Fraktion, SPD-Parteirat und Fachausschüssen des SPD-Parteivorstands zu außen- und sicherheitspolitischen Themen; Berichte vor dem SPD-Parteirat; Preissteigerungen und Stabilitätspolitik; Beteiligungsverhältnis Bund-Länder bei der Umsatzsteuer; Mitbestimmung in Unternehmen; Bodenrechtsreform; Bekämpfung der Wirtschaftskriminalität; Umweltschutzstrafrecht; Versorgungslage bei Erdöl; europäische Agrarpolitik). – Aussprache der Fraktion über den Bericht des Bundeskanzlers.

B. TOP 2: Bericht aus dem Fraktionsvorstand (Termin der Klausurtagung; Tagesordnung der Plenarsitzungen; Kleine Anfrage betr. Staatsangehörigkeit von Kindern aus gemischtnationalen Ehen; Kleine Anfrage betr. Verbraucherpolitik; Situation in Chile; Kontroverse mit der Bundesärztekammer; Erklärung *Wehners* zum »Spiegel«-Artikel über seine angebliche Aussage »Was der Regierung fehlt, ist ein Kopf«).

C. TOP 3: Informationen (Viertes Atomprogramm; Diskussion über negative Auswirkungen der Stabilitätspolitik auf den Bausektor; Verbesserungen beim Schlechtwettergeld; Zweckentfremdung von Straßenbaumitteln; Mietsteigerungen als Auswirkung der Stabilitätspolitik; Erbbaurechtsverordnung; Kraftfahrzeugsteuer, personelle Zusammensetzung der Monopolkommission; Tariferhöhungen durch Steuerreformgesetz; Sonderlaufbahn für Rechtspfleger; Polizeizulage; Telegramm an den griechischen Ministerpräsidenten).

D. Vorbereitung der Plenarsitzungen: TOP 4: Tagesordnung und Ablauf der Plenarsitzungen. – TOP 5: 1. Beratung Gesetz über Naturschutz und Landschaftspflege. – TOP 6:

---

60 Gemeint ist die Jahrestagung des Internationalen Währungsfonds und der Weltbank, die vom 24. bis zum 28. September 1973 in Nairobi stattfand.
61 Zum Gesetzentwurf der CDU/CSU-Fraktion vom 27. September 1973 zur Beseitigung von Inflationsschäden bei der Einkommen- und Lohnsteuer (Inflationsentlastungsgesetz) vgl. BT Drs. 07/1043

Fraktionssitzung 16.10.1973 **28.**

1. Beratung Grundgesetz-Änderung (Art. 74, Nr. 25 – Naturschutz und Landschaftspflege). – TOP 7: 1. Beratung Bundeswaldgesetz. – TOP 8: 1. Beratung Änderung Wasserhaushaltsgesetz. – TOP 9: 1. Beratung Grundgesetz-Änderung (Art. 74, Nr. 24 – Wasserhaushalt). – TOP 10: 2. Beratung und Schlussabstimmung Internationaler Pakt über bürgerliche und politische Rechte. – TOP 11: 2. Beratung und Schlussabstimmung Internationaler Pakt über wirtschaftliche, soziale und kulturelle Rechte. – TOP 12: 1. Beratung Strafvollzugsgesetz. – TOP 13: 1. Beratung CDU/CSU-Antrag betr. Ausschluss von Verteidigern im Strafprozess. – TOP 14: 1. Beratung Änderung Wohngeldgesetz. – TOP 15: 1. Beratung CDU/CSU-Entwurf Änderung Wohnungsbaugesetz. – TOP 16: 2. und 3. Beratung Fünftes Anpassungsgesetz KOV. – TOP 17: 2. und 3. Beratung Betriebsärztegesetz.

E. TOP 18: Vorschläge der Arbeitsgruppe »Auswertung der Klausurtagung«. – TOP 19: Schreiben von Manfred *Marschall* und Genossen betr. Chile. – Vorlagen aus den Arbeitskreisen: TOP 20: Kleine Anfrage betr. Staatsangehörigkeit von Kindern aus gemischtnationalen Ehen. – TOP 21: Kleine Anfrage betr. Verbraucherpolitik – TOP 22: Antrag betr. Novellierung Tierzuchtgesetz. – Sonstiges: TOP 23: Umbesetzungen.

[A.]

Wehner: Die Sitzung ist eröffnet. Franz *Zebisch* begeht heute seinen 53.

(Beifall.)

Die Tagesordnung, Genossinnen und Genossen, ist sehr umfangreich, und wir haben, damit die Punkte, die in diesen Plenarsitzungen ihre Rolle spielen, behandelt werden, sie so gesetzt, dass wir erst dann, was keine Wertung bedeutet, den Bericht über die Vorschläge der Arbeitsgruppe Auswertung der Klausurtagung den Alex *Möller* als 18. Punkt draufgesetzt haben. Die folgenden Punkte sind nicht weniger wichtig. Zur Tagesordnung wird das Wort nicht gewünscht, dann treten wir ein, 1. Punkt. Das Wort hat der Bundeskanzler.

Brandt (Berlin): Genossen, ich möchte zunächst die Aufmerksamkeit lenken auf den Beschluss, den die gemeinsame Sitzung von Parteirat, Parteivorstand und Kontrollkommission am vergangenen Sonnabend in Hamburg gefasst hat. Da steht mit Recht die Situation im – oder wird zu Recht an erster Stelle zur Lage im Nahen Osten Stellung genommen.[1] Es hat darüber auch im Parteirat eine lebhafte Aussprache gegeben.[2] Ich will das hier nicht wiederholen, sondern will ein paar Bemerkungen machen zur Einschätzung der gegenwärtigen Situation. Es ist eine Tendenz zur Verfestigung der Kampflinien festzustellen, seit vorgestern erste Anzeichen für israelische Truppenverschiebungen von der Nordfront an den Kanal, nein, nicht an den Kanal, sondern auf die Sinai-Halbinsel. Die Verluste, Menschenverluste, Materialvernichtung waren auf beiden Seiten in den letzten Tagen weiterhin hoch und wohl, wenn ich das so umschreiben darf,

---

[1] Am 6. Oktober 1973, am Tag der jüdischen Jom-Kippur-Feier, griffen Syrien und Ägypten gemeinsam Israel auf den Golanhöhen und am Sinai an. Trotz anfänglicher arabischer Erfolge gelang es Israel, nachdem es seine Armee vollständig mobilisiert hatte, die Angreifer zurückzudrängen. Am 16. Oktober stand die israelische Armee weit auf ägyptischem und syrischem Gebiet. Vgl. AAPD 1973, III, Dok. 312, Anm. 6.

[2] Der Parteirat war uneins darüber, inwieweit das Vorgehen Israels im Nahost-Konflikt ebenfalls kritisch beurteilt werden sollte. Für den Wortlaut in der Debatte während der gemeinsamen Sitzung von Parteirat, Parteivorstand und Kontrollkommission am 13. Oktober 1973 vgl. die Bandabschrift im Bestand AdsD, 2/PVA0000594.

auf beiden Seiten höher als von den unmittelbar beteiligten Stellen angegeben. Beide Supermächte befinden sich im Prozess der oder fühlen sich unter dem Zwang zur Nachlieferung. Unter dem Eindruck der Entwicklung schält sich der Eindruck heraus, als ob die israelische Seite nicht abgeneigt wäre, über eine Feuereinstellung an den jetzt vorhandenen Grenzen zu sprechen, aber man darf daraus keine – zumal das gar nicht so weit entfernt wäre von dem, was in früheren Situationen schon ins Auge gefasst wurde, aber die Gegenseite fühlt sich sehr obenauf im Moment, sodass nicht gleich zu vermuten ist oder gleich angenommen werden kann, man würde einen solchen Ausweg finden. Die amerikanische Regierung versucht offensichtlich, in dieser Richtung Einfluss auszuüben. Ich will nur eben grade aus der Rede, die *Sadat* heute Vormittag gehalten hat, er zwar auch einer Friedenskonferenz das Wort redet, aber gleichzeitig darauf hinweist oder damit droht, dass die ägyptischen Langstreckenraketen, wie er sagt, auf das erste Signal zum Abschuss bereit seien. Das heißt es gibt noch manche möglichen Entwicklungen zur erheblichen Verschärfung des Konflikts.

Die amerikanisch-sowjetischen Kontakte, an denen es nicht gefehlt hat, soweit wir wissen, sind bisher ohne Ergebnis geblieben. Der Waffenstillstandsappell der Neun ist bemerkenswerterweise in Israel nicht kritisiert worden. Es trifft zu, dass es einen Austausch von Botschaften zwischen Moskau und Bonn und dann zurück Bonn und Moskau gegeben hat in diesen Tagen neben anderen Austauschen. Ich will hier so viel sagen, dass es einen doppelten sowjetischen Hinweis gegeben hat, die Sicherheit Israels sei ebenso wie die der anderen Staaten in der Region zu gewährleisten. Hierauf hat die Bundesregierung positiv unter der Hinzufügung geantwortet, dass die Lebensrechte aller Völker des Raums zu garantieren seien.

Die Führungsgremien der Partei haben das am Sonnabend ergänzt durch den Hinweis auf konkrete, verbindliche und glaubwürdige Garantien für die Existenz Israels vor allem durch die Großmächte und dies in Anlehnung an oder gestützt auf, wie man will, die bekannte Sicherheitsratsresolution Nr. 242 vom November 1967.[3] Die israelische Pressereaktion auf das, was von unserer Seite auch in der vergangenen Woche zum Beispiel durch den Bundeskanzler in Frankfurt am Main und Bundesaußenminister in Kiel gesagt worden ist, ist eine verständnisvoll positive, aber viel kaufen können sie sich dafür auch nicht. Die Stellungnahmen der Partei dürfen natürlich nicht so aufgefasst werden, als ob wir nicht wüssten, dass es für eine Friedensregelung der Mitwirkung aller Beteiligten bedarf, also auch der dann erforderlichen, für eine vernünftige Regelung unerlässlichen Kräfte in der der arabischen Welt. Ich kann nichts anderes als hoffen, dass sich schon in wenigen Tagen der Durchbruch möglich machen könnte zur Einstellung der Kampfhandlungen, denn sonst könnte es sich in eine Situation hineinbewegen, die die Gefahr erheblicher Eskalierungen mit sich bringt, und dies unmittelbar vor der europäischen Haustür, wenn man es so nennen will.

---

3 Die Resolution stammte vom 22. November 1967 und war eine Reaktion auf den Sechstage-Krieg von 1967. Sie forderte den Rückzug Israels aus den besetzten Gebieten und aus Ost-Jerusalem. Einer der Kernpunkte der UN-Resolution lautete: »Termination of all claims or states of belligerency and respect for and acknowledgement of the sovereignty, territorial integrity and political independence of every State in the area and their right to live in peace within secure and recognized boundaries free from threats or acts of force«. Zum englischen Wortlaut vgl. UNITED NATIONS RESOLUTIONS, Serie II, Bd. VI, S. 42. – Für den deutschen Wortlaut der Resolution vgl. EUROPA-ARCHIV 1969, D 578 f. – Der sich darauf beziehende Teil, der vom SPD-Parteirat verabschiedeten Erklärung lautete »Die Anerkennung und Respektierung des Lebensrechtes und der Sicherheit aller Staaten dieses Gebietes auf der Grundlage der Erklärung des Sicherheitsrates der Vereinten Nationen von 1967. Doch bedarf es, ergänzend zur Resolution des Sicherheitsrates von 1967, konkreter, verbindlicher und glaubwürdiger Garantien für die Existenz Israels, vor allem durch die Großmächte.« Vgl. Anm. 2.

Ich will noch zwei andere Bemerkungen im Zusammenhang mit der außenpolitischen Resolution vom Wochenende machen: Die eine bezieht sich auf eine für meine Begriffe wenig hilfreiche Diskussion in den Zeitungen darüber, ob und auf welche Weise man, sei es für Polen, sei allgemein für Staatshandelsländer etwas tut, nein, nicht mal notwendigerweise für die etwas tut, etwas tut, was der Kooperation von uns aus mit solchen Ländern zugutekommt.[4] Was in diesem Moment ansteht, ist das allein das Problem Polens, so wie vor einiger Zeit allein anstand, das Verhältnis zu Jugoslawien ein Stück näher an die Normalisierung heranzubringen und die Diskussionen über Modalitäten, über gebundene oder nicht gebundene Finanzkredite, über Zinssätze, und was weiß ich, ist natürlich alles schrecklich wenig hilfreich, weil es geschieht in einer Situation, in der eine Regierung einer anderen eine Offerte machen will, und da ist es wie im Geschäftsleben, dass man also im Grunde sich selbst Schaden zufügt, wenn man es so diskutieren lässt, wie es bei uns diskutiert wird, außerdem dass man bei anderen auch noch Begehrlichkeiten weckt, und zwar weit über den Kreis kommunistisch regierter Staatshandelsländer hinaus. Deshalb möchte ich hier sagen, es ist völlig irrig anzunehmen, das Kabinett werde morgen hierüber Beschlüsse fassen. Es hat ein Gespräch zwischen den unmittelbar beteiligten Kabinettsmitgliedern gegeben, gestützt hierauf weiß der Bundesaußenminister, mit welchen Vorstellungen des Bundeskanzlers er in Warschau Gespräche führen kann, und dann wird er danach berichten und dann werden wir konkret Stellung nehmen. Es steht also jetzt nicht die Frage allgemeiner Regelungen gegenüber Staatshandelsländern an, sondern die Frage einer Möglichkeit besserer Kooperation im Verhältnis zur Volksrepublik Polen.

Schließlich zu diesem Punkt: Ich habe vor dem Parteirat die Anregung gegeben und möchte darum bitten, dass das zum gegebenen Zeitpunkt zwischen Parteivorstand und Fraktionsvorstand in eine konkrete Fasson gebracht wird, es spricht eine ganze Menge dafür, dass wir einmal nach der Jahreswende, aber nicht zu sehr aufs Frühjahr hin, in Form einer Arbeitstagung Fraktion, Parteirat und die zuständigen Fachausschüsse des Parteivorstandes, insbesondere die für internationale Beziehungen und zur Sicherheitspolitik, unsere Außenpolitik im Zusammenhang diskutieren, weiteren Klärungen zuführen, wo dies erforderlich ist, und ich meine, dass wir insbesondere über die Probleme der Europa- und Sicherheitspolitik, die beide, aber andere Teilgebiete auch, einer Weiterentwicklung bedürfen, dann in aller Ruhe reden sollten. Von mir aus auch schon vor der Jahreswende, aber ich glaube, es ist vernünftig, damit bis nach der Weihnachtspause zu warten und es entsprechend vorzubereiten.

Dann möchte ich weiter die Aufmerksamkeit der Fraktionskollegen lenken auf die Berichte, die herausgegeben worden sind auch nach der Sonnabendsitzung des Parteirats über das[5], was Helmut *Schmidt*, Walter *Arendt* und Hans-Jochen *Vogel* dem Parteirat vorgetragen haben. Helmut *Schmidt* zur Wirtschaftslage, Konjunkturlage und zur Arbeit an der Steuerreform. Walter *Arendt* über aktuelle sozialpolitische Vorhaben. Hans-Jochen *Vogel* sehr konzentriert, aber gehaltvoll, zur Frage des Bodenrechts. Je eine Bemerkung zu den drei – das bedeutet nicht, dass die anderen nicht auch gehaltvolle Aus-

---

4 Vgl. bspw. die Artikel »Noch keine Klarheit über billige Kredite für Polen«; »Frankfurter Allgemeine Zeitung« vom 13. Oktober 1973, S. 1, sowie »Polen wirklich nur ein Sonderfall?«; »Die Zeit«, Nr. 43 von 19. Oktober 1973, S. 34. – Noch war unklar, in welcher Form der von Polen gewünschte Kredit gewährt werden sollte. So hielt FDP-Wirtschaftsminister *Friderichs* Subventionen für deutsche Osthändler, beispielsweise über verbilligte staatliche Exportkredite, angesichts der heiß laufenden Konjunktur ordnungspolitisch für bedenklich. Er plädierte demgegenüber für einen ungebundenen Finanzkredit an Polen, der es dem Land auch ermöglichen würde, auch außerhalb der Bundesrepublik einzukaufen.

5 Die Sitzung von Parteirat, Parteivorstand und Kontrollkommission fand am 13. Oktober 1973 statt.

führungen gemacht haben, weil die kann man auch machen, wenn man sich kürzer fasst, als ich es im Augenblick tue. Also zu jedem dieser Punkte eine Bemerkung. Helmut *Schmidts* Referat wird ausgeschrieben, redigiert, liegt in wenigen Tagen nicht nur den Mitgliedern des Parteirats, sondern auch der Fraktion vor und enthält eine Menge Argumentationshilfe – ich will darauf aufmerksam machen.

Hier liegt mir daran, in Anknüpfung an die Erörterung dieses Punkts am Sonnabend, folgende drei Feststellungen zu treffen. Erstens: Wenn wir die Preissteigerungsraten der letzten Monate betrachten, mit den letzten Monaten meine ich die seit dem Frühsommer, wenn wir, nebenbei gesagt, seit den letzten Tagen auch die industriellen Erzeugerpreise mit einbeziehen können, so ist festzustellen, dass wir gegenwärtig das Schlusslicht bilden oder darstellen, wo es um die weltweite inflationäre Entwicklung geht. Das ist ein schwacher Trost, aber für die Debatte nicht ganz unerheblich, ob man in die Mittelgruppe gerückt war oder wieder eindeutig sagen kann, wenn wir uns umschauen, in den, nicht nur den europäischen Nachbarländern, sondern der westlichen Welt überhaupt, die Bundesrepublik Deutschland steht jetzt am Schluss der Preisauftriebsentwicklung.

Zweitens: Anders, als es viele meinen, liebe Genossen, ergibt sich für die große Masse der Arbeitnehmer im Durchschnitt auch in diesem Jahr ein realer Nettozuwachs des Lebensstandards, und zwar von nicht weniger als drei Prozent. Das ist keine schlechte Zahl. Und ich empfehle, einmal die entsprechenden realen Zuwächse seit 1950 zu vergleichen und zugrunde zu legen, dann sieht man, wovon die Rede ist.

Und drittens: Eine Lockerung der stabilitätspolitischen Maßnahmen ist in diesem Augenblick nicht aktuell und nicht möglich aus der Sicht der Regierung, aber wir sind darauf aufmerksam, dass es den Punkt zu erkennen gilt, von dem ab eine abträgliche Übersteuerung eintreten würde. Ich will das bewusst nicht deutlicher machen. Ich möchte nur, dass jeder sieht, ich rede hier nicht von irgendwelchen Zeitpunkten, die notwendigerweise erst im nächsten Jahr kommen, aber ich leg' mich bewusst nicht auf einen Zeitpunkt fest. Das wäre nicht richtig.

Dann in diesem Zusammenhang, was die finanzielle Seite angeht, ein Wort über die Frage des Beteiligungsverhältnisses – es hat ja das monatelange Gezerre gegeben mit vielfach auch unsachlichen Darstellungen aus einigen Landeshauptstädten, zuletzt noch wieder aus Stuttgart von der dortigen Landesregierung. Wir können jetzt sagen, nach der Ministerpräsidentenkonferenz vom Mittwoch bis Freitag voriger Woche stehen wir unmittelbar vor der Einigung oder wir können damit rechnen, dass im Laufe der nächsten 14 Tage es zur Einigung über das Beteiligungsverhältnis Bund – Länder in Bezug auf die Umsatzsteuer kommen wird, und zwar so, nach dem Modell, dass wir angeboten hatten, dass auf jeden Fall die finanzschwachen Länder 1,5 Prozent zubekommen zu dem, was an allgemeinem Länderanteil vereinbart wird. Zweitens, wie wir es vorgeschlagen hatten, dass über ein, sag' ich jetzt auch eventuell über zwei Jahre hinweg eine Regelung getroffen wird, damit wir nicht unnötigerweise jedes Jahr dasselbe Gezerre haben. Drittens aber, dass wir uns auch auf ein objektives Verfahren verständigen, Bund und Länder, wegen der Auswirkungen der Steuerreform ab 1.1.1975. Denn es ergeben sich natürlich Belastungsverschiebungen, und deshalb wollen wir mit den Ministerpräsidenten eine Ausgleichsklausel vereinbaren, nach der, sobald die Auswirkungen der Steuerreform übersehbar sind, geprüft werden soll, ob und wie weit diese Verschiebungen zu einer rückwirkenden Änderung des Verteilungsverhältnisses ab 1.1.'75 dann führen müssten. Ich erwähne das jetzt, ohne auf weitere Einzelheiten einzugehen, weil es wichtig ist, diesen Punkt aus dem Wege zu bekommen und außerdem, Klaus *von Dohnanyi*, weil damit auch der noch aufgeschobene Teil des Beschlusses zum Bildungsgesamtplan dann seine Erledigung finden kann, was ja auch nicht ganz unerheblich ist.[6]

Zur Mitbestimmungsproblematik, die in dem Bericht Walter *Arendts* am Sonnabend eine große Rolle spielte und über die ich zwischenzeitlich auch, nämlich am Mittwoch vergangener Woche, ein Gespräch mit dem DGB-Bundesvorstand führen konnte[7], will ich mich beziehen auf das, worüber Walter *Arendt* und ich uns heute unterhalten haben und worüber er auch das Präsidium der Partei heute verständigt hat. Walter *Arendt* teilt mit, dass man in den bisher vier Gesprächsrunden der Experten innerhalb der Koalition gute Fortschritte gemacht hat und dass er davon ausgeht – ich mach' mir diese Einschätzung zu eigen –, dass eine Verständigung auch über die noch ausstehenden Punkte so rechtzeitig erfolgen wird, dass das Gesetz über die Mitbestimmung am 1. Januar 1975 wird in Kraft treten können. Dieses bedeutet, dass um die kommende Jahreswende herum das Gesetz muss eingebracht werden können durch die Bundesregierung.[8]

Was das Bodenrecht angeht, über das, wie gesagt, Jochen *Vogel* berichtet hatte, und ich will hier nicht wiederholen, das ist nachzulesen in der Verlautbarung des Parteirats, hat dann ergänzend gestern Hans *Koschnik*[9] für den Fachausschuss beim Parteivorstand eine Feststellung getroffen, aus der ich hier vortragen will, erstens den Hinweis darauf, dass unter dem Druck der öffentlichen Meinung auch die Opposition neuerdings eingesehen habe, dass es schwer sei, sich den Vorstellungen der Sozialdemokraten zu widersetzen und dass deshalb die Opposition dazu übergegangen sei, sich ursprüngliche Vorschläge der Sozialdemokraten zu eigen zu machen. Wenn der Fachausschuss oder die Kommission für Bodenrechtsreform an die Koalitionsfraktionen und die Bundesregierung appelliert, ihre Verhandlungen über die Novelle zum Bundesbaugesetz rasch abzuschließen und den Entwurf unverzüglich in das Gesetzgebungsverfahren zu bringen, so greife ich diesen Appell gerne auf und will in diesem Sinne mit dem Koalitionspartner hierüber sprechen.

(Beifall.)

Dann würde ich gerne je eine Bemerkung machen über die Kabinettssitzung in der vorigen Woche und über die morgige Kabinettssitzung.[10] In der Kabinettssitzung in der vorigen Woche ist durch den Bundesjustizminister relativ ausführlich berichtet worden zu einem wichtigen Punkt des Regierungsprogramms, über den dann die öffentliche Berichterstattung nur wenig hergegeben hat, wie das manchmal in unserer Arbeit passiert. Man kann dies, obwohl natürlich auch hier in der Fraktion der Arbeitskreis sich in erster Linie damit befassen wird, man kann es doch in seiner Bedeutung nicht gering einstufen. Worum es geht, ist ja Folgendes, dass die Sachverständigenkommission beim Justizminister, die für Fragen der Bekämpfung der Wirtschaftskriminalität im Oktober vorigen Jahres eingesetzt worden war, dass die nun bestimmte Zwischenergebnisse erbracht hat, und das gestützt hierauf Gerhard *Jahn* dem Kabinett, das hiervon zustimmend Kenntnis

---

6 Der Bildungsgesamtplan wurde erst am 20. Dezember 1973 dem Bundestag zugeleitet. Vgl. BT Drs. 07/1474.
7 Zum Inhalt des Gesprächs von Bundeskanzler *Brandt* mit dem DGB-Bundesvorstand am 10. Oktober 1973 vgl. DER DEUTSCHE GEWERKSCHAFTSBUND. 1969–1975. Bearbeitet und eingeleitet von Klaus Mertsching (= Quellen zur Geschichte der deutschen Gewerkschaftsbewegung im 20. Jahrhundert, Band 16), Bonn 2013, Dok. 89.
8 Der Regierungsentwurf zur Novellierung der Mitbestimmung wurde erst Ende April 1974 dem Bundestag zugeleitet. Vgl. BT Drs. 07/2172.
9 Der Präsident des Bremer Senats war zugleich Mitglied im SPD-Bundesvorstand.
10 Zu den Kabinettssitzungen am 10. Oktober und am 17. Oktober 1973 vgl. DIE KABINETTSPROTOKOLLE DER BUNDESREGIERUNG 1973, online.

genommen hat, Folgendes vortragen konnte, dass also nach Auffassung der Bundesregierung die in Aussicht genommenen Gesetzgebungsvorhaben nach folgenden Schwerpunkten vorgenommen werden: 1. Vorschriften zum Schutz des Verbrauchers im Rahmen der Strafrechtsreform, 2. Vorschriften, die der Bekämpfung der Subventionskriminalität dienen, 3. Vorschläge der Kommission zur Bekämpfung der Wirtschafskriminalität, die sich auf das GmbH-Recht beziehen, und 4. Vorschläge im Zusammenhang mit dem Konkursrecht. Und soweit diese Punkte nicht bereits in Gesetzesvorhaben eingeführt werden können, die schon in der parlamentarischen Beratung sind, werden sie Gegenstand eines ersten Gesetzes zur Bekämpfung der Wirtschaftskriminalität sein, dessen Entwurf der Justizminister vorbereitet. Und wenn dann die erwähnte Kommission weiter ist mit ihrer Arbeit, kommt ein zweites Gesetz zur Bekämpfung der Wirtschaftskriminalität mit folgenden vier Schwerpunkten: Erstens, schwindelhafte Angaben, die im Zusammenhang mit der Krediterlangung gemacht werden, zweitens, Kreditwucher, drittens, irreführende Angaben durch Kapitalansammlungsgesellschaften und viertens, Abgabe falscher Grundstückswertgutachten.

In der gleichen Kabinettssitzung ist auch berichtet worden über die zusätzlichen Maßnahmen, die wir ergreifen werden auf dem Gebiet des Umweltschutzstrafrechts. Es gibt eine Reihe von Spezialgesetzen, wie die Fachleute wissen, die reichen nicht aus. Es ergeben sich zusätzliche Bestimmungen aus den Umweltgesetzen, die dem Bundesrat und dem Bundestag vorliegen, aber darüber hinaus wird geprüft, wie der strafrechtliche Umweltschutz durch Normen im Strafgesetzbuch wirksamer gestaltet werden kann. Besonders schwerwiegende Verstöße gegen die Sicherung und Erhaltung einer gesunden Umwelt oder bei Gefährdung von Leib und Leben von Personen sollen für jeden Bürger erkennbar als kriminelles Unrecht im Strafgesetzbuch unter Strafe gestellt werden. Ich wollte dieses erwähnt haben, weil es ein nicht unwesentlicher Teil der Regierungserklärung ist, der hier der Realisierung nähergebracht wird.

In der morgigen Kabinettssitzung wird ein Schwerpunkt sich ergeben aus der Versorgungslage bei Erdöl. Die Situation ist nicht ganz leicht überschaubar.[11] Es ist richtig, und ich bitte alle Genossen mitzuwirken, guten Gewissens können sie es tun, beim Widersprechen von nervösen, hektischen, ja dramatisierenden Vorstellungen, die dann zu Angstkäufen führen, es ist eine gewisse Beeinträchtigung oder eine gewisse Einschnürung auf dem Erdölmarkt durch die bisherige Entwicklung da. Es sind die Preisauftriebstendenzen verstärkt worden, aber es besteht nach dem gegenwärtigen Stand keine Veranlassung, mit einem zumal länger andauernden einheitlichen Boykott arabischer Erdölgesellschaften gegenüber jenen internationalen Gesellschaften zu rechnen, von denen wir ja weiterhin in so starkem Maße abhängig sind. Dass wir, auch wiederum ausgelöst durch die letzte Regierungserklärung, jetzt etwas energischer dabei sind, uns eine eigene Position auf dem Erdölgebiet und sonst in der Energiewirtschaft zu sichern, das kommt ein bisschen spät, aber besser spät als gar nicht. Wir haben eben in dieser Bundesrepublik zwei Jahrzehnte zu lang geglaubt, auch auf diesem Gebiet mit Marktwirtschaft allein fertig zu werden. Ich kann hier nur als ein Ergebnis, das auch morgen das Kabinett befassen wird, mitteilen, die Verhandlungen mit dem Iran laufen nicht schlecht, sondern sie laufen gut, und das können wir in Bezug auf ein paar andere Länder auch sagen, aber das würde, alles, was sich jetzt abzeichnet, zusammengenommen, nicht das bei weitem

---

11 Um die westlichen Länder, die während des Jom-Kippur-Kriegs Israel unterstützten, unter Druck zu setzen, reduzierten die arabischen OPEC-Länder ihre Ölförderquoten drastisch und sorgten so für einen massiven Rohöl-Preisanstieg. Bis zum 17. Oktober 1973 war der Ölpreis bereits um knapp 70 Prozent im Vergleich zum Vorkriegspreis gestiegen. Vgl. den Artikel »Leichtes Heizöl bis zu 50 Prozent teurer«; »Frankfurter Allgemeine Zeitung« vom 16. Oktober 1973, S. 13.

Fraktionssitzung 16.10.1973 **28.**

kompensieren, was sich für kürzere oder längere Zeit an Einbußen oder Eindrücken im arabischen Raum ergeben könnte.

Schließlich wollte ich ein Wort, wo es um die Europapolitik geht, ein Wort sagen über die Sitzung des Agrarkabinetts im Oldenburgischen in der vergangenen Woche. Das war in mancher Hinsicht eine sehr ergiebige Sitzung. Es war der größte Teil des Kabinetts da, und wir haben einen Tag lang Agrarpolitik im europäischen Rahmen und im Zusammenhang damit einige andere Aspekte der Europapolitik behandelt, werden dies mit dem Gesamtkabinett Mitte November fortführen. Ich weiß nicht, ob die Fraktion Wert darauf legt, jetzt die Arbeitsergebnisse zu hören oder ob wir das lieber zunächst den Kollegen im Fachausschuss überlassen. Dann würde ich denen das in die Hand drücken, damit sie es sich anschauen. Ich kann hier nur als Essenz wiedergeben, dass wir nicht darauf aus sind, in Brüssel jetzt die, sagen wir, mal die bisherige Agrarpolitik der Gemeinschaft völlig auf den Kopf zu stellen, damit kämen wir auch nirgends durch, wohl aber auf einigen nicht unwesentlichen Gebieten uns um ernste Modifikationen zu bemühen, und zwar wird eine der wichtigsten Modifikationen sein, dass es keine und auch für die Erzeuger nicht konsequenzenlose Überproduktionen geben kann. Unsere Vorstellung ist die, dass wenn es über einen bestimmten Zeitraum hinweg für einen bestimmten Sektor über eine vorgesehene Produktionsmenge hinaus Überproduktion gibt, dass da nicht nur die Staaten einzusteigen haben für diese überschüssige Produktion, sondern dass dann die Erzeuger von der finanziellen oder preislichen Seite mit zu beteiligen sind an den Konsequenzen einer solchen Überproduktion. Ich glaube, ich brauch' das auf dem Hintergrund des Buttergeschäfts mit Russland und anderer einschlägiger Erfahrungen nicht im Einzelnen zu erläutern[12]. Aber das Ganze ist natürlich ein bisschen komplizierter, als dass man es in zwei, drei Sätzen darstellen könnte, deshalb ist es vielleicht ganz gut, es gucken sich erstmal die Kollegen im Fachausschuss oder Arbeitskreis an, zumal zwar das Kabinett morgen sicher das so bestätigen wird, wie es neun Kabinettsmitglieder und sieben Staatssekretäre erarbeitet haben in der letzten Woche, aber der Form nach wird es erst morgen im Kabinett beschlossen. Insofern bin ich ganz froh, wenn ich es hier noch nicht vorzutragen brauche.

Aber ich will daraus zwei oder drei allgemeine Folgerungen ableiten, die die Westeuropapolitik in wirtschaftlicher Hinsicht betreffen: Erstens ist hier noch einmal klargeworden aus Anlass der Beratung der Agrarfragen, wie wichtig es ist, dass es sich beim Übergang zur zweiten Stufe der Wirtschafts- und Währungsunion am 1. Januar nicht um eine bloße Formalität handelt und dass man auch nicht sagen darf, wie es einige in der Gemeinschaft wollen, weil die Engländer und die Italiener noch währungspolitisch nicht wieder Tritt gefasst haben und mit den andern zusammen in der Schlange sind[13], wie die Fachleute das nennen, müsse man sich jetzt ab 1. Januar auf eine bloße Konsolidierungsphase in der Wirtschafts- und Währungsunion beschränken.[14] Unser Interesse muss sein, dass ein weiterer Schritt erfolgt zu mehr Gemeinsamkeit in der Wirtschaftspolitik, weil ohne dies die Agrarpolitik notleidend bleibt in ihrer Isolierung in der Gemeinschaft. Punkt 1.

Punkt 2: Wir teilen nicht die französische Auffassung oder das, was französische Auffassung bis vor wenigen Wochen war, dass ein Einstieg in die europäische Regionalpoli-

---

12 Die EWG lieferte 1973 aus ihren Interventionsbeständen 200 000 Tonnen Butter an die Sowjetunion. Der Export wurde von der EWG mit einer Milliarde DM subventioniert.
13 Gemeint ist der Europäische Wechselkursverbund, der dafür sorgen sollte, dass sich die Wechselkurse der Mitgliedswährungen zueinander nur innerhalb einer Bandbreite von plus oder minus 2,25 Prozent (wie eine »Schlange«) um die vereinbarten Referenzkurse bewegen durften.
14 Zur zweiten Stufe der Wirtschafts- und Währungsunion vgl. AAPD 1974, I, Dok. 133, Anm. 17.

tik nur möglich sei, wenn im Sinne des ursprünglichen Plans die zweite Stufe der Wirtschafts- und Währungsunion begonnen habe, sondern wir sind der Meinung, dass eine maßvolle Einleitung der Regionalpolitik dann möglich ist, wenn sie verbunden wird mit einem höheren Maß an finanzpolitischer Verantwortlichkeit und Kontrolle für die Gemeinschaft in ihrer Gesamtheit. Das, was wir mit dem Schlagwort bezeichnet haben, es muss ein Mitglied jetzt nach den Erfahrungen, die wir gemacht haben auch mit der Nachforderung an nationale Haushalte im Laufe eines Haushaltsjahrs, es muss ein vorhandenes Mitglied der Kommission betraut oder ein neues berufen werden anstelle eines der Beamten und praktisch mit den Aufgaben eines Finanzministers der Europäischen Gemeinschaft betraut werden und es muss ein Rechnungshof für die Gemeinschaft geschaffen werden und es müssen die doppelten Kontrollrechte verschärft werden, nämlich a) die der Parlamentarischen Versammlung und b) die Kontrolle, die die neun Regierungen gegenüber der Kommission auf diesem Gebiet wahrzunehmen haben. Dies können wir, ohne uns zu übernehmen, guten Gewissens vorbringen, und andere werden uns, jedenfalls einige andere werden uns dankbar sein, wenn wir hier ein bisschen aktiver sind als andere. Es ist dann außerdem noch eine wohl zunehmende Meinung, ich hab' sie jedenfalls auch in Chequers am vorletzten Wochenende bei den Engländern vorgefunden[15], sie ist auch bei den Franzosen jetzt anzutreffen, dass nicht nur alle drei bis vier Jahre, sondern dann, wenn die Situation es angezeigt erscheinen lässt, die Staats- und Regierungschefs der neun Staaten der Gemeinschaft zusammentreten, um festzustellen, wie es weitergehen soll. Also jetzt etwa in absehbarer Zeit, was aus den Beschlüssen der Pariser Gipfelkonferenz vom Oktober 1972 geworden ist[16], warum einige nicht so rasch verwirklicht werden können wie andere und wo sie eventuell abgeändert werden müssen. Das wollte ich gerne noch in Verbindung mit der Agrarpolitik oder ableitend aus ihr gesagt haben. Das Kabinett wird, wie gesagt, am 15. November eine ganztägige Sitzung abhalten, um über die Agrarpolitik hinaus allgemein ihre europapolitischen Vorstellungen zu entwickeln, und wir legen davor und danach Wert auf die dazu erforderlichen Konsultation mit denen, die in der Fraktion dafür zuständig sind.[17] Ich gehe selbst als Erster von den Regierungschef aus den Gemeinschaftsstaaten ein paar Tage vorher nach Straßburg und werde der Beratenden Versammlung, der Assemblée, der Gemeinschaft unsere Sicht der Dinge darlegen. Vielen Dank für die Aufmerksamkeit.

(Beifall.)

Wehner: Danke, Willy *Brandt*. Für eine Frage hat sich gemeldet Manfred *Schulte*.

Schulte: Ich hab' eine Frage aus dem Bereich der Wirtschaft und knüpfe dabei an Ausführungen an, die Willy *Brandt* hier gemacht hat. Wir erleben in den letzten Tagen eine regional sicherlich unterschiedliche, sehr hektische Entwicklung auf dem Heizölmarkt. Mich hat dabei interessiert, dass gestern der Bundeswirtschaftsminister *Friderichs* auf Fragen gesagt hat, dass in unseren Nachbarländern Holland und Belgien, die ja beide marktwirtschaftlich orientiert sind, die Preise für Heizöl staatlich festgesetzt werden,

---

[15] Bundeskanzler *Brandt* hielt sich am 6. und 7. Oktober 1973 zu Gesprächen mit dem britischen Premierminister *Heath* auf dem Landsitz der britischen Regierung in Chequers auf. Zum Inhalt der Gespräche vgl. AAPD 1973, III, Dok. 312.

[16] Zu den Beschlüssen der Gipfelkonferenz am 19. und 20. Oktober 1972 in Paris vgl. »The First Summit Conference of the Enlarged Community«; BULLETIN OF THE EUROPEAN COMMUNITY, Vol. 5, Nr. 10-1972, S. 9–26, online. – Für eine deutschsprachige Übersicht der Beschlüsse vgl. EUROPA-ARCHIV 1972, D 502–508.

[17] Zur Sondersitzung des Kabinetts am 15. November 1973 vgl. DIE KABINETTSPROTOKOLLE DER BUNDESREGIERUNG 1973, online.

Fraktionssitzung 16.10.1973 **28.**

also gebunden sind. Mich interessiert aus verschiedenen Aspekten heraus, nicht zuletzt aber deshalb, weil ich glaube, dass die erhöhten Gewinne, die jetzt gemacht werden, nicht auf Angebot und Nachfrage zurückzuführen sind, ob in der Bundesregierung diese Frage einer Preisbindung von Heizöl diskutiert werden kann und ob, wenn diese Frage jetzt nicht beantwortet werden kann, die Regierung einmal in den kommenden Wochen, hoffentlich nicht Monaten, versuchen wird, zu überblicken, wie die Heizölversorgungslage in den Ländern funktioniert, in denen wir gebundene Preise bei marktwirtschaftlicher Orientierung haben.

Wehner: Weitere Frage, Klaus Dieter *Arndt*.

Arndt (Berlin): Meine Frage geht nach der gemeinsamen Sitzung von Fraktionsvorstand und Parteivorstand wegen Außenpolitik, Sicherheitspolitik, Europapolitik. Guck mal, Willy, was mir an der Sache nicht gefällt ist, die Fraktion, die ganze Fraktion muss doch die Außenpolitik tragen und es hat –

(Zwischenruf.)

ja, ach so, ich dachte, dass das nur eine Sitzung der beiden Vorstände ist. Und wir haben ja unter dem Punkt 19 haben wir ja auch {...} diese gründlichen Aussprachen auf Klausurtagungen. Das erste Thema kommt ja den Dingen ziemlich nah.

Dann zu diesem energiepolitischen Problem. Ich halte es nicht für sehr glücklich, wenn man die Bevölkerung vor Angstkäufen warnt, denn es ist das Klügste, was jeder Einzelne tun kann, jede Firma, jedes Wohnungsunternehmen und auch jeder Besitzer einer Etagenheizung, nämlich sich die Tanks vollmachen zu lassen, solange das geht, hoffentlich geht es auch späterhin, und damit auch die Bevorratungskapazität, die schon jetzt allgemein besteht, nämlich durch Mineralölgesellschaften, durch Elektrizitätsunternehmen, noch durch die private Bevorratungskapazität, durch deren volle Auslastung aufzustocken. Dass es dabei zu Preissteigerungen kommt, ist unvermeidlich. Aber die Preissteigerungen werden entweder halten, weil die Ölpolitik der Ölförderungsländer dahin geht, das mit politischen Auflagen zu verbinden, Öl gibt's nur, wenn nicht Waffen geliefert werden und vielleicht, wenn das sichergestellt ist, auch nicht mehr Hustenbonbons. Auf so etwas muss man sich ja einrichten und deswegen ist eigentlich das Günstigste, was geschehen kann im Moment, dass die Bevölkerung ihre eigene Lagerkapazität auffüllt und die Preisgeschichten, die dadurch nun speziell entstehen, muss man in Kauf nehmen, auch wenn sicherlich der nächste Lebenshaltungskostenindex davon beeinflusst werden wird. Das beeinflusst aber nicht unseren Platz in der Schlange. Wir werden nach wie vor am unteren Ende sein, denn eine staatliche Bindung der Heizölpreise wird entweder umgangen von den Leuten, die sich das unbedingt beschaffen müssen und wollen, weil sie nicht frieren wollen, oder führt zu Verknappungen.

Und was die Rohölbevorratung aus Bundesmitteln anbelangt, das ist eine Diskussion, die hatten wir bei verschiedenen Bundeshaushalten der letzten Jahre gehabt. Wir haben sie gehabt 1970, 1971, 1972. Immer sind die Mittel, die dazu bereitgestellt werden sollten, um Rohöl einzulagern, aus stabilitätspolitischen Gründen gestrichen worden. Das war stabilitätspolitisch gut, Geld eben nicht für Einkäufe von Produkten, die wir nicht einmal selbst produzieren, auszugeben, sondern sie in der Konjunkturausgleichsrücklage stillzulegen. Da haben sich die Wirtschafts- und Finanzminister der damaligen Zeit zu Gefangenen ihrer Ausgabenzuwachsratenpolitik gemacht. 10,5 Prozent Ausgabenzuwachs ist stabilitätsgerecht. Alles, was darüber ist, ist es nicht. Ganz egal, was für Ausgaben sich im Einzelnen dahinter verbergen, und wenn zu Schwierigkeiten kommt, die also doch zu Rationierungen führen, ein bisschen Schuld haben wir dann selbst daran.

Ich darf noch auf einen dritten Punkt eingehen, auf den der Ostkredite. Das ist ja an sich nichts Neues, dass man einem Land wie Polen eine Offerte macht. Lieferungebundene Finanzkredite, jedenfalls ist das schon mal gemacht worden in der Großen Koalition, nur für Bürgschaften, aber Bürgschaften verbilligen auch den Zins. Das ist an sich nichts so Neues, wie das heutzutage diskutiert wird. Es wäre nur dann neu, wenn es in die Nähe von Reparationen kommt oder von Absatzfinanzierungen für die Industrie, aber in diese Nähe gehört es ja nicht hinein, sondern es ist ein Stück Beitrag auch in der Industrialisierung Osteuropas, die, wir wissen ja auch, ein bisschen hinter dem zurück ist, was an sich notwendig ist und was wir uns selbst auch als Nachbarn wünschen sollten. Und ich sehe da auch, wie auch in sonstigen Punkten der Ostpolitik, nicht den berühmten Gegensatz zwischen zwei Personen, der die Öffentlichkeit in den letzten Wochen so beschäftigt hat.[18] Ich sehe auch keine große Gefahr in der Diskussion eines vermeintlichen Gegensatzes. Das ist zwar für die Parteimitgliedschaft außerordentlich hässlich gewesen, aber in der Öffentlichkeit hat es wohl entlastet, denn die Ausgangslage vor drei bis drei Wochen war doch sogar so, dass wir uns gegen Günter *Grass* halb und halb zur Wehr setzen mussten[19], also schon gegenüber praktisch den eigenen Anhängern, die damals das Thema *Sacharow, Solschenizyn* und so etwas nach vorn spielten und vom Kanzler und von der Regierung erwarteten, dass sie das nun zu einem der Zentralpunkte ihrer Ostpolitik machten. Das ist ganz sicher durch die Gespräche in Moskau und das, was sich daran anhängt, wieder ein bisschen ins Gleichgewicht gekommen, das heißt da gibt's schon Akzente nach der andern Seite, die das also wieder etwas neutralisiert haben, und ich glaube, dass die Diskussionslage zur Ostpolitik in der öffentlichen Meinung nicht ungünstiger, sondern günstiger geworden ist. Aber was mir persönlich schwerfiel, war, diesen Gegensatz überhaupt zu entdecken, von dem da behauptet wurde. Den Gegensatz gibt es zwischen verschiedenen anderen Personen, aber zwischen den beiden ist es mir immer schwergefallen, den zu entdecken. Vielen Dank.

Kahn-Ackermann: Meine Frage bezieht sich ebenfalls auf die Europapolitik, wenngleich auf einen Aspekt, dessen abgestufte Bedeutung ich gegenüber unmittelbaren Fragen, die jetzt in der Entwicklung der Europäischen Wirtschaftsgemeinschaft zu entscheiden sind, ich durchaus anerkenne. Der unmittelbare Anlass für meine Frage ist ein Brief des Präsidenten des Europarates, der an alle Sprecher der nationalen Delegationen gerichtet worden ist und in dem drinsteht, dass der Ministerrat des Europarates, in dem ja die Bundesrepublik auch vertreten ist, für die Tätigkeit dieses Gremiums im Jahre 1973 und '74 keine ausreichenden Mittel zur Verfügung gestellt hat. Dies hat verschiedene Bedeutungen, ähnlich wie das EG-Parlament berechtigterweise auf seinem Gebiet danach ringt, die notwendigen Rechte zu erhalten, befinden wir uns hier auf einem Gebiet, wo die Rechte genau definiert worden sind und wo auch eine Bundesregierung in der Gründungsakte erklärt hat, dass sie diese besondere Einrichtung, die zur Demokratisierung der Außenpolitik in Europa dient, anerkennt und für die nötige Mitwirkung sorgen wird. Der Mangel an Mitteln führt praktisch dazu, dass das in der Akte des Eu-

---

18 Gemeint ist die Auseinandersetzung zwischen Bundeskanzler *Brandt* und dem SPD-Fraktionsvorsitzenden *Wehner*. Vgl. SVP B der vorliegenden Sitzung und die SPD-Fraktionssitzung am 2. Oktober 1973, SVP B, online.

19 Günter *Grass* wollte im September 1973 die Sowjetunion besuchen, um sich unter anderem mit Regime-Kritikern zu treffen, die dort vor Gericht standen. Der deutsche Botschafter in Moskau, *Sahm*, bat *Grass* jedoch in einem Telegramm, den Besuch zu verschieben, da man in Moskau derzeit auch einen privaten Besuch als unbillige Einmischung der Bundesrepublik in innere Angelegenheiten der Sowjetunion missverstehen könne. *Grass* kritisierte die Äußerungen *Sahms* in einem Brief scharf. Der Wortlaut des Telegramms von *Sahm* und des Antwortbriefes von *Grass* ist abgedruckt in der »Süddeutschen Zeitung« vom 8./9. September 1973, S. 9.

roparats statuierte Recht der Mitwirkung der Parlamentarier nicht ausreichend gewahrt werden kann, und ich muss hinzufügen, ich habe zusehends den Eindruck, dass die Regierung, vertreten durch das Auswärtige Amt, auch diese Versammlung nicht mit dem nötigen Ernst mehr behandelt, wie das früher der Fall gewesen ist. Ich möchte es mir ersparen, hierfür Beispiele anzuführen, aber ich könnte das, aber ich will diese Debatte nicht erleichtern. Ich will hier nur sagen, etliche Außenminister, die nicht zur EG gehören, haben in den letzten Versammlungen ihren Unmut darüber geäußert, dass sie langsam in europäischen Fragen das Gefühl hätten, hier nur noch als Wurmfortsatz behandelt zu werden, und dies einige Außenminister, auf die ich etwas gebe, zum Beispiel der Österreichische[20]. Ich finde also, die Bundesregierung sollte ein bisschen darauf achten, dass jener andere Teil in Europa, soweit die parlamentarische Mitberatung von Wert ist, nicht gänzlich vernachlässigt wird. Einen besonderer Ausdruck dieses Verhaltens der Bundesregierung finde ich darin, dass beispielsweise in einem Papier des Auswärtigen Amtes, das die finanziellen und sachlichen Perspektiven des Arbeitsbereiches auf dem Gebiet der Kultur und Erziehung darstellt, was im März dieses Jahres veröffentlicht worden ist, jene Einrichtung, die die Bundesregierung ausdrücklich für die Zusammenarbeit und Kooperation auf diesem Gebiet in Straßburg geschaffen hat und unterstützt, überhaupt gar nicht erwähnt und die Möglichkeiten, die dort auf dem Gebiet der Zusammenarbeit gegeben sind, völlig unterschlägt. Und ich würde gerne den Bundeskanzler fragen, ob er sich nicht in der Lage sieht, dem Auswärtigen Amt hierzu einen Impuls zu geben, dass auch dieser Bereich unserer europäischen Zusammenarbeit mit etwas mehr Sorgfalt behandelt wird, als dies in den zwei vergangenen Jahren geschehen ist.

Wehner: Erich *Wolfram*.

Wolfram: Man kann bezüglich der Lage und der Beurteilung auf dem Energiemarkt, der Versorgungslage, sicherlich ein gewisses Verständnis für die optimistische Einschätzung der Bundesregierung haben, obwohl ich persönlich mich mehr der Auffassung von Klaus Dieter *Arndt* anschließen möchte. Ich würde gern von der Bundesregierung erfahren, ob sie in Anbetracht der jetzigen und zu erwartenden Situation bereit ist, auch auf die bivalenten Kraftwerke dahingehend einen Einfluss auszuüben, dass man in den nächsten Wochen und Monaten verstärkt Kohle einsetzt und die Ölmengen, die verfügbar sind, in die Vorratshaltung nimmt, was sicherlich einen doppelten Effekt hätte, denn man würde die Vorräte erhöhen und gleichzeitig die Kohle auch finanziell entlasten.

Wehner: Martin *Schmidt*.

Schmidt (Gellersen): Eine ganz kurze Frage zum Agrarpapier. Ist das dort entwickelte Konzept das Verhandlungskonzept für die Besprechungen in Brüssel? Sind dabei Alternativen aufgezeigt? Denn wir wissen doch heute schon, dass die Verhandlungen dabei sehr differenziert sein werden. Gibt es eine Minimal- und gibt es eine Maximallösung?

Wehner: Weitere Wortmeldungen? *Krockert*!

Krockert: Eine Frage zum Nah-Ost-Konflikt. Der Konflikt selber ist ein Problem, ein zweites ist das jetzt begonnene Duell der Waffenlieferungen von den beiden Großmächten. Ich meine, das entwickelt seine Eigengesetzlichkeit und auch seine eigenen Besorgnisse. Das macht vor allen Dingen von vornherein Appelle an die unmittelbar Kriegführenden illusorisch, weil die Chancenlage sich ja nicht mehr an der Front verändert, sondern durch die Lieferungsquantitäten. Ich beziehe das auch auf den Appell der Neun, deshalb Frage: Ist eine Initiative der Neun oder aus dem Bereich der Neun denkbar, gerichtet an die beiden Großmächte, sich zu einigen über eine Beschränkung, wenn nicht

---

[20] Gemeint ist Rudolf *Kirchschläger*.

sogar einen Stopp der Lieferungen noch bei laufendem Konflikt? Und der Frage dazu: Ist es denkbar, dass die Neun sich selber einigen im Sinne einer Embargovereinigung? Ich denk' natürlich hier in erster Linie an Frankreich.

Wehner: Sind weitere Fragen oder Bemerkungen? Nicht der Fall. Der Bundeskanzler.

Brandt (Berlin): Was die Frage von *Kahn-Ackermann* angeht wegen des Europarats und der Haltung zu dessen Institutionen, vor allen auch dessen Finanzierung, möchte ich Hans *Apel* bitten, dem nachzugehen und es mit den zuständigen Stellen in seinem Hause zu beraten und uns dann wissen zu lassen, wie das weitergehen soll.

Die Frage von *Schmidt* (Gellersen): Am besten ist, ich gebe dir das Papier, und du guckst dir es an und machst dir selbst einen Vers drauf, Martin. Das ist besser, als wenn ich es jetzt deute, außerdem kürzer.

Dritter Punkt ist die Geschichte mit dem Öl. Ich glaube, es ist ein Unterschied, Klaus Dieter *Arndt*, ob man, wie ich auch, als Mensch mit einiger Lebenserfahrung davon ausgeht, dass Menschen in einer solchen Situation kaufen, als ob man eine Angstkaufsituation, wie sie in Österreich in der vergangenen Woche im Gange war, sich entwickeln lässt. Es wird ohnehin in einer solchen Situation die private Lagerhaltung ausgedehnt. Da gebe ich dir Recht. Das ist nicht uninteressant, weil es die Kapazitäten erhöht, die für nichtprivate Reserven allzu gering sind. Die Preisfrage wird morgen mit als ein Thema stehen, ebenso wie wir die Frage des verstärkten Einsatzes von Kohle für Kraftwerke in dieser Situation mit zu besprechen haben. Ich möchte dem heute nicht vorgreifen.

Schließlich was das Duell der Waffenlieferungen angeht, so schrecklich es ist, auf diese Region bezogen, a) weil sie uns so nah ist, aber auch noch aus anderen Gründen, völlig neu ist das nicht, denn im Prinzip haben wir dies alles in den zurückliegenden Jahren in einem anderen Teil der Welt gesehen, wo zwei oder drei, in dem Fall drei Weltmächte, von denen zwei Supermächte, verwickelt waren und von denen dort allerdings eine sogar selbst Krieg führte, aus dem sie sich mühsam genug herausgelöst hat, aber Waffen haben sie geliefert, ohne miteinander in den direkten Clinch zu geraten. Die Neun sind dabei, über den Appell der letzten Woche hinaus zu geraten. Einige von uns unter den Neun, so wie der, der hier spricht, haben sich an beide Weltmächte gewandt. Ich hoffe, dass es auch für die Neun insgesamt möglich sein wird, und es sieht auch so aus, als ob Frankreich trotz der Panzergeschichte, als ob Frankreich jetzt geneigt sein könnte, sich nicht auf weitere Waffenlieferungen an arabische Staaten einzulassen.[21] All das muss man noch verifizieren in den nächsten paar Tagen, ob diese Einschätzung richtig ist.

[B.]

Wehner: Danke. Zum zweiten Punkt, Genossen. Der Fraktionsvorstand hatte gestern, bevor er in die Tagesordnung einstieg, die sich dann ja hier wiederfindet in der Tagesordnung unserer Fraktionssitzung, eine kurze Erörterung darüber, am 5.11., Montag, eine Klausurtagung vorzuschlagen. Obwohl dabei in Betracht gezogen werden musste, dass es seit längerer Zeit für diesen Tag einige angesetzte öffentliche Anhörungen gibt, drei Ausschüsse, so waren wir nach reiflicher Behandlung der Meinung, dies sei zwar

---

21 Das Verhältnis von Frankreich und Israel war bereits vor Kriegsbeginn zerrüttet. Nach Beginn der Auseinandersetzungen machte Frankreich indirekt Israel und dessen Besatzungspolitik in den 1967 eroberten Gebieten für den Ausbruch des Krieges verantwortlich. Verschärft wurde das Zerwürfnis durch israelische Vorwürfe, dass Libyen von Frankreich gelieferte Mirage-Kampfflugzeuge an Ägypten weitergeleitet habe. Auch als der Krieg bereits begonnen hatte, lieferte Frankreich Libyen weitere Panzer, Raketen und Munition. Vgl. dazu auch GROSSER, Alfred: Das Bündnis. Die westeuropäischen Länder und die USA seit dem Krieg, München/Wien 1978, S. 377–379. – Vgl. außerdem den Artikel »Frankreich als Vermittler?«; »Frankfurter Allgemeine Zeitung« vom 13. Oktober 1973, S. 2.

schade, aber wir müssten uns untereinander verständigen, dass diese Anhörungen nicht gefährdet werden. Nur – einen Termin für die Klausurtagung ähnlicher Art fände man dann in absehbarer Zeit nicht, vor allen Dingen nicht im Hinblick auf den Punkt, der die Verteidigungspolitik betrifft, denn in dieser Klausurtagung sollen Verteidigungspolitik und Personalvertretungsgesetz behandelt werden, nicht weil sie zusammengehören, sondern weil dann der Zeitpunkt sein wird, was das Zweite betrifft, dass in etwa drei Stunden insgesamt Erörterung, Diskussion darüber ausschöpfen das, was bis dahin vorliegt, für alle klärend beigetragen werden kann. Das ist also für den 5. die Auffassung des Fraktionsvorstandes.[22]

Wir haben uns bei der Behandlung der Tagesordnung für das Plenum in dieser Woche damit vertraut gemacht, dass die dieswöchigen Fragestunden eine Konzentration, sowohl was die Fragenmenge als auch was die besondere Ausgetüfteltheit der Fragen betrifft, betrifft den Bundeskanzler, Bundeskanzleramt, und Nichtverbreitungsvertrag der Atomkernwaffen darstellt, und wir waren der Meinung, dass geschehen soll, was geschehen kann in diesem Zusammenhang, dass wir dies ordentlich unsererseits mitmachen.[23] Ich erlaube mir die Bitte, es wäre gut, wenn ein wesentlicher Teil der Fraktion bei diesen Fragestunden am Donnerstag und am Freitag anwesend sein könnte, denn das sind ausgesprochen heikle politische Fragen. Wir haben außerdem Sorge gehabt und dafür getragen, dass bei der Tagesordnung, die aus dem Ältestenrat kam, für den Freitag zwei uns sehr wesentlich erscheinende Themen im Lichte der Erfahrungen eines kürzlichen Freitags nunmehr am Anfang behandelt werden sollten, nämlich was dort zur Kriegsopferversorgung steht und was zu der Betriebsärztefrage steht. Das wird hoffentlich möglich sein, somit werden die beiden anderen Punkte nicht zu kurz kommen. Nur, wir haben erlebt, dass die Kriegsopfersache bei all ihrer Bedeutung kürzlich so gut wie keine Resonanz – ich will von Resonanz im Haus nicht reden, das steht mir nicht zu, sondern öffentlich keine Wirkungsfähigkeit mehr gehabt hat.

Ich will jetzt die einzelnen Punkte der Tagesordnung des Plenums keineswegs auseinanderfieseln. Ich will nur sagen, dass wir es mit scharfen Kontroversen in Bezug auf die Gesetze und damit verbundenen Grundgesetzänderungen zu tun haben werden, die sei es Naturschutz, Landschaftspflege, sei es Bundeswaldgesetz, sei es Wasserhaushaltsgesetz betreffen, wobei ich es jetzt etwas summarisch sage. Bei der Berichterstattung dann wird es sich zeigen, dass das gewisse Unterschiede aufweist. Es gibt in dem einen Punkt, dem zuletzt genannten, einen CDU-Gegenentwurf mit Rahmengesetzgebung statt Grundgesetzänderung und das heißt, dass damit, mit der Einbringung dieses Entwurfs, wenn er noch rechtzeitig, wenn sie noch rechtzeitig erfolgt, vorliegt, der Gang der Debatte sich also wesentlich ändern würde.[24] Bei den Debatten insgesamt, beim Bundeswaldgesetz, das ich einmal herausgreife, werden wir uns betreffend des Vertretungsrechts nicht nur selber deutlich äußern, sondern auch klarwerden müssen, was das alles für vielfältige Folgerungen hat.

Ich wollte dann nur noch aufmerksam machen auf das, was wir in unserer Tagesordnung unter Vorlagen aus den Arbeitskreisen, Kleine Anfrage betreffend Staatsangehö-

---

22 Zur verteidigungspolitischen Klausurtagung vgl. SPD-Fraktionssitzung am 5. November 1973, online (die Tagung ist nur in Form eines schriftlichen Kurzprotokolls überliefert).
23 Zu den Plenarsitzungen, einschließlich der Fragestunde, am 17., 18., und 19. Oktober 1973 vgl. BT Plenarprotokoll 07/56, 07/57 und 07/58.
24 Zum Entwurf der CDU/CSU-Fraktion vom 16. Oktober 1973 eines Vierten Gesetzes zur Änderung des Wasserhaushaltsgesetzes vgl. BT Drs. 07/1088. Zum Entwurf der Bundesregierung vom 9. Juli 1973 eines Gesetzes zur Änderung des Grundgesetzes (Artikel 74 Nr. 24 – Wasserhaushalt) vgl. BT Drs. 07/887.

rigkeit von Kindern aus gemischtnationalen Ehen haben[25], das ist auf unserer Fraktionstagesordnung, Punkt 20, wenn ich jetzt nicht irre. Da haben wir uns in einer ausführlicheren Diskussion damit zu befassen gehabt, dass der unter Punkt 2 dieses Textes, ja, notgedrungen angegebene Jahresstichtag sozusagen 1953 auch eine Belastung von denen nicht wegnimmt, die unmittelbar nach dem Kriege hier verblieben sind, und an und für sich sonst unter diese Personenkreise gehörten. Dies erforderte aber nach der Ansicht der Sachkundigen eine viel weitergehende Arbeit, der wir uns dann versuchen müssen so, dass es also Erfolg hat, zu widmen, wenn wir mit dieser Thematik weitergekommen sein werden. [19]53 ist deswegen, weil es da ein Bundesverfassungsgerichtsurteil gibt, das ist dann unstrittig von da an.[26]

Was die Kleine Anfrage, die auf der Tagesordnung steht, Verbraucherpolitik, betrifft, so handelt es sich um eine Änderung einer früher schon einmal im Fraktionsvorstand vorgelegenen Anfrage, und wir haben sie also heute hier zur Kenntnisnahme und Genehmigung.

Unter Sonstiges gibt es ein Schreiben, das der Genosse Manfred *Marschall* und andere betreffend Chile an mich gerichtet haben oder an den Fraktionsvorstand gerichtet haben. Dabei werden wir, und hat das sich erst im Fraktionsvorstand ergeben, die Rechtslage in den lateinamerikanischen Staaten berücksichtigen müssen, nicht außer Acht lassen dürfen, und müssen außerdem unterscheiden zwischen den Konsulaten und Wahlkonsuln. Das ist möglicherweise heute noch zu erörtern. Ich wollte bei der Gelegenheit mir nur ganz als Person die Bemerkung erlauben, es ist nicht gut, wenn wir sozusagen entschließungsartig nun die in der Bundesregierung vertretenen Sozialdemokraten mit etwas Speziellem beauftragen oder ihnen also sagen, das hätten sie zu tun. Wenn wir etwas von der Regierung gemacht sehen wollen, machen wir das, indem wir die Regierung als solche ansprechen, sei es nun initiativ, sei es mit Anfragen.

Es gibt auf unserer Tagesordnung eine Sache, die, glaube ich, nicht steht. Es könnte sein, dass sie aufgebracht wird oder beantragt unter Verschiedenem. Im Fraktionsvorstand haben wir uns dort unter Punkt 19 mit einer Kontroverse unseres Genossen *Bardens* und der Bundesärztekammer[27], um es einmal so zu sagen, befasst, die zwar durch ein neuestes Fernschreiben unter den direkt Beteiligten als abgeschlossen betrachtet werden kann, die uns aber doch auch zu Überlegungen angeregt hat, dass wir zusteuern wollen auf Gespräche mit einigen der Ärzteorganisation nach einer gewissen Abklärungszeit. Mir ist gesagt worden, damit auch nicht umgekehrt der falsche Eindruck entsteht, wir müssten uns zur Stelle melden. Da geht es jetzt nicht um *Bardens* oder andere, sondern um ein gespanntes Verhältnis, das sich aus den Tagungen der letzten Zeit unschwer hat erkennen lassen, weswegen wir etwa auf solche Gespräche im Frühjahr hinsteuern wollen. Das waren diese Punkte.

Ich will außerdem die Gelegenheit wahrnehmen, darauf hinzuweisen, dass ich unter Verschiedenem dem Fraktionsvorstand Kenntnis gegeben habe von zwei Briefen, die ich gerichtet habe an den Chefredakteur der »Zeit« in Hamburg, Theo *Sommer*, und an Hermann *Schreiber* vom »Spiegel«. Es handelt sich dabei um dieselbe Sache. Ich verlese hier das Schreiben an *Schreiber*, in dem ich ausgedrückt habe, dass es mir zwar fern-

---

25 Zur am 23. Oktober 1973 eingebrachten Kleinen Anfrage der SPD- und FDP-Fraktion betr. Staatsangehörigkeit ehelicher Kinder einer deutschen Mutter und eines ausländischen Vaters sowie Lage deutscher Frauen, die mit Ausländern verheiratet sind vgl. BT Drs. 07/1151.
26 Möglicherweise spielt *Wehner* auf das Urteil des Bundesverfassungsgerichts von 1953 zur Gleichberechtigung von Mann und Frau an. Vgl. BVerfGE 3, 225.
27 Vgl. dazu auch die SPD-Fraktionssitzung am 15. Mai 1973, SVP C, online.

läge, ihn belehren zu wollen, dass ich ihnen auch nicht hineinrede ist das, was sie von mir dächten und schreiben, doch die auf Seite so und so viel des »Spiegel« vom 8. Oktober '72 mir in den Mund gelegte Stelle angeführt und: »Was der Regierung fehlt, ist ein Kopf« ist in Verbindung mit dem, was vorher gedruckt steht, schlichtweg falsch.[28] Und dann hab' ich erklärt: »Vielleicht erinnern Sie sich, was im Zusammenhang mit den Schwierigkeiten, die in den Erwartungen der Vertragspartner UdSSR, Polen, Rumänien und des hoffentlich baldigen Vertragspartners ČSSR liegen, insofern wir nämlich unmöglich alle Erwartungen aller Partner auf dem Gebiet der Wirtschaftsbeziehungen gleichzeitig und gleichmäßig erfüllen können und doch genötigt sind, auch in der Frage der Wirtschaftsbeziehungen etwas zu tun, was dem Aufeinanderzugehen dient, dass ich in dem Zusammenhang gesagt habe, es fehlt ein Kopf, der durch und durch wirtschaftlich denken und disponieren kann, außerdem aber die politischen Impulse begreift und schließlich nicht den Ehrgeiz haben darf, sich selbst zu profilieren oder in den Vordergrund zu schieben. Ein solcher Kopf, der unserer Regierung fehlt, müsste koordinieren können, ohne ein Amt dazu aufbauen zu wollen. Er müsste jeweils das Kettenglied herausfinden, das dem jeweiligen Partner hilft, auch wenn wir nicht alles erfüllen können, was sich eigentlich jeder von unseren Partnern wünscht.« Dann habe ich geschlossen, das war es.

Weder der Bundeskanzler noch der Außenminister werden von mir als kopflos gesehen oder gewertet. Überdies habe ich Grund anzunehmen, dass dem Bundeskanzler dieser Gedanke, den ich ihm gegenüber schon in einigen Zusammenhängen ausgesprochen hatte, zum Beispiel nach einem *Koschnick*-Bericht über Polen-Eindrücke im vorigen Jahr, nicht fremd ist. Ich gebe allerdings zu, dass der Stümmelsatz, den ich eingangs zitiert habe, besser ins diesmalige »Spiegel«-Bild passt als meine skurrile Erklärung, die ich ihnen hiermit in Erinnerung rufen möchte. In meinem Brief an Herrn *Sommer* war kurz, weil ich in der Nr. 42, wie kann es anders sein, auf der letzten Spalte der zweiten Seite unter »Worte der Woche« eben den mir zugeschriebenen Ausspruch gefunden habe[29] und mir deshalb erlaubte, ihm den Durchschlag meines Briefes an Herrn *Schreiber* zu schicken, in dem ich erklärt hatte, wie es sich mit dem mir zugeschriebenen Ausspruch tatsächlich verhalten hat. Meine Hoffnung sei, dass sie sehen werden, wie solche Worte der Woche mitunter verwandelt werden, bis sie schwarz auf weiß den Lesern zukommen.

Heute bekam ich eine Antwort von Hermann *Schreiber*, datiert vom 15.: »Vielen Dank für Ihren Brief vom 9. Oktober, der mich kurz vor der Abreise nach Israel erreicht hat. Ich habe die insgesamt neun Schreibmaschinenseiten mit Zitaten und Reiseeindrücken, die ich den Autoren der von Ihnen erwähnten Titelgeschichte anhand gegeben hatte, noch einmal durchgelesen: Das von Ihnen beanstandete Zitat steht nicht darin. Ich erinnere mich aber ganz gut an Ihre jetzt brieflich wiederholte Definition des koordinierten Kopfes, der unserer Regierung fehlt, und erinnere mich auch daran, dass ich diesen Punkt in meinem ohnehin zu umfangreichen Informationsbericht für die Verfasser der Titelgeschichte gar nicht aufgenommen habe. Nicht weil ich Ihre Erklärung skurril fand, sondern weil es zu viel Platz gekostet hätte, sie komplett und exakt wiederzugeben. Das soll nicht heißen, dass ich mich vor der kollektiven Verantwortung für die von Ihnen monierte Titelgeschichte drücken will. Ich war daran beteiligt und ich bin der einzig Beteiligte, der in der Sowjetunion mit dabei war. Auch habe ich den Stümmelsatz im Ma-

---

28 Zum Artikel »Was der Regierung fehlt, ist ein Kopf« vgl. »Der Spiegel«, Nr. 41 vom 8. Oktober 1973, S. 25–34. – Im gleichen Artikel wurde *Wehners* Vorwurf zitiert, Bundeskanzler *Brandt* sei »entrückt«, »abgeschlafft« und »bade gern lau – so in einem Schaumbad«.
29 Vgl. »Die Zeit«, Nr. 42 vom 5. Oktober 1973, S. 2.

nuskript gelesen und meinerseits nicht moniert, da er mir durchaus ins Bild, nicht nur ins ›Spiegel‹-Bild, zu passen schien. Wenn das eine Fehleinschätzung war, bitte ich um Entschuldigung.« Das wollte ich mitgeteilt haben.

Wer wünscht zum Bericht aus dem Fraktionsvorstand das Wort?

Waltemathe: Ich möchte nur noch einmal fragen zu dem Termin 5. November, wenn ich das richtig verstanden habe, soll es eine dreistündige Diskussion geben. Frage: Dreistündige Diskussion insgesamt auf Klausurtagung oder dreistündige Diskussion über das BVG[30]? Ich möchte mit anderen Worten wissen: Ist die Fraktionsklausurtagung eine ganztägige Sitzung oder eine halbtägige?

Wehner: Ganztägige soll es sein, und ich bitte um Entschuldigung, dass es nicht klar genug herausgekommen ist, zwei Punkte, die kaum in einer ganztägigen behandelt werden können erschöpfend, die aber beide auch aus terminlichen Gründen besser wären, wir behandelten ihn am 5. Der eine Punkt ist Verteidigungspolitik, wozu gehört Wehrstruktur und die Fragen, die zum Teil hier schon Gegenstand von Erörterungen gewesen sind, und Personalvertretungsgesetz, weil das bis dahin, so haben es die Genossen erklärt, soweit sei, dass es dann dringend notwendig werde, alle Mitglieder der Fraktion in das Bild zu setzen, das sie von dieser Materie haben müssen. Und da hatte ich für diese Materie die von den Genossen genannten drei Stunden erwähnt. Im Übrigen ist es ein ganzer Tag. Weitere Wortmeldungen? Nicht der Fall.

[C.–E.] → online unter www.fraktionsprotokolle.de

29.

22. Oktober 1973: Fraktionssitzung (Tonbandtranskript)

AdsD, SPD-BT-Fraktion 7. WP, 6/TONS000022. Titel: »Fraktionssitzung am 22.10.1973 im Berliner Reichstag«. Beginn: 13.10 Uhr. Aufnahmedauer: 01:58:20. Vorsitz: Wehner.

Sitzungsverlauf:

A. Politischer Bericht des Bundeskanzlers (laufende Arbeit des Bundeskabinetts; Reise des Außenministers nach Polen; Gemeinschaftsgutachten; Nahost-Konflikt).

B. TOP 1: Begrüßung durch den Regierenden Bürgermeister Klaus *Schütz*. – TOP 4: Bericht des Regierenden Bürgermeisters (Erfahrungen mit dem Vier-Mächte-Abkommen; Transitprobleme; konsularische Vertretung von Berlin (West) durch den Bund; Bundesamt für Umweltschutz).

C. TOP 2: Bericht aus dem Fraktionsvorstand (Lage Berlins; Arbeitsgruppentätigkeit zur Auswertung der Klausurtagung; Paragraph 218 StGB, Deutsche Bundespost).

D. TOP 3: Informationen (Bummelstreik der Fluglotsen; Kündigungsschutz für Jugendvertreter in Betrieben und junge Betriebsräte; Lage auf dem Energiemarkt; Beziehungen zwischen den EG-Staaten und der USA; Stand der Steuerreform; Zustand der Tran-

---

30 Gemeint ist das Betriebsverfassungsgesetz.

Fraktionssitzung 24.10.1973 **30.**

sitzüge zwischen BRD und DDR; Besetzung der Arbeitsgruppe Postreform; Angriff auf den Bundespräsidenten in Augsburg).

E. TOP 5: Gesetz zur Förderung der Berliner Wirtschaft. – TOP 6: Nächste Termine. – Verschiedenes.

[A.–E.] → online unter www.fraktionsprotokolle.de

30.

24. Oktober 1973: Fraktionssitzung (1. Sitzung / Tonbandtranskript)

AdsD, SPD-BT-Fraktion 7. WP, 6/TONS000021. Titel: »Fraktionssitzung am 24.10.1973 um 11.10 Uhr«. Aufnahmedauer: 00:15:09. Vorsitz: Wehner.

Sitzungsverlauf:

A. Vorbereitung der zweiten und dritten Beratung über den Antrag der CDU/CSU-Fraktion für ein Inflationsentlastungsgesetz in der Plenarsitzung am 24. Oktober 1973, 11.30 Uhr.

[A.] → online unter www.fraktionsprotokolle.de

31.

24. Oktober 1973: Fraktionssitzung (2. Sitzung / Tonbandtranskript)

AdsD, SPD-BT-Fraktion 7. WP, 6/TONS000021. Titel: »Fraktionssitzung am 24.10.1973 um 15.00 Uhr«. Aufnahmedauer: 02:51:18. Vorsitz: Wehner.

Sitzungsverlauf:

A. TOP 1: Bericht aus der Fraktionsvorstandssitzung (Haushalt 1974; Polen-Kredit).

B. Vorbereitung der Plenarsitzungen: TOP 2: Tagesordnung und Ablauf der Plenarsitzungen. – TOP 3: 1. Beratung Haushalt 1974.

C. Vorlagen aus den Arbeitskreisen: TOP 4: Gesetz zum Schutze in Ausbildung beschäftigter Mitglieder von Betriebsverfassungsorganen.

D. Sonstiges: TOP 5: Die Arbeitsgemeinschaft für Arbeitnehmerfragen in der SPD – ihre Ausgangsposition nach der Duisburger Konferenz. – Diskussion (Spontane Arbeitsniederlegungen als Mittel in der Tarifauseinandersetzung; staatliche Investitionslenkung; Lage der Textil- und Schuhindustrie).

E. TOP 6: Einrichtung einer europäischen Verbindungsstelle. – TOP 7: Nationalkomitee für den Denkmalschutz beim Bundesinnenminister. – TOP 8: Nächste Termine. – Verschiedenes.

[A.–E.] → online unter www.fraktionsprotokolle.de

32. 05.11.1973 Fraktionssitzung

32.

5. November 1973: Fraktionssitzung (Kurzprotokoll)

AdsD, SPD-BT-Fraktion 7. WP, 2/BTFG000032. Überschrift: »Protokoll nach Sachgebieten der Klausurtagung über Sicherheits- und Verteidigungspolitik am 5. November 1973«. Zeit: 09.40–16.30 Uhr. Vorsitz: Wehner. Protokoll: Liebau. Datum der Niederschrift: 15. November 1973.

Sitzungsverlauf:

A. I. Fragen und Aussagen zur Resolution der SPD-Bundestagsfraktion über Außen- und Sicherheitspolitik.

B. II. Kurzdarstellung des Referats von Georg *Leber*.

C. III. Fragen und Aussagen zur Sicherheitspolitik: 1) MBFR und KSZE. – 2) Entspannungspolitik. – 3) Bündnispolitik. – 4) Verhältnis zu den USA. – 5) Warschauer Pakt. – 6) Kräfteverhältnis in Mitteleuropa. – 7) Nahost-Konflikt 1973.

D. IV. Fragen und Aussagen zur Verteidigungspolitik: 1) Strategie der Bundeswehr. – 2) Auftrag der Bundeswehr.

E. V. Fragen und Aussagen zur Bundeswehr: 1) Neue Wehrstruktur. – 2) Wehrpflicht oder Freiwilligenarmee. – 3) Verfassungstreue. – 4) Wehrgerechtigkeit. – 5) Wehretat.

F. VI. Fragen und Aussagen zu Rüstungs- und Gerätesystemen: 1) MRCA. – 2) KfZ-Nachfolgegeneration. – 3) Rüstungsindustrie.

G. VII. Fragen und Aussagen zum Verhältnis der SPD zur Bundeswehr.

H. VIII. Sonstiges: 1) Waffenlieferungen an Griechenland. – 2) Feindbilder in der Bundeswehr. – 3) Friedens- und Konfliktforschung. – 4) Resümee der Klausurtagung.

[A.–H.] → online unter www.fraktionsprotokolle.de

33.

6. November 1973: Fraktionssitzung (Tonbandtranskript)

AdsD, SPD-BT-Fraktion 7. WP, 6/TONS000023. Titel: »Fraktionssitzung vom 6.11.1973«. Beginn: 17.10 Uhr. Aufnahmedauer: 03:59:39. Vorsitz: Wehner.

Sitzungsverlauf:

A. TOP 1: Politischer Bericht von Bundeskanzler *Brandt* (Nahostkonflikt; Spannungen im Verhältnis zu den Vereinigten Staaten; Reaktionen auf die drohende Energiekrise; Europäische Politische Zusammenarbeit; Reisen in die DDR/Zwangsumtausch/Berlinpolitik; Ostpolitik).

B. TOP 18: Ergebnis Vermittlungsausschuss (4. Strafrechtsreform). – TOP 2: Erhöhung der Postgebühren. – TOP 3: Bericht aus der Fraktionsvorstandssitzung (Vorbereitung der Plenarsitzungen; Neuwahl des Fraktionsvorsitzenden und des Fraktionsvorstands).

Fraktionssitzung 6.11.1973 **33.**

C. TOP 4: Informationen (Reform der Kraftfahrzeugsteuer; Botschaftsasyl in Chile). – TOP 5: Aktuelles aus den Arbeitskreisen (Situation auf dem Baumarkt).

D. Vorbereitung der Plenarsitzungen: TOP 6: Tagesordnung und Ablauf der Plenarsitzungen. – TOP 7: 1. Beratung Nichtverbreitung von Kernwaffen und 1. Beratung Verifikationsabkommen. – TOP 8: 2. und 3. Beratung Änderung Wohnungsbindungsgesetz 1965 und Wohnungsbauänderungsgesetz 1973. – TOP 9: 2. und 3. Beratung Änderung Wohngeldgesetz. – TOP 10: 2. und 3. Beratung 27. Änderung Lastenausgleichsgesetz. – TOP 11: 2. und 3. Beratung Altershilfe für Landwirte. – TOP 12: 1. Beratung CDU/CSU-Entwurf Änderung des Grundgesetzes (Art. 94 – Wahl der Richter am Bundesverfassungsgericht). – TOP 13: 1. Beratung CDU/CSU-Entwurf Änderung Arzneimittelgesetz. – TOP 14: Antrag CDU/CSU betr. Weiterentwicklung Arzneimittelwesen. – TOP 15: Ausschussbericht und Antrag betr. Enquete-Kommission »Frau und Gesellschaft«. – TOP 16: CDU/CSU-Antrag betr. Neuordnung der studentischen Krankenversicherung. – TOP 17: CDU/CSU-Antrag betr. Aus- und Fortbildung der Unteroffiziere. – TOP 21: Ausschussumbesetzungen: Ausschuss für innerdeutsche Beziehungen.

[A.]

{...}[1]

Brandt (Berlin): {...} Dezember den Versuch machen, die noch offenen Probleme unseres Arbeitsprogramms abzuklären. Ich würde außerdem – das ist die zweite Bemerkung, die ich vorweg machen wollte – der Fraktion empfehlen, bei manchem, was einem nicht zu Unrecht ärgerlich erscheinen mag im Laufe der Wochen im Verhältnis zum Koalitionspartner oder zu einigen Gruppen und einzelnen in seinen Reihen, die Tatsache nicht zu unterschätzen, dass das dafür legitimierte Gremium der niedersächsischen FDP so entschieden hat, wie es entschieden hat dieser Tage, nämlich die Koalitionsaussage dort, wo es nicht selbstverständlich war, vorwegzunehmen, auf das nächste Jahr bezogen.

Nun zu der Sache, um die es heute in erster Linie gehen muss. Ich will und darf auch nicht, auch nicht meine Art normalerweise, dramatisieren, was uns an Problemen beschäftigt, aber es ist auch nicht auf die leichte Schulter zu nehmen. Wir haben von der Situation im Nahen Osten abzuleiten eine, wir wie andere Länder, eine nicht ganz einfache Lage. Dabei nehmen wir Namen und nehmen wir in jenem Nahostkonflikt[2], der jeden Tag wieder ausbrechen kann als offener Konflikt, das darf man nie übersehen, erkannt, noch immer jeden Tag wieder ausbrechen als offener Konflikt, wir nehmen in ihm eine Haltung ein, die weithin mit unseren europäischen Hauptpartnern abgestimmt ist. So waren wir, damit meine ich also mit unseren Partnern in den Staaten der Europäischen Gemeinschaft, unbeschadet gewisser Nuancierungen, die es dort gab und gibt, so waren wir mit diesen unseren Partnern in dem Stadium des offenen Konflikts wiederholt dafür eingetreten, dass eine Feuereinstellung verbunden sein sollte mit dem Einfrieren der Front an der Stelle, an der sich die Truppen jeweils befanden. Die Ereignisse haben gezeigt, dass sich Bewegungen der Truppen, der einen Seite etwas mehr als der anderen, nach dem dann ein-

---

1 Die kurz gehaltene Eröffnung der Sitzung durch Herbert *Wehner* mit den Geburtstagsglückwünschen für Karl *Herold* und Klaus *Richter* sowie der Anfang des politischen Berichts des Bundeskanzlers, wie sie durch das Kurzprotokoll dokumentiert sind, fehlen auf der Tonbandaufnahme. Zum schriftlichen Protokoll der Sitzung vgl. AdsD, 2/BTFG000033.

2 Am 6. Oktober 1973 hatte mit dem ägyptisch-syrischen Überfall der Jom-Kippur-Krieg begonnen. Nach anfänglichen Verlusten konnte Israel die Initiative wiedererlangen und zur Offensive übergehen. Ab dem 22. Oktober 1973 trat ein Waffenstillstandsabkommen in Kraft. – Vgl. auch die SPD-Fraktionssitzung am 16. Oktober 1973, SVP A, online.

getretenen Waffenstillstand vollzogen haben und die lebhafte diplomatische Aktivität dieser Tage ist ein Zeichen für die Schwierigkeiten, dem Wortlaut der Sicherheitsresolution, auf die ich gleich noch mal zu sprechen komme, Geltung zu verschaffen.

Nun hat es sich, wenn ich das in aller Offenheit hier vor der Fraktion darlegen darf, nun hat es sich gezeigt, dass die Interessen Westeuropas und die Interessen der Vereinigten Staaten, was den Nahen Osten angeht, nicht voll identisch sind und dabei ist nicht nur an die besondere Rolle zu denken, die die Vereinigten Staaten als eine der beiden Supermächte spielen und aus jener Rolle, aus der heraus sie tätig geworden sind und weiter tätig sind, sondern es ist ja auch so, wie jeder von uns hier weiß, dass es sich um ein nicht durch den NATO-Vertrag gedecktes Gebiet handelt und dass es eine Bündnispolitik auf dieses Gebiet bezogen auch 1956[3] und 1967[4] nicht gegeben hat. Hier hat es Meinungsverschiedenheiten, Missverständnisse gegeben, auch mit einigen amerikanischen Vertretern ziemlich hoch rauf und manche Äußerungen aus Amerika haben den irrtümlichen Eindruck vermittelt, als sehe man dort Bündnisfragen, wo es solche nicht gibt.[5] Etwas ganz anderes ist es, dass unser Interesse sich mit dem der Vereinigten Staaten traf, wo es darum ging, größtmögliche Stabilität in jener Region zu erreichen oder wiederherzustellen, als diese ins Rutschen gekommen war. Und wahr ist, ohne dass ich dies jetzt, und ich hoffe, die Fraktion gibt sich damit für den Augenblick zufrieden, ohne dass ich das jetzt im Einzelnen ausbreite, wahr ist, dass es zwischen uns und den Amerikanern Verständigungsschwierigkeiten gegeben hat, die – wenn ich es so ausdrücken darf – nicht einseitig waren. Wer genau hingehört hat in den letzten Wochen weiß, dass der Bundeskanzler aus guten Gründen den Terminus »neutral« vermieden hat und man hat vielleicht festgestellt, dass dies inzwischen sich auch sonst herumgesprochen hat. Das ist für denjenigen, der die Dinge ein bisschen im Zusammenhang sieht, von einigem Belang. Auch im Zweiten Weltkrieg haben einige am Krieg nicht beteiligte Staaten sich neutral und andere nicht allianzgebunden genannt. Auch heute definiert ein Staat – Schweden – seine Stellung in der Welt anders, als die Schweiz es etwa tut, die sich auf eine wie sie meint ewig währende Neutralität beruft. Aber dies war ja nicht der einzige Punkt, worum es ging. Heute hat es dazu eine Aussprache in Brüssel, im Haag, gegeben, wo die Verteidigungsminister der Allianz versammelt sind. Joseph *Luns*[6], auf den man sich hoffentlich in diesem Zusammenhang verlassen kann, hat in einer Sitzungspause gesagt, die Luft sei bereinigt, in einer Sitzungspause der Nuklearen Planungsgruppe, die Situation im Bündnis habe sich nach den Verhandlungen deutlich gebessert, die streng vertraulichen Gespräche über die atomare NATO-Strategie und die Folgerungen aus dem Nahostkrieg seien äußerst zufriedenstellend gewesen.

Was die von mir erwähnten Verständigungsschwierigkeiten angeht, so habe ich deswegen an den amerikanischen Präsidenten geschrieben und einiges klargestellt.[7] Ich be-

---

3 Gemeint ist die Suezkrise (auch Sinai-Krieg genannt) von 1956, als Großbritannien, Frankreich und Israel militärisch in Ägypten eingriffen, um den Suezkanal unter ihre Kontrolle zu bringen und den ägyptischen Staatschef *Nasser* zu stürzen.
4 Gemeint ist der sog. Sechstagekrieg vom 5. bis zum 10. Juni 1967, in dem Israel den Gazastreifen, die Sinai-Halbinsel, die Golanhöhen und das Westjordanland mit Ostjerusalem eroberte.
5 Die Bundesrepublik bemühte sich im Nahostkonflikt um Neutralität und sah daher die US-amerikanischen Waffenlieferungen an Israel von bundesdeutschem Boden aus mit großer Skepsis. Nach Eintritt des Waffenstillstands am 22./23. Oktober 1973 intervenierte das Auswärtige Amt dann bei der US-Botschaft in Bonn und untersagte weitere Waffenlieferungen an Israel von bundesdeutschem Boden aus, was auf Seiten des US-amerikanischen Verbündeten wiederum zu Verstimmungen führte. Vgl. AAPD 1973, III, Dok. 335 und Dok. 337.
6 NATO-Generalsekretär.
7 Zum Wortlaut des Schreibens vom 28. Oktober 1973 an US-Präsident *Nixon* vgl. BRANDT, Berliner Ausgabe, Bd. 6, Nr. 81. – *Brandt* versicherte US-Präsident *Nixon*, dass die Bundesrepublik voll und

trachte seine Antwort auf das, was von unserer Sicht aus klargestellt worden ist, als positiv.[8] Jedenfalls hat damit eine öffentlich sichtbare oder öffentlich sichtbar gewordene Spannung beseitigt werden können. Wir haben keinerlei Interesse an Spannungen mit einem Land, mit dem uns viele Freundschaften verbinden, das unser wichtigster Verbündeter bleibt und das für die Sicherheit Europas eine unersetzbare Rolle spielt, und davon kann einen auch nichts ablenken, was an Schwierigkeiten, großen sorgenvollen Schwierigkeiten die amerikanische Innenpolitik in diesen Wochen und Monaten und vermutlich noch eine ganze Weile weiterhin füllen wird.

Wir haben, ich darf das im Anschluss an meine relativierende Bemerkung zum Begriff Neutralität sagen, wir haben als Bundesregierung eine Politik der europäischen Ausgewogenheit gegenüber der Region des Nahen Ostens zu verfolgen uns bemüht und unsere Absicht ist es, diese Politik fortzusetzen. Wenn ich sage, dass wir einen entwickelten Sinn für Stabilität und die Gefahr von Gleichgewichtsstörungen entwickelt hatten, dann hat dieses auch unsere Stellungnahme zu konkreten Maßnahmen anderer auf unserem Boden beeinflusst und hat unsere Haltung hierzu verändert von dem Augenblick an, von dem ein Waffenstillstand in Kraft getreten war. Abgesehen davon, dass die Verständigungsschwierigkeiten, wie ich es genannt hatte, auch unter anderem damit zu tun hatten, dass nicht alle ebenso wie wir der Meinung waren, dass wir wissen müssten, was auf unserem Territorium vor sich geht. Ich glaube, das wird aber inzwischen eingesehen. Die Haltung einiger arabischer Staaten ist entschieden darauf gerichtet nicht erst seit gestern, aber gerade in diesen Wochen und in den letzten Tagen sehr entschieden darauf gerichtet, uns zu einer anderen Haltung als einer der Ausgewogenheit zu bewegen. Die Äußerungen, auch die ich hierzu mache, müssen vorsichtig sein, weil es nicht in unserem Interesse liegt, die Lage zu komplizieren oder zu verschärfen. Trotzdem hätte ich nichts dagegen, wenn im Kommuniqué über das, was ich hier sage, der Satz drin stünde an die Adresse einiger Staaten im Nahen Osten, dass man durch Druck keine Freunde gewinnt, auch nicht mit Druck, der aus der Ölpolitik heraus resultiert.

(Beifall.)

Wir müssen damit rechnen, dass bei Fortsetzung der im Augenblick denkbaren Entwicklung Versorgungsstörungen in der Ölversorgung nicht völlig ausgeschlossen sind. Hiermit rechnet man sogar in Nachbarländern, die glauben, etwas besser dran zu sein, a) was ihre Reserven angeht, b) was ihre größere Unbefangenheit in Bezug auf Eingriffe in den wirtschaftlichen Prozess angeht, c) was ihr Verhältnis zu ölproduzierenden Ländern angeht. Ich denke zum Beispiel an Frankreich. Wir hatten uns ja angewöhnt oder haben uns angewöhnt, so liberal zu sein, dass wir in diesen Tagen, in denen wir es nun gebrauchen, nicht einmal ein Instrumentarium haben, um etwa auch nur ein Sonntagsfahrverbot – was ja noch nicht das Schlimmste wäre – zu ermöglichen.

(Unruhe.)

Liebe Genossen, ich will mal als Parallele erwähnen, gestern früh hat man in unserem Nachbarland Frankreich, ohne dass irgendeiner mit der Wimper gezuckt hat, zur Kenntnis genommen an den Tankstellen, dass in Kanistern nichts abgegeben wurde, sondern

---

ganz zum transatlantischen Bündnis stünde, dass die amerikanischen Waffenlieferungen an Israel von deutschem Boden jedoch nicht Teil der Bündnisverantwortung gewesen seien und daher auch nicht toleriert werden konnten.

8 Zur Antwort *Nixons* vom 30. Oktober 1973 vgl. BRANDT, Berliner Ausgabe, Bd. 6, Nr. 82. – *Nixon* bemühte sich seinerseits, den Konflikt zwischen den USA und der Bundesrepublik nicht eskalieren zu lassen und führte ihn auf Kommunikationsprobleme zurück. *Nixon* hob jedoch hervor, dass er die US-Lieferungen an Israel auch unter dem Blickwinkel der Bündnisverantwortung sehe. Zudem drückte er seine Sorge über das Verhältnis zwischen den neun Mitgliedern der EG und den USA aus.

nur direkt zum Tanken in die Wagen, und der dortige Industrieminister hat abends seinen Landsleuten in aller Ruhe auseinandergesetzt, der Minister *Charbonnel*, dass er 'ne Reihe von Empfehlungen gibt, die hier vermutlich zulande als blutige – was weiß ich – Dirigismen empfunden werden würden, dass es nicht schaden würde, in den Gebäuden die Durchschnittstemperatur um ein paar Grad herunterzusetzen und auf den Autobahnen nicht mehr als 100 Kilometer zu fahren und eine Reihe anderer Geschichten, die allerdings, was ihre tatsächliche Wirkung angeht, wohl gewiss nicht überschätzt werden dürfen, die ich deshalb auch nicht zur einfachen Nachahmung empfehle.

Was ist bei uns erforderlich? Wir brauchen – und wenn es irgend geht, brauchen wir es in diesen Tagen und nicht irgendwann, wenn der Bundestag in drei Wochen wieder beisammen ist – ein Gesetz, das uns in die Lage versetzen soll, mit den möglicherweise auftauchenden Schwierigkeiten fertigzuwerden. Ich habe die Fraktionsführungen der beiden Fraktionen, die die Regierung tragen, aber auch die Fraktionsführung der Union gebeten, wenn es irgend geht, morgen ohne Aussprache – nachdem die Fachleute der drei Fraktionen sich das angeguckt haben – in erster Lesung im Anschluss an die Fragestunde ein solches Gesetz einzubringen. Die Union wird morgen früh in einer Sitzung um 8.15 Uhr darüber befinden, ob sie glaubt, dies mittragen zu können. Sonst muss sie die Verantwortung dafür tragen, dass wir ein solches Instrumentarium nicht rasch genug in die Hand bekommen. Es müsste möglich sein in einer solchen Situation, die voller Risiken ist, einen solchen Vorgang einmal im Laufe einer Woche durch Bundestag und Bundesrat durchzubekommen, wenn nirgends Fristeinreden erfolgen. Ich halte dies nicht für ausgeschlossen, zumal wenn man allen Beteiligten sagt, ich möchte es jedenfalls die Fraktion hier wissen lassen, dass wir nicht etwa schon Verordnungen jetzt partout in Kraft setzen wollen, aber es könnte ja sein, dass – bis der Bundestag wieder zusammenkommt – eine solche Notwendigkeit bestünde. Dann möchten wir sicherstellen, dass ein Benehmen mit den Fraktionen hergestellt wird, wenn es zu solchen Notwendigkeiten kommt und nicht nur das, was mit dem Bundesrat ohnehin bei Verordnungen dieser Art vorgesehen ist. Im Übrigen glaube ich, ich sollte mich zu diesem Punkt damit begnügen zu sagen, dass dies der geeignete Zeitpunkt sei, der Regierung die Mittel zu verschaffen, die sie braucht, um tätig werden zu können, falls die Bundesrepublik in gezielte Boykottaktionen gerät, was bis zur Stunde nicht der Fall ist. Wir dürfen uns aber erstens auch keiner Illusion darüber hingeben, dass bereits die generelle, uns wie andere erfassende Förderungsdrosselung Probleme aufwirft, was ja auch die Absicht dieser Drosselungsmaßnahmen ist, dass Probleme dadurch aufgeworfen werden sollen, und dass zweitens wir unter einem bestimmten Druck eines Staates mehr als andere stehen und ich nicht die Absicht habe, dem Rechnung zu tragen, was von jener Seite von uns an Einseitigkeit erwartet wird, und deshalb muss hier jeder wissen, dass ein bestimmtes Risiko mit der gegenwärtigen Situation verbunden ist.

Ich bin gefragt worden, auch vorhin im Fraktionsvorstand, ob es nicht richtig sei, auch der Öffentlichkeit ein paar erläuternde Worte zu sagen. Der Zeitpunkt scheint mir richtiger zu sein, wenn wir ein Gesetz haben, dass wir uns auf diese Sache erst mal konzentrieren und vielleicht hilft dann auch die heutige gemeinsame politische Stellungnahme, zu der ich jetzt gleich noch komme, der neun Außenminister in Brüssel, um durch einige der Fährnisse hindurchzukommen, über die ich mich hier vielleicht mehr verklausuliert äußere, als es dem einen und anderen lieb ist. Aber so schwer ist das ja auch nicht zu entschlüsseln, was ich sage.

In dieser Situation stellt sich also nun die Frage nach Europa. Da hat es ohne direkten Zusammenhang mit der Ölkrise den bekannten Brief des Präsidenten *Pompidou* gegeben in der vergangenen Woche⁹, ein Brief, durch den er dreierlei vorschlägt: Erstens noch in diesem Jahr, wie wir es angeregt hatten, aber ich sehe gerne, dass das Baby 'ne Weile woanders gepflegt wird, dass noch in diesem Jahr eine Konferenz der Staats- und Regierungschefs der Gemeinschaft die Fragen der politischen Zusammenarbeit – aber vielleicht nicht nur diese – erörtern sollte, und die Dänen als Präsidentschaftsregierung haben den Gedanken aufgegriffen – wie gesagt, einen Gedanken, den wir mit den Franzosen, mit den Engländern schon ziemlich detailliert erörtert hatten – und haben vorgeschlagen, dass man sich am 15./16. Dezember in Kopenhagen treffen soll. Zweitens hat man vorgeschlagen, dass die Finanzminister sich treffen sollten, was schon in ein paar Tagen geschehen wird, um – nachdem die französische Preisentwicklung um 0,9 in einem Monat heraufgegangen ist auf 7,9, so dass man dort ziemlich aufgescheucht ist – um gemeinsam in der Gemeinschaft zu überlegen, ob man besser als bisher aufeinander abgestimmte Maßnahmen gegen die Aufwärtsentwicklung der Preise unternehmen kann. Und drittens, dass die Wirtschaftsminister unbeschadet der Tatsache, dass ein voller Einstieg in die Stufe zwei der Wirtschafts- und Währungsunion im ursprünglichen Sinne ab 1. Januar nicht möglich sein wird¹⁰, sie gleichwohl überlegen sollen, welche Maßnahmen der währungspolitischen Koordinierung jetzt möglich sind.

Ich werde morgen früh im Kabinett darlegen, dass ich die Anregungen des französischen Präsidenten begrüße und ihnen, was mich selbst angeht, folgen werde, dass die Bundesregierung folgen wird, soweit sie insgesamt betroffen ist, und ich weiß aus dem seit Wochen laufenden Meinungsaustausch, dass auch der britische Premierminister häufigere Treffen der Regierungschefs für zweckmäßig hielt.¹¹ Solche Treffen können ein wichtiges Mittel sein, um die politische Zusammenarbeit der neun zu verbessern. Niemand darf sich aber darüber täuschen, dass die Entwicklung Europas in diesem Herbst in diesen Wochen vor eine Bewährungsprobe gestellt ist und dass im Grunde natürlich ein Widerspruch darin besteht, eine Konferenz irgendwann vor Weihnachten in Aussicht zu nehmen und auch Wirtschafts- und Finanzminister über wichtige Fragen reden zu lassen, aber eben nicht das Hauptinstrument einzusetzen für die Hauptfrage, um die es in diesem Augenblick geht und über die ich jetzt schon zehn Minuten lang oder eine Viertelstunde lang geredet habe und zu der heute die Außenminister in Brüssel miteinander abtesten, wie weit die Solidarität reicht. Sie reichte, um in der Nacht um drei Uhr eine politische Erklärung fertig zu haben, die muss erst noch erprobt werden, wo es um die eigentliche Ölkrise geht.¹²

Zur politischen Lage haben die neun Regierungen durch ihre Außenminister ein Dokument verabschiedet, das der ein und andere schon kennt, heute Mittag ist seit halb zwei auf dem Nachrichtenmarkt. Es lehnt sich stark an die diversen Resolutionen des Sicherheitsrats der Vereinten Nationen. Es wird demzufolge auch wieder zu all den Auslegungskünsten und Schwierigkeiten führen, die mit einer solchen Operation verbunden

---

9 Der französische Staatspräsident *Pompidou* schlug in gleichlautenden Schreiben an die Regierungschefs der EG-Mitglieder regelmäßige Treffen der Staats- und Regierungschefs der EG im Rahmen der Europäischen Politischen Zusammenarbeit vor. Ziel der Treffen solle es sein, eine gemeinsame europäische Haltung in internationalen politischen Fragen, beispielsweise dem Nahostkonflikt, herbeizuführen. Vgl. EUROPA-ARCHIV 1973, Z 230 f.
10 Zum mehrstufigen Plan einer europäischen Wirtschafts- und Währungsunion vgl. AAPD 1974, I, Dok. 133, Anm. 17, sowie EUROPA-ARCHIV 1973, D 504.
11 Zur Sitzung am 7. November 1973 vgl. die KABINETTSPROTOKOLLE DER BUNDESREGIERUNG 1973, online.
12 Um die westlichen Länder, die während des Jom-Kippur-Kriegs Israel unterstützten, unter Druck zu setzen, reduzierten die arabischen OPEC-Länder ihre Ölförderquoten drastisch und sorgten so für einen massiven Preisanstieg.

sind, aber es steckt hierin ein Element der Entlastung, zum Beispiel für eine Regierung wie die deutsche, die sich auf dieses Dokument beziehen kann, wenn ein Staat oder einige Staaten sie – die deutsche Regierung – besonders in Anspruch nehmen wollen.[13] Wir werden auf das verweisen, was da gemeinsam mit anderen aufgeschrieben ist. Aber bei der Ölgeschichte, da scheinen ein paar unserer Partner doch wohl der Meinung zu sein, dass sie besser dran seien als andere und nicht ohne Not – sagen wir mal – sich mit in eine Risikozone hineinbegeben müssten, in der sie in ihrem Verständnis noch nicht ganz sind. Das werden die nächsten Tage zeigen müssen, wieweit hier das Zusammengehen trägt.

Das wollte ich zu diesen Fragen sagen und nur noch Folgendes hinzufügen: So wichtig das ist, was sich an Ärgerlichem, höchst Ärgerlichem aus der DDR auf uns bezogen ergibt in diesen Tagen[14], muss man – glaube ich – wissen, dass das, wovon ich zuerst gesprochen habe, uns in diesen Tagen noch stärker beschäftigt, weil es objektiv von einem unvergleichlich viel größeren Gewicht ist. Die DDR macht im Übrigen das, was sie in Zeiten der Spannungen macht, sie erzeugt zusätzliche Spannungen und erzeugt zusätzlichen Ärger und kommt damit offenbar durch in der gegenwärtigen Situation. Ich brauche die Beispiele dafür nicht zu registrieren. Wir haben uns dazu mit aller Deutlichkeit geäußert und ich habe dem jetzt außer meinem tiefen Bedauern nichts hinzuzufügen. Ich habe mit dem Regierenden Bürgermeister[15] heute Mittag vor allen Dingen die Dinge durchgesprochen, die mit der Verdoppelung des Umtauschbetrages bei den Reisen in die DDR oder nach Ost-Berlin und in die DDR zusammenhängen. Da werden wir morgen, er durch seinen Gesprächskontakt, wir übermorgen durch unseren Gesprächskontakt, zunächst einmal uns erst noch Klarheit verschaffen müssen, was mit den Rentnern ist, die nicht ausdrücklich erwähnt sind, die ja – das wissen nicht alle Genossen hier – bei den Besuchern aus West-Berlin praktisch die Hälfte der Gesamtzahl der Besucher in Ostsektor und DDR darstellen und deren Besuche zum großen Teil zum Erliegen kommen würden, wenn sie statt zehn Mark 20 Mark pro Tag umtauschen müssten. Das ist aber einfach ein Punkt, wo wir noch im Dustern tappen. Das ist nicht klar aus dem bisherigen Text zu entnehmen, das wissen wir in ein, zwei Tagen und wir bemühen auch, auf andere Weise mäßigend einzuwirken.

Gleichzeitig hoffe ich, dass die Besprechungen, die der Außenminister in Moskau geführt hat in der vergangenen Woche, dass diese Besprechungen die Möglichkeit eröffnet haben, einige Schwierigkeiten bilateral zu erledigen und dadurch auch nicht zuletzt in Prag in nächster Zukunft weiterzukommen in der Annahme, dass wenn wir dann nicht nur in einem, sondern in den drei Ländern, die noch außen vor waren, was die Formalisierung der Beziehungen angeht, dieses durchgebracht haben und die Folgerungen aus dem *Breschnew*-Besuch hier, dem *Scheel*-Besuch in Moskau in praktischer Hinsicht ziehen.[16] Dass wir dann vielleicht auch an einer anderen Stelle es nicht mit dem gleichen Maß an Verhärtungen zu tun haben, die ich leider nach dem gegenwärtigen Stand der Dinge feststellen muss und da gibt's überhaupt nichts zu verniedlichen, nur ich kann nichts daran ändern, dass das im Augenblick so und nicht anders ist. Den Fachleuten

---

13 Die EG-Außenminister trafen sich am 6. November 1973 in Brüssel zu einem Gedankenaustausch über die Nahostpolitik. Vgl. EUROPA-ARCHIV 1973, Z 253.

14 Die DDR kündigte am 5. November 1973 an, dass sich der Mindestumtauschbetrag für Besucher der DDR ab dem 15. November verdoppeln werde. Jeder Besucher der DDR musste ab diesem Zeitpunkt täglich mindestens 20 D-Mark (West) in 20 D-Mark (Ost) umtauschen. Bei Tagesbesuchen in Ost-Berlin mussten zehn Mark pro Person umgetauscht werden. Vgl. EUROPA-ARCHIV 1973, Z 245.

15 Klaus *Schütz*.

16 Zum Moskau-Besuch von Außenminister *Scheel* vom 31. Oktober bis zum 3. November 1973 vgl. AAPD 1973, III, Dok. 357.

Fraktionssitzung 6.11.1973 **33.**

empfehle ich, was diesen etwas heiklen Punkt angeht, der sich in Bezug auf die Tschechoslowakei ergeben hatte und der besondere Aspekte des Rechtshilfeverkehrs angeht, den Fachleuten empfehle ich, die Formeln genau zu studieren, die das heutige Bulletin dazu enthält[17]: in einem ersten Absatz in einem mit der sowjetischen Seite gemeinsam formulierten Text und in einem zweiten Absatz, einem, von dem der Außenminister sagt, er könne dem ersten Absatz Folgendes hinzufügen und das »kann« heißt hier, dass er es kann oder konnte ohne Widerspruch des Partners, mit dem er diese Frage zu behandeln hatte. Ich glaube, ich sollte es damit im Augenblick genug sein lassen und danke für die Aufmerksamkeit.

(Beifall.)

Wehner: Danke, Willy *Brandt*. Wird das Wort gewünscht? Bitte!

Möhring: Willy, ich vertrete einen Zonenrandkreis und in diesem Bereich ist es sicher in politischen Diskussionen sehr interessant, über KSZE oder MBFR zu reden, aber viel mehr an die Nieren geht den Menschen eben ein solcher Vorgang wie die Verdoppelung der Pflichtumtauschquote. Meine Frage ist ganz einfach. Welche Möglichkeiten haben wir, um überhaupt nicht in diese Willkür zu geraten, morgen vielleicht mit der Forderung nach 50 Mark Umtausch konfrontiert zu werden und damit alles, was bisher sich angesetzt hat im kleinen Grenzverkehr, dadurch zu blockieren, dass hierüber es keine verbindlichen Abmachungen gegeben hat? Ist es die Möglichkeit der DDR, einfach im Verwaltungsanordnungswege solche Forderungen weiterzutreiben?

Wehner: Egon *Bahr*.

Bahr: Zunächst einmal sind wir dabei, innerhalb der Ressorts zu sehen, welche Möglichkeiten es gibt, ob wir in irgendeiner Form darauf reagieren können, die den anderen ebenfalls nicht schmeckt. Ich würde warnen davor, die Erwartungen auf diesem Gebiet zu hoch zu schrauben, und zwar aus folgendem Grunde: Erstens, die DDR verhält sich dabei, bei der Höherschraubung dieser Gebühren, etwa so wie andere Länder des Warschauer Vertrages. Das heißt, das, was man für den Tagesaufenthalt umtauschen muss in anderen osteuropäischen Ländern, hat etwa diese Höhe, ist in Polen ein bisschen höher, in der Tschechoslowakei ein bisschen weniger, liegt um 20 Mark herum. Die Tatsache, dass es sich hier um eine Maßnahme handelt, die uns besonders trifft, weil eben unvergleichbar wir abhängig sind von einem intensiven Kontakt und dem Besuch von Verwandten, ist für die DDR kein Argument, hat sich jedenfalls nicht als Argument erwiesen.

Es ist überhaupt kein Zweifel, dass – was die Verhandlungen angeht – man nicht in der Lage ist, die Höhe von Gebühren im Einzelnen für alle Zeiten festzusetzen und zu verhandeln. Das Prinzip, dass jeder in der Lage ist, seine Gebühren festzusetzen, ist ein normales Prinzip zwischen Staaten. Aber auch wenn dies nicht der Fall war, die DDR sich also den Buchstaben nach nicht unkorrekt verhalten hat, so muss man doch sagen, dass sie sich dem Geist der Verabredungen entsprechend nicht verhalten hat, sondern das Gegenteil getan hat. Dies hat politische Gründe und es wird nur politisch zu verändern sein, diese Haltung der DDR. Ich sage ebenso, dass ich daran zweifle, ob die Erhöhung durch irgendjemanden in der Welt rückgängig zu machen sein wird.

Wehner: *Kahn-Ackermann*.

---

17 Es ist unklar, welche Meldung Bundeskanzler *Brandt* meint. Im Bulletin der Bundesregierung vom 6. November 1973 ist kein entsprechender Artikel zu finden. – Zur Mitteilung über den Besuch von Bundesminister *Scheel* in der Sowjetunion vgl. BULLETIN 1973, Nr. 142 vom 6. November 1973, S. 1405 f.

Kahn-Ackermann: Ich habe eine Frage zu dem ersten Thema, das der Bundeskanzler berührt hat. Ich bin sehr froh darüber, dass – wie du gesagt hast – der amerikanische Präsident auf deinen Brief eine positive Antwort gegeben hat, aber die Ausführungen des amerikanischen Verteidigungsministers[18], die er gestern wiederholt hat[19], werfen doch in der Öffentlichkeit die Frage auf, ob es im Bündnis eine Übereinstimmung über jene möglichen Verpflichtungen gibt, die andere für uns sehen, die außerhalb des Atlantischen Bündnisses liegen und die mit den Verpflichtungen und Interessen der Führungsmacht in diesem Bündnis zusammenhängen. Frage: Gibt es darüber in diesem Augenblick eine ausreichende Basis, die diesen Bereich abgrenzt für alles, was an Eskalationen dort im Nahen Osten noch möglicherweise vor uns steht?

Wehner: Der Bundeskanzler.

Brandt (Berlin): Die Eigenartigkeit der Beziehungen zwischen den Mächten dieser Welt kann in bestimmten Situationen dazu führen, dass eine Führungsmacht zu der anderen Führungsmacht zeitweilig vertrauensvollere Beziehungen unterhält als zu ihren eigenen Verbündeten. Ich sage dies abstrakt und nicht notwendigerweise auf das Atlantische Bündnis bezogen. Das ist ein Charakteristikum der Art von Situation, in der wir uns befinden. Zweitens ist es kein europäisches Unikum, dass ein Teil der Regierung manchmal nicht weiß, was der andere Teil der Regierung sagt und tut. Jedenfalls entspricht das, was der amerikanische Verteidigungsminister gesagt hat, nicht dem, was der Präsident der Vereinigten Staaten geschrieben hat.

Wehner: Sind weitere Fragen oder Bemerkungen? Bitte!

Stahl: Ich würde eine Frage an den Bundeskanzler stellen bezogen auf die Rechtsverordnung in Bezug auf die Energiewirtschaft und Energiekrise, die wir jetzt haben. Können wir da etwas draus erfahren, ehe wir es morgen aus den Zeitungen lesen?

Wehner: Hier ist gesagt worden, dass morgen das Kabinett beschließt und dann wirst du morgen darüber nur Spekulationen in den Zeitungen haben. Und es ist außerdem gesagt worden, dass der Versuch gemacht wird, ob interfraktionell durch alle drei Fraktionen, hängt ab, ob morgen früh 8.15 Uhr im Prinzip die dritte Fraktion, die CDU/CSU, sich dazu bereit erklärt, sonst werden es die beiden Koalitionsfraktionen machen müssen. Das heißt, wir wollen am Mittwoch, am Mittwoch dies einbringen, um, wenn es geht, es in dieser Woche zu machen. Der Bundeskanzler!

Brandt (Berlin): Ich glaube, ich sollte, damit keine Missverständnisse aufkommen, was die Verordnung angeht, Folgendes klarstellen: Das Gesetz zur Sicherung der Energieversorgung bei Gefährdung oder Störung der Einfuhren von Mineralöl oder Erdgas – Energiesicherungsgesetz – wird nicht irgendeine Nachnahme schon enthalten, sondern alleine dazu dienen, dass auf dem Wege von Verordnungen es möglich ist, den Verbrauch zu drosseln oder andere Maßnahmen zu treffen. Das Gesetz selbst hat nur diesen Charakter der Schaffung eines Instruments, um mit Verordnungen arbeiten zu können.

Wehner: Peter *Reuschenbach*.

---

18 James R. *Schlesinger*.

19 US-Verteidigungsminister *Schlesinger* bekannte sich zur Sicherheit Westeuropas, verhehlte jedoch nicht, dass die Verärgerung über den Einspruch der Bundesregierung gegen die Verschiffung von Kriegsgerät nach Israel von deutschen Häfen noch nicht abgeklungen sei. *Schlesinger* wies zudem darauf hin, dass es möglich sei, dass US-Truppen in andere europäische Länder verlegt werden könnten, wenn die Bundesregierung sich weigere, Waffenlieferungen zuzulassen. Vgl. den Artikel »Schlesinger konferiert mit Nato-Partnern«; »Frankfurter Allgemeine Zeitung« vom 6. November 1973, S. 3.

Fraktionssitzung 6.11.1973 **33.**

Reuschenbach: Erwin *Stahl* wollte ich zunächst mal sagen, die Mitglieder der Arbeitsgruppe Wirtschaft haben heute Morgen mit *Rohwedder* diese Fragen besprochen. Wir könnten dir also durchaus ein paar Einzelheiten dazu dann sagen.
Meine Frage an den Bundeskanzler lautet: Trifft es zu, dass in der Erklärung, die die europäischen Außenminister heute Nacht – in der letzten Nacht – abgegeben haben, das Stichwort gesicherte Grenzen, gesicherte Existenz Israels, keinen Niederschlag gefunden hat?[20]

Brandt (Berlin): Der Wortlaut zu diesem Punkt heißt, dass sie der Ansicht sind, die neun Staaten, dass ein Friedensabkommen insbesondere auf folgende Punkte begründet sein muss. Die Nichtzulässigkeit des Erwerbs von Gebieten durch Gewalt. Das ist also für die künftige friedensvertragliche Ordnung. Die Notwendigkeit für Israel, die Besetzungen abzuschließen. Das ist in Verbindung zu sehen mit den Erklärungen, inzwischen nicht nur der Europäer, sondern auch der Russen und der Ägypter, wenn auch mit unterschiedlichen Auslegungen über »minor rectifications«, geringere Veränderungen. Drittens den Respekt der Souveränität, der territorialen Integrität und der Unabhängigkeit jeden Staates der Region und sein Recht, innerhalb sicherer und anerkannter Grenzen in Frieden zu leben. Also nicht auf Israel alleine bezogen der Punkt 3, sondern auf alle Staaten der Region. Und den Punkt 4, die Anerkennung, dass bei der Errichtung eines gerechten und dauerhaften Friedens den legitimen Rechten der Palästinenser Rechnung getragen werden muss, was ja auch seit der Resolution 242 eines der offenen Probleme ist[21], in welchem Teil der Region man sie ansiedelt, wie man sie aus den Flüchtlingslagern herausbringt.

Wehner: Jürgen *Schmude.*

Schmude: Ich möchte noch mal auf die Frage von Erwin *Stahl* zurückkommen nach dem Inhalt dieses Energiesicherungsgesetzes[22], das ja doch den Rahmen in etwa abstecken muss und ziemlich bestimmt abstecken muss nach dem Grundgesetz für die Verordnungen, und dazu fragen, ich glaube, Herbert *Wehner* dich, ob wir dann morgen noch eine Fraktionssitzung dazu haben sollen, bevor es eingebracht wird, oder ob wir heute uns darauf verständigen, etwa dem Arbeitskreis die Vollmacht zu geben, da so dann zu formulieren.

Wehner: Mir hat *Junghans* gesagt, dass der Genosse *Ahrens* imstande wäre, zur Sache etwas zu sagen.

Ahrens: Genossinnen und Genossen, wir haben heute Morgen mit dem Genossen *Rohwedder* zusammen über diesen Gesetzentwurf gesprochen. Es ist also ein Gesetz, das sehr kurz ist, aus wenigen Paragraphen besteht, und das der Bundesregierung die Möglichkeiten gibt, bei Vorliegen bestimmter Notsituationen erstens Erhebungen anzustellen über die Bestände, die vorhanden sind. Entsprechend werden Auskunftspflichten der Unternehmen begründet, zum anderen bestimmte Lenkungsmaßnahmen vorzunehmen, und zwar sowohl bei Mineralöl wie bei Erdgas und auch bei elektrischer Energie, also im gesamten Energiebereich bestimmte Lenkungsmaßnahmen vorzunehmen. Außerdem sieht der Gesetzentwurf vor, dass gewisse Sparmaßnahmen angeordnet werden

---

20 Gemeint ist die gemeinsame Erklärung nach dem Treffen der EG-Außenminister in Brüssel. Vgl. Anm. 13.
21 Gemeint ist die Resolution des UN-Sicherheitsrats Nr. 242 vom 22. November 1967. Für den deutschen Wortlaut der Resolution vgl. EUROPA-ARCHIV 1969, D 578 f.
22 Zum Entwurf der SPD- und FDP-Fraktion vom 7. November 1973 eines Gesetzes zur Sicherung der Energieversorgung bei Gefährdung oder Störung der Einfuhren von Mineralöl oder Erdgas (Energiesicherungsgesetz) vgl. BT Drs. 07/1198.

können, beispielsweise Fahrverbote, Beschränkungen, also Geschwindigkeitsbegrenzungen und so weiter, und es wird auch die Möglichkeit vorgesehen, Preishöchstgrenzen für Energien festzusetzen.

Die Ausfüllung dieses Gesetzes, ich meine, dass es an sich für uns zunächst einmal relativ unbefriedigend, ein solches Blankett zu erteilen, aber die Ausfüllung dieses Gesetzes kann im Einzelfall nur durch Verordnungen erfolgen, die dosiert sein müssen zeitlich und vom Eingriff her dosiert sein müssen. Darüber wird im Einzelnen noch zu sprechen sein. Darüber bestand also heute Morgen noch nicht die Möglichkeit, irgendetwas zu erfahren. Es wurde uns lediglich mitgeteilt, dass wir aufgrund der Verhältnisse gehalten sind, möglichst schnell ein solches Gesetz zu verabschieden, damit die Bundesregierung die Möglichkeit hat, zu gegebener Zeit im Verordnungswege eingreifen zu können. Das ist auch ein Anliegen insbesondere auch der europäischen Nachbarstaaten, insbesondere der Niederländer, die ja schon in einer etwas schwierigeren Situation sind als wir, aber auch der anderen Nachbarstaaten, die insbesondere auch die Möglichkeit vorsehen wollen, dass wir bestimmte Preishöchstgrenzen festsetzen, weil wir sonst nämlich das Mineralöl bekommen und nicht die anderen. Mehr kann ich im Augenblick zu diesem Entwurf noch nicht sagen. Er wird uns wahrscheinlich morgen früh vorliegen.

Wehner: [Friedhelm][23] *Halfmeier*.

Halfmeier: Ich habe an Karl *Ahrens* einmal eine Frage, ob heute Morgen auch die Situation besprochen worden ist, wie sie sich im Augenblick für uns auf dem Heizölmarkt darstellt, nämlich dass die großen Lieferanten, die großen Unternehmen – also Shell, Esso, BP und auch noch andere – daran gegangen sind, ihre Vertragshändler überhaupt nur noch mit rund 50 Prozent ihres sonst normal im vergangenen Jahr und so weiter gelieferten Kontingents zu beliefern und auf der anderen Seite gleichzeitig diesen – na, ich würde sagen – geradezu offiziellen schwarzen Markt, nämlich das, was man in diesem Bereich den sogenannten freien Markt nennt, verstärkt zu beliefern, was nun also dazu führt, dass diese Händler heute von diesem freien Markt Angebote bekommen nicht zu einem Einkaufspreis von 21 Pfennig etwa, wie sie das bei ihrem Lieferanten sonst bekommen, bei Shell und BP und so weiter, sondern sie können ganze Schiffsladungen im Duisburger Hafen kaufen für 38 bis 40 Pfennig Einstandspreis. Das führt nun selbstverständlich dazu, dass bei dem großen Bedarf, der zurzeit jetzt im Winter insbesondere bei den Kleinen, die sich nicht haben eindecken können für lange Zeit, dass die einfach entweder einen teuren Mischpreis kalkulieren müssen oder darauf angewiesen sind, gerade unsere Kleinverbraucher darauf angewiesen sind, diese auf dem freien, sogenannten freien Markt dort bezogenen Kontingente an Heizöl zu diesen weit überhöhten Preisen abzunehmen. Ich habe empörte Anrufe aus meinem Wahlkreis bekommen heute von solchen Heizölhändlern, die sagen, unsere gesamte Branche gerät in Verruf und wir sind der Überzeugung, dass das mit sogenannten marktgerechten Maßnahmen einfach nicht mehr in den Griff zu kriegen ist, sondern dass man da Preisbindungen einführen muss, und zwar so schnell wie möglich.

Wehner: Ich weiß nicht, ob der Genosse *Ahrens* was da zu sagen kann. Bitte!

Ahrens: Diese Fragen haben wir im Einzelnen heute nicht besprochen, Friedhelm. Es ist nur eins. Es ist bekannt, dass sich insbesondere die mittelständischen Betriebe, also nicht die Großunternehmen, sondern die mittelständischen Heizöllieferanten eindecken müssen – großenteils in Rotterdam – zu erheblichen höheren Kosten, als die größeren es haben. Also ich meine, auch über diese Frage werden wir morgen früh uns im Ausschuss noch mal unterhalten.

---

23 Vom Bearbeiter ersetzt. Auf dem Tonband zu hören: »Hans«.

Fraktionssitzung 6.11.1973 **33.**

Wehner: Worum es geht, ist eine gesetzliche Grundlage zu schaffen, und zwar schnell zu schaffen, in deren Rahmen es möglich ist, Verordnungen zu erlassen. Dass wir uns jetzt gegenseitig erzählen, so wichtig das auch ist, was aus der Erpressung der Ölproduzenten mithilfe der Öldistributeure hier zustande kommt, ändert nichts an der Notwendigkeit, wenn es geht, in dieser Woche ein Gesetz zu machen. Denn wie stünde denn die Regierung da, wenn sie am Ende dieser Woche nichts anders zu sagen hätte und sagen dürfte, als dass sie auf solche Praktiken hinweise und vielleicht sagen wird, Kinder, macht das doch nicht.

Sie steht auch schon in einer anderen Beziehung, wenn auch in kleinerem Ausmaß, nicht gut da, wenn es zum Beispiel noch lange dauern wird und die Zeit sich ausdehnt, in der eine sogenannte deutsche Autofahrerhilfe mit gefüllten und Reservekanistern nicht nur stolz in Holland zeigt, dass, wer deutsch ist, auch fahren darf, sondern dort noch –,

(Unruhe.)

ja, so ist das doch schon! Wir sind doch ein Volk, das das alles kennt! Nicht! Ein edles Volk! Nur – dort wird dann gesagt, sie helfen den in Bedrängnis geratenen – das kannst du heute alles schon in Zeitungen lesen – mit den {...} ihrer Kanister. Ich nehme an ganz gratis! Ich nehme an ganz gratis! Das wird vielleicht dann diesseits der Grenze bezahlt. Nur, Genossen, eines bleibt: Es muss ein Gesetz gemacht werden und deswegen muss der Druck der sozialdemokratischen Fraktion, dass die Regierung in den Stand gesetzt wird, in dieser Woche das Gesetz zu machen,

(Vereinzelter Beifall.)

dazu her. Heute Mittag in einem Gespräch in den Koalitionskreis beim Bundeskanzler hat sich herausgestellt, dass die FDP-Fraktion ohne weiteres dabei ist, und die haben gesagt, morgen, wenn es geht am Mittwoch, einbringen und am Donnerstag zweite und dritte Lesung und am Freitag Bundesrat, denn das trifft sich grade so schön. Dann wären wir da, dann sind noch lange nicht die Verordnungen da. Es hat jemand eine skeptische Bemerkung nicht heute dort, sondern anderswo gemacht, ob das dann mit Verordnungen so lange dauern würde wie bei gewissen Umweltfragen. Ich nehme an nicht, weil die politischen Zwänge hier sehr stark sind.

Wird noch das Wort dazu gewünscht? Nicht der Fall. Dann bitte ich um Entschuldigung, Genossen. Es ist unvermeidlich, dass ich einmal die Tagesordnung verrücke, weil Hermann *Dürr* dringend zu einer Sitzung muss, das ist das, was unter Punkt 18 steht, Ergebnis Vermittlungsausschuss, wir werden dann sehen, wenn über die Plenarsitzungen gesprochen wird, dass das am Donnerstagnachmittag zur Entscheidung steht. Hermann *Dürr* hat das Wort.

[B.]

Dürr: Über das Ergebnis Vermittlungsausschuss wird am Donnerstag vermutlich um 15 Uhr abgestimmt, und zwar kontrovers, so dass vollzählige Anwesenheit erforderlich ist. Über das Vierte Gesetz zur Reform des Strafrechts sage ich euch im Moment bloß die Änderungen[24], die sich gegenüber dem bisherigen Bundestagsbeschluss ergeben haben, berichte also nicht über die Vermittlungsbegehren, die im Vermittlungsausschuss keine Mehrheit gefunden haben. Es hat sich geändert: Erstens, die Höchststrafdrohung

---

24 Zum Entwurf der SPD- und FDP-Fraktion vom 25. Januar 1973 für ein Viertes Gesetz zur Reform des Strafrechts (4. Strafrechtreformgesetz) vgl. BT Drs. 07/80. Zum Antrag des Vermittlungsausschusses vom 26. Oktober 1973 vgl. BT Drs. 07/1166. – Mit dem Gesetz wurden Straftatbestände gegen den Personenstand, die Ehe und Familie und die Sittlichkeit novelliert. Darunter fiel beispielsweise die Strafbarkeit homosexueller Beziehungen mit Jugendlichen, aber auch die Kuppelei.

bei Verletzung der Unterhaltspflicht war zwei Jahre. Sie wurde auf drei Jahre erhöht. Die politische Bedeutung ist kaum erheblich, weil man hier selten bis an die Grenze der Höchststrafe rangeht. Zweitens: Von dem generellen Verbot, sexuellen Handlungen Jugendlicher zwischen 14 und 16 Jahren Vorschub zu leisten, hatte der Bundestag als Ausnahme ein Erzieherprivileg vorgesehen. Dieses Erzieherprivileg soll weiterhin für die Sorgeberechtigten gelten. Sie sollen es aber nicht auf dritte Personen übertragen können, etwa auf Lagerleiter von Jugendlagern oder so etwas Ähnliches. Die nach außen hin größte Änderung ist nur eine redaktionelle Änderung. Man hat nämlich alle Jugendschutzmaßnahmen im Pornobereich mit in den Pornoparagraphen 184 des Strafgesetzbuches hereingenommen. Das hatte die Bundesregierung früher mal so vorgeschlagen und im Ausschuss hat man dann gesagt, nein, das gehört eher in das Gesetz zum Schutz der Jugend in der Öffentlichkeit und das Gesetz über die Verbreitung jugendgefährdender Schriften rein. Jetzt steht's wieder im Strafgesetzbuch drin. Eine weitere Änderung des Paragraphen 15 Gesetz zum Schutz der Jugend in der Öffentlichkeit lasse ich weg, weil sie dem gegenüber praktisch ohne Bedeutung ist. Dieses Ergebnis scheint am Freitag im Bundesrat möglicherweise 'ne gewisse Mehrheit zu kriegen, weil hier nicht alle Länder, die CDU/CSU-regiert sind, mit gleicher Intensität sich hier auf die Propagandastandpunkt stellen, als wenn mit Antiporno noch viel zu gewinnen wäre. Im Bundestag selber wird es eine kontroverse Abstimmung geben. Ich sagte es schon, bitte seid anwesend.

Wehner: Wird das Wort dazu gewünscht? – Nicht der Fall. Dann kommen wir zum Punkt 2[25], Bericht Horst *Ehmke*.

Ehmke: Liebe Genossinnen und Genossen, ich darf zunächst etwas zum Verfahren sagen. Es ist nach dem Postverwaltungsgesetz ja so, dass über Gebührenerhöhungen der Postverwaltungsrat aufgrund einer Vorlage des Postministers entscheidet. Wenn der Postverwaltungsrat von der Vorlage abweicht, liegt dann die endgültige Entscheidung beim Kabinett. Die Fristen, die im Gesetz vorgesehen sind, sind übrigens einer der Gründe dafür, dass – obgleich erst eine Gebührenerhöhung zum 1.7. vorgesehen ist – man schon eine so lange Vorlaufzeit braucht. Der zweite Grund liegt darin, dass Post und Wirtschaft ihre EDV-Anlagen und so fort umstellen müssen. Das Verfahren der Information der Fraktion war mit der Fraktionsführung, mit beiden Fraktionsführungen der Koalition abgesprochen. Nachdem der Kabinettsausschuss seine Beratung beendet hatte, sollte das Kabinett unterrichtet werden. Dazu waren die beiden Fraktionen eingeladen. Es gab dann eine Terminschwierigkeit insofern, als die Meinung war, es sei eigentlich besser, erst den Arbeitskreis zu haben und dann die Fraktion zu informieren. Das war terminlich darum schwierig, weil wir heute am 6.11. in die Fraktion gehen mussten, nicht nur um die nächste Fraktionssitzung nach der Kabinettssitzung zu nehmen, sondern auch weil ja die beiden nächsten Wochen sitzungsfrei sind, sie das erst am 27. dann wieder machen könnte, was uns in Schwierigkeiten bringen würde mit der Einhaltung der notwendigen Termine. Wir haben dann probiert, den Arbeitskreis noch vor dem 6. zustande zu bringen. Das scheiterte aber an Terminschwierigkeiten.

Ich darf jetzt mir es – glaube ich – schenken, noch einmal zu wiederholen, was ich im Mai schon einmal in Fraktion vorgetragen habe. Da habe ich ja auch eine schriftliche Ausarbeitung in die Fraktion gegeben über die allgemeine Lage der Post, die es notwendig macht, nun diese Maßnahmen ins Auge zu fassen. Die beiden Bereiche Fernmeldewesen und Post sind sehr unterschiedlich. Die großen Schwierigkeiten liegen in dem personalintensiven Postbereich. Um nur eine Zahl zu sagen, die durchschnittlichen

---

25 Erhöhung der Postgebühren.

Löhne und Gehälter im Postbereich und im Fernmeldebereich lagen '72 – verglichen mit '68 – um 59 Prozent höher, so dass allein dieser Lohnkostenfaktor im Postbereich in den vier Jahren eine zusätzliche Belastung von 40 Prozent gebracht hat. Die Frage des Termins kann man natürlich immer diskutieren. Es gibt manche, die der Meinung waren, der 1. Januar wäre besser gewesen. Wir sind der Meinung, dass es konjunkturpolitisch vermutlich bis zum 1.7. – die Konjunkturpolitiker der Meinung – günstiger sein würde, dass es aber keinen Zweck hat, die Sache länger herauszuschieben.

Die Grundfrage, vor der wir stehen bei der Post, ist die Frage: Sollen wir den Versuch machen, über Rationalisierungen und Strukturänderungen einerseits, Gebührenerhöhungen andererseits an dem im Gesetz festgelegten Prinzip der Eigenwirtschaftlichkeit der Post festzuhalten? Denn im Gegensatz zur überwiegenden Meinung der Bevölkerung der Bundesrepublik – wie eine Meinungsumfrage zeigt: 75 Prozent der Bevölkerung sind der Meinung, die Post lebt von Steuern. In Wirklichkeit ist es so, dass bis heute noch die Post mehr Geld an den Bundeshaushalt abführt, als vom Bundeshaushalt bekommt. Das heißt, die Post kann immer nur leben von dem, was sie durch Gebühren einnimmt und von dem, was sie an Fremdkapital für ihre Investitionen aufnimmt. Und die Frage ist, soll man von diesem Grundsatz abgehen? Soll man, das wäre dann die Alternative, die Post in den Bundeshaushalt laufen lassen? Die Antwort darauf war im Kabinettsausschuss: Nein. Wobei sich übrigens auch der Bundesfinanzminister berufen konnte auf eine Koalitionsabsprache, weil nämlich bei Bildung der Koalition gesagt worden ist, dass die finanziellen Schwierigkeiten der Post auf tarifpolitischem Wege bereinigt werden sollten. Ich mache aber keinen Hehl daraus, ich will mich hier hinter Helmut *Schmidt*, der heute nicht da sein kann, gar nicht verstecken, ich bin der Meinung, dass – wenn man sich das länger überlegt – dies auch der falsche Weg wäre, jedenfalls so wie die Lage der Bundesfinanzen ist. Würden wir dazu übergehen, wie bei der Bahn Defizite bei der Post zuzulassen und sie aus Steuergeldern zu finanzieren, so würde das praktisch heißen, dass der Steuerzahler – auch der Steuerzahler, der zum Beispiel kein Telefon hat – subventionieren würde das Telefon der Wirtschaft, auch das Telefon der Leute, die die höheren Gebühren durchaus bezahlen können. Man muss im Unterschied etwa zum Nahverkehr oder auch zu dem Beispiel, das in dieser Diskussion in den letzten Tagen angeführt worden ist, Schwimmbad, ja nicht vergessen, dass 70 Prozent der Dienstleistungen der Deutschen Bundespost von der Wirtschaft in Anspruch genommen werden. Hier mit Steuergeldern reinzugehen, hieße also, im Wesentlichen eine Subventionierung der Wirtschaft zu betreiben. Man kann im Einzelnen darüber sehr verschiedener Meinung sein. In verschiedenen Ländern gibt es verschiedene Verfahren. In einzelnen Ländern gibt es verschiedene Verfahren. Hier hieße es also abzuweichen vom Grundsatz der Eigenwirtschaftlichkeit und man müsste sich dann klar sein, dass man mit einem Block von mehreren Milliarden pro Jahr in den Haushalt gehen müsste. Dies scheint mir nicht richtig. Dies schien dem Kabinettsausschuss nicht richtig und dies schien auch dem Kabinett nicht richtig.

Wobei ich eins hinzufügen muss: Auf der Steuerseite erfolgt ja insofern eine Änderung, als im Zusammenhang mit der Diskussion um die neue Postverfassung beschlossen worden ist, dass der Bundesfinanzminister ab '75 – jetzt schon steigend, aber '75 steht das dann auf null – die Ablieferung, die die Post an den Bundeshaushalt zahlt als Verzinsung des Eigenkapitals, wieder als Einlage auf das Eigenkapital zurückgibt, bis das Eigenkapital, das heute bei 17 Prozent ist, wieder auf ein Drittel angehoben wird. Das sind dann also immerhin Leistungen, die wir zurückkriegen von 1,3 Milliarden '74, 1,8 Milliarden '75 und zwei Milliarden '76, so dass diese Frage der Ablieferung zunächst mal und der Aufstockung des Eigenkapitals damit gelöst worden ist in einem Sinne, den ich für richtig halte.

Nun zu den einzelnen Dingen – ich darf hier Bezug nehmen auf das Schreiben, das gestern in die Fraktionsfächer gelegt worden ist – hat der Kabinettsausschuss vorgeschlagen, dass über die laufenden Rationalisierungen hinaus, die einerseits die Organisation der Post betreffen in der Ämterorganisation, im Bahndienst und in all diesen einzelnen Bereichen und die Personalbemessung betreffen, wird oft gefragt, was macht die Post. Ich darf nur sagen, wenn man mal mit den Kollegen von der Postgewerkschaft spricht, dann wissen die ein Lied davon zu singen, was es an Belastungen des Personals bedeutet, dass hier eine so große Reihe von Rationalisierungsmaßnahmen, die sich ja alle aufs Personal auswirken, hier nun schnell hintereinander kommen. Wir müssen sogar aufpassen, dass sie nicht übereinander fallen. Ich darf hier eine Zahl sagen: Allein die Frage der Personalbemessung ist in der Größenordnung von etwa 35 000 Stellen. Das ist nichts, was also einfach zu verkraften ist.

Dies soll also fortgeführt werden, trotz aller Schwierigkeiten, die damit verbunden sind. Gleichzeitig war der Kabinettsausschuss der Meinung, dass man aber über diese Rationalisierungen hinaus in den wesentlichen defizitären Bereichen auch zusätzliche Maßnahmen der Strukturänderung des Service in Angriff nehmen muss. Zunächst mal geht es um den Postreisedienst. Da ist ja so, dass das Defizit im Postreisedienst im Wesentlichen dadurch bedingt war, dass die Post keine Mineralölsteuererstattung bekam. Die bekommt sie jetzt nach dem neuen Gesetz, so dass die Frage der Zusammenlegung der beiden Busdienste nicht so sehr eine Frage des Defizits ist, sondern eine Frage in einem Augenblick, wo der Bund in starkem Maße in den Nahverkehrsbereich hineinsteigt, eine Organisation vorzunehmen, wo nun in einer Hand, nämlich in der Bundesbahn, der Schienenverkehr und der Busverkehr ist und man nicht zwei Unternehmen des Bundes hat, die beide im gleichen Bereich tätig sind.

Ein großer Defizitbereich ist dann der Postzeitungsdienst. Das Defizit beläuft sich in diesem Jahr auf etwa 600 Millionen. Es hat vor einiger Zeit – also 600 Millionen Postdefizit, das mitgetragen wird von den Post- und Fernmeldegebühren –, und hat vor einiger Zeit eine Besprechung beim Bundeskanzler stattgefunden mit dem Verband der Zeitungsverleger. Es ist vereinbart worden, eine Kommission einzusetzen, zu der jetzt auch die Zeitschriftenverleger kommen, und der Kabinettsausschuss hat uns als Ziel gesetzt, den Versuch zu machen, in drei Jahren bis '77 das bestehende Defizit auf ein Viertel abzubauen, und zwar zunächst einmal durch Aufgabe der Sonderdienste wie Beschriftung, Verpackung und Inkasso, die ja nicht postspezifische Zustellungsdienste sind. Außerdem soll zusammen mit der Presse geprüft werden, ob es möglich ist, von der fantastisch hohen Zahl von 7 600 Verlagsprodukten runterzukommen, die im Augenblick diese Vergünstigungen des Postzeitungsdienstes in Anspruch nehmen. Es soll dann ferner geprüft werden, ob es nicht möglich ist, andere Formen des Vertriebs der Zeitungen zu bringen, zum Beispiel dass überregionale Zeitungen mitverteilt werden von den örtlichen Zeitungen. Dort sind mehrere Versuche im Gange von den Postzeitungsverlegern selbst, übrigens Versuche, die von der Bundesregierung aus ERP-Mitteln finanziell unterstützt werden.

Nächster defizitärer Bereich dann der Gelddienst, wobei im Gelddienst zu unterscheiden ist zwischen bargeldlosem Verkehr. Das Postscheck ist in Ordnung, das ist nicht in den roten Zahlen, aber große Defizite, insgesamt 700 Millionen im Jahr im Postanweisungs- und im Zahlungsanweisungsdienst. Hier wird der Vorschlag gemacht, einerseits durch eine Gebührenerhöhung, die nach dem Kabinettsausschuss sogar noch etwas hinausgeht über das, was die Post vorgeschlagen hatte, vom Markt her eine Umlagerung auf bargeldlosen Verkehr zu indizieren. Gleichzeitig wird die Post darin bestärkt, ihre Vorhaben fortzusetzen, den Geldzustellungsdienst ganz umzustellen, nämlich doch nicht mit Bargeld zu operieren, sondern etwa durch Einführung eines Wertscheins, den man kaufen kann und zuschicken kann und der dann eingelöst werden muss, hier von den hohen Defiziten runterzukommen. Das heißt, hier sollen die in Gang befindlichen Untersuchungen fortgesetzt und dann, wenn sie reif sind, umgesetzt werden. Das wird noch ein weiter Weg sein.

Schwierigste Situation im größten Defizitbereich, 800 Millionen im Jahr, Paket- und Päckchendienst. Hier ist ja die schwierige Lage der Post, dass wir auf der einen Seite eine Bedienungspflicht haben, auf der anderen Seite aber kein Monopol, so dass es so ist, dass die Versandhäuser sich die guten Risiken rausnehmen und wir auf den schlechteren Risiken – vor allen Dingen der Bedienung des flachen Landes, die sehr viel teurer ist – hängenbleiben. Sie ist darum teurer, weil die Bedienung des flachen Landes sehr viel personalintensiver ist. Man muss drei- oder viermal umpacken die Pakete als etwa in einem Verkehr von Großstadt zu Großstadt. Andererseits kann man sicher das flache Land nicht diskriminieren in der Bedienung. Wir sind festgelegt auf die Bedienung in der Fläche. Hier soll zunächst einmal weiter fortgesetzt werden der Versuch, den wir vor einiger Zeit begonnen haben, mit einem der Versandhäuser zu einer Zusammenarbeit zu kommen. Es ist auch geprüft worden, ob es Zweck hätte, ein Monopol für den Paketverkehr bis fünf Kilo einzuführen. Die Schweiz hat das vor einiger Zeit gemacht, ist damit nicht sehr glücklich, weil sich allein schon das Kontrollproblem stellt. Man müsste dann ja nun Stichproben machen und Lastwagen anhalten und sagen, wo fährst du denn die Pakete eigentlich hin und der wird dann sagen, ich fahr die nur von Lager zu Lager, ich fahr die gar nicht aus. Von der Seite her schon, aber ist auch die Frage, ob es rein kosten- und investitionsmäßig wirklich günstiger wäre. Also es soll nach dem Kabinettsausschuss der Versuch fortgesetzt werden. Gleichzeitig soll die Post ihre Versuche fortführen, zum Behälterverkehr und zum normierten Paket überzugehen. Ich mache keinen Hehl aus meiner Meinung, dass alle diese vielfältigen Anstrengungen den Großteil des Defizits noch nicht wegkriegen werden, und wir sind auch hier in der Untersuchung drin, ob es bessere Zustellungssysteme gibt, als wir sie haben. Ihr habt vielleicht in den letzten Wochen in der Zeitung gelesen, dass zum Beispiel die Post der DDR ein völlig anderes Zustellsystem aufzieht, das bei uns sehr viel schwerer durchzuführen wäre. Aber auch das ist eine Frage, die untersucht werden muss, allerdings nur sehr langfristig gesehen werden kann.

Der nächste Punkt, den der Kabinettsausschuss dann zu untersuchen hatte, war die Frage der Investitionen, weil man ausgehen muss von der Tatsache, dass im Jahre 1972 die Post ein Fünftel aller Investitionen getätigt hat, die überhaupt die deutsche Industrie getätigt hat. Nicht die deutsche Wirtschaft, von den Industrieinvestitionen ist ein Fünftel auf die Post gefallen, was sich aus dem großen Nachholbedarf nach dem Krieg und dem Aufbau des Fernmeldenetzes ergibt. 80 Prozent allein unserer Investitionen entfallen auf den Fernsprechbereich und hier besteht jetzt folgendes Problem, das auch in der Frage der Erhöhung der Grundgebühren zum Ausdruck kommt. Wir hatten vor einigen Jahren noch eine Struktur im Fernmeldebereich, dass wir 65 Prozent gewerbliche Anschlüsse hatten und 35 Prozent private. Das Verhältnis hat sich umgekehrt. Je mehr wir ausdehnen, pro Jahr etwa eine Million Neuanschlüsse in den letzten Jahren, umso mehr kommen wir in einen Bereich, in dem man sich das Telefon gerade noch leisten kann, aber wenig gesprochen wird. 57 Prozent aller heute bestehenden Anschlüsse bringen monatlich weniger als 40 Mark Gebühren. Nun ist ja die Grundgebühr gestaffelt nach Ortsnetzgrößen, aber gehe ich mal von der 26-Mark-Gebühr aus, also 57 Prozent telefonieren etwa zehn Mark dazu und nicht mehr und das heißt, dass man, da die bestehende Grundgebühr nur 66 Prozent Kostendeckung ist, immer mehr Anschlüsse bringt, die nicht die Kosten decken, das heißt, sie decken sie nach der Gebührenerhöhung wieder. Wir würden aber auch für diese Anschlüsse im Fernmeldebereich in die roten Zahlen kommen, wenn wir mit den bisherigen Gebühren weiterfahren würden und darum auch der Vorschlag. Die Frage wird ja nachher gleich hochkommen, warum geht ihr nochmal mit den Grundgebühren hoch. Die Frage ist einfach zu beantworten. Wir müssen noch einmal mit den Grundgebühren hochgehen, übereinstimmende Meinung im Kabinettsausschuss, weil wir sonst Investitionen machen mit Fremdkapital, das hoch verzinst wird, zehn Prozent im Augenblick, die aber pro Anschluss noch nicht mal die Kosten wieder einspielen. Je weiter wir runterkommen, kommen wir in den Bereich der Wenigsprecher und es stellt sich dann eben die Frage, die Grundsatzfrage, wollen wir Telefone abgeben billiger als sie kosten, dann muss von Steuerseite subventioniert werden mit den Folgen, die ich vorhin gesagt habe, oder wollen wir versuchen, jedenfalls in stärkerem Maße, zu einer Kostendeckung zu kommen. Wir kämen jetzt von 66 auf 84 Prozent, also noch auf keine Kostendeckung. Bei den Anschlussgebühren ist es so, die wir von 120 auf 200 Mark heben wollen, dass das im Schnitt noch nicht mal die Hälfte der Kosten deckt. Die liegen bei 410 Mark. Also das ist hier die Grundsatzentscheidung. Wir würden, wenn wir bei diesen Grundgebühren bei den sonst steigenden Preisen und Löhnen bleiben, unter einen noch schlechteren Kostendeckungsgrad kommen und ein Loch aufreißen, das eben dann doch aus Haushaltsmitteln geführt werden müsste.

Eine Nebenbemerkung dabei: Es ist natürlich auch die Frage gestellt worden, warum geht ihr dann nicht mit den Gesprächseinheiten hoch, statt von 21 auf 23 Pfennig etwa auf 25 Pfennig. Die Antwort ist darin zu suchen, dass 23 Pfennig das Höchstmaß dessen stellt, was wir nach dem im Weltpostverein geltenden Recht – das ist ein kompliziertes Verfahren – heute nehmen können. Im Übrigen –

(Leichte Unruhe.)

ja, das kann Kurt *Gscheidle* vielleicht nachher im Einzelnen darlegen. Es ist so. Im Übrigen darf ich noch dazu fügen, ich komm' grade aus der FDP-Fraktion, da ist natürlich die Idee ganz umgekehrt. Wir sollten nicht die Fernsprechgebühr, die dann auf einen Kostendeckungsgrad von 188 Prozent kommt, auf 23 Pfennig erhöhen, sondern in der Grundgebühr hochgehen. Dies hat auch im Kabinettsausschuss und Kabinett eine Rolle gespielt, weil vonseiten des Wirtschaftsministers der Vorschlag gemacht wurde, nicht nur die Grundgebühren zu erhöhen in dem Maß, in dem wir es vorschlagen, sondern einen Mischtarif einzuführen, der dann etwa so aussehen würde: Grundgebühr und hundert Gesprächseinheiten zu 55 Mark. Das würde heißen für diejenigen, die heute – und das ist die Mehrheit – nicht mal 40 Mark bezahlen, heute praktisch eine Erhöhung der Grundgebühr um 20 Mark, und das geht nun ganz sicher nicht. Aber ich mach' hier keinen Hehl daraus, dass im Kabinettsausschuss die Meinung war, das, was jetzt hier an Grundgebührenerhöhung drin sei, sei das Minimum dessen, was zu verantworten sei von der investitionspolitischen Seite, der Rentabilität dieser Investitionen her.

Es ist gleichzeitig gesagt worden, dass man bei dieser Struktur und bei der Höhe der Fremdmittel im Augenblick auf dem Markt die Investitionen nicht so voll fahren soll, wie das vorgesehen war. Man hat sich drauf geeinigt, dass wir, '74 hatten wir sowieso, weil es ja auch einen Nachfragerückgang geben wird aufgrund der Gebührenerhöhung, schon die Investitionssumme um 350 Millionen zurückgenommen und man hat dann dort beschlossen, dass wir in den kommenden Jahren '75 und '76 die Investitionen 1,5 Milliarden niedriger ansetzen sollen, als an sich vorgesehen.

Ich darf nun noch – ich nehme an, dass wir zu den einzelnen Gebühren nachher in der Diskussion kommen und ich hier insofern nicht noch mal das Papier verlesen muss –, hat eine Frage im Kabinett eine große Rolle gespielt, und zwar die Frage: Kann man, wenn dieses schon notwendig ist, nicht noch nach der sozialen Seite etwas tun, um wenigstens für alte und behinderte Menschen mehr zu ermöglichen, mehr Erleichterungen zu ermöglichen, als es heute der Fall ist. Heute ist es ja so, dass in verschiedenen Vorschriften des Bundessozialgesetzes – vor allen Dingen im Paragraph 75[26] – die Möglichkeit ist, dass die Sozialämter im Fall, dass jemand auf der einen Seite angewiesen ist auf einen Telefonanschluss, auf der anderen Seite ihn sich aber nicht leisten kann, die Sozialämter die Grundgebühren übernehmen können. Das ist aber eine Sollvorschrift. Ich hab' Katharina *Focke* vorgeschlagen, doch zu prüfen, ob wir nicht aus dieser Sollvorschrift 'ne Anspruchsvorschrift machen können – die Sollvorschrift wird im Bundesgebiet auch sehr ungleichmäßig gehandhabt nach unseren Feststellungen – und die Anspruchsvoraussetzungen genauer festlegen können. Es kommt dazu der Einwand und sagt, warum baut ihr dann nicht, statt das zu machen, einen Sozialtarif ein in die Post. Dazu ist zweierlei zu sagen: Wenn wir das tun würden, müssten wir ja auch für diese Soziallast, die das Defizit der Post erhöht, Erstattung aus dem Bundeshaushalt bringen. Denn ein Unternehmen, das festgelegt wird, ich sage es nochmal, von Gebühreneinnahmen und Fremdkapital zu leben, kann natürlich neben den vielen politischen Lasten, Altlasten und so weiter, die es ohnehin noch mit sich trägt, nicht zusätzliche Lasten auf sich nehmen. Aber es kommt noch ein Gesichtspunkt hinzu. Wir wären gar nicht in der Lage, solche Einzelfälle zu prüfen, sondern in der Lage dazu sind nur die Sozialämter, die die Unterlagen dafür haben. Es hat ja keinen Zweck, innerhalb der Post jetzt eine neue Verwaltung aufzuziehen, die nun in diesen Sozialfällen die beiden Fragen des Bedürfnisses, braucht der ein Telefon und müssen ihm die Kosten abgenommen werden, entscheidet. Das ginge sowieso nur über die Sozialämter, so dass ich der Meinung bin, der richtige Weg ist, den zu gehen, der schon im Bundessozialgesetz vorgezeichnet ist. Vielleicht darf ich damit die kurze Einleitung abschließen, weil ich annehme, dass wir auf alle die Einzelheiten noch in der Diskussion kommen werden. Schönen Dank für die Geduld.

Wehner: Ich hab' schon fünf Wortmeldungen. Alle kommen noch dran. Alex *Möller*!

Möller: Genossinnen und Genossen, an meiner Nibelungentreue zur Bundesregierung und an meiner Freundschaft zu Horst *Ehmke* ist wohl kein Zweifel erlaubt, aber

(Unruhe. Heiterkeit.)

Genossinnen und Genossen, es gibt Grenzen des Zumutbaren.

(Starker Beifall.)

Mir ist es völlig unverständlich, wie ein Vollblutpolitiker wie Horst *Ehmke* seine Ausführungen mit Verfahrensfragen beginnen kann, um uns sozusagen in die Schranken zu verweisen, um uns klarzumachen, dass wir hier eigentlich gar nichts zu sagen hätten.

(Beifall.)

Mein lieber Horst, das können wir in der Öffentlichkeit nicht vertreten, weil es mal eine sozialdemokratische Bundestagsfraktion gegeben hat, die hat den Deutschen Bundestag im Sommer 1966 wegen geringfügiger Postgebührenerhöhungen aus dem Sommerurlaub zurückgeholt und hat eine Sondersitzung des Deutschen Bundestags abgehalten[27], und wir wollen mal die Ausführungen der sozialdemokratischen Redner in dieser Sitzung des Deutschen Bundestags nachlesen. Es kommt also, lieber Horst, gar nicht

---

26 Zum »Bundessozialhilfegesetz« in der Fassung vom 30. Juni 1961 vgl. BGBl. 1961, I, Nr. 46, S. 815–841. – Paragraph 75 regelte, dass älteren Menschen die Verbindung mit ihnen nahestehenden Personen ermöglicht werden sollte. Daraus leitete sich die Praxis der öffentlichen Hand ab, Telefonanschlüsse für sozial schwache Senioren kommunal zu bezuschussen.

27 Die Sondersitzung zu den Postgebühren fand, anders als von *Möller* erinnert, bereits am 29. Juli 1964 statt. Vgl. BT Plenarprotokoll 04/135.

darauf an, hier die einzelnen defizitären Bereiche der Deutschen Bundespost zu untersuchen, das ist auch bisher nicht üblich gewesen, eine solche ins Einzelne gehende Untersuchung in einer Fraktion durchzuführen, bevor sich die Arbeitsgruppe und der Arbeitskreis mit aller Sorgfalt damit beschäftigt hat.
(Beifall.)
Und wenn man nur deine Zahlen liest, nämlich für das Jahr 1974 ab 1. Juli eine Milliarde 760 Millionen für ein halbes Jahr, da muss ich schon sagen, wir uns hier sehr eingehend mit geringeren Beträgen beschäftigt, um festzustellen, ist eine solche Regelung im Sinne der Fraktion und kann sie von der Fraktion mitgetragen werden. Für mich handelt es sich also nicht um die Einzelheiten. Es handelt sich für mich vor allen Dingen um das Prinzip, um die Tatsache, dass wir die politische Verantwortung für das tragen, was das Kabinett beschlossen hat, ganz gleich wie die Stellungnahme des Verwaltungsrats der Deutschen Bundespost sein wird. Und, Genossinnen und Genossen, vielleicht habt ihr alles etwas nicht ernst genug genommen, weil die Fraktion immer dann, wenn Regierungsmitglieder mit ihr vernünftig politisch geredet haben, diese Fraktion mitgemacht hat. Auch vernünftig politisch geredet hat. Mitgemacht hat, aber vorher haben wir doch darüber gesprochen. Wir waren uns doch in den letzten Monaten – siehe Bundeshaushalt, siehe steuerliche Veränderungen zugunsten der Arbeitnehmer, siehe Weihnachtsfreibetrag –
(Vereinzelter Beifall.)
darüber im Klaren, dass heute nur die Herbeiführung der Stabilität die Priorität hat, die für uns in unseren Entscheidungen maßgebend ist.
(Vereinzelter Beifall.)
Und wie soll ich denn außen noch in den Versammlungen und gegenüber den Funktionären der Partei und der Gewerkschaften begreiflich machen, dass wir ihnen diese Opfer in diesen Monaten abverlangen, aber dass wir zu gleicher Zeit jetzt Anfang November Gebührenerhöhungen beschließen zum 1. Juli 1974. Und es kann mir doch kein Mensch weismachen, dass das notwendig gewesen wäre hier im Oktober, im November. So gut kenne ich die Verhältnisse bei der Bundespost und die gesetzliche Grundlage auch, denn ich habe ja noch mitgewirkt bei der Änderung der Ablieferungsfristen und Beträge hinsichtlich der Bundespost im Verhältnis zum Bunde selbst und wir müssen uns doch auch über den Ankündigungseffekt klar sein.
(Vereinzelter Beifall.)
Nicht wahr. Ich kenne, solange diese Koalition und diese Regierung da ist, keine Entscheidung von konjunkturpolitischer Bedeutung, bei der nicht ganz besonders der Ankündigungseffekt berücksichtigt worden ist. Und das dann noch zu machen in einem Zeitpunkt, wo die neue Unternehmensverfassung noch nicht in Kraft getreten ist, das hätte ja ein Ausgangspunkt sein können für eine Neuordnung der Gebühren und einiges mehr, aber nach sorgfältiger Beratung mit den Fachleuten hier in der Fraktion und nach sorgfältiger Beratung auch in der Fraktion selbst, denn wir müssen das, was hier vom Kabinett nur zur Kenntnis genommen worden ist, draußen vertreten und ich bin dazu nicht bereit und nehme das hier nicht einfach nur zur Kenntnis.
(Beifall.)
Und Genossinnen und Genossen, nicht nur die Frage der Unternehmensverfassung wäre ein geeigneter Ausgangspunkt gewesen. Ich muss mich fragen, bei all den Auseinandersetzungen, die wir jetzt draußen wegen der Preisstabilität führen, ich habe Sonnabend in Heidelberg den Gelben Punkt, und zwar befindet sich das Festzelt genau vor der Bundespost.

Fraktionssitzung 6.11.1973 **33.**

(Heiterkeit.)
Da muss sich mich doch fragen, wo ist denn noch Sinn und Verstand bei einer solchen Entscheidung und bei einer solchen Zumutung gegenüber den Genossinnen und Genossen, die das draußen vertreten müssen und die ja doch nicht davon reden können, was sie hier in der Fraktion sagen, nicht wahr, was sie hier in der Fraktion zum Ausdruck bringen. Es ist ja noch immer so gewesen, dass das, was dann die Regierung beschlossen hat, von uns draußen aufgenommen worden ist. Und außerdem, wenn ich mich nicht irre, finden in den nächsten Monaten Lohnverhandlungen und dann anschließend Gehaltsverhandlungen für den öffentlichen Dienst statt, und vor dem Ergebnis dieser Verhandlungen einen solchen Brocken auf den Tisch zu legen, das halte nun nicht für den Höhepunkt politischer Weisheit
(Beifall.)
und auch nicht für den Höhepunkt ökonomischer Vernunft. Da wäre es doch zu überlegen gewesen, rein vom {...} aus zu überlegen gewesen, ob man nicht Anfang des kommenden Jahres nach sorgfältigen Beratungen in der Fraktion sich überlegt haben würde, was ist zu machen und wann ist es zu machen. Und Genossinnen und Genossen, ich weiß nicht, was die FDP-Fraktion beschlossen hat, aber ich lehne für die einzelnen Gebiete, die hier angesprochen worden sind, eine Stellungnahme ab, und zwar deswegen, weil man das nicht in einer so großen Diskussion machen kann, weil nämlich zu einer solchen Stellungnahme nicht nur gehört festzustellen, wo sind defizitäre Bereiche, sondern man muss auch feststellen, wie sind sie entstanden, wie sind sie mit diesen Maßnahmen zu überwinden, was ist beispielsweise am ganzen Investitionsprogramm, inwieweit trägt es den notwendigen Rationalisierungsforderungen Rechnung und einiges mehr. Das gehört doch alles dazu, und wie sollen wir dann draußen bestehen, wenn wir erklären müssen, das alles ist von uns nicht geprüft worden, das hat der interministerielle Ausschuss getan. Der kann uns unsere Verantwortung nicht abnehmen, denn sonst brauchen wir auch keine Diäten kassieren.

Und, Genossinnen und Genossen, ich bin also der Meinung, dass die Fraktion sich nicht in eine Einzeldebatte über die verschiedenen Sachgebiete einlassen soll, das kann zu nichts Gutem führen, sondern dass die Fraktion sich auf den Standpunkt stellt, dass das in dem dafür zuständigen Arbeitskreis sorgfältig geprüft wird und dass die Fraktion nicht das tut, was Mittwoch das Kabinett getan hat. Sie wird nicht und kann und darf nicht zustimmend zu diesen Vorschlägen Kenntnis nehmen, sondern muss sich auf den Standpunkt stellen, auch für dieses Gebiet gilt zunächst die Vorrangigkeit der Stabilität und deswegen kann sie wegen dieser Zielsetzung zunächst ihre Zustimmung zu solchen oder ähnlichen Maßnahmen nicht erteilen.
(Starker Beifall.)
Wehner: Willy *Brandt!*
Brandt (Berlin): Liebe Genossen, ich muss es mit wenigen Sätzen genug sein lassen, weil ich wegen des ersten Punktes, über den wir gesprochen haben, in eine Ministerbesprechung muss. Aber hier soll jeder wissen, wie ich dazu stehe und mein Standpunkt kann nicht davon abhängig sein, ob ich Beifall kriege dafür oder nicht. Es freut mich, dass Alex sich in so großer Übereinstimmung mit der Fraktion befindet. Wär' der Finanzminister da, dann wäre einem sehr temperamentvollen Beitrag, wie wir ihn gehört haben, jetzt ein zweiter temperamentvoller Beitrag durch den gegenwärtigen Finanzminister gefolgt, für den ich in diesem Augenblick mitzusprechen habe und mit dem ich mich in voller Übereinstimmung befinde in Bezug auch auf den zweiten Orientierungspunkt seiner Verantwortung. Der eine ist die Stabilität, von der Alex zurecht gesprochen hat, und der andere, lieber Alex, ist die Solidität der Bundesfinanzen

(Vereinzelter Beifall.)

und die kann man so sehen, die kann man anders sehen, aber man darf die auch sehr ernsthaft mit in diese Erörterungen einbeziehen.

Und nun ist es doch so, dass Helmut *Schmidt* vielleicht ein bisschen zu verklausuliert sich geäußert hat, aber ich bitte doch die verehrten Kolleginnen und Kollegen, sich die Einbringungsrede zum Bundeshaushalt 1974 noch einmal anzuschauen.[28] Es ist doch nicht so, als dass der Bundesfinanzminister nicht gesprochen hätte davon, welches Problem er und wir mit der Bahn haben und dass er dies, wenn es irgend geht, mit der Post nicht auch noch zusätzlich haben möchte. Das steht doch da drin! Das steht doch da drin! Insofern wundert mich, dass es als eine solche Überraschung empfunden wird, wenn die, die dafür die Verantwortung tragen, sagen, nein, dies möchten sie nicht. Bitte, ich sehe ja hier, wie die Stimmung ist und bitte –

(Zwischenrufe.)

jetzt reden wir darüber, ob wir entweder auf dem hier vorgeschlagenen Wege eine Lösung finden oder ob wir den Haushalt aufblähen und aus dem Haushalt –

(Unruhe.)

keine dritte Lösung gibt es –

(Zwischenrufe.)

darüber rede ich jetzt gar nicht, lieber Ludwig[29].

(Unruhe.)

Darüber rede ich gar nicht. Ich stelle überhaupt nicht infrage, dass dies, auch wenn wir dadurch eine gewisse Verzögerung bekommen, mit all der Sorgfalt geprüft werden muss durch die sachverständigen Genossen. Diese Verfahrensfragen habe ich jetzt nicht einbezogen, sondern ich wollte sagen, dass wenn die Entscheidung geht in die Richtung der Subventionierung, nennen wir es auf gut Deutsch, der Deutschen Bundespost, wie ich dann befürchten muss, in folgenden Jahren mit der gleichen Tendenz wie bei der Bundesbahn, nämlich anfangend mal mit einigen hundert Millionen und aufhörend bei Milliardenbeträgen. Das ist nämlich die Erfahrung, die wir bisher haben. Wenn das die Entscheidung sein würde nach gewissenhafter Prüfung, dann hätte ich große Sorge um die künftigen Bundeshaushalte und um die Solidität der Bundesfinanzen.

(Vereinzelter Beifall.)

Wehner: Klaus Dieter *Arndt*.

Arndt (Berlin): Genossinnen und Genossen, ich war für die Fraktion bei der Kabinettssitzung zugegen und habe da gehört[30], dass dort zustimmend Kenntnis genommen wurde von einer Vorlage, die im Laufe der weiteren Beratungen auch mit den Fraktionen noch veränderbar ist. Darauf haben mehrere Kabinettsmitglieder – glaube ich – Wert gelegt, so ist da auch entschieden worden. Und ich hab' daraufhin für die Fraktion gesagt, was inhaltlich aus den Besprechungen mit der Fraktion herauskommt, kann ich überhaupt nicht antizipieren. Ich kann nur sagen, formal wird es so laufen müssen jetzt, nachdem erst das Kabinett von diesem ersten Entwurf zustimmend Kenntnis genommen hat, dass wir es heute in die Informationsstunde oder als Extratagesordnungspunkt bringen, dass ich mir nicht vorstellen kann, dass heute dann die Fraktion selbst

---

28 Vgl. die Sitzung am 23. Oktober 1973; BT Plenarprotokoll 07/59, S. 3429–3438.
29 Gemeint ist vermutlich Ludwig *Fellermaier*.
30 Zur Sitzung am 31. Oktober 1973 vgl. DIE KABINETTSPROTOKOLLE DER BUNDESREGIERUNG 1973, online.

entscheidet, sondern dieser Gesprächskreis – der erst nur vorgeschaltet werden sollte – sich dann damit beschäftigt und die Fraktion vielleicht dann Ende November, wenn sie das nächste Mal zusammen ist, von deren Überlegungen Kenntnis, Nicht-Kenntnis oder Abänderungen machen kann. Ich hab' gesagt, das kann natürlich passieren, dass dann der Terminplan im Kabinett nicht ganz gehalten werden kann, der 1. Juli. Das kann ja sein, aber auch das wäre weniger Schaden, wenn das dann der 1. August wäre 1974, als wenn so eine schwierige Operation ohne einen maximalen Konsensus übers Knie gebrochen würde. Das hab' ich für die Fraktion erklärt. Ich hab' gesagt, ich kann also nicht antizipieren, wie die Einzelheiten beurteilt werden, ob das Wieviel notwendig ist. Dass etwas an Gebührenerhöhungen gemacht werden muss, scheint mir bei diesen riesigen Defiziten wohl unvermeidbar zu sein, und insofern ist die Fraktion heute – wenn sie das nicht selbst will, aber davor würde ich warnen – gar nicht aufgefordert, Stellung zu nehmen, sondern hier kann man also heute sich die Informationen und die Meinungen entwickeln, die dann für den Freitag für das intensivere Gespräch der Gruppe, die wir bestimmt haben[31] und zu der die beiden Genossen jetzt aus dem Postverwaltungsrat, {...} *Wuttke* und Alexander *von Bülow*, wenn das geht, hinzukommen sollte, auch Hans *Kern*, damit wir da diese Dinge weitertreiben können.

Was die Stabilität anbelangt, da muss ich natürlich Alex *Möller* vor einem Irrtum bewahren. Mit der Stabilität wird's nie passen in den nächsten Jahren. Wir leben wieder in einer etwas kriegerischen Welt und alles, was wir hier versuchen können, sind nur die Folgerungen, einige Folgerungen auf den Preisindex abzumildern. Wir schaffen es mit aller Fiskalpolitik und mit aller Enthaltsamkeit nicht, von dieser Geschichte herunter zu kommen. Die Institute haben ja auch in ihrer Vorausschätzung für das nächste Jahr damit gerechnet, dass die Preissteigerung in Verbraucherpreisen nur um einen Punkt niedriger sein wird in diesem Jahr, also statt sieben Prozent sechs Prozent und sie haben das noch mit dem Vorbehalt gemacht, was aus Nah-Ost kommen wird, können wir – das war Mitte Oktober – nicht übersehen. Das ist also das, was aus der Kabinettssitzung zu berichten wäre. Die Fraktion ist in keiner Weise festgelegt. Die muss auch hier gar nicht ad hoc Stellung beziehen.

Wehner: Keine Angst, Genossen. Es sind 16 Wortmeldungen.

(Heiterkeit.)

Haase (Fürth).

Haase (Fürth): Genossinnen und Genossen, es ist hier der Eindruck entstanden, als ob wir in einer Sachdebatte sind nach dem Bericht von Horst *Ehmke*. Dieser Eindruck hat sich jedenfalls aufgrund der Sachausführungen vielleicht dargestellt. Ich meine, wir sind in keiner Sachdebatte. Wir stellen hier zunächst einmal fest, dass Termine, von denen die Fraktion in Berlin annahm, dass sie noch gewährleistet würden, heute nicht mehr richtig sind. Und Genossen, wenn ich mich erinnere, dann war im Mai Bestandteil des Sachvortrages von Horst *Ehmke* auch die Tatsache, dass keine Entscheidung des Kabinetts oder des Postministers fallen würde, bevor die Fraktion in dieser Frage konsultiert wurde. Genossen, wenn das so ist, dann muss ich natürlich sagen, bringt ihr oder besser gesagt vielleicht auch Horst *Ehmke* die Fraktion in eine Situation und nicht umgekehrt, die Fraktion jetzt durch ihren Unwillen womöglich das Bundeskabinett in eine schiefe Situation. Das muss man einmal klar sehen. Tatsache ist und davon konnten alle Mitglieder dieser Fraktion ausgehen, dass zunächst über die Gesamtfrage der Postgebührenerhöhung gesprochen würde, dass vorbereitet werden sollte diese Diskussion durch eine

---

31 Zur Zusammensetzung der Arbeitsgruppe vgl. den Bericht des Fraktionsvorsitzenden *Wehner* aus der Fraktionsvorstandssitzung in der SPD-Fraktionssitzung am 22. Oktober 1973, SVP C, online.

besondere Kommission – in Berlin eingesetzt – und dass diese Kommission noch nicht einmal getagt hatte, ja dass das Papier für den Beschluss, den wir in Berlin gefasst haben, noch nicht ganz trocken war, als wir bereits aus der Presse lesen konnten, dass die Bundespost den Plan hat, ihre Gebühren detailliert so und so zu erhöhen.

Genossen, nun muss ich ja fragen, und das hat hier Alex *Möller* schon getan, in welche Situation bringen wir uns denn selbst? Wir haben abgelehnt, die Freibeträge für den Weihnachtsfreibetrag zu erhöhen aus Preisstabilitätsgründen. Wir haben den Haushalt 10,5 Prozent nicht höher ausgeweitet aus Preisstabilitätsgründen. Wir haben die Kriegsopfer herausgezögert aus Preis- und Konjunkturgründen. Wir wollen sicher auch das ein oder andere noch nicht tun aus genau den gleichen Gründen und all das haben wir mit Deutlichkeit und Klarheit in der Öffentlichkeit vertreten. Und plötzlich kommt die Bundespost freischwebend im Raum und sagt, das geht uns alles nichts an, wir machen hier eine kräftige Gebührenerhöhung. Und Genossen, da muss ich natürlich fragen, wer hat denn draußen Verständnis und wer kann denn auch noch draußen reden mit dem Anspruch auf Glaubwürdigkeit, wenn wir eine solche Politik machen?

Das ist der Punkt, der aber nicht der alleinige ist. Ich meine, es geht hier auch um die Ehrlichkeit unserer Aussagen für die Zukunft, nicht nur darum, dass die Leute vergessen, dass sie irgendwann einmal ein paar Gebühren mehr zahlen müssen. Es geht darum, ob wir in Zukunft als Sozialdemokratische Partei, als Bundestagsfraktion uns selbst bestätigen können, wir sind glaubwürdig und ehrlich mit unseren Argumenten und da sind einige Zweifel aufgekommen durch diese Maßnahmen. Lasst mich nun sagen, ich meine, wir sollten hier als Bundestagsfraktion einen Beschluss fassen, und ich stelle das also auch als Antrag hier: »Die Fraktion bittet die Bundesregierung, im Hinblick auf die im Sommer '74 noch nicht voll übersehbare konjunkturelle Lage und die von der SPD-Fraktion am 22.10.'73 eingesetzte Kommission zur Prüfung von Gebührenerhöhungen den Beschluss über die Zustimmung zur Gebührenerhöhung einstweilen auszusetzen.«

Genossen, das bedeutet nicht, das bedeutet nicht, dass dieser Beschluss damit vom Tisch wäre. Sicher, wir können ja auch nur bitten. Zuständigkeiten liegen hier beim Kabinett, aber wenn wir eine Debatte in der Sache führen wollen, dann muss sie frei sein, frei sein von einem Beschluss, den das Kabinett gefasst hat und von dem wir jetzt nur noch sagen können, wir müssen ihm zwangsweise zustimmen. Wenn hier überhaupt ernsthaft in der Sache diskutiert werden soll, dann muss zunächst dieser Beschluss suspendiert werden. Darum geht es und dieser Beschluss würde nur für den einstweiligen Zeitpunkt bis zu einer Entscheidung der Fraktion suspendiert werden müssen. Auch ich bin der Meinung, Genossen, Struktur der Post und auch die Gebühren müssen in Ordnung gebracht werden. Auf welche Weise sollte heute hier nicht diskutiert werden, aber der Weg dazu führt eben nur über eine Sachdebatte, bei der die Argumente auch noch Gewicht haben. Genossen, sie haben nicht mehr Gewicht, wenn dieser Beschluss besteht und wenn der Postverwaltungsrat in den nächsten 14 Tagen, wie wir es dann aus der Presse ebenfalls lesen können oder werden können, beschließt, die Gebühren werden erhöht in der vorgesehenen Weise und das Kabinett hätte dazu ja schon ja gesagt. Das, Genossen, müssten wir eigentlich dem Kabinett zumuten können. Ich glaube nicht, dass dieser Gesichtsverlust, wenn es überhaupt einer ist, schwerer wiegt als der, den wir als Partei hinnehmen müssen, wenn wir jetzt einfach im Nachhinein etwas bestätigen müssen, von dem wir alle nicht überzeugt sind.

(Beifall.)

Wehner: Hans-Jürgen *Wischnewski*.

Wischnewski: Liebe Genossinnen und Genossen, ich glaube, wir sind uns über vier Punkte, weil die auch von Willy *Brandt* angesprochen worden sind, doch alle einig. Er-

Fraktionssitzung 6.11.1973 **33.**

stens: Die Fraktion ist für eine Politik der Stabilität. Zweitens: Wir sind für eine Solidität der Bundesfinanzen. Drittens: Wir sind für eine gesunde Struktur der Bundespost. Und viertens: Wir wissen, dass wir an Gebührenerhöhungen nicht vorbeikommen. Das Entscheidende ist nach meiner Auffassung, wie das gemacht wird und wann das gemacht wird, und ich glaube, nur um diese beiden Punkte geht es. Ich hab' Verständnis dafür, wenn die Genossen sagen, wir wollen hier nicht über Einzelheiten diskutieren. Ich muss aber eine ansprechen, weil sie nach meiner Auffassung der Beweis dafür ist, dass diese Maßnahme mit sozialdemokratischer Politik aber auch nicht das Geringste zu tun hat. Auf Seite drei des Papiers von Horst *Ehmke* gibt es den Absatz über die Investitionen, das heißt über den Ausbau des Telefonnetzes. Dieses gehörte eigentlich unter die Überschrift Steigerung der Lebensqualität. Dann muss ich ganz ehrlich sagen, finde ich den Satz, der hier drinsteht, nahezu – das ist Zynismus. Der Satz heißt: »Der Ministerausschuss hat auch aus konjunkturellen und volkswirtschaftlichen Gründen übereinstimmend empfohlen, im Fernmeldebereich nicht mehr in der bisherigen Dynamik zu investieren.« Das bedeutet doch, nachdem die Leute mit einem großen Einkommen und einem mittleren Einkommen alle ein Telefon haben, nachdem es um die anderen Gruppen geht, leise getreten wird. Dieses kann doch keine sozialdemokratische Politik sein.

(Vereinzelter Beifall.)

Und dieses kommt nicht nur in diesem Satz zum Ausdruck, sondern das kommt natürlich auch ganz eindeutig zum Ausdruck bei der finanziellen Belastung. Die Neueinrichtung eines Telefons wird von 120 Mark auf 200 Mark gesteigert, die Grundgebühren von 26 Mark auf 32 Mark. Lieber Horst, das muss ich sagen und muss dich fragen, wie bringst du das dann in Einklang mit dem, was du gesagt hast, dass 70 Prozent der Postleistungen der Wirtschaft zugutekommen, hier aber der Einzelne in erster Linie mit diesen Maßnahmen getroffen wird. Ich sag' das, um an diesem einen Beispiel den Beweis dafür zu erbringen, dass natürlich in dem Falle die FDP wahrscheinlich etwas anders denkt über diese Frage als wir. Es ist doch ein selbstverständlicher Vorgang, dass die in dieser Frage anders denken müssen, aber wir können nicht reden über mehr Lebensqualität und gleichzeitig eine Politik betreiben, die es neuen Kreisen, die einen Telefonanschluss bekommen sollen, das in ganz erheblichem Maße erschwert.

Und eine zweite Frage, die auch etwas mit sozialdemokratischer Politik zu tun hat, nach meiner Auffassung: Ich habe Verständnis dafür, dass bei dem Postzeitungsdienst mit Sicherheit etwas geschehen muss. Das Defizit ist dort besonders groß, aber ich wäre dankbar, wenn wir ein bisschen mehr darüber erfahren können, wenn es hier heißt, außerdem ist das Vertriebssystem der Post mit dem Ziel wirksamer Kostenverringerung zu überprüfen einschließlich der Möglichkeit, nach einer angemessenen Übergangszeit die Zustellung einzustellen und den Vertrieb über Kioske vorzusehen. Dieses ist für eine Großstadt vielleicht eine Möglichkeit, aber wie das auf dem flachen Land geschehen soll, ist mir vorläufig völlig unvorstellbar, wenn hier gesagt wird, mit der Absicht, das völlig einzustellen. Mir ist auch völlig unklar, lieber Horst, wie das mit unserer Medienpolitik in Einklang zu bringen ist, nämlich eine Vielzahl von Massenmedien zu haben. Dieses wird bedeuten, dass Herr *Springer* fast alleine in der Lage sein wird, seine Zeitungen in der Bundesrepublik zu verbreiten, weil der über einen eigenen Apparat verfügt. Meine Bitte geht also dahin, ich weiß, dass wir Postgebühren erhöhen müssen, aber ich muss an den einzelnen Punkten sozialdemokratische Politik erkennen können. Dieses ist nach diesen zwei Beispielen eindeutig nicht der Fall!

(Beifall.)

Wehner: Antje *Huber*.

Huber: Genossinnen und Genossen, die Abgeordneten müssen draußen die Politik vertreten und auch letztlich für die Gebührenerhöhung nachher gradestehen und etwas dazu sagen. Insofern ist es schlecht, wenn die Vertrauensbasis zwischen den Ministern und den Abgeordneten dadurch gestört wird, dass wir vertrauend auf zwei Tatsachen, nämlich dass erstens der 1.7.'74 in Rede war und dass zweitens wir vorher darüber reden sollten, wenn wir – vertrauend auf solche Tatsachen – nach Hause fahren und dann aus der Zeitung lesen, dass dies alles nun nicht mehr so sein soll und dass das dann noch veränderbar ist, das hab' ich ja jetzt erst gehört durch Klaus Dieter *Arndt*. Sonst habe ich also das nicht entnommen, aus keiner einzigen Veröffentlichung.

Der Landesvorstand von Nordrhein-Westfalen hat gestern einstimmig einen Beschluss gefasst, wonach um Überprüfung des Kabinettsbeschlusses gebeten wird in zweierlei Hinsicht. Erstens, ob der Zeitpunkt richtig terminiert ist und zweitens, ob die Struktur der Reformen sozial ausgewogen ist. Das bedeutet nicht, dass der Landesvorstand der Auffassung ist, es könne niemals eine Postgebührenerhöhung geben. Es bedeutet aber, dass wir uns darüber klar sein müssen, dass jetzt die Diskussion draußen dadurch erschwert wird, dass da die Vorgänge kumulieren. Wir haben hier das Wohngeld erhöht, weil die Mieten gestiegen sind. Jetzt kriegen wir die Erhöhung der Öl- und Benzinpreise. Wir kriegen die Diskussion über die Kraftfahrzeugsteuer und wir kriegen dieses hier auch noch! Und die Leute addieren zusammen und sagen dann, ob ausgerechnet die öffentlich festgesetzten Preise zu diesem Zeitpunkt, wo unser Dämpfungsprogramm noch läuft, dazu beitragen müssen, dass die Lebenshaltungskosten steigen und dass wir hier ein Zeichen und ein Signal setzen, das zu diesem Zeitpunkt sicherlich nicht angebracht ist. Wir können nicht immer nur mithalten und immer nur verteidigen, wenn es darum, Weihnachtsfreibetrag und so was, wie hier schon erwähnt worden ist, auszuschalten, obwohl wir es ganz gerne gemacht hätten, wie hier jedermann weiß. Wir müssen uns doch darüber im Klaren sein, dass das Konzept ein einheitliches sein muss und dass es dann auch mal in einer solchen Sache wie dieser einen Zeitpunkt hinauszuschieben gilt, der vielleicht aus fiskalischen Gründen wünschenswert ist. Ich bitte daher, künftig doch so zu verfahren, dass zu solchen brisanten Fragen eine rechtzeitige Diskussion hier erfolgt.

(Vereinzelter Beifall.)

Wehner: Günter *Metzger*!

Metzger: Liebe Genossinnen und Genossen, wenn es sich bei dem Papier, das Horst *Ehmke* dem Kabinett in der letzten Woche vorgelegt hat und das er uns heute erläutert hat, tatsächlich nur um eine Diskussionsgrundlage handelt, so wie es Klaus Dieter *Arndt* uns hier geschildert hat, dann könnten wir nach meiner Auffassung die Diskussion heute in der Fraktion abbrechen. Dann hätten wir die Möglichkeit, in dem zuständigen Arbeitskreis und in der zuständigen Arbeitsgruppe die Einzelheiten des Papiers hier zu diskutieren. Aber nach allen Erklärungen und Verlautbarungen von dir, Horst *Ehmke*, selbst, und auch nach allen Erklärungen und Verlautbarungen des Regierungssprechers müssen wir doch davon ausgehen, dass das Papier, das du uns heute hier erläutert hast, im Kabinett beschlossen worden ist, und dann frage ich mich allerdings, warum wir in der Fraktion vor 14 Tagen in Berlin eine Arbeitsgruppe beschlossen haben, die sich mit diesem Thema eingehend auseinandersetzen soll. Dann wäre diese Arbeitsgruppe überflüssig gewesen!

Und es ist ja doch keineswegs so, dass wir heute in der Fraktion zum ersten Mal über die Gebührenerhöhung diskutieren. Wir haben das im Mai bereits getan, und ich möchte noch einmal darauf hinweisen, dass du uns im Mai – der Fraktion – die Zusicherung gegeben hast, keine Entscheidungen zu treffen, ohne vorher die Fraktion unterrichtet zu haben und ohne vorher der Fraktion die Möglichkeit gegeben zu haben, darüber zu diskutieren. Ich halte das, was du hier gemacht hast, Horst *Ehmke*, für einen Überrumpelungsversuch der Fraktion, und das hat mit Mitbestimmung, mit Mitspracherecht und mit Transparenz, mit all den Begriffen, die du immer draußen verkaufst, nichts mehr zu tun. Wir haben ja bereits in der vergangenen Wahlperiode von Zeit zu Zeit über das Thema Erhöhung der Postgebühren hier in der Fraktion diskutiert, und ich glaube, dass es nicht nur mir so gegangen ist, sondern anderen Fraktionskollegen ebenso gegangen ist, dass wir die Erhöhung der Postgebühren immer als eine Naturgewalt empfinden mussten. Die Minister, die uns das vorgetragen haben, und die zuständigen Fachreferenten, die uns das vorgetragen haben, haben uns das so plausibel gemacht, dass uns letzten Endes gar nichts anderes übriggeblieben ist, als diesen Gebührenerhöhungen zuzustimmen. Aber in diesen Diskussionen gerade in der letzten Wahlperiode war uns von dem zuständigen Fachminister immer wieder die Zusage gegeben worden, dass es neben den Gebührenerhöhungen auch um die Frage der Verbesserung struktureller Maßnahmen geht, und diese Verbesserung der strukturellen Maßnahmen ist bisher im Argen gewesen. Zum ersten Mal in diesem Papier, Horst *Ehmke*, das du uns heute hier vorgelegt hast, werden einige konkrete Hinweise gegeben für Strukturverbesserungen, Rationalisierungsmaßnahmen, Investitionskürzungen, Ämterorganisation, Automatisierung. Aber ich bin der Auffassung, dass das, was hier andeutungsweise vorhanden ist, was hier andeutungsweise uns mitgeteilt worden ist, in den zuständigen Ausschüssen – vor allen Dingen in unserer Arbeitsgruppe – eingehend diskutiert werden muss.

Wir haben nach meiner Auffassung bisher überhaupt nicht die Möglichkeit gehabt, diese Einzelheiten hier zu erörtern. Es wurde bereits mit Recht darauf hingewiesen, dass die Fraktion einfach überfordert wäre, solche Einzelheiten hier zu diskutieren. Ich habe in Gesprächen mit einigen Fachleuten mir einige Punkte hier nennen lassen. Ich denke zum Beispiel nur an das Thema Grundlagenforschung im Rahmen der Bundespost, ein Thema, das hier in diesem Papier nicht angeschnitten worden ist. Grundlagenforschung der Deutschen Bundespost, bei der nach meiner Auffassung, nach meinen Informationen nicht nur einige Millionen eingespart werden können, sondern Milliardenbeträge eingespart werden können. Das sind Fragen, die in diesem Arbeitskreis erörtert werden müssen. Und ich darf nur noch einmal das wiederholen, was Alex *Möller* und andere hier bereits gesagt haben und was vor allen Dingen der Genosse *Haase* in seinem Antrag hier vorgebracht hat. Wir als Fraktion müssen die Möglichkeit haben, nicht nur das Papier, sondern auch über das Papier hinaus die einzelnen Maßnahmen eingehend zu diskutieren und auch entsprechende Verbesserungsvorschläge zu machen.

Wehner: Günter *Wichert*.

Wichert: Genossen, niemand, der Alex *Möller* Beifall gespendet hat, vermute ich, hat damit gleichzeitig dafür plädieren wollen, dass ein mögliches Postdefizit aus dem öffentlichen Haushalt gedeckt werden soll. Und da man andererseits den Argumenten von Klaus Dieter *Arndt* und den Prognosen der wirtschaftswissenschaftlichen Institute ernsthaft folgen muss und wir nach dieser Voraussage in den nächsten anderthalb Jahren oder zwei Jahren ohnehin nie mit einer günstigen konjunkturellen Situation zu rechnen haben, die es uns erlaubte, die Postgebühren ohne konjunkturpolitische Bedenken zu erhöhen, meine ich, dass wir auch in der Erhöhung der Postgebühren dem Horst *Ehmke* im Prinzip folgen müssen, aber auch eben nur im Prinzip.

Über die Methode, wie das in der Fraktion diskutiert worden ist, ist schon einiges Kritisches gesagt. Was mich wie andere ärgert, ist, dass wir als Sozialdemokraten ausschließlich betriebswirtschaftliche Argumente für die Ausgestaltung von Tarifen benutzen, und das, Horst, ist wirklich etwas, was wir draußen, wenn wir über mittelfristige Perspektiven unserer politischen Zukunft reden, mit anderen Worten anders und in einer anderen Qualität sagen wollen und auch praktizieren wollen. Ich glaube, wir würden auch die Postgebührenerhöhung zu dem von dir vorgesehenen Zeitpunkt rechtfertigen können und vertreten können, wenn die beiden Beispiele, die der Hans-Jürgen *Wischnewski* gebracht hat, in den Bereichen, nämlich Erhöhung der Grundgebühr und eine vernünftige Sicherstellung der Medienvielfalt, soweit sie durch Zuschüsse oder durch defizitäre Faktoren im Posthaushalt gesichert werden können – das müssen ja nicht unbedingt alle diese Blätter, die ihr dort drin habt, auf die Dauer so subventioniert werden.

Zum Verfahren, zum weiteren, würde ich gerne vorschlagen, dass wir, da wir einem solchen Antrag, wie ihn *Haase* gestellt hat, mit Sicherheit nicht folgen wollen und können, dass wir über die Argumente sprechen eben nicht dafür, und so ärgerlich man über die Situation ist, in die wir in den Wahlkreisen durch die Maßnahmen des Kabinetts und *Ehmke*s gestellt worden sind, umso weniger dürfen wir darüber doch auch einen vernünftigen Ansatz zur Lösung der Postprobleme aus den Augen verlieren. Wir sollten also den Auftrag an die Arbeitsgruppe geben, diese zwei oder drei Punkte, derentwegen es uns jetzt unmöglich ist, die Gebühren öffentlich plausibel zu machen, in einer befriedigenden Weise zu lösen und das zur nächsten Fraktionssitzung vorzuschlagen.

Wehner: *Waltemathe. – Urbaniak.*

Urbaniak: Genossinnen und Genossen, wir sollten sicherlich bei der Betrachtung um die Gebührenerhöhung auch einschließen die Diskussionen und die Debatten, die in den Betrieben geführt werden, und da sieht es wegen dieser Sache sehr trübe aus. Wir wollen das ja so real schildern, wie uns das draußen entgegenschlägt. Wenn wir in den Versammlungen den ganzen Katalog unserer sozial- und gesellschaftspolitischen Reformarbeit darstellen, dann wird darüber hinterher kaum diskutiert, sondern durch diese Maßnahme die Diskussion sofort auf einen Stand gebracht, der uns so sehr in die Verteidigungsrolle drängt, dass wir kaum noch in der Lage sind, die eigentlichen politischen Zielsetzungen verbreiternd darzustellen. Ich habe auch eine Befürchtung, und es ist draußen in den Betriebsversammlungen, Ortsvereinsversammlungen immer mehr zur Substanz der Diskussion geworden, da reden wir ja auch von der zu erwartenden Steuerreform und wir haben die Möglichkeit, die Entlastungen aufzuzeigen. Konrad *Porzner* hat das ja alles dargestellt und dann wird gesagt, aber diese Politik trägt auch dazu bei, dass am Ende davon gar nichts überbleibt. Das hat sich einfach neutralisiert. Das ist eine sehr schwierige Sache für die politische Effektivität der Steuerreform. Darauf möchte ich hinweisen. Es ist eben sehr schwer, in den Versammlungen und Konferenzen die Dinge erklärbar zu machen.

Horst *Ehmke*, ich darf darauf hinweisen, dass die Arbeitnehmerkonferenz in Duisburg ja einen Antrag angenommen hat, die Gebühren nicht zu erhöhen, die du dargestellt hast, wohl in Hannover schon abzulehnen, und wir haben eine Reihe von Telegrammen und Anrufen, wo das die Arbeitsgemeinschaften mit allem Nachdruck hier herausstellen und wo sie sogar erwähnen, wir seien ja die Preistreiber da draußen im Lande. Ich gebe hier lediglich eine reale Schilderung, weil wir uns darüber, liebe Genossinnen und Genossen, nichts vormachen wollen. Ich bitte also, in die Entscheidung auch diesen Antrag einzubeziehen und da in diesem Papier der Paragraph 75 BSHG genannt wird[32], wollen wir uns doch auch nichts vormachen, denn der Konfliktstoff wird doch runtergetragen in die Gemeinden und in die Städte, denn da muss die Rechnung bezahlt wer-

---

32 Zum »Bundessozialhilfegesetz« in der Fassung vom 30. Juni 1961 vgl. BGBl. 1961, I, Nr. 46, S. 815–841.

Fraktionssitzung 6.11.1973 **33.**

den, und wir kommen nicht weiter in der finanziellen Ausgestaltung dieser Gemeinwesen und hängen uns den Krach mit den Gemeinde- und Stadtvertretern an den Hals. Das ist doch die Situation. Das ist alles zu machen, nur müssen wir wissen, welche Konflikte sich damit auslösen.

Ich würde also sagen, aus dieser Position, die es hier besonders zu vertreten gibt, nämlich die Diskussion in den Betrieben, das, was wir beschlossen haben auf unserer Konferenz, sollte doch geprüft werden, ob wir den siebzigprozentigen Kundenkreis der Wirtschaft da nicht stärker finanziell zur Kasse bitten können, und ich würde sagen, es wäre sicherlich richtig, wenn der Beschluss des Bundeskabinetts dem zuständigen Arbeitskreis der Fraktion zugeleitet wird, um eine Stellungnahme zu erarbeiten über das Wie und Wann und über die strukturelle Preisbelastung, die man vornehmen kann. Das würde ich hier empfehlen.

Wehner: Genosse *Blank*.

Blank: Günter *Metzger* hat mit Recht darauf hingewiesen, dass die echten Rationalisierungsmaßnahmen, die in diesem Papier vorgeschlagen, außerordentlich dürftig sind. Eine ist überhaupt übersehen worden und das ist die Frage, die Deutsche Bundespost wurde aufgefordert, die Zahl der Oberpostdirektionen bis '77 um mindestens vier zu vermindern. Das ist übrigens die einzige Organisationsmaßnahme, die nicht zu Kosten des Dienstleistenden, des Verbrauchers geht. Und dazu möchte ich eins zitieren, und zwar ist das mal ganz interessant und wird ein entsprechendes dickes Fragezeichen hinter die übrigen Rationalisierungsbemühungen setzen. Der Bundesrechnungshof hat wie folgt ausgeführt. »Der Bundesrechnungshof bemängelt, dass die regionale Neugliederung« – und das ist genau das, was du gesagt hast – »nunmehr seit 17 Jahren angestrebt wird. Vor drei bis vier Jahren hat der Bundesrechnungshof einen Stufenplan vorgelegt. Seit einiger Zeit ist außerdem eine Projektgruppe vorhanden, die alsbald zu einem Abschluss der Arbeiten kommen soll.« Und jetzt lesen wir, dass bis 1977 – das wären dann also insgesamt 20 Jahre – diese vor dem Hintergrund etwa kommunaler Neugliederungen sehr simple Organisationsmaßnahme durchgeführt wird. Es lässt eine ganze Menge Zweifel zu, was im Übrigen im Rationalisierungsbereich geschieht.

Wehner: Herbert *Ehrenberg*.

Ehrenberg: Genossinnen und Genossen, ich glaube nicht, dass es sinnvoll ist, hier die Debatte in Einzelfragen weiter fortzusetzen. Das dürfte sicher über Zeit und Möglichkeit der Gesamtfraktion hinausgehen. Ich habe nur zwei Bemerkungen, eine zum Thema Solidität der Bundesfinanzen und Stabilitätspolitik und eine zum Verfahren. Klaus Dieter *Arndt* hat auf Alex *Möllers* Bemerkungen darauf hingewiesen, dass es stabilitätspolitisch nie passen wird mit der Gebührenerhöhung, und ich fürchte, so unangenehm das ist, mit dieser Bemerkung hat er Recht. Wenn er aber damit Recht hat, dann heißt das auch, dass wir im nächsten und in den übernächsten Jahren den Bürgern mit Steuern und auch noch mit zusätzlichen Gebühren Geld aus der Tasche holen, um es stillzulegen, und das kann doch nun auch keine vernünftige Politik sein. Folglich muss man hier wohl etwas mehr Phantasie gelten lassen und nur ein Stichwort, das man aber nun wirklich sorgfältig prüfen muss. Man könnte ja auch überlegen, ob man nicht einen Teil der Investitionen der Bundespost aus der Konjunkturausgleichsrücklage mal finanzieren könnte. Dann käme es nicht zur Haushaltsfinanzierung, aber es wäre ein Stückchen Bewegungsfreiheit in dieses starre Konzept hinein. Ob das geht oder nicht geht, kann jetzt gar nicht untersucht werden. Es zeigt doch nur, dass hier nur technokratisch in den alten Bahnen nachgedacht worden ist und nicht anders!

(Beifall.)

Und darum ein Wort zum Verfahren. Wir haben am 22. Oktober im November diesen Gesprächskreis beschlossen³³, der über das Thema reden sollte. Horst *Ehmke*, du hast von Terminschwierigkeiten gesprochen. Hans-Jürgen *Junghans* und ich, wir gehören beide diesem Gesprächskreis an. Wir haben nie einen Terminwunsch erfahren. Wir wären jederzeit bereit gewesen, das zu tun. Dann soll der sich dazu äußern. Jedenfalls – es wär' Zeit genug gewesen, diesen Gesprächskreis vor der Kabinettsentscheidung zusammenzukriegen,

(Vereinzelter Beifall.)

und da er vor der Kabinettsentscheidung nicht zusammengekommen ist – aus welchen Gründen, die ich nicht beurteilen kann, ich war jedenfalls dazu bereit –, glaube ich, muss man hier dem Antrag von Horst *Haase* folgen, notfalls in der modifizierten Form, dass jedenfalls im Postverwaltungsrat keine Entscheidung fällen kann, bevor die Fraktion hier nicht ausgiebig drüber beraten hat.

(Beifall.)

Wehner: Genosse *Reiser*.

Reiser: Genossinnen und Genossen, in meinem Wahlkreis gibt es einen Postoberamtmann, einen Postoberamtmann als Berater für Öffentlichkeitsarbeit. Ich hab' den Eindruck, der Mann ist in dieser Eigenschaft mit Sicherheit überflüssig, weil nämlich der Ruf bestimmt schon hin ist. Den Eindruck hab' ich jedenfalls aus der Erfahrung vom letzten Wochenende. Es war doch so, dass wir im Mai gesprochen haben über womögliche Rationalisierungsmaßnahmen im Bereich der Post, bevor diese Erhöhungen eintreten. Darüber haben wir doch gesprochen im Mai. Ich erinnere mich ganz genau daran. Ich wollte dazu etwas sagen, weil ich nämlich weiß, wie die Lage der alten Leute ist, grade hinter den Elbdeichen, mein Wahlkreis, in den verkehrsschwachen Gebieten, die nämlich darauf angewiesen sind auf ein Telefon, weil nämlich der Landarzt weit weg wohnt. Da ich das also genau weiß, hätte ich da einige Vorschläge machen wollen, bitte schön! Aber da wurde so getan, als wär' das gar nicht so wichtig. Das könnte man sowieso noch verschieben. Das habe noch Zeit. Und deswegen habe ich nicht danach gefragt, was man da alles noch machen könnte. Nun lese ich einige Vorschläge im Hinblick auf Rationalisierung. Ich weiß jetzt nicht, was ich darauf antworten soll, wenn mir gesagt wird, wie ist es eigentlich mit den Postscheckgebühren womöglich? Postscheckgebühren! Warum gibt es hier nicht 15, 20, 30 Pfennig Postscheckgebühren, dann bleibt man unter den Bankkontogebühren und unter den Sparkassengebühren? Warum eigentlich bitte nicht? Und wenn dann dauernd gesprochen wird von 70 Prozent Firmen, die hier also die Post benutzen, dann frage ich mich, dann kann man bei den Firmen es doch stärker belasten oder nur die Firmenpostscheckkonten belasten. Dies ist die eine Sache. Das hätte ich gerne fragen wollen.

Dann hätte ich gerne fragen wollen, ob es stimmt, dass es ein Nachtflugnetz gibt mit einem Stern in Frankfurt, wo wir jede Nacht 'ne halbe Million ausgeben. Na ja, das hätte ich aber doch fragen wollen. Ich werde das doch gefragt. Ich muss doch darauf antworten können, bitte sehr! Und in dieser Richtung, muss ich sagen, fühle ich mich hier restlos überfahren, kommt da plötzlich auf mich zu innerhalb von wenigen Tagen so eine Art Postputsch.

Wehner: Peter *Glotz* – *Grunenberg*.

---

33 Zur Gründung dieser Arbeitsgruppe vgl. die SPD-Fraktionssitzung am 22. Oktober 1973, SVP C, online.

| Fraktionssitzung | 6.11.1973 | **33.** |

Grunenberg: Liebe Genossinnen und Genossen, ich habe hier etwas Bitteres erst mal abzustatten, einen bitteren Dank von den Genossen aus meinem engsten Bereich, nämlich aus meinem Betrieb. Wir waren grade bei der Meinungsbildung über die kommenden Lohnforderungen für das Tarifgebiet eben oben in Bremen, Bremerhaven für die IG Metall. Und ausgerechnet am letzten Donnerstag war ich eingeladen zu dieser Vertrauensmännersitzung, und wir wollten grade die überspannte Forderung von 20 Prozent von einigen Verrückten, politisch Verrückten möchte ich sagen, die so zwei Branchen wildgemacht haben, runterschrauben auf 15 Prozent. Ihr könnt euch ja vorstellen, weil wir noch geradezu Meinungsführung machen wollten für diesen Tarifbereich, ihr könnt euch vorstellen, dass wir im Augenblick glücklich sind, bei 20 Prozent gelandet zu sein, bei 20 Prozent und obendrein mussten wir uns noch als Arbeiterverräter und Kapitalistenknechte und was weiß ich alles noch schimpfen lassen. Das ist die eine Seite.

Die andere Seite, ich sag's bloß mal wie es ist, und es waren noch einige andere Dinge, dass sie uns verhauen haben, das war ein Wunder. Die andere Seite, ich komm nun aus einem Betrieb der freien Wirtschaft, aus einem Betrieb der freien Wirtschaft und ich bin mit lange Zeit im Wirtschaftsausschuss dieses Betriebes gewesen und da hätte ich Fragen gestellt bei dieser ganzen Gesichte, und wenn es in meinem Betrieb zumindest gewesen wäre, folgende Fragen und da hätte ich das Management mit angenagelt: Erstens: Welche Kosten sind durch was entstanden, ohne dass die Produktivität erhöht worden ist oder weiter erhöht werden soll? Zweitens: Wie ist das Verhältnis Gemeinkosten zu Produktionskosten? Drittens: Sind Arbeitsablaufstudien vorgenommen, um Fehler in der Arbeitsorganisation aufzufinden? Viertens: Ist durch Unternehmensberatungsfirma ermittelt worden, welche Rationalisierungsmaßnahmen vorhanden oder möglich sind? Und dann, fünftens, hätte ich noch weiter gefragt: Gibt es ähnlich der Bundesanstalt, in diesem Bereich muss ich das mal so sehen, der Bundesanstalt für Arbeitslosenvermittlung, Arbeitslosenversicherung, eine Arbeitsgruppe, ähnlich wie in der Bundesanstalt, die sich mit Personalbemessungssystemen beschäftigt? Ich denke jetzt grade an die Arbeitsgruppe *Neumann* mit den Leuten, die sich mit REFA[34] und ähnlichen Dingen beschäftigen. Und, sechstens, was ist die Ursache des Missverhältnisses von Anlagevermögen und Anlagekapital? Und bei dem Letzten hätte ich gefragt, wie es in anderen Bereichen auch ist, oder hätte ich angesprochen das Verursacherprinzip. Ich hätte noch eine Frage gestellt, speziell ans Management personell, aber das will ich mir hier verkneifen. Aber so wären meine Überlegungen gewesen und so hätte ich wirklich festgenagelt, und ich meine, nach diesen Vorstellungen sollte man hier vielleicht auch mal vorgehen. Vielleicht kriegen wir dann noch einige Dinge raus, die unbedingt Kosten verursachen, aber nicht sein müssen. Danke sehr.

Wehner: Dietrich *Sperling*. – Genosse macht

(Zwischenrufe.)

{...} die Diskussion nicht bis zu dem Ende geführt werden kann, an dem mit Fug

(Vereinzelter Beifall.)

gesagt werden kann muss, hier sind die in dieser Situation unvermeidlichen Meinungsäußerungen ausgesprochen worden. Es kommen jetzt zum Beispiel noch nach *Sperling*, *Börner*, *Ehmke*, *Schwencke*, *Gscheidle*, *Simpfendörfer*, *Glombig*, *Hauff*, Klaus Dieter *Arndt* noch einmal. Dieses sind meine Meldungen hier. Es meldet sich noch *Wuttke*. Es kann einer widersprechen, wenn *Mattick* widersprechen will, dann muss ich darüber abstimmen lassen, soll die Rednerliste geschlossen werden zu diesem Augenblick. Wer da-

---

34 Reichsausschuß für Arbeitszeitermittlung, später »Verband für Arbeitsgestaltung, Betriebsorganisation und Unternehmensentwicklung«.

für ist, den bitte ich um das Handzeichen. Gegenteilige Meinung. Das war die Mehrheit. Dietrich *Sperling* hat das Wort.

Sperling: Horst, aus dieser Abstimmung kannst du zumindest ersehen, wie sehr uns die Post am Herzen liegt. Wir wollen weiter drüber reden. Ich muss sagen, Alex *Möller* hat mir zwar aus dem Herzen gesprochen, denn den Ärger über das, was seit der Verkündung der Kabinettsbeschlüsse gelaufen ist, den teile ich auch. Aber Alex – nur aus dem Herzen. Denn wenn ich mir vorstelle, du müsstest sowohl Finanzminister und auch Postminister sein, dann hättest du in der Sache wahrscheinlich für Horst *Ehmke*s Vorschläge plädieren müssen. Aber darüber, das Verfahren, das auch ich mich überfahren fühle, sind wir uns einig.

(Unruhe.)

Aber nun wollen wir – ja, Genossinnen und Genossen –, nun wollen wir doch mal sehen, ich habe die Sorge, dass aus dem Ärger über dieses Verfahren ein Ärger über eine Entscheidung wird, vor der ich warnen möchte. Das heißt, wir sollten uns von dem Ärger über das Verfahren nicht überwältigen lassen und dadurch zu einer Entscheidung kommen, die uns nachher noch mehr Ärger bereiten wird. Und damit dies klar wird für diejenigen, die neu in der Fraktion sind, Schorsch *Leber* war mal Postminister und hat nicht allzu lange vor den Wahlen einmal darauf hingewiesen, dass er eigentlich für die Post einen großen Schluck aus der Pulle braucht, und damals haben wir gesagt, das können wir vor den Wahlen nicht machen. Schorsch *Leber* hat uns gewarnt davor und hat gesagt, ihr kommt nicht drum rum, der Post einen großen Schluck aus der Pulle zu geben. Und als dies nicht geschehen konnte, damals nicht nur aus stabilitäts-, sondern auch aus wahlpolitischen Gründen, da wurden wir eigentlich mit der Mahnung entlassen, nun sorgt aber schnell genug nach der Wahl dafür, dass die Post ihren Schluck bekommt, denn sonst hängt euch das wieder vor den Wahlen an. Dies – ja, ja, und der Schluck sollte größer sein, Elfriede [*Eilers*], der Schluck sollte damals größer sein – und uns muss dies klar sein, das, was wir nicht im nächsten Sommer zum 1. Juli erhöhen, das müssen wir dann entweder noch höher dichter vor der nächsten Bundestagswahl fordern oder aber aus dem Bundeshaushalt finanzieren. Um das eine oder andere kommen wir nicht drum rum und, Genossinnen und Genossen, ich bin dafür, da wir ja bereit sind, die Post ins kapitalistische Umland als ein selbstständiges Unternehmen zu entlassen, nicht *Ehrenberg*s Vorschlag zu folgen und die Konjunkturrücklage für dieses noch kapitalistisch zu machende Unternehmen auszugeben, sondern für tatsächlich das, was wir als innere Reformen bezeichnen. Und da ist also das, was wir mit der Post machen, das ist aber unsere Grundsatzentscheidung, dass wir sie zu einem selbstständigen Unternehmen machen wollen. Das wird sie sein müssen, weil sie sich sonst nicht wirklich ernähren kann.

Diese Frage, wann wir dann die Post mit dem notwendigen Geld ausstatten und dass wir in der Wahlstimmenkonjunktur nicht wieder zum falschen Zeitpunkt erhöhen müssen, bringt mich dazu zu sagen, wenn ich dem Horst *Ehmke* auch für das Verfahren äußerst undankbar bin dafür, dass er uns zwingt, zum 1. Juli nächsten Jahres an die Gebührenerhöhung zu denken, bin ich dankbar, denn noch später würde ich ungern diese Debatte führen über noch höhere Gebührenforderungen. Deswegen bin ich dafür, wir machen es zum 1. Juli, wenn ich auch hoffe, dass wir also in bestimmten Details noch zurande kommen. Genossinnen und Genossen, darum bitte ich euch herzlich, nicht so in die Gefühle zu gehen, wie es *Ben Wisch*[35] und Alex *Möller* gemacht haben. Gestern, als es um Waffenlieferungen nach Griechenland ging und als wir auch uns als überfahren darstel-

---

35 Spitzname von Hans-Jürgen *Wischnewski*.

Fraktionssitzung 6.11.1973 **33.**

len mussten, hat sich keiner so darüber aufgeregt. Und wenn ich mir anschaue, dass die Post in der Tat selbstständig werden soll, dann müssen wir uns fragen, ob der Geldbriefträger in der Tat sein Geld bei der Post verdienen muss und ob wir der Post dann Sozialleistungen aufhängen können. Wenn dann sollte man ehrlich sein und sagen, der Geldbriefträger wird durch den Sozialarbeiter ersetzt, aber man sollte nicht den Sozialarbeiter in der Form des Geldbriefträgers draußen rumschicken. Dies gehört mit zu den Erkenntnissen, wenn wir eine selbstständige Post haben wollen.

Wehner: Holger *Börner*!

Börner: Genossinnen und Genossen, ich kann nur bedauern, dass diese Diskussion, wie sie jetzt geschieht und geschehen musste, aufgrund dieser Vorgeschichte, nicht die Wirkung hat, dass wir am 1. Juli nächsten Jahres erhöhen, sondern auch die Wirkung, dass bis zu diesem Zeitpunkt eine permanente Diskussion über dieses Thema in der Öffentlichkeit ist. Damit hier kein Missverständnis entsteht: Ich war lange genug in diesem Postministerium, um zu wissen, dass es Dinge gibt, denen man nicht ausweichen kann. Ich hab' zur Rationalisierung aufgrund dieses Einblicks meine besondere Meinung, aber es bleibt so, dass die Abdeckung von Kosten über Tarife in der Regel sozialer ist als über den Bundeshaushalt, und ich kann nur warnen aufgrund der langjährigen Erfahrungen mit der Bahn, hier in einigen Bereichen so zu tun, als seien das kleine Beträge. Das, was bei der Post dann auf den Bundeshalt zukäme – und deshalb war der Hinweis auf die Haushaltsrede durchaus richtig –, das übersteigt das, was in einigen Bereichen die Bahn uns Sorgen macht noch um ein Erhebliches. Das muss so sein, weil die spezifische Art der Dienstleistung personalintensiver noch weiter ist als die bei der Bahn, und damit hier noch mal etwas in Erinnerung gerufen wird. Der Wagenladungsverkehr der Bahn, der also der Großwirtschaft dient, der war und ist defizitär, weil es auch in früherer Zeit – ich will den Namen nicht nennen – mal einen Wirtschaftsminister gab, der gesagt hat, dieses geht nicht aus konjunkturpolitischen Gründen. Dabei ist es geblieben und nachher gab der Markt das nicht mehr her, dass die Bahn sich das vom Markt, vom Kunden holen konnte und deshalb musste es über den Haushalt abgedeckt werden. Das ist eine Sorge, die ich hatte in einigen Diskussionsbeiträgen.

Aber andererseits muss ich nun mit aller Deutlichkeit sagen, dieses, was *Ben Wisch* und auch hier, was aus den Betrieben gesagt worden ist, das ist nicht eine punktuelle Diskussion, sondern es drückt sich auch aus in vielen Zuschriften, die der Parteivorstand in den letzten Tagen auf den Tisch bekommen hat, und deshalb habe ich mich verpflichtet gefühlt, hier in dieser Debatte mich zu melden und euch eins zu sagen. Es gibt drei Punkte, wo man die Kabinettsentscheidung, wenn sie eine Entscheidung endgültiger Art ist, nur bedauern kann. Das ist die Frage des Postzeitungsdienstes. Das ist die Frage des Telefons. Beide sind schon angesprochen, und das ist drittens – und das möchte ich noch hinzufügen –, etwas ganz anderes, nämlich die Inflation der Drucksachen. Ich hätte mir gewünscht, dass der Minister mal auch dazu ein Wort gesagt hätte, wie er diese Sache mal prohibitiv steuern will, denn das drückt sich aus in Personalkosten. Ich bestreite, wie es im Postministerium auch mir jahrelang erzählt worden ist, ich bestreite, dass der Briefträger nicht mehr zu schleppen hat, dass er die Drucksachen so mitnimmt. Das sieht in meiner Straße ganz anders aus und bei euch zuhause auch, und deshalb sind's Personalkosten, über die man auch reden muss.

Herzliche Bitte also: die Diskussion in der Fraktion weiterzuführen unter dem Gesichtspunkt, dass über einige Fragen noch geredet werden muss, aber dass die Grundsatzentscheidung, dass wir der Post als Dienstleistungsunternehmen nicht den Haushalt als Ausweg zuweisen dürfen für die nächsten Jahre, dass die getroffen werden muss.

Wehner: Horst *Ehmke*!

Ehmke: Genossinnen und Genossen, an meiner Freundschaft zu Alex *Möller* besteht sicher auch kein Zweifel und hier umso weniger, als wir in der Sache ja, Alex, wohl nicht verschiedener Meinung sind. Du hast mir noch vor kurzem gesagt, dass du mich in diesem Bemühen unterstützen wirst. Offenbar liegt hier die Meinungsverschiedenheit im Verfahren. Dazu muss ich nun Folgendes sagen: Ich bin sehr missverstanden worden von Alex *Möller* für meine verfahrensmäßige Einleitung. Ich wollte grade klarmachen, noch ist der Entscheidungsprozess überhaupt nicht eingeleitet, denn noch habe ich ja keine Vorlage an den Postverwaltungsrat gemacht. Die muss ich Anfang Dezember machen in unserem Terminplan, und hier war grade die Idee, das Wort zu halten, dass, bevor ich mit einer Vorlage an den Postverwaltungsrat gehe, die Fraktion die Möglichkeit hat zu sprechen. Das war der Sinn meiner einführenden Bemerkungen.

(Unruhe.)

Ich darf noch einmal sagen, das formelle Verfahren ist noch gar nicht eingeleitet!

(Unruhe.)

Augenblick! Jetzt ist die Frage, die erste Frage, dass ich so verstehe, ich hätte gar nicht erst ins Kabinett gehen sollen, sondern erst in die Fraktion. Diese Meinung kann ich nun beim besten Willen nicht teilen, abgesehen davon, dass der Postminister das Einvernehmen von Wirtschaft und Finanzen braucht für diese Sachen, das also im Kabinettsausschuss hergestellt werden musste, ist doch wohl klar, dass ich den Entwurf einer Vorlage zunächst mal im Kabinett zur Kenntnis bringe, und dann gehe ich in die Fraktion. Das ist das Erste. Das ist ein ganz normales Verfahren, und wenn hier gesagt worden ist, hier ist überfahren worden, überrumpelt worden, Günther *Metzger*, muss ich das leider zurückweisen. Ich hab' mich in der Frage, warum der Arbeitskreis nicht vorher zustande gekommen ist, vorhin bewusst zurückhaltend ausgedrückt. Aber nachdem ich jetzt deswegen angegriffen werde, muss ich Folgendes sagen: Ich wäre bereit gewesen, ich habe sogar versucht, darauf zu dringen, dass der Arbeitskreis vor der heutigen Sitzung zustande kommt, und habe gesagt, ich stehe in der letzten Woche jeden Tag zur Verfügung. Leider hatte Klaus Dieter *Arndt* einen Terminkalender, dass er mir gesagt hat, er ist nicht in der Lage, eine Arbeitskreissitzung in der nächsten Woche zu machen. Und darauf habe ich gesagt, wenn das nicht geht, dann müssen wir es eben so machen, dass wir es hinterher machen. Denn es wäre sicher falsch gewesen, nach der Kabinettsentscheidung bis zum 27. zu warten, bis wir in die Fraktion gehen. Also sowohl, was die Befassung erst Kabinett und Fraktion betrifft, wie, was die Frage der Reihenfolge Fraktion – Arbeitskreis betrifft, liebe Genossen, muss ich hier den doch sehr schwerwiegenden Vorwurf, ich hätte hier euch überfahren wollen, mit Entschiedenheit zurückweisen. Nun –,

(Zwischenruf.)

dass das draußen ist, ist doch klar! Fast in dem Moment, wo der Kabinettsausschuss fertig ist. Ist doch gar nicht zu verhindern! Ist doch nicht, wie wir das rausgeben. Nicht.

(Zwischenruf.)

Das ist eine zustimmende Kenntnisnahme des Kabinetts, dass dies der Entwurf meiner Vorlage ist, wie er mit Finanz- und Wirtschaftsminister abgestimmt ist. Das Kabinett entscheidet jetzt ja gar nicht. Das Kabinett entscheidet im Verfahren nur, wenn der Postverwaltungsrat von dieser Vorlage abweicht. Also das zum Verfahren.

Nun darf ich nur auf drei Punkte eingehen. Zunächst mal zu dir, Hans-Jürgen. Das klingt gut, aber ich darf wiederholen, was *Börner* eben gesagt hat. Noch immer ist, und grade gilt das für den Postbereich mit seiner Dienstleistungsstruktur, das Reinholen von Geld über Steuern unsozialer als das über Gebühren. Ich sehe nicht ein, warum derjenige, der kein Telefon hat, das Telefon subventionieren soll von jemandem, der sich eins zulegt.

Hier müssen wir dabei bleiben, dass im Grundsatz der das Telefon zahlt, der es benutzen will. Dass es Ausnahmen geben muss im Sozialhilfebereich, habe ich selbst schon gesagt. Ich glaube nicht, dass es sozialdemokratische Politik wäre, eine generelle Subvention, nicht wahr, des Telefonverkehrs über Steuergelder zu machen, und dabei brauche ich noch nicht mal an den hohen Lohnsteueranteil am Steueraufkommen denken.

Also ich glaube, so leicht kann man sich die Geschichte nicht machen, und ich darf auch sagen, beim Postzeitungsdienst, Hans-Jürgen, natürlich gibt es da Probleme, und wir werden uns ja auch mit einer langen Frist von drei Jahren mit den Zeitungsverlegern zusammensetzen, um das zu machen, aber du wirst mir nicht einreden, dass es sozial sei oder sozialdemokratische Politik sei, von dem von dir so verteidigten kleinen Telefonbesitzer zu verlangen, dass er über seine Telefongebühren ein Postzeitungsdienstdefizit von über einer halben Milliarde abdeckt. Man kann nun nicht alles so haben, wie man will. Ich bin der Meinung, wir müssen hier grade als Sozialdemokraten anstreben Kostendeckung. Das wird nie voll gehen, aber ich bin der Meinung, es ist falsch zu glauben, der Weg über die Steuern wäre sozialer.

Dies darf ich auch sagen zum Genossen *Urbaniak* und zum Genossen *Grunenberg*. Ich kenne das sehr wohl aus dem Wahlkreis wie in Betrieben, aber es nicht so, dass hier also wild drauflos gewirtschaftet worden ist. Wir werden ja im Arbeitskreis die Alternativen dann eingehend durchsprechen können, wie wir es im Kabinettsausschuss auch getan haben. Es bleibt hier – zu Holger *Börner* darf ich noch sagen, die Drucksachenkosten werden erhöht, die ich nicht mit aufgeführt, weil es kein Eckwert ist, aber auch die Druckkosten werden erhöht, wie übrigens die Massenwurfdrucksachen stark zurückgegangen sind schon durch die letzte Gebührenerhöhung, aber die Standarddrucksachen sollen von 25 auf 30 Pfennig, die Standardmassendrucksachen von 15 auf 20 Pfennig steigen, das muss ich zur Ergänzung noch sagen. Ich habe hier nicht alle Gebühren aufgeführt in dem Schreiben, das euch zuging.

Bleibt die letzte Frage von Herbert *Ehrenberg*. Die Frage ist ja auch literarisch schon diskutiert worden. Wäre es nicht vernünftiger, was aus der Konjunkturzulage zu nehmen und das also dann doch, das sind ja auch Steuergelder, Herbert, über Steuergelder zu machen? Da sage ich dir noch mal, ich sehe keinen grundsätzlichen Unterschied. Es gibt hier ein ganz klares Nein des Finanzministers. Ich darf das für ihn sagen, er kann heute nicht hier sein, aber ich bin aus den Gründen, die ich vorher schon gesagt habe, auch der Meinung, dass dieser Weg nicht richtig wäre. Wenn es so wäre, dass wir nicht die großen Finanzierungsprobleme haben im Bildungsbereich, im Nahverkehrsbereich, wenn also der öffentliche Korridor so groß wäre, dass man sagen könnte, macht dies doch mit, dann kann man mal darüber reden. Bei der Situation, die wir heute haben, sage ich, der letzte Bereich von den Bereichen, die wir uns vorgenommen haben und den man über Steuer subventionieren sollte, wäre bei der Struktur des postinternen Meldewesens meines Erachtens dieser Bereich im Interesse einer Finanzierung anderer Reformvorhaben, die wir nicht über Gebühren, sondern nur über Steuern machen können.

Wehner: Olaf *Schwencke*!

Schwencke: {...} das zu seiner Einführung als Minister in diesem neuen Bereich damals eine Rolle spielt, nämlich das Wort Kommunikation, und zwar in zweifacher Hinsicht. Einmal mit uns, wir haben – das wird hier vielleicht nicht so sehr gehen –, wir haben grade in dieser Woche in unseren Wahlkreisen über Preise und Stabilität gesprochen und während wir noch also davon sprachen, dass wir im Blick auf die Postgebühren eine Arbeitsgruppe in der Fraktion benannt haben, haben uns andere gesagt, dass längst darüber alle Entscheidungen gefällt sind, nämlich mit deiner Vorlage. Und die zweite Frage der Kommunikation ist die, die hier schon mehrfach angesprochen wurde, dass du grade bei den Fällen, die einen großen Teil unserer Wähler betrifft, und eben der, die sozial nicht in den größeren Status stehen, dass die in dieser Kommunikationsmöglichkeit miteinander beschränkt werden. Ich möchte ganz eindeutig sagen, dass ich als neues Mitglied dieser Fraktion zunächst an diesem Stil, an diesem unkommunikativen Stil Kritik übe und dass ich zum Zweiten an den einzelnen Maßnahmen, an deren politische Reichweite Kritik übe. Ich glaube, wir müssen – auch wenn das jetzt vielleicht dich zu sehr trifft, obgleich an sich auch andere damit gemeint sind –, wir müssen in Zukunft sehr viel sorgfältiger darauf achten, dass wir solche Dinge nicht wieder in die Fraktion hineinbekommen, wenn sie für die Öffentlichkeit jedenfalls längst entschieden sind.

Wehner: Kurt *Gscheidle*.

Gscheidle: Liebe Genossinnen und liebe Genossen, das Interesse an der Post ist erfreulich, der Anlass weniger. Dies ist die elfte Gebührenerhöhung, die ich in unterschiedlichen Funktionen bei der Bundespost vorbereite. Die Diskussion darüber, wie man sie am zweckmäßigsten ablaufen lässt, ist jeweils nach der Erfahrung über die vorherige eine andere. In der Tat kann man diesen Ablauf regeln, zuerst Fraktion, dann Kabinett, zuerst Verwaltungsrat, dann Wirtschaftsminister. Die Variationsmöglichkeiten sind unerschöpflich. Richtig ist, von politischer Bedeutung ist an und für sich der Ankündigungseffekt, das heißt, mit welcher Institution, mit welchem Namen verbindet sich eigentlich die erste große Presseaktion: Postgebühren sollen erhöht werden. Das war im Übrigen Grund dafür, dass wechselseitig die Institutionen oder politischen Gremien dafür plädiert haben, das nächste Mal etwas in eine sichere Auffangstellung im zweiten oder dritten Glied zu kommen und jemand anders an die erste Front zu schieben. Diesmal kommt der Ankündigungseffekt mit der Bundesregierung zusammen. Wenn ich die Fraktion richtig verstanden habe, hätte sie es gern gehabt, dass im Zusammenhang mit einer Fraktionsberatung sie in die Presse gekommen wären, die Postgebühren sollen erhöht werden.

(Zwischenruf.)

Einen Moment! Einen Moment! Eine Erfahrung aus elf ist, aus elf ist, in dem Augenblick, wo ein kleiner Kreis von Sachberatern erweitert wird und weitere Institutionen eingeschaltet werden, ist die Sache in der Presse. Nun –

(Zwischenruf.)

ja gut, dazu wurde doch was gesagt. Dazu wurde was gesagt. Dazu will ich mich gar nicht mehr äußern. Ich hab' mich ja auch nicht dagegen gewehrt, dass jemand daraus Unmut hat, dass er in der Zeitung liest, das Kabinett hat dies beschlossen. Nur das Kabinett, um das klarzumachen, ist auch nachzulesen im Beschluss, das Kabinett hat nichts anderes getan, als Eckdaten, die das Volumen festgelegt haben, das ist richtig, und Eckdaten, die das Schwergewicht der Struktur festgelegt haben, zur Kenntnis genommen, hat darüber diskutiert und hat gebeten, in die weitere Ausarbeitung einer Vorlage an den Verwaltungsrat die Diskussion dort und weitere Anregungen zu berücksichtigen. Ich bestreite nicht, man hätte es anders machen können. Nur jetzt zu der Frage des Inhaltes, man würde also hier vermissen sozialdemokratische Politik, und dann war 'ne Frage, 70 – die ist nur deshalb interessant und sollte hier beantwortet werden, weil sie von grundsätzlicher Bedeutung ist –, über 70 Prozent würden von der Wirtschaft die Dienstleistungen in Anspruch genommen. Das ist überhaupt kein Widerspruch, Genosse *Wischnewski* zu der Tatsache, dass 57 Prozent der Telefonbenutzer Wenigsprecher sind, denn es ist eine Frage, wieviel telefoniert wird. Man kann sozusagen zu zehn Prozent bezogen auf Hauptanschlüsse, die das Fernsprechnetz in Anspruch nehmen und trotzdem 90 Prozent der Kosten bringen, weil man entsprechende Gebühreneinheiten {...}. Tatsache ist, dass über 20 Jahre bei dem Post- und Fernmeldewesen aus den Über-

Fraktionssitzung 6.11.1973 **33.**

schüssen des Fernmeldewesens die Deckungslücken des Postwesens geschlossen werden. Und natürlich, wenn man das jetzt ändern will, dann kann man das nur sukzessiv ändern in der Form, wie es vorgetragen wird. Es bleibt aber dabei, dass diejenigen, die viel telefonieren, die Unterdeckung bei den Grundgebühren mit bezahlen, und auch nach der Erhöhung ist das keinesfalls kostendeckend in der Grundgebühr.

Zweites Argument. Es wurde hier diskutiert und in der Form von vernünftigen Fragen gesagt, was man an und für sich alles das Management der Bundespost fragen müsste. Die Fragen wären leicht zu beantworten. Die Geduld der Fraktion ist bald erschöpft. Ich kann nur sagen, die Fragen könnten nicht nur beantwortet werden, aber jeder Genosse hier ist in der Lage, sich bei der Deutschen Postgewerkschaft zu erkundigen, ob sie eigentlich noch bereit sind, das, was seit drei Jahren bei der Post gemacht wird, noch weiter zu machen, nämlich diesen ungeheuren Leistungsdruck mit ständigem Abbau – pro Jahr über 5000 Arbeitsplätze. Ich würde wirklich empfehlen, in eurem Wahlbezirk mal mit den Leuten zu sprechen. Da gibt's noch Totwasserbereiche, bestreitet niemand. Die gibt's in jedem Unternehmen. Nur der Druck, der hier ausgeübt wird, {...} vier weitere Maßnahmen. Das bedeutet, wenn sie durchgeführt werden, dass bei der Bundespost über 50000 Arbeitsplätze wegrationalisiert – ich bin mal gespannt auf all die Zuschriften, die ich heute schon in der Woche, 60, erhalte, die sich dagegen wehren, dass wir hier rationalisieren, wieviel ich dann bekomme. Ich will es an einem simplen Beispiel sagen. Hier sagte jemand, da steht nicht mal drin, welche Direktionen, wieviel Direktionen ihr weghaben wollt. Wir hätten reinschreiben können, wir hätten in der Tat vier reinschreiben können. Nur vor drei Jahren wollte ich Trier auflösen. Da gab es eine gemeinsame Aktion von Genossen dieser Fraktion mit Mitgliedern der CDU, die durch Beschluss im Verwaltungsrat mehrheitlich wieder die Einsetzung der OPD[36] Trier durchgesetzt haben. Da gehört nicht viel Phantasie dazu vorauszusagen, welche Direktion wir auch immer schließen wollen, haben wir sofort einen Mordstrouble von der Kommunalpolitik bis zur Landespolitik bis zur Fraktion, die sagt, macht das um Himmels willen nicht. Das gilt für alle Dinge, die sich zunächst in der Forderung: rationalisiert mehr! ausgesprochen gut anhören. Nur wenn sie konkret gemacht werden, ob das nur die Zurückstellung des Neubaus eines Postamtes ist oder die Verzögerung der Errichtung einer Vermittlungsstelle oder nicht die unmittelbare Folgewirkung im Betrieb auf irgendeine Marktsituation.

Dritte Bemerkung: Diese Bundespost hat überhaupt selbst darüber nicht viel zu sagen, wie ihre Kosten wachsen. Aber ich will das mal sagen, wie das 1973 aussieht, und ich sage auch, warum das so aussieht. Es wird bei den Personalkosten 1973 gegenüber '72 eine Steigerung von 14,4 Prozent eintreten. Das sind rund 1800 Millionen Mark! Die hat im Übrigen diese Fraktion beschlossen. Da darf ich in aller Bescheidenheit drauf hinweisen – in allem Umfang. Wenn ich die Dinge aufaddiere, die sich zurzeit in dem einzelnen Ressort befinden mit ihrer finanziellen Auswirkung auf die Bundespost in den Jahren 1975 folgende, bewegen sich die in einer Jahresbelastung zwischen 800 Millionen und 1200 Millionen. Insgesamt haben wir Zunahme einer Ausgabensteigerung von '73 gegenüber '72 von 2,8 Milliarden oder 2800 Millionen Mark. Seit '69, wo die Sozialdemokraten die Verantwortung haben in dieser Regierung, sind die Personalkosten gestiegen bei der Bundespost um 59,4 Prozent und haben die Kosten absolut des Postwesens um 40 Prozent höhergesetzt. Das verkaufen Sozialdemokraten zu Recht, sie hätten im öffentlichen Dienst einen Nachholbestand von 20 Prozent aufgeholt. In Ordnung! Nur – 20 Prozent, ein Prozent bei der Bundespost sind 120 Millionen, zehn Prozent 1,2 Milli-

---

36 Oberpostdirektion.

arden und 20 Prozent sind 2,4 Milliarden oder 2400 Millionen, die zunächst zu erwirtschaften sind!

Ich hatte die Fraktion so verstanden, keine Frage darüber, wir müssen anpassen. Ich bin dankbar, ohne zu vertiefen. Genosse *Ehrenberg* hat ja alternativ mal gesagt, wo man denken kann, dazu gibt's 'ne Menge Vorstellungen, sind bislang politisch alle negativ beschieden, sollte man deshalb nicht aufgeben. Nur zu zeigen, wenn man das nicht will, gibt's noch aber andere Möglichkeiten, die im Übrigen das gesamte Ausland geht. Außerhalb der Bundespost gibt es auf der ganzen Welt keine Post, die ihre gesamten Ausgaben durch eigene Einnahmen abdecken muss. Keine einzige! Darüber kann man ja nachdenken, wenn jemand sich so sehr darüber ereifert, dass wir an der Spitze der Gebühren stehen. Natürlich – jeder, der unter diesen Bedingungen wirtschaftet, steht an der Spitze der Gebühren international, aber er belastet andererseits auch nicht den Bundeshaushalt und hält den frei für andere Reformen oder andere Leistungen.

Zu den Sachen will ich mich nicht näher äußern, obwohl es eine Menge interessanter Punkte gab, die leicht zu widerlegen wären von Argument und Gegenargument. Ich halte es für richtig, dass diese Gruppe, die ja nicht vor dem Freitag zusammentreten kann, sich der Sache annimmt. Ich bin ganz sicher, dass es im Wege der aufgezeichneten Weiterbehandlung von Horst *Ehmke* liegen kann, hier Anregungen zu berücksichtigen. Ich würde es für falsch halten, wenn jemand versuchen würde, das Volumen zu reduzieren. Der Genosse *Sperling* hat es sehr zurückhaltend formuliert. Der Preis, dass diese Fraktion schon einmal gezögert hat, eine Vorlage im Volumen zu bestätigen, führte innerhalb eines Jahres zu einer zweiten Postgebührenerhöhung. Dies würde ich aus politischen Gründen dieser Fraktion und unserer Partei wirklich nicht zumuten wollen. Aber dass man hier in einigen Fragen diskutieren muss: in Ordnung. Ich bedaure, dass das Interesse der Fraktion nicht öfters so groß an der Post ist. Dann wären die Diskrepanzen in der Auffassung, was man tun kann, was man nicht tun kann, vermutlich nicht ganz so groß gewesen, wie es heute zum Ausdruck kam.

Wehner: Genosse *Simpfendörfer*. – Eugen *Glombig*.

Glombig: Genossinnen und Genossen, wir wollten hier nicht über Einzelheiten sprechen. Da aber eine Frage hier bereits angesprochen worden ist, meine ich, kann sie nicht undiskutiert bleiben, nämlich die Frage, was machen wir mit denjenigen, die die Erhöhung der Grundgebühr, der Telefongrundgebühr nicht bezahlen können. Ich meine, dass der Vorschlag, der hier gemacht worden ist, einfach so nicht geht. Wir können hier nicht einfach den Paragraphen 75 Bundessozialhilfegesetz abändern.[37] Das ist nicht möglich, weil wir nämlich dann den ganzen Katalog der Maßnahmen bei der Altenhilfe, den ganzen Katalog der Maßnahmen zu einem Rechtsanspruch umgestalten würden, weil es ja hier keine Leistungen für Telefongebühren gibt, sondern es gibt Leistungen im Rahmen der Altenhilfe. Und dann zweitens, es wäre mit einer solchen Änderung des Paragraphen 75, wären die Behinderten außen vor.

Aber ich sage das auch in einem anderen Zusammenhang. Heute Abend beschäftigt sich die Arbeitsgruppe noch mit der Dritten Novelle zum BSHG. Wir wollen die Dritte Novelle zum BSHG bis zum Ende des Monats im Ausschuss durchbringen und wir haben bereits Mehranforderungen an die Novelle von 40 Millionen D-Mark gegenüber dem Regierungsentwurf und dann müssen wir uns mal vorstellen, dass der Bundesrat angekündigt hat, wenn diese Vorschläge der Bundesregierung, die sind von uns noch nicht alle berücksichtigt, zurückgenommen werden, die Frage entweder über den Finanzaus-

---

37 Zum »Bundessozialhilfegesetz« in der Fassung vom 30. Juni 1961 vgl. BGBl. 1961, I, Nr. 46, S. 815–841.

gleich zwischen Bund und Ländern in Ordnung gebracht wird oder aber der Bundesrat würde seine Zustimmung zur Dritten Novelle zum BSHG nicht geben. Das muss man doch einmal berücksichtigen bei dieser Diskussion auch um eine Veränderung des Bundessozialhilfegesetzes. Wenn jetzt weitere Belastungen über diesen Weg ins BSHG hineinkommen, können wir strukturelle Verbesserungen vor allem für die Behinderten, die notwendig sind, die sind nun wirklich die Ärmsten der Armen, die immer auf der Strecke bleiben, nicht mehr oder nur in einem geringen Umfang durchführen. Wenn es also keinen Sozialtarif geben kann bei der Post, vor allem bei der Grundgebühr des Telefonanschlusses, obwohl es einen solchen Sozialtarif gibt zum Beispiel bei der Fernseh- und Rundfunkgebühr, dann müssen wir einen anderen Weg gehen, aber der andere Weg muss sehr schnell, möglichst noch in diesem Monat, von uns gefunden werden.

Wehner: Volker *Hauff*.

Hauff: Liebe Genossinnen und Genossen, der Unmut über dieses Thema ist erheblich und erinnere mich noch sehr genau, als ich Fraktionsmitglied in dieser Fraktion war und nicht in dieser Funktion stand, in der ich jetzt stand[38], wo ich sehr ähnlich dachte und fühlte im Zusammenhang mit derartigen Diskussionen. Ich halte es für nützlich und richtig, dass die Diskussion einen Punkt sehr klargemacht hat. Es gibt keinen Beschluss, der unveränderbar wäre. Was jetzt ansteht, ist eine Vorbereitung einer Vorlage zum Postverwaltungsrat. Darüber muss die Arbeitsgruppe noch beraten, muss Vorschläge machen. Das Verfahren selbst, wie diese Meinungsbildung in der Fraktion zustande kam, und hier möchte ich persönlich sehr offen bekennen, hat mich nicht überrascht. Es ist einfach ein Unding, ein so komplexes Thema in die Gesamtfraktion zu bringen, ohne es vorher in einer entsprechenden Arbeitsgruppe zu beraten. Aber ihr müsst uns auch abnehmen, dass dies weder an Horst *Ehmke* noch an mir noch an sonst irgendjemand vom Postministerium gescheitert ist. Wir haben gebittet und gebettelt, um es mal deutlich zu sagen, um einen Termin. Das waren nicht wir. Das war irgendjemand sonst und derjenige, der dies gemacht hat, dann wäre es ganz vernünftig, wenn der jetzt auch die Verantwortung mit übernimmt und sagt, jawohl, ich war das, ich hab' dafür plädiert und ich hab' das doch auch durchgesetzt in meiner Verantwortung. Es gibt nun, liebe Genossinnen und Genossen, ein gewisses Dilemma, das wir nicht wegdiskutieren können, im Verfahren. Auf der einen Seite ist es sinnvoll und richtig, möglichst frühzeitig die Fraktion einzuschalten und mit der Fraktion das Gesamtthema zu diskutieren. Auf der anderen Seite haben wir auch ein politisches Interesse, dass dieser Diskussionsprozess nicht endlos ist, sondern dass der gerade in der jetzigen Situation möglichst kurz ist und sich nicht in die Länge zieht. Dies war das Problem, das Dilemma, vor dem wir gestanden haben. Wir haben uns um eine koordinierte Terminplanung bemüht. Dies ist nun gescheitert, was die Frage der Arbeitsgruppe der SPD-Fraktion anging, und wir müssen nun versuchen, mit dieser Sache zu leben, gemeinsam zu leben, aber wie gesagt, dies lag nicht an uns, um es ganz deutlich zu sagen.

Was hier nun passiert ist in der Diskussion heute Nachmittag, hier in der Fraktion, war, dass viele Vorschläge, die gemacht wurden, und Gebührenerhöhungen auf Ablehnung gestoßen sind, dass es andere Redner und Rednerinnen gab, die Vorschläge gemacht haben. Aber niemand, kein einziger Diskussionsredner aus der Fraktion – mit einer Ausnahme: Herbert *Ehrenberg* – hat Deckungsvorschläge gemacht, hat sich darüber Gedanken gemacht, wie dies eigentlich zu finanzieren ist, und um die Finanzierungsfrage kann sich niemand drücken. Wer für Telefone plädiert, Hans-Jürgen *Wischnewski*, und wer dies mit Lebensqualität begründet, wobei ich der Meinung bin, dies ist richtig, der muss

---

[38] *Hauff* war Parlamentarischer Staatssekretär beim Bundesminister für Technologie und Forschung.

aber wissen, auch die muss bezahlt werden. Hier können wir nicht sagen, die kommt irgendwo her. Die muss bezahlt werden. Da muss man sich Gedanken darüber machen, wer und wie das eigentlich bezahlt werden kann. Ich weiß –

(Zwischenruf.)

auf die 23 Pfennig komme ich gleich, aber vielleicht nehme ich das vorweg. Das war ja vorher schon da, Kurt *Gscheidle* hat es leider vergessen zu sagen. Es gibt im Weltpostverein eine rechtliche Grundlage des Verkehrs zwischen den Postverwaltungen, die festlegt, dass die Gebührendifferenz zwischen dem niedersten Teilnehmer, der in dieser Gemeinschaft mitarbeitet, und dem höchsten nicht mehr sein kann wie 1 zu 1,8. Die 23 Pfennig liegen bereits leicht über Luxemburg und Holland. Dies ist die rechtliche Situation, die kann man für schlecht halten, die kann man ablehnen, aber mit der muss die Post leben. Wir können diese Dinge nicht einfach über den Haufen kicken und sagen, die Welt kümmert uns einen Dreck, am deutschen Wesen soll die Welt genesen. So, jetzt sind rechtliche Bindungen da, an die wir uns auch zu halten haben.

Nun – was die Finanzsituation der Post angeht, und hier ist, glaube ich, das, was Kurt *Gscheidle* gesagt hat, noch mal deutlich zu unterstreichen. Wir müssen uns davor hüten, dass die Deutsche Bundespost ein Unternehmen wie Salzgitter oder sonst irgendwas ist. Der Schuldenstand zu Ende des letzten Jahres bei der Deutschen Bundespost betrug 30,7 Milliarden Mark. Der gesamte Schuldenstand des Bundes betrug 51 Milliarden Mark. Nur um mal deutlich zu machen, was für eine Größenordnung hier im Spiel ist und dass man hier nicht wahlweise ein halbes Jahr vor- oder zurückschieben kann die Entwicklung, und wer dafür plädiert, dass die Kosten über den Bundeshaushalt finanziert werden, der muss dies nicht nur unter dem verteilungspolitischen Argument sehen, das mit berücksichtigt sein will, sondern auch unter dem Aspekt des Wachstums. Wenn wir mit der Bundespost in den Haushalt gehen, dann wird dies wie ein Krebsgeschwür sein, das den Investitionsrahmen des Bundeshaushalts auffrisst. Wir hatten, was die Schuldenentwicklung anging in den letzten zehn Jahren, die Tatsache, dass die Bundesschulden um 187 Prozent gestiegen sind, die Schulden der Deutschen Bundespost um 370 Prozent. Wer also hier das Tor öffnet, der wird erleben, dass hier eine Flut in den Bundeshaushalt hineingeht, die niemand mehr halten kann. Ich stimme Klaus Dieter *Arndt* sehr zu, wenn er sagt, es gibt niemals einen Zeitpunkt, wo man aus wirtschaftspolitischen, insbesondere konjunkturpolitischen Gründen sagen kann, eine Postgebührenerhöhung ist angebracht. Und wenn ich mir im Gesamtzusammenhang mit diesen Überlegungen einen Vorwurf mache, persönlich, dann ist es der, dass wir vor einem halben Jahr die Sache nicht besser vorbereitet haben und standfester waren, denn damals war die konjunkturpolitische Situation und die allgemeinpolitische Situation ganz sicher günstiger als zum heutigen Zeitpunkt. Und ich wage die Prognose, dass – wenn wir es um ein halbes Jahr verschieben – die Sache noch schlimmer wird als heute. Sie wird nicht einfacher werden, gerade gesamtpolitisch, auch parteipolitisch. Denn wenn wir sie um ein halbes Jahr verschieben, Alex, dann sind wir voll in der Diskussion über die Lohnrunde und all den Dingen drin, und dann wage ich mal – da sind wir jetzt im Vorfeld drin – aber dies wird eine ganz andere Situation sein, die wir dann meines Erachtens mitzutragen haben.

Ob man nun die Konjunkturausgleichsrücklage nimmt, Herbert *Ehrenberg*, oder direkt in den Haushalt fährt, die Frage ist doch die, dass man unmittelbar Finanzgelder aufnimmt, die über die Steuern erhoben wurden. Dies ist das Problem und zu diesem Kardinalproblem muss diese Fraktion eine Meinungsbildung sich machen. Sie kann nicht nur sagen, es passt uns nicht, das ist schlecht. Mir passt es auch nicht! Ich bin aber der Meinung, es gibt Dinge, denen kann man nicht ausweichen, so wie es Holger *Börner* gesagt hat, sondern denen muss man sich stellen und auch dann, wenn es Dinge sind, die unangenehm sind. Über Einzelheiten, auch über Fragen von Größenordnungen, wird man dabei sprechen können. Was nun das Argument angeht von Alex *Möller* zum Postverfassungsgesetz[39]: Alex, wenn wir 'ne Vorlage gemacht hätten entsprechend dem Gesetz, das diese Fraktion als Initiativgesetzentwurf eingebracht hätte, sprich Kostendeckung im Betrieb und ein Drittel Selbstfinanzierungsquote bei den Nettoinvestitionen, dann hätte diese Gebührenvorlage nicht 3,4 Milliarden Mark betragen, sondern dann hätte sie 5,2 Milliarden Mark betragen. Und das Argument, in diesem Zusammenhang zu sagen, das Postverfassungsgesetz hätte die Situation erleichtert, stimmt allenfalls in dem Zusammenhang, dass dann die Fraktion nämlich gar nichts mehr zu sagen gehabt hätte.

Wehner: Klaus Dieter *Arndt*.

Arndt (Berlin): Genossinnen und Genossen, noch mal zum Verfahren und zu den Terminen: Ich hörte das erste Mal von Postgebühren in Berlin, und zwar am Vorabend der Berliner Fraktionssitzung[40], als wir die Vorsitzenden, die Vorbesprechung des Fraktionsvorsitzenden und der stellvertretenden Fraktionsvorsitzenden hatten, und da hatten wir den Eindruck, vor einer Entscheidung, vor einer Meinungsbildung der Fraktion einen Gesprächskreis vorzuschalten, der nun möglichst nicht postliiert ist, weil das ja doch für die Fraktion eine ganz schöne Belastung ist, sich da dann entscheiden zu müssen. Und da kamen wir am nächsten Tag zu dem Beschluss, es so zu machen und aber auch zu meiner Feststellung, ich kann nicht vor dieser Sitzungswoche. Und Alex *Möller* war damals krank und ein stellvertretender Fraktionsvorsitzender sollte dabei sein, und da ist deshalb in der vorigen Woche dieser Arbeitskreis und dieser Gesprächskreis nicht einberufen worden und damit kann die Fraktion heute also auch nicht diese Meinungsbildung von sich geben. Ich wage auch zu bezweifeln, dass das eine sehr glückliche Situation gewesen wäre, wenn sie sie heute schon hätte entscheiden müssen. Aber ich meine, man muss ja immerhin eins sehen, Volker *Hauff*, es gab ja keine Notwendigkeit, euern Terminplan erst ab 21. oder 22. November laufen zu lassen, in die wir fest eingeplant waren ohne unser Wissen mit Sitzung da, Sitzung dort. Das wusstet ihr schon bisschen zwei, drei Wochen vorher und dann hätte man sich natürlich auch einrichten können, auch wenn Parteiwahlen in Berlin sind, dass man einen Termin frei hat. So nun einfach einbezogen zu werden in euer progressives Tempo, was ich ja durchaus schätze, das ist ja nicht so toll. Und ich meine, wenn wir jetzt am Freitag – vielleicht können wir schon, Herbert *Ehrenberg* hat das angeregt, am Donnerstag uns treffen, damit wir den Freitag auch noch haben, eine Sitzung kommen wir ja sowieso nicht klar –, dann schaffen wir es vielleicht, bis Ende November einen Vorschlag zu machen. Aber wenn das nun nicht geschehen sollte, wenn wir erst im Dezember dazu kommen, dann ist doch mein Rat, na dann verschieben wir den Terminplan ein bisschen nach hinten, wenn sich das wirklich innerhalb der Periode dann nicht weiter komprimieren lässt. Wozu soll die Fraktion sich bei einer so heiklen Sache, die irgendwie gemacht werden muss, aber wo es zweifelhaft ist, ob sie so gemacht werden muss, in eine Pression reinbringen. Ich glaube, es ist viel schlimmer in der Öffentlichkeit, wenn der Eindruck entsteht, solche Dinge werden, wenn es öffentliche Preise angeht, im Ruckzuck-Verfahren gemacht. Sondern dass da Diskussion vorher ist und reiche Diskussion, kann eigentlich das Problem nur entlasten. Und dann muss ich eins natürlich zu Horst *Ehmke* verteidigend sagen: Er

---

39 Zum von SPD- und FDP-Fraktion eingebrachten Entwurf eines Gesetzes über die Unternehmensverfassung der Deutschen Bundespost (Postverfassungsgesetz) vom 25. Januar 1973 vgl. BT Drs. 07/81.

40 Die Berliner Sitzung war am 22. Oktober 1973.

hat die Post übernommen, aber nicht erfunden, und damit hat er auch eine bestimmte Struktur der Post übernommen, die lohnintensiv ist, und wenn wir künftige Gebührenerhöhungen nach der im Jahre 1974 minimieren wollen, dann muss man sehen, dass man von der lohnintensiven Struktur wegkommt. Vielen Dank.

Wehner: Genosse *Wuttke*.

Wuttke: Liebe Genossinnen und Genossen, wir haben jetzt ausführlich über die Gebührenerhöhung diskutiert, und ich meine, es wäre vielleicht besser gewesen, wenn wir diskutiert hätten über die Verbesserung der Ertragslage der Deutschen Bundespost, denn wir wissen alle, wir werden eine Gebührenerhöhung nicht umgehen können und das kam auch in allen Diskussionsbeiträgen zum Ausdruck. Aber, wie gesagt, diese sogenannten begleitenden Maßnahmen fehlen und wir hatten bisher in den Diskussionen immer die Möglichkeit gehabt, der CDU den Vorwurf zu machen, dass sie wohl ein Postgutachten erstellen ließ, dass sie aber nicht die Erkenntnisse daraus gezogen hat und die nötigen Folgerungen, dass sie keine Maßnahmen zur Veränderung, zur Verbesserung der Ertragslage der Deutschen Bundespost getroffen hat. Diesen Vorwurf können wir jetzt in dieser Diskussion der CDU nicht mehr machen. Und wenn wir heute vor die Frage gestellt werden, die CDU beantragt eine Aktuelle Stunde, dann sind wir nicht mehr in der Lage, mit den Argumenten aufzuwarten, die wir bei der letzten Aktuellen Stunde um die Gebührenerhöhung anwandten. Diese Argumente ziehen nicht mehr, denn wiederum hat Horst *Ehmke* in dem Katalog, den er uns gab, als Formulierungshilfe hat er sogenannte begleitende Maßnahmen wohl aufgezählt, aber es ist in dieser Richtung nichts unternommen worden. Es wäre für uns gut, wenn wir draußen argumentieren könnten, das und jenes müssen wir tun, wir müssen hier und da Gebühren erhöhen, aber die Deutsche Bundespost hat innerorganisatorisch bereits das, das und das getan.

Und wenn nun Kurt *Gscheidle* sagt, wenn nun Kurt *Gscheidle* sagt, hier werden diese oder jene Maßnahmen von der Postgewerkschaft blockiert, dann meine ich, dann wird es unsere Aufgabe sein, mit dieser Gewerkschaft zu diskutieren, welche Rationalisierungsmaßnahmen eben unerlässlich sind. Und die Deutsche Postgewerkschaft wird sich diesen Fragen nicht verschließen können, denn sie will ja letztlich auch die Gesundung der Deutschen Bundespost. Nur wird es nicht weitergehen, Rationalisierung damit zu begründen, dass man Personalkosten eingespart hat. Es muss auch ein Rationalisierungseffekt gegeben sein, zum Beispiel was Investitionen und Zinsen für Amortisation und so weiter, dass die nicht wesentlich höher sind als die eingesparten Personalkosten. Da kann man eben drum streiten, ob Rationalisierungsmaßnahmen sinnvoll gewesen sind. Das sind alles Dinge, mit denen sich auch die Arbeitsgruppe, so meine ich, nun zu befassen hat. Die Situation Postgewerkschaft ist natürlich für Kurt *Gscheidle* besonders schwer, weil er einen Teil der Forderungen seinerzeit noch in der Gewerkschaft mit formuliert hat. Das erkenne ich an und hierüber müssen wir eben dann gemeinsam diskutieren. Es ist auch einiges angeklungen, zum Beispiel was getan wird, um zu rationalisieren, die Ämterorganisation, Bahndienst, Fernmeldedienst oder die Einfrierung von 2 000 unbesetzten Dienstposten.

Genossen, ich möchte euch nicht langweilen, aber ich möchte darauf hinweisen, dass diese Maßnahmen an und für sich immer wieder nur den Sektor Produktion, wenn ich das so nennen darf, bei der Deutschen Bundespost betreffen, und durch solche Maßnahmen wird natürlich die Deutsche Bundespost immer kopflastiger. Wir müssen uns in Zukunft auch einmal damit beschäftigen. – Es besteht ja die Aussage einer Reform an Haupt und Gliedern. Die bisherigen Maßnahmen trafen immer bloß die Glieder. – Wir müssen uns auch mal fragen, wo reformieren wir mal am Kopf, am Haupt und hier ist eben die Frage der Mittelinstanzen aufzuwerfen. Also liebe Genossinnen und Genossen, ich möchte noch einmal betonen, diese Gebührenerhöhungen sind nur eine Alternative zur Verbesserung der Ertragslage bei der Deutschen Bundespost. Es bieten sich noch andere Alternativen an, die ausdiskutiert werden müssen. Hätten wir das zum jetzigen Zeitpunkt bereits getan, wären wir um vieles erleichtert. Schönen Dank.

Wehner: Karl *Liedtke.*

Liedtke: Genossinnen und Genossen, nur eine kurze Bemerkung zum Stil der Zusammenarbeit. Ich bestreite dem Fachminister ganz sicher nicht, dass er das Recht hat, auf die Notwendigkeit von Postgebührenerhöhungen hinzuweisen. In Berlin hat die Fraktion dann eine Gruppe gewählt, die sorgfältig prüfen sollte. Ich bin Mitglied dieser Gruppe. Am Ende der Berlin-Woche habe ich das Postministerium gebeten, mir die Unterlagen zur Verfügung zu stellen, damit ich sie in der Freiwoche in Ruhe gründlich durcharbeiten könne. Nach Rücksprache im Ministerium vom Büro – ich unterstelle mit dem Minister oder dem Staatssekretär, das weiß ich aber nicht – wurde mir ein Tag später mitgeteilt, die Unterlagen könnten mir nicht zur Verfügung gestellt werden. Begründung: Die müssten erst durchs Kabinett. Genossen, ich hab' sie aus der Zeitung erhalten wie ihr. Nachdem ich dann höre, dass Horst *Ehmke* angeboten hat, in der gleichen Woche, in der mir die Unterlagen verweigert wurden noch, bereits eine Sitzung abzuhalten, Horst, dann wird es gut sein, dass wir uns unter vier Augen mal unterhalten, wie der Stil der Zusammenarbeit in Zukunft zu sein hat.

Wehner: *Schinzel.* – Ja, Genossen, dann sind wir am Ende dieser Diskussion, die sicher nicht vermeidbar war. Ich komme zurück auf den Antrag, den zu Beginn der Genosse *Haase* (Fürth) gestellt hat und schlage euch eine Modifizierung vor. Aber der Antrag selbst, den ich nur mitgeschrieben habe, er liegt ja nicht schriftlich vor, geht darauf hinaus, dass die Fraktion die Bundesregierung bitten solle, im Hinblick auf die für Sommer '74 noch nicht voll übersehbare Lage und in Anbetracht der Tatsache, dass die von der Fraktion eingesetzte Kommission für die Gebührenerhöhung noch nicht hat arbeiten können, die Gebührenerhöhung einstweilen auszusetzen. So ungefähr war der Text mit einem Zusatz noch.

(Zwischenruf.)

Das wäre sehr praktisch.

(Heiterkeit.)

Es war ja eine lange Diskussion.

(Zwischenruf.)

Also das obere gilt gar nicht? »Die Fraktion bittet die Bundesregierung jedoch im Hinblick auf die für den Sommer '74 noch nicht voll übersehbare konjunkturelle Lage und die von der SPD-Fraktion am 22.10. eingesetzte Kommission zur Prüfung von Gebührenerhöhungen, den Beschluss über die Zustimmung zu Gebührenerhöhungen einstweilen auszusetzen.«

Mein Vorschlag ist folgender: Die Fraktion hat die Informationen Horst *Ehmke*s über Maßnahmen zur Rationalisierung der Post und zu Gebührenerhöhungen entgegengenommen. Sie behält sich ihre Stellungnahme zu den beabsichtigten Maßnahmen vor, bis die von der Fraktion beauftragten Kollegen der Arbeitskreise ihren Bericht der Fraktion unterbreitet haben werden. Sie erwartet, dass durch eine Entscheidung des Postverwaltungsrates nicht vollendete Tatsachen geschaffen werden. Das wäre mein Vorschlag.

(Beifall.)

Wichert.

Wichert: {...} den letzten Satz so ändern: »dass bis zu der Entscheidung der Fraktion eine Vorlage an den Postverwaltungsrat unterbleibt«.

Wehner: Kann man auch so machen. Nur jetzt will ich, bevor ich darüber abstimmen lasse, will ich nur noch ein paar Bemerkungen zu dieser müßigen und mit seltsamen dunklen Andeutungen geführten Auseinandersetzung, wer keine Sitzung einberufen hat, hier sagen: Das ist nämlich aufklärbar auch zwischen Minister, Parlamentarischem Staatssekretär und anderen. Das hat sich folgendermaßen zugetragen. Mir ist, als der Terminkalender schon ziemlich weit vorgeschritten war, gesagt worden, es solle eine Gesprächsgruppe gebildet werden. Ich habe am 22. in der Fraktion in der Berliner Sitzung dieses gesagt und erläutert, und wir haben einen Personenvorschlag für diese Gesprächsgruppe gemacht. Und dann stand auf der Terminliste von Horst *Ehmke*, dass unbedingt am 6. beide Fraktionen der Koalition entgegennehmen sollten die Information und diskutieren sollten, und da war ich der Meinung, dieser 6. – und übrigens war *Mischnick* derselben Meinung –, dieser 6. ist doch nicht ein so unumstößlicher Tag, sollen wir nicht doch vorher die Gesprächsgruppe zusammennehmen. Mir ist dann erklärt worden, mir ist dann erklärt worden, worauf es ankam, war, dass sie zusammentritt, nicht dass sie schon erörtert, und der 6. ist geblieben. Das haben wir heute erlebt. Die Diskussion war nicht vermeidbar, in der ist vieles gesagt worden, sicher nicht alles. Jedenfalls braucht niemand über diese Diskussion unglücklich zu sein, weil, wenn man die Summe ziehen muss und wenn die Genossen nun zusammenkommen werden, die sich inzwischen haben auch noch erweitern müssen durch einige weitere, die wir damals nicht mitnominiert haben, dann werden sie in Erinnerung an diese Diskussion doch einiges leichter erörtern können, vielleicht auch schwerer, aber jedenfalls konkreter, als es vorher der Fall war. Wird das Wort zu dieser Entschließung gewünscht? – *Haase*?

Haase (Fürth): {...}

Wehner: Wie war die Änderung von *Wichert*?

(Zwischenrufe.)

Horst *Ehmke*!

Ehmke: Ich halte den letzten Satz in dem Beschluss für unnötig, weil ich ja bereits erklärt habe, dass ich diese Vorlage nicht an den Postverwaltungsrat geben würde. Das war ja der Sinn der Diskussion!

(Unruhe.)

Wehner: Horst, du musst eines bei aller Erregung hier und aller Seiten nicht vergessen, dass unmittelbar, nachdem wir in Berlin diesem Begehren durch einen Beschluss gefolgt sind, es heruntergeprasselt ist auf alle, und zwar so, als sei das alles schon beschlossen. Wie das so üblich ist. Natürlich sagt niemand, er habe das so an die Presse gegeben. Das ist eben so. Und heute haben wir erst aus der ersten Intervention Klaus Dieter *Arndts* etwas Genaueres gehört, muss ich sagen, über den Charakter dessen, was das Kabinett dort beschlossen hat oder zur Kenntnis genommen hat. Vorher – ich bitte um Entschuldigung –, weder aus deinem Bericht war das so genau zu sehen, noch konnte das aus der Intervention von Willy *Brandt* zu ersehen sein, denn der hatte sich ja mit einem präzisen Punkt – das weiß ich, aber es ist ihm kein Vorwurf zu machen, dass er nicht dort war, er weiß doch wohl als Bundeskanzler genau, wie es war, nur er war hier nur noch kurze Zeit in der Sitzung, weil er zu der Ministerbesprechung wegen des Ölgesetzes gehen musste und hat sich zu der Grundfrage, ob Haushalt oder ob Rationalisierung geäußert. Ich glaube, dass das kein Grund ist, dass da unheilbare Wunden geschlagen werden. Wenn die Fraktion einverstanden ist, dann bitte ich mit der Änderung dieses letzten Satzes – sie erwartet, dass eine Zuleitung an den Postverwaltungsrat nicht erfolgt –,

dass darüber abgestimmt wird. Wer ist für diese Entschließung? Danke. Die gegenteilige Meinung. Stimmenthaltungen. Zu meiner Verwunderung einstimmig!
(Heiterkeit.)

Ja, Genossen, trotz alledem und weil da vorhin gesagt worden ist, wir sollten uns nur häufiger so für die Post interessieren, so ist das nun auch nicht, dass wir sozusagen es aus Leichtfertigkeit nicht täten. Ich will mich gar nicht nachträglich noch in eine Diskussion einschalten, denn Weisheiten, auf die mancher sich beruft und mit gutem Glauben beruft, sind nicht immer solche. Wenn ich zum Beispiel gehört habe, was da gesagt worden ist über die Unvernunft, diesen Postbus oder Personenbeförderungsdienst an die Bundesbahn zu geben, das hat mich sehr erinnert an frühere Auseinandersetzungen. Die waren leider, da hat sich nichts geändert, aber das ist vorbei. Das muss jetzt seinen Gang gehen.

Jetzt, Genossen, sind wir dennoch vor die Notwendigkeit gestellt, die weiteren Punkte der Tagesordnung, soweit wir das können, zu absolvieren. Da steht als Nächstes der Bericht aus der Fraktionsvorstandssitzung, und ich will mich um ihn nicht drücken, aber ich möchte sagen, dass wir dort erstens dieses Ölgesetz behandelt haben. Darüber muss ich nicht noch einmal sprechen, denn der Tenor dieser Diskussion war hier im Zusammenhang mit dem Bericht und mit der Erklärung von Willy *Brandt* deutlich erkennbar. Ich will nur noch sagen, dass eine – weil das manche angeht –, eine Sitzung, die einberufen worden war, des Gemeinsamen Ausschusses nach Artikel 45 des Grundgesetzes für Donnerstag vertagt worden ist. Die findet nicht statt. Das ist auf unsere Anregung hin geschehen wegen der Debatten am Donnerstag, und ich will nur noch sagen, dass wir in dieser Woche den Entwurf Schutz der Jugendvertreter in dem Betriebsverfassungsgesetz noch auf die Tagesordnung kriegen wollen und werden, dass das also nicht etwa vergessen ist. Sonst liegen zu einer ganzen Reihe Dinge, die im Fraktionsvorstand besprochen worden sind, Texte vor, zum Beispiel die Kleine Anfrage Fernunterricht, Gruppenantrag[41], weil das hier auch zu billigen wäre. Es ist außerdem dort ein Beschluss über einen noch zu absolvierenden Teil der Ausländerklausurtagung gefasst worden, der aber heute hier nicht auf der Sitzung der Fraktionstagesordnung schon steht.

Aber eines muss ich sagen, der Fraktionsvorstand hat einstimmig beschlossen, dass mit dem Auslaufen der Mandatszeit des Fraktionsvorsitzenden Ende November zugleich nicht nur der Vorsitzende der Fraktion, sondern auch die stellvertretenden Vorsitzenden der Fraktion und die Mitglieder des Fraktionsvorstandes gewählt werden sollen, das heißt, dass das dann am 26.11. im Fraktionsvorstand behandelt würde – die Vorschläge – nach der Geschäftsordnung, die wir haben, am 27.11. in der Fraktion, das dann eine Frist bis zum 29. für weitere Vorschläge gesetzt ist nach der Geschäftsordnung der Fraktion und dass wir am 4.12. den Wahlakt vornehmen würden. Also während einiger Stunden, während der man hier seine Stimmzettel abgeben kann. Das ist, nachdem darüber gesprochen worden ist, dass das nur ginge, wenn die Mitglieder des Fraktionsvorstands diese Meinung einhellig teilten, tatsächlich die einhellige Meinung und das einstimmige Ergebnis einer Abstimmung gewesen. Sonst wäre nämlich die Zeit, für die die stellvertretenden Vorsitzenden und weitere Mitglieder des Fraktionsvorstands gewählt worden sind, erst Anfang Februar abgelaufen, weil wir damals erst die Wahl vollzogen haben, und auch deren Mandat läuft ja nicht länger als ein Jahr. Also das wollte ich auf jeden Fall hier berichtet haben.

---

41 Zur Kleinen Anfrage der Abgeordneten *Lattmann*, Dr. *Meinecke* (Hamburg), Frau *von Bothmer*, *Engholm*, Dr. *Glotz*, Dr. *Lohmar*, Dr. *Schweitzer*, *Vogelsang* Dr. *Wichert*, *Wüster*, Frau *Schuchardt*, *Möllemann*, *Hoffie* und Genossen vom 7. November 1973 betr. Fernunterricht vgl. BT Drs. 07/1195.

Wir hatten einen sehr interessanten Bericht, nur erwähne ich ihn, von der Arbeitsgruppe Reform der beruflichen Bildung, den sich geteilt haben Fred *Zander* und Björn *Engholm*. Nur das steht heute hier nicht. Ich wollte nur sagen, die Fraktion der FDP befasst sich am 8. damit und wir werden uns danach mit dem gesamten befassen, so wohl auch mit deren Stellungnahme dazu.

[C.-D.] → online unter www.fraktionsprotokolle.de

34.

27. November 1973: Fraktionssitzung (Tonbandtranskript)

AdsD, SPD-BT-Fraktion 7. WP, 6/TONS000023. Titel: »Fraktionssitzung vom 27. 11. 1973«. Beginn: 15.15 Uhr. Aufnahmedauer: 04:24:44. Vorsitz: Wehner.

Sitzungsverlauf:

A. TOP 1: Politischer Bericht von Bundeskanzler *Brandt* (Deutsch-französische Konsultationen; europäische Antworten auf die Energiekrise; Kabinettsbeschlüsse zur Energiekrise; Energiesicherungsgesetz; Entwicklung der Inflation; mittelfristiger Ausblick auf die Energiesituation; parteipolitischer Umgang mit der Energiekrise).

B. Stellungnahme des Arbeitskreises Wirtschaft der Fraktion zur Energiekrise. Diskussion der Fraktion über die Energiekrise sowie zu TOP 9: Regierungserklärung zur Plenarsitzung. – Stellungnahme von Finanzminister *Schmidt* zur Energiekrise. – Fortsetzung der Diskussion der Fraktion über die Energiekrise und die Vorbereitung der Energiedebatte im Bundestag.

C. TOP 2: Aktuelle Fragen der Europäischen Gemeinschaft (Bewältigung der Energiekrise). – Fortsetzung der Diskussion der Fraktion über die Energiekrise. – Abschließende Bemerkungen des Bundeskanzlers.

D. TOP 4: Postgebühren. – TOP 5: Postverfassungsgesetz. – TOP 3: Bericht aus dem Fraktionsvorstand.

E. TOP 6: Informationen (Hilfe für politisch Verfolgte in Chile; Militärmanöver während der Energiekrise). – TOP 7: Aktuelles aus den Arbeitskreisen.

F. Vorbereitung der Plenarsitzungen: TOP 8: Tagesordnung und Ablauf der Plenarsitzungen. – TOP 10: Regierungserklärung zur Wehrstruktur, Ausschussbericht zum Jahresbericht 1972 des Wehrbeauftragten. – TOP 11: 2. und 3. Beratung Änderung Bundeskindergeldgesetz. – TOP 12: 1. Beratung CDU/CSU-Entwurf Änderung Zonenrandförderungsgesetz. – TOP 13: 1. Beratung Bundesmeldegesetz und 1. Beratung Bundesdatenschutzgesetz. – TOP 14: Ausschussbericht betr. einheitliches Notrufnummernsystem. – TOP 15: 2. und 3. Beratung Änderung Erbbaurecht. – Sonstiges: TOP 16: Vorschlag des Fraktionsvorstandes für die Wahl des Fraktionsvorsitzenden, der stellv. Vorsitzenden und der weiteren Vorstandsmitglieder. – TOP 17: Vorschlag der Arbeitsgruppe »Auswertung der Klausurtagung«: Zusammenarbeit Partei – Fraktion. – TOP 19: Nächste Termine. – Verschiedenes.

Fraktionssitzung 27.11.1973 **34.**

[A.]

Wehner: Die Sitzung ist eröffnet. {…}[1]

(Beifall.)

Alex *Möller* hat nach Überstehen zweier Operationen Aussicht, dass er im Lauf {…} und das ist Erich *Meinike*, falls er schon da ist. Wenn nicht, dann heben wir die Blumen auf.

Ja, Genossen, wir haben eine sehr anstrengende Tagesordnung und sollten uns in einem Punkt jedenfalls gemeinsam bemühen, mit ihr fertig zu werden. Der Punkt 18 ist dank der Nachsicht der beiden Genossen Hedwig *Meermann*, die krank ist, und Rolf *Schwedler*, zurückgezogen[2], das heißt, wir müssen nächste Gelegenheit finden, darüber zu berichten. An sich ist das eine für die Fraktion nicht unbedeutende Tagung gewesen. Ja, dann kommen wir zum ersten Punkt. Das Wort hat der Bundeskanzler.

Brandt (Berlin): Liebe Genossen, es gäbe auch, wenn nicht über Energiepolitik heute zu sprechen wäre, eine Menge zu berichten, auf das ich nun aber verzichte. Seit die Fraktion das letzte Mal beisammen war, haben wir im Kabinett einen ganzen Tag über die Europapolitik beraten, auch über die Bündnispolitik.[3] Am Rande ist das eine und andere passiert, der Fluglotsenstreik ist abhanden gekommen für eine Weile.[4] Ich will darauf jetzt nicht weiter eingehen, sondern ich will mich gleich konzentrieren auf das, was die Fraktion interessiert. Sie nicht nur interessiert, sondern was den einzelnen Genossen draußen, wie ich wohl weiß, zunehmend in den letzten Tagen schwere Sorgen bereitet hat. Ich kann auch nicht versprechen, heute und auf kurze Sicht diese Sorgen ausräumen zu können. Ich kann nur versprechen, dass hier nichts unter den Teppich gekehrt wird, sondern dass hier in der Folge über die Schwierigkeiten, die wir gemeinsam zu meistern haben, sehr offen miteinander gesprochen werden soll.

Nun – wir haben vielleicht auszugehen, oder ich sollte vielleicht ausgehen in diesem Augenblick von den Gesprächen, die gestern und heute in Paris stattgefunden haben.[5] Das sind ja an sich die normalen Konsultationen nach dem deutsch-französischen Vertrag. Diesmal hatten sie eine zusätzliche Bedeutung insofern, als sie ein Treffen der Staats- und Regierungschefs der neun Staaten der Gemeinschaft Mitte Dezember in Kopenhagen vorbereiten sollten. Ich habe das Wort des französischen Präsidenten von der und über die »base essentielle«, die essentielle Grundlage, die dieses deutsch-französische Verhältnis grade in der gegenwärtigen Situation für die europäische Politik darstelle und auch das einander gegebene Wort, dass eine sich daraus ableitende Solidarität auch auf

---

1 Aufnahme unterbrochen. Laut Kurzprotokoll begrüßte *Wehner* die nach langer Krankheit zurückgekehrte Elisabeth *Orth*. Vgl. dazu das kurze Verlaufsprotokoll der Fraktionssitzung; AdsD, 2/BT-FG000043.

2 Ursprünglich sollte als TOP 18 der Bericht über den Kongress über Städtebau und Wohnungswesen in Hamburg erfolgen.

3 Vgl. die Sondersitzung des Kabinetts am 15. November 1973; DIE KABINETTSPROTOKOLLE DER BUNDESREGIERUNG 1973, online.

4 Nach knapp sechs Monaten Bummelstreik hatte der Verband Deutscher Flugleiter seine Mitglieder am Wochenende aufgerufen, die Aktionen zu beenden. Nur wenige Stunden zuvor hatte Bundeskanzler *Brandt* an die Fluglotsen appelliert, den Streik angesichts der Energiekrise einzustellen. Vgl. den Artikel »Fluglotsenverband ruft zum Ende des Bummelstreiks auf«; »Süddeutsche Zeitung« vom 24./25. November 1973, S. 1.

5 Zum Besuch von Bundeskanzler *Brandt*, Außenminister *Scheel* und Finanzminister *Schmidt* vom 26. und 27. November 1973 in Paris, der im Rahmen der regelmäßigen deutsch-französischen Regierungskonsultationen stattfand, vgl. EUROPA-ARCHIV 1973, Z 258 f.

dem Energiegebiet für unsere beiden Staaten gilt.⁶ Ich sage dies und füge gleich ganz offen hinzu, offener als ich es in der Öffentlichkeit sagen darf, dass ich dieses Wort, Solidarität auf die Gemeinschaft bezogen, nicht in gleichem Maße für meinen Gesprächspartner mit erwähnen darf. Hat ja keinen Sinn, dass wir uns hier etwas vormachen. Da wirkt manches nach, auch im Verhältnis zu Holland und den dort ansässigen großen Gesellschaften, was ich jetzt nicht weiter ausmalen will. Wir haben sehr ergiebige Gespräche gehabt, die vielleicht, was die mittel- und längerfristigen energiepolitischen Aufgaben angeht, noch ergiebiger waren als die ganz kurzfristigen. Aber auch die mittel- und längerfristigen – und ich komme darauf zurück – haben ja großes Gewicht und betreffen natürlich in weitem Maße das, was man mit einem ja auch in anderem Zusammenhang übernommenen Fremdwort Diversifikation nennt – ein Begriff, der in diesem Zusammenhang sowohl geographisch wie auch technologisch zu begreifen ist.

Ich habe selbst mit Nachdruck darauf bestanden, und zwar so deutlich, dass es heute früh auch in den französischen Morgenzeitungen nachzulesen ist, nicht auf den hinteren Seiten, dass wir auch kurzfristig als Europäische Gemeinschaft Solidarität praktizieren müssen und dass dies auch gilt für die ökonomischen Auswirkungen, die schon jetzt abzusehenden, nicht notwendigerweise katastrophalen, aber ernsten, ins Gewicht fallenden, schon jetzt abzusehenden allgemein ökonomischen Auswirkungen der geringeren Belieferung mit Energie, zumal der geringeren Belieferung mit Erdöl.⁷ Und ich glaube, es ist nicht notwendig, dass die langsam – Willi *Haferkamp* ist glücklicherweise dabei, wir haben auch übers Wochenende über die Dinge miteinander reden können. Er wird aus seiner Sicht uns nachher gewiss noch etwas zu sagen haben. – Es kommt nicht darauf an, dass die eben erwähnte europäische Solidarität spektakulär, demonstrativ oder gar herausfordernd gegenüber Leuten in anderen Ländern betont wird, aber es gibt überhaupt nichts davon abzustreichen, dies ist meine feste Überzeugung, dass Ansehen und Bestand der Europäischen Gemeinschaft davon abhängt, ob sie sich in einer Krise dieser Art bewährt.

(Beifall.)

Was soll unsere Bevölkerung, was sollen die Menschen in anderen Teilen Westeuropas von einer Gemeinschaft halten, in der zwar schöne Reden gehalten werden, die aber nicht in der Lage ist, sich zu bewähren in einer Krise dieser Art? Und deshalb haben wir sehr darum gebeten und sind auch nicht auf Widerspruch gestoßen – ich sage es aber bewusst so –, sind dabei nicht auf erkennbaren Widerspruch gestoßen, dass, nachdem der Energierat der Gemeinschaft sinnigerweise abgesetzt worden war und erst im neuen Jahr stattfinden sollte, dass der Ministerrat am 3. und 4. Dezember in Brüssel sich auf jeden Fall mit der Energiepolitik zu befassen haben wird, sei es durch Ergänzung der Tagesordnung, sei es am Rande des Ministerrats, wofür noch mehr sprechen mag durch einen »restraint«, eine Sitzung im engeren Kreis der zuständigen Minister, so dass für das Treffen der Staats- und Regierungschefs am 14./15. Dezember in Kopenhagen bestimmte Richtlinien – nein –, dass bestimmte Maßnahmen schon eingeleitet sind, und die andere Versammlung, von der ich spreche, weitere Orientierungen geben kann, die dann von den Organen der Gemeinschaft im neuen Jahr zu beherzigen sein würden.

---

6 Für den übersetzten Wortlaut der Tischrede von Staatspräsident *Pompidou* während des gemeinsamen Abendessens im Elysée-Palast am 26. November 1973 vgl. Bulletin 1973, Nr. 152 vom 28. November 1973, S. 1509 f.

7 Für den Wortlaut der Erwiderung *Brandts* auf die Rede von *Pompidou* vgl. Bulletin 1973, Nr. 152 vom 28. November 1973, S. 1510 f.

| Fraktionssitzung | 27.11.1973 **34.** |

Ich will zu diesem Thema jetzt, zu diesem Teilaspekt, nur noch zwei Erwägungen hinzufügen. Es ist mir selbst in den letzten Tagen klarer geworden, als es manchem bei uns ist, der darüber schreibt, dass die Ölkrise natürlich durchaus nicht so[8], wie es bei uns die Blätter beherrscht, gleichbedeutend ist mit der Nahost-Krise. Die Ölkrise hat – mehr als es lange bei uns bewusst war, über Monate hinweg bei uns bewusst war – begonnen, bevor die Nahost-Krise ihre neue Zuspitzung durch den militärischen Konflikt im Oktober[9] erfuhr, und es gibt überhaupt keine Gewähr dafür, dass die Ölkrise mit einer friedlichen Regelung des Nahost-Krieges zu Ende gehen wird. Erstens kann diese Friedensregelung lange auf sich warten lassen. Zweitens spricht die Wahrscheinlichkeit eher dafür, dass bestimmte Elemente, wenn auch nicht in dem sonst zu befürchtenden Maße, der Ölkrise länger andauern werden, als die Auseinandersetzung um eine friedliche Beilegung des Nahost-Konflikts. Es ist ja auch kein Zufall, dass die Energiekrise die Vereinigten Staaten von Amerika seit geraumer Zeit befasst, die ihr erstes zugespitztes Energiekrisenprogramm im Frühjahr entwickelt haben und nicht erst Einschränkungen vorgestern Abend durch *Nixon* neu bekanntgegeben haben oder gestern Abend und dies in einem Land, das in sehr viel geringem Maße als wir, in sehr viel geringerem Maße prozentual von Öl aus dem Nahen Osten, aus den arabischen Ländern und den Anrainern des Persischen Golfs abhängig ist.

Das Zweite ist, es ist zuzugeben, ohne französischen Diplomaten nach dem Munde zu reden, dass niemandem ein Vorteil daraus erwächst, gerade in diesen Tagen allen Arabern auf einmal mit dem nackten Hintern ins Gesicht zu springen, sondern da ist eine Konferenz in Algerien[10], und wenn ich auch nicht denen mehr glaube, was ihren Rat angeht, die sagen, das wird sich alles wieder in Wohlgefallen auflösen, so ist das nicht. Die Araber haben gezeigt, dass sie einen Krieg führen können – das haben manche auch nicht für möglich gehalten –, und sie haben gezeigt, dass sie ein gewisses Maß an gemeinsamem Auftreten in der Ölfrage zustande bringen. Das haben sie früher auch nicht zustande gebracht. Das wird auch so rasch nicht wieder aufhören. Ich sage, hier ist eine gewisse Behutsamkeit am Platze, ohne dass man sich in der Sache was vergibt. Nur damit die Genossen wissen, es ist nicht Feigheit in Bezug auf Positionen im Nahost-Konflikt, wenn ich zum Beispiel mit Sorge sehen muss, dass jener Staatschef aus der Region, der im Moment in Sachen Öl am meisten zu sagen hat, das ist der bekannte Sozialrevolutionär *Faisal* aus Saudi-Arabien[11], dass der sagt, er besuche diejenigen, die für die Europäische Gemeinschaft sprächen und die säßen in Paris und in London. Das heißt, eine gemäßigte Haltung der Bundesrepublik, gemäßigter und verständnisvoller der israelischen Sache gegenüber als die Haltung anderer, reicht aus, um uns auszuklammern aus Operationen der hier erwähnten. Ich nehme das in Kauf. Ich bitte nur die Genossen, die zugespitzte politische Ratschläge geben, auch immer die Zusammenhänge mit zu bedenken, die sich an den Randgebieten hier zwischen Politik und Ökonomie – wir kommen auch noch auf andere zwischen Ökonomie und Psychologie gleich – ergeben.

Nun, liebe Genossen, ist es so: Wir werden morgen und von jetzt ab in jeder Woche, solange es die Situation erfordert, jede Kabinettssitzung mit einer Behandlung der Energiesituation beginnen. Dem wird jeweils das Wirtschaftskabinett, das sich als Ener-

---

8 Zur Ölkrise vgl. auch die SPD-Fraktionssitzung am 6. November 1973, SVP A, online.
9 Gemeint ist der Jom-Kippur-Krieg; vgl. die Ausführungen *Brandts* in der SPD-Fraktionssitzung am 16. Oktober 1973, SVP A, online.
10 Am 24. und 25. November 1973 trafen sich die Außenminister der Arabischen Liga in Algier. Vom 26. bis zum 28. November 1973 fand dann eine Konferenz der Staatschefs und Könige der arabischen Liga in der algerischen Hauptstadt Algier statt. Vgl. EUROPA-ARCHIV 1973, Z 266 f.
11 *Faisal ibn Abd al-Aziz*, König von Saudi-Arabien.

giekabinett konstituiert, vorgeschaltet. Dieses wird auch zwischendurch tagen und entspricht dem – ich weiß, das bringt kein Öl, es scheinen einige Genossen zu meinen, ich wollte damit sagen, dass wir dadurch Öl kriegen, davon kann keine Rede sein –, aber es ist ja mit Recht von so etwas wie einem Krisenstab gesprochen worden. Der ist durch diese organisatorischen Maßnahmen des sich als Energiekabinett konstituierenden Wirtschaftskabinetts gegeben, das auf den jeweils dafür erforderlichen Arbeits- oder Kabinettsebenen zusammentritt.

Wir haben in der vergangenen Woche den verschiedenen Ressortkollegen Aufträge erteilt. Ich hab' ein paar davon nennen lassen im Anschluss an die Kabinettssitzung am Donnerstag und ein paar am Sonnabendabend auch für die breitere Öffentlichkeit genannt. Ich komme gleich schon mal zum ersten Punkt auf die Konkretisierung zurück, da geht es um die wichtige Frage der Substitution dort, wo sie möglich ist, und um neue Energiequellen dort, wo sie erschlossen werden können. Es geht um die Straße-Schiene-Problematik, um soziale Folgen dort, wo sie bei Anlegen eines rechten Maßes aufgefangen werden müssen und können, und um das Stichwort gleich mit zu nennen, es geht natürlich um die Energiepreise.

Liebe Genossen, einige, die sich dazu geäußert haben in diesen Tagen, glaube ich, sind sich nicht genügend klar über Folgendes gewesen: Wenn wir den Preispassus, den Höchstpreispassus jenes Energiesicherungsgesetzes anwenden, den wir ja haben seit dem Energiesicherungsgesetz von vor drei Wochen[12], dann würde dies im Augenblick aus Gründen, die ich gerne im Einzelnen darlegen werde im Laufe der Sitzung, wenn das gewünscht wird, oder andere, die da sind, würden es darlegen, würde es im Augenblick die Preise nicht stabilisieren oder gar nach unten drücken, sondern im Augenblick die Preise nach oben drücken, weil es im Augenblick so aussieht, dass ein Mittelpreis, der sich aus dem Rotterdam-Abgabepreis in diesem Augenblick errechnet und aus dem sonst noch zu verzeichnenden jeweils niedrigsten Preis auf dem eigenen Markt, dazu führen wird, dass ein so zu bestimmender mittlerer Höchstpreis höher liegt als die überwiegende Anzahl der derzeitigen Marktpreise. Das ist die Momentaufnahme.

Ich hab' hier nichts gesagt über weitere Maßnahmen. Wir werden auf einer Reihe von Gebieten, das gilt auch für Möglichkeiten der Zuteilung, sehr flexibel vorgehen müssen. Einiges, was heute keinen Sinn ergibt, kann zu Weihnachten sehr wohl einen Sinn ergeben. Einiges, was im Dezember keinen Sinn ergibt, kann notwendig werden, wenn wir im Dezember in etwa wissen, mit welchen mengenmäßigen Gesamtbeschränkungen wir im Jahr 1974 oder in den ersten sechs Monaten jenes Jahres zu leben haben werden. Wir wissen dies heute effektiv nicht. Ich werde nachher darlegen, von welchen Möglichkeiten wir ausgehen. Wir haben Alternativen errechnet, was geschieht, wenn wir um 10, was wenn wir um 15, was wenn wir um 20 oder 25 Prozent Energie einschränken müssen, aber wir tappen dabei erheblich im Dunkeln. Wichtig ist, dass für diese verschiedenen Möglichkeiten die Ausrechnungen vorliegen.

Im Übrigen hat das Kabinett Donnerstag in der vergangenen Woche zur Preispolitik in der gegenwärtigen Situation beschlossen, der Bundesminister für Wirtschaft wird beauftragt, dem Kabinett regelmäßig – das gehört dann eben zu diesem jeweils ersten

---

12 Vgl. die SPD-Fraktionssitzung am 6. November 1973, SVP A, online. Zum Entwurf der SPD- und FDP-Fraktion vom 7. November 1973 eines Gesetzes zur Sicherung der Energieversorgung bei Gefährdung oder Störung der Einfuhren von Mineralöl oder Erdgas (Energiesicherungsgesetz) vgl. BT Drs. 07/1198. Zum Bericht des Haushaltsausschusses nach Paragraph 96 Geschäftsordnung des Bundestags vom 8. November 1973 vgl. BT Drs. 07/1222. Zum Bericht und Antrag des Ausschusses für Wirtschaft vom 8. November 1973 vgl. BT Drs. 07/1221. Zur zweiten und dritten Beratung am 9. November 1973 vgl. BT Plenarprotokoll 07/65, S. 3833–3852.

Punkt Energiepolitik – über die Preispolitik der in der Mineralölwirtschaft tätigen Unternehmen sowie die Entwicklung der Energiepreise zu berichten. Die Bundesregierung erwartet von diesen Unternehmen, mit denen heute dazu konkrete Gespräche im Gange sind, ein Höchstmaß an Preisdisziplin. Hier geht es in erster Linie, vielleicht kann uns Detlev *Rohwedder*[13] dazu ein Wort sagen, um die Offenlegung der Kalkulationen dem Ministerium und dem Bundeskartellamt gegenüber, und ich füge hinzu, weil ich weiß, dass das gestern im Fraktionsvorstand, an dem ich nicht teilnehmen konnte, weil ich in Paris war, und heute früh im Arbeitskreis eine Rolle gespielt hat, das Offenlegen der Kalkulationen gegenüber dem Bundeswirtschaftsministerium und dem Bundeskartellamt beinhaltet auch die Einschaltung natürlich der zuständigen Behörden der Länder.

Ich würde im Übrigen noch einmal unterstreichen wollen, und zwar in ähnlichem Sinne wie es Helmut *Schmidt* am Wochenende in Pirmasens getan hat[14], Forderungen nach Preisstopp – knüpft an das an, wovon ich eben sprach – sind verständlich. Sie dürften vielfach auch populär sein. Sie bieten keine Gewähr dafür, einen Tropfen zusätzliches Öl hereinzubekommen. Und ich bitte auch, sehr vorsichtig zu sein mit übereilt vorgebrachten Forderungen nach der Verstaatlichung von Unternehmen, die dann nicht mehr da sind. Das schließt nicht aus, dass ich sage, und ich denke, die meisten von uns empfinden es so, es sind schwere und schwerste Versäumnisse in den fünfziger und sechziger Jahren begangen worden, keine eigene nennenswerte deutsche Ölunternehmung auf die Beine zu bringen, und ich sag' das nicht nur an die Adresse der Regierungen, in denen *Erhard* und *Schmücker* Wirtschaftsminister waren. Dies reicht noch eine Zeit weiter! Auch unter der Regie des einen und des anderen, der von uns gestellt war und zu dem ich selbst Vertrauen hatte auf diesem Gebiet, auch da galt noch die Doktrin, was sollen wir uns groß kümmern um den Iran – ich komme darauf gleich zurück, ich war ja Anfang vorigen Jahres da[15] –, wir werden auch in Zukunft das Öl kaufen, wo wir es auf dem Weltmarkt am billigsten kriegen können. Diese Politik hat sich als kurzsichtig und als falsch erwiesen, aber das nützt heute nicht mehr viel. Jetzt ist das gemacht worden, was jetzt geschehen konnte, und zwar sehr rasch in der vorletzten Woche in Gymnich in jener Sitzung, in der im Übrigen eingehend über Europa gesprochen worden ist, nämlich durch das maßgebliche Einschalten des Bundes – mit erheblichen finanziellen Mitteln – in eine Gesellschaft durch die Zusammenfügung von VEBA[16] und Gelsenberg[17] ein Stück eigenen bundesrepublikanischen Einflusses auf diesem Gebiet zu erlangen. Spät, besser jetzt als überhaupt nicht, und ich fand, es war gut, dass das im Zusammenwirken zwischen Finanzminister und Wirtschaftsminister so reibungslos über die Bühne ging. Es hat viel zu wenig Beachtung gefunden in der Öffentlichkeit, dieser Vorgang, der ja schließlich – wie gesagt – auch mit sehr viel finanziellem Aufwand verbunden ist.

Nun, Genossen, werden wir – und ich denke, dafür wird die Fraktion Verständnis haben – in unsere laufende Behandlung dieser Fragen nicht nur die jeweils dafür zuständi-

---

13 Staatssekretär im Bundesministerium für Wirtschaft.
14 Bundesfinanzminister *Schmidt* hielt am 25. November 1973 auf dem Bezirksparteitag der pfälzischen SPD in Pirmasens eine Rede, in der er erklärte, nur mit viel »Schweiß, Sparsamkeit und Solidarität« sei die Ölkrise zu überwinden. Zudem kündigte er mögliche Eingriffe des Staates an und warnte vor den ökonomischen Folgen der Ölkrise, beispielsweise auf dem Beschäftigungssektor. Vgl. den Artikel »Schmidt kündigt noch stärkere staatliche Eingriffe an«; »Die Welt« vom 26. November 1973; BT Pressedokumentation, Personenordner Willy Brandt.
15 *Brandt* hielt sich vom 5. bis 8. März 1972 zu einem offiziellen Besuch im Iran auf.
16 Vereinigte Elektrizitäts- und Bergwerks AG.
17 Gelsenkirchener Bergwerks-AG.

gen und genannten Kollegen der beiden Koalitionsfraktionen einbeziehen, sondern wir werden in dem Maße, in dem sie selbst zu vertrauensvollem Mitwirken bereit sind, die Unionsparteien nicht außen vor lassen. Ich hab' deshalb auch heute am frühen Abend die Partei- und Fraktionsvorsitzenden der im Bundestag vertretenen Parteien gebeten, um die Dinge zu erörtern, zumal wir ja am Donnerstag eine Regierungserklärung abgeben und über sie beraten wollen[18]. So wie wir auch mit den Länderchefs, mit denen wir uns ja vor wenigen Tagen über den Anteil an der Umsatzsteuer verständigt haben für die Jahre einschließlich 1976, auch einen engen Kontakt vereinbart haben. Ich bitte jetzt um Verständnis dafür, dass ich der Fraktion heute Nachmittag nicht im Einzelnen den Katalog vortrage, den die Regierungserklärung am Donnerstagvormittag enthalten wird, sondern es etwas allgemeiner halte, als es Donnerstag sein wird. Es wäre unfair, vor der Sitzung heute am frühen Abend und vor der morgigen Kabinettssitzung den Katalog selbst, so wie er sich jetzt abzuzeichnen beginnt, vorzutragen, aber einiges lässt sich sagen.

Zunächst ist es – glaube ich – ganz gut, wenn die Fraktion weiß, dass in jener Woche, die mit Montag, dem 5. November begann, es ja noch nicht allgemeine Erkenntnis war in Bonn, dass wir das Energiesicherungsgesetz brauchten. Es war gut, dass es Schubladenvorarbeiten gab. Ich bin heute noch der Meinung, es war eine nützliche Leistung, ein bisschen war ich an ihr mit beteiligt. Ich hab' an dem Abend meine engsten Mitarbeiter zusammengehabt und gesagt, nun wollen wir mal sehen, ob wir dies nicht mal schaffen in der Bundesrepublik im Laufe der nächsten drei, vier Tage. Ich bin dankbar dafür, dass dies ging, in drei Lesungen im Bundestag und durch den Bundesrat das Gesetz zu bekommen.[19] Es war auch nicht selbstverständlich, dass wir wie unsere Nachbarländer, wenn Frankreich auch noch etwas zögert – ich kann euch in Klammern sagen, auch Frankreich wird in diesen Tagen eine Reihe von Einschränkungsmaßnahmen, wenn auch aus irgendwelchen mir nicht recht verständlichen Gründen zunächst noch nicht das Sonntagsfahrverbot, sondern andere Art von Einschränkungen bekanntgeben – es war auch nicht selbstverständlich, dass wir, beginnend mit dem hinter uns liegenden Sonntag, zu dieser Einschränkung kommen würden und zu den Geschwindigkeitsbeschränkungen, sondern der, der hier zu euch spricht, hat dies beim Wirtschaftsminister in Gymnich gesagt[20], dass meiner Überzeugung nach dies jetzt sein müsste. Und jetzt nehmt mir auch noch ab, wenn davon nicht in jedem Monat der hinter uns liegenden Zeit gesprochen worden ist, so ist es ja nicht, als ob nicht der eine und andere von uns seit geraumer Zeit, und zwar sehr gezielt darauf aus gewesen ist, die Diversifikation, von der ich spreche, vorzubereiten. Liebe Genossen, ich war noch Außenminister der Großen Koalition, als ich mit dem damaligen Botschafter *Zarapkin* im Sommer 1969 sehr konkret das Erdgasröhrengeschäft vorbesprochen und im Wesentlichen fertiggemacht habe.[21] Ich hoffe, wir können jetzt ihm etwas hinzufügen – ganz leicht ist es

---

18 Zur Erklärung der Bundesregierung zu aktuellen Fragen der Wirtschafts- und Energiepolitik sowie der Diskussion darüber am 29. November 1973 vgl. BT Plenarprotokoll 07/67, S. 3908–3946 und S. 3968–3976.

19 Gemeint ist das oben erwähnte Energiesicherungsgesetz.

20 In Schloss Gymnich fand am 15. November 1973 eine außen- und bildungspolitische Klausurtagung des Bundeskabinetts statt, die auch die Energiekrise zum Thema hatte. In Gymnich appellierten Vertreter des Wirtschaftsministeriums an die Verbraucher, durch erhöhte Sparsamkeit im Energieverbrauch eine weitere Zuspitzung der Versorgungskrise mit Öl zu vermeiden. Vgl. den Artikel »Sonntagsfahrverbot erstmals für den 25. November zu erwarten«; »Süddeutsche Zeitung« vom 16. November 1973, S. 1 und 2.

21 Während der Hannover-Messe und im Sommer 1969 verhandelten bundesdeutsche Wirtschafts- und Regierungsvertreter mit Vertretern der Sowjetunion über die Lieferung von sowjetischem Erdgas in

Fraktionssitzung 27.11.1973 **34.**

nicht. Ich bin im vergangenen Jahr gegen die Kritik einiger unserer jungen Freunde nach Persien gefahren.[22] Das war nicht falsch, sondern das war richtig.
(Beifall.)

Wenn jetzt nicht alles täuscht, dann werden wir die größte Erdölraffinerie, die es im Augenblick gibt, im Februar anfangen können zu bauen, nachdem der Wirtschaftsminister das inzwischen konkretisiert hat, was Anfang vorigen Jahres dazu besprochen wurde – Änderungen im Programm immer vorbehalten. Denn die Japaner sind flink wie die Wiesel auf diesem Gebiet wie anderswo, und die Amerikaner haben Ellbogen, die noch stärker sind als die anderer, und das waren wir an den wenigen Punkten. Es gibt noch einen anderen, nämlich Nigeria und die westafrikanische Küste, die interessant werden, so wie der nördlichste Teil der Nordsee in den nächsten Jahren noch viel interessanter wird, als man bisher geglaubt hat. Keine Kleinigkeiten, wenn man sich einmal klarmacht, Nigeria wird in den nächsten Jahren auf eine Förderung kommen, die bei 200 Millionen Tonnen so hoch liegt, wie Persien jetzt liegt. Das sind keine kleinen Faktoren, die hier und da Ausgleichsmöglichkeiten, wenn auch nur begrenzte, bieten. Wir haben unsere Verbindungen zu den Norwegern eingesetzt, kriegen ein bisschen von dort und werden mehr bekommen. Ich will jetzt einige andere geographische Bestimmungen in diesem Augenblick weglassen, euch nur sagen, ohne es an die große Glocke zu hängen, hat es im letzten Monat seit dem bewaffneten Konflikt im Nahen Osten einen Meinungsaustausch mit mehr als einem Regierungschef nicht nur in der dortigen Region, sondern auch in anderen Himmelsrichtungen gegeben. Bisher nur mit begrenzten, aber nicht völlig ohne Erfolge.

Nun möchte ich einblenden einige Bemerkungen zum Bild der Wirtschaftslage. Man wird immer noch sagen können, dass wir es bei Verlangsamung des Anstiegs und bei Erschütterungen in einigen Bereichen auf die Wirtschaft insgesamt noch mit einem hohen Niveau ökonomischer Tätigkeit in der Bundesrepublik Deutschland zu tun haben. Aber die Differenzierung des Wachstumsverlaufs nimmt zu mit deutlichen Schwierigkeiten nicht nur im Bau, sondern noch mehr – wie wir alle wissen – bei Textil, Leder, zunehmend auch in der Pkw-Industrie. Wir haben keine nennenswerte Tendenzwende bei den Preisen festzustellen, obwohl uns in Paris wieder höchstes Lob zuteil geworden ist. Alles ist relativ auf dieser Welt. Verglichen mit den französischen Steigerungsraten nehmen sich unsere noch bescheidener aus. Wir wären heute tatsächlich knapp unter sechs Prozent, so wie wir neulich stolz waren, wieder unter sieben gekommen zu sein, wir wären heute bei 5,9, wenn nicht die jetzt so rasch steigenden Mineralöl- und Energiepreise uns auf 6,6 gebracht hätten, was eben weniger ist als die französischen acht. Der erste Blick auf 1974, der bestimmte Hypothesen für Erdöl mit einbezieht, die ich gleich begründe oder jedenfalls nenne, dieser erste Blick auf 1974 lässt uns rechnen mit einem deutlichen Rückgang des Wachstums, wobei ein Nullwachstum nicht unwahrscheinlich ist statt des bisher vermuteten realen Wachstums von drei Prozent. Sollte der Einbruch bei der Energie wesentlich stärker werden, als ich gleich nenne, dann müssen wir mit Negativziffern statt mit Nullwachstum insgesamt auf die Volkswirtschaft bezogen rechnen. Wir können die Gefährdung von Arbeitsplätzen auch [auf] für unsere Verhältnisse relativ

---

die Bundesrepublik. Mit dem Erdgas sollte die UdSSR die Lieferung von speziellen Stahlröhren für die sowjetischen Erdgaspipelines durch westdeutsche Unternehmen bezahlen. Vgl. dazu AAPD 1969, Dok. 213 und Dok. 246. – Die Verhandlungen auf deutscher Regierungsseite leitete der beamtete Staatssekretär Klaus *von Dohnanyi* aus dem Bundesministerium für Wirtschaft. Inwieweit der damalige Außenminister *Brandt* an den Verhandlungen aktiv beteiligt war, ist unklar. Vgl. dazu auch RUDOLPH, Karsten: Wirtschaftsdiplomatie im Kalten Krieg. Die Ostpolitik der westdeutschen Großindustrie 1945–1991, Frankfurt/New York 2004, S. 294 f.

22 Gemeint ist der erwähnte Iranbesuch im März 1972.

breiter Front nicht mehr völlig ausschließen und es mag eine Situation im Jahr '74 geben, in der sich auf diesem Gebiet mehr kumuliert, als irgendeinem lieb sein kann. Ich rechne bisher weiterhin nicht mit der Gefahr einer eigentlichen Massenarbeitslosigkeit, aber ich habe Walter *Arendt* sofort zugestimmt, als er als eine der Vorwegmaßnahmen in der hinter uns liegenden Woche gesagt hat, erst mal beim Zustrom von ausländischen Arbeitskräften außerhalb der Gemeinschaft stoppen

(Vereinzelter Beifall.)

und die Dinge nicht weiterlaufen lassen, als ob nichts passiert wäre oder keine Gefahren drohten.

Wir haben in zwei Bereichen tendenziell größere Gefahren zu befürchten als in anderen, einmal in der chemischen Industrie wegen deren Naphtha-Versorgung – Naphtha als Grundstoff für vieles von dem, was die machen – und zweitens in dem, was man das Freizeitgewerbe nennt, was ja eine immer größere Rolle spielt in der Art von Gesellschaft, in die wir hineingewachsen sind, jenes Freizeitgewerbe, das durch die Einschränkungen, die ja noch zunehmen können, für Autofahrer besonders beeinträchtigt werden wird. Und wir müssen nüchtern davon ausgehen, so wenig sympathisch uns dies ist, dass ein höherer Grad an Preisstabilität als gegenwärtig sich abzeichnend unter solchen Bedingungen kaum erreichbar sein wird. Wenn ich es so formuliere, formuliere ich sogar noch vorsichtig.

Trotzdem: Ich bin fest davon überzeugt, dass die schwierigen Probleme, die hier auf uns zukommen, zu meistern sind. Das setzt voraus die größtmögliche Geschlossenheit der politischen Führung dieses Staates – und zu der gehören wir alle hier miteinander in dieser Fraktion und in der Regierung, die von ihr getragen wird, unter Einschluss der Verantwortung, die wir in den Ländern tragen. Und deshalb würde ich es auch für nützlich halten, ohne dass das bös' gemeint ist, wenn Publizitätsneigungen im Zügel gehalten würden in dieser Situation.

(Beifall.)

Dieses erfordert auf der anderen Seite, und darauf haben die Genossen einen Anspruch, Handlungsbereitschaft der Regierung, und darum wollen wir uns bemühen. Es bedeutet die Kooperation mit den gesellschaftlichen Gruppen. Das bisherige Verhalten war recht ordentlich. Wir sind mit einer Reihe der führenden Freunde aus den Gewerkschaften morgen beisammen. Ich spreche natürlich auch mit den führenden Leuten aus den Unternehmensbereichen. Dies ist unabhängig von der Konzertierten Aktion, die auch vorbereitet wird. Und ich greife das Wort auf, das Herbert *Wehner* und andere gesprochen haben: Wir müssen uns um eine Politik der gläsernen Taschen gegenüber der Bevölkerung bemühen. Das heißt auch gerade dort, wo unser Einfluss aufgrund der Struktur der Unternehmungen, die wir jetzt nicht ändern können, zum Teil auch nicht wollen, müssen wir klarmachen, wie die Zusammenhänge liegen, wie Preise zustande kommen, wie andere Dispositionen getroffen werden, und dies wird in der Regierungserklärung am Donnerstag einen gewichtigen Raum einnehmen. Was ist zu tun? Für gefährdete Sektoren ist meiner Überzeugung nach die Zeit zum Eingreifen gekommen. Dies wird in der Regierungserklärung auch für den Bausektor kenntlich zu machen sein.

(Vereinzelter Beifall.)

Dies wird in Bezug auf die Textilwirtschaft kenntlich zu machen sein in Bezug auf bestimmte Korrekturen der Handelspolitik und auf gezielte Liquiditätshilfen. Dies wird insbesondere auch bei der Energiewirtschaft selbst deutlich zu machen sein. Helmut *Schmidt*, Hans *Friderichs*[23] und ich sind uns darin einig, dass wir die Investitionssteuer

---

[23] Hans *Friderichs*, FDP, Bundesminister für Wirtschaft.

für Energieinvestitionen einschließlich der Vorstufen und der Zulieferung aufheben müssen.
(Vereinzelter Beifall.)
Nur, liebe Genossen, da stößt man dann sehr rasch auf folgende Anomalie. Wir können nach der Konstruktion des Gesetzes die Investitionssteuer insgesamt durch Rechtsverordnung mit Zustimmung des Bundesrats aufheben. Wir können sie unsinnigerweise nicht partiell aufheben, sondern brauchen dazu ein neues Gesetz.
(Unruhe.)
Na gut, ich sag' ja nur, wie es ist und würde unter Umständen noch mal nicht nur hier, sondern auch die Opposition bitten, unter Umständen ebenso kooperativ zu sein, zumal einige es ja noch mit dem guten Gefühl des Recht-Bekommens verbinden können, nochmal so kooperativ zu sein, wie man es beim Energiesicherungsgesetz gewesen ist, und bei Chemie und Pkw, da befinden wir uns noch im Zustand der Diskussion. Zusätzliche Maßnahmen der spezifischen Lockerung werden in diesen Wochen eingehend zu prüfen sein. Das gilt für die ERP-Mittel.[24] Das wird für die Überprüfung der Problematik Gemeinschaftsaufgaben, jedenfalls sektoral, gelten müssen. Das wird für Mittel für Forschung und Entwicklung im Energiebereich gelten müssen, jedenfalls in Form von Umschichtungen und dies wird zumal natürlich gelten müssen für das Energiekonzept in seiner Gesamtheit. Es war ja so schlecht nicht, dass wir im Frühsommer überhaupt eins mal auf den Tisch gelegt haben, so wie wir es im Januar angekündigt haben, aber es ist natürlich für die heutigen Bedürfnisse ein bisschen ein jugendfreies Programm, ein bisschen zu niedliches Programm. Es bedarf der Vertiefung, der Ergänzung, der Konkretisierung.
Und nun Genossen, nun Genossen, muss ich hier meine Bemerkung einfügen über die wahrscheinliche Entwicklung der nächsten sechs Monate. Man muss von einer Wahrscheinlichkeitseinschätzung ausgehen, aber wenn man es tut, dann tut man es mit den Vorbehalten, auf die ich aufmerksam gemacht habe. Ich gehe einmal aus, und halte dies im Moment für realistisch, von einer etwa zwanzigprozentigen Kürzung der Belieferungen in der ersten Hälfte des kommenden Jahres, jeweils bezogen auf die Belieferungen des entsprechenden Monats im Vorjahr, also in diesem Jahr. Und dann müsst ihr euch, ohne dass ihr jetzt jede Ziffer prüft daraufhin, ob sie auch hinter dem Komma stimmt, ungefähr folgende Größenordnungen bewusst machen. Bei dem schon erwähnten Naphtha, also dem für die chemische Industrie grundwichtigen Rohbenzin, würden wir bei einem Bedarf – jetzt der Bedarf aufs Jahr bezogen – von zehn Millionen Tonnen mit zwei Millionen Tonnen weniger auskommen müssen, und man hat nun angefangen, einmal zu überlegen, was bedeutet dies heruntergerechnet. Beim Motorenbenzin wäre der Bedarf circa 20 Millionen Tonnen. Bei praktisch voller Bedienung des nichtprivaten Bereichs werden die bereits getroffenen Maßnahmen der ersten Verordnung, gestützt auf das Energiesicherungsgesetz, sicherlich nicht ausreichen. Das muss die Fraktion wissen. Eine Ausdehnung des Fahrverbots ist nicht unbedenklich. Ich selbst mache kein Hehl daraus, dass ich einer – jetzt aber mit dem deutlichen Wort – differenzierten Rationierung einer Ausdehnung des Fahrverbots den Vorzug geben würde.
(Vereinzelter Beifall.)
Aber ich weiß, dass dies sehr sorgfältig geprüft werden muss, denn es darf ja nicht so kommen, dass man, wie meine Frau, die mich anrief und sagt, warum rationiert ihr

---

[24] Gemeint ist das von der Bundesregierung verwaltete Sondervermögen aus Mitteln des European Recovery Program (ERP).

nicht, erstaunt war, als ich ihr sagte, wir rationieren unter anderem nicht, weil du keinen Bezugsschein bekommen sollst. Denn die, bei denen es zwei Wagen zu Hause gibt, die sollen nicht für zwei Wagen den Bezugsschein bekommen auf Sprit und wir wollen auch nicht, dass Leute plötzlich noch hinlaufen, für 500 Mark einen alten Wagen kaufen und behaupten, gestützt darauf sollten sie nun eine Zuteilung kriegen. Da gibt's also eine Menge zu bedenken.

(Unruhe.)

Beim Dieselkraftstoff: Bedarf circa elf Millionen Tonnen, praktisch nicht zu substituieren, Kürzungen allenfalls um ein halbes Prozent möglich, Ausweg: wahrscheinlich prioritäre Bedienung. Jeder weiß, was das bedeutet. Schweres Heizöl: Bedarf circa 34 Millionen Tonnen, davon können durch die Kohle bis zu 14 Millionen Tonnen substituiert werden. Dies bedeutet, dass es auf diesem Gebiet keine eigentlichen Schwierigkeiten zu geben braucht, wenn die Verteilungsfrage rationell gelöst wird, und ich bin froh darüber, dass der Substitutionsprozess bereits in diesen Tagen und praktisch auch in den Stunden, in denen wir hier miteinander beisammen sind, in Gang gekommen ist. Bleibt das leichte Heizöl. Bedarf circa 52 Millionen Tonnen, davon können circa sieben Millionen Tonnen durch Kohle substituiert werden, circa fünf Millionen müssten – wenn immer meine Annahme zutrifft – eingespart werden. Dies bedeutet für den Privatsektor eine Kürzung um circa zwölfeinhalb Prozent. Das heißt, man wird sich, wenn man von der Annahme einer etwa zwanzigprozentigen Minderbelieferung ausgeht, vernünftigerweise auf zwei Stufen einzustellen haben, wobei die erste Stufe sich einzustellen hat auf die Nutzung der kommerziellen und eines kleinen Teils der Pflichtvorräte, dazu die bereits in die Wege geleiteten Maßnahmen, und wenn man damit nicht bis ans Ende der Heizperiode gelangt, dann wird auf dem zuletzt erwähnten Gebiet des Heizöls, des leichten Heizöls, in der Stufe zwei eine gewisse Form der Rationierung nicht auszuschließen sein.

Und dann noch einmal zu dem bereits eingangs miterwähnten Thema: Ich bin der Meinung, wir sollten bei den Preisen zunächst dem vom Wirtschaftsminister gewählten Verfahren eine Chance geben, uns die Prüfung der Situation aber noch vor Weihnachten vorbehalten. Ich sag' dies an die Adresse der Genossen, die meinen, dass es hier irgendwo dogmatische Festlegungen gebe. Davon kann überhaupt nicht die Rede sein, sondern wir werden auf allen erwähnten Gebieten von Woche zu Woche und vorurteilsfrei die Situation und die möglichen Maßnahmen überprüfen. Auf diesem Hintergrund wird mit der Bundesbank das eine und das andere, was die Fortführung des Stabilitätskurses betrifft, neu zu erörtern sein. Es wird bei den öffentlichen Haushalten die Konzentration auf investive Aufgaben noch wichtiger werden. Bei der Besoldung können und dürfen wir nicht geben, was zu geben genau jetzt das Falsche wäre. Wir müssen das sehr in vernünftigen Grenzen halten und dürfen dabei auch eine ernste Auseinandersetzung mit guten Freunden – ich denke jetzt dort, wo wir selbst Arbeitgeber sind, davon spreche ich in diesem Augenblick –, ernste Auseinandersetzung auch mit guten Freunden nicht scheuen. Es ist so, liebe Genossen, dass jeder sich aufgrund des Gesagten und dessen, was er ohnehin weiß, ausmalen kann, dass einerseits die Energieknappheit das Produktionswachstum nicht mehr nur verringern könnte, sondern auch, wenn alles im Laufe des Jahres wieder besser wird, verringern wird. Deshalb ist eine globale Konjunkturlockerung schwer möglich. Die Ansprüche würden auf ein weniger wachsendes Angebot treffen. Andererseits dürfen wir uns, das hab' ich ja auch öffentlich deutlich genug gemacht glaube ich, wir dürfen uns, wenn es irgend möglich ist, größere Beschäftigungseinbrüche nicht leisten,

(Vereinzelter Beifall.)

| Fraktionssitzung | 27.11.1973 **34.** |

und deshalb kommt es darauf an, dass wir einerseits den Ernst der Lage nicht verkennen, aber den Ernst der Lage nicht so ausmalen, dass wir ein Käuferverhalten bewirken, welches zusätzlich wirtschaftlich abträglich ist.
(Beifall.)
Das ist ein bisschen ein Kunststück. Ich hab' schon gesagt, der eine und andere erwartet von mir, ich solle sagen, die Lage sei ernst, sie enthalte aber keine Gefahren – nun, das ist schwer darzustellen. Aber ich will es mal so sagen: Ich würde darum bitten, und wir haben ja alle hier ein bisschen Einfluss auf unser Publikum, unsere Wähler und unsere Mitbürger, anzuhalten zu einem möglichst normalen Verhalten auf Weihnachten bezogen. Wenn hier eine Stimmung hochkommt, man müsse jetzt – jetzt lasse ich mal dahingestellt sein, dass ich meine, es wird viel zu viel zu Weihnachten geschenkt, unabhängig von der gegenwärtigen Lage, das ist ein anderes Thema, steht jetzt nicht zur Debatte –, aber wir können jetzt nicht gar noch über das hinaus, was sich bei den Pkws schon abzeichnet, wo man noch mal wieder versuchen wird, auf den Export auszuweichen, was uns dann in anderen Zusammenhängen wieder gar nicht so lieb ist, wir können nicht Wirkungen mitfördern wollen, die durch ein zu restriktives Käuferverhalten die wirtschaftliche Tätigkeit negativ beeinflusst. Also möglichst keine hysterischen Reaktionen, sondern nüchterne Darlegung der Faktoren und Anhalten zu wohlverstandener Normalität, aber dieses – wenn es geht – damit koppeln, liebe Genossen, dass wir uns und unserem Volk eine Anstrengung zumuten, die ich vergleichen möchte mit der einen und anderen Anstrengung in den ersten schwierigeren Jahren nach dem letzten Krieg. Ich hab' einem Botschafter eines großen Landes vor wenigen Tagen gesagt: Bestellen Sie Ihren arabischen Freunden einen schönen Gruß und sagen ihnen Folgendes. Wir werden einen technologischen Sprung, wir und andere Westeuropäer, durchmachen, den ich vergleiche mit der Zeit – jetzt nehmt mir den Zynismus nicht übel – mit der Zeit, in der Alliierte freundlich genug waren, uns Betriebe zu demontieren und uns zwangen, hochmoderne aufzubauen. Einige der anderen sind noch in England zu besichtigen. Wie gesagt, nehmt mir den Zynismus nicht übel, aber es ist möglich, wir haben das geprüft in diesen Tagen, auf einer Reihe von Gebieten Prozesse, die sonst 15 Jahre dauern würden, in drei und vier Jahren durchzubringen. Es ist möglich, Kraftwerke, die – jetzt denke ich an solche auf Kohlebasis –, die in fünf Jahren hätten gebaut werden sollen, im nächsten Jahr zu bauen. Kann auch beschäftigungspolitisch interessant sein.
(Beifall.)
Es ist möglich, Genehmigungsverfahren unter Beachtung der Umweltgesichtspunkte bei Kernkraftwerken nicht vier Jahre und sechs Jahre liegen zu lassen, sondern sie jetzt beschleunigt durchzuführen, damit wir auch auf diesem Gebiet wesentlich rascher vorankommen.
(Unruhe.)
Ich denke, dass ich dies verbinden sollte mit der Bitte an die Fraktionskollegen, dass sie Beobachtungen, Hinweise, die ins Einzelne gehen, zumal auch aus ihren Wahlkreisen, dass sie nicht zögern – auch dann, wenn sie sich hier nicht melden in der Fraktionssitzung – mit uns in sehr engem Kontakt zu bleiben, sich bei Helmut [*Schmidt*] oder Hans *Hermsdorf* oder bei *Rohwedder* zu melden oder auch bei mir oder Karl *Ravens*, je nachdem wo ihr meint, dass es am besten hinpasst, damit wir es in unsere wöchentlichen und täglichen Erörterungen einbeziehen können. Ich hab' absichtlich gesagt, am Sonnabend Abend, ohne dass ich mir jetzt hier billige moralistische Deutungen zu eigen mache. In dieser Krise, von der ich immer noch hoffe, dass sie keine ganz tiefe wird, stecken auch Chancen drin. Dass eine junge Generation – zwei sind es fast schon – zum ersten Mal auf einem Gebiet mit dem Problem eines Mangels konfrontiert wird, muss nicht das Al-

lerschlechteste sein, was ihr passiert. Keiner weiß freilich, wie sich hier und auf anderen Gebieten das vollzieht, was mit Grenzlinien zwischen – ich erwähnte es –, zwischen Ökonomie und Psychologie zu tun hat. Ich erwarte übrigens auch, dass das Verständnis für die Rolle und die Interventionsnotwendigkeit des Staates, dass dieses Verständnis nicht abnehmen wird, sondern dass es zunehmen wird,

(Vereinzelter Beifall.)

und wir müssen das dann nicht überziehen, sondern müssen vernünftig davon Gebrauch machen. Also die große technologische Anstrengung und die Chance einer Entideologisierung der meist gegen uns gerichteten wirtschaftspolitischen, marktwirtschaftlich genannten wirtschaftspolitischen Dogmatik.

Zum Schluss, liebe Genossen, ein Wort, was uns als Fraktion und als Partei angeht. Zunächst einmal freue ich mich, dass das Präsidium heute Vormittag einer Anregung zugestimmt hat, und ich hoffe, die Fraktion wird es auch tun, die auf Folgendes hinausläuft: Ich möchte gerne als Parteivorsitzender vor Weihnachten noch und schlage dafür Freitag, den 7. Dezember vor, am Nachmittag und am Abend, aber es muss bedeuten, dass wir uns Zeit nehmen, mit der Fraktion, mit dem Parteirat und mit dem Gewerkschaftsrat über die Situation sprechen, denn kurz danach sind wir vier, fünf Wochen nicht beieinander. Dies geht Parteirat, Fraktion, Gewerkschaftsrat gleichermaßen an. Wir werden den Parteivorstand, der an jenem Tag zusammen sein sollte, auf den Vormittag vorverlegen und am Nachmittag und Abend diese Konferenz miteinander durchführen, und glaubt mir, ich weiß, dass die Abgeordneten der Fraktion es heute schwer haben, unsere Position draußen im Lande zu vertreten. Weniger wegen der Dinge, über die ich sprach, sondern wegen sonst mancher Entwicklungen, die nicht so gelaufen sind, wie man wünschte, dass sie gelaufen wären. Das liegt an manchem, worüber im Einzelnen zu sprechen heute vermutlich gar nicht so sinnvoll ist. Es liegt auch an Schwächen bei uns selbst und gerade dann auch bei denen, die eine besondere Verantwortung tragen. Ich will mich da nicht ausnehmen, aber, liebe Genossen, es liegt auch daran, dass wir es immer wieder miteinander oder einige noch besser als andere fertig kriegen, uns schlechter und schwächer darzustellen, als wir eigentlich sind. Und dann gibt es systematische Schwächen, die wir schwer ändern können. Jede führende Regierungspartei, das zeigt die Entwicklung der Bundesrepublik, seit es sie gibt, jede führende Regierungspartei tut es sich in den ersten beiden Jahren nach einer Wahl –

(Unruhe.)

bitte? – Energie ist auch hier nicht mehr – geht das wieder? – Ich wollte sagen, jede führende Regierungspartei hat es nach allen Beobachtungen, allen Untersuchungen, die dazu angestellt worden sind, in den ersten zwei Jahren einer Legislaturperiode meistens schwerer. Auch 1970, ein Jahr nach der vorigen Wahl, stand es, wenn man es so will, nicht gut genug um uns und im letzten Sommer – nebenbei gesagt – auch nicht. Wir hätten im Juli und im August und im September auch die Wahl nicht gewonnen. Das geht ein bisschen auf und ab und die Pressesituation hat sich für uns gewandelt im Lande, dieses zum Teil aus Gründen, die wir nur – auch wenn wir uns angestrengt hätten – bedingt hätten beeinflussen können, etwas wohl auch. Etwas wohl auch! Aber nun geht es meiner Meinung nach nicht an, dass Sozialdemokraten ihren Unmut über Sozialdemokraten bei den so vom Wechsel betroffenen Blättern in besonderem Maße abladen.

(Beifall.)

Und es geht auch nicht an oder sollte reduziert werden, dass politisch informierte Mandatsträger und Funktionäre der Partei ihr Urteil aus diesen Blättern beziehen. Wir tun uns schwer, so möchte ich sagen, zu verhindern, dass unsere Mitglieder und Sympathisierenden sich weiter an gewohnten Blättern orientieren. Wir können ihnen dies allerdings nicht verübeln, wenn wir weiter in dem Maße, wie ich es aus Briefen und Äußerungen entnehme, anderswo gepflanzten Parolen Glauben schenken. Ich bin überzeugt, wir werden nicht nur mit den objektiven Schwierigkeiten fertig, über die ich heute hier zu reden hatte, wir werden auch, und vielleicht sogar in einem gewissen Zusammenhang damit, mit dem Stimmungstief fertig, das stärker ist, als es sich aus den wirklichen Ziffern – Frau *Noelle-Neumann* ist eine Agitatorin, das kennen wir von '65 her, das Institut, das uns zuverlässig berät, könnte auch bessere Ziffern liefern,

(Heiterkeit.)

aber sie sind besser als die von Frau *Noelle-Neumann* – und jetzt werden wir, bevor dieses Jahr zu Ende ist, im Aushandeln der notwendigen Regelungen mit dem Koalitionspartner auf den innenpolitischen Gebieten weiter sein, da sieht die Welt auch schon wieder ein bisschen anders aus und trotzdem, so sehr ich noch vor vier Wochen diese vier innenpolitischen Gebiete immer wieder durchbuchstabiert hätte, angefangen mit der Mitbestimmung, das bleibt wichtig, nichts wird in den nächsten Monaten auch nur vergleichbar zu messen sein daran, wie wir mit der energie- und wirtschaftspolitischen Situation fertigwerden. Dieses hat eindeutigen Vorrang, und ich möchte sagen, dass wir das Zwischentief jetzt als abgeschlossen betrachten sollten. Das kann man nicht dekretieren, das weiß ich sehr wohl, aber man wird vielleicht in der Auseinandersetzung mit praktischen Aufgaben leichter fertig, als wenn man sich im Wege steht. Hier braucht sich keiner im Wege zu stehen. Hier gibt's jetzt eine Vielzahl wichtiger, zum Teil schwieriger, zum Teil für uns völlig neuer Aufgaben und ich bitte, dass wir uns ihrer gemeinsam annehmen. Es ist ein bisschen länger geworden, tut mir leid. Ich glaube, die Sache machte es notwendig.

(Starker Beifall.)

[B.]

Wehner: Danke, Willy *Brandt*. Genossen, es ist hoffentlich auch in eurem Sinne, wenn jetzt unmittelbar daran – womit wir auch den Punkt 9 konsumieren würden – Hans-Jürgen *Junghans* einiges von den heute Vormittag gepflogenen Erörterungen im Arbeitskreis zu diesen Fragen, Energiekrise und was dazugehört, sagt. Einverständnis. Hans-Jürgen *Junghans*.

Junghans: Genossinnen und Genossen, der Arbeitskreis Wirtschaft hat sich heute Morgen in einer mehrstündigen Debatte mit der Energiekrise befasst. Ich darf zum Verfahren eins bemerken: Wir konnten nicht abschließend behandeln, da wir erst die Regierungserklärung abwarten müssen.[25] Wir haben deshalb verabredet, dass der Arbeitskreis Wirtschaft, und hier bitte ich auch alle diejenigen, die nicht dazu unmittelbar gehören, morgen um 17 Uhr noch einmal über das Thema spricht. Anschließend werden wir mit dem Koalitionspartner noch über unsere Ergebnisse zu beraten haben. Der Arbeitskreis Wirtschaft hat unter drei Aspekten die Fragen, die auch Willy *Brandt* hier angeschnitten hat, insoweit ist vieles eine Ergänzung, was ich zu sagen habe, nämlich erstens unter dem kurzfristigen Aspekt der Sicherstellung der Versorgung jetzt in den nächsten Monaten, zweitens unter dem mittelfristigen Aspekt, das heißt also im Klartext Fortschreibung des Energieprogramms, beziehungsweise Neuformulierung einiger dort angegebener Daten, insbesondere in Bezug auf Kohle – ich komme da auch noch drauf zurück –, und drittens der Aspekt, der uns ja vor allen Dingen am Herzen liegt, die Auswirkungen auf die Konjunktur- und die Stabilitätspolitik.

---

25 Gemeint ist die für den 29. November 1973 angesetzte Regierungserklärung zur Energiepolitik.

Zu 1: Ich möchte bemerken, dass im Arbeitskreis keine Forderung zur Verstaatlichung der Mineralindustrie in Deutschland der Raffinerien hier erhoben worden ist. Man war auch der Meinung, dass das wenig nützt, denn *Gaddafi* und *Feisal* haben verstaatlicht, nur nicht auf Rechnung der Bundesrepublik Deutschland. Das wäre anders zu machen. Zum Zweiten waren wir uns darüber einig, dass es hier mit marktwirtschaftlichen Mitteln wahrscheinlich nicht ausreichen wird. Das heißt, dass ein Interventionsmechanismus immer welcher Art Platz greifen muss, und zwar auch deshalb, weil wir wegen der mangelnden Angebots- und Nachfrageelastizität der Ansicht sind, dass – wenn hier Marktwirtschaft nicht mehr funktioniert – damit alle anderen Bereiche diskreditiert werden. Ich bitte, das also auch mal so zu verstehen, wie ich es gesagt habe. Wir haben auch nicht gesagt, dass wir bei dem Interventionsmechanismus, den wir anstreben, den wir alle anstreben, uns festgelegt haben auf diese oder andere Art, die noch im Meinungsbildungsprozess auch der Bundesregierung liegt. Klar war aber allen miteinander im Arbeitskreis, dass dieser Interventionsmechanismus – wie immer er aussehen mag – klare Prioritäten setzen muss, nämlich die Versorgung insbesondere zur Sicherung der Arbeitsplätze in der Chemie beispielsweise, zur Sicherung im Nahverkehr der Versorgung, zur Sicherung der Versorgung der Seeschifffahrt, der Fischerei und auch anderer Versorgungsgebiete, die in der Debatte angesprochen worden sind. Wir sind auch davon ausgegangen, wie der Bundeskanzler bestätigt hat, dass es sich hier nicht um eine Gleichsetzung handelt Nahost-Krise und Ölkrise. Das heißt also, dass mit Beilegung oder einer möglichen Beilegung der Nahost-Krise das Öl nach wie vor sprudelt. Davon sind wir nicht ausgegangen. Wir rechnen kurz- und mittelfristig nach wie vor mit einer Kürzung von 15 bis 20 Prozent der Ölllieferungen.

Wir haben dabei debattiert einmal die Möglichkeit der freiwilligen Übereinkunft der großen Konzerne bis hin zum Handel, Stichworte, die angesprochen wurden: Markttransparenz, Einschaltung Bundeskartellamt, Einschaltung auf der Handelsstufe bei den Ländern der Landeskartellämter. Umgekehrt – die Meinungsbildung ist nicht abgeschlossen – war man doch der Auffassung, dass hier auch Rationierung mit Höchstpreisen das sichern sollte, worüber wir uns einig waren, dass nämlich nicht die sozial Schwächeren mit ihren kleinen Heizöltanks hier die Zeche bezahlen müssen. Darüber war Einigkeit, aber es war nicht Einigkeit über die Mittel zu diesem Wege. Ich möchte auch hier noch anmerken, dass auch Einigkeit darüber bestand, dass die Substitutionsmöglichkeiten kurzfristig – kurzfristig! – durch Kohle und andere Möglichkeiten nicht ausreichen würden. Nicht ausreichen würden in der Menge, um hier die Mangellage zu beheben, um alle ausreichend versorgen zu können. Aber in diesem Zusammenhang ist auch Kritik laut geworden, Herr Bundeskanzler, nämlich an der mangelnden Information in 14 Tagen sitzungsfreier Wochen, wo wir vom Bundeswirtschaftsministerium nichts erfahren haben, nur auf die Presse angewiesen sind.

(Beifall.)

Wir müssen darüber nachdenken, dass in solchen sitzungsfreien Wochen auch wir als Abgeordnete in den Wahlkreisen etwas mehr wissen als der sehr – ich will es mal vorsichtig ausdrücken –, sehr chaotische Zustand, wie uns die Presse ihn geboten hat. Etwas mehr Information, und zwar gesicherte Information, wäre hier sinnvoller gewesen.

Es ist in diesem Zusammenhang, ich will das anmerken, das ist nicht ausdiskutiert worden, weil ein Vertreter des Bundesfinanzministeriums nicht anwesend war, auch der Vorschlag gemacht worden, ich stelle ihn nur in den Raum, Erich *Henke*, der Vorschlag, nämlich die Mehrwertsteuer beim leichten Heizöl von elf auf 5,5 Prozent zu senken. Die Mehrwertsteuer, nicht die Mineralölsteuer, weil gesagt wird, der Staat verdient ja nicht nur an 30 Pfennig, früher 15 Pfennig elf Prozent, jetzt verdient er an 30 Pfennig elf Prozent. Dieses ist nicht, Genossinnen und Genossen, dieses ist nicht ausdiskutiert worden. Wir haben gesagt, es war kein Vertreter des Finanzministeriums da. Wir müssen dieses hier in der Fraktion vorbringen. Es ist auch darüber debattiert worden, wie man mit einer Höchstpreisverordnung einschließlich Rationierung doch fahren könnte, wenn man beispielsweise einen gespaltenen Markt macht. Das heißt also, Grundmengen rationiert zu Höchstpreisen, die auch für den sozial Schwachen dann erschwinglich sind, und dann Zusatzmengen, um diese Mengen aus Rotterdam nicht abzuschrecken, irgendwie auf dem freien Markt sich entwickeln zu lassen. Denn das war die Schwierigkeit und sie bleibt bestehen. Der Bundeskanzler hat darauf hingewiesen. Es gibt zwei Stränge. Der eine Strang ist das sogenannte Konzernöl oder Konzernbenzin, wie man es bezeichnen muss. Das sind rund 74 Prozent. Rund 26 Prozent an leichtem Heizöl, Benzin und so weiter Produkten werden als Fertigwaren vor allen Dingen über den Platz Rotterdam eingeführt und dort bilden sich, so wie auf dem Auktionsmarkt, Preise nach dem Zuschlag des Höchstbietenden. Und da ist dann die Frage wirklich zu erörtern, ob man mit einer Höchstpreisverordnung über alles gesehen dann nicht die Mengen wirklich einschränkt, denn es kommt ja auch drauf an, diese Mengen, die jetzt noch kommen, auch weiterhin in die Bundesrepublik fließen zu lassen. Dieses also zu Punkt 1, den kurzfristigen Maßnahmen. Nochmals: Wir möchten sicherstellen, dass die sozial Schwächeren nicht die Zeche zu bezahlen haben, wie immer man das gestalten mag, freiwillig oder durch Rationierung. Zum anderen aber möchten wir auch, um Arbeitsplätze nicht zu gefährden, [dass] aus dieser Ecke heraus Prioritäten bei dem Interventionsmechanismus, wie immer er auch gestaltet sein mag, gesetzt werden.

Zu Punkt 2: Die mittelfristige Behandlung dieses Themas, da handelt es sich also um die Fortschreibung. Klar war, dass in diesem Zusammenhang hierfür im Wesentlichen die Kohle infrage kommt, wobei wir nicht verkannt haben, dass die Forschungsmittel und dass auch Braunkohle-, Forschungsmittel für Kernkraftwerke und so weiter verstärkt werden müssen, aber es wurden da einige pessimistische Äußerungen daran getan. Wir sind der Auffassung, dass auch hierbei die Fernwärme mit einbezogen werden muss bei den Kraftwerken. Zunächst einmal für die Kohle selber schien es uns erforderlich, dass für die Kohle über das, was bisher hinaus getan worden ist, ein Investitionsprogramm mittelfristig in Gang gesetzt wird. Für die Kohle! Ich denke hier in diesem Zusammenhang auch an die Bemerkung oder die Lizenz über Zechenstilllegungen. Es war auch die Meinung, dass ein Druck, wie immer er geartet, aber er muss effektiv sein, es hat keinen Sinn, da lahm auf die Raffinerien einzureden, dass beispielsweise auch die Raffinerien investieren müssen, und zwar in folgender Beziehung. Bisher ist es nur möglich, etwa 80 Prozent voll zu raffinieren in Richtung Heizöl und Benzin. Unsere Raffinerien sind so gestaltet, dass 20 Prozent schweres Heizöl auf jeden Fall anfällt. Hier sind auch Investitionsprogramme notwendig, dass diese weiteren 20 Prozent auch in leichtes Heizöl – nicht alles ist möglich – und Benzin umgewandelt werden können. Wir haben dann auch noch die Frage erörtert im Nahverkehr, dass im Nahverkehr sicherlich und im Schienenverkehr überhaupt einiges getan werden muss, beispielsweise dass der Massengutverkehr nun endgültig von der Straße verschwindet, auf die Schiene zu gehen hat.

Die anderen Dinge, Kohlehydrierung, Kohlevergasung, sind angesprochen worden. Auch ist die Frage angesprochen worden, inwieweit – das ist zu prüfen – durch Kohleimporte zum Beispiel eine Verdrängung des Öls, nicht der deutschen Kohle, eine Verdrängung des Öls in den Küstenländern möglich ist. Da gibt es also sicherlich, wir sind der Auffassung, dass also eine Importkohle in Flensburg keineswegs die Ruhrkohle verdrängt, sondern das deutsche Öl. Es ist uns dann auch gesagt worden, dass gestern eine Übereinkunft erzielt worden ist, dass die nächsten zehn Kraftwerke auf Kohlebasis bivalent gebaut werden mit jeweils 600 MW, so dass damit in der Kohleverstromung zumindest der Anschluss geschafft worden ist. Wir waren uns auch darüber im Klaren, beziffern können wir das noch nicht, dass die mal genannten 83 Millionen Förderung in späteren Jahren für die Ruhrkohle AG natürlich jetzt nach oben revidiert werden müssen, denn sonst brauchten wir kein zusätzliches Investitionsprogramm.

Ich möchte nun zum Punkt 3 einige Anmerkungen machen. Hier ist im Prinzip darauf hingewiesen worden, dass ja die Beschäftigungsschwierigkeiten jetzt nicht nur in den bekannten Bereichen Bau, Textil- und Schuhindustrie, sondern dass sie überzugreifen drohen – und zwar nicht nur drohen, sondern wir wissen schon, dass einige Kurzarbeit angemeldet haben – auch Chemie-, auch Automobilindustrie, insbesondere ich will hier, da ist die Lage natürlich differenziert einerseits auch wegen verfehlter Modellpolitik – Ford, in Klammern dazugesetzt – aber es ist klar, dass Opel und Ford bereits Kurzarbeit angemeldet haben, wie mir nachträglich gesagt worden ist, auch bei Daimler-Benz und bei VW sähe es auch anders aus. Zur Lage wird auch mit dazu zur Betrachtung, man kann über den Betrag streiten, dass klar sein wird, dass durch die Energiepreiserhöhung circa acht Milliarden D-Mark, acht Milliarden D-Mark aus dem Konsum gezogen werden, die nicht wieder über Investitionen oder sonstiges in den Konsum einfließen werden. Acht Milliarden ist sehr viel mehr als der damalige Stabilitätszuschlag.

(Unruhe.)

Wir haben, der Dissens zu einigen Teilen der Bundesregierung – ich will den Dissens nicht so ausweiten –, aber auch zum Koalitionspartner scheint meines Erachtens darin zu bestehen, dass wir in der Konjunkturpolitik der Auffassung sind, dass es jetzt an der Zeit wäre, dass die Bundesregierung auch durch ihre Maßnahmen erkennen lässt, dass rezessiven Tendenzen bei der Beschäftigung zu begegnen sei und dass nach unserer Auffassung ein solches Erkennen der Bundesregierung auch den Tarifvertragsparteien Gelegenheit gäbe, über ihren Verhandlungsspielraum nachzudenken. Die andere Meinung ist diese, dass man den Tarifvertragsparteien nicht grünes Licht geben dürfe durch Lockerung der Stabilitätspolitik. Bei uns im Arbeitskreis war man der ersten Meinung. Wir waren der Auffassung, dass besonders auf dem Gebiet der Investitionen, nun ist die Frage, ob man das über ein neues Gesetz – wie ja schon angesprochen worden ist –, über ein neues Gesetz sektoral und regional machen kann, aber der Kraftwerksbereich gehört auf jeden Fall dazu.

Aber zum Kraftwerksbereich auch noch eine Anmerkung: Wir machen jetzt ein Bundesimmissionsschutzgesetz und es gibt auch andere. Wir meinen, dass, wenn man Strom haben will, man dazu auch Kraftwerke braucht. Es geht nicht an, einfach zu sagen, wir wollen Elektrizität haben, aber keine Kraftwerke. So kann man nicht argumentieren, und wir brauchen dazu auch mehr Einsicht in die Fragen des Umweltschutzes, die Neugenehmigung, dass der Genehmigungsgang für neue Kraftwerke nicht unendlich lang ist, wie er bisher gewesen ist. Ich will hier mich einiger Äußerungen zu uns nahestehenden oder uns zugehörigen Landesministern in dieser Frage enthalten.

Wir waren der Auffassung, dass zumindest auf dem Gebiet der Investitionssteuer schrittweise etwas passieren müsse. Eine andere Auffassung im Arbeitskreis war, die Investitionssteuer insgesamt abzuschaffen. Über Stabilitätsabgabe hat – nebenbei – hier keiner gesprochen. Es war auch strittig, nicht im Arbeitskreis, sondern mehr strittig mit den Regierungsvertretern, wie man es mit dem 7b halte. Auch der 7b, so unschön er sein mag, er steht als Neuformulierung in der Steuerreform, aber in diesem Augenblick meinten einige, dass auch der 7b hier helfen würde, wenn er ab 1. Februar und so weiter, um auf dem Baumarkt Erleichterungen zu schaffen. Wir waren uns einig, dass die Streckung der regionalen Förderungsmittel, sowohl, was in der Gemeinschaftsaufgabe steht, aber auch, was in der zehnprozentigen Kürzung im ERP-Programm steht, dieses möglichst bald aufgehoben wird. Das war die Mindestforderung. Die Forderungen gingen so weiter, dass wir uns vorbereiten müssen, über eine verstärkte Inanspruchnahme des ERP-Vermögens, nicht des ERP-Wirtschaftsplans, sondern des ERP-Vermögens, um für Infrastrukturmaßnahmen der Gemeinden und so weiter auf dem Baumarkt zusätzliche Erleichterungen zu schaffen. Gar nicht für erforderlich hielten wir allerdings die Absicht, nun noch in diesen Tagen eine neue Schuldendeckelverordnung für die Gemeinden zu machen, wie das beabsichtigt worden ist.

Zu dem Kernpunkt: Ich darf noch mal sagen, wir wollen die konjunkturpolitischen Erleichterungen nutzen auch zu strukturellen Möglichkeiten, indem wir die Strukturmittel a) freigeben, zum anderen auch versuchen, sektoral und regional die Strukturmittel über das ERP-Wirtschaftsvermögen zu verbessern. Einig waren wir uns allerdings im Arbeitskreis nicht ganz mit den Vertretern der Bundesregierung, dass – und das ist der Hauptpunkt – all das nichts nützt, dass die Hochzinspolitik der Bundesbank dringend revisionsbedürftig ist, denn wir waren der Meinung, dass diese Hochzinspolitik nicht stabilitätskonform ist, sondern a) die Arbeitsplätze gefährdet und b) noch preissteigernd wirkt.

(Vereinzelter Beifall.)

Wir sind der Meinung, dass dieses erörtert werden muss auch im Zusammenhang mit der Offenmarktpolitik bei der Bundesbank. Hochzinspolitik passt nach unserer Auffassung nicht mehr in die Landschaft.

Liebe Genossinnen und Genossen, ich habe hier einen sehr gerafften Bericht [gegeben] über das, was im Arbeitskreis besprochen worden ist. Ich will hier auf Detailfragen, die im Einzelnen erörtert worden sind, wie viel Mengen man ersetzen kann, vor der Fraktion nicht eingehen, bin aber gern bereit oder andere sind gern bereit, das nachher in der Debatte mit zu erörtern. Aber ich darf nochmals abschließend sagen, wir befinden uns sowohl mit der Bundesregierung als auch noch mit dem Koalitionspartner im Stadium der Meinungsbildung. Wir werden morgen noch mal zusammenkommen, um dann endgültig unsere Stellungnahmen für die energiepolitische Debatte vorzubereiten. Es sind dann vorgeschlagen, das darf ich hier vorab schon sagen: Karl *Ahrens*, *Ehrenberg* und Peter *Reuschenbach* und ich eventuell zu sprechen. Ich möchte mir das auch vorbehalten, in dieser wichtigen Debatte selber auch einige Bemerkungen zu machen. Danke für eure Aufmerksamkeit.

(Beifall.)

Wehner: In der Diskussion verbinden wir das, Genossen. Es hat sich zu Wort gemeldet Erhard *Mahne*.

Mahne: Genossinnen und Genossen, ich möchte auf eine Detailfrage hier eingehen, und zwar auf den derzeit gespaltenen Markt auf dem Heizölsektor. Es ist zurzeit so, dass die Vertragshändler der Mineralölgesellschaften beliefert werden sollen zu 60 Prozent und ihren anderen Bedarf durch Zukäufe decken müssen auf dem freien Markt in Rotterdam. Die freien Händler aber können nur ihren Bedarf decken auf dem freien Markt, sind also angewiesen auf die Höchstpreise und können nicht zu solchen Mischpreisen kommen wie die Vertragshändler. Jetzt haben wir in der Bundesrepublik Bereiche, die durch freie Händler zu mehr als 50 Prozent beliefert werden. Hier ist einfach die Situation gegeben, dass in diesen Bereichen nur Öl gekauft werden kann, das über 50 Pfennig kommt, weil diese Mischpreise nicht möglich sind. Dazu: Wenn heute ein Kunde von einem freien Händler wechseln will zu einem Vertragshändler, wird das einfach nicht möglich sein, weil er seinen Zollschein dort gar nicht los wird, der Vertragshändler wird ihn gar nicht annehmen. Das heißt also, dass wir hier, eine Familie wegen mir in zwei benachbarten Häusern, vor der Situation stehen, der eine kann zum Mischpreis einkaufen, der andere muss zu dem hohen freien Preis einkaufen. Den Leuten deutlich zu machen, warum das so ist, ich glaube, das wird also niemandem gelingen, weil hier ja nicht gesprochen werden – ja, mit Marktmechanismus hat das sicherlich nichts zu tun, weil der Markt ja zurzeit nicht funktioniert. Die Frage ist an die Bundesregierung: Sieht die Bundesregierung die Möglichkeit auch aufgrund des Energiesicherungsgesetzes hier einzuschreiten und sicherzustellen, dass auch die freien Händler in dieser Situation mit beliefert werden von den Mineralölgesellschaften, dass die zu gleichen Kalkulationsmöglichkeiten kommen und dass wir von daher zu einer einheitlichen Preissituation kommen werden?

Wehner: Herbert *Ehrenberg*.

Ehrenberg: Liebe Genossinnen und Genossen, wenn man den Bericht des Bundeskanzlers und den Bericht von Hans-Jürgen *Junghans* über die Beratungen im Arbeitskreis Wirtschaftspolitik nebeneinanderstellt, so meine ich, konzentriert sich das, was wir überlegen müssen, vor allen Dingen auf zwei Punkte. Der erste ist der, ob es richtig ist, was ja sehr vernünftig klingt, wie der Bundeskanzler es gesagt hat, dass man hier gewissermaßen ein Zweistufenprogramm hat. Das erste grob zu bezeichnen als sparsame Nutzung und Nutzung der vorhandenen Vorräte und die zweite Stufe dann eine gewisse Form der Rationierung. Wenn wir mit großer Wahrscheinlichkeit von einer langsamen Verschärfung und dann wieder Entschärfung ausgehen könnten, wäre das sicher richtig so. Es ist nur die Frage, wenn die Verschärfung zunimmt, ob wir uns bei diesem Zweistufensystem nicht dahin bewegen, dass die zweite Stufe dann sehr viel härter ausfallen muss mangels Masse, als wenn wir sehr viel früher anfangen, doch eine gewisse Grundrationierung vorzunehmen. Wobei ja gar kein Zweifel daran bestehen kann, dass eine globale Höchstpreisfestsetzung mit Sicherheit einen Teil der freien Ölmengen vom Markt drängen würde, womit niemand gedient wäre. Daher der in der Arbeitsgruppe und im Arbeitskreis so breit diskutierte Vorschlag, ob man hier nicht zu einem gespaltenen Markt der Sicherung eines Mindestbedarfs mit festgelegten Preisen und einer freien Spitze darüber kommt, die es sicherstellt, dass auch teurer angebotene Ölmengen nicht vom Markt gedrängt werden. Ich glaube, das muss sehr gründlich überlegt werden.

Ich würde das noch ergänzen wollen durch einen bei der FDP wohl zurzeit diskutierten Vorschlag dort, die von einem gespaltenen Markt nichts wissen wollen, wo aber sehr deutlich gesehen wird, dass vor allen Dingen auf dem Bereich leichtes Heizöl es zurzeit dermaßen harte soziale Auswirkungen gibt, dass – wenn man nicht zu einer partiellen Preisbeschränkung kommt – man hier sehr massiv etwa nach dem Wohngeldschema, ohne dass das in der Form anwendbar wäre, aber in den Größenordnungen, hier eine gezielte Heizhilfe geben muss, sonst ist der Zustand sicher nicht durchzuhalten. Die FDP scheint, das ist ein sehr vorläufiges Ergebnis, diese Art der Hilfe einer Grundrationierung vorzuziehen. Aber ich glaube, hier wird sich bei uns die Diskussion darauf konzentrieren müssen.

Der zweite Punkt ist der, ob wir bei dem möglicherweise zu erwartenden Nullwachstum oder sogar darunter nicht eben doch schon jetzt sehr deutlich anfangen müssen gegenzuhalten, auch wenn der Preisindex das natürlich noch nicht zulässt. Und die große Gefahr, die wir sehen müssen und die meiner Meinung nach sehr schnell vor allen Dingen mit der Bundesbank diskutiert werden muss, ist, dass nicht passieren darf, dass die jetzt auf den Preisindex durchschlagende Erdölverteuerung von der Bundesbank nicht als ein Indikator genommen wird, dass die Stabilitätspolitik in aller Härte fortgesetzt werden muss, weil der Preisindex ja wieder nach oben geht. Das wird nun sehr deutlich zu trennen sein müssen, und wir werden die Gefahren, die für die Beschäftigungslage erkennbar sind, wenn auch noch nicht quantifizierbar, sondern nur mit sehr groben Annahmen, wir werden diesen Gefahren umso leichter begegnen, je schneller, wenn auch differenziert und nicht mit einem Schlag, wir in der Konjunkturpolitik umschalten, und da scheint die Investitionssteuer nun in der Tat das erste Instrument zu sein, das man anfassen muss. In einer gewissen Stufenfolge müssten dann weitere Überlegungen – Hans-Jürgen *Junghans* hat im Einzelnen das diskutierte Instrumentarium genannt – folgen. Aber diese Grundentscheidung, dass wir aus der Energiekrise versuchen, möglichst viele strukturpolitisch gewünschte Maßnahmen jetzt auch durchzuführen vor dem Hintergrund dieser Energiekrise, die muss sehr schnell fallen und die darf bei den notwendigen Forschungsvorhaben wie bei den dafür notwendigen Investitionen nicht an den ohne Energiekrise schon vorgefassten Haushaltstiteln scheitern, sondern da muss sehr schnell eine Neuorientierung und eine Aufstockung der Finanzierungsmöglichkeiten erfolgen.

Wehner: Heinz *Rapp.*

Rapp (Göppingen): Genossinnen und Genossen, ich möchte zunächst meiner Genugtuung darüber Ausdruck geben, dass wir der Rede des Bundeskanzlers zufolge nun offenbar doch mit einiger Konsequenz dabei sind, von der Globalsteuerung runterzukommen und uns einer struktursteuernden Konjunkturpolitik zuzuwenden. Es wird jetzt darauf ankommen, der Partei zu vermitteln, dass wir uns damit auf den Weg der Investitionslenkung gemacht haben, und zwar konkret und nicht nur abstrakt und in leeren Formulierungen, und dies zu wissen, wird der Partei guttun. Wir sollten hier, glaube ich, deutlich die Dinge ansprechen. Nun hat sich Willy *Brandt* auch dem ökonomisch-psychologischen Grenzbereich zugewandt, und da möchte ich zum Zweiten auch noch etwas dazu sagen. Ich verfolge mit einiger Sorge, was sich diesbezüglich draußen so tut. Ich habe nichts dagegen, wenn von der großen gemeinsamen Kraftanstrengung aller zur Meisterung der Krise gesprochen wird. Aber, Genossinnen und Genossen, da müssen wir aufpassen. Da gibt es Grenzen, die wir nicht überschreiten dürfen. Wir müssen aufpassen, dass es uns nicht zu Fluchtbewegungen kommt raus aus der Politik und rein in die Schicksalsgemeinschaft mit der Konsequenz, dass alsbald die neuen Juden und die neuen Freimaurer gesucht werden. Dies ist so ein bisschen drin, wenn man draußen die Versammlungen macht, nicht wahr, so ein irrationales Zusammenrückelement, weder Bunkerromantik noch Kohlrabi-Apostolat hilft uns da weiter. Worauf es ankommt, ist, dass wir die Energiekrise,

(Unruhe.)

dass wir die Energiekrise und die durch sie geschaffenen Fakten nutzen, Prozesse demokratischer Planung und staatsbürgerlich solidarischen Vollzugs durchzusetzen. Wenn wir mit unserer Langzeitarbeit ein Stück weiter wären, wäre das sicher sehr nützlich.

(Vereinzelter Beifall.)

Wehner: Hermann *Rappe.*

Rappe (Hildesheim): Liebe Genossinnen und Genossen, ich glaube, es geht zunächst einmal darum, dass die Fraktion noch einmal unterstreichen sollte, dass wir von den Mitgliedern der Regierung, also auch vom Wirtschaftsminister, also von allen zusammen möglichst glaubwürdige und auch möglichst gleichlautende Erklärungen zu der Beurteilung der Sache hören müssten, denn mit unterschiedlichen Beurteilungen – wie sie so etwa am Wochenende zu verkraften waren dann in Versammlungen – kommen wir natürlich schwerlich zurecht, zumal dann, wenn eine Reihe von Informationen spärlich fließen. Ich glaube, die Situation ist doch wohl für alle, die wir in Versammlungen waren, so zu beurteilen, dass unsere Genossen, aber auch diejenigen, die sonst in Versammlungen sind, die Fragen von Sonntagsfahrverbot und ähnlichen Punkten nicht diskutieren. Das ist nicht der springende Punkt. Der springende Punkt liegt auf dem Sektor der Preispolitik, die hier nun einfach so gesehen wird, dass Erdölkonzerne und noch viel mehr der Handel das Geschäft ins Trockene bringt, und wenn das Geschäft ins Trokkene gebracht worden ist, dann erst wären wir in der Lage, mit einer Reihe von Maßnahmen über Kartellamt oder sonstigen wirtschaftspolitischen Maßnahmen der Bundesregierung zu reagieren, das heißt sozusagen dann, wenn also die Messe gelesen ist. Das ist der kritische Punkt, der jedenfalls draußen diskutiert wird, und ich muss sagen, da fehlt auch nach der bisherigen Diskussion noch der Griff an der Sache, wie wir da herauskommen wollen und diese Schwierigkeit also nun hier darlegen wollen. Da gibt's keine Erklärung bis jetzt. Alles, was da kommt, scheint zu spät zu sein. Vor allem dann, wenn das stimmt, was aus den Belegschaftsvertretungen – also von den Betriebsräten – auch großer Erdölkonzerne berichtet wird, dass eben noch Tanker auf der Nordsee umherschwimmen und warten, dann erst zu entladen, wenn die Preise etwas höher sind. Hier wird ja doch offenbar von Konzernen und vor allen Dingen vom Handel kräftig manipuliert.

Und der zweite Gesichtspunkt, der diskutiert wird und hier auch angeklungen ist, da wollte ich anknüpfen an das, was Hans-Jürgen *Junghans* gesagt hat. Der Dreh- und Angelpunkt ist das Stabilitätsprogramm und die sektorale oder regionale Auflösung und hier möchte ich noch mal auf eine Antwort zu sprechen kommen, die Helmut *Schmidt* in einem Interview, was er uns auf den Tisch gelegt hat[26], geantwortet hat. Er sagt hier in einer Antwort: Kein Sozialdemokrat kann unter irgendwelchen Umständen eine Massenarbeitslosigkeit hinnehmen. Nun, liebe Genossinnen und Genossen, das halte ich allerdings für eine Selbstverständlichkeit, dass wir mit dieser Bundesregierung keine Massenarbeitslosigkeit produzieren in irgendeiner Form. Der Diskussionspunkt in Versammlungen auch gerade unter Gewerkschaftlern, den man auch sehr schwer wegmassiert und wegmassieren kann augenblicklich, ist die böse Unterstellung, dass wir noch im Weiteren festhalten am Stabilitätsprogramm, sozusagen von hinten durch die kalte Küche Druck auf die Tarifvertragspartei Gewerkschaft ausüben wollen. Das ist eine Sache, mit der wir uns auseinanderzusetzen haben in den Versammlungen, und ich meine, das ist auch eine böse Ecke, wenn wir uns da reindrängen lassen, nicht nur aus der Sicht des Arbeitgebers Staat in Bezug auf Besoldungsfragen, wie Willy *Brandt* das gesagt hat, sondern eben auch für alle Tarifvertragsgespräche, die es ab Herbst dieses Jahres gibt, im Verlaufe des Winterhalbjahres. Ich würde also meinen, dass über Fragen von Auflösung des Stabilitätsprogramms hier etwas konkreter gesagt werden müsste, denn da bräuchten wir konkretere Antworten auch in Bezug auf die Hochzinspolitik der Bundesrepublik. Die Fraktion sollte so nicht auseinandergehen müssen und dann wieder versuchen, Spucke und Antwort zu finden auf diese Fragen, die uns in den Versammlungen gestellt werden.

(Beifall.)

Wehner: Helmut *Schmidt*.

Schmidt (Hamburg): Genossinnen und Genossen, ich möchte vorweg sagen, dass ich in diesen Tagen euch in die Fächer legen lasse eine sehr ausführliche Rede, die sich mit der voraussichtlichen Situation der Energieversorgung der Welt und insbesondere der Bun-

---

26 Bundesminister *Schmidt* erklärte in verschiedenen Fernsehinterviews, dass die Energieknappheit aufgrund der OPEC-Entscheidung, die Fördermengen zu drosseln, in den nächsten Monaten auch beschäftigungspolitische Folgen haben würde. Vgl. die Interview-Mitschnitte und -Abschriften des Bundespresseamtes vom 20. bis zum 24. November 1973; BT Pressedokumentation, Personenordner Helmut Schmidt.

desrepublik Deutschland befasst hat, die im Juni diesen Sommers öffentlich gehalten wurde.[27] Nicht deswegen, weil ich zeigen möchte, dass ich Recht bekommen habe, sondern weil man aus den Darlegungen jener Rede entnehmen wird, die gehalten worden ist ohne jede Vorhersicht der Nahost-Krise und der daraufhin eintretenden Verknappungen und Verteuerungen auf den Ölmärkten, weil man aus jener Rede sehen wird, dass überhaupt kein Zweifel daran bestehen kann, dass – selbst wenn ein Kunststück die politischen Verwicklungen im Nahen Osten beseitigen würde – wir es gleichwohl auf eine Frist von vielen Jahren zu tun haben mit einer sehr ernstzunehmenden Gesamtsituation, die nun eher und plötzlicher eingetreten ist, als damals vorhergesehen, die aber gleichwohl, selbst wenn die politischen Verwicklungen beseitigt würden, andauern wird. Es handelt sich nicht um einen durch Zufall eingetretenen Betriebsunfall, sondern es handelt sich darum, dass ein Zufall eine ohnehin voraussehbare Entwicklung beschleunigt und plötzlich hat eintreten lassen. Das heißt, bei allem Eintreten dafür, und ich hab' mich ja in der letzten Woche darum öffentlich sehr bemüht, dass man einerseits zwar nicht schwarz malen darf, andererseits aber die richtige realistische Einstellung zu dem Problem finden darf, bei allem Eintreten für Realismus in der Sache warne ich davor, in einer Art von Kurzschlussreaktion jetzt bis Weihnachten alles Mögliche in Gang zu setzen und zu glauben, damit käme man über einen Berg, der im Lauf des Jahres '74 überwunden wäre. Es wird ein etwas längerer Atem gebraucht und es ist nicht davon auszugehen, dass – selbst wenn die politischen Verwicklungen überwunden würden – die industriepolitischen und beschäftigungspolitischen Sorgen, die wir uns jetzt machen müssen, dass die dann etwa verschwinden.

Ich will mal ein paar Bemerkungen hier, ein paar Ergebnisse vortragen aus einem Meinungsaustausch, den ich vor zwei Tagen mit hervorragenden Vertretern anderer Industriestaaten gehabt habe. Für die Vereinigten Staaten von Amerika sieht es so aus, dass sie im Augenblick damit rechnen, dauerhaft auf 15 Prozent ihrer Gesamtenergieversorgung verzichten zu müssen mit entsprechenden Konsequenzen, Wachstumsrezession einerseits, gleichzeitig sicherlich in einer ganz großen Anstrengung ihre eigenen nationalen Energiereserven auszuweiten, die Erdölschiefer, die Erdölsände sind bei den heutigen Preisen bereits wettbewerbsfähig mit dem Öl aus dem Nahen Osten, es werden dort auch auf dem Felde der Atomenergie enorme Anstrengungen gemacht werden. Amerika hat immer gezeigt, dass es sich zwar langsam nur entschließt, aber wenn sie mal so ein Programm angeleiert haben, werden die in die Vollen gehen. Die Industriegesellschaft der Vereinigten Staaten von Amerika ist wahrscheinlich von allen betroffenen Staaten am wenigsten betroffen und kann mit diesen relativ geringen Beeinträchtigungen wahrscheinlich am besten fertigwerden. Was England angeht, so muss man wissen, dass England quantitativ in derselben Lage ist wie die Bundesrepublik, dass nämlich rund 50 Prozent der gesamten Primärenergie in England auf Mineralöl entfällt und zur Gänze importiert werden muss. Frankreich liegt vielleicht ähnlich. In England und in Frankreich scheint man gegenwärtig zu meinen, dadurch, dass man sich ein bisschen araberfreundlicher verhalten hat, würde man jedenfalls zunächst einmal mit einem etwas blaueren Auge davonkommen als andere. Ich bezweifle sehr, dass sich das so realisieren wird. Die Franzosen, die Engländer, wir alle sind in einer so arbeitsteiligen Verbundwirtschaft, verbundenen Weltwirtschaft engagiert, dass zum Beispiel schon Einbrüche etwa in der deutschen Petrochemie unmittelbar und innerhalb von Tagen Rückwirkun-

---

27 Gemeint ist die Rede, die *Schmidt* Anfang Juni 1973 vor dem Schweizerischen Institut für Auslandsforschung in Zürich hielt. Vgl. den Artikel »Währungskrisen dank glücklichem Zufall gebannt« in der »National Zeitung« vom 1. Juni 1973; BT Pressedokumentation, Personenordner Helmut Schmidt.

gen haben werden auf die chemische Industrie Frankreichs, um nur ein Beispiel zu sagen. Der Gesamtzusammenhang der Märkte wird uns alle außerordentlich betreffen.

Ich möchte insbesondere das japanische Beispiel, das im Extrem zeigt, vor welchen Entwicklungen wir stehen, hier nicht verheimlichen. Japan hängt in seiner Energie fast zu 100 Prozent von ausländischen Mineralölimporten ab, in seiner Gesamtenergieversorgung. Private Haushalte spielen dort keine sehr große Rolle. Die verbrauchen nicht sehr viel für Heizung. Es handelt sich fast ausschließlich um die Industrie und den Verkehr und alles, was dranhängt. Die Japaner haben noch bis vor vier Wochen damit gerechnet, dass sie im Jahre 1974 erneut bei einer sehr hohen Inflationsrate Konsumentenpreise von plus über 12 Prozent, damit gerechnet, dass sie auch für '74 ein reales Wachstum von zehn Prozent erzielen würden. Die jetzigen Vorhersagen der japanischen Regierung – die ich nicht bitte zu publizieren, ich hätte kein Recht, das hier auszuplaudern –, die jetzigen Vorhersagen gehen darauf, dass sie rechnen bei einer Verringerung ihrer Ölimporte um nur zehn Prozent mit einem Einbruch in das Bruttosozialprodukt von bisher angenommenem Wachstum plus zehn, nunmehr vorausgeschätzt Verringerung des realen Bruttosozialprodukts in 1974 um minus fünf, bei einer Verringerung der Ölimporte statt nur um zehn um 20 Prozent sogar eine reale Verringerung des Sozialprodukts um mindestens zehn Prozent. Dies ist sicherlich das extremste Beispiel einer Industriegesellschaft, weil keine andere Industriegesellschaft so ausschließlich in ihrer Energieversorgung auf Erdölimporte angewiesen ist wie Japan. Aber es macht für uns, glaube ich, blitzlichtartig deutlich, dass in der Tendenz, wenn auch keineswegs in dieser Eindringtiefe, Ähnliches für andere Industriegesellschaften und für uns mit besorgt werden muss, wobei eine erhebliche Erschwerung der wirtschaftspolitischen, finanzwirtschaftlichen, der politischen Steuerung unserer Wirtschaft und unserer Gesellschaft darin besteht, dass im Augenblick niemand wirklich weiß, ob und zu welchen Beschlüssen die arabischen erdölfördernden Länder weiterhin schreiten werden, ob zu gemeinsamen und wie weit und wie weit das gehen wird. Das kann man nicht vorhersagen. Sicherlich ist es so, dass die arabischen Staaten bei dieser Gelegenheit begriffen haben, dass man mit Lieferung von sehr viel weniger Öl zu sehr viel höheren Preisen im eigenen ökonomischen Interesse sehr viel besser fährt als früher. Diese Erkenntnis kann überhaupt nicht mehr beseitigt werden. Kann überhaupt nicht mehr beseitigt werden! Natürlich haben die arabischen Länder auch zu berücksichtigen, dass sie die Sache übertreiben können. Natürlich haben sie auch einzukalkulieren die Gefahr, dass dem Kartell der Erdöl anbietenden Länder auch ein konzertiertes Verhalten der Erdöl verbrauchenden Industriegesellschaften folgen könnte. Nur muss ich in Klammern sagen, dass wir davon bisher überhaupt nichts erkennen konnten, weder in den vergangenen Jahren, noch dass in diesen Tagen davon sehr viel zu erkennen wäre.

Ich schicke das alles gern voraus, weil ich nun auf einige Diskussionsbeiträge zu sprechen kommen möchte, die hier im Laufe der letzten Dreiviertelstunde gemacht worden sind. Insbesondere warne ich vor dem Missverständnis, als ob wir jetzt drauf und dran seien oder die Pflicht hätten, die sogenannte und verhasste Globalsteuerung wegzuwerfen und uns stattdessen auf völlig andere Instrumente zu besinnen. Sicherlich muss hinsichtlich der Globalsteuerung einiges geändert werden. Wenn wir sie nicht, wie es richtig wäre, durch strukturpolitische Steuerungsinstrumente ergänzten, sondern wenn wir sie etwa zur Gänze ersetzen wollten, hätten wir nicht auf der einen Seite schon eine rezessive Entwicklung zu erwarten, sondern auf der anderen Seite oben drauf auf eine solche rezessive Entwicklung auch noch eine drastische inflatorische Entwicklung. Der Ausdruck Stagnation wäre dann ein sehr freundlicher Ausdruck für das, was wir kriegen können. Noch anders ausgedrückt: Jeder muss wissen, dass auf absehbare Zeit für jedermann in diesem Lande irgendwelche zu Buch schlagenden Steigerungen des realen

Einkommens, des realen Nettoeinkommens nicht erwartet werden können. Man muss umgekehrt sich – ich will niemanden erschrecken und es ist vielleicht auch nicht gut, das öffentlich zu sagen –, aber man muss sich selber vorstellen, dass wir es zu tun haben mit einer längeren Periode der Stagnation, vielleicht auch der Verringerung des realen Lebensstandards des weit, weit überwiegenden Teils unserer Gesellschaft.

Ich sage das deswegen so deutlich, weil ich aus einigen Diskussionsbeiträgen den Eindruck gewann, als ob einige Genossinnen und Genossen dächten, man könne mit allen möglichen staatlichen Finanzhilfen alle möglichen Verteuerungsprozesse auffangen und wieder verbilligen. Dieses führt nur dazu, dass da auf der einen Seite keine Produktionsausweitung stattfinden kann wegen der absoluten Limitierung von der Energieseite, dass auf der anderen Seite zwar die verfügbaren Einkommen vielleicht steigen durch Subventionierung und all dergleichen, auf der anderen Seite aber das Güterangebot nicht vermehrt werden kann und infolgedessen muss diese Vermehrung der Einkommen in die Preissteigerung gehen. Da können wir uns auf den Kopf stellen, können wir uns auf den Kopf stellen. Dies, bitte ich, ganz deutlich zu sehen. Es ist sicherlich im Augenblick etwas früh, zu beurteilen diese gesamte Mixtur von Umsteuerungen, die auf dem Felde der Steuerpolitik, auf dem Felde der Kreditpolitik, ich habe auch Besorgnisse in Bezug auf ein zu drastisches, und will im Augenblick pejorative Adjektive vermeiden, aber auf eine zu eigenwillige Politik der Bundesbank hier auszu{…}, auch diese Sorgen kann ich durchaus teilen. Aber ich bin keineswegs der Meinung, wir könnten das alles nun aufheben und ins Gegenteil verkehren. Wir haben in diesem Jahr, jedenfalls was den Bund und seine Steuereinnahmen einerseits und seine Ausgaben andererseits angeht, Stabilitätsanleihe und alles das zusammen, wir haben außerhalb des Haushalts plus Bundeshaushalt zusammen einen hohen Überschusshaushalt gefahren mit dem Ergebnis, dass in anderen Ländern die dortigen Regierungen beschimpft werden, dass sie nicht dieselbe Preissenkung zustande gebracht haben wie die Bundesrepublik. Wir haben das sehr deutlich in den letzten Tagen in Paris wieder gehört, wo man im Augenblick einer Preissteigerungsrate von zehn entgegengeht. Wir sind hier im Augenblick noch bei sechseinhalb, aber es bleibt dort nicht, liebe Freunde. Die Mineralölpreissteigerungen haben bereits durchgeschlagen und sie werden weiterhin stark durchschlagen. Nur wenn wir meinen, wir könnten – weil das alles so ist – nun munter drangehen, unsere Konjunkturausgleichsrücklagen unter die Gesellschaften zu streuen, außerdem Defizithaushalte zu veranstalten, einen gesamten Defizithaushalt der öffentlichen Haushalte insgesamt, dann – fürchte ich – werden wir in Preissteigerungen hineingeraten, die uns bald das Gefühl geben, sowohl an Skylla als auch an Charybdis zu scheitern.

Das Problem der öffentlichen Haushalte ist nicht, Schuldendeckel und Ausgabenrestriktionen generell zu beseitigen, wie es hier bei einigen geklungen hat. Das Problem ist, die verbrauchs- und einkommensorientierten öffentlichen Ausgaben so knapp zu halten, wie sie bisher waren, und dafür Bewegungsspielraum zu kriegen für öffentliche Investitionen. Einmal aus dem Grunde, dass sie wegen Erhaltung eines hohen Beschäftigungsniveaus notwendig sein werden, und es wird sehr schwierig sein, den Gemeinden klarzumachen, dass sie bei vorhersehbar sinkenden Steuereinnahmen des kommenden Jahres – auch unsere Steuereinnahmen werden ganz drastisch sinken –, es wird sehr schwer sein, dem Bund braucht man das nicht klarzumachen, der hat das gelernt im Lauf der letzten Jahre, aber den Gemeinden klarzumachen, dass sie trotz absolut hinter den Einnahmeansätzen ihrer Haushaltspläne zurückbleibenden Steuereinnahmen gleichwohl investieren müssen, damit Beschäftigung aufrechterhalten wird und dass sie dabei begreifen – und das gilt dann auch für die übrigen öffentlichen Haushalte, das gilt dann auch für die Eisenbahn und für die Post und für uns alle –, dabei begreifen, dass es überhaupt nicht in Betracht kommen kann, durch allgemeine Subventionen Geld und damit Einkommen und damit monetäre Nachfrage in die Wirtschaft zu streuen, weil das alles nur zu Preiserhöhungen führt, sondern dass wir uns konzentrieren müssen auf beschäftigungserhaltende, beschäftigungsstabilisierende und möglicherweise zusätzlich beschäftigungsschaffende Investitionen. Wobei dies mit Sicherheit – glücklicherweise – parallel läuft mit unserem Interesse, eine Reihe von Investitionen zur Umstellung oder zur besseren Ausschöpfung anderer Primärenergien zu fördern und auch solche Investitionen zu fördern, die notwendig sind, um Substituierungen von Öl auf Steinkohle oder von Öl auf Braunkohle überhaupt erst möglich zu machen in den betreffenden Betrieben. Deswegen wird sicherlich für einen solchen Sektor zum Beispiel die I[nvestitions]-Steuer in Bälde aufgehoben werden müssen. Ich warne aber vor der pauschalen Vorstellung, wir würden alle übrigen Steuerbeschränkungen aufheben. Darüber muss lange nachgedacht werden. Wenn wir alle jetzigen Steuerschrauben losmachen, ist die einzige Konsequenz nicht, dass hinterher mehr produziert wird, sondern nur, dass alle Preise steigen müssen.

In dem Zusammenhang eine Bemerkung über die preispolitischen Beschwerden, die wir alle haben und die insbesondere unsere Kollegen in den Gewerkschaften, in den Betrieben und unsere Genossinnen und Genossen in der Partei hatten. Ich bin kein großer Fachmann in Bezug auf die in den allerletzten Tagen sich entwickelt habende Preissituation beim Rohöl auf der Welt und bei den Preisen für Mineralölfertigprodukte. Mir scheint nur, dass wir ganz deutlich sehen müssen und auch entsprechend berücksichtigen müssen bei unseren öffentlichen Äußerungen, dass zwar durchaus später denkbar und vielleicht sogar notwendig wird, im Rahmen des Rohöls, das die Bundesrepublik Deutschland erreicht, dafür zu sorgen, dass anschließend keine überproportionalen unangemessenen Profite gemacht werden. Aber ich warne sehr davor sich vorzustellen, dass wir Preisvorschriften mit Erfolg androhen oder gar durchsetzen könnten in Bezug auf alles, was wir an Produkten oder an Rohöl vom Auslande bekommen. Genauso naiv ist die Vorstellung, wenn wir die deutsche Shell und die deutsche Esso verstaatlichen würden, dann würden diese verstaatlichten ehemaligen Töchter multinationaler Konzerne von jenen in Zukunft noch genauso viel Rohöl zugewiesen bekommen, wie gegenwärtig zu hoffen ist. Dieses muss man ganz brutal als eine Machtsituation begreifen, die nicht durch Mehrheitsbeschluss des Deutschen Bundestages geändert werden kann. Es ist leider so, dass die Rohölversorgung der Bundesrepublik Deutschland seit Jahr und Tag, Willy [*Brandt*] hat da etwas vornehm darauf hingewiesen, auch durch Verschulden der Regierenden und des Deutschen Bundestages ausschließlich in den Händen einiger weniger großer multinationaler Konzerne ist, die allesamt nicht in Deutschland zuhause sind, und ich warne davor zu meinen, in der gegenwärtigen Situation sei es das Wichtigste, sich mit den internationalen, mit den multinationalen Rohölkonzernen anzulegen. Dieses kann nur ins Auge gehen, denn natürlich haben die bei einer allgemeinen Knappheit des Rohöls auf der Welt erhebliche Möglichkeiten, die Dispositionen über Rohöl so zu beeinflussen, dass sie dabei finanziell ertragsmäßig am besten fahren. Es gibt keine internationalen Verträge, weder völkerrechtliche noch privatrechtliche auf längere Zeit, die uns sichern würden, darin einen bestimmten Anteil der Rohölförderung der Gesellschaft X oder Y oder Z, die in England oder in Amerika zuhause sind, uns zu sichern. Solche Verträge gibt es nicht und nun mag man darüber weinen, aber ich bitte herzlich darum, dass man begreift, dass hier eine Machtmechanik zugrunde liegt, die weder durch Parlamentsbeschluss noch durch einen Beschluss der Arbeitsgemeinschaft der Jungsozialisten änderbar ist. Und die öffentlichen Äußerungen, die öffentlichen Äußerungen, die wir auf diesem Felde tun, können schon Gefährdungen an anderem Ort außerhalb unserer Grenzen auslösen. Ich bin weiß Gott niemand, der damit sich abfinden würde, wenn unsere politische Führung oder die anderer euro-

| Fraktionssitzung | 27.11.1973 **34.** |

päischer Partnerstaaten auf Nötigungen zum Beispiel durch Erdölproduzentenländer einginge, Nötigungen, wie wir sie zum Beispiel vor einer Woche im »Spiegel« gelesen haben.[28] Auf der anderen Seite haben wir allen Grund, nicht zusätzliche Feindschaften von uns aus zu provozieren.

(Zwischenrufe und Heiterkeit.)

Ich glaube das nicht. Selbst ich hab' ja nicht mal Angst davor und bin lange nicht so mächtig wie ein internationaler Ölkonzern. Ich meine nur, darauf hinweisen zu sollen, dass vielerlei Äußerungen, die heute von uns in die Zeitungen geraten, vielerlei Wirkungen erzeugen können, bei denen sich die Urheber möglicherweise nicht alle drüber klar sind, ob sie im Ausland richtig eingeschätzt sind.

Auf dem Felde der Steuerpolitik sind hier zwei Anregungen oder eine Anregung in der Fraktion geschehen, eine andere ist auf anderem Wege an mich gelangt, die wir beide prüfen wollen. Das eine hier, was in der Fraktion gesagt wurde, bezieht sich auf die Mehrwertsteuer bei Heizöl. Auf den ersten Blick mag das was für sich haben. Es hat auch sofort auf den ersten Blick was gegen sich, muss sorgfältig gegeneinander abgewogen werden. Eine andere Anregung aus der Fraktion war zu prüfen, ob bei der Kilometerpauschale nicht dafür gesorgt werden soll, dass der Quasi-Zwang wegfällt, der heute da besteht, dass man sein Auto auch benutzt, um Anrecht zu haben auf die Kilometerpauschale. Das werden wir wahrscheinlich schnell ändern müssen.

Ich will noch einmal am Schluss auf das Nebeneinander, auf die Kombination von sogenannter Globalsteuerung, die sich hier keines großen Ansehens erfreut, wie ich vorhin das Gefühl hatte, und struktureller Steuerung zurückkommen. Wir werden es zu tun haben mit der Notwendigkeit, einerseits wo vermeidbar keine konsumorientierten, keine einkommens-, sprich konsumorientierten Ausgaben zusätzlich zu leisten und mit der Notwendigkeit, wie ich sagte, andererseits Investitionen und Beschäftigung zu fördern. Wir werden in dem Zusammenhang auch mit der Bundesbank uns einigen müssen, und ich glaube, dass das möglich ist angesichts der freundschaftlichen und kollegialen Haltung einiger wichtiger Personen dort. Ich will aber auch nicht verschweigen, dass der gegenwärtige schnelle Anstieg der Dollar-Kurse auf der Welt natürlich dazu einlädt, dass die Bundesbank einen großen Teil ihrer Dollar-Reserven verkauft. Dagegen ist nichts zu sagen, nur bedeutet das gleichzeitig Kontraktion, Verengung des D-Mark-Kreditvolumens. Dagegen ist etwas zu sagen. Man darf das nicht noch schärfer anspannen. Es ist im Augenblick schon mehr angespannt, als selbst mir geraten erscheint. Die Zahl der Zusammenbrüche und auch die Zahl von Schwierigkeiten bei angesehenen Bankinstituten gibt hier zu denken. Nur muss jeder wissen, wir können das nicht grundsätzlich umsteuern. Niemand von uns kann mangelnde Energie durch mehr Geld ersetzen. Weder fährt ein Volkswagen statt mit Benzin in Zukunft mit Geldscheinen, noch kann man eine Fabrik auf höhere Produktionstouren bringen, indem man ihr Geld gibt, mehr als sie bisher hatte, wenn man ihr nicht gleichzeitig mehr Energie geben kann. Ich bitte, das ganz deutlich zu erkennen.

Letzte Bemerkung: Ich denke, dass alle die Erwägungen, die man hier gehört hat, die zum Teil der Bundeskanzler selber als Tendenzen vorgetragen hat, Fragen und kritische Fragen, die man heute Nachmittag hier gehört hat, und andere, die noch nicht gestellt und auch noch nicht beantwortet worden sind, werden insgesamt wohl dazu führen müssen, dass die politische Führung dieses Landes – die Willy [*Brandt*] vorhin in ihrer Umfassenheit gekennzeichnet hat – in der Zeit bis zum Beginn der Weihnachtsfe-

---

28 Gemeint ist vermutlich das Interview mit Yousuf Ahmed *Al Shirawi*, dem Öl-Minister von Bahrein: »Bauen Sie mal ein Auto mit Atomantrieb«; »Der Spiegel«, Nr. 47 vom 19. November 1973, S. 116 f.

rien eine erhebliche Umorientierung ihrer gesamten umfassenden ökonomischen Konzeption sich erarbeiten muss. Das Gutachten, das uns die Sachverständigen geliefert haben vorige Woche, hilft uns hierbei nur sehr wenig. Es sagt uns, wie es hätte kommen können, wenn etwas nicht eingetreten wäre, was aber inzwischen eingetreten ist und was auch nicht so leicht wieder weggehen wird. Wir werden das im Lauf der nächsten Wochen – und ich nehme an unter Beteiligung der Fachleute aus den beiden Regierungsfraktionen –, im Lauf der nächsten Wochen erarbeiten müssen, aber ich würde auch darum bitten, dass nicht Einzelne von uns eigene einzelne Ideen jetzt im Augenblick herausposaunen, ehe sie miteinander abgeklärt und hin und her gewendet worden sind. Genauso wie ich darauf aufmerksam machen muss, dass die möglicherweise eintretende Notwendigkeit, 1974 keinen Überschuss-, sondern einen Defizithaushalt de facto zu fahren, genauso wenig wie das dazu führen kann, dass alle möglichen lang aufgehobenen Lieblingswünsche und aufgeschobenen Lieblingswünsche bei dieser Gelegenheit realisiert werden können. Auch wenn es uns gelingt, wie Willy *Brandt* mit Recht sagt, auch wenn es uns gelingt, ein hohes Niveau der Beschäftigung aufrechtzuerhalten und auch wenn es so sein mag, dass das beschäftigungspolitische Interesse der Arbeitnehmer in Deutschland demnächst stärker im Vordergrund stehen wird als im letzten Jahr, wo das preispolitische Interesse im Vordergrund stand, auch dann haben wir ein großes wirtschaftliches und ich sage auch innenpolitisches Interesse daran, nicht mehr als unbedingt vermeidbar Preissteigerungen, sprich Reallohnkürzungen, für unsere Arbeitnehmerschaft in Kauf zu nehmen. Im Gegenteil, soweit als irgend vermeidbar müssen wir auch im Jahr '74 Preissteigerungen nicht zulassen. Herzlichen Dank.

(Starker Beifall.)

Wehner: Genossinnen und Genossen, bitte mich nicht falsch zu verstehen, wenn ich die vor mir liegenden Meldungen zur Diskussion ansehe, muss ich darum bitten, dass wir freiwillig, wie das heute ist, unsere Redezeit ein wenig rationieren. Ich möchte versuchen, mit der Gesamtzeit auszukommen. Vor uns haben wir noch einen Bericht, den wir gerne dort auch haben und diskutieren wollen, von Wilhelm *Haferkamp* und außerdem den Bericht jener Arbeitsgruppe Postgebühren, der vielleicht eine erste Lesung dieses Berichts ergeben wird, aber der auch erstattet werden muss und einige von denen müssen dann zu einer Besprechung, von der der Bundeskanzler gesagt hat, heute am frühen Abend oder späten Nachmittag finde sie statt. Ich möchte jedenfalls dann mit dem Rest der Fraktion nicht hochstapeln müssen, um das, was übrig bleibt, zu erledigen bei einer ermüdeten Gesamtfraktion machen müssen. Also freiwillig rationieren. Als Nächster *Coppik*.

(Zwischenruf.)

Ich hab' das Wort schon erteilt, nach *Coppik* kriegst du das.

Coppik: Genossinnen und Genossen, Willy *Brandt* und andere haben darauf hingewiesen, dass die Ölkrise schon viel früher begonnen hat, und sie haben auch auf Versäumnisse in der Vergangenheit hingewiesen und auch ein bisschen auf die fehlende Planung, langfristige Planung jedenfalls in der Vergangenheit. Nun meine ich, dass man in dem Zusammenhang dann aber doch die Frage nach der Motivation für das Fehlen einer solchen Planung ebenfalls stellen muss und danach, ob es nicht vielleicht eben jene Vorstellung war, dass bei uns die Marktwirtschaft letztlich alles alleine regeln würde. Das heißt, man hat die Entwicklung doch weitgehend einem Fetisch überlassen, der zunehmend bei uns zu einer heiligen Kuh geworden ist, und ich kann mich noch an den Frankfurter Genossen Fritz *Opel* erinnern, der auf dem Wahlparteitag in Dortmund mal gesagt hat, wir werden diesen Fetisch vielleicht früher, diese heiligen Kühe früher schlachten müssen, als es die Inder mit ihren heiligen Kühen tun. Nun – in der Situation wie wir jetzt sind, hat es sicherlich wenig Sinn, über die Vergangenheit nachzudenken. Ich meine aber, dass dieser Fetisch ja auch in der Gegenwart noch eine gewisse Rolle zu spielen scheint, und da habe ich mir mal erlaubt, einen Blick in unser Grundsatzprogramm reinzuwerfen, das ich mitunter bei mir führe. Und da heißt es: »Wo mit anderen Mitteln eine gesunde Ordnung der wirtschaftlichen Machtverhältnisse nicht gewährleistet werden kann, ist Gemeineigentum zweckmäßig und notwendig«.[29] Nun wird niemand sagen wollen, dass das, was wir heute in diesem Energiesektor haben, eine gesunde Ordnung ist, wenn in einer bestimmten Mangellage einige wenige Konzerne Riesenprofite schlagen, währenddessen auf der anderen Seite Arbeitsplatzgefährdung und anderes ansteht. Nun – ich meine, wenn wir uns darüber einig sind, dass eine gesunde Ordnung in diesem Bereich nicht besteht und im Grunde genommen auch gar kein Markt in diesem Bereich besteht, weil er von einigen wenigen total beherrscht wird, so muss man sich doch überlegen, wie dieser Situation begegnet werden kann. Und bisher hab' ich jedenfalls keinerlei marktwirtschaftliche Mittel, aber auch keine sonstigen Mittel hier vorgetragen bekommen, die in der Lage wären, auch langfristig – auch langfristig – dieses Problem zu lösen. Und wenn ich hier insbesondere höre solche Stellungnahmen, dass man keine Preisbeschränkungen etwa machen könnte, weil dann keine Lieferungen in hinreichendem Umfang mehr nach Deutschland kämen, so sieht man doch deutlich, dass hier eine gewisse Willkür von einigen Wenigen besteht und offensichtlich auch aufgrund der Machtsituation man sich dieser Willkür offenbar beugen muss. Und da meine ich, die Energieversorgung der Bevölkerung ist so lebensnotwendig, dass sie nicht der Willkür, langfristig jedenfalls nicht der Willkür der Mineralölkonzerne überlassen bleiben darf und deswegen möchte ich für meine Person jedenfalls durchaus die in der Öffentlichkeit erhobene Forderung nach Verstaatlichung auch hier in die Diskussion mit einbringen. Sicherlich nicht als Patentrezept für eine kurzfristige Lösung, wohl aber als eine Perspektive, die man in die Zukunft in dem Bereich der Energiewirtschaft sehen kann, und ich meine, dass diese Tendenz auch von dieser Bundestagsfraktion unterstützt werden sollte.

Natürlich wirft so etwas Probleme auf, aber ich meine, dass das, was Helmut *Schmidt* dazu gesagt hat, auch etwas zu einfach ist, wenn man das so abtut, die multinationalen Konzerne würden dann nicht mehr liefern nach Deutschland. Denn es ist ja immerhin so, dass diese multinationalen Konzerne hier in Deutschland vollständige Zulieferungs-, Verarbeitungs- und Vertriebssysteme haben, und wir haben auf der anderen Seite bei den erdölfördernden Ländern verstaatlichte Anlagen, mit denen durchaus ein unmittelbares Vertragsverhältnis geschaffen werden könnte in einer langfristigen Entwicklung. Natürlich ergeben sich dabei Probleme, etwa wie das Transportproblem und einiges mehr, aber es ist nicht so, dass man sagen kann, sie liefern dann hier einfach nichts mehr und deswegen kann überhaupt nichts gemacht werden. Ich weiß nicht, wann und wie Helmut *Schmidt* sich mit den multinationalen Konzernen auseinandersetzen will. Ich gehe ja immerhin davon aus, dass du auch nicht der Meinung bist, dass für die nächsten Jahrzehnte hinweg diesen Konzernen eine unumschränkte, ständig wachsende Macht zugebilligt werden kann. Das würde eine Kapitulation der politisch verantwortlichen Gremien bedeuten, und ich meine, da muss man sich eine Strategie ja auch mal überlegen und auch überlegen, ob und wann und an welcher Stelle Konflikte möglich sind.

---

[29] Zum Godesberger Programm vgl. GRUNDSATZPROGRAMM DER SOZIALDEMOKRATISCHEN PARTEI DEUTSCHLANDS, beschlossen vom außerordentlichen Parteitag der Sozialdemokratischen Partei Deutschlands in Bad Godesberg vom 13. bis 15. November 1959, hrsg. vom Vorstand der Sozialdemokratischen Partei Deutschlands, Bonn 1959.

Ich jedenfalls möchte beantragen, dass diese Fraktion eine Arbeitsgruppe einsetzt, die die Möglichkeiten einer Verstaatlichung untersucht und entsprechende Vorschläge vorlegt, gegebenenfalls in Zusammenarbeit mit dem wirtschaftspolitischen Ausschuss beim Parteivorstand. Ich bin überzeugt, dass diese Forderung in der Öffentlichkeit voll verstanden wird. Ich jedenfalls habe auf den Veranstaltungen, auf denen ich in der letzten Woche gesprochen habe und wo ich diese Forderung aus meiner Sicht vertreten habe, eigentlich nur Zustimmung gefunden. Nur Zustimmung gefunden, unabhängig von einem einstimmigen Beschluss meines Unterbezirksparteitages.

(Unruhe.)

Aber ich weiß ja inzwischen, dass das hier nicht unbedingt alles zählt. Nun – selbst der Taxifahrer, der mich zum Bahnhof gebracht hat, hat gemeint, ich muss mich damit durchsetzen. Ich hab' ihm gesagt, wenn nicht heute, dann in zehn Jahren. Aber ich wollte trotzdem nicht versäumen, diese Forderung, weil ich meine, dass wir hier auch eine langfristige Konzeption mit in die Diskussion einbeziehen müssen, hier auch mit aufzustellen.

Wehner: Zur Geschäftsordnung Ludwig *Fellermaier*.

Fellermaier: Liebe Genossinnen und Genossen, ich glaube, es wäre nach dem Bericht des Bundeskanzlers sinnvoll, jetzt in die Diskussion den Bericht des Genossen *Haferkamp* mit einzubeziehen, weil er ja aus europäischer Sicht das eine oder andere ergänzen wird, dann könnte das gleich mitdiskutiert werden.

Wehner: Ist ein Antrag. Spricht jemand dagegen? Nicht der Fall. Sollen wir jetzt *Haferkamp* bitten, das Wort zu nehmen? Man kann doch nun nicht jemanden hinhalten und dann das wieder wegziehen.

[C.]

Haferkamp: Liebe Genossinnen und Genossen, ich – habt keine Angst, ich halte hier keinen Vortrag. Ich bitte das, was ich sage, vielleicht als eine etwas ausgeweitete Diskussionsbemerkung anzusehen. Als ich gebeten wurde, zu aktuellen Fragen der Europäischen Gemeinschaft zu sprechen, das ist einige Zeit her, habe ich ein bisschen mehr daran gedacht, das darzustellen, was vor diesem Jahresende in der Gemeinschaft noch geschehen sollte auf Grundlage der Beschlüsse der Gipfelkonferenz von Paris von vor einem Jahr[30], und es wird damit ähnlich sein wie mit der Tagesordnung dieser eurer Sitzung, dass zwar diese aktuell brennenden Probleme, die uns in den letzten Minuten, in den letzten zwei Stunden hier beschäftigt haben, auch für Europa in den Vordergrund treten, dass aber die anderen Punkte nicht von der Tagesordnung abgesetzt werden können. Auch diese Dinge gehen weiter.

Nun einige Bemerkungen zu den Hauptthemen, die hier heute besprochen worden sind. Der Bundeskanzler hat schon auf die Notwendigkeit der europäischen Solidarität hingewiesen und dass sich in dieser Krise bewähren muss, was aus diesem Europa wird. Es liegt auf der Hand, dass, wenn diese Solidarität in dieser Frage nicht zustande kommt, sie in anderen wichtigen Bereichen auch keine Grundlage haben wird und nicht zu Fortschritten führen kann. Was heißt das konkret? Wir müssen in Europa, ähnlich wie das hier diskutiert worden ist, dazu kommen, dass die verfügbare Energie nach Prioritäten verteilt wird und Prioritäten zugeleitet wird zur Sicherung eines möglichst hohen Beschäftigungs- und Produktionsniveaus. Das gilt für alle. Helmut

---

30 Gemeint ist die Pariser Gipfelkonferenz am 19. und 20. Oktober 1972, auf der sich erstmals die Staats- und Regierungschefs der Mitgliedsländer der erweiterten europäischen Gemeinschaften trafen. Zu den Beschlüssen vgl. EUROPA-ARCHIV 1972, D 501–508.

Schmidt hat schon einige Beispiele genannt, dass aus dieser Situation man sich nicht einfach davonstehlen kann und isolierte Lösungen treffen kann. Ein einfaches Beispiel: Wenn diese europäische Solidarität nicht spielt und etwa die Holländer gezwungen wären, ihre Erdgaslieferungen daraufhin auch zu drosseln, würden zusätzliche Probleme nicht nur für Frankreich, sondern auch für die Bundesrepublik aufwerfen. Ich glaube, wir haben alles Interesse daran, dass wir versuchen, diese Prioritäten in Europa durchzusetzen. Es gibt Möglichkeiten dafür in der Gemeinschaft. Es gibt sogar feste Regeln für so etwas im Rahmen der OECD und es ist sicher wichtig, dass der Ministerrat am 3. und 4. des nächsten Monats – also Montag/Dienstag nächster Woche – das einmal konkret in Bewegung bringt.

Es ist auf die mittel- und langfristigen Aufgaben der Energiepolitik hingewiesen worden. Ich hätte hier Lust, etwas Ähnliches zu tun wie Helmut *Schmidt* mit dem Vortrag aus Juli. Ich könnte hier Vorschläge der Europäischen Kommission der letzten Jahre ebenso verteilen lassen, aber was nützt es, über die Vergangenheit zu weinen? Wir werden neue Quellen der Energie erschließen müssen. Wir werden Forschung und Investitionen intensivieren müssen. Wir müssen rationelle Verwendung von Energie betreiben. Das ist etwas, was sicher national angepackt wird, aber es liegt auf der Hand, dass das wirkungsvoll unterstützt werden kann, wenn es im gemeinschaftlichen Rahmen geschieht. Man sollte dabei auch sehen, dass es nützlich wäre, wenn nicht neun Länder neunmal nebeneinander dasselbe tun, sondern hier eine Arbeitsteilung und eine Konzentrierung der Kräfte vornehmen. Es gibt auch die Möglichkeit, in wichtigen Bereichen – insbesondere Montanunion Kohle, EURATOM – europäische Mittel in Bewegung zu bringen. Ich denke hier nicht etwa an zusätzliche Budgetmittel, sondern an die Möglichkeiten, die nach dem Montanvertrag[31] und dem EURATOM-Vertrag[32] gegeben sind für Anleihen und ähnliche Dinge. Es ist sicher auch nicht ohne Bedeutung, wenn wir für die Zukunft eine systematische Zusammenarbeit der Verbraucherregionen entwickeln. Auch das ist etwas, was sich sicher besser zwischen Europa und den anderen Regionen abspielt als zwischen einzelnen Staaten. Das gleiche gilt für die Zusammenarbeit unserer Verbraucherregionen mit den Produzentenregionen. Auch hier sollte man weiterdenken, nicht nur national operieren, sondern auch an etwas anknüpfen, was Willy *Brandt* in seiner Rede vor dem Europäischen Parlament in Straßburg im Zusammenhang mit der europäischen Aufgabe zum Ausbau und zur Sicherung des Friedens in Nahost gesagt hat. Auch das könnte etwas sein, was auf europäischer Ebene angegangen werden kann.

Es ist von Helmut *Schmidt* sehr nachdrücklich auf die Gefahren hingewiesen worden, die im Zusammenhang mit gleichzeitiger Inflation und Rezession entstehen können. Es wird auch hier eine wichtige Aufgabe der europäischen Politik sein, dass wir gleichzeitig unsere Stabilitätsbemühungen voranbringen und gleichzeitig unsere Anstrengungen unternehmen, um die Beschäftigung zu sichern beziehungsweise die Einbrüche, die entstehen können, so gering wie möglich zu halten. Auch hier ist die Interdependenz unserer Volkswirtschaften so stark, dass wir alle Anstrengungen machen müssen, das gemeinschaftlich zu tun und auch das wird ein wichtiges Thema der nächsten Ministerratssitzung am Montag und Dienstag sein. Wir wollen uns doch nicht darüber täuschen, dass die Angebotsverminderung, die sinkende Produktivität, die Beschäftigungseinbrüche uns vor große Probleme bis in die Stagflation hinein stellen können und dass wir das

---

31 Zum Vertrag vom 18. April 1951 über die Gründung der Europäischen Gemeinschaft für Kohle und Stahl vgl. BGBl. 1952, II, Nr. 7, S. 445–504.
32 Zum Vertrag vom 25. März 1957 zur Gründung der Europäischen Wirtschaftsgemeinschaft und der Europäischen Atomgemeinschaft vgl. BGBl. 1957, II, Nr. 23, S. 753–1223.

gemeinschaftlich europäisch angehen können und müssen. Angebotsverminderung – wir hätten hier gewiss Möglichkeiten, die schon lange vorgeschlagen sind von der Kommission, wie sie von der Bundesregierung immer unterstützt worden sind, zum Beispiel Angebotsvermehrung durch Zollsenkungen im Rahmen der gemeinschaftlichen Handelspolitik durch Kontingentausweitungen in der gemeinschaftlichen Handelspolitik. Also Möglichkeiten des gemeinschaftlichen Vorgehens in Europa auch zu diesen brennenden Themen, die wir heute diskutieren, sind gegeben.

Ich will einen weiteren Hinweis machen auf die Bedeutung der europäischen Wettbewerbspolitik im Zusammenhang mit dem, was hier von den Preisen gesagt worden ist. Es ist vom Bundeskanzler schon darauf hingewiesen worden, dass man das Bundeskartellamt hier einschalten will. Ich glaube, eine gleichgerichtete europäische Aktion auch unter Ausnutzung der Wettbewerbsartikel des Europäischen Vertrages wird hier uns weiterhelfen können in Richtung auf das, was Willy *Brandt* mit den gläsernen Taschen bezeichnet hat. Die Kommission wird für den nächsten Montag für den Ministerrat dafür Vorschläge machen. Ich möchte also sagen, dass wir hier Möglichkeiten und die Notwendigkeit europäischer Zusammenarbeit haben und dass das uns führt, zwangsläufig führen wird zu einer besseren Koordinierung auch der Wirtschaftspolitik, und in diesem Zusammenhang ist ein Tagesordnungsthema des Jahresendes von Europa sehr wichtig, nämlich die Frage des Übergangs in die zweite Stufe der Wirtschafts- und Währungsunion. Ich will hier auf Details nicht eingehen. Die Vorschläge der Kommission liegen auf dem Tisch. Die Finanzminister haben am 9. November beschlossen, dass sie möglichst am 3. und 4. Dezember konkrete Entscheidungen treffen. Der Kern der Vorschläge der Kommission geht darauf hin, dass in Zukunft eine sehr viel stärkere Koordinierung der Wirtschaftspolitik in der Gemeinschaft stattfindet, als das bisher der Fall war und dass wir gleichzeitig währungspolitische Fortschritte machen.

Ich will mich auf diese wenigen Bemerkungen beschränken. Ich weiß, dass in der Fraktion und auch in der Bundesregierung, und dass es ein besonderes Anliegen auch von Helmut *Schmidt* ist, das Stichwort Finanzgebaren der Gemeinschaft zu behandeln, dass es ein wichtiges Anliegen ist, die Frage der Institutionen der Gemeinschaft, insbesondere auch der Rechte des Europäischen Parlamentes zu behandeln. Ich will angesichts der Zeitlage der Diskussion hier darauf nicht eingehen, möchte euch aber sagen, sollten in der Diskussion dazu Fragen gestellt werden, solltet ihr den Wunsch haben, dass ich dazu Äußerungen mache, will ich das gerne tun. Ich möchte abschließend sagen, dass es zum Schluss des Jahres in Europa um ganz wichtige Entscheidungen geht zu den Hauptpunkten, die ihr bisher hier behandelt habt heute, zu den anderen Positionen, die in Europa auf der Tagesordnung bleiben. Damit will ich nicht sagen, dass ich rechne, dass bis zum 31. Dezember alles in den Details geregelt werden kann, aber es wird grundsätzliche Festlegungen geben – ganz besonders auch durch die Gipfelkonferenz, die für Kopenhagen vorgesehen ist. Wenn das so ist, dann werden wichtige konkrete Entscheidungen aufgrund dieser politischen Festlegungen im Beginn und im Anfang des nächsten Jahres getroffen werden, das heißt unter der deutschen Präsidentschaft im Ministerrat. Ich möchte meinen, dass das eine wichtige Sache ist, die auch wegen der möglichen Erfolge auf diesen Gebieten innenpolitisch nicht ganz ohne Bedeutung sein können. Danke schön.

(Beifall.)

Wehner: Danke Wilhelm *Haferkamp*, und ich bedaure, dass er sich hat so gedrängt hier mit den Fragen nur befassen können. Das gab mir ein Stichwort. Der Fraktionsvorstand hat gestern einen Vorschlag positiv beschlossen, eine Arbeitsgruppe zur Erörterung und zur Ausarbeitung von Vorstellungen Haushaltsbefugnisse des Europäischen

Parlaments [...] einzusetzen und auch nominiert, obwohl wir damit, das weißt du besser als wir, nicht weiterkommen, insofern wir nur noch einmal sagen können, worauf es eigentlich ankäme. Aber das steht mit zur Diskussion, was hier Wilhelm *Haferkamp* gesagt hat. Als nächster hat das Wort Karl *Ahrens*.

Ahrens: Genossinnen und Genossen, vorweg eine kurze Anmerkung zu unserer Argumentation. Willy *Brandt* hat eben gesagt, wenn man sich das Energieprogramm ansehe, dann läse sich das so wie so ein jugendreines oder so eine Ausgabe für ein Mädchenpensionat. Nun kann man natürlich zu diesem Energieprogramm vieles sagen. Trotzdem möchte ich nicht erleben, wie mies wir dastünden, wenn wir es nicht hätten. Wir haben immerhin, darin sind die Fragestellungen, die sich uns heute stellen, sind klar formuliert, dass wir darin Ende August noch keine Antworten auf die heutige Situation finden konnten, die ja praktisch einen Wirtschaftskrieg gegen uns darstellen, so muss man es doch sehen, sollten wir uns nicht als Vorwurf anrechnen lassen. Da sollten wir also auch offensiv darauf hinweisen. Dass wir das Programm fortschreiben müssen, steht übrigens schon drin. Das ist selbstverständlich.

Das Zweite: Ich meine, wir sollten die verschiedenen Maßnahmen, die im Augenblick anlaufen, etwas besser koordinieren. Zwei Beispiele: Es wurde vorhin vom Bundeskanzler gesagt, dass Überlegungen im Gange sind, die Investitionssteuer für die Energiewirtschaft abzubauen. Im selben Augenblick unterhalten wir uns darüber, ob wir die Vermögensteuer für denselben Wirtschaftszweig nicht um 100 Millionen erhöhen. Das läuft unter dem Oberbegriff Abbau von Subventionen. Nun kann man schon verschiedener Ansicht darüber sein, ob es sinnvoll ist, ausgerechnet dort Subventionen zunächst abzubauen, wo es sich um größtenteils in öffentlicher Hand befindliche Unternehmen handelt, ob das das Erste sein müsste. Ich meine aber, man sollte darüber jetzt noch mal nachdenken, und ich habe von Rainer *Offergeld* gehört, dass das heute noch geschehen soll. Ich hoffe, dass wir da zu einer anderen Lösung kommen, denn das wäre ja irgendwie auch unverständlich in dieser Situation.

Ein anderes Problem, das Hans-Jürgen *Junghans* kurz angesprochen hat – die Frage des Umweltschutzes, des Immissionsschutzgesetzes. Dieses Immissionsschutzgesetz fügt beispielsweise für die Genehmigung von Kernkraftwerken den beiden Genehmigungsverfahren atomrechtlicher und wasserrechtlicher Art noch ein drittes hinzu. Das ist vielleicht unvermeidbar, nur muss es so geregelt sein, dass dann nun nicht etwa sich noch das Genehmigungsverfahren, das ja nun schon über fünf, sechs Jahre oder noch länger läuft, sich nun womöglich noch weiter verzögert, sondern es müsste – und da sind Vorschläge gemacht worden auch schon – es müsste doch möglich sein, dass man diese Genehmigungsverfahren besser ineinander verzahnt. Wir dürfen sicherlich nicht in den Fehler verfallen, dass wir all das, was wir im Augenblick über Umweltschutz jahrelang an Erkenntnissen gesammelt haben, nun wieder über Bord werfen. Nur das Verfahren könnte sicherlich sehr viel vereinfacht werden.

Zu dem, was Wilhelm *Haferkamp* gesagt hat: Ich glaube, wir müssten auch dort die Dinge etwas im Zusammenhang sehen. Wir unterhalten uns im Augenblick gerade auch in unserem Arbeitskreis darüber, wie wir uns zu diesem Regionalfonds halten sollen. Ich meine, ich sehe ein, wir kommen ohne diesen Regionalfonds nicht herum. Dass wir Deutschen dabei draufzahlen müssen, ist selbstverständlich. Nur – solange noch ausländische Politiker damit vor ihre eigene Bevölkerung hintreten und sagen, wir waren eben schlauer als unsere Nachbarn, wir haben von vorherein ein besseres Verhältnis gesucht, und wenn dann versucht wird, durch Überbieten an die Ölquellen heranzukommen zulasten der anderen europäischen Staaten, ich meine, so lange sollten wir uns auch in den Punkten, wo man von uns etwas fordert, ruhig etwas hartherzig zeigen.

(Vereinzelter Beifall.)

Wehner: Erich *Henke.*

Henke: Genossinnen und Genossen, ich wollte einige wenige Bemerkungen zum Problem Mehrwertsteuer auf Heizöl machen. Wir wissen, dass die Wohnkosten in den letzten Jahren in zunehmendem Maße ein politischer Preis geworden sind, so wie das früher beim Brotpreis war, geht das heute mit den Mieten. Zu den Wohnkosten gehören aber auch die Heizungskosten einer Wohnung und wenn man weiß, dass eine 50-Quadratmeter-Wohnung bei einer Erhöhung des Ölpreises von 15 auf 30 Pfennig pro Monat zwischen 30 und 40 Mark mehr Zuschlag für die Heizungskosten aufbringen muss und dass bei einer Erhöhung von 15 auf 45 Pfennige, und das ist ja wohl im Moment die aktuelle Lage, sich das sofort erhöht von 60 auf 80 Mark, dann könnt ihr euch natürlich vorstellen, wie so etwas in der Bevölkerung wirkt und wie das auch innerhalb unserer Partei in ganz kurzer Zeit auf uns zukommen wird. Und ich meine, wir sollten uns hier und heute schon darüber Gedanken machen und diese Sache vielleicht offensiv zu regeln versuchen. Nun hat der Bund, das muss man sehen, dazu nur recht wenige Möglichkeiten. Ich glaube, eine Möglichkeit, die von vornherein ausscheidet, ist das, was am vergangenen Wochenende in die Diskussion gebracht wurde, dieses Warmwohngeld habe ich irgendwo gelesen. Man will also offenbar jetzt nicht nur die nackte Miete über Wohngeld subventionieren, sondern auch das, was da an Nebenkosten dazukommt. Dies ist technisch ein nahezu unmögliches Unterfangen und schafft mit Sicherheit völlig neue Ungerechtigkeiten. Was machen wir denn bei dem alten Mütterchen, das eine ofenbeheizte Wohnung hat? Ich glaube, das sollten wir uns also von vorherein aus dem Kopf schlagen. Darüber ist das Problem nicht zu lösen.

Ich glaube auch, dass es richtig ist, dass man die Dinge bundesseitig nicht dadurch begünstigen kann, dass man auf die Mineralölsteuer verzichtet. Die macht nämlich überhaupt nichts aus oder sehr wenig aus. Das sind 8 Mark pro Tonne oder umgerechnet auf den Liter Heizöl noch kein Pfennig, nämlich 0,8 Pfennige. Dies hilft uns nicht weiter. Ich glaube aber, dass es sehr positiv draußen ankommen würde und doch ein gewisses Signal geben könnte über unsere Einstellung zu all den Dingen, wenn wir uns in der Frage einmal der Mehrwertsteuer nähern würden und hier den Satz von 11 Prozent halbieren würden auf den Satz von 5,5 Prozent, den wir ja kennen auch in anderen Bereichen bei lebensnotwendigen Verbrauchsgütern. Die Mehrwertsteuer macht, wenn ich einen Preis von 45 Pfennige pro Liter Heizöl zugrunde lege, schon annähernd 5 Pfennige aus. Dies ist also eine durchaus interessante Größenordnung und sie ist auch deshalb noch interessant, weil sie ja auf jeder Heizölkostenrechnung gesondert ausgewiesen wird. Der Verbraucher, der Endverbraucher kann ja hier ablesen, präzis ablesen, wie hoch ist denn der Anteil dessen in dem Gesamtpreis, der nun also direkt an den Staat, an den Fiskus abgeführt werden kann.

Genossinnen und Genossen, ich glaube, wir können das machen, weil wir nämlich unterm Strich immer noch höhere Einnahmen bei der Mehrwertsteuer haben. Wir wissen, dass die wertmäßige Steigerung beim Heizöl allein über 300 Prozent beträgt, die wertmäßige Steigerung, die ihren Hintergrund in der Kostenentwicklung hat. Wenn wir also auf die Hälfte Mehrwertsteuer verzichten, haben wir immer noch 50 Prozent höhere Einnahmen als bei den Preisen, die früher zwischen zehn und 15 Pfennigen im letzten Jahr gelegen haben. Man kann also hier nicht mit dem Einwand kommen, der Fiskus würde hier nun also zur Ader gelassen und es würde ein Einnahmeverzicht entstehen. Das ist nicht der Fall, im Gegenteil: es wird noch eine Einnahmesteigerung entstehen. Ich meine, wir sollten uns nicht einer erneuten Diskussion aussetzen, dass – wie das bei der Lohn- und Einkommensteuer ja der Fall war und noch ist – der Staat Infla-

Fraktionssitzung 27.11.1973 **34.**

tionsgewinner ist, dass er nämlich an den höheren Einnahmen durch höhere Steuereinnahmen profitiert. Ähnlich läuft die Diskussion schon, und ich prophezeie, sie wird in den nächsten Tagen ganz verstärkt laufen, dass der Staat jetzt auch ein Gewinner aus der Ölkrise sein wird. Diesen Eindruck sollten wir dadurch abbauen und erst gar nicht entstehen lassen, dass wir von vornherein klarstellen, dass wir die erhöhten Ölpreise jetzt nicht auch noch über erhöhte Mehrwertsteuereinnahmen bundesseitig aufstocken wollen. Ich glaube, ein solches Signal würde, wenn es jetzt von uns gebracht würde, draußen sehr positiv verstanden. Wenn wir damit noch einige Wochen warten, werden wir wahrscheinlich vor dem äußeren Druck erneut in diese Diskussion kommen und dann sieht das Ganze sehr viel schlechter aus.
(Beifall.)

Wehner: [Horst][33] *Haase*.

Haase (Fürth): {...} dass 20 Prozent der Mineralölstoffe für die Industrie nicht zur Verfügung stehen würden, dann stellt sich natürlich die Frage nach den Prioritäten. Wenn ich an Kunststoff denke, der ja aus Erdöl gemacht wird, dann ist das für uns eine zentrale Frage und damit natürlich auch eine zentrale Frage wahrscheinlich für viele Arbeitsplätze. Das Gleiche lässt sich fortsetzen bei einigen anderen Produkten, die aus Erdöl gemacht werden, und diese 20 Prozent, von denen der Bundeskanzler sprach, müssen daher meiner Meinung nach mit einer klaren Prioritätenliste zunächst einmal beantwortet werden. Das wird sich anders nicht machen lassen. Insoweit werden wir auch Einschränkungen von der Verfügungsgewalt über diesen Rohstoff hinnehmen müssen. Hinnehmen müssen sowohl bei denen, die verarbeiten, wie bei denen, die liefern. Das bezieht sich jetzt nicht auf den Preis, das bezieht sich auf die Verfügungsgewalt, wo und was produziert würde, wenn man die Arbeitsplätze dabei auch im Auge hat. Das ist der eine Punkt, den ich hier mindestens anschneiden wollte.

Der zweite ist der des privaten Verbrauches. Mir scheint, dass da die Frage der Mehrwertsteuer eine Möglichkeit ist, aber auch eine andere Möglichkeit die der sozialen Ausgleichsmaßnahmen, die vielleicht viel gezielter wirken kann als eine Reduzierung der Mehrwertsteuer. Man sollte also sehr wohl überlegen, ob man analog dem Wohngeld, ich will nicht sagen zum Wohngeld zuschlagen, ich will nur sagen, analog dem Wohngeld Maßnahmen trifft, um wenigstens die ärgsten sozialen Probleme zu lösen und in gewissen Bereichen auch sogar zufriedenstellend regeln zu können.

Genossen, in diesem Zusammenhang – und jetzt darf ich doch noch ein drittes Problem ganz kurz anschneiden – ein Hinweis auf die europäische Solidarität. Der Bundeskanzler kommt aus Paris. Es wäre hilfreich wahrscheinlich für die Fraktion, auch in Anwesenheit des Genossen *Haferkamp*, wenn wir einiges hören würden über die Bereitschaft der Franzosen zur europäischen Solidarität im Bereich der Energie- und der Ölversorgung, denn man muss wohl sehen, das [sage] ich jetzt, das sagt sicher nicht der Bundeskanzler, dass europäische – na ja, ich hab' das bewusst so jetzt gesagt –, dass europäische Solidarität sicher nicht nur beim europäischen Regionalfonds möglich ist, sondern dann eben auch bei der europäischen Ölpolitik und Energiepolitik. Und ich meine, dass man darüber auch in der Fraktion Klarheit haben muss und deshalb sollte der Bundeskanzler dazu auch noch ein paar Worte sagen.

Wehner: Staatssekretär *Rohwedder*.

Rohwedder: Ich wollte ein Wort zur Prioritätenlistung sagen. Der Bundeskanzler hat heute schon gesagt, dass heute den ganzen Tag über die Beamten des Wirtschaftsministe-

---
33 Bei der Bearbeitung aus »Lothar« geändert.

riums mit der Wirtschaft in Hamburg zusammensitzen, um weitere Fortschritte in diesem Versuch zu machen, Prioritäten zu setzen. Wenn ich einmal beim schweren Heizöl anfangen darf. Hier ist es so, dass es gestern Nachmittag verabredet worden ist, in einzelnen Industriebereichen Umstellungen ab heute vorzunehmen. Das gilt in Sonderheit für die deutsche Stahlindustrie, die ab heute damit beginnt, 25 Prozent ihres Rohöleinsatzes auf Koks umzustellen. Dann gibt es noch eine Grauzone in diesem Bereich, die erst in etwa 14 Tagen bewältigt werden kann. Ich rechne damit, dass wir etwa in 14 Tagen 50 Prozent in diesem Bereich ersetzt haben werden.

Schwieriger ist die Situation beim leichten Heizöl. Ich glaube, dass wir hier im Januar zu einer weiteren Verbrauchsbeschränkung kommen werden. Man muss sich darüber im Klaren sein, dass, wenn wir hier die Prioritäten in dem gewerblichen Sektor sehen, der private Sektor kürzer treten muss. Wir streben an, dass die Bundesregierung in diesen Tagen, vielleicht auch schon morgen im Kabinett einen Beschluss fasst, der eine Empfehlung an die Mineralölwirtschaft enthält, die Belieferung des privaten Sektors erst dann vorzunehmen, wenn die Vorräte um zwei Drittel sich vermindert haben, also praktisch nur noch ein Restbestand von einem Drittel vorhanden ist und dann Auffüllung nur etwa mit 80 oder 75 Prozent der gewohnten Mengen. Es gibt zwei Bereiche, die schwierig werden. Einer ist bereits genannt worden, das ist Naphtha, also Rohbenzol. Ich muss gestehen, dass wir dafür im Moment noch keine Lösung haben. Die Gespräche mit der Wirtschaft laufen hier. Das andere ist schweres Heizöl, hier regional etwa im Frankfurter Bereich, hängt damit zusammen, dass wir Schwierigkeiten haben werden möglicherweise mit der in Raunheim stehenden Raffinerie.

Ich wollte eins noch einmal unterstreichen. Ich glaube nicht, dass wir im gegenwärtigen Stand der Situation zu einer Rationierung kommen sollten. Es ist selbstverständlich, dass das Wirtschaftsministerium intensiv an den Modellen und an den Vorstellungen arbeitet, die wir parat haben müssen, wenn dieser Fall eintreten würde. Wir dürfen uns aber auch über eines nicht im Unklaren sein und das ist, dass die Mineralölwirtschaft in einzelnen Teilen geradezu darauf wartet, eine Rationierung vom Staat, von der Bundesregierung vorgeschrieben zu bekommen, denn das würde eine sehr viel leichtere Möglichkeit sein, aus einer Versorgungsverpflichtung herauszukommen. Dann ist es eben nicht mehr die Mineralölwirtschaft und sind es nicht die einzelnen Industriebereiche, die darüber entscheiden, welcher Industriebetrieb, welche Produktion abgekoppelt wird und wo Arbeitsplätze gefährdet werden, sondern dann wird der Ball sehr kalt und sehr unbarmherzig und wahrscheinlich auch sehr politisch auf die Bundesregierung zugeschoben. Ich wollte an diesem Punkt Schluss machen.

Wehner: Lothar *Wrede.*

Wrede: Der Bundeskanzler hat von der Chance gesprochen, die in der Ölkrise liegt, indem sie uns praktisch zwingt, schneller und in stärkerem Umfange, als das sonst möglich und nötig gewesen wäre, andere Energien zu erschließen. Ich möchte dieses Wort von der Chance übertragen auf den Bereich der Verkehrspolitik, der ja mittel- und langfristig grade unter der Ölverknappung sehr zu leiden haben wird. Und ich meine, so schwierig im Moment die Situation psychologisch draußen ist, liegt doch in dieser Situation auch die Chance, die neuen Akzente, die der Bundeskanzler in seiner Regierungserklärung in der Verkehrspolitik gesetzt hat, indem er vom Vorrang des öffentlichen Nahverkehrs vor dem Individualverkehr gesprochen hat, indem er der Eisenbahn für die Zukunft eine stärkere Bedeutung beigemessen hat, dass wir dieses neue Konzept zukünftig vielleicht gegen geringeren Widerstand, als es sonst der Fall gewesen wäre, in der Öffentlichkeit durchsetzen. Nur meine ich, wir sollten diese Chance nicht nur sehen, sondern wir müssten sie auch nutzen, denn in der Praxis heißt dies doch Verlagerung von Verkehren sowohl bei Personen als auch bei Gütern von der Straße auf die Schiene. Dies haben wir schon vorher gewollt und dies müssen wir nun zwangsläufig in stärkerem Umfange betreiben, weil es eben unter der gegebenen Situation auf der Straße schwierig wird. Ich meine, dass das in der Praxis heißt, und darum bitte ich die Regierung sehr herzlich, in ihre Überlegungen auch einzubeziehen, wie man denn schnellstmöglich die betroffenen Verkehrsbereiche, Bundesbahn und öffentlichen Nahverkehr, auch in die Lage versetzen kann, zusätzliche Verkehrsleistungen zu erbringen. Dass dies nicht ohne weitere Investitionen geht, liegt auf der Hand. Deswegen, meine ich, sollte auch in die kurzfristigen Überlegungen einbezogen werden, wie man dies machen kann, weil es ohnehin eine Zeit dauert, bis das wirksam werden kann. Da es sich hier um Investitionsausgaben handelt, steht es wohl auch nicht im Widerspruch zu dem, was Helmut *Schmidt* im Zusammenhang zur Finanzpolitik vorhin zum Ausdruck gebracht hat.

(Vereinzelter Beifall.)

Wehner: *Simpfendörfer.*

Simpfendörfer: Genossinnen und Genossen, wenn wir von den Prioritäten sprechen, bin ich sicher, dass eine Priorität sein wird die Beschränkung des privaten Treibstoffverbrauchs, und zwar eine ziemlich weitgehende Beschränkung. Nun kann man sich natürlich überlegen, ob man das macht über zunächst einmal eine weitere Ausdehnung des allgemeinen Sonntags- oder dann Wochenendfahrverbots oder ob man die zweite Stufe vorsieht, die der Bundeskanzler angedeutet hat, dass man eben dann doch auf ein differenziertes Rationierungssystem übergeht. In dem Zusammenhang, meine ich, muss man sehen: Wenn wir da die sozial Schwächeren schützen wollen vor der möglichen Ausbeutung, dann müssten wir auch die sozial schwächeren Regionen schützen, das heißt, wir müssen die ländlichen Räume in ihrer besonderen Interessenlage berücksichtigen und dort des Mangels eines öffentlichen Personennahverkehrs. Und wenn wir deswegen in diesen Überlegungen weitergehen, meine ich, müsste die besondere Interessenlage auch in der Hinsicht berücksichtigt werden, dass in jedem Fall ein Rationierungssystem dort sinnvoller wirken würde als eine Ausweitung auf ein Wochenendfahrverbot. Denn ein Wochenendfahrverbot für längere Zeit, nicht nur einmal, sondern etwa auf ein halbes Jahr, bedeutet dort natürlich eine ganz massive Beschränkung des gesamten öffentlichen kulturellen und sonstigen Lebens, das üblicherweise übers Wochenende stattfindet und das man nur oder weitgehend nur durch Benutzung privater Kraftfahrzeuge erreichen kann. Infolgedessen, meine ich, sollten wir, wenn die Ausweitung oder die Einschränkung des privaten Kraftstoffverbrauchs notwendig sein wird, hier ganz deutlich daran denken, dieses Rationierungssystem einzubauen in die Überlegungen, damit nicht dann, wenn es etwa soweit kommen sollte, nur deswegen das Wochenendfahrverbot kommt, weil kein System erdacht ist, das in dem Zusammenhang sinnvoll funktioniert. In dem Zusammenhang muss man auch die Andeutung sehen, die Frage der Kilometerpauschale. Das war mir vorhin nicht ganz deutlich, was da nun beabsichtigt ist, denn genau in dem Zusammenhang würde etwa ein Abbau der Kilometerpauschale nach dem Prinzip jeder Pendler zehn Pfennig, natürlich genau dieselbe Problematik aufwerfen. Deswegen, meine ich, sollten wir da keine Missverständnisse aufkommen lassen, was im Zusammenhang mit der Kilometerpauschale gemeint und gedacht ist.

Und schließlich wollte ich noch etwas zur Mehrwertsteuer sagen. Vielleicht wird der Rainer *Offergeld* das nachher noch deutlicher sagen, aber eine Verringerung des Mehrwertsteuersatzes kann doch sicher nur dann überhaupt sinnvoll sein, wenn gleichzeitig Festpreise eingeführt wären. Denn ohne das gibt's doch überhaupt keine Garantie, dass trotz Senkung der Mehrwertsteuer nicht der Preis derselbe bleibt, und dann würde die

Senkung der Mehrwertsteuer nichts anderes bedeuten als die weitere Akkumulierung privater Gewinne. Deswegen glaube ich, wenn man das sinnvollerweise macht, dann nur in dem Zusammenhang, dass dann auch das Festpreissystem oder das Höchstpreissystem eingeführt ist.

Wehner: Genosse *Huonker.*

Huonker: Ich möchte mich auf eine ganz kurze Frage an den Verkehrsminister beschränken. Ist daran gedacht, die Einschränkung des Stückgutverkehrs per Bahn noch einmal zu bedenken oder zurückzustellen angesichts der neuen Situation auf dem Energiemarkt? Die Diskussion ist in den letzten Tagen einfach unerträglich schwer geworden, wenn man den Leuten sagen muss, insgesamt soll nichts verschlechtert werden, nur soll eben mehr Stückgutverkehr in Zukunft auf die Straße.

Wehner: Können wir das vereinfachen, dass wir immer gleich Antwort auf diese Frage {...}? Ernst *Haar.*

Haar: Genossinnen und Genossen, das, was eingeleitet ist vom Bundesbahnvorstand, hat ohnehin zum gegenwärtigen Zeitpunkt noch keine Auswirkungen. Wir prüfen im Augenblick in Gesprächen mit dem Vorstand der Bundesbahn, was getan werden kann zur Erweiterung dessen, was auch angekündigt ist durch den Bundeskanzler an Leistungen. Dabei darf ich allerdings darauf hinweisen, dass der Kleingutverkehr nicht die entscheidende Frage ist. Ich räume aber gerne ein, dass diese Frage natürlich auftauchen muss in den Wahlkreisen. Am Montag findet ein weiteres Gespräch mit dem Vorstand der Bundesbahn statt, wobei ich von der Überlegung ausgehe, Maßnahmen – die als Sofortmaßnahme gedacht worden sind – zunächst noch organisatorisch zurückzustellen. Im Übrigen, glaube ich, ist es gut, wenn die Fraktion davon Kenntnis erhält, dass die Möglichkeiten der Bundesbahn, etwa im Güterverkehr zu weiteren Leistungen zu kommen, begrenzt sind nach dem gegenwärtigen Stand der Erhebungen im Wagenpark selbst. Es werden insgesamt etwa 50 Millionen Tonnen zusätzlich an Leistungen möglich sein. Was darüber hinausgeht, etwa im Huckepackverkehr, kann wahrscheinlich auch nicht voll erfüllt werden. Ich wollte das einfach auch im Zusammenhang mit den gestellten Fragen hier schon angekündigt haben.

Wehner: Manfred *Schulte.*

Schulte: Ich habe nur eine Frage beziehungsweise Anregung an den technologischen Minister. – Er nimmt grade die Brille ab. – Er hat in den letzten Tagen darüber gesprochen, dass selbstverständlich auch die technologische Entwicklung weitergeführt werden müsse beziehungsweise ältere Erkenntnisse jetzt aktualisiert werden müssen. Ich entnehme daraus, dass der Bund – vielleicht im Verein mit den Ländern – vorhat, sich auch der Kohle anzunehmen und möglicher anderer Prozesse, die die Kohle dienstbar und nutzbar machen können. Meine Frage geht nur dahin: Sind wir dazu in der Lage mittels Einsatzes von Unternehmen, in denen der Bund Einfluss hat, oder müssen wir dies Unternehmen überlassen, die sich jetzt schon ziemlich lautstark darum bewerben?

Wehner: Soll die Frage gleich beantwortet werden? Horst *Ehmke.*

Ehmke: Im Wesentlichen betrifft das natürlich die Kohlebergbaugesellschaften, mit denen wir bereits verhandelt haben. Aber es kommen zum Beispiel, wenn du an die Frage der erneuten Überprüfung der Frage der Kohlehydrierung denkst, und sei es zunächst nur an Öl und nicht Benzin, kommen andere privatwirtschaftliche Firmen dazu. Der Stand ist der, dass gestern die Ressorts sich abgestimmt haben, am Montag wird mit der Gesamtindustrie verhandelt, Bergbau und die anderen Firmen. Erst dann kann man sehen, was ist davon vernünftig, wir wollen uns ja auch nicht in dieser Situation einen Ladenhüter verkaufen lassen, und erst dann kann darüber entschieden werden.

Fraktionssitzung 27.11.1973 **34.**

(Zwischenruf.)

Ja, natürlich!

Offergeld: Genossinnen und Genossen, nur noch zwei Worte zu diesen steuerlichen Vorschlägen. Umsatzsteuer – ich kann nur unterstreichen, was Hansmartin *Simpfendörfer* gesagt hat. Ich warne davor, wenn die Preise steigen, dann mit der Umsatzsteuer runterzugehen. Wenn wir das mal anfangen, dann kommen wir auf eine schräge Ebene haushaltswirtschaftlich. Im Übrigen ist die Situation ja doch gegenwärtig die, dass die verteuerten und verknappten Erdölprodukte bei uns noch gar nicht angekommen sind, dass also die Spannen erhöht worden sind, und wenn die einzige Antwort, die wir darauf finden würden, die wäre, dann unsere Einnahmen, die Staatseinnahmen zu senken, dann wäre dies – glaube ich – eine traurige Reaktion. Im Übrigen gab es den Versuch, durch Senkung der Mehrwertsteuer die Preissteigerungen zu dämpfen, auch schon in anderen Staaten, beispielsweise die Franzosen, vor kurzem haben die das versucht. Es hat sich gezeigt, es ist völlig versackt im Handel. Der Effekt war überhaupt nicht gegeben. Das geht nicht. Das wird nicht an die Preise weitergegeben. Ich wollte also diesen Vorschlag von Erich *Henke* hier nicht unwidersprochen stehen lassen.

Dann Punkt 2, den Helmut *Schmidt* nur andeutungsweise angesprochen hatte, ist der: Man kann daran denken, die Kilometerpauschale künftig zu gewähren unabhängig davon, ob einer mit dem Fahrzeug auch tatsächlich zur Arbeit fährt. Das ist ein gewisser Anreiz dann, mit öffentlichen Verkehrsmitteln oder zu dritt oder zu viert an die Arbeitsstätte zu fahren. Und da gab's den Vorschlag früher von Alex *Möller*, dann zu senken auf zehn Pfennig die Kilometerpauschale, weil die Beibehaltung bei 36 und Gewährung an alle auch ohne Pkw-Fahrten natürlich zu erheblichen Ausfällen, ich glaube in der Größenordnung von einer Milliarde Mark, führt. Ich kann auch hier nur *Simpfendörfer* unterstützen. Ich halte es für ausgeschlossen, in der gegenwärtigen Phase, wo das Pkw-Fahren sehr, sehr teuer wird und wo viele angewiesen sind, insbesondere in den strukturschwachen Gebieten auf den Pkw angewiesen sind, um zu ihrer Arbeitsstätte zu kommen, da die Pkw-Kilometerpauschale auf zehn Pfennig abzusenken. Ich glaube, wir würden diese Diskussion draußen auf dem Land einfach nicht durchstehen. Ich möchte davor warnen,

(Vereinzelter Beifall.)

diesen Vorschlag, der früher mal im Finanzministerium gemacht wurde noch zu Zeiten Alex *Möllers*, noch mal aufzugreifen. Die einzige Möglichkeit meines Erachtens wäre, bei 36 Pfennig zu bleiben, dann aber diese Pauschale allen zu gewähren – auch denjenigen, die nicht mit dem eigenen Pkw selbst zur Arbeit fahren. Wie gesagt, bringt Ausfälle, ich übersehe es nicht. Wir kommen wahrscheinlich, wie Helmut *Schmidt* vorher sagte, eh ins Defizit das nächste Jahr. Ich weiß nicht, ob diese Milliarde, die uns das dann auch noch kostet, noch zu verkraften ist. Ich glaube, darüber müssen wir dann noch mal ernsthaft diskutieren auch in unserem Arbeitskreis.

Wehner: *Kahn-Ackermann.*

Kahn-Ackermann: Ich möchte noch einmal auf die Antwort zurückkommen, die Ernst *Haar* eben auf die vorhergehende Frage wegen der Reduzierung der Stückgutbahnhöfe gegeben hat. Ich fand diese Antwort stark verharmlosend und ich habe inzwischen von Lothar *Wrede* auch ein Papier über diese Dinge bekommen. Ich muss sagen, es gibt Aufgaben in diesem Bereich, die eben nicht allein aus der Sicht der Wirtschaftlichkeit gesehen werden können. Wenn die Bundesbahn glaubt, 200 Millionen einsparen zu können in diesem Sektor, muss sie wissen, dass, wenn sie das jetzt tut, sie etwa den dreifachen Betrag denen aufbürdet, die in Zukunft auf diese Verkehrsbedienung angewiesen sind.

Aus den Plänen, die durchgesickert sind, könnte ich zum Beispiel sagen, dass in einem Paradefall die Stückgutbahnhöfe so reduziert werden, dass also bei ungefähr für 300 000 Menschen noch ein Bahnhof da ist in einem Gebiet von etwa 100 km Länge und 60 km Breite. Das ist also, wenn man sich das einmal genau ansieht, wie das funktionieren soll, und wenn nach eurer Vorstellung oder nach der Vorstellung der Bundesbahn dann von 400 Bahnhöfen aus im Flächenverkehr das noch besser funktionieren soll, wie das in dem Papier hier drinsteht, wie jetzt, dann muss ich sagen, dass also bereits jetzt die Verteilung, wenn man das nicht selber abholt an diesen Bahnhöfen, ja überhaupt nicht mit der Akkuratesse funktioniert bei diesen hier, wie das in Zukunft hier gesagt wird, dass es dann sein soll. Ich finde, dass also im Hinblick auf die Betroffenen man nicht bloß aus der Wirtschaftlichkeitserwägung der Bundesbahn diese Frage man noch einmal überdenken sollte, sondern wie viel positiven Ärger dies für eine große Zahl von Betroffenen in diesem Lande machen wird, um 200 Millionen bei der Bundesbahn einzusparen, die auf andere Weise dann doch irgendwie wieder aufgebracht werden müssen aus öffentlichen Mitteln.

Wehner: Genossen, ich bin darauf aufmerksam gemacht worden und ich glaube, dass das richtig ist, dass darauf aufmerksam gemacht worden ist: Wir sollten dieses Problem besonders behandeln, und zwar gründlich. Das ist es wert, und ich schlage vor, dass wir's in der nächsten Sitzung machen. Da gibt es verschiedene mit verschiedenen Standpunkten, und es muss auch der Verkehrsminister sich schlüssig dazu äußern sollen. Einverstanden? Denn sonst hatten wir jetzt plötzlich vier, fünf Meldungen dazu. Wichtig ist das, nur das verschiebt uns die ganzen heutigen – einverstanden? Dann Wolfgang *Schwabe*.

Schwabe: Ich möchte im Hinblick auf die uns alle bedrückende Diskussion der Mehrerträge aus höheren Heizölpreisen, mehr Steuer an den Staat, mehr Ausgaben für den einfachen Menschen und was alles damit zusammenhängt noch in die Diskussion werfen mit nachdrücklicher Entschuldigung, falls es ein anderer schon gesagt hat, ich glaube aber, ich habe es bis jetzt noch nicht gehört, dass man nämlich auch ein eingefahrenes Instrument benutzen könnte, dass man nämlich für die Winterbrandbeihilfe eine zweite Tranche gibt. Dann ist man sicher, dass man da mehr die bedürftigen und die berechtigten Leute erreicht und könnte da noch etwas variieren. Das wäre jedenfalls besser, als manch einer sagt, sofort die Steuer aufs Heizöl runter. Derjenige, der sein eigenes Schwimmbad mit Heizöl heizt, hat dann den größeren Vorteil als derjenige, der nur den kleinen Ofen, die kleine Stube zu heizen hat. Die Winterbrandbeihilfe funktioniert tadellos, ist eingespielt auf der kommunalen Ebene. Man hat für alle Unterlagen und eine zweite Tranche würde hier schon etwas uns helfen können.

Wehner: Norbert *Gansel*.

Gansel: Genossinnen und Genossen, wenn jetzt überall auf den Versammlungen die Forderung erklingt, der Staat dürfte an dieser Krise nicht noch verdienen und er müsste mit seinen Steuereinnahmen runtergehen, dann denkt natürlich mancher, der das so behauptet, an seine eigene Tasche. Aber für viele ist das nur eine Frage der sozialen Gerechtigkeit und für die Mehrzahl, das ist mein Gefühl, ist das einfach das Bedürfnis zu sehen, dass von dieser Regierung nicht nur schöne Worte kommen, sondern dass sie regiert, dass sie mit Maßnahmen, konkreten Maßnahmen reagiert, die der einzelne Bürger auch spüren kann. Ich halte das nicht für sinnvoll, nun mit der Mehrwertsteuer runterzugehen. Das wurde gesagt, das wird Null Komma nix auf die Preise raufgehauen und was sind denn schon zehn Prozent Mehrwertsteuer bei dreihundertprozentigen Preissteigerungen. Das ist doch lächerlich und das sollte man auch sagen. Aber worum es geht, ist doch auch, soziale Härten abzumildern. Zwei Beispiele gibt es dafür, das ist gesagt worden. Bei den Sozialhilfeempfängern zum Beispiel das Heizgeld oder das Kohlengeld, wie es heißt, besser zu regeln und in anderen Fällen vielleicht so etwas wie ein Heizungsgeld à la Wohngeld zu zahlen oder das als eine besondere steuerliche Belastung bei den Steuern zu berücksichtigen. Ich weiß es nicht im Einzelnen, aber wichtig ist, dass wir schnell darauf reagieren, und wir müssten dazu in der Lage sein, in der nächsten Woche nach der Arbeit des Ausschusses oder einer Kommission von Regierung und Fraktionsmitgliedern, in der nächsten Woche den Bürgern zu sagen, was geschieht. Es muss etwas geschehen, was eben auch der Einzelne erfahren kann, und nicht nur die Beschwörung der Machtlosigkeit gegenüber den internationalen Konzernen.

Auf den Versammlungen ist mir auch die vollkommen richtige Frage gestellt worden, wie kann man von uns verlangen, dass wir die öffentlichen Nahverkehrsmittel benutzen sollen, solange wir noch die Kilometerpauschale haben? Und in der Tat, ich hab' darauf nicht antworten können und hab' gesagt, ich werde die Frage in der Fragestunde stellen. Das ist offenbar nicht notwendig, wenn von der Regierung eine klare Aussage zu diesem Problem kommt. Viele Bürger erwarten das, denn das ist offensichtlich zurzeit eine Widersprüchlichkeit, die aufzuheben ja auch eine Maßnahme zur Verbesserung unseres Verkehrssystems sein könnte.

Ein Wort zu der Verstaatlichung – Preiskontrolle – Preisstopp. Ich finde es gut, dass von Regierungsseite verlangt wird, die Kalkulation offenzulegen. Das ist der erste Schritt zu einer Preiskontrolle, und ich akzeptiere auch das Argument, dass erst der Preisstopp zur Verknappung bei uns führen könnte. Aber wenn wir überall die internationale und die europäische Solidarität beschwören, und ich halte das für richtig und eine Politik à la Frankreich, ein Nachgeben auf Erpressung sollte für uns nicht infrage kommen, das erwartet auch niemand von uns. Die Leute sagen überall, das müssen wir durchstehen und das können wir durchstehen. Wenn wir aber diese internationale Solidarität beschwören, dann können wir auch nicht in einem Europa, wo fast alle Preisstopp einführen, als einziges Land sagen, wir machen aber keinen Preisstopp, holen dadurch die Erdölströme in die Bundesrepublik und das wird bei uns alles über den Preis geregelt. Das geht einfach nicht. Das führt dazu, wie schon gesagt wurde, die einen werden es sich noch leisten können, ihre Schwimmbäder zu heizen, während die anderen es sich nicht mehr leisten können, das Wohnzimmer einigermaßen warm zu kriegen. Das geht nicht, und irgendwo wird sich die Frage dann des Preisstopps stellen bei einer bestimmten Grenze und damit die Frage der Rationierung. Und ich halte es für sinnvoll, dass man die Möglichkeiten jetzt schon überlegt und dass man versucht, gewisse Fehler von vornherein zu verhindern, wie es etwa sein könnte zu sagen, pro Auto 'ne bestimmte Menge Benzin oder pro Führerschein. Das würde alles ungerecht sein. Oder wenn man sagt, wir geben Marken raus, aber die sind nicht übertragbar. Was sinnvoll wäre, nach meiner Auffassung, das mag zuerst ein bisschen absurd klingen, aber das hat einen wichtigen verteilungspolitischen Aspekt, wäre zu sagen, wenn wir rationieren, wenn wir Benzin rationieren oder Heizöl rationieren, dann kann jeder volljährige deutsche Bürger ein bestimmtes Kontingent beanspruchen und dann sind die Marken frei übertragbar, dann wird damit gehandelt. Das muss dann dazu führen, dass die Mercedes-Fahrer ins Altersheim kommen, um den Omas ihre Marken abzukaufen.

(Vereinzelte Heiterkeit.)

Das ist verteilungspolitisch eine sehr schöne Sache, aber das ist vor allem doch auch deshalb sinnvoll, es ist auch deshalb sinnvoll, weil wir uns doch darüber im Klaren sein müssen, dass alle mitzahlen müssen, wenn wir die Heizölpreise subventionieren über einen Preisstopp, ist ja auch eine, über die Verknappung, zugunsten derjenigen, die Ölöfen haben, oder noch schlimmer, bei den Autofahrern müssen auch diejenigen die Verknappung und die Verteuerung mitzahlen, die kein Auto haben und kein Auto fahren. Und wenn es so etwas wie Solidarhaftung in diesem Fall gibt, dann wäre die nur auflösbar durch eine Rationierung, wie ich sie vorgeschlagen habe. Die ist unkonventionell, aber ich habe mit Volkswirtschaftsprofessoren gesprochen und von denen kommt ja, entgegen der Meinung von Helmut *Schmidt*, manchmal auch etwas Vernünftiges. Ich halte es für sinnvoll, darüber mal nachzudenken. Schließlich –,

(Zwischenruf.)

ja, natürlich.

(Zwischenruf.)

Mit dem habe ich nicht gesprochen, aber ich kenne ihn.

(Heiterkeit. Zwischenruf.)

Das ist prima. Ich stelle immer wieder fest, ich stelle immer wieder fest, Helmut [*Schmidt*], wie viel wir gemeinsam haben, auch –,

(Heiterkeit.)

auch in der Analyse des internationalen Kapitalismus.

Aber noch eine andere Bemerkung: Worum es geht, ist natürlich auch, ein Sparprogramm zu machen, das jenseits von aller Hysterie glaubwürdig ist, und, Genossinnen und Genossen, das fängt bei uns an. Ich würde es also wirklich für schlecht halten, wenn wir – wenn das so weitergeht mit den Fahrverboten – verlangen sollten, für MdBs eine Ausnahme. Wir sind zwar eine »Säule der Demokratie«, aber die steht nicht auf vier Gummirädern, sondern die kann auch mal zu Fuß gehen, diese Säule, oder mit der Straßenbahn und mit der Eisenbahn fahren. Das tut mir –,

(Zwischenruf.)

also die »Säule der Demokratie«, das stammt doch von dem *Jaeger*.

(Zwischenruf.)

Ich glaube, man muss doch sehen, wie die Reaktionen sind, wenn auf der einen Seite festgestellt wird, Verknappung, Einsparung, wenn auf der anderen Seite Privilegien bestehen. Worum es aber entscheidend gehen wird bei diesem Sparprogramm, denn diese Notwendigkeit zum Sparen, die kommt ja eben nicht erst von diesem Konflikt im Nahen Osten, sondern sie war voraussehbar, wie Helmut *Schmidt* gesagt hat. Das ist doch die Verknappung, mit der wir auf längere Zeit zu rechnen haben und die ja schon von der Energiewirtschaft als sogenannte Energielücke vor Monaten beschworen wurde, dazu zu nutzen, auch Strukturveränderungen durchzuführen in unserem Sinne. Noch nie war in der Bevölkerung so viel Bereitschaft dafür da, das mitzumachen. Das reicht vom Verbot der Werbung in bestimmten Bereichen bis hin zur Kontrolle der Verpackungsindustrie bis hin zu einer Verbesserung des öffentlichen Nahverkehrs und schließlich auch eine Kontrolle der Industriezweige, in denen mit hohem Energieaufwand nur wenige Arbeitskräfte beschäftigt sind. Auf diese Bereiche sollte sich die Bundesregierung konzentrieren, sollten wir uns konzentrieren und wir sollten die Fähigkeit haben, bis Weihnachten sagen zu können, wie wir es im nächsten halben Jahr und in den nächsten fünf bis zehn Jahren besser machen können, um uns nicht wieder in neue wirtschaftliche und politische Abhängigkeiten zu bringen.

Wehner: Genossen, bis Weihnachten also. Es gibt hier zurzeit keine weiteren Wortmeldungen. Dessen ungeachtet – nein, nein –, dessen ungeachtet will Ernst *Haar*, obwohl er einverstanden ist damit, dass wir dieses vorhin Ausgeklammerte tatsächlich in der nächsten Sitzung zusammenfassend behandeln, hier auf einen Vorwurf, der hier besteht, kurz antworten. Ernst *Haar*!

Haar: Genossinnen und Genossen, ich warne davor, in ähnlicher Weise zu argumentieren, wie das *Kahn-Ackermann* vor einer Viertelstunde hier getan hat. Am 5. September hat das Kabinett einen Beschluss gefasst, dem vorausgegangen waren eingehende langmonatige Diskussionen um die Frage einer Verbesserung der Organisationsstruktur bei der gesamten Deutschen Bundesbahn. Die Einsparungen im Stückgutverkehr, soweit man also von einer Konzentration spricht, von 1 000 auf 400 Stückgutbahnhöfe gehen auf folgende Grundüberlegung hinaus, und das will ich hier noch einmal deutlich zu machen versuchen: Erstens. Personennahverkehr ist Daseinsvorsorge, Stückgutverkehr mit 1,1 Milliarden Mark, das ist das Geschäft der schlechten Risiken, das bei der Bundesbahn durch falsche verkehrspolitische Weichenstellung in den letzten 20 Jahren hängengeblieben ist, kann doch nicht Daseinsvorsorge unter Aspekten sozialdemokratischer Verkehrs- und Gesellschaftspolitik sein. Darum geht's, lieber *Kahn-Ackermann*. Darum geht's! Und wenn wir diese Bundesbahn gesund machen wollen, dann müssen wir in den Bereichen anfangen, wo bisher indirekt andere Kreise profitieren, aber doch nicht der kleine Mann. Das ist die Grundfrage, die dabei steht, wobei wir selbstverständlich in der jetzigen Situation darüber nachdenken müssen, wie wir durch eine bestimmte Verzögerung dieser Maßnahmen, auch wenn sie Eisenbahner trifft, zu einer Veränderung oder zu einer Verbesserung des Angebots vorläufig noch kommen durch die Schiene. So viel für heute. Ich bin sehr dankbar, dass Herbert *Wehner* hier vorgeschlagen hat, den gesamten Fragenkomplex, der euch ja alle in den Wahlkreisen berührt, mit anderen Organisationsmaßnahmen einmal in der Fraktion hier zu erörtern.

Wehner: Ja, Genossinnen und Genossen, dann bitte ich Willy *Brandt* um seine Schlussbemerkung.

Brandt (Berlin): Liebe Genossen, es sind eine ganze Reihe von Anregungen gegeben worden. Ich bitte, damit einverstanden zu sein, dass ich auf diese nicht im Einzelnen eingehe, soweit sie aufgegriffen werden für die Überlegungen, die ja zum Teil schon Überlegungen der nächsten Stunden und der nächsten paar Tage sind – und man wird da einzelne wiederfinden. Wenn auch vielleicht nicht immer ganz genauso, wie er es sich gedacht hat, und dann können wir wieder diskutieren. Ich will nur in aller Kürze zu einigen dieser Anregungen sagen, ich muss mich denen mit Nachdruck anschließen, die allerschwerste Bedenken geltend machen zum Mehrwertsteuerthema. Das geht weit über diesen Einzelgegenstand hinaus, hat allgemeine Bedeutung. Bei der Kilometerpauschale geht es für mich zunächst einfach um folgende Frage. Wenn ich recht informiert bin, ist es nach gültiger Gesetzgebung strafbar, wenn einer, der sie bekommt, einen anderen, der sie auch bekommt, in seinem Auto mitnimmt. Unser Interesse muss aber sein, dass er ihn mitnimmt und dass nicht mehrere nebeneinander fahren. Also muss das so geändert werden, dass dies nicht strafbar mehr sein kann.

Schiene – Straße, ohne auf die Sonderfrage einzugehen, von der Ernst *Haar* gesagt hat: verschieben und Herbert *Wehner* vorher gesagt hat: wird geprüft. Ganz allgemein müssen die Genossen sich bitte im Klaren sein, so richtig es ist, und das war ja in den Aufträgen vorige Woche an den zuständigen Minister drin, so richtig es ist, in dieser Phase auch diesen Prozess etwas zu fördern, so sehr müssen wir uns nach dem gegenwärtigen Stand über die Begrenztheit im Klaren sein. Die Bundesbahn ist nicht in der Lage, dies in dem Maße zu übernehmen, wie es sich mancher vorstellt. Das heißt, dies muss behutsam gemacht werden, aber es kann etwas beschleunigt werden, das, was ohnehin hätte kommen müssen.

Jetzt noch folgende Bemerkung: Erstens ist verständlicherweise gesagt worden, war es denn notwendig, dass aus der Regierung so unterschiedliche Beurteilungen gekommen sind. Jetzt nehme ich mal nur die Beurteilung und nicht die Rezepte. Bei den Rezepten würde ich einen noch ein bisschen genauer angeguckt haben, wenn er da wäre, aber er ist nicht da. Aber was die Beurteilung angeht, liebe Genossen, ist es ja so: Auch diejenigen von uns, die gewusst haben, nicht erst seit ein paar Wochen, dass auf dem Ölgebiet was passiert, haben nicht – ich jedenfalls habe nicht – noch vor wenigen Wochen gewusst, wie das Tempo der Entwicklung sein würde. Als ich heute vor genau zwei Wochen in Straßburg vorm Europäischen Parlament gesprochen habe, es sind ja Genossen hier, die dort dabei waren, da hat mir niemand auch nur kritisch angekreidet, dass ich auf die Energiefrage nur einen Absatz verwendet habe. Hätte ich heute dort gesprochen, wär' dies der zentrale Punkt der Rede gewesen, und hätte ich begründet, warum – wie ich es hier heute einleitend sagte – davon Ansehen und Bestand der Gemeinschaft abhängt. Da sieht man selbst an einem solchen Beispiel, wie rasch sich ein Thema zuspitzen kann – eben, nicht –, und man merkt dann selbst, dass man vielleicht eigentlich es doch schon hätte klarer sehen müssen. Nun kommen diejenigen, sagen wir mal wie der Wirtschaftsminister, jetzt lasse ich mal seine von mir respektierten liberalen Neigungen beiseite, der sagt, ich habe die Aufgabe, solange ich noch nicht weiß, wie es wirklich wird, möglichst wenig Nervosität aufkommen zu lassen. Nun wird er beraten von Beamten, darunter sind ein paar sehr tüchtige, die ich auch kenne, die haben im Laufe ihres Beamtenlebens erlebt, dass die Araber immer den Mund weit aufgemacht haben und hinterher ist nichts dabei herausgekommen, jedenfalls nicht bei gemeinsamer Aktion auf diesem Gebiet. Jetzt haben sie sich geirrt. Ich hab das vorhin ja schon mal angedeutet. Also die Entwicklung hat sich rascher verändert.

Nächste Bemerkung: Es gibt den Wunsch, das klang hier auch bei einem Genossen an, die Ausnahmen vom Fahrverbot zu überprüfen. Egal, ob es bei der jetzigen Regelung bleibt oder ob wir in Zukunft eine Sonnabend-/Sonntagregelung mit halbe-halbe bekämen, wie auch immer. Ich muss sagen, ich halte es auch für erwägenswert, die Ausnahmen zu überprüfen. Sie sind zu umfassend. Aber, anstatt dies nur ins Auge zu fassen, sollten wir bitte auch mal lobend miteinander hier anerkennen, wie wenig dies in Anspruch genommen worden ist. Ich habe gute Berichte und Durchschnittsberichte aus den verschiedenen Ländern der Bundesrepublik, ein wie geringer Teil derer, die es hätten in Anspruch nehmen können, davon Gebrauch gemacht haben. Das ist keine Gewähr, dass das so bleibt, aber die Grundhaltung war eine {...} Grundhaltung. Und im Übrigen werden wir eine große Aufgabe miteinander darin haben, ohne zu dramatisieren, unsere Mitbürger darauf einzustellen, dass man unter Umständen noch mit einigen weiteren Schwierigkeiten fertig werden muss.

Und jetzt eine herzliche Bitte für eigene Überlegungen: Es ist gute sozialdemokratische Tradition, und auf diesem Gebiet können wir manchmal noch mehr als auf anderen, frühzeitig zu fragen, wo treten soziale Härten auf und wie kann man ihnen beikommen. Aber keiner wird es falsch verstehen, wenn ich sage, dass man dabei niemals die andere Frage vergessen darf, wo wird vorher das Geld erwirtschaftet, aus dem heraus man auch soziale Leistungen erbringen kann, deshalb den Zusammenhang auch auf diesem Gebiet uns noch einmal klarzumachen. Ich muss darum bitten, so sehr ich die grundsätzlichen Erwägungen zur Not nachvollziehen kann in Bezug auf neue Strukturen, Verstaatlichung oder wie man das nennt, das kann in dieser Situation überhaupt nur Unheil stiften, es sei denn, es wird mit dem Zusatzantrag verbunden, auch die Geologie zu verändern und zu beschließen, dass wir in Zukunft aus dem Rheintal Öl fördern, dann würde ich dem eher zustimmen. Aber da dies vermutlich nicht möglich ist, muss ich bitten, den Antrag auf Einsetzung einer Arbeitsgruppe zwecks Verstaatli-

Fraktionssitzung 27.11.1973 **34.**

chung abzulehnen, weil er uns in dieser Lage nur schaden kann bei unseren Bemühungen anderswo.
(Beifall.)
Schlussbemerkung: Das mit der Solidarität auf Frankreich bezogen hatte ich wohl zu diplomatisch formuliert und deshalb hat der Genosse *Haase* etwas nachgebohrt. Nur sein Hinweis, wenn andere nicht solidarisch genug seien, zum Beispiel die in Paris, dann könnten wir uns ja bei der Regionalpolitik sperren. Das zieht nicht! Denn die Franzosen sind nicht diejenigen, die eine Regionalpolitik einleiten wollen. Das heißt, das geht ins Leere. Es sind andere, die eine Regionalpolitik von uns und anderen mitgetragen sehen möchten.
Ich möchte nur noch eine Erwägung hinzufügen, liebe Genossen. Wenn ich sage, wir müssen zeigen, dieses Gefühl vermitteln dem eigenen Volk und das wird nach außen dann ja sichtbar, wir sind – obwohl ein bisschen behäbig geworden hier in dieser Zeit des immer weiteren Wachstums –, wir sind entschlossen, auch durch eine schwierige Periode hindurchzugehen, dann hat dies auch einen unmittelbaren Einfluss auf Auslandsfaktoren, die über Öl verfügen. Wenn die Brüder merken, ich denke jetzt keineswegs nur an Araber, da sind auch andere bei, wenn man merkt, diese Westeuropäer, ich sag' jetzt nicht nur die Bundesdeutschen, diese Westeuropäer sind willens und sind dann auch fähig, sehr viel rascher, als sie es sonst getan hätten, neue Methoden oder alte – *Ehmke* hat ja nur ganz schwach darauf hingewiesen, Kohlehydrierung, vor einem Jahr uns vorgetragen, haben wir gesagt: unrentabel, Kohlevergasung mit den neuen Methoden: unrentabel, nicht mehr unrentabel gemessen an den wahnsinnig heraufgetriebenen Ölpreisen. Das heißt, es ist alte Technologie, es sind neue Methoden, und wenn wir zeigen, das machen wir und wir bringen es fertig, unseren Leuten zu sagen, und wenn es drei, vier Jahre ein bisschen kälter ist auch in den Wintern, dann werden andere auch räsonabler werden und lernen, dass man mit uns nicht umgehen kann, so wie sie heute glauben, mit uns umgehen zu können.
(Beifall.)
Wehner: Danke. Genossen, wir haben noch über den Antrag zu befinden. Ich hätte sonst gefragt, ob jemand dagegen sprechen will. *Coppik* hat ihn begründet. Willy *Brandt* hat eben dagegen gesprochen. Ich bitte also diejenigen, die für diesen Antrag sind, um das Handzeichen. – Danke. Wer gegen diesen Antrag ist, den bitte ich um das Handzeichen. – Danke. Dieses war die Mehrheit.
(Zwischenruf.)
Ja, das kommt noch. Ich habe hier auch dafür zu sorgen, dass eine abgeschlossene Debatte nicht fortgesetzt und wieder aufgemacht wird, weil wir hier noch zwei, drei Stunden zu tun haben, und jetzt hat der Bundeskanzler gesprochen. Er muss gleich zu jener Sitzung, bei der sie über Energiefragen zu reden haben, und nun kommt *Schinzel* dran, der sich zur Geschäftsordnung gemeldet hat.
Schinzel: Ich hätte gern die Abstimmung eben bei diesem Antrag verhindert, weil ich auch dem gerne Rechnung tragen wollte, was zu der Problematik gesagt worden ist, und hätte deswegen einen anderen Vorschlag gehabt. Der hätte also so ausgesehen: »Die SPD-Fraktion setzt eine Projektgruppe ein mit dem Auftrag, ordnungspolitische Maßnahmen vorzuschlagen, die geeignet sind, unerwünschten Einflüssen zentralisierter Wirtschaftsmächte bei der Bewältigung der Schwierigkeiten in der Energieversorgung wirksam begegnen zu können.« –
(Zwischenrufe.)
Damit ist ja eine ganze Palette oder kann eine ganze Palette gemeint sein von den Dingen, die –

Wehner: Man kann diese ganze Fraktion damit befassen, da hast du Recht, also {...} der Projektgruppe, nur, es wäre gut, ich hätte den Antrag, aber da wir ihn alle eben gehört haben, frage ich, ob jemand dagegen sprechen will.

(Zwischenruf.)

Nein, nein, Genossen. Wir können überweisen, natürlich kann man ihn überweisen. Aber man kann auch über ihn abstimmen. Ist die Meinung zu überweisen?

(Unruhe.)

Wenn also, hier ist der Antrag, »setzt eine Projektgruppe ein« – es kann immer nur einer reden, nicht – »mit dem Auftrag, ordnungspolitische Maßnahmen vorzuschlagen, die geeignet sind, unerwünschten Einflüssen zentralisierter Wirtschaftsmächte bei der Bewältigung der Schwierigkeiten in der Energieversorgung wirksam begegnen zu können.« Das ist der Antrag. Ich frage, ob für Überweisung gestimmt wird? Klaus Dieter *Arndt* will gegen den Antrag –

Arndt (Berlin): Dafür brauchen wir keine Projektgruppe, Genossen. Dafür haben wir den Arbeitskreis Wirtschaftspolitik. Dafür haben wir die Arbeitsgruppe Wirtschaft, die Arbeitsgruppe Wohnungswirtschaft. Da haben wir viele Arbeitsgruppen, die sich damit beschäftigen, wirtschaftliche Machtzusammenballungen, die es im öffentlichen wie im privaten Bereich gibt, in Schach zu halten, und ich bitte daher, den Antrag abzulehnen.

Wehner: Meine Frage ist, ob man sich darauf verständigen könnte, dass – ohne eine Projektgruppe einzusetzen – der sachliche Inhalt dieses Antrags dem Arbeitskreis überwiesen wird? Ist die Fraktion damit einverstanden? Bitte ums Handzeichen. Danke. Gegenteilige Meinung. Das ist die Mehrheit.

Nun, Genossen, muss ich ein Urteil –,

(Unruhe.)

ich denke, so würde ich, gerade wenn ich also neue Generation wäre, die ich nicht bin, nicht, Anträge nicht behandeln, sondern ich würde mir vornehmen, nicht in der nächsten, aber in der übernächsten Sitzung zu fragen, ob denn nun der Arbeitskreis solch einer Sache gerecht geworden ist. Schönen Dank!

(Beifall.)

Aber wie gesagt, ich gehöre zu den Älteren.

[D.-F.] → online unter www.fraktionsprotokolle.de

35.

3. Dezember 1973: Fraktionssitzung (Kurzprotokoll)

AdsD, SPD-BT-Fraktion 7. WP, 2/BTFG000035. Überschrift: »Protokoll der Klausurtagung vom 3. Dezember 1973 über den Stand der Beratung über die Gesetze zur Fünften Strafrechtsreform (Paragraph 218) und der ergänzenden Maßnahmen«. Zeit: 10.20–18.25 Uhr. Vorsitz: Wehner. Protokoll: Brück. Datum der Niederschrift: 26. Februar 1974.

Sitzungsverlauf:

A. Stand der Beratungen über die Gesetze zur 5. Strafrechtsreform (Paragraph 218 StGB) und der ergänzenden Maßnahmen. – TOP 1: Beratung der Ad-hoc-Arbeitsgruppe »Ergänzende Maßnahmen«.

B. TOP 2: Beratung des Ausschusses für Jugend, Familie und Gesundheit.

C. TOP 3: Beratungen des Sonderausschusses für die Strafrechtsreform.

[A.–C.] → online unter www.fraktionsprotokolle.de

36.

4. Dezember 1973: Fraktionssitzung (Tonbandtranskript)

AdsD, SPD-BT-Fraktion 7. WP, 6/TONS000023. Titel: »Fraktionssitzung vom 04.12.1973 Teil 1/2 und Teil 2/2«. Beginn: 15.15 Uhr. Aufnahmedauer: 04:29:19 und 01:16:00. Vorsitz: Wehner, dann Arndt (Berlin).

Sitzungsverlauf:

A. Ergebnisse der Wahl des Fraktionsvorsitzenden und der stellvertretenden Fraktionsvorsitzenden. – TOP 1: Bericht aus der Fraktionsvorstandssitzung (Energiedebatte; Tagesordnung für die Plenarsitzungen; Kleine Anfrage zur Arbeitsmarktlage in der Textilindustrie; Bundesausbildungsförderungsgesetz; Wahlmodus für die Fraktionsvorstandswahl; Erklärung des Staatsministers im Auswärtigen Amt, *Apel*, zu seinen Aussagen über Waffenlieferungen an Griechenland).

B. TOP 2: Erhöhung der Postgebühren. – Ergebnisse der Wahlen zum erweiterten Fraktionsvorstand. – Forts. der Diskussion zu TOP 2.

C. TOP 5: Bericht des Präsidenten der Deutschen Bundesbahn, *Vaerst*, über Rationalisierungsmaßnahmen bei der Bundesbahn. – Diskussion der Fraktion über den Bericht.

D. TOP 3: Informationen und TOP 4 Aktuelles aus den Arbeitskreisen (Waffenlieferungen an Griechenland).

E. Vorbereitung der Plenarsitzungen: TOP 6: Tagesordnung und Ablauf der Plenarsitzungen. – TOP 7: 2. und 3. Beratung Zweites Steuerreformgesetz. – TOP 8: Große Anfrage CDU/CSU betr. Numerus Clausus. – TOP 9: 1. Beratung Verbesserung der betrieblichen Altersversorgung. – TOP 10: 1. Beratung Angleichung der Leistungen zur Rehabilitation. – TOP 12: Sozialbericht 1973. – TOP 11: 2. und 3. Beratung Kündigungsschutz Jugendvertreter. – TOP 13: 1. Beratung CDU/CSU-Entwurf Änderung Lohnfortzahlung und Krankenversicherungsrecht.

F. Forts. von TOP 3: Informationen (Rückschau auf die energiepolitische Debatte im Bundestagsplenum am 29. November 1973).

G. TOP 17: Bodenrechtsreform und Novellierung Bundesbaugesetz. – Vorlagen aus den Arbeitskreisen: TOP 14: Kleine Anfrage betr. Arbeitsmarktlage in der Textilindustrie.

[A.–G.] → online unter www.fraktionsprotokolle.de

37.

7. Dezember 1973: Fraktionssitzung (Tonbandtranskript)

AdsD, SPD-BT-Fraktion 7. WP, 6/TONS000023. Titel: »Fraktionssitzung vom 07.12.1973«. Beginn: 12.40 Uhr. Aufnahmedauer: 00:54:55. Vorsitz: Wehner.

Sitzungsverlauf:

A. Gesetz zur Entlastung sozialschwacher Gruppen von gestiegenen Heizkosten.

[A.] → online unter www.fraktionsprotokolle.de

38.

7. Dezember 1973: Gemeinsame Sitzung von Parteivorstand, Parteirat, Kontrollkommission, Bundestagsfraktion und Gewerkschaftsrat

AdsD, SPD-BT-Fraktion 7. WP, 2/BTFG000038: Gemeinsame Sitzung von Parteivorstand, Parteirat, Kontrollkommission, Bundestagsfraktion und Gewerkschaftsrat.
Im Bestand der SPD-Bundestagsfraktion sind weder Tagesordnung noch Sitzungsprotokoll überliefert.
Wiedergegeben sind daher Tagesordnung und Sitzungsprotokoll aus dem Bestand des SPD-Parteivorstands: AdsD, 2/PVAS0000597: »Gemeinsame Sitzung von Parteivorstand, Parteirat, Kontrollkommission, Bundestagsfraktion und Gewerkschaftsrat am 7. Dezember 1973, 14.00 Uhr in Bonn, Bundeshaus«.

A. Politischer Bericht durch den SPD-Parteivorsitzenden und Bundeskanzler *Brandt* (Ökonomische und sozialpolitische Reaktionen auf die Ölpreis- und Energiekrise; Konjunktur und Inflation; Resolution des SPD-Parteivorstands auf die Ölpreiskrise; staatliche Konjunkturfördermaßnahmen; europäische Reaktionen auf die Ölpreiskrise; politische Bilanz des Jahres 1973; Reform der beruflichen Bildung; Vertrag mit der Tschechoslowakei; Beziehung zur DDR; Europäische Politische Zusammenarbeit (EPZ); Aufnahme von Flüchtlingen aus Chile; Meinungsumfragen; innerparteiliche Lage der SPD; Verbesserung der SPD-Öffentlichkeitsarbeit).

B. Politischer Bericht von Bundesminister *Schmidt* (Resolution des SPD-Parteivorstands; Ölpreiskrise; Energiepolitik; Regulierung des Energiemarktes; konjunkturelle Situation der Bundesrepublik und der Welt; Konjunkturprogramm der Bundesregierung; Kapitalmärkte und Bundesbank).

C. Diskussion über die Berichte (Regulierung des Energiemarktes; öffentliche Kontrolle von erdölverarbeitenden Unternehmen; Errichtung einer bundesdeutschen Tankerflotte; konjunkturelle Lage und Inflation; staatliche Konjunkturförderprogramme; Marktregulierung; Abschöpfung von Unternehmensgewinnen; Ölsubstitution und Kohlehydrierung; staatliche Kontrolle der Ölpreise; sektorale und regionale Strukturpolitik; wirtschaftspolitisches Grundsatzprogramm der SPD im Hinblick auf die Ölpreiskrise).

Fraktionssitzung 11.12.1973 **39.**

D. Politischer Bericht des Fraktionsvorsitzenden *Wehner* (Ölpreis- und Energiekrise; Heizölkostenzuschuss; Regulierung des Energiemarktes; Nachfolge von Bundespräsident *Heinemann*; Koalitionsverhältnis; Tätigkeitsbericht der SPD-Bundestagsfraktion; Mitbestimmung; Vermögensbildung; Bodenrecht; Paragraph 218 StGB).

E. Fortsetzung der Diskussion zur Ölpreis- und Energiekrise (Folgen der Krise für das Langzeitprogramm der SPD und für das Projekt der inneren Reformen der Bundesregierung; langfristige Programme für nationale Struktur- und Konjunkturpolitik; Folgen der Ölpreis- und Energiekrise auf die Steuerreform; mögliche Einsetzung einer Kommission der SPD, um Reaktionen, beispielsweise Vergesellschaftung von Schlüsselindustrien, auf die Ölpreis- und Energiekrise zu entwickeln; mögliche Kontingentierung).

F. Antworten von Helmut *Schmidt* (Zwischenfrage von Ulli *Maurer* zu Waffenlieferungen an Griechenland) und Willy *Brandt* auf die Diskussionsbeiträge.

[A.-F.] → online unter www.fraktionsprotokolle.de

39.

11. Dezember 1973: Fraktionssitzung (Tonbandtranskript)

AdsD, SPD-BT-Fraktion 7. WP, 6/TONS000024. Titel: »Fraktionssitzung vom 11.12.1973«. Beginn: 15.20 Uhr. Aufnahmedauer: 4:20:53. Vorsitz: Wehner.

Sitzungsverlauf:

A. TOP 1: Bericht aus der Fraktionsvorstandssitzung (Heizkostenzuschuss; Abzahlungsgesetz; Personalvertretungsgesetz; Hochschulrahmengesetz; Gesetz über Parlamentarische Staatssekretäre; Verzögerungstaktik des Bundesrats; Besoldungsneuregelungsgesetz; europäische Regelungen mit Haushaltswirkung; Steuerreformgesetz; Entwicklung der Textil- und Schuhindustrie; Resolution zu Chile). – Situation der Textilindustrie in Deutschland.

B. TOP 2: Bericht des Arbeitskreises Wirtschaftspolitik zur energiepolitischen Situation.

C. TOP 3: Bericht der Arbeitsgruppe »Postgebühren«. a) Postzeitungsgebühren. – Diskussion über die Finanzierung der Bundespost.

D. TOP 4: Informationen (Hilfen für die Textil- und Schuhindustrie; Menschenrechtssituation in Südvietnam; sozialer Wohnungsbau; Initiative zum Verbot der Aussperrung im Arbeitskampf und Weiterentwicklung des Tarifrechts). – TOP 5: Aktuelles aus den Arbeitskreisen (Leistungsverbesserungen beim Bundesausbildungsförderungsgesetz; Lage der Asylsuchenden aus Chile).

E. Vorbereitung der Plenarsitzungen: TOP 6: Tagesordnung und Ablauf der Plenarsitzungen. – TOP 7: 1. Beratung Entlastung sozialschwacher Gruppen von gestiegenen Heizkosten: einmaliger Heizkostenzuschuss. – TOP 8: 1. Beratung CDU/CSU-Entwurf Änderung Investitionszulagengesetz. – TOP 9: CDU/CSU-Anträge betr. Heizölkosten-Beihilfe für Landwirtschaft und Gewerbe, betr. Heizkostenausgleich, betr. Konzertierte

Aktion, betr. Arbeitsplatzsicherungsprogramm. – TOP 10: 2. und 3. Beratung Bundespersonalvertretungsgesetz. – TOP 11: 2. und 3. Beratung Änderung Abzahlungsgesetz. – TOP 12: 2. und 3. Beratung Änderung Zivilprozessordnung. – TOP 13: 2. und 3. Beratung Einführungsgesetz zum Strafgesetzbuch. – TOP 14: 2. und 3. Beratung Zweites Steuerreformgesetz. – TOP 15: 2. und 3. Beratung Änderung Hypothekenbankgesetz und Schiffsbankgesetz. – TOP 16: 2. und 3. Beratung Änderung Filmförderungsgesetz– TOP 17: 1. Beratung Hochschulrahmengesetz. – Vorlagen aus den Arbeitskreisen: TOP 19: Kleine Anfrage betr. Reform der Rechtsmittel in Strafsachen. – TOP 20: Kleine Anfrage betr. Sportförderung für ältere Bürger.

[A.] → online unter www.fraktionsprotokolle.de

[B.]

Wehner: Dann kommen wir zum nächsten Punkt der Tagesordnung: energiepolitische Situation. Dazu soll erstens mal, was die – na wie man so sagt – Prozedur betrifft, Hans-Jürgen *Junghans* etwas und dann Herbert *Ehrenberg* berichten.

Junghans: Genossinnen und Genossen, der Arbeitskreis Wirtschaftspolitik hat sich wie verabredet heute erstmalig mit einer Art Zwischenbericht zur Lage in der Energiekrise beschäftigt.[1] Ich will da ein paar kurze Bemerkungen zu machen und möchte dann auch zur weiteren Prozedur auch einige Bemerkungen machen, um hier einige Dinge dazu zu sagen. Herbert *Ehrenberg* wollte dann zur Konjunkturpolitik hierzu anschließend einige Bemerkungen machen. Der Bundesregierung liegt seit heute die Information aus der Mineralölwirtschaft vor, und zwar nach einem doppelgleisigen Verfahren, das sowohl für das Bundeswirtschaftsministerium wie auch für das Bundeskartellamt mit zusätzlichen Zahlen hier zur Auswertung vorliegt. Die Auswertung ist kompliziert und wird erstmalig, später wird das schneller gehen, zur Kabinettssitzung am 19.12. vorliegen als Bericht über Mengen, Preise und Strukturen.[2] Der Bundeswirtschaftsminister[3] wird morgen in der Plenarsitzung einige Bemerkungen und auch einige zahlenmäßige Angaben über bestimmte Auswirkungen von Maßnahmen der Bundesregierung und auch von Auswirkungen auf den internationalen Mineralölmarkt vorbringen.

Zweitens, zur Tendenz ist Folgendes zu bemerken: Wir haben mengenmäßig im Dezember weniger Einbrüche als befürchtet bei den Rohölimporten zu verzeichnen, sogar sehr viel weniger. Schwierig ist die Lage bei den Importen (Rotterdam) bei leichtem Heizöl und schwerem Heizöl. Es wird die Bundesregierung die Frage zu prüfen haben, inwieweit eine Grenzziehung möglich ist zwischen Hortung, um höhere Preise zu erzielen, und andererseits einer Vorsorge bei weiteren möglichen Rückgängen an Rohöl, sagen wir mal im Rohölimport, sagen wir mal im Januar und im Februar, eine Frage, die heute nicht ohne weiteres zu beantworten ist, weil heute der 11. Dezember ist und die neuen Kontakte geschlossen würden. Es ist zu verzeichnen ein Preisrückgang beim leichten Heizöl, Rotterdam, von rund 100 Mark je Tonne oder zehn Pfennig pro Liter, der sogar dazu geführt hat, dass Exporte in Nachbarländer wie Österreich und Schweiz wieder zugenommen haben. Problematisch ist die Lage beim schweren Heizöl. Hier ist im Arbeitskreis eingehend erörtert worden, inwieweit man noch Verschärfungen für die Substitution von schwerem Heizöl, zum Beispiel in Kraftwerken, durch Kohle vornehmen kann. Problematisch ist auch die Lage beim Flüssiggas. Ihr habt sicherlich auch

---

1 Zur Ölkrise vgl. auch die SPD-Fraktionssitzung am 27. November 1973, SVP A und B, online.
2 Vgl. DIE KABINETTSPROTOKOLLE DER BUNDESREGIERUNG 1973, online.
3 *Friderichs*.

Fraktionssitzung 11.12.1973 **39.**

Schreiben Preussag, Städte, Uelzen und so weiter, vorliegen, insbesondere Butan. Hier wird verhandelt. Auch aus technischen Gründen ist das notwendig mit den Raffinerien, das Butan-Aufbringen zu erhöhen. Es ist im Arbeitskreis dann eingehend auch erörtert worden das Sonntagsfahrverbot. Hier ist eine neue Verordnung geplant, die allerdings erst nur bis Januar gelten soll. Wir haben empfohlen und wir werden das also weiter tun und noch darin Überlegungen einbringen müssen, eine dringende Überprüfung wegen sehr unangenehmer Nebenwirkungen, Nebenwirkungen vom Fremdenverkehrsgewerbe bis hin zur Automobilwirtschaft. Morgen wird auch der Deutsche Hotel- und Gaststättenverband Dehoga beim Bundeswirtschaftsminister sein, um diese Auswirkungen zu besprechen. Eine weitere Sache, die ich hier bitte auch nicht so vertiefen will, war die Frage, Angebote aus dem Iran, die allerdings exorbitante Preisforderungen stellen, die all das, was wir bisher geglaubt haben, nun übertreffen. Es geht da um Mengen etwa von sieben Millionen Tonnen Rohöl. Es wurde die Frage erörtert, ob diese Menge nicht der Bundesreserve zuzuführen ist. Dieses war insgesamt ein Zwischenbericht, den der Arbeitskreis näher erörtert hat.

Wir empfehlen, nun komme ich zu einer prozeduralen Angelegenheit, wir empfehlen, und zwar einstimmig – ohne dass wir hier als Fraktion die Inflation der Krisenstäbe auf Landes-, Regierungs-, Kreisebene, Stadtebene und wo immer sich solche Stäbe bilden, hier verstärken wollen, wir wollen so etwas nicht tun –, dass wir in jeder Sitzungswoche, die wir hier haben, eine Sitzung mit Tagesordnungspunkt 1 abhalten über die Lage am Energiemarkt und die Fragen, die damit zusammenhängen. Darüber hinaus wollen wir der Fraktion vorschlagen, dass der Arbeitskreis Wirtschaft, und wir meinen, es müsste auch sichergestellt sein, dass die Arbeitskreise Arbeit und Soziales, der Arbeitskreis Haushalt und Finanzen und die Arbeitsgruppe Technologie auf jeden Fall beteiligt sein muss, muss sichergestellt sein, dass die Kollegen aus diesen Arbeitskreisen und Arbeitsgruppen mit teilnehmen, dass wir auch bei Bedarf in sitzungsfreien Wochen zusammentreten. Der erste Vorschlag, und da Arbeitskreise ja offen sind für jedermann, ich möchte das hier gleich sagen, wir haben beschlossen, am 21. Dezember, also nicht am 24. Dezember, ausdrücklich hier mal eingeschenkt, hätte ich auch noch gemacht, dass wir erstmalig am 21. Dezember noch in diesem Jahr tagen, und zwar deshalb, weil am 19. Dezember das Kabinett tagt. Wir hielten es für unerträglich, hier in die Ferien zu gehen nach dem Kabinettsbeschluss, ohne die Hintergründe, den Bericht über die Struktur um Preise und Mengen dann diskutiert zu haben, dass wir dann nicht getagt hätten. Ich möchte es also noch mal sagen, auch die anderen Arbeitskreise, Arbeitskreis Soziales, Haushalt und Finanzen, Technologie sind sehr herzlich und ich bitte sogar sehr dringend eingeladen, an der Sitzung am 21. Dezember teilzunehmen. Wir haben dann auch die Gelegenheit, diesen Bericht, den zweiten Energiebericht des Bundeswirtschaftsministers, als Grundlage mit zur Debatte in dieser Arbeitskreissitzung zur Verfügung zu haben. Im Übrigen wird dieser zweite Bericht dann etwa um diese Zeit rum jedem Kollegen, jedem Abgeordneten des Deutschen Bundestages per Post an die Heimatadresse zugestellt.

Dann habe ich noch zu berichten: Die Fraktion hatte uns den Antrag *Schinzel* überwiesen, und zwar hieß es dort, »ordnungspolitische Maßnahmen vorzuschlagen, die geeignet sind, unerwünschten Einflüssen zentralisierter Wirtschaftsmächte bei der Bewältigung der Schwierigkeiten in der Energieversorgung wirksam begegnen zu können«.[4] Der Arbeitskreis hatte vorher beschlossen gehabt, dass diese Frage ein wenig problematisiert wird, wie man das heute sagt. Dies ist geschehen. Dem Arbeitskreis liegt ein Pa-

---

[4] Vgl. die SPD-Fraktionssitzung am 27. November 1973, SVP A, online.

pier vor. Wir haben beschlossen, dass dieses Papier, das dem Arbeitskreis vorliegt, ebenfalls am 21. Dezember, wenn irgend möglich – die Einschränkung muss ich machen –, wenn irgend möglich, mitbehandelt wird. Damit ist mein Bericht in aller Kürze aus der Arbeitskreissitzung hier gegeben. Ich wiederhole: Wir haben einen Zwischenbericht zur Lage gehabt, der morgen vertieft wird durch Zahlenangaben des Bundeswirtschaftsministers, die heute noch nicht greifbar waren. Wir haben beschlossen, am 21. Dezember nach der Kabinettssitzung am 19. Dezember zu allen möglichen Fragen – auch einschließlich Sonntagsfahrverbot und einschließlich der konjunkturpolitischen Maßnahmen – hier zusammenzutreten, auch das Hintergrundmaterial hierzu im Arbeitskreis zu diskutieren und zweitens in dieser Arbeitskreissitzung auch zu diskutieren das, was mit dem *Schinzel*-Antrag und dem Problempapier hier zusammenhängt. Schönen Dank.

Wehner: Danke. Darf ich eine Zwischenfrage stellen? Entschuldige, Herbert *Ehrenberg*. Ihr habt euch wahrscheinlich überlegt, warum es der 21. und nicht der 20. ist. Meine Frage ist, ob nicht – nachdem die Kabinettsitzung am 19. ist – der 20. denkbar ist? Aber vielleicht gibt es triftige Gründe, ihn nicht zu nehmen, denn wenn die Aufforderung Erfolg haben soll, dass einige aus den genannten Arbeitskreisen auch wirklich hier sein werden, dann ist es aus Gründen, die man nicht näher zu erläutern braucht, leichter, einen Tag eher als einen Tag später so eine Sache zu machen. Aber überlegt euch das bitte. Herbert *Ehrenberg*!

Ehrenberg: Genossen, ich wollte nur in aller Kürze noch etwas zu dem konjunkturpolitischen Hintergrund dieses Energieberichtes sagen. Wir haben in der Arbeitsgruppe Wirtschaft sehr ausführlich und sehr eingehend gemeinsam mit dem Staatssekretär *Pöhl* vom Bundesfinanzministerium über die Konjunktursituation gesprochen. Es bestand weitgehend Übereinstimmung in der Beurteilung, dass jene sich schon im Frühherbst abzeichnende Beruhigung jetzt durch die drohende Energieverknappung – ich sage bewusst drohende, denn ernsthaft ist sie ja in den Mengen noch gar nicht da, sondern nur in den Preisen –, dass diese drohende Energieverknappung, uns sicher eine Vielzahl von verschärften Arbeitsmarktreaktionen bringen wird, aber die sind nicht in erster Linie auf die Verknappung zurückzuführen, sondern die waren auch bereits in der mit dem Stabilitätsprogramm ja gewollt angelegten breiten Beruhigung der Wirtschaftsentwicklung angelegt. Und dann halten wir es auch in weitgehender Übereinstimmung für notwendig, dass in dieser Kabinettsrunde am 19. Dezember zwar nun keine volle Kehrtwendung der Konjunkturpolitik von der scharfen Bremspolitik der vergangenen Monate zu einer schon Expansionspolitik auf breiter Front durchgeführt wird, aber doch sehr mehr an Lockerung als es vor wenigen Wochen hier noch diskutiert worden ist. Und bis auf ein oder zwei unter den dort Diskutierenden waren wir auch alle der Meinung, dass die von Helmut *Schmidt* bereits angekündigte volle Aufhebung der Investitionssteuer der Situation mehr entspricht als eine nach Branchen differenzierende. Und ich würde hier gerne bitte an die ganze Fraktion jetzt schon die herzliche Bitte richten, dass wir aus dem theoretisch diskutierbaren Ansatz mit einer Differenzierung der Investitionssteuer die von vielen von uns angestrebte Differenzierung der Globalpolitik nun nicht gerade in diesem Zeitpunkt, das heißt in der morgen und übermorgen stattfindenden Plenumsdiskussion oder auch in Begleitmusik zu dieser Plenumsdiskussion, auszutragen. Es scheint mir der ungeeignetste Zeitpunkt, vor dem gegenwärtigen Hintergrund, der uns noch schwierig genug in der Bewältigung sein wird, hier nun die vorhandenen unterschiedlichen Auffassungen zur FDP, die so eine Differenzierung als immer noch weitgehend eine Todsünde gegen den Geist der Globalsteuerung ansieht, dies jetzt vor dem Hintergrund der Investitionssteuer auszutragen. Ich halte es für viel wichtiger, dass wir kurzfristig um der Beschäftigungssicherung die Investitionssteuer ganz abzuschaffen, als uns wochenlang in Diskussionen uns darüber zu verlieren, nach welchen Kriterien man jetzt hier differenziert vorgehen kann. Wenn sie dann noch begleitet wird durch die Wiedereinführung des Paragraphen 7b und vor allen Dingen durch die Aufhebung der Streckung der Gemeinschaftsaufgabe und durch entsprechende weit vorangetriebene Vorbereitungen öffentlicher Investitionsprogramme zur Arbeitsplatzsicherung und auch zum Schaffen neuer Arbeitsplätze in vor der neuen Energiesituation her ausgewählten Bereichen, vor allen Dingen eben im Steinkohlenbergbau, dann meine ich, dass es mit einigermaßen nicht allzu dick aufgetragenem Optimismus gesagt werden kann, dass wir jene vor uns stehende Nullwachstumstheorie nicht unbedingt vollstrecken müssen, sondern dass es möglich sein könnte, wenn wir schnell genug und gründlich genug arbeiten, zwar nicht mit den Wachstumsraten, die noch im vergangenen Herbst diskutiert wurden, aber doch mit einigermaßen noch erträglichen Wachstumsraten auch über den Sommer zu kommen.

Dazu gehört aber, wie ich glaube, zusätzlich, und auch das wird ein Punkt sein, wo nicht ganz Übereinstimmung mit dem Koalitionspartner zu erreichen sein wird, auch bei uns wird's da keine völlige Übereinstimmung geben, dass auch die Bundesbank bereit sein wird, dem Beispiel der Aussetzung der Investitionssteuer und der Wiedereinführung der degressiven Abschreibungsmöglichkeiten zu folgen, und zwar behutsam, aber doch deutlich zu einer leichteren Geld- und Kreditpolitik überzugehen. Vor diesem konjunkturellen Hintergrund wird morgen anhand der verschiedenen CDU-Anträge in diese Richtung sich morgen und am Donnerstag die Debatte im Anschluss an unser Gesetz zur Verbilligung des Heizöls für einkommensschwache Schichten abspielen müssen. Ich meine, dass wir vor diesem Hintergrund mit der Aussicht auf eine entsprechende Entscheidung im Kabinett am 19. Dezember diese Debatte dann gut bestehen können.

Wehner: Danke. Das Wort hat Georg *Schlaga*.

Schlaga: Ich habe eine Frage zu dem Bericht von Hans-Jürgen *Junghans*, die hoffentlich nur regional bezogen ist, und ich bitte um eine Antwort, weil ich bisher nirgends eine bekommen habe. Ich habe aber Alarmrufe bekommen. Da ist ein Betrieb von 1 000 Belegschaftsmitgliedern, die – ich habe in der vorigen Woche bereits einiges unternommen im Wirtschaftsministerium – dringend schweres Heizöl brauchen, die haben noch für zwei Tage schweres Heizöl. Dazu muss aber gesagt werden, dann wird nämlich erst das Dubiose deutlich, dass die Pipeline von Wilhelmshaven nach Raunheim bei Frankfurt überlastet ist, dass sie also mit 25 atü gefahren wird, jetzt auf 35 hochgehen soll, dass also Öl da sein muss, aber trotzdem Raunheim nicht liefern kann. Ich meine, das scheint mir für den ganzen Bereich Rhein-Main von Bedeutung zu sein. Wer kann denn da irgendeine kompetente Auskunft geben, wie das nun laufen soll und wie da geholfen werden kann? Dann machen die übermorgen die Bude zu, wenn bis dahin nichts geliefert wird.

Ravens: {…} in der letzten Woche schon mal gebeten worden in solchen Fällen. Gebt das doch dann unmittelbar her, dann kann ich mich über *Rohwedder* unmittelbar mit der Clearing-Stelle in Verbindung setzen, um klarzukommen. In diesem Fall, Raunheim ist ein besonderer Fall, der uns ganz erhebliche Sorgen macht. Das hängt damit zusammen, dass die Raffinerie Raunheim zunächst eine eigene Pipeline ab Rotterdam hat. Diese Pipeline ist boykottiert. Über Rotterdam fließt nach Raunheim kein Öl. An Raunheim hängt Hoechster Farben im vollen Umfang. Das heißt, das Stilllegen von Raunheim würde bedeuten, dass wir den Hoechster Farben den Laden zumachen müssen. Von dorther hat es eine Umkupplung hier im Ruhrgebiet gegeben, irgendwo ist das technisch möglich gewesen, auf Wilhelmshaven und über Wilhelmshaven fließt jetzt über diese Leitung das hinein, was wir über Rotterdamer Leitungen nicht hineinkriegen können. Die Kapazität dieser Leitung ist aber begrenzt. Ihr wisst, vor eineinhalb Wochen ist das Ding in die Luft gegangen, ist sie das erste Mal geplatzt, weil man den Druck überzogen hatte. Über 35 atü ist die nicht zu fahren. Hier hilft dann nur der unmittelbare Einsatz über Transporte auf der Bundesbahn oder auf anderen Wegen. Dort, wo es solche Schwierigkeiten gibt, bitte kommt her und meldet euch, dann versuchen wir das hinzukriegen. Wir haben es in einer ganzen Reihe von Fällen dann mit Sondereinsätzen noch zustande gebracht, dass aus diesem Grunde nichts kaputtgeht. Ich muss dann nur den Betrieb wissen und alles, was dazugehört.

Nun lasst mich allerdings auch noch eins dazu sagen. Ich erlebe immer wieder, dass sehr oft gesagt wird, wir haben nur noch für drei Tage oder für vier Tage liegen, weil die Leute daran gewöhnt sind, mit einem Vorrat von vier Wochen oder von 14 Tagen zu fahren. Und trotz alledem ist sichergestellt, dass rechtzeitig Nachschub da ist. Bei vielen geht also diese Angst, vorher immer fleißig geschürt, vorweg, was passiert, wenn wir in vier Tagen nun keinen Waggon kriegen, obwohl sie wissen, dass in vier Tagen entsprechende Mengen da sein werden. Manches ist hier auch so ein bisschen Psychose, kommt das rechtzeitig an und ist das wirklich ernsthaft oder ist das zum richtigen Zeitpunkt da. Lange Lagervorräte können wir im Augenblick auf diesem Felde niemandem garantieren. Wir können niemand sagen, wir setzen dich wieder in den Stand, den du vorher gehabt hast, du kannst also auf drei oder vier Monate im Voraus disponieren, sondern hier muss das jeweils in Blitzentscheidungen gehen.

Wehner: Danke. Ich wollte nur, weil Karl *Ravens Rohwedder* erwähnte, sagen: *Rohwedder* wird künftig immer bei den Sitzungen sein. Heute hat er sich entschuldigen müssen wegen einer dringenden Verpflichtung heute Nachmittag, die man nicht ändern konnte. Manfred *Schulte*!

Schulte: Stimmt es, dass ein erhöhter Einsatz von Koks bei der Stahlgewinnung daran scheitert, dass die Bundesbahn nicht in der Lage ist, entsprechende Kapazitäten zur Verfügung zu stellen?

Ravens: Ich kann euch nur sagen, das ich von der Bundesbahn weiß, ich muss das jetzt mit aller Vorsicht sagen, ich sehe niemanden vom Verkehrsministerium. Sie hat insgesamt Waggonmaterial zur Verfügung, das zusätzlich im Jahr 50 Millionen Tonnen Güter aufnehmen kann. Sie hat im Augenblick bis zum 15. Dezember, also bis übermorgen, das, was an Offengüterwagen da ist, im Rahmen der Zuckerrübenkampagne mit festliegenden Transporten laufen zu lassen. Sie versucht, aus dieser Reserve, die sie dort hat, unter erhöhtem Einsatz ihres auf Reserve stehenden Wagenparks die Waggons freizumachen und mobil zu machen, die sie braucht, um Koks einzusetzen, um Koks einzusetzen. Dass es hier Anlaufschwierigkeiten im Anfang geben würde, war klar, weil die Bundesbahn im Augenblick auch nirgendwo anders in der westlichen Welt, das, was sie bisher konnte, Waggons anmieten kann, weil alle Staatsbahnen der übrigen Länder in der gleichen Situation sind. Inzwischen ist Ernst *Haar* da, vielleicht kann er konkreter diese Frage dann beantworten.

{...}

Wehner: Ernst *Haar*!

Haar: Wir sind informiert, dass eisenbahnspezifische Güter- und Massengüterbeförderungen bis zu 50 Millionen Tonnen von der Bahn übernommen werden können. Im Einzelfall müssen wir aber prüfen aufgrund der Anfrage, wo sich Engpässe in der Zurverfügungstellung von Waggons ergeben. Wenn das bei uns bekannt wird, kann das sofort geklärt werden mit der Bundesbahnhauptverwaltung.

Wehner: Danke. Wird weiter das Wort gewünscht zum Bericht von *Ehrenberg* und *Junghans*? Bitte Kurt *Mattick*!

Fraktionssitzung 11.12.1973 **39.**

Mattick: Genossinnen und Genossen, soweit ich mich erinnere, haben wir hier das letzte Mal, auf alle Fälle aber im Fraktionsvorstand, darüber gesprochen, ob die Sperrung des Sonntags für Autofahrten das Sinnvollste ist. Ich bin der Meinung, es hat sich nicht als das Sinnvollste erwiesen und warne dringend davor, dies fortzusetzen. Die Holländer bauen jetzt um, die uns das aufgeladen haben, und ihr werdet in einigen Wochen sehr schlechte Stimmungen entwickeln. Ihr trefft wieder die, auf deren Stimmung wir angewiesen sind. Ich empfehle, nochmal darüber nachzudenken, ob es nicht richtiger ist, Benzinscheine auszugeben dann, wenn es auf längere Zeit geht oder irgendeine andere abwechslungsreichere Möglichkeit zu finden als die einfache Sonntagssperre. Ist zwar für die Behörden das Bequemste, aber für die Leute nicht.

Wehner: Kurt, diese Regelung ist ausdrücklich nur bis zum einschließlich nächsten Sonntag und es –

Mattick: Aber jetzt wurde es schon wieder –

Wehner: Nein, nein, darüber wirst du gleich Auskunft kriegen. Karl *Ravens*!

Ravens: Das Sonntagsfahrverbot ist, wie Herbert [*Wehner*] es sagt, läuft am nächsten Sonntag aus. Wir sind uns in oder es ist eine kleine Arbeitsgruppe eingesetzt worden aus den unterschiedlichen Ministerien, in denen Vertreter der Fraktionen beteiligt sind, auch heute Nachmittag in der Diskussion, die dort läuft. Hier werden alternativ eine ganze Reihe von anderen Vorschlägen mit ähnlichen Einspareffekten diskutiert. Wir wissen, dass eine einfache Fortsetzung des Sonntagsfahrverbots uns vor ganz erhebliche Schwierigkeiten stellt.

Aber, Kurt, darf ich vielleicht noch eine Bemerkung, ohne dass ich damit das abwerten will. Sicherlich muss man das im Auge haben, was du siehst. Aber ich denke auch, ich darf darauf verweisen, dass es in der Bundesrepublik nicht nur Städte gibt, sondern weite Landgebiete, in denen Kollegen gezwungen sind, über weite Entfernungen jeden Tag ihren Arbeitsplatz anzufahren, weil wir ihnen öffentliche Verkehrsmittel nicht zur Verfügung stellen können. Das zeigt, wie problematisch diese Geschichte ist, die du angesprochen hast. Es werden aber alternativ im Augenblick eine Reihe von Dingen diskutiert, wie gesagt, unter Hinzuziehung von Kollegen aus der Fraktion, um eine flexiblere Lösung zu bekommen, die gleiche Einspareffekte erzielt.

Wehner: Ja, mir ist heute Vormittag mitgeteilt worden, dass das jeweils unter Hinzuziehung von Experten aus der Fraktion geschieht und auch welche Alternativmöglichkeiten erörtert werden. Das müssen wir jetzt im Moment nicht erörtern. Hans *Apel*!

Apel: Ich möchte nur eine zusätzliche Information geben. Wir haben ja in Brüssel darüber geredet, wie das in den einzelnen Ländern gemacht wird. Die Niederländer schalten auf Rationierung nicht deswegen um, obwohl sie das laut so behaupten, weil das Sonntagsfahrverbot ihnen Schwierigkeiten macht. Sie schalten deswegen um, weil ab 7. Januar jeder niederländische Kraftfahrzeugbesitzer nur noch 50 Prozent für die normale Jahresfahrleistung an Benzin bekommt. So sieht das bei denen aus. Die gehen also vom Sonntagsfahrverbot weg, weil es nur noch 50 Prozent der Benzinmenge gibt, die man normalerweise pro Fahrtyp im Jahr fahren würde. Das heißt also, die sind schon eine ganze Etage tiefer und denen ist auch nichts Besseres eingefallen, als das so zu kaschieren, wie sie es kaschieren.

Wehner: Weitere Wortmeldungen zu diesem Punkt Bericht *Ehrenberg – Junghans*?

[C.-E.] → online unter www.fraktionsprotokolle.de

40.

13. Dezember 1973: Fraktionssitzung (1. Sitzung/Tonbandtranskript)

AdsD, SPD-BT-Fraktion 7. WP, 6/TONS000024. Titel: »Fraktionssitzung vom 13.12.1973«.
Beginn: 11.05 Uhr. Aufnahmedauer: 01.02.48. Vorsitz: Wehner.

Sitzungsverlauf:

A. TOP 2: Ergebnisse aus dem Vermittlungsausschuss.
B. TOP 1: Informationen zur Aufhebung der Immunität von Karl *Wienand* (Stellungnahmen von Herbert *Wehner*, Hans *de With* und Karl *Wienand*).
C. Forts. von TOP 1: Stellungnahme der Bundestagspräsidentin *Renger*. – Stellungname des Obmanns der Fraktion im Ausschuss für Geschäftsordnung, Immunität und Wahlrecht, *Collet*. – Vorschlag für eine Stellungnahme der Fraktion.

[A.]

Wehner: {...} versuchen, diese Zeit einzuhalten. Auf Wunsch der Bundestagspräsidentin, die zurzeit eine Sitzung des Präsidiums des Bundestages hat, wollen wir den Punkt 2, Ergebnis aus dem Vermittlungsausschuss, vorwegziehen. Gesetzt den Fall, sie kriegt ihre Präsidiumssitzung zu Ende, dann kann sie von Anfang an bei der Behandlung des Punktes 1 dabei sein. Sonst – ich leite den auf den Fall sowieso ein mit einigen Feststellungen, die der Fraktion helfen sollen, zu verstehen, was da vor sich gegangen ist und weiter vor sich gehen wird. Einverständnis mit der Änderung, dass wir Punkt 2 zuerst nehmen? Ich glaube, Hermann *Dürr* wollte über das Ergebnis aus dem Vermittlungsausschuss berichten. Denn in einem Punkt brauchen wir wohl eine Entscheidung. Hermann *Dürr*.

Dürr: Liebe Genossinnen und Genossen, wir haben unter den Mitgliedern des Vermittlungsausschusses keine Wohnungsbaupolitiker. Ich bitte deshalb um mildernde Umstände, falls ich nicht alles kurz und genau hinkriege. Bei dem Wohnungsbindungsgesetz, das der Vermittlungsausschuss zu behandeln hatte[1], war das erste Problem Folgendes. Ihr wisst, bisher blieb bei einer öffentlich geförderten Wohnung bei vorzeitiger Rückzahlung der öffentlichen Mittel die Bindung weitere zehn Jahre bestehen. Der Bundestag hatte vorgeschlagen, dass diese Bindung auf Antrag in bestimmten Fällen entfallen solle. Der Bundesrat sagte dazu, dass ist verwaltungsmäßig zu kompliziert. Man muss diese automatische Entlassung aus der Bindung statuieren, und zwar in folgenden Fällen: Bei einer eigengenutzten Wohnung in einem Eigenheim, in einem Kaufeigenheim oder einer Kleinsiedlung, bei einer eigengenutzten Eigentumswohnung, die nicht durch Umwandlung einer als Mietwohnung geförderten Wohnung entstanden ist, und einer sonstigen Wohnung, für die nicht mehr als 1 000 Mark öffentliches Darlehen bezogen wurden. Der Vermittlungsausschuss hat in diesem Punkt dem Vorschlag des Bundesrats, also automatischer Entlassung aus der Bindung in diesen Fällen, zugestimmt.

Zweiter Fall: Der Bundesrat hatte vorgeschlagen, die Zinsen für die öffentlichen Mittel anzuheben, die in den Jahren '60 bis '62 für den sozialen Wohnungsbau bereitgestellt wurden, aber nur soweit, dass die Miete pro Quadratmeter sich nicht um mehr als 30 Prozent erhöht. Der Städtebauausschuss, unsere Städtebauer, sagten, das ist positiv,

---
[1] Vgl. dazu auch die SPD-Fraktionssitzung am 6. November 1973, SVP D, Anm. 60, online.

weil es zu einer Mietentzerrung führt. Dagegen wurden geltend gemacht stabilitätspolitische Bedenken. Man hat hier einen Kompromiss dadurch geschlossen, dass durch den Vermittlungsvorschlag, dessen Annahme empfohlen wird, diese Zinsanhebung erst zum 1. Januar 1975 wirksam sein soll.

Drittens: Nach dem Wohnraumkündigungsschutzgesetz könnten die ab Anfang nächsten Jahres aus der Grundsteuerreform erwachsenen Mehrbelastungen, soweit sie erst nachträglich im Lauf des Jahres bekannt werden, was bei der Grundsteuer ja meistens der Fall ist, die Umstellung geht nicht auf einmal, nicht rückwirkend als Betriebskosten auf die Mieten umgelegt werden. Im Entschließungsantrag war eine rechtzeitige Anpassung des Wohnraumkündigungsschutzgesetzes an die entsprechende Änderung des Wohnungsbindungsgesetzes gefordert worden.

Jetzt kriegen wir, hat {...} einen Artikel 3 a gekriegt und hier dreht es sich, um es ganz kurz zu sagen, um die Rechtsgleichheit bei den verschiedenen Wohnungen, insbesondere auch unter Berücksichtigung der besonderen Verhältnisse in Hamburg, München und Berlin. Deshalb mussten die Altbaumietenverordnung und das Bundesmietengesetz mit angepasst werden, sodass einheitliches Recht ab 1. Januar '74 gilt. Das sind die Vorschläge, denen der Vermittlungsausschuss einmütig zugestimmt hat. Eine Kampfabstimmung im Plenum ist nicht zu erwarten.

Wehner: Wird das Wort gewünscht? Nicht der Fall. Dann wird das heute nach der Fragestunde so durchgehen.

[B.]

Wehner: Ja, Genossen, dann muss ich den ersten Punkt der Tagesordnung einleiten und will dazu Folgendes bemerken. Erstens: Gestern Nachmittag hat das Plenum des Bundestages auf Antrag des Ausschusses für Geschäftsordnung, Immunität und Wahlprüfung beschlossen, die Immunität Karl *Wienands* aufzuheben. Dieser Beschluss ist nach den Gepflogenheiten des Bundestages, und immer im allseitigen Einvernehmen auch so eingehalten, ohne Begründung des Antrages und ohne Debatte gefasst worden. Das ist nichts, was ein Sonderfall wäre. Zweitens: Am Vormittag hatte derselbe Ausschuss mit neun gegen acht Stimmen beschlossen, der Frau Bundestagspräsidentin zu empfehlen, das an sie gerichtete Ersuchen der Staatsanwaltschaft beim Landgericht Bonn abschlägig zu bescheiden, nämlich die Büroräume Karl *Wienands* im Bundeshaus durchsuchen zu dürfen.[2] Die Mehrheit des Ausschusses musste zu einem solchen ablehnenden Beschluss kommen, weil ein Antrag auf Aufhebung der Immunität Karl *Wienands* bis zu der Stunde nicht vorlag. Das heißt, hier ist ein richterlicher Durchsuchungsbefehl ausgestellt worden. Ich enthalte mich jeder Seitenbemerkung über Fälle, in denen es wesentlich anders hätte sein müssen, ohne dass es einen Antrag auf Aufhebung der Immunität gegeben hat. Die Präsidentin konnte gar nicht anders handeln, als den Immunitätsausschuss um eine Stellungnahme im Sinne einer Aufhebung der Bestimmungen zu fragen. Ich habe gesagt, dass die Mehrheit des Ausschusses zu diesem Beschluss kommen musste, weil ein Antrag auf Aufhebung der Immunität Karl *Wienands* nicht vorlag.

Zu diesem Vorgang vom Nachmittag im Ausschuss und vom Vormittag gibt es Presseerklärungen, die Manfred *Schulte* abgegeben hat in unserer Reihe. Das sind die von Nummer 858 {...} 864.[3] Ich versage es mir, sie hier zu zitieren.

---

2 Vgl. bspw. den Artikel »Nichts Gutes«; »Der Spiegel«, Nr. 51 vom 17. Dezember 1973, S. 30 f.
3 Die Pressemitteilungen zum Thema sind als Anlagen dem schriftlichen Kurzprotokoll beigegeben: Zu den SPD-Pressemitteilungen Nr. 858 vom 12. Dezember 1973 und Nr. 875 vom 13. Dezember 1973 vgl. AdsD 2/BTFG000040.

Ich will aber bei der Gelegenheit an Folgendes erinnern, Genossen. Am 7. April des Jahres 1972 ist unter unseren Informationen der SPD-Fraktion im Deutschen Bundestag unter der damaligen Nummer 222 eine Erklärung ausgegeben worden[4], in der *Wienand* damals bekannt gab unter Punkt 3: »Dem Vorsitzenden des Bundestagsausschusses für Geschäftsordnung, Wahlprüfung und Immunität, dem Abgeordneten Erwin *Schöttle* habe ich unabhängig davon folgendes Schreiben zugesandt: Sehr geehrter Herr Kollege *Schöttle*, in der Ausgabe Nummer 16 der Illustrierten »Stern« wird mir der Vorwurf gemacht, ich hätte vor dem 1. Untersuchungsausschuss des 6. Deutschen Bundestages eine falsche Aussage gemacht.[5] Ich habe gegen die Verfasser Strafanzeige erstattet und Strafantrag gestellt. Unabhängig davon ist meines Erachtens nach der Strafprozessordnung die zuständige Staatsanwaltschaft nach Kenntnisnahme dieses Vorwurfs verpflichtet, eine Untersuchung einzuleiten. Mir ist sehr daran gelegen, dass eine solche Untersuchung vorgenommen wird, da sich die Unrichtigkeit der Vorwürfe ergeben wird. Ich möchte Sie daher bitten, einem zu erwartenden Antrag der Staatsanwaltschaft auf Aufhebung meiner Immunität so schnell wie möglich zu entsprechen.« So geschrieben und verbreitet am 7. April 1972. Ich habe das damals in einer eigenen Erklärung ausdrücklich noch öffentlich versucht deutlich zu machen.

Am 28. August dieses Jahres '73 hat, wieder veröffentlicht in unserer Informationsmitteilung unter Nr. 469, Karl *Wienand* mitgeteilt, dass er den nunmehrigen Vorsitzenden des Ausschusses für Wahlprüfung, Immunität und Geschäftsordnung *de With* ein Schreiben folgenden Inhalts zugesandt hat: »Bereits am 7. April '72 hatte ich Ihren Amtsvorgänger schriftlich gebeten, einem zu erwartenden Antrag der Staatsanwaltschaft Bonn zur Aufhebung meiner Immunität so schnell wie möglich zu entsprechen. Ich war bei meinem Brief an Herrn Kollegen *Schöttle* davon ausgegangen, dass die zuständige Staatsanwaltschaft nach Kenntnisnahme meiner Aussagen vor dem 1. Parlamentarischen Untersuchungsausschuss des 6. Deutschen Bundestages einerseits und den Behauptungen der Illustrierten »Stern« andererseits von Amts wegen eine Untersuchung einleiten würde. Wie ich heute durch ein Schreiben des Leitenden Oberstaatsanwalts Herrn *Pfromm* bei der Staatsanwaltschaft erfahre, ist eine solche Untersuchung durch die Einleitung eines Ermittlungsverfahrens nunmehr beabsichtigt. Ich möchte daher meinen an Herrn Kollegen *Schöttle* unter dem 7. April '72 gerichteten Wunsch auch Ihnen zur Kenntnis bringen und erneut die Bitte aussprechen, dass Sie unmittelbar nach Eingang eines entsprechenden Antrages der Staatsanwaltschaft Bonn den Ausschuss zu entsprechender Beschlussfassung zusammenrufen.«[6]

Hier kann man wohl nicht sagen, dass irgendetwas klammheimlich geschehen ist und dass in irgendeiner Weise etwas versucht worden ist, wie es sich aus einer Erklärung, die jetzt ich drittens kurz anvisiere, darstellt. Der Parlamentarische Geschäftsführer *Seiters* der Fraktion der CDU/CSU hat um die Mittagszeit eine Erklärung herausgegeben.[7] Der Text ist lang. Die entscheidenden Absätze nach dem ersten einleitenden, der sich mit der Mehrheitsentscheidung im Ausschuss für Geschäftsordnung, Immunität und Wahlprüfung befasst, beginnt mit der niedlichen Bemerkung: »Das Verhalten der Koalition ist bestürzend. Monatelang haben sich zwei Untersuchungsausschüsse des Deutschen Bundestages mit den Affären des Abgeordneten *Wienand* befasst. Nunmehr bittet der Oberstaatsanwalt in einer dieser Affären um Unterstützung für seine Aufklä-

---

4 Zur SPD-Pressemitteilung Nr. 222 vom 7. April 1972 vgl. AdsD 2/BTFG000040.
5 Vgl. den Artikel »Er lügt und lügt und lügt …«; »Stern«, Nr. 16 vom 9. April 1972, S. 130–136.
6 Zur SPD-Pressemitteilung Nr. 469 vom 28. August 1973 vgl. AdsD 2/BTFG000040.
7 Zu den beiden CDU/CSU-Pressemitteilungen vom 12. Dezember 1973 vgl. AdsD 2/BTFG000040.

| Fraktionssitzung | 13.12.1973 | **40.** |

rungsarbeit, da Karl *Wienand* unter dringendem Verdacht der Steuerhinterziehung steht und die Staatsanwaltschaft annimmt, dass in Karl *Wienands* Büroräumen Beweismittel vorhanden sind. Dass dieses Ersuchen durch SPD und FDP im Geschäftsordnungsausschuss abgelehnt wurde, legt den Verdacht nahe, die Koalition wolle Tatbestände um Karl *Wienand* vertuschen.«

Und der letzte Absatz: »Die CDU/CSU-Bundestagsfraktion fordert die Bundestagspräsidentin auf, unabhängig vom Mehrheitsbeschluss des Geschäftsordnungsausschusses angesichts der Bedeutung des Vorganges von ihrem Recht Gebrauch zu machen, die Genehmigung zur Durchsuchung zu erteilen. Die CDU/CSU warnt davor, dem Abgeordneten *Wienand* Privilegien über den notwendigen Freiheitsraum eines Abgeordneten hinaus zu gewähren.«

Ich versage es mir, Genossinnen und Genossen, einen ziemlichen Parlamentsneuling, der allerdings natürlich darauf pocht, zurückzuschlagen, da bin ich natürlich ohnmächtig dagegen, dadurch regeln zu wollen, was Parlamentsrecht ist und was das Recht von Parlamentariern in diesem {...} nach dem Grundgesetz ist. Das versage ich mir, weil ich das hoffentlich hier nicht notwendig habe. Sollte es die Debatte notwendig machen, werde ich es mir dann nicht mehr versagen. Mir ist diese Erklärung des Herrn *Seiters* leider erst am Abend, nachdem ich danach gefragt habe, bekannt geworden. Ich bitte um Entschuldigung, das ist mein Fehler, dass solche Sachen glatt an mir vorbeigehen und ich von niemandem darüber habe informiert werden können, weil ich den ganzen Tag im Plenum gesessen habe. Nachdem mir diese Erklärung bekannt geworden ist, habe ich mich sofort in Bewegung gesetzt, wie man sich denken kann, und habe als erstes überlegt, am besten wäre, die Plenarsitzung unterbrechen zu lassen und die Fraktion zu einer informativen Fraktionssitzung zusammen zu bitten. Aber dann fiel mir ein, noch besser ist, vorher mit der Bundestagspräsidentin zu sprechen. Ich habe sie anrufen lassen und habe unverzüglich mit ihr ein Gespräch gehabt. Es hat nach diesem unserem Gespräch gleich darauf eine Sitzung des Ältestenrats gegeben, den die Bundestagspräsidentin einberufen hat, und diese Ältestenratssitzung ist dann Gegenstand eines Berichtes einer Fraktionsvorstandssitzung gewesen, die um 20 Uhr begann. Der Ältestenrat hat um 19.30 Uhr begonnen und hat ein wenig länger gedauert. Es ist in dieser Fraktionsvorstandssitzung der Sachverhalt behandelt worden. Es sind Berichte aus dem Geschäftsordnungsausschuss und anderen Beteiligten gegeben worden, und anschließend an diese Fraktionsvorstandssitzung hat der Vorsitzende des Ausschusses für Immunitätsangelegenheiten Hans *de With* eine Erklärung herausgebracht, die allerdings – weil es dann nach 10 Uhr war – zwar noch Niederschlag gefunden hat in »dpa« mit der Ausgabezeit 23.52 Uhr und heute Morgen habe ich gehört auch in den einen oder anderen Rundfunknachrichten, aber darüber will ich hier nicht weiter mich äußern. Diese Erklärung liegt euch vor, wenn ihr wollt, und ihr werdet sie brauchen wegen der Seltsamkeit, mit der man diese Immunitätsangelegenheit in den journalistischen Kommentaren und Begleittexten zum Teil behandelt. Das ist zum Teil Ignoranz hinsichtlich des Immunitätsrechtes. Das ist zum Teil Ignoranz, die gar nicht so schlimm ist. Warum soll jemand das unbedingt wissen. Er darf ja doch schreiben. Zum anderen ist das –,

(Zwischenruf.)

ja sicher, das ist sein Recht. Sein Recht, freie Meinung niederzuschreiben, verbreiten zu lassen, auch wenn er den Sachverhalt nicht kennt. Dieses Recht verteidige ich auch. In manchen Fällen ist das dann gemischt mit Bosheit, in anderen Fällen mit Bosheit plus Schadenfreude. Nur – darauf werde ich noch ganz kurz zu sprechen kommen. Diese Erklärung liegt im Wortlaut vor in unseren Mitteilungen mit der Nummer 868, ist heute in die Fächer gelegt worden.[8] Ich hoffe es jedenfalls. Ich habe darum gebeten, dass es gemacht werden soll. Ernst *Schellenberg* hat auf meine Bitte, auf meine Bitte gestern von Anfang bis Ende der Durchsuchung von Karl *Wienands* Büro beigewohnt und hat da auch darüber abends berichtet. Er ist auch jetzt deswegen nicht anwesend, weil diese Durchsuchung jetzt fortgesetzt wird. Das heißt aber nicht, weil man da was Besonderes hätte, sondern weil er den ganz vernünftigen Vorschlag gemacht hat, statt dass sie Berge von Papier – das Fernsehen war ja synchron bestellt für diese ganze Aktion. Ich konnte nicht in mein Zimmer. Das liegt weit davon weg, ist nur gegeben, um jedes Mal, je nachdem ob ich grade ein Apfelstück kaute oder mir ein Papier geholt habe, fotografiert zu werden. Das wird dann eben veröffentlicht. Auch das ist Freiheit, für die ich kämpfe. Ja sicher, nach dem Grundgesetz, nach dem Grundgesetz, Genossen. Ernst hat diese Sache gemacht. Anschließend sind die Herren von der Staatsanwaltschaft mit Karl hinausgefahren in die Wohnung, und ich habe ihn dann gegen Mitternacht angerufen. Da waren sie noch dabei. Das hat sich dann wohl um Mitternacht aufgelöst. Das ist alles ganz in Ordnung gegangen, formal in Ordnung gegangen. Ernst hatte gestern Abend vorgeschlagen, statt dass sie mit Bergen von Papier rausgehen, in denen dann nichts ist, sollen sie doch diese Berge, die sie noch genauer durchsehen müssen, dort besonders verwahren in dem Zimmer, unantastbar machen und heute sich in Ruhe daran machen. Haben sie gesagt, das wäre ein vernünftiger Vorschlag. Sie sind diesem Vorschlag gefolgt und in der Nacht hat ja keiner dieses, weil es verklebt war, dieses ändern können.

Mein vierter Punkt: Eindruck von der heutigen Morgenpresse. Ich fand einen einzigen Satz, der genau das trifft, worum es sich im Kern handelt, abgesehen davon, dass es den politischen Kern unberührt lässt, aber das ist sowieso bei Juristen gutes Recht. Dieser Satz –,

(Gelächter.)

ja sicher, Genossen. Sonst hätten die ja kein Recht.

(Heiterkeit.)

In der »Süddeutschen Zeitung« von heute Vormittag fand ich den Kommentar auf der vierten Seite um *Wienands* Immunität von *Müller-Meiningen* und er enthält als Schlusssatz den einzig richtigen Tatbestand festgestellt, nämlich: »Die Staatsanwaltschaft hatte es sich zu lasch gemacht«[9], und genau ist es, worum es hier geht. Hier kann nicht einfach jemand kommen und kann der Bundestagspräsidentin sagen: Sie, hören Sie mal, ich will jetzt da untersuchen, und Sie haben ja Hausrecht, das erlauben Sie wohl. Und die Bundestagspräsidentin muss wohl das Recht haben, wenn sie keinen anderen Ausweg weiß, zu sagen, da muss sie erst einmal den zuständigen Ausschuss damit sich befassen lassen und nichts anderes war es. Ich sag' das deswegen, weil einige Genossen mich gestern Nachmittag, als wir dann einstimmig die Aufhebung beschlossen haben, was ja selbstverständlich ist, wir haben es ja immer verlangt. Wir haben sie '72, '73 immer wieder verlangt und sie ist nicht einmal gefordert worden aufzunehmen, sondern es ist nur am 20. November in einem Brief an die Bundestagspräsidentin mitgeteilt worden, dass ermittelt werde. Dies ist aber noch ein Unterschied, dass ermittelt wird, ist völlig in Ordnung, ein Unterschied zu jenem Akt, der nur bei Aufhebung der Immunität zu einem ganz bestimmten Zweck vollzogen werden kann. Denn sonst würde ich, jetzt erlaube ich mir in Klammer oder als Fußnote eine böse Bemerkung an {...} jetzt um die Feiertage zuschicken, eigentlich müsste ich sie dann allerdings drucken lassen, denn ich habe

---

8 Zur SPD-Pressemitteilung Nr. 868 vom 13. Dezember 1973 vgl. AdsD 2/BTFG000040.
9 Richtig lautete der Satz: »Die Staatsanwaltschaft hatte es sich zu leicht gemacht.« Vgl. den Artikel »Um Wienands Immunität«; »Süddeutsche Zeitung« vom 13. Dezember 1973, S. 4.

sehr viele Leute, die mir Briefe schreiben. Ich bitte sie und warne sie, mir noch Briefe zu schreiben, in denen Intimitäten ihrer persönlichen Lage, ihrer familiären Angelegenheiten, ihres Einkommens und ihrer Unrechtsgefühle steht, weil die unterwegs bei mir im Büro für jemanden weggenommen werden können.

(Starker Beifall.)

Das ist nämlich der Grund meines kalten Zornes. Es geht nicht um meine Person. Wenn das einmal passiert, ist es auch in Ordnung. Nur, Genossinnen und Genossen, hier muss – so fragil das Recht ist –, hier muss jedenfalls {…}.

(Starker Beifall.)

Und dieser Satz ist in Ordnung von *Müller-Meiningen*. Die Staatsanwaltschaft hat es sich zu leicht gemacht. Das möge sie mit sich selbst und mit ihren vorgesetzten Stellen ausmachen, die ich nicht mal erwähne, die Landesregierung und die Bundesregierung. Denn ein Ersuchen um Immunität kann, in diesem Falle ist das an den Bundesjustizminister überhaupt nicht gegangen, weil gar keins gestellt worden ist. Ich kann ihm also selbst und will ihm auch keinen Vorwurf – nur da sind viele Dinge, von denen man dann summa summarum sagen kann, hatte es nicht zu leicht gemacht, und da sagte ich, soll man schnell zunächst einmal einen {…} so stoßen, damit nicht alles durch die Türe kann.

Ich habe heute Morgen am Rande einer Veranstaltung, an der ich teilnehmen musste, in einem engeren Kreis mit dem Vizepräsidenten *von Hassel* gesprochen, der mir sagte: Guten Morgen Herr Kollege *Wehner*. Ich sage: Wieso nennen Sie mich überhaupt noch Kollege? Das dürfen Sie doch gar nicht. {…} im Ältestenrat. Sie haben kein Wort zur Verteidigung der Präsidentin gesagt. Da waren die dabei, die an der Sitzung – ja, da müssen wir drüber reden. Der ist dann hinterher zu mir gekommen und hat mir das zu erklären versucht. Natürlich sei der Satz des *Seiters* unmöglich, und er habe auch gestern nach der Sitzung versucht, diesen Satz von dem mit Bedauern zurückzuziehen und ungeschehen zu machen, obwohl er den anderen Absatz, den Absatz, der sich gegen den Mehrheitsbeschluss richtet, anders betrachtet. Ich sage: Das ist Ihre Sache, aber warum haben Sie es nicht gesagt. Wissen Sie, ich habe das deswegen nicht gesagt, Herr Kollege *Wehner*, weil ich erst durch Ausruf gehört habe, dass um 19.30 Uhr der Ältestenrat stattfindet. Ich bin Vizepräsident und weder mir noch Herrn *Jäger* ist vorher gesagt worden, wir sind auch nicht konsultiert worden, dass der Ältestenrat zusammengerufen wird. Hier hat jeder sein Wehwehchen. Nicht. Und dabei sind die eigentlichen entscheidenden Punkte {…} und das wollte ich in diesem Falle nicht erleichtern helfen.

Ich habe das Gespräch geführt, einfach um ihm klarzumachen, und die anderen Leute waren ganz erstaunt, sprich entsetzt. Das war nämlich das sogenannte Präsidium des Kuratoriums Unteilbares Deutschland, wo ich also das gesagt habe. Meine Randbemerkung in diesem Fall zu dem, was ich unter vier gesagt habe, diese Sache ist – und mehr will ich dazu nicht sagen – synchron geführt worden, Bonn und München – synchron geführt worden, Bonn und München, sowohl staatsanwaltschaftlich als auch informationsmedienpolitisch. Der Herr *Tandler*, Generalsekretär der CSU, hat sehr früh, und zwar synchron und zeitlich sozusagen übereinstimmend mit dem Herrn *Seiters* hier eine Erklärung gegeben, was das alles für eine Schande sei mit dem *Wienand* und dem *Wehner*. Ist in Ordnung. Das war gut synchronisiert. Außerdem passt es in die Vorweihnachtsstimmung, weil es hinübertragen soll.

Ich habe nun die Bitte und Pflicht an *de With*, die Fraktion selber, wenn er es für erforderlich hält, nach dem, was ich zusammengestammelt habe, über den Hergang Geschäftsordnungsausschuss zu unterrichten, damit ihr es aus berufenem Munde authentisch hört, und ich habe zweitens die Bitte an Karl *Wienand*, zu dem Verlangen gegenüber dem Oberstaatsanwalt *Pfromm*. Ich habe gestern Abend im Fraktionsvorstand erklärt, wäre ich in Karl *Wienands* Situation gewesen, hätte ich es genauso gemacht wie er, nämlich hätte erklärt, ich verlasse dieses Gebäude der Staatsanwaltschaft nicht, bevor sie einen ordentlichen Beschluss haben, durch Aufhebung meiner Immunität, meine Büro- und Wohnräume untersuchen zu können. Denn ich will mir nicht nachsagen lassen, dass ich und so weiter und so weiter. Ich sage, ich hätte {…} eine Art Hungerstreik, es hätte sich einige Tage so vollziehen können. Aber das hat man erspart dadurch, dass am Nachmittag eben dieses Verlangen Aufhebung der Immunität vorlag und beschlossen werden konnte.

Ich muss sagen, vieles im Detail ist ungeheuerlich, aber ich bin Partei, das gebe ich offen zu. Weil ich zu viel weiß, wie das geleckt, wie das {…} und wie das geführt wird. Nur über dieses Verlangen gegenüber dem Herrn *Pfromm* habe ich Karl *Wienand* vorhin schon gebeten, der sich sonst schweigend halten wollte, ich sage, bitte, sag' was dazu. Die Fraktion soll selber wissen, wie das dort gewesen ist. Also, wenn ihr einverstanden seid, dann bitte ich *de With* um seinen Bericht oder Ergänzungen zu dem Vorgang Immunitätsausschuss.

de With: Liebe Genossinnen und Genossen, ich kann die Darlegung im Wesentlichen bestätigen und nur noch einige ergänzende Anmerkungen machen. Am Vormittag kurz vor 9 Uhr gestern rief mich Annemarie [*Renger*] an und bat um Zusammenrufung des Immunitätsausschusses zur Klärung der Frage, ob ohne Aufhebung der Immunität zum Zwecke der Durchsuchung allein aufgrund einer richterlichen Durchsuchungsanordnung im Bundeshaus durchsucht werden könne. Ich habe daraufhin sofort den Ausschuss zusammengerufen. Es kam zu einer etwa zweistündigen Diskussion, wobei wir klargemacht haben, dass unserer Auffassung nach dies nicht möglich ist nach den uns selbst gegebenen Richtlinien für Immunitätsfragen, wo es nämlich einen Passus gibt, der sagt, wenn es sich um freiheitsbe- oder einschränkende Maßnahmen handele, dann ist hierzu ein besonderer Aufhebungsbeschluss erforderlich. Allerdings steht nicht in den Richtlinien drin, was darunter zu verstehen ist. Wir haben allerdings klargemacht, es sei doch offenkundig, wenn jemand aus seinem Büro für Stunden verbannt werde oder aber in seinem Büro sitze in Gegenwart des Staatsanwalts und kann nicht einmal eine Eingabe entgegennehmen und öffnen oder muss zusehen, wie anderes hinausgetragen wird, dass das eine Beschränkung der freien Mandatsausübung ist und dass wir deswegen unter keinen Umständen sagen können, ohne Aufhebung der Immunität könne – das gilt dann praktisch für jeden Staatsanwalt – jeder Staatsanwalt in den Akten eines Abgeordneten herumkramen. Im Übrigen haben wir klargemacht, das ist, was die Rechtsfrage anlangt, nicht ein Fall *Wienand*, das ist ein generell zu lösender Fall, der jeden von uns betreffen kann.

Die Opposition war der Auffassung, das müsse doch so geregelt werden, dass die Öffentlichkeit es verstünde, das ginge doch nicht. Erst hat sie so getan, als wolle sie dagegen stimmen. Am Schluss hat sie gesagt, weil die Frage so kompliziert ist, könne man sich hierzu nicht äußern, könne man nicht entscheiden. Das Ergebnis kennt ihr. Ich sage noch einmal, so wie ich es hier ausgeführt habe, ich halte die Handlungsweise von Annemarie *Renger* nicht nur für korrekt und richtig. Ich meine, es war zwingend geboten, dass sie unter den gegebenen Umständen, als der Oberstaatsanwalt anrückte ohne einen Aufhebungsbeschluss der Immunität, den Immunitätsausschuss anrief und ihn fragte, wie die Situation war.

Das Zweite: Nachdem der Beschluss gefällt war, hatte ich eine Nachricht, dass ich Karl [*Wienand*] anrufen möge. Ich tat dies. Karl saß, als er mit mir sprach, gegenüber des Leitenden Oberstaatsanwalts Karl *Pfromm* und sagte, er bitte mit Nachdruck, wie schon

Fraktionssitzung 13.12.1973 **40.**

früher ausgeführt, um sofortige Aufhebung der Immunität. Er lege Wert darauf, dass er behandelt werde wie jeder andere Bürger in diesem Lande auch. Er verlasse dieses Haus nicht, bis dieser Beschluss durchgezogen sei, weil er nicht wolle, dass der Eindruck von Manipulationen dergestalt entstünde, dass verzögert werde mit der Maßgabe, dass andere aus dem Büro oder sonst wo etwas herausholen könnten. Dieser Eindruck dürfe nicht entstehen. *Pfromm*, der Oberstaatsanwalt, hat sich dem angeschlossen. Ich habe ihn gefragt, wie denn dann der Dienstweg eingehalten werden könne über den Landes-, Bundesjustizminister und die Präsidentin. Er sagte mir, dies sei geregelt. Die Genehmigung habe er für das Land und für den Bund. Die Präsidentin bekomme gleichzeitig die Akten. Wobei ich anmerken darf, dass in Eilfällen üblicherweise vom normalen Dienstweg abgewichen werden kann dergestalt, dass direkt zugestellt wird und Abdrucke den Dienststellen zugeleitet werden. Ich habe dann nach Rücksprache mit unseren hierfür zuständigen Genossen, ich habe auch Herbert informiert, den Immunitätsausschuss zum zweiten Male einberufen und diesmal stand, nachdem der Antrag vorgelegt war, die Frage zur Debatte, ob die Immunität zum Zwecke der Durchsuchung, nicht zu einem anderen Zwecke, aufgehoben werden soll. Wobei noch vorauszuschicken ist, dass das entsprechende Anschreiben der Staatsanwaltschaft das ankündigt, dass es hier ein Ermittlungsverfahren gäbe wegen Verdachts der Steuerverkürzung oder Verdachts der versuchten Steuerverkürzung, am 22. November eingegangen war. Kenntnis genommen hatte Annemarie ebenfalls an diesem Tag, dass durch ein Versehen dies aber liegengeblieben war. Insoweit war dieses korrekt zugestellt. Es war auch über den richtigen Dienstweg gelaufen. Wir standen, nachdem das Räderwerk in Bewegung gesetzt war, vor der Frage, wie entscheiden und haben mit einer Ausnahme einmütig gesagt, hier müsse unter den gegebenen Umständen die Immunität aufgehoben werden. Ich habe auch klipp und klar gesagt, was Karl *Wienand*, und zwar im Ausschuss zu Protokoll, mir erklärt hat. Ich glaube, ich habe es einigermaßen wortwörtlich wiedergeben können.

Nach dem Beschluss ist dann Annemarie aufgrund des klaren Sachverhalts gemäß Artikel 40 Absatz 2 des Grundgesetzes hergegangen und hat gesagt, jetzt könnt ihr durchsuchen im Gegensatz zu früher. Wobei ich ihr geraten hatte, was an sich angedeutet ist in der StPO, dass ein Vertrauensmann des Hauses und einer der Fraktion anwesend sein möge, damit es hier kein Tohuwabohu bei der Durchsuchung geben soll. Das Verfahren, was dem zugrunde liegt, ist ein Steuerverfahren, wie ich schon sagte, aufgehängt an der Frage, ob angeblich Karl zugeflossene 162 500 DM richtig versteuert seien. Wobei hier gefragt wird, ob das durchlaufende oder nicht durchlaufende Gelder waren. Angehängt daran war – ich glaube, das sollte man hier sagen –, dass der Verdacht bestehe, er habe, Karl meine ich mit er, eine Haushaltshilfe, die einen Monatslohn von ein paar Hundert Mark bekommen habe, nicht bei der Lohnsteuerstelle gemeldet, sodass diese angeblich nicht die Lohnsteuer erhalten habe. Das stand in dem Schreiben. Es ist geprüft worden, ob man hier noch eine Trennung vornehmen möge. Aber, Genossinnen und Genossen, es war die Frage, kann man unter diesen Umständen in dem Ausschuss, wo es um eine Frage ging, die ja brisant war, und wo abgewogen werden musste, was nun das wenig Schlechtere ist, hier noch rumpuzzeln. Wir haben dann, wie gesagt, so entschieden, wie entschieden.

Lasst mich dazu, vielleicht darf ich noch eine Weile um Aufmerksamkeit bitten, Genossinnen und Genossen, von meiner Warte aus drei Anmerkungen machen. Die eine ist, die hat Herbert schon angesprochen, es ist ein seltsames zeitliches Zusammenspiel. Zwei Tage vor Schluss der Plenumswoche vor Weihnachten, wo eine Menge Gesetze verabschiedet werden, dergestalt auch, dass früh der Oberstaatsanwalt kommt und dann nachmittags wieder da ist aufgrund dieses Antrages. Das ist das eine. Das Zweite ist, und ich meine, da müssen wir rangehen, ist zu klären, die Frage ist, ob wir es jetzt unmittelbar tun müssen, die bisherigen Richtlinien für die Behandlung der Immunitätenfrage regeln nicht klar, was unter freiheitsentziehenden oder freiheitsbeschränkenden Maßnahmen zu verstehen ist. Ich meine, es ist unbedingt erforderlich, dass es hier eine detaillierte klare Regelung gibt, wonach jeder, aber auch jeder Staatsanwalt weiß, was er zu tun und zu lassen hat. Das ist bei Abfassung dieser Regeln in den sechziger Jahren zu tun versäumt worden. Ich meine, wir müssen klarmachen, dass es ein Unterschied ist, ob eine Durchsuchung stattfindet bei einem XX-Bürger mit XX-Papieren oder bei einem Abgeordneten, der Unterlagen und Eingaben hat von Petenten, die sich vertrauensvoll an diesen wenden und unter ihrem Zielgedanken Dinge offenlegen, die sie sonst niemals offenlegen würden. Die vertrauen darauf, dass ihre Briefe keine anderen zu Gesicht bekommen. Das bedarf einer differenzierteren Regelung und einer Klarstellung, damit hier solche Fehler nicht mehr vorkommen.

Und das Dritte, Genossinnen und Genossen, das hat Herbert auch angesprochen, ist die für meine Begriffe unerhörte Äußerung von *Seiters*. Er hat genaugenommen deren zwei abgegeben. In der ersten wendet er sich dagegen, dass der Immunitätsausschuss am Vormittag nicht die Genehmigung geraten habe, und unterlässt dabei zu sagen, dass ein Immunitätsaufhebungsantrag überhaupt nicht gestellt war. Und das Zweite ist –,

(Zwischenruf.)

ich sage nur meine Meinung. Das sollt ihr aber wissen, das ist der Punkt. Das ist da einfach weggelassen worden. Und das Zweite ist der Anwurf gegen Annemarie. Ich hoffe, dass es hierzu noch eine Klärung gibt. Ich verweise auf den letzten Satz meiner Mitteilung 868.[10] Danke schön.

Wehner: Vielen Dank. Genossen, ich muss um Entschuldigung bitten. Wir müssen um zwölf dort wieder zurück sein. Ehe ich Karl *Wienand* das Wort gebe, wollte ich hier noch einmal feststellen, Synchronisation war hier nicht nur zwischen Bonn und München, was staatsanwaltschaftliches Vorgehen und publikationswirksames Vorgehen betrifft, sondern am Abend der Fraktionssitzung des Dienstags verabschiedete ich mich von Karl *Wienand* und sagte ihm, er soll das kalt nehmen, denn er hatte endlich einen Termin, das war der nächste Vormittag, beim Oberstaatsanwalt, um einmal zu hören, was eigentlich gegen ihn vorgebracht werde. Bis dahin war das nicht zu entnehmen gewesen aus dem Geraune.

Und es gibt eine weitere Synchronisation. Während er dort sitzt und sie ihn vorbereitet haben, ihn zwei Stunden lang zu befragen, findet hier der Akt statt, gleichzeitig. Von denselben Leuten, die das dortige Vernehmen also vorbereitet hatten, findet dieser Akt statt, ohne die dafür erforderliche gesetzliche Unterlage, nämlich die vorherige Aufhebung der Immunität, die wir – das sage ich ohne mit der Wimper zu zucken – gegeben hätten, aber das andere, da zucke ich nicht nur mit der Wimper, sondern mit den Schultern, dass solche Dinge passieren können. Das Wort hat Karl *Wienand*.

Wienand: Genossinnen und Genossen, ich mache es sehr kurz. Als ich im August das vorhin von Herbert erwähnte Schreiben des Oberstaatsanwaltes bekam, dass man beabsichtige, gegen mich Ermittlungen einzuleiten, und dann Wochen, um nicht zu sagen Monate lang nichts hörte, bekam ich an diesem 20. November ein erneutes Schreiben, dass man wiederum beabsichtige, gegen mich jetzt aber in einer etwas anderen Sache, die von Hans *de With* beschrieben wurde, gegen mich Ermittlungen einzuleiten. Ich hatte mich in dem Sinne geäußert zu dem Schreiben vom August, wie es Herbert *Wehner* zitiert hat. Das habe ich schon voriges Jahr einmal getan. Da ich aber wiederum

---

10 Gemeint ist die erwähnte Pressemitteilung vom 13. Dezember 1973.

nicht hörte, habe ich meinen Anwalt beauftragt, genau wie im August unmittelbar mit der Staatsanwaltschaft Kontakt aufzunehmen, um zu erklären, dass ich sofort und zu jeder Zeit zur Verfügung stände, dass alle Unterlagen, die gewünscht würden, zur Verfügung ständen und dass ich zu jeder Kooperation bereit sei, weil mir daran liege, dieses so schnell wie möglich aus der Welt zu schaffen. Dies ist dann auch noch einmal schriftlich von mir bestätigt worden, und ich habe dies wiederum durch meinen Anwalt und selbst nach dem 20. November getan und habe erklärt, dass meine Konten, alles, was der Sache dienlich sei, zur Verfügung stände. Man brauche keinerlei spektakuläre Maßnahmen. Ich sei zu jeder Mitarbeit bereit und stände ab sofort zur Verfügung, und erst auf diese meine erneute Intervention, die mein Anwalt und ich persönlich vorgenommen haben, kam es dann zu einer telefonischen Vereinbarung, weil ich auf formelle Einladungsfristen verzichtet habe, für gestern. Gestern Morgen wurde mir um 9 Uhr eröffnet, nicht in dem Umfang, wie es Hans *de With* vorgetragen habe, wozu man mich hören wolle, und gleichzeitig wurde mir gesagt, dass der Leitende Oberstaatsanwalt *Pfromm* bei der Bundestagspräsidentin sei, da man mich bis gegen 11 Uhr vernehmen wolle, dann mein Büro und dann meine Wohnung durchsuchen wolle. Ich habe gesagt, das wird schwierig, weil meine Immunität nicht aufgehoben ist, aber ich erkläre mich expressis verbis bereit, so wie ich das schon zweimal getan habe, dass ich sie als meine Gäste mit in mein Büro nehme und in meine Wohnung und dass sie alles, was sie wünschen, sehen und dass sie auch durchsuchen können. Ich bin kein Jurist. Ich kann also nur mein Anerbieten jetzt zum dritten oder vierten Mal wiederholen.

Dann wurde mir gesagt, sie könnten dies nicht ohne die Genehmigung. Dann lief die Vernehmung an. Gegen 11 Uhr wurde man unruhig. Ich habe darauf gedrängt, die Zeit zu nutzen, mich weiter zu vernehmen. Anscheinend war man darauf nicht vorbereitet, und dann habe ich mit Annemarie *Renger* gesprochen und habe gesagt, was hier vorgetragen wurde. Dann kam mittlerweile der Leitende Oberstaatsanwalt zurück, berichtete mir über das, was der Ausschuss getan, gesagt und die Präsidentin gesagt und getan habe und er war ziemlich ratlos. Ich habe daraufhin erklärt, ich verlasse diesen Raum nicht, bis meine Immunität aufgehoben ist, und ich mache sie darauf aufmerksam, wenn sie nicht unverzüglich handeln und Fristeinreden kommen, kann das bis in den Januar hineingehen. Aber ich verlasse dieses Zimmer nicht, es sei denn, sie nehmen mich in Haft. Ich will mich nicht dem Verdacht aussetzen, ich würde irgendetwas beiseite räumen, manipulieren. Dann kam das zustande, auf unser Anraten, meines Anwaltes und mir, was hier im Einzelnen geschildert worden ist. Ich habe dann dort sieben Stunden untätig in angenehmer Unterhaltung mit den Beamten gesessen und habe dann die Durchsuchungen mit angesehen hier und zuhause. Zwei Dinge möchte ich abschließend sagen. Das Verhalten der Beamten war höflich und korrekt, gibt zu nichts, zu keinem Tadel Anlass – im Gegenteil. Das kann ich auch von der Durchsuchung sagen. Mir lag nur daran, den Sachverhalt zu schildern. Ich enthalte mich jeder Wertung.
(Starker Beifall.)

[C.]

Wehner: Genossen, inzwischen ist Annemarie *Renger* gekommen. Vielleicht ist es richtig, dass sie uns jetzt kurz sagt, wir sind ja in Zeitbedrängnis, was sie nach dieser Präsidiumssitzung zu sagen für erforderlich hält.

Renger: Liebe Genossen, ich habe es für richtig gehalten, um diese Kontroverse, soweit es geht, aus der Welt zu schaffen, das Präsidium zu bitten, eine gemeinsame Erklärung abzugeben, die dem Inhalt nach meine Handlungsweise rechtfertigt und damit indirekt, das muss ich allerdings sagen, ohne Namensnennung das zurückweist, was dort von dem Parlamentarischen Geschäftsführer bekanntgegeben worden ist als seine Auffassung zu dem Vorgang. Vielleicht ist es am Einfachsten, wenn ich ganz kurz die Entschließung des Präsidiums, den Beschluss des Präsidiums vorlese:

(Zwischenrufe. Heiterkeit.)[11]

»Die Pflicht des Präsidenten ist es, eine Beeinträchtigung des Mandats abzuwehren, die Folgen der Entscheidung für die Rechte aller Abgeordneten und des ganzen Parlaments sorgfältig abzuwägen und die verfassungsmäßigen Voraussetzungen dafür zu schaffen, dass über Ersuchen der Strafverfolgungsbehörden durch die dafür zuständigen Organe des Deutschen Bundestages auf der Grundlage der Verfassung und Geschäftsordnung berechtigten Bestimmungen unverzüglich entschieden werden kann. Es ist die in der Verfassung festgelegte Pflicht des Bundestagspräsidenten nach Artikel 40 Absatz 2 des Grundgesetzes[12] darüber zu entscheiden, ob die Räume eines Abgeordneten im Deutschen Bundestag durchsucht werden dürfen. Eine Durchsuchungsgenehmigung kann nur erteilt werden, wenn zuvor eindeutig geklärt ist, dass die rechtlichen Voraussetzungen hierfür gegeben sind. Die Durchsuchung der Räume des Abgeordneten Karl *Wienand* wurde von der Oberstaatsanwaltschaft Bonn begehrt, ohne dass dessen Immunität aufgehoben worden war oder auch nur ein entsprechender Antrag vorlag. Angesichts dieser Sachlage waren die rechtlichen Voraussetzungen für eine Durchsuchungsgenehmigung nicht gegeben. Nach Aufhebung der Immunität in dem vorgesehenen Verfahren ist die Durchsuchung von der Präsidentin unverzüglich genehmigt worden.«

(Starke Unruhe.)

(Zwischenruf *Wehner*: Das ist doch klar, die können doch nicht anders!)

Das ist eine Erklärung des Präsidiums, einstimmig verabschiedet.

Wehner: Ja Genossen, wir müssen zum Schluss kommen. Es hat keinen großen Sinn. Hier ging es um Information. Gemeldet haben sich *Collet*, *Krockert*.

Collet: Genossinnen und Genossen, es könnte der Eindruck entstanden sein, als habe unsere Seite des Ausschusses sich nicht koordiniert. Ich darf also darauf hinweisen, dass es mir in diesem Fall in der Eigenschaft als Obmann nicht möglich war. Ich habe genau wie alle anderen durch den Lautsprecher erfahren, dass eine Sitzung ist. Wir hatten keine Möglichkeit, vorher noch zusammen zu kommen und uns zu beraten. Zum anderen war für uns erstaunlich in der ersten Sitzung, dass die Gegenseite, dass die CDU wusste, dass im Hause bei der Verwaltung ein solcher Gerichtsbeschluss war, von dem unsere Seite erst erfahren hat während dieser ersten Sitzung. Ich darf weiter sagen, dass ich in der Nachmittagssitzung, nicht etwa weil ich anders dachte, allgemein zu diesem speziellen Fall, sondern aus grundsätzlichen Erwägungen gegen die Aufhebung der Immunität gestimmt hatte. Ich habe dazu zu Protokoll gegeben, dass wir in diesem Fall nicht für die Zukunft ein Präjudiz haben wollten. Dazu muss man wissen, wir haben in der Vergangenheit in diesem Ausschuss nie die Meinung des Betroffenen erfragt, weil das in der Zukunft die Folge haben könnte, dass betroffene Abgeordnete vorher gefragt werden, bist du gewillt, empfiehlst du dem Ausschuss, dass er für dich die Immunität aufhebt. Das war für uns im Grundsatz, nie zu fragen. Hier lag aber für alle der Fall vor, der nun schon seit Jahren oder seit längerer Zeit in der Diskussion ist, was dann zu einer solchen Entscheidung geführt hat. Ich wollte, und das habe ich zu Protokoll gegeben, errei-

---

11 Annemarie *Renger* konnte die Unterlagen zunächst nicht finden.
12 »Der Präsident übt das Hausrecht und die Polizeigewalt im Gebäude des Bundestages aus. Ohne seine Genehmigung darf in den Räumen des Bundestages keine Durchsuchung oder Beschlagnahme stattfinden.«

Fraktionssitzung 13.12.1973 **40.**

chen, dass wir in der Zukunft das, was Hans *de With* hier erklärt hat, grundsätzlich klären müssen, wann wird so etwas zugestimmt. Ich will nur mal das Beispiel, das eine Beispiel herausnehmen mit den 500 Mark für Haushälterinnen. Irgendwo hat einer von uns eine solche Situation. Das führt dazu, dass hier drei Zentner Akten weggeschleppt werden oder er drei Tage lang jedes Blatt in seinem Büro umgedreht bekommt. Wir müssen also in der Zukunft Regeln schaffen, die sicherstellen, wann wir einer solchen Entscheidung oder einem solchen Antrag zustimmen wollen oder nicht.

Wehner: Nur können wir das im Moment nicht machen. Nicht. Das sollten wir genau wie Anregung *de With* über das Immunitätenrecht, sollten wir in Ruhe machen. *Krokkert*!

Krockert: {...} Die Erklärung des Präsidiums konnte weiter nichts tun, als den Vorgang klarstellen. Er enthält selbstverständlich keine Qualifikation dieser unverschämten Attacke des *Seiters*. Der mag nun parlamentsjung sein oder nicht. Er ist immerhin Parlamentarischer Geschäftsführer der CDU/CSU-Fraktion. Deshalb kann das, wie ich meine, nicht nur damit sein Bewenden haben. Das kann wahrscheinlich nicht Sache dieser Fraktion sein, es muss Sache des Parlaments sein, einen Angriff gegen die Amtsführung der Präsidentin klarzustellen einem solchen Angriff gegenüber. Im Plenum gibt's immerhin so etwas wie eine Rüge gegen jemandem, der sich ungehörig benimmt. Dies kann doch hier nicht dabei bleiben, dass wir bloß zur Kenntnis nehmen oder gar nur mit den Schultern zucken, wenn der Parlamentarische Geschäftsführer der CDU/CSU-Fraktion eine solche unverschämte Attacke gegen die Amtsführung der Präsidentin macht. Das ist keine Parteifrage, sondern Sache des Parlaments. In dem Zusammenhang muss auch gefragt werden, ob es wirklich unumgänglich war, dass die Sitzung des Ältestenrates gestern Abend ausging wie das Hornberger Schießen, dass von da aus also nichts Gescheites herausgekommen ist, und der Ältestenrat muss nun jedenfalls noch mal gefragt, ob er es seinerseits dabei bewenden lassen will.

Wehner: Genossen, alles gut und schön. So ist eine Textfassung des Präsidiums und in dieser Textfassung wird der Bundestagspräsidentin ohne Einschränkung Recht gegeben. Darauf kommt es jetzt an. Das ist das Entscheidende. Und die Bundestagspräsidentin lassen wir nicht in irgendein Gezerre hineinziehen, bei dem ein *Seiters* oder ein *Schiefers* oder ich weiß nicht, was es noch geben mag, daran herummachen kann. Das ist das Erste. Im Übrigen stelle ich meine Einleitungen zur Verfügung, sobald sie von der Bandaufnahme abgeschrieben sind zur freien Verfügung für jede Genossin und jeden Genossen.

(Starker Beifall.)

Hubert *Weber*!

Weber: Genossinnen und Genossen, ich hätte die Bitte, dass das, was Herbert *Wehner* als einleitende Bemerkungen gesagt hat, die Fraktion im Gesamten aufnimmt und in diesem Punkt eine Presseerklärung abgibt, weil ich erstens das Verhalten der Staatsanwaltschaft in diesem Fall als eine Verletzung rechtsstaatlicher Grundsätze und autoritären Staatshandelns ansehe, zweitens als eine Verletzung parlamentarischer Grundsätze hier und dazu muss die Fraktion im Gesamten etwas sagen. Und dazu gehört drittens das Vertrauen zu Karl *Wienand* und das sollte hier als Beschluss dieser Fraktion herausgehen.

Wehner: Ich rate davon ab, Genossen, das jetzt in solcher Form zu machen. Ich bin bereit, die Verantwortung völlig allein zu tragen und damit einzugehen, bitte ich um Entschuldigung. Es ist nicht gut, wenn die Fraktion, ohne dass sie Zeit zu einer breiten und überlegten Erörterung dessen hat, was damit alles zusammenhängt, einen Sympathiebeschluss und einen Verurteilungsbeschluss fasst. Das ist nicht gut. Dass hier wohl kaum jemand sein wird, der Seite an Seite mit *Seiters* steht, ist mir klar und das wird wohl auch jedem anderen klar sein, aber das Entscheidende ist, und hier ist also gut gegangen, dass dieses Präsidium sich in diesem Falle mit der Bundestagspräsidentin solidarisiert hat. Das ist zunächst das Entscheidende und alles andere, das stoßen wir mit dem Körperteil, der dazu gerade noch gehört, ab. Das Wort noch, weil vorhin etwas versäumt worden ist, LAG betreffend, noch kurz Hermann *Dürr*.

Dürr: Liebe Genossinnen und Genossen, ich muss noch kurz über die Behandlung der 27. Novelle zum Lastenausgleichsgesetz im Vermittlungsausschuss informieren:[13] Das Anrufungsbegehren hat keine Mehrheit gefunden. Es muss deshalb im Bundestag nicht darüber abgestimmt werden.

Wehner: Ich bin gerade aufmerksam gemacht worden: Sollte es sich heute notwendig machen, machen wir eine Fraktionssitzung. Möglich ist, das haben mir vorhin einige gesagt, Irrtum nicht ausgeschlossen, Fehlrechnung nicht, dass heute Abend die Tagesordnung abgeschlossen wird. Auf beides muss man sich gefasst machen. Wenn die Tagesordnung abgeschlossen, dann werde ich nicht für richtig halten, morgen die Fraktion extra einzuberufen, aber unter Umständen sie heute Abend nachdem kurz, damit man – falls noch was ist – sich verständigen kann.

41.

13. Dezember 1973: Fraktionssitzung (2. Sitzung / Tonbandtranskript)

AdsD, SPD-BT-Fraktion 7. WP, 6/TONS000024. Titel: »Fraktionssitzung vom 13.12.1973«. Beginn: 21.30 Uhr. Aufnahmedauer: 01.02.48. Vorsitz: Wehner.

Sitzungsverlauf:

A. Informationen über öffentliche Äußerungen des Fraktionsvorsitzenden *Wehner* und des Parlamentarischen Geschäftsführers der CDU/CSU-Fraktion, *Reddemann*, zum Vorgang der Aufhebung der parlamentarischen Immunität von Karl *Wienand*.

[A.] → online unter www.fraktionsprotokolle.de

---

13 Vgl. die SPD-Fraktionssitzung am 6. November 1973, SVP D, online.

42.

15. Januar 1974: Fraktionssitzung (Tonbandtranskript)

AdsD, SPD-BT-Fraktion 7. WP, 6/TONS000024. Titel: »Fraktionssitzung vom 15.01.1974«. Beginn: 15.00 Uhr. Aufnahmedauer: 03:31:51. Vorsitz: Wehner.

Sitzungsverlauf:

A. TOP 1: Politischer Bericht des Bundeskanzlers (Nachfolge des Bundespräsidenten; Bericht zur Lage der Nation; Wirtschafts- und Finanzpolitik; europäische Antworten auf die Energiekrise).
B. TOP 2: Bericht aus der Fraktionsvorstandssitzung (Bundessozialhilfegesetz; Energiekrise; Parteiengesetz; Diätenbesteuerung; Mitbestimmung und Vermögensbeteiligung). – Diskussion der Fraktion über den Bericht.
C. TOP 3: Informationen (Paragraph 218 StGB; europäische Energiepolitik; Botschaftsasyl in Chile; Fluglotsenstreik; Arbeitsmarktentwicklung; Zusammenschluss Gelsenberg-Veba; Investitionssteuer bei privaten Bauanträgen; Erhöhung der Kilometerpauschale). – TOP 4: Aktuelles aus den Arbeitskreisen (Reform der Wahlkreiseinteilung).
D. Vorbereitung der Plenarsitzungen: TOP 5: Tagesordnung und Ablauf der Plenarsitzungen. – TOP 6: Erklärung der Bundesregierung zur Lage der Energieversorgung. – TOP 7: Sondergutachten zu den gesamtwirtschaftlichen Auswirkungen der Ölkrise. – TOP 8: Große Anfrage der CDU/CSU betr. Verkehrspolitik, Bundesverkehrswegeplan, Programm zur Verbesserung der Sicherheit im Straßenverkehr. – TOP 9: 1. Beratung Finanzausgleich zwischen Bund und Ländern. – TOP 10: 1. Beratung 2. Steueränderungsgesetz und 3. Steuerreformgesetz. – TOP 11: 1. Beratung 17. Rentenanpassungsgesetz. – TOP 12: 2. und 3. Beratung Änderung Bundessozialhilfegesetz. – TOP 13: 2. und 3. Beratung Bundes-Immissionsschutzgesetz. – TOP 14: Antrag Haushaltsausschuss betr. Beitrag zum Haushalt der EG. – TOP 15: 1. Beratung Änderung Parteiengesetz.
E. Sonstiges: TOP 16: Nächste Termine. – Verschiedenes.

[A.–E.] → online unter www.fraktionsprotokolle.de

43.

22. Januar 1974: Fraktionssitzung (Tonbandtranskript)

AdsD, SPD-BT-Fraktion 7. WP, 6/TONS000024. Titel: »Fraktionssitzung vom 22.01.1974«. Beginn: 15.15 Uhr. Aufnahmedauer: 5:23:59. Vorsitz: Wehner.

Sitzungsverlauf:

A. TOP 1: Politischer Bericht von Bundeskanzler *Brandt* (Französische Währungsbeschlüsse; Tarifverhandlungen des öffentlichen Dienstes; Mitbestimmung und Vermögenspolitik; Bericht zur Lage der Nation). – Bundesminister *Schmidt* berichtet über die währungspolitische Situation in Europa. – Fragen aus der Fraktion zu den Berichten.

B. TOP 2: Bericht von Bundesminister *Arendt* zur Mitbestimmung. – Stellungnahmen aus der Fraktion.

C. TOP 3: Bericht des Abgeordneten *Rosenthal* zur Vermögensbildung.

D. TOP 4: Bericht aus der Fraktionsvorstandssitzung (Bericht zur Lage der Nation; Schwerbeschädigtenrecht; Steuerreform; Gesetzesinitiative zur Inflationsverhinderung der CDU/CSU-Fraktion; Teilzeitarbeit im öffentlichen Dienst; Arbeitsgruppe zum Einzelplan 02 Bundestag; Vermögensbildung; Bahnfinanzierung; Regulierung des Maklergewerbes).

E. TOP 5: Informationen (Orientierungspreise für Agrarprodukte in der EG; Reaktion der Bundesregierung auf den Beschluss des Parteivorstands zur Ausbildungsförderung; Strafvollzugsgesetz; Mineralölsteuerbefreiung für Sportflieger; Tariferhöhungen im Nahverkehr; wachsende Arbeitslosigkeit; Hilfen für die Schuhindustrie in Pirmasens; Preise in Bundeswehrkantinen). – TOP 6: Aktuelles aus den Arbeitskreisen.

F. Vorbereitung der Plenarsitzungen: TOP 7: Tagesordnung und Ablauf der Plenarsitzungen. – TOP 8: Bericht zur Lage der Nation, Tätigkeitsbericht der Bundesregierung. – TOP 9: 2. und 3. Beratung Weiterentwicklung Schwerbeschädigtenrecht. – TOP 10: 1. Beratung Drittes Steuerreformgesetz, Zweites Steueränderungsgesetz, CDU/CSU-Entwurf Inflationsentlastungsgesetz. – Vorlagen aus den Arbeitskreisen: TOP 11: Kleine Anfrage betr. Teilzeitbeschäftigung im öffentlichen Dienst. – TOP 12: Kleine Anfrage betr. Freizeit und Erholung. – TOP 13: Änderung Verwaltungsgerichtsordnung. – Fortsetzung zu TOP 8.

G. Fortsetzung der Diskussion zu TOP 2 und TOP 3. – Sonstiges: TOP 14: Frühjahrstagung der IPU in Bukarest vom 15. bis 20. April 1974. – TOP 15: Nächste Termine. – Sonstiges.

[A.] → online unter www.fraktionsprotokolle.de

[B.]

Wehner: Wenn nicht, dann rufe ich auf den zweiten Punkt und ich bitte Walter *Arendt*, seinen Bericht über Mitbestimmung zu geben.

Arendt: Genossinnen und Genossen, am 18. Januar 1973 hat der Bundeskanzler in seiner Regierungserklärung gesagt, dass wir in dieser Legislaturperiode, in der 7. des Deutschen Bundestages, die Reform der Unternehmensverfassung auf der Basis von Gleichberechtigung und Gleichgewichtung von Arbeit und Kapital vornehmen wollen.[1] Diese grundsätzliche Aussage, das ist einleuchtend, bedurfte natürlich in Gesprächen mit den Koalitionsfraktionen der Präzisierung. Das haben wir in einer Reihe von Gesprächen unter Beteiligung von Fraktionsangehörigen der Koalitionsfraktionen – beginnend am 2. September 1973 – und unter Hinzuziehung der Fraktions- und Parteispitzen –, endend am 19. Januar 1974 – getan, und ich freue mich, dass ich heute der Fraktion das Ergebnis unserer Gespräche mitteilen kann. Bevor ich über Einzelheiten allerdings spreche, möchte ich noch einmal den Hintergrund aufhellen und in die Erinnerung zurückrufen, damit wir am Ende meiner Ausführungen ermessen können, was diese Abstimmung zwischen den Koalitionsparteien in dieser bedeutsamen gesellschaftspolitischen Frage bedeutet. Ausgangspunkt, soweit wir infrage kamen, war der Gesetzentwurf aus dem Jahre 1968, der ja nicht behandelt worden ist.[2] Die Älteren wissen es. Aus-

---

[1] Bundeskanzler *Brandt* hatte in seiner ersten Regierungserklärung der 7. Wahlperiode erklärt: »Wir werden das Unternehmensrecht im Sinne der Mitbestimmung der Arbeitnehmer in dieser Legislaturperiode weiterentwickeln.« Vgl. BT Plenarprotokoll 07/7, S. 131.

[2] Gemeint ist vermutlich der Gesetzentwurf der SPD-Fraktion vom 16. Dezember 1968 über die Unternehmensverfassung in Großunternehmen und Konzernen. Vgl. BT Drs. 05/3657.

gangspunkt für uns war die bestehende Montan-Mitbestimmung aus dem Jahre 1951[3] und Ausgangspunkt waren ferner die Entscheidungen der Parteitage in verschiedenen Jahren, in denen aber kurz und lapidar gesagt wurde, die Sozialdemokratische Partei Deutschlands ist für die paritätische Mitbestimmung.

Der Ausgangspunkt für unseren Koalitionspartner sah so aus, dass er auch auf Parteitagen zu diesem Problem Stellung genommen hatte, und ich meine jetzt insbesondere den Parteitag von Freiburg, wo in elf Thesen sehr präzise die Meinung der FDP zu diesem Reformvorhaben, über die Reform der Unternehmensverfassung, Aussagen getroffen wurden.[4] Nun will ich nicht, Genossinnen und Genossen, diese elf Thesen der FDP hier vortragen. Ich will nur vier Punkte nennen, die als unverzichtbarer Bestandteil der FDP-Auffassungen in Freiburg zum Ausdruck gebracht wurden, und da hieß es zum Beispiel unter diesem sogenannten *Riemer*-Modell[5], das ist ja in der Öffentlichkeit sehr bekannt geworden, dass der Aufsichtsrat sich zusammensetzen sollte aus sechs Anteilseignern, vier Arbeitern und Angestellten des Unternehmens und zwei leitenden Angestellten des Unternehmens oder wie häufig gesagt wird: zwei Vertreter des Faktors Disposition. Die Freiburger Thesen der FDP sahen vor, dass keine Vertreter außerhalb der Belegschaft des Unternehmens in die Aufsichtsräte entsandt werden können, das heißt auch kein Gewerkschaftsvertreter im Aufsichtsrat sein würde. Die Freiburger Thesen sahen vor, dass die Wahl für die Aufsichtsratsmitglieder, soweit die Arbeitnehmerseite infrage kommt, in Urwahl zu erfolgen habe und nicht durch eine andere Wahlordnung. Und es war vorgesehen nach den Freiburger Thesen ein autonomes Nominations- und Delegationsrecht der sogenannten leitenden Angestellten und schließlich war vorgesehen, dass die seit 1951 existierende Montan-Mitbestimmung abgelöst und in dieses neue Modell Eingang finden sollte.

Ich sage dieses, Genossinnen und Genossen, weil das der Ausgangspunkt unserer Beratungen am 2. September 1973 war, und wir haben vor diesem Hintergrund versucht, eine Übereinstimmung und eine Gemeinsamkeit zu finden, die es uns erlaubt, in dieser Legislaturperiode einen entsprechenden Gesetzentwurf dem Bundestag und dem Bundesrat und den parlamentarischen Gremien zuzuleiten. Ich darf mich jetzt auf die einzelnen Punkte des Erreichten konzentrieren. Die Einigung zwischen FDP und Sozialdemokraten sieht vor, dass dieses Mitbestimmungsrecht der Arbeitnehmer auf jene Unternehmungen zur Anwendung kommt, die über 2 000 Beschäftigte verfügen. Wir haben uns allein auf dieses Kriterium bezogen, und ich will hier gleich sagen, dass wir aus den Vorstellungen, die in früherer Zeit entwickelt wurden für diese Einbeziehung der Unternehmen, wie beispielsweise Kapitalausstattung oder Umsatzentwicklung, dass wir darauf verzichtet haben, nämlich ausgehend von der Regierungserklärung, von Gleichgewichtigkeit von Arbeit und Kapital. Da waren wir der Meinung, dass der beste Indikator für den Faktor Arbeit die Zahl der Belegschaftsmitglieder ist, zumal wir böse Erfahrungen gemacht haben, soweit die Umsatzentwicklung infrage kommt. Ich will hier nur ein Beispiel in die Erinnerung zurückrufen. Ihr alle kennt das Montan-Ergänzungsgesetz[6] und da gibt es ja

---

3 Zum »Gesetz über die Mitbestimmung der Arbeitnehmer in den Aufsichtsräten und Vorständen der Unternehmen des Bergbaus und der Eisen und Stahl erzeugenden Industrie« in der Fassung vom 21. Mai 1951 vgl. BGBl. 1951, I, Nr. 24, S. 347–350.

4 Zu den sog. Freiburger Thesen, die das Grundsatzprogramm der FDP bildeten und am 27. Oktober 1971 auf dem Freiburger Parteitag verabschiedet wurden vgl. FLACH/MAIHOFER/SCHEEL, Die Freiburger Thesen der Liberalen.

5 Benannt nach dem nordrhein-westfälischen Wirtschaftsminister Ludwig *Riemer* (FDP).

6 Zum »Gesetz zur Ergänzung des Gesetzes über die Mitbestimmung der Arbeitnehmer in den Aufsichtsräten und Vorständen der Unternehmen des Bergbaus und der Eisen und Stahl erzeugenden Industrie« in der Fassung vom 7. August 1956 vgl. BGBl. 1956, I, Nr. 38, S. 707–711.

die sogenannte Lex Rheinstahl⁷. Dort haben wohlmeinende, wie ich meinen würde, wohlmeinende Wirtschaftsprüfer bei der Umsatzentwicklung einige Male festgestellt, dass der montan-mitbestimmte Umsatz mehr als 50 Prozent, nämlich 50,01 Prozent, betragen hat und deshalb Rheinstahl in der Montan-Mitbestimmung blieb. Diese Wirtschaftsprüfer, wenn sie weniger wohlmeinend gewesen wären, hätten sicherlich auch feststellen können, dass der montan-mitbestimmte Umsatz 49,99 Prozent betragen hätte, und das hätte bedeutet in diesem konkreten Fall, dass der Bereich Rheinstahl aus der paritätischen Montan-Mitbestimmung herausgefallen wäre. Wir mussten ja schließlich, weil das nicht mehr haltbar war, in der letzten Legislaturperiode – obwohl das nicht Gegenstand der Koalitionsabsprachen war – ein Mitbestimmungsfortgeltungsgesetz verabschieden⁸, um diesen Bereich in Ordnung zu behalten. Deshalb haben wir darauf verzichtet, andere Kriterien, wie es in Vorschlägen zum Ausdruck kam, oder in einer Kombination von Kriterien das weiter zu verfolgen, sondern wir haben gesagt, ein Unternehmen, das 2 000 Beschäftigte hat, wird nach diesem neuen Gesetz in die Mitbestimmung hineinfallen.

Nun ist natürlich sehr wichtig zu fragen, welche Gesellschaften, denn es gibt ja unterschiedliche Rechtsformen. Wir haben Übereinstimmung erzielt und Einigung, dass alle Unternehmen unter die Mitbestimmung fallen, die in Form einer Aktiengesellschaft, einer Kommanditgesellschaft auf Aktien, einer Gesellschaft mit beschränkter Haftung, einer bergrechtlichen Gewerkschaft mit eigener Rechtspersönlichkeit, eines Versicherungsvereins auf Gegenseitigkeit, einer Erwerbs- und Wirtschaftsgenossenschaft und einer Kommanditgesellschaft in Form einer GmbH & Co umfassen. Es werden auch erfasst die herrschenden Unternehmen von Konzernen, wenn die Konzernunternehmungen insgesamt in der Regel mehr als 2 000 Arbeitnehmer beschäftigen. Es werden nicht erfasst Personengesellschaften. Ich will das an einem Beispiel gleich verdeutlichen. *Flick* würde nicht erfasst, soweit die Holding infrage kommt. Aber *Flick* würde erfasst, wenn Unternehmen wie beispielsweise – ich bleibe in diesem Bilde – Dynamit Nobel oder Feldmühle die Voraussetzung, das heißt 2 000 Beschäftigte, im Unternehmen tätig haben. Dieser Geltungsbereich, Genossinnen und Genossen, ist nach meiner Meinung weit. Ich will keine vergleichende Analyse zu unserem Gesetzentwurf aus dem Jahre 1968 anstellen, aber er geht über das hinaus, was 1968 von der sozialdemokratischen Bundestagsfraktion eingebracht wurde. Damit eine Vorstellung besteht über die Größenordnung: Bei diesem Verfahren heißt das, dass etwa 600 bis 650 Unternehmen in die Mitbestimmung einbezogen werden. Hätten wir noch andere Kriterien, ich will das gleich freimütig hinzufügen, wie beispielsweise Umsatzentwicklung angefügt, hätten wir sicherlich ein paar Unternehmen, wie beispielsweise Rückversicherungsgesellschaften, die über wenig Beschäftigte, aber über hohe Umsätze verfügen, mit einbeziehen können. Ich schätze einmal, weil es keine genauen Zahlen darüber gibt, wenn wir andere Kriterien noch zur Anwendung gebracht hätten, hätte sich die Zahl der in Frage kommenden Unternehmen vielleicht um 40 oder 50 erhöht. Die personellen Auswirkungen, Genossinnen und Genossen, dieser Regelung auf Beteiligte, das heißt auf Arbeiter, Angestellte, leitende Angestellte und auch auf Gewerkschaften, will ich in diesem Zusammenhang noch nicht erwähnen. Vielleicht ergibt sich die Notwendigkeit, in der Diskussion darauf zurückzukommen.

---

7 Gemeint ist das »Gesetz zur Änderung des Gesetzes zur Ergänzung über die Mitbestimmung der Arbeitnehmer in den Aufsichtsräten und Vorständen der Unternehmen des Bergbaus und der Eisen und Stahl erzeugenden Industrie« in der Fassung vom 27. April 1967. Vgl. BGBl. 1967, I, Nr. 25, S. 505.

8 Zum »Gesetz über die befristete Fortgeltung der Mitbestimmung in den bisher den Mitbestimmungsgesetzen unterliegenden Unternehmen« in der Fassung vom 29. November 1971 vgl. BGBl. 1971, I, Nr. 120, S. 1857f.

Wir haben weiter vereinbart, dass die Mitbestimmungsregelung, so wie es im Montan-Mitbestimmungsgesetz von 1951 festgelegt ist, uneingeschränkt erhalten bleibt, und außerdem muss man noch hinzufügen, dass wir dann natürlich auch noch jene Bereiche in der Wirtschaft haben, die zwar nicht die 2 000 Beschäftigten nach diesem neuen Gesetz erreichen werden und auch nicht unter die Montan-Mitbestimmung fallen. Für diesen Bereich gilt das, was auch heute schon gilt für den Bereich der gewerblichen Wirtschaft, nämlich die Drittelbeteiligung der Arbeitnehmer nach dem Betriebsverfassungsgesetz.

Genossinnen und Genossen, ich möchte jetzt etwas zum Aufsichtsrat sagen und zur Zusammensetzung. Der Aufsichtsrat nach dieser Übereinstimmung einer Unternehmung setzt sich aus der gleichen Zahl von Arbeitnehmern und Arbeitgebern zusammen. Wir haben also hier die Parität verwirklicht. Nun will ich das am Beispiel eines zwanzigköpfigen Aufsichtsrates erläutern. Natürlich sind auch geringere Zahlen denkbar, aber das Prinzip gilt auch für geringere Zahlen. Bei einem zwanzigköpfigen Aufsichtsrat gibt es also zehn Vertreter der Anteilseigner, die von der Hauptversammlung gewählt werden – auf Wahlverfahren komme ich nachher noch zu sprechen – und zehn Vertretern der Arbeitnehmer. Und diese zehn Arbeitnehmer setzen sich folgendermaßen zusammen: aus sieben Betriebsangehörigen und drei Gewerkschaftsvertretern. Ich würde jetzt geneigt sein, an die von mir eingangs gemachte Bemerkung zu erinnern, wo nach der FDP-These Nr. 8 von Freiburg kein Betriebsfremder im Aufsichtsrat vertreten sein sollte. Die sieben übrigen Arbeitnehmer setzen sich folgendermaßen zusammen. Ich spreche jetzt vom Regelfall, das kann bei einer anderen Struktur des Unternehmens, wo beispielsweise mehr Angestellte vorhanden sind, dann auch anders sein, so wie wir das jetzt auch haben. Die übrigen sieben Vertreter der Arbeitnehmer setzen sich zusammen aus vier Vertretern der Arbeiter, zwei Vertretern der Angestellten und einem Vertreter, der die Voraussetzungen des Paragraphen 5 Absatz 3 des Betriebsverfassungsgesetzes[9] erfüllt. Hier füge ich gleich hinzu: Wenn wir uns verständigen könnten, ich will das nicht so kompliziert machen und sage in Zukunft der leitende Angestellte, wenn das einer ist oder wenn er sich dafür hält, dann würde ich also sagen, muss man wissen, dass für die Wahl des Aufsichtsrates Prokuristen, Generalbevollmächtigte und Ähnliche nicht infrage kommen. Das ergibt sich aus Paragraph 105 des Aktiengesetzes[10]. Hier ist festgelegt, wer wählbar ist. Es handelt sich also um jenen Kreis, der in Paragraph 5 Absatz 3 des Betriebsverfassungsgesetzes umschrieben ist.

Mit anderen Worten: Wir haben die Parität und haben für diesen leitenden Angestellten innerhalb der Arbeitnehmergruppe ein Minderheitenrecht vorgesehen. Ich werde das noch im Einzelnen erläutern, und zwar jetzt, wenn man von der Wahl spricht. Ausgangspunkt, noch mal in die Erinnerung zurückgerufen, Urwahl in den Betrieben, für uns nicht akzeptabel. Das war ein Gegenstand langer Auseinandersetzungen. Das Ergebnis sieht so aus, dass wir ein Wahlmännergremium bilden, und einschlägig vorbelastete Fraktionsmitglieder können sicherlich sich an das Mitbestimmungsergänzungs-

---

9 Zum »Betriebsverfassungsgesetz« in der Fassung vom 15. Januar 1972 vgl. BGBl. 1972, I, Nr. 2, S. 13–43. – Paragraph 5, Absatz 3: »Dieses Gesetz findet, soweit in ihm nicht ausdrücklich etwas anders bestimmt ist, keine Anwendung auf leitende Angestellte, wenn sie nach Dienststellung und Dienstvertrag 1. zur selbständigen Einstellung und Entlassung von im Betrieb oder in der Betriebsabteilung beschäftigten Arbeitnehmern berechtigt sind oder 2. Generalvollmacht oder Prokura haben oder 3. im wesentlichen eigenverantwortlich Aufgaben wahrnehmen, die ihnen regelmäßig wegen deren Bedeutung für den Bestand und die Entwicklung des Betriebs im Hinblick auf besondere Erfahrungen und Kenntnisse übertragen werden.«

10 Zum »Aktiengesetz« in der Fassung vom 6. September 1965 vgl. BGBl. 1965, I, Nr. 48, S. 1089–1184. – In Paragraph 105 wurden die Kriterien für die Unvereinbarkeit von Zugehörigkeit zum Vorstand und zum Aufsichtsrat festgelegt.

gesetz von 1956 erinnern. Hier gibt es so ein Wahlmännergremium und so ein ähnliches Wahlmännergremium wollen wir schaffen. Wir werden also im Wahlverfahren je nach Größe des Unternehmens eine Schlüsselzahl festlegen für Beschäftigte und auf diese Schlüsselzahl entfällt dann ein Wahlmann. Die Wahlen zu diesen Wahlmännergremien könnte man mit einer Betriebsrätewahl verbinden, denn dieses Wahlmännergremium hätte keine andere Aufgabe, als die Wahl für die Vertreter der Arbeitnehmer zum Aufsichtsrat vorzunehmen. Damit nicht eine unnötige Prozedur in Gang gesetzt wird, beabsichtigen wir, es so zu handhaben, dass mit der Betriebsrätewahl auch die Wahl der Wahlmänner erfolgt nach festzulegenden Schlüsselzahlen. – Genossinnen und Genossen, ich erspare mir in diesem Zusammenhang Einzelheiten. Ein Unternehmen beispielsweise wie Siemens mit 250 000 Beschäftigten wird natürlich eine andere Schlüsselzahl bekommen als ein Unternehmen mit 20- oder 30 000 Beschäftigten. Es gibt also keine Urwahl, sondern ein Wahlmännergremium, und das Wahlverfahren für das Wahlmännergremium sieht vor, dass natürlich entsprechend der Aufteilung der Gruppen der Arbeiter, der Angestellten und der 5(3)-Leute im Unternehmen auch sich das Wahlmännergremium in diesen Fällen zusammensetzen wird. Es findet dann eine gemeinsame Wahl statt, das heißt mit anderen Worten, es findet keine getrennte Wahl für Arbeiter, für Angestellte oder 5(3)-Leute statt, sondern die Wahlmänner werden in einer gemeinsamen Wahl gewählt. Vorschlagsberechtigt für die Wahlmänner sind ein Zehntel der Arbeitnehmer, ein Zehntel der Arbeiter, der Angestellten oder der Angestellten nach 5(3) des Betriebsverfassungsgesetzes. In jedem Falle genügen 100 Unterschriften. Vorschlagsberechtigt ist auch der Betriebsrat für die Wahl der Wahlmänner. Wenn dieses Wahlmännergremium besteht, ist das das entscheidende Gremium für die Wahl der Arbeitnehmervertreter für den Aufsichtsrat. Das kommt jetzt. Dieses Wahlmännergremium ist zuständig für die Wahl, sagte ich, also auch einschließlich der Außerunternehmensangehörigen, der Gewerkschaftsvertreter. Dieses Wahlmännergremium fällt die Entscheidung. Wir haben vorgesehen, dass jeder Wahlvorschlag, um den demokratischen Gesichtspunkten Rechnung zu tragen, nach Möglichkeit zwei Vorschläge für jeden Platz, der zu besetzen ist, enthalten soll. Die Wahlen erfolgen geheim nach den Grundsätzen der Mehrheitswahl und in gemeinsamer Wahl. Vorschlagsberechtigt für die zu besetzenden Aufsichtsratssitze sind ein Fünftel der Arbeiter, der Angestellten oder der nach Paragraph 5(3) zu umschreibenden Personen des Unternehmens. In jedem Falle genügen 100 Unterschriften bei den Arbeitern, Angestellten oder bei den nach 5(3) zu umschreibenden Personen des Unternehmens.

Leitende Angestellte – sehr richtig. Die sind existent, wenn ich das sagen darf, und es wird auch keine Diskussion etwas daran ändern können, und wenn das richtig ist, was mir die Vertreter der Gewerkschaften gesagt haben, wenn ich das einmal gleich hier einfügen darf, dann haben ja Gewerkschaften nach den Darstellungen, ich muss das immer sagen, ich kann das ja nicht prüfen, nach den Darstellungen haben ja große Einzelgewerkschaften wie beispielsweise IG Metall oder IG Chemie mehr leitende Angestellte in ihren Reihen als die ULA[11] in ihren Reihen beheimatet. Es ist also ein Faktum, dass es solche Leute gibt. Aber das ist natürlich, Genossinnen und Genossen, ein ganz wichtiger Punkt. Ich will nicht in diesem Zusammenhang auf die falsche und irreführende Meldung des Deutschen Gewerkschaftsbundes eingehen, der eine Meldung heute herausgegeben hat, ohne über die Einzelheiten informiert zu sein. Ich will das jetzt im Augenblick nicht tun, aber ich muss hier einmal zur Verdeutlichung Folgendes noch sagen: Ein Fünftel der Gruppen sind vorschlagsberechtigt, gewählt wird im Wahlmännergremium

---

11 Union der leitenden Angestellten, Spitzenverband der Führungskräfte in der Bundesrepublik Deutschland.

und hier ist vorgesehen, dass im ersten Wahlgang jeder Kandidat für den Aufsichtsrat mehr als 50 Prozent der Stimmen der Wahlmänner bekommen muss. Erhält er diese Stimmen nicht, wird ein zweiter Wahlgang erforderlich und hier genügt die einfache Stimmenmehrheit. Zu diesem zweiten Wahlgang können aber neue Vorschläge gemacht werden mit einem anderen Quorum – und das will ich jetzt an einem Beispiel erläutern:

Ich unterstelle einmal, wir haben ein Unternehmen mit 2000 Beschäftigten und ich unterstelle weiter, das ist ein Erfahrungswert, etwa ein Prozent der Belegschaft – je nach Struktur ist das unterschiedlich, aber das ist eine Durchschnittserfahrung – ein Prozent der Gesamtbelegschaft sind 5(3)-er. Das heißt mit anderen Worten, das würden bei diesem Einzelunternehmen mit 2000 Beschäftigten, das unter die Mitbestimmung fiel, 20 leitende Angestellte sein. Diese 20 leitenden Angestellten können an das Wahlmännergremium einen Vorschlag machen oder mehrere, aber diese Vorschläge müssten ein Quorum von einem Fünftel der leitenden Angestellten, das würde vier heißen in diesem konkreten Fall, haben. Und jetzt sage ich das hier, ich bitte, dass man das nicht in die Öffentlichkeit bringt, aber ich muss das hier so verdeutlichen, das ist ja die Befürchtung der Gewerkschaften, von diesen 20 leitenden Angestellten gibt es 19, die in der ULA sind und einer ist in der DGB-Gewerkschaft. Der wird natürlich bei diesem Verfahren nicht in Vorschlag kommen. Da kommt aber dann der zweite Fall. Wir können ja davon ausgehen, dass die Mehrzahl der Wahlmänner gewerkschaftlich organisiert ist und da die Mehrheit bilden und niemand wird gezwungen, irgendeinen zu wählen.

Wenn also diese Mehrheit von mehr als 50 Prozent nicht zustande kommt, gibt's einen zweiten Wahlgang. Hier können neue Vorschläge gemacht werden und da könnte zum Beispiel bei einem Quorum von einem Zwanzigstel könnte der DGB-organisierte leitende Angestellte sich selbst oder durch einen anderen vorschlagen lassen. Ich würde das wie in Westfalen sagen: Dann hätten wir also das Verhältnis, dass jeder seinen Schlömi-vör hat, jeder hat einen, der vorgeschlagen wird. Dann kommt der zweite Wahlgang und hier genügt die einfache Stimmenmehrheit, hier genügt die einfache Stimmenmehrheit, und ich muss sagen, wenn ich die Praxis ein bisschen sehe, wird es dann sicherlich keine Schwierigkeit bedeuten, auch vom gewerkschaftlichen Standpunkt eine – ich darf das mal so sagen – rasseinreine Arbeitnehmervertretung zu bekommen. Nun gebe ich allerdings zu, dort, wo das Organisationsverhältnis der Gewerkschaften zu wünschen übrig lässt, wird es natürlich Schwierigkeiten geben, aber nicht nur, soweit die 5(3)-er in Frage kommen, sondern auch bei den Arbeitern und bei den Angestellten.

Aber jetzt sage ich das andere Beispiel, das muss man einfach hier erwähnen. Ich habe jetzt das kleine Unternehmen genannt. Ich muss jetzt das große Unternehmen nehmen und der Einfachheit halber nehme ich auch wieder Siemens mit 250000 Beschäftigten. Ich lege auch hier ein Prozent der Gesamtbelegschaft zugrunde bei den leitenden Angestellten und das würde bedeuten 2500, ein Fünftel davon wäre natürlich 500. Das ist nicht ganz einfach zu erreichen, aber hier haben wir vorgesehen, dass 100 Unterschriften genügen, so dass auch hier die Möglichkeit der Vertretung gegeben ist.

Die Wahl der Vertreter der Gewerkschaften erfolgt auch in diesem Wahlmännergremium und auch hier gilt, dass nach Möglichkeit für jeden zu besetzenden Sitz zwei Vorschläge zu machen sind. Ich sage das deshalb in diesem Zusammenhang, Genossinnen und Genossen, weil bei den Gesprächen aus der Vergangenheit, die ich mit den Vertretern der Gewerkschaften geführt habe, nicht nur soweit das Arbeitsministerium infrage kommt, sondern auch im Rahmen von Fraktionsbesprechungen mit den Vertretern der Gewerkschaften, dass uns oft entgegengehalten wurde, diese Bestimmung würde bedeuten, dass es einen echten Kandidaten geben würde der Gewerkschaften und einen zweiten, der sozusagen Zählkandidat sei, und das sei eine ganz unangenehme Erscheinung.

Nun mag das sicherlich in Einzelfällen zutreffen, aber man muss davon ausgehen, dass in vielen Unternehmungen konkurrierende Gewerkschaften vorhanden sind und wenn man die DAG nicht als konkurrierende Gewerkschaft zum Deutschen Gewerkschaftsbund ansehen will, dann gibt es zumindest zwei Gewerkschaften im Unternehmen. Es gibt aber auch in vielen Fällen noch andere kleinere konkurrierende Gewerkschaften, und ich bin persönlich fest davon überzeugt, dass bei dem Inkrafttreten dieses Gesetzes diese konkurrierenden Gewerkschaften auf die Möglichkeit der Nomination nicht verzichten würden, so dass wir also für die zu besetzenden Plätze allein aus der Konkurrenzsituation unter Umständen mehrere Vorschläge bekämen, so dass die Gewerkschaften in vielen Fällen dieser Notwendigkeit, einen zweiten Kandidaten aufzustellen, enthoben wären.

Auch hier gilt, dass im ersten Wahlgang mindestens 50 Prozent der Stimmen der Wahlmänner erreicht werden müssen, andernfalls schließt sich ein zweiter Wahlgang an und hier genügt die relative Stimmenmehrheit. Ich will hier anfügen, Genossinnen und Genossen, dass die Zeit, wenn dieses Gesetz einmal vorgelegt und verabschiedet ist, vorbei ist, dass die Seiten unterschiedlich behandelt werden. Ich meine die Seiten Arbeitnehmer und Anteilseigner. Das, was ich hier gesagt habe, mit 50 Prozent der Stimmen muss man im Wahlmännergremium erreichen, bezieht sich natürlich auch auf die Vertreter der Anteilseigner, soweit die Hauptversammlung infrage kommt, oder ich darf es drastischer ausdrücken: Die Zeiten sind dann vorbei, wo der Vorstand sagen konnte, unser Vorschlag ist Eduard *von Schwartzkoppen* und der kommt in den Aufsichtsrat und dann wird er gewählt. Er braucht auch in Zukunft dann einen zweiten Vorschlag und er muss in der Hauptversammlung für die Anteilseigner gewählt werden genauso wie im Wahlmännergremium, das für die Wahl der Arbeitnehmervertreter zuständig ist.

Genossinnen und Genossen, ich muss jetzt in diesem Zusammenhang auf einen anderen Punkt zu sprechen kommen und ich bitte um Nachsicht, wenn ich dazu ein bisschen mehr Zeit brauche. Das ist, glaube ich, eine ganz wichtige Sache. Wir haben darauf verzichtet, das Institut des sogenannten neutralen Mannes, wie er aus dem Mitbestimmungsgesetz bekannt ist als 11., 15. oder 21. Mann, in dieser Neuregelung fortzuschreiben. Sicherlich gebe ich zu, dass jeder seine persönlichen Erfahrungen hat. Ich sage aus meiner bescheidenen, aber immerhin mehrjährigen Erfahrung, dieses Institut des 11., 15. oder 21. Mannes hat sich nicht in der Weise bewährt, dass wir jetzt verpflichtet wären, das fortzuschreiben für die Zukunft. Ich könnte auch hier eine ganze Reihe von Einzelheiten sagen, aber ich sage nur ein Beispiel. Wenn wirklich es eintritt, dass die beiden Gruppen in einem montan-mitbestimmten Aufsichtsrat mit einem 11. Mann sich geschlossen gegenüberstehen, dann wird aus einem 21-köpfigen Aufsichtsrat ein einköpfiger Aufsichtsrat und wenn es ein Mann von Ehre ist, das will ich auch sagen, dann lässt er sich das zweimal oder dreimal gefallen und beim dritten Mal sagt er, jetzt mach deinen Dreck alleine, denn ich kann nicht die Verantwortung für diese Entscheidung übernehmen. Denn darauf läuft es hinaus. Wir haben also die Parität und das impliziert den Zwang zur Verständigung, was ja auch normalerweise in den Aufsichtsräten der Fall ist. Wir haben aber die Absicht, als Gesetzgeber und in diesem Gesetzentwurf die Notfälle zu regeln. Das ist ja ganz selbstverständlich und ein Notfall wäre zum Beispiel, dass sich in der Tat unversöhnlich die beiden Gruppen geschlossen gegenüberstünden. Hier haben wir vorgesehen, dass dann in diesem konkreten Fall, das können ja nur immer konkrete Fälle sein, der Aufsichtsratsvorsitzende ein doppeltes Stimmrecht hat. Nur für diesen konkreten Fall! Ich sage das deshalb, um so ein bisschen Schockwirkung zunächst mal zu erzeugen, denn ich muss jetzt erst sagen, die Wahl des Aufsichtsratsvorsitzenden erfolgt folgendermaßen: Wenn zwei Drittel des Aufsichtsrates den Aufsichtsratsvorsitzenden, wo auch immer er herkommt, wählen, gilt er für die Dauer der Amtszeit des

Aufsichtsrates als gewählt. Wenn diese Zwei-Drittel-Mehrheit nicht zustande kommt, wird ein Aufsichtsratsvorsitzender und ein Stellvertreter aus den jeweiligen Bänken gewählt, und der Vorsitzende und der Stellvertreter wechseln sich im jährlichen oder zweijährlichen Turnus im Vorsitz ab.

Genossinnen und Genossen, ich will noch nicht in eine Wertung gesellschaftspolitisch eintreten, aber wenn ich das an dieser Stelle mal nur andeutungsweise machen darf, dann sage ich, mich hat es immer schon gestört in der Vergangenheit, dass im Montan-Mitbestimmungsgesetz, wo die Parität gegeben ist, der Aufsichtsratsvorsitzende a priori ein Vertreter der Anteilseignerseite war. Was das gesellschaftspolitisch bedeutet, dass wir dieses erreichen konnten, das wird sich erst einmal in späteren Jahren herausstellen.

(Vereinzelter Beifall.)

Nun haben wir aber auch und ganz sicher, ich meine, es gibt beunruhigte Gemüter, da will ich auch hier zur Sicherheit sagen, wir haben noch eine Bremse eingebaut. Dieser Stichentscheid, das heißt das doppelte Stimmrecht des Aufsichtsratsvorsitzenden, gilt nur dann, wenn nicht die Mehrheit der jeweiligen Bänke widerspricht, so dass also im Grunde genommen auch hier noch einmal eine Bremse vorhanden ist. Ich bin der Meinung, dass wir mit dieser Regelung ein Unterlaufen, ich kann das auch anders ausdrücken, ein Unterlaufen der Parität verhindert haben.

Nun, Genossinnen und Genossen, will ich noch ein Wort zum Vorstand sagen. Eine wichtige Aufgabe des Aufsichtsrates ist es, um nicht zu sagen die wichtigste neben der Investitionspolitik, die Bestellung des Vorstandes. Nun tritt das ja nie so ein, chemisch rein, dass da immer noch von fünf Jahren zu fünf Jahren der gesamte Vorstand bestellt wird. Aber wir haben vorgesehen, dass bei der Wahl der Vorstandsmitglieder durch den Aufsichtsrat die einfache Stimmenmehrheit genügt, und nicht so, wie es für einen Vertreter im Vorstand im Montan-Mitbestimmungsgesetz geregelt ist, nämlich für den Arbeitsdirektor, dass es dort heißt, dieser Arbeitsdirektor kann nicht gegen die Stimmen der Mehrheit der Arbeitnehmervertreter abberufen werden – und dann kommt der Analogieschluss, der kann also auch nicht bestellt werden, und das hat ja in der Vergangenheit, wenn ich mich erinnere, immer wieder zu Diskussionen geführt, ob hier nicht eine Diskriminierung vorläge. Ob im Positiven oder im Negativen. Wir haben davon Abstand genommen, eine solche Unterscheidung vorzunehmen, sondern wir haben gesagt, der Vorstand wird mit Mehrheit gewählt. Widerspricht allerdings die Mehrheit der Bänke, dann muss eine Einigungsstelle, die paritätisch zusammengesetzt ist, geschaffen werden. Das werden wir noch gesetzestechnisch ausformen, um dann einen zweiten Wahlgang vornehmen zu können. Genossinnen und Genossen, ich sage hier ganz freimütig, das sind natürlich mehr oder weniger Formulierungen, die wir dort finden müssen, die praktisch überhaupt keinen Wert haben. Ich kann mich nicht erinnern und ich kann mir auch schlecht vorstellen, dass ein Vorstandsmitglied eines renommierten Unternehmens einen solchen Job antritt, wenn er nicht sicher ist, dass er zumindest die überwältigende Mehrheit des Aufsichtsrates hinter sich hat. Ich kann mir nicht vorstellen, dass ein Vorstandsmitglied eine solche Funktion übernimmt, wenn er nur grade eine Stimme mehr als die Mehrheit hat. Wir haben vorgesehen, dass es keinen Vorstandsvorsitzer gibt, sondern der Vorstandsvorsitzer ist der Primus. Zusätzliche Stimmrechte oder Entscheidungsmöglichkeiten sind unzulässig. Wir haben aber vorgesehen, dass im Vorstand eines Unternehmens, nicht mit der Bezeichnung Arbeitsdirektor, aber ein Mitglied sein muss, das vorwiegend [für][12] Personal- und Sozialangelegenheit zuständig sein soll. Die Kolleginnen, nein, Kolleginnen waren nicht dabei, Kollegen oder Genossen und die

---

12 Vom Bearbeiter geändert. Auf dem Tonband zu hören: »mit«.

Kollegen von der FDP-Fraktion sind in diesen Gesprächen, die wir geführt haben, übereingekommen, den Gesetzentwurf so zügig vorzulegen, dass nach ausreichender parlamentarischer Behandlung dieses Gesetz am 1. Januar 1975 in Kraft treten kann.
(Vereinzelter Beifall.)
Ich füge hier hinzu, Genossinnen und Genossen, wir sind vonseiten des Arbeitsministeriums in der Lage, ich kenne jetzt nicht die Tagesordnung der künftigen Kabinettssitzungen, dass wir aber Anfang Februar diesen Gesetzentwurf im Kabinett verabschieden können, um ihn den Gremien zuleiten zu können.

Genossinnen und Genossen, ich muss noch eines sagen oder ich muss noch mehr sagen, aber eines, was hier für die Behandlung wichtig ist. Wir werden gleich ein Papier an die Fraktionsmitglieder verteilen, in dem die wichtigsten Punkte, die ich hier vorgetragen habe, niedergelegt sind, so dass jeder für seine Arbeit auch im Wahlkreis über Einzelheiten unterrichtet ist. Ich muss aber darauf hinweisen, dass er vergeblich suchen wird nach einer Regelung, die in der früheren Zeit und auch noch 1968 eine große Rolle gespielt hat, nämlich eine Beschränkung der Tantieme. Die ist in diesem Gesetzentwurf nicht enthalten und ich sage hier, die Bundesregierung beabsichtigt nicht, in diesem Gesetzentwurf eine Tantiemenregelung oder eine Tantiemenbegrenzung vorzusehen. Ich will auch schnell sagen warum. Wir können uns – wir haben in diesen Gesprächen darüber gesprochen –, wir können uns mit dem Koalitionspartner nicht über die Angemessenheit einer Entschädigung verständigen. Da gilt so ungefähr für den Aufsichtsrat, was auch für Advokaten gilt. Guter Rat ist teuer und ein guter Aufsichtsrat ist teuer.
(Zwischenrufe.)
Ja natürlich! So ist das! Ich habe noch keinen gesehen, ich habe noch keinen gesehen, der seine Tantiemen als Aufsichtsratsmitglied zurückgewiesen hat. Im Gegenteil: Ich habe sehr viele gesehen, die haben das, was in den Gewerkschaften an Abgaben für die Stiftung Mitbestimmung vorgesehen ist, noch nicht mal bezahlt. Ich könnte da mit Einzelheiten dienen. Nein, aber abgesehen davon, Genossinnen und Genossen, abgesehen davon, Genossinnen und Genossen, ich sage jetzt mal eine Zahl. Ich will nicht den Oppositionsantrag mit 8 000 Mark aufgreifen. Ich gehe sogar noch runter. Als Sozialdemokrat bin ich fortschrittlich, bleibe ich drunter und sage 6 000 Mark. Dann heißt das konkret, der Vorsitzende bekommt den doppelten Betrag, der Stellvertreter bekommt den anderthalbfachen Betrag. Das heißt in Zahlen ausgedrückt: der Vorsitzende 12- und der Stellvertreter 9 000 Mark. Wenn wir als Sozialdemokraten etwas damit erreichen wollen, das wollen wir ja wohl, kann ich mir die Wirkung nicht vorstellen auf einen Arbeitslosen in Husum, der da begeistert sein wird und sagt, da haben aber die Sozialdemokraten eine Aufsichtsratsbeschränkung vorgenommen und man bekommt für drei Sitzungen im Jahr immerhin nur 6 000 Mark. Und ich kann mir auch nicht vorstellen, dass ein Kurzarbeitergeldempfänger in Amberg begeistert wäre. Ich sage hier, Genossinnen und Genossen, das ist meine Meinung, wir werden keinen Hund hinter dem Ofen hervorlocken, sondern wir werden diese große gesellschaftspolitische Entscheidung mit solchen Nebensächlichkeiten befrachten und werden das untergehen lassen in der Tagesauseinandersetzung, die wir zu bestehen haben.
(Vereinzelter Beifall.)
Da der Herr Bundeskanzler schon vorab eine Wertung dieses Gesetzes vorgenommen hat, darf ich mir vielleicht auch erlauben, meine persönliche Meinung hier anzufügen. Genossinnen und Genossen, ich persönlich hätte vor Jahren, vor vier oder fünf oder wann auch immer Jahren, mir nicht im entferntesten träumen lassen, dass wir mit diesem Koalitionspartner ein solch weitreichendes und eine Zäsur bedeutendes Gesetz hätten verabschieden können oder vorlegen können.

(Beifall.)

Und wenn man das einmal im Zusammenhang sieht, dass wir in dieser Zeit von 1969, in dieser Zeit der sozial-liberalen Koalition ein neues Betriebsverfassungsgesetz – erinnert euch, wie wir im Anfang beschimpft wurden und wie dieses Gesetz jetzt über den grünen Klee gelobt wird –, ein neues Betriebsverfassungsgesetz, ein Mitbestimmungsfortgeltungsgesetz, ein neues Personalvertretungsgesetz[13] verabschiedet haben und jetzt eine Übereinstimmung und Übereinkunft erreicht haben, auch die Reform der Unternehmensverfassung in dieser von mir geschilderten Weise vorzunehmen, wenn das nicht ein großartiger Erfolg dieser Koalition ist, dann sage ich, fehlen mir die Worte, um das zu beschreiben.

(Vereinzelter Beifall.)

Nun muss ich aber, Genossinnen und Genossen, und ich will damit auch schon zum Schluss kommen, obwohl sicherlich da noch eine ganze Menge dazu zu sagen wäre, möchte ich aber wirklich, das ist ein tiefempfundener Dank, erstens an die Fraktionsmitglieder, die in diesen Vorgesprächen – beginnend am 2. September – so zielbewusst und so entschlossen dieses Vorhaben unterstützt und vorangebracht haben. Ich möchte aber auch, das ist mir wirklich ein Bedürfnis, ein herzliches Dankeschön an die Fraktion sagen, dass wir nicht durch Zwischenberichte, die dann in die Öffentlichkeit gekommen wären, in der Vergangenheit gezwungen waren, den Gang und den Fluss der Verhandlungen zu unterbrechen, und dass wir heute in den Stand versetzt wurden, einen zusammenhängenden und zusammenfassenden Bericht über das zu geben, was wir in der Vergangenheit erreicht haben. Ich danke sehr.

(Starker Beifall.)

Wehner: Genossinnen und Genossen, ich möchte zunächst Walter für diesen instruktiven Bericht danken und ich möchte mir auch erlauben, für diese außergewöhnliche Arbeitsleistung zu danken dir und denen, die die ganzen Arbeiten in einer Weise gemacht haben, wie es selten möglich gewesen ist. Ich habe mir erlaubt, Genossen, ein paar Zeilen zu einer Stellungnahme der Fraktion zu entwerfen, die werden verteilt. Ich möchte sie mit zur Diskussion stellen. Mit Walter war verabredet worden, dass heute, nachdem er seinen Bericht gegeben hat, schriftlich als Anhaltspunkt für jeden diese Unterlage verteilt wird. Es ist gestern Abend noch spät, wir hatten Sitzung bis halb elf, halb zwölf, Fraktionsvorstand, gestern Abend noch sehr spät, spät verabredet worden, dass heute sowohl der zuständige Bundesminister der SPD als auch der der FDP über beide eine Pressekonferenz, Bundespressekonferenz zusammenhalten. Die hätte möglicherweise schon sehr früh sein sollen, sonst aber wird sie, das sind Zeitungspresse- und Bundespressekonferenz, eigene Berechnungen, wegen Redaktionsschluss, findet sie um sechs statt. Die wird also heute sein mit Abstand zu unseren eigenen Erörterungen. Dennoch, finde ich, ist das eine wie das andere sehr wichtig. Wie gesagt, die Unterlagen kriegt ihr in die Hand.

Etwas anderes wird sich dann herausstellen bei Vermögensbildung, das heißt Anteil der Arbeitnehmer am Zuwachs Betriebsvermögen. Die Punkte, das haben wir verabredet, weil Philip [*Rosenthal*] sie heute nicht mehr selbst und mit den anderen noch einmal abstimmen konnte, die am Ergebnis nichts ändern, sondern die das noch einmal lesbar machen, die kriegen die Mitglieder der Fraktion morgen. Den Bericht erstattet er heute. Den diskutieren wir extra, dann habt ihr etwas in der Hand und außerdem ist öffentlich

---

13 Zum Bundespersonalvertretungsgesetz, das am 12. Dezember 1973 in 2. und 3. Beratung verabschiedet wurde vgl. die SPD-Fraktionssitzung am 11. Dezember 1973, SVP E, online.

das, was wir wissen und dazu sagen können, an die Presse und entsprechenden anderen gesagt. Wer wünscht das Wort? – Friedhelm *Farthmann*.

Farthmann: Genossinnen und Genossen, ich habe ja die ganze Mitbestimmungsdiskussion in den Gewerkschaften seit langen Jahren mitgemacht und ich habe auch mitgewirkt in der kleinen Gruppe, die die Vorarbeiten geleistet hat für den Kompromiss, der am Sonnabend zustande gekommen ist, und ich kenne deshalb die ganzen Schwierigkeiten, die das in der Verhandlung mit der FDP gebracht hat. Ich sage das deswegen, um gleich anzuschließen, mir macht es keinen Spaß und es macht mir keine Freude, diesen Kompromiss zu kritisieren, aber ich muss das tun aus folgenden Gründen. Dabei will ich vorweg sagen, alles das, was Walter *Arendt* gesagt hat, von der Größenordnung angefangen über die Struktur des Aufsichtsrates im Allgemeinen, übers Wahlverfahren, über die erfasste Unternehmensform bis hin zu der Vorstandsbestellung, halte ich alles für ideal, zumindest für absolut vertretbar. Bedenken habe ich, das habe ich schon mal geäußert, ich dachte, die wären ausgeräumt, ist aber offenbar wieder aufgeworfen mit dem Stichentscheid, ich kann nur sagen, liebe Genossen, den wechselnden Stichentscheid von Jahr zu Jahr halte ich schlechthin für eine Groteske. Das ist keine Frage der Parität. Die Parität ist natürlich gewahrt, weil's einmal die einen und die anderen. Aber es wird dazu führen, darüber muss sich jeder klar sein, dass wir in der Unternehmenspolitik künftig das Jahr des Arbeitgebers und das Jahr des Arbeitnehmers haben, und im Jahr des Arbeitgebers werden die Rationalisierungen durchgeführt und die Belegschaften stehen Kopf, und dann sagen wir denen, haltet bloß den Mund, ihr habt Mitbestimmung, ihr seid dieses Jahr bloß nicht dran. Das halte ich persönlich für eine Groteske. Es ist etwas abgeschwächt in diesem Papier, so wie ich Walter *Arendt* verstanden habe, dadurch, dass mit Zwei-Drittel-Mehrheit oder dass mit einer qualifizierten Mehrheit jeder Bank, die Bank jeder Mehrheit das ändern kann. Insofern wäre das vielleicht ein Punkt, den man in diesem Punkte tragen kann. Wenn es dazu käme, hielte ich es für eine Groteske.

Das ist aber nicht der entscheidende Punkt. Der entscheidende Punkt, Genossinnen und Genossen, ist die Frage des leitenden Angestellten, und da möchte ich vorweg sagen, Walter *Arendt* hat das teilweise so hingestellt, als ob das ein Problem der Organisationen wäre, der gewerkschaftlichen Organisationen. Ich sage hier in aller Offenheit und Deutlichkeit, für mich ist das kein Problem der Organisationen und kein Problem der Gewerkschaften, sondern für mich ist das ein Problem der Glaubwürdigkeit und der Effektivität der Parität. Es geht um die Mitbestimmung der Arbeitnehmer und nicht um die Mitbestimmung einzelner Gruppen und von einer Mitbestimmung der Arbeitnehmer kann nur die Rede sein, wenn auf die Hälfte der Aufsichtsratssitze die Arbeitnehmer in ihrer Gesamtheit den vollen Einfluss haben. Den vollen Einfluss haben sie nicht, wenn sie kein Vorschlagsrecht haben, wenn sie sich bei der Wahl nur aussuchen können, zwischen drei oder vieren auszusuchen, von denen sie jeden ausschlagen. Nur dann kann man von einer Wahl sprechen und, Genossinnen und Genossen, es geht hier doch um den Kernpunkt der Mitbestimmung. Wir wissen alle, dass es in der Unternehmenspolitik sehr unpopuläre und unerfreuliche, mit unerfreulichen Folgen verbundene Entscheidungen für die Beschäftigten gibt. Die Mitbestimmung kann nur durchgehalten werden, wenn wir in solchen Fällen den Arbeitnehmern sagen können, diese unternehmenspolitische Entscheidung haben eure Leute selbst mitgetroffen und mitgeprüft. Ich weiß nicht, ob viele hier sind, die schon das mitgemacht haben. Ich habe es schon mitmachen müssen, dass man den Kollegen sagen muss im Betrieb, eure Reise ist zu Ende. Wir haben das mitgeprüft, es lässt sich nicht ändern. Das ist aber nur durchzuhalten, wenn die Arbeitnehmer in voller Gleichberechtigung das haben prüfen und gestalten können, aber nicht, wenn sie sagen können, wir haben uns ja nicht durchsetzen können, weil einer aus dem Ruder gelaufen ist. Und die Gefahr ist immer dann gegeben, wenn nicht die gesamte Bank der Arbeitnehmerseite die Zustimmung der Arbeitnehmerseite hat. Weil das nicht so ist, Walter *Arendt* hat das dargestellt, ich darf das vielleicht noch mal deutlich machen, nach diesem Konzept gibt es drei Gruppen von Beschäftigten – Arbeiter, Angestellte und leitende Angestellte. Für jede Gruppe haben nur die Angehörigen jeder Gruppe ein Vorschlagsrecht. Das gibt's noch nicht mal im geltenden Recht, jedenfalls nicht bei der Aufsichtsratswahl und deswegen können nur Leitende Vorschläge für Leitende machen. Das Quorum kann, so hat Walter *Arendt* gesagt, verringert werden von einem Fünftel auf unter Umständen ein Zwanzigstel. Er hat sich da sehr diplomatisch ausgedrückt und hat gesagt, beispielsweise ein Zwanzigstel, aber ich gehe mal davon aus, dass das festgeklopft ist, im zweiten Wahlgang Vorschlagsrecht ein Zwanzigstel. Dann ist das, natürlich kann man meinen, dass da welche dabei sind, die das Vertrauen der Gesamtbelegschaft haben. Es ist aber nicht gewährleistet, dass das ein Vorschlag ist, der der Idealvorschlag der Gesamtbelegschaft für die Leitenden ist, sondern hier ist die Gruppe verankert auf alle Zeiten. Es ist deshalb keine Parität, sondern – ich sage das mit dem Bewusstsein dessen, was ich sage – eine Scheinparität. Es ist das Drei-Klassen-Wahlrecht! Das, was wir immer abgelehnt haben. Es wird sogar perpetuiert. Hier haben wir drei Gruppen ausdrücklich festgelegt und, Genossinnen und Genossen, wir haben dieses Drei-Klassen-Wahlrecht, das ist sehr wichtig nach meiner Meinung, was ich jetzt sage, nicht nur weiter vorausgesetzt, sondern wir haben den ständigen Konflikt programmiert. Ich bitte euch zu berücksichtigen, ob ihr den Belegschaften zumuten wollt, in jedem künftigen ersten Wahlgang die leitenden Angestellten abzuschmettern in ihrer Mehrheit. Darauf führt das hinaus. Bei jeder Aufsichtsratswahl wird der Konflikt zwischen der Gesamtbelegschaft und den Leitenden neu hervorgekehrt und Salz in diese Wunde gestreut. Das ist keine Integration, sondern das ist ein ständiges Aufbrechen dieses Komplexes.

Genossinnen und Genossen, wir müssen uns ganz klar darüber sein, ich will darauf nur hinweisen, diese beiden letzten Punkte sind eine Verschlechterung gegenüber dem bis heute bestehenden Recht, dass nach meiner Meinung durch die zusätzlichen Aufsichtsratssitze nichts wettgemacht wird, hier geschaffen wird. Es geht bei der Mitbestimmung nicht um zusätzliche Posten, sondern es geht um die Einführung der Parität, das heißt der Besetzung gleichstarker Gruppen von Vertrauensleuten der Belegschaften und der Unternehmer. Und wenn man dann auch noch berücksichtigt, dass das gekoppelt ist mit der Vermögensbildung, wir werden das gleich noch hören, wie das ist, aber ich habe das Gefühl, ich will das mal ganz vorsichtig sagen, dass diese Vermögensbildung noch weiter von unserem Hannoverschen Beschluss entfernt ist als die Mitbestimmung[14]. Ich sage hier ebenso deutlich, ich weiß, dass wir in einer Koalition sind, und ich bin bereit, erkläre das auch hier, habe ich immer gesagt, die Vermögensbildung der FDP in den Rachen zu schmeißen, anders ausgedrückt: Da eine FDP-Lösung zu machen, wenn wir eine SPD-Lösung bei der Mitbestimmung gekriegt hätten, aber noch nicht mal das haben wir für diese Vermögensbildung gekriegt. Und ich sage deswegen, ich weiß, was ich sage, wenn ich sage, wenn wir diesen Kompromiss ablehnen, müssen wir mit der Möglichkeit rechnen, dass es in dieser Legislaturperiode keine Mitbestimmung gibt. Ich bin mir über die Konsequenz voll klar und sage trotzdem, um der Glaubwürdigkeit willen unserer Partei ist es besser, keine Mitbestimmung zu machen nach all den Beschlüssen, die wir gehabt haben.

---

14 Gemeint ist der Parteitag von Hannover 1973.

(Unruhe.)

Ich darf ja wohl meine Meinung sagen. Ihr könnt selbstverständlich beschließen, was ihr wollt. Ich sage, diese Mitbestimmung zu machen, ist schlechter, als gar keine Mitbestimmung zu machen. Deswegen muss ich euch nachdrücklich darum bitten, diesen Kompromiss nicht zu akzeptieren.

Wehner: Walter *Arendt*.

Arendt: Genossinnen und Genossen, ich habe mich nur deshalb gemeldet, weil ich nicht möchte, dass im Verlauf der Diskussion das unwidersprochen bleibt, was Friedhelm *Farthmann* gerade gesagt hat. Ich will gar nicht auf die einzelnen Punkte eingehen zunächst mal, ob ich mich diplomatisch ausgedrückt habe. Das war Gegenstand unserer Absprachen am 19., dass beim zweiten Wahlgang ein reduziertes Quorum auf ein Zwanzigstel und nicht in etwa ein Zwanzigstel, sondern ein Zwanzigstel, und das bedeutet in diesem konkreten Fall, dass bei zwanzig leitenden Angestellten einer in Vorschlag gebracht werden kann für den zweiten Wahlgang. Wenn dieser eine, der gewerkschaftlich organisiert ist, auch nicht das Vertrauen der Belegschaft hat, dann frage ich mich allerdings, wo du den hernehmen willst, nicht wahr, der das Vertrauen der Gewerkschaft hat oder der Arbeitnehmer.

Das ist das Eine. Das Zweite ist: Bei den Gewerkschaften oder bei den Gewerkschaftsvertretern, Genossinnen und Genossen, werden nur Vorschläge von den Gewerkschaften gemacht und bei den Vorschlägen der Arbeiter werden wahrscheinlich nur Arbeiter Vorschläge machen und bei den Angestellten werden nur Angestellte Vorschläge machen und zusätzlich, das gebe ich zu, gibt's einen Minderheitenschutz für diese 5(3)-Leute. Nun muss man natürlich wissen, dass das, was wir jetzt mit Arbeitern, Angestellten und leitenden Angestellten bezeichnen, sowieso ins Rutschen geraten ist. Die überkommenen Bezeichnungen sind ja gar nicht mehr zeitgemäß und vielleicht ist es der Fraktion entgangen, dann sage ich es noch einmal, wir haben eine Kommission von Fachleuten berufen, die uns dabei unterstützen, ein Arbeitsgesetzbuch zu machen. Und in diesem Arbeitsgesetzbuch haben sich die Experten vorgenommen, den Begriff des Arbeiters und des Angestellten durch einen neuen Begriff zu ersetzen.

Die letzte Bemerkung, Friedhelm, die muss ich entschieden zurückweisen. Hier gibt's kein Drei-Klassen-Wahlrecht, das haben wir gerade verhindert, sondern hier gibt es ein nach Gruppen, wenn man so will, getrenntes Vorschlagsrecht, aber die Wahl wird durch das Wahlmännergremium vorgenommen in einer einheitlichen gemeinsamen Wahl, und das ist kein Drei-Klassen-Wahlrecht. Das ist genau das, ich meine die Verhinderung dessen, was uns bei Beginn der Diskussionen über diese Reform der Unternehmensverfassung ja als eine unangenehme Erscheinung immer aufgestoßen ist. Wir wollten die Arbeitnehmer nicht in Gruppen aufteilen lassen. Das gilt hier zwar für das Vorschlagsrecht, aber die Wahl wird in dem Gesamtwahlmännergremium der Gesamtbelegschaft durchgeführt. Das muss man sehen und man kann nicht in der Öffentlichkeit operieren, hier sei ein Drei-Klassen-Wahlrecht installiert worden.

(Vereinzelter Beifall.)

Wehner: Philip *Rosenthal*. Hierzu, oder? Hermann *Dürr*.

Dürr: Liebe Genossinnen und Genossen, ich habe eine Bitte. Ich glaube, es wäre gut, wenn diejenigen, die den erreichten Kompromiss für ungenügend halten, im Verlauf ihres Diskussionsbeitrags auch sagen würden, wie sie sich vorstellen, dass anstelle dieses Kompromisses ein besserer erreicht werden könnte. Das würde die Diskussion wirklichkeitsnäher machen.

Wehner: Peter *Glotz*.

Glotz: Genossinnen und Genossen, ich bin kein, wie die meisten von uns, kein Experte in der Mitbestimmung und in den Diskussionen bei weitem nicht so drin, nicht annähernd so drin wie beispielsweise Friedhelm *Farthmann*, aber ich möchte auf eins eingehen, was wahrscheinlich uns alle bewegt, und das ist das Letzte von dem, was du gesagt hast, Friedhelm, nämlich das ist die Alternative, die doch auf uns zukommt: alles oder nichts. Das ist auch das, was in der Parteiorganisation an allen Stellen diskutiert worden ist und weiter diskutiert werden wird. Wenn ich mir heute Morgen die Presse anschaue, so stelle ich zuerst eins fest, bitte korrigiere mich Friedhelm, mein Eindruck ist, dass die eher konservativ-liberalen Zeitungen, ich nehme als Beispiel das »Handelsblatt«, heute die FDP aufgrund dieses Kompromisses in Sachen Mitbestimmung, wenn man will, voll angenommen haben.[15] Das heißt, dass der FDP vorgeworfen wird, hier hat sie vor der SPD in der Mitbestimmungsfrage kapituliert. Bitte korrigiert mich, Genossen, mein Eindruck ist, dass der Spielraum der Freien Demokraten in dieser Frage nicht mehr sehr groß ist. Das ist Punkt eins.

Der zweite Punkt ist, dass ich den Eindruck habe, Genossen, und das könnte uns wahrscheinlich am besten der Bundeskanzler sagen, dass das Thema Mitbestimmung nicht isoliert – und Friedhelm hat das ja auch angedeutet – hier erörtert werden kann. In jedem Fall ist es ein Paket gemeinsam mit der Vermögensbildung und vielleicht ist es sogar ein Paket, in dem auch irgendwo das Bodenrecht und vielleicht auch noch die dritte, eine vierte oder fünfte Frage mit drin steckt. Und wenn man also das sieht, dann muss man wissen, wenn man dieses Paket – zumindest Vermögensbildung und Mitbestimmung – ablehnt, dass man vor das Risiko kommt, dass noch in einer weiteren Reform in der Koalition nichts mehr möglich ist, und da überlege ich mir vor allem eins, Genossen, wenn dies auf uns zukommt, welchen psychologischen Effekt hätte dies auf eine Koalition, die manche jetzt sowieso schon kaputtmachen wollen von außerhalb dieser Koalition. Das muss man, glaube ich, bedenken, wenn man jetzt diskutiert.

Und dann komme ich auf das Letzte, Friedhelm und das ist das Problem alles oder nichts. Ich glaube, wir wissen alle, dass wir zurzeit in einem Tief sind bei den Demoskopen und nicht nur bei denen, sondern einfach wirklich bei den Leuten draußen. Nun stimme ich Willy *Brandt* zu, wenn er sagt, wenn eine Regierung ein Jahr, nachdem sie einen großen Wahlsieg hatte, plötzlich in ein Tief kommt, so ist dies gar nichts Ungewöhnliches. Es waren viele *Adenauer*-Regierungen in einem solchen Tief, und wir dachten, jetzt sind wir stark und plötzlich das nächste Mal war wieder der Bundeskanzler namens *Adenauer* dran. Alles dies ist richtig. Nur, Genossen, ich glaube, heraus kommen wir doch aus diesem Tief nur, wenn wir in den drei, vier Punkten, die wir jetzt immer wieder betont haben, das seien die wichtigsten, Mitbestimmung, Vermögensbildung, Bodenrecht, wenn wir in denen wirklich zu gemeinsamen Lösungen und zu Reformlösungen kommen. Wir können nicht rauskommen meiner Meinung nach, wenn wir nun erklären, Genossen, da können wir leider nichts machen, die FDP ist daran schuld, dass es gescheitert ist, also werden wir auf '76 warten, um es nachher besser zu machen. Genossen, dann kommen wir meiner Meinung nach bis '76 aus diesem Tief nicht heraus und wie man dann glauben kann, dass wir, wenn wir das nicht vorweisen können '76, weder die Mitbestimmung noch die Vermögensbildung noch vielleicht das Bodenrecht, dass wir dann nach '76 stärker wären, entweder in dieser Koalition oder ob wir überhaupt noch in dieser Koalition wären und die führende Kraft in diesem Lande, wie man das glauben kann, Genossen, das verstehe ich nicht. Da muss ich ehrlich sein. Aus diesem Grund bitte ich, Mitbestimmung jetzt nicht isoliert zu diskutieren. Ich glaube,

---

15 Vgl. den Artikel »Mitbestimmung: FDP blieb auf der Strecke«; »Handelsblatt« vom 22. Januar 1974, S. 1 und 2.

wenn es heißt alles oder nichts, dann bin ich für den Vorschlag, den Walter *Arendt* hier erläutert hat.
(Starker Beifall.)

Wehner: Hermann *Buschfort*.

Buschfort: Ich möchte mit Peter *Glotz* beginnen und auch die Frage stellen, wenn in dieser Legislaturperiode nicht, wer gibt uns die Garantie, dass noch eine Chance besteht, sie dann in den nächsten fünf Jahren durchzusetzen? Ich glaube, hier muss man einfach ganz nüchtern feststellen, dass wir das, was wir jetzt haben, nehmen und auch deshalb nehmen können, ohne uns zu schämen, weil dieses Ergebnis über unseren eigenen Gesetzesentwurf von '68[16], der noch einmal ausdrücklich in Saarbrücken bestätigt worden ist, hinausgeht. Ich glaube, es ist auch eine schlechte Argumentation, zu sagen, jetzt haben wir hier 95 Prozent erreicht, aber die fünf Prozent schmecken uns nicht und deshalb ist der Gesamtvorschlag zu verurteilen. Es kommt mir so vor, ähnlich wie wir das bei der Betriebsverfassung erlebt haben, das war erst nicht ganz gut, dann war es doch gut und dann stellten wir fest, aber mit den Jugendvertretern, da ist uns eine kleine Panne passiert und deshalb ist die ganze Betriebsverfassung schlecht. Hier sollten wir doch zur Kenntnis nehmen, wenn auch meinetwegen vom Grundsätzlichen her mit den Fragen der leitenden Angestellten vielleicht das Gewicht ein wenig anders ist, aber dieser Gesetzentwurf geht an entscheidenden Punkten über unseren '68er Entwurf hinaus.

Und dann will ich zu Friedhelms Bemerkungen mit dem Aufsichtsvorsitzenden etwas sagen. Friedhelm, du hast an den Beratungen teilgenommen. Ich weiß nicht, wie du zu der Formulierung kommst, jetzt zu sagen, dann gibt es ein Jahr für die Arbeitnehmer und dann gibt es ein Jahr für die Arbeitgeber. In dieser Mitteilung heißt es doch ausdrücklich, dass der Stichentscheid durch den Aufsichtsratsvorsitzenden nur dann zustande kommt, wenn wir Arbeitnehmer mit Mehrheit das selber wollen. Wenn wir das also nicht wollen, so heißt es in der Formulierung, ich darf das vorlesen: »Ergibt sich bei einer Abstimmung Stimmengleichheit, so erhält der Aufsichtsratsvorsitzende für die zweite Abstimmung einen Stichentscheid, wenn dies von der Anteilseigner- und der Arbeitnehmerbank jeweils mit Stimmenmehrheit der einzelnen Bank beschlossen wird.« Das heißt, gegen unseren Willen, gegen unseren Willen und so hat Walter *Arendt* das auch formuliert hier, gegen unseren Willen hat der Vorsitzende kein zweites Stimmrecht und hier muss eben dann noch gefolgert werden, dass eine besondere Prozedur im Rahmen einer Einigungsstelle et cetera oder Ähnlichem hier noch einmal formuliert werden muss.

Und nun will ich einige Bemerkungen machen zur Argumentation mit den leitenden Angestellten. Wir sind davon ausgegangen bei unseren Beratungen anlässlich der Betriebsverfassung, anlässlich der Mitbestimmung, eigentlich wäre es gut, wenn die Gesamtbelegschaft mit Ausnahme der 105er-Leute[17] Arbeitnehmer wären. Nun gut, vielleicht gibt es hier und da in einem Betrieb ein Risiko. Ich unterstelle das mal, dass Friedhelm Recht hat, dass man sich nicht hundertprozentig auf die dann zu wählenden leitenden Angestellten verlassen kann. Ich weiß auch nicht im Übrigen, ob man sich in jedem Fall auf kleinere Angestellte verlassen kann, aber ich unterstelle einmal, der Friedhelm hat mit dieser Argumentation Recht. Dann darf ich doch im Vergleich unseren

---

16 Gemeint ist vermutlich der Gesetzentwurf der SPD-Fraktion vom 16. Dezember 1968 über die Unternehmensverfassung in Großunternehmen und Konzernen. Vgl. BT Drs. 05/3657.
17 In Paragraph 105 des Aktiengesetzes wurden die Kriterien für die Unvereinbarkeit von Zugehörigkeit zum Vorstand und zum Aufsichtsrat festgelegt.

'68er Entwurf[18] noch einmal nehmen. Da hatten wir, um bei dem 20er-Modell, das der Walter *Arendt* vorgetragen hatte, folgenden Vorgang: Wir hätten auf der Arbeitnehmerseite acht gehabt, Arbeiter und Angestellte. Wir hätten uns zwei kooptiert, die weder den Gewerkschaften noch dem Arbeitgeberverband angehören dürften, und wir hätten noch einen dritten Mann obenauf gesetzt einen elften Mann. Wir hätten ein dreifaches Risiko eingekauft und diese drei Leute sind aller Regel leitende Angestellte aus anderen Bereichen heraus, und ich sage dann, dass das Risiko größer gewesen wäre, als einen eigenen Mann aus dem Betrieb zu haben.
(Vereinzelter Beifall.)
Im Übrigen muss man sagen, beim 20er-Modell wären es nicht nur drei gewesen, sondern wären es gar fünf Leute gewesen, die wir hätten kooptieren müssen, und guckt euch doch einmal in den Betrieben, ihr habt doch Mitbestimmungserfahrung, guckt euch doch einmal die kooptierten Leute an. Das ist doch nicht der Werkzeugmacher und der technische Angestellte in der Gehaltsstufe fünf von Siemens oder von Klöckner-Deutz, sondern das sind doch führende Leute in anderen Bereichen, und dieses Risiko hätten wir kooptiert und das haben wir jetzt nicht. Wenn also dieser Vorschlag rundherum über unseren '68er Entwurf hinausgeht, dann kann ich für meinen Teil ganz persönlich sagen, mag man draußen schreien und ich finde, die Presseerklärung im letzten Halbsatz vom DGB ein wenig ungeheuerlich, das hier so zu schreiben, damit hätte man nichts verändert, darf ich für meinen Teil sagen, dieser Entwurf geht beachtlich über den '68er Entwurf hinaus und ich bin froh und glücklich, dass wir heute dieses Ergebnis haben.
(Starker Beifall.)
Wehner: Genosse *Coppik*.
Coppik: Liebe Genossinnen und Genossen, ich möchte nichts inhaltlich zu dem hier heute vorgetragenen Kompromiss mit der FDP sagen, sondern etwas zum Verfahren, weil uns inzwischen eine Erklärung vorliegt, über die wohl hier diese Fraktion nachher abstimmen soll, und in dieser Erklärung wird heute hier von uns eine Billigung des vorliegenden Kompromisses erwartet in der Sache. Ich muss jedenfalls für meine Person erklären, dass ich mich dazu völlig außerstande sehe, heute dazu in der Sache eine solche Erklärung abzugeben. Wir haben das eben erst zum ersten Mal hier gehört. Wir haben jetzt das schriftlich vorliegen. Wir hatten noch nicht mal Gelegenheit, das einmal gründlich zu studieren. Inzwischen sind Einwände vorgetragen etwa von dem Genossen *Farthmann*, die ich für sehr beachtlich halte und über die man sprechen muss, über die man diskutieren muss, hier wahrscheinlich längere Zeit wird sprechen müssen. Aber ich meine auch, dass ich jedenfalls es für eine Notwendigkeit halte, draußen innerhalb der Partei über diese Fragen zu sprechen mit den Genossen etwa im Wahlkreis. Ich bin hier nicht plötzlich vom Heiligen Geist erleuchtet, dass ich in der Lage wäre, innerhalb einer halben Stunde hier zu einer solchen grundlegenden Frage so ad hoc eine Stellungnahme abzugeben, und deswegen beantrage ich, dass heute seitens der Fraktion keine inhaltliche Stellungnahme zu dem Kompromiss abgegeben wird, sondern dass wir eine Klausurtagung machen, in der wir –,
(Zwischenrufe.)
in der wir, Genossinnen und Genossen, uns nicht nur mit der Frage der Mitbestimmung, sondern auch mit der Frage der Vermögensbildung und Bodenrechtsreform, die

---

18 Gemeint ist vermutlich der Gesetzentwurf der SPD-Fraktion vom 16. Dezember 1968 über die Unternehmensverfassung in Großunternehmen und Konzernen. Vgl. BT Drs. 05/3657.

ja offensichtlich zusammenhängen, befassen. Das ist meine Auffassung. Ich bin jedenfalls nicht der Meinung, dass man über eine solche Frage ohne grundlegende Diskussion mit allen Leuten, die dazu etwas zu sagen hätten, hier so ad hoc eine Entscheidung treffen kann.

Wehner: Genossen, zum besseren Verständnis: Ihr habt das alle vorliegen. Ich habe das vorhin nicht vorgelesen, um Zeit zu sparen. Ich habe vorgeschlagen folgenden Text: »Die Fraktion der SPD hat den Bericht des Bundesministers für Arbeit und Sozialordnung Walter *Arendt* über das Ergebnis der Koalitionsgespräche zur Mitbestimmung entgegengenommen. Sie begrüßt das Ergebnis und erwartet von der Bundesregierung die baldige Einbringung des dem Ergebnis entsprechenden Gesetzentwurfs, damit das Mitbestimmungsgesetz noch in diesem Jahre parlamentarisch verabschiedet werden und mit dem 1. Januar '75 in Kraft treten kann.« Hier ist doch keine Zustimmung zu sehen über jeden Punkt, der noch in der parlamentarischen Beratung gefeilt werden kann, von jemandem verlangt. Aber das wollte ich nur zur Klärung gesagt haben. Ich habe jetzt, Genossen, noch 13 Wortmeldungen. Wir müssen noch den Bericht – ich will damit nicht abschrecken –, wir müssen danach noch den Bericht von *Rosenthal* hören. Norbert *Gansel*.

Gansel: Genossinnen und Genossen, ich glaube, wir können uns nicht an Appell von Hermann *Dürr* halten, bei jeder Kritik gleichzeitig zu sagen, wie wir das hätten besser machen können. Es wäre eine billige Antwort, darauf zu sagen, wir haben ja unseren Entwurf von '68. Das wäre billig. Aber ich bitte doch zu bedenken, wir haben das Verhandlungsergebnis einer Kommission zu würdigen, einer Kommission, in der wir selbst nicht gesessen haben, und Kritik zu üben bedeutet jetzt nicht, es besser zu wissen.

Zu Peter *Glotz* möchte ich sagen, wir sind immer der Auffassung gewesen, entweder finden wir eine Mitbestimmungsregelung, die wir akzeptieren können, oder wir machen keine, und die Diskussion hier hat darüber zu gehen, ob wir diese Lösung akzeptieren können. Ich würde es für einen verhängnisvollen Fehler halten, diese Frage zu koppeln mit anderen Reformen mit höherem Karatgehalt, ja sogar eine Koalitionsfrage daraus zu stilisieren. Wir haben diese Sache zu beurteilen, wobei jeder weiß, dass das Verbindungslinien gibt und Überschneidungen mit anderen Reformbereichen. Aber zu sagen, entweder hier Ja oder überall Nein, das würde eine gefährliche Beeinflussung des Diskussionsprozesses sein.

Zu Friedel *Farthmann*: Ich muss ihm Recht geben. Wir haben immer gesagt, es wird kein Drei-Klassen-Wahlrecht geben und – ich habe jetzt Onkel Herbert zitiert –, und bei der Formulierungskunst von Herbert *Wehner* ist mir eigentlich immer klargewesen, dass der Satz Drei-Klassen-Wahlrecht sowohl aktives Drei-Klassen-Wahlrecht als auch passives Drei-Klassen-Wahlrecht beinhalten könnte, und ich habe deshalb auch auf der AfA-Konferenz gesagt, dass auch ein passives Drei-Klassen-Wahlrecht dubios sein würde. Das, was wir jetzt haben, ist in der Tat ein passives Drei-Klassen-Wahlrecht, da kommen wir nicht dran vorbei und darüber werden wir diskutieren müssen.

Und viertens zu dem Vorschlag von Herbert *Wehner*: Ich muss Manfred *Coppik* Recht geben. Wir haben heute unsere erste endgültige Information bekommen und die sieht etwas anders aus als alles das, was wir bisher gehört oder gelesen haben. Das spricht immerhin für die Kunst der Kommission, die Verhandlungen im Diskreten zu führen. Aber viele von uns werden doch gesagt haben, wir wollen diese Frage, bei der wir alle wussten, es wird einen Kompromiss geben müssen, wir werden uns nicht voll durchsetzen können und die anderen sollen es auch nicht, wir werden diese Frage zuhause diskutieren müssen in der Partei, mit den Kollegen von den Gewerkschaften. Viele von uns haben das versprochen. Ich habe am Wochenende einen Kreisparteitag. Ich kann mir vorstellen, dass der Kreisparteitag wird beschließen wollen über dieses vorgelegte Papier, und ich würde dann sagen, Genossinnen und Genossen, beschließt heute nicht, sondern prüft es, diskutiert es im Einzelnen durch und lasst uns dann unsere Meinung bilden. Aber das Gleiche gilt auch für uns. Es wäre unfair, wenn wir jetzt das Verhandlungsergebnis der Kommission hier verwerfen würden, und ich glaube auch kaum, dass es dafür eine Mehrheit geben wird. Aber genauso unangemessen wäre es, von uns zu verlangen, wir sollten diesem Ergebnis jetzt pauschal zustimmen. Deshalb möchte ich sehr dafür plädieren, nur den ersten Absatz des Antrages von Herbert *Wehner* zur Abstimmung zu bringen.

Wehner: Erich *Wolfram*.

Wolfram: Friedhelm *Farthmann* hat gesagt, dass das, was jetzt vorgelegt worden ist, eine Verschlechterung gegenüber dem bisher geltenden Recht ist, das heißt also gegenüber dem Montan-Mitbestimmungsrecht. Ich glaube, Friedhelm *Farthmann* irrt, denn dies sind die Fakten im Montan-Mitbestimmungsrecht: Wir haben bei einem 21-köpfigen Aufsichtsrat zehn Anteilseigner, zehn Arbeitnehmervertreter und einen neutralen Mann und in praxi und de facto war es im Falle einer Kampfabstimmung so, dass wir im Aufsichtsrat dann ein Stimmenverhältnis elf zu zehn hatten, weil der neutrale Mann in neun von zehn Fällen mit der Kapitalseignerseite gestimmt hat. So gesehen, gab es also die echte Parität, die echte Parität nicht, Friedhelm.

Zweite Geschichte: Wir hatten auch schon in der bisherigen Praxis der Montan-Mitbestimmung sogenannte leitende Angestellte auf Arbeitnehmerseite im Aufsichtsrat sitzen, vielfach waren es Leute der Gewerkschaften und des gewerkschaftlichen Vertrauens und die 350 neuen Unternehmen, die sollen sich ein bisschen anstrengen, dass sie viele dieser Paragraph-5-Absatz-3-Leute für sich gewinnen und auf unsere Seite bekommen. Das ist ohne weiteres möglich. Im Übrigen hatten wir ja auch schon mit anderen Angestellten bei Aufsichtsratswahlen bestimmte Probleme, denn es gab ja schon Angestellte aus Konkurrenzgewerkschaften des DGBs im Aufsichtsrat. Die Praxis sah also ein bisschen anders aus. Noch eine weitere Bemerkung zu den Paragraph-5-Absatz-3-Leuten: Das sind ja in dem Sinne nicht alles echt leitende Angestellte mit Unternehmerfunktion, denn wir kennen ja die Praxis der Arbeitsgerichtsentscheidungen. In verschiedenen Wirtschaftsbereichen wird dieser Kreis schon relativ tief angesetzt und ein Großteil dieser Leute ist gewerkschaftlich organisiert.

Im Übrigen möchte ich vor einem warnen. Wenn wir die Mitbestimmungsfrage nur aufhängen an der Frage Besetzung und Zusammensetzung des Aufsichtsrates, dann tun wir der Mitbestimmung oder werden wir der Mitbestimmung nicht gerecht, denn die Mitbestimmung hängt nicht nur vom Aufsichtsrat ab. Wir wissen ganz genau, dass mindestens ebenso wichtig für das Wirksamwerden der Mitbestimmung in der Praxis die Frage ist, wie gut und wie stark und wie einflussreich ist der Mann des Vertrauens der Arbeitnehmer im Vorstand, denn dort wird täglich die Politik gemacht, dort fallen 95 Prozent der Unternehmensentscheidungen und manches wird sogar am Aufsichtsrat vorbeigeschoben, wird in den Vorständen entschieden und deshalb sollen wir also nicht nur meinen, die Qualität der paritätischen Mitbestimmung hängt davon ab, wie die Zusammensetzung des Aufsichtsrates ist, sondern wir sollten dem Mann im Vorstand eine mindestens ebenso große Beachtung widmen. Im Übrigen, Friedhelm, noch eine andere Sache: Als wir das BVG am Anfang eingebracht bekamen, sah es ja anders aus als am Ende. Was ja auch nicht ausschließt, dass man mal in der nächsten Legislaturperiode vielleicht den einen oder anderen Punkt, der uns heute nicht gefällt, novellieren kann. Diese Möglichkeit ist sicherlich auch drin.

Ich möchte abschließend dazu sagen, liebe Genossinnen und Genossen, die Arbeitnehmer, die Arbeitnehmer werden die Mitbestimmung und die Qualität unserer gesetzlichen Regelung nicht danach bewerten, wie nun im Einzelnen die Zusammensetzung des Aufsichtsrates ist, sondern die Arbeitnehmer werden die Mitbestimmung und ihre Effizienz danach bewerten, welche Leistungen sie aufzuweisen hat, wenn sie eben eingeführt ist. Und die funktioniert dann, wenn Gewerkschaften, Betriebsräte, Arbeitnehmervertreter im Aufsichtsrat und der Mann im Vorstand, wenn die alle ihre Rechte ausschöpfen, wenn sie vertrauensvoll zusammenarbeiten, wenn sie die Probleme, die der arbeitende Mensch im Betrieb hat, aufgreifen und einer vernünftigen Lösung zuführen. Dann wird auch vom Arbeitnehmer die Mitbestimmung anerkannt werden und deshalb bin ich der Meinung, man soll jetzt das Thema nicht nur auf diesen Punkt ausschließlich konzentrieren und davon abhängig machen die Frage, ist man für oder gegen diese Regelung, sondern man muss den gesamten Mitbestimmungskomplex und seine Wirksamkeit sehen. Und so gesehen würde ich nie der Auffassung von Friedhelm *Farthmann* folgen können, wenn dieser eine Punkt nicht gelöst werden kann, dann auf Jahre verzichten, dass Hunderttausende von Arbeitnehmern in Unternehmen mit mehr als 2 000 Beschäftigten auf die Mitbestimmung dieser Art verzichten sollten. Vielen Dank.

(Beifall.)

Wehner: Hans *Matthöfer*.

Matthöfer: Liebe Genossinnen und Genossen, ich bitte euch, dieser Entschließung oder dieser Stellungnahme zuzustimmen. Die Lösung, die hier erreicht worden ist, ist eine ganz ausgezeichnete. Wir stehen hier vor einem wirklich wichtigen gesellschaftlichen Durchbruch und zudem enthält diese Lösung alle Ansätze und alle Elemente zu einer vernünftigen Weiterentwicklung. Wir haben hier die Basisbezogenheit. Wir haben das eigene Arbeitnehmervertretungsgremium. Wir haben eine Fülle von Ansatzpunkten, die man dynamisch und aggressiv nutzen kann. Ich habe das immer bedauert, dass der DGB, der DGB selbst organisiert ja nicht, sondern dass die einzelnen DGB-Gewerkschaften nicht in der Lage gewesen sind, die leitenden Angestellten zu organisieren, weil ich mir keine sozialistische Transformationsstrategie vorstellen kann, ohne dass man zumindest die technische und organisatorische Intelligenz gewerkschaftlich organisiert hat,

(Vereinzelter Beifall.)

und hier, glaube ich, gibt zur gewerkschaftlichen Organisation diese Lösung zahlreiche Ansatzpunkte. Es wird sich in Zukunft lohnen, als leitender Angestellter im DGB zu sein. Natürlich, wenn man in den Aufsichtsrat kommen will – das wird sich ja zeigen!

(Zwischenrufe.)

Das wird sich doch zeigen! Man sieht doch, dass in Betrieben, in denen vielleicht 25 Prozent Gewerkschafter sind, ist der Betriebsrat mit 90 Prozent Gewerkschaftsmitgliedern besetzt. Es wird doch so sein, dass die Gewerkschaften sich bei der Wahl ins Wahlmännergremium durchsetzen. Das ist doch selbstverständlich, ist doch überall so. Bei jedem Gremium, das gewählt wird, setzen sich die gewerkschaftlich Organisierten durch, weil auch die unorganisierten Kollegen sehen, dass der Organisierte besser in der Lage ist als der Unorganisierte, ihre Interessen zu vertreten. Und selbst wenn sie als Unorganisierter reinkommen, bringt der Gruppendruck in der Regel sie dazu, sich dann zu organisieren. Das ist das Erste, der Aufsichtsrat.

Das Zweite und das ist aber wichtig: Die Tatsache, dass in Zukunft niemand mehr in den Vorstand kommen kann, wenn die Mehrheit der Arbeitnehmerbank nicht zustimmt, wird das gesamte Klima in den Betrieben verändern. Jetzt in Zukunft, ich meine, ich habe ja nun praktische Erfahrungen in der Organisation von leitenden Angestellten, ich habe versucht, die AEG-Hauptverwaltung zu organisieren, die Leute haben ein ganz vorzüglich funktionierendes Bürokratieverständnis. Die werden in Zukunft genau wissen, wenn sie sich irgendwie mal säuisch verhalten oder anti Arbeitnehmer verhalten, da wird einer sein, der sich erinnert, wenn sie den großen Sprung machen wollen in den Vorstand, denn da geht es nämlich ins große Geld. Das andere ist ja dann nur Kükenfutter im Vergleich zu dem, was die verdienen, und die werden sich umstellen. Die werden sich so schnell umstellen, wie ihr gar nicht glaubt. Und zweitens muss man sehen, dass –

(Zwischenruf.)

ja, so ist es doch. Wir haben also hier zwei Organisationsinstrumente und drittens gibt's natürlich auch bestimmte gesellschaftliche Entwicklungen, die in Zukunft vielleicht im Bereich der leitenden Angestellten, sofern es Wissenschaftler sind, Techniker sind, aufgeschlossene Leute bringen wird. Ich meine, die Entwicklung an den Universitäten wird das auch herbeibringen, und wenn man da Instrumente hat, um das aufzufangen. Ich sage also hier, wir haben hier eine Möglichkeit, wirklich das Klima in den großen Unternehmen zu unseren Gunsten zu ändern. Die gesamte Hierarchie wird in Zukunft nicht mehr abhängig sein von den Kapitaleigentümern beim Sprung in den Vorstand, sondern auch von der Arbeitnehmerseite, und das ist ein gesellschaftliches Faktum, ein gesellschaftliches Machtinstrument ersten Ranges und das gilt es zu nutzen. Ich würde also wirklich dem DGB abraten, jetzt gegen diese Lösung, die einzig erreichbare und vorzügliche Lösung, mobil zu machen, nur weil bestimmte kleinere Forderungen nicht auch noch haben durchgesetzt werden können.

(Starker Beifall.)

Wehner: Adolf *Schmidt*.

Schmidt (Wattenscheid): Meine lieben Genossinnen und Genossen, meine Gedanken stützen sich auf ein paar Monate oder paar Jahre Montan-Mitbestimmungserfahrung. So bitte ich, sie zu verstehen. Wie ich die Patente einschätze, haben wir allen Grund, unseren großen Respekt zu sagen den Treuhändern, die das zuwege gebracht haben. Das sage ich nicht nur, weil mein Vater im Amte der Federführer in dieser Sache war. Das sage ich, weil ich überzeugt bin, so wie ich die Dinge sehe, dass wir die epochale Chance nutzen können, im wichtigen Bereich der Wirtschaft aus der Ausnahme bisher die Regel in der Zukunft zu machen. Ich warne sehr, meine Kolleginnen und Kollegen und Genossinnen und Genossen, Friedhelm und bitte dich besonders, darüber nachzudenken, das, was da gewesen ist, so in Nebensätzen unterzubewerten. Ich bin, solange ich Aufsichtsratsmitglied bin in der Montan-Mitbestimmung und solange ich stellvertretender Aufsichtsratsvorsitzender bin, nicht nur in der Hoffnung, sondern in der Überzeugung, dass von dieser Position aus nicht nur nicht ein Wechsel möglich war vom Jahr der Arbeitgeber zum Jahr der Arbeitnehmer, sondern dass wir es von dieser zweiten Position sogar geschafft haben, ständige Jahre der Arbeitnehmer zu machen. Wie gewaltig muss dann die Chance sein, wenn ein institutionalisierter Wechsel, das heißt eine zukünftige Selbstverständlichkeit, dass mal der Arbeitnehmer die Hauptversammlung – das sind sehr interessante Veranstaltungen, wenn ich an Veba und Rheinstahl und Ähnliches denke – und im nächsten Jahr der Kapitalgebervertreter führt. Ich finde, liebe Genossinnen und Genossen, wir haben bei reeller Betrachtung überhaupt nicht die Chance, uns vor die Frage des Alles oder Nichts zu stellen, weil ich auch parteitaktisch befürchte, da wären uns bei dem so Eingereichten ein Teil der Wähler der Freien Demokaten geradezu dankbar, wenn wir das so Erreichte zurückgeben würden.

(Vereinzelter Beifall.)

Nun besteht natürlich nicht ein solches Werk aus taktischen Überlegungen. Ich finde, dass das, was da ist, in 600 bis 650 Betrieben in den nächsten Jahren eingeführt, die Gewerkschaften vor ganz enorme, auch personale Aufgaben stellt. Auch dies sage ich aus meiner Erfahrung. Und Friedhelm, ich glaube, darüber brauchen wir doch gewiss nicht zu streiten. In der Bergbauwirtschaft der Bundesrepublik Deutschland wäre ein Quorum von einem Fünftel überhaupt keine beängstigende Grenze. Da springen wir drüber, ohne dass wir einen Stabhochsprung machen müssen. Und ein Zwanzigstel, liebe Genossinnen und Genossen, wo das im Betrieb nicht ohnehin und bis jetzt am Ende des 20. Jahrhunderts die organisatorische Voraussetzung ist, da ist eine ganze Menge mehr im Argen, als man von außen sehen kann. Ich finde also nicht, dass es sich um ein Wagnis handelt. Ich finde, dass, so wie ich die Dinge sehe, ein geradezu epochaler Vorgang vor sich geht und bisher, das hatte ich schon einmal gesagt, die Ausnahme zur zukünftigen Regel wird mit ganz hervorragenden Chancen. Ich stehe also wie viele der Vorredner auf der Bank oder ich sitze auf ihr, von der aus man sagt, dies kann man nicht nur machen oder bedenken, dies soll man, dies muss man tun.

Ich denke aber auch an ein Zweites, da bitte ich sehr um mildernde Umstände, wenn ich da jetzt etwas Falsches mache. Vielleicht reicht meine parlamentarische Erfahrung nicht aus. Der Bundeskanzler sagt, und das ist, glaube ich, einer der wichtigsten Teile überhaupt, dies ist ein Teil der gesellschaftlichen Reformen und dieser Teil muss, so wie ich es sehe, zum Erfolg durchlaufend bis unten hin gemacht werden. Und das heißt nun für mich, wenn das so richtig ist und wenn es DGB-Meinung werden sollte, was ich noch gar nicht glaube, was uns jetzt auf dem Tisch liegt, dass auch diese Fraktion gut beraten wäre zu überlegen, wie kommen wir ins Gespräch mit dem Deutschen Gewerkschaftsbund oder mit den Vorständen der Gewerkschaften im Deutschen Gewerkschaftsbund. Das wäre eine gesellschaftliche Tragik in unserer Zeit, würde der eine Teil der Arbeitnehmerbewegung, der modernen Arbeitnehmerbewegung den gleichen Umstand als einen großen Fortschritt und der andere Teil der Arbeitnehmerbewegung den gleichen Vorgang als einen Rückschritt betrachten oder gar als einen Stillstand.

(Beifall.)

Nun will ich nicht meine Lage zum Beispiel machen. Ich sage hier noch einmal, das werde ich auch überall sagen, unabhängig von den Begleitumständen, dies ist meine Meinung. Aber wohler wäre mir, wenn in der Debatte, die ganz gewiss kommen wird, das ist ganz natürlich, nein, das ist sogar notwendig, im Bundesvorstand des Deutschen Gewerkschaftsbundes nicht über schon gefasste Beschlüsse dieser Fraktion beraten werden müsste. Wohler wäre mir, wenn der Dialog mit dem DGB vor einem Beschluss zuwege käme.

(Vereinzelter Beifall.)

Ich weiß nicht, ob das von der Zeit her, von der Sache her, von den Terminen her, die zu bedenken sind, möglich ist. Aber in jedem Falle, liebe Genossinnen und Genossen, bitte ich bei leidenschaftlicher Unterstützung all dessen, was gewesen ist, und in der Hoffnung, wir kriegen das zu den vorgesehenen Terminen zurecht, den Dialog von Regierung und dieser Fraktion mit dem Deutschen Gewerkschaftsbund und den Gewerkschaften zu suchen so, dass am Ende auch sie den gleichen Menschen im Lande, nämlich denen in den Betrieben, diesen Vorgang als einen großartigen Erfolg dartun können.

(Starker Beifall.)

Wehner: Genosse *Oetting*.

Oetting: Genossinnen und Genossen, ich kann von mir sagen, dass ich über den Vortrag, den Walter *Arendt* hier gehalten hat, überrascht bin und dass ich sehr beeindruckt bin. Ich möchte mich aber dem anschließen, was Adolf *Schmidt* hier eben gesagt hat hinsichtlich des Antrages, der uns von Herbert *Wehner* vorgelegt ist. Viele Genossinnen oder insbesondere vielleicht in diesem Fall Genossen haben vor uns, die wir in dem Bereich nicht tätig sind, den Vorteil voraus, dass sie an der vorangegangenen Diskussion teilgenommen haben, dass sie darüber hinaus möglicherweise auch in den letzten Tagen im Detail informiert worden sind, sich also ihre eigene Meinung über das hinaus haben bilden können, was in dieser Fraktion im Zeitraum dieser Fraktionssitzung möglich war. Genossinnen und Genossen, und ich bitte diejenigen, die also besser Bescheid wissen als wir, um etwas Respekt vor uns Hinterbänklern, wenn ich mal so sagen darf, und der politischen Entscheidung, die ja hier drin liegt, wenn wir das beschließen, was Herbert *Wehner* uns schriftlich vorgelegt hat. Ich bin mir darüber im Klaren, Genossinnen und Genossen, dass wir, die wir als Partei, als Parteiorganisation oft, das hat Herbert *Ehrenberg* hier eben übern Tisch weg gesagt, oft so schnell geneigt sind, Resolutionen zu fassen, nun diese Stunde nicht vorbeigehen können, ohne irgendetwas von uns zu geben hierzu. Ich meine aber, dass dieser Beschluss nicht unbedingt enthalten soll die politische Zustimmung zu dem, was uns vorgetragen ist, dass wir das zumindest vertagen sollten auf die nächste Fraktionssitzung, wenn wir schon nicht dem folgen wollen, was der Genosse *Coppik* hier vorgeschlagen hat. Ich möchte dementsprechend redaktionelle Änderungen an dem Antrag von Herbert *Wehner* vorschlagen und bitte die Fraktion, dies in die Beratungen mit einzubeziehen, zu entschuldigen, dass ich im Hinblick auf die Berlin-Sitzung des Verkehrsausschusses bald hier weggehen muss.

Ich würde Folgendes vorschlagen, den ersten Satz so zu lassen, wie er hier steht bis »entgegengenommen«. Dann einen Satz einzufügen: »Sie dankt ihm«, Walter *Arendt* nämlich, »und den anderen Verhandlungsteilnehmern für die geleistete Arbeit«. Dann die Worte »begrüßt das Ergebnis und« streichen, das heißt der Satzanfang würde lauten: »Sie erwartet von der Bundesregierung die baldige Einbringung des dem Ergebnis entsprechenden Gesetzentwurfs«, – warum nicht – »damit« – jetzt aber nicht »das Mitbestimmungsgesetz« –, sondern »ein Mitbestimmungsgesetz noch in diesem Jahre parlamentarisch verabschiedet werden und mit dem 1. Januar 1975 in Kraft treten kann«. Ich könnte mir vorstellen, dass auch die Genossen *Coppik*, dass auch Adolf *Schmidt* und dass auch der Genosse *Gansel*, die hier dazu gesprochen haben, in der Lage wären, diesem Vorschlag zuzustimmen.

Wehner: Wilhelm *Nölling*.

Nölling: Liebe Genossen, lasst mich auf den Beitrag kommen, den Friedhelm *Farthmann* als Mitglied der Kommission am Anfang hier geleistet hat, gleichzeitig ein paar Fragen stellen und auch eine Bewertung geben, wie ich das Verhandlungsergebnis sehe, an dessen letztem Teil wir ja nicht mitgewirkt haben. Ob der Gesetzentwurf von 1968 durch dieses überholt worden ist, verbessert worden ist oder nicht, liebe Genossinnen und Genossen, das scheint mir nicht die entscheidende Frage zu sein, sondern mir scheint die entscheidende Frage zu sein, das '68er Modell ist immer als Paritätsmodell von uns angesehen worden in der Diskussion. Wir wussten aber, auch Friedhelm *Farthmann*, wir alle wussten, dass ein Wiedereinbringen dieses Gesetzentwurfs mit diesem Koalitionspartner nicht möglich sein würde. Das ist die erste Feststellung. Wir wussten also, dass wir ein anderes Paritätsmodell würden machen müssen.

Nun, Genossen, lasst mich eine zweite Bemerkung machen über die Rolle der leitenden Angestellten. Die leitenden Angestellten haben in unseren Vorstellungen zur Betriebsverfassung bei der Definition des Arbeitnehmers nie eine Sonderstellung haben sollen. Das heißt, wir waren der Meinung, das sind Arbeitnehmer wie andere. Die müssen wählbar sein für den Betriebsrat, können gewählt werden, könnten also auch in den

Aufsichtsrat gewählt werden. Das ist immer unsere Auffassung gewesen. Die haben einen Arbeitnehmerstatus wie alle anderen und Friedhelm *Farthmann* weiß natürlich so genau wie jeder andere von uns, und das warst du, Friedhelm, auch bereit zu schlucken, dass in diesem Modell nun mit der ausdrücklichen Bezeichnung leitende Angestellte vertreten sein würden. Nun hat Friedhelm *Farthmann* ein anderes Modell favorisiert, denn er hat die Einbeziehung der leitenden Angestellten, wenn ich ihn richtig verstanden habe, alleine abhängig gemacht von dem Vorschlagsrecht, und zwar von dem alleinigen Vorschlagsrecht oder von einem pluralisierten Vorschlagsrecht. So sehe ich deine Argumentation. Ich habe mich selbst, liebe Genossinnen und Genossen, der eine oder andere wird es gelesen haben, sehr stark gemacht für eine solche Pluralisierung des Vorschlagsrechts der leitenden Angestellten aus Gründen, die ich mit Friedhelm *Farthmann* teile. Für mich entsteht aber die Frage, ob – da dies nicht gelungen ist – man aber in bestimmten Schritten an das Ergebnis de facto herankommen kann, was wir sicher beide für richtig halten, entsteht für mich die Frage, ob ich daran, an diesem Punkt bereit wäre, wie du eine solche Lösung scheitern zu lassen. Liebe Genossinnen und Genossen, ich erkläre hiermit eindeutig, dass ich dazu nicht bereit wäre, es daran scheitern zu lassen.

Nun eine weitere Überlegung und ich komme insofern doch auf den Punkt, den Friedhelm abgestritten hat, ob es nun überhaupt kein Problem der Gewerkschaften ist, sondern nur ein Problem der Glaubwürdigkeit unserer Auffassung, unserer Meinung. Ich bin in der Tat der Meinung, dass dieses Vorschlagsrecht dazu führen kann, dass es organisationspolitische Konsequenzen hat durch die jetzt notwendig werdende Institutionalisierung von Quoren und so weiter, worauf der DGB mit Recht hingewiesen hat, und dass dies Schwierigkeiten im Betrieb bringen kann. Ich sage bringen kann, aber ich kann es nicht deutlicher sagen, als das, was Vorredner gesagt haben, vielleicht auch Adolf *Schmidt*, dass es jetzt in der Tat in starkem Maße darauf ankommt, was die Gewerkschaften bei den vor uns liegenden Wahlen aus diesem Gesetz machen oder nicht machen. Für sie wird es jetzt darauf ankommen –

(Zwischenruf *Wehner*.)

ja. Herbert *Wehner*, ich bin ja, du siehst, dass ich mich bemühe, dies differenziert zu sehen, und ich will ja auch zu einem Vorschlag kommen, wie wir das behandeln sollten. Ich werde mir zum Abschluss meiner Ausführungen jedenfalls erlauben, dies zu sagen, und dies wird nicht abweichen von dem, was hier Herbert *Wehner* vorgeschlagen hat, um dies vorwegzunehmen. Worauf es ankommen wird in Zukunft, dass sich die Gewerkschaften in der Tat mehr Mühe geben müssen, ob wir das nun wollen oder nicht, dazu beizutragen, dass die leitenden Angestellten vorgeschlagen und ausgewählt werden durch das Wahlmännergremium, die das volle Vertrauen der Arbeitnehmerbank besitzen. Darin sehe ich allerdings, wenn du so willst, eine Erschwernis, andererseits aber auch eine Chance, die leitenden Angestellten nicht nur zu organisieren, sondern auch in die Arbeitnehmerbank mit einzubinden. Und ich glaube, wenn diese Chance gesehen wird, die jetzt zunächst eine Notwendigkeit ist, dann werden wir nicht erleben, Friedhelm, dass es zu einem Aus-dem-Ruder-Laufen kommen kann bei leitenden Angestellten, deren Zuverlässigkeit die Wahlmänner, die Gewerkschaften und so weiter, die über die Nominierung ja sicher nicht ganz im Unklaren gelassen werden, dann zu entscheiden haben.

Ein weiterer Punkt: Ich möchte davor warnen, liebe Genossinnen und Genossen, in eine Wortwahl zu verfallen, die genau der Wortwahl entspricht, die wir auf das CDU-Modell von Hamburg angewandt haben, nämlich dass es dort in der Tat eine Scheinparität ist, und ich möchte allen, die nun meinen, das nachsagen oder reden zu müssen, es handele sich hier um eine Scheinparität, wirklich empfehlen, vorsichtig zu sein, weil sie nämlich genau auf der Ebene der Argumentation liegen, die wir gegenüber dem CDU-Vorschlag aus Hamburg haben, und zwar mit guten Gründen und aus guten Gründen. Und das wird sich ja in der Debatte sehr schnell herausstellen, wo da die entscheidenden Unterschiede zu dem sind, was die Opposition in Hamburg beschlossen hat und was sie im Wettbewerb mit uns demnächst im Bundestag präsentieren wird.

Vielleicht zum Schluss, liebe Genossinnen und Genossen, in dem Sinne, in dem Herbert *Wehner*, ich betone das, seine Erklärung hier verstanden wissen möchte, er hat es ja noch interpretiert, möchte ich euch bitten, diesem zuzustimmen hier, und zwar deshalb, weil ich befürchte, dass, wenn wir dies noch weiter hinauszögern, es zu einer Zerreißprobe kommen kann in aller Kürze in der Partei und sonst wo, dass also Politik dann mit Schlagworten gemacht wird, die uns wirklich nicht guttun. Und ich möchte an die Gewerkschaften appellieren, doch so viel Selbstvertrauen zu haben, auch wir als Partei so viel Selbstvertrauen zu haben, dass wir das, was hier gesellschaftspolitisch angelegt ist, mit der ganzen Kraft der vereinigten Arbeitnehmerschaft, das darf ich einmal sagen, mit Gewerkschaft und SPD auch tatsächlich voll und ganz ausnutzen können. Danke schön.

(Vereinzelter Beifall.)

Wehner: Genossen, bevor ich dem Nächsten das Wort gebe, das ist Helmut *Schmidt*, auf der Liste, es sind dann noch 15, muss ich darum bitten, dass wir die Diskussion dann unterbrechen, wenn Walter *Arendt* und Philip *Rosenthal* und von der FDP-Seite *Maihofer* von der Bundeskonferenz um 18 Uhr erwartet werden. Die werden dort über das Ergebnis sprechen müssen, werden allerdings nach dem Stand dieser Diskussion nicht darüber sprechen, was die SPD-Fraktion zu dem Ergebnis meint. Aber sie können ja wohl nicht von der Bundespressekonferenz, die diesen Termin extra auf 18 Uhr gelegt hat, statt auf 14 Uhr, wegbleiben, nehme ich an, ist die Meinung der Fraktion ungeachtet verschiedener Meinungen. Sonst müsste ein Antrag gestellt werden, dass sie auch erst dann zur Bundespressekonferenz gehen dürfen, wenn – und so weiter. Aber das war wohl niemandes Meinung. Das Wort hat als Nächster Helmut *Schmidt*.

Schmidt (Hamburg): Liebe Genossinnen und Genossen, ich möchte zunächst auf zwei kleine Details zurückkommen dürfen, die teilweise bei Walter *Arendt*, teilweise bei Friedhelm *Farthmann* eine Rolle gespielt haben. Walter, ich würde für meine Person gerne einverstanden sein, dass dieses Gesetzgebungswerk nicht mit der Tantiemenfrage belastet wird. Das sehe ich ein. Trotzdem bitte ich, mir zu verzeihen, dass ich nach wie vor der Meinung bleibe, dass die Tantiemenzahlung in deutschen Aktiengesellschaften im Grunde nicht in Ordnung ist und für uns nicht ad libitum stillschweigend toleriert werden sollte.

(Vereinzelter Beifall.)

Aber ich bin einverstanden, nicht diese Gesetzgebung damit zu belasten. Eine zweite Bemerkung zu dem ersten der beiden Punkte von Friedhelm *Farthmann*: Ich glaube, es ist schon dargelegt worden, durch Hermann *Buschfort* wie auch durch Walter *Arendt* dargelegt worden, dass die vorgesehenen Regelungen eine ziemliche Sicherung bedeuten gegenüber dem, was du befürchtet hast. Im Grunde allerdings würde ich auch glauben, dass die Praxis nachher, wenn das Gesetz da ist, gut beraten wäre, wenn sie in einem gewissen auf Jahre berechneten Turnus zwischen einem Arbeitnehmervertreter und einem Anteilseignervertreter den Aufsichtsratsvorsitz wechseln lassen würde. Das wäre eine bessere Regelung als all diese Stichentscheidsgeschichten, die Außenstehende möglicherweise in die Entscheidungsposition bringen werden, ob das eine Einigungsstelle ist oder was immer.

Nun aber zu dem eigentlichen Thema der jetzigen Diskussion. Ich habe immer großen Respekt gehabt vor dem fachlichen und sachlichen Wissen und vor den Erfahrungen, die Friedhelm *Farthmann* im Lauf der Jahre beigesteuert hat. Das hat angefangen bei der Beratung des Gesetzentwurfs, den die sozialdemokratische Fraktion vor fünf Jahren hier in diesem selben Raum, damals war er noch etwas kleiner, verabschiedete, um es im Bundestagsplenum einzubringen. Nur glaube ich, Friedhelm, dass du dir darüber klar sein musst, insbesondere wenn du die Entwicklung der Rolle der Arbeitnehmer in der CDU betrachtest, dass die Alternative »lieber gar nichts als dieses« heißt »auch für die nächsten 20 Jahre gar nichts«, denn du findest nie wieder einen Partner, der das macht. Du findest nie wieder einen Partner, der so weit geht, wie wir im Augenblick durch die Geschicklichkeit und auch durch die Gelassenheit, mit der *Arendt* und andere Genossen diese Verhandlungen geführt haben, unseren gegenwärtigen Partner gebracht haben.

Und Hans *Matthöfer* hat doch den Nagel auf den Kopf getroffen mit seinen Argumenten. Es ist doch so, dass alle die, die im Management der Unternehmen nach oben steigen wollen, Generalbevollmächtigte und stellvertretende Vorstandsmitglieder werden wollen und Vorstandsmitglieder werden wollen, die hängen doch in Zukunft ab davon, dass unsere Bank Ja zu ihnen sagt. Es wird eine völlig andere Orientierung des Karrieredenkens des Managements einsetzen in Unternehmen. Und wenn wir uns das nicht zutrauen, von diesen Chancen den richtigen Gebrauch zu machen, dann weiß ich wirklich nicht, weiß ich wirklich nicht, was wir uns überhaupt zutrauen mit der ganzen Unternehmung. Ich meine, dass die *Matthöferschen* Argumente auch am anderen Ort, nach draußen, gebraucht werden dürfen und gebraucht werden sollten.

Und nun möchte ich ganz gerne eine allgemein politische Erwägung anstellen. Hier ist hingewiesen worden darauf, dass diese Partei ohne jede Not den großen Erfolg der Reform des Betriebsverfassungsgesetzes politisch-psychologisch bei der Arbeitnehmerschaft zu einem erheblichen Teil verschenkt hat wegen Detailkritik, so berechtigt sie im Einzelnen sein mochte. Wir haben eine großartige Stärke darin entwickelt im Lauf der letzten zwölf oder 15 Monate, alles Mögliche von dem, was wir positiv schaffen, durch zwar berechtigte, aber im Volumen völlig überzogene Kritik am Detail zu entwerten.

(Beifall.)

Auf einem eigenen Gebiet sehe ich das kommen, wird das demnächst denn ja wohl auch bei der Steuerreform geschehen, nicht. Weil da nicht alles sofort und schon gestern in Kraft treten kann, wie einige das gerne möchten, wird dann das Ganze entwertet sein. Nun hat der Adolf *Schmidt* sicherlich Recht, wenn er darauf hinweist, dass es politisch notwendig ist, in enger Tuchfühlung mit den Genossen und Kollegen, die für die deutsche Gewerkschaftsbewegung sprechen, dafür zu sorgen, dass wir nicht zu denselben Mitgliedern, nämlich der Gewerkschaften und der Partei, zu denselben Wählern mit verschiedener Zunge über diese Dinge reden. Deswegen muss das schnell geschehen. Es gibt ja wohl, wenn ich Willy [*Brandt*] richtig verstanden habe, schon diese Woche eine Gelegenheit zu einiger Fühlungnahme auf diesem Gebiet. Auf der anderen Seite würde ich meinen, es käme einer gewissen Selbstentmannung gleich, wenn diese Fraktion nach einem so hervorragenden Ergebnis nicht in der Lage wäre, dazu Ja zu sagen, und zwar heute Ja zu sagen.

(Beifall.)

Und das gilt für beide Teile der von Herbert *Wehner* vorgelegten Formulierung, die doch letzten Endes, liebe Freunde, nichts anderes sagt als, wir begrüßen das Ergebnis und erwarten, dass ihr auf der Grundlage des Verhandlungsergebnisses nun einen Gesetzentwurf vorlegt, mit dem wir uns dann en détail in der Gesetzgebungsarbeit beschäftigen können. Ich würde meinen, ein Ausweichen, so gut es auch bei dem einen oder anderen gemeint sein kann, vor dem hier von Herbert *Wehner* aus politischen Gründen für not-

Fraktionssitzung 22.01.1974 43.

wendig gehaltenen Beschluss wäre ein Ausweichen vor der eigenen politischen Verantwortung gegenüber der Arbeitnehmerschaft, die wir zu vertreten haben.
(Beifall.)

Wehner: Zur Geschäftsordnung Genosse *Halfmeier*.

Halfmeier: Genossinnen und Genossen, ich kann es mir einfach nicht vorstellen, dass wir es wagen wollten, heute um 18 Uhr unsere beiden Genossen in die Bundespressekonferenz zu schicken, ohne dass die in der Lage wären zu sagen, die SPD-Fraktion begrüßt diesen erreichten Kompromiss.
(Vereinzelter Beifall.)
Wir würden genau damit den Anfang machen, denselben Fehler zu wiederholen wie beim Betriebsverfassungsgesetz, nämlich dass wir schon vorher den Zweifel nähren, ob es nicht besser sein könnte und ob die SPD denn nun auch wirklich damit zufrieden sein darf. Genossinnen und Genossen, ich beantrage – ich will es mir verkneifen, Schluss der Debatte zu beantragen –, aber ich beantrage, dass wir, bevor die beiden in die Konferenz gehen, über den von Herbert *Wehner* vorgelegten Beschluss abstimmen hier. Das zumindest müssen wir doch wohl heute hier erreichen.
(Beifall.)

Wehner: Genossen, wenn dem Antrag – wird dem Antrag widersprochen?
(Zwischenruf: Ja!)
Wer meldet sich zu Wort? *Emmerlich*.

Emmerlich: Genossen, es ist doch sicher richtig, dass es sich hier um ein epochales Vorhaben handelt, und ich bin nicht der Meinung, dass wir der Bedeutung dieses Vorhabens gerecht werden, wenn wir die Diskussion in unserer Fraktion darüber abschneiden. So sehr ich es verstehe, dass es nützlich und günstig für uns wäre, wenn Walter *Arendt* mit dem Votum dieser Fraktion in die Pressekonferenz gehen könnte, so sehr halte ich es für unbedingt erforderlich, dass wir in aller Ruhe und notfalls die ganze Nacht hindurch über dieses wichtige Vorhaben miteinander reden und miteinander ringen. Ich beantrage, den Antrag abzulehnen.

Wehner: Wer für den Antrag *Halfmeier* ist, bitte ich ums Handzeichen. Danke. Wer für seine Ablehnung ist, bitte ich ums Handzeichen. Danke. Das Erste war die Mehrheit. Wenn aber über diesen Antrag abgestimmt werden muss, muss vorher entschieden werden über Änderungsanträge, die hier vorgebracht worden sind, und ich will den Notizen folgen. Das war ein Antrag, heute keine inhaltliche Erklärung abzugeben, sondern eine Klausurtagung über Mitbestimmung, Vermögenspolitik und Bodenrecht zu veranstalten. Das war ein Antrag von *Coppik*. Ein Antrag *Gansel*, nur den ersten Absatz dieser Entschließung zu akzeptieren, der nichts anderes sagt, als dass hier ein Vortrag gehalten worden ist. Und – ja, das steht da: »Die Fraktion der SPD hat den Bericht des Bundesministers und so weiter über das Ergebnis entgegengenommen«. Das ist der Vorschlag *Gansel*. Und der Vorschlag des Genossen *Oetting* ist, den ersten Satz so lassen, wo gesagt wird, hat sich das angehört. Dann das rauszustreichen, dass sie gegrüßt und ihm zu danken und den anderen Verhandlungsteilnehmern für die geleistete Arbeit und die Erwartung auszusprechen, von der Bundesregierung ein Mitbestimmungsgesetz, einen entsprechenden Gesetzentwurf einzubringen, so dass ein Mitbestimmungsgesetz noch in diesem Jahr verabschiedet werden kann, dass und so weiter, ungefähr mit demselben Text wie vorher. Ich nehme an, ich muss zuerst abstimmen darüber, ob dem Antrag entsprochen werden soll, überhaupt keine Erklärung, die irgendetwas zum Ergebnis sagt, nämlich zum Antrag *Coppik*, sondern eine Klausurtagung stattdessen zu veranstalten. Wer dieser Meinung ist, bitte ich ums Handzeichen. Bitte auszuzählen.

441

(Heiterkeit.)

Eins, zwei, drei. Gegenteilige Meinung. – Danke.

(Heiterkeit.)

Dann haben wir, Genossen, zu entscheiden, dass nur der erste Absatz dieses Textes angenommen werden soll. Bitte, wer für diesen Antrag ist, den bitte ich ums Handzeichen.

(Heiterkeit. Zuruf: Auszählen!)

Einer. Dann muss ich über den Antrag des Genossen *Oetting* abstimmen lassen, der sagt, dass man diesen ersten Satz, der faktisch jetzt also als ein angenommener Teil zu gelten hat, weil nur einer für seine alleinige Fassung gesprochen hat, dass dann geändert wird der zweite Absatz »sie dankt ihm und den anderen Verhandlungsteilnehmern für die geleistete Arbeit. Sie erwartet von der Bundesregierung die baldige Einbringung des dem Ergebnis entsprechenden Gesetzentwurfs, damit ein Mitbestimmungsgesetz noch in diesem Jahr parlamentarisch verabschiedet werden und mit dem 1. Januar '75 in Kraft treten kann.« Wer für diese Fassung ist, den bitte ich ums Handzeichen. Danke. Auszählen. – Gegenteilige Meinung, bitte. Das war die Mehrheit. Dann lasse ich über den Gesamttext abstimmen. Bitte diejenigen, die für die Annahme dieser feststellenden Erklärung und die Aufforderung an die Bundesregierung, wie sie der zweite Absatz enthält, sind jetzt um das Handzeichen. Danke. Die gegenteilige Meinung. Stimmenthaltungen.

Wienand: Eine Gegenstimme, neun Enthaltungen.

Wehner: Ich danke. Ja, Genossen, müssen wir ja wohl jetzt die beiden Genossen der Aufforderung der Bundespressekonferenz nachkommen lassen. Solange, bis sie wieder da sind, die –

(Zwischenruf.)

[C.-G.] → online unter www.fraktionsprotokolle.de

44.

12. Februar 1974: Fraktionssitzung (Tonbandtranskript)

AdsD, SPD-BT-Fraktion 7. WP, 6/TONS000024. Titel: »Fraktionssitzung vom 12.02.1974«. Beginn: 15.15 Uhr. Aufnahmedauer: 03:23:58. Vorsitz: Wehner.

Sitzungsverlauf:

A. Brief des Außenministers an den Bundeskanzler. – TOP 1: Politischer Bericht des Bundeskanzlers (Tarifverhandlungen im öffentlichen Dienst; Konjunkturlage; Mitbestimmung; Transitverkehr Bundesrepublik-DDR; Energiekrise). – Diskussion der Fraktion über den Bericht.

B. TOP 2: Bericht aus der Fraktionsvorstandssitzung (Beschäftigungslage; Jungsozialisten; Hochschulen; Nichtverbreitungsvertrag; Große Anfrage Sportförderung; Maklerbeschluss des SPD-Parteitags in Hannover; Einstellungsstopp bei Bundesbehörden). – Ordnungsrecht im Hochschulrahmengesetz. – Diskussion über einen geplanten Besuch von Günter *Grass*, Thaddäus *Troll* und Heinrich *Böll* in der SPD-Fraktion.

Fraktionssitzung 19.02.1974 **45.**

C. TOP 3: Informationen (Höchstgeschwindigkeit auf Autobahnen; Ausreise von Volksdeutschen aus Polen; Verwendung von Spendengeldern; Preisbildung und Preissteigerung; Raffinerieprojekt im Iran; Ausreise von politisch Verfolgten aus Chile). – TOP 4: Aktuelles aus den Arbeitskreisen.

D. Vorbereitung der Plenarsitzungen: TOP 5: Tagesordnung und Ablauf der Plenarsitzungen. – TOP 5a: Entschließungsantrag Europapolitik. – TOP 6: Antrag CDU/CSU betr. Wahrung der verfassungsmäßigen Ordnung in der Bundesrepublik Deutschland. – TOP 7: 2. und 3. Beratung Gerichtsverfassungsgesetz mit Erklärung. – TOP 8: 1. Beratung Bundesratsentwurf Änderung LAG mit Erklärung. – TOP 9: 1. Beratung Bundesratsentwurf Änderung Zivilprozessordnung mit Erklärung. – TOP 10: 1. Beratung Änderung Gewerbeordnung mit Erklärung. – TOP 11: Sozialbericht 1973.

E. Vorlagen aus den Arbeitskreisen: TOP 12: Große Anfrage betr. Sportförderung. – Sonstiges: TOP 13: Parteitagsbeschluss betr. Makler. – TOP 14: Kurzberichte der Delegationen nach Rheinland-Pfalz. – TOP 15: Ausschussumbesetzungen.

[A.–E.] → online unter www.fraktionsprotokolle.de

45.

19. Februar 1974: Fraktionssitzung (Kurzprotokoll)

AdsD, SPD-BT-Fraktion 7. WP, 2/BTFG000045. Überschrift: »Protokoll der Fraktionssitzung, Dienstag, 19. Februar«. Zeit: 15.00–19.00 Uhr. Vorsitz: Wehner. Protokoll: Hindrichs.

Sitzungsverlauf:

A. Bundesminister *Arendt* berichtet der Fraktion über den Stand der Gesetzentwürfe zur Neuregelung der betrieblichen Mitbestimmung.

B. Diskussion der Fraktion über den Bericht.

C. Bericht von Bundesminister *Schmidt* zu Steuerfragen. – Bericht über die Fraktionsvorstandssitzung. – Vorbereitung der Plenarsitzungen. – Berichte aus den Arbeitskreisen. – Sonstiges.

[A.–C.] → online unter www.fraktionsprotokolle.de

46.

21. Februar 1974: Fraktionssitzung (Kurzprotokoll)

AdsD, SPD-BT-Fraktion 7. WP, 2/BTFG000046. Überschrift: »Protokoll der außerordentlichen Fraktionssitzung am 21. Februar 1974«. Zeit: 08.30–09.12 Uhr. Vorsitz: Wehner. Protokoll: Halberstadt.

Sitzungsverlauf:

A. Bericht von Bundesminister *Ehmke* zur Regelung von Ausfallstunden beim Streik bei der Bundespost und im öffentlichen Dienst.

B. Bericht aus dem Vermittlungsausschuss. – Bericht über ein Koalitionsgespräch bezüglich der Regelung der betrieblichen Mitbestimmung.

[A.–B.] → online unter www.fraktionsprotokolle.de

47.

12. März 1974: Fraktionssitzung (Wortprotokoll)

AdsD, SPD-BT-Fraktion 7. WP, 2/BTFG000047. Überschrift: »Protokoll der Sitzung der SPD-Bundestagsfraktion am 12. März 1974«. Zeit: 15.00–19.30 Uhr. Vorsitz: Wehner. Protokoll: Selbmann. Datum der Niederschrift: 12. März 1974.

Sitzungsverlauf:

A. TOP 1: Politische Berichte (Fraktionsvorsitzender *Wehner* zum Ergebnis der Bürgerschaftswahlen in Hamburg; Bundeskanzler *Brandt* zum deutsch-amerikanischen Verhältnis, zur Europapolitik, zur deutsch-sowjetischen Beziehung, zu Verhandlungen über die Ständigen Vertretungen der DDR und BRD, zum Radikalenerlass, zu Geschwindigkeitsbegrenzungen auf Autobahnen, zum Streik der Fluglotsen, zur Hamburger Bürgerschaftswahl und zu innerparteilichen Auseinandersetzungen).

B. TOP 2: Informationen (Deutsch-Ägyptische Parlamentariergruppe; Militärputsch und politische Gefangene in Chile; deutsch-sowjetische Gespräche über Stromlieferungen; privates Kabelfernsehen in Bremen; Weitergabe innerparteilicher Entscheidungen an die Fraktion; bessere Koordinierung von Bundespresseamt und Ministerien; Pressearbeit der Fraktion; Öffentlichkeitsarbeit der örtlichen SPD-Parteiorganisationen; Tagegelder für die »Jury für Bundestagsneubau«; Umgang mit anerkannten Kriegsdienstverweigerern in der Bundeswehr; Lehrstellenmangel; Zeitplan für das 5. Strafrechtsreform-Ergänzungsgesetz; Flugsicherungszulage; Höchstgeschwindigkeit auf Autobahnen; Wettbewerbsverzerrungen in der Hochseefischerei; Kaufkraftverluste bei Arbeitnehmern; Einstufung von Verwaltungsberufen).

C. TOP 3: Bericht aus der Fraktionsvorstandssitzung (Mitbestimmungsgesetz; Reise von Abgeordneten in die USA; Aussprache mit Mitgliedern der Sozialdemokratischen Wählerinitiative; Kapitalhilfe für Jugoslawien; Aktuelle Stunde zur Reise von Egon *Bahr* nach

| Zusammenkunft | 13.03.1974 **48.** |

Moskau; Termin für Klausurtagung der SPD-Bundestagsfraktion; Agrarbericht; Nachfolge von Klaus Dieter *Arndt* in Fraktionsgremien; innerdeutscher Ausschuss). – TOP 4: Aktuelles aus den Arbeitskreisen (Analyse der Konjunkturlage; Lage am Arbeitsmarkt).

D. Vorbereitung der Plenarsitzungen: TOP 5: Tagesordnung und Ablauf der Plenarsitzungen. – TOP 6: Ergebnisse des Vermittlungsausschusses: a) Änderung Abzahlungsgesetz, b) Änderung Bundessozialhilfegesetz, c) Weiterentwicklung Schwerbeschädigtenrecht. – TOP 7: Agrarbericht 1974. – TOP 8: Große Anfrage CDU/CSU betr. Entwicklungspolitik, Bericht zur Entwicklungspolitik. – TOP 9: Bildungsgesamtplan, Bericht zum Bundesausbildungsförderungsgesetz, Antrag CDU/CSU zu diesem Bericht. – TOP 10: Ausschussbericht und Antrag betr. Beseitigung etwaiger Nachteile bei der Alterssicherung von Personen mit langen Zeiten der Kriegsgefangenschaft. – TOP 11: 2. und 3. Beratung Finanzausgleich zwischen Bund und Ländern. – Vorlage aus den Arbeitskreisen: TOP 12: Kleine Anfrage betr. Gütezeichen und RAL-Testate. – Sonstiges: TOP 13: Neuwahl Mitglieder Vermittlungsausschuss. – TOP 14: Nächste Termine. – Verschiedenes.

[A.–D.] → online unter www.fraktionsprotokolle.de

48.

13. März 1974: Zusammenkunft

AdsD, SPD-BT-Fraktion 7. WP, 2/BTFG000048. Titel: »Zusammenkunft mit Heinrich Böll, Günter Grass und Thaddäus Troll von der ›Sozialdemokratischen Wählerinitiative‹«.[1]

Sitzungsverlauf:

A. Thaddäus *Troll*: Worte an die Bundestagsfraktion der SPD am 13. März 1974.

B. Günter *Grass*: Rede vor der Fraktion am 13. März 1974.

C. Heinrich *Böll*: Rede vor der Fraktion am 13. März 1974.

[A.–C.] → online unter www.fraktionsprotokolle.de

---

1 Für diese Sitzung, die im engeren Sinne keine ordentliche Fraktionssitzung war, sondern außer der Reihe an einem Mittwoch um 20 Uhr stattfand, ist keine Tonaufnahme überliefert. Die Wiedergabe der Reden erfolgt nach den Manuskripten, die im oben genannten Faszikel überliefert wurden – inwieweit sich diese Manuskripte von den tatsächlich gehaltenen Reden unterscheiden, ist also unklar.

49.

14. März 1974: Fraktionssitzung (Kurzprotokoll)

AdsD, SPD-BT-Fraktion 7. WP, 2/BTFG000049. Überschrift: »Protokoll der SPD am Donnerstag, den 14.3.1974«. Zeit: 13.15–13.30 Uhr. Vorsitz: Wehner. Protokoll: Buob. Datum der Niederschrift: 2. August 1974.

Sitzungsverlauf:

A. Ergebnisse im Vermittlungsausschuss zur Vermögenssteuerreform.

[A.] → online unter www.fraktionsprotokolle.de

50.

19. März 1974: Fraktionssitzung (Kurzprotokoll)

AdsD, SPD-BT-Fraktion 7. WP, 2/BTFG000050. Überschrift: »Protokoll Fraktionssitzung v. 19. März 1974«. Zeit: 15.12 Uhr. Vorsitz: Wehner.

Sitzungsverlauf:

A. TOP 1: Politischer Bericht des SPD-Fraktionsvorsitzenden im Landtag von Rheinland-Pfalz, Wilhelm *Dröscher*, zum Ergebnis der Kommunalwahlen in Rheinland-Pfalz. – Diskussion der Fraktion über den Bericht.

B. TOP 2: Informationen (Kritik des Bundesrechnungshofs am BMZ; CDU/CSU-Spekulationen über Koalitionsmöglichkeiten; Überlegungen zur Neudefinition der Leitenden Angestellten im Zusammenhang mit der Mitbestimmung; Koordinierungsgruppe Mitbestimmung; Äußerungen von Fraktionsmitgliedern zur Bundeswehr; Akkreditierung des DDR-Bevollmächtigten/Ständige Vertretung).

C. TOP 3: Bericht aus der Fraktionsvorstandssitzung (Forderung nach Aktueller Stunde durch die CDU/CSU-Fraktion; Klausurtagung zum Paragraphen 218 StGB; Klausurtagung zur Reform der Wahlkreiseinteilung; Strafrechtsreformergänzungsgesetz; Gesetz über die Deutsche Genossenschaftskasse; Lebensmittelgesetzgebung). – TOP 4: Aktuelles aus den Arbeitskreisen (Beamtenrecht; Kriegsfolgelastengesetze).

D. Vorbereitung der Plenarsitzungen: TOP 5: Tagesordnung und Ablauf der Plenarsitzungen. – TOP 6: 2. und 3. Beratung Strafrechtsreform-Ergänzungsgesetz. – TOP 7: Ausschussberichte und Anträge betr. Enquete-Kommission, betr. Sammlung und Auswertung der Erfahrungen über die Folgen ärztlich vorgenommener Schwangerschaftsabbrüche, betr. Familienberatung und -planung. – TOP 8: Große Anfrage betr. Forschungspolitik und Antrag CDU/CSU betr. Zukunft der Forschungszentren. – TOP 9: 2. und 3. Beratung Neuregelung Volljährigkeitsalter. – TOP 10: Anträge Haushaltsausschuss betr. überplanmäßige Investitionsdarlehen an die Deutsche Lufthansa AG, betr. Erwerb von Beteiligungen an der Gelsenberg AG, betr. Kapitalzuführung an die VIAG. – TOP 11: Antrag CDU/CSU betr. Finanzierung des Programms »Studium in den USA«. – Sonsti-

Fraktionssitzung 26.03.1974 **51.**

ges: TOP 14: Fraktionsdelegationen in Schleswig-Holstein. – TOP 15: Ausschussumbesetzungen. – TOP 16: Nächste Termine. – Verschiedenes.

[A.–D.] → online unter www.fraktionsprotokolle.de

51.

26. März 1974: Fraktionssitzung (Kurzprotokoll)

AdsD, SPD-BT-Fraktion 7. WP, 2/BTFG000051. Überschrift: »Kurzprotokoll der Fraktionssitzung der SPD am Dienstag, den 26. März 1974«. Zeit: 15.30–19.45 Uhr. Vorsitz: Wehner. Protokoll: Winkler.

Sitzungsverlauf:

A. TOP 1: Politische Berichte (Ergebnis der Kommunalwahlen in Schleswig-Holstein). – TOP 2: Informationen (Mangel an Lehrstellen; Beamtenstatus der Fluglotsen; Sitzungsplan des Bundestags; Pensionsregelung für Abgeordnete; Stand der Steuerreform und des Familienlastenausgleichs; Schlichtungsstelle für den öffentlichen Dienst).

B. TOP 3: Bericht aus der Fraktionsvorstandssitzung (Teilnahme von Fraktionsreferenten an Ausschusssitzungen; Mitglieder des Fraktionsvorstands; Abgrenzung Fragestunde des Bundestags zur internen Informationsstunde der Fraktion). – Bericht des SPD-Schatzmeisters *Nau* über Wahlkampfkosten und Diskussion der Fraktion über den Bericht. – Erhöhung der Unkostenpausche für Bundestagsabgeordnete. – TOP 4: Aktuelles aus den Arbeitskreisen.

C. Vorbereitung der Plenarsitzungen: TOP 5: Tagesordnung und Ablauf der Plenarsitzungen. – TOP 6: Weißbuch 1973/1974. – TOP 7: Bericht und Antrag des 1. Untersuchungsausschusses. – TOP 8: 1. Beratung Vertrag Bundesrepublik/Tschechoslowakei. – TOP 9: CDU/CSU-Anträge betr. Wahl der deutschen Mitglieder in das Europäische Parlament, betr. Europapolitik und Antrag Koalition betr. Stärkung des Europäischen Parlaments. – TOP 10: Jahresgutachten 1973 und Jahresbericht 1974. – TOP 11: 2. und 3. Beratung Steueränderungsgesetz 1973. – TOP 12: 1. Beratung CDU/CSU-Entwurf Änderung Arbeitsförderungsgesetz. – TOP 13: Antrag CDU/CSU betr. Aufklärungsaktion Richtgeschwindigkeit.

D. Vorlagen aus den Arbeitskreisen: TOP 14: Kleine Anfrage betr. Kernenergie und Kernkraftwerke. – Verschiedenes: TOP 15: Beirat Deutsche Wochenschau GmbH. – TOP 16: Ausschussumbesetzungen. – TOP 17: Nächste Termine. – Verschiedenes.

[A.–D.] → online unter www.fraktionsprotokolle.de

52.

29. März 1974: Fraktionssitzung (Kurzprotokoll)

AdsD, SPD-BT-Fraktion 7. WP, 2/BTFG000052. Überschrift: »Protokoll der Fraktionssitzung der SPD vom Freitag, 29. März 1974«. Zeit: 13.15–14.10 Uhr. Vorsitz: Wehner. Protokoll: List. Datum der Niederschrift: 9. April 1974.

Sitzungsverlauf:

A. Diskussion über die wegen Feststellung der Beschlussunfähigkeit abgebrochene Bundestagssitzung am 29. März 1974.

[A.] → online unter www.fraktionsprotokolle.de

53.

2. April 1974: Fraktionssitzung (1. Sitzung/Kurzprotokoll)

AdsD, SPD-BT-Fraktion 7. WP, 2/BTFG000053. Überschrift: »Protokoll der SPD-Fraktionssitzung vom Dienstag, 2.4.1974«. Zeit: 15.15–15.40 Uhr. Vorsitz: Wehner. Protokoll: List. Datum der Niederschrift: 9. April 1974.

Sitzungsverlauf:

A. Plenartagesordnung und Sitzungswoche des Bundestages nach Ostern.

B. Fragen zum Thema Mängel in der Lehrlingsausbildung.

[A.–B.] → online unter www.fraktionsprotokolle.de

54.

2. April 1974: Fraktionssitzung (2. Sitzung/Kurzprotokoll)

AdsD, SPD-BT-Fraktion 7. WP, 2/BTFG000054. Überschrift: »Protokoll der Fraktionssitzung der SPD am Dienstag, den 2. April 1974«. Zeit: 21.45–23.10 Uhr. Vorsitz: Wehner. Protokoll: Buob. Datum der Niederschrift: 7. Oktober 1974.

Sitzungsverlauf:

A. Debatte über die Ergebnisse des Koalitionsgesprächs zur Steuerreform (Einkommensteuer; Kindergeld und Familienlastenausgleich).

[A.] → online unter www.fraktionsprotokolle.de

55.

22. April 1974: Fraktionssitzung (Kurzprotokoll)

AdsD, SPD-BT-Fraktion 7. WP, 2/BTFG000055. Überschrift: »Protokoll der Fraktionssitzung am Dienstag, 22.4.1974«. Zeit: 10.15–19.00 Uhr. Vorsitz: Wehner. Protokoll: Brockelmann. Datum der Niederschrift: 7. Mai 1974.

Sitzungsverlauf:

A. TOP 1: 2. und 3. Beratung 5. Strafrechtsreformgesetz: Indikationenregelung, Gruppenantrag CDU/CSU; Indikationenregelung, Antrag CDU/CSU; Indikationenregelung, Gruppenantrag SPD; Fristenmodell, Antrag Koalition.
B. TOP 2: Wahlkreiseinteilung.
C. Wiederaufnahme von TOP 1: 2. und 3. Beratung 5. Strafrechtsreformgesetz (Reihenfolge für die Beratung der Gesetzentwürfe). – TOP 3: Nächste Termine.

[A.–C.] → online unter www.fraktionsprotokolle.de

56.

23. April 1974: Fraktionssitzung (Kurzprotokoll)

AdsD, SPD-BT-Fraktion 7. WP, 2/BTFG000056. Überschrift: »Protokoll der Fraktionssitzung vom 23. April 1974«. Zeit: 15.00–19.30 Uhr. Vorsitz: Wehner. Protokoll: von Schenck.

Sitzungsverlauf:

A. TOP 2: Bericht aus der Fraktionsvorstandssitzung (Stand der Parlamentarischen Beratung der Reform des Paragraphen 218 StGB). – TOP 1: Information (Regierungsentwurf eines Radikalen-Gesetzes; geplante Fusion VEBA und Gelsenberg-AG; kartellrechtliche Probleme). – TOP 3: Aktuelles aus den Arbeitskreisen (AK I zum MRCA-Projekt; AK II zum Paragraphen 7 b (Eigenheimzulage)).
B. Vorbereitung der Plenarsitzungen: TOP 4: Tagesordnung und Ablauf der Plenarsitzungen.
C. Sonstiges: TOP 5: Bundeswaldgesetz. – TOP 6: Nachwahl eines Mitglieds des Fraktionsvorstands. – TOP 7: Obmann und stellv. Vorsitzender des Haushaltsausschusses. – TOP 8: Kuratorium der Deutschen Stiftung für Int. Entwicklung. – TOP 9: Nächste Termine. – Verschiedenes.

[A.–C.] → online unter www.fraktionsprotokolle.de

57.

24. April 1974: Fraktionssitzung (Tonbandtranskript)

AdsD, SPD-BT-Fraktion 7. WP, 6/TONS000025. Titel: »Fraktionssitzung vom 24.04.1974«. Beginn: 14.50 Uhr. Aufnahmedauer: 1:29:01. Vorsitz: Wehner.

Sitzungsverlauf:

A. Parlamentarisches Verfahren bei der Einbringung der Gesetzentwürfe zur Reform des Paragraphen 218 StGB: Bericht aus dem Ältestenrat.

B. Bericht aus dem Sonderausschuss für die Strafrechtsreform. – Diskussion der Fraktion über das Verfahren und den Abstimmungsmodus.

C. Novellierung Kindergeldgesetz/Familienlastenausgleich. – Redneraufmarsch Debatte zu Paragraph 218 StGB.

[A.]

Wehner: Die Sitzung ist eröffnet. Ich bitte um Entschuldigung, dass es etwas gedauert hat. Die dauerte ja im Plenum auch etwas länger. Was wir heute hier zum Ausgangspunkt zu nehmen haben, ist das, was aus dem Ältestenrat zu berichten ist und notfalls etwas, was unmittelbar nach dem Ältestenrat zwischen *Mischnick*[1], einem Parlamentarischen Geschäftsführer von denen, mir und einem Parlamentarischen Geschäftsführer von uns aus dieser Ältestenratssitzung besprochen worden ist. Um 16 Uhr ist wieder Ältestenrat. Die Fraktion der CDU tagt zur gleichen Zeit. Wir müssen jetzt sehen, wir können nicht alle Diskussionen wieder von vorne anfangen, werdet ihr verstehen, aber wie ist jetzt die Lage, die sich bis morgen noch einmal wieder ändern kann, aber jedenfalls wie ist jetzt die Lage? Karl *Wienand*.

Wienand: Ja, Genossinnen und Genossen, ich werde versuchen, sehr knapp und sehr präzise zu formulieren und bitte, wenn das eine oder andere nicht verstanden wird, das dann in Frageform zu bringen, anstatt daraus Schlussfolgerungen zu ziehen, weil ich glaube, dass wir dadurch Zeit sparen.

Wir haben heute Morgen eine sehr lange Sitzung des Ältestenrates gehabt und haben, nachdem wir von allen Fraktionen die Standpunkte dargelegt hatten, die sich aus den Diskussionen ergeben hatten, zur Grundlage der weiteren Überlegungen einen etwas fragmentarischen Vorschlag der Vizepräsidentin *Funcke*, FDP, zur Grundlage genommen, um auf dieser Grundlage dann weiter zu überlegen, ob es nicht ein Verfahren gibt, das all dem Rechnung trägt, was aus den einzelnen Fraktionen vorgetragen wurde, ohne dass es morgen im Bundestag zu einer in der Öffentlichkeit gewiss nicht verständlichen Geschäftsordnungsdebatte kommen muss. Ich will jetzt nicht die Fraktion mit den fragmentarischen Darlegungen der Vizepräsidentin *Funcke* und den einzelnen Stadien der Diskussion aufhalten, sondern das Ergebnis sehr gestrafft vortragen und bei den einzelnen Punkten mit Manfred *Schulte* und anderen aus dem Ältestenrat dann sagen, warum wir dies so und nicht anders gemacht haben.

Wir haben zunächst festgehalten: Vor Eintritt in die Einzelberatung – also morgen um 9 Uhr – wird eine Generalaussprache über alle vier Gesetzesentwürfe vorgesehen.[2] So-

---

1 Vorsitzender der FDP-Bundestagsfraktion.
2 Es gab zur zweiten und dritten Beratung vier verschiedene, vom Sonderausschuss für die Strafrechtsreform jeweils überarbeitete Entwürfe für ein Gesetz zur Reform des Paragraphen 218 Strafgesetz-

Fraktionssitzung 24.04.1974 **57.**

fern die Fraktionen damit einverstanden sind, wird das nachher um 16 Uhr im Ältestenrat fest beschlossen. Anschließend an die Generalaussprache soll zu jedem Entwurf dem Berichterstatter oder eventuell weiteren Sprechern der Fraktion das Wort gegeben werden zu den Entwürfen, der vier, die aus dem Ausschuss gekommen sind, zu denen sie zu sprechen wünschen. Die zweite Beratung wird über sämtliche vier Entwürfe durchgeführt. Die zweite Beratung wird über sämtliche vier Entwürfe durchgeführt! Dies bedeutet, dass wir eine Zweidrittelmehrheit zustande bringen, die durch die amtierende Präsidentin – ich nehme an, dass morgen früh Annemarie es sein wird, zu Beginn der Sitzung vorträgt –, also Annemarie *Renger*, was ich jetzt vortrage, wenn es akzeptiert wird und in den anderen Fraktionen, und dass dann Beschluss gefasst wird und dass wir damit Teile der Geschäftsordnung geändert oder außer Kraft gesetzt haben für diesen exzeptionellen Fall. Aber ich komme darauf abschließend noch einmal zurück. Die zweite Beratung wird also über sämtliche vier Entwürfe durchgeführt. Die Möglichkeit der Stellung von Änderungsanträgen nach Paragraph 81 Geschäftsordnung ist dabei gegeben[3], jedoch sind die Fraktionen übereinstimmend der Auffassung, dass bei der nochmaligen Beratung im Sonderausschuss Strafrechtsreform diese Anträge dort gestellt und in die dem Plenum dann zugrundeliegenden Ausschussempfehlungen einbezogen werden können. Der Sonderausschuss hat getagt. Das, was *Heck*[4] noch ändern wollte, ist dort berücksichtigt worden. Das, was wir – Antrag *Rapp* – noch ändern wollten, ist dort berücksichtigt worden.[5] Hans *de With* wird nachher darüber berichten, damit möglichst schnell die Drucksache laufen kann, damit die vorliegt. Wir haben vereinbart im Ältestenrat, dass keiner eine Fristeinrede bringt, weil die Drucksache dann erst heute Abend

---

buch, die teilweise von den Fraktionen, teilweise aber auch von Gruppen von Abgeordneten stammten: Zur Zusammenstellung des von den Fraktionen der SPD, FDP eingebrachten Entwurfs eines Fünften Gesetzes zur Reform des Strafrechts (5. StrRG) – BT Drs. 07/375 – mit der im Sonderausschuss für die Strafrechtsreform erarbeiteten Fassung vom 24. April 1974 vgl. BT Drs. 07/1981 (neu) (= Erster Bericht des Sonderausschusses für die Strafrechtsreform zu dem von den Fraktionen der SPD, FDP eingebrachten Entwurf eines Fünften Gesetzes zur Reform des Strafrechts). Zur Zusammenstellung des von den Abgeordneten Dr. *Müller-Emmert*, *Dürr*, Dr. *Bardens* und Genossen eingebrachten Entwurfs eines Fünften Gesetzes zur Reform des Strafrechts (5. StrRG) – BT Drs. 07/443 – mit der im Sonderausschuss für die Strafrechtsreform erarbeiteten Fassung vom 10. April 1974 vgl. BT Drs. 07/1982 (= Erster Bericht des Sonderausschusses für die Strafrechtsreform zu dem von den Abgeordneten Dr. *Müller-Emmert*, *Dürr*, Dr. *Bardens* und Genossen eingebrachten Entwurf eines Fünften Gesetzes zur Reform des Strafrechts). Zur Zusammenstellung des von der Fraktion der CDU/CSU eingebrachten Entwurfs eines Fünften Gesetzes zur Reform des Strafrechts (5. StrRG) – BT Drs. 07/554 – mit der im Sonderausschuss für die Strafrechtsreform erarbeiteten Fassung vom 10. April 1974 vgl. BT Drs. 07/1983 (= Erster Bericht des Sonderausschusses für die Strafrechtsreform zu dem von der Fraktion der CDU/CSU eingebrachten Entwurf eines Fünften Gesetzes zur Reform des Strafrechts). Zur Zusammenstellung des von den Abgeordneten Dr. *Heck*, *Köster*, Dr. *Unland*, Dr. *Becker* (Mönchengladbach), Dr. *Blüm*, Dr. *Jahn* (Münster), *Nordlohne*, *Carstens* (Emstek) und Genossen eingebrachten Entwurfs eines Fünften Gesetzes zur Reform des Strafrechts (5. StrRG) – BT Drs. 07/561 – mit der im Sonderausschuss für die Strafrechtsreform erarbeiteten Fassung vom 24. April 1974 vgl. BT Drs. 07/1984 (neu) (= Erster Bericht des Sonderausschusses für die Strafrechtsreform zu dem von den Abgeordneten Dr. *Heck*, *Köster*, Dr. *Becker* (Mönchengladbach), Dr. *Blüm*, Dr. *Jahn* (Münster), *Nordlohne*, *Carstens* (Emstek) und Genossen eingebrachten Entwurf eines Fünften Gesetzes zur Reform des Strafrechts). – Die zweite Beratung fand am 25. April 1974 statt. Vgl. Plenarprotokoll Drs. 07/95. S. 6331–6361 und S. 6382–6445. Zur dritten Beratung am 26. April 1974 vgl. BT Plenarprotokoll 07/96, S. 6470–6505.
3 Paragraph 81 der Geschäftsordnung des Bundestags regelte, nach welchen Kriterien im Plenum Änderungsanträge während der zweiten Beratung des Gesetzentwurfs gestellt werden konnten.
4 Bruno *Heck* (CDU), MdB.
5 Dies betraf die Konkretisierung des Paragraphen 218c, der die Beratung einer abtreibungswilligen Schwangeren bei einer Beratungsstelle oder einem Arzt unter Strafandrohung verpflichtend machte.

verteilt wird.⁶ Aber darüber wird Hans *de With* dann nachher noch kurz aus dem Ausschuss berichten, so dass also auch diese Punkte schon in den Beratungsgrundlagen enthalten werden.

Beratungsgrundlage in zweiter Beratung ist die Ausschussfassung. Dabei werden die Empfehlungen des Ausschusses als Änderungsanträge zum eingebrachten Entwurf angesehen. Da jedoch allen Fraktionen die Möglichkeit eröffnet wird, Fraktionsberatungen zu verlangen, ist dem Wunsch der Fraktion der CDU/CSU, die Möglichkeit der Fristeinrede offen zu haben, entsprochen. Ich komme nachher noch darauf zurück. Es liegt hier keine Fußangel vor. Das werde ich noch erläutern. Wir stellen das auch sicher morgen früh. Die Präsidentin ruft jeden Entwurf in zweiter Beratung über jede selbstständige Bestimmung, Einleitung und Überschrift auf. Eine Abstimmung erfolgt jedoch dabei nicht, so dass es also uninteressant ist, wann welcher Entwurf beraten wird, da zu den einzelnen Beratungen, wenn sie abgeschlossen sind, die Abstimmung zur zweiten Lesung nicht erfolgt. Gestellte Änderungsanträge werden jedoch abgestimmt und hier bitte ich jetzt wirklich, das, was ich in Klammern sage, doch in diesem Raum zu lassen, weil das draußen keinen guten Eindruck macht. Im Ältestenrat wurden Zusicherungen gegeben, dass keiner Interesse daran haben kann, diese zweite Lesung – nachdem heute der Sonderausschuss getagt hat – noch durch Annahme von Änderungsanträgen zu komplizieren. Es kann aber keinem Einzelnen das Recht genommen werden, wenn man nicht verfassungswidrig handeln will, Änderungsanträge zu stellen. Ich glaube, dass daraus jeder die Schlussfolgerung ziehen kann, ohne dass ich sie expressis verbis zum Ausdruck bringe, denn es sollte nach draußen nicht so sein, als gäbe es eine interfraktionelle Absprache, das Recht des Einzelnen zu beschneiden, indem wir a) – was gegen die Verfassung wäre – sagen, du darfst keine Änderungsanträge stellen. Er kann sie stellen, aber wir wissen, dass wir die zweite Lesung so halten wollen, wie wir es vorher unter anderen Geschäftsgrundlagen besprochen haben. Ich glaube, das ist verstanden worden, was ich damit sage.

Ich gehe jetzt weiter. Ich habe bewusst vermieden zu sagen, wie wir uns verhalten dann bei der zweiten Lesung. Das haben wir gesagt. Wir halten unsere Reihen und die anderen sagen auch, sie halten ihre Reihen. Aber wir können nicht dem Einzelnen, das würde einen Grundaufhänger für Verfassungsmäßigkeit geben, das Recht beschneiden, Änderungsanträge in zweiter Lesung zu stellen. Wie wir zu verfahren haben, weiß jeder, da er politisch denken kann. Nach Abschluss der zweiten Beratung aller Entwürfe, und das ist jetzt das Wichtigste, da bitte ich Acht zu geben, nach Abschluss der zweiten Beratung aller Entwürfe wird in namentlicher Abstimmung anhand eines Wahlzettels wie folgt abgestimmt: Der Wahlzettel enthält die Namen aller vier Entwürfe. Erhält keiner der vier Entwürfe die absolute Mehrheit, so kommen die beiden Entwürfe mit der relativen Mehrheit in die Stichwahl. Das heißt also, nach Abschluss der zweiten Beratung finden zwei Abstimmungen statt. Die erste Abstimmung nach einem vorbereiteten Stimmzettel, auf den jeder seinen Namen schreibt, da wir namentliche Abstimmung dazu beantragen werden. Das ist im Interesse aller, weil ja jeder auch als Ergebnis unserer Diskussion, als Ergebnis der Diskussion aus der FDP und der CDU Gelegenheit haben will, sich zu seinem Entwurf oder zu dem, den er haben will, in namentlicher Abstimmung zu bekennen. Wir werden deshalb einen Stimmzettel haben, auf dem aufgeführt sind – und hier ist die Reihenfolge auch wieder uninteressant – die vier in zweiter Lesung de-

---

⁶ Die Beratungen über Gesetzentwürfe im Bundestag sollten frühestens am dritten Tag nach der Verteilung der Drucksachen beginnen. Bei Abweichungen konnte Einspruch erhoben werden, dieser Einspruch wiederum konnte mit einer Zweidrittelmehrheit zurückgewiesen werden. Vgl. die Geschäftsordnung des Bundestags, Paragraph 77, Absatz 2.

| Fraktionssitzung | 24.04.1974 | **57.** |

battierten Gesetzesentwürfe, wie sie heute aus dem Ausschuss herausgekommen sind, Hans *de With* wird ja nachher noch zum Materiellen einiges sagen, und dann hat jeder die Möglichkeit, zu 1, 2 oder 3, ohne dass das eine Reihenfolge ist, sagen wir zum Entwurf der Koalition, zum Gruppenentwurf [*Müller-*]*Emmert*, zur Opposition und zum *Heck*-Entwurf sein Ja zu schreiben, was er haben will, sich zu bekennen. Wenn dann diese Stimmzettel eingesammelt und ausgezählt worden sind, werden wir feststellen, welche zwei Entwürfe die meisten Stimmen bekommen haben. Diese zwei gehen dann höchstwahrscheinlich nach einer Unterbrechung, darauf komme ich noch, in eine Stichwahl. Aber nur diese zwei, die die meisten Stimmen bekommen haben, und derjenige, der dann bei der Stichwahl – also bei der zweiten Abstimmung zur zweiten Lesung – die meisten Stimmen hat, der geht als Beratungsgrundlage in die dritte Lesung. Damit ist all dem Rechnung getragen worden, was gestern an Wünschen vorgetragen worden ist, nämlich damit in zweiter Lesung jeder sich zu seinem Entwurf bekennen kann, um dann seine weiteren Überlegungen anzustellen.[7]

(Zwischenruf.)

Der kann Nein sagen zu allen oder sich der Stimme enthalten. – Der kann Nein sagen oder sich der Stimme enthalten. Das ist klar. Uns liegt aber daran, dass auf dem Stimmzettel jeder seinen Namen schreibt und dass er das ankreuzt, was er will oder dass er Nein sagt oder dass er sich enthält, das kann er ja zum Ausdruck bringen. Nur wir müssen die Möglichkeit haben dann, um dem Rechnung zu tragen, nach diesem Wahlgang auszuzählen – das macht die Zählkommission –, und dann kommen in die zweite Abstimmung zur zweiten Lesung nur noch die beiden Entwürfe, die die meisten Stimmen haben, also der meiste mit dem nächsten.

(Zwischenruf: Da gilt die relative Mehrheit?)

Da gilt die relative Mehrheit, auch bei der namentlichen Abstimmung. Auch wieder namentliche Abstimmung. Ja, es will sich ja jeder bekennen hier offen. Das ist doch der Sinne der Sache und davon sind wir ausgegangen.

Dieses Verfahren, Genossinnen und Genossen, ist nur möglich, wenn wir mit einer Zweidrittelmehrheit dies morgen beschließen.[8] Deshalb wird Annemarie *Renger* als Präsidentin, wenn die Fraktionen zustimmen, und es spricht einiges dafür, vor allen Dingen auch, wenn wir zustimmen, das – was ich jetzt etwas knapp vorgetragen habe – vortragen und wird abstimmen lassen. Wenn sich dann eine Zweidrittelmehrheit ergibt, wovon auszugehen ist, ist das die Geschäftsordnungsgrundlage für die Behandlung dieser vier Entwürfe in zweiter Lesung, und ich habe mit dem Hinweis der Stichwahl bei der zweiten Lesung, bei den zweien, die die meisten haben, schon den Einstieg gezeigt in die dritte Lesung, und die dritte Lesung findet dann nach den Gesichtspunkten der Geschäftsordnung statt.[9] Für diese gilt dann die Zweidrittelmehrheit nach 117 nicht, sondern dann verfahren wir wieder normal nach der Geschäftsordnung. Das heißt, dann steht nur noch einer zur Diskussion und dort können Änderungsanträge eingebracht werden und die werden dann genauso behandelt wie in jedem normalen Gesetzgebungsverfahren. Allerdings müssen es dann Anträge sein, die unterstützt sind von der Anzahl Fraktionsstärke, ich glaube 27 oder 26. 26! Das heißt, da kann nicht mehr der Einzelne Anträge stellen, sondern wer dann noch Änderungsanträge zu dem Entwurf, der die Mehrheit in der Stichentscheidung zur zweiten Lesung bekommen hat, stellen will,

---

[7] Vgl. die SPD-Fraktionssitzung am 23. April 1974.
[8] Die Abweichung von der Geschäftsordnung wurde vom Plenum am 25. April 1974 mit eindeutiger Zweidrittelmehrheit angenommen. Vgl. BT Plenarprotokoll 07/95, S. 6331.
[9] Zur dritten Beratung am 26. April 1974 vgl. BT Plenarprotokoll 07/96, S. 6470–6505.

der muss wenigstens 26 Unterschriften oder eine Fraktion hinter sich haben. Ich glaube, dass das auch klar ist.

Nun, Genossinnen und Genossen, ich glaube, dass daraus ersichtlich ist, dass es uninteressant ist, in welcher Reihenfolge die einzelnen Gesetzesentwürfe auf diesem Stimmzettel stehen. Wir werden nicht a, b, c und d, nicht 1, 2, 3 und 4 sagen, sondern es wird lauten: Gesetzentwurf von den Fraktionen der SPD/FDP, dann Abgeordneter *Müller-Emmert*, *Dürr*, *Bardens* und Genossen, dann eben 5. Gesetz von der Fraktion der CDU/CSU und dann *Heck* oder auch in welcher Reihenfolge, aber jeder kann ja lesen, weil das ausgeführt ist, und dort, wo er ankreuzt. Es ist ja uninteressant, ob ich als letztes oder oben, ich weiß ja, was ich da will. Wir brauchen uns also deshalb über die Reihenfolge überhaupt nicht mehr zu streiten, weil das damit hinfällig geworden ist.

Nun, Genossinnen und Genossen, die Plenarsitzung am Donnerstag wird bis zum Abschluss der zweiten Beratung auch über 21 Uhr, also offen geführt ohne eine zeitliche Begrenzung, bis sie abgeschlossen ist.[10] Die CDU hat zugesagt, bis zur Ältestenratssitzung um 16 Uhr zu sagen, wie lange sie in etwa benötigen nach der Sitzungsunterbrechung. Was da im Hintergrund liegt, kann man offen sagen. Sie möchten, wenn über den *Heck* und den Oppositionsentwurf und über die anderen nach der zweiten Lesung abgestimmt worden ist, versuchen, ein einheitliches Bild zustande zu bringen, und sie werden mit hoher Wahrscheinlichkeit nach der ersten Abstimmung, wie ich sie geschildert habe, zum Abschluss der zweiten Lesung vor der Stichentscheidung eine Unterbrechung der Fraktionssitzung beantragen. Höchstwahrscheinlich liegt das dann auch in unserem Interesse, um dann eine Fraktionssitzung zu machen, weil wir dann ja sehen, was auf die einzelnen Entwürfe entfallen ist, und sie werden dann mit hoher Wahrscheinlichkeit die Änderungsanträge, weil sie dann in etwa schon absehen können, wie es bei der Stichentscheidung aussieht, mit überlegen, um jedem im Hinterkopf festzuklopfen, wenn er bei der Stichentscheidung sich so entscheidet, dass er dann nur noch die Möglichkeit hat oder nicht mehr die Möglichkeit hat, Änderungsanträge zu dem Gesetzesentwurf einzubringen mit Fraktionsstärke oder 26 wenigstens, damit sie auf eine einheitliche Linie kommen und damit es zu einem Ergebnis kommt in ihrem Sinne. Und auch wir haben ein Interesse daran, zu einem Ergebnis zu kommen, denn wir sind uns alle einig, dass wir den derzeitigen Zustand beseitigen wollen. Es kann also – oder ich rechne – ich sage das persönlich von mir aus – mit einer Sitzungsunterbrechung, mit einem Antrag, egal von welcher Fraktion, nach der ersten Abstimmung, sobald ausgezählt ist. Es wird dann Fraktionssitzungen geben und es wird dann zur Stichentscheidung kommen und ich würde nicht ausschließen, dass nach der Stichentscheidung wiederum eine Unterbrechung beantragt wird, um dann noch einmal die Reihen zu ordnen, bevor man in die dritte Lesung mit Änderungsanträgen und allem Drum und Dran geht, die dann aber sich abwickelt nach der Geschäftsordnung.

Die Plenarsitzung am Freitag wird bis zum Abschluss der dritten Beratung auch über 21 Uhr hinaus durchgeführt. Notfalls wird der Samstag ganz in Anspruch genommen. Das heißt also, wenn zehn sich auf die Fristeinrede berufen, die 24 Stunden dauern kann, dann sind sie sich im Klaren darüber, dass wir damit mit der dritten Lesung in den Samstag hineingehen. Das haben wir unmissverständlich klargemacht und das ist Geschäftsgrundlage. Es ist dann von allen Sprechern der Opposition im Ältestenrat gesagt

---

10 Die zweite Beratung der vier Entwürfe fand am 25. April 1974 statt, sie endete am 26. April gegen ein Uhr morgens. Vgl. Plenarprotokoll Drs. 07/95. S. 6331–6361 und S. 6382–6445.

Fraktionssitzung 24.04.1974 **57.**

worden, sie hätten selbst größtes Interesse daran, am Freitagabend fertig zu werden. Wie gesagt, umso besser, aber der Samstag wird von uns vorsorglich mit in Beschlag belegt, denn wir möchten auch nicht den Hauch der Möglichkeit eröffnen, dass nachher einer aus diesen Gründen, weil wir das Recht des Einzelnen eingeschränkt haben, was nicht einschränkbar ist, Verfassungsklagen oder irgendetwas möglich sind. Ich bitte, das genauso klar zu sehen.

Über das geänderte Beratungsverfahren, und damit komme ich noch einmal auf das, was ich einleitend sagte, muss das Haus gemäß Paragraph 127 der eigenen Geschäftsordnung Beschluss fassen[11], was verabredet ist in der Zusammenfassung der Präsidentin, die dann darüber abstimmen lässt, und wenn eine Zweidrittelmehrheit gegeben ist, gilt für die zweite Lesung das, was ich hier vorgetragen habe, und kann auch der Einzelne nicht mehr dagegen anstänkern. Wenn keine Zweidrittelmehrheit morgen dazu zustande käme, dann wäre das also ein Abrücken von dem, was jetzt in den Fraktionen besprochen, nachher im Ältestenrat festgelegt wird. Wenn es im Ältestenrat nicht zu verbindlichen Zusagen kommt, dann werden wir die Fraktion noch einmal bitten müssen, dann geht es nur nach der Geschäftsordnung, wie sie da ist, und dann geht es nach den Prioritäten, die sich SPD und FDP gemeinsam gesetzt haben. Da müssen wir es eben mit Geschäftsordnungsdebatten machen, aber wir sollten bis zuletzt – weil das kein schlechter Weg ist – auch nach außen hin sagen, dass wir gerade wegen der Schwierigkeit und der exzeptionellen Situation der ganzen Materie versuchen wollen, dies ohne zeitraubende, von keinem Menschen zu verstehende Geschäftsordnungsdebatten so im Einvernehmen mit einer Zweidrittelmehrheit zustande zu bringen, wie ich das hier eben vorgetragen habe.

Ich bitte, Genossinnen und Genossen, das unter den Gesichtspunkten zu sehen, und sage als meine persönliche Wertung dazu, dass sich dadurch keiner in dem beengt fühlt, was er selbst will, denn jeder hat damit die Möglichkeit, in der zweiten Lesung zum Ausdruck zu bringen in Wort und Abstimmung, was er will. Und jeder hat dann die Möglichkeit der politischen Abwägung schon bei der Stichentscheidung und noch einmal bei der dritten Lesung. Ich glaube, dass wir damit fair – wie Herbert *Wehner* das von Anfang an gesagt hat – gegenüber allen im Bundestag gewesen sind, nämlich egal zu welcher Lösung sie stehen und zu welcher Entscheidung sie sich letzten Endes durchringen. Das war nach unserem Dafürhalten das Optimale, immer unter der Voraussetzung, dass wir nach 127 die Zweidrittelmehrheit, was ich glaube dafür bekommen, erreichen können. Wenn wir das nicht erreichen, dies ist unser Versuch, unser letzter Versuch, dann tritt eben die Geschäftsordnung, wie sie da ist, in Kraft und dann werden wir das sauber und streng nach der Geschäftsordnung abhandeln und nach den Gesichtspunkten, wie wir es mit der FDP vereinbart haben oder noch vereinbaren werden.
(Beifall.)

Wehner: Danke. Wünscht einer von den Genossinnen oder Genossen, die in der Ältestenratssitzung dabei waren, noch etwas Ergänzendes zum Bericht zu sagen? Moment! – *Schulte*.

Schulte: Genossinnen und Genossen, es bleibt nur vielleicht eins noch mal besonders zu erwähnen, weil natürlich die Frage auftauchen könnte, ob ein solches Verfahren auf Verfassungsbedenken stoßen könnte. Dies bedürfte ja einer besonderen Untersuchung.

---

11 Der entsprechende Paragraph der Geschäftsordnung des Bundestags lautete: »Abweichungen von den Vorschriften dieser Geschäftsordnung können im einzelnen Fall mit Zweidrittelmehrheit der anwesenden Mitglieder des Bundestages beschlossen werden, wenn die Bestimmungen des Grundgesetzes dem nicht entgegenstehen.«

Nun müssen wir dazu Folgendes feststellen, dass erstens der Bundestag weitestgehend Herr seines eigenen Verfahrens ist. Die Geschäftsordnung ist kein Evangelium, sondern wir können über das Verfahren selbst befinden, und hier gibt es ja auch keine Gewohnheitsrechte, die nicht etwa durch den Zweidrittelmehrheitsbeschluss verändert werden könnten. Es gibt nur eine einzige Verfassungsbestimmung, die etwas dazu aussagt, und zwar steht die im Artikel – Augenblick – im Artikel 42 Absatz 2 unseres Grundgesetzes. Darin steht: »Zu einem Beschlusse des Bundestages« – gemeint ist hier der Gesetzesbeschluss – »ist die Mehrheit der abgegebenen Stimmen erforderlich, soweit dieses Grundgesetz nichts anderes bestimmt«. Da dieses Verfahren aber nur für die zweite Lesung angewandt wird, alle Rechte in dritter Lesung nicht verändert oder verkürzt werden, ist natürlich diese Verfassungsbestimmung nicht verletzt.

Im Übrigen möchte ich auf Folgendes aufmerksam machen. Als ich zum ersten Mal vor der Fraktion die Möglichkeiten der verschiedenen Prozeduren hier erläutern konnte[12], habe ich darauf hingewiesen, dass es das Natürlichste sein würde, nunmehr zunächst das nachzuholen, was der Ausschuss nicht getan hat aus vielen Erwägungen heraus, nämlich eine Beratungsgrundlage herzustellen. Und wenn ihr jetzt die Ausführungen von Karl *Wienand* gehört habt, dann kann man natürlich sagen, dieses Verfahren bewirke nichts anderes, als über eine neue Prozedur, die sehr viele Anklänge mit dem Wahlverfahren hat, eine Beratungsgrundlage herzustellen. In diesem Fall zwar für die dritte Lesung. Wer sich da etwas tiefer hineinknien möchte, dem empfehle ich, einmal den Paragraphen 55 unserer Geschäftsordnung durchzulesen[13], der sieht ein nahezu identisches Verfahren vor für die Auswahl des Sitzes einer Bundesbehörde. Dass dieses Verfahren vieles in Bezug auf Fairness in der Abstimmung für sich hat, ist nicht zu verkennen und deshalb werde ich keine juristischen Bedenken erheben, wenn dies nicht unbedingt erforderlich ist.

Es gibt eine einzige Frage, die wichtig ist. Die steht noch im Ältestenrat an und die werden wir noch erörtern. Das ist das nicht zu verschweigende Problem der Gestaltung dieses Stimmzettels. Da gibt es nämlich die einen, die sagen, auf dem Stimmzettel brauchen nur die vier Entwürfe zu stehen, sonst gar nichts. Denn dann kann man einen dieser vier anstreichen oder gar keinen und hat damit seine Meinung zum Ausdruck gebracht. Da gibt's andere, die sagen, man muss aber expressis verbis auch Nein sagen können. Es müssen also außer den vier Entwürfen mit dem Kreis dahinter, in den man ein Kreuz machen kann, auch noch ein Kreis da sein, vor dem Nein steht und mit dem man dokumentiert, dass man gegen alle ist. Dies müssen wir klären, vor allen Dingen in Bezug darauf, weil nicht auszuschließen ist, theoretisch nicht auszuschließen ist – dies mag akademisch sein, aber bitte, wir wollen kein Verfahren hier einleiten, über dessen Konsequenzen wir uns nicht in jedem Punkt im Klaren sind –, dass ja unter Umständen im Stichentscheid mehr Nein-Stimmen vorhanden sind, als einer der Entwürfe erhält und darüber muss man sich im Klaren sein, was dann damit bewirkt sein würde, ob damit keiner der Entwürfe in die dritte Lesung käme oder ob dann immer noch derjenige, der die meisten Ja-Stimmen enthalten hat, Grundlage der dritten Lesung würde. Diese Frage ist bis zum Moment offen und noch nicht abschließend geklärt. Ich tendiere eigentlich sehr dahin, wenn wir dieses Auswahlverfahren wählen und damit erklären, wir benutzen diese Prozedur zur Auswahl einer Beratungsgrundlage, dass wir dann auf den Nein-Kreis verzichten können, weil wir eben nur diese Beratungsgrundlage herstellen wollen. Dies bitte ich also noch als offen zu erkennen, ohne dass ich da jetzt ein über-

---

12 Vgl. die SPD-Fraktionssitzung am 22. April 1974, SVP A.
13 Gemeint ist die Geschäftsordnung des Bundestages.

mäßiges Problem draus machen will. Ich wollte es nur in diesem Zusammenhang mit erwähnt haben.

Wehner: Hugo *Collet*.

Collet: Genossinnen und Genossen, ich habe mich gemeldet, weil vor und während der Berichterstattung von Karl *Wienand* in der Fraktion Fragen aufgetreten sind, die ich gleich hier vorweg versuchen will zu beantworten. Manfred *Schulte* hat ja jetzt einiges davon geklärt. So wie ich die Beratungen verstanden habe im Ältestenrat, werden also dann sechs Möglichkeiten sein auf dem Stimmzettel. Neben den vier Alternativen auch die Möglichkeit Nein und die Möglichkeit der Enthaltung. Also sechs Kreise werden wir dort vorfinden. Es wird also dann so sein, dass es theoretisch möglich wäre, dass mehr Nein-Stimmen da sind, wie Manfred *Schulte* gesagt hat, als meinetwegen für die zweite der vier Möglichkeiten. Da meine ich aber, dass das Nein, da es pauschal ist für alle, ja nur dann durchgreifen kann, wenn es mehr Stimmen sind als die Addition der Ja-Stimmen. Das ist doch wohl so zu verstehen. Wir waren uns auch einig, dass in jedem Falle alles zu Ende ist, wenn natürlich 249 Nein-Stimmen da sind. Umgekehrt wird es keine Stichwahl geben, wenn für einen Entwurf 249 Ja-Stimmen da sind. Dann ist die Stichwahl selbstverständlich auch hinfällig.

Auch auf noch eins wurde ich hier aufmerksam und es scheint mir wichtig. Nachdem ich bei den Schriftführern bin und schon manchmal recht unsinnige Vermerke auf Stimmzetteln gelesen habe bei Entscheidungen, meine ich, dass es doch richtig wäre zu prüfen, ob wir nicht die Chance haben, den Namen aufzudrucken. Es ist auch denkbar, ich will es niemand unterstellen von den 518, dass jemand aus Ulk einen anderen Namen da drauf schreibt. Ich bitte, also auch das einzukalkulieren. Wir haben schon schlimme Sachen erlebt.

(Unruhe.)

[B.]

Wehner: Hans *de With* zu der Sonderausschusssitzung heute.

de With: Liebe Genossinnen und Genossen, wir hatten heute Nachmittag, wie ihr ja über den Lautsprecher gehört habt, eine Sondersitzung in Sachen *Heck*. Die haben eine kleine Liberalisierung zurückgenommen. Wir haben diese Sitzung unterbrochen. Sie wird 15.55 Uhr fortgesetzt, um die Änderung, die Heinz *Rapp* vorgeschlagen hatte, einzubauen. Wir konnten sie nicht gleich einbauen, weil die FDP noch nicht dazu mangels Möglichkeit der Rückfrage bereit war. Jetzt habe ich die Zustimmung. Ich habe auch schon dafür gesorgt, dass der Wortlaut im Strafrechtssonderausschuss gesetzt werden kann, so dass die Möglichkeit gegeben ist, dass rechtzeitig der Ausdruck nicht nur vorliegt, sondern auch ausgeteilt werden kann. Nachdem Karl *Wienand* die entsprechende Erklärung abgegeben hat, ist auch sichergestellt, dass dies nicht zu einer spezifischen Verzögerung führen kann. Ich gehe deshalb davon aus, dass wir heute um 15.55 Uhr im Strafrechtssonderausschuss dies ebenso beschließen wie die Änderung des *Heck*-Modells. Ich habe Heinz *Rapp* gefragt. Er ist als Initiator ausdrücklich damit einverstanden. Ich glaube auch, es ist im Sinne unserer Fraktion, wenn das ausgedruckt noch vor den Beratungen vorliegt.

Genossinnen und Genossen, ich habe noch einige Anmerkungen zu den von Karl *Wienand* dargelegten Einigungen des Ältestenrats. Ich glaube, wir können in der Tat voll damit einverstanden sein, denn dieser Vorschlag erfüllt eigentlich alle unsere vier Voraussetzungen. Keine Manipulation möglich, jeder kann offen bekennen, eine Reform wird es geben und viertens: Es gibt keine Geschäftsordnungsdebatte im Deutschen Bundestag. Aber gestattet mir noch einen Hinweis, der angesprochen wurde von Manfred

Schulte. Es gibt in der Tat in Artikel 42 Grundgesetz den Hinweis, dass die Beschlüsse des Bundestages Mehrheitsentscheidungen sein müssen und die Kommentare hierzu sagen, dass die Ja- und Nein-Stimmen ersichtlich sein müssen, denn sonst weiß man nicht, was die jeweilige Mehrheit ist. Aber aus dem 77 geht in keiner Weise hervor, dass damit auch die zweite Lesung gemeint ist.[14] Ich habe das nachgelesen im Maunz-Dürig.[15] Wenn ihr Verständigung darüber erzielt habt, dass dem nicht so ist, dann, meine ich, ist Sicherheit gewährleistet, dass uns nach Ende der dritten Lesung hier keiner wegen einer etwaigen Verfassungswidrigkeit ein Ei ins Nest legt. Denn nichts wäre dümmer und schlimmer, als wenn hinterher einer auf die Idee käme, das sei nicht verfassungsgemäß, wenn auch mit der nötigen Zweidrittelmehrheit nach der Geschäftsordnung erfüllt. Ich meine, wenn das noch geprüft wird, soll das sehr sorgfältig geprüft und festgehalten werden. Dessen sind wir uns schuldig.

Ein weiterer Hinweis: Ich bin unbedingt der Meinung, dass auf den Stimmzettel der Name aufgesetzt sein muss. Ich denke, dass wir ohne Beschluss stets davon ausgegangen sind, dass es hier in zweiter Lesung eine namentliche Abstimmung gibt, um zu dokumentieren, wer wofür ist. Hier scheint es besonders deswegen erforderlich zu sein, damit – ich will keinem im Bundestag zu nahe treten – irgendwelche, ich sage es ganz vorsichtig, versehentliche Abweichungen im Stimmen ausgeschlossen werden. Man könnte ja auch anderes denken. Wenn der Name aufgedruckt ist, dann wird jeder klar bekennen müssen, wofür er ist. Was die Frage anlangt, ob Ja oder Nein, neige ich dazu, dass wir nur Ja-Stimmen benötigen, weil wir ja nicht an den 42 Grundgesetz gebunden seien.[16] Denn sonst könnte es auch eine Verschiebung durch die Kumulierung der Nein-Stimmen geben, nachdem wir ja zu vier Modellen zu votieren gefragt sind. Das wäre meine Auffassung dazu.

Wehner: Adolf *Müller-Emmert*.

Müller-Emmert: Ich wollte zunächst kurz das wiederholen, was Hans *de With* gesagt hat, dass ich veranlasst habe, dass der Strafrechtsausschuss 15.55 Uhr zusammentritt, um diesen Änderungsantrag noch durchzuführen. Das wird in wenigen Minuten erledigt sein. Zu dem Abstimmungsverfahren möchte ich einen gewissen humorvollen Vergleich wagen, indem ich sage, dass es den Geschäftsführern aller Fraktionen letztlich wohl gelungen ist, mit einem Lasso die ausbrechenden Pferde wieder einzufangen. So sehe ich dies jedenfalls. Wobei ich allerdings, um wieder auf meine normale Plattform als Jurist zurückzukehren, durchaus einräumen muss, dass das Verfahren – so wie es vorgeschlagen ist – grundsätzlich auch so praktiziert werden kann. Wenn eine Zweidrittelmehrheit dies so beschließt, dann ist daran letztlich nach meiner Überzeugung, das ist meine juristische Überzeugung, nichts zu ändern. Allerdings hat diese Sache, um auch wieder auf die ausbrechenden Pferde zurückzukehren, doch zwei Pferdefüße: einmal bei dem Stimmzettel in der ersten Abstimmung in der zweiten Lesung und zum Zweiten bei dem Stimmzettel bei der Abstimmung im Stichentscheid in der zweiten Lesung. Wohl sagt Manfred *Schulte*, dass hier gewissermaßen der Sinn dieses Verfahrens sei, auszuwählen aus der Vielzahl der vorhandenen Modelle, gewissermaßen zu sichten und dann zu einer Abstimmungsgrundlage in dritter Lesung zu kommen. So verstehe ich das. Das ist auch im Prinzip richtig, nicht zu beanstanden. Aber da setzen meine Bedenken ein, soweit es um

---

14 Paragraph 77 der Geschäftsordnung des Bundestags regelte den grundlegenden Ablauf der Beratungen im Plenum während des Gesetzgebungsverfahrens.
15 Gemeint ist der von Theodor *Maunz* und Günter *Dürig* seit 1958 kontinuierlich herausgegebene Kommentar zum Grundgesetz.
16 »Zu einem Beschlusse des Bundestages ist die Mehrheit der abgegebenen Stimmen erforderlich, soweit dieses Grundgesetz nichts anderes bestimmt.«

Fraktionssitzung 24.04.1974

den Abstimmungszettel geht. Es ist vorgetragen worden, dass der Abstimmungszettel so aussehen soll, dass ein jeder über jeden Entwurf sich entscheiden kann, indem er seinem Wunsche und seiner Entscheidung entsprechend diesen Entwurf – als Drucksache aufgeführt – anzeichnet oder ankreuzt. Das wären also praktisch vier Möglichkeiten der Wahl. Dann kommt noch eine fünfte in Form von Nein. Dann kommt noch eine sechste in Form von Enthaltung. Nun ist es theoretisch denkbar, dass jemand im Einzelnen bezüglich eines Einzelentwurfes sich enthalten möchte oder nein sagen möchte. Das kann er nach diesem Stimmzettel nicht. Wenn er nein sagt, dann sagt er nach diesem Stimmzettel zu allen vier Entwürfen nein. Das ist unbestritten. Wenn er sich enthält, dann sagt er auch zu allen vier Entwürfen, ich enthalte mich. Mein Vorschlag geht dahin, damit – mit Verlaub gesagt – das Abstimmungsverfahren idiotensicher ist, und hier spreche ich als Jurist und nicht als Verfechter des Gruppenantrages, dass praktisch hinter jeder Entscheidungsmöglichkeit, das heißt also hinter jeder Drucksachennummer, aufgeführt werden muss: ja, nein oder Enthaltung, so dass ein jeder Abgeordnete bezüglich eines jeden Entwurfes sich entscheiden kann, ob er ja sagt, ob er nein sagt oder sich der Stimme enthält. Genau das gleiche gilt in verstärktem Maße bezüglich des Stimmzettels für den Stichentscheid. Man braucht ja kein Prophet zu sein, um zu wissen, wie diese Abstimmung ausgeht. Ich prophezeie das trotzdem. Der Stichentscheid wird dann so lauten, dass das SPD/FDP-Modell die einfache Mehrheit hat und das CDU/CSU-Modell um einige Zähler dahinter sein wird. Hier muss aber auch jeder Abgeordnete die Möglichkeit haben, nicht so wie vorgeschlagen, entweder zum SPD-Modell ja zu sagen oder zum CDU-Modell ja zu sagen oder mit nein beide Modelle abzulehnen oder mit Enthaltung sich beider Modelle zu enthalten. Er muss auch die Möglichkeit haben, zwangsläufig, das ist logisch, bezüglich beider Modelle entweder ja oder nein zu sagen oder sich der Stimme zu enthalten. Nun wird mir sofort von fachkundigen Juristen der Hinweis entgegengebracht, das hat Manfred *Schulte* auch schon getan, diese Prozedur, wenn sie fehlerhaft sein sollte, wird ja auf jeden Fall durch die Schlussabstimmung in dritter Lesung geheilt. Ich glaube, so leicht kann man es sich nicht machen. Eben deshalb nicht, weil meines Erachtens, wenn man die Stimmzettel nicht ändert, dann ein wesentlicher Fehler in der zweiten Lesung deshalb erfolgt ist, weil ja letztlich durch diese Entscheidung überhaupt gar nicht die Möglichkeit geschaffen wurde, jeweils zu jedem einzelnen Entwurf – wir haben nun einmal vier Entwürfe, das hat ja die Fraktion im Übrigen von Anfang an gewollt, wir haben uns ja im Sonderausschuss hundertprozentig danach gehalten –, über jeden einzelnen Entwurf also dann auch eine Entscheidung zu treffen. Wie gesagt, ich mache nochmals den Vorschlag, diese Stimmzettel entsprechend dem, was ich gesagt habe, abzuändern, dann kann man wohl – ich muss das mit einem gewissen weinenden und einem gewissen lachenden Auge sagen, man hat ja auch seinen eigenen inneren Humor –, dann muss man wohl mit diesem Abstimmungsverfahren zufrieden sein. Allerdings kehren wir dann wieder in dritter Lesung in den Normalzustand zurück, wo die Geschäftsführer keine Lassos mehr auswerfen können. Was dann erfolgen wird, das kann ich nicht sagen. Ob ein Abänderungsantrag der Gruppe noch kommt, das weiß ich nicht. Das ist eine Entscheidung, die diese Gruppe selbst zu treffen hat.

Wehner: Manfred *Schulte*.

Schulte: Genossinnen und Genossen, ich stehe hier nicht als Erfinder dieses Verfahrens, dessen kann ich mich nicht rühmen. Aber wenn Adolf *Müller-Emmert* hier diese Erklärung abgegeben hat und auch von einem weinenden Auge gesprochen hat, dann müsst ihr mir erlauben, noch ein Wort dazu zu sagen. Herbert *Wehner* hat bereits gesagt, dass eine Koordinierungsgruppe 218 insbesondere auf das sich anbahnende komplizierte Verfahren gebildet worden war, und diese Koordinierungsgruppe hat mehrfach getagt. Ich habe ihr auch angehört und, mein lieber Adolf, du wirst dich vielleicht erinnern, dass in der letzten Sitzung, in der letzten Sitzung der Koordinierungsgruppe in Z 02 du einen solchen, ebensolchen Antrag, nicht Antrag, einen Vorschlag unterbreitet hast zu meiner größten Verwunderung, weil du der Auffassung warst, ein solches Ausleseverfahren diene doch dazu, auf die objektivste Weise nunmehr zur Feststellung des Willens des Bundestages zu kommen. Dies muss ich sagen, Adolf, und dich bitten, dich daran zu erinnern. Ich habe in dieser Sitzung dagegen Bedenken erhoben. Schon aus dem Grunde, weil ich mir nicht vorstellen konnte, dass wir eine Zweidrittelmehrheit für eine völlige Veränderung des Verfahrens erzielen könnten. Und ich habe auch meine ganzen Überlegungen, die ich der Fraktion vortragen konnte, darauf abgestellt, dass andere eben solche Verfahrensvorschläge, und dabei habe ich in erster Linie an dich gedacht, eben nicht diese notwendige Zweidrittelmehrheit erreichen würden, deshalb diese alternative Fragestellung, die ich der Fraktion vorgetragen habe. Ich muss dies der Fraktion mitteilen, damit nicht der Eindruck entsteht, wie das Wort Lasso es vielleicht hier darstellen könnte, es seien nun die Fraktionsgeschäftsführer gewesen, die diesen Deus ex machina erfunden hätten, sondern nochmal, um ganz deutlich zu sagen, wie die Entwicklung war: Die Vizepräsidentin Frau *Funcke* hat diesen Gedanken erstmals vorgetragen mit der sichtbaren Unterstützung des FDP-Geschäftsführers Werner *Mertes* und es war erste Wortmeldung der CDU/CSU-Fraktion und ihrer Geschäftsführer, die deutlich erkennbar machte, dass sie in eine solche Richtung tendierte. Wir haben uns im Ältestenrat zurückgehalten und anschließend ein paar kritische Fragen zum Verfahren gestellt. Ich glaube, dies werden alle, die in dieser Ältestenratssitzung anwesend waren, bestätigen können, damit hier keine Legenden gebildet werden.

Wehner: Fritz *Schäfer*.

Schäfer (Tübingen): Liebe Genossinnen und Genossen, bei jeder Abstimmung gibt es normalerweise drei Möglichkeiten: ja, nein oder Enthaltung. Die Besonderheit besteht hier darin, dass man bei Ja sich konkret für einen der vier Fälle entscheiden muss. Das, Adolf, was du vorschlägst, geht darauf hinaus, dass man mehr als eine Stimme hätte, und das ist nicht möglich.

Wehner: Herbert *Ehrenberg*.

Ehrenberg: Genossen, {...} das, was Adolf *Müller-Emmert* gesagt hat. Ich glaube, es ist doch notwendig, hier daran zu erinnern, dass wir uns den ganzen Montag und gestern einen langen Nachmittag hier redlich darum bemüht haben, eine Möglichkeit zu finden, dass jeder der vier Entwürfe beraten und über ihn abgestimmt werden kann. Wir waren bis gestern Abend zu keiner solchen Möglichkeit gekommen, weil immer – sobald ein Entwurf angenommen war – die anderen notwendigerweise nicht mehr zur Beratung anstanden. Was jetzt Präsidium und Geschäftsführer gefunden haben, gibt diese Möglichkeit, dass jeder zu dem Entwurf, den er für richtig hält, in der zweiten Lesung seine Stimme abgeben kann. Ich glaube, wir hätten allen Anlass, denjenigen, die das erfunden haben, unsere Anerkennung dafür auszusprechen und nicht hier mit Lasso-Assoziationen oder anderem herumzufuhrwerken

(Starker Beifall.)

und die Sache wieder in Misskredit zu bringen, und wir sollten uns sehr schnell und gründlich und umfassend auf diese Angelegenheit einigen.

Wehner: Ich muss jetzt zwischendurch mitteilen, dass von der CDU der Wunsch geäußert worden ist, dass der Ältestenrat erst um 17 Uhr zusammentritt. *Schweitzer*.

Schweitzer: Liebe Genossinnen und Genossen, ich habe eine Frage an unsere Vertreter im Ältestenrat und will diese Frage meinerseits mit einer ebenso kurzen wie freimütigen Stellungnahme zu diesem Vorschlag von Lieselotte *Funcke* hier verbinden. Meine Frage geht dahin: Inwieweit haben sich unsere Vertreter im Ältestenrat überhaupt dafür eingesetzt, dass das Ergebnis unserer gestrigen Beratungen mehrheitlich im Ältestenrat durchgesetzt wird, denn wir sind uns ja alle darüber im Klaren, dass nach der Geschäftsordnung wir in einer Geschäftsordnungsdebatte natürlich mehrheitlich dieses Ergebnis der gestrigen Beratungen hätten durchsetzen können? Das ist meine Frage.

Nun meine ganz kurze Stellungnahme hier zu diesem Vorschlag *Funcke*, als solcher wird der ja wohl in die Geschichte des deutschen Parlamentes eingehen. Ich persönlich halte nach wie vor aus der Sicht der sozialdemokratischen Bundestagsfraktion politisch gesehen die gestern hier ins Auge gefasste Regelung für besser. Ich bin natürlich Realist genug zu sehen, dass der Zug hier inzwischen abgefahren ist. Zuletzt auch deswegen besser, liebe Genossinnen und Genossen, weil wir natürlich mit diesem Vorschlag der CDU ersparen, innerhalb ihrer eigenen Fraktion zu den einzelnen Entwürfen Stellung nehmen zu müssen. Diese ganze Sonderregelung, diese ganze Sonderregelung ist nach meiner Auffassung – ich sage das ganz freimütig, selbst auf die Gefahr hin, mich bei allen unbeliebt zu machen, das ist mir vollkommen egal –, diese ganze Sonderregelung ist meines Erachtens außerordentlich bedenklich in ihrer Außenwirkung. Einmal, weil es überhaupt zu einer solchen ausgeklügelten Sonderregelung kommt für eine Lesung, nämlich genau nur für die zweite, dann wird sie ja wieder aufgehoben, und lieber Karl *Wienand* und lieber Manfred *Schulte*, ich muss ganz ehrlich sagen, die Bevölkerung – wenn sie überhaupt da durch{...} – man muss ich ja sehr intensiv mit der Sache befassen, um zu sehen, was eigentlich läuft –, die Bevölkerung hätte sicherlich mehr Verständnis gehabt für eine kurze Geschäftsordnungsdebatte als für ein solches kompliziertes Sonderverfahren. Ich halte es zum anderen, ich halte es zum anderen für bedenklich, Genossinnen und Genossen, das ist hier schon gesagt worden, weil hier erstmalig in der Geschichte des Deutschen Bundestages die Möglichkeiten der Abgeordneten eingeschränkt werden, ja, nein oder Enthaltung anzukreuzen zu einem ganz speziellen Vorschlag. Dazu hat sich ja Manfred schon geäußert. Ich kann dazu jetzt nicht Näheres sagen, dass es praktisch schon eine Doktorarbeit wird. Anschließend möchte ich sagen, ich bin mir keineswegs sicher, liebe Genossinnen und Genossen, ob dieser Vorschlag von Frau *Funcke*, Ältestenrat, der einzig in die Geschichte des Deutschen Bundestages in einer Ära sozialdemokratischer Kanzlerschaft eingehen wird, als ein Wagnis zu mehr Demokratie.

(Unruhe.)

Wehner: Ich will jetzt keine Rede zu *Schweitzer* halten. Nur bei ruhigerer Überlegung wird selbst er seine Auffassung über das, was er hier sehr engagiert scharf gesagt hat, ändern können. Er muss sie nicht. Er wird sie ändern können. Es hat keinen Sinn, Genosse *Schweitzer*, jetzt noch hier eloquent etwas noch einmal hineinwerfen zu wollen, was wir gestern beschlossen haben, zwei Präferenzen mit der Fraktion der FDP zu behandeln, und das habe ich noch gestern Abend zusammen mit einem der Geschäftsführer, mit *Mischnick* und einem derer Geschäftsführer getan und heute Morgen haben wir uns nach der Ältestenratssitzung wieder in dieser Frage besprochen. Das ist doch nicht unsere Erfindung, nur auch wenn es nicht unsere Erfindung ist, ist sie jedenfalls besser als eine Geschäftsordnungsdebatte, die ich im Grunde auch nicht scheue, aber für die Auseinandersetzung nimmt dieser Zettel niemandem eine Möglichkeit, deutlich zu machen, was er eigentlich will und wem er den Vorzug gibt.

(Starker Beifall.)

Und wenn du dann sagst, dann verschwinde das zur dritten Lesung, ich mache dir keinen Vorwurf, dass du dich noch nicht so sehr mit dritter Lesung befasst hast. Aber wenn du nachschlägst in anderen Doktorarbeiten, wirst du finden –,

(Unruhe.)

wirst du finden, dass eine dritte Lesung eben eine ganz spezifische Lesung ist, wo nämlich über einen entschieden ist. Nicht. Noch mal mit einer Generaldebatte, wenn sie verlangt wird, oder durch entsprechende Erklärung. Nur das zur Sache. Hans *Bardens*.

Bardens: Ich bin mit dem Verfahren einverstanden. Das Verfahren entspricht meinen Vorstellungen durchaus. Ideal können wir es wahrscheinlich nicht machen für jeden, bei seiner Einstellung ideal. Nur möchte ich nochmal eins zu bedenken geben: Die zweite Abstimmung nach diesem Verfahren ersetzt ja die Abstimmung am Ende der zweiten Lesung normalerweise. Prüft bitte nach, ob nicht am Ende der zweiten Lesung wirklich bei der Abstimmung zu dem Gesetzentwurf, über den abgestimmt werden muss, ja, nein oder Enthaltung, gerichtet notwendig ist. Ich sage es nur deshalb, damit nicht vielleicht ein Einspruch nachträglich kommen kann. Ich bitte nur, das zu überprüfen. Dann könnte es möglicherweise heilen, indem man einfach nach dieser zweiten Zettelabstimmung durch Handaufheben noch mal abstimmen lässt. Ich weiß es nicht.

Wehner: *Ostman von der Leye.*

Ostman von der Leye: Nur eine Vorbemerkung, Genosse *Schweitzer*, es hat auch noch niemals vier Entwürfe auf einmal im Bundestag gegeben. Dies nur als Bemerkung. Genossen, bitte prüft mal Folgendes nach: Wenn hier, die Bemerkung vom Genossen *Schäfer* war – glaube ich – sehr wichtig, dass nämlich nur jeder eine Stimme haben kann und nicht also vier Stimmen auf einmal haben kann, infolgedessen kann es nicht sein, dass hinter jedem auch ein Nein gekreuzt werden kann. Wenn das aber eine Verfassungsfrage ist, so könnte man dem eventuell entgehen, ich bitte das nachzuprüfen, dass man noch eine fünfte Möglichkeit dahinter schreibt, belassen beim alten Zustand oder Paragraph 218 wie bisher. Das wäre dann ein Nein.

(Zwischenruf.)

Ja. Das wäre dann ein Nein und damit wäre man aus dieser Frage raus.

Wehner: Genosse *Ostman von der Leye*, ich war zwar nicht in der Ältestenratssitzung, aber ich habe die Berichte daraus nun zweimal gehört. Einmal in der Zusammenkunft mit *Mischnick* und *Mertes* und einmal jetzt hier und auch inzwischen überlegt, wenn man da noch eine Rubrik hineinbringen wollte oder einen Kreis, es soll so bleiben, wie es ist, ja, ich bitte um Entschuldigung, das ist der Kreis Nein überhaupt, dürfen wir uns doch nicht falsch verstehen und einen Kreis Ja überhaupt kann es nicht geben, aber einen Kreis Nein überhaupt und einen Kreis Enthaltung überhaupt kann es geben. Aber auf jedem Stimmzettel kann nur einmal ein Kreuz sein! Das muss man auch sagen. Man kann darüber reden, ob es bei starker Betonung und vielleicht Aufdruck, damit es – weil der Ausdruck hier heute schon gefallen ist – idiotensicher wird, auch auf dem Stimmzettel außerdem Namen stehen, nur ein Kreuz darf er enthalten bei Abgabe. Kann man sagen, ob man nun also aufführt außer dem Namen und diese Bemerkung Entwurf so und so und dahinter ja, nein, enthalten. Entwurf so und so ja, nein, enthalten und das viermal. Das ändert nichts an der Sache, dass außerdem unten noch einmal nein überhaupt oder enthalten überhaupt stehen muss, weil das ist auch gesagt worden, dass es dafür ein Bedürfnis geben kann bei manchen der Abgeordneten. Nur feststeht, dass man nur einmal ein Kreuz machen kann, zweimal nicht. Hugo *Collet*.

Collet: Genossinnen und Genossen, ich weiß nicht und ich möchte Adolf *Müller-Emmert* fragen, ob er schon mal überlegt hat, dass es theoretisch denkbar wäre, dass die beiden oder einer wenigstens von denen, die die meisten Ja-Stimmen bekommen, auch theoretisch die meisten Nein-Stimmen bekommen könnten. Wie will er nachher zählen, die einen von den anderen abziehen oder was will er eigentlich machen, wenn er hinter

Fraktionssitzung 24.04.1974 **57.**

jeder Angabe drei Möglichkeiten haben will. Ich meine, mit dem Ankreuzen eines Vorschlags ist doch zum Ausdruck gebracht mein Nein zu den anderen drei Vorschlägen, und ich brauche doch die Nein-Spalte nur dafür, um zum Ausdruck zu bringen, ich will keinen von den vieren, ich will überhaupt keine Änderung. Das ist doch also für mich so klar, wie es gar nicht klarer sein kann. Und nun noch eine Bemerkung zu dem Lasso. Ich habe mich während der zwei Tage immer wieder versucht, weil das meine Gewohnheit ist, mich in den Stand der Minderheit zu versetzen und zu überlegen, wie kannst du helfen, damit nur ja nicht der Eindruck entsteht, diese Minderheit soll unterdrückt werden. Und da gab es ja viele Diskussionsbeiträge, und ich meine, wir haben hier zwei Dinge. Nicht nur, dass ich votieren kann für das, was ich will, sondern dass ich nachher noch einmal – und das lag ja irgendwo im Vorschlag Friedhelm [*Farthmann*] {…}, lag das drin –, dass ich noch einmal die Möglichkeit habe, bei einer zweiten Abstimmung von mir aus für das kleinere Übel zu stimmen. Ich glaube, wer jetzt einmal frei ist von dem In-jedem-Fall-gewinnen-Wollen, wer sich davon ganz zurückzieht und nur noch prüft, ist hier das Bemühen erkennbar, jedem seine Möglichkeit zu bieten; es kann ja keiner davon ausgehen, dass man in der Politik plötzlich die Minderheit zur Mehrheit machen kann, das kann ja keiner, und ich wäre wirklich dankbar, wenn man das ernsthaft prüfen wollte und auch Christoph *Schweitzer*, wenn er das noch mal nachliest, dass wenn er sagt, hier erstmalig im Parlament. Ja, für mich auch. Erstens haben wir erstmalig diese Situation und erstmalig das ernsthafte Bemühen aller in dieser Fraktion, dem anderen, der Minderheit, so viel wie möglich Spielraum zu verschaffen. Ich meine, das muss doch honoriert werden.

Wehner: Hans-Jochen *Vogel*.

Vogel: Genossinnen und Genossen, ich habe mich gestern von meinem bekannten Standpunkt aus an der Geschäftsordnungsdiskussion wiederholt beteiligt.[17] Ich muss sagen, der Vorschlag, wie er uns jetzt unterbreitet wird, ist fair und vernünftig. Wir sollten ihn akzeptieren. Er ist insbesondere fair und vernünftig, weil die Möglichkeit insgesamt nein zu sagen, insgesamt eine Enthaltung zu erklären, jetzt durch diese Äußerungen noch klargestellt worden ist. Ich glaube, wir sollten es akzeptieren. Jeder hat die Möglichkeit, seiner Auffassung hier in vernünftiger Weise auch im Plenum, auch in der zweiten Lesung Ausdruck zu geben.

(Vereinzelter Beifall.)

Wehner: Hans *de With*.

de With: {…} denn er führt zu unmöglichen Ergebnissen. Ich habe das durchgerechnet. Praktisch liefe das darauf hinaus, dass, wenn keiner von der Enthaltung Gebrauch macht, jeder eine Ja-Stimme in Anspruch nimmt für sein Modell und für jeweils die anderen je ein Nein-Modell und dies führt zu einer Häufung mit der Möglichkeit, dass kein Modell die Mehrheit bekommt. Außerdem müssten alle Mitglieder im Parlament dergestalt rechnen, dass Fehler einfach nicht auszuschließen sind, und aus diesem Grund meine ich, wäre es – wie von mir vorgeschlagen am Anfang – am einfachsten, Blatt, Name aufgedruckt, eine Ja-Stimme und alles wäre klar.

Wehner: Martin *Wendt*.

Wendt: Genossinnen und Genossen, ich glaube, bei dem ersten Verfahren, bei der ersten Ausleseabstimmung kann man durchaus mit dem einen Ja oder dem einen Nein und der Enthaltung zurechtkommen. Aber bei dem Stichentscheid scheint mir das nicht zu ge-

---

17 Vgl. die SPD-Fraktionssitzung am 23. April 1974, SVP A, online. – Die Sitzung ist leider nur in Form eines Kurzprotokolls überliefert.

hen. Denn ich habe vor, beim Koalitionsentwurf mit Enthaltung zu stimmen und das CDU-Modell abzulehnen, und das ist danach nicht möglich. Oder vielleicht können mir die Geschäftsführer erklären, wie ich das machen soll.

Wehner: *Schäfer.*

Schäfer: Lieber Genosse *Wendt*, wenn eine Frage und eine Position, eine Gegenposition im Plenum zur Abstimmung steht und du gern dem einen zustimmen willst, dann hast du nicht die Möglichkeit, auch heute nach der normalen Geschäftsordnung, hast du nicht die Möglichkeit, zum Ausdruck zu bringen, dass du das andere nicht ablehnen möchtest, sondern dort dich der Stimme enthalten möchtest, sondern du musst dich dann zwischen den beiden entscheiden, indem du dich entweder gar nicht beteiligst, beide ablehnst oder zwischen den beiden Ja und Nein. Du hast nicht die Möglichkeit nach der Geschäftsordnung, wenn zwei Dinge zur Abstimmung stehen, für jedes deine Meinung sichtbar zu machen. Das geht nicht bei der Abstimmung von zwei Dingen.

Wehner: Das geht aus dem einfachen Grunde nicht, weil jeder nur einmal ein Kreuz machen kann und nicht zwei Stimmen hat, Genossen. Sehr schlicht gesagt. Antje *Huber*? Genosse *Stienen*.

Stienen: Genossinnen und Genossen, ich stelle für mich persönlich vorab klar, dass ich gegen dieses Verfahren zwar Bedenken habe, aus denen ich aber nichts herleiten würde. Die Bedenken sind Folgende: Wir haben doch hier die einmalige Situation, dass wir vier Anträge gebündelt vorliegen haben, und da beschränkt sich das Bekennen doch sicherlich für jeden, der politisch denkt, nicht alleine darauf, zu seinem Modell ja zu sagen, sondern auch zu denen, die er nicht will, nein zu sagen.

Wehner: Bei einer Abstimmung hat man immer nur eine Stimme in jedem Fall!

Stienen: Vielen Dank für den Hinweis, aber bei einer Abstimmung im regulären, bisher gehabten Fall ja nur zu einem Antrag und nicht zu einem Bündel von vier Anträgen.

Wehner: Zu einem Gesetzentwurf hast du auch nur eine Stimme. Was du im Übrigen sagst oder auch schreibst, warum du so gestimmt hast und nicht für andere, sondern gegen andere, musst du erklären, hast die Möglichkeit zur Erklärung, zur Abstimmung und so weiter. Das können viele machen, wenn sie es für richtig halten. Aber eine Stimme, mehr hat man nicht.

Stienen: Man hat eine Stimme, wenn ich das nochmal sagen darf, auch wenn es falsch ist, dann bitte ich nachher mir Gelegenheit zu geben, mich darüber zu informieren. Ich habe doch zu jedem Gesetzentwurf die Gelegenheit, ja oder nein zu sagen. Hier habe ich ein Bündel von vier Entwürfen, darf zu einem ja sagen, aber zu dreien nicht, was ich sonst kann, nämlich nein oder Enthaltung.

Wehner: Das ist ein Irrtum vom Grunde aus, denn hier geht es am Schluss ja darum, was Gesetz werden soll und was nicht. Und was Gesetz wird, das wird durch die Summe der Ja-Stimmen ermittelt und das andere ist abgelehnt. Nicht. Du kannst außerdem – ich komme mal darauf zurück –, jeder kann das, Erklärungen zur Abstimmung geben, wenn er sagen will, warum ich nun doch ja dafür und deswegen nein gegen das oder mich enthalte und das ist doch gar keine üble Sache, dass man sich, wenn man nicht anders kann oder zu können glaubt, der Stimme enthält. Da muss man nicht auch noch sagen, dass man aber anderes ablehnt. Nicht. *Müller-Emmert.*

Müller-Emmert: Ich möchte die Sache aus meiner Sicht vereinfachen, weil ich meine, dass es eine brotlose Kunst ist, wenn wir bei den Mehrheitsverhältnissen weiter diskutieren. Ich bin der Auffassung, dass es zweckmäßig ist, wenn meine Anregungen zurückgezogen werden, was ich hiermit tue. Dabei möchte ich nur noch eine kurze Bemerkung machen. Es ist so, wie Manfred *Schulte* gesagt hat. Ich hatte schon einmal diese Idee. Sie wurde auch diskutiert, aber dabei haben wir nicht über Stimmzettel geredet, das wird mir Manfred *Schulte* wohl ebenfalls einräumen. Hätten wir dann diese Idee weiter diskutiert, dann hätte ich zwangsläufig das vertreten, was ich heute vertreten habe. Aber das ist auch überholt. Also nochmals: Die Sache soll damit ihr Bewenden haben.

Wehner: Wer wünscht weiter das Wort? Dieter *Haack.*

Haack: Ich bin zwar mit dem Verfahren einverstanden, bitte aber noch ein Bedenken, was ich habe, zu prüfen im Lauf der nächsten Zeit. Es kann nämlich folgender Fall eintreten, auch wenn man sagt, jeder hat nur eine Stimme, dass einer trotzdem sich nicht daran hält und zwei Stimmen abgibt.

(Zwischenruf: Ist ungültig.)

Moment. Das weiß ich auch. So dumm bin ich nicht. Dann ist es ungültig, das ist richtig. Und hier setzen jetzt meine Bedenken ein, ob es möglich ist, Elemente eines Wahlverfahrens, da gibt's ungültige Stimmen, zu übertragen auf ein Abstimmungsverfahren zu einem Gesetzentwurf, denn sonst gibt's bei einem Abstimmungsverfahren eines Abgeordneten, eines Votums eines Abgeordneten im Parlament über ein Gesetz nur die Möglichkeit ja, nein oder Enthaltung.

Wehner: Es gibt noch eine vierte!

Simpfendörfer: Und hier würde das ungültig.

Wehner: Nicht an der Abstimmung sich zu beteiligen. Das ist weder Enthaltung, noch ja oder nein.

Haack: Das ist richtig, aber der beteiligt sich in dem Fall und gibt zwei Stimmen ab und damit ist seine Stimme ungültig. Ich will das ja nur noch mal als bestimmte Bedenken nicht von mir, sondern überhaupt in die Debatte werfen, damit das nachgeprüft wird. Ich habe immer im Hinterkopf das ungute Gefühl, dass irgendeiner auf die Idee kommen könnte, dann eben tatsächlich verfassungsgerichtlich die ganze Sache zu überprüfen und vielleicht die Sache noch hinauszuzögern. Es ist nur ein Bedenken, was ich allgemein bringen will, nicht als mein eigenes.

Wehner: Sind noch Wortmeldungen? *Schulte.*

Schulte: Genossinnen und Genossen, ich habe eingangs gesagt, dies ist das Auswahlverfahren, auf das sich das Parlament verständigt, um die Beratungsgrundlage zur dritten Lesung zu ermitteln. Darüber muss sich das ganze Parlament mit Zweidrittelmehrheit nach 127 der Geschäftsordnung einig sein[18], nur dann geht es. Aber dann kann das Parlament es machen und dann muss man nicht die anderen Erwägungen dort mit einbeziehen, denn die Erwägungen wären nur dann gerechtfertigt, wenn wir die Möglichkeiten nicht in dritter Lesung eröffnen würden. Aber die werden in dritter Lesung ja nicht geschmälert und nicht abgeschnitten. Dies ist also eine Vereinbarung des Parlaments, in zweiter Lesung zu dieser Auswahl der Beratungsgrundlage für die dritte Lesung zu kommen und deshalb ist es zu rechtfertigen. Sonst hätte ich sicherlich dagegen Bedenken, wenn dieses Verfahren auch für die dritte Lesung angewandt werden sollte.

Wehner: Hellmut *Sieglerschmidt.*

---

18 Der entsprechende Paragraph der Geschäftsordnung des Bundestags lautete: »Abweichungen von den Vorschriften dieser Geschäftsordnung können im einzelnen Fall mit Zweidrittelmehrheit der anwesenden Mitglieder des Bundestages beschlossen werden, wenn die Bestimmungen des Grundgesetzes dem nicht entgegenstehen.«

Sieglerschmidt: Genossinnen und Genossen, dies ist eine schwere Lösung für die Minderheit, das möchte ich hier als einer der Angehörigen dieser Minderheit ausdrücklich sagen. Erstens. Zweitens: Es ist von einer Sonderregelung und kritisch gesprochen worden, schon gesagt worden, ich will es noch mal betonen: Dies ist eine besondere Situation mit den vier Entwürfen und jede Regelung, wie wir sie auch immer treffen, ist eine Sonderregelung und hat ihre Macken, wenn ich mich mal so ausdrücken darf. Es ist in der Tat, Herbert *Wehner*, an sich eine Macke, dass man also zu einem bestimmten Entwurf nicht nein stimmen kann. Nur meine ich, dies ist durchaus hinnehmbar, weil das im Grunde genommen ja nichts anderes als eine reine Demonstration ist. Dritte Bemerkung.

Wehner: Wieso kannst du zu einem bestimmten Entwurf nicht Nein stimmen, wenn du sonst nichts anderes ankreuzt?

Sieglerschmidt: Ich kann sonst, wenn über Entwürfe einzeln abgestimmt wird, Herbert *Wehner*, dann kann ich dazu Ja, Nein oder Enthaltung stimmen. Das kann ich hier, wenn zwei vorliegen und ich nur für beide Ja, Nein oder Enthaltung stimmen kann, kann ich das nicht. So ist das Leben.

Wehner: In jeder Lesung ist das Leben so.

Sieglerschmidt: Ich habe ja gesagt, dass das Leben so ist, aber man darf doch mal eine Anmerkung machen. Dritte Bemerkung: Manfred *Schulte*, du hast vorhin in deinen einleitenden Bemerkungen gesagt, dass zu erwägen wäre, ob bei der Stichwahl nicht auf das Nein und Enthaltung verzichtet werden sollte. Ich würde hier gewisse Bedenken haben, wenn man diese Möglichkeit bei der Zweierauswahl nicht eröffnet, deutlich auch eventuell die Möglichkeit zu geben, zu beiden Entwürfen sich zu enthalten oder zu beiden Entwürfen nein zu sagen. Letzte Bemerkung.

Wehner: Kann man durch ein einmaliges Nein oder ein einmaliges Ja.

Sieglerschmidt: Ja, dann ist es gut.

Wehner: Aber nicht zweimal.

Sieglerschmidt: Nein, dann ist es gut. Es ist gut. Nur das wollte ich ja. Das war vorhin in Zweifel gezogen worden. Letzte Bemerkung: Wenn es etwa nicht zu dieser Regelung kommen sollte, dann würde ich bitten, dass die Fraktion jetzt schon möglichst die Alternativlösung in dem Sinne ins Auge fasst, wie wir es auf der letzten Fraktionssitzung beschlossen hatten, nämlich in der Reihenfolge *Heck*, CDU-Fraktion, *Müller-Emmert*, Koalitionsentwurf.

Wehner: Das würde doch nur dann infrage kommen, wenn bei der heutigen Sitzung des Ältestenrats sich herausstellen sollte, dass die CDU aus Gründen, die ihre Gründe sind und die man nicht ganz genau schon durchleuchten kann, abrückt von dem im Ältestenrat gefundenen. Dann müssen wir eben auf dem anderen Weg eine Reihenfolge zu ermitteln versuchen. *Simpfendörfer*.

Simpfendörfer: Genossinnen und Genossen, ich will niemand hier länger strapazieren, aber eins scheint mir doch der Klärung noch bedürftig zu sein, nämlich warum, wenn die zwei Entwürfe übrig bleiben, die die meisten Stimmen erhalten haben, warum man die nicht getrennt hintereinander abstimmt, warum man die koppelt und damit Ja und Nein, zu einem Ja oder zu einem Nein sagen.

Wehner: Weil man nur eine Stimme hat.

Simpfendörfer: Herbert *Wehner*, selbstverständlich. Das ist mit klar. Es hätte aber rein theoretisch die Möglichkeit gegeben –

(Zwischenruf *Wehner*: Nein!)

Fraktionssitzung 24.04.1974 57.

wenn zwei Entwürfe –

Wehner: {...} Theorie, außer dass man nur einmal für etwas stimmen kann oder einmal gegen was stimmen kann.

Simpfendörfer: Dann muss ich mich doch noch deutlicher machen. Ich bitte um Entschuldigung, mir scheint das klar, um die Bedenken derjenigen, die hier herummachen, auszuräumen, müsste man klären, wieso es nicht möglich war, bei zwei übriggebliebenen Entwürfen diese zwei der Reihe nach, unabhängig von der Reihenfolge, jedenfalls beide zur Abstimmung zu stellen. Erst den einen und dann den anderen. Warum das nicht geht.

Wehner: Das geht, weil dann festgestellt wird bei der Abstimmung über vier Entwürfe hat einer, wenn es einer ist, hat einer die relative Mehrheit und ein anderer hat die nächsthohe Stimmenzahl. Das ist der einzige Grund. Einen anderen Grund gibt es nicht. Und der geht dann, der dann also verbleibt, geht in die dritte Lesung. In der dritten Lesung kann man nur insoweit, ich will die Fairness bis auf die Spitze treiben, kann man insoweit noch eine Änderung herbeiführen, als man Änderungsanträge einbringt. Nicht. Wir haben entschlossen und der Sonderausschuss, der jetzt tagt, will sogar, das entspricht der Abmachung im Ältestenrat, jetzt noch einbringen, hineintexten, ohne dass das dann Einsprüche hervorruft. Aber in der dritten Lesung kann eine solche Andeutung, ich hätte beinahe gesagt Androhung, habe ich ja gestern gehört, nicht, dass man in der dritten Lesung auch noch einmal einbringen kann einen Entwurf, der bisher unterlegen ist. Wenn das dem Koalitionsentwurf geschehen sollte, sage ich, wir bringen ihn dann unverzüglich ein. Das sind wir der Fraktion schuldig und das sind wir der SPD und der Öffentlichkeit schuldig. Aber ich nehme nicht an, dass das jetzt zu diskutieren ist. Es ist ja gesagt worden in dem Bericht aus dem Ältestenrat, dass es wiederholte, und zwar an welchen Stellen, Unterbrechungen geben wird, in denen sich die Fraktionen aussprechen oder anschweigen können und dann geht man in die nächste Runde. Noch Wortmeldungen? Ja, wenn nicht, Genossen, dann müssen wir sehen, um 17 Uhr – wie gesagt – ist die Ältestenratssitzung. Wollen wir so verfahren, dass wir sagen, morgen früh 8.15 Uhr, Dreiviertelstunde vor der Eröffnung des Plenums, sicherheitshalber noch einmal zusammenzukommen, damit man genau weiß, was im Ältestenrat und was vielleicht danach noch wieder anders geworden ist. Einverständnis?

[C.]

Wehner: Aber nun ist hier ein Entwurf ausgeteilt worden, der ist – wahrscheinlich wird das Rainer *Offergeld* kurz begründen – ist wesentlich deshalb, weil er eingebracht werden muss. Willst du dazu was sagen? *Westphal*.

Westphal: {...} im Finanzausschuss eine Situation ergeben, die es erforderlich macht, den Änderungsentwurf zum Kindergeldgesetz als Initiativgesetz der Koalitionsfraktionen einzubringen.[19] Der Hintergrund dürfte sein, dass die Opposition zum gleichen Zeitpunkt einen Entwurf einbringen will, der sich mit einem Erziehungsgeld beschäftigt.[20] Dass dies uns Probleme bringt, dürfte nicht hergesucht sein. Wir haben die Vorbereitungen dafür getroffen, dass der im Arbeitskreis IV und mit den Genossen aus der Steuergruppe beratene Entwurf eines Änderungsgesetzes zum Kindergeldgesetz jetzt umgeschrieben worden ist in ein Initiativgesetz der beiden Fraktionen. Das, was euch

---

19 Zum Gesetzentwurf der SPD- und FDP-Fraktion vom 24. April 1973 zur Vereinheitlichung des Familienlastenausgleichs vgl. BT Drs. 07/2023.
20 Zum Entwurf der CDU/CSU-Fraktion eines Gesetzes über die Gewährung von Erziehungsgeld (Bundeserziehungsgeldgesetz – BEGG) vom 24. April 1974 vgl. BT Drs. 07/2031.

vorliegt, ist sozusagen nur die rohe Fassung. Da muss vorher noch der Titel rein, den wir dann also nicht nur Novelle zum Kindergeldgesetz nennen wollen, sondern ein Gesetz zur Vereinheitlichung des Familienlastenausgleichs. Hinten ran muss noch die Berlin-Klausel und das Inkrafttretensdatum 1. Januar 1975. Wir haben in der Zwischenzeit das Vorblatt erstellt und auch die Begründung, die erforderlich ist, um es einzubringen. Ich wäre in der Lage, ich weiß aber nicht, ob das hier gewünscht und erforderlich ist, eine inhaltliche Einführung zu geben. Ich möchte das anheimstellen, es jetzt also von mir aus noch nicht tun, sondern nur zur Verfahrensfrage noch Folgendes sagen. Es ist von der Opposition im Finanzausschuss gesagt worden, dass sie von den Fristenproblemen, die auch hier eine Rolle spielen, keinen Gebrauch machen will und wird, denn sie selbst ist auch daran interessiert aus naheliegenden Gründen, ihren Entwurf eines Erziehungsgeldgesetzes auch sofort in die Beratungen zu bringen. Dies könnte und würde bedeuten, wenn wir die Regeln dieser Woche benutzen, die da heißen: es wird über nichts anderes debattiert im Plenum als über den Paragraphen 218 und seine Reform, dass die Einbringung dieses Gesetzentwurfs und das, was die CDU/CSU beabsichtigt, ohne Debatte und ohne Erklärung geht. Der Vorschlag geht also dahin, die Fraktionen zu beauftragen, die Einigkeit mit der FDP ist prinzipiell hergestellt, diesen Initiativgesetzentwurf jetzt sofort einzubringen, so dass er ohne Debatte in dieser Woche noch erste Lesung erfahren kann und in die Bearbeitung geht, was praktisch bedeutet, dass er dann federführend an den Bundestagsausschuss für Jugend, Familie und Gesundheit geht. Ich möchte mich zunächst hierauf beschränken, stehe aber zur Verfügung, wenn eine inhaltliche Erläuterung gewünscht wird.

Wehner: Danke. Wird das Wort dazu gewünscht? *Rapp*.

Rapp (Göppingen): Gibt es eine Vorstellung, was der Entwurf der Opposition zum Erziehungsgeld kosten wird?

Westphal: 1,4 Milliarden.

Wehner: Rudi *Hauck*, wolltest du noch dazu?

(Zwischenruf.)

Ja, Genossen, ich glaube, wir müssen das so passieren lassen, zumal die CDU ja abgelehnt hat, dass man in der Form eines Artikelgesetzes die Sache macht. Wir hatten, wenn auch wehen Herzens, uns vor der Osterpause entschlossen, dieses herauszunehmen aus der übrigen Steuerreform, dem Dritten Änderungsgesetz, aber jetzt sollen wir uns nicht auch das noch kaputt machen lassen. Ich muss zu meinem Bedauern, Bedauern über mich selber also, noch mal zurück zu der 218-Frage, und zwar um *Dürr* Gelegenheit zu geben, einiges zur Vorbereitung der Debatte – auch was Redner betrifft – zu sagen. Hermann *Dürr*.

Dürr: Liebe Genossinnen und Genossen, der Arbeitskreis Rechtswesen hat sich gestern mit der Debattenstrategie beschäftigt in dem Bewusstsein, dass das eigentlich ein arbeitskreisübergreifendes Problem ist. In der Diskussion, wer diese Debatte eröffnen soll, hat sich der Arbeitskreis mit Mehrheit dahin entschieden, dass er sagte, die erste Rede für die Fraktion soll von einer Frau gehalten werden. Es war in der Diskussion mit debattiert worden, ob Hans *de With* als unser Obmann im Strafrechtssonderausschuss dieses tun soll. Man war dann mit Mehrheit der Meinung, es sollte eine Frau als erste einsteigen. Es sind drei Namen in der Diskussion genannt worden: Marie *Schlei*, Elfriede *Eilers*, Helga *Timm* und es bestand Klarheit darüber, dass ohne Zweifel Hans *de With* in der dritten Lesung den Koalitionsentwurf vertreten soll. In der Diskussion hat Hugo *Brandt* gesagt, man solle diese Diskussion so weit wie möglich nicht zu einem Aneinanderreihen von Monologen werden lassen, sondern flexibel bleiben, damit möglichst viel Diskussion herauskommt. Das fand Zustimmung, allerdings auch etwas Skepsis, weil man sagte, das versuchen wir schon immer, aber ideal haben wir es noch nie hingekriegt. Der Arbeitskreis hat aber unter Berücksichtigung dieser Gesichtspunkte nicht gesagt, wir sind der Meinung: Genosse X als zwei, Genosse Y als Nummer drei. Darf ich einen Satz noch gleich anschließen? In der Zusammenkunft der Mitglieder der Fraktion, die den Gruppenantrag *Müller-Emmert* und andere unterschrieben haben oder befürworten, hat man sich über diese Frage auch unterhalten, und dort wurde mit Mehrheit beschlossen, es solle in dieser Lesung als erster aus dieser Gruppe Hans *Bardens* für den Gruppenantrag sprechen, wenn ich diese Information der Fraktion auch gleich bekanntgeben darf.

(Zwischenruf.)

Der Arbeitskreis hat eigentlich absichtlich hier, wir waren nicht mehr so hundertzehnprozentig besetzt gestern am mittleren Abend, das Auswahlverfahren nicht durch Abstimmungen weitergetrieben. Ich glaube, das war auch richtig, dass wir das nicht getan haben. Das hätte so 'ne Stimme hie, 'ne Stimme her gegeben, was die Fraktion doch nicht präjudiziert hätte. Ich bin aber der Meinung, betrachtet es bei dieser Frage das aus der Sicht, wie kommt es bei dem nicht juristisch gebildeten Fernsehschauer an, also sozusagen auch bei Lieschen Müller, wenn ich das boshafterweise so sagen darf, auf das kommt es an. Die Bonner Journalisten, für die sind die Inhalte der Entwürfe eine gegessene Sache. Die interessiert ja im Moment, wie ihr wisst, bloß das Verfahren.

Wehner: Ich wollte nur sagen, Genossen, dass man damit rechnen muss, dass diese Runde Generaldebatte vor der Entwurf für Entwurf durchzuführenden zweiten Beratung, dass diese Generaldebatte möglicherweise, ja wahrscheinlicherweise mehrere von jeder Seite, von jeder Fraktion erfordert. Das ist bei der FDP so, dass einige sich vorgemerkt haben, und hoffentlich wird das bei uns so sein, dass wir darüber nicht noch streiten müssen. Das sollte man wirklich so versuchen, dass wir nicht auf einen {...}, wo es notwendig ist ja, aber doch also jeweils direkt das eine Debatte wird und eben nicht so sehr Monologe werden. Ich persönlich würde es gut finden, wenn die Fraktion sich entschlösse, dass Marie *Schlei* als erste Frau dort sprechen sollte.

(Beifall.)

Aber das ist mein Vorschlag. Es kann andere geben. Alle hier Genannten werden in die Debatte eingreifen müssen, sei es in diesen paar Runden erste Generaldebatte, sei es bei den Auseinandersetzungen, Begründungen und so weiter zu den Entwürfen. Wir haben gehört, was die Gruppe, die zu dem Antrag *Müller-Emmert* steht, sich vorgenommen hat. Aber wir haben es, wie gesagt, mit mehreren solchen Runden zu tun und müssen dabei sehr mobil sein. Ist ein anderer Vorschlag zu dem, den ich jetzt gemacht habe, dann bitte ich, dies hier freimütig zu sagen? Wenn nicht, dann sage ich, wir wollen also mit dieser guten Absicht in die Debatte steigen und allen, die sich direkt damit befassen und daran beteiligen, nicht nur Glück wünschen, sondern helfen durch unsere Anwesenheit und auch durch unsere erkennbare, hörbare, sehbare Unterstützung, an der es häufig mangelt, was einem auch dann die Fernsehzuschauer schreiben. Das wäre bei der CDU viel stärker als bei uns. Nun gut. Ich halte das nicht für einen Wertmesser dessen, was gesagt ist, aber es wird so ausgelegt. Ich muss jetzt doch noch eine Mitteilung darüber hinaus machen, auf die wir sicher morgen noch mal zurückkommen werden müssen. Es geht ein Entwurf, der für die dritte Lesung als Abänderungsantrag gedacht ist, um, damit er unterzeichnet wird. Das heißt, es ist der Text der Gruppe der 27. Ich kann das niemandem verwehren und will das auch niemandem verwehren und jeder hat die Möglichkeit, das zu unterzeichnen. Die müssen ja dann also mindestens 26 Unterschriften haben. Nur, bedanke mich, –

(Zwischenruf.)

ja, das ist der Entwurf *Müller-Emmert* in dritter Lesung als Abänderungsantrag eingebracht. Das habe ich gesagt.

(Zwischenruf.)

Ja nun, bitte um Entschuldigung, das ist vorsorglich offenbar. Ich habe das nicht zu tadeln. Ich habe nur in mir selber dazu mir meine Gedanken zu machen, die mir aber schon gestern gekommen sind. Nur jeder muss wissen, wenn er angegangen wird, dass das eine Vorfertigung ist, die in der dritten Lesung dann – es tut mir leid – kein anderes Schicksal erleiden wird können, als dass die Fraktion, das heißt die Mehrheit der Fraktion diesen Antrag ablehnt in der dritten Lesung, wenn er als Abänderungsantrag kommt. Nur damit wir voneinander wissen. Wird noch das Wort gewünscht? Dann morgen 8.15 Uhr. Ich hoffe, dass nicht heute noch einmal Dinge es notwendig machen, aber morgen früh 8.15 Uhr.

58.

25. April 1974: Fraktionssitzung (1. Sitzung/Tonbandtranskript)

AdsD, SPD-BT-Fraktion 7. WP, 6/TONS000025. Titel: »Fraktionssitzung vom 25.04.1974«. Beginn: 8.21 Uhr. Aufnahmedauer: 01:38:39.[1] Vorsitz: Wehner.

Sitzungsverlauf:

A. Bericht aus dem Ältestenrat.

B. Parlamentarisches Verfahren für die Novellierung von Paragraph 218 StGB.

[A.–B.] → online unter www.fraktionsprotokolle.de

---

1 Am 25. April 1974 gab es drei Sitzungen der Fraktion, die im Audiobestand des Archivs der sozialen Demokratie (AdsD) nicht differenziert werden, zu denen aber jeweils ein eigenes Kurzprotokoll gehörte. Die hier angegebene Aufnahmedauer bezieht sich daher, wie im Bestandsverzeichnis des AdsD angegeben, auf alle drei Sitzungen gemeinsam. Laut Kurzprotokoll (AdsD, 2/BTFG000058) begann die erste Sitzung am 25. April 1974 um 8.21 Uhr und endete um 8.39 Uhr.

59.

25. April 1974: Fraktionssitzung (2. Sitzung/Tonbandtranskript)

AdsD, SPD-BT-Fraktion 7. WP, 6/TONS000025. Titel: »Fraktionssitzung vom 25.04.1974«. Beginn: 13.35 Uhr. Aufnahmedauer: 01:38:39.[1] Vorsitz: Wehner.

Sitzungsverlauf:

A. Bericht über die Festnahme von Günter *Guillaume*.

B. Bericht von Bundesminister *Jahn* zur Festnahme.

C. Fragen der Abgeordneten zur Festnahme.

[A.]

Wehner: Es sind seit heute Morgen, ich habe das selbst in der »Bild«-Zeitung[2] gelesen und dann in zunehmendem Maße durch Agenturmeldungen, die natürlich auch in den Rundfunk kommen und jeden Morgen das Bild der Zeitungen besonders prägen werden, die Ereignisse um die Festnahme von *Guillaume* auch zum Gegenstand der Gespräche vieler Genossen geworden. Ich bin heute Vormittag, als wir diese frühzeitige Sitzung hatten, danach von einem Genossen – ich sage das nur in Klammern –, also es wären einige, die aufgrund der – ich sage, dann hättet ihr ja wohl in der Sitzung direkt fragen können. Ich habe ausdrücklich gesagt, wir haben keine geschriebene Tagesordnung, sondern Verschiedenes habe ich gesagt, ob es da was gibt. Aber das ist vorbei. Das ist vorbei. Ich muss dazu sagen, dass ich, der ich zeitweilig, das haben wir aufgeteilt in einem bestimmten Turnus, zu dieser Zeit den Vorsitz des sogenannten Vertrauensmännergremiums führe, heute Morgen versucht habe, alle Beteiligten – das ist ja interfraktionell – dazu zu bringen, und es fand auch eine solche Sitzung 11.30 Uhr statt, wo der Bundesminister des Innern und ein Bundesanwalt und der Präsident des Bundesamtes für Verfassungsschutz ebenso wie der Staatssekretär im Bundeskanzleramt und einer seiner leitenden Beamten zur Verfügung standen für die Fragen. Dieses Gremium hat einige Wünsche und Forderungen angebracht und wird sich in der nächsten Woche sowohl mit der Erfüllung dieser Wünsche, die weitere Unterlagen betreffen, als auch mit den bis dahin vielleicht deutlicher noch erkennbaren Tatbeständen befassen.

Was jetzt hier möglich ist: Ich habe Gerd *Jahn* gebeten, der ja auch bei dieser Sitzung war, als Bundesminister der Justiz es hier zu übernehmen, zur Sache und zum Hergang kurz informierend zu sprechen. Das tue ich deshalb und habe ich deshalb getan, weil der Bundesminister der Justiz verantwortlich ist für die Bundesanwaltschaft – ja, für den Generalbundesanwalt und seine Behörde, und er muss natürlich, darum bitte ich, von vornherein die unvermeidliche Rücksicht darauf nehmen, dass ein seit gestern in Haft befindlicher Mann nun zwar einerseits die Schlagzeilen bilden und füllen wird, andererseits aber vieles, das bei bisherigen Ermittlungen, die ja erst seit einem Tag als Ermitt-

---

[1] Am 25. April 1974 gab es drei Sitzungen der Fraktion, die im Audiobestand des Archivs der sozialen Demokratie (AdsD) nicht differenziert und daher unter der gemeinsamen Signatur 6/TONS000025 verzeichnet werden, zu denen aber jeweils ein eigenes Kurzprotokoll gehört. Die hier angegebene Aufnahmedauer bezieht sich daher, wie im Bestandsverzeichnis des AdsD angegeben, auf die Aufnahme aller drei Sitzungen gemeinsam. Laut Kurzprotokoll (AdsD, 2/BTFG000059) begann die vorliegende Sitzung um 13.35 Uhr und endete um 14.18 Uhr.

[2] Vgl. den Artikel »Die Spur führt ins Kanzleramt«; »Bild« vom 25. April 1974, S. 1. – Am 24. April wurde der persönliche Referent des Kanzlers, Günter *Guillaume*, wegen des Verdachts der Spionage für das Ministerium der Staatssicherheit der DDR verhaftet.

lungen geführt werden können, einigermaßen bestätigt worden ist. Diese Untersuchungen werden ja weitergeführt. Aber zu dem Hergang hatte Gerd *Jahn* sich freundlicherweise erklärt, kurz informieren und berichten zu wollen.

[B.]

Jahn: Genossinnen und Genossen, der Generalbundesanwalt[3] hat heute Morgen um elf eine Verlautbarung folgenden Wortlautes gegeben:

»Nach Vorermittlungen des Bundesamtes für Verfassungsschutz und des Bundeskriminalamtes – Abteilung Staatsschutz in Bonn-Bad Godesberg – wurden gestern mehrere Personen vorläufig festgenommen, darunter der seit 1970 im Bundeskanzleramt tätige höhere Angestellte Günter *Guillaume*. Dieser ist nach eigenen Angaben Offizier der Nationalen Volksarmee der DDR und Mitarbeiter des Ministeriums für Staatssicherheit. Er ist 1956 als angeblicher Flüchtling in die Bundesrepublik gekommen. Die Beschuldigten werden wegen Verdachts langjähriger geheimdienstlicher Tätigkeit dem Ermittlungsrichter des Bundesgerichtshofs zugeführt. Gegen den Angestellten *Guillaume* ist inzwischen Haftbefehl ergangen. Die Ermittlungen dauern an.«

Hierzu hat der Sprecher der Bundesregierung[4] eine Erklärung abgegeben, die folgendermaßen lautet:

»Herr *Guillaume* war seit 1970 im Bundeskanzleramt tätig. Seit 1972 war er als Mitarbeiter im Kanzlerbüro mit der Organisation von Parteiterminen und Reisen des Bundeskanzlers betraut. Zu seinen Aufgaben gehört ferner die Erledigung von Schriftverkehr mit Parteigliederungen und Angehörigen. Die Bearbeitung von amtlich geheim gehaltenen Vorgängen gehörte nicht zu seinen Aufgaben.«

Hierzu erklärt der Chef des Bundeskanzleramtes, Staatssekretär *Grabert*:

»In unserem Staat wird und muss jeder Fall nachrichtendienstlicher Agententätigkeit ohne Ansehen der Person und des Amtes uneingeschränkt aufgedeckt und verfolgt werden. Ich begrüße, dass es unseren Sicherheitsbehörden gelungen ist, diesen Fall aufzuklären und damit weiteren Schaden abzuwenden. Ihnen ist für ihre Arbeit zu danken. Das Bundeskanzleramt hat ihnen bei ihren Ermittlungen jede Hilfe geleistet und wird das auch im weiteren Gang des Verfahrens tun.«

Der ganze Vorgang ist von langer Hand vorbereitet gewesen, Genossinnen und Genossen. Es hat Kenntnisse oder besser gesagt Verdachtsmomente schon seit einigen Monaten gegeben, die zu einer entsprechenden Reaktion geführt haben. In den letzten Wochen haben sich diese Verdachtsmomente so verdichtet, dass ein staatsanwaltschaftliches Ermittlungsverfahren bei dem Generalbundesanwalt eingeleitet werden musste. Gestern Morgen um 6.30 Uhr ist dann mit den – wie es so schön heißt – Exekutivmaßnahmen begonnen worden. Es hatten zunächst richterliche Durchsuchungsbeschlüsse hinsichtlich der Wohn- und Arbeitsräume vorgelegen. Betroffen sind außer *Guillaume* seine Ehefrau, die Mutter der Frau *Guillaume* und ein Ehepaar *Förster*. Der Mann *Förster* ist bei der Landesvertretung Hessen hier als Angestellter beschäftigt.

(Zwischenruf.)

Bitte?

(Zwischenruf.)

Nein.

---
3 Siegfried *Buback*.
4 Rüdiger *von Wechmar*.

(Zwischenruf.)

Nein, nein. Er ist bei der Dienststelle des Bevollmächtigten des Landes Hessen beim Bund als Angestellter tätig gewesen bisher.

(Zwischenruf.)

Und die Frau *Guillaume* auch. Die Vorermittlungen haben den Verdacht ergeben, und das ist in den ersten Vernehmungen bestätigt worden, dass die Beschuldigten – alle Beschuldigten – bereits im Jahre 1956 in die Bundesrepublik eingereist sind, um im Auftrag des Ministeriums für Staatssicherheit der DDR hier nachrichtendienstlich tätig zu werden, und zwar in erster Linie mit der Zielrichtung, die Sozialdemokratische Partei und vor allen Dingen deren Führungsspitze auszuspähen. Es ist im Zusammenhang mit den Hausdurchsuchungen und vorläufigen Festnahmen eine Fülle von Material zutage gefördert worden, das jetzt erst ausgewertet wird. Seit gestern Morgen werden die Beteiligten angehört und vernommen. Die Bundesanwaltschaft kann im Augenblick darüber keine näheren Angaben machen, aber das, was *Guillaume* selber sagt, ist eindeutig. Er sei 1956 als Offizier der Volksarmee mit entsprechenden Aufträgen des Ministeriums für Staatssicherheit hierhergekommen, und er beruft sich eindeutig auf diese seine Eigenschaft und lehnt es ab, darüber hinaus weitere Angaben zu machen.

Genossinnen und Genossen, so viel zur Sache, aber ein Wort noch zur Wertung. Dieses ist ein Erfolg des Bundesverfassungsschutzamtes und der Bundesanwaltschaft, die vor allen Dingen auch in der letzten Phase sehr eng zusammengearbeitet haben, der nicht hoch genug eingeschätzt werden kann. Hier ist von dem Augenblick an, wo ersichtlich wurde, dass ein solcher Verdacht besteht, durch die ganz bewusste und zielgerichtete Verhaltensweise, in Kenntnis derjenigen, die da Verantwortung tragen, das Notwendige geschehen und dadurch möglich geworden, um diesen Fall zu klären. Der Bundeskanzler, der ja in diesem Zusammenhang besonders betroffen ist, hat hier dadurch, dass er es hingenommen hat, dass da eine ganze Weile jemand auch noch unter Beobachtung gehalten werden musste, sicherlich auch selber einiges auf sich nehmen müssen für diese Zeit. Denn es war – um möglichst eindeutige Feststellungen treffen zu können – notwendig, die Verdachtsmomente, die zunächst nur sehr vage vorhanden waren, sich so verdichten zu lassen, dass auch ein erfolgreicher Zugriff erfolgen konnte. Und ich meine, hier sollte doch in aller Deutlichkeit auch anerkannt werden, dass diese für diesen Staat notwendige Abwehrtätigkeit mit besonderer Sorgfalt zu einem bemerkenswerten Erfolg geführt hat. Vielen Dank.

(Beifall.)

[C.]

Wehner: Wer hat Fragen, Genossen? Bitte – da rechts, ich kann das nicht – *Gansel*. – Da war noch eine Meldung.[5]

Gansel: Genossinnen und Genossen, meines Erachtens geht es zunächst um drei Dinge. Erstens geht es darum, dass wir den Kanzler solidarisch abdecken und dass wir untereinander auch die Disziplin üben, um zu verhindern, dass von außen irgendwelche Spekulationen da heran gerankt werden können. Das halte ich für das Allerwichtigste in dieser Situation.

(Beifall.)

Das Zweite, geht es darum, dass wir, soweit wie möglich, auch in der sitzungsfreien Woche auf dem Laufenden gehalten werden. Ein Leck schon in dem Bericht vom Genos-

---

5 Offensichtlich zu dem neben ihm sitzenden *Wienand* gesprochen.

sen *Jahn*, dem was durch die Nachrichten gekommen sind, die also gesagt haben, *Guillaume* sei schon enttarnt worden im Frühsommer vorigen Jahres und seitdem mit Spielmaterial versorgt worden. Wir werden uns ja äußern müssen in der kommenden Woche und es ist wichtig, dass wir auf dem Laufenden bleiben und dass wir nicht weniger wissen als das, was herausgeht an offiziellen Stellungnahmen.

Das Dritte: Wir brauchen meines Erachtens eine einheitliche oder soweit wie möglich einheitliche Argumentation und Argumentationshilfe der Partei. Ich meine in zwei oder drei Punkten: a) Ich glaube, man kann nur sagen, dieses darf nicht vorkommen, aber es kann vorkommen. Wir bräuchten Informationen über vergleichbare Vorfälle in der Vergangenheit und in anderen Staaten. Das ist das Erste, was uns helfen kann. Das Zweite, meine ich: Wir brauchen Argumentationshilfe in der Art, dass unsere Ostpolitik davon nicht betroffen sein kann. Wir werden uns dazu äußern müssen und es wäre gut, wenn das einigermaßen einheitlich geschehen könnte. Und drittens: Wir bräuchten wohl auch etwas zu dem Komplex, den der Genosse *Jahn* angedeutet hat mit der Ausrichtung auf die Ausspähung der SPD und der SPD-Spitze. Ich glaube, wir werden uns in den kommenden Wochen und vor allen Dingen in den Wahlveranstaltungen in Niedersachsen vor Stellungnahmen zu dem Komplex nicht retten können. Es wäre gut, das so schnell wie möglich untereinander abzustimmen.

(Beifall.)

Wehner: Dietrich *Sperling*.

Sperling: Ich möchte an die Bemerkung von Norbert *Gansel* nur die Bitte anschließen, dass nach draußen nur Meldungen gegeben werden, die wir nicht nachher zurücknehmen müssen. Der Hessische Rundfunk hat also um 13 Uhr genau dies gemeldet: Es sei seit dem Frühsommer '73 Spielmaterial an Günter *Guillaume* gegeben worden. Ich bitte darum, dass wir möglichst nur Meldungen kriegen, von denen wir dann sicher sind, das stimmt, dass also nirgendwo was herausgeht, was also nicht stimmt und nachher wieder zurückgenommen werden muss.

Wehner: Ich höre grade, dass die CDU mitteilen lässt, dass sie morgen früh eine Aktuelle Stunde haben möchte.[6] Das ist eh nicht abzulehnen, nur damit wir Bescheid wissen. Sie wird also zu Beginn sein. Dann Gerd *Jahn* hatte sich noch gemeldet. Es sind noch ein paar Meldungen hier.

Jahn: Ich möchte nur mal auf eines hinweisen, Genossinnen und Genossen: Niemand ist davor sicher, dass in einer solchen Situation, vor allen Dingen, wenn man aus bestimmten Gründen auch versuchen muss, nicht vorzeitig sich selber zu äußern, niemand ist davor gesichert, dass die Leute anfangen, zu spekulieren. Man kann nicht unter Ausschluss der Öffentlichkeit Hausdurchsuchungen machen. Es gibt Leute, die so was sehen und woraus sich dann entsprechende Meldungen entwickeln. Ich möchte hier ganz klarstellen: Ich habe bewusst an dem Anfang meiner Unterrichtung die beiden amtlichen Informationen wiedergegeben, die es dazu gibt. Alles, was über das, was ich hier gesagt habe, hinaus kolportiert wird, kann getrost in den Bereich der Spekulation verwiesen werden, weil weder die Bundesanwaltschaft noch etwa das Verfassungsschutzamt, das im Augenblick mit der Sache überhaupt nicht mehr befasst ist, aus vielerlei Gründen irgendein Interesse daran haben, sich in solchen Bemerkungen wie etwa – ich greife das Stichwort auf – »Spielmaterial« zu ergehen. Dass wir es nicht haben, ist wohl selbstverständlich und ich will zu den Fragen von Norbert *Gansel* nur eine Bemerkung machen. Ich kann nicht dazu raten, selbst auf Fragen hin über das hinauszugehen, was ich versucht habe,

---

6 Zur Aktuellen Stunde betr. Spionageverdacht gegen einen leitenden Mitarbeiter beim Bundeskanzleramt am 26. April 1974 vgl. BT Plenarprotokoll 07/96, S. 6463–6470.

hier zu formulieren, festzustellen, dass in einer Sache, die der Klärung bedürftig war, diejenigen, die dafür in unserem Staate verantwortlich sind, gute Arbeit geleistet haben.

Wehner: Lothar *Wrede*.

Wrede: Ich beziehe mich auch auf die Rundfunkmeldungen, dass dieser Fall schon seit längerer Zeit – es wurde von über einem Jahr gesprochen, ich will mich da gar nicht um Monate streiten – bekannt ist. Ich unterstelle, dass diese Beschattung oder Beobachtung nicht möglich war, ohne dass kompetente Stellen im Bundeskanzleramt davon unterrichtet waren. Ich sage das, um deutlich zu machen, dass jetzt herauskommen muss eine Erklärung, dass der Bundeskanzler, der ja hier in besonderer Weise angesprochen ist, das gewusst hat, dass er das hat mitgemacht, damit dieser Fall auch richtig aufgeklärt werden konnte. Ich halte das für die öffentliche Behandlung für besonders wichtig, damit das nicht ein ganz schwieriger Komplex wird.

(Beifall.)

Wehner: Fritz *Beermann*.

Beermann: Ich bitte um eine Sachinformation. Ist durch den Verfassungsschutz vor der Einstellung *Guillaume*s dieser überprüft worden und zu welchem Ergebnis hat diese Überprüfung vor Einstellung als Angestellter im Bundeskanzleramt geführt?

Wehner: Ich will auf diese Frage gleich antworten, denn die hat natürlich ihre Bedeutung. Die Sicherheitsüberprüfungen hat es gegeben 1970 aus einem gegebenen Anlass und 1972 im Zusammenhang mit dieser Position, aus der er nunmehr unter außergewöhnlichen Umständen ausgeschieden ist. Die Unterlagen werden dem Kreis vorgelegt, der da heute Morgen zusammen war, innerhalb einer Woche. Aber es sind dort schon die Anhaltspunkte dargelegt worden. Da aber naturgemäß solch ein Kreis – die Anhaltspunkte für solche Entwicklungen bei ihm, die sind damals im Rahmen der Sicherheitsüberprüfung festgestellt worden und da hatte es nichts, was darauf schließen lässt, das jetzt nun seit einiger Zeit allerdings anders, weil er unter Observation stand, sich herausstellt, dass dieses damals nicht festzustellen war. Aber ich kann hier keine Detailauskünfte geben über die schwierige Angelegenheit der Observation eines solchen Beauftragten im Offiziersrang. *Beermann*.

Beermann: Ich habe eine Zusatzfrage. Ist diese Überprüfung von den dafür zuständigen Organen des Bundesverfassungsschutzamtes durchgeführt worden oder durch welche Sicherungsorgane?

Wehner: Wenn ich von Sicherheitsprüfungen spreche, so versteht es sich von selbst, dass das eben angesprochene Bundesamt sie geführt hat, und dafür gibt es ja Regeln. Kann man nicht auf irgendwen delegieren.

Ich habe hier unter den Meldungen, die heute Mittag gekommen sind, einen Teil, das ist der Teil 5 einer Serie von »dpa«, der sich auf Angaben nach der SPD Hessen Süd zu stützen vorgibt, und dann gibt es eine politische Wertung und das gehört genau in das, das habe ich auch aus dem Zustimmen hier gehört, in das wir nicht verfallen sollten. Ich lese die hier nicht vor.[7] Die ist schaurig genug, weil sie auch einzelne Mitglieder unserer Partei sozusagen in eine Schusslinie zu bringen versucht unter dem Motto: das sind ausgesprochene Rechte, was immer das bedeuten kann, die das gemacht hätten. Das habe ich hier, würde ich es vorlesen, dann würde das wahrscheinlich ziemliche Entrüstung hervorrufen. Es gibt allerdings keine Angabe darüber, wer im Namen der SPD Hessen Süd das gesagt hat. Es werden in diesen nächsten Tagen und Wochen, denn das dauert, viele solche und noch tiefgründiger wirkende Schilderungen veröffentlicht werden. Un-

---

7 Die Pressemeldung konnte nicht ermittelt werden.

ser Problem ist, darauf ist hingewiesen worden, wie wir gegen diese nun eine Zeit lang eskalierende Menge von Schlagzeilen, Enthüllungen oder die und die haben schon vorher Verdacht oder gewusst, wie wir dagegen gefeit sind, dass wir nicht in eine Lage verfallen, in der wir einander selbst Vorwürfe machen – vor allen Dingen denen, die jetzt unmittelbar betroffen sind bei der letzten Stellung, die der Mann gehabt hat.

Ich weiß nicht, wie wir mit nicht ganz ausgeruhtem Kopf jetzt schon eine Äußerung von uns geben, aber versucht werden muss es und wenn zwingende Gründe es geboten erscheinen lassen, wird man auch noch mal in der Fraktion Weiteres sagen. Das, was jetzt vorliegt, das stützt sich auf seine eigenen Angaben in dieser Zeit jetzt, in der er nun in Haft ist, und diese Angaben sind zum Teil und werden zum Teil von den zuständigen Behörden erst in einen Einklang gebracht werden müssen mit den Angaben seiner Frau und mit denen des Mannes, der in der Hessischen Vertretung unter einen Verdacht geraten ist und auch dessen Frau. Und es werden wahrscheinlich noch weitere kommen.

Ich habe mir gestern zusammen mit einem anderen Genossen einmal überlegt, was in jener Zeit, die angegeben ist als die Zeit, in der er gekommen ist, alles bei uns ein- sozusagen gepflanzt worden ist, und wie wir das zum Teil haben roden können. Das waren nicht wenige Fälle. Einige Fälle gingen eben dann auch bis zur Inhaftnahme. Aber es ist eine ganz intensive Tätigkeit, der wir ausgesetzt sind. Ich hoffe, dass die Bundestagsfraktion nicht die Mode mitmachen wird, wie sie hier Angaben der SPD Hessen Süd zugeschrieben wird, von denen ich nicht weiß, wer sie gemacht und wie weit das zu verantworten ist, dass sie jemand gemacht hat. Aber das wird sich ja bald herausstellen. Wird weiter das Wort gewünscht? *Haase.*

Haase[8]: In den Rundfunkmeldungen wurde berichtet, dass dies nur die Spitze eines Eisberges sei. Ist diese Berichterstattung der Rundfunkanstalten fundiert oder ist sie völlig aus der Luft gegriffen?

Wehner: Das ist genauso, wie es jetzt jeden Tag und täglich wiederholt und in Umdrehungen kommen wird. Das ist ganz klar. Wenn ich mir ein vielleicht zu gewagtes Urteil über den Karatgehalt dieser Sache machen darf, ein Fall *Felfe* ist das nicht.[9] Das war der Fall, in dem seinerzeit ein leitender Beamter viele Jahre überwacht hat, das war in der Regierungszeit *Adenauers*, was einschlägig hier geschah und an Stellen drüben vermittelt hat. Das war also eine ganze Sparte, die da plötzlich damit lahmgelegt wurde. Aber hier liegt der Fall nun wieder anders. Kurt *Mattick.*

Mattick: Genossinnen und Genossen, ich möchte nur eine Bitte aussprechen. Gerhard *Jahn* hat in seinem Bericht hier unter anderem davon gesprochen, dass es ein Erfolg des zuständigen Amtes ist. Ich würde davor warnen, das öffentlich zu sagen, dass sie acht Jahre dazu gebraucht haben. Das kann alles passieren, aber –

(Zwischenruf.)

18 Jahre. Aber das als einen Erfolg darzustellen, wirkt nach außen lächerlich. Ich warne davor.

(Beifall.)

---

8 Es ist nicht zu entscheiden, ob Detlef *Haase* (Kellinghusen) oder Horst *Haase* (Fürth) hier das Wort ergreift.
9 Gemeint ist der ehemalige Leiter der Spionageabwehr des BND, Heinz *Felfe*, der im November 1961 als sowjetischer Spion enttarnt wurde. Der von *Felfe* angerichtete nachrichtendienstliche Schaden war immens und schädigte den BND für lange Zeit. *Felfe* verriet unter anderem hunderte BND- und CIA-Agenten beziehungsweise V-Leute von *Felfe*.

Wehner: Ich will dich nicht. – Ja, ihr seht – ihr klatscht an der falschen Stelle. Denn, Genossen, in Ruhe abgewogen bliebe, wenn man dem folgte, der Bundeskanzler hat sich täuschen lassen. Ist das so Kurt?

(Zwischenruf.)

Ja. Und das entspricht nicht der Wirklichkeit und so ist das, was da gesagt worden ist über eine längere Strecke von Observation, nicht nur in der Sache richtig, sondern es soll auch nicht nur nicht geleugnet werden, es wird sich nämlich herausstellen – auch dann bei dem Strafverfahren wird sich das herausstellen. Bitte, Kurt *Mattick*.

Mattick: Ich wollte damit nur ausdrücken, Genossen, ich kenne die Bitterkeit und ich habe kein Urteil dazu, weil ich weiß, es kann uns sicher immer wieder passieren. Ich gehe nur davon aus, dass eine solche Bemerkung, dass es sich um einen Erfolg handelt, draußen so zerrissen wird, dass wir dabei nicht gut anstehen. Wir haben nicht nötig, eine Wertung auszusprechen in einer solchen Situation, sondern wir sollen uns an die Fakten halten.

Wehner: Und die Fakten sind, auch wenn man über das Wort geteilter Meinung sein kann oder auch sogar muss, die Fakten sind, das Ergebnis der Sicherheitsorgane war die Aufdeckung dieses Mannes. Ob man das mit Erfolg bezeichnet, ein Ergebnis war es in jedem Fall, das ist also keine Überraschung, sondern das ist zielbewusst, da man hier viele Gliederungen und viele Fäden genau ansehen musste, eben gemacht worden. Wobei über die Hilfsmittel dazu im Grunde genommen nur geschwiegen werden kann. Alwin *Brück*.

Brück: Ich will das unterstützen, was Kurt *Mattick* gesagt hat, auch um dem Bundeskanzler zu helfen. Der Mann war 16 Jahre in der Bundesrepublik, ehe er ins Bundeskanzleramt kam. 16 Jahre lang haben unsere Sicherungsorgane das nicht aufdecken können. Wenn dann nachträglich, oder 18 Jahre, 16 Jahre vorher, wenn dann nachträglich von einem Erfolg gesprochen wird, dann wird man uns das draußen nicht abnehmen. Ich sage das ohne Vorwurf auch an die Sicherungsorgane, weil so etwas immer wieder passieren kann. Aber wenn sich ein Mann von dieser Art 18 Jahre hier aufhalten kann und man es erst dann entdeckt, dann kann ich nicht sagen, dass das ein Erfolg ist.

Wehner: Bitte um Entschuldigung, lasst uns nicht über das Wort Erfolg streiten, aber leugnet nicht die Tatsache, dass es das Ergebnis einer langen Observation ist, und wenn euch gewisse Erfahrungen etwas besagen. Ich habe mich in dem Zusammenhang sofort erinnert an Vorgänge, die seinerzeit, es war im Spätherbst '60, im Zusammenhang mit der Inhaftnahme eines vorherigen sozialdemokratischen Abgeordneten *Frenzel*, jahrelang mussten geprüft werden.[10] Da sind verschiedene Leute, darunter auch solche, die hohe amtliche Verantwortungen tragen, aufgrund von Hieroglyphen und aufgrund von Angaben, die man erst wirklich verifizieren muss, in eine schlimme Situation gebracht worden. Jetzt in dem Zusammenhang ist das umgekehrt. Das ist sogar für den Einen oder Anderen eine Entlastung. Ich will das nicht als Heldengeschichte aufgefasst wissen, nur es ist sehr wenig, sehr wenig klug oder gescheit, jetzt nachträglich zu sagen, da haben sie 16 oder noch mehr Jahre gebraucht. Kurt *Mattick*, es wird Fälle geben, die in 20 und 30 Jahren aufgedeckt werden. Nicht. Und die aktuell, brennend aktuell waren zu der Zeit, in der wir hier zusammensitzen. Holger *Börner*.

Börner: Genossinnen und Genossen, ich bitte doch nicht den Bericht, den Gerhard *Jahn* hier am Anfang gegeben hat, in dieser Diskussion völlig aus den Augen zu ver-

---

10 Der SPD-Bundestagsabgeordnete Alfred *Frenzel* wurde 1960 als tschechoslowakischer Spion enttarnt. Er wurde daraufhin aus dem Bundestag und der SPD ausgeschlossen.

lieren. Denn das Problem stellt sich doch für eine bestimmte Observation auch in dem Zeitpunkt, in dem der Betreffende in eine bestimmte Sphäre kommt, die des besonderen Schutzes des Staates bedarf. Und insofern ist das ein Erfolg, dass es den dafür zuständigen Organen gelungen ist, diesen Mann hier zu fassen und das hier zu vereiteln, was er sich vorgenommen hatte. Aber ich bitte auch, die letzten Bemerkungen von Gerhard *Jahn* noch einmal in Erinnerung zu rufen, sich in Erinnerung zu rufen, was hier von Willy *Brandt* gefordert wurde im Interesse einer Aufdeckung dieses ganzen Komplexes und welches Los er hier hat tragen müssen über längere Zeit.

Wehner: Egon *Franke*.

Franke: Genossinnen und Genossen, ich bedauere außerordentlich, dass Kurt *Mattick* und Alwin *Brück* gemeinsam hier eine Auffassung vertreten haben, die in der Tat nicht vertretbar ist. Leute, die hier rüberkommen mit einem solchen Auftrag, haben zunächst einmal die Aufgabe unterzutauchen, über Jahre lang unterzutauchen und als ganz normale Bürger oder Vertriebene oder sogar Flüchtlinge sich hier zu bewegen und erst dann beginnt es. Ich bin der Meinung, das einzig Richtige, das hieraus gemacht werden kann, ist doch in den Ausführungen von Gerhard *Jahn* zum Ausdruck gebracht. Hier ist in der Tat ein Erfolg unserer Sicherungsbehörden zu verzeichnen. Auch die Tatsache, dass dieser Mann in unmittelbarer Umgebung des Bundeskanzlers lebte, sich ständig auf die Autorität berufen konnte, allen Nachstellungen normaler Art entgehen konnte mit dem Hinweis darauf, was maßet ihr euch an, in meine Sphäre einzudringen, auch dieser Mann wurde überprüft und überführt. Das ist im Grunde genommen eine Bestätigung des Funktionierens unserer Abwehr gegenüber Unterwanderungen und erinnert euch bitte daran, das stärkste Argument unserer politischen Gegner gegen uns und unsere Regierungsführung ist doch mit die Verdächtigung, dass die Sozialdemokratie kommunistische Unterwanderung duldet oder fördert. Hier ist ein eklatanter Gegenbeweis erbracht. Den sollten wir hoch genug feiern.

(Unruhe.)

Wehner: Dieter *Lattmann*.

Lattmann: Genossinnen und Genossen, ich habe eine Bitte, zu der mich das Bild veranlasst, das die Fraktion heute in der zweiten Hälfte des Vormittags geboten hat. In einer Situation wie dieser können wir auseinanderlaufen oder zusammenstehen. Ich bitte euch alle sehr herzlich, unser Bemühen um Solidarität dadurch auszudrücken, dass wir – sei es auch mühsam – heute und morgen so vollzählig wie nur möglich im Plenum sind.

(Beifall.)

Wehner: *Ostman von der Leye*.

Ostman von der Leye: Ich muss mich zu der Frage *Guillaume* deswegen äußern, weil natürlich der *Guillaume* hier auch in Bonn gewirkt hat und ich mich persönlich natürlich ebenso sehr hintergangen fühle, wie es der Bundeskanzler tun muss. Deswegen wird uns sicherlich der Vorwurf nicht erspart bleiben, dass wir zu irgendeinem Zeitpunkt – sei es 1970, '69, '68 oder wann auch immer – hintergangen worden sind und dies drückt mein besonderes Bedauern gegen dir, Willy *Brandt*, aus. Ich würde auch bitten, dass wir dem Bundeskanzler unser Bedauern darüber aussprechen, dass er angesichts der Situation im geteilten Deutschland so hat getäuscht werden können und dass dann der Erfolg der Observation eingesetzt hat. Aber wir werden nicht darum umhinkommen zu sagen, zu irgendeinem Zeitpunkt sind wir getäuscht worden.

(Unruhe.)

Wehner: Herbert *Ehrenberg*.

Fraktionssitzung 25.04.1974 (2) **59.**

Ehrenberg: Genossen, da in den umlaufenden Meldungen mein Name auch genannt wird mit dem Zusatz, ich hätte ihn ins Kanzleramt empfohlen, finde ich es für notwendig, hier das zu sagen – vielleicht geht es ohne Aha –, dass Günter *Guillaume* Unterbezirksgeschäftsführer in Frankfurt war und wir 1970 im Kanzleramt eine Vielzahl von Neueinstellungen machten. Dazu gehörte er auch. Ich hab' ihn damals guten Gewissens empfohlen nach dem Eindruck, den er jahrelang in Frankfurt gemacht hat. Das wollte ich hier in aller Öffentlichkeit sagen.

Wehner: Hedwig *Meermann*.

Meermann: Ich habe eine Bitte an den Fraktionsvorsitzenden. Ganz gleich, welche Verlautbarung nachher aus dieser Fraktion herausgeht, sind wir nicht sicher, was in unseren Heimatzeitungen davon erscheint beziehungsweise mit welchen Kommentaren das erscheint, und wir wissen ganz sicher, dass unsere Genossen zuhause ein schweres Wochenende vor sich haben. Und deswegen möchte ich bitten, dass uns eine kurze Erklärung gemacht wird, aus der hervorgeht erstens ein paar Worte über den Fall an sich, zweitens ein Wort der Anerkennung über die Zuverlässigkeit unserer Sicherheitsorgane, drittens ein Wort über die Mitwirkung des Bundeskanzlers bei der Aufklärung und viertens ein Wort darüber, dass das nichts Erstmaliges ist, und ich bitte den Fall *Felfe* ausdrücklich zu erwähnen. Das wissen die Leute nicht mehr. Wenn wir dieses morgen, jeder von uns in etwa 50 Exemplaren in seinem Fach liegen hat, dann kann jeder von uns dafür sorgen, dass in seinem Wahlkreis die wichtigsten Leute das übermorgen in Händen haben. Das könnte uns sicherlich allen sehr helfen, denn nicht jeder von uns kann morgen und am Wochenende überall im Wahlkreise sein. Daher möchte ich herzlich bitten, Herbert *Wehner*, dies doch zu veranlassen.

(Beifall.)

Wehner: Weitere Wortmeldungen? *Gansel*.

Gansel: Ich will über das hinaus noch einmal daran erinnern, dass ich um Argumentationshilfe gebeten habe. Unterschätzt bitte nicht, dass also viele gerade auch von den Jüngeren – *Felfe* ist für uns also ein sehr weit und sehr grau zurückliegender Begriff. Du kannst eine Verbindung herstellen, eine Wertung daraus auch ableiten. Wir können es nicht. Könnt ihr uns bitte in den nächsten zwei Tagen diese Hilfe geben, um die ich gebeten habe? Zwei Tage halten wir hier durch, aber danach –,

(Unruhe.)

ja bitte, danach ist das Problem, wenn wir nach Hause kommen, dann können wir nicht nur verweisen auf eine Erklärung, die die Fraktion heute beschlossen hat.

Wehner: Manfred *Schmidt*.

Schmidt (München): Liebe Genossen, ich bitte doch um eins: Wir sollten uns selber nicht in eine Lage bringen, in der wir diesen Fall überdramatisieren. Wenn hier gesagt wird, wir stehen das zwei Tage durch, habe ich kein Verständnis dafür. Wir wissen alle, dass es uns in einer schwierigen Situation trifft, und nur deshalb sind wir so betroffen. Sonst wäre das ein Fall, den wir als einen, der früher schon vorgekommen ist und der halt auch unter dieser Regierung vorgekommen ist. Nur warne ich vor dieser Dramatisierung und vor einer Weltuntergangsstimmung und sage, wir sollen zwei Tage durchstehen.

(Starker Beifall.)

Wir sollten eher mit Selbstbewusstsein herangehen. Das kommt halt auch bei dieser Regierung vor, dass sie mal die falschen Leute einstellt, wie es früher vorgekommen ist, und ich warne davor, dass wir das Ganze noch schlimmer machen, als es effektiv ist, indem

479

wir in Weltuntergangsstimmung machen, weil ein Angestellter aus dem Bundeskanzleramt da entlarvt wurde.

(Beifall.)

Wehner: Holger *Börner*.

Börner: Genossinnen und Genossen, man kann darüber streiten, wie lange die öffentliche Diskussion mit welcher Intensität geführt wird. Sicher ist, dass eine Argumentationshilfe benötigt wird. Die werden wir in Zusammenarbeit mit der Fraktion sicherstellen bis zum Wochenende.

(Vereinzelter Beifall.)

Wehner: Schorsch *Leber*.

Leber: Genossinnen und Genossen, ich bin angeregt worden, auch etwas dazu zu sagen. Ich wollte das der Kürze wegen nicht mehr tun. Ich kenne *Guillaume* seit etwa zwölf Jahren. Ich hätte ihm vorgestern Abend noch jedes Zeugnis ausgestellt, wenn er gekommen wäre. Ich bin ehrlich und sage das hier. Ich wusste auch nichts von Observationen, die gegen ihn eingeleitet worden sind. Er ist in Frankfurt Unterbezirksgeschäftsführer gewesen, war Sekretär der Fraktion und war in meinem Wahlkreis gegen einen anderen Kandidaten als Sprecher der Ortsvereine gewählt worden, der dort den Vorsitz führte. Er bewarb sich 1970 um eine Aufgabe hier in Bonn. Ich habe damals mit Herbert *Ehrenberg* ein Gespräch gehabt. Ich wusste, das Kanzleramt sucht gute Leute. – Ja, man lacht heute darüber. Das Kanzleramt sucht gute Leute. Ich hatte gar keinen Grund, auch nur das geringste Misstrauen oder auch nur einen geringen Eindruck von der Untadeligkeit dieser Person zu haben. Ich muss sagen, dies ist ein ganz perfekter Fall, der, wenn er so auftritt, vermutlich erst entdeckt werden kann, wenn ein Fehler gemacht wird. Dies passiert in jedem Staat. Damit muss man vermutlich leben. Ich kann nur sagen, es gibt hier überhaupt nichts, was zu verbergen ist. *Guillaume* hat bei mir nie, das möchte ich noch dazu fügen, auch nur den geringsten Eindruck von Dingen bekommen, die der Geheimhaltung bedürfen. Wenn ich das jetzt betrachte, seit ich Verteidigungsminister bin, habe ich ihn nur gelegentlich gesehen, wenn er irgendwo war, um Guten Tag zu sagen. Mehr überhaupt nicht. Das ist das, was ich hier zu berichten habe.

Wehner: Sind noch Wortmeldungen? Wir werden also ein – bitte, Gerd *Jahn*.

Jahn: Ich begrüße das, was Manfred *Schmidt* hier gesagt hat. Ich glaube, das ist eine zutreffende Wertung. Genossinnen und Genossen, wer sich stößt an dem Wort Erfolg, ich will darüber nicht rechten, nur meine ich, wir sollten versuchen, von uns aus in dieser Frage eine Argumentation zu finden, die die Akzente in der Diskussion nicht anderen überlässt. Und so ist auch gedacht, was in der Erklärung des Chefs des Bundeskanzleramtes gesagt wird. Ich wiederhole das noch mal:

»In unserem Staat wird und muss jeder Fall nachrichtendienstlicher Agententätigkeit ohne Ansehen der Person und des Amtes uneingeschränkt aufgedeckt und verfolgt werden. Ich begrüße, dass es unseren Sicherheitsbehörden gelungen ist, diesen Fall aufzuklären und damit weiteren Schaden abzuwenden. Ihnen ist für ihre Arbeit zu danken.«

Ich meine, dies ist eine Argumentationsgrundlage, mit der man selber nicht nur Akzente setzt, sondern auch einen Beitrag dazu leisten kann, dass das nicht in die falsche Richtung läuft. Damit dieses einfacher wird, die Anregung von Hedi *Meermann* ist bereits insofern aufgegriffen, als die beiden Verlautbarungen – sowohl der Bundesanwaltschaft wie auch des Chefs des Bundeskanzleramtes – euch heute noch in die Fächer gelegt werden. Dann habt ihr das beides im Wortlaut zur Verfügung.

Fraktionssitzung 25.04.1974 (3) **60.**

Wehner: Ja, wie gesagt, werden wir außerdem, greift auf das zurück, was *Börner* gesagt hat, eine Übersicht machen, die es erleichtert, dass man auf Fragen antwortet. Nur ich habe die Sache deswegen in Erinnerung, in Erwägung gebracht, die Hessen Süd zugeschrieben wird, weil dort dann die Sache politisiert gewertet wird, nämlich das seien eben die rechten Scharfmacher, die auf diese Weise. Wenn wir damit anfangen oder uns davon anstecken lassen, sind wir ganz schnell völlig durcheinander. Wir werden dann die Narren genannt von dem, der eben gesprochen hat, vorher und von *Ehrenberg*. Das ist das Letzte, um nicht zu sagen das Mieseste, was man machen kann, wenn ein Malheur passiert ist. Peter *Würtz*.

Würtz: Genossinnen und Genossen, die Erklärung von Georg *Leber* scheint mir außerordentlich hilfreich und ich meine, sie würde morgen im Plenum, falls es zur Aktuellen Stunde kommt, uns sicher helfen. Paul *Neumann* hat diesen Vorschlag gemacht und ich meine, ich bin der Auffassung, dass viele überzeugt sein werden, wenn der Verteidigungsminister erklärt, er hat guten Glaubens hier jemanden empfohlen, dann hilft uns dies auch draußen.

Wehner: Ja, auf die Aktuelle Stunde müssen wir uns eh vorbereiten, das heißt einige müssen sich darauf vorbereiten. – Keine weiteren Wortmeldungen? Dann zur Fortsetzung im Plenarsaal.

60.

25. April 1974: Fraktionssitzung (3. Sitzung/Tonbandtranskript)

AdsD, SPD-BT-Fraktion 7. WP, 6/TONS000025. Titel: »Fraktionssitzung vom 25.04.1974«. Beginn: 23.32 Uhr. Aufnahmedauer: 01:38:39.[1] Vorsitz: Wehner.

Sitzungsverlauf:

A. Informationsmaterial zum Fall *Guillaume*.
B. Informationen und Fragen zur 3. Beratung des 5. Strafrechtsreformgesetzes (Paragraph 218 StGB).
C. Bundesminister *Vogel* zur Bodenrechtsreform.

[A.]

Wehner: Die Sitzung ist eröffnet. Wir müssen uns wohl jetzt zunächst mit dieser Situation vor der nächsten Abstimmung befassen.[2] Und vielleicht tun wir auch gut, wenn wir schon ein wenig darüber reden, wie wir dann in der dritten Lesung operieren, das heißt, was Reden betrifft. Einige möchten in der dritten Lesung auf jeden Fall mit kurzen Er-

---

1 Am 25. April 1974 gab es drei Sitzungen der Fraktion, die im Audiobestand des Archivs der sozialen Demokratie (AdsD) nicht differenziert werden, zu denen aber jeweils ein eigenes Kurzprotokoll gehörte. Die hier angegebene Aufnahmedauer bezieht sich daher, wie im Bestandsverzeichnis des AdsD für die Tonbänder angegeben, auf alle drei Sitzungen gemeinsam. Laut Kurzprotokoll (AdsD, 2/BT-FG000060) begann die vorliegende Sitzung um 23:32 Uhr und endete am 26. April um 00:06 Uhr.
2 Gemeint ist die Stichentscheidung zwischen den Entwürfen des Sonderausschusses für die Strafrechtsreform, BT Drs. 07/1981 (neu) und BT Drs. 07/1983. Vgl. BT Plenarprotokoll 07/95, S. 6442–6445.

klärungen zu Worte kommen. Ich habe aber außerdem noch die Bitte, dass eine Mitteilung gemacht wird inhaltlicher Art zu einem anderen Punkt, habe ich heute in der Eile der vorigen Fraktionssitzung nicht mehr von meinem Zettel aufgerufen, nämlich zu dieser Frage Bodenrecht, über die gestern eine Verhandlung war. Koalitionsverhandlung. Hans-Jochen *Vogel* wird dazu dann etwas sagen.

(Unruhe.)

Ich weiß, wenn es spät ist, will man gerne noch angeschrien werden, aber –,

(Gelächter und starker Beifall.)

ja, Genossen, außerdem wollte ich mitteilen, da brauche ich nicht noch mal darauf zurückkommen, dass ihr ein nach meiner Ansicht gutes übersichtliches und auch handfestes Argumentationsmaterial bekommen werdet, das fertig ist.³ Das ist zwischendurch fertiggemacht worden mit allen erdenklichen Tatsachenangaben

(Beifall.)

und auch schon in Konsumtion dieser Erklärung *Stücklens*, die ja einerseits damit beginnt, dass man den Skandal im Bundeskanzleramt und zum anderen dass er die Sicherungsorgane lobt, obwohl beides geht nicht zusammen.⁴ All diese Dinge sind verarztet, und zwar nicht in Form eines Leitartikels, sondern präzise Punkt für Punkt und am Schluss auch eine ganze Namensliste mit den Fällen aus den amtlichen Unterlagen, in denen – gleichgültig welche Partei es betraf – Leute festgenommen oder bloßgelegt wurden oder dem grade noch entkommen sind. Fängt mit *Schmidt-Wittmack* an⁵, aber ist ganz genau nach Taten und nach Parteien, die davon betroffen waren, und auch – kann man dann sehen – in welchen Perioden das gewesen ist.

(Zwischenruf.)

Dir wird schlecht?

(Zwischenruf.)

Bis jetzt nicht.

(Gelächter.)

[B.]

Wehner: Ja, Genossen, dann fangen wir, was sollen wir anders machen, mit [Paragraph] 218 an. Über den ersten Wahlgang braucht nichts mehr gesagt werden. Da liegen die Zahlen vor.⁶ Dann zum zweiten Wahlgang werden wir, wie ich sagte, einiges versuchen müssen, von hier aus – aus unserer Mitte – zu klären. Wer da spricht und so, dass es nicht also noch mal eine Aussprache, wie es vor der zweiten Lesung, ich meine der Länge nach, schlecht war die ja nicht, aber war doch sehr lang und wir müssen aufpassen, dass wir nicht die ganze Zeit verlieren. Was das Resultat betrifft, ich mache das Dümmste zuerst: 233 waren unsere Stimmen, und wenn die CDU ihre Stimmen zu-

---

3 Vgl. die zweite SPD-Fraktionssitzung am 25. April 1974, online. – Die Fraktionsmitglieder hatten Parteivorstand und Fraktionsführung um schriftliche Informationsvorlagen zur Verhaftung von Günter *Guillaume*, dem persönlichen Referenten von Bundeskanzler *Brandt*, gebeten.

4 Der stellvertretende CDU/CSU-Vorsitzende *Stücklen* beklagte einerseits den »bekanntgewordenen Sicherheitsskandal« im Kanzleramt, dankte aber dann Behörden, die in »intensiver, präziser Arbeit« einen der wichtigsten Ost-Agenten enttarnt hätten. Vgl. die Stellungnahme *Stücklens* vom 25. April 1975, CDU/CSU-Fraktion, Pressereferat; BT Pressedokumentation, Personenordner Stücklen.

5 Gemeint ist der ehemalige CDU-Bundestagsabgeordnete Karlfranz *Schmidt-Wittmack*, der 1954 in die DDR floh, nachdem aufgedeckt worden war, dass er seit einigen Jahren für die DDR spionierte.

6 Vgl. BT Plenarprotokoll 07/95, S. 6440–6442.

Fraktionssitzung 25.04.1974 (3) **60.**

sammenkriegt, dann sind das 223. Das sind zehn weniger als wir. Da liegt also unser Schicksal in der Mitte in diesem Fall. Aber das werden wir ja dann sehen. Es ist außerdem eine Frage – und ich finde, es wäre gut, wenn wir sie positiv beantworten könnten –, in der dritten Lesung einen Entschließungsantrag einzubringen.[7] Der liegt jetzt nicht so vor, dass jeder ihn schon lesen kann, aber das könnten wir dann nachholen bis morgen. Das heißt, ihn über Nacht abziehen. Das ist eine Übersicht zur Sache und sicherlich auch von einer sehr integrierenden Wirkung und greift noch einmal alles das auf, was wir an Zurückweisungen zur Hand haben müssen, wenn nach dem ersten Schock nun die Dinge draußen erst noch einmal hochgepeitscht werden. Mein Zettel zeigt mir, dass die Genossen *Eppler* und *Rapp* und auf einem anderen Zettel habe ich auch Antje *Huber*, die zur dritten Lesung kurz hier, Antje *Huber* vor der nächsten Abstimmung, wenn das geht. Das ist eine Frage. Das müsste man mit dem Präsidenten rechtzeitig erörtern und die anderen Genannten, Vorhergenannten zur dritten Lesung. Wenn ihr mir nicht böse seid, mache ich einen Vorschlag, wer die Einleitung zur dritten Lesung geben soll. Ich möchte gerne, dass das Elfriede *Eilers* macht. Aber es gibt vielleicht bessere Vorschläge, dann sagt sie. Wird das Wort gewünscht zu dem Ausgang und zu dem vor uns Stehenden? *Müller-Emmert.*

Müller-Emmert: Es ist eine alte Erfahrung, dass es gut ist, wenn Missverständnisse auftreten, dass sie sofort geklärt werden. Aus diesem Grunde fühle ich mich verpflichtet, an Herbert *Wehner* eine Frage zu stellen. Er ist nicht überrascht. Ich habe mit ihm schon gesprochen. Nach der Abstimmung hat mich der Kollege *Köster* von der CDU angesprochen und hat mir erklärt, er hätte gehört, dass Herbert *Wehner* bei meiner Rede erklärt hätte, das ist ein zweiter *Hupka*. Er, Kollege *Köster*, könne das aber nicht hundertprozentig bestätigen. Er könne sich auch verhört haben. Genauso wie dies mir Kollege *Köster* gesagt hat, habe ich es auch Herbert *Wehner* gesagt und habe ihm erklärt, er sei wohl aus Gründen der Solidarität verpflichtet, mir dazu eine Erklärung abzugeben. Er sagte: ich habe das nicht gesagt, ich habe lediglich erklärt, das war eine Rede gegen die SPD. Im Übrigen glaubst du ja dem *Köster* mehr. Der *Köster* steht dir näher. Ich habe mir dies bei Herbert *Wehner* verbeten. Ich habe schon immer in der Vergangenheit einen jeden Respekt vor Herbert *Wehner* gehabt und wiederhole dies hier auch. Ich bin jetzt 13 Jahre im Bundestag und die Fraktion hatte sich über mich, was mein Abstimmungsverhalten und was meine Arbeit betraf, nie zu beklagen. Wenn einer dies tun will, möge er aufstehen und möge es mir sagen. Ich bin der Meinung, dass Herbert *Wehner* mir vor der Fraktion eine Erklärung schuldig ist.

(Vereinzelter Beifall.)

Mir geht es dabei darum, in der CDU geht diese Sache sowieso wie ein Lauffeuer herum, das habe ich nicht in der Hand, es ist im Interesse unserer Partei, wenn Herbert *Wehner* diese Dinge aus dem Weg räumt.

Wehner: Wie *Müller-Emmert* sagt, er hatte mich angesprochen darauf, und ich habe ihm gesagt, dass ich seine Rede bezeichnet hätte als eine Rede, die fast ausschließlich gegen uns und unseren Text argumentiert hat.

(Zwischenruf.)

Uns und unseren Text. Ich bin gerade dabei, das zu erklären. Nicht. Uns, die wir den Fraktionsantrag vertreten.

---

7 Zum Entschließungsantrag der SPD- und FDP-Fraktion vom 26. April 1974 zur dritten Beratung des Entwurfs eines Fünften Gesetzes zur Reform des Strafrechts (5. StrRG) – BT Drs. 07/375, 07/1981 (neu) – vgl. BT Drs. 07/2042.

(Zwischenruf.)

Na gut, schön ist das nicht. Nur das ist aber so und diese Wertung verlange ich nicht, dass andere sie übernehmen, aber so habe ich die Rede aufgefasst und mir wäre es auch *Müller-Emmerts* wegen lieber gewesen, dass er sie eben nicht so gegen diesen Text der Mehrheit der Fraktion gesprochen, sondern mehr für seine Sache gesprochen hätte.

(Starker Beifall.)

Was diese Tatsache betrifft, habe ich ihm gesagt, das habe ich nicht gesagt. Als er darauf wiederholte, aber der *Köster*, habe ich gesagt: *Köster*, der dir offensichtlich näher steht als ich, wenn du dem mehr glaubst, kann ich dir nicht helfen. Dann muss die Sache sich eben, muss die sich eben von selbst legen. Er hat mich ein zweites Mal angesprochen, jetzt vor dieser Sitzung und die Erklärung ist nun das Ergebnis dieser beiden kurzen und sicher nicht lieblichen Unterredungen. So ist das nach und so ist das, wenn man also sich für eine Sache engagiert. Der eine für die, der andere für jene.

(Zwischenruf.)

Dass ich *Müller-Emmert* in seiner Ehre und Integrität nicht antaste, das möchte ich hier in aller Feierlichkeit erklären.

(Starker Beifall.)

Müller-Emmert.

Müller-Emmert: Liebe Genossen, nach dieser Erklärung betrachte ich die Sache als erledigt.

(Starker Beifall.)

Wehner: Genossen, ich möchte nur, dass wir vielleicht das Technische dann schon in die Arbeit geben können, diesen Text einer Entschließung, damit er uns dann hier vorliegt. Ich habe ein Exemplar hier.[8] Ich nehme an, es ist die letzte.

(Zwischenruf.)

Hier steht – ja, das ist der zweite Entwurf, das ist der erste. Dass wir die vervielfältigen und dass wir uns dann damit befassen. Es hat keinen Zweck, dass ich jetzt versuche, ihn vorzulesen. Dazu sind wir alle zu müde oder zu aufgeregt. Das eine schließt das andere nicht aus. Wortmeldung Hans *Bardens*.

Bardens: Liebe Genossinnen und Genossen, ich wollte euch nur darüber informieren, dass mich also für zehn Minuten der *Köster* ebenfalls angesprochen hat, den ich übrigens für einen recht unpolitischen Mann halte. Er hat mich gefragt, was für uns hilfreich wäre. Ob es nicht besser wäre, wenn die *Heck*-Gruppe sich der CDU-Mehrheit anschließen würde. Ich habe ihm gesagt: Sie können uns überhaupt nicht helfen. Machen Sie, was Sie wollen. Ich wollte nur informieren darüber, dass die also – wenigstens der Herr *Köster* – solche seltsamen Überlegungen anstellen.

Wehner: Das ergibt sich aus den Zahlen, lieber Hans. Der kann ja auch rechnen. Der kann ja auch rechnen. Wird noch das Wort gewünscht zu dem Ergebnis beziehungsweise zu den Dingen, die zur dritten Lesung überführen können? Genosse *Halfmeier*.

Halfmeier: Genossinnen und Genossen, ich möchte nicht gern aus dieser Fraktionssitzung rausgehen, ohne die Gewissheit zu haben, dass es nicht zehn oder gar mehr gibt, die bei der ersten Abstimmung sich für *Müller-Emmert* entschieden haben und nun eventuell den CDU-Gesetzentwurf unterstützen würden. Das wäre sehr wichtig

---

8 Gemeint ist der oben erwähnte Entschließungsantrag der sozial-liberalen Koalition zur Strafrechtsreform.

für mein Verhalten, ob ich mich der Stimme enthalten kann oder ob ich dann für den Fristenentwurf stimmen muss.

Wehner: Nun will ich auch jetzt nicht sagen, du müsstest so oder so stimmen, aber die Zahlen sprechen für sich und so viel Zeit hat jeder noch und haben wir noch, um zu rechnen, ob wir das Zahlenbild ein wenig zu unseren Gunsten verändern können. Mehr kann ich da nicht insistieren. Es geht ja bei dieser Frage, wie hier berichtet wurde, auf *Kösters* Wunsch gerichtet wurde an Hans *Bardens* in Wirklichkeit erstens mal um ein Thema, das man vielleicht einen Saal über uns jetzt erörtert, aber es geht auf jeden Fall darum bei denen, dass die ihre beiden Entwürfe, das heißt die Unterzeichner oder Unterstützer beider Entwürfe versuchen werden zusammen zu bekommen. Es wäre denn, sie hätten Grund zu hoffen, dass man noch etwas manipulieren könnte. Alex *Möller*.

Möller: Genossinnen und Genossen, ich bin der Meinung, wir haben diese Frage mit großer Toleranz behandelt und wir haben nun ein Abstimmungsergebnis. Wie wir jetzt bei einer neuen Abstimmung stehen, da meine ich, ist es eine Frage, ob diejenigen, die sich mit 35 Stimmen für eine andere Lösung als die Fraktionsmehrheit entschieden haben, und zwar mit einem weiten Aktionsradius im Deutschen Bundestag, etwas was bisher nicht so gewesen ist, ob sie sich nicht jetzt sagen können: Wir haben uns gegen eine Fristenregelung mit klaren Argumentationen entschieden und in der neuen Abstimmung steht ein Ergebnis, das zwischen SPD und CDU/CSU klar entscheidet, und in diesem Fall stellen wir wieder die Einheit der Partei her. Wir befinden uns ja in einer sehr kritischen Situation, und ich bin der Meinung, nachdem jeder Farbe bekannt hat, können wir jetzt sagen, jetzt kommt es darauf an, dass wir als Partei draußen unseren Genossen ein Vorbild geben, dass nachdem diese Auseinandersetzung abgeschlossen hat und dass jeder mit seinem Gewissen diese Entscheidung auch verantworten kann, bei einer Abstimmung zwischen einem CDU-Entwurf und der Fristenlösung der SPD sich nunmehr die SPD für diese Parteilösung entscheidet.
(Beifall.)

Wehner: Dieter[9] *Sperling*.

Sperling: Der Umweg von der eigenen Farbe zu einer Farbe, die man als schlechter empfindet, scheint für manche Genossen wichtig zu sein, selbst wenn andere – Alex, ich stimme dir im Prinzip zu –, nur der Umweg von der eigenen Farbe zu der Farbe, die man als schlechter empfindet, kann für manche Genossen wichtig sein, um gegenüber denen, mit denen sie vorher immer in Kontakt gestanden haben, deutlich zu machen, dass dieser Umweg ihr Weg ist, und ich möchte niemanden unter Druck gesetzt sehen vor der dritten Lesung.
(Vereinzelter Beifall.)

Wehner: Weitere Wortmeldungen? Bitte, Lothar *Wrede*.

Wrede: Herbert, ich möchte die Frage von Friedhelm *Halfmeier*, der ja zu den Unterzeichnern des *Müller-Emmert*-Entwurfs gehörte, aufgreifen und das verdeutlichen, was Alex *Möller* eigentlich gemeint hat. Wir waren doch immer der Meinung in dieser Fraktion, wenn also politische Abstimmungen anstehen zwischen uns und der Opposition und jemand anderer Meinung, und so habe ich Friedhelm *Halfmeier* verstanden, es soll ja niemand gezwungen werden, anders zu stimmen, aber dann sollte er das hier erklären können, damit wir einen Überblick haben, und so habe ich auch Alex *Möllers* Appell verstanden, das heißt auch Dietrich *Sperling*. Wenn nun jemand den Umweg nicht direkt nehmen, sondern er möchte – so habe ich das gesehen – nun sagen, ich enthalte

---
9 Richtig ist Dietrich *Sperling*.

mich. Aber die Fraktion muss aufgrund der Zahlen doch einen Überblick haben, denn jetzt stehen zur Diskussion, zur Abstimmung zwei Entwürfe – unserer und der der Opposition. Und diejenigen, die nicht für diesen Entwurf stimmen sollten, so hat es Friedhelm *Halfmeier* gemeint, und ich meine, das ist richtig und ich wollte das unterstützen, die sollten das hier sagen, damit man einen Überblick hat.

Wehner: Hermann *Schmidt*.

Schmidt (Würgendorf)**:** Genossinnen und Genossen, ich gehe davon aus, jedenfalls ist mir niemand bekannt, der eine andere Meinung hat, der in dieser Abstimmung den CDU-Entwurf unterstützen würde. Ich glaube, das ist doch klar und damit sind jede weitere Spekulationen abwegig.

(Beifall.)

Wehner: Gibt's noch Wortmeldungen? Hugo.

Collet: Genossinnen und Genossen, man kann nicht jedem Beitrag in der Diskussion und den anderen, von der anderen Fakultät nun Bedeutung beimessen, aber ich möchte gerade in dieser kritischen Lage doch zur Kenntnis geben, dass es da eine Diskussion gibt von Überlegungen, dass man nach draußen sagen will bei deren anderen, wir sehen keine Chance mehr für unsere Vorstellungen, wir haben unser Angebot der Öffentlichkeit gemacht, aber die Fristenregelung ist uns noch viel schlimmer, also sagen wir alle nein. Das ist also unter Umständen denkbar, dass so etwas sich durchsetzen könnte da oben. Das könnte also nein heißen, dann kann für uns nicht der Umweg auch ein Nein sein. Nicht für uns meine, sondern für diejenigen, die jetzt *Müller-Emmert* ihr Kreuz gemacht haben, für diesen Vorschlag. Denn das wäre die Addition des Nein, die dann auch größer sein könnte als 233.

Wehner: Adolf *Scheu*. Weitere Wortmeldungen? *Farthmann*.

Farthmann: Genossen, es gibt ja drei Positionen für die 35: sich zu enthalten, Nein zu stimmen oder einem Entwurf zuzustimmen. Jetzt taucht die Frage auf, die hier eben geklärt werden muss, um deren sachliche Klarstellung ich bitte. Was ist, wenn alle CDU-Abgeordneten mit Nein stimmen und die 35 auch?

Wehner: Alle Arbeit umsonst, über das hinaus eine Bewertung dieser Arbeit, die wir lange Zeit nicht werden überwinden können. Antje *Huber*.

Huber: Genossen und Genossinnen, ihr könnt davon ausgehen, dass aus unserer Gruppe eine Reihe sich enthalten werden und einige mit Ja stimmen werden. Dadurch steigt die Anzahl der Befürworter der Fristenregelung und einige enthalten sich. Selbst wenn einigen, und das muss unbenommen bleiben, nichts anderes übrig bleibt, als nach wie vor mit Nein zu stimmen, wird niemand für den CDU-Entwurf stimmen. Es besteht also nicht die Gefahr, dass die CDU mehr Stimmen kriegt oder dass sie durch ihr Nein kaputt macht. Nein, dass die auch nicht – ich habe das ja auch gesagt –, dass sie auch nicht durch ein massives Nein mehr Stimmen erreichen kann mit dem Nein als mit dem Ja.

Wehner: Jochen *Vogel*.

Vogel: Genossinnen und Genossen, hier ist jetzt noch einmal eine entscheidende Frage berührt worden. Bei den früheren Darstellungen haben eine Reihe der Genossinnen und Genossen, die für den *Müller-Emmert*-Entwurf sich ausgesprochen haben, die Darstellung so verstanden, dass in der zweiten Lesung auch bei der zweiten Abstimmung die Nein-Stimmen keine Rolle spielen, dass es allein auf die Ja-Stimmen ankommt. Jetzt ist eine andere Auskunft gegeben worden. Ich bitte, dass diese Frage klar beantwortet wird, weil sie für das Abstimmungsverhalten einiger von erheblicher Bedeutung ist.

Fraktionssitzung 25.04.1974 (3) **60.**

Wehner: Das ist auszurechnen. Wenn die 233, die jetzt für den Koalitionsentwurf gestimmt haben, mit ihren 233 Stimmen, die sie hoffentlich wiederholen werden und keiner wird inzwischen verlorengegangen sein, behalten und man rechnet die anderen mit Nein, dann sind wir baden gegangen in einer kühlen Jahreszeit.

Vogel: Herbert, das ist eine rechnerisch richtige Darlegung. Der Punkt, nach dem ich noch einmal frage: Bei den vielen Darstellungen hat es geheißen, die Geschäftsordnung sei dahin geändert, dass es in der zweiten Lesung auch beim Stichentscheid nur auf die Zahl der Ja-Stimmen ankomme. Wenn uns die Präsidentin sagt, dass für den Fall, den Herbert gerade vorgerechnet hat, die Fristenlösung und damit jede Reform bereits in der zweiten Lesung gescheitert ist, dann ist das eine andere Auskunft und dann werden wir uns danach zu richten haben. Aber der Punkt muss geklärt werden!

Wehner: Hugo *Collet*.

Collet: Jochen, ich muss noch einmal daran erinnern, dass ich hier erläutert hatte, dass in dem Falle, in dem im ersten Wahlgang meinethalben eine die absolute Mehrheit bekommt, eine der vier, gibt es keine zweite Abstimmung. Ich hatte weiter erläutert, wenn wir 249 Nein bekommen, ist auch zu Ende. Das muss auch für die zweite Abstimmung gelten. Wenn also dann mehr Nein da sind als Ja für einen der beiden anderen, in der Addition natürlich, wenn im Ganzen mehr Nein-Stimmen abgegeben werden, ist Feierabend. Das ist doch selbstverständlich. Dann bringt doch der Bundestag zum Ausdruck, dass er nicht mehr weitermachen will.

Wienand: Genossinnen und Genossen, der Text, der heute Morgen mit Zweidrittelmehrheit beschlossen worden ist, heißt: Grundlage der dritten Beratung bildet der Entwurf, der bei der Stichwahl die meisten Stimmen auf sich vereinigt. Die meisten Stimmen auf sich vereinigt. Jetzt ist hier von *Collet* mit Recht die Frage aufgeworfen und von Jochen *Vogel* vertieft worden, wie es denn aussieht, wenn die 233 Ja-Stimmen in der zweiten Abstimmung, also in dem Stichentscheid zur zweiten Lesung bleiben und wenn die 35 *Müller-Emmert*-Stimmen sich vereinigen mit den 31 *Heck*- und den 161 oder 62 CDU-Stimmen. Wenn ich die zusammen zähle, komme ich über 249 Stimmen. Dann habe ich auf der einen Seite eine absolute Mehrheit von Nein-Stimmen und habe auf der anderen Seite 233 Ja-Stimmen.

(Unruhe.)

Wehner: *Müller-Emmert*.

Müller-Emmert: Darf ich zu dieser Frage eine kurze Stellungnahme abgeben? Wir müssen doch rechnen. Die SPD-Fraktion hat 233 Stimmen. Die CDU-Fraktion, wenn man die *Heck*-Leute zusammenzählt, 223 Stimmen. Dazu müssen wir auch noch die eine Nein-Stimme *Ertl* zählen. Das heißt also, dass bis jetzt 224 Gegenstimmen vorliegen. Wenn jetzt – das sind reine Berechnungen – von den 35, die den Gruppenantrag der SPD unterstützt haben, sich alle der Stimme enthielten, wäre die Mehrheit der SPD-Fraktion klar mit 233 zu 224. Wenn acht von den Gruppenleuten weiterhin mit Nein stimmen würden und die CDU/CSU-Fraktion einschließlich *Ertl* ebenfalls bei ihrem Nein bleiben, dann ist die Zahl 232 erreicht. Dann könnten sich die restlichen, das wären also 27, auch noch der Stimme enthalten. Das heißt also, von der Zahl acht ab wird es kritisch, darauf wollte ich hinweisen, unter acht gibt es keine Schwierigkeiten.

Wehner: Genossen, das ist klar. Nur wer weiß das, bevor die Stimmzettel wieder aus der Urne kommen und gezählt worden sind. Dann ist aber nichts mehr zu machen. Erhard *Eppler*.

Eppler: Genossinnen und Genossen, unabhängig von all dieser Rechnerei begreife ich diese Diskussion nicht mehr. Es gab doch in dieser Fraktion von Anfang an Übereinstimmung in einem, nämlich dass wir eine Reform wollen, und nun werden wir unter vier verschiedenen Rubriken abstimmen können: Fristen, CDU/CSU, Enthaltung und Nein. Enthaltung bedeutet doch, ich kann mich zwischen diesen beiden nicht entscheiden. Nein bedeutet, ich will überhaupt keine Reform.

(Zwischenruf: Genau!)

Deshalb verstehe ich überhaupt nicht, wie dieses Nein hier in die Diskussion kommen kann, und ich kann mir auch überhaupt nicht vorstellen, wie jemand, der heute Abend Nein stimmt, morgen Ja stimmen will und dies dann nachher noch jemandem erklären will.

(Beifall.)

Wehner: Genossen, bevor ich dem Nächsten das Wort gebe, muss ich und darf ich Alex *Möller* zu seinem Geburtstag gratulieren.

(Starker Beifall.)

Ja, und ich höre grade, dass auch einer von der anderen Fakultät, nämlich Adolf *Scheu*, Geburtstag hat.

(Gelächter und starker Beifall.)

Und deswegen – er war auf der Liste. Er hat das Wort als Nächster.

(Gelächter.)

Scheu: Das kam haarscharf richtig. Ich habe nämlich nur einen Wunsch auszusprechen. Ich möchte alle die von den 35, die sich im Lauf dieses Tages bei vielen Gesprächen zu Ja oder Enthaltung innerlich durchgerungen haben, bitten, sich von meinem Geburtstagskollegen und seinen Ausführungen, die wahrscheinlich aus einer gewissen Unkenntnis der Atmosphäre von Montag bis heute kommt, nicht beeinflussen zu lassen. Ich habe im ersten Moment auch gesagt, jetzt kann ich nicht mehr, ich kann nicht, wenn der stellvertretende Vorsitzende dieser Fraktion so quasi nun anfängt das zu verlassen, was ursprünglich gedacht war, Gewissensentscheidung wirklich durchzuhalten in dieser Fraktion, jetzt kann ich nicht vor mir selber bestehen, wenn also dieser Druck ausgeübt ist, und ich dann gemacht habe, was ich vorher ohne diesen Druck schon entschlossen habe. Ich möchte also nur alle die Freunde, mit denen ich Kontakt hatte und andere Leute im Laufe des Tages und die sich schon durchgerungen haben mindestens zur Enthaltung, zu bitten, sich nicht beeinflussen zu lassen von meinem Geburtstagskindskollegen. Amen.

[C.] → online unter www.fraktionsprotokolle.de

61.

7. Mai 1974: Fraktionssitzung (Kurzprotokoll & Pressemitteilung)

AdsD, SPD-BT-Fraktion 7. WP, 2/BTFG000061. Überschrift: »Protokoll der Fraktionssitzung am Dienstag, den 07. Mai 1974«. Zeit: 12.05–12.55 Uhr. Vorsitz: Wehner. Protokoll: Janke. Datum der Niederschrift: 26. August 1974.

Sitzungsverlauf:

A. TOP 1: Rücktritt Willy *Brandts* vom Amt des Bundeskanzlers.

B. Wortlaut der Ausführungen des Vorsitzenden der sozialdemokratischen Bundestagsfraktion, Herbert *Wehner*, und des Vorsitzenden der Sozialdemokratischen Partei Deutschlands, Willy *Brandt*.[1]

[A.]

Einziger Tagesordnungspunkt:
Rücktritt Willy *Brandts* als Bundeskanzler.

Eingangs der Sitzung gab Herbert **Wehner** vor der Fraktion ein Vertrauensbekenntnis zu Willy *Brandt* ab, wobei er insbesondere den Respekt vor der Entscheidung Willy *Brandts* bekundete.[2] Fernerhin gab er einen kurzen Bericht über den aktuellen Verlauf der entscheidenden Stunden, die Willy *Brandt* zu seinem Rücktritt veranlaßten[3] (im Einzelnen s. dazu die in der Anlage beigefügten Informationen der sozialdemokratischen Fraktion im Deutschen Bundestag: Tagesdienst 470 vom 07. Mai 1974[4]).

---

1 Die unter SVP B abgedruckte Pressemitteilung »Informationen der Sozialdemokratischen Fraktion im Deutschen Bundestag. Ausgabe: Tagesdienst 470. Betr.: Fraktionssitzung« war dem Protokoll beigefügt. – Die Pressemitteilung wurde offenbar von der nicht im Archiv überlieferten Tonbandaufzeichnung der Fraktionssitzung abgeschrieben.

2 Bundeskanzler *Brandt* reichte am 6. Mai 1974 sein Rücktrittsgesuch beim Bundespräsidenten ein. Damit übernahm er die Verantwortung für die Pannen und Fahrlässigkeiten im Zusammenhang mit der Enttarnung von Günter *Guillaume* als DDR-Spion. Vgl. zur Zeitspanne zwischen der Verhaftung *Guillaumes* und dem Rücktritt des Kanzlers auch die »Handschriftlichen Aufzeichnungen des Vorsitzenden der SPD, *Brandt*, über den ›Fall Guillaume‹, 24. April–7. Mai«; BRANDT, Berliner Ausgabe, Bd. 7, Mehr Demokratie wagen, Nr. 104.

3 Zur Festnahme von Günter *Guillaume* am 24. April 1974 vgl. die zweite und dritte SPD-Fraktionssitzung am 25. April 1974, online. – Anfang Mai 1974 wurde bekannt, dass im Zuge der Ermittlungen gegen *Guillaume* auch Indiskretionen, insbesondere Beziehungen *Brandts* zu Frauen, aus dem Privatleben des Kanzlers bekannt geworden waren. Damit bestand die Gefahr, dass es zu skandalträchtigen Enthüllungen kommen könnte – sei es während der Hauptverhandlung gegen *Guillaume* oder durch die DDR-Führung, die möglicherweise durch *Guillaume* unterrichtet war. Im schlimmsten Fall wäre der Bundeskanzler möglicherweise erpressbar gewesen. Der Präsident des Bundesamtes für Verfassungsschutz, *Nollau*, der seinerseits vom Chef des Bundeskriminalamts, *Herold*, informiert worden war, unterrichtete darüber den SPD-Fraktionsvorsitzenden *Wehner*, der seinerseits den Bundeskanzler während einer Tagung der engeren Parteiführung in Münstereifel am 4. Mai informierte. Am 5. Mai gab *Brandt* der Parteiführung den Entschluss zum Rücktritt vom Amt des Bundeskanzlers bekannt. Sein Rücktrittsgesuch an den Bundespräsidenten war auf 6. Mai datiert. Zum Schreiben von Bundeskanzler *Brandt* an den Bundespräsidenten *Heinemann* vom 6. Mai 1974 vgl. BRANDT, Berliner Ausgabe, Bd. 7, Mehr Demokratie wagen, Nr. 105.

4 Zu den im Tagesdienst veröffentlichten Reden von Herbert *Wehner* und Willy *Brandt*, die dem Faszikel mit dem Sitzungsprotokoll beigefügt waren, vgl. SVP B.

Anschließend gab Willy **Brandt** in der Fraktion eine Erklärung zu den Vorgängen der letzten Stunden (vergleiche dazu Informationen der sozialdemokratischen Fraktion im Deutschen Bundestag: Tagesdienst 469 vom 07. Mai 1974[5]).

Willy *Brandt* erklärte, daß er sowohl an den Bundespräsidenten wie auch an Walter *Scheel* einen Brief gesandt habe, in dem er seinen unmittelbaren Rücktritt vom Amt des Bundeskanzlers bekundete[6]. Danach wird bis zur Wahl eines neuen Bundeskanzlers der Außenminister Walter *Scheel* mit der kommissarischen Leitung der Regierungsgeschäfte betraut.

Nachdem Willy *Brandt* geendet hat, dankt ihm Herbert **Wehner** im Namen der Fraktion für seine Worte. Ferner betont er, daß [sich] die Fraktion die Erklärung des Präsidiums der sozialdemokratischen Partei zum Rücktritt Willy *Brandts* voll zu eigen machen möge.

Nachdem niemand mehr das Wort wünschte, erfolgte die Abstimmung über die Erklärung des SPD-Präsidiums vom 07. Mai 1974 (zum Inhalt s. dazu SPD-Pressemitteilungen und Informationen Nr. 208/74 vom 07. Mai 1974[7]).

Das Abstimmungsergebnis für die Präsidiumserklärung beinhaltete eine einstimmige Annahme des Präsidiumsbeschlusses.

Danach gibt Karl **Wienand** einen Überblick über den möglichen Tagesablauf der nächsten Tage. In diesem Zusammenhang verweist er auf die um 16 Uhr stattfindende Ältestenratssitzung, zu der hinsichtlich der interfraktionellen Absetzung der Haushaltsdebatte die Zustimmung der Fraktion erbeten wird. Ferner gab er bekannt, daß am 08. und 09. Mai die Vormittage jeweils für Ausschußsitzungen frei blieben. Am 09. Mai nachmittags ist eine vorgezogene Fraktionssitzung geplant, auf der die Steuerreform zur Debatte stünde.[8]

Für Freitag, den 10. Mai 1974, wird Präsenzfreigabe gewährt, damit die Abgeordneten in ihren Wahlkreisen alle wichtigen Dinge erledigen könnten.

Anschließend gab er den Tagesablauf der darauffolgenden Woche bekannt.[9] (s. Anlage[10]). Für den 16. Mai 1974 ist die Wahl des Bundeskanzlers vorgesehen.[11] Anschließend soll am Montagfrüh, dem 20. Mai 1974, die Debatte zur Regierungserklärung[12] erfolgen, die bis einschließlich Mittwoch zu Ende zu bringen sei[13], um die Handlungsfähigkeit der sozialliberalen Koalition unter Beweis zu stellen.

Unter Verweis auf die besondere Bedeutung, die der Steuerreform beizumessen ist und deshalb am Donnerstag in einer gesonderten Sitzung der Fraktion zur Sprache käme[14], erbittet **Wehner** weitere Wortmeldungen.

---

5 Der Anhang ist dem Faszikel beigefügt.
6 Zum Schreiben von Bundeskanzler *Brandt* an den Bundespräsidenten siehe oben.
7 Die Pressemitteilung ist dem Protokoll als Anlage beigefügt.
8 Vgl. die SPD-Fraktionssitzung am 9. Mai 1974, online.
9 Zu den Plenarsitzungen am 16. und 17. Mai 1974 vgl. BT Plenarprotokolle 07/97, 07/98, 07/99 und 07/100.
10 Die Anlage ist dem Protokoll beigefügt.
11 Zur Wahl des Bundeskanzlers am 16. Mai 1974 vgl. BT Plenarprotokoll 07/97, S. 6545 f.
12 Zur ersten Regierungserklärung von Bundeskanzler *Schmidt* am 17. Mai 1974 vgl. BT Plenarprotokoll 07/100, S. 6593–6605.
13 Zur Debatte am 20. und 21. Mai 1974 über die Regierungserklärung von Bundeskanzler *Schmidt* vgl. BT Plenarprotokoll 07/101, S. 6627–6679, und 07/102, S. 6683–6733.
14 Vgl. die SPD-Fraktionssitzung am 9. Mai 1974, online.

Fraktionssitzung 09.05.1974 **62.**

Mangels Wortmeldung gibt Herbert *Wehner* unter Tagesordnungspunkt Verschiedenes den 43. Geburtstag Erich *Henkes* bekannt.

[B.] → online unter www.fraktionsprotokolle.de

62.

9. Mai 1974: Fraktionssitzung (Tonbandtranskript)

AdsD, SPD-BT-Fraktion 7. WP, 6/TONS000025. Titel: »Fraktionssitzung vom 09.05.1974«. Beginn: 15.11 Uhr. Aufnahmedauer: 02:57:52. Vorsitz: Wehner.

Sitzungsverlauf:

A. TOP 3: Bericht aus dem Fraktionsvorstand (Steuerreform; Wahl des Bundeskanzlers und Kabinettsumbildung; Vertrag ČSSR–Deutschland; Kindergeld). – TOP 1: Politischer Bericht von Helmut *Schmidt* (Umfragewerte der SPD; Koalitionsverhandlungen und Kabinettsumbildung; Lage der internationalen und nationalen Konjunktur; Steuerreform).

B. TOP 5: Bericht von Rainer *Offergeld* zur Steuerreform.

C. Aussprache der Fraktion zur Steuerreform.

D. TOP 6: Gesetz zur Förderung des Arbeitsförderungsgesetzes. – TOP 7: Kleine Anfrage betr. Ausländerbeschäftigung. – Bericht aus dem Ältestenrat zum Ablauf der Plenarsitzungen. – Verschiedenes: Verschiebung des Termins für die Nachwahlen zum Fraktionsvorstand.

[A.]

Wehner: Die Sitzung ist eröffnet. Ich möchte gleich zu Beginn darum bitten, dass wir die vorgedruckte Tagesordnung ändern, insofern wir die Informationen nach der Behandlung der Steuerreform ziehen.[1] Ist die Fraktion damit einverstanden? – Ist einverstanden. Was hier als politischer Bericht verzeichnet ist und Bericht aus der Fraktionsvorstandssitzung bitte ich zusammenziehen zu dürfen. Es war die gestrige Fraktionsvorstandssitzung nach der gemeinsamen Sitzung von Parteivorstand und Parteirat und es ergibt sich aus der Sache, dass das zweckmäßig ist. Wenn ihr, Genossinnen und Genossen, damit einverstanden seid, es sind eine Reihe Krankmeldungen. Wir hoffen, dass im engen Kontakt miteinander – soweit diese unsere Kolleginnen und Kollegen nicht voll genesen können – sie auf jeden Fall in der nächsten Woche, soweit das ärztlicherseits möglich gemacht wird, hier sind für die Abstimmungen, bei denen es um sehr vieles geht, wie wir sagen werden.

Geburtstag habe ich heute nicht zu verkünden, aber *Kahn-Ackermann* ist – wie man inzwischen gemeldet bekommen hat – zum Generalsekretär des Europarats gewählt worden. Nehme an –,

(Starker Beifall.)

das heißt, wir verlieren ihn als Mitglied der Fraktion, aber er tritt damit eine – zum ersten Mal für unseren Bereich –, eine wichtige Aufgabe im europäischen Bereich an.

---

[1] TOP 2: Informationen und TOP 4: Aktuelles aus den Arbeitskreisen wurden ohne Wortmeldungen erledigt.

Und nun, Genossinnen und Genossen, das Wichtigste: Ich begrüße Helmut *Schmidt*, der heute –

(Starker Beifall.)

als der am Mittag nach den erforderlichen vorausgegangenen Beratungen von Parteirat und gestern schon einmal Parteivorstand einstimmig zum Kandidaten für die Bundeskanzlerwahl, die am 16. stattfinden wird[2], nominiert worden ist. Glückwunsch für Helmut *Schmidt* und das Wichtige ist, Versprechen, dass wir das unsere dazu tun werden, diese Beschlüsse, die der Empfehlung des Parteirats entsprechen und die ja auch ihren Niederschlag gefunden hatten, nachdem als Erster der Vorsitzende der Partei, Willy *Brandt*, in der vorigen Woche den Vorschlag gemacht, das Präsidium ihn aufgegriffen und die Bundestagsfraktion gleichen Tages die Erklärung, in der dies einer der wichtigsten Punkte war, sich einstimmig vollinhaltlich zu eigen gemacht hat.[3] Diese Kontinuität der Parteistellungnahmen – Präsidium, dazu am selben Tag hat die Fraktion sich damit befassen können, dann Parteivorstand, Parteirat und abschließend nach dem Statut wieder Parteivorstand – ist lebenswichtig gewesen für die vor uns stehenden zwingenden Notwendigkeiten, und ich bitte deshalb dafür um Verständnis, dass wir gestern nicht – wie nachträglich einige haben wissen lassen – unmittelbar nach der gemeinsamen Sitzung von Partei- und Fraktionsvorstand die Fraktion zusammengebeten haben.

Der Fraktionsvorstand hat nach jener gemeinsamen Sitzung noch einmal eine eigene Sitzung veranstaltet und hat den Bericht über die Behandlung des Dritten Steuerreformgesetzes[4] entgegengenommen und behandelt, und das ist auch ein Erfordernis der Kontinuität, nämlich diese Kontinuität der Fraktion und des Fraktionsvorstands und ihrer ihnen zugemessenen Arbeit und ihrer Stellungnahmen ist auch lebenswichtig. Lebenswichtig für das Inkraftsetzen der Steuerreform am 1.1.'75. In diesem Fall hängt von unserer Bundestagsfraktion alles ab und das ist von politisch ganz entscheidender Bedeutung für die Zeit bis dahin und für das Einhalten dieses von uns gesetzten Termins mit all den Hürden, die dazwischen noch – Bundesrat, Vermittlungsausschuss, wieder Bundestag, wieder Bundesrat, wieder Vermittlungsausschuss – liegen können.

Hier sind also zwei Kontinuitäten nicht einfach nebeneinander gelaufen, sondern gleichzeitig musste ihnen Rechnung getragen werden. Kontinuitäten, von denen zunächst abhängt, dass am 15. Mai der Bundespräsident gewählt werden kann und dass er *Scheel* heißt und dass am 16. Mai der Bundeskanzler gewählt werden kann und dass er Helmut *Schmidt* heißt. Das sind zwei ganz entscheidende Kontinuitäten, bis zu deren vorläufigen Höhepunkten noch allerlei zu tun ist, eingeschlossen das Zusammentreten heute Abend dieser beiden von den beiden Seiten der Koalitionspartner benannten Verhandlungskommissionen, die ja öffentlich bekanntgemacht worden sind. Der Parteivorstand hatte gestern seinen Beschluss gefasst. Wir sind auch zwischendurch auf der parlamentarischen Seite, so war es einfach notwendig und unvermeidlich, mit dem parlamentarischen Koalitionspartner wiederholt in Kontakt gewesen, um zu helfen durch volle gegenseitige Information [über] gewisse Dinge, die auch im Zusammenhang stehen mit den Kampagnen, die zurzeit gegen das Bestehen der Koalition und damit für das Ausscheiden der SPD aus der Regierungsverantwortung jetzt oder kurz nach diesen entscheidenden beiden Tagen lebenswichtig sind. Denn um das geht es in Wirklichkeit. Das

---

2 Zur Wahl des Bundeskanzlers durch den Bundestag vgl. BT Plenarprotokoll 07/97, S. 6545f.

3 Zur Pressemitteilung »SPD steht hinter Willy Brandt« vgl. Sozialdemokratischer Pressedienst vom 7. Mai 1974, S. 1, online.

4 Zum Entwurf der Bundesregierung vom 9. Januar 1974 eines Dritten Steuerreformgesetzes vgl. BT Drs. 07/1470.

Fraktionssitzung 09.05.1974 **62.**

hat nichts einfach nur damit zu tun, uns Flecke ins Hemd oder auf sonstige Stücke zu machen, sondern dieses ist ein politisches Trommelfeuer, das eine Fortsetzung und gewaltige Steigerung des Ereignisses vom 27. und 28. April 1972[5] darstellt und nun – weil man meint, die Zeit sei gekommen – auslöschen soll das imperative Mandat der Wählermehrheit vom 19. November 1972. Das ist es. Es geht um die SPD und ihre Rolle als führende Kraft im Bündnis mit der anderen Partei und es geht um den Versuch, Koalitionen umzudrehen, Genossen. Nehmt das genauso, wie ich es sage. Wobei es auf fast jedes Wort ankommt, das jemand von uns etwa zu den laufenden Ereignissen beziehungsweise zu den laufenden Verhandlungen beziehungsweise zu dem, was man Untersuchungen nennt, sagt.

Wir hatten gestern im Fraktionsvorstand uns mit einer Erscheinung zu befassen, die ich deswegen besonders anspreche, weil sie Schule machen kann. Im Ausschuss für Auswärtige Angelegenheiten hat der zur CDU zählende Vorsitzende *Schröder* erklärt, dass – weil es zurzeit nur eine geschäftsführende Regierung gebe – dort keine Behandlung des Prager Vertrages geben könne, die für zwei Tage vorgesehen gewesen war, damit dieser Vertrag ratifiziert werden kann, und die Durchrechnung ergibt, dass das dann nach dieser Auffassung möglicherweise erst im September denkbar wäre.[6] Nun ist diese Regierung eine Regierung und wer sich dessen versichern will, der sehe sich bitte die Kommentare zu dem entscheidenden Artikel des Grundgesetzes an. Wir sollten uns da bitte nicht ins Bockshorn jagen lassen und abgesehen davon, dieser Bundestag ist der Bundestag und man kann ihn nicht in die Rolle eines zurzeit zum Stillstehen verurteilen als des frei gewählten Parlaments verurteilen wollen {…}. Dem müssen wir uns jeweils an Ort und Stelle mit der Überlegenheit der Träger der Mehrheit widersetzen. Wir brauchen uns dabei gar nicht aufzuregen, sondern müssen kalt sagen, die Mehrheit, Herr Vorsitzender, beschließt das und das. Ja, bitte sehr, wir sind eine Mehrheit, wir sollten das zeigen, dass wir eine Mehrheit sind, dass wir uns nicht erst erkundigen müssen, ob das eigentlich statthaft sei –,

(Starker Beifall.)

Mehrheit zu sein, nachdem man es einmal geworden ist und inzwischen einiges eingetreten, was andere meinen, uns die Legitimation der Mehrheit gewissermaßen entzöge, obwohl sie in keiner Weise entzogen ist oder entzogen werden kann. Mehrheiten sind nur zu ändern durch neue Wahlen oder Mehrheiten im Parlament sind zu ändern durch Wechseln der Koalition. Mancher hat das bei uns schon miterlebt in früheren Perioden, und ich komme auf diesen Begriff zurück, weil er immer noch sozusagen wie ein Damoklesschwert über diesen Ereignissen gehalten wird.

Ausschusssitzungen: Wir haben bei der gestrigen Erörterung die Steuerreform und über die notwendige Operation Kindergeld[7], wir haben ja hier damals diese schmerzliche Entscheidung getroffen, mit dem Skalpell treffen müssen, damit wir das Störmanöver, Drittes Steuerreformgesetz nicht in Kraft zu setzen, nachdem alle Länder sich geweigert haben – hier war der Sprecher der sozialdemokratischen Länderfinanzminister und wir haben gesehen, wie das gewesen ist – haben wir müssen diese Entscheidung treffen. Jetzt

---

[5] Gemeint ist das fehlgeschlagene konstruktive Misstrauensvotum gegen Bundeskanzler *Brandt* in der 6. Wahlperiode.
[6] Zum Entwurf eines Gesetzes vom 20. März 1974 zu dem Vertrag vom 11. Dezember 1973 über die gegenseitigen Beziehungen zwischen der Bundesrepublik Deutschland und der Tschechoslowakischen Sozialistischen Republik vgl. BT Drs. 7/1832. – Die erste Beratung des Gesetzentwurfs zum Prager Vertrags im Auswärtigen Ausschuss fand dann entgegen der Vorhersagen *Wehners* doch bereits am 16. Mai 1974 statt. Vgl. AUSWÄRTIGER AUSSCHUSS 1972–1976, Dok. 27, SVP C bis F.
[7] Vgl. die Ausführungen von *Offergeld* unter SVP B.

gibt's dabei noch Nachwirkungen, sowohl in den anderen mitberatenden oder in den dieses Gesetz, Kindergeldgesetz besonders bearbeitenden Ausschüssen als auch in Bezug auf die mögliche enge Verbindung beider zueinander. Das lasst uns im Zusammenhang mit der Steuerreform besprechen. Wenn notwendig ist, am 16., dem Tage der Bundeskanzlerwahl in, sage ich, gehörigem, womit ich meine würdigem, Abstand vor oder nach dieser Bundeskanzlerwahl, Ausschusssitzungen zu machen, müssen wir sie auch und werden wir sie auch an diesem Tage machen, damit nicht andere Dinge zugunsten derer, die die anderen Dinge sowieso nicht wollen oder verzögern wollen, gestört werden. Ich denke, dass das uns allen klar ist: Dinge, die keinen Aufschub dulden.

Und nun habe ich zu diesen drei Bemerkungen eine Bitte, Genossen: Helmut *Schmidt* zu bitten, Ausführungen zu der Rolle der Steuerreform unter Einhaltung der Termine und ihrer Bedeutung auch auf das Ganze zu machen. Er hat heute Morgen in der Sitzung des Parteirates in seiner politischen Rede nach dem dortigen – Klammer auf: mit dem dortigen Beschluss, einstimmige Empfehlung des Parteirats, ihn zu nominieren. Klammer zu –, hat er zu diesem Punkt – der nicht nur ein Punkt, sondern eine ganze Strecke ist – ganz bedeutungsvolle Ausführungen gemacht, hat einige auch – manche werden es gehört haben, sind zum Teil im »Mittagsmagazin« wiedergegeben worden als der Ausnahme nach der Parteivorstandssitzung und werden wohl auch anderswo noch wiederkommen.[8] Für uns ist es wichtig, sie hier in der Form, die Helmut für gut und für notwendig hält, zu hören und dann anschließend unseren Berichterstatter – den Genossen Rainer *Offergeld* – das, was hier auf der Tagesordnung steht, weiter fortführen zu lassen. Seid ihr damit einverstanden? Wenn Helmut *Schmidt* einverstanden ist, bitte ich ihn, das Wort zu nehmen.

Schmidt (Hamburg): Liebe Freunde, ich muss vorweg eine oder zwei persönliche Bemerkungen machen dürfen. Ich war nicht hier, als Willy vor der Fraktion seinen Entschluss begründet hat und als Herbert und die Fraktion ihre Würdigung von Willys Leistungen ihm entgegengebracht haben.[9] Ich möchte, dass auch die Fraktion weiß, dass alles, was dort gesagt worden ist, von Herbert gesagt worden ist, ebenso für mich mitgesagt worden ist. – Ich will vieles von dem, was man in den verschiedenen Sitzungen unserer Gremien in den letzten Tagen gesagt hat und was ich selbst zur Rolle Willy *Brandts* gesagt habe, hier nicht wiederholen, aber eins muss ich doch wiederholen dürfen, nämlich meine tiefe Befriedigung darüber und die Zuversicht, die ich daraus ziehe, dass Willy *Brandt* eine sehr klare Vorstellung hat von der Rolle, die er hinfort als Vorsitzender dieser Partei an der Spitze der Partei und in dieser Partei in Zukunft spielen wird. Ich habe gar keinen Zweifel, dass in dieser ungewöhnlich schwierigen Lage, in der wir uns befinden, noch mehr als es in normalen Zeiten der Fall gewesen wäre, gar keinen Zweifel, dass Willy *Brandt* von der Partei dringend gebraucht wird. Einer Partei, deren Lage dadurch gekennzeichnet ist, was die Wahlergebnisse der letzten zehn Wochen ausweisen und was die Meinungsumfragen ausweisen, es muss nicht ganz so schlimm sein, wie die Wickert-Institute heute melden[10], 27 Prozent Sympathie für die SPD. Aber dass wir

---

8 Nach der Sitzung des Parteirats äußerte Bundeskanzler *Schmidt* öffentlich vor Fernsehreportern am 9. Mai 1974, dass seine Regierung auch 1975, trotz der weltweiten Wirtschaftskrise, Reallohnsteigerungen, Nettoreallohnsteigerungen für die Arbeitnehmer erreichen wolle und daher werde er sich weiterhin für die Steuerreform einsetzen. Um die Entlastungen der Arbeitnehmer und Familien, unter anderen durch das Kindergeld, zu finanzieren, würden die Ausgaben und Leistungen von Bund, Ländern und Kommunen geprüft und gegebenenfalls gekürzt werden. Vgl. BT Pressedokumentation, Personenordner Helmut Schmidt.

9 Vgl. die SPD-Fraktionssitzung am 7. Mai 1974, online.

10 Gemeint ist das Institut des Tübinger Meinungsforschers Günter *Wickert*.

auf einem ganz niedrigen Niveau angekommen sind, schon waren in den letzten Wochen und gegenwärtig einen von niemandem seit 1957 mehr für möglich gehaltenen Tiefpunkt erreicht haben, darüber bitte ich, dass man sich keine Zweifel macht. Dieses ist nicht leichtzunehmen und hier findet eine ganz schwerwiegende, auch für uns selbst seelisch schwierige und schwierig zu verkraftende Operation statt unter äußeren Umständen, die vielleicht nur deshalb, weil sie so bedrückend sich im Schwund der Sympathie der Bürgerinnen und Bürger unseres Landes uns gegenüber ausdrückt, vielleicht nur deshalb, weil ein so niedriger Punkt erreicht ist, Anlass geben werden, dass sich die sozialdemokratische Partei in all ihren Mitgliedern und ihren Anhängern zusammenreißt, um da wieder herauszukommen. Wie ernst das ist für den Fortbestand oder – um das Wort von Herbert aufzunehmen – für die Kontinuität der Sozialdemokratie als gestaltender Faktor in Gesellschaft und Staat, darüber sollte sich hier niemand mehr täuschen.

Und auf der anderen Seite glaube ich, dass wir das Vertrauensfundament, das wir brauchen, um unsere Rolle in diesem Staat und in dieser Gesellschaft und für den Fortschritt des Sozialstaats und des Rechtsstaats und des demokratischen Staats spielen zu müssen, dass wir das Fundament, das wir dazu brauchen, durchaus mindestens zu sehr erheblichen Teilen wiederherstellen können, und es hängt weitgehend von uns ab. Es war ja nicht die große Leistung der Oppositionsparteien, uns hier hingebracht zu haben, sondern da, wo wir sind, haben wir uns selbst hin manövriert und wir haben das Vertrauen vieler, die uns früher gewählt haben und die uns viele Male gewählt haben und die uns beim letzten Mal gewählt haben, wir haben das nicht endgültig verloren. Latent ist die Vertrauensbereitschaft vorhanden. Wir können dieses latente Vertrauen wieder vitalisieren, revitalisieren, wieder hervorheben – und übrigens müssen wir das im Wesentlichen geschafft haben im Laufe von maximal 14 Monaten. Am 30. Juni 1975, wenn die parlamentarischen Sommerferien beginnen, nach deren Ende das letzte Parlamentsjahr dieser Legislaturperiode angefangen sein wird und der latente Wahlkampf begonnen haben wird, danach läuft, was die Grundstimmung in unserem Volk angeht, nur unter ungewöhnlichen Umständen und Zufällen noch etwas wesentlich Beeinflussendes. Die eigentliche Anstrengung liegt zwischen diesem Frühjahr und dem Sommer 1975 und niemand wird das missverstehen, wenn ich sage, die eigentliche Anstrengung. Was hinterher kommt im Wahlkampfjahr, ist dann insofern normal, als wir das gewohnt sind. Aber dass wir mitten in einer Legislaturperiode diese Anstrengung machen müssen, das sind wir nicht gewohnt, und viele unserer Genossen draußen im Lande sind es auch nicht gewohnt und sind sich möglicherweise noch nicht überall dessen bewusst, was dazugehört. Zu dem, was dazugehört, da spielt die Steuerreform mit ihren Auswirkungen und ihren Bedingungen eine zentrale Rolle, dazu will ich gleich ziemlich ausführlich sprechen. Aber ich will eins vorwegnehmen dürfen, was mindestens als Voraussetzung nicht nur dazugehört, sondern unentbehrlich ist: die Wiederherstellung des alten Grundsatzes, dass man innerhalb der Partei diskutieren, kritisieren, sich notfalls hart streiten kann, dass nach außen und in der Aktion Einheit notwendig ist.

(Starker Beifall.)

Und wenn hier die Beschlüsse der Gremien der Partei und auch der Fraktion in Bezug auf die Nominierung jemandes zum Bundeskanzler so einmütig und einstimmig ausgefallen sind, so nehme ich das nicht als eine an die Person des Betreffenden gerichtete Kundgebung, sondern hoffe es nehmen zu dürfen als eine Kundgebung aus Einsicht in die Notwendigkeit dieser Geschlossenheit.

(Beifall.)

Ich werde zu meinem Teil das, was ich beitragen kann zu dieser Einmütigkeit, beitragen. Es darf dabei keinen Zweifel geben, dass ich das tue auf der prinzipiellen Grundlage dessen, was Willy *Brandt* nach Beratungen mit Heinz *Kühn* und Herbert *Wehner* und mir und nach langer, langer Beratung im Parteivorstand heute vor etwa drei oder vier Wochen in Form der zehn Punkte an die Mitglieder der sozialdemokratischen Partei gesagt hat.[11] Willy *Brandt* hatte für den Tag nach der Präsidentenwahl, für den Donnerstag nächster Woche, eine Kabinettsumbildung vorbereitet in seinen Papieren, die er liebenswürdigerweise mir zur Verfügung gestellt hat. Er hatte auch dafür eine Regierungserklärung vorbereitet, deren Vorarbeiten er mir gegeben hat, und ich bin sicher, dass wir das beides sehr gut gebrauchen können, was Willy vorgedacht hatte. Es wird darüber mit der FDP keine allzu großen Schwierigkeiten geben. Die Verhandlungskommission der FDP – *Scheel*, *Genscher*, *Mischnick* – und die Verhandlungskommission der SPD – *Wehner*, *Kühn* und *Schmidt* – sind sich einig, dass Sachgespräche, wie es bei Bildung einer Regierung nach einem Wahltag in diesem Sinne, wie wir ihn gewohnt waren, hier nicht notwendig sind. Wir haben einen großen Bestand an Sacheinigungen, die wir uns vorgenommen haben, für eine volle Legislaturperiode von vier Jahren, und der ist noch nicht ganz verwirklicht. Da ist noch eine ganze Menge zu tun und durchzukämpfen. Es handelt sich im Wesentlichen um personelle Dinge und es handelt sich auch darum – und das hängt nun ganz eng dann mit der Steuerreform zusammen – herauszufinden, ob es nicht vielleicht auch Punkte gibt, die man abstreichen muss.

Zur Personendebatte möchte ich zwei persönliche Bemerkungen als Fußnote sagen. Alle diejenigen unter uns Genossinnen und Genossen, die über sich selbst was in Zeitungen lesen, werden erfahren genug sein, um zu wissen, dass es sich um die ausschließliche Spekulation von Unzuständigen handelt, die kein einziges Wort von unserer Verhandlungskommission gehört haben, sondern sich das selbst ausdenken.[12] Es wird deswegen niemand beleidigt sein, hoffe ich. Das ist etwas Normales bei jeder Regierungsbildung. Das kennen wir. Und zweitens möchte ich mich bei manchen im Vorwege entschuldigen, die mit Gesprächswünschen an uns und auch an mich herantreten oder die auch das Gefühl haben, dass es sich eigentlich wohl gehöre, dass man mit ihnen spreche, und nicht alle diese Gesprächsnotwendigkeiten und -wünsche können in dieser kurzen Zeit befriedigt werden. Die vielen Ereignisse, die aufeinander folgen, Präsidentenwahl, vorher Koalitionsgespräche, Präsidentenwahl, Vereidigung einer neuen Regierung und Regierungserklärung nach Neubildung einer Regierung am nächsten Tag binnen 24 Stunden, eine einmalige Geschwindigkeit, machen es sehr schwierig, allen Genossinnen und Genossen gerecht zu werden in dieser kurzen Zeit. Auf der anderen Seite ist diese einmalige Geschwindigkeit dringend notwendig, um vor jedermann im Lande zu zeigen, wie Herbert es gesagt hat, dieses ist eine handlungsfähige Mehrheit des Deutschen Bundestages und sie lässt die Zeit nicht verstreichen und nicht vertun, sie handelt so, wie sie es sich vorgenommen hatte und macht da keine langen Pausen, in denen andere Fisimatenten und Flausen in die Welt setzen.

Wenn heute in den Zeitungen steht, auch das ist Spekulation, aber eine von nachdenklichen und analysieren könnenden Leuten in die Welt gesetzte These, wir seien dabei zu prüfen, was machbar bleibt, dann ist daran ein Quäntchen Richtiges.[13] Ich hab' das

---

11 Vgl. dazu den »Entwurf eines Redekonzepts des Vorsitzenden der SPD und Bundeskanzlers, Brandt, für die Sitzung des SPD-Parteivorstands am 1. April 1974«, BRANDT, Berliner Ausgabe, Bd. 5, Partei der Freiheit, Nr. 12.

12 Vgl. bspw. den Artikel »Die Hanseaten sind im Kommen«; »Süddeutsche Zeitung« vom 9. Mai 1975, S. 3, in dem davon gesprochen wurde, dass möglicherweise Hans *Apel*, Heinz *Ruhnau* oder Willi *Berkhan* Minister im Kabinett *Schmidt* werden könnten.

13 Gemeint ist *Schmidts* Aussage vor Pressevertretern, man werde angesichts der wirtschaftlichen Lage und der haushaltspolitischen Schwierigkeiten die Ausgaben von Bund, Ländern und Kommunen

schon angedeutet. Man soll das aber auch nicht missverstehen. Niemand hat die Absicht, den Boden der Regierungserklärung Willy *Brandts* von Anfang 1973 zu verlassen.[14] Aber man muss wissen, dass die Steuerreform, insbesondere in der Gestalt, die uns von den Ländern aufgezwungen worden ist – Herbert hat das eben in Erinnerung gerufen –, mit der separaten Regelung der Kindergeldreform, der Reform des Familienlastenausgleichs, aus den Kassen des Bundes zu zahlen, dass die Steuerreform insbesondere in dieser spezifisch uns aufgezwungenen Form für das Jahr 1975, mindestens für das Jahr 1975, nicht nur den Bund – sondern wegen des Gesamtumfangs übrigens auch die elf Länder und die 15 000 Gemeinden und Städte – dazu zwingt, ihre Erwartungen auf Ausgabenzuwächse 1975 ganz wesentlich zu reduzieren, nicht nur die Erwartungen, sondern auch die Beschlüsse nach diesen reduzierten Erwartungen einzurichten. Zwölf Milliarden Mark sind mehr als ein Prozent des Bruttosozialprodukts und nähern sich zwei Prozent des Volkseinkommens. Zwölf Milliarden Mark, die wir dem Lohnsteuerzahler, um den handelt es sich im Wesentlichen, insbesondere wenn er Kinder hat, die wir ihm zusätzlich in bar geben, können nicht noch einmal gleichzeitig von den öffentlichen Händen auch noch verbraucht werden. Wenn die öffentlichen Hände sich einbilden, sie könnten weiterhin Geld so verbrauchen, als ob sie diese zwölf Milliarden Einnahmen hätten, die sie wegen Steuerreform und Kindergeldreform nicht haben werden, dann kann jemand, der sehr kühn ist, sich vielleicht vorstellen, dass die öffentlichen Hände sich das Geld zusammenpumpen könnten. – Fußnote dazu: Dieses wird übrigens nicht möglich sein. – Man kann sich das vielleicht theoretisch, wenn man vom Kapitalmarkt nicht so viel versteht, vorstellen, dass man sich auch zusammenpumpen könnte. Ich weise nur darauf hin, dass dies dazu führen würde, wenn die Ansprüche der öffentlichen Hände an das Sozialprodukt nicht reduziert werden, dass dann der Effekt der Steuerreform und der Kindergeldreform, der Effekt, der doch eine Reallohnsteigerung bei den davon Begünstigten mit sich bringen soll – Reallohn heißt das, was er in netto ausgezahlt gekriegt hat, ins Verhältnis gesetzt zu den Preissteigerungen –, dass die Reallohnsteigerung aufgezehrt wird, weil der hochgetriebene Staatsverbrauch die Preissteigerung höher treibt, als wir es angesetzt haben. Wenn wir durch Kindergeldzahlungen und durch Steuerreduktion gegenüber einer große Masse von Menschen – zig Millionen sind davon positiv betroffen –, dieser großen Personenmehrheit zusätzliche Ansprüche an das Bruttosozialprodukt in Höhe von zwölf Milliarden Mark einräumen, dann müssen wir die Ansprüche anderer, zum Beispiel der öffentlichen Hände, an dieses Bruttosozialprodukt um die entsprechende Summe verringern. Man kann eine Torte, die aus hundert Tortenstücken besteht, die kann man, die kann man nicht so befummeln, dass von irgendwoher hinterher noch zehn Stücke mehr herauskommen oder zwölf mehr herauskommen, sondern wenn man den Leuten so viel Geld gibt, dass sie 110 Tortenstücke kaufen können mit dem Geld, aber nur 100 Tortenstücke doch da sind, dann wird für jedes Tortenstück der Preis entsprechend steigen. Dies ist unausweichlich. Hat nichts mit Langzeitprogramm zu tun, und man braucht auch nicht Professor zu sein, um das zu verstehen.

(Heiterkeit. Unruhe.)

Weil das so ist, weil das so ist, weil der Zwang zur Disziplinierung der beschließenden Parlamente in den Gemeinden, in den Ländern und beim Bund und der beschließenden Regierungen in den Gemeinden, in den Ländern und beim Bund unausweich-

---

überprüfen. – Vgl. auch den Artikel »Die Finanzierung des Haushalts 1975 bereitet Schmidt große Schwierigkeiten«; »Frankfurter Allgemeine Zeitung« vom 9. Mai 1975, S. 3.

14 Zur Regierungserklärung von Bundeskanzler *Brandt* am 18. Januar 1973 vgl. BT Plenarprotokoll 07/7, S. 121–134.

lich ist und weil die Disziplinierung der Ausgaben Konsequenzen hat, muss man wissen, dass nicht alles, was sich die einzelnen Fachgruppen, Arbeitskreise, Arbeitsgruppen in all unseren Parlamenten und Fraktionen vorstellen, dass das nicht zu finanzieren ist, es sei denn um den Preis einer weiteren Preissteigerung, diesmal aus finanzwirtschaftlichen Gründen und um den entsetzlichen Preis, dass im Laufe des Jahres '75 der Reallohneffekt der Steuer- und Kindergeldreform für die Arbeitnehmer wieder zunichte gemacht wird.

Hier liegt der Hauptgrund dafür, dass diese Gelegenheit einer Regierungsneubildung benutzt werden muss, um zu prüfen, was machbar bleibt. Niemand unter euch, nehme ich an, wird im Ernst auf den Ausweg verfallen, stattdessen einen Teil wieder hereinholen zu wollen durch eine Erhöhung der Mehrwertsteuer um fünf oder zehn Milliarden Mark. Dieses würde aufgefasst werden müssen als ein Betrug am kleinen Mann, dem man auf der einen Seite zusätzliche Kindergelder gibt und auf der anderen Seite durch Mehrwertsteuererhöhungen das Geld aus der anderen Tasche wieder herauszieht. Das kann man nicht im Ernst machen wollen! Infolgedessen müssen wir an die Einschränkung der Ausgaben und damit auch der Aufgaben heran und das führt unter anderem zu sehr schwierigen Verhandlungen zwischen Bundesregierung und der Auffassung der Bundestagsmehrheit auf der einen Seite und den Ländern und der Auffassung der Bundesratsmehrheit auf der anderen Seite. So, wie die Steuerreform und die Kindergeldreform jetzt uns aufgezwungen worden ist, heißt das nämlich, dass die Einnahmeausfälle und dass die zusätzlichen Kindergeldzahlungen vom geltenden Finanzverfassungsrecht her gesehen ausschließlich den Bund treffen. Der Bund ist belastet mit einer Größenordnung von über zehn Milliarden aus der Sache, und die Länder und Gemeinden gehen da bisher frei aus. Dies würde heißen, dass alle diejenigen Leistungen, die die Bürgerinnen und Bürger von dem Bundesparlament erwarten, von der Bundesregierung, besonders schwer beeinträchtigt würden, während die Gemeinden und die Länder unbelastet weitermachen könnten. So kann das im Ernst nicht sein und diejenigen, die aus dem Bereich der Gemeinden meinen, das müsste im Ernst so sein, die irren sich natürlich, und die Verhandlungen mit den Ländern, von denen, mit denen wir verabredet hatten unter Willy *Brandt*s Vorsitz mit den Ministerpräsidenten Ende letzten Jahres, dass die Länder für die Gemeinden mitverhandeln sollen, die sagen das zwar nicht laut, aber die stellen sich auch vor, dass sie bei dieser Gelegenheit den Bund mit der Hauptlast davongehen lassen wollen.

Es ist deswegen notwendig, dass wir uns selber ins Bewusstsein heben und bei der Verabschiedung, bei der zweiten und dritten Lesung der Steuerreform auch ganz deutlich machen, dass wir nicht die Absicht haben, eine Steuerreform und Steuersenkungen und Kindergelderhöhung zu machen, die im Lauf des Jahres infolge unsolider Finanzwirtschaft aller drei Ebenen durch Preiserhöhungen den Begünstigten wieder weggenommen wird, sondern dass wir es verknüpfen mit der klaren politischen Absicht, nun tatsächlich 1975 das, was man Staatsverbrauch nennt, auf allen drei Ebenen einzuschränken. Alles andere ist Selbsttäuschung. Ob das geschieht in der Form, dass der Finanzausschuss in seinem Bericht an das Plenum zur zweiten, dritten Lesung eine entsprechende Entschließung mit einbringt, die im Parlament verabschiedet werden müsste mitsamt der Verabschiedung des Gesetzes, ob es geschieht in der Form eines Artikels in dem Gesetz selber, der die Revisionsklausel für die Steuerverteilung zwischen Bund, Ländern und Gemeinden betrifft, das muss in einem kleineren Kreise erwogen werden und überlegt werden, weil es auch eine Frage der richtigen Taktik gegenüber der schwarzen Mehrheit der Länder ist. Ich will mich hier im Augenblick nicht festlegen.

Fraktionssitzung 09.05.1974 **62.**

Nun hoffe ich, dass diese Ausführungen über die gesamtwirtschaftlichen Konsequenzen der Steuerreform und die sich daraus ergebenden Konsequenzen – prüfen, was machbar ist in puncto pecunia –, dass die nicht so tief euch erschrecken, dass ihr meint, wir hätten es nun mit einer ab morgen beginnenden Austerity-Politik zu tun. Das ist nicht der Fall, sondern wir haben es mit der Volkswirtschaft unseres Landes zu tun, mit einem Unternehmen, mit einer Firma habe ich heute in einer Zeitung gelesen, die nicht am Rande der roten Zahlen dahinnavigiert. Wir haben es zu tun im Rahmen der Weltwirtschaft mit dem leistungsfähigsten Unternehmen von allen. So ist es gegenwärtig. Wir haben die kleinsten Arbeitslosigkeitsziffern. Wir haben die kleinsten Preisanstiegsraten. Wir haben die beste Entwicklung der Nettoreallöhne und wir sind währungspolitisch so stark, dass wir uns einiges leisten können. Guckt nach Dänemark, guckt nach Italien – zwei Beispiele vor der eigenen Haustür –, guckt nach England, um zu sehen, in welcher Lage andere sich befinden. Ich sage nicht, dass wir hier damit angeben sollen nach draußen, aber ich sage das, damit wir nicht in den Irrtum verfallen, als ob nun schwarzgemalt werden müsste. Ganz im Gegenteil! Es wird auch eine Aufgabe der Regierungserklärung nächsten Freitag sein, ganz deutlich darzutun die erstaunlich große Erfolgsbilanz dieser Koalition, die schon in diesen einundviertel Jahren unter der Führung Willy *Brandts* zustande gebracht worden ist. Und ich appelliere hier –,

(Starker Beifall.)

und ich appelliere hier, als Fußnote füge ich das ein an jedermann in diesem Saal, seinen eigenen Überdruss an der Wiederholung zu überwinden und zuhause gefälligst von dem zu reden, was geleistet worden ist und nicht dauernd von den Problemen zu reden.

(Starker Beifall.)

Einige finden ihre Selbstbefriedigung darin, dem Publikum darzustellen, was alles für große Probleme auf uns zukommen, dass wir sie nicht lösen können des- und deswegen und dass man deswegen trotzdem SPD wählen muss. Eine groteske Fehleinschätzung des Vertrauenswillens der Bevölkerung. Die Leute wollen ihr Vertrauen geben jemandem, von dem sie das Gefühl haben, er wird damit fertig, und nicht jemandem, der ihnen erzählt, der Problemdruck wächst und wächst und wächst und wir können es nicht wegen der multinationalen oder wegen des Kapitalismus oder wegen der föderalistischen Struktur.

(Starker Beifall.)

Was die Gründe immer sein mögen, ich will hier nicht in eine bestimmte Ecke geguckt haben, das wäre ein Missverständnis. Das wäre ein Missverständnis. Es gibt Probleme, die darf man nicht verschweigen, aber in den Gesamtzusammenhang muss man sie einbauen der eigenen Leistungen. Der, der vorrechnen kann, der einzelnen sozialen Gruppe, vor der er spricht, vorrechnen kann, was materiell für sie zustande gebracht worden ist, der vorrechnen kann anhand des Katalogs des Deutschen Gewerkschaftsbundes, Prüfsteine genannt im vorigen Sommer[15], was davon gemacht worden ist schon bis jetzt und was davon auf gutem Wege ist, der zeigen kann, was er zustande gebracht hat, der kann auch das Vertrauen wieder virulent machen, die latente Vertrauensbereitschaft wieder virulent machen in Bezug auf das, was er verspricht, außerdem noch zustande bringen zu wollen. Und er muss bei diesen Versprechungen vorsichtig sein und darf nichts versprechen, was wir nicht halten können. Und was wir halten können, hängt von den finanzpolitischen Entscheidungen, den gesetzgeberischen Ent-

---

15 Gemeint sind die acht Wahlprüfsteine, die der DGB im Oktober 1972 anlässlich der kommenden Bundestagswahl am 19. November 1972 veröffentlicht hatte. Vgl. die SPD-Fraktionssitzung am 12. Juni 1973.

scheidungen im Zusammenhang mit der Steuerreform auch ab, und jemand, der meint, es sei aber doch wünschenswert, jetzt in diesen Wochen und Monaten bei der Steuerreform hier noch einen Balkon anzubauen, Freundlichkeiten gegenüber dieser Gruppe und hier noch eine soziale Verzierung gegenüber dieser Gruppe und dort noch eine Höflichkeitsverbeugung gegenüber jener Gruppe, der muss wissen, schlägt sich alles in Mark und Pfennig nieder und verringert den politischen und Leistungsspielraum dieser Koalition auf der Ausgabenseite, das heißt auf der Leistungsseite, der Seite der Leistungen gegenüber dem Bürger. Ich warne vor unzeitgemäßen Geschenken, sofern sie nicht von uns aus Gerechtigkeitsgründen, nicht als Geschenke, sondern als Notwendigkeiten angesehen werden müssen.

Wir haben es mit einer Weltwirtschaft zu tun, in der in den letzten zwölf Monaten von März '73 bis März '74 die Rohstoffpreise insgesamt, gewogener Durchschnitt, beinahe um 100 Prozent gestiegen sind, einer Weltinflation, die schlimm ist. Wir haben es zu tun mit einer Wirtschaft, in der 20 Prozent unseres Sozialprodukts Importe sind und in der gegenwärtig die Importe, das sind ja nicht nur Rohstoffe, die Importe im gewogenen Durchschnitt der letzten zwölf Monate um 35 Prozent im Preis gestiegen sind. Und trotzdem sind wir damit relativ gut fertiggeworden. Trotzdem haben wir nicht nur relativ kleine Preissteigerungen, sondern wir haben sogar Reallohnsteigerungen in Deutschland zustande gebracht, Steigerungen des Nettoreallohns. Die Abgaben, die auf dem Bruttolohn liegen, Sozialabgaben, Steuern, die drücken jedermann. Das ist ja der Grund dafür, dass wir eine Steuerreform machen und gleichzeitig eine Steuersenkung, die damit verbunden ist. Aber wenn man von den gezahlten Löhnen die Steuern abzieht und die Sozialabgaben, zu den Nettolöhnen kommt, wenn man die vergleicht mit dem vorigen Jahr und mit den Preissteigerungen inzwischen, dann kommen wir zu etwas, was ich mal den Nettoreallohn nennen möchte. Der Nettoreallohn in den Vereinigten Staaten von Amerika ist in den letzten 18 Monaten um fünf Prozent gefallen. Die Arbeitnehmer, die sich in Amerika im Herbst 1972 einen Kuchen kaufen konnten für ihren Lohn mit 100 Stücken, 100 Tortenstücken, die haben jetzt nur noch einen mit 95. Real gefallen! In England fällt der Reallohn. In Italien muss er fallen, wenn dieses Land nicht völlig bankrott gehen will. In vielen Ländern der Welt! Bei uns ist er gehalten worden, nein, er ist sogar noch leicht gestiegen in all den letzten Jahren.

Ich gebe dazu drei Zahlen. Im Schnitt 1972 ist bei uns der Nettoreallohn gestiegen um eineinhalb Prozent, wenig im Verhältnis zu früher, wo die Rohstoff- und Ölpreisexplosion noch nicht stattgefunden hatte, die Weltinflation noch nicht stattgefunden hatte. Im Jahre 1973 um 1,8 Prozent, muss man wirklich wissen, wenn also dreizehnprozentige Lohnerhöhungen gemacht werden. Dies ist, was wirklich real mehr ist. 1,8 Prozent. Im Jahr '74 rechne ich mit 1,2 Prozent. Im Jahr 1975 wird im Schnitt für die Arbeitnehmer allein durch die Steuerreform und die Kindergeldreform netto und real eine Verbesserung von zwischen zwei und drei Prozent allein dadurch eintreten, ohne dass ich von Produktivitätsfortschritt der Wirtschaft und von Lohnbewegungen rede. Allein dadurch über zwei, vielleicht etwas unter drei Prozent netto real mehr für die Familien, die das Kindergeld kriegen. Kleine Prozentsätze, wie ich zugebe, von jemand, der sich berauschen lässt von den inflatorisch aufgebauten Prozentsätzen, die bei Lohnbewegungen eine Rolle spielen. Aber dies ist das, worum es wirklich geht für unsere Menschen. Das heißt, wenn wir die Steuer- und Kindergeldreform hinkriegen, werden wir allein aus diesem Grunde eine Verdoppelung der Reallohnzuwächse bewirken '75, wie wir sie in den letzten drei Jahren gehabt haben einschließlich '74. – Aber nur dann, wenn wir wirklich die zwölf Milliarden, die wir in Form von Kindergeld und Steuerermäßigungen nicht in Anspruch nehmen, wenn wir die nicht trotzdem versuchen, noch mal auszugeben. Denn dann bringen wir die Preise nach oben und der Nettoreallohn wird sehr viel kleiner sein in seinem Zuwachs, denn dann wird der Lebenshaltungskostenindex entsprechend höher sein. Ich bin dagegen, dass wir von uns aus die Inflation zum Hauptthema machen in der öffentlichen Diskussion. Das wird uns eh von den anderen dargebracht. Nur muss hier jeder wissen, dass es die eigentliche Angst und Sorge aller Arbeitnehmer und Hausfrauen ist, das ist dieses Thema der Preissteigerungen, und wir können nicht so tun, auch mit allen verbalen Kunststücken, die andere und die ich öffentlich anstellen, in Wirklichkeit dürfen wir nicht selber meinen, das sei unerheblich, und wir setzen uns darüber hinweg. Mitbestimmung ist ein wichtiges Thema, aber das hat nicht ein Zehntel des Gewichts in der Meinungsbildung der Menschen, der Arbeitnehmer und ihrer Familien wie das Preisthema. Nicht ein Zehntel.

Ich will in dem Zusammenhang sagen, aus der Erfahrung, die ich die letzten zwei Jahre gemacht habe, sieht das so aus, dass alle elf Finanzminister in der Bundesrepublik Deutschland in den elf Ländern und im Bund auch, alle zwölf, diejenigen Instanzen sind in diesem Staat, die sich am längsten gegen zusätzliche Ausgaben, die Inflationierung bedeuten, wehren. Alle Parlamente, ob schwarz, rot oder blau zusammengesetzt sind, diejenigen, die mehr Geld ausgeben wollen, als da ist. Finanzminister müssen sich beschimpfen lassen für die schlechte Finanzwirtschaft, die angeblich existiert. In Wirklichkeit sind sie die Instanzen, die sich am längsten wehren. Führt sie in die unangenehme Lage, sich mit ihren Kollegen und mit ihren eigenen Fraktionen zu überwerfen. Das ist in allen Landtagen so. Alle sozialdemokratischen Finanzminister sind in derselben Lage. Ich will hier sagen, wer immer Finanzminister wird in der neuen Regierung, ich jedenfalls werde bedingungslos an seiner Seite stehen, weil das die Seite der Vernunft ist.

(Beifall.)

Um ein Beispiel noch mal vorzurechnen: Die Belastung mit Lohnsteuer in diesem Jahr '74 ist beim durchschnittlichen Bruttoeinkommen 10,7 Prozent. Sie würde ohne Steuerreform im nächsten Jahr über elf Prozent liegen von dem Bruttolohn. Wir bringen sie durch Steuer- und Kindergeldreform, das muss man ja im Zusammenhang sehen, runter auf siebeneinhalb Prozent von – ich sage die Zahlen noch einmal – von 10,7 in diesem Jahr bringen wir sie runter auf siebeneinhalb im nächsten Jahr. In dieser Differenz von drei Prozent weniger Steuerabzüge vom Lohn, da steckt das, was ich gesagt habe über den Nettoreallohnzuwachs, denn da kann ja von der Preissteigerung nur um sieben oder siebeneinhalb Prozent aufgezehrt werden, nicht. Weniger als ein Viertel davon wird durch die Preissteigerung aufgezehrt. Da liegt das begründet – mit dem Nettoreallohnzuwachs. Die europäische Wirtschaftsentwicklung ist auch nicht besser als die weltwirtschaftliche. Wer den Zustand der EG betrachtet, wird wissen, dass wir es nicht nur immer mal wieder mit einer der vielen Krisen der EG zu tun haben, sondern diese ist offensichtlich in den letzten Wochen zu der tiefst greifenden geworden, die wir bisher erlebt hatten, und alle Welt draußen erwartet, dass die Deutschen bei der Bewältigung dieser Krise eine entscheidende Rolle spielen sollen. Vielleicht können wir das auch. Das hängt sehr davon ab, wer am Sonntag in einer Woche in Frankreich zum Präsidenten gewählt wird und wie er die Rolle Frankreichs in dieser EG sieht und bei der Bewältigung dieser Krise. Nur muss man eins auch hier unter uns deutlich wissen: Finanzleistungen an die Europäische Gemeinschaft, die wir bringen, oder an die einzelnen Partner in der Gemeinschaft, denen es im Augenblick schlecht geht, die wir bringen, die sind nicht einfach nur Geld, sondern das Geld, das wir transferieren, führt dazu, dass sie mit diesem Geld bei uns Waren kaufen und Güter und Dienstleistungen und unseren Leistungsexportüberschuss vergrößern. Alles Geld, das wir an andere zahlen, bedeutet Entzug realer Güter bei unseren Verbrauchern, bei unseren Arbeitnehmern und deswegen, meine ich, müssen wir auch in Bezug auf die Europäische Gemeinschaft deutlich sehen, dass die Bundesrepublik Deutschland helfen muss, wenn es nötig ist, wenn ein Konzept gefunden wird, das wirklich nützlich ist und dem die anderen sich dann auch anvertrauen, zu dem die anderen sich dann auch verpflichten. Dann mag es auch vernünftig sein, von deutscher Seite aus Blut zu spenden für die weitere Vitalität der Europäischen Gemeinschaft. Nur eins muss auch klar sein: Die Verantwortung für die wirtschaftspolitische Entwicklung werden wir damit nicht von Bonn nach Brüssel verschieben und wir können Blutspender nur sein, wenn die Patienten auch bereit sind, die Medizin zu schlucken, die notwendig ist, damit die Krankheit geheilt wird – sonst nicht.

(Starker Beifall.)

Ich rede hier in viel größerem Klartext, als das in der Öffentlichkeit wünschenswert wäre. Denn in der Öffentlichkeit sollen wir zu den Sorgen und Ängsten, die die Menschen haben, nicht beitragen, sondern in der öffentlichen Meinung kommt es darauf an, die sogenannte, von den Meinungsstatistikern so genannte Angstlücke zu schließen. Beinahe 70 Prozent aller Menschen antworten auf die Frage, wie geht es ihnen wirtschaftlich und wie wird es wirtschaftlich ihnen in Zukunft gehen, antworten sie, mir geht es gut und es wird mir auch in Zukunft gutgehen. Und wenn dieselben Menschen gefragt werden, sagen sie mal, wie geht es denn der Wirtschaft insgesamt und wie wird es denn der Volkswirtschaft insgesamt in Zukunft gehen, dann sagen weniger als die Hälfte nur noch, es ginge gut, und die anderen meinen, es ginge schlecht. Diese sogenannte Angstlücke ist das, was mich gleichzeitig mit stützt in meiner Vorstellung, dass wir es mit einer latenten Vertrauensbereitschaft zu tun haben. Denn im Grunde ist es ja verrückt, wenn du hier 100 Leute vor dir hast in einer Versammlung und 70 von denen sagen, mir geht's gut, warum die nicht sagen können, ja, dann geht's wohl allen 70 gut und nicht nur 30, die sagen, es geht allen gut. Dieses ins Bewusstsein zu heben, dass es dem Einzelnen gutgeht, dass das ein Indikator dafür ist, dass es eben allen gutgeht, das ist unsere Aufgabe und wir haben Überdruss daran. Wir mögen das nicht. Manche sind auch zu vornehm, die eigenen Leistungen also unter dem Scheffel raus und auf den Scheffel drauf zu stellen, aber man muss mal vorrechnen, dass es materiell den Rentnern in der Bundesrepublik niemals so gut gegangen ist wie in diesem Jahr. Das wissen die doch auch!

(Vereinzelter Beifall.)

Das wissen sie doch auch! Du kriegst Beifall in der Versammlung. Das sind doch Teile der 70 Prozent, die sagen, mir geht es gut und es wird mir auch weiterhin gutgehen. Das sind doch die eigentlichen Gewinner der letzten Jahre gewesen – die Rentner. Nicht nur die Rentner der Sozialversicherung, auch Kriegsopferrentner. Und die Auszubildenden, die Lehrlinge und die Studenten, wann ist denn denen materiell so geholfen worden wie gegenwärtig? Wann denn jemals?

(Vereinzelter Beifall.)

Und die Lohnempfänger, die Angestellten und die Arbeiter, wir haben vorgerechnet, in der ganzen Welt geht es schlechter als hier. Es ist bei ihnen real was zugewachsen, nicht so sehr viel, aber immerhin! Und dann kommt der ganze Bereich der Reformen im Bereiche von *Arendt*, im Bereiche von Katharina *Focke*, demnächst im Bereich des Kindergeldes. Das ist ja was! Man muss die sogenannte Angstlücke schließen. Man muss ihnen Mut machen!

Ich möchte hier nicht zu lange reden. Ich möchte nur sagen, dieses alles hängt daran, dass erstens die Steuerreform zum versprochenen Termin gemacht wird und dass sie zweitens durch Verhalten in anderen Feldern der öffentlichen Leistungen nicht anschließend wieder zunichte gemacht wird in Form von Preissteigerungen. Da hat nämlich der

Fraktionssitzung 09.05.1974 **62.**

Arbeitnehmer und das Kind und die Eltern überhaupt nichts davon. Die Zurückgewinnung des Vertrauens hängt an dieser zentralen Frage. Hängt an anderen Fragen auch, aber wenn wir die nicht befriedigend lösen, dann haben wir die Zeit bis zum Juni 1975 nicht richtig genutzt. Und heute Morgen ist hier im Parteirat von vielerlei Seiten gesagt worden, was wir alles nicht mehr tun wollen und wie wir alle gemeinsam auftreten wollen. Das sind sicher gute Vorsätze. Kann nur sagen, kann nur sagen, hoffentlich bleibt es dabei. Muss aber auch in unserem eigenen Parlament dabei bleiben. Es kann nicht sein, dass jeder, der ein wichtiges und im Grunde für sich betrachtet gerechtfertigtes Anliegen hat, damit zur Bundesregierung gelaufen kommt und sagt, wir müssen da mal was beschließen, das Geld muss her. Das ist unausweichlich und insgesamt, wenn du es addierst, hast du in einem Jahr Milliarden mehr ausgegeben, als du wusstest, dass du gehabt hast. Disziplin gegenüber dem Steuerzahler haben wir nötig und von daher wird in der Regierungserklärung im Übrigen auch begründet sein, warum in dem einen oder anderen Punkte Abstriche notwendig sind gegenüber dem bisher vorgestellt gewesenen Regierungsprogramm. Und täuscht euch nicht: Das wird zwar hier und dort Ärger auslösen und bissige Kommentare, aber insgesamt werden die Menschen instinktiv fühlen, na, Gott sei Dank, sie werden ja nun realistisch und verbreiten nicht Erwartungen, die sie nicht erfüllen können. Herzlichen Dank.

(Starker Beifall.)

Wehner: Genossen, gibt es Fragen? Wir wollen ja dann den Bericht von Rainer *Offergeld* hören und erörtern.

Dann lasst mich bei dieser Besetzung bitte dazwischen sagen, kommt ja manchmal vor – auch bei einem Rundfunkprogramm –, Bundespräsidentenwahl, Bundeskanzlerwahl: Enthaltungen oder durch zusätzliche oder Sonderaufschriften ungültige Stimmzettel kommen bei der Präsidentenwahl dem Kandidaten der CDU zugute und das verdient die CDU nicht und diese fehlenden Stimmen würden eine fatale Erinnerung an die 22 Stimmen, die 1969 von der NPD[16], mit der doch wohl keiner will zu tun haben und zu tun hat, von der NPD den Sieg des CDU-Kandidaten in der Bundespräsidentenwahl hatten herbeiführen sollen. Und nie vergessen, dass wir von Wahlgang zu Wahlgang Leute, die in der Nacht verunglückt waren, so oder so,

(Heiterkeit.)

oder die jeweils die große kommunalpolitische Interessen haben, was verdienstvoll ist, sich die Gelegenheit nahmen und sagten, jetzt läuft das sowieso, und wir mussten sie dann per Suchdienst aus einem der so und so viel Krankenhäuser in Berlin holen, weil wir die Stimme brauchten. Das war keine böse gemeinte Sache und denkt an Folgendes: Die Stimmen der Bundestagsabgeordneten sind unersetzlich, auch nicht durch Ersatzmänner. Das ist der Unterschied. Und ich sehe noch vor mir jene, die sind alle nicht mehr, die seinerzeit sich versagt haben, ungeachtet schwerer Krankheit oder wo sie doch sich dann nicht wieder wählen lassen wollten '69, dies noch so zu tun, dass an ihrer Stelle ein inzwischen im Bundestag ordnungsgemäß nachgerücktes Mitglied stimmberechtigt war. Diese Bundestagsstimmen sind auch durch Ersatzmänner nicht zu füllen und deswegen Zählappell. Zählappell, abgesehen von der Fraktionssitzung am Tag vorher, vor der Vollsitzung der Bundesversammlung und damit es nicht zu weh tut, die CDU/CSU macht auch Zählappell und kommt per Bus dorthin zum Segen des Autobusverkehrs. Wir machen auch Zählappell.[17] Das ist nicht erniedrigend, sondern man

---

16 In der Bundespräsidentenwahl 1969 wurde Gustav *Heinemann* mit sechs Stimmen Vorsprung vor dem Kandidaten der CDU/CSU, Gerhard *Schröder*, gewählt. *Schröder* erhielt 22 Stimmen der NPD.
17 Vgl. die SPD-Fraktionssitzungen am 14. und 15. Mai 1974, online.

muss wissen, der eine kann plötzlich, dem kann etwas zugestoßen sein oder dem anderen kann übel geworden sein. Wir müssen wissen, wer an Deck ist.
Und Bundeskanzlerwahl: Nur die Stimmen für Helmut *Schmidt* zählen für die Beweisführung, dass wir als SPD – die Koalition führende Partei – handlungs- und regierungsfähig sind. Danke für die Zwischenschaltung.
(Starker Beifall.)
Der Deutschland-Union-Dienst veröffentlicht heute eine sogenannte Dokumentation zum Rücktritt Willy *Brandts* von dem stellvertretenden Sprecher der CDU[18] und da wird also behauptet, was ich angeblich gesagt hätte, und gestützt auf den »Spiegel«, Nummer 41[19]. Ich habe veranlasst, dass der volle Text meiner von der Bandaufnahme niedergeschriebenen Antworten auf dem Bremer Landesparteitag vom 17. März, in dem ich erstmals die Briefe an den »Spiegel«-Redakteur *Schreiber*, seine Antworten und an den »Zeit«-Chefredakteur *Sommer* und aus dem Protokoll der Bundespressekonferenz wörtlich wiedergegeben habe.[20] Wird in die Fächer gelegt. Wird den Journalisten übergeben.

[B.-D.] → online unter www.fraktionsprotokolle.de

63.

13. Mai 1974: Fraktionssitzung (Tonbandtranskript)

AdsD, SPD-BT-Fraktion 7. WP, 6/TONS000025. Titel: »Fraktionssitzung vom 13.05.1974«. Beginn: 17.40 Uhr. Aufnahmedauer: 01:22:30. Vorsitz: Wehner.

Sitzungsverlauf:

A. TOP 1: Politischer Bericht von Helmut *Schmidt* (Kabinettsumbildung; Steuerreform; Bund-Länder-Finanzausgleich; internationale Konjunktur; Krise der EG; Antagonismus von Bundestag und Bundesrat; Inhalt der Regierungserklärung: Bündnis- und Verteidigungspolitik, Verhältnis zur DDR, Lage der Weltwirtschaft und wirtschaftliche Situation Europas, Vermögensbildung, Energiepolitik).

B. TOP 3: Bericht aus der Fraktionsvorstandssitzung (Bericht des »Stern«, Bundeskanzler *Brandt* sei durch den Fraktionsvorsitzenden *Wehner* zum Rücktritt getrieben worden; publizistische Folgen der *Guillaume*-Affäre; möglicher Kabinettsbeschluss zur Berufung einer unabhängigen Kommission zur Überprüfung von Sicherheitsfragen nach der *Guillaume*-Affäre).

---

[18] Es ist unklar, auf welchen CDU-Artikel *Wehner* anspielt, da im erwähnten Pressedienst der CDU nur die gemeinsame Erklärung der Parteipräsidien von CDU/CSU und der CDU/CSU-Bundestagsfraktion unter dem Titel »Regierung Brandt/Scheel ist gescheitert« abgedruckt wurde. Vgl. UNION IN DEUTSCHLAND, Nr. 19 vom 9. Mai 1974, S. 1, online.

[19] Gemeint ist der »Spiegel«-Artikel »Was der Regierung fehlt, ist ein Kopf«. Vgl. »Der Spiegel«, Nr. 41 vom 8. Oktober 1973, S. 25–34.

[20] Vgl. zum Wortlaut der Erwiderung *Wehners* die SPD-Fraktionssitzung am 16. Oktober 1973, SVP B, online.

Fraktionssitzung 13.05.1974 **63.**

C. TOP 4: Ergänzung der Fraktionsgeschäftsordnung.

D. TOP 5: Termine und Ablauf der parlamentarischen Sitzungstage bis 22. Mai 1974.

[A.] → online unter www.fraktionsprotokolle.de

[B.]

Wehner: Dann gebe ich den Bericht aus der Fraktionsvorstandssitzung. Wir hatten heute Fraktionsvorstand und haben uns dabei erstens mit einigen Informationen befasst, die sich in den letzten 24 Stunden ergeben haben und einiges notwendig machten. Ich werde inhaltlich gleich dazu etwas sagen. Wir haben außerdem einen Vorschlag von Willy *Brandt*, der jetzt hier nicht sein kann, weil er eine dringende Verpflichtung hat, verabschiedet. Die Abteilungsleiter im Bundeskanzleramt zu dieser Zeit und unsere Fraktionssitzung war vorher eigentlich zu dieser Zeit nicht festgesetzt. Das haben wir machen wollen, haben wir machen müssen. Willy *Brandt* war aber in der Fraktionsvorstandssitzung und hat für den Verlauf der Bundesversammlungs-Fraktionssitzung der Sozialdemokraten Vorschläge gemacht.

Nun zu den Informationen, von denen ich gesprochen habe. Dabei hat es sich darum gehandelt, dass gestern durch »ddp« und auch durch Agenturen, ich habe »ddp«-Fassung, eine von der »Stern«-Nachrichtenredaktion verfasste inhaltliche Vorschau auf das in dieser Woche fällige »Stern«-Magazin, das – statt wie gewöhnlich am Donnerstag auf den Markt zu kommen – diesmal am Dienstag auf den Markt kommen soll, aber weil das auch noch nicht früh genug ist für die politischen Zwecke, die manche Leute damit verfolgen, musste das schon am Sonntag gepflanzt werden. Dort heißt es, ich bitte um Entschuldigung, das ist nicht meine Wortwahl:

»SPD-Fraktionschef Herbert *Wehner* hat Willy *Brandt* zum Rücktritt getrieben. In seiner neuesten Ausgabe, für die der ›Stern‹ den Erstverkaufstag vom Donnerstag auf Dienstag vorgezogen hat, enthüllt das Magazin, wie *Wehner* den noch schwankenden Kanzler *Brandt* am Samstag vorletzter Woche zum Verzicht auf das Regierungsamt mit den Worten trieb: ›Das Geschwür muss ausgemerzt werden.‹ In dem Gespräch, das um 9 Uhr in *Brandt*s Dienstvilla auf dem Venusberg begann, legte *Wehner* Kopien der Vernehmungsprotokolle des DDR-Spions *Guillaume* vor. *Wehner* hatte diese Dokumente von dem mit ihm befreundeten Chef des Bundesamtes für Verfassungsschutz Günther *Nollau* überlassen bekommen. Darin waren Aussagen von Mitgliedern der für *Brandt*s Schutz eingesetzten Beamten der Sicherungsgruppe des Bundeskriminalamtes aufgeführt, in denen es hieß, *Guillaume* habe dem Kanzler des Öfteren auf Dienstreisen Mädchen zugeführt. Wie der ›Stern‹ in seinem 32-Seiten-Bericht über den Rücktritt des Kanzlers weiter mitteilt, warnte *Wehner* Willy *Brandt*, dass die Mädchengeschichten bei den bekannten Querverbindungen zwischen den Geheimdiensten und der Opposition samt ihren publizistischen Hilfstruppen alsbald durchsickern würden. *Wehner* wörtlich: ›Ich kenne die Heckenschützen. Ich weiß, was sie anrichten.‹ Der SPD-Fraktionschef forderte daraufhin des Kanzlers Kopf: ›Diese Akten sind der Beweis. So geht es nicht weiter. Ich fordere dich auf, Willy, die Konsequenzen zu ziehen.‹ *Brandt* erfuhr in diesem Zusammenhang laut ›Stern‹, dass *Wehner* schon monatelang dem Verfassungsschutz ständig Informationen über die Termine des Kanzlers und den Einsatz von *Guillaume* durchgegeben hatte.«[1]

---

1 Zur Titelgeschichte des Magazins »Warum Willy Brandt gehen mußte. Herbert Wehner gab ihm den Fangschuß« vgl. »Stern«, Nr. 21 vom 16. Mai 1974, S. 18–36 und S. 162–167.

Hier haben wir also beide Versionen. Die erste *Wehner* vom und *Wehner* an, und zwar monatelang. Ich habe gestern aus dem Stand unmittelbar, nachdem ich dieses Sudelding in die Hände bekommen hatte, erklärt und den Agenturen übergeben, dass ich zu den Berichten des Hamburger Magazin »Stern« feststelle:

»1. Alle Behauptungen, die meine Person in einen bestimmenden Zusammenhang mit der Entscheidung des SPD-Vorsitzenden Willy *Brandt* bringen, von seinem Amt als Bundeskanzler der Bundesrepublik Deutschland zurückzutreten, sind frei erfunden.

2. Derartige Behauptungen haben einzig den Zweck, vor der Wahl des Bundespräsidenten am 15. Mai und des Bundeskanzlers am 16. Mai die SPD mit Erfindungen und Lügen zu verunsichern.

3. Zu keinem Zeitpunkt habe ich vom Präsidenten des Bundesamtes für Verfassungsschutz schriftliche Unterlagen über das Privatleben Willy *Brandt*s und einschlägige diffamierende Berichte erhalten. Auskünfte über den Agenten *Guillaume* und nicht über die Privatsphäre des Bundeskanzlers habe ich als Vorsitzender des Vertrauensmännergremiums des Bundestages ebenso wie dessen übrige Mitglieder erhalten.

4. Alle anderen im ›Stern‹ erhobenen Behauptungen über Ort und Zeitpunkt eines Zusammentreffens mit Bundeskanzler Willy *Brandt* in dessen Dienstvilla sind ebenfalls frei erfunden.

5. Ich habe Bundeskanzler Willy *Brandt* in einem Gespräch am Abend des 4. Mai meiner uneingeschränkten Treue für jede denkbare Entwicklung versichert. Jede andere Behauptung muss als Teil jener infamen Hetzkampagne angesehen werden, die nun schon seit Wochen gegen Willy *Brandt* und die SPD mit dem konkreten Ziel geführt wird, sowohl die Wahl Walter *Scheel*s zum Bundespräsidenten als auch die Wahl Helmut *Schmidt*s zum Bundeskanzler zu vereiteln und so das Bündnis zwischen Sozialdemokraten und Freien Demokraten zu zerstören. Dieser Versuch einer Machtübernahme auf kaltem Wege wird an der Solidarität aller Sozialdemokraten mit ihrem Vorsitzenden scheitern.

6. Ich werde wegen aller falschen Behauptungen des ›Stern‹ sofort den Abdruck einer Gegendarstellung verlangen, gegebenenfalls auch gerichtlich durchsetzen.«

Ich habe heute nach Beratung mit dem Anwalt dem »Stern« geschrieben, gemäß Paragraph 11 Hamburgisches Pressegesetz verlange ich den Abdruck folgender Gegendarstellungen:

»1. Sie behaupten, ich hätte am Samstag vorletzter Woche den Kanzler *Brandt* mit den Worten zum Verzicht auf das Regierungsamt getrieben, ›das Geschwür muss ausgemerzt werden‹. Diese Behauptung ist unrichtig. Richtig ist vielmehr, dass ich dem Kanzler meine uneingeschränkte Treue für jede denkbare Entwicklung versichert habe und dass ich die behauptete Äußerung zu keinem Zeitpunkt gemacht habe.

2. Sie behaupten in dem Artikel, ich hätte Willy *Brandt* Kopien der Vernehmungsprotokolle des DDR-Spions *Guillaume* vorgelegt, die ich von dem Chef des Bundesamtes für Verfassungsschutz bekommen hätte. Diese Behauptung ist unrichtig. Richtig ist vielmehr, dass ich solche Protokolle niemals erhalten habe und sie daher auch nicht Willy *Brandt* vorlegen konnte.

3. Sie behaupten weiter, ich hätte Willy *Brandt* gewarnt, dass die Mädchengeschichten alsbald durchsickern würden, und hätte daraufhin des Kanzlers Kopf gefordert. Diese Behauptung ist unrichtig. Ein Gespräch solchen Inhalts hat niemals stattgefunden.

4. Sie behaupten weiter, ich hätte schon monatelang dem Verfassungsschutz ständig Informationen über die Termine des Kanzlers und den Einsatz von *Guillaume* durchge-

geben. Auch dies ist unrichtig. Ich habe zu keinem Zeitpunkt Informationen dieser Art dem Verfassungsschutz gegeben.«

Ich habe einen entsprechenden Brief an die Konkurrenz des »Stern«, den »Spiegel«, der ja in seiner Ausgabe[2] – und ich hatte eine Nummer gestern durch einen Kollegen bekommen, das heißt die Fotokopie des entsprechenden Machwerks –, ein entsprechendes Ersuchen um Abdruck einer Gegendarstellung zugeschickt. Ich muss sie hier nicht vorlesen. Sie entspricht ganz dem.

Das war dieses. Ich habe mich gestern auf deren Vorschlag vor dem Koalitionsgespräch, viertel vor vier, dem Herrn *Reiche* vom ZDF gestellt und auf seine Fragen geantwortet. Sie sind, wie ich hörte, ich war dann zu der Zeit beschäftigt mit Koalitionsgespräch und anderem hinterher, sind auch durchgegeben worden. Ich stelle mich heute Abend live zum Verhör bei »Panorama« und werde deswegen, wenn die Sitzung entsprechend dauert, vorher hier weggehen müssen und auch noch vorher für die »Tagesschau«. Willy *Brandt* hat in der Fraktionsvorstandssitzung entsprechende Erklärungen zu dem Vorgang abgegeben von sich aus. Er hatte vorher schon, aber darüber mag Holger *Börner*, wenn er will oder wenn er mag, hier die Fraktion unterrichten, vielleicht liegen die Texte inzwischen auch schon vor, in einer Mitteilung für die Presse, die der Bundesgeschäftsführer Holger *Börner* gegeben hat und sie betrifft Willy *Brandt*s Engagement für Niedersachsen mit der Feststellung, dass am 27.[3] er und Helmut *Schmidt* und dann der Stellvertreter Heinz *Kühn* und der Vorsitzende der Fraktion *Wehner* gemeinsam öffentlich sprechen werden und dass er sich auch am nächsten Tag dort der Pressekonferenz stellen wird.

(Starker Beifall.)

Und er hat in dieser Pressemitteilung am Schluss geschrieben: »Aus gegebenem Anlass legt der SPD-Vorsitzende in diesem Zusammenhang Wert auf die Feststellung, die er bereits heute in einem Brief an seine Mitglieder der Sozialdemokratischen Partei Deutschlands getroffen hat, an den Behauptungen, er sei aus dem Amt des Bundeskanzlers der Bundesrepublik Deutschland gedrängt worden, ist kein Wort wahr.« Gleichzeitig ist heute der Presse übergeben worden der Text eines Briefes, den Willy seit einigen Tagen geplant hat und nun fertiggemacht hat, an alle Mitglieder der Sozialdemokratischen Partei, in dem es unter anderem auch heißt »was die von der rechten Presse und anderen interessierten Kreisen angelegte Kampagne anbelangt, kann man schon heute feststellen, der Wust aller Unterstellungen, Verdächtigungen, ehrabschneiderischen Gerüchten wird voll auf deren Urheber und Verbreiter zurückschlagen. Das gilt zumal für die Behauptung, ich sei aus dem Amt gedrängt worden. Kein Wort ist daran wahr!«[4]

Ich nehme die Gelegenheit meinerseits wahr, ohne damit darauf das gleiche Gewicht zu legen, dass mich am Abend des Sonntag angerufen hat, ich war aber noch nicht von den anderen Verpflichtungen zurück, das Präsidiumsmitglied Wilhelm *Dröscher* und mir mitgeteilt hat, dass dort in dem Wahlkreis unseres Kollegen Conrad *Ahlers* eine Konferenz gewesen ist von Ortsvereinsdelegierten oder Mitgliedern der Ortsvereine, in der vom Sprecher gesagt worden sei, dass *Wehner* den Rücktritt veranlasst habe von Willy *Brandt*. *Dröscher*, der dazu seine Meinung entgegengestellt hat, hat den Bescheid von dem wohlinformierten Mitglied unserer Fraktion Conrad *Ahlers*, dem ich das nicht

---

2 »Der Spiegel« veröffentlichte in seiner Ausgabe Nr. 20 am 13. Mai 1975 eine Titelgeschichte über den neuen Bundeskanzler *Schmidt* und »Warum Brandt gehen mußte«.
3 Gemeint ist der 27. Mai 1974. An diesem Tag fand in Hannover eine große Kundgebung der SPD im Landtagswahlkampf in Niedersachsen statt.
4 Zum Wortlaut des Schreibens vom 13. Mai 1974 von Willy *Brandt* an die Mitglieder der SPD vgl. BRANDT, Berliner Ausgabe, Bd. 5, Die Partei der Freiheit, Nr. 16.

übelnehme, ich schätze ihn genauso ein, wie sich das hier darstellt, erklärt, er wisse das von dem und dem. Ich nenne die Namen nicht, weil damit nur weitere in den Kreis der Verdächtigen hereinkommen. Das sollte sogar *Ahlers* begreifen. Vielleicht – vielleicht! – vermag er es später zu begreifen.

(Starker Beifall.)

Wir sind hier keine Sühnerichter und *Ahlers* mag sagen hier, was er für richtig hält. Er mag auch schreiben draußen, was er für notwendig hält. Nur ich und jeder andere hier hat das Recht und unter gewissen Umständen auch die Pflicht, ihm darauf auch seine eigene Meinung, in diesem Falle eine Richtigstellung zu sagen. Mehr nicht!

(Starker Beifall.)

Mehr nicht, Genossen. Ich erwarte hier nichts und es ging mir nur darum, über diesen Hergang »Stern«, »ddp« und andere Agenturen und das, was daraus unmittelbar erforderlich geworden war, zu sagen. Ich möchte mir aber erlauben einen Satz: Glaubt nicht, damit sei diese Schlange schon verschwunden. Die geht bis an die Schlitze der Wahlurnen bei der Bundesversammlung – und warum auch nicht, denn es lohnt sich ja. Einer von uns ist auch dann krank, einer von uns Abgeordneten, kann nicht, die Ärzte können es nicht erlauben und wir können nicht sagen, lass das. Das wäre unmenschlich. Wie es mit anderen ist, wir werden ja alle unser Wort halten. Nur bis an die Schlitze sage ich, es geht, nachdem einer krank ist, nur um 17 Stimmen, die beim ersten Wahlgang zu fehlen brauchen, 17 Stimmen für die Wahl Walter *Scheel*s zum Bundespräsidenten. Das heißt, hier ist die Situation noch ein wenig prekärer als bei jener Bundespräsidentenwahl Bundesversammlung 1969, wo mit den Stimmen von 22 NPD-Abgeordneten der CDU-Kandidat *Schröder* zum Präsidenten gewählt werden sollte, was damals Walter *Scheel* mit seinen Leuten in einem {...} durchgehalten haben mit uns zusammen verhindern geholfen hat, was wir nicht vergessen sollten[5],

(Starker Beifall.)

was immer uns sonst inzwischen über die Leber gelaufen ist und noch laufen wird, das leugne ich nicht. Hier geht es um eine Sache, um den Schlitz und die richtigen Zettel. Und wenn der Pharisäer vom Dienst, der außerdem zurzeit Kandidat für die CDU zum Bundespräsidentenamt ist, was an sich begrüße, dass sie einen aufgestellt haben, gesagt hat: ja, wenn man appelliert an Disziplin und so weiter und dass ja auch die Kanzlerwahl am nächsten Tag komme, so sei das eben keine wirkliche Bundespräsidentenwahl, so sagen wir kalt, dies ist eine wirkliche Bundespräsidentenwahl und wir wissen, was wir diesem Volk und auch – wenn auch nicht nur – den Wählern vom 19. November 1972[6] schuldig sind.

(Starker Beifall.)

Das, Genossen, war es. Am Tag darauf[7] – bitte um Entschuldigung – brauchen wir die Kanzlermehrheit. Dies sind 249.

So, das war alles. Wird das Wort gewünscht? – Wenn das Wort nicht gewünscht wird, Genossen, dann möchte ich – bevor ich die nächsten Punkte aufrufe – etwas zwischendurch sagen, weil es sein könnte, dass ich, wenn der Punkt Verschiedenes aufzurufen

---

5 In der Bundespräsidentenwahl 1969 wurde Gustav *Heinemann* im dritten Wahlgang mit sechs Stimmen Vorsprung vor dem Kandidaten der CDU/CSU, Gerhard *Schröder*, gewählt. *Schröder* erhielt 22 Stimmen der NPD.
6 An diesem Tag war die Bundestagswahl 1972.
7 Gemeint ist die Wahl des Bundeskanzlers am 16. Mai 1974, einen Tag nach der Wahl des Bundespräsidenten. Vgl. BT Plenarprotokoll 07/97, S. 6545 f.

ist, nicht mehr da sein werde. Ich meine hier in der Sitzung, sonst schon. Am 9., das heißt am 9. datiert, ich bekam es tags darauf, hat der mit der Führung der Geschäfte des Bundeskanzlers beauftragte Walter *Scheel* an die Vorsitzenden der drei Fraktionen und an den Landesgruppenvorsitzenden und stellvertretenden Vorsitzenden der CDU/CSU geschrieben und erinnert daran, dass in einer Besprechung mit den Fraktionsvorsitzenden am Montagabend, das war der 6., 21 Uhr, ja schon erörtert worden sei der Vorschlag, einen Beschluss des Bundeskabinetts über die Bestellung einer dreiköpfigen Kommission von unabhängigen Persönlichkeiten zur Prüfung von Sicherheitsfragen, die durch den Fall *Guillaume* aufgeworfen worden sind, herbeizuführen. Und dann heißt es: »Ich bitte Sie«, also die Fraktionsvorsitzenden, »aus den beigefügten Anlagen zu ersehen, dass die Herren Professoren Dr. Theodor *Eschenburg*, Dr. Gebhard *Müller*« – und dann ist allerdings einer, der ist nicht Professor, weil der dritte Professor doch nicht dabei sein wollte – das ist der frühere Staatssekretär *Birckholtz*, der manchen noch bekannt sein wird, angeschrieben worden, die sich für diese Arbeit in dieser Kommission zur Verfügung stellen sollen. *Scheel* hat betont, dass durch die Tätigkeit dieser Kommission keine Beeinträchtigung der Arbeit des Parlamentarischen Vertrauensmännergremiums oder anderer Organe des Parlaments eintreten wird. Selbstverständlich werde die Arbeit der Strafverfolgungsbehörden unberührt bleiben und er sagt, schrieb, er wäre dankbar, wenn ich die Auffassung unserer Seite zu dieser Absicht so frühzeitig mitteilen könnte, dass sie bei der Behandlung im Kabinett am 14., das ist morgen, berücksichtigt werden kann. Ich habe ihm nach Rücksprache mit dem zu der Zeit anwesenden stellvertretenden Vorsitzenden und Geschäftsführern der Fraktion für das Schreiben gedankt, unverzüglich, und erklärt, sie könnten »des vollen Einverständnisses der Bundestagsfraktion der SPD gewiss sein. Erlauben Sie mir bitte den Hinweis, dass der geplanten Kommission mit auf den Weg gegeben werden muss, was sich zusätzlich zum Zuständigkeitsbereich der Bundesregierung den vorbeugenden Geheimschutz betreffend aus der Kommunikation der infrage kommenden Dienste mit unter Länderzuständigkeiten tätigen Ämtern ergibt«, nämlich zum Beispiel Landesämter für Verfassungsschutz.

Das wollte ich gern mitgeteilt haben, denn das Kabinett hat vor, morgen diesen Beschluss, den es eigentlich hätte schon in der vorigen Woche fassen wollen, aber es gab erstens mal noch keine wirkliche Äußerung. Inzwischen war auch der Rücktritt des Bundeskanzlers faktisch geworden. Es gab also auch noch keine definitive Äußerung der CDU/CSU. Wird dazu das Wort gewünscht?

[C.-D.] → online unter www.fraktionsprotokolle.de

64.

14. Mai 1974: Fraktionssitzung zur Bundesversammlung
(Tonbandtranskript)

AdsD, SPD-BT-Fraktion 7. WP, 6/TONS000026. Titel: »Fraktionssitzung vom 14.05.1974«.
Beginn: 15.10 Uhr. Aufnahmedauer: 01:49:27.[1] Vorsitz: Brandt.

Sitzungsverlauf:

A. TOP 1: Einleitung und Begründung des Wahlvorschlags zum Bundespräsidenten durch den SPD-Parteivorsitzenden *Brandt*.
B. TOP 2: Politischer Bericht von Helmut *Schmidt* (Kabinettsumbildung; Verhältnis zum Bundesrat; Steuerreform und Bund-Länderfinanzausgleich; Kindergeld; internationale Konjunktur und Weltwährungsfragen; Skizze der Regierungserklärung).
C. TOP 3: Fragen des Ablaufs der Bundesversammlung. – TOP 4: Nächste Termine.

[A.–C.] → online unter www.fraktionsprotokolle.de

65.

15. Mai 1974: Fraktionssitzung zur Bundesversammlung
(Tonbandtranskript)

AdsD, SPD-BT-Fraktion 7. WP, 6/TONS000026. Titel: »Fraktionssitzung vom 15.05.1974«.
Beginn: 8.30 Uhr. Aufnahmedauer: 00:25:30.[2] Vorsitz: Brandt.

Sitzungsverlauf:

A. Überprüfung der Anwesenheitsliste und Feststellung der Vollzähligkeit der SPD-Mitglieder der Bundesversammlung.

[A.] → online unter www.fraktionsprotokolle.de

---

1 Auf dem Tonband sind beide Fraktionssitzungen zur Bundesversammlung (14. und 15. Mai) hintereinander aufgenommen, Gesamtaufnahmedauer 02:14:58. Laut Kurzprotokoll begann die Sitzung am 14. Mai um 15.10 Uhr und endete um 17.15 Uhr. Vgl. AdsD, 2/BTFG0000146.
2 Auf dem Tonband sind beide Fraktionssitzungen zur Bundesversammlung (14. und 15. Mai) hintereinander aufgenommen, Gesamtaufnahmedauer 02:14:58. Laut Kurzprotokoll begann die vorliegende Sitzung am 15. Mai um 8.30 Uhr und endete um 9.15 Uhr.

66.

16. Mai 1974: Fraktionssitzung (1. Sitzung / Tonbandtranskript)

AdsD, SPD-BT-Fraktion 7. WP, 6/TONS000025. Titel: »Fraktionssitzung vom 16.05.1974«. Beginn: 9.11 Uhr. Aufnahmedauer: 00:31:48.[1] Vorsitz: Wehner.

Sitzungsverlauf:

A. Bericht über den weiteren Verlauf der Plenarsitzungen (Kanzlerwahl, Steuerreform, Einbringung des Haushalts).

B. Wahlkampf und Landtagswahl in Niedersachsen.

[A.–B.] → online unter www.fraktionsprotokolle.de

67.

16. Mai 1974: Fraktionssitzung (2. Sitzung / Tonbandtranskript)

AdsD, SPD-BT-Fraktion 7. WP, 6/TONS000025. Titel: »Fraktionssitzung vom 16.05.1974«. Beginn: 11.30 Uhr. Aufnahmedauer: 00:55:03.[2] Vorsitz: Wehner.

Sitzungsverlauf:

A. Glückwünsche für Bundeskanzler *Schmidt*. – Überblick über die Regierungsbildung.

B. Aufschub des Gesetzesvorhabens zur Vermögensbildung. – Verschiedenes: Besteuerung der Diäten.

[A.–B.] → online unter www.fraktionsprotokolle.de

---

1 Auf dem Tonband sind beide Fraktionssitzungen vom 16. Mai 1974 hintereinander aufgenommen, ihre Gesamtaufnahmedauer beträgt 1:26:47. Laut Kurzprotokoll dauerte die erste Fraktionssitzung von 9.11 Uhr bis 9.43 Uhr, vgl. AdsD, 2/BTFG000064.

2 Auf dem Tonband sind beide Fraktionssitzungen des Tages hintereinander aufgenommen, Gesamtaufnahmedauer 1:26:47. Laut Kurzprotokoll dauerte die Sitzung von 11.30 bis 12.24 Uhr, vgl. AdsD, 2/BTFG000064.

68.

20. Mai 1974: Fraktionssitzung (Tonbandtranskript)

AdsD, SPD-BT-Fraktion 7. WP, 6/TONS000025. Titel: »Fraktionssitzung vom 20.05.1974«. Beginn: 11.07 Uhr. Aufnahmedauer: 01:56:12. Vorsitz: Wehner.

Sitzungsverlauf:

A. TOP 1: Politische Berichte und Vorbereitung der Aussprache über die Regierungserklärung. – Aussprache der Fraktion.
B. TOP 2: Bericht aus der Fraktionsvorstandssitzung (Neubildung des Kabinetts; Wahlen zum Fraktionsvorstand; Ausschussumbesetzungen; Vorbereitung der Plenarsitzungen). – Möglicher Gruppenantrag zur Diätenreform.
C. Vorbereitung der Plenarsitzungen: TOP 6: Tagesordnung und Ablauf der Plenarsitzungen.
D. 2. und 3. Beratung Haushalt 1974.
E. Fortsetzung Vorbereitung und Ablauf der Plenarsitzungen: TOP 7: Bericht des Innenausschusses zum Bericht der Wahlkreiskommission. – TOP 8: 2. und 3. Beratung Parteiengesetz. – TOP 9: 1. Beratung Bundesausbildungsförderungsgesetz. – TOP 10: 1. Beratung Kündigungsschutz für Mietverhältnisse über Wohnraum. – Sonstiges: TOP 11: Nachwahlen zum Fraktionsvorstand und Umbesetzungen in Arbeitskreisen, Arbeitsgruppen und Ausschüssen.

[A.–E.] → online unter www.fraktionsprotokolle.de

69.

4. Juni 1974: Fraktionssitzung (Kurzprotokoll)

AdsD, SPD-BT-Fraktion 7. WP, 2/BTFG000066. Überschrift: »Protokoll über die Sitzung der Sozialdemokratischen Bundestagsfraktion am Dienstag, 4. Juni 1974«. Zeit: 15.00–17.30 Uhr. Vorsitz: Wehner. Protokoll: Schmickler. Datum der Niederschrift: 8. Januar 1975.

Sitzungsverlauf:

A. TOP 1: Politische Berichte (Bundeskanzler *Schmidt* berichtet über Gespräche mit dem französischen Staatspräsidenten *Giscard d'Estaing*). – TOP 2: Informationen (Situation in Griechenland; Anschlussverordnung für Datenpools; Personalveränderungen im Bundesministerium für das Post- und Fernmeldewesen; Diskussion über Äußerungen zur Regierungsbildung und Vermögensbildung; Diskussion über Äußerungen zur Diätenfrage; Abstimmung von Umweltschutz und Energieversorgung; Fall *Guillaume*). – TOP 4: Aktuelles aus den Arbeitskreisen.
B. Vorbereitung der Plenarsitzungen: TOP 5: Tagesordnung und Ablauf der Plenarsitzungen. – TOP 6: Behandlung des 17. Juni als Feiertag. Ergebnisse Vermittlungsausschuss: e)

Fraktionssitzung 10.06.1974 **70.**

5. Strafrechtsreform (Paragraph 218 StGB). – TOP 7: 2. und 3. Beratung Drittes Steuerreformgesetz. – TOP 9: 1. Beratung Bundesanstalt für Flugsicherung.

C. Sonstiges: TOP 10: Diätenbesteuerung. – TOP 11: Sachverständigenbeirat der Diätenkommission. – TOP 12: Umbesetzung in den Arbeitskreisen, Arbeitsgruppen, Ausschüssen und Gremien.

[A.–C.] → online unter www.fraktionsprotokolle.de

70.

10. Juni 1974: Fraktionssitzung (Kurzprotokoll)

AdsD, SPD-BT-Fraktion 7. WP, 2/BTFG000067. Überschrift: »Protokoll der Fraktionssitzung vom 10.06.1974«. Zeit: 18.15–19.50 Uhr. Vorsitz: Wehner. Protokoll: Schütte. Datum der Niederschrift: 22. Juli 1974.

Sitzungsverlauf:

A. TOP 1: Politische Berichte (Der SPD-Parteivorsitzende *Brandt* berichtet über die Ergebnisse der Landtagswahlen in Niedersachsen). – TOP 2: Informationen (Reform der beruflichen Bildung).

B. TOP 3: Berichte aus dem Fraktionsvorstand (Mitglieder im Untersuchungsausschuss; Deutsche Stiftung für internationale Entwicklung; Kleine Anfrage der JPA). – TOP 4: Aktuelles aus den Arbeitskreisen.

C. Vorbereitung der Plenarsitzungen: TOP 5: Tagesordnung und Ablauf der Plenarsitzungen. – TOP 6: 1. Beratung 2. Bundesbesoldungsvereinheitlichungs- und -neuregelungsgesetz. TOP 7: 1. Beratung Pariser und Brüsseler Atomhaftungsübereinkommen, 1. Beratung Änderung des Atomgesetzes. – TOP 8: 2. Beratung und Schlussabstimmung des Vertrags Deutschland-Jugoslawien über die Auslieferung. – TOP 9: 2. Beratung Änderung Hochschulförderungsgesetz. – TOP 10: Antrag CDU/CSU betr. Reform der betrieblichen Bildung und Novellierung Berufsbildungsgesetz. – TOP 11: 2. Beratung Änderung des Zonenrandförderungsgesetzes. – TOP 12: 1. Beratung Allg. Eisenbahngesetz und 1. Beratung Änderung des Personalbeförderungsgesetzes. – TOP 13: Antrag CDU/CSU betr. regionaler Luftverkehr. – TOP 14: Antrag CDU/CSU betr. Prüfungsverfahren für Kriegsdienstverweigerer. – TOP 15: Antrag Haushaltsausschuss betr. Sturmflutschäden. – TOP 16: 2. und 3. Beratung Heimarbeitsänderungsgesetz. – TOP 17: 2. und 3. Beratung Änderung Sozialgerichtsgesetz. – TOP 18: 2. und 3. Beratung Heimgesetz. – TOP 19: Antrag CDU/CSU betr. Neuordnung Rentnerkrankenversicherung.

D. Vorlagen aus den Arbeitskreisen: TOP 20: Kleine Anfrage betr. Besteuerung multinationaler Unternehmen. – Sonstiges: TOP 21: Bundesausbildungsförderungsgesetz. – TOP 22: Jahrestagung IPU vom 3. bis 11. Oktober 1974 in Tokio. – Verschiedenes.

[A.–D.] → online unter www.fraktionsprotokolle.de

71.

11. Juni 1974: Fraktionssitzung (Kurzprotokoll)

AdsD, SPD-BT-Fraktion 7. WP, 2/BTFG000068. Überschrift: »Protokoll über die Fraktionssitzung am 11. Juni 1974«. Zeit: 20.10–20.40 Uhr. Vorsitz: Wehner. Protokoll: Schubert. Datum der Niederschrift: 17. Juni 1974.

Sitzungsverlauf:

A. Einziger Tagesordnungspunkt: Die Arbeit des Parlaments am 17. Juni 1974.

[A.] → online unter www.fraktionsprotokolle.de

72.

17. Juni 1974: Fraktionssitzung (Kurzprotokoll)

AdsD, SPD-BT-Fraktion 7. WP, 2/BTFG000069. Überschrift: »Protokoll der Fraktionssitzung der SPD, am Montag, den 17. Juni 1974«. Zeit: 15.15–17.40 Uhr. Vorsitz: Wehner. Protokoll: Sommer. Datum der Niederschrift: 16. Juli 1974.

Sitzungsverlauf:

A. Politischer Bericht des Bundeskanzlers. – TOP 1: Informationen (Weltwährungssystem; Beschäftigungszahlen; Steuerreform und Tarifverhandlungen). – TOP 2: Bericht aus dem Fraktionsvorstand (parlamentarische Gestaltung des 17. Juni; Tagesordnung der Plenarsitzungen). – TOP 3: Aktuelles aus den Arbeitskreisen.

B. Vorbereitung der Plenarsitzungen: TOP 4: Tagesordnung und Ablauf der Plenarsitzungen. – TOP 5: 1. Beratung Mitbestimmung. – TOP 6: Entschließungsantrag zur Erklärung über die Lage der Nation. – TOP 7: 2. Beratung und Schlussabstimmung Vertrag Deutschland–Tschechoslowakei. – TOP 8: 2. und 3. Beratung Bundesausbildungsförderungsgesetz. – TOP 9: 2. und 3. Beratung Rechtsstellung der Parlamentarischen Staatssekretäre. – TOP 17: Vorschlag der Kommission für die Rechtsstellung der Abgeordneten. – TOP 10: 2. und 3. Beratung Konkursausfallgeld. – TOP 11: 2. und 3. Beratung Angleichung der Leistungen zur Rehabilitation. – TOP 12: 2. und 3. Beratung Sechstes Anpassungsgesetz KOV. – TOP 13: 2. und 3. Beratung Gesamtreform Lebensmittelrecht. – TOP 14: 2. und 3. Beratung Änderung kohlerechtlicher Vorschriften. – TOP 15: 2. und 3. Beratung Änderung Gewerbeordnung. – TOP 16: 1. Beratung CDU/CSU-Entwurf Änderung des Gesetzes gegen den unlauteren Wettbewerb.

C. Sonstiges: TOP 18: Bericht der Arbeitsgruppe Einzelplan 02. – TOP 19: Ausschussumbesetzungen. – TOP 20: Jahrestagung IPU vom 3. bis 11. Oktober 1974 in Tokio. – TOP 21: Kuratorium der Bundeszentrale für politische Bildung. – TOP 22: Nächste Termine. – Verschiedenes.

[A.–C.] → online unter www.fraktionsprotokolle.de

73.

1. Juli 1974: Fraktionssitzung (1. Sitzung/Tonbandtranskript)

AdsD, SPD-BT-Fraktion 7. WP, 6/TONS000027. Titel: »Fraktionssitzung am 01.07.1974 um 11.50 Uhr«. Aufnahmedauer: 02:29:31. Vorsitz: Wehner.

Sitzungsverlauf:

A. TOP 1: Politischer Bericht von Bundesfinanzminister *Apel* (Devisenkursschwankungen und Währungsspekulationen; politische Folgen des Zusammenbruchs der Kölner Privatbank Herstatt). – Aussprache der Fraktion.

B. TOP 3: Bericht aus der Fraktionsvorstandssitzung (Vermittlungsausschuss: Steuerreform, Vertrag Deutschland–Tschechoslowakei, Strafrechtsreformergänzungsgesetz, Hochschulrahmengesetz) und zugleich TOP 5: Tagesordnung und Ablauf der Plenarsitzungen.

C. Informationen (Kfz-Steuerklassen; Novellierung der Straßenverkehrsordnung; Überleitungsvertrag; Reparationszahlungen an Griechenland).

D. Vorbereitung der Plenarsitzungen: TOP 6: Ergebnisse Vermittlungsausschuss: a) Vertrag Deutschland–Tschechoslowakei, b) Strafrechtsreform-Ergänzungsgesetz. TOP 7: 2. und 3. Beratung Hochschulrahmengesetz.

[A.]

Wehner: Die Sitzung ist eröffnet. Ich bitte zunächst um Entschuldigung für das Hin und Her. Das hat sich daraus ergeben, Genossinnen und Genossen, dass mir versichert worden war, diese Sitzung im Plenum zwischen Bundestag – Bundesrat werde um 11 Uhr schließen und ein Empfang, den die Bundestagspräsidentin dann angesetzt habe, könne anständigkeitshalber in einer Viertelstunde frequentiert werden, und als die Rede immer länger wurde, habe ich vorsorglich durchsagen lassen, dass es um zwölf sein sollte mit der Sitzung.[1] Wie sich dann herausstellte, waren aber eine ganze Reihe Mitglieder unserer Fraktion hier, und so habe ich es für besser gehalten, dass man noch einmal durchsagte, dass alle gebeten werden zu kommen. Das erklärt sich also so.

Bevor ich zur Tagesordnung übergehe oder sie aufrufe, und ich werde dann einige Änderungen vorschlagen, Genossinnen und Genossen, möchte ich den heute fälligen Geburtstagskindern unsere Wünsche aussprechen. Das ist Anke *Riedel-Martiny*.

(Beifall.)

Deren Geburtstag noch beneidenswert ist. Alles Gute! – Das glaube ich nicht. – Und der andere ist Bernhard *Bußmann*.

(Beifall.)

Gestern hatte Friedhelm *Halfmeier* seinen Geburtstag, seinen 60.

(Beifall.)

Wir haben ihm sozusagen ohne Sitzung gratuliert. Es war eben grade kein Sitzungstag. Und nun, Genossinnen und Genossen, zur Tagesordnung. Die Tagesordnung, so wie sie hier aufgestellt vorliegt, ist noch in Anwesenheit von Karl *Wienand*, der heute Morgen bei der entsprechenden Sitzung nicht weiter verhandlungsfähig war[2], sondern vom

---

[1] Am 1. Juli 1974 fand in einer gemeinsamen Sitzung von Bundestag und Bundesrat die Vereidigung des neuen Bundespräsidenten, Walter *Scheel*, statt. Vgl. BT Plenarprotokoll 07/112.
[2] Gemeint ist vermutlich die Sitzung des Ältestenrats.

Stuhle sank und sofort in ein Krankenhaus transportiert werden musste, in dem er liegt, im Johanniterkrankenhaus, aufgestellt worden und ich will dann einiges zu dem sagen, was sich in der Zwischenzeit in der Sitzung des Fraktionsvorstandes geändert hat beziehungsweise was wir zusammenziehen können. Über Karl *Wienands* Befinden gibt es noch keine genaueren Berichte als den Bericht, den Manfred *Schulte* mitgebracht hat und eine telefonische Nachricht, die ärztlicherseits von Hans *Bardens* erbeten worden ist. Das heißt, sie müssen versuchen, ihn dort zunächst einmal unter den Wirkungen der ersten Spritzen zu dem kommen zu lassen, dass man genauer weiß, was eigentlich geschehen ist.

Wir haben heute auf unserer Tagesordnung politische Berichte und am Freitag hatte Hans *Apel* schon bei Karl *Wienand* mitgeteilt, dass er gerne in der Fraktion heute einiges sagen möchte. Ich habe ihn dann am Freitag in der Parteivorstandssitzung noch einmal extra darum gebeten, zu dem Vorgang Herstatt-Bank, weil dies ja ein Vorgang ist, der zunächst mal hohe Wellen schlägt und hier auch weiter schlagen wird, so dass diese politischen Berichte – das fällt unter politische Berichte. Ich möchte dann darum bitten, dass wir unmittelbar im Anschluss daran und an die dazugehörigen Fragen und Antworten den Bericht aus der Fraktionsvorstandssitzung geben können und hier erörtern können, weil der zusammenfasst auch die Situation Plenum, wann in dieser Woche und wie. Insofern hat sich da gegenüber der Fraktionsvorstandssitzung schon einiges wieder geklärt. Die CDU hat jetzt ihrerseits begehrt, um 15 Uhr den Ältestenrat zusammenzurufen. Aber im Hinblick auf das und was dort fällig sein kann, geben wir dann hier Bescheid. Dann würden wir sehr kurz zu den Punkten uns im {...} Fraktionsvorstandssitzungsbericht äußern können beziehungsweise Informationen ČSSR-Vertrag, Strafrechtsreformergänzungsgesetz und könnten dann die übrigen Punkte behandeln. Ist die Fraktion einverstanden damit? Gut. Dann werden wir alles, was dringend ist, in dem Bericht über die Fraktionsvorstandssitzung versuchen zu sagen.

Ihr hattet am Wochenende – soweit es euch erreicht hat – Telegramm bekommen, das *Wienand* hatte verschickt an alle Mitglieder mit der Ankündigung, dass absolute Präsenz heute und morgen erforderlich ist und sie bleibt morgen weiter erforderlich. Über das weitere wollen wir reden dann im Zusammenhang mit dem Bericht. Das ist auch noch mit einem roten Zettel noch einmal nachgereicht worden. Es ist also nicht so, dass man etwa damit zu rechnen hätte, während der ganzen Woche wäre Präsenzpflicht. Nur aus ganz bestimmten Gründen, zum Beispiel dass wir in einem Punkte die absolute Mehrheit haben müssen, ist Präsenzpflicht auch morgen erforderlich. Es wäre denn, aber das hoffe ich nicht, ich greife hier schon vorweg, im Ältestenrat würde die CDU/CSU unsere Freunde dazu bringen, dass man dies erst in der nächsten Woche abstimmt. Ich finde allerdings, dass der ČSSR-Vertrag ein Politikum ist, dass, nachdem der Bundesrat sich zum ersten Mal seit seinem Bestehen zu einer Sondersitzung für heute entschlossen hat wegen dieses Vertrags, wird das auch von uns unmittelbar behandelt werden müssen und können. Doch das vorweg. Wenn ihr einverstanden seid, dann bitte ich jetzt Hans *Apel*, das Wort zu seinem informatorischen Bericht zu nehmen.

Apel: Genossinnen und Genossen, die Angelegenheit selbst muss man, glaube ich, in zwei Aspekte einordnen, ehe man zur Sache selbst etwas sagen kann. Der eine Aspekt ist, dass wir nun schon seit einer Reihe von Monaten schwankende Wechselkurse haben und das bleibt auf absehbare Zeit auch so. Wir haben bei der letzten Währungstagung in Washington klar erkannt[3], dass es überhaupt keine Chance gibt, dass es angesichts der Ungeordnetheit der Weltwirtschaft möglich ist, in absehbarer Zeit zu festen Wechsel-

---

3 Der Finanzminister nahm damit Bezug auf den Ausschuss der Zwanzig des Gouverneursrats des Internationalen Währungsfonds, der vom 12. bis zum 13. Juni 1974 zu seiner sechsten Sitzung zusammentrat. Vgl. EUROPA-ARCHIV 1974, Z159.

kursen zurückzukommen, und damit übernehmen natürlich die Banken eine wesentliche Funktion. Es ist ihre Funktion, den Warenhandel monetär abzusichern, und insofern übernehmen die Banken ein Risiko, das vorher die Bundesbanken hatten. Wir alle erinnern uns noch an die Zeit, in der die Bundesbank an einem Tage mehrere Milliarden Dollar in ihre Keller nehmen musste. Die Bundesbank ist heute an diesem Geschäft nur noch sehr bedingt beteiligt. Sie interveniert nur noch sehr bescheiden zur Kursstabilisierung. Ansonsten ist dieses Risiko voll privatisiert. Das muss man, glaube ich, vorab sagen.

b) Die enormen Kursschwankungen in diesem Sektor führen natürlich nun auch dazu, dass man versucht zu spekulieren. Eine seriöse Bank wird immer, wenn sie auf Termin Devisen kauft oder verkauft, durch Gegengeschäfte das Risiko reduzieren oder sogar beseitigen. Es gibt aber natürlich Bankiers, die offene Devisentermingeschäfte machen, das heißt bewusst spekulieren. Im Endeffekt ist das so etwa, als wenn man als Unternehmer mit Lohngeldern nach Baden-Baden geht. Das ist ungefähr das gleiche. Man riskiert alles, und diese Art von Geschäften sind es, die zu Schwierigkeiten geführt haben.

Zweite Vorbemerkung: Man muss sich sehr davor hüten, hier nun den Privatbankier zu kritisieren und anzugreifen. Es sind vorher zwei große öffentlich-rechtliche Institute mit gleichen Geschäften baden gegangen und insofern – die Hessische Landesbank und die Westdeutsche Landesbank –, insofern muss man also hier sehr vorsichtig in der Argumentation sein.[4] Und es musste auch ein Zeichen gesetzt werden in dieser ganzen Debatte, dass eben die Unternehmer, die hier mit Spargeldern umgehen, in Zukunft vorsichtiger operieren müssen. Ich will jetzt nicht in einem zweiten Punkt die Fakten darstellen. Die sind inzwischen aus der Presse, glaube ich, weithin bekannt, wie das Ganze gelaufen ist, dass hier zweifelsohne kriminelle Tatbestände mitspielen.[5] Ich will nur sagen, dass nach unserer Überzeugung die Aufsichtsbehörden und auch die Bundesbank das getan haben in diesem Falle, was ihnen möglich war. Noch im Februar 1974 hat eine Betriebsprüfung bei eben dieser Herstatt-Bank ergeben, dass alles in Ordnung ist. Augenscheinlich, ich sage das mit allem Vorbehalt und mit aller Vorsicht, sind die Betriebsprüfer getäuscht worden, indem auf der Positivseite Buchungen oder Forderungen eingetragen waren, die echt gar nicht vorhanden waren. Dies wird jetzt zu untersuchen sein und wir müssen auch dieses im Hinterkopf behalten, weil natürlich solche Manipulationen auch in Zukunft möglich sein werden. Der Radarschirm der Überwachung der Bankenaufsicht und der Bundesbank endet an den deutschen Landesgrenzen. Es ist also nur sehr bedingt nachprüfbar, ob Forderungen, die auf den Konten der Banken stehen, fiktive sind oder echte sind.

Unter dieser Perspektive Frage: Was tun wir? Eine Sache ist bereits heute in Kraft getreten: Meldepflicht aller dieser Geschäfte an die Bundesbank, damit wir einen Blick dafür haben, in welchen Größenordnungen die Privatbanken am Devisentermingeschäft beteiligt sind. Und: aufgrund Artikel 10 Kreditwesengesetz eine Richtlinie an die Privatbanken, die wir in diesen Tagen erarbeiten, das ist das Neue, die die Devisentermin-

---

4 Die Hessische Landesbank beteiligte sich zu Beginn der 1970er Jahre an etlichen spekulativen Risikogeschäften und machte dabei Verluste in Milliardenhöhe. Am 17. Dezember 1973 trat deshalb der Präsident der Hessischen Landesbank, Wilhelm *Hankel*, von seinem Amt zurück. Ende 1974 stand die Landesbank praktisch vor dem Konkurs. Die Westdeutsche Landesbank erlitt durch riskante Devisenspekulationen 1973 ebenfalls Verluste in Millionenhöhe.

5 Am 26. Juni 1974 musste die Herstatt-Bank ihren öffentlichen Zahlungsverkehr einstellen, wobei es zu Tumulten vor den geschlossenen Filialen kam. Die Bank hatte durch extreme Devisenspekulationen Verluste von knapp einer halben Milliarde Mark angehäuft. Inwieweit sich die Angestellten, unter anderem die Devisenabteilung unter ihrem Chefdevisenhändler Dany *Dattel*, strafrechtlich schuldig verhalten hatten, bleibt bis heute allerdings umstritten. Vgl. auch den Artikel »Bruchlandung der ›Raumstation Orion‹«; »Frankfurter Allgemeine Zeitung« vom 9. Mai 2009, S. 23.

geschäfte in ihrer Größenordnung bindet an das haftende Eigenkapital.[6] Mehr können wir in dieser ganzen Frage nicht machen, weil – und damit komme ich auf meinen Ausgangspunkt zurück – die Banken in einem flottierenden Weltwährungssystem die Rolle des Moderators spielen. Wir können ihnen also diese Geschäfte nicht untersagen oder einschränken oder wirklich echt drosseln, solange wir nicht in die Nähe fester Wechselkurse zurückgekehrt sind.

Letzte Bemerkung: Wir haben länger darüber nachgedacht, ob man nicht vielleicht auch gesetzlich oder durch eine Initiative des Deutschen Bundestages etwas machen sollte. Wir sind zum Ergebnis gekommen, dass wir den Weg der Rechtsverordnung gehen sollten, und zwar im Wesentlichen aus politisch-psychologischen Gründen. Wenn man das über die Legislative macht, liebe Genossinnen und Genossen, erweckt man den Eindruck, als wäre man in der Lage, derartige Bankpleiten in Zukunft auszuschließen. Man übernimmt also eine hohe Verantwortung. Wir werden zwar das Risiko durch die Richtlinien – einmal Meldepflicht der Geschäfte, b) Anbinden der Größenordnung an das haftende Eigenkapital – einschränken können, es wird uns aber niemals möglich sein, wenn Spitzbuben bei den Banken am Werke sind, solche Risiken voll auszuschalten. Deswegen, meine ich, sollten sich die Politiker aus der Geschichte heraushalten, so weit es geht. Dass natürlich der Finanzminister, der Bundesbankpräsident und die Bankenaufsicht, die ja im Endeffekt uns als Finanzministerium unterstellt, drin sind, ist klar. Wer kontrollieren will, muss es auch voll können, und deswegen warne ich hier vor zu starken Worten, wie ich es auch für mich persönlich abgelehnt habe, vor den Fernsehschirm in dieser Frage zu treten. Denn eins darf nicht eintreten, dass diese Dinge und ähnliche Dinge der Regierung angelastet werden. Dieses ist Teil unseres Systems, unserer Wirtschaftsordnung. Hier versagt unsere Wirtschaftsordnung und die Politik kann im Rahmen dieser Wirtschaftsordnung nur sehr bedingt Grenzen aufzeigen. Diese habe ich euch eben dargestellt.

Weber: {...} bei Herstatt, weil eben Köln hier erwähnt wurde. Aber ich habe also folgende Fragen, Hans. Erstens, im Grundsatz möchte ich dir zustimmen, aber wie stehst du zu der Forderung, die zum Beispiel zum Wochenende in der »Süddeutschen Zeitung« erhoben worden ist[7], dass erstens das Bankenaufsichtsamt seine Aufgaben nicht ordnungsgemäß erfüllen könne, a) weil es im Verhältnis zu den rund 7 000 Kreditinstituten nur mit rund 175 Beamten besetzt sei, also nicht ausreichend seine Kontrollfunktionen ausüben könne, zweitens, weil es darüber hinaus noch an einem Ort, nämlich in Berlin, beheimatet sei und von dort aus nur sehr schwer Funktionen von Banken, insbesondere Kontrollen von Banken in der Bundesrepublik beobachten und ausreichend wahrnehmen könne? Und die dritte und letzte Frage: Ich halte es, weil ja doch zumindest teilweise, wir kennen ja alle die Pleiten, die in den letzten Monaten passiert sind, das Vertrauen etwas angeknackst ist, für notwendig, dass die Bundesregierung, meine ich, in aller Deutlichkeit sagt, ich stimme auch mit dir überein, dass es der Bundestag nicht tun sollte, aber die Bundesregierung in aller Deutlichkeit hier darauf hinweist, dass sie nicht den Schwarzen Peter hat, sondern dass der in unserer Wirtschaft begründet liegt und dass sie umgekehrt alles tun wird, um jetzt – soweit es in ihrer Macht liegt – durch

---

6 Zum »Gesetz über das Kreditwesen« in der Fassung vom 16. Juli 1961 vgl. BGBl. 1961, I, Nr. 49, S. 881–898. – Paragraph 10 regelte die Eigenkapitalausstattung der Kreditinstitute.

7 Gemeint ist vermutlich der Artikel »Die Sicherheit der Banken«; »Süddeutsche Zeitung« vom 29. und 30. Juni 1974, S. 31. Der Artikel kritisierte unter anderem, dass das Bankenaufsichtsamt zentral in Berlin residiere und keine Niederlassung in jenen westdeutschen Städten habe, in denen die meisten Banken ihren Sitz haben.

Kontrollen und durch ein richtiges Funktionieren dieses Aufsichtsamtes das Vertrauen um die Sicherheit des Sparers und des Konteninhabers zu schützen.

Wehner: Hans, willst du gleich antworten oder einige Fragen zusammen? Es gibt noch Wortmeldungen.

Apel: Nein, ich glaube zusammen, Herbert. Ist wohl besser.

Wehner: Heinz *Rapp*.

Rapp (Göppingen): Hans *Apel*, im Referentenentwurf zur Novellierung des Bundesbankgesetzes war mal vorgesehen, dass man die gesamte Auslandsposition der Banken normiert.[8] Wenn ihr jetzt nur die Devisentermingeschäfte normiert, dann habt ihr die Papiere, die Wertpapiere wieder draußen. Frage: Könnte man nicht insgesamt auf jene alte Position zurückkehren, das gesamte Auslandsgeschäft zu normieren? Zweiter Hinweis: Ich selber habe früher, im Rahmen der Bankenaufsicht bin ich tätig gewesen, habe von der Landeszentralbank aus Mindestreserveprüfungen gemacht. Dabei hat man ein bisschen mitbekommen, was auch auf anderen aufsichtsrechtlichen Gebieten geschehen ist. Es ist nicht hinreichend zu sagen, dass das Kreditwesenamt nur 175 Beamte hat, denn die greifen weitgehend auf den Apparat der Bundesbank zurück. Frage: Könnte man nicht bei der Bundesbank anregen, dass die die Devisenterminpositionen im Rahmen ihrer Mindestreserveprüfung mitprüfen? Dies wäre machbar in Absprache mit dem Bundesaufsichtsamt für das Kreditwesen. Und dritte Anregung oder dritter Hinweis: Ich glaube, die Bürger draußen und wir alle erwarten, dass der strafrechtliche Rahmen im Zusammenhang mit der Herstatt-Geschichte voll ausgeschöpft wird.

Wehner: Sind noch Wortmeldungen, Genossen? Da hinten, ich kann nicht – ja, Norbert *Gansel*.

Gansel: Ich will mich nicht freuen über das, was in Köln passiert ist, weil ich zu den Leuten gehört habe, die eine stärkere öffentliche Kontrolle im Bankenwesen gefordert haben, denn das ist 'ne billige Schadenfreude, wenn das auf Kosten von einigen Tausend Sparern geht. Denn das sind ja auch Kleinsparer, die noch immer zu den Geschädigten gehören. Aber ich meine, es geht doch nicht an zu sagen, dieses ist 'ne Sache, aus der sich Politiker heraushalten müssen. Wenn das zum guten Ton gehört und wenn das zulässig ist, dass – wie Hans *Apel* gesagt hat – mit den Lohngeldern nach Baden-Baden gegangen wird, wenn das nicht nur die Privatbankiers machen, sondern wenn solche Geschäfte auch von öffentlich-rechtlichen Banken gemacht werden und gemacht worden sind, dann ist das schon ziemlich aussagekräftig für das System und dann langt es nicht zu sagen, das ist nun einmal so, das sind die Grenzen, das sind die Sitten, das ist die Moral, die dort einreißt, sondern dann ist an diesem System etwas faul. Und die Politiker haben sich zu fragen, wie sie das ändern können, welche Konsequenzen wir daraus greifen können. Ich plädiere damit nicht jetzt für eine große Bundestagsdebatte aus dem Handgelenk darüber. Das ist sicherlich nicht möglich, ist die Partei auch noch gar nicht in der Lage zu. Aber dieser Vorfall zeigt doch, wie wichtig das ist, dass in der Partei über diese Dinge diskutiert wird, und zwar vorurteilsfrei von beiden Seiten und dass man sich also dann nicht gegenseitig ideologischer Positionen bezichtigt, wenn man versuchen will, an diesem faulen System etwas zu ändern.

Ich habe noch eine Frage, Hans. Welche Arten von Devisengeschäften sind jetzt meldepflichtig und vor allen Dingen, wie wird diese Meldpflicht kontrolliert?

Wehner: Genosse *Schwabe*.

---

8 Zum »Gesetz über die Bundesbank« in der Fassung vom 26. Juli 1957 vgl. BGBl. 1957, I, Nr. 33, S. 745–755.

Schwabe: Ich möchte in dem Zusammenhang ganz kurz diejenigen, die vielleicht mit Sparkassenwesen und so weiter nicht so eng zu tun haben, darauf hinweisen, dass sie ihre Auffassung von öffentlicher Kontrolle und Einflussnahme schon dort ein bisschen besser verkaufen können, wo sie darauf hinweisen, dass die kommunalen Sparkassen, die Stadt- und Kreissparkassen also einer ziemlich strengen kommunalen allgemeinen Aufsicht unterstehen. Ich habe rückgefragt. Ich habe keine Antwort der Sparkasse, habe sie aber mit {…}. Ich habe zurückgefragt, bei unseren zuständigen Sparkassen hat es durch das Herstatt-Erlebnis keinerlei Rückschlag gegeben. Das Vertrauen, dass dort öffentlich kontrolliert wird, ist stark und das dürfte man bei der Gelegenheit vielleicht auch mal weiter unterstreichen.

Wehner: Sind noch Wortmeldungen zunächst? Nein, dann zunächst zur Antwort Hans *Apel*.

Apel: Genossen – die Funktionsfähigkeit des Bundesaufsichtsamtes mit dem Standort hat natürlich überhaupt nichts zu tun. Das Ganze geht per Fernschreiber und per Telefon und per Kontrolleure, die durchs Land reisen, und das hat auch nichts zu tun mit der Zahl der Beamten. *Grobecker* hat mich darauf aufmerksam gemacht, dass die Zahl der Beamten beträchtlich angehoben ist, aber das ist nicht das Problem. Das Problem liegt ganz woanders, und damit will ich gleich auf Norbert *Gansel* eingehen. Das Problem liegt darin, dass, wenn man einen Mann hat in einer Privatbank, der Bücher fälscht – ich sag' das mal etwas plakativ –, und wenn wir gleichzeitig eine Wirtschaftsordnung haben, die nationalwirtschaftlich orientiert ist, das heißt an den Grenzen der Bundesrepublik aufhört mit ihren Kontrollfähigkeiten, dann nützt dir die ganze Kontrolle sehr wenig. Dann bist du angewiesen darauf, dass diejenigen, die die Anweisungen der Bundesbank und des Aufsichtsamtes auszuführen haben, sie auch ausführen und insofern greifen – davon gehe ich aus – die Maßnahmen, die wir jetzt beschließen werden, sehr wohl. Erstens werden wir in jedem Moment wissen, wie viel Termingeschäfte genau spezifiziert laufen, das ist schon mal ganz wichtig. Da sieht man plötzlich, was sich da aufbaut. Das hat man bei Herstatt eben augenscheinlich nicht gesehen in dem Maße und b) sagen wir den Leitern der Banken, nicht den jeweiligen Abteilungsleitern, den Devisenhändlern, so weit könnt ihr gehen im Rahmen dessen, was ihr dürft aufgrund eures Eigenkapitals, und ich halte das schon für eine ganz wirksame Kontrolle. Nur muss man wissen, auch dann ist man nicht geschützt vor Beschiss, und was nun die öffentliche Kontrolle anbelangt, Norbert, zu der habe ich aufgrund der Erfahrungen, die wir bei der Helaba, bei der Westdeutschen Landesbank gemacht haben, überhaupt kein Vertrauen. Die sind ja öffentlich kontrolliert worden. Das ist also dann doch nur sehr bedingt hilfreich gewesen.

Ich will dir zugeben, dass wir über die ganze Frage nachdenken müssen. Wenn ich es richtig im Kopf habe, gibt es ein Gespräch im Herbst zwischen einer Reihe von Jungsozialisten, Alex *Möller* und auch einigen aus der Fraktion und mir über diese ganze Frage. Da gibt's überhaupt keine Tabus, auch nicht bei mir. Nur bitte hüten wir uns davor als Politiker und insofern meine ich, müssen wir uns zurückhalten und uns da heraushalten aus der Geschichte, hier Erwartungshorizonte aufzubauen, die unter Umständen nur bedingt zu halten sind, und unser oberstes Prinzip muss sein, da bin ich völlig mit dir einer Meinung, Vertrauen des Sparers muss durch die Bundesregierung sichergestellt werden. Dieses werden wir in dieser Woche durch unsere Erklärungen tun. Wenn ich hier auch kritische Untertöne angemerkt habe, dann deswegen, weil die Fraktion Anspruch auf intellektuelle Redlichkeit vonseiten derer hat, die sie vertreten.

Zu dem Genossen *Rapp* muss ich sagen, die eine Frage, da kann ich dir keine Antwort drauf geben. Dazu bin ich nicht Fachmann genug, ob das gesamte Auslandsgeschäft normiert werden muss, kann ich nicht sagen. Das muss man prüfen. Ich bin da kein Experte. Was die Frage des Prüfens der Devisentermingeschäfte durch die Bundesbank im Zusammenhang mit den Mindestreserven anbelangt, so finde ich die Idee gut. Nur, Devisentermingeschäfte sind manchmal Geschäfte über Stunden, manchmal über Tage, manchmal über Monate, selten länger und da muss man sicher wiederum fragen, sind die Kontrollmechanismen schnell genug?

Eine letzte allgemeine Bemerkung: Genossen, wir müssen auch zur Kenntnis nehmen, dass die Geschichte, die wir hier jetzt erlebt haben, etwas damit zu tun hat, dass wir eine sehr stringente, eine sehr stramme Kreditpolitik machen. Die großen Einlagebanken, die Banken, die über Millionen von Einlegern – sei es in Form von Sparern, sei es in Form von Inhabern von Girokonten – verfügen, haben im großen Maße Milliardenbeträge zur Verfügung, mit denen sie arbeiten können. Das heißt also, sie können sich auch in diesem sehr engen Kreditmaß noch so bewegen, dass sie mit Plus-Minus-Null oder mit leichtem Gewinn herauskommen. Die kleinen Banken sind deswegen, da ihnen diese Möglichkeit nicht in gleichem Maße gegeben ist, von der Bundesbank hier kurzgehalten worden, sind natürlich sehr viel eher versucht, auf diese Märkte auszuweichen. Dieses ist augenscheinlich bei Herstatt mit der Fall gewesen, so dass wir auch hier mit einbeziehen müssen diese Überlegung. Nur an der Kreditpolitik ist zurzeit nichts zu ändern, weil sie zusammenhängt mit unserer Konjunktur- und Stabilitätspolitik.

Wehner: Gibt's Zusatzfragen, Genossen? Norbert *Gansel.*

Gansel: Hans, du hast das schöne Bild mit den Lohngeldern in Baden-Baden gebracht, das heißt, wir haben in der Sozialpolitik jetzt so was wie Konkursausfallgeld. Welche Überlegungen gibt es, dafür zu sorgen, dass dieser Feuerwehrfonds von 30 Millionen Mark aufgestockt wird oder dass ein anderes System der Sicherheit für die Sparer gefunden wird? Ich frage auch deshalb, weil die Relation etwa dieser Summe zu den 30 Milliarden, mit denen die Herstatt-Bank im letzten halben Jahr angeblich jongliert haben soll auf den internationalen Devisenmärkten, weil das doch ein sehr absurdes Zahlenverhältnis ist.

Apel: Norbert, wir sind ja seit Anfang der letzten Woche, genauer gesagt seit Montag, seit Montag über die Sache informiert gewesen und haben seit Montag geredet, über die Sache geredet und hier kann man natürlich daran denken, gesetzlich was zu machen, einen gesetzlichen Feuerwehrfonds zu gründen. Rein theoretisch ginge das. Das muss man auch im Hinterkopf behalten, solche Frage. Meine Argumentation dieser Tage war aber eine andere. Ich habe den Herren Bankern gesagt, ihr seid doch diejenigen, die auf diese Wirtschaftsordnung, auf eure Universalbanken und auf dieses System so besonders stolz seid und im Übrigen hat ja auch das Universalbankprinzip auch Vorteile, große Nachteile, aber auch Vorteile, weil man Risiken auffangen kann im Betrieb selbst. Nun seid ihr mal aufgefordert, eure Solidarität zu zeigen, indem ihr den Feuerwehrfonds so aufstockt, dass das läuft. Es hat in diesem Falle funktioniert. Es hat in diesem Falle funktioniert. Ich füge im Übrigen hinzu, dieses hat einen tiefen Schock gegeben. Einen ganz tiefen Schock gegeben! Ich bin davon überzeugt, dass dieser Schock auch sehr heilsam wirkt. Nicht zuletzt aus diesem Grunde war vielleicht dieser Schock auch notwendig und politisch gewollt.

Wehner: Das Letzte werden wir vergessen, weil sonst sagt man, das hätte jemand von uns gewollt. Noch Zusatzfragen, Genossen?

[B.-D.] → online unter www.fraktionsprotokolle.de

74.

1. Juli 1974: Fraktionssitzung (2. Sitzung / Tonbandtranskript)

AdsD, SPD-BT-Fraktion 7. WP, 6/TONS000027. Titel: »Fraktionssitzung am 01.07.1974«.
Beginn: 19.15 Uhr. Aufnahmedauer: 00:11:44. Vorsitz: Wehner.

Sitzungsverlauf:

A. Bericht über die Ältestenratssitzung: Zeitplan für die Zurückweisung des Einspruchs des Bundesrats beim Vertrag Deutschland-Tschechoslowakei.

[A.] → online unter www.fraktionsprotokolle.de

75.

2. Juli 1974: Fraktionssitzung (Tonbandtranskript)

AdsD, SPD-BT-Fraktion 7. WP, 6/TONS000027. Titel: »Fraktionssitzung am 02.07.1974«.
Beginn: 12.40 Uhr. Aufnahmedauer: 00:41:18. Vorsitz: Wehner.

Sitzungsverlauf:

A. Bericht aus dem Ältestenrat zu Einsprüchen des Bundesrats (Abkommen mit der Tschechoslowakei; Steuerreform). – 2. und 3. Beratung des Hochschulrahmengesetzes. – Fragen zur Geschäftsordnung des Bundestags (Einberufung von Ausschusssitzungen). – Aussprache der Fraktion.

B. Forderungen Griechenlands vor dem Schuldenschiedsgerichtshof in Koblenz wegen Neutralitätsverletzungen im Ersten Weltkrieg.

[A.–B.] → online unter www.fraktionsprotokolle.de

76.

10. Juli 1974: Fraktionssitzung (Tonbandtranskript)

AdsD, SPD-BT-Fraktion 7. WP, 6/TONS000027. Titel: »Fraktionssitzung am 10.07.1974«.
Beginn: 11.15 Uhr. Aufnahmedauer: 02:10:49. Vorsitz: Wehner.

Sitzungsverlauf:

A. TOP 1: Politische Berichte: Bundeskanzler *Schmidt* (Beziehungen EG – USA; KSZE; Hochschulpolitik und Hochschulrahmengesetz; Preissteigerungen in Deutschland; Wirtschafts- und Konjunkturpolitik in den Ländern der EG; deutsch-französische Beziehun-

Fraktionssitzung 25.07.1974 **77.**

gen; deutsch-sowjetische Beziehungen; Beziehungen zur DDR; Haushalt 1975; Rücktritt von Bundesminister *Eppler*, Binnenkonjunktur; Steuerreform).

B. Politischer Bericht von Finanzminister *Apel* (Haushalt 1975) und dem Parlamentarischen Staatssekretär *Glotz* (Hochschulrahmengesetz). – Aussprache der Fraktion. – TOP 2: Informationen.

C. TOP 3: Bericht aus der Fraktionsvorstandssitzung (Vermittlungsausschuss; SPD-Medienbeteiligungen; Verfassungsmäßigkeit Reform Paragraph 218 StGB). – TOP 4: Aktuelles aus den Arbeitskreisen.

D. Vorbereitung der Plenarsitzungen: TOP 5: Vorbereitung und Ablauf der Plenarsitzungen. – TOP 6: Ergebnis Vermittlungsausschuss – Steuerreformgesetz. – Aussprache der Fraktion dazu. – TOP 7: Antrag zur Prüfung der Verfassungsmäßigkeit des 5. Strafrechtreformgesetzes (Reform des Paragraphen 218 StGB). – Verschiedenes.

[A.–D.] → online unter www.fraktionsprotokolle.de

77.

25. Juli 1974: Fraktionssitzung (Kurzprotokoll)

AdsD, SPD-BT-Fraktion 7. WP, 2/BTFG000074. Überschrift:»Kurzprotokoll der Fraktionssitzung der SPD am Donnerstag, den 25. Juli 1974«. Zeit: 11.15–12.55 Uhr. Vorsitz: Wehner. Protokoll: Hüttel. Datum der Niederschrift: 29. Juli 1974.

Sitzungsverlauf:

A. TOP 1: Das Ergebnis des Vermittlungsausschusses Steuerreformgesetz. – TOP 2: Politische Informationen des Bundeskanzlers (Situation auf Zypern; Umweltbundesamt in Berlin (West); Meinungsumfragen; 18 Punkte der Steuerreform).

B. Aussprache der Fraktion über den Bericht des Bundeskanzlers zur Steuerreform. – Kindergeldregelung für ausländische Arbeitnehmer.

C. TOP 3: Tagesordnung und Ablauf der Plenarsitzungen. – Vorlagen aus den Arbeitskreisen: TOP 4: Kleine Anfrage betr. Situation der älteren Arbeitnehmer. – Sonstiges: TOP 5: Nächste Termine. – Verschiedenes.

[A.–C.] → online unter www.fraktionsprotokolle.de

78.

17. September 1974: Fraktionssitzung (Tonbandtranskript)

AdsD, SPD-BT-Fraktion 7. WP, 6/TONS000028. Titel: »Fraktionssitzung am 17.09.1974«.
Beginn: 15.00 Uhr. Aufnahmedauer: 03:49:41. Vorsitz: Wehner.

Sitzungsverlauf:

A. TOP 1: Politischer Bericht von Bundeskanzler *Schmidt* (Besuch des sowjetischen Außenministers *Gromyko* in der Bundesrepublik; Ständige Vertretung in der DDR; Zustand der Weltwirtschaft (Rohstoff- und Energiepreiserhöhung); EG; Probleme der gemeinsamen europäischen Agrarpolitik; wirtschaftlicher Strukturwandel in der Bundesrepublik). – Aussprache der Fraktion über den Bericht (Entwicklungshilfe; Strukturwandel; Konjunkturprogramm). – Bericht des SPD-Parteivorsitzenden *Brandt* (Zustand der SPD; Veröffentlichungszeitpunkt von *Brandts* Buch über seine Kanzlerschaft; Pressekampagnen; angebliche Differenzen zwischen *Brandt* und *Wehner*). – Aussprache der Fraktion über den Bericht. – Bericht des Fraktionsvorsitzenden *Wehner* zur Pressemeldung, er habe den Ersten Sekretär des ZK der SED der DDR, *Honecker*, vor der Enttarnung *Guillaumes* gewarnt. – Fortsetzung der Aussprache der Fraktion zu den politischen Berichten.

B. TOP 2: Bericht aus den Fraktionsvorstandssitzungen (Ausblick auf kommende Plenarsitzungen; *Wienand*-Affäre; Haushalt 1975; Diätenbesteuerung; Ausschussumbesetzungen). – Bericht des Abg. *Schäfer* (Tübingen) zur Wahlkreisgesetzreform. – Bericht des Abg. *Metzger* zum *Guillaume*-Untersuchungsausschuss.

C. TOP 3: Informationen (Entwicklungshilfe; Förderung der Flugzeugindustrie in der Bundesrepublik; Verhalten des FDP-Abg. *Achenbach* im Europäischen Parlament). – TOP 4: Aktuelles aus den Arbeitskreisen.

D. Vorbereitung der Plenarsitzungen: TOP 5: Tagesordnung und Ablauf der Plenarsitzungen. – TOP 8: Äußerung des Bundestages zur Normenkontrollklage beim Bundesverfassungsgericht betr. Paragraph 218 StGB. – TOP 6: 1. Beratung Haushalt 1975. – TOP 7: Regierungserklärung zur Außenpolitik. – Sonstiges: TOP 9: Ausschussumbesetzungen. – TOP 10: Neuwahl Verwaltungsrat Deutscher Entwicklungsdienst. – TOP 11: Nächste Termine. – Verschiedenes.

[A.]

Wehner: Die Sitzung ist eröffnet. – Wünsche allen ein herzliches Willkommen. Eine verhältnismäßig große Gruppe ist heute nicht anwesend, weil sie zu einer gleichzeitig stattfindenden Tagung des Europäischen Parlaments gegangen ist oder gefahren ist.

Einer unserer Genossen, die seit '69 dem Bundestag und der Fraktion angehört haben, hat sein Mandat niedergelegt, Günter *Wichert*, der in Hannover in der Niedersächsischen Landesregierung das Amt eines Staatssekretärs übernommen hat. Ich möchte bei der Gelegenheit, auch wenn er jetzt nicht hier ist, er hat sich persönlich verabschiedet, ihm danken für die Mitarbeit in unserer Fraktion, besonders an der schwierigen Ecke der Bildungsarbeit.

(Beifall.)

Ich hab' ihm gesagt gestern, vielleicht entdecke er im Lauf der Zeit das eine oder andere bei uns milder zu Beurteilende und vielleicht sogar ganz gut in Erinnerung zu Rufende. Sein Nachfolger, der Genosse Günther *Tietjen*, ist heute schon hier. Es geht also lückenlos. Ich begrüße ihn.

(Beifall.)

Es geht ihm wie allen, die nachrücken müssen oder dürfen, dass sie sich erst hineinfinden, und [er] ist angewiesen wie alle auf die Kollegialität, um das milde zu sagen, der anderen, die schon länger hier sind, damit er zu seinem Recht kommt.

Ein anderer wird sein Mandat in diesen Tagen niederlegen. Ich will dem nicht vorgreifen, aber für den Fall, dass es – wie es von ihm in Aussicht genommen war – geschieht, bevor wir unsere nächste Fraktionssitzung haben. Es ist Schorsch *Kahn-Ackermann*, von dem wir ja vor der Sommerpause erfahren haben, dass er gewählt worden ist zum Generalsekretär der Beratenden Versammlung des Europarats, wozu wir ihm gute Fahrt gewünscht hatten. Aber wie gesagt, ist die Mandatsniederlegung nicht vollzogen, soll am 18. vollzogen werden. Wegen Krankheit sind heute Willi *Fischer*, Karl *Herold*, *Walkhoff* entschuldigt, und ich trage nach, wie das bei gewissen runden Geburtstagen, wenn auch nicht so schlimm runden, wie andere ihn schon erreicht haben, der Fall ist: Helga *Timm*, die im Juli 50, und Detlef *Haase*, der paar Tage später auch so jung geworden ist, 50.

(Beifall.)

Wir haben ihnen kondoliert. Die Tagesordnung liegt vor. Genossinnen und Genossen, wird das Wort zur Tagesordnung gewünscht? Wenn nicht, dann rufe ich auf Punkt 1. Das Wort hat der Bundeskanzler Helmut *Schmidt*.

Schmidt (Hamburg): Liebe Freunde, ich würde ganz gerne bei einem Bericht über die Entwicklung des letzten Vierteljahres, so wie die Bundesregierung diese Entwicklung verfolgt und zum Teil beeinflusst hat, mich von außen nach innen bewegen. Ich fange deswegen mit ein paar wenigen Bemerkungen zur Außenpolitik an. Ihr werdet gelesen haben, dass in dieser Woche der Herr *Gromyko* hier zu Besuch war.[1] Herr *Genscher* und ich werden Ende Oktober für dreieinhalb Tage nach Moskau gehen.[2] Das Schwergewicht wird dabei auf der Vertiefung der wirtschaftlichen Kooperation liegen. Ich habe das Gefühl, dass, was die gesamteuropäische Konferenz oder die Konferenz für Zusammenarbeit und Sicherheit in Europa in Genf angeht[3], die Meinungsverschiedenheiten insgesamt so weit ausgeräumt sind und die restlichen so weit ausgeräumt werden, dass gegen Ende des Jahres oder sehr früh Anfang des nächsten Jahres die dort erarbeiteten Dokumente unterschrieben werden können. Dieses wird nach meiner Erwartung wohl geschehen durch die Regierungschefs, das heißt auf der sowjetischen Seite durch den Generalsekretär. Dies ist also wahrscheinlich in Moskau kein besonderes Thema. Für uns ein Thema, dem mehr Aufmerksamkeit zugewendet werden wird, abgesehen von dem wirtschaftlichen Schwerpunkt, den ich schon erwähnte, wird das Thema der beiderseitigen gleichgewichtigen Truppenverringerung sein, das naturgemäß dann, wenn die Genfer KSZE-Konferenz abgeschlossen sein wird, ohnehin sehr viel stärker in das

---

1 Der sowjetische Außenminister *Gromyko* besuchte die Bundesrepublik am 15. und 16. September 1974. Vgl. Bulletin 1974, Nr. 106 vom 18. September 1974, S. 1085–1089.

2 Bundeskanzler *Schmidt* und Außenminister *Genscher* statteten der Sowjetunion vom 28. bis zum 31. Oktober 1974 einen offiziellen Besuch ab. Vgl. dazu den Bericht des Bundeskanzlers in der SPD-Fraktionssitzung am 5. November 1974, SVP A, online.

3 Gemeint ist die Kommissionsphase der KSZE, die bereits am 18. September 1973 in Genf begonnen hatte und in der über den Text der Schlussakte beraten wurde. Die Konferenz nahm am 2. September 1974, nach der Sommerpause, ihre Arbeit wieder auf. Vgl. Europa-Archiv 1974, Z 228.

Zentrum der allseitigen Aktivitäten rücken und stärker in das Licht der öffentlichen Aufmerksamkeit rücken wird.

Ich will die kurze Bemerkung über die Sowjetunion und unsere Beziehung zu ihr abschließen mit einer Bemerkung über die Vorgänge, die mit den Stichworten Bundesamt für Umweltschutz in Berlin und mit dem Stichwort Behinderung und Belästigung auf den Zugangswegen von und nach Berlin angedeutet sind.[4] Ich habe auch nach den Gesprächen, die wir mit Herrn *Gromyko* hatten, den Eindruck, dass diese Schwierigkeiten zu den Akten gelegt worden sind. Das heißt nicht, dass die Akten vernichtet worden sind.

Eine Bemerkung dann zur DDR. Ihr habt gesehen, dass auf beiden Seiten die offiziell beglaubigten Ständigen Vertreter empfangen worden sind, *Kohl* hier in der vorigen Woche, *Gaus* gestern wohl von Herrn *Honecker*.[5] Auch sonst haben wir einiges im beiderseitigen Bemühen applanieren können. Ich nehme an, man wird demnächst auch darüber hier in der Fraktion berichten und öffentlich etwas hören können. Wenn es in China keine tiefgreifende Veränderung gibt – wir hören, dass *Zhou Enlai* sehr ernsthaft erkrankt ist[6] – mag sich möglicherweise im nächsten Frühjahr ein Besuch in Peking anschließen, den Willy *Brandt* lose schon für diesen Herbst ins Auge gefasst hatte. Und was Amerika angeht, da besteht mit der neuen amerikanischen Administration eine sehr enge Tuchfühlung.[7] Es gibt zurzeit überhaupt keine bilateralen Probleme zwischen uns. Vielmehr gibt es große gemeinsame Probleme, nämlich große gemeinsame Probleme der Weltwirtschaft, auf die ich gleich zu sprechen komme. Ein Besuch von *Genscher* und mir in den Vereinigten Staaten wird sicherlich im weiteren Verlauf dieser zweiten Hälfte des Jahres zustande kommen.

Lasst mich auf einen zweiten Abschnitt überleiten, auf den Zustand der Weltwirtschaft, der mich – das sage ich hier ganz offen und nicht zur öffentlichen Verbreitung –, der mich innerlich sehr besorgt stimmt. Ich gebe ein Beispiel: Das Aufwertungsland Bundesrepublik hat im Laufe der letzten zwölf Monate seine gewichteten Importe 30 Prozent teurer bezahlen müssen als noch vor einem Jahr, darunter die Ölimporte 400 Prozent teurer, die Rohstoffimporte insgesamt 100 Prozent teurer, alle Importe gemeinsam gewichtet 30 Prozent. Wenn man dazu weiß, dass die Importe ein Viertel unseres Bruttosozialprodukts ausmachen, hat man eine Vorstellung davon, was dies für unser Preisniveau bedeutet. Wir sind ein Aufwertungsland, das heißt wir haben durch unsere Aufwertung einen Teil dieser Preisentwicklung, dieser inflatorischen Preisentwicklung der Weltmärkte abfangen können.

Andere Länder sind Abwertungsländer und sind von diesen Preisentwicklungen noch sehr viel härter getroffen als wir. Ich will das Beispiel von Ceylon geben oder Sri Lanka, wie es heute heißt, wo grade neulich ein Staatsbesuch hier war durch die Ministerpräsi-

---

[4] Im Konflikt um die Errichtung des Umweltbundesamtes in Berlin (West) behinderte die DDR den Verkehr auf den Transitstrecken zwischen der Bundesrepublik und Berlin (West) und führte verschärfte Kontrollen durch, um Mitarbeiter des Umweltbundesamtes daran zu hindern, ihren Arbeitsplatz in Berlin zu erreichen. Vgl. den Artikel »Die DDR behindert Berlin-Verkehr: Bediensteter des Umweltbundesamtes zurückgewiesen«; »Frankfurter Allgemeine Zeitung« vom 31. Juli 1974, S. 1.

[5] Am 16. September 1974 wurde der Leiter der Ständigen Vertretung der Bundesrepublik in der DDR, *Gaus*, vom Ersten Sekretär des ZK der SED, *Honecker*, zu einem ersten Gespräch empfangen. Vgl. AdG 1974, S. 18921 f. – Zum Inhalt des Gesprächs *Gaus-Honecker* vgl. DzD, VI/Bd. 3, Nr. 226.

[6] *Zhou* Enlai, Premierminister der Volksrepublik China, war an Krebs erkrankt.

[7] Nach dem Rücktritt von Richard *Nixon* am 9. August hatte Vizepräsident Gerald *Ford* das Amt des Präsidenten übernommen. Zum Vizepräsidenten wurde im Dezember 1974 Nelson *Rockefeller* ernannt. Vgl. EUROPA-ARCHIV 1974, Z 205.

dentin *Bandaranaike*. Die muss für ihr 13-Millionen-Land die Hälfte all ihrer Exporterlöse verwenden, um das bisschen Öl zu bezahlen, was sie für den Betrieb ihrer Industrie braucht, kann infolgedessen vieles andere, was sie normalerweise früher importiert hat für die Ernährung ihrer Bürger, nicht mehr bezahlen. Da gibt's ein Pfund Reis pro Woche und Kopf rationiert, ein halbes Pfund Zucker pro Kopf und Monat rationiert. Und das ist nur eines der Beispiele, die man sich mühelos über 80 oder 100 Länder vorstellen kann, eines der Beispiele für die katastrophalen Konsequenzen der Ölpreisverteuerung, für die Zahlungsbilanz derjenigen Länder, die in ihrem Energieverbrauch eben halt nicht ausweichen können, sondern vom Öl abhängig sind.

Wir haben ein anderes Beispiel in unserer unmittelbaren Nachbarschaft, das ist Italien, dessen Energieverbrauch zu 80 Prozent auf Öl beruht, keine Kohle, keine Braunkohle, ganz klein bisschen Erdgas, ganz klein bisschen Wasserkraft. Da gibt's natürlich auch noch Faktoren im eigenen Lande selber, eine ungesunde Sozialstruktur, eine sehr ungesunde Regionalstruktur, wenn man ans Mezzogiorno denkt, eine relativ schwache innenpolitische Konstruktion. Aber insgesamt ist Italien von der Zahlungsbilanz her in ungewöhnlich große Schwierigkeiten geraten. Ich sage hier in Klammern: Wenn die Deutsche Bundesbank nach Verhandlungen, die erst Hans *Apel* und dann ich mit den italienischen Ministern beziehungsweise Ministerpräsidenten geführt haben, wenn die Deutsche Bundesbank der italienischen Zentralbank auf maximal zwei Jahre Devisen geliehen hat, so taten wir das nicht um der schönen braunen Augen der Italiener willen, auch nicht um ein Paradebeispiel für europäische Solidarität zu geben, sondern weil diese Art von Solidarität im verdammten dringenden eigenen deutschen Interesse liegt. Wenn Italien deutsche Importe nicht mehr bezahlen kann oder deutsche Exporte nicht mehr bezahlen kann, dann werden wir nicht mehr liefern, werden keine Aufträge mehr kriegen und auch keine Beschäftigung haben. Es ist nicht ein Kredit, den die Italiener nun in den Wohnungsbau investieren können oder von dem sie etwa nun anschließend ihre Beamtengehälter oder ihre sonstigen Übertragungseinkommen finanzieren können, sondern müssen ihn in 24 Monaten zurückzahlen oder aber das verpfändete Gold übertragen. Das ist ein Kredit, der ihnen hilft für eine gewisse Spanne Zeit, ihre in fremder Währung zu zahlenden Schulden abzudecken, ihre laufenden Zahlungsbilanzdefizite zu finanzieren in der Hoffnung, dass die innerhalb Italiens ergriffenen Maßnahmen inzwischen so weit wirken, dass die italienische Wirtschaft sich wieder ein bisschen erholt. Klammer zu.

Das ist ein unmittelbar vor der Haustür liegendes Beispiel für die schlimme Wirkung der Öl- und Rohstoffpreisverteuerung auf die Zahlungsbilanzen der Länder mit der Konsequenz, dass sie weniger importieren an anderen Gütern als normal mit der Konsequenz, dass diejenigen, die nach Italien geliefert haben und deren Beschäftigung darin besteht, dass sie nach Italien liefern, etwas verringert wird. Das gilt dann mutatis mutandis für England, für viele andere Staaten, für Dänemark, für viele Staaten der Welt.

Die zweite Auswirkung dieser Rohstoffpreisexplosion, die jetzt inzwischen sehr deutlich wird, ist die Auswirkung auf die Preisniveaus, insbesondere die Lebenshaltungspreise in den Ländern, die von diesen Importen abhängen. Ihr wisst, dass wir nach wie vor mit unter sieben Prozent Preissteigerung in der ganzen Weltwirtschaft den günstigsten Platz einnehmen. Das wird auch bis Ende des Jahres so bleiben. Das wird auch im nächsten Jahr vermutlich immer so bleiben. Wir haben durch die rechtzeitige Stabilitätspolitik unmittelbar nach der Loslösung von der Dollarparität uns einen guten Sockel in der Beziehung geschaffen. In Ländern wie Italien oder England wird die Steigerung der Lebenshaltungspreise in diesem Jahr an die 20 Prozent kommen, in Japan 30 Prozent. Da sind dann auch Lohnforderungen von 20 oder 25 oder 30 oder 40 Prozent nichts völlig Exotisches mehr in solcher Landschaft, sondern man kann sich mühelos vorstellen, wie in solchen Staaten das soziale Gefüge unter schwerste Gefährdung gerät und wie auch die innenpolitische Stabilität gefährdet sein muss. Man braucht nur nach Italien zu schauen, um dieses letzte Wort bestätigt zu finden.

Die Steigerung der Lebenshaltungspreise, der Lebenshaltungskosten führt natürlicherweise zu dem Begehr der Gewerkschaften in all diesen Ländern, entsprechend die Nominallöhne zu steigern, ohne dass im Ergebnis ein realer Erfolg beim Realeinkommen dabei herauskommen kann. Man kann sich das an einem sehr einfachen Beispiel klarmachen: Wenn in diesem Jahr – die konservativsten Schätzungen sagen 60 Milliarden Dollar, die etwas an der oberen Grenze liegenden Schätzungen sagen 80 Milliarden Dollar – wenn in diesem Jahr zwischen 60 und 80 Milliarden Dollar Überschüsse verdient werden in den Ölexportländern, Überschüsse heißt das Geld, was sie nicht durch zusätzliche Importe sofort wieder ausgeben, sondern das, was sie überhaupt nicht ausgeben können, sie kommen ja zu uns, um Rat zu fragen, wo sie ihr Geld anlegen sollen, wenn also in einigen Ländern in einem einzigen Jahr die Realeinkommen um 60 bis 80 Milliarden Dollar wachsen, dann müssen sie woanders entsprechend abnehmen beziehungsweise entsprechend in ihrem Wachstum gehemmt sein. Dies ist der Fall. Die Realeinkommen etwa der amerikanischen Arbeitnehmer sind in den letzten zwölf Monaten um knapp viereinhalb Prozent gefallen. Ich nehme an, dass sie in Italien, nachdem das Leben auf Pump nun aufhören muss und kein Mensch mehr Kredite gibt, dass sie in Italien in einem noch größeren Maße fallen. Ich würde mich nicht wundern, wenn nach der englischen Wahl auch dort die Zahlen auf den Tisch kommen und sie dort deutlich fallen. Es gibt einige Länder in Mittel- und Westeuropa, in denen sie sich grade noch im stationären Zustand halten oder ein bisschen zunehmen. Dazu gehören wir mit etwas unter zwei Prozent realer Einkommenssteigerung im Durchschnitt unserer Arbeitnehmer. Im Übrigen aber draußen in der Welt überall absinkende Realeinkommen, nicht nur der Arbeitnehmer, auch anderer Gruppen der Gesellschaft, für die jeweilig betroffenen Gewerkschaften eine verzweifelte Situation, weil sie im Ernst selber nicht hoffen können, durch Nominallohnsteigerungen das wettzumachen, denn entsprechend werden anschließend die Preissteigerungen im eigenen Lande sein. Ich rechne damit, dass wir für mindestens zwei Jahre, wenn nicht länger, in einer großen Zahl der Industrieländer der Welt einen im Grunde stationären Verlauf der Realeinkommen haben, was für die Welt seit 1948 das erste Mal ist. 1975 wird seit dem Zweiten Weltkrieg das schwierigste Jahr für die weltwirtschaftlichen Zusammenhänge sein und das heißt auch für die, die unmittelbar und am meisten davon abhängen.

Eine besondere Sorge macht, wie man diese 60 oder 80 Milliarden arabische Überschussdollar so verwenden kann, dass sie als Kredite ankommen bei denjenigen Ländern, die dieses Geld dringend brauchen, um ihre laufend entstehenden Außenhandelsschulden zu bezahlen oder wie das Fachwort, das sich dafür eingebürgert hat, inzwischen heißt: wie dieses Recycling von den Überschussländern zu den Defizitländern bewerkstelligt werden kann. Darin liegt zugleich eine Gefahr für die weltwirtschaftlichen Zusammenhänge. Bisher haben die Ölüberschussländer ihr Geld nur sehr kurzfristig ausgeliehen. Das internationale Banksystem hat daraus langfristige Kredite gemacht und wer aus kurzfristigem Geld langfristigen Kredit gibt, das weiß hier jeder Anfänger, begibt sich und seine Schuldner und seine Kreditgeber in Gefahr. Die ersten Bankzusammenbrüche, die wir in Amerika, in Kalifornien, im Staate New York und auch hier in Deutschland in kleinerem Umfang erlebt haben, können ein Vorgeschmack sein von schwierigen Situationen, die noch eintreten mögen. In dem Zusammenhang haben Hans *Apel* und andere sich Mühe gegeben, wenigstens unter den wichtigsten Partnern der Weltwirtschaft eine enge persönliche Zusammenarbeit der Zentralbanken und der Fi-

Fraktionssitzung 17.09.1974 **78.**

nanzminister wieder in Gang zu bringen, die im Laufe des letzten halben Jahres eingeschlafen war durch Personenwechsel all überall. Ich verspreche mir davon ein bisschen. Man muss aber darauf auch großen Wert legen, einschließlich der Japaner, weil in Wirklichkeit der Weltwährungsfonds und andere Welteinrichtungen nicht funktionstüchtig sind in dieser Landschaft.

Ich will, was die Weltwirtschaft angeht, dann auch noch ein drittes Problem besonders hervorheben. Das ist die Tatsache, dass die wichtigsten Ölimportländer bisher nicht in der Lage waren, sich zu einer gemeinsamen Ölpolitik zu verständigen. Es ist nach wie vor so, dass Frankreich sich daran noch nicht beteiligen möchte oder aus innenpolitischen Gründen kann und dass Frankreich dieses erleichtert würde, wenn zunächst wenigstens im Europa der Neun eine gemeinsame EG-Energiepolitik zustande käme. Die wiederum kommt deswegen nicht zustande, weil die Engländer sich die Hoffnung machen, in wenigen sechs oder sieben Jahren so viel Öl zu haben, dass sie selbst ein Mitglied der OPEC werden können. Ich übertreibe das mal ein bisschen, aber nicht sehr viel.

Das führt mich zu einem dritten Abschnitt der Ausführungen, die ich machen wollte, zur Lage der Europäischen Gemeinschaft. Ich habe im Laufe des Sommers alle anderen Ministerpräsidenten beziehungsweise den Staatschef in Frankreich[8] persönlich ausführlich sprechen können, ohne behindert zu sein von viel Protokoll und von viel Beamtenpräsenz. Leider mit der Ausnahme des irischen Ministerpräsidenten *Cosgrave*, den ich vor ein paar Tagen nur im größeren Kreise kennengelernt habe. Die dabei gewonnenen Eindrücke sind eben dergestalt, dass sie mich zu dem Urteil über die wirtschaftliche Lage in Europa führen, das ich vorher angedeutet habe. Es wird viel in den französischen und den deutschen Zeitungen geschrieben über das Tandem oder wie das immer heißt, über die Achse zwischen Paris und Bonn. Das ist alles Unfug. Ein Tandem ist sowieso eine Sache, wo zwei strampeln, aber einer lenkt, das käme eh nicht in Frage. Aber auch eine Achse kann gar nicht in Betracht kommen. Alle Europäer wissen, dass eine gute Verständigung zwischen Frankreich und Deutschland eine notwendige Voraussetzung für den Fortschritt der Europäischen Gemeinschaft ist, aber keineswegs eine hinreichende. Es sind die übrigen Regierungen darüber auch in Wirklichkeit nicht beeindruckt und nicht negativ beunruhigt, dass offensichtlich eine freundschaftliche Verbindung zwischen diesen beiden Personen – die existiert tatsächlich – vorhanden ist, sondern sie sehen es eher mit einer gewissen Zuversicht, weil sie glauben, dass auf diese Weise wenigstens etwas gehalten und erreicht werden kann. Und außerdem sehen sie natürlich mit einer gewissen Freude, dass daraus indirekt ein gewisser Druck auf England ausgeübt wird. Die Unentschlossenheit Englands über seine zukünftige Rolle innerhalb der EG ist eine ganz schwere Hypothek für jedweden, ich will gar nicht sagen Fortschritt in Europa, ich drücke mich noch drastischer aus, für das Bewahren dessen, was erreicht ist. Der dänische Ministerpräsident[9] hat vor ein paar Tagen im Gespräch gesagt: In den sechziger Jahren war die Europäische Wirtschaftsgemeinschaft notwendig, damit wir mit ihrer Hilfe alle in die Lage kamen, unsere Wirtschaft zu expandieren und unseren Lebensstandard auszuweiten. Das ist uns auch gelungen. In den siebziger Jahren ist sie dringend notwendig, damit wir wenigstens unseren Lebensstandard aufrechterhalten können. Dies im Hinblick auf Öl und Rohstoff und Zahlungsbilanz gesagt. Daran ist etwas Richtiges, an dieser Formulierung, wenngleich sie ein bisschen sehr drastisch klingt im zweiten Teil dieses Satzes.

---

8 Valéry *Giscard d'Estaing*.
9 Poul *Hartling*.

Es haben sich also nun die europäischen Regierungschefs da neulich abends in Paris zusammengesetzt. Das war ein sehr offenes und insofern sehr wohltuendes Treffen. Das wird sicherlich im Lauf des nächsten Jahres, eingeladen durch das jeweilige Präsidentschaftsland, sich mehrfach wiederholen, allerdings unter Zuziehung der Außenminister, was wir alle für zweckmäßig halten. Ich bin gehindert daran zu berichten, was andere gesagt haben auf dieser Zusammenkunft, aber ich möchte doch von mir aus einige Punkte bewertend hervorheben. Das bei weitem bedrückendste Moment in diesem Gedankenaustausch war die klare Erkenntnis der außerordentlich divergent verlaufenden wirtschaftlichen Entwicklung in diesen neun Staaten. Divergent in Bezug auf Inflationsraten, divergent in Bezug auf Arbeitslosigkeit, auch da stehen wir ja in der Gruppe der sehr günstig situierten Länder. Es gibt kein Land mit geringerer Arbeitslosigkeit in der EG, und wir beschäftigen außerdem noch zweieinhalb Millionen fremde Arbeitskräfte und halten sie in der sozialen Lage, die sie erreicht haben, was eine große Hilfe ist für viele andere Länder, die in ganz schlimme Schwierigkeiten kommen würden – denken wir an ein Land wie Jugoslawien mit einer Inflationsrate von 20 Prozent, wenn etwa ihre jugoslawischen Gastarbeiter zurückgehen müssten. Eine Leistung, die man durchaus hervorheben darf, auf die man auch stolz sein darf, im Gespräch mit anderen. Aber die Divergenz der wirtschaftlichen Entwicklung muss große Sorge machen.

Der zweite Punkt, ich nannte ihn schon, die Hypothek der englischen Unentschlossenheit, so kann man es nur nennen. Der dritte Punkt, den ich hervorheben möchte, die einheitliche Auffassung, dass die europäische Agrarpolitik in tiefster Krise steckt. Ich würde sagen, das Wort von der gemeinsamen Agrarpolitik ist ein doppelter Euphemismus. Weder ist es eine Politik noch ist sie gemeinsam, aber es heißt so. Aber es heißt so. Es wird sicherlich, darin stimmten wir alle überein, zu einer gemeinsamen Generalinventur, einer Bestandsaufnahme der bisherigen Instrumente und Resultate der europäischen Agrarpolitik kommen. Wir geben uns Mühe, das nicht so anzufangen, dass es so aussieht, als ob das der Anfang der offiziellen Beerdigung werden solle. Das ist nicht gemeint. Ebenso muss ich als nicht sehr erfreulich hervorheben in diesem Zusammenhang, was ich vorhin schon andeutete, dass es immer noch nicht zu einer gemeinsamen Energiepolitik wenigstens der neun EG-Staaten gekommen ist, in diesem Falle an Hemmungen auf englischer Seite angehalten. Und schließlich will ich fünftens erwähnen, dass der Druck auf die Bundesrepublik Deutschland aus dem Bereich der übrigen europäischen Regierungen, gefälligst in Deutschland etwas mehr Inflation zuzulassen, weil sie nicht mehr mitkommen können, dass dieser Druck nun ganz offiziell und ausgesprochen wird. Die Antwort, die ich darauf gebe, ist bisher sehr eindeutig und sehr deutlich, aber es hat keinen Zweck, die Augen davor zu verschließen, dass der relative Erfolg der deutschen Stabilisierungspolitik nun nicht nur einen gewissen Neid bei dem einen oder anderen auslöst, sondern wirkliche Besorgnis auslöst, dass dieses Überschussland Deutschland, das seine Preise ja nicht so gesteigert hat, seine Exportpreise, wie andere auf den Weltmärkten, unsere Exportpreise sind halb so stark gestiegen wie unsere Importpreise, gleichwohl dieses Überschussland Deutschland, das wir durch unsere Stabilitätspolitik in noch stärkerem Maße geworden sind als jemals vorher, dass dieses die anderen erdrücken könnte. Und es ist nicht auszuschließen, dass diese Attitüde im Laufe der nächsten Monate oder des Winters oder des Frühjahrs, wenn die weltwirtschaftlichen Schwierigkeiten '75 noch größer werden sollten als bisher, dass diese Attitüde des Drückens auf die Deutschen – macht gefälligst ein bisschen mehr Inflation, so wie wir auch –, dass diese sich politisch fühlbar machen wird. Das ist nicht auszuschließen.

Positiv ist zu vermerken, dass eine Reihe von Anregungen, die Zusammenarbeit der neun Staaten zu vertiefen, auf fruchtbaren Boden fällt, in einigen Punkten einschließlich der Engländer, die sich diesem konzertierten Willen und Druck der Übrigen nicht ganz

| Fraktionssitzung | 17.09.1974 **78.** |

entziehen können. Es wird sicherlich dahinkommen, dass die sogenannte Europäische Politische Zusammenarbeit[10] und der Außenministerrat der EG vereinigt werden, so dass die im Rat stattfinden kann. Es werden auch keine fulminanten alten französischen Forderungen wieder erhoben auf die Errichtung dieses außenpolitischen Sekretariats, was da in Paris errichtet werden sollte. Auf diesem Felde der Schaffung engerer Maschen in der Zusammenarbeit auf außenpolitischem Felde erwarte ich einen gewissen Fortschritt. Es liegt keine feste Verabredung vor, eine der fälschlich so genannten Gipfelkonferenzen im Herbst dieses Jahres abzuhalten, wohl aber ist das in Aussicht genommen. Die Außenminister werden gebeten werden, die konkreten Punkte, die dort dann verabschiedet werden könnten, so vorzubereiten, dass das möglich ist, und wir werden Ende Oktober sehen, ob sie konkret genug sind, um dann, oder Anfang November, um dann vor Ende des Jahres eine solche Begegnung zu haben. Sie soll sich unterscheiden im Typus von dieser grandiosen Gipfelkonferenz im Oktober '72 in Paris[11], die viele großartige Entschlüsse und Zukunftsvisionen in Resolutionen gekleidet hat, von denen man heute sieht, dass sie nur unter allerglücklichsten Umständen bis zu den gesetzten Terminen verwirklicht werden können. Sie soll sich stärker beschränken auf konkret Durchführbares, möchte den Eindruck machen, dass es sich um Routine handelt und vielleicht werden wir jedes Jahr eine solche Sache haben und nur selten eine solche Sache, wie sie im Oktober in '72 der Fall war.

Ein paar Bemerkungen zur wirtschaftlichen Entwicklung in der Bundesrepublik. Ich habe Bemerkungen schon einfließen lassen. Wir stehen unter sehr starkem Druck einer Reihe von Verbänden und von Regionen, von Branchen, auch unter gewerkschaftlichem Druck, die staatliche Budgetpolitik, sprich Investitionshaushalte, die Kreditpolitik der Bundesbank auf expansive Weiche umzustellen. Wir haben uns bisher, ohne deswegen innere Mühe zu haben, mit sehr ruhigen Nerven darauf nicht eingelassen aus einer Reihe von Gründen. Wenn das Jahr '75 weltwirtschaftlich so schwierig wird, wie man es jetzt für möglich halten muss, dann werden möglicherweise noch Zeitpunkte eintreten, in denen wir in der Tat drastisch ausfallende Auslandsnachfrage ersetzen müssen durch die Schaffung von binnenländischer Nachfrage. Natürlich nicht, ohne dass das auf das Preisniveau Einfluss haben kann. Wir brauchen dann auch für solchen Punkt die bei der Bundesbank angehäuften Konjunkturausgleichsreserven, zurzeit Länder und Bund zusammen ungefähr zehn Milliarden Mark, davon zwei Drittel bei uns, die wir ja in Zeiten der Hochkonjunktur den Höherverdienenden über Konjunkturzuschlag, der Industrie über Investitionssteuer von elf Prozent abgenommen haben und über Stabilitätsanleihe. Wir brauchen die für einen späteren Zeitpunkt. Wir wollen doch jetzt den Preissockel nicht kaputtmachen, mit dem wir relativ günstig in das schwierige Jahr '75 reingehen werden. Auf der anderen Seite gibt es auch eine Reihe von Anpassungsprozessen in der Industrie, die durch staatliche finanzielle Hilfen überhaupt nicht abgefedert werden können. Ich denke an Textil, Bekleidung, Leder, Schuhe. Jeder von uns, jeder Zweite von uns hat heute Nachmittag hier italienische Schuhe an, weil die halt mit sehr weniger Lohnaufwand in Italien billiger gefertigt werden können.

(Unruhe.)

---

10 Gemeint ist damit ein Verfahren, mit dem die Mitglieder der Europäischen Gemeinschaften ihre politischen Absprachen auch jenseits der Wirtschafts- und Agrarpolitik institutionalisierten und verstärkten, ohne damit jedoch eine gemeinsame Politik zu begründen.
11 Die Pariser Gipfelkonferenz fand vom 19. bis zum 21. Oktober 1972 statt. Zur Erklärung der Pariser Gipfelkonferenz vgl. BULLETIN DER EUROPÄISCHEN GEMEINSCHAFTEN 1972, Vol. 5, Nr. 10, S. 15–24, online.

Ja, guck mal nach! Zieh deinen Schuh aus, dreh ihn um und stell fest, wo der herkommt. Ihr werdet euch wundern. Ihr werdet euch wundern.

(Zwischenruf.)

Wie bitte?

(Zwischenrufe. Unruhe.)

Also, ob ihr das Aha-Erlebnis nun jetzt an euren Schuhen haben werdet oder erst heute Abend, wenn ihr sie auszieht, ihr werdet mir abnehmen, ihr werdet mir abnehmen, dass man natürlich nicht auf die Dauer ganze Industriebranchen in der Bundesrepublik abschotten darf von der kostengünstigeren und preisgünstigeren Konkurrenz des Auslandes. Denn darauf beruht ja unser hoher Lebensstandard, dass wir einerseits das im Ausland kaufen, was die billiger liefern, und wir andererseits das in das Ausland liefern, was wir billiger liefen können. Darauf beruht der ganze große Lebensstandard in diesem Land, diese außenwirtschaftlichen Verflechtungen. Man kann infolgedessen diesen Branchen nur vorübergehend helfen, indem man ein bisschen die Einfuhr dämpft dort, wo das vertraglich und rechtlich überhaupt noch möglich ist. Das tun wir auch.

Was die Automobilwirtschaft angeht, die ja mit dem, was daran hängt, jeden siebten Arbeitsplatz ausmacht, so stimmt die Bundesregierung hier voll überein mit Eugen *Loderer*[12] in der Meinung, dass es falsch wäre, der Automobilwirtschaft die Anpassungsnotwendigkeiten zu ersparen, unter der sie zweifellos gegenwärtig zu leiden hat. Es ist ja so, dass jeder von uns etwas weniger Benzin verbraucht. Offenbar fahren die Leute etwas weniger. Sie fahren auch etwas weniger schnell. Es ist auch so, dass die Leute sich das noch Dreivierteljahr oder ein Jahr länger überlegen, ob sie den Wagen wegtun und einen neuen kaufen sollen. Wenn sie einen neuen kaufen, dann kaufen sie ihn einen halben Liter kleiner, als sie sonst vielleicht getan hätten. Eine Erscheinung auf der ganzen Welt. Hochinteressanterweise mit einer einzigen Ausnahme: Es gibt ein Industrieland der Welt, wo die Zulassung neuer Automobile nicht zurückgegangen ist, das ist kennzeichnenderweise Italien. Das ist gleichzeitig eine Aussage für die Effizienz der italienischen Politik überhaupt.

In der Bauwirtschaft sind große Anpassungsvorgänge im Gange. Da ist weitgehend am Markt vorbei produziert worden. 250- bis 300 000 frei finanzierte Wohnungen stehen leer. Es gibt Leute, die meinen, wir sollten diese Verluste sozialisieren und von Staats wegen die Wohnungen verbilligen, damit derjenige, der sie gebaut hat, dann doch noch sein Geld wieder zurückbekommt. Das ist nicht eine Erwägung, die wir im Augenblick anstellen, sondern wir sind gegenwärtig der Meinung, dass es notwendig ist, den Kurs der Konjunkturpolitik beizubehalten, allerdings ihn lokal und regional durch gezielte Hilfen dort zu mildern, wo besonders starke Einbrüche in die Beschäftigung eingetreten sind. Das ist etwa, um ein paar Beispiele zu nennen, die mir einfallen, Heide (Holstein) oder Ostfriesland oder Pirmasens und andere auch. Auf der anderen Seite gibt es Großstädte und großstädtische Einzugsbereiche, bei denen von der Beschäftigung her alles in Ordnung ist und die überhaupt keine Spritzen brauchen.

Ich will auch darauf hinweisen, dass Anfang des Jahres die Kindergeld- und Steuerreform zusätzliche Realeinkommen schafft. Darauf beruht ja meine Erwartung, dass sie in Deutschland auch im nächsten Jahr steigen werden. Aber auch das hat seine Kehrseite. Die Kehrseite fängt an, sich in allen Stadtratsfraktionen, in allen Gemeinderatsfraktionen, in den Landtagen, und hier ist die Haushaltsdebatte diese Woche

---

12 Vorsitzender der IG Metall.

auch bei uns nun sehr fühlbar ins Bewusstsein zu heben[13], die Tatsache nämlich, dass nicht mehr auf allen Gebieten so viel Geld ausgegeben werden kann, wie man sich das noch vielleicht zu Anfang des Jahres '74 vorgestellt hat. Es ist also so, dass die öffentlichen Haushalte oder die öffentliche Hand insgesamt betroffen ist von, wenn ich mich so ausdrücken darf, einem Rückgang des Zuwachses ihrer Realeinkommen. Die sind in die Knautschzone geraten zugunsten der Arbeitnehmer und deren Realeinkommen. Außer den öffentlichen Händen und ihren Haushalten sind außerdem in die Knautschzone geraten die ganze Bauindustrie, die zum Teil keine Gewinne haben wird dieses Jahr, das heißt keine Realeinkommen haben wird, die Automobilwirtschaft und das, was an Zulieferbetrieben dranhängt, die zum Teil keine Gewinne, keine Realeinkommen haben werden, die Landwirtschaft mit einer jedenfalls eintretenden Verringerung ihrer Realeinkommen. Ich sage das hier ausdrücklich, nicht damit ihr glaubt, die Demonstrationen der Landwirte seien gerechtfertigt. Die werden uns nicht beeindrucken. Auf der anderen Seite darf man aber auch das Problem, das die Landwirte bedrückt heute, nicht einfach vom Tisch wischen und meinen, es sei vollständig erfunden. Das ist es nicht. Auch bei der Landwirtschaft liegt durchweg eine Minderung der alten Zuwächse der Realeinkommen vor. Auch die ist in die Knautschzone geraten.

Lasst mich fünftens ein paar Bemerkungen über die innenpolitische Entwicklung anschließen. Ich bitte mir nachzusehen, wenn ich sage, dass zwar seit April zunächst in den Meinungsumfragen die Einschätzung der Sozialdemokratischen Partei ganz gut nach oben gegangen ist, dass ich aber große Sorge habe über das Bild, das die Partei insgesamt im Augenblick der öffentlichen Meinung bietet.

(Beifall.)

Ich meine, wir müssen alle selber aufpassen, dass es niemandem erlaubt wird, Keile zu treiben zwischen einzelne Teile oder Personen der Partei, dass es auch nicht erlaubt werden darf, Keile zu treiben zwischen die beiden Partner dieser Koalition und dass es auch nicht zugelassen werden darf, Keile zu treiben zwischen die Gewerkschaften und die Sozialdemokratie.

(Vereinzelter Beifall.)

Dieses alles sollte auf allen Seiten mit etwas mehr Bedacht gesehen werden als manche der öffentlichen Äußerungen, die man hat in Form von Resolutionen und anderes lesen können in der letzten Zeit. Was die CDU/CSU angeht und den Teil der Presse, der ihr anhängt beziehungsweise versucht, ihr den Schritt zu machen, wenn ich an »Bild am Sonntag« und so was denke. Sie werden Fehler oder auch solche, die gar keine waren, zu Skandalaffären aufbauschen und versuchen alles herauszuholen, was da vielleicht an öffentlicher Wirksamkeit herauszuholen, ist. Dazu braucht man auf unserer Seite eine kühle Distanz und einen klaren Kopf in der Erwiderung. Vor allen Dingen gehört zur Erwiderung das schonungslose Deutlichmachen, dass sachliche Substanz bei dieser Opposition gegenwärtig überhaupt nicht erblickt werden kann.

(Vereinzelter Beifall.)

Überhaupt nicht erblickt!

Das gilt von der bayerischen Staatsregierung bis zur schleswig-holsteinischen Landesregierung und das gilt von *Carstens* bis zu den übrigen, die in seiner Fraktion öffentliche

---

13 Die erste Beratung des Haushalts 1975 begann am 18. September 1974. Vgl. BT Plenarprotokoll 07/115.

Reden und Interviews gegeben haben im Laufe dieses Sommers.[14] Auch personell haben sie Alternativen gegenwärtig noch nicht anzubieten, und es ist auszuschlachten und auszumünzen, dass sie öffentlich zugegebenermaßen sagen, wir können doch jetzt unseren Kanzlerkandidaten noch nicht benennen, das ist noch viel zu früh hin, der würde bis dahin abgenutzt werden. Das ist doch nur eine höfliche Umschreibung dafür, dass sie nicht wagen können, ihn der öffentlichen Diskussion auszusetzen, weil er letztlich auf diesem Felde nicht genug gewachsen ist. Noch nicht genug gewachsen. Stattdessen geht der eine da nach China[15] und der andere macht wirtschaftspolitische Interviews in Abständen von Halbjahren oder so[16], wobei denn das, was er heute sagt, nicht übereinstimmt mit dem vor einem halben Jahr und umgekehrt. Das wird in der Haushaltsdebatte diese Woche wohl ein bisschen auszukramen sein.

Letztes Wort: Bei aller Besorgnis, die die weltwirtschaftliche Entwicklung bietet, bei aller Betrübnis über den relativ geringen Fortschritt in der europäischen Zusammenarbeit möchte ich doch sagen und laut sagen, dass kein Anlass besteht, mit Sorgen in die unmittelbare Zukunft zu sehen des nächsten Jahres, auch kein Anlass zuzulassen, dass andere ihre Sorgen ausbreiten, ohne dass man selber ihnen sagt, woran sie sich festhalten können und wie die Sache weitergehen wird im nächsten Jahr. Es muss diese Platte immer wiederholt werden. Nur steter Tropfen höhlt den Stein, dass wir, was die Preise angeht, am besten dastehen und dass der bisherige Erfolg in der Preisdämpfung erwarten lässt, dass wir auch in der Zukunft das richtig machen werden. Zweitens, dass wir mit der Beschäftigung am besten dastehen und die bisherige Erfahrung erwarten lässt, dass das auch in der Zukunft so sein wird. Drittens, dass wir mit großen Devisenreserven dastehen und jedenfalls in der Lage sind, auch noch weitere inflatorische Entwicklungen auf den Weltmärkten zu bezahlen, was unsere Importe angeht. Wir können sogar anderen noch helfen und tun das auch. Viertens, dass die öffentliche Verschuldung in diesem Land ungewöhnlich niedrig ist. Es gibt nur in der EWG noch ein einziges Land, in der sie noch kleiner ist, das ist Frankreich. Frankreich hat eine sehr solide Haushaltswirtschaft. Und schließlich darf ich dann auch noch mal sagen, aber das ist nicht so sehr für die Kollegin oder den Kollegen am Arbeitsplatz bestimmt, das ist mehr für die wirtschaftspolitisch Interessierten, inzwischen ist es so, dass unser Zinsniveau von anderen draußen weit überholt ist einschließlich der Vereinigten Staaten von Amerika. Wir stehen insgesamt recht glücklich da. Wir haben recht glückliche Voraussetzungen und können mit erheblicher Zuversicht in diesen Winter und in dieses Jahr 1975 hineinsehen. Herzlichen Dank für die Aufmerksamkeit.

(Starker Beifall.)

Wehner: Wer wünscht das Wort zu diesem Bericht? Rolf *Meinecke*.

---

14 Der CDU/CSU-Fraktionsvorsitzende *Carstens* warnte beispielsweise davor, dass durch die *Guillaume*- und *Wienand*-Affären die Demokratie in der Bundesrepublik Schaden nehmen könnte. Der schleswig-holsteinische Ministerpräsident *Stoltenberg* erwartete eine schwere Belastung für die sozial-liberale Koalition durch *Brandts* Buch, das seine Zeit als Bundeskanzler beschrieb. Vgl. die Artikel »Wehner: Wienand hat mich nicht getäuscht« sowie »Brandt-Buch löst in Bonn Unruhe aus«; »Rheinische Post« vom 2. bzw. vom 10. September 1974, S. 1 bzw. S. 2.

15 Gemeint ist der CDU-Vorsitzende Helmut *Kohl*, der im September 1974 gemeinsam mit seiner Frau für elf Tage die Volksrepublik China bereiste. *Kohl* führte unter anderem in Peking Gespräche mit führenden Repräsentanten der Volksrepublik, anschließend bereiste er die chinesische Provinz.

16 Sowohl der CSU-Vorsitzende *Strauß* als auch der CDU/CSU-Fraktionsvorsitzende *Carstens* gaben wiederholt wirtschaftspolitische Interviews oder äußerten sich zum Bundeshaushalt. Am 15. September 1974 äußerte sich *Carstens* bspw. vor Vertretern der Bundespressekonferenz zu Fragen der Europapolitik, der Konjunkturpolitik und den beiden Untersuchungsausschüssen des Bundestags. Vgl. BT Pressedokumentation, Personenordner Karl Carstens.

| Fraktionssitzung | 17.09.1974 **78.** |

Meineckc (Hamburg): Genossinnen und Genossen, ich bin mir darüber im Klaren, dass man diesen umfassenden Bericht hier heute kaum diskutieren kann, und jeder seine Sorgen und Befürchtungen vorbringen kann, um eine Antwort zu erbitten, ohne dass wir in ein Wochenendseminar ausarten würden. Auf der anderen Seite: die Alternative, dass diese Fraktion diesen Bericht ohne Kommentar hinnimmt, ist auch nicht möglich. Ich möchte deshalb nur Helmut *Schmidt* eine Sorge deutlich machen und darum bitten, dass in absehbarer Zeit, wenn einmal dafür der Raum ist in der Fraktionssitzung, hierüber etwas länger gesprochen wird. Ich knüpfe an, Helmut, bei deinem Erlebnis, das du eingeflochten hast, der Ministerpräsidentin von Ceylon. Du hast hier deutlich gemacht, dass durch die Ölpreissteigerungen international um 400 Prozent diese Länder, die wir im Allgemeinen als Entwicklungshilfeländer bezeichnen, genötigt sind, ihre eigenen Importe, die sie dazu benötigen, um den notwendigen Nahrungsmittelbedarf im eigenen Land auch zu stillen, enorm steigern müssen und damit natürlich in eine Situation der Unterversorgung der Bevölkerung kommen, wobei diese Versorgung im Allgemeinen ja sowieso schon nicht genügend gewesen ist. Meine Frage also ist es, wie wird sich langfristig in der Konsequenz unsere Entwicklungspolitik, Entwicklungshilfepolitik gestalten müssen, wenn wir bedenken, dass diese Länder, die doch sehr nahe in der Reihe der Länder stehen, die den Ölpreis bestimmen oder mitbestimmen, in Wirklichkeit durch die ölpreisbestimmenden und -mitbestimmenden Länder in die Situation einer absoluten Nahrungsmittelkatastrophe gedrängt werden, und wird dann nicht Entwicklungshilfe mittelfristig nichts weiter in Kürze sein können als Welthungerhilfe und wie wollen wir dem aktuell in der Politik begegnen? Das ist meine große Sorge.

Wehner: {...} weiter das Wort? Uwe *Holtz*.

Holtz: Daran anschließend: Wir sind immer mehr dabei, auch in der Entwicklungshilfe politisch motivierte Hilfe zu geben. Etwa an Griechenland oder auch wie es an Ägypten geschehen ist. Auf der anderen Seite haben wir auch das Problem der Rohstoffsicherung. Du bist ja kurz in deinem Bericht auf die Rohstofffrage eingegangen. Wie vertragen sich jetzt die drei Prinzipien, dass ich in den Mittelpunkt der Entwicklungspolitik die am härtesten betroffenen Länder stellen will, politische motivierte Hilfe und Rohstoffsicherung?

Wehner: Wer wünscht weiter das Wort? – Keine weiteren Wortmeldungen? Dann bitte Helmut *Schmidt*.

Schmidt (Hamburg): Liebe Freunde, lasst mich vorweg sagen, ich bin etwas betrübt darüber, dass nicht debattiert wird, was ich über die wirtschaftliche Lage und die Maßnahmen der Bundesregierung andeutungsweise vorgetragen habe. Ihr habt ja alle das Papier bekommen, das lag in euren Fächern, und seid also im Detail gut informiert. Ich kann mir nicht vorstellen, dass alle damit hundertprozentig glücklich sind, und ich hätte es lieber, die Besorgnisse und die Erfahrungen, die in einzelnen Wahlkreisen gesammelt sind, würden ausgesprochen, als dass sie unterdrückt würden. Ich möchte nicht daran schuld sein, dass sie unterdrückt werden.

Was die Frage von Rolf *Meinecke* angeht: Wir stimmen offenbar völlig überein, Rolf, dass die Entwicklungsländer – soweit sie Energie und Rohstoffe von draußen brauchen, das ist nicht bei allen gleichermaßen der Fall – in besonders schlimmer Weise von der Öl- und Rohstoffpreisentwicklung in ihren Zahlungsbilanzen betroffen sind, weil sie ja vorher schon in schlimmem Zustand waren und weil sie gar nicht so viele Exporte haben, als dass sie da bei den Erlösen eine große Marge hätten, um nun das Öl teurer zu bezahlen. Die von dir daran angeknüpfte Frage, was tun wir, kann nicht heißen, dass wir unsere Entwicklungshilfe steigern. Dieses ist hier unserer Arbeitnehmerschaft nicht zuzumuten. Du musst nämlich dann einen Teil der Steuerreform zurückdrehen oder du musst eine Mehrwertsteuererhöhung oder sonst irgendwas machen. Sondern es muss heißen, dass der politische Einfluss und der politische Nachdruck, den die Bundesrepublik hat auf der Welt, benutzt wird, um die arabischen Erdölüberschussländer dahin zu bringen, entweder ihr Öl wenigstens zu einem Vorzugspreis an Indien und Bangladesch zu verkaufen oder aber ihr Geld dorthin auszuleihen. Hier war der Generalsekretär der Arabischen Liga und hat gefragt, geben Sie uns mal gute Ratschläge, wo wir unser Geld investieren. Habe ich gesagt, geben Sie es gefälligst in die Entwicklungsländer. Die haben es nötig.

Die Entwicklungsländer auf der anderen Seite, die ja wie die meisten Erdölproduzenten zu den farbigen Völkern gehören, haben bisher sich nicht recht dazu durchringen können, ihre farbigen Brüder da nun öffentlich anzufassen. Sie schweigen dazu, schweigen dazu, obwohl sie in Wirklichkeit natürlich viel stärker getroffen werden als etwa ein solches Industrieland wie wir hier, gesund wie wir sind, und es ist sehr schwer, Politikern aus Entwicklungshilfeländern klarzumachen, dass sie ihre Stimme erheben müssen in Persien, in Abu Dhabi, in Saudi-Arabien und wie diese Länder alle heißen. Sehr schwer! Aber da muss der Hauptnachdruck liegen. Es werden im Zusammenhang mit dem Weltwährungsfonds große Konstruktionen versucht, die darauf hinauslaufen sollen, unter einer neutralen und für sicher gehaltenen Firma Ölüberschussgeld einzusammeln und es in die Entwicklungsländer rüberzuschieben. Das mag zu einem kleinen Teil gelingen. Man muss nur wissen, dass es nie zurückkommen wird. Kann gar nicht zurückkommen eines Tages. Und hier liegt eine Verantwortung der arabischen Welt und der übrigen Erdölproduzenten, die man ihnen drastisch vor Augen führen muss.

Ich habe damit 'ne Teilantwort auch gleich schon auf Uwe *Holtz* gegeben. Ich denke, dass du nicht kritisieren wolltest, dass Ägypten und Griechenland Entwicklungshilfe von uns bekommen. Das ist ein notwendiger Beitrag zur friedlichen Entwicklung in jenem Teil der Welt und du hast vielleicht auch nicht kritisieren wollen, dass wir uns in dieser Situation, in der die Weltwirtschaft ist, ein bisschen um Rohstoffsicherung bemühen. Das wird ja eines der Themen bei dem Besuch in Moskau sein. Deine Frage war, wie lässt sich das beides miteinander vereinbaren, und das wird man vielleicht nicht generell beantworten können. Wir werden auf keinen Fall die ganze Entwicklungshilfe in den Dienst unserer eigenen Rohstoffsicherung stellen dürfen. Wir werden auch nicht die ganze Entwicklungshilfe in den Dienst der Befriedung des Mittleren Ostens oder der Ägäis oder des östlichen Mittelmeers stellen dürfen, sondern von Fall zu Fall wird man ein bisschen tun müssen mit viel Augenmaß. Ich weiß nicht, der Egon *Bahr* hat sicherlich darüber schon sehr grundsätzlich nachgedacht in den letzten Wochen und Monaten.[17] Vielleicht gelingt ihm aus dem Handgelenk eine etwas klarere Darlegung und eine bessere Formulierung, als sie mir eben zuteil geworden ist.

Wehner: Egon *Bahr*.

Bahr: Die Frage der Entwicklungshilfe für die am weitesten zurückgebliebenen Länder ist eine Sache, die wir trotz begrenzter Mittel ausweiten können. Das heißt der Anteil dessen, was wir in die am wenigsten entwickelten Länder geben können an Hilfe, wird sich im kommenden Jahr voraussichtlich steigern. Jedenfalls haben wir nach der Rahmenplanung, die wir vorbereitet haben und die wir dabei sind, mit dem Auswärtigen Amt und mit dem Wirtschaftsministerium abzustimmen, dies so vorgesehen. Es kann ja nicht nur darauf ankommen, Geld in diese Länder zu geben, sondern wir müssen uns

---

17 Egon *Bahr* war nach dem Rücktritt von Erhard *Eppler* Anfang Juli 1974 zum Bundesminister für wirtschaftliche Zusammenarbeit ernannt worden.

nach den international anerkannten Kriterien auch danach richten, ob diese Länder in der Lage sind, es sinnvoll zu verwerten, und bekanntlich gibt es in einer ganzen Reihe von Ländern in dieser Beziehung Schwierigkeiten.

Ich teile aber die Sorge, die hier ausgedrückt worden ist, dass wir immer stärker in die Gefahr kommen, reine Hungerhilfe – um es so zu nennen – zu geben und dadurch von sinnvollen Projekten Abstand zu nehmen, die dazu geeignet wären, diese Länder langfristig in die Situation zu setzen, sich selbst zu helfen. Dieser Sorge ist aber nicht zu begegnen, jedenfalls nicht allein durch unsere Mittel, denn wir finden durchaus Verständnis international, dass wir immerhin unsere Mittel im kommenden Jahr um mehr als neun Prozent steigern. Der entscheidende Punkt ist, dass theoretisch zum ersten Mal, seit es diese Situation der Entwicklungsländer überhaupt gibt, theoretisch genug Geld aufgebracht worden ist von den Verbrauchern in der ganzen Welt, das heißt bei den Industrieländern ebenso wie bei den Entwicklungsländern auf dem Umweg über die Ölpreise, mehr Geld – um es genauer zu sagen – als die gesamten Anforderungen aller Entwicklungsländer überhaupt ausmachen. Bloß, dieses Geld ist nicht disponibel. Wir brauchen nicht zu verschweigen, dass die Sowjetunion oder in umgekehrter Reihenfolge die Vereinigten Staaten und die Sowjetunion die größten Nutznießer dieser Ölpreisexplosion sind. Die Saudis kommen erst an dritter Stelle. Aber der entscheidende Punkt wird sein, ob es international gelingt, das theoretisch vorhandene Geld verfügbar zu machen auch für die Entwicklungspolitik und da geht es um Größenordnungen, die weit über alles hinausgehen, was die Möglichkeiten des Bundesetats gestatten würden. Ich nenne nur zwei Ziffern. Die Weltbank hat vor einiger Zeit als Programm angekündigt, sie wolle bis zum Jahre 1977 zusätzlich acht Milliarden Dollar für Entwicklungspolitik aufbringen. Saudi-Arabien wird in diesem Jahr 21 Milliarden Überschuss allein haben. Das heißt, es geht um Größenordnungen, die nur politisch bewältigt werden können, aber nicht mit den Mitteln der deutschen Bundeshilfe.

Wehner: Heinz *Rapp*.

Rapp (Göppingen): Helmut hat danach gefragt, welchen Sorgen wir draußen begegnen. Nun, was die Stabilitätspolitik anbelangt, das kann ich kurz machen. Die wird mitgetragen, selbst dort mitgetragen, wo es wehtut, und das will beispielsweise bei den schwäbischen Häuslebauern was bedeuten. Die machen auch mit, wenn wir sagen, dass strukturpolitisch Überkapazitäten runtergeschwitzt werden müssen, dass sich die Wirtschaft von irgendwo von einem bestimmten Stadium oder Status wegstrukturieren muss. Das machen sie auch noch mit, selbst die betroffenen Leute. Was aber Sorge macht und was Unruhe macht und was auch sitzt und spürbar die Leute bewegt, ist die Frage, wohin soll sich das strukturieren. Wo sind die Arbeitsplätze der Zukunft, wenn wir zum Beispiel in der Bauwirtschaft und in der Automobilindustrie freisetzen müssen und diesen Umstrukturierungsprozess nicht aufhalten können? Wo sind die Arbeitsplätze der Zukunft? Wohin strukturiert sich das, was sich derzeit irgendwo wegstrukturiert? Dies ist die Sorge, die die Leute bewegt und sie wollen dann natürlich vor Ort vom Abgeordneten wissen, wie der da auch hilfreich sein kann.

Mein Vorschlag wäre, dass man die langfristigen Prognosen, Arbeitsmarktprognosen, die ja sehr günstig sind, die ja dieses Land bei drei bis dreieinhalb Prozent Wirtschaftswachstum nach wie vor als ein Arbeitskräftedefizitland ausweisen, dass man dies mehr publiziert. Wobei man natürlich unterm Strich sagen muss, drei bis dreieinhalb Prozent Wirtschaftswachstum kann man nur anstreben. Niemand kann das garantieren, aber es wäre ganz gewiss schon eine Hilfe und würde zur Beruhigung beitragen, wenn man diese langfristigen Arbeitsplatzprognosen veröffentlicht und sagt, dass dies ein Arbeitskräftedefizit- und kein Überschussland bleiben wird. Zweites Problem: Die Entwicklungshilfe hat auch beim Katholikentag eine große Rolle gespielt, bei den jungen Leuten eine größere als die 218-Debatte, was auch was heißen will. Ich habe mich nur zu retten gewusst, indem ich sagte, das Problem besteht darin und das Verdienst dieser Regierung wird darin bestehen, ob sie und dass sie die Grenzen offenhalten kann. Dies ist, glaube ich, das Entscheidende, ob wir die Grenzen werden offenhalten können. In diesem Zusammenhang würde mich aber interessieren, mit welcher Marschroute unsere Leute dann in die nächste GATT-Runde gehen werden.

Wehner: Harald *Schäfer*.

Schäfer (Appenweier): Ja, Genossinnen und Genossen, ich will nur einige kurze Bemerkungen machen zu dem, was Helmut *Schmidt* zum Schluss gesagt hat. Ich will vorwegschicken, dass ich die Entscheidung, die Entwicklungshilfeanteile nicht zu steigern, nicht hinlänglich beurteilen kann, weil ich im Einzelnen zu wenig davon verstehe. Nur eines will ich für meine Person deutlich machen: Ich habe, seit hier – wie viele von uns, wie die meisten von uns – Entwicklungshilfe kontrovers diskutiert wurde, stets dagegen angekämpft, dass man Entwicklungshilfe deswegen nicht machen könne, weil es unter Umständen bei uns sonst einigen schlechter ginge. Ich halte also die Begründung, die Helmut *Schmidt* gegeben hat, man könne unseren Arbeitnehmern nicht zumuten, die Entwicklungshilfe zu steigern, für meine Person nicht nachvollziehbar, wenn ich das Missverhältnis, Helmut *Schmidt* hat darauf hingewiesen, zwischen dem, was bei uns an Lebensstandard gegeben ist, und dem, was in den sogenannten Ländern der Dritten oder Vierten Welt gegeben wird, ins Auge ziehe. Ich kann öffentlich diese Begründung nicht nachvollziehen. Ich werde es auch nicht tun.

Wehner: Hans-Jürgen *Junghans*.

Junghans: Liebe Genossinnen und Genossen, mich veranlasst nur die Bemerkung des Bundeskanzlers, dass offenbar keine Neigung bestünde, die wirtschaftliche Lage in der Bundesrepublik Deutschland zu debattieren. Ich möchte darauf hinweisen, Helmut, dass wir am Sonntag sehr eingehend, und zwar ersten Teil Verkehrspolitik, das wird die Fraktion sicherlich noch im November/Dezember eingehend zu befassen haben, dass wir da sehr eingehend die wirtschaftliche Lage, und zwar sehr gut besetzt mit zwei Arbeitskreisen – Arbeitskreis Wirtschaft und Arbeitskreis Haushalt und Finanzen – debattiert haben und alle Fragen, die auch aus den Wahlkreisen an uns gestellt worden sind, versucht haben, ich sage versucht haben, aus der gegenwärtigen Situation heraus zu beantworten. Es haben drei Bundesminister, mehrere Parlamentarische Staatssekretäre und beamtete Staatssekretäre teilgenommen.[18]

Wehner: Genosse *Schachtschabel*.

Schachtschabel: Genossinnen und Genossen, ich bin sehr dankbar, dass in den Ausführungen von Helmut *Schmidt* auf die weltwirtschaftlichen Zusammenhänge und die Währungsverhältnisse besonderer Wert gelegt worden ist. Vor der Sommerpause, und das ist uns offenbar durch die Sommerpause etwas entgangen, hat der Zwanzigerclub, der dazu beauftragt war, Reformgrundsätze ausgearbeitet, um damit die Grundlagen für die Neuordnung des internationalen Währungssystems zu legen. Ich halte diese dort vorgelegten Ergebnisse für außerordentlich schwach und minimal und ich frage, wie aus der Sicht von Helmut *Schmidt* die Weiterentwicklung dieser Neuordnung des Weltwährungssystems beurteilt wird, ob überhaupt noch die Chance für eine vernünftige oder

---

18 Gemeint ist die Klausursitzung des Arbeitskreises Finanzwirtschaft mit Vertretern des AK Wirtschaftspolitik am 15. September 1974. Für den Arbeitskreis Finanzwirtschaft ist kein Protokoll überliefert. Vgl. zu den Sitzungsmaterialien AdsD, 2/BTFG002602. – Im Archivbestand des AK Wirtschaftspolitik ist die Sitzung ebenfalls nicht überliefert.

zweckmäßige Lösung ansteht, die ja auch für unsere wirtschaftlichen Überlegungen binnenwirtschaftlicher Art – wie ich meine – von großer Bedeutung sind.

Wehner: Hermann *Rappe*.

Rappe (Hildesheim): Ja, zwei Punkte möchte ich kurz ansprechen. Erstens die Frage, wann das 900-Millionen-Programm konkreter anläuft. Es gibt sofort Fragen in den Wahlkreisen, besonders in den Wahlkreisen, wo eine bestimmte Arbeitslosenquote da ist. Ich will auch ganz offen sagen, eine Diskussion zu diesem Punkt würde sicher mancher hier in Gang bringen – ich auch. Nur die Gewissheit, dass es nicht allzu viele Lösungen gibt, bremst ja ein bisschen davor, obwohl ich ganz offen für mich sagen will, dass eine Arbeitslosenquote, die über die zwei bis zweieinhalb Prozent hinausgeht, Unruhe in der Wählerschaft auch erbringt und sehr die Frage ist, wann hier doch konkreter gegengesteuert werden muss. Aber zunächst will ich es bei der Frage belassen, wann diese 900 Millionen etwas zügig nun und wann freigegeben werden.

Und der zweite Komplex: Der Bundeskanzler hat an Solidarität appelliert. Ich muss aus den letzten Wochen – jedenfalls aus meinem Wahlkreis – meinen Eindruck in aller Vorsicht so wiedergeben: Ich glaube, dass wir alle, wie wir hier sitzen, als Abgeordnete in unserem Wahlkreis gegenwärtig nicht allzu viel Mühe haben, auf Solidarität an die Adresse der Mitglieder und Funktionäre hinzuweisen, sondern die Funktionäre in unserem Wahlkreis fragen eigentlich mehr nach Solidarität in der Führungsspitze. Ich kann mir –,

(Beifall.)

ich kann und will mir diesen Hinweis nicht ersparen. Wenn ihr hier von diesem Tisch in große Konferenzen kommt, wird ja so nicht diskutiert. Aber wenn wir sie dutzendweise vor uns haben, werden uns außerordentlich unbequeme Fragen gestellt, und ich wäre dankbar, wenn das etwas deutlicher uns nun auch mit auf den Weg gegeben wird.

(Starker Beifall.)

Wehner: Hermann *Scheffler*.

Scheffler: Genossinnen und Genossen, mich veranlasst ein Artikel, der von Hans *Koschnick* veröffentlicht worden ist zur Lage der Finanzsituation der Gemeinden[19], heute eine Frage zu stellen im Zusammenhang mit der eben angeführten Knautschzone für die öffentliche Hand sowie eine Verminderung der Zuwachsraten der Ausgabenraten im nächsten Jahr. Wir stellen allgemein fest, dass das Zweite Steueränderungsgesetz[20] für die Gemeinden in den Bereichen, wo Erhöhungen erwartet worden sind, abstrakterweise keine einzige Erhöhung mit sich gebracht hat, insbesondere im Bereich der Grundsteuer A, und wir wüssten gerne, wie diese uns unerklärliche Reaktion zustande kommt und ob die Bundesregierung Möglichkeiten sieht, dass die Gemeinden nicht zu sehr zur Ader gelassen werden. Wir wissen auch, dass die Bundesregierung sich in einer unangenehmen Situation befindet, was die Steuerreform, das dritte Steuerreformpaket angeht, denn die Bundesregierung muss von den Ländern ihren Anteil zurückfordern, den eigentlich die Länder vom Bund fordern müssten. All das wissen wir, aber wenn wir die Wirkung der öffentlichen Hand sehen, dann wird sie doch am deutlichsten in den

---

19 *Koschnick* warnte in seiner Eigenschaft als Präsident des Deutschen Städtetags davor, dass die geplante Steuerreform die Gemeinden mit knapp 2,5 Milliarden DM belasten könnte. Er plädierte dafür, die Gemeinden, auch angesichts der absehbaren Steuermindereinnahmen 1974, um eine knappe Milliarde weniger zu belasten. Vgl. bspw. den Artikel »Der Kampf der Gemeinden um eine Milliarde«; »Frankfurter Allgemeine Zeitung« vom 2. September 1974, S. 5.

20 Zum »Zweiten Steueränderungsgesetz 1973« in der Fassung vom 18. Juli 1974 vgl. BGBl. 1974, I, Nr. 75, S. 1489–1495.

Gemeinden und deswegen sollten wir Wert darauf legen, dass auch Zuwachsraten in Zukunft zu verzeichnen sind.
Wehner: Hugo *Collet*.
Collet: Ja, Genossinnen und Genossen, die Bemerkungen von Helmut *Schmidt*, dass er bedauert hat, dass so wenig diskutiert wird, greife ich auf. Ich bin davon ausgegangen, nachdem er hier ausdrücklich einige Gebiete – unter anderem auch Pirmasens – genannt hat, dass das, was ich heute Morgen von Herbert *Ehrenberg* im Arbeitskreis erfahren musste, durch seine Aussage gebessert wurde. Herbert *Ehrenberg* sah heute Morgen keine Chance, dass etwas geschieht. Du hast ausgerechnet bestimmte Räume genannt. Ich weiß nicht, ob du damit meintest, dass durch das 900-Millionen-Programm oder durch andere Maßnahmen hier die Hilfe entsteht. Ich habe aber gleichzeitig die Frage, ob diesmal der Modus ein anderer ist als ausschließlich die Länder ohne Mitwirkung des Bundes die Verteilung dieser Mittel vornehmen, dann würde ich für unseren Raum aus politischen Verhältnissen des Landes schwarz sehen, weil von da aus nicht allzu viel geschehen wird. Wenn du erwähnt hast, um eine andere Frage noch anzusprechen, dass in der Zeit von April bis etwa Juno, ich denke an Landtagswahl Niedersachsen, eine aufsteigende Tendenz für uns war und das jetzt anders aussieht, so wäre es doch interessant, deine Analyse zu hören, warum du meinst, dass es anders geworden ist. Wir stellen alle fest, dass es anders aussieht, aber wo sind die Hauptursachen zu suchen, an der Sommerpause, so dass wir nicht genug praktische Arbeit leisten konnten, oder lag es an anderen Dingen?
Wehner: Hermann *Schmitt*.
Schmitt-Vockenhausen: Genossinnen und Genossen, Hans-Jürgen *Junghans* hat ja schon Helmut *Schmidt* geantwortet. Wir alle haben natürlich Fragen, wenn ich an die Automobilindustrie in meinem Wahlkreis denke. Trotzdem werden wir die Bundesregierung in ihrer Gesamtheit unterstützen, um auf diese Weise auch für einen Erfolg unserer Partei einzutreten. Ein Problem, was Hermann *Scheffler* hier angeschnitten hat, sind die Kommunalfinanzen. Ich brauche hier nicht zu sagen, dass sie uns Sorgen machen, aber ich habe aus dem Bundeskanzleramt, Hermann, heute die Nachricht bekommen, dass aufgrund unserer Vorstellungen am 1. Oktober ein Gespräch mit den kommunalen Spitzenverbänden stattfindet. Ich kann hier nur noch einmal wiederholen etwas im Gegensatz zu dem Städtetag, wir werden die Politik der Bundesregierung mittragen, der Steuerermäßigung. Wir müssen allerdings darauf bestehen, dass die Gemeinden nicht schlechter als die beiden anderen Partner – Bund und Länder – bei der Verteilung des Steuerkuchens gestellt werden.
Wehner: Sind noch Wortmeldungen, Genossen? Bitte *Urbaniak*.
Urbaniak: Genossinnen und Genossen, die Frage der Arbeitslosenzahlen, wenn wir in Parteiversammlungen debattieren, wird nicht so hervorgehoben wie die Dinge, die Hermann *Rappe* hier angesprochen hatte, und diese Versammlungen – auch die großen – werden ja von den Vorständen so erledigt, dass eine vorbereitete Entschließung diese Solidarität für den anwesenden Kreis wieder einmal manifestiert. Aber wir haben alle dabei ein ungutes Gefühl und es wäre richtig, wenn im Verlaufe dieses Tages das eine oder andere offene Wort dazu gesagt wird. Ich würde darüber hinaus meinen, dass beim 900-Millionen-Programm die Einschätzung uns Helmut *Schmidt* auch geben müsste, ob bei der weiteren Entwicklung in das Jahr 1975 hinein diese Zahlen zumindest gehalten, sie sich aber nicht ausweiten werden, weil ja auch die Entlastung aus der Steuerreform hier eine wesentliche Rolle spielt. Es gibt noch einen wesentlichen Punkt, wo vielleicht Fraktion, Regierung und Partei mithelfen könnten in diesem Zusammenhang. Die Kindergeldgeschichten laufen nicht so an, wie wir uns das vorgestellt haben, und wenn

der große Antragsstau kommt im Frühjahr 1975, dann ist zumindest der finanzielle Segen bei den Arbeitnehmern in Nordrhein-Westfalen vor dem 4.5. nicht eingetroffen und den müssen wir einfach haben für die entscheidende Weichenstellung der Landtagswahl in Nordrhein-Westfalen.

Wehner: Willy *Brandt*.

Brandt (Berlin): Liebe Genossen, ich hatte zunächst gedacht, dass die Besorgnisse, von denen Hermann *Rappe* gesprochen hat und von denen er sagt, die können hier nicht unerörtert bleiben, dass sie nach Punkt 2 oder 3 der Tagesordnung zur Erörterung kämen. Aber nachdem es angesprochen ist, halte ich es für richtig, mit meinem Beitrag nicht zu warten, bis einer dieser Tagesordnungspunkte aufgerufen ist.

Es ist klar, es gibt Grund zur Besorgnis. Es gibt auf der anderen Seite die Notwendigkeit, ein bisschen zu sortieren, mit welcher Art von Problemen wir es zu tun haben. Es gibt einige, die man versucht, uns aufzuschwätzen und auf die wir nicht reinfallen dürfen. Es gibt andere, die wir – der eine mehr, der andere weniger – mit zu verantworten haben und mit denen wir auch fertigwerden müssen. Lasst mich trotz des richtigen Hinweises von Hermann *Rappe*, dass im kleineren Kreis offener gesprochen wird als auf großen Konferenzen – ich weiß das selbst, denn auch dort, wo ich größere Konferenzen gemacht habe in diesen letzten Wochen, habe ich auch im kleineren Kreis mit den Genossen beisammengesessen. Ich weiß also ungefähr, was los ist. Trotzdem sage ich euch als mein Eindruck, die Situation – trotz des Ärgers dieser Tage, der noch ein bisschen andauern wird – die Situation der Partei ist jedenfalls besser, als sie sensationslüsterne Berichte darzustellen versuchen. Ich stütze mich, zumal was die letzten beiden Wochenenden angeht, auf die Regionalkonferenzen, das heißt die Konferenzen mit den Ortsvereinsvorsitzenden am vorletzten Wochenende in Ostwestfalen-Lippe und am nächsten Tag einer gemeinsamen Konferenz für das Saarland und unseren Parteibezirk Pfalz, am letzten Sonnabend für den großen fränkischen Bezirk und am Sonntag in Simmern für die Bezirke Rhein-Hessen und Rheinland-Hessen-Nassau. Ich stütze mich – komme darauf gleich noch mal zurück – auf die gestrige sehr fruchtbare Aussprache im Parteivorstand. Ich stütze mich, wenn ich das hinzufügen darf, auch darauf, ich komm' unmittelbar hierher in diese Sitzung vom 11. Gewerkschaftstag der IG Metall und kann euch sagen, dass nicht nur der Bundeskanzler am Sonntag mit großem Erfolg auf diesem Gewerkschaftstag gesprochen hat, sondern dass – ist ein bisschen peinlich über so was selbst sprechen zu müssen – die Vertrauensgrundlage, auf die sich der Parteivorsitzende dort stützen kann, nicht geringer geworden ist. Nun dies aber vorausgeschickt – nein, ich will noch etwas hinzufügen: Wenn ich sage, die Situation ist etwas besser, als sie andere darstellen wollen, dann gehört dazu, dass die Bereitschaft zugenommen hat gegenüber den Monaten Anfang des Jahres, deutlicher zu unterscheiden zwischen dem, was man innerhalb der Partei diskutiert, und dem, was man nach außen gemeinsam zu vertreten hat, dass eine starke Bereitschaft überall da ist, die Regierung zu stützen. Auch da, wo der eine und andere eine kritische Randbemerkung oder eine Frage, die die künftige Entwicklung angeht, anzubringen hat.

Aber die Sorgen sind da. Die sind zunächst auch da, wie gesagt, wo uns andere was aufladen wollen, was wir uns nicht aufladen lassen dürfen. Ich nehme mal als Beispiel dafür die Kampagne, die zum letzten Wochenende in Gang gesetzt worden ist gegen Jochen *Vogel*.[21] Dinge dieser Art und damit vergleichbarer Art haben wir im Laufe der Jahre

---

21 Justizminister *Vogel* wurde von der Wochenzeitung »Bild am Sonntag« vorgeworfen, in seiner Zeit als Oberbürgermeister von München sei es zu einer unkorrekten Vergabe von Forschungsaufträgen zur Stadtentwicklung an linksradikale Wissenschaftler gekommen. Vgl. die Artikel »München: So

immer wieder erlebt. Wir werden sie wieder erleben in Landtagswahl, nach Landtagswahl, vor Bundestagswahlen und wann sich immer die Gelegenheiten dazu bieten. Und es gibt, ich sage das jetzt ohne Vorwürfe an irgendwelche Adresse, eine Neigung hier und da auch bei an sich guten Freunden, zunächst etwas zu leicht auch auf solche Dinge einzugehen – ich sage das nicht für diesen Kreis, aber für manche draußen –, die also sozusagen als Kampagne des Gegners zur Abwertung und zur Schachmattsetzung, wenn es gelänge, von Sozialdemokraten in die Welt gesetzt werden. Dann gibt es auch immer mal wieder Fälle bei uns, die nicht in Ordnung sind und die in Ordnung gebracht werden müssen, wie wir das in der Vergangenheit getan haben und in Zukunft tun werden. Dann gibt es den Ärger in großen Teilen der Partei und der Anhängerschaft, den Ärger, der sich ableitet aus der Thematik, die einen parlamentarischen Untersuchungsausschuss beschäftigt.[22] Aber was wollen wir daran ändern? Das wird sich noch 'ne Weile hinziehen. Andere haben Interesse daran, dass es sich 'ne Weile hinzieht, und unsere Leute ärgert das, wenn Abend für Abend – zumal dann, wenn der Ausschuss tagt – mit dem Bild und den Meldungen und was weiß ich. Ich hoffe, dass diese Woche uns ein Stück weiterbringt. Jedenfalls hätte es nie einen Zweifel daran geben zu brauchen, dass es unser Interesse ist, zu jeder möglichen Aufklärung jenes Falles beizutragen. Ich glaube, wenn wir damit ein Stück vorangekommen sind, dann wird sich der eine und andere wohler fühlen, als er sich zwischendurch gefühlt haben mag.

Dann gibt es, ich will dem Anteil nicht ausweichen, der mich selbst betrifft, dann gibt es Ärger oder sorgenvolle Fragen, hier und da sogar Bestürzung wegen Vorwegzitieren aus einer Veröffentlichung, die demnächst von mir vorliegen wird. Genossen, ich darf ja hier keine Reklame machen für ein Buch.[23] Nur ihr werdet, wenn es da ist und der eine und andere reinschaut, dann werdet ihr euch überzeugen können davon, dass es sich um eine Veröffentlichung ganz anderer Art handelt, als sie der Öffentlichkeit jetzt offeriert wird, nämlich um eine wohl etwas zu lang geratene sachliche Darstellung dessen, worum wir uns innenpolitisch in den Jahren, in denen ich dafür die Verantwortung trug, bemüht haben mit dem Versuch, dieses auch im Sinne der Kontinuität der Regierungserklärung vom Mai dieses Jahres fortzuentwickeln. Denn das ist ja doch wohl bei, jeder weiß von mir, wie sehr ich zum sozial-liberalen Regierungsbündnis stehe, aber es ist ja wohl gemeinsame sozialdemokratische Überzeugung, dass es die Aufgabe hat, über die Sicherung der Wirtschaft und über die Sicherung unserer außenpolitischen Stellung hinaus an dem weiterzuarbeiten, was wir im Oktober '69 und im Januar 1973 angelegt haben.[24] Darum geht es. Jetzt werden einige Vorwegzitate zu einer Kampagne gemacht, die – so hoffe ich – nicht lange dauern wird. Dann sagen gute Freunde dieser Tage zu mir, ja, du aber hättest doch um Gottes Willen dir den Zeitpunkt anders überlegen können.

(Beifall.)

Ja, ich höre hier den Beifall. Dann hätte der Ratschlag sein müssen, dass ich dieses überhaupt nicht in diesem Jahr veröffentlicht hätte. Wäre dann das nächste Jahr dafür besser gewesen? Ich sage nein. Ich sage nein. Sondern das Problem ist nicht das der Gesamtveröffentlichung, davon werdet ihr euch überzeugen, sondern das Problem ist das des Ma-

---

wurden unsere Steuergelder verschwendet« in der »Bild am Sonntag« vom 15. September 1974 und »Vogel weist Vorwürfe zurück« in der »Frankfurter Allgemeinen Zeitung« vom 16. September 1974; BT Pressedokumentation, Personenordner Hans-Jochen Vogel.

22 Gemeint ist der Untersuchungsausschuss zur *Guillaume*-Affäre. Zum Antrag der CDU/CSU-Fraktion vom 5. Juni 1974 auf Einsetzung eines Untersuchungsausschusses vgl. BT Drs. 07/2193.

23 Gemeint ist *Brandts* Buch »Über den Tag hinaus. Eine Zwischenbilanz«, das im Herbst 1974 erschien.

24 Gemeint sind die Äußerungen zur Außenpolitik in den beiden Regierungserklärungen vom 28. Oktober 1969 und 18. Januar 1973. Vgl. BT Plenarprotokoll 06/5 und 07/7.

nipulierens mit Vorabdrucken und aus dem Zusammenhang gerissenen Zitaten, aus dem damit Arbeiten bei anderen als Brecheisen, um Munition zu einer Kampagne zu bekommen, die den Anschein erwecken soll, hier seien alle gegen alle. Wenn da was übrigbleibt nach der Beurteilung des Gesamttextes, dann habe ich dafür die Verantwortung zu tragen. Die trage ich auch für das, was geschrieben steht.

Nun ist davon noch zu trennen eine besondere Kampagne, die ich nicht näher qualifizieren will. Ich habe mich dazu gegenüber dem Herausgeber des bekannten Nachrichtenmagazins geäußert.[25] Eine besondere Kampagne, die auch nicht so neu ist, die im besonderen Maße verzerrte oder völlig falsche Eindrücke erwecken will, und da bin ich bei weitem nicht der einzige Adressat, wenn auch mit mir besonders rücksichtslos umgegangen worden ist durch Teile von Inhalten und durch das Erwecken eines optischen Eindrucks, der der Wahrheit direkt ins Gesicht schlägt. Nämlich das Aufmachen eines Blattes mit einer Aufnahme, die angeblich in Verbindung gebracht werden sollte mit einem Buch und hineingestellt in einem gegen uns gerichteten Artikel mit einem Sammelsurium von allen möglichen tatsächlichen oder angeblichen Quellen, mit dem Erwecken des Eindrucks, als liege dem ein Gespräch mit dem Herausgeber des bekannten Blattes zugrunde. Jeder, der sich vernünftig überlegt, wessen Interesse entsprach denn das, was dort gedruckt wurde, der wird diesen Zusammenhang als einen künstlichen empfinden und als einen, der nicht in Ordnung ist. Nur, liebe Genossen, wenn ich aus diesem Anlass und aus dem, was andere Blätter damit gemacht haben, ableiten würde – und ich möchte es gerne – als Empfehlung an uns alle, noch behutsamer, noch vorsichtiger im Umgang mit manchem aus dem journalistischen Bereich zu sein, dann füge ich gleich hinzu: Ich weiß aus eigener Erfahrung, auch neuester Erfahrung, dass auch Nichtreden einen [nicht] in jedem Fall davor schützt, sogar in Anführungszeichen gesetzt zitiert zu werden. Diese Erfahrung haben andere auch gemacht.

Nun, Genossen, von den erwähnten Einzelfällen abgesehen, zielte ja die Frage von Hermann *Rappe* – und ich will auch dem nicht ausweichen – insbesondere auf das Verhältnis zwischen denen, die man als die sogenannte Führungsspitze bezeichnet. Da lasst mich nun ganz offen sagen, von Schwächen und wohl auch Fehlern sind die meisten Menschen nicht frei, auch dann, wenn sie herausgehobene Verantwortung tragen. Ich bin jedenfalls nicht frei davon und man kann nur versuchen dort, wo Schwächen und Fehler einem selbst klar oder einem klargemacht werden, sie zu überwinden. Wir stehen miteinander in der Pflicht, davon ist deutlich und überzeugend von allen Beteiligten gesprochen worden im Präsidium der Partei, als wir in der vergangenen Woche zum ersten Mal wieder beisammen waren in der erwähnten gestrigen Vorstandssitzung. Ich habe mich auch öffentlich dazu geäußert. Um es nun auch, um auch der personellen Adresse nicht auszuweichen, jeder weiß von mir, dass der Parteivorsitzende nicht mit dem Bundeskanzler konkurriert. Der Parteivorsitzende, der selbst Bundeskanzler war, weiß aus eigener Erfahrung, wie gut und wichtig es ist, dass den Genossen in der Regierung der Rücken freigehalten wird von vermeidbaren Belastungen. Das ist die eine Seite der Sache.
(Beifall.)

Und das Zweite ist: Wer meint, mich in eine Kampagne gegen den Fraktionsvorsitzenden Herbert *Wehner* einspannen zu können, ist auf dem Holzweg. Ich will das hier mal in aller Deutlichkeit gesagt haben. Ja, liebe Genossen, vergessen wir bei all dem nicht –

---

25 Das Nachrichtenmagazin »Der Spiegel« hatte *Brandts* Buch am 9. September 1974 unter dem Titel »Wie es zum Kanzlerrücktritt kam: Autor Brandt« einen eigenen Aufmacher gewidmet. Darin wurde unter anderem berichtet, dass *Brandt* sich angeblich von *Wehner* in der *Guillaume*-Affäre »verraten« gefühlt habe. Vgl. den Artikel »Ich will nicht so schmählich abtreten««; »Der Spiegel«, Nr. 37 vom 9. September 1974, S. 19–25, hier S. 20.

aber das will ich jetzt nicht im Einzelnen hier noch einmal aufzählen. Ich denke, den Fraktionskollegen liegt das Kommuniqué der gestrigen Parteivorstandssitzung vor. Ich habe auf eine Reihe der Aufgaben hingewiesen, die wir neben der Arbeit der Bundestagsfraktion als Partei noch in diesem Jahr, in den restlichen Monaten dieses Jahres und dann im nächsten zu erledigen haben. Meine jetzt auch nicht mehr ganz junge Erfahrung ist die, dass dort, wo es mal Knatsch gegeben hat, der am besten dadurch überwunden wird, dass man in gemeinsamer Arbeit zusammensteht und seine Pflicht tut. Vielen Dank.

(Beifall.)

Wehner: Genossen, erlaubt mir bitte, im Anschluss an diese Bemerkungen von Willy *Brandt*, die ausgelöst worden sind durch Hermann *Rappes* Einführung in die Diskussion, einige Sätze zu sagen betreffend Solidarität in der Spitze. Als eine damit auch gemeinte Person sage ich, es gibt keine Meinungsverschiedenheiten über die Politik der Bundesregierung. Es gibt keine Meinungsverschiedenheiten über die Aufgaben der Partei, unserer Partei. Was mich selbst betrifft, so will ich und werde ich nach Kräften dazu beitragen, das Gegeneinander-Ausspielen zurückzuweisen und unwirksam zu machen. In der Präsidiumssitzung, auf die eben Willy *Brandt* hingewiesen hat, vom 10.9. habe ich Willy *Brandt* gedankt für seine Erklärungen in »Panorama« und im Präsidium.[26] Danke.

(Vereinzelter Beifall.)

Das Wort hat Renate *Lepsius*.

Lepsius: Ich bin Hermann *Rappe* sehr dankbar, dass er hier ein Tor aufgestoßen hat zu einer Diskussion, in der unsere Fraktion ja seit einem Jahr stumm gewesen ist. Willy *Brandt*, du hast gesagt, die Situation der Partei ist besser, als vielleicht Zeitungen oder eine öffentliche Kampagne, von der mal wieder geredet wird, erwarten lassen. Nun, hier muss man einfach sagen, dass die Spitze unserer Partei nicht gleichzusetzen ist mit der Partei. Ich muss das in aller Härte sagen, weil hier die Sorgen ja angesprochen worden sind, die uns bewegen. Ich fand es ein etwas schiefes Bild, dass Willy *Brandt* sich hier wegen der Veröffentlichung verteidigen zu meinen glaubte. Wir alle sind zwar der Meinung, dass dieses in der gegebenen Situation nicht der richtige Moment ist. Das ist das eine. Aber ich glaube, dass es wohl uns nicht ansteht, grade deswegen, weil wir ja geschwiegen haben, geschwiegen haben in einem Moment, wo andere an anderem Ort, zum Beispiel Moskau, geredet haben. Dort haben wir ja hingenommen, dass Herbert *Wehner* uns gesagt hat und glaubhaft versichert hat, dass er kein Königsmörder sein will. Wir haben das akzeptiert für uns und haben dafür nach außen in der Partei eingestanden.

Unsere Situation ist ja die, dass wir in der Partei versuchen sollen, ein Bild zu konterkarieren, was wir nicht konterkarieren können. Ich halte es für falsch und bin darüber unglücklich, dass so nach der Verschwörungstheorie getan wird, als ob hier Kampagnen gemacht werden, wo wir selber die Beweislast tragen. Ich spreche von uns allen und ich

---

26 Im Interview mit »Panorama« erklärte Willy *Brandt*, dass Meldungen über einen Zwist mit *Wehner* im Zusammenhang mit seinem Rücktritt als Bundeskanzler falsch seien. Außerdem dementierte er Meldungen, dass er nicht mehr mit *Wehner* zusammenarbeiten wolle, im Gegenteil, er unterstütze ihn als Fraktionsvorsitzenden ausdrücklich. In der Sitzung des Präsidiums äußerte *Brandt*: »Alle Sozialdemokraten stehen in der Pflicht zur sachlichen Zusammenarbeit. Wir lassen uns nicht von dem abbringen, was uns aufgetragen ist.« Zur Sitzung des SPD-Präsidiums am 10. September 1974 und zur Pressemitteilung bezüglich des Interviews mit »Panorama« vgl. AdsD, SPD-Parteivorstand, Präsidiumssitzung 10.9.1974, Mappe 261. – Zum Wortlaut des Interviews *Merseburgers* mit *Brandt* vgl. »Frankfurter Allgemeine Zeitung« vom 11. September 1974, S. 4.

spreche von unseren Genossen in der Führungsspitze. Und das ist nun die Frage gar nicht mal jetzt so sehr, was hier nun gesagt oder veröffentlicht wird, sondern uns liegt doch daran, dass die Regierungspolitik, die jetzt von Helmut *Schmidt* geleitet wird, nun nicht zerstört wird durch ein Versagen nach außen, was dann schließlich dazu führen kann, dass wir zwar alle wie die Wilden unser Stückchen Kärrnerarbeit hier in der Fraktion oder draußen oder in der Regierung leisten und dass wir trotzdem 1976 verspielen. Das ist doch die entscheidende Frage. Ich weiß keine Lösung für den Konflikt, der dort gegeben ist. Ich weiß es nicht. Irgendjemand hat mal in einem Kommentar von einer griechischen Tragödie gesprochen. Ich kann nur hier den Appell an euch richten, nicht eine griechische Tragödie für unsere Situation 1976 daraus zu machen.

(Vereinzelter Beifall.)

Wehner: Erich *Wolfram*.

Wolfram: Helmut *Schmidt* hat auf die Folgen der Ölkrise, auf die sich daraus ergebenden Importkostensteigerungen und auf die wirtschaftlichen Risiken hingewiesen.

(Unruhe.)

Ja. Er hat die schwierige Lage der Länder skizziert, die fast völlig auf Energieimporte angewiesen sind. Wir diskutieren, Helmut *Schmidt*, zurzeit die Fortschreibung des Energiekonzepts. Wir hatten gehofft, dass möglichst viel Rohölimporte substituiert werden durch andere Energien, vor allem durch sicherere. Wenn man die Diskussionen verfolgt, hat man den Eindruck, in weiten Bereichen hat man nichts dazugelernt. Meine konkrete Frage an dich: Wirst du zu gegebener Zeit ein entscheidendes Wort sprechen im Sinne deiner früheren Erklärungen, dass die heimischen Energiequellen einen angemessenen Beitrag leisten können?

Eine zweite Bemerkung zu den Sonderkonjunkturprogrammen: 900 Millionen mit dem, was dann noch dazukommt durch Länder und Gemeinden, sind sicherlich ein großer Beitrag, wenn es echt zusätzliche Investitionen wären. Aus den Erfahrungen mit dem letzten Sonderkonjunkturprogramm wissen wir, dass es lokal auf den Wahlkreis bezogen im Grunde genommen oft ein Tropfen auf den heißen Stein ist. Ich kann aus meinem Wahlkreis sagen, das letzte Programm hat uns noch nicht einmal so viel gebracht, dass die Arbeitslosenquote stabilisiert wurde, die liegt bei 3,7 Prozent, sondern es geht weiter. Das heißt also, was können wir erwarten, dass wir in der Tat dort gezielt helfen, wo sich überdurchschnittliche Probleme vor allem in bestimmten Bereichen ergeben.

Wehner: Bertram *Blank*.

Blank: Helmut *Schmidt* hat darauf hingewiesen, dass wir auf etliche Punkte in der Diskussion verweisen sollten, also zum Beispiel auf unsere Erfolge bei den Preisdämpfungen. Ich würde aber nicht dazu raten, dass wir insbesondere darauf hinweisen, dass unser Verschuldungsbetrag relativ niedrig ist. Das wird sich nämlich in den nächsten vier Jahren erheblich ändern und dann stehen wir mit der Diskussion aus '74 und '75 ziemlich dumm da. Ich glaube, es wäre auch vielleicht nötig, mal darauf einzugehen, wie etwa die Steuermindereinnahmen, die wir bereits in diesem Jahr zu verzeichnen haben, sich möglicherweise auswirken können, denn dann würden diese Zahlen noch ganz anders aussehen.

Wehner: Jürgen *Schmude*.

Schmude: Genossinnen und Genossen, ich möchte noch auf das eingehen, was Renate *Lepsius* hier angesprochen hat. Ich finde gut und richtig, dass Hermann *Rappe* dieses Thema, das in der Partei und draußen viel diskutiert wird, hier angesprochen hat und dass es damit auch vorne zur Sprache gekommen ist, und ich gehöre nicht zu denen, die bei jedwedem Malheur, das uns passiert, nach Schuldigen in den Redaktionsstuben suchen und sagen, dies sei eine Pressekampagne und wir seien es eigentlich gar nicht gewesen. Es ist meistens so, dass Anstöße, dass Munition, dass irgendetwas auch aus unseren Reihen dazu kommt und dazu ist ja heute hier auch gesprochen worden. Nur sollten wir in der Tat sehen, dass wir grade in diesem Sommer einige klassische Beispiele für Pressekampagnen vorgeführt bekommen haben und dass wir sie, was den Verlauf des Untersuchungsausschusses anbelangt, jetzt in diesen Tagen noch vorgeführt bekommen. Pressekampagne mit Tendenzmeldungen, die den ganz klaren Zweck verfolgen, wichtige Leute in unserer Partei, in der Bundesregierung oder auch im nachgeordneten Bereich der Bundesregierung einerseits und in der Bundesregierung selbst andererseits gegeneinander aufzubringen, regelrecht gegeneinander zu hetzen, Dinge zu dramatisieren, zum Teil mit regelrecht erfundenen Meldungen und Zitaten.

Wir sollten dies mit der gebotenen Sorgfalt betrachten, uns aber nicht vor den Karren derjenigen spannen lassen, die diese Kampagne betreiben. Wer sich erinnert, wird wissen, dass der Mann mit dem Hamburger Nachrichtenmagazin schon im Frühjahr dazu angetreten ist, in Kommentaren etwa unserem Fraktionsvorsitzenden Ratschläge zu geben, die in ihrer Penetranz an das Selbstbewusstsein eines anderen Großverlegers durchaus erinnern und herankommen.[27] Das wurde fortgesetzt bis in die letzte Zeit. Bei allem Ernst, mit dem wir die Vorgänge betrachten, lasst uns dies hier nicht dramatisieren, lasst uns nicht eine Tragödie aufschwatzen lassen, von der überhaupt nichts da ist, solange wir den Sachverhalt nüchtern betrachten und uns da nicht einspannen lassen.

(Vereinzelter Beifall.)

Wehner: Manfred *Schulte*.

Schulte: Genossinnen und Genossen, vielleicht passt dieser Beitrag grade zu dem, was Jürgen *Schmude* gesagt hat. Wir haben heute in der Diskussion um die uns berührenden Fragen zum einen und zum anderen auch die Publizität und die Publizistik mit erwähnt. Es gibt nach meiner Auffassung einen sehr eklatanten Fall in der allerjüngsten Vergangenheit. Der Wirtschaftsminister *Friderichs* hat ein Interview gegeben in der »Welt am Sonntag« – oder in »Bild am Sonntag«. »Bild am Sonntag« hat diesem Interview zwei Sätze hinzugefügt, die politisch von äußerster Relevanz sind, und zwar die Frage: Sind die Lohnforderungen von mehr als zehn Prozent in der jetzigen Situation vertretbar? Und die Antwort: Nein. Beides, sowohl die Frage als auch die Antwort sind frei erfunden und interessant ist, dass dies inzwischen auch von dem stellvertretenden Chefredakteur dieser Gazette [Kurt] *Dittrich* bestätigt worden ist, und zwar mit einer sehr scheinheiligen Bemerkung.[28]

Ich nehme dies nur zum Anlass, wir haben in den letzten Wochen und Monaten, seitdem wir uns mit dem Untersuchungsausschuss hier beschäftigen, eine ungeheure Fülle von Pressemitteilungen zu ertragen und zu bestehen. Daran muss sich nach meiner Auffassung die Frage anschließen, können wir, zum Teil wie bisher ohne genau abzuwägen, diesen Leuten für Auskünfte und für Interviews zur Verfügung stehen? Ich habe den Eindruck, Genossinnen und Genossen, dass die Selbstreinigungskräfte der Presse – und dass diese eine Macht in unserem Staat ist, wird kaum jemand bezweifeln –, dass diese Selbstreinigungskräfte der Presse über den Presserat nicht funktionieren, denn dieser Sachverhalt allein müsste sofort den Presserat auf den Plan gerufen haben. Davon habe

---

27 Gemeint sind Rudolf *Augstein*, der Verleger des Nachrichtenmagazins »Der Spiegel«, und Axel *Springer*, Eigentümer des Springer-Verlags.
28 Vgl. den Artikel »»Mehr als 10 % sind nicht drin«« in der »Bild am Sonntag« vom 15. September 1974; BT Pressedokumentation, Personenordner Hans Friderichs.

ich bis zur Stunde nichts vernommen. Dies ist nur ein Fall, der jetzt hochgespielt worden ist. Wir hätten unzählige von Fällen in den letzten Wochen hier deutlich machen können. Nur Freunde, ich bitte eigentlich jeden in der Fraktion, sorgfältig zu überlegen, wenn er sich dazu entschließt, Auskünfte zu geben oder Interviews zu geben, ob dies nicht auch auf diese Weise verfälscht wird, denn die Leidtragenden sind in 99,9 Prozent aller Fälle wir, unsere Partei und unsere Fraktion.

Wehner: Sind zu diesem Kapitel noch Wortmeldungen? Norbert *Gansel*.

Gansel: Genossinnen und Genossen, niemand will sicherlich einem Nachrichtenboykott der Springer-Organe das Wort reden, aber an diese Ausführungen von Manfred *Schulte*, meine ich, muss sich ganz klar anknüpfen, dass man kein Verständnis mehr dafür haben kann, wenn Sozialdemokraten, und das muss ich jetzt dazusagen, auch in Regierungsfunktion, der Springer-Presse länger für Exklusivinterviews zur Verfügung stehen und denen ermöglichen, mit Meldungen aufzumachen, die andere Zeitungen, weil sie weniger stark sind und weniger gute Beziehungen haben, nicht haben. Das sollte, meine ich, eine Konsequenz sein, die man auch mit einer fairen Einstellung zu einer kritischen Presse durchaus vereinbaren kann.

Wehner: *Porzner*, zu dieser Frage? Nein. Dann schreibe ich dich auf. *Glotz*.

Glotz: Norbert, ich will nur einen Satz sagen. Dies hätte die Konsequenz, was du vorschlägst, die Springer-Zeitungen als Forum allein der CDU/CSU zu überlassen und dies halte ich nicht für die richtige Konsequenz.

Wehner: Genossen, ich möchte das jetzt hier nicht vertiefen, aber nachdem offenbar dieser Teil noch eine Bemerkung verträgt, so wollte ich auf etwas zurückkommen, das ich hier zusammen mit anderen Mitgliedern des Fraktionsvorstandes in diesem Saal am 30. August nach der Sitzung des Fraktionsvorstandes, als wir uns der Presse stellten, unter anderem erwähnt habe am Schluss nach den Fragen, die die Erklärung, über die ich dann noch zu berichten habe im Zusammenhang mit dem Bericht aus den Fraktionsvorstandssitzungen, die die Erklärung betraf. Ich hatte am 28.8. auf meinem Tisch hier im Bundeshausbüro, 18 Uhr, eine von einem Mitarbeiter des Abgeordneten Diplomvolkswirt Elmar *Pieroth* gezeichnete Eineinhalb-Zeilen-Mitteilung, die ganz rot dick mit »eilt« ausgezeichnet war, dass zu meiner Kenntnisnahme ihm der *Pieroth* die in der Anlage befindliche Mitteilung für die Presse zugehen lässt.

Hier geht es um Folgendes unter dem Datum vom 28.: »In der morgigen Ausgabe der ›Quick‹[29] wird in unzutreffender Weise Bezug genommen auf die Moskau-Reise, die meine Kollegen Dr. *Blüm*, Dr. *Sprung* und ich[30] im Mai dieses Jahres unternahmen«. Erster Absatz, ich unzutreffender Weise. »Sofort als ich vom Text dieser Bezugnahme Kenntnis erhielt, habe ich von mir aus die ›Quick‹ zur Richtigstellung aufgefordert. Aus Termingründen war die Richtigstellung für die morgige Ausgabe nicht mehr möglich.« Zweiter Absatz.

Jetzt kommt der dritte. »Inzwischen liegt mir folgendes Fernschreiben des ›Quick‹-Redaktionsdirektors vor, das mir gestern um 18.40 Uhr zuging, also lange vor der heutigen ›Quick‹-Vorabmeldung, in der noch enthalten ist, was laut heutiger ›Quick‹-Eilmeldung« – da muss sich also einrangieren – »infolge neuer Erkenntnisse nicht verwendet werden soll.«

---

[29] Gemeint ist der »Quick«-Extra-Artikel »Watergate in Bonn«; »Quick«, Nr. 36 vom 29. August 1974, S. 2a–2d, 86a–86d. – In dem Artikel wurde unter anderem behauptet, *Pieroth* sei von einem sowjetischen Funktionär darüber informiert worden, dass *Wehner* bei einer Reise in die DDR Erich *Honecker* vor der Enttarnung *Guillaumes* gewarnt habe.

[30] Gemeint ist Elmar *Pieroth*.

Dann kommt das vom ›Quick‹-Direktor[31] Unterzeichnete: »Sehr geehrter Herr *Pieroth*, die ›Quick‹ wird in ihrer Ausgabe Nr. 37 vom 5. 9. '74 folgende eigene Berichtigung platzieren im Zusammenhang mit der weiteren Berichterstattung über die anhängigen Bonner Affären veröffentlichen:

Die ›Quick‹ hat sich von Folgendem überzeugt: Elmar *Pieroth*, MdB, hat bei dem, was er der ›Quick‹ über die Gespräche in Moskau bestätigte, nicht bestätigt,« – das ist in dem mir übergebenen Text rot unterstrichen von dem Überbringer oder dem *Pieroth* selbst – »dass der sowjetische Funktionär darüber aufgeklärt habe, ›dass *Wehner* nicht nur einmal, sondern insgesamt dreimal in der DDR gewesen sei und zumindest bei einer dieser Gelegenheiten *Honecker* vor einem Hochgehen *Guillaumes* gewarnt habe‹.«

Nächster Absatz:

»Vielmehr hat Elmar *Pieroth* lediglich mitgeteilt, dass er sich heute einige Andeutungen im Mai in Moskau so auslegen könne, dass *Wehner* mehr als einmal in Ostberlin gewesen sei.«

Letzter Absatz:

»Diese Richtigstellung war der ›Quick‹ bereits vor Erscheinen der letzten Ausgabe bekannt, konnte aber aus technischen Gründen nicht mehr berücksichtigt werden.«

Unterschrift oder unterzeichnet

»Heinz *van Nouhuys*, Redaktionsdirektor ›Quick‹«[32]

Ich habe nichts zu sagen zur Presse. Ich wollte das hier nur mitgeteilt haben und unterhalb dieses Erzeugnisses stehen dann folgende drei Zeilen des Herrn *Pieroth*, Diplomvolkswirt und Mitglied des Deutschen Bundestages:

»Zu der als bestätigt angeführten Äußerung von mir lege ich Wert auf die Feststellung, dass es sich dabei um eine rein persönliche private Erörterung einer theoretischen Möglichkeit handelte.«

Ich wollte das auch gesagt haben, weil hier gemeint worden ist, das sei nicht der Presse vor allen Dingen zuzuschieben. Ich habe am 30. dieses vorgetragen. Einige der Presseleute haben gesagt, das gehört aber doch nicht zur Angelegenheit *Wienand*. Oh nein, sagte ich, ich wollte ihnen nur sagen, womit ich es zu tun habe. Und am Nachmittag gab es dann die Aufnahme eines Interviews für »Spiegel«[33], von dem verabredet war, das zeichne ich ab, sonst kommt es nicht. Das heißt, nicht alles, was da gesagt worden ist, wird kommen, aber was da gesagt worden ist und abgezeichnet, das kommt. Da hat der keineswegs Springer-Verleger des »Spiegel«[34] sehr viel gesagt über die Notwendigkeit, wie ein Mann meiner Beschäftigung oder Betätigung auf den Vorwurf des Landesverrats zu antworten hätte. Ich habe ihm dazu meine Meinung gesagt. Wenige Sätze davon sind auch veröffentlicht. Es hat ihn nicht daran gehindert, abgesehen von meinem Interview, eine Geschichte vorher, die noch mal aufkocht und mit »Spiegel«-Gewürz das pfeffert, was »Quick« schon gebracht und wozu die sogenannte Berichtigung schon vorliegt, noch einmal zu servieren als Spiegelei.[35] Schönen Dank, Genossen. Ich wollte euch nur

---

31 Heinz *van Nouhuys*.
32 Zum Artikel »Dementis in den Wienand-Wehner-Guillaume-Affären und was davon zu halten ist« vgl. »Quick«, Nr. 37 vom 5. September 1974, S. 12.
33 Gemeint ist offenbar das Interview »Ich habe Honecker nur einmal gesehen«; »Der Spiegel«, Nr. 36 vom 2. September 1974, S. 20–23.
34 Rudolf *Augstein*.
35 Es ist unklar, welchen Artikel *Wehner* konkret meint, da »Der Spiegel« im August und September 1974 mehrere Artikel zur *Wienand*-Affäre und zum Rücktritt *Brandts* brachte, in denen er die Rolle

sagen, ich gehöre nicht zu denen, die sich über die Presse aufregen – nur sie ist, wie sie ist. Sie ist frei und damit muss man eben rechnen.

Das Wort hat *Porzner*.

Porzner: {...} die Frage zur Grundsteuer beantworten, zum Aufkommen. Nach dem Gesetzentwurf gibt es schon in diesem Jahr rund 800 Millionen Mark mehr Einnahmen. Das ist eine Durchschnittszahl für die Bundesrepublik. In Regionen, die im Vergleich zum Jahr 1935 durchschnittlich wirtschaftlich Grundstücke an Wert abgenommen haben, sind die Grundsteueraufkommen gesunken. In anderen Regionen, die starke wirtschaftliche Expansion und damit Verteuerung der Grundstücke haben, ist das Grundsteueraufkommen selbstverständlich höher, so dass also dies eine Durchschnittszahl ist: 800 Millionen. Es gibt Gemeinden, die deswegen ihre Hebesätze erhöht haben, um keinen Verlust hinzunehmen. Es gibt andere Gemeinden, bei denen sich die Grundsteuerreform in zu starken Grundsteuererhöhungen ausdrücken würde, die deswegen Hebesätze senken oder senken wollen. Das ist die Lage. Es ist also so, wie wir es damals geschrieben hatten, aber von Gemeinde zu Gemeinde, ja von Gemeindeteil, von Stadtteil zu Stadtteil oft unterschiedlich.

Wehner: Letzte Wortmeldung Hans *Apel*.

Apel: Genossen, ich möchte auf drei Fragen Antwort geben, die hier gestellt worden sind. Einmal hat Genosse *Schachtschabel* auf die Neuordnung des internationalen Währungssystems abgehoben und hat die Frage gestellt, ob das, was da jetzt vorliegt als Draft-Outline und was wir in der übernächsten Woche bei der Plenarsitzung des Währungsfonds zu behandeln haben werden, nicht unzureichend ist. Es ist unzureichend, aber nicht einmal das kann in die Realität umgesetzt werden, Genossen, weil inzwischen durch die Explosion der Zahlungsbilanzdefizite und auch durch die sehr unterschiedliche Inflationierung weltweit überhaupt keine Chance besteht, in absehbarer Zeit auch nur in die Nähe von festen Wechselkursen zurückzukehren. Wir werden deswegen im Wesentlichen über vier Bereiche zu sprechen haben. Einmal, wie kann man das Floaten der Währung wenigstens so organisieren, dass es nicht andauernd rauf- und runtergeht? Zweitens: Wie können wir sicherstellen, dass der Welthandel nicht eingeschränkt wird? Da gibt es ja einen Bericht des Währungsfonds aus diesen Tagen. Drittens: Wie müssen wir die Entwicklungsländer behandeln auch aus der Weltwährungssicht heraus? Und viertens: Was geschieht mit der Goldfrage? Bei der Goldfrage sind wir wenigstens bei der letzten Tagung ein Stück vorangekommen, dass es möglich war, was eigentlich gegen die Regeln des Internationalen Währungsfonds ist, Gold zu einem marktnahen Preis zwischen Notenbanken zu verpfänden. Wir haben ja davon Gebrauch gemacht. Helmut *Schmidt* hat darauf aufmerksam gemacht.

Zweite Frage: Wann wird das regionale Strukturprogramm, das wir beschlossen haben am letzten Mittwoch, wirksam werden? Die Vorarbeiten zwischen den Ressorts sind ziemlich weit gediehen. Heute ist darüber gesprochen worden, welche Ressorts was bekommen, eine ganz entscheidende Frage auch aus der koalitionspolitischen Sicht. Generell kann man sagen, dass a) im kommunalen Bereich noch eine ganze Reihe von Projekten daliegen, dass wir aber davon ausgehen müssen, dass nicht vor Ende November bis Ende Dezember die Aufträge vergeben werden können.

Schließlich dritte Frage: Was wird mit den Gemeinden in der Neuaushandlung der Steueranteile? Hier haben sich ja Bund und Länder in der sogenannten Revisionsklausel

---

Wehners und dessen Kontakte in die DDR thematisierte. Vgl. bspw. den Titel »Wienands Fall – Wehners Ende?« mit dem Artikel »Es sieht schlecht aus um Wienand«; »Der Spiegel«, Nr. 35 vom 26. August 1974, S. 19–26.

verpflichtet, die besondere Finanzlage der Gemeinden zu berücksichtigen. Dieses kann aber natürlich überhaupt nicht heißen, dass die Gemeinden nicht auch einen erklecklichen Anteil leisten müssen an Steuerausfällen und, Genossen, ich werde das morgen im Plenum auch vorführen[36]. Wenn man sich einmal anguckt, wie die Steuereinnahmen sich bei Bund, Ländern und Gemeinden in der ersten Hälfte 1974 entwickelt haben, dann ist das beim Bund unter drei Prozent und bei Ländern und Gemeinden zweistellig, dann wird auch hiermit sichtbar, dass die Finanznot der Gemeinden in jedem Fall so schlimm nicht ist. Obendrein bitte ich mal die Frage zu beantworten, ob denn auch die Gemeinden in den letzten Jahren in all den Bereichen, in denen sie Ausgaben getätigt haben, die nötige Sparsamkeit haben –

(Zwischenruf.)

aber natürlich, das ist doch ganz klar! Liebe Genossen, dieses muss man also ganz nüchtern und kühl behandeln. Wir können natürlich – die Frage ist doch, was heißt hau' sie vor den Kopf, die entscheidende Frage ist doch, ob die Nettokreditaufnahme beim Bund sich in Grenzen hält, die wir vertreten können und die wir politisch im nächsten Jahr durchhalten können. Wir können es nicht zulassen und daran werde ich nicht mitwirken, dass der Bund in einem ungerechten und unzulässigen Anteil auf den Konsequenzen der Steuerreform hängenbleibt. Dieses geht nicht. Insofern hat es überhaupt keinen Zweck, hier so zu tun, als gäbe es die Möglichkeit, die Gemeinden völlig ungeschoren zu lassen. Die Gemeinden müssen einen Teil mittragen. Dass hier nicht der Ort ist zu sagen, welchen Teil, ist völlig klar, weil die Verhandlungen zwischen Bund und Ländern – die Gemeinde ist ja an den Verhandlungen selbst gar nicht direkt beteiligt, das geht ja auch gar nicht in unserer föderalen Ordnung. Man kann also noch nicht über Prozentsätze sprechen. Man kann euch nur sagen, dieses werden wir berücksichtigen, aber wir werden dabei auch die Bundesfinanzen im Auge zu behalten haben.

Ravens: Liebe Genossinnen und Genossen, hier ist die Frage gestellt worden, wie das mit dem Stabilisierungsprogramm, mit dem Konjunkturprogramm sei, den 900 Millionen, ob denn damit die Garantie gegeben sein könnte, dass ein weiteres Absinken der Beschäftigung in der Bauwirtschaft verhindert werden kann. Das Programm ist fälscherweise verstanden worden in den letzten Tagen als ein Ankurbelungsprogramm für die Bauwirtschaft. Dies ist es auf keinen Fall. Es ist ein Programm zur Sicherung des Anpassungsprozesses, der in der Bauwirtschaft nach wie vor noch nötig ist. Es kommt darauf an, den Anpassungsprozess so im Griff zu behalten, dass die Aufnahmefähigkeit, die wir bisher in der Wirtschaft gehabt haben – von 200 000 freigesetzten Bauarbeitern sind insgesamt 35 000 arbeitslos gemeldet, der Rest ist inzwischen an anderen Stellen untergebracht –, dass der Anpassungsprozess so läuft, dass eine Überleitung in andere Arbeitsplätze ohne Schwierigkeiten möglich wird.

Ihr müsst euch dabei die Zahlen noch einmal vor Augen führen. Der Wirtschaftshochbau ist zurückgegangen in seinem Auftragsvolumen um etwa 40 Prozent. Die Industrie rationalisiert im Wesentlichen im Augenblick innerbetrieblich, ohne neue Kapazitäten anzulegen. Das schlägt auf die Bauwirtschaft durch. Der private Wohnungsbau ist zurückgegangen in seinem Auftragsvolumen um etwa 35 Prozent. Der öffentliche Hochbau ist angestiegen um 35 Prozent. Er macht aber am Gesamtvolumen der Bauwirtschaft nur 13 Prozent aus. Und ich glaube, wenn man sich diese Zahlen gegenüberstellt, dann wird deutlich, dass wir nicht den vollen Ersatz oder überhaupt nur einen Anteilersatz für ausgefallene Aufträge im privaten Bereich über die öffentliche Hand

---

[36] Die erste Beratung des Bundeshaushalts 1975 begann am 18. September 1974. Vgl. BT Plenarprotokoll 07/115.

leisten können. Das steht uns haushaltsmäßig auch in Konjunkturausgleichsrücklagen nicht zur Verfügung und außerdem ist ein Anpassungsprozess in der Bauwirtschaft nötig. Wir haben in den vergangenen beiden Jahren eine Überproduktion in der Bauwirtschaft gehabt, Überkapazitäten aufgebaut. Es sind Überkapazitäten aufgebaut worden, die angepasst werden müssen, und gleichzeitig hier auch wieder die Bauwirtschaft unter den Zwang stellen zu lernen, dass zur Baukalkulation nicht der breite Daumen alleine reicht, sondern dass man einen spitzen Bleistift nehmen muss. Das ist in den letzten Jahren bei ihnen ja weitgehend abhandengekommen. Vor dorther hier also ein Prozess des Abfangens in der Anpassungskurve und ein vernünftiges Anpassen der Kapazitäten an die Fähigkeiten des Arbeitsmarktes, Freigesetzte aufzunehmen. Darum geht es. Und ich glaube, dies genau kann das Programm leisten, ohne falsche Hoffnungen zu erwecken.

Wehner: Zur Schlussbemerkung der Bundeskanzler.

Schmidt (Hamburg): Darf ich bei Heinz *Rapp* noch mal anknüpfen. Er hat eben von Karl *Ravens* schon eine Antwort bekommen. Ich finde, das ist ein sehr wichtiger Vorgang, den der Karl *Ravens* schildert, den man sich plastisch vor Augen führen muss. Die Baubeschäftigten waren 1,3 Millionen, jetzt sind es noch 1,1. Das ist ein Minus von rund 200 000, von denen sind 160 000 in Arbeitsplätze in anderen Branchen gegangen und knapp 35 000 sind im Augenblick arbeitslos. Das zeigt, dass die Bauarbeiterschaft eine sehr große soziale Mobilität hat, vielleicht auch ein bisschen horizontale Mobilität. Außerdem sind manche von denen natürlich, das fürchtet jetzt die Bauwirtschaft, froh, wenn sie unter Dach und Fach arbeiten, verdienen vielleicht ein bisschen weniger und die Bauwirtschaft fürchtet, dass sie später nicht zurückkommen. Wenn in allen Branchen die Beschäftigten so mobil wären wie die Bauarbeiterschaft, hätte ich viel geringere Sorgen. Bei der Textilindustrie ist das ganz anders. Ist das ganz anders!

Dann zu Harald *Schäfer*, der gesagt hat, er könne die von mir gegebene Begründung nicht nachvollziehen, dass wir im Augenblick unsere Entwicklungshilfe nicht steigern könnten. Ich kann dich verstehen, Harald *Schäfer*, aber ich bitte dich auch umgekehrt zu verstehen, wir verdoppeln die Entwicklungshilfe in dem Zeitraum von 1973 bis 1978. Das, was im Augenblick bei den LDCs[37], bei den am wenigsten entwickelten Ländern und bei den Entwicklungsländern im Allgemeinen gebraucht wird, das geht in dreistellige Milliardenziffern, wenn du es in D-Mark ausdrücken willst. Und es ist völlig sinnlos, dass wir hier also unsererseits dazu noch mal zwei Milliarden Dollar draufpacken und dafür eine Mehrwertsteuererhöhung machen müssen. Dieses wird uns von der Wählerschaft in keinem einzigen Landtagswahlkampf abgenommen werden. Das hagelt uns in die Bude.

(Vereinzelter Beifall.)

Das hagelt uns völlig in die Bude. Da sind wir weg vom Fenster und haben in Wirklichkeit den anderen nicht geholfen, die geholfen kriegen müssen mithilfe dieser entsetzlichen Überschussbeträge, die in den Erdölländern angehäuft werden. Da hat der Egon *Bahr* vollständig recht. *Junghans* und *Schachtschabel*, schönen Dank, sind beantwortet worden. Hermann *Rappe* ist beantwortet worden. Ich möchte nur zu deiner Schlussbemerkung, Hermann *Rappe*, eins noch sagen dürfen. Ich stimme dir völlig zu, wenn du sagst, 2,3 Prozent Arbeitslosigkeit sind eine erhebliche Sorge, zumal sie ja in einigen Orten – siehe Pirmasens, wo der Hugo *Collet* drüber geredet hat – fünf Prozent sind und in anderen nur 0,9. Dort, wo es fünf und fünf Komma etwas sind, ist das eine dicke Sorge. Das ist ganz die Auffassung, die ich teile. Nur die naheliegende Schlussfolgerung, die

---

37 Least Developed Countries.

viele gerne ziehen möchten und die auch der Heinz Oskar *Vetter* da öffentlich gezogen hat vor der IG Metall am Sonntag, wir sollten nun durch große Kreditspritzen das auffangen, das ist ein Irrtum. Das führt dann etwas später in dieselbe Arbeitslosigkeit wie in Italien, die dann nicht mehr reparabel ist. Nicht mehr reparabel. Man kann das 'ne Zeit lang übertünchen mit Kreditspritzen, aber hinterher kommst du in solchen Inflationsfortschritt hinein, dass du nicht mehr exportieren kannst, und dann fehlen dir, in den Exportindustrien gehen dir die Arbeitsplätze kaputt. Es ist der schwierigere Weg im Augenblick, das ist auch meine Überzeugung, aber auf die Dauer der einzig erfolgversprechende, den wir im Augenblick gehen.

Harald *Schäfer* und Hermann *Schmitt-Vockenhausen* haben geredet über die finanzielle Lage der Gemeinden. Ich bin Hermann *Schmitt-Vockenhausen* für das, was er hier gesagt hat, ausdrücklich dankbar. Ich habe ja einen öffentlich in der Zeitung abgedruckten Brief auch bekommen von dem Präsidenten des Deutschen Städtetages, unserem Genossen Hans *Koschnick*, den habe ich nicht mit der gleichen Freude quittiert.[38] Der liegt da schief, wenn er sich vorstellt, dass die Gemeinden als einzige der drei öffentlichen Ebenen sich von den Konsequenzen der Steuerreform wegdrücken können. Die Steuerreform ist teurer geworden, als sie sollte. Als sie der damalige Finanzminister ins Kabinett eingebracht hatte, da waren es achteinhalb Milliarden, die Steuer- und Kindergeldreform kosten sollten. Da hat's das Kabinett teurer gemacht. Dann hat's die eigene Koalition im Bundestag teurer gemacht und zum Schluss hat's dann noch die Bundesratsmehrheit abermals teurer gemacht. Das hilft nichts. Da müssen wir nu durch. Einige haben gestern gemeint im Parteivorstand, wir hätten diesen Kompromiss ablehnen sollen. Ich möchte mal wissen, wie wir in den Landtagswahlkämpfen aussähen ohne Steuerreform und ohne Kindergeldreform. Nicht.

(Beifall.)

So kann nur jemand sprechen, der selber nicht angewiesen ist auf das, was hier geschieht in Sachen Kindergeld und in Sachen Steuersenkung. Ich stimme Hermann *Schmitt-Vockenhausen* ausdrücklich zu, alle drei Ebenen der öffentlich-rechtlichen Körperschaften müssen in gleicher Weise prozentual gleich tragen an den finanziellen Opfern, die das mit sich bringt.

Hans *Urbaniak* möchte ich sagen: Hans, es kann überhaupt keinen Zweifel geben, wenn es im Laufe des Jahres '75 von der exportorientierten Beschäftigung her generell abwärts gehen sollte, man kann das nur im Konjunktiv sagen, dann würden allgemeine und nicht etwa wie jetzt bloß regional und lokal gezielte Spritzen, allgemeine Konjunkturhilfen von wesentlich größerem Umfang gegeben werden müssen. Aber die Situation ist nicht eingetreten bis jetzt und sie steht auch nicht nächsten Montag vor der Tür. Wenn sie eintreten sollte, sind wir darauf konzeptionell vorbereitet.

Ich möchte gerne noch eine Bemerkung machen dürfen zu der allgemeinen Unterhaltung, der allgemeinen Diskussion, in deren Rahmen dann auch Willy *Brandt* und Herbert *Wehner* gesprochen haben. Bei ein oder zwei Passagen in der Bemerkung von Willy *Brandt* war hier in der Fraktion ein bisschen Unruhe zu verspüren, und ich möchte dazu von mir aus eins sagen. Ich greife in allen Versammlungen, auch in den öffentlichen, dieses Thema immer schon von mir aus offensiv im Referat auf und sage dann, der Willy

---

38 Der Präsident des Bremer Senats, Hans *Koschnick*, warnte in seiner Eigenschaft als Präsident des Deutschen Städtetags davor, dass die geplante Steuerreform die Gemeinden mit knapp 2,5 Milliarden DM belasten könnte. Er plädierte dafür, die Gemeinden, auch angesichts der absehbaren Steuermindereinnahmen 1974, um eine knappe Milliarde weniger zu belasten. Vgl. bspw. den Artikel »Der Kampf der Gemeinden um eine Milliarde«; »Frankfurter Allgemeine Zeitung« vom 2. September 1974, S. 5.

Brandt hat damals zu einem Zeitpunkt, wo niemand diesen ganzen Fall *Guillaume* übersehen konnte, für Versäumnisse, die da begangen [worden] sein mögen, ohne dass man übersehen konnte, wer sie im Einzelnen begangen hat und ob sie überhaupt vorliegen, die politische Verantwortung auf sich genommen und ist vom Amt des Bundeskanzlers zurückgetreten. Das hat ihm kein CDU-Mann jemals vorgemacht, und sie sollen die Hände weglassen von dem Mann, der so gehandelt hat.

(Beifall.)

Und wenn du es so offensiv anfängst, dann kannst du alles andere ganz schön, ganz schön auf den Rang bringen, den es wirklich nur verdient. Den es wirklich nur verdient. Die Sache mit den erfundenen Zitaten ist etwas, das den meisten vielleicht schon vorgekommen ist. Je stärker man im öffentlichen Rampenlicht steht, desto hilfloser steht man dem gegenüber. Wenn am Montagmorgen gewisse Wochenzeitschriften und andere im Laufe der Woche daliegen und die Tageszeitungen auch, ich glaube, man könnte jede Woche 'ne Liste aufmachen von 14 oder 15 in Gänsebeinchen gesetzten Zitaten, die entweder ganz erfunden oder im wesentlichen Inhalt verschoben oder ins Gegenteil verkehrt worden sind. Natürlich sind manche Zitate auch in Ordnung. Ich muss nur sagen, ich habe es aufgegeben, längst aufgegeben, den Versuch der Berichtigung zu machen, sonst wird man sehr bald dahin kommen, wo die Bayerische Staatsregierung ist, nämlich in der Rolle des Prozesshansels. Es hat gar keinen Zweck. Es hat allerdings auch keinen Zweck, wie ich denke, die Schlussfolgerung zu ziehen, die einige hier ziehen wollten, so zu tun, als ob diese Zeitungen und diese Zeitschriften, die so handeln, von uns in Zukunft nicht mehr bedient werden dürften. Es gibt gewisse Regionen des deutschen Vaterlandes, da erscheint überhaupt nichts anderes. Wollt ihr denn eigentlich völlig darauf verzichten? Das geht nicht und ich glaube, das darf man auch nicht zum Rezept machen.

Die Frage wegen der Fortschreibung des Energiekonzepts, die wird im Oktober erfolgen, und ich bin ziemlich sicher, dass die Rolle der Steinkohle und die Rolle der Braunkohle stärker gesehen wird als im letzten Jahr, dass bei dieser Fortschreibung dort auch eine Korrektur erfolgt. Du bist dir darüber klar genau wie ich, dass das Geld kostet und nicht durch eine Änderung von irgendeiner Millionenziffer in einem staatlichen Programm schon bewirkt ist, sondern dass da Investitionen notwendig sind.

Was du zu den Wahlkreisen gesagt hast. Es gibt ganz sicher Wahlkreise, die aus dem 900-Millionen-Programm nichts kriegen werden. Meiner zum Beispiel. Es gibt eine Reihe von Wahlkreisen, da ist die Sache durchschnittlich in Ordnung oder überdurchschnittlich. Da kann nichts hinfließen. Das ist nicht die Absicht und insofern wird dieses Programm auch anders durchgeführt als das letzte vom Februar dieses Jahres. Ich möchte eine Bemerkung machen zu Bertram *Blank*. Ich habe auch gehört, dass andere sich in ähnlicher Richtung Sorgen machen wie er. Er hat gesagt, man soll da nicht öffentlich davon reden, dass die Verschuldung der Bundesrepublik und ihrer elf Länder und ihrer 15 000 Gemeinden relativ klein sei, denn das würde ja doch nun in den nächsten Jahren gewaltig anders. Dies ist eine Fehleinschätzung. Es ist richtig, sich vorzustellen, dass die Finanzierungsdefizite und die Kreditaufnahme im nächsten Jahr und wahrscheinlich auch im Jahr drauf größer sein werden als bisher. Trotzdem wird die Tilgungs- und Verzinsungslast der Bundesrepublik Deutschland innerhalb der ganzen EG die zweitniedrigste bleiben, nur übertroffen von Frankreich. Man darf sich da nicht zu viel graue Haare wachsen lassen. Ich kann mich gut erinnern, als Karl *Schiller* im Juni und im Juli 1972 meinte, er müsste also nun die ganze Welt alarmieren, weil die Kreditaufnahme alles explodieren lassen würde. Ich kann mich erinnern an das Geschrei der Herren *Strauß* und *Barzel* zu anderen Zeitpunkten mit dem Finanzchaos, das auf uns hereinbricht, und ich weiß ganz genau, dass am Ende der Jahre das immer sehr viel besser ausgehen hat, als diese nervösen Herren sich selbst und anderen vorher hatten glauben gemacht. Die finanzielle Lage des Jahres '74 für die öffentlichen Hände ist sehr schwierig, und wir dürfen auch nicht ohne unabweisbare Notwendigkeit sie noch vergrößern durch weitere Ausgaben, aber es liegt kein Grund vor, hier nun zu meinen, wir würden damit nicht fertig. Ich bin fest überzeugt, dass wir damit fertigwerden. Herzlichen Dank für die Aufmerksamkeit.

(Beifall.)

[B.–D.] → online unter www.fraktionsprotokolle.de

79.

24. September 1974: Fraktionssitzung (Tonbandtranskript)

AdsD, SPD-BT-Fraktion 7. WP, 6/TONS000028. Titel: »Fraktionssitzung am 24.09.1974«. Beginn: 15.10 Uhr. Aufnahmedauer: 02:51:25. Vorsitz: Wehner.

Sitzungsverlauf:

A. TOP 1: Informationen (Stellungnahme des DIHT zu Fragen der beruflichen Bildung im öffentlichen Dienst; Belastungen unterer Einkommen und Renten durch die Steuerreform; *Guillaume*-Untersuchungsausschuss; Liquiditäts- und Einlagensicherung für Banken; Beschlüsse des Agrarministerrats in Brüssel; Gesetzentwurf zur Verbesserung der betrieblichen Altersvorsorge).

B. TOP 2: Bericht aus der Fraktionsvorstandssitzung (Diätenbesteuerung; Kündigungsschutz für Mietverhältnisse; Hochschulrahmengesetz; Lastenausgleichsgesetz; Bundesärzteordnung; Große Anfrage der CDU/CSU betr. Deutschlandpolitik; Entschließung der Fraktion zu Chile). – Aussprache der Fraktion zum Bericht (Mietrecht). – TOP 3: Aktuelles aus den Arbeitskreisen.

C. Vorbereitung der Plenarsitzungen: TOP 4: Tagesordnung und Ablauf der Plenarsitzungen. – TOP 5: 1. Beratung Bundesbaugesetz. – TOP 6: Große Anfrage CDU/CSU betr. Raumordnung. – TOP 7: 1. Beratung Jugendarbeitsschutzgesetz. – TOP 8: 1. Beratung Änderung Marktstrukturgesetz. – TOP 9: 1. Beratung Änderung Güterkraftverkehrsgesetz. – TOP 10: Antrag CDU/CSU betr. Folgekosten öffentlicher Personennahverkehr. – TOP 11: 1. Beratung 28. Änderung Lastenausgleichsgesetz. – TOP 12: Antrag CDU/CSU betr. Sicherstellung korrekter Wahlergebnisse. – TOP 13: Antrag CDU/CSU betr. Beschäftigung ausländischer Arbeitnehmer. – TOP 14: Antrag CDU/CSU betr. Einrichtung eines Fonds zum Ausgleich sozialer Härtefälle für Besitzer niedrig verzinslicher Rentenpapiere.

D. Vorlagen aus den Arbeitskreisen: TOP 15: Änderung der Bundesärzteordnung. – TOP 16: Große Anfrage betr. Deutschlandpolitik. – Sonstiges: TOP 17: Berichte über die Delegationsreisen nach Hessen durch die Delegationsleiter. – TOP 18: Nächste Termine. – Verschiedenes: Kindergeldanträge.

[A.–D.] → online unter www.fraktionsprotokolle.de

80.

8. Oktober 1974: Fraktionssitzung (Tonbandtranskript)

AdsD, SPD-BT-Fraktion 7. WP, 6/TONS000028. Titel: »Fraktionssitzung am 08.10.1974«.
Beginn: 15.20 Uhr. Aufnahmedauer: 05:08:47. Vorsitz: Wehner.

Sitzungsverlauf:

A. TOP 1: Politischer Bericht von Bundeskanzler *Schmidt* (Briefwechsel *Honecker–Schmidt*; geplanter Besuch in der Sowjetunion; deutsch-polnische Gespräche).
B. TOP 2: Informationen (Anerkennungsverfahren für Kriegsdienstverweigerer; US-amerikanisches Gutachten über Mitbestimmung; Äußerungen der Jungsozialisten zu Bundeskanzler *Schmidt*; Mitbestimmung; Telefongebühren; Gebührenordnung im Postzeitungsdienst; Zuschüsse für die Deutsche Wochenschau; Kindergeldanträge).
C. TOP 3: Bericht aus der Fraktionsvorstandssitzung (MRCA; Diätenbesteuerung; Zweites Besoldungsvereinheitlichungsgesetz). – Bericht aus dem *Guillaume*-Untersuchungsausschuss. – Bericht von Verteidigungsminister *Leber* zur Notwendigkeit eines neuen Kampfflugzeugs für die Bundeswehr. – TOP 4: Aktuelles aus den Arbeitskreisen (Mehrzweckkampfflugzeug/MRCA). – Aussprache der Fraktion über weitere Finanzierung des MRCA-Projekts.
D. Vorbereitung der Plenarsitzungen: TOP 5: Tagesordnung und Ablauf der Plenarsitzungen. – TOP 6: Große Anfrage CDU/CSU betr. Lage der deutschen Landwirtschaft, 2. und 3. Beratung Agrarberichterstattungsgesetz. – TOP 7: 1. Beratung Waschmittelgesetz, 1. Beratung Abwassergesetz. – TOP 8: CDU/CSU-Anträge betr. Schutz vor den Gefahren radioaktiver Strahlen und betr. Gesetz zum Schutz gegen Fluglärm. – TOP 9: Bericht und Antrag des Innenausschusses zur EG-Richtlinie betr. Bleigehalt von Benzin und Antrag des Innenausschusses betr. Durchführung Bleibenzingesetz. – TOP 10: 1. Beratung Bundesratsentwurf Änderung der Strafprozessordnung und des Gerichtsverfassungsgesetzes, 1. Beratung Regierungsentwurf Zweites Gesetz zur Reform des Strafverfahrensrechts. – TOP 11: 1. Beratung CDU/CSU-Entwurf Einführung der Zulassungsrevision. – TOP 12: 1. Beratung Entschädigung für Opfer von Gewalttaten. – TOP 13: 1. Beratung Vierzehntes Strafrechtsänderungsgesetz. – TOP 14: 1. Beratung Neuntes Gesetz zur Änderung des Wehrpflichtgesetzes. – TOP 15: 1. Beratung CDU/CSU-Entwurf und Koalitionsentwurf Änderung der Bundesärzteordnung. – TOP 18: Nachwahl Fraktionsvorstand. – TOP 19: Ausschussumbesetzungen. – Forderung der FDP über eine Bildungsstatistik. – Verschiedenes: Chile-Resolution.

[A.–D.] → online unter www.fraktionsprotokolle.de

81.

9. Oktober 1974: Fraktionssitzung (Tonbandtranskript)

AdsD, SPD-BT-Fraktion 7. WP, 6/TONS000028. Titel: »Fraktionssitzung am 09.10.1974«. Beginn: 9.06 Uhr. Aufnahmedauer: 00:12:25. Vorsitz: Wehner.

Sitzungsverlauf:

A. Fraktionsbeschluss über die weitere Finanzierung des Mulitrole-Combat-Aircraft-Projekts.

[A.] → online unter www.fraktionsprotokolle.de

82.

15. Oktober 1974: Fraktionssitzung (Tonbandtranskript)

AdsD, SPD-BT-Fraktion 7. WP, 6/TONS000029. Titel: »Fraktionssitzung am 15.10.1974«. Beginn: 15.15 Uhr. Aufnahmedauer: 03:49:58. Vorsitz: Wehner.

Sitzungsverlauf:

A. TOP 1: Informationen (Angebliche negative Äußerungen von Vorstandsmitgliedern der Jungsozialisten über Bundeskanzler *Schmidt*; Öffentlichkeitsarbeit der Bundesregierung und der Bundesministerien; Kurzarbeit in der Kabelindustrie).

B. TOP 2: Bericht aus der Fraktionsvorstandssitzung (Tagesordnung der Plenarsitzungen; Sonderprogramm zur Konjunkturstabilisierung; Wohnraumkündigungsschutzgesetz; Diätenbesteuerung; Wahlen zum Fraktionsvorstand). – TOP 3: Aktuelles aus den Arbeitskreisen (Sonderprogramm zur Konjunkturstabilisierung; Zweites Besoldungsvereinheitlichungs- und Neuregelungsgesetz; Familienlastenausgleich; Gesetz über betriebliche Altersvorsorge). – Aussprache der Fraktion über die Gesetzesinitiativen. – Gutachten der US-amerikanischen Industrie- und Handelskammer zur Mitbestimmung. – Aussprache zur Diätenbesteuerung.

C. Vorbereitung der Plenarsitzungen: TOP 4: Tagesordnung und Ablauf der Plenarsitzungen. – TOP 5: 2. und 3. Beratung Wohnraumkündigungsschutzgesetz. – TOP 6: Große Anfrage CDU/CSU betr. KSZE. – TOP 7: 1. Beratung Energiesicherungsgesetz. – TOP 8: 1. Beratung Änderung Mineralölsteuergesetz. – TOP 9: 1. Beratung Änderung Abfallbeseitigungsgesetz. – TOP 10: 1. Beratung Änderung des Gesetzes zur Beschränkung des Brief-, Post- und Fernmeldegeheimnisses. – TOP 11: Ergebnis Vermittlungsausschuss Änderung Straßenverkehrsgesetz. – TOP 12: 1. Beratung Pressestatistikgesetz und Bundesratsentwurf Änderung des Umsatzsteuergesetzes, Antrag CDU/CSU Erhaltung der Pressevielfalt. – TOP 13: 1. Beratung Zeugnisverweigerungsrecht und Bundesratsentwurf Einschränkung des Geheimnisverletzungsparagraphen zugunsten von Journalisten. – TOP 14: 2. und 3. Beratung 1. Gesetz zur Reform des Strafverfahrensrechts. – TOP 15: Bericht Haushaltsausschuss betr. Sonderprogramm.

Fraktionssitzung 05.11.1974 **83.**

D. Vorlagen aus den Arbeitskreisen: TOP 16: Antrag betr. Griechenland. – TOP 17: Kleine Anfrage betr. Hochschulkapazitäten. – TOP 18: Kleine Anfrage der FDP zur Bildungspolitik in den Ländern. – Kleine Anfrage betr. Strukturen der Wohnungsbauförderung.

E. Sonstiges: TOP 19: Bericht der Rechnungsprüfungskommission. – TOP 20: Bericht über Informationsreisen nach Bayern durch Delegationsleiter. – TOP 21: Nachwahl Fraktionsvorstand. – TOP 22: Nächste Termine. – Verschiedenes.

[A.–E.] → online unter www.fraktionsprotokolle.de

83.

5. November 1974: Fraktionssitzung (Tonbandtranskript)

AdsD, SPD-BT-Fraktion 7. WP, 6/TONS000029. Titel: »Fraktionssitzung am 05.11.1974«. Beginn: 15.10 Uhr. Aufnahmedauer: 04:23:03. Vorsitz: Wehner.

Sitzungsverlauf:

A. TOP 1: Politischer Bericht des SPD-Parteivorsitzenden *Brandt* (Analyse zum Ergebnis der Landtagswahlen in Bayern und Hessen). – Politischer Bericht von Bundeskanzler *Schmidt* (Lage der Weltwirtschaft; Besuch in der Sowjetunion; Energieversorgung von Berlin (West)). – Aussprache der Fraktion zu den Berichten.

B. TOP 2: Informationen (Lage der Kabelindustrie, nachdem die Bundespost weniger Aufträge erteilt; Äußerungen über mögliche Steuererhöhungen durch den Bundesminister für Finanzen; Beihilfen für Ausbildungsbetriebe in strukturschwachen Gebieten; Vorbehalte der FDP bei der Änderung des Verfahrens zur Anerkennung von Wehrdienstverweigerung; Presseberichte über ein neues Verkehrskonzept der Bundesregierung; Konzept für den öffentlichen Personennahverkehr).

C. TOP 3: Bericht aus der Fraktionsvorstandssitzung (Hilfe für politisch Verfolgte in Chile; Direktwahl Europäisches Parlament; Koalitionsgespräch zur Mitbestimmung; Jugendhilfegesetz; Regierungserklärung über die Reise des Bundeskanzlers in die Sowjetunion; Zweites Verstromungsgesetz; Diätenbesteuerung; Fraktionsdelegationsreisen). – Aussprache der Fraktion zum Bericht. – TOP 4: Aktuelles aus den Arbeitskreisen.

D. Vorbereitung der Plenarsitzungen: TOP 5: Tagesordnung und Ablauf der Plenarsitzungen. – TOP 6: 2. und 3. Beratung Verstromungsgesetz. – TOP 7: 2. und 3. Beratung Änderung der Verwaltungsgerichtsordnung. – TOP 8: Große Anfrage CDU/CSU betr. Lage der Städte und Gemeinden. – TOP 9: Antrag des Auswärtigen Ausschusses zu den durch die Deutsche Delegation in der nordatlantischen Versammlung zur Unterrichtung übermittelten Berichten. – TOP 10: 1. Beratung Neuregelung des Rechts der elterlichen Sorge. – TOP 11: 1. Beratung Änderung Umsatzsteuergesetz. – TOP 12: Antrag CDU/CSU betr. Sicherheitsgurte und Kopfstützen. – TOP 13: Antrag CDU/CSU betr. Schließung von Stückgutbahnhöfen.

E. Sonstiges: TOP 14: Ausschussumbesetzungen. – TOP 15: Nächste Termine. – Verschiedenes.

[A.–E.] → online unter www.fraktionsprotokolle.de

557

84.

12. November 1974: Fraktionssitzung (Tonbandtranskript)

AdsD, SPD-BT-Fraktion 7. WP, 6/TONS000029. Titel: »Fraktionssitzung am 12.11.1974«.
Beginn: 15.15 Uhr. Aufnahmedauer: 02:37:30. Vorsitz: Wehner.

Sitzungsverlauf:

A. TOP 1: Politischer Bericht des Parteivorsitzenden *Brandt* (Aufarbeitung der Landtagswahlergebnisse und Vorbereitung der Landtagswahlen 1975 durch die Parteigremien). – TOP 2: Informationen (Ausbildungsplätze bei der Bundespost; Bemessungsgrenze für die Arbeitslosenversicherungspflicht; Medienbericht über Spekulationen des Fraktionsvorsitzenden *Wehner* über die Notwendigkeit einer Großen Koalition; Mitbestimmung). – Bericht von Bundeskanzler *Schmidt* über die Lage der Konjunktur und der Weltwirtschaft. – Aussprache der Fraktion zum Bericht.

B. TOP 3: Bericht aus der Fraktionsvorstandssitzung (Vorbereitung der Plenarsitzungen; Familienlastenausgleich; Bundesseuchengesetz; Berlin-Sitzungen der Fraktion und des Fraktionsvorstands; Einführungsgesetz zum Einkommensteuergesetz). – TOP 4: Aktuelles aus den Arbeitskreisen.

C. Vorbereitung der Plenarsitzungen: TOP 5: Tagesordnung und Ablauf der Plenarsitzungen. – TOP 6: 2. und 3. Beratung Bundeswaldgesetz. – TOP 7: 2. und 3. Beratung Entwicklungsänderungsgesetz. – TOP 8: Große Anfrage betr. Sportpolitik, Ausschussbericht zum Antrag der CDU/CSU betr. Bundessportplan. – TOP 9: 2. und 3. Beratung Entlastung der Landgerichte, Vereinfachung des gerichtlichen Protokolls. – TOP 10: 2. und 3. Beratung Änderung der Bundesärzteordnung. – TOP 11: 1. Beratung Einführungsgesetz zum Einkommensteuergesetz. – TOP 12: Ausschussbericht zum Antrag CDU/CSU betr. Folgekosten des öffentlichen Personennahverkehrs. – TOP 13: 1. Beratung Bundesratsentwurf Änderung Beamtenrechtsrahmengesetz und 1. Beratung Regierungsentwurf Änderung dienstrechtlicher Vorschriften. – TOP 14: 1. Beratung CDU/CSU-Entwurf Ausbau des Beteiligungsverfahrens im Beamten-, Richter- und Soldatenrecht. – TOP 15: Energieprogramm und erste Fortschreibung des Energieprogramms.

D. Vorlagen aus den Arbeitskreisen: TOP 16: Antrag zu Griechenland. – Sonstiges: TOP 17: Gewaltschutzparagraph im Hochschulrahmengesetz. – TOP 18: Beirat für Entschädigungsfragen. TOP 19: Obmann für AG Jugend, Familie und Gesundheit, stellv. Vorsitzender für AK IV. – TOP 20: Nächste Termine. – Verschiedenes: Präsenz in den kommenden Plenarsitzungen.

[A.–D.] → online unter www.fraktionsprotokolle.de

Fraktionssitzung 03.12.1974 **85.**

85.

3. Dezember 1974: Fraktionssitzung (Tonbandtranskript)

AdsD, SPD-BT-Fraktion 7. WP, 6/TONS000030. Titel: »Fraktionssitzung am 03.12.1974«. Beginn: 15.15 Uhr. Aufnahmedauer: 03:08:20. Vorsitz: Wehner.

Sitzungsverlauf:

A. TOP 1: Politischer Bericht von Finanzminister *Apel* über die Haushaltslage des Bundes 1975. – Politischer Bericht von Bundeskanzler *Schmidt* (Gespräche mit britischen Regierungsmitgliedern; Besuch beim Labour-Parteitag; bevorstehende Gespräche mit US-Präsident *Ford* und den Regierungschefs der EG; konjunkturpolitische Beschlüsse).

B. TOP 2: Bericht aus den Fraktionsvorstandssitzungen (Haushaltswirkung besoldungs- und beamtenrechtlicher Vorlagen; innere Sicherheit; Prüfungsverfahren bei Wehrdienstverweigerung; Steuerschätzung und wirtschaftliche Folgen; studentische Krankenversicherung; konjunkturpolitische Beschlüsse; Reform des Petitionswesens; Reise *Wischnewskis* nach Chile betr. politisch Verfolgte; Tagung des Deutschen Beamtenbundes; Delegation der SPD nach Israel; Mandatsverzicht von Karl *Wienand*; Information des Leiters der Sicherungsgruppe Bonn des Bundeskriminalamts zu Sicherheitsvorkehrungen für Abgeordnete).

C. TOP 3: Informationen (Vermögensbeteiligung und Mitbestimmung; Kauf eines Daimler-Aktienpaketes durch Kuwait; steuerliche Regelungen für Sportvereine; Prämiensparges etz; Auszahlung von Arbeitslosenunterstützung; Reisen von Abgeordneten). – TOP 4: Aktuelles aus den Arbeitskreisen (Strafverfolgungsabkommen mit Frankreich).

D. Vorbereitung der Plenarsitzungen: TOP 5: Tagesordnung und Ablauf der Plenarsitzungen. – TOP 6: 2. und 3. Beratung 28. Änd. LAG und Ausschussbericht betr. Hauptentschädigung Zonenschäden. – TOP 7: 2. und 3. Beratung Änderung des Reichs- und Staatsangehörigkeitsgesetzes. – TOP 8: 2. und 3. Beratung Verbesserung der betrieblichen Altersversorgung. – TOP 9: 2. und 3. Beratung Energiesicherungsgesetz. – TOP 10: Energieprogramm und Erste Fortschreibung des Energieprogramms. – TOP 11: 1. Beratung ERP-Wirtschaftsplangesetz 1975. – TOP 12: 1. Beratung Vereinfachungsnovelle. – TOP 13: 1. Beratung Kriegsgefangenenentschädigungsgesetz. – TOP 14: 1. Beratung Finanzierung ölpreisbedingter Zahlungsbilanzdefizite. – TOP 15: Ausschussbericht betr. Jahresbericht 1973 des Wehrbeauftragten. – TOP 16: Antrag betr. Griechenland. – TOP 17: Antrag CDU/CSU betr. Sicherung von Einlagen im Kreditgewerbe.

E. Vorlagen aus den Arbeitskreisen: TOP 18: Kleine Anfrage betr. Züchtigungsbefugnis. – TOP 19: Große Anfrage betr. sparsame und rationelle Energieverwendung. – Sonstiges: TOP 20: Geheimschutzordnung. – TOP 21: Reform des Petitionswesens. – TOP 22: Ausschussumbesetzungen. – TOP 23: Nächste Termine. – Verschiedenes.

[A.–E.] → online unter www.fraktionsprotokolle.de

559

86. 05.12.1974 Fraktionssitzung

86.

5. Dezember 1974: Fraktionssitzung (Tonbandtranskript)

AdsD, SPD-BT-Fraktion 7. WP, 6/TONS000030. Titel: »Fraktionssitzung am 05.12.1974«. Beginn: 8.35 Uhr. Aufnahmedauer: 00:12:35. Vorsitz: Wehner.

Sitzungsverlauf:

A. Bericht des Fraktionsvorsitzenden *Wehner* über das Ergebnis des Koalitionsgesprächs und weiterer Gespräche zum Gesetz zur Verbesserung der betrieblichen Altersversorgung.

[A.] → online unter www.fraktionsprotokolle.de

87.

10. Dezember 1974: Fraktionssitzung (Kurzprotokoll / Tonbandtranskript)

AdsD, SPD-BT-Fraktion 7. WP, 6/TONS000030. Titel: »Fraktionssitzung am 10.12.1974«. Beginn: 16.15 Uhr. Aufnahmedauer: 01:16:09. Vorsitz: Wehner.

Sitzungsverlauf:

A. TOP 1: Politischer Bericht des SPD-Vorsitzenden *Brandt* über die Sitzung des Parteivorstandes. – TOP 3: Bericht aus der Fraktionsvorstandssitzung (Mandatsverzicht Karl *Wienands*; Rücktritt Manfred *Schultes* als Parl. Geschäftsführer; Nachwahl der Parl. Geschäftsführer; Regierungserklärung über Ergebnisse der Gespräche mit der DDR; Hochschulrahmengesetz; Arbeit des *Guillaume*-Untersuchungsausschusses; Fraktionssitzung in Berlin; Delegation für den Besuch bei der israelischen Arbeiterpartei).
B. TOP 2: Informationen (»Spiegel«-Bericht zur Eherechtsreform; Kürzung der UNESCO-Mittel für Israel; Haltung innerhalb der EG zu Israel; Sprengstoffanschlag in Bremen; Familienrechtsnovelle und Jugendhilferecht). – TOP 4: Aktuelles aus den Arbeitskreisen (Hearing im Innenausschuss zu Risiken der Kernenergie).
C. Vorbereitung der Plenarsitzungen: TOP 5: Tagesordnung und Ablauf der Plenarsitzungen. – TOP 6: 2. und 3. Beratung Hochschulrahmengesetz. – TOP 7: Große Anfrage CDU/CSU betr. Wiedereingliederung körperlich, geistig und seelisch Behinderter in Gesellschaft, Arbeit und Beruf. – TOP 8: 2. und 3. Beratung Änderung Mineralölsteuergesetz (Heizölsteuerverlängerung). – TOP 9: 2. und 3. Beratung Siebtes Gesetz zur Änderung beamtenrechtlicher und besoldungsrechtlicher Vorschriften (Familienlastenausgleich). – TOP 10: 2. und 3. Beratung Einführungsgesetz zum Einkommensteuerreformgesetz. – TOP 11: 2. und 3. Beratung Änderung des Umsatzsteuergesetzes (Vorsteuerpauschale). – TOP 12: 2. Beratung Bundesratsentwürfe 27. ÄndG LAG und 28. ÄndG LAG. – TOP 13: Anträge CDU/CSU betr. Neufassung des Verwarnungsgeldkataloges und betr. Information ausländischer Kraftfahrer. – TOP 14: 1. Lesung Änderung des Bundeswahlgesetzes.

Fraktionssitzung 12.12.1974 **88.**

D. Vorlagen aus den Arbeitskreisen: TOP 15: Kleine Anfrage betr. sportmedizinische Betreuung der Spitzensportler. – TOP 16: Verlängerung der Höchstbezugsfrist für das Kurzarbeitergeld. – Sonstiges: TOP 17: Nachwahl Fraktionsgeschäftsführer. – TOP 18: Bericht der Arbeitsgruppe EPl. 02. – TOP 19: Ausschussumbesetzungen. – TOP 20: Auslandsreisen von Fraktionsmitgliedern. – TOP 21: Nächste Termine. – Verschiedenes.

[A.–D.] → online unter www.fraktionsprotokolle.de

88.

12. Dezember 1974: Fraktionssitzung (Tonbandtranskript / Kurzprotokoll)

AdsD, SPD-BT-Fraktion 7. WP, 6/TONS000031. Titel: »Fraktionssitzung am 12.12.1974«. Beginn: 13.40 Uhr. Aufnahmedauer: 01:12:43. Vorsitz: Wehner.

Sitzungsverlauf:

A. Entwurf eines Gesetzes zur Förderung von Investitionen und Beschäftigung. – Antrag der Bundesregierung betr. zusätzliche Bundesausgaben zur Förderung der Konjunktur.

B. Aussprache der Fraktion.

C. Bundesminister *Franke* zu einem Brief des baden-württembergischen Ministerpräsidenten *Filbinger* an den Ersten Sekretär des ZK der DDR, *Honecker*.

[A.–C.] → online unter www.fraktionsprotokolle.de

89.

17. Dezember 1974: Fraktionssitzung (1. Sitzung / Tonbandtranskript)

AdsD, SPD-BT-Fraktion 7. WP, 6/TONS000031. Titel: »Fraktionssitzung am 17.12.1974«. Beginn: 9.15 Uhr. Aufnahmedauer: 01:31:37. Vorsitz: Wehner.

Sitzungsverlauf:

A. TOP 1: Informationen (Sicherheit im Neuen Hochhaus; Brief des Altbundespräsidenten *Heinemann* an Ulrike *Meinhof*; Dynamisierung von Renten und Unterhaltsleistungen für Kinder in geschiedenen Ehen; kontroverse Schlussfolgerungen der Bremer Jungsozialisten nach Anschlag auf den Bremer Hauptbahnhof). – TOP 2: Bericht aus der Fraktionsvorstandssitzung (Gesetz zur Förderung von Investition und Beschäftigung; studentische Krankenversicherung; NATO-Tagungen; Große Anfragen der CDU/CSU; Beschlüsse der UNESCO zu Israel; Jugendhilfegesetzgebung; Reform des Wissenschaftlichen Dienstes; Interparlamentarische Union). – TOP 3: Aktuelles aus den Arbeitskreisen.

B. Vorbereitung der Plenarsitzungen: TOP 4: Tagesordnung und Ablauf der Plenarsitzungen. – TOP 5: 2. und 3. Beratung Förderung von Investitionen und Beschäftigung. –

561

TOP 6: 2. und 3. Beratung Änderung des Investitionszulagengesetzes. – TOP 7: 2. und 3. Beratung Investitionszuschüsse für gemeinnützige Wohnungs- und Siedlungsunternehmen. – TOP 8: Sonderprogramm über zusätzliche Bundesausgaben zur Förderung der Konjunktur. – TOP 9: 2. und 3. Beratung Erste Strafverfahrensrechtsreform. – TOP 10: 1. Beratung Koalitionsentwurf und Bundesratsentwurf studentische Krankenversicherung. – TOP 11: Regierungserklärung und Debatte zur Außenpolitik.

C. Sonstiges: TOP 12: Bericht aus dem 2. Untersuchungsausschuss. – TOP 13: IPU-Sonderkonferenz in Belgrad. – TOP 14: Ausschussumbesetzungen. – TOP 15: Nächste Termine.

[A.–C.] → online unter www.fraktionsprotokolle.de

90.

17. Dezember 1974: Fraktionssitzung (2. Sitzung / Kurzprotokoll)

AdsD, SPD-BT-Fraktion 7. WP, 2/BTFG000087.[1] Überschrift: »Protokoll der Fraktionssitzung vom 17.12.1974«. Zeit: 15.45–17.40 Uhr. Vorsitz: Wehner. Protokoll: Steffen.

Sitzungsverlauf[2]:

A. Bericht zur Verkehrspolitik der Bundesregierung durch Bundesminister *Gscheidle*.

B. Aussprache der Fraktion.

[A.–B.] → online unter www.fraktionsprotokolle.de

91.

14. Januar 1975: Fraktionssitzung (Kurzprotokoll / Tonbandtranskript)

AdsD, SPD-BT-Fraktion 7. WP, 6/TONS000033. Titel: »Fraktionssitzung am 14.01.1975«. Beginn: 15.15 Uhr. Aufnahmedauer: 02:15:50. Vorsitz: Wehner.

Sitzungsverlauf:

A. TOP 1: Politische Berichte von Bundeskanzler *Schmidt* (Mitbestimmung; Weltwirtschaft; Daimler-Benz; Inlandskonjunktur; Tarifverhandlungen im öffentlichen Dienst; Nah-Ost-Konflikt; Chile; Wahlen in Nordrhein-Westfalen) und dem SPD-Parteivorsitzenden *Brandt* (Landtagswahlen; Koalitionsverhältnis zur FDP; außenpolitische Konferenz der SPD).

B. TOP 3: Bericht aus dem Fraktionsvorstand (Änderung der Fraktionsgeschäftsführung; parlamentarische Vorhaben; Koalitionsauseinandersetzungen über Mitbestimmung und Berufsausbildung; Sozialbericht '74 und Rentenanpassungsgesetz; Bundeshaushalt 1975; Mitbestimmung und Berufsausbildung. – TOP 2: Informationen (Berufsbildungsgesetz;

---

1 Für die Sitzung ist eine Tonbandaufnahme überliefert (vgl. AdsD TONS000032), die allerdings qualitativ so schlecht ist, dass eine Transkription nicht möglich war.
2 Keine Tagesordnung überliefert.

Fraktionssitzung 21.01.1975 **92.**

Ausbildungskapazitäten bei Bundesbahn und -post; Kindergeldregelung für Kinder ausländischer Arbeitnehmer; Tarifverhandlungen im öffentlichen Dienst; Daimler-Benz; Prüfverfahren zur Kriegsdienstverweigerung und Wehrgerechtigkeit; Kritik der CDU/CSU an Kunstausstellungen im Ausland; Mieterhöhungen im sozialen Wohnungsbau; Teilnahme von Regierungsmitgliedern an Tagung des Beamtenbundes; Erhöhung der Eisenbahntarife; Bundesbaugesetz; Mitbestimmung bei der Gesellschaft für Mathematik und Datenverarbeitung; politisches Asyl für den ehemaligen chilenischen Außenminister *Almeyda Medina*; Schülerfahrtkostenvergütung für Arbeitslose; Änderung beim Personenbeförderungsgesetz; Förderung von Studentenverbänden; Neuorganisation des Wissenschaftlichen Dienstes des Bundestags).

C. Vorbereitung der Plenarsitzung: TOP 5: Tagesordnung und Ablauf der Plenarsitzungen. – TOP 6: 2. und 3. Beratung Auswandererschutzgesetz. – TOP 7: 1. Beratung Arzneimittelrecht. – TOP 8: Sozialbudget 1974. – TOP 9: 1. Beratung 18. Rentenanpassungsgesetz. – TOP 10: 1. Beratung Beamtenversorgungsgesetz. – TOP 11: 1. Beratung CDU/CSU-Entwurf Änderung des Straßenverkehrsgesetzes. – TOP 12: 1. Beratung Übereinkommen Internationales Energieprogramm. – TOP 13: Ausschussberichte betr. Agrarbericht 1974 und betr. Entschließungsantrag zum Agrarbericht 1974.

D. Sonstiges: TOP 14: Ergänzung der Fraktionsgeschäftsordnung. – TOP 15: Ausschussumbesetzungen.

[A.–D.] → online unter www.fraktionsprotokolle.de

92.

21. Januar 1975: Fraktionssitzung (Tonbandtranskript)

AdsD, SPD-BT-Fraktion 7. WP, 6/TONS000034. Titel: »Fraktionssitzung am 21.01.1975«. Beginn: 9.30 Uhr. Aufnahmedauer: 03:13:50. Vorsitz: Wehner.

Sitzungsverlauf:

A. TOP 1: Begrüßung und Bericht des Regierenden Bürgermeistes von Berlin, *Schütz*, über aktuelle Probleme Berlins.

B. TOP 2: Bericht aus der Fraktionsvorstandssitzung. – Bericht von Bundesminister *Rohde* über Ausbildungsförderungspolitik.

C. TOP 3: Gesetz zur Förderung der Berliner Wirtschaft.

D. TOP 4: Aktuelles aus den Arbeitskreisen (Grundlagenvertrag; Verkehr nach Berlin (West); Ständige Vertretung der Bundesrepublik in der DDR; innere Sicherheit in Berlin (West); Wirtschaftslage und Energieversorgung in Berlin (West)). – TOP 5: Informationen (Besuch von Gerhard *Jahn* in der Ständigen Vertretung der Bundesrepublik in der DDR; Hilfsfonds für Ölpreisdefizitländer; EG-Agrarausgleichsfonds; Asylbewerber aus Chile; jüdische Auswanderer aus der Sowjetunion; Konkursausfallgeld; Kraftfahrzeugsteuerreform).

E. Vorbereitung der Plenarsitzungen: TOP 6: Tagesordnung und Ablauf der Plenarsitzungen. – TOP 7: 2. und 3. Beratung Pressestatistik. – TOP 8: 1. Beratung Fusionskontrolle. – TOP 9: 1. Beratung Adoptionsrecht. – TOP 10: Künstlerbericht. – TOP 11: Antrag Bundesrechnungshof betr. Entlastung Haushaltsjahr 1972. – TOP 12: 2. und 3. Beratung Änderung Wehrpflichtgesetz. – Sonstiges: TOP 13: Nächste Termine. – Verschiedenes.

[A.–E.] → online unter www.fraktionsprotokolle.de

93.

28. Januar 1975: Fraktionssitzung (Tonbandtranskript)

AdsD, SPD-BT-Fraktion 7. WP, 6/TONS000035. Titel: »Fraktionssitzung am 28.01.1975«. Beginn: 15.15 Uhr. Aufnahmedauer: 02:08:20. Vorsitz: Wehner.

Sitzungsverlauf:

A. TOP 1: Bericht aus der Fraktionsvorstandssitzung (Stellungnahme zum Urteil des Bundesverfassungsgerichts zum Paragraphen 218 StGB; Steueraufklärung (Steuerklassen) durch den Bundesfinanzminister; Jugendarbeitslosigkeit; Diskussion zwischen und Bund und Ländern über Personalkosten im öffentlichen Dienst; Dringlichkeitsfragen der CDU/CSU-Fraktion zur Steuerschätzung und Haushaltspolitik).

B. TOP 2: Informationen (Fraktionsdelegation Nordrhein-Westfalen; Deckung der Krankenversicherung der Rentner durch die Krankenkassen; Ausbildungsplatzsituation bei Bundesbahn und Bundespost; Kindergeld für Arbeitslose; Leistungsbilanz der Fraktion).

C. TOP 3: Aktuelles aus den Arbeitskreisen (Kleine Anfrage zum Ruhestandsentgelt; Ausbildung und Arbeitsplatzsituation der Jugend; Jugendhilferecht und Jugendwohlfahrtsverbände).

D. Vorbereitung der Plenarsitzungen: TOP 4: Tagesordnung und Ablauf der Plenarsitzungen. – TOP 5: Regierungserklärung zum Internationalen Jahr der Frau. – TOP 6: Regierungserklärung zur Lage der Nation. – TOP 7: Große Anfragen betr. Deutschlandpolitik. – TOP 8: a) 2. und 3. Beratung Namensrecht. b) Stand der Beratungen Ehe- und Familienrecht. – TOP 9: 2. Beratung und Schlussabstimmung Atomhaftungs-Übereinkommen. – TOP 10: 2. und 3. Beratung Atomgesetz. – TOP 11: 2. Beratung und Schlussabstimmung deutsch-französisches Zusatzabkommen. – TOP 12: 2. und 3. Beratung ERP-Wirtschaftsplangesetz 1975. – TOP 13: 2. und 3. Beratung Mineralölsteuergesetz (Heizölkennzeichnung). – TOP 14: CDU/CSU-Antrag betr. Enquete-Kommission »Energieforschung«. – TOP 15: Abkommen zwischen der Bundesrepublik und Spanien, Griechenland, Portugal, Jugoslawien und der Türkei über soziale Sicherheit.

E. Vorlagen aus den Arbeitskreisen: TOP 16: Kleine Anfrage betr. Allgemeine Geschäftsbedingungen. – Sonstiges: TOP 17: Änderung Zeitplan Bundestag. – TOP 18: Nachfolger für Rainer *Offergeld*. – TOP 19: Nächste Termine.

[A.–E.] → online unter www.fraktionsprotokolle.de

Fraktionssitzung 18.02.1975 **94.**

94.

18. Februar 1975: Fraktionssitzung (Tonbandtranskript)

AdsD, SPD-BT-Fraktion 7. WP, 6/TONS000035. Titel: »Fraktionssitzung am 18.02.1975«. Beginn: 15.15 Uhr. Aufnahmedauer: 02:58:03. Vorsitz: Wehner.

Sitzungsverlauf:

A. TOP 1: Politischer Bericht des Bundesministers der Finanzen, *Apel* (Tarifverhandlungen im öffentlichen Dienst). – Aussprache der Fraktion. – Politischer Bericht des SPD-Bundesvorsitzenden *Brandt* (Berichte aus Parteivorstand und Parteirat; Paragraph 218 StGB). – Aussprache der Fraktion (Orientierungsrahmen '85).

B. TOP 2: Bericht aus der Fraktionsvorstandssitzung (Haushaltsdebatte; Paragraph 218 StGB; öffentlicher Dienst; Kraftfahrzeugsteuer; Neuwahl des Wehrbeauftragten). – TOP 3: Informationen (Konjunkturprogramm; Besuchergruppen im Bundestag; Steuerreform; überhöhte Rechnung über Werbematerialien vom SPD-Apparat).

C. TOP 4: Fraktionsdelegationen nach Rheinland-Pfalz und Schleswig-Holstein. – TOP 5: Aktuelles aus den Arbeitskreisen.

D. Vorbereitung der Plenarsitzungen: TOP 6: Tagesordnung und Ablauf der Plenarsitzungen. – TOP 7: Ergebnisse des Vermittlungsausschusses. – TOP 8: Jahreswirtschaftsbericht und Jahresgutachten. – TOP 9: 2. und 3. Beratung Bundesseuchengesetz. – TOP 10: 1. Beratung Beschäftigungs- und Arbeitstherapeutengesetz. – TOP 11: 1. Beratung Änderung Arbeitsförderungsgesetz und Arbeitnehmerüberlassungsgesetz. – TOP 12: 2. und 3. Beratung Zeugnisverweigerungsrecht für Journalisten.

E. Vorlagen aus den Arbeitskreisen: TOP 13: Große Anfrage betr. Krebsforschung. – TOP 14: Kleine Anfrage betr. Berufsberatung. – Sonstiges: TOP 15: Ausschussumbesetzungen. – TOP 16: Nächste Termine. – Verschiedenes.

[A.–E.] → online unter www.fraktionsprotokolle.de

95.

25. Februar 1975: Fraktionssitzung (Tonbandtranskript)

AdsD, SPD-BT-Fraktion 7. WP, 6/TONS000035. Titel: »Fraktionssitzung am 25.02.1975«. Beginn: 15.20 Uhr. Aufnahmedauer: 03:15:08. Vorsitz: Wehner.

Sitzungsverlauf:

A. Geschäftsordnungsantrag auf Verschiebung der Wahl für den SPD-Kandidaten für das Amt des Wehrbeauftragten. – TOP 1: Politische Berichte zum Urteil des Bundesverfassungsgerichts zur Reform des Paragraphen 218 StGB – Aussprache der Fraktion über das weitere parlamentarische Vorgehen. – TOP 3: Wahl des Kandidaten für das Amt des Wehrbeauftragten. – Fortsetzung der Debatte um Paragraph 218 StGB.

B. TOP 2: Bericht aus dem Fraktionsvorstand (2. Besoldungsvereinheitlichungsneuregelungsgesetz; Hochschulrahmengesetz; Investitionszulagen und Konjunkturförderung; *Guillaume*-Untersuchungsausschuss).

C. TOP 4: Informationen (Unentgeltliche Beförderung Behinderter im öffentlichen Personennahverkehr; Öffentlichkeitsarbeit für die Investitionszulage und für das Kindergeld; Haltung der SPD-Länder im Bundesrat zur Verschärfung der Strafprozessordnung; Koordinierung zwischen Bundestagsfraktion und SPD-geführten Ländern im Bundesrat). – TOP 5: Aktuelles aus den Arbeitskreisen (Arbeitskreis Wirtschaftspolitik: finanzielle Lage der Bundespost und Zielvorgaben für die Bundesbahn).

D. Vorbereitung der Plenarsitzungen: TOP 6: Tagesordnung und Ablauf der Plenarsitzungen. – TOP 7: 2. und 3. Beratung 18. Rentenanpassungsgesetz. – TOP 8: 2. und 3. Beratung Sozialversicherung Behinderter. – TOP 9: 2. und 3. Beratung Besoldungsverordnungsneuregelungsgesetz. – TOP 10: Berichte der Kommission »Vorbeugender Geheimschutz«, *Mercker*-Kommission, Bericht des 2. Untersuchungsausschusses (*Guillaume*). – TOP 11: 2. und 3. Beratung Änderung des Grundgesetzes (Art. 45 c), 2. und 3. Beratung Befugnisse des Petitionsausschusses. – TOP 12: 2. und 3. Beratung Gerichtskostengesetz. – TOP 13: 2. und 3. Beratung Änderung der Bundesrechtsanwaltsordnung. – Abstimmung über die Stellungnahme der Fraktion zum Urteil des Bundesverfassungsgerichts über die Novelle zum Paragraphen 218 StGB. – TOP 14: Agrarbericht 1975, Ausschussberichte zum Entschließungsantrag der CDU/CSU betr. Lage der Deutschen Landwirtschaft. – Sonstiges: TOP 15: Deutsche Sportkonferenz. – TOP 16: Nächste Termine.

[A.]

Wehner: Die Sitzung ist eröffnet. Wir haben heute eine ganze Reihe von wegen Krankheit Entschuldigter. Aber zunächst möchte ich dem, der heute seinen Geburtstag hat, nämlich Hans *Apel*, alles Gute wünschen.

(Beifall.)

Die Blumen sind ihm schon vorher übergeben worden, von zarter Hand als von meiner. Also Hans, alles Gute auf dem weiteren Weg und das wahrscheinlich noch lange.

Die Tagesordnung liegt vor, Genossen. Wird das Wort zur Tagesordnung gewünscht? Bitte Harald *Schäfer*.

Schäfer (Appenweier): Genossinnen und Genossen, Punkt 3 lautet: Wahl des Kandidaten für das Amt des Wehrbeauftragten. Ich wollte nur mal fragen, geschäftsordnungsmäßig, ob ich richtig bin in der Annahme, dass da die Möglichkeit zu Fragen zuvor besteht?

Wehner: Ich muss nach meinem Verständnis der Geschäftsordnung sagen, dass dazu die Möglichkeit nicht gegeben ist. Wir haben in der vorigen Woche, wie es notwendig war nach den Fristen und nachdem die andere Seite einen Gegenkandidaten aufgestellt hat, im Fraktionsvorstand in einer Sondersitzung am Freitag den Vorschlag an die Fraktion gegeben[1], haben darum gebeten, dass weitere Vorschläge bis zu einer bestimmten Zeit einzureichen waren. Die Zeit war gestern Nachmittag 15 Uhr abgelaufen. Es waren keine eingelaufen. Ergo steht die Frage, weil das in der Woche auf der Tagesordnung

---

[1] Die von *Wehner* erwähnte Sondersitzung des Fraktionsvorstands ist nicht überliefert. In den Sitzungen am 27. Januar und am 24. Februar 1975 wurde das Thema ausweislich der Tagesordnung nicht besprochen. Sitzungsprotokolle für diese Sitzungen liegen, wie üblich beim Fraktionsvorstand, ebenfalls nicht vor.

des Plenums steht, und zwar am Donnerstag zu einer festgesetzten Zeit, 15 Uhr, dass wir heute hier ordnungsgemäß wählen. Bei dieser Wahl, nicht heute, sondern am Donnerstag, geht es darum, dass wir 249 Stimmen haben. Das ist das Minimum. Es geht also nicht um Mehrheit oder Minderheit, sondern 249 Stimmen. Wird das Wort zu diesem Punkt gewünscht? – *Sperling.*

Sperling: Das Verfahren ließ uns jedenfalls nur eine kurze Zeit zum Nachdenken und möglichen Finden von Gegenkandidaten. Mich würde es beruhigen zu wissen, dass etwa unter den möglichen Kandidaten auch ein Mann wie *Graf Baudissin* ins Auge gezogen worden wäre und gefragt worden wäre, ob er eventuell zur Verfügung stünde.

Wehner: Nein, ist nicht geschehen. *Scheu.*

Scheu: Ich wollte zu der Sache nichts mehr sagen, weil es keinen Sinn mehr hat. Aber für die Zukunft bei derartigen Dingen sollte man doch einen Weg finden, dass die Fraktion wirklich und demokratisch mitreden kann. Am Freitagnachmittag habe ich das Ding in meinem Fach gefunden.

(Starker Beifall.)

Ich wusste vorher überhaupt nicht genau, nur aus Zeitungsmeldungen, dass das ansteht, aber wusste nicht wann, und dann kann man bis Montag beim besten Willen keinen fragen, wärst du bereit zu kandidieren. Und das ist doch die Voraussetzung für einen vernünftigen und ordentlichen Vorschlag. Dieses ist also schlecht gelaufen, das darf ich in aller Offenheit sagen.

Wehner: Weitere Wortmeldungen? Bitte.

Schäfer (Appenweier): Ja, Genossen, ich wollte keine Geschäftsordnungsdebatte entfachen, aber mich hätte zumindest interessiert, wie dieser Vorschlag zustande gekommen ist, weil ich ja auch danach gefragt werde, wenn ich am Freitag entsprechend abzustimmen habe. Und wenn hier steht Wahl,

(Zwischenruf: Donnerstag, Freitag ist zu spät!)

Bitte?

(Zwischenruf: Donnerstag.)

Donnerstag. Deshalb wollte ich heute zumindest Gelegenheit haben zu erfahren, wie der Vorschlag überhaupt zustande gekommen ist. Denn ich verstehe die Antwort von Herbert *Wehner* so, dass wir nachher lediglich wählen, ohne jede Möglichkeit zu fragen oder Diskussionsbeiträge zu haben, und das halte ich, nachdem das Verfahren gelaufen ist, für schlichtweg eine Zumutung.

Wehner: Wenn die Fraktion, ich sage das dazwischen, beschließen würde, dass sie heute diese Wahl nicht vornehmen will, dann werden wir beim Bundestagspräsidium den Antrag stellen rechtzeitig, die Wahl am Donnerstag abzusetzen. Das ist die einzige Möglichkeit, die uns noch bleibt.

(Unruhe.)

Coppik.

Coppik: Ja, Genossinnen und Genossen, nachdem hier ein Name genannt wurde, der, glaube ich, bei sehr vielen der Anwesenden auf Zustimmung gestoßen ist, und hier gesagt wurde, dass mit dem Betroffenen nicht gesprochen wurde, meine ich, dass das, was Herbert *Wehner* hier als Alternative erwähnt hat, durchaus aufgegriffen werden sollte, und ich beantrage das.

(Unruhe.)

Wehner: Ist ein Antrag gestellt, heute die Wahl nicht vorzunehmen. Paul *Neumann.*

Neumann: Liebe Genossinnen und Genossen, ich bitte darum, diesen Antrag abzulehnen. Die Arbeitsgruppe Sicherheitsfragen hat in ihrer Sitzung am 29. Januar sehr intensiv über das Problem Wehrbeauftragter diskutiert in Abwesenheit desjenigen, der dann vorgeschlagen worden ist[2], und wir sind zunächst davon ausgegangen, dass diesmal die Sozialdemokraten, die wesentlichen Anteil daran gehabt haben, dass dieses Amt überhaupt geschaffen worden ist, einen Kandidaten stellen sollten. Wir haben dann darüber hinaus eine Personaldebatte geführt. Es hat ja im Gespräch einen Zweiten gegeben, der in dieser Sitzung gesagt hat, dass er für das Amt nicht zur Verfügung stände, und danach hat dann die Arbeitsgruppe Sicherheitsfragen sich für Werner *Buchstaller* entschieden bei zwei Enthaltungen, die erklärt haben, dass ihre Enthaltung nicht gegen Werner *Buchstaller* zu werten sei, sondern die vielleicht noch etwas länger oder noch etwas früher darüber diskutiert hätten.

Wehner: Ja, Genossen, dann ist wohl über den Antrag abzustimmen, ob heute hier gewählt wird oder nicht gewählt wird. Wer für den Antrag ist, den bitte ich um das Handzeichen. Muss ausgezählt werden.

(Unruhe.)

Der Antrag sagt, heute hier nicht zu wählen. Wer dafür ist, dass die Wahl heute nicht stattfindet, den bitte ich um das Handzeichen.

{...}[3]

Gezählt sind 29 Stimmen. Die gegenteilige Meinung bitte ich ums Handzeichen.

[N. N.]: Muss ich die auch auszählen? Das dauert länger.

Wehner: Ja, das sollten wir nicht abzählen, das ist sicher die Mehrheit.

[N. N.]: Eindeutig ja.

Wehner: Auf der Tagesordnung steht vorgemerkt, weil sonst manchmal vorher und dann auch nachher nicht voll besetzt ist, dass diese Wahl um 16 Uhr stattfindet.

(Unruhe.)

Dann komme ich zum Punkt 1. Trotz alledem ist am wichtigsten, dass wir uns mit der Stellungnahme zum Karlsruher Urteilsspruch befassen.[4] Das heißt, erstens die Beweggründe und die Leitgedanken zur Reform des Strafgesetzbuchparagraphen 218 deutlich machen, die in unserem Entschließungsantrag stehen, und zweitens die Entschlossenheit bekunden, im Rahmen, den der Karlsruher Spruch gesteckt hat, zu tun, was den von uns erkannten Notwendigkeiten gemäß ist, entsprechend unserer Drucksache 7/2042.[5]

Ich möchte dazu nur sagen, durch alle Effekthascherei und Rechthaberischkeit unserer Gegner dürfen und werden wir uns nicht davon ablenken lassen, das zu tun, was im Rahmen der Normen des Grundgesetzes und aufgrund unserer Leitgedanken zu dieser

---

2 Der Fraktionsvorstand schlug Werner *Buchstaller* vor.
3 Im Hintergrund ist undeutlich der Zählvorgang zu hören.
4 Gemeint ist das Urteil des ersten Senats des Bundesverfassungsgerichts vom 25. Februar 1975 (Aktenzeichen: 1 BvF 1, 2, 3, 4, 5, 6/74). Mit dem Urteil wurden wesentliche Teile, insbesondere die Fristenregelung, der 1974 verabschiedeten Reform zum Paragraphen 218 StGB für unvereinbar mit dem Grundgesetz erklärt. Zum Urteilstext vgl. BVerfGE 39,1. Darin findet sich auch die abweichende Meinung der Verfassungsrichterin Wiltraut *Rupp-von Brünneck* und des Verfassungsrichters Helmut *Simon*.
5 Gemeint ist der Entschließungsantrag der SPD- und FDP-Fraktion vom 26. April 1974 zur dritten Beratung des Entwurfs eines Fünften Gesetzes zur Reform des Strafrechts.

Reform im Sozialpolitischen wie im Strafrechtlichen möglich ist. Das ist der Punkt. Der Bundesminister der Justiz⁶ hat sich heute der Presse gestellt⁷ und

{...}⁸

vielmehr ist es jetzt ihre Aufgabe, unter Würdigung aller Aspekte der bisherigen Reformdebatte in den vom Bundesverfassungsgericht gezogenen Grenzen eine gesetzliche Regelung zu suchen, die die auch vom Bundesverfassungsgericht anerkannte Konfliktsituation in angemessener Weise löst. Eine Rückkehr zum bisherigen Paragraphen 218 wird es unter keinen Umständen geben, so die Schlussfeststellung des Bundesministers der Justiz.

Euch liegt vor eine Stellungnahme des Präsidiums der SPD, die heute, nachdem die Mitteilungen aus Karlsruhe genügend Überblick erlaubten, dort beschlossen worden ist. Ich will sie hier nicht vorlesen, denn ihr habt sie, und er fängt mit dem lapidaren Satz an: »Der Spruch des Verfassungsgerichts ist verbindlich. Aber die Beweggründe für das Gesetz, das durch diesen höchstrichterlichen Spruch nicht in Kraft gesetzt werden kann, verlangen nach wie vor die Reform des Strafgesetzbuch-Paragraphen 218«, und deshalb betont dann das Präsidium der SPD – was es dann betont, das stimmt wortwörtlich mit jenen Leitsätzen überein, die unser Entschließungsantrag 7/2042 enthält, sowohl das, was hier eingezogen ist, als auch das, was da folgt, mit Ausnahme jener Bemerkungen, die am Ende dieser Seite über eine Fristen- und Beratungsregelung oder ähnliche Regelungen werden in Dänemark, Schweden und so weiter, und dann dass die Gefahr besteht, dass wir in dieser Frage uns gegenüber der westlichen Welt isolieren. Das ist diese Erklärung.⁹

Es liegt euch außerdem ein Text vor, verfasst von Helga *Timm* und gedacht als eine Stellungnahme der SPD-Bundestagsfraktion.¹⁰ Wir hatten keine Gelegenheit, sie sozusagen redaktionell zu bearbeiten im Fraktionsvorstand. Wir hatten gestern im geschäftsführenden Vorstand einen vorhergegangenen Entwurf erörtert und entsprechende Änderungen sind dann hier drin. Das ist der nächste Text.

Von den anderen gibt es jetzt einige Erklärungen. Es gibt eine Erklärung, die noch nicht verteilt ist, aber verteilt wird dann wahrscheinlich auch bei uns, von der FDP-Bundestagsfraktion, in deren Namen *Mischnick* erklärt hat ihre Stellung und gegen deren Schluss er dann gesagt hat, dass die Grenzen, die die Bundesverfassungsrichter in ihrer Mehrheit ziehen, dass die sehr eng seien. Sie bringen auch die Frau, die in echter Notlage handle, auf die Anklagebank, auch wenn nachher von Strafe abgesehen werden kann. So wird sich praktisch am bestehenden Zustand nahezu nichts ändern und danach wird also angekündigt, dass die FDP-Fraktion eine Arbeitsgruppe eingesetzt habe, der die Bundestagsabgeordneten Lieselotte *Funcke*, Andreas *von Schoeler*, Detlef *Kleinert*, Dr. Burkhard *Hirsch* angehören, die das Urteil und die Urteilsbegründung sorgfältig daraufhin prüfen werden, ob und wieweit das Urteil eine sinnvolle Änderung des Paragraphen 218 möglich macht. Ich habe das hier vorgebracht und erlaube mir dazu als meine persönliche politische Meinung, unsere Fraktion sollte nicht auf einen Tenor gehen, der den

---

6 Hans-Jochen *Vogel*.
7 Zur Äußerung von Bundesminister *Vogel* vor der Bundespressekonferenz vgl. BULLETIN 1975, Nr. 26 vom 27. Februar 1975, S. 253.
8 Die Aufnahme ist für ca. 20 Sekunden von Störgeräuschen überlagert.
9 Vgl. SPD-PRESSEMITTEILUNG Nr. 110/75 vom 25.2.1975, online.
10 Die Stellungnahme der Fraktion ist als Information der sozialdemokratischen Fraktion im Deutschen Bundestag, Ausgabe: Tagesdienst 144 vom 25. Februar 1975 dem schriftlichen Protokoll beigefügt. Vgl. AdsD, 2/BTFG000092.

Eindruck erweckt und von vornherein pflanzt, als sei nun nichts mehr möglich, und ich gebe einen einzigen Hinweis, nämlich den Hinweis darauf, dass im Vermittlungsausschuss ein Gesetz liegt seit Monaten, das sich mit den sogenannten – ich nehme jetzt diesen unscharfen Arbeitstitel – sozialbegleitenden Maßnahmen befasst.[11] Und wenn ihr den Text des Präsidiums nehmt, so ging es ja und geht es ja darum, dass der sozialpolitische und strafrechtliche Schutz des ungeborenen menschlichen Lebens sinnvoll und wirksam aufeinander abgestimmt werden muss, nachdem sich in der Vergangenheit erwiesen hat, dass die unbedingte Strafbedrohung des Schwangerschaftsabbruchs – und dann folgen die Gründe unwirksam und so weiter – gefährlich geworden ist.

Es liegen auch Erklärungen des Fraktionsvorsitzenden der CDU/CSU, Herrn *Carstens*, vor, die – abgesehen von einigen bei dieser Absenderadresse selbstverständlichen Selbstgefälligkeiten – über ihre eigene, von Anfang an richtige Stellung schließlich von einer breiten Übereinstimmung, die erzielt werden müsste für eine Lösung oder Regelung, die auch verfassungsgerecht ist und eine breitere Mehrheit im Parlament finden kann, schreibt.[12] Dabei ist am Schluss gesagt worden, dass die Bundestagsfraktion der CDU/CSU erneut ihren Standpunkt unterstreiche, dass das ungeborene Leben am Wirksamsten dadurch geschützt werden kann, dass der Staat und die Gesellschaft schwangere Frauen nicht allein lassen, sondern ihnen durch positive Maßnahmen helfen. Sie fordert dazu auf, die weiteren Bemühungen vor allem darauf zu konzentrieren. Es liegen außerdem ein Erklärung vor der Parteivorsitzenden von CDU und CSU, die sich gleich, da sie nicht hier unmittelbar gefasst werden können, im ersten Absatz die Behauptung geleistet haben, dass das Gesetz, um das es gegangen ist, mit kleinster Mehrheit verabschiedet worden sei. – Ich stelle hier nur ordnungsgemäß fest, es waren 260 Stimmen gegen 218 Stimmen. – Und dann wird gewarnt vor dem Hineinziehen in parteipolitische Polemik, weil die mit der Änderung des Paragraphen 218 verbundenen Probleme zu ernst und die menschlichen gesellschaftlichen Auswirkungen zu schwerwiegend seien, um das zu erlauben, und dann wird auch dort von einer neuen gemeinsam getragenen Grundlage gesprochen, auf die es ankommt.

Ich habe das deswegen zitiert, nicht weil mir das gefällt, sondern weil das für den, der politisch und auch bei dieser Eile, die jetzt geboten ist, mitdenkt, ein Grund mehr dafür ist, dass die Fraktion der SPD deutlich macht, dass sie innerhalb des durch den Spruch gesteckten Rahmens alles Erdenkliche tun wird, um im Sinne ihrer eigenen Leitgedanken, auf die wir wörtlich zurückgekommen sind auch in der Präsidiumserklärung, die gesetzgeberischen Notwendigkeiten zu erfüllen. Ich würde nichts davon halten, wenn wir sagen, jetzt gibt es keine mehr. Ich komme noch mal zurück auf die Erklärung des Bundesministers der Justiz, der mit Recht gesagt hat, dass die Gesetzgebungsorgane mit der verfassungsgerichtlichen Entscheidung nicht aus ihrer Verantwortung entlassen sind.[13] Das waren meine Bemerkungen. Die waren leider schon zu lang, um allem genügen zu können. Vielleicht seid ihr einverstanden, dass ich jetzt Horst *Ehmke* bitte, der

---

11 Gemeint ist der Entwurf eines Gesetzes über ergänzende Maßnahmen zum Fünften Strafrechtsreformgesetz (Strafrechtsreform-Ergänzungsgesetz). Vgl. BT Drs. 07/376 und BT Drs. 07/1753 (Bericht und Antrag des Ausschusses für Arbeit und Sozialordnung). Die dritte Beratung fand am 21. März 1973 statt. Vgl. BT Plenarprotokoll 07/88. – Vgl. auch die SPD-Fraktionssitzungen am 13. März 1973, SVP D, online, und am 20. März 1973, SVP C, online.

12 Zur Erklärung des CDU/CSU-Fraktionsvorsitzenden *Carstens* am 25. Februar 1975 vgl. Pressedienst der CDU/CSU-Fraktion im Deutschen Bundestag vom 25. Februar 1975; BT Pressedokumentation, Personenordner Carstens.

13 Zur Äußerung von Bundesminister *Vogel* vor der Bundespressekonferenz vgl. BULLETIN 1975, Nr. 26 vom 27. Februar 1975, S. 253.

dort gewesen ist, der auch die Mehrheit des Bundestages, den Bundestag dort vertreten hat vor Gericht, kurz uns hier einiges dazu zu sagen. Horst *Ehmke*.

Ehmke: Liebe Genossinnen und Genossen, zunächst hat sich also bestätigt, dass die Gerüchte richtig waren, dass es zwei dissenting votes gab. Die Mehrheitsmeinung wird im Ersten Senat nicht bekannt gegeben, also ob mehr als die beiden, die sich schriftlich dagegen geäußert haben, auch dagegen gestimmt haben. Eine Peinlichkeit gab es bei der Urteilsverkündung insofern, als unterbrochen wurde nach Vortrag des Mehrheitsvotums und als Frau *von Brünneck* das Minderheitsvotum vortrug, war einer der Herren von der anderen Meinung nicht mehr im Saal erschienen, auch nicht mehr kam, ein sicher ungewöhnliches Verhalten, das dem Ansehen des Gerichts kaum Auftrieb geben wird und das sicher bitter kommentiert werden wird.

Das Urteil ist in seinen Gründen weit über alles das hinaus, was ich befürchtet hatte, muss man jetzt dazu sagen. Es ist ungefähr das Konservativste, was man überhaupt zu diesem Thema sagen kann. Dementsprechend gibt es eine hervorragend geschriebene und in der Sache sehr scharfe dissenting vote, die Frau *von Brünneck* für sich und Dr. *Simon* vorgetragen hat und die ohne jede Umschweife mit großem Ernst und erheblicher Härte der Mehrheit vorwirft, dass sie sich hier an die Stelle des Gesetzgebers setzt und dass sie genau das tut, was sie dem Gesetzgeber selbst vorwirft. So war auch das Klima dort leicht gespannt und frostig.

Praktisch ist es so, Fristenlösung geht überhaupt nicht nach dem Urteil. Ich habe jetzt die Urteilsgründe im Hubschrauber erst einmal durchgelesen. Es geht eine medizinische Indikation, eine ethische, eine eugenische Indikation, eine soziale Indikation nur für den Fall schwerer Konfliktfälle, die vergleichbar – oder kongruent heißt es im Urteil – sein müssen den anderen Indikationstatbeständen. Dabei sagt die Mehrheit nicht, was im Minderheitsvotum kritisch angemerkt wird, ob das durch eine Gutachterstelle vorweg erfolgen soll, die Indikationsfeststellung, oder ob das nachträglich den Strafgerichten überlassen bleibt. Das Minderheitsvotum sagt, das würde dann entsprechende Unsicherheiten für die Frauen und für die Ärzte mit sich bringen, wenn man das nachträglich macht. Das also kurz: Eine enge Indikationenlösung und eingeschlossen schwere soziale Konfliktfälle, so sage ich jetzt mal grob nach erster Durchsicht des Urteils, ist das, was hier für zulässig erklärt wird.

Und wenn ich jetzt was zu dem Entwurf sagen kann. Ich bin mit dem Entwurf einverstanden, möchte aber für meine Person, Herbert, zum letzten Satz sagen: Auch ich möchte zunächst mal genau geprüft haben, was wir denn strafrechtlich machen können. Die sozialpolitische, die Beratungsseite ist eine Sache, müssen wir alles machen. Wir können zu dem Ergebnis kommen, dass wir auf diesem Gebiet so wenig machen können strafrechtlich, dass wir unglaubwürdig werden, wenn wir sagen, wir machen das jetzt, nachdem wir vorher gesagt haben, gerade dies löst die Probleme des 218 nicht. Also jedenfalls ich für meine Person kann nicht sagen, ich trage jede andere Regelung mit. Wir sollten das ehrliche Bemühen machen, zu helfen im Rahmen dessen, was die Mehrheit dort für zulässig hält, aber ich bin der Meinung, wir müssen genau prüfen, ob das, was möglich ist, von uns auch noch verantwortet werden kann als eine mögliche Lösung des Problems.

(Beifall.)

Wehner: Es mag manches für sich haben, der Beifall zeugt auch davon. Ich bin anderer Meinung und sage das ganz freimütig. Der Gesetzgeber ist nicht aus seiner Verantwortung entlassen.

(Vereinzelter Beifall.)

Der Gesetzgeber ist mehr als jemand, der sich äußert. Der Gesetzgeber muss und vor allen die Sozialdemokraten unter den Gesetzgebern müssen stehen wie ein Baum und dafür sorgen, dass, wenn auch der Rahmen eng ist, das Maximum an sozialen und strafrechtlichen Möglichkeiten ausgeschöpft wird, und haben nicht zu verschweigen, das sage ich, haben nicht zu verschweigen, dass sie mehr gewollt haben. Dass sie dafür auch gute Gründe hatten, davon zeugt ihre Entschließung, zu der wir nach wie vor stehen. Aber wir kommen sonst in eine Situation, in der wir ausgeliefert werden den verschiedenen Gruppen und Trupps von zum Teil ohnmächtig, zum Teil aufgebracht Demonstrierenden, die nun meinen, es hat überhaupt keinen Sinn, gesetzlich im Rahmen dieser grundgesetzlichen Ordnung etwas zu fordern, weil keine Aussicht auf Durchsetzung besteht. Das sollte man sich genau überlegen, Genossen. Wer wünscht das Wort? Hans-Jochen *Vogel*.

Vogel: Genossinnen und Genossen, ich bin mit Horst *Ehmke* der Meinung, dass wir das Urteil sorgfältig analysieren müssen und dass wir feststellen müssen, wie weit der Spielraum reicht. Ich glaube, das können wir heute nicht hier in der Fraktion leisten. Nur damit sich also nicht ein Eindruck verfestigt, bevor diese Prüfung stattgefunden hat. Ich darf darauf verweisen, dass an zwei Stellen des Urteils davon die Rede ist, es sei auch in diesem Bereich nicht zwingend geboten, eine Strafdrohung vorzusehen. Es könne sich aus dem gesamten Inhalt der Regelung ergeben, dass der Schutz, der von der Verfassung verlangt werde, auch ohne die Ultima Ratio einer Strafdrohung geleistet werde. Es wird lediglich – das allerdings ist eine Grenzziehung, die nicht relativiert werden kann – verlangt, dass der Schwangerschaftsabbruch in den Fällen, in denen es keine rechtfertigenden Gründe unter dem Gesichtspunkt der Zumutbarkeit gibt, dass der vom Staat nicht für rechtens erklärt wird, sondern dass er als Unrecht behandelt wird, aber nicht mit obligatorischen Strafdrohungen. Genossen, das ist auch noch keine fertige Analyse, aber ich bitte euch, dass wir nicht den Rahmen selber enger ziehen, als er ist, und ich möchte von mir aus erklären: Ich weiß nicht, wie wir politisch eine Situation bewältigen wollen, und das war schon auf der Pressekonferenz spürbar, in der die Opposition mit eigenen Gesetzentwürfen unter weiter Ausmessung des Rahmens tätig und aktiv wird. Ich würde also bitten, dass wir sorgfältig prüfen und dass wir aus dieser Prüfung dann in einem Zeitpunkt die Konsequenz ziehen, wo die Initiative in der Hand der sozial-liberalen Koalition bleibt und nicht auf die andere Seite übergeht.

(Beifall.)

Wehner: *Ostman von der Leye.*

Ostman von der Leye: Genossinnen und Genossen, ich bitte um Entschuldigung, dass ich in der Frage der strafrechtlichen Regelung, nicht in der Frage der sozialen Regelung, die so schnell wie möglich erfolgen muss, aber in der Frage der strafrechtlichen Regelung an den Grenzen der Entscheidung des Bundesverfassungsgerichts nicht mehr mitwirken kann, sofern Rechtfertigungsgründe gegeben werden, die auf das geborene Leben weiterwirken. Ich habe dies vor drei Jahren hier zum ersten Mal erklärt. Ich will jetzt nicht nur unbedingt Recht behalten haben, das ist gar nicht das Problem. Aber was hier das Bundesverfassungsgericht gemacht hat, hat es in seiner Konsequenz mit Sicherheit nicht übersehen. Ich bin der Meinung, dass so, wie das Bundesverfassungsgericht es gesagt hat, dieses Urteil verfassungswidrig ist. Wir haben es hier mit dem Kuriosum eines verfassungswidrigen Verfassungsgerichtsurteils zu tun. Dies ist meine persönliche Meinung. Die braucht die Fraktion in keiner Weise zu teilen. Sie kann auch ein Gesetz verabschieden, das diese Rechtfertigungsgründe inhaltlich auch so gibt, aber ihr müsst mir zugestehen, dass ich in einem solchen Falle – wie ich es bereits getan habe – im Bundestag aufstehen muss und sage, das kann ich nicht mittragen. Ich bedanke mich bei euch.

Wehner: Willy *Brandt*.

Brandt (Berlin): Ich will die ganzen Schwierigkeiten, wie viele hier auch, die sich aus diesem Urteil – soweit wir es bisher überblicken können – ergeben und trotzdem möchte ich, dass über meine Meinung hier kein Zweifel ist. Ich hab' sie an anderer Stelle heute so gesagt, ich will das hier einfach vortragen, es ist gute sozialdemokratische Tradition, nach den Möglichkeiten zu handeln, die wir vorfinden, und für das jeweils Erreichbare zu sorgen. Das haben Sozialdemokraten in einer solchen Situation zu tun.

Wehner: Herta *Däubler-Gmelin*.

Däubler-Gmelin: Ich möchte eigentlich nur zu diesem Entwurf Stellung nehmen. Wenn ich ihn so durchlese, so finde ich eigentlich, er wird dem, was wir zu dem Verfassungsgerichtsurteil selber sagen wollen, sehr gut gerecht. Ich habe nur zwei Bitten. Der Herbert *Wehner* sprach vorhin davon, es würde vielleicht noch eine redaktionelle Überarbeitung notwendig sein.

Wehner: Nein, ich habe gesagt, sie war nicht notwendig, Herta, und deswegen ist das –

Däubler-Gmelin: Entschuldigung, dann habe ich dich falsch verstanden. Gerade deshalb würde ich dann doch bitten, dass man vielleicht hier noch eine oder die andere Änderung reinbringt. Auf die eine hat gerade Horst *Ehmke* vielleicht hingewiesen im letzten Satz. Sollte daraus zu verstehen sein, aus dem letzten Satz, dass wir auf jeden Fall einen Gesetzentwurf für richtig halten, so könnte ich das meinerseits nicht unterschreiben. Ich würde auf jeden Fall drum bitten, dass wir hier diesen letzten Satz etwas offener fassen mit einem Akzent auf dem Prüfen und einem etwas weniger Akzent auf dem Gesetzgeber, Helga. Es gibt da 'ne Möglichkeit, das sprachlich zu machen, ohne dass man das jetzt vortragen muss, im letzten Satz.

Dann als zweiten Punkt: Wenn es möglich wäre, würde ich anregen, dass wir hier vielleicht noch ein bisschen mehr die rechtspolitische Abwägung dessen, was ein Bundesverfassungsgericht in politischer Rechtsprechung tun kann im Verhältnis zum Bundestag, in einem oder einem zweiten Satz hinzusetzen. Weil dieses haben wir ja nicht nur bei dem 218er Urteil, sondern wir hatten das in der Vergangenheit und wir werden es in der Zukunft haben. Und nehmt es mir nicht übel, dieses Urteil, wenn es eine Möglichkeit gibt, das einigermaßen aufklärerisch zu benutzen, dann liegt die doch darin, dass man hier die Problematik politischer Rechtsprechung etwas bewusster macht in den Köpfen der einzelnen Leute.

Wehner: Darf ich einen Vorschlag dazu machen, weil die Frage ist ja, ob man – wenn die Fraktion das so passieren lässt mit einigen wenigen kleinen Änderungen, die man nicht als große Redaktionskommission machen kann – sehr bald rauskommt. Das ändert nichts daran, dass wir jederzeit später weiter die Möglichkeit haben, uns gründlicher zu äußern. Was in diesem Fall Herta *Däubler-Gmelin* mit der Helga *Timm* versucht, die zwei Stellen, die sie angemerkt hat, wenn das also möglich ist, zu ändern. Aber ich habe noch Wortmeldungen zu berücksichtigen. Carl-Christoph *Schweitzer*.

Schweitzer: Ja, Genossinnen und Genossen, ich plädiere dafür, dass wir die Resolution des Parteivorstandes hier übernehmen mit einer kleinen Änderung. Helga *Timms* Resolution ist mir persönlich zu allgemein. Wir müssen uns hier sehr präzise und sehr schnell äußern. Die Änderung, die ich persönlich vorschlagen würde, bei der Übernahme der Resolution des Parteivor-, des Präsidiums – Verzeihung – wäre in der viertletzten Zeile. Ich bin genau Herbert *Wehners* Auffassung, wir müssen hier klar deutlich machen, dass wir im Rahmen des Möglichen eine gesetzliche Regelung suchen. Deswegen würde ich vorschlagen, viertletzte Zeile von unten in der Resolution des Präsidiums: »werden wir nunmehr eine gesetzliche Regelung suchen, die dem Schutz« und so weiter.

Wehner: Genosse *Penner*.

Penner: In der Sache selbst teile ich die Auffassung von Horst *Ehmke*. Ich glaube, bevor man zu einer Entscheidung darüber kommt, ob und was man tut, sollte man erst die Urteilsgründe sehr sorgfältig lesen. Ich habe jetzt noch was zu sagen zu dem Entwurf und ich bitte, vielleicht einige Punkte einer Prüfung zu unterziehen. Das erste Fragezeichen bezieht sich auf den dritten Absatz auf der ersten Seite. Ich weiß nicht, ob es glücklich ist, von der Fraktion aus festzustellen, dass ein Urteil des Bundesverfassungsgerichts mit Betroffenheit zur Kenntnis genommen wird.

(Unruhe.)

Ist meine Meinung. Und die zweite Sache, die zweite Sache ist, die ich für bedenklich aus meiner Sicht halte, ist der zweitletzte Absatz auf der dritten Seite, wo das Gewissen nach meinem Dafürhalten zu sehr beschworen wird. Ich meine, dass jede Entscheidung, die hier getroffen wird, gemäß dem verfassungsmäßigen Auftrag nach bestem Wissen und Gewissen geschehen muss. Hier scheint mir die Gewissensfrage etwas zu stark angesprochen zu sein.

Wehner: Hans *Bardens*.

Bardens: Ja, liebe Genossinnen und Genossen, ich habe während der letzten Wochen schon, als das zu erwartende Urteil diskutiert wurde, manche unserer Freunde davor gewarnt, rechthaberisch zu sein {...} vorliegen hätten. Es war mir klar, dass wir nur geschlossen uns äußern können, wenn das Urteil bekannt ist. Aber gerade deshalb meine ich, dass wir der Anregung vom Genossen *Schweitzer* doch folgen sollten. Auch ich meine, dass in dem Entwurf, der für die Fraktion vorgelegt worden ist, im dritten Absatz einiges steht, was dann nicht ganz gedeckt werden kann von allen, auch wenn sie nicht rechthaberisch sein wollen wegen der anderen Vorschläge, die sie einmal gemacht haben. Der erste Satz mit der Betroffenheit, die wir äußern in der Öffentlichkeit, kann uns in der Öffentlichkeit tatsächlich sehr ungünstig ausgelegt werden, so als ob wir überhaupt gar nicht mit dieser Möglichkeit hätten rechnen können. Dass wir es nicht wollten, ist etwas anderes, als ob wir mit dieser Möglichkeit nicht hätten rechnen können, und deswegen stimmt auch der zweite Satz in diesem Absatz nicht, dass die Fraktion dieses Ergebnis nicht für möglich gehalten hätte. Ich meine, dass wir mit der recht guten Erklärung des Parteivorstandes, wenn wir die Änderung, die der Genosse *Schweitzer* vorgeschlagen hat, berücksichtigen, dass wir mit der besser fahren, weil wir aus der Situation heraus positiv reagieren, weil wir sagen, wir wollen prüfen und wir wollen alles tun, um zu helfen, um eine ordentliche Gesetzgebung, und das ist jetzt unser Auftrag, um eine ordentliche Gesetzgebung durchzusetzen. Ich bitte euch wirklich, den Vorschlag des Genossen *Schweitzer* unter diesen Gesichtspunkten noch mal zu überprüfen. Und Rechthaberei auf der einen oder anderen Seite unter uns, auch wenn sie noch so verklausuliert in einer Entschließung ausgedrückt wird, schadet uns, hilft uns nicht weiter bei der Arbeit, die jetzt vor uns steht.

Wehner: Antje *Huber*.

Huber: Liebe Genossen, nicht zur Erklärung, sondern zum Thema selbst. Ich möchte alle herzlich bitten, jetzt in ihrer ersten Enttäuschung nicht zu sehr zu betonen, dass sie sich jeder künftigen Regelung verschließen. Es steht hier doch noch offen die Frage, wie die einzelnen Fälle ausdiskutiert werden. Ich erinnere an den Fall des zwölfjährigen Mädchens in Dortmund, wo das Sachverständigengremium nachher darüber zu entscheiden hat, ob es eine Vergewaltigung war und so weiter. Ich möchte Horst *Ehmke* fragen, ob denn nach dem Urteil – jedenfalls soweit man das jetzt übersehen kann – nicht doch offen ist, dass wir die Einzelheiten auch etwa der sozialen Konfliktsituation, wie aber auch der medizinischen Indikation und so weiter nicht als Gesetzgeber denn doch festlegen können, und dies kann eine ganze Menge mehr sein, als möglich wäre, wenn man dies jetzt offen ließe. Und hier helfen wir auch einer Menge Frauen, die in Not geraten, und ich bitte euch herzlich, jetzt nicht zu sagen, wir machen jetzt überhaupt nichts mehr. Lasst uns machen, was wir eben machen können, und hier nicht Tür und Tor offenlassen für die Rechtsprechung.

Wehner: *Sperling.*

Sperling: Ich glaube, wir sollten uns an dieser Frage, Antje, nicht in einen falschen Konflikt hineinreden. Niemand hat gesagt, auch Horst *Ehmke* nicht, wir machen überhaupt nichts mehr, sondern –

(Zwischenruf.)

nein, nein. Nein, nein. Hier ist gesagt worden, wir müssen sehr sorgfältig durchschauen, was strafrechtlich für uns möglich ist. Wenn das stimmt, was mir meine Frau erzählt hat bei einem fünfzehnminütigen Mittagessen vorhin, weil ich also bisher keine Meldungen authentisch aus Radio gehört habe, dann haben die Verfassungsrichter sogar gesagt, dass eine soziale Indikation nur von einem Richter festgestellt werden kann. Wenn wir also ein solches Strafrecht schaffen wollen und damit Frauen helfen wollen, dann muss ich also auch sagen, dies ist nach meiner Auffassung strafrechtlich kaum drin für mich, so wie ich die Lage jetzt ansehe. Deswegen, meine ich, sollten wir nicht versprechen, dass wir da irgendetwas strafrechtlich handhaben wollen. Wir werden viel tun müssen, um das, was wir mit unseren sozialen Hilfen, mit unseren begleitenden Maßnahmen so gesagt haben, dass wir dies durchsetzen. Aber wir sollten hier also nicht Versprechungen auf Strafrechtsparagraphenänderungen schon abgeben, von denen wir nicht wissen, ob wir sie nachher mit unserem Gewissen vereinbaren können. Das gibt es ja auch, dass ich mich also frage, welche strafrechtliche Regelung ist denn zur Hilfe überhaupt geeignet, wenn nicht die, die ich bisher für richtig gehalten habe. Aber hier geht es nicht um alles oder gar nichts, sondern hier geht es darum herauszukriegen, was geht denn noch und ist das brauchbar.

Wehner: Hans *de With*.

de With: Genossinnen und Genossen, ich habe euch möglicherweise einen Vorsprung vor, indem ich in Karlsruhe gewesen bin und die Gründe studieren konnte. Danach, scheint es, gibt es zwei offene Punkte. Während jetzt im Übergangsrecht eine soziale Indikation nicht erlaubt ist, sondern nur abgesehen werden kann, wenn eine bestimmte Notlage vorgesehen ist, sagt das Urteil auf Seite 68, dass eine Notlage als Indikation ausgebaut werden kann. Das heißt, hier steckt – soweit ich das überblicken kann – eine eindeutige Weiterung drin gegenüber dem derzeitigen Recht aufgrund dessen, was Karlsruhe verkündet hat.

Und zweitens ist in dem Urteil nichts darüber gesagt, ob das Gremium, das eingeschaltet werden muss, entscheidenden, bindenden Charakter hat oder nicht. Hier gibt es also zwei offene Regelungen. Unter diesem Aspekt einer vorläufigen Prüfung würde ich mit Nachdruck mit Herbert *Wehner* und Hans-Jochen *Vogel* davor warnen, bloß zu sagen, wir prüfen. Wir müssen einen Schritt weitergehen und sagen, dass wir ausschöpfen und tun, was zu machen ist. Denn ich glaube, es steht auch die Erklärung von Willy *Brandt* in Recklinghausen im Raum: Wir lassen die Frauen nicht im Stich.

Wehner: Friedhelm *Farthmann*.

Farthmann: Genossinnen und Genossen, ich glaube, dass beide Erklärungen bisher der vollen Problematik, die durch dieses Urteil ausgelöst wird, noch nicht gerecht werden, und zwar glaube ich, dass durch dieses Urteil eine Krise des Bundesverfassungsgerichts eintreten wird. Ich habe persönlich, das wisst ihr alle, mich für die Indikationenregelung hier im parlamentarischen Raum ausgesprochen. Trotzdem halte ich dieses Urteil für skandalös und würde ohne weiteres diesen Satz unterschreiben, dass wir das mit Betroffenheit aufnehmen und dass wir es auch nicht für möglich gehalten haben. Denn man muss unterscheiden, und das kommt nicht deutlich genug zum Ausdruck, was im Rahmen des gesetzgeberisch Zweckmäßigen liegt und dessen, was das Bundesverfassungsgericht festlegen darf als verboten für die gewählten Vertreter, für die Mehrheit der gewählten Vertreter des Volkes. Deswegen meine ich, hat das Bundesverfassungsgericht – das liegt ja in einer Reihe, dieses Urteil, das hat beim Hochschulgesetz angefangen, das ist bei den Ostverträgen deutlich geworden, dass das Bundesverfassungsgericht sich mehr und mehr zu einem Obergesetzgeber macht. Dann wird das Bundesverfassungsgericht künftig nicht mehr beurteilt werden können nach juristischen Maßstäben, sondern ausschließlich nach politischen. Und ich weiß nicht, ob wir nicht deutlicher machen sollten, ich würde dafür plädieren, welche Entschließung wir auch annehmen, es muss deutlich zum Ausdruck kommen eine Warnung an das Bundesverfassungsgericht in dem Sinne, wie es meines Erachtens völlig zu Recht Helmut *Schmidt* vor einiger Zeit im Fernsehen schon angedeutet hat, dass das Bundesverfassungsgericht die Zurückhaltung und den ihm verfassungsrechtlich zuerkannten Rahmen als letzten Wächter überschritten hat und sich hier in die parteipolitische Zweckmäßigkeitsdebatte begeben hat und dass wir das – denn ich weiß, wie schwierig das ist –

Wehner: Das ist politische Selbstverstümmelung. Das kann man schreiben in einem Artikel, soll es sogar schreiben. Dies als Fraktion zu erklären, ist politische Selbstverstümmelung.

(Vereinzelter Beifall.)

Farthmann: Man braucht das ja vielleicht nicht so deutlich zu machen, wie ich das sage –

Wehner: Entweder – oder.

Farthmann: Nein, nicht entweder – oder. Wir müssen das andeuten, genau wie Helmut *Schmidt* es doch schon getan hat. In demselben Sinne können wir es auch andeuten. Wenn wir das nicht tun, betreiben wir Formalismus.

Wehner: *Schmidt* hat sich überhaupt nicht zu diesem Urteil, zu diesem bevorstehenden Urteil geäußert und hat Wert darauf gelegt hinterher, diesen Versuch, ihm das anzuhängen, wegzudrücken. Hat aber keinen Sinn, Genossen, dass wir das –

Farthmann: Was hindert uns denn, wenn ich das noch zu Ende sagen darf –

Wehner: Nichts hindert dich, das zu schreiben, lieber Genosse *Farthmann*, aber ich jedenfalls werde widersprechen, das in eine Erklärung der Fraktion reinzukriegen.

(Unruhe.)

Farthmann: Ich möchte gerne meine Ausführungen zu Ende machen. Ich wollte nur sagen, was hindert es uns, einen Satz zu sagen, der sich nicht nur auf dieses Urteil bezieht? Ich halte das im Hinblick auf die künftige Gesetzgebung, wenn wir noch Gelegenheit dazu haben, in der Mitbestimmung und der Vermögensbildung für zehnmal wichtiger, als sich jetzt darüber zu streiten, ob wir hier schreiben wollen, wir möchten den Versuch machen oder wir versuchen es.

(Vereinzelter Beifall.)

Wehner: Jetzt rufen wir auf Annemarie *Renger*, bevor ich dann nach Helga *Timm* unterbreche, weil wir ja diesen Wahlakt vornehmen. Annemarie *Renger*.

Fraktionssitzung 25.02.1975 **95.**

Renger: Liebe Genossen, ich wäre sehr traurig, wenn wir dieses so behandeln würden, wie der Genosse *Farthmann* es hier angedeutet hat. Wir würden in allergrößte Schwierigkeiten nach draußen kommen, wenn wir ein oberstes Gericht, das ja Gottes Willen eine Autorität hat, die ja auch in der Bevölkerung verstanden wird, wenn wir die –

(Unruhe.)

Augenblick mal, Augenblick mal. Genossen, redet euch doch bitte nicht in eine Sache hinein, die uns nur Schwierigkeiten macht. Wir müssen die Dinge so behandeln, dass sie auch draußen verstanden werden, und wir können doch unmöglich alle Autoritäten – und gerade eine solche – in dieser Weise infrage stellen, wie es hier eben empfohlen worden ist, sondern wir können die Sache doch nur so behandeln, wie sie hier politisch vom Parteivorstand und vom Präsidium behandelt worden ist und wie sie hier in der kleinen Kommission vorgelegt worden ist. Das bitte ich doch hier ganz deutlich zu unterscheiden.

Ich glaube, dass hier das, was hier im Präsidium als Resolution, als Verlautbarung verabschiedet worden ist, nach meiner Auffassung die Sache noch besser im Griff hat als das – ach Genossen, seid doch mal einen Moment so friedlich und hört einen Augenblick zu, wir tun das doch auch bei anderen Rednern –, dass es noch besser ist, wie es formuliert ist und die Sache noch mehr eingreift hier in die ganze Problematik als das, was in der längeren Erklärung vorgesehen ist. Es ist ja auch in der Sache kein Unterschied in dem, was wir wollen. Ich bitte euch sehr herzlich auch darum, nicht etwa so zu verfahren, dass wir prüfen wollen, ob wir nun etwas tun können. Was auch immer in dem Urteil drinsteht – und wir haben ja da eine Kurzfassung vorliegen –, ist es uns möglich, eine sehr viel bessere, den Menschen und den Frauen entgegenkommendere Lösung zu finden, als wir sie heute haben. Und wenn hier einer dem widerspricht, dem muss ich sagen, dem müsste also dann allerdings der Sachverstand abgesprochen werden.

(Unruhe.)

Wenn nicht die Regelung, die möglich ist, nach diesem Urteil, dass dies besser ist, als was wir heute in der Strafgesetzgebung drin haben. Ich könnte euch das ja vorlesen, was hier im Einzelnen schon im Vorab möglich ist. Das, was aufgezählt worden ist, eugenische, genetische und diese Dinge sind ja schon drin. Sogar die Andeutung in einer besonderen Notsituation, was ja einer Andeutung der sozialen Indikation nahekommt. Ich brauche doch hier nicht zu sagen, dass ich für die Fristenregelung bin. Ich meine, dieses weiß ja wohl jeder. Dass dies aber nicht zu erreichen ist, liebe Genossen, verpflichtet uns geradezu. Nun muss ich mal ganz offen sagen, wir wollen ein Gesetz für die Frauen machen, die in Not sind, und für die Familien und nicht nur deswegen, um möglicherweise nachher politisch kontrovers zu diskutieren. Das hilft uns nicht und schon gar nicht den Frauen. Deswegen müssen wir in dieser Legislaturperiode mit unserer Initiative ein Gesetz verabschieden, das besser ist als der Zustand, der heute da ist.

(Vereinzelter Beifall.)

Wehner: Ich erteile noch das Wort Helga *Timm*. Dann muss ich unterbrechen wegen der Wahlhandlung. Helga *Timm*.

Timm: Genossinnen und Genossen, wir haben uns in der Kommission im Grundtenor sowohl in der Äußerung des Bundesjustizministers als auch in der Äußerung des Präsidiums als auch in dem Vorschlag, den ich hier unterbreitet habe, als eine Erklärungsmöglichkeit für die Fraktion im Grundtenor abgestimmt. Vielleicht darf ich noch etwas sagen, weshalb ich meinte, diese Erklärung für die Fraktion noch etwas gesondert und vielleicht auch etwas länger darzustellen und vielleicht auch etwas, was in meiner Sicht in der Tat die Möglichkeit für viele, die mit uns für die Fristenregelung gekämpft

577

haben, für viele Frauen draußen, für unsere Partei, eine Möglichkeit der Identifikation in diesem Moment bietet und nur aus diesem Grunde, weil das meine eigene – ja – Lage im Augenblick mit ausdrückt, die Betroffenheit über dieses Urteil zum Ausdruck bringt. Betroffen bin ich und bin dankbar für das, was *Farthmann* eben gesagt hat, nämlich betroffen sind doch wohl auch alle diejenigen, die mit uns gestimmt haben. Dass diese Regelung als verfassungswidrig angesehen wird, auch wenn sie in der Sache anderer Meinung waren, da ist doch der Punkt, und gerade in diesem Punkt, muss ich gestehen, habe ich bis heute Morgen um elf in der Tat alle Gerüchte nicht für möglich gehalten, und wenn ich mir bisher die Verlautbarungen, die da sind – ich habe die Begründung auch noch nicht ganz lesen können –, anschaue, die Widersprüchlichkeit gerade auch in der Begründung in diesem sehr, sehr komplexen rechtspolitischen und politischen Sachverhalt, dann kann ich nur sagen, das ist eine offene Frage auch verfassungspolitisch und das steht hier also in dieser Erklärung mit drin.

Das war mein Anliegen und mein Angebot, und ich wäre dankbar, wenn wir es in der Form aufnehmen könnten. Widersprüche in den beiden Erklärungen sind nicht. Ich meine, sie ergänzen sich, und es wäre gut, wenn die Fraktion nochmals auf ihren, ihren Grundtenor kommt, nämlich die Einzigartigkeit der Situation verlangt eben auch gebündelt sozialpolitische und eben auch strafrechtliche Maßnahmen. Denn das ist ja wohl das, was allerdings auch in der Präsidiumserklärung herauskommt. Aber ich meine, es sollte vielleicht noch mal besonders deutlich gemacht werden. Streiten sollten wir uns nicht darüber. Ein Punkt noch, Herta. Der letzte Satz in meinem Erklärungsversuch heißt: Wir als Gesetzgeber – und in der Tat sind wir auch als Gesetzgeber gefordert – zu prüfen. Mehr steht nicht drin.

(Zwischenruf.)

Ja, wir müssen. Nicht. Wir müssen sehen, welche Verantwortung uns da gegeben ist. Das steht drin und wir wollen alles für die Hilfen der Frauen ausschöpfen, und ich meine, das ist etwas, was wir wirklich sagen müssen.

Wehner: Ja, Genossen, ich muss jetzt unterbrechen. Ich habe hier noch eins, zwei, drei, vier, fünf, sechs, sieben Wortmeldungen. Ich rufe in einer Viertelstunde wieder auf. Inzwischen ist die Abstimmung, die findet im Nebenraum statt.

{...}[14]

Die Sitzung wird fortgesetzt. Ich bitte um Entschuldigung, dass es länger gedauert hat. Das Wort hat Holger *Börner*.

Börner: Genossinnen und Genossen, die Diskussion dieses Themas ist natürlich in unserem Kreis nicht nur heute, sondern auch schon bei früherer Gelegenheit eine Sache, in der man persönliches Engagement und auch persönliche Leidenschaft immer mit berücksichtigen muss. Ich fühle mich aufgrund der Diskussion, wie sie sich bisher ergeben hat, aber doch veranlasst, auf einen Gesichtspunkt hinzuweisen, der unter Umständen bedacht werden muss, wenn wir an die nächsten Tage und Wochen denken. Das Urteil ist gesprochen worden in einem Zeitraum, in dem die Partei in schwierigen Wahlauseinandersetzungen steht, und in Ländern Landtagswahlen sind, in denen dieses Thema von der Sache her sofort eine gewisse Eigengewichtigkeit nach dem Urteilsspruch von heute bekommt. Wir müssen damit rechnen, dass aber auch unabhängig von der Problematik der Argumentation zum Beispiel in Rheinland-Pfalz sich etwas ergibt, auf das ich auf-

---
[14] Unterbrechung der Sitzung für den Wahlvorgang. Zunächst wurden für vier Minuten die Mikrofone abgeschaltet, während das Band weiterlief, anschließend wurde wohl das Tonbandgerät angehalten.

merksam geworden bin, als ich heute Morgen die Pressestimmen im Vorfeld der Verfassungsgerichtsentscheidung am Radio zitiert hörte.

Ihr erinnert euch, dass wir vor einem guten Jahr schon einmal eine Kampagne der CDU hatten, die SPD und die Koalition in den Geruch der Verfassungsfeindlichkeit zu bringen. Diese Kampagne damals ist gescheitert und es gibt Anzeichen dafür – ich zitiere hier die Springersche »Morgenpost« von Berlin, heutige Ausgabe[15] –, dass aus der Kritik am Urteil, die selbstverständlich in den nächsten Tagen kommen wird und von der ja auch die Stellungnahme des Präsidiums keinesfalls frei ist, dass aus dieser Sache uns versucht wird, Messer zu stechen, die SPD hier kontra Verfassungsgericht zu bringen.

Zweitens muss man sehen, dass es in der CDU bisher eine Arbeitsteilung gegeben hat bei ähnlichen Kampagnen. Die einen machen die Verteufelung und die anderen präsentieren sich als die reformwilligen, als die fortschrittlichen Kräfte, und ich vermute aus den Anlagen der Springer-Presse von heute, dass wir es mit einer ähnlichen Zangenoperation der anderen Seite morgen und übermorgen zu tun haben. Das heißt, dass auf der einen Seite so getan wird, als wollte die SPD die Integrität und die Bedeutung des Verfassungsgerichts in Zweifel ziehen und damit sozusagen an den Grundfesten des Staates rütteln und zum anderen aber die CDU-Meinung in der Frage des Indikationsmodells als das eigentlich Reformwürdige darstellen. Und ich bitte sehr herzlich, dass diejenigen, die sich noch zur Diskussion gemeldet haben, doch diesen Gesichtspunkt einmal berücksichtigen, dass es nicht Sinn einer solchen Aussprache unter uns sein kann, nun in alle Messer zu rennen, die der politische Gegner für die nächsten Wochen aufgesteckt hat.

Wehner: Danke. Bevor ich dem Nächsten das Wort gebe, bin ich aufgefordert, darauf hinzuweisen, dass einige offensichtlich noch nicht abgestimmt haben. Die möchten das bitte jetzt tun, wird von der Kommission gebeten. Der Nächste, Hermann *Dürr*.

Dürr: Die Übergangsregelung, die das Bundesverfassungsgericht getroffen hat und die übrigens in Berlin nicht ohne weiteres gilt, sieht vor, dass in Fällen einer Notlage der Richter von Strafe absehen kann. Das heißt, er kann am Schluss die Akten zuklappen und sagen, es wird nicht bestraft. In der Begründung des Urteils steht, dass der Gesetzgeber eine solche Notlage als Indikation anerkennen kann. Das heißt in Praxi, wenn der Polizist von einem Schwangerschaftsabbruch erfährt, braucht er gleich gar keine Akte anzulegen. Ich bin der Meinung, dass der Gesetzgeber oder in dem Fall wir sogar verpflichtet sind, es nicht bei dieser Übergangsregelung zu belassen, sondern die in der Begründung aufgezeigte Möglichkeit auszuschöpfen. Das ist, um der Hilfe für die Frauen willen, unsere Pflicht.

Und jetzt habe ich noch eine Bitte: Das Wort soziale Indikation hat sich zwar so eingeschlichen, dass man kaum dagegen ankann, aber es legt immer den Gedanken so an Moneten und Pinkepinke nahe. Ich würde euch herzlich bitten, wenn ihr es übers Herz bringen könnt, stattdessen Notlagenindikation oder Konfliktindikation zu sagen, weil es auf dem Gebiet auch 'ne ganze Menge von Fällen gibt, die mit Finanzen nichts zu tun haben, zum Beispiel wenn eine Frau grad' im Zeitpunkt, wo ihre Ehe unwiderruflich in die Brüche geht, bemerkt, dass sie schwanger ist. Das kann einen Konfliktfall herbeiführen, der einfach kaum anders zu lösen ist.

(Vereinzelter Beifall.)

---

15 Zum Kommentar »Grundsatzfrage« von Kristine *Krämer* vgl. »Berliner Morgenpost« vom 25. Februar 1975, S. 2. – Die Kommentatorin schloss ihre Ausführungen mit einem Appell an die Koalition: »Wem unter den Politikern die Entscheidung mißfällt, der sei ehrlich und stelle einen Antrag auf Änderung der Verfassung.«

Wehner: Genosse *Waltemathe*.

Waltemathe: Genossinnen und Genossen, ich verstehe schon, dass die Fraktion heute eine Stellungnahme zum Urteil abgeben muss. Ich verstehe aber nicht, weshalb die Fraktion heute, am 25. Februar 1975, wo das Urteil grade gesprochen ist, wo Horst *Ehmke* und Jochen *Vogel* und Hans *de With* betont haben, sie hätten das Urteil einmal gelesen und könnten erste Tendenzen daraus ableiten, wo keiner von uns das Urteil gelesen hat, unbedingt schon sagen müssen, wir werden ein Gesetz vorlegen.

Und ich glaube, der Streit geht eigentlich oder die Diskussion geht, abgesehen von der Alternative *Schweitzer*, eine ganz andere Resolution hier zu fassen, um den letzten Absatz dieses Entwurfes. Der besteht aus zwei Teilen: einmal, dass wir das Urteil prüfen werden, und zweitens, dass wir alle Möglichkeiten ausschöpfen werden, und aus diesem Möglichkeiten ausschöpfen entnehmen viele, auch ich, dass wir auf jeden Fall heute schon sagen, wir werden nunmehr einen anderen Gesetzentwurf vorlegen und ich bezweifle, ob wir das heute so in dieser Klarheit sagen müssen, ob wir das nicht auch in 14 Tagen noch sagen können, diesen Teilaspekt. Und ich schlage deshalb vor, dass wir, um das Ding möglichst einstimmig hier verabschieden zu können, den letzten Absatz etwas weicher fassen, nämlich in folgendem Sinne: Wir werden nunmehr als Gesetzgeber das Urteil und seine Begründung sowie alle verbliebenen Möglichkeiten gründlich prüfen, um betroffenen Frauen und Familien so rasch wie möglich zu helfen. Dann ist ausgesagt, dass wir als Gesetzgeber nicht nur das Urteil prüfen, sondern natürlich auch die Konsequenzen, die sich aus diesem Urteil ergeben, mitprüfen werden, ohne dass wir heute schon unbedingt sagen, wir werden aber einen anderen Gesetzentwurf vorlegen. Ich meine, ihr solltet uns auch oder wir sollten uns selbst die Chance geben, dass jeder für sich in den nächsten 14 Tagen bis zur nächsten Fraktionssitzung das Urteil wirklich mal gründlich durchliest, damit wir dann eine fundiertere Diskussion darüber führen können.

Wehner: Hans *Bardens*.

Bardens: Ja, Genossinnen und Genossen, nur noch zwei Feststellungen. Erstens: Wir sollten nicht jetzt in einer Resolution einen Vorwurf ans Gericht, auch wenn es ein indirekter Vorwurf ist, an das Gericht formulieren. Das halte ich für falsch. Erstens haben wir der Verfassung zugestimmt. Zweitens wissen wir alle, wie dieses Gericht sich entwickelt hat und die Verfassungsrichter werden unter, mit unserer Beteiligung gewählt. Wenn man einen Vorwurf an irgendjemand zu richten hat, dann an die Opposition und an die Bundesländer, die geklagt haben, die in dieser Frage das Verfassungsgericht missbraucht haben.

(Unruhe.)

Meine Meinung, da könnt ihr mosern, aber ich halte es für richtig, dass man hier den Adressaten nennt, an den der Vorwurf zu richten ist.

Meine eigene Haltung bei der Beratung des Gesetzentwurfs in der Vergangenheit, die hat verfassungsrechtliche Fragen, weil ich nun kein Jurist bin und die gar nicht so ganz beurteilen kann, gar nicht wesentlich mit einbezogen. Auch das, was man Gewissen nennt, für mich ist das immer etwas Peinliches, vom Gewissen zu reden, hat eine so große Rolle nicht gespielt. Es sei denn, wir würden uns vorher darüber verständigen, was das ist, das Gewissen. Ich habe bei der letzten Abstimmung dem Mehrheitsentwurf zugestimmt, um überhaupt eine Änderung möglich zu machen und eine Änderung in Gang zu setzen. Deswegen kann man aber auch nicht sagen, weil das viele unserer Kollegen gemacht haben, kann man nicht sagen, dass das, was bei der letzten Abstimmung herausgekommen ist, ohne jede Einschränkung einfach die Meinung der Mehrheit war.

Fraktionssitzung 25.02.1975 **95.**

Darüber können wir in der Öffentlichkeit jetzt gar nicht mehr diskutieren und dürfen nicht darüber diskutieren. Aber unsere Erklärung muss entsprechend abgefasst sein, so dass wir sie wirklich alle tragen können. Und unter Berücksichtigung dieser beiden Gesichtspunkte möchte ich noch mal empfehlen, die Präsidiumsresolution, die Präsidiumserklärung zu akzeptieren. Dort wird nicht das Verfassungsgericht angegriffen, sondern es wird in viel abgewogeneren Formulierungen das Notwendige gesagt.

Wehner: Norbert *Gansel*.

Gansel: Genossinnen und Genossen, es ist vielleicht noch bekannt, dass ich selbst in der Frage des 218 eine abweichende Meinung gehabt habe, aber ich selbst habe wie Friedel *Farthmann* auch nicht geglaubt, dass die Fristenregelung verfassungsrechtlich scheitern würde beim Bundesverfassungsgericht. Ich möchte euch aber wie Friedhelm *Farthmann* noch einmal darauf aufmerksam machen, dass dieses Teil ist einer Übernahme eigentlich gesetzgeberischer Kompetenzen durch das Bundesverfassungsgericht. Dieser Staat ist ein Rechtsstaat und kein Bundesverfassungsgerichtsstaat. Dies ist eine parlamentarische Demokratie und die Politisierung der Richterwahl macht ja auch gerade diesen Zusammenhang sichtbar. Es wäre falsch, wenn wir hinter dem zurückgehen würden und das Bundesverfassungsgericht gewissermaßen als von Gottes Gnaden darstellen würden. Wir haben mehrfach darüber gesprochen, dass wir unsere Argumentation abstellen wollten auf das Minderheitengutachten.

Nun haben wir erst die Presseerklärung des Bundesverfassungsgerichtes vorliegen, ist gerade verteilt worden, aber auch darin ist sichtbar geworden, wie deutlich Minderheitenvotum von der Mehrheit abweicht, und es ist auch deutlich geworden in diesem Urteil – wenn ich euch bitte, die Seite 4 aufzuschlagen, einmal ganz oben –, wie breit angelegt das Urteil des Verfassungsgerichtes ist, das sich nicht nur auf strafrechtliche Normen beschränkt, sondern das sogar gesagt hat – Seite 3 unten, Seite 4 oben – ein Blick in die im Strafrechtsreformergänzungsgesetz für das Gebiet des Sozialrechts vorgesehene Regelung zwinge sogar zu dem Schluss, dass es sich dabei um einen Vorgang handele bei der Abtreibung, dem rechtlich nichts Verwerfliches anhafte und der deshalb auch sozialrechtlich gefördert und erleichtert werden dürfe. Dieses ist im Grunde genommen ein Frontalangriff gegen breite Teile unserer Sozialpolitik. Ich möchte euch auch bitten, auch das zu sehen, und ich möchte euch schließlich und möchte bitten, das dann in eine Resolution aufzunehmen, aufmerksam machen auf die Seite 6, letzter Absatz, wo im Minderheitenvotum gesagt worden ist, dass sozialpolitische Maßnahmen durchaus den Vorrang vor weitgehend wirkungslosen Strafandrohungen haben können. Und es heißt dann weiter: Eine entgegengesetzte Verfassungsauslegung sei, so wird im Sondervotum näher dargelegt, mit dem freiheitlichen Charakter der Grundrechte nicht vereinbar und verlagere in bedenklichem Ausmaß Entscheidungskompetenzen auf das Bundesverfassungsgericht. Ihr könnt das heute selbst lesen. Ich will das nicht vorlesen.

Ich wollte nur sagen, mich hat auch überzeugt die letzten beiden Sätze in diesem Absatz, in denen darauf hingewiesen wird, dass aus dem Grundrecht, das ein Schutzinstrument gegen staatliche Gewalt sein kann, dass dieses Schutzinstrument uminterpretiert werden kann in eine Aufforderung an den Staat, staatliche Gewalt durch Strafandrohung aufzuheben. Auch dieses ist mit Recht von den abweichenden Richtern so dargestellt worden, und ich sehe nicht ein, warum wir päpstlicher als der Papst sein sollen und warum wir hinter den Stellungnahmen dieser Verfassungsrichter zurückbleiben sollen. Das heißt, ich wäre sehr dafür, einen entsprechenden Passus aufzunehmen, in einer Diskussion, der wir uns ohnehin nicht entziehen können, und Holger *Börner*, ich gebe dir vollkommen Recht, dass die CDU wieder die Kampagne der Verteufelung beginnen wird, aber das wird sie so oder so machen. Entweder werden sie sagen, die Sozialdemokraten haben keine Ehrfurcht vor dem Bundesverfassungsgericht, weil sie das Bundesverfassungsgericht kritisieren, oder sie werden sagen, sie schrecken noch nicht einmal vor der Verfassung zurück, denn das Urteil des Bundesverfassungsgerichts hat deutlich gemacht, dass sie die Verfassung brechen wollten und dass sie selbst vor der Tötung ungeborenen Lebens nicht zurückschrecken. Wobei ich das auch, wenn ich das anmerken darf, nicht als sinnvoll empfinde, wenn in unserer Resolution von ungeborenem Leben gesprochen wird. Wir haben, glaube ich, von werdendem Leben in dem Zusammenhang gesprochen. Wäre es ungeborenes Leben, hätte ich der Fristenregelung auch nicht zustimmen können, aber ich bitte, auch da den Sprachgebrauch so abzustellen, dass wir nicht unnötig uns festlegen und nicht unnötig neue Konflikte schüren.

Ich meine also, dieser Konflikt mit CDU kommt sowieso auf uns zu und uns bleibt gar nicht in dieser Situation und auch im Hinblick auf andere Entscheidungen und auch im Hinblick auf die Regierbarkeit dieses Staates, die ich mehr gefährdet sehe durch den Konflikt zwischen Bundesrat und Bundestag, wenn er permanent werden wird, und durch die Stellung des Bundesverfassungsgerichts und durch viele andere autonome Entscheidungsträger mehr gefährdet sehe als durch einen Wahlsieg der CDU, wo auch immer. Auch im Hinblick auf diese Unregierbarkeit würde ich es für wichtig halten, wenn wir uns dazu durchringen, an dieser Stelle das Bundesverfassungsgericht zu problematisieren, wo es noch relativ einfach ist, und uns einer Aufgabe stellen, der wir uns sowieso nicht werden entziehen können.

Wehner: Heinz *Rapp.*

Rapp (Göppingen): Genossinnen und Genossen, mit der Kampagne, wir Sozialdemokraten hätten es nicht mit der Verfassung, war natürlich von vornherein zu rechnen. Nur möchte ich drauf hinweisen, es gibt ein Minderheitsvotum, und wer diese Kampagne anführt, trifft damit ja auch zwei Verfassungsrichter, und deshalb meine ich, sollten wir dieses auch für uns nutzbar machen. Mir scheint die Präsidiumserklärung präziser und zugleich auch prägnanter zu sein. Ich würde aber auch mit der anderen hinkommen, allerdings müsste man einige Punkte verändern, auf die ich zu sprechen komme. Aber um jedenfalls zu gewährleisten, dass wir die Kampagne abfangen können mit dem Hinweis auf das Minderheitsvotum, würde ich dafür plädieren, dass wir sowohl in der einen wie in der anderen Fassung, was immer wir annehmen, hinter dem Satz: »der Spruch des Verfassungsgerichts ist verbindlich«, wie folgt weiterfahren: Also, der Spruch des Verfassungsgerichts ist verbindlich, diese Feststellung wird nicht herabgemindert, wenn die SPD-Bundestagsfraktion gleichwohl erklärt, dass sie ihre Auffassung über die wirksamste Gewährleistung des Lebensschutzes und die angemessenen Bedingungen einer {…} Rechtsabwägung in der abweichenden Meinung der in der Minderheit gebliebenen Verfassungsrichter Dr. *von Brünneck* und Dr. *Simon* wiederfindet.

Genossen, für mich hat das Mehrheitsprinzip nie einen anderen Sinn, nie eine andere Philosophie gehabt, als Unterwerfungsleid zu minimieren. Kein Mensch kann je behaupten, dass die Mehrheit per se recht hätte und infolgedessen ist, weil wir hier ein Minderheitsvotum haben, auch die Chance gegeben, die Kampagne abzufangen, die da kommt. Wenn wir uns verständigen sollten auf die Entschließung im Fraktionsentwurf, dann würde ich auch dafür plädieren, den dritten Absatz wegzulassen. Er wäre auch entbehrlich, wenn man die Hinzufügung einfügt, die ich vorgeschlagen habe. Außerdem, und dann wäre dann auf Seite 2 des Weiteren der drittletzte Absatz von unten entbehrlich. Des Weiteren würde ich dafür plädieren, dass man auf der Seite 2 den letzten Absatz weglässt, weil der nämlich wehleidig ankommt, bitte, bitte, verprügelt uns jetzt nicht. Dieses wäre für uns nicht angemessen hier. Aber ich würde nochmal dafür plädieren und mich dafür einsetzen, dass wir aus der Tatsache, dass es ein Minderheitsvotum

| Fraktionssitzung | 25.02.1975 **95.** |

gibt, auch nach außen demonstrieren, wer uns jetzt damit kommen will, ihr habt es nicht mit der Verfassung, der stellt das Gericht auch mit infrage.

Wehner: Hans-Jochen *Vogel*.

Vogel: Es ist die Frage aufgeworfen worden, ob wir bei dieser Gelegenheit das Bundesverfassungsgericht problematisieren und das Problem herausstellen sollen, dass dieses Gericht hier möglicherweise seine Schranken überschritten hat und nicht Rechtskontrolle ausübt anhand der Verfassung, sondern Politik macht. Genossinnen und Genossen, diese Debatte wird aufgrund einer entsprechenden Stelle im Sondervotum sowieso in Gang kommen, so und so in Gang kommen. Es hat nur eine ganz andere Wirkung, wenn diese Debatte draußen beginnt und wir dann in geeigneter Weise an der Debatte teilnehmen, als wenn wir – die wir jetzt hier in der Rolle des Unterlegenen stehen – von uns aus im ersten Moment in diese Kerbe hauen.

(Vereinzelter Beifall.)

Genossen, ich bitte euch zu bedenken, was hat es damals für ein Echo ausgelöst, als übrigens unsere damalige Fraktion die Frage, ob die Bundesrepublik der Europäischen Verteidigungsgemeinschaft beitritt – nun weiß Gott ein Politikum – vom Verfassungsgericht nachgeprüft haben wollte, und als das Verfassungsgericht sich anschickte, was zu tun, hat *Dehler*, gewiss ein ehrenwerter Mann, ein Telegramm hingeschickt, das Gericht »sei in erschütternder Weise vom Wege des Rechts abgewichen«.[16] Genossen, das war eine Reaktion, die damals ihrem Urheber nicht geholfen hat. Lasst es uns bei dieser jetzt vorgeschlagenen Äußerung bewenden. Lasst die Debatte über die Grenzen einer Verfassungsgerichtsbarkeit, die wir so weit haben wollten, die wir qua Verfassung und qua Bundesverfassungsgerichtsgesetz so weit ausgedehnt haben, laufen und nehmt dann daran teil, aber nehmt das jetzt nicht vorweg.

Und noch etwas: Viele Genossinnen und Genossen wissen scheinbar nicht, dass es keinen einzigen Bundesverfassungsrichter gibt seit Gründung dieses Gerichtes, der nicht auch mit unserer Stimme dorthin gelangt ist, weil nämlich im Bundesrat und im Wahlmännerausschuss des Bundestags Zweidrittelmehrheiten vorgeschrieben sind, so dass keiner gegen uns dorthin kommen konnte. Das, Genossinnen und Genossen, soll man bei einem frontalen Angriff auf das Bundesverfassungsgericht auch bedenken. Aus all den Gründen belasst es bei dieser Entschließung und lasst uns die Debatte über die Rolle des Bundesverfassungsgerichts nicht an dieser Stelle und bei dieser Gelegenheit eröffnen.

(Beifall.)

Wehner: Ich unterbreche für eine kurze Zeit. Teile das Abstimmungsresultat mit. 123 Ja, 58 Nein, 13 Enthaltungen. Abgegeben 194 Stimmen. Ich frage Werner *Buchstaller*, ob er annimmt?

Buchstaller: Ich habe mich wiederholt bemüht, in dieser Fraktion mehr Vertrauen zu erreichen, als mir in der heutigen Abstimmung entgegengebracht wurde. Ich habe manchmal den Eindruck, dass hier nicht entschieden wird danach, ob jemand eine Aufgabe wahrnehmen kann, sondern nach Sympathie, nach Antipathie, nach politischen Standorten. Ich mache sechs Jahre Berichterstatter für den Wehrbeauftragten und glaube, den Fraktionsvorstand hat auch diese meine Arbeit veranlasst, mich hier vorzuschlagen. Ich werde bemüht sein, meine Aufgabe so gut wie möglich wahrzunehmen und bin zutiefst davon überzeugt, dass ich niemanden von der Fraktion, auch der, der sich außerstande

---

16 Zum Antrag der SPD-Fraktion vom 20. Dezember 1952 betr. Mißbilligung von Äußerungen des Bundesministers der Justiz Dr. *Dehler* über das Bundesverfassungsgericht vgl. BT Drs. 01/3974.

sah, mir heute das Vertrauen zu geben, meine Arbeit als Wehrbeauftragter enttäuschen werde. Ich nehme den Auftrag an.

(Beifall.)

Wehner: Danke. Dann fahren wir in der Diskussion fort. Hellmut *Sieglerschmidt*.

Sieglerschmidt: Genossinnen und Genossen, auch ich gehöre zu jenen, wie ihr wisst, die das Gesetz, wie es seinerzeit verabschiedet worden ist, nicht für richtig gehalten haben, die aber davon ausgingen und eigentlich davon auch überzeugt waren, dass die Fristenregelung verfassungsgemäß ist, dem Grundgesetz entspricht. Wenn nun die Frage hier aufgeworfen wird, ob dies nach diesem Urteil jetzt Bestand haben kann, dann muss ich sagen, nach den ersten Nachrichten, die ich habe, den ersten Informationen bin ich weiterhin dieser Ansicht und würde dem Minderheitenvotum zuneigen. Aber Genossinnen und Genossen, in einer solchen schwierigen Frage sich endgültig zu entscheiden, ohne das Urteil nun wirklich mit seinen Gründen gelesen zu haben, halte ich nicht für möglich.

Das Gleiche gilt natürlich auch für die Frage, die hier angeschnitten worden ist, ob das Bundesverfassungsgericht in diesem Falle seine Kompetenzen überschritten hat und Politik gemacht hat. Auch hier gibt es ja schon eine lange Diskussion und ich erinnere mich an einige hier, mit denen ich gemeinsam auch einmal in einer sehr interessanten Diskussion in der Gesellschaft für Parlamentsfragen daran beteiligt war, welche Rolle hier in diesem Fall dem Bundesverfassungsgericht zukommt. Aber zu dieser Frage etwa, abgesehen von allen anderen Gründen, die hier insbesondere zum Schluss noch von Jochen *Vogel* genannt worden sind, heute in einer Entschließung Ausdruck zu geben, ohne dass man die Begründung wirklich gelesen hat, dies würde ich für sehr leichtfertig halten.

Und noch eine dritte Bemerkung: Ich meine, so wie die Situation nun einmal ist, haben diejenigen Recht, die hier gesagt haben, niemand sollte in erster Linie jetzt zurückschauen und versuchen Recht zu haben und Recht zu behalten. Ich tue das auch nicht. Ich lege sehr großen Wert darauf, nicht persönlich, sondern im Interesse der Fraktion, dass wir jetzt im weiteren Verlauf zu einer gemeinsamen Aktion kommen. Und nun muss ich hier eins sagen: Ich bin mit dem Zusatz des Genossen *Rapp* durchaus einverstanden, den er hier genannt hat, aber wenn ich im Blick auf diese Frage den Entschließungsentwurf der Arbeitsgruppe mit der Präsidiumsentschließung vergleiche, dann muss ich hier ganz freimütig sagen, der Entschließungsentwurf der Arbeitsgruppe, der sehr deutlich zum Ausdruck bringt, dass nicht nur im Blick auf das Grundgesetz, sondern an sich die Fristenregelung die einzig wahre ist, dieser Entschließung wäre nicht möglich für mich zuzustimmen. Und ich könnte mir vorstellen, dass es anderen, die ähnlich gelagert sind in ihrem Urteil, dass es ihnen genauso ging. Der Präsidiumsentschließung wäre ich durchaus in der Lage zuzustimmen. Vielleicht sollte das auch bei der Frage, welches nun zur Grundlage gemacht wird, eine Rolle spielen. Natürlich kann man auch der Ansicht sein, wir haben damals ohne diese Minderheit gelebt, wir können das auch heute. Ich würde meinen, es wäre eine gute Sache, wenn wir hier möglichst eine einstimmige Entschließung fassen könnten.

Wehner: Hedwig *Meermann*.

Meermann: Liebe Genossinnen und Genossen, ich würde der Entschließung der SPD-Bundestagsfraktion so, wie sie uns vorliegt, zustimmen, hätte aber einen Ergänzungsantrag zum dritten Absatz. Da heißt es: Die SPD-Bundestagsfraktion nimmt dieses Urteil mit Betroffenheit zur Kenntnis. Sie hatte dieses Ergebnis nicht für möglich gehalten. Da würde ich bitten hinzuzusetzen: da die verfassungsmäßigen Aspekte im Gesetzgebungsverfahren eingehend geprüft worden sind. Ich möchte damit den Vorwurf ausräumen, dass wir es vielleicht mit der Verfassungsmäßigkeit nicht so genau nehmen oder uns da traumtänzerisch bewegt hätten. Dieser Nebensatz würde auch keine Urteilsschelte beinhalten, gleichwohl gibt er aber eine Brücke zu dem Minderheitengutachten, ohne dass dieses ausdrücklich angesprochen ist.

Wehner: Bruno *Friedrich*.

Friedrich: Ich bin der Meinung, dass wir gar nicht anders können, als diesen Entwurf heute zu verabschieden. Ich möchte aber vorschlagen, dass wir einfügen: die Bundestagsfraktion nimmt dieses Urteil in einer ersten Stellungnahme – auf das »erste Stellungnahme« würde ich großen Wert legen, weil wir eben das Urteil noch nicht prüfen konnten. Soweit es um die Präsidiumserklärung geht, hätte ich Bedenken wegen des letzten Absatzes, aus dem heraus der Eindruck entstehen könnte, als ob wir nun dies akzeptieren müssen als die für uns künftig allein mögliche Norm.

Ich bin in großer Sorge. Am Samstag hat mir ein in der Wirtschaft nicht einflussloser Mann erklärt, »wir werden die Mitbestimmung beim Bundesverfassungsgericht abtreiben, wie wir die Fristenregelung abgetrieben haben«. Hier kommt etwas hoch, das außerhalb unserer hier sachlichen Diskussion läuft. Aber ich bin auch anderer Meinung als Annemarie *Renger*. Wenn sich herausstellen sollte, dass in einem säkularisierten Staat, der wir nun sind, nach moraltheologischen Grundsätzen italienischer Provenienz entschieden worden sein sollte, dann kann dies die Sozialdemokratie auch aus einer Rechtstradition eines *Radbruch*[17] heraus nicht hinnehmen.

(Vereinzelter Beifall.)

Wehner: Carl-Christoph *Schweitzer*.

Schweitzer: Lasst mich nur ganz kurz einmal zu Ernst *Waltemathe* sagen: Du musst mich missverstanden haben. Ich habe nicht für einen ganz neuen Entwurf plädiert, sondern für die Übernahme des Präsidiumsentwurfs mit dieser Änderung, und würde – ah, das ist gut – auch zustimmen meinerseits der zusätzlichen Änderung von Freund *Rapp*. Das scheint mir auch sehr gut zu sein. Ich halte es nur, und da liegt ja der entscheidende Unterschied zu der uns ja auch durchaus sehr, sehr noblen Erklärung von Helga *Timm*, ich halte es nur für wichtig, dass diese Fraktion deutlich macht, dass wir überhaupt etwas tun werden. Denn wir müssen etwas tun, ganz unabhängig von den Gründen im Einzelnen müssen wir etwas für die betroffenen Frauen tun. Ich halte einen Verzicht auf eine solche Bekundung heute für ein völlig apolitisches Vorgehen.

Wehner: Herta *Däubler-Gmelin*.

Däubler-Gmelin: Zunächst möchte ich ganz kurz nochmal auf die Vorlage eingehen, die heute Morgen vom Präsidium verabschiedet wurde. Hellmut [*Sieglerschmidt*], ich kann dich eigentlich nicht ganz verstehen, warum du dieser Vorlage zustimmen willst. Guck dir doch mal bitte auf Seite 2 den letzten Satz an, und zwar den letzten Absatz. Ich halte den für so missverständlich formuliert, und zwar einfach, er indiziert oder er erreicht den Gegenschluss heraus, als ob das, was wir bisher getan haben, nicht etwa den besonderen Beziehungen zwischen Schwangeren und Kind entsprochen hätte. Ich halte es für völlig ausgeschlossen, so einen Satz hier stehen zu lassen, und ich bin eben der Auffas-

---

17 Gustav *Radbruch*, Rechtsphilosoph des 20. Jahrhunderts, Mitglied des Reichstags für die SPD und Reichsjustizminister in der Weimarer Republik. *Radbruch* und 54 weitere Mitglieder der SPD-Fraktion brachten am 31. Juli 1920 im Reichstag einen Antrag ein, der die Straflosigkeit der Abtreibung vorsah, wenn sie von der Schwangeren oder einem staatlich anerkannten (approbierten) Arzt innerhalb der ersten drei Monate der Schwangerschaft vorgenommen würde. Dieser Antrag hatte keinen Erfolg.

sung, dass die gesamte Präsidiumserklärung ein bisschen missverständlich formuliert ist. Das geht so nicht.

Aber ich darf jetzt noch einmal auf das zu sprechen kommen, was der Genosse *Vogel* gerade sagte. Ich meine, das ist natürlich völlig klar und völlig zuzustimmen, dass ich überhaupt nichts dafür hielte, dem Bundesverfassungsgericht jetzt einen Tadel auszusprechen. Das kann nicht unsere Aufgabe sein, das würde auch nur zum Widerspruch anreizen da, wo wir ihn nicht wollen. Aber davon ist ja auch nicht die Rede. Wir {...} die Diskussion jetzt nicht an einer Problematik zwischen den Verfassungsorganen, sondern wir stellen nur fest, dass wir uns nicht um die Diskussion herummogeln können. Wir erteilen hier auch auf keinen Fall dem Bundesverfassungsgericht eine Abfuhr. Wir verdächtigen es doch auch keineswegs, dass es hier Parteipolitik mache oder sonst was, sondern wir stellen nur fest, dass gerade der Paragraph 218 und das Urteil des Bundesverfassungsgericht hierzu ein bisschen über den Tag hinaus, was mit Rechtspolitik zu tun hat, und ein bisschen was damit zu tun hat, dass unter Umständen hier ein nicht kontrollierbares Bundesverfassungsgericht seinen Verfassungsauftrag missversteht und deswegen, gerade um hinzudeuten auf diese über das jeweilige Urteil hinausgehende Funktion, haben wir den Vorschlag gemacht, das heißt, habe ich den Vorschlag gemacht, den ich gleich vorlese.

Und Hans-Jochen *Vogel*, ich habe noch eine Bitte. Lass uns doch einmal mit ganz offenen Karten reden. Dieses Urteil gibt uns, anders als unter Umständen eine Entscheidung zur Mitbestimmung, die Möglichkeit, politische Rechtsprechung des Bundesverfassungsgerichts draußen zu problematisieren. Wenn wir aber sehen, dass es diese Möglichkeit gibt, dann können wir doch auch in einer ersten Stellungnahme nicht vollkommen so tun, als gäbe es diesen Aspekt nicht. Und deswegen prüfe bitte auch mal meine Formulierung, die ich hier drin habe. Ich hätte gerne in den Entwurf von der Helga *Timm* an Absatz 2 folgenden Satz angeschlossen, der Absatz 2 hieße dann: Der Spruch des Bundesverfassungsgerichts ist verbindlich. Diese Feststellung: Nach dem Grundgesetz steht die Feststellung der Verfassungsmäßigkeit von Gesetzen dem Bundesverfassungsgericht zu. Wie die überstimmten Bundesverfassungsrichter in ihrem Sondervotum betonen, sollte sich das Bundesverfassungsgericht jedoch davor hüten, die Rolle des selbsternannten Gesetzgebers zu spielen. Punkt. Und dann geht es weiter. Im Übrigen bin ich der Meinung, dass das, was der Ernst *Waltemathe* zum letzten Absatz gesagt, besser ist. Ich würde also meinen Vorschlag zugunsten für den von Ernst *Waltemathe* zurückziehen. Danke schön.

Wehner: Ich wollte nur eine Bemerkung machen, Herta *Däubler-Gmelin*. Diese beanstandeten Teile aus dem letzten Absatz ist wörtlich der Text, und zwar des ersten Absatzes unserer Entschließung des Bundestages.

(Zwischenruf.)

Aber dieser Grundsatz nicht. Ja, und das ist nun die Entscheidung, die – ja, bitte sehr, dieser Grundsatz nicht. Ich werde doch nicht zugeben, wer immer das auch ist, in welcher Robe er es ist, und auf welche Paragraphen und Artikel er sich stützt, wir hätten das nicht so gemeint und so müssen wir es auch jetzt so meinen {...}. Du hast jetzt gesagt, das, was im letzten Absatz dieser Präsidiumserklärung steht, das verstündest du nicht. Ja, nun, das ändert sich doch nicht, oder wollt ihr vielleicht grundsätzlich bei der Gelegenheit ändern?

Däubler-Gmelin: Entschuldigung, ich habe gesagt, es sei missverständlich formuliert und deshalb, das halte ich nach wie vor aufrecht.

Wehner: Ich wollte noch gesagt haben, wo der Text herkommt. Der kommt aus der damals eingereichten Entschließung, dem Entschließungsantrag, wörtlich. Da ist noch eine Wortmeldung, Horst *Ehmke*.

Ehmke: Herbert, ich möchte doch noch mal Stellung nehmen und Folgendes klarmachen. Es geht nicht darum, die Grundsätze der Entschließung zu ändern. Darum geht nicht der Streit, sondern was ich hier nur gesagt habe, und dabei bleibe ich, ich möchte, bevor ich einen solchen Satz, wie er im letzten Satz des Präsidiums steht und {...} du interpretiert hast offenbar für den letzten Satz des Fraktionsentwurfs, dem ich an sich den Vorzug geben würde, habe ich auch schon gesagt, prüfen, ob denn die Grundsätze, nach denen wir angetreten sind, sich im Rahmen des Verfassungsgerichtsurteils noch verwirklichen lassen werden.

Wenn ich mal unterstellen darf – ich sage nicht, dass es so ist –, wir kämen zum Ergebnis, wir haben dort nur den Spielraum, dass wir etwa das machen, was die CDU vorgeschlagen hat, dann müssten wir uns ja auch überlegen, ob wir nun sagen, nun machen wir das, was wir damals gesagt haben, es geht nicht, das machen wir jetzt mit und sagen dann, Frauen, ihr könnt euch auf die SPD-Fraktion verlassen. Das will ja auch wohlüberlegt sein. Und darum nur die ganz {...} Bitte, dass wir uns demnächst genau vergewissern, sind die Grundsätze, die {...} in Streit sind, was wir machen wollten in dem Entschließungsantrag, ist das wirklich noch nach der strafrechtlichen Seite hin zu machen. Für mehr plädiere ich nicht, dass wir uns nicht vorher festlegen. Nach der sozialpolitischen und beratungsmäßigen Seite sind wir kaum beschränkt, sind wir auch beschränkt, aber jedenfalls nicht so, dass nicht auf jeden Fall was nach der Seite gemacht werden kann. Und ich plädiere dafür, dass wir das erst prüfen, bevor wir uns entscheiden.

Wehner: Helga *Timm*.

Timm: Genau das versuchte ich, in dem letzten Satz zu sagen. Wir wollen alle verbliebenen Möglichkeiten auf der Grundlage und im Sinne unserer Entschließung ausschöpfen, um betroffenen Frauen und Familien zu helfen. Genauso das ist zu prüfen, und ich meine, mehr kann man in einer ersten Stellungahme, und ich wäre sehr dafür, dass wir es als eine erste Stellungnahme abgeben, auch kennzeichnen.

Aber Genossinnen und Genossen, die Mitteilung, die Entschließung des Präsidiums ist ja längst raus, nicht. Das ist also eine Sache, die die Presse hat. Die Frage ist, ob wir uns dem anschließen und sagen, das ist also auch Meinung der Fraktion, oder ob wir meinen oder ihr meint, wir können auch einhellig, und ich glaube, das ist sehr wichtig in dieser Frage, einhellig zu dem, was ich hier euch vorgeschlagen habe, in dem Entwurf Stellung nehmen. Also das einhellig beziehen und das möglichst schnell und rasch. Ich meine nach wie vor ja, und kann nicht ganz verstehen, auch was Hellmut *Sieglerschmidt* oder Hans *Bardens* da meinten, dass es in der Sache rechthaberisch oder sonstwie sei, sondern wir haben hier etwas mit der Verfassungsmäßigkeit zu tun und wir haben zu verteidigen das, was wir hier beschlossen haben als Bundestag, auch verfassungsmäßig begründet haben. Und genau das ist die Begründung oder der Versuch der Begründung gewesen. Ich kann mir nicht ganz vorstellen, wie man daraus etwas anderes lesen kann.

Ich muss sagen, ich wäre dankbar, wenn die Fraktion diese erste Stellungnahme in den – ich meine, auch immerhin einigermaßen abgewogenen – Formulierungen annehmen könnte, auch in Bezug auf das, was unsere Stellungnahme zum Bundesverfassungsgerichtsurteil ist. Ich habe darin geschrieben, wir müssen frei sein in dieser Frage, auch das Urteil zu kritisieren. Das ist, glaube ich, eine Freiheit, die man haben muss, ohne dass man das Urteil nun oder dass man eine Urteilsschelte eingeht. Genau diesen Spielraum müssen wir uns nehmen für weitere Stellungnahmen nach der gründlichen Prüfung.

Und dann zu dem anderen, Herta, noch mal. Ich würde sehr davor warnen, sehr davor warnen, auch deinen – wenn auch nur in der kurzen Fassung – Vorschlag aufzunehmen. Da steckt jetzt schon der Vorwurf dann drin, das ist 'ne Aussage, dass das Bundesverfassungsgericht eine selbsternannte Gesetzgebungsfunktion spielt. Ich würde sehr dafür plädieren, das aufzunehmen, was Jochen *Vogel* gesagt hat. Jede Diskussion ist unausbleiblich, nachdem sie von innen heraus vom Bundesverfassungsgericht, nämlich von den dissenting votes gegeben ist. Die sagen es ja ganz deutlich, das ist also von daher, das brauchen wir ja gar nicht von uns aus jetzt zu sagen. Wir können dazu dann an einer, das ist eine ganz andere Art von Argumentationslinie, die wir allerdings aufnehmen müssen, wie ich meine, aber nicht in einer ersten Stellungnahme, nachdem wir es nicht im Einzelnen geprüft haben. Ich möchte noch einmal darum bitten und dafür plädieren, dass wir diesen Vorschlag so annehmen können. Keine Formulierung kann jedem Einzelnen ganz gerecht werden. Ganz sicher nicht, aber ich glaube, wenn man sich die Formulierungen nochmals in Ruhe durchliest, dass sie auch niemanden vergewaltigen und das ausdrücken, was wir als Fraktion und als Mehrheit hier im Deutschen Bundestag auch verfassungsmäßig beschlossen haben. Ich würde sehr dafür plädieren, den Satz, den Hedi *Meermann* hier vorgeschlagen hat, nämlich »nach gründlicher Prüfung aller verfassungsmäßigen Aspekte«, den allerdings aufzunehmen.

Wehner: Erhard *Eppler*.

Eppler: Genossinnen und Genossen, wir sind uns einig darüber, dass die Fristenregelung verfassungsgemäß ist. Wir sind uns nicht einig darüber, dass die Fristenregelung die einzig verfassungsgemäße ist. Dies ist der Unterschied, den ich hier sehe, oder die Schwierigkeit, die ich hier sehe in dem *Timm*-Entwurf. Deshalb möchte ich folgende zwei Änderungen vorschlagen, dann könnte ich zustimmen. Seite 2, zweiter Abschnitt, zweitletzter Satz, da heißt es: Sie – nämlich die Beratung – muss in freier Verantwortung, das heißt auch frei von Angst vor Strafe, erfolgen können. Dies ist die apodiktische Feststellung, dass sie nur dann einen Sinn hat. Ich würde gerne formuliert haben: Sie wird wirksamer sein, wenn sie frei von Strafe erfolgen kann. Dies wäre etwas, was ich ohne weiteres mitmachen könnte. Das Nächste kann dann ohne weiteres bleiben. Das sollte strafrechtlich die Fristenregelung ermöglichen.

Die zweite Bitte hätte ich beim letzten Abschnitt, wiederum im letzten Satz. Da heißt es, es ist praktisch ja nur ein Satz, ich lese von dem Komma ab: dass Beratung und soziale Hilfen zusammen mit der Rücknahme der Strafandrohung für den Abbruch der Schwangerschaft in den ersten drei Monaten dem Auftrag des Grundgesetzes – jetzt mein Vorschlag – mindestens ebenso gerecht werden wie jede andere strafrechtliche Regelung. Dies würde dann bedeuten, dass wir klar sagen, wir sind der Meinung, was wir beschlossen haben, ist grundgesetzgemäß, aber es bedeutet nicht, es ist das einzig Grundgesetzgemäße. Darüber waren wir nämlich hier in dieser Fraktion nie einig.

Wehner: *Farthmann*.

Farthmann: Genossen, ich wollte nur sagen, der Satz von Herta *Däubler*, der vorhin zum Antrag erhoben ist, würde mein Petitum voll decken. Wenn ich jetzt erfahre, was ich vorher nicht wusste, dass die abweichenden Richter das auch zum Ausdruck gebracht haben, dann sehe ich überhaupt keinen Gesichtspunkt, warum wir das nicht wenigstens auch sagen können, wenn die Herren unserer Fraktion bescheinigen, dass wir das Recht auf Leben nicht geachtet haben. Wenn wir uns dann noch nicht mal trauen können, das zu sagen, dann muss ich ganz ehrlich sagen, dann weiß ich nicht, was eine offene politische Diskussion sein kann.

Wehner: Bitte, Manfred *Schmidt*.

Fraktionssitzung 25.02.1975 **95.**

Schmidt (München): Genossen, ich würde es auch für möglich halten, den Satz von Herta *Däubler-Gmelin* zu übernehmen. Wir leben immerhin in einem Staat, in dem es drei Gewalten gibt. Es gibt zwei, die sich ganz selbstverständlich kritisieren lassen müssen. Warum sollte eine völlig draußen sein? Diese Gewalt ist sowieso nach jeder Hinsicht mehr geschützt als die anderen, auch mit einem gewissen Recht. Nur wenn jemand dann mit einer Entscheidung ins allgemeine politische und gesellschaftliche Leben eingreift, dann muss es auch möglich sein, dazu auch für eine Fraktion Stellung zu beziehen in einer derartig vorsichtigen Form, dass man sich nur einem Minderheitsvotum anschließt. Ich glaube, dass dies möglich wäre und ich würde mich deshalb auch dafür aussprechen, dass wir diese Änderung von Herta *Däubler-Gmelin* übernehmen.

Wehner: *Penner.*

Penner: Ich möchte noch einmal nachdrücklich dafür plädieren, zunächst zu prüfen, ob etwas zu tun ist. Ich habe jetzt die Urteilsgründe vorliegen und es scheint so, dass das Bundesverfassungsgericht dazu neigt, eine Regelung zu akzeptieren, die zwischen dem Entwurf der CDU-Fraktion liegt und dem *Müller-Emmert*-Modell. Allerdings muss ich sagen, nicht ganz in der Mitte, sondern es scheint sich abzuzeichnen, dass sie mehr zu dem CDU-Fraktionsmodell neigen, und ich frage mich, angesichts der Praxis, die ich auch habe in diesem Bereich, ob damit in der Tat etwas zugunsten der Frauen verändert wird. Und ich weiß, wovon ich rede.

Wehner: Sind noch Wortmeldungen? Wird man bei dieser Sachlage jetzt zu fragen haben, ob die Fraktion dem Text, dem Entwurf von Helga *Timm* als Grundlage zustimmt. Alternativ wäre, wie einige vorgeschlagen haben, die Erklärung des Präsidiums zu unterstützen. Es steht ja nicht gegeneinander, nur weil das hier vorgebracht worden ist, sage ich das. Wer also für die Wahl des Textes, den ich mit der Verfasserin Helga *Timm* bezeichne, als Grundlage stimmt, den bitte ich ums Handzeichen. Danke. Gegenteilige Meinung. Das erste war die Mehrheit. Dann steht die Frage, die drei wesentlichen redaktionellen Änderungsvorschläge einzufügen, damit wir hier jetzt nicht anfangen zu buchstabieren, dass ein oder zwei von den Parlamentarischen Geschäftsführern unter Kontrolle, möchte ich einmal sagen, also in Mitarbeit derer, die hier ihre Texte gegeben haben, das einfügen, damit man sich dann darauf verlassen kann. Ist die Fraktion damit einverstanden? Ist einverstanden. Dann bitte ich, so zu verfahren, damit das noch wenigstens – hier liegen die Texte. Ja, da müsste nun mal – ich kann das nicht auch noch machen. Die Anträge kannst du nicht abstimmen. Ich habe sie so aufgefasst, dass sie nun nicht dem Grundton widersprechen und dass man sie im Sinne der Antragsteller einfügen kann. Einige haben es schriftlich gemacht, einige noch nicht, aber ich nehme an, dass zum Beispiel Erhard *Eppler* so freundlich sein wird und wird die paar Stichworte geben. (Zwischenruf.)

Na gut, also dann macht das bitte.

[B.-D.] → online unter www.fraktionsprotokolle.de

96.

11. März 1975: Fraktionssitzung (Tonbandtranskript)

AdsD, SPD-BT-Fraktion 7. WP, 6/TONS000036. Titel: »Fraktionssitzung am 11.03.1975«. Beginn: 13.45 Uhr. Aufnahmedauer: 03:51:17. Vorsitz: Wehner.

Sitzungsverlauf:

A. TOP 1: Politischer Bericht des SPD-Parteivorsitzenden *Brandt* (Situation in Portugal; Landtagswahlen in Rheinland-Pfalz; Äußerungen des CSU-Vorsitzenden *Strauß* in Sonthofen). – Aussprache der Fraktion über Reaktionen auf die Sonthofener Rede des CSU-Vorsitzenden.

B. TOP 2: Bericht aus der Fraktionsvorstandssitzung (Gemeinsame Sitzung des Fraktionsvorstands mit dem Parteivorstand; geplante Änderung der EG-Finanzierung als Reaktionen der Bundesregierung auf das kommende EG-Referendum in Großbritannien; Wahl des Wehrbeauftragten; Stellungnahme der Fraktion zur Umschuldungskonferenz für Chile; Wehrdienstverweigerung; Urteil des Bundesverfassungsgerichts zum Paragraphen 218 StGB). – Aussprache der Fraktion.

C. TOP 3: Informationen (Nebenstreckenstilllegungen der Bundesbahn; Verkauf bundeseigener Grundstücke; Verbraucherschutz bei gebuchten Urlaubsreisen; tödlicher Unfall an Bahnübergang in München; Entlassungen von deutschen Zivilmitarbeitern bei der US-Armee in strukturschwachen Gebieten; Kindergeld im öffentlichen Dienst). – TOP 4: Aktuelles aus den Arbeitskreisen.

D. Vorbereitung der Plenarsitzungen: TOP 5: Tagesordnung und Ablauf der Plenarsitzungen. – TOP 6: 1. Beratung CDU/CSU-Entwurf und BR-Entwurf Schutz des Gemeinschaftsfriedens, 1. Beratung 13. Strafrechtsänderungsgesetz. – TOP 7: 1. Beratung CDU/CSU-Entwurf Schutz der Rechtspflege. – TOP 8: Anträge der CDU/CSU betr. Unterrichtung über Fragen der inneren Sicherheit und betr. innere Sicherheit in der Bundesrepublik. – TOP 9: Ausschussberichte betr. EG-Richtlinie (Euratom), betr. Berichte der Bundesregierung über Umweltradioaktivität, betr. Antrag CDU/CSU Schutz vor Gefahren radioaktiver Strahlung. – TOP 10: Antrag CDU/CSU betr. Dringlichkeitsprogramm zur Überwindung des Lehrstellenmangels und zur Verringerung der Jugendarbeitslosigkeit. – Entschluss der Fraktion zur Reaktion auf die Sonthofener Rede von *Strauß*.

E. Vorlagen aus den Arbeitskreisen: TOP 11: Änderung des Gesetzes über die Deutsche Genossenschaftskasse. – Sonstiges: TOP 12: Nächste Termine. – Verschiedenes.

[A.–E.] → online unter www.fraktionsprotokolle.de

97.

14. März 1975: Fraktionssitzung

AdsD, SPD-BT-Fraktion 7. WP, 6/TONS000038. Titel: »Fraktionssitzung am 14.03.1975«. Beginn: 8.30 Uhr. Aufnahmedauer: 00:55:20. Vorsitz: Wehner.

Sitzungsverlauf:

A. Neuer Personalvorschlag des Fraktionsvorstandes für die Wahl zum Wehrbeauftragten des Deutschen Bundestages. – Aussprache der Fraktion über die gescheiterte Wahl des Abg. *Buchstaller* zum Wehrbeauftragten.

[A.]

Wehner: Die Sitzung ist eröffnet. Der Fraktionsvorstand hat gestern nach dem Ende der Plenarsitzung sich mit der Situation befasst, die sich durch den Ausgang der Wahl des Wehrbeauftragten ergeben hat.[1] Er ist der Meinung, dass diese Situation nicht über die Osterpause hinweg andauern soll, und deshalb macht er den Vorschlag an die Fraktion, heute die Kandidatur der Fraktion für das Amt des Wehrbeauftragten zu beschließen. Dazu bedarf es eines Beschlusses der Fraktion. Vom Fraktionsvorstand ist bei einer Stimmenthaltung beschlossen worden, Willi *Berkhan* der Fraktion vorzuschlagen. *Berkhan* erklärt sich bereit, zu kandidieren.

(Beifall.)

Vom Vorsitzenden der Fraktion der FDP ist mir gestern einige Zeit nach dem Wahlakt versichert worden, seine Fraktion werde bei der neu zu veranstaltenden Wahl für den Kandidaten aus der Fraktion der SPD stimmen. Infolge der späten Nacht hatte ich keine Gelegenheit zu erneutem Gespräch mit Wolfgang *Mischnick*[2], aber ich bin sicher, dass er dieses auch über die Nacht aufrechterhält. Heute früh in einer kurzen Sitzung des Fraktionsvorstands hat Georg *Leber* erklärt – darüber waren wir gestern Nacht oder heute Nacht übereingekommen –, dass der Genosse *Schmidt* (Würgendorf) bereit wäre, zum Parlamentarischen Staatssekretär ernannt zu werden. Damit wird, das sage ich hier, weil alles seine Konsequenzen hat, der Vorsitz des Verteidigungsausschusses von uns zu besetzen sein, falls diese Fraktion imstande ist, so etwas vorzunehmen.

(Unruhe.)

Ich habe und damit komme ich zu meinen persönlichen Anmerkungen, ich habe dem Fraktionsvorstand erklärt, dass ich nach dem Wahlausgang natürlich zu bedenken hatte, als Vorsitzender der Fraktion der SPD im Deutschen Bundestag, das ist nämlich ihre Bezeichnung, zurückzutreten. So tue ich das aus reiflicher Überlegung nicht. Der Grund ist: Ich will nicht vor Schleswig-Holstein und vor Nordrhein-Westfalen und im Anlaufen der Bundestagswahl die Partei als solche in eine Lage bringen, in die sie gestern –

(Starker Beifall.)

---

1 Am 13. März 1975 sollte Werner *Buchstaller* im Bundestag zum neuen Wehrbeauftragten gewählt werden. Er erhielt jedoch, vermutlich durch gezielte Enthaltung von Abgeordneten der SPD-Bundestagsfraktion, nicht die erforderliche Mehrheit der Stimmen der Mitglieder des Bundestags. Vgl. BT Plenarsitzung 07/155, S. 10783 f. – Zu den Auseinandersetzungen in der Fraktion um die überraschende Nominierung *Buchstallers* durch den Fraktionsvorstand vgl. die SPD-Fraktionssitzung am 25. Februar 1975, SVP A, online.

2 Wolfgang *Mischnick*, Vorsitzender der Bundestagsfraktion der FDP.

gestern durch das Verhalten von Teilen der Fraktion, die nach der Bestimmung die Fraktion der SPD im Deutschen Bundestag ist, gebracht worden ist und lange brauchen wird –,

(Starker Beifall.)

lange brauchen wird, ehe sie das überwindet, denn dies ist das erste Mal. Ich erlaube mir eine Erinnerung: 247 Stimmen hatten die Koalitionsfraktionen schon einmal, damals waren sie aber weniger als diesmal. Damals wussten sie, das kann man sich nicht leisten. Damals ging das um das sogenannte Patt beim Bundeskanzlereinzelplan 04.[3] Damals wurden die Berliner Stimmen nicht mitgezählt, sonst hätten wir 249 gehabt. Das war eine namentliche Abstimmung und das wurde so geschäftsordnungsgemäß gewertet. Das ist ein düsteres Omen.

Nun zu den Gerüchten wie auch Behauptungen, wie man sie heute Morgen aus den einschlägigen Kommentaren entnehmen kann, ich hätte Werner *Buchstaller* gar nicht als Wehrbeauftragten gewollt und ihn auflaufen lassen, muss ich hier erklären: Am Dienstag habe ich mit der hier bei der Delikatesse dieses ganzen Vorganges gebotenen Behutsamkeit in meinem Bericht aus dem Fraktionsvorstand darauf hingewiesen, dass ich eine Reihe Gespräche geführt habe, weil ich sie zu führen hatte. Das hat sich über Monate erstreckt, Genossinnen und Genossen. Mit Werner *Buchstaller* habe ich am Sonntag ein letztes ausführliches Gespräch gehabt, das der Situation galt. Ich bin zu ihm nach Hause gefahren, denn er war ja krank, und ich konnte eine Woche vorher nicht wegen Wahlversammlungen und wegen einer Sitzung, die hier Fraktions- und Parteivorstand gemeinsam hatten an dem dafür vorgesehenen Montag, nachdem der Sonntag ins Wasser gefallen war.

Werner *Buchstaller* habe ich in völliger Loyalität – anders hätte ich mich nämlich anders verhalten, das mögen die wissen, die solche Vorstellungen, wenn nicht hegen, so doch für denkbar halten. Ich habe auch alle Dinge, die im Laufe der Monate zu *Buchstallers* Person aufgekommen sind, mit Sorgfalt, und ohne dass ich mir dabei irgendetwas verkniffen hätte, der Nachprüfung unterzogen. Das trifft diesen unberechtigten Vorwurf, da wäre doch mal ein Beratervertrag gewesen.[4] Ich habe ja auch der Fraktion am Dienstag erklärt, dass ich die Bandaufnahmeniederschrift der Fraktionssitzung vom September 1972, damals ging es uns schlimmer als jetzt, wo wir aus Wohlstand uns so verhalten, dass ich die habe und dass ich auch einen Brief von Schorsch *Leber* – zwei Tage später geschrieben, wo er ausdrücklich auf dieses zurückkommt, auf diesen Vorgang und auf den Beschluss des Vorstands des Bezirks Rheinland-Hessen-Nassau in dieser Sache, einen positiv sauberen anständigen Beschluss und so ist es mit den anderen Geschichten.

Ich habe gestern Nacht Werner *Buchstaller* gebeten, im Fraktionsvorstand anwesend zu sein, und ihn dort gebeten zu verzeihen, dass er durch das Verhalten von Angehörigen der Fraktion respektive durch mich, der ich das – das gebe ich zu, das allerdings gebe ich zu – nach gewissen Äußerungen mancher Mitglieder der Fraktion ahnen konnte, dass sie diese Form der doppelstrategischen Demonstration beibehalten würden, weil es ja dem Vater nicht schadet, wenn der Junge sich die Finger erfriert. Warum hat er ihm keine Handschuhe gekauft. Das hätte ich geahnt und deswegen habe ich ihn um Verzeihung,

---

[3] Vgl. die Haushaltsberatungen am 27. April 1972; BT Plenarprotokoll 06/184. – Vgl. auch die SPD-Fraktionssitzung am 28. April 1972, online.

[4] Zu den in der 6. Wahlperiode bekannt gewordenen Vorwürfen gegenüber *Buchstaller*, er habe als Mitglied des Verteidigungsausschusses einen Vertrag mit einem wehrpolitischen Verlag gehabt, vgl. die SPD-Fraktionssitzung am 19. September 1972, Anm. 47, online.

| Fraktionssitzung | 14.03.1975 **97.** |

in eine solche Lage gebracht worden zu sein, gebeten. Mehr habe ich dazu nicht zu sagen. Ich muss darauf zurückkommen, dass dies zur Debatte steht.

Der Fraktionsvorstand bittet die Fraktion und empfiehlt der Fraktion, heute hier a) zu beschließen in dieser Sitzung, und zwar dann in geheimer Abstimmung, über den Kandidaten zu entscheiden. Das heißt, hier können welche aufgebracht werden. Wenn das abgelehnt werden sollte, bleibt uns nur das Einhalten der Fristen und dann kommen wir, weil wir dann eingedenk des eben überstandenen Vorgangs auch einberechnen müssen, dass wir ja Wochenende heiligen müssen und ausschalten müssen aus den Fristen, dann kommen wir also erst über die Osterpause hinaus. Nur das ist absolut und ausschließlich im Befinden der Fraktion, von der ich gesagt habe, dass sie eigentlich ihrer Bezeichnung nach die Fraktion der SPD im Deutschen Bundestag ist. Danke.

(Beifall.)

Schorsch *Leber* hat mich gebeten, hier einiges sagen zu können.

Leber: Genossinnen und Genossen, vielleicht ist das dem einen oder dem anderen nicht verständlich gewesen. Ich habe bisher zu dem Thema Wehrbeauftragter in der Fraktion und mit niemand, der hier in der Fraktion sitzt oder ist, darüber gesprochen – außer mit Willi *Berkhan* und mit Herbert *Wehner* und mit dem Bundeskanzler. Ich möchte jetzt ein paar Bemerkungen dazu machen.

Ich habe mich herausgehalten aus der Vorbereitung der Wahl des Wehrbeauftragten, weil das mit meiner Vorstellung vom Verhältnis der beiden Ämter ausgeht. Der Wehrbeauftragte hat auch Aufsichtsfunktionen über den Verteidigungsminister und für meinen Stil passt das nicht dazu, dass der Verteidigungsminister sich dann in die Wahl oder die Wahlvorbereitung für den Wehrbeauftragten mit einschaltet oder sich daran beteiligt. Ich habe mit Willi *Berkhan* darüber allerdings mehrfach gesprochen – immer dann, wenn ich in Zeitungen las oder hörte, dass sein Name in diesem Zusammenhang erwähnt worden wäre. Wir haben offen und freundschaftlich darüber gesprochen. Ich war sehr dankbar dafür, dass Willi *Berkhan*, nachdem wir klargestellt hatten, was hier gut wäre, soweit es seine Person betrifft, immer die Auffassung vertreten hat, wir sind gemeinsam mitten in einer wichtigen Arbeit. Es geht um die neue Wehrstruktur, die ganze Bundeswehr wird gegenwärtig umorganisiert und umgestellt. Auf der Baustelle soll man nach Möglichkeit die Gespanne beisammenhalten und dies ist auch Ausdruck unserer guten Zusammenarbeit, die wir hatten. Es lag überhaupt keine Veranlassung vor, dies ist nicht unwichtig für die Fraktion und für das, was Herbert *Wehner* hier vorgestellt hat, an etwas anderes zu denken. Willi *Berkhan* wollte bis gestern Nachmittag Parlamentarischer Staatssekretär im Verteidigungsministerium bleiben. Ich denke, das darf der Fraktion genügen, wenn ich das hier so deutlich in diesem Augenblick sage.

Ich bin vor etwa vier Wochen deswegen zu einem Gespräch bei Herbert *Wehner* gewesen, weil er meine Auffassung dazu kennenlernen wollte. Ich habe auch dort Herbert gesagt, dass ich es nicht für meine Aufgabe halte, mich hier einzuschalten, aber wenn ich gefragt werde, will ich natürlich auch Rat geben. Ich kann der Fraktion nur berichten, dass aus diesem Gespräch, von dem ich auch alles noch in Erinnerung habe, Herbert *Wehner* mit mir zusammen den gesamten Plafond besprochen hat von Kollegen, die sich mit Verteidigungsfragen befassen und dafür dann in Betracht gezogen werden. Dabei hat immer auch Werner *Buchstaller* eine wesentliche Rolle gespielt. Es blieb eigentlich nur Werner *Buchstaller*, nachdem ich Herbert *Wehner* mitteilen konnte, dass nach allen Unterhaltungen, die ich mit Willi *Berkhan* hatte, er – wenn er einfach gefragt würde – dazu nicht zur Verfügung stehen würde. Ich kann der Fraktion nur mitteilen, dass Herbert *Wehner* sich, soweit die Personenauswahl in Betracht kam, so wie er es hier dargestellt hat, objektiv und unbefangen verhalten hat.

Ich möchte dem noch einen dritten Gedanken hinzufügen. Nachdem das gestern so gelaufen ist, die Fraktion darauf bestehen muss, einen Wehrbeauftragen aus ihren Reihen vorzuschlagen und den auch gewählt zu bekommen, kommen wir mit dem Ganzen am besten über die Runde, wenn nun alle Schlussfolgerungen daraus rasch gezogen werden. Deshalb habe ich gestern Abend auch eine Unterhaltung mit dem Bundeskanzler gehabt. Das, was ich hier sage, geht auf seine ausdrückliche Zustimmung zurück, ohne die ich nicht handeln könnte. Ich habe deshalb heute Nacht mit Hermann *Schmidt* (Würgendorf) gesprochen und habe ihn gefragt, ob er bereit wäre für den Fall, dass Willi *Berkhan* von der Fraktion vorgeschlagen und getragen würde, das Mandat des Parlamentarischen Staatssekretärs zu übernehmen. Ich brauche das hier im Einzelnen mit dem Hin und Her nicht zu begründen. Hermann *Schmidt* (Würgendorf) ist auch nicht in einer gerade vakanten Situation und das Land Nordrhein-Westfalen ist mit seinen vielfältigen Engagements in einem Wahlkampf, aber wir sind überzeugt davon, dass wir das tun müssen hier, was dem Gesicht der Partei nach außen am ehesten Rechnung trägt, nämlich rasch handeln. Er ist bereit, diese Aufgabe zu übernehmen. Damit wäre dann, glaube ich, der Kreis zunächst geschlossen, soweit ich daran mitzuwirken habe.

(Vereinzelter Beifall.)

Wehner: Danke. Konrad *Porzner*.

Porzner: Wenn wir die Wahl heute vornehmen, dann müssen wir von der Geschäftsordnung abweichen. Die Fraktion kann das, wenn sie beschließt, dass sie von der Geschäftsordnung abweicht. In Paragraph 4 unserer Geschäftsordnung heißt es: »Die Fraktion entscheidet über die Besetzung von Ausschüssen, Gremien, Delegationen und wählt für Ämter und Funktionen die von der Bundestagsfraktion zu benennenden Kandidaten aufgrund von Vorschlägen des Fraktionsvorstandes. Werden aus der Mitte der Fraktion weitere Vorschläge gemacht, wird der Fraktion eine Liste aller Vorgeschlagenen in alphabetischer Reihenfolge vorgelegt. Die Wahl erfolgt Paragraph 11 entsprechend«. In Paragraph 11 heißt es: »Der bisherige Fraktionsvorstand unterbreitet spätestens drei Tage vor der Wahl einen Wahlvorschlag für die Wahl des neuen Fraktionsvorstandes. Die Vorgeschlagenen sind in alphabetischer Reihenfolge aufzuführen. Werden aus der Mitte der Fraktion zusätzliche Vorschläge gemacht, so ist der Wahlvorschlag in alphabetischer Reihenfolge neu zu fassen. Die Wahl erfolgt frühestens einen Tag nach Vorliegen des neuen Vorschlages.« Dieser Paragraph 11 gilt für alle Wahlen. Wir müssten, wenn wir heute den Vorschlag für die Wahl des Wehrbeauftragten wählen wollten, beschließen, dass wir von den Bestimmungen der Geschäftsordnung in diesem Fall abweichen, damit wir diesen Beschluss entsprechend unserer Geschäftsordnung korrekt fassen können. Ich schlage vor, dass dieser Beschluss, von der Geschäftsordnung in diesem Fall abzuweichen, gefasst wird. Das heißt nicht, dass deswegen hier nicht weitere Vorschläge gemacht werden können. Damit das nicht missverstanden wird. Es werden nur die Fristen verkürzt.

Wehner: Wer wünscht das Wort? Egon *Höhmann*.

Höhmann: Genossinnen und Genossen, ich glaube nicht, dass wir jetzt gleich zum Wahlakt übergehen sollten, ohne das, was gestern geschehen ist, noch mal zu beleuchten, weil ich glaube, dass es ein geradezu ungeheuerlicher Vorgang gewesen, der in dieser Fraktion einmalig ist.

(Starker Beifall.)

Fraktionssitzung 14.03.1975 **97.**

Wir haben – besonders wenn Koalitionen gebildet wurden, und denken wir mal an die erste Koalition, die wir eingegangen sind – uns hier gestritten. Wir haben uns gerauft. Wir haben aber auch gewusst, dass es unter Umständen einmal, wenn solche Dinge bevorstehen, man auch Kröten schlucken muss. Aus welcher Motivation 27 Leute ihren Stimmzettel ungültig gemacht oder als Stimmenthaltung abgegeben haben, [was] immer dahinterstecken mag, wenn man sich gerauft hat und die Mehrheit hat entschieden, dann muss es eine Selbstverständlichkeit sein, dass die Fraktion nach außen geschlossen auftritt, etwas anderes ist überhaupt nicht möglich.

(Beifall.)

Ich will hier auf den Vorgang selbst nicht eingehen, sondern darauf, was uns in der Zukunft bevorsteht.

Wehner: Nächste Woche schon im Haushaltsplan!

Höhmann: Herbert, dieser Vorgang hat ja Misstrauen gesät in dieser Fraktion, so dass einer dem anderen nicht mehr trauen kann.

(Beifall.)

Ich weiß nicht, ob diese 27 Leute sich beim Fraktionsvorsitzenden gemeldet haben.

Wehner: Ein Genosse hat sich gemeldet und hat auch sich bereiterklärt, mit mir zu sprechen, und ich habe das Gespräch mit ihm geführt. Es war ein ordentliches, sachliches Gespräch. Andere haben das nicht getan.

Höhmann: Herbert, ich bin sehr dankbar für diesen Hinweis. Dies zeigt doch nun, halte ich sogar auch für möglich, dass aus einer anderen Fraktion, die aber die Motive unserer Enthalter gar nicht haben könnten, noch ein paar dazwischen sein können. Die Mehrzahl muss jedenfalls von uns her kommen, denn niemand aus der FDP kann gegen die Person des Mannes sehr viel gehabt haben, noch gegen Vorgänge innerhalb dieser Fraktion, so dass sie also bei uns stecken.

Wehner: Von der FDP hatten wir vorher sauber Bescheid bekommen, dass sechs von ihnen fehlen werden und darunter sind jene zwei, die eben Schwierigkeiten gemacht hätten. Das heißt, die sechs fehlten auch, hätten in jedem Fall gefehlt.

Höhmann: Danke schön. Genossinnen und Genossen, das ist ein Vorgang, darüber kann man nicht einfach hinweggehen. Jedenfalls ich kann dies nicht vergessen, denn dies ist der Versuch einer Erpressung der großen SPD-Fraktion durch eine Minderheit.

(Starker Beifall.)

Und ich möchte dabei nur um eines bitten, dass nun die, die in der Mehrheit waren, sich jetzt nicht sagen, wir wollen uns durch eine Minderheit nicht erpressen lassen, sonst ist diese Partei vor den beiden entscheidenden bevorstehenden Wahlkämpfen nämlich völlig herunter, nachdem wir uns endlich einmal ein bisschen erholt hatten. Genossen, ich musste das mal loswerden. Ich glaube, das muss gesagt werden.

(Starker Beifall.)

Wehner: Der Bundeskanzler.

Schmidt (Hamburg): Liebe Freunde, ich habe die Vorgeschichte der letzten vier Wochen nicht miterlebt. Aber so viel ist mir gestern klargeworden, dass erstens einmal diese Fraktion einen ihrer Genossen, der ihr viele, viele Jahre angehört und vieles hier mit durchgestanden hat, was andere nur aus der Zeitung kennen, ohne dass er einen Anlass geboten hätte, in einer Weise behandelt hat, wie es noch niemals im Deutschen Bundestag hier zu Bonn vorgekommen ist.

(Beifall.)

Noch niemals! Es hat immer, wenn im Plenum Personalentscheidungen zu treffen waren, auch darüber in der Fraktionssitzung und im Wandelhallengespräch der Fraktion Unterhaltungen und Debatten und auch immer Abstimmungen gegeben und geheime Abstimmungen und manchmal offene, je nachdem wie die Lage war. Aber dass ein Teil der Fraktion im Plenum des Deutschen Bundestages mit Erfolg die Wahl eines Mannes verhindert hätte, den die Fraktion zu wählen beschlossen hatte, das hat es überhaupt noch nicht gegeben seit 1949.

Ich will hinzufügen, die Fraktion, wenn sie diesem Kollegen *Buchstaller* das angetan hat, sie nicht aus der Welt schaffen kann, dass sie auch Rechenschaft ablegen müssen darüber, welchen Respekt *Buchstaller* verdient, der gestern Nacht zu Beginn der Fraktionsvorstandssitzung gesagt hat von sich aus, ich will auf diese Kandidatur verzichten, ich will den *Berkhan* vorschlagen, falls er das will, damit wir aus der Patsche herauskommen. Ich möchte, dass die Fraktion den Respekt spürt, der hier notwendig ist.

(Starker Beifall.)

Und notabene sollte sie auch dann den Respekt verspüren, dass *Berkhan* nach langem Drücken und Würgen und Hin und Her sich dem Fraktionsvorstand auf dessen Frage hin bereiterklärt hat zu einer Sache, die er wirklich nicht gewollt hat und die er seit Monaten abgelehnt hatte. Aber das sind noch nicht alle Schäden. Das sind Schäden im menschlichen Bereich. Es sind noch nicht mal alle Schäden im menschlichen Bereich, die hier einige leichtfertig herbeigeführt hatten. Der schwerste Schaden ist entstanden gegenüber der Sozialdemokratischen Partei als ganzer. Wir haben vielleicht Glück, es sind heute ein oder zwei Zeitungen, wenn ich es richtig überflogen habe, die sich mit dem Vorgang beschäftigen.

Wehner: Nein!

Schmidt (Hamburg): Was glaubt ihr wohl – wie bitte?

Wehner: Alle Zeitungen.

Schmidt (Hamburg): Alle schon! Was glaubt ihr wohl, wie am Wochenende die Kommentare über die Gesetzgebungsfähigkeit dieser Fraktion aussehen werden?

(Starker Beifall.)

Ich kann nur hoffen, dass die Motivation dieser Bundestagsabgeordneten oder Abgeordneten, die das gewesen sind, ich kann nur hoffen, dass die Motivation Daffke und Dummheit war. Ich will darauf hinweisen, dass die dreitägige Haushaltsdebatte der nächsten Woche mit Entscheidung beim Einzelplan 04 mindestens so viel Gewicht hat wie die Sicherheitsdebatte von gestern und die sind doch da drüben nicht mit dem Dummbeutel geklopft. Die werden auf diesen Punkt der Regierungs- und Gesetzgebungsfähigkeit der sozialdemokratischen Fraktion herumreiten, und wir werden ganz große Mühe haben, das auch nur einigermaßen zu verdecken, was hier in Wirklichkeit ist! Und das will ich ganz deutlich sagen: Wenn wir eine Abstimmung verlieren in der Haushaltsdebatte, weil 27 Leute zwar eine Gewissensentscheidung treffen müssen, aber soweit das Gewissen nicht reicht, dass sie vorher zum Fraktionsvorstand kommen und sagen, ich kann aber nicht –,

(Starker Beifall.)

das will ich euch sagen, wenn das in der Haushaltsdebatte in einer Abstimmung passiert, dann sind die, die dafür verantwortlich sind, in dieser Partei bis an ihr Ende geliefert! Das wird ihnen die Partei nicht verzeihen.

(Starker Beifall.)

Und das hat mit politischen Richtungen und all dergleichen überhaupt nichts zu tun. Das ist ein Mangel an Anstand!

(Starker Beifall.)

Und es ist ein verdammter Mangel an politischem Urteilsvermögen, sich so zu verhalten.

Ich bin dafür, wie es Herbert vorgeschlagen hat und wie es Konrad *Porzner* entsprechend der Geschäftsordnung der Bundestagsfraktion vorgeschlagen hat, heute die Nominierung eines Sozialdemokraten zum ersten Mal, seit es dieses Amt gibt, eines Sozialdemokraten für das Amt des Wehrbeauftragten vorzunehmen, um wenigstens durch dieses schnelle Handeln einen Teil des öffentlichen Vertrauensschadens, der für diese Partei mutwillig herbeigeführt wurde, wenigstens einen Teil abzufangen. Ich bitte aber auch zu denken daran, dass auch der, der sich jetzt zur Verfügung stellt, schon mit Sorgen dieser Entwicklung entgegensieht, und ich bitte daran zu denken, dass der, der gestern bloßgestellt worden ist, Anspruch darauf hat, von dieser Fraktion in die Richtung der Öffentlichkeit so gestellt zu werden, wie er wirklich ist, nämlich als ein anständiger Genosse, der seinerseits nichts ausgefressen hat gegenüber der Sozialdemokratischen Partei. Und, liebe Freunde –

(Starker Beifall.)

und, liebe Freunde, ich bitte einmal nachzudenken über die Lage, in die ihr eigentlich euren eigenen Fraktionsvorstand und euren eigenen Fraktionsvorsitzenden gebracht habt, an dessen – wenn Herbert mir das erlaubt – Seite ich mich in diesem Punkt ganz ausdrücklich stellen möchte und was zu tun ist, um den hier entstandenen Schaden auszugleichen.

Ich habe dieser Fraktion nun auch schon eine ganz lange Zeit angehört. Ich habe Kurt *Schumacher* nicht als Fraktionsvorsitzenden erlebt, aber alle anderen seitdem. Ich sage, es hat es überhaupt noch nicht gegeben, dass in einer Entscheidung, die in der Fraktion kontrovers war, und kontroverse Entscheidungen in der Fraktion haben wir in diesen 25 Jahren Tausende gehabt, es hat es überhaupt noch nicht gegeben, dass Leute stiekum wie die Bremer sagen, ohne vorher zu sagen, ich kann aber nicht mitmachen und bitte, gebt mir einen Rat oder erteilt mir Dispens, dass Leute, ohne vorher Bescheid zu sagen, stiekum – heimlich – unter dem Schutz der Anonymität eines geheimen Wahlgangs ihr sogenanntes Gewissen gegen den eigenen Laden haben sprechen lassen. Ich will meinerseits nicht zu bitter werden hier heute Morgen, weil ich ja wollen muss, dass diese Fraktion trotz solchen Vorkommnisses zusammenhält und zusammen operieren kann nächste Woche, sonst ist nämlich Schluss nächste Woche, liebe Freunde. Ich will von mir aus nicht unnötige Bitterkeit hineingießen und bin eigentlich – als Egon *Höhmann* eben sprach, hatte ich mir vorgenommen, du musst noch ruhiger reden als der – und habe das nicht eingehalten. Ich gebe das zu. Aber jemand, der genau wie der Fraktionsvorsitzende, es geht ja auch dem Bundeskanzler so, vom Vertrauen der Gesamtfraktion abhängig ist und weiß, dass dieses Vertrauen auf geheimen Stimmzetteln nur dargebracht werden kann, den beschleichen ganz genauso wie den Fraktionsvorsitzenden sehr eigenartige politische Gefühle, wenn er den parlamentarischen Auseinandersetzungen der nächsten Woche und der nächsten Wochen entgegensieht und wenn er der Entwicklung entgegensieht, der Diskussionsentwicklung, die dieses Ereignis innerhalb der eigenen Partei in den Unterbezirksvorständen und in den Bezirksvorständen und überall auslösen wird.

Und diejenigen, die es angeht, müssen sich vielleicht auch sehr prüfen, wie sie fertig werden wollen mit dem, was sie angerichtet haben in ihrer Leichtfertigkeit und wie sie helfen, beitragen können dazu, dass sie – soweit das möglich ist – überbrückt und zugedeckt wird. Ich glaube nicht, dass heute Morgen in früher Morgenstunden, wo keiner genug Schlaf bekommen hat, es die richtige Gelegenheit ist, dies bis in die letzte Tiefe auszudebattieren. Es könnte auch möglicherweise den Schaden noch vertiefen, den wir für die nächste Woche überhaupt nicht gebrauchen können. Ich glaube aber schon, dass dann später, auch wenn die Täter über ihr eigenes Verhalten nachgedacht haben werden, dass dann später darüber eine Aussprache unausweichlich notwendig ist. Ich möchte ein letztes Wort sagen. Ich wünschte, manche von denen, die sich bisweilen über Onkel Herbert ärgern, hätten ein Gespür für das Maß an Disziplin, das in seiner Erklärung heute Morgen zu empfinden war!

(Starker Beifall.)

Wehner: Holger *Börner*.

Börner: Genossinnen und Genossen, nach den beiden Diskussionsbeiträgen möchte ich zur Sache nichts mehr sagen, weil ich jedes Wort unterstreichen kann, was hier gesagt worden ist. Aber im Interesse derer, die heute tief enttäuscht die Zeitungen gelesen haben, nämlich Zehntausende von Sozialdemokraten, die im Wahlkampf stehen, bitte ich heute zur Sachentscheidung in der Frage zu kommen, wie sie Konrad *Porzner* hier vorgeschlagen hat.

(Vereinzelter Beifall.)

Wehner: Hugo *Brandt*.

Brandt (Grolsheim): Genossinnen und Genossen, erlaubt mir dabei, bei dem, was bis jetzt gesagt worden ist, nur eine kurze Bemerkung. Ich bin auch dafür und empfinde das wie viele hier, dass wir durch sehr lange Diskussionen jetzt den Schaden im Augenblick nur vertiefen könnten, und ich empfinde diesen Schaden genau wie alle die anderen, die hier jetzt schon gesprochen haben. Als – nur diese persönliche Bemerkung zunächst einmal – mich das Telegramm erreichte in San Francisco, wo wir bei einer Delegation waren, zurückzukommen zu dieser Wahl, gab es keine Frage, ein sicherlich nicht ganz unwichtiges Programm sofort abzubrechen und die Möglichkeit wahrzunehmen, noch rechtzeitig hier zu sein. Ich bin nicht hierhergekommen dann gerade noch so zur rechten Zeit, um mich dann der Stimme zu enthalten. Nur einige Bemerkungen, die heute Morgen hier gemacht worden sind und vielmehr einige sehr heftige Gespräche in der Lobby nach dieser Entscheidung gestern bis in die Nacht hinein veranlassen mich dazu, davor zu warnen, dringend davor zu warnen, zu glauben, man könne nun diese 24 oder diese 27 in einer Ecke dieser Fraktion suchen, denn dies wäre ein Fehler, und ich glaube, es ist notwendig, dies hier einmal gesagt zu haben. Dies wäre nämlich falsch.

(Beifall.)

Wehner: Genosse *Polkehn*.

Polkehn: Liebe Genossinnen und Genossen, lasst mich mal als Neuling in dieser Fraktion etwas hierzu sagen. Vor allen Dingen möchte ich Hugo *Brandt* erst mal von vornherein zustimmen. Ich bin jetzt fast neun Jahre – vielleicht sind es zehn, vielleicht sind es acht, ich weiß nicht genau – Vorsitzender eines Unterbezirks und habe gerade in dem letzten Jahr in der Fraktion meines Stadtrates einige ähnliche Dinge erlebt, wie sie gestern hier passiert sind. Dort haben einer oder zwei Genossen die geheime Wahl ausgenutzt, um sich gegen seine eigene Fraktion, gegen seine eigene Partei zu stellen. Ich war der erste in dieser Partei und in unserer Stadt, der gesagt hat, diese Genossen gehören nicht in diese Fraktion und das beziehe ich für die Fraktionen des Landtags und des Bundestags genauso. So beziehe ich das. Das mag sehr, sehr hart klingen.

Nun will ich aber auch etwas anderes sagen – meine Erfahrung aus diesen zwei Jahren in dieser Fraktion. Es ist nicht alles ganz so sauber, wie wir das hier meinen in dieser Fraktion. Hier ist sicherlich einiges faul und das ist mir gestern noch einmal bewusst geworden. Ihr werdet mich auslachen und das könnt ihr tun. Wenn in diesem Plenum der

Bundeskanzler, der Parteivorsitzende und der Fraktionsvorsitzende auf Deutsch gesagt zur Sau gemacht werden und ich mir die Präsenz in diesem Plenum ansehe und ich auf der anderen Seite weiß, was auf den Etagen gesessen wird und getan wird, dann muss ich auch von vorherein sagen, hier ist doch etwas faul.

(Beifall.)

Und liebe Genossen, ein anderes ist mir aufgefallen, und ich sage es mal hier sehr deutlich. Ich gehöre keiner Gruppenbildung in dieser Fraktion an. Ich gebe euch nur einmal zu überlegen, ob das, was hier praktiziert wird an Gruppen und anderen Dingen, ob das dieser Fraktion guttut, ob es nicht besser wäre, wenn wir in den Dingen – es wird Meinungsunterschiede geben und es wird Gruppenbildungen geben, aber so, wie sie in dieser Fraktion praktiziert werden, liebe Genossen, sind sie weiß Gott nicht brauchbar. Sind sie weiß Gott nicht brauchbar, und ich sage auch einer großen Gruppe gegenüber, und das ist hier auch gesagt worden, es ist ja auch einiges mal hin und wieder praktiziert worden, wo wir eine Minderheit, wo eine Minderheit wirklich für den Mann, der noch seine eigene Meinung behalten hat, nicht sauber abqualifiziert und distanziert worden ist. Lasst uns das abschaffen, dann wird diese Fraktion auch in Ordnung sein.

(Vereinzelter Beifall.)

Wehner: Karl *Herold*.

Herold: Liebe Genossinnen und Genossen, ich möchte nur einen Satz sagen, und zwar im Interesse vieler Freunde der Fraktion. Es ist unerträglich, dass der Genosse *Ehmke* Erklärungen in der Öffentlichkeit abgibt, dass der Genosse *Buchstaller* von den Rechten, von den sogenannten Kanalarbeitern, nicht gewählt worden ist. Ich möchte das in aller Öffentlichkeit auf das Entschiedenste zurückweisen.

(Beifall.)

Wehner: Willy *Brandt*.

Brandt (Berlin): Liebe Genossen, ich bitte um Nachsicht. Ich musste den *Ecevit*[5] verabschieden und konnte deshalb nicht pünktlich zur Sitzung da sein. Ich habe dem, was gesagt worden ist, schon wenig hinzuzufügen. Aber jeder soll wissen, wie betroffen gerade auch der Parteivorsitzende gewesen ist wegen einer in dreifacher Hinsicht ernsten Lage, die entstanden ist. Gestern ist es vielleicht bis zu einem gewissen Grade gelungen, doch eine Absicht, die die CDU gehabt hat, die CDU/CSU, uns in eine Ecke zu treiben zurückzudrängen, freier dazustehen.

(Starker Beifall.)

Und das ist dann zu einem Teil entwertet worden und das ist schade.

Und das Zweite ist noch gewichtiger, Helmut [*Schmidt*] hat es gesagt, dass Zweifel aufkommen können an der Kanzlermehrheit. Die liest man nämlich ab an geheimen Wahlen, auch wenn sie ihn nicht unmittelbar betreffen, und damit an der Regierungsfähigkeit dieser Partei. Der Dritte ist vielleicht noch schlimmer. Es müssten Wunder passieren, wenn Misstrauen diese Fraktion nicht begleiten sollte, bis diese Legislaturperiode zu Ende ist.

(Vereinzelter Beifall.)

Das ist das Schlimmste. Das ist das Schlimmste. Und trotzdem hat Helmut recht, wenn er sagt, dies muss ausgesprochen werden heute früh und sonst sollte jeder Einzelne, den dies angeht, das geht einige auf besondere Weise an, auf 'ne andere Weise uns alle mitein-

---

5 Mustafa Bülent *Ecevit*, Parteichef der türkischen Partei des Demokratischen Sozialismus, ehem. Ministerpräsident der Türkei.

ander, als alle Betroffenen – im doppelten Sinne des Wortes betroffen – dies uns durch den Kopf gehen zu lassen und dann darauf zurückzukommen.

Und zweiter Punkt: Jetzt können wir den Schaden ein bisschen reparieren, wenn heute eine ohne sonstige prozedurale Schwierigkeiten gesagt wird, wie es auf diesem Gebiet weitergeht, einschließlich dass deutlich bleibt, ja, wenn das Wort nicht gestern in anderem Sinne gebraucht worden wäre, würde ich sagen, jemand nicht irgendwo draußen stehen zu lassen. Aber dass, in dem, was die Fraktion dazu sagt, deutlich wird, dass Werner *Buchstaller* nicht hier nun allein stehen bleibt, sondern dass er in der Form, die sich dafür anbietet, einbezogen bleibt in die verantwortliche Gestaltung unserer Politik auf dem Gebiet, von dem hier die Rede ist. Vielen Dank.

(Beifall.)

Wehner: Peter *Conradi*.

Conradi: Die Tatsache, dass eine Minderheit hier gestern sich gegen das Votum der Mehrheit gestellt hat, ohne dies anzukündigen, das heißt, eine Situation entstehen hat lassen, in die der Fraktionsvorstand, die ganze Fraktion reingelaufen ist, ist unentschuldbar, sie ist auch nicht entschuldbar durch Mängel im Verfahren. Denn die hat es ja wohl gegeben, und ich glaube sogar schwerwiegende Mängel. Dieser Verstoß im Verfahren rechtfertigt nicht, rechtfertigt nicht, dass sich hier jemand, ohne dies anzukündigen, gegen die Mehrheit stellt.

(Vereinzelter Beifall.)

Ich will dazu etwas sagen, was grundsätzlich gelten sollte und vielleicht auch noch mal in einer anderen Diskussion weiter ausgeführt gehört. Eine Fraktion braucht sicher Disziplin. Sie braucht in Fällen sogar Fraktionszwang. Das wird aber nur erträglich, wenn sich die Mehrheit der äußersten Anspannung unterzieht, mit der Minderheit zu reden, sie zu überzeugen, sie zu gewinnen, ihr entgegenzukommen. Dies ist hier wie in anderen Fällen nicht immer geschehen. Sonst würde nämlich Fraktionszwang oder Fraktionsdisziplin zum Fraktionsterror werden, zum Meinungsterror, und ich weiß Leute in dieser Fraktion –

(Unruhe.)

und ich weiß Leute in dieser Fraktion, die gestern für Werner *Buchstaller* gestimmt haben und die sich unter Druck gesetzt, gar erpresst vorkamen.

Andererseits ist aber Fraktionsdisziplin auch nur aufrechtzuerhalten, wenn uneingeschränkt gilt, dass wer immer glaubt, nicht folgen zu können, dieses dem Fraktionsvorsitzenden bei einer geheimen Wahl oder bei einer Sachabstimmung, die offen ist, der Fraktion offen rechtzeitig mitteilt. Es hilft uns jetzt wenig weiter, wenn wir die Scherben vor jeweils verschiedenen Türen hier versuchen auszukippen. Was uns weiterhilft – und deswegen meine ich, ist Selbstgerechtigkeit hier nicht am Platz –, was uns weiterhilft ist, dass wir uns darüber im Klaren sind, dass Fraktionsdisziplin Forderungen nach allen Seiten stellt, und wenn dies bei zukünftigen Entscheidungen bedacht wird.

Wehner: Den *Ehmke* muss ich jetzt nehmen.[6] – Horst *Ehmke*.

Ehmke: Liebe Genossinnen und Genossen, ich unterstreiche zunächst das, was hinsichtlich des Verfahrens Peter *Conradi* gesagt hat. Hätte ich gegen Werner *Buchstaller* stimmen wollen, hätte ich das selbstverständlich dem Herbert gesagt. Ich habe das nicht getan, dazu kenne ich Werner *Buchstaller* einfach viel zu lange.

---

6 *Wehner* spricht leise, offensichtlich an seinen Sitznachbarn gerichtet.

Nun muss ich zu dem kommen, was Karl *Herold* gesagt hat, und ich finde, das ist genau der Stil, der Misstrauen in diese Fraktion bringt, lieber Karl. Denn guck mal, erst mal ist es gar nicht wahr, dass ich mich öffentlich geäußert habe, sondern wir haben mit verschiedenen Genossen gestern gesprochen, unter anderem zum Beispiel auch mit Helmut *Schmidt*. Dort habe ich die Meinung gesagt, dass wenn ich die Zahlen der Enthaltungen und der Abstimmung sehe und außerdem rekapituliere, was ich an Gesprächen geführt habe. Ich habe nämlich in allen Gesprächen die Meinung vertreten, es ist ausgeschlossen, dass hier einer nicht Farbe bekennt, wenn er dagegen stimmt. Ich habe sogar kurz vor der Abstimmung zu *Buchstaller* gesagt, nach den Gesprächen, die ich geführt habe, geht die Sache glatt. Ja? So ist das gewesen. Diese Meinung habe ich vertreten. Das geht quer durch die Fraktion, diese Zahlen. Dieser Meinung bin ich heute noch und ich muss wirklich sagen, lieber Karl, ich finde es nicht in Ordnung, dass du dies gebrauchst zu einem persönlichen Angriff gegen mich. Ich sage dir hier in aller Ruhe, das Denunzieren von Genossen sollten wir den Unionsparteien überlassen.

Wehner: Holger *Börner*.

Börner: Genossinnen und Genossen, ich glaube, die letzten zehn Minuten haben bewiesen, dass es notwendig ist, dass wir uns jetzt zu Entscheidungen durchringen, die die Partei braucht.

(Beifall.)

Wir haben gehört, wer für welche Verantwortung vorgeschlagen worden ist, und ich möchte hier nun einen Vorschlag machen, der mir an sich nicht zusteht, von dem ich aber glaube, dass die Kollegen aus der Arbeitsgruppe Verteidigung mir zustimmen werden, wenn ich sage, es wäre eine Chance, ihre Solidarität zu beweisen, Werner *Buchstaller* zum Vorsitzenden des Verteidigungsausschusses zu machen.

(Vereinzelter Beifall.)

Wehner: Alfons *Pawelczyk*.

Pawelczyk: Ich möchte auf eine Bemerkung von Peter *Conradi* eingehen. Peter, wir haben in der Fraktion kontrovers über viele Probleme diskutiert, dann entschieden. Wir haben in einem – das ist vielfach ausgelöst worden durch die Fragestunde. Das Thema Wehrbeauftragter geht seit einem Jahr durch die Presse mit zwei Namen: *Buchstaller* – *Berkhan*. Der eine der beiden hat erklärt, er kandidiert nicht. Es blieb nur einer übrig und es wurde immer diskutiert bis zum Schluss auch in der Arbeitsgruppe, auch von denjenigen, die sich nicht mit einem Ja dem anschließen konnten, zwei, ohne personelle Alternative. Und da frage ich dich, in welcher Weise denn die Mehrheit in einer Diskussion bei Findung eines Kandidaten nun wohl entgegenkommen soll, wenn die personelle Alternative nicht auf dem Tisch liegt? Deswegen habe ich für diesen Aspekt kein Verständnis.

Wehner: Adolf *Scheu*.

Scheu: Ich wollte nur einen einzigen Satz sagen. Liebe Genossinnen und Genossen, ich habe das Gefühl, dass man in dieser Fraktion anfängt, Gewissen zu sagen, wenn man etwas anderes meint. Gewissensentscheidungen sind so selten, die sind in meiner Praxis hier und in anderen politischen Gremien vielleicht im Jahr oder in ein paar Jahren einmal vorgekommen, und man sollte nicht mit Gewissensentscheidungen Schindluder treiben. Eine Personalentscheidung kann keine Gewissensentscheidung sein! Es sei denn, man wüsste etwas über den Mann, dass er ein Verbrecher ist und das kann nun wirklich hier keiner gesagt haben.

Wehner: Lothar *Wrede*.

Wrede: Genossinnen und Genossen, ich bitte um Verständnis, ich muss zu einem Punkt Stellung nehmen, der angesprochen worden ist von Hugo *Brandt* und von Peter *Con-*

radi, allerdings nicht in Übereinstimmung und damit wird deutlich, wie problematisch die Sache ist. Wenn Hugo *Brandt* sagt, es wäre schlimm, wenn man versuchen wollte, diejenigen, die sich nun bei der Abstimmung so verhalten haben, in einer bestimmten Ecke der Fraktion zu suchen. Es wäre schön, wenn das so wäre, dass man sich die anders suchen könnte. Dann könnte ich übereinstimmen mit dem, was Helmut *Schmidt* gesagt hat, dass vielleicht unter Umständen dies politische Dummheit gewesen sei. Aber Peter *Conradi* hat gesagt, es gibt hier in der Fraktion eine Minderheit, die sich in der Vergangenheit, und darauf hat schon am Dienstag ja *Coppik* Bezug genommen, nicht richtig behandelt fühlte.

Nun frage ich allen Ernstes bei solchen Entscheidungen, wenn die Fraktion durch Abstimmung sich entschieden hat, wie soll das wohl in einer demokratisch verfassten Fraktion funktionieren, wenn eine Mehrheit – ganz gleich wie sie zustande gekommen ist und wie sie auch politisch begründet wird – eine Entscheidung getroffen hat, und anschließend kommen welche, die sich als Minderheit fühlen und für sich besondere Rechte reklamieren und sagen, jetzt müsst ihr aber mal als Mehrheit auf unsere Gefühle und auf unsere politische Meinung Rücksicht nehmen. Wie soll eine solche Partei überhaupt noch funktionsfähig sein? Da möchte ich also diejenigen bitten, die bisher, bis gestern, bis zu der Abstimmung geglaubt haben, so was ginge, sich doch mal ganz ernsthaft zu prüfen für die Zukunft, ob so eine Partei miteinander umgehen kann, denn das hieße doch, die Dinge auf den Kopf zu stellen, wenn die jeweilige Mehrheit – ich meine das jetzt unter Umständen auch im politischen Sinne – in einer Fraktion bei jeder Abstimmung die Minderheit zu fragen hat, wie sie es denn wohl gerne hätte.

Wehner: Da ist noch eine Wortmeldung, Konrad *Porzner*.

Porzner: Genossinnen und Genossen, bevor wir dann zur Wahl kommen, möchte ich mitteilen, dass ich der Meinung bin, dass die Wahl des Wehrbeauftragten vor der Debatte des Kanzleretats stattfinden müsste, damit die Debatte des Kanzleretats nicht mit der Mehrheit und Regierungsfähigkeit dieser Fraktion belastet werden kann im Zusammenhang mit der Wahl in dieser Woche.

(Vereinzelter Beifall.)

Deswegen werden wir versuchen, um 9 Uhr die Wahl des Wehrbeauftragten auf die Tagesordnung zu bringen.[7]

(Zwischenruf.)

Am Mittwoch um 9 Uhr! Da ist auch die Debatte des Kanzleretats.[8]

Zweitens: Wenn es nicht mehr gelingt, das auf die gedruckte Tagesordnung zu bringen, werden wir versuchen, es einvernehmlich mit den Geschäftsführern zu machen. Ich verlasse mich aber auf nichts. Deswegen ist am Mittwoch um 9 Uhr jeder hier anwesend. Es gibt bitte keinen Termin, keine Verpflichtung, die dem vorgeht. Und nach dem, was in dieser Woche passiert ist, muss man das nicht erläutern. Alle, die disponiert haben, müssen sich darauf einstellen, dass wir um 9 Uhr die Geschäftsordnungsmehrheit brauchen und dann natürlich danach die Mehrheit für die Wahl und den ganzen Tag über die Mehrheit für Abstimmungen, die häufig namentliche oder andere sein werden.

(Zwischenruf.)

Bis Freitag für die ganze Debatte. Und deswegen also soll sich jeder darauf einstellen, weil Briefe, die wir schreiben, viele erst am Montag erreichen und vielleicht dann schon

---

[7] Die Wahl fand am 19. März 1975 statt. Gewählt wurde Willi *Berkhan*. Vgl. BT Plenarprotokoll 07/158, S. 10961–10965.
[8] Vgl. BT Plenarprotokoll 07/158, S. 10966–11057.

bestimmte Reisen angetreten haben. Das möchte ich jetzt mitteilen. Dann die Frage, ob es notwendig ist, den Sitzungsbeginn des Plenums von 10 Uhr auf später zu verlegen? Ich würde empfehlen, das nicht zu tun. Es steht ein Punkt auf der Tagesordnung, den die CDU/CSU-Fraktion dann absetzen würde – Jugendarbeitslosigkeit – und den sie dann in der Woche vor der Nordrhein-Westfälischen Wahl auf die Tagesordnung setzen würde. Politisch wäre mir das nicht recht. Behandeln können die das immer, aber im Plenum sollte das heute geschehen. Die beiden Tagesordnungspunkte werden übrigens umgedreht aus Gründen, die ich jetzt nicht zu erläutern brauche. Zuerst dieser Dringlichkeitsantrag der CDU/CSU, dann Umweltschutz, Radioaktivität, Strahlenschutz, diese Dinge. Ein paar, wenn noch dort sein könnten, wenn das beraten wird, wäre es auch gut.

Wehner: Es ist jetzt halb zehn, Genossen. Es sind keine weiteren Meldungen. Die erste Frage ist, dass die Fraktion zu entscheiden hätte, ob heute hier der Kandidat nominiert werden soll, das heißt, das muss durch eine Abstimmung festgestellt werden. Wenn das der Fall ist, dann ist zu entscheiden, welche Vorschläge – es ist vom Fraktionsvorstand ein Vorschlag gemacht worden und es stünde also offen die Möglichkeit für andere Vorschläge. Und wir müssten dann in Abweichung von unserer sonstigen Geschäftsordnungspraxis in der geheimen Abstimmung, in der entschieden werden muss, über diese Vorschläge abstimmen. Ist die Fraktion einverstanden mit diesem Verfahren? Es ist ja eingangs gesagt worden, dass das eine Änderung des Paragraph 4 unserer Geschäftsordnung ist, in dem es heißt: »Die Fraktion entscheidet über die Besetzung von Ausschüssen, Gremien und Delegationen« – das ist nicht verändert – »und wählt für Ämter und Funktionen, die von der Bundestagsfraktion zu benennenden Kandidaten aufgrund von Vorschlägen des Fraktionsvorstandes«. Der Vorschlag des Fraktionsvorstandes liegt auch vor. »Werden aus der Mitte der Fraktion weitere Vorschläge gemacht, wird der Fraktion eine Liste aller Vorgeschlagenen in alphabetischer Reihenfolge vorgelegt. Die Wahl erfolgt Paragraph 11 entsprechend«. Auf Paragraph 11 hat Konrad *Porzner* eingangs hingewiesen. Das ist der mit den Fristen. Wenn die Fraktion sich entscheiden sollte, dass heute hier über die Frage, ob heute hier der Kandidat nominiert werden soll, dann ist damit eingebunden, dass sie dieses verkürzte Verfahren für richtig hält. Das heißt, dann steht die nächste Frage, welche Vorschläge werden zusätzlich zu dem des Fraktionsvorstandes gemacht und dann wird festzustellen sein, welche Vorschläge stehen im Raum, um über diese abzustimmen. Folgt die Fraktion diesem Vorschlag? Ja. Dann lasse ich zunächst abstimmen, ob heute hier der Kandidat nominiert werden soll. Bitte ich ums Handzeichen. Danke. Gegenteilige Meinungen. Stimmenthaltungen. Soweit ich das sehen kann, aber ich kann mich irren, war das einstimmig ohne Gegenstimme und ohne Stimmenthaltungen. Wenn sich jemand enthalten hat, bitte ich das zu sagen. Er wird ja damit nicht geschädigt. Bitte?

(Zwischenruf.)

Also ja, natürlich. Das ist häufig so. Dann stelle ich die Frage, Genossen, die Fraktion hat aus meinem Bericht gehört, dass der Fraktionsvorstand heute, das heißt gestern Nacht bei einer Stimmenthaltung beschlossen hat, der Fraktion vorzuschlagen, Willi *Berkhan* zu nominieren. Ich frage, ob andere Vorschläge gemacht werden und bitte um Wortmeldungen für andere Vorschläge. Ja, wenn keine anderen Vorschläge kommen – oder habe ich jemand übersehen, der sich gemeldet hat? –, dann bitte ich darüber zu entscheiden, dass wir in geheimer Abstimmung nun die Wahl, das heißt die Möglichkeit der Auszählung für die Nominierung *Berkhans* als unseres Kandidaten geben und dies dann, wenn es erfolgreich sein sollte oder ergebnisreich sein sollte, heute noch der Bundestagspräsidentin – wie es notwendig ist – schriftlich mitteilen. Dann bitte ich also

darum, dass die Wahlhandlung vorgenommen wird. Am besten wäre, man täte das jetzt mit herumgehenden Urnen oder kommt ihr her, ich weiß nicht, ob ihr euch überhaupt was gedacht habt.
(Unruhe. Zwischenrufe.)

98.

18. März 1975: Fraktionssitzung (Tonbandtranskript)

AdsD, SPD-BT-Fraktion 7. WP, 6/TONS000036. Titel: »Fraktionssitzung am 18.03.1975«. Beginn: 15.15 Uhr. Aufnahmedauer: 03:53:05. Vorsitz: Wehner.

Sitzungsverlauf:

A. TOP 1: Politischer Bericht von Bundeskanzler *Schmidt* (Volksabstimmung über EG in Großbritannien; Finanzierung der EG; Konferenz zwischen ölverbrauchenden und ölproduzierenden Ländern in Paris; Stand der KSZE; Sonthofener Rede des CSU-Vorsitzenden *Strauß*; Lage der sozial-liberalen Koalition; Lage der bundesdeutschen Konjunktur; Meinungsumfragen). – Aussprache der Fraktion (Finanzierung der EG; KSZE).

B. TOP 2: Bericht aus der Fraktionsvorstandssitzung (Wahl zum Wehrbeauftragten des Deutschen Bundestags; neuer Parlamentarischer Staatssekretär beim Bundesminister der Verteidigung; neuer Vorsitzender des Verteidigungsausschusses; Umschuldungsverhandlungen für Chile). – TOP 3: Informationen (Terroristen im Jemen).

C. Vorbereitung der Plenarsitzungen: TOP 6: Tagesordnung und Ablauf der Plenarsitzungen. – TOP 7: 2. und 3. Beratung Haushalt 1975. – Diskussion der Fraktion über Ankündigungen von Abgeordneten, den Wehretat abzulehnen oder sich zu enthalten. –TOP 8: Ergebnisse aus dem Vermittlungsausschuss (Hochschulrahmengesetz; Eherecht; Atomgesetz).

D. TOP 4: Bericht von Bundesminister *Rohde* zur Reform der Beruflichen Bildung. – Umschuldungsverhandlungen mit Chile. – Fraktionsdelegationen im Saarland. – TOP 5: Aktuelles aus den Arbeitskreisen (Große Anfrage zur friedlichen Nutzung der Kernenergie).

[A.–D.] → online unter www.fraktionsprotokolle.de

Fraktionssitzung 08.04.1975 **99.**

99.

8. April 1975: Fraktionssitzung (Tonbandtranskript)

AdsD, SPD-BT-Fraktion 7. WP, 6/TONS000037. Titel: »Fraktionssitzung am 08.04.1975«. Beginn: 15.00 Uhr. Aufnahmedauer: 03:13:02. Vorsitz: Wehner.

Sitzungsverlauf:

A. TOP 1: Politischer Bericht des SPD-Vorsitzenden *Brandt* (Reise in die USA; Reise nach Mexiko; Reise nach Venezuela; Situation in Portugal; Europarat; Umfragen). – Aussprache der Fraktion (Vietnam; Portugal; Mexiko; Europäisches Arbeiterkomitee/Europäische Arbeiterpartei).

B. Bericht von Bundeskanzler *Schmidt* (Humanitäre Hilfe für Vietnam; humanitäre Lage der Kurden in der Türkei; *Kissinger*-Mission im Nahen und Mittleren Osten; Wahlkampf in Schleswig-Holstein, Saarland und in Nordrhein-Westfalen; bundesdeutsche Konjunktur; Volkswagen). – Aussprache der Fraktion (Zinswende; Artikel von Bundesminister *Leber* in der »Frankfurter Allgemeinen«).

C. TOP 2: Bericht aus dem Fraktionsvorstand (Schreiben Walter *Arendts* an die Bundestagspräsidentin über die Rentenreform 1972; Energieprogramm; Untersuchungsausschüsse, u.a. *Guillaume*; Enquetekommission; Vorsitz Verteidigungsausschuss).

D. TOP 4: Aktuelles aus den Arbeitskreisen (Delegationsreise der Arbeitsgruppe Haushalt; Novelle des Güterkraftverkehrsgesetzes). – TOP 3: Informationen (Verleumdungen im Bundesanzeiger; Reaktion auf CDU/CSU-Antrag zur Erhaltung der Pressevielfalt; Termine für die Novellierung der betrieblichen Mitbestimmung; Unstimmigkeiten bei der Kindergeldzahlung; Verwendung übrig gebliebener Mittel des Konjunkturprogramms für die Schaffung von Arbeits- oder Ausbildungsplätzen).

E. Vorbereitung der Plenarsitzungen: TOP 5: Tagesordnung und Ablauf der Plenarsitzungen. – TOP 6: 2. und 3. Beratung Änderung Bundeswahlgesetz. – TOP 7: 2. und 3. Beratung Förderung von Wohnungseigentum und Wohnbesitz. – TOP 8: 1. Beratung Gesetz zu dem Gesundheitsabkommen zwischen der Bundesrepublik und der DDR. – TOP 9: 1. Beratung Regierungsentwurf und Bundesratsentwurf Bundesausbildungsförderungsgesetz. – TOP 10: Ausschussbericht betr. Neufassung der Geheimschutzordnung.

F. Vorlagen aus den Arbeitskreisen: TOP 11: Änderung des Zivildienstgesetzes. – Sonstiges: TOP 12: Ausschussumbesetzungen. – TOP 13: Bundestagsdelegationen. – TOP 14: Nächste Termine. – Verschiedenes.

[A.–F.] → online unter www.fraktionsprotokolle.de

100.

15. April 1975: Fraktionssitzung (Tonbandtranskript)

AdsD, SPD-BT-Fraktion 7. WP, 6/TONS000038. Titel: »Fraktionssitzung am 15.04.1975«. Beginn: 15.15 Uhr. Aufnahmedauer: 02:37:52. Vorsitz: Wehner.

Sitzungsverlauf:

A. TOP 1: Politische Berichte: SPD-Parteivorsitzender *Brandt* (Landtagswahl in Schleswig-Holstein; kommende Landtagswahlen in Nordrhein-Westfalen und Saarland; Entwicklung in Vietnam und Kambodscha). – Aussprache der Fraktion.

B. Forts. zu TOP 1: Politischer Bericht von Bundeskanzler *Schmidt* (Volkswagenkonzern; Sicherung der Uranversorgung der deutschen Energiewirtschaft). – Aussprache der Fraktion.

C. TOP 2: Bericht aus der Fraktionsvorstandssitzung (Wahlausgang in Schleswig-Holstein; parlamentarische Sitzungswoche; Volkswagenkonzern; Bericht des Wehrbeauftragten; Vorlage Mineralölbevorratung; Reform des Paragraphen 218 StGB). – TOP 3: Informationen (Reform des Paragraphen 218 StGB). – TOP 4: Aktuelles aus den Arbeitskreisen.

D. Vorbereitung der Plenarsitzungen: TOP 5: Tagesordnung und Ablauf der Plenarsitzungen. – TOP 6: 1. Beratung Anpassung Kriegsopferversorgung. – TOP 7: 1. Beratung Adoptionsvermittlungsgesetz. – TOP 8: 1. Beratung Änderung Zivildienstgesetz. – TOP 9: 1. Beratung Deutsche Genossenschaftsbank. – TOP 10: Ausschussbericht betr. Gesetz zum Schutz gegen Fluglärm. – TOP 11: Jahresbericht 1974 des Wehrbeauftragten. – Sonstiges: TOP 12: Obmann Verteidigungsausschuss. – TOP 13: Nächste Termine. – Verschiedenes.

[A.–D.] → online unter www.fraktionsprotokolle.de

101.

22. April 1975: Fraktionssitzung (Tonbandtranskript)

AdsD, SPD-BT-Fraktion 7. WP, 6/TONS000038. Titel: »Fraktionssitzung am 22.04.1975«. Beginn: 15.15 Uhr. Aufnahmedauer: 01:21:31. Vorsitz: Wehner.

Sitzungsverlauf:

A. TOP 1: Politischer Bericht des SPD-Landesvorsitzenden von Baden-Württemberg, Erhard *Eppler*, zur dortigen Kommunalwahl. – TOP 3: Informationen (Auswirkungen der Steuerreform auf die Zahl der Jahreslohnsteuerausgleiche; Bewilligung von Kurzarbeit; Sprachregelung bezüglich der Ergebnisse des Gemeinschaftsgutachtens). – TOP 4: Aktuelles aus den Arbeitskreisen.

B. Vorbereitung der Plenarsitzungen: TOP 5: Tagesordnung und Ablauf der Plenarsitzung. – TOP 6: 2. und 3. Beratung Mindestvorräte Erdölerzeugnisse, 2. Beratung und Schlussabstimmung Internationales Energieprogramm, Ausschussbericht betr. Energie-

Fraktionssitzung 24.04.1975 **102.**

programm und erste Fortschreibung. – TOP 7: 2. und 3. Beratung Änderung Steuerberatungsgesetz. – TOP 8: 2. Beratung Bundesratsentwurf Änderung Lastenausgleichsgesetz. – TOP 9: 2. und 3. Beratung Anpassungsgesetz Kriegsopferversorgung. – TOP 10: 2. und 3. Beratung 14. Strafrechtsänderungsgesetz. – TOP 11: Antrag CDU/CSU betr. Grenzmarkierung an der Elbe. – TOP 12: 1. Beratung Bekämpfung der Wirtschaftskriminalität. – TOP 13: 2. und 3. Beratung Änderung Arbeitsförderungsgesetz und Arbeitnehmerüberlassungsgesetz. – TOP 14: 1. Beratung Bundesratsentwurf Änderung Versammlungsgesetz und Antrag CDU/CSU betr. Sicherheitsprogramm. – TOP 15: 1. Beratung Personalstruktur des Bundesgrenzschutzes.

C. Vorlagen aus den Arbeitskreisen: TOP 16: Gesetz zur Änderung der Bezeichnung der Richter und ehrenamtlichen Richter. – TOP 17: Siebtes Gesetz zur Änderung des Häftlingshilfegesetzes. – TOP 18: Änderung des Bundeskindergeldgesetzes. – Sonstiges: TOP 19: Bereitschaftsdienst der Fraktion. – TOP 20: Obmann Europäisches Parlament. – TOP 21: Termine zur Neuwahl des Fraktionsvorstandes. – TOP 22: Koordinierungsgruppe Berufliche Bildung, Ad-hoc-Arbeitsgruppe Fremdenverkehr. – TOP 23: Nächste Termine. – Verschiedenes.

[A.–C.] → online unter www.fraktionsprotokolle.de

102.

24. April 1975: Fraktionssitzung (Tonbandtranskript)

AdsD, SPD-BT-Fraktion 7. WP, 6/TONS000038. Titel: »Fraktionssitzung am 24.04.1975«. Beginn: 8.45 Uhr. Aufnahmedauer: 00:09:57. Vorsitz: Wehner.

Sitzungsverlauf:

A. Ergebnisse der Sitzung des Vermittlungsausschusses (Gesetz über die Beförderung gefährlicher Güter; Änderung des Grundgesetzes Art. 45 c – Petitionsrecht; Mikrozensus; Zeugnisverweigerungsrecht; Änderung des Gerichtskostengesetzes).

[A.] → online unter www.fraktionsprotokolle.de

103.

25. April 1975: Fraktionssitzung (Tonbandtranskript)

AdsD, SPD-BT-Fraktion 7. WP, 6/TONS000038. Titel: »Fraktionssitzung am 25.04.1975«.
Beginn: 10.40 Uhr. Aufnahmedauer: 00:35:30. Vorsitz: Wehner.

Sitzungsverlauf:

A. Anschlag auf die bundesdeutsche Botschaft in Stockholm.

[A.]

Wehner:[1] Es waren die Ministerpräsidenten aller Bundesländer. Nicht dabei war der Regierende Bürgermeister von Berlin, weil dort zurzeit Senatsbildungsdinge sind.[2] Es war der Vorsitzende der Justizministerkonferenz – das ist der Rheinland-Pfälzische Justizminister *Theissen*. Es waren natürlich Justizminister[3], Innenminister der Bundesregierung[4] und es waren die Vorsitzenden der Parteien und der Fraktionen. Worum es dort ging, war, zunächst eine Grundentscheidung zu treffen. Das Ultimatum der Terroristen lag vor.[5] Die meisten werden es inzwischen gelesen haben. Ich würde es vorlesen, wenn es gewünscht wird. Aber nach diesem Ultimatum mit der Aufführung aller 26 Terroristen, die in Betracht gezogen werden mit Blick auf die bevorstehenden gerichtlichen Verfahren gegen *Baader*, *Meinhof* und Konsorten, würde also Folgendes zeitlich verlangt: Innerhalb von sechs Stunden bis 21 Uhr gestern werden die Gefangenen – in diesem Falle auch wieder Genossen, man scheut sich, das Wort noch auszusprechen, weil es die Lumpen immer gebrauchen, womit wir auch überall mitdiskreditiert werden –,

(Vereinzelter Beifall.)

werden die Gefangenen auf dem Rhein-Main-Flughafen Frankfurt zusammengebracht. Sie können dort ohne Kontrolle miteinander und mit ihren Anwälten sprechen. Sie haben die Möglichkeit, sich über Funk und Fernsehen über den Ablauf zu informieren. Dann wird eine Verbindung zwischen uns – das heißt denen – und den Gefangenen über Telefon, später über Funk hergestellt. Sie wird bis zu ihrer Landung in dem Land, das sie aufnimmt, aufrechterhalten. Weiter wird eine Boeing 707 der Lufthansa aufgetankt mit drei Mann Besatzung auf dem Rhein-Main-Flughafen bereitgehalten innerhalb von zehn Stunden bis 1 Uhr. Das heißt, es lief die Zeit a) bis 9 Uhr – das heißt 21 – und dann bis 1 Uhr, und wie gesagt, dann werden die Gefangenen aus der Bundesrepublik ausgeflogen. Sie werden nur vom Botschafter des Königreichs Schweden in der Bundesrepublik, *Backlund*, und einem ihrer Anwälte begleitet. Das Ziel werden wir ihnen während

---

1 Die Aufnahme setzt unvermittelt ein.
2 Bei der Wahl zum Abgeordnetenhaus am 2. März 1975 verlor die SPD ihre Stellung als stärkste Kraft und musste eine Koalition mit der FDP eingehen.
3 Hans-Jochen *Vogel* (SPD).
4 Werner *Maihofer* (FDP).
5 Am 24. April 1975 drangen sechs deutsche Terroristen der »Roten Armee Fraktion« in die deutsche Botschaft in Stockholm ein, nahmen zwölf Geiseln und töteten im Laufe der Geiselnahme zwei Geiseln. Ziel der Terroristen war es, 26 in Deutschland inhaftierte Angehörige der »Roten Armee Fraktion« freizupressen. Bundeskanzler *Schmidt* weigerte sich, das Ultimatum der Terroristen zu akzeptieren, und ließ der schwedischen Polizei freie Hand. Als die schwedische Polizei nicht auf die Forderungen der Terroristen einging, kam es zu einer Sprengstoffexplosion in der Botschaft. Ein Terrorist starb dabei, die anderen versuchten zu fliehen, konnten aber von der schwedischen Polizei festgenommen werden. Vgl. EUROPA-ARCHIV 1975, Z 76 und Z 79.

Fraktionssitzung 25.04.1975 **103.**

des Fluges mitteilen. Dann überlässt die Bundesregierung, beim Abflug natürlich, jedem der Gefangenen 20 000 Dollar. Dann ist als zweiter Block der ultimativen Forderungen festgestellt, dass diese Erklärung und die Erklärung von den Gefangenen oder ihren Anwälten sofort an die internationalen Nachrichtenagenturen weitergegeben und in der Bundesrepublik über Rundfunk und Fernsehen ungekürzt verbreitet werden. Während des ganzen Ablaufs der Aktion muss die Regierung ihre Entscheidungen über die Massenmedien öffentlich machen. Der Abflug der Genossen wird vom BRD-Fernsehen und vom schwedischen Fernsehen direkt übertragen. Das heißt, die Macht geht an die über, die dort sitzen. Dritter Komplex: Wir werden über unsere Forderungen nicht verhandeln und die Fristen, zu denen sie zu erfüllen sind, nicht verlängern. Versucht die Bundesrepublik, die Freilassung der Gefangenen zu verzögern, werden wir zu jeder vollen Stunde, die das erste oder zweite Ultimatum überschritten wird, einen Beamten des Auswärtigen Amtes der Bundesrepublik erschießen. Der Versuch, die Botschaft zu stürmen, bedeutet den Tod aller im Haus. Bei einem Angriff werden wir in den Räumen der Botschaft 15 Kilogramm TNT zur Explosion bringen. Nach ihrer Landung werden uns die befreiten Genossen über Funk bestätigen, dass sie eine Aufenthaltsgenehmigung erhalten haben. Wir werden dann einen Teil der Botschaftsangehörigen freilassen und den Ablauf unseres Abzuges bekanntgeben. Wir werden Menschen sein. Freiheit durch bewaffneten antiimperialistischen Kampf, und die Verantwortung für die Erschießung des Militärattachés, die ja schon geschehen war, Andreas *von Mirbach*, trägt die Polizei. Trotz verlängertem Ultimatum haben sie das Botschaftsgebäude nicht verlassen. Das ist der Hauptinhalt des ultimativen Schreibens.

Die Entscheidung war gestern zu treffen. Sie ist getroffen worden, und zwar übereinstimmend, ohne Reserven, von allen Beteiligten: Es gibt keine Auslieferung der hier verlangten 26 Leute.

(Starker Beifall.)

Es wird auch nicht irgendwas teilzahlend davon in Aussicht gestellt.

Nächster Punkt: Das heißt, da ja die Strategie oder Taktik besser gesagt der Terroristen darauf fußt, dass sie in einem anderen Land den Ort der Tat und hier den Ort der Entscheidungen, die zu treffen sind, nach ihren Ultimaten hat haben wollen, ergaben sich eine Menge Komplikationen. Und es ist das einzig Richtige getan worden mit dieser Entscheidung, die dann rechtzeitig dem schwedischen Regierungschef mitgeteilt worden ist, der sie sich noch einmal hat bekräftigen lassen durch seine Frage, wer diese Entscheidung alles trage, ging alle Verantwortung auf die schwedische Regierung über und ihre Organe. Von da an musste auch aufhören, dass von hier aus vielleicht mit den bewährten Vorstellungen von Krisen- und anderen Stäben, das wimmelt ja bei uns nur so – dies war keiner. Das ist nur eine Sache der Journalisten. Dies war das Zusammentreffen aller in der Bundesrepublik verantwortlich Regierenden, nämlich Ministerpräsidenten der Länder und so weiter. Das war das. Die Verantwortung ging an die Schweden über, und ich will hier Helmut *Schmidt* nicht vorgreifen, ich nehme an, dass er sich vorbehält, darüber, entweder wenn er noch hierherkommen kann oder in seiner Regierungserklärung[6], das Abgewogene zu sagen. Jedenfalls war derselbe Kreis, nachdem gestern das Kabinett um 19 Uhr zusammengerufen worden war, weil der Bundeskanzler in diesem Fall – das hatte er betont in dem anderen Kreis – eine Kabinettsentscheidung brauche.[7] Über die Tatsache

---

6   Zur Regierungserklärung am 25. April 1975 von Bundeskanzler *Schmidt* betr. Anschlag auf die deutsche Botschaft in Stockholm vgl. BT Plenarprotokoll 07/168, S. 11781–11788.
7   Zur Sondersitzung des Kabinetts am 24. April 1975 vgl. Die Kabinettsprotokolle der Bundesregierung 1975, online.

dieser Kabinettsentscheidung ist dann der vorher zusammen gewesene Kreis, als er wieder zusammenkam, nach 20 Uhr informiert worden. Die Kabinettsentscheidung war die übereinstimmende, einstimmige Aufnahme dieser Empfehlung des Kreises, von dem ich eben gesprochen habe, und dann ging es um das Weitere, denn es konnte ja nicht daran gelegen sein, dass jetzt die Stundenabläufe von denen bestimmt würden und um 21 Uhr und so weiter, um 22 Uhr und um 23 Uhr. Das heißt, die schwedische Seite hat ihre schrecklich schwere Verantwortung nicht nur übernommen, sondern hat sie auch in einer Weise umgesetzt, dass ich mir jedenfalls erlaube, obwohl keinen amtlichen Dank abzustatten habe, einen ganz großen Dank an diese Bereitschaft, Verantwortung in einem der schwierigsten Fälle, die von einem anderen Land aus dort hineingetragen worden sind, zu übernehmen und auch umzusetzen. Dafür muss man dankbar sein.

(Starker Beifall.)

Die Schweden hatten – nachdem klar war, die Verantwortung liegt nun bei ihnen – den Terroristen, erstens mal Verbindung mit ihnen schließlich erreicht, telefonische Verbindung, diese Knaben waren, das hatte ich mir gedacht, zunächst baff und mussten sich beraten. Sie haben sich beraten und die telefonischen Verbindungen gingen weiter. Sie haben abgelehnt, mit der schwedischen Regierung zu verhandeln. Und sie hatten ja ihre Bedingungen für den Fall, dass ihre Bedingungen nicht eingehalten werden, hatten sie diese ihre am Ende, fast am Ende summiert. Nun gibt's bei uns eine Vorstellung, dass Terroristen nicht zu bekämpfen seien, weil sie eher sterben wollten. Ich teile diese Auffassung nicht, habe sie nie geteilt. Das sind Leute, die andere töten wollen und dabei, wenn es geht, davonkommen möchten. So war es auch diesmal. Das sind keine Kamikaze oder was wir uns sonst hier an komischen Vorstellungen von gewissen mohammedanischen Gruppen einbilden. Die mögen sein, wie sie sind. Davon habe ich keine Ahnung außer dem, was man darüber lesen kann. Die deutschen Terroristen sind genauso, wie sie das Ende ihres Ultimatums in die Geschichte eingebracht haben. Nämlich sie haben in einem fremden Land erstens zwei Leute erschossen, den Militärattaché unserer Regierung, *von Mirbach*, dann hinausgeführt, erschossen und ist dann verkohlt der Botschaftsrat für Wirtschaftsfragen[8]. Das ist erst ganz spät, erst heute Morgen genau identifiziert worden, dass er das war, während vorher gemeint war, der ist schwer verletzt, und sie haben die Botschaft – wenn man so sagen soll – in die Luft gesprengt und in Flammen gesetzt, um in diesem Schutze zu entkommen. Das ist ihnen nicht gelungen. Ist ihnen nicht gelungen. Sie sind dingfest gemacht worden. Einer davon ist dabei noch totgegangen. Die anderen sitzen.

Nun fangen die Deutschen sofort wieder an, das habe ich heute Morgen in den ersten Kommentaren und Reporterfragen, ja, werden die nun sofort alle ausgeliefert? Es ist schrecklich, wo der Sinn für Proportionen bei uns ist. Zunächst haben sie dort Menschen ermordet, ein Gebäude, das dazu noch exterritorial war und dessen Verwüstung der Regierung, in deren Land sie liegt, noch genügend Kopfverbrechen machen wird, und zweitens sind sie ja wohl dort auch strafbar. Inzwischen ist lange herumgerätselt worden, wer sie sind, da sie ja jede Angabe zur Person verweigern. Seit kurzem, Dreiviertelstunde, liegen die Namen vor. Alle die Redereien, das wird etwa diese Dame, die da fortgesetzt genannt wurde und schon einmal von einem angeblich mit einem Besenstiel bewusstlos geschlagenen, sonst aber in Karate ausgebildeten Fahrer erkannt worden ist, diese Dame *Luther*[9] – nichts davon, keiner davon. Das heißt, die Schlussfolge-

---

8 Heinz *Hillegaart*.
9 Das RAF-Mitglied Angela *Luther*, die mit einem Sprengstoffanschlag auf das europäische Hauptquartier der US-Truppen in Heidelberg in Zusammenhang gebracht wurde, galt seit 1972 als verschollen.

rung erlaube ich mir zu dieser Stunde, das heißt, dieses Schlachten wird weiter fortzusetzen versucht werden. Keine Spekulationen über die psychologischen Rückwirkungen auf die Reserven oder in Startlöchern befindlichen Gruppen verschiedener Gattungen dieser Terroristen, aber auf jeden Fall muss man mit vielem rechnen.

Gestern Abend ist festgestellt worden: kein Abbruch des Wahlkampfes, aber übereingekommen und die CDU sagt, das hätte sie von sich aus schon gemacht, dass Pop und popartige Veranstaltungen nicht mehr stattfinden bei diesen beiden Landtagswahlkämpfen im Saarland und in Nordrhein-Westfalen.[10] Ansonsten wird man sehen, wie weit das, was in der Nacht gehalten worden ist, nämlich Verpflichtung, keine Mitteilung über die Entscheidung und auch keine über die natürlich vorangegangenen und auch noch nachfolgenden Diskussionen zu machen, weil Angst besteht, das könne in den Wahlkämpfen ausgenutzt werden. Aber man wird es sehen, wie es läuft und es wird für unsere Seite, für unsere Genossen gut sein. Aus diesem Grunde wollten wir von uns aus sowieso, ehe die meisten wegfahren müssen, dass wir hier noch einmal Gelegenheit haben, einiges uns gegenseitig mit auf den Weg zu geben. Holger *Börner* hat mir eine Mitteilung der Abteilung Organisation beim Parteivorstand gegeben, dass im Laufe des frühen Nachmittags – also nach der Sitzung unserer Bundestagsfraktion und nach der Regierungserklärung von Helmut *Schmidt*[11] – über Telex, das heißt die Landesverbände, die Bezirke, entsprechende Informationen bekommen werden und vorsorglich bittet die Absenderstelle darum sicherzustellen, dass auch am Sonnabend eingehende Fernschreiben noch durch euch durch, das sind die Landesverbände und Bezirke, zur Kenntnis genommen und verarbeitet werden können. Ich schlage außerdem vor, dass wir – auch wenn das Geld kostet – heute Nachmittag noch jedem ins Haus schicken, weil nicht alle hier sind, wenn auch der große Teil hier ist, ins Haus noch schicken per Eilboten das, was notwendig ist, nicht bebilderte oder glanzpapierne Drucksachen, sondern Anhaltspunkte. Denn natürlich werden wir sehr danach gemessen werden, wie wir diese Sache draußen ansprechen.

Ich kann niemandem einen Rat geben. Ich kann nur eine Erfahrung aus der in mancher Hinsicht anderen, in der einen oder anderen Hinsicht verwandten Situationen im Zusammenhang mit der *Lorenz*-Entführung[12] und Wahlkampf Rheinland-Pfalz und anlaufender oder schon in Gang befindlicher Schleswig-Holstein-Lage[13]. Ich habe vor jeder Versammlung die Anwesenden gebeten um ihr Verständnis und mit ihrem Verständnis gerechnet, dass ich – bevor ich zu dem Thema spreche, das für die anstehende Wahl von Interesse ist – einige Bemerkungen und Darstellungen machen will zu etwas, das uns alle erschüttert, bewegt oder je nachdem, an welchem Tage das war. Das ist eine Praxis eines einfachen Praktikers. Man schaltet damit aus, dass das Ganze fortgesetzt meliert wird mit den üblichen Geschichten. Ich habe es denen gestern Nacht auch noch gesagt. Ich habe gesagt, bitte, da ich nicht maßgebend bin, ich kann nur sagen, wie ich es auch wieder machen werde. Ihr müsst das selber herausfinden. Es wäre ganz schlecht, wenn uns angelastet würde eine Art Unsicherheit, insofern wir sozusagen nun nach Atem ringen und mit all unseren Wahlkampfargumenten, die wir haben, immer dieses vermantschen,

---

10 Die Landtagswahlen in Nordrhein-Westfalen und im Saarland fanden am 4. Mai 1975 statt.
11 Vgl. Anm. 6.
12 Drei Tage vor der Wahl zum Berliner Abgeordnetenhaus am 2. März 1975 wurde der CDU-Spitzenkandidat Peter *Lorenz* von Terroristen der »Bewegung 2. Juni« entführt. Am 4. März wurde *Lorenz* freigelassen, nachdem die Bundesregierung fünf inhaftierte Terroristen der »Roten Armee Fraktion« und der »Bewegung 2. Juni« freigelassen und in den Südjemen ausgeflogen hatte.
13 Die Landtagswahl in Rheinland-Pfalz fand am 9. März 1975 statt. In Schleswig-Holstein wurde am 13. April 1975 gewählt.

was hier ist. Wir müssen – Grundakkord: Sicherheit, ist nicht anders, Genossinnen und Genossen. Ich gebe einen Rat. Wenn eine Koalition viel getan hat für Sicherheit, so hat sie vor allen Dingen viel getan dafür, dass der Frieden sicherer gemacht worden ist, Friedensicherung und Sicherheit im Innern – diese beiden Dinge. Bitte sucht euch da ein wenig eure sonstigen Stichworte und Stichwortseiten oder Unterlagen umzusortieren und schaltet vor das, was zum Ereignis zu sagen ist. Das wird seltsame Emotionen geben. Es gibt welche, die sagen, haben gesagt gestern, nicht in diesem Kreis, sondern heute: Wenn die jede Stunde einen erschießen, können wir ja jede Stunde zwei von denen, die sie aufgeführt haben, erschießen. Das ist dann klar, dass solche Reaktionen kommen. Oder ich habe heute Morgen gehört, warum denn nicht gleich hinter denen her geschossen worden sei in Stockholm, als ob wir das hier auch noch bestimmen können. Hinter denen, die da versucht haben, sich mit Schießen, nachdem sie die Botschaft in die Luft gesprengt haben, davon zu machen. Das heißt, hier wird erst eine gewisse Zeit vergehen, bis sich das ausbalanciert hat, aber eines möchte ich sagen, vielleicht wird das nicht falsch verstanden. Wir müssen dieses Vorganges wegen nicht befürchten, das unter gewissen anderen Umständen durchaus in den Kreis des zu Befürchtenden hätte geraten können, dass wir ganz entgegen dem, welche Ansprüche wir auf die Anerkennung von Verdiensten bei Wählerinnen und Wählern stellen, deswegen jedenfalls nicht zusätzliche Minuspunkte oder Schlimmeres bekommen werden. Das ist unser Plus in Wirklichkeit, dass diese kritische Phase vorbei ist. Ich wollte nicht mehr sagen, Genossen. Ich nehme an, Willy *Brandt* wird etwas sagen. *Schmidt* ist noch nicht gekommen. Wir hören ihn dann in 15 Minuten im Plenum. Willy *Brandt*.

(Starker Beifall.)

Brandt (Berlin): Ich möchte jetzt eigentlich nur zwei Bemerkungen machen, liebe Genossen. Der erste Punkt ist der, anknüpfend an das, was Herbert *Wehner* über die schwedische Regierung gesagt hat und was in der Regierungserklärung nachher sicher eine Rolle spielen wird, ist es gut, ohne Illusionen damit zu verbinden, von uns das Thema internationale Zusammenarbeit bei der Bekämpfung des Terrorismus zu behandeln. Denn internationale Bekämpfung heißt ja nicht zu warten, bis wirksame neue UNO-Beschlüsse gefasst werden, für die man sich eh dann eine ganze Weile noch nichts kaufen kann, sondern internationale Bekämpfung heißt ja, bilateral sei es also oder mehrere, wo es geht. Und dafür ist dies kein – nicht auf dem makabren Hintergrund –, aber kein schlechtes Beispiel gewesen und sollte erörtert werden.

Das Zweite ist: Ich kann nur ganz dick unterstreichen, dass man nicht Stimmungen nachgeben darf, wie es sie gestern hier und da gegeben hat, als ob nun – so ernst der ganze Vorgang ist – wir irgendetwas bessern würden, wenn wir eine Art von Staatstrauer einführten und Wahlkämpfe einstellten und nicht das machten, wozu wir verpflichtet sind. Alles, was in diese Richtung geht, hieße indirekt denen zuarbeiten und sie das Gesetz des Denkens und Handelns bestimmen in diesem Staat. Und insofern, wenn das Wort nicht falsch verstanden wird, so deutlich sein muss, was uns hier innerlich bewegt und wie sehr wir hinter der Regierung stehen und denen, die die Verantwortung hier getragen haben und tragen. Für uns als Sozialdemokraten gibt es in diesen nächsten acht bis neun Tagen trotzdem nichts Wichtigeres, als Wahlkampf zu führen und die beiden Wahlen, wenn es irgend geht, zu bestehen. Danke schön.

(Starker Beifall.)

Wehner: Wird das Wort gewünscht, Genossen? Bitte Horst *Krockert*.

Krockert: Ich werde mich, was also die kommenden Tage betrifft, ganz gewiss nicht querstellen. Aber sozusagen protokollhalber möchte ich sagen, dass ich die getroffene Entscheidung für falsch halte und dass ich auch im Blick auf kommende weitere

Schlachtereien – so glaube ich, es verstanden zu haben – es für falsch halte. Dies soll nur gesagt sein. Ich will daran nichts Weiteres anknüpfen.

Eine zweite Bemerkung: Was mich gestern maßlos gestört hat ist, dass das Parlament die einzige Institution in diesem Lande war, die ihren Kram weiter abgespult hat, als wäre nichts geschehen. Das habe ich nicht verstehen können. Ich weiß noch nicht einmal mehr, worum es da eigentlich gegangen ist. Das hat auch gar nicht so sehr interessiert. Wir haben unseren Kram abgespult. Das war nicht in Ordnung.

Wehner: Zu dem Letzten: Ich habe, weil ich weg musste, sonst bin ich immer dort und habe mich dessen nie gerühmt, *Krockert*, habe gesagt, warum ich weg musste und habe auch zwischendurch Bescheid gegeben, und ich halte es für grundfalsch, lieber Genosse *Krockert*, das Parlament hätte sich auch noch von den Terroristen vorschreiben lassen sollen, dass es gestern nicht tagte.

(Starker Beifall.)

Halte ich für grundfalsch. Ob die nun in Stockholm sitzen oder in Berlin sitzen oder wo sie sonst grade noch mal wieder sitzen werden, um Himmels willen, wir haben zu tun genauso, wie wir jetzt – Willy *Brandt* hat das mit Recht am Schluss gesagt –, wir haben Wahlkampf zu führen. Zum ersten Teil deiner Erklärung erspare ich mir jedes Wort.

(Vereinzelter Beifall.)

Wer wünscht das Wort? Horst *Ehmke*.

Ehmke: Ich bin anderer Meinung als Horst *Krockert*, aber ich bin der Meinung, er solle das hier nicht so stehen lassen. Ich finde das nicht gut, Horst. Ich bin der Meinung, dass das ja sehr – wir kennen das vom ersten Fall – abzuwägen ist. Ich bin der Meinung, gestern ist richtig gehandelt worden. Das andere hätte mehr Leben gefährdet nach meiner Meinung und wenn du das hier schon sagst, in einer so schweren Entscheidung anderer Meinung zu sein, hätte ich wenigstens gerne ein Wort der Begründung gehört, dass man auf die Argumente dann antworten kann, als es nur einfach so in den Raum zu stellen.

Wehner: *Gansel.*

Gansel: {…} dass Horst *Krockert* gesagt hat, er will das nur fürs Protokoll sagen, macht es uns doch eigentlich leicht, das Problem zu einer anderen Zeit einmal zu diskutieren. Ich möchte dazu auch nur anmerken. Ich weiß jetzt zu wenig über die Vorgänge gestern Abend und würde mich auch hüten, dazu in der Öffentlichkeit jetzt etwas zu sagen. Wenn aber es richtig ist, was bei den Kommentatoren und Berichterstattern durchgeklungen ist, dass es nur noch eine Position der Härte und der Nichtverhandlung geben könnte, dann wäre dieses ein Thema, was einmal in der Fraktion diskutiert werden müsste, zu dem ich eine Auffassung habe, die wahrscheinlich mit Horst *Krockert* übereinstimmt, die allerdings in der Öffentlichkeit schwierig zu diskutieren ist – sowohl die eine Position als die andere Position, weil wir nicht wissen, wie das auf terroristische Aktivitäten sich auswirkt. Nur das Problem, das Problem ist nicht so, dass wir sagen können, wir überlassen das der Regierung oder den Ministerpräsidenten und stehen in jedem Fall dazu. Eine öffentliche Diskussion wird es in den zukünftigen Wochen sowieso einmal geben, und ich bitte die Fraktionsführung zu erwägen, wann wir uns einmal in einem angemessenen Rahmen innerhalb der Fraktion mit möglicher Kontrolle der Öffentlichkeitswirkung über das Problem unterhalten können. So, meine ich, war der Beitrag von Horst *Krockert* gemeint und so muss ich den voll unterstützen.

Wehner: Ich wollte dir nur sagen, lieber Genosse *Gansel*, zu deiner Bemerkung hinsichtlich Kommentatoren, die gesagt hätten nur noch eine Position des Nichtverhandelns, ich bitte bei allem, was jetzt in der Stunde, in den zehn Minuten überhaupt nicht diskutiert werden kann, hier nicht außer Acht zu lassen, dass die Terroristen eine Hand-

lung im Ausland und dazu noch mit Bedacht in einem sozialdemokratisch regierten Land gemacht haben, um das auch noch zu diskreditieren. Hier ist die Tat –
(Starker Beifall.)
und dort ist der Tatort und hier sollte entschieden werden. Zwei sozialdemokratisch geführte Regierungen sollten in diesem Fall und so weiter. Nur Nichtverhandeln – ich hatte gesagt, ich hatte nie hier einen dezidierten Bericht, weil ich das *Schmidt* vorbehalten will, nicht weil nur die Regierung sagen sollte, sondern weil die authentischen Gespräche mit *Palme*[14] hat er geführt gestern, sieben oder acht an der Zahl während dieser ganzen Zeit. Zu verhandeln hat die schwedische Regierung den Terroristen angeboten und das haben sie abgelehnt, und wir hatten einige Anregungen gegeben in Bezug auf das, was – ohne dass wir ihnen Vorschriften machen können – zum Beispiel wenn die Schweden es für richtig halten würden, wie sie es in anderen Fällen gemacht haben, die Leute ausfliegen zu lassen, nachdem sie die Geiseln freigelassen hatten und solche Angebote, die sind von den Schweden akzeptiert als ihre eigenen, aber sind von den Terroristen überhaupt nicht zur Kenntnis genommen worden, weil sie abgelehnt haben, mit der schwedischen Regierung, in deren Land sie ihre Verbrechen begangen haben und noch zu begehen entschlossen waren, überhaupt zu verhandeln. Also bitte, bringen wir hier nicht Sachen durcheinander, die im Grunde genommen nicht zusammenpassen. Philip *Rosenthal*.

Rosenthal: Vielleicht ist diese Überlegung falsch, weil ich nicht genügend informiert bin. Aber es ist ein Beitrag zur Überlegung, wie das auf unsere Geltung draußen wirkt, und ist es da nicht so, dass diese Regierung bei der Eskalation der Terroristen, die ja wie jede Erpressung immer weiter geht und das nächste Mal hätten die ja verlangen können, dass Tanks irgendwohin geliefert werden und das übernächste Mal eine Bombe, ist es nicht eine Tatsache, dass diese Regierung die schwere Entscheidung getroffen hat, dieser Erpressung nicht nachzugeben und dass sie sich verhältnismäßig erfolgreich im Ausgang dadurch ergeben hat, dass wir dieses im richtigen Moment, wenn es nicht mehr anders geht, hart sein, auch für uns in Anspruch nehmen sollten.
(Starker Beifall.)

Wehner: Holger *Börner*.

Börner: Genossinnen und Genossen, der Parteivorsitzende hat darauf hingewiesen, dass der Dialog mit dem Wähler zu verstärken ist. Über Saar und NRW hinaus fordern die Menschen eine klare Antwort, was Sozialdemokraten tun, wenn die Grundfesten des Staates in Gefahr sind. Ich meine, das sollten diejenigen berücksichtigen, die sich hier zu Wort gemeldet haben.
(Starker Beifall.)

Wehner: Horst *Krockert*.

Krockert: Das ist schon recht, Holger *Börner*. Nur ich muss Norbert *Gansel* insofern Recht geben, als sich die Rolle des Parlaments und auch die der Fraktion nicht darin erschöpfen kann, die Tagesordnung weiter abzuspulen und nicht darüber zu reden. Ich weiß, dass dies jetzt nicht die Stunde ist, darüber zu reden.

Wehner: Dann soll man aber auch nicht das Vorurteil schon prägen.
(Unruhe.)

Krockert: Entschuldigung, Herbert, ich muss jetzt doch noch etwas Unangenehmes sagen. Ich habe vorhin vielleicht aus Versehen gesagt, dies sei nur protokollhalber ge-

---
[14] Olof *Palme*, schwedischer Ministerpräsident.

Fraktionssitzung 25.04.1975 **103.**

sagt. Inzwischen hat mir der Minister für innerdeutsche Angelegenheiten gesagt, vielen Dank für die Unterstützung und dies sei auch nur des Protokolls halber gesagt. Wenn es des Protokolls halber gesagt ist, dann soll es ruhig hier am Mikrofon gesagt werden. Ich hole das nach.

(Zwischenruf.)

Wehner: Was soll denn das? Das kann doch jeder von sich aus sagen, nicht. Ja, wir müssen weitermachen. Hast du –

Krockert: Nein, nein. Entschuldigung.

Wehner: Ich will das Wort gar nicht –

Krockert: Ich habe noch das Wort oder?

Wehner: Bitte, natürlich. Ich hoffe, du nimmst es auch wirklich, da wir gleich ins Plenum müssen, um abzuspulen.

Krockert: Das war nicht gut, Herbert.

Wehner: Nein, nein. Das sollte auch nicht gut sein, sondern schmerzlich.

(Starke Unruhe.)

Krockert: Ich weiß, dass die Zeit heute nicht ausreicht, die Fragen zu erörtern, die mit dem ganzen Komplex zusammengehören. Aber ich möchte mir das Recht vorbehalten, zu gegebener Stunde noch ein paar andere Bemerkungen anfügen zu dürfen, als sie heute hier Raum haben. Das war der einzige Grund, weshalb ich gemeint habe, es sollte nicht so glatt gelaufen sein, wie das vorhin den Anschein hatte.

(Starke Unruhe.)

(Zwischenruf.)

Wehner: Ich muss, ich will sowohl *Krockert* als auch *Gansel* und wer noch derselben Meinung sein sollte sagen, wir werden uns auszusprechen haben, und zwar zu gegebener Zeit, die wir nicht lange aufschieben wollen. Das muss doch wohl –

(Zwischenruf.)

(Unruhe.)

jetzt haben wir, Genosse *Krockert*, ich bitte dich um Entschuldigung, jetzt haben wir eine Regierungserklärung mit Anstand entgegenzunehmen, kurz darauf zu erklären, und wir haben am 4. Mai dafür zu sorgen, dass wir nicht Wahlen verlieren, sondern gewinnen.

(Starker Beifall.)

Hans-Jochen *Vogel*.

Vogel: Genossinnen und Genossen, darf ich euch bitten, sehr zu beherzigen, dass weder im Fall *Lorenz* noch gestern im Fall Stockholm grundsätzliche Entscheidungen mit Richtlinien oder Gesetzescharakter für alle Zukunft getroffen worden sind, sondern dass konkrete Fälle konkret und verantwortungsbewusst entschieden wurden. Und ich glaube, Genossinnen und Genossen, alle, die diese konkrete Entscheidung getragen haben, dürfen die Fraktion bitten, diese konkreten Entscheidungen ohne Einschränkung mitzutragen und mitzuvertreten.

(Starker Beifall.)

Das, Genossinnen und Genossen, ist die Antwort, die wir als Sozialdemokraten in der Situation geben müssen.

Und dann, weil ich das Wort habe, noch eine Information. Es kommen viele Fragen, ob wir nicht die Auslieferung dieser Leute begehren sollten. Herbert hat das bereits kurz berührt. Darauf die Antwort: Nach schwedischem Recht dürfen Täter, die Straftaten in Schweden begangen haben, wegen dieser Straftaten nicht ausgeliefert werden. Die Verhandlung und Bestrafung muss nach schwedischem Recht wegen dieser Taten in Schweden erfolgen. Ich sage das für den Fall, dass draußen danach gefragt wird, dass wir eine korrekte Antwort geben können.

Wehner: Danke. Das ist eine wichtige Feststellung. Letzte Wortmeldung, *Spillecke*.

Spillecke: Ich will nur einen Satz sagen. Ich glaube, liebe Freunde, das, was notwendig ist und das möchte ich an Norbert *Gansel* und Horst *Krockert* richten: Wir dürfen die Entscheidung der Verantwortlichen in dieser Bundesrepublik im Nachhinein in gar keiner Weise infrage stellen. Ich glaube, dass wir alle die Pflicht haben, als Sozialdemokraten draußen mit einer Zunge und in abgewogener Form das zu vertreten.

(Beifall.)

Wehner: Genossen, die Sitzung müssen wir schließen. Ich bitte, ins Plenum zu gehen.

104.

13. Mai 1975: Fraktionssitzung (Kurzprotokoll)

AdsD, SPD-BT-Fraktion 7. WP, 2/BTFG000101. Überschrift: »Fraktionssitzung am 13. Mai 1975«. Zeit: 15.15–17.25 Uhr. Vorsitz: Wehner. Protokoll: Bünning. Datum der Niederschrift: 14. Mai 1975.

Sitzungsverlauf:

A. TOP 1: Politischer Bericht (SPD-Vorsitzender *Brandt* berichtet über die Wahlen in Nordrhein-Westfalen und im Saarland). – TOP 2: Bericht aus der Fraktionsvorstandssitzung (Gedanken zu kommenden Vorhaben im Plenum und in den Bundestagsausschüssen; Arbeitsgruppe zur Verhandlung der Diätenbesteuerung vor dem Bundesverfassungsgericht).

B. TOP 3: Informationen (Strafprozessordnung, Rechte der Rechtsanwälte und Terrorismus; öffentlicher Wohnungsbau; Hilfen für die Presse). – TOP 4: Aktuelles aus den Arbeitskreisen.

C. Vorbereitung der Plenarsitzungen: TOP 5: Tagesordnung und Ablauf der Plenarsitzungen. – TOP 6: Antrag des Auswärtigen Ausschusses zu den Empfehlungen und Entschließungen der Nordatlantischen Versammlung. – TOP 7: 2. und 3. Beratung Änderung des Straßenverkehrsgesetzes. – TOP 8: Ausschussbericht betr. Neufassung des Verwarngeldkataloges. – TOP 9: Große Anfrage CDU/CSU betr. Wohnungspolitik. – TOP 10: 2. Beratung Änderung Umsatzsteuergesetz (Tageszeitungen). – TOP 11: 1. Beratung Änderung des Soldatengesetzes. – TOP 12: 1. Beratung Änderung des Häftlingshilfegesetzes. – TOP 13: Ausschussbericht betr. Verplombungsgesetz. – TOP 14: 2. und 3. Beratung Revision in Zivilsachen. – TOP 15: 1. Beratung Änderung Bundeskindergeldgesetz.

Fraktionssitzung 20.05.1975 **105.**

D. Vorlagen aus den Arbeitskreisen: TOP 16: Kleine Anfrage betr. Jugendalkoholismus. – Sonstiges: TOP 17: Ad-hoc Arbeitsgruppe »Fremdenverkehr«. – TOP 18: Umbesetzung Ältestenrat und NATO-Parlamentarierkonferenz. – TOP 19: Bundestags- und Fraktionsdelegationen. – TOP 20: Nächste Termine. – Verschiedenes.

[A.–D.] → online unter www.fraktionsprotokolle.de

105.

20. Mai 1975: Fraktionssitzung (Kurzprotokoll)

AdsD, SPD-BT-Fraktion 7. WP, 2/BTFG000102. Überschrift: »Protokoll über die Sitzung der Fraktion der SPD im Deutschen Bundestag am Dienstag, den 20.5.1975«. Zeit: 15.15–17.40 Uhr. Vorsitz: Wehner. Protokoll: Rothe. Datum der Niederschrift: 12. Juni 1975.

Sitzungsverlauf:

A. TOP 1: Politische Berichte (Bundeskanzler *Schmidt* zur inneren Sicherheit, zur wirtschaftspolitischen Lage und zu weltpolitischen Problemen). – Aussprache der Fraktion über den Bericht. – TOP 2: Bericht aus der Fraktionsvorstandssitzung (Wehrdienstverweigerung; letzte deutsche Kriegsgefangene; Sträflinge; Berlin-Status; Bundesbaugesetz; Strafvollzugsgesetz; Neuwahl des Fraktionsvorstandes). – TOP 3: Informationen (Diebstahl von Giftgas). – TOP 4: Aktuelles aus den Arbeitskreisen.
B. Vorbereitung der Plenarsitzungen: TOP 5: Tagesordnung und Ablauf der Plenarsitzungen. – TOP 6: 2. und 3. Beratung Änderung des Güterkraftverkehrsgesetzes. – TOP 7: 2. und 3. Beratung Krankenversicherung der Studenten. – TOP 8: Große Anfrage CDU/CSU betr. Situation der Kinder in Deutschland; Zweiter Familienbericht der Bundesregierung. – TOP 9: 1. Beratung CDU/CSU-Entwurf und Bundesrats-Entwurf Änderung des Jugendwohlfahrtgesetzes. – TOP 10: 1. Beratung Änderung der Richteramtsbezeichnungen. – TOP 11: Antrag CDU/CSU betr. zusätzliche Förderungsmaßnahmen zur Verbesserung der Arbeitsmarktlage. – TOP 12: Ausschussbericht betr. Vorschlag der EG-Kommission über die weitere Entwicklung der gemeinsamen Verkehrspolitik.
C. Sonstiges: TOP 13: Änderung des Branntweinmonopolgesetzes. – TOP 14: Vorbereitung der Stellungnahme des Bundestages in dem Verfahren des Bundesverfassungsgerichts (Rechtsstellung der Abgeordneten, Rechtsnatur der Entschädigungen). – TOP 15: Verwaltungsrat Lastenausgleichsbank. –TOP 16: Nächste Termine. – Verschiedenes.

[A.–C.] → online unter www.fraktionsprotokolle.de

106.

3. Juni 1975: Fraktionssitzung (Kurzprotokoll)

AdsD, SPD-BT-Fraktion 7. WP, 2/BTFG000103. Überschrift: »Protokoll der Fraktionssitzung der SPD am Dienstag, den 3.6.1975«. Zeit: 15.10–19.25 Uhr. Vorsitz: Wehner. Protokoll: Kipke. Datum der Niederschrift: 27. Juni 1975.

Sitzungsverlauf:

A. TOP 1: Politische Berichte (Bundeskanzler *Schmidt* zur außenpolitischen und außenwirtschaftlichen Lage, zur Sitzung des NATO-Rats; zu Gesprächen mit Portugal, Großbritannien, Island und der Türkei). – Aussprache der Fraktion über einen Bericht zur beruflichen Bildung/Scheitern des Berufsbildungsgesetzes im Bundesrat. – TOP 2: Bericht aus der Fraktionsvorstandssitzung (Europäische Union; Terrorismus; Wehrpflicht und Zivildienst; Erweiterung der Bundestagsgebäude; Neuwahl des Fraktionsvorstands; Gesetzentwurf zur Reform des Paragraphen 218 StGB; Änderung dienstrechtlicher Vorschriften; Arbeitsprogramm für den Rest der Wahlperiode).

B. TOP 3: Informationen (Honorarverhandlungen mit Ärzten; Steuern auf Gewinne von Erdöl- und Erdgasunternehmen, um deutsche Unternehmen zu schützen; Lage des VEBA-Konzerns; Mittel für Behindertenwerkstätten; Entwicklungsstand der Eherechtsreform; Mittelkürzung und Umstrukturierungen beim öffentlichen Personennahverkehr; Reise des Generalinspekteurs des Heeres nach Spanien und Teilnahme an der jährlichen Parade zum Gedenken des *Franco*-Sieges im Bürgerkrieg). – TOP 4: Aktuelles aus den Arbeitskreisen (AK I: Wirtschaftliche Beziehungen zwischen der EG und den USA).

C. Vorbereitung der Plenarsitzungen: TOP 5: Tagesordnung und Ablauf der Plenarsitzungen. – TOP 6: 2. und 3. Beratung Revision in Zivilsachen. – TOP 7: Ausschussbericht betr. Einsetzung einer Jugendstrafvollzugskommission. – TOP 8: 2. und 3. Beratung Viertes Bundesbesoldungserhöhungsgesetz. – TOP 9: 2. und 3. Beratung Änderung des Bundeskindergeldgesetzes. – TOP 10: 2. und 3. Beratung Weinwirtschaftsgesetz. – TOP 11: Große Anfrage CDU/CSU betr. Situation des Gesundheitswesens, Regierungsentwurf Krankenversicherungs-Weiterentwicklungsgesetz, Bundesratsentwurf Weiterentwicklung Kassenarztrecht. – TOP 12: 1. Beratung Änderung des Kreditwesengesetzes.

D. Vorlagen aus den Arbeitskreisen: TOP 13: Änderung des Strafgesetzbuches und der Strafgesetzordnung. – Sonstiges: TOP 14: Änderung des Wehrpflichtgesetzes und des Zivildienstgesetzes. – TOP 15: Kassenprüfungsbericht.

[A.–D.] → online unter www.fraktionsprotokolle.de

Fraktionssitzung 10.06.1975 **107.**

107.

10. Juni 1975: Fraktionssitzung (Tonbandtranskript)

AdsD, SPD-BT-Fraktion 7. WP, 6/TONS000039. Titel: »Fraktionssitzung am 10.06.1975«. Beginn: 15.20 Uhr. Aufnahmedauer: 03:53:28. Vorsitz: Wehner.

Sitzungsverlauf:

A. TOP 2: Bericht aus der Fraktionsvorstandssitzung (Innere Sicherheit; gesetzliche Regelung des Radikalenerlasses; Haushaltsfragen; Gesetzesvorhaben zur Mitbestimmung in Aufsichtsräten größerer Unternehmen; Gedenkstunde 17. Juni). – Aussprache der Fraktion (Radikalenerlass).

B. TOP 3: Informationen (Einstufung von Kommunalbeamten; Zusammenarbeit zwischen NATO und Südafrika; Besuch der spanischen Militärparade zur Feier anlässlich des Jahrestages des Siegs der Truppen General *Francos* im Bürgerkrieg; deutsch-polnisches Journalistengespräch). – TOP 4: Aktuelles aus den Arbeitskreisen (Zukunft der Europäischen Gemeinschaft (*Tindemans*-Bericht); Steuerpolitik; Haushaltsberatungen).

C. Vorbereitung der Plenarsitzungen: TOP 5: Tagesordnung und Ablauf der Plenarsitzungen. – TOP 7: 2. Beratung und Schlussabstimmung Übereinkommen Bodenseeschifffahrt. – TOP 6: 2. und 3. Beratung Waschmittelgesetz. – TOP 8: 1. Beratung Koalitionsentwurf Änderung Strafgesetzbuch, Strafprozessordnung, 1. Beratung Bundesratsentwurf Änderung Strafprozessordnung, 1. Beratung CDU/CSU-Entwurf Bekämpfung terroristischer krimineller Vereinigungen, 1. Beratung Bundesratsentwurf Erleichterung der Strafverfolgung krimineller Vereinigungen.

D. Bericht über die rechtspolitische Tagung »Freiheit in der sozialen Demokratie«. – Diskussion über Einschränkung der Rechte von Verteidigern in Terrorismusverfahren.

E. Fortsetzung der Vorbereitung der Plenarsitzungen: TOP 9: 1. Beratung Internationales Patentübereinkommen. – TOP 10: Bericht über die Juristenausbildung in den Ländern. – TOP 11: 1. Beratung Bundesratsentwurf Änderung Zweites Wohnungsbaugesetz. – Vorlagen aus den Arbeitskreisen: TOP 12: Änderung mitpreisrechtlicher Vorschriften (Berlin). – Sonstiges: TOP 14: Kassenprüfungsbericht. – TOP 15: Ausschussumbesetzungen. – TOP 16: Nächste Termine. – Verschiedenes.

[A.]

Wehner: Die Sitzung ist eröffnet. – Am Donnerstag hat die Präsidentin des Bundestages[1] unseres Berliner Freundes und Kollegen Roelf *Heyen* gedacht, der am Morgen desselben Tages einem Herzleiden erlegen war. Wir trauern mit seiner Frau und seinem Sohn. Wir haben einen Freund verloren, der zu großen Hoffnungen als Mitglied unserer Fraktion seit 1969 und der Sozialdemokratischen Partei Deutschlands in Berlin berechtigte, in deren Wahlkampf er seine letzten Kräfte eingesetzt hatte. Die Lücke, die durch seinen Tod gerissen worden ist, schmerzt. Roelf *Heyen*, der morgen zur letzten Ruhestätte geleitet wird, wird in unserem ehrenden Gedenken weiterleben. Ich danke.

Ich habe am Anfang unserer heutigen Arbeitssitzung mitzuteilen, dass Friedhelm *Farthmann* sein Bundestagsmandat am 5. Juni niedergelegt hat, weil er eingerückt ist in die

---
1 Annemarie *Renger*.

Landesregierung Nordrhein-Westfalens², und dass Gottfried *Wurche* sein Mandat als Bundestagsabgeordneter am 3. Juni '75 niedergelegt hat. Er hat die Aufgabe eines Bezirksbürgermeisters in Berlin übernommen. Wir wünschen wohl bei dieser Gelegenheit beiden in ihren neuen Aufgaben Erfolg und auch eine Portion Glück, die man immer gebrauchen kann.

(Beifall.)

Was die Tagesordnung betrifft, wenn das Wort nicht zu ihr gewünscht wird, will ich zunächst sagen, dass ich heute mit dem Punkt 2 beginne. Politische Berichte entfällt.³ Es folgen dann unmittelbar Informationen, das heißt Fragen und die dazugehörenden politischen Stellungnahmen. Was meinen Bericht betrifft, Genossinnen und Genossen, wir haben in dieser Sitzungswoche eine, wie es sich abzeichnet, heftige Debatte über die zur inneren Sicherheit gehörenden Probleme und aktuellen Fragen dieses Bereichs zu bestehen. Am Donnerstag werden drei von Bundesrat und von der Fraktion der CDU/CSU eingebrachte Gesetzentwürfe und ein von den beiden Koalitionsfraktionen eingebrachter Gesetzentwurf begründet und debattiert. Das heißt, dass zunächst vier Gesetzentwürfe begründet werden nacheinander und dann in verbundener Debatte erst Stellung genommen werden kann.⁴ Unser Interesse muss es sein, die einschlägigen Ausführungen der Bundesminister des Innern⁵ und der Justiz⁶ zu den tatsächlichen Maßnahmen, die innere Sicherheit zu gewährleisten, zum Schwerpunkt der Debatte werden zu lassen. Das erfordert von uns ein ganzes Maß von Anwesenheit und auch – wenn ich das Wort einmal aussprechen darf – Selbstdisziplin. Man muss sich noch einmal vergegenwärtigen: Vier Vorlagen werden begründet. Das kann, so wie die Dinge sind, vorher sind zwei andere Tagesordnungspunkte, 10 Uhr oder etwas danach werden. Um 1 Uhr ist die Pause angesetzt. Es liegt viel daran, aus vielen Gründen, der Konzentration und auch der Wirkung und dann der Debatte später, dass diese beiden Kabinettsmitglieder vor der Pause das Wort nehmen. Denn dann kommt wie ein Keil hinein in diese verbundene Debatte zu diesen vier Vorlagen die Fragestunde und mit sehr großer Wahrscheinlichkeit eine sogenannte Aktuelle Stunde mit den Schwerpunkten Konjunktur-, Finanz- und Steuerfragen⁷. Die Fragebündel sind jedem zugänglich und sprechen für sich. In beiden Bereichen, dem der inneren Sicherheit wie dem der ökonomischen finanzwirtschaftlichen Entwicklung, müssen wir gut bestehen. Nicht nur hier, sondern auch nach draußen und auch mit dem Blick auf unsere Wählerinnen und Wähler. Alle sind deshalb dazu aufgefordert, der Fraktion zu einer überzeugenden Anteilnahme zu verhelfen. Das heißt, vom Vormittag bis zur Mittagspause durch die Frage- und die sogenannte Aktuelle Stunde hindurch bis zu der danach zu Ende zu führenden Sicherheitsdebatte⁸.

Ich füge hier ein, dass heute Hans *de With* gebeten ist, wenn auch in der gebotenen äußersten Knappheit, so doch deutlich erkennbar für uns in den großen Zusammenhängen oder Zügen, zu informieren über die rechtspolitische Tagung, die vierte, der Sozialde-

---

2 *Farthmann* wurde Minister für Arbeit, Gesundheit und Soziales.
3 Dies wäre TOP 1 gewesen.
4 Vgl. SVP C und D im vorliegenden Protokoll.
5 Werner *Maihofer* (FDP).
6 Hans-Jochen *Vogel* (SPD).
7 Zur Aktuellen Stunde betr. wirtschaftliche und finanzielle Entwicklung und frühere Äußerungen des Bundeskanzlers hierzu vgl. BT Plenarprotokoll 07/178, S. 12485–12502. – In der Aktuellen Stunde ging es unter anderem um die Frage, ob Bundeskanzler *Schmidt* weiterhin der Meinung sei, die Mehrwertsteuer würde nicht erhöht.
8 Zu den Gesetzentwürfen und zur Debatte über die innere Sicherheit vgl. SVP C und D im vorliegenden Protokoll.

mokraten in Düsseldorf[9], weil über die eigentlich nur jene paar Pünktchen in die Publizistik des Rundfunks und der Presse gelangt sind, die dort allerdings in einer Aktuellen Stunde eben aufgekommen und Gegenstand von Rede und Widerrede gewesen sind. Wir können diesen Bericht heute nicht in seiner Gänze entgegennehmen. Das, was ich gesehen habe in der heutigen Morgensitzung des Präsidiums, ist ein vorläufiger, ziemlich umfangreicher Bericht, der aber auch nicht mehr herzustellen und auch nicht mehr hätte gelesen werden können, ist außerdem auch kein authentisches Protokoll.[10] Das werden wir noch nachholen müssen.

Vom Fraktionsvorstand sind gestern erneut unsere Mitglieder des Innenausschusses und des Rechtsausschusses, der mitberatend ist, gebeten worden, noch in dieser Woche in ihren Ausschüssen die Vorlage über Dienstvorschriften, Änderungen von Dienstvorschriften des öffentlichen Dienstes, das heißt die Beschäftigung von Extremisten betreffend, vorzulegen. Auf der Grundlage des einschlägigen Gesetzentwurfs[11] hat sich jetzt unmittelbar vor dieser Sitzung herausgestellt, dass es in dieser Frage Schwierigkeiten bei und von der FDP gibt, die im Moment schwer auszutragen sind, weil der Fraktionsvorsitzende[12] seit heute Morgen auf der Achse ist, um seine verstorbene Mutter beisetzen zu helfen. Und das heißt also, es wird im Laufe des Nachmittags versucht werden, mit ihm noch darüber klarzukommen.

Warum wir das noch einmal gestern betont haben: Um den Kampagnen mit der – wenn man's verallgemeinert – irreführenden Bezeichnung ›Berufsverbote‹ den Nährboden zu entziehen. Um die vom Parteitag in Hannover dazu gegebene Grundlage für eine saubere Verfahrensregelung in Gesetzestext umzusetzen, dürfen wir diese Mühe nicht scheuen.[13] Der Innenausschuss hat ja bisher auch nicht darauf ausgeruht, sondern es hing einiges von zwei anhängig gemachten Gerichtsentscheidungen ab. Eine von einem Verwaltungsgericht ist getroffen.[14] Eine andere, die aber nur über ein Pünktchen sozusagen des Gesamten noch zu entscheiden hat, wird noch eine ganze Zeit im Bundesverfassungsgericht, Zweiter Senat, liegen, ehe darüber befunden worden ist.[15] Und ich wage mich hier zu sagen, es ist selbstmörderisch, wenn wir dies nicht zu Potte bringen, weil aus mehr oder weniger triftigen oder auch aufgrund der unsicheren Lage und auch aufgrund sehr missbräuchlicher Verfahren in einer Reihe von Ländern natürlich die Unruhe stark ist und solche Kampagnen Berufsverbote eben einen Widerhall finden. Aus diesem Grund wollen wir auch mit dem Blick auf unseren Parteitag die Sache endlich auf dieses richtige Gleis bringen.

---

9 Der vierte Rechtspolitische Kongress der Sozialdemokraten fand am 6. und 8. Juni 1975 statt.
10 Das Präsidium der SPD traf sich am 11. Juni 1975. Möglicherweise meinte *Wehner* die Sitzung des Fraktionsvorstands oder des engeren Fraktionsvorstands.
11 Vgl. Anm. 20.
12 Wolfgang *Mischnick*.
13 Zum Beschluss betr. Ministerpräsidentenerlass vgl. PARTEITAG DER SOZIALDEMOKRATISCHEN PARTEI DEUTSCHLAND VOM 10. BIS 14. APRIL 1973 IN HANNOVER. Band I. Protokoll der Verhandlungen. Anlagen, hrsg. vom Vorstand der SPD, Bonn o. J., S. 1128 f.
14 Gemeint ist das Bundesverwaltungsgerichtsurteil vom 6. Februar 1975, in dem über die Nichtübernahme einer der DKP und während des Studiums dem marxistischen Studentenbund »Spartakus« angehörigen Bewerberin für das Lehramt in das Beamtenverhältnis auf Probe entschieden wurde. Die Nichtübernahme wurde als zulässig beurteilt. Vgl. BVerwGE 47, 330–379.
15 Gemeint ist der erst nach dieser Sitzung veröffentlichte Beschluss des zweiten Senats des Bundesverfassungsgerichts vom 22. Mai 1975; BVerfGE 39, 334. – Das Bundesverfassungsgericht entschied unter anderem, dass zukünftige Beamte die Gewähr dafür bieten müssten, jederzeit für die freiheitlich-demokratische Grundordnung im Sinne des Grundgesetzes einzutreten. Eine Überprüfung und etwaige Ablehnung, wie in Schleswig-Holstein praktiziert, sei daher mit dem Grundgesetz vereinbar.

In der kommenden Woche, hier greife ich etwas voraus, das heißt am Montag im Vorstand und am Dienstag in der Fraktion werden aufgrund eines von der jetzt laufenden Tagesordnung auf die nächste Woche übertragenen Tagesordnungspunktes Haushaltsfragen betreffend die Fraktion Informationen über Konjunktur und Haushaltsfragen erörtern können. Nur muss ich das mit der Einschränkung sagen: Der Haushaltsplan 1976 kann nicht sozusagen vorweggenommen werden. Das Kabinett hat seine Entscheidung noch zu treffen und wir haben schon einmal angedeutet hier in diesem Kreis der Fraktion, dass das im Laufe des Sommers geschehen wird.

Ich möchte mir nur noch einige Bemerkungen erlauben zu Darstellungen, die heute Morgen fast in jeder Zeitung in leicht abgeänderter Form auftauchen über angebliche Verhandlungsthemen über die Gesetzesvorlage Mitbestimmung in den Aufsichtsorganen größerer Unternehmen.[16] Ich sage dazu, erstens, es handelt sich nicht um die Zurückziehung der eingebrachten Vorlage, sondern darum, Einvernehmen der Koalitionspartner über Folgerungen aus den die verfassungsrechtlichen Probleme der sogenannten Sachverständigengutachten sich ergebenden Fragen zustande zu bringen. Was von der FDP mit ganz besonderer Gewissenhaftigkeit, sage ich ein wenig lächelnd, aber nicht völlig unbegründet, das muss man zugeben und Karlsruhe sollten wir nicht durch unser Verschulden sozusagen riskieren. Zweitens: FDP-seitig wird dazu Begleitmusik geliefert und auch dirigiert, die zum Teil auch – und nicht zu einem geringen Teil – für den Eigenbedarf der FDP komponiert ist für ihre inneren Erörterungen darüber, die auch ziemliche Gegensätze zutage gefördert haben, also auch für ihre Profilierung ihren Kunden gegenüber, politischen meine ich damit. Drittens: Die Fraktion der SPD wird zu konkreten Vorschlägen Stellung nehmen, sobald solche vorliegen. Unser Ziel ist, den Ausschuss endlich an der Vorlage arbeiten zu lassen und es nicht durch Hindernisse noch lange Zeit aufzuschieben. Das mag dürr – nicht Hermann *Dürr* –, sondern ich meine einmal, mager klingen – der ist es ja nicht.

(Heiterkeit.)

Nur ich habe aus Gründen, die ich glaube, guten Gewissens vertreten zu können und auch zu müssen, mich nicht beteiligt an dem von der FDP dirigierten Konzert und dasselbe trifft auf unsere Freund Hermann *Rappe* zu, der in dieser Zeit die schwierige Aufgabe von Koordinationsgesprächen nicht mit der FDP, sondern einer ganzen Reihe von Interessenten, die auf unsere Gruppe zugekommen sind, erfüllt hat.

Noch eine Bemerkung nächste Woche betreffend: Am 17. Juni haben wir sowohl unsere regulären Fraktionsobliegenheiten zu erledigen, als auch früh, ich glaube, es wird 10.30 Uhr sein, eine etwa eine Stunde dauernde Gedenkstunde aus dem Anlass des 17. Juni mit zu absolvieren, eine Erklärung der Bundestagspräsidentin und der drei Fraktionsvorsitzenden, aber jedes für sich, nicht etwa zusammen.[17] Schönen Dank. – Wird das Wort gewünscht? Karl-Heinz *Hansen*.

Hansen: In Anbetracht der Initiative zur Beschäftigung von Extremisten im öffentlichen Dienst möchte ich fragen, ob denn inzwischen das Bundesinnenministerium in der Lage ist, nach einer dreijährigen Praxis mit dem Ministerpräsidentenerlass in den Län-

---

16 Die Presse spekulierte darüber, dass sich die Reform der Mitbestimmung in Unternehmen soweit verschieben könnte, dass eine Verabschiedung in dieser Wahlperiode unwahrscheinlich würde. Die FDP beharrte weiterhin darauf, dass bei Stimmengleichheit in paritätisch besetzten Aufsichtsräten die Unternehmer- bzw. Anteilseignerseite die letzte Entscheidung treffen sollte. Jede andere Regelung, ein Patt aufzulösen, sei, so die FDP, verfassungsrechtlich bedenklich. Vgl. bspw. den Artikel »Mitbestimmungs-Kompromiß nicht in Sicht«; »Süddeutsche Zeitung« vom 10. Juni 1975, S. 1 und S. 2.

17 Vgl. BT Plenarprotokoll 07/179, S. 12555–12562.

Fraktionssitzung 10.06.1975 **107.**

dern[18] überhaupt eine Übersicht über diese Praxis zu geben? Mir ist es bisher nicht gelungen, nach monatelanger Korrespondenz eine eindeutige Auskunft von diesem Innenministerium darüber zu bekommen, wer denn nun bislang in diesen drei Jahren davon betroffen ist. Ich meine, dies müsste auch, wenn wir darüber debattieren, zumindest gewusst werden, auch von uns.

Wehner: Bloß, *Hansen*, ich will der Antwort nicht vorgreifen. Ich nehme an, dass *Schäfer* oder *Liedtke* dazu noch etwas sagen werden. Ich selber halte es für bedrückend, dass seinerzeit festgelegt und auch zugesagt worden war, dass über die Erfahrungen mit diesem sogenannten Ministerpräsidentenerlass in den Ländern ein Erfahrungsbericht vorgelegt werden sollte und auch einsehbar gemacht werden sollte. Ich kenne einen solchen nicht. Nur, worum es jetzt geht, das ist die Vorlage, die nach der Auskunft unserer Sachkenner, und auch ich selber stelle mich dazu, politisch den Normen des Parteitagsbeschlusses der SPD von Hannover entspricht. Nun sind das nicht völlig zwei Paar verschiedene Schuhe. Das eine zu wissen, ist sicher nach wie vor notwendig, nur darf man das Zweite – vielleicht sind wir da einer Meinung, das könnte sogar gut sein – nicht deswegen hängen lassen, weil das Erste bisher aus Gründen, die noch dargelegt werden müssen von denen, die das so veranlasst haben oder laufengelassen haben, nicht erreichen kann bis dahin. Fritz *Schäfer*.

Schäfer (Tübingen): Ein Bericht über die Anwendung jenes Abkommens in der Bundesverwaltung kann nicht gegeben werden, weil es keinen Fall in der Bundesverwaltung gegeben hat bislang nach Auskunft des Innenministeriums. In der Bundesverwaltung, sage ich ausdrücklich, nicht wahr. Wir haben bislang keinen zusammengefassten Bericht über die Anwendung in den Ländern, denn es ist Landeszuständigkeit und das Bundesinnenministerium ist noch nicht in der Lage, einen Bericht vorzulegen, der einwandfrei alle Größenordnungen wiedergibt. Sie sind in der Lage, die verschiedenen Erscheinungsformen darzulegen und das wird auch geschehen in der Beratung.

Wehner: Zusatzfragen Genossen? Dazu Peter *Conradi*.

Conradi: Ich halte den Termin, zu dem dieses Gesetz nun vom Tisch soll, aus verschiedenen Gründen für sehr unglücklich. Einmal fürchte ich, dass ein zeitlicher und wenn wir uns nicht vorsehen ein thematischer Zusammenhang hergestellt wird zur Debatte um Terrorismus und notwendige oder nicht notwendig, darüber wird ja noch zu streiten sein, Maßnahmen rechtspolitischer Art. Wenn diese Geschichte, Radikale im öffentlichen Dienst, in einen Zusammenhang mit dem anderen Themenkreis kommt, dann läuft das genau in die Absicht der *Filbinger* und *Dregger* und wie sie heißen, die ständig versuchen – so erleben wir es Tag für Tag in der Praxis –, den Zusammenhang herzustellen: Was wir im öffentlichen Dienst machen müssen, ist eine Folge dessen, was bei *Baader-Meinhof* und in Stammheim ansteht. Wir sollten uns sehr gründlich überlegen, ob wir diesen Versuch, einen Zusammenhang herzustellen, von uns aus nicht gegensteuern können.

Das Zweite ist aber die Frage der innerparteilichen Wirkung. Ich habe in Hannover[19] das, was Herbert *Wehner* damals aus der Antragskommission rausgebracht hat, dieses voll mitgetragen und ich glaube auch, dass dieses im Gesetz gedeckt werden kann, durch das

---

18 Am 28. Januar 1972 beschlossen die Regierungschefs der Länder zusammen mit dem damaligen Bundeskanzler *Brandt*, dass die Mitgliedschaft in einer verfassungsfeindlichen Organisation unvereinbar mit einer Einstellung in den öffentlichen Dienst sei. Zum Wortlaut der später als »Radikalenerlass« bezeichneten Grundsätze zur »Beschäftigung von rechts- und linksradikalen Personen im öffentlichen Dienst« (Fassung vom 18. Februar 1972) vgl. Ministerialblatt für das Land Nordrhein-Westfalen, 1972, Ausgabe A, Nr. 20, S. 342.

19 Gemeint ist der SPD-Parteitag in Hannover, 10. bis 14. April 1973.

Gesetz gedeckt werden kann. Die Frage, die seither aufgetreten ist, betrifft nicht dieses Gesetz, sondern sie betrifft die Verfahren, und wenn ich damals alles gewusst hätte, was in den Jahren seit Hannover an Praxis draußen entstanden ist, an Verhörpraxis, wo allein in meinem Bundesland 40 000 Einzelfälle überprüft werden, wo jetzt reihenweise Sozialdemokraten, Funktionäre meines Unterbezirks, soweit sie Beamte sind oder Beamte werden wollen, Lehrer werden wollen, zu Verhören bestellt werden, ausgefragt werden, wenn ich gewusst hätte, welches Klima der Einschüchterung, der Meinungseinschränkung hier in diesem Lande erzeugt wird, dann – Herbert *Wehner* – hätte ich in Hannover nicht zugestimmt. Und ich fürchte, wir werden in der Partei, auch wenn das taktisch jetzt vielleicht ganz günstig erscheint, dies vor der Sommerpause weg zu bekommen, wir werden in der Partei eine Debatte bekommen bis tief nach Mannheim[20] hinein, nicht mehr um die Frage Beschluss von Hannover und habt ihr das im Gesetz gemacht, denn das ist ja wohl, wenn die Juristen uns richtig berichten, möglich, das Gesetz so zu machen, dass Hannover abgedeckt ist, sondern die Frage: Warum habt ihr keine Vorkehrungen getroffen? Warum macht dieses Gesetz nichts in den Fragen der Praxis, die wir in der Zwischenzeit erfahren haben nicht nur in Baden-Württemberg, sondern auch in sozialdemokratisch regierten Ländern? Das heißt, es wird der neue Tatbestand, wie aus dem Ministerpräsidentenbeschluss in den Ländern heute agiert wird, der wird in Mannheim, der wird in Mannheim und auf anderen Parteitagen zur Debatte stehen und wenn wir dazu im Zusammenhang mit diesem Gesetz keine Antwort finden, dann wird es eine sehr bittere Diskussion, weil es sind unsere Genossen, die betroffen sind. Und deswegen plädiere ich nachdrücklich dafür, diese Sache hier nicht zeitlich überhastet, sondern nach sehr ausführlicher Prüfung und Diskussion in dieser Fraktion, vor allem aber Prüfung, was lässt sich gesetzlich hier sichern, um die Praxis der Länder, die du selbst hier eben als sehr bedenklich dargestellt hast, um diese Praxis abzustellen, diese Diskussion hier sehr sorgfältig zu führen. Denn ein Hauruckverfahren hier wird in der Partei dann ganz bestimmt draußen nicht die Wirkung haben, die sich der eine oder andere erhoffen mag.

Wehner: Ja, ich will der Diskussion nicht vorgreifen. Ich wollte nur eines sagen. Manches ist da sehr nachdenkenswert, nur wäre das ein Circulus vitiosus, lieber Genosse *Conradi*. Was man nicht jetzt tut, weil inzwischen nach Hannover – ungeachtet Hannover – eine Praxis, die du charakterisiert hast, weit um sich gegriffen hat. Das hieße ja abdanken gegenüber gefährlichen Erscheinungen, statt von der Seite aus oder von der Stelle aus ranzugehen, um sie zu ändern. Nur, wie gesagt, das könnte nur im Zusammenhang mit einer ausführlichen Erörterung des Gesetzestextes gemacht werden und müsste ja auch gemacht werden, bleibt nicht erspart. Hier sind noch eine Masse Wortmeldungen. Manfred *Coppik*.

Coppik: Liebe Genossinnen und Genossen, ich muss offen gestehen, dass die Gründe, die bisher dazu vorgetragen wurden, weshalb man das jetzt innerhalb einer Woche vor der Sommerpause verabschieden soll, mich nicht so recht überzeugt haben. Die erste Lesung dieses Gesetzentwurfs liegt ja nun schon eine geraume Zeit zurück[21], und wir haben daher davon abgesehen, in eine intensive Beratung in Arbeitskreisen und Arbeitsgruppen, auch im Ausschuss einzutreten, weil wir auf eine Entscheidung des Bundesverfassungsgerichts gewartet haben, die nunmehr nicht vor der Sommerpause, aber wahrscheinlich doch irgendwann im Juli oder August kommen soll[22]. Ich vermag nicht

---

20 Parteitag der SPD, 11. bis 15. November 1975.
21 Zum Gesetzentwurf der Bundesregierung vom 31. Juli 1974 zur Änderung dienstrechtlicher Vorschriften vgl. BT Drs. 07/2433. Die erste Beratung fand am 15. November 1974 statt. Vgl. BT Plenarprotokoll 07/132, S. 8959–8995.
22 Vgl. Anm. 15.

Fraktionssitzung 10.06.1975 **107.**

einzusehen, weshalb dann heute und hier plötzlich Beschlüsse gefasst werden sollen, die auch nach einer Abwartung dieser Entscheidung von Karlsruhe möglich wären. Wenn wir das so machen, dass jetzt innerhalb von acht Tagen die Sache über die Bühne laufen soll, fürchte ich, dass wir keine Möglichkeit zu einer intensiven Beratung dieser meines Erachtens außerordentlich brisanten politischen Frage in der Fraktion haben. Und ich muss auch offen gestehen, da ich nun Berichterstatter für diese Gesetze im Rechtsausschuss bin und bis heute noch nichts darüber erfahren habe, dass das morgen auf der Tagesordnung behandelt werden soll, ich auch deswegen das für einen merkwürdigen Vorgang halte, aber gut, das lässt sich korrigieren. Ich mache das auch, wenn es sein muss, aus dem Stegreif. Aber ich weiß nicht, ob das dann der Bedeutung dieser Dinge angemessen ist.

Nun wird man sagen können, was soll die Verzögerung, wenn wir inhaltlich völlig übereinstimmen, dass dieses Gesetz, so wie es vorliegt, verabschiedet werden soll. Und da muss ich Folgendes dazu sagen. Ich bin der Auffassung, dass wir zunächst einmal von dem Parteitagsbeschluss von Hannover auszugehen haben, und als Sozialdemokrat fühle ich mich an einen solchen Beschluss gebunden. Das zum einen. Nun haben wir den Gesetzentwurf, und ich bin der Auffassung, dass dieser Gesetzentwurf zwar mit den Beschlüssen von Hannover, mit dem Beschluss von Hannover in einer bestimmten Interpretation in Übereinstimmung gebracht werden kann, aber dass es durchaus wünschenswert wäre, wenn man zumindest an zwei Stellen bei diesem Gesetz Änderungen vornehmen würde, die die Tendenz dessen, was in Hannover beschlossen wurde, verdeutlichen würde. Ich habe dazu auch konkrete Formulierungsvorschläge. Ich bezweifle allerdings, ob das dann in einem solchen Schnellverfahren noch möglich ist, über solche konkreten Formulierungsvorschläge auch so zu diskutieren und sachlich zu diskutieren, wie das meines Erachtens notwendig wäre.

Es sind zwei Punkte. Das ist zum einen die Frage, wer ist Verfassungsfeind? Wir haben heute im Gesetz die Formulierung, dass nur der eingestellt werden darf, der die Gewähr dafür bietet, dass er jederzeit für die freiheitlich-demokratische Grundordnung eintritt. Nun, Genossinnen und Genossen, diese Formulierung ist nicht justiziabel. Die Gewähr dafür, dass er jederzeit für die freiheitlich-demokratische Grundordnung eintritt, bietet, wenn wir ehrlich sind, überhaupt niemand und wenn wir empirisch mal das verfolgen, werden wir feststellen, dass dort, wo totalitäre Systeme die Macht übernommen haben, 70 bis 80 Prozent der Beamten mit übergelaufen sind, wir also davon ausgehen können, dass wir 70 bis 80 Prozent nicht einstellen dürften. Freilich, wenn wir erst mal erkennen könnten, wer das nun ist, diese 70 bis 80 Prozent. Das können wir aber nicht erkennen und deswegen wird die Entscheidung, die materielle Entscheidung, wer Verfassungsfeind im Sinne dieser Vorschrift ist oder nicht, wird zu einer Willkürentscheidung, je nach der politischen Einstellung derjenigen, die diese Entscheidung treffen. Das ist das Erste, wo meines Erachtens eine Verdeutlichung erforderlich ist, damit nicht der eine sagen kann, ein linker Sozialdemokrat ist für mich schon Verfassungsfeind und der andere sagen kann, ein DKP-Mitglied kann auch auf dem Boden der Verfassung stehen. Hier ist eine Verdeutlichung, glaube ich, erforderlich. Punkt eins.

Punkt zwei ist die Frage mit dem Parteienprivileg. Hier haben wir einen Beschluss von Hannover und ich lese mal wörtlich das, was Hannover dazu beschlossen hat, und dann den Wortlaut unseres Gesetzes vor. Da heißt es in Hannover: »Nach dem Grundsatzurteil des Bundesverfassungsgerichts kann bis zur Entscheidung des Bundesverfassungsgerichts niemand die Verfassungswidrigkeit einer Partei rechtlich geltend machen. Die Mitgliedschaft in einer nicht verbotenen politischen Partei steht daher einer Mitarbeit im öffentlichen Dienst nicht entgegen. Dies gilt auch für die Mitgliedschaft in einer nicht verbotenen Organisation.« Und nun lese ich nur – einschränkend –, nur den meines Erachtens sehr problematischen Satz aus dem Gesetzentwurf vor und der lautet: »Kein Bewerber kann sich darauf berufen, dass die politischen Ziele, für die er sich einsetzt, von einer Partei oder Vereinigung verfolgt werden, die im Rahmen der Artikel 21 oder 9 des Grundgesetzes tätig wird«. Nun kann man vielleicht im Gesamtzusammenhang das alles so interpretieren, dass das zum Schluss doch in Übereinstimmung zu bringen ist. Ich meine, dass hier aber auch eine Verdeutlichung und Klarstellung erfolgen sollte. Ich habe auch dazu Formulierungsvorschläge. Ich weiß nicht, ob es sinnvoll ist, jetzt hier das in einer großen Plenardebatte zu führen. Nur ich meine, dass darüber ernsthaft und sorgfältig diskutiert werden sollte und dann vielleicht auch eine Regelung gefunden werden würde, mit der wir in der Partei auch in allen Parteigliederungen, wie ich meine, bestehen können, und wir haben ja nun in Hessen-Süd auch vom Bezirksvorstand eine Interpretation dazu gegeben, die vielleicht hier und da etwas missverstanden wurde, die vielleicht auch präzisiert werden sollte.

Ich meine, dass es erforderlich ist, an diesen zwei Punkten noch Klarheit zu verschaffen. Ansonsten wird eine solche Regelung nicht dazu beitragen, hier die Fronten abzubauen, sondern sie wird vor allen Dingen innerhalb unserer Partei dazu beitragen, dass neue Fronten entstehen und ein solches Schnellverfahren würde das mit Sicherheit mit sich bringen. Daran habe ich überhaupt keinen Zweifel und ich gestehe, dass ich dann auch sagen müsste, dass dann keine Möglichkeit, keine ausreichende Möglichkeit da war, nachdem so kurzfristig gesagt wurde: und nun geht es durch, hier diese Vorschläge zu diskutieren.

Wehner: Willy *Brandt*.

Brandt (Berlin): Liebe Genossen, ich glaube, es gibt gute Gründe dafür, so zu verfahren, wie es der Fraktionsvorstand in Aussicht genommen hat, wenn wir gleichzeitig – damit hat sich das Präsidium des Parteivorstandes heute früh befasst, und ich möchte die Fraktion gerne informieren von dem, was das Präsidium dazu auch veröffentlichen möchte –, wenn wir gleichzeitig als Partei uns deutlich und vernehmbar zu den Sorgen äußern, die *Conradi* hier artikuliert hat, und er ist nicht der einzige, der sie in diesen Wochen artikuliert. Jeder kennt die Briefe und die Gespräche. Da mag das eine und das andere übertrieben sein, aber in einigen Ländern ist das nicht in Ordnung, was hier an Schnüffelei schon im Gange ist und was wir so nie gewollt haben,

(Vereinzelter Beifall.)

als wir den Hannoverschen Beschluss gefasst haben.[23] Wir möchten also als Präsidium sagen – legt mich nicht jetzt schon auf jeden Halbsatz fest, da wir das im Laufe dieser nächsten Stunden noch wegen ein paar Punkten, die wir heute Morgen offengelassen hatten, abstimmen wollen – wir wollen ganz schlicht in einem ersten Punkt darstellen, dass Liberalität und Rechtsstaatlichkeit Ergebnis unserer Grundsatzentscheidung für jenen Rechtsstaat ist, den Verfassungsstaat, als den wir die Bundesrepublik Deutschland auffassen, und dass wir deshalb die auf dem Bundesparteitag in Hannover beschlossenen Grundsätze zur Behandlung von Bewerbern und Bediensteten bei der Bekämpfung verfassungswidriger Bestrebungen kräftigen.

Zweitens wollen wir durch diese Stellungnahme alle Sozialdemokraten auffordern – jetzt kommt es aber sehr darauf an, dass wir die beiden Elemente zusammenbehalten –, auf der Grundlage des geltenden Rechts, dieses kann auch kein Parteitag ändern, Parteitage mögen auch etwas bewirken, das geltendes Recht fortentwickelt, aber auf der Grund-

---

23 Gemeint ist der oben erwähnte Beschluss zum Radikalenerlass.

Fraktionssitzung 10.06.1975 **107.**

lage des geltenden Rechts diesen Beschluss des Parteitages dem Wortlaut nach anzuwenden und im Geist der Liberalität, den dieser Beschluss auszeichnet, entsprechend zu entscheiden. Gerade in Phasen politischer Konflikte ist die konsequente Rechtsstaatlichkeit beste Richtschnur unseres Handelns.

Dritter Punkt: Das Präsidium möchte betonen in dem, was es dazu heute noch oder morgen veröffentlichen will, möchte seine Sorge betonen über die Verwaltungspraxis in einigen Bundesländern. Die Beschlüsse über die Behandlung von Extremisten, die in den öffentlichen Dienst wollen, dürfen nicht dazu führen, dass ein Klima allgemeiner Verdächtigungen erzeugt wird.

Vierter Punkt: Bei der Überprüfung dürfen bloße Verdächtigungen und unausgewertetes Material nicht herangezogen werden. Die Zuverlässigkeit der Information ist vor der Weitergabe an Einstellungs- oder Dienstbehörden nach strengen Maßstäben zu überprüfen. Zweifel zugunsten der Betroffenen sind dabei zu berücksichtigen.

Fünftens möchten wir auch sagen als Präsidium der Partei, dass wir mit Sorge beobachten, dass die Aktionen terroristischer Gruppen von Teilen der politischen Rechten in der Bundesrepublik dazu genutzt wird, ein Klima zu erzeugen, in dem der Unterschied zwischen nur scheinbar politisch motiviertem Terrorismus und radikalen politischen Auffassungen bewusst verwischt werden soll. Wie notwendig gerade diese Unterscheidung ist, hat unserer Meinung nach gerade auch der neueste Bericht des Verfassungsschutzes gezeigt.

Und sechstens: Wir möchten aus diesem Anlass wiederholen, die dringliche Empfehlung wiederholen an alle Parteimitglieder, damit dann natürlich gerade auch an alle Fraktionsmitglieder, aber ich sage an alle Parteimitglieder, sich nicht an der durchsichtigen Kampagne gegen angebliche, manchmal dürfte man sogar sagen fälschlich sogenannte Berufsverbote zu beteiligen und Veranstaltungen fernzubleiben, bei denen der dringende Verdacht besteht, dass sie von der DKP gesteuert und von ihr maßgeblich beeinflusst sind.

(Vereinzelter Beifall.)

Ich möchte als Parteivorsitzender ganz dringlich bitten, dass die Fraktion hier der Gesamtpartei mit gutem Beispiel vorangeht.

(Beifall.)

(Zwischenrufe: Sehr gut!)

Und lieber Genosse *Coppik*, was den Beschluss des Frankfurter Unterbezirksvorstandes angeht, zu dem ich mich jetzt nicht im Einzelnen äußern will, auch wenn man sich die Rechtsauffassung zu eigen machte, was ich jetzt mal für eine der möglichen Positionen erkläre, die jenem Beschluss zugrunde liegt, dann bliebe aus meiner Sicht, dass dort etwas Entscheidendes fehlt. Vor allem anderen müsste dann gerade auch dort stehen, dass zwischen Sozialdemokraten und Kommunisten gleich welcher Prägung ein grundsätzlicher Unterschied und weiterhin ein Graben besteht.

(Starker Beifall.)

(Zwischenruf: Bravo!)

Wehner: Hellmut *Sieglerschmidt*.

Sieglerschmidt: Genossinnen und Genossen, ich verstehe die Sorgen, die Peter *Conradi* hat. Nur gerade wenn man diese Sorgen hat, muss man von zwei Seiten aus, Peter, ansetzen. Einmal, es muss sobald wie möglich die Rechtsprechung durch das Bundesverfassungsgericht Klarheit in den entscheidenden Fragen bringen. Wir haben schon einen großen Teil von Klarheit durch die Entscheidung des Bundesverwaltungsgerichts von Berlin[24] und es gibt guten Grund zu der Annahme, dass sich die Entscheidung von Karlsruhe[25] nicht allzu sehr von der von Berlin unterscheiden wird. Und zum anderen kommt es vor allen Dingen darauf an, dass durch ein rechtsstaatliches Verfahren jene Grauzone beseitigt wird, in der Bescheide erteilt werden oder auch nicht erteilt werden, begründet werden oder auch nicht begründet werden, ohne dass der abgewiesene Bewerber wirklich weiß, womit er zu Gericht gehen kann. Dieses Gesetz bringt das, und deswegen ist es so notwendig, dass wir es möglichst bald haben, und der andere Grund ist, weil nun – nachdem man ja immer etwa so ungefähr hört, wann Urteile aus Karlsruhe zu erwarten sind – zunächst die Wahrscheinlichkeit bestand, dass das schon im Frühjahr kommt. Dann ist das wieder ein bisschen verlängert worden. So geht so was. Jetzt spricht man also vom Julei, dass dieser Termin eben die notwendige Klarheit nicht bringt, wo die Partei hätte sagen können, jawohl, dies ist Karlsruhe, dies ist die Linie, der wir uns auch verpflichtet wissen. Infolgedessen ist es gut, wenn wir auch unseren innenpolitischen Gegnern gegenüber, die ja doch überall im Land mit dieser Frage hausieren gehen und uns in eine bestimmte Ecke zu drängen versuchen, mit der Annahme dieses Gesetzentwurfs klarmachen, wo wir stehen.

Noch zwei Bemerkungen zu dem, was Manfred *Coppik* gesagt hat. Ich glaube, dass das, was Verfassungsfeind ist im Sinne der Beamtengesetze, durch das Bundesverwaltungsgericht schon klargestellt ist. Denn das Bundesverwaltungsgericht hat sich insofern auf die Definition des Bundesverfassungsgerichtes aus dem Jahre 1952 berufen, indem es festgelegt hat, was die Grundwerte der freiheitlichen demokratischen Grundordnung sind. Dies ist ein sehr enger Kernbereich, und es besteht ja nun doch aller Grund zu der Annahme, dass sich das Bundesverfassungsgericht insoweit an seine eigene Rechtsprechung aus dem Jahre 1952, an seine Definition halten wird. Wir bekommen ein hohes zusätzliches Maß an Rechtssicherheit dadurch. Es besteht kein Grund, nun zu sagen, das wäre völlig unklar, was hier gemeint ist mit dem Verfassungsfeind.

Eine zweite Bemerkung zum Parteienprivileg. Lieber Manfred *Coppik*, du weißt so gut wie ich, dass das Urteil des Bundesverwaltungsgerichts in Berlin sich insoweit mit dem Parteitagsbeschluss von Hannover nicht deckt, und wir werden in der Partei aus gutem Grund noch sehr genau darüber nachzudenken haben, was dies bedeutet.

Eine letzte Bemerkung, wenn ich mir die erlauben darf, Willy *Brandt*, zu dem vorgesehenen Präsidiumsbeschluss. Da kommt die Passage vor, dass Zweifel bei dem Material zugunsten des Bewerbers zu berücksichtigen sind oder so was Ähnliches. Ich würde da also vorsichtig sein in der Formulierung. Denn hier beim Bewerber geht es ja umgekehrt. Der Dienstherr muss berechtigte Zweifel dartun, wenn alle Zweifel zugunsten des Bewerbers gelten sollten, dann in der Tat müssten wir nahezu alle einstellen.

Wehner: Herta *Däubler-Gmelin*.

Däubler-Gmelin: Liebe Genossinnen und Genossen, ich wäre sehr dankbar gewesen, wenn diese Sachdiskussion erst geführt worden wäre, nachdem Karl *Liedtke* bereits erzählt hätte, und zwar einfach deshalb, ich hätte mir vorstellen können, dass dann Willy *Brandt* bei seinem Hinweis auf die Mitglieder der Fraktion vielleicht nicht so viel Beifall erhalten hätte. Denn es wäre vielleicht ganz sinnvoll, man würde konkreten Erörterungen im Fraktionsvorstand nicht lediglich Meldungen der »UZ«[26] zugrunde legen oder der christdemokratischen Presse,

---

24 Vgl. Anm. 14.
25 Vgl. Anm. 15.
26 Gemeint ist »Unsere Zeit«, eine Zeitung der DKP.

Fraktionssitzung 10.06.1975 **107.**

(Vereinzelter Beifall.)

sondern man würde dann ganz konkret nachfragen. Dann würde sich nämlich herausstellen, erstens dass weder der Karl-Heinz *Hansen* noch ich Grußtelegramme geschickt haben, zweitens dass wir den Kongress überhaupt nicht angeschrieben haben, sondern dass wir ganz normal auf Einladungen abgeschrieben haben, dass wir nicht kommen würden – übrigens in Übereinstimmung mit Gustav *Heinemann*[27], mit Herrn *Dichgans*[28], mit Thomas *Nipperdey*[29] – und dass dieses natürlich nicht ohne Wissen der Leute von Berufsverbot unsere Briefe, die Absagen waren, veröffentlicht wurde auszugsweise und die »UZ« sie veröffentlicht hat in natürlich völlig eindeutiger Absicht. So viel vorneweg für die Einheit der Fraktion. Wir halten uns im Allgemeinen an die Disziplin.

Jetzt als Zweites möchte ich hier noch Folgendes dazu bringen –

(Heiterkeit.)

ja, ja, ich habe das Wort »im Allgemeinen« auch mit voller Absicht gesagt.

(Heiterkeit.)

Ich würde gerne jetzt noch ein paar inhaltliche Ausführungen machen. Was mich im Augenblick eigentlich am meisten stört an diesem Verfahren, ist die zeitliche Komponente, und zwar aus folgendem Grund: Wenn ich die Vorteile und die Nachteile eines solchen Verfahrens abwäge, kann ich eigentlich nur Nachteile sehen. Ich will versuchen, dies ganz kurz hier darzulegen. Warum? Wir wissen ganz konkret, dass unser Beschluss in Hannover von uns getragen wird. Wir wissen auf der anderen Seite, dass der Gesetzentwurf der Bundesregierung im Sinne von Hannover interpretiert werden kann und dass es im Grunde genommen auch von unserer Seite nur zwei oder drei Änderungsvorschläge für konkretere Formulierungen gibt. Wir wissen auf der anderen Seite sehr wohl, dass wir heute eine Praxis haben, die sehr unterschiedlich ist und die sich mit Hannover nicht deckt. Und jetzt wissen wir zum Vierten auch, dass diese Praxis von dem vorliegenden Gesetzentwurf weder verändert werden kann noch diesem im Wortlaut widerspricht. Und gerade weil dieses so ist, drängt sich mir die Frage auf, warum dieser Gesetzentwurf in dieser Form abgeschlossen werden muss, warum dieser Gesetzentwurf nicht so konkret gefasst werden kann, dass er nicht wenigstens die Chance hat, die verfassungswidrige Praxis und die unterschiedliche Praxis in den verschiedenen Ländern konkret zu beeinflussen. Ich halte dieses für absolut notwendig, und zwar deshalb, weil wir sonst und zusätzlich und unter dem Zeitdruck, einem möglichen Zeitdruck, der uns unterstellt werden wird, weil man von uns sagen wird, jetzt werfen sie Terroristen, Radikale, Extremisten in einen Topf. Das wird voll durchlaufen bis zu den Sommerferien und weil man von uns wird sagen können, ihr habt damals gesagt, ihr beratet dieses Gesetz erst dann, wenn ihr einen genauen Bericht über die Praxis habt, diesen Bericht habt ihr noch nicht, sondern ihr habt es ohne diesen Bericht verabschieden wollen jetzt vor den Sommerferien.

Es kommt noch eine weitere Frage hinzu in Bezug auf die Zeit, die ich habe. Mir wurde gesagt, dass dieses Gesetz, auch wenn es vor der Sommerpause hier verabschiedet würde, sowieso erst am 12. Oktober in den Bundesrat kommen könnte. Wenn dieses zutrifft, dann möchte ich doch gerne wissen, warum wir jetzt ohne die Gelegenheit einer ausführlichen Beratung, ohne die Gelegenheit, einen möglichen Bericht des Bundesinnen-

---

27 Gustav *Heinemann*, 1957–1969 MdB (SPD), 1966–1969 Bundesjustizminister, 1969–1974 Bundespräsident.
28 Hans *Dichgans*, deutscher Jurist und Politiker (CDU), 1961–1972 MdB.
29 Deutscher Historiker, bis 1985 Mitglied der SPD.

ministeriums im Hinblick auf die vielleicht notwendigen Änderungen eines Gesetzentwurfes zu vergleichen, warum wir dieses Gesetz jetzt vor der Sommerpause verabschieden sollen?

Wehner: Horst *Ehmke*.

Ehmke: Liebe Genossinnen und Genossen, darf ich auch zumal mit dem Verfahren anfangen. Ich halte das wirklich nicht für gut. Wir hatten das neulich mit dem anderen Termin, wo wir also die Übernahme des Regierungsentwurfs als Fraktionsantrag hier beraten mussten und dann den Antrag selbst auf den Tisch bekamen in dem Moment, wo beraten wurde, obgleich er seit Tagen vorlag. Ich weiß nicht ganz, warum das immer unter diesem Zeitdruck gehen muss, und bin auch etwas erstaunt, wenn auch erfreut, über die Sinnesänderung, denn ich habe, glaube ich, noch auf der letzten PV-Sitzung vergeblich darum gekämpft, das Gesetz vorzuziehen. Da wies man hin auf die Rechtsprechung, während mein Argument ist, und darum bin ich hier anderer Meinung als Peter von *Conradi*, als Peter *Conradi* –

(Heiterkeit.)

Tschuldigung, des Adeligen. Es spricht viel dafür, dass der Gesetzgeber seine Meinung in diesem Punkt festlegt, denn die Gerichte können uns ja immer nur sagen, was verfassungsrechtlich ginge, aber nicht was wir machen. Selbst wenn das Gericht sagen würde, wir können anknüpfen an die Parteimitgliedschaft oder Organisationsmitgliedschaft, würden wir das ja nicht tun müssen. Aber da kommt für mich dann die gleiche Frage. Wir haben ja bis jetzt die Sache nicht weitergemacht, weil auch im Bundesrat sich keine Mehrheit abzeichnet. Wenn es jetzt noch so ist, dass vor dem Sommer der Bundesrat gar nicht entscheidet, hätte ich doch gerne gewusst, warum ist nun plötzlich, nachdem – als ich neulich noch abschlägig beschieden wurde –, warum ist dann jetzt alles anders und warum soll es jetzt so schnell gehen, dass man noch nicht mal die offenbar noch offenen Formulierungsfragen ansehen kann.

Die zweite Frage ist: Man kann nicht hoffen, Peter, dass dieses Bundesgesetz die Frage der Praxis der Landesverfassungsschutzämter regelt. Ich halte dieses Gesetz für im Ganzen in Ordnung, mit Hannover überstimmend, einzelne Formulierungen vorbehalten. Es gibt ja mehr Rechtssicherheit in der Frage, wer hat die Beweislast, was ist überhaupt als Material verwertbar und drittens in der Frage, wie ist es mit der Zugehörigkeit zur Organisation, ist ja eher eine Klarstellung und ein Fortschritt. Die Probleme, die jetzt neu aufgekommen sind und die sehr bedrückend sind, nämlich wie die Verfassungsschutzämter und welches Material die abgeben an die Einstellungsbehörden und dass die Einstellungsbehörden das dann in die Einstellungsakten nehmen, das kann man nicht durch Bundesgesetz wegmachen. Das heißt, das kann gar nicht Gegenstand dieser Regelung sein. Hier können doch nur beamtenrechtliche Regelungen sein, die festlegen das Verfahren und so fort, aber in der Frage, welches Material wird abgegeben, da ist es ganz richtig, was Willy *Brandt* in der Präsidiumserklärung vorgelesen hat. Wir werden uns da nur fragen müssen, ob wir nicht zumindest die SPD-Länder bitten, aus dieser Präsidiumserklärung für die Praxis auch Folgerungen zu ziehen, etwa in Form von Weisungen der Regierung oder des Innenministeriums an die Verfassungsschutzämter, welches Material abgegeben wird und wie es von den Einstellungsbehörden verwertet werden kann. Mit diesem Gesetz ist das nicht zu machen. Mit diesem Gesetz ist das nicht zu machen, *Conradi*, und darum hat es keinen Zweck zu sagen, weil diese Probleme aufgetaucht sind, lassen wir das Gesetz. Das sind für meine Begriffe, ich lasse mich gerne belehren, zwei Paar Schuhe.

Ein Argument, das ich dagegen ernst nehme, ist die Frage des Zusammenfallens der vorgesehenen Änderungen der Strafprozessordnung mit diesem Gesetz. Nur, ich sehe

Fraktionssitzung 10.06.1975 **107.**

das nicht ganz, da ja ganz sicher diese Änderungen, die Gesetzentwürfe, die wir unter Punkt 8 der Tagesordnung heute behandeln werden, nicht vor der Sommerpause entschieden werden, da braucht der Ausschuss gar schon wegen der sachlichen Bedenken, die ein Teil der Fraktion gegenüber diesen Entwürfen hat, noch Zeit zur Beratung, würde ja gerade das Vorziehen des Radikalengesetzes, nicht wahr, dafür sorgen, dass die Dinge auseinanderfallen. Wenn es nicht umgekehrt so ist, dass durch den Bundesrat Termine zusammenkommen, das ist aber kaum anzunehmen. Es würden ja dann die Sachen nach der ersten Lesung, die Änderung StGB und StPO nach der ersten Lesung ja erst nach der Sommerpause überhaupt in den Ausschüssen zu Ende beraten werden können und wieder ins Plenum kommen. Also da würde gerade man mit dem Vorziehen des Gesetzes, Peter, dafür sorgen, dass es nicht zusammenfällt. Aber noch mal zurückzukommen, ich nehme an, dass wir die Einzelfragen unter Punkt 8 und nicht hier behandeln, der anderen Gesetze da werde ich mich noch mal dazu melden. Zunächst mal die Frage: Wenn die Lage im Bundesrat so ist, wenn wir an der Praxis eh nichts ändern können, welche Vorteile haben wir eigentlich, wenn wir die Geschichte jetzt so schnell nach vorne ziehen? Das ist mir noch nicht einsichtig, zumal ja eine Sinneswandlung darin erfolgt ist. Nur dass das Urteil vielleicht in Karlsruhe etwas länger dauert, kann doch wohl kein ausreichender Grund sein.

Wehner: Peter *Reuschenbach*.

(Zwischenruf: Erledigt.)

Dietrich *Sperling*.

Sperling: Genossinnen und Genossen, da Horst *Ehmke* recht hat, dass die Praxis mit diesem Gesetz nicht geändert wird, taucht dann umso mehr für uns die Frage auf, wie wir denn dann die Praxis ändern können? Und dort helfen uns dann Präsidiumserklärungen nicht weiter. Denn unser guter Glaube an den Rechtsstaat würde sich umgießen lassen müssen in irgendetwas, was handhabbar im Bereich der Bundesregierung und wenigstens der sozialdemokratisch oder sozial-liberal geführten Landesregierungen ist. Gerade wenn wir den Rechtsstaat als mehr verstehen als nur den Rechtswegstaat und nicht nur den Schutz des Gerichtes haben wollen, sondern eine Verwaltungspraxis, die unseren Ansprüchen an Rechtsstaat genügt, würden wir überlegen müssen, was wir denn über den Gesetzentwurf hinaus behandeln wollen, und deswegen ist meine Frage: Wie sieht dieses aus? Gibt es da irgendwelche Bemühungen, rechtsstaatliche Praxis in der Bundesverwaltung und in den sozial-liberal regierten Ländern in Gang zu setzen? Denn sonst steht dieser Gesetzentwurf im Grunde genommen als Schlagsahne da, aber darunter vollzieht sich etwas, dahinter vollzieht sich etwas, was dauernd wieder die Bedenken schürt und darum genügt es mir nicht, diesen Gesetzentwurf nur vorgelegt zu bekommen. Und außerdem würde ich gern wissen, ob etwa diese schnelle Behandlung, die dieser Gesetzentwurf ohne bisherige große Ausschuss- und Arbeitskreisberatungen erfährt, auch garantiert nicht dem anderen Gesetzentwurf nachher widerfährt und dass wir unmittelbar nach der Sommerpause, ohne dass Arbeitskreise und Ausschuss länger beraten haben, den zweiten Gesetzentwurf auch im Schnellverfahren verabschieden. Denn dies könnte ja ein Beispielsfall für das sein, was wir in der vorigen Woche dann nicht gewollt haben, aber nachher dann doch noch mal so vollziehen.

Wehner: Ich erlaube mir die Frage, was der zweite Gesetzentwurf heißt. Es gibt nur einen und der liegt seit langer Zeit im Ausschuss. Und in diesen Ausschüssen ist er bisher liegengelassen worden. Da gebe ich auch einen Zwischenbescheid zu dieser Frage Sinnesänderung, weil zu erwarten war nach einem Verwaltungsgerichtsurteil sehr rasch einen Verfassungsgerichtsbescheid über eine dabei mit zu beachtende Frage. Es hat sich jetzt herausgestellt, das dauert noch viele Wochen, Horst *Ehmke*. Viele Wochen und da steht die andere Frage. Wenn die Fraktion der Meinung sein sollte, man kann damit leben, ist das eine Sache, über die sich politisch wahrscheinlich streiten lässt. Ich würde streiten. Aber zweites Gesetz? Es gibt für diesen Fall nur einen Gesetzentwurf.

(Zwischenruf.)

Nun gut, das ist aber doch nun eine Verbindung, die sollten wir hier nicht selbst stiften. Die werden andere versuchen, uns anzuhängen. Warum sollten wir eine solche Lesart stiften, Genossen? Das ist doch keine Verbindung. Dietrich *Sperling* noch.

Sperling: Herbert, ich stimme dir ja zu, dass andere leider diese Verbindung stiften und deswegen sollten wir uns rechtzeitig darauf einstellen. Wir sollten dann aber auch mit Sicherheit wissen, dass das, was in der vorigen Woche in Bezug auf einen anderen und mit diesem Gegenstand nicht in Verbindung zu bringenden von uns, aber von anderen immer in Verbindung gebrachten Zusammenhang, geschieht, dass dies in der Beratung dieses anderen Gesetzentwurfes, der völlig getrennt davon zu sehen ist, aber von anderen immer in Verbindung gebracht wird, nicht noch einmal widerfährt. Denn auch bei diesem Gesetzentwurf ist ja gesagt worden, erste Lesung und dann warten wir eine ganze Menge ab und jetzt muss es plötzlich innerhalb einer Woche durch Arbeitskreis und Ausschuss durchgebracht werden.

Wehner: Es muss nicht. Wir können Selbstverstümmelung betreiben bis zum Parteitag der SPD. Ich habe nichts dagegen, außer meinem politischen Empfinden, das dagegen ist. Fritz *Schäfer*.

Schäfer (Tübingen): Liebe Genossinnen und Genossen, in der Sache bestehen, mit Ausnahme von Kleinigkeiten, die man noch bereinigen kann, keine Unterschiede. Die Frage ist, ob man das jetzt verabschieden soll. Im Arbeitskreis Innenpolitik bestand, seit wir das behandeln, Einigkeit, dass wir es vor der Sommerpause es verabschieden wollen. Ich habe schriftlich angefragt beim Bundesverfassungsgericht und habe die Antwort bekommen, dass im März das Urteil ergeht. Als es im März nicht kam, habe ich wieder angefragt. Dann wurde mir schriftlich mitgeteilt, im Mai sei das Urteil da. Ich habe Anfang Mai angerufen, da hat mir der Vizepräsident gesagt, heute in vier Wochen habt ihr das Urteil. Das wäre gestern gewesen. Ich habe ihn am letzten Wochenende gefragt und da sagte er, wir sind durch andere Dinge abgehalten worden, es wird Juli.[30] Ich kann dir kein genaues Datum sagen. Und nun glaube ich, dass die Überlegung doch sehr richtig ist, dass gerade bei dem politischen Interesse, begründeten politischen Interesse, das in der ganzen Partei besteht und das bei Bezirksparteitagen Ausdruck bekommen wird in besorgten Anträgen zu dieser Sache, die Bundestagsfraktion ihre politische Entscheidung trifft im Einklang mit dem Parteitagsbeschluss von Hannover. Denn dass wir uns im Rahmen dieses Parteitagsbeschlusses halten mit dem Regierungsgesetzentwurf, wird von niemand bestritten, und dass wir von dem nicht runtergehen wollen, wird auch niemand bestreiten.

Ich halte es für möglich, liebe Freunde, und seid mal ganz ehrlich euch gegenüber, ob ihr bei anderen Gesetzen mehr de facto Zeit dafür aufgewandt habt, wie wenn ihr von heute Abend ab, wo eine Arbeitskreissitzung sein wird, bis zum Freitag aufwenden könnt, um diese Fragen zu entscheiden. Ich bin der Auffassung, dass die Anregungen von Manfred *Coppik* durchaus Platz haben, dass wir die hier noch einfügen. Wir haben heute Abend vorgesehen um 20 Uhr eine Arbeitsgruppensitzung. Alle Fraktionsmitglieder werden dazu eingeladen sein und dann kann man diese Fragen befriedigend noch klären. Wir haben auch bei der Arbeitsgruppensitzung heute Morgen gesagt, wenn dabei sich erge-

---

30 Vgl. Anm. 15.

ben sollte, dass die politische Konzeption des Regierungsentwurfs im Einklang mit dem Hannoverschen Parteitag modifiziert werden müsste, dann müssten wir bitten, dass noch eine Fraktionssitzung ist, um diese Dinge zu besprechen, nicht nächsten Dienstag, sondern vor der Entscheidung im Innenausschuss, weil der Innenausschuss nicht von dieser Gesamtlinie abgehen würde. Die Mitglieder des Innenausschusses – die sozialdemokratischen – würden das nicht tun. Das war heute Morgen allseitige Meinung.

Nun kommt die Frage Zusammenhang mit Terroristen, darf ich mich beziehen auf das, was Horst *Ehmke* gesagt hat. Lieber Peter *Conradi*, das, was du mit Recht rügst, ist entstanden ohne das Gesetz und das, was in dem Gesetz steht, das sind Verfahrensbestimmungen, die die Rechtsstaatlichkeit klären sollen. Und es würde mir nicht genügen, wenn sozialdemokratisch regierte Länder sich nur danach richten, sondern es kommt uns darauf an, dass alle Länder sich danach richten müssen. Aber – auch hier hat Horst *Ehmke* vollkommen recht – den Verwaltungsvollzug können wir in diesem Bundesgesetz nicht verbindlich für alle regeln und deshalb ist die Frage von *Sperling* durchaus begründet und richtig, dass im Anschluss an die Beratung und Verabschiedung eines solchen Gesetzes mindestens sozialdemokratisch geführte Länder einen einheitlichen Praxisvollzug durchführen müssen. Ich habe vor wenigen Tagen mit SPD-Abgeordneten aus Hessen in Anwesenheit ihres Kultusministers[31] diese Dinge hier besprochen und habe gesagt, ihr müsst von eurer Regierung verlangen, dass die Richtlinien dem Landtag vorgelegt werden und ihr, der zuständige Ausschuss, muss sich jeden Einzelfall berichten lassen. Denn die Entscheidung einer Ablehnung kann nur der politisch Verantwortliche, also der Minister, treffen nach dieser Regelung.

Das heißt, die Landtage, denen oder die Länder, denen der Vollzug obliegt, müssen durch ihre Landtage – und da werden wir drauf Einfluss nehmen müssen bei unseren eigenen Freunden – die richtigen Vollzugsanordnungen erlassen. Aber liebe Freunde, es wäre sicherlich, natürlich können wir sagen, wir beraten das im September/Anfang Oktober, alle waren sich einig, auf jeden Fall vor dem Parteitag, heute Morgen diejenigen, die anderer Meinung waren, die also nicht jetzt es verabschieden wollten. Aber man muss sich das mal vorstellen, was sich da dann aufstaut in diesen Monaten bei diesen Bezirksparteitagen, auf die Gefahr hin, dass beim Bundesparteitag dann erklärt wird, die Sache ist ja entschieden jetzt durch Gesetz – September/Oktober verabschiedet. Das wäre, glaube ich, politisch nicht richtig. Die politische Basis – Hannoverscher Parteitagsbeschluss – ist gegeben. Die Fraktion sollte ihre Entscheidung treffen.

Wehner: Genossen, was unsere weitere Prozedur betrifft. Jetzt haben elf gesprochen. Ich habe noch vier Wortmeldungen. Ist die Fraktion einverstanden, dass wir diese Meldeliste schließen? Einverstanden. Karl *Liedtke*.

Liedtke: Genossinnen und Genossen, drei Vorbemerkungen und dann kurz die Schilderung, wie die Diskussion im AK verlaufen ist. Erstens. Ich gebe Peter *Conradi* recht, dass nach der Quasiaufhebung des Ministerpräsidentenbeschlusses die Praxis in den Ländern nicht nur noch mehr auseinandergelaufen, sondern in sehr abenteuerlicher Weise auseinandergelaufen ist. Da sind wir uns einig. Die Schlussfolgerung lautet also doppelt, wir müssen schnell ein Gesetz verabschieden, aber auch in der gebotenen Sorgfalt. Hier also liegt die Polarität, soweit es den Verfahrensbereich gibt, heute in der Fraktionsberatung. Zweitens. Nicht leisten kann und will dieser Gesetzentwurf die Schaffung neuen Rechtes. Hier wird nur der Versuch unternommen, die Verfahrensvorschriften zu verfeinern und die Verwaltungsvorschriften, die hier auch nicht geregelt werden können, im Spielraum bei den Ländern so einzuengen, dass eine erkennbare gleichmä-

---

31 Hans *Krollmann*.

ßige Norm herauskommt. Mehr ist in der Rahmengesetzgebung des Bundes nicht darstellbar. Das vorausgeschickt.

Nun zur Polarität, was ist wünschenswerter: schnell und vor der Sommerpause oder – ich sage es mal so – sorgfältiger und nach der Sommerpause? Lasst mich einige Daten zur Schnelligkeit sagen. Nach Hannover hat die damalige Bundesregierung in Befolgung des Hannoveranerschen Beschlusses im September '73 gehandelt und der damalige Bundeskanzler, das war noch Willy *Brandt*, den Ministerpräsidenten die Grundsätze der Bundesregierung – die bekannten vier Punkte – dargestellt, nach denen der Bund oder auf der Basis derer der Bund einen Gesetzentwurf einbringen will. Markierungspunkt Nummer eins: September '73. Im Juli '74 – ein Jahr später – ist dann der Regierungsentwurf auf der Basis dieser vier Punkte und damit im Einklang mit dem Beschluss Hannover einmütig mit dem Koalitionspartner verabschiedet worden. Die Fraktion hat am 12. November '74 diesen Gesetzentwurf beraten – Genossen, ich schränke ein, zu einer ersten Lesung berät man vielleicht nicht in der Gründlichkeit wie vor der Abschlusslesung, die meisten Gesetze beraten wir überhaupt nicht zur ersten – und hat ohne Gegenstimme diesen Entwurf ins Plenum gehen lassen. Die dort Sprechenden waren mit dem einstimmigen Votum der Fraktion ausgerüstet. Dann kam also der Innenausschuss in seine Handlungsphase hinein und er konzentrierte sich auf zwei Standbeine. Erstens, die Verabschiedung muss vor der Sommerpause erfolgen, dann ist nämlich wiederum rund ein Jahr verstrichen vom letzten Markierungspunkt. Zweitens, das Urteil des Bundesverfassungsgerichts ist mit einzubeziehen, da es für März dieses Jahres von dem Verfassungsgericht angekündigt war. Jetzt zögerte das Verfassungsgericht. Es ging von März auf Mai. Es ging von Mai auf den gestrigen Tag – *Seuffert* zu Fritz *Schäfer* – und geht mit der heutigen Meldung in die Sommerpause hinein und hier brauchen wir das Votum der Fraktion. Jetzt fällt also die politische Entscheidung, muss fallen, welches Standbein sollen wir aufgeben: Verabschiedung vor der Sommerpause oder Einbeziehung des Verfassungsurteils.

Was spricht für die Sommerpause oder Verabschiedung vor der Sommerpause, Genossen? Wir haben ein dreimonatiges Ferienloch, so will ich es einmal nennen. Journalisten haben es nicht schwer, von der '73er Erklärung, dem '74er Regierungsentwurf, dem '75 noch nicht Verabschiedeten drei Monate lang genüsslich mit einer beliebigen Bandbreite abzuleiten, dass diese Fraktion und diese Regierung und diese Koalition ihre begrenzte Handlungsfähigkeit im Bereich der inneren Sicherheit – dies ist so ein Punkt – unter Beweis gestellt hat. Das ist der Schwerpunkt nach draußen, der für eine Verabschiedung vor der Sommerpause spricht. Nach innen in die eigene Partei hinein und der naturgemäß im Vorfeld von Mannheim zu den Bezirksparteitagen sich häufenden Anträge zu einem politischen Vorgang, der auch in der Öffentlichkeit einen immer höheren Stellenwert bekommt, kann doch wohl der Grundsatz vertreten werden, ich vertrete ihn, dass die Partei von der Fraktion ein Orientierungsmerkmal nach so langer Zeit verlangen kann. Wenn wir nun sagen, Genossen, darüber müssen wir uns klar sein, all das zählt nicht so gegenüber der Sorgfalt, dann muss gleichzeitig beschlossen werden, dass wir in der Sommerpause tagen. Einigkeit war im AK II, vor Mannheim muss beschlossen worden sein, sonst wird die Fraktion zu recht zur allgemeinen Schießbudenfigur des Parteitages und ich betone: zu recht. Wir kommen wieder am 15. September, wohlgemerkt. Der Bundesrat tagt am 17. Oktober. Das heißt, wenn wir die Sommerpause zur Arbeit nicht nutzen, sind wir nach der Sommerpause in der gleichen scheinbaren Ad-hoc-Situation wie jetzt.

Jetzt die andere Seite. Im AK II, die – also gut, das ist im Grunde alles schon gesagt worden –, die also die Meinung vertrat, unter Respektierung aller dieser politischen Ge-

| Fraktionssitzung | 10.06.1975 | **107.** |

wichtung kann es uns natürlich – ich sag's, auch die andere Seite –, kann es uns aufs Butterbrotende schlagen, wenn die Opposition also sagen wird, so ein wichtiges Gesetz ist im Hauruckverfahren, ist im Geschwindschritt durch Fraktion und Bundestag getrieben. Ich wiederhole: Bei uns liegt es mittlerweile ein ganzes Jahr. Ich plädiere also dafür, da es auch keine grundsätzlichen Meinungsverschiedenheiten in der Fraktion zu dem Entwurf gibt, den Versuch zu starten, vor der Sommerpause die Entschlussfähigkeit von Regierung und Koalition im Bereich der inneren Sicherheit zu dokumentieren.

Das dazu und nun noch eine anhängende Bemerkung.

(Unruhe.)

Bei den Beratungen gestern im Fraktionsvorstand lag uns die Presseübersicht, die ihr alle bekommt, vor – auch ein Abdruck der »UZ«, der kommunistischen Zeitung, die merkwürdigerweise auch in unserer Presseübersicht hier ihren Raum bekommt. Danach hat am Sonnabend eine kommunistisch geleitete sogenannte Internationale Tagung in Godesberg stattgefunden mit Beschlüssen, die hart gegen die Bundesregierung und gegen die sie tragende Mehrheit gehen, mit auch der Aufführung, Grußadressen seien von Herta *Däubler-Gmelin* und Karl-Heinz *Hansen* zu diesem Kongress geschickt worden. Die Behauptung dieser Zeitung. Wir haben dann gesagt, da wir das Thema heute behandeln, bitten wir Karl-Heinz *Hansen* und Herta dazu und fragen sie, was stimmt, was stimmt nicht. Beide haben – das heißt, die Herta auch in deinem Namen, Karl-Heinz, du warst nicht da – eindeutig erklärt, sie haben weder eine Grußadresse noch sonst etwas geschickt. Sie haben lediglich die Einladung negativ beschieden. Der Fairness halber sage ich das als zuständiger AK-Vorsitzender hier so.

Wehner: Genossen, bevor ich das Wort weitergebe, wollte ich nur einmal feststellen: Diese Debatte hatte sich entzündet an meiner Mitteilung im Bericht aus dem Fraktionsvorstand über die im Fraktionsvorstand an die Ausschussmitglieder unserer Fraktion gegebene Ermunterung zur weiteren Ausschussbehandlung des Gesetzentwurfs aufgrund der anderen Lage Verfassungsgericht Zweiter Senat. Die Fraktion wird in jedem Fall über die aus dem Ausschuss oder den Ausschüssen kommende Fassung vor der Plenarbehandlung debattieren und entscheiden. Das sollte doch nicht streitig sein. Als Nächster hat das Wort Manfred *Coppik*.

Coppik: Genossinnen und Genossen, ich wollte zwei Bemerkungen machen zu Hellmut *Sieglerschmidt* und auch zu dem, was Willy *Brandt* gesagt hat. Zunächst mal, Hellmut, du hast auf das Urteil des Bundesverwaltungsgerichts verwiesen.[32] Ich glaube, dazu muss man Folgendes grundsätzlich feststellen: Erstens ist das Bundesverwaltungsgericht nicht an den Hannoveraner Parteitag gebunden und zweitens ist –

(Unruhe.)

und zweitens das Bundesverwaltungsgericht –

(Unruhe.)

und zweitens ist das Bundesverwaltungsgericht kein Gesetzgeber, so dass wir an seine Entscheidung nicht gebunden sind. Das nur mal als Grundfeststellung vorab. Ich bin auch der Auffassung, dass zwar das Gesetz die Praxis nicht im Detail regeln kann, dass aber durch ein solches Gesetz auch die Praxis beeinflusst werden kann, wenn das Gesetz hinreichend präzisiert ist und darum geht es mir bei den Beratungen, die wir jetzt noch vor uns haben und für die ich also deswegen auch eine gewisse Zeitspanne für intensive Beratungen gern hätte.

---

32 Vgl. Anm. 14.

Nun zu dem, was Willy *Brandt* gesagt hat. Willy *Brandt* hat gesagt, Sozialdemokraten sollen sich nicht beteiligen an solchen Initiativen wie Kampf gegen die Berufsverbote. Sozialdemokraten sollen sich daran nicht beteiligen. Nun ist das relativ leicht gesagt. Schwieriger wird es, wenn man das demjenigen sagt, der selbst von alledem sogar schon betroffen ist. Wenn man ihm dann sagt, du darfst dich aber an solchen Initiativen nicht beteiligen, dann freilich fällt ihm das schon ziemlich schwer, wenn er selbst in seiner beruflichen Existenz als Sozialdemokrat gefährdet ist und man ihm sagt, du als Sozialdemokrat hast dich daran nicht zu beteiligen.

(Unruhe.)

So einfach ist das dann für die Betroffenen nicht, das denen klarzumachen, wenn nicht eindeutige Signale eben von der Partei insgesamt kommen, die sich schützend vor sie stellt und daran fehlt es manchmal. Ich muss offen gestehen, dass ich erschüttert war, als Genossen von mir plötzlich zu – die ich seit Jahren kenne, die Funktionäre der Partei sind und einen davon kannte ich besonders gut, weil er bei mir im Unterbezirksvorstand seit Jahren mitarbeitet, der plötzlich geladen wurde zu einer Anhörung, ob er auf dem Boden dieser Verfassung steht, deswegen weil er irgendwann mal an einer Vietnam-Demonstration teilgenommen hat.

Das sind Dinge, die eben schlicht und einfach unterbunden werden müssen, und hier können, glaube ich, auch vom Gesetzgeber Signale gesetzt werden und die Resolution, die ich vorher angesprochen habe, vom Bezirksvorstand Hessen-Süd – du hast von einem Beschluss vom Unterbezirk Frankfurt gesprochen. Ich weiß nicht, ob das dasselbe jetzt ist. Wir haben jedenfalls in unserer Resolution, die im Übrigen gleichzeitig mit einer Resolution zu den Vorgängen um »República« in Portugal rausgegangen ist[33], und es kam sehr deutlich zum Ausdruck, dass es hier nicht darum geht, sich vor die Kommunisten jetzt als Geistesströmung hier irgendwie zu stellen, sondern dass es tatsächlich darum geht, rechtsstaatliche Grundsätze in dieser ganzen Angelegenheit zu wahren.

Ich jedenfalls fühle mich verpflichtet, für ein Gesetz einzutreten, dass diese Praxis – soweit es irgend möglich ist – beeinflusst, und ich bitte darum, deswegen hinreichend Zeit zu geben, an den Formulierungen auch zu diskutieren, nachdem wir das bisher eben einfach nicht getan haben. Ich bin dafür, dass wir sofort in diese Beratungen eintreten, dass da kein weiterer Aufschub gemacht wird. Aber ich bin dagegen, dass diese Beratungen schon gleich mit dem Ziel gemacht werden, in acht Tagen müssen wir fertig sein, komme was auch wolle. Das darf, glaube ich, nicht sein. In die Beratungen eintreten, Ja, aber unter einem solchen Zeitdruck jetzt plötzlich, Nein.

Wehner: Hermann *Dürr*.

Dürr: Liebe Genossinnen und Genossen, ich kann Karl *Liedtke* einen Hinweis geben. Wenn die CDU je Bedenken äußern sollte, dass wir dieses Gesetz schnell über die Bühne ziehen wollen, dann kann man der CDU einen Artikel ihres Vorsitzenden im »Deutschland-Union-Dienst« vom 2. Juni um die Ohren beuteln[34], wo er einen flammenden Aufruf erlässt, dieses Gesetz möglichst bald zu verabschieden. Karl, Fotokopie des Artikels an dich ist unterwegs.

---

33 Mitte Mai 1975 besetzten Drucker die zur Sozialistischen Partei Portugals gehörende Tageszeitung »República«. Ihr Ziel war es, die Redaktion zu entmachten und die Zeitung in ein Organ der Kommunistischen Partei Portugals umzuwandeln. Als dies nicht gelang, verhinderten sie, dass die Zeitung weiterhin erscheinen konnte. Die vom Militär gestützte Regierung Portugals hielt sich bei dieser Auseinandersetzung weitgehend zurück. Vgl. AAPD 1975, I, Dok. 140, Anm. 12.

34 In der regelmäßig erscheinenden Ausgabe des CDU-Pressedienstes »Union in Deutschland« (früher »Deutschland-Union-Dienst«) konnte kein entsprechender Artikel nachgewiesen werden.

Zweitens: In dieser Debatte zeigt sich die gleiche Problematik, die heute bei einem anderen Punkt unserer Tagesordnung nochmals auftauchen wird, dass nämlich in manchen Punkten der Bundesgesetzgeber nicht in der Lage ist, ein Gesetz so völlig wasserdicht und vor Pannen sicher zu machen, dass alles damit todsicher in Ordnung geht. Das gilt insbesondere bei Personalauswahl. Schaut, deshalb halte ich die Präsidiumserklärung für ganz besonders wichtig, weil hier manches, was in der allgemeinen Formulierung des Gesetzes nun eben nicht ausgedrückt werden kann, insbesondere zu Gehör sozialdemokratischer Landesminister und – Fritz *Schäfer* hat mit Recht drauf hingewiesen – sozialdemokratischer Landtagsfraktionen gesagt wird. Ich hätte mich sehr gefreut, um das am Beispiel zu sagen, wenn in diese Präsidiumserklärung noch eine Andeutung hineinkäme, dass es in den allermeisten Fällen einfach unmenschlich ist, einen – sagen wir mal – siebenundzwanzigjährigen Bewerber deshalb ablehnen zu wollen, weil er als Achtzehnjähriger im Überschwang der Gefühle ein Flugblatt mit Verbalradikalismen mal unterschrieben hat. Da kann man doch bloß Bedenken haben, wenn seine Tour aus dem 18. Lebensjahr sich fast lückenlos bis zum 27. Lebensjahr, also dem Zeitpunkt seiner Einstellung, weiter verfolgen lässt und grade auf dem Gebiet werden aufgrund alter Verfassungsschutzunterlagen die Pannen fabriziert, wo ich sagen muss, die meisten in meinem Heimatland Baden-Württemberg. Aber, dieses – *Conradi* hat recht, es sind mehr als Pannen –, die können wir durch eine schöne Formulierung des Bundesgesetzes nicht von vornherein ausschließen.

Ein letztes Wort. Auch wenn wir das hinter uns haben, sollten wir anhand unserer Erfahrungen damit ein klein wenig über unser Staatsverständnis nachdenken. Aber über dieses philosophiere ich jetzt nicht, sondern empfehle lediglich, den ersten Teil der Rede, die Helmut *Schmidt* auf dem rechtspolitischen Kongress gehalten hat, zu guter Zeit einmal nachzulesen.[35] Es lohnt sich sehr.

Wehner: Letzte Wortmeldung Herta *Däubler-Gmelin*.

Däubler-Gmelin: Zu diesem Thema. Ich werd's versuchen, es kurz zu machen. Hermann *Dürr*, ich sehe die Gefahr nicht darin, dass uns die CDU vorwirft, wir würden hier schnell durchziehen. Das wäre für mich ein minderes Problem. Sondern wer uns dieses vorwerfen wird, das werden solche Pünktchen sein, wenn ich den Ausdruck aufgreifen darf, wie *Heinemann*, *Neuberger*[36], *Rupp-von Brünneck*[37] und die gesamte hier rechtsstaatlich-liberale Presse. Das sind meine Befürchtungen.

Als Zweites: Ich halte auch den Hinweis vom Genossen *Schäfer* nicht für richtig, dass wir für ein anderes Gesetz auch nicht mehr Zeit aufwenden könnten wie von heute Abend bis Freitag. Fritz, weil du ganz genau weißt, wir haben zwischen heute Abend und Freitag ein bisschen was Anderes auch noch zu tun und können uns nicht ausschließlich dieser Sache widmen. Zum Beispiel kann der gesamte Rechtsarbeitskreis heute Abend um 20 Uhr aller Voraussicht nach überhaupt nicht dabei sein, weil wir ja Rechtsarbeitskreis haben.

Zum Dritten kommt noch eines hinzu: Ich sehe die Schwierigkeiten oder meine Fragen einfach nicht ausgeräumt. Ich bin vollkommen einig mit Karl *Liedtke*, wenn er sagt, wir können durch dieses Gesetz die Praxis nicht ändern. Nur, ob wir es durch ein Gesetz, durch konkretere Beeinflussungen nicht besser steuern könnten, eine einheitlichere

---

35 Zur Rede von Bundeskanzler *Schmidt* »Sozialdemokratie und sozialer Rechtsstaat« vgl. POSSER, Diether/WASSERMANN, Rudolf (Hgg.): Freiheit in der sozialen Demokratie. 4. Rechtspolitischer Kongress der SPD vom 6. bis 8. Juni 1975 in Düsseldorf. Dokumentation, Karlsruhe 1975, S. 13–24.
36 Josef *Neuberger*, 1966 bis 1972 Justizminister in Nordrhein-Westfalen (SPD).
37 Wiltraut *Rupp-von Brünneck*, Richterin am Bundesverfassungsgericht.

Praxis zu machen, das können wir erstens nur dann selber sagen, und zweitens unseren Genossen draußen, die zum Teil davon betroffen werden, nur dann plausibel machen, wenn wir erstens wissen, was in dem Bericht des Bundesinnenministeriums drinsteht und wenn wir zweitens auch wissen, was zum Beispiel teilweise das Bundesverfassungsgericht uns sagt. Und entschuldige, Karl *Liedtke*, eines habe ich ja nun überhaupt nicht verstanden von deinen zwei Argumenten, warum das jetzt vor der Sommerpause sein müsste. Nämlich einmal, nicht die Regierung ist hier nicht handlungsfähig, sondern die Sache liegt schon seit langem im Parlament und zum anderen das Drei-Monats-Loch kann doch überhaupt kein Argument sein, weil wir doch dieses Gesetz nicht an den Monaten messen dürfen, sondern an den Voraussetzungen, die wir uns zu seiner Beratung selbst aufgestellt haben. Nämlich einerseits das Urteil des Bundesverfassungsgerichts und zum anderen den Bericht, den uns das Bundesinnenministerium gibt, und diese beiden haben wir nicht. Und ich habe noch keine Begründung dafür gehört, warum das jetzt sein muss unter diesen Auspizien.

Wehner: Genossinnen und Genossen, ich greife aus der Rede der letzten Diskussionsteilnehmerin auf, wir haben bis Freitag auch noch was anderes zu tun. Ich mache mir das auf meine Weise zu Eigen und bitte bei Aufruf des Punktes 3 darum, sich auf das zu konzentrieren, dessen Bewältigung uns noch Zeit lässt für das Übrige, das wir bis zum Freitag zu tun haben.

[B.–E.] → online unter www.fraktionsprotokolle.de

108.

17. Juni 1975: Fraktionssitzung (Tonbandtranskript)

AdsD, SPD-BT-Fraktion 7. WP, 6/TONS000039. Titel: »Fraktionssitzung am 17.06.1975«. Beginn: 14.00 Uhr. Aufnahmedauer: 06:03:30. Vorsitz: Wehner.

Sitzungsverlauf:

A. Bericht aus dem Fraktionsvorstand. – TOP 1: Politische Berichte: Bericht des SPD-Vorsitzenden *Brandt* (Vorbereitung des SPD-Bundesparteitags in Mannheim; Besuch des Vorsitzenden der Sozialistischen Partei Portugals, *Soares*, in Bonn; Wahrnehmung der wirtschaftspolitischen Kompetenz der Bundes-SPD; Strategiepapiere der CDU und CSU; SPD-Wahlergebnisse in Großstädten und deren Umlandgemeinden). – Bericht des Abgeordneten *Dürr* zur Strafrechtsreform Paragraph 218 StGB. – Aussprache der Fraktion über den Bericht. – Bericht des Bundesvorsitzenden der Arbeitsgemeinschaft für Arbeitnehmerfragen (AfA), Bundesminister *Rohde*, zur Bilanz der AfA in den letzten anderthalb Jahren.

B. TOP 4: Bericht zum Stand der Ehe- und Familienrechtsreform. – Aussprache der Fraktion über den Bericht.

C. TOP 3: Informationen (Konjunkturaussichten für den Herbst; Verlauf und Bedeutung der Seerechtskonferenz in New York; Vortrag des Stellvertretenden Inspekteurs der Marine, Konteradmiral *von Schroeter*, vor der Gesellschaft für Auslandskunde). – TOP 5: Aktuelles aus den Arbeitskreisen (Beratungen über die Abgabenordnung).

Fraktionssitzung 17.06.1975 **108.**

D. Vorbereitung der Plenarsitzungen: TOP 6: Tagesordnung und Ablauf der Plenarsitzungen. – TOP 7: 1. Beratung Berufsbildungsgesetz und Antrag CDU/CSU betr. Reform der beruflichen Bildung. – TOP 8: Ergebnisse aus dem Vermittlungsausschuß: a) Zeugnisverweigerungsrecht für Journalisten, b) Ergänzende Maßnahmen zur 5. Strafrechtsreform, c) Förderung von Wohnungseigentum und Wohnbesitz. – TOP 9: 2. und 3. Beratung Änderung Soldatengesetz (weibl. Sanitätsoffiziere). – TOP 10: 2. und 3. Beratung Änderung Marktstrukturgesetz. – TOP 11: 2. und 3. Beratung Sozialgesetzbuch, Allgemeiner Teil. – TOP 12: 2. und 3. Beratung Änderung Bundesausbildungsförderungsgesetz. – TOP 13: Ausschußbericht betr. Grenzmarkierungen an der Elbe. – TOP 14: Bericht des Haushaltsausschusses betr. Änderung der Haushaltsentwicklung, Antrag des Bundesministers der Finanzen betr. Jahresrechnung 1973. – TOP 15: 1. Beratung Änderung Wehrpflichtgesetz und Zivildienstgesetz.

E. Sonstiges: TOP 16: Arbeitsvorhaben 1975/76. – TOP 17: Deutsch-Skandinavische Parlamentariergruppe (Björn *Engholm* übernimmt den Vorsitz des verstorbenen Roelf *Heyen*). – TOP 18: IPU-Jahrestagung in London vom 2. bis 13. September 1975. – TOP 19: Nächste Termine. – Verschiedenes.

[A.]

Wehner: {...} ist eröffnet. – Genossinnen und Genossen, erlaubt mir bitte gleich zu Beginn dieser Sitzung, in der wir das Programm dieser zunächst letzten Sitzungswoche vor der Sommerpause ordentlich zu bewältigen haben und dabei auch einige Dinge mit Akzenten versehen müssen, die während der Sommerpause zwar nicht behandelt werden, aber öffentlich ihre Rolle spielen werden, und schließlich jedenfalls jedem Mann und jeder Frau bei uns – soweit es möglich ist – gegenwärtig sein müssen, worum es sich dabei handelt. Ich bitte aus diesem Grund, die hier ausgedruckte Tagesordnung folgendermaßen am Anfang in anderer Reihenfolge aufrufen zu dürfen: Erstens, dass ich meinen heute sehr knappen Bericht aus dem Fraktionsvorstand gleich gebe, jetzt im Zusammenhang mit dieser Eröffnung, weil er einiges betrifft, das Punkte angeht, die dann zur Tagesordnung gehören, und um damit eine Zeit zu gewinnen. Wir werden politische Berichte haben dann von Willy *Brandt* und Helmut *Rohde*, und ich schlage vor, dass wir dann unmittelbar darauf zunächst die Informationen von Hermann *Dürr* über die speziellen Arbeiten für eine neue Strafgesetzänderung betreffend Paragraph 218 hören und wo notwendig ist, durch Fragen uns erläutern lassen. Denn sonst kommen wir ein wenig in Verzug mit Pressezeiten und mit einem nicht ganz in unserer Hand befindlichen entsprechenden Verfahren bei der FDP. Und dann den Stand der Beratungen der Ehe- und Familienrechtsreform. Da ist mir gesagt worden, dass die Berichte gegeben werden von Alfred *Emmerlich* und Renate *Lepsius* und dass wir anschließend dann Informationen – das heißt Fragen – aufrufen und alles weitere so, wie es hier steht. Seid ihr damit einverstanden? Dann würde ich jetzt die Bemerkungen machen, die heute den Bericht aus dem Fraktionsvorstand angehen, der ja gestern erstmals nach der Neuwahl zusammengetreten ist.[1] Ich möchte bei dieser Gelegenheit heute, unserer ersten Sitzung danach, einen herzlichen Gruß für unseren Ernst *Schellenberg* aussprechen,

(Beifall.)

---

[1] Die Neuwahl fand am 11. Juni 1975 außerhalb der Fraktionssitzung statt. *Wehner* wurde mit 196 von 221 Stimmen erneut an die Spitze der Fraktion gewählt. Zu stellvertretenden Vorsitzenden wurden Friedrich *Schäfer*, Adolf *Schmidt*, Günter *Metzger*, Alex *Möller* und Herbert *Ehrenberg* gewählt.

der nach ziemlich langer schwieriger klinischer Behandlung nun seine Mitwirkung in der Fraktion und als Ausschussvorsitzender[2] wieder aufnimmt. Ich erlaube mir, ihm bei dieser Gelegenheit auch zu danken, ganz schlicht zu danken für sein Mitwirken im Fraktionsvorstand als stellvertretender Fraktionsvorsitzender.[3]

(Starker Beifall.)

Und dann, Genossen, etwas, das sicher schon manche irritiert hat, auf das wir im Verlaufe der Tagesordnung nochmals zu sprechen kommen werden, aber zu einem Punkt, an dem so sicher nicht ist, dass alle die, die jetzt dasitzen, auch wirklich da sitzen. Vielleicht, aber eine Chance besteht, dass die, die jetzt dasitzen, es einzurichten versuchen, wenn jener Punkt dann erläutert wird, da sein zu können. Es laufen ja heute eine ganze Menge Dinge nebeneinander und durcheinander. Das betrifft nämlich Veröffentlichungen unter anderem in der »Süddeutschen Zeitung« über angeblich von der Regierung zurückgezogene oder nicht mehr beabsichtigte Gesetze, Gesetzentwürfe, und alle von einem ziemlich hochkarätigen Charakter – Gemeinschaftsaufgaben und ähnliches.[4] Und so wie die Dinge sind, es braucht nur jemand solchen Samenersatz auszustreuen, picken alle, weil sie meinen, das sind nahrhafte Körner. Worum es hier geht, ist ganz nüchtern, Genossen, Folgendes: Die Erörterungen Bund – Länder zwischen dem Bundeskanzler {...} Finanzminister und den Länderregierungschefs sind bis jetzt noch nicht zu Ende, sind in einem schwierigen Stadium. Es wäre Selbstverstümmelung, vor diesem Ende oder mitten in diesem ziemlichen Clinch irgendetwas Bestimmtes zu sagen über bestimmte Gesetze und das, was da steht in den Zeitungen, heißt, uns auf den Busch klopfen wollen und da werden wir nicht draus vorgucken.

(Heiterkeit. Beifall.)

Weil wir unsere Absichten haben, weil wir unsere Absichten haben und nicht einfach leben wollen, wie es gelegentlich der Kanzler sagt, wie {...}. Nein, Genossinnen und Genossen, hier ist eine ganz entscheidende Frage, in der die Fraktion ihre Rolle nicht nur zu spielen, sondern zu halten hat. Denn es gibt diese Schwelle, die unter dem harmlos klingenden Arbeitstitel Verhandlungen über die Revisionsklausel Umsatzsteueranteile betreffend. Es gibt darüber auch alle möglichen Andeutungen. Über einige wird man heute im Zusammenhang mit dem dazu geeigneten Punkte sprechen, weil wir auch im Plenum damit mindestens am Freitag beschossen werden. Es kommt hinzu, dass wir in dem Zusammenhang nichts vorwegnehmen können und uns nicht entsteißen lassen dürfen – übrigens wäre da gar nichts, weil wo noch nichts ist, kann auch nichts entsteißt werden –, dass wir jetzt die Grundlinien des Haushaltsplans '76 prognostizierten, darlegten oder wie das heute so schön, es wird illustriert gemacht und da wird es nicht fehlen in Magazinen und so weiter. Nicht, dass ich dagegen wäre, dass die das machen. Die machen es vielleicht interessant, nur dürfen wir uns dabei nicht mit verwenden lassen. Haushaltsfragen sind in diesem Jahr sehr eng geknüpft an diese von mir eben kurz erwähnten, zurzeit im Zustand des Clinches befindlichen Verhandlungen Bund – Länder um die Umsatzsteueranteile, um die Revisionsklausel und so weiter.

---

2 Bundestagsausschuss für Arbeit und Sozialordnung.
3 Aufgrund seiner gesundheitlichen Beeinträchtigung hatte *Schellenberg* auf eine erneute Kandidatur zum stellvertretenden Fraktionsvorsitzenden verzichtet.
4 Gemeint ist der Artikel »Kostspielige Gesetze sollen nicht in Kraft gesetzt werden«; »Süddeutsche Zeitung« vom 12. Juni 1975, S. 1. – Die Zeitung berichtete, Bundeskanzler *Schmidt* habe den Bundesländern vorgeschlagen, zur Deckung von Finanzlücken die Gemeinschaftsaufgaben für 1976 zu kürzen und 16 Gesetzentwürfe, die Ausgaben beinhalteten, nicht zu verabschieden. Die Alternative, so zitierte die Zeitung den Kanzler, sei eine Erhöhung der Mehrwertsteuer.

Fraktionssitzung 17.06.1975 **108.**

Und dann folgende Punkte noch: Im Rahmen der Tagesordnung heute – ist ja gesagt worden von mir – wird Hermann *Dürr* über die Arbeit an einem neuen Strafrechtsänderungsgesetz bezüglich 218 berichten.[5] Wir wollen das so weit vorziehen, um damit nicht abgehängt zu werden. Im Rahmen der Tagesordnung werden außerdem Alfred *Emmerlich* und Renate *Lepsius* berichten über die Entwicklung und den Stand der Beratungen des Eherechts in den Ausschüssen, damit alle Mitglieder unserer Fraktion im Bilde sind über das, worum es in diesen Beratungen geht und was immer wieder aufgebracht wird, nicht zuletzt auch von außerparlamentarischer Seite, interessierter Seite, zum Teil auch mit Recht interessierter Seite und da werden unsere Genossen besser gerüstet sein, wenn sie diese Kenntnis haben.[6] Bezüglich der Weiterberatung des Bodenrechts sind noch Gespräche mit der FDP-Fraktionsführung erforderlich, aber das ist eine Sache, die schon angemeldet ist, noch nicht hat abgeschlossen werden können.

Und schließlich eine Bemerkung: Durch die Parlamentarischen Geschäftsführer und die Pressestelle wird vor allem mit den Arbeitskreisvorsitzenden und den Obleuten der Arbeitsgruppen über das gesprochen werden, was im Interesse unserer Fraktionswirksamkeit während der Sommerpause aktuell sowohl durch angemessenes Ausschöpfen der jedem Abgeordneten zustehenden Ausmaße von Fragestundenfragen als auch durch sachgerechte politische Stellungnahmen zur Veröffentlichung auf den Markt gebracht werden soll und welche Voraussetzungen für das Praktizieren gegeben werden, wenn wir bestimmte Themen besetzen. Denn das ist nicht eine Sache, die man hier jetzt so insgesamt erledigen kann, aber die wir geklärt haben müssen mit jeweils mindestens einem aus einem entsprechenden Bereich, bevor wir voraussehbar für einige Zeit auseinandergehen, vielleicht tatsächlich in Fällen, vielleicht aber auch, um wiederkommen zu müssen. Erlaubt mir noch, eure Aufmerksamkeit auf die am Donnerstag zur festgelegten Zeit – das wird dann mitgeteilt – zur Abstimmung stehenden Vermittlungsausschussberichte zu lenken, denn diese sind zum Teil so beschaffen, dass wir unsere Mehrheit zusammen haben müssen. Das ist zu einer bestimmten frühen Nachmittagszeit. Das war das, was ich berichten wollte. Wird das Wort dazu gewünscht? Fragen? Bitte.

Gansel: Ich glaube, das gehört zu diesem Punkt der Tagesordnung. Der Pressespiegel, der gehört mit zu dem Service für die einfachen Fraktionsmitglieder, zu den wenigen Sachen gehört, die wirklich brauchbar sind, die hilfreich sind, mit denen man arbeiten kann, die informativ sind. Wir bedauern wahrscheinlich alle, dass das jetzt nur noch in den Sitzungswochen erscheint. Nun würde das wohl für die Sommerpause ganz ausfallen. Ist das vielleicht möglich, dass das über die Sommerferien hinweg erscheinen kann, weil das wirklich 'ne Hilfe für unsere Arbeit ist?

Wehner: Norbert, das wird sicher möglich zu machen sein, aber ich reserviere mich gegen den Ausdruck einfache Fraktionsmitglieder. Hier gibt's keine Klassenunterschiede.

(Zwischenrufe.)

Man sollte damit auch nicht gaukeln. Ich weiß, dass dir das liegt und irgendwas musste ein Gag sein, aber es gibt keine einfachen und komplizierten.

(Heiterkeit.)

Auch die einfachen sind kompliziert.

(Heiterkeit. Beifall.)

---

5 Das Bundesverfassungsgericht erklärte im Februar 1975 die Regelungen des Fristenmodells bei der Reform des Paragraphen 218 StGB für verfassungswidrig. Vgl. dazu die SPD-Fraktionssitzung am 25. Februar 1975, SVP A, online.
6 Vgl. SVP B im vorliegenden Protokoll.

Aber das, was du da angeregt hast, soll tatsächlich möglich gemacht werden. Da müssen wir uns in diesen Tagen noch mit den da Anzusprechenden klarkommen. Ich rufe jetzt auf Willy *Brandt*.

Brandt (Berlin): Liebe Genossen, ich weiß, die Fraktion hat ein reichhaltiges Programm heute. Trotzdem möchte ich ein paar Bemerkungen machen, die mit der Zeit nach der Sommerpause zusammenhängen, weil ja alle noch während dieser Wochen und Monate mit der Organisation zuhause nicht nur in Kontakt sind, sondern in starkem Maße sie mittragen. Wenn wir im September wieder zusammenkommen, dann ist es zu spät für manchen, die Vorbereitungen für den Parteitag in Mannheim so mit zu fördern, wie wir meinen, dass es nötig sei, sie zu fördern. Wir haben Ende des Monats den Parteirat beisammen hier in Bonn und ohne dem Parteivorstand und Parteirat vorzugreifen, möchte ich, dass die Fraktion ungefähr die Vorstellungen kennt, nach denen unserer Auffassung nach der Parteitag in Mannheim strukturiert sein sollte.[7] Da geht es zunächst einmal darum, etwas allgemein ausgedrückt, dass wir zu einer Art von Ausgeglichenheit kommen müssen zwischen der unausweichlichen aktuellen Politik – und die wird ja auch im Herbst 'ne ganze Menge Probleme aufwerfen – und dem Orientierungsrahmen, über den die Partei eifrig diskutiert hat und diskutiert. Damit wir uns klar verstehen. Es wird nicht beabsichtigt, diesen Orientierungsrahmen, dessen allgemeiner Teil ja zur Verabschiedung anstehen wird, unterzubuttern.[8] Aber es muss – abgesehen von der Rechenschaft, die an dem Parteitag zu geben ist – der Bundeskanzler die aktuelle Politik darlegen jetzt und im Übergang zum Bundestagswahljahr. Darüber muss diskutiert werden. Dazu muss die Zustimmung des Parteitages erbeten werden und der Parteitag wird seine Empfehlungen zu geben haben, wenn er welche geben will.

Dann gehen die Überlegungen dahin, die Arbeitsgemeinschaften wahrscheinlich sich nicht auf eine Vielzahl von Fragen aufteilen zu lassen, sondern um mit dem Orientierungsrahmen fertig zu werden, mit seinem allgemeinen Teil, sage ich noch einmal, der besondere wird im Wesentlichen Grundlage sein für das Wahlprogramm nächstes Jahr und dazu haben wir dann einen außerordentlichen Parteitag im Frühjahr.[9] Um mit dem allgemeinen Teil hinzukommen, werden wir dem Parteirat vorschlagen, sich mit dafür einzusetzen, dass in zwei parallelen Arbeitsgemeinschaften einmal die mehr wirtschaftspolitischen Abschnitte und einmal die Staatsvertrauensarbeit et cetera enthalten, durchgearbeitet werden. Wir müssen alle damit rechnen, dass wir einen stark überarbeiteten Entwurf vorliegen haben, wenn der Parteitag zusammentritt, denn die personell etwas abgeänderte Kommission wird als Antragskommission zweimal im Oktober tagen, Anträge verarbeiten, sprachlich überarbeiten, sonstige Anregungen aufgreifen und dann werden die beiden Arbeitsgemeinschaften das behandeln, Parteitag so gestaltet werden, dass da eine Pause dazwischenliegt für andere Punkte, damit wir damit zurande kommen.

Dann, außer den Anträgen, die wir noch nicht übersehen jetzt vor der Sommerpause aus der Organisation, seid ihr euch sicher darüber im Klaren, dass uns ein dickes Arbeitspensum von Hannover aufgehalst wurde, und da sind drei Punkte besonders hervorzuheben, die auch alle drei die Fraktion, wenn auch etwas unterschiedlich, interessieren. Das war einmal der Auftrag, ein kommunalpolitisches Grundsatzprogramm zu verabschieden. Dort wird die Empfehlung dahin gehen, dies ohne erhebliche Befassung des Plenums zu versuchen. Das heißt, die wenigen noch offen Fragen – das

---

[7] Der Parteitag in Mannheim fand vom 11. bis zum 15. November 1975 statt.
[8] Gemeint ist der Entwurf für das »Orientierungsrahmen '85« genannte Langzeitprogramm der SPD, das schließlich im November 1975 auf dem Mannheimer Parteitag verabschiedet wurde.
[9] Der außerordentliche Parteitag fand im Juni 1976 in Dortmund statt.

heißt, auf dem kommunalpolitischen Kongress waren sie schon mal alle beantwortet –, die so zu beantworten, dass wir damit rasch durchkommen. Ein besonders schwieriges innenpolitisches Thema wird die Gesundheitspolitik sein. Dazu hat jetzt der aufgrund des Hannoverschen Beschlusses eingesetzte Ausschuss seine Empfehlungen übergeben[10] und ich hoffe sehr, dass es im Vorfeld von Hannover[11] gelingt, ein solches Maß an Übereinstimmung zu erzielen, dass auch dies in einigen Stunden behandelt werden kann. Sonst geht es nicht auf diesem Parteitag, was allerdings sehr bedauerlich wäre, denn dann bliebe ein wichtiges Sachthema offen. Drittens: Der Hannoversche Parteitag hatte den Auftrag gegeben, eine Art Plattform für unsere Europapolitik auszuarbeiten. Ich habe – ich trete keinem der Genossen zu nahe, die daran beteiligt waren – nicht den Eindruck, dass dies schon verabschiedungsreif ist, sondern mit Vorteil noch weiter bearbeitet werden sollte, während wir uns einstellen sollten darauf, eine gemeinsame Entschließung zur Außen-, Sicherheits-, Europa- und Entwicklungspolitik – dazu hat das Präsidium auch schon eine Kommission eingesetzt – zu verabschieden, während in der anderen Sache dann im Einzelnen noch weiter gearbeitet wird.

Dies geht trotzdem alles nur, wenn ihr bei Folgendem mithelft, und das ist mit der Grund, warum ich es heute schon erwähne: Der Parteitag wird nur dann vor einem Chaos bewahrt werden können mit all seinen Themen, wenn die Partei bei aller Bedeutung der notwendigen sachlichen Auseinandersetzung zu jener Form von Selbstdisziplin bereit ist, die sich darin ausdrückt, dass Antragsfristen sehr früh auf dem Parteitag festgesetzt werden für die Initiativanträge, die dann noch kommen, sonst kommt die Antragskommission einfach nicht durch. Und der andere Grund, warum ich es jetzt noch vorbrachte, war, die Fraktionsmitglieder zu bitten, die ja eh mit einem Zehntel, soweit sie nicht Delegierte sind, als Delegierte ohne Stimmrecht, Delegierte der Fraktion am Parteitag teilnehmen, sich auch schon im Vorfeld für die erwähnten Fachfragen und andere mit zur Verfügung zu stellen, sonst kommen wir nicht durch.

Dann zwei aktuelle Bemerkungen, nein, eine nur, denn AfA[12] und die Empfehlungen, die von dort gegeben worden sind, das kann ich mir jetzt schenken. Das kann Helmut *Rohde* viel besser darstellen, wenngleich wir auch sicher nach seinem Bericht finden werden, dass es gut ist, zu dem einen Punkt, der viel Aufmerksamkeit in der Öffentlichkeit gefunden hat, noch in Ruhe nachzudenken, anstatt übereilte Entschlüsse unsererseits dazu zu fassen. Ich wollte 'ne andere aktuelle Bemerkung von mir aus machen. Da es ein bisschen Pressebegleitung gegeben hat wegen des rasch angesetzten Besuchs von Mário *Soares* hier in Bonn, des Vorsitzenden also der Sozialistischen Partei Portugals, der sowohl Helmut [*Schmidt*] wie mich gesehen hatte und einige andere Genossen. Ich glaube, Hans-Jürgen[13] hat ihn auch gesehen. Genossen, es wäre nicht nach dem jetzigen Stand sinnvoll, in einen detaillierten Bericht einzusteigen über das, was er mitzuteilen hatte, außer der Fraktion offen und ehrlich zu sagen: Die Lage ist labil, das heißt, sie ist nicht ohne Gefahren.[14] In einer solchen Situation – und daran haben wir es nicht fehlen

---

10 Zum Hannover-Parteitag vgl. PARTEITAG DER SOZIALDEMOKRATISCHEN PARTEI DEUTSCHLAND VOM 10. BIS 15. APRIL 1973 IN HANNOVER. BAND I. PROTOKOLL DER VERHANDLUNGEN. ANLAGEN, hrsg. vom Vorstand der SPD, Bonn o. J.
11 Hier handelt es sich offenbar um einen Versprecher *Brandts*, denn gemeint ist wohl der kommende Bundesparteitag in Mannheim, nicht der Parteitag von Hannover, der bereits 1973 stattfand.
12 Arbeitsgemeinschaft für Arbeitnehmerfragen.
13 Gemeint ist vermutlich Hans-Jürgen *Wischnewski*, der Staatsminister im Auswärtigen Amt war.
14 In Portugal verschärften sich im Sommer 1975 die politischen Auseinandersetzungen zwischen den Parteien und innerhalb der »Bewegung der Streitkräfte« (MFA) über die Zukunft des Landes. In Westeuropa und in den USA wuchs die Besorgnis darüber, dass sich in der innenpolitischen Ausein-

lassen, das gilt nicht nur für dieses Gespräch, sondern für andere Maßnahmen, die zum Teil eben auch nicht für die öffentliche Erörterung geeignet sind –, in einer solchen Situation werden wir nichts versäumen, was wir tun können, um unsere politische Solidarität gegenüber den portugiesischen Sozialisten Ausdruck zu geben, die an Zustimmung in der Bevölkerung noch gewonnen haben. Aber darauf kommt es in der sehr schwierigen Situation dort allein nicht an.

Dann, wenn ihr erlaubt, noch zwei Bemerkungen, die einen Rat von mir enthalten für die Sommerzeit. Genossen, ich sage unter dem Eindruck mehrerer Veranstaltungen der letzten Wochen, auch des letzten Wochenendes, dass ich es für bedenklich hielte, wenn wir uns in der wirtschaftspolitischen oder in der Aufschwung-Debatte – wie immer ihr sie nennen wollt – in eine defensive Argumentation hineindrängen ließen. Das tun wir übrigens schon dann, wenn wir das Thema zu einer Frage des Wann reduzieren lassen, anstatt – und darum sage ich, ich wollte gerne einen Rat geben – sehr deutlich zu machen, und dies können wir guten Gewissens tun, dass das, was der Binnenkompetenz unterliegt, lasst es mich mal so nennen, das ist geschehen, das wird weiter geschehen und wir sollten uns im Übrigen das gute Argument nicht entgehen lassen, gerade jetzt, wo die Ferien anfangen, den vielen Millionen, die ins Ausland fahren, den Rat zu geben, sich umzuschauen, Vergleiche anzustellen und den anderen, die nicht reisen können, sich mit solchen zu unterhalten. Das ist eine nicht unwichtige Ergänzung, was die Bildung der öffentlichen Meinung angeht, hat sich übrigens in einem früheren Jahr schon mal als ganz vorteilhaft erwiesen.

Das Zweite, was auch einen Rat enthält, die Strategiepapiere der CDU und der CSU – ich sage auch der CSU, obwohl diese ihr Papier nicht gerne so genannt haben will – verdienen wirklich über das hinaus, was an allgemeinem Material dazu sicher noch herausgehen wird, zumal wenn die ihre neue Sitzung gehabt haben werden am 19., übermorgen[15], das verdient wirklich auch vom Einzelnen aus ein gewisses vergleichendes Studium, weil jeder dann aufgrund seiner Kenntnis und seiner besonderen Interessen die Punkte leicht rausfindet, in denen es doch recht schwerwiegende unterschiedliche Meinungen über Einzelfragen zwischen diesen beiden Teilen der Union gibt. Und das ist ein anderer Teil der von mir zu empfehlenden Argumentation in dieser Zeit außer dem, was sich aus dem Kongress der Sozialausschüsse ableiten lässt in Kiel, was immer man von denen sonst halten mag.[16] Deren deutliche Absage daran, dass am Sozialstaat gerüttelt werden dürfe oder könne, ist ja eine indirekte Bestätigung dessen, dass dies maßgebliche Teile der Union mit ihren Papieren wollten und das ist eben in dem der CSU noch ein bisschen stärker als in dem anderen vorher.

Schließlich – weil es zweimal in der Fraktion zur Sprache gekommen ist, wenn nicht dreimal in den letzten Monaten – wollte ich, dass ihr wisst, diese schwierige Problematik der Großstädte und der Umlandgebiete ist in Arbeit.[17] Wir können jetzt nicht

---

andersetzung die radikalen, kommunistischen Kräfte gegen die gemäßigte Linke, zu der auch die Sozialistische Partei unter *Soares* gehörte, durchsetzen könnten. Zur Lage in Portugal vgl. den Bericht der Bundesregierung über den Besuch des portugiesischen Außenministers vom 19. bis 21. Mai 1975; AUSWÄRTIGER AUSSCHUSS 1972–1976, Dok. 52, SVP F.

15 Es ist unklar, auf welche Sitzung hier Bezug genommen wird. Eine turnusgemäße Sitzung der CDU/CSU-Fraktion fand am 18. Juni 1975 statt. Vgl. CDU/CSU-BUNDESTAGSFRAKTION 1972–1976, online.

16 Vom 14. bis zum 15 Juni 1975 in Kiel fand die 16. Bundestagung der Sozialausschüsse der Christlich Demokratischen Arbeitnehmerschaft statt. Vgl. dazu auch den Artikel »Der soziale Rechtsstaat darf nicht gefährdet werden«; UNION IN DEUTSCHLAND 25 (1975) vom 19. Juni 1975, S. 13 f., online.

17 Gemeint sind die in den Wahlen der letzten Monate enttäuschenden Stimmenergebnisse der SPD in den Großstädten. Zuletzt hatte der Parteivorsitzende *Brandt* über die eher enttäuschenden Wahler-

Fraktionssitzung 17.06.1975 **108.**

riesige wissenschaftliche Untersuchungen in Gang setzen, deren Ergebnisse wir erst in zwei Jahren haben, sondern müssen gestützt auf vorhandenes Material und solches, das sich jetzt rasch dazu kriegen lässt, arbeiten. Die Planungsgruppe des PV[18] hat sich befasst. Holger *Börner* hat mit führenden Genossen aus dem Städtetag und aus den Ländern vorige Woche in Berlin eine Besprechung gehabt. Wir führen das Ende des Monats fort und werden im September, spätestens im Oktober die Schlussfolgerungen zu Papier bringen, von denen wir meinen, dass sie noch für die Bundes[tags]wahl 1976 berücksichtigt werden sollten. In der Zwischenzeit ist aber der eine und andere natürlich nicht daran gehindert, den Teil der organisatorischen Überholung der Partei dort, wo es einer solchen bedarf, gerade in großstädtischen Gebieten, schon unabhängig davon mit voranzubringen. Schönen Dank für die Aufmerksamkeit und von mir aus gute Wünsche für die Urlaubszeit.

(Beifall.)

Wehner: Danke. Wer wünscht Fragen zu stellen oder Bemerkungen zu machen? Bitte Claus *Grobecker*.

Grobecker: Lieber Willy, ich würde ja gerne deinem Rat folgen, gegen das Strategiepapier der beiden Unionsparteien zu argumentieren. Nur von uns hier, jedenfalls ich weiß es nicht, hat keiner dieses Strategiepapier. Ist es möglich, dass wir das mal bekommen und dass wir da mit der entsprechenden Kommentierung dann auch mit voller Wucht reinschlagen können?

Wehner: Weitere Fragen oder Wortmeldungen?

Börner: Darf ich antworten, Herbert? – Wir haben das bis jetzt noch nicht in größerer Auflage gedruckt, weil wir davon ausgehen, dass es auf dem Bundesparteitag der CDU noch in einigen Dingen ausgeformt wird.[19] Selbstverständlich wird es dann nach der endgültigen Verabschiedung auch mit der entsprechenden Kommentierung durch uns an euch an die Heimatadressen geschickt werden.

Wehner: Das heißt übernächste Woche?

Börner: Ja, nach dem CDU-Parteitag.

(Zwischenruf.)

Wehner: Was ist das? Ich kann nicht erraten, weil ich solche Apparate nicht habe, obwohl ich immer lese, es gibt solche Apparate, aber sie sind mir nicht zugänglich, was da einige, um es aus dem Schwedischen ins Deutsche zu übersetzen, einander in den Mund geredet haben. Vielleicht verpasse ich was. Ich habe was von Vorentwürfen gehört. Ich glaube, solch einen Vorentwurfstext, den könnte man auf die Gefahr hin, dass er eben sehr bald noch wesentlich geändert wird, allerdings ohne Krücken an die Mitglieder der Fraktion verschicken.

(Vereinzelter Beifall.)

Das können wir von uns aus machen, denn wir haben das. Aber es bedarf dann eben der Relativierung, das ist nur einer von den Vortexten. Weiter keine Wortmeldungen? Ich habe nun, Genossen – aus großer Not schreie ich zu euch –,

---

    gebnisse bei der Landtagswahl in Schleswig-Holstein berichtet, wo sich die SPD vor allem im Umland größerer Städte schwertat. Vgl. die SPD-Fraktionssitzung am 15. April 1975, SVP A, online.
18 Parteivorstand.
19 Der 23. Bundesparteitag der CDU fand vom 23. bis 25. Juni 1975 in Mannheim statt. Zur Mannheimer Erklärung vgl. das Protokoll des 23. Bundesparteitags der CDU in Mannheim, S. 167–276, online.

(Heiterkeit.)

den Helmut *Rohde*, der jetzt das Wort zu nehmen gebeten würde, darum gebeten, es noch eine Weile zu behalten, weil wir auf diese Weise und wohl nur auf diese Weise Hermann *Dürr* und andere, die in jener Sache gearbeitet haben und auch Rede und Antwort zu stehen haben hier und öffentlich, davor bewahren können, ins Schlingern zu kommen sozusagen im Schlepptau einer sich dann selbstständig äußernden FDP. Ich will also jetzt, wenn ihr einverstanden seid, Hermann *Dürr* bitten, 218, präzis, kurz.

Dürr: Liebe Genossinnen und Genossen, die Arbeitsgruppe 218 – bestehend aus Horst *Ehmke*, Elfriede *Eilers*, Renate *Lepsius*, Willfried *Penner*, Heinz *Rapp*, Manfred *Schulte*, Helga *Timm* und Hans *de With* – hat ihre Arbeit abgeschlossen. Ich darf allen Mitgliedern dieser Arbeitsgruppe für die viele Arbeit, die sie sich gemacht haben, sehr, sehr herzlich danken. Wir haben mit der entsprechenden Arbeitsgruppe des Koalitionspartners – das waren Frau *Funcke*, Herr *Engelhard*, Herr *Kleinert* und Herr *von Schoeler* – wiederholt verhandelt und haben eine Einigung über das Konzept in allen wesentlichen Punkten erzielt. Wir haben gestern miteinander vereinbart, dass wir das Ergebnis dieser Einigung wortgleich übereinstimmend in der Form hinausgeben, wie sie euch auf den Tischen vorliegt. Da die FDP das unbedingt um 15 Uhr hinausgeben wollte und sie auch sonst sehr Wert darauf legt, in der Öffentlichkeit zu erscheinen, ist dieser Punkt hier vorgezogen worden. Wenn ihr dieses Papier gerade vornehmt und mitlest, dann kann ich meinen Bericht in der kürzest möglichen Form geben. Wir haben – und haben dies auch im ersten Absatz erwähnt – Wert darauf gelegt, den vom Urteil in Karlsruhe abgesteckten Rahmen auszuschöpfen und ausgehend von diesen Grundsätzen werden die Fraktionen einen Gesetzentwurf baldmöglichst einbringen.[20]

Und nun zum Inhalt. Punkt 1: Der Schwangerschaftsabbruch ist grundsätzlich strafbar. Das verlangt das Karlsruher Urteil. Zweitens – das ist net ganz schön formuliert –, Juristen würden sagen, ein Eingriff innerhalb der ersten 13 Tage der Schwangerschaft ist nicht tatbestandsmäßig. Die Pille danach und ähnliche Dinge sind erlaubt. Jetzt kommt Punkt 3, die Indikationen. Wir haben eine weit gefasste medizinische Indikation als Obersatz genommen, haben uns dabei sehr weitgehend an den Beschluss des Deutschen Ärztetages angelehnt, und zwar deshalb, weil sich ein solcher Paragraph nicht an den Strafrichter wendet, der in ein Prozent oder weniger als ein Prozent aller Fälle illegaler Schwangerschaftsabbrüche sich damit zu befassen hat. Der Paragraph wendet sich auch an die betroffenen Frauen und insbesondere an die Ärzte. Nur wenn sie die Vorschriften verstehen und annehmen, kann er zur Wirksamkeit kommen.

Ich brauche die medizinische Indikation, das ist der erste Absatz bei Nummer 3, nicht näher zu erläutern. Wir haben an diese medizinische Indikation auch angebunden, und das steht jetzt nach dem ersten Bindestrich, die kindliche Indikation, weil – wie alle verstehen werden – das Bewusstsein, das Bewusstsein, dass eine Frau ein wahrscheinlich schwer missgebildetes Kind zur Welt bringen wird, auf ihren Gesundheitszustand, da braucht man net Medizin studiert zu haben, sicher Rückwirkungen hat. Dasselbe liegt vor nach dem zweiten Querstrich für den Fall, wie die Nerven einer Frau und ihr Gesundheitszustand beschaffen sein werden, wenn sie durch eine Vergewaltigung schwanger geworden ist. Wir haben drittens auch die Notlagenindikation an die medizinische Indikation angebunden, was, liebe Freunde, praktisch bedeutet, dass das Vorhandensein einer solchen Notlage, wenn sie nach ärztlicher Erkenntnis vorliegt, auch von einem Arzt soll festgestellt werden können. Dieser Punkt 3 entspricht im Wesentlichen den Vorarbeiten, die wir in der SPD-Arbeitsgruppe gemacht haben. Die Punkte 4 und 5,

---

20 Vgl. dazu auch die SPD-Fraktionssitzung am 25. Februar 1975, SVP A und D, online.

| Fraktionssitzung | 17.06.1975 | **108.** |

da sind wir mehr dem gefolgt, was uns der Koalitionspartner vorgeschlagen hat. Danach soll die Feststellung über das Vorliegen einer Indikation von einem Arzt getroffen werden, und zwar wenn möglich durch den Arzt des Vertrauens der Frau. Der darf jedoch den Eingriff nicht selbst vornehmen. Eine Forderung, die in Mehrheitsvotum und Minderheitsvotum des Karlsruher Urteils gleichermaßen enthalten ist. Außerdem muss vorangegangen sein eine Beratung durch den die Feststellung treffenden oder einen anderen Arzt oder durch eine Beratungsstelle. Über was beraten werden muss, steht nicht in diesem Papier. Ihr erinnert euch aber an den Beratungsparagraphen letzter Fassung bei der Verabschiedung der Fristenregelung. Das wird hier mit drinstehen. Zwischen der Beratung und dem Eingriff müssen drei Tage Karenzzeit liegen. Hier steht außer in zwingenden Fällen – der zwingende Fall etwa einer Lebensgefahr, wenn eine schwangere Frau einen schweren Verkehrsunfall erleidet, braucht eigentlich nicht ins Gesetz, da sagen die Juristen, es sei übergesetzlicher Notstand {…}. Ausdrücklich weisen wir darauf hin, was bereits in dem noch geltenden Teil des Fünften Strafrechtsreformgesetzes steht: Kein Arzt ist gezwungen, einen Eingriff vorzunehmen.

Es ist dann noch nötig, bei der Beratung eines solchen Gesetzes sich mit dem Problem der Straffreiheit der Frau zu befassen, auch deshalb, damit eine Beratung angenommen wird, damit die Frauen nicht in der bisherigen Isoliersituation verharren, wo sie bloß mit dem Vater des zu erwartenden Kindes oder

(Unruhe.)

mit der aus Angst vor der Schande zitternden Familie reden. Es ist vorgesehen, dass bei der Schwangeren von Strafe abgesehen werden kann, wenn sie sich in besonderer Bedrängnis befunden hat. Der Satz gilt auch für Fälle, wo ein Schwangerschaftsabbruch kurpfuscherisch vorgenommen wird. Denn ihr könnt euch ja auch Fälle denken, wo eine Frau etwa durch den finanziell interessierten künftigen Vater zum Schwangerschaftsabbruch förmlich mit Gewalt getrieben wird. Außerdem soll Straffreiheit eintreten, wenn das Vorliegen einer Indikation von einem Arzt festgestellt und der Eingriff von einem Arzt durchgeführt wurde, es sei denn, die Feststellung des Arztes beruhte auf wissentlich falschen Angaben der Frau. Hier ist die Formulierung noch nicht ganz ausgereift, weil wir net genug Zeit hatten, uns bei der Frage, wo es heißt: Feststellung der Indikation, drüber zu unterhalten, ob die Vorbedingung nicht eigentlich die durchgeführte Beratung in dieser Sache ist. Es ist so, dass hier bei Punkt 5 – das nehmt ihr mal so cum grano salis und nicht ganz wortwörtlich, während ihr euch bei Punkt 3 auf dieses Papier auch in der Argumentation gegenüber Spezialisten auf dem Gebiet Paragraph 218 ziemlich verlassen könnt.

Noch eine Bemerkung dazu: Ihr werdet die Frage stellen, ja, warum legt ihr jetzt net gleich 'nen fertigen Gesetzentwurf vor. Dazu ist zu sagen, wenn der Gesetzentwurf aus mehreren Hauptteilen besteht, die aus verschiedenen Küchen kommen, muss man natürlich aufpassen, dass die Verbindungsstücke genauestens zueinander passen. Das glaubten wir bis heute Nachmittag nicht mit Sicherheit und der Gewissheit, keine Leichtsinnsfehler drin zu haben, erledigen zu können. Entschuldigung, da haben wir auch unseren Stolz. Lieber nicht so sehr in der Fixigkeit, aber dann ein klein bissel später in der Richtigkeit.

Was ist hier noch zu regeln? Erstens die Frage, ob bei der Notlagenindikation ausdrücklich hereingeschrieben werden soll, dass der Abbruch der Schwangerschaft nach ärztlicher Erkenntnis sonst angezeigt ist, gerade um deutlich zu machen, auch der Arzt darf es feststellen. Zweitens findet ihr bei Nummer 3 Absatz 2 die Formulierung: »insbesondere auch«. Da sei Mitgliedern des Deutschen Sprachvereins gesagt, das wird noch mal überdacht. Drittens ist noch nicht ganz wortwörtlich abgeklärt, ob noch Fristen hineinkommen, dass also zum Beispiel bei der Vergewaltigungsindikation, dass der Abbruch nur während der ersten zwölf Wochen möglich ist, bei der eugenischen, weil ja da die Röteln im vierten Monat auftreten können, bei 22 Wochen und bei der Notlagenindikation auch bei zwölf Wochen. Da, sagte die FDP, sollte man es vielleicht so formulieren, dass nur bis zu dieser Frist die Indikation festgestellt werden kann. Wir hatten zunächst gesagt, nur bis dahin darf der Abbruch vorgenommen werden. Der Unterschied zwischen beiden Formulierungen ist minimal.

Es gibt noch einen letzten Punkt, das ist der: Bei der Indikationsfeststellung ist eines nicht ausdrücklich ausgeschlossen, worauf im Urteil Mehrheitsvotum hingewiesen worden ist, dass es nämlich – das Karlsruher Urteil knüpft an englische Beispiele an – sein könne, dass ein Arzt, bescheinigte Indikation liegt vor, der andere nimmt den Eingriff vor und bei nächster Gelegenheit machen sie es umgekehrt und spielen hier miteinander zusammen. Das Problem, auf das Hans *de With* besonders aufmerksam gemacht hat, ist hier noch nicht klar erledigt drin. Das ist das, was ich in dem Zusammenhang euch berichten wollte. Wie gesagt, das Papier, das euch vorliegt, ist wortgleich mit dem, was die FDP behandelt und wahrscheinlich schon behandelt hat. Namens der Arbeitsgruppe bitte ich, dass ich euer Einverständnis mit dieser Sache erhalte. – Aber jetzt ist mir noch ein Fehler passiert. Ich habe aus dem Kopf die Mitglieder unserer Arbeitsgruppe 218 genannt und hab' den großen Vorsitzenden des Strafrechtsreformausschusses Adolf *Müller-Emmert* dabei vergessen, weshalb ich herzlichsten wegen dieses Versehens um Entschuldigung bitte.

Wehner: Genossen, Adolf *Müller-Emmert* hat sich sowieso gemeldet, weil er zur Sache sicher was zu sagen hat. Ich wollte nur dazwischen sagen, Genossen, hier geht es jetzt also um ein Gerippe und geht es darum zu wissen, dass das so weit ist und – das habe ich vorhin schon gesagt, ich wiederhole es noch mal ungeschützt – um nicht der FDP eine Wiese zu überlassen, auf der sie dann grast, solange da noch etwas ist. Das ist die eine Sache. Die andere Sache ist, der Fraktion geht nichts dabei verloren, denn sie wird so bald wie möglich – wir werden sie deswegen nicht zu einer Sondersitzung einberufen, aber so bald wie möglich –, weil wir so bald wie möglich zur ersten Lesung eines Entwurfs kommen müssen. Unter uns gesagt, sagt es niemandem weiter, auch wegen einer Landtagswahl, die im Oktober ist und wo das eine gewisse Rolle spielt, wenn auch nicht nur deswegen. Aber wenn zwei Fliegen mit einer Klappe geschlagen werden können, dann schlägt man sie, falls man die Klappe hat und auch hält.

(Heiterkeit.)

Dass wir dann also den normalen Gesetzentwurf so früh es geht nur machen, dafür verbürge ich mich, nur machen lässt, hier ordnungsgemäß erörtert und ordnungsgemäß zur Verabschiedung bringen. *Müller-Emmert.*

Müller-Emmert: Liebe Genossinnen und Genossen, ich gehe von dem aus, was Herbert *Wehner* gesagt hat, und bin auch der Meinung, dass wir schnellstmöglich zu einer Regelung aus den Gründen kommen sollten, die Herbert *Wehner* vorgetragen hat. Ich habe, ich muss diese Bemerkung machen, Herbert *Wehner*, dir keine Prophetie zugetraut. Ich habe mich nicht gemeldet deswegen, weil mich Hermann *Dürr* anfänglich vergessen hatte, sondern weil ich zur Sache etwas sagen wollte. Das bloß am Rande.

Das eine, was mir Kopfzerbrechen bereitet, ist nur der Punkt Nummer 5. Ich bin mit allen vier Punkten voll einverstanden, aber der Punkt Nummer 5 ist meines Erachtens auch und gerade in der Formulierung nicht voll ausgereift, wobei ich von dem ausgehe, was Hermann *Dürr* zur Begründung vorgetragen hat. Beachtet bitte, liebe Genossen, nur eines – schlagt dieses Papier auf, vorne in Satz 3 heißt es: Ein Schwangerschaftsabbruch soll nach der Reform auch in Fällen einer Notlage der Frau straffrei sein. Straffrei sein! Und vergleicht nun diesen Text mit der Nummer 5. Hier ist davon die Rede, dass von Strafe abgesehen werden kann. Das passt für einen Juristen nicht aufeinander und auch jeder findige Journalist wird sofort hier eine klare Unsauberkeit erkennen.

Dabei muss ich an Folgendes erinnern: Der Minderheitenentwurf aus unserer Fraktion hatte grundsätzlich Straffreiheit für die Frau vorgesehen. Ich will dieses Thema jetzt überhaupt gar nicht vertiefen. Ich will nur darauf hinweisen, dass es gute Gründe dafür gibt, das Bundesverfassungsgerichtsurteil so auszulegen, dass diese grundsätzliche Straffreiheit der Frau auch verfassungskonform ist.[21] Wir würden, wenn wir diese Formulierung unter Nummer 5 akzeptieren würden, ohne eine Veränderung, eine aufklärende Veränderung vor[zu]nehmen, unseren Auftrag unseren Frauen gegenüber nicht richtig erfüllen, der ja letztlich dahingehen muss, dass wir in den Grenzen des Urteils des Bundesverfassungsgerichts weitmöglichst günstige Bestimmungen für unsere Frauen finden müssen, und dieser Punkt ist hier nicht beachtet. Ein ganz einfacher Vorschlag wäre der, die Formulierung, wie sie im Vorspann verwendet worden ist, unter Nummer 5 zu wiederholen. Damit wäre diese Unklarheit bereinigt.

Wehner: Hermann *Dürr*.

Dürr: Lieber Adolf, du hast mit deinem geschulten Argusauge Schwachpunkte völlig richtig festgestellt. Der letzte Satz in der Eingangsformulierung bezieht sich nämlich eigentlich auf Nummer 3, letzte Indikation, dass die vorhanden sein soll, darauf wollte Frau *Funcke* ganz unbedingtestens hingewiesen haben in dieser Sache. Wir hatten gestern außer Zeitnot noch die Schwierigkeit, dass Frau *Funcke* nur den juristischen Examenskandidaten *von Schoeler* neben sich hatte. Unser lieber Detlef *Kleinert* hat mir in dieser Besprechung ausgesprochen gefehlt. Da liegt ein Schwachpunkt. Dann, bei 2 wirst du das Wort straffrei nicht annehmen wollen. Das habe ich doch gesagt und dann bedarf tatsächlich Punkt 5 einer weiteren Ausformulierung, bevor man die Konturen des Entwurfs aus dieser Formulierung sichtbarlich heraus entnehmen kann. Aber gib uns ein kleines bissle mildernde Umschläge,

(Heiterkeit.)

wegen der Zeitnot, in der wir uns befunden haben, insbesondere deshalb, weil ja auch Personengleichheit in vielen Fällen mit denen bestand, die gleichzeitig Ehescheidung, Versorgungsausgleich und Gesetze zur inneren Sicherheit zu erledigen hatten.

Wehner: Ich habe jetzt hier schon wieder fünf Wortmeldungen. Horst *Ehmke*.

Ehmke: Liebe Genossinnen und Genossen, in der Sache gibt's gar keinen Streit. Wir waren uns untereinander einig und auch mit der FDP, aber bei der Redaktion ist hier ganz sicher in Ziffer 5 ein Fehler eingelaufen. 5 soll keine Indikation sein. Also entweder muss man sagen in 2 und 3: Der Eingriff ist nicht strafbar, der Schwangerschaftsabbruch ist nicht strafbar. Dann kannst du hinten straffrei lassen. Aber der Satz muss heißen: Sie ist straffrei, wenn der Eingriff nach Beratung gemäß Ziffer 4 von einem Arzt durchgeführt wurde. Da gab es überhaupt nie einen Streit in den Kommissionen, dass man sagt, abgesehen von der Indikation, auch wenn die Indikation nicht gestellt ist, bleibt die Frau straflos, wenn sie beraten worden ist und ein Arzt nimmt den Eingriff vor, denn das Gutachtenerfordernis richtet sich an den Arzt, der den Eingriff [vor]nimmt, während hier aus Versehen reingekommen ist: das Vorliegen einer Indikation. Das steht sowieso schon vorne in Ziffer 3. Dies ist ein Fehler. Ich muss hier sagen: Wenn nach Beratung von einem Arzt vorgenommen ist, ist sie straffrei, obwohl keine rechtfertigende Indikation vorliegt. Hermann [*Dürr*] hat mir bestätigt, dass das ein Versehen bei der Redaktion war.

---

[21] Vgl. Anm. 5.

Wehner: Heinz *Rapp*.

Rapp (Göppingen): Ja, Genossen, bei der Redaktion der Ziffer 5 ist ein weiterer Fehler passiert. Die Sätze 1 und 2 müssen so verbunden werden, dass klar wird, dass dieses kumulativ ist und durch den Satz 1 die Selbstabtreibung nicht gedeckt ist. Dieses muss hier noch mit klargestellt werden. Es gehört die Beratung mit hinzu, ansonsten könnte man daraus lesen, dass die Stricknadelabtreibung mit unter die Straffreiheit fällt, sofern die besondere Bedrängnis vorliegt. Dieses war nicht gemeint.

Wehner: Manfred *Coppik*.

Coppik: Genossinnen und Genossen, nachdem Herbert *Wehner* vorher gesagt hat, der Fraktion geht nichts verloren im Hinblick auf eine genauere Behandlung dieses ganzen Themas, wollte ich eigentlich heute hier nichts dazu sagen. Aber nachdem nun doch Einzelfragen in die Debatte geworfen werden und auch in Details gegangen wird, glaube ich, dass doch ein Punkt angesprochen werden sollte, und zwar ein grundsätzlicher Punkt, der in der seinerzeitigen Fraktionssitzung hier auch angesprochen wurde, als diese Kommission eingesetzt wurde und das ist die Frage, ob ein solcher Gesetzentwurf überhaupt jetzt kommen soll und kommen muss. Diese Frage wurde diskutiert und die Aufgabe der Kommission sollte unter anderem ja auch die sein abzuchecken, welchen eigenständigen Regelungsgehalt ein solches Gesetz haben kann, eigenständigen Regelungsgehalt gegenüber dem Urteil des Bundesverfassungsgerichts in dem Sinne, dass es gegenüber dem Urteil, der Urteilsentscheidung Verbesserungen für die konkret betroffenen Frauen bringt und nicht seine Funktion ausschließlich darin beruht, ein Urteil, das unter Überschreitung der verfassungsmäßigen Kompetenzen des Bundesverfassungsgerichts ergangen ist, nachträglich durch ein Gesetz zu legalisieren. Das war eine Frage, die, wie ich glaube, auch zu Recht innerhalb der Partei bis heute noch nicht so endgültig ausdiskutiert ist, und ich würde deshalb einen Vertreter dieser Kommission bitten, hier zu dieser grundsätzlichen Frage einmal Stellung zu beziehen, wenn wir heute eine solche Erklärung abgeben. Ich weiß, dass es hier immer viele gute Gründe gibt, das dann auch sehr schnell zu machen. Nur wenn ich mir überlege, wieviel Zeit wir uns eigentlich nehmen müssten, um auch so eine Frage auszudiskutieren, geht mir das etwas sehr schnell dann, zumal ich also, wie gesagt, eben das erst in die Hand bekommen habe. Und selbst wenn man die Probleme, um die es hier geht, in monatelangen Erörterungen so ziemlich kennt, ist es manchmal etwas schwierig, dann zu einer solchen Grundsatzfrage hier gleich Stellung zu beziehen, zumal ich aus den bisherigen Äußerungen der Kommission nicht entnommen habe, dass man sich mit dieser Grundsatzfrage dort befasst hat.

Wehner: Das ist zwar keine Grundsatzfrage, sondern das ist eine Alternativmöglichkeit, vor der ich damals schon dringend gewarnt habe und der ich heute mit ganzer Entschiedenheit entgegentreten würde.

(Vereinzelter Beifall.)

Was nicht ausschließt, dass man darüber diskutiert. Ich bin dagegen, das sage ich offen, dass man sich hinstellt und – wie du das jetzt gesagt hast, lieber Genosse *Coppik* – sagt, man legalisiert ein Urteil. Um Himmels willen, sag' das nicht auch noch draußen. Ein Urteil ist ein Urteil, und was wir haben, ist, die Möglichkeiten mit höchster Akribie zu verwenden, um den Frauen zu helfen, nicht um eine Politik verbrannter Hände zu machen.

(Vereinzelter Beifall.)

Aber das werden die Genossen wahrscheinlich noch sagen, denn sie haben sich in dieser Sache ja auch ausgesprochen. Dietrich *Sperling*.

Sperling: Genossinnen und Genossen, gerade weil es darum geht, den Frauen zu helfen, bin ich nach der Debatte, die zwischen *Müller-Emmert* und Hermann *Dürr* stattgefunden hat, der Auffassung, dass das, was im Punkt 5 formuliert sein soll, den Frauen nicht hilft, und zwar steckt dann doch darin das, was Adolf *Müller-Emmert* grundsätzlich wollte, nämlich die Straffreiheit der Frau, selbst wenn keine Indikation vorliegt, aber eine Beratung stattgefunden hat und ein Arzt den Eingriff vornimmt. Dann soll die Frau straffrei sein. Dies wird in der Praxis dazu führen, dass eine Frau die Sorge hat, dass sie keine Indikation zustande bringt, keinen Arzt mehr findet, der den Eingriff vornimmt. Denn der ist dann allein der Dumme. Er hat allein Strafe zu befürchten, wenn die Frau drüber redet. Und dies heißt, dass wir gerade bei den Frauen, die die Hiflosesten sind, den Weg zurück in die Waschküche mit vermummten Ärzten, wenn es gut ist, wahrscheinlich Schlimmerem stattfinden lassen werden. Ich bin aus sehr praktischen Gründen gegen die grundsätzliche Straffreiheit der Frau. Denn wenn ich den Frauen helfen will, ich drücke dies hier so ungeschützt so aus, dann muss ich die Komplizenschaft zwischen Frau und Arzt bestehen lassen bei den weiterhin stattfindenden illegalen Schwangerschaftsabbrüchen. Gerade weil wir die Fristenregelung nicht durchgekriegt haben, wird es weiterhin zu illegalen Schwangerschaftsabbrüchen in großer Zahl kommen und dort ist die Komplizenschaft zwischen Arzt und Frau notwendig. Wir machen dies hier kaputt und führen das zurück in die Waschküchen. Ich bin gegen diesen Punkt 5 und werde auch dagegen stimmen.

Wehner: Hans *de With*.

de With: Genossinnen und Genossen, gleich ein Hinweis zu Manfred *Coppik*. Die Regelung, die hier in Thesenform niedergelegt ist, bringt einen eindeutigen dreifachen Vorteil gegenüber dem derzeitigen Rechtszustand. Einmal enthält sie die Notlagenindikation, die es derzeit nicht gibt. Im Fall einer Notlage ist heute eine Frau gezwungen, nach London zu gehen oder in die Schweiz und macht sich dabei strafbar. Zweitens: Diese Thesen enthalten eine Straffreiregelung, die es derzeit nicht gibt. Und drittens: Hier gibt es eine Gutachterregelung, die die Frau nicht zwingt, mit einem Männleinlaufen zu beginnen, dass sie drei {...} zu durchlaufen hätte. Was den Punkt 5 anlangt, so waren wir uns – Horst *Ehmke* und Wilfried *Penner*, wir haben uns rückgeschlossen – über Folgendes einig, der Punkt 5 ist so zu lesen: Die Frau ist straffrei, wenn sie beim Berater war und der Eingriff von einem Arzt durchgeführt wurde. In allen übrigen kann sie straffrei gestellt werden, wenn der Fall besonderer Bedrängnis vorlag. Dies hat folgenden Hintergrund: Nur wenn die Frau legaliter die Beratung durchlaufen hat und der Arzt, der den Eingriff vornimmt, ein approbierter Arzt ist, ist sie straffrei, weil damit die Frau nicht mehr das Damoklesschwert über sich hat, dass sie – falls sie den offiziellen Weg geht – ja das Damoklesschwert der kriminellen Handlung über sich sieht. Wir wollen also den Weg damit zur Beratung freimachen und öffnen. Wenn sie aber diesen offiziellen Weg nicht gegangen ist, lassen wir es bei einer Kannbestimmung für den Fall besonderer Bedrängnis bewenden, weil es ja vorkommen kann, dass sie aus welchen Gründen auch immer – angesprochen sind die Frauen aus niederen Schichten – trotzdem entschuldigt sein könnte. Deswegen hier die zwei Stellungen.

Der Stricknadelfall, von dem *Rapp* gesprochen hat, der ist nicht straffrei gestellt. Der kann nur in allerhöchsten Fällen bei besonderer Bedrängnis freigestellt sein, aber er ist grundsätzlich nicht mit einer Ist-Regelung freigestellt. Du kannst nie ausschließen, dass mal ein Fall besonderer Bedrängnis vorlag. Meine Position, die war dargestellt. Ich meine, wir müssen noch mal überprüfen, wie das oben mit dem Arzt des Vertrauens ist, weil im Urteil drinsteht, dass hier eine staatliche Stelle engagiert sein soll. Dies könnte ein ermächtigter Arzt sein. Im Grunde genommen meine ich, Genossinnen und Genossen, mit diesem Papier können wir nicht nur gut leben. Es stellt insgesamt eine Ausgewogenheit in sich dar und bringt, wie bereits erwähnt, drei entscheidende Vorteile gegenüber dem heutigen Recht. Ich meine, die Fraktion sollte sich einig sein, dass wir nach diesen Thesen möglichst schnell noch vor Bremen einen Gesetzesvorschlag auszuarbeiten haben. Vielen Dank.

Wehner: Nicht nur wegen Bremen, sondern auch weil die FDP inzwischen schon ihr Papier rausgegeben hat. Wir haben hier bisher sieben Diskussionsbeiträge. Mir liegen noch drei Meldungen vor. Ich habe es so verstanden, dass *Dürr* auch gesagt hat, 5 muss redaktionell etwas geändert werden. Ich nehme an, das wird geschehen. Da muss man ja nicht über jeden Punkt noch einmal reden miteinander, sondern muss es machen. Muss es machen – und wir haben jetzt hier noch drei Wortmeldungen. Seid ihr einverstanden, dass wir dann die Meldeliste schließen? Genosse *Böhme*.

Böhme: Bei Punkt 4 auch noch eine redaktionelle Überlegung. Da heißt es, dass die Feststellung der Arzt des Vertrauens trifft, der jedoch den Eingriff nicht selbst vornehmen darf. Und dann heißt es im Satz 2, Hermann *Dürr*: Vorausgegangen sein muss eine Beratung. Da könnte man also daraus schließen, dass eine doppelte Beratung stattfinden muss. Das ist ja offensichtlich nicht gemeint. Deswegen müsste der Inhalt des Satzes 2 als Satz 1 kommen. Dann gibt's eine sinnvolle Reihenfolge.

Wehner: Wilfried *Penner*.

Penner: Nur noch ein Wort zu dem, was Manfred *Coppik* gesagt hat. Hans *de With* hat schon darauf hingewiesen, dass unser Entwurf einen Vorteil gegenüber der bestehenden Rechtslage mit sich bringt. Ich möchte das vertiefen. Nach dem Urteil des Bundesverfassungsgerichts ist im Falle der Notlage lediglich die Möglichkeit geschaffen worden, von Strafe abzusehen. Das bedeutet, dass sich die Schwangere und natürlich auch der Teilnehmer strafbar machen können. In unserem Fall ist die Notlage als ein Rechtfertigungsgrund ausgeformt, so dass also die Frau und der Teilnehmer straffrei sind. Noch eins zu *Böhme*. Natürlich muss 'ne Beratung stattfinden. Das sieht das Urteil des Bundesverfassungsgerichts bindend vor, und davon können wir nicht ab.

Wehner: *Ostman von der Leye*.

Ostman von der Leye: Genossinnen und Genossen, ich bitte um Entschuldigung. Ihr kennt meine Begründung damals und ihr kennt meine Stellungnahme zu diesem Problem. Ich würde der Fraktion raten, diese Entschließung so zu verabschieden, weil sie das Verfassungsgerichtsurteil absolut ausschöpft. Ich für meinen Teil, da bitte ich um Verständnis dafür, muss gegen diese Resolution und diese Entschließung stimmen. Ich halte nach wie vor die Grundsatzfrage, dass hier Rechtfertigungsgründe zum Töten eingeführt worden sind in dieser Frage, wie ich das damals vorgelegt habe und begründet habe, nach wie vor für bestehend. Ich halte das Verfassungsgerichtsurteil für verfassungswidrig. Dies ist meine eigene Meinung und das bringt euch vielleicht in zehn Jahren mal die Möglichkeit, dieses Verfassungsgerichtsurteil vielleicht eines Tages zu kassieren.

Wehner: 20 Jahren!

Ostman von der Leye: Oder in 20 Jahren. Ich will mich darüber nicht streiten, aber ich muss bei dieser Meinung bleiben.

Wehner: Das glaube ich auch, aber 20 Jahre dauert's. Du wirst es ja überleben, denk' dann daran: ich hatte richtig –

(Heiterkeit.)

Helga *Timm*.

Fraktionssitzung 17.06.1975 **108.**

Timm: Genossinnen und Genossen, ich wollte noch mal eure Aufmerksamkeit lenken, auf den Satz, den Paragraphen 4 auf der Seite 2. Das Wesentliche ist doch, was wir an Hilfe überhaupt schaffen können für die Frauen, die meinen, eine Schwangerschaft nicht austragen zu können, aus welchen Gründen auch immer, dass ihr erspart bleibt, mehrere Gänge zu verschiedenen Instanzen machen zu müssen. Und von daher sind wir überhaupt in unseren ganzen Überlegungen gegangen, wie auch dann die Indikationen formuliert sein können, von daher auch der übergeordnete sozial-medizinische Indikationsgeneralbegriff. Das heißt, der Arzt ihres Vertrauens, zu dem sie ohnehin ja zunächst geht, kann auch die Indikation vornehmen und feststellen. Er ist der entscheidende. Er kann auch – und das noch, Rolf [*Böhme*], zu dir, nicht – er kann auch die Beratung vornehmen. Es kann aber auch eine andere Stelle sein, zu der er dann noch sagt, ich glaube, ich kann die ganze Beratung in dem Fall nicht übernehmen, die und die Stelle wäre noch angebracht. Aber er kann es selber sein.

Vielleicht sollte man, um es ganz unmissverständlich zu formulieren und klarzumachen, in Satz 4 sagen: nicht vorausgegangen – also der Indikation vorausgegangen –, sondern dem Eingriff vorausgegangen muss eine Beratung sein. Da ist es also mindestens unserem Willen ganz klar gemäß formuliert. Aber mir scheint für die ganze Beurteilung dessen, was hier vorliegt, dieses das Entscheidende zu sein in Fragen der Ausschöpfung dessen, was uns das Bundesverfassungsgericht lässt, da wir die bessere Lösung nicht haben dürfen.

Wehner: Abschließend Hermann *Dürr*.

Dürr: *Timm* hat grade mit Recht auf das hingewiesen, was in Punkt 4 gewollt ist. Nicht jeder Arzt wird in der Lage sein, über die möglichen sozialen Hilfen zu beraten. Aber wenn derjenige, der in der Lage ist, über die sozialen Hilfen zu beraten, gleichzeitig Arzt ist, dann soll er auch die Indikationenfeststellung durchführen dürfen, damit der Dienstweg für die Frau möglichst kurz wird.

Und nun zu 5: Ich gebe euch zu, bei der gestrigen Besetzung waren wir nicht in der Lage, die Einzelheiten der Straffreiheitsproblematik sozusagen im juristischen Planspiel durchzuarbeiten. Dann hätte sich nämlich um einiges mehr Übereinstimmung zwischen den Koalitionspartnern ergeben. Deshalb müsst ihr eigentlich nach dem ersten Satz in 5, über den ja schon gesprochen wurde, eine neue Zeile machen, weil das ein Punkt ist, der, der erste Satz so stehen bleiben kann. Beim zweiten Satz ist schon gesagt worden, dass die Frau, wenn sie auf den legalen Weg der Beratung geht, und dazu wollen wir sie in möglichst allen Fällen kriegen, ein möglichst geringes strafrechtliches Risiko eingeht. Es soll von ihr nicht verlangt werden, gescheiter zu sein als der Arzt, der – ohne dass er ihr vorher 'ne Vorlesung über die Indikation hält – sich zum Eingriff entschließt. Danach steht allerdings, wenn man das so fasst, der Halbsatz: Es sei denn, dass der die Feststellung treffende Arzt beschwindelt worden ist, in der Luft. Diese Frage ist ein Sonderproblem. Das heißt, lasst euch hier in der Geschichte nicht irremachen wegen der Eiligkeit, mit der dieses Papier zusammengehauen worden ist. Das kriegen wir bis zur Ausformulierung des Entwurfs mit aller Sicherheit befriedigend hin.

Wehner: Danke. Dann spute dich und die mit dir zusammen. Hör' mal, damit ihr noch was in die Welt setzt.

(Zwischenruf.)

Zu diesem Punkt? Ist geschlossen. Ja bitte sehr, haben wir hier beschlossen. Kannst auch eine Extrawurst kriegen, wenn die Fraktion das so gerne machen will, brauchen wir demnächst nichts mehr zu beschließen, was die Prozedur betrifft. Ja nu, was ist nun?

(Unruhe.)

Ich habe gesagt, dass diejenigen, die wegen dieses Punkt 5 ernsthafte und auch formulierte Änderungsvorschläge haben, mit *Dürr* zusammen das machen sollen. Denn die Linie war ja klar. Um das geht es. Wenn die Diskussion noch mal eröffnet werden soll. Ja, dann bitte ich Hermann *Dürr* mit *Ehmke* und anderen, die sich hier dazu geäußert haben. Dann rufe ich auf Helmut *Rohde* zu seinem politischen Bericht.

Rohde: Liebe Genossinnen und Genossen, die Arbeitsgemeinschaft für Arbeitnehmerfragen hat in Bremen im Ganzen gesehen eine selbstbewusste Bilanz ihrer Arbeit in den letzten anderthalb Jahren seit ihrer Gründung vorgelegt.[22] Weil sich die öffentliche Berichterstattung im Wesentlichen nur auf einen Punkt der Diskussion in Bremen konzentrierte, will ich hier zunächst einige Anmerkungen machen zu dieser Bilanz.

Erstens besitzt heute die Arbeitsgemeinschaft mit ihren über 3 000 Betriebsgruppen und 22 Bezirksarbeitsgemeinschaften und 248 regionalen Arbeitsgemeinschaften in den Unterbezirken einen sehr viel stärkeren Verbindungsstrang zwischen Parteipolitik und Arbeitnehmerschaft in Verwaltungen und Betrieben, als das die Sozialdemokratie in den letzten Jahrzehnten aufzuweisen hatte. Das hat zwei große Wirkungen: Erstens indem die Willensbildung in der Arbeitnehmerschaft in die Partei unmittelbarer einfließen kann, als das vorher möglich war, und zweitens, was mit dem Blick auf die Zukunft eine große Bedeutung hat, dass wir als Sozialdemokraten in den Betrieben und in den Verwaltungen eine breitere Basis haben. Insofern ist die Arbeitsgemeinschaft eine ganz wesentliche Ergänzung der Wohnortsorganisation der SPD, die auf sich allein gestellt grade in dieser Zeit schwieriger struktureller Veränderungen in der Wirtschaft und in den Betrieben eine ganze Reihe von Problemen für die Partei nicht lösen könnte.

Zweitens ist es uns gelungen, und das halte ich für einen ganz wesentlichen Ertrag der Bemühungen in den letzten Jahren, eine große Zahl von Arbeitnehmern aus den Betrieben und aus den Verwaltungen wieder für das politische Engagement in den Unterbezirken in der Partei überhaupt zu gewinnen. Und für eine Reihe von Arbeitnehmern heißt das, Genossinnen und Genossen, lasst mich das offen sagen, wieder zurückzugewinnen für die Parteiarbeit. Es ist kein Zweifel, dass angesichts der in Diskussions- und Interessenlagen, wie sie sich in manchen Ortsvereinen in den letzten Jahren entwickelt hatten, eine ganze Reihe von Arbeitnehmern sich aus der unmittelbaren Parteiarbeit zurückgezogen hatte. Diese Entwicklung haben wir mit der AfA gestoppt und das ist ein wichtiger Sachverhalt, weil sich sonst mehr als nur soziologische Verzerrungen innerhalb der Partei ergeben hätten.

Genossinnen und Genossen, ihr würdet es mir etwas leichter machen, wenn es etwas ruhiger im Saal sein würde.

(Vereinzelter Beifall.)

(Zwischenruf.)

Ja, das würde ich gerne, wenn es ein bisschen ruhiger wäre. Das verstärkte Engagement der Arbeitnehmer wirkt sich in vielerlei Hinsicht aus. Es ist, ich glaube, darüber besteht auch hier kein Zweifel, vor allem in den Wahlkämpfen in Nordrhein-Westfalen, an der Ruhr in Sonderheit, an der Saar und in Schleswig-Holstein deutlich geworden. Und dieses Engagement zeigt sich auch darin, dass die Tagesordnung in den Ortsvereinen vielfach verändert worden ist und stärker Arbeitnehmerinteressen wieder im Mittelpunkt der Diskussion stehen. Und schließlich wird auch deutlich, was längerfristig sich aus-

---

[22] Zum Bundeskongress der Arbeitsgemeinschaft für Arbeitnehmerfragen, der vom 13. bis 15 Juni 1975 in Bremen stattfand, vgl. CHRONIK DER DEUTSCHEN SOZIALDEMOKRATIE, Bd. III, S. 653–655. – Zur Gründung der AfA vgl. auch den Bericht von Helmut *Rohde* in der SPD-Fraktionssitzung am 24. Oktober 1973, SVP D, online.

Fraktionssitzung 17.06.1975 **108.**

wirken wird für die Partei, dass in den letzten zwei Jahren in stärkerem Umfange Arbeitnehmer aus den Betrieben unmittelbare parlamentarische Verantwortung übernommen haben. Bündelt man die Erfahrungen der letzten anderthalb Jahre zusammen und das haben wir in Bremen getan, dann zeigt sich, dass die Arbeitsgemeinschaft für Arbeitnehmerfragen Integrationsfaktor und entscheidendes Reformpotenzial der Partei zugleich ist. Integrationsfaktor in dem Sinne, dass hier eine enge Beziehung zwischen Partei und Arbeitnehmerschaft hergestellt wird und dass wir auch in der Parteiorganisation dafür sorgen, dass die Beziehungen zwischen Theoriediskussion

(Unruhe.)

und politischer Praxis und Erfahrungswelt der Arbeitnehmer nicht abreißt, und Reformpotenzial ist diese Arbeitsgemeinschaft – weil gerade in dieser Zeit der geringeren Wachstumsraten, die wir in allen Industrieländern feststellen können – die Frage der Gerechtigkeit in der Einkommensentwicklung und der Gestaltung der sozialen Sicherung und der konkrete Einfluss der Arbeitnehmer im Sinne der Mitbestimmung auf ihre Lebens- und Arbeitsverhältnisse wachsende Bedeutung gewonnen hat. Von diesen Grundinteressen her haben wir auf der Bremer Konferenz die Mitbestimmung, die Konjunkturpolitik, die Fragen der Berufsbildung und auch der sozialen Sicherheit behandelt.

Lasst mich dazu wenigstens einige Anmerkungen machen. Erstens. Soweit es die Mitbestimmung angeht, und das ist ja ein in der Öffentlichkeit besonders behandelter Punkt der Bremer Tagung gewesen, hat die Konferenz zunächst die sozialdemokratischen Grundsätze zur paritätischen Mitbestimmung, wie sie sich in Parteitagsbeschlüssen und Beschlüssen der AfA ausdrücken, noch einmal einmütig bestätigt. In dieser Beziehung gab es überhaupt keinen Dissens in Bremen. Die engagierte Diskussion über die Resolution zur Mitbestimmung war auch nicht von der Forderung alles oder nichts bestimmt. Die Delegierten haben in Rechnung gestellt, dass die Sozialdemokraten im Bundestag nicht die Mehrheit haben und den Gesetzentwurf unter Koalitionsbedingungen gestalten und verabschieden müssen. Aber gleichzeitig – und damit komme ich zu einem wichtigen Punkt – war die Diskussion in Bremen von der großen Sorge getragen, dass in der Mitbestimmungsfrage Weichenstellungen vorgenommen werden könnten, die nicht in die richtige Richtung führen und die Substanz der Mitbestimmung berühren.

Ich muss die Fraktion bitten, dafür Verständnis zu haben. Diese Sorge hat konkrete Ursachen. Erstens liegen die Ergebnisse der abschließenden Beratungen des Mitbestimmungsgesetzes noch nicht auf dem Tisch.[23] Insofern war es den Delegierten in Bremen nicht möglich, die Lage aus der Sache heraus zu beurteilen. Und zum anderen, das hat sich ganz deutlich in der Diskussion abgezeichnet, haben die zahlreichen öffentlichen Erklärungen von FDP-Politikern zur Mitbestimmung – vor allem das Revisionsverlangen zugunsten wachsender Sonderrechte leitender Angestellter – die Besorgnis der sozialdemokratischen Arbeitnehmerschaft um den Ausgang der Mitbestimmungsberatungen verstärkt. Das ist ein wesentlicher Grund zur Erklärung der Diskussion in Bremen. Nicht nur der Inhalt, Genossinnen und Genossen, sondern auch die Tonart vieler dieser Erklärungen hat tiefe Verärgerung hervorgerufen, die sich in Bremen Luft gemacht hat. Der entscheidende Gesichtspunkt war in Bremen, dass die Solidarität der Arbeitnehmer in der Vertretung ihrer Interessen im Rahmen der Mitbestimmung nicht aufgebro-

---

23 Zum Gesetzentwurf der Bundesregierung vom 29. April 1974 über die Mitbestimmung der Arbeitnehmer (Mitbestimmungsgesetz) vgl. BT Drs. 07/2172. – Die erste Beratung fand am 20. Juni 1974 statt. Vgl. BT Plenarprotokoll 07/110, S. 7460–7475 und 7496–7544. Seitdem wurde der Entwurf in den zuständigen Ausschüssen beraten.

chen werden darf, und auf diesem Hintergrund ist auch der Beschluss zu verstehen, der besagt, dass ein Sondervorschlags- oder Wahlrecht der leitenden Angestellten sich von den Vorstellungen der SPD so entfernen würde, dass in dieser Legislaturperiode eher auf eine gesetzliche Regelung der Mitbestimmung verzichtet werden sollte.

Sicherlich, und damit will ich hier den Punkt ganz offen ansprechen, wird es manchen in dieser Fraktion geben, der wie ich in der Bremer Diskussion die Frage aufwirft, ob eine so schwerwiegende Aussage schon gemacht werden sollte, ehe die Gesetzesberatungen abgeschlossen sind. Eine solche Frage hat ihr Gewicht, und ich habe das auch in Bremen wie andere führende Genossen deutlich gemacht und ich will hinzufügen: Meine Position war den Delegierten klar, ehe die Wahlen vollzogen wurden. Ich habe hier die Meinung vertreten, dass ohne jedes opportunistische Kalkül eine solche Frage des Vorgehens in der Endrunde der Mitbestimmung auch auf einer solchen Delegiertenversammlung beraten werden müsste. Wir empfinden heute alle, dass die Mitbestimmung der Arbeitnehmer eine Entscheidung von historischem Gewicht ist und die volle Solidarität aller Sozialdemokraten erfordert.

Unter diesem Gesichtspunkt müssen aus dem Beschluss von Bremen – das darf ich nun hier in aller Offenheit sagen – zwei Konsequenzen gezogen werden: Erstens seinen Inhalt in den abschließenden Beratungen des Gesetzentwurfs ernst zu nehmen und zweitens die Beratungen nicht auf die lange Bank zu schieben, sondern Klarheit für die Arbeitnehmer zu schaffen. Es ist nicht gut, und das hat die Bremer Diskussion gezeigt, wenn wochenlang durch die politische Landschaft nur Gerüchte geistern statt Information der Arbeitnehmer über den Stand der Sache selbst. In der Resolution hat die AfA-Bundeskonferenz {...} einmütig deutlich gemacht, dass diese Mitbestimmung zusätzliches Gewicht gewonnen hat für die Arbeitnehmer, weil angesichts der Kapitalverflechtungen und auch der Strukturveränderungen in den Betrieben die Frage, welchen konkreten Einfluss nun Arbeitnehmer darauf haben, eben von besonderem Belang heute ist, und es heißt wörtlich: »Wer jetzt nicht Mitbestimmung durchsetzt, programmiert erhebliche soziale Konflikte für morgen und übermorgen.«

Ich bin davon überzeugt, Genossinnen und Genossen, dass ein Scheitern der Mitbestimmung in dieser Legislaturperiode für die Koalition und die politische Entwicklung in der Bundesrepublik schwerwiegende und unabsehbare Folgen haben würde. Das, Genossinnen und Genossen, konnte ich in jener Deutlichkeit, wie ich das hier auch noch erklären könnte, wenn wir die Zeit hätten, in Bremen nicht vor den Fernsehkameras tun. Das war, wenn ihr so wollt, das Handicap in der Diskussion und da wird, um ein Wort aus einem Zeitungsbericht aufzunehmen, eben die Kraft der Rhetorik abgelöst durch den Zwang der Verantwortung, dem man sich nicht entziehen kann, wenn es um Entscheidungen von solchem Karatgehalt wie der Frage der Mitbestimmung in dieser Legislaturperiode und ihrer Auswirkungen auf Regierungspolitik in der Zukunft geht.

Eine wichtige Rolle hat in Bremen auch die Frage nach der sozialen Sicherheit gespielt. Angesichts sich verstärkender Angriffe auf soziale Grundpositionen und der Strategiepapiere der CDU/CSU, in dem eine sogenannte neue soziale Frage jenseits der Arbeitnehmerinteressen und jenseits der Rolle der Gewerkschaften in dieser Gesellschaft formuliert wurde, hat die Konferenz deutlich gemacht, dass man hier nicht nur Gefahren abwehren, sondern im Wahlkampf 1976 offensiv für den Sozialstaat kämpfen will.

Ernst genommen werden muss auch, was die Delegierten in Bremen zur Konjunkturpolitik gesagt haben. Sie verkennen nicht, in welchem Ausmaß heute die Lage der Bundesrepublik durch außenwirtschaftliche Einflüsse bestimmt wird. Insofern war der Dialog, den es in Bremen zwischen Helmut *Schmidt* und den Delegierten des Kongresses

Fraktionssitzung 17.06.1975 **108.**

in einer ausführlichen Diskussion über die Wirtschaftspolitik gegeben hat, von der Sache her einer der Höhepunkte unserer Bremer Tagung. Gleichzeitig aber haben die Delegierten darauf hingewiesen, dass gerade in einer solchen Zeit durch konjunkturstützende Maßnahmen Arbeitsplatzsicherheit gestärkt werden müsse. Sie haben dabei eindeutig öffentlichen Investitionen den Vorrang vor solchen Investitionsanreizen gegeben, von denen man nicht weiß, ob sie in die richtigen Kanäle fließen und zum anderen ausreichende Wirkung haben. Die Frage der Investitionspolitik, der Investitionslenkung und der Instrumente und Ziele wurde in Bremen nicht im Einzelnen behandelt. Aber eins will ich hier euch ganz offen sagen, dass die Vordiskussionen vor Bremen deutlich gemacht haben, dass die sozialdemokratischen Arbeitnehmer die grundsätzliche Frage aufwerfen, ob bei geringeren Wachstumsraten und ihren Auswirkungen auf die Investitionskraft mit den bisherigen Instrumentarien und auf den bisherigen Wegen Arbeitsplatzsicherheit erreicht werden kann. Was in Anträgen zur Investitionspolitik gesagt worden ist, lässt der Bremer Kongress einfließen in die letzte Runde der Beratungen über den Orientierungsrahmen '85.

Eine besondere Rolle hat auch, ohne dass ich das hier im Einzelnen heute erläutern will und kann, die Frage der Beziehungen zwischen Bildungs- und Beschäftigungssystem gespielt und damit verbunden eine Frage, die uns mal beschäftigen muss, weil sie brisanten Inhalt hat, ob durch die Auswirkungen der Bildungsreform auch ganz bestimmte Sozialstrukturen dieser Gesellschaft vorgeformt werden und wie die Rolle der Arbeitnehmerschaft und ihre soziale und berufliche Bildung sich in Zukunft darstellen wird. Insgesamt kann man für Bremen sagen, dass die Stärkung der Organisation der AfA eine wesentliche Voraussetzung auch für ihre volle Wirksamkeit im Jahre 1976 und ihr Engagement in der Gesellschaftspolitik zwei wichtige Punkte sind, die wir mitgenommen haben von diesem Kongress. Und lasst mich eines sagen: dass sich in den auch streitigen Diskussionen von Bremen herausdestilliert hat, gleichsam als ein Signal in meinen Augen, wie, unter welchen Bedingungen und mit welchen Schwierigkeiten, nämlich angesichts geringerer Wachstumsraten, angesichts sich verstärkender Widerstände in der konservativen Schicht dieser Gesellschaft und auch angesichts Koalitionsbedingungen wir heute Reformpolitik betreiben müssen.

Ich erlebe das, wenn mir diese persönliche Anmerkung erlaubt ist, in besonderer Weise in den Fragen der Berufsbildung und der Mitbestimmung, wo es ja nicht nur um die Erhöhung der einen oder anderen Sozialleistung geht, sondern um Strukturveränderungen in dieser Gesellschaft. Und unter Koalitions- und Wirtschaftsbedingungen heutiger Art Reformpolitik in Gang zu setzen, das stellt ganz große Anforderungen und vor allem den dauernden Kontakt – so kritisch es auch dabei zugehen mag – den dauernden Kontakt zu den Arbeitnehmern in den Betrieben selbst und dafür bietet die AfA nach allem, wie sie sich in Bremen gezeigt hat, wie sie ihre Aufbauarbeit in den letzten anderthalb Jahren vollzogen hat, eine ganz wesentliche Voraussetzung. Schönen Dank.
(Beifall.)

Wehner: Herzlichen Dank an Helmut *Rohde*. Gibt es Fragen oder Bemerkungen? Bitte Hermann *Scheffler*.

Scheffler: Genossinnen und Genossen, ich habe eine Frage, die sich an den Bundesforschungsminister richtet, die ich deshalb hier stelle, weil sie außerordentlich großen Kreis über die Arbeitsgruppe für Forschung und Technologie hinaus berührt. Es geht um die Existenz der Volkssternwarte in Bochum. Diese Sternwarte beschäftigt uns –
(Unruhe.)
Bitte?

(Unruhe.)

Entschuldigung. Spreche ich später davon.

Wehner: Wir rufen den Punkt ja noch auf, Hermann. Wer war da noch? Bitte *Simpfendörfer*.

Simpfendörfer: Genossinnen und Genossen, ich wollte noch was zum AfA-Kongress fragen. Ich habe da gelesen, Walter *Arendt* habe da eine kritische Bemerkung gemacht zur linearen Rentenerhöhung, und da hätte ich gerne gewusst, ich habe da auch gelesen, die Reaktionen der AfA seien also sehr kritisch gewesen zu diesen Bemerkungen. Kannst du da vielleicht noch etwas Klarheit schaffen in diesem Punkt?

Wehner: Helmut *Rohde*.

Rohde: Soweit es die Sache selbst angeht, werdet ihr Verständnis haben dafür, dass ich dieses sehr komplizierte Problem – obwohl ich es in den Einzelheiten beherrsche – heute nicht ausformuliere. Walter *Arendt* hat, um es mit zwei Sätzen anzudeuten, die Frage aufgeworfen, ob wir jene Wirkung der Rentendynamik, die ja nicht nur die gleichen Ausgangspositionen fortschreibt, sondern zu weiteren Scherenwirkungen führt, so fortführen sollten oder ob nicht in bestimmten Zeitabständen auch einmal eine Art von Sockelbetrag für alle gleich gegeben wird unter bestimmten Bedingungen, die sehr kompliziert sind, um wenigstens diese Scherenwirkungen zu mildern, und hat dabei gesagt den Delegierten, das macht ihr ja in der Tarifpolitik, betrachtet man es präzise, auch so. Es hat einen kritischen Diskussionsbeitrag dazu gegeben, aber aus dem Beifall der Gesamtkonferenz habe ich zumindest den Eindruck gewonnen, dass dieser – Walter *Arendts* – Gedanke auf großes Verständnis gestoßen ist. Insofern ist die Glosse in der »Frankfurter Allgemeinen Zeitung« nicht eine korrekte Wiedergabe des tatsächlichen Kongressverlaufs.[24]

Wehner: Ich muss sagen, Genossinnen und Genossen, ich habe die ganze Diskussion miterlebt und auch notiert. Es gab tatsächlich nur den ersten Redner, der sich damals meldete nach Walter *Arendts* Referat und in diesem Punkt eine von mir jetzt nicht wiederzugebende Begründung dafür lieferte, dass diejenigen, die ihre Beiträge bezahlt haben, auch entsprechend und so weiter und so weiter. Viele andere haben dem widersprochen und haben auf den Kern der *Arendtschen* Idee verwiesen und sich ihr durchaus positiv gegenüber verhalten. Das ist also eine etwas eigenartige Wertung, die aber natürlich im Ermessen des entsprechenden Korrespondenten steht. Noch Fragen oder Bemerkungen?

[B.–E.] → online unter www.fraktionsprotokolle.de

---

24 Vgl. den Artikel »Arendt: Ist die lineare Rentenanpassung gerecht«; »Frankfurter Allgemeine Zeitung« vom 16. Juni 1975, S. 3.

109.

24. Juli 1975: Fraktionssitzung (Tonbandtranskription)

AdsD, SPD-BT-Fraktion 7. WP, 6/TONS000040. Titel: »Fraktionssitzung am 24.07.1975«. Beginn: 16.15 Uhr. Aufnahmedauer: 01:44:05. Vorsitz: Wehner.

Sitzungsverlauf:

A. Bericht des Fraktionsvorsitzenden *Wehner* (Parlamentarische Behandlung der Schlussakte der KSZE). – TOP 1: Politischer Bericht des SPD-Parteivorsitzenden *Brandt* (Bericht aus dem SPD-Präsidium; KSZE-Debatte; Sozialstaatsdebatte; Haushaltsberatungen; Vorbereitung des Parteitags im November; Abrüstung; Berlinfrage; Lage in Portugal; Lage in Griechenland). – Fragen der Fraktion (Kapitalanlagegarantien für Portugal; Unterstützung der portugiesischen sozialdemokratischen und sozialistischen Partei; Haltung der Sowjetunion zu Portugal).

B. Bericht des SPD-Bundesgeschäftsführers *Börner* zur sog. Sozialstaatskampagne der CDU/CSU.

C. TOP 2: Bericht von *Wehner* und *Ehrenberg* aus der Fraktionsvorstandssitzung (Konjunkturentwicklung; Konjunkturförderungsprogramm; Konjunkturdebatte). – Diskussion der Fraktion.

D. Vorbereitung der Plenarsitzungen: TOP 3: Tagesordnung und Ablauf der Plenarsitzungen. – TOP 4: Regierungserklärung und Entschließungsantrag der Koalitionsfraktionen zur KSZE. – TOP 5: Informationen. – Verschiedenes.

[A.]

Wehner: {...}[1] handelt, auch einmal eine Sondertour, indem ich ein paar Bemerkungen mache zu dieser Sondersitzung[2], und zwar hat es manche seltsamen Bemerkungen von Kommentatoren gegeben: Teils was diese Sitzung koste, teils was frühere Sitzungen gekostet hätten – dabei kommt diese noch gut weg – und warum überhaupt. Ich möchte hier in aller Sachlichkeit feststellen, dass vor drei, knapp vier Wochen mit Bundeskanzler und Vizekanzler verabredet war, dass die Regierung an das Präsidium des Bundestages herantreten wird, um eine solche Sondersitzung zu begehren, und wir haben sie dabei unterstützt. Politisch hatte das seine Bewandtnis, die ich kurz darlegen will: Die CDU/CSU hat viele Wochen hindurch immer damit gegaukelt, sie werde, wenn es zum Abschluss der jetzigen Phase der Konferenz für Sicherheit und Zusammenarbeit in Europa, die in Genf abgeschlossen worden ist[3], kommen sollte – was sie ja immer noch hoffte, es käme nicht – eine Sondersitzung erzwingen. Wir wollten sie erleichtern. Die braucht sie nicht zu erzwingen, sondern wir haben sie gewünscht. Und das will ich ganz kurz erklären, denn dies ist

---

[1] Die Aufzeichnung der Sitzung setzt nach wenigen Sekunden mit starken Störgeräuschen unvermittelt ein.
[2] Gemeint ist die am nächsten Tag stattfindende Sondersitzung des Bundestages am 25. Juli 1975. Vgl. BT Plenarprotokoll 07/183. – Auf der Tagesordnung stand eine Regierungserklärung über die Konferenz für Sicherheit und Zusammenarbeit in Europa und die Aussprache über die Regierungserklärung.
[3] Zum Abschluss der Kommissionsphase der KSZE in Genf am 21. Juli 1975 vgl. EUROPA-ARCHIV 1975, Z 145. – Nach den teilweise zähen Verhandlungen beispielsweise über das Verhältnis von staatlicher Souveränität und Freizügigkeit oder der Möglichkeit, einer friedlichen Änderung von Grenzen einigten sich die Staaten im Mai 1975 auf einen Kompromiss, der den Weg zur Unterzeichnung der KSZE-Schlussakte in Helsinki am 1. August 1975 frei machte.

nicht, Genossinnen und Genossen, eine Routinesache. Dies ist auch nicht vergleichbar mit jener Sitzung, an die manche sich noch erinnern werden, wegen Post- und Telefongebühren vor etwas über zehn Jahren.[4] Für uns ist diese Sitzung die Gelegenheit, deutlich zu machen, dass die Mehrheit des Deutschen Bundestags aufrichtig an den Bemühungen um Sicherheit und Zusammenarbeit in Europa teilnimmt. Das ist das Erste. Und wenn es sich dabei zwar nicht um eine Wiederholung der Debatten und der Kampfabstimmungen aus Anlass der Verträge und der Abkommen zu Beginn der siebziger Jahre handelt[5], so geht es aber doch um Schritte, die ohne die Verträge und diese Abkommen zu Beginn der siebziger Jahre nicht denkbar geworden wären. Hier besteht also ein Zusammenhang zwischen Ursache und Wirkung und auch – werden wir sehen – Folgewirkungen.

Die erbitterten Gegner der Verträge, von denen ich sprach, sind heute nicht nur die beckmesserischen Kommentatoren der Konferenz für Sicherheit und Zusammenarbeit in Europa. Sie möchten uns unsicher machen und sie möchten den Eindruck hervorrufen öffentlich, damals wie heute in der Negation der Politik der Entspannung und der Friedenssicherung durch Beiträge der Bundesrepublik Deutschland bestätigt zu sein. Das ist ihr Lebenszweck. Es darf uns nicht irritieren, dass die Gegner der Verträge von damals und die Bekritteler der Konferenz für Sicherheit und Zusammenarbeit heute einander vielfach widersprechen in nicht ganz unwesentlichen Punkten, sodass es eine ganze Klaviatur von Stellungnahmen gibt. Ihr eigener Erklärungsprozess kann nur durch unsere Beharrlichkeit gefördert werden, aber nicht anders können wir dabei als unseren Beitrag leisten. Was wir selbst zu den Ergebnissen der Konferenz, von der die Rede sein wird, zu sagen haben, das ist weder Selbstlob noch routinehafte Geschäftigkeit. Wir haben nicht zu beschönigen, dass die Welt, in der wir leben, voller Unsicherheiten ist. Aber wir haben Grund zur beharrlichen Fortsetzung der Bemühungen, mehr Sicherheit und mehr Zusammenarbeit in unserer Welt möglich zu machen, soweit es dabei auf unseren Beitrag ankommt. Und dabei geht es um den eigenen Beitrag unserer konkreten Bundesrepublik Deutschland, nicht um mehr oder weniger abstrakte Wunschdenkmodelle, wie eigentlich die Welt sein sollte, könnte oder dürfte. Wir dürfen mit Recht darauf verweisen, Genossinnen und Genossen, dass wir als die Mehrheit des Deutschen Bundestages nicht allein stehen in Europa mit unserer Stellungnahme, und das ist ein wesentlicher Punkt. Das sollten wir auch morgen durch unsere – ich bitte um Entschuldigung für die saloppe Ausdrucksart – Sesshaftigkeit während dieser an sich sonst der Zeit wegen unbequemen Sitzung deutlich machen.

Ich habe beim Herumfahren gehört, dass wir in einem ausländischen, ernst zu nehmenden Rundfunk dadurch hervorgehoben wurden, dass wir guten parlamentarischen Stil an den Tag legten, indem wir hier als beinahe einziges Parlament – und bevor unsere Regierung zur Unterzeichnung nach Helsinki geht – einen Bericht entgegennehmen und uns damit in einer Debatte befassen. Damit soll es schon genug sein mit meiner Sonderakte heute. Ich mache euch aufmerksam – damit ihr wisst, dass ihr die Nacht, wenn ihr nicht genügend Schlaf habt, doch genügend zu lesen habt – auf diese heute zur Verteilung gekommene Drucksache Nr. 7/3867.[6] Sie ist lesenswert. Ich habe vorhin – ich

---

[4] Vgl. die Sondersitzung am 29. Juli 1964 betr. unter anderem Gebührenerhöhung bei der Deutschen Post; BT Plenarprotokoll 04/135.

[5] Gemeint sind die Ostverträge, insbesondere der Moskauer und der Warschauer Vertrag, deren Ratifizierung zu heftigen Auseinandersetzungen zwischen der sozial-liberalen Koalition sowie der von ihr getragenen Bundesregierung und der CDU/CSU-Opposition im Bundestag während der 6. Wahlperiode führte.

[6] Unterrichtung durch die Bundesregierung vom 23. Juli 1975 betr. Schlussakte der KSZE (Konferenz über Sicherheit und Zusammenarbeit in Europa) und Wortlaut der Erklärung des Europäischen Rates vom 17. Juli 1975 zu den Konferenzergebnissen.

Fraktionssitzung 24.07.1975

glaube – 30 Zentimeter, etwas mehr als 30 Zentimeter Papiere beiseitegelegt, die ich in diesen letzten Tagen habe lesen dürfen, lesen sollen und auch gelesen habe. Hier drin steht alles. Das ist also auch für den, der es sich angewöhnt hat, diagonal zu lesen, genau das, was er braucht, um im Bilde zu sein, und ich mache dabei auf etwas aufmerksam im Anschluss, was ich vorhin sagte, dass wir hier gar nicht allein stehen als Mehrheit des Deutschen Bundestages. Am Schluss dieser Drucksache 7/3867 befindet sich die Erklärung des Europäischen Rates über die Konferenz für Sicherheit und Zusammenarbeit in Europa. Ein höchst lesenswertes und dabei auch ziemlich knapp gefasstes Dokument, in dem auch die Verträge, von denen ich vorhin sagte, die wir zu Beginn der siebziger Jahre hier durchgekämpft haben, ihre Rolle mit Recht positiv zugewiesen bekommen.

Ihr findet außerdem heute einen Text für eine Entschließung, für dessen Behandlung ich von vorherin um eine gewisse Absolution bitte. Die ist ernsthaft erarbeitet worden. Die hat mehrere Änderungen durchgemacht und so, wie sie jetzt vorliegt, ist sie das Ergebnis auch der gemeinsamen Durchforstung mit den Kollegen der FDP und auch hat zuletzt noch der Bundesminister des Auswärtigen[7] sein Auge darauf geworfen und weil er es darauf geworfen hat, will ich also auf etwas hinweisen, das auf der Seite 2 dieser Drucksache geändert werden darf und was sogar ein Vorteil sein wird. Da ist nämlich im vorletzten Absatz bei Beginn des dritten Satzes, der so beginnt: »Die Ergebnisse der« – dann kommt dieses verfluchte Kürzel – »KSZE« – ich schreibe es immer aus und nenne es auch so – »sollen« – heißt es dann – »für alle Menschen den Weg zu mehr Verständigung, Freizügigkeit, Information und Kontakten ebnen«. Das heißt, es entfallen die Worte: »die aller an der Konferenz beteiligten Staaten«, und das hat seinen guten Grund, dass dem wachsamen Auge, Holzauge des Bundesministers des Auswärtigen dieser Lapsus nicht entgangen ist und wir stattdessen eine etwas gängigere Fassung haben. Bei der Gelegenheit mache ich darauf aufmerksam, dass uns heute für Fragen, die vielleicht von Belang sein können, in der Sache dankenswerter Weise der Staatssekretär *Gehlhoff* vom Auswärtigen Amt zur Verfügung steht. Ich danke für die Aufmerksamkeit und rufe auf den Punkt 1 – Politische Berichte. Das Wort bitte ich Willy *Brandt* zu nehmen.

Brandt (Berlin): Liebe Genossinnen und Genossen, ich möchte ausgehen von der heutigen Sitzung des Präsidiums, das sich auch mit dem Tagesordnungspunkt befasst hat, der morgen vom Bundestag zu behandeln sein wird.[8] Das Präsidium hat seinerseits eine Stellungnahme abgegeben. Ich brauche die hier nicht zu erläutern. Ich nehme an, sie ist schon in den Fächern.[9] Sie deckt sich mit dem, was die Genossen in den Arbeitskreisen dazu diskutiert und ausgearbeitet haben, und ich will gerade auch im Anschluss an das – was der Fraktionsvorsitzende eben ausgeführt hat – sagen, uns steht es gut zu Gesicht, wenn wir die Debatte morgen nicht entschuldigend führen, denn dazu besteht gar keine Veranlassung. Wir dürfen sie außerdem nicht wie andere provinziell führen und wir dürfen ohne unnötige Schärfen die CDU nicht aus der Lage herauslassen, in die sie sich in diesem Augenblick hineinmanövriert hat, nämlich allein zu stehen in Europa.

(Beifall.)

Und wir müssen unseren Menschen deutlich machen, wo die Bundesrepublik Deutschland stünde, wenn sie in dieser Situation von der Union regiert werden würde.

---

7 Hans-Dietrich *Genscher* (FDP).
8 Vgl. Anm. 2.
9 Gemeint ist Teil I des Kommuniqués über die Sitzung des SPD-Präsidiums am 24. Juli 1975. Vgl. AdsD, SPD-Parteivorstand, Präsidiumssitzung, 24. 7. 1975, Mappe 14.

Ein zweiter Punkt, der das Präsidium heute befasst hat, bezieht sich auf das, was man die Sozialstaatsdebatte nennen könnte.¹⁰ Da hat ein richtiger Gedanke Schaden gelitten durch inhaltliche Unzulänglichkeiten eines Aktenvermerks, zumal aber dadurch, dass ein solcher – wie das leider immer wieder passiert – den Weg in die Öffentlichkeit gefunden hat und dafür war er eben noch nicht gedacht.¹¹ Holger *Börner* wird sicher dazu noch ein Wort sagen. Der Vorgang ist leicht zu erklären. Der Bundesgeschäftsführer hat den Auftrag gegeben, dass man Gesichtspunkte zusammenträgt, die – und das ist der richtige Kern und der bleibt richtig – die völlig einseitige Debatte, eine einseitig zulasten der Arbeiter und Angestellten gehende Debatte erweitert, um zu sagen, wenn wir uns mal anschauen, was ist mit dem Gebiet der sozialen Sicherheit und was muss dafür aufgewendet werden aus den öffentlichen Haushalten, dann müssen wir uns das in der ganzen Breite anschauen. Das ist ja nicht gleichbedeutend – wie manche in den Kommentaren tun – damit, dass man einseitig nach der einen oder anderen Seite hin was verändert. Ich darf auch zu diesem Punkt auf die Verlautbarung des Präsidiums verweisen. Dort ist festgehalten, was Holger eben zu diesem Kern der Angelegenheit klargestellt hat, und das wird etwas ausführlicher in einem Brief beziehungsweise Telegramm für die, die nicht da sind, an alle Mitglieder der Fraktion und an die Unterbezirksvorstände der Partei in diesen Tagen zur Verfügung stehen. Ich will, liebe Genossen, natürlich nicht – zumal nicht in Abwesenheit des Bundeskanzlers, der nicht da sein kann – heute schon reden über das, was ohnehin nach der Sommerpause genügend Stoff geben wird. Wenn wir als Fraktion wieder zusammenkommen, werden wir zu diskutieren haben und zunächst mal uns unterrichten zu lassen haben über die ganz gewiss nicht einfache Haushaltssituation für das vor uns liegende Jahr, die Fraktionsführungen werden einbezogen sein und es ist sicher vernünftig, diesen wichtigen vor uns liegenden Vorgang heute nur zu registrieren.

Was die Partei selbst angeht, so hat das Präsidium – wie es gar nicht anders sein kann – sich heute noch einmal mit einigen Fragen befasst, die mit der Vorbereitung des Parteitages im November zusammenhängen.¹² Die Tagesordnung wird jetzt auch durch den »Vorwärts« veröffentlicht. Die Vorbereitungen laufen – die inhaltlichen – gut, so dass wir nicht in Verzug kommen mit den Vorlagen zu den einzelnen Gebieten, soweit diese nicht eh schon da sind. Ich habe in diesem Zusammenhang nur eine Bitte: Der ein und andere von euch mag meinen, dies sei eine Selbstverständlichkeit. Trotzdem sei sie gesagt. So verständlich es ist, dass die Partei auch jetzt Zeit braucht wie wir alle, um mal Luft zu holen – zumal auch in den Ländern, die in den Landtagswahlen standen – so sehr müssen wir darum bitten und bitte ich darum, dass die Kollegen der Fraktion, welche zusätzliche und besondere Verantwortung sie in den Regionalgliederungen der Partei immer tragen, dann – wenn die Sommerpause vorbei ist – den Genossen klarmachen, wie wenig Zeit dieses Jahr noch lässt und wie wenig Zeit dann im nächsten Jahr da ist, bevor wir in eine neue große wichtige Wahlauseinandersetzung einzutreten haben.

---

10 Vor den Beratungen des Bundeshaushalts 1976 startete die CDU eine Kampagne gegen die SPD, in der behauptet wurde, dass die SPD den Sozialstaat zugunsten der Haushaltskonsolidierung beschneiden wolle. Vgl. den Artikel »Für den Arbeitsminister beginnt die Stunde der Wahrheit«; UNION IN DEUTSCHLAND, Nr. 28/29 vom 11. Juli 1975, S. 7, online.

11 Gemeint ist ein Papier des Erich-Ollenhauer-Hauses, in dem über mögliche Reduzierung von Leistungen bei den Beamten und Landwirten spekuliert wurde, um den Bundeshaushalt zu entlasten. In der Presse wurde dieses parteiinterne Papier so dargestellt, als gebe es die Position der Bundesregierung wieder.

12 Der SPD-Parteitag fand vom 11. bis 15. November 1975 in Mannheim statt.

Ich möchte jetzt zum Inhalt ein paar Bemerkungen machen, weil es die Fraktion interessieren könnte, über Gespräche, die ich neulich bei einer Reise in die Sowjetunion geführt habe[13], eine Reise, die nicht, etwa wie hier und da Pressekommentatoren vermutet hatten, mit einem Verhältnis zwischen KPdSU und SPD zusammenhing, das ist kein Thema. Aber es hat bei diesem Besuch Diskussionen gegeben, Aussprachen gegeben, die für die eigene Meinungsbildung nützlich sein können, für meine jedenfalls nützlich gewesen sind. Die Hauptfrage, um deren Antwort ich mich bemüht habe, war und das hat auch einen Zusammenhang mit der morgigen Debatte im Bundestag, wird – soweit man so etwas erfassen kann bei Gesprächen mit in diesem Fall einer der beiden Weltmächte –, wird der Kurs dessen, was man Entspannung nennt, bei aller Widersprüchlichkeit, die jetzt seit Jahr und Tag da ist, zwischen Rivalität und Zusammenarbeit, wird dieser Kurs weitergehen? Ich kann das nicht bündig beantworten, sondern ich kann nur sagen, dass die Sowjetunion, die Spitze dort, sich ebenso wie die amerikanische – soweit wir das von dieser wissen – sich einstellen, dass auf den Vorgang von Helsinki mit Vorrang vor allem anderen die neuen Verhandlungen folgen, die weit gediehen sind zwischen diesen beiden Mächten über eine neue Runde dessen, was man SALT nennt[14], das heißt ein neues Abkommen auf dem Gebiet der strategischen Nuklearrüstung. Das wird ein Thema für die beiden Weltmächte sein im Herbst dieses Jahres. Hier kann ich mich mittlerweile auch – sind ja schon wieder ein paar Wochen ins Land gegangen – auf öffentliche Äußerungen des amerikanischen Präsidenten[15] beziehen. Beide Seiten scheinen es so einzuschätzen, dass sie damit zurande kommen.

Und gestützt erst darauf, so wird man heute annehmen müssen, gäbe es im Frühjahr nächsten Jahres eine Chance, wenn überhaupt auf kurze Sicht, für eine über Vorgefechte hinausgehende seriöse Realitätsbehandlung von Fragen in Wien. Auch wieder mit diesen schrecklichen Vorbuchstaben dort: MBFR[16], wobei ich euch – ich nehme dafür keinen Gesprächspartner in Anspruch – als meine Einschätzung sage, ich müsste mich sehr wundern, wenn das, was in einer ersten Runde der Wiener Verhandlungen zu erreichen wäre, über symbolische Maßnahmen hinausginge. Ich müsste mich sehr wundern, wenn es bei Einschätzung der Gesamtlage darüber hinausginge. Aber das könnte ja auch schon fast sein.

Das Schwierigste bleibt aus meiner Sicht das, was sich in der unmittelbaren europäischen Nachbarschaft – ja zu einem Teil Europa unmittelbar mitbetreffend – in den Krisengebieten rund um das Mittelmeer entwickeln wird von West bis Ost oder in umgekehrter Reihenfolge. Wobei ich den Eindruck habe, auch hier wieder ohne einen Gesprächspartner in Anspruch zu nehmen, dass die Russen den nächsten Teilvorgang zwischen Ägypten und Israel mit amerikanischer Unterstützung tolerieren[17], dass sie auch dies nicht für – um so zitiert zu werden – einen etwas weniger rigiden Standpunkt Israel gegenüber einnehmen, als ich dies noch früher gehört habe – ich will das jetzt nicht weiter werten –, dass sie im Übrigen zu anderen – es gibt ja mehrere, es gibt ja minde-

---

13 *Brandt* hielt sich vom 2. bis zum 9. Juli 1975 in der Sowjetunion auf und sprach dort unter anderem mit dem Generalsekretär der KPdSU, *Breschnew*.
14 Strategic Arms Limitation Talks.
15 Gerald *Ford*.
16 Mutual and Balanced Force Reductions, deutsch: beiderseitige und ausgewogene Truppenverminderungen.
17 Gemeint sind erste Schritte Israels, durch Truppenverdünnungen die weiter bestehenden militärischen Spannungen nach Ende des Jom-Kippur-Krieges von 1974 am Sueskanal und in den von Ägypten besetzten Gebieten zu mindern, und der Anfang von Verhandlungen über ein Interimsabkommen mit Ägypten, an denen die USA beteiligt waren. Vgl. EUROPA-ARCHIV 1975, Z 132 und Z 1376.

stens vier weitere regionale Krisenbereiche rund um das Mittelmeer –, dass sie sich bedeckt halten.

Dies gilt zumal für unser Sorgenkind, jetzt schon seit einem Jahr: Portugal. Darauf komme ich gleich zurück. Dazu ist das Gespräch in Moskau nicht über das Deutlichmachen beiderseitiger Standpunkte hinausgegangen. Wobei ich etwas deutlicher, als ich es vorher wusste, gespürt habe, dass der russische Einfluss auf die Militärkräfte in Portugal geringer ist oder geringer zu sein scheint, als man es bei uns zuweilen unterstellt. Damit meine ich nicht die Militärs, die dort mit der Kommunistischen Partei zusammenarbeiten. Aber für andere gilt wohl das, was ich eben sagte. Es ist natürlich auch mit dem ersten Mann dort, mit ein paar anderen, über bilaterale Fragen gesprochen worden. Dazu will ich jetzt ganz bewusst mit einer Ausnahme nichts sagen, weil es sich um Themen handelt, die in der Verhandlung sind zwischen den beiden Regierungen, die zum Teil auch in der nächsten Woche den Bundeskanzler und den Generalsekretär in Helsinki beschäftigen werden. Sollte sich herausstellen, dass man dort hat hilfreich sein können, wäre das ja nicht schlecht, aber das muss die Erfahrung zeigen. Die eine Ausnahme, die ich machen will, bezieht sich auf Berlin. Dort war für mich unüberhörbar, dass der Generalsekretär – *Breschnew* also – wohl es nicht ungern sehen würde, wenn man es möglich fände von beiden Seiten, aus Berlin – lies West-Berlin – weniger als in der zurückliegenden Zeit einen Punkt werden zu lassen, der sich auf anderen Gebieten zwischen die bilaterale Zusammenarbeit stellt. Dies war mein deutlicher Eindruck, nicht nur in dem, was schwarz auf weiß dort aufgeschrieben war, sondern was man heraushört aus einem Gespräch. Aber ich füge hier unter uns hinzu: Ich bin bei aller Bedeutung, zentralen Bedeutung, die dieser Mann hat – und manche Gerüchte, die dort verbreitet worden sind, dass er die nicht mehr hätte, habe ich nicht bestätigt gefunden –, ich sage also noch einmal bei aller Bedeutung, die dieser Mann hat, bin ich nicht sicher, dass eine Befassung mit diesem für uns wichtigen Einzelproblem so intensiv und so zentral ist, dass seine Empfindungen auf diesem Gebiet allein die dortige Politik bestimmen werden, sondern dass dort eine ganze Reihe anderer mitmischen werden. Ich sage noch einmal, die Gespräche hatten nichts mit unserer Zusammenarbeit mit einer regierenden Kommunistischen Partei zu tun, sondern bewegten sich auf der Basis bisheriger Praxis, dass auch führende Repräsentanten zweier so verschiedener Parteien Meinungen austauschen können.

Nebenbei gesagt: Auch wenn Herr *Kohl* im Herbst in die Sowjetunion geht[18] und sich nicht mit parteilosen Künstlern begnügen will, wird er auch nur auf Funktionäre der KPdSU stoßen, wenn er ernste Gespräche führt. Denn wichtige Gesprächspartner sind dort identisch mit solchen, die zugleich Funktionäre der KPdSU sind. Ich will, um hier das noch etwas deutlicher zu machen, auch der in der Presse zuweilen erwähnte *Ponomarjow* – ein Kandidat des Politbüros, der im Politbüro übrigens stellvertretend für *Gromyko*[19] für allgemeine Außenpolitik mit zuständig ist – hat auch mir gegenüber nicht die Andeutung eines Versuchs gemacht, über eine Thematik von Zusammenarbeit der beiden Parteien zu sprechen, sondern sich auf andere Thema, zumal die des Nahen Ostens, konzentriert.

Jetzt hatte ich Portugal erwähnt und will sagen, liebe Genossen, wenn wir uns die Meldungen der letzten beiden Wochen allein angucken, dann sollte allen Beteiligten deutlich werden, wie falsch es ist, in der Loge der Bundesrepublik zu sitzen und Bravo oder was anderes zu rufen, wenn dort – belastet durch das schreckliche Erbe einer Vergan-

---

18 Der CDU-Vorsitzende *Kohl* hielt sich vom 22. bis zum 30. September 1975 in der Sowjetunion auf.
19 Sowjetischer Außenminister.

genheit der letzten 50 Jahre – Leute ihre Haut zu Markte tragen, um dieses Land doch auf einen demokratischen Weg zu bringen. Denn das geht dort vor sich und eine ganze Menge Leute halten ihren Buckel dafür hin,

(Beifall.)

und ich sage euch, auch unter den Offizieren in der Bewegung der Streitkräfte wird eifrig gerungen.[20] Ich möchte übrigens nicht, dass die SPD und andere westeuropäische sozialdemokratische Parteien einseitig als Negativfaktoren in die portugiesische Diskussion eingeführt werden, sondern ich möchte, dass wir diesen um einen freiheitlichen, nein, um einen rechtsstaatlichen Kurs ringenden Kräften in der Militärbewegung und den Parteien als ein Partner gelten. Alles andere kann nur in die Irre führen. Die Situation ist viel komplizierter als dort, wo sich nur Parteien gegenüberstehen. Viel komplizierter! Lasst mich auch nur unter uns eine Randbemerkung machen. Ich verstehe den Rat der Europäischen Gemeinschaft. Ich versuche, ihn zu verstehen. Wenn allerdings auch ich es für schwer verständlich halte, an einem und demselben Tag bei den Außenministern einmal festzustellen, Kredite, Finanzhilfe für Portugal sei nicht möglich, weil dort die pluralistische Demokratie nicht eingeführt sei und im selben Atemzug und in derselben Meldung zu lesen, dass für die bekanntlich patentdemokratischen Staaten Ägypten, Syrien, Libanon und Jordanien Finanzhilfe gewährt werden sollte.

(Beifall.)

Das passt in einen Zusammenhang nicht herein, und ich weiß übrigens, dass solche Gedanken den Bundeskanzler auch beschäftigen. Ich würd's, wird ohnehin gesagt haben, aber wir sind hier auf derselben Linie des Denkens. Die Frage ist doch, ob man der pluralistischen Demokratie – dem was man so nennt, ich sage der rechtsstaatlichen, immer an erster Stelle, noch wichtiger als wie viele Parteien es gibt, mehr als eine muss es geben, das ist klar –, ob man ihr nicht dadurch hilft, dass man diesem armen Land eine konstruktive europäische Perspektive eröffnet.

(Beifall.)

Es ist schon viel Zeit vergangen, nämlich über ein Jahr. Über ein Jahr. Das wollte ich gerne gesagt haben. Wir hatten übrigens – Kurt *Mattick* und Horst *Ehmke* waren dabei – zu Beginn dieser Parlamentspause einige sehr interessante Gespräche in Athen, dann ganz kurz in Belgrad. In Athen vor allen Dingen mit den Sozialdemokraten, die sich dort in der Zentrumsunion rühren, aber auch mit den Linkssozialisten um *Papandreou*. Das bleibt eine schwierige Geschichte. Ich will nur als Merkposten sagen, man braucht nur die italienische Entwicklung mit einzubeziehen, dann wird hier jeder begreifen, jetzt von einem anderen Ausgangspunkt als vorhin, als ich es als Thema der Sicherheit anklingen ließ, auch als allgemein politisches Thema wird das, was um das Mittelmeer herum geschieht – und zumal an seinem nördlichen Ufer – uns mehr als bisher in Anspruch zu nehmen haben.

Das war es und jetzt weiß hier jeder, die Regierung hat eine schwierige Runde im Rat der Europäischen Gemeinschaft hinter sich. Der Bundeskanzler ist heute mit *Wilson* zu-

---

20 In Portugal wurde weiterhin darum gerungen, in welche Richtung sich der portugiesische Staat entwickeln sollte. Die Vollversammlung der Bewegung der Streitkräfte plädierte für die Einführung eines kommunistischen Rätesystems. Nach der kommunistischen Besetzung der Parteizeitung der Sozialistischen Partei und der Auflösung der bisherigen Regierung und der Neubildung einer parteilosen Regierung durch den Revolutionsrat kam es landesweit zu Massenprotesten, Ausschreitungen gegen Büros der kommunistischen Partei sowie Auseinandersetzungen mit den Anhängern der kommunistischen Partei. Mário *Soares*, Vorsitzender der Sozialistischen Partei, forderte daraufhin eine Regierungsumbildung unter einem parteilosen Offizier. Vgl. EUROPA-ARCHIV 1975, Z 141.

sammen in Hamburg. Er sieht morgen *Giscard [d'Estaing]*, wenn der herkommt und übermorgen den amerikanischen Präsidenten und ich bin sicher, dass wir ihm alle für diese Gespräche und für die, die in der nächsten Woche in Helsinki auf ihn warten, jeden möglichen Erfolg wünschen.

(Starker Beifall.)

Wehner: Danke Willy *Brandt*. Wird das Wort gewünscht? Uwe *Holtz* und Bruno *Friedrich*.

Holtz: Ich unterstreiche voll und ganz, was von Willy *Brandt* zu Portugal gesagt worden ist, und möchte gerne wissen, falls dies zutrifft, warum die Bundesregierung keine Kapitalanlagegarantien für Portugal mehr gewähren will.

Wehner: Bruno *Friedrich*.

Friedrich: Wir werden ja während der Sommerpause noch einige Verschiebungen in Lissabon erleben, weil der Machtbindungsprozess innerhalb der Militärs erst eingesetzt hat, und hier muss man vor einem warnen, dass wir die Militärs in einen Topf werfen. Es gibt seit April enge Kontakte der Militärs auch zu uns und es hat auch in der letzten Woche deutliche Anzeichen dafür gegeben, dass eine sehr starke Gruppe der Militärs, die sich im Augenblick im Hintergrund hält, weil sie sich nicht abwirtschaften will, nach wie vor an der Hinwendung zu Europa festhält.

In der Geschichte in Brüssel ist mir eines aufgefallen, und dies ist sowohl in französischen als auch in italienischen Zeitungen bestätigt worden, dass die französische als auch die italienische Regierung ihr Verhältnis zu Portugal so, wie es heute ist, mit aus innenpolitischen Gründen bestimmen. Daran darf sich die Bundesrepublik nicht orientieren, denn dann würden wir unsere Genossen in Portugal preisgeben. Das ist ein ganz entschiedener Punkt und deshalb muss unsere Haltung etwas anderes sein.

Das Zweite ist, dass hier, wenn wir eine demütigende Wohlverhaltensklausel von den Portugiesen verlangen, wir möglicherweise das portugiesische Volk den Radikalen wieder in die Arme treiben. Es gibt einen ungeheuren Nationalstolz gerade bei armen Leuten. Wer in Portugal war, der weiß, dass der dort sehr tief verankert ist und dass man Leute, die sowieso schon stark getroffen sind, nicht noch zusätzlich demütigen darf. Das halte ich also für eine ganz wichtige Sache, die in Brüssel leider nicht beachtet worden ist. Ich hoffe, dass man in Helsinki, wenn es um die portugiesische Sache geht, da wird man ja sicher auch darüber sprechen, etwas anders aussieht.

Aber, Willy, eines muss man noch vielleicht hinzufügen. Sicher gibt es uns gegenüber – auch ich habe das wiederholt von Vertretern der Sowjetunion und anderen Ostblockstaaten gehört, dass sie sagen, wir haben doch damit nichts zu tun, die sollen nun mal selbst ihre eigene Entwicklung und ihre eigene Regierung finden. Wer sich aber die sowjetische Presse, vor allem die DDR-Presse, genau ansieht, der weiß, dass zurzeit gegen die Sozialdemokratie im Zusammenhang mit ihrem Engagement in Portugal eine ganz, ganz harte Kampagne geführt wird und das muss man den Sowjets auch einmal ganz deutlich sagen. Hier sind seit 14 Tagen Sozialdemokraten, Sozialisten nur noch Konterrevolutionäre und das ist eine Position, die mit dem Geist der KSZE nicht zu vereinbaren ist, weil dies ist ein Rückfall in die Zeit vor der Entspannungspolitik. Hier wird man also einmal ein ganz deutliches Wort in Richtung jener harten Ideologen sprechen müssen. Ich weiß allerdings auch nicht, ob sich die Sowjetunion hier ein zweites Geleis offenhält, nachdem es hier auch noch um eine Konkurrenz mit Mittelmeerstaaten geht, mit kommunistisch regierten, die da eine eigene Schiene in Portugal aufmachen wollen.

Wehner: Hans *Apel*.

Fraktionssitzung 24.07.1975 109.

Apel: Uwe *Holtz* hat eine Frage gestellt, die er dankenswerterweise uns vorher brieflich avisiert hatte. Sonst wäre ich nicht in der Lage gewesen, detailliert zu antworten. Es gibt einen interministeriellen Ausschuss aller beteiligten Ressorts, die darüber beraten, wann und wie, unter welchen Bedingungen Kapitalanlagegarantien gegeben werden können oder nicht. Dieser Ausschuss ist ein Beamtenausschuss. Er muss sich richten nach den Gesetzen des Haushalts und des Haushaltsgesetzes '75, und nach den Bestimmungen, die der Bundestag selbst beschlossen hat, erfüllt Portugal zurzeit nicht die Voraussetzungen, um eine Kapitalanlagegarantie vom Bund zu bekommen. Insofern hat dieser Ausschuss formal völlig einwandfrei entschieden. Was ich im Moment nicht beantworten kann, ist, warum er überhaupt entscheiden musste, denn es gibt zurzeit gar keinen Antrag. Die Portugiesen haben überhaupt keinen Antrag gestellt und insofern war dieses eine Entscheidung, die eher störend ist, aber so etwas gibt's ja eben in Beamtenapparaten durchaus. Das ist das Eine.

Das Zweite: Die Sache selber ist auch von den Größenordnungen her durchaus unproblematisch. In Portugal ist noch nicht einmal ein Prozent der dortigen Kapitalanlagen der Bundesrepublik über diese Garantien verbürgt vom Bund, sodass auch die Größenordnungen der bereits dort vorhandenen Investitionen minimal sind. Ich habe das Ganze jetzt zur Kenntnis genommen, Uwe *Holtz* auch die Daten gezeigt. Ich werde zumindest die Beamten im Finanzministerium dahingehend unterweisen, dass die Entscheidung darüber, ob es eine Kapitalgarantie gibt oder nicht, bei den politischen Instanzen liegt und nicht bei Beamten. Das heißt, käme ein Antrag momentan, wird der Finanzminister entscheiden und mit ihm die Ressortkollegen, nicht irgendwelche Beamten.

Wehner: Weitere Wortmeldungen? Bitte Hugo *Collet*.

Collet: Ich weiß nicht, ob ich das jetzt ganz übersehen habe. Muss es denn um Anträge aus dem Land gehen für Garantien für Kapitalanlagen oder geht es darum, dass Bundesrepublikaner, die dort investieren, eine Garantie für ihre dort investierte Anlage haben wollen? Und deswegen kann doch kein Antrag von Portugal kommen, sondern es geht doch darum, dass Leute von hier zögern, dort zu investieren. Insofern verstehe ich deine Antwort nicht ganz.

Apel: Meine Antwort war eine Kurzantwort unter denjenigen, die mit dem Thema befasst sind. Genauso ist es natürlich. Es geht darum Investitionen deutscher Unternehmen, die in Portugal investieren wollen, gegen das Ausfallrisiko bei uns abzusichern durch eine Bundesbürgschaft und das sind eben nur ein Prozent der bisherigen Direktinvestitionen der Bundesrepublik oder bundesrepublikanischer Firmen in Portugal. Zurzeit liegt kein Antrag vor und das kann man natürlich auch prognostizieren. Es kommt auch erst einer, wenn die Verhältnisse sich stabilisiert haben sollten.

Wehner: Gunter *Huonker*.

Huonker: Auf dem Hintergrund dessen, was Willy *Brandt* und auch Bruno *Friedrich* gesagt haben, frage ich mich, ob es wirklich zwangsläufig war, dass der ursprünglich als bilateral vorgesehene Kapitalhilfekredit für Portugal, den man dann so in ein EG-Programm, das es dann nicht gab, hereingebracht hat, ob es zwangsläufig war, dass dieser Kapitalhilfekredit nun entsprechend dem, was in Brüssel beschlossen worden ist, in absehbarer Zeit jedenfalls, also unter den Kautelen, über die gesprochen wurden, nicht gewährt wird.

Wehner: Alwin *Brück*.

Brück: Genossen, es war in der Tat so, dass wir schon beschlossen hatten, einen bilateralen Kredit in Höhe von 70 Millionen Mark zu geben. Dann kam man bei der Kommission in Brüssel auf den Gedanken, dass die Gemeinschaft etwas geben sollte. Wir sahen aber keine finanzielle Möglichkeit mehr, über die 70 Millionen Mark hinaus nun noch multinationalen Beitrag zu leisten, von daher haben wir gesagt, es muss eine Koordination der bilateralen Leistungen geben. Ich hatte mich schon vor deiner Wortmeldung gemeldet, weil ich die Fraktion informieren wollte, dass die Vorbereitungen für die 70 Millionen Mark im Ministerium bei uns normal laufen. Das heißt, wir arbeiten normal, um zum gegebenen Zeitpunkt auszahlungsbereit zu sein.

Wehner: *Huonker.*

Huonker: {…}

Brück: Ich bin eigentlich sicher, dass [wir] noch in den nächsten Wochen viel klarer sehen werden, wie die Entwicklung auch innerhalb der Militärs laufen wird, denn dort wird die Entscheidung fallen, so dass wir dann alle technischen Vorbereitungen von unserer Seite getroffen haben, und wenn die politische Entscheidung fällt, die fällt dann im Kabinett, die wird nicht vom Bundesminister für wirtschaftliche Zusammenarbeit allein gefällt werden können.

Wehner: Bruno *Friedrich.*

Friedrich: Das Letzte, was Alwin *Brück* gesagt hat, kann mich nicht befriedigen. Ein Mann, einer der führenden Leute des Revolutionsrates, die ganz fest im Westen stehen, hat mir gesagt, dass ihr der *Kissinger*-Parole gefolgt seid: erst wenn das dort entschieden sei, werden wir euch helfen. Das hat uns ganz in die Ecke gedrängt. Das sollte man mal zur Kenntnis nehmen.

Wehner: Ludwig *Fellermaier.*

Fellermaier: {…} dass dieses, was im Rat passiert ist und was Willy *Brandt* mit Recht kritisiert hat, sich so einige Monate hinschleppen wird. Insofern, meine ich, sollte die Bundesregierung, Alwin, in der Tat prüfen, ob sie jetzt nach dieser Situation, die in Brüssel aufgetreten ist, nicht von sich aus eine Signalwirkung dadurch setzt, dass sie diese 70 Millionen, die quasi zugesagt waren, nun wirklich der portugiesischen Regierung unter den gewissen Auflagen üblicher Art, aber nicht unter der Auflage der Herstellung der pluralistischen Demokratie, zur Verfügung stellt, weil dieses natürlich auch dann den bürokratischen Prozess im Rat in Brüssel im positiven Sinne beeinflussen könnte.

Wehner: Alwin *Brück.*

Brück: Ich kann nur noch einmal wiederholen, wir arbeiten zurzeit völlig normal. Selbst wenn es eine pluralistische Demokratie gäbe jetzt in Portugal, wir wären dessen sicher, könnten wir noch nicht auszahlen, weil die normalen Vorbereitungen nicht getroffen sind. Im Übrigen muss ich noch einmal sagen, dies ist eine politische Entscheidung. Aber von der technischen Seite her ist alles bei uns vorbereitet.

Wehner: *Ostman von der Leye.*

Ostman von der Leye: Könnte man sich nicht überlegen, ob in der Zeit, wo es noch nicht möglich ist, von der Regierungsseite etwas zu tun, dass wir von der Partei etwas in dieser Richtung tun. Zum Beispiel, was die da dringend brauchen, ist eine Rotationspresse. Ich sage das aus persönlicher Kenntnis. Sie brauchen eine Rotationspresse und wir können im Norden von Portugal eine Rotationspresse aufstellen lassen.

Wehner: Gunter *Huonker.*

Huonker: Alwin entschuldige, dass ich da noch mal nachbohre. Die technischen Vorbereitungen, darunter kann man viel verstehen. Technische Vorbereitungen können erst dann beginnen, wenn man mit einem Land mal redet über Projekte, wenn ich das richtig sehe, und meine Frage ist konkret die: Wird mit der portugiesischen Regierung im Au-

Fraktionssitzung 24.07.1975 **109.**

genblick oder in absehbarer Zeit über Projekte, für die Kapitalhilfe dann gewährt werden kann, verhandelt?

Wehner: Alwin.

Brück: Ja, wir haben das schon getan. Wir haben schon in den vergangenen Wochen mit der portugiesischen Regierung gesprochen, und ich wollte damit sagen, wir werden dies nicht unterbrechen deswegen.

Wehner: Horst *Ehmke*.

Ehmke: Genossinnen und Genossen, ich fürchte, dass die Debatte nicht viel weiterführt. Es gibt doch eine Grundentscheidung. Die eine Meinung ist die, dass man auch zahlt, während sich das entwickelt, in der Hoffnung, dass das Einfluss hat. Und wie gesagt, das ist schon ein Jahr her, wie Willy gesagt hat. Oder die andere Meinung ist die, die müssen erst zeigen, dass sie brav sind, dann werden sie dafür belohnt, dass sie auch etwas kriegen, was andere Länder auch unter – wie das heißt – nicht pluralistischen Bedingungen haben. Das ist doch die Grundfrage. Ich bin der Meinung, die Fraktion sollte dann hier sagen, dass sie die Regierung ermuntert, nicht wahr, bei ihrer Linie zu bleiben, die ja auch der Bundeskanzler vertreten hat, dass man eben nicht gewissermaßen die erst die Schularbeiten machen lässt und damit jede Einflussnahme nimmt, sondern dass wir der Meinung sind – nicht wahr – dass die Bundesregierung für sich in Europa die Linie verfolgen soll, denen, denen es wirtschaftlich dreckig geht, zu helfen und darum noch Einfluss haben zu können.

Wehner: Holger *Börner*.

Börner: Zur Frage von *Ostman von der Leye* möchte ich sagen, dass die Sozialdemokraten seit vielen Monaten sich um die portugiesischen Genossen kümmern, ihre Wünsche wissen und nach besten Kräften solidarisch helfen dort, wo es geht. Ich bitte, nachdem ich wieder in letzter Zeit besondere Erfahrungen mit Vertraulichkeit gemacht habe, mir eine nähere Erläuterung zu erlassen.

Wehner: Ja, Genossen, ich glaube, das war eine ganz sinnvolle Erörterung. Der Regierung kann niemand die Pflicht abnehmen, zu entscheiden, wann gezahlt wird. Aber hier ist deutlich zum Ausdruck gebracht worden, dass bei uns die Meinung durchaus stark vertreten wird, dass gezahlt werden soll, und zwar solange das noch eine Entwicklung mitbewirken kann, von der andere meinen, sie sei also erst abzuwarten in ihrem Ergebnis.

(Beifall.)

Der Fraktionsvorsitzende der CDU/CSU, der ja angekündigt hatte, er werde die Sitzung seines Fraktionsvorstandes um 16.15 Uhr unterbrechen, um ein Statement abzugeben zu den Fragen der Konferenz für Sicherheit und Zusammenarbeit und so weiter, hat da unter anderem erklärt unter Punkt 2, die wirklich kritischen Bereiche der europäischen Sicherheit sind überhaupt nicht berührt, zum Beispiel die Machtergreifung der Kommunisten in Portugal und das Weiterbestehen der Schießanlagen und so weiter. Wenn man so leichtfertig umgeht mit Entwicklungen in einem Land, um das sich kein Hund gekümmert hat, als es 48 Jahre unter einer totalitären Diktatur gestanden hat,

(Starker Beifall.)

{…} wohin aber sehr viele sehr gern gefahren sind, um von den Valuta-Möglichkeiten Gebrauch zu machen, die es dabei gibt für Urlaubs- und andere Aufenthalte. Ich will kein Dienstgeheimnis verraten. Ich habe kürzlich mal einen Bischof zum Verstummen gebracht, der mir gesagt hat, wie besorgniserregend diese Entwicklung sei. Ich sage: Und wie war das bei ihnen 48 Jahre lang? Wollen sie die Augen nicht niederschlagen, dass da keiner sich gekümmert hat und jetzt will hier jeden Tag jeder zweimal bestimmen, wie es dort eigentlich laufen soll? Ich will das damit nicht lächerlich machen, welche Gefahren in jener Entwicklung dort sind. Aber wer auch nur eine gewisse Ahnung hat von der Verwurzelung einer totalitären Diktatur, wie sie dort geherrscht hat, und von den Möglichkeiten, sie wieder einzuschleusen auf Umwegen oder vom Untergrund her, der wird also sehr sparsam mit solchen vorschnellen Urteilen sein, als ob sich da eine Entwicklung entschieden habe. Wir jedenfalls sollten dabei sehr ruhig Blut bewahren bei aller Wachsamkeit, und ich verstehe Holger *Börners* kurze Replik auf Wilderich *Ostman von der Leye* gutgemeinte Anregung wohl richtig, wenn ich sage, wenn es um das geht, lieber Genosse und liebe anderen Genossen, da geht es ja nicht um solche Millionen, zig Millionenkredit, brauchen wir wohl nicht darüber zu reden. Willy *Brandt*.

Brandt (Berlin): Ich wollte gerne noch zwei Bemerkungen machen. Die eine zu Bruno *Friedrich*, der zurecht gesagt hat, man müsse, was bestimmte Einlassungen der sowjetischen Seite zu Portugal angeht und der sozialdemokratischen Haltung, auch mal deutlich etwas sagen. Da kann hier jeder davon ausgehen, dazu ist deutlich etwas gesagt worden, auch wenn das, was dort gesagt wurde, wenn es seinen Sinn behalten soll, nicht unmittelbar auf den Markt gebracht wird. Aber ich bin damit einverstanden, dass man auch öffentlich weiterhin deutlich etwas sagt. Zweitens, um die Bemerkung eben aufzugreifen über Portugal, wenn jemand meine Meinung hören will, dann ist es die, zusätzlich zu dem, was ich gesagt habe, dass dort ein heftiges Ringen im Gange ist. Die Befürchtung ist berechtigt, dass der Pendelschlag weit nach rechts ausschlagen kann – nach einiger Zeit, wenn das noch ein bisschen hin- und hergeht. Noch ein Grund mehr sich zu kümmern, solange dies einen Sinn hat, als hinterher sich wieder in erster Linie darum zu kümmern zu haben, Leute aus den Konzentrationslagern herauszuholen.

(Beifall.)

[B.–D.] → online unter www.fraktionsprotokolle.de

110.

12. September 1975: Fraktionssitzung (Kurzprotokoll)

AdsD, SPD-BT-Fraktion 7. WP, 2/BTFG000107. Überschrift: »Protokoll der Fraktionssitzung vom 12. September 1975«. Zeit: 14.15–19.45 Uhr. Vorsitz: Wehner. Protokoll: Heitmann. Datum der Niederschrift: 07. Oktober 1975.

Sitzungsverlauf:

A. TOP 1: Politischer Bericht von Finanzminister *Apel* (Maßnahmen zur Verbesserung der Haushaltsstruktur). – Politischer Bericht von Bundeskanzler *Schmidt* (Wirtschaftsentwicklung in Deutschland; Tarifpolitik der nächsten Jahre).

B. Berichte des Fraktionsvorsitzenden *Wehner* und des SPD-Vorsitzenden *Brandt* zum wirtschaftspolitischen Konsolidierungsprogramm der Bundesregierung. – Aussprache der Fraktion zu den Berichten.

C. TOP 2: Verschiedenes. – TOP 3: Nächste Termine.

[A.–C.] → online unter www.fraktionsprotokolle.de

Fraktionssitzung 16.09.1975 **111.**

111.

16. September 1975: Fraktionssitzung (Tonbandtranskript)

AdsD, SPD-BT-Fraktion 7. WP, 6/TONS000041. Titel: »Fraktionssitzung am 16.09.1975«. Beginn: 14.20 Uhr. Aufnahmedauer: 02:54:33. Vorsitz: Wehner.

Sitzungsverlauf:

A. TOP 2: Bericht aus der Fraktionsvorstandssitzung (Regierungserklärung; Nachtragshaushalt; Investitionsprogramm; Konsolidierungsprogramm; Radikalenerlass; Erklärung der Fraktion zu Chile; Delegation der Bundestagsfraktion beim SPD-Bundesparteitag).

B. Vorbereitung der Plenarsitzungen: TOP 3: Tagesordnung und Ablauf der Plenarsitzungen. – TOP 4: Regierungserklärung. – TOP 5: Nachtragshaushalt 1975. – TOP 6: Programm zur Stärkung von Bau- und anderen Investitionen. – TOP 7: Sondergutachten zur konjunkturpolitischen Lage im August 1975.

C. Sonstiges: TOP 8: Informationen. – TOP 9: Aktuelles aus den Arbeitskreisen (Diskussion über eine Entschließung der Fraktion zur Solidarität mit den Opfern der Militärjunta in Chile und über die Teilnahme eines chilenischen Offiziers an einer Ausbildungsmaßnahme der Bundeswehr.). – Gefahr von Mieterhöhungen durch das Bauinvestitionsprogramm des Bundes. – TOP 10: Ausschussumbesetzungen. – TOP 11: Nächste Termine. – Sonstiges.

[A.–C.] → online unter www.fraktionsprotokolle.de

112.

23. September 1975: Fraktionssitzung (Tonbandtranskript)

AdsD, SPD-BT-Fraktion 7. WP, 6/TONS000041. Titel: »Fraktionssitzung am 23.09.1975«. Beginn: 15.17 Uhr. Aufnahmedauer: 04:02:27. Vorsitz: Wehner.

Sitzungsverlauf:

A. Bericht des Fraktionsvorsitzenden *Wehner* aus dem Fraktionsvorstand (Richterliche Stilllegung des Kohlekraftwerks Voerde; Angriffe der CDU/CSU auf die Beschlüsse verschiedener SPD-Bezirksparteitage zur Investitionskontrolle und -lenkung). – TOP 1: Politischer Bericht des SPD-Parteivorsitzenden *Brandt* (Weiterentwicklung der Europäischen Gemeinschaften; Situation in Portugal; CDU/CSU-Haltung zu Polen; Investitionskontrolle und -lenkung; Orientierungsrahmen '85). – Politischer Bericht des Bundeskanzlers *Schmidt* (Orientierungsrahmen '85; Investitionskontrolle und -lenkung; Koalitions- und Bündnisfähigkeit der SPD).

B. Aussprache der Fraktion zu den politischen Berichten (Investitionskontrolle und -lenkung; Orientierungsrahmen '85; Kohlekraftwerk Voerde).

C. TOP 2: Forts. zum Bericht aus der Fraktionsvorstandssitzung (Radikalenerlass; rechtspolitische Vorhaben bis 1976; Teilnahme an Delegationsreisen in die Bundesländer). – TOP 3: Informationen. – TOP 4: Aktuelles aus den Arbeitskreisen (Abbau der Sparförderung; Einführung einer Arbeitsmarktabgabe; Einfrierung der Diätenerhöhung; Proteste gegen Todesurteile in Spanien; Erklärung der SPD-Bundestagsfraktion zum Kohlekraftwerk Voerde).

D. Vorbereitung der Plenarsitzungen: TOP 5: Tagesordnung und Ablauf der Plenarsitzungen. – TOP 6: Beschlussfassung Programm zur Stärkung von Bau- und anderen Investitionen. – TOP 7: Verabschiedung des Nachtragshaushalts 1975. – TOP 8: 1. Beratung Allgemeine Geschäftsbedingungen. – TOP 12: CDU/CSU-Antrag betr. gesetzmäßige Behandlung von Angelegenheiten in der Bundesverwaltung.

E. Vorlagen aus den Arbeitskreisen: TOP 13: Entwurf eines Partnerschaftsgesetzes. – Sonstiges: TOP 14: Nächste Termine. – Verschiedenes.

[A.]

Wehner: Die Sitzung ist eröffnet. Zwei Kollegen haben ihren Geburtstag so, dass er mit dieser Sitzung zusammenfällt. Das ist Alwin *Brück* und das ist Heinz *Kreutzmann*.

(Beifall.)

Ich wünsche den beiden das Beste in Dankbarkeit für die gute Zusammenarbeit und damit ich nicht durch die Blume sprechen muss, gebe ich sie euch.

Die Tagesordnung liegt vor. Ich möchte, Genossinnen und Genossen, aufgrund einer Absprache, die wir heute – und die ich angeboten hatte – im Parteipräsidium am Vormittag, einige Bemerkungen, die zu meinem Bericht aus dem Fraktionsvorstand gehören, herausnehmen und vorwegschicken.[1] Den Rest würde ich dann berichten unter Punkt 2, nach den politischen Berichten. Was die zwei Punkte betrifft, über die ich jetzt einiges sagen will, so handelt es sich beim ersten darum, dass im geschäftsführenden Fraktionsvorstand die dringende Notwendigkeit einer Stellungnahme unserer Fraktion zur Stilllegung des Kraftwerkneubaus Voerde erörtert worden ist, und der Fraktionsvorstand hat gestern Abend den Arbeitskreis Wirtschaftspolitik gebeten, im Benehmen mit dem Arbeitskreis Inneres der Fraktion den Entwurf einer Erklärung vorzulegen, um deren Annahme wir bitten. Sie liegt leider jetzt hier noch nicht vor, aber es ist mir gesagt worden, sie sei sozusagen in der Maschine.

Ich erlaube mir, aus dem Schreiben der Arbeitsgemeinschaft der Gesamtbetriebsräte der Bergbaugesellschaften in der Ruhrkohle AG Folgendes zu zitieren. Das ist auch an uns gerichtet: »Mit Entsetzen nahm die Arbeitsgemeinschaft der Gesamtbetriebsräte der Bergbaugesellschaften in der Ruhrkohle AG namens der 146 000 Beschäftigten von dem Gerichtsbeschluss betreffend die sofortige Stilllegung des Kraftwerkneubaus Voerde Kenntnis. Die Folgen dieses Beschlusses wären unerträglich. Das Energieprogramm der Bundesregierung mit dem Ziel, mindestens 6 000 Megawatt neue Steinkohlekraftwerke zu bauen und jährlich 33 Millionen Tonnen Kohle zur Sicherung der heimischen Stromversorgung einzusetzen, wäre total gefährdet. Außerdem würde der Beschluss nur bezogen auf die Erweiterung des Kraftwerks Voerde allein bei der Ruhrkohle AG die Arbeitsplätze für 3 000 Bergleute vernichten. Nicht zu sprechen von den Schwierigkeiten, die im Bereich der Zulieferindustrie auftreten. Die Arbeitsgemeinschaft der Gesamtbetriebsräte erwartet von allen Verantwortlichen, dass sie sich sofort mit der eingetretenen Lage beschäftigen, um schlimmste Auswirkungen auf die Volkswirtschaft zu verhindern. Die Arbeitsgemeinschaft der Gesamtbetriebsräte fordert von den politisch zuständigen Instanzen, dass die Bestimmungen TA Luft«, das heißt Technische Anleitung

---

[1] Zur Sitzung des SPD-Parteipräsidiums am 23. September 1975 vgl. AdsD, SPD-Parteivorstand, Präsidiumssitzung, 23. 9. 1975. Mappe: 17.

für Luft, »eindeutiger formuliert und so gestaltet werden, dass der Bau von neuen Kraftwerken, der im besonderen öffentlichen Interesse notwendig ist, nicht durch Ermessensentscheidungen der Gerichte verhindert werden kann.«

In diesem Fall soweit das Schreiben der Betriebsräte, zu dem ich ergänzend hinzufügen möchte, dass im Bundesministerium für Wirtschaft darauf hingewiesen worden ist – das haben unsere Fragen und Unterredungen vorher ergeben, dass bei diesem Kraftwerk Voerde es sich um ein Projekt handele, dass nach der Auffassung, die sowohl im Bundesministerium für Wirtschaft als auch in den entsprechenden Stellen des Landes Nordrhein-Westfalen bestehen, dass dieses Kraftwerk ein Projekt ist, dass unterhalb der Grenze liegt, die für Umweltgefährdung durch Luftverschmutzung gezogen worden ist. An der gegenwärtigen Sachlage ändert das leider nichts, sondern die Kenner unserer gerichtsstaatlichen Verhältnisse sagen, es werde günstigstenfalls in einem Jahr eine nächste Instanz diesen Spruch aufheben. Das entbindet uns nach der Meinung des Fraktionsvorstands nicht einer Äußerung zur Sache. Ihr werdet den Text dann sehen, Genossinnen und Genossen.

Der zweite Punkt betrifft eine Diskussion, die gestern im Fraktionsvorstand geführt worden ist zu Fragen, die sich aus der aggressiven Ausnützung von Reizworten wie Investitionslenkung oder Investitionskontrolle gegen unsere Sozialdemokratische Partei und gegen die Regierungsfähigkeit unserer SPD ergeben. In dieser ziemlich ausführlichen Diskussion ist übereinstimmend festgestellt worden, dass die Bundestagsfraktion und die SPD als solche sich durch die Zweckpropaganda mit dem Schlagwort Systemveränderung nicht abdrängen lassen dürfen von der entscheidenden Aufgabe der Gegenwart, mit der SPD/FDP-Mehrheit im Bundestag in einer Zeit gefährlicher internationaler ökonomischer Entwicklungen das Programm der Regierung zur Sicherung der Haushalte, der Währung und zum Schutz der sozialen Sicherung zum Erfolg zu führen. Und das heißt, die CDU darf sich nicht verschanzen und ihre Unfähigkeit nicht verstecken können oder dürfen hinter den Wortkaskaden über vorgebliche Gefahren, die angeblich in der SPD begründet seien.

Wir werden, Genossinnen und Genossen, in dieser Woche am Donnerstag und am Freitag im Plenum entscheiden über das Bauinvestitionsprogramm[2] und über den Nachtragshaushalt 1975[3]. Das heißt, die Debatte, die hier im Anschluss an die Regierungserklärung Helmut *Schmidts* am 17. und 18. geführt worden ist[4] und die unverzüglich in den Ausschüssen aufgenommene Arbeit zeitigen in dieser Woche konkrete Ergebnisse, die wir sichern müssen. Das heißt, wenn in den Debatten, sei es über das Bauinvestitionsprogramm, sei es über den Nachtragshaushalt, die Gegenseite Lust haben sollte zu einer Diskussion über das, was ich eingangs sagte, die Reizworte – die ja bewusst eingeführt werden in die tatsächlichen Auseinandersetzungen – anzuwenden, dann werden sie nicht nur Antworten zu bekommen haben, sondern immer wieder zurückgeführt werden müssen auf das, was hier konkret beschlossen, entschieden und zur Verwirklichung gebracht werden muss. Einiges von dem, was in diesen letzten mehr als drei Tagen sozusagen alles beiseite gedrückt hat und zugleich einen ziemlichen Druck dessen, was man öffentliche Meinung nennen mag – ich sage das, ohne es herabzusetzen – auf unsere

---

2   Zur Vorlage der Bundesregierung vom 5. September 1975 gemäß Paragraph 6 Abs. 2 in Verbindung mit Paragraph 8 des Gesetzes zur Förderung der Stabilität und des Wachstums der Wirtschaft (StWG) vom 8. Juni 1967 (BGBl. I S. 582) – Programm zur Stärkung von Bau- und anderen Investitionen vgl. BT Drs. 07/4013. – Vgl. SVP D.
3   Zum Entwurf der Bundesregierung vom 29. August 1975 eines Gesetzes über die Feststellung eines Nachtrags zum Bundeshaushaltsplan für das Haushaltsjahr 1975 (Nachtragshaushaltsgesetz 1975) vgl. BT Drs. 07/4001. – Vgl. SVP D.
4   Vgl. dazu BT Plenarprotokoll 07/184 und 07/185.

Partei und das Ansehen ihrer Handlungsfähigkeit und ihrer Regierungsbündnisfähigkeit ausgeübt wird, noch nicht aufgehört, wenn auch an diesem Tag ein wenig – ein wenig – nachgelassen zu haben scheint. Einiges zu dem wird klargestellt werden unter Zuhilfenahme der Texte. Hier sind nun jene Texte verteilt worden. Nicht damit wir nachvollziehen jene Bezirks- oder Landesparteitage, sondern damit man weiß, was dort tatsächlich in den Anträgen und in den Beschlüssen steht und was nicht steht und was daraus gemacht werden kann und auch gemacht worden ist. Es ist jedenfalls ein Hilfsmittel.

Ein Hilfsmittel ist auch der Text des Orientierungsrahmens 1985, der ja in den Fragen der längerfristigen – soweit es wirklich zuverlässige Vorausschau gibt – darzustellen versucht, womit wir zu rechnen haben werden.[5] Dieser Text wird auch eine Hilfe sein, weil er die teils Vergröberungen, teils Verzerrungen, teils mit dem, was tatsächlich in solchen Beschlüssen stand, vermischten Unwahrheiten reduzieren kann, und es gibt eine gewisse Gelegenheit bei den noch anstehenden Bezirksparteitagen am kommenden Wochenende und auch noch danach. Nur das würde nicht ausreichen, das würde nicht ausreichen. Wir werden, ich riskiere, das so zu sagen, sehr genau – und [mit] wir da meine ich jetzt die Bundestagsfraktion der SPD, wir, sehr genau unter die Lupe bis unters Mikroskop genommen, wie die sich nun verunsichern lässt oder selbst ausschwärmt, um an dieser derzeitigen allgemeinen Durcheinanderverunsicherung teilzunehmen.

Ich möchte erinnern dürfen an das, was ich sicher auch ganz im Sinne jener Fraktionssitzungen, die wir gehabt haben, vor der Debatte vom 17. und 18. gesagt habe und mir erlaubt habe, auch im Plenum zu sagen, was auch immer im Inneren des Regierungsprogramms noch austariert werden könnte, wir wollen jedenfalls das im Rahmen dessen, was das Regierungsprogramm darstellt, machen und unter keinen Umständen dessen Kern angreifen oder zerstören lassen – und dabei sollten wir bleiben. Diese Arbeit nimmt uns niemand ab, Genossinnen und Genossen. Das war es, was ich einleitend vorwegnehme aus dem Anlass, den ich eingangs erläuternd gesagt habe, Abrede in der Präsidiumssitzung des Parteivorstands heute Morgen, vorweggenommen habe aus dem Bericht aus dem Fraktionsvorstand. Ich danke.

Zu politischen Berichten hat das Wort zuerst Willy *Brandt*.

Brandt (Berlin): Liebe Genossen, lasst mich zunächst drei ganz kurze außenpolitische Bemerkungen machen mit je einer Empfehlung verbunden, von der ich glaube, dass die Fraktion sie ohne große Debatte sich zu eigen machen kann. Das eine ist, dass eine Reihe von Genossen aus Partei und Fraktion, die mit den europäischen Fragen enger verbunden sind in diesen Wochen, Diskussionen geführt haben zum Beispiel mit dem belgischen Regierungschef *Tindemans*, der ja den Auftrag hat, von den Regierungen der Neun bis Ende des Jahres seinen Bericht zu machen darüber, wie wohl die Europäische Union als überwölbende Zusammenfassung der neun Mitgliedstaaten der Gemeinschaft gestaltet werden könnte.[6] Da braucht man jetzt nicht ins Einzelne zu gehen, wenn sich sicher auch die Fraktion in absehbarer Zeit oder zumindest der Arbeitskreis damit näher befassen sollte. Ich meine, die Fraktion wäre gut beraten, wenn sie die Bitte richtete an den Bund der Europäischen Sozialdemokratischen Parteien, in dem ja einer von uns den Vorsitz hat[7], und an die Sozialistische Fraktion im Europäischen Parlament, die Arbei-

---

[5] Der »Orientierungsrahmen '85« wurde auf dem Mannheimer Bundesparteitag der SPD, Mitte November 1975, verabschiedet. Er war als eine Art Langzeitprogramm gedacht, das das weiterhin verbindliche Godesberger Programm von 1959 ergänzen sollte.

[6] Vgl. zum *Tindemans*-Bericht, der Anfang 1976 veröffentlicht wurde, die SPD-Fraktionssitzung am 20. Januar 1976, SVP A, online.

[7] Gemeint ist Wilhelm *Dröscher*, SPD-Fraktionsvorsitzender im Landtag von Rheinland-Pfalz.

ten an dem gemeinsamen Programm mit Hinblick auf Direktwahlen zum Europäischen Parlament voranzutreiben. Ich bin zwar nicht ganz sicher, dass die Optimisten recht haben, die glauben, es käme zu solchen Direktwahlen im Jahr 1978. Völlig ausschließen kann man dies nicht und bis dahin ist dann keine lange Zeit.

Zweiter Punkt: Ich habe in der letzten Woche das Portugalthema nicht erwähnt, weil so viele andere Dinge dran waren. Ihr wisst, Anfang der vorigen Woche war der Vorsitzende der portugiesischen Bruderpartei hier.[8] Seine Einschätzung hat sich als richtig erwiesen, dass es zu einer Koalitionsregierung kommen könnte, in der die Sozialisten und andere in einer etwaigen Relation zum Ergebnis der Wahlen zur verfassungsgebenden Versammlung im Frühjahr vertreten sind.[9] Und ich denke, dass es unseren Genossen wohltut, wohltun würde, wenn unsere Fraktion sie wissen ließe, dass sie nach der ganz gewiss sehr schwierigen Zeit – hier wissen viele im Saal, wie schwierig diese Zeit gewesen ist und wie sehr das auf der Kippe stand –, dass sie wissen, wie sehr die Arbeit unserer Freunde in der neuen Regierung dort durch unsere guten Wünsche begleitet wird und dass wir damit – ohne dass ich hier in Einzelheiten gehen will – die Hoffnung verbinden auf eine ökonomische Zusammenarbeit, die der Konsolidierung der Verhältnisse in jenem Land zugutekommen mögen.

Drittens: Polen. Ich möchte einfach festgestellt haben, dies nicht nur für internen Gebrauch in der Fraktion, dass der Vorsitzende der Christlich-Demokratischen Union *Kohl* seine Antwort auf das, was der Bundeskanzler zu diesem wichtigen Thema in der vorigen Woche im Rahmen seiner Regierungserklärung gesagt hat[10], völlig schuldig geblieben ist. Und ohne jede Polemik möchte ich daran die Verbindung knüpfen, ich denke nicht nur für mich allein, dass er – der Vorsitzende der Union – diese Antwort nachholt, wenn er von seiner gegenwärtigen Auslandsreise zurück ist.[11] Die ist nicht angemessen, dass der Vorsitzende der anderen großen Partei eine Frage unbeantwortet lässt von diesem Gewicht, die die Regierung dazu dem ganzen Haus gestellt hatte. Das, was *Carstens* gesagt hatte, kann nicht als eine Antwort und sollte fairerweise durch uns nicht als eine Antwort hingenommen werden.

Nun in Anknüpfung an das, was Herbert *Wehner* eben gesagt hat, liebe Genossen, das Öffentlichkeitsbild dieser Tage geht an drei, glaube ich, wichtigen Tatbeständen vorbei. Jeder hat seine Erfahrungen jetzt mit der Diskussion in der Partei. Ich habe meine und höre ein bisschen, was auch an den Orten vor sich geht, an denen man nicht selbst sein kann. Ich stelle fest, diese Partei, die unterstützt nicht nur mit starker, man kann ohne Übertreibung sagen mit überwältigender Mehrheit die wirtschafts- und finanzpolitischen Beschlüsse der Bundesregierung. Das ist zum Beispiel – bitte, wenn das bezweifelt wird – ich sage das unter dem Eindruck des Bezirksparteitages des mitgliederstärksten Bezirks der Partei im Westlichen Westfalen: fünf Stimmen dagegen bei 300

---

8 Mário *Soares*. – Vgl. zur Lage in Portugal auch die SPD-Fraktionssitzung am 24. Juli 1975, SVP A, online.
9 Am 11. September 1975 stellte die geschäftsführende Regierung ihre Geschäfte ein, bis zum 19. September wurde eine neue Regierung gebildet, die sich in ihrer Zusammensetzung bei den Parteivertretern am Ergebnis der Wahlen zur verfassungsgebenden Versammlung vom April 1975 orientierte. Ministerpräsident blieb Admiral *Pinheiro de Azevedo* von der Bewegung der Streitkräfte (MFA). Vgl. EUROPA-ARCHIV 1975, Z 168 und Z 174 f.
10 Zur Regierungserklärung von Bundeskanzler *Schmidt* am 17. September 1975 vgl. BT Plenarprotokoll 07/184, S. 12885–12898. – *Schmidt* warb unter anderem für das deutsch-polnische Abkommen über Renten- und Unfallversicherung und für den verbilligten Finanzkredit an Polen. Er erklärte, dass die polnische Regierung im Gegenzug 120- bis 125 000 Deutschstämmigen die Ausreise gewähren würde.
11 *Kohl* bereiste vom 22. bis zum 30. September 1975 die Sowjetunion.

etwa, ganz wenige Enthaltungen. Man kann sagen, das ist selbstverständlich, für mich ist es das, dass man die Regierung so stützt, wie die Fraktion es getan hat. Ich finde, es ist gut, dass dies ganz überwiegend draußen der Fall ist und das darf nicht untergehen. Das Zweite ist, was über die wirtschaftspolitische Diskussion noch immer zu sagen sein wird {...}[12]

oh nein, indem ich sie einbeziehe, kann überhaupt kein Zweifel daran sein, dass das Grundsatzprogramm der Partei, dass das Godesberger Programm auf dem Mannheimer Parteitag nicht nur nicht abgeändert, sondern dass es ausdrücklich bestätigt werden wird. So wie der Entwurf des Orientierungsrahmen '85 ja sich ausdrücklich auf dieses Programm stützt, so wie es dem Auftrag des Hannoverschen Parteitags entspricht.[13] Und drittens ist für mich auch kein Zweifel daran und für die meisten, deren Meinungsbildung ich dazu verfolge in der Partei, dass unsere Partei loyal zu den Beschlüssen stand und steht, die dem Regierungsbündnis mit den Freien Demokraten zugrunde liegen. Dies vorausgeschickt, leidet die öffentliche Erörterung – die wir dieser Tage erleben – daran, dass ein ganzer Teil der Beteiligten so tut, als ob plötzlich über ein Wochenende irgendwo das Thema Investitionslenkung erfunden worden sei. Davon kann ja keine Rede sein. Ich hoffe ja, dass alle in der Fraktion genau wissen, dass es anders ist, nämlich dass eine Kommission, in der alle Bezirke der Partei vertreten sind, die Vertreter, die der Parteivorstand benannt hat einschließlich verantwortlicher Genossen aus der Regierung und der Fraktionsführung, einmütig jenen Entwurf eines Orientierungsrahmens '85 verabschiedet hat, in dem nicht in ein paar Zeilen, sondern auf einer Reihe von Schreibmaschinenseiten das Thema Investitionslenkung abgehandelt worden ist. Und der Parteivorstand hat dies, so wie es ihm einmütig vorgelegt worden ist durch die dafür eingesetzte Kommission, der Partei zur Diskussion übergeben. Eingeladen zur Diskussion darüber in Tausenden von Exemplaren, wie das nicht anders geht. Mit diesem Abschnitt »Markt und Lenkung«, mit diesen zahlreichen Schreibmaschinenseiten, die den Kommentatoren, die sich jetzt anhängen an Parteitagsbeschlüsse, durchweg gar nicht bekannt sind. Nur Genossen, das, was jetzt unter dem missverständlichen bis bösartig kommentierten Begriff Investitionslenkung abgehandelt wird, das stellt sich doch in jenem Entwurf des Orientierungsrahmens und für den großen Teil der Partei so dar, dass man überlegt, wie kann ganz überwiegend durch indirekte Mittel der Beeinflussung – und die sind im Einzelnen abgehandelt – wie können private und öffentliche Investitionen unter schwieriger gewordenen Bedingungen gefördert werden.

Das ist doch das eigentliche Thema, und ich bin ganz sicher, dass das das Thema bleibt und wieder klarer werden wird und dass so gefasst gerade auch dieser Teil – vielleicht noch etwas überarbeitet – des Orientierungsrahmens eine breite Mehrheit in Mannheim finden wird. Das ist der eine Punkt. Nun weiß ich, dass die Bundestagsfraktion noch eine besondere Sitzung haben wird, um ihrerseits sich mit den Themen des Parteitages zu befassen. Da wird dann sicher auch, weil ja bis dahin die Antragsfrist abgelaufen ist, die läuft ja am 30. ab, am Dienstag nächste Woche. Da haben wir dann den vollen Überblick, können vielleicht auch noch ein bisschen hineinwirken oder gute Ratschläge geben der Antragskommission, die diesen Teil beschlussreif machen soll. Ich will also dieser Sitzung, in der wir dann mehr Zeit haben werden, nicht vorgreifen. Ich will nur sagen, liebe Genossen, von der innerparteilichen Diskussion zu diesem wichtigen Gebiet – schwierigen und wichtigen Gebiet – wird dieser Tage – das erleben wir nicht zum er-

---

12 Die Aufnahme wird für zwölf Sekunden durch ein Störgeräusch überlagert.
13 Vgl. PARTEITAG DER SOZIALDEMOKRATISCHEN PARTEI DEUTSCHLANDS VOM 10. BIS 14. APRIL 1973, STADTHALLE HANNOVER, BAND 1: PROTOKOLL DER VERHANDLUNGEN. ANLAGEN, hrsg. vom Vorstand der SPD, Bonn o. J. (1974).

Fraktionssitzung 23.09.1975 **112.**

sten Mal, wir haben ja epidemische öffentliche Diskussionen dieser Art schon manchmal erlebt –, wird ein weithin verzerrtes Bild vermittelt. Ich will wieder auf meine unmittelbare Erfahrung des letzten Wochenendes zurückgreifen. Ich war an dem Nachmittag nicht dabei, als über den Orientierungsrahmen beraten und beschlossen worden ist. Ich habe vormittags meinen Rat dazu gegeben. Der ist zum Teil nicht berücksichtigt worden, wäre auch vermutlich nicht berücksichtigt worden, wenn ich da gewesen wäre. Es waren andere Vorstandsmitglieder da. Liebe Genossen, dort hat dieser Parteitag – ich sagte es schon – sich mit überwältigender Mehrheit für die aktuelle Politik entschieden. Dort hat er mit eindeutiger Mehrheit dem Bezirksvorstand Rückendeckung gegeben in einer Auseinandersetzung mit einer schwierigen Arbeitsgemeinschaft. Dort hat ein Bezirksparteitag den Beschluss eines Landesparteitages zur Verstaatlichung der Banken, wenn ihr so wollt, rückgängig gemacht. Ein Landesparteitag hat schon mal beschlossen, man soll die Banken verstaatlichen und Westliches Westfalen sagt, in Übereinstimmung mit dem Entwurf zum Orientierungsrahmen '85, dass man dies differenzierter angehen muss. Gleichwohl lese ich in den Zeitungen nur, dass es in die andere Richtung gegangen sei.[14] Das nenne ich übervereinfacht, verzerrt, dem eigentlichen Inhalt der Dinge nicht gerecht werden.

Liebe Genossen, ich bitte auch sehr darum, dass man solche Positionen, wie sie etwa in Oldenburg, um mal ein Beispiel zu nennen, vorgebracht worden sind, das wer, was man zurecht als Stamokap[15]-Position bezeichnen kann, das gibt's noch hier und da, dass man das bitte nicht durcheinander bringen darf.[16] Denn dann bringt die Partei sich selbst durcheinander mit dem, was Genossen aus gewerkschaftlicher Verantwortung und gestützt auf ernste Arbeit am Orientierungsrahmen diskutiert sehen wollen. Darf man nicht durcheinanderbringen. Das wäre falsch. Wie wir überhaupt auf dem Hintergrund dieser Aufgeregtheit der öffentlichen Debatte, so gut wir es können, ist nicht immer ganz leicht, versuchen müssen, uns nicht unnötig auseinander dividieren zu lassen. Dazu gehört auch, auch wenn das immer nicht ganz leicht ist, aufzupassen, dass man aus innerparteilichem Eifer nicht Stichworte gibt, die dann noch die Debatte anderer unnötig beleben. Die Fraktion, Herbert *Wehner* hat eben schon darauf hingewiesen, kann eine ganz starke integrierende Rolle auf diesem Gebiet spielen, und versteht es nicht falsch, was ich jetzt sage. Ich kenne Fraktionskollegen, die in Bonn etwas beklagen, was zuhause nicht in gleichem Maße ihre Aufmerksamkeit findet. Die Teilnahme an den Diskussionen ist nicht bei allen gleichermaßen gegeben. Das wird mir mancher zugeben, der die Diskussionen der letzten Parteitage dazu verfolgt hat.

Was die Koalition angeht, jeder kennt meine Haltung dazu, zum notwendigen Regierungsbündnis. Herbert *Wehner* hat eben von der Regierungsfähigkeit der Partei gesprochen. Der Parteivorsitzende kann nicht anders, dann – wenn er dazu herausgefordert wird – in aller Sachlichkeit zu sagen, jeder macht sein Programm. Die Freien Demokraten ihres und wir unseres. Trotzdem müssen alle, müssen wir alle miteinander wissen, es

---

14 Vgl. dazu u. a. die Artikel »Ich sage euch, das ist meine Wahrheit« sowie »Spiegel-Gespräch: ›Die Relation ist absolut in Unordnung‹«; »Der Spiegel« vom 29. September 1975, S. 25–27 und S. 27–32; »Weisheit des Staates«; »Der Spiegel« vom 6. Oktober 1975, S. 33 f.

15 Mit dem Begriff »Staatsmonopolistischer Kapitalismus« kritisierten innerhalb der SPD vor allem die Jungsozialisten eine angeblich spätkapitalistische Phase, in die die Bundesrepublik eingetreten sei und die gekennzeichnet sei durch eine Verschmelzung des (imperialistischen) Staates mit einer monopolistisch organisierten und von wenigen gelenkten kapitalistischen Wirtschaft.

16 Gemeint sind die umstrittenen wirtschaftspolitischen Anträge des SPD-Unterbezirks Oldenburg zum SPD-Bundesparteitag in Mannheim. Die Anträge aus dem linken Flügel forderten unter anderem staatliche Investitionslenkung und die Analyse von Möglichkeiten zur demokratischen Massenmobilisierungen gegen staatliche Strukturen. – Vgl. auch die Diskussion unter SVP B im vorliegenden Protokoll.

gibt auf absehbare Zeit und das gilt nicht nur jetzt und für die Zeit bis zur Bundestagswahl, das gilt auch über diese hinaus, es gibt für diese vor uns liegende Zeit nur die Wahl, wenn wir nicht überhaupt vom Fenster weg sein sollten, keine andere Wahl als die dieses Bündnisses oder die des Nichtregierens.

Liebe Genossen, nun lasst mich sagen, wenn man einen solchen Entwurf – gestützt auf einen Parteitagsbeschluss – einstimmig ausgearbeitet durch eine breit zusammengesetzte Kommission, wenn man den hineingibt in die Diskussion, dann kann man nicht sagen, wir haben aber eine Diskussion gar nicht gewollt. Auch wenn einem einzelne Akzente der Diskussion nicht gefallen. Ich halte manches für wenig überzeugend, was bisher vorgebracht worden ist. Aber die Diskussion ist legitim. Es wäre auch völlig illusionär zu glauben, man könne sie abdrosseln. Was ganz anderes ist, dass es in ihr manche Elemente gibt, die bei weitem nicht auf die Schnelle zu einer Entscheidung zu bringen sind, sondern die viel längerer Überlegung bedürfen, als es jetzt bei mancher raschen Beschlussfassung mit langen Texten den Anschein erweckt. Patentrezepte sagt man dazu nicht ohne Grund, nämlich Patentrezepte, aus denen dann auch leicht Fußangeln werden im taktischen und tatsächlichen Sinne des Wortes. Ich sage auf den Parteitagen, wo ich mich dazu äußere, dass ich auch deshalb sehr davon abrate, in der Substanz über das hinausgehen zu wollen, was wir im Entwurf des Orientierungsrahmens haben, weil wir sachlich – das ist kein vorgeschobenes Argument – verständlicherweise am Beginn einer neuen europäischen und internationalen Debatte stehen über die Rolle öffentlicher Verantwortung im Wirtschaftsgeschehen und es ist ja nicht ganz sicher, dass nur deutsche Sozialdemokraten Richtiges und Falsches dazu einfällt. Es könnte ja sein, dass sogar der Mannheimer Parteitag gut beraten wäre, sich darauf einzustellen, dass diese Partei in den Jahren, die kommen, sich in die Debatte Europäischer Sozialdemokraten und gleichgerichteter Kräfte in den Vereinigten Staaten und anderswo zu den Fragen internationaler und von dort abgeleitet nationaler Wirtschaftspolitik stärker einschalten sollte und nicht den Anschein erwecken sollte, wir könnten mit nationalen, national verengten Fragestellungen und versuchende Antworten uns wie Münchhausen am eigenen Zopf aus dem, ja, quasi Wirtschaftssumpf herausziehen.

Und dann, nehmt mir auch das nicht übel, ich habe den Eindruck, wenn ich die bisherige Debatte mir dazu ansehe, ohne sie zu zensieren, dass in einer Reihe von Fällen die auf diesem Gebiet besonders eifrigen Freunde, die dazu noch weit mehr durchbuchstabieren möchten als im Entwurf des Orientierungsrahmens, dass sie anstatt über Inhalte zu sprechen, über Modelle und sogenannte Instrumente sprechen. Und die richtige Diskussion müsste sein, bei den Inhalten anzufangen und bitte deutlicher werden zu lassen, als es bei manchen der letzten Bezirksparteitage geworden ist, mit welchem vorhandenen Instrumentarium wir es zu tun haben. Alex *Möller* hat, der Artikel war ein bisschen lang, ist vielleicht manchem so gegangen, im »Vorwärts«, den legt ihr beiseite und sagt, die langen Artikel lesen wir erst am nächsten Wochenende und dann kommt man doch nicht dazu.[17] Da gab es Anfang Juli unter der Überschrift »Der Staatseinfluss ist größer als man denkt« und der Überschrift »Es geht jetzt nicht um zusätzliche Instrumente, sondern vor allem um mehr Koordination und Planung«. Ich bitte diesen Artikel, der den Genossen, glaube ich, auch vorliegt als Material, wirklich als Material mit auszuwerten.[18]

---

17 Gemeint ist vermutlich *Möllers* Artikel »Gegen die Herrschaft der Schlagworte. Investitionslenkung – kritisch durchleuchtet«; »Vorwärts« vom 26. Juni 1975, S. 12.
18 Ein entsprechender Artikel war im »Vorwärts« zwischen Juni und September 1975 nicht nachweisbar. Eventuell bezieht sich *Brandt* auch auf den vorher genannten Artikel von Alex *Möller* im »Vorwärts«.

Fraktionssitzung 23.09.1975 **112.**

Genauso wie ich sich anzusehen bitte, was der Parteivorstand noch zusätzlich als wirtschaftspolitische Entschließung einbringen wird für den Parteitag.¹⁹ Da kann ich euch den endgültigen Text jetzt nicht geben. Wir haben ihn im Präsidium heute andiskutiert. Der endgültige Text wird am Montag im Parteivorstand behandelt, geht dann mit an die Delegierten für Mannheim. Ich will nur die Tendenz zu diesem Punkt klarmachen, damit wir uns auch da nicht unnötig auseinanderreden. Da heißt der hierzu entscheidende oder mitentscheidende Passus, dass die Kombination von strikter staatlicher Datensetzung, Rahmenplanung und marktwirtschaftlicher Autonomie unserer Wirtschaftsordnung die Flexibilität geben dürfte, die sie befähigt, besser als andere theoretisch wie empirisch bekannte Systeme die ökonomischen und sozialen Probleme unserer Zeit zu bewältigen. Und dann kommt der Satz: »Darüber hinaus bleiben Regierung, Wissenschaft und die gesellschaftlichen Gruppen aufgerufen, daran zu arbeiten, mit welchen Methoden und Instrumenten mehr Verstetigung des Wirtschaftswachstums und damit die Grundvoraussetzung kontinuierlicher Beschäftigung gewährleistet werden kann.« Das wird nicht notwendigerweise Wort für Wort so eingehen, aber mit zur Tendenz dieses Antrages des Parteivorstandes an den Parteitag gehören.

Meine Bitte ist, meine Bitte ist, dass der Konsensus, der gegeben war durch die einmütige Vorlage des Entwurfs OR '85, dass der in stärkest möglichem Maße gehalten werden sollte bei der Weiterarbeit am OR '85. Ich setze voraus, dass das – das wäre auch unnatürlich – einstimmig auf dem Parteitag verabschiedet werden könnte, aber die Partei darf nicht ihren Ehrgeiz darin sehen, aus diesem breit angelegten Ansatz das Aufmarschieren in zwei Heerhaufen werden zu lassen, sondern durch das Verarbeiten vernünftiger Anregungen, sage ich mal ein bisschen ungeschützt, ohne andere abzuqualifizieren, ein Höchstmaß dieses innerparteilichen Konsens zu bewahren. Dann werden wir auch mit manchen momentanen Schwierigkeiten in der Diskussion leichter fertig.

Schlussbemerkung, liebe Genossen: Ich möchte über diesen Raum hinaus festgestellt wissen, dass es nicht verwerflich ist, sondern wünschenswert und notwendig ist, wenn über wirtschaftspolitische Grundfragen und Fragen der öffentlichen Verantwortung vorurteilsfrei diskutiert wird. Es wäre ja verwunderlich, wenn es in Zeiten von Unsicherheiten, veränderter Daten und was alles dazugehört nicht geschehe. Und ich sagte schon, eine solche Diskussion gibt's nicht nur in Deutschland und nicht nur in der SPD, sondern in der ganzen Welt, auch in den europäischen Nachbarstaaten, auch in anderen Teilen der Welt. Wir wissen davon zum Teil noch ein bisschen wenig. Meiner Meinung nach wäre uns sehr geholfen, wenn die meisten von uns darin einig wären, dass es der SPD nicht geht und nicht gehen kann um die Abschaffung, sondern um die Verbesserung und mögliche Ergänzung der marktwirtschaftlichen Ordnung auf all den Gebieten, auf denen sie funktionsfähig ist. Wer etwas anderes behauptet vom Sinn unserer Diskussion zu diesem Thema, der ist meiner Meinung nach entweder böswillig oder hat gar nicht verstanden, worum es sich handelt. Die Beschlüsse von Mannheim werden mit Sicherheit den Kurs der sozialdemokratischen Politik nicht verändern. Sie sollen aus meiner und ich hoffe aus vieler Sicht der Förderung der Investitionen dienen, die für das wirtschaftliche Wachstum insgesamt erforderlich sind, denn der wirtschaftliche Fortschritt kann nur dann gesichert werden, wenn private und öffentliche Investitionen in ausreichendem Maße getätigt werden und wenn sie einander ergänzen. Und ich denke, ich kann auch sagen, dass die SPD in Übereinstimmung mit der Bundesregierung – und dies erneut festzustellen, liegt mir nicht zuletzt am Herzen – gewiss nichts tun wird, was die Investitionskraft der Unternehmen schwächen könnte. Und meine herzliche Bitte ist wirklich

---

19 Gemeint ist der Mannheimer Parteitag, der vom 11. bis zum 15. November 1975 stattfand.

an die Mitglieder der Fraktion, nicht nur bei den noch ausstehenden Bezirksparteitagen jetzt am kommenden Wochenende, sondern auch bei der weiteren Diskussion in den Antragskommissionen auf Mannheim bezogen im Sinne dieses möglichen Konsenses tätig zu sein. Der hilft uns am besten hinweg über das, was an ungerechtfertigten Vorwürfen oder Anwürfen uns gegenüber dieser Tage zu verzeichnen ist. Schönen Dank.
(Beifall.)

Wehner: Das Wort hat der Bundeskanzler.

Schmidt (Hamburg): Liebe Freunde, ich möchte gerne ein paar Worte hinzufügen zu dem Hauptthema, was Willy *Brandt* eben behandelt hat. Wenn man die Debatte der letzten Woche hier, die beiden Tage, und ihre Auswirkungen auf die öffentliche Meinung und auf die veröffentlichte auch am Freitag oder am Sonnabend bewertend in den Blick fasste, dann haben wir sie eigentlich recht gut bestanden. Mit Abstrichen an einigen Punkten, wo wir gehofft hatten, sie würden nicht notwendig sein und mit Pluspunkten an anderen Ecken oder Kanten. Ich denke, die meisten waren eigentlich ganz zufrieden, als sie am Freitag nach Hause fuhren. Ich jedenfalls war das. Was dann seither eingetreten ist, ist ungeplant und wohl unbeabsichtigt eine Öffnung von Flanken in der wirtschaftspolitischen und finanzpolitischen Debatte, die seither das Bild der Sozialdemokratischen Partei, aber auch der Gesetzgebungs- und Regierungsfähigkeit der sozialliberalen Koalition etwas beeinträchtigt haben. Ich selbst habe mich an dieser Debatte am Wochenende beteiligen müssen. Ich hatte auf einem Bezirksparteitag es zu tun mit einem sehr ausführlichen Stamokap-begründeten Antrag zur Veränderung des Orientierungsrahmens '85. Auch die übrigen Debatten, die in der Kampfpresse, aber nicht nur in der Kampfpresse, als Aufhänger benutzt worden sind für Angriffe gegen die Vertrauenswürdigkeit der ökonomischen Politik dieser Koalition, insbesondere unserer Partei, auch diese Aufhänger entstammen ja dem Bestreben, durch teilweise sehr detaillierte Anträge den Entwurf zum Orientierungsrahmen zu verändern. Das ist wahrscheinlich unvermeidlich, dass es am nächsten Wochenende so weitergeht und noch ein paar Wochen bis Mannheim[20] hin. Man kann sich noch eine ganze Menge an Argumenten und Verdächten auf den Leib ziehen, wenn man nicht aufpasst. Notwendig ist das nicht unbedingt. Ich bin sehr dankbar dafür, dass auf solchen Debatten Willy *Brandt* und Herbert *Wehner*, was für sie selbstverständlich war, ihre Solidarität gegenüber der Bundesregierung, auch gegenüber dem Bundeskanzler zum Ausdruck gebracht haben. Und ich zweifle auch nicht daran, dass es so gemeint ist, wie es gesprochen wird. Ich bezweifle das bei vielen Genossen nicht, wohl aber muss man sehen, dass die Bündnisfähigkeit, von der Herbert vorhin sprach, nicht allein abhängt von der Solidarität gegenüber den Personen, die man selbst als eigene Partei in die Regierung entsandt hat, sondern auch von der Politik, die diejenigen verfolgen und plakatieren, die die Entsendung vorgenommen haben. Aus der Diskussion des Präsidiums zu diesem Thema da heute Morgen habe ich ein paar Fragestellungen mir notiert, wie sie Erhard *Eppler* vorgebracht hat, die ich für nützlich halte, dass man sie sich selber vorlegt.[21]

Da hat er zum Beispiel angefangen mit der Frage, wenn jemand zusätzliche Investitionen lenken will, sollte er sich mal die Frage vorlegen, wohin denn. Willy hat das eben ähnlich gesagt, nicht. Es ist eine Begriffshülsendiskussion zum Teil im Gange ohne Inhalt und ohne Zielsetzung. Das soll man sich mal konkret ansehen, in welchen Bereichen nach unserer Meinung zu Buch schlagende Fehlinvestitionen stattgefunden haben

---
20 Vgl. Anm. 19.
21 Zur Sitzung des SPD-Parteipräsidiums am 23. September 1975 vgl. AdsD, SPD-Parteivorstand, Präsidiumssitzung, 23. 9. 1975. Mappe: 17.

und was dafür die Ursachen waren und die Rahmenbedingungen. Und die Rahmenbedingungen! Und diese zweite Detailfrage führt dann sehr schnell zu Erhard *Epplers* zweiter Frage, nämlich welche Instrumente sind eigentlich bisher angewandt worden – siehe auch den Aufsatz von Alex *Möller*, auf den eben noch mal Willy *Brandt* hinwies. Ich habe mir den damals auch auf den Lesestapel gelegt, Willy. Und das führt dann sehr schnell zu der dritten Frage, die ich nochmal anschließe: Welche Instrumente sind angewandt worden und mit welchem Erfolg? Ist das Bauen von Zementburgen entlang des Ostseestrands nur der Erfolg des Profitstrebens von einigen privatwirtschaftlichen und einigen gemeinwirtschaftlichen Wohnungsbauunternehmen oder aber spielen dabei nicht nur kommunale Entschlüsse, sondern auch Entschlüsse des Bundesgesetzgebers der indirekten Investitionsbeeinflussung eine erhebliche Rolle? Wenn das so ist, scheint es weniger darum zu gehen, dass man zusätzliche Instrumente braucht, sondern dass man die vorhandenen Instrumente richtig einsetzt. Aber darüber wird wenig gesprochen. Es wird mehr gesprochen über zusätzliche und neue Instrumente. Die qualitative Debatte über den Gebrauch der Instrumente würde ich durchaus für legitim halten.

Ich fasse das zusammen mit der Frage, was ist eigentlich aus dem bisherigen Gebrauch und aus den Ergebnissen, die man erzielt hat der bisherigen Instrumente, was ist daraus positiv zu lernen, negativ zu lernen? Wenn das mit dem konkreten Beispiel gefüllt würde, was zu lernen sei, dann wäre ja eine ganze Menge gewonnen. Das kann man dann auf die Zementburgen am Ostseestrand anwenden oder auf Bundesbahn oder auf die Luft- und Raumfahrtindustrie. Eine ganze Menge! Jedenfalls kommt es nicht zu dem Ergebnis, dass dort überall demokratisch unkontrollierte Unternehmensentscheidungen die Weichen gestellt hätten, und es hat auch keinen Zweck, dann immer nur gegen die zu argumentieren. Dann muss man auch sich selber fragen, welchen Gebrauch man gemacht hat von den Instrumenten, die man sich selbst als Gesetzgeber geschaffen hatte. Ich möchte ein paar Einzelpunkte herausgreifen aus manchen der Anträge, die am Wochenende behandelt worden sind auf Bezirksparteitagen, um an ihnen zu zeigen, wie ich meine, dass die abstrakte Debatte wenig nützt außer der Tatsache, dass sie anderen Leuten Reizworte liefert, Provokationen nicht nur dem Gegner, der heilfroh ist, dass er aus der Debatte heraus ist, dass er zeigen muss, ob er eine *Brüningsche* Deflationspolitik –

(Beifall.)

heilfroh ist, dass er aus der Zwangslage heraus ist, dass er zeigen muss, ob *Brüningsche* Deflations- und Sparpolitik machen will. Noch am Freitag der letzten Woche hatten wir eine Unterhaltung mit den Ministerpräsidenten der Länder, wo zwei sich besonders hervorgetan haben. Die hatten am Tag vorher in der Debatte auch gesprochen – *Stoltenberg* und *Kohl*. Jetzt ging es darum, dass natürlich auch bei der Finanzierung von Aufgaben, die die Länder auszuführen haben, aber der Bund teilweise mitfinanziert, auch ein bisschen gespart werden muss. Da handelt es sich plötzlich um nationale Verantwortung und nationale Anliegen, dass hier nicht gespart werden dürfe. Es waren empfindliche Bereiche zugegeben, aber das sei unerträglich, dass man auch noch bei der Forschung ein bisschen gespart würde. Dort nicht! 54 ganze Millionen. Ich habe dann gefragt, wo wollen sie die sonst herholen, ich bin gesprächsbereit. Da kam aber natürlich nichts. Gleichzeitig haben sie in derselben Sitzung die zentrale Bildungsberatung kaputtgemacht. Da galt das dann plötzlich nicht mehr mit dem nationalen Anliegen. Da hatten drei Personen – nämlich Uli *Klose*, Bürgermeister von Hamburg, *Stoltenberg*, Ministerpräsident von Kiel, und Helmut *Rohde* – gebeten, von elf Ministerpräsidenten und einem Bundeskanzler in diesem Frühjahr, nachdem sie es schon im Bildungsrat kaputtgemacht hatten, diese drei Personen waren gebeten worden, wie kriegt man denn nun ein Minimum zustande an kontinuierlicher, unabhängiger wissenschaftlicher Bildungsberatung. Und die haben auf dem Wege des beiderseitigen Entgegenkommens ein ganz gutes Papier ausgearbeitet, diese drei Personen und haben das sogar mit ihren Namen unterschrieben, steht auch der Name von *Stoltenberg* drunter. Das durfte er nur nicht weiter verteidigen, sondern musste es gemeinsam auf bayerischen Wunsch hin ablehnen. Nicht, so sieht es dort aus. Aber darüber wird in der Öffentlichkeit wenig debattiert. Wir nutzen das auch nicht aus, obwohl wir dafür gesorgt haben, dass es bekannt wurde, sondern stattdessen entlassen wir die Opposition aus ihren Schwierigkeiten. Denkt an die Schlussrede von Herbert *Wehner* gegen Ende der Debatte. Wenn sie sparen wollen, haben sie sich schon mit *Katzer*[22] geeinigt worüber, haben sie sich mit ihrer grünen Front geeinigt, wo sie sparen wollen? Haben sie sich mit ihren Entwicklungspolitikern *Todenhöfer* und *Kohl* geeinigt? Mit wem haben sie sich im eigenen Laden geeinigt? Wir entlassen sie aus der Schwierigkeit, im eigenen Laden mit den verschiedenen bei ihnen vertretenen Interessengruppen sich zu einigen über ihre deflatorischen politischen Erklärungen, die sie ja nur abgeben, weil sie gespürt haben, dass die öffentliche Meinung – nicht vielleicht die veröffentlichte der Verbände –, dass die öffentliche Meinung weit überwiegend der Meinung ist, das, was die Koalition in Bonn da macht, ist im Grunde vernünftig, wenngleich man auch über die eine oder andere Einzelheit ein bisschen anders denken könnte. Wir entlassen die Opposition aus ihren Schwierigkeiten. Sie braucht auch keine Antworten zu geben, sondern wir suggerieren ihr die Fragestellung, die sie an uns nun weiterhin neu richten kann.

Ich nenne mal ein paar Beispiele dafür. Aus einem dieser Anträge, wie sie am Wochenende verabschiedet worden sind und das ist sehr gut gemeint, daran ist überhaupt nicht zu zweifeln, entnehme ich zum Beispiel, dass wir nun in Zukunft über Ausmaß, Art und Ort der Investitionen entscheiden wollen über einen volkswirtschaftlichen Rahmenplan und einen zwischen Bund und Ländern abgestimmten Infrastrukturplan oder Strukturkonzept. Ich sehe schon, wie das im Bundesrat gehen wird mit Mehrheiten und Minderheiten zwischen den elf Ländern. Und ich frage mich, ob das wirklich gemeint ist, dass irgendein staatliches Gremium Ausmaß der Investitionen, Art und Ort entscheiden soll. Zum Beispiel, wir können der Meinung sein, es soll mehr in der Elektroindustrie investiert werden, weniger in der Automobilindustrie. Könnte sein. Investitionen leben 15 oder 20 Jahre, bis sie ausgedient haben. Solange wird auf der Grundlage neu gebauter Maschinen oder Hallen, das nennt man ja die Investitionen dann, produziert. Ist das wirklich so sicher, dass wir das übersehen können? Sind wir auch sicher, dass wir dafür sorgen können, dass alle 20 Jahre die Produkte verkauft werden, zumal die Hälfte dieser Produktion ins Ausland geht und im Ausland verkauft werden muss? Wollen wir wirklich uns anheischig machen, den Ort der Investition zu bestimmen? Soll die neue Fabrik gebaut [werden] in Rheinland-Pfalz oder in Bayern oder vielleicht in einem sozialdemokratisch regierten Land lieber oder in einer sozialdemokratisch regierten Stadt lieber? Und soll sie vorgenommen werden von Siemens oder von AEG? Wer entscheidet dies und nach welchen Gesichtspunkten? Ich kann mir im Ernst nicht vorstellen, dass das alles überlegt ist, zumal man den Absatz nicht befehlen kann. Es sei denn, dass man die Lohnkosten von Staats wegen durch Entscheid auch niedrig hält. Den letzten Satz sage ich vielleicht zweimal, damit er verstanden wird. Es sei denn, dass man die Kosten, sprich insbesondere die Lohnkosten in diesem Bereich auch staatlich reguliert, damit das Produkt absetzbar bleibt oder heruntersubventioniert wie bei der Bundesbahn, damit es absetzbar bleibt. Und das ist alles gut gemeint hier, aber die konkreten Beispiele, die Erfahrungen, die wir hatten bisher mit der Anwendung unserer Instrumente, die sprechen nicht gerade für, auch ohne dass ein konkreter Anlass in einem konkret-

---

22 MdB (CDU), stellvertretender Vorsitzender der CDU/CSU-Bundestagsfraktion.

Bereich vorliegt, sie abstrakt auf die ganze Volkswirtschaft auszudehnen. Wir hatten einen verdammt konkreten Anlass, sie auszudehnen auf ein Gebiet. Das war das Gebiet der Energiepolitik. Haben wir gemacht! Gleichzeitig haben wir auf dem Felde natürlich Umweltschutzgesetzgebung gemacht mit diesem fantastischen Fehlerfolg, den Herbert *Wehner* am Anfang der Sitzung hier in unser aller Bewusstsein gehoben hat, dass eine Investition über zwei Milliarden zerstört wird, weil ein paar Leute meinen und ein Einzelrichter meint, dass dieses also mit ihren Umweltschutzanforderungen nicht in Übereinstimmung zu bringen sei. Mehrere tausend Arbeitsplätze in der Bauwirtschaft und Dauerarbeitsplätze in der Energiewirtschaft, Absatz von Ruhrkohle, viele Millionen Tonnen pro Jahr. Man kann nur hoffen, dass es in der nächsten Instanz gutgeht, aber bis die nächste Instanz sprechen wird, vermute ich, wird insgesamt ein Jahr verloren gehen. Also hier liegt auch indirekte Investitionslenkung durch öffentliche Stellen vor. Nicht in dem Sinne, den wir uns gewünscht haben. Hier ist auch eines der Beispiele, wo man sich die Frage stellen kann, welche Ergebnisse haben wir erzielt mit den bisherigen Instrumenten. Ich kann mich gut erinnern, dass ich hier im Herbst, nein im Frühjahr mal gewarnt habe davor, dass wenn man es ins Aschgraue treibt mit der Umweltschutzpolitik, dass man dann Arbeitsplätze vernichtet. Hier ist das eingetreten, und zwar in einem erstaunlichen und schrecklichen Ausmaß.

Oder aus einem Antrag entnehme ich, dass wir ein Instrumentarium entwickeln sollen, um die Preissetzung der Unternehmen von Staats wegen zu regulieren und die Gewinnverwendung. Also jemand, der die Preise festsetzt, muss ja wohl auch dann die Kosten festsetzen. Ist das wirklich gewollt? Ich meine es ernst mit dem Bekenntnis zur Lohntarifautonomie und nicht zur Lohntariffremdbestimmung durch staatliche Behörden. Und so ist manches nicht zu Ende gedacht. Ich meine ernst mit der Paritätischen Mitbestimmung, wenn ich auch weiß, dass wir sie in einem Akt nicht erreichen werden. Wenn ihr die Investitionsentscheidungen wegnehmt aus dem Unternehmen und das woanders treffen lasst, dann weiß ich nicht, was das eigentlich soll mit der Mitbestimmung und mit der Mitverantwortung durch die Belegschaften.

(Starker Beifall.)

Mein dringender Rat, und ich schließe mich voll an das an, was Willy *Brandt* eben gesagt hat, mein dringender Rat allüberall auf Unterbezirksparteitagen und Bezirksparteitagen: nicht dazusitzen und zu schweigen, wenn man doch das Gefühl hat, hier geht etwas zu weit, auch wenn es gutgemeint war, sondern seine eigenen Einsichten und Ansichten auch anzubieten und wenn es irgend geht, zurückzukommen auf den Entwurf des Orientierungsrahmens '85. Hier gibt's kaum jemanden im Saal, der mit dem zu 100 Prozent überall glücklich und einverstanden ist. Sowas kann es ja auch nicht geben und dazu braucht man auch gar nicht zu irgendeiner dieser neumodischen Richtungen in der Partei zu zählen. Ich zähle mich nicht dazu. Und trotzdem kann man mit manchem nicht ganz zufrieden sein, das verstehe ich schon. Ein so dickes Papier kann nicht überall nur Zustimmung und Begeisterung auslösen. Aber es ist ein wohlausgewogener Kompromiss von vielerlei Überlegungen. Der Versuch, punktuell möglichst ins weitgehende Detail angereichert, ihn nun zu verändern, der führt zu solchen Ergebnissen, wie ich eben ein paar wenige hervorgehoben habe. Wobei das Schlimme dieser Ergebnisse ist, dass sie durch Kampfpresse und durch den Gegner tausendfach vergröbert auf uns zurückgeschlagen werden, ohne dass diejenigen, die diese Beschlüsse fassen, dann als öffentliche Antwortpersonen auftreten. Das wird dann anderen überlassen.

Und in dem Zusammenhang auch die Bitte, doch nun sich mal zu überlegen, ob wir eigentlich wirklich mit Fleiß die provokanten Reizworte alle brauchen, die da dann benutzt werden. Wenn du dann genau dahinter guckst, dann erklärt der Rudi *Arndt*[23], ja, das ist ja nur das Wort, in Wirklichkeit meinen wir ja etwas, was viel weniger ist. Nicht. Hat er gestern auch. Hat er ja dann noch mal öffentlich dargelegt im interpretierenden Aufsatz. Worum es geht bei all dem Bemühen, worum es gehen kann, ist vorausschauende Industriepolitik. Vorausschauende Industriepolitik. Wobei das mit dem Vorausschauen gar nicht so leicht ist, wenn zum Beispiel Luft- und Raumfahrtindustrie oder Schiffbauindustrie oder Maschinenbauindustrie oder Stahlindustrie oder Röhrenindustrie, die produzieren alle zu mehr als die Hälfte ihrer Produkte für Weltmärkte draußen. So genau ist das gar nicht vorherzusehen, was da 1980 und '85 mit Gewinn abgesetzt werden kann. Aber vorausschauende Industriepolitik ist trotzdem ein richtiges Wort und man muss versuchen vorherzuschauen. Der Meinung bin ich schon. Vorausschauen im Interesse der Sicherung der Arbeitsplätze, die man morgen und übermorgen brauchen wird, weil nicht alle Arbeitsplätze, die man heute hat, 1985 noch so gebraucht sein werden.

Man muss sich dabei der Begrenztheit der Prognose im Klaren bleiben, der Begrenztheit der Prognose einer Volkswirtschaft, die mit einem Viertel ihres Sozialprodukts auslandsabhängig ist oder mit beinahe der Hälfte ihres Industrieprodukts auf ausländische Märkte angewiesen ist. Beinahe die Hälfte der ganzen industriellen Produktion geht ins Ausland und muss dort verkauft werden und wenn es nicht mehr geht, fallen die Aufträge und die Beschäftigung und die Arbeitsplätze und die Einkommen und die Steuern weg. Und deswegen würde ich auch bitten, dass die Diskussion über diese Instrumente nicht so geführt wird, als ob wir hier Sozialismus in einem Lande machen könnten, wenn ich ein berühmtes Zitat in Erinnerung rufen darf. Wir leben nicht in einem Land für uns selber, sondern wir sind in unserem Lebensstandard glücklich darüber, dass wir im Wirtschaftsaustausch mit EG-Partnern wie weltwirtschaftlichen Partnern so viel haben herausholen können und dabei gleichzeitig doch diesen Partnern auch nützlich waren. Diese weltwirtschaftliche Arbeitsteilung ist eine nützliche. Sie unterliegt gegenwärtig einer Krise, einer weltwirtschaftlichen Krise. Das ist wohl wahr. Aber die wird nicht behoben durch Instrumente, die wir nur innerhalb der eigenen Grenzen anwenden würden oder könnten. Vorausschauende Industriepolitik – so ein Schlagwort könnte ich mir gut vorstellen, wenn man dabei weiß, dass sie indikativ anzeigend und orientierend sein wird und nicht exekutiv und nicht mit Vollzugverbindlichkeit. Was andere orientieren kann, ist sehr gut, wenn es orientiert. Wir alle fühlen uns immer orientiert durch das Jahresgutachten der Sachverständigen und durch den Wirtschaftsbericht. Beide tun das nach bestem Wissen und Gewissen – die Sachverständigen und der Wirtschaftsbericht der Bundesregierung und trotzdem weiß hier jeder im Saal, dass das nach sechs Monaten schon ganz anders aussieht als nur für ein einziges Jahr prognostiziert, so dass die ganze Orientierung, die man gibt oder die man bekommt von staatlicher Stelle, offenbar noch nicht ausreicht, um den eigenen Entschluss darauf zu basieren. Gehört auch ein eigenes Fingerspitzengefühl dazu und bleibt ein ziemliches Risiko dabei übrig. Ich bitte also, sich dessen bewusst zu bleiben. Dies ist nicht Naturwissenschaft, wo, wenn man seinen Pythagoras richtig aufbaut, ganz zweifellos hinterher dann die Länge der Hypotenuse ausrechnen kann. Dies ist etwas anderes, etwas in sich Dynamisches, wo viele Faktoren sich nach Gesetzen bewegen, die wir hier in Deutschland weder kennen, richtig kennen können, noch beeinflussen können. Wenn im Augenblick VW wieder gut marschiert, dann nur deshalb, weil in Amerika aus innenpolitischen amerikanischen Gründen eine Zinspolitik getrieben wird, die den Dollarkurs über 2,60 Mark hat ansteigen lassen. Wie will man das bei der Entscheidung

---

23 Oberbürgermeister von Frankfurt/Main und SPD-Bezirksvorsitzender von Hessen-Süd.

Fraktionssitzung 23.09.1975 **112.**

über eine Investition für den VW-Konzern, die 15 oder 25 Jahre lebt, wie will man das eigentlich von Staats wegen richtig einschätzen?

Meine herzliche Bitte: sich auf das zu konzentrieren, was die Leute, die nun weiß Gott viel daran gearbeitet haben, in den Entwurf eines Orientierungsrahmens hereingeschrieben haben, und es nicht anzureichern mit allen möglichen hochintelligenten und im Ergebnis völlig unzureichenden Ergebnissen aus abstrakten Diskussionen, wie sie am anderen Ort außerhalb der Politik notwendig sind. Mir kommt es darauf an, dass wir nicht den Eindruck zulassen, als ob diese Partei die Entscheidung des einzelnen Unternehmens – und wenn es ein großes ist, stellen wir uns vor, dass das Unternehmen in seinen Organen die Entscheidung in paritätisch mitbestimmter Weise trifft –, dass es uns nicht daran liegt, die Entscheidung des Unternehmens und seiner Organe durch irgendeine staatliche Generalentscheidung vorwegzunehmen oder überflüssig zu machen. Es können noch sehr viele, nicht nur leitende Angestellte und nicht nur mittelständische Betriebsinhaber, sondern noch sehr viele – wie heißt das so schön im Jargon der Meinungsbefrager – Aufsteiger unter den Angestellten, die können noch mit Erfolg durch die verschlimmbösernde Kampfpresse und die Verbände, die uns gegenüberstehen, keineswegs unsere Verbündeten und Partner sind, sondern unsere Gegner, die können noch zusätzlich durchaus in die Unsicherheit gestoßen werden.

Diejenigen, die sich von der abstrakten Diskussion dann lösen wollen und die die konkreten Inhalte angucken wollen, die fordere ich dann auf, sich anzugucken, was hat eigentlich bisher das vom Staat und Gesetzgeber benutzte Instrumentarium, was hat es regional bewirkt unterm Strich, nicht nur im ersten Anlauf, sondern unterm Strich. Zum Beispiel Zonenrandgebiet, in der regionalen Wirtschaftspolitik in Berlin, in den Bundesausbaugebieten und wie das alles heißt und bitte guckt dann nicht vorbei oder am Ostseestrand, guckt dann bitte nicht vorbei an den Dingen, die gemeinhin in den eigenen Erfolgsmeldungen nicht mitgenannt werden. Und die zweite Fragestellung, was hat es bewirkt in den Sektoren, in denen wir auf das Stärkste durch indirekt wirkende Einflüsse auf die Investitionsentscheidungen der Unternehmen auf das Stärkste Einfluss ausgeübt haben, wie Wohnungsbau. Ich rede nicht nur vom sozialen Wohnungsbau. Wie Wohnungsbau, Wohnungsbaukapazität, Schiffbau, Luftfahrt, Forschungspolitik. Da gibt's ein paar Ruhmesblätter und viele Blätter gibt's da, die sind gemischt zu beschreiben, wenn man die Ergebnisse sorgfältig prüft. Dazu würde ich auffordern. Das eignet sich dann nicht zu Volksreden auf Unterbezirksparteitagen. Es ist auch manches dann gar nicht so schön, wie man gerne möchte, dass es wäre. Jedenfalls eine solche Betrachtung führt dann zu etwas mehr Bescheidenheit im Fordern neuer Instrumente, nachdem man nicht in allen Fällen den optimalen Gebrauch von den vorhandenen offenbar gemacht hat.

Ich möchte in dem Zusammenhang noch einmal betonen, ich sagte es hier schon vor 14 Tagen, es kommt gegenwärtig für 1975 und '76 und '77 nicht in erster Linie darauf an, dass wir bestimmten, in welchen Sektoren investiert und in welchen nicht investiert wird. Es kommt darauf an, Ertragserwartungen und Vertrauen zu schaffen dafür, dass überhaupt genug investiert wird. Es mögen manche für ein sehr schwaches Argument halten, aber ich sage euch, das ist meine Wahrheit, meine innere Überzeugung. Das ist meine Wahrheit. Und es kommt darauf an, genug Vertrauen zu erhalten und es zu mehren in die Fähigkeit dieser Koalitionsregierung, dieser Gesetzgebungskoalition und dieser die Koalition kraft numerischer Zahlen nun einmal führenden eigenen Partei, kraft numerischer Überlegenheit nun mal führenden eigenen Partei. Ich will gar nicht so weit gehen, den Anspruch zu erheben, wir seien also geistig den anderen so hoch überlegen auf diesen wirtschaftspolitischen Gebieten. Das könnte man auch tun, aber ich will hier nicht in Anmaßung verfallen.

Wir haben diese Koalition zu führen unter ausreichender Rücksichtnahme auf den Partner und dieser Partner wird zum Teil gegenwärtig eben auch durch das Rückspiel über die Bande der veröffentlichten Meinung und der veröffentlichten Verbandseinlassungen verunsichert. Es gibt auch bei ihm welche, die die Gelegenheit nutzen – natürlich –, und jedenfalls tritt eine Lage ein, in der, wenn er dieses abdecken soll, manche bei ihm sagen, dann wollen wir dafür aber auch Kompensationen erhalten, möglicherweise auf Gebieten, auf denen bisher von Kompensation gar keine Notwendigkeit oder keine Rede war. Ich bitte, sich nicht vorzustellen, dass wir mit der FDP so umgehen dürfen, wie Herr *Dahrendorf* mit ihr umgegangen ist, wenn wir nicht wollen, dass die mit uns so umgeht, wie Herr *Dahrendorf* mit uns umgegangen ist. Diese gegenseitigen Schaukelprozesse, die da denkbar sind, waren seit etwa Mitte des Jahres – seit dem Juli – zum Teil ja nicht nur denkbar, sondern praktisch geworden. Ich war sehr froh am Ende der Debatte letzter Woche im Plenum, dass wir sie so weitgehend hatten applanieren können. Da war ja viel, viel Arbeit wochenlang hinter den Kulissen gewesen – Fraktionsspitzen, Kabinett, Koalitionsgespräche. Ich bitte die Bündnisfähigkeit, wie Herbert das genannt hat, nicht für eine Sache zu halten, die sich nur aus unserer eigenen großen Zahl ergibt. Ich bitte auch das Vertrauen der Aufsteiger, der übrigen Wähler nicht für etwas Selbstverständliches zu halten. Alle diese hochintelligenten, zum Teil wirklich sehr gutgemeinten, sehr ins Detail gehenden Pläne, wie der Orientierungsrahmen angereichert werden soll, der wird dann noch dicker, die stammen ja in Wirklichkeit auch nicht aus unserer eigenen Kernwählerschaft, die kommen nicht aus den Betrieben und von den Facharbeitern, bitte ich auch zu sehen, sondern die kommen aus anderen Bereichen, die auch unserer Partei zugehören und ihr zugehören sollen und auf die wir in vielerlei Beziehung angewiesen sind und bleiben werden. Aber man muss das alles auch unter dem Aspekt der Vertrauenserhaltung bei der eigenen Wählerschaft und bei der eigenen Kernwählerschaft sehen und übrigens kommt es auch ein bisschen noch an darauf, das Vertrauen derjenigen zu erhalten, die uns ihre Kredite geben. Es wird viel gespart in Deutschland und wir sind diejenigen, die öffentlichen Hände sind diejenigen, die diese Kredite in Anspruch nehmen und das auch wollen und die verteidigen gegenüber der öffentlichen Meinung und der veröffentlichten Meinung, dass wir dies tun. Alles dies sind nicht Gummibänder, die man ohne Strafe überdehnen kann. Und deswegen meine sehr herzliche Bitte, dass jeder an seinem Ort und auf seinem Unterbezirks- oder Bezirksparteitag, der meint, dass er nun verstanden hat, worum es geht, dass jeder dazu beiträgt, dass die Kirche im Dorf bleibt und dass der Entwurf des Orientierungsrahmens nicht denaturiert wird durch die deutsche Sucht nach Perfektion, die im Ergebnis niemandem nützen wird. Uns jedenfalls erheblich schon geschadet hat.
(Starker Beifall.)

[B.]

Wehner: Danke Helmut *Schmidt*. Erste Wortmeldung, Genosse *Lemp*.

Lemp: Genossinnen und Genossen, es ist vielleicht verwunderlich, wenn man hier jemanden am Mikrofon hat, der aus dem schwärzesten Wahlkreis der Bundesrepublik kommt, wenn man davon ausgeht, dass Beschlüsse aus dem stärksten Landesverband hier auf dem Tisch zur Diskussion stehen, und ich darf mir vielleicht mal erlauben, als ein Vertreter eines Wahlkreises, der wirklich pechschwarz ist, einiges zu dem zu sagen, was nicht nur hier zur Debatte steht, sondern auch was in meinem Hinterkopf schwirrt, um eventuell auf die Dauer noch weiter als Sozialdemokrat regierungsverantwortlich eine Regierung mitzutragen. Und da frage ich mich, sind wir eigentlich so schizophren, dass wir uns einbilden, dass wir die nächste Wahl schon gewonnen haben? Das ist die erste Frage. Ich kann mir nicht vorstellen, dass es hier Genossen gibt, die davon überzeugt sind, dass wir sie ohne weiteres schon gewonnen haben.

Der zweite Punkt ist der, kann man sich vorstellen, dass man an der Basis, wo man darum kämpft, mehr Stimmen zu gewinnen, wo man nur mit klein- und mittelständischen Unternehmen zu tun hat, diese Bürger heute mit Dingen verschreckt, vor denen sie morgen Angst haben, die in Wirklichkeit gar nicht eintreten. Man sollte einmal darüber nachdenken. Und wenn ich dann – durch die Presse lanciert natürlich – sehe, lese und durch Diskussionen erfahre, dass meine Mitbürger, die ich meine mal als Wähler gewinnen zu können, verunsichert werden, wenn man innerhalb der Partei nicht mal so einig ist, dass selbst wenn kleine Querelen auftauchen, zwischen Parteivorstand und Kanzler demonstriert, dass man sich gegenseitig trägt. Hier meine ich in erster Linie natürlich die Partei. Diese Partei müsste eigentlich wesentlich deutlicher machen, dass diese Regierung getragen wird durch diese Partei. Das ist der eine Punkt.

(Vereinzelter Beifall.)

Dazu bedarf es aber konsequenter Äußerungen unseres großen Vorsitzenden. Konsequenter Äußerungen, deutlicher Äußerungen.

(Vereinzelter Beifall.)

Ein Zweites möchte ich hier bemerken und ich sehe das nur aus der kleinen Brille des Bürgers unten, mit dem ich an der Theke einen Schnaps trinke. Ich gebe das mal zu – dem kleinen Bürger, jawohl. Von mir aus auch drei Schnäpse. Lieber Alex [*Möller*], von mir aus auch fünf, wenn es der Sache dient auch zehn.

(Heiterkeit.)

Mit geht es darum, und man möge das auch bitte mal bedenken, ganz auch von unseren progressiven Kräften, wenn es darum geht, dass sich Sozialdemokraten und Kommunisten bemühen in Portugal und wir sie unterstützen wollen, dass es überhaupt demokratisch dort auf die Dauer regiert werden kann, aber im gleichen Atemzug Kommunisten sich konsequent von Sozialisten in Portugal abgrenzen, dann – meine ich – ist es hier auch an der Zeit, dass wir es tun, um wieder Vertrauen in unsere Bürger zu bekommen, damit wir auf die Dauer auch noch Lust an der Arbeit haben, um unsere Partei zu einer Mehrheit zu führen. Aber dazu ein letztes Wort. Genosse Willy *Brandt*, ich darf dir sagen aus einem schwarzen Wahlkreis, da heißt es, du bist unser Manitu und ich kann dir nur sagen, Manitu, jetzt kommst du, sage ein deutliches Wort.

(Heiterkeit.)

(Vereinzelter Beifall.)

Wehner: Walter *Polkehn*.

Polkehn: Liebe Genossinnen und Genossen, ich bin Willy *Brandt* dankbar, dass er Oldenburg erwähnt hat, und er macht das sonst immer scherzhafterweise und sagt, die Separatisten. Diesmal hat er Stamokap hinzugefügt und er hat recht. Wir sind in Oldenburg in einer sehr schwierigen Situation und haben zurzeit wirklich einen sehr kritischen Unterbezirk. Dazu möchte ich zum Rücktritt *Grolles* euch einige Informationen geben.[24]

---

[24] Der niedersächsische Wissenschaftsminister Joist *Grolle* trat aus dem Vorstand des SPD-Unterbezirks Oldenburg aus und begründete dies damit, dass er die im Unterbezirk beschlossenen Anträge für den SPD-Bundesparteitag in Mannheim nicht vertreten könne. Die Anträge aus dem linken Flügel forderten unter anderem staatliche Investitionslenkung und die Analyse von Möglichkeiten zur demokratischen Massenmobilisierungen gegen staatliche Strukturen. Vgl. den Artikel »Grolle verlässt SPD-Unterbezirk« in der »Frankfurter Allgemeinen Zeitung« vom 23. September 1975; BT Pressedokumentation, Personenordner Grolle.

Nicht alles steht ja in der Presse. Erlaubt mir also, ein bisschen auszuholen. Wir haben zurzeit 2 200 Mitglieder, davon 1 400 unter 35 Jahren, haben eine Jungsozialistengruppe – eine aktive – von circa 100 Mitgliedern, die geführt wird oder die beeinflusst wird von dem SHB[25] an der neuen Universität in Oldenburg. Wir lernen ja jetzt erst einmal die Probleme einer Universitätsstadt kennen.

(Unruhe.)

Bitte, wir haben sie gewollt. Liebe Genossen, wir haben die Universität gewollt und wir werden auch mit diesem Problem fertig. In Oldenburg gab es seit langer Zeit – ich bin dort seit fast zehn Jahren Vorsitzender – das System, dass wir nur eine Vollversammlung gehabt hatten. Das mag anfangs funktioniert haben, bei 2 200 Mitgliedern nicht. Wir standen wie alle Ortsvereine vor der Situation, in den Mitgliederversammlungen die junge Generation sitzen zu haben, die hat dann die alte herausgeredet und am Schluss saßen dann einfach 100 Jungsozialisten und 50 Altgenossen, wenn ich das mal so bezeichne. Wir haben uns halt lange überlegt, wie müssen wir das ändern. Es hat zweieinhalb Jahre gedauert, liebe Genossen, und zweieinhalb Jahre habe ich persönlich darum gekämpft, eine Neugliederung des Ortsvereins durchzukriegen mit dem Delegiertensystem. Und nun schlug dieses erste Delegiertensystem in den Parteitag zum Orientierungsrahmen. Unsere Eidgenossen oder die mittlere Generation hat gesagt, was interessiert uns dieses theoretische Gerede. Sie haben sich nicht als Delegierte aufstellen lassen, und nun standen wir vor der Situation, etwas über die Hälfte an Delegierten aus dem Bereich der Jungsozialisten zu haben. Und dann kamen diese entscheidenden Anträge, und wir standen am Sonnabend auf dem Parteitag, Joist *Grolle*, der bei mir im Unterbezirksvorstand ist, sein Persönlicher und ich und hatten die Diskussion, um die Anträge – besonders die Stamokap-Anträge – in unserem Stab zu diskutieren und abzuschmettern. Zweieinhalb Stunden standen wir drei alleine als Gegenpol zu der großen Gruppe, und hier mache ich eine kritische Bemerkung, liebe Genossen, ohne Namen zu nennen. Führende Genossen im Deutschen Gewerkschaftsbereich, führende Genossen aus der Verwaltung einschließlich Oberbürgermeister, Parteisekretäre haben in dieser Versammlung dagesessen und haben geschwiegen. Wir drei standen vor dieser Diskussion. Dann kam die Abstimmung, einige Anträge konnten wir abschmettern, einige Anträge sind dann durchgegangen. Nun tauchte die Frage bei diesem Stamokap-Antrag auf, was ist zu tun: Rücktritt von mir, Rücktritt von Joist *Grolle* und mir oder gar nichts. Ich habe mich dann mit einigen Freunden kurz beraten, die da meinten, das sind die Anträge nicht wert, dass der Unterbezirksvorsitzende zurücktritt. Diesen Schritt hat dann Joist *Grolle* vollzogen, und zwar mit der Absicht die Mitglieder aufzurütteln und zu mobilisieren, damit uns so etwas in Delegiertenversammlungen nicht wieder passiert. Es kommt bei Joist *Grolle* natürlich auch noch eine andere Geschichte hinzu. Er gilt in Hannover als der äußerste Linke. Das muss man einfach wissen. In Oldenburg gilt er als der Rechte. Da seht ihr auch, was man mit den Begriffen links und rechts eigentlich so tun kann, und für Joist *Grolle* war es sicherlich wichtig, hier mal ein Zeichen zu setzen.

Liebe Genossen, der Erfolg dieses Parteitages für Oldenburg ist, dass wir zum frühestmöglichen Termin einen neuen Unterbezirksvorstand wählen mit neuen Delegierten, und Willy *Brandt*, ich kann dir versprechen, spätestens am 10. Januar – wenn nicht früher – hat Oldenburg einen neuen Unterbezirksvorstand und neue Delegierte. Dann wirst du zufrieden sein.

(Unruhe.)

---

25 Sozialistischer Hochschulbund.

Fraktionssitzung 23.09.1975 **112.**

Wehner: Horst *Haase*.

Haase (Fürth): Genossen, ich finde, dass es eigentlich gut war, hier noch einmal diese Dinge anzusprechen. Nur das muss ich jetzt mal einschränkend sagen, die Diskussionsergebnisse der schon abgelaufenen Bezirksparteitage waren doch abzusehen. Die sind ja nun nicht so überraschend gekommen, dass wir hier alle fassungslos davorstehen, und das Weitere war auch abzusehen, nämlich die Auswirkungen, die diese Beschlüsse der Parteitage auf die Medien haben würden. Und absehbar war auch, Genossen, das, was der Koalitionspartner dazu sagen wird und gegebenenfalls wie ernst oder nicht ernst er es meint. Aber, Genossen, die Frage ist doch, das hielt ich für gut, dass es angesprochen war, wie leicht kann es sich diese Bundestagsfraktion machen, in der Sache und in der täglichen Politik das anzuwenden, was also hier besprochen wurde. Wir haben ja Erfahrungen, Gutachten, Sachverständigengutachten, nicht Konzertierte Aktion, Beiräte und Sonstiges – ein riesiger Planungsstab – und das Einzige, was ich bisher wesentlich feststellen konnte, war, das sage ich jetzt mal als Parlamentarier, die Entmachtung des Parlaments. An sich sonst nichts Wesentliches, sicher einige Dinge, die man zählen kann, aber nichts sehr Wesentliches. Ein Beispiel aus meinem Bereich der Vorausschau wirtschaftlicher Planung: acht Fabriken errichtet in der Oberpfalz, im Bayerischen Wald von der Triumph International. Alle sollten sie neue Arbeitsplätze schaffen. Eine ganze Reihe von staatlichen Mitteln eingesetzt. Alle acht sind wieder zu. Dies ist die vorausschauende Wirtschaftsplanung.

(Zwischenruf.)

Na ja eben, so ist das doch. Wieso ist denn eigentlich zu erwarten, dass der Konsument sich denn auch so verhält?

Begrüßen, das wurde ja hier gesagt, begrüßen tun wir also das, was die Bundesregierung tut. Wir handeln. Wir sagen, dieses ist alles richtig, und wir sind voll solidarisch mit ihr und fassen dann also auf Bezirkskonferenzen oder anderen Konferenzen Beschlüsse in der Sache, die sich deutlich distanzieren und wundern uns dann so ein bisschen über die Reaktion.

Warum ich mich hier gemeldet habe, nicht dieses zu wiederholen, sondern einmal zu fragen oder auch anzuregen, ob denn nicht diese Bundestagsfraktion auch hilfreicherweise, nachdem so viele Entschließungen fassen, eine Entschließung fassen sollte zur Wirtschaftspolitik und damit natürlich auch zur Frage der Behandlung von investitionslenkenden oder -kontrollierenden Methoden. Ich könnte mir sehr gut vorstellen, dass man gerade in Verquickung der praktischen Politik und der täglichen Politik, die wir hier zu machen haben, mit dem, was als Perspektive uns vorschwebt, zu einer Resolution kommen kann, die dann auch in der Partei diskutiert wird und dieses wäre – meine ich – doch vielleicht auch ein Beitrag, den diese Fraktion leisten könnte.

Wehner: Alfred *Emmerlich*.

Emmerlich: Genossinnen und Genossen, Helmut *Schmidt* hat gewiss Recht, dass die Parteitage des Wochenendes der öffentlichen Diskussion Stichworte geliefert haben, die sich gegen uns gekehrt haben. Gleichwohl bin ich der Meinung, dass wir nicht außer Acht lassen dürfen das, was Willy *Brandt* gesagt hat. Wir haben den Auftrag gegeben, einen Orientierungsrahmen zu entwerfen. Wir haben diesen Entwurf in die Partei hineingegeben und wir können die Diskussion um diesen Orientierungsrahmen nicht drosseln, weder inhaltlich noch zeitlich. So unangenehm das Timing uns auch sein mag, es wäre völlig falsch, den sich aus der Tatsache des Vorhandenseins dieses Entwurfs und unseres Mannheimer Parteitags ergebenden Zwängen ausweichen zu wollen. Wir müssen uns dieser Situation stellen, und zwar – wie ich meine – nicht defensiv, sondern offensiv. Das heißt, wir müssen den Handschuh, den andere uns jetzt hinwerfen, aufnehmen. Ich habe vor einigen Tagen meine Mappe Wirtschaftspolitik mal wieder durchgesehen und mir ist dabei bewusst geworden, welche Schwierigkeiten wir ständig in dieser Legislaturperiode in diesem Bereich zu bewältigen hatten und wie sehr aus der Sicht von außen wir unsere eigentlichen Zielvorstellungen nicht erreicht haben. Wir können doch nicht im Ernst behaupten, dass die Preissteigerungsrate, die uns in der ersten Hälfte ständig Sorgen gemacht hat, eine solche war, die wir als eine unvermeidliche oder eine solche hinstellen können, die die Unzufriedenheit unserer Anhänger nicht heraufbeschwören musste. Wir haben dann auf die Bremse getreten und nachdem wir auf die Bremse getreten hatten, haben wir als Ergebnis zu verzeichnen zwar einen geringeren Preisanstieg, aber immer noch einen solchen, der weit über dem liegt, was wir früher einmal für erträglich gehalten haben, und außerdem einen schwerwiegenden Rückgang der Wirtschaftstätigkeit, verbunden damit einen Rückgang in der Beschäftigung und einen Rückgang bei den Staatseinnahmen. Ich habe das ja nicht behauptet, dass da ein kausaler Zusammenhang besteht, sondern ich habe nur von einer zeitlichen Aufeinanderfolge gesprochen, die mindestens bei manchen im Lande kausale Betrachtungsweisen zur Folge hat.

Und hinzukommt, dass im Bewusstsein unserer Bürger die Verantwortung für all diese Dinge die Regierung trägt. Wir können drehen und wenden, wie wir wollen, wir könnten auf objektive Schwierigkeiten hinweisen, letzten Endes macht uns der Bürger dafür verantwortlich, und da darf man doch sich nicht darüber wundern, dass die Partei auf breiter Basis diskutiert darüber, welche Möglichkeiten es gibt, diese Situation zu bessern. Und es ist doch völlig klar, dass bei einer solchen Diskussion Falsches und Richtiges vorgetragen wird, denn sonst wäre es ja keine Diskussion, wenn alle nur etwas Richtiges vortragen würden. Und ich halte es nicht für hilfreich, wenn wir uns gegenseitig mit starken Vokabeln bescheinigen, dass der Eine dummes Zeug redet und der Andere Unsinn vorschlägt. Das macht es uns schwer zusammenzufinden. Das diskreditiert aber auf jeden Fall große Bereiche unserer Partei in den Augen der Öffentlichkeit. Wir sollten derartig starke Vokabeln, wie ich sie am Wochenende auch aus unseren Reihen zu diesen Diskussionen auf dem Parteitag gehört habe, vermeiden. Ich glaube, insgesamt stehen wir dann besser da.

Und noch einen Fehler sollten wir, glaube ich, zu vermeiden versuchen, dass wir den Gegenstand der Diskussion, der sich um das zugegebenermaßen, Helmut *Schmidt*, nicht ganz glückliche Wort Investitionslenkung und Investitionskontrolle entzündet hat, dass wir den in einer Richtung verengen oder erweitern, der eigentlich mehr Wasser auf die Mühlen unserer Gegner lenkt, als das erforderlich ist. Wenn ich die Diskussion um das, was du vorbeugende, vorausschauende Wirtschafts- oder Industriepolitik genannt hast, richtig verstanden habe in der Partei, dann dreht es sich doch im Wesentlichen um zwei Punkte. Einmal wie kann die Prognosefähigkeit in Bezug auf den wirtschaftlichen Ablauf für das Unternehmen und für den Staat verbessert werden und zum anderen wie können im Investitionsbereich volkswirtschaftliche Fehlentscheidungen vermieden werden.

Was den zweiten Punkt angeht, so behauptet doch niemand, dass wir gegenwärtig in der Lage sind, auf breiter Front zu Investitionen ja oder nein zu sagen. Es dreht sich doch allenfalls darum, ob wir punktuell, wenn eine sichere Prognose möglich ist, aus Gründen des zukünftigen Bedarfs auch einmal sagen können müssen: Nein. Nur dies ist – glaube ich – Gegenstand der Diskussion, und wir sollten nicht so tun, als würde etwas anderes diskutiert, und wir sollten auch nicht so tun, als sei dieses eine Diskussion, die öffentliche Verantwortung im Bereich der Investitionen, die nur die SPD führe und die nur in diesem Land geführt werde. Wir sollten doch mindestens die Beschlüsse des Deutschen Gewerkschaftsbundes zu diesem Thema nicht außerhalb unserer eigenen Überlegungen lassen.[26]

(Vereinzelter Beifall.)

Wehner: Werner *Marquardt*.

Marquardt: Genossinnen und Genossen, ich weiß nicht, was die Beschwörung dessen soll, dass die OR-Kommission dieses Papier einstimmig beschlossen hat. Wenn es so gewesen wäre, dass diese Kommission dann auch weiterhin einmütig die Diskussion getragen hätte, dann wäre es mir wohler gewesen. Ich habe den Eindruck, dass einige, das Papier war noch nicht trocken oder die Unterschrift darunter, schon die Messer gewetzt haben und eigene Papiere vorbereitet haben, und ich habe nicht den Eindruck, als wenn Rudi *Arndt* sonderlich den Kompromiss OR '85 vertreten hätte. Willy, wenn schon der PV in solchen Fragen nicht zusammenhält, wie willst du dann von draußen verlangen, dass man dort zusammensteht. Da solltest du mal deutsch, da solltest du mal Klartext reden! Ich wollte eigentlich das gar nicht sagen. Ich wollte nur zu dem Klartext und deutsch etwas sagen. Du hast hier den Text vorgegeben von dem, was der PV an Wirtschaftsentschließungen vorlegen soll. Wenn das Text wird, was du da vorgetragen hast, ja dann ist das das Chinesisch, was im Orientierungsrahmen wahrscheinlich nicht anders sein kann aus den Umständen, aus der Länge. Aber wenn eine aktuelle Entschließung zur Wirtschaftslage vorgelegt wird, dann muss da klipp und klar gesagt werden, was ist, was sein soll, was sein muss und das in einem Deutsch, das auch ein Hauptschulabgänger noch versteht.

(Vereinzelter Beifall.)

Wehner: Horst *Ehmke*.

Ehmke: Liebe Genossinnen und Genossen, ich bin Helmut *Schmidt* zunächst sehr dankbar, was er hier zum Entwurf des Orientierungsrahmens gesagt hat. Ich glaube, es ist wahr, keiner ist mit dem ganz glücklich. Trotzdem ist er akzeptiert worden in der Kommission und vom PV als Basis der Diskussion, und in der Kommission ist beschlossen worden, dass wir ihn eben als Basis dieser Diskussion nehmen und keineswegs ist etwa jedes Mitglied nun verpflichtet worden, jede einzelne Zeile dort zu verteidigen. Ich bin im Übrigen der Meinung, Genosse *Marquardt*, dass du hier Rudi *Arndt* Unrecht tust. Ich habe grade den Südhessen-Antrag nochmal gelesen. In dem Südhessen-Antrag, in dem Punkt stimme ich übrigens mit Herbert *Ehrenberg*, mit dem ich mich vorgestern darüber unterhalten habe, überein. Es gibt einen Punkt, von dem wir meinen, der geht so nicht, weil da irgendetwas Unklares über Genehmigungsverfahren gesagt ist, aber sonst liegt der so verteufelte Südhessen-Entwurf ganz auf der Linie des Entwurfs der Kommission. Das muss ich nun mal feststellen nach meiner eigenen Kenntnis.

Und der Entwurf macht ja, Helmut, wenn ich darauf nochmal hinweisen kann, genau dies, er kritisiert ja auch die bisherigen Planungsverfahren – zum Beispiel warum in der Regionalplanung wir nicht weitergekommen sind. Er macht doch im Grunde zwei Dinge: Unter dem Stichwort Infrastrukturkonzept sagt er genau dies, bevor ihr neue Instrumente schafft, wendet doch mal die, die ihr habt, und zwar Bund, Länder und Gemeinden, so an, dass sie überhaupt wirklich zum Tragen kommen. Das Gleiche wiederholt er dann noch mal auf den Bankensektor. Und unter dem Stichwort Bundesentwicklungsplan sagt er, wenn ich jetzt Technologiepolitik, Arbeitsmarktpolitik, Investitions-

---

[26] Gemeint sind vermutlich die Beschlüsse des DGB auf dem 10. Bundeskongress. Vgl. zu den Anträgen und Beschlüssen PROTOKOLL. 10. ORDENTLICHER BUNDESKONGRESS HAMBURG. 25. BIS 30. MAI 1975, hrsg. vom DGB-Bundesvorstand, Hamburg 1975, hier unter Anträge auf S. 68–75.

förderungspolitik, sektorale, regionale Strukturpolitik dazu nehme, dann haben wir einen Rahmenplan oder wir sollten aus diesen vereinzelten staatlichen Aktionen einen Rahmenplan machen, der gewisse Grenzen im Gesamtinteresse setzt für die einzelnen Investitionsentscheidungen. Dies liegt übrigens auf der gleichen Ebene wie die beiden Anträge, die auf dem DGB-Kongress in Hamburg angenommen worden sind.[27] Das waren der Antrag von der IG Chemie und der Antrag von der IG Metall. Also auch die Arbeitnehmer haben sich auf dieser Linie bewegt. Eines der großen Probleme, was in den Diskussionen herauskommt, müssen wir nicht mehr machen, um besser an Informationen zu kommen. Ich bin der Meinung, das ist ein wichtiger Punkt. Darüber soll man reden, denn ich stimme Helmut zu, es ist ein sehr schwieriges Unternehmen, für die öffentliche Hand oder für gemischte Gremien – öffentliche Hand, Unternehmer und Gewerkschaften – alle Informationen zu kriegen. Es muss dann die Frage erlaubt sein, auf welcher Informationsbasis dann heute eigentlich die Unternehmen ihre Investitionsentscheidungen treffen, die ja auch die Gesamtgesellschaft berühren. Also diese Informationsfrage ist sicher ein Punkt, über den man weiterreden muss. Was ich nun sagen muss – ich glaube, ich habe inzwischen auf sechs Parteitagen, Bezirksparteitagen diskutiert – mein Eindruck ist, Helmut, und ich kann nur für die reden, auf denen ich war, dass Anträge, wie du dich mit Recht in Hamburg geärgert hast, also Stamokap-Anträge oder so ähnlich, auf keinem dieser Parteitage auch nur eine nennenswerte Minderheit hinter sich gehabt haben. Jedenfalls auf denen, auf denen ich war. Es ist überall, und die haben eisern dazu geredet, abgelehnt worden, wenn man sagt, wir vergesellschaften. Dann haben wir gesagt, hat keinen Zweck, haben wir einzeln diskutiert. Jeder Vorschlag ins einzelne Unternehmen hereinzusagen, du musst soundsoviel entscheiden, ist abgelehnt worden und was ihr da in Hamburg hattet, glaube ich, durch Bundesgesetz die Investitionsquoten vorzuschreiben, wenn ich mal aggressiv sein darf, ich halte das auch für quatsch. Ist auf allen diesen sechs Parteitagen in den Ausguss gegangen. Die haben angenommen, jedenfalls soweit ich das bis jetzt gesehen habe, die Bezirksparteitage, ich habe einige Punkte gesehen, wo ich der Meinung bin, die sind meines Erachtens zu weit abgehend von der Linie des Entwurfs.

Und Helmut, jetzt komme ich zu einem wichtigen Punkt. Ich bin der Meinung, wir selbst dürften nicht den Eindruck erwecken, als ob die Diskussion in der Partei von drei oder vier Stamokap-Anträgen in den verschiedenen Bezirken bestimmt ist. Da würden wir ja helfen, dass das, was der Gegner macht, draußen ankommt. Für mich ist die Tatsache, die Partei hat sich ziemlich eingependelt auf den Entwurf und es kommen ja noch zwei Arbeitsgänge – nochmal die Kommission, die die beschlossenen Anträge verarbeitet, und dann der Bundesparteitag – sodass ich also der Meinung bin, jawohl wir müssen weiter wie bisher wegbügeln, was wir für Unsinn halten. Kann sein, dass in anderen Bezirken, was ich noch nicht gesehen habe, einiges durchgekommen ist. Müssen wir später wegbügeln. Ich kann nur sagen, was zum Beispiel das Westliche Westfalen betrifft, das war ein Vorschlag vom Bezirksvorstand. Er wurde geringfügig erweitert – nicht zu meiner Freude, muss ich sagen – durch die Antragskommission, der kein Linker vorstand, und er wurde vom Parteitag gegen eine Stimme angenommen. Dieser Beschluss nun wird draußen dargestellt, als ob hier – nicht wahr – die abendländische Gesellschafts-

---

[27] Auf dem Kongress des Deutschen Gewerkschaftsbundes wurden am 29. Mai 1975 zwei Anträge zur Investitionslenkung angenommen. Die IG Chemie forderte Branchen-Ausschüsse, die unter anderem ruinöse Investitionswettkämpfe verhindern sollte, die IG Metall forderte einen volkswirtschaftlichen Rahmenplan, der auch Bedarfs- und Nachfragevorausschätzungen für die einzelnen Wirtschaftszweige vornehmen sollte. Großunternehmen, so beide Gewerkschaften, sollten zudem ihre Investitionen rechtzeitig und umfassend bei staatlichen Stellen anmelden. Vgl. den Artikel »Anträge zur Investitionslenkung vom DGB-Kongreß angenommen«; »Frankfurter Allgemeine Zeitung« vom 30. Mai 1975, S. 11.

Fraktionssitzung 23.09.1975 **112.**

ordnung ausgehöhlt werden soll und damit komme ich auf eins, Helmut, was ich in Ergänzung diskutieren müsste.

Liebe Genossen, dies übers Wochenende war ja eine gezielte Aktion. Wir hatten viele Parteitage, die beschlossen haben, es gab nichts. Zum Orientierungsrahmen gab es auch nicht diesen Krach, sondern hier sprach *Schmidt* in Hamburg und *Brandt* im Westlichen Westfalen und flugs waren die Jungs da, das ZDF an der Spitze, und haben daraus einen großen Heuler gemacht. Und ich sage nochmal: Ich war in der ganzen Diskussion einschließlich der Anträge in Dortmund da und bin auch mit den Genossen, die da waren, der Meinung, dies ist völlig falsch dargestellt worden, ohne dass ich sage, ja, ich bin mit jedem glücklich, was in diesem gemeinsamen Antrag, der dann so einhellig beschlossen wurde, stand. Dann hat die Springer-Presse am Wochenende nachgezogen. Die haben den Sonntagsmarkt und dann hat ein Teil –

(Zwischenruf.)

gut, dann sage ich, am Sonntag ist das mit wessen falscher Hilfe immer hochgepumpt worden und dann hat zum Teil ein Teil der Presse nachgezogen, der konservativen Presse im Springer-Sinn, ein Teil – weiß ich aus eigenen Diskussionen – ohne jede Ahnung. Und liebe Genossen, ich bin mit Helmut einig, wie man die Bezirksparteitage fahren soll, wie das bis Mannheim gehen soll. Aber es gibt noch ein Problem. Wir werden weiter diesen Angriffen ausgesetzt sein, und zwar sage ich euch, fast ganz egal was wir beschließen, werden wir diesen Angriffen ausgesetzt sein. Investitionskontrolle steht auch schon in Godesberg, und wir haben zwei Handicaps für meine Begriffe. Einmal ist dieses Land ökonomisch nicht ganz so aufgeklärt wie etwa die Vereinigten Staaten, in denen zurzeit eine große Diskussion über alle diese Fragen stattfindet. Ich hatte ja schon mal gesagt, es gibt einen Gesetzentwurf für ein ökonomisches Planungsamt im Kongress, ohne dass da also ideologische Weltanschauungskämpfe ausbrechen. Und ich bin der Meinung, wir dürfen in der Grundfrage, wie kann man Markt und Planung besser kombinieren, um bessere Ergebnisse zu erreichen, dürfen wir nicht in die Defensive kommen. Wir dürfen nicht dieses Thema tabuisieren lassen, dann haben wir im Wahlkampf und darüber hinaus meines Erachtens überhaupt keine Chancen. Dazu gehört dann, Unsinn zu verhindern, dass es beschlossen wird.

Und die zweite Frage ist, wie können wir, außer dass wir versuchen, in den eigenen Reihen Unsinn abzubügeln, was können wir machen, um stärker als bisher mit unseren Mitteln der Publizistik klarzumachen, worum es eigentlich geht. Denn man sieht ja selbst bei Wirtschaftsjournalisten, dass sie wenig Ahnung haben, was eigentlich im Orientierungsrahmen steht und worum das im Einzelnen geht, und ich bin der Meinung, wir müssten den Versuch machen, Unsinn abbiegen, den Gegner nicht mithelfen, die Diskussion bei uns zu führen, nicht anhand dessen, was das Zentrum der Partei ist, sondern von irgendwelchen Flügelanträgen her, und müssen in der Sache diskutieren, was kann man besser machen, um diese Wirtschaftsordnung instand zu setzen, mit dem Problem fertigzuwerden. Wobei wir von uns aus mit Nachdruck darauf hinweisen sollten, nicht nur wegen allem, was Helmut *Schmidt* auf dem Gebiet tut, dass man sich genau klar sein muss, es gibt keinen Sozialismus in einem Lande. Gerade eines der Probleme heute ist, dass die nationalen Planungsmittel eben sehr kurz fallen, so dass zu dem, was wir uns hier drinnen überlegen, eine ganze neue Art internationaler Kooperationen dazukommen muss. Aber ich bin der Meinung, es muss in dieser Stoßrichtung, dürfen wir nicht in die Defensive kommen, sonst wird uns alles Mögliche an Etiketten angepappt und wir kommen damit nicht frei. Und ich bin der Meinung, das ist auch ein Aspekt, den wir in unserer Reaktion, in unseren Äußerungen nach draußen und in unserer Öffentlichkeitsarbeit in den nächsten Wochen berücksichtigen müssen. Schönen Dank.

(Beifall.)

Wehner: Herbert *Ehrenberg*.

Ehrenberg: Genossinnen und Genossen, Horst *Ehmke* hat sicher recht, wenn er sagt, dass sich hier also konzentriert die Presse und was sonst zur öffentlichen Meinungsmache gehört, auf bestimmte Bezirksparteitage und erst recht auf bestimmte einzelne Punkte konzentriert hat. Wir haben in Weser-Ems vor 14 Tagen einen Beschluss gefasst, einen unterstützenden Antrag zum Orientierungsrahmen, der zum Schluss heißt: Der Staat ist verantwortlich für eine vorausschauende Konjunkturpolitik und soll sich im Wesentlichen auf Methoden der mittelbaren Beeinflussung der Wirtschaft beschränken. Darüber hat natürlich niemand geschrieben, aber das wissen wir ja auch im Voraus, dass das niemand tut. Das ist ja keine neue Entdeckung und sicher kann man von Bezirksparteitagen nicht erwarten, dass sie nun im Voraus darauf Rücksicht nehmen. Von denjenigen, die Texte verfassen, sollte man es erwarten können, dass man auch dieses in die Überlegungen einbezieht.

Und Genossen, ich glaube, für die Bezirksparteitage, die noch vor uns liegen, aber vor allen Dingen auch für die vielen einzelnen Beiträge und Stellungnahmen, die ja notwendigerweise ein Teil von uns jetzt noch leisten muss, lohnt sich doch vielleicht für jeden, noch einmal in den Orientierungsrahmen hineinzusehen und noch einmal vor allen Dingen jene Stelle anzusehen, wo wir uns zugegebenermaßen umständlich ausgedrückt – 30 Leute können sich nicht präziser ausdrücken, sie können das immer nur umständlich, sonst kommen sie nie zu einem Ende – umständlich ausgedrückt versucht haben, diesen jetzt so hochgeputschten Unterschied zwischen indirekter und direkter Lenkung wegzuwischen und dort zu erklären, dass es eine sehr unzweckmäßige und der Sache nicht gerechte Unterscheidung würde. Und wir sollten uns wirklich mit all dem, was wir können, dagegen wehren, dass hier nun mit jedem Satz, wo direkte Investitionslenkung steht, so getan wird, als würde die marktwirtschaftliche Ordnung infrage gestellt. Das werden wir sicher nicht voll erreichen, aber vielleicht ein wenig. Trotzdem, auch wenn wir das versuchen, es gibt nun grade in dem Antrag Westliches Westfalen ein paar, wo wir auch die Genossen, die das mit in Mannheim zu vertreten haben, doch sehr bitten muss, sich das noch einmal sorgfältig anzusehen, ob sie das wirklich so gemeint haben, und wenn sie es so gemeint haben, ob sie sich der Konsequenzen bewusst sind. Ich will nur einen Satz wörtlich herausnehmen. Da heißt es, dass die volkswirtschaftliche Rahmenplanung festlegen muss, folgende Zielgrößen festlegen: Aufteilung des Sozialprodukts auf Konsum und Investitionen, die wiederum den zukünftigen Konsum bestimmen. Wer das fordert, der fordert staatliche Lohnpolitik. Da geht kein Weg dran vorbei, denn der Konsum wird durch die Lohnanteile bestimmt, und ich würde sehr empfehlen, da noch einmal drüber nachzudenken und in der Beziehung gibt es eine ganze Reihe mehr, wie ich überhaupt jedem, der für mehr Investitionslenkung ist, doch bitten muss, darüber nachzudenken, wie die mit der paritätischen Mitbestimmung vereinbar sein soll und worüber eigentlich die Gewerkschaften noch mitbestimmen sollen in den Unternehmensorganen, wenn ihnen die Entscheidungen über Investitionen und danach auch über Löhne abgenommen werden.

Das ist, glaube ich, die Schlachtordnung, auf die wir uns werden einstellen müssen. Und es sind vorhin, ich glaube von Alfred *Emmerlich* und dann von dir Horst [*Ehmke*], wenn ich mich nicht irre, auch, die beiden Anträge des Deutschen Gewerkschaftsbundes zitiert worden und da gibt es gerade in dem weitergehenden Antrag der IG Metall einen Punkt[28], wenn wir den in jeden unserer Anträge mit hineinbekommen wür-

---

28 Zum Gewerkschaftskongress vgl. Anm. 27. – Vgl. auch den Artikel »IG Metall ist für Investitionslenkung«; »Handelsblatt« vom 12./13. September 1975, S. 2.

Fraktionssitzung 23.09.1975 **112.**

den, dann könnten wir vieles leichter überstehen. Leider finde ich den in den Anträgen dieses Wochenendes nicht, nämlich ganz zum Schluss bei der IG Metall, wo es heißt: eine Beeinflussung der privatwirtschaftlichen Rahmenplanung zu erreichen, ohne die letzte Entscheidung über Art und Umfang der Investitionen aus dem Bereich des einzelnen Unternehmens herauszunehmen. Diese Festlegung, die steht eben – im Orientierungsrahmen steht sie – bei Westlichem Westfalen leider nicht mehr und ich würde genau meinen, dies ist der Punkt, wo wir uns in guter Gesellschaft mit der IG Metall hier darauf verständigen sollten, dass wir das für eine Grundposition halten, die nicht verändert werden darf. Dann wird das Geschäft immer noch schwierig genug, aber vielleicht nicht mehr ganz so schwer.

Aber – Entschuldigung – eine Bemerkung muss ich allerdings doch noch zu Horst *Ehmke* machen, weil du es jetzt wiederholt gemacht hast, nämlich den Hinweis auf die Planungsdiskussion in den Vereinigten Staaten. Das ist zwar richtig, aber wir sollten dabei bitte eines nicht übersehen. Die Diskussion dort wird von einem Niveau der Marktwirtschaft geführt, wie es bei uns zuzeiten von Adam *Smith*[29] vorhanden war, und sie wird unter ganz anderen Voraussetzungen geführt. Das, was dort erreicht werden soll, haben wir längst. Diese unterschiedlichen Strukturen, die muss man nun auch sehen.

(Vereinzelter Beifall.)

Wehner: Dietrich *Sperling*.

Sperling: Genossinnen und Genossen, ich möchte ein paar Bemerkungen zu dem sagen, was wir eigentlich als Fraktion noch an Umgang miteinander in den kommenden Wochen bis zum Mannheimer Parteitag leisten können. Ich glaube, Horst *Ehmke* hat recht, beschossen werden wir auf jeden Fall, unabhängig davon, was wir beschließen, völlig unabhängig davon. Infolgedessen können wir eigentlich nur dafür sorgen, dass wir selber nicht die Argumente und die Formulierungen liefern, mit denen wir anschließend beschossen werden, und insofern möchte ich euch alle bitten, an den Diskussionen um den Orientierungsrahmen auf den verschiedensten Parteitagen aktiv teilzunehmen und den Sinn der ursprünglichen Formulierung des Orientierungsrahmens aufrechtzuerhalten, selbst wenn der Wortlaut nicht in jedem Fall gewährleistet bleiben kann. Denn da gibt es also Anträge, wo Bezirksparteitage meinen, dies sei eine bessere Klarstellung dessen, was sinngemäß sei und dann geht es darum, um den Sinn zu kämpfen und den Konsens in der Partei aufrechtzuerhalten. Dies heißt aber, dass wir selber uns sehr in Zaum nehmen müssen, um nicht jene Aggressivität, die uns von draußen überfällt, selber aufeinander loszulassen. Werner *Marquardt* und Schüsse auf Rudi *Arendt* oder aber Lumpi[30], da du also so nickst, dasselbe gilt für die Frage, wie wir unseren Parteivorsitzenden behandeln und was wir von ihm fordern. Wir brauchen ihn unverbraucht in Mannheim und nicht vorher schon als jemand, der unter Umständen an völlig falschen Stellen Prügel ausgeteilt hat. Darauf kommt es mir also auch an, dass wir diese Situation behalten.

Nun möchte ich noch zwei Bemerkungen machen, die die weitere Diskussion nach meiner Ansicht sinnvoll beeinflussen könnten. Es ist ja nicht nur so, dass es in unserem Land staatliche Investitionslenkung direkter oder indirekter Art gibt, über die wir mekkern können. Welcher Art auch immer, wo also Industrieansiedlung vorausschauend gemacht worden ist, zum Teil auch schiefgegangen ist, sondern wir haben ja ein erhebliches Maß an Investitionsplanung, Lenkung und Kontrolle durch private Bürokratien.

---

29 Begründer der klassischen Nationalökonomie im 18. Jahrhundert.
30 Gemeint ist Hans *Lemp*.

Wenn ich mir anschaue, was auf dem Baumarkt passiert und wie zurzeit kleine Unternehmer in meine Sprechstunden kommen und darum bitten, dass ich ihnen Aufträge vermittle, wenigstens die Beteiligungsmöglichkeit an Anschreibungen der öffentlichen Hand, wo sie bisher nie drin waren, weil die Großunternehmen sie immer nur als Subunternehmer beschäftigt haben und damit haben sie sich in der Vergangenheit zufrieden gegeben. Wenn ich mir anschaue, was also große Baufirmen – Hochtief, Philipp Holzmann, jede mit einer großen deutschen Bank im Rücken an Investitionsplanung, Lenkung und Kontrolle – geleistet haben und wie im Ergebnis jetzt bei vielen Pleiten eine große Konzentration von Kapital bei diesen großen Firmen stattfindet, weil sie alles aufkaufen, was die kleinen an Raupen, Kränen und so weiter verschleudern im Konkursfall, dann haben wir ein hervorragendes Beispiel, wie eigentlich Investitionsplanung, Lenkung und Kontrolle in bestimmten Aufs und Abs unserer Wirtschaft funktioniert von privaten Bürokratien.

Oder nehmt die letzte »Wirtschaftswoche« mit der Schilderung, wie es dem Einzelhandel geht, was dort für Verkaufsflächen hingestellt werden und wie viel Tante-Emma-Läden gefährdet sind und damit die Versorgung unserer ländlichen Bevölkerung.[31] Investitionsplanungen im Einzelhandel in großem Ausmaß wiederum kontrolliert weitgehend von privaten großen Bürokratien. Dass dies jene Art von Investitionslenkung, Planung und Kontrolle ist privater Bürokratien, die wir wollen, können wir doch auch nicht behaupten. Und ich meine, dass wir insofern – indem wir darauf verweisen, was denn die Praxis des Planens, Lenkens und Kontrollierens sowohl privater als auch staatlicher Bürokratien ist und wie unzulänglich dies bleibt, wenn wir auf den Mittelstand gucken, der ja noch als Einziger als Wettbewerber am Markt übrigbleibt, denn die anderen haben ja kaum noch wirklichen Wettbewerb, dann sollten wir die Diskussion mehr mit den Wirklichkeiten unseres Wirtschaftslebens anreichern als mit dem Streit über die Modelltheorien, die uns also aus den Universitätsstädten und über die Jungsozialisten immer wieder angeboten werden. Reden wir in den Diskussionen auch, wenn es um Orientierungsrahmen geht, über die Wirtschaftswirklichkeit, mit der wir es zu tun haben und kritisieren diese Wirklichkeit, statt uns gegenseitig Modelltheorien an den Kopf zu hauen und uns gegenseitig aggressiv zu behandeln, weil nun der eine oder der andere dazu mal so oder so Stellung genommen hat.

Wehner: Erich *Henke*.

Henke: Genossinnen und Genossen, ich habe mich nur gemeldet, weil etwas der Eindruck hier entstehen könnte, als sei das alles gar nicht so schlimm, was da in der innerparteilichen Diskussion und auf Parteitagen in der letzten Zeit abgelaufen ist. Hier wird von ungerechtfertigter Kritik gesprochen und es wird die veröffentlichte Meinung zitiert. So ist das ja leider nun in Wahrheit nicht. Ich kann aus meinem Unterbezirk Köln sagen, dass präzis die Anträge vorgelegen haben, die in der Presse zitiert worden sind, nämlich die Vergesellschaftung der Schlüsselindustrien, der Banken, dass die direkte Investitionslenkung gefordert worden ist, und dies nicht im Sinne des Godesberger Programms als mögliche Endstufe, wenn nichts anderes funktioniert – darüber sind wir uns ja einig, das kann man ja alles diskutieren –, sondern ohne jeden Vorbehalt sind diese Anträge eingebracht worden und es war eine recht schwierige Operation, das zumindest so beim Parteitag zu behandeln, dass nicht noch mehr Scherben in der öffentlichen Darstellung, durch die öffentliche Darstellung entstanden sind. Ich will damit sagen, Genossinnen und Genossen, insbesondere auch so wie der Ablauf des Parteitags Westliches

---

31 Vgl. den Artikel »Marsch nach Bonn«; »Wirtschaftswoche«, Nr. 39 vom 19. September 1975, S. 26–29.

Fraktionssitzung 23.09.1975

Westfalen in der Presse dargestellt worden ist, vielleicht war es anders, aber die Pressedarstellung war nun mal so, ist auch eine große Verunsicherung bei den Genossen eingetreten. Mir scheint es dringend notwendig zu sein, dass der Parteivorstand – und relativ kurzfristig sollte er das tun – ein ganz klares Wort in der Richtung ausspricht, dass er zumindest in der Tendenz völlig klar und eindeutig hinter dem Entwurf des Orientierungsrahmens steht. Diejenigen, die bisher diesen Orientierungsrahmen tendenziell vertreten haben, sind seit dem letzten Wochenende sehr verunsichert worden und es bedarf da einer klaren Unterstützung.

Wehner: Holger *Börner*.

Börner: Ich möchte das Stichwort gerne aufnehmen und hier sagen, dass ich mich doch wundere, dass Erich *Henke* hier eine solche Formulierung gebraucht. Schließlich hat der Parteivorstand bei der Übergabe dieses Papiers in die Parteidiskussion klar gesagt, was er davon hält, und dieses gilt. Und dieses wird weiter gelten, und das muss auch in Mannheim – und dafür ist die heutige Diskussion sicher eine der vielen guten Vorbereitungen für eine Diskussion in Mannheim – so durchgestanden werden, wenn unsere Politik nicht Schaden nehmen soll. Was ich hier sagen möchte ist, es darf doch nicht verwundern, dass nach einer Diskussion, wie wir sie vorige Woche im Bundestag gehabt haben[32], die Opposition versucht, diesen Eindruck wegzuwischen durch einen anderen Kriegsschauplatz und den hat sie nun mal mit der ihr verbündeten Presse in diesen zwei Bezirksparteitagen, die hier genannt worden sind, gefunden und sie hat das schamlos ausgenutzt und sie wird das auch wiederholen. Und deshalb ist das nicht eine Frage der Öffentlichkeitsarbeit, sondern eine Frage des Selbstbewusstseins aller Fraktionsangehörigen dort, wo sie auf dem Parteitag, ihrem Parteitag stehen und diskutieren können. Und lasst mich ganz offen hier sagen, ich bin ja auch auf einigen Parteitagen gewesen, dass ich den Eindruck habe, dass das Kernproblem darin liegt, dass der Orientierungsrahmen bisher von vielen gesehen worden ist als eine Sache von Spezialisten und dass er über die Köpfe der Delegierten hinweg von einigen Seminartheoretikern und einigen, die sich damit speziell beschäftigt haben, diskutiert worden ist, und dass viele Delegierte noch nicht erkannt haben – auch auf dem Bezirksparteitag Westliches Westfalen – dass im Grunde hier bestimmte Grundeinstimmungen unserer Politik mit berührt werden, wenn man nicht sich gegen ausgesprochene, utopische, schädliche Formulierungen wendet und deshalb haben wir doch nur eine Konsequenz heute zu ziehen. Denn die Diskussion wird weitergehen. Eine einfachere, verständliche Sprache für die Delegierten zu finden, die da nicht volkswirtschaftliche Vorbildung mit auf den Parteitag bringen. Damit sie wissen, worum es geht. Damit sie wissen, dass ihre Stellungnahme entscheidend ist für die Politik der Partei. Ich halte wirklich einen Teil dessen, was schiefgegangen ist, und niemand wird das bestreiten, dass was schiefgegangen ist, als eine Frage der geringen Kenntnis und der Dissonanz zwischen dem normalen Horizont eines Parteitagsdelegierten und dieser seit Monaten in der Partei ausschließlich von Spezialisten geführten Diskussion. Das ist das wirkliche Problem, wie ich es sehe.

Und deshalb, Genossinnen und Genossen, kann ich nur eins sagen. Für mich ist das Fazit heute der Diskussion das, dass am nächsten und übernächsten Wochenende dort, wo noch Parteitage stattfinden und es sind nicht wenig, die Mitglieder der Bundestagsfraktion und die Regierungsmannschaft und natürlich auch die Mitglieder und gerade die Mitglieder des Parteivorstands sich einsetzen müssen für den Beschluss, der durch die Wortmeldung von Erich *Henke* wieder ins Gedächtnis zurückgerufen wurde, näm-

---

[32] Vgl. die Debatte über die Programme zur Stützung der Konjunktur am 17. und 18. September 1975; BT Plenarprotokoll 07/184 und 07/185.

lich den Konsens des Parteivorstandes beim Beginn der Übergabe an die Parteidiskussion des Orientierungsrahmens und das alles, was weiter diskutiert wird, gesehen werden muss auf dem Hintergrund der praktischen Brauchbarkeit in der Tagespolitik nicht nur bis '76, sondern darüber hinaus.

Was hier versucht worden ist von der Opposition ist, Parteivorsitzenden und Bundeskanzler auseinanderzudividieren, die Partei vom Bundeskanzler und seiner Meinung zu trennen, und wenn man das erkannt hat, dann muss man die Opposition auf die Nuss hauen und man muss sie wieder in die Fragestellung zurückführen, die wir in der Diskussion der vergangenen Woche gehabt haben und die der CDU/CSU nicht geschenkt werden dürfen.

Wehner: Hans *Urbaniak*.

Urbaniak: Genossinnen und Genossen, als einer der Beteiligten auch aus dem Bezirksvorstand Westliches Westfalen möchte ich mich natürlich nicht drücken und hier auch einiges dazu sagen. Erst einmal war dieser Parteitag vorbestimmt durch eine Dokumentation der Jungsozialisten zu der Frage der Öffentlichkeitsarbeit in der Partei, und ich sage das hier ganz offen, es war dabei bedacht, das als politischen Dauerbrenner bis nach Mannheim zu bringen und den Vorstand aufzufordern, diese Richtlinien in der Weise zu ändern, dass die Arbeitsgemeinschaften mit ihren Meinungen möglicherweise mehr als gleichberechtigt zu den Organen der Partei gesehen werden sollten. Diese Dokumentation ist gezielt der Presse zugestellt worden. Sie war aus dem Grunde besonders reichhaltig anwesend. Diese Dokumentation ist dann mit großer Mehrheit nicht angenommen, sie ist zurückgewiesen worden, auch ein entsprechender Entschließungsantrag des Vorstandes. Gerade in dieser Frage hat der Parteivorsitzende eine klare Meinung für die Delegierten und für die Partei abgegeben und er hat entscheidend die Abstimmung bei diesem Parteitag in dieser Frage dadurch beeinflusst. Wie er auch sehr entscheidend dazu beigetragen hat, liebe Genossinnen und Genossen, zu einer Verdeutlichung und Verdeutschung der politischen Begriffe beizutragen. Das hat uns allen dort sehr gutgetan. Das gilt auch für seine Meinung, die er gesagt hat zum Orientierungsrahmen, dass auch das, was Westliches Westfalen verarbeiten würde, vorher in der Kommission noch einmal diskutiert und aufbereitet werden müsse.

Ich darf aber hier nicht verkennen, ich weiß nicht, wie andere Parteitage damit belastet sein werden, dass die Verstaatlichungsfrage eine große Rolle gespielt hat. Sie ist geklärt worden und liebe Genossinnen und Genossen, ich wünsche allen Parteitagen, dass sie eine so klare Mehrheit für die Unterstützung der Bundesregierung in den aktuellen wirtschaftlichen und steuerpolitischen Fragen bekommen, wie sie da durchgesetzt worden sind. Nun habe ich dort versucht, auch auf die aktuellen Bezüge, Holger, diesen Parteitag zu bringen, damit sie sich mit den Gegnern auseinandersetzen in den Betrieben und draußen in der Landschaft. Ich sage das nur, dass relativ wenig Bereitschaft da war, aber zumindest der Versuch gemacht worden ist, denen das zu sagen, worauf es ankommt und schließlich die Kampfbereitschaft geradezu anzuheizen. Das ist in der Weise nicht gelungen, aber ich sage hier in der Beurteilung zum Parteivorsitzenden, dass seine Aussagen für mein Verständnis in den dort problematischen Fragen klar waren. Das kann ich hier betonen.

Nun was die Frage Orientierungsrahmen angeht, glaubten wir, das will ich dem Helmut *Schmidt* sagen, einen sinnvollen Beitrag zu leisten für die mögliche Verfeinerung von Instrumenten, die einmal zukünftig wirken könnten, und es war nicht der Sinn, Reizworte zu liefern für das, was er sagte, Kampfpresse. Und Genossinnen und Genossen, 290 Abgeordnete, Entschuldigung, 290 Delegierte auf diesem Parteitag und ganze vier Abgeordnete aus dieser Fraktion mit Stimmrecht – wer soll denn da die Auseinandersetzung

Fraktionssitzung 23.09.1975 **112.**

mit den möglicherweise Flügelleuten eigentlich noch führen? Diese vier Figuren, die aus der praktischen Arbeit kommen? Ihr müsst Delegierte werden, um die Entwicklung zu beeinflussen. Darum möchte ich aber sehr bitten.

Wehner: Antje *Huber*.

Huber: Liebe Genossen, es war ja ziemlich klar, dass die langfristige Diskussion Orientierungsrahmen irgendwann in die aktuelle politische Diskussion mit Heftigkeit einmünden würde. Leider ist es so gekommen, dass wir es jetzt in einer sehr kritischen Phase erleben, kritisch wegen der FDP, aber kritisch auch wegen unserer wirtschaftlichen Lage, und ich will das hier nicht verhehlen, weil es Bürger gibt, die sagen, ob die SPD mit dieser Art von Plänen nicht unser aller Zukunft gefährdet, ob nicht von da Tendenzen kommen, die SPD nicht mehr wählbar machen für Kreise der Bevölkerung, die wir zum Wahlsieg unbedingt brauchen. Es ist schon innerparteilich sehr, sehr schwer und ich würde sagen, es ist nicht so einfach, dass man sagt, Genossen, da haben wir einen Orientierungsrahmen und der ist in einer Kommission einstimmig verabschiedet worden. Dies ermuntert viele zu sagen, dies ist nur Diskussionsgrundlage und wir sind frei genug, auch anders zu entscheiden und Anträge zu stellen. Aber ich will nicht über diesen innerparteilichen Aspekt reden, sondern darüber, dass unter den Bürgern natürlich die Leute überhaupt nicht den Orientierungsrahmen gelesen haben, viel weniger noch die Anträge vom Bezirksparteitag X oder Bezirksparteitag Y.

Und ich habe mich nun gefragt, wie kann man das abfangen, was da als gefährliche Tendenz in der Diskussion ist, und ich möchte sagen, nachdem wir alle noch nicht einmal wissen, wie eigentlich die jetzt vorhandenen Lenkungsinstrumente wirken, was sie bewirken und bewirkt haben, und nachdem alles, was konkret aus dieser Diskussion mal wachsen wird, noch ganz nebulös ist, habe ich mir für meine Person geholfen, indem ich sage, dass ich sagen werde, drei Punkte gibt's, die sind für mich – ich drücke das jetzt negativ aus – dies kann Investitionslenkung nicht sein und ich würde froh sein, wenn das die Leute unserer Partei, und gerade die, auf die man hört, auch sagen würden. Erstens: Es kann nicht sein die völlige Abschaffung von Unternehmensentscheidungen und die völlige Übernahme des daraus resultierenden Risikos, was bei der Verstrickung unserer wirtschaftlichen Vorgänge selbstverständlich zur totalen Planung führt mit der Riesenbehörde, die nachher kein Mensch kontrollieren kann.

Zweitens: Es kann nicht sein die Aushöhlung der Gewerkschaftsmacht im Tarifbereich und die Abschaffung der Mitbestimmung. Dies kann nicht sein. Und drittens: Es kann nicht sein die Bevormundung des Verbrauchers bis hin zu seinem Endbedarf und einer Skala dessen, was er wohl kaufen sollen darf in Zukunft. Dies alles kann es nicht sein. Wenn es mal so herum formuliert werden würde, negativ, das heißt, dass wir sagen, das alles steht hier überhaupt nicht zur Diskussion, es ist völlig unsinnig, sich daran aufzuhängen, dann kriegten wir vielleicht etwas Beruhigung rein. Denn das Deutsch, in dem unsere Anträge formuliert sind einschließlich des Orientierungsrahmens, ist für einen schlichten Menschen eine Überforderung. Und dies dem Bürger klarzumachen in Kürze, halte ich für ziemlich aussichtslos. Man sollte also sie nicht so sehr mit der theoretischen Diskussion belasten, sondern klar sagen, welche Politik wir jetzt machen, was nicht gemeint sein kann und wohinter wir fest stehen. Und dies würde auch eine starke Hilfe für die aktuelle Politik dieser Partei und Regierung sein.

(Vereinzelter Beifall.)

Wehner: *Ostman von der Leye*.

Ostman von der Leye: Genossinnen und Genossen, ich knüpfe an die Bemerkung von Hans *Urbaniak* an, der gesagt hat als letzten Satz: werdet Delegierte. Das ist sehr schön und sehr richtig, nur was nützt mir diese Aufforderung, wenn ich hier in diesem betrüblichen Bereich Bonn feststellen muss oder mit Ministerialdirektoren – ausgewachsenen Ministerialdirektoren – rede, die Mitglieder dieser Partei sind und die mich dann fragen, was ist denn das, eine Delegiertenwahl oder was ist das, ein Delegierter.

(Unruhe.)

Und wo ich dann feststellen muss, dass von diesen allen, die ja doch nun studiert haben, die wenigstens ein Parteistatut mal gelesen haben müssten eigentlich und es auch verstanden haben müssten, wenn von denen – und dies sind ja nicht nur die Ministerialdirektoren – an den Wahlen zu Delegierten, nicht einmal, dass sie selber Delegierte werden, an den Wahlen zu Delegierten in den Ortsvereinen überhaupt nicht teilnehmen. Da liegt doch das entscheidende Problem bei der Delegiertenauswahl und bei den Delegierten. Wer nimmt denn daran teil? Und das ist doch nur ein ganz kleiner Teil und daraus wählt sich das dann doch aus und da kann man hinterher doch reden, was mal will. Die Entscheidungen sind doch längst vorher gefallen. Ich glaube, hier müsste mal ein bisschen mehr auch in diese Frage und auf diese Frage eingegangen werden.

Es ist sehr richtig, ich kann doch nicht mit 3 000 Menschen im Einzelnen reden darüber. Mit 1 000 habe ich bestimmt darüber geredet. Mit 1 000 habe ich bestimmt darüber geredet.

(Unruhe.)

Genossinnen und Genossen, völlig richtig, was hier gesagt worden ist, es ist ja völlig unsinnig, wenn man über diese Fragen nur abstrakt und nicht konkret redet. Man muss natürlich diese Dinge konkret angehen und das Bedauerliche, dass eben auf Parteitagen zu sehr darüber abstrakt geredet wird und dann über 50 Seiten abstrakt geredet wird. Da werden 50, zum Teil werden 100 Seiten vorgelegt, die kann man doch nicht mal in zwölf Stunden diskutieren, ist doch unmöglich. Ich pflege dann immer zu sagen, ich stelle meine nächsten drei Nächte zur Verfügung, aber ich bin nicht bereit, über so etwas zu entscheiden innerhalb von drei Stunden. Das ist ganz unmöglich. Ich verstehe aber eins nicht. Warum kann man nicht auch bestimmte Dinge positiv diskutieren? Zum Beispiel verstehe ich eins nicht, wenn wir jetzt schon über Investitionskontrollen reden, wenn wir jetzt schon über Investitionskontrollen reden, dann reden wir nicht mehr über Vergesellschaftung. Das ist gegenüber der Situation von vor einem Jahr schon eine ganz andere Sache. So was kann man nämlich auch positiv auslegen. Ich verstehe gar nicht, warum man sich das alles negativ auslegen lassen muss von der anderen Seite. Und wenn das so gemeint ist wie von Rudi *Arndt* in seinem Interview, dann hat man zwar eine neue Konzertierte Aktion, ich weiß nicht, ob das sehr viel nutzen würde. Aber eine Konzertierte Aktion könnte ja auch im Einzelfall mal ganz nützlich sein in dieser Richtung. Aber darüber kann man doch zumindest reden. Das ist doch nicht gegen Marktwirtschaft. Da kann man auch mit der FDP drüber reden. Und es gibt noch ein Problem, ein ganz konkretes Problem. Wenn zum Beispiel Chrom in der nächsten Zeit ganz knapp wird, dann könnte man ja auch mal darüber reden, ob Chrom dann nicht verteilt werden muss in Fällen, wo es zwingend notwendig ist und nicht nur als Zierleiste gebraucht werden muss. Darüber kann man zumindest reden. Ob das dann über den Preis geschieht oder ob es anders geschieht, darüber muss man zumindest reden können und das kann man meiner Ansicht nach auch mit der FDP. Man muss sich hier nur nicht in falsche Fronten drängen lassen. Schönen Dank.

Wehner: Ich will die Diskussion nicht abdrosseln. Ich möchte nur sagen, lieber Wilderich, du sagtest den Leuten, drei Nächte würdest du dransetzen. Wir können hier nicht mehr vier Stunden dransetzen, denn wir haben noch eine ganze Menge, heute auch eine Reihe von Entscheidungen zu treffen. Aber das galt nicht dir allein. Helmut *Rohde*.

Fraktionssitzung 30.09.1975 **113.**

(Zwischenruf.)

Hugo *Collet*.

(Zwischenruf.)

Karl *Liedtke*.

(Zwischenruf.)

Ja, mehr habe ich nicht.

(Heiterkeit.)

(Beifall.)

Genossen, hier hatte einer angeregt in der Diskussion, es war Horst *Haase*, in einer Art Entschließung sich zu äußern. Ich habe keinen Text gemacht, und es hat mir auch keiner einen geliefert. Es war ein anderer, der hat das auch angeboten. Ich glaube nicht, dass wir eine sozusagen jetzt extemporieren sollten. Nur ohne eine Wertung dieser Diskussion möchte ich sagen, bitte tragen wir nicht dazu bei, dass es dann also eine Teilung gibt aktuelle Politik ja, aber die anderen Fragen, die eigentlichen Fragen da sind wir also völlig durcheinander. Das eine ist vom andern nicht zu trennen, Genossen.

(Vereinzelter Beifall.)

Und daran werden wir gemessen. Wir können sicher als Opposition lange über theoretische Fragen diskutieren, können wir. Als Partei, die die Regierung trägt, und solange sie die Ansicht hat, dass es Sinn hat für Sozialdemokraten, Regierung – wenn schon nicht allein, so doch mindestens in Koalition – zu haben und auch vorantreiben zu können, müssten wir also die Maße sehr genau austarieren.

[C.-E.] → online unter www.fraktionsprotokolle.de

113.

30. September 1975: Fraktionssitzung (Tonbandtranskript)

AdsD, SPD-BT-Fraktion 7. WP, 6/TONS000041. Titel: »Fraktionssitzung am 30.09.1975«. Beginn: 15.15 Uhr. Aufnahmedauer: 02:29:21. Vorsitz: Wehner.

Sitzungsverlauf:

A. TOP 1: Politischer Bericht des SPD-Bundesgeschäftsführers *Börner* zum Ergebnis der Bürgerschaftswahlen in Bremen. – Diskussion in der Fraktion. – TOP 2: Bericht aus der Fraktionsvorstandssitzung (Paragraph 218 StGB; Berufsbildungsgesetz; Verhältnis zum Koalitionspartner FDP; Vorschläge aus der Fraktion zum Abbau von Bundesausgaben; Direktwahl Europäisches Parlament; Wahl der Delegierten aus der Fraktion zum SPD-Bundesparteitag). – Novellierung des Berufsbildungsgesetzes.

B. TOP 3: Informationen (Investitionsprogramm für Altbauten; Veränderung der Struktur der Fernsprechgebühren; Kürzung des Schlechtwettergeldzuschlags; Führerscheinsehtest für Über-Sechzigjährige; Ausschluss des Gesamtpersonalratsvorsitzenden der Bundesbahn bei einer Besprechung; Einschätzung der Lage im Stammheim-Prozess). – TOP 4: Aktuelles aus den Arbeitskreisen (Rechtspolitische Vorhaben bis 1976; Entschädigung der Zwangssterilisierten des Dritten Reichs).

C. Vorbereitung der Plenarsitzungen: TOP 5: Tagesordnung und Ablauf der Plenarsitzungen. – TOP 6: Ergebnisse des Vermittlungsausschusses: a) Änderung des Straßenverkehrsgesetzes; b) Änderung der Richteramtsbezeichnung; c) Sozialgesetzbuch – Allgemeiner Teil; d) Statistik im produzierenden Gewerbe. – TOP 7: 1. Beratung CDU/CSU-Entwurf Änderung des Bundessozialhilfegesetzes. – TOP 8: 1. Beratung Regierungsentwurf Änderung des Gesetzes zur Förderung eines Freiwilligen Sozialen Jahres. – TOP 9: 1. Beratung CDU/CSU-Gesetz Änderung des Arbeitsschutzgesetzes. – TOP 10: CDU/CSU-Antrag betr. Gesetz zum Schutz der Jugend in der Öffentlichkeit. – TOP 11: CDU/CSU-Antrag betr. gesetzmäßige Behandlung von Personalangelegenheiten in der Bundesverwaltung.

D. Vorlagen aus den Arbeitskreisen: TOP 12: Entwurf eines 15. Strafrechtsänderungsgesetzes (Paragraph 218 StGB). – Sonstiges: TOP 13: Bundestagsdelegation nach Zaire: Annemarie *Renger* (Leitung) und Erich *Wolfram*. – TOP 14: Nächste Termine. – Verschiedenes.

[A.–D.] → online unter www.fraktionsprotokolle.de

114.

14. Oktober 1975: Fraktionssitzung (Tonbandtranskript)

AdsD, SPD-BT-Fraktion 7. WP, 6/TONS000043. Titel: »Fraktionssitzung am 14.10.1975«. Aufnahmedauer: 04:51:21. Vorsitz: Wehner.

Sitzungsverlauf:

A. TOP 1: Politischer Bericht von Bundesverteidigungsminister *Leber* über eine Reise nach Portugal. – Aussprache der Fraktion. – Politischer Bericht von Bundeskanzler *Schmidt* über seinen Besuch in den USA, Beziehung zu Polen, Probleme der EG, Großbritannien, das Haushaltsstrukturgesetz. – Aussprache der Fraktion.

B. TOP 2: Bericht aus der Fraktionsvorstandssitzung (Radikalenerlass; innere Sicherheit; Paragraph 218 StGB; Orientierungsrahmen '85; Europäische Gemeinschaften). – TOP 3: Informationen (Stromlieferung nach Berlin; Investitionslenkung; Export von Kernkraftwerken nach Südafrika; Waffenexporte nach Südafrika; Wirtschaftspolitik gegenüber Südafrika; Schlechtwettergeld und Winterbauförderung; Steuererleichterungen für Unternehmen; Kraftfahrzeugsteuer).

C. TOP 4: Aktuelles aus den Arbeitskreisen (Zusammensetzung des Ältestenrates; Änderung des Strafrechts: Strafbarkeit des Aufrufs zur Gewalt, Vorbereitungshandlungen). – Aussprache der Fraktion.

D. Vorbereitung der Plenarsitzungen: TOP 5: Tagesordnung und Ablauf der Plenarsitzungen. – TOP 6: 1. Beratung Haushaltsstrukturgesetz. – TOP 7: 2. und 3. Beratung Änderung des Jugendwohlfahrtsgesetzes. – TOP 8: 2. Beratung und Schlussabstimmung Gesundheitsabkommen Bundesrepublik/DDR. – TOP 9: 2. und 3. Beratung Änderung des Benzinbleigesetzes. – TOP 10: 2. und 3. Beratung Änderung mietpreisrechtlicher Vor-

Fraktionssitzung 21.10.1975 **115.**

schriften Berlin. – TOP 11: 1. Beratung CDU/CSU-Entwurf steuerliche Maßnahmen bei Änderung der Unternehmensform. – TOP 12: 2. und 3. Beratung Strafvollzugsgesetz.

E. Sonstiges: TOP 13: Arbeitsgruppe »Direktwahl Europäisches Parlament«. – TOP 14: Nächste Termine. – Verschiedenes.

[A.–E.] → online unter www.fraktionsprotokolle.de

115.

21. Oktober 1975: Fraktionssitzung (Tonbandtranskript)

AdsD, SPD-BT-Fraktion 7. WP, 6/TONS000042. Titel: »Fraktionssitzung vom 21.10.1975«. Beginn: 14.10 Uhr. Aufnahmedauer: 4:22:15. Vorsitz: Wehner.

Sitzungsverlauf:

A. Erklärung des Abg. *Schäfer* (Tübingen) zur Wahl der Verfassungsrichter. – TOP 1: Vorbereitung des SPD-Parteitags in Mannheim (Orientierungsrahmen '85).

B. TOP 3: Bericht aus der Fraktionsvorstandssitzung (Haushaltsstrukturgesetz; Eherechtsreform; Radikalenerlass).

C. TOP 4: Informationen (Export von Kerntechnologie nach Südafrika; Kfz-Steuerreform). – TOP 5: Aktuelles aus den Arbeitskreisen (Subventionen und Steuervergünstigungen; Mehrwertsteuer; Spar- und Bausparprämien).

D. Vorbereitung der Plenarsitzungen: TOP 6: Tagesordnung und Ablauf der Plenarsitzungen. – TOP 7: 2. und 3. Beratung Änderung dienstrechtlicher Vorschriften (Radikalenerlass). – TOP 10: Ausgestaltung des Vorbereitungsdienstes im öffentlichen Dienst. – TOP 8: Ergebnisse Vermittlungsausschuss: a) Wohnungseigentum und Wohnbesitz, b) Änderung des Straßenverkehrsgesetzes. – TOP 9: 1. Beratung Regelung der Landeszugehörigkeit des Verwaltungsbezirks Oldenburg und des Landkreises Schaumburg-Lippe.

E. Vorlagen aus den Arbeitskreisen: TOP 11: Änderung des Berlinförderungsgesetzes. – TOP 12: Kleine Anfrage betr. Fortführung der Aufgaben des deutschen Bildungsrates. – Verschiedenes.

[A.–E.] → online unter www.fraktionsprotokolle.de

116.

4. November 1975: Fraktionssitzung (Tonbandtranskript)

AdsD, SPD-BT-Fraktion 7. WP, 6/TONS000044. Titel: »Fraktionssitzung am 04.11.1975«. Beginn: 15.20 Uhr. Aufnahmedauer: 03:18:16. Vorsitz: Wehner.

Sitzungsverlauf:

A. TOP 1: Politischer Bericht von Bundeskanzler *Schmidt* über seinen Besuch der Volksrepublik China und seine Gespräche mit Iran.
B. Bericht des Abg. *Schmidt* (Wattenscheid) zur Lage der Steinkohle in Deutschland. – Diskussion der Fraktion über den Steinkohlebericht.
C. TOP 2: Bericht aus der Fraktionsvorstandssitzung (Ablauf der Plenarsitzungen; Weihnachtsfeier; Steinkohlebericht; Haushaltsstrukturgesetz; Änderung des Wehrbeauftragten-Gesetzes; Änderung des Diätengesetzes; Änderung des Strafvollzugsgesetzes; Änderung des Arbeitsförderungsgesetzes; Mitbestimmungsnovelle). – TOP 3: Informationen (Forderungen der Jungsozialisten nach einer Einkommensobergrenze; Parkuhren auf kommunaler Ebene; Konjunkturprogramm der Bundesregierung). – TOP 4: Aktuelles aus den Arbeitskreisen.
D. Vorbereitung der Plenarsitzungen: TOP 5: Tagesordnung und Ablauf der Plenarsitzungen. – TOP 6: 1. Beratung Haushalt 1976. – TOP 7: 2. und 3. Beratung Haushaltsstrukturgesetz. – TOP 8: 1. Beratung Bundesratsentwurf Steueränderungsgesetz 1975 (Verlustrücktrag). – TOP 9: 2. und 3. Beratung Strafvollzugsgesetz. – TOP 10: 1. Beratung 15. Strafrechtsänderungsgesetz und CDU/CSU-Entwurf Änderung des 5. Strafrechtsreformgesetzes (Paragraph 218). – Vorlagen aus den Arbeitskreisen: TOP 11: Änderung des Diätengesetzes. – Sonstiges: TOP 12: Nächste Termine. – Verschiedenes.

[A.–D.] → online unter www.fraktionsprotokolle.de

117.

5. November 1975: Fraktionssitzung (Tonbandtranskript)

AdsD, SPD-BT-Fraktion 7. WP, 6/TONS000044. »Fraktionssitzung am 05.11.1975«. Beginn: 20.30 Uhr. Dauer: 01:06:09. Vorsitz: Wehner.

Sitzungsverlauf:

A. Einziger Tagesordnungspunkt: Urteil des Zweiten Senats des Bundesverfassungsgerichts (Rechtsstellung der Mitglieder des Bundestages und Aufwandsentschädigung).
B. Aussprache der Fraktion.

[A.–B.] → online unter www.fraktionsprotokolle.de

| Fraktionssitzung | 25.11.1975 | **118.** |

118.

25. November 1975: Fraktionssitzung (Tonbandtranskript)

AdsD, SPD-BT-Fraktion 7. WP, 6/TONS000045. Titel: »Fraktionssitzung vom 25.11.1975.«
Beginn: 15.00 Uhr. Dauer: 03:21:40. Vorsitz: Wehner.

Sitzungsverlauf:

A. TOP 1: Politische Berichte: Bericht des SPD-Parteivorsitzenden *Brandt* (Parteitag in Mannheim; Fachtagungen für Gesundheits- und Familienpolitik; Beschäftigungspolitik; innere Sicherheit; Kritik der CDU/CSU an Äußerungen *Brandts*, die Politik der Union stelle ein Sicherheitsrisiko dar; Sozialistische Internationale; Lage in Portugal; Lage in Spanien). – Bericht des Bundeskanzlers (G6-Gipfelkonferenz in Rambouillet; Lage der Weltwirtschaft; Diskussionsveranstaltung des BdI zur Steuerpolitik; Lage in Spanien). – Aussprache der Fraktion über den Bericht des Bundeskanzlers.

B. TOP 2: Bericht aus der Fraktionsvorstandssitzung (Haushaltsstrukturgesetz; Ratifikation des Sozialrentenabkommens mit Polen; Rechtsstellung der Abgeordneten und Regelung der Diäten; weitere Behandlung des Pressefusionsgesetzes; Parlamentariergruppen). – TOP 3: Informationen (Radikalenerlass; Zusammenarbeit des Verfassungsschutzes mit chilenischen Geheimdiensten; Deutscher Bildungsrat; Umfrage der Georg-August-Universität; mangelnde Information der Fraktion bei interfraktionellem Antrag zum Haushaltsstrukturgesetz).

C. TOP 4: Aktuelles aus den Arbeitskreisen (Bildung einer Gruppe für Menschenrechtsfragen in der Fraktion; Gesetzentwurf Wohnbesitz- und Eigentumsförderung im Vermittlungsausschuss).

D. Vorbereitung der Plenarsitzungen: TOP 5: Tagesordnung und Ablauf der Plenarsitzungen. – TOP 6: 2. Beratung Abkommen der Bundesrepublik – Polen. – TOP 7: 2. und 3. Beratung Abgabenordnung. – TOP 8: 2. und 3. Beratung Flurbereinigungsgesetz. – TOP 9: Ausschussbericht betr. Verbesserung der Agrarstruktur und des Küstenschutzes. – TOP 10: CDU/CSU-Entwurf Beruf des Logopäden. – TOP 11: Ausschussbericht betr. Rauschmittel- und Drogenmissbrauch. – TOP 12: CDU/CSU-Antrag betr. Mindestmotorleistung für LKW. – TOP 13: CDU/CSU-Antrag betr. Deutsche Bundesbahn. – TOP 14: Große Anfrage betr. Entwicklungspolitik, Zweiter Bericht der Bundesregierung zur Entwicklungspolitik und zweite Fortschreibung der entwicklungspolitischen Konzeption. – TOP 15: Einsetzung eines Sonderausschusses (Art. 48 Grundgesetz; Diätenreform).

E. Sonstiges: TOP 16: Direktwahl Europäisches Parlament. – TOP 17: Nächste Termine. – Verschiedenes.

[A.–E.] → online unter www.fraktionsprotokolle.de

119.

2. Dezember 1975: Fraktionssitzung (Tonbandtranskript)

AdsD, SPD-BT-Fraktion 7. WP, 6/TONS000045. Titel: »Fraktionssitzung vom 02.12.1975«.
Beginn: 15.00 Uhr. Aufnahmedauer: 02:25:06. Vorsitz: Wehner.

Sitzungsverlauf:

A. TOP 2: Bericht aus der Fraktionsvorstandsitzung (Ausbildungsplätze für Jugendliche; Haushaltsstrukturgesetz; Berlinförderungsgesetz; energiepolitische Situation; DKP-Resolution zu Chile). – TOP 1: Politischer Bericht von Herbert *Ehrenberg* zur Energiepolitik. – Aussprache der Fraktion.

B. TOP 3: Informationen (positive Darstellung der Einkommensentwicklung in der Öffentlichkeit; Nachrufe im Bundestag; positive Darstellung der Entwicklung der Sportvereine; Förderung von Sportvereinen; Kosten der Ehescheidung; Verzicht auf Streckenstilllegungen durch die Bundesbahn; Rechtsstellung von Wehrdienstverweigerern; Planungen für eine Bundesverkehrswegepolizei; Bahnpolizei; Berechnung von falschen Telegrammgebühren).

C. TOP 4: Aktuelles aus den Arbeitskreisen (Berichte von Fraktionsdelegationen in Baden-Württemberg).

D. Vorbereitung der Plenarsitzungen: TOP 5: Tagesordnung und Ablauf der Plenarsitzungen. – TOP 6: Ergebnisse Vermittlungsausschuss zum Haushaltsstrukturgesetz. – TOP 7: 1. Beratung Fernunterrichtsgesetz. – TOP 8: 2. und 3. Beratung Deutsche Genossenschaftsbank und landwirtschaftliche Rentenbank. – TOP 9: 2. und 3. Beratung Landeszugehörigkeit Oldenburg und Schaumburg-Lippe. – TOP 10: 2. und 3. Beratung Änderung Kriegsgefangenenentschädigungsgesetz. – TOP 11: 1. Beratung Gesetz über das Apothekenwesen. – TOP 12: 1. Beratung CDU/CSU-Entwurf Schutz der Jugend vor Mediengefahren. – TOP 13: 2. und 3. Beratung Berlinförderungsgesetz.

E. Sonstiges: TOP 14: Besetzung des Sonderausschusses zur Diätenneuregelung (Art. 48 Grundgesetz). – TOP 15: Nächste Termine. – Verschiedenes.

[A.–E.] → online unter www.fraktionsprotokolle.de

Fraktionssitzung 09.12.1975 (1) **120.**

120.

9. Dezember 1975: Fraktionssitzung (1. Sitzung/Tonbandtranskript)

AdsD, SPD-BT-Fraktion 7. WP, 6/TONS000045. Titel: »Fraktionssitzung vom 09.12.1975«.
Beginn: 11.15 Uhr. Aufnahmedauer: 6:02:14[1]. Vorsitz: Wehner.

Sitzungsverlauf:

A. Einziger TOP: Gesetzentwurf zur Mitbestimmung der Arbeitnehmer: Bericht von Bundesminister *Arendt*.
B. Diskussion der Fraktion.
C. Stellungnahme von Bundesminister *Arendt* und Bundeskanzler *Schmidt* zu den Äußerungen der Fraktionsmitglieder.

[A.]

Wehner: Die Sitzung ist eröffnet. – Ich hab' Pech mit dem Geburtstag, denn Erhard *Eppler* wird heute 49, kann aber nicht hier sein. Wir wünschen ihm alles Gute, vor allen Dingen auch fürs Land[2] –

(Beifall.)

und müssen per Telegramm uns melden. Wir haben drei Krankmeldungen. Nach wie vor ist die Situation von Alex [*Möller*] schwierig. Ich habe ihm von der letzten Fraktionssitzung Grüße und Besserungswünsche bestellt. Helmut *Kater* ist auch noch krankgeschrieben und von Karl *Ravens* ist gestern bei mir gelandet ein Brief, in dem er mitteilt, dass nachdem er die Operation überstanden hat, schicke er herzliche Grüße. Beschreibt dann, worum es bei dieser Operation gegangen ist und dass die Ärzte meinen, in 14 Tagen, drei Wochen könnte er wohl wieder voll an Deck sein. Er bestelle den Genossinnen und Genossen in der Fraktion herzliche Grüße. Ich denke, wir erwidern sie, auch wenn das hier nicht zum Ausdruck gebracht worden ist.

(Beifall.)

Das mache ich also dann in eigener Phantasie. Dann, Genossinnen und Genossen, muss ich eine nicht so angenehme Sache mitteilen, die ich sonst heut' Nachmittag mitteilen würde, aber es ist jetzt wohl richtiger. Es hat ja ein Hin und Her gegeben um die Nachfolge auf der Landesliste für das Mandat unseres verstorbenen Kollegen Fritz *Beermann*. Der Nächste, der hier hätte herkommen sollen, ist inzwischen Landtagsabgeordneter in Schleswig-Holstein und hat hier schriftlich oder dort schriftlich verzichtet auf die Nachfolge.[3] Der dann Folgende ist ein Mann, der aus der SPD ausgeschlossen ist und hinsichtlich dessen der Wahlleiter in Schleswig-Holstein[4] entschieden hat, dass er nicht nachfolge, woraufhin Besagter inzwischen hier seine Beschwerde, die nun beim Wahlprüfungsausschuss des Bundestages landet, eingereicht hat.[5] Und nach dem Entscheid

---
1 Der erste Teil der Sitzung, der hier dokumentiert ist, begann um 11.15 und endete um 12.45 Uhr (2:21:27), vgl. Kurzprotokoll, AdsD, 2/BTFG000117. Zum zweiten Teil der Sitzung vgl. die zweite SPD-Fraktionssitzung am 9. Dezember 1975, online.
2 *Eppler* war seit 1973 Landesvorsitzender der SPD in Baden-Württemberg.
3 Gemeint ist Hans *Wiesen*.
4 Hans-Joachim *Knack*.
5 Gemeint ist Richard *Bünemann*. Er wurde aufgrund eines Verstoßes gegen Beschluss zur Unvereinbarkeit einer Zusammenarbeit von DKP und SPD Ende Februar 1975 aus der SPD ausgeschlossen. –

des Wahlleiters ist inzwischen ein weiterer Nächster nach hier entsandt, und wir haben die Mitteilung bekommen, zu dem ich sagen muss, ich muss es ablehnen, ihn hier in der Fraktion willkommen zu heißen, denn es ist ein Mann, gegen den ein Parteiordnungsverfahren der zuständigen Organisation in Dithmarschen, dem sich vor einigen Tagen der Landesbezirk oder Landesvorstand Schleswig-Holstein angeschlossen hat und von dem letzten wir die Mittteilung bekamen, dass am Freitag die Schiedskommission tagt und dass außerdem der Landesvorstand beschlossen hat, seine Rechte als Mitglied ruhten.[6] Es handelt sich dabei, wenn ich mir das so zu schildern erlauben darf, um einen, der bei der Landtagswahl in Schleswig-Holstein mit einem Brief des Bundesministers für Verkehr[7] eine Werbung veranstaltet hat, von der er nun nachträglich, nachdem das von den anderen an die Glocke gehängt worden ist, gesagt hat, nu ja natürlich, er habe, wie das bei Wahlen üblich sei, auch etwas gelogen. Hier geht es um einen Brief des Bundesministers für Verkehr, von dem schließlich die Öffentlichkeit erfahren hat, mit dem echten Briefkopf, mit der echten faksimilierten Unterschrift, aber mit einem ins Gegenteil verkehrten Inhalt.

(Unruhe. Heiterkeit.)

Da ging es um irgendeine lokal wichtige Sache und das ist natürlich etwas happig. Ich wollte nur sagen, dass wir gestern Abend im Fraktionsvorstand im Beisein der Bundestagspräsidentin [*Renger*] gesagt haben, dass die Fraktion sich nicht imstande sehe, den inzwischen hier eingewiesenen Nachfolger auch als Nachfolger in der Fraktion anzunehmen. Das möchte ich bei dieser Schilderung erbeten haben, möge man mir nachsehen, verzeihen und vielleicht sogar dem zustimmen.

(Beifall.)

Und nun zu der Sitzung selbst, Genossen. Wir hatten in der vorigen Woche mit dem von Konrad *Porzner* versandten Rundschreiben Nummer 73 grün unter dem 4.12. mitgeteilt, für unsere Arbeit zum Abschluss dieses Jahres brauchen wir neben der Sitzung des Fraktionsvorstandes am Montag um 20 Uhr – die war gestern – und der Sitzung der Fraktion am Dienstag um 15 Uhr – die kommt noch – zusätzliche Sitzungen des Fraktionsvorstandes und der Fraktion und deswegen folgte dann die Einladung für heute: Fraktionsvorstand 9 Uhr, die ist konsumiert und für die Fraktion 11 Uhr, die hat eben nach Ablauf des ungefähr akademischen Viertels begonnen. Warum haben wir eine so verdeckte Schreibweise gewählt? Weil in der vorigen Woche verabredet worden war, und was sonst man immer von mir hält, ich pflege Verabredungen einzuhalten, auch wenn ich dabei Ecken abgestoßen bekomme, dass heute Morgen um 9 der Fraktionsvorstand der SPD-Fraktion und um 11 die Gesamtfraktion Gelegenheit bekommen werde, das Ergebnis der langen und langwierigen Untersuchungen und Verhandlungen und Wiederverhandlungen über das, was am in dem federführenden Ausschuss für Arbeit und Sozialordnung liegenden Gesetzentwurf, der '74 eingebracht worden ist[8], zur erweiterten Mitbestimmung mit Blick auf – jetzt sage ich es

---

Zur Beschwerde *Bünemanns* vor dem Ausschuss für Wahlprüfung, Immunität und Geschäftsordnung vgl. den Antrag des Ausschusses für Wahlprüfung, Immunität und Geschäftsordnung vom 13. Mai 1976, BT Drs. 07/5185. Laut Ausschussbericht folgten auf der Landesliste – in anderer Reihenfolge als *Wehner* sie nannte – auf Platz 12: Richard *Bünemann*, Platz 13: Hans *Wiesen*, Platz 14: Hans-Uwe *Emeis*.

6 Gemeint ist Hans-Uwe *Emeis*. Zu diesem Vorgang vgl. den Artikel »Berufliches. Hans-Uwe Emeis«; »Der Spiegel« vom 16.2.1976, S. 156.

7 Kurt *Gscheidle*, Bundesminister für Verkehr und für das Post- und Fernmeldewesen (SPD).

8 Zum Entwurf der Bundesregierung vom 29. April 1972 eines Gesetzes über die Mitbestimmung der Arbeitnehmer (Mitbestimmungsgesetz) vgl. BT Drs. 07/2172.

einmal nun etwas vulgär – verfassungsgerichtliche Immunität zu modifizieren, erforderlich geworden ist. Wobei natürlich auch die Auffassungen der Koalitionspartner, die ja in der Frage Mitbestimmung von Anfang an nicht deckungsgleich sein konnten, ihre Rolle gespielt haben.

Es war schon einmal behauptet worden und das hat mir einen Anlass gegeben, am 3. November in einem Brief an den Fraktionsvorstand mitzuteilen, dass das, was da behauptet worden ist, in keiner Weise stimme. Ich habe mir dann erlaubt, um sicherzugehen, diesen Brief am Nachmittag selbigen Tages in der Fraktionssitzung zur Vorlesung zu bringen.[9] Es war ein Brief wegen der Behauptung im »Spiegel«, dass alles fertig sei[10], dass aber – damit das Parteifußvolk vor dem Parteitag nichts Genaues erfahre – damit hinter dem Berg gehalten werde. Dass es so nicht ist, das kann man aus allen weiteren Meldungen und Kommentaren – und darunter sind sehr erleuchtende Kommentare, bis in den heutigen Morgen hinein geschrieben und auch über den Äther weitergegeben worden – erlesen, dass es immer wieder eine endgültige Fassung gegeben haben muss, bis heute. Wir waren am vergangenen Mittwoch so verblieben, dass sowohl die entsprechenden Organe der SPD als auch der FDP zur gleichen Zeit informiert würden über die Ergebnisse dieser Erörterungen, deren Zweck es ja ist, Genossinnen und Genossen, die Beratungen im Ausschuss für Arbeit und Sozialordnung und in den beiden mitberatenden Ausschüssen nun endlich vom toten Gleis herunterzubringen und auf das richtige Gleis zu setzen. Das war ja verursacht durch jene öffentlichen Anhörungen, deren letzte unter den sogenannten verfassungsrechtlichen Gesichtspunkten besonderes Aufsehen erregt hatte, während die ersten Runden bewiesen, dass eigentliche alle – für welche Interessenorganisation sie auch sprachen – gegen den Gesetzentwurf gewesen sind. Das Letzte war das schwerwiegende, war auch für den Koalitionspartner – zugegebenen – aber auch für uns ein Signal, dass wir das in unseren Kräften und Vermögen liegende zu tun hätten, um, soweit wir es nach menschlichem Vermögen Gewähr leisten können, zu verhüten, dass der Entwurf in Karlsruhe, wenn er Gesetz geworden ist, hängenbleibt. Denn wir sind ja schließlich nicht dazu da, Karlsruhe zum eigentlich einzigen gesetzgebenden Organ der Bundesrepublik Deutschland werden zu lassen.

(Vereinzelter Beifall.)

Deswegen haben wir uns also Mühe gegeben, damit es hier keine Hebel gab, an denen man hin und zurück rucken könnte. Über das Ergebnis haben viele inzwischen geschrieben und Behauptungen aufgestellt. Wir werden jetzt Gelegenheit nehmen, Genossinnen und Genossen, aus dem Bericht unseres Genossen und Freundes Walter *Arendt* zu hören, was das Ergebnis ist, von dem es nun abhängt, dass im federführenden Ausschuss wie in den mitberatenden Ausschüssen, sobald es möglich ist – die paar Tage nicht einberechnet –, die Beratungen begonnen und bis zu dem Ergebnis geführt werden, dass wir in zweiter und dritter Lesung hier im Plenum debattieren und entscheiden können. Der Fraktionsvorstand hat heute Morgen einen Bericht von Walter entgegengenommen. Ich habe vorher Walter gedankt für diese im Grunde genommen unbeschreibliche Arbeit, die er zusammen mit anderen in diesem schwierigen Jahr in dieser Materie geleistet hat, und ich möchte das auch hier allem anderen voranstellen.

(Beifall.)

Der Fraktionsvorstand hat seine Erörterungen wie folgt abgeschlossen: Die Fraktion – das richtet sich also jetzt an uns hier Versammelte – der SPD im Deutschen Bundes-

---

9 Die Sitzung war am 4. November 1975. Vgl. *Wehners* Ausführungen während des Berichts von der Fraktionsvorstandssitzung in der SPD-Fraktionssitzung am 4. November 1975, SVP C, online.

10 Zum Artikel »Die Zeit ist reif« vgl. »Der Spiegel«, Nr. 45 vom 3. November 1975, S. 27f.

tag empfiehlt den Mitgliedern der SPD-Fraktion im Ausschuss für Arbeit und Sozialordnung und in den mitberatenden Ausschüssen bei der Beratung des Gesetzentwurfs über die Mitbestimmung, die am 9. Dezember vom Bundesminister Walter *Arendt* dargelegten Modifikationen zum vorliegenden Gesetzentwurf zur Annahme zu bringen. Die Fraktion setzt sich für die baldige Aufnahme der zügigen Behandlung des Mitbestimmungsgesetzentwurfs in den Ausschüssen ein. Diese Empfehlung an die Fraktion, sie möge das den Mitgliedern in den besagten Ausschüssen empfehlen durch ihre eigene Entscheidung, ist im Fraktionsvorstand einstimmig beschlossen worden. Und damit bitte ich Walter *Arendt*, das Wort zu nehmen.

Arendt: Genossinnen und Genossen, am 20. Februar 1974 hatte das Kabinett die Mitbestimmungsvorlage, die unter der Drucksache 2172 dem Bundestag vorliegt[11], verabschiedet. Die erste Lesung dieses Gesetzentwurfes war am 20. Juni 1974.[12] In der Zeit von Oktober bis Dezember 1974 fanden im zuständigen federführenden Ausschuss Anhörungen und insbesondere am 19. Dezember Anhörungen über die Verfassungskonformität dieses Gesetzentwurfes statt. Es hat dann, ohne dass ich hier die einzelnen Positionen der Wissenschaftler und der geladenen Experten vortragen brauche, danach einige Betrachtungen gegeben, ob – wie Herbert *Wehner* es gesagt hat – dieser Gesetzentwurf bei Verabschiedung vor dem Verfassungsgericht Bestand haben würde. Die Vertreter der Koalitionsfraktionen haben dann in den hinter uns liegenden Monaten in mehrfachen und mehrstündigen Sitzungen über diese Punkte im Einzelnen gesprochen. Bevor ich auf diese Punkte zu sprechen komme, möchte ich aber noch einmal grundsätzlich in der Erinnerung zurückrufen, wie die Ausgangspositionen waren. Ich meine die Ausgangspositionen der Koalitionsparteien. Während die FDP in Freiburg in neun Thesen oder elf Thesen ihre Position sehr konkret dargelegt hat[13], zum Beispiel Ablösung der Montan-Mitbestimmung[14], zum Beispiel eine eigene Bank mit eigenem Entsendungs- und Vorschlagsrecht der sogenannten Gruppe Disposition der leitenden Angestellten oder keine Gewerkschaftsvertreter – keine außerbetrieblichen – im Aufsichtsrat und generell die Urwahl durchzuführen, war unsere Position, ich meine die sozialdemokratische, in der Vergangenheit verbaler. Wir haben uns für eine Ausweitung der Mitbestimmung eingesetzt und haben von der paritätischen Mitbestimmung gesprochen. Unsere grundsätzliche Position, wenn ich das noch einmal hinzufügen darf, ist ja erneut auf dem Parteitag in Mannheim festgelegt worden, nämlich in dem Orientierungsrahmen '85[15]. Für diese Verhandlungen, die wir in den letzten Monaten geführt haben, war die Ausgangsposition der Gesetzentwurf der Bundesregierung vom 20. Februar. Ich sage das deshalb, weil manche auch von der Opposition den Eindruck erwecken möchten, als hätten wir diesen Entwurf zurückgezogen und hätten jetzt einen ganz neuen Entwurf vorgelegt. Ich betone das deshalb, Ausgangspunkt und Grundlage unserer Beratungen und der Verständigung ist der Gesetzentwurf.

---

11 Vgl. Anm. 8.
12 Vgl. BT Plenarprotokoll 07/110, S. 7460–7475 und S. 7496–7544.
13 Vgl. FLACH, Karl-Hermann/MAIHOFER, Werner/SCHEEL, Walter: Die Freiburger Thesen der Liberalen, Reinbek bei Hamburg 1972.
14 Die Montanmitbestimmung wurde im »Gesetz über die Mitbestimmung der Arbeitnehmer in den Aufsichtsräten und Vorständen der Unternehmen des Bergbaus und der Eisen und Stahl erzeugenden Industrie« in der Fassung vom 21. Mai 1951 festgeschrieben. Vgl. BGBl. 1951, I, Nr. 24, S. 347–350.
15 Vgl. dazu auch die Publikation ÖKONOMISCH-POLITISCHER ORIENTIERUNGSRAHMEN FÜR DIE JAHRE 1975–1985 in der vom Mannheimer Parteitag der SPD am 14. November 1975 beschlossenen Fassung, hrsg. vom Vorstand der SPD, Bonn o. J.

Fraktionssitzung 09.12.1975 (1) **120.**

Und ich kann jetzt gleich zu den Einzelheiten kommen. Ich sage zunächst einmal, was unverändert geblieben ist. Ich spreche jetzt zunächst vom Geltungsbereich. Es werden nach diesem Gesetzentwurf die Kapitalgesellschaften und Konzerne erfasst, die mehr als 2000 Arbeitnehmer beschäftigen. In diesem Zusammenhang gleich noch ein weiteres Wort, weil oft in der Diskussion in der Öffentlichkeit gesagt wird, wenn man den Anwendungskatalog, die Kriterien, die der Deutsche Gewerkschaftsbund festgelegt hat, nämlich Beschäftigtenzahl, Kapitalausstattung und Umsatz oder eine Kombination dieser drei Kriterien, dann ist das weniger in der Zahl als nach diesem Gesetzentwurf, weil unser Rechtsformenkatalog nach dem Gesetz umfangreicher ist, als dieses Modell des Deutschen Gewerkschaftsbundes vorsieht. Wir haben also hier ziemlich alle Rechtsformen unter den Mitbestimmungen erfasst, und wenn ich hier eine Zahl sagen darf, es werden etwa 550 bis 600 Unternehmen erfasst mit einer Beschäftigtenzahl von fünf bis sechs Millionen Arbeitnehmern.

Zweitens: Die Montan-Mitbestimmung, wie sie in der eisen- und stahlerzeugenden Industrie und im Steinkohlebergbau seit 1951 praktiziert wird, bleibt bestehen. Mit anderen Worten: Die Koalitionsparteien haben nicht die Absicht, durch Initiativgesetze oder durch andere gesetzgeberische Maßnahmen diesen Bereich in eine andere Regelung zu überführen. Weiterhin bleibt bestehen, so wie es der Gesetzentwurf vorsieht, dass die Aufsichtsräte mit der gleichen Zahl von Vertretern der Anteilseigner und der Arbeitnehmer besetzt werden. Mit anderen Worten: Wir haben auch hier auf das Institut des sogenannten neutralen Mannes verzichtet und damit, wie ich finde, den Drang und den Zwang zur Verständigung zwischen diesen beiden Gruppen verstärkt. Außerdem ist unstrittig, dass in den Unternehmen, die von der Mitbestimmung erfasst werden, die im Unternehmen vertretenen Gewerkschaften entsprechend der Größenordnung der Gesellschaften Vertreter entsenden, die vorgeschlagen werden von den Gewerkschaften, aber gewählt werden von den Belegschaften, und zwar in Unternehmen bis zu 20000 Beschäftigten werden die Gewerkschaftsvertreter zu zweit sein und in den Unternehmen mit mehr als 20000 Beschäftigten werden es drei Vertreter sein. Ich sage noch einmal, diese Vertreter der Gewerkschaften werden von den Gewerkschaften vorgeschlagen und von den Belegschaften gewählt. Das sind die entscheidenden Punkte, die unverändert sind und auch nicht Gegenstand der Beratungen in der vergangenen Zeit waren. Obwohl ich hier sagen muss, dass unserem Koalitionspartner – das sage ich aber nur in Klammern –, dass unserem Koalitionspartner das Zugeständnis, dass auch außerbetriebliche Gewerkschaftsvertreter in den Aufsichtsräten vertreten sein sollen, nicht ganz ihrer Konzeption entspricht und wir das sehr oft vorgehalten bekamen.

Lasst mich, Genossinnen und Genossen, jetzt zu den Punkten kommen, die Gegenstand der Erörterungen waren, weil sie auch bei den Anhörungen – bei den Anhörungen – zur Debatte standen. Wenn ich das mal ganz allgemein sage und das bezieht sich insbesondere auf das verfassungsrechtliche Anhörungsverfahren, dann gab es eine ganze Reihe von Meinungsäußerungen zu verschiedenen Punkten des Gesetzentwurfes. Es gab aber kaum einen Sachverständigen, der von Paragraph 1 bis Paragraph 36 des Gesetzentwurfes gesagt hätte, das ist alles prima und das ist alles in Ordnung. Da gab es welche, die sich gegenseitig aufhoben, aber es gab ein paar Punkte, die in der Tat gewisse Risiken in sich bargen und deshalb haben wir darüber gesprochen. Ich fange gleich mit dem ersten Risiko an und es ist ja bekannt, dass unser Gesetzentwurf theoretisch denkbare sogenannte Pattsituationen auslösen konnte. Diese Pattsituationen beziehen sich sowohl auf Sachentscheidungen, als auch bei der wichtigen Aufgabe des Aufsichtsrates, den Vorstand zu bestellen, und hier gab es in der Vergangenheit sehr viele unterschiedliche und interpretationsfähige Bemerkungen. Ich glaube nicht, dass es darauf ankommt, dass man hier ein persönliches Bekenntnis ablegt. Ich kann hier sagen aus meiner Erfahrung, die ich in der vergangenen Zeit machen konnte und das sind fast 20 Jahre gewesen, schätze ich dieses Risiko geringer ein als manch anderer, weil ich daran glaube und darauf vertraue, dass die Vernunft in den Betrieben sich viel mehr durchsetzt als denkbare theoretische Extremfälle. Aber ich füge hinzu, wenn der Weg nach Karlsruhe angetreten worden wäre, und wir ja einschlägige Erfahrungen in der Vergangenheit machen konnten, wäre eine solche Entscheidung des Verfassungsgerichtes sicher nicht auszuschließen gewesen und da war insbesondere durch die Pattsituation ausgelöst der Vorbehalt, dass damit die Funktionsfähigkeit eines Unternehmens tangiert werden könnte. Denn wenn sich diese Gruppen, Arbeitnehmer und Anteilseigner, wirklich geschlossen gegenüberstehen und sie nicht bereit sind, einen Vermittlungsversuch zu machen, dann hätte in diesem Falle – so war die ursprüngliche Fassung des Gesetzentwurfes, so wie es das Aktiengesetz übrigens vorsieht – der Weg und die Anrufung der Hauptversammlung möglich gewesen. Und bei großen Publikumsgesellschaften hätte das natürlich die Einhaltung von Fristen bei der Einladung einer Hauptversammlung bedeutet und da erstrecken sich einige Wochen und das hätte in der Tat den Vorwurf der Funktionsfähigkeit treffen können und deshalb haben wir uns mit diesem Punkt beschäftigt.

Und jetzt will ich das gleich die Regelung sagen, die wir gefunden haben, soweit es sich um den Aufsichtsratsvorsitzenden handelt. Wir haben gesagt, dass der Aufsichtsratsvorsitzende im ersten Wahlgang von zwei Dritteln der Aufsichtsratsmitglieder gewählt werden muss und kommt diese Wahl des Aufsichtsratsvorsitzenden nicht zustande, so war der Gesetzentwurf, dann konnte eine Ad-hoc-Kommission gebildet werden, die sich aus zwei Vertretern der Anteilseigner und zwei Vertretern der Arbeitnehmer zusammensetzt und dann hätten die noch einen weiteren Wahlgang und dann noch einen weiteren Wahlgang vorbereitet. Auch hier wurde von den Kritikern gesagt, das würde eine unzulängliche Beeinträchtigung der Arbeit des Aufsichtsrates bedeuten. Wir haben deshalb abweichend von dem Regierungsentwurf, wo dann in der letzten Phase der wechselnde Vorsitz vorgesehen war, haben wir abweichend von dieser Regelung gesagt, zumal wir auch feststellen konnten, dass bei den gewerkschaftlichen Organisationen dieses, was ich damals für einen großen Erfolg ansah, dass auch die Arbeitnehmer die Möglichkeit hätten, durch einen, durch eine Münze oder wie man das auch immer machen will, den Aufsichtsratsvorsitzenden zu stellen. Aber ich konnte in meinen Versammlungen – und ich hatte 'ne ganze Menge – feststellen, dass dieses nicht so als Erfolg gewertet worden ist. Vielleicht hängt das damit ein bisschen zusammen, dass man sich auch an solche neuen Funktionen erst einmal gewöhnen muss und dass man da einschlägige Erfahrungen sammeln muss. Wir haben deshalb hier bei dieser Regelung auf dieses etwas umständliche, wie ich zugeben will, Verfahren verzichtet und haben gesagt, wenn der Aufsichtsratsvorsitzende nicht mit Zweidrittelmehrheit im ersten Wahlgang gewählt wird, dann wählt die Gruppe der Anteilseigner für sich und unter sich den Vorsitzenden des Aufsichtsrates und die Gruppe der Arbeitnehmer wählt den stellvertretenden Vorsitzenden des Aufsichtsrates, der dann aus dieser Gruppe kommt, so dass dann ein etwas komplizierteres Verfahren, wie das früher vorgesehen war, entfällt. Dieses wiederum würde bedeuten, dass man sich mit der theoretisch denkbaren Pattsituation in Sachfragen auseinandersetzen muss. Nun wird es im Gesetz keine Regelung geben, welche Geschäftsvorgänge zu den aufsichtsratszustimmungspflichtigen Geschäften gehören. Das ist von Gesellschaft zu Gesellschaft unterschiedlich. Da gibt es Gesellschaften, die mit ihrer Kapitalausstattung geringer sind. Da gibt es schon Investitionsvorhaben von drei Millionen Mark oder weniger, die aufsichtsratszustimmungspflichtig sind, während es in großen Gesellschaften Investitionsvorhaben gibt, die bis zu 20 Millionen erst aufsichtsratszustimmungspflichtig sind. In solchen Fällen, wo es eine Pattsituation geben sollte in Sachfragen, würde dann von Fall zu Fall der Aufsichtsratsvorsitzende mit einem Stichentscheid die Entscheidung herbeiführen.

Jetzt könnte man noch zu dieser anderen Pattsituation ein Wort sagen, soweit das personell in Frage kommt. Sicherlich ist nicht zu leugnen, dass zu den vornehmen Aufgaben eines Aufsichtsrates die Bestellung des Vorstandes gehört, aber ich will das hier nicht überbewerten. Nicht in jeder Sitzung werden Vorstandsmitglieder bestellt, sondern normalerweise geschieht das in Abständen von fünf Jahren, wenn es sich nicht um Ersatzwahlen handelt, so dass hier sicherlich in der öffentlichen Diskussion die Frage ein bisschen überbewertet wurde. Aber es ist, das gebe ich zu, ein wichtiger Vorgang und deshalb haben wir jetzt hier vorgesehen, nachdem die Aufsichtsratskonstituierung so verlaufen soll, wie ich es gesagt habe, dass bei der Bestellung des Vorstandes auch der Grundsatz gilt, dass die Vorstandsmitglieder bestellt werden vom gesamten Aufsichtsrat und dass im Falle der theoretischen Pattsituation nach Einschaltung dieses Ausschusses, der hier zu einem ständigen Ausschuss wird und der paritätisch besetzt ist, die Stimme des Aufsichtsratsvorsitzenden den Ausschlag geben würde. Ich komme nachher noch auf einen anderen Punkt, aber an dieser Stelle will ich gleich diese Einschiebung machen.

In der Praxis würde sich zum Beispiel Folgendes ergeben: Wenn der Aufsichtsratsvorsitzende, der aus der Anteilseignerseite kommt, und der Aufsichtsratsstellvertreter, der von den Arbeitnehmern kommt, die Sitzung vorbereiten würden, in denen der Vorstand zu bestellen ist, dann würden die sicherlich vorher darüber reden und es wäre sicherlich undenkbar aus der Praxis heraus, dass der Aufsichtsratsvorsitzende sagen würde, mein Personalvorschlag ist für den Kaufmann derjenige, für den Techniker derjenige, für den Finanzmann derjenige und für den Arbeitsdirektor dieser. Das würde sicherlich nicht so sein und ganz bestimmt würde der stellvertretende Aufsichtsratsvorsitzende, der Arbeitnehmervertreter, Ansprüche geltend machen, dass bei dem Arbeitsdirektor, auf den ich noch zu sprechen komme, auch die Position der Arbeitnehmer Berücksichtigung findet. Und insofern wird das, was sich wie ein roter Faden durch den Gesetzentwurf hindurchzieht, nämlich der Zwang zur Verständigung und zur Einigung, der wird auch bei diesem diffizilen Kapitel Vorstandsbestellung eine nicht zu unterschätzende Bedeutung haben. Im Übrigen: ich will das jetzt gar nicht überbewerten und das in einem rosigen Licht erscheinen lassen und anderes, was wir schon exerzieren, miesmachen, aber wenn zum Beispiel auf die Montan-Mitbestimmung verwiesen wird, da darf ich sagen, da gibt es das Institut des neutralen Mannes und es wäre eine sehr großzügige Interpretation, wenn man sagen würde, dass dieser neutrale Mann in jedem Fall auf der Seite der Arbeitnehmer steht. Aber auch hier gibt es den Zwang zur Verständigung. Im Übrigen sage ich hier noch einmal, der Konfliktfall wird nicht der Regelfall sein, sondern die Ausnahme. Der Regelfall wird sein, dass sich die Vertreter in diesen Gremien verständigen werden.

Ich komme zu einem anderen Punkt, der Gegenstand der Erörterungen in der letzten Zeit war, und zwar bezieht sich das auf das Wahlverfahren – Wahlverfahren meine ich jetzt entweder Urwahl oder Wahlmänner. Genossinnen und Genossen, für Sozialdemokraten – und das haben wir auch in der damaligen Berichterstattung deutlich gemacht und auch bei all den Diskussionen, die wir in der Vergangenheit geführt haben – die Frage, ob Urwahl oder Wahlmänner, war für uns keine Frage der Ideologie, sondern eine Frage der Praktikabilität. Wir sind damals davon ausgegangen, dass in einem Großunternehmen mit vielen Zweigbetrieben es unmöglich ist oder zumindest nur sehr schwer möglich sein wird, mit gleichen Startchancen für alle Kandidaten des Aufsichtsrates in die Wahlauseinandersetzung zu gehen, denn jeder Betriebsteil, der über eine entsprechende Personalstärke verfügt, wird seinen Kandidaten mit einer gewissen Präferenz in diese Wahl schicken, während der Betriebsteil, der nur über wenige Beschäftigte verfügt, im Nachteil ist. Das wissen wir aus Betriebsrätewahlen und deshalb, glaube ich, brauche ich dazu nicht mehr sehr viel zu sagen. Da war unser Vorschlag, wir sollten das Wahlmännersystem gelten lassen, so wie es nach dem Montan-Mitbestimmungsergänzungsgesetz von 1956 gilt. Im Verlauf der öffentlichen Auseinandersetzung hat der damalige Generalsekretär der FDP *Bangemann* das ja zu einem Kernpunkt hochstilisiert, wenn ich das einmal sagen darf, die Frage, ob eine Urwahl durchgeführt oder nach Wahlmännern gewählt wird. Im Übrigen stand in den Thesen von Freiburg der FDP das als Grundsatz[16], das gebe ich zu, dass in allen Betrieben die Urwahl durchgeführt werden muss. Wir haben uns jetzt so verständigt, dass wir gesagt haben, Betriebe und Konzerne mit einer Beschäftigtenzahl bis zu 8 000 Beschäftigten machen im Regelfalle die Urwahl, wobei ihnen die Möglichkeit eingeräumt wird, durch eigene Entscheidung auch das Wahlmännerverfahren durchzuführen. Unternehmen mit mehr als 8 000 Beschäftigten machen im Regelfalle das Wahlmännerverfahren, wobei es ihnen unbenommen ist, auch durch Beschluss die Urwahl durchzuführen. Wir haben also hier die Entscheidung in das Belieben der Gesamtbelegschaft gestellt, wobei ich aber sage, dass wir den Grundsatz der Regel bis zu 8 000 Urwahl, aber auch die Möglichkeit der Wahlmänner, umgekehrt über 8 000 Grundprinzip Wahlmänner mit der Möglichkeit der Urwahl eingeräumt haben. Ich habe schon gesagt, dies war für uns keine Frage der Ideologie und deshalb, glaube ich, braucht man nicht sehr viele Ausführungen dazu zu machen.

Jetzt kommen wir zu der Wahl der Aufsichtsratsmitglieder. Dabei ist es ohne Belang, ob man jetzt Urwahl oder Wahlmännerverfahren wählt. Das gilt im Grunde genommen. Wir hatten in unserem Gesetzentwurf, um das ganz freimütig anzusprechen, zu einem Großteil Verhältniswahl, aber wir hatten an einer Stelle gemeinsame Wahl und sozusagen K.o.-Entscheidung. Das ist sogar von unseren Verfassungsjuristen – ich meine unseren, die der sozialdemokratischen Auffassung zuneigen – als nicht ideal empfunden worden. Wir haben jetzt bei dieser Regelung Folgendes gemacht: Wir haben, so wie es das Betriebsverfassungsgesetz vorsieht[17], zwei Gruppen, zwei Wahlkörper gebildet, nämlich den Wahlkörper der Arbeiter und den Wahlkörper der Angestellten. Wobei wie nach dem Betriebsverfassungsgesetz auch diese Wahlkörper die gemeinsame Wahl beschließen können. Aber für den Fall, dass sie es nicht tun, wird in diesen beiden Wahlkörpern gewählt. Nun glaube ich, Genossinnen und Genossen, dass man den Wahlkörper der Arbeiter bei dieser Betrachtung draußen vorlassen kann und dass ich ein paar Bemerkungen machen sollte zu dem Wahlkörper der Angestellten.

Die Angestellten bilden den Wahlkörper, so wie es das Betriebsverfassungsgesetz auch vorsieht, aber wir haben festgelegt, weil das auch Bestandteil unseres Regierungsentwurfs vom 20. Februar war, dass die Gruppe der 5 (3)er[18] nach dem Betriebsverfassungsgesetz oder der Einfachheit halber sage ich jetzt der leitenden Angestellten, dass die einen Minderheitenschutz bekommen sollen und diesen Minderheitenschutz soll diese 5 (3)er-Gruppe im Wahlkörper der Angestellten bekommen, und zwar dergestalt, dass Kandidaten für die Wahl des Aufsichtsrates, – der sich ja im Übrigen zusammensetzt nach der Belegschaftsstruktur des Unternehmens, aber ein leitender Angestellter muss mindestens vertreten sein –, dass diese Vorschläge zur Wahl in den Aufsichtsrat genauso gemacht werden wie die übrigen Vorschläge auch. Das heißt, es muss ein Fünftel der

---

16 Gemeint sind die bereits oben erwähnten »Freiburger Thesen« der Liberalen.
17 Zum »Betriebsverfassungsgesetz« in der Fassung vom 15. Januar 1972 vgl. BGBl. 1972, I, Nr. 2, S. 13–43.
18 Gemeint ist die Definition der Aufgaben eines Leitenden Angestellten nach Paragraph 5 Abs. 3 des Betriebsverfassungsgesetzes.

Wahlberechtigten Vorschläge machen oder es genügen 100 Unterschriften und diese 5(3)er wählen sozusagen im Vorfeld oder entscheiden im Vorfeld unter sich, wer aus dieser größeren Zahl von Kandidaten das Vertrauen dieser Gruppe von 5(3) hat. Das heißt mit anderen Worten, sie werden aus mehreren Vorschlägen zwei auswählen und werden diese beiden Kandidaten, von denen einer Minderheitenschutz im Aufsichtsrat bekommt, dem Wahlkörper Angestellte vorschlagen und dieser Wahlkörper Angestellte wählt unter Einschluss der 5(3)er dann den Kandidaten, der als Vertreter der Minderheitengruppen Minderheitenschutz im Aufsichtsrat genießt. Wir haben also nur zwei Wahlkörper.

Ich darf hier an dieser Stelle etwas sagen, was wir lange erörtert haben. Es war eine Zeit lang mal mit dem Gedanken gespielt worden, ob man nicht die Abgrenzung der 5(3)er, die ja nicht ganz leicht ist, Genossinnen und Genossen, ich darf das auch einmal hier anmerken, eine Definition über den leitenden Angestellten zu bringen und ex cathedra zu verkünden, ist schier unmöglich, weil nämlich der leitende Angestellte oder der 5(3)er, sage ich einmal, natürlich ganz unterschiedliche Qualifikationen besitzt, je nachdem um welche Branche und um welches Unternehmen es sich handelt. Derjenige, der arbeitsintensiv ist, da sieht das ganz anders aus als in einem kapitalintensiven und ich glaube, der Gesetzgeber wäre überfordert, wollte er eine generelle Definition des Begriffs des leitenden Angestellten oder des 5(3)er vornehmen. Wir sind da ein bisschen auf die Rechtsprechung angewiesen. Ich gebe zu, dass das nicht ideal ist, aber manche Verfahren, die aufgrund des Betriebsverfassungsgesetzes durchgeführt werden, werden sicherlich auch noch Klarheit in dieser Frage bringen.

Wir haben eine Zeit lang mit dem Gedanken gespielt, diese Gruppe zu erweitern durch den Begriff der außertariflichen Angestellten. Genossinnen und Genossen, wir sind davon sehr schnell abgekommen, weil das nicht nur neue Rechtsprobleme aufwirft, sondern weil auch zum Teil Arbeitnehmerorganisationen, die ursprünglich diesem Gedanken gar nicht so ablehnend gegenüberstanden, aber bei näherem Nachdenken doch eine Revision ihres Standpunktes vorgenommen haben und das nicht für so erstrebenswert ansahen. Ganz davon abgesehen, dass auch wir uns darüber im Klaren waren, dass, wenn man einen solchen Weg hätte beschreiten wollen, wir zwangsläufig vor die Frage gestellt worden wären, in einiger Zeit auch das Betriebsverfassungsgesetz aus dem Jahre 1972 unter diesen Aspekten einer neueren näheren Betrachtung zu unterziehen. Und welche Konsequenzen sich daraus dann ergeben, das ist, glaube ich, gar nicht im Augenblick in allen Einzelheiten darzustellen, so dass wir diese Gedanken wieder haben fallen lassen und uns auf den sicherlich nicht ganz eindeutigen Paragraph 5(3) vorgeschlagen haben.

Wir haben – ich komme jetzt zu einem anderen Punkt – abweichend von unserem Regierungsentwurf die Frage aufgeworfen, ob man nicht nur so ein Vorstandsmitglied, das mit Personal- und Sozialfragen betraut werden soll, sondern ob man nicht den Arbeitsdirektor, so wie es die Montanmitbestimmung und wie auch das Montanmitbestimmungsergänzungsgesetz vorsieht[19], einführen sollte. Und wir sind zu dem Ergebnis gekommen, ich nehme das jetzt vorweg, dass wir den Arbeitsdirektor eingeführt haben, so wie es das Montanmitbestimmungsergänzungsgesetz aus dem Jahre 1956 vorsieht. Nun sage ich für denjenigen, der da nicht so die subtilen Unterschiede kennt, worin der Unterschied Montanmitbestimmungsergänzungsgesetz 1956 zum Montanmitbestimmungsgesetz aus '51 besteht. Im Montanmitbestimmungsgesetz '51 heißt es an dieser Stelle: Der Arbeitsdirektor, ist ein gleichberechtigtes Vorstandsmitglied – na-

---

19 Zum »Gesetz zur Ergänzung des Gesetzes über die Mitbestimmung der Arbeitnehmer in den Aufsichtsräten und Vorständen der Unternehmen des Bergbaus und der Eisen und Stahl erzeugenden Industrie« in der Fassung vom 7. August 1956 vgl. BGBl. 1956, I, Nr. 38, S. 707–711.

türlich –, aber kann nicht gegen die Stimmen der Mehrheit der Arbeitnehmer im Aufsichtsrat berufen oder abgelöst werden. Das heißt mit anderen Worten, wir haben bei einem zehnköpfigen Aufsichtsrat – oder bei einem zwölfköpfigen kann ich sagen auf unsere Verhältnisse angewandt jetzt – mit sechs Arbeitnehmervertretern, müssten vier Arbeitnehmervertreter, könnten eine Sperre bilden. Im Montanmitbestimmungsergänzungsgesetz von 1956 ist der Begriff des Arbeitsdirektors aus dem Montanmitbestimmungsgesetz '51 übernommen worden und auch bei der Reform des Aktienrechts im Jahr 1965[20] ist dieser Begriff des Arbeitsdirektors erneut bestätigt worden, aber in einer Abweichung zum Montanmitbestimmungsgesetz 1951: Diese Sperre, nicht gegen die Stimmen der Mehrheit der Arbeitnehmer, ist entfallen. Nun könnte man in kritischer Betrachtung sagen, und wenn man dann den Aufsichtsratsvorsitzenden, der bei der Anteilseignerseite liegt, mit diesem Stichentscheid könnte man kritisch sagen, das könnte also theoretisch bedeuten, dass der Arbeitsdirektor nach dem Montanmitbestimmungsgesetz jetzt übernommen auch ein Vertreter der Anteilseigner ist.

Nun muss ich einen Blick in die Vergangenheit tun. 1956 bei der Verabschiedung des Montanmitbestimmungsergänzungsgesetzes, da gab es sieben Gesellschaften und Konzerne, die unter diese Regelung fielen und ich nenne jetzt mal einige und nenne auch gleich die Arbeitsdirektoren, um deutlich zu machen, dass ohne diese Sperre auch der gewerkschaftliche Vertrauensmann Arbeitsdirektor wurde. Zum Beispiel die größte deutsche Bergbaugesellschaft damals, das war die GBAG[21], die heute gar nicht mehr existiert, aber damals war sie, hatte als Arbeitsdirektor den Paul *Koch*, das war ein ganz ausgesprochener Gewerkschaftsvertreter, als Arbeitsdirektor im Vorstand. Oder Salzgitter, um eine andere zu nennen, hatte den damaligen Gewerkschaftsvertrauensmann und Beauftragten Hans *Mugrauer* als Arbeitsdirektor in der Holding und als der ausschied, wurde er ersetzt durch unseren Fraktionskollegen damals Dr. *Bleiß*, der sicherlich auch das Vertrauen der Arbeitnehmerseite besaß. Bei Klöckner, das war auch eine solche Gesellschaft, war auch der ehemalige Abgeordnete der SPD-Bundestagsfraktion Hans *Ils* Arbeitsdirektor aufgrund dieses Montanmitbestimmungsergänzungsgesetzes. Genossinnen und Genossen, ich könnte auch den Rest noch aufführen und dann wird deutlich, dass trotz des Nichtvorhandenseins dieser Sperre bei der Bestellung des Arbeitsdirektors in diesen Holding-Gesellschaften, die unter das Montanmitbestimmungsergänzungsgesetz fielen, ein gewerkschaftlicher Vertrauensmann die Position des Arbeitsdirektors innehatte.

Ich persönlich bin davon überzeugt und lasst mich das jetzt mal werten, wenn die Vertreter der Arbeitnehmerseite – und ich sage das gar nicht beleidigend – Kerle sind wie ein Pfund Wurst, dann wird da nicht viel zu machen sein. Wenn das aber Kämpfer sind, die die Interessen der Arbeitnehmer vertreten und auch diese grundsätzliche Position vertreten, wird es, davon bin ich fest überzeugt, auch wenn diese Sperre nicht da ist, Arbeitsdirektoren in den Vorständen geben von diesen 500 bis 600 Gesellschaften, die das Vertrauen der Arbeitnehmer besitzen. Denn niemand wird das Risiko auf sich nehmen, bei der Bestellung von Vorstandsmitgliedern anderer Sparten gegen die Hälfte des Aufsichtsrates ihre Funktion auszuüben und das wären eben Kerle wie ein Pfund Wurst, die dieses Pfand aufgeben würden. Deshalb, meine ich, sollte uns das nicht allzu sehr schrecken. Die Tatsache, dass wir den Arbeitsdirektor, so wie es das Mitbestimmungsergänzungsgesetz vorsieht, auch in diese neue Vereinbarung gebracht haben, ist, wie ich finde, eine wichtige Verbesserung und wird natürlich die Ausgangsposition vielleicht

---

20 Zum »Aktiengesetz« in der Fassung vom 6. September 1965 vgl. BGBl. 1965, I, Nr. 48, S. 1089–1184.
21 Gelsenkirchener Bergwerks AG.

nicht im ersten Jahr und im zweiten Jahr und im dritten Jahr, sondern nach fünf Jahren wird das sehr deutlich werden, ist dieser Arbeitsdirektor ein ganz wichtiger Mandatsträger.

Wenn ich hier noch mal eine persönliche Bemerkung einschalten darf. Es gibt ja Fehlbesetzungen. Wenn ich mich an meine frühere Zeit zurückerinnere, dann habe ich damals aus Gleichberechtigungsgrundsätzen immer dafür gekämpft, dass der Arbeitsdirektor, dessen Qualitäten wir auch noch nicht so übersehen konnten, auch gleich einen Fünf-Jahres-Vertrag bekam. Manche mussten wir nachher ablösen und der kriegte ganz schöne Entschädigungssummen. Wenn ich es heute noch mal zu tun hätte, das sage ich und das würde ich auch gar nicht als Diskriminierung empfinden, dann würd' ich, wenn ich einen noch nicht gestandenen Mann, wie man so schön sagt, mit einer solchen Funktion betrauen würde, würd' ich es nicht diskriminierend ansehen, wenn man dem sozusagen in der ersten Phase einen Probevertrag von einem Jahr geben würde. Man könnte da 'ne ganze Menge Geld sparen unter Umständen. Das gilt für andere auch natürlich, aber die anderen haben schon –

(Heiterkeit. Zwischenrufe.)

ja sicher –, aber die anderen haben schon etwas mehr Erfahrung mit solchen Dingen, als das bei den Vertretern der Arbeitnehmer der Fall ist und einmal muss man ja beginnen und jetzt wäre grade die gute Gelegenheit.

Genossinnen und Genossen, lasst mich noch eine Bemerkung machen zu einem anderen Abschnitt, den ich für nicht so wichtig ansehe, aber der bei den Beratungen im Ausschuss eine Rolle spielen wird. Wir hatten ursprünglich gesagt, dass dieses Gesetz exekutiert werden soll in der Hauptversammlung, die nach dem Inkrafttreten dieses Gesetzes stattfindet. Das könnte im Maximalfall zwölf Monate sein, es könnte aber auch schon eher sein. Bei unserem Koalitionspartner gab es da gewisse Bedenken. Ich will die hier nicht im Einzelnen schildern, aber, wenn jetzt dieses Gesetz gehandhabt wird, heißt das im Klartext, dass eine ganze Reihe von Anteilseigner-Vertretern angestammte – wie sie meinen – Plätze räumen müssen in den Aufsichtsräten. Und da viele nach dem Motto verfahren, guter Rat ist teuer, da gibt's ja auch 'ne Entschädigung, da möchte man denen nicht zu nahe treten und deshalb hat man gemeint, man sollte dieses ein wenig strecken. Nun muss ich hier sagen, Genossinnen und Genossen, es gibt keine Amtszeit des Aufsichtsrates insgesamt als Institution, sondern es gibt nur eine Wahlperiode für den Gewählten. Und wollte man auf das individuelle Ausscheiden es abstellen, dann würde das letztlich dazu führen, dass wir ein heilloses Durcheinander bekämen. Wir wüssten ja gar nicht, ob wir mit dem Arbeiter oder mit dem Angestellten oder mit dem leitenden Angestellten beginnen sollten und wie das alles zusammenhängt. Und deshalb haben wir gemeint, es wäre vertretbar, wenn wir eine Fassung bei den Übergangsvorschriften finden würden und würden sagen, dieses Gesetz muss praktiziert werden spätestens in der zweiten Hauptversammlung, die nach dem Inkrafttreten dieses Gesetzes folgt. Es kann schon vorher, aber spätestens in der zweiten Hauptversammlung muss das praktiziert werden. Das hätte im Übrigen noch den Vorteil, wenn ich das sagen darf, dass man sich auch ein bisschen auf das personelle Problem vorbereiten kann, das dann zu bewältigen wäre.

Genossinnen und Genossen, das sind im Wesentlichen und im Wichtigen die Punkte, nein, es sind alle Punkte, die wir jetzt bei diesen letzten Gesprächen erörtert haben. Wahlverfahren, Urwahl oder Wahlmänner, Verhältniswahl, zwei Wahlkörper nach dem Betriebsverfassungsgesetz und Übergangsbestimmung und die Einführung des Arbeitsdirektors. Ausgangspunkt, das darf ich noch einmal sagen, wäre der Gesetzentwurf und deshalb würden keine Papiere verteilt oder neue Erklärungen abgegeben, sondern dieser Gesetzentwurf ist die Grundlage und wenn die Fraktion das akzeptieren würde, das, was auch der Fraktionsvorstand vorgeschlagen hat, dann würde das konkret bedeuten, dass die Mitglieder des Ausschusses für Arbeit und Sozialordnung diese Änderungen in Form von Anträgen während der Ausschussberatungen einbringen würden und das Gesetz dann eine entsprechende Umgestaltung erfahren würde.

(Zwischenruf.)

Ich höre grade den Zwischenruf: Inkrafttreten. Wir gehen davon aus, dass der Ausschuss dieses Gesetz jetzt zügig behandeln wird und dass dann recht bald die dritte Lesung und damit das Inkrafttreten des Gesetzes sichergestellt werden kann.

Erlaubt mir nur eine Bemerkung noch zur Information der Fraktion. Wir sind dabei, im Augenblick – im Augenblick, es ist noch nicht ganz fertig –, wir sind dabei, im Augenblick eine Übersicht zu erstellen, die heute Nachmittag in die Fächer gelegt würde, wo noch einmal die Punkte, die ich jetzt hier vorgetragen habe, im Einzelnen dargestellt werden und wo auch eine Wertung dieser Punkte vorgenommen wird. Zweitens – diese Information geht noch ein bisschen weiter –, zweitens hätten wir eine Kurzfassung zu verteilen, die dieses ganze Gesetz mit den vereinbarten Modifikationen noch einmal in nüchterner Sprache darstellt, so dass alle Fraktionsmitglieder heute Nachmittag in ihren Fächern diese Informationspapiere vorfinden würden. Und da mir die Fraktionsgeschäftsführung gesagt hat, dass sie es übernommen hat, auch auf Anforderung der einzelnen Fraktionsmitglieder auf mehr Exemplare für die Streuung im Wahlkreis oder in sonstigen Gremien diese anfertigen zu lassen, würde dann ab morgen, denke ich, oder übermorgen das in ausreichender Zahl zur Verfügung stehen.

Genossinnen und Genossen, ich will nicht pathetisch werden. Ich will das auch gar nicht über den grünen Klee loben. Erlaubt mir nur eine abschließende Bemerkung. Ich habe der Fraktion zu danken für das – ja, entgegengebrachte Vertrauen in der Vergangenheit. Ich weiß, dass manche gesagt haben, diese Einigung wäre schon längst möglich, wenn dieser verfluchte *Arendt* nicht so stur gewesen wäre, und da ich da nie Rechenschaft hier ablegen brauchte, warum und weshalb, möchte ich diese Gelegenheit benutzen, um mich bei allen recht herzlich zu bedanken, dass man dieses so machen konnte und verhandeln konnte, wie das geschehen ist. Aber ich füge eine abschließende Bewertung hinzu. Wenn ich mich für diese Regelung ausspreche, dann nicht zuletzt deshalb, weil ich meine, dass trotz kritischer Anmerkungen, die gebracht werden und gemacht werden und die man sicher machen kann, denn das ist nicht die Erfüllung reiner sozialdemokratischer Lehre, wenn ich das so sagen darf, sondern da kann man sicherlich kritische Anmerkungen machen, aber wenn ich alles in allem sehe, dann, meine ich, wäre das jetzt möglich. Denn in den letzten 25 Jahren wurde zwar viel über Mitbestimmung geredet, aber geändert wurde gar nichts und gemacht wurde auch nichts und diese Koalition, so schwer sie es uns auch gemacht hat, hat zum ersten Mal die Kraft aufbringen können, auf diesem wichtigen Felde einen Schritt nach vorn zu tun. Und wenn das jetzt nicht möglich gewesen wäre und wenn wir jetzt nicht diese Möglichkeit ergreifen würden, dann würde ich mich fragen, wenn wir neu verhandeln nach der Bundestagswahl am 3. Oktober 1976, ob dann was Besseres dabei herauskäme, das ist die große Frage. Ich hab' da meine persönlichen Zweifel und deshalb sage ich, wenn wir jetzt so viel Zeit und so viel Aufwand in dieses Vorhaben investiert haben, dann sollten wir auch den Mut haben, dieses Gesetz, was für die Arbeitnehmer und für unsere Gesellschaft eine große Bedeutung hat, dann sollten wir es zügig beraten und in Kraft setzen und diesen Schritt nach vorne tun, um damit auch eine demokratische Ausgestaltung jenes Bereiches vorzunehmen, in dem eben ein Großteil der Menschen in unserem Lande ein Drittel des Tages verbringen muss. Und deshalb möchte ich für die Annahme dieser Änderung plädie-

Fraktionssitzung 09.12.1975 (1) **120.**

ren und möchte das nachdrücklichst unterstützen, was der Fraktionsvorstand in seiner heutigen Sitzung der Fraktion empfiehlt. Vielen Dank für die Aufmerksamkeit.
(Starker Beifall.)

Wehner: Genossinnen und Genossen, ich bringe das noch einmal in Erinnerung, worauf Walter zuletzt hingewiesen hat. Die Fraktion der SPD im Deutschen Bundestag empfiehlt den Mitgliedern der SPD-Fraktion im Ausschuss für Arbeit und Sozialordnung und in den mitberatenden Ausschüssen, bei der Beratung des Gesetzentwurfs über die Mitbestimmung die am 9. Dezember von Bundesminister Walter *Arendt* dargelegten Modifikationen zum vorliegenden Gesetzentwurf zur Annahme zu bringen. Die Fraktion setzt sich für die baldige Aufnahme der zügigen Behandlung des Mitbestimmungsgesetzentwurfs in den Ausschüssen ein. Das war der Text. Wer wünscht das Wort? Willy *Brandt*.

[B.]

Brandt (Berlin): Ich will's ganz kurz machen, liebe Genossinnen und Genossen, ich hab' mich bewusst, was die meisten verstanden haben werden, als derjenige, dessen Name unter dem Regierungsentwurf steht, zurückgehalten in den Diskussionen über die Modifikationen. Ich möchte, dass hier niemand im Zweifel darüber ist, dass ich die jetzt vorgeschlagene Lösung trage, voll trage mit der Begründung, die ich dem Parteitag in Mannheim dazu gegeben habe.[22] Wir müssen meiner festen Überzeugung das machen, was jetzt möglich ist und was spätere Verbesserungen in den Jahren, die vor uns liegen, nicht verhindern wird.

(Beifall.)

Wehner: Horst *Krockert*.

Krockert: Zu den kritischen Anmerkungen, von denen Walter *Arendt* gemeint hat, sie würden sicher kommen. Ich mache eine, aber sie kommt nicht aus einer Position der Wahrung der reinen sozialdemokratischen Lehre, Walter *Arendt*. Das haben wir, glaube ich, alle hinter uns bringen müssen in dieser Phase der Diskussion, in der wir sind. Gleichwohl – es gibt also einen Punkt in diesem Konzept und somit also auch in der Empfehlung des Vorstandes, wo ich meine, dass den kritischen Anmerkungen noch ein paar Überlegungen gewidmet werden müssen. Das ist nicht mehr die Frage der vollen Parität, also etwa beim Zustandekommen des Aufsichtsratsvorsitzenden. Ich bin nun also inzwischen auch so weit zu sehen, dass das wahrscheinlich unvermeidlich sein wird – Bundesverfassungsgericht oder nicht, dass es jedenfalls unvermeidlich sein wird. Es bezieht sich auch nicht auf die Sonderrolle der leitenden Angestellten. Aber die Ausgestaltung, die dieser zweite Punkt jetzt erfahren hat – und wenn ich jetzt sage, dann meine ich nach der Präzisierung des Begriffs leitender Angestellter durch das Bundesverwaltungsgerichtsurteil[23] –, also, dass wir jetzt wahrscheinlich genauer wissen, wen wir zu meinen haben mit den 5 (3)ern, als wir das beim Regierungsentwurf noch wussten. Das gibt der Geschichte nun einen ganz besonderen Akzent, von dem ich meine, dass es jetzt nicht mehr um die Wahrung der Parität geht, sondern um einen Einbruch in die Arbeitnehmerseite, um einen Einbruch in die Arbeitnehmerseite, der vorher auch

---

22 *Brandt* äußerte vor dem Parteitag, es sei bekannt, dass »wir ein in diesem Sinne lupenreines Gesetz auf absehbare Zeit nicht zustande bringen«. Der Parteitag solle der Fraktion, die »über das in dieser Phase Mögliche zu entscheiden« habe, den Rücken stärken. Vgl. PARTEITAG DER SOZIALDEMOKRATISCHEN PARTEI DEUTSCHLANDS VOM 11. BIS 15. NOVEMBER 1965 IN MANNHEIM. PROTOKOLL DER VERHANDLUNGEN. ANLAGEN, hrsg. vom Vorstand der SPD, Bonn o. J. (1976), hier S. 70
23 Gemeint ist das Bundesarbeitsgericht.

im Regierungsentwurf so noch nicht stattgefunden hat, als wir noch der Meinung sein konnten, unter leitenden Angestellten konnte man also unter Umständen alles Mögliche verstehen, was diese Vereinigung angestellter Akademiker da in ihrem Schilde führt oder die ULA, Union leitender Angestellter, diese Tausenden von Chemikern, die da rumlaufen und den Begriff leitende Angestellte für sich in Anspruch nehmen, ohne wirklich zu leiten. Okay, nicht wahr – auch als Kröte, die zu schlucken wäre, aber bitte schön Sonderrechte, so wie wir sie im Regierungsentwurf vorgesehen hatten.

Aber nun ist das ein Mann, dieser leitende Angestellte, an dessen tatsächlich unternehmerisch leitender Funktion kein Zweifel mehr bestehen kann nach dem Bundesverwaltungsgerichtsurteil, wenn ich's richtig sehe und von dem wir sagen – Entschuldigung, Arbeitsgerichtsurteil[24] –, von dem wir sagen, dass er auf die Seite der Arbeitnehmerbank gehört, weil wir ja unser Zwei-Faktoren-Konzept aufrechterhalten möchten. Nun ist also die Frage der Zurechnung dieses Mannes auf die Arbeitnehmerbank für mich von einer ganz anderen Qualität, als das vorher der Fall war und damit entsteht jetzt nicht bloß die gestörte Parität durch die Funktion des Aufsichtsratsvorsitzenden, sondern durch die Rolle dieses Mannes im Vorfeld der Entscheidung bereits, wo es darum geht, die Position der Arbeitnehmer solidarisch gegenüber der anderen Seite klären zu können. Dies ist meiner Ansicht nach jetzt nicht mehr möglich. Es ist auch nicht möglich, dass da also Einigungszwang, so wie das mal gemeint war, stattfindet, wo wirklich zwei Größen, weil sie numerisch paritätisch dastehen, sich vorher einigen müssen, bevor es irgendwo zu einer Stichentscheidung kommt, denn dieser Mann gehört schon vorher zur Arbeitnehmerseite und lässt es zu einer klaren, den ganzen Umfang der Arbeitnehmervertreter umfassenden Einigung in diesem Bereich schon gar nicht kommen.

Hier ist also eine Vorentscheidung getroffen, die das Ding zusätzlich zu der Vorsitzendenfrage belastet und da fängt für mich in der Tat die Frage an und das nun verbunden mit dieser Veränderung des Wahlmodus, wo die Angestellten – nicht die leitenden, sondern die Angestellten – als ein Teil der Arbeitnehmer in Anspruch genommen werden, um diese Figur des leitenden Angestellten zu bestätigen, hervorzuheben in seiner Besonderheit. Nun wird das für mich zu 'ner Frage, wo tatsächlich auf dem Spiel steht, ob der Kompromiss, den wir irgendwo ja nun tatsächlich auch noch ein zweites Mal finden mussten mit der FDP, ob der das, was wir ursprünglich gewollt haben als Mitbestimmung, selbst unter Konzessionen an die FDP überhaupt noch erkennen lässt.

Wehner: Adolf *Schmidt*.

Schmidt (Wattenscheid): Meine lieben Genossinnen und Genossen, ich stelle mich, ich denke, wie viele von uns oder wie wir alle, vor die Frage, ob das, was nun wie es vorliegt, sicher verwirklichbar in sehr kurzer Zeit, mich noch veranlassen darf oder kann oder muss, auf der Position zu bleiben, die wir bei der ersten Beratung hier eingenommen haben, nämlich einmütig, wenn ich mich richtig erinnere, gegen eine Stimme damals gesagt haben, dies machen wir. Ich komme auf dem Wege praktischer Erfahrung zu meiner Antwort. Ich bin eh nicht geeignet für theoretische Überlegungen. Ich komme aus meiner Erfahrung von fast 25 Jahren Montanmitbestimmung zu dem Ergebnis, dass dies, was nun vorliegt, so wie es vorliegt, in kurzer Zeit machbar, die bedeutendste gesellschaftliche Veränderung ist, die jedenfalls gemacht worden ist in der Zeit, in der ich diesem Parlament angehöre. Und ich will auch gerne sagen, meine lieben Genossinnen und Genossen, warum ich das bei diesen Veränderungen so sehe. Da ist verändert worden die Tatsache oder eingeführt worden die Tatsache, es wird bei den bis 600 Unter-

---

[24] Zum Beschluss des Bundesarbeitsgerichts vom 9. Dezember 1975, 1 ABR 80/73, vgl. Entscheidungen des Bundesarbeitsgerichts (BAGE), 27. Band (1975), S. 375–387.

nehmen einen Arbeitsdirektor geben. Das war bisher nicht vorgesehen. Die Tatsache, dass ein Vorstandsmitglied nun neben seinen Vorstandsmitgliedskollegen sitzen wird, der Arbeitsdirektor ist, ist ein für mich und meine Erfahrungen ganz bedeutender Vorgang. Nicht nur, dass er da ist, sondern auch, dass er an seiner Eingangstür das Schild stehen haben wird, Arbeitsdirektor, und nicht nur, weil er da ist, liebe Genossinnen und Genossen, sondern weil zu einem modernen Unternehmensmanager, der das besondere Vertrauen der Belegschaft und der Gewerkschaften haben wird, auch eine nicht geringe Zahl von Mitarbeitern gehört. Und diese Mitarbeiter und in dem Kreis dieser Mitarbeiter wird es in sehr naher Zukunft leitende Angestellte geben in einer Zahl, die der Zahl der Umgebung der technischen und kaufmännischen Vorstandsmitglieder entspricht. Und dies, meine Kolleginnen und Kollegen, wird eine der großen Sorgen, die insbesondere von meinen Gewerkschaftskollegen vorgetragen werden, in sehr kurzer Zeit überwinden die Mitbestimmung. Die, die wir machen, wird ja nicht obendrauf geklebt oder untendrunter geschoben. Die Mitbestimmung, die wir machen bei der Ausgangsposition, bei der hervorragenden Ausgangsposition der Belegschaften und der Gewerkschaften, wird sofort mitten hineinintegriert und die Umgebung dieses neuen Arbeitsdirektors wird nicht nur in dem engen Gral der Mitbestimmung wirken, sondern auch ganz deutlich, und ich nehme an ganz tief, nach meiner Erfahrung ganz sicher und ganz tief in den Kreis der übrigen leitenden Angestellten.

Und das heißt für mich, selbst dann, wenn man die Sorge haben sollte, dass bei einer Veränderung eines jetzt 21-köpfigen Aufsichtsrats, in dem sieben Arbeitnehmern 14 Kapitalgeber gegenübersitzen, der ja neu, wenn er auf 22 Mann vergrößert wird, und das wird wohl in aller Regel so sein, elf Arbeitnehmer, wenn der leitende Angestellte schon mitgezählt wird, wenn er noch nicht mitgezählt wird zehn plus eins, elf Kapitalgebern gegenübersitzen hat. Dies bleibt eine ganz bedeutende Veränderung. Ich würde sagen, weil man davon ausgehen kann und muss, dass, selbst wenn es jetzt noch nicht gelingt, aber bei der nächsten und übernächsten Hauptversammlung und Aufsichtsratswahl, das Problem der leitenden Angestellten durch die Tatsache des Arbeitsdirektors und seiner Umgebung aufgelöst wird. Darf ich auch, meine lieben Genossinnen und Genossen, aus meiner Erfahrung, dies werde ich ganz genau so oder so ähnlich, jedenfalls inhaltsgleich, wenn es zu Gesprächen im DGB-Bundesvorstand kommen sollte, dort so vortragen. Die Montan-Mitbestimmung wird im Mai 1976 25 Jahre alt. Dort gibt es keinen Zwang, leitende Angestellte in die Aufsichtsräte zu wählen oder zu bitten, aber es gibt in einer respektablen Zahl leitende Angestellte auf der Bank der Arbeitnehmer in der Montanmitbestimmung, nicht weil die Kerle leitende Angestellte sind, sondern weil es Kerle sind, die sich das besondere Vertrauen in dieser besonderen Position erworben haben, und ähnlich wird es auch sein, wenn diese Mitbestimmung ein paar Monate oder ein paar Jahre alt ist und da kann man sich fragen, ob der Wechsel oder der nicht mehr vorgesehene Wechsel im Aufsichtsratsvorsitz etwas mit besonderem Tiefgang und etwas mit besonderer Bedeutung ist. Liebe Genossinnen und Genossen, ich sage aus meiner Erfahrung, dies ist es nicht. Die Arbeitnehmer haben nicht die Sehnsucht, ihren Vertrauensmann an der Spitze einer Hauptversammlung zu sehen. Die Arbeitnehmer wollen, dass ihr erster Mann – das kann auch der zweite Mann im Aufsichtsrat sein – in einer Belegschaftsversammlung deutlich, nüchtern und unmissverständlich das sagen kann, was dort zu sagen ist. Dann bleibt dieser Mann, auch wenn er wie ich in der Montanmitbestimmung in mehreren Fällen stellvertretender Aufsichtsratsvorsitzender ist, in den Augen der Belegschaft, und darauf kommt es an, ihr erster Mann. Ich glaube auch, meine Kolleginnen und Kollegen, wenn man dies im Zusammenhang mit der Gesamtbesetzung des Aufsichtsrates sieht und erkennen muss, dass von den – bei einem bisher 21-köpfigen Aufsichtsrat ausgegangen – bisher zehn Kollegen zehn Kapitalgebern gegenübersitzen, in deren Reihen Gewerkschaftsvertreter sitzen müssen nach dem Willen derer, die das jetzt verabredet haben, was nach meiner Hoffnung bald Gesetz wird.

Wie sieht das denn in der Wirklichkeit aus? Bei Siemens, bei Volkswagen, bei AEG, bei der Veba, bei allen großen Unternehmen, die jetzt nach dem Betriebsverfassungsgesetz zu behandeln sind, wird doch zunächst festgestellt, das Werk in Kassel, das Werk in Wolfsburg, das Werk in Süddeutschland oder anderswo hat ein Mandat und auf diesem Wege, meine lieben Genossinnen und Genossen, sind von Hauptversammlung zu Hauptversammlung in allen großen Unternehmen der deutschen Wirtschaft die Vertreter der gewerkschaftlichen Organisationen zahlenmäßig weniger geworden. Es ist aber sehr bedeutsam, dass die Kollegen in den Aufsichtsräten Rat und unmittelbare Hilfe auch von ihren Organisationen bekommen. Dieser Weg sichert, dass Gewerkschaftsvertreter in den Aufsichtsräten auf der Bank der Arbeitnehmer sitzen werden.

Ich aus meiner mehr als zwanzigjährigen Erfahrung weiß, wie Walter *Arendt* das für sich gesagt hat, dass die Konfrontation die Seltenheit bleibt und auch bleiben muss und dass die Mannschaft, meine lieben Genossinnen und Genossen, selbst dann, wenn der leitende Angestellte nicht oder noch nicht in die Solidargemeinschaft der Arbeitnehmer sich einfügt oder einfügen lässt, ein so deutliches Zeichen ist, dass nichts in diesem Aufsichtsrat vor sich gehen will, wenn die neun Arbeitnehmer – angenommen, der leitende würde sich nicht in diese Gemeinschaft einfügen – einig sind und genau wissen, was sie wollen. Es kann gar nicht zweifelhaft sein. Die Montan-Kollegen sitzen jetzt bei einem 21-köpfigen Aufsichtsrat in aller Regel elf Partnern der Kapitelgeberseite gegenüber, weil der neutrale Mann auch so, wie er zuwege kommt, eher auf die Kapitalseite als auf die Arbeitnehmerseite zu rechnen ist und dennoch ist in diesen vielen Jahren Entscheidendes gegen die Arbeitnehmer nicht geschehen. So bleibt diese Mitbestimmung, wie sie jetzt vorgeschlagen ist, wie sie wirtschaftlich machbar und brauchbar, gesellschaftlich hoch notwendig und richtig ist, ein sehr geeignetes Instrument, die Position der Arbeitnehmer in der Wirtschaft wesentlich zu verbessern. Ich bitte, wie meine Vorredner, aus meiner Erfahrung dringend und herzlich darum, eindeutig von unserer Fraktion dem, was hier richtig, vernünftig, brauchbar – wenn es jeder von uns einzeln zu machen gehabt hätte, hätte er es wahrscheinlich anders gemacht, aber so wie es ist, ist es richtig, nützlich und brauchbar – die Zustimmung zu geben, damit der Abschnitt der wahrscheinlich weitgehend theoretischen kritischen Diskussion so kurz wie möglich bleibt und damit der Gewinn aus dieser Mitbestimmung so schnell wie möglich Wirklichkeit wird.

(Vereinzelter Beifall.)

Wehner: Genosse *Oetting*.

Oetting: Genossinnen und Genossen, ich möchte gerne sicherstellen, dass wir alle hier in der Fraktion klar sehen, worüber wir hier miteinander reden. Zunächst deswegen zu den Ausführungen von Adolf *Schmidt* drei Punkte. Ich meine, man sollte feststellen, dass die Arbeitsdirektoren, die hier eingeführt werden, dass diese Arbeitsdirektoren in aller Regel existieren. Sie heißen heute nicht so, aber das Ressort gibt es in aller Regel in den Vorständen und wir führen deswegen hier im Wesentlichen einen Namen ein, einen Namen allerdings und dies will ich gerne zugeben, der durch die Geschichte des Mitbestimmungsgesetzes und seiner Praxis vorbestimmt und vorgeprägt ist und zweifellos günstig vorgeprägt ist. Ich möchte aber die Frage stellen, ob ich das richtig verstanden habe im Vortrag von Walter *Arendt*, dass der Arbeitsdirektor genauso wie alle anderen Vorstandsmitglieder in einer Aktiengesellschaft nach diesem Gesetzentwurf ausschließlich von den Anteilseignern gewählt werden kann, da ja der Vorstandsvorsitz in aller Regel ein Vertreter der Anteilseigner sein wird und den Stichentscheid hat? Ich meine, ich hätte dich so verstanden, der Arbeitsdirektor kann allein durch die Anteilseigner gewählt werden.

Den zweiten Punkt, auf den ich eingehen möchte: Adolf *Schmidt* hat gesagt, auch heute schon säßen auf der Arbeitnehmerbank in den mitbestimmten Betrieben an vielen Orten leitende Angestellte und das deswegen, weil diese Leute sich hervorgetan haben als solche, die halt das Vertrauen der Arbeitnehmer genießen und deswegen auf die Arbeitnehmerbank in den Aufsichtsräten gewählt worden sind. Dies ist zweifellos richtig, auch ich kenne solche Beispiele. Aber ich möchte darauf verweisen, dass die leitenden Angestellten, die nach der geltenden Mitbestimmungsregelung, nach der Montanmitbestimmung also in Aufsichtsräte gewählt worden sind, andere Leute sind als diejenigen, die nach diesem Gesetzentwurf auf die Arbeitnehmerbank gewählt werden. Denn diejenigen, die nach diesem Gesetzentwurf auf die Arbeitnehmerbank gewählt werden, sind solche, die in erster Linie das Vertrauen aller leitenden Angestellten haben und in zweiter Linie erst notabene dann auch das Vertrauen der Angestellten gewonnen haben, weil die Angestellten nämlich nur unter denen wählen konnten, die das Vertrauen der leitenden Angestellten erst mal hatten. In diesem Zusammenhang möchte ich an Walter *Arendt* auch eine klarstellende Frage stellen, nämlich wo denn die leitenden Angestellten eigentlich nach oben begrenzt sind? 5(3) im Betriebsverfassungsgesetz regelt die Leute aus der Wirksamkeit des Betriebsverfassungsgesetzes raus, die weder passives noch aktives Wahlrecht haben zu den Organen des Betriebes. Das heißt also, alle die da drüber sind in der Hierarchie, sowohl solche, die man gemeinhin als leitende Angestellte versteht, aber natürlich auch Vorstandsmitglieder fallen hier unter 5(3). Frage: Wird in dem Mitbestimmungs-, oder ist ausgehandelt, dass die Vorstandsmitglieder hier nicht drunterfallen, dass Vorstandsmitglieder hier nicht auf diese Weise auf die Arbeitnehmerbank in den Aufsichtsräten gewählt werden können oder ist das nicht sichergestellt?

Den dritten Punkt, den ich ansprechen möchte, ist die Rolle des Aufsichtsratsvorsitzenden. Adolf *Schmidt* hat hier dargestellt, und ich höre, das sei also auch die Meinung der Gewerkschafter in den Hearings gewesen, die Gewerkschafter könnten kein Interesse daran haben, dass ihr Mann derjenige sei, der der Hauptversammlung vorsitzt. Genossen, wer in eine Aktiengesellschaft mal hereingeguckt hat, weiß, dass dies nur eine Funktion des Aufsichtsratsvorsitzenden ist, die er einmal im Jahr für wenige Stunden wahrnimmt und dies bei dem Amt des Aufsichtsratsvorsitzenden eine vernachlässigbare Bedeutung, eine nahezu vernachlässigbare Bedeutung hat. Wichtig aber ist, dass der Aufsichtsratsvorsitzende in aller Regel ganz entscheidend das Unternehmen mit kommandiert. Dies ist so. Und ich kann mir nicht vorstellen, dass ein Gewerkschafter, der hier sagt, wir wollen hier die Seite der Arbeitnehmer ganz massiv vertreten, nur deswegen, weil der Aufsichtsratsvorsitzender der HV vorsteht, bereit ist, auf diese wichtige Schlüsselfunktion des Aufsichtsratsvorsitzenden für einen Arbeitnehmer in einem großen Unternehmen zu verzichten.

Genossen, die letzte Frage, die ich stellen möchte, und die geht wieder an Walter *Arendt*. Ich hoffe, ich habe das richtig verstanden, dass die Fragen oder die Punkte, die verfassungsrechtlich kritisch sind, doch nur diejenigen waren, die um die Auflösung der Pattsituation in persönlichen und sachlichen Fragen im Aufsichtsrat sich drehten, nämlich: Wie wird der Aufsichtsratsvorsitzende bestimmt und wie werden die Vorstandsmitglieder bestimmt und wie wird über wichtige Entscheidungen, die das Unternehmen betreffen, insbesondere Investitionsentscheidungen, letztlich befunden, wenn ein Patt entsteht, wie wird letztlich darüber entschieden? Nur diese drei Punkte sind es doch, an denen die Bedenklichkeit auftreten konnte, dass möglicherweise vonseiten des Verfassungsgerichts hier etwas getan werden kann. Andere Punkte, wie zum Beispiel die Frage der Urwahl oder die Frage, wie die leitenden Angestellten in den Aufsichtsrat gewählt werden, solche Fragen, oder die Frage des Arbeitsdirektors konnten ja wohl kaum verfassungsrechtliche Bedenken in irgendeiner Weise aufwerfen.

Wehner: Norbert *Gansel*.

Gansel: Liebe Genossinnen und Genossen, erstens möchte ich auch Walter *Arendt* danken für die von ihm selbst so genannte sture Haltung und Walter, du nimmst es mir sicherlich nicht übel, wenn ich sage, mein Dank bezieht sich vor allen Dingen auf deine Haltung in diesem langen Entscheidungsprozess und weniger auf das, was jetzt herausgekommen ist. Ich möchte auch dem Genossen *Oetting* danken –

(Zwischenruf.)

ja, ich meine, das kann man ja durchaus sagen. Das ist ja durchaus anzuerkennen und zu respektieren, wie jemand um eine bessere Lösung gekämpft hat, und Walter hat ja das selber mit sehr viel Vorsicht vorgetragen. Ich danke auch dem Genossen *Oetting* für seine Fragen, weil die, glaube ich, deutlich gemacht haben, wie wichtig das ist, hier wirklich der Bedeutung des Themas gemäß sich zu informieren und zu diskutieren und das nicht nur entgegenzunehmen, abzusegnen, nach Hause zu gehen und sich dann dort die Fragen stellen lassen zu müssen.

Zweitens: Ich bin auch der Auffassung, wie Hermann *Oetting* das gesagt hat, dass wir uns davor hüten müssen, dass wir in eine Situation geraten, in der wir die FDP-Leitlinien zur Mitbestimmung in den Rang von Bundesverfassungsgerichtsurteilen erheben, bevor solche überhaupt ergangen sind. Wir müssen immer wieder deutlich machen, dass unser Ziel der paritätischen Mitbestimmung erreichbar bleibt und verfassungsgemäß ist und dass wir diese Lösung eher unter Druck des politischen Koalitionspartners haben akzeptieren müssen als unter dem Druck von ungewissen Verfassungsurteilen. Wobei ich es in diesem Zusammenhang, Genossinnen und Genossen, auch einmal für wichtig hielte, dass sich dieses Parlament, das so viel Zeit verschwendet mit sogenannten Anhörverfahren, die angeblich mehr Demokratie bedeuten sollen, einmal darüber nachdenkt, ob das richtig ist, diese Anhörverfahren in dem Verfahren – wie sie ablaufen – nur als Forum der Lobby zu verstehen, die dann dazu führt, dass entsprechend der Zusammensetzung das Ergebnis hinterher in der Presse wiedergegeben wird. Das würde ich wirklich für wichtig halten nach diesem unglücklichen Verlauf der Mitbestimmungsanhörverfahren. Berufliche Bildung, Helmut, war das Gleiche.

Drittens: Es wird schwierig sein, nachdem nun auf der Arbeitnehmerseite für eine Gruppe, die nach einem neueren höchstrichterlichen Urteil Unternehmerfunktion hat, eine Minderheitenvertretung garantiert bleibt, es wird schwierig sein, unter diesen Umständen den Entwurf, die jetzt gefundene Lösung als eine paritätische Mitbestimmung zu vertreten.

Viertens: Man wird im Einzelnen überprüfen müssen, wieweit das Wahlverfahren – und das konnte man nach den bisherigen Ausführungen noch nicht entnehmen – entsolidarisierende Wirkung haben wird innerhalb der Arbeitnehmerschaft, und ich muss sagen, nicht zuletzt davon würde ich auch meine Haltung dazu abhängig machen.

Fünftens: Ich werde zuhause diesen Kompromiss diskutieren mit der Partei und mit den Gewerkschaften und ich werde meine Haltung – auch soweit sie meine Mitgliedschaft im Sozial- und Arbeitsausschuss tangiert – von dem Ergebnis dieser Diskussion abhängig machen. Ich hab' das auch auf dem Parteitag gesagt gehabt und in diesem Zusammenhang wäre es vielleicht etwas leichter, wenn die Gewerkschafter in der Funktion – ich meine jetzt diejenigen, die ehrenamtliche und hauptamtliche Spitzenfunktion haben – wenn die in ihren Gewerkschaften und außerhalb der Fraktion auch so für diesen

Kompromiss eintreten, wie sie das innerhalb der Fraktion und innerhalb von Arbeitsgruppen und Arbeitskreisen täten.

(Vereinzelter Beifall.)

Ich finde, es ist keine gute Situation, wenn wir Abgeordnete uns zuhause von den Gewerkschaftskollegen vorhalten lassen müssen, wir vertreten keine Gewerkschaftsposition und die Genossen, die manchmal auch als Vertreter der Gewerkschaften Abgeordnete geworden sind, es sich leichter machen, hier Kompromisse zu akzeptieren.

Sechstens meine Frage: Ist eine tarifliche Öffnungsklausel vereinbart worden? Dieser wichtige Punkt, den der Bundesparteitag ausdrücklich beschlossen hat, ist nicht angesprochen worden und ich muss euch sagen, meine Haltung wird nicht zuletzt von einer tariflichen Öffnungsklausel abhängig sein. Wir haben in Kiel volle paritätische Mitbestimmung auf der Grundlage unseres Gesetzentwurfs von '68 durchgesetzt bei den Stadtwerken und bei den Verkehrs-AG und ich kann nicht in Kiel die volle und echte paritätische Mitbestimmung in zwei Betrieben eintauschen gegen eine unechte nichtparitätische Mitbestimmung in zwei anderen Betrieben, die in Kiel darunterfallen würden. Das würde es wirklich ungeheuer schwer machen, in Partei, in Gewerkschaften und auch in der Öffentlichkeit für diesen Entwurf Unterstützung zu finden.

Wehner: Heinz *Rapp*.

Rapp (Göppingen): Ich möchte an der zweitletzten Frage von Hermann *Oetting* anknüpfen. Der veränderte Entwurf gibt, was die Bestellung des Aufsichtsratsvorsitzenden anbelangt, der Einigung mit Zweidrittel-Quorum den Vorzug und nur wenn eine solche Einigung nicht zustande kommt, tritt das andere Verfahren ein, dass die Kapitelseite den Vorsitzenden, die Arbeitnehmerseite den stellvertretenden Vorsitzenden wählt. Die Zuordnung dieser beiden Wahlverfahren ist sachgerecht, denn in der Tat ist die zweite Regelung in vielerlei Hinsicht nur die zweitbeste Regelung. Gleichwohl und immerhin gewährleistet diese zweitletzte oder zweitbeste Regelung, dass die Arbeitnehmerseite über den stellvertretenden Vorsitzenden im Management des Aufsichtsrats vertreten ist. Jedermann weiß ja, dass auch im Aufsichtsrat einige gleicher sind als die anderen. Jedermann weiß, dass das Management des Aufsichtsrats – Präsidium genannt oder wie immer – sehr viel näher auch an den Vorstandsentscheidungen dran ist als der Aufsichtsrat im Ganzen. Er wird auch unterhalb der Satzungsschwelle bei sehr vielen Vorstandsentscheidungen konsultiert. Meine Frage ist: Wenn nun die Zweidrittelregelung zum Tragen kommt, ist auch dann gewährleistet, dass ein Arbeitnehmervertreter – sofern der Vorsitzende dann ein Kapitaleignervertreter sein wird – dass ein Arbeitnehmervertreter im Präsidium oder im Management oder, wie immer genannt, des Aufsichtsrats vertreten sein wird?

Wehner: Hermann *Rappe*.

Rappe (Hildesheim): Ich möchte gern zunächst zu drei Punkten Stellung nehmen, die sicher uns noch in den nächsten Wochen beschäftigende Frage in vielen Diskussionen über das Problem des Leitenden. Liebe Genossinnen und Genossen, ich glaube, dass wir bei dieser Diskussion mit Kritikern zunächst einmal auch die theoretische Frage diskutieren müssten, ob es denn wohl eine sinnvolle Regelung hätte sein können, den leitenden Angestellten etwa auf die Arbeitgeberbank zu setzen. Ich würde dies unter jedweder politischen, auch gewerkschaftlichen Betrachtung von vornherein für falsch halten. Die Zahl der gleichen Bänke, wie sie dieses Gesetz bringt, atmet zunächst mal den Geist der Parität, möglicherweise auch immer zunehmend in allen Betrieben die wirklich Parität, denn der Leitende kann ja wohl von niemandem, ob nun er als Sozialdemokrat diskutiert oder als Gewerkschaftler, von vornherein als Umfaller oder als Verräter auf der Bank bezeichnet werden. Eine solche Diskussionsebene und solche Diskussionsbasis gibt's wohl für niemanden. Der leitende Angestellte sitzt auf der Arbeitnehmerbank und hat von daher ja auch eine ganze Reihe von Problemen, sicher in bestimmten Besprechungen unter den Arbeitnehmern zu hören. Es kann nicht im Interesse dieses Einzelnen und auch nicht im Interesse einer Unternehmensleitung sein, dass Entscheidungen immer nur auf der Krücke eines solchen Umfallers gestellt werden. Das wird schon vom normalen Menschenverstand aus keine Praxis sein.

Es ist besser, für uns als Sozialdemokraten sowieso, weil es hier um eine bestimmte Gruppierung von Menschen geht, die nach Absatz 5(3) sicher klein ist, aber nach dem Verständnis von vielen, die sich dafür halten, dass sie Leitende wären, um eine politische Gruppe handelt, die wir – ich will das einmal so deutlich sagen – auf keinen Fall gesellschaftspolitisch und politisch einer anderen politischen Partei sozusagen als Wählerpotential verschenken können. Wir haben uns auch auf dieser Ebene, und ich denke, nach einigem Nachdenken werden auch die Gewerkschaften so operieren, es gibt ja verschiedene Aktionen verschiedener Gewerkschaften, leitende Angestellte gewerkschaftlich organisieren zu wollen, bei kühlerem Nachdenken wird es auch da zu einer anderen Verhaltensweise kommen müssen. Die Problematik Nichtparität kann also an der Person des Leitenden nicht aufgehängt werden, und ich würde sehr davor warnen, dass wir eine solche Diskussion draußen in irgendwelchen Forumsveranstaltungen als Sozialdemokraten vertreten. Das wäre eine politische Schlagseite, die uns große Schwierigkeiten in der gesamten Angestelltenschaft einbringen würde bei politischen Auseinandersetzungen.

Eine zweite Bemerkung: Ich halte das Ergebnis der neueren Überlegungen, die nun zu dem Ergebnis von heute geführt haben, insgesamt in der Frage der Pattauflösung im Wesentlichen für die Arbeitnehmerbank deshalb für besser, weil die Entscheidung in jedem Fall im Schoße des Aufsichtsrats gefunden werden muss und es keinen Verweis einer denkbaren Entscheidung beim Registerrichter oder in der Kapitalversammlung gibt. Die Entscheidung muss im Aufsichtsrat gefällt werden und das zwingt zum Gespräch und zur Einigung und wenn die Arbeitnehmerbank einigermaßen geschickt in dieser Frage vorgeht, dann verbindet sie die einstimmige Wahl des Aufsichtsratsvorsitzenden schon mit anderen Fragen und weiteren Überlegungen einer Vorstandsbesetzung für den Arbeitsdirektor. Der Entscheidungsprozess ist auf Einigung im Aufsichtsrat angelegt und das ist die Stärkeposition der Arbeitnehmerbank, denn eine Unternehmensleitung kann auf die Dauer nicht Entscheidungen gegen die Arbeitnehmerbank fällen. Das war heute schon bei der Ein-Drittel-Mitbestimmung in ganz seltenen Fällen in den Betrieben der Fall.

Und nun noch eine letzte Bemerkung. Wir waren in der Koordinierungskommission alles Gewerkschaftsmitglieder. Wir haben sehr viele Gespräche geführt mit den Vertretern einzelner Gewerkschaften und mit dem DGB. Es wissen viele hier, dass ich selbst Mitglied eines Hauptvorstandes bin[25] und auch Mitglied des DGB-Bundesausschusses. Wir sollten uns bei den Diskussionen, die es jetzt gibt, an unserer eigenen Position und dem eigenen Verhalten nicht irre machen lassen. Der Deutsche Gewerkschaftsbund und auch die DAG haben wiederholt erklärt und werden dies bis zur Verabschiedung des Gesetzes – das ist mir völlig klar – auch weiter erklären, dass sie entsprechend ihrer Beschlüsse ein besser paritätisches Modell wollen, so, wie sie es sich vorstellen. Und dennoch erklären die Gewerkschaften, manchmal nicht so deutlich, aber man kann es auch bei vielen Gewerkschaftsvorsitzenden zwischen den Zeilen lesen, dass sie selbstständ-

---

25 IG Chemie-Papier-Keramik.

Fraktionssitzung 09.12.1975 (1) **120.**

lich mit einem beschlossenen Gesetz ab sofort arbeiten werden und sich politisch dafür engagieren, zu späteren Zeiten bessere Regelungen zu bekommen. Dies braucht niemanden, meine ich, in den Diskussionen mit Gewerkschaften in etwa schwierige Phasen der Auseinandersetzung bringen. Hier wird das gemacht, was es an Möglichkeiten gibt. Dies kann man auch ganz nüchtern und trocken in den Gewerkschaften diskutieren. Ich habe an keiner Stelle und zu keinem Zeitpunkt – gerade weil Norbert das so ein bisschen anklingen ließ – an keiner Stelle und zu keinem Zeitpunkt, in keinem Gremium etwas anderes gesagt als von der ersten Diskussion um diesen Kompromiss an und damit kann man selbstverständlich in den Gewerkschaften leben, weil die ja auch wissen, dass unter bestimmten Bedingungen nur bestimmte Gesetze gemacht werden können. Aber das hat nichts damit zu tun, dass sie ihre Forderungen zusammenstreichen, die wir ja möglicherweise zu politisch besseren Zeiten brauchen können, um uns darauf zu besinnen. Aber genau diese Zwei-Seelen-Theorie braucht da nicht jeder noch in uns selber hineinzugeheimnissen. Ich stütze den Kompromiss, der jetzt hier gefunden worden ist, nicht nur hier, sondern auch in den gewerkschaftlichen Gremien. Ich bin im Gegenteil der Auffassung, wir sollten in den bevorstehenden Auseinandersetzungen nun nicht um diese drei Dinge reden, die hier neu geregelt werden mussten nach dem Verfassungshearing, sondern wir sollten nun in der politischen Auseinandersetzung um das Politikum reden, dass wir für 570 Unternehmen ein Mitbestimmungsgesetz einführen, uns etwa nicht abschieben zu lassen also auf die drei oder vier Sonderpunkte, sondern auf das Gesamte muss der Blick gerichtet werden in den Diskussionen, die jetzt vor uns liegen.
(Beifall.)

Wehner: Erich *Wolfram*.

Wolfram: Genossinnen und Genossen, wenn wir ehrlich sind, haben viele von uns doch nicht mehr geglaubt, dass wir in dieser Legislaturperiode dieses Gesetz noch über die Bühne kriegen und in Kraft setzen, und deshalb meine ich, dass es zunächst einmal das Verdienst unserer Genossen, die in der Stille verhandelt haben, ist, dass dieses Gesetz eben doch noch die dritte Lesung in dieser Legislaturperiode passieren wird und in Kraft treten kann. Ich glaube, das ist doch zunächst einmal eine Feststellung, die man treffen muss.

Zweitens: Keiner bestreitet, dass das Gesetz Schönheitsfehler hat und es wäre sicherlich das Verkehrteste, wenn wir sie jetzt übertünchen wollten. Das muss man offen zugeben. Wir könnten uns alle in einzelnen Punkten, welcher Kreis und welches Kapitel auch angesprochen wird, eine bessere Lösung [vorstellen][26]. Aber da rennen wir doch bei Walter *Arendt* und denen, die die Verhandlungen geführt haben, offene Türen ein, weil sie seit 20 Jahren die Ecken der Mitbestimmungsregelungen in Theorie und Praxis kennen, und ich kann mir nicht vorstellen, dass aus diesem Kreis auch nur ein zusätzliches Argument zustande kommt, das nicht überlegt, erörtert, auf den Tisch gebracht worden ist, beraten worden ist und über das gerungen worden ist. Deshalb komme ich zur Schlussfolgerung, in dieser Phase gibt's eigentlich für uns nur eine Konsequenz: für eine schnelle Beratung und Verabschiedung zu sorgen. Es ist jetzt schon nicht mehr der Zeitpunkt zu überlegen, was kann der Gesetzgeber noch ändern oder wie kann er es interpretieren, sondern jetzt geht's eigentlich darum, dass man all denen, die das Gesetz in der Praxis dann handhaben müssen, so schnell wie möglich an den Verstand bringt, dass sie sich überlegen und prophylaktisch darauf einstellen, wie sie sich vorzubereiten haben und wie sie das Gesetz dann optimal anwenden. Denn wir haben ja zu oft erlebt, wir machen relativ gute Gesetze und wenn man dann mal zwei Jahre Gesetzespraxis sieht, dann

---
26 Bei der Bearbeitung geändert. Auf dem Tonband zu hören: »ansprechen«.

stellt man fest, vieles aus dem Gesetz ist in der Praxis gar nicht angewandt worden. Betriebsverfassungsgesetz ist doch bei Gott dafür ein gutes Beispiel[27], und ich meine deshalb, es ist jetzt unsere Aufgabe – bei allem Verständnis dafür, dass die Gewerkschaften bis zur letzten Minute sagen werden, was sie optimal fordern –, es ist unsere Aufgabe, jetzt schon auf lokaler wie auf überregionaler Ebene von den Spitzen her wie an der Basis, Norbert *Gansel*, jetzt nicht zu meinen, wir müssten nachbeten, was uns da als Forderung vorenthalten wird, sondern mit ihnen gemeinsam zu reden, dass dieser Konflikt, in dem viele Gewerkschaftsfunktionäre an der Basis stehen, weil sie im Moment nicht wissen, sollen sie sich also zur Solidarität mit der Partei und dem Kompromiss, den wir nur schließen konnten, bekennen oder sollen sie weiter optimale Gewerkschaftsforderungen vertreten, dass wir ihnen helfen, sie aus dieser Konfliktsituation herauszuführen. Denn das ist, glaube ich, entscheidend.

Wir streiten im Moment ja mit Gewerkschaftlern und Genossen vor Ort, die im Grunde genommen wissen, mehr war nicht herauszuholen, die aber immer noch die Fahne der optimalen Gewerkschaftsforderungen hochhalten, und deshalb würde ich die Frage stellen, Herbert, Willy und Helmut, ob es nicht zweckmäßig wäre, dass wir von der Partei her mit den Betriebsräten, mit den Funktionären der Unternehmen, die in den Genuss dieses Gesetzes kommen, die von diesem Gesetz betroffen sein werden, schnell die Gesprächsrunden beginnen sollten unter Hinzuziehung von erfahrenen Praktikern aus der Montanmitbestimmung, die ja mit ihrem neutralen Mann, mit der dort auch nicht gegebenen totalen Parität, mit der Rolle des Arbeitsdirektors im Vorstand, mit dem Funktionieren der Zusammenarbeit Betriebsräte, Arbeitnehmervertreter im Aufsichtsrat, Arbeitsdirektor im Vorstand und Gewerkschaften, die zeigen können, was man herausholen kann, wenn man sich vernünftig darauf einstellt. Und ich meine, ein solches Gespräch sollte geführt werden. Für mich gibt's gar keine Frage. Ich entscheide mich klar für diesen Kompromiss und für dieses Gesetz.

Wehner: Hans *Matthöfer*. – Herta *Däubler-Gmelin*.

Däubler-Gmelin: Ich möchte nur noch mal die Frage wiederholen nach der tariflichen Öffnungsklausel, auf die wir ja noch keine Antwort haben, und als Zweites habe ich noch die Frage, wie sieht es denn nun aus: wir haben doch die Besorgnis, dass zwar ein Einigungszwang im Aufsichtsrat da ist und dass dieser sehr gut ist, aber dass die Gefahr besteht, dass dieser Aufsichtsrat und insbesondere die Arbeitnehmerbank darin von den übrigen Arbeitnehmern sehr stark isoliert, sehr stark entfernt wird. Dieses alles könnte man ja umgehen, wenn man die entsprechenden Bestimmungen des Aktiengesetzes[28] ändert und den Informationsfluss von Arbeitnehmerbank im Aufsichtsrat hin zum Betriebsrat oder meinetwegen auch zum Wirtschaftsausschuss legalisiert. Meine Frage deswegen: Ist an derartige kleine Korrekturen, die insgesamt das politische Bild doch etwas verändern könnten, gedacht?

Wehner: Philip *Rosenthal*.

Rosenthal: Genossinnen und Genossen, ich möchte hier nur vier Überlegungen euch geben. Zwei davon haben zu tun mit, kommen von jemand, der ja in der Praxis ein Unternehmen führt. Ich glaube, ihr irrt euch, wenn ihr glaubt, und ich würde es auch für falsch halten, dass der leitende Angestellte grundsätzlich mit den Anteilseignern übereinstimmen wird, weil es nämlich menschlich so sein wird, dass einer, der Karriere im Unternehmen machen will, entweder den Job nicht nimmt, weil er in den Vorstand ge-

---

27 Zum »Betriebsverfassungsgesetz« in der Fassung vom 15. Januar 1972 vgl. BGBl. 1972, I, Nr. 2, S. 13–43.
28 Zum »Aktiengesetz« in der Fassung vom 6. September 1965 vgl. BGBl. 1965, I, Nr. 48, S. 1089–1184.

hen will, oder diesen Job nimmt und dann ist er drauf angewiesen, dass er die Unterstützung der Arbeitnehmerseite haben wird.

Die zweite Überlegung aus der Praxis ist, dass die paritätische – sie ist schon angeklungen, ich will's nur noch mal von meiner praktischen Seite sagen –, dass die paritätische Entscheidung der Normalfall sein wird, weil es sich nämlich kein Unternehmen erlauben kann, ohne Unruhe in der Belegschaft zu haben, mehrere Entscheidungen – auch von Sachfragen – gegen die Arbeitnehmerbank mit zehn oder elf Mitgliedern durchzuführen. Das gilt auch und das gilt insbesondere für die Bestellung von Vorstandsmitgliedern. Überlegt euch doch mal, Vorstandsmitglieder kommen ja von irgendwoher, und glaubt ihr, dass ein Vorstandsmitglied sich zur Verfügung stellen würde, also praktisch seine alte Stellung aufgeben würde, wenn er wüsste, dass er nur gegen die Arbeitnehmerseite in diesen Vorstand gewählt würde. Von der menschlichen Seite ist das nicht der Fall.

Und nun noch zwei Überlegungen vom Standpunkt eines jeden wie euch, der '76 in einen Wahlkampf gehen muss. Wir haben ja hier nicht eine Entscheidung – das müssen wir ganz klar sehen – von anders, sondern von Ja oder Nein, und wir brauchen auf gesellschaftspolitischer Ebene, brauchen wir, gerade nachdem wir auf dem Gebiet, wo wir noch nicht vorangekommen sind, nämlich einer anderen Verteilung des investierten Vermögens, wir brauchen, um gesellschaftspolitisch überhaupt beim Wähler noch glaubhaft zu sein, brauchen wir diesen einen entscheidenden Fortschritt und zweitens brauchen wir das auch für unsere eigene Motivation. Wir brauchen die Tatsache, dass wir wenigstens auf einem Gebiet das Mitsagen der Arbeitnehmer erheblich erhöht haben, brauchen wir auch für unsere eigene Motivation in diesem Wahlkampf.

(Vereinzelter Beifall.)

Wehner: Uwe *Jens*.

Jens: Genossinnen und Genossen, ich habe das Gefühl, dass das so kontrovers hier gar nicht ist, diese ganze Diskussion, aber dennoch, wenn man so das Loblied auf die leitenden Angestellten eben gehört hat, dann muss ich euch sagen, ich halte das, was da jetzt eingeführt wird, diese Regelung für einen Schritt in die falsche Richtung und ich glaube schon, dass die meisten doch hier so denken. Ich hätte deshalb ganz gerne von Walter *Arendt* gewusst, ob er irgendwie eine Chance sieht – man muss ja über den Tellerrand der Legislaturperiode hinwegblicken –, ob er irgendwie eine Chance sieht, diese neue Institution, die dann eingeführt werden würde, irgendwie wieder abzuschaffen. Genossinnen und Genossen, und dann noch eine zweite Bemerkung. Voriges Mal ist manches schiefgelaufen. Hinterher, nachdem wir hier fast einstimmig die Sache beschlossen hatten, hatte der DGB furchtbar laut geschimpft, und ich glaube, wir können die ganze Sache überhaupt nur draußen vertreten, wenn wir gewiss sind, dass der DGB hinterher nicht wieder laut schimpft über unsere Regelung. Ich hätte gerne gewusst, ob hier eine Abstimmung erfolgt ist, ob die informiert sind über diesen Kompromiss, ob man noch mit denen unter Umständen sprechen will?

Wehner: Claus *Grobecker*.

Grobecker: Genossinnen und Genossen, ich will es kurz machen. Jeder merkt im Saal hier, dass so rechte Stimmung heute Morgen nicht aufkommen will, und jeder merkt, dass wir –,

(Heiterkeit.)

dass wir es hier mit einem Kompromiss Minus zu tun haben. Ich bin nun Gewerkschaftsfunktionär und hab' so manche Tarifverhandlung hinter mich gebracht und weiß deshalb, wann ich Schluss machen muss mit dem Verhandeln und abschließen muss oder aber, wenn das dennoch nicht geht, wann ich Kampfmaßnahmen einleiten muss. Und hier ist die Frage in unserem Vergleich, ob wir Kampfmaßnahmen einleiten wollen gegen die FDP. Das können wir nicht. Keener will das hier, also drehen wir bei, nehmen den Kompromiss an und warten die Mehrheiten von '76 ab, ob wir da etwas anderes machen können. Ich weiß nicht, weshalb und worüber wir hier im Einzelnen debattieren. (Beifall.)

[C.] → online unter www.fraktionsprotokolle.de

121.

9. Dezember 1975: Fraktionssitzung (2. Sitzung/Tonbandtranskript)

AdsD, SPD-BT-Fraktion 7. WP, 6/TONS000045. Titel: »Fraktionssitzung vom 09.12.1975«. Beginn: 15.20 Uhr. Aufnahmedauer: 06:02:14[1]. Vorsitz: Wehner.

Sitzungsverlauf:

A. TOP 1: Politischer Bericht von Bundesminister *Gscheidle* zur wirtschaftlichen Lage der Deutschen Bundesbahn. – Aussprache der Fraktion.

B. TOP 2: Bericht aus der Fraktionsvorstandssitzung (Bundes-Immissionsschutzgesetz; Personaleinsparungen im Haushaltsplan 1976; Strafrechtsänderungsgesetz; Radikalenerlass). – TOP 3: Informationen (Zeugnisverweigerungsrecht von Sozialarbeitern; verfassungsrechtliche Überprüfungen von Sozialdemokraten durch das Bundesinnenministerium; Zugriff von Abgeordneten auf den Fraktionsapparat; Informationen zum Haushaltsstrukturgesetz).

C. TOP 4: Aktuelles aus den Arbeitskreisen (Fall Charlotte *Nieß*/Radikalenerlass in Bayern; Gesetz zur Änderung des Bundes-Immissionsschutzgesetzes; Strafrechtsänderungsgesetz/Erweiterung von Paragraph 130 (Befürwortung von Straftaten); Personaleinsparungen im Haushalt 1976).

D. Vorbereitung der Plenarsitzungen: TOP 5: Tagesordnung und Ablauf der Plenarsitzungen. – TOP 6: 2. und 3. Beratung Ehe- und Familienrecht. – TOP 7: 2. und 3. Beratung Änderung beamtenversorgungsrechtlicher Vorschriften. – TOP 8: Zweiter Bericht der Bundesregierung zur Verbraucherpolitik. – TOP 9: Einspruch Bundesrat zum Haushaltsstrukturgesetz. – TOP 10: 2. Beratung Bundesratsentwurf Änderung Einführungsgesetz zum Strafgesetzbuch. – TOP 11: 2. Beratung und Schlussabstimmung AKP-EWG-Abkommen von Lomé. – TOP 12: 1. Beratung Änderung Entwicklungshelfergesetz. – TOP 13: 2. und 3. Beratung Änderung Waffengesetz. – TOP 14: 1. Beratung CDU/CSU-Entwurf Bundesmittelstandsförderungsgesetz. – TOP 15: 1. Beratung Altölgesetz. – TOP 16: CDU/CSU-Antrag betr. Förderung der betrieblichen Gewinn- und Kapitalbeteiligung der Arbeitnehmer. – TOP 17: CDU/CSU-Antrag Verbesserung des öffentlichen Personennahverkehrs.

---

1 Der zweite Teil der Sitzung begann um 15.20 und endete um 19 Uhr (02:21:35–6:03:03), vgl. das Kurzprotokoll, AdsD, 2/BTFG000118.

Fraktionssitzung 12.12.1975 **122.**

E. Sonstiges: TOP 18: Ausschussumbesetzungen. – TOP 19: Nächste Termine. – Verschiedenes.

[A.–E.] → online unter www.fraktionsprotokolle.de

122.

12. Dezember 1975: Fraktionssitzung (Tonbandtranskript)

AdsD, SPD-BT-Fraktion 7. WP, 6/TONS000046. Titel: »Fraktionssitzung vom 12.12.1975«. Beginn: 9.00 Uhr. Aufnahmedauer: 01:49:06. Vorsitz: Wehner.

Sitzungsverlauf:

A. Bericht aus dem Vermittlungsausschuss: Haushaltsstrukturgesetz.

B. Bericht aus dem Vermittlungsausschuss: Hochschulrahmengesetz.

C. Aussprache der Fraktion über das Ergebnis des Vermittlungsausschusses zum Hochschulrahmengesetz.

[A.] → online unter www.fraktionsprotokolle.de

[B.]

Wehner: Ja, dann bleibt mir nichts erspart. Dann müssen wir den nächsten Punkt aufrufen. Das ist also Hochschulrahmengesetz.[1] Gerhard *Jahn*.

Jahn: Genossinnen und Genossen, wir begehen heute ein Jubiläum. Ja, am 12. Dezember 1974, das war wohl heute vor einem Jahr, hat der Deutsche Bundestag in zweiter und dritter Lesung das Hochschulrahmengesetz verabschiedet.[2] Heute müssen wir uns beschäftigen mit dem, was daraus sich entwickelt hat, nachdem am 21.2. der Bundesrat deswegen den Vermittlungsausschuss angerufen hat, und zwar in 77 bezifferten Punkten, was insgesamt Streitpunkte von mehr als dem Doppelten ausmachte, weit über 150 Einzelpositionen waren im Streit. Ihr werdet bitte nicht von mir erwarten, dass ich die hier jetzt alle aufführe, sondern versuche, auf einige wesentliche Punkte hinzuweisen, die jetzt als Ergebnis des Vermittlungsverfahrens vorliegen. Einige wesentliche Punkte, weil an ihnen erkennbar ist, in welche Richtung der Versuch der Einigung gelaufen ist und zugleich auch deutlich werden mag, was nun an eigenen Vorstellungen hier verwirklicht worden ist. Ich muss mir also ersparen, auf solche interessanten Feststellungen einzugehen, dass die CDU – jedenfalls nach dem Wortlaut ihrer Streichungsanträge – die Erziehung zum wissenschaftlichen Denken an den Hochschulen abschaffen will. Für diejenigen, die sich das näher ansehen wollen, vergleicht einmal den Text des Paragraphen 8 alter Fassung und jetzt der Fassung aus dem Vermittlungsausschuss, das ist

---

[1] Zum Antrag des Ausschusses nach Artikel 77 des Grundgesetzes (Vermittlungsausschuss) vom 11. Dezember 1975 zu dem Hochschulrahmengesetz (BT Drs. 07/1328, 07/2844, 07/2932 und 07/3279) vgl. BT Drs. 07/4462. – Vgl. auch die Plenarsitzung am 12. Dezember 1975; BT Plenarprotokoll 07/210.

[2] Vgl. BT Plenarprotokoll 07/136, S. 9261–9335. – Vgl. auch die SPD-Fraktionssitzung am 10. Dezember 1974, SVP C, online.

dort jedenfalls so beschlossen. Aber es bleibt dabei, das Ziel ist die Gesamthochschule im neuen Hochschulsystem, wobei integrierte und kooperative Gesamthochschule als gleichberechtigte Möglichkeiten nebeneinander vorgesehen sind. An diesem Beispiel mag vielleicht deutlich werden, dass der Kompromiss insgesamt möglich war vor allen Dingen dadurch, dass an manchen kritischen Stellen, bei denen die CDU beziehungsweise die Mehrheit des Bundesrates Streichung beantragt hatte, wir uns darauf verständigt haben, die Entscheidung über die Ausgestaltung bestimmter Regelungen im Einzelnen in stärkerem Umfang in die Entscheidungsfreiheit, in die eigene Entscheidung der Länder zu stellen. Dieses führt dazu, dass wir nicht in allen Bereichen so viel einheitliche Entwicklung haben werden, wie uns das hier nützlich erschien. Aber es werden gewisse Grundsätze insgesamt anerkannt, für den Bund verbindlich gemacht und bilden jedenfalls die Ausgangsposition für das, was in den Ländern dann im Einzelnen geregelt, im Einzelnen ausgestaltet werden muss.

Schwieriger Streitpunkt war, ob Studienreformkommissionen gebildet werden sollen und diese, bei denen ja die Verantwortung für die Verwirklichung der Studienreform liegen wird, ob diese verantwortlich sein sollen für den ganzen Bereich des Studiums. Das war unsere Vorstellung. Bei dieser Vorstellung ist es schließlich auch geblieben, aber es hat dazwischen das Verlangen gegeben, den ganzen Bereich der Studiengänge auszuklammern, die mit einer Staatsprüfung abschließen. Das hätte bedeutet, dass die Voraussetzungen für eine sinnvolle Studienreform gar nicht mehr hätten geschaffen werden können, weil der größere Teil der Studiengänge gar nicht unter diese Aufgabe gefallen wäre. Wir haben es in den Auseinandersetzungen des Vermittlungsausschusses als besonders gutes Ergebnis empfunden, dass diese Frage jetzt eindeutig und klar geregelt bleibt. Der zweite wesentliche Punkt in der Gesamtauseinandersetzung war die Festlegung der Regelstudienzeiten. Hier ist das, was wir als umfassende Regelung beschlossen hatten, erhalten geblieben. Es gibt eine in der Sache nicht erhebliche kleine Änderung im Text des Paragraphen 11. Aber die Festlegung der Regelstudienzeiten und die Festlegung für alle Studiengänge – auch dieses war strittig nach dem Vermittlungsbegehren des Bundesrates –, ist jetzt festgelegt.

Damit ist eine ganz wichtige Voraussetzung geschaffen für die Studienreform, aber auch für eine Frage, die in anderem Zusammenhang, nämlich der Kapazität der Hochschulen Wesentliches, nämlich dass diese besser und sorgfältiger ausgenutzt werden kann. Es gehört dazu, dass unsere Vorstellungen darüber, was geschieht, wenn einer die Regelstudienzeit nicht einhält, im Wesentlichen erhalten geblieben sind. Die Sanktionen, die sich daran knüpfen, sind im Paragraphen 18 nach unseren Vorstellungen festgelegt worden. Sie werden – dieses war ein Stück des Kompromisses an diesem Punkt – nicht nur auf die Abschlussprüfungen, sondern auch auf die Vor- und Zwischenprüfungen erstreckt. Gegen die Auffassung des Bundesrates ist auch ein Punkt klar geregelt worden, der ganz gestrichen werden sollte, nämlich das Recht und die Funktion der Hochschulen, Abschlussgrade zu verleihen und damit eine wichtige Neuerung, die es in dieser Form erst seit dem Hochschulrahmengesetz geben wird, beizubehalten.

Ein wichtiger Bereich in der öffentlichen Diskussion – nicht erst seitdem das Land Baden-Württemberg sich damit herumzuschlagen hat – ist die Frage der sogenannten Drittmittelforschung, also der Forschung an den Universitäten mithilfe von finanziellen Zuwendungen teilweise oder vollständig von dritter Seite. Hier war sehr strittig, ob die strenge Aufsichtsregelung durch die Fachbereiche, wie wir sie für notwendig hielten, nicht nur ob sie beibehalten werden sollte, sondern zum Vorwand genommen werden sollte, dieses eigentlich völlig aufzuweichen. Wir haben jetzt eine Regelung gefunden, mit der festgelegt wird, es besteht eine Anmeldepflicht und wenn diese Anmeldepflicht

Fraktionssitzung 12.12.1975 **122.**

ernstgenommen wird und sie sollte von den Verwaltungen, wird auch nach den Erfahrungen der letzten Jahre ernstgenommen werden, dann muss dann ohnehin der Fachbereich eingeschaltet werden. Es ist also im Grunde im Ergebnis ein anderer Weg, aber die Mitwirkung der Fachbereiche bleibt dennoch erhalten, die Kontrolle der Drittmittelforschung – und das erstreckt sich in einer entsprechenden Regelung auf die Nebentätigkeit der Professoren – ist auf diese Weise gewährleistet.

Das wohl wichtigste Stück, das in diesem Zusammenhang zu bewältigen war, war die neue Zulassungsregelung. Nachdem die Grundlage für die bisherige Regelung der Hochschulzulassung durch das Infragestellen des Staatsvertrages aufgrund eines Bayerischen Verfassungsgerichtsurteils praktisch weggefallen war, musste – und das hat sicher auch geholfen bei den Bemühungen, das Gesetz zustande zu bringen –, musste für den Hochschulzugang nun eine eindeutige gesetzliche Regelung gefunden werden und diese eindeutige gesetzliche Regelung beruht nunmehr in allen Grundvorstellungen genau auf den Bestimmungen, die wir im Hochschulrahmengesetz seinerzeit festgelegt haben. Die Vorstellungen über die Regelung des Hochschulzugangs, wie sie im Hochschulrahmengesetz unserer Beschlüsse festgelegt sind, sind jetzt die Grundlage für die vereinbarte Neuregelung. Hier gibt es eine Menge Streitpunkte über die Ausgestaltung im Einzelnen. Hauptstreitpunkt war, wie denn die Aufteilung der Studienplätze unter den Ländern geregelt werden sollte. Die Vorstellungen der Mehrheit des Bundesrates gingen dahin, sich zu orientieren an der Zahl der Bevölkerung der 18- bis 21-Jährigen. Unsere Seite hätte als Grundlage nehmen wollen die Zahl aller Bewerber für den betreffenden Studiengang. Hier waren die beiden Ausgangspositionen sehr entschieden. Der Versuch, eine Einigung auf der Grundlage, je die Hälfte beider Vorstellungen zu einem Mischschlüssel zu vereinigen, ließ sich wegen der Ergebnisse, die das gehabt hätte für die verschiedenen Länder, nicht verwirklichen. Wir haben jetzt eine Regelung, die dahingeht, dass ein Mischschlüssel gebildet wird aus einem Drittel der Bewerber und zwei Drittel des Bevölkerungsanteils mit einem Sonderzuschlag für die Stadtstaaten, die eine um drei Zehntel höhere Quote bekommen, wegen der bei ihnen besonders gelagerten Bedingungen. Das war der Schlüssel, der am ehesten von allen Ländern akzeptiert werden konnte.

Er führt aber – das liegt an der unterschiedlichen Schulpolitik in den Ländern – zu ganz besonders schwierigen Ergebnissen in Hessen und in Bayern und das wird vermutlich dazu führen, dass sowohl das Land Bayern wie das Land Hessen wegen der Auswirkungen auf ihre Studienbewerberzulassungen dem Gesetz im Bundesrat nicht zustimmen werden. Das ist im Grunde der Kernpunkt für deren Entscheidung gesagt, das sage ich jetzt einmal für die hessischen Genossen, mit denen wir sehr eingehend darüber gesprochen haben, enthält nicht im Übrigen eine Stellungnahme zu dem Gesetz und der Einigung. Hier geht es um die Wahrung der Landesinteressen. Ich muss gleich, um eine mögliche Frage vorwegzunehmen, dazu sagen, wir haben lange hin und her gerechnet, einen günstigeren Schlüssel zu finden, der eine größere Annäherung hätte bringen können, ist nicht möglich gewesen.

Ein sehr umstrittener Streitpunkt war die Frage der Regelung des Ordnungsrechtes. Die Vorstellung, wie wir sie hier im Paragraphen 31 beschlossen hatten[3], sollte gestrichen werden. Die Bundesratsmehrheit wollte einen neuen Paragraphen 44a in das Gesetz hineinnehmen mit sehr weitgehenden, sehr vielfältigen Möglichkeiten der Bestrafung und der Einwirkungen. Wir haben uns schließlich darauf geeinigt, zunächst einmal die Ausgangskonzeption unserer Entscheidung, es nämlich im Paragraphen 31 zu belas-

---

3 Studenten sollten im Extremfall von der Hochschule verwiesen werden können, wenn sie Hochschulmitglieder in der Ausübung ihrer Rechte und Pflichten behindern oder selbst entsprechende Pflichten verletzen und den Hochschulbetrieb stören.

sen und dort eine Möglichkeit zu schaffen, jemanden auf Zeit vom Studium auszuschließen, diese Regelung zur Grundlage der weiteren Regelung zu machen. Und wir haben dann im Kompromisswege einen Teil der Voraussetzungen, wie sie vom Bundesrat gefordert waren und die strenger sind, als sie ursprünglich von uns beschlossen waren, die strenger sind, in die neue Fassung aufgenommen. Das heißt, hier ist eine Regelung des Ordnungsrechtes vorgenommen worden, die eindeutiger die Anwendung und Bedrohung von oder mit Gewalt in den Universitäten zu rechtlichen Konsequenzen führen lässt, ohne dass das Übermaß an Konsequenzen, wie es die CDU verlangt hat, übernommen werden musste.

Und schließlich hat es dann natürlich eine sehr harte und bis in die letzten Stunden dauernde Auseinandersetzung gegeben um die Frage der Mitbestimmung. Hier war eine Einigung nur möglich, die im Grunde darauf beruht, dass beide Vorstellungen nebeneinander in dem Gesetz akzeptiert wurden. Das heißt, es gibt nicht nur die absolute Mehrheit der Professoren in allen Entscheidungen über Berufungs- und Forschungsangelegenheiten, sondern es gibt noch eine qualifizierte Mehrheit von Professoren, die sichert, dass nicht ein kleiner Teil von Professoren mit allen anderen Mitwirkungsberechtigten die größere Gruppe der Professoren überstimmen kann. Dieses war eine zwingende Hürde, aber es gibt daneben die Möglichkeit und nicht nur die Möglichkeit, sondern das Recht, dass die Mehrheit – die normale Mehrheit – daneben einen eigenen Berufungsvorschlag präsentiert. Jede Gruppe – die Professoren mit ihrer gesicherten Mehrheit, die Mehrheit der Übrigen auf der anderen Seite – hat die Möglichkeit, ihre Vorschläge zu unterbreiten. Das führt im Ergebnis dazu, dass in Berufungsfragen die Stellung der Kultusminister wesentlich verstärkt werden wird, denn sie haben dann unter Umständen die freie Wahl zwischen mehreren Vorschlägen. Dies schien uns aber – gemessen an der Schwierigkeit, überhaupt zu einer Lösung zu kommen – ein durchaus vertretbarer und vielleicht auf der einen oder anderen Seite auch wünschenswerter Weg. Dies ist einer der Punkte, bei dem wir natürlich die größten Schwierigkeiten auch in der Diskussion mit dem Koalitionspartner haben. Aber das wäre auch einer der Punkte gewesen, wenn wir uns hier nicht bemüht hätten, zu einer Einigung zu kommen, hätte daran eine Einigung überhaupt scheitern können.

Und wenn man sich das Ergebnis jetzt einmal ansieht, Genossinnen und Genossen, dann, meine ich, ist unter den Bedingungen, unter denen wir heute etwas Derartiges hier in der Bundesrepublik Deutschland überhaupt machen können, das erreicht worden, was wir machen können, nämlich ein Hochschulrahmengesetz, das zum ersten Mal einheitliche Rechtsbedingungen in der Bundesrepublik für alle Hochschulen in allen Ländern schafft: rechtliche Regeln, die weite Bereiche dieses Hochschulrechtes einheitlich gestalten, eine wirksame Regelung des Studiums und der Studienzeiten, das heißt eine Ordnung bei der Nutzung der Universitäten, eine vernünftige Regelung des Hochschulzugangs, eine vertretbare Regelung der Mitwirkung. All dies zusammengenommen gibt eine Grundlage, die, und das darf man nicht aus dem Auge verlieren, würde man sie nicht schaffen, zu dem Ergebnis führte, dass wir in absehbarer Zeit diesen wichtigen Schritt als Voraussetzungen zu einer Reform an Hochschulen überhaupt nicht bekommen würden. Denn mit einem ganz neuen Anlauf müssten sehr andere Voraussetzungen da sein, wenn man da mit Aussicht auf Erfolg noch einmal starten wollte. Ich schlage deshalb vor, dass wir dem Vermittlungsergebnis, so wie es jetzt vorliegt, zustimmen und wir werden im Übrigen gemäß dem Vorschlag und dem Beschluss des Vermittlungsausschusses über das Ganze einheitlich und gemeinsam abstimmen. Es wird also keine Einzelentscheidungen zu den einzelnen Punkten geben. Vielen Dank.

(Starker Beifall.)

Fraktionssitzung 12.12.1975 **122.**

Wehner: Danke Gerhard *Jahn.* Helmut *Rohde.* Dann Erich *Meinike.*

Rohde: Liebe Genossinnen und Genossen, nur einige ergänzende Bemerkungen. Die Entscheidung, die vor uns liegt, ist eine, die nach sechs bis sieben Jahren Auseinandersetzung über das Hochschulrahmengesetz zu treffen ist, und ihr habt wie ich miterlebt, dass an jeder Wegstrecke der Versuch gemacht worden ist, noch einmal die Diskussion ganz von vorn anzufangen, während sich gleichzeitig im Bereich der Bildungspolitik und im Hochschulwesen die Probleme verschärft haben. Ich will hier nicht auf viele Einzelheiten zu sprechen kommen, sondern zwei nach meiner Meinung wesentliche Gesichtspunkte hervorheben. Das erste ist, dass wir jetzt zum ersten Mal die Chance haben, einen gesamtstaatlichen Rahmen, einen bundeseinheitlichen Rahmen für die Entwicklung der Hochschulen zu schaffen. Man muss sich fragen, was passiert, wenn das nicht gelingt. Dann wird es dazu kommen, auf dieses ganze Geflecht der Staatsverträge, der Vereinbarungen unter den Ländern abzustellen, und man muss sich dann gleichzeitig die Frage vorlegen, wie mit einer solchen Methode Strukturprobleme der Hochschulen überhaupt bewältigt werden sollen. Das würde dann nämlich bedeuten, dass man eine Hochschulpolitik über elf Landtage in Strukturfragen betreiben sollte. Angesichts der bildungspolitischen und politischen Landschaft kann sich jeder ausmalen, wie das verläuft. Wir befinden uns – und darauf will ich mit allen Nachdruck aufmerksam machen – in einer Zeit, in der wir feststellen können, dass wir in den letzten Jahren mit ganz erheblichen Milliardenbeträgen die Hochschulen ausgebaut haben, aber der innere Ausbau der Hochschulen, die innere Reform und die Strukturveränderungen haben mit dem äußeren materiellen Ausbau nicht Schritt gehalten. Während wir Jahr für Jahr Universitäten neu gebaut haben, und in den letzten vier bis fünf Jahren elf Universitäten von der Größe der Universität Bonn, sind die inneren Strukturen zunächst bei dem Gezerre um das Hochschulrahmengesetz über sechs bis sieben Jahre weithin auf der Strecke geblieben. Dieses ist, Genossinnen und Genossen, ein umso gravierender Sachverhalt, als in den nächsten Jahren geburtenstarke Jahrgänge die Schulen verlassen werden, entweder nach beruflichen Ausbildungsplätzen oder nach Studienplätzen nachfragen werden. Allein für den Bereich der beruflichen Bildung werden das in den nächsten zwei Jahren 1,4 Millionen junger Menschen sein, die Ausbildungsplätze erwarten, und die Zahl der Oberstufenabgänger wird sich stark erhöhen. In dieser Situation kommt es darauf an, alle Ausbildungsreserven und alle Kapazitäten auch im Hochschulbereich dafür zu mobilisieren, dass es hier nicht ganz breitgestreute Enttäuschungen bei den jungen Menschen gibt, die ja nicht nur bildungspolitische, sondern auch soziale und politische Konsequenzen haben werden. Wenn man das aber will, muss man sich dafür staatliche Instrumente schaffen. Im Berufsbildungsgesetz wollen wir das tun und auch im Hochschulrahmengesetz. Das heißt, erstens die Voraussetzungen und die staatlichen Vorgaben und die Instrumente für Studienreform zu schaffen, damit wir praxisbezogenere und kürzere Studiengänge haben, die auch den Jugendlichen mehr als bisher den Übergang von den Hochschulen ins Arbeitsleben erleichtert. Wenn es eine große, viele Studenten heute bewegende Sorge ist, dann ist es die, wie sie den Übergang finden ins Arbeitsleben und insofern ist das, was Gerhard *Jahn* hier ausgeführt hat über die Instrumente der Studienreform, von ganz entscheidender Bedeutung, zumal wir aus Hochschulbarometern, das heißt größeren Befragungen unter den Studenten, wissen, dass sie nicht an langen komplizierten Studiengängen interessiert sind, die ihnen keine oder nur unzulängliche Aussichten auf ihr späteres Berufsleben eröffnen.

Und das Zweite ist: Während die CDU/CSU zunächst den ganzen Zulassungsteil, die ganze Reform der Zulassungsbestimmungen überhaupt nicht akzeptieren wollte, haben wir jetzt zum ersten Mal ein gesamtstaatliches Instrumentarium, um vor allem in den harten Numerus-clausus-Fächern den Jugendlichen die Chance zu geben, neben ihrer Abiturnote auch besondere Eignungen und Befähigungen für ein Studium zur Geltung zu bringen. Das heißt, dass nicht mehr dann in Zukunft allein auf den Notendurchschnitt abgestellt werden kann und ein Zehntel eines Abiturnotendurchschnitts entscheidet, ob man studieren kann in einem bestimmten Fach oder nicht. Und wir werden auch das Parkstudium abschaffen, das heißt jene Besetzung von Studienplätzen zunächst von Studenten, die etwas ganz anderes studieren wollen und nun nur wegen der noch nicht vollzogenen echten Zulassung unsere Hochschulen belegen werden. Das alles sind – ich will das hier im Einzelnen nicht vertiefen – die Elemente dessen, was wir den inneren Ausbau unserer Hochschulen nennen, eine unverzichtbare Voraussetzung, um auch mit den großen Zahlen der Jahre bis 1988 fertig zu werden und außerdem bedeuten die Einzelheiten in den Organisations- und Personalbestimmungen, dass wir in Zukunft darauf hinwirken können, die Kapazität an den Hochschulen besser zu nutzen. Eine ganz wichtige Frage.

Und, Genossinnen und Genossen, vielleicht hat der eine oder andere von euch verfolgen können, wie wir zunächst gegen ziemlichen Widerstand von Hochschullehrern und anderen die Frage der besseren Kapazitätsausnutzung zugunsten der jungen Leute durchsetzen konnten in der öffentlichen Diskussion. Dieses Gesetz wird uns helfen, auf diesem Feld voranzukommen. Nun ist gar kein Zweifel, das sei meine abschließende Bemerkung, dass dies ein Gesetzentwurf ist, der Kompromisszüge trägt. Aber, Genossinnen und Genossen, man muss sich auch den Grund und die Ursache von Kompromissen klarmachen. Das hängt nicht allein mit unterschiedlichen Auffassungen zwischen sozial-liberaler Koalition auf der einen und CDU/CSU auf der anderen Seite zusammen, sondern das hat seine Ursache auch im föderalistischen Bildungssystem, in den unterschiedlichen Auffassungen der Länder überhaupt im Ganzen gesehen untereinander. Und wenn man hier nicht ins völlige Abseits der Untätigkeit geraten will, dann kommt man nicht voran, wenn man nicht eine bestimmte Fähigkeit zum Kompromiss aufweisen würde, um in diesem System überhaupt angesichts der großen Strukturprobleme Fortschritt möglich zu machen. Schönen Dank.

(Beifall)

[C.]

Wehner: Genossinnen und Genossen, ich habe jetzt sechs Wortmeldungen. Ich wollte nur darum bitten, dass – wenn die Zeit nicht ausreicht – rechtzeitig von uns ja verlangt oder erbeten werden muss, eine Verschiebung der Eröffnung der Plenarsitzung. Das möchte ich allen gesagt haben. Erich *Meinike*.

Meinike (Oberhausen): Genossinnen und Genossen, ich wollte an sich gar nicht zur Sache Stellung nehmen. Ich wollte nur anmerken, dass sicherlich unvermeidbar ist, dass man gelegentlich ohne Vorlagen zu wichtigen Fragen nicht nur Stellung beziehen, auch entscheiden muss. Ich meine aber, dass es – glaube ich – nicht die Regel werden sollte, dass man zu wichtigen Fragen ohne jegliche Unterlage hier zu entscheiden hat. Ich fühle mich, ich fühle mich einfach überfordert, heute Vormittag in dieser wichtigen Frage ohne ausreichende Information schriftlicher Art hier in dieser Sache zu entscheiden. Ich schreibe mich nicht mit zwei LL.[4] Ich heirate auch heute Vormittag nicht, aber ich sehe mich außerstande, im Plenum dazu meine Zustimmung zu geben. Ich werde also gegen dieses Gesetz stimmen.

---

4 Gemeint ist der FDP-Abg. Jürgen *Möllemann*, der, wie *Wehner* oben erklärt hatte, sagte, dass er dem Haushaltsstrukturgesetz seine Stimme verweigern werde.

Fraktionssitzung 12.12.1975 **122.**

Wehner: Ich habe ja mit dieser Bemerkung nicht sagen wollen, dass nur der, der heiratet oder mit zwei LL sich schreibt, der übrigens hier kein Stimmrecht haben wird im Bundestag, sondern der ist im Bundesrat und da hat er schon genug gemobbt. Es gibt auch andere Varianten, die man eben hört. Genosse *Waltemathe.*

Waltemathe: Genossinnen und Genossen, es ist heute vor einem Jahr den drei Bremern zugestanden worden, sich zu diesem Gesetz der Stimme zu enthalten. Wir haben damals eine Erklärung zu Protokoll gegeben. Wir wollen heute keine Erklärung zu Protokoll des Bundestages geben, aber wir wollen auch heute uns der Stimme enthalten, weil die Mitbestimmungsregelung, die wir in Bremen haben, natürlich sich sehr verschlechtert, und wir sehen uns deshalb nicht imstande, heute dem Gesetz zuzustimmen, so wie das voriges Jahr war. Es ist uns letztes Jahr zugestanden worden, weil die Mehrheit der Zustimmung nicht gefährdet war. Ich gehe davon aus, dass dies auch heute so sein wird.

Wehner: Dietrich *Sperling.*

Sperling: Herbert *Wehner,* deine Einleitungsworte zwingen mich dazu zu sagen, dass ich mich mit meinen eigenen Vorstellungen solidarisiere und nicht mit Helga *Schuchardt* oder dem Kollegen *Möllemann.*

Wehner: Ich nehme meine Einleitungsbemerkungen mit Bedauern zurück.

Sperling: Das ist nicht in vollem Umfang nötig, aber an dem Punkt hast du –

(Heiterkeit.)

hast du ein Klima geschaffen, das mir diese Vorbemerkung wohl gestattet. Zum Zweiten: Wir haben nicht den geringsten Grund, bei diesem Hochschulrahmengesetz etwa mit großen Worten und Pathos von einem Erfolg zu reden. Dies ist eine bittere Niederlage. Drittens: In den Punkten Mitbestimmung, Studienreform, Ordnungsrecht entspricht das, was ich gehört habe, fast in gar nichts mehr dem, wofür ich 1969 mal hierhergekommen bin. Ich habe ja zwischendurch den Ausschuss für Bildung und Wissenschaft auch aufgegeben. Aber dies ist das Ergebnis einer Bildungspolitik, die nie den Konflikt mit der CDU/CSU wirklich gewagt hat.

(Vereinzelter Beifall.)

Von *Leussink*[5] angefangen haben wir immer versucht, einen Kompromiss anzustreben. Jetzt sind wir in einer Ecke gelandet, von der ich nicht mehr sehen kann, wo sie unseren Vorstellungen entspricht. Ich bin sarkastisch genug zu sagen, man sollte es beinah so halten wie mit dem Kraftfahrzeugsteuerrecht in der Frage der Bildungspolitik. Dies aber mag ich Helmut *Rohde* nicht zumuten eigentlich. Das, was mich eigentlich empören müsste, und ich bin schon fast betrübt, dass ich nicht mehr richtige Empörung verspüren kann, ist das Ergebnis für das Land, aus dem ich komme – Hessen. Wir haben in Hessen durch Jahre hindurch eine Bildungspolitik betrieben, die den Vorstellungen der Bundespartei für Bildungspolitik entsprach. Wir haben mehr Arbeiterkinder zum Abitur gebracht in Hessen als jedes andere Bundesland. Das, was jetzt an Zulassungsquoten beschlossen wird, ist eine richtige Strafe für das, was in Hessen geschehen ist. Ich hoffe auf euer Verständnis, ich kann nicht zustimmen. Ich stimme mit Nein.

(Vereinzelter Beifall.)

Wehner: Dieter *Schinzel.*

Schinzel: Genossinnen und Genossen, wir haben bei der Diskussion zur dritten Lesung hier zum Hochschulrahmengesetz ja auch einiges zu diesem Problembereich gesagt. Deswegen will ich das gar nicht wiederholen, weil das ja gar nicht mehr zur Dis-

---

[5] Hans *Leussink,* von 1969 bis März 1972 Bundesminister für Bildung und Wissenschaft, parteilos.

kussion stand im Vermittlungsausschuss und damals schon abgebucht worden ist. Was jetzt allerdings hier vorgetragen worden ist, soweit man das den Worten entnehmen kann, die hier dazu gefallen sind, ist nach meiner Auffassung nichts anderes als die Festschreibung des Reformunwillens in den meisten deutschen Universitäten. Wir haben '67/'68 und danach alle die Leute, die an Universitäten für diesen Reformgeist gesorgt haben, im Wesentlichen in unsere Partei damals aufgenommen mit der Perspektive, auch in diesem Bereich was zu tun. So war es ja wohl gewesen und wenn man das vergleicht, was dann in einzelnen Ländern geschehen ist und was auf Bundesebene geschehen ist, dann kann man nur sagen, von den Erwartungen, die damals an unsere Partei geknüpft worden sind, ist nichts übriggeblieben. Und der Reformunwille und die konservative Richtung, die wir jetzt an den meisten deutschen Hochschulen haben, sind nicht zuletzt auch Schuld und Ursache unserer eigenen Politik, die wir zugelassen haben in den Ländern, die wir bundesseitig gemacht haben.

Und wenn ich sehe, was heute hier im Einzelnen vorgeschlagen worden ist bei den Berufungsfragen, bei der Mitbestimmungsregelung, bei der Frage des Ordnungsrechts, das uns damals schon Anlass gegeben hat zu großer Kritik auch bei der Klausel, die vorgeschlagen worden ist, jetzt eine Ausweitung, bei der Regelung zur Drittmittelforschung, einer der zentralen Punkte in der Hochschule, das weiß jeder, wenn wir da herangehen, kommen an den Nerv der Geschichte, ausgeklammert, weggenommen, wird weg von der Hochschule, geht zu den Kultusbehörden und wenn man so hört, was dann die CDU-Kultusminister, der *Vogel*[6] heute Morgen etwa in dem Rundfunkinterview zu der Geschichte gesagt hat und wie die Kommentatoren das draußen überall sehen, dann heißt das nur eins: die Koalition ist auf die Linie der Opposition eingeschwenkt, um deren Zustimmung zu kriegen. Und warum? Was habe ich hier gehört? Die eine Begründung war, wir wollen den Hochschulzugang regeln in unserem Sinne, erstens. Zweitens ist gesagt worden, wir wollen einen Einstieg haben für eine Bundeskompetenz auf diesem Sektor. Und da sage ich dazu, das haben wir zu teuer erkauft. Wir werden gezwungen sein, die Reformlinie, die in einigen SPD-geführten Ländern angestrebt worden ist, jetzt zurückzunehmen, dazu gehört auch Nordrhein-Westfalen und die Behauptung, mit der wir sonst durch die Lande gezogen sind und gesagt haben, die SPD oder die SPD-regierten Länder sind vorn der Schrittmacher in der Bildungspolitik, die werden wir in Zukunft kaum mehr aufstellen können, weil uns durch dieses Gesetz selbst schon Schranken gesetzt werden. Die anderen bewegen sich gern in diesen Schranken. Wir können das nicht gerne machen wollen. Wir bringen die Hochschulen und Hochschulpolitik in unseren Ländern in einen Status, der sie unbeweglich macht und der für uns politisch nicht mehr interessant und nicht mehr verwertbar ist. Wenn man das will, soll man das laut sagen. Aber wir werden dann gleichzeitig dafür sorgen, dass jetzt an den Hochschulen wieder neuer Widerstand kommt, nicht nur von unseren Leuten. Nein, jetzt kommt sogar dann die CDU-geführte Gruppierung RCDS dran und die macht jetzt Dampf auf, und zwar gegen uns und mit guten Argumenten, wie ich meine und unsere Leute sind auch dabei. Wir werden den ganzen Hochschulsektor politisch aus der Hand geben müssen, ihn anderen überlassen müssen, die unter Umständen auch ganz woanders stehen, nicht nur auf der Rechten, sondern auch auf der Linken. Ich halte das für verhängnisvoll, diesen Schritt. Ich kann meinerseits einem solchen Kompromiss nicht zustimmen. Ich bin lange genug in diesem Bereich aktiv gewesen, um mir ein gutes Urteil darüber erlauben zu können. Ich bedaure, dass dies soweit schon gekommen ist in den Vereinbarungen. Ich erkläre nicht nur für mich, sondern auch für einige andere Kollegen, dass sie nicht in der Lage sein werden, diesem Kompromiss zuzustimmen.

---

6   Gemeint ist der Kultusminister von Rheinland-Pfalz, Bernhard *Vogel* (CDU).

Fraktionssitzung 12.12.1975 **122.**

Wehner: Genossinnen und Genossen, ich habe jetzt hier noch sechs Wortmeldungen. Besteht Einverständnis, dass wir – jedenfalls prophylaktisch – beim Präsidium darum bitten, dass die Eröffnung der Plenarsitzung um eine Viertelstunde verschoben wird? Einverständnis. Nächster Peter *Glotz*.

Glotz: Liebe Genossinnen und Genossen, selbstverständlich ist das so, dass jetzt, nachdem dieser Kompromiss im Vermittlungsausschuss abgeschlossen worden ist, beispielsweise die CDU/CSU-Seite erklären wird, wir haben uns an den meisten Punkten durchgesetzt. Ich glaube nur, wir müssen jetzt unsererseits in diese Diskussion im Einzelnen eintreten und Punkt für Punkt sagen, wo das stimmt oder wo umgekehrt es von uns aus richtig ist. Es wäre gefährlich, wenn nun viele Sozialdemokraten dies noch bestätigen wollten, was beispielsweise Herr *Vogel* heute Morgen fälschlicherweise im Rundfunk gesagt hat. Und Dieter, was den RCDS betrifft: Ich habe auch gelesen, dass der nun festgestellt hat, dieses Gesetz oder dieser Kompromiss, der nun abgeschlossen sei, mit dem sei er nicht einverstanden. Dann würde ich aber doch vorschlagen, dem RCDS zu sagen, er möge sich in der eigenen CDU/CSU stärker durchsetzen, als das bisher der Fall ist.

(Unruhe.)

Denn nach außen Erklärungen abzugeben und dann in der eigenen Partei doch offensichtlich nicht in diese Richtung zu wirken, das hilft uns – glaube ich – keinen Schritt weiter. Ich will dies erläutern an einem Punkt, der Mitbestimmungsregelung. Da haben wir heftig mit denen gestritten und eine Reihe von Punkten in unserem Sinne durchsetzen können. Sie wollten beispielsweise die Mitbestimmung, die Professorenmehrheiten auch in den Wahlversammlungen, was für die Wahl der Präsidenten sehr wichtig gewesen wäre, zementieren. Wir konnten dies abwehren. Aber natürlich war es nicht einfach für uns, Dieter *Schinzel*, nun zu argumentieren, es darf keine Berufungssicherungsklausel geben, wenn die uns sagen konnten, die Berufungssicherungsklausel, die wir hier wollen, die gibt es in Nordrhein-Westfalen im Landesgesetz.[7] Warum wollt ihr die nordrhein-westfälische Landesregelung nicht anerkennen? Das war für uns sehr schwierig, dann zu sagen, dies unter gar keinen Umständen. Und Dieter, natürlich unterscheidet sich manches, was wir heute machen, von dem, was '69 in manchen Bildungsberichten stand oder was 1969 von uns in Konzepten entwickelt worden ist. Nur ich muss darauf hinweisen, jetzt wieder am Punkt Mitbestimmung, seitdem hat es halt auch ein Verfassungsgerichtsurteil gegeben, das ich sicher in manchen Punkten rechtspolitisch kritisieren kann, aber an dem sich zu orientieren die Politik doch überhaupt nicht vorbeikommt.[8] Man kann doch also nicht so tun, als sei das hier eine Reihe von Kapitulationen sozialpolitischer Bildungspolitiker, sondern man muss doch sehen, dass hier auch objektive Gegebenheiten sind, die manches verändert haben, und ich wäre dankbar, wenn dies auch in dieser Fraktion gesehen würde, Genossinnen und Genossen.

---

[7] Nach dem Urteil des Bundesverfassungsgerichts (vgl. Anm. 8) musste Nordrhein-Westfalen seine Hochschulgesetzgebung so anpassen, dass die Gruppe der Hochschullehrer in universitären Gremien in Fragen der Forschung und Lehre, beispielsweise bei der Besetzung von Lehrstühlen durch Berufungskommissionen, nicht durch andere vertretene Gruppen (Studenten und nicht-akademische Mitarbeiter) überstimmt werden konnte. Vgl. die Artikel »Rau ändert Hochschul-Satzung per Erlaß« und »Konkurrierende Gesetzentwürfe zur Hochschulpolitik verstärken den Konflikt in der Düsseldorfer Koalition«; »Frankfurter Allgemeine Zeitung« vom 23. Januar 1974, S. 6, sowie vom 10. Mai 1974, S. 2.

[8] Gemeint ist das Urteil des Bundesverfassungsgerichts, das am 29. Mai 1973 Teile des niedersächsischen Gesamthochschulgesetzes, die die paritätische Mitwirkung verschiedener Gruppen von Hochschulangehörigen an der Selbstverwaltung der Hochschule regelten, für verfassungswidrig erklärte. Vgl. BVERFGE 35, 79.

Ein paar Punkte, die in der Diskussion aufgekommen sind. Erstens, Dieter *Sperling*, wie sieht es aus mit Hessen? Natürlich ist diese Landesquote – nämlich die Zurechnung von Leuten, die studieren wollen – auf Länder hin ein Problem, möglicherweise ein Einfallstor für bestimmte provinzialistische Entwicklungen. Bloß, Genossinnen und Genossen, keines der Länder wäre bereit gewesen, ohne eine solche Quote zu arbeiten und dann mussten wir uns immer fragen, welche Quote nimmt man und mit welcher Quote ist erstens wenigstens einigermaßen Gerechtigkeit zu erreichen und zweitens eine Zustimmung im Bundesrat zu bekommen. Und ich bitte, nicht zu glauben, Dieter, dass dies nun ein politisches Problem war, sondern wir mussten auch eine Mehrheit unter den sozialdemokratischen Ländern finden und also die Entscheidung, dass nun Hessen – es geht um 0,5 Prozent der Studienplätze, wo Hessen jetzt schlechter gestellt wird als in der jetzigen Regelung –, dass dies eine Entscheidung gegen die hessische Bildungspolitik gewesen sei, ist wirklich nicht richtig Dieter. Es wäre keine Lösung, wir hätten eine andere Lösung finden können, dann hätten wir die Stadtstaaten benachteiligt oder eine, die entsprechend dann eben ein anderes, beispielsweise Nordrhein-Westfalen benachteiligt hätte. Wir mussten eine Lösung finden und mussten uns klar sein, dass irgendwo und an irgendeiner Stelle dann ein Land benachteiligt werden würde.

Lasst mich zusammenfassend sagen, Genossen, Helmut *Rohde* hat schon hingewiesen auf die Studienreform. Wir haben jetzt wirklich eine Soll-Formulierung für überregionale Studienreformkommission. Wir haben abgeblockt die Entwicklung, dass es demnächst in Bremen andere Juristen gibt als in Nordrhein-Westfalen. Wir haben die Möglichkeit der Regelstudienzeit und wir haben eine bundeseinheitliche Hochschulzulassung. Aber ich will noch ein paar andere Punkte nennen. Wir haben durchgesetzt etwas, wofür seit dem ersten Entwurf gekämpft wird und wo noch vor wenigen Tagen dagegen gekämpft wurde: eine Einstufungsprüfung. Wo die Möglichkeit geschaffen wird, dass jemand auf einem ganz anderen Weg, auf einem zweiten Bildungsweg zur Hochschule kommt und dann an der Hochschule eine Prüfung macht und dort eine Hochschulzulassung bekommt – ein viel wichtigerer Punkt, Genossen, als all die Diskussionen um Gremien, Mitbestimmung und was es noch so alles in den Diskussionen der letzten Tage gegeben hat.

(Starker Beifall.)

Wir haben durchgesetzt einheitliche Diplomgrade. Das heißt also, dass der Fachhochschulingenieur und auch der Diplomingenieur einen einheitlichen Diplomgrad bekommen. Also das heißt, dass die Differenzierung schon vom Titel her nicht mehr gegeben ist und deswegen nicht einer – nur weil er das Prestige des höheren Titels haben möchte – länger studieren muss. Einheitlicher Diplomgrad!

(Zwischenruf.)

Ja, dagegen hat natürlich der Verband der Diplomingenieure heftig gekämpft, wenn ich das sagen darf.

(Zwischenruf.)

Wir haben –

(Zwischenruf.)

ja, Genossen, also wir konnten die Reform, Andreas *von Bülow*, die Reform des öffentlichen Dienstrechts nicht auch noch im Hochschulrahmengesetz mit erledigen. Das musst du uns zugestehen. Und wir haben beispielsweise durchgesetzt – dies ist übrigens nicht richtig, Dieter *Schinzel*, was du sagtest – eine Anzeigepflicht im Gesetz für die Drittmittelforschung. Das einzige, was wir nicht durchsetzen konnten, ist, dass diese Anzeigepflicht in allen Bundesländern über den Fachbereich geht, was ich gerne gehabt

Fraktionssitzung 12.12.1975 **122.**

hätte, weil der Fachbereich da sachverständiger ist. Aber die B-Länder haben durchgesetzt, Genossen, dass sie – und nur ein Land will es tun, nämlich Bayern –, aber die haben durchgesetzt, dass sie es nur im Kultusministerium kontrollieren lassen und nicht im Fachbereich. Ich bedaure, dass Bayern dies durchgesetzt hat, aber wir haben jetzt eine Anzeigepflicht und würden wir das Gesetz nicht machen, hätten wir überhaupt keine Anzeigepflicht, in keinem Land, Genossinnen und Genossen, und dies scheint mir doch dann ein großer Vorteil zu sein, wenn wir dieses Gesetz verabschieden.

Ich möchte deshalb abschließend sagen und noch mal eingehen auf Dieter *Sperling*. Du hast gesagt, wir sollten dieses Gesetz nicht mit Pathos als Erfolg verkaufen. Da stimme ich dir zu, wir sollten sagen, dies ist durch die Möglichkeit der Blockade der CDU im Bundesrat zustande gekommen. Dies ist in der Tat ein Vermittlungsergebnis. Aber Genossen, ich glaube, es ist ein anständiges Vermittlungsergebnis, und ich glaube, es bringt uns einen Schritt weiter. Wenn wir die besseren Mehrheiten haben, können wir dieses Gesetz novellieren. Jetzt sind in einer ganz entscheidenden Reihe von Punkten Entscheidungen da, die einen Schritt weiterbringen. Deswegen bitte ich herzlich die Fraktion, diesem Gesetz jetzt, diesem Vermittlungsvorschlag zuzustimmen.

(Beifall.)

Wehner: Genossinnen und Genossen, ich habe die Mitteilung gekriegt, dass wir also um elf mit der Plenarsitzung beginnen. Ich habe wieder sechs Wortmeldungen. Axel *Wernitz*.

Wernitz: Genossinnen und Genossen, es ist im Zusammenhang vorhin mit dem ersten Punkt, dem Haushaltsstrukturgesetz, von einer Schwundmarge geredet worden. Es war Hans *Apel*, der das in diesem Zusammenhang gesagt hat. Ich bin der Auffassung, wenn man sich mit dem Ergebnis zum Hochschulrahmengesetz beim Vermittlungsausschuss beschäftigt, dies trifft hier zweifelsohne zu. Ich stimme auch dem zu, was Peter *Glotz* hier eben gesagt hat. Wir sollten, wir können nicht mit Pathos verkaufen. Da würden wir uns selbst die Chance zur offensiven politischen Auseinandersetzung mit der CDU und der CSU draußen sogar beschneiden und einengen. Ich halte das für sehr wichtig, aber gerade deshalb halte ich es auch für falsch, wenn Dieter *Schinzel* hier gemeint hat, man könnte RCDS und Co. nicht mehr argumentieren. Im Gegenteil – wir müssen diese Auseinandersetzung auch nach dem Vermittlungsergebnis zum Hochschulrahmengesetz offensiv führen und der entscheidende Punkt, auch wenn man offen zugeben muss, dass die Reformsubstanz erheblich gemindert ist, da gibt es für mich gar keinen Zweifel und das sehe ich, nachdem ich also in der ÖTV, in den Hochschulen und in den zuständigen Abteilungen auch auf Bundesebene sehr intensiv in den letzten sieben Jahren mitgearbeitet habe, sicher nicht sehr freudig, sondern außerordentlich betrübt. Da gibt es keinen Zweifel, aber Genossen, wir haben hier – das was Helmut *Rohde* mit Recht gesagt hat – ein staatliches Instrumentarium, das wir aufrechterhalten müssen, das wir nicht leicht hätten weggeben dürfen. Dafür hätte die Mehrheit der Bürger in unserer Bundesrepublik kein Verständnis gehabt, wenn dies auseinandergelaufen wäre und, wie Helmut *Rohde* gesagt hat, über elf Landesparlamente letzten Endes versickert wäre. Dies ist unvertretbar und dies ist für mich der entscheidende Grund, warum trotz einer geringeren Reformsubstanz die Zustimmung zu diesem Gesetz notwendig ist.

Es ist auch, glaube ich, erforderlich, dass man gelegentlich zur Kenntnis nimmt, dass wir eben bestimmte Entscheidungen in Karlsruhe bekommen haben, die den Spielraum zweifelsohne eingeengt haben, und wer uns zur Konfliktfreudigkeit in der Hochschulpolitik mit der CDU/CSU rät, der sollte dann eben auch die Mehrheitsverhältnisse im Bundesrat mit zur Kenntnis nehmen und, wie gesagt, ich gehe davon aus, dass sich der Bund nicht nur auf die Rolle des Financiers beschränken darf, sondern dass er seine gesamtstaatliche Verantwortung für die Einheitlichkeit der Lebensverhältnisse auch im Bereich des Hochschulwesens, dass er sich dieser Aufgabe auch in Zukunft zu stellen hat. Und wenn ich es insgesamt unterm Strich als Fazit nehme, es ist dies, was wir jetzt haben, eine politische Option sowohl hinsichtlich der Studienreform als auch hinsichtlich des Hochschulzugangs, wo noch manche Probleme in der praktischen Umsetzung auf uns zukommen werden. Das sollte man auch nicht verniedlichen. Aber wir haben die Chance, mit diesem Instrumentarium in der Zukunft etwas anzufangen, und ich gehe davon aus, dass wir, wenn sich irgendwann einmal die Gelegenheit zu einer weiteren Verbesserung bietet, diese auch nutzen. Im Übrigen ist durch dieses Hochschulrahmengesetz kein Land gehindert, an manchen Stellen – ich denke an das, was der Peter *Glotz* gesagt hat zur Drittmittelforschung und zu den Regelungen über den Fachbereich – hier entsprechend mehr zu tun als das eine oder andere B-Land. Ich bitte also die Fraktion schweren Herzens, aber aus Einsicht in die Notwendigkeit, diesem Kompromiss zuzustimmen und nicht abzulehnen.

Wehner: Bevor ich dem Nächsten das Wort gebe, wir haben jetzt acht Wortmeldungen, wollte ich nur mitteilen, dass die CDU/CSU-Fraktion dem Vermittlungsausschussergebnis gegen die bayerischen Stimmen zugestimmt hat. Das Wort hat Klaus *von Dohnanyi*.

von Dohnanyi: Genossinnen und Genossen, ich möchte hier zunächst sagen, dass das, was Peter *Glotz* gesagt hat und Axel *Wernitz* eben hinzugefügt hat, für mich ebenfalls die entscheidenden Argumente sind, warum ich hier sehr herzlich dafür plädieren möchte, zuzustimmen. Genossinnen und Genossen, dies ist nicht mehr das Gesetz der Regierungsvorlage[9]. Es ist auch nicht mehr das Gesetz, das wir hier beschlossen haben. Aber es ist mehr als ein Skelett, und ich möchte mich mit zwei Argumenten, insbesondere Dieter *Sperling* mit dir, einmal kurz auseinandersetzen. Du beklagst dich darüber, dass das, womit wir 1969 in den Wahlkampf gezogen sind und hier begonnen haben und ich würde Hans *Leussink* auf die Reformerseite stellen, dass das heute nicht mehr in vollem Umfang realisiert werden kann, sondern dass wir viele Rückschläge in Kauf nehmen mussten. Dieter, das liegt auch daran, dass diese Bildungspolitik und dieses Gesetz, dieser Hochschulrahmenbereich, stets überfordert worden ist. Ich will hier nur mal den Bereich der Zulassungspolitik, der Zulassungsfragen nehmen. Als wir versucht haben 1970/71, Zulassungsregeln bereits hineinzuschreiben, wie sie heute von allen erkämpft wurden, ja mühsam durchgesetzt wurden gegen die CDU in diesen Verhandlungen, da wurde das als ein ketzerischer Verrat an der Bildungspolitik angesehen. Das heißt die Zulassungsregeln, für die wir heute stehen, die nämlich notwendig sind, von denen wurde damals gesagt, sie seien unerträglich und das gilt auch zum Beispiel für diese Einstufungsprüfung. Die Einstufungsprüfung, die es uns erlaubt, aus dem Arbeitsleben jemand herüber zu nehmen, die galt als ein Weg für Leute, die in der Industrie ausgebildet worden sind und damit einen Kurzweg in die Hochschule nehmen konnten. Ich meine, wenn wir uns selber hier mal Rechenschaft ablegen über unsere Arbeit, dann müssen wir feststellen, dass die Überforderung dessen, was möglich ist und was auch sinnvoll ist, einen Teil dessen eingeleitet hat, vor dem wir heute stehen. Und liebe Freunde, das gilt natürlich auch für die Mitbestimmung. Das Wort von der Parität in der Mitbestimmung an den Hochschulen ist ja insofern ein Missverständnis, und ich habe das schon 1970 öffentlich in Bremen gesagt, dass die sogenannte Drittelparität, die die Erfahrungen der Hochschullehrer in entscheidenden Fragen in eine ständig überstimmbare Minderheit drängt, dem Realismus an der Hochschule einfach nicht ent-

---

[9] Vgl. BT Drs. 07/1328.

Fraktionssitzung 12.12.1975 **122.**

spricht. Und Genossen, jetzt möchte ich hier mal etwas in unserem Kreis dazu sagen. Wer mit den Senatoren und den Länderministern unter vier Augen über diese Fragen an den Hochschulen spricht, und ich nehme kein Land dabei aus, der hört unter vier Augen: Um Gottes willen, macht uns eine Bundesgesetzgebung, die es uns endlich ermöglicht – ich sage das mal ganz hart –, zu novellieren, was wir uns nicht getraut haben, vernünftig zu machen.

(Beifall.)

(Zwischenruf: Die reine Wahrheit! Das ist die reine Wahrheit!)

Und weil das so ist, Genossen, gehörte 1970 ein Mut dazu, für Zulassungsregeln einzuspringen, die von einer Mehrheit in der Partei noch nicht akzeptiert wurden, und es gehörte ein gewisser Schneid dazu, bestimmte Regeln an den Hochschulen einzuführen zur Selbstkontrolle, die damals nicht populär waren. Aber ich meine, irgendwann, Genossen, kommt immer die Zeit auch der Abrechnung mit uns selbst und vor der stehen wir heute und deswegen sage ich, wir sollten dem zustimmen. Als ich das Gesetz 1973 im Kabinett eingebracht habe, Helmut [*Schmidt*] – du wirst dich erinnern, habe ich damals eingeleitet mit dem Satz: Dies ist Abseilen aus der Utopie. Und das war das Problem und vor dem Problem stehen wir heute noch und deswegen sage ich, Genossen, stimmt zu.

Ich will aber, weil ich hier schon zu dieser Frage spreche, eine zweite Bemerkung machen. Ich teile die Auffassung der Kollegen hier, die über den Trümmerhaufen in der Bildungspolitik gesprochen haben. Auch an diesem Trümmerhaufen sind wir alle, vielleicht mit unterschiedlichem Gewicht, beteiligt. Aber wenn wir fragen warum, dann gibt es dort einmal das Argument von der ständigen Überforderung. Ich habe das schon erläutert, aber es gibt noch ein zweites und das ist die unverantwortliche Vernachlässigung der Bildungspolitik in der Führung von Partei, Fraktion und – ich sage das auch ganz klar – Regierung. Wir können uns, Genossinnen und Genossen, auf die Dauer es nicht leisten, in einer so zentralen Frage wie der Bildungspolitik, wenn es die linke Hand wäre, wäre es ja noch gut, aber ohne Hände das Ganze fallen zu lassen. Und ich mache dazu eine Bemerkung, die auf einer Erfahrung beruht, die ich gestern hatte. Ich habe gestern mit einem wichtigen und gewichtigen Kollegen aus der Fraktion, der in der Partei von großer Bedeutung ist, über den heutigen Tag gesprochen und da hat dieser wichtige und gewichtige Freund von uns gesagt: Hauptsache wir kriegen das Gesetz weg vom Tisch, Hauptsache es ist mal fort. Und Genossen, dies ist genau das Problem. Die Hochschulpolitik und die Bildungspolitik kann nicht länger ein Anhänger sein, den man lästig hinter sich herschleppt, den man benutzt gewissermaßen zur Parfümierung von Wahlkämpfen gelegentlich, aber im Übrigen nicht bereit ist, in die Mühsalen und Einzelheiten einzusteigen. Dies ist Führungsaufgabe, und ich sage das hier ganz klar, diese Führungsaufgabe muss endlich erfüllt werden. Und liebe Freunde, Gesamtschulen müssen sein. Man muss sich damit auseinandersetzen. Dies ist keine Illusion. Dies ist keine Illusion. Die Sozialdemokraten sind seit 100 Jahren dafür eingetreten, dass die Kinder bis zum 16. Lebensjahr in eine Schule gehen sollen und dafür müssen wir auch weiter eintreten und wir dürfen die Beschimpfungen der anderen Seite nicht gewissermaßen einstecken.

Lehrer sind zwar manchmal lästige Gesprächspartner, aber das Wort Lehrer darf bei uns kein Schimpfwort werden und das Wort Akademiker auch nicht, liebe Freunde. Der Arbeiterbildungsverein der SPD hat gewusst, warum er die Bildungsfrage so in den Mittelpunkt unserer Politik rückte, und ich meine, wir müssen – Genossen – heute zustimmen, aber wir müssen zugleich realisieren, dass die Partei in den kommenden Monaten die Aufgabe einer Ordnung unseres Bildungswesens, was sozialdemokratisch geführte Länder, Bundestagsfraktion und Partei zusammenbindet, eine solche Ordnung zu schaffen, sodass wir draußen offensiv unsere Politik vertreten können. Herzlichen Dank.

(Beifall)

Wehner: Genossinnen und Genossen, ich habe jetzt sieben Wortmeldungen noch. Ich wollte nur dazwischen mitteilen, dass Gerhard *Jahn* zu einem Telefongespräch mit dem CDU-*Vogel*[10] gerufen worden war, der sagte, bei ihnen würde erwogen, im Bundesrat die dort notwendige Entscheidung nochmals zu verschieben, das heißt auf den Februar. Das ist von unserer Seite abgelehnt worden, weil das ein Bruch der Vereinbarung wäre. Es bleibt also bei der Behandlung im Bundesrat wie festgesetzt. Als Nächster hat das Wort Björn *Engholm*.

Engholm: Ich will versuchen, es kurz zu machen. Es handelt sich bei den Diskussionen über die Hochschulgesetzgebung ja nicht – wie Gerhard *Jahn* eingangs gesagt hat – um ein einjähriges Jubiläum. Viele hier, die Bildungspolitik machen in der Fraktion, betreiben heute den 6. Jubiläumstag, denn wir haben praktisch Anfang '70 angefangen. Ich glaube sogar, der *Stoltenberg* hat schon etwas eher den Auftrag in der Großen Koalition gehabt, damit zu beginnen. Das heißt, das Geschäft ist sehr lange betrieben worden, und wenn ich historisch zurückblicke und mir vergegenwärtige, mit welchem Anspruch wir angetreten sind, die Hochschulen auszulüften, verkrustete Ordinarienstrukturen abzubauen, junge Arbeitnehmerkinder hereinzukriegen, die dort frei denken sollen, die mitwirken sollen an der inneren Ausgestaltung der Hochschulen und daran in allen Ehren hat auch Klaus *von Dohnanyi* mitgewirkt, diesen Atem diesem Gesetz zu geben. Und wenn ich mir angucke, was heute – ohne dass wir eine schriftliche Vorlage haben – dabei herausgekommen ist, ein kleiner bitterböser Kompromiss, der für viele verdammt gallig schmeckt, dann finde ich es nicht richtig, das sage ich mit aller Deutlichkeit, dass wir versuchen, diesen bitteren Kompromiss nachträglich besser zu machen, als er es ist, wie es hier einige getan haben. Und ich meine unabhängig davon, dass die Zulassung in diesem Gesetz geregelt werden muss und dass wir ein gesetzliches staatliches Instrumentarium gerade für das Feld einer einheitlichen Zulassungsbestimmung brauchen, das erkenne ich an. Dies wird mich möglicherweise – wie mit zwei Kollegen aus Schleswig-Holstein – daran hindern, diesen Kompromiss abzulehnen, aber ich bitte, wenn man die große Diskrepanz zwischen Anspruch und Wirklichkeit sieht und dies auch draußen verkaufen soll bei den ja gar nicht mehr wilden Studenten heute, die lernen ja alle schon eifrig, die sind ja nicht mehr verrückt, dann muss ich sagen, bitte ich auch um euer Verständnis, dass ich hier nicht überzeugt zustimmen kann.

Wehner: Hermann *Dürr*.

Dürr: Eine Oppositionsfraktion hat es leichter. Die kann sich aus den verschiedensten Gründen zu einem gemeinsamen Nicht-Jetzt und Nicht-Hier durchringen. Die muss keine Kröten schlucken. Wir haben das Pech, Regierungsfraktion zu sein. Für uns kommt diese Situation öfters. Wenn wir hier heute, wie Erich *Meinike* es wünscht, mit einem Papier als Ergebnis der gestrigen Vermittlungssitzung dastünden, dass in Nachtarbeit gefertigt worden wäre, wäre mit gleichem Recht wie von Erich *Meinike* der Ruf gekommen, das versteht ja kein Schwein, Gerhard *Jahn* übersetz' uns das mal ins Verständliche.

(Zwischenruf.)

Doch, also ich kenne doch die Papiere aus dem Vermittlungsausschuss. Die hätten trotzdem erläutert werden müssen.

Zweitens: Liebe Freunde aus Bremen, mit eurer Erklärung stinkt ihr eigentlich nicht gegen den Kompromiss an, sondern gegen das Bundesverfassungsgerichtsurteil in Karls-

---

10 Bernhard *Vogel* (CDU).

Fraktionssitzung 12.12.1975 **122.**

ruhe, das nun eben mal Gesetzeskraft hat, und gegen das anzustinken, ist zwar sicherlich wertvoll, aber nicht gerade erfolgversprechend.

Ein Wort zum Genossen *Schinzel*. Schau mal, du stammst aus einem Land mit einem sozialdemokratischen Kultusminister.[11] Es ist schon gesagt worden, der hat auch noch, weil es ein Rahmengesetz ist, einen Bewegungsspielraum zum Positiven, wenn das Hochschulrahmengesetz in Kraft ist. Ich bin Baden-Württemberger. Der Axel *Wernitz* ist Bayer. Für uns ist jede kleine Hilfe bereits wertvoll angesichts des Stands der Kulturpolitik in seit Jahrzehnten schwarz regierten Ländern. Das muss man auch mal von dieser Länderseite hier ansehen. Wir sind hier in der gleichen Situation, wie sie auch bei der Mitbestimmung anklang. Man kann das, was jetzt herauskommt, den Kompromiss vergleichen mit dem derzeitigen Zustand oder vergleichen mit dem Ideal. Das sind die Ansprüche, von denen Björn *Engholm* gerade geredet hat. Wer den Kompromiss mit dem Ideal vergleicht, ist maßlos enttäuscht. Aber Leute, bei einem zustimmungspflichtigen Gesetz und diesen Mehrheitsverhältnissen im Bundesrat ist das Vergleichen mit dem Ideal und den eigenen Maximalansprüchen hoch ehrenwert und unpolitisch. Und ein Letztes: Wir kennen ja das Telegramm der Bayerischen Volkspartei an den Reichstag in Berlin: ablehnen, wenn Mehrheit gesichert. Das ist ein Ding mit Risiko. Wenn die Bayern der CSU aus weiß-blauen Spezialgründen ablehnen, dann braucht die CDU, was mit der weiteren Verzögerung dieser Plenarsitzung durchaus möglich ist, bloß zahlreiche Abreisen und dann wird es schon schwierig.

Wehner: Manfred *Coppik*.

Coppik: Genossinnen und Genossen, ich habe den Ausführungen von Gerhard *Jahn* entnommen, dass in einer ganzen Reihe von Fragen, die strittig waren, offenbar von Fragen, bei denen der Bundesrat seine Vorstellung durchsetzen wollte, man den Weg gegangen ist, dass man die Entscheidung darüber, wie das im Einzelnen gemacht wird, den Ländern überlassen hat. Also eine Art freies Wahlrecht dort eingeräumt hat. Ich musste aber leider aus seinen Ausführungen wohl entnehmen, dass in den Kernfragen, in denen wir nachgeben mussten und die hier zur Diskussion jetzt standen, nämlich Mitbestimmungsregelung und Ordnungsrecht, ein solches Wahlrecht für die einzelnen Länder nicht eingeräumt wurde. Was konkret bedeutet, dass für die sozialdemokratisch geführten Länder das ein echter Rückschritt gegenüber dem gegenwärtigen Zustand ist. Und nun mag es ja sein, dass es Leute gibt, mit denen unter vier Augen gesprochen sie etwas anderes vertreten als das, was wir immer als unsere Politik nach außen vertreten haben. Das mag es geben. Das mag die reine Wahrheit sein. Nur ist das für mich kein Argument. Ich persönlich halte das für einen unmöglichen Zustand, dass es so ist, dass da nicht frei und offen diskutiert wurde über diese Fragen in unseren Reihen, sondern dass wir heute etwas machen sollen, was Klaus *von Dohnanyi* als Abrechnung mit uns selbst bezeichnet hat. Das halte ich für eine unmögliche Geschichte und aufgrund der konkreten Verschlechterungen, die hier für die sozialdemokratisch geführten Länder eintreten, sehe ich mich auch nicht imstande, einem solchen Gesetz oder einem solchen Kompromiss zuzustimmen. Hinzu kommt die besondere Situation mit Hessen, wo eine Zulassungsregelung getroffen wird, bei der ich – Peter *Glotz* – gerne glaube, dass sie nicht gegen sozialdemokratische Politik in Hessen gerichtet war und ist, aber – aber und das muss man einfach sehen, dass in Hessen 30 Jahre sozialdemokratische Bildungspolitik bestimmte Früchte tragen, die wir sonst nur in den Stadtstaaten haben und in den Stadtstaaten hat man einen Bonus eingeführt. Bei Hessen, wo wir dafür gesorgt haben, dass auch auf dem Land die Bildungsvoraussetzungen verbessert wurden durch die frühzei-

---

11 Jürgen *Girgensohn*, NRW.

745

tige Einführung der Mittelpunktschulen, durch viele Maßnahmen, dort soll ein solcher Bonus also dann nicht gelten und ganz konkret die Früchte der sozialdemokratischen Bildungspolitik von 30 Jahren hier benachteiligt werden. Aus all diesen Gründen sehe ich mich außerstande, dem zuzustimmen.

Wehner: Genossen, ich habe grade nachfragen lassen, wie die Lage bei der FDP sei. Die sind fertig, haben abgeschlossen. Vier Gegenstimmen. Helmut *Schmidt*.

Schmidt (Hamburg): Liebe Freunde, dieses Paket ist natürlich in vielen Punkten ein Kompromisspaket und das heißt immer, dass man gegeben hat, um zu erhalten. Gleichwohl aus meiner Sicht und hier spricht jemand, der nie im Leben ein Schulpolitiker oder Hochschulpolitiker war, sondern der dieses Feld genauso aktiv mitdenkend und zum Teil auch mithandelnd beackert hat wie die meisten Kollegen hier in der Fraktion, die auf anderen Feldern tätig sind, und der innerlich großen Anteil genommen hat, gleichwohl ist aus meiner Sicht das, was hier heute Morgen zur Abstimmung steht, insgesamt ein bedeutsamer Erfolg. Ich will das begründen. Ich begründe das aus der Sicht der Verantwortung vor unserer Gesamtwählerschaft und da schließe ich unsere Verantwortung vor studentischen und professoralen Wählern ein, weiß aber, dass das nicht die Mehrheit unserer Wähler ist und auch nicht die Mehrheit im deutschen Volk. Ich halte dies für einen Erfolg im Sinne der Verantwortung vor unserer Gesamtwählerschaft. Es müsste in dem Argumentationspapier, was nun ja geschrieben werden muss in den nächsten Nächten, vielleicht auch mal dargelegt werden, wie viele Arbeitnehmerfamilien mit ihren ganzen Steuern, die sie zahlen – von der Lohnsteuer angefangen bis zu den Verbrauchssteuern hin –, ihre Steuern nur zahlen, um einen einzigen Studienplatz auf die Dauer zu finanzieren. Für mich, für mich ist dieses Motiv, dass der steuerzahlende Arbeitnehmer eines Tages auch mal wissen möchte, was dabei eigentlich herauskommt, eines der Motive gewesen, die mich bestimmt haben, vor anderthalb Jahren und seither manchmal Helmut *Rohde* und die ihm Zuarbeitenden und die Kollegen in der Fraktion, die auf dem Felde tätig waren, ein bisschen zu ermuntern, zu einem Abschluss dieser Debatte zu kommen. Es wird sicherlich in den nächsten Tagen, schon morgen in den Wochenendzeitungen, sodann vielleicht noch am Montag auch von einzelnen Vertretern der speziellen Interessengruppen, die hier berührt sind, negative Kommentare sprechen oder schreiben und das geht dann so wie bei der Mitbestimmung in den Großunternehmen, weil nicht jeder Blütentraum gereift ist, ist man zunächst enttäuscht und dann erkennt man in wenigen Wochen und Monaten und Jahren, was an Arbeit notwendig ist, um dieses Stück Reform, was hier verwirklicht ist, im Gesetz verwirklicht ist, in die tatsächliche Wirklichkeit umzusetzen. Für die Studienreform beispielsweise sind hier die rechtlichen Grundlagen geschaffen. Ansonsten ist leider noch nicht viel geschaffen und unter diesem Gesichtspunkt der Verantwortung vor unserer Gesamtarbeitnehmerschaft habe ich immer – und das wird Klaus *von Dohnanyi*, dessen Diskussionsbeitrag ich sehr geschätzt habe vorhin, mir bestätigten können –, habe ich immer, ob im Verteidigungsressort tätig oder Finanzressort tätig, ihn gedrängt, genau wie ich später andere gedrängt habe, darauf zu achten und zu verstehen, dass entgegen ursprünglichen gedanklichen Ansätzen, wie sie aus Teilen der sozialdemokratischen Anhängerschaft, nämlich aus den akademisch tätigen Teilen gekommen waren, dass entgegen dem ein Kernstück sein muss, die Studienreform, sowohl was den stofflichen Inhalt der Studiengänge angeht als auch die Dauer, es kann dem Arbeitnehmer nicht mehr zugemutet werden, dass er finanzieren muss mit seinen Steuern, dass in Deutschland Studenten durchschnittlich sechseinhalb Jahre studieren. Das ist unmöglich und hier wird nun endlich mal Schluss gemacht damit.

(Starker Beifall.)

Fraktionssitzung 12.12.1975 **122.**

13 Semester im Durchschnitt!
(Zwischenruf: Den Studenten nicht zuzumuten.)
Wie bitte?
(Zwischenruf: Das ist auch Studenten nicht zuzumuten.)
Ja, den Studenten nicht zuzumuten, die haben ja auch zum Teil ein bisschen Angst vor der Prüfung, sodass sie subjektiv, subjektiv immer gern noch ein bisschen dranhängen. Ihr müsst nur auch wissen, nicht nur dem Steuerzahler ist das nicht mehr länger zuzumuten, es ist auch unter sozialhygienischen Gesichtspunkten der jungen Generation selbst nicht zuzumuten, dass sie sechs, sieben Jahren lang, nachdem sie schon mit 18 oder 19 die Reifeprüfung hinter sich gebracht haben, in dem Zustand einerseits voller sexueller, geistiger und Lebensreife sich befinden, den sie erreicht haben, und andererseits in dem immer noch neu verlängerten Zustand eines abhängigen Lehrlings. Ein großer Teil, ein großer Teil – ja ich weiß nicht, ob das eine Wort dazwischen ein Reizwort war, aber ich will nur darauf hinweisen, dass ein großer Teil der studentischen Unruhe in den Jahren, die jetzt ein bisschen abgeklungen sind, damit zu tun hat, dass Menschen, die normalerweise als vollgültige Erwachsene stehend materiell und geistig auf eigener Leistung im Leben, dass die hier an den Universitäten in einen Zustand gedrückt worden sind, der zwangsläufigerweise das hervorrufen muss, was Herbert *Wehner* mit dem soziologisch-neuhochdeutschen Wort von der Frustration noch mal in Erinnerung gerufen hat. Und deswegen halte ich die Verpflichtung aller staatlichen Instanzen und nicht nur die Verpflichtung eines Bundes, der nur Pläne machen darf, aber nicht sie exekutieren kann auf dem Feld, die Verpflichtung aller staatlichen Instanzen auf Studienreform hinsichtlich der Inhalte der Studiengänge und hinsichtlich der Dauer auf in der Regel vier Jahre und mit dem verbreiterten Angebot von dreijährigen Studiengängen, das halte ich für ein Kernstück dieser Sache und ich bin heilfroh, dass das nun endlich zustande kommt. Es wird dann noch Jahre dauern, bis aus den gesetzlichen Vorschriften die tatsächliche Praxis wird.

Zweiter Gesichtspunkt: Zulassungswesen. Es kann doch gar kein Zweifel sein, dass Millionen von Elternpaaren mit innerer Besorgnis und Unruhe sehen, dass ihre heranreifenden Kinder, die geistig ausreichend begabt sind und auch fleißig genug sind auf den Schulen, um einigermaßen Zeugnisse zu erzielen, dass die gegenwärtig, was den Zugang zur Hochschule angeht, einem Zulassungssystem ausgesetzt sind, dass die Eltern und die jungen Leute auch a) nicht verstehen und b) wenn sie es verstanden haben, für ungerecht halten müssen. Hier gibt's keine ideale Regelung, aber es gibt jetzt eine bessere, als es sie bisher gab.

Es gibt übrigens, wenn ich das in Klammern sagen darf, Genossinnen und Genossen, fast niemals ideale Gesetze. Selbst wenn ihr von dem Idealzustand ausginget, den wir nicht erreichen werden, einer absoluten Mehrheit sowohl im Bundestag als auch im Bundesrat zu gleicher Zeit, unterstellt mal, wir hätten in beiden Häusern absolute Mehrheiten, dann gibt's immer noch ein Verfassungsgericht und vor allen Dingen, selbst bei absoluten Mehrheiten der Sozialdemokraten in beiden Häusern werden sich hart im Raume die Sachen immer noch stoßen. Ideale Gesetze gibt es nicht. Das gilt zum Beispiel für das Thema der Länderquoten, das ist ja nicht eine Sache *von Dohnanyi* oder früher von *Leussink* oder heute von *Rohde* gewesen, diese Quotenregelung nun in Ordnung zu bringen, ist ein Streit unter den Ländern und wenn bei Hessen in der Größenordnung von insgesamt einem halben Prozent sich negativ behandelt fühlt, im anderen Falle hätten die Berliner und die Bremer und die Hamburger ein großes Geschrei gemacht, werden sie eh wahrscheinlich tun und die NRW-Leute, da hat sich die Bundesregierung weit zurückgehalten. Auch bei einer sozialdemokratischen Mehrheit im Bundesrat wäre das

747

wahrscheinlich nicht anders gelaufen als hier, wo es von Dieter *Schinzel* – vielleicht nicht ganz richtig verstanden von dir, Dieter – beklagt wird. Es wäre auch bei anderen Mehrheiten im Bundesrat dieser Punkt kaum anders gelaufen, hätte nicht anders laufen können. Wichtig scheint mir, dass man mit diesem Gesetz die Hochschulen auch drängt auf den Weg einer erschöpfenden Ausnutzung ihrer Kapazitäten.

Was nun die Sache mit der Drittmittelforschung angeht und den Nebentätigkeiten, die werden in allen Staaten, in allen Ländern der Staatsaufsicht unterstellt. Das mag so sein, dass die in Bayern nicht ganz nach unserem Geschmack ausfällt. Ich bin auch nicht sicher, ob sie in Hamburg nach unserem Geschmack ausfällt. Dass sie überhaupt der Aufsicht unterstellt wird, halte ich für einen Schritt nach vorn und ich würde darauf nicht verzichten wollen. Dass die Mitbestimmung nun und das Ordnungsrecht, dass das hier beides vom Genossen *Coppik* als die Kernstücke angesehen werden dessen, was nötig sei zu regeln, das kann ich nicht mitmachen. Das tut mir leid. Guckt euch mal an, wie groß die Fluktuation der Mitbestimmenden ist in den Gremien der Universitäten und wieviel auf die Fluktuation alleine und auf das sehr schnell erlahmende Interesse einiger Personen an diesen endlosen Sitzungen, wieviel an Diskontinuität und Unordnung allein darauf zurückzuführen ist. Ich halte das nicht für ein Kernstück. Ich kann mir gut vorstellen, aus welchen Gründen damals die inzwischen eingegangene Assistentenkonferenz und andere Gremien der deutschen Hochschulen und Vereinigungen das für ein zentrales Thema gehalten haben. Ich halte es auch nicht für unwichtig, aber Kernstück ist das nicht. Kernstück ist der Hochschulzugang und Kernstück ist die Studienreform und die Regelstudiendauer. Im Übrigen, was die Mitbestimmung angeht, das müssen diejenigen, die da nun ihre alten Ideale von 1968 oder '69 oder '70 in ihrem eigenen inneren Bewusstsein so sehr im Vordergrund empfinden, die müssen den Hinweis auf das Karlsruher Urteil bitte ernst nehmen. Die müssen wissen, dass genau wie bei 218 man den Willen zur Reform eines gesellschaftlichen Missstands doch nicht deswegen aufgeben darf, weil Karlsruhe in einem Urteil bestimmte Grenzen für den Reformer gezogen hat.[12] Ich halte beide Urteile – nein, ich darf das gar nicht sagen in so einem großen Kreis, was ich von diesen beiden Urteilen halte oder von dem Grundlagenvertragsurteil. Ich lasse das lieber weg.

(Heiterkeit.)

Ja, ja, die Marie [*Schlei*][13] passt auf, dass ich keine Dummheiten rede.

(Zwischenruf. Gelächter.)

Die muss in der Fragestunde das dann immer beantworten, ja. Aber es gibt doch gar keinen Ausweg als den, dass wir dem Verfassungsgericht Gehorsam schulden. Auf welchen Weg anders kämen wir denn? Es gibt doch überhaupt keinen Ausweg. Da kann man dann unter sich in kleinerem Kreis vielleicht die Meinung übers Verfassungsgericht austauschen. Aber dass wir seinen Befehlen zu gehorchen haben, da gibt's keinen Weg drum herum und diese Befehle stehen nun einmal über dem Teil des Gesetzes, den einige für besonders wichtig halten, nämlich über dem Mitbestimmungsregelungsteil, und was das zuletzt auf diesem Felde in dem Vermittlungsausschuss noch umstritten gewesen war, das ist per Saldo halbe-halbe ausgegangen. Da muss man sich deswegen nicht übermäßig mehr darüber aufregen. Die Aufregung war provoziert, als das Urteil veröffentlicht wurde. Ich will darauf hinweisen für die, die keine Fachleute sind, dass dieses Gesetz eine klare Priorität enthält zugunsten der Gesamthochschule. Ich will sie auch darauf

---

12 Zum Urteil des Bundesverfassungsgerichts über die Reform des Paragraphen 218 StGB vgl. die SPD-Fraktionssitzung am 25. Februar 1975, SVP A.
13 MdB der SPD und Parlamentarische Staatssekretärin im Bundeskanzleramt.

Fraktionssitzung 12.12.1975 **122.**

hinweisen, dass dieses Gesetz für die Bildung verfasster Studentenschaften den Ländern weitgehend Spielraum lässt für ihre eigene landesgesetzgeberische Entscheidung. Und was nun das Ordnungsrecht angeht, so will ich darauf hinweisen angesichts der bitterer Worte, die jemand hier gesprochen hat, dass die Bundesratsvorschläge hier nicht zum Tragen gekommen sind. Auf der anderen Seite, aber das kann ich für meine Person nicht schlimm finden, denn ich war immer der Meinung, dass Gewaltanwendung kein legitimes Mittel ist, auch nicht innerhalb der Mauern der Hochschule stillschweigend zu einem legitimen Mittel gemacht werden darf.
(Starker Beifall.)
Ich kann es nicht bedauern, dass die Anwendung von Gewalt in der Hochschule und dass die Drohung mit der Gewaltanwendung in der Hochschule, dass die nun auch mit Sanktionen belegt werden kann. Ich kann das nicht bedauern und für mich geht hier nicht eine reformerische Absicht verloren. Im Gegenteil – ich halte es für dringend wünschenswert. Ich stelle mich mal auf den Standpunkt des normalen Bürgers und der normalen Bürgerin, die nämlich erwarten, dass die sozial-liberale Koalition nach sechs Jahren tiefgehender Diskussionen, die teilweise auf ein Randgebiet hier und teilweise auf den Randgebieten dort abgeerdet, jetzt aber zu den zentralen Punkten sich schließlich durchgerungen hat, sie zu regeln. Nicht überall ideal – gewiss nicht. Im Interesse der Bürgerinnen und des Bürgers und von ihr aus und von ihm aus beurteilt, wird hier in Sachen Ordnungsrecht an den Hochschulen etwas gemacht, was sie vernünftig finden, was sie schon lange erwartet haben und wenn sie es genauer prüfen, ihnen vielleicht noch nicht mal ausreichen wird. Ich will am Schluss eine allgemeine Bemerkung gerne auch noch anfügen dürfen.

Wehner: Ja, darf ich nur mal einen Moment unterbrechen. Ich muss jetzt darum bitten, dass die Plenarsitzung verschoben wird, denn in zwei Minuten sollte sie beginnen. Die anderen Fraktionen sind zu Ende. Ich habe noch drei Wortmeldungen.

Schmidt (Hamburg): Ich fasse mich kurz, Herbert. Ich denke, es ist richtig, die Sache jetzt zu entscheiden, weil sie Richtung bringt in die zukünftige Entwicklung unseres Hochschulwesens und weil ein viele Jahre dauernder Schwebezustand – das geht weit über sechs Jahre hinaus, denn ehe wir anfingen mit Reformgesetzgebungsvorstellungen hatte ja in der Gesellschaft schon eine jahrelange schlimme Auseinandersetzung stattgefunden. Es wird Zeit, dass wir die ganze Sache in eine Richtung bringen. Eine Reihe richtiger Grundentscheidungen sind hier enthalten. Es liegt kein Grund vor, die Sache nicht nur aus Pflichtgefühl öffentlich zu vertreten. Es liegt jeder Grund vor – ich denke zum Beispiel an die Arbeitsgemeinschaft für Arbeitnehmerfragen oder andere Bereiche –, es liegt jeder Grund vor, sie mit einem gewissen Selbstbewusstsein zu vertreten. Hier geschieht nämlich was, was im Interesse der großen Masse der steuerzahlenden Bürger schon längst für wünschenswert gehalten worden ist. Wenn ihr das Gesamtfazit zieht: Mit diesem Gesetz, mit dem Haushaltsstrukturgesetz, das nicht nur den Hans *Apel* für das Jahr '75 und '76 sehr viel positiver in die Zukunft schauen lässt, als man das noch vor einem halben Jahr gedacht hat, mit dem Kompromiss mit der FDP in Sachen Unternehmensmitbestimmung, mit dem neuen Ehe- und Familienrecht, mit diesem Hochschulrahmengesetz, dann geht eigentlich für die Parlamentsfraktion der Sozialdemokratischen Partei Deutschlands das Jahr 1975 recht erfolgreich aus und wir betreten das Jahr 1976 –
(Starker Beifall.)
und wir betreten das Jahr 1976 mit einem erheblichen Schubs an Vertrauen in unsere eigene Leistungsfähigkeit. Ich will für meine Person sagen, dass – zumal das hier ganz einwandfrei die Arbeit der Parlamentarier weit überwiegend war bei diesem Gesetz –, dass

vonseiten der Regierung das Gefühl der Dankbarkeit für das Geleistete und für das Erreichte gegenwärtig genauso stark ausgeprägt vorhanden ist wie die Erleichterung darüber, dass wir etwas bekommen, was wir mit sehr gutem Gewissen offensiv vertreten sollten.

(Starker Beifall.)

Wehner: Ich danke dem Bundeskanzler. Ich habe gesagt, drei Wortmeldungen. Rolf *Meinecke*, Claus *Arndt*, *Marschall*. Also wir müssen eine Viertelstunde später anfangen, weil ihr noch wesentliche Sachen zu sagen habt.

(Unruhe.)

Ja, Genossen, wir müssen abstimmen. Tut mir leid. Ich bin ja nicht dagegen, nur müssen wir sagen, wir sind nicht fertig.

(Zwischenruf: Ich ziehe zurück.)

Die zwei ziehen zurück. Genosse *Marschall* auch. Dann müssen wir abstimmen, Genossen. Wer dafür ist, dass wir diesem Vermittlungsausschussentscheid oder Vorschlag beitreten, den bitte ich ums Handzeichen. Danke. Gegenteilige Meinung. Das Erste war die Mehrheit. Stimmenthaltungen. Ich wollte am Schluss nur noch sagen, Genossinnen und Genossen, das die Mitbestimmung in Großunternehmen Betreffende hat die CDU so entschieden, sie hat ihre Lokomotive mit Rückwärtsgang ans Ende unseres Zuges zum Mitbestimmungsgesetz gekoppelt und interessant aus den Erörterungen dort ist, dass die Absicht, in den Ausschüssen Änderungsanträge zu stellen, dort also vorherrschend war. Es hat dabei nur einige Enthaltungen und angeblich drei Gegenstimmen gegeben, die nichts ändern wollten. Nur damit ihr Bescheid wisst. Schönen Dank und gute Fortsetzung.

123.

13. Januar 1976: Fraktionssitzung (Tonbandtranskript)

AdsD, SPD-BT-Fraktion 7. WP, 6/TONS000047. Titel: »Fraktionssitzung vom 13.01.1976«. Beginn: 15.25 Uhr. Dauer: 04:55:17. Vorsitz: Wehner.

Sitzungsverlauf:

A. TOP 1: Politischer Bericht von Bundeskanzler *Schmidt* (Lage zu Beginn des Wahlkampfjahres 1976; nationale und internationale Konjunktur; Kreditabkommen mit Polen; Verhältnis zur VR China; Verhältnis zur DDR; Verhältnis zu Griechenland; Zypernkonflikt; Flutkatastrophe in Norddeutschland; innenpolitische Situation zum Anfang des Jahres 1976; Verhältnis zum Koalitionspartner FDP; Verhältnis zur CDU/CSU-Opposition). – Aussprache der Fraktion über den Bericht (Folgen der Sturmflut an der Nordsee; Hochschulrahmengesetz; Tarifverhandlungen; Körperschaftsteuerreform).

B. TOP 2: Bericht aus der Fraktionsvorstandssitzung (Warschau-Reise der SPD-Bundestagsfraktion; Zwangsadoptionen von Kindern von Republikflüchtlingen in der DDR; Sturmflut in Norddeutschland; Art. 39 GG (Wahlperiode des Bundestags); Befugnisse des Petitionsausschusses; Ausbildungsplätze in staatlichen Einrichtungen).

Fraktionssitzung 15.01.1976 **124.**

C. TOP 3: Informationen (Tarifverhandlungen; Teilnahme von Regierungsmitgliedern bei Eröffnung von Neubaustrecken; Schaffung von Ausbildungsplätzen bei Einrichtungen des Bundes; Telefontarife; Wirtschaftsförderung; Ausbildungsplätze bei der Bundespost). – TOP 4: Aktuelles aus den Arbeitskreisen.

D. Vorbereitung der Plenarsitzungen: TOP 6: Tagesordnung und Ablauf der Plenarsitzungen. – TOP 6: Große Anfrage der CDU/CSU betr. Verteidigungspolitik. – TOP 7: Antrag CDU/CSU betr. Verbesserung der Aufstiegsmöglichkeiten für Unteroffiziere. – TOP 8: 2. und 3. Beratung Verwaltungsverfahrensgesetz. – TOP 9: 2. und 3. Beratung Wasserhaushaltsgesetz. – TOP 10: 2. und 3. Beratung Jugendarbeitsschutzgesetz.

E. TOP 11: 2. und 3. Beratung 13. Strafrechtsänderungsgesetz. – TOP 12: 1. Beratung Bundesratsentwurf Bekämpfung terroristischer krimineller Vereinigungen und Regierungsentwurf Änderung Strafgesetzbuch, Strafprozessordnung, Gerichtsverfassungsgesetz und Bundesrechtsanwaltsordnung. – Vorlagen aus den Arbeitskreisen: TOP 13: Verstromungsgesetz. – Sonstiges: TOP 14: Nächste Termine. – Verschiedenes.

[A.–E.] → online unter www.fraktionsprotokolle.de

124.

15. Januar 1976: Fraktionssitzung (Tonbandtranskript)

AdsD, SPD-BT-Fraktion 7. WP, 6/TONS000047. Titel: »Fraktionssitzung vom 15.01.1976«. Beginn: 13.30 Uhr. Aufnahmedauer: 00:20:01. Vorsitz: Wehner.

Sitzungsverlauf:

A. Einziger TOP: Information der Abgeordneten über die Lage der Wahl von Ernst *Albrecht* zum Ministerpräsidenten von Niedersachsen.

[A.] → online unter www.fraktionsprotokolle.de

125.

20. Januar 1976: Fraktionssitzung (Tonbandtranskript)

AdsD, SPD-BT-Fraktion 7. WP, 6/TONS000047. Titel: »Fraktionssitzung vom 20.01.1976«. Beginn: 15.09 Uhr. Aufnahmedauer: 03:54:52. Vorsitz: Wehner.

Sitzungsverlauf:

A. TOP 1: Politischer Bericht von Bruno *Friedrich* zur Tagung der europäischen sozialdemokratischen Parteien in Helsingör. – Politischer Bericht von Bundesminister Karl *Ravens* über die Lage in Niedersachsen nach der Neuwahl des Ministerpräsidenten. – Aussprache der Fraktion.

B. TOP 2: Bericht aus der Fraktionsvorstandssitzung (Berufsbildungsgesetz; Änderung dienstrechtlicher Vorschriften; Einführung der Verbandsklage; Äußerungen des CDU-Generalsekretärs *Biedenkopf* zur Abgrenzung der SPD von Kommunisten).

C. TOP 3: Informationen (Zeittakt im Fernsprech-Nahbereich; Veröffentlichung von Diskussionsbeiträgen aus Fraktionssitzungen; steuerliche Benachteiligung von Geschiedenen; Aufsatz von Prof. *Kloten* über die Wirtschafts- und Finanzpolitik der Bundesregierung; Kindergeld und Krankenversicherungsbeiträge für arbeitslose Jugendliche; Symposium der deutsch-sowjetischen Parlamentariergruppe; Nichteinladung der Berliner Abgeordneten zum Empfang des sowjetischen Botschafters).

D. Vorbereitung der Plenarsitzungen: TOP 5: Tagesordnung und Ablauf der Plenarsitzungen. – TOP 6: Große Anfrage betr. rationelle und sparsame Energieverwendung. – TOP 7: 1. Beratung Energieeinsparungsgesetz. – TOP 8: 1. Beratung Änderung des Dritten Verstromungsgesetzes. – TOP 9: Große Anfrage betr. friedliche Nutzung der Kernenergie. – TOP 10: Anträge CDU/CSU betr. friedliche Nutzung der Kernenergie, Brennstoffkreislauf und betr. Standortplanung von Kernkraftwerken. – TOP 11: 1. Beratung Änderung des Umsatzsteuergesetzes und 1. Beratung Änderung des Tabaksteuer- und Branntweinmonopolgesetzes. – TOP 14: Änderung des Einkommensteuergesetzes (Verlustrücktrag). – TOP 12: 1. Beratung CDU/CSU-Entwurf Änderung des Berufsbildungsgesetzes. – TOP 13: Antrag CDU/CSU betr. Programm zur Sicherung des Ausbildungsangebots.

E. Sonstiges: TOP 15: Ausschussumbesetzungen. – TOP 16: Nächste Termine. – Verschiedenes.

[A.–E.] → online unter www.fraktionsprotokolle.de

126.

27. Januar 1976: Fraktionssitzung (Tonbandtranskript)

AdsD, SPD-BT-Fraktion 7. WP, 6/TONS000048. Titel: »Fraktionssitzung vom 27.01.1976«. Beginn: 15.10 Uhr. Dauer: 03:05.27. Vorsitz: Wehner.

Sitzungsverlauf:

A. TOP 2: Bericht aus der Fraktionsvorstandssitzung (Berufsbildungsgesetz; Energiepolitik; Jugendarbeitsschutzgesetz; Streckennetz der Deutschen Bundesbahn; Paragraph 218 StGB; Äußerungen von Bundesaußenminister *Genscher* zum Nahostkonflikt und zu Israel; Änderung der Geschäftsordnung des Bundestags; Große Anfrage zur Krebsforschung; Künstlerbericht; Nahostpolitik).

B. TOP 1: Politischer Bericht von Bundeskanzler *Schmidt* (Wahl eines Ministerpräsidenten in Niedersachsen; Jahreswirtschaftsbericht und konjunkturelle Lage der Bundesrepublik; Inflationsrate; Vermögensbildung in Arbeitnehmerhand). – Aussprache der Fraktion (Situation in Angola; Konjunktur; Vermögensbildung; Lage am Arbeitsmarkt; staatliche Investitionen; Zusammenhang von Vermögensbildungs- und Körperschaftssteuerreform).

Fraktionssitzung 10.02.1976 **127.**

C. TOP 3: Informationen (Streckennetz und Strukturreform bei der Deutschen Bundesbahn; Berufs- und Ausbildungsförderung; Ausbildungsplätze bei Bundesbahn und Bundespost). – TOP 4: Aktuelles aus den Arbeitskreisen (Arbeitsgruppe Menschenrechte).

D. TOP 18: Gesetz über die Rechtsstellung der Abgeordneten. – Aussprache der Fraktion.

E. Vorbereitung der Plenarsitzungen: TOP 5: Tagesordnung und Ablauf der Plenarsitzungen. – TOP 6: Regierungserklärung. – TOP 7: Ausschussbericht betr. Materialien zum Bericht zur Lage der Nation. – TOP 8: Antrag CDU/CSU betr. Menschenrechtsbericht der Bundesregierung. – TOP 9: Empfehlung und Entschließungen der Nordatlantischen Versammlung. – TOP 10: Ausschussberichte Förderung des Zonenrandgebietes und betr. Verkehrswegeplan für da Zonenrandgebiet. – TOP 11: Ausschussbericht betr. Wahlen der Mitglieder des Europäischen Parlaments. – TOP 12: Sportbericht der Bundesregierung. – TOP 13: Ausschussbericht betr. Entschließungen zur Großen Anfrage der SPD, FDP betr. Sportpolitik. – TOP 14: 2. und 3. Beratung Entschädigung von Opfern von Gewalttaten. – TOP 15: 2. und 3. Beratung Änderung des Gesetzes über das Kreditwesen. – TOP 16: 2. und 3. Beratung Änderung der Höfeordnung. – TOP 17: 1. Beratung Regelungen auf dem Arzneimittelmarkt. – Sonstiges: TOP 19: Nächste Termine. – Verschiedenes.

[A.–E.] → online unter www.fraktionsprotokolle.de

127.

10. Februar 1976: Fraktionssitzung (Tonbandtranskript)

AdsD, SPD-BT-Fraktion 7. WP, 6/TONS000048. Titel: »Fraktionssitzung vom 10.02.1976«. Beginn: 15.18 Uhr. Aufnahmedauer: 03:29:53. Vorsitz: Wehner.

Sitzungsverlauf:

A. TOP 1: Politischer Bericht von Karl *Ravens* zur Situation nach der Wahl von Ernst *Albrecht* zum Ministerpräsidenten von Niedersachsen. – Politischer Bericht von Willy *Brandt* zur Situation in Niedersachsen, Auswirkungen auf die Bundestagswahl und Bericht zur Außenpolitik. – Verlesung einer Erklärung des FDP-Fraktionsvorsitzenden *Mischnick* zur Situation in Niedersachsen. – Fritz *Schäfer* zur Situation im Bundesrat und im Vermittlungsausschuss nach der Wahl in Niedersachsen.

B. TOP 2: Bericht aus der Fraktionsvorstandssitzung. – Aussprache der Fraktion (Anwesenheit im Bundestagsplenum; Aufklärung der Lockheed-Affäre). – TOP 6: Ergebnisse Vermittlungsausschuss: a) Strafvollzugsgesetz, b) Wohneigentum und Wohnbesitz, c) Abgabenordnung.

C. TOP 3: Informationen (Sozial- und Rentenversicherung für Künstler; Anhebung des Wohngeldes; Interpretation der volkswirtschaftlichen Gesamtrechnung in Tarifauseinandersetzungen; Rechtsstellung der Ausländer; Vorgesehene Wahlmethode für den Aufsichtsrat im Mitbestimmungsgesetz; Rüstungsexport).

D. TOP 4: Aktuelles aus den Arbeitskreisen (Bericht zu den Streckenstillegungsplänen der Bundesbahn).

128. 17.02.1976　　　　　　　　　　　　　　　　　　　　　　　　　　　Fraktionssitzung

E. Vorbereitung der Plenarsitzung: TOP 5: Tagesordnung und Ablauf der Plenarsitzungen. – TOP 7: 2. und 3. Beratung 15. Strafrechtsänderungsgesetz (Paragraph 218). – Bericht aus dem Vermittlungsausschuss: Änderung dienstrechtlicher Vorschriften. – TOP 8: 2. und 3. Beratung Bundeszentralregistergesetz. – TOP 9: 2. und 3. Beratung Änderung Einkommensteuergesetz (Verlustrücktrag). – TOP 10: 1. Beratung Änderung des Bewertungsgesetzes. – TOP 11: 2. und 3. Beratung Änderung Abfallbeseitigungsgesetz und Bericht über die Beseitigung von Autowracks. – TOP 12: 1. Beratung Regierungsentwurf und Bundesratsentwurf Wohnungsmodernisierungsgesetz. – TOP 13: 1. Beratung Bundesrats-Entwurf Änderung Kündigungsschutzgesetz. – TOP 14: Anträge CDU/CSU betr. Zeittakt im Nahverkehrsbereich. – TOP 15: 1. Beratung Ausbau der Bundesfernstraßen 1971–1985. – TOP 16: Ausschussbericht betr. Verbesserung des öffentlichen Personennahverkehrs und Bericht über die Folgekosten des öffentlichen Personennahverkehrs. – Verschiedenes.

[A.–E.] → online unter www.fraktionsprotokolle.de

128.

17. Februar 1976: Fraktionssitzung (Tonbandtranskript)

AdsD, SPD-BT-Fraktion 7. WP, 6/TONS000049. Titel: »Fraktionssitzung vom 17.02.1976«. Beginn: 15.16 Uhr. Aufnahmedauer: 02:41:24. Vorsitz: Wehner.

Sitzungsverlauf:

A. Termine für Wahlkampffotos mit Helmut *Schmidt*. – TOP 2: Bericht aus der Fraktionsvorstandssitzung (Äußerungen der CDU/CSU-Spitzen zu den Abkommen mit Polen; Rentendebatte; Veröffentlichungen von Meinungsverschiedenheiten innerhalb der SPD zum Bundesbaugesetz; Kleine Anfrage betr. Lockheed-Affäre; Gesetz über die Rechtsstellung der Abgeordneten; Arbeitsgruppe Vermögensbildung; Arbeitsgruppe Jugendarbeitslosigkeit; Besuche öffentlicher Einrichtungen durch Politiker im Wahlkampf).

B. TOP 1: Politischer Bericht von Bundeskanzler *Schmidt* (Polendebatte; deutsch-französische Konsultationen in Nizza; Angola; Hilfeleistungen für Tageszeitungen; Lockheed-Affäre). – Aussprache der Fraktion über den Bericht.

C. TOP 3: Informationen (Äußerungen von Generalbundesanwalt *Buback* im »Spiegel« über Zuständigkeitsregelungen im Staatsschutz; Finanzierung der Sozialberatung betr. Paragraph 218 StGB; Jugendarbeitsschutzgesetz betr. Sonntagsarbeitsverbot im Gaststättengewerbe). – TOP 4: Aktuelles aus den Arbeitskreisen (Mitwirkung von Verbänden bei Naturschutz und Landschaftspflege; Seerechtskonferenz; Gesetze zur Bekämpfung terroristischer Vereinigungen; Mord am jugoslawischen Vizekonsul *Zdovc*).

D. Vorbereitung der Plenarsitzungen: TOP 5: Tagesordnung und Ablauf der Plenarsitzungen. – TOP 6: 2. Beratung und Schlussabstimmung Abkommen Bundesrepublik – Polen. – TOP 7: 2. und 3. Beratung Änderung des 3. Verstromungsgesetzes. – TOP 8: Antrag Bundesrechnungshof betr. Entlastung Haushaltjahr 1973. – TOP 9: Ausschussbericht

Fraktionssitzung 09.03.1976 **129.**

betr. Jugendgesetzbuch. – TOP 10: 1. Beratung 19. Rentenanpassungsgesetz und Rentenanpassungsbericht. – TOP 11: Bundesratsentwurf Arbeiterrentenversicherungs- und Angestelltenversicherungs-Neuregelungsgesetz. – TOP 12: 1. Beratung 8. Kriegsopferversorgungsanpassungsgesetz und 1. Beratung CDU/CSU-Entwurf Änderung des Bundesversorgungsgesetzes. – Sonstiges: TOP 14: Wiederwahl Mitglieder Filmförderungsanstalt. – TOP 15: Nächste Termine. – Verschiedenes.

[A.–D.] → online unter www.fraktionsprotokolle.de

129.

9. März 1976: Fraktionssitzung (Tonbandtranskript)

AdsD, SPD-BT-Fraktion 7. WP, 6/TONS000050. Titel: »Fraktionssitzung vom 09.03.1976«. Beginn: 15.15 Uhr. Aufnahmedauer: 02:53:34. Vorsitz: Wehner.

Sitzungsverlauf:

A. TOP 2: Bericht aus der Fraktionsvorstandssitzung (Jahreswirtschaftsbericht; Bundesbaugesetz; Pressefusionskontrolle; Lockheed-Affäre; *Tindemans*-Bericht zur Zukunft der EG). – TOP 1: Politischer Bericht von Bundeskanzler *Schmidt* (Außenpolitik; Beziehung USA–UdSSR; Lockheed-Affäre; Ratifizierung des deutsch-polnischen Rentenabkommens; Widerstand der CDU/CSU gegen das Abkommen; Verhältnis zum Koalitionspartner FDP; wirtschaftliche Entwicklung in der Bundesrepublik; Meinungsumfragen und Stimmungsbild zur Politik der Bundesregierung).

B. TOP 3: Informationen (Förderprogramm zur Bekämpfung der Jugendarbeitslosigkeit; Gesetzentwurf zur Erhaltung und Modernisierung kulturhistorisch wertvoller Stadtkerne; Folgen des Haushaltsstrukturgesetzes auf Versorgungsempfänger des öffentlichen Dienstes; Folgen des Haushaltsstrukturgesetzes auf Geschiedene und Verwitwete im Beamtenstand; Jugendschutzgesetz; Auswirkungen des Haushaltsstrukturgesetzes auf Besoldungsstufen und Beförderungen in der Ministerialbürokratie).

C. TOP 4: Aktuelles aus den Arbeitskreisen.

D. Vorbereitung der Plenarsitzungen: TOP 5: Tagesordnung und Ablauf der Plenarsitzungen. – TOP 6: Jahresgutachten 1975 und Jahreswirtschaftsbericht 1976. – TOP 7: CDU/CSU-Antrag betr. Förderung der betrieblichen Gewinn- und Kapitalbeteiligung der Arbeitnehmer. – TOP 8: 2. und 3. Beratung Pressefusionskontrolle. – TOP 9: Ausschussbericht betr. Bericht über die Lage von Presse und Rundfunk. – TOP 10: 2. und 3. Beratung Bundesbaugesetz.

E. Vorlagen aus den Arbeitskreisen: TOP 11: Änderung des Branntweinmonopolgesetzes. – Sonstiges: TOP 12: Nächste Termine. – Verschiedenes.

[A.–E.] → online unter www.fraktionsprotokolle.de

130. 12.03.1976 Fraktionssitzung

130.

12. März 1976: Fraktionssitzung (Tonbandtranskript)

AdsD, SPD-BT-Fraktion 7. WP, 6/TONS000050. Titel: »Fraktionssitzung vom 12.03.1976«.
Beginn: 14.10 Uhr. Aufnahmedauer: 00:19:47. Vorsitz: Wehner.

Sitzungsverlauf:

A. Zustimmung des Bundesrates zum Rentenabkommen mit Polen.

[A.] → online unter www.fraktionsprotokolle.de

131.

16. März 1976: Fraktionssitzung (Tonbandtranskript)

AdsD, SPD-BT-Fraktion 7. WP, 6/TONS000050. Titel: »Fraktionssitzung vom 16.03.1976«.
Beginn: 15.20 Uhr. Aufnahmedauer: 05:17:26. Vorsitz: Wehner.

Sitzungsverlauf:

A. TOP 2: Bericht aus der Fraktionsvorstandssitzung (Mitbestimmungsgesetz; Agrardebatte; europäische Währungspolitik; Zukunft der EG; beamtenrechtliche Vorschriften der Ehe- und Familienrechtsreform; Änderung des Wehrpflicht- und Zivildienstgesetzes; Behandlung des Bundesbaugesetzes im Bundesrat). – Aussprache der Fraktion (Reaktion der CDU/CSU auf den *Tindemans*-Bericht).

B. TOP 1: Politische Berichte: Bundeskanzler *Schmidt* (Deutsch-polnisches Renten- und Unfallversicherungsabkommen; Nicht-Akkreditierung von westdeutschen Journalisten durch die DDR; mögliches Ausscheiden Frankreichs aus der europäischen »Währungsschlange«; wirtschaftliche Entwicklung der Bundesrepublik; Mitbestimmungsgesetz; Rücktritt des britischen Premierministers *Wilson*). – SPD-Vorsitzender *Brandt* (Deutsch-polnisches Renten- und Unfallversicherungsabkommen; parteipolitische Lage in der Bundesrepublik hinsichtlich der Bundestagswahlen 1976; Lage in Portugal; Sozialdemokraten und Sozialisten in Italien; Sozialisten in Frankreich nach den Kantonalwahlen) – Aussprache der Fraktion (Jungsozialisten; Akkreditierungsfrage DDR; Information zum deutsch-polnischen Renten- und Unfallversicherungsabkommen).

C. TOP 3: Informationen (Haltung der CDU/CSU-Fraktion zum Abkommen mit Polen; inhaftierte deutsche Kriegsverbrecher in Italien; Währungsgespräche in Brüssel). – TOP 4: Aktuelles aus den Arbeitskreisen: Beamtenrechtliche Regelungen der Ehe- und Familienrechtsreform. – Raumordnungsbericht.

D. Vorbereitung der Plenarsitzungen: TOP 5: Tagesordnung und Ablauf der Plenarsitzungen. – TOP 6: 2. und 3. Beratung Mitbestimmung. – TOP 7: 2. und 3. Beratung Kaufmannseigenschaft von Land- und Forstwirten. – TOP 8: 2. und 3. Beratung Beschäftigungs- und Arbeitstherapeutengesetz. – TOP 12: 1. Beratung CDU/CSU-Entwurf Änderung Umsatzsteuergesetz. – TOP 13: 1. Beratung Einführungsgesetz zum Körper-

Fraktionssitzung 16.03.1976 **131.**

schaftssteuergesetz. – TOP 15: Agrardebatte. – TOP 16: Ergebnisse Vermittlungsausschuss.

E. Vorlagen aus den Arbeitskreisen: TOP 18: Kleine Anfrage betr. Verwirklichung der KSZE-Beschlüsse. – TOP 17: Gesetz über die Rechtsstellung der Abgeordneten – Beratung der Ausschussvorlage. – TOP 19: Gesetz zur Gewährleistung der Unabhängigkeit des vom Deutschen Presserat eingesetzten Beschwerdeausschusses. – Sonstiges: TOP 20: Nächste Termine. – Verschiedenes.

[A.] → online unter www.fraktionsprotokolle.de

[B.]

Wehner: Wenn nicht, dann bitte ich den Bundeskanzler, das Wort zu nehmen.

Schmidt (Hamburg): Liebe Freunde, ich möchte zunächst noch ein paar Bemerkungen nachtragen zur Polen-Entscheidung des Bundesrates, mit der wir uns ja Freitagnachmittag letzter Woche in einer besonderen Sitzung der Bundestagsfraktion schon beschäftigt haben[1]. Die Fraktionsgeschäftsführung hat dankenswerterweise euch allen zugeschickt übers Wochenende die Texte der beiden Reden, die *Genscher* und ich gehalten haben, und ich möchte eure Aufmerksamkeit ganz besonders richten auf die in beiden Reden enthaltenen Passagen, die zwischen dem Auswärtigen Amt und dem Bundeskanzleramt – zwischen *Genscher* und mir – besonders sorgfältig abgestimmt gewesen waren, zur Interpretation der Veränderungen in einem Briefwechsel, die in letzter Minute zustande gebracht worden sind. Mich hindert unser deutsches nationales Interesse, auf diesem Punkt öffentlich stundenlang rumzureiten, aber das, was ihr dort in *Genschers* und nach *Filbingers*[2] schamloser Intervention meiner Rede –

Wehner: Wundert dich das eigentlich?

Schmidt (Hamburg): Nein, mich wundert das nicht. Ich schätze den so ein.

Wehner: Das solltest du runterschlucken und dann den anderen Ausgang nehmen.

(Heiterkeit. Beifall.)

Schmidt (Hamburg): Ich habe dieser staatsmännischen Fußnote nichts hinzuzufügen. Das, was ich nach *Filbingers* Intervention dann in diesem Punkte noch einmal deutlich gesagt habe, bitte ich noch mal nachzulesen, damit jeder weiß, wie es ist, wenn er in der Öffentlichkeit auch mit anderen Interpretationen konfrontiert wird.

Ich will dann zweitens noch einmal hier in diesem Kreis deutlich sagen, dass wir – die Bundesregierung – dem *Kohl*[3] geholfen haben, indem wir ja sehr bewusst darauf gesehen haben, dass die für ihn entscheidende, weil seine Gesichtswahrung erlaubende Operation zeitlich so gelegt worden ist, sehr bewusst so gelegt worden ist, dass der Herr *Strauß*[4] sie nicht mehr stören konnte.

---

1 Gemeint sind die Vereinbarung zwischen der Bundesrepublik Deutschland und der Volksrepublik Polen über die pauschale Abgeltung von Rentenansprüchen, das Abkommen über die Gewährung eines Finanzkredits, das deutsch-polnische Protokoll über Ausreisen und das langfristige Programm für die Entwicklung der wirtschaftlichen, industriellen und technischen Zusammenarbeit. Vgl. zum Wortlaut EUROPA-ARCHIV 1976, D658–663. – Das Abkommen wurde am 12. März 1976 im Bundesrat verhandelt. Vgl. BR Plenarprotokoll, 432. Sitzung am 12. März 1976, S. 93–105.– Vgl. ausführlich zu diesem Thema die Sondersitzung der SPD am 12. März; SPD-Fraktionssitzung am 12. März 1976, online.
2 Ministerpräsident Baden-Württembergs (CDU).
3 Helmut *Kohl*, Ministerpräsident des Landes Rheinland-Pfalz, Bundesvorsitzender der CDU.
4 Franz Josef *Strauß*, MdB-CSU und Vorsitzender der CSU.

Ich will drittens auf eine Passage aufmerksam machen in dem Antworttelegramm, das Edward *Gierek*[5] mir übers Wochenende geschickt hat. Da heißt es: »Ähnlich wie Sie bin ich der Überzeugung, dass die mit dem Inkrafttreten der von uns in Helsinki getroffenen Vereinbarungen verbundene weitere Entwicklung der Beziehungen zwischen der Volksrepublik Polen und der Bundesrepublik Deutschland, zu der Sie persönlich einen beachtlichen, in meinem Lande hochgeschätzten Beitrag geleistet haben, nicht nur der großen Sache eines friedlichen Zusammenlebens und der gegenseitig vorteilhaften Zusammenarbeit zwischen unseren Ländern und Völkern dienen wird, sondern auch wesentlich zur Festlegung der Entspannung und Zusammenarbeit in Europa beiträgt. Ich denke, Sie teilen meine Auffassung, dass unsere in Helsinki gemeinsam unternommene Anstrengung fortgesetzt werden soll. Ich bin überzeugt, dass unsere nächste Begegnung ebenso für die Entwicklung und Vertiefung der Beziehungen zwischen unseren Ländern und für die Annäherung unserer Völker fruchtbar sein wird. Mit freundlichen Grüßen.«

Die nächste Begegnung wird in diesem Frühjahr sein. In relativ kurzer Zeit kommt sein Außenminister[6] hierher, um das vorzubereiten, und wir werden dann in diesem Frühjahr seit Generationen zum ersten Mal den Besuch eines polnischen Staatschefs auf deutschem Boden haben.

(Beifall.)

Das Kabinett beschäftigt sich morgen – die Minister *Ravens*[7], *Maihofer*[8] und *Arendt* sind da schon tätig, haben auch entsprechende Sitzungen, zu der entsprechende Behörden auch aus den Ländern oder Minister aus den Ländern eingeladen werden, schon vorbereitet – Kabinett wird sich morgen beschäftigen mit all den Dingen, die wir nun tun müssen, um diese rund 30 000 Menschen, die jedes Jahr in den nächsten vier Jahren einreisen werden, hier bei uns nicht nur würdig aufzunehmen, sondern ihnen auch zu helfen, eine Wohnung zu finden, einen Arbeitsplatz zu finden und dort, wo es nötig tut, berufsbezogen ihre deutschen Sprachkenntnisse aufzufrischen.

(Beifall.)

Letzte Bemerkung dazu. Ich würde euch auch bitten, dass gewisse Passagen aus dem Brief des CSU-Vorsitzenden an die Ministerpräsidenten der CDU und CSU vom vorigen Oktober nicht vergessen werden, wo es geheißen hatte: Die deutsch-polnischen Vereinbarungen können nicht aus dem Gesamtzusammenhang der Fehlkonstruktion der SPD/FDP-Ostpolitik gelöst werden, selbst wenn wir – die Christlich-Sozialen – dieses subjektiv wollten. Und wo es hieß: Das Ja oder Nein zu diesen Vereinbarungen hat eine außenpolitische, eine innenpolitische und vor allem eine finanzpolitische Tragweite, die weit über den bilateralen Gegenstand hinausgeht. Der Schlusssatz war bei diesem Herrn: Ich bitte um Verständnis für mein Argument, dass Menschlichkeit und Versöhnung nicht zu unbegrenzten östlichen Erpressungshebeln politischer und finanzieller Art erniedrigt werden dürfen, sonst geraten diese moralischen Begriffe in unserem Volk in Misskredit.[9] Man soll das nicht alles jetzt einfach unter den Teppich kehren. Das muss uns nicht daran hindern und muss uns nicht darin beirren, den großen Erfolg, den wir hier in kontinuierlicher Fortsetzung des Weges, der mit dem Vertrag von War-

---

5 Polnischer Politiker, Erster Sekretär, damit Parteichef der Polnischen Vereinigten Arbeiterpartei.
6 Stefan *Olszowski*.
7 Karl *Ravens*, Bundesminister für Raumordnung, Bauwesen und Städtebau (SPD).
8 Werner *Maihofer*, Bundesminister des Innern (FDP).
9 Zur Ablehnung des Abkommens durch die CSU-Landesgruppe vgl. auch Sitzungen der Landesgruppe am 14. Oktober 1975 (Teil 1 und Teil 2), SVP C und SVP A; DIE CSU-LANDESGRUPPE IM DEUTSCHEN BUNDESTAG. SITZUNGSPROTOKOLLE 1972–1983, Dok. 46 und Dok. 47.

Fraktionssitzung 16.03.1976 **131.**

schau durch Willy *Brandt* und Walter *Scheel* begonnen worden ist, den großen Erfolg etwa kleiner machen zu lassen, als er tatsächlich ist, und ich halte es für einen ganz großen Erfolg – siehe das Telegramm von Edward *Gierek*, das sicherlich von anderen nicht gern gelesen wird.

Ich komme damit zu sprechen auf Vorgänge zwischen uns und der DDR. Ihr wisst, dass sie einige Journalisten nicht haben akkreditieren wollen von zwei Rundfunkanstalten – Deutsche Welle und Deutschlandfunk – beides Anstalten, die früher durchaus Journalisten haben schicken können zur Leipziger Messe.[10] Ich denke, es handelt sich hier durchaus um die Absicht zu zeigen, dass man im Gegensatz zur polnischen Regierung nicht bereit sei zu Entgegenkommen. Ich habe gestern Mittag nach zufällig sich vorher ergebender Unterhaltung – im Koalitionsgespräch war ich dafür besonders gut ausgestattet – telefonisch, nachdem ich den Bericht von Herrn *Gaus*[11] und auch von Herrn *Friderichs*[12] gehört hatte, den Letzteren angeraten, aus Leipzig abzureisen. Ich will ebenso deutlich sagen, dass ich keine Möglichkeit sehe der Repressalien auf dem Felde, dass wir etwa Journalisten aus der Bundesrepublik Deutschland ausweisen. Das würde ich für eine ganz falsche Antwort halten.

(Beifall.)

Wir werden uns hier nicht von anderen vorschreiben lassen, wie wir uns zu verhalten haben. In der Bewertung dieses Vorgangs – ich will ihn nicht überdramatisieren, aber ihn auch nicht für geringfügig ansehen – in der Bewertung dieses Vorgangs würde ich zunächst einmal verweisen auf die bei vielerlei Gelegenheiten, zuletzt in der Debatte zur Lage der Nation Ende Januar diesen Jahres[13], immer wiederholte Erwartung, dass bei allen Fortschritten, die wir erzielen, auch immer Rückschläge eintreten werden, die dann überwunden werden müssen. Dies ist ganz zweifellos auf einem bestimmten Felde ein von der Führung der DDR gewollter Rückschlag.

Wir haben uns sodann, und ich nehme an, dass Hans *Apel* dazu noch im Einzelnen interpelliert werden wird und er ist auch darauf vorbereitet, hier der Fraktion dazu etwas mehr Stoff anzubieten, als ich es jetzt im Augenblick tun will, wir haben uns sodann an diesem Wochenende mit einer kritischen Entwicklung mehrerer europäischer Währungen sehr intensiv beschäftigen müssen, vor allem mit dem französischen Franc. Der französische Staatspräsident[14] hatte mich Freitagabend dieserhalb angerufen. Ich habe mit ihm einen engen Kontakt gepflogen wie auch mit dem holländischen Premierminister[15], auf dessen Wirken es in dieser Sache durchaus ankam. Hans *Apel* war übers Wochenende mit den Finanzministern der anderen am europäischen Währungsverbund be-

---

[10] Vgl. dazu auch die dringlichen Anfragen der CDU-Abgeordneten *Wohlrabe* und *Reddemann* am 17. März 1976 über »Maßnahmen der Bundesregierung zur Erwirkung einer Aufhebung des Verbots der Berichterstattung über die Leipziger Messe durch Journalisten des Deutschlandfunks und der Deutschen Welle; Konsequenzen aus dem vertragswidrigen Verhalten der DDR-Regierung in dieser Frage und Maßnahmen, um die DDR-Behörden in Zukunft zur Einhaltung des Grundvertrages zu veranlassen« und »Maßnahmen der Bundesregierung zur Ermöglichung einer ungehinderten Berichterstattung über die Leipziger Frühjahrsmesse durch Mitarbeiter des Deutschlandfunks und der Deutschen Welle«; BT Plenarprotokoll 07/229, S. 15959–15967. – Vgl. dazu auch AAPD 1976, I, Dok. 102, Anm. 14.

[11] Günter *Gaus*, Leiter der Ständigen Vertretung der Bundesrepublik Deutschland bei der DDR.

[12] Hans *Friderichs*, Bundesminister für Wirtschaft (FDP).

[13] Zum Bericht von Bundeskanzler *Schmidt* am 29. Januar 1976 zur Lage der Nation im geteilten Deutschland vgl. BT Plenarprotokoll 07/218, S. 15081–15093.

[14] Valéry *Giscard d'Estaing*.

[15] Joop *den Uyl* (Partij van de Arbeid).

teiligten Regierungen in Brüssel zusammen. Wir haben die ganze Nacht miteinander telefoniert und haben mit anderen Hauptstädten telefoniert. Es hat eine sehr anstrengende Auseinandersetzung gegeben, die, obwohl wir Deutschen bereit waren, weiter als alle anderen in Europa, den Franzosen zu helfen bei der unvermeidlich gewordenen Operation, letztlich nicht zu einem Verbleib Frankreichs in diesem Währungsverbund – Schlange genannt – hat führen können, vornehmlich weil manche unserer Partner mehr an ihre eigenen Exporte gedacht, als an die Aufrechterhaltung dieses für die zukünftige wirtschaftliche Integration, sagen wir bescheidener, für den zukünftigen wirtschaftspolitischen Gleichklang wichtigen Instrumentes gedacht haben.

Wir waren also durchaus auch bereit, neben einer Abwertung des französischen Franc gleichzeitig eine bestimmte Aufwertung der Deutschen Mark vorzunehmen unter Inkaufnahme einer Beeinträchtigung unserer Exportchancen, um dieses Instrument aufrechtzuerhalten, um unseres Gleichklangs mit Frankreich willen, um unserer Freundschaft mit Frankreich willen. Wir hätten uns diesen Schritt des Entgegenkommens durchaus leisten müssen, denke ich, weil er im europapolitischen Interesse lag und weil es sich um eine begrenzte Sache nämlich innerhalb der Währungsschlange, innerhalb des Währungsverbunds gehandelt haben würde. Die Franzosen haben unsere Hilfsbereitschaft sehr anerkannt, auch öffentlich anerkannt. Auf der anderen Seite war eben das Mitwirken-Wollen aller übrigen Partner nicht ausreichend und ich muss sagen, dass ich die in Paris getroffene Entscheidung in sich durchaus für konsequent halte. Sie lässt den Rückgriff auf europäische Dirigismen vermeiden. Sie enthebt uns alle der Versuchung, am Währungsverbund selbst herumzuoperieren und an seinen Methoden herumzuoperieren. Sie vermeidet, dass ein weiteres Dahinschwelen der Währungsunruhe, die jeden Tag ja wieder erneut aufflammen kann. Ich möchte das positiv alles hervorheben bei stillem Bedauern. Es ist ja schon mal so gewesen, dass Frankreich ausgeschieden und dann später wieder eingetreten ist. Das muss nicht das letzte Mal geblieben sein. Wir halten die Türen offen.

Der innere Grund für diese Auseinanderentwicklung der Wechselkurse dieser Währungen innerhalb der EG liegt natürlich in der unterschiedlichen wirtschaftlichen Entwicklung der Volkswirtschaften. Unsere Volkswirtschaft hat nach wie vor, was die sogenannten Inflationsraten angeht, wir müssen langsam mal wieder aufhören mit diesem Wortgebrauch, was die anderen haben, sind Inflationsraten, was wir haben, sind Preissteigerungen, wenn ich das Ausmaß vergleiche, nach wie vor also nur halb so stark wie die anderen. Auch die wirtschaftliche Aufschwungsentwicklung in der Bundesrepublik Deutschland ist deutlich sehr viel stärker als anderswo in Europa und es kann natürlich gar nicht ausbleiben, dass sich dies auswirkt auf die marktmäßige Bewertung der verschiedenen Währungen.

Dies bringt mich dazu, gestützt auf den jüngsten Monatsbericht der Deutschen Bundesbank[16], wie er morgen veröffentlicht werden wird, einige wenige Bemerkungen anzuschließen über unsere eigene wirtschaftliche Entwicklung. Inzwischen haben unsere Auftragseingänge aus dem Ausland seit ihrem Tiefststand zu Ende des ersten Halbjahrs 1975 bei der Industrie, und zwar saisonbereinigt, um 16 Prozent zugenommen, unsere Aufträge aus dem Inland saisonbereinigt um neun Prozent zugenommen, so dass der rezessionsbedingte Einbruch im Auftragseingang jetzt Anfang 1976 zum überwiegenden Teil ausgeglichen ist. Das zeigt sich im Arbeitsmarkt vor allen Dingen in der Besserung auf dem Felde der Kurzarbeit, was, glaube ich, auch in Baden-Württemberg, wo das eine besondere Rolle gespielt hat, gebührend von uns auch ausgebreitet werden sollte.

---

16 Zum MONATSBERICHT MÄRZ 1976 vgl. Monatsberichte der Deutschen Bundesbank, online.

Fraktionssitzung 16.03.1976 **131.**

Sozialprodukt und Volkseinkommen sind seit dem Sommer 1975, und der Juli war tatsächlich der Tiefpunkt, das kann man heute klar erkennen, sind seither kräftig gewachsen. Allein im letzten Quartal '75 ist das reale Sozialprodukt um drei Prozent gewachsen – allein in diesem einen Quartal – und das Volkseinkommen ist in der zweiten Hälfte '75 genauso gewachsen wie das Bruttosozialprodukt um vier Prozent gegenüber dem ersten Halbjahr '75. Übrigens haben sich hier zum ersten Mal die Verteilungsrelationen nicht mehr zulasten der Unternehmenserträge verschoben. Unternehmenserträge haben sich zum ersten Mal wieder etwas positiv entwickelt.

Alles in allem lässt die Entwicklung der Einkommensströme wie auch der Eigenfinanzierung im Bereich der Unternehmungen erkennen, dass die finanzielle Konsolidierung nach den starken Belastungen, denen sie in den Vorjahren ausgesetzt gewesen ist, Fortschritte gemacht hat, so dass die Voraussetzungen auch von dieser Seite her nicht ungünstig sind, um den konjunkturellen Auftriebskräften Dauer zu verleihen, was dann auch einen Abbau der derzeit noch hohen Arbeitslosigkeit einleiten wird. Ich will in dem Zusammenhang mit aller gebotenen Zurückhaltung, die das Prinzip der Nichteinmischung in Lohnfindung mir auferlegt, sagen, dass ich es sehr bedauern würde, wenn der in Nord-Baden/Nord-Württemberg gefundene Kompromiss, der beiden Seiten und der den Notwendigkeiten beider Seiten Rechnung trägt, wenn der nun einseitig gefährdet würde, und ich appelliere deshalb an beide Tarifpartner, sich ihrer Verantwortung für den sozialen Frieden bewusst zu sein.

(Vereinzelter Beifall.)

Lasst mich in dem Zusammenhang bitte auch meinerseits – nachdem Herbert schon davon sprach – ein Wort zum Mitbestimmungsgesetz hinzufügen[17]. Es ist klar, dass das, was wir jetzt verabschieden, noch keine Verwirklichung der vollen Parität mit sich bringt. Es ist ein Kompromiss, den zwei Parteien, die von sehr unterschiedlichen Grundpositionen an das ganze Problemgewebe herangegangen sind, miteinander geschlossen haben, weil sie gemeinsam den Willen hatten, nach fünfundzwanzigjährigem Stillstand in der Mitbestimmungsfrage nun doch endlich diejenigen Schritte nach vorn zu tun, die ihnen gemeinsam möglich sind. Es gibt den Arbeitnehmern und ihren Gewerkschaften neue Möglichkeiten der Mitbestimmung auf Unternehmensebene, neue Rechte, die es noch erst auszuschöpfen gilt im Laufe der nächsten Jahre. Wenn ihr euch einmal umguckt, in wieviel Unternehmungen oder Betrieben bis heute noch nicht einmal die Rechte aus dem Betriebsverfassungsgesetz der frühen fünfziger Jahre – ich rede vom Wirtschaftsausschuss zum Beispiel – ausgeschöpft worden sind, so will ich damit nur unterstreichen, was an Aktivitäten nach dem Inkrafttreten des Gesetzes auf der Seite der Arbeitnehmer, das heißt auf unserer Seite, notwendig wird. Die Fortgeltung der Montan-Mitbestimmung[18] ist sichergestellt.[19] Alle Versuche, den Einfluss der Gewerkschaften zu minimieren, sind abgewehrt. Den Gewerkschaften steht das Vorschlagsrecht zu für zwei oder bei den großen Aufsichtsräten für drei Aufsichtsratsmitglieder. Nach meiner Meinung kommt es jetzt darauf an, dass die eigene sozialdemokratische Fraktion diesem Gesetz mit der größten uns möglichen Geschlossenheit zustimmt, um den Gesamterfolg breit und wirksam öffentlich zu würdigen.

---

17 Die zweite und dritte Beratung fand am 18. März statt. Vgl. BT Plenarprotokoll 07/230.
18 Zum »Gesetz über die Mitbestimmung der Arbeitnehmer in den Aufsichtsräten und Vorständen der Unternehmen des Bergbaus und der Eisen und Stahl erzeugenden Industrie (Montanmitbestimmungsgesetz)« in der Fassung vom 21. Mai 1951 vgl. BGBl. 1951, I, Nr. 24, S. 347–350.
19 Die teilweise weitergehenden Bestimmungen zu Mitbestimmungen in Unternehmen, die dem Montanmitbestimmungsgesetz unterlagen, wurden durch die Regeln im Mitbestimmungsgesetz nicht angetastet.

(Beifall.)

Und ich appelliere herzlich an euch alle, durch Solidarität zu beweisen, dass mit diesem Gesetz ein wichtiger gesellschaftspolitischer Fortschritt für die Arbeitnehmer erreicht ist, ein Fortschritt, den wir erst im Laufe der folgenden Jahre wirklich ganz werden ermessen können, wie wir auch erst im Laufe der folgenden zwei Jahrzehnte die Bedeutung des Betriebsverfassungsgesetzes aus den frühen fünfziger Jahren voll ermessen haben. Was wäre wohl gewesen, wenn es damals nicht zustande gekommen wäre?

Ich benutze aber diese Gelegenheit auch, um einen Seitenblick auf unsere Freunde in England zu werfen. Ich weiß nicht, ob jedermann weiß, dass der englische Premierminister Harold *Wilson* heute Mittag seinen Rücktritt erklärt hat.[20] Dies ist die Konsequenz schwerer innerparteilicher Auseinandersetzungen[21] innerhalb des englischen Unterhauses gegenüber einer dringend notwendigen ökonomischen Gesamtpolitik, wie sie von *Wilson*, *Healey*[22], *Callaghan*[23] und anderen vertreten worden ist und vielleicht gibt das vielen Genossen im Lande Anlass, darüber nachzudenken, dass in kritischen Zeiten Geschlossenheit der eigenen Partei notwendig ist –

(Starker Beifall.)

und dass es unerträglich ist, wenn über jedes einzelne Komma oder Semikolon und jedes Ausrufezeichen und jedes Fragezeichen öffentliche Diskussionen und Papiere angefertigt werden, die den Nachdruck und die die Eindruckskraft, die diese regierende Partei auf ihre Wählerinnen und Wähler machen möchte, niemals stärken, sondern nur gefährden können. Das gilt dann in gleicher Weise auch für die Darstellung nicht nur des Mitbestimmungsgesetzes nach draußen[24], sondern ebenso auch des [Paragraphen] 218 oder des Bundesbaugesetzes[25], was immer ihr nehmt, die demnächst im Bundestag zu verabschiedende, in zweiter/dritter Lesung zu verabschiedende Berufsbildungsreform.[26] Wir müssen aufhören das, was wir selber machen, öffentlich zu bemäkeln

(Beifall.)

und zuzulassen, dass hier einige Genossen es öffentlich bemäkeln.

(Beifall.)

Das ist nicht so, dass wir hier mit breitem Rückenwind durch die Bundesrepublik Deutschland segeln, sondern wir haben 'ne ganze Menge Kampf vor uns in den nächsten Monaten, und jeder sollte das spüren, und wir haben es nötig, unsere eigene Leistung immer wieder ins Bewusstsein zu heben, immer wieder, und wir haben es nötig, dem in vielen Zeitungen gegenwärtig angestellten, von einigen geflissentlich ja auch gefütterten Gemunkel über die Festigkeit der Koalition in Bonn entgegenzusetzen die unbeirrte Festigkeit im Vollenden dessen, was wir in dieser Koalition bis zum Ende dieser Legislaturperiode uns gemeinsam vorgenommen haben.

---

20 Harold *Wilson*, von 1974 bis 1976 Premierminister von Großbritannien (Labour Party).
21 Der tatsächliche Grund für den Rücktritt war, dass *Wilson* am Frühstadium der Alzheimer-Krankheit litt.
22 Denis *Healey*, Labour, Schatzkanzler von Großbritannien.
23 James *Callaghan*, Labour, seit dem 16. März 1976 Premierminister von Großbritannien.
24 Die zweite und dritte Beratung fand am 18. März statt. Vgl. BT Plenarprotokoll 07/230.
25 Die zweite und dritte Beratung des Bundesbaugesetzes fand am 11. März 1976 statt. Vgl. BT Plenarprotokoll 07/227.
26 Zum Entwurf der Bundesregierung vom 2. Juni 1975 eines Berufsbildungsgesetzes vgl. BT Drs. 07/3714. Zur zweiten und dritten Beratung, die erst am 9. April 1976 stattfand, vgl. BT Plenarprotokoll 07/236, S. 16515–16542.

Fraktionssitzung 16.03.1976 **131.**

(Beifall.)

Letzte kleine Fußnote: Ich bin in dem Zusammenhang sehr glücklich, dass unsere örtlichen Genossen in Marburg endlich eingesehen haben, dass man nicht gemeinsam mit der DKP einen Sozialdemokraten zum Bürgermeister wählen kann.[27]

(Zwischenrufe: Bravo!)

(Beifall.)

Wehner: Ich danke dem Bundeskanzler und bitte Willy *Brandt*, das Wort zu nehmen.

Brandt (Berlin): Liebe Genossinnen und Genossen, ich wollte, was die Auseinandersetzung um die Polen-Vereinbarungen angeht, hinzufügen, dass wir heute früh im Präsidium für die Argumentation nach außen noch mal 'ne Schreibmaschinenseite zu Papier gebracht haben. Das wird in den Fächern liegen, denke ich und »Intern« wird die Argumentation an die Funktionäre bringen. Das wird ja relativ rasch übermittelt. Ich konnte am Freitag nicht hier sein, als die Fraktion sich damit befasste[28], weil ich mehrere Versammlungen vorher in Baden-Württemberg an dem Tag ausgemacht hatte und ich habe dadurch mitgekriegt und sage es hier ganz offen, sosehr ich und das war auch einheitliche Meinung im Präsidium, sosehr es wie beim guten Kaufmann darauf ankommt, was unterm Strich steht und unterm Strich steht, dass das zustande gekommen ist und das war im Grunde wichtiger als jede momentane innenpolitische Schwierigkeit, die damit verbunden ist. Ich sage euch aber, jedenfalls was Wahlversammlungen, große Versammlungen angeht, aber doch noch nicht größer, als dass man die Leute dabei angukken kann, es ist – jedenfalls in der ersten Runde – nicht ganz einfach, es mit so viel Resonanz darzulegen, wie man sie gerne hätte, weil die starke Unterstützung, die die anderen mit ihren Manövern gefunden haben, in einem großen Teil der Träger öffentlicher Meinung doch Spuren hinterlassen haben. Sage ich hier, damit wir uns da nicht viel vormachen und ich rate deshalb dazu, das Polen-Thema ohnehin nicht als ein Separat-Thema zu nehmen, sondern es ganz bewusst hineinzustellen in die Auseinandersetzung um die beste Vertretung der deutschen Interessen in Europa und in der Welt.

Übrigens wird sich ja sehr rasch zeigen auch, das ist jetzt keine polemische Bemerkung gegen jemand aus einer anderen Partei, sehr bald herausstellen, dass die, die von Allparteienaußenpolitik reden, der Entwicklung – sagen wir es mal vorsichtig – weit vorauseilen. Wir hätten ja nichts dagegen. Wäre ja schön, wenn es das gäbe. Aber das Herumtun an den Pannen, dieses immer wieder Anpassen noch mal einer anderen Badehose für denselben Tatbestand, für denselben Vertrag, für dieselbe Offenhaltungsklausel, das Spiel mit der Glaubwürdigkeit des Staates und seiner Regierung gegenüber ausländischen Partnern, das So-Tun, als verfüge neuerdings 'ne Führungsmannschaft, die für den Wahlkampf aufgestellt wird, über Stimmenmehrheit im Bundesrat – im Grunde eine Verluderung der Sitten in diesem Staat –, das hat's noch nicht gegeben. Wir haben uns auch schon einiges zugemutet in den vergangenen Jahren, aber wir haben noch nie gesagt, wie im Bundesrat abgestimmt werden soll. Wir haben hier und da mal einen Ratschlag gegeben.

Aber, Klammer zu, ich sage noch einmal: wichtig ist, was hier unterm Strich stehenbleibt, aber einbeziehen. Ich greife den Satz auch auf, den Helmut gesagt hat, die Rede-

---

[27] Die Marburger SPD lehnte es mit deutlicher Mehrheit auf einem örtlichen Parteitag ab, den bisher von der SPD gestellten Oberbürgermeister *Drechsler* im Sommer 1976 mit Unterstützung von Stadtverordneten der DKP wiederwählen zu lassen. *Drechsler* sollte nun mit den Stimmen der CDU im Gemeinderat wiedergewählt werden. Vgl. den Artikel »Marburgs SPD will mit CDU zusammengehen«; »Frankfurter Allgemeine Zeitung« vom 15. März 1976, S. 4.

[28] Vgl. die SPD-Fraktionssitzung am 12. März 1976, online.

texte, die sind eben leider nicht vom Tisch und die, die unsere Debatten hier verfolgen draußen in anderen Ländern, die wissen, was eigentlich los ist und dass man mit knapper Mehrheit über die Runden gekommen ist. Ich sage es als einer, der in einer anderen Operation ja auch an so einer Badehose hat mitwirken müssen, das war damals die berühmte Entschließung. Das ist der große Vorteil, das war ein furchtbar langer Text, der ging bloß um das Können – das war damals –, die meisten waren ja schon dabei im Mai 1972 mit dieser schrecklichen, nicht nur weil sie lang war, mit dieser Resolution, von der dann behauptet wurde, sie hätte eigentlich an der Substanz was geändert.[29] War auch nicht der Fall, hat am Vertrag überhaupt nicht geändert, aber musste herhalten. Bloß damals führte es dann noch nicht mal zur Zustimmung, sondern zu der berühmten Enthaltung, aber das war ja auch auf den Bundestag bezogen.

Nein, wie gesagt, guckt euch bitte den Text noch mal an, weil wir in derselben Weise noch mit ein paar mehr Sätzen, als es das Präsidium gesagt hat, es in die Organisation geben als Argumentationshilfe – für Baden-Württemberg im Moment noch ein bisschen wichtiger als anderswo. Zu dem anderen Thema, das ja etwas damit zusammenhängt, hat das Präsidium auch was aufgeschrieben, falls es nicht schon verteilt ist. Ich glaube, es kann noch nicht in den Fächern sein, sondern wird wohl jetzt erst reingelegt, sagen wir, dass nach den Berichten, die der Parteivorsitzende, Bundeskanzler und Fraktionsvorsitzende gegeben haben, die gute, vertrauensvolle und effektive Zusammenarbeit in der Koalition unterstrichen worden sei, die sich in der Kette gesetzgeberischer Leistungen seit '69 dokumentiert habe und die mit der Verabschiedung, bevorstehenden Verabschiedung des Gesetzes zur Erweiterung der Mitbestimmung für Arbeitnehmer fortgesetzt werden solle. Da kann ich mir weitere Ausführungen ersparen. Ich stimme mit dem überein, was zur Sache dazu eben gesagt worden ist.

Ich sage es übrigens, wenn ich den zusätzlichen Hinweis geben darf, liebe Genossen, ich sage es auch jetzt gestützt auf manche Unterhaltung mit Genossen aus anderen Ländern und sage, bezieht dies bitte mit ein in innerparteiliche Diskussionen, wo es die gibt. Da trifft man den Parteivorsitzenden aus einem Land im Norden Europas, wo die erst 40 Jahre oder so regieren, zwischendurch auch schon mal absolute Mehrheit hatten, jetzt sind sie nur knapp dran. Wir hoffen, dass sie es ganz schaffen wieder im September. Die gehen einen etwas anderen Weg, aber der sagt nicht etwa, der Olof *Palme*[30], das ist aber großer Mist, den ihr dort baut, sondern, das ist aber ganz beachtlich, was ihr euch dort als nächsten Schritt zutraut. Wir gehen einen etwas anderen Weg. Oder der Bruno *Kreisky*[31], der hat zum zweiten Mal die absolute Mehrheit, was ja an sich schon eine gewaltige Leistung ist in einem Land wie Österreich, wenn man seine konfessionelle und soziologische Zusammensetzung sieht. Der sagt nicht etwa, das ist aber großer Mist, was ihr da macht, sondern der sagt, wir gehen nicht ganz so weit, sondern wir bleiben zunächst mal ungefähr in dem, was ihr mit eurer Drittelbeteiligung bei den Aktiengesellschaften habt. Und dann trifft man die Belgier, da war neulich eine ganze Gruppe von AfA-Freunden dort. Ich glaube, auch der eine und andere aus der Fraktion. Die stehen nur so ein bisschen unter französischen Einflüssen, cogestion[32], im Verhältnis zur – also eine –
(Zwischenruf.)

---

29 Zum Text des gemeinsamen Entschließungsantrags der Fraktionen von CDU/CSU, SPD und FDP vom 10. Mai 1972 zu den Ratifizierungsgesetzen zum Moskauer Vertrag vom 12. August 1970 und zum Warschauer Vertrag vom 7. Dezember 1970 vgl. BT Plenarprotokoll 06/187, S. 10960 f., Umdruck 287.
30 Ministerpräsident Schwedens (Arbeiterpartei).
31 Bundeskanzler der Republik Österreich (SPÖ).
32 Französisch für Mitbestimmung.

Bitte?

(Zwischenruf: Autogestion.[33])

Autogestion, richtig, das andere ist Verdauung oder was.

(Heiterkeit.)

Wie dem auch immer sei, jedenfalls, wir liegen in diesem europäischen Spektrum nicht schlecht und ich versuche ja immer dafür zu werben, dass das, was wir jetzt machen, ein wichtiger Schritt in einem historischen Prozess ist und wir arbeiten mit drei, vier verschiedenen Modellen in den nächsten Jahren. Die europäische Debatte nimmt zu und irgendwann wird natürlich in einem Jahrzehnt oder in anderthalb oder was steht dann das Thema des modernen Unternehmensrechts – gestützt auf Erfahrungen – mit diesem und dem, was noch davorliegt, wieder an. Das ist ja völlig klar. Also auch meine herzliche Bitte, dass wir uns hier nicht die Sache schwerer machen, als sie sein muss.

Aber das war jetzt nur eine Ablenkung von diesem Satz in der Verlautbarung des Präsidiums und jetzt kommt der, der vielleicht noch mehr interessiert. Der lautet folgendermaßen: Im Präsidium bestand insbesondere auch mit dem stellvertretenden Parteivorsitzenden Hans *Koschnick* Übereinstimmung, dass es für die deutsche Politik im Inneren und nach außen für absehbare Zeit keine bessere Konstellation als die seit '69 bestehende Koalition gibt, und wir haben hier in einer Kurzfassung aufgenommen – ich brauche das jetzt nicht noch mal vorzulesen, denn ihr könnt es ja selbst lesen –, was ich selbst vor drei Wochen oder 14 Tagen im Deutschlandfunk, was Helmut *Schmidt* mit seinen Worten an einer anderen Stelle gesagt hat, ich glaube im Zweiten Fernsehen, dass nämlich die Fragestellung nach dem gemeinsamen Bestand falsch ist, als ob das eine Frage wäre nach Gesetz X, Y oder Z, sondern vor jeder Frage nach dem Gesetz X, Y oder Z steht die Frage, welche Konstellation kann in einer gegebenen Lage und die lässt sich und das war der entscheidende Irrtum von Hans, darüber haben wir uns gestern auch ausgesprochen, unmittelbar nachdem er aus Bremen da war, sich auf irgendwelches lautes Denken über Jahreszahlen einzulassen.

(Beifall.)

Welche Konstellation ist jetzt in der gegebenen Lage und in der Zeit, die vor uns liegt, geeignet, die Interessen des Landes nach außen vernünftig wahrzunehmen, für den sozialen Frieden zu sorgen, um es mal ein bisschen vereinfacht zu sagen, für den inneren Frieden, auch was die Grenzgebiete zwischen innerer Sicherheit und Liberalität angeht, zu sorgen. Dann kommen wir zu diesem Ergebnis. Das wollte ich hier gerne mit gesagt haben.

Etwas ganz anderes ist es, das haben wir nicht in der Verlautbarung gesagt, aber da gibt's natürlich die eine oder andere Gelegenheit, wo es einem gar nicht erspart bleibt, auch auf die Gefahr hin, dass nicht alles richtig verstanden wird, deutlich zu machen, dass wenn wir auch nur an die Zeit nach dem 3. Oktober denken und wie wir alle hoffen die Bestätigung dieser Koalition durch den Wähler, dass die Gruppierungen der Kräfte in den Ländern aus meiner Sicht natürlich nicht alleine sich als ein Ergebnis dessen ergeben können, ob die dritte Partei jeweils alleine entscheidet, ob sie mit der ersten oder zweiten zusammengeht. Dies hielte ich für eine – und das muss man den Partner auch wissen lassen, wir haben nie ein Dogma daraus gemacht in früheren Jahren. Es hat verschiedene Formen des Zusammenwirkens in den Ländern gegeben. Wir haben nirgends dort eine Veränderung angestrebt, wo Sozialdemokraten und Freie Demokraten zusammen wir-

---

[33] Eigentlich meint dieser Begriff die Kontrolle von Unternehmen oder Betrieben über basisdemokratisch organisierte Gruppen beziehungsweise Kollektive.

ken, aber – wie gesagt – diese vereinfachte Vorstellung auch in manchen Zeitungsorganen, die ganze weitere Entwicklung werde davon abhängig sein, ob eine dritte Partei bestimmt, sie geht in der Landeshauptstadt sowieso mit der, in einer anderen mit der Partei zusammen, das ist vielleicht ein bisschen zu einfach gedacht. Aber da ist ja dann auch noch Zeit, dieses sich – auf die jeweilige Hauptstadt bezogen – anzugucken.

Jetzt wollte ich noch ein paar Sätze anfügen, liebe Genossen, die sich ergeben aus Eindrücken, die ich am Sonntag – und ja, Sonntag, gestern früh – gewonnen habe in Portugal, einem Land, das uns ja viel Sorgen bereitet hat. Das ist eindrucksvoll zu erleben, wie sehr doch sich die Lage verändert hat seit dem vorigen Herbst.[34] Da war die Gefahr, dass das Land in eine neue Diktatur abgleiten würde. Davon kann heute nicht mehr die Rede sein, jedenfalls nicht in eine linke, falls das links ist, was Kommunisten repräsentieren. Ich lege noch nicht meine Hand dafür ins Feuer, was in einer weiteren Entwicklung sich ergeben kann, wenn die nicht ihre wirtschaftlichen Probleme meistern. Es sieht im Moment noch nicht so aus, als ob sie damit überzeugende Fortschritte erzielten. Im Moment ist da eine gewaltige Wahlbewegung im Gange und die bringen viele Menschen auf die Beine, haben es auch – manches ist ganz befremdlich. Die entwickeln dabei eine Lautstärke und auch einen sonstigen, in Bewegungen und auf andere Weise sich ausdrückenden Enthusiasmus, der für Skandinavier noch befremdlicher ist als für jemand, der hier aus der Bundesrepublik Deutschland kommt.[35] Meine Norweger zum Beispiel haben also gedacht, sie befänden sich gar nicht mehr auf diesem Globus.

Nun, weswegen ich das erwähne, ist, weil ihr vielleicht auch in der Partei gefragt werdet, jedenfalls fragen uns Journalisten, was ist das nun eigentlich mit dieser SPD, die reden dort nur mit dem *Soares*[36] und seinen Sozialisten, aber da gibt's noch die PPD. Die nennen sich dort Sozialdemokraten und mit denen reden die nicht und das ist doch ungerecht.[37] Nun wird der *Soares* wieder dabei auch hochstilisiert, ich höre, sogar in der »Welt«. Ich lese die nicht, aber mir wird berichtet, was da steht. Das sei so ein bisschen älter gewordener Juso und insofern natürlich für mich schon der richtige Gesprächspartner im Ausland, wie für *Palme* und *Kreisky* und andere auch und diese anderen, die eigentlich viel mehr auf unserer Linie liegen, mit denen reden wir nicht. Nun ist das erstens ganz falsch, dass wir mit denen nicht reden. Wenn der hier ist, der Führer von diesen anderen, dann habe ich ihn gesehen, Helmut *Schmidt* hat ihn gesehen, bei Schorsch *Leber* war er. Der hat ihn sogar mit dem Flugzeug wieder nach Hause gebracht. Damit hat der allerdings ein bisschen viel Reklame gemacht da bei sich zuhause. So sind die da alle miteinander, ja, die zeigen immer vor, was sie für große Freunde haben in anderen Ländern, spielt 'ne gewaltige Rolle.

Nein, nur das Problem dort, liebe Genossen, ist Folgendes: Die Partei von *Soares* und dem Finanzminister *Zenha*[38] – und wie sie alle heißen – ist Mitglied der Sozialistischen Internationale und in der gilt, man kann nicht an einer Mitgliedspartei vorbei in dem be-

---

34 Vgl. den Bericht des SPD-Parteivorsitzenden zur Lage in Portugal in der SPD-Fraktionssitzung am 23. September 1975, SVP A, online.
35 Portugal befand sich im Wahlkampf, in dem es auch zu Massendemonstrationen und Bombenattentaten kam, für die auf den 25. April 1976 angesetzten Parlamentswahlen. Wirtschaftlich war Portugal auf baldige Finanzhilfen durch die EG oder die USA angewiesen.
36 Mário *Soares*, Gründer der Sozialistischen Partei Portugals (PS), ab Juli 1976 Ministerpräsident Portugals.
37 Die Konservativ-Liberale Demokratische Volkspartei, Partido Popular Democrático (PPD), benannte sich im Oktober 1976 in Sozialdemokratische Partei, Partido Social Democrata (PSD), um.
38 Salgado *Zenha*, sozialistischer portugiesischer Politiker, bis August 1975 Justizminister, seit September 1975 Finanzminister Portugals.

Fraktionssitzung 16.03.1976 **131.**

treffenden Land wirken, gibt's nicht, wenn nicht diese einverstanden ist. So einfach ist das! Aber dass man mit den Leuten einzeln spricht, das tun wir. Nur dort machen die ein Riesengedöns draus. Nun ist das allerdings auch schon wieder ein bisschen weiter. Der *Soares* hat noch vor 'nem Jahr erzählt, in Deutschland würde er auch Sozialdemokrat sein und in Schweden, aber da bei sich sei er Sozialist. Jetzt sagt er aber schon auf den Kundgebungen, wenn man mit ihm zusammen auftritt, er sei portugiesischer demokratischer Sozialist und deshalb dasselbe wie die, die sich anderswo Sozialdemokraten nennen, und dann ist er vom Parteivorsitzenden der SPD nicht weit entfernt, denn der sagt auch, in Deutschland nennen sich demokratische Sozialisten Sozialdemokraten. Jedenfalls gilt das wohl im Sinne des Godesberger Programms[39]. Das heißt, dass wir nicht nur noch alle ohne, wenn dort diese Einsicht da ist, dass man sich nicht auseinanderdividieren lässt, dann brauchen wir es auch nicht zu tun. Die wollen jetzt – unsere Freunde – die absolute Mehrheit, wer möchte das nicht, bei Wahlen und wenn sie die nicht kriegen, sagen sie, wollen sie in die Opposition gehen. Vielleicht überlegen sie sich das auch noch mal, denn die kriegen sie nicht, die absolute Mehrheit. Die müssen schon froh sein, wenn sie stärkste Partei bleiben.

Jetzt, weil natürlich, wenn man wie ich dort mit meinem Komitee, das war für diesen Zweck etwas erweitert, an sich sind's ja nur sechs Mitglieder, diesem Freundschaftskomitee für Portugal, Südeuropäer waren dabei, deshalb folgende drei ergänzende Hinweise. Spanien: Ich habe in den letzten zwei Jahren zum ersten Mal einen relativ pessimistischen Bericht entgegennehmen müssen über die Entwicklung dort. Ich will ihn nicht überbewerten, sondern möchte nur, dass die daran interessierten Genossen wissen, die weit verbreitete Hoffnung, es gäbe einen graduellen friedlichen Übergang zur Demokratie, die würde ich etwas gedämpfter jetzt nur noch aufrechterhalten. Die Gefahr, dass die beiden Entwicklungen nicht genügend zusammentreffen, das heißt das Liberalisierungs- und Demokratisierungsbestreben eines Teils der jetzigen Regierung, das gedämpfte Vorgehen verantwortlicher Kräfte der Opposition – nicht so rasch, wenn man will – das könnte ja, wenn es ideal verliefe, sich im Laufe von 'nem Jahr oder zwei Jahren auf einen Nenner kommen. Die Gefahr, dass es aneinander vorbeiläuft und zu gewaltsameren Auseinandersetzungen kommt und eher auch zu Rückschlägen, muss man heute vielleicht als etwas mehr gegeben noch betrachten als vor einem halben Jahr. Ich sage das nicht wegen Schwarzmalerei, sondern weil es ja keinen Sinn hat, einen Eindruck, der nicht nur so dahingesagt war, sondern der begründet wurde, zu vermitteln.

Italien: Da sind zwei Parteitage gewesen. Dort gibt's ja zwei Parteien, mit denen wir Verbindung haben, aber anders als in Portugal, da war die eine damit einverstanden, dass wir auch mit der anderen Verbindung hatten. Ich habe von beiden nichts besonders Erfreuliches zu berichten. Von denen, die sich Sozialdemokraten nennen, habe ich noch nicht den Bericht, da hatten wir Volkmar *Gabert*[40] da, ob er in die Tätlichkeiten verwickelt wurde, die es dort gegeben haben soll, deren Hauptleidtragender dabei wohl ein Saalordner ist. Die scheinen in erster Linie auf den geschlagen zu haben, die sich dort in die Wolle kriegten. Das hat keinen überzeugenden Eindruck gemacht, weil nun auch der Verteidigungsminister und bisherige Parteivorsitzende *Tanassi*[41] noch in die Lockheed-

---

39 Zum Godesberger Programm vgl. GRUNDSATZPROGRAMM DER SOZIALDEMOKRATISCHEN PARTEI DEUTSCHLANDS, beschlossen vom außerordentlichen Parteitag der Sozialdemokratischen Partei Deutschlands in Bad Godesberg vom 13. bis 15. November 1959, hrsg. vom Vorstand der Sozialdemokratischen Partei Deutschlands, Bonn 1959.
40 Mitglied des SPD-Bundesvorstands.
41 Mario *Tanassi*, italienischer Politiker der Partito Socialista Democratico Italiano (PSDI), bis 1974 Verteidigungsminister. 1977 gab es ein parlamentarisches Korruptionsverfahren gegen *Tanassi*. Vgl. den

Geschichte verwickelt ist[42], jedenfalls im Bild der Leute dort und sie haben den alten *Saragat*[43] wieder hervorgeholt. Der soll nun das wieder in die Hand nehmen. Ich gebe das jetzt so wieder und die anderen, die Sozialisten unter *De Martino*[44], die machten den Eindruck einer völligen – auch in dem Bericht jetzt von ihrem Parteitag – eigentlich Bewegungslosigkeit. Da bewegen sich die Dinge um sie herum und sie blockieren allenfalls hier und dort mal was. Sonst ist da nicht viel dran.

Umso wichtiger ist, egal mit welchem Zusatz und Nebengedanken das der eine und andere noch verbindet, es ist nach den Kantonalswahlen der letzten beiden Sonntage nicht daran vorbeizukommen, dass die Sozialisten in der französischen Politik wieder eine ansehnliche Kraft geworden sind. Bitte, Parlamentswahlen sind noch wieder was anderes als Kantonalswahlen, aber nicht mehr nur in Meinungsbefragungen, sondern als Ergebnis von richtigen Wahlen ist die Sozialistische Partei nach dem gegenwärtigen Stand die stärkste in Frankreich und sie hat durch eine Politik, die nicht unsere ist, die die dort gewählt haben, sich nicht unterbuttern lassen, sondern hat die Kommunisten, jedenfalls nach dem, was man jetzt ablesen kann, weit hinter sich gelassen. Ich sag' das mit aller Zurückhaltung, aber weil ich doch glaube, dass für die weitere Entwicklung man dies noch im Auge behält, denn das kann ja auch zu Umgruppierungen anderer Art in der französischen Politik führen, wenn die Sozialisten wieder wirklich was darstellen und ein ansehnlicher Faktor sind, damit auch ein wichtiger Gesprächspartner für unsereins werden. Vielen Dank für die Aufmerksamkeit.

(Beifall.)

Wehner: Danke Willy *Brandt*. Wer wünscht das Wort? Bitte Axel *Wernitz*.

Wernitz: Genossen, ich möchte an das anknüpfen, was Helmut *Schmidt* hier zum Thema Solidarität und Geschlossenheit gesagt hat. Er hat mit Recht darauf hingewiesen, dass wir nicht mit übermäßigem Rückenwind im Moment versehen sind, und hat mit Recht darauf aufmerksam gemacht, dass wir versuchen müssen, eine möglichst geschlossene Linie in der Auseinandersetzung draußen mit dem politischen Gegner zu fahren. Wozu unter anderem ja auch gehört, dass wir nicht Gesetze oder Maßnahmen, die wir beschlossen haben, draußen nun gegensätzlich darstellen beziehungsweise etwa konterkarieren. In dem Zusammenhang habe ich eine Frage, die richtet sich zum einen an Helmut *Schmidt* und zum anderen an Willy *Brandt*, die sich stellt mit dem, was Ende März läuft, nämlich dem Bundeskongress der Jungsozialisten[45]. Ich habe den Eindruck, dass es dort um einen eigenen Wahlkampfbeitrag unter anderem geht und da stellt sich nun genau wieder das, was vorhin Helmut *Schmidt* gesagt hat: Geschlossenheit in der Argumentation vor allem in Richtung auf den Wahlkampf. Ich würde nun gerne wissen, ob sich der Parteivorstand und das Parteipräsidium mit dieser Frage schon eingehend beschäftigt hat und wie hierzu auch der Bundeskanzler und stellvertretende Vorsitzende

---

Artikel »Geld ins Büro«; »Der Spiegel«, Nr. 3 vom 10. Januar 1977, S. 93, 96. – 1979 wurde *Tanassi* im Lockheed-Skandal wegen Bestechlichkeit zu einer Haftstrafe verurteilt.

42 Ein Untersuchungsausschuss des US-Senats kam Anfang 1976 zum Schluss, dass der US-amerikanische Flugzeugbauer Lockheed Regierungsvertreter in Deutschland, Italien, Japan und den Niederlanden bestochen hatte, um den Verkauf seiner Flugzeuge zu fördern. In der Bundesrepublik geriet unter anderem Franz Josef *Strauß* unter Verdacht, Bestechungsgelder im Zusammenhang mit der Beschaffung des Jagdflugzeugs »Starfighter« angenommen zu haben. Vgl. den Artikel »Krumme Summe«; »Der Spiegel«, Nr. 25 vom 14. Juni 1976, S. 67 f. Vgl. außerdem AAPD 1976, I, Dok. 79. – Vgl. auch Fraktionssitzung vom 9. März 1976, SVP A.

43 Guiseppe *Saragat*, Fünfter Präsident der Republik Italien (Sozialist).

44 Francesco *De Martino*, zeitweiliger Vorsitzender der Sozialistischen Partei Italiens (PSI).

45 Der Bundeskongress fand vom 26. bis zum 28. März 1976 statt.

unserer Partei steht. Denn ich kann mir nicht vorstellen, dass wir angesichts der Probleme, die wir in den letzten Monaten hatten, was Geschlossenheit angeht, gut dastehen, wenn etwa eine Arbeitsgemeinschaft – und das kann auch für andere gelten, das ist ein grundsätzliches Problem – zum Wahlkampf in der Vorphase grundsätzliche, richtungweisende Aussagen macht, die voraussichtlich nicht in Übereinstimmung mit dem stehen, was das Gesamtkonzept der Partei im Wahlkampf darstellt. Dies wäre für uns insgesamt nicht tragbar und dazu kann man nicht im Nachhinein klare Worte sagen, sondern hier muss von vornherein rechtzeitig eine unmissverständliche klare Linie festgelegt werden.

(Vereinzelter Beifall.)

Wehner: Hellmut *Sieglerschmidt*.

Sieglerschmidt: Ich habe eine Frage zu dem Vorgang mit der DDR. Die Entscheidung der DDR-Führung, diese Journalisten nicht zuzulassen, war ja bereits am Freitag gefallen. Es hat sich nun für mich die Frage gestellt und nicht nur für mich, sondern auch für andere, die mich gefragt haben, warum denn die Minister überhaupt erst losgefahren sind und nicht abgewartet haben, was die Demarche des Staatssekretärs *Gaus* nun ergeben wird. Man kann natürlich sagen, es war besonders eindrucksvoll, dass sie hingefahren sind, um dann mit großem Aplomb abreisen zu können. Aber ich würde doch ganz gerne wissen, warum der andere Weg, der mir vielleicht angemessen erschienen wäre, nicht {...} –

Wehner: Herr *Windelen* hatte den öffentlich gefordert.

Sieglerschmidt: – worden ist. – Bitte?

Wehner: Herr *Windelen* hatte den öffentlich gefordert, lieber Hellmut. Ja, den, den du als den besseren siehst. – Peter *Reuschenbach*.

Reuschenbach: Willy *Brandt* hat in seinen Bemerkungen ein Stückchen zur – ich will mal sagen – auswärtigen Politik der SPD gesagt. Pressemeldungen der vorigen Woche, aber auch Fragen, die ansonsten an einen, an mich, an euch auch vermutlich gestellt werden, veranlassen mich zu folgenden Fragen. Erstens, trifft es zu, dass unser Fraktionskollege Horst *Ehmke* mit hohen Funktionären der sowjetischen und der italienischen KP verhandelt hat? Zweitens, falls dieses zutrifft, in welcher Funktion beziehungsweise in welchem Auftrag – etwa des Präsidiums – hat er dieses getan? Und drittens, welchen Sinn haben diese Unternehmungen, falls die Meldungen zutreffen?

Wehner: Alfred *Emmerlich*.

Emmerlich: Genossinnen und Genossen, ich bin sehr dankbar, dass das Präsidium noch auf einer Seite eine Argumentationshilfe zum Polen-Vertrag uns in die Fächer legen wird und dass – so habe ich jedenfalls Willy *Brandt* verstanden – ein entsprechendes Papier noch in die Partei gegeben wird. Ich beobachte bei mir im Wahlkreis – und ich weiß nicht, wie es bei euch ist –, dass die CDU offenbar zentral Flugblätter herstellt und zu aktuellen Themen unmittelbar reagiert. Das sieht etwa so aus: CDU Aktuell. Zum Polen-Abkommen heißt es da, den Anstrengungen der CDU sei es zu verdanken, dass in den nächsten vier Jahren 125 000 Deutsche tatsächlich aus Polen ausreisen dürfen und dass auch in der Zeit danach weitere Ausreisen genehmigt werden. Ein noch unglaublicheres Papier ist zu der Debatte um die Altersrenten bei uns verteilt worden. Ich gehe davon aus, dass wir es hier mit einer Taktik und einer Form zu tun haben, die über die gesamte Zeit bis zum 3. Oktober vor uns stehen wird.

Ein derartiges Papier, eine derartige Form hat nach meiner Auffassung drei Vorteile. Erstens, es ist außerordentlich aktuell. Zweitens, es ist sehr kurz, sehr verständlich für jedermann, ganz konzentriert auf die aktuelle Diskussion in der Bevölkerung und infolgedessen sehr leicht aufnehmbar und sehr leicht lesbar. Und drittens, es ist wenig aufwendig einmal in Bezug auf die eigenen Finanzen und zum anderen wenig aufwendig in Bezug auf den Adressaten, der, glaube ich, in der gegenwärtigen Phase derartig einfach gehaltene Papiere leichter aufnimmt und sich ihnen gegenüber eher aufschließt als gegenüber dicken aufwendigen Broschüren. Ich wäre sehr dankbar, wenn wir uns überlegen könnten, ob wir dieser Form etwas Gleichwertiges, möglichst noch Besseres entgegenstellen können.

Wehner: Willy *Brandt*.

Brandt: Was den letzten Punkt angeht, so haben wir ja mehrfach in der letzten Zeit das gemacht und gerade jetzt auch mit dem Blick auf den Vorwahlkampf immer wieder gesagt, wo uns Leistungsbilanzen angeboten werden, möglichst nicht mehr Broschüren, wo es sich irgendwie vermeiden lässt, sondern Dinge auf einer Seite und Rückseite und das Haus, wie gesagt – Parteihaus – hat begonnen, einige solcher Texte – ich sehe, Holger meldet sich, wird ein paar Beispiele dafür geben –, herausgebracht. Zu dem, was sonst gesagt worden war, will ich die Frage von Peter *Reuschenbach* beantworten und dann eingehen auf das, was die Geschlossenheit und die Jusos angeht.

Was Horst *Ehmke* angeht, sind zwei Dinge – ich habe das auch in Zeitungen gesehen, wo das, wenig uns gegenüber freundlichen Zeitungen, wo dies durcheinandergebracht wird. Horst *Ehmke* war im vergangenen Jahr einmal in der Sowjetunion. Das waren andere auch. Wer in die Sowjetunion fährt und sich dort umschaut, wird nicht gut mit Vertretern der früheren menschewistischen Partei sprechen. Die ist dort nicht erlaubt und die CDU ist dort auch nicht zugelassen. Das heißt, wenn er politische Gespräche führt, wird er sie führen mit solchen, die im dortigen Apparat sind und wenn er ergiebige Gespräche führt, dann ist es sogar gut, wenn die nicht ganz unten angesiedelt sind, und ich habe den Bericht darüber genau in Erinnerung. Der ist vorgelegt worden. Der ist geführt worden mit einem stellvertretenden Leiter der Abteilung, die die für internationale Beziehungen haben, den der eine und andere von uns auch kennt. Der gehört – hier der *Wischnewski* hat mit ihm zu tun gehabt bei mancherlei Dingen. Ich habe ihn gesehen, als ich in Moskau war. Wie gesagt, das gehört zu einer solchen Reise dazu.

Aber der andere Punkt, der ist wichtiger, weil es da Missverständnisse geben kann. Horst *Ehmke* ist in unserem Ausschuss beim Parteivorstand für internationale Beziehungen Vorsitzender eines Unterausschusses, der sich mit den sozialistischen oder sozialistisch-sozialdemokratischen Parteien in den Mittelmeerländern befasst, und macht für diesen oder mit diesem Unterausschuss für den Gesamtausschuss, aber auch für den Parteivorsitzenden, soweit der damit befasst wird, die Unterrichtung, die – jetzt nicht nur auf Italien, auch auf Griechenland bezogen – für unsere eigene Einschätzung wichtig ist und dies ist kaum möglich, wenn man nicht auch mit einbezieht, was Kommunisten meinen in Ländern, zumal in denen sie stark sind. Und das hat überhaupt nichts zu tun mit unseren eigenen und in der Sozialistischen Internationalen festgelegten Richtlinien über unsere prinzipiellen Unterschiede, sondern das ergibt sich aus diesem Auftrag des Ausschusses, dem Hans-Jürgen *Wischnewski* insgesamt vorsitzt.

Was den Punkt Geschlossenheit angeht und Jusos in dem Zusammenhang: Ich denke, die Bitte um Geschlossenheit, die hat sich zunächst einmal hier an die Fraktion gerichtet, aber es ist richtig, dass man es damit nicht genug sein lassen soll. Zu erwarten, dass man von einem Kongress – ich würde ihn mir sehr viel besser wünschen, als er zu erwarten ist. Aber wer die Geschichte der Partei kennt, damit meine ich nicht nur ihre Nachkriegsgeschichte bitte, ich sage, wer die Geschichte der Partei kennt, auch die der Weimarer Zeit, der wird lange warten müssen auf Kongresse einer sozialistischen Jugendorganisation, die sich einfach nur die Beschlüsse der Gesamtpartei zu eigen machen. Das war damals nicht so. Manche Parteien um uns herum lösen das Problem, indem sie solche Organisationen auflösen. Das kann auch immer mal wiederkommen. Wir haben das ja auch bei Studenten und so gemacht, wo das dann nicht mehr anders ging. Nur ich gehe davon aus, der Kongress findet statt. Ich gehe davon aus, der Parteivorsitzende muss nicht schon wieder hingehen. Ich war im vorigen Jahr in Wiesbaden dabei. Das, was dort zur Einleitung für den Parteivorstand zu sagen ist, wird Hans *Koschnick* als stellvertretender Vorsitzender sagen, und das, was ein bisschen lauthals über eigenständigen Wahlkampf gesagt wird, Genosse [*Wernitz*][46], dies hat Holger mit den Genossen aus dem Juso-Vorstand durchgesprochen. Bei einer Sache war ich auch selbst dabei. Dieses kann überhaupt nur gestützt werden – auch was die Mittel angeht – dort, wo es sich um jugendspezifische Fragen handelt. Das heißt Fragen, die sich teils aus der Berufsausbildungsproblematik und der Nichtbeschäftigung junger Leute im Arbeitsleben ergibt, Fragen, die sich aus der Schülerarbeit, der Arbeit an den Hochschulen – Numerus clausus et cetera – ergeben und es wird keine materielle Unterstützung der Gesamtpartei für Aktivitäten geben, die nicht in diesem Sinne spezifisch sind. Das heißt, so wie ohne Vergleich im Übrigen die Arbeitsgemeinschaft für Arbeitnehmerfragen spezifisches Material macht, so kann auf den eben erwähnten Gebieten auch aus dieser Arbeitsgemeinschaft was in den Wahlkampf einfließen, spezifischer Wahlkampfbeitrag kann nicht ein richtungsmäßiger Wahlkampfbeitrag sein, jedenfalls nicht einer, den die Gesamtpartei unterstützt.

Nachdem ich dies gesagt habe, füge ich mit großem Abstand dazwischen hinzu: Die Geschlossenheit, die wir brauchen in der Fraktion und in der Partei, soweit es irgend geht, einschließlich ihrer Arbeitsgemeinschaften, wobei es bei einer immer noch ein bisschen schwieriger bleibt als bei anderen – dies darf uns nicht meiner Überzeugung nach zu dem Irrglauben verführen, wir könnten es uns leisten, draußen auf die Unterstützung von Leuten zu verzichten, die nicht alles ganz genau nur unterschreiben, was wir in unseren Texten der Parteigremien sagen. Ich sage das jetzt auch ein bisschen unter dem Eindruck, ich habe reingeguckt auf dem Weg nach Portugal in den Parteitag der österreichischen Sozialdemokraten. Die haben, sind zu der Analyse gekommen, dass ihr Wahlerfolg überhaupt nur möglich gewesen ist, nämlich zu sieben Prozent, indem sie Leute gewonnen haben, die sagen, wir unterschreiben nicht alles, was die insgesamt wollen, sondern wir identifizieren uns nur – immer wohlgemerkt nicht organisierte Sozialdemokraten, sondern aus anderen Gruppen – wir unterstützen sie besonders auf dem Gebiet oder auf einem anderen Gebiet. Ne Partei, die Wahlen gewinnen will, darf nicht nur die Unterstützung derer erbitten, die von A bis Z mit allem einverstanden sind, was wir in unseren Programmen sagen.

Wehner: Holger *Börner*.

Börner: Genossinnen und Genossen, ich habe mich gemeldet, um darauf hinzuweisen, dass wir seit langer Zeit keine aufwendigen Broschüren mehr drucken, von denen hier die Rede war, sondern die Fraktion hat erhalten und erhält weiter neben der Formulierung von »Intern«, für den Hausgebrauch, für politische Frühschoppen, Wahlversammlungen und andere, Sonderdrucke, die hier in einer besonderen Reihe oder unter dem Stichwort der Überschrift Politik zu bestimmten Themen herausgegeben werden. Ich darf darauf verweisen, dass in eurem Fach von heute liegt die seinerzeit geforderte Übersicht über wichtige internationale wirtschafts- und finanzpolitische Vergleiche. Dieses wird auch weiterhin so sein. Worauf wir allerdings nicht verzichten können und wollen, ist, dass die Regierung zu bestimmten Schwerpunktthemen – wie zum Beispiel zu

---

[46] Bei der Bearbeitung geändert. Auf dem Tonband zu hören: »Welitz«.

dem sehr virulenten Rententhema – ihre vorzüglichen Servicebroschüren einstellt. Walter *Arendt* hat uns allen ja hier etwas geliefert und auch diese Broschüre über 109 Fragen und Antworten für die Frau und andere Dinge, also die speziell für den Bürger draußen interessant sind, die sollte doch nach meiner Meinung die Regierung nicht stoppen, sondern in der bewährten Weise weiterdrucken. Wenn ich auch sonst gegen die Ausuferung von Broschüren bin, aber die Partei hat sich – und ich rufe in Erinnerung die Diskussion im Vorfeld der Abstimmung zum Polen-Vertrag – bis jetzt darauf beschränkt, sehr knappe Handreichungen hier zu geben für die politische Arbeit und das wird auch so bleiben und das ist auch grade für den Wahlkampf unsere Methode. Wo wir allerdings nicht mit gleichziehen können und wollen, das ist die Dreckschleuderei des Herrn *Reddemann*[47], wie sie also in einer hier zitierten Publikation zum Ausdruck kam, sondern wir sind der Meinung, dass das – hiermit gleichziehen – nichts nützt und auch nicht der Tradition unserer politischen Auseinandersetzung entspricht.

Und zum anderen Problem: Ich kann nur sagen, dass in dem Kreis der Mitarbeiter, die sich im Ollenhauer-Haus besonders um Wahlkampf zu kümmern haben, die Sekretäre aller vier Arbeitsgemeinschaften drin sind und dass sie in der ersten Besprechung genau das als Weisung erhalten haben, was der Parteivorsitzende eben hier gesagt hat. Nur – Kongresse vorauszuberechnen, das ist eine Sache, die kann man auch nicht bei uns, aber vielleicht hilft es, wenn ich sage, dass alle Delegierten zu Arbeitsgemeinschaftskongressen ja aus Bezirken kommen und dass es für das Klima von Kongressen manchmal sehr hilfreich wäre, wenn sich der Bezirksvorsitzende oder auch die Bundestagsabgeordneten mit ihren jeweiligen Bezirksdelegierten zu solchen Kongressen vorher unterhalten über politisches Augenmaß. Dann wären die Resolutionen, die da verabschiedet würden, auch entsprechend besser.

Wehner: Norbert *Gansel*.

Gansel: Weil Holger die Regierung ermuntert hat, weiter Broschüren herzustellen, möchte ich hieran anschließend die Bitte äußern, viele dieser Broschüren sind sehr gut brauchbar und jeder von uns wird sie nach seinen Bedürfnissen bestellen, aber ich möchte die Bitte äußern an alle Ministerien, nur auf Anforderung uns Material zuzuschicken und nicht von sich aus die Initiative zu ergreifen und Tausende, manchmal Zehntausende nach Hause zu schicken an die UB[48]-Büros, an die Landesverbände, so dass man sich also von einer Flut erdrückt fühlt von Materialien, die man zuhause nicht an den Mann bringen kann. Dafür gibt es jetzt ein konkretes Beispiel aus der Verkehrspolitik und davon gibt es Erfahrungen aus allen Wahlkämpfen. Weil man jetzt in der Planung ist, hat man noch Zeit, das zu berücksichtigen, und ich wäre dankbar, wenn die Ministerien ihren Öffentlichkeitsabteilungen Anweisungen geben könnten, auf Bedarf zu liefern und nicht von sich aus. Das führt dann auch manchmal dazu, dass die Sachen nicht knapp sind,

(Unruhe.)

die man wirklich haben möchte und für die Bedarf besteht.

Wehner: Holger *Börner*.

Börner: Ich glaube, wir sollten jetzt nicht in eine Diskussion kommen, die im Grunde im Parteirat schon durchgeführt wurde. Aber eines möchte ich sagen hier, um Missverständnisse zu vermeiden. Ich habe nicht die Regierung ermutigt, möglichst viele Broschüren zu drucken oder zu verschicken, sondern wir waren uns einig – Klaus *Bölling*

---

47 Gerhard *Reddemann*, MdB (CDU).
48 Unterbezirk.

und ich –, dass es hier Unterschiede gibt und dass wir in diesem Jahr Handreichungen brauchen zu den Themen, die wirklich im Vordergrund stehen. Um es ganz deutlich zu sagen, es gibt das Rententhema und es gibt das Thema der Wirtschaftspolitik und des Arbeitsplatzes und es gibt auch noch Fragen, die nach dem 4. Oktober gelöst werden müssen und die viele, viele Ministerien betreffen. Und in dem Fall, Norbert, bin ich der Meinung, sollten wir die Unterbezirke nicht damit beschweren, sondern wir sollten das geben, was zum Beispiel am letzten Wochenende auf den AfA-Konferenzen verlangt wurde, nämlich praktische Argumentationshilfe zu den Themen, die den Arbeitnehmer, seine Familie und damit unsere Wähler interessieren und uns weghalten im Wahlkampf von Spezialthemen. Das mag schmerzlich sein, aber Geschwindigkeitsbegrenzung, Umweltschutz und andere Fragen stehen nun in der Rangordnung zurzeit nicht so in der Diskussion wie Rentenfrage, Polen-Thema oder auch die Sicherheit um den Arbeitsplatz.

Wehner: Wolfgang *Schwabe*.

Schwabe: Genossinnen und Genossen, ich gehöre zu den Abgeordneten, die in der letzten Woche hier nicht sein konnten, weil wir in Straßburg eine Plenarsitzung hatten. Aber wir haben dort mit größtem Interesse und mit gespannter Aufmerksamkeit natürlich verfolgt, was sich hier getan hat. Wir haben es nicht nur alleine hellwach verfolgt, sondern in ständigem Kontakt mit den Vertretern der anderen acht europäischen Länder, mit den Journalisten und mit den Politikern, und ich muss sagen, dass dort auch schon deutlich zu machen war – mit Ausnahme von Gesprächen mit ein paar Verbohrten –, deutlich zu machen war, dass das, was hier erreicht worden ist, ein Erfolg der sozialdemokratisch geführten Friedenspolitik ist und nichts anderes und alles Drum und Dran, das hat man da, das ist da sehr schnell abgefallen. Die Frage der Diskussion um ein Hilfszeitwort in einem Begleitbrief, der nachher noch erörtert werden musste und wichtig gemacht worden ist, haben Leute, die ernsthaft dort in der Politik stehen, jedenfalls richtig bewertet.

Ich glaube, wir haben dort zu Recht sagen können und ich habe es zum Wochenende bei einer großen Veranstaltung dort im Kreis {...} brauchen können. Diese Polen-Verträge sind nicht wegen der CDU, sondern trotz der CDU abgeschlossen worden und wenn wir hier den Leuten erzählen, dass die CDU bis zuletzt – Herr *Carstens*[49] und andere – uns vorgerechnet haben und Herr *Lenz*[50] in meinem Kreis, dass diese Rentenzahlungen noch zu hoch wären, dann sind das Argumente, die bei der Bevölkerung ankommen. Und was die Drucksachen anbelangt, war für uns kaum eine Sache so hilfreich wie die rechtzeitig eingetroffene Drucksache all der Verträge, die in konsequenter, kontinuierlicher Arbeit der Ostpolitik unserer Regierung hier abgeschlossen worden sind und die erst dazu geführt haben, dass man dann nach dem Gespräch, das Helmut *Schmidt* mit *Gierek* hatte, diese Verträge jetzt abschließen konnte.

Helmut, ich habe auf irgendeinem Flugblatt hier gelesen, dass bei Beginn der FDP-Fraktionssitzung die Frau *Schuchardt*[51] dem Herrn *Genscher* um den Hals gefallen ist und ihn beglückwünscht hat zu diesem Erfolg, den er hatte. Ich will dir nicht um den Hals fallen. Das ist ein anderes Verhältnis,

(Heiterkeit.)

---

[49] Karl *Carstens*, Vorsitzender der CDU/CSU-Bundestagsfraktion und Oppositionsführer.
[50] Möglicherweise Carl Otto *Lenz*, MdB (CDU).
[51] MdB (FDP).

aber ich meine, wir sollten alle miteinander einmal sagen, dass das eine ganz großartige Leistung ist und dass unsere ganze Partei auf die konsequente Fortsetzung der Friedenspolitik stolz sein kann und dass das ganze Gefasel von Kohl und *Filbinger* eine kleinliche Scheinheiligkeit ist. Das kommt richtig an. Wir brauchen uns nicht zu genieren, sondern können stolz darauf weiterarbeiten. Ich wollte jedenfalls mal sehr herzlich Danke schön sagen.

(Beifall.)

Wehner: Lothar *Wrede*.

Wrede: Ja, Genossinnen und Genossen, ich würde sehr gern jetzt in die sehr optimistischen Töne von Wolfgang *Schwabe* einstimmen, aber ich habe dennoch einige Bemerkungen. Ich möchte euch gerne einige Sorgen vortragen, die ich ganz einfach habe ausgehend von dem, was Helmut *Schmidt* und Willy *Brandt* ja zu dem sagten, wie es schwierig wird, der Öffentlichkeit die ganzen Zusammenhänge des Abstimmungsverfahrens zu den Verträgen mit Polen klarzumachen. Ich fürchte, die politische Auseinandersetzung der nächsten Wochen wird vonseiten des politischen Gegners auf einen sehr einfachen, aber für ihn wohl wirkungsvollen Nenner gebracht werden. Ich darf das mal versuchen, in einigen Sätzen darzulegen. Da wird es, und das ist ja auch schon gesagt worden, wird gesagt werden, die Regierung hat bei den Verhandlungen mit Polen die deutschen Interessen nicht mit dem genügenden Nachdruck vertreten und nur durch die starre Haltung der Opposition ist es überhaupt möglich geworden, ein für uns annehmbares Ergebnis zu erreichen. Und wie man überhaupt mit Kommunisten umgeht, dies haben ja gerade *Friderichs* und Leisler *Kiep*[52] in Leipzig gezeigt. Nur so kann man sich bei denen verständlich machen, während auf der anderen Seite ganz offensichtlich die Sozialdemokraten dabei sind, ihre harte Haltung gegenüber den Kommunisten zu überprüfen. Zum Beweis dafür werden dann Äußerungen des Parteivorsitzenden herangezogen, die er im Zusammenhang mit der Situation der Linken in anderen europäischen Ländern gemacht hat. Und zu allem Überfluss kündigt dann ein stellvertretender Vorsitzender der SPD das Ende der Koalition an[53] und dann brauchen wir uns nicht ausmalen, wie die Wahlkampfmasche der Opposition in den nächsten Wochen sein wird und dass dies wirksam ist, dies sollten wir uns alle nicht selbst verhehlen. Dies ist sicherlich sehr wirksam. Und angesichts dieser Situation, meine ich, müssten wir uns alle selbst fragen und immer wieder sagen, ob es notwendig ist, und uns überprüfen vor öffentlichen Auftritten unsere Rede, ob es notwendig ist, die Dinge, die sachlich noch so gerechtfertigt sein können, in einer solchen Zeit zu sagen, zumal dann, wenn sie dem politischen Gegner Anlass geben könnten, das völlig anders auszulegen und uns in die Pfanne zu hauen.

Wehner: Peter *Reuschenbach*.

Reuschenbach: Die Bemerkungen von Willy *Brandt* veranlassen mich zu zwei weiteren Fragen in dem Zusammenhang. Wenn er feststellt oder den Grundsatz feststellt, dass man auswärtige und europäische und internationale Politik nicht machen könne, ohne Informationsgespräche mit Vertretern kommunistischer Parteien in allen Himmelsrichtungen Europas zu führen, dann ist dieses ja ein weites Feld für viele politisch Interessierte natürlich, aber auch für viele Funktionäre der Sozialdemokratischen Partei. Und was für den einen unter uns gilt, solche notwendigen, wie gesagt wird, Informationsgespräche zu führen, muss ja dann wohl auch für alle Übrigen, die auch nur annähernd et-

---

52 Walther Leisler *Kiep*, Finanzminister Niedersachsens (CDU).
53 Der stellvertretende SPD-Bundesvorsitzende *Koschnick* erklärte im »Spiegel«, dass er für 1980 das Ende der sozial-liberalen Ära kommen sehe. Vgl. das Interview »Ich sehe Veränderungen auf Landesebene«; »Der Spiegel«, Nr. 12 vom 15. März 1976, S. 25–30.

Fraktionssitzung 16.03.1976 **131.**

was mit solchen Themen und Fragen zu tun haben, gelten. Mich interessiert, auf welche Art und Weise das Präsidium glaubt, noch die Übersicht darüber zu behalten, wenn dieser Grundsatz, auswärtige und internationale Politik ist nicht mehr zu machen ohne Informationsgespräche mit Vertretern auswärtiger kommunistischer Parteien, zu einem Bestandteil sozialdemokratischer auswärtiger Politik wird.

Zweite Frage, die dazugehört und sich anschließt, ist die: Wenn dieser Grundsatz für internationale Beziehungen gilt, wie ist es dann möglich, sauber davon zu scheiden, dass dieser Grundsatz nicht auch für innerdeutsche Verhältnisse gilt, nämlich die Frage, wenn es notwendig ist, sich mit Vertretern der KPI zu Informationsgesprächen zu treffen, warum gilt dann dieser Grundsatz nicht oder darf dieser Grundsatz nicht gelten für aus subjektiver Einstellung heraus auch für notwendig gehaltene Informationsgespräche mit der DKP?

Wehner: Willy *Brandt*.

Brandt (Berlin): Das Letzte ist ganz einfach zu beantworten. Dazu gibt's Beschlüsse der Partei. Dazu gibt's Beschlüsse der Partei und keiner hat angeregt, die zu ändern. Was das Erste angeht, Peter, ich weiß nicht, wieso es dem Vorsitzenden des Auswärtigen Ausschusses des Bundestages erlaubt ist, wenn er sich in Rom umsieht, auch neben den anderen Vertretern von Parteien einen derjenigen Partei zu sehen, mit dem der dortige Regierungschef jede Woche zweimal zusammentritt. Nicht. Wieso soll derjenige, der eine Frage für die SPD und ihren Ausschuss bearbeitet, wieso sollen an den strengere Maßstäbe als an Gerhard *Schröder*[54] angelegt werden, der diese Materie für den Auswärtigen Ausschuss des Bundestages dort unten bearbeitet? Das leuchtet mir nicht ein. Das leuchtet mir wirklich nicht ein.

(Vereinzelter Beifall.)

Aber natürlich steckt ein Problem darin, wenn ich dich richtig verstehe, jetzt können Leute, die auf eigene Kappe irgendwas machen wollen, sich dahinter verstecken. Und da sage ich nur, mir ist kein Vorstandsmitglied bekannt, dafür bin ich zuständig, kein Vorstandsmitglied bekannt, das solche Art von Gesprächen wahrnimmt, ohne darüber zu berichten. Falls es außer dem Genossen, der genannt worden ist, gibt – ich kann nicht allerdings garantieren, dass Genossen im Europäischen Parlament mir über jedes Gespräch berichten, das sie dort haben müssen. Ich kann auch nicht versprechen, Peter, dass in der Kommission der Europäischen Gemeinschaft in Brüssel Sozialdemokraten, die dort Beamte sind und die als einen Vorgesetzten in zwei Fällen ein Mitglied der KPI haben – dort ist nämlich der Extremistenbeschluss, ist dort nicht wirksam bei der EG in Brüssel –, dass die mir darüber berichten. Aber das sind Arbeitskontakte und in diesem Europaparlament treffen die sich halt. Aber das, was – nicht, Ludwig *Fellermaier* wird bestätigen –, das hält sich aber alles, glaube ich, in engen Grenzen, auf sehr niedriger Flamme.

Ich will nur, damit die Genossen einschließlich Peter *Reuschenbach* jetzt wissen, dass das mit Italien ja überhaupt keine neue Problematik ist. Wir hatten ja noch die Große Koalition, da war ich mit *Kiesinger*[55] in Rom und da wurde man beim Staatspräsidenten eingeladen und da wurde man dem Vorsitzenden, damaligen Vorsitzenden der KPI vorgestellt. Nicht. Ich musste weg. Ich habe nur Guten Tag sagen können. Ich habe dann *Kiesinger* mit *Longo*[56] allein gelassen. Der hatte nämlich noch Zeit, um mit dem zusam-

---

54 MdB (CDU), Vorsitzender des Auswärtigen Ausschusses.
55 Kurt Georg *Kiesinger*, MdB (CDU), Bundeskanzler a. D.
56 Luigi *Longo*, italienischer Politiker, bis 1972 Generalsekretär der PCI (Kommunistische Partei Italiens).

men Mittag zu essen bei *Saragat*[57]. Insofern, diese Art von Geschichten ergab sich schon in früheren Jahren dort, wo KPI-Leute auch von der dortigen Regierung und dem dortigen Präsidenten eingeladen wurden. Aber dass Kontakte nicht auf eigene Faust gemacht werden sollen, das haben wir auch schon mal festgehalten und wenn es Veranlassung gibt, dies noch mal einzuschärfen, dann sollte man das tun. Wie gesagt, was den Parteivorstand angeht, glaube ich nicht, dass es Grund dazu gibt zu vermuten, dass die Richtlinien, die wir uns selbst gegeben haben, nicht eingehalten werden.

Wehner: Gibt es noch Wortmeldungen? Dann möchte ich gerne einige Bemerkungen machen zu den Erklärungen, die der Vorsitzende der CDU/CSU-Fraktion[58] aus der gegenwärtig stattfindenden Sitzung dieser Fraktion hat herausgeben lassen. Er stellt es so dar, als ob CDU/CSU durch intensive Bemühungen bei den deutsch-polnischen Vereinbarungen erreicht hätten eine zusätzliche Sicherung für alle Deutschen, die aus Polen und den Oder-Neiße-Gebieten ausreisen wollen, mit der polnischen Regierung zu vereinbaren. Dies habe erreicht werden müssen gegen den Widerstand insbesondere des Bundeskanzlers. Ich muss hier erklären, dass dies sowohl Unwissenheit über die Haltung der polnischen Regierung während der ganzen Zeit, seitdem in Helsinki die Vereinbarungen zwischen dem Bundeskanzler und Herrn *Gierek* ausgehandelt worden sind, als auch in der Zeit, seitdem die Abkommen am 9. Oktober unterzeichnet worden sind von den Außenministern der beiden Staaten[59], herrührt als auch – aber das eine gehört zum anderen – aus der Sucht, ein nach rein und absolut innenpolitischem Kalkül veranstaltetes Hin und Her während der Monate, bei denen es immer nur ein Nein gegeben hat, bis zu vorletzt, wobei das schon sehr gnädig ist, wenn man sagt vorletzt, etwas zu machen, das die CDU/CSU sich gutschreiben könne. Während all dieser Zeit hat Edward *Gierek* gesagt, dass auch nach den vier Jahren solche, auf die die Kriterien, Deutsche zu sein, zutreffen, ausreisen werden können. Das habe ich auch in meinem persönlichen Gespräch mit Edward *Gierek* von ihm selbst gehört, ohne ihn dazu ermuntern zu müssen, weil so die Abmachungen von Helsinki und die vertraglichen Vereinbarungen, die am 9. Oktober unterzeichnet worden waren, von beiden Seiten verstanden worden sind.

Der Herr *Carstens* hat in seiner Mitteilung gesagt, dass die Fraktion der CDU/CSU in Zusammenarbeit mit den von der CDU/CSU-geführten Bundesländern eine Kommission bilden werde, die sich um die zügige Durchführung der Vereinbarungen mit Polen ohne jede Diskriminierung kümmern soll. Das soll so eine Art Nebenregierung und Nebenverwaltung zu der tatsächlichen verfassungsmäßigen Regierung und zu unserer Verwaltung sein. Vonseiten der CDU/CSU-Bundestagsfraktion werden an dieser Kommission die Abgeordneten Dr. *Hupka*,

(Zwischenruf: Oha!)

Dr. *Czaja*,

(Zwischenruf: Oha!)

Dr. *Wittmann*, *Böhm* (Melsungen) und *Schröder* (Lüneburg) beteiligt werden. Ich enthalte mich –

(Unruhe.)

---

[57] Giuseppe *Saragat*, italienischer Politiker, Staatspräsident a. D., Generalsekretär des PSDI (Sozialdemokratische Partei Italiens).
[58] Karl *Carstens*.
[59] Vgl. die Ausführungen von Bundeskanzler *Schmidt* zu Beginn von SVP B zum Deutsch-Polnischen Abkommen.

ich enthalte mich der Charakterisierung und Kennzeichnung jeder dieser bedeutenden Persönlichkeiten. Ich will nur im Zusammenhang mit dem, was ich vorher über den Versuch einer Nebenregierung und Gegenverwaltung gesagt habe, hinzufügen, dass dies deutlich genug werden lässt, dass es CDU/CSU-Führung aufgrund ihrer eigenen Situation darauf ankommt, den Eindruck zu erwecken, als wären sie es, die nun die Ausreise derer, auf die die Kriterien, Deutsche zu sein, zutreffen, hier der Regierung abzwingen, abnötigen oder auch aufnötigen sollten. Ich muss hier erklären, ich würde mich gegen jeden aussprechen, der mir sagte, ich und wir als Sozialdemokraten machten uns zu eigen die polnischen Definitionen dessen, was ein Deutscher ist. So ist das.

Eine andere Frage, die in dem Zusammenhang noch beantwortet werden muss, ist, ob im Verkehr zwischen zwei Ländern solcher unterschiedlicher politischer Ordnung es denkbar ist, die Regierung, mit der man über die Lösung von Fragen internationaler Beziehungen und humanitärer Regelungen verhandelt und eben auch Abkommen ratifiziert hat – die sind ja nicht mehr in der Schwebe – ratifiziert hat, zuletzt ist das Ratifikationsgesetz einstimmig von dem Bundesrat gebilligt worden, dass es unmöglich ist, dass wir denen unsere Kriterien aufzwingen. Keine Seite kann das der anderen. Was hier in den Abkommen, die in Helsinki vom Bundeskanzler ausgehandelt und in Warschau am 9. Oktober von den Außenministern unterzeichnet worden sind und jetzt haben ratifiziert werden können, herausgekommen ist, das ist der mögliche Kompromiss zwischen den Regierungen zweier Länder, die, was die Vergangenheit betrifft und was die Gegenwart und was die Zukunft betrifft, sich offenbar vorgenommen haben, jedenfalls ist das unser fester Wille, so viel wie menschenmöglich ist gutzumachen in den Beziehungen und damit so vielen wie möglich Menschen zu helfen durch diese Beziehungen. Um das geht es und das können wir, ohne dass wir selbst, liebe Genossinnen und Genossen, ich sage das aus manchen Äußerungen, jetzt nicht hier, sondern auch sonst, ohne uns gewissermaßen etwas zu vergeben, feststellen, das sind die von unserer Regierung ausgehandelten und unterzeichneten Abkommen, die jetzt endlich nach vielem, zum Teil wahnwitzigem Hin und Her haben ratifiziert werden können und wir werden dafür sorgen, dass das alles in Ordnung kommt. In der Antwort auf die Versuche von CDU/CSU, nun nachträglich sozusagen ein Prokrustesbett zustande zu bringen, in das man Regierung der Bundesrepublik Deutschland, die Koalitionsparteien und -fraktionen in der Bundesrepublik Deutschland und die Beziehungen zwängen will, die in diesen Verträgen und Abkommen zum Ausdruck gebracht worden sind, diese Versuche werden wir mit unserer Antwort deutlich als das disqualifizieren können und auch müssen, was sie wert sind.

Noch ein Wort zu Wolfgang *Schwabes* Bemerkung, der wie andere auch am Freitag hier bei dieser Sitzung der Fraktion nicht hat anwesend sein können. Wir sind ja schlecht weggekommen im Fernsehen. Ich verliere darüber keinen Satz. Die Erklärung, die ich hier in Gegenwart des Bundeskanzlers und des Außenministers abgegeben habe und die ich auch dann dem Fernsehen draußen erklärt habe, die gewünscht hatten, ja verlangt hatten, ich solle ihnen das erklären, ohne dass sie es dann gebracht haben – das ist aber ihre Sache, es lebe die Pressefreiheit, es lebe auch meine, zu sagen, was wir wirklich gesagt haben –, da steht drin, dass es gut ist, dass damit der entscheidende Schritt zur Normalisierung der Beziehungen unserer Bundesrepublik Deutschland zur Volksrepublik Polen auf der Grundlage des Warschauer Vertrags getan werden kann, der 1970 unterzeichnet und '72 ratifiziert worden ist. Kontinuität und Konzentration der Bundesregierungen *Brandt/Scheel* und *Schmidt/Genscher* haben sich bewährt. Und ich habe dann erklärt, dass nun zu wünschen und dazu beizutragen bleibe, dass unsere Bundesrepublik Deutschland die Fieberstürme der Auseinandersetzungen zur Normalisierung mit der Volksrepublik Polen übersteht und hinter sich lässt, ohne organische Schäden zu behalten, und ich füge jetzt heute hier hinzu, wir sollten nicht uns selbst in eine Gefangenschaft bringen oder begeben lassen, so als hätte jetzt die Opposition, weil ihre Leute dort dann am Ende zugestimmt – das heißt auf Deutsch nicht beim Nein geblieben sind – einen Vorsprung für uns. Ich habe in meinem letzten Punkt gesagt, CDU und CSU müssen selbst mit sich ins Reine zu kommen suchen. Die Verrenkungen, die sie im Ringen um die Abkommen und damit um die auswärtigen Beziehungen veranstaltet und unserem Volk, dem polnischen Vertragspartner und der internationalen Öffentlichkeit zugemutet haben, sind von den dafür Verantwortlichen aus parteipolitisch-innenpolitischem Kalkül verursacht worden. Es bedurfte des staatspolitischen Verantwortungsbewusstseins der sozial-liberalen Koalition, um unser Volk vor Schaden zu bewahren. Das heißt, wir haben uns unserem Verfassungseid gemäß verhalten.

Genossen, wir kommen dann zum dritten Punkt, und ich habe eine Bitte, ob es angesichts der Tagesordnung, die noch vor uns liegt, möglich sein könnte, dass wir den Zeitrahmen für Informationen, das heißt für Fragen, was wir sonst nicht tun, begrenzen, so dass wir ihn halb sechs enden lassen? Wer hat Fragen zu stellen? Horst *Ehmke*.

[C.–E.] → online unter www.fraktionsprotokolle.de

132.

30. März 1976: Fraktionssitzung (Tonbandtranskript)

AdsD, SPD-BT-Fraktion 7. WP, 6/TONS000051. Titel: »Fraktionssitzung vom 30.03.1976«. Beginn: 15.17 Uhr. Aufnahmedauer: 02:15:09. Vorsitz: Wehner.

Sitzungsverlauf:

A. TOP 2: Bericht aus der Fraktionsvorstandssitzung. – TOP 1: Politische Berichte: SPD-Vorstandsmitglied *Koschnick* berichtet aus dem SPD-Parteivorstand (Situation in der Münchner SPD; Strömungen innerhalb der Partei). – Aussprache der Fraktion (Unmut über Jungsozialisten). – Bericht von Bundeskanzler *Schmidt* (Besuch des ägyptischen Staatspräsidenten *Sadat*; wirtschaftliche und soziale Lage in der Bundesrepublik).

B. TOP 3: Informationen (Arzneimittelgesetz; Beihilfevorschriften in der Krankenversicherung). – TOP 4: Aktuelles aus den Arbeitskreisen (Haushaltsplan des Bildungsministeriums).

C. Vorbereitung der Plenarsitzungen: TOP 5: Tagesordnung und Ablauf der Plenarsitzungen. – TOP 6: Ergebnisse Vermittlungsausschuss: a) Jugendarbeitsschutzgesetz; b) Entschädigung für Opfer von Gewalttaten; c) Verwaltungsverfahrensgesetz; d) Gesetz über die Pockenschutzimpfung; e) Änderung des Altölgesetzes; f) Fünfzehntes Strafrechtsänderungsgesetz (Paragraph 218); g) Änderung Bundeszentralregistergesetz. – TOP 7: 2. und 3. Beratung Zollkontingent für feste Brennstoffe. – TOP 8: 1. Beratung Abänderung von Unterhaltsrenten. – TOP 9: 1. Beratung Änderung schadensersatzrechtlicher Vorschriften. – TOP 10: 1. Beratung CDU/CSU-Entwurf Änderung des Umsatzsteuergesetzes. – TOP 11: Ausschussberichte betr. Entschließungsantrag der CDU/CSU zum Haushaltsstrukturgesetz.

D. Vorlagen aus den Arbeitskreisen: TOP 12: Kleine Anfrage betr. Europäisches Denkmalschutzjahr 1975 und Lage der »Alten Städte« in der Bundesrepublik Deutschland. – Sonstiges: TOP 13: Ausschussumbesetzungen. – TOP 14: Nächste Termine. – Verschiedenes.

Fraktionssitzung 30.03.1976 **132.**

[A.]

Wehner: Die Sitzung ist eröffnet. Georg August *Zinn*, dessen Persönlichkeit seit Kriegsende sowohl für das Land Hessen als auch für das Entstehen und die Entwicklung des grundgesetzlichen Verhältnisses unseres Bundesstaates prägend gewesen ist, starb in der Nacht zum Samstag. Die Fraktion der SPD, der Georg August *Zinn* in der 1. und in der 4. Legislaturperiode angehört hat, verneigt sich im Gedenken an diesen sozialdemokratischen Vorkämpfer und Staatsmann. Ich danke.

Bevor ich die Tagesordnung aufrufe, Genossinnen und Genossen, Mitteilung – wenn auch leider nur nachträglich – dass Friedel *Schirmer* am 20.3. und Willi *Bäuerle* am 24.3. je 50 Jahre alt geworden sind.

(Starker Beifall.)

Wir haben ihnen gratuliert. Es wird nochmal vermerkt. Alles Gute.

Und nun bitte ich um die Erlaubnis, den Bericht aus dem Fraktionsvorstand, der der zweite Punkt ist, vorziehen zu dürfen. Er ist sehr kurz. Erstens, diese Woche soll in erster Linie der intensiven Ausschussarbeit gewidmet sein. Der Fraktionsvorstand bittet ebenso herzlich wie dringend darum, die volle dafür zur Verfügung stehende Zeit einschließlich des Freitagvormittags voll zu nutzen. Zweitens, der Fraktionsvorstand hält daran fest, dass im Plenum die zweite Maiwoche zur Haushaltsdebatte und Verabschiedung des Haushaltsplans '76 voll genutzt wird – vier volle Plenartage.[1] Wir lehnen das Begehren der CDU und CSU ab, diese zweite und dritte Lesung des Haushaltsplans über zwei Wochen hin zu erstrecken, wie es dort im Ältestenrat angekündigt worden ist. Drittens, im Fraktionsvorstand war nicht klarzustellen gestern, wer – und zwar sozusagen unter angeblichem Namen der SPD-Fraktion und der ganzen Fraktion – angekündigt habe, dass die Fraktion bezüglich der Mehrwertsteuererhöhung Änderungsforderungen gestellt habe und worauf es zurückzuführen ist, dass seit dem Wochenende ein seltsames Rede- und Antwortspiel zwischen nicht genannten Phantomsprechern, die als die SPD-Fraktion bezeichnet werden, und dem Parlamentarischen Staatssekretär Karl *Haehser* des Bundesministers der Finanzen vorgeführt worden ist, in das nach heutigen Pressemeldungen auch der Bundesminister der Finanzen selbst eingesprungen ist. Der Vorsitzende der Bundestagsfraktion der SPD hat in der gestrigen Sitzung des Fraktionsvorstands betont, dass erstmalig im Namen der Fraktion Forderungen öffentlich lanciert worden sind, während es sachdienlich wäre, die Problematik, um die es sich in der Sache handelt, in der Fraktion respektive deren Arbeitskreisen vorzuklären und das wäre die Problematik auch wert. Ich verweise auf den »General-Anzeiger« von heute Morgen, erste Seite Aufmacher und auf die »Süddeutsche Zeitung«, Wirtschaftsteilaufmacher von heute.[2] Ich erlaube mir eine persönliche Bemerkung als Fraktionsvorsitzender. Anregungen oder Forderungen werden zu jeder Tag- und Nachtzeit angenommen

---

1 Die Haushaltsberatungen fanden vom 11. bis zum 14. Mai statt. Vgl. BT Plenarprotokoll 07/240, 07/241, 07/242 und 07/243. Die dritte Beratung fand am 20. Mai 1976 statt. Vgl. BT Plenarprotokoll 07/245.

2 An einer Erhöhung des Mehrwertsteuersatzes von derzeit elf auf dreizehn Prozent führe angesichts der zu erwartenden Mindereinnahmen im Bundeshaushalt auch bei einer Konjunkturerholung kein Weg vorbei, wurde Finanzminister *Apel* zitiert. Die Forderung von Abgeordneten der SPD-Fraktion nach Beibehaltung des ermäßigten Satzes nannte *Apel* berechtigt und finanzierbar. Vgl. den Artikel »Finanzminister: Erhöhung der Mehrwertsteuer unumgänglich«; »General-Anzeiger für Bonn« vom 30. März 1976, S. 1 und 2. – Vgl. auch den Artikel »Konflikt über geplante Mehrwertsteuererhöhung«; »Süddeutsche Zeitung« vom 30. März 1976, S. 7. Die »Süddeutsche Zeitung« berichtete, dass es in der sozialliberalen Koalition immer mehr Kritik an dem wahltaktisch ungünstigen Vorhaben von Finanzminister *Apel* gebe.

und der ordnungsgemäßen Erörterung und Behandlung durch die Organe der Fraktion zugeführt.

(Vereinzelter Beifall.)

Wenn gegen Ende der Legislaturperiode aber in der und um die Fraktion der SPD im Namen der Fraktion öffentlich lanciert wird, was ordnungsgemäß in der Fraktion ausdiskutiert und entschieden zu werden erforderlich wäre, muss der Fraktionsvorsitzende sich offen und – ich betone – gegebenenfalls öffentlich dagegen verwahren. Es täte ihm leid, wenn dabei sowohl der Ruf der Bundestagsfraktion der SPD als auch der von Kabinettsmitgliedern zu Schaden käme, aber ich hielte das für meine Pflicht angesichts des vielen Ausfransens der SPD an anderen Stellen. Warum soll dann auch noch die Fraktion ausfransen?

(Starker Beifall.)

Ja, das war mein Bericht. Wird das Wort dazu gewünscht? Antje *Huber.*

Huber: Nicht zuletzt, weil viele geglaubt haben, dass ich der Informant wäre,

(Unruhe.)

möchte ich sagen, dass niemand aus der Arbeitsgruppe Steuern eine solche Information lanciert hat, und ich möchte auch sagen, ich war sehr wütend, dass dies in der Zeitung stand, denn dies wäre eine Nachricht gewesen, die uns in erster Linie zugestanden hat, weil sie uns betrifft und weil es eine sehr heiße Diskussion ist. Ich will also ausdrücklich sagen, wir waren darüber auch mehr als unzufrieden und von uns kommt es nicht.

Wehner: Es gibt weiter keine Wortmeldungen. Dann rufe ich auf Politische Berichte und bitte Hans *Koschnick*, das Wort zu nehmen. Wir haben heute im Präsidium verabredet, dass er einiges über seine eigenen Bemühungen und über die Problematik, die sich ergibt und ergeben hat, in den Sachen München und entsprechende Erscheinungen hier der Fraktion zur Kenntnis bringt. Ich bitte Hans *Koschnick*, uns Wort – das Wort zu nehmen.

Koschnick: Liebe Genossinnen und Genossen, die nicht nur in der Öffentlichkeit, sondern auch in vielen Teilen der Partei immer mehr als bestürzend empfundenen Vorgänge um Entwicklungen in der Sozialdemokratischen Partei – vornehmlich in München, aber nicht nur in München – hat Willy *Brandt* veranlasst, mich zu bitten, bei meinen vorgesehenen Referaten im südbayerischen Raum auch in unmittelbare Kontaktgespräche mit vielfältigen Vertretungen von Gruppen in München festzustellen, ob es noch eine Möglichkeit gibt, unter vernünftigen Bedingungen die Sozialdemokratische Partei dort wieder handlungsfähig zu machen, und zwar in ihren verschiedenen Funktionen, nicht nur in Unterbezirksdelegiertenversammlungen im Unterbezirksvorstand, sondern auch im Rathaus.[3] Ich verrate kein Geheimnis, wenn ich sage, dass es für alle, die sich mit die-

---

3 In der Münchner SPD kam es seit 1972 immer wieder zu heftigen Flügelkämpfen zwischen der Parteilinken, die die Mehrheit im Unterbezirksverband stellte, und konservativeren Vertretern der Partei, die die SPD-Fraktion im Münchner Gemeinderat dominierten. Nachdem der Münchner Oberbürgermeister *Kronawitter* (SPD) bei den Wahlen zum Parteivorstand im Unterbezirk durchfiel, entschlossen sich die Mitglieder des Fraktionsvorstands der SPD im Münchner Gemeinderat und Münchens Oberbürgermeister, mit Hilfe der Münchner CSU die Vertreter der Parteilinken, beispielsweise den Münchner Unterbezirksvorsitzenden Max *von Heckel*, der das Amt des Stadtkämmerers innehatte, aus der Stadtverwaltung zu entfernen. Nachdem diese von der SPD-Fraktion im Gemeinderat nicht gedeckten Kooperationsversuche mit der CSU publik wurden, forderte die Gemeinderatsfraktion ein Parteiordnungsverfahren. Aus dem SPD-Bundesvorstand wurde daraufhin Parteivize *Koschnick* nach München entsandt, um zwischen den verfeindeten innerparteilichen Lagern zu vermitteln. Vgl. den Artikel »Rote Karte für linke Referenten«; »Süddeutsche Zeitung« vom 23. März 1976, S. 15. Vgl. auch den Artikel »Verbrannte Erde«, »Der Spiegel«, Nr. 14. vom 29. März 1976, S. 31–

Fraktionssitzung 30.03.1976 **132.**

sen Fragen beschäftigt haben, kein Vergnügen ist festzustellen, wie stark Sozialdemokraten aus langjähriger Diskussion, aus Sieg und Niederlage verhärtet, zum Teil voller Hass sich gegenüberstehen und wenn es dennoch gelungen ist, in einer Kommission, die der Landesvorstand eingesetzt hat, unter dem Vorsitz des Genossen *Rothemund*[4], mit einem Vertreter des südbayerischen Vorstandes, mit dem Unterbezirksvorsitzenden Max *von Heckel*, dem Oberbürgermeister von München *Kronawitter* und dem Fraktionsvorsitzenden in München *Preißinger* zu versuchen, die verschiedenen Strömungen so zu bündeln, dass letztlich doch ein Arbeitsergebnis herauskommt, dass nicht nur heißen darf, ein Kompromiss für eine Stadtratswahl oder ein Kompromiss für eine Referentenwahl, sondern herauskommen muss, dass hier in der Partei aufeinander zugearbeitet wird, um das Erscheinungsbild der Sozialdemokraten nicht nur dort, sondern im gesamten Bund wieder auf ein vernünftiges Maß gemeinschaftlicher Kooperation hinzuführen. Dann darf ich euch sagen, dass am Sonnabend jedenfalls von allen Vertretern zugesichert wurde, diesen Weg einer besseren Zusammenarbeit mit dem Ziel, mehr Gemeinsamkeiten als bisher zu erarbeiten, dass die Vertreter sagten, wir werden dieses Ziel gemeinsam angehen. Wir waren dabei einmütig der Auffassung, dass an Ansehung unserer Wahlkampfkonzeption für die Bundestagswahl es nicht angehen kann, dass in Großräumen wie München plötzlich zur Vermeidung innerpolitischer Auseinandersetzungen oder zur Umgehung innerpolitischer Spannungen plötzlich Gespräche und Koalitionsverhandlungen mit der CSU geführt werden. Und ich sage, wir waren uns einig auch heute im Präsidium, dass das vom Unterbezirksvorstand eingeleitete Parteiordnungsverfahren gegen das jetzige Parteivorstandsmitglied, dem früheren Unterbezirksvorsitzenden *Bleibinghaus* durchgeführt wird.[5] Hier war ein Versuch, im Gespräch mit der CSU, in Klammern, rechte Stadträte nicht wiederzuwählen und die zweite Position war dann ein Gespräch und eine Verhandlung des Fraktionsvorstandes mit *Kronawitter* an der Spitze mit der CSU mit dem Ergebnis, dass schließlich die sogenannten linken Stadträte auf der Strecke geblieben wären. Eine Position, wo man sich unter uns nur an den Kopf fassen kann, wie wir eigentlich politisch noch bestehen können, wenn hier in Gruppen gemeinsam versucht wird, mit unserem aktivsten Gegner Geschäfte zu machen, um einen nicht {...} auszuschalten.

(Beifall.)

Wir unterscheiden sehr wohl die formalen anderen Möglichkeiten. *Kronawitter* hat einen Auftrag vom Fraktionsvorstand, ein Gespräch mit einer Gruppe im Rathaus zu führen, wie jeder Bürgermeister auch mit Oppositionsfraktionen sprechen muss. Aber gleichwohl ist das Ergebnis für uns erschreckend, und wir hoffen, dass die Genossen in München begreifen, und zwar in jeder Gruppe, dass ein weiteres aktives Vorgehen in diese Richtung dazu führen muss, dass über München hinaus in der Partei unlösbare Spannungen auftreten und dass ein formaler Links-Rechts-Kampf eintritt, der in keiner Weise vernünftig und begründbar ist.

---

34. – Zu den Münchner Querelen in der 6. Wahlperiode, die auf Bundesebene zum Ausschluss des Münchner SPD-Vertreters Gerhard *Müller* (München) aus der SPD-Fraktion führten, da er bei den Kommunalwahlen auf einer zur SPD in Konkurrenz stehenden Liste kandidierte, vgl. auch die erste SPD-Fraktionssitzung am 9. Mai 1972, SVP C, online. – Zu den erbitterten Münchner Flügelkämpfen, die seit Ende der sechziger Jahre andauerten und zum Machtverlust der SPD in München führten, vgl. auch den Überblick in LÖSCHE, Peter/WALTER, Franz: Die SPD. Klassenpartei – Volkspartei – Quotenpartei, Darmstadt 1992, S. 339–364.

4 Vorsitzender der SPD-Fraktion im Bayerischen Landtag.

5 Der frühere stellvertretende Vorsitzende des Münchner SPD-Unterbezirks Hans *Bleibinghaus* hatte bereits im Januar 1976 geheime Kontakte zur CSU geknüpft. Nach dem Bekanntwerden der Kontakte wurde gegen ihn im März 1976 ein Parteiordnungsverfahren eingeleitet.

Ich bin nicht ganz sicher, ob das, was am Sonnabend besprochen worden ist, wirklich lange hält. Denn schon bei der Wahl zum Fraktionsvorstand jetzt hat sich herausgestellt, dass ein Teil der Vorgespräche nicht realisiert wurde. Zwar hat man keinen Gegenkandidaten gegen Herrn *Preißinger*[6] aufgestellt, das muss man als ein Teilergebnis feststellen, aber schließlich war die Abstimmung genauso wie bisher klare Abgrenzung, hier ein Rechtsblock, da ein Linksblock und nicht das Ziel, aufeinander zuzugehen, um eine vernünftige Lösung für die nächsten Wochen zu ermöglichen. Abgesprochen ist, dass jetzt die Stadtratsfraktion am nächsten Montag einmal feststellt, ob es noch möglich ist, alle zur Wahl stehenden, zur Wiederwahl stehenden Stadtreferenten – das sind die hauptamtlich Beigeordneten – zu wählen und keiner ist heute in der Lage zu sagen, wie schließlich diese Abstimmung ausgeht. Aber unbestritten ist, dass wir vom Präsidium davon ausgehen, es gibt keine Absprache mit der CSU und wir müssen, wenn Gruppen sich nicht an gemeinsame Absprachen halten, dann entsprechend schärfer mit den Gruppen umgehen. Das heißt, dass wenn jetzt – wie wir gestern befürchten mussten – einige auf keinen Fall bereit sind, einen Rechten zu wählen und andere auf keinen Fall bereit sind, einen Linken zu wählen, dass wir uns dann nicht mehr begnügen können mit einem öffentlichen Lamentieren, dann müssen wir die Möglichkeiten der Satzung nutzen, soweit sich die Jeweiligen offen bekennen zu ihrer Entscheidung.

(Beifall.)

Das Problem ist nur, das Problem ist nur, dass wir hier heute nicht das Münchener Problem als ein neues darstellen müssen. Wir haben seit Jahren hier einen Prozess der Ausuferung und wir stellen fest, dass das, was in München ist, sich auch in anderen Bereichen anzubahnen droht, wobei ich Krefeld nicht als ein Beispiel benutzen möchte, sondern das würde ich in einem sehr stärkeren Maße nach unseren Informationen mehr zu den persönlichen Querelen zählen als zu einer theoretischen Auseinandersetzung. Wir haben aber heute im Präsidium uns auch beschäftigt mit der Fritz-Erler-Gesellschaft, die ins Leben gerufen worden ist als ein Zusammenschluss von verschiedenen Gruppierungen, die früher den Namen *Reuter*, *Schumacher*, auch mit *Leber* operierten und die jetzt in der Form eines rechtsförmlichen Vereins versuchen, Gruppierungen in der Sozialdemokratischen Partei zusammenzufassen in einer Kontraposition zu anderen Gruppierungen.[7] Wir waren im Präsidium einig, dass wir zwar nicht verhindern können, dass Sozialdemokraten sich in Gruppen zusammenschließen, dass wir nicht verhindern können, ob sie rechtsförmliche Organisationen bilden oder ob sie das in losen Formen machen. Aber einig waren wir uns, dass jede Gruppierung – und wir sagen hier ganz bewusst jede Gruppierung –, die sich fraktioniert, das Ansehen und die Möglichkeiten sozialdemokratischer Durchsetzung wesentlich erschwert, und wir werden am Montag, und wir werden am Montag versuchen, darüber im Parteivorstand offen einmal die Fragen zu diskutieren und hoffentlich auch eine gemeinsame Position zu erarbeiten.

---

6 Vorsitzender der SPD-Fraktion im Münchner Gemeinderat.

7 Die Fritz-Erler-Gesellschaft war ein seit März 1976 bestehender Zusammenschluss von SPD-Mitgliedern, die sich innerhalb der Partei als Gemäßigte positionierten. Sie wurde gegründet, nachdem die SPD- und FDP-Koalition in Niedersachsen im Januar der CDU unterlegen war und Ernst *Albrecht* zum Ministerpräsidenten gewählt wurde. Der Verein bekannte sich in seiner Satzung ausdrücklich zum Godesberger Programm der SPD und verurteilte Kommunismus wie Nationalsozialismus scharf. Die Vereinigung sah sich als Gegenpol zum linken Flügel in der SPD. Vgl. den Artikel »Fritz Erlers Erben in der SPD sammeln sich«; »Frankfurter Allgemeine Zeitung« vom 26. März 1976, S. 3. – Die Angst vor einem Linksruck in der SPD führte jedoch dazu, dass die Fritz-Erler-Gesellschaft in der Bundestagswahl 1976 teilweise vor einer Wahl der SPD warnte und die Opposition unterstützte. Die Witwe von Fritz *Erler*, Käthe *Erler*, verbot der Gesellschaft daraufhin, den Namen ihres verstorbenen Mannes zu nutzen.

Es kann hier nicht wiederum eine Links-Rechts-Diskussion geführt werden. Wir müssen deutlich machen, dass wir immer mehr unglaubwürdig werden in der jetzigen Position, weil ein Teil unserer eigenen Mitglieder Stichworte liefert für die Argumentation der Gegner. Wenn man dann plötzlich hört von Sozialdemokraten, dass Willy *Brandt* Volksfrontpositionen aufbereitet, da fasst man sich an den Kopf und fragt, was machen wir eigentlich anderes, als der CSU Argumentationsmunition zu geben. Und wenn wir auf der anderen Seite Diskussionen erleben, dass diese Bundesregierung und dass diese Bundestagsfraktion nicht bereit sei, vernünftige Positionen in der {…} zu erarbeiten vor dem Wahlkampf, dann frage ich mich, was soll das eigentlich, wie wollen wir gemeinsam Wahlkampf führen, wenn wir vor der Wahl anfangen, uns so auseinanderzudividieren.

(Vereinzelter Beifall.)

Wobei ich, liebe Genossen, etwas sagen möchte für alle, die wir im Präsidium zusammengesessen haben und die wir alle ja eine bestimmte Position zu bestimmten Gruppen haben. Wir glauben, dass es unzulässig ist, dass einzelne Gruppierungen, einzelne Vertretungen, einzelne Organisationseinheiten dieser Partei die Namen von Kurt *Schumacher*, von Ernst *Reuter*, von Julius *Leber* oder Fritz *Erler* für sich usurpieren. Das sind Namen für die Gesamtpartei, für die Gesamtpartei, die wir gemeinsam tragen wollen, und hier müssen wir Wert darauf legen, dass wir hier auch nicht in falschen Begriffen arbeiten. Einer der schlimmsten Begriffe, die ich jetzt erlebe, ist in völliger Verkennung zum Godesberger Programm die Position, dass selbst auch wir anfangen, die Partei aufzuspalten in Sozialdemokraten und Marxisten, in freiheitliche und nicht freiheitliche Sozialdemokraten. Genossen, unser Grundsatzprogramm Godesberg hat deutlich gemacht, aus welchen Quellen diese Partei lebt. Wir wollen keine dieser Quellen miesmachen lassen. Ich bitte alle, das bei den Argumentationen draußen gemeinsam mit zu vertreten.

(Beifall.)

Wehner: Danke, Hans *Koschnick*. Wer wünscht das Wort? Bitte.

Grunenberg: Genossinnen und Genossen, ich habe an den zweiten Vorsitzenden[8] der Partei die folgende Frage. Wenn am Montag gesprochen wird, ob man eventuell nicht auch die Satzung anwenden muss, ob dieses auch gegen den Herausgeber einer Zeitung, die sich »das da« nennt, und einen Artikelschreiber, der unter anderem hier geschrieben hat: »Nach der Klassenlogik gehören die Sozialdemokraten in die Opposition. Was sollen sie in der Regierung, wenn nicht verteilt, sondern beim Volk die Reparaturkosten für die Erhaltung des Systems kassiert werden sollen?«[9] Ob dies nicht auch ein Anlass ist, der Herausgeber heißt Jochen *Steffen*, und wenn ich mich daran erinnere, ist er auch Mitglied des Parteivorstandes, ob es nicht ein Anlass ist, hier auch mal die Satzung anzuwenden?

(Starker Beifall.)

Wehner: Wer wünscht weiter das Wort? Dietrich *Sperling*.

Sperling: Genossinnen und Genossen, mir gebietet jetzt die Solidarität diejenigen, die eben Beifall gezollt haben, noch einmal zum Nachdenken zu bitten.

(Unruhe. Zwischenruf: Ich hör' wohl nicht recht!)

---

8 Hans *Koschnick*.
9 Gemeint ist der Artikel »Neue Linke – alte Bärte« von Jochen *Steffen* in der Zeitschrift »das da« vom April 1976. Vgl. BT Pressedokumentation, Personenordner Steffen, Jochen. – Der Landtagsabgeordnete *Steffen*, der bis 1973 Oppositionsführer in Schleswig-Holstein gewesen war, war Mitglied des SPD-Bundesvorstands.

Denn das, was in München passiert ist, Verhandlungen mit dem politischen Gegner, Ämterbesetzungen, dies alles gibt es bei Jochen *Steffen* nicht und wenn ihr das Ernst nehmt, was ihr eben mit Beifall bedient habt, dann braucht ihr nach meiner Ansicht wirklich nicht mehr mit viel Hoffnung in den Wahlkampf zu gehen. Bitte lasst euch nicht –

(Unruhe. Zwischenrufe.)

bitte lasst euch nicht in Emotionen hineinheizen. Wir haben am Rand Schwierigkeiten genug, dann lasst den Jochen *Steffen* ruhig da, der steht viel näher zur Mitte –

(Unruhe. Zwischenrufe.)

der steht viel näher zur Mitte als diejenigen, über die sich Hans *Koschnick* eben Sorge gemacht hat.

Wehner: Bruno *Friedrich*.

Friedrich: Hier in diesem Raum sitzen einige, die dabei waren, als ich am Samstag vor einer Woche, als das in München Bekanntgewordene noch anstand, einige sehr deutliche Sätze zum Münchner Oberbürgermeister sagte. Ich möchte allerdings auf einiges hinweisen, Genossinnen und Genossen. Kein – nachdem in diesem Raum ich schon Kanzler gehört habe, die sagten, wenn mir die Fraktion nicht folgen kann, ich muss nicht Kanzler sein –, kein Kanzler hätte sich vier Wochen hier gehalten, wenn er in dem Falle, dass ihm die Fraktion nicht gefolgt wäre, sich seine Mehrheit auf den Gängen des Bundestages hätte suchen müssen, und ich mache nur darauf aufmerksam, dass dies im Münchener Rathaus des Öfteren der Fall war und dass da niemand sich bemüßigt gefühlt hat, dies zur Kenntnis zu nehmen. Niemand! Und ich gehe davon aus, dass das, was wir jetzt über Fritz-Erler-Gesellschaft und anderen Unsinn lesen[10] – ich gehöre zu denen, die das missbilligt haben –, dass man sich erinnert, dass das seinen Ausgang nahm 1968, als auf einem Parteitag ein Büro entstand, das nicht unter der Kontrolle des Parteivorstands war.[11] Das heißt, was wir jetzt als Summe haben, ist nur der dicke Schwanz einer Kette von Illoyalitäten, unerträglichen Illoyalitäten in der Partei,

(Vereinzelter Beifall.)

die man mit einer ganz weiten Hand – und sei sie noch so lang – nicht mehr zu umfassen vermag. Das ist die wirkliche Situation und ich bin auch nicht beruhigt über besondere Erklärungen zu dem, was am Wochenende in Dortmund war. Wenn ein Mann da 182 Stimmen bekommt[12], der sagt, man muss im Wahlkampf vertreten, dass die Reformpolitik der Bundesregierung weitgehend gescheitert sei, dass man gegen sozial-liberale Reformhuberei und der dafür die Vollmacht eines eigenständigen Wahlkampfes verlangt.[13] Ich bin nicht auf einem Auge blind bei allem. Ich habe *Kronawitter* vor ande-

---

10 Vgl. Anm. 7.
11 Gemeint ist der 13. ordentliche SPD-Bundesparteitag vom 17. bis 21. März 1968 in Nürnberg. Der Parteitag war geprägt von Kontroversen um den Eintritt der SPD in die Große Koalition unter Bundeskanzler *Kiesinger* und die Verabschiedung der Notstandsgesetze. Bei der Eröffnung kam es zu Tumulten, als linke Gruppen gegen die Notstandsgesetze protestierten und Willy *Brandt* und Herbert *Wehner* angriffen. – Auf dem Parteitag zirkulierte auch eine von Linken zusammengestellte Negativliste von Personen, deren Kandidatur für den Parteivorstand abzulehnen sei. Vgl. MÜLLER-ROMMEL, Ferdinand: Innerparteiliche Gruppierungen in der SPD: Eine empirische Studie über informell-organisierte Gruppierungen von 1969–1980, Opladen 1982, S. 75.
12 Gemeint ist vermutlich Klaus-Uwe *Benneter*, der als Vertreter der Stamokap-Gruppe innerhalb der Jungsozialisten, auf dem Dortmunder Bundeskongress erstmals in den Juso-Bundesvorstand gewählt wurde.
13 Die Jungsozialisten entschieden sich auf ihrem Bundeskongress, der vom 26. bis 28. März 1976 in Dortmund stattfand, dafür, bei der anstehenden Bundestagswahl einen eigenständigen Wahlkampf zu

ren missbilligt. Ich hoffe nur, dass man mal die Geschlossenheit der Partei nicht an den Marginalien der Partei misst, sondern dass man fragt, wo ist die Mitte, die sich mal gegenüber den beiden Seiten durchzusetzen vermag.
(Beifall.)

Wehner: Hugo *Collet*.

Collet: Genossinnen und Genossen, als wir von Mannheim nach Hause fuhren, ist es mir sicherlich wie vielen anderen auch so gegangen, dass ich mir zwar sagte, die Diskussion, die es da bei uns gibt, wird weitergehen, aber dass ich der Meinung war, sie wird nicht so nach außen dringen nach diesem Parteitag[14], vor allen Dingen nicht mehr vor dem 3. Oktober. Es war mir klar, dass das, was wir dort als Demonstration der Einigkeit abgegeben haben, nicht jede Gruppierung, jede Meinung nun plötzlich unter einen Hut gebracht hat, aber dass der Wille, diesen 3. Oktober miteinander erfolgreich zu bestehen, viel stärker war als das, was nun in Gruppen dort sich vorher und auch während des Parteitags gezeigt hat. Nun scheint mir, wenn ich das, was man nun erlebt und was ich hier an wechselseitigem Beifall feststelle, dass nun viele bedauern, dass das dort so gelaufen ist und nun ein Bestreben da ist, das nun nachzuholen, draußen in der Öffentlichkeit viel schlimmer noch, als wenn es in der Partei vor sich geht. Ich meine, das, was wir dort, wo es um Abstimmungen in der Sache und um Wahlen für Personen ging, geschafft haben, doch nun ausreichen muss, um dieses halbe Jahr in den Punkten, die uns doch mehr verbinden als trennen, soweit zu kommen, dass wir das Trennende überwinden. Wobei ich mich nicht der Illusion hingebe, dass das dann auch lange danach anhält. Wir müssen diese Diskussion führen. Es wäre nur ein Zukleistern, aber ich meine, der Wille, viel größere Unterschiede gegenüber anderen gemeinsam abzuwehren und unsere Vorstellungen durchzusetzen, müsste doch ausreichen und hier ist dann auch jeder, ob ich jetzt mit Parteisatzung operiere oder nicht, aber dann muss das das Einzelgespräch von Verantwortlichen sein, wie ich meine, dann ist jeder angesprochen, ob er *Steffen* oder *Kronawitter* heißt, selbst wenn sie solche Meinungen haben, die nicht auch noch in der Presse zur Darstellung zu bringen. Das muss doch miteinander geschafft werden, wenn wir aufhören, nun abzuwägen, wer hat mehr wo verkehrt gesagt.

Wehner: Antje *Huber*.

Huber: Genossen, man darf sich doch nicht der Illusion hingeben, dass nicht alles zusammen vorgetragen wird. Es wird vorgetragen, da gibt's die Querelen in München und anderswo. Es wird vorgetragen, da gibt's Gruppen in der SPD, die lauthals verkünden, sie wollen im Wahlkampf diese SPD nicht unterstützen, sie glauben, sie können dies nicht. Da gibt's Gruppen, die wollen einen anderen Staat und da gibt's Leute, die wollen in die Opposition. Und wir sind sechs Monate vor der Wahl, und ich will euch sagen, ich komme aus dem Ruhrgebiet und ich war richtig froh, als ich wieder aus Baden-Württemberg ins Ruhrgebiet kam und meinte, hier haben wir gute Chancen, die Wahl auch zu gewinnen und hier müssen wir einen massiven, aber ganz schweren Wahlkampf führen und es gibt eine Menge Verunsicherung auch bei uns. Das haben wir gestern in einem Gespräch hier im Haus Nordrhein-Westfalen festgestellt. Es sind ja nicht alles Bundestagsabgeordnete, die dann in den Betrieben die Diskussionen zu bestehen haben. Und ich will euch sagen, wer mir sagt hier sechs Monate vor der Wahl, er will in die Opposition, den frage ich, wann er eigentlich für die SPD kämpft, vor der Wahl oder wann

---

führen. Sie verzichteten diesmal allerdings auf Kampfansagen an sozialdemokratische Bundestagsabgeordnete, die in ihren Augen nicht weit genug links standen. – Vgl. STEPHAN, Dieter: Jungsozialisten. Stabilisierung nach langer Krise. Theorie und Politik 1969–1979. Eine Bilanz, Bonn 1979, S. 70–73.

14 Gemeint ist der Mannheimer Parteitag, der vom 11. bis zum 15. November 1975 stattfand.

überhaupt? Wann kämpft er für diese Partei? Jetzt müssen wir doch alle um die Regierungsgewalt kämpfen, mindestens jetzt und ich kann auch nicht verstehen, dass die Partei nicht stärker Zugriff nimmt auf solche Gruppen, die laut erklären, sie wollen diese Partei nicht unterstützen, in der sie doch sind. Dies ist mir alles wirklich unverständlich und ich muss sagen, da muss jetzt mehr Disziplin hinein, sonst werden wir auch an der Ruhr den Wahlkampf verlieren.

Wehner: Dieter *Haack*.

Haack: Ich möchte eine Frage stellen anschließend an das, was *Grunenberg* gesagt hat zu der Meinung von *Steffen*. Ich bin ja der Auffassung, dass es nicht ausschließlich um die Meinung von *Steffen* geht, hier ist ja nur die Spitze eines Eisbergs sichtbar geworden, sondern es geht um die Grundsatzfrage, ob es tatsächlich ernstzunehmende Gruppen in dieser Partei gibt, die ganz ernsthaft darauf hinsteuern, dass diese Partei in Opposition kommt. Es werden dafür bereits die ideologischen Begründungen gegeben. Ich darf hinweisen auf ein Buch, was ich am Wochenende mir zu Gemüte geführt habe, erschienen im Piper-Verlag von *Scheer*, *Spöri* und *Narr*. Darunter sind, glaube ich, zwei Genossen, Professor *Narr* in Berlin, darunter sind, glaube ich –

(Zwischenruf.)

ich habe nicht behauptet, dass Nomen ist Omen, obwohl manches hier naheliegt. Aber unter diesen drei Verfassern sind, glaube ich, auch zwei Kandidaten, die im Bundestagswahlkampf als Kandidaten der SPD auftreten, die den Bürgern in diesem Wahlkampf wohl darlegen wollen, welche Erfolge diese sozial-liberale Koalition erzielt hat. Gleichzeitig schreiben sie in ihrem Buch, wie schlecht diese Politik ist, dass die SPD gescheitert ist als Reformpartei, dass die SPD nur noch eine Staatspartei sei. Unterschwellig ist in diesem Buch zu lesen, dass die Bundestagsfraktion, die ja wohl noch einzig funktionierende Gruppe in dieser Partei – das ist jetzt meine Deutung – eigentlich gar nicht mehr identisch ist mit dem, was die Partei eigentlich will. Also ich glaube, es geht hier nicht nur um Einzelpersonen, sondern es geht hier um eine ernstzunehmende Richtung in dieser Partei. Und weil vorhin Hans *Koschnick* berichtet hat, würde mich mal interessieren, ob man sich eigentlich an der Parteispitze auch mit diesen Fragen beschäftigt, dass nicht nur einzelne, sondern Gruppen in dieser Partei auch schon mit einer ideologischen und publizistischen Begründung ganz klar auf den Oppositionskurs der SPD hinarbeiten.

Wehner: Holger *Börner*.

Börner: Genossinnen und Genossen, ich glaube, jeder, der wie ich selbst letzte Woche in Baden-Württemberg gewesen ist, wird wissen, welche Auswirkungen das Erscheinungsbild der Partei zumindest auf die Mobilisierungsfähigkeit unserer treuen Genossen in den Dörfern und Städten dieses Landes hat, und ich bin auch wie Hugo *Collet* von der Voraussetzung ausgegangen, dass Beschlüsse eines Parteitags nicht nur aus dem Ollenhauer-Haus zum Abdrucken gegeben werden, sondern dann lebendige Politik sein müssen. Und seit Mannheim ist nichts passiert, was eine Überprüfung des dort Geäußerten, auf einen breiten Konsens in der Partei zurückgehenden Wollens zum Anlass hätte. Das, was hier geschieht von verschiedenster Seite, ist verantwortungslos und es ist auch heute Morgen in der Präsidiumssitzung, auf die sich Hans *Koschnick* bezogen hat, sehr deutlich dargestellt worden und das findet auch im Präsidiumskommuniqué durchaus seinen Niederschlag. Aber ich muss auch sagen, dass diejenigen, die von einer Diskussion in der Fraktion – so wichtig sie auch ist – nun eine Änderung der Dinge erwarten, sich mal umsehen sollten in ihren Unterbezirken und Bezirken und dort ihre Verantwortung voll als Gremienmitglieder der Bezirksvorstände wahrnehmen.

(Starker Beifall. Zwischenrufe.)

Fraktionssitzung 30.03.1976 **132.**

Ich habe hier die Satzung, von der die Rede ist. Die Satzung sagt deutlich, welcher Vorstand welche Politik vor welchen Mitgliedern zu rechtfertigen hat und das gilt auch nicht nur für München und Vorfälle wie in Wenningsen[15], sondern das gilt auch für die Delegierten, die in Dortmund die 182 Stimmen bekommen haben. Ich jedenfalls – und dabei bleibe ich – halte es für einen Vorteil, dass eine Organisation oder eine Gruppierung der Partei, wie immer man die Jusos bezeichnen will, nach einer jahrelangen studentischen Zirkeldiskussion mit Leuten, die 1,50 Meter über dem Fußboden schwebten und noch nie einen Schraubstock oder eine Maurerkelle in der Hand gehabt haben, nun sich mit der meisten Stimmzahl des Kongresses zwei gestandene Gewerkschaftssekretäre in den Vorstand gewählt hatten. Ich erwarte von den beiden Genossen mehr Augenmaß und mehr Gefühl für Solidarität und politisches Machbare, wie das bisher mit ehemaligen Studenten oder weitergebliebenen Studenten der Fall gewesen ist und deshalb habe ich zu diesem Teil des Kongresses eine positive Bewertung gegeben. Zu einem anderen habe ich, und es wäre gut, ihr würdet das alle auf euren Unterbezirksparteitagen genauso halten, wo dann die Resolutionen zum Parteivorstand kommen und ich immer fragen muss, war denn da niemand aus der Fraktion anwesend, ihr würdet das ja auch so halten, dass wenn die Wirtschaftspolitik der Bundesregierung mies gemacht wird, dass dann einer aufsteht und sagt, jetzt wollen wir euch mal sagen, was wirklich Sache ist. Dann wäre es nämlich auch in dieser Partei etwas anders.
(Beifall.)
Ich bin dagegen, dass wir uns jeden Dienstag hier darüber unterhalten, was Sonntag schiefgegangen ist. Ich bin dafür, dass der Parteivorstand am nächsten Montag in dieser Diskussion und in der klaren Abgrenzung gegen politische Illusionisten und gegen Illoyalität die volle Unterstützung der Fraktion hat.
(Beifall.)
Wehner: Norbert *Gansel*.
Gansel: Wenn die Diskussion hier nach diesem Beitrag von Holger *Börner* zu Ende wäre, dann könnte ich mir meinen Beitrag jetzt auch sparen, aber es geht ja weiter. Es sind ja noch eine Reihe Wortmeldungen da. Was ich daran vor allen Dingen gut finde, Holger, ist, dass es doch wohl darum geht, und wenn das geschehen wäre in der Vergangenheit, wäre manches anders gelaufen, dass hier keine andere Position vertreten wird als zuhause und zuhause die Position, die hier vertreten wird. Und dann ist es, glaube ich, nicht illoyal oder ist es nicht unsolidarisch, wenn es in all diesen Fragen nicht hundert- oder hundertzehnprozentige Übereinstimmung in der Partei gibt. Die wird es und die kann das wohl auch nicht geben, so wie wir Partei und Sozialdemokratie verstehen. Ich möchte aber nochmal etwas sagen zu Jochen *Steffen*, weil das hier nicht deutlich genug geworden ist. Jochen hat uns mit zwei Vorstößen Schwierigkeiten gemacht. Das ist einmal seine Äußerung über die soziale Verteidigung und das ist die Zitatmöglichkeit des »das da«-Artikels.[16] Ich sage Zitatmöglichkeit, und wir werden über diese Vorstöße mit Jochen *Steffen* zuhause auch reden. Was ich aber hier sagen möchte und feststellen möchte, ist, dass es neue Legendenbildung wäre und dass ich auch dieses als Zwecklegende verstehen müsste, wenn jemand behauptete, dass Jochen *Steffen* in diesem Artikel geschrieben hätte, es lohne sich nicht, im Wahlkampf zu kämpfen und die SPD gehöre auf die Oppositionsbank und dafür müsse man sich einsetzen. Das steht in dem Artikel nicht drin! In diesem Artikel sind Bedenken artikuliert, die ja auch hier und dort zuhause manchmal artikuliert werden und man kann sehr wohl darüber sprechen, ob man

---

15 In Wenningsen bei Hannover wurde die Fritz-Erler-Gesellschaft gegründet. Vgl. Anm. 7.
16 Vgl. Anm. 9.

nicht in diesen Zeiten auch so schreiben muss, dass auch der einzelne herausgelöste Satz zitierfähig und nicht missbrauchbar ist. Aber es geht nicht an, dass hier von einem Mann behauptet wird, der sich immer wieder für diese Partei auch in Wahlkämpfen eingesetzt und hat kaputtmachen lassen – das hat der *Steffen* nämlich auch mit sich machen lassen –, dass von diesem Mann hier behauptet wird, er würde etwa dafür eintreten, dass wir in die Opposition müssen. Das geht nicht an, und wenn ihr euch den Artikel durchlest, dann könnt ihr das nicht herauslesen. Ich bin bereit zu diskutieren über Unvorsichtigkeiten. Ich bin bereit zu akzeptieren, dass wir nach außen uns noch vorsichtiger und nicht missbrauchsfähig ausdrücken dürfen, aber ich bin strikt dagegen und würde das nicht akzeptieren, wenn hier irgendeiner von Jochen *Steffen* oder von den Jungsozialisten, die in diesem Wahlkampf auch wieder mit die praktische Hauptarbeit tragen werden, wenn hier jemand behauptet, dass diese –,

(Unruhe. Zwischenrufe.)

ihr werdet alle zuhause eure Jungsozialisten brauchen und ihr werdet sie alle zuhause haben und es geht nicht hier an, dass man so tut, als ob die etwas anderes wollten im konkreten Wahlkampf als wir auch, nämlich dass wir am 3. Oktober so viele Stimmen und so viele Sitze wie möglich haben. Wer hier raunt und murmelt, der soll die Auseinandersetzung zuhause machen, aber soll sich nicht hier hinstellen und behaupten, dass *Steffen* oder dass die Jungsozialisten nicht auf einen Wahlsieg der SPD hinarbeiten.

(Beifall.)

Wehner: Klaus *Konrad*. Helmut *Rohde*.

Rohde: Liebe Genossinnen und Genossen, ich sage ganz offen, was mich bedrückt, ist die Emotionalisierung unserer Diskussion. Ich werde hier keine Zettel herausziehen und vorlesen und die Zitate dann gleichsam wie Öl benutzen, das man ins Feuer gießt, weil ich den Eindruck gewonnen habe, dass dieses ein Feuer ist, an dem wir uns die eigenen Finger und mehr verbrennen werden. Ich bin nicht der Meinung, dass wir hier über Zitate völlig hinweggehen sollten, wenn sie den einen oder anderen bedrücken. Aber, Genossinnen und Genossen, wir können diese Zitate nicht zu zentralen Fragen der sozialdemokratischen Politik machen und damit uns gleichsam die öffentliche Diskussion selbst aufzwingen. Ich war gestern einen ganzen Tag mit den Genossen aus den Betrieben, aus der AfA hier zusammen und ich will euch sagen, die sind ganz bedrückt von dem, was ihnen zugemutet wird und wie das Pfund von Mannheim – Mannheim war in meinen Augen nicht eine taktische Vorstellung, sondern da waren Überzeugungswerte der Sozialdemokratie sichtbar –, wie dieses Pfund von Mannheim jetzt aufs Spiel gesetzt wird und zu Koalitionsfragen, Oppositionsfragen und vielen anderen, das gibt's von allen Seiten, uns Dinge hingeknallt werden, die wir in den Auseinandersetzungen draußen vertreten sollen und die keiner vertreten kann im Grunde genommen, weil er nicht weiß, was damit eigentlich gemacht werden soll. Was ich glaube ist, dass man jetzt die Frage nach der politischen Führung stellen muss. Was ist die und wo ist die in diesen konkreten Zusammenhängen? Und nach meinem Dafürhalten, Egon [*Bahr*], das gilt aber nach allen Seiten, und nach meinem Dafürhalten und nach meinem Dafürhalten wird jetzt eine Konzentration stattfinden müssen. Die erste Form der Konzentration wird sein, dass wir ganz ohne Zweifel erklären und gegenüber allen, dass alles, was am Rande der Sozialdemokratie geschieht, schädlich für uns ist und jeder, der sich unter welchem Namenszeichen auch daran beteiligt, der Sozialdemokratie das im Wahlkampf nicht leichter macht. Das reicht von den Gruppierungen bis zu den Sonderverhandlungen in München über Stadtreferentenpositionen und Ähnliches. Das muss ganz klar durchgehalten werden und da muss dann auch Bewertung abgeleitet werden gegenüber denjenigen, die so etwas machen.

Fraktionssitzung 30.03.1976 **132.**

Das Zweite, was mein Eindruck ist, ist der, dass wir die Arbeit an der Plattform zeitlich beschleunigen müssen, dass sie bald herauskommt in die Partei, damit aufgehört wird mit der Spekulation, was denn die eigentliche sozialdemokratische Politik sei, mit der wir in den Wahlkampf gehen. Das können wir nicht mehr lange laufen lassen. Und das Dritte, das lasst mich auch sagen, und zwar erfahren durch die Aktion der Arbeitsgemeinschaft für Arbeitnehmerfragen, die jetzt Wochenende für Wochenende Tausende von Genossen und anderen Gewerkschaftskollegen aus den Betrieben in ihren Arbeitnehmerkonferenzen hat, nach meinem Dafürhalten muss jetzt Wert darauf gelegt werden, die Partei aus dem innerparteilichen Grabenkrieg herauszuführen und das wir nicht durch Appelle gelingen, sondern dass man sie endlich in den Wahlkampf und in die Auseinandersetzung führt. Mein Eindruck ist, dass vieles sich abschleifen würde, wenn wir nicht mehr allein in den Hinterzimmern sitzen und diskutieren miteinander, sondern wenn von der Parteiführung konkrete Aktionen dieser Partei aufgegeben werden, die dann auch erfüllt werden müssen und man eine Chance hat, in der praktischen Arbeit und vor allen Dingen in der Auseinandersetzung mit dem politischen Gegner vieles an dem zu verlieren, was heute sich einfach nur erklären lässt, dass das eine Partei im Wartestand vor dem eigentlich Wahlkampf ist. Schönen Dank.
(Vereinzelter Beifall.)
Wehner: Jürgen *Vahlberg*.
Vahlberg: Genossinnen und Genossen, lasst mich, der ich aus München komme, ein paar Sätze zur Münchener Lage, zur Münchener Situation sagen, wobei ihr – so hoffe ich – verstehen werdet, dass ich nicht in Einzelheiten gehe, hier nicht etwa Schuldzuweisungen vornehme. Denn wenn man dieses als Münchener tut, dort ist man ja Partei, dann reißt man die Gräben nur noch weiter auf, die ja weit genug sind. Ich habe nur in Diskussionen mit Kollegen hier in Bonn festgestellt, dass sehr viele eine falsche Einschätzung von der Münchener Situation haben. Analyse sagt man gemeinhin, eine falsche Analyse der Situation in München haben, und ich meine, dass dieses auch durchaus verständlich ist aus den Erfahrungen, die man vielleicht in der eigenen örtlichen Gliederung gemacht. Dort gibt es unter Umständen ein paar versprengte APO-Leute oder ein paar ganz junge Jungsozialisten, die sehr schwer auf eine realistische politische Linie hinzubewegen sind. Und aus dieser Erfahrung, so sehe ich das jedenfalls in den Diskussionen mit den Kollegen in der Fraktion, aus diesen Erfahrungen heraus beurteilt man die Münchener Situation und kommt dann zu der Schlussfolgerung, in München haben diese versprengten APO-Leute, ein paar ganz Verrückte die Macht übernommen und dann kann das ja dort nicht gutgehen, dann muss das in den Graben gehen.

Genossinnen und Genossen, und dieses wird natürlich, diese eure Einschätzung wird natürlich dadurch bestärkt, dass es in München die eine oder andere wichtige Figur gibt, die nach außen hin gegenüber der Presse mit der Behauptung arbeitet, die Münchener Partei sei kaderkommunistisch oder quasikaderkommunistisch und der neue Parteivorsitzende Max *von Heckel* ein Exponent solcher Kaderkommunisten. Lasst mich nur eines feststellen aus meiner Sicht der Dinge. Wir haben in München keinen Stamokap[17]-Flügel, keine Nichtrevisionisten, wie immer diese Gruppierungen heißen mögen. Dort ist ein Parteivorsitzender gewählt worden mit über 90 Prozent der Stimmen. Man könnte also sagen, die Münchener Partei ist nicht zerrissen. Ich weiß, man erntet da eher Gelächter, wenn man dieses sagt, aber in der Tat ist es so, dass sich über 90 Prozent der Partei auf einen Parteivorsitzenden verständigt haben, und es ist auch nicht so, dass in München die Äußerungen der Partei, das was also auf Parteitagen gesagt wird,

---
17 Staatsmonopolistischer Kapitalismus.

was dort beschlossen wird, mit der Parteilinie nicht mehr vereinbar wären. Meine Behauptung, meine Behauptung ganz kategorisch ist die, dass die Münchener Partei auf einem Reformkurs liegt, wie er von der Bundespartei und von der Bundesregierung getragen wird.

Wehner: Es sind bis jetzt keine weiteren Wortmeldungen. Kurt *Mattick*.

Mattick: Genossinnen und Genossen, ich wollte den Parteivorstand Folgendes fragen. Bei dem Bemühen, die Aufspaltung der Partei zu überwinden, sind hier heute ein paar Worte gesagt worden, die man ernst nehmen soll. Daran schließe ich die offene Frage: Ich sehe hier unter Nummer 4 in den roten Blättern vom Pressedienst, führende Sozialdemokraten, die dem linken Flügel zugerechnet werden, zeichnen als Herausgeber der neuen »Zeitschrift für Theorie und Praxis des demokratischen Sozialismus Forum DS« – ob das »Das da« heißen soll, weiß ich nicht – »DS«, die am Montag in Bonn vorgestellt wurde. Und es heißt dann, es solle im »Forum DS« eine freie und unvoreingenommene, gleichwohl aber eine Partei nehmende Diskussion geführt werden, die keine Verhärtungen und Vorurteile schaffen, sondern diese gerade überwinden soll. Zu den Herausgebern gehören die SPD-Vorstandsmitglieder Wolfgang *Roth*, Joachim *Steffen* und Werner *Vitt*, die Juso-Bundesvorsitzende *Wieczorek-Zeul* sowie die ehemaligen Juso-Vorstandsmitglieder Karsten *Voigt*, Johannes *Strasser* und Hermann *Scheer*. Autoren des ersten über 200 Seiten starken Heftes sind unter anderem Peter *von Oertzen*, Wolf-Dieter *Narr*, Fritz *Hilmar* und Johannes *Strasser*.

Meine Frage ist folgende. Wir hatten vor 1933 die »Gesellschaft«, die dann später wie jetzt die »Neue Gesellschaft« wurde, und wir hatten den »Klassenkampf«, die linke Zeitschrift des linken Flügels in der Partei. Genossen, die die Zeit noch erlebt haben, wissen, dass dafür die gegenseitigen Träger des Gegensatzes in der Partei wurden mit ganz verschiedenen Richtungen. Ich frage mich, es gibt die »Neue Gesellschaft«, es gibt den »Vorwärts«, haben die Genossen versucht, ihre Artikel in der »Neue Gesellschaft« unterzubringen? Sie sind abgewiesen worden? Haben sie versucht, im »Vorwärts« sie unterzubringen? Sie sind abgewiesen worden? Hat der Parteivorstand zu einem solchen Sonderunternehmen, das automatisch die Konsequenz hat, Träger der Gruppe – wie sie sich selbst bezeichnen – des linken Flügels zu sein und damit eine neue Kontroverse aufreißen und unseren Gegnern neues Material in die Hände liefern, ist das mit Zustimmung des Parteivorstandes erfolgt oder nicht?

Wehner: Holger *Börner*.

Börner: Ich kann dazu nur feststellen, dass mir nicht bekannt ist, ob sie sich an den »Vorwärts« oder an die »Neue Gesellschaft« gewandt haben und ob ihnen ein Abdruck verweigert wurde. Ich kann mir aufgrund langjähriger Erfahrungen nicht vorstellen, dass eins von den beiden Organen einen Abdruck einer Meinung, die innerhalb des Parteispektrums oder fast darüber hinausgeht, vermieden hätte. Ich kann nur feststellen, dass dem Parteivorstand weder die Pressekonferenz noch die beabsichtigte Publizierung einer solchen Zeitung bekannt gewesen ist.

(Zwischenruf.)

Es ist selbstverständlich, dass Dinge, die nicht im Parteivorstand bekannt sind, auch nicht vom Parteivorstand bezahlt werden. Bitte also die Frage dann an die Herausgeber weiterzugeben.

Wehner: Ich nehme ja an, wir brauchen nicht so bürokratisch zu sein, ich bitte um Entschuldigung, am Montag ist zufällig Parteivorstandssitzung. Da wird man wohl sprechen, denn es sind ja unter den Genannten Mitglieder des Parteivorstands. Ich hatte mich eingezeichnet. Ich wollte nur ein paar Bemerkungen machen, Genossen, nämlich zu der Frage, die hier bei einigen anklang, ob es legitim ist, dass hier in der Bundestagsfraktion der Bericht von Hans *Koschnick* diskutiert wird und ob es richtig gewesen ist, dass Hans *Koschnick* hier als Stellvertretender Vorsitzender der Partei diesen Bericht gegeben hat. Wenn Willy *Brandt* heute nicht nach Berlin hätte fliegen müssen, hätte er hier diesen Bericht gegeben. Das wollte ich der Ordnung halber nur sagen. Aber dort ist heute die Veranstaltung aus Anlass der Wiederkehr des Tages der Urabstimmung. Wir sind als Fraktion kein Parteitag. Wir sind nicht der Parteivorstand. Aber wir sind die Fraktion der SPD im Deutschen Bundestag und als solche nach meiner Auffassung in der Pflicht, unsere ganze Kraft für einen erfolgreichen Abschluss dieser Legislaturperiode und für den Sieg der SPD bei der Wahl des 8. Deutschen Bundestages einzusetzen.

(Beifall.)

Das erklärt, warum wir uns mit solchen Erscheinungen jedenfalls informativ und dann auch durch Äußerungen von Meinungen dazu, ohne dass wir hier die Erscheinungen selbst bis auf den Grund klären können, dazu fehlen uns die Befugnisse, wenn ich absehe von einigen der Hinweise, auf die *Börner* in seiner ersten Intervention mit recht Gewicht gelegt hat, nämlich dass man dort, wo man in der Parteiorganisation ist, mitwirkt, redet und dass das sich auch niederschlagen soll.

Nach meiner Ansicht sind die Hauptleittragenden solcher Erscheinungen, wie es die sind, über die Hans *Koschnick* hier berichtet hat, die SPD im Wahlkampf im Land Baden-Württemberg[18].

(Beifall.)

Auf sie drückt die ganze Last des Eindrucks, der infolge solcher Ereignisse von der SPD gebildet wird und wie sie sich darstellt und wenn man dann an dem Ergebnis herumanalysieren wird, dann wird man diejenigen, die die Ursachen in erster Linie oder gar überhaupt in unserer Organisation in Baden-Württemberg meinen zu sehen und aufzuzeigen, daran erinnern müssen, dass selten ein Wahlkampf in einem – das ist doch wohl bekannt denen, die einige Jahre und Jahrzehnte mit diesem Land zu tun haben – in einem so schwierigen Land so wenig Unterstützung gefunden hat durch das Verhalten der Partei wie der Wahlkampf in Baden-Württemberg.

(Beifall.)

Da wird gewirtschaftet, als ob jeder nur für sich selbst und für – wie man das heute modisch nennt – seine eigene Profilierung da sei.

(Beifall.)

Da wird Unfug geschrieben und da wird gegeneinander nicht nur intrigiert, das wäre ja ein Kinderspiel – intrigiert – hier wird ja ein mörderischer Gruppenkampf geführt, dem sich fast keiner mehr entzieht.

(Beifall.)

Und mancher wird dann fatalistisch sagen: entziehen kann, weil jede Seite dann das, was sie tut, jedes Mal als Notwehr gegen das, was eine andere Seite wiederum in Abwehr von dem, was eine andere Seite vorher getan hat, darstellen wird. Ich will das hier nicht vertiefen. Ich will nur sagen, Genossinnen und Genossen, es beginnt übermorgen das zweite Vierteljahr dieses Wahljahres und dann haben wir noch ein drittes Vierteljahr und dann ist hier Wahl. Wenn jemand die Meinung hat, so wie die Dinge sind, wäre es besser, die SPD wäre in der Opposition, dann müssen wir mit ihm kämpfen, nicht nur diskutieren, kämpfen und dann müssen wir das, was er tut, messen an dem,

---

18 Die Landtagswahl fand am 4. April 1976 statt.

was er eventuell tut, damit sie in die Opposition kommt. Die Auffassung, ob eine SPD in der Opposition besser wäre als eine SPD in der Regierung, ist sicher diskutabel. Sie aber während eines Wahlkampfs, in dem entschieden werden wird, ob die Jahre, in denen die SPD Bundesregierungsverantwortung getragen hat und noch trägt, Episoden werden dann für mehr als jene 17 Jahre, in denen wir hier die Opposition waren, was ich nicht zeitlich meine, aber ich würde es mindestens auch zeitlich gemeint haben. Ihr würdet sehen, ich sage, würdet sehen, was dann auszustehen ist. Das ist die Frage. Die Frage, wie wir miteinander umgehen und die Frage, wie wir diese unglückliche Partei notleidend werden lassen, sei es in einem aktiven Wahlkampf wie jetzt in Baden-Württemberg oder in einer Phase unseres Bundesvorwahlkampfs, sagt man ja, in dem wir in Mannheim doch keine Kulisse gestellt haben. Das war – davon bin ich überzeugt – ein Ausdruck der Konzentrationsfähigkeit der sozialdemokratischen Vertrauensleute, die dort Delegierte waren, auf das, was notwendig ist und auf das, was durchgesetzt werden muss und die CDU war damals in einer ziemlichen Verlegenheit. Wenn ihr das nach dem Kalender verfolgt, hat sie unmittelbar danach ihre sogenannte Führungsmannschaft paritätisch besetzt, fünf CDU, fünf CSU und seither also gerudert. Wir haben ihr manches geschenkt und erleichtert auf mancherlei Art und Weise. Aber wir haben noch zwei Vierteljahre, Genossen, die sollten wir unheimlich effektiv ausnützen. Hans *Koschnick*.

(Starker Beifall.)

Koschnick: Liebe Genossinnen und Genossen, drei Bemerkungen noch zu München und dann zur Situation in der Partei. Ich halte Darstellungen wie marxistischer Kaderverband für eine schreckliche Überzeichnung einer Situation. Ich halte es aber nicht für eine Überzeichnung, wenn Gruppenstrukturen sich entwickeln, wo man aus einer großen SPD auch Teile von sozialistischen Kampfverbänden machen will ohne Rücksicht auf die Gesamtsituation der Partei. Das muss man sehen, wenn man über München spricht und ich halte es nicht für möglich, dass man erklärt, dass ein von der Partei aufgestellter Oberbürgermeister nicht wählbar sei für die Partei. Ich halte es wohl für möglich, dass er nicht gewählt wird, weil jeder, der antritt, auch das Risiko hinnehmen muss, nicht gewählt zu werden. Aber Abqualifizierungen dieser Art zerstören das Mindestmaß an Vertrauensverhältnis, was wir gegenwärtig halten müssen und aus diesem Grund können wir jetzt nur hoffen, dass die Genossen, die sich in München bemühen, die Dinge wieder in den Griff zu bekommen, auch die genügende Unterstützung von all denen bekommen, die in der Verantwortung sind. Unsere Bitte ist jetzt, dem neuen Vorsitzenden Max *von Heckel* die Chance zu geben zu beweisen, die Dinge auf sich zuzuziehen, um etwas mehr an Gemeinsamkeiten zu entwickeln. Das sagen wir nicht nur fürs Präsidium. Das sagt auch Jochen *Vogel* in seiner Position als bayerischer Landesvorsitzender.

Die Frage, vor der wir aber im Wesentlichen stehen, ist nicht nur, dass wir den Gruppenkampf zwischen den Bereichen beenden müssen – wie Herbert *Wehner* sagt, diesen mörderischen Kampf –, sondern dass wir erkennen müssen, dass tatsächlich in unserer Partei verschiedene Gruppen es artikulieren oder durch Handlungen es beweisen, dass sie es für besser erachten, wir würden die Wahl nicht gewinnen. Es gab Anträge, Genossen, und bitte lest sie genau durch, zu dem Juso-Kongress in Dortmund[19], wo einige nicht unmaßgebliche Gruppen, zahlenmäßig unmaßgebliche Gruppen die Artikulation zum Wahlkampf so ausdrücken, dass man nicht auf Wahlsieg setzen kann und dass man nicht für die SPD eintreten kann, sondern nur für Teile in der SPD. Und das

---

19 26. bis 28. März 1976.

Fraktionssitzung 30.03.1976 **132.**

Gleiche finden wir leider umgekehrt auch, wenn wir lesen, dass man sich für diesen und jenen Kandidaten draußen nicht einsetzen kann. Das – meine ich – müssen wir gemeinsam überwinden und es geht dabei gar nicht um die ideologischen Überwindungen. Es geht darum, dass wir uns heute kein gegenseitiges Alibi schenken dürfen, wenn es schiefgeht, sondern dass wir uns daransetzen gemeinsam zu arbeiten, dass es gutgeht und nach unserer Meinung ist das möglich, wenn die Partei wieder antritt. Nur antreten wird sie erst dann, wenn die Osterperiode vorbei ist. Denn ein Teil von uns ist in einem permanenten Wahlkampf in Baden-Württemberg. Es ist ja nicht so, dass wir keinen Wahlkampf hätten, sondern wir sind ja jede Woche zwei, drei und vier Tage in diesem Musterländle. Aber nach Ostern, Genossen, müssen wir in Vorbereitung auf unseren Juli-Kongress genau das erfüllen, was vorhin Helmut *Rohde* gesagt hat, in konkreten Aktionen, in konkreter Bereitschaft Ziele uns vorgeben und versuchen, um die Arbeitnehmerkollegen zu mobilisieren. Und dabei eine Bitte, weder die eine noch die andere Arbeitsgemeinschaft herauszuputzen noch mieszumachen. Ich glaube nicht, dass man sagen kann, die Jusos werden die Hauptarbeit leisten im Wahlkampf. Ich sage auch nicht, die AfA oder die anderen werden es tun. Schaffen tun wir es nur, wenn wir gemeinsam bereit sind, wirklich Hauptarbeit zu leisten, damit diese Partei gewinnen kann. Ich danke euch.

(Beifall.)

Wehner: Noch dazu? Heinz *Junker*.

Junker: Genossinnen und Genossen, die Zeitschrift »DS« heißt »Demokratischer Sozialismus«, ist abgekürzt. Ehe wir uns ein Urteil darüber bilden, würde ich sagen, sollten wir sie uns mal ansehen, und ich halte sie insgesamt für sehr lesenswert. In Bezug auf das, was über Gruppen in der Partei gesagt wird, auch über Vorgänge bei den Jungsozialisten selbst, wird – glaube ich – diese Zeitschrift sehr nützliche Dienste leisten. Sie enthält unter anderem einen längeren Beitrag von Horst *Heymann*. Ich weiß nicht, ob ihr sein Buch gelesen habt »Theoriediskussion in der SPD«. Aber wenn ihr es nicht gelesen habt, wäre es dringend zu empfehlen, dass möglichst bald nachzuholen.

(Zwischenrufe.)

Dann wird man auch eine ganze Menge von dem verstehen, was innerhalb der Jungsozialisten vor sich geht, denn da gibt's ja sehr lebhafte Auseinandersetzungen. Ich halte die, die da stattfinden, für des Interesses der Partei in hohem Maße würdig. Da kann sehr viel davon abhängen. Das, was in Mannheim war, war ja kein Zufall. Aber das, was in Dortmund auf dem Juso-Kongress war, war ja ein Nachspiel zu Mannheim und da gab es ja Leute, die die Rolle des Juso-Bundesvorstandes auch in Bezug auf den Mannheimer Parteitag nun ganz und gar nicht akzeptieren wollten. Darüber ist lebhaft diskutiert worden und ich möchte mir hier mal erlauben, ohne Rücksicht auf das, was ihr vielleicht über Heidemarie *Wieczorek-Zeul* denkt, in der Fraktion sagen, wie Heidemarie sich da geschlagen hat, das verdient unseren Respekt.

(Beifall.)

Wehner: Kurt *Mattick*.

Mattick: Ich glaube, ich bin missverstanden worden, Genosse *Junker*. Es kommt nicht darauf an, ob in dieser Zeitschrift was Vernünftiges steht. Daran zweifle ich nicht, sondern davon bin ich sogar überzeugt, dass viel Vernünftiges drinstehen wird. Ich zweifle nur daran, ob es notwendig ist, dass, um dieses Vernünftige aufzuschreiben, was da in der Zeitschrift auch erscheinen wird, eine gesonderte Zeitschrift erscheinen muss, die ausdrücklich für sich bezeichnet, dass führende Sozialdemokraten aus dem linken Flügel eine solche Zeitschrift herausgeben. Der »Klassenkampf« war die Grundlage damals der Abspaltung der SAG[20] von der SPD. Dieses kann auch auf diesem Wege über solche Zeitschrift möglich sein, wenn sie Sammelbecken eines Widerstandes in der Partei wird. Warum kann man denn das Vernünftige nicht in der »Neuen Gesellschaft« schreiben? Es wird doch nicht verwiesen. Es wäre doch viel besser, wenn die »Neue Gesellschaft« – soweit solche Beiträge gegeben werden – auch zweiseitig ist und ist sie ja auch schon. Es gibt also keinen Grund, sich dem zu entziehen, in einer Zeitschrift zu schreiben, die für alle Genossen leserlich ist, da ist, angeboten wird als die Zeitschrift, die geistige Zeitschrift der Partei. Eine zweite solche Zeitschrift extra mit der Bezeichnung der führenden Sozialdemokraten, die dem linken Flügel angehören, ist eine einseitige Position, die die Parteigemeinsamkeit zerstört.

Wehner: Ich denke, die Diskussion wird im Parteivorstand geführt werden um die Sache.

[B.–D.] → online unter www.fraktionsprotokolle.de

133.

6. April 1976: Fraktionssitzung (Tonbandtranskription)

AdsD, SPD-BT-Fraktion 7. WP, 6/TONS000051. Titel: »Fraktionssitzung vom 06.04.1976«. Beginn: 15.25 Uhr. Aufnahmedauer: 04:42:15. Vorsitz: Wehner, später Metzger.

Sitzungsverlauf:

A. TOP 1: Politischer Bericht des SPD-Vorsitzenden *Brandt* (Ergebnis der Landtagswahlen in Baden-Württemberg; Lage der SPD in Baden-Württemberg). – Aussprache der Fraktion über die Ergebnisse der Landtagswahl und Kontroversen über die innerparteiliche Flügelbildung. – Politischer Bericht von Bundeskanzler *Schmidt* (*Tindemans*-Bericht zur Zukunft der EG; Direktwahl des Europäischen Parlaments; Preissteigerungen; innerparteiliche Flügelbildung; Landtagswahl in Baden-Württemberg). – Aussprache der Fraktion.

B. TOP 3: Bericht aus dem Fraktionsvorstand (Landtagswahl in Baden-Württemberg; Rentenanpassungsgesetze; Bericht des Wehrbeauftragten; Änderung Wehrpflicht- und Zivildienstgesetz; Künstleralterssicherung; Reform des Ehe- und Familienrechts; Vorfälle in der Parlamentarischen Gesellschaft). – Aussprache der Fraktion (Amnestievorschlag für Wehrdienstverweigerer; Rechtsstellung der Abgeordneten).

C. Vorbereitung der Plenarsitzungen: TOP 5: Tagesordnung und Ablauf der Plenarsitzungen. – TOP 6: Ergebnisse Vermittlungsausschuss (Abfallbeseitigungsgesetz).

D. Forts. TOP 6: Ergebnisse des Vermittlungsausschusses (Reform des Ehe- und Familienrechts). – Aussprache der Fraktion zu den Ergebnissen des Vermittlungsausschusses zur Neuregelung der Eherechtsreform (Scheidung und Scheidungsfolgenrecht).

E. Forts. zu Vorbereitungen der Plenarsitzungen: TOP 7: Debatte über die Regierungserklärung. – TOP 8: 2. und 3. Beratung 19. Rentenanpassungsgesetz. – TOP 9: 2. und

---

20 Die Sozialdemokratische Arbeitsgemeinschaft entstand 1916 nach dem Ausschluss von 18 SPD-Abgeordneten, die im Gegensatz zur Mehrheit der SPD-Reichstagsabgeordneten gegen den Not-Etat zur Finanzierung des Krieges stimmten, aus der SPD-Fraktion im Reichstag.

Fraktionssitzung 06.04.1976 **133.**

3. Beratung 8. Anpassungsgesetz Kriegsopferversorgung. – TOP 10: 2. und 3. Beratung Änderung Wehrpflicht- und Zivildienstgesetz. – TOP 11: Ausschussbericht zum Jahresbericht 1974 und 1975 des Wehrbeauftragten. – TOP 12: 2. und 3. Beratung Berufsbildungsgesetz. – TOP 13: 2. und 3. Beratung Fernunterrichtsschutzgesetz. – TOP 13a: 2. und 3. Beratung Bundesgrenzschutz-Personalstrukturgesetz. – Vorlagen aus den Arbeitskreisen: TOP 15: Kleine Anfrage betr. Rechtsstellung der Arbeitnehmer bei den Stationierungsstreitkräften. – Verschiedenes.

[A.]

Wehner: Die Sitzung ist eröffnet. Bevor ich zu den schwierigen Themen komme, kann ich also einem Glück wünschen zum Geburtstag. Das ist diesmal Fritz *Schäfer*.
(Starker Beifall.)
Pass auf, das sticht durch! Alles Gute!
Die Tagesordnung liegt vor, Genossen. Bevor ich aufrufe, will im Zusammenhang mit dem Punkt 1 unserer Tagesordnung – Politische Berichte – um Verständnis dafür bitten, dass Erhard *Eppler* heute leider nicht selbst einen Bericht zum Ergebnis der Landtagswahl geben kann, so wie er es gestern im Parteivorstand machen konnte, weil er durch Verpflichtungen, die sich mit der Konstituierung der Landtagsfraktion ergeben, gehindert ist, heute hier sein zu können. Ich will ihm zu Beginn unserer Sitzung unseren Gruß aussprechen, verbunden mit dem Dank für seinen unermüdlichen und vorbildlichen Beitrag an der Spitze des Landesbezirks Baden-Württemberg in einem schwierigen Wahlkampf und verbunden mit dem Wunsch zu erfolgreicher Arbeit. Ich nehme an, die Fraktion unterstützt diese meine Wünsche.
(Starker Beifall.)
Bevor ich nun, Genossinnen und Genossen, Willy *Brandt* und Helmut *Schmidt* bitte, das Wort zu ihren Politischen Berichten zu nehmen, erkläre ich dem Vorsitzenden der SPD und dem sozialdemokratischen Bundeskanzler aus Anlass der Kampagne zur Zersetzung des Vertrauens in der SPD und in die Verlässlichkeit der Fraktion der SPD im Bundestag: Zusammen werden wir es auch 1976 schaffen!
(Starker Beifall.)
Ich bitte Willy *Brandt*, das Wort zu nehmen.

Brandt (Berlin): Liebe Freunde, ich hatte nicht damit gerechnet, dass ich auf diese Weise mit einem Dankeschön anzufangen haben würde, sondern so hätte sein können, wenn man zum Schluss gesagt hätte, na ja, es musste ja einer diese baden-württembergische Geschichte auseinandersetzen. Ist gar nicht so schwer auseinanderzusetzen. Ich denke, diejenigen, die sich geäußert haben zu diesem Ergebnis unten in Stuttgart und in Bonn, haben recht daran getan, das Ergebnis nicht besser zu machen, als es ist, sondern unverhohlen zuzugeben, es ist ein unbefriedigendes, wie ich gesagt habe, ein im hohen Maße unbefriedigendes Ergebnis.[1] Dies ändert nichts an meiner Überzeugung, und das schließt sich nahtlos an das eben von Herbert *Wehner* Gesagte an und es ist auch kein Ausdruck von Zweckoptimismus, wenn ich hinzufüge, ich bin fest davon überzeugt, die Bundestagswahl am 3. Oktober ist für die Koalition zu gewinnen. Allerdings müssen wir noch einiges auf dem Weg dorthin tun.

---
1 Die SPD erreichte bei den baden-württembergischen Landtagswahlen am 4. April 1976 33,3 Prozent der Stimmen und verlor im Vergleich zu 1972 4,3 Prozentpunkte. Die CDU erreichte mit 56,7 Prozent die absolute Mehrheit. Die FDP kam auf 7,8 Prozent.

Was das Ergebnis vom Sonntag angeht, so ist es ganz sicher, und davon haben sich ja viele hier überzeugen können, dass durchweg eine sehr fleißige Arbeit geleistet worden ist in den Wahlkreisen und dass ein – wie man das heutzutage nennt – ein argumentativer, ein sehr sachlicher Landtagswahlkampf geführt wurde. Was den Zusammenhang mit der Großwetterlage angeht, mit den bundespolitischen Themen, so wird man schon nach den ersten Untersuchungen feststellen können und das ist weiter gar nicht verwunderlich für den, der sich die Ziffern anguckt, ich meine nicht die Wahlergebnisse, sondern andere Ziffern, die vor allen Dingen die Einschätzung der Wirtschaftslage zum Gegenstand haben, dass der jetzt deutlicher werdende Aufschwung sich noch nicht umgesetzt hatte offensichtlich. Dies wird eine mitwirkende Ursache sein können, ohne dass man das Gewicht dieses Faktors richtig beurteilen kann. Es ist gar kein Zweifel daran, ich komme darauf gleich nochmal zurück, dass das, was man das Erscheinungsbild der Partei nennt, nicht nur nicht geholfen hat, sondern insgesamt abträglich gewirkt hat. Daran ist überhaupt kein Zweifel. Es ist auch so, obgleich es das Wahlergebnis nicht erklärt, ein teils ganz unzulängliches, ist objektiv so, dass unser Landesverband Baden-Württemberg angesichts der Größe des Landes und der einzelnen Kreise, was seine organisatorische Infrastruktur angeht, insbesondere auch die Zahl der hauptamtlichen Mitarbeiter, unterbesetzt ist. Nur – und wir haben uns vorgenommen gestern nach dem Bericht von Erhard *Eppler* im Parteivorstand, mit Gesamtpartei und Landesvorstand hierüber zu reden, ob man noch was machen kann. Es sah ja schon mal noch schwieriger aus. Nur wir können dies deshalb nicht zu einem Hauptfaktor machen, weil dort, wo die Partei im Lande relativ besser bestückt ist, was ihre Organisation angeht, auch ihren sogenannten Apparat angeht, dass Ergebnis keinesfalls besser ist als dort, wo sie extrem unterbesetzt ist. Deshalb erwähne ich den Faktor, ohne ihn im Zusammenhang mit einer Erklärung des Ergebnisses, so wie es vorliegt, zu bringen. Wichtiger ist, ohne dass auch dies uns ablenken kann von dem ganzen Ernst, den die Betrachtung des Wahlergebnisses erfordert, aber wichtig ist zu wissen, wenn wir das baden-württembergische Ergebnis einordnen, müssen wir es natürlich insgesamt sehen zusammen mit allen Landtagswahlen, die es seit 1972 – genauer gesagt seit '73 – gegeben hat.

Aber nicht nur um zu sehen, wie weichen die Ergebnisse von vorausgegangen Landtagswahlen und von der Bundestagswahl ab, sondern vor allen Dingen auch um zu sehen – ich weiß nicht, ob man dann die Gründe herausfindet –, dass die Beteiligung, die Wahlbeteiligung wesentlich niedriger liegt, jedenfalls ins Gewicht fallend niedriger liegt, als sie bei den Landtagswahlen in Schleswig-Holstein, im Saarland und in Nordrhein-Westfalen gelegen hat. Auch dies muss noch nicht etwas Schlüssiges aussagen. Auch da würde ich davor warnen, einfach billig zu sagen, es seien gewissermaßen unsere Leute, die zuhause geblieben seien. Das sagt man auch ein bisschen leicht, aber es könnte ein Faktor jedenfalls sein, eine marginale Größe hier mit drinstecken. Wir waren gestern, liebe Genossen, im Parteivorstand der Meinung, dass eines der Ergebnisse, eine der Nutzanwendungen sicher ist, dass wir – zumal es jetzt auf den Vorwahlkampf zugeht – sicher versuchen müssen und uns zusammennehmen müssen, uns verständlicher zu machen und insbesondere die Identifikation so eindeutig zu machen mit dem, was an anständiger Arbeitsleistung vorliegt und was gegen viel unvernünftige Opposition zustande gebracht worden ist, vor allem aber – und da komme ich auf meine erste Erwägung zurück wegen des Sich-Umsetzens oder Noch-Nicht-Umsetzens des beginnenden Aufschwungs – die volle Identifizierung zu erreichen in diesen nächsten Monaten mit jenem Wirtschaftsaufschwung, in dessen Beginn wir stehen mit dem, was dazu gehört.

Es ist übrigens, lasst mich das sagen, bevor ich ein paar kritische Bemerkungen an die eigene Adresse mache, es ist eine unzutreffende Vermutung, die hier und da angestellt wird, als ob die Partei – die wir ja übrigens irgendwo dann alle miteinander sind – als

| Fraktionssitzung | 06.04.1976 | **133.** |

ob sie nicht an einem Ort besser, am anderen weniger gut sich Mühe gegeben hätte in der zurückliegenden Zeit. Jedenfalls ist sie nicht untätig geblieben und hat auf einer ganzen Reihe von Gebieten sich auch unpopulärer Themen anzunehmen gehabt, wie es ihre Pflicht war und hat sich dieser auch angenommen. Aber es ist kein Zweifel, dass zusätzlich zu dem, was ich eben nannte, sich – wenn es irgend geht und ich bin überzeugt, es geht –, sich noch verständlicher machen, dazu kommen muss, dass jene stärkere Einordnung und jene größere Geschlossenheit, von der wir meinten, sie sei in Mannheim deutlich geworden[2], dass die sich tatsächlich bestätigt und durchsetzt gegenüber welchen Sonderinteressen auch immer. Dies ist für die Partei eine Frage von vitaler Bedeutung. Das war auch der Grund, weshalb – um ein Beispiel zu nennen – der Parteivorstand ein deutliches Wort gesagt hat an die Adresse seines eigenen Vorstandsmitglieds Jochen *Steffen*.[3] Nun glaube ich ja nicht, dass die Wähler in Baden-Württemberg so sehr auf ihn gehört haben und gesagt haben, wenn der schon Opposition will, können wir auch ganz gut gleich Opposition wählen. Ich weiß auch sehr wohl, ich weiß sehr wohl, dass Meldungen nicht immer ganz dem entsprechen, was in Artikeln steht, aber wer sich durch eine Meldung falsch dargestellt sieht, hat die verdammte Pflicht und Schuldigkeit, dies klarzuziehen. Das ist nicht geschehen und dadurch ist ein Eindruck entstanden, der in Baden-Württemberg neben anderem nicht nur verwirrend, sondern entmutigend gewirkt hat. Was soll denn eine Partei sagen, die sich unter zumal noch ungünstigen Bedingungen bemüht, zumindest den Anschein zu erwecken, sie könnte mit einer anderen Partei zusammen an die Mehrheit der Stimmen herankommen, wenn der Anschein erweckt wird, ein Mitglied des Vorstandes sagt, es ist ebenso gut, man geht in die Opposition. Wenn das schon einer meint, hat er das gefälligst für sich selbst zu behalten.

Aber liebe Genossen, wenn ich das sage, wenn ich das sage, dann füge ich ebenso offen hinzu, dass ich nicht das geringste Verständnis habe, über manche Dinge, die durch die heutigen Meldungen, mit denen unser Fraktionskollege Conny *Ahlers* auf dem Markt ist.[4] Ich habe dafür überhaupt kein Verständnis.

(Beifall.)

Hier greift an verschiedenen Ecken ein Exhibitionismus um sich, der grade angesichts einer gegnerischen Kampagne diese verstärkt, statt sie zurückzudrängen. Ich muss das in aller Offenheit sagen.

Die andauernden, jedenfalls noch nicht beigelegten Schwierigkeiten in der Münchener Organisation, über die in der vorigen Woche berichtet worden ist[5], haben den Parteivorstand neu beschäftigt in der gestrigen Sitzung. Die dortige Arbeitsgruppe mit dem stellvertretenden Landesvorsitzenden Genossen *Rothemund*[6] hofft, in diesen Tagen zu

---

2   Gemeint ist der Bundesparteitag der SPD in Mannheim, der vom 11. bis zum 15. November 1975 stattfand. Auf ihm wurde unter anderem das Langzeitprogramm »Orientierungsrahmen '85« beschlossen. Vgl. PARTEITAG DER SOZIALDEMOKRATISCHEN PARTEI DEUTSCHLANDS VOM 11. BIS 15. NOVEMBER 1975 IN MANNHEIM, PROTOKOLL DER VERHANDLUNGEN. ANLAGEN, hrsg. vom Vorstand der SPD, Bonn o. J. (1976).
3   Der schleswig-holsteinische Landtagsabgeordnete *Steffen*, der auch Mitglied im Bundesvorstand der SPD war, hatte seiner Partei geraten, in die Opposition zu gehen, da von den ursprünglichen Reformvorhaben nur noch Worthülsen übrig seien. Vgl. die SPD-Fraktionssitzung am 30. März 1976.
4   *Ahlers* hatte in einem Kommentar im »Stern« seine »Genossen im Formtief« gesehen. Vgl. *Ahlers* Kolumne »Brief aus Bonn«; »Stern«, Nr. 15 vom 1. April 1976, S. 176.
5   Vgl. die Ausführungen von Hans *Koschnick* über seine Versuche, in die heftigen Flügelkämpfe der Münchner SPD vermittelnd einzugreifen, in der SPD-Fraktionssitzung am 30. März 1976, SVP A, online.
6   Vorsitzender der SPD-Fraktion im Bayerischen Landtag.

einer Verständigung über die Streitfragen zu kommen, die Anlass all jener neuen Geschichten war, die gerade mitten in die baden-württembergische Wahl hineingehauen haben. Der Vorstand hat auch über einen Einzelvorgang hinweg ganz allgemein noch einmal darauf hingewiesen, dass Gruppen und Vereine sich nicht an die Stelle der Gliederungen setzen können, die eindeutig in der Satzung der Sozialdemokratischen Partei festgelegt worden sind, ganz abgesehen von der Geschmacksfrage, die vielleicht sogar noch ein bisschen mehr als eine Geschmacksfrage ist, ob Sondergruppierungen sich eigentlich Leuten, die der ganzen Partei gehören, ihrem Ansehen nach sozusagen bemächtigen sollten können dürfen an der Partei vorbei.

Ich möchte hinzufügen, liebe Genossen, zusätzlich zu dem, was tatsächlich nicht in Ordnung ist, muss jeder hier erkennen, es gibt – da braucht man nur an manchen Tagen die Zeitungen aufzuschlagen –, es gibt außerdem eine gegnerische, gar nicht ungeschickt aufgezogene gegnerische Propaganda, und wir sind alle gut beraten, uns zu prüfen, ganz wird man das vermutlich nie vermeiden können, was wir tun können, um der gegnerischen Propaganda nicht die Stichworte zu liefern. Manches ist geschehen bis in diese Tage, was einer solchen gegnerischen Propaganda die Stichworte liefert. Wir haben in der Vergangenheit – vor 14 Tagen – ein interessantes Beispiel dafür gehabt, wie eine Vorstandssitzung der Partei, jetzt auf den Bundeskanzler und den Parteivorsitzenden bezogen, in nicht nur sinnentstellender Weise, sondern dem Inhalt diametral entgegengesetzter Weise kolportiert worden ist, in diesem Fall nicht allein aufgrund von Erfindungen anderer, sondern vermutlich aufgrund eines der Sache der Partei meinem Verständnis nach überhaupt nicht dienenden Übereifers.[7]

Ich kann es auch so sagen: Wenn die Partei schon noch eine Weile einige ihrer sorgenvollen Probleme mit sich zu schleppen hat, besteht keine Veranlassung, sie schlechter zu machen, als sie in Wirklichkeit ist. Mein Eindruck ist, um auf Mannheim nochmal zurückzukommen, dass Mannheim nicht nur durch unsere Gegner zerstört – sage ich, vielleicht zu starkes Wort –, angekratzt worden ist und dass, deshalb wiederhole ich meinen Satz, wenn irgendwann mit dem Blick auf den 3. Oktober, dann ist diese Zeit vor der Osterpause, diese Zeit nach dem baden-württembergischen Zeitpunkt der Termin, zu dem wir Meinungsverschiedenheiten zu dieser oder jener Frage hin und her, persönliche Eigenheiten hin und her, in der wir – verdammt noch mal – zusammenzustehen haben und das heißt auch, in bestimmten Situationen füreinander einzustehen haben. Ich weiß, dass das Einzelstudium der Ergebnisse, Alex *Möller* hat freundlicherweise Ziffern auf den Tisch legen lassen, die werden dann zum Teil noch bedrückender, wenn man von den Regierungspräsidien das auf die einzelnen Städte bezieht. Die werden auch verwirrender noch, weil manches, was uns die Fachleute in den zurückliegenden zwei Jahren in Bezug auf Dienstleistungsbereiche und sogenannte Aufsteiger erzählt haben, weil auch dies erneut mit einem Fragezeichen versehen wird, weil die Städte unterschiedlicher soziologischer Struktur, wenn nicht gleichmäßig, dann sogar in einem anderen Sinne als bisher vermutet, Einbußen gebracht haben und für die FDP auch aus diesen soziologischen, den bisher auf den Markt gebrachten soziologischen Erkenntnissen davon ganz abweichende Ergebnisse gebracht haben. Ich will sonst nicht philosophieren über die Freien Demokraten. Wir haben mit uns selbst genug zu tun. Ich habe Eindruck auch nach dem Gespräch mit ein paar führenden Kolle-

---

[7] *Schmidt* und *Brandt* hatten am 22. März 1976 im SPD-Parteivorstand die Leistungen der sozial-liberalen Koalition hervorgehoben. In den Zeitungen wurden sie mit der Aussage zitiert, keine andere Regierungskoalition habe auf den entscheidenden Feldern der Politik für die Bundesrepublik mehr und Besseres leisten können. Vgl. bspw. den Artikel »SPD rühmt Leistungen der Koalition«; »Süddeutsche Zeitung« vom 23. März 1976, S. 1 und S. 2.

gen von der FDP, dass es dort nicht viele gibt, die sagen, sie wären besser gefahren mit der entgegengesetzten Koalitionsaussage, denn sie haben ja auch immer noch Rheinland-Pfalz vor Augen, wo sie die andere Koalitionsaussage gehabt haben, ohne damit einen Erfolg zu erzielen. Ich vermute eher, dass ihr ein gewisses Schwanken in ihrem Verhalten grade in jenem Land Baden-Württemberg schlechter bekommen ist, als man es zunächst vermutet hatte.

Jetzt müssen wir bitte noch auf folgenden Gesichtspunkt aufmerksam sein, liebe Genossen. Baden-Württemberg ist, jetzt mal vom Ergebnis abgesehen, das uns Ansporn sein muss, ist ganz gewiss für die andere Seite ein Testfall insofern, als diejenigen dort gelten als die, die nicht Recht bekommen haben, die in den letzten beiden Wochen aus der Union heraus die Art des *Filbingerschen* Wahlkampfes bei denen parteiintern, hier und da sogar öffentlich kritisiert haben. Das ist ein interessanter Vorgang. Jemand, der in Stuttgart eine Rolle spielt bei denen, bei der Union. Jemand, der dort bisher Fraktionsvorsitzender war und wohl ins neue Kabinett geht[8], und einige andere haben gemeint, dass die strenge Anlehnung *Filbingers* an die *Straußsche* Argumentation, die ja nicht nur die Übernahme von Formeln war, sondern auch die Übernahme eines ganzen Teams von *Strauß*, eines Wahlkampfführungsteams bedeutete. Ich sage noch einmal, die, die Zweifel angemeldet hatten, was uns ein bisschen – manchen von uns, mich jedenfalls mit – etwas verwirrt hat. Ich hatte auch den Eindruck in den letzten beiden Wochen, die hätten überzogen und dies würde sich nicht so stark zu ihren Gunsten auswirken. Aber die, die das bei denen bezweifelt haben, die Anlage des eigenen Wahlkampfs, gelten natürlicherweise – ist ja bei uns nicht anders – als die, die Unrecht bekommen haben. Recht hat bekommen der, der die Stimmen bekommen hat, und dies muss, ich sage noch nicht, dass damit der *Kohlsche* Wahlkampf oder die *Kohlsche* Wahlkampflinie festliegt, aber in der Union wird die Auseinandersetzung eher zugunsten derer verlaufen, die den Bundestagswahlkampfstil sich stärker an *Strauß* und jetzt *Filbinger* und *Dregger* als Drittem im Bunde anlehnen lassen möchten. Dies ist der Grund, weshalb in der gestrigen Erklärung des Präsidiums[9] – ich denke, die Genossen haben die Texte in ihren Fächern gehabt – warum wir bei diesen sechs Punkten einfach nur in einem Satz, weil wir das nicht ausführen wollten, das ist ein Hinweis für einige operative Dinge, an denen gearbeitet werden muss, in diesen Wochen bis wir nach Ostern dann wieder richtig in Gang kommen, wo wir die Partei als die Partei der Freiheit und eine Partei der und für die soziale Demokratie in Europa darstellen, weil sich aus diesen beiden Kennzeichnungen die Argumentation für die Auseinandersetzung mit der giftigen Parole »Freiheit versus Sozialismus« entwickeln lässt unter anderem.

Also, kurz und gut und auch im Sinne einer ernsten Aussprache hierzu im Parteivorstand, wir müssen alles auf den Vorwahlkampf und dann auf den Wahlkampf selbst konzentrieren. Dies ist nicht die Zeit, aus welchen Gründen auch immer dazusitzen und gedanklich oder tatsächlich auf Zetteln Punkte zu notieren für den Fall, dass es doch anders ausgehen sollte. Ich kann mich an ähnliche Situationen aus dem Jahr '72 erinnern. Da haben wir dann trotzdem, trotz mancher vorausgegangenen nicht so erfreulichen Erscheinungen es geschafft. Nun gebe ich zu, die Situation war nicht ganz dieselbe, aber ich sage noch einmal, wenn wir uns einen Ruck geben, ist das auch diesmal zu schaffen. Die Plattform, das heißt das Programm, mit dem die Partei in den eigentlichen Wahlkampf geht, wird – so wie es angekündigt war – in der ersten Hälfte Mai durch den Parteivorstand verabschiedet nach der Beratung im Präsidium und dann sind wir schon

---

8 Lothar *Späth*.
9 Das Präsidium der SPD hatte am 30. März erklärt, dass der Partei durch organisierte Sondergruppen kein Schaden zugefügt werden dürfe.

mittendrin in der Serie der Fachkonferenzen und dann marschieren wir los auf den außerordentlichen Parteitag[10], der nicht ein Parteitag des Mit-uns-selbst-Beschäftigen sein kann, sondern der ein Parteitag aber dann auch nicht der bloßen Show sein darf, und ich hoffe, dass für niemand Mannheim in der inneren Einstellung eine Show gewesen ist, sondern einer gemeinsamen Darstellung unserer Politik. Und ich habe hier die herzliche Bitte an jedes einzelne Mitglied der Bundestagsfraktion – ich weiß, die allermeisten tun das ohnehin – in dieser Phase, von der ich hier spreche noch einmal miteinander und zuhause jeden möglichen Versuch zu machen, um zersetzende gegnerische Propaganda zurückzuweisen und bei eigenem Verhalten möglichst genau darauf zu achten, dass man dem Gegner nicht in die Falle läuft und die Partei zuhause, wie ich es übrigens zu meiner großen Freude höre, dass es gestern dem baden-württembergischen Landesvorstand gelungen ist, nicht nach einer Schlappe sich zerfleischen. Die Gefahr wird dort noch größer gewesen als anderswo. Die haben das einzig Vernünftige gemacht, gesagt, da bleibt eine ganze Menge zu klären, aber jetzt stehen wir miteinander diese schwierige Situation durch und rüsten uns für einen besseren Erfolg in der nächsten Runde und die Runde geht dann am 3. Oktober zu Ende. Vielen Dank.

(Starker Beifall.)

Wehner: Wird das Wort gewünscht? Hans *Bardens*.

Bardens: Ich darf nur drei kurze Bemerkungen machen. Ich bitte um Entschuldigung, es ist das Stichwort vom argumentativen Wahlkampf, das jetzt ja schon seit drei Tagen durch die Erklärungen geht, noch einmal wieder aufgegriffen worden. Ich habe gar nichts dagegen. Ich habe auch immer versucht, in meinem Wahlkreis zu argumentieren, statt andere Leute totzuschlagen. Manchmal ist mir vorgeworfen worden, dies sei etwas zu leise oder zu nüchtern, aber es hat immerhin Erfolg gehabt. Nur wenn argumentativer Wahlkampf sich nur noch mit der Frage beschäftigt, welche besondere Variante von Sozialismus möglicherweise von uns vertreten wird und akzeptiert werden könnte in unserem Volk, dann geht argumentativer Wahlkampf daneben und hat nichts mehr mit den Interessen der Leute zu tun, die wir zu vertreten hätten. Das muss man auch einmal sagen!

(Zwischenrufe.)

Also gut, Peter, wir haben also schon häufiger darüber geredet und können es noch mehr. Ich meine, wirklich, dass wir mehr das Empfinden und die tatsächlichen Bedürfnisse der Leute, die überhaupt gar nicht mehr mit der Auseinandersetzung über die Definition eines solchen Begriffes zu tun haben, uns mit diesen Dingen zu beschäftigen statt mit dem, was häufig geschehen ist, und ich darf doch in dieser Fraktion auch mal meine Meinung sagen.

Dann noch eine Frage – und es soll bitte niemand von denen, die am Tisch vorne sitzen, nun falsch werten, niemand als einen Angriff auffassen. Ich will auch damit um Gottes Willen nicht das Mannheimer Wahlergebnis korrigieren, zu dem ich stehe und das ich selbst durch meine Stimmabgabe mit getragen haben.[11] Aber wir müssen von jetzt an bis zum Oktober mit Helmut *Schmidt* in den Wahlkampf gehen. Es gibt gar keinen Zweifel, dass es für uns in der Öffentlichkeit keine andere Möglichkeit gibt, als mit den Erfolgen dieser Regierung und damit wird gar nicht geschmälert, was andere frühere Regierungen, die wir mitgetragen haben, einmal geleistet haben, dass wir aber jetzt mit den Erfolgen der Regierung *Schmidt* in den Wahlkampf gehen müssen und da müsst ihr euch an

---

10 18. und 19. Juni 1976 in Dortmund.
11 Gemeint ist möglicherweise die Abstimmung über den Orientierungsrahmen '85.

| Fraktionssitzung | 06.04.1976 **133.** |

der Spitze der Partei auch ein wenig arrangieren. Helmut muss mehr herausgestellt werden können und andere müssen aus Taktgründen auch einmal einen halben Schritt zurücktreten können, wenn es um die öffentliche Darstellung geht.
(Beifall.)
Das ist notwendig und dann bloß noch eine kurze Bemerkung zu den Fachkonferenzen. Passt bitte auf, ich habe Befürchtungen, vor allem für einen Fachbereich, mit dem ich früher zu tun hatte und heute Gott sei Dank nicht mehr, ich habe die Befürchtung, dass auf Fachkonferenzen die unselige Theorie- und Programmdiskussion erneut auftaucht im Wahljahr. Passt auf, dass dies nicht passiert. Besser wäre es, keine Fachkonferenzen zu haben.

Wehner: Peter *Reuschenbach*.

Reuschenbach: Liebe Genossinnen und Genossen, im Kommuniqué über die Sitzung des Parteivorstandes ist eine Bemerkung Erhard *Epplers* indirekt zitiert. Sie lautet: Erhard *Eppler* erklärte, wenn es der SPD nicht gelinge, mit den Bürgern über die wirklichen Fragen unsere Zeit zu sprechen und so weiter und so weiter, mit anderen Worten, dann geht es uns schlimm, und die Bemerkung von Willy *Brandt*, die Partei müsse sich bemühen, sich verständlicher auszudrücken, liegt ja etwa auf der Linie. Nur finde ich, dass solche Worthülsen, man müsse über die wirklichen Fragen sprechen und man müsse sich verständlicher ausdrücken, eigentlich nichts zum Ausdruck bringen. Denn es muss doch möglich sein, wenn man zu solchen Ergebnissen der Einschätzung der eigenen Verhaltensweisen und Aussagen kommt, auch durch wen immer, im Land Baden-Württemberg durch die einen, für das Bundesgebiet durch den Parteivorstand, einmal klarzumachen, welche Themen es denn sind, die die wirklichen sind und welches die unwirklichen Themen sind. Und da findet man schnell den Übergang zu einem Satz auf der ersten Seite dieses Blattes. Da heißt es, natürlich wie immer richtig, für eine endgültige Beurteilung des Wahlergebnisses sei es zu früh. Und dann der übernächste Satz, auch müsse geprüft werden, welche Rolle die sogenannte Großstadtproblematik erneut gespielt habe. Nun habe ich dieses als quasi Steckenpferd zum x-ten Mal in dieser Fraktion angesprochen und da ist mir bis in die letzten Monate hinein gesagt worden, ja, die Untersuchungen laufen noch. Nun ist aber bekannt, jedenfalls durch Gespräche mit einer Reihe von sozialdemokratischen Oberbürgermeistern beim Parteivorstand, dass diese Untersuchungsergebnisse, wieso das in den Großstädten, Dienstleistungszentren in die Hose gegangen ist, vorliegen. Und ich finde, dass es eigentlich nicht schwer ist gegenüber den Kollegen aus den Großstädten, wie hier im Raum sind, aber auch gegenüber der Gesamtpartei, dass das, was da an Untersuchungsergebnissen zutage gefördert ist, nicht endlich umgesetzt wird in die Kenntnis und dann in die Verwendung und in die Nutzung. Und ich finde es auch, dass es nicht allzu schwer zu ertragen sein brauchte, eines der Ergebnisse zur Kenntnis zu nehmen, dass das Vokabular – neomarxistisches Vokabular wird es dort genannt in den Untersuchungen – uns die Mittelschichten aus der eigenen Anhängerschaft vertrieben hat. Aber wenn man zu solchen Ergebnissen kommt, man kann sie auch nochmal prüfen, aber bitte dann auch einmal auf den Tisch, um sie prüfen zu können, dann muss es wohl auch möglich sein, wenn man willens ist, daraus Schlussfolgerungen für die künftige Politik und Aussage zu ziehen.

Und ein letzter Punkt: Willy *Brandt* hat davon gesprochen, dass man sich bemühen sollte, nicht gegnerischer Propaganda und gegnerischen Thesen zusätzliche Argumente zu liefern, und da interessiert mich, ob folgender Vorgang etwa dazugehört: Ein Mitglied des Parteivorstandes erklärt vor Journalisten, wie es in den deutschen Tageszeitungen steht, die Linke in der SPD halte an der Zusammenarbeit mit der Gesamtpartei

fest.¹² Nun ist diese Erklärung bei unserem etwas degenerierten Parteibewusstsein für viele ja schon eine ganz erfreuliche, weil da
(Unruhe.)
nicht zum Ausdruck kommt, dass man sich nun trennen wolle. Auf der anderen Seite muss ich allerdings sagen, bei einem intakten Parteibewusstsein ist dieses ein Skandal. Das ist so, als wenn hier –,
(Starker Beifall.)
als wenn hier ein Dutzend oder wieviel Kollegen vor der Tür erklären würden, und wir Fraktionskollegen der SPD sowieso, sowieso halten an der Zusammenarbeit mit der SPD-Fraktion fest.
(Unruhe.)
Ich finde, dass eine solche Stellungnahme eines Mitgliedes des Parteivorstandes ja nur zum Ausdruck bringen kann, dass die SPD nach seinem Parteiverständnis ein Dachverband ist, in dem so die verschiedenen Gruppen von Fall zu Fall und von Zeit zu Zeit gegenseitig erklären, ob sie noch miteinander wollen oder nicht mehr können oder demnächst wieder würden. Und ich wäre ganz dankbar, Willy *Brandt*, wenn auch dieses zum Anlass genommen wird, festzustellen, ob es sich hier um eine Aktion handelt, die hilft oder schadet oder unter deine Rubrik Propaganda für die gegnerischen Mühlen fallend einzuordnen ist.
(Beifall.)

Wehner: Bruno *Friedrich*.

Friedrich: Liebe Genossinnen und liebe Genossen, ich fürchte und Peter nimm mir das bitte ab, dass wir hier in Bonn in die Gefahr geraten, uns selbst in ein Klima hineinzureden, das die Partei nicht will. Wir hatten am Wochenende einen Bezirksparteitag, der immerhin 800 Ortsvereine umfasst und mein Eindruck ist, auch wenn es da an und für sich ein bisschen ruhiger ist als anderswo, dass die Partei in ihrem Willen, geschlossen in den Wahlkampf hineinzugehen, viel stärker beisammen ist, als ich das bisher erlebt habe, zumindest in den letzten zehn Jahren. Was schlimm ist in der Öffentlichkeit, von rund 10 000 Ortsvereinen haben 8 000 zwischen zehn und 60 Mitglieder und in diesen Ortsvereinen kann man sich den Knatsch der Partei gar nicht leisten, weil man nämlich sonst im Gemeinderat weg ist. Das heißt, was wir hier in den Medien haben, sind die Kämpfe von höchst medienfähigen Minderheiten und Einflussreichen, das gebe ich zu. Aber insgesamt halte ich es für höchst wichtig, dass wir darauf hinweisen, dass die große Mehrheit dieser Partei die Wahlen gewinnen will. Und das war eigentlich auch das, was ich drei Tage vor unserem Parteitag schrieb, dass die innere Geschlossenheit der Partei nicht eine Frage von links und rechts sein darf, denn dann ist die Partei in der Tat am Ende und es nützt gar nichts, wer dann daran schuld war, ob links oder rechts. Insoweit werden wir es mit drei verschiedenen Problemen zu tun haben. Das eine ist, das wirklich in Ordnung zu bringen, was sehr schwer lösbar ist und das ist eben wie in München nicht nur eine Frage von links oder rechts, sondern da hat man sich in Möbeln eingelebt des persönlichen Hasses und will da selber gar nicht rausziehen, selbst wenn einem neue Möbel angeboten werden. Das ist also die eine Schwierigkeit. Das andere ist natürlich, dass auch der Versuch, die Partei auf die notwendige Geschlossenheit hinzuweisen, missdeutet wird. Jedenfalls was ich bisher sagte oder bei unserem Parteitag, liegt genau auf der Linie unseres Parteivorstandsbeschlusses von gestern. Deshalb habe ich vor einer Stunde in einer sehr scharfen Erklärung zurückweisen müssen, dass der

---

12 Gemeint ist Wolfgang *Roth*, vgl. Anm. 28.

Fraktionssitzung 06.04.1976 **133.**

Herr *Moniak* in der »Welt« am Samstag etwas von mir völlig frei erfunden hat und ich nehme an, dass ich hier auch für Schorsch *Leber* sprechen kann, dass völlig frei erfunden ist, was nun ihm und mir in der »Bonner Rundschau« angedichtet worden ist, was die »Welt« als Aufmacher hat.[13] Weder gibt es von mir eine Erklärung gegenüber einem Privatmann noch einem Journalisten, noch gibt es eine Erklärung, aus der man dies ableiten könnte! Und insoweit muss die Partei eben wissen, dass nicht nur die Notwendigkeit, mit sich selbst ins Reine kommen, sondern dass auch die Situation gekommen ist, wo wir sehr scharf aufpassen müssen und auch – das will ich ganz offen sagen – gegenüber einer Springer-Presse kann man nicht mehr zimperlich sein, wenn sie lügt. Da muss Lüge Lüge genannt werden. Im Übrigen hat diese Presse von mir noch nie ein einziges Wort original bekommen. Ich hoffe, da halten sich auch andere dran. Das wollte ich nur sagen, damit hier nicht Missdeutungen aufkommen, was man da lesen kann, und es ist wichtig, dass wir in eine Situation kommen, wo wir uns zumindest gegenseitig abnehmen, was wir sagen.

Wehner: Peter *Conradi*.

Conradi: Wir haben diesen Wahlkampf in Baden-Württemberg zusammen geführt und zusammen verloren und die Diskussion gestern im Landesvorstand, Peter *Reuschenbach*, und dies ist ein Landesverband, der doch wohl von seinem Vorsitzenden her in einer Art und Weise integriert ist und zusammenhält wie wenige andere Landesverbände, in diesem Landesvorstand gestern hätte niemand –,

(Unruhe.)

(Zwischenrufe.)

in diesem Landesvorstand hätte niemand einen solchen Beitrag, einen solchen Beitrag, wie *Reuschenbach* ihn hier gegeben hat, nach dieser verlorenen Wahl überhaupt verstanden. Aber ich will etwas sagen zu den Wahlergebnissen, die sicher schlimm sind, aber schlimmer ist noch, wenn aus Wahlergebnissen dann vorschnelle Einzelergebnisse herausdestilliert werden und in der Partei Eindrücke gemacht werden. Wir haben das damals erlebt, als Infas uns einreden wollte, in Hessen seien uns die Jungwähler weggelaufen.[14] Das konnte ja dann nach einem halben Jahr der Nachprüfung nicht standhalten. Ich will hier einige Zahlen einfach nennen, damit sich nicht in der Partei etwas verfestigt, was von den Zahlen her nicht zu verfestigen wäre. Das ist einmal das Thema Hochburgen und Großstädte. Wir haben in den drei Mannheimer und zwei von vier Stuttgarter Wahlkreisen deutlich verloren. Unter den Wahlkreisen aber, die mehr als fünf Prozent verloren haben, sind Wahlkreise wie Ems, wie Göppingen, wie Bruchsal, Ludwigsburg, Ulm, Freudenstadt, Esslingen, Villingen, Konstanz, Pforzheim, Weinheim, Lörrach. Und ich sage, das was wir '72 schon hatten, im Bundestagswahlkampf sich andeutete in den großen Städten, wo wir ja schon verloren haben, in den großen Städten, dies setzt sich jetzt fort in Mittelstädten in Baden-Württemberg und es ist dies hier nicht der Verlust von Hochburgen, sondern hier wird verloren in Mittelstädten, in denen die SPD bisher so 35 bis 40 Prozent hatte, und lassen wir uns da nicht alleine auf Großstadtdiskussionen ein, sondern prüfen wir mal die Mittelstädte.

---

13 Bruno *Friedrich* dementierte auch Meldungen, er habe sich dafür ausgesprochen, dass Bundeskanzler *Schmidt* auch den SPD-Parteivorsitz übernehmen solle. Er bekannte sich aber zu seiner Kritik im »Vorwärts«, dass an der gegenwärtigen Lage der Partei der Parteivorstand mitverantwortlich sei. Der Parteivorstand müsse darauf achten, dass die Mehrheitsmeinung der Partei sichtbar sei und diese nicht von einzelnen Gruppierungen der Partei geprägt werde. – Vgl. dazu auch die schriftlichen Anmerkungen *Friedrichs* in AdsD, 2/BTFG000521.
14 Vgl. dazu auch die Ausführungen des Parteivorsitzenden *Brandt* in der SPD-Fraktionssitzung am 11. März 1975, SVP A, online.

Zweiter Punkt: Ihr habt von Alex *Möller* hier vorgelegt bekommen die absoluten Zahlen. Die Gefahr ist, dass man hier nur noch Prozente sieht. In absoluten Zahlen hat die CDU 60 000 Stimmen mehr als vor vier Jahren, die FDP hat 70 000 Stimmen weniger und wir haben 275 000 Stimmen weniger. Willy *Brandt* hat zurecht auf die Bedeutung der Wahlbeteiligung hingewiesen, denn selbst wenn diese Wählerstromanalyse von Infas stimmen sollte, ich halte sie auf sehr schwankendem Boden, dann sagt Infas heute in allen Zeitungen, wir hätten mit der FDP zusammen 110 000 verloren zu gleichen Teilen an die Union. Na gut, dann haben wir also 55 000 verloren und da haben wir nach Infas 30 000 von der Union bekommen, heißt Nettoverlust 25 000 von 275 000 weg. 250 000 sozialdemokratische Wähler wären dann überhaupt gar nicht zur Wahl gegangen. Das heißt, die Analyse von Herrn *Filbinger* in der Wahlnacht und das, was er uns hier reinreiben will, die sozialdemokratischen Stammwähler hätten CDU gewählt, hält der Zahlennachprüfung auf den ersten Blick nicht stand. Es sieht eher so aus, als ob wir unsere Stammwähler nicht mobilisieren haben können, aber noch nicht, dass sie zur anderen Partei übergelaufen sind. Das ist ja wohl ein Unterschied. Und der letzte Punkt ist die Frage, die sich an vergleichbaren Wahlkreisen sehen lässt, nämlich Stimmverhalten mit der Altersstruktur. Wir haben in zwei sehr ähnlichen arbeitnehmerstarken Wahlkreisen in Stuttgart sehr unterschiedliche Ergebnisse. Der eine ist ein ziemlich junger Wahlkreis mit Neubaugebieten. Der andere ist ein Wahlkreis mit starken Altbaugebieten, wo das Stimmengewicht der Wähler über 60 deutlich zugenommen hat und wir haben in zwei bürgerlichen Wahlkreisen der Stadt in einem ein schlechteres Ergebnis, weil dort das Gewicht der alten Wähler um über fünf Prozentpunkte zugenommen hat in den letzten Jahren durch Abwanderung der Jungwähler und daraus lässt sich mindestens vorsichtig heute sagen, dass wir offensichtlich bei den älteren sozialdemokratischen Wählern auch ein verstärktes Maß an Wahlenthaltung haben. Und beides, meine ich, sollte bedacht werden, wenn man diese Wahlergebnisse Baden-Württembergs anschaut.

Wehner: Erich *Henke*.

Henke: Genossinnen und Genossen, das was zur Selbstdarstellung der Partei hier vorgetragen worden ist, das ist alles richtig. Ich will dazu nichts hinzufügen. Ich möchte auf einen anderen Aspekt hinweisen, der meines Erachtens in der Diskussion bisher etwas zu kurz gekommen ist. Es gibt ja auch noch das Problem, den Komplex der politischen Leistung – und hier, Genossinnen und Genossen, müssen wir uns doch die Frage stellen, ob wir nicht im letzten Jahr über die Sanierung der Staatsfinanzen, die zweifellos ganz wichtig war, vergessen haben, dass es auch Bereiche gibt, die draußen für den Wähler enorm wichtig sind. Warum verlieren wir denn in den Städten, in den Großstädten und in den Mittelstädten? Wir Wohnungswirtschaftler – und wahrscheinlich kann jeder andere aus seinem Bereich ähnliche Beispiele liefern – haben seit Jahren drauf hingewiesen, dass da eine Zeitbombe bei der Mietentwicklung im sozialen Wohnungsbau tickt. Wir haben seit langem darauf hingewiesen, dass mit dem Wohngeld etwas geschehen muss und dass man nicht im Haushaltsstrukturgesetz nun einfach hier für lange Zeiträume die Wohngeldempfänger ausklammern kann, die man noch 1972 im Wahlkampf besonders umworben hat und mit der Wohngeldbroschüre, das wissen wir alle, den besten Knüller im Wahlkampf überhaupt zur Verfügung hatte. Ich meine, Genossinnen und Genossen, wir sollten neben dem, was hier alles an Richtigem gesagt worden ist, uns darüber Gedanken machen, ob es nicht noch möglich ist, in den nächsten Monaten ein paar Dinge zu machen, die auch unseren Stammwählern deutlich machen, dass wir nach wie vor und hier ablesbar, zählbar, ihre politischen Interessen vertreten. Wir sollten versuchen, inwieweit wir noch das Problem der Entwicklung der Sozialmieten in den letzten Jahrgängen, wie wir das noch in den Griff kriegen können und wir sollten sehr deutlich machen, dass wir – zeitlich geht das nicht mehr vor der Wahl –, dass wir aber heute schon

intensiv daran arbeiten und politisch gewillt sind, das Wohngeld anzupassen, der Entwicklung anzupassen und zu verbessern. Ich glaube, neben all den parteiinternen Dingen müssen wir uns auch wieder auf einige politische Dinge besinnen, die für den Wähler interessant sind.
(Beifall.)
Wehner: Kurt *Mattick*.
Mattick: Genossinnen und Genossen, ich glaube, jeder hat die Worte von Willy *Brandt* über die Geschlossenheit der Partei richtig verstanden, und ich denke auch, dass die große Mehrheit der Fraktion so geschlossen bis zum 3. Oktober bereit ist zu kämpfen. Aber zur Geschlossenheit gehört ja nicht nur hier das Lippenbekenntnis, sondern auch die Beweisführung außerhalb und die Beweisführung in Bezug auf das, was man öffentlich ausspricht oder schreibt. Nun habe ich hier am vorigen Dienstag darauf aufmerksam gemacht, dass dem PV noch nicht bekannt war, dass eine Gruppe – sie nennen sich linksgerichtete Sozialdemokraten – eine eigene Zeitschrift herausgeben will und mir wurde versprochen, dass im Parteivorstand man sich damit beschäftigt und wir heute eine Antwort bekommen. Ich habe sie nicht gefunden im Kommuniqué und würde gerne wissen, wie der PV dazu Stellung nimmt.
Wehner: Holger *Börner*.
Börner: Genossinnen und Genossen, zum Diskussionsbeitrag von Peter *Reuschenbach* möchte ich sagen, diese Untersuchungen sind nicht nur durchgeführt worden, sondern sie sind dem Kreis der kommunalpolitisch davon besonders betroffenen Oberbürgermeister unter Leitung von Hans *Koschnick* Ende Januar in einem Gespräch erläutert und dort diskutiert worden. Es ist selbstverständlich, es ist selbstverständlich – da war auch der Oberbürgermeister von Dortmund[15] zum Beispiel bei –, es ist selbstverständlich, dass die Genossen, die dieses wünschen, die Einsicht in diese Untersuchungen erhalten können. Es ist selbstverständlich, dass sie den Wahlkampfleitungen zur Verfügung stehen. Nur ich muss vor einem warnen: So aussagekräftig, wie der Genosse *Reuschenbach* das in dem einen Punkt hier hat in seinem Diskussionsbeitrag anklingen lassen, sind sie leider nicht. Den Grund, den er genannt hat, der ist darin genannt und der wird auch berücksichtigt. Wo denn? In der praktischen Politik und wie ich hoffe, auch in den Beschlüssen des Bundesparteitages über die Wahlplattform. Aber es gibt nicht nur diese eine genannte Ursache, sondern es gibt mehrere, und ich muss ganz offen sagen, dass ich mir am Beginn der Untersuchung mehr von dem Ergebnis versprochen hatte, als dabei herausgekommen ist. Deshalb warne ich vor dem Glauben, dass man da Patentrezepte, wie man es besser macht, nun entnehmen könnte. Ich meine, das Problem liegt etwas anders, und zwar nicht nur bei den Städten. Das Problem liegt darin, dass wir teilweise nicht nur unsere Erfolge verschweigen, sondern sie auch durch die Art unserer Argumentation abwerten – und ich möchte ein konkretes Beispiel nennen und ich möchte Conny *Ahlers* fragen, was er sich gedacht hat mit der Kolumne im »Stern« von voriger Woche[16], wo die Friedenspolitik der Partei, das Bemühen unseres Bundeskanzlers und unseres Fraktionsvorsitzenden dargestellt wurde, als hätten sie auf Nein spekuliert bei den Polen-Verträgen. Jeder von uns weiß doch, wie hart wir monatelang und in den letzten Wochen um das Ja gerungen haben. Hier ist praktisch die Vorlage geliefert für die Diffamierungskampagne der anderen Seite und wie das weitergeht, das will ich sagen. Da wird hineingestrickt dann in der

---

15 Günter *Samtlebe* (SPD).
16 Zu *Ahlers* Kommentar »Genossen im Formtief« in der Kolumne »Brief aus Bonn« vgl. »Stern«, Nr. 15 vom 1. April 1976, S. 176.

»Wirtschaftswoche«[17], denn es stellen sich auch seriöse Zeitungen zum Abdruck von Falschmeldungen mittlerweile zur Verfügung, die Erklärung, wir hätten – also meine Mitarbeiter – eine Million Flugblätter gedruckt und eingestampft. Ihr könnt euch noch alle erinnern, was das war. Das war das Flugblatt »In tiefer Sorge« und das ist gemacht worden, nicht um nach der Bundesratsentscheidung verteilt zu werden, sondern die öffentliche Meinung auf die CDU und ihre differenzierte Haltung und auf vieles andere aufmerksam zu machen, was in der Phase zwischen Bundestag und Bundesrat wichtig war, und wir haben es gezielt auf Wählergruppen angesetzt und nun will ich euch sagen, wie es steht. Wir haben gedruckt 2,2 Millionen. Verteilt worden sind bis zum Tage der Bundesratsabstimmung von der Sozialdemokratischen Partei draußen im Lande in allen Ortsvereinen 2 176 000 und ganze 24 000 Exemplare sind übrig. Das ist die Wahrheit und das andere steht in der »Wirtschaftswoche«, die ich gestern mit einer einstweiligen Verfügung bedroht habe, damit sie das korrigiert. Aber ich meine, wir dürfen uns nicht wundern, wenn aus kleinen Meldungen, die so ein bisschen halb richtig oder ganz falsch sind, dann Kampagnen werden, wenn sich Genossen da zur Verfügung stellen, praktisch die CSU-Argumentation zu übernehmen, und ich halte es für unerträglich, dass hier aus der Fraktion solche Artikel geschrieben werden und nachher gesagt wird, jetzt muss der Parteivorstand mit der Öffentlichkeitsarbeit aber sehen, dass er die Schlaglöcher wieder zukriegt.

(Starker Beifall.)

Wehner: Axel *Wernitz*.

Wernitz: Genossinnen und Genossen, ich möchte auf einige Ausführungen eingehen, die Willy *Brandt* in seinem Beitrag gebracht hat. Ich meine, dass die Landtagswahl in Baden-Württemberg eines zeigt, dass wir in den kommenden Wochen und Monaten bis zur Bundestagswahl uns sehr energisch um das Erscheinungsbild der gesamten Partei zu bemühen haben und dass es uns mit Sicherheit nicht gelingen wird, die notwendige volle Identifizierung mit dem Aufschwung herzustellen, wenn wir diese erste Aufgabe nicht schaffen. Wir können in nicht unerheblichen Teilen der Wählerschaft uns selbst nicht mehr vermitteln. Das scheint mir die zentrale Frage zu sein und wenn man dies erkannt hat, dann ergeben sich daraus für alle in der Partei Konsequenzen, für die, die links und für die, die rechts in der Partei stehen, und wir dürfen nicht den Eindruck entstehen lassen, ein Beitrag hat das hier schon anklingen lassen, als ob wir eine Art Not- oder Zweckgemeinschaft sind zur Gewinnung der einen oder anderen Wahl. So stellt sich das da und dort heute dem Bürger, dem distanzierten Bürger dar. In dem Zusammenhang, glaube ich, muss man auch ein paar konkrete Fragen stellen und versuchen, darauf Antworten zu finden, jeder an seinem Platz und dazu gehört auch das, was Kurt *Mattick* hier angesprochen hat. Wir haben doch folgendes Problem derzeit in der Partei, dass man von rechts nach links guckt und fragt, warum tun die jenes oder dieses nicht und das wird dann mit zur Rechtfertigung, warum man bestimmte Aktionen startet bis hin zur Fritz-Erler-Gesellschaft[18], die ich – das sage ich hier ungeschönt – für eine nicht sehr

---

17 Die »Wirtschaftswoche« schrieb, dass der Parteivorstand die Flugblätter mit der Kritik an der CDU/CSU eingestampft habe, weil diese wider Erwarten doch der Ratifizierung der Verträge zugestimmt habe. Vgl. den Artikel »Nachspiel zu den Polen-Verträgen«; »Wirtschaftswoche«, Nr. 14 vom 2. April 1976, S. 10.
18 Die Fritz-Erler-Gesellschaft war ein seit Februar 1976 bestehender Zusammenschluss von SPD-Mitgliedern, die sich innerhalb der Partei als Gemäßigte positionierten. Sie wurde gegründet, nachdem die SPD- und FDP-Koalition in Niedersachsen im Januar der CDU unterlegen war und Ernst *Albrecht* zum Ministerpräsidenten gewählt wurde. Der Verein bekannte sich in seiner Satzung ausdrücklich zum Godesberger Programm der SPD und verurteilte Kommunismus wie Nationalsozia-

glückliche Sache halte, weil dies wieder am anderen Rand, das kann man auch härter formulieren, aber ich tue es jetzt im Moment mal bewusst nicht, aber dies wird zum Alibi wieder auf der anderen Seite und, Genossen, da möchte ich an das anschließen, was Kurt *Mattick* hier gesagt und eigentlich gefragt hat. Ist es für diese Partei richtig, wenn man den Begriff der Geschlossenheit und der Solidarität einmal ansetzt, wenn Genossen, die im Parteivorstand mitwirken, sich an der Gründung einer solchen Zeitschrift beteiligen, die im Grunde genommen doch nur dazu zusätzlich führen muss, dass das geschlossene Bild der Partei Schaden leidet? Haben diese Genossen, die im Parteivorstand sitzen, vorher einmal zur Diskussion gestellt, was hier beabsichtigt war? Das ist doch eine berechtigte Frage. In einer Partei, die in Ordnung ist, wo man miteinander rechtzeitig redet, muss es möglich sein, dass so was zuvor bei einem solchen Gremium zur Diskussion gestellt wird und wenn man etwa in den Kategorien von Basis-Überbau denkt, dann ist es doch richtig, dass die Gründung einer solchen Zeitschrift Ausdruck dafür ist, dass man sich abkapselt. Dies ist in keiner Weise hilfreich und wird nur dazu führen, dass auch im anderen Teil der Partei dies wiederum nur als Alibi benutzt wird, um ebenfalls das eine oder andere in dieser Richtung zu tun, und so schaukeln wir uns, Genossen, immer wieder Schritt für Schritt hoch zulasten der Gesamtpartei, zulasten der Geschlossenheit und dies deprimiert die Genossen, von denen Bruno *Friedrich* gesprochen hat, in der Ortsvereinsgrößenkategorie von zehn bis 60 Mitgliedern in einem kaum nachvollziehbaren Ausmaß. Und hier meine ich, um noch einmal auf diese geplante Zeitschrift »Demokratischer Sozialismus« zu kommen, hier wäre doch auch einmal eine konkrete Möglichkeit, diese Genossen im PV und darüber hinaus zu fragen, ob sie im Interesse der Geschlossenheit nicht bereit sein können, die Plattform der »Neuen Gesellschaft« zu nutzen, die weiß Gott weit genug ist, dass jeder – wo er im Spektrum der Partei angesiedelt ist – seinen Standpunkt darstellen kann. So stelle ich mir Geschlossenheit und Solidarität in der Praxis vor.

Nun, Genossen, ein Weiteres, und zwar bezogen auf die Landtagswahl in Baden-Württemberg. Ich habe den Eindruck, dass hier die Wahlkampfparole der CSU »Freiheit oder Sozialismus« eine Art Testlauf gehabt hat. Man müsste jetzt einmal überlegen, und das ist da und dort ja auch schon geschehen, wie man das in den nächsten Wochen und Monaten konkret umsetzen kann, wie man dem mit positiven Inhalten von unserer Seite aus begegnen kann. Hier bietet sich nach meiner Auffassung, das wäre ein praktischer Hinweis und auch eine Bitte an den PV, dies vielleicht mit Hilfestellung zu unterstützen, hier böte sich an, in Form von Mitgliederehrungen verstärkt in den nächsten Monaten einmal die Mitglieder zu mobilisieren, indem man die Geschichte der Partei darstellt und auch die aktuellen Leistungen, die wir in der letzten, jetzt ablaufenden Legislaturperiode gebracht haben, was von uns aus historisch und aktuell politisch geleistet worden ist, um mehr Freiheit, mehr Freiheitsrechte und auch materielle Voraussetzungen in dieser Richtung für den Bürger zu schaffen. Dies wirkt nach innen, ist geeignet, die Mitglieder etwas stärker zu mobilisieren und wirkt auch bei einem solchen Anlass sehr gut in den Medienbereich, also vor allem in die Zeitungen. Wenn hier die eine oder andere praktische Hilfe gegeben werden könnte, wäre dies nützlich.

Wehner: Harald *Schäfer*.

---

lismus scharf. Die Vereinigung sah sich als Gegenpol zum linken Flügel in der SPD. Vgl. den Artikel »Fritz Erlers Erben in der SPD sammeln sich«; »Frankfurter Allgemeine Zeitung« vom 26. März 1976, S. 3. – Die Angst vor einem Linksruck in der SPD führte jedoch dazu, dass die Fritz-Erler-Gesellschaft in der Bundestagswahl 1976 teilweise vor einer Wahl der SPD warnte und die Opposition unterstützte. Die Witwe von Fritz *Erler*, Käthe *Erler*, verbot der Gesellschaft daraufhin, den Namen ihres verstorbenen Mannes zu nutzen.

Schäfer (Appenweier): Genossinnen und Genossen, ich will einen ganz kurzen Beitrag nur geben, anknüpfend an das, was Hans *Bardens* gesagt hat. Also Hans, wenn ich nicht wüsste, dass du in der Nähe von Baden-Württemberg lebst, in Ludwigshafen, hätte ich tatsächlich gemeint, du sprichst von einem anderen Kontinent. Denn das, was du gesagt hast, kann mit Sicherheit nicht für den Landtagswahlkampf in Baden-Württemberg gegolten haben. Das werden auch die Fraktionskollegen bestätigen, die uns im Wahlkampf geholfen haben, denen ich als Landesvorstandsmitglied bei dieser Gelegenheit herzlich Dank sagen will. Wir haben uns bemüht, wir haben uns bemüht, folgende Themen so, dass sie verständlich sind, in den Schwerpunkt unserer argumentativen Wahlkampfstrategie zu setzen. Sozialstaatqualität bewahren. Soziale Sicherheit schützen jetzt. Arbeitsplatzsicherheit gekoppelt mit Wirtschaftsaufschwung, der sich abzeichnet ganz verstärkt. Schulpolitik, hier in Sonderheit berufliche Bildung, Berufsbildungsgesetz. Und man kann das Ergebnis werten wie man will, ich bin davon überzeugt, dass wir dadurch, dass wir das so angesprochen haben, dazu beigetragen haben, dass das Ergebnis nicht schlechter geworden ist. Zum Schluss, was du gesagt hast, die Frage, welche Art von Sozialismus richtig ist, ist die gefährlichste Diskussion, die wir führen können, weil wir da das Spiel der Gegner mitmachen, zu unterscheiden zwischen Sozialdemokraten und demokratischen Sozialisten. Und das, genau das, war verunsichert. Wir haben '72 verstanden, wir haben '72 es verstanden gehabt, den Begriff demokratischer Sozialismus positiv zu besetzen. Das war '72 überhaupt kein Wahlkampfthema, und wenn wir selbst uns dauernd vorhalten Unterscheidungen zwischen Sozialdemokraten und demokratischen Sozialisten, obwohl wir wissen, dass das zusammengehört, dass das eines ist, dann schaffen wir die Voraussetzung dafür, dass die CDU mit ihren Parolen »Freiheit oder Sozialismus« sogar bei eigenen Anhängern unter Umständen Anklang finden kann.

Im Übrigen finde ich die Diskussion, wenn ich das ganz freimütig sagen darf, über DS[19]-Zeitschrift und so und dann unter dem Appell von Geschlossenheit alles andere als hilfreich. Das ist zum Teil hier eine gespensterhafte Diskussion, die wohl auch an einem Ort geführt wird, wo man das nachholen kann, was man vielleicht im Unterbezirk argumentativ nicht durchsetzen kann.

(Unruhe.)

Und wenn von Unterbezirken und Landesverbänden her die Partei in Ordnung wäre, dann hätten wir hier auch andere Diskussionen mehr über Sachprobleme als jeden Dienstag Beschuldigungen, die dann nach acht oder 14 Tagen wie eine Gebetsmühle von vorne wieder anfangen, ohne in der Sache was geändert zu haben.

Wehner: Meine Sache nicht, hier Diskussionsbeiträge zu bewerten, es wäre denn, ich hätte mich gemeldet. Nur so viel Achtung, lieber Genosse, sollte man haben, dass wenn ein anderer etwas ausdrückt, man nicht in dieser Weise sozusagen erklärt, bei ihm scheint der Unterbezirk nicht in Ordnung zu sein. Es hat keinen Zweck, dass wir so über Kreuz miteinander reden.

(Beifall.)

Ich habe hier noch neun Wortmeldungen. Peter *Glotz*.

Glotz: Herbert, ich möchte bei der Bemerkung anknüpfen, die du grade zu Harald *Schäfer* gemacht hast. Ich habe diese Achtung vor der Diskussion der Fraktion, nur die Art, wie wir hier miteinander diskutieren von Dienstag zu Dienstag, wie wir verständlicherweise nervöser werden im Weg zum 3. Oktober hin, scheint mir schon von Dienstag zu Dienstag problematischer zu werden. Mich jedenfalls hat es sehr bedrückt und

---

19 »Demokratischer Sozialismus«.

Fraktionssitzung 06.04.1976 **133.**

bedrückt es, wenn ich höre, dass Hans *Bardens* eine Diskussionsmeldung von sich gibt, und dann die Unterbrechungen vom Tisch hier in dieser Gegend höre und wenn ich anschließend höre, wie Peter *Conradi* eine Meinungsäußerung von sich gibt und dann von anderen Tischen entsprechend wenig artikulierte Meinungsäußerungen in die Fraktion hineinkommen. Ich glaube, dass wir vorsichtig sein müssen, dass wir hier nicht in eine Art von Räsonieren gegeneinander geraten, die manchmal ganz ähnlich ist in der Stimmung, Genossen, wie in manchen Organisationsteilen, die wir hier mit Recht kritisieren. Bruno *Friedrich* hat völlig [recht], und ich fand das sehr überzeugend, was er sagte von den Möbeln des Hasses bezogen auf den Unterbezirk München, und ich kenne den ziemlich genau. Lasst uns aufpassen, dass solche ähnlichen Möbel nicht auch in diesen Fraktionssaal hineinkommen am Dienstag zwischen 15 und 17 Uhr. Die Gefahr ist in der Art, wie wir diskutieren, manchmal etwas drin.

Die zweite Bemerkung richtet sich an dich, Peter *Reuschenbach*. Ich finde schon richtig, dass wir die Frage Dienstleistungszentren dann auch konkret die Ergebnisse herausziehen sollen. Holger *Börner* hat dazu einiges gesagt, nur manchmal haben unsere Diskussionen dann immer gewendet gegen den Vorstand so eine Art Unterstellung, als ob der nun nur mal handeln müsse und dann wären die Probleme erledigt, beispielsweise in München oder in anderen solchen Dienstleistungszentren und das war immer auch eine Frage, die mit so einem gewissen Unterton an den Parteivorsitzenden gestellt wird. Und ich muss sagen, ich weiß nicht, was der nun oder auch mehrere andere nun durch die Dienstleistungszentren reisend möglicherweise in kurzer Frist übersetzen könnte, was in den Studien von Holger *Börner* steht und dann wäre alles, wenn man nur entschlossen wäre, wären die Probleme gelöst. Helmut *Schmidt* hat doch in seinem Interview darauf hingewiesen gestern im »Spiegel«, dass dies auch unbewältigte Volkspartei ist, was in den Dienstleistungszentren sich dort macht, sicher auch neomarxistisches Vokabular und vieles.[20] Bloß, Genossen, dies ist, glaube ich, nicht einfach mit ein bisschen mehr Entschlusskraft von *Brandt* und ein paar Vorstandsmitgliedern zu regeln, sondern dass müssen wir schon gemeinsam regeln und diese Unterstellung, nun habt mal ein bisschen mehr Entschlusskraft, die alleine führt uns meiner Auffassung nach nicht weiter.

(Vereinzelter Beifall.)

Dann bin ich beim dritten Punkt. Das richtet sich nun allerdings an den Vorstand, Willy. Mir fiel das besonders auf, als du einerseits Jochen *Steffen* kritisiertest und dann anschließend so in einer Art Parität auf einen Artikel von Conny [*Ahlers*] zu sprechen kamst. Ich fand das nicht ganz gleichgewichtig, aber darum geht es jetzt gar nicht. Ich meine, dass der Vorstand in der Tat in der Gefahr manchmal ist, nachträglich Kopfnüsse zu verteilen sozusagen. Das, was ich jedenfalls vom Vorstand stärker noch erwarten würde, als das – ich finde das alles richtig, was in eurem Kommuniqué steht, ich finde das richtig, was ihr zur Fritz-Erler-Gesellschaft sagt und was ihr zu den Jusos sagt, ich finde das alles richtig – nur das, was ich viel stärker erwarte ist, mit welchem Thema denn bitte jetzt in den allernächsten Tagen gegen die CDU, mit welchen Organisationsformen denn, Helmut *Rohde* hat es hier mehrfach angesprochen, denn in allernächster Zeit gegen die CDU. Das ist das, was vom Vorstand wirklich erwartet wird, noch sehr viel stärker als ausgewogene Stellungnahmen zu *Müller-Heydenreich* rechts und zu irgendjemand anders links. Das wäre die Bitte, die ich an den Vorstand habe.

---

20 Vgl. das Interview »Langfristig auch mit der CDU?«; »Der Spiegel«, Nr. 15 vom 5. April 1976, S. 30–41. – Bundeskanzler *Schmidt* hatte im Spiegel darauf hingewiesen, dass die Probleme der Münchner Parteigliederung auch auf den offenbar unbewältigten Ansturm neuer, junger und sehr linker Mitglieder zurückzuführen sei. Dies seien aber Ausnahmen, die sich allerdings negativ auf die Wahlchancen auswirken könnten.

Wehner: Conrad *Ahlers*.

Ahlers: Genossinnen und Genossen, ich bin hier zweimal angesprochen worden, sonst hätte ich mich nicht gemeldet, weil ich weiß, dass es schwierig ist, hier in der Fraktion, ohne gerügt zu werden, ein paar Worte zu sagen.

(Zwischenrufe.)

(Unruhe.)

Ich bin nicht empfindlich, das weißt du ganz genau. Holger *Börner* hat hier zwei Dinge – wie ich finde – auf nicht ganz faire Weise zusammengemischt, nämlich die »Wirtschaftswoche«, wo ich mal früher war, und den »Stern«, wo ich jetzt schreibe. Mit der Meldung, Holger, über angebliche Papiere, die ihr gedruckt haben sollt, habe ich nichts zu tun und du weißt auch genau, dass es mir in diesem »Stern«-Artikel gar nicht auf die Rekapitulation der Strategie oder Taktik in Sachen Polen-Verträge ankam.[21] Das ist von anderen Leuten schon vor drei Wochen dargestellt worden[22], ist hier nie diskutiert worden, vorher nicht und nachher nicht, und ich habe das nur nochmal aufgenommen. Hier kann ich sagen, ein viel besserer Freund unseres Bundeskanzlers als ich hat das nach mir ja in der »Zeit«, nämlich Theo *Sommer* nochmal beschrieben[23]. Ich bin in der Tat der Meinung, es hat uns geschadet, dass wir zum Schluss in der Endphase der Ratifizierung der Polen-Verträge im Abseits gestanden haben, sicher nicht gewollt und, Holger, ich habe geschrieben, nur der Eindruck sei entstanden. Ich habe nicht gesagt, dass wir den Eindruck erweckt haben.

Aber ich meine was ganz anderes. Es war nur als Beispiel dafür, dass ich es für falsch gehalten habe in den letzten Monaten, dass wir gegenüber der CDU eine Art Politik totaler Konfrontation betrieben haben hier und draußen in einer Zeit, wo man merken kann, dass die Stimmung im Land sich in dieser Hinsicht geändert hat. Man nimmt mehr die Strategie der Konfrontation von der CDU auf, anders als noch in der Zeit von Sonthofen[24] und bei uns lehnt man es ab. Es ist ein schwieriger Vorgang, nicht ganz leicht zu begreifen, auch für mich noch nicht völlig erklärlich. Aber wenn man in Baden-Württemberg gesehen hat, wie die Parole »Freiheit gegen Sozialismus« aufgenommen wird, im Unterschied zu Sonthofen, was ja von der Bevölkerung abgelehnt worden war damals, dann muss man sehen, dass sich was geändert hat in unserem Land, und ich bin der Meinung gewesen, wir sind hier richtig in eine Situation, die für uns ungünstig, und eine Stimmung, die für uns ungünstig ist, hineingelaufen, und wir sehen es ja auch bei der praktischen Arbeit. Wir kommen ja seit Hannover ohne ein gewisses Maß an Kooperation mit der CDU im Bundesrat gar nicht hin und unser Bundeskanzler ist ja der erste, der das auch mehrfach nicht nur praktiziert, sondern betont hat. Warum also bei den Polen-Verträgen sozusagen diese andere Strategie? Habe ich für falsch gehalten und nur darum ging es, Holger, nicht darum, hier irgendwelche Vorwürfe zu machen oder die eigene Führung zu kritisieren.

---

21 Vgl. Anm. 15.
22 Gemeint ist die Debatte über die Verträge anlässlich des ausstehenden Votums des Bundesrates. Vgl. bspw. den Artikel »Wenn die Länder nein sagen«; »Süddeutsche Zeitung« vom 12. März 1976, S. 9.
23 Zum Artikel »Auf den Kanzler kommt es an« vgl. »Die Zeit«, Nr. 15 vom 2. April 1976, S. 1.
24 Zur Diskussion der Sonthofener Rede des CSU-Vorsitzenden *Strauß* vgl. die SPD-Fraktionssitzung am 18. März 1975, SVP A, online. Vgl. außerdem die DIE CSU-LANDESGRUPPE IM DEUTSCHEN BUNDESTAG 1972–1983, Dok. 33. – Die von *Strauß* geforderte Sonthofenstrategie der Opposition bestand darin, der Bundesregierung jede Unterstützung in ihrem Kampf gegen die wachsenden ökonomischen und finanzpolitischen Probleme zu verweigern, um sich im Wahlkampf 1976 umso mehr als einzig möglicher Ausweg aus der Krise inszenieren zu können.

Aber wenn wir schon dabei sind: Was mir fehlt bei dieser Diskussion und auch schon bei der Diskussion am vergangenen Dienstag, ist die Fragestellung, was ist eigentlich mit dem Wähler los? Wir unterhalten uns hier im Wesentlichen über die innerparteilichen Streitereien, die nach meiner Auffassung relativ bedeutungslos sind insgesamt gesehen, gemessen an der Fragestellung, ob wir den Wähler eigentlich richtig ansprechen. Ich bin, Harald *Schäfer*, für einen argumentativen Wahlkampf. Es ist, glaube ich, klargeworden, dass ich mehr für Argumentation als für Konfrontation bin, auch im Bundestagswahlkampf. Die Frage ist nur, ob ihr die richtigen Argumente gehabt habt – und da habe ich großen Zweifel. Ich bin der Auffassung, wir haben völlig die Mittelschichten aus dem Auge verloren und aus dem Auge verloren, dass in diesen Mittelschichten sich ein Typ des Erwerbsbürgers herausgebildet hat, der tatsächlich nicht mehr auf die Weise zu mobilisieren ist, wie wir das 1972 noch haben tun können unter Zuhilfenahme der Polen-Verträge. Soziologisch bin ich noch nicht mal sicher, ob das '72 auch so war. Aber immerhin – heute ist es anders. Ich bin der Meinung, wir zeigen immer noch Wirtschaftsfeindlichkeit, auch wenn der Bundeskanzler mit den großen Bossen und den großen Gewerkschaften spricht, die Mittelschichten bleiben außen vor. Ich habe einen Wahlkreis ähnlich wie in Baden-Württemberg, wo man mittlere Betriebe hat. Für die Leute setzt sich die Partei nicht ein. Unsere ganze Selbstständigen-Arbeitsgruppe ist ja ein reines Nichts, da geschieht überhaupt nichts, leider. Wir können also die Entsprechenden gar nicht ansprechen. Uns wird immer noch der Gelbe Punkt vorgehalten.[25] Mit anderen Worten, hier ist nichts Positives geschehen, obwohl wir in der Tat von der Regierungstätigkeit her eine ganze Masse gemacht haben. Ich bin also der Meinung, hier versagt einfach die Öffentlichkeitsarbeit der Partei und hier versagt auch die Handreichung, die wir alle brauchen, um uns diesen Wählern zu stellen.

Letzter Punkt ist: Ich vermisse auch, dass Regierung und Partei sich mit den großen Fragen, nämlich der Hauptfrage dieses und der nächsten Jahre auseinandersetzen, nämlich mit der Berufsbildung. Wir haben nach meiner Ansicht zu wenig Programm im Bereich der Lösung dieser Frage. Es vergeht doch – jedenfalls bei mir nicht – keine Sprechstunde, wo nicht mindestens zwei, wenn nicht vier Menschen kommen und fragen, was mache ich nun bloß mit meinem Sohn oder meiner Tochter, die im Sommer aus der Schule kommt und können Sie uns nicht helfen, eine Lehrstelle zu finden? Dieses Ausmaß in gewiss kleinen Sprechstunden zeigt mir aber, dass wir hier ein Problem, ein psychologisches Problem noch mehr vielleicht als ein tatsächliches haben, denn im Grunde ist ja die Vermittlung von Ausbildungsstellen in diesem Jahr noch recht gut gelaufen. Aber ein psychologisches Problem haben wir, und ich stelle fest, an all den Materialien, die man bekommt, ist hier nicht viel Konstruktives, mit dem man zurzeit in den Wahlkampf ziehen kann.

Aber nur eines, Holger, hier ist nicht Kritik das Thema. Ich habe mich schon einmal hier entschuldigt vor zwei Jahren für Artikel, die ich geschrieben habe, die sicher von Kollegen als unangemessen empfunden wurden, weil man sie ihnen entgegengehalten hat in Wahlversammlungen. Seit zwei Jahren, glaube ich, ist von mir nie wieder etwas in der Weise geschrieben worden, wohl aber immer mal ein Stück Kritik. Nun die allerletzte Bemerkung. Guckt euch die deutsche Presse an, ihr findet kaum Artikel, die sozusagen

---

25 Gemeint ist eine Kampagne der SPD, bei der Parteimitglieder aufgefordert wurden, für Produkte des täglichen Lebens jeweils die teuersten und billigsten Einzelhändler ausfindig zu machen. So sollte die Bevölkerung zu einem kritischen Konsum animiert werden. Die Aktion lief unter dem Motto »Alle reden über Preise – wir klären auf«. Vgl. dazu auch den Artikel »Der Handel ist den Genossen gram«; »Die Zeit«, Nr. 42 vom 12. Oktober 1973, S. 42. – Vgl. dazu auch die SPD-Fraktionssitzung am 16. Oktober 1973, SVP C, online.

positiver sind für die Partei und für die Regierung als meine. Nur glaubt nicht, dass irgendein Artikel, irgendein Artikel völlig unkritisch sein könnte, sonst würde er nämlich mit Recht nirgendwo gedruckt werden.

Wehner: Norbert *Gansel*.

Gansel: Genossinnen und Genossen, dass diese Diskussion in manchem gespenstisch ist, das wird eigentlich am deutlichsten darüber, in welchem Umfang hier über eine Zeitschrift diskutiert wird, die noch niemand von uns gelesen hat. Und eines ist ja wohl sicher, dass eine solche Zeitschrift mit dem Wahlausgang in Baden-Württemberg nichts zu tun hat. Und eines ist ja wohl auch sicher, dass wenn es zur parteiinternen oder zur öffentlichen Diskussion über Politik geschrieben wird, es besser ist, wenn das jemand in 30 Seiten oder in 20 Seiten in einem Organ schreiben kann, wo er sich also ausbreiten kann und das ungekürzt machen kann, als wenn das jemand mit vier Spalten in einer Illustrierten schreiben muss. Dann kommt eben bei der Kurzfassung manches Missverständliche heraus und noch schwieriger ist es, wenn manche Leute nur Springer-Organe zur Verfügung haben, um sich in die Öffentlichkeit, auch in die Parteiöffentlichkeit zu wenden.

Was über Wolfgang *Roth*, Peter *Reuschenbach*, gesagt worden ist, könnte man so akzeptieren, wenn dieses ein isolierter Vorgang gewesen wäre, aber *Roth* hat doch wohl nur geäußert auf öffentliche Spekulationen zusammen mit der Fritz-Erler-Gesellschaft und auf diese Gesellschaft selbst.[26] Nun will ich ganz offen sagen, ich gehöre nicht zu denjenigen, die früher immer gesagt haben, dass sie ihre Kreise nicht stören sollen und jetzt lamentieren über alle möglichen Diskussionsgruppen. Ich habe nichts gegen Diskussionsgruppen. Wogegen ich etwas habe, ist die Art und Weise, mit denen sie sich zu bestimmten Zeitpunkten – nämlich eine Woche vor der Wahl in Baden-Württemberg – mit ihren eigenen Genossen auseinandersetzen, und zwar gerade auch mit denen, die in Baden-Württemberg im Wahlkampf stehen. Dieses war vom Timing eine Unanständigkeit und das ist das eigentliche Politikum. Nun ist ja Diskussion, parteiinterne Diskussion ist ja oft eine Frage des Zeitpunkts. Ich bin für diese Diskussion, aber ich bin dafür, dass man auch irgendwann mal zur Geschlossenheit finden muss. Wobei man auch, wenn man sich im Recht glaubt, manchmal nachgeben muss, zuhause mal und mal hier. Aber diese Geschlossenheit, die ist dann eben auch eine Frage des Zeitpunkts und der ungünstigste Zeitpunkt, Hans *Bardens*, für deinen Vorschlag ist sicherlich gewesen der heutige Tag. Was du gesagt hast über die Herausstellung oder Herabstellung von einzelnen Führungspersönlichkeiten der Partei, ist auf dem Hintergrund der heutigen Presseveröffentlichungen einfach unerträglich und dieses geht nun nicht. Und im Übrigen ist doch wohl eines klar, wir alle führen einen Wahlkampf für die Partei, mit dem Bundeskanzler und mit dem Parteivorsitzenden in aller Loyalität. Bei dem einen wird stärker herausgestellt werden müssen der Leistungskatalog und bei dem anderen die Perspektive und eines muss euch doch klar sein, das wisst ihr doch auch alle, dass mit dem Leistungskatalog alleine – der ja übrigens von '69 resultiert und auch etwas mit dem Namen *Brandt* zu tun hat – dass aber mit diesem Leistungskatalog alleine der Wahlkampf nicht zu gewinnen ist.

Zur Großstadtproblematik meines Erachtens folgende Probleme: Erstens Verengung des Reformspielraums durch die geringeren finanziellen Möglichkeiten für unsere Genossen in Großstädten, auch eine falsche Finanzpolitik, die wir teilweise mitgemacht haben. Zweitens die Entfremdung mancher Funktions- und Mandatsträger gerade auch in den großen Kommunen, die mehr darauf abgesehen haben, Aufstieg durch die Par-

---

26 Zu *Roths* Äußerungen vgl. Anm. 28.

Fraktionssitzung 06.04.1976 **133.**

tei als Aufstieg der Partei und sicherlich gehört da auch mancher Vokabular-Sozialismus dazu. Das ist der dritte Punkt, vor allen Dingen dann, wenn das durch Monopolzeitungen breit herausgestellt werden kann. Das ist ja auch alles eine Frage der Medienstruktur und dabei, vierter Punkt, macht uns besonders zu schaffen der Verlust an Multiplikatoren in dem Bereich, den auch die Infas-Studie, glaube ich, mit sieben Prozent an Linksintellektuellen ermittelt hat. Und, Conny *Ahlers*, auch wenn das, was du gesagt hast über Mittelschichten, allgemein richtig ist, unser Meinungsträger ist doch nicht der Frisör gewesen und nicht der Einzelhändler, sondern unser –

(Unruhe.)

(Zwischenrufe.)

wenn das Kollegen rufen, die kurz vor der Glastür stehen, dann überzeugt mich das besonders wenig.

(Unruhe.)

Aber der Hauptmeinungsträger, der Hauptmeinungsträger, das ist doch für uns der junge Architekt gewesen oder der Oberstudienrat und hier ist doch –

(Große Unruhe. Zwischenrufe.)

ja, Genossinnen und Genossen –

(Unruhe.)

Genossinnen und Genossen, dass sich dort manches verändert hat, dass ein Oberstudienrat, der Geschichte oder Sozialkunde unterrichtet, das heute nicht mehr mit dem gleichen Elan und der gleichen Unbefangenheit machen kann wie vor drei Jahren, wer darüber lacht und das nicht kapiert hat, der kann mir leidtun und der sieht wenigstens einen Grund für manche Verschlechterungen nicht. Aber der Punkt, der aktuell ist und der uns meines Erachtens besonders zu schaffen macht, das sind die Auswirkungen des Haushaltsstrukturgesetzes. Wenn wir mit einem Gesetz gerade unser Wählerpotenzial vor allem getroffen haben, den Wohngeldempfänger, den Umschüler, den Bafög-Empfänger und auch den öffentlichen Dienst, dann darf man sich über negative Auswirkungen dort nicht wundern, vor allen Dingen, wenn das dann noch so schlecht gemacht wird, dass wir im August/September losziehen mit der großen Axt, den Leuten Angst machen und nachher bleibt nur das kleine Hackebeilchen über und das wirkt dann bei den Leuten noch immer so, als ob es die große Axt gewesen wäre. Es gibt bis heute kein Aufklärungsflugblatt speziell für den öffentlichen Dienst, der in manchen Wahlkreisen 30 bis 40 Prozent ausmacht.

(Unruhe.)

Es hat keine Aufklärungskampagne gegeben über die Verbesserung, die wir durchgeführt haben beim Haushaltsstrukturgesetz für die verschiedensten Gruppen, insbesondere für den öffentlichen Dienst und dieses muss nachgeholt werden.

Aber man muss sich auch darüber im Klaren sein: Mut zur Unpopularität, das ist eine gute Sache und das gibt jedenfalls vorübergehend gute Schlagzeilen. Aber mit Mut zur Unpopularität kann man keine Wahlen gewinnen, vor allen Dingen dann nicht, wenn es nicht durchgehalten wird, und man kann nicht Opfer von allen verlangen. Man kann nicht bei den einen Leistungsverkürzungen durchführen, man kann nicht dem Rentner zehn Prozent seines Realeinkommens nehmen über das Wohngeld, man kann nicht dem Geschiedenen im öffentlichen Dienst, man kann nicht dem Geschiedenen im öffentlichen Dienst zehn Prozent nehmen, man kann nicht den Studenten von der Preisentwicklung abkoppeln, man kann nicht dem Umschüler zehn Prozent seines Umschulgeldes nehmen, ohne dass der reagiert und das kann man vor allen Dingen dann nicht, wenn gleichzeitig diskutiert werden kann, dass man eine Körperschaftsteuerreform machen will, die den höheren Einkommensgruppierungen, über deren Einkommensentwicklung gerade neue Zahlen herausgekommen sind, zusätzliche Vorteile gibt. Man kann auch nicht all diese Sparmaßnahmen vertreten – und wir haben sie im Volumen alle mitgetragen –, man kann auch nicht Steuererhöhungen vertreten, und wir haben die im Volumen alle mitgetragen und als wir hier um die 5,5 Prozent gekämpft haben, da hat es in der Fraktion großen Krach gegeben. Man kann das nicht alles machen ein halbes Jahr vor der Wahl, in der sich die Meinung bildet und eine Woche vor der Landtagswahl kommen wir ins Gerede damit, dass die Mehrwertsteuerpläne fallengelassen werden sollen. Und das ist der Hauptgrund, weshalb ich das jetzt so aufgeführt habe. Ich bin dafür, dass in dieser Frage, die uns in den nächsten Wochen beschäftigen wird, hier Klarheit geschaffen wird, was wird aus den Plänen zur Erhöhung der Mehrwertsteuer, wie wir sie in der Fraktion im Volumen beschlossen haben. Wir können jetzt nicht zurückdrehen und den Eindruck erwecken, dass wenn wir in Baden-Württemberg einen draufgekriegt haben, der ganze Mut zur Unpopularität mit einem Mal futsch ist, alles, was wir über Sparappelle durchgeführt und riskiert haben, alles mit einem Mal dahin ist, mit dem Ergebnis, dass die CDU/CSU nun behaupten kann, wir hätten auf ihren Widerstand das rückgängig machen können. Dies sind konkrete Konsequenzen, nicht nur in der Organisation, sondern auch in der Sache.

Wehner: Genossinnen und Genossen, ich habe hier jetzt sieben Wortmeldungen. Ich bitte um das Einverständnis der Fraktion, dass wir damit die Rednerliste schließen und dass wir um fünf Uhr Schluss machen. Einstanden? Manfred *Geßner*.

Geßner: In der Pressemitteilung über die Sitzung des Parteivorstandes vom 5. April heißt es unter Punkt 2: Der Parteivorstand verurteilt, dass die Namen verstorbener Parteiführer für Sondergruppen in Anspruch genommen werden. Diese Erklärung ist meiner Auffassung nach absolut richtig. Es gibt keinen Zweifel darüber, dass die Gründung dieser Gesellschaft weder vernünftig noch hilfreich gewesen ist. So was passiert eben, wenn sich eine Partei in einem Zustand des Ausfransens befindet, ein Zustand, der bereits vor Jahren begonnen hat, wie mir scheint. Nun möchte ich gern Folgendes wissen. In den Zeitungen konnte man lesen, dass vonseiten der Gründer dieser Gesellschaft erklärt worden ist[27], dem Parteivorstand sei rechtzeitig von der beabsichtigten Gründung Kenntnis gegeben worden. Ich kann nicht beurteilen, ob das stimmt, aber ich möchte wissen, ob dies zutrifft und wenn ja, für den Fall dass, würde ich gern wissen wollen, ob vonseiten des Parteivorstandes Schritte unternommen worden sind, um die Genossen auf die Konsequenzen einer solchen Gründung aufmerksam zu machen.

Wehner: Philip *Rosenthal*.

Rosenthal: Genossinnen und Genossen, ich finde es an und für sich ganz gut, dass wir hier mal diese Überlegungen anstellen, denn jeder von uns kann nicht einen Überblick über alle die Fakten haben. Aber dass wir sie hier mal in Ruhe gegeneinander anstellen, ist sicherlich gut. Ich glaube auch, es lohnt sich nicht, etwas zu sagen über die Gründe, die schon angeführt sind, wie Hannover und München. Dazu ist alles gesagt. Vielleicht sollte man noch zu Polen etwas sagen. Ich bin da nicht so drin, aber ich habe das Gefühl, als ob die Regierung oder vielmehr Helmut *Schmidt* und die Sozialdemokraten hier in der Regierung eigentlich zur Verhinderung einer tiefen Kluft im deutschen Volk sogar ein Opfer gebracht haben, denn sie hätten diese – wenn ich es richtig verstehe –

---

27 Hans-Günther *Weber* (Oberstadtdirektor von Braunschweig) und Winfried *Döbertin* (Studienrat und von 1966 bis 1974 Abgeordneter der Hamburgischen Bürgerschaft).

diese Auseinandersetzung mit der Union anders führen können, so dass es beim Nein der Union geblieben wäre.

Was du gesagt hast, Conny *Ahlers*, ich habe es dir schon mal privat gesagt, aber ich kann das nicht akzeptieren, was du gesagt hast. Denn wenn in der Zeitung beispielsweise ein Artikel überschrieben ist mit »Formtief«[28], dann hat das einfach einen negativen Effekt auf den Wähler und ich glaube, der Fehler, den du machst, dass du den Unterschied nicht kennst zwischen einem unabhängigen Journalisten und einem Mitglied dieser Fraktion.

(Beifall.)

Du musst dir doch vorstellen, wie vielen von uns es innerlich stinkt, was manchmal die Regierung macht, und trotzdem halten wir uns zurück und sagen das höchstens hier oder innerhalb der Partei. Dies ist der Unterschied. Man kann entweder freier Journalist sein oder man ist loyales Mitglied dieser Fraktion. Ich glaube, das muss dir mal gesagt werden.

(Beifall.)

Zu Überlegungen zu dem Verkauf von Leistungen. Sicherlich richtig, dass wir noch ein bisschen Zeit brauchen. Sicherlich richtig, dass wir das noch konzentrierter und noch verständlicher machen müssen. Eine Überlegung, und da komme ich dann schon auf das Thema, dass der Mensch nicht von der Realität allein lebt, eine Überlegung, ob wir dieses Thema der Leistungen dieser Regierung nicht auch offensiv führen sollten in dem Sinne, dass wir den Bürgern klarmachen, dass nur die SPD durch die Verhinderung sozialer Konflikte ihnen die Sicherheit gibt, dass es ihnen nicht so geht wie in anderen CDU-regierten Ländern, wie Italien und Frankreich. Ich glaube, mit diesem Appell an die Sicherheit könnte man emotional bei der Bevölkerung etwas ausrichten.

Nun aber zu einem, was heute noch nicht gesagt worden ist. Ich glaube, es ist nicht Realismus und es ist nicht realistisch, wenn man ausschließt, dass der Mensch eben nicht allein von Fakten, sondern sehr von Emotionen motiviert wird und ich frage mich, ob wir auf diese Emotionen in unseren Aussagen genügend Rücksicht nehmen. Ich will jetzt hier nicht etwas länger besprechen, was wir schon oft besprochen haben, und will auch nicht hier einen schlechten Minikator abgeben, aber das Problem der Verteilung – schließlich ist die Gesellschaftspolitik, die Veränderung in der Gesellschaft ist der motivierende Faktor unserer Partei und mal ein einfaches Beispiel. Wenn die Rosenthal AG einen Umsatz von 100 Millionen macht und sie hat Kosten in Materialien, Löhnen und in Energie von 90 Millionen und fünf Millionen von den zehn übrigbleibenden müssen für die Kapitaldividende und für die Kredite aufgewendet werden, dann bleiben fünf Millionen übrig. Werden diese fünf Millionen in die Löhne geschoben, in Nominallöhne, dann haben wir keine Investitionen mit allem, was sich daraus ergibt. Werden sie aber in die Nominallöhne geschoben und es gibt keinen Preisstopp, dann wird einfach das Unternehmen und damit die ganze deutsche Wirtschaft die Preise um fünf Millionen erhöhen und wir haben die Inflation, sodass ich glaube – ich will jetzt nicht mehr eingehen darauf, was nicht möglich ist oder was das {...}. Es gibt aber keinen anderen Weg aus dieser Bredouille, zwischen den notwendigen Investitionen und Nominallöhnen gibt es keinen anderen Weg, als in irgend-

---

28 Conrad *Ahlers* hatte seine regelmäßige Kolumne im »Stern« diesmal mit der Überschrift »Genossen im Formtief« versehen. *Ahlers* kritisierte darin unter anderem die Zerstrittenheit der SPD und die Strategie von Bundeskanzler *Schmidt*, auf Konfrontation mit der Union zu gehen. Er plädierte für eine Zusammenarbeit mit der Opposition, um die großen Probleme der nächsten Jahre anzugehen. Vgl. »Stern« vom 1. April 1976; BT Pressedokumentation, Personenordner Ahlers, K. (sic!).

einer Form – meinetwegen nicht meiner, meinetwegen über die Gewerkschaften –, in irgendeiner Form die Arbeitnehmer zu beteiligen. Sonst laufen wir doch zu auf dieselbe Konfrontation früher oder später im Boom, die wir jetzt in England und in Italien in der Vergangenheit hier gehabt haben. Dies ist das Negative, aber das Positive, ich glaube, das ungenützt von uns wirkt emotional, dieser dritte Weg, den wir in der Hand haben – wir machen auch aus der Mitbestimmung nicht genug –, dieser glaubhafte dritte Weg zwischen dem alten Kapitalismus und der Verstaatlichung durch die Beteiligung der Arbeitnehmer am Sagen und am Besitz, das ist nur eine Überlegung. Aber bitte Genossen und auch diejenigen, die uns führen, ein Studium, mit welchen Dingen auch die Partei innerlich wieder motiviert werden kann, denn es ist hier nicht gesagt worden, aber ich sage euch, einer der Gründe, warum wir nicht so gut dastehen und einer der Gründe, warum wir auch nicht so gut abschneiden werden trotz aller Leistungen, wenn wir diese innerliche Motivierung der Partei nicht wieder zustande bringen.

(Beifall.)

Wehner: Hans *Geiger*.

Geiger: Genossinnen und Genossen, es ist sicher richtig, dass wir vom Umfang her noch nie einen so guten Wahlkampf geführt haben in Baden-Württemberg wie in diesem Jahr, auch was die Unterstützung der Bundesprominenz gebracht hat, ist ebenfalls herauszustellen. Also kann von daher das Missergebnis nicht begründet werden. Es kann auch nicht begründet werden mit der Leistung, die die Bonner Koalition zustande gebracht hat. Da haben wir eher zu viel getan als zu wenig, soviel dass es kaum mehr im Bewusstsein aller Abgeordneten ist, geschweige denn draußen beim Wähler. Wenn also diese beiden Dinge nicht zutreffen, muss es doch andere Gründe geben und solche anderen Gründe hat es im Verlauf der letzten Monate und der letzten Zeit gegeben, nicht etwa im Wahlkampf und da ist eines, Norbert *Gansel*, nicht das Erscheinen der Zeitschrift, der Kritik das Maßgebliche, sondern die Geisteshaltung, in der solche Dinge geboren werden und die Aussagen einzelner Mitglieder, dass sie das Gesamtwirken der Sozialdemokraten dann nicht zum Wirken kommen lassen. Und wenn man mal beginnt damit, dass die Studienräte und die Oberstudienräte die Meinungsträger der Partei sind, dann ist die Anlage von vornherein falsch und dann können wir keine {...} mehr bekommen. Diesen Eindruck gewinnt man übrigens auch, wenn man die gewählten Vertreter bei uns Revue passieren lässt. Es kommt doch für uns darauf an, dass wir auch den Menschen, dem Arbeitnehmer und auch dem Mittelstand vermitteln, was wir für sie geleistet haben. Das haben wir aber innerparteilich nicht in der Wahl, aber in den Monaten und Jahren zuvor, einfach versäumt. Wir waren, Genossinnen und Genossen, doch nur stark, wenn wir dargelegt haben, was wir noch nicht gemacht haben und von dem, was wir gemacht haben und was hätte besser sein müssen oder besser sein können, und dann wundern wir uns, dann wundern wir uns, wenn man keinen Dritten davon überzeugt, dass er künftig sozialdemokratisch wählen muss. Das ist doch das Grundübel. Wenn wir nicht ein bisschen mehr, ich will jetzt nicht sagen Solidarität, wie neuerdings auch der *Kohl* sagt, sondern sogar ein bisschen mehr Korpsgeist in dieser Auseinandersetzung haben, dann werden wir auch nicht die Möglichkeit haben, ein besseres Wahlergebnis zu bekommen.

Und liebe Genossinnen und Genossen, da gehört dann auch ein bisschen Selbstbewusstsein dazu in den Auseinandersetzungen und nicht nur das Suchen von Dingen, die noch nicht getan worden sind. Darf ich noch ein Wort sagen, weil ich schnell fertigwerden muss. Genossinnen und Genossen, da gehört auch, was, weiß nicht, wer es gesagt hat, der zweifelhafte Mut zur Unpopularität dazu. Das ist nun auch so eine Meinung, was man sich alles noch vor Wahlen an den Hut stecken muss, auch Dinge – lasst es mich

Fraktionssitzung 06.04.1976 **133.**

einmal sagen –, die erst in einem Jahr oder später in Kraft gesetzt werden sollen. Die wirken doch alle auf der politischen Ebene und daraus kann doch nur die Meinung entstehen, die Sozialdemokraten meinen es gerade in der Steuer und in einer Reihe anderer Dinge mit dem kleinen Mann nicht gut und dazu kommt und wir müssen das endlich ändern in den noch verbleibenden fünf Monaten, dass mal ein Konzept auf den Tisch gelegt wird, wie das nun werden soll mit den Bundesbahnen und dazu kommt auch und ist notwendig, dass wir in den nächsten Wochen eine klare Meinungsäußerung haben, was wir in der Frage Mehrwertsteuer tun, wo wir die breiten Massen belasten, dass wir fortgesetzt die CDU sagen lassen, wir wollen den Arbeitnehmer entlasten, die Pauschbeträge höhersetzen, die Mehrwertsteuer nicht einführen und dann auch noch die FDP in die gleiche Diskussion eintreten lassen, während wir Gewehr bei Fuß stehen, sodass absolut der Eindruck entstehen muss, als ob wir wirklich die breiten Massen belasten wollten. Wenn wir das nicht berichtigen, werden wir auch die Bundestagswahl nicht besser schaffen wie Baden-Württemberg.

Wehner: Heinz *Junker*.

Junker: Genossinnen und Genossen, zu dem, was über Wolfgang *Roth* gesagt worden ist, wollte ich euch auf »ppp« verweisen vom 1. April.[29] Da steht das drin, was er gesagt hat. Was uns das weiter bringt, ist vielleicht etwas leichter zu verstehen, wenn man sich nicht über Zustände oder Augenblicksereignisse so sehr erregt, sondern ein bisschen die Prozesse innerhalb der Partei, die sich abgewickelt haben, versteht. Was ich eigentlich sagen wollte, war, dass ich es für falsch halte, dass wir davon reden, die Partei zerfledere oder zerfranse oder so was. Ich glaube, die entscheidende Frage ist, dass wir feststellen, dass der Riss nicht irgendwo mitten durch die Partei geht, sondern dass wir an den Rändern Ausfransungen haben und dass alle die, die sich als Sozialdemokraten begreifen, ob sie sich als mehr links oder mehr rechts – um mal in diesem Sprachgebrauch zu bleiben – verstehen, es als ihre gemeinsame Aufgabe ansehen, den Strich zwischen dieser großen Masse der Sozialdemokraten und den Ausfransungen an den Rändern zu ziehen, das ist das entscheidende Problem und nicht eine Ausfransung an dieser oder jener Seite als einen Hebel benutzen, die Linken oder die Rechten innerhalb der Partei insgesamt in ein Abseits zu stellen – das ist der Punkt, auf den es ankommt und dies wird leider versucht. Und ich glaube, wenn dieser Versuch gelingt, dann ist nicht die Linke oder die Rechte innerhalb der Partei in Gefahr, sondern die Partei insgesamt, und ich sage euch, wenn der Versuch gelingen sollte, wie ich das in dem Interview in der »Frankfurter Rundschau« gestern gelesen habe[30], etwa zu sagen, die Linken in der Partei vertreten eine Volksfrontpolitik, wenn das gelingen sollte, ins Bewusstsein der Öffentlichkeit zu dringen, dann sind wir als Partei insgesamt erledigt. Dann haben wir überhaupt keine Chance mehr und ich glaube, dass wir von einer Million Sozialdemokraten 999 000 finden werden, die nicht einmal den Gedanken an eine Volksfrontpolitik erwägen, und das ist der entscheidende Punkt. Und jeder von uns hat hier in seinem Bereich

---

29 Vgl. die Pressemitteilung »SPD-Linke unterstreicht Gesamtverantwortung für die Partei«; »Parlamentarisch-Politischer Pressedienst« vom 1. April 1976, S. 1. – *Roth* erklärte, die SPD-Linke werde sich nicht an der öffentlichen Diskussion über Gruppenbildung beteiligen, sondern werde den Parteivorsitzenden *Brandt* und Bundeskanzler *Schmidt* uneingeschränkt unterstützen. Er bekannte sich außerdem zu den Beschlüssen des Mannheimer Parteitags.

30 Zum Interview des Braunschweiger Oberstadtdirektors und stellvertretendem Vorsitzenden der Fritz-Erler-Gesellschaft, Hans-Günther *Weber*, vgl. »Frankfurter Rundschau« vom 5. April 1976, S. 4. – *Weber* hatte im Interview angekündigt, dass die Fritz-Erler-Gesellschaft auch im Ausland vor Volksfronttendenzen warnen werde, und erklärt, die Zusammenarbeit der SPD mit ausländischen kommunistischen Partei strikt abzulehnen. Er wandte sich zudem gegen eine »konsequent sozialistische Politik«.

die Aufgabe, gegen diejenigen, die in der Tat solche Gedanken hegen und diejenigen, die der Gefahr erliegen, solche Gedanken für repräsentativ für größere Gruppen in der Partei zu verkaufen, in die Schranken zu weisen und er kann sich nur damit legitimieren, was er in dieser Hinsicht in den letzten Jahren in der Partei getan hat.

Und wenn ich von Prozessen gesprochen habe, dann nehme ich zum Beispiel für den Frankfurter Kreis in Anspruch[31], dass er eine erhebliche Integrationsaufgabe bewältigt hat und die Ausfransungen am linken Rand der Partei sind doch Tag und Nacht unterwegs, um Leute wie Johannes *Strasser* oder Wolfgang *Roth* oder Peter *von Oertzen* oder auch mich als die freischwebenden linken Individuen – auf Deutsch könnte man auch sagen Arschlöcher – zu verteufeln und zu sagen, was sind denn das für Jusos, die mit diesen freischwebenden linken Individuen noch zusammenarbeiten. Die unheilige Allianz oder wie das in Anträge in Dortmund geheißen hat, und ich kann euch nur sagen, so wie wir uns von solchen Angriffen überhaupt nicht irritieren lassen, sondern diesen Integrationskurs fortführen werden, und das hat Wolfgang *Roth* gesagt, so bitte ich euch in Richtung auf den Erler-Kreis[32] die Grenzen dessen, was man aussagen kann in der Öffentlichkeit aufzuzeigen, den Unterschied zu sehen zwischen dem, was man in der Öffentlichkeit und dem, was man in seinem Kreis aussagt, zu sehen, die Bedeutung, die das für die Partei hat. Und ich kann sagen, wenn bei mir im Bezirk Jusos sich hinstellen und sagen, die sozialdemokratischen Minister und der Kanzler haben die Interessen der arbeitenden Jugend preisgegeben, dann lege ich meine Hand als Bezirksvorsitzender auf dieses Papier und sage, dies kommt nicht an die Öffentlichkeit, und ich vertrete das gegenüber jedermann. Und ich bitte euch, auch in den Kreisen, wo immer ihr steht, in denen ihr Einfluss habt, dies in gleicher Weise zu vertreten. Denn nur auf diese Weise können wir uns zu dem hinbewegen, was wir gelegentlich als eine Volkspartei begreifen und Volkspartei heißt, dass wir eine Partei mit sehr vielfältigen Meinungen sind, dass wir nicht alle einer Meinung sein können, dann brauchen wir drei, vier linke Parteien, dass wir aber Spielregeln finden müssen, wie wir miteinander umgehen, die wir alle akzeptieren – und wir haben da, glaube ich, eine lohnende Aufgabe vor uns und wie wir sie gemeistert haben, daran werden wir in absehbarer Zeit gemessen werden.

Wehner: Hans *Urbaniak*.

Urbaniak: Liebe Genossinnen, liebe Genossen, ich glaube nicht, dass bei den bisherigen Erfahrungen mit dem politischen Gegner wir einen argumentativen Wahlkampf werden führen können, obwohl wir darauf gerüstet sein werden. Ich will aber über die innerparteiliche Situation sprechen, weil ich sie in einer großen Anzahl von Versammlungen erlebe und weil es notwendig ist, um sie – unsere Partei richtig – in den Schwung zu bekommen, auch zu beseitigen. Ich erlebe in einer Reihe von Ortsvereinsversammlungen und Unterbezirksparteitagen, dass ganz offen mit Entschließungen und Anträgen gegen die Fraktion, zum Beispiel 88a[33], angegangen wird, Jugendarbeitsschutzgesetz[34], Mitbestimmungsfrage, betriebliche Bildung. Hier sei das alles nicht erreicht, was wir uns als Sozialdemokraten vorstellen. Darauf wird so viel Intensität und Kraft verwandt, dass die, die wir diese Fraktion vertreten, die Gegenkraft aufbringen müssen, um die Dinge in harten Abstimmungen für die Aussage, das Solidaritätsgemeinschaft da ist,

---

[31] Der Frankfurter Kreis war ein informeller, innerparteilicher Zusammenschluss von Linken innerhalb der SPD.

[32] Gemeint ist die Fritz-Erler-Gesellschaft, vgl. auch Anm. 17.

[33] Der 88a des Strafgesetzbuchs – Verfassungsfeindliche Befürwortung von Straftaten – war Teil des 14. Strafrechtsänderungsgesetzes. Vgl. BGBl. 1976, I, Nr. 45, S. 1056f.

[34] Zum »Gesetz zum Schutze der arbeitenden Jugend (Jugendarbeitsschutzgesetz)« in der Fassung vom 12. April 1976 vgl. BGBl. 1976, I, Nr. 42, S. 965–984.

Fraktionssitzung 06.04.1976 **133.**

in Ordnung zu bringen. Das ist ein fürchterlicher Verschleißprozess. Das muss in Ordnung gebracht werden mit der Sozialdemokratie selbst und dann kriegen wir sie – wie ich meine – besser in Schwung.

Es sei hier ein Wort gesagt zu den Großstädten. Liebe Genossinnen und Genossen, die Diskussion in den Großstädten, da wo konzentriert die Massen auftreten, ist intensiver über die Sozialdemokratie und da war man bisher traditionell gewohnt, eine geschlossene Sozialdemokratie zu haben. Das ist ja leider durch das, was hier schon erwähnt worden ist, nicht der Fall und auch das – hoffe ich – bringen wir in Ordnung. Macht euch da nichts vor mit den Aufsteigern. Wenn man konkret fragt, wer das denn ist und wie man darangehen soll, soll ich denn den, den wir im öffentlichen Dienst nach vorne gebracht haben, sagen: und wir treten dafür ein, dass das noch weiter mit dir persönlich nach oben geht. Wie soll denn da die Argumentation geführt werden? Ich muss doch von diesen Leuten verlangen, dass sie für die Partei eintreten, denn ihr kann sie das nur verdanken. Nein, sie verlangen ganz im Gegenteil, sie sind in ihrem persönlichen Ehrgeiz dabei zu unterstützen.

Ich will hier noch einen Punkt sagen. Der Parteivorstand hat ja entschieden, dass wir keine Kongresse, gesundheitspolitischen Kongresse, Familienkongresse machen, sondern Fachtagungen. Ich habe gestern das vorbereitet im Bezirk Westliches Westfalen und da sind bereits die ersten kritischen Äußerungen geäußert worden, dass man ja sich auf diese Einstellung – ausgehend von Mannheim – nun nicht mehr verlassen könne und dass man eigentlich daran denkt, bis zur Wahlplattform hin sehr konträr zu debattieren in der SPD. Ich hoffe, dass wir das auch beseitigen können und die Leute aus allen Schattierungen begreifen, um was es jetzt eigentlich geht. Ich sage euch meine Erfahrungen, liebe Genossinnen und Genossen. Sehr viele unter uns in der SPD haben das politische Feindbild verloren. Wir reden über uns mit letzter Intensität und über die Konservativen wird nicht mehr geredet, über ihre Anträge gegen die Gewerkschaften bei der Mitbestimmung redet überhaupt keiner. Sie nehmen die Kostenbeteiligungspläne einfach hin. Früher wurde da scharf gegen protestiert. Wir haben da das Feindbild verloren. Wir müssen uns doch mit Konservativen, weil wenn sie regieren würden, es schrecklich würde für die Arbeitnehmer, auseinandersetzen. Ich sage daher, die Welle muss fortgesetzt werden, die Helmut *Schmidt* begonnen hat mit den Betriebsversammlungen und wir müssen unsere Multiplikatoren – Betriebsräte, Vertrauensleute – mobilisieren, die uns nahestehen und damit werden wir in der Vorphase den ersten Teil schaffen, um die Partei insgesamt in Schwung zu bringen.

Wehner: Horst *Grunenberg*.

Grunenberg: Genossinnen und Genossen, ich bin nun dreieinhalb Jahre Mitglied dieser Fraktion und ich muss ganz ehrlich sagen, weil das hier auch angesprochen worden ist, man muss bei den vielen Kreisen wirklich aufpassen, dass man nicht selber ins Kreiseln kommt, ins Strudeln dabei und das hat dann so ausgesehen, dass wir zuletzt noch in der Presse so ein Erscheinungsbild hatten, dass der Kanzler alleine dasteht und ohne Partei, weil jeder Kreis sich mit dem anderen beschäftigt und das ist jetzt egal, ob das nun welcher Kreis und was weiß ich ist, bis das ja nun mal geknallt hat mit dem Erler-Kreis[35], wo man wirklich ein bisschen recht unklug, ein bisschen recht weit gegangen ist in einem Fall[36]. Gut, dann –, und dann kommt gleich nachher hinterher: und die Linke ist ja wohl nun, ach so, der Erler-Kreis, das ist ja nun noch [das] schönste. Der Erler-

---

35 Gemeint ist die Fritz-Erler-Gesellschaft.
36 Die Fritz-Erler-Gesellschaft hatte Willy *Brandts* Charakterisierung der CDU/CSU als »Sicherheitsrisiko« kritisiert.

Kreis stellt sich hin und sagt, wir sind für Helmut *Schmidt*[37] und gleich kommt natürlich prompt die Reaktion von der anderen Seite: und wir, die Linke – ein Parteivorstandsmitglied hat das ja gesagt –, sind auch für Helmut *Schmidt*. Nun finde ich das ja, nachdem sich [...][38] sämtliche Arbeitsgemeinschaften für den Einsatz der Partei oder für die Partei nun ausgesprochen haben, alle Arbeitsgemeinschaften, finde ich das doch eigentlich recht gut, dass das nun endlich mal so gekommen ist. Ich meine ja, diese Partei mit Helmut *Schmidt* als Bundeskanzler an der Spitze, so wollen wir ja dann wohl auch die Wahl gewinnen. Und ich halte es für überflüssig, Harald, dass wir uns noch darüber unterhalten, ob wir nun den Begriff demokratischer Sozialismus recht positiv aufstellen. Dies begreift keiner, weder der Frisör noch der Schornsteinfeger noch der Werftarbeiter und der Kumpel, nämlich ganz einfach, weil auf unseren Wahlplakaten überall wahrscheinlich Helmut *Schmidt* draufsteht und unten SPD und auf dem Stimmzettel steht auch SPD darauf und ich finde es ja nun, nachdem wir uns geeinigt haben, alle Seiten und alle Kreise, wir wollen Helmut *Schmidt* weiter als Bundeskanzler haben, sollen wir dies auch weiter so beibehalten mit der SPD im Rücken. Es ist doch eine ganz einfache Sache. Ich glaube, damit kann man sogar einen Wahlkampf gewinnen.

(Heiterkeit.)

Wehner: Holger *Börner*.

Börner: Ich wollte auf die konkrete Frage antworten über die Pressemeldungen zur Erler-Gesellschaft. Wir haben davon Kenntnis erhalten in den letzten Februartagen. Der Vorsitzendenkreis beziehungsweise Präsidium sind Anfang März unterrichtet worden. Der Schriftwechsel mit den betreffenden Genossen war so, dass sie uns von einer Gründung informiert haben und nicht uns um eine Zustimmung zu einer Gründung gebeten haben. Ich habe dann den Genossen *Weber* in Braunschweig nach dem Präsidiumsgespräch angerufen und um ein Gespräch gebeten. Dieses ist geschehen hier Mitte März, und zwar nicht deshalb, weil wir so viel Zeit gehabt hätten, sondern weil der Genosse *Weber* durch einen Trauerfall verhindert war, unverzüglich nach Bonn zu kommen und der Genosse {...}, von dem auch in der Presse die Rede ist, sich in Israel befand[39]. Wir haben dann darüber ein Gespräch gehabt, über alle Konsequenzen, die sich daraus ergeben. Ich habe darauf aufmerksam gemacht in dem Gespräch unter anderem, dass der Name von Genossen hier zitiert wurde, die von der Gründung oder von diesem Kreis nach ihren eigenen Aussagen nichts wussten, so der Oberbürgermeister von Gießen[40], den ich aus langer Zusammenarbeit in Hessen ja gut kenne und der sich verbeten hat, im Zusammenhang mit dieser Gesellschaft öffentlich zitiert zu werden. Ich habe insbesondere in dem Gespräch mit dem Genossen *Weber* auf die Konsequenzen einer e. V.-Eintragung verweisen müssen und auf die Tatsache, dass öffentliche Veranstaltungen – zum Beispiel zum Jahrestag der Urabstimmung – hier das Erscheinungsbild der Partei beeinträchtigen. Der Genosse *Weber* ist aus dieser Besprechung sehr nachdenklich weggegangen und hat darum gebeten, dass er mit seinen Freunden Gelegenheit erhält, über alle Gesichtspunkte, die in dem Gespräch eine Rolle spielten, zu sprechen. Es ist dann

---

37 Der erste Vorsitzende der Fritz-Erler-Gesellschaft, Winfried *Döbertin*, hatte in einem Interview erklärt, er unterstütze Helmut *Schmidt* und respektiere Willy *Brandt*. Diese Unterscheidung wurde weithin als Misstrauensbekundung gegenüber dem SPD-Bundesvorsitzenden *Brandt* aufgefasst. Vgl. dazu auch das Interview mit dem stellvertretenden Vorsitzenden der Gesellschaft, *Weber*, in der »Frankfurter Rundschau« vom 5. April 1975, S. 4.

38 Bei der Bearbeitung gestrichen: »aus«.

39 Gemeint ist vermutlich der Vorsitzender der Friz-Erler-Gesellschaft Winfried *Döbertin*, der mit einer Arbeit über den Zionismus und die historischen Voraussetzungen des Staates Israel promoviert wurde.

40 Bernd *Schneider*.

Fraktionssitzung 06.04.1976 **133.**

zu der Veranstaltung in Wennigsen gekommen[41], von der mir damals der Genosse *Weber* bei unserem Gespräch sagte, das könnte er nicht mehr zurückdrehen, es sei eingeladen. Ich habe sagt, dann macht die aber so, dass die Partei nicht Anlass hat, nachträglich eure Aktivität dort zu bedauern. Jeder, der das ZDF-Magazin gesehen hat, wird zugeben, dass diese Hoffnung nicht in Erfüllung gegangen ist. Ich habe aber aus den Gesprächen, die auch nach dieser Veranstaltung mit *Weber* und anderen geführt wurden, es gab auch [bei] Kontakte[n] zwischen Frau *Erler* und mir die Hoffnung, dass dieser Nachdenkungsprozess noch nicht abgeschlossen ist und dass die Meinungsäußerungen, die heute hier gefallen sind und gestern im Parteivorstand, die Genossen in diesem Kreis sehr nachdenklich machen werden und gehe davon aus, dass sie die Solidarität der Partei oben anstellen bei ihren zukünftigen Aktivitäten.

Wehner: Willy *Brandt*.

Brandt (Berlin): Liebe Genossen, ich möchte zunächst auf eine Bemerkung von Hans *Bardens* eingehen, bevor ich einige Fragen beantworte. Ich weiß nicht, wieso es einen Anlass gibt zu bezweifeln, zumal mit der Adresse an mich, dass dieser Bundestagswahlkampf mit Helmut *Schmidt* und für Helmut *Schmidt* zu führen ist, keinen Anlass gegeben zu einem solchen Zweifel. War dies nicht in Mannheim über jeden Zweifel erhaben?

(Beifall.)

Und wieso bringen wir uns in eine – oder lassen uns hineinbringen in eine Diskussion, die doch ganz gewiss nicht der Partei dient?

Den zweiten Teil der Bemerkung, lieber Hans *Bardens*, für den könnte ich dir persönlich dankbar sein, aber dann musst du dich auseinandersetzen mit den Genossen, denen ich die Termine streiche. Ich habe nicht weniger Termine übernommen für 1972.

(Zwischenruf.)

Bitte?

(Zwischenruf.)

Ich sage, ich habe nicht weniger übernommen, sondern eher etwas mehr. Soll der Vorsitzende nun gleichzeitig sich verstecken oder soll er Termine übernehmen? Ich übernehme Termine, um Helmut *Schmidt* zu helfen und der ganzen Partei zu helfen!

(Starker Beifall.)

Ich kenne ja auch das Rumgemosere, dass ich ab und zu, wie es die Pflicht eines Vorsitzenden ist, mal einen Tag draußen sein muss. Da lese ich dann auch wie der {…} schreibt von Kiruna in Schweden, wo ich in meinem ganzen Leben noch nicht gewesen bin, bis Porto in Portugal oder ein Genosse aus München, der schreibt: von Moskau bis Portugal {…}. Ich mache so was ganz selten, aber das – was ich dann mache – ist für die Partei wichtig, sage ich euch. Ist wichtig!

(Beifall.)

Und ist außerdem nichts, was in Konkurrenz steht mit dem Bundeskanzler und mit der Führung der gesamten Politik, sondern dient hier und da dazu das ergänzend die Partei dem etwas hinzufügen, was wir aus gesamtpolitischer Verantwortung machen. Also bitte, das war nicht nötig, aber ich wollte dazu meine Antwort nicht verwehrt haben. Ich glaube, ich weiß, welche Pflichten sich daraus ergeben, dass ich Parteivorsitzender bin. Das muss ich ja nicht immer bleiben. Aber das bin ich.

---

41 In Wennigsen bei Hannover wurde die Fritz-Erler-Gesellschaft gegründet.

Im Übrigen zu den Fragen, die aufgeworfen worden sind, noch eine Bemerkung zum Wahlkampf in Baden-Württemberg. Lieber Conny – jetzt ist Conny *Ahlers* grade nicht da, da ist –, das zeigt sich, sobald man konkret an die Dinge herangeht, wie auch für diejenigen, die da waren, Missverständnisse auftauchen. Ich glaube, du hast gesagt, ich bring' das mit anderem zusammen, du hast jedenfalls die Sache mit den Mittelschichten gesagt. Wie wir alle wissen, ein etwas unscharfer Begriff. Da habe ich nun grade gehört und ein bisschen war es ja auch mein Eindruck, dass in unsere Versammlungen sehr viel mehr Leute gekommen sind aus dem, was man mit einem etwas groben Begriff Mittelschicht nennt und dass die Thematik auch hier erwähnt worden ist, die Landesthematik, Schule et cetera, nicht so sehr die eigentlichen Arbeiterwähler angesprochen haben könnten. Aber Berufsbildung, da muss ich ja nun wirklich sagen, ich habe eine große Anzahl von Veranstaltungen mit Erhard *Eppler*, auch mit Walter *Krause*[42] dann einige, aber mit Erhard *Eppler* 'ne ganze Serie gemacht und ich kann mich an so gut wie keine erinnern, auf der er dieses Thema nicht genau auseinandergepuhlt hat, und zwar in seiner wirtschaftlichen Bedeutung auch für dieses Land, für die Bundesrepublik insgesamt, und ich habe hinzugefügt, was ich sagen konnte und schon angekündigt, wenn die uns wieder im Bundesrat das kaputtmachen, was Helmut *Rohde* hier auf den Weg gebracht hat, dann sage ich schon jetzt, dies wird einer der Hauptstreitpunkte werden im Bundestagswahlkampf. Wir haben mit dem, was jetzt vorlag – und das ist ja doch der Einstieg –, wir können doch nicht argumentieren mit Gesetzen, die wir vielleicht mal in fünf Jahren machen, sondern hier müssen wir doch mit dem arbeiten, was jetzt für realistisch gehalten wird. Das haben wir dort zu tun versucht, müssen wir weiter tun.

Zu Peter *Reuschenbach*. Wenn der Genosse, den er nicht namentlich genannt hat, aber den andere genannt haben, sich so ausgedrückt hat, wie Peter *Reuschenbach* es in der Zeitung gelesen hat, müsste ich dies scharf missbilligen. Ich habe eine andere Fassung gesehen. Peter, sei so gut, gib mir die und ich stelle fest, welche stimmt.

Die Sache mit der Zeitschrift, Kurt *Mattick*, dort trifft zunächst einmal zu, was einige vermutet haben, wohl hier schon das vorige Mal, dass leider, ich komme dann zu der {...} gleich zurück, dass darüber, dass eine solche Zeitschrift – ist eigentlich ein buchähnliches Produkt zweimal im Jahr – dass so was geplant sei, leider keinerlei Kontakt genommen worden ist. Ich habe gestern im Parteivorstand darüber gesprochen und habe gesagt, ich weiß wohl, es hat in der Geschichte der Partei, das müssten die Genossen nun auch wissen oder sich daran erinnern, es hat dies wiederholt gegeben, dass verschiedene Zeitschriften von Sozialdemokraten herausgegeben wurden. Ob dies der richtige Zeitpunkt ist, lasse ich mal dahingestellt sein. Es ist leider keinerlei Kontakt gesucht worden, auch keine Information. Ein Brief, der der Information dienen sollte, und zwar am 2., unter dem 2. datiert, ist mir aber erst gestern zugegangen, gestern war der 5., wenn ich mich recht erinnere und diesem Brief lag ein erstes Exemplar bei oder ein Exemplar der ersten Nummer bei, sodass ein Gespräch über die Zweckmäßigkeit zu diesem Zeitpunkt oder überhaupt nicht mehr möglich war. Ich kann das jetzt einfach nur feststellen.

Die Beurteilung zum Inhaltlichen, die – das müssen die Genossen nun bitte verstehen, nachdem das so gelaufen ist – die erfordert ein paar Tage. Ich habe zwar gestern Abend spät etwas hereingeguckt und habe mich von einem überzeugt, was gestern ein daran beteiligtes Vorstandsmitglied dargelegt hat. Dies ist offensichtlich gedacht als eine Form der Auseinandersetzung mit verschiedenen Formen des Kommunismus, die den demokratischen Sozialismus angreifen. Das ist die Stoßrichtung dieser ersten

---

[42] Walter *Krause* (SPD) war Mitglied des Landtags von Baden-Württemberg und bis 1972 Innenminister des Landes.

Nummer. Aber da, wie schon ein Genosse zwischendurch sagte, es sich nicht um kurze Zeitschriftenbeiträge handelt, sondern um solche, die 20, 30 und mehr Seiten umfassen, erfordert das für jemand, der sonst auch abends zuhause noch was hat auf dem Schreibtisch, erfordert das einfach ein Wochenende, um sich ein wirkliches Bild zu machen, Kurt, da bitte ich um Verständnis, zumal eine erste Nummer eben schon da ist. Darin liegt aber nun schon die Antwort darauf, dass das, was die dort Beteiligten sich vorgenommen haben, an tatsächlich oder quasi wissenschaftlichen längeren Abhandlungen, wie man sie sonst auch auf Universitäten bezogene Veröffentlichungen kennt, das lässt sich in einem anderen Zeitschriftentyp nicht machen. Insofern war die Frage wohl für überhaupt nicht oder eben eine Stelle, wo man diese längeren Arbeiten, Seminararbeiten oder andere machen kann.

Worauf ich den Vorstand hingewiesen habe gestern, ist Folgendes. Wir haben in der Geschichte der SPD, ich deutete es eben schon an, wenn ihr etwa an die Weimarer Zeit denkt, neben der »Gesellschaft« als dem theoretischen Organ der Partei die neueren »Blätter für den Sozialismus« gehabt. Wir haben das eine und das andere Blatt sonst gehabt und haben, besonders in einem Fall, in Wirklichkeit in zwei, weil der Ist-Konflikt auch durch eine Zeitschrift mit beeinflusst war, erlebt, dass auch Zeitschriften den Charakter der Fraktionsbildung erfüllen können und habe also gebeten, über diese Aspekte nachzudenken. Wir werden also auf das Thema zurückkommen.

Das, was eben zum Schluss der Genosse *Grunenberg* nochmal gesagt hat, was also demokratische Sozialisten angeht, das kann man natürlich auch so sehen, wie es unser Programm sagt. Da können wir nun nicht auch noch von weglaufen, das wollen wir ja auch alle nicht. Wir sagen ja immer, wir seien fürs Godesberger Programm und das Godesberger Programm sagt: Sozialisten in der Bundesrepublik Deutschland stehen in der Sozialdemokratischen Partei, noch anders ausgedrückt, demokratische Sozialisten heißen in Deutschland Sozialdemokraten. So einfach ist die Sache! Ja, wer tut denn das hier jetzt nicht?

(Zwischenruf. Unruhe.)

Ich habe es auch von mir – aha –, ich habe es 1972 mit einigem Erfolg mit anderen zusammen zustande gebracht und *Heck* hat das hinterher gesagt, indem wir erklärt haben, was – 110 Jahre waren es damals – unter diesem Zeichen gemacht worden ist für die Menschen in diesem Land. Dadurch haben wir eine gegnerische Kampagne gestoppt. Die ist damals nicht im Wahlkampf zum Tragen gekommen. Ich hoffe, wir schaffen das wieder. Ich hoffe, wir schaffen das wieder.

(Beifall.)

Im Übrigen, ein Genosse hat um die stärkere Bezugnahme auf die Geschichte gebeten. Dazu ist auch eine kleine Schrift, die dem Genossen *Graf* unter diesem Aspekt mit zur Verfügung steht, die ist in Vorbereitung. Denn – da haben wir jetzt mehrfach Erfahrung gemacht – die beste Form der Auseinandersetzung zu diesem Thema ist, die Frage zu stellen, wer hat denn Millionen Menschen in diesem Land konkrete Freiheit gebracht. Die *Filbingers* der jeweiligen Zeit, die hätten es jeweils bei dem belassen und es bedurfte der Kräfte, nämlich der Sozialdemokraten über die Generationen hinweg, die das Stimmrecht gebracht haben und die soziale Sicherheit und die Freiheit von Furcht und von Not gebracht haben. Das, glaube ich, ist auch leicht zu einem Thema der Verständigung zu machen.

Peter *Glotz* hat gefragt etwas mahnend, jetzt müsstet ihr doch eigentlich nach einer solchen Geschichte sagen, was ist nun das Thema der Woche und welches ist das der nächsten. Hör mal Peter, das ist doch wohl selbstverständlich, dass wenn in dieser Woche die

Bundesregierung eine Regierungserklärung abgibt[43], und das war ja seit drei Wochen besprochen, dass das so sein sollte, dann kann doch nun nicht der Parteivorsitzende, wenn er nicht noch mehr in Konflikt kommen will mit dem, was in den Köpfen einiger rumgeistert, nun noch ein eigenes Thema erfinden, sondern es ist doch wohl unsere Pflicht im Parteihaus uns darauf einzustellen, wie setzen wir mit den bescheidenen Mitteln, die wir haben, wie setzen wir das um, denn das ist das Thema der Woche.

Und dann haben wir zum Wochenende eine Tagung, bei der wir auf einem Spezialgebiet, da geht es dann mal wieder um außen- und deutschlandpolitische Dinge einschließlich Berlin, darstellen, worum wir uns seit zehn Jahren – nämlich seit Dezember 1966 – in der Regierungsverantwortung {...}. Dann kommt Ostern, da suchen wir Ostereier und dann kommt der 1. Mai und da sind die meisten hoffentlich voll engagiert. Der Vorsitzende überzieht sein Konto hoffentlich nicht, wenn er am Vorabend etwa spricht und dreimal am 1. Mai, weil die Genossen gerne dessen Terminkalender auslasten möchten. Also 1. Mai ist dann das Nächste und dann Woche für Woche, je nachdem was sich aus der Lage ergibt.

Zum Schluss was Philip [*Rosenthal*] angeht, ich glaube, er hat nur allzu recht, wenn er sagt, dass Emotionen manchmal eine noch größere Rolle spielen als Fakten und das heißt eben auch für uns ganz nüchtern, da muss immer noch ein bisschen Musik rein, auch in Kampagnen, wissen wir ja. Aber die Sache hat eine Kehrseite. Ich habe den Eindruck, und das gehört dann nun wieder mit zum Aufzählen der Schwierigkeiten, der objektiven Schwierigkeiten, denen wir gegenüberstehen, dass das Sickergift, mit dem wir jetzt seit Jahren gelebt haben und das wir vielleicht zunächst unterschätzt haben, das Sickergift aus einer in Mehr-Millionenauflage erscheinenden Tageszeitung uns an einigen anderen Stellen vielleicht doch stärkere Spuren im Bewusstsein mancher hinterlassen hat, ergänzt dann durch Unsicherheiten in der Welt, die uns umgibt. Das heißt, die Frage der Emotionen ist von uns weiter noch zu prüfen, auch unter dem, was hat sich dort angesammelt, kann davon und wieviel kann davon wieder aufgebrochen werden und wo können wir, ohne unseriös zu werden, dann den gehörigen Schuss eben auch an Gefühlswerten zusätzlich zur Darlegung unserer Sachpolitik in die Kampagne der nächsten Monate mit einbringen. Schönen Dank.

(Starker Beifall.)

Wehner: Danke Willy *Brandt*. Das Wort hat Helmut *Schmidt*.

Schmidt (Hamburg): Liebe Genossen, Willy hat eben gesprochen von der für übermorgen im Plenum des Deutschen Bundestages beabsichtigten Regierungserklärung[44]. Diese knüpft zunächst an die Problematik an, wie sie durch die Sitzung des Europäischen Rates in Luxemburg am Ende der vergangenen Woche sich der ganzen europäischen Öffentlichkeit dargestellt hat[45], und ich würde euch bitten, auch wenn es im Augenblick schwerfällt, den Versuch zu machen, innerlich umzuschalten auf ein anderes Thema. Ich würde hier übrigens zum Schluss gerne auf das bisher behandelte Thema auch noch ein oder zwei Bemerkungen meinerseits eingehen wollen, will das aber am Schluss erst tun.

---

43 Vgl. die Ausführungen von Bundeskanzler *Schmidt* weiter unten.

44 Zur Erklärung der Bundesregierung zur Europapolitik am 8. April 1975 vgl. BT Plenarprotokoll 07/235, S. 16348–16359. – Bundeskanzler *Schmidt* berichtete unter anderem über die schwierige Lage der Europäischen Gemeinschaft, das Ausscheiden Frankreichs aus dem europäischen Wechselkurssystem, Außenpolitik und die von der Bundesregierung ergriffenen Maßnahmen zur wirtschaftspolitischen Stabilisierung der Bundesrepublik.

45 Zur Sitzung des Europäischen Rats am 1. und 2. April 1976 vgl. EUROPA-ARCHIV 1976, Z 83 f. – Er befasste sich ebenfalls mit der wirtschafts- und finanzpolitisch kritischen Lage in Europa.

Diese Zusammenkunft von neun Regierungs- und Staatschefs hat in Europa insgesamt, in der europäischen Presse insgesamt ziemlich ernüchternd gewirkt. Es ist zwar der *Tindemans*-Bericht positiv gewürdigt worden, aber er enthält ja so viele Vorschläge, dass niemand von den Beteiligten erwartet hat, dass das nun alles akzeptiert werden kann in einem Aufwaschen.[46] Das wird nun durchgekaut und das wird bis Ende des Jahres dauern. Ich habe den Eindruck, dass einer meiner Vorschläge im Laufe des Jahres akzeptiert wird, nämlich dass der Europäische Rat sich verständigt auf die Person des am 1. Januar '77 neu ins Amt tretenden Vorsitzenden der Kommission und ihm wie den neun Regierungen den Auftrag gibt, miteinander ins Benehmen zu treten, ehe die übrigen 12 Kommissare nach den Römischen Verträgen durch neun verschiedene Regierungen nach 27 verschiedenen Gesichtspunkten zusammengesetzt werden, ohne dass sie in der Lage wären, ein Kabinett miteinander darzustellen.

Zum Thema Direktwahl des Europäischen Parlaments. Wir hatten grade eine schöne Debatte gehört von einem Regierungschef[47], dass es nun auch wünschenswert sei, auf das Mehrheitsprinzip überzugehen und nicht länger auf Einstimmigkeitserfordernissen zu beharren. Aber es war dann dieselbe Regierung, die verhinderte, dass eine Lösung in Bezug auf die Direktwahl des Parlaments zustande kam. Wir haben dort erklärt, ob am Dienstag oder am Freitag, wegen meiner auch Ostern oder Weihnachten, die Bundesrepublik Deutschland ist bereit, zu jedem Tag zu wählen, zu dem die anderen acht sich verständigen können. Auch wenn das für uns zu ganz ungewohnten Situationen führen könnte. Wir haben auch erklärt, wir sind bereit, einen Tag auszuwählen von Donnerstagmorgen bis Sonntagabend, wenn die Urnen jedenfalls geschlossen bleiben. Wir haben auch erklärt, wir sind bereit, jedes Modell der Sitzverteilung zu akzeptieren, auf die die übrigen acht sich einigen könnten. Wir hatten eine Präferenz. Ich selber hatte ja die Direktwahl des Europäischen Parlaments heute vor eineinviertel Jahren in der ersten Sitzung dieses Europäischen Rats eingebracht als einen notwendigen Schritt nach vorne. Wir hatten eine Präferenz für den Entwurf, den das Europäische Parlament selbst, das jetzige delegierte Parlament selbst ausgearbeitet hat. Wir haben gesagt, das ist nach wie vor unsere Präferenz, aber wir sind auch bereit, von der Sitzverteilung auszugehen, wie sie in den Römischen Verträgen und wie im Beitrittsvertrag für Irland, England und Dänemark festgelegt ist. Diesen Vorschlag hatte der Franzose gemacht, aber wie gesagt, da gab es einen dicken Vorbehalt eines Landes, das nicht glaubte, alle seine Parteien auf diese Weise richtig befriedigen zu können und weniger dicke Vorbehalte anderer, die glaubten, nicht alle ihre Regionen richtig dabei bedienen zu können. Das ist so gegenwärtig nicht zustande gekommen.

Es hat auch keinen Zweck – drittens – nun zu meinen, das würde alles besser, wenn man in Zukunft auf Mehrheitsbeschlüsse ginge. Ich sehe nicht, wie man durch Mehrheitsbeschluss für eine vernünftige Finanz- und Währungspolitik im Lande I oder im Lande Y oder was weiß ich – ich will mal lieber die Namen weglassen –, wie man durch Mehr-

---

46 Zum deutschen Wortlaut des *Tindemans*-Berichtes vgl. die Unterrichtung durch die Bundesregierung vom 3. April 1976 betr. Bericht von Premierminister Leo *Tindemans* über die Europäische Union und die Stellungnahme der Bundesregierung vom 3. März 1976; BT Drs. 07/4969.

47 Die britische Labour-Regierung äußerte Ende März 1976 Vorbehalte gegenüber den Direktwahlen für ein europäisches Parlament im Jahr 1978. Großbritanniens Ziel sei eine stärkere europäische Einheit, ohne die nationalen Eigenständigkeiten aufgeben zu müssen. Vgl. den Artikel »London hat Vorbehalte zu Europa-Wahlen«; »Süddeutsche Zeitung« vom 31. März 1976; BT Pressedokumentation, Ordner GB-050-17/0. – Auch die regierenden Gaullisten in Frankreich maßen der Direktwahlfrage keine allzu hohe Priorität bei. Vgl. den Artikel »Paris verlangt Vorrang für Wirtschaftsfragen«; »Süddeutsche Zeitung« vom 1. April 1976; BT Pressedokumentation, Sachordner NT-315-1.

heitsbeschluss das dort installieren könnte. Wir sind bereit, Mehrheitsbeschlüsse zu akzeptieren, aber in all den entscheidenden Fragen nützen sie gar nichts.

Die entscheidenden Fragen ergeben sich – viertens – aus einer Feststellung, die zuerst dort im Klartext unser Genosse Joop *den Uyl*[48] getroffen hat, der gesagt hat: Europa marschiert nicht mit zwei Geschwindigkeiten, sondern mit sehr viel mehr Geschwindigkeiten. Dies bezieht sich auf die ökonomische Entwicklung. Und jetzt will ich hier mal ein paar Zahlen vorlegen, die aus einem Papier stammen, das dort die Kommission den neun Regierungschefs vorgelegt hat. Die öffentlichen Ausgaben im Jahr '75 haben sich in Deutschland um 16 Prozent erhöht, im nächstgünstigen Land um 22 Prozent, das ist Frankreich, in Belgien um 23 Prozent, Italien/Holland 25 Prozent, in England 33 Prozent und so fort, im Letzten dieser Skala um 36 Prozent. Ähnliche Zahlen könnte ich vorlesen für den Zuwachs der Geld- und Kreditmengen. Es gibt einige Länder mit fantastischen Zuwächsen der Geld- und Kreditmengen. Das Geld kann gar nicht so schnell gedruckt werden, wie der Staat es ausgeben möchte mit entsprechenden Konsequenzen für die Preise.

Wie sind die Zahlen für die Preise? In den Jahren '73, '74, '75 kumuliert sind die Preise in der Bundesrepublik Deutschland nur um die Hälfte dessen gestiegen, was der europäische Durchschnitt ist. In Italien und in England um das Anderthalbfache des Durchschnitts oder anders ausgedrückt, in diesen beiden Ländern beinahe dreimal so hoch wie bei uns. Bei uns sind sie gestiegen, bei uns sind sie gestiegen in diesen drei Jahren um 21 Prozent. In England sind sie um beinah 60, in Italien um 55 oder 54 Prozent gestiegen. In einem Land sogar um 58 Prozent. Entsprechend ist die Einkommenspolitik in den Ländern verlaufen, die in manchen Ländern durch indexierte Lohnsystematiken der freien Entscheidung der beiden Sozialpartner entzogen ist, wo der Kampf der Gewerkschaft nur darum geführt wird, die Indexierungssystematik alle Vierteljahr noch ein bisschen genauer zu machen und nicht nur an die Kartoffelpreise anzuhängen, aber im Augenblick steigen die Kartoffelpreise besonders, infolgedessen am liebsten besonders an die Kartoffelpreise anzuhängen. Es gibt wenige Länder, in denen die Löhne so frei ausgehandelt werden wie bei uns. Das Ergebnis ist aber, dass in unserem Land die Lohnstückkosten in diesen drei Jahren gestiegen sind um 25 Prozent. Es gibt unter den großen Industriestaaten der Welt nur einen, der noch ein bisschen besser abgeschnitten hat, das sind die Vereinigten Staaten von Amerika. Bei uns 25 Prozent in drei Jahren. In Frankreich 55, in England 75 und in Italien 83 Prozent und so fort und so weiter. Dies alles hat dazu geführt, dass natürlich die Währungen dieser Länder sich in ihrem Wert völlig unterschiedlich entwickelt haben. Gegenüber dem Ende '72 oder man kann auch sagen gegenüber dem Anfang des Jahres '73 ist zum Beispiel unsere Währung gegenüber dem Französischen Franc um über 16 Prozent im Wert gestiegen. Unsere Währung ist in diesen drei Jahren gegenüber der Italienischen Lira gestiegen um 85 Prozent, gegenüber dem Englischen Pfund um 55 Prozent, selbst gegenüber dem Dollar gestiegen um 22,5 Prozent und sogar noch in den letzten drei Monaten dieses Jahres ist unsere Währung gestiegen gegenüber dem Französischen Franc um sieben, gegenüber der Italienischen Lira um 28 Prozent, gegenüber dem Pfund Sterling um beinah neun Prozent, gegenüber dem Französischen Franc um sieben, im gewogenen Durchschnitt gegenüber der ganzen Welt um 6,5 Prozent. Und ich sage hier mal in eckigen Klammern, dieses sind Zahlen, wenn man sie richtig vorträgt mit dem nötigen verbalen Begleittext, mit dem du jedermann – dem Arbeitnehmer wie dem mittelständischen Unternehmer, dem Aufsteiger genauso wie dem Studienrat an der Gewerbeschule, von dem vorhin die Rede

---

[48] Johannes Marten (Joop) *den Uyl*, Ministerpräsident der Niederlande, Vorsitzender der niederländischen Arbeiterpartei.

Fraktionssitzung 06.04.1976 **133.**

war – klarmachen kannst, welches Vertrauen die Kreditmärkte der Welt in die zukünftige soziale und wirtschaftliche Stabilität und Leistungsfähigkeit dieses Landes setzen.
(Beifall.)
Es ergibt sich, dass natürlich auch die Einfuhrpreise für unser Land am wenigsten gestiegen sind wegen des enormen Wertanstiegs der D-Mark. Für uns sind in diesen drei Jahren die Einfuhrpreise um 25 Prozent gestiegen, in anderen sehr viel mehr. Selbst unsere Ausfuhrpreise wegen des geringen Inflationsgrades sind trotz der Aufwertung der D-Mark sehr viel geringer gestiegen als die Ausfuhrpreise der anderen, auch zum Beispiel im Verhältnis zu Schweden oder Norwegen. Unsere Ausfuhrpreise sind gestiegen um 23 Prozent in diesem Zeitraum, in anderen Ländern um 30, 40, beinahe 50 Prozent hier in Europa. Ein gleiches Bild ergibt sich bei der Arbeitslosigkeit. Die letzten Zahlen für diese neun europäischen Länder liegen: Frankreich 5,9 Prozent, Italien höher – habe ich im Augenblick die letzten Zahlen nicht, das heißt die letzte Zahl ist Dezember, die ich habe – auch 5,9, England 6,1, Belgien 8,7, Dänemark schwer vergleichbar über zehn, weil das System dort anders ist, als das statistische System anders ist, Holland, wir bei 5,2 und das alles schlägt sich natürlich wieder nieder in der zu erwartenden Entwicklung des Sozialprodukts und des Volkseinkommens 1976. Bei uns wird erwartet plus fünf Prozent, in England Null, und ich bin dessen noch nicht mal sicher. In allen anderen Ländern weniger als die Hälfte mit der Ausnahme Frankreichs, wo eine nahezu genauso positive Entwicklung erwartet wird, möglicherweise auch in Dänemark. Dies alles hat da auf dem Tisch gelegen und bestätigt die These, dass Europa sich unter dem Einfluss der Weltwirtschaftskrise wirtschaftlich völlig auseinanderentwickelt, wie ja auch das Sozialprodukt pro Kopf oder anders ausgedrückt, der Reallohn, der Nettoreallohn pro Kopf in Deutschland doppelt so hoch ist wie in Italien. Wozu ja auch gehört, dass wir aus den Auswirkungen dieses Weltwirtschaftstiefs deutlich heraus sind, die Vereinigten Staaten von Amerika und wir, wir haben ungefähr dieselbe Politik gemacht, mit dem Unterschied, dass wir ganz anders als 1930 bis '32 in der Krise das soziale Netz nicht eingeschränkt haben, keine Notverordnung gemacht haben, sondern es mit voller Absicht trotz und wegen der Rezession ausgebaut haben – Kindergeld und was dazugehört, Steuerreform. Dies hat ja dieses Vertrauen bei uns ermöglicht, und gleichzeitig haben wir eben die vorhin von einigen beklagten unpopulären Maßnahmen für das nächste Jahr auch angekündigt. Auch das war zur Erzeugung des wirtschaftlichen Vertrauens notwendig, und es ist vordergründig zu glauben, man hätte dem Volk noch alle möglichen goldenen Berge versprechen sollen, keine Steuererhöhung, dies nicht, das nicht, jenes nicht, alles so laufen lassen. Dann wäre das Vertrauen nicht zustande gekommen, auf dem heute der deutsche binnenwirtschaftliche Aufschwung beruht. Ganz abgesehen davon, dass derjenige, der auch die nächsten vier Jahre regieren will – zu denen gehöre ich – weiß, dass die Steuererhöhungen unvermeidlich sind!
(Beifall.)
Dass die Steuererhöhungen unvermeidlich sind und es keinen Trick gibt, heute ein halbes Jahr vor der Wahl zu sagen, wir können darauf verzichten und dann am Tag nach der Wahl, wenn man die Regierungserklärung redigieren muss, zu sagen, wir haben uns leider geirrt, wir müssen es doch machen.
(Beifall.)
Da ist kein Trick möglich. Im Übrigen kommen wir durch diese Zunahme unseres Gewichts natürlich in Europa nicht nur in angenehme Situationen. Nicht nur werden wir gefragt, was angenehm ist, weil man angenehme Antworten darauf geben kann, wie wir denn diese soziale und innenpolitische Stabilität erklärten, deren wir uns hier erfreuen. Dann antwortet man – so wie ich es auch im baden-württembergischen Landtagswahl-

kampf gehört und meinerseits auch in vielen, vielen Beispielen gesagt habe – ich nehme mal vier Beispiele aus diesem baden-württembergischen Landtagswahlkampf. Zum Beispiel: Erstens, die flexible Altersgrenze bringt den Arbeitnehmern mehr Sicherheit, wenn ihr so wollt, ist es mehr Sozialismus, aber sie bringt auch dem einzelnen die Freiheit, selbst zu entscheiden, wann er in die Rente gehen will. Oder zweitens, die Dynamisierung der Renten der Kriegsopfer brachte denen und den Kriegerwitwen mehr Sicherheit, aber sie befreite sie auch zum Beispiel von der Peinlichkeit, alle Jahre wieder hier für Rentenanpassung zu demonstrieren vor den Pforten des Bundeshauses. Oder drittens, die mitten in der Rezession erfolgte Ausweitung des Kurzarbeitergeldes und Erhöhung des Arbeitslosengeldes plus Einführung des Kindergeldes bar und netto und ohne Steuerabzug bringt mehr Sicherheit, wenn ihr so wollt mehr Sozialismus, aber eben auch die Freiheit, in Ruhe – ohne deswegen nervös und verzweifelt zu werden – auf einen neuen Arbeitsplatz zu warten oder nach einem neuen Arbeitsplatz umzusehen. Oder viertens, wenn jetzt beim Wechsel des Arbeitsplatzes Betriebsrenten nicht mehr verfallen oder beim Konkurs des Unternehmens, dann gibt das mehr Sicherheit, wenn ihr so wollt, ist das mehr Sozialismus. Aber es gibt eben auch die Freiheit, in Zukunft den Arbeitsplatz zu wechseln, ohne deswegen seine betriebliche Rente zu verlieren.

(Beifall.)

Und so kannst du ein Dutzend oder anderthalb Dutzend Beispiele bieten, um diese alberne, hergesuchte Scheinalternative zwischen mehr Sozialismus oder mehr Freiheit verständlich und nachvollziehbar und in die Seelen der Arbeitnehmer hineinwirkend ad absurdum zu führen.

(Beifall.)

Wir haben alle in Luxemburg den Wunsch gehabt, dass diese dreiseitige Konferenz zwischen europäischen Gewerkschaften, europäischen Unternehmerverbänden und Regierungen fortgesetzt werden soll, die einmal gewesen ist.[49] Heinz Oskar *Vetter* hat dort für den Europäischen Gewerkschaftsbund seine Aufwartung gemacht und das wird im Juli zustande kommen. Es wird sich nicht nur auf Sozialpolitik beschränken. Es hat in der Debatte unter den Regierungschefs auch die sogenannte strukturelle Arbeitslosigkeit eine Rolle gespielt. Mein Eindruck ist, dass dieses Problem von manchen, die heute die Debatte führen, auch in unserem Land und nicht nur in unserer Partei unnötig breit ausgewalzt wird. Ich bin gar nicht so sicher, dass wir es mit einem erheblichen Maß struktureller Arbeitslosigkeit zu tun haben würden. Manche benutzen das auch – manche Regierungen –, um sich dahinter zu verstecken, weil sie meinen, sie würden von ihrer öffentlichen Meinung für die Struktur für noch weniger verantwortlich gehalten als für die Konjunktur. In Wirklichkeit ist es so, dass mit Sicherheit in all diesen neun Ländern, wenn sie alle die Rezession überwunden haben werden und einige werden länger brauchen, bei einigen ist nicht ganz klar, ob sie dahinkommen ohne innenpolitische Konfusionen, dass dann aber, wenn sie die alle überwunden haben, auch in diesen Ländern die Investitionsraten wieder stärker sein werden als in der Rezession, wenngleich die Nachfrage nach Investitionen nicht mehr dieselbe sein wird wie früher. Zum Beispiel ist der Nachkriegsnachholbedarf im Wohnungsbau weitestgehend gedeckt und es han-

---

[49] Seit 1975 fand in Brüssel eine gemeinsame Konferenz von Vertretern aller Gewerkschaften und Unternehmerverbände sowie der verantwortlichen Minister in der EG statt. Diese von der Presse teilweise als »konzertierte Aktion auf europäischer Ebene« titulierte »Dreierkonferenz« sollte sich mit den Fragen der Wiedergewinnung von Vollbeschäftigung und Preisstabilität befassen. Am 24. Juni 1976 fand die »Dreierkonferenz« in Brüssel erneut statt. Zu den Beschlüssen der Konferenz vgl. Europa-Archiv 1976, Z 131. – Vgl. auch den Artikel »Architekt der ›Dreierkonferenz‹«; »Frankfurter Allgemeine Zeitung« vom 24. Juni 1976, S. 8.

delt sich weitestgehend all überall heute um normale Ersatzbefriedigung, um normalen Zuwachs und nicht um außergewöhnlichen Zuwachs.

Auf der anderen Seite wird wahrscheinlich, denke ich, die alte Investitionsrate nicht überall wieder erreicht werden, aber es ist ja auch wahr, wenn hier dauernd von Großstadtproblemen geredet wird und Dienstleistungsstädten, das ist doch ein Zeichen dafür, dass alle unsere Gesellschaften uns schrittweise langsam umstrukturieren auf das, was die Ökonomen den tertiären Sektor nennen, den Dienstleistungssektor im weitesten Sinne. Die brauchen eben auch nicht so viele Investitionen. Es wird mehr private Dienstleistungen geben im Rahmen der großen Unternehmen wie der kleinen. Es wird mehr persönliche Dienstleistungen geben. Es wird mehr öffentliche Dienstleistungen geben und ich würde herzlich bitten darum, dass wir nun nicht, nachdem jetzt schon die CDU/CSU mit recht gutem Erfolg so tut, als ob der wirtschaftliche Wiederaufschwung in Deutschland etwas Selbstverständliches sei, über das zu reden es sich nicht lohnt und manche Sozialdemokraten es auch verschweigen, als ob das keine Leistung sei, die doch im Vergleich zum Ausland – siehe diese Zahlen – weiß Gott als eine Leistung nicht nur dargestellt zu werden verdient, sondern es ist geradezu sträflich, sie nicht konkret darzustellen, was es für den einzelnen Arbeiter, was es für den einzelnen Angestellten verschiedener Kategorien et cetera. bedeutet, dass wir nun nicht stattdessen uns ein neues selbsternanntes Problem der Strukturarbeitslosigkeit durch öffentliche Diskussionen, die wir selber führen, auf den Leib ziehen, ohne deswegen im Augenblick schon für dieses in seinem Volumen einstweilen nicht abzuschätzende und jedenfalls – wie ich glaube – keinesfalls sehr großwerdende Problem schon Rezepte anbieten zu können.

Der Wunsch der übrigen Länder angesichts dieses Auseinanderentwickelns im ökonomischen Massenwohlstand für Arbeitnehmer, für Arbeitslose genauso und für Alte und für Junge und für Rentner und für Kranke, die verschiedenen Geschwindigkeiten, mit denen sich der Wohlstand in diesen neun Ländern entwickelt, ist natürlich eine schwerwiegende Behinderung weitergehender Integrationsfortschritte. Sie müsste die Direktwahl zum Europäischen Parlament wirklich nicht behindern. Sie müsste noch tiefergreifende Erfolge bei dem Versuch, gemeinsame Außenpolitik herzustellen, wirklich nicht behindern. Aber sie prägt sich natürlich im Bewusstsein in den neun Ländern aus, auch im Bewusstsein der jeweiligen Regierungsparteien und der jeweiligen Oppositionsparteien. Das Bestreben in jenen Ländern wird immer stärker aus mir durchaus verständlichen Komplexen, die ich mal im Augenblick nicht mit irgendeinem Adjektiv verknüpfe gegenüber der Bundesrepublik Deutschland, dann wenigstens bei uns finanzielle Leistungen für sie abzuholen, und wir haben dazu einen klaren Standpunkt eingenommen, nämlich den: Wir haben bisher zulasten unserer sozialpolitischen Möglichkeiten – Wohngeld ist eine derjenigen, die man hier nennen muss – zulasten unserer Reformpolitik auf vielen Feldern das deutsche Volk Opfer bringen lassen für, solidarische Opfer bringen lassen für die, mit denen wir uns zu einer Europäischen Gemeinschaft verbunden haben und wir werden das auch in Zukunft tun. Und man kann das aufzählen von der Agrarpolitik über den Finanzmechanismus zugunsten von Harold *Wilsons* Referendum über den Sozialfonds bis hin zu der Tatsache, dass wir ohne allzu lautes Murren ertragen, dass wir mit jeder Rechnungseinheit, die wir in Brüssel bezahlen, anderthalb mal so viel bezahlen wie die Italiener und in Wirklichkeit anderthalb Milliarden Mark mehr bezahlen als wir eigentlich müssten. Vielerlei solche Beispiele. Wir werden das auch in Zukunft tun. Wir haben auch anderen Staaten mit Währungskrediten geholfen. Wir werden das auch in Zukunft tun. Aber wir sind nicht bereit, noch stärkere Einschränkungen unseres eigenen gesellschaftspolitischen Spielraums in Kauf zu nehmen, wenn uns nicht gezeigt werden kann, dass man damit nicht in Fässer ohne Boden hineinschöpft, sondern dann muss uns gezeigt werden –,

(Beifall.)

dann muss uns gezeigt werden, dass jene Staaten auch bereit und in der Lage sind, die notwendige Disziplin ihrer ökonomischen Politik aufzubringen. Das heißt hinsichtlich ihrer Geld- und Kreditmengen oder hinsichtlich ihrer Notenpresse kann man auch sagen, zweitens hinsichtlich ihrer Budgetpolitik und insbesondere der Finanzierung ihrer Haushaltsdefizite, drittens hinsichtlich ihrer Kosten- und Einkommenspolitik und viertens hinsichtlich ihrer Zahlungsbilanz. Und dort, wo dies geschieht, und ich habe den Eindruck, dass im Grunde Harold *Wilson*[50] mit den britischen Gewerkschaften im letzten Sommer auf einen richtigen Weg gegangen ist, und ich bin innerlich tief engagiert auf der Seite unserer Labour-Freunde in der Hoffnung, es werde ihnen gelingen, das nicht nur das ganze Jahr durchzuhalten, sondern auch ein weiteres Jahr zu verlängern, damit die Erfolge eintreten können in Großbritannien, ich habe das Gefühl, dass wenn das in Großbritannien – bisher sind es neun Monate – auf 24 Monate verlängert werden kann, werden auch in England, obwohl die Lage dort sehr schwierig erscheint, nicht ausbleiben können.

Nicht ganz in diesem Klartext, sondern ein bisschen angereichert rundherum wird das dem Plenum des Deutschen Bundestages vorzutragen sein und es dient gleichzeitig auch dazu, auf diese Weise noch einmal zu popularisieren, dass dies hier eben bei uns und nicht aus Zufall auch wegen unserer Gewerkschaft und wegen unserer Sozialstruktur ganz anders läuft und besser läuft als anderswo. Die Vorstellung ist, die Regierungserklärung nicht zu beschränken auf diesen europapolitischen Teil, sondern dort anknüpfend, nicht flächendeckend, sämtliche Bereiche der Politik, aber doch ausgewählte Bereiche der gesamten Politik mit zu behandeln. Das ist die gemeinsame Absicht von FDP und SPD. Die Aufgaben, die in der Zukunft gelöst werden müssen, dabei zu streifen, zum Beispiel indem man sagt, all diese Arbeit, wie sie sich in solchen europäischen Vergleichen niederschlägt, ist damit ja nicht abgeschlossen. Zum Beispiel: Vollbeschäftigung ist noch nicht erreicht und wenn strukturelle Arbeitslosigkeit sich herausstellen sollte bei voller Konjunktur, dann stellt das eine wichtige Aufgabe. Zum Beispiel die Modernisierung der Volkswirtschaft, Forschungsthema und was dazugehört. Zum Beispiel der weitere Ausbau des sozialen Netzes. Zum Beispiel dazugehörig Ausbildungsplätze und Lehrstellen für junge Menschen, damit auch in der nächsten Generation der soziale Friede gewahrt werden kann und ich bin sehr dafür – ich glaube, es war Philip *Rosenthal* oder wer es gewesen ist vorhin in der Debatte – diesen Punkt politisch wichtig zu nehmen und bitte, bei einem solchen Kampfthema wie Berufsausbildung nicht das Schwergewicht auf 27 Kriegsschauplätze zu legen, sondern auf die zentralen Fragen in diesem Thema, damit es nicht ausufert in eine vom Laien draußen nicht mehr nachzuvollziehende Fachdiskussion. Zum Beispiel Rationalisierung des öffentlichen Dienstes zwecks Erhöhung seiner Leistungsfähigkeit. Wir haben sehr weitgehend die öffentliche Verwaltung in Deutschland von der Hoheits- und Eingriffsverwaltung inzwischen umgestellt auf eine Leistungsverwaltung, auf eine Dienstleistungsverwaltung. So wie der Bürger seinen Staat einschätzt, hängt das sehr weitgehend davon ab, ob ihm diese Verwaltung so gegenüber tritt und ihn so bedient, wie er erwartet, dass der Staat ihn bedienen soll.

(Vereinzelter Beifall.)

Dieses Thema fehlt ein bisschen bei der endlosen öffentlichen Diskussion über Verwaltungsreformen. Und zum Beispiel was Sicherheitspolitik angeht, gestützt auf Bündnis und EG einerseits und gestützt auf unsere Bemühungen um kontinuierliche Entspannung andererseits. Es ist auch die Absicht zu sagen, dass keine andere Parteienkonstel-

---

50 Ehemaliger (bis März 1976) britischer Premierminister, Mitglied der Labour Party.

| Fraktionssitzung | 06.04.1976 | **133.** |

lation diese politischen Zukunftsaufgaben für unser Volk und für unsere Nachbarn und für die EG besser würde verwirklichen können als die Koalition, die das Bisherige so zustande gebracht hat. Und in dem Zusammenhang vielleicht das Wort zu brauchen, dass der, der den Weg der Reformen fortsetzt, dass dem sich die Frage nach historischen Kompromissen nicht stellt.

Ich will in dem Zusammenhang ein Wort aufgreifen, das zweimal in der Debatte vorkam vorhin. Das sei ja ganz schön mit dem Mut zur Unpopularität, aber in einem Wahljahr müsse man also nun mit den Wölfen heulen, so habe ich das jetzt mal sehr frei übersetzt. Es war nicht ganz so einfach ausgedrückt, aber dem Sinn nach haben zwei es so gemeint und darauf will ich zunächst einmal von der Popularität her antworten. Derjenige, der sich dem Publikum dadurch populär machen möchte, dass er ihm nach dem Mund redet, der mag damit einen gewissen Erfolg haben. Derjenige, der sieben Jahre lang regiert und Gesetze gemacht hat, wird damit keinen Erfolg haben. Meine persönliche Popularität, obwohl jedermann in Deutschland weiß, dass ein wesentlicher Teil der Verantwortung für diese Finanz- und Steuerpolitik mich trifft, auch für das Haushaltsstrukturgesetz mich trifft, meine persönliche Popularität hat darunter nirgendwo gelitten. Ich habe allerdings auch nirgendwo einen Zweifel darüber gelassen, dass ich das, was notwendig ist, auch immer sagen werde und auch nicht im Wahlkampf davon abgehen würde. Ich habe da nicht rumgefackelt.

Ich möchte ein Wort sagen zur Arbeitsteilung zwischen Willy *Brandt* – dem Parteivorsitzenden – und dem Bundeskanzler und von mir aus ganz deutlich sagen, ich halte diese Arbeitsteilung für richtig, für zweckmäßig vor der Wahl und nach der Wahl.

(Starker Beifall.)

Und niemand ist befugt unter Bezugnahme auf mich irgendwas anderes in die Welt zu setzen. Dass es trotzdem dann in der sogenannten »Welt« gedruckt wird[51], können wir offenbar alle miteinander nicht hindern. Es wäre nur gut, wenn wir uns da nicht beirren lassen würden. Allerdings möchte ich als Fußnote gerne hinzufügen, das sage ich für Norbert *Gansel*, bitte nicht unter dem Rubrum, der eine ist für das duselige Tagesgeschäft und der andere ist für die hehren Aufgaben der Zukunft.

(Beifall.)

Und ich möchte dann auch deutlich in dem Zusammenhang sagen und wäre dankbar, wenn das in das Kommuniqué der Fraktion käme. Ich lese in der »Frankfurter Rundschau« von heute auf der Seite Eins, der Kanzler habe am Montag Kritik geübt an der Gruppe, und das steht dann in Gänsefüßchen und kommt noch ein zweites Mal vor[52], die das Erscheinungsbild der Partei beeinträchtigt. Diese Gruppe müsste ständig an was erinnert werden. Ich habe nicht von einer Gruppe geredet, sondern ich habe davon gesprochen, dass Kreise verbunden mit Ortsnamen, Tübinger, Leverkusener, Frankfurter

---

51 Die Tageszeitung »Die Welt« hatte auf ihrer Titelseite darüber berichtet, dass es nach der desaströsen Wahlniederlage der SPD in Baden-Württemberg innerhalb der SPD Überlegungen gäbe, Bundeskanzler *Schmidt* zum Parteivorsitzenden zu wählen. Die Befürworter des Plans säßen vor allem in der SPD-Bundestagsfraktion. Teile der Fraktion trauten dem SPD-Bundesvorsitzenden *Brandt* nicht mehr zu, die Partei erfolgreich durch die Bundestagswahl im Oktober 1976 zu führen. Vgl. den Artikel »Schmidt-Freunde drängen den Kanzler zum Kampf gegen Brandt«; »Die Welt« vom 6. April 1976, S. 1.

52 Vgl. den Artikel »Kanzler gibt SPD die Schuld«; »Frankfurter Rundschau« vom 6. April 1976, S. 1. Die Zeitung zitierte *Schmidt* mit den Worten: »Wenn man statt theoretischer Fragestellungen die wirklichen Probleme der Angestellten und Arbeiter behandelt und in Verbindung mit der Leistungsbilanz der sozialdemokratisch geführten Bundesregierung setzt, findet man sehr viel Zustimmung.«

Gesellschaften⁵³ verbunden mit Personennamen, Riegen verbunden mit irgendwelchen Geräten, die man früher beim Turnen gebraucht hat – Keulen-Riege⁵⁴ nicht, die Berliner wissen es,

(Unruhe.)

schon lange her –, ich habe gesagt, dergleichen hat es immer gegeben. Solange die Leute nicht vor lauter Publizitätsgeilheit dauernd das, was sie da miteinander debattieren, in die Zeitung bringen müssen, öffentlich verlautbaren müssen, wäre das ja zu ertragen, wäre das ja zu ertragen. Ich selber bin an all dergleichen nicht beteiligt, aber bei vielen habe ich das Gefühl, bei vielen habe ich das Gefühl, dass das Geltungsbedürfnis, das öffentliche Geltungsbedürfnis mindestens genauso stark entwickelt ist wie das Streben nach Wahrheit oder Zweckmäßigkeit. Und das habe ich kritisiert und nicht bezogen auf eine einzelne Gruppe, Arbeitskreis, Gesellschaft oder dergleichen, sondern links oder rechts oder pseudolinks oder -rechts, das macht mir hier keinen Unterschied. Ich hätte das sonst nicht gesagt, wenn ich eben nicht diese »Frankfurter Rundschau« in die Hand bekommen hätte. Ich verwahre mich dagegen, so einseitig von einer Zeitung in Anspruch genommen zu werden. Und das gilt auch für meine Einstellung zu den Münchener Problemen, die heute hier keine Rolle gespielt haben, obwohl sie in Baden-Württemberg und für den Ausgang des Wahlkampfs eine ganz große Rolle gespielt haben und im ganzen Land eine große Rolle spielen. Ich kann nur an alle hiesigen Münchener Genossen appellieren, sorgt dafür, dass der *Kronawitter* und seine Freunde und dass der Max *von Heckel* und seine Freunde, auf beiden Seiten verstanden wird, dass man nicht eine Großstadt – ist die zweitgrößte Stadt im Westen der Bundesrepublik –, dass man eine Großstadtpartei nicht unter Inanspruchnahme der konservativen CSU gegeneinander kämpfen und öffentlich vorführen kann, ohne das Ansehen der ganzen deutschen Sozialdemokratie⁵⁵ –

(Starker Beifall.)

damit zu gefährden.

Damit komme ich zu der sogenannten Großstadtproblematik. Man kann das am Beispiel München studieren. Ich habe diese seinerzeitigen Ergebnisse der Meinungsforscher auch gehört und überflogen, aber so viel, wie Peter *Reuschenbach* erwartet, daraus Honig saugen zu können, wirst du daraus nicht saugen, Peter. Den Honig, den du daraus saugen kannst, den kannst du auch selber machen.

(Heiterkeit.)

Kann jeder von uns selbst machen. Wenn man zu Arbeitern redet, muss man über ihre Probleme mit ihnen reden und nicht über eingebildete Probleme

(Vereinzelter Beifall.)

und nicht abstrakt, sondern anschaulich, so wie sie es aus ihrem Betrieb, auf ihrer Werkstatt, aus ihrem Betriebsrat, aus ihrer Gewerkschaft erleben und sie bitte auch nicht füttern die Hälfte der Zeit mit Problemen, die sie nichts angehen und die sie auch unter

---

53 Gemeint sind die innerparteilichen Gruppen und Bündnisse. Im Leverkusener und später Frankfurter Kreis organisierten sich bspw. die Linken innerhalb der SPD. Zur innerparteilichen Gruppenbildung vgl. die SPD-Fraktionssitzung am 12. Juni 1973, SVP E, online.

54 In der sog. »Keulen-Riege« organisierten sich in den Fünfziger Jahren die Linken innerhalb der Berliner SPD, sie stand teilweise in innerparteilicher Opposition zu Willy *Brandt,* als dieser Regierender Bürgermeister von Berlin war.

55 Vgl. die Ausführungen von Hans *Koschnick* über seine Versuche, in die heftigen Flügelkämpfen der Münchner SPD vermittelnd einzugreifen, in der SPD-Fraktionssitzung am 30. März 1976, SVP A, online.

ideellen Gesichtspunkten nicht für so furchtbar wichtig halten. Und dann bitte betrachtet in den sogenannten Dienstleistungszentren, dass zwischen Facharbeitern und Programmierern im Büro, die dort an der IBM-Maschine stehen, große Unterschiede sind und dass die verschieden angesprochen werden wollen und schert das nicht über einen Kamm. Und so wie ich vorhin vier Beispiele herausgesucht habe, wo mehr soziale Sicherheit und mehr Sozialismus gleichzeitig mehr Freiheit für die einzelne Person bedeuten und behauptet habe, du kannst mühelos anderthalb oder zwei Dutzend solcher Beispiele bilden, so gibt's eine große Zahl von Beispielen, die ich benutze, wenn ich zu reden habe vor Belegschaften oder Betriebsräten oder Gewerkschaften oder den Angestellten in verschiedenen Gruppen. Das sind sehr differenzierte Gruppen, die Angestellten. Die werden ja immer einfach über einen Kamm geschoren. Das ist ganz unzulässig. Noch weniger ist es gut, die mit den Arbeitern über einen Kamm zu scheren unter der schönen Bezeichnung Arbeitnehmer. Noch weniger ist es gut, sie unter der Bezeichnung Lohnabhängige über einen Kamm zu scheren. Das mögen sie nämlich nicht hören. Das mögen die nicht hören. Die SPD wundert sich, dass sie nicht genug Stimmen kriegt, wenn sie gleichzeitig allen Leuten etwas erzählt, was die gar nicht so gerne hören mögen, wie sie gar nicht angeredet werden wollen. Angestellte haben eine komische Vorstellung, mag mancher denken, aber sie haben sie und da muss man auf ihre spezifischen Einstellungen eingehen.

Das gilt, Norbert, auch für den öffentlichen Dienst. Ich gehe auch zum öffentlichen Dienst. Ich gehe auch im öffentlichen Dienst in Betriebsversammlungen. Aber da werde ich nicht unterschlagen, dass ein Schlosser im öffentlichen Dienst in aller Regel 20 bis 25 Prozent mehr verdient als derselbe Schlosser in Privatunternehmen, der einer anderen Gewerkschaft angehört. Nicht, das werde ich da nicht unterschlagen. Und da werde ich sagen, ich freue mich für dich, ich freue mich für dich, aber ich setze ihm das auseinander und dann frage ich, ob einer von ihnen mal mit dem Betriebsrat in der Bude nebenan von der IG Metall gesprochen hat, wie sich das für die auswirkt, und will die gewissen Vorstellungen kritisch beleuchten, die in den Gewerkschaften des öffentlichen Dienstes vorgetragen werden. Ich meine, das Wort von der Solidarität höre ich jeden Werktag und jeden Feiertag, aber das muss man dann an solcher Stelle auch mal, muss man dann auch mal auseinander nehmen. Der öffentliche Dienst kann nicht mehr einfach unter Arbeitnehmer subsumiert werden, wenn die einen solche Gehalts- und Lohnsteigerungen haben und die anderen haben solche Lohnsteigerungen. Das geht nicht und es kann gar keine Rede davon sein, dass wir nicht klarmachen könnten, dass im Jahr 1975 und auch im Jahr '76 eben nicht das Jahr für die großen materiellen Zuwächse im öffentlichen Dienst sein kann. Das kann man sehr wohl klarmachen. Nur muss man sich mit Liebe und der Kenntnis der Detailprobleme, da gebe ich *Gansel* recht, die dort bestehen, muss man sich darum bemühen und ebenso Mittelständische und Selbstständige oder Mittelschichten, wie das bei uns heißt. Sie selber halten sich mit Mittelstand und es ist nicht ganz unzweckmäßig, sie so anzureden, wie sie angeredet sein möchten.

Es hat keinen Zweck, jedermann in Deutschland anders anzureden, als er selber genannt sein möchte, die Angestellten und die Arbeiter und den Mittelstand, hat keinen Sinn. Man kann das noch viele Jahre fortsetzen, aber die möchten das nicht sein. Die möchten entweder selbstständige Unternehmer sein oder Mittelstand. Nicht immer dauernd neue Namen erfinden. Aber mit denen kann man sich auch durchaus fruchtbringend und ihnen zeigen, was man unter besonderer Berücksichtigung ihrer Erwartungen, ihrer Interessen vor allen ökonomisch getan hat im Lauf der letzten Jahre, das kann man ihnen durchaus zu Gemüte führen und man wird ja bei dem allen dann nicht die allgemeinen, die ideellen Gesichtspunkte vergessen. Man wird bei den spezifischen Gruppen ja nicht die Notwendigkeit zur Solidarität zwischen verschiedenen Generationen unterschlagen. Man wird ja vor ihnen auch nicht unterschlagen die Notwendigkeit zur Solidarität unter verschiedenen Gruppen der Gesellschaft. Man wird vor ihnen die geistigen Interessen nicht unterschlagen und ganz gewiss auch nicht die Notwendigkeit der Balance zwischen innerer Sicherheit und innerer Freiheit und nicht die Notwendigkeit der äußeren Sicherheit, die eben auch eine Balance ist aus Verteidigungsanstrengungen und Entspannungsanstrengungen. Dies alles wird diese Regierungserklärung versuchen, die ja für zwei Parteien abgegeben wird und deswegen in manchen Punkten nicht in demselben Klartext gesprochen werden kann, zu streifend, zu plastisch werden zu lassen, und ich habe gar keinen Zweifel, wenn es hier Zweifel gibt, dann will ich das deutlich sagen, muss man einen Satz reinnehmen. Ich sehe keine Möglichkeit, an der konzipierten und beschlossenen Steuererhöhung vorbeizukommen. Das kann nur einer, der die Regierung abgeben will am 4. Oktober. Das geht nicht! Auch wenn die wirtschaftliche Entwicklung inzwischen besser ist und im Laufe des Jahres noch besser wird. Das haben wir doch gewusst im vorigen Jahr, dass sie besser wird in '76 und noch besser '77. Wir sind doch nicht überrascht von dieser Entwicklung, im Gegenteil, wir haben sie doch herbeigeführt und da hat sich nichts Grundlegendes geändert an den zu erwartenden Zahlen. Gar nichts! Ich würde übrigens meinen, wenn es so kommt – das wird sich in den nächsten 24 Stunden bis zur Plenardebatte oder 48 Stunden ja noch ein bisschen deutlicher ergeben können –, dass ich dies alles im Namen beider Parteien, das heißt für die ganze Bundesregierung so reden kann, dann ist ja natürlich dabei auch eine Idee, die gemeinsame Aktionsfähigkeit der sozial-liberalen Koalition deutlich werden zu lassen. Und wenn das gelingt, wäre es auch wünschenswert, wenn auf beiden Seiten die Führungspersonen in Erscheinung treten würden bei dieser Debatte. Ich würde das nicht aufziehen als eine Fachdebatte, wo die Facheuropäer reden, sondern als eine breit angelegte politische Debatte. Weswegen zum Beispiel, Herbert möge es mir verzeihen, Willy möge es mir verzeihen, auf unserer Seite nach meinem Gefühl diese beiden Genossen zu Wort kommen sollten. Es müssen ja keine langen Reden sein.

(Beifall.)

Ich bin versucht, aber ich widerstehe der Versuchung, Conny *Ahlers* zu antworten auf seine Polen-Ausführungen. Ich beschränke das auf zwei Sätze, Conny. Die Fraktion weiß – ich weiß nicht, ob du damals dabei warst nach der Bunderatsentscheidung in der Sondersitzung der Fraktion[56] –, die Fraktion weiß, wir waren in der Polen-Sache auch vorbereitet auf ein Nein im Bundesrat. Wir hatten dann die Verträge gleichwohl noch zur Annahme gebracht, aber wir haben aus außenpolitischen Gründen und sehr wohl auch aus, von Philip *Rosenthal* mit Recht erwogenen innenpolitischen Gründen es für richtiger gehalten, der Union zu helfen, ihr Gesicht zu wahren und Ja zu sagen. Ich möchte nicht mir vorstellen müssen, welche Reaktionen sonst in Polen ausgelöst worden wären. Ich weiß auch nicht – im Westen auch, im Westen auch! – ich weiß auch nicht, wie lange andere Beteiligte an dem Verfahren diese Reaktionen ausgehalten hätten.

Drittletztes Wort. Ich denke, Bruno *Friedrich* hat recht, dass die Partei im Lande kämpfen will, und von manchem, was hier in der Gerüchteküche in Bonn ausgebraten wird, teils von uns selber, teils von den Bonner Diensten und Dünsten und von der Presse, die hier in Bonn gemacht wird, das verstehen die da draußen gar nicht so richtig. Ich finde, wir sollten besser versuchen zu verstehen, dass die Partei im Lande eigentlich kämpfen will und uns dem zur Verfügung stellen. Und ich unterschreibe in dem Zusammenhang den Satz, den Willy *Brandt* vorhin aussprach, dass demokratische Sozialisten in

---

56 Vgl. die SPD-Fraktionssitzung am 12. März 1976, online. – Laut Anwesenheitsliste der Sitzung war *Ahlers* anwesend.

| Fraktionssitzung | 06.04.1976 | **133.** |

Deutschland Sozialdemokraten heißen. So einfach kann man sich das machen. Und natürlich, wenn irgendwo einer mir querkommt wie der *Filbinger* mit seinen Anzeigen, dann muss man auch auf dem Marktplatz, wie ich das vielfältig gemacht habe, dagegen angehen. Ich habe in Baden-Württemberg überall gesagt, die freiheitlichen Sozialisten in Deutschland, die hätten für die Freiheit und für den Sozialismus schon Opfer gebracht, als der andere noch Kriegsgerichtsurteile fällte höchst dubioser Art[57].

(Beifall.)

Man muss das besetzen – dieses Feld – ohne daraus nun eine Viertelstunde theoretisch-ideologische Auseinandersetzungen zu machen. Es hat übrigens keinen Zweck sich darüber zu täuschen, dass bei der Masse unserer Wähler natürlich diese Partei nicht Freiheitlich Sozialistische Partei Deutschlands heißt, sondern in deren Vorstellung Sozialdemokraten, dass das Wort Sozialdemokraten stärker attraktiv wirkt als das andere, wenngleich man das andere Wort auch besetzen muss und sich nicht gefallen lassen darf, dass jemand uns in diese Scheinalternative hereintreibt, wie das der *Filbinger* bei einigen Wählern leider mit Erfolg getan hat.

(Beifall.)

Hier ist von Mannheim die Rede gewesen. Wir haben in Mannheim zwei Wahlkreise verloren in dieser Landtagswahl. Ein einziges Direktmandat in Mannheim haben wir noch behalten. Das kann ja in vier Jahren wiedergutgemacht werden. Wenn wir aber das Ergebnis des Mannheimer Parteitages verlieren würden in diesem Jahr, bin ich nicht so sicher, wie lange wir brauchen, um das wieder gutzumachen.

(Beifall.)

Zu Peter *Glotz*, der meint, einige würden immer nervöser von Dienstag zu Dienstag. Also Peter, ich gehöre nicht zu denen. Ich bin nicht nervöser geworden. Ich bin überhaupt nicht nervös. Ich empfehle dir, das auch nicht zu sein,

(Zwischenruf.)

sondern ich empfehle dir eine Philosophie von der Wasserkante. Ich muss das Plattdeutsch sagen, auf Hochdeutsch geht das nicht. Ich will versuchen, das zu übersetzen nachher für die Binnenländer. Die Philosophie lautet in einem einzigen Satz. Wenn de Mensch dun deit, wat hi kann, dann kann er nich mehr dun, als hi deit. Wenn einer tut, was er kann, dann kann er nicht mehr tun, als er tut und dann braucht er vor sich selber auch keine Angst zu haben, dass er nicht genug täte. Er braucht sich auch keine Vorwürfe zu machen, weder vorher noch hinterher.

Letztes Wort. Mir scheint, es ist ganz nützlich, mit dem Ansehen des Bundeskanzlers Wahlkampf zu führen. Die Schere im Ansehen öffnet sich gefährlich. Der sogenannte Kanzlerbonus könnte möglicherweise versagen, wenn man das Öffnen der Schere immer weiter zuließe, könnte möglicherweise versagen. Wäre ganz nützlich, wie einige es gesagt haben hier, den Wahlkampf mit dem Ansehen des Amtsinhabers zu führen. Was denselben aber angeht, so will ich auch keinen Zweifel lassen, der Bundeskanzler will den Wahlkampf führen mit der Sozialdemokratischen Partei Deutschlands, mit ihrem Vorsitzenden, mit ihrer Bundestagsfraktion und dem Vorsitzenden der Bundestagsfraktion.

(Starker Beifall.)

Wehner: Danke Helmut *Schmidt*. Wird das Wort gewünscht? *Hansen*.

---

57 Gemeint ist der baden-württembergische Ministerpräsident *Filbinger*, der zur Zeit des Nationalsozialismus als Marinerichter diente.

Hansen: Die Haltung der Bundesregierung in Bezug auf die Notwendigkeit der Erhöhung der Mehrwertsteuer ist ja in den letzten Wochen zumindest im Bild der Öffentlichkeit etwas ins Wanken geraten und hiermit drohte ein Stück Glaubwürdigkeit sozialdemokratischer Politik ebenso in Zweifel zu geraten. Umso bemerkenswerter ist die Entschiedenheit, mit der Helmut *Schmidt* eben gesagt hat, dass diese Mehrwertsteuererhöhung kommen wird und kommen muss. Und er hat ebenso hinzugefügt, dass er die Hoffnung hat, dass innerhalb der nächsten 24 Stunden sich entscheiden wird, dass er dies im Namen beider Parteien, die die Regierung tragen, wird sagen dürfen. Ich meine aber, in diesem Zusammenhang muss auch noch etwas gesagt werden zu dem, was im Zusammenhang mit der Diskussion in den letzten Wochen ins Gespräch gekommen ist, nämlich die 5,5 oder 5,6 Prozent und ich wäre sehr dankbar, wenn wir dazu noch ein Wort hören könnten.

Wehner: Noch Wortmeldungen? Helmut *Schmidt*.

Schmidt (Hamburg): Die Frage vom Genossen *Hansen* bezieht sich auf den sogenannten ermäßigten Steuersatz, der bisher bei fünfeinhalb steht, sich gleicherweise auf Nahrungsmittel wie auf Rechtsanwaltsgebühren und dergleichen bezieht, nicht nur Nahrungsmittel, und der im gleichen Ausmaß angehoben werden soll nach der Regierungsvorlage wie der volle Steuersatz. Ich möchte mich hierzu nicht endgültig und abschließend äußern, denn ich weiß, dass bei vielen Gesetzen, nicht nur bei diesem, die Bundestagsfraktionen – beide – im Laufe der Beratungen eines Gesetzes hier und da manches geändert haben. Das gilt sogar auch für finanzwirksame Gesetze, nicht immer zur Freude der Bundesregierung, und ich würde grundsätzlich nicht ausschließen, dass an den Steuervorlagen, wenn es nicht darum geht, das Volumen zu verringern, sondern das Volumen erhalten wird, will ich grundsätzlich ausschließen, dass da noch das eine oder andere im Detail geändert wird. Aber wenn ihr meint, das Volumen herabsetzen zu können, dann wärt ihr im Irrtum.

[B.-E.] → online unter www.fraktionsprotokolle.de

134.

8. April 1976: Fraktionssitzung (Tonbandtranskript)

AdsD, SPD-BT-Fraktion 7. WP, 6/TONS000052. Titel: »Fraktionssitzung vom 08.04.1976«. Beginn: 8.25 Uhr. Aufnahmedauer: 00:32:11. Vorsitz: Wehner.

Sitzungsverlauf:

A. Bericht über die Ergebnisse des Vermittlungsausschusses zur Reform des Ehe- und Familienrechts.

[A.] → online unter www.fraktionsprotokolle.de

Fraktionssitzung 04.05.1976 **135.**

135.

4. Mai 1976: Fraktionssitzung (Tonbandtranskript)

AdsD, SPD-BT-Fraktion 7. WP, 6/TONS000052. Titel: »Fraktionssitzung vom 04.05.1976«. Beginn: 15.20 Uhr. Aufnahmedauer: 02:48:58. Vorsitz: Wehner.

Sitzungsverlauf:

A. TOP 2: Bericht aus der Fraktionsvorstandssitzung (Vorbereitung der Haushaltsdebatte 1976; Zusammenarbeit von Arbeitskreisen und Arbeitsgruppen; Behandlung von EG-Vorlagen im Bundestag). – Aussprache der Fraktion. – TOP 3: Informationen (staatliche Förderung linker Jugendverbände, speziell der Naturfreundejugend; wirtschaftliche Situation von Kupferhütten, die durch Kupferschrottexport in die DDR gefährdet sind; postalische Behandlung von Landgemeinden nach der Gemeindeneugliederung; Überstunden bei der Post; Rationalisierung bei der Bundesbahn; Entlassung eines Lokführers wegen Mitgliedschaft in der DKP).

B. TOP 4: Aktuelles aus den Arbeitskreisen (Haushaltsberatungen 1976).

C. Vorbereitung der Plenarsitzungen: TOP 5: Tagesordnung und Ablauf der Plenarsitzungen. – TOP 15: Ausschußbericht betr. Raumordnungsberichte 1972 und 1974 und Raumordnungsprogramm. – TOP 6: 2. und 3. Beratung Gesetz über die Annahme als Kind. – TOP 7: 2. und 3. Beratung Adoptionsvermittlungsgesetz. – TOP 8: 2. und 3. Beratung Ausbau der Bundesfernstraßen. – TOP 9: 2. und 3. Beratung Neuordnung des Arzneimittelrechts. – TOP 10: 2. und 3. Beratung Fernunterrichtsschutzgesetz. – TOP 11: 2. und 3. Beratung Beamtenrechtsrahmengesetz. – TOP 12: 2. Beratung Änderung der Gewerbeordnung. – TOP 13: 2. und 3. Beratung Änderung Kündigungsschutzgesetz. – TOP 14: Bericht der Enquete-Kommission »Auswärtige Kulturpolitik«.

D. Vorlagen aus den Arbeitskreisen: Stiftung Hilfswerk für behinderte Kinder. – Sonstiges: Nächte Termine. – Verschiedenes.

[A.–D.] → online unter www.fraktionsprotokolle.de

136.

10. Mai 1976: Fraktionssitzung (Tonbandtranskript)

AdsD, SPD-BT-Fraktion 7. WP, 6/TONS000052. Titel: »Fraktionssitzung vom 10.05.1976«. Beginn: 16.17 Uhr. Aufnahmedauer: 02:09:38. Vorsitz: Wehner.

Sitzungsverlauf:

A. TOP 1: Politischer Bericht von Bundeskanzler *Schmidt* (Wahlplattform und Wahlprogramm 1976; Wahlkampf der CDU/CSU: »Freiheit oder Sozialismus«). – Aussprache der Fraktion (Versorgung mit Wahlkampfunterlagen). – TOP 2: Bericht aus der Fraktionsvorstandssitzung (Haushaltsdebatte 1976; Entwicklungspolitik).

B. TOP 3: Informationen (Nachdruck einer Broschüre des Bundespresseamtes). – TOP 4: Aktuelles aus den Arbeitskreisen.

C. Vorbereitung der Plenarsitzungen: TOP 5: Tagesordnung und Ablauf der Plenarsitzungen. – TOP 6: 2. Beratung Haushalt 1976. – TOP 7: 2. und 3. Beratung Änderung Tabaksteuergesetz und Branntweinmonopol, 2. und 3. Beratung Änderung Umsatzsteuergesetz (Mehrwertsteuer) (wird beraten mit Einzelplan 08). – TOP 8: 2. und 3. Beratung ERP-Haushalt für 1976 (wird beraten mit Einzelplan 09). – TOP 9: Ausschussantrag zu Entschließungsanträgen zu den Großen Anfragen betr. friedliche Nutzung der Kernenergie und betr. rationelle und sparsame Energieverwendung (wird beraten mit Einzelplan 30). – TOP 10: Ergebnisse Vermittlungsausschuss.

D. Vorlagen aus den Arbeitskreisen: TOP 11: Handwerkszählungsgesetz 1977. – TOP 12: Kleine Anfrage betr. neue Primärenergiequellen. – Sonstiges: TOP 13: Beirat des Deutschen Studentenwerkes. – TOP 14: Jugendstrafvollzugskommission. – TOP 15: Nächste Termine. – Verschiedenes.

[A.–D.] → online unter www.fraktionsprotokolle.de

137.

18. Mai 1976: Fraktionssitzung (Tonbandtranskript)

AdsD, SPD-BT-Fraktion 7. WP, 6/TONS000053. Titel: »Fraktionssitzung vom 18.05.1976«. Beginn: 15.20 Uhr. Aufnahmedauer: 03:15:54. Vorsitz: Wehner.

Sitzungsverlauf:

A. TOP 2: Bericht aus der Fraktionsvorstandssitzung (3. Beratung Haushalt; UNCTAD-Konferenz (Konferenz für Handel und Entwicklung); Gesetzentwurf zur Reform der beruflichen Bildung; Vermittlungsausschuss zur Änderung des Bundesbaugesetzes; Änderung des BGB betr. Mietkautionen; Immunitätsaufhebungen; Änderung des Wehrpflichtgesetzes und des Zivildienstgesetzes; Fraktionssitzungen in Berlin; flexibles Altersruhegeld).

B. TOP 3: Informationen (Datenschutzgesetz; Vermögenspolitik; Erhöhung der Mieten für Bundesdarlehenswohnungen; Rede des bayerischen Innenministers vor Bereitschaftspolizei; Europäische Kommission). – TOP 4: Aktuelles aus den Arbeitskreisen (Verordnungen zum Heimgesetz; Körperschaftsteuer).

C. Vorbereitung der Plenarsitzungen: TOP 5: Tagesordnung und Ablauf der Plenarsitzungen. – TOP 6: 3. Beratung Haushalt 1976. – TOP 7: 2. und 3. Beratung Abwasserabgabengesetz. – TOP 11: Ergebnisse Vermittlungsausschuss (Pressefusionskontrolle; Bundesbaugesetz). – TOP 8: 2. und 3. Beratung Patentamtsgebühren und 2. Beratung und Schlussabstimmung Internationales Patentübereinkommen. – TOP 9: 1. Beratung Stiftung »Hilfswerk für behinderte Kinder«. – TOP 10: 1. Beratung 5. Bundesbesoldungserhöhungsgesetz, dazu Änderung des Diätengesetzes.

Fraktionssitzung 01.06.1976 **138.**

D. Sonstiges: TOP 12: Ad-hoc-Arbeitsgruppe Weltwirtschaftsordnung. – TOP 13: Nächste Termine. – Verschiedenes.

[A.–D.] → online unter www.fraktionsprotokolle.de

138.

1. Juni 1976: Fraktionssitzung (Tonbandtranskript)

AdsD, SPD-BT-Fraktion 7. WP, 6/TONS000053. Titel: »Fraktionssitzung vom 01.06.1976«. Beginn: 15.15 Uhr. Aufnahmedauer: 02:25:22. Vorsitz: Wehner.

Sitzungsverlauf:

A. TOP 2: Bericht aus der Fraktionsvorstandssitzung (Schwerpunkte der Plenarsitzungen; UNCTAD-Konferenz (Konferenz für Handel und Entwicklung); politische Erklärung des Zentralkomitees der deutschen Katholiken zum Wahlkampf; Vermögensbildung; Fraktionsmitglieder als Delegierte zum Wahlparteitag; Petition von deutschen EG-Bediensteten wegen Wahlrecht zur Bundestagswahl). – TOP 3: Informationen (Bericht des Sonderausschusses über die Rechtsstellung der Mitglieder des Bundestages).

B. TOP 1: Politischer Bericht von Bundeskanzler *Schmidt* (FDP-Parteitag; Gespräche mit dem türkischen Premierminister und Oppositionsführer; Besuch in Saudi-Arabien; Lage im Nahen Osten; Lage im Libanon; deutsche Waffenexportpolitik; Überwindung der Weltwirtschaftskrise; UNCTAD-Konferenz; binnenwirtschaftliche Entwicklungen). – Aussprache der Fraktion (u. a. Bundestagspräsidentin *Renger* über die Reise von Abgeordneten nach Ägypten und Kuweit; Bundesminister *Bahr* zur UNCTAD-Konferenz).

C. Fortsetzung von TOP 3: Informationen (Äußerungen aus dem Ausland über den Radikalenerlass; ungünstige Listenplätze für Fraktionsmitglieder aus Baden-Württemberg; Kosten von Bundesbahn- und Omnibusreisen; Anerkennungsverfahren für Kriegsdienstverweigerer; Aufklärung der Wähler über die Bedeutung von Erst- und Zweitstimme). – TOP 4: Aktuelles aus den Arbeitskreisen (Mehrzweckkampfflugzeug Tornado).

D. Vorbereitung der Plenarsitzungen: TOP 5: Tagesordnung und Ablauf der Plenarsitzungen. – TOP 6: 2. und 3. Beratung Bundesnaturschutzgesetz. – TOP 7: 1. Beratung Ausbildungsplatzförderungsgesetz. – TOP 8: 2. und 3. Beratung Beamtenversorgungsgesetz. – TOP 9: Ausschussbericht betr. Auswirkungen neuer Gesetze auf den Arbeits- und Personalaufwand im öffentlichen Dienst. – TOP 10: Ausschussbericht betr. Menschenrechtsbericht. – TOP 11: 1. Beratung Gesetz über den Reiseveranstaltungsvertrag. – TOP 12: 2. und 3. Beratung Vereinfachungsnovelle Zivilprozessordnung. – TOP 13: 2. und 3. Beratung Energieeinsparungsgesetz. – TOP 14: Ausschussbericht zur Änderung des Aktiengesetzes. – TOP 15: Mittelstandsbericht und CDU/CSU-Antrag betr. strukturpolitisches Aktionsprogramm für kleine und mittlere Unternehmen und Freie Berufe. – Sonstiges: Verschiedenes.

[A.–D.] → online unter www.fraktionsprotokolle.de

139.

8. Juni 1976: Fraktionssitzung (Tonbandtranskript)

AdsD, SPD-BT-Fraktion 7. WP, 6/TONS000054. Titel: »Fraktionssitzung vom 08.06.1976«.
Beginn: 15.15 Uhr. Aufnahmedauer: 02:28:39. Vorsitz: Wehner.

Sitzungsverlauf:

A. TOP 1: Politischer Bericht des Fraktionsvorsitzenden *Wehner* (Kredit der Notenbanken der wichtigsten Industrieländer an die Bank von England; Entwicklung im Libanon; Reisen des CDU-Vorsitzenden *Kohl*; Veröffentlichung von Karl *Carstens* zum *Gierek*-Besuch).

B. TOP 2: Bericht aus der Fraktionsvorstandssitzung (Absetzung des Tagesordnungspunktes 2. und 3. Beratung Strafgesetzbuch; Strafprozeßordnung; Vorlage Mindestvorräte Erdölerzeugnisse; Bericht des 2. Sonderausschusses zur Rechtsstellung der Abgeordneten und Diätenregelung; Vermögensbildung; Kindergeld und Krankenversicherung für arbeitslose Jugendliche; Gesetz über den Wehrbeauftragten). – Aussprache der Fraktion über den Bericht.

C. TOP 3: Informationen (Ausbildungsplätze bei Bundesbahn und Bundespost; Aufenthalt des Premierministers von Südafrika in der BRD; Auskunftspflicht von Behörden bei Verdacht von Steuerhinterziehung). – TOP 4: Aktuelles aus den Arbeitskreisen (Bericht der Arbeitsgruppe Vermögensbildung; Vorlage Bundeskindergeldgesetz und Reichsversicherungsordnung).

D. Vorbereitung der Plenarsitzungen: TOP 5: Tagesordnung und Ablauf der Plenarsitzungen. – TOP 6: 2. und 3. Beratung Wirtschaftskriminalität. – TOP 7: 2. und 3. Beratung Änderung Strafgesetzbuch, Strafprozeßordnung (Anti-Terroristen-Gesetze). – TOP 8: 2. und 3. Beratung Körperschaftsteuergesetz. – TOP 9: 2. und 3. Beratung vereinfachte Änderung von Unterhaltsrenten. – TOP 10: 2. und 3. Beratung Datenschutzgesetz. – TOP 11: Ausschußbericht betr. Deutsche Bundesbahn. – TOP 12: Ausschußbericht betr. Folgekosten im öffentlichen Personennahverkehr. – TOP 13: 2. und 3. Beratung Viertes Gesetz zur Änderung des Atomgesetzes. – TOP 14: Große Anfrage Krebsforschung. – Sonstiges: TOP 15: Ausschußumbesetzungen. – TOP 16: Nächste Termine. – Verschiedenes.

[A.–D.] → online unter www.fraktionsprotokolle.de

140.

22. Juni 1976: Fraktionssitzung (Tonbandtranskript)

AdsD, SPD-BT-Fraktion 7. WP, 6/TONS000055. Titel: »Fraktionssitzung am 22.06.1976«.
Beginn: 9.30 Uhr. Aufnahmedauer: 03:36:04. Vorsitz: Wehner.

Sitzungsverlauf:

A. TOP 1: Politischer Bericht des SPD-Vorsitzenden *Brandt* (Parteitag in Dortmund; Bedeutung der Bundestagswahl für Berlin (West); Wahlen in Italien; Aufenthalt des südafrikanischen Premierministers *Vorster* in der BRD). – Aussprache der Fraktion über den Bericht.

B. TOP 2: Berichte des Bevollmächtigten der Bundesregierung in Berlin (West), *Spangenberg*, und des Regierenden Bürgermeisters *Schütz* über die Entwicklung der wirtschaftlichen Leistungsfähigkeit Berlins und die Lage der Stadt. – Aussprache der Fraktion über die Berichte.

C. TOP 3: Bericht aus der Fraktionsvorstandssitzung (CDU/CSU-Antrag zur Änderung des Art. 39 GG; Beschwerdeausschuss des Deutschen Presserats; Kindergeld-Änderungsgesetz; Mietkautionsgesetz; Modernisierung kulturhistorisch wertvoller Gebäude; Rechtsstellung der Abgeordneten des Bundestags und anderer Parlamente). – TOP 4: Informationen. – TOP 5: Aktuelles aus den Arbeitskreisen (Rechtsstellung der Abgeordneten; Kleine Anfrage betr. Beratung von Schwangeren zum Paragraphen 218 StGB).

D. Vorbereitung der Plenarsitzungen: TOP 6: Tagesordnung und Ablauf der Plenarsitzungen. – TOP 7: 2. und 3. Beratung Wohnungsmodernisierungsgesetz; Ausschussbericht zum Wohngeld- und Mietenbericht 1975. – TOP 8: Ausschussbericht zum Forschungsbericht der Bundesregierung. – TOP 9: CDU/CSU-Anträge betr. Ziele bei der Förderung der fortgeschrittenen Kernreaktoren und betr. Forschungspolitik und Arbeitsplätze der Zukunft. – TOP 10: 2. Beratung und Schlussabstimmung zum Übereinkommen zur Gründung einer Europäischen Weltraumorganisation. – TOP 11: 1. Beratung CDU/CSU-Entwurf zur Änderung des Grundgesetzes (Art. 39). – TOP 12: Antrag Haushaltsausschuss betr. Entlastung Haushaltsjahre 1971/1972. – TOP 13: 2. und 3. Beratung Krankenversicherungs-Weiterentwicklungsgesetz. – TOP 14: 2. und 3. Beratung Änderung Strafgesetzbuch, Strafprozessordnung etc. (Anti-Terroristen-Gesetze). – TOP 15: Ergebnisse Vermittlungsausschuss zur Änderung des Personenbeförderungsgesetzes; Änderung des Allgemeinen Eisenbahngesetzes; Neuordnung des Arzneimittelrechts; Fernunterrichtsschutzgesetz. – TOP 16: 2. und 3. Beratung Allgemeine Geschäftsbedingungen. – TOP 17: Ausschussbericht betr. Verbraucherpolitik. – TOP 18: 2. und 3. Beratung Partnerschaftsgesetz. – TOP 19: 2. und 3. Beratung Fünftes Bundesbesoldungserhöhungsgesetz und Änderung des Diätengesetzes. – TOP 20: Ausschussberichte zum Weißbuch 1975/1976, zum Jahresbericht 1975 des Wehrbeauftragten, zum CDU/CSU-Antrag betr. Verbesserung der Aufstiegsmöglichkeiten für Unteroffiziere.

E. Sonstiges: TOP 22: Gesetz über die Sozialversicherung der selbständigen Künstler und Publizisten. – TOP 23: Nächste Termine. – Verschiedenes.

[A.–E.] → online unter www.fraktionsprotokolle.de

141.

29. Juni 1976: Fraktionssitzung (Tonbandtranskript)

AdsD, SPD-BT-Fraktion 7. WP, 6/TONS000054. Titel: »Fraktionssitzung vom 29.06.1976«. Beginn: 14.20 Uhr. Aufnahmedauer: 4:03:53. Vorsitz: Wehner.

Sitzungsverlauf:

A. TOP 1: Politischer Bericht des SPD-Vorsitzenden *Brandt* (SPD-Bezirkstreffen; Gespräche mit dem Ersten Sekretär der franz. Sozialistischen Partei, *Mitterrand*). – Politischer Bericht von Bundeskanzler *Schmidt* (Weltwirtschaftstreffen in Puerto Rico; deutsche Erklärung zur Erklärung der Sowjetunion; Verhältnis der Industrie- zu den Entwicklungsländern; Dank an die Fraktion; Meinungsumfragen; Wahlkampf).

B. TOP 3: Bericht des SPD-Bundesgeschäftsführers *Börner* über die Vorbereitungen für den Bundestagswahlkampf 1976. – Aussprache der Fraktion.

C. TOP 2: Bericht aus der Fraktionsvorstandssitzung (mögliche Sitzung des Bundestages in der Sommerpause; Vermittlungsausschuss; Bundesratssitzung am 16. Juli; Schreiben des baden-württembergischen Ministerpräsidenten *Filbinger* zu Grundgesetzänderungen; Europavorlagen im Bundestag; Kindergeldgesetz; Debatte »Zukunftschancen der jungen Generation«; Übersicht der wichtigsten Gesetze der 7. Wahlperiode; Erinnerung an den Geburtstag von Wolfgang *Jansen*). – TOP 4: Informationen (Aufforderung des Bundeskriminalamts zur Mithilfe bei Fahndung nach Terroristen; Veranstaltungen der Jusos zum Thema Sicherung der Grundrechte in der BRD). – TOP 6: Aktuelles aus den Arbeitskreisen.

D. Vorbereitung der Plenarsitzungen: TOP 7: Tagesordnung und Ablauf der Plenarsitzungen. – TOP 20: 2. und 3. Beratung Änderungen der Art. 29, 74 und 39 GG. – TOP 8: Regierungserklärung zur Konferenz in Puerto Rico. – TOP 9: Große Anfrage CDU/CSU betr. Zukunftschancen der jungen Generation in der Bildung und im Beruf. – TOP 10: 2. und 3. Beratung Ausbildungsplatzförderungsgesetz. – TOP 11: 1. Beratung Gesetz über die Rechtsstellung der Abgeordneten. – TOP 12: 2. und 3. Beratung Einführungsgesetz Körperschaftsteuer. – TOP 13: 2. und 3. Beratung Einführungsgesetz Abgabenordnung. – TOP 14: 2. und 3. Beratung Sozialgesetzbuch – gemeinsame Vorschriften. – TOP 15: 2. und 3. Beratung Stiftung »Hilfswerk für behinderte Kinder«. – TOP 16: 2. und 3. Beratung Änderung des Apothekenwesens. – TOP 17: Antrag der CDU/CSU-Fraktion betr. Behindertensport. – TOP 18: Antrag der CDU/CSU-Fraktion betr. Verbesserung der sozialen Lage der künstlerischen Berufe. – TOP 19: Sozialbericht 1976; Ausschussberichte betr. Winterbauberichte, Arbeitnehmerüberlassungsgesetz, Arbeitsförderungsbericht, Beschäftigung ausländischer Arbeitnehmer, Unfallverhütungsbericht. – TOP 21: Einspruch des Bundesrates gegen die Änderung des Straßenverkehrsgesetzes. – TOP 22: 2. und 3. Beratung Änderung beamtenrechtlicher Vorschriften. – TOP 23: 2. und 3. Beratung Änderung Steuerbeamten-Ausbildungsgesetzes. – TOP 24: 2. und 3. Beratung Änderung des Rechtspflegergesetzes. – TOP 25: Ausschussbericht betr. Tourismusbericht. – TOP 26: Ausschussbericht betr. Antrag CDU/CSU zur Erhaltung der Pressevielfalt. – TOP 27: Ausschussbericht betr. gesetzmäßige Behandlung der Personalangelegenheiten in der Bundesverwaltung. – TOP 28: Große Anfrage der CDU/CSU-Fraktion betr. Seerechtskonferenz.

Fraktionssitzung 29.06.1976 **141.**

E. Vorlagen aus den Arbeitskreisen: TOP 29: Kleine Anfrage betr. Verwirklichung des Konzeptes der Bundesregierung für ein Zentrum zur Entsorgung von Kernkraftwerken. – Sonstiges: TOP 30: Bericht über die Kassenprüfung für das Jahr 1975. – Verschiedenes (Gesetz über die Handwerkerzählung).

[A.]

Wehner: Die Sitzung ist eröffnet. Wir haben heute eine sehr umfangreich aussehende Tagesordnung und müssen uns wohl sehr konzentrieren. Aber angesichts der um uns herum herrschenden Hitze ist die relative mindere Hitze hier vielleicht ein Grund mehr, dass wir versuchen, hier zusammen klarzukommen und nicht zu oft hinausgehen zu wollen. Aber zunächst das Erfreuliche. Heute sind einige Geburtstage, wie sich's grade so trifft. Das ist aber nicht heute arrangiert, sondern viel früher.
(Heiterkeit.)
Da ist Karl *Ravens*.
(Beifall.)
Im nächsten Jahr wird er einen großen Jubel erleben. Heute sind es 49. Alles Gute, Karl, und vielen Dank.
(Zwischenruf.)
Ja, ja, hab' ich gesagt, im nächsten Jahr.
Dann ist Kurt *Wüster*, der schon die Fünfziger angefangen.
(Beifall.)
Herzlichen Dank, alles Gute noch – paß auf, das geht hier –, ja, das tun sie unten durch.
Und schließlich Rudolf *Schöfberger*.
(Beifall.)
Der Jüngste unter diesen Geburtstagsgängern. Alles Gute. Danke. Und nun, Genossinnen und Genossen, zwar kein Geburtstag, aber ich glaube einen Akt der Dankbarkeit und des Mitgebens guter Wünsche an Elisabeth *Stern*[1], die nunmehr 14 Jahre hier uns geholfen und, wenn man das so sagen darf, denn das ist ja keine Schande, wir alle tun es auch auf unsere Weise, gedient hat, die aus dieser Arbeit mit ihrer 60-Jahre-Altersgrenze, die sie erreicht hat, ausscheidet. Herzlichen Dank!
(Starker Beifall.)
Und viele, viele gute Wünsche.
(Starker Beifall.)
Ja, Genossinnen und Genossen, damit sind wir bei dem Punkt 1, Politische Berichte, und zunächst bitte ich Willy *Brandt*, das Wort zu nehmen.

Brandt (Berlin): Liebe Genossen, das geht verhältnismäßig kurz, denn die gesammelten Werke Holgers [*Börner*] wird dieser selbst nachher erläutern[2]. Ihr habt sie alle vor euch aufm Tisch liegen. Ich will nur aus meinen Erfahrungen der letzten Wochenenden sagen, dass die Bezirkstreffen weiterhin einen überwiegend guten Verlauf nehmen. Auch jetzt an diesem Wochenende trotz der ungewöhnlichen Hitze hatten wir sowohl in Ludwigshafen beim Pfalztreffen wie in Bielefeld-Sennestadt für den Bezirk östliches Westfalen-

---
1 Mitarbeiterin der Fraktion.
2 Vgl. SVP B.

843

Lippe und nicht zuletzt auch in Brüggen an der holländischen Grenze am Niederrhein sehr stark besuchte und von guter Stimmung geprägte Zusammenkünfte.

Weswegen ich mich jetzt äußere, ist eine Vermutung von Konrad *Porzner*, dass es die Fraktion interessieren könnte, was in der Presse auch einen Niederschlag gefunden hat an Gesprächen mit dem Vorsitzenden der französischen Sozialisten[3] in der vergangenen Woche. Das Gespräch hat stattgefunden, weil ich eh in Paris zu tun hatte, weil ich an einem Runden-Tisch-Gespräch mich zu beteiligen hatte im Haus der UNESCO.[4] Dort habe ich auch die Gelegenheit benutzt, in einem etwas anderen Rahmen etwas zu sagen, was falsche Vorwürfe gegenüber der Bundesrepublik zurechtrücken sollte.[5] Bei François *Mitterrand* war für mich das zunächst einmal nicht nur Interessante, sondern auch etwas Bedrückende – ich will das der Fraktion hier gar nicht verheimlichen –, wie schwer es ist, selbst zwischen zwei Ländern, die einander jetzt so nahe sind – lassen wir mal die Parteien völlig außen vor –, einen kontroversen Vorgang korrekt von der einen Seite zur anderen hin zu vermitteln. Tatsache ist – nur das habe ich nirgends in einer deutschen Zeitung gelesen, und unsere Mitarbeiter hatten [es] auch ein bisschen schwer, die brauchten vier Wochen, bevor ich den Auszug dessen bekam, was auf dem Parteitag der französischen Sozialisten gesagt worden war –, Tatsache war, dass *Mitterrand* sich dort sehr kritisch mit bestimmten Praktiken in der französischen Verwaltung auseinandergesetzt hat. Er spricht von Gewalt, die angewendet werde gegenüber Nichtanhängern der dortigen Regierung, und er behauptet sogar, dass in einigen Fällen Angehörige des dortigen öffentlichen Dienstes entlassen worden seien, weil sie zugegeben hätten, sozialistisch gewählt zu haben. Ich behaupte das nicht. Ich gebe nur diesen Teil dessen wieder, was er auf seinem Parteitag gesagt hat.

Zweitens hat er sich dagegen gewandt, dass bestimmte Leute in seiner Partei die SPD angegriffen hatten, dort. Ich hab' beides nicht bei uns in der Presse gefunden. Dann hat er daran anknüpfend gesagt, aber auch er habe sich zu Dingen zu äußern, die ihm entweder nicht einleuchteten oder die er nicht für richtig halte. Da bezweifle ich nicht die Gesinnung, aus der heraus er sich äußert, aber seine Argumente gehen aus weitgehend von einem Nichtverständnis der Verfassungslage oder Rechtslage, mit der wir es zu tun haben, und der Dinge, die uns in den letzten Jahren immer wieder beschäftigt haben.

Und dann hat er einen Fall, wenn es einer ist, herausgegriffen – ja, das ist ein Fall, weil er ja sogar ein hessisches Gericht beschäftigt hat –, den Fall einer Lehrerin, und sagt, der interessiere in Frankreich, weil der Vater in der französischen Résistance gewesen sei[6], und jetzt sagt er wörtlich: Wenn hier heute einer ein Komitee zugunsten dieser Silvia *Gingold*, glaube ich, heißt sie, vorschlägt, dann werde ich der Erste sein, der seine Unterschrift un-

---

3 François *Mitterrand*.
4 *Brandt* hielt sich am 22. und 23. Juni 1976 in Paris auf, wo er eine Ansprache bei einer UNESCO-Tagung über internationale kulturelle Zusammenarbeit hielt. *Brandt* hielt das Einleitungsreferat. Anschließend traf er sich zu vertraulichen Gesprächen mit *Mitterrand*. Vgl. den Artikel »Brandt verteidigt die Deutschen« in der »Stuttgarter Zeitung« vom 24. Juni 1976; BT Pressedokumentation, Personenordner Brandt, Willy.
5 Die Bundesrepublik sah sich gerade in Frankreich mit scharfer Kritik an der Berufsverbotspraxis des sog. Radikalenerlasses konfrontiert.
6 Die Lehrerin Silvia *Gingold*, Tochter der in die Bundesrepublik zurückgekehrten jüdischen Emigranten Peter und Etty *Gingold*, die sich während des Zweiten Weltkriegs an der französischen Widerstandsbewegung gegen die Nationalsozialisten beteiligt hatten, wurde 1975 nach Maßgabe des sog. »Radikalenerlasses« als Beamtin aus dem Schuldienst entlassen, da ihr vorgeworfen wurde, sie sei nicht nur Mitglied der DKP, sondern agiere dort auch als aktive Funktionärin. Vgl. den Artikel »Das Gemeine«; »Der Spiegel«, Nr. 20 vom 17. Mai 1976, S. 58.

| Fraktionssitzung | 29.06.1976 | **141.** |

ter eine solche Sache setzt. Das war das, worum es sich im Ausgangspunkt [dreht][7], hätte ich das damals gewusst, hätten wir erstens rascher und auch etwas nuancierter reagiert, als wir es tun konnten. Seitdem hat es dann andere Äußerungen gegeben. Ich habe den Vorgang selbst, also sagen wir mal die Behandlung der hier und da schwierigen Fragen in unserem öffentlichen Dienst natürlich nicht mit ihm im Einzelnen besprochen, sondern es kommen, wie wir es angeregt hatten, einige Vorstandsmitglieder der französischen Sozialisten unter Leitung von Pierre *Mauroy*[8], den kennt hier auch der eine und andere, der war dortiger Juso-Vorsitzende, als Holger *Börner* es auf deutscher Seite war, die kommen. Ich habe ausdrücklich gesagt, wir laden hier kein Komitee ein, sondern Mitglieder des Vorstandes. Die bekommen alle Auskünfte, die sie haben wollen. Das soll noch vor der Sommerpause geschehen. Ich habe, glaube ich, nicht, ohne dass es einen gewissen Eindruck hinterlassen hat bei *Mitterrand* selbst, dem eben erwähnten *Mauroy* und bei anderen, die dabei waren, vom Prinzip her darauf hingewiesen, zu wie bedenklichen Konsequenzen es führen kann, wenn Parteien der Sozialistischen Internationale im Verhältnis zueinander so etwas wie Untersuchungsausschüsse einrichten – vom Prinzip her. Dies ist wohl auch verstanden worden, und *Mitterrand* hat von sich aus Wert gelegt darauf, zu sagen, er möchte nicht, dass, was immer dort gesagt worden sei in der Zwischenzeit, so verstanden würde, als hätten er oder andere Vorstandsmitglieder der französischen Sozialisten die Absicht, sich an antideutschen Kampagnen zu beteiligen.

Man muss nun wissen, dass dort immer auch noch die Innenpolitik 'ne Rolle spielt. Die französischen Kommunisten haben die Sozialisten angegriffen, dass sie sich auf ihre Weise – wie ich meine unzutreffend – mit diesem Vorgang befassen. Die Kommunisten haben gesagt, ist doch alles bei uns in besten Händen und wer da mit der Bundesrepublik sich auseinandersetzen will, der muss sich an den einschlägigen kommunistischen Aktivitäten beteiligen. Das ist nicht die einzige Frage, um die die streiten. Es gibt noch wichtigere, um die die streiten.

Jetzt ist es so, dass wir unabhängig – das ist aber ein interner Vorgang – von dieser Aufklärung, mit der wir den französischen Sozialisten zur Verfügung stehen, auch anderen befreundeten Parteien über die Aufklärung hinaus, die sie neulich beim Treffen in Amsterdam erhalten haben, dass wir ihnen mit jeder sachdienlichen Information zur Verfügung stehen. Wobei meine eigene Erfahrung ist, dass die Aufklärung über unsere Verfassung und Gesetzeslage bei vielen noch schwieriger an den Mann zu bringen ist als anderes. Aber ich sage euch auch voraus, wir werden in den nächsten Wochen eine Erweiterung, ob es den Beteiligten nun Spaß macht oder nicht, das ergibt sich jetzt aus der Entwicklung, eine Erweiterung der Debatte bekommen, sie wird in Wirklichkeit eine vergleichende Diskussion werden über unterschiedliche Praktiken auf diesem Gebiet in verschiedenen europäischen Ländern. Während ich dort war in Paris, ich habe es dem *Mitterrand* selbst mit gesagt, las ich in der Zeitung: Kommunistischer Lehrer hatte sich letztes Jahr an der Soldatendemonstration beteiligt, hat ein paar Monate Gefängnis gekriegt. Jetzt stand in der Zeitung: Regierung hat ihn fristlos entlassen. Ich sagte, bei uns ist das komplizierter. Da kann die Regierung nicht einfach einen Beamten entlassen. Da wird ein Disziplinarverfahren durchgeführt und der Betreffende hat auch einen bestimmten rechtlichen Schutz, den er nicht in jedem anderen Land hat.

Selbst in unserem, selbst in Schweden ist ein Streit jetzt im Gange zwischen Regierung und Fraktion auf der einen Seite und bestimmten Gruppen, die erst nachträglich ent-

---

[7] Bei der Bearbeitung geändert. Im Original zu hören »hielt«.
[8] Französischer Politiker der Parti Socialiste (PS), Vertrauter von *Mitterrand* und langjähriger Bürgermeister der nordfranzösischen Stadt Lille.

decken, dass durch Verordnung seit einem anderthalb Dutzend Jahren ein Ausschuss des Reichstags aus sechs Mitgliedern mit drei Sozialdemokraten darüber befindet, wer in Verwaltungen und Betrieben, die für die Sicherheit des Landes von Bedeutung sind, eingestellt wird oder nicht. Die Praktiken sind sehr unterschiedlich in diesen Ländern, und wenn man sie mal miteinander vergleicht, dann wird der deutsche Perfektionismus vermutlich eine Spitzenstellung bewahren, im Übrigen aber wird das sehr gemischt aussehen. Wie gesagt, unser Informationsangebot ist da und der eine und andere draußen wird davon auch Gebrauch machen. Das hat ein bisschen länger gedauert, weil wir nicht gut genug unterrichtet waren, wie der französische Fall eben zeigt.

Darf ich noch eine Bemerkung machen, die allgemeinerer Art ist? Es ist nach dem gegenwärtigen Stand kein Zweifel daran, dass die Sozialisten in der Wählergunst eindeutig stärker stehen als die Kommunisten. Das war bekanntlich eine Reihe von Jahren nicht so, und wie einem nicht nur der unmittelbare Gesprächspartner, sondern auch andere sagen, ist das eigentliche Charakteristikum, dass die Sozialisten seit vielen Jahren wieder Arbeiterstimmen gewinnen und gewerkschaftliche Verankerungen neu bekommen. Das hat bis zu dem Punkt geführt, wo es kürzlich einen tätlichen Zusammenstoß zwischen einer Gruppe von Parteikommunisten und CGT[9]-Gewerkschaftlern gegeben hat, denn die CGT ja in der Spitze mehrheitlich kommunistisch geführt wird. Da ist ein Prozess im Gange, der trotz des Wahlbündnisses, das auch in den meisten Städten wieder gelten wird bei den Kommunalwahlen – bis auf die Gemeinden unter 30 000, da gilt das Wahlbündnis nicht –, aber es ist ein Kampf da jetzt um zum großen Teil dieselben Wähler. Das muss auch so sein, und der fällt nun zusammen mit einem anderen Kampf in der dortigen Regierungsmehrheit zwischen den Giscardisten[10] und dem Versuch, zwischen diesen und den Zentrumsleuten stärker zu werden, als es die Gaullisten sind, was denen wiederum nicht sehr passt. Ich halte künftige andere Gruppierungen, als sie sich heute darstellen, in der französischen Innenpolitik für nicht ausgeschlossen. Aber es ist nicht meine Sache, darüber zu philosophieren. Jedenfalls ist die Konstellation durch das jetzt viel stärkere Bild, das die Sozialisten bieten, eben ein völlig anderes als in Italien mit dieser sehr schwachen, um nicht zu sagen schwächlichen sozialistischen Partei zwischen den beiden großen Blöcken.

Schlussbemerkung oder Schlusssatz zu diesem Punkt: Der behutsame Kontakt, zu dem wir nicht nur pflichtgemäß gehalten sind, der kann und darf natürlich nie auf Kosten dessen gehen, was die beiden Regierungen miteinander zu machen haben. Wer immer in Frankreich regiert, ist der offizielle Partner derer, die für die Bundesrepublik Deutschland die Verantwortung tragen, und in behutsamer Würdigung dieses Tatbestandes müssen wir gleichwohl mit der politischen Strömung Kontakt halten, auch wenn sie manchmal ein bisschen schwierig ist, mit der wir sonst in europäischen und internationalen Gremien uns zusammenfinden. Schönen Dank.

(Beifall.)

Wehner: Danke. Wird dazu das Wort gewünscht? Fragen? Keine. Dann bitte ich den Bundeskanzler, zu seinem Bericht das Wort zu nehmen.

Schmidt (Hamburg): Liebe Genossinnen und Genossen, liebe Freunde, ich möchte zunächst ein paar Bemerkungen zu diesem zweiten Weltwirtschaftstreffen in Puerto Rico

---

9 Confédération générale du travail.
10 Gemeint ist die Partei der »Fédération nationale des républicains indépendants« (Unabhängige Republikaner), die Koalitionspartner der Gaullisten waren. Mit *Giscard d'Estaing* stellten sie seit 1974 den französischen Staatspräsidenten.

Fraktionssitzung 29.06.1976 **141.**

machen[11], davor eine in Klammern. Die Zusammenkunft in Puerto Rico hat auch Gelegenheit gegeben, abschließend die ostpolitische Erklärung, die die Bundesregierung beabsichtigt und die ja indirekt in der gleichen Form eine Antwort sein wird auf die seinerzeit durch die sowjetischen Medien verbreitete Erklärung der sowjetischen Regierung, die vornehmlich an die Adresse der Bundesrepublik Deutschland gerichtet, aber nicht allein an unsere Adresse gerichtet war.[12] Puerto Rico hat also Gelegenheit gegeben, diese deutsche Erklärung mit den Verbündeten zu erörtern und sie hinsichtlich ihres Berlin-Teils formell zu konsultieren. Es findet heute Nachmittag im Kreise der Neun eine weitere Erörterung statt, um sie nach allen Seiten mit auch formeller Sicherheit in die gemeinsame Politik unserer Verbündeten einzubetten.[13] Heute Abend um sieben wird das Kabinett sich damit beschäftigen.[14] Ich gehe davon aus, dass die Erklärung am Donnerstag veröffentlicht werden wird, was möglicherweise dazu führt, dass sie in der Plenardebatte des Freitags so oder so eine Rolle spielen kann.[15]

Dann zu dem eigentlichen Inhalt des Treffens in Puerto Rico, an dem also die drei sogenannten Westmächte, die Bundesrepublik sowie Japan, Kanada und Italien beteiligt gewesen sind. Wir hatten uns sehr dafür eingesetzt, dass die Europäische Gemeinschaft in den Gestalten sowohl des Vorsitzenden des Ministerrats Gaston *Thorn*[16] als auch in Gestalt des Präsidenten der Kommission *Ortoli* vertreten sein solle. Dieses ist am Widerspruch einiger europäischer Regierungen gescheitert, die gemeint haben, da solle niemand hinfahren für die EG – entweder alle oder niemand. Dies ist ein wenig realistischer Gesichtspunkt, auch für die Zukunft gibt er nicht viel her.

Was die Ergebnisse angeht, so will ich meine Berichterstattung in zwei Teile teilen, zunächst in den weltkonjunkturellen Teil. Wir haben übereinstimmend festgestellt, dass die aufeinander abgestimmte Politik, zuletzt in Rambouillet vor einem halben Jahr aufeinander abgestimmte Haushalts-, Geld-, Währungs- und Handelspolitik insgesamt die Weltwirtschaft aus ihrer Rezession herausgeführt hat.[17] An der Spitze marschieren Amerika und die Bundesrepublik Deutschland, beide mit Zuwächsen des Bruttosozialprodukts in diesem Jahr von über sechs Prozent, kurz dahinter mit beinahe sechs Prozent

---

11 Zur Konferenz der Staats- und Regierungschefs aus sieben Industriestaaten am 27. und 28. Juni 1976 in San Juan (Puerto Rico) vgl. EUROPA-ARCHIV 1976, D 425–428; AAPD 1976, Dok. 201 und 208. – In Puerto Rico trafen sich Vertreter der USA, Kanadas, Frankreichs, Italiens, Großbritanniens, Japans und der Bundesrepublik Deutschland, um sich über Lösungsmöglichkeiten für die weltwirtschaftlichen Probleme zu verständigen. – Für den Wortlaut des Kommuniqués der Konferenz vgl. EUROPA-ARCHIV 1976, D 425–428.

12 Am 22. Mai 1976 veröffentlichte die sowjetische Zeitung »Prawda« eine zwölf Punkte umfassende Erklärung der sowjetischen Regierung über die Inhalte und Möglichkeiten einer Intensivierung der bilateralen Zusammenarbeit zwischen der Sowjetunion und der Bundesrepublik Deutschland. Zum Inhalt der Erklärung vgl. AAPD 1976, Dok. 158. – Zum Wortlaut der Erwiderung der Bundesregierung vom 29. Juni 1976 vgl. BULLETIN 1976, Nr. 78 vom 1. Juli 1976, S. 737–741.

13 Zur 399. Tagung des Rats (Außenminister) am 29. und 30. Juni 1976 vgl. EUROPA-ARCHIV 1976, Z 131.

14 Zur Kabinettsitzung am 29. Juni 1976 vgl. DIE KABINETTSPROTOKOLLE DER BUNDESREGIERUNG 1976, online.

15 Die Bundesregierung in der Person von Bundeskanzler *Schmidt* gab am 30. Juni 1976 eine Erklärung zur Konferenz von Puerto Rico ab. Vgl. BT Plenarprotokoll 07/255, S. 18186–18191. – Die Aussprache schloss sich an die Regierungserklärung an. An den beiden darauffolgenden Sitzungen des Bundestags am 31. Juni und am 1. Juli 1976 spielte das Thema keine Rolle mehr.

16 Premierminister von Luxemburg.

17 Die Konferenz der Staats- und Regierungschefs aus sechs Industriestaaten fand vom 15. bis 17. November 1975 in Frankreich auf Schloss Rambouillet statt. Vgl. dazu AAPD 1975, Dok. 346 sowie Dok. 348 bis 350.

Frankreich. Ähnliche Entwicklung in Japan. Es ist klar, dass Italien und dass England zeitlich hinterherhinken. Es wird aber auch deutlich, unabhängig von den innenpolitischen Schwierigkeiten, die in Italien ja durch den Wahlausgang noch nicht behoben sind, auch deutlich, dass diese beiden Länder – Italien und England – sich auf dem aufsteigenden Ast befinden und ökonomisch, um mich schillerisch auszudrücken, die Talsohle durchschritten haben[18] und sich auf dem aufsteigenden Ast befinden.

Zweiter Punkt: Verbunden mit dieser befriedigten Feststellung, dass die Weltwirtschaft insgesamt die Rezession überwunden habe – ich füge in Klammern hinzu, dass die dort versammelten sieben Regierungen unter sich ungefähr zwei Drittel des Weltsozialprodukts repräsentierten –, verbunden mit dieser Feststellung, dass die Weltwirtschaft insgesamt auf einer nach oben gerichteten, in einer nach oben gerichteten Entwicklung sich befinde, ein sehr deutlich ausgesprochener Wille vornehmlich durch die Amerikaner, die Franzosen und durch uns, alles zu tun, damit die im Aufschwung sich öffnenden Spielräume für neue inflatorische Entwicklungen abge-, ausgeschaltet werden, dass sie abgeschnitten werden. Ein sehr starker Nachdruck darauf, dass eine nachhaltige Wirkung auf den Arbeitsmarkt nicht erwartet werden kann, der ja in allen Ländern zeitlich etwas hinterherhinkt hinter der Produktions- und Produktivitätsentwicklung, dass eine nachhaltige Auswirkung auf den Arbeitsmarkt nicht erwartet werden kann, wenn zusätzliche neue inflatorische Schübe erlaubt würden. Auch im Kommuniqué eine sehr deutliche Festlegung auf die weitere Notwendigkeit der Bekämpfung inflatorischer Einflüsse.[19] Dies wurde ausdrücklich auch von England mitgemacht, das natürlicherweise hinzugefügt hat, dass sie im Augenblick noch etwas dringlichere Sorgen hinsichtlich der Wiederingangsetzung ihrer ökonomischen Tätigkeit insgesamt und ihres Arbeitsmarkts hätten als die Inflationsbekämpfung. Aber sie haben die Notwendigkeit der Inflationsbekämpfung nicht nur mit den Lippen bekannt, sondern, wie wir ja alle wissen, durch diesen zweiten wage deal[20], der zwischen Gewerkschaften und Regierung geschlossen worden ist und der für die nächsten zwölf Monate einen Nominallohnzuwachs von nur viereinhalb Prozent vorsieht, sie haben durch diesen zweiten wage deal für die nächsten zwölf Monate, nachdem für die vorangegangenen jetzt ablaufenden zwölf Monate schon einer zustande gebracht worden war, mindestens mal von der Lohnkostenseite, von der Kostendruckseite her eine wesentliche Voraussetzung für die Ermäßigung ihrer englischen, sehr viel höher als im Durchschnitt liegenden Inflation geschaffen, was allseitig anerkannt wurde.

Drittens: Hinsichtlich der Weltkonjunktur allgemeine Übereinstimmung, dass es darauf ankommt, in all den Volkswirtschaften das Investitionsklima zu verbessern, weil nachhaltige Besserung auf den Arbeitsmärkten nur erwartet werden kann durch Ausweitung der unternehmensseitigen Investitionen. Wenngleich nicht mit den gleichen Worten, so doch dem Sinne nach hat meine stehende Regel der letzten 24 Monate, dass die Unternehmen heute Gewinne brauchten, um damit morgen ihre Investitionen zu finanzieren,

---

18 *Schmidt* spielt darauf an, dass es dem ehemaligen sozialdemokratischen Wirtschafts- und Finanzminister Karl *Schiller* gelang, komplexe ökonomische Sachverhalte mit Begrifflichkeiten wie »Talsohle der Konjunkturentwicklung« so zu popularisieren, dass sie Allgemeingut wurden.

19 Für den Wortlaut des Kommuniqués der Konferenz der Staats- und Regierungschefs aus sieben Industriestaaten am 27./28. Juni 1976 in San Juan (Puerto Rico) vgl. Anm. 11.

20 Gemeint ist der britische Lohnpakt zur Bekämpfung der Wirtschaftskrise und zur Sicherung der Beschäftigungszahlen. Die britischen Gewerkschaften einigten sich mit dem britischen Schatzkanzler Denis *Healey* darauf, dass die Löhne in Großbritannien für die Dauer von zwölf Monaten um maximal 4,5 Prozent steigen sollten. Vgl. den Artikel »Gewerkschaftssegen für Londons Lohnpaket« im »Handelsblatt« vom 18. Juni 1976; BT Pressedokumentation, Sachordner Großbritannien – Gewerkschaften.

um auf diese Weise übermorgen dauerhafte neue Arbeitsplätze zu schaffen, diese feststehende Rede hat mit etwas anderen Worten dort fröhliche Urstände gefeiert, nicht etwa nur von deutscher Seite.

Vierter Punkt in diesem konjunkturellen Zusammenhang: Ohne dass wir es etwa dargestellt oder gar breit dargestellt hätten, große Neugierde und auch Anerkennung für das Zusammenwirken zwischen Gewerkschaften und Regierung und Unternehmensleitungen im industriellen Management in Deutschland unter dem von den Angelsachsen und Kanadiern sogenannten Stichwort des social consensus, den wir hier in Deutschland hergestellt hätten, für den in zunehmendem Maße – einschließlich Mitbestimmung –, für dessen Grundlagen in zunehmendem Maße sich die anderen interessieren. Zusammengefasst: Die weltwirtschaftliche Entwicklung und insbesondere in diesem Rahmen diejenige Amerikas und Deutschlands und Frankreichs gibt gegenwärtig keinen Anlass zu Besorgnissen, es sei denn, dass einige schon anfangen, sich Gedanken zu machen darüber, wie man im Jahr '77 verhindert, dass aus der ganzen Sache ein zu starker Boom werde. In dem Zusammenhang gab es auch englische Sorgen, wir könnten etwa diesen Boom zu früh durch Gegensteuern abfangen wollen. Wir haben diese Sorgen zerstreut, für den gegenwärtigen Zeitraum zerstreut.

Dann ebenso vier Bemerkungen für die strukturellen Aspekte der Weltwirtschaftskrise: Wir sind uns alle drüber einig, dass es sich nicht nur um eine tiefgreifende konjunkturelle Rezession handelt oder gehandelt hat, sondern darüber hinaus ebenso sehr schwerwiegend um strukturelle Verwerfungen erstens auf der Seite des Handels. Die dort Versammelten haben, großzügig über einige kleine Sünden der Italiener, der Amerikaner und der Engländer hinwegsehend, sich erneut zu einem liberalen Welthandel ohne Handelsbeschränkungen bekannt und haben sich gemeinsam das Ziel gesetzt, die im GATT[21] seit einiger Zeit geführten multilateralen Handelsverhandlungen, die ja nicht nur zu weiteren Zollsenkungen, sondern insbesondere zur Beseitigung von Nichtzollbarrieren führen sollen, auf das Ende des Jahres '77 herbeizuführen.

Als zweiter wichtiger struktureller Punkt bei der Betrachtung der Weltwirtschaft spielte eine ganz erhebliche Rolle, ohne dass das im Kommuniqué nach außen irgendwie zum Ausdruck kommt[22] und ohne dass ich es hier heute Nachmittag für die Außenwelt ausbreiten will, die Erkenntnis einer sehr schnell zunehmenden Faktorrolle der Sowjetunion und der übrigen Staaten des RGW[23], und zwar sowohl hinsichtlich deren Rolle als Käufer von ganzen industriellen Anlagen, von Investitionsgütern, darüber hinaus von Weizen und anderen Lebensmitteln – ein Problem, das für die Sowjetunion, aber auch für Polen und andere ja von ganz großer innenpolitischer Bedeutung wird in diesem Frühsommer – und einer zunehmenden Faktorrolle als Kreditnehmer. Ich habe dort geschätzt, dass Ende dieses Jahres die Verschuldung der Sowjetunion und der übrigen RGW-Partner außerhalb des RGW eine Größenordnung annehmen wird von round about 40 Milliarden Dollar, auf Deutsch: 100 Milliarden Mark. Das Signifikante daran ist der ganz schnelle Anstieg. Wenn man sich dieselben Zahlen anschaut etwa für das Jahr 1972 oder '73, dann ist das eine ungeheuer schnell sich vollziehende Ausweitung dieser Kreditnehmerfunktion der Sowjetunion und ihrer Partner mit mehrfachen Konsequenzen. Einmal ist es für die Italiener, für die Engländer, insbesondere für uns Deutsche natürlich beschäftigungspolitisch gegenwärtig durchaus erwünscht, dass wir, durch

---

21 General Agreement on Tariffs and Trade (Allgemeines Zoll- und Handelsabkommen).
22 Für den Wortlaut des Kommuniqués der Konferenz der Staats- und Regierungschefs aus sieben Industriestaaten am 27./28. Juni 1976 in San Juan (Puerto Rico) vgl. Anm. 11.
23 Rat für gegenseitige Wirtschaftshilfe.

Kreditvergabe finanziert, Aufträge aus der Sowjetunion und aus anderen osteuropäischen Staaten hereinnehmen. Auf der anderen Seite muss man sich angesichts des enormen Kreditengagements darüber klar sein, dass das darin liegende kreditpolitische Risiko – nicht so sehr im Falle der Sowjetunion, aber im Falle anderer osteuropäischer Staaten – anfängt, deutlich zu Buch zu schlagen. Man muss sich auch darüber klar sein, dass dieses enorme Ausmaß von Kreditgewährung natürlich nur ein anderer Ausdruck ist für die Tatsache, dass die Volkswirtschaft der Sowjetunion in hohem Maße profitiert vom Transfer realer Ressourcen, von einem Nettosaldo des Transfers realer Ressourcen aus unseren Ländern in die Sowjetunion, was dort nicht nur dazu beiträgt, dass das dortige Sozialprodukt schneller wächst, als wenn sie nur auf eigene Ressourcen angewiesen wären, was nicht nur dazu beiträgt, dass die Volkswirtschaft der Sowjetunion und damit wohl auch zu einem erheblichen Teil ihre äußere Politik stärker abhängig wird von der Volkswirtschaft und damit von der Wirtschafts- und sonstigen auswärtigen Politik der westlichen Welt, sondern auch drittens natürlich gewisse Konsequenzen hat hinsichtlich des Anteils des sowjetischen Sozialprodukts, der für Rüstungs- und Verteidigungszwecke abgezweigt werden kann.

Was diesen Teil der sowjetischen Rolle in der einen Weltwirtschaft, in dem weltwirtschaftlichen Gesamtsystem angeht, nehme ich an, werden die Denkanstöße, die aus den Gesprächen dort sich ergeben im Laufe der nächsten Monate und der nächsten Jahre eine erhebliche, eine erhebliche Ausweitung erfahren, und ich schließe nicht aus, dass sie alsbald dann auch ins Zentrum stellen könnten die Frage, ob politisch der Westen zum Beispiel in Sachen Entspannungspolitik wirklich alles das von der Sowjetunion bekomme, was er andererseits durch die Übertragung realer Ressourcen auf die Sowjetunion seinerseits für dieses Geschäft zur Verfügung stelle, das heißt unter Benachteiligung der eigenen Volkswirtschaft, der eigenen Arbeitnehmer, der eigenen Konsumenten.

Es ist ganz klar, dass sich am Horizont abzeichnet für uns westliche Industrieländer – und damit komme ich zum dritten Punkt – eine Art Konkurrenz von zwei verschiedenen Empfängergruppen für eine Übertragung von Nettosalden unserer realen Ressourcen, unserer Leistungen, auf der einen Seite die Länder im Süden oder die sogenannten Entwicklungsländer, auf der anderen Seite die Länder im Osten, die sogenannten Staatshandelsländer. Es ist auch deutlich, dass aufseiten der sowjetischen Führung man sich dieser zukünftigen Konkurrenz durchaus bewusst ist.

Ich komme damit zu dem dritten wichtigsten Punkt oder zum dritten wichtigsten Feld dieser Puerto-Rico-Diskussion, der sich beschäftigt mit dem zukünftigen Verhältnis zwischen Industrieländern und Entwicklungsländern. Wir haben uns nicht so sehr über die Punkte unterhalten, die in Nairobi haben mehr oder minder einvernehmlich resolviert werden können[24], als da sind Schuldenregelungen, als das sind Öffnung der eigenen Märkte für die Produkte der Entwicklungsländer. Wir haben uns insbesondere stattdessen mit dem Rohstoffproblem beschäftigen müssen. Mein Eindruck ist, dass aufseiten aller beteiligten Industriestaaten, ich betone aller beteiligten westlichen Industriestaaten bisher die Analysen nicht tief genug gegangen sind. Je tiefer sie gehen, desto eher halte ich für wahrscheinlich, dass es zu Einigungen kommen kann innerhalb der westlichen Industriegesellschaften nach diesen Diskussionen, und dass es infolgedessen im Verlaufe des in Paris weiter zu führenden Dialogs mit den Entwicklungsstaaten[25] auch mit jenen

---

24 Vom 5. bis zum 31. Mai 1976 fand in Nairobi die IV. UN-Konferenz für Handel und Entwicklung (UNCTAD) statt. Zum Ergebnis der Konferenz vgl. AAPD 1976, Dok. 173.
25 Gemeint ist die Konferenz für internationale wirtschaftliche Zusammenarbeit (KIWZ), an deren Eröffnungstagung im Dezember 1975 acht Industrieländer und 19 Entwicklungsstaaten teilnahmen.

zu übereinstimmenden Kompromisslösungen kommen kann. Es ist in Puerto Rico ganz deutlich geworden, dass die bisher zum Beispiel in Nairobi debattierten Lösungen keineswegs alle Entwicklungsländer gleichermaßen begünstigen würden, dass alle dort debattierten Lösungen nur einige Entwicklungsländer begünstigen, andere dafür deutlich benachteiligen würden, dass die Begünstigung der Entwicklungsländer in keinem Verhältnis stehen würde zu ihrer tatsächlichen Rangskala in Bezug auf Not oder Bedürftigkeit. Es ist ebenso klargeworden, dass alle bisher in Nairobi beispielsweise debattierten verschiedenen Lösungsansätze auch aufseiten der Industrieländer zu völlig verschiedenartigen Belastungen führen würden, notabene zu dem Ergebnis, dass die größten windfall profits bei Rohstoffpreisregelungen anfallen würden in der Sowjetunion selbst, in Australien, in den Vereinigten Staaten von Amerika, in Neuseeland und abgestuft auch in Kanada. Ob das der Sinn der Erfindung sein kann, wagt man zu bezweifeln. Nehme also an, dass auf diesem Feld abseits der mit viel Prestigeehrgeiz in Nairobi geführten Debatten nun in Zukunft eine vertiefende Analyse zu besseren Lösungsmöglichkeiten führen wird.

Das dritte Feld der weltwirtschaftsstrukturellen Fragen war die Ungleichgewichtigkeit der Zahlungsbilanzen. Es ist ja so, dass von den 140 Staaten der Welt ungefähr 120 Staaten in tiefen, zum Teil sehr tiefen Zahlungsbilanzdefiziten stecken, denen nur eine kleine Zahl von Staaten gegenübersteht mit Zahlungsbilanzüberschüssen, vornehmlich die Ölstaaten, aber auch die Bundesrepublik Deutschland. Es gibt keinen Zweifel, dass die Überschussstaaten herangezogen werden müssen und beitragen müssen zur Finanzierung der Defizite der vielen Defizitstaaten. Dabei spielte, ohne dass das am Verhandlungstisch ausgesprochen wurde, eine riesenhafte Rolle die Vorstellung, wie in den nächsten Monaten und im Lauf der nächsten ein, zwei Jahre Italien über die Runden gebracht werden kann. Es gab eine nach außen ausgesprochene generelle Meinung, nicht zur Freude der Italiener, dass, wenn geholfen werden müsste, dies nur multilateral geschehen könne und dass es nur unter der Auferlegung von Bedingungen geschehen könne. Wobei das Auferlegen von Bedingungen nicht nur so gemeint ist, dass es sich um Kreditbedingungen handelt, sondern es ist so zu verstehen, und ich sage das nicht für draußen und nicht zur Verbreitung, so zu verstehen, dass es sich handeln muss um umfassende Bedingungen, die sich richten auf ein neues ökonomisches und soziales durchgreifendes Programm für Italien, das überhaupt eine Gesundung erst ermöglichen kann. Ich sage noch einmal, dies ist nicht am Tisch und nicht offiziell und nicht im Kommuniqué behandelt worden, war aber einer der wichtigsten Punkte hinter den Kulissen jenes Weltwirtschaftstreffens.

Insgesamt, um das abschließend zu bewerten, komme ich zu dem Ergebnis, dass diese Unterhaltungen sehr nützlich waren. Sie haben gegenseitig befruchtet. Es ist ein erhebliches Maß von Solidarität, auch von Hilfsbereitschaft erneut sichtbar geworden. Das ist keine Redensart. Es ist auch keine Redensart, wenn die Industriestaaten – die wichtigsten der Welt, die zugleich ja die finanzkräftigsten sind, abgesehen von OPEC –, keine Redensart, wenn sie sich bekannt haben zu multilateraler weiterer Hilfsbereitschaft gegenüber zahlungsbilanzschwachen Ländern oder anders ausgedrückt währungsschwachen Staaten. Wir haben sehr deutlich zum Ausdruck gebracht, dass das dort natürlich kein Beschlussgremium war, sondern dass wir in den Gremien, die nun im Laufe dieses Sommers oder Herbstes sich mit Einzelheiten zu beschäftigen haben werden oder

---

Vgl. EUROPA-ARCHIV 1976, D 132–134. – Die vierte Sitzungsperiode der KIWZ fand vom 9. bis 15. Juni 1976 in Paris statt. Vgl. AAPD 1976, Dok. 176, Anm. 16. – Eine fünfte Runde der KIWZ war für Mitte September 1976 geplant. Vgl. EUROPA-ARCHIV 1976, Z 184.

des Winters, sei es das GATT, sei es die Pariser Nord-Süd-Dialogkonferenz[26], sei es der Weltwährungsfonds in diesem Spätsommer[27], seien es die Ministerräte der Europäischen Gemeinschaft, dass wir uns bemühen würden, in diesen Gremien die Einsichten, die wir dort gemeinsam erarbeitet haben, die Absichten, die wir gemeinsam gefasst haben, in diesen Gremien zur Annahme zu bringen.

Lasst mich dieses Gebiet verlassen und auf etwas ganz anderes zu sprechen kommen, nämlich auf innenpolitische Punkte. Bei normalem Ablauf ist dies hier die letzte Sitzung der sozialdemokratischen Bundestagsfraktion vor der Bundestagswahl[28], und ich möchte für die Kollegen der Bundesregierung, für die Genossinnen und die Genossen der Bundesregierung diese Gelegenheit benutzen, um bei der Fraktion unseren sehr innerlich empfundenen und, wie ich ausdrücken möchte, herzlich gemeinten Dank für diese letzten vier Jahre zum Ausdruck zu bringen. Wir sind uns drüber klar, dass manches von dem, was in der veröffentlichen Meinung und manches von dem, was innerhalb der eigenen Partei der sozial-liberalen Bundesregierung als Verdienst zugeschrieben wird, in Wirklichkeit das Verdienst dieser häufig nicht gerade im Lichte freundlich gemeinter Scheinwerfer stehenden Arbeit der eigenen Bundestagsfraktion gewesen ist. Das wird auch in den nächsten vier Jahren so bleiben. Nicht alle Genossinnen und Genossen, die hier anwesend sind, waren auf dem Dortmunder Parteitag, und für diejenigen möchte ich wiederholen, was ich dort habe ausführen dürfen.[29]

Wir in der Regierung sind uns durchaus dessen bewusst, dass wir ohne den allwöchentlich und zum Teil täglich mit einzelnen Arbeitskreisen oder Arbeitsgruppen oder mit der Gesamtfraktion hergestellten Konsensus, dass wir ohne den nichts würden zustande bringen können. Und wir sind uns auch darüber klar, dass es so erfreulich nicht ist, insbesondere nicht für solche Kollegen und Kolleginnen, die vielleicht in diesem jetzt zu Ende gehenden Bundestag das erste Mal dem Bundesparlament angehört haben, hier zu erkennen und nicht nur zu erkennen, sondern sich zu richten nach der Erkenntnis, dass Arbeit im Bundestag im Wesentlichen das Bohren dicker Bretter ist mit der ständigen inneren Bereitschaft zum Kompromiss nicht nur innerhalb der eigenen Partei, nicht nur mit den sachlichen Notwendigkeiten, die sich häufig bei näherer Betrachtung anders und unangenehmer herausstellen, als man das von Weitem sich vorgestellt hat, sondern das beharrliche Bohren dicker Bretter auch in der Bereitschaft zum Kompromiss mit einem nicht immer bequemen Koalitionspartner, der durchaus seine eigene Nase hat und durchaus seine eigenen Vorstellungen und der durchaus auch die Interessen einer eigenen Klientel vertritt.

Wenn ich es personalisieren darf, so möchte ich für meine Person insbesondere zwei Genossen, die sich im Laufe von Jahrzehnten der Nachkriegsentwicklung unserer Partei und der nach dem Krieg sich vollziehenden Entwicklung unseres Staates eingeschrieben haben in das gemeinsame Geschichtsbuch, möchte ich insbesondere zwei Genossen, von denen feststeht, dass sie nicht wiederkehren, stellvertretend für alle anderen den

---

26 Gemeint ist die KIWZ, vgl. Anm. 25.
27 Die Jahrestagung des Weltwährungsfonds und der Weltbank fand vom 4. bis 8. Oktober 1976 in Manila statt. Vgl. Europa-Archiv 1976, Z 192 f.
28 Die Bundestagswahl fand am 3. Oktober 1976 statt.
29 Der außerordentliche Parteitag der SPD, auf dem das Wahlprogramm verabschiedet wurde, fand am 18. und 19. Juni 1976 in Dortmund statt. Bundeskanzler *Schmidt* rief die Partei dazu auf, mit Stolz und Selbstbewusstsein auf das in sieben Jahren Regierungsarbeit Erreichte zu blicken. Die SPD verfolgte einen dritten Weg, jenseits vom schrankenlosen Kapitalismus und diktatorischem Kommunismus, dies sei das Modell Deutschland. Er bekannte sich außerdem zur Fortsetzung der sozial-liberalen Koalition. Vgl. Chronik der deutschen Sozialdemokratie, Band III, S. 711–720.

Dank der Sozialdemokraten in der Bundesregierung aussprechen. Das ist Ernst *Schellenberg* und Alex *Möller*.
(Starker Beifall.)
Alex *Möller* und Ernst *Schellenberg* haben beide, wie viele andere von euch auch, in einer häufig nach außen nicht sichtbar werdenden Weise uns geholfen, schwierige Fragen zu lösen und notwendige Lösungen – wie man hier im Bonner Jargon zu sagen pflegt – über die Bühne zu bringen, und es wäre ungerecht und unvollständig, wenn ich neben diesen beiden stellvertretend für die ausscheidenden Genossen genannten beiden Freunde nicht auch meinen ausdrücklichen Dank an den Vorsitzenden der sozialdemokratischen Bundestagsfraktion, an Herbert *Wehner* wiederholen würde, der ein schier unglaubliches Maß an täglicher und allwöchentlicher Arbeit auf sich genommen hat.
(Starker Beifall.)
Ich sehe voraus, dass auch in den kommenden vier Jahren die Koalition mit den Freien Demokraten ihre erheblichen Belastungen für uns mit sich bringen wird, allerdings auch ihre erheblichen Erfolge und Erfolgserlebnisse. Ich habe gar keinen Zweifel, dass dies weit mehr ist als das, was die Schwarzen uns an Oblate aufkleben wollen, nämlich weit mehr als ein bloßes Zweckbündnis zur gemeinsamen Erhaltung von Gesetzgebungs- und Regierungsmacht. Im Gegenteil, die Vorwahlkampf-Auseinandersetzung mit den Schwarzen hat deutlich gemacht, dass der früher einmal von einem früheren FDP-Vorsitzenden[30] zitierte Vorrat an Gemeinsamkeiten sich kräftig aufgefüllt hat, und wer in den Sommerferien im Urlaub Zeit hat, ein bisschen was zu lesen und sich dafür schon so 'nen Lesestapel zurechtgelegt hat, was man alles in Ruhe im Urlaub mal lesen möchte, dem empfehle ich die Wahlkampfaussagen der FDP von Freiburg[31] und das in Dortmund beschlossene Regierungsprogramm unserer eigenen Partei[32] nebeneinander zu lesen, um zu sehen, dass zwar einerseits wir uns in manchen Punkten unterscheiden, um aber andererseits zu sehen, wie breit der Raum auch für die nächsten Jahre für gemeinsames Handeln sein wird. Es mag sich übrigens empfehlen, in diesen Sommerferien dann auch die für den Wahlkampf gemeinten und gemünzten sogenannten programmatischen Äußerungen der CDU und der CSU zu lesen. Ich komm' drauf gleich noch mal zurück.
Man muss sich dort auch bemühen, hinter die Formulierungen zu schauen. Da sind ja Sprachkünstler oder Semantiker am Werk. Der Herr *Biedenkopf*[33] – das ist seine hervorstechende Eigenschaft – ist jemand, der mit sehr sorgfältig ersonnenen Worten einerseits verdeckt, was in seinen Augen verdeckt werden muss, andererseits versucht zu verkaufen, dem Publikum anzubieten, was in Wirklichkeit so gut gar nicht ist. Dazu gehören zum Beispiel auch in jüngster Zeit in die Presse gestreute Veröffentlichungen etwa zu Meinungsumfragen oder sogenannten Meinungsumfragen. Ich möchte darauf hinweisen, dass dahinter natürlich Methode steckt. Man muss sich bei Meinungsumfragen immer angucken, in welcher Zeitung es steht, auf welches Institut es sich beruft, wer als

---

30 Gemeint ist vermutlich Walter *Scheel*, der mit seiner Wahl zum Bundespräsidenten sein Amt als Parteivorsitzender der FPD niederlegte. Sein Nachfolger als Bundesvorsitzender der FDP wurde Hans-Dietrich *Genscher*.
31 Das Wahlprogramm der FDP wurde am 31. Mai 1976 in Freiburg/Br. auf einem außerordentlichen Bundesparteitag beschlossen. Zum Wortlaut vgl. »Freiheit. Fortschritt. Leistung. Wahlprogramm«; Archiv des Liberalismus, Druckschriftenbestand, Signatur D1-182 Archiviert als PDF-Dokument; Signatur IN5-92, online.
32 Vgl. Anm. 29.
33 Generalsekretär der CDU.

Adressat gemeint ist. Es ist richtig, dass nach der gegenwärtigen Situation – egal welche Institute man nun nebeneinander legt mit ihren Ergebnissen und wie man das kompiliert –, es ist richtig, dass nach der gegenwärtigen Situation beide Seiten, sowohl die schwarz-schwarze Koalition aus CDU/CSU als auch die sozial-liberale Koalition, beide Seiten eine Siegeschance haben. Wir sahen im Februar/März nicht so gut aus wie gegenwärtig. Wir haben eine leicht positive Entwicklung zu verzeichnen.[34] Ich will darauf hinweisen oder in Erinnerung rufen, dass wir 1972 im letzten Bundestagswahlkampf noch im Juli und sogar noch im August in den damaligen Meinungsumfragen schlechter lagen als die CDU/CSU.[35]

Ich glaube, dass wir eine sehr große Chance haben, diesen Wahlkampf für uns zu entscheiden, wenn wir uns in diesem Wahlkampf richtig benehmen. Ich habe vor ein paar Wochen hier in der Fraktion einmal gesagt, dass dieser Wahlkampf zunächst und zuvörderst innerhalb der Sozialdemokratischen Partei gewonnen werden muss.[36] Die meisten haben sich danach gerichtet, bisher noch nicht alle haben sich danach gerichtet. Aber nicht nur innerhalb der Sozialdemokratischen Partei, sondern insbesondere natürlich gewonnen werden muss, äh kann, wenn es uns gelingt, die politisch weniger Informierten und die politisch weniger Interessierten zur Wahl zu motivieren. Mir scheint, dabei spielt der wirtschaftliche Aufschwung, oder dabei kann der wirtschaftliche Aufschwung eine große Rolle spielen, wenn wir nun nicht so tun, als ob es die verdammte Pflicht und Schuldigkeit einer Regierung gewesen wäre, ihn zustande zu bringen, sondern wenn wir jedermann begreifbar machen, dass wir ihn und wie gut wir ihn zustande gebracht haben und dass wir nicht im Traum daran denken, zuzulassen, dass andere nun hingehen und sagen, der sei viel zu kostbar, als dass man ihn den Sozialisten überlassen dürfe, die mit dem Geld nicht umzugehen wüssten oder wie dergleichen Redensarten immer sein werden.

Mir scheint, es ist sehr wichtig, dass die sich schließende Schere in den Köpfen der Menschen zwischen einer durchgehend sehr hohen Einschätzung der eigenen wirtschaftlichen Zukunft und einer in den letzten 24 Monaten sehr viel niedrigeren Einschätzung der allgemeinen wirtschaftlichen Entwicklung, dass diese sich langsam jetzt, aber deutlich schließende Schere aus dem Unterbewusstsein der Menschen in das Bewusstsein gehoben wird und dass ihnen klargemacht wird, wer das und wie das zustande gebracht worden ist und auch mit wessen Hilfe. Und ich bitte, dabei die Rolle der Gewerkschaften immer in der Weise und in dem Ausmaß zu berücksichtigen, die sie wirklich verdienen.

Ich wünsche jedermann hier in der Fraktion, dass er in der Sommerpause gut auftanken kann. Anschließend sind nicht mehr so viel, ja, die Sommerpause wird für die meisten kurz sein, 14 Tage, einige werden Glück haben und drei Wochen rausschlagen können, aber anschließend kommt wahrscheinlich ein überaus harter Wahlkampf. Der wird

---

34 Vgl. bspw. die Übersicht über die Umfrageergebnisse »Günstige Umfrage-Ergebnisse für Kohl« in der »Frankfurter Allgemeinen Zeitung« vom 7. Februar 1976, S. 2. – Seit Mai 1976 verbesserten sich die Umfrageergebnisse für die sozial-liberale Koalition wieder, nachdem sie unter anderem als Folge der Wahlniederlage in Baden-Württemberg im April 1976 hinter der Opposition zurücklagen. Vor allem Bundeskanzler *Schmidt* lag bei der Frage, welcher Kandidat Bundeskanzler werden sollte, weit vor seinem Herausforderer Helmut *Kohl*.

35 Bei Umfragen im August 1972, wenige Wochen vor der Bundestagswahl, lag die SPD in der Wählergunst deutlich hinter der CDU/CSU-Opposition zurück. Zusammen mit der FDP hatte die sozialliberale Koalition in den Augustumfragen von 1972 jedoch einen hauchdünnen Vorsprung vor den Unionsparteien.

36 Gemeint ist vermutlich die SPD-Fraktionssitzung am 10. Mai 1976, SVP A, online, in der Bundeskanzler *Schmidt* das Wahlprogramm für die Bundestagswahl vorstellte.

Fraktionssitzung 29.06.1976 **141.**

umso härter, als die CDU/CSU in der Sache Alternativen nicht entgegenzusetzen hat. Ganz anders als 1972, wo es um die Ostpolitik ging. In der Sache nichts Entscheidendes entgegenzusetzen hat. Die wollen den Aufschwung kassieren für sich. Die wollen bei einer Reihe von Dingen, die sie nicht haben verhindern können, wo sie sich zum Schluss aufs Trittbrett geschwungen haben, den Eindruck erwecken, als ob das alles nur mit ihrer Hilfe hätte gemacht werden können – siehe Mitbestimmung zum Beispiel oder siehe Polen-Verträge zum Beispiel. Ich bitte herzlich drum, dass wir unsererseits überall auch ausdrücklich dafür eintreten, dass wir an dem von uns sogenannten Modell Deutschland die nächsten vier Jahre weiterarbeiten können, Sicherung unserer hohen wirtschaftlichen Leistungsfähigkeit, Sicherung und Ausbau des Sozialstaats und das heißt des Netzes sozialer Sicherungen. Viertens Fortsetzung unserer Politik der aktiven Friedenssicherung, und da bietet sich der *Gierek*-Besuch und alles, was damit zusammenhängt, sehr schön an[37], um es zu versinnbildlichen, um es greifbar und erlebbar zu machen, Fortsetzung – viertens – unserer Arbeit an Reform von Gesellschaft und Staat.

Ich möchte ausdrücklich hinweisen für die Urlaubstage auf das mir wünschenswert erscheinende Studium nicht nur des Regierungsprogramms, das mehr an Argumenten enthält, als je einer von uns an einem Abend in einer Rede oder in einer öffentlichen Diskussion verwenden kann, wo jeder sich,

(Vereinzelter Beifall.)

ja, wo jeder sich wirklich raussuchen kann, was ihm vor dem jeweiligen Auditorium passt. Ich möchte neben diesem Regierungsprogramm hinweisen auch auf die von Holger *Börner* herausgegebene Musterargumentation, die innerlich und gedanklich mit diesem Regierungsprogramm übereinstimmt. Ich möchte vorletztens zurückkommen auf die Aussage, dass der Wahlkampf nicht gewonnen werden kann, wenn er nicht innerhalb der eigenen Partei gewonnen wird, und möchte euch herzlich bitten, allüberall – ob gegenüber diesen oder jenen Gruppen, Kreisen, Gesellschaften, Arbeitsgemeinschaften – herzlich bitten, allüberall die notwendige Einsicht zu vermitteln, dort, wo sie nicht vorhanden ist, mit der notwendigen eigenen Zivilcourage diese Einsicht zu vermitteln, dass wir gegenwärtig spitzfindige Auseinandersetzungen über unsere eigene Politik überhaupt nicht gebrauchen können, sondern dass wir angewiesen sind, angewiesen sind, um ein altes Schlagwort zu gebrauchen, auf die Einheit in der Aktion. Das mag dann, nach dem 4. Oktober mag vieles von dem alten Käse wieder losgehen, manches ist unvermeidlich, weil es kein Käse ist, sondern weil es echte Meinungsverschiedenheiten sind. Anderes ist tatsächlich Käse, kann man nur hoffen, dass er inzwischen dann auf den Müllhaufen geworfen werden muss.

Die CDU/CSU tut uns ja bisweilen den Gefallen – siehe *Heubl*[38]/*Strauß* in den allerletzten Tagen –, ihrerseits vorzuführen, wie schlimm das ist in den Augen des Wählers und des Publikums, wenn eine wahlkämpfende Partei sich gegenseitig an die Schienbeine tritt. Wir werden auch natürlich auszunutzen haben die Tatsache, dass der Herr Ministerpräsident *Kohl*, der Vorsitzende der Union und deren Kanzlerkandidat, in Wirklichkeit das CDU/CSU-Bündnis auf der anderen Seite nicht führen kann. Wenn das aber so ist, und wenn jeder hier instinktiv spürt, wieviel daran dann aus solchen Zusammenhängen für uns psychologisch herauszuholen ist bei den Wählern, dann bitte ich herz-

---

37 Vom 8. bis zum 12. Juni 1976 besuchte der Erste Sekretär der Polnischen Arbeiterpartei die Bundesrepublik. Vgl. »Gierek in Bonn: ›Das war rundherum gut‹«; »Der Spiegel«, Nr. 25 vom 14. Juni 1976, S. 21–23. – Zum Inhalt des Gesprächs zwischen Bundeskanzler *Schmidt* und *Gierek* vgl. AAPD 1976, Dok. 186.
38 Franz *Heubl* (CSU), Bayerischer Staatsminister für Bundesangelegenheiten. Vgl. Anm. 39.

855

lich darum, auch die Schlussfolgerung und Nutzanwendung für die eigenen Kampfhaufen daraus zu ziehen.

Mir hat jemand ein Gedicht aufgeschrieben. Ich weiß nicht, ob sich das wirklich ganz reimt, aber das ist auch eines von diesen nützlichen Sachen, dass man ab und zu in der Politik Witze machen muss öffentlich hörbar, so dass die Leute drüber lachen. Am besten ist, wir lachen über die anderen und nicht über uns. Das Gedicht lautet folgendermaßen: Der *Strauß*, der wünscht den *Heubl* ganz lieb und schwarz zum Deubel, ein Dossier für *Heubl* hat er wohl, es fragt sich, hat er's auch für *Kohl*?[39]

(Heiterkeit und Beifall.)

Nochmals herzlichen Dank und toi, toi, toi für den Wahlkampf.

(Starker Beifall.)

Wehner: Danke. Wird das Wort gewünscht? Sehe keine Wortmeldungen.

[B.]

Wehner: Dann erlaube ich mir, zu bitten, dass die Fraktion einverstanden ist, dass wir jetzt anschließend den hier unter Punkt 3 verzeichneten Punkt Vorbereitungen für den Bundestagswahlkampf von Holger *Börner* entgegennehmen und erörtern. Einverstanden. Holger *Börner*.

Börner: Genossinnen und Genossen, der Parteitag in Dortmund hat die politische Linie für den Wahlkampf {…}.

(Zurufe: Mikrofon!)

Gestern ist in der Konferenz der leitenden Bezirks- und Landesgeschäftsführer der Partei die organisatorische Wahlkampfkonzeption abschließend beraten worden, und wir haben heute, meine Mitarbeiter und ich, uns erlaubt, euch auf die Tische zu legen das Material und die Terminpläne und die Hilfen, die jeder Unterbezirkssekretär im Bundesgebiet erhalten hat, so dass die Abgeordneten, wenn sie jetzt in den Wahlkampf in ihre Wahlkreise gehen, auf demselben Informationsstand sind wie die Parteiorganisation.

Bevor ich zu den organisatorischen Dingen komme und einiges hier erläutere, aber noch im Anschluss an das, was Helmut *Schmidt* gesagt hat, ein paar Bemerkungen

(Unruhe.)

über die Ausgangsposition. Aus der Sicht der Wählerforschung von heute kann festgestellt werden, dass die beiden Blöcke – Koalition und Opposition – sehr nah beieinander liegen, und wir sollten für unsere Vertrauensarbeit in den Wahlkreisen wissen, dass nach den Erfahrungen der Landtagswahlen in den vergangenen Jahren die SPD-Wähler einen sogenannten größeren Mobilisierungsbedarf haben. Dieses heißt nichts anderes, als dass die These »Es wird schon laufen« oder »Wir haben ja die besseren Argumente« nicht zieht, wenn nicht die entsprechende zähe Vertrauensarbeit in den nächsten Monaten dazukommt. Das Bundestagswahlergebnis ist abhängig davon, ob es uns gelingt, wirklich alle potenziellen SPD-Wähler an die Urnen zu bringen. Ich möchte hier darauf hinweisen, dass am 4. Oktober in vier Ländern der Bundesrepublik Herbstferien beginnen und dass deshalb in den betroffenen Ländern dieses lange Wochenende davor, der eigentliche Wahltermin und das Thema Briefwahl zusammen gesehen werden muss.

---

39 *Heubl* und der CSU-Parteivorsitzende *Strauß* befanden sich seit Jahren in einem erbitterten innerparteilichen Machtkampf. Über das Dossier berichtete auch »Der Spiegel«. Vgl. den Artikel »Bodenlos faul und zu allem fähig«, »Der Spiegel«, Nr. 28 vom 5. Juli 1976, S. 29–31. – Vgl. auch die Einleitung in: Die CSU-Landtagsgruppe im Deutschen Bundestag, Sitzungsprotokolle 1972–1983.

Bei der Briefwahl muss man sehen, ist es ähnlich wie beim Schleppen zum Wahllokal, da muss man die Richtigen zur Briefwahl bringen, und deshalb stützt euch auf die Initiativen, die unsere Freunde da und dort in den Gewerkschaften schon vorbereitet haben. Wir haben hier auch unsere Freunde in vielen Bereichen schon auf die Wichtigkeit dieses Themas hingewiesen. Dieses bleibt aber Stückwerk, wenn im Wahlkreis in der Arbeit kein Echo ist.

Der wirtschaftliche Aufschwung, das hat Helmut *Schmidt* gesagt, wird schon jetzt vom Wähler registriert. Aber wir müssen wissen, und auch hier setzt die Vertrauensarbeit an, dass eine entscheidende Wählergruppe die der sogenannten ungelernten oder angelernten Arbeiter ist. Das sind die ersten Protestwähler. Das sind die, die die Regierung grundsätzlich für alles verantwortlich machen und das sind die, deren Interessen wir zwar vertreten haben, aber bei denen wir von Wahl zu Wahl nie sicher waren, ob sie wirklich für die SPD votieren. Bei den Landtagswahlen haben sie dies nicht getan, und hier liegt der Schlüssel für eine entsprechende Arbeit im Wahlkreis. Das gilt auch für das Thema Arbeitslosigkeit, was bis zum Herbst Gott sei Dank weniger Stellenwert haben wird als im Frühjahr. Aber auch hier muss deutlich gemacht werden, dass das nicht vom Schicksal so allmählich jetzt wieder besser wird, sondern dass hier die Arbeit einer Regierung und eines Bundeskanzlers dahintersteckt, der in einer schwieriger gewordenen Welt alles getan hat, um mit diesem Problem gegen viele Widerstände, die uns die Opposition gemacht hat, fertigzuwerden.

Zweite Bemerkung zu diesem Thema Wählerschichtungen: Nach wie vor müssen wir dem Wählerbereich der Frauen – der weiblichen Wähler – und besonders der älteren Menschen unsere Aufmerksamkeit widmen. Ich empfehle den Kandidaten der Partei, die Sommerwochen zu nutzen, um auf möglichst vielen Rentnerveranstaltungen, Kaffeenachmittagen oder Besuchen von Altersheimen Vertrauenswerbung zu betreiben und vor allen Dingen anzuschließen an das, was wir an praktischer Hilfe gerade für diesen Bereich der wahlentscheidenden Wählerschichten getan haben.

Nächste Bemerkung: Der Begriff Modell Deutschland, der auf dem Dortmunder Parteitag nun in die Argumentation immer wieder eingeflossen ist, ist ein aus der Sicht der Wählerforschung sogenannter aktiver Begriff. Das heißt, er regt die Phantasie der Menschen an. Hier setzt man sich mit etwas auseinander, und er muss verbunden werden mit dem System der sozialen Sicherheit und mit der wirtschaftlichen Leistungsfähigkeit der sozialen Stabilität, und er muss abgesichert werden gegen die Missdeutungen wie Hochmut oder nationale Prahlerei. Ich möchte in diesem Zusammenhang, was unsere Pfunde an Sachargumentation angeht, noch anschließen, und ihr werdet das in der praktischen Wahlpropaganda dann schon sehen, dass selbstverständlich die Sozialdemokraten auf breiter Front das Argument aufnehmen müssen, das Willy *Brandt* auf dem Dortmunder Parteitag auf die klassische Formel gebracht hat: Es geht darum, einen bewährten Kanzler wiederzuwählen. Dieses ist ein Argument, das nicht durch die Wiederholung sich abnutzt, sondern durch die Wiederholung erst recht die Durchschlagskraft erhält. Wie auch ich warne vor allzu viel Varianten in der Wahlargumentation. Das, was hier gesagt wurde über das Wahlprogramm, ist völlig richtig. Es reicht aus, um diesen Wahlkampf zu bestreiten. Man muss nicht glauben, dass man für jede Zielgruppe noch extra Schnörkel drandrehen müsste.

Nun noch zum Abschluss dieser Betrachtung der Hinweis, dass die neuesten Zahlen zeigen, dass die Opposition in der Frage des Images von *Kohl* auf gut Deutsch getürkt hat. Das heißt, es ist völlig klar, dass in den entscheidenden Bereichen, die die Wähler erwarten, der Bundeskanzler in der Beurteilung des Wählers besser abschneidet, für kompetenter gehalten wird, und das müssen wir immer und immer wiederholen. Trotzdem darf nicht übersehen werden, dass in diesem Wahlkampf bis jetzt auch noch Konfliktlinien fehlen, und wir haben sie bewusst in die von Helmut *Schmidt* zitierte Musterargumentation eingearbeitet. Ich nenne drei Punkte, die immer wieder in den Wahlauseinandersetzungen draußen wiederholt werden müssen: Eine CDU/CSU würde die sozialen Leistungen gefährden. Eine CDU/CSU-Regierung würde unser Land außenpolitisch wieder in die Isolierung führen, und auch sollten wir nicht darauf verzichten, die CDU in ihrer Abhängigkeit von bestimmten Kräften der Wirtschaft und anonymen Millionenspenden deutlich herauszustellen. Dieses Thema ist ihnen unangenehm. Ich werde, wenn es sein muss, darauf noch im Zusammenhang mit einer Publikation, die gestern und heute in den Zeitungen genannt wurde, zu sprechen kommen. Es ist eine unverzichtbare Thematik des Wahlkampfes, darauf hinzuweisen, und bitte bereitet die Organisationen jetzt schon darauf vor, dass die Schmutzigkeit der Auseinandersetzung in diesem Herbst alles übertreffen wird, was wir aus Baden-Württemberg oder aus anderen Landtagswahlkämpfen oder auch aus dem Wahlkampf '72 gewohnt sind. Es sind dieselben Hintermänner. Es sind andere Firmen, und in gewisser Weise schmeißt die CDU nicht mit Dreck, sondern sie lässt schmeißen. Aber ansonsten hat sich nichts geändert, und deshalb denke ich auch daran, dieses Papier, was euch in die Fächer gelegt worden ist, noch zu überarbeiten, zu verfeinern und da und dort auch noch gewisse Korrekturen anzubringen.

Nun, Genossinnen und Genossen, zum Ablaufplan. Wir waren uns einig, dass die Phase der Leistungsbilanz abgeschlossen sein würde auch in der äußeren Darstellung mit dem Auseinandergehen des Bundestages und mit der Verabschiedung des Wahlprogramms. Durch den Druckerstreik sind viele Dinge[40], die für Anfang Juli terminiert waren, um 14 Tage verzögert. Das gilt für Regierungspublikationen genauso wie für das eine oder andere Projekt, über das ich zu sprechen habe. Nur, ich sage hier noch einmal ganz deutlich, und ich bin dankbar, dass Klaus *Bölling*[41] das in der Fragestunde unterstrichen hat[42], wir wünschen keine Wiederholung der Situation von NRW, wo Regierungsselbstdarstellungspropaganda und die eigene Argumentation der Partei auf denselben Briefkastenschlitz zur selben Zeit gezielt war. Klaus *Bölling* – und das, was die Regierung zu sagen hat, das ist durch die Fragestellung in der Fragestunde ja klargeworden – macht das, was notwendig ist an Informationsarbeit bis Ende Juli, und es gibt – und darum bitte ich in der Organisation – auch keine Vermischung zwischen dem, was die Regierung an Servicebroschüren geliefert hat und dem, was wir in der harten Auseinandersetzung selbst von der Partei leisten wollen. Wir wollen bewusst der Opposition nicht dieses billige Argument liefern, dass hier sozusagen die SPD aufbaut auf dem Bundespresseamt. Das war mal vor 1966 so. Ich hab' da in diesem gelben Papier auch einige Beweise an einiger Stelle angeführt und bin gern bereit, das noch zu erläutern.

Nun, wie ist der Ablaufplan? Wir haben hier die wichtigsten Werbemittel in dem euch vorliegenden Papier angesprochen. Ich darf darauf hinweisen, dass als Aufbau auf das, was an Sichtwerbung, um mal mit den Plakaten anzufangen, draußen zurzeit in der Or-

---

[40] Der Arbeitskampf in der Druckindustrie dauerte knapp 14 Tage und wurde Mitte Mai 1976 beendet, er war die bisher schwerste Tarifauseinandersetzung in der bundesdeutschen Druckindustrie. Vgl. bspw. den Artikel »Sechs Prozent mehr für die Drucker«; »Frankfurter Allgemeine Zeitung« vom 14. Mai 1976, S. 1.

[41] Chef des Bundespresseamtes und Sprecher der Bundesregierung.

[42] Möglicherweise sind die Antworten *Böllings* auf Fragen des CSU-Abgeordneten *Althammer* in der Fragestunde am 24. Juni 1976 gemeint, in der dieser die Bundesregierung bat, über die Kosten ihrer Pressearbeit Auskunft zu geben. Zu den Fragen und den Antworten vgl. BT Plenarprotokoll 07/253, S. 18014–18019. – In der Plenarsitzung folgten weitere Fragen der Opposition im Zusammenhang mit der Medienarbeit der Bundesregierung.

ganisation geklebt ist, sich jetzt ein Plakat über die Sommerpause mit dem Slogan »Weiterbauen am Modell Deutschland« anschließt. Dieses wird abgelöst Ende August oder Mitte August durch eine sehr auf den Kanzler bezogene Propaganda in der heißen Wahlkampfphase. Wir werden darüber hinaus, und haben damit schon angefangen, Multiplikatoren-Anzeigen schalten sowohl in der Boulevardpresse, da ist schon etwas angelaufen, als auch in großen Publikumszeitungen. Wir werden darüber hinaus das, was sich bewährt hat im Laufe der Jahre, wie TV-Blitzdebatte und andere Dinge selbstverständlich bringen. Es wird ein Prospekt des Bundeskanzlers nicht als Postwurfsendung, sondern als Beilage zu bestimmten publikumswirksamen Zeitschriften geben. Der gleiche Prospekt wird auch von der Organisation vertrieben. Wir werden darüber hinaus das Mitgliedermagazin zum Transport bestimmter Dinge einschalten, aber wir müssen sehen, dass auch Fernsehwerbung, Rundfunkwerbung und andere Dinge dort ab Mitte August hinzukommen. Alles wird sich politisch auf die Positionen konzentrieren, die ich hier angesprochen habe. Leistungsbilanz der sachlichen Arbeit vier Jahre sozial-liberale Koalition, Vertrauenskapital des Kanzlers dieser Koalition und unserer Partei und das Risiko, CDU zu wählen als Unglück für unser Land in einer schwieriger gewordenen Welt.

Nun wird die Frage hier gestellt werden abseits der Ablaufpläne, die hier in der Mappe liegen, was habt ihr denn in der Organisation bisher vorbereitet? Dazu ist erstens zu sagen, jeder Wahlkreis hat eine zentrale finanzielle Hilfe des Parteivorstandes gestern durch den Schatzmeister erhalten. Die wird von den Bezirken an die Wahlkreise weitergeleitet, wobei wir davon ausgehen, dass Wahlkreise, die es schwer haben und die ein hohes Maß an Betreuung erfordern, stärker dotiert werden als die Wahlkreise, die großstädtischer Natur sind mit einer starken Organisation und relativ leicht ihren Wahlkampf führen können. Zweiter Punkt – wie gesagt, die Schecks sind unterwegs, damit jeder also genau Bescheid weiß.

Zweiter Punkt: Es ist abseits dieser Vorbereitungen die gesamte Organisation technisch mobilgemacht worden durch einen Zuschuss des Parteivorstandes für die [Ausstattung][43] der Unterbezirkssekretariate, nicht der Bezirke, bewusst der Unterbezirkssekretariate, weil wir wollen, weil sie näher am Wahlkreis dransitzen, dass sie hier dem Kommunikationsfluss am Nächsten sind, deshalb werden 90 Sekretariate mit einem neuen Instrument zur Nachrichtenübermittlung, mit einem sogenannten Telekopierer ausgerüstet werden, der neben dem Fernschreibnetz der Bezirke zur Übermittlung von Druckvorlagen und so weiter zur Verfügung steht.

Drittens: Wir haben dafür gesorgt, dass dort, wo die Unterbezirke schwach besetzt waren, zusätzliche Kräfte auf Zeitverträge mithilfe des Parteivorstandes eingesetzt werden. Dieses gilt auch für die restlose Zurverfügungstellung unseres Lautsprecherwagenparks. Es ist selbstverständlich, dass wir die an die Bezirke gegeben haben, die aus eigener Kraft nicht in der Lage waren, hier aufzustocken.

Wichtigster Punkt sicher hier in diesem Kreise ist die Referentenplanung. Die Besprechung gestern mit den leitenden Geschäftsführern hat Folgendes ergeben: Es sind gebucht in euren Wahlkreisen 2 000 Termine des Bundeskanzlers, des Parteivorsitzenden, der Regierungsmannschaft, der Fraktionsspitze und vieler Kollegen hier aus diesem Kreise der Bundestagsfraktion. Es ist dafür Sorge getragen worden gegen vielerlei Widerstände, dass sich dieser Einsatz einigermaßen flächendeckend über die Bundesrepublik verteilt. Trotzdem hat es wie immer in früheren Wahlkämpfen die eine oder andere Privatabrede gegeben, die nun dazu führt, dass in einer Woche unter Umständen doch in einem Wahlkreis zwei Mitglieder der Regierungsmannschaft hintereinander auf-

---

[43] Bei der Bearbeitung geändert aus »Ausgestattung«.

tauchen, einer durch den Parteivorstand vermittelt und einer unter der Ladentheke gehandelt. Dieses ist nicht die Art von vornehmen Leuten.

(Heiterkeit.)

Das muss ich ganz offen sagen. Aber wir haben gesagt, was wollen wir da noch ändern. Da zerbrechen langjährige Freundschaften dran. Wir bitten nur die Bezirke, und ich bitte um Verständnis, da und dort noch ein bisschen Ausgleich zu schaffen und dann entsprechend die schwachen Wahlkreise noch etwas mehr zu bedienen durch Landesreferenten, die zumindest in den sozialdemokratisch regierten Ländern ja auch zur Verfügung stehen. Deren Einsatz, das möchte ich hier sagen, geht nicht über den Parteivorstand. Es ist in der Besprechung ausdrücklich – und ich sage das hier, damit hier nachher net eine ellenlange Diskussion kommt – jeder Bezirk abgefragt worden, und die Bezirksgeschäftsführer haben zu Protokoll erklärt, dass sie mit dem Referenteneinsatz so einverstanden sind, einschließlich der Planung der Großkundgebungen mit Willy *Brandt*, Helmut *Schmidt*, Herbert *Wehner*, Walter *Arendt* und anderen.

Nächster Punkt: Die Frage der großen Gebietstreffen, die Willy *Brandt* angesprochen hat, hat bewiesen, dass die Partei schon in der Phase der Mobilisierung ist. Ich bitte all die Genossen, die im August noch solche Veranstaltungen im Wahlkreis haben, diese Dinge sorgsam vorzubereiten. Wir werden vom Parteivorstand aus noch mit einer Multimediaschau in 30 kleine und Mittelstädte der Bundesrepublik gehen, in diesen Gebieten, wo wir besonders hohe Zuwachsraten in den letzten Wahlen gehabt haben, um diese Arbeit der Vertrauenswerbung in bestimmten Schichten der ländlichen Bevölkerung zu unterstützen.

Nächster Punkt: Kandidatenplakate. Dieses war einer der schwierigsten, technisch schwierigsten Vorbereitungen des Wahlkampfes, denn die Wünsche von 248 Genossinnen und Genossen in Einklang mit der Druckkapazität der entsprechenden Institute zu bringen, war gar net so einfach. Stand von heute ist folgender: 96 Plakate sind ausgeliefert. 87 Plakate sind im Druck. Etwa 20 Plakate sind aufgrund von Änderungen, die die Kandidaten gewünscht haben, zurzeit in der Retusche, und der Rest – etwa 20 – hat noch keine Bestellung aufgegeben. Ich halte das also für ein schweres Versäumnis und bitte darum, dass die Genossen sich unmittelbar mit Horst *Burkhardt*, der hier hinten an der Wand sitzt und der diese Sisyphusarbeit leisten muss, in Verbindung setzen, damit wir einen abgekürzten Dienstweg erreichen.

Dann noch ein Wort zur zentralen Plakatwerbung:

(Unruhe.)

Der Parteivorstand musste sich wie immer in Wahlkämpfen begrenzen. Bei der kommerziellen Werbung werden wir zwei Dekaden vom 3. Oktober ab zurückgerechnet entsprechend schalten. Wir werden das von uns aus bezahlen. Die Bezirke oder Kandidaten, die im Wahlkreis mehr wollen, müssen das auf ihre beziehungsweise auf die Rechnung der örtlichen Organisation machen.

Letzter Punkt: Anzeigenschaltung. Wir haben, wie ich vorher schon erwähnte, uns natürlich sehr finanziell nach der Decke strecken müssen. Wir haben aber es für wichtig gehalten, dass in der Urlaubszeit die Partei schon präsent ist. Sie ist präsent zurzeit zum Beispiel durch eine vierzehntägige Anzeige des Bundeskanzlers im »Stern«. Diese Serie wird ergänzt im August und Ende Juli durch die Zuschaltung anderer Illustrierten und vor allen Dingen der Fernsehzeitungen, weil wir wollen, dass möglichst viel im Vorwahlkampf an Vertrauenswerbung schon gemacht wird. Das zahlt sich mehr aus als die Anzeigenplantagen drei Wochen vor der Wahl in der Tageszeitung, zumal ja dann auch andere Parteien entsprechend die Viertelseiten konzipieren.

(Unruhe.)

Letzter Punkt: Es ist damit zu rechnen, dass nicht alle Anzeigen, die die Partei aufgibt, von bestimmten Zeitungen übernommen werden. Wir haben schon bei Landtagswahlkämpfen Anzeigenablehnung, Anzeigenboykott und Manipulationen von bestimmten Regionalzeitungen gehabt. Wir müssen das so schnell als möglich wissen, wenn sich solche Dinge örtlich ereignen. Zentral erfahren wir das über unsere Agentur. Wir werden dann, das sage ich hier ganz deutlich, eine Gegenöffentlichkeit aufbauen müssen, so wie wir es heute schon in manchen Gebieten der Bundesrepublik tun müssen, wo SPD aufgrund der politischen Richtung einer Monopolzeitung einfach nicht stattfindet. Das heißt, und das ist auch der Hintergrund der Auseinandersetzung, die sich zurzeit da mit Herrn *Biedenkopf* und anderen vollzieht, es wird versucht werden, die SPD – wie es in Baden-Württemberg zum Beispiel auch in einigen Gebieten geschehen ist – mundtot zu machen dadurch, dass man ihre Anzeigen nicht nimmt und über ihre Wahlversammlungen nicht berichtet. Für den Fall, Genossinnen und Genossen, hilft kein Zetern, kein Jammern und kein Klagen, sondern da hilft nur Flugblattverteilung, AfA[44]-Aktivität, Stadtteilzeitungen und Betriebszeitungen. Die technischen Hilfsmittel stellt der Parteivorstand. Was wir nicht transformieren können durchs Telefon oder durch die Fernschreibleitungen, das ist Selbstbewusstsein, das ist das Auftreten der Genossen vor Ort, und angesichts einiger Briefe, die ich schon bekommen habe aus der Organisation, wo gesagt wird, wann werdet ihr denn endlich 'ne einstweilige Verfügung machen gegen diese und diese und diese Schweinerei und dann wird ein Flugblatt beigelegt, sage ich nur, dies hat alles keinen Sinn. Das ist alles verlorene Zeit und verlorene Mühe. Was da nur hilft, ist der Gegenangriff, so wie es der Bundeskanzler und der Parteivorsitzende auf der Abschlusskundgebung in der Dortmunder Westfalenhalle gemacht haben. Wenn wir diesen Geist der Abschlusskundgebung der Westfalenhalle von '76 genauso gut wie den Geist der Großkundgebung des Wahlkampfes '72 in Dortmund in die heiße Wahlkampfphase transformieren können, dann ist mir nicht bange um den Erfolg.

(Beifall.)

Wehner: Wird das Wort gewünscht? Carl *Ewen*.

Ewen: {...} eine Frage. Habt ihr euch was überlegt, ob ihr einen besonderen Bäderwahlkampf macht, wie die CDU ihn wieder vorhat?

(Unruhe.)

Börner: Wir können keinen Bäderwahlkampf machen, weil wir zentral nicht die Möglichkeit haben, uns da nun besonders zu engagieren. Aber was wir wollen und was ich anbiete, ist, dass wir die Genossen unterstützen, die in diesen Regionen der Bundesrepublik Wahlkampf machen müssen, und der ist ja jetzt schon in der Vorwahlphase durchaus interessant. Die Genossin *Focke* zum Beispiel wird in bestimmte Bereiche der Bundesrepublik gehen, um dort hier im Vorwahlkampf tätig zu sein, und ich darf wohl darauf hinweisen, dass ein Teil dessen, was Willy *Brandt* sich für die nächsten Wochen vorgenommen hat, auch in solchen Urlaubsgebieten der Bundesrepublik sich abspielt. Wenn also jemand, um es ganz deutlich zu sagen, Hilfe braucht für den Aufbau eines Kiosks und ähnlicher Dinge und Zurverfügungstellung von vorhandenem Material. Wir haben ja eine Menge in die Mappe gepackt und eines noch angekündigt. Ich darf bei der Gelegenheit sagen, dass ich heute euch die Rednerkarten nicht präsentieren kann und nur die Musterargumentation beigelegt habe, ist eine bittere Sache, aber das hängt damit zusammen, dass wir die 14 Tage des Druckerstreiks nicht einholen können. Ihr be-

---

[44] Arbeitsgemeinschaft für Arbeitnehmerfragen in der SPD.

kommt sie aber ganz sicher, sie sind schon im Druck, dann entsprechend an die Heimatadressen ausgeliefert.

Nun zurück also zu Carl *Ewen*. Wenn es darum geht, hier, wie gesagt, zusätzlich Werbung zu betreiben: jawohl, und wir werden auch im August einen Teil der Versammlungen schwerpunktmäßig in dieses Gebiet leiten. Aber wir können den örtlichen Genossen nur helfen, selber machen zentral können wir das nicht.

Wehner: Ich habe eine Zusatzbemerkung persönlich, Holger. Mir hat kürzlich ein Genosse einen Brief gezeigt, aus dem hervorgeht, dass – weil du hier Katharina *Focke* erwähnt hast – zum Beispiel die Partei bei einigen dieser konkreten, ich wiederhole jetzt nicht die Orte, um die es dabei geht, infrage kommenden Orten überhaupt nicht einbezogen, sondern irgendwelche städtischen oder Kurverwaltungsbehörden, und das müsste man klären, weil es sonst natürlich kein Wahlkampf ist.

(Vereinzelter Beifall.)

Börner: {...} dankbar für die Bemerkung. Sie gibt mir Anlass, darauf hinzuweisen, dass auf Bitten des Präsidiums der Kanzler seinerzeit alle Kabinettsmitglieder gebeten hatte, wenn sie dienstlich irgendwo im Lande sind, und es irgend möglich ist, abends noch 'nen Parteitermin anzuhängen oder zumindest – darum bitte ich jetzt ganz dringend – sich mit unserem Kandidaten vor Ort bei einem Empfang der Gemeinde oder einer anderen Veranstaltung fotografieren zu lassen, damit noch was in die Regionalzeitung kommt. Die Bemerkung von Herbert gibt mir Veranlassung, das noch mal nachdrücklich in Erinnerung zu rufen.

Wehner: Norbert *Gansel*.

Gansel: Jeder könnte wahrscheinlich Beispiele aufzählen aus den letzten Wochen, wo das nicht geschehen ist. Wenn das in Zukunft geschieht: gut! Zum Bäderwahlkampf, Holger, wir haben in den vorigen Wahlkämpfen von Bonn bezahlte Hilfstruppen gehabt, die acht Stunden am Tag bei den Grenzdurchgängen, bei den Grenzübergängen Informationsmaterial verteilen konnten. Das ist in diesem Jahr nicht bewilligt worden.

Zweiter Punkt: Am Orte erfahren wir ja sehr oft nicht, wenn eine Anzeige abgelehnt wird, erst im Vergleich mit dem, was anderswo gewesen ist. Da ist es also auch notwendig, dass die zentrale Stelle die regionale Parteiorganisation informiert.

Dritter Punkt: Es ist dieses Mal schwieriger als vor vier Jahren, mit dem großen Geld der CDU/CSU zu argumentieren, einmal weil die das geschickter tarnt, teilweise über die vierte Partei machen, zum anderen weil wir selbst sehr frühzeitig massiv gegengehalten haben mit den Anzeigen der Partei, aber auch der Bundesregierung und dem Informationsmaterial des Bundespresseamtes. Ein Material, das ja übrigens sehr, sehr gut ist und das auch immer wieder nachgefragt wird.

Wir haben in Kiel Folgendes gemacht: Wir haben zwei Plakate drucken lassen – ich wollte die heute mitbringen, aber mein Koffer, der ist noch bei der Bundesbahn verschüttgegangen –, zwei Plakate drucken lassen in verschiedenen Farben. Auf dem einen steht drauf: Informationsmaterial der Bundesregierung. Zum Mitnehmen. Kostenlos. Ausrufungszeichen. Und es wird erklärt, warum dieses Material kostenlos ist. Auf dem anderen Plakat: Informationsmaterial der Partei. Zum Mitnehmen. Kostenlos. Fragezeichen. Und dann wird erklärt, warum wir als Partei für unser Informationsmaterial Geld aufwenden müssen und wir stellen daneben 'ne Spardose, wo diejenigen, die sich bedienen wollen, auch etwas hineinlegen. Dieses hat vor allen Dingen die Funktion, deutlich zu machen, dass wir mit dem Material nicht aasen, und das nicht unter die Leute zu schmeißen. Ich hab' diese Plakate sicherlich morgen hier und könnte im Fraktionsvorraum sie aushängen, wenn daran Interesse ist.

Und schließlich noch ein Vorschlag, der eigentlich gar nicht so weltfremd ist, aber teilweise auf Erstaunen stößt. Wir nehmen in Kiel bei Großveranstaltungen, also wenn der Bundeskanzler oder der Parteivorsitzende kommen, Eintritt, eine Mark. Wir haben das letzte Mal bei einer *Brandt*-Veranstaltung 6000 Mark eingenommen, und ich kann das nur weiterempfehlen. Das ist auch ein nützliches Zeichen dafür, dass wir das Geld brauchen, und es bringt auch materiell etwas.

(Unruhe.)

Wehner: Holger *Börner*.

Börner: Zu dem ersten Argument Verteilung von Material an den Grenzübergangsstellen. Da haben wir in '72 großen Ärger mit gehabt, weil die Autobahn kein öffentlicher, für Fußgänger zugänglicher Verkehrsraum ist. Die Zollbehörden und die Autobahnpolizei machen da Ärger. Außerdem hält das niemand durch. Der Aufwand, den wir finanziell getrieben haben im Verhältnis zum Erfolg, war sehr unbefriedigend. Deshalb haben wir euch in die Debatte, die heute auf dem Tisch liegt, die Kurstabelle reingedruckt, damit ihr das als Anregung nehmen könnt, und [ihr] könnt die Debatte dort verteilen, wo vorher von den Urlaubern schon die Rede war mit dem Titel vom Dortmunder Parteitag. Wir gehen also nicht bewusst mit an die Grenzübergangsstellen, sondern wir platzieren Anzeigen und anderes in den Illustrierten, weil erfahrungsgemäß die Illustrierten im August von den Daheimgebliebenen gelesen werden, aber auch am Urlaubsort käuflich sind und sich beim Zahnarzt oder beim Onkel Doktor oder sonst wo im September oder in der Lesemappe noch mal umschlagen. Die Kosten-Nutzen-Rechnung spricht automatisch für dieses Medium und gegen die Bezahlung von Leuten, die da rund um die Uhr am Autobahnkontrollpunkt 'ne Kurstabelle wie in '72 verteilen. Die Bezirke, die es betroffen hatte, zum Beispiel Südbayern, haben gesagt, sie schaffen das nicht und sie kriegen auch nur Ärger mit den entsprechenden Behörden, die ich nannte.

Zweiter Punkt: Anzeigenablehnung sofort melden, okay. Gerade deshalb haben wir die Telekopierer in die Unterbezirkssekretariate gestellt, damit innerhalb von Minuten die Kommunikation zwischen der Parteiführung und den Unterbezirken und umgekehrt von der Basis zur Parteiführung gegeben ist.

Dritter Punkt: Das ist die Sache mit dem großen Geld. Nu sei mal vorsichtig. Wir haben euch absichtlich in der Musterargumentation den Auszug aus dem Bundesanzeiger mit beigelegt, damit jeder weiß, wo wer großes Geld kriegt, wie das Spendenaufkommen der SPD aussieht und wie das der CDU/CSU, und ich bitte, dieses Argument nicht zu verschenken, denn das ist eine Sache, die kleine Leute immer wieder interessiert, wieso der Wirtschaftsrat der CDU oder der CSU Geld gibt, und was das nachher für politische Zinsen in der Gesetzgebung bringen muss beziehungsweise erwartet werden.

Und letzter Punkt: Der Hinweis mit dem Eintritt für Großveranstaltungen, der wird sicher von den hier Anwesenden genauso dankbar aufgenommen wie deine Ankündigung mit bestimmten Serviceplakaten. Ich bitte nur um Verständnis, die Druckkapazität des Parteivorstandes ist mit dem, was wir jetzt brauchen, Restkandidatenplakate und die ganze Geschichte, die hier für die Endphase läuft, restlos ausgelastet. Wir können nicht mehr ausliefern, was darüber hinausgeht. Wir haben sogar den Landesverbänden empfohlen, dass, wenn sie Stimmzettelplakate machen, wir das Layout liefern und ihr das in den örtlichen Druckereien machen müsst, weil die Listennummer der Partei von Land zu Land unterschiedlich ist und weil zum Beispiel in Niedersachsen durch die Zusammenschaltung von Bundestagswahl und Landtagswahltermin – pardon –, Kommunalwahltermin die Sache sehr verwickelt ist.⁴⁵ Bitte habt Verständnis, dass also Ideen, die jetzt noch kommen, einfach in dieser straff geführten zentralen Geschichte nicht mehr von uns berücksichtigt werden können.

Wehner: Horst *Haase*.

Haase (Fürth): Mich interessiert nur, ob der Parteivorstand wieder dafür gesorgt hat, dass wir Antworten kriegen auf bestimmte Fernsehsendungen oder politische Aktionen des Gegners, die dann über Nacht gedruckt werden und vor den Betriebstoren verteilt werden können?

Börner: {...} verstanden hast, als ich erwähnte, dass bewährte Mittel – zum Beispiel TV-Blitz – auch in diesem Wahlkampf geschaltet werden. Das hat noch folgenden Hintergrund: Wir wollen gerade durch die Telekopierer, das sind Geräte, wo die Vorlage fürs Flugblatt direkt neben dem Telefon rauskommt, ja, wollen wir breiter streuen, damit der Flaschenhals der Bezirks- und Landessekretariate nicht mehr solche Aktionen behindert. Ich will das mal am Beispiel sagen. Es ist völlig klar, dass dort, wo in Dortmund 'ne Großdruckerei ist, wir diesen Großraum Dortmund abdecken über die normale Linie zum Bezirkssekretariat. Aber dort, wo wir in der Fläche sind – in Niedersachsen, wie in Osnabrück oder im Emsland –, dort hat der Unterbezirkssekretär diesen Telekopierer. Da kommt nachts um eins diese Geschichte raus, dann kann er das abnudeln lassen in einer kleinen Druckerei und kann es morgens um sechs vor VW in Emden verteilen, und wir haben keinen Zulauf mehr mit LKWs und ähnlichen Geschichten. Das ist der Hintergrund dieser Sache.

Wehner: Uwe *Jens*.

Jens: Lieber Holger, wir alle haben hier dieses Helferhandbuch der CDU/CSU ins Fach bekommen, und das scheint sicherlich eine fleißige Arbeit zu sein und der weise Parteivorstand soll das abgesegnet haben. Ich hätte doch gerne einige Bemerkungen mal dazu gehört, insbesondere, da steht folgender Satz drin: Die Presse in der Bundesrepublik ist konservativ und rechts ausgerichtet. Ich persönlich kann nur bemerken, ich kenne Journalisten, die sind nicht konservativ und nicht rechts ausgerichtet.

Börner: Erstens muss ich dazu sagen, dieses hat der Parteivorstand nicht abgesegnet. Ich lege ausdrücklich Wert darauf, dass das mich allein angeht. Ich habe das heute auch im Präsidium gesagt, weil, es gibt nämlich Dinge, die muss ich auch leider machen, wenn der Parteivorstand nun mal nicht tagt, und ich will euch hier durchaus sagen, dass die Gefahr bestand, dass durch Umstände, die nicht ich zu vertreten habe, eine Vorarbeit, die lange Monate zurückliegt und die unter mysteriösen Umständen in die Springer-Presse gekommen ist, dazu ausgenutzt werden sollte, uns einen anzudrehen.⁴⁶ Ich habe, als ich das vergangenen Donnerstag hörte beziehungsweise durch eine Nachricht in der Presse aufmerksam wurde, die Weisung gegeben, ein etwas von mir im März dieses Jahres verworfenes Manuskript grundsätzlich umzuarbeiten, und bei dieser Umarbeitung ist das geblieben, was ich für den Wahlkampf jetzt für richtig halte mit Abstrich einiger Dinge, die hier du nicht genannt hast, die ich aber erwähnen will. Da sind zwei Leute genannt, die schon gestorben sind, und dann ist gesagt worden, dort würden Journali-

---

45 Die Kommunalwahlen in Niedersachsen fanden wie die Bundestagswahlen am 3. Oktober 1976 statt.
46 Gemeint ist das »Helfer-Handbuch der CDU/CSU«, in dem die Abteilung für Öffentlichkeitsarbeit der SPD-Parteizentrale Material und Informationen sammelte über Organisationen und Personen, die der CDU/CSU im Wahlkampf angeblich geholfen hatten. Die CDU/CSU kritisierte das Handbuch, das noch vor Veröffentlichung in die Hände der Opposition und der Springer-Presse geriet, als »schwarze Liste«. *Börner* musste zudem zugeben, dass die Informationssammlung teilweise gravierende Fehler enthielt. Vgl. den Artikel »Fassung drei«, »Der Spiegel«, Nr. 28 vom 5. Juli 1976, S. 33 f.

sten diffamiert. Kein Journalist, der da drinsteht, ist diffamiert worden und keiner ist wegen seiner politischen Gesinnung da reingekommen. Der Ausdruck, den Herr *Biedenkopf* gebraucht hat mit Schwarzer Liste, soll wohl davon ablenken, dass es durchaus heute da und dort in bestimmten Bereichen der Wirtschaft nach Streiks schon wieder so etwas gegeben hat wie die Maßregelung von Leuten, die an Streiks teilgenommen haben, nachträglich.

Worum es hier geht, ist – das will ich dir sagen –, dass mit Ausnahme ganz weniger Zeitungen in der Bundesrepublik, und die Beweise sind ja auf der anderen Seite nun auch angebracht, ein großer Teil der Regionalpresse durch das Weglassen unserer Argumentation, und zwar wird das nicht von Journalisten gemacht, sondern das wird von anderen gesteuert, hier sich einseitig festgelegt hat. Ich habe es erlebt, um ein Beispiel zu sagen aus Baden-Württemberg. – Nein, ich will nicht sagen, dass es besser wird, aber ich weiß schon, was in den nächsten vier Wochen bestimmte Zeitungen machen werden, und als ich in Baden-Württemberg war, da hat zum Beispiel die in Karlsruhe erscheinende Zeitung nichts mehr gebracht über sozialdemokratische Versammlungen, aber Herrn *Kohl* und Herrn *Biedenkopf* hochgejubelt, und am gleichen Tage hat ein Mann, der noch nicht drin ist, für den ich aber bin, dass man ihn mal nennt, nämlich Herr *Lorenz*, der im ZDF tätig ist und für verschiedene Zeitungen schreibt, eine erfundene Meldung über eine Parteivorstandssitzung zur Headline dieser Zeitung in Karlsruhe gemacht, um Verunsicherung in unsere Wähler zu treiben.[47] Ich wehre mich, und das habe ich auch gerügt, gegen Verallgemeinerungen. Nur ich sehe darin keine Verallgemeinerung und für mich ist der Ausdruck konservativ die Feststellung eines Tatbestandes und keine Diffamierung.

Wehner: Klaus *Konrad*.

Konrad: Ich möchte im Anschluss an Karl *Ewen* noch mal eines ganz deutlich sagen. Uns ist in den Bäderwahlkreisen nicht damit gedient, dass wir allein Material bekommen. Wir können aber aus unseren Wahlkampfkassen keine billigen Werbemittel einsetzen, Luftballons und kleine Schirme und Fähnchen, wenn wir dafür nicht einen Zuschuss oder eine Unterstützung der Partei bekommen. Das kann niemand von uns verlangen, dass wir für die Massen von auswärtigen Badegästen das ausgeben, was die Kinder uns gerne mitnehmen. Ich mach' laufend Informationsstände, und selbstverständlich sind die Kinder die besten und dankbarsten Abnehmer für die Ballons, und dann können wir auch Material mitgeben. Aber wir können das nicht für völlig Fremde. Das muss eingesehen und das muss ganz deutlich gesagt werden.

Wehner: Holger *Börner*.

Börner: Da will ich sofort drauf antworten, darf erst noch ein Wort zu dem Vorredner – (Unruhe.)

Ich bin selbstverständlich – und ich habe das heute Morgen auch dem Präsidium gesagt – dafür, dass diese Dokumentation fortgeschrieben, verändert und verbessert wird. Damit das hier klar ist. Ich wollte euch nur heute das Exemplar auf den Tisch legen, damit ihr den gleichen Informationsstand habt wie die Journalisten, die euch fragen, und es gibt neben dieser Broschüre – wie gesagt, die von mir persönlich verantwortet wird – noch eine andere, ein Pamphlet, was der Herr *Biedenkopf* als angeblich von der SPD autorisiert der Pressekonferenz vorstellen wollte gestern Morgen und was ich ihm durch

---

47 Der als CDU-nah geltende Journalist Jürgen *Lorenz* moderierte im ZDF die Talkshow »Journalisten fragen, Politiker antworten«. Er schrieb vor allem für die »Badischen Neuesten Nachrichten«; im fraglichen Zeitraum kommen etliche Artikel von *Lorenz* in Frage.

die Herausgabe dieses Plakats, äh dieser Broschüre dann etwas durchkreuzt habe. Das ist der Hergang, aber ich bin sehr dankbar für weitere Hinweise auf Sorgfaltspflicht.

Nun zu Klaus *Konrad*. Ich bitte um Verständnis, dass ich mich sehr zurückhalte über die Wirkung solcher Kleinwerbemittel. Ich habe das nur aufgenommen in den Katalog, weil immer wieder von Kinderfesten und ähnlichen Veranstaltungen die Nachfrage war. Ich halte vieles davon für Blödsinn, wenn ich auch zugeben muss, dass die heute 16-Jährigen oder 18-Jährigen, die ja schon wählen dürfen, anders darüber denken als jemand im mittleren Alter oder jemand, der heute schon 60 ist. Viele Dinge, die da angeboten werden, werde ich mir weder anziehen noch anstecken.

(Heiterkeit.)

Worauf die Partei – ich sehe an dem Gelächter, dass etwas Besonderes gemeint ist, und ich sage das, was ich meinen Mitarbeitern gesagt habe. Ich war skeptisch, ja ich war ablehnend zu dem Punkt, weswegen ihr gelacht habt. Aber ich habe gesagt, Freunde, seht es doch mal von der anderen Seite. Warum soll das Schönste, was unser Land hervorgebracht hat, nicht mit den Nationalfarben dekoriert werden?

(Heiterkeit.)

Nun zurück zu Klaus *Konrad*. Ich bitte dich um Verständnis, dass der Parteivorstand keine Luftballonfabrik

(Unruhe.)

ist und dass diese Mittel wirklich unsere Kräfte übersteigen. Das geht nicht.

(Unruhe.)

Wir haben schon einen Wahlkampf, der sehr im Defizit läuft. Es ist keinesfalls so, dass alles, was hier angeboten worden ist, schon voll finanziert ist. Der Schatzmeister hat große Sorgen, und darüber hinaus will ich euch sagen, bieten wir ja auch einiges zum Selbstkostenpreis an und verschenken's net. Ich kann dir also, objektiv gesagt, nicht helfen. Du musst dich schon darauf verlassen, dass der Landesverband in Schleswig-Holstein dann von der Summe, die der Parteivorstand euch zur Verfügung gestellt hat, und das ist nicht wenig, etwas auf die Wahlkreise mehr verlagert, die solche Sorgen haben, wie du sie hier vorgetragen hast.

Wehner: Hugo *Collet*.

Collet: Genossinnen und Genossen, ich möchte vier Fragen noch ansprechen. Es wurde vorhin sowohl von Holger als auch von Helmut *Schmidt* angesprochen, wenn ich mich recht entsinne, dass die derzeitige Situation gegenüber dem Februar für uns relativ günstig aussieht. Ich darf daran erinnern an die Ereignisse Berlin oder Stockholm.[48] Ich erwarte jetzt auf das, was ich jetzt sage, keine Antwort, was wir tun. Aber ich möchte einfach darum bitten, dass, wenn's schon bedacht ist, dass wir bis zur Sprachregelung für Referenten uns auch auf eine solche Situation, weil sie emotional zwei bis drei Prozent Wählerstimmen verändern kann, dass wir uns auf eine solche Situation ernsthaft vorbereiten.

Dann erinnere ich daran, dass ich in einer früheren Fraktionssitzung darum gebeten habe[49], dass wir deutlich machen sollten, für grade zehn Wahlkreise, um den ja Wahl-

---

[48] Bundeskanzler *Schmidt* spielt auf die Entführung von Peter *Lorenz*, des Landesvorsitzenden der CDU Berlin, am 27. Februar 1975, kurz vor der Wahl zum Abgeordnetenhaus, durch die »Bewegung 2. Juni« sowie auf die Geiselnahme in der deutschen Botschaft in Stockholm durch ein Kommando der »Roten Armee Fraktion« am 24. April 1975 an.

[49] *Collet* fragte, ob es möglich sei, in einer Wählerbroschüre »grafisch-optisch« über die Unterschiede, Funktion und Auswirkung von Erst- und Zweitstimme in der Bundestagswahl zu informieren. Vgl. die SPD-Fraktionssitzung am 1. Juni 1976, SVP C, online.

kämpfe geführt werden, Auswirkungen Erst- und Zweitstimme. Ich darf nochmals sagen, es weiß zwar jeder, die Erststimme ist für den Kandidaten, aber sehr viele wissen nicht, dass sie für die Zahl der Sitze kaum Bedeutung hat. Sie meinen immer, sie teilen ihre Stimme. Dazu ist immer noch keine für Anfänger oder Nichtinformierte deutliche grafische Aussage da, bildhaft.

Drittens: Wir haben mit der Aktion Beseitigung Numerus clausus sicherlich einen großen Teil junger Leute positiv angesprochen. Es ist hier übrig ein anderer Teil, nämlich derer, die fertig sind mit Studieren. Ich denke an Lehrer vor allen Dingen, die irgendwo nun im Abseits stehen, und zwar nicht dadurch zu unseren Gegnern geworden sind, aber nicht mehr aktiv sind. Ich hatte in drei Fällen Gelegenheit, nun in einen solchen Kreis eingeladen zu werden, die also sich zurückgezogen haben, die hier nicht mehr wissen, ob sie überhaupt noch in dieser Gesellschaft aktiv mitwirken wollen. Die müssen wir irgendwo noch ins Auge fassen.

Und der vierte Punkt ist diese Fernsehgeschichte. Ich weiß nicht, ob es schon herausgegangen ist, dann habe ich es übersehen und bitte um Entschuldigung. Aber wir sollten klaren Überblick haben für die Veranstaltungsplanung, wann sind die ganz großen Sendungen, und da, wo es sich um kleinere handelt mit Spitzenpolitikern, sollten wir wenn möglich die Texte dessen, was gelaufen ist, weil wir selber in Versammlungen sind und sie nicht selber sehen, recht schnell bekommen, damit wir wenigstens auf Fragen der Bürger, die das am Abend vorher oder drei Tage vorher im Fernsehen gesehen oder gehört haben, damit wir dann wissen, was dort gelaufen ist, weil wir selber die Antwort nicht parat haben, weil nicht dabei waren. Vielen Dank.

Wehner: Holger *Börner*.

Börner: Zur Beantwortung auf die Frage Terroristen und Numerus clausus verweise ich auf die entsprechenden Passagen der Musterargumentation und des Regierungsprogramms. Die Frage der Zweitstimme ist ganz einfach. Die Endphase des Wahlkampfes wird ein Kanzlerwahlkampf und wir müssen überall sagen, die Zweitstimme ist für Helmut *Schmidt*. Dann stimmt's! Und vierter Punkt: Fernsehdiskussion. – Ach so, noch eins. Das entsprechende Plakat, was du hier beanstandet hast, das musst du bei deiner Landeswahlleitung anfordern, weil, wie gesagt, wir nur das Layout liefern, aber Rheinland-Pfalz seine entsprechende Listennummer für die SPD eindrucken muss. Die ist nämlich verschieden von Land zu Land. Letzter Punkt: Fernsehdiskussion. Die wird der Organisation dann mitgeteilt, wenn das Fernsehen diese Termine in der Programmplanung gemacht hat. Ich rechne nicht damit, dass vor dem 1. August die entsprechenden Besprechungen der Anstalten ins Programm nun fixiert sind. Aber es ist selbstverständlich, dass die Kandidaten und die Unterbezirke alle die Information erhalten, wann welche Sendung mit wem stattfindet.

Wehner: Letzte Wortmeldung Peter *Reuschenbach*.

Reuschenbach: Liebe Genossinnen und Genossen, obwohl auch ich eine solche pauschale Bezeichnung der Presse als konservativ und reaktionär für wenig geeignet halte, die miesen Typen oder die miesen Zeitungen zu treffen, die man eigentlich meint, wie Holger es hier dargelegt hat, will ich darauf nicht länger herumreiten. Aber in seiner Antwort, in seiner Erklärung gab's eine Stelle, bei der ich insofern hellhörig geworden bin, als er sagte, da gab's die Gefahr, dass *Biedenkopf* und andere eine auf mysteriöse Art und Weise wohl innerhalb der Sozialdemokratischen Partei zustande gekommene Publikation gegen sie auszuschlachten. Heißt das denn nun, dass es da neben der offiziellen Wahlkampfleitung und neben dem offiziellen Wahlkampfleiter Holger *Börner* noch eine andere Gruppe gibt, die auf mysteriöse Art und Weise daneben, dahinter oder wo immer an Produkten, an Argumentationsketten, an Papieren arbeitet und dass auf diese

Art und Weise morgen und übermorgen bei anderer Gelegenheit Ähnliches als angeblich offizielles Papier der SPD in die Welt gesetzt werden könnte?

Zweiter Punkt: Es ist ja nützlich, wenn diejenigen, die sich mit Wahlkampf, Wahlkampfvorbereitung, Wahlkampfführung befassen und dieses auch gründlich tun, anderen ihre Erfahrungen und ihre Einschätzung mitteilen. Insofern würde mich interessieren, was mitteilenswert ist aus einer Tagung, zu der wohl aus dem ganzen Bundesgebiet eine Reihe von Funktionären und wohl auch Kollegen am vergangenen Wochenende in Malente gewesen sind. Meiner Information nach sollen hierzu eingeladen haben *Läpple*[50] und *Matthiesen*[51] und dort soll unter anderem Horst *Ehmke* referiert haben über die wichtigsten Aufgaben der vor uns liegenden Monate. Ich denke, dieses ist der Wahlkampf. Mich würde interessieren, ob aus dieser Konferenz, aus dieser Erarbeitung über die Aufgaben der nächsten Monate hier Mitteilenswertes den Kollegen für ihre Arbeit darzulegen wäre.

Wehner: Holger *Börner*.

Börner: Ich fühle mich nur für die Beantwortung der ersten Frage zuständig, wie Peter *Reuschenbach* verstehen wird. Das, was ich hier angedeutet habe und auf die Gefahr, auf die ich hingewiesen habe, wird sich nicht wiederholen. Wie immer in der Politik gibt es das eine oder andere bei einem solchen Papier, was gegengecheckt werden muss, und wenn man ein Leck hat im Boot, dann soll man net durch Draufschlagen das Leck noch größer machen. Es ist sicher, dass es kein Leck mehr geben wird.

Wehner: Ja, ich kann nur fragen, ob jemand zu der anderen Frage eine Antwort geben kann und will? Das weiß ich nicht. Offenbar nicht. So wird im Nachhinein des Bundeskanzlers politische Mahnung wirksam, dass der Wahlkampf von allen gemeinsam für dieselbe Partei geführt wird und muss. Ja, auch für den Bundeskanzler! Wir gehen doch baden, wenn wir daran ein Fragezeichen setzen, damit wir uns richtig verstehen!

(Beifall.)

Ich möchte nicht, dass es daran Zweifel gibt. Dortmund hat jedenfalls keinen Zweifel gelassen und keinen Platz für Arabesken, Genossen. Das brauchen wir uns doch nicht gegenseitig zu versichern. Es sind weiter keine Fragen?

[C.-E.] → online unter www.fraktionsprotokolle.de

---

50 Friedel *Läpple*, Vorsitzender der SPD-Landtagsfraktion im Saarland, Vorsitzender der saarländischen SPD und Mitglied des SPD-Bundesvorstands.
51 Klaus *Matthiesen*, Vorsitzender der SPD-Landtagsfraktion in Schleswig-Holstein, Mitglied des SPD-Bundesvorstands.

Fraktionssitzung 06.10.1976 **142.**

142.

6. Oktober 1976: Fraktionssitzung (Tonbandtranskription)

AdsD, SPD-BT-Fraktion 8. WP, 6/TONS000056. »Fraktionssitzung am 6. Oktober 1976«. Beginn: 15.15 Uhr. Aufnahmedauer: 03:08:22. Vorsitz: Wehner.

Sitzungsverlauf:

A. TOP 1: Politische Berichte von Willy *Brandt* (Ausgang und Analyse der Bundestagswahl 1976; Landtagswahlen; Reaktionen der SPD) und Helmut *Schmidt* (Bundestagswahl 1976; Weltwirtschaftskrise; notwendige Reaktionen der SPD auf das Ergebnis der Bundestagswahl 1976; Versäumnisse der SPD; Verhältnis zur FDP; Regierungserklärung, Koalitionsverhandlung und Regierungsbildung). – Diskussion in der Fraktion (Flügelbildung und Fritz-Erler-Gesellschaft; politischer Kurs der SPD; Steuer- und Abgabenbelastung; Wahlkampf 1976). – Antworten von Bundeskanzler *Schmidt*.

B. Bericht aus dem Fraktionsvorstand (Parlamentarischer Zeitplan; Diätenreform; Einführung neuer Mitglieder des Bundestags; Regierungserklärung und Koalitionsverhandlungen; Konstituierung des 8. Deutschen Bundestags). – Vorbereitung einer Plenarsitzung im November: TOP 2: Ergebnisse des Vermittlungsausschusses: a) Vereinfachung und Beschleunigung gerichtlicher Verfahren, b) Bundesnaturschutzgesetz, c) Änderung des Viehseuchengesetzes, d) Bundesdatenschutzgesetz, e) Entschädigung von Zeugen und Sachverständigen, f) Krankenversicherungs-Weiterentwicklungsgesetz, g) Sozialgesetzbuch – Gemeinsame Vorschriften, h) Einführungsgesetz zur Abgabenordnung, i) Änderung des Gesetzes über das Apothekenwesen, j) Gesetz zu dem Übereinkommen vom 15. Februar und 19. Dezember 1972 zur Verhütung von Meeresverschmutzung, k) Regelung des Rechts der Allgemeinen Geschäftsbedingungen.

C. Sonstiges: TOP 3: Einführung der neuen Mitglieder der SPD-Bundestagsfraktion. – TOP 4: Nächste Termine. – Verschiedenes.

[A.–C.] → online unter www.fraktionsprotokolle.de

143.

9. November 1976: Fraktionssitzung (Tonbandtranskript)

AdsD, SPD-BT-Fraktion 7. WP, AdsD, 6/TONS000056. Überschrift: »Fraktionssitzung am 9. November 1976«. Beginn: 15.15 Uhr. Aufnahmedauer: 04:01:11. Vorsitz: Wehner, Möller, Wehner.

Sitzungsverlauf:

A. Glückwünsche zum 70. Geburtstag von Herbert *Wehner*. – Übergabe eines von Ernst Günter *Hansing* gemalten *Wehner*-Portraits. – TOP 1: Politische Berichte: Bundesverteidigungsminister *Leber* zur *Rudel*-Affäre. SPD-Parteivorsitzender *Brandt* zur *Rudel*-Affäre, zu den Vorwürfen gegenüber Herbert *Wehner* und Appell an die Geschlossenheit der SPD-Fraktion. – Stellungnahme von Herbert *Wehner*. – Diskussion der Fraktion

143. 09.11.1976 Fraktionssitzung

(Stellungnahme von 40 SPD-Abg. zur *Rudel*-Affäre; Vorbereitung der Debatte zur Regierungserklärung zur *Rudel*-Affäre; Erklärung der Fraktion). – Politischer Bericht von Bundeskanzler *Schmidt* (Koalitionsverhandlungen mit der FDP; US-Präsidentenwahl; Veränderungen in der DDR-Führung; Energiepolitik, Umweltschutz und Proteste gegen geplante Atomkraftwerke; wirtschaftliche Entwicklung der Bundesrepublik; verzögerte Ausfertigung der Novelle zum Wehr- und Zivildienst durch den Bundespräsidenten; Rentenpolitik). – Finanzierung des außerplanmäßigen Programms der Bundesregierung zur Förderung des Arbeitsmarktes.

B. TOP 2: Berichte aus der Fraktionsvorstandssitzung (Diätenreform des Bundestags; Lockheed-Affäre; geselliger Abend der Fraktion; Zeitplan für den 8. Deutschen Bundestag). – Politischer Bericht von Bundesjustizminister *Vogel* zur Lockheed-Affäre. – TOP 3: Informationen. – TOP 4: Aktuelles aus den Arbeitskreisen.

C. Vorbereitung der Plenarsitzungen: TOP 5: Tagesordnung und Ablauf der Plenarsitzungen. – TOP 6: Abgabe einer Regierungserklärung. – TOP 7: Ergebnisse des Vermittlungsausschusses: a) Vereinfachung und Beschleunigung gerichtlicher Verfahren, b) Bundesnaturschutzgesetz, c) Änderung des Viehseuchengesetzes, d) Einführungsgesetz zur Abgabenordnung, e) Übereinkommen zur Verhütung der Meeresverschmutzung, f) Änderung des Gesetzes über das Apothekenwesen, g) Bundesdatenschutzgesetz, h) Entschädigung von Zeugen und Sachverständigen, i) Sozialgesetzbuch – Gemeinsame Vorschriften, j) Recht der Allgemeinen Geschäftsbedingungen, k) Krankenversicherungsweiterentwicklungsgesetz.

D. TOP 8: Gesetz über die Rechtsstellung der Abgeordneten. – TOP 9: Wahl eines Mitgliedes des Verwaltungsrats des Deutschen Entwicklungsdienstes (Vorschlag: Hugo *Collet*). – TOP 10: Mitglieder für das Kuratorium des Wissenschaftszentrums Berlin (Vorschlag: Gerhard *Jahn*, Marie *Schlei*, Konrad *Zweigert*). – TOP 11: Nächste Termine. – Sonstiges.

[A.]

Wehner: Die Sitzung ist eröffnet.

(Unruhe.)

Die Sitzung ist tatsächlich eröffnet, Genossinnen und Genossen. Und ich bitte, da wir heute zu meiner Betrübnis eine ganze Menge sehr verschiedenartiger Dinge zu behandeln oder über uns ergehen zu lassen haben, dass wir den Versuch machen, damit klarzukommen. Erstens herzlich willkommen alle die, die heute hier als zum 8. Deutschen Bundestag gewählte Abgeordnete als Genossinnen und Genossen bei uns – die wir hier noch eine Arbeit als Fraktion im 7. Deutschen Bundestag zustande zu bringen und abzuschließen haben – sind.[1]

(Beifall.)

Ich hoffe, dass die Unannehmlichkeiten, die sich aus Platzüberschneidungen ergeben mögen, erträglich sind, und ich habe außerdem einen Ausweg. Ich bin nach langjährigen Erfahrungen der Meinung, dass spätestens [eine] Dreiviertelstunde nach Beginn oder

---

1 Die Bundestagswahl fand am 3. Oktober 1976 statt. Bis zum 13. Dezember 1976 gab es Fraktionssitzungen mit den Abgeordneten der 7. Wahlperiode, teilweise auch mit den Abgeordneten der 7. und 8. Wahlperiode. Bei Abstimmungen in den Fraktionssitzungen wurde gegebenenfalls vorher bekanntgegeben, ob in diesem Falle die Fraktionsmitglieder der 7. oder der 8. Wahlperiode stimmberechtigt waren.

Eröffnung dieser Sitzung, das ist also genau um vier Uhr, mehr Plätze frei sein werden, als benötigt werden, für die, die sonst nicht hier beieinandersitzen.
(Unruhe. Heiterkeit.)
Ja nun, man darf doch wohl auch mal aus der Praxis reden, wenn man zum alten Eisen gehört. Genossinnen und Genossen, am 22. Oktober hat Holger *Börner*[2] sein Mandat niedergelegt und der ihm auf der Liste nachgefolgt ist – Karsten Dietrich *Voigt* – ist unter uns. Ich heiße ihn herzlich willkommen für die Aufräumarbeit im 7. Bundestag. Wie das dann hinsichtlich seiner Rolle im 8. ist, das werden wir miteinander besprechen, wenn wir also in dieser Eigenschaft zusammen sein werden. Na ja sicher, man muss doch also, wenn nicht die Gewalten-, so doch die Stimmrechtsmöglichkeiten auseinanderhalten und hier sind wir auf Karsten *Voigt* für den Rest des 7. Bundestages unter allen Umständen angewiesen. Ich muss über Karsten *Voigt* nichts sagen. Die Daten liegen mir vor, aber die werden bald alle auch nachlesen können. Viel Glück für diesen Teil und für die Fortsetzung dann in der nächsten Fraktion, Karsten.

Dann muss ich sagen, dass sich heute wegen Krankheit Erich *Henke*, Hermann *Schmidt* (Würgendorf), Philipp *Seibert*, Manfred *Wende* haben entschuldigen lassen und dass eine Reihe, das ist Rudi *Adams*, Lenelotte *von Bothmer*, Horst *Gerlach*, Karl *Hofmann*, Klaus *Immer*, *Polkehn* – obwohl ich ihn gesehen habe. Das kommt manchmal so, dass die Frau sagt, der ist krank, aber –,

(Heiterkeit.)

na ja, das ist doch nur richtig. Fürsorglich und nicht nur vorsorglich sagt sie das, und dann zeigt der – wie in Buxtehude –, er ist schon da. Das kommt manchmal vor. Deswegen zögere ich manchmal zu lesen, wer als krank oder wegen Terminen verhindert ist. Ich lese dennoch den Rest vor. Walter *Suck*, Karl-Heinz *Walkhoff*, Rudolf *Walther*, Hans *Urbaniak* und Paul *Kratz*.

Aber nun zum angenehmeren Teil. Philip *Rosenthal* ist am 23. Oktober '76 sechzig geworden und das ist entsprechend – ja, ist ja keine Frau, darf man das ja sagen – und entsprechend sind ihm die guten Wünsche der Fraktion zuteil geworden. Björn *Engholm* wird heute oder ist geworden 37 Jahre.

(Beifall.)

Und ich habe die Freude, ihm die traditionellen Blumen zu überreichen, wenn er die Freude mir machen will, zu kommen. Ich würde aber auch hingehen. Nur da ich noch zwei andere zu befriedigen habe, kostet das zu viel Zeit.

{...}

Björn *Engholm*.

{...} Weiß ich zu würdigen. Schönen Dank. Pass auf, es kommen dennoch die Stiche durch! Der Nächste ist Günther *Tietjen*, der heute – man höre und staune – 33 Jahre geworden ist.

(Beifall.)

Und ich bitte um Entschuldigung, du wirst es mir nachsehen, mit einer Träne nicht nur im Knopfloch wünsche ich dir alles Gute.

Tietjen: Danke dir!

---

2 *Börner* war bis 1976 Bundestagsabgeordneter und Bundesgeschäftsführer der SPD. Im Oktober 1976 wurde er anstelle des zurückgetretenen Albert *Osswald* zum Ministerpräsidenten des Landes Hessen gewählt.

Wehner: Lieber Freund, wir bleiben Freunde.

(Beifall.)

Und dann ist da, er hat sich das ausgesucht, Helmut *Rohde*, der etwas älter als die beiden Genannten ist, aber immerhin auch erst 51 Jahre.

(Beifall.)

Auch er gehört zu denen, deren Zukunft noch vor ihnen liegt. Alles Gute, Helmut.

Ja, das war dieser Teil, Genossinnen und Genossen. Und damit muss ich wohl jetzt, bevor ich das Weitere und das ist leider einiges – für das ich dann um recht ungeteilte Aufmerksamkeit zu bitten haben werde, wenn es auch nur Hinweise auf die Tagesordnung, auf bestimmte Notwendigkeiten aus den Notwendigkeiten, die sich auf die Tagesordnung gezwängt haben, zu geben haben werde. Jetzt trete ich den Vorsitz – dieser Sitzung jedenfalls, damit es nicht falsch kommentiert wird – ab an meinen Freund, an den stellvertretenden Vorsitzenden Alex *Möller*. Die Pfeife nehme ich mit.

Möller: Sehr verehrte Genossin *Wehner*[3], liebe Greta [*Burmester*][4], lieber Herbert [*Wehner*]. Dein 70. Geburtstag, lieber Herbert, fiel in die Ruhe des Beginns der Sommerpause. Du wolltest den 11. Juli daher nicht in Bonn verbringen, sondern verständlicherweise auf der Insel Öland in Schweden.[5] Ich konnte im Namen und im Auftrag der Fraktion nur brieflich und mit einem Blumengruß zum Ausdruck bringen, was uns an diesem Tag bewegt hat. Heute benutze ich diese Sitzung, um zu wiederholen, dass wir dir als unserem Fraktionsvorsitzenden in den schweren Jahren der politisch-parlamentarischen Arbeit Entscheidendes an gemeinsamer Standfestigkeit und an Bewährung verdanken. Du bist für uns ein Vorbild für vollen Einsatz und für aus zwingenden Sachüberlegungen entstehende Urteilsbildungen, die man nicht leicht und die man oft nur in vorsichtiger Dosierung zu realisieren vermag. Gerade das Letztere ist ein harter Punkt für den immer vorhandenen sozialdemokratischen Offensivgeist, der sich bekanntlich in den verschiedensten Formen bemerkbar macht. In der Demokratie steht Verantwortung ganz vorn. Wir haben ihr in der Opposition stets Rechnung getragen. Du bist mit darum besorgt, dass in der sozial-liberalen Koalition die SPD-Fraktion ihre Haltung auch in den schwierigsten Situationen am Verantwortungsbewusstsein orientiert. Möge es dir und uns vergönnt sein, diese Bewährungsprobe immer wieder zu bestehen.

Lasst mich bitte noch hinzufügen: Bei dir, lieber Herbert, wird »Wandel und Bewährung«, um den Buchtitel deiner ausgewählten Reden und Schriften von 1930 bis 1975 zu benutzen[6], skrupellosen Diffamierungskampagnen ausgesetzt. Sie kränken und verletzen. Du weißt, dass unsere Solidarität dir, dem bedingungslosen Sozialdemokraten – wie dich Helmut *Schmidt* in einer Würdigung zum 70. Geburtstag bezeichnet hat[7] –, neue Kraft und neues Beharrungsvermögen vermitteln soll und vermitteln wird. Heute steht

---

3 Gemeint ist *Wehners* Ehefrau Charlotte *Wehner*, die Mutter von Greta *Burmester*.
4 Greta *Burmester* arbeitete als Sekretärin und Fahrerin für *Wehner*.
5 Herbert *Wehner* wurde am 11. Juli 1976 70 Jahre alt.
6 Herbert WEHNER: Wandel und Bewährung. Ausgew. Reden und Schriften 1930–1975. Mit einer Einleitung von Günter Gaus, hg. v. Gerhard Jahn, erw. A., Frankfurt a. M., Berlin 1976.
7 *Schmidt* würdigte *Wehner* zum 70. Geburtstag als »unbedingt loyalen Sozialdemokraten«. Vgl. dazu den Artikel »Herbert Wehner – der kämpferische Humanist«; »Frankfurter Rundschau« vom 7. Juli 1976, BT Pressedokumentation, Personenordner Wehner. Dieser Artikel war ein Beitrag aus einem Buch, das zu *Wehners* 70. Geburtstag erschien: Gerhard JAHN (Hrsg.): Herbert Wehner. Beiträge zu einer Biographie, Köln 1976, S. 283–288.

Fraktionssitzung 09.11.1976 **143.**

hier in unserem Fraktionssaal das Portrait Herbert *Wehners*, gemalt von Ernst Günter *Hansing*[8], den ich mit seiner Gattin in unserem Kreis herzlich begrüße.

(Beifall.)

Wir sehen das Gesicht Herbert *Wehners* so, wie es der Maler erforscht hat. Es zeigt uns viel. Es zeigt uns die Furchen, die das Leben in sieben Jahrzehnten gräbt, aber auch das Ringen um Richtiges. Das Bild ist der Fraktion aus Anlass und zum 70. Geburtstag Herbert *Wehners* geschenkt worden. Es soll ausgesuchten öffentlichen Kunstsammlungen zur Verfügung gestellt werden. Wir bekunden damit einem nicht alltäglichen Mann in nicht alltäglicher Form unsere Verbundenheit und unseren Dank. Und ich meine, in diesem Portrait kann man im Gesicht Herbert *Wehners* das Wort *Schopenhauers* erkennen, das sicher sein Leitmotiv gewesen ist und bleibt: »Das Leben ist ein Pensum zum Abarbeiten«.[9] Ich darf dir für die Fraktion diese 70 Rosen überreichen als erkennbaren Ausdruck unserer Verbundenheit und unseres Danks.

(Starker langanhaltender Beifall.)

Das Wort hat Gerhard *Jahn*.

Jahn: Ich möchte nur einen Satz anfügen, den Alex *Möller* nicht sagen konnte. Der Stifter dieses Bildes heißt Alex *Möller*, der sich damit von der Fraktion als stellvertretender Vorsitzender verabschiedet.

(Starker Beifall.)

Möller: Den Vorsitz übernimmt wieder Herbert *Wehner*.

Wehner: Liebe Genossinnen und Genossen, ihr werdet verstehen, dass man hier einmal die Rollen und Aufgaben wechseln musste. Und wenn ich noch mir erlauben darf, etwas hinzuzufügen, so ist das erstens ein Wort – großgeschrieben und von Herzen gemeint – an Alex und an alle Freunde, das Wort heißt: Danke.

Wenn ich mir außerdem eine Fußnote erlauben darf, weil Alex etwas von *Schopenhauer* zitiert hat, so will ich aus meiner eigenen *Schopenhauer*-Kenntnis, die ich vorwiegend Gefängnisjahren verdanke – aber die ich auch sonst versucht hätte zu erwerben –, etwas aus dem dicken Buch von der »Welt als Wille und Vorstellung« zitieren, das zwar nicht von ihm ist, aber mit List ausgewählt worden ist. Die Inschrift auf einem Grabstein in Danzig, die besagt: »Wenn's aus ist, wird es offenbar, ob's Wachslicht oder Talglicht war.«[10] Sagt den Heutigen, die mit Atomenergie und anderen Lichtspendern zu tun haben, wenig. Sagt anderen, die lesen, sofern sie es nicht noch selber erlebt haben, viel, weil der Unterschied zwischen Wachslicht und Talglicht ein ganz wesentlicher Unterschied gewesen ist, den man wirklich erst in der Regel hat feststellen können, wenn's aus ist. Nun, die Sorgen will ich weder euch noch mir machen. Ich will noch einmal sagen: Herzlichen Dank. Es kommt mir nicht zu, dem Künstler zu danken. Ihm habe ich, als ich die Gelegenheit hatte, sein Werk zu sehen und die dazugehörigen Skizzen, nur sagen können, dass ich mich wiedererkannt hätte.

(Heiterkeit.)

---

8 Das von Ernst Günter *Hansing* gemalte *Wehner*-Portrait hängt heute in der Friedrich-Ebert-Stiftung in Bonn. Vgl. auch den Artikel »Der große alte Mann der SPD ließ sich malen«; »General-Anzeiger« vom 26. Juni 1976, BT Pressedokumentation, Personenordner Wehner.

9 Das Zitat stammt aus Arthur Schopenhauer: Parerga und Parlipomena. Kleine philosophische Schriften, Bd. II, 3. A., Baden-Baden 1987, § 156, S. 352 f.

10 Hauptwerk *Schopenhauers*, 1819 in erster Auflage erschienen. Zitat aus: Arthur Schopenhauer: Die Welt als Wille und Vorstellung, 4. A., hrsg. v. Julius Frauenstädt, 4 Bde., Bd. 1, Leipzig 1873, S. 285, hier: »Wann's aus ist, wird es offenbar, ob's Talglicht, oder Wachslicht war.«

Ja, das ist ja wohl eigentlich – ihr könnt von mir halten, was ihr wollt – etwas, das nicht einfach nur eine Floskel ist. Was ich Alex *Möller* zu sagen habe, das will ich ihm noch persönlich sagen und ihr braucht keine Angst zu haben, ich bleib hier nicht hängen. Es kommt – das hat er ja gesagt, wenn es auch nicht sehr dick unterstrichen war –, es kommt hier gleich weg.

Genossinnen und Genossen, ich muss jetzt zur Tagesordnung das Notwendige sagen. Diese Sitzung am 9. [November] war im Rahmen des noch aufzuarbeitenden Programms des 7. Deutschen Bundestages unvermeidlich. Das haben wir gewusst und wissen lassen. Schönen Dank und gute Fortsetzung. Hoffentlich gibt euch jemand einen guten Kaffee.

(Beifall.)

Aber – wie es sich so fügt, sind zu diesen Punkten, die hier fällig waren, weitere hinzugekommen, die sich aus Ereignissen ergeben haben, aber auch Punkte, die heute von der Fraktion noch erörtert zu werden verdienen, weil sie noch laufende Arbeiten über die mit dem Sammelbegriff – Ergebnisse des Vermittlungsausschusses[11] – hier aufgeführten hinaus für den Rest der Periode des 7. Bundestages enthalten. Deswegen enthält heute unsere Tagesordnung den Bericht von Fritz *Schäfer* über die Rechtsstellung der Abgeordneten[12], und die dazu erforderlichen Aussprachen können hier im Zusammenhang geführt werden. So wie die Dinge sich gestern im Fraktionsvorstand ergeben haben, ist es also durchaus drin, dass man diese Sache noch im 7. Deutschen Bundestag wird verabschieden können. Wie gesagt, darüber wird dann noch zur Sache zu sprechen sein.

Jetzt, Genossinnen und Genossen, nochmals im Anschluss an das, was ich gesagt habe zum Willkommen derer, die hier bei uns sind, das ist der größere Teil derer, die als Sozialdemokraten gewählt worden sind zum 8. Deutschen Bundestag. Ich bitte sie, sich – auch wenn sie erst vom Beginn der Periode an hier die Fraktion prägen werden – heute hier zu Gast und, soweit das die Tagesordnung zulässt, sogar wohl zu fühlen. Wenn sie etwas zu sagen haben, wird ihnen das niemand verwehren. In den Abstimmungsfragen allerdings, falls sich solche ergeben, sind wir auf die Fristen angewiesen.

Die politischen Berichte müssen heute beginnen mit einem Bericht, den der Bundesminister der Verteidigung, unser Genosse Schorsch *Leber*, hier geben wird und – ich betone das – auch von sich aus gestern Morgen angeboten hat, hier geben zu wollen. Er hat gestern schon in gedrängter Form dem Fraktionsvorstand gesagt, was in dem Rahmen zu sagen und zur Diskussion zu stellen war. Im Fraktionsvorstand ist gestern, um das vorwegzunehmen, gesagt worden, sollte es möglich sein, die Fraktion heute hier davon zu überzeugen, dass es gut wäre, in einer Erklärung ihre eigene Stellung auch öffentlich kenntlich zu machen – und zwar am Tag vor der morgigen Debatte –, denn inzwischen ist vom Ältestenrat ja befunden worden, dass morgen der Bundesminister der Verteidigung eine Erklärung abgibt; fällt unter das Rubrum Regierungserklärung, wird gefolgt von einer Debatte.[13]

---

11 Vgl. SVP B.

12 Vgl. SVP D.

13 Geplant waren eine Regierungserklärung und eine folgende Plenardebatte im Deutschen Bundestag am 10. November 1976 sowie die Behandlung des Antrags der CDU/CSU. Diese entfielen aber aufgrund einer plötzlichen Erkrankung des Verteidigungsministers *Leber*. Die Fraktion wurde in der Sitzung am 10. November 1976 darüber und über das weitere Vorgehen informiert. Die CDU/CSU-Fraktion erklärte sich mit der Absetzung der Verhandlung infolge der Erkrankung *Lebers* einverstanden. Vgl. SPD-Fraktionssitzung am 10. November 1976, online, sowie BT Plenarprotokoll 07/258, S. 18535. Der Bericht *Lebers* im Bundestag erfolgte am 19. Januar 1977, vgl. BT Plenarprotokoll 08/07, S. 191–195. Der für die 8. Wahlperiode neu gestellte Antrag der CDU/CSU vom 17. Dezem-

Fraktionssitzung 09.11.1976 **143.**

Und es gibt außerdem einen Antrag der CDU/CSU-Fraktion zu den Maßnahmen[14], die der Bundesminister der Verteidigung angeordnet hat. Der Text, den einige Genossen aus dem Fraktionsvorstand als ein nicht verpflichtendes, aber doch als ein für diese Möglichkeit wahrscheinlich geeignetes Modell entworfen haben – ich habe heute Mittag noch einmal mit ihm ihn durchgesprochen – wird im Laufe unserer Erörterungen hier vorliegen. Das ist dieses. Wir werden dann – getrennt davon – einen politischen Bericht des Bundeskanzlers hören. Wir wollten das, was hier vom Verteidigungsminister zu sagen ist und worüber wir gegebenenfalls hinsichtlich des Verlaufes zu befinden haben und auch des Gehaltes zu befinden haben in einer Diskussion, dies nicht einfach hineinrühren in einen politischen Gesamtbericht. Der Vorsitzende der Partei, Willy *Brandt*, hat gestern in der Diskussion im Fraktionsvorstand zur Sache gesagt, was er für notwendig hielt, und er hat mitgeteilt und mich heute noch mal daran erinnert, dass er hier in der Diskussion auch unmittelbar nach Schorsch *Leber* das Wort zu nehmen wünscht. Damit habe ich das, was jetzt anzukündigen war, Genossen, getan und bitte Schorsch *Leber* um seinen Bericht.

Leber: Genossinnen und Genossen, die Sache hat in den letzten Wochen beachtliches Aufsehen in der Öffentlichkeit erregt. Ich möchte heute versuchen, vor der Fraktion das darzustellen, was zur Beurteilung des Sachverhaltes notwendig ist, aber dabei auch auf einige Dinge verzichten, die morgen im Parlament mit Belegen und so weiter noch deutlich zu machen sind. Die Sache hat zwei Teile und ein Nachspiel. Der erste Teil hat sich im Verlaufe des ganzen Jahres ereignet. Es gibt in Bremgarten bei Freiburg ein Geschwader, das den Namen *Immelmann* trägt, und es gibt Veteranen, die im Zweiten Weltkrieg einem Geschwader angehörten, das den Namen *Immelmann* trug.[15] Zu diesem alten Geschwader gehörte auch ein Mann, der den Namen *Rudel* trägt.[16] Dieser Sachverhalt ist dem Inspekteur der Luftwaffe[17] am 26. Januar [1976] durch einen Brief des Abgeordneten *Wörner*[18] vorgetragen worden. *Wörner* setzt sich in diesem Brief für ein sogenanntes Traditionstreffen ein.[19] Hier liegt ein Punkt, mit dem ich mich morgen

---

ber 1976 (BT Drs. 08/02) wurde am 3. Februar im Plenum verhandelt, vgl. BT Plenarprotokoll 08/11, S. 451–495. – Vgl. u. a. den Artikel »Der Bundeskanzler griff dann selbst zum Telefon«; »Frankfurter Rundschau« vom 11. November 1976, S. 3 sowie »Leber wirft Generalleutnant Krupinski auch Ungehorsam und Illoyalität vor«; »Süddeutsche Zeitung« vom 12. November 1976; BT Pressedokumentation, Personenordner Georg Leber.

14 Zum Antrag der Fraktion der CDU/CSU vom 8. November 1976 betr. Versetzung der Generale *Krupinski* und *Franke* in den einstweiligen Ruhestand vgl. BT Drs. 07/5858. Im Antrag wurde die Entscheidung *Lebers* missbilligt. – Vgl. zur Haltung der CDU auch den Artikel »Heftiger Parteistreit um Lebers Entscheidung«; »Süddeutsche Zeitung« vom 3. November 1976, S. 5.

15 Max Franz *Immelmann* (1890–1916), Namensgeber des Geschwaders, einer der bekanntesten deutschen Jagdflieger des Ersten Weltkrieges.

16 Hans-Ulrich *Rudel* (1916–1982), deutscher Schlachtflieger und Offizier der Wehrmacht im Zweiten Weltkrieg, nach 1945 zunächst in Argentinien, NS-Fluchthelfer, Waffenhändler und Unterstützer der rechtsextremen Deutschen Reichspartei, 1953 deren Spitzenkandidat im Bundestagswahlkampf. Vgl. auch den Artikel »›Barbaren mit dem Pferdemagen‹. Aus den Schriften und Reden des Stuka-Obersten Hans-Ulrich Rudel«; »Der Spiegel« vom 8. November 1976, S. 36.

17 Gerhard *Limberg*.

18 CDU-MdB.

19 Zur Haltung *Wörners* vgl. auch seinen Artikel: »Vonnöten: etwas mehr Gelassenheit. Niemand will den ehemaligen Oberst Hans-Ulrich Rudel zur Traditionsfigur machen«; »Die Zeit«; Nr. 47 vom 12. November 1976, S. 3. *Wörner* forderte, die militärische Leistung *Rudels* von seiner politischen Haltung getrennt zu sehen. – Vgl. auch den Artikel »Aus der Entlassung der Generäle ist eine Affäre Leber geworden«; »Union in Deutschland« vom 11. November 1976, BT Pressedokumentation, Personenordner Georg Leber. – In der Ausgabe der »Zeit« vom 12. November 1976 wurde *Wörners* Ar-

875

auseinanderzusetzen habe. Dies ist eine Ungehörigkeit eines Abgeordneten, am Minister vorbei sich an den Befehlshaber der Luftwaffe zu wenden in einer Sache, die politischen Gehalt hat. Der Parlamentarische Staatssekretär hat nach Gespräch mit dem Genossen [Hermann] *Schmidt* am 1. April folgende Entscheidung getroffen[20]: Gegen ein Treffen ist nichts einzuwenden. Das kann er im Ernst auch nicht. Das Treffen ist außerhalb der Kaserne abzuhalten. Veranstalter darf nicht das Geschwader sein. Wer daran teilnimmt: ohne dienstlichen Auftrag, sondern als Privatperson. Das steht in unserer Verfassung. Jeder Bürger darf sich an jedem Ort, wenn es nicht genehmigungspflichtig ist, frei treffen.

Ich darf jetzt den nächsten Sprung machen. Am 1. April also diese eindeutige, unmissverständliche Weisung von Hermann *Schmidt*. Am 25. Mai hat der Kommandierende General der Flotte[21] – das ist der, der den gesamten fliegenden Teil der Luftwaffe als Befehlshaber hat – in einem Brief Weisung an das Geschwader nach Bremgarten gegeben, gegen eine Veranstaltung des Treffens in der Kaserne sei nichts einzuwenden, wenn und so weiter. Das Wenn bezieht sich auf: Es darf dort nichts geschehen, was die Öffentlichkeitsarbeit der Bundeswehr und so weiter beeinträchtigt. Eine sehr unüberlegte und schlechte Begründung. Dies ist dem Parlamentarischen Staatssekretär nicht bewusst geworden. Es hat ihm auch niemand gesagt, dass der kommandierende General einen im Widerspruch zu seiner Weisung stehenden Befehl gegeben hat. Das ist ein wichtiger Punkt für den Verteidigungsminister.

Hermann *Schmidt* ist am 1. September dann wieder mit der Sache konfrontiert worden, als ein General der Luftwaffe[22] zu ihm kam mit einem Aktenstück, aus dem sich für ihn ein Widerspruch ergeben hat, nämlich die Tatsache: Der Parlamentarische Staatssekretär hat eine Weisung gegeben, die die Qualität eines Befehls hat, und am 25. Mai hat ein kommandierender General eine gegenteilige Weisung an den Kommodore des Geschwaders[23] erteilt. Er hat nun vor einer Frage gestanden, die ich nur für ihn hier replizieren kann. Wenn er bei seiner Weisung bleibt am 1. September, das war 33 Tage vor der Wahl, dann geht das nicht ohne beträchtliches Aufsehen und ohne beträchtliche Schlussfolgerungen ab, wenn er mir das meldet. Wenn das so ist, bekommen wir in den Wahlkampf hinein eine deftige Auseinandersetzung, in die die Bundeswehr hineingezogen wird, mit einem Streit um einen General, der hochgejubelt wird als Held, und Auseinandersetzungen um Tradition und wer weiß was alles. Mir hat der General *Heinz*, der mit ihm gesprochen hat und ihm das Ganze dargestellt hat, gesagt, er hätte noch selten erlebt, dass ein Mensch mit längeren Zähnen seine Paraphe auf einen Zettel schreibt, wie Hermann *Schmidt* das gemacht hat. Ich sage das hier, um das nicht weiter auszuführen. Dies war nach Lage der Sache seine Einschätzung.

Dann ist das Treffen vom 22. bis 24. Oktober gewesen. Während des Treffens sind keine Reden gehalten worden und hat sich abgesehen von der Anwesenheit von *Rudel* in einer Kaserne – dies ist ein Politikum – nichts ereignet, was man beanstanden könnte. Ich bin mit der Sache bekanntgeworden, als das war – habe mir darüber berichten lassen, habe die Konfliktfelder natürlich gesehen: Befehlsgebung, Disziplin, Zustandekommen der Veranstaltung und die Entscheidung. Dies war danach. Zu ändern an der Sache wäre

---

tikel ein Artikel *Lebers* gegenübergestellt: »Soldaten stehen in der Pflicht. Die Bundeswehr braucht keine falschen Altäre und keine falschen Götter«, S. 3 f.
20 Die Aussage ist unklar, denn Hermann *Schmidt* (Würgendorf) war der Parlamentarische Staatssekretär.
21 Walter *Krupinski*. Dieser flog während des Zweiten Weltkriegs Geleitschutz für *Rudel*.
22 Generalmajor Helmut *Heinz*, Chef des Stabes der Luftwaffe.
23 Oberst Fritz *Schade*, Kommodore des Aufklärungsgeschwaders 51 »Immelmann«.

überhaupt nichts mehr gewesen, es sei denn, man hätte sie aus irgendwelchen Gründen wieder hochnehmen müssen. Und ich denke, jeder hier kann sich vorstellen, dass ich dabei nicht nur an Herrn *Rudel* gedacht habe. Ich habe dann angeordnet: Die Akten sind zu schließen, der Vorgang kommt in die Registratur. Ich will nichts mehr davon hören.

Dies ist dem Kommandierenden General der Flotte am 26. Oktober etwa um 10 Uhr mitgeteilt worden. Die Sache ist abgeschlossen. Statt sich damit zufriedenzugeben und dabei zu bleiben – damit war auch für ihn die Sache zunächst abgeschlossen –, macht er um 12 Uhr ein Essen mit von ihm eingeladenen Journalisten – sogenannte Hintergrundgespräche mit vertraulichem Charakter: Journalisten werden vergattert und bekommen dann alles Mögliche erzählt. Ich will hier diesen ganz breiten Gesprächsrahmen nicht wiederholen. Er ist hochinteressant. Im Verlaufe dieses Gespräches haben die Journalisten dann den Vorgang Traditionstreffen und *Rudel* aufgenommen. Einige sagen, er hätte etwas gezögert. Andere sagen, er hätte den Faden sofort aufgenommen. Er hat sich jedenfalls in das Gespräch eingelassen, obwohl ihm von seiner Luftwaffe geraten worden war, die Finger davonzulassen. Dann ist es zu einer hitzigen Auseinandersetzung gekommen, meine Sprachregelung »zwischen Salat und Pudding«, über den Tisch hinweg hin und her, und hier gibt es dann zwei Äußerungen, die in Betracht kommen. Die eine, die draußen viel hochgespielt worden ist von einer bestimmten Seite, die ist auch gefallen. Die lautet, ich referiere jetzt nur: »So gut wie im Bundestag Leute sitzen, die sich geläutert haben, so gut muss man das auch anderen, zum Beispiel *Rudel*, zugestehen.« Da mag man drüber urteilen, aber zunächst liegt hier nicht der Schwerpunkt.

Der Schwerpunkt ergibt sich aus einem anderen Satz und dieser Satz lautet: »Solange im Deutschen Bundestag Linksextremisten und Kommunisten sitzen, die –« dann kommt die Nachfolge des Satzes. Und auf eine Rückfrage daraufhin, wer ist denn da gemeint, kommt die Antwort: »Na, das ist doch klar, das liegt doch auf der Hand, das ist Herr *Wehner*.« Dies stand am Donnerstag[24] dann das erste Mal in einer Vielzahl von Zeitungen mit Headlines auf der ersten Seite, so wie ich es zu zweit dargestellt habe, nämlich im Bundestag sitzend.[25]

Ich habe dann unverzüglich, ohne mit jemand darüber zu reden, eine Untersuchung angeordnet, so wie sie nach dem Gesetz geboten ist. Der Inspekteur der Luftwaffe hat eine dienstliche Anhörung, ein Verhör, vorgenommen und darüber Protokolle angefertigt. Am Abend des Freitag[26] war für mich klar, wie der Sachverhalt sein würde. Ich habe dann am Samstag – aber am Freitagabend keine Entscheidung getroffen, auch nichts abgeschlossen –, sondern am Samstag – erst einen Tag drüber geschlafen –, am Samstag[27] dann den Versuch gemacht, die Journalisten an den Tisch zu bekommen, die ich ja nicht hinzitieren kann. Das sind freie Journalisten. Die sind auch bis auf einen Herrn gekommen, der also {…} griffreich war, und waren auch bereit, mir zu helfen, herauszufinden durch das, was sie in Erinnerung haben, was hier wirklich gesagt worden war. Der eine Satz oder der andere. Ich habe bis auf einen Journalisten, der mir gesagt hat, er hätte sich sehr intensiv mit dem Essen befasst und hätte überhaupt nicht zugehört – ich brauche den Namen nicht nennen, er hat das alles nicht gehört – von den anderen Journali-

---

24 28. Oktober 1976.
25 Eine erste Meldung über die Teilnahme *Rudels* erschien bereits am 23. Oktober 1976, vgl. den Artikel »Auch der umstrittene Ex-Oberst Rudel wurde eingeladen«; »Frankfurter Rundschau« vom 23. Oktober 1976, S. 1, sowie den Artikel »Fall ›Rudel‹ führt zu Streit zwischen Hardthöhe und Luftwaffe«; ebd. vom 28. Oktober 1976, S. 1. Die Mehrzahl der Artikel mit den erwähnten Zitaten erschien einen Tag später.
26 29. Oktober 1976.
27 30. Oktober 1976.

sten sehr eindeutig bestätigt bekommen, dass der Satz, der in der Presse veröffentlicht worden war, nämlich »im Bundestag sitzend« oder »solange im Bundestag Linksextremisten und Kommunisten sitzen«, sehr mühevoll bestätigt bekommen. Der eine fühlte sich unter dem Druck des Pressegesetzes nicht in der Lage, das zu sagen. Dessen Redaktion hatte wegen der ungeheuren Brisanz, die hineinreicht in den Kern des Verhältnisses zwischen Armee und Parlament, nicht weitergegeben, ihn noch mal ausloten und bestätigen lassen, ihn dann ausgelassen. Den musste ich fragen, ob das der Satz sei, den sie ausgelassen hätten, nachdem er mir sagte, er könne mir den Satz nicht sagen. Und so kam dann nämlich Klarheit zustande.[28]

Ich habe dann danach die beiden Generale noch einmal zu mir bestellt, wobei mir der General *Krupinski* – ich sage das jetzt hier nicht zur Veröffentlichung, weil das nicht so nützlich ist, ist auch morgen noch Zeit –, *Krupinski* hat mir dann gesagt auf meinen Vorhalt: »Ist der Satz gefallen in Ihrer Anwesenheit, Sie sind der Dienstvorgesetzte des General *Franke*, der das gesagt haben soll«, hat er mir gesagt: »Ja, aber den muss man eingebettet sehen.« Dies stört mich überhaupt nicht, interessiert mich auch nicht, in was der eingebettet ist, sondern ob der Satz so gesagt worden ist. Herr *Franke* – das muss die Fraktion wissen – hat bestritten, diesen Satz gesprochen zu haben. Der hat von Besserungsfähigkeit von *Rudel*, so wie andere sich auch geändert hätten, gesprochen. Herr *Franke* hat aber, als er daraufhin auch von mir angehört worden war und das im Verhör am Tag vorher auch so gesagt hatte, gesagt: »Herr Minister, ich bin mir völlig im Klaren darüber, Sie können mich nicht halten, Sie müssen mich rausschmeißen.« Und hier fängt es an für mich, sich als Indizien für die Glaubwürdigkeit im Ganzen darzustellen. Ein General, der zu mir gekommen wäre und hätte gesagt: »In der Presse sind Behauptungen aufgestellt worden, die im Widerspruch zu dem stehen, was ich in einem beglaubigten Gespräch gesagt habe, die bringen mich in eine üble Situation auch Ihnen gegenüber, vor allen Dingen auch dem Herrn Abgeordneten *Wehner* gegenüber, ich möchte mich dagegen wehren. Darf ich darauf rechnen, dass Sie mir Rechtsschutz geben?« Dann hätte ich dem Mann Rechtsschutz geben müssen, um sich gegen eine üble Nachrede verteidigen zu können, die in der Presse gegen ihn angestellt worden wäre. Diese Frage hat er nicht aufgeworfen, sondern er hat sich auf den Standpunkt gestellt: »Das habe ich nicht gesagt, aber Sie können nicht anders, Sie müssen mich rausschmeißen.« Ich bringe das mal auf einen kurzen Nenner und dazu gehören noch einige Dinge. In diesem Zusammenhang bekam aber auch die bereits abgeschlossene Frage der Befehlsgebung und des Verhaltens von *Krupinski* eine neue Rolle. Dieses Geschwafel in einigen Zeitungen, ich hätte überhitzt reagiert und mich nervös verhalten und einen Mann zu hart angepackt, so als sei das neu, als sei das ein Erstprodukt von Disziplinlosigkeit, gewinnt unter dem Eindruck dessen, was gerade

---

28 Vgl. Hans *Schueler* im Artikel »Die Generäle von gestern«; »Die Zeit« vom 5. November 1976, S. 2: »Den an *Krupinskis* Tischrunde beteiligten Journalisten hatte er [der Tatbestand] erhebliches Bauchgrimmen bereitet: Sie fühlten sich einerseits zur Vertraulichkeit verpflichtet, wie sie für ›Hintergrundgespräche‹ gilt; andererseits dünkte sie die Offenbarung der Generäle so schwerwiegend, so kennzeichnend für ein rückwärts gewandtes Denken, daß sie nicht schweigen zu dürfen glaubten. Der AP-Korrespondent *Hahslach* rief deshalb Generalleutnant *Krupinski* nach dem Gespräch noch einmal an und fragte ihn, ob er auch bei ruhigem Nachdenken die Meinung seines Stellvertreters teile. Der antwortete, es liege ihm fern, ein schlechtes Wort über *Wehner* zu sagen. ›Aber *Wehner* ist nun einmal das beste Beispiel‹.« – Die Veröffentlichung der Äußerungen der Generale durch anwesende Journalisten und *Lebers* Insistieren bei den Journalisten führte zu einer Diskussion über die Veröffentlichung einer vertraulichen Unterhaltung und beschäftigte auch den deutschen Presserat. Vgl. u. a. die Artikel »Deutscher Presserat soll sich mit dem ›Vertrauensbruch‹ beschäftigen«; »Frankfurter Rundschau« vom 10. November 1976, S. 2; »Die Wirklichkeit und die Verlautbarung. Sind Journalisten noch Kontrolleure der Macht?«; »Vorwärts«, Nr. 48 vom 25. November 1976, S. 31.

abgeschlossen war – nämlich einer sehr disziplinlosen Haltung gegenüber dem Parlamentarischen Staatssekretär –, dann unter der Neuauflage dieses Gesprächs eine neue Bedeutung.
Was kann ich nun tun? Ich rede jetzt gar nicht von dem Riesenauffall, den es in der Presse gegeben hat jeden Tag mit vielen klugen Kommentaren von klugen Dichtern bis zu noch klügeren Frauen, die an Journalistentischen sitzen, die allesamt keine Ahnung haben von der Problematik, das spürt man jedenfalls.[29] Hier geht es um das Parlament und das Verhältnis von Armee zum Parlament und nicht um irgendetwas anderes. Welche Möglichkeiten stehen in einem solchen Fall zur Verfügung?
Das Erste, das was da von einem sehr sachkundigen Parteiführer behauptet wird, ich hätte ihm eine Rüge erteilen sollen.[30] Eine Rüge, das ist nach dem Gesetz ein Verweis. Ich darf einem General nur einen Verweis erteilen, wenn das in einem abgeschlossenen Raum mit höchster Diskretion geschieht, so steht es in dem Gesetz, das für mich die Regel bedeutet. In dem Augenblick, in dem ich öffentlich sage, dass ich dem einen Verweis erteilt habe, kann der sich gegen mich beschweren. Der bekommt Recht. Ich kann zweitens – dann habe ich ihm aber keinen gegeben, wenn ich ihm keinen geben darf, wenn ihr seht. Dann habe ich das durchgehen lassen. Abgesehen davon, Genossen, dies werde ich auch morgen nicht weglassen, wenn ein Gefreiter an einer Maifeier teilnimmt und Uniform trägt, weil das ihm verboten ist, und er wird deswegen mit einem Verweis bestraft, oder wenn noch was dazukommt, kommt er in Arrest. Dann kann ich einen General, der darüber zu wachen hat, nicht mit einem Verweis, den niemand zur Kenntnis nimmt, davonkommen lassen. Das geht überhaupt nicht. –
(Beifall.)
Dann kommt der zweite Punkt. Ich habe zur Verfügung ein sogenanntes Disziplinarverfahren: Einleitung eines Verfahrens vor einem Disziplinargericht. Und da sage ich: Solange ich die Verantwortung da oben trage, ich strenge gegen einen General kein Disziplinarverfahren an, weil ich keine Generale haben will, die bei einem Disziplinarverfahren mit einer etwas stumpfgemachten Nase davonkommen. Ich will Generale haben da oben, die sich nichts zuschulden kommen lassen, was sie vor Disziplinargerichte bringt. Wenn sie das tun, fliegen sie raus und kommen nicht vor einem Disziplinargericht mit ein paar Tagen Arrest davon. Anders lässt sich die Armee nicht führen und anders kommen wir ins Schliddern.
Und der Punkt, um den es hier geht, der lässt sich überhaupt nicht ahnden, weil er ein politischer Punkt ist, als mit einer politischen Entscheidung. Das politische Instrumentarium, das ich besitze, heißt Versetzung in den einstweiligen Ruhestand, um bei der Terminologie des Gesetzes zu bleiben.[31] Ich brauche hier nicht den Komplex Traditi-

---

29 Mit »klugen Dichtern« bezog sich *Leber* vermutlich auf Rolf *Hochhuth*, der in einem in der »Frankfurter Allgemeinen Zeitung« veröffentlichten Brief die Journalisten als »Denunzianten« bezeichnete; zum Brief vgl. »›Warum schweigen Sie, Herr Wehner?‹«; »Frankfurter Allgemeine Zeitung« vom 6. November 1976, S. 5. Vgl. zum Brief *Hochhuths* auch Amm. 52. Mit »noch klügeren Frauen« bezog er sich vermutlich auf die Herausgeberin der »Zeit«, Marion Gräfin *Dönhoff*, vgl. dies. »Lebers schlechtes Lehrstück. Ein Rüffel für die Generäle hätte genügt«; »Die Zeit« vom 5. November 1976, S. 1.
30 *Leber* bezieht sich vermutlich auf Helmut *Kohl*, dem zufolge eine Rüge genügt hätte. Er bezeichnete »die Maßnahmen Lebers als krasse Fehlentscheidung«. Vgl. den Artikel »General Krupinski beklagt sich über Leber«; »Süddeutsche Zeitung« vom 8. November 1976, S. 1; BT Pressedokumentation, Personenordner Georg Leber.
31 Zum »Gesetz über die Rechtsstellung der Soldaten (Soldatengesetz)« vom 21. März 1956, §50: Versetzung in den Ruhestand, vgl. BGBl. 1956, I, S. 122 f.

onstreffen und *Rudel* noch mal hochzuholen. Ich sage nur, damit hier keine Missverständnisse bestehen, dies dazu: Ich habe vor den Generalen der Bundeswehr gesagt, dieser *Rudel*, wie er sich nach 1945 benommen hat, ist kein Vorbild für deutsche Soldaten und er hat in deutschen Kasernen überhaupt nichts verloren.

(Starker Beifall.)

Ich lasse auch nicht zu – ich kann auch nicht zulassen, dass er deswegen, weil er bis 1945 ein sogenannter tapferer Soldat gewesen ist, überlagert wird, dass er zu diesem Staat überhaupt kein Verhältnis hat. Dies ist kein Vorbild für Soldaten, die auf diesen Staat einen Eid gesprochen haben. Und auch Herbert *Wehner* hat es nicht nötig, sich mit *Rudel* vergleichen zu lassen, und Herbert *Wehner* hat es auch nicht nötig, sich von Generalen Alibis und Zeugnisse ausstellen zu lassen. Er hat seinen Mann für diesen Staat genug gestanden.

(Starker Beifall.)

Dies brauche ich aber heute hier – denke ich – nicht zu vertiefen, weil das morgen auch noch geht. Die haben in der Zwischenzeit gegen diesen Rausschmiss, der vom Bundespräsidenten[32] vollzogen ist, keinen Einspruch eingelegt. Das werden sie auch nicht tun.[33] Aber sie haben die Stillosigkeit des Verteidigungsministers kritisiert, und ich sehe, dass das auch im »Vorwärts« geschieht durch einen Genossen, der hier in der Fraktion sitzt.[34] Das ist ein Punkt, gegen den kann ich mich natürlich nicht leicht wehren, nur warum habe ich das getan?

(Unruhe.)

Ich will das begründen, Genossen – ich möchte das begründen. In dem Augenblick, in dem die einstweilige Verfügung beantragt war, war die Stellung des Generals mit seiner ganzen Autorität in der Truppe natürlich nicht mehr das, was es vorher war. Und da wir hier an einen Nerv gekommen sind, in dem die Autorität und die Disziplin der Bundeswehr zur Debatte stand – hier geht es nicht um *Rudel* und solches Beiwerk, sondern hier geht es um das Verhältnis der Armee zum Deutschen Bundestag –, wenn das so ist, dann lautet die erste Frage: Was ist dann gefährdet? Und meine Deduktion lautet: Armee und Parlament sind nicht Partner, wie ich das von sehr sachverständigen Damen und Herren dieser Tage mehrmals gelesen habe, sondern die Armee steht in der Pflicht des Deutschen Bundestages und der Deutsche Bundestag als das gewählte oberste Gremium im so verfassten demokratischen Staat hat die Aufsicht auch über die Bundeswehr. Sie ist eine Institution im Staat und nicht ein Partner des Parlaments, wo man sich hin und her mal beleidigen darf. Deshalb ist das Quatsch, was Marion *Dönhoff* in der »Zeit« schrieb: Wenn andere Leute und auch Abgeordnete sich im Wahlkampf be-

---

32 Walter *Scheel*.
33 *Krupinski* reichte beim Wehrdienstsenat Beschwerde über das Vorgehen *Lebers* ein. »*Krupinski* sagte im Fernsehen zu *Lebers* Entscheidung: ›Als gute Demokraten, und ich rechne mich immer noch dazu, sollten wir dieses akzeptieren.‹ Er fühle sich aber verletzt, weil der Minister ihm unter Berufung auf den Paragraphen 22 des Soldatengesetzes die Dienstausübung verboten habe. Mit dieser Bestimmung, sagte *Krupinski*, würden sonst Straftäter aus den Kasernen entfernt.« Vgl. den Artikel »General Krupinski beklagt sich über Leber«; »Süddeutsche Zeitung« vom 8. November 1976, S. 1. – Zum »Gesetz über die Rechtsstellung der Soldaten (Soldatengesetz)« vom 21. März 1956, § 22: Verbot der Ausübung des Dienstes, vgl. BGBl. 1956, I, S. 117.
34 Gemeint ist Conrad *Ahlers*, der im »Vorwärts« zwar die »notwendige und unausweichliche Entscheidung« *Lebers* über die Entlassung befürwortete, aber die »verletzend brüske Art der Dienstenthebung« kritisierte. Vgl. den Artikel: »Eine Neigung zur ›Bramsigkeit‹. Die notwendige Entscheidung Lebers«; »Vorwärts«, Nr. 46 vom 11. November 1976, S. 5. *Leber* wurde offensichtlich über diesen Artikel vorab informiert.

| Fraktionssitzung | 09.11.1976 | **143.** |

leidigen dürften, dann dürften Soldaten das wohl auch.³⁵ Die Dame hat nicht begriffen, dass Soldaten Waffen tragen und dieser Zucht klarer Gesetze bestehen und dass die Aufgabe des Ministers darin besteht, darauf zu achten, dass Gesetze von Soldaten zu beachten sind und nichts anders.

(Starker Beifall.)

Und wenn wir hier loslassen, geht es schief mit diesem Staat. Dieses Parlament und jeder, der hier sitzt – ich weiß, das ist für manchen nicht ganz einfach –, für jeden, der hier sitzt, im Deutschen Bundestag sitzt, muss deshalb die Linie klar gehalten werden zwischen Armee und dem Parlament. Denn der Abgeordnete, der hier sitzt, ist der gewählte Beauftragte des deutschen Volkes, der notfalls sogar darüber zu entscheiden hat, ob der Soldat *Krupinski* sein Leben riskieren muss für diesen Staat. Deshalb darf diese Beziehung nicht belastet werden. Deshalb die Begrenzung und die Beschränkung, die die Paragraphen 6 und 17 des Soldatengesetzes für das Verhalten der Soldaten im Dienst und außer Dienst anlegt.³⁶ Das sind Begrenzungen, die übrigens schwächer sind als in fast allen Ländern des Westens und viel schwächer sind als das, was in allen Ländern des Ostens üblich ist. Ich will hier keine Beispiele machen, aber der größte Kriegsheld der Vereinigten Staaten von Amerika, der General *MacArthur*, der größte Held, den die in diesem Jahrhundert hatten, ist wegen einer Äußerung innerhalb von dreißig Sekunden vom Sockel heruntergestoßen worden, vom Thron.³⁷ Und wer nach Frankreich guckt, vor ein paar Wochen ist der General *Sanguinetti* wegen einer Äußerung, die nicht länger dauerte als eine halbe Minute, vom Sockel gestoßen worden.³⁸ Wenn sich eine Demokratie anders verhält, wenn ein Soldat über diese Linie hinausgreift und der Staat wehrt sich nicht, dann kommt er ins Schlittern. Denn wenn das möglich ist, ist jedes andere auch möglich. Dies gilt in allen Fällen, Genossen, dies gilt in allen Fällen. Das Parlament hat Pflichten gegenüber der Bundeswehr, aber die ist in der Pflicht und in der Zucht des Gesetzes und des Parlamentes.

Ich konnte nach Lage dieser Dinge überhaupt nicht zulassen, bei der kernigen Problematik dieses Sachverhaltes, dass die beiden Generale [*Krupinski* und *Franke*] im Dienst blieben, bis der Herr Bundespräsident die Entlassungsurkunden unterschreiben würde.

---

35 Marion Gräfin *Dönhoff* schrieb: »Viele Offiziere und Soldaten werden jetzt zweifellos an den zurückliegenden Wahlkampf denken, in dem Abgeordnete, Minister, der Bundeskanzler selbst mit demagogischen Vergleichen und beleidigenden Aussprüchen nicht gespart haben, und sie werden sich fragen: Was ist mit unserer Rede- und Gedankenfreiheit?« Vgl. den Artikel: »Lebers schlechtes Lehrstück. Ein Rüffel für die Generäle hätte genügt«; »Die Zeit« vom 5. November 1976, S. 1.

36 Zum »Gesetz über die Rechtsstellung der Soldaten (Soldatengesetz)« vom 19.3.1956 vgl. BGBl. 1956 I, S. 122 f. – § 6 regelte die staatsbürgerlichen Rechte des Soldaten, § 17 das Verhalten im und außer Dienst.

37 Douglas *MacArthur* (1880–1964), Oberbefehlshaber der Alliierten Streitkräfte auf dem pazifischen Kriegsschauplatz, später Oberbefehlshaber der internationalen, mit einem UNO-Mandat ausgestatteten Truppen, die gegen die nordkoreanische Invasion in Südkorea kämpften. Nach öffentlich geäußerter Kritik am strategischen Vorgehen im Koreakrieg wurde er durch Präsident *Truman* im April 1951 seines Kommandos enthoben. Vgl. u. a. den Artikel »Truman entläßt MacArthur« und den Kommentar »Der Sturz MacArthurs«; beide »Frankfurter Allgemeine Zeitung« vom 12. April 1951, S. 1.

38 Der Konteradmiral Antoine *Sanguinetti* wurde am 7. Juli 1976 aufgrund seiner Kritik an der Verteidigungspolitik des Präsidenten *Giscard d'Estaing* aus der französischen Kriegsmarine entlassen und von der Liste der Offiziere und Reserveoffiziere gestrichen. Zu diesem Vorgang vgl. den Artikel »Französischer Konteradmiral von Giscard entlassen«; »Frankfurter Allgemeine Zeitung« vom 8. Juli 1976, S. 1. Der Darstellung in dem Artikel zufolge hatte *Sanguinetti* in mehreren Artikeln in »Le Monde« behauptet, »*Giscard* habe den von General Charles *de Gaulle* vorgezeichneten Weg der militärischen Unabhängigkeit Frankreichs verlassen und lehne sich stärker an die Nato an.«

Über das Kapitel möchte ich mir hier weiter keine Bemerkungen erlauben – dies war ein langer mühsamer Weg, bis man dann so das Papier in die Hand bekommt. Es heißt dort: ohne Angabe von Gründen entlassen, und dann gibt es Schwierigkeiten.[39] Ich musste also von der einzigen Möglichkeit, die ich habe nach dem Gesetz, nämlich dem Verbot der Ausübung des Dienstes Gebrauch machen.[40] Sonst hätte er drinbleiben müssen. Wenn er dringeblieben wäre, hätte passieren können, dass am nächsten Tag ein junger Major, der politisch anders denkt wie er, zu ihm gekommen wäre, und hätte ihm mal Bescheid gesagt, wie er über seinen General, der dann noch sein Vorgesetzter gewesen wäre, denkt. Um dies alles nicht aufkommen zu lassen, musste er sofort aus dem Dienst heraus. Das mögen manche Leute für schlechten Stil halten, auch der »Vorwärts«[41]. Aber damit muss ich wohl fertigwerden.

Dies ist das, Genossen, was ich zu dem Sachverhalt hier beizutragen habe. Dies ist der Kern dessen, um was es geht. Ich denke, das ist eine Sache, die so bedeutsam ist, weil sie an den Kern der Substanz der Staatsräson greift, das Verhältnis zwischen bewaffneter Macht und parlamentarischer Körperschaft angeht, dass die nicht irgendwo anders behandelt werden kann als vor dem Forum des Deutschen Bundestages, der hier nicht nur Informationsinteressen hat, sondern in der Sache selbst involviert ist.

Ich möchte noch nachtragen, dass das, was ich hier eben dargestellt habe, mit völliger Offenheit von mir in zwei großen Besprechungen mit der Führung auch der uniformierten Bundeswehr, mit den Generalen besprochen worden ist. Es ist falsch, wenn da gesagt wird, die hätten das gebilligt oder irgendwas. Das haben die nicht zu billigen. Es ist auch zu wenig, wenn gesagt wird, die würden das tragen.[42]

Heute Mittag kam der Inspekteur des Heeres[43] zu mir, nachdem das dort durchdiskutiert ist bis unten hin, und brachte mir so eine kleine Medaille. Ich darf das mal hier erzählen, das ist für mich sehr bewegend gewesen. Er wollte mir im Namen der Offiziere des Heeres sagen, wie sie zu der Sache stehen. Da brauchen sie überhaupt keine Sorge zu haben. Das, was hier notwendig ist, ist das Herausoperieren eines Abszesses, damit die Bundeswehr nicht in den Ruf kommt, den diese zwei Leute ihn ihr anzuhängen im Begriff sind. Deshalb muss dieser Schnitt klar getroffen werden.

Und wir müssen sehr darauf achten, dass diese Armee und dieses Land, die ja identisch sind miteinander, nach draußen durch so etwas nicht in eine sehr schiefe Ebene geraten […][44]. Das war mit ein Beweggrund, rasch zu operieren. Bei mir waren Botschafter, die sich bedankt haben, weil sie fürchteten, wenn das noch ein bisschen dauert oder es wird leichter operiert, dass dann in ihren Ländern ungeheure Wellen losgegangen wären. Denn, das sollten wir nicht unterschätzen, für solche Länder, die eine Fülle von Schwierigkeiten haben und manchmal auch schon ein bisschen Komplexe haben, wenn sie nach oben gucken, wenn sie Deutschland hören, wo alles für sie höher ist – von der Härte des

---

39 Bundespräsident *Scheel* ließ sich am Montag, den 8. November 1976, die Gründe für die Entlassung durch *Leber* erläutern. Vgl. u. a. den Artikel »Scheel zögerte mit Entlassung. Verteidigungsminister Leber beim Bundespräsidenten«; »Frankfurter Rundschau« vom 9. November 1976, S. 1.
40 Vgl. Anm. 33.
41 Vgl. Anm. 34.
42 *Leber* informierte 30 kommandierende Generale über die Vorgänge bei einer Tagung auf der Bonner Hardthöhe am 4. November 1976. Zentrales Thema der mit »großer Offenheit geführte[n] Unterhaltung« sei die »Stellung und Haltung der Soldaten im demokratischen Staat« gewesen. Vgl. den Artikel »Leber deckt Staatssekretär«; »Frankfurter Neue Presse« vom 6. November 1976; BT Pressedokumentation, Personenordner Georg Leber.
43 Horst *Hildebrandt*.
44 Bei der Bearbeitung gestrichen: »kann«.

Geldes bis zur Fußballmannschaft –, und es kommt dann so ein Fall, wie er hier ist, der weckt dann alle Gefühle in solchen Ländern und dann wird das wieder ausgeglichen, was man sonst im Verkehr mit den Deutschen unter Umständen zurückstecken muss.

Das ist das, was ich der Fraktion mitzuteilen habe. Ich bin dankbar dafür, dass es möglich geworden ist, dass das morgen auf breiter Basis und mit genügend Zeit im Deutschen Bundestag behandelt wird.

Wenn ich überhaupt eine Anregung zu machen hätte zu dieser Debatte, dann die: Ich halte es für ganz schlimm und gebe etwas wieder hier, was ich von der Generalität auch weiß: Die Leute sind schockiert, als sie gehört haben, dass die CDU einen Antrag einbringt, mit dem eine Entscheidung von mir missbilligt wird – der Sache nach und der Qualität nach. Dies ist nicht Kritik am Verteidigungsminister, sondern dies ist das erste Mal, seit die Bundeswehr besteht, eine Zumutung an das Parlament, in die Kompetenz des Inhabers der Befehls- und Kommandogewalt in der hierarchisch geordneten Armee einzugreifen. Hier geht es um Leute, die nach B7 und B9[45] bezahlt werden, nicht um Minister. Die liegen viel tiefer in der Hierarchie. Wenn ich einen Rat zu geben hätte, würde ich dieser Fraktion raten, unserer Fraktion raten, dies morgen als Politikum aufzunehmen und nicht eine Entschließung gegen eine andere zu setzen, damit es heißt, da sind zwei, sondern das Politikum, die haben sich mit einer Entschließung an den Deutschen Bundestag in die Bundeswehr hineingerammt. Es bestehen dort furchtbare Ängste, dass durch verschiedenartige Entschließungen, die hier debattiert und angenommen und nicht angenommen werden, die Bundeswehr, die ja ein Abbild dieser Gesellschaft ist, auch mit verschiedenartigen politischen Überzeugungen und Auffassungen, dass die aufgeteilt wird in die, die für – die – Entschließung sind, und in die, die für – die – Entschließung sind. Da muss man sehr darauf achten, und ich möchte bitten, dass die Fraktion sieht, dass hier Behutsamkeit notwendig ist. Wenn wir die Sache richtig anpacken morgen, brauchen wir uns nicht zu entschuldigen und uns nicht zu verteidigen, sondern wir haben dabei eine ganze Menge zu gewinnen. Es kommt darauf an, wie das morgen angepackt wird. Danke sehr.

(Starker Beifall.)

Wehner: Danke Schorsch *Leber*. Das Wort hat Willy *Brandt*.

Brandt (Berlin): Genossinnen und Genossen, ich glaube oder ich hoffe, dass ich drei Feststellungen treffen darf – ich werde sie dann begründen –, denen die Fraktion zustimmen wird.

Die erste ist die, dass wir Georg *Leber* nicht allein lassen angesichts der eindeutigen Maßnahme, zu der er sich in seiner Verantwortung als Bundesminister der Verteidigung im Interesse der Bundeswehr veranlasst gesehen hat.

Zweitens denke ich, dass die Fraktion sich geschlossen hinter Herbert *Wehner* stellt. Sie lässt ihren Vorsitzenden nicht aufrechnen gegen einen unbelehrbaren Anhänger jenes Regimes, das Deutschland in den Abgrund geführt hat.

(Beifall.)

Und drittens, meine ich, müssen wir den CDU/CSU-Antrag kennzeichnen als das, was er ist, nämlich ein durchsichtiges parteipolitisches Manöver, das geeignet ist, der Stellung der Bundeswehr im demokratischen Staat und dem Ruf der Bundesrepublik Deutschland Schaden zuzufügen. Ich will alle drei Punkte kurz begründen.

---

[45] Gemeint sind Besoldungsstufen für Spitzenbeamte und Soldaten in Deutschland.

143. 09.11.1976 Fraktionssitzung

Zu eins denke ich, dass die Fraktion nicht die Aufgabe hat, Aufgaben zu übernehmen oder nachzuvollziehen, die ganz eindeutig dem Bundesminister der Verteidigung obliegen oder ihm zusammen mit dem Bundeskanzler obliegen, sondern die Fraktion hat zu einem politischen Tatbestand Stellung zu nehmen. Das wird sie tun heute und morgen im Plenum.

Und da ergibt sich für mich – und das hat ja eben jeder selbst mithören können –, dass Georg *Leber* nach pflichtgemäßer sorgfältiger Prüfung entschieden hat, wie es sich aus seiner politischen Führungsaufgabe ergibt. Ich will mich bewusst nicht bei ein paar Details, wenn auch wichtigen Details, aufhalten – Petitessen darf ich ja nicht mehr sagen –, an denen ohnehin nichts mehr zu ändern ist. Man kann Schorsch, ich weiß nicht, was im »Vorwärts« steht, aber man kann – das würde ich nicht, sagen wir mal, aus deiner legitimen Diskussion herausnehmen –, Leute können der Meinung sein, dass die eine oder andere Formfrage durch einen deiner Mitarbeiter anders hätte behandelt werden können. Ich glaube, das gehört zu den Details, die uns hier nicht zu beschäftigen brauchen. Wir brauchen jedenfalls nicht Fragen nachzugehen, die sich erledigt haben und die sich nur dann gestellt haben würden, wenn die Generale, um die es sich handelt, etwas zu berichten oder sich für etwas zu entschuldigen gehabt hätten. Das ist ein hypothetischer Fall. Ich möchte auch um Verständnis bitten, liebe Genossen, dass ich zu dem ersten Komplex, zu dem Schorsch sich geäußert hat, bewusst behutsam mich kommentierend äußere aus dem ganz einfachen Grund – ich sage es hier offen –, weil unser Freund und Kollege Hermann *Schmidt* krank ist. Ich verstehe, und da vollziehe ich etwas mit nach, was Schorsch vorgetragen hat, dass er – bei seiner Abwägung damals Anfang September – etwas, was ungut war, um es sehr vorsichtig auszudrücken, nicht in der politischen Wirkung zu Beginn eines Wahlkampfes hat schlimmer machen wollen. Das wäre also auf den Sozialdemokraten Hermann *Schmidt* bezogen ein ehrenwertes Motiv. Ob nicht trotzdem in dem Zusammenhang, ohne dass man ihm im Übrigen in seiner Ehre zu nahetritt, noch weitere Erwägungen anzustellen wären, lasse ich bewusst außen vor, weil ich nicht gerne habe, in Nichtgegenwart eines Genossen, der zumal krank ist, mich über diesen zurückliegenden Vorgang zu äußern.[46]

Aber wozu ich mich deutlich äußern möchte, ist dies: Ich möchte der Fraktion den ganz eindringlichen Rat geben, das, was hier auf dem Tisch liegt – heute und morgen – und was ernst genug ist in seiner Auswirkung, bitte nicht noch zu belasten mit allem möglichen Anderen – was gestern und vorgestern auch mal auf die Bundeswehr bezogen interessant gewesen sein mag, was in der weiteren Entwicklung uns noch mal wieder beschäftigen mag. Es würde jetzt – heute – nur ablenken von dem, worum es in diesem Augenblick geht. Wer also Dinge zusammenkocht, wie sie in der »Spiegel«-Geschichte[47] dieser Woche zusammengekocht worden sind, der lenkt damit – ob er es will oder nicht – ab von dem, worum es hier geht. Ich will niemandem seine Überlegungen unter den Tisch kehren lassen. Niemand – könnte auch keiner hier etwas abschneiden, was er in der Zukunft noch zu erörtern wünscht. Aber bitte nicht heute, heute: Kon-

---

46 Der parlamentarische Staatssekretär Hermann *Schmidt* befand sich nach einer schweren Lungenentzündung im Genesungsurlaub. Er geriet wegen seines Verhaltens in der Generals-Affäre zunehmend in Kritik und schied im Zusammenhang mit dem Ende der Legislaturperiode am 16. Dezember 1976 aus dem Amt. Vgl. u. a. den Artikel »Zum Bundeskanzler gerufen. Staatssekretär Schmidt legt Rechenschaft im ›Fall Rudel‹ ab«; »Frankfurter Rundschau« vom 16. November 1976, S. 1. – Nachfolger als Staatssekretär wurde Andreas *von Bülow*, vgl. den Artikel »Für Genesung hat Leber in dieser Woche keine Zeit«; »Die Welt« vom 13. Dezember 1976, BT Pressedokumentation, Personenordner Georg Leber.
47 »Der Spiegel« titelte: »Leber und die Generale. Marschiert die Bundeswehr nach rechts?« und ging in mehreren Artikeln auf die Affäre ein. Vgl. »Der Spiegel«, Nr. 46 vom 8. November 1976.

Fraktionssitzung 09.11.1976 **143.**

zentration auf das, was auf dem Tisch liegt – außer, außer, das ist eine kleine Ausweitung, außer wo es um die Ablehnung falscher Kontinuität geht in unserem Staat. Dieser Staat – das ist meine feste Überzeugung nicht erst seit gestern –, unser Staat kann nur bestehen, wenn er den Trennungsstrich zum dunkelsten Abschnitt deutscher Geschichte keinen Augenblick verwischen lässt.

(Beifall.)

Und ich meine dann auch in allem Ernst, dass für deutsche, zumal demokratische Tradition selbstgestaltete oder wie auch immer einzustufende Traditionsverbände nicht zuständig sind. Ich meine, die Fraktion hätte Grund, gerade vor diesem Hintergrund der Bundeswehr ihr Vertrauen auszusprechen, gerade aus Anlass dieses Vorganges der Bundeswehr ihr Vertrauen auszusprechen. Sie spielt eine wichtige und unverzichtbare Rolle bei unserem zähen Bemühen um die Sicherung des Friedens. Das ist nicht denkbar ohne das Eingebettetsein in das Atlantische Bündnis und dieses Eingebettetsein – so wie die Welt heute ist und auch leider noch eine ganze Weile sein wird – ist nicht glaubhaft ohne den Beitrag, den die Bundesrepublik leistet durch ihre Streitkräfte. Und die Bundeswehr, die genießt internationale Anerkennung, internationales Ansehen – das ist auch keine Kleinigkeit – und sie hat ihren Platz im demokratischen Staat gefunden.

Allerdings will ich dann auch, ohne es auszumalen, hinzufügen: Dies darf eine sozialdemokratische Partei umso leichter sagen, die sich von Anfang an – wenn auch damals noch um andere Möglichkeiten der Außenpolitik und der Deutschlandpolitik gerungen wurde –, die sich von Anfang an um ihren Beitrag bemüht hat, was die Streitkräfte und ihre Stellung im Staat angeht. Die sich in ihrem Grundsatzprogramm dazu eindeutig geäußert hat.[48] Die sich auf allen ihren Parteitagen dazu unmissverständlich geäußert hat, wobei das, was auf dem Karlsruher Parteitag 1964 gesagt worden ist, weiterhin einen besonderen Rang behält[49], und die nun seit sieben Jahren durch jeweils einen ihrer Vertrauensleute den Oberbefehlshaber der Bundeswehr stellt.[50]

Zu zwei: Das kann ich ganz kurz machen, weil Schorsch schon auf den Kern der Sache hingewiesen hat. Ich will es mit meinen Worten sagen. Ich halte es für einen unglaublichen Vergleich – den zu kultivieren Herr *Hochhuth*[51] beigetragen hat, ob er das nun gewollt hat oder nicht[52] –, einen unglaublichen Vergleich, den man zu lancieren versucht hat, zwischen einem Mann, der an seinem jeweiligen Platz diese deutsche Demokratie mit aufgebaut, mit geprägt und mit gefestigt hat, auch was die Bundeswehr und ihre Stellung – was die Stellung der Streitkräfte in diesem demokratischen Staat angeht –, und einem Stehengebliebenen, der noch in jüngster Vergangenheit einem nationalisti-

---

48 Gemeint ist das Godesberger Programm. Zum Abschnitt »Landesverteidigung« vgl. GRUNDSATZPROGRAMM DER SOZIALDEMOKRATISCHEN PARTEI DEUTSCHLANDS. Beschlossen vom Außerordentlichen Parteitag der Sozialdemokratischen Partei Deutschlands in Bad Godesberg vom 13. bis 15. November 1959, Bonn 1959, S. 11 f.

49 Der Parteitag in Karlsruhe fand vom 23. bis 27. November 1964 statt. Zur »Entschließung zur Lage der Bundeswehr« vgl. KUNDGEBUNGEN UND ENTSCHLIESSUNGEN DES SPD-PARTEITAGES IN KARLSRUHE VOM 23. BIS 27. NOVEMBER 1964, Bonn 1965, S. 5–11.

50 Gemeint sind Helmut *Schmidt*, 1969–1972 Verteidigungsminister, und Georg *Leber*, seit 1972.

51 Rolf *Hochhuth*, deutscher Dramatiker.

52 *Hochhuth* äußerte in einem offenen Brief (»Warum schweigen Sie, Herr Wehner?‹. Ein offener Brief von Rolf Hochhuth an den Vorsitzenden der SPD-Bundestagsfraktion«), den die »Frankfurter Allgemeinen Zeitung« am 6. November 1976, S. 5, abdruckte, sein Unverständnis für die Entlassung der Generale und forderte eine Stellungnahme *Wehners*. Zugleich bezeichnete er die Journalisten als Denunzianten. – *Wehner* äußerte sich am 10. November erstmals öffentlich im Artikel »Das Parlament muß aufarbeiten«; »Harburger Anzeiger und Nachrichten« vom 10. November 1976, BT Pressedokumentation, Personenordner Georg Leber.

schen Extremismus gehuldigt hat – noch in jüngster Vergangenheit, und von dem selbst die »Bild«-Zeitung in der vergangenen Woche geschrieben hat: sie, die »Bild«-Zeitung, könne ein Interview mit ihm nicht bringen, um nicht – ich zitiere sinngemäß – nazistische Propaganda zu betreiben.[53] Es geht überhaupt nicht darum, sage ich aus meiner Sicht und ich hoffe für die meisten, wenn nicht für alle in dieser Fraktion mit, es geht überhaupt nicht darum, tapferen Soldaten am Zeug zu flicken, sondern darum, dass wir unseres Staates und der Zukunft unseres Volkes wegen keine Zugeständnisse machen können, wo es um unbelehrbare Erscheinungen der bösen Vergangenheit geht.

(Beifall.)

Bei den beiden Generalen geht es nicht darum, jedenfalls nicht für mich, ihnen Sympathien zu unterstellen, die sie vielleicht gar nicht haben. Sondern es geht um etwas, was sich ergibt aus einem erschreckenden Mangel an staatsbürgerlichem Verstand – von Takt abgesehen –, einem erschreckenden Mangel an staatsbürgerlichem Verstand, den sie an den Tag gelegt haben.

Ich muss in diesem Zusammenhang ein offenes Wort sagen dürfen, das die Fraktion im engeren Sinne betrifft und nicht morgen den Bundestag hoffentlich zu beschäftigen hat. Und ich möchte mich damit ganz leidenschaftslos auseinandersetzen, weil es sich ergibt daraus, dass vier Fraktionskollegen, die mitteilten, sie sprächen zugleich für 36 andere Kollegen mit – also 40 Kollegen – am 29. Oktober in einer Mitteilung an die Agenturen, ihre Forderung auf diesen Vorgang, nämlich in Richtung auf Entlassung oder Maßregelung der genannten Generale, mitgeteilt hatten. Mir fällt es umso leichter, dazu Stellung zu nehmen – ihr werdet gleich hören, dass ich noch etwas damit verknüpfen möchte, was nicht nur den Gegenstand betrifft, der heute auf der Tagesordnung steht –, es fällt mir umso leichter, dazu Stellung zu nehmen, weil in diesem Fall – wie der Ablauf zeigt – es ja keine unterschiedliche Intention gibt: Bei denen, die aus meiner Sicht der Dinge vorgeprescht sind, und denen, die sich sonst dazu zu äußern haben.[54]

---

53 Im Artikel »Rudel: Tut mir leid, daß die beiden gehen mußten« veröffentlichte die »Bild« am 2. November 1976, S. 2, ein Interview mit *Rudel*. Ein Hinweis auf *Brandts* Aussage ist dort nicht enthalten.

54 Als »dpa-Meldung« abgedruckt in: Artikel »›Fall Rudel‹ dürfte Luftwaffen-Generale die Ämter kosten«; »Frankfurter Rundschau« vom 30. Oktober 1976, S. 1. Dort werden *Coppik*, *Hansen*, *Meinike* und *Waltemathe* genannt. Ein Artikel in der »Frankfurter Allgemeinen Zeitung« nannte die Mitglieder des ›Leverkusener Kreises‹ als Unterzeichner, darunter neben *Hansen* namentlich *Schinzel*, *Coppik*, *Meinike*, *Waltemathe* sowie den nicht zum Leverkusener Kreis gehörenden *Nagel*. Die 40 Abgeordneten fingierten Pressberichten zufolge ein Telegramm an die Presse, um *Leber* unter Druck zu setzen. Vgl. »Der kurze Weg zur langen Nachricht. Vierzig Abgeordnete und kein Telegramm«; »Frankfurter Allgemeine Zeitung« vom 10. November 1976, S. 3. Vgl. auch den Artikel »Druck aus den eigenen Reihen erlegen«; »Deutsche Tagespost, Würzburg« vom 12. November 1976, BT Pressedokumentation, Personenordner Georg Leber. Dem zufolge sollen die 40 Abgeordneten gedroht haben, dass die Wiederwahl *Schmidts* als Bundeskanzler am 15. Dezember 1976 nicht gesichert sei, wenn *Leber* die Generäle nicht entließe. Das eigentliche Ziel dieser Abgeordneten soll aber *Lebers* Entlassung gewesen sein, da sein eigentlich gutes Verhältnis zu den Soldaten und Generälen von ihnen kritisch betrachtet wurde. – *Coppik* soll die Erklärung an verschiedene Nachrichtenagenturen übermittelt haben, ein Schreiben an *Leber* habe sich aber nach der Entscheidung des Ministers im Sinne ihrer Forderung erübrigt. Vgl. den Artikel »Scharfe Angriffe der Union gegen Leber« und den Kommentar »Nachrichten-Erschleichung«; »Frankfurter Allgemeine Zeitung« vom 12. November 1976, S. 1. – *Wehner* soll zur Erklärung gesagt haben: »Die Sache wird so enden, daß ich mein Mandat niederlegen werde und meine Auszeichnungen an den Bundespräsidenten zurückgebe.« Vgl. den Artikel »Wehner: Verbittert – aber er bleibt!«; »Bild« vom 13. November 1976, S. 2; »Wehners politische Nachtgedanken: Zwischen Weitermachen und Resignation«; »Frankfurter Allgemeine Zeitung« vom 12. November 1976, S. 3. – Am 15. November 1976 veröffentlichte Günther *Metzger* eine Erklärung: »Uneingeschränktes Vertrauen für einen Demokraten. Herbert Wehner wird die SPD-Fraktion weiterführen«; »SPD-Pressedienst« vom 15. November 1976, BT Pressedokumentation, Personenordner

Aber ich möchte zwei ernste Fragen aufwerfen. Die erste Frage ist die – und ich werfe sie nicht anklagend auf, sondern mit der Bitte, darüber miteinander nachzudenken und aus dem Vorgang zu lernen, denn wir werden ja in den nächsten vier Jahren noch ein bisschen mehr als bisher darauf zu achten haben, dass wir eine geschlossene Fraktion sind. Folgende zwei Fragen: War es nötig, den Eindruck entstehen zu lassen, als müsse der Bundesverteidigungsminister eine Art von Druck, wie es dann andere genannt haben, ausgesetzt werden? Und zweitens: War es nötig, uns anderen nicht die Chance zu geben, uns zu äußern?

(Beifall.)

Ich sagte, ich wollte damit eine ganz eindringliche Bitte für die kommenden vier Jahre verbinden und einige der Genossen, die in diesem Fall unterschrieben haben, kennen auch aus einer Unterhaltung, die sich in diesen Wochen nach der Wahl ergeben hat, kennen meine Meinung und wissen, dass ich offen bin für jede Art von kameradschaftlichem Gespräch, so ist es ja nicht. – Aber, liebe Genossen, wir werden die nächsten vier Jahre – wir werden schon den Beginn dieser vier Jahre im Dezember –, wir werden die nächsten vier Jahre nur bestehen, wenn wir wirklich als geschlossene Fraktion dastehen, die intern über alles Mögliche ringen und streiten muss, aber wie eine Gemeinschaft nach außen auftritt und anderen – die ich jetzt nicht beim Namen nenne – nicht zu irgendeinem Zeitpunkt im ersten oder zweiten Jahr der Legislaturperiode die Ausrede gibt oder den Vorwand gibt, die Grundlagen der Koalition infrage zu stellen, die wir jetzt zu legen im Begriff sind.

(Beifall.)

Dies erfordert gewiss auch in vielfacher Hinsicht Rücksicht aufeinander, was die Einzelnen manchmal voneinander halten mögen, und dass sich möglichst alle wiederfinden in dem, was die Fraktion vertritt, und wie sie sich auf das vorbereitet, was sie gemeinsam vertritt. Aber eine gruppenmäßige Aufgliederung mit separater Öffentlichkeitsarbeit würde das Regieren nicht nur unnötig schwer, sondern nahezu unmöglich machen. Und ich möchte wissen, wer von uns vor der Partei und ihren Wählern die Verantwortung für die Konsequenzen auf sich nehmen wollte, die ich bewusst wortkarg hier habe anklingen lassen. Das hat für mich nicht von vornherein etwas mit Schattierungen zu tun, sondern ich meine, dies – bevor wir ja in Wirklichkeit mit der neuen Legislaturperiode begonnen haben – als etwas, was uns alle angeht.

Und dann noch ein paar Sätze zu meinem Punkt drei vorhin, der sich auf die Union bezieht. Meiner Meinung nach zeugt das Verhalten der Union oder derer, die für sie sprechen, von wenig Verantwortungsbewusstsein. Übrigens äußern die sich und stellen einen solchen Antrag, ohne auch nur – Schorsch *Leber* mag mich berichtigen – mit dem Bundesminister der Verteidigung gesprochen, die Chance wahrgenommen zu haben, sich über den Sachverhalt durch ihn informieren zu lassen, eine Möglichkeit, die ihnen angeboten worden war. Dass morgen im Plenum das behandelt wird, und zwar in der Form einer Erklärung des Ministers – was ja Erklärung der Bundesregierung der Form nach heißt –, und dass nicht eine andere Form dafür gewählt wurde, hat sich ergeben nach sorgfältiger Diskussion auch gemeinsam mit den Kollegen des Koalitionspartners am gestrigen Tag.

Herbert Wehner. – Vgl. zur Haltung innerhalb der SPD und zur Darstellung Bruno *Friedrichs* auch den Artikel »General Obleser Nachfolger Krupinskis?«; »Frankfurter Allgemeine Zeitung« vom 10. November 1976, S. 3.

Ich meine, dies wäre eine Situation, und da nehme ich jetzt den Faden auf von Schorsch *Leber*, in der die Parteien zusammenstehen müßten. Aber diejenigen, die sonst so viel von Solidarität der Demokraten sprechen, die sind wieder mal dabei, ein parteiegoistisches Süppchen zu kochen. Denn darum handelt es sich bei ihrem Antrag. Wir müssen das scharf zurückweisen, gerade auch im wohlverstandenen Interesse der Bundeswehr, und dennoch Worte wählen – denke ich, ich sage das nicht als einer, der morgen sprechen möchte, ich meine im Gegenteil, dass ich mich nicht dabei vordrängen sollte aus Gründen, die mancher versteht –, aber dass wir Worte wählen dennoch, durch die wir nicht unsererseits zusätzlichen Schaden anrichten. Und deshalb sage ich – ich meine übrigens allgemein, dass wir weniger Union sagen müssen in der Zukunft, wo immer es geht, die deutlicheren, die genaueren Hausnummern dort nennen müssen –, deshalb sage ich hier, dass ich vor dieser sozialdemokratischen Bundestagsfraktion heute bewusst auch an die Kollegen der Union appelliere, für die die Tradition des Widerstandes – wie für viele von uns – verpflichtend bleibt, ebenso wie die Aussöhnung in unserem Volk, ohne die der innere Friede gefährdet wäre. Ich danke für eure Aufmerksamkeit.

(Starker Beifall.)

Wehner: Genossinnen und Genossen, ich habe mich eingezeichnet, um einiges in dieser Debatte kurz anzuführen. Über das Vorkommnis und die daraus sich ergebenden Folgerungen hat Schorsch *Leber* berichtet, und wir haben eben Willy *Brandt* – sowohl den Sachverhalt als auch die politischen Konsequenzen genau einschätzende Ausführungen – gehört. Der Kern des Vorkommnisses, über das Schorsch hier gesprochen hat, ist eine Zuwiderhandlung gegen eine Weisung vom Bundesministerium, um es etwas sehr zivil auszudrücken oder um es auch mit dem anderen Wort darzulegen: Ungehorsam gegen eine entsprechende Weisung. Die Erklärungen der dafür Verantwortlichen haben schließlich – es ist so wie bei einem eigentümlichen Lastfahrzeug – die Last und das ganze Gewicht der Last völlig verschoben, und es – wenn man das so sagen darf – drückt jetzt auf jene angebliche Auseinandersetzung über die Bewertung *Wehner*s einerseits und *Rudel*s andererseits. Damit verlasse ich dieses Kapitel.

Ich will hier sagen, warum ich geschwiegen habe, und zwar als Vorsitzender der SPD-Fraktion als auch – wenn ich das nicht gewesen wäre – als Abgeordneter, nämlich sozialdemokratischer Abgeordneter. Meine Bewegungsmöglichkeit wurde abgepflockt durch vier Pflöcke. Erstens: Der Verteidigungsminister unserer Bundesrepublik Deutschland ist Sozialdemokrat. Zweitens: Der Bundeskanzler ist Sozialdemokrat. Drittens: Der Parlamentarische Staatssekretär[55], der unmittelbar in diesen Fall hineingebracht werden musste aufgrund der dienstlichen Notwendigkeiten, ist Sozialdemokrat. Und viertens: vier namentlich genannte und, wie es heißt, 36 weitere SPD-Abgeordnete des Deutschen Bundestages haben – und das war das Erste, was ich überhaupt erfuhr durch die Rundfunkmeldung sofort[56], wie ich dann später durch den Text, den ich mir habe beschaffen müssen in einer Kopie, habe lesen können – das öffentlich gesagt, worauf hier Willy abgehoben hat.

Ich brauche es hier nicht zu wiederholen. Das waren die Pflöcke, innerhalb deren meine Bewegungsmöglichkeiten und Möglichkeiten, das Wort überhaupt zu nehmen, begrenzt waren. Und dazu noch, angesichts der unmittelbar vor uns liegenden Strecke – für deren nicht nur Bewältigung, sondern Start in spe – ich jedenfalls, solange ich der Vorsitzende der Fraktion bin, auch die Verantwortung eines Vorsitzenden habe, die aber auch hätte, wenn ich das nicht wäre, sondern ein Abgeordneter des Deutschen Bundes-

---

55 Hermann *Schmidt* (Würgendorf).
56 Vgl. Anm. 54.

tages, zugehörig zur sozialdemokratischen Fraktion – nämlich die unmittelbar vor uns liegende Strecke ist: Wahl des Bundeskanzlers, Bildung der nächsten Bundesregierung durch ebendiesen sozialdemokratischen Bundeskanzler und Regierungserklärung. Das alles noch in der ersten Hälfte zur Mitte des Dezembers mit allem, was sich dann daraus ergibt. Wenn das uninteressant ist, wie hier einer dazwischen murmelt, mag das sein. Ich jedenfalls meinte und meine, mich an sowohl diese Pflöcke, an diesen Pflöcken orientieren zu müssen hinsichtlich dessen, ob ich denn – um das Wort hier einmal komisch anzuwenden – frei wäre, etwas dazu zu sagen, sei es als Fraktionsvorsitzender, sei es als eine Person, die sich abstrahiert von der Eigenschaft als Abgeordneter und Vorsitzender. Dazu war ich nicht imstande und wäre jederzeit bereit zu erklären, warum ich nicht imstande war. Dazu gehört aber auch angesichts der – wie ich sagte – unmittelbar vor uns liegenden Strecke. Das, Genossinnen und Genossen, wollte ich sagen.

Ich bin am 6. [November] durch einen offenen Brief angeschrieben worden.[57] Ich habe heute darauf mittags die am 7. [November] geschriebene Antwort eines – eines – Sozialdemokraten, den ich persönlich verehre und liebe – der ist allerdings 84 Jahre, kann also nichts Unsittliches sein –, vorgefunden, und zwar in der Form eines an mich persönlich adressierten und entsprechend auch apostrophierten Durchschlags seines Briefes vom 7. [November][58] an die politische Redaktion der »Frankfurter Allgemeinen Zeitung« mit der Fußnote an diese Zeitung: Mit gleicher Post schicke ich diesen Brief an die »FAZ«, schreibt er mir dann, aber ohne Hoffnung, dass er abgedruckt wird. Ich will das nicht zitieren. Er wird wahrscheinlich manchen interessieren, dieser Brief eines abgeklärten und gegerbten, auch durch Buchenwald gegerbten Sozialdemokraten der alten Schule.

Nun hatte ich vorhin, Genossen, – und damit will ich jetzt abschließen – gesagt, dass wir gestern im Fraktionsvorstand gemeint hatten, vielleicht ergibt es sich, dass die Fraktion es für richtig hält, in einer Art politischer Äußerung sich heute hier zu erklären. Nicht morgen und nicht, um etwas vorwegzunehmen, aber auch deutlich jedenfalls ausgehend davon, dass sie und wie sie sich zu dem Missbilligungsantrag der CDU/CSU gegen den Bundesverteidigungsminister verhalten wird.[59] Der Text ist euch inzwischen zugegangen. Es ist ein Versuch. Ich habe gesagt, wenn er nicht auf günstigen Boden fallen sollte, obwohl wir – so hoffe ich, ich bin vorsichtig, so hoffe ich – jedenfalls hinsichtlich der Feststellung, dass wir den Missbilligungsantrag der CDU/CSU gegen den Bundesverteidigungsminister *Leber* im Bundestag ablehnen werden, so mag das dahinstehen. Ich persönlich wäre dankbar, wenn es möglich wäre, eine solche oder entsprechende Erklärung als ein Extrakt des Berichtes und der möglicherweise hier noch zu führenden Aussprache darüber auch weiterzugeben. Ich danke.

(Beifall.)

Wer wünscht das Wort? Dietrich *Sperling*.

Sperling: Meine Worte gehen zunächst einmal an Willy *Brandt*. Du hast einen Appell an uns gerichtet – in einem Kürzel mit der Sprache von Herbert *Wehner* –, auf das, was jetzt unser Thema ist, nichts draufzusatteln, und du hast eine Frage an diejenigen gestellt, die da als vier plus 36 eine öffentliche Erklärung abgegeben haben. Ich habe volles Verständnis dafür, dass mit dieser Frage auch wieder ein Appell verbunden ist. Aber

---

57 *Wehner* bezieht sich hier auf den in der »Frankfurter Allgemeinen Zeitung« veröffentlichten Brief von *Hochhuth*. Vgl. Anm. 52.
58 Ein entsprechender Leserbrief wurde in der »Frankfurter Allgemeinen Zeitung« nicht ermittelt. Vermutlich wurde er dort nicht veröffentlicht.
59 Zum Missbilligungsantrag vgl. Anm. 14.

wenn ich dir die Frage jetzt beantworten sollte, dann würde ich deinen ersten Appell ein bisschen verletzen müssen. Ich würde etwas aufsatteln müssen. Ich möchte dies nicht. Ich hoffe, dass diese Andeutung reicht. Aber ich will noch einen Satz nachschieben –
(Zwischenruf.)
ich will noch einen Satz nachschieben.
(Unruhe. Zwischenrufe.)
Ja, dann muss ich es mit mehr Sätzen tun. Es ist in der Vergangenheit häufiger an die Mitglieder der Fraktion der Wunsch gerichtet worden, in Problemen, die mit Schorsch *Lebers* Aufgabe zu tun haben, ihm die Aufgabe nicht noch schwerer zu machen, sie sei schon schwer genug. Ich glaube, an die Appelle wird sich mancher erinnern. Und gerade wenn wir nicht andere Dinge anhand dieses Falls diskutieren wollen, und das war Willy *Brandts* Appell, dann – meine ich – war es richtig, den Rücktritt dieser beiden zu fordern und sonst nichts weiter dazu zu sagen. Und dies gehört zur Motivation bei mir. Gerade wenn ich es Schorsch *Leber* nicht schwerer machen will in der Behandlung dieses Falls, dann muss ich es auf diesen Fall eingrenzen. Es gäbe vieles ansonsten noch zu sagen, aber dies will ich – getreu an *Brandts* Appell mich haltend – nicht tun.

Wehner: Wer wünscht weiter das Wort? Ernst *Waltemathe*.

(Zwischenruf.)

Ich bitte um Entschuldigung. Man hat es mir gesagt, und ich habe nicht richtig hingeguckt. Ja nun, das ist doch –.

Grunenberg: Kann schon mal vorkommen. Genossinnen und Genossen, möchte ich doch etwas ansprechen, was mich bedrückt und was so 'nen bisschen Beklemmungen verursacht, wenn ich an die Fraktion des 8. Deutschen Bundestages denke – unsere Fraktion. Dann bin ich doch der Meinung, dass es unsere Aufgabe ist, sie – man hat es anderen schon mal als Vorwurf gemacht, aber trotzdem, ich sage es wieder –, als monolithischer Block mehr dazustehen und auch nach außen hin zu wirken. Und mich bedrückt das, weil hier jetzt diese 40 Mann eine Erklärung sehr schnell abgegeben haben und wo man in der Fraktion raunt, ob das technisch überhaupt möglich gewesen ist in so kurzer Zeit. Denn meistens macht man das ja schriftlich mit einer Erklärung und den Unterschriften dazu, und gibt das dann der Fraktion zu verstehen. Das haben wir bis heute oder das haben viele vermisst – ich jedenfalls auch, ich jedenfalls auch.

Und wenn ich daran denke, dass ich von Redakteuren einer Zeitung gefragt wurde, ob ich mit den 40 mit dabei gewesen sei, musste ich verneinen. Dann als Nächstes, ob das nun nur ein Teil der Meinung der Fraktion ist. Musste ich auch sagen, also wie das zustande gekommen ist, ist eine zweite Sache. Und die dritte Sache war, ob die 40 die Einzigen sind, die sich vor Herbert *Wehner* stellen. Das ist dann immer so die Spekulation, die in der Presse dann manchmal so hochkommt, nicht. Die probieren ja einiges. Und von da aus ist ja jetzt die Frage, erstens, ob es möglich ist, nun eben noch mal diese Erklärung wenigstens im Wortlaut zu kriegen und die nötigen Unterschriften dazu, oder wenn das dann nicht der Fall ist, doch zu fragen, ob wir hier jetzt so etwas einführen wollen in der Fraktion, wie wir es ja im Betriebsverfassungsgesetz nicht haben wollten, nämlich den Minderheitenschutz und die Minderheitenrechte. Ich meine, hier sollten wir doch – und das sagte ich eben schon zu Anfang –, wenn wir noch weiter glaubwürdig sein wollen und diese vier Jahre durchstehen wollen, dann sollten wir uns wie ein monolithischer Block bewegen und sollten nicht das tun, was wir im Betriebsverfassungsgesetz vom Grundsatz eigentlich abgelehnt haben, nämlich Minderheiten einzuführen. Das ist meine Bitte, und ich hoffe, dass das von den betreffenden Genossen, die nun wirklich diese Unterschrift geleistet haben, wo jeder herumrätselt, wer das wohl gewesen sein kann, dies dann auch mal ein bisschen dokumentiert wird. Schönen Dank.

Wehner: Helmut *Rohde*.

Rohde: Liebe Genossinnen und Genossen, ich habe nur einige Überlegungen zu der vorliegenden Entschließung zu bedenken zu geben. In den Absätzen 3, 4 und 5 wird der Versuch gemacht, diesen Vorgang in die allgemeinen grundsätzlichen Überlegungen des Verhältnisses von Staat und Bundeswehr einzuordnen. Dafür kann es gute Gründe geben. Auf der anderen Seite, und da verstehe ich die Lage der Verfasser, ist es aber außerordentlich schwer, ein solches Problem in wenigen Sätzen abzuhandeln, und dabei kann es sehr leicht zu Missverständnissen kommen. Ich darf eure Aufmerksamkeit lenken auf den vorletzten Absatz und dabei den letzten Satz, in dem es heißt: »In einem möglichen Konfliktfall muss aber die demokratische Verpflichtung absoluten Vorrang vor Bindungen an historische Traditionen haben.« Genossinnen und Genossen, die Verfasser werden mit mir auch einer Meinung sein, dass der Vorrang der demokratischen Verantwortung nicht nur für den Konfliktfall, sondern natürlich auch für den Normalfall und für den Alltag der Bundeswehr gilt. Weil das so schwer ist, in wenige Zeilen zu gießen, gebe ich den Verfassern zu überlegen – auch angesichts der Länge –, ob man diese Absätze 3, 4 und 5 unbedingt aufzunehmen braucht, oder ob man sich nicht beschränken soll auf die Hauptsache, nämlich den Vorgang und die politische Beurteilung, die die Sozialdemokratie in dieser Resolution vornimmt.

Wenn mir noch eine mehr redaktionelle Anmerkung gestattet ist, dann würde ich meinen, dass man die Resolution zunächst beginnen sollte mit dem zweiten Satz, dass nämlich die SPD-Bundestagsfraktion die Entscheidung und die damit verbundene Entlassung der Generale billigt und von daher dann den zweiten Satz ableitet, dass sie sich gegen den Missbilligungsantrag der CDU wendet und ihn ablehnt.

Wehner: Adolf *Scheu*.

Scheu: Genossinnen und Genossen, entschuldigt, wenn ich zu der Bemerkung von unserem Genossen *Sperling* noch eine Bemerkung mache. Ich bin zutiefst enttäuscht, dass nicht mehr herauskam bei diesem Beitrag, dass nicht wenigstens ein bisschen Einsehen da ist, dass die vier plus 36 im Grunde genommen eine Erklärung abgegeben haben, die sicher diese ganze Fraktion im Prinzip gebilligt hätte, und das dann so dargestellt wurde, als ob das nur eine bestimmte Gruppe innerhalb dieser Fraktion zur Forderung erhebe. Ich bin also darüber enttäuscht, dass nach alle dem, was uns heute bekannt ist, nach alle dem, was gesagt worden ist, nicht ein bisschen Einsicht gedämmert ist, dass dies ein falscher Schritt war. Ich bin nicht hier und maße mir nicht an, Richter über die vier plus 36 zu sein, das liegt mir fern, aber ich hätte eigentlich erwartet, dass die vier plus 36 jetzt eine Äußerung getan hätten, dass ihnen das wenigstens in der Nachsicht der Sache leidtut. Das wäre dann für uns die Versicherung, dass diese Dinge besser werden. Jeder kann einen Fehler machen. Auch 40 können einen gemeinsamen Fehler begehen, aber dass man das dann so wenig einsehen will, das begreife ich einfach nicht.

Wehner: Karl-Heinz *Hansen*.

Hansen: Genossinnen und Genossen, ich will mich nicht noch mal zu den 40 äußern, weil ich im Gegensatz zu Adolf *Scheu* genau der Meinung bin, dass wir dann eine Diskussion führen, die hier und heute nicht geführt werden sollte. Ich glaube, zu einem späteren Zeitpunkt muss in der Tat über Einsicht, und zwar in alle Richtungen, im Sinne des Appells an Geschlossenheit dieser Fraktion gesprochen werden, und dazu bin ich gerne bereit, meinen Beitrag zu leisten. Aber zur Sache. Ich möchte – vielleicht zur Überraschung einiger – hier noch mal daran erinnern, was Schorsch *Leber* eben gesagt hat in Bezug auf die Resolution. Und ich unterstütze hier Schorsch *Leber* voll und ganz, wenn er vorhin mahnend an die Fraktion – ich habe das jedenfalls so verstanden – gesagt hat, sorgt dafür, das keine Resolution aus diesem Kreis herausgeht, weil die Wirkung in die Bundeswehr die sein wird, dass man aufteilt in solche, die für [die] SPD-Resolution und für diese ganz schlimme CDU-Resolution sind.

Meine Begründung dafür ist noch eine andere. Ich glaube, jede Resolution, die jetzt das Thema, das wir doch gerade nicht wollen – Tradition Bundeswehr, politische Bildung Bundeswehr, wie setzen sie sich mit der Geschichte auseinander, wie steht es mit dem Bewusstsein der führenden Offiziere, die noch im Zweiten Weltkrieg eine Rolle gespielt haben –, dies wollen wir doch gerade nicht befrachten oder aufsatteln, was eben gesagt worden ist. Dann ist jede Resolution zu kurz gegriffen, weil sie diese ganze Problematik nicht mit wenigen Sätzen beschreiben kann, sodass sie überall richtig ankommt und unsere Auffassung von diesem doch sehr diffizilen Problem darstellt. Ich hätte dann, wenn wir dies wollen eine Resolution, doch lieber vorgeschlagen, dass wir uns etwas ausführlicher auch in der Fraktion darüber unterhalten, damit wir die Meinungen untereinander mindestens kennenlernen zu diesem sehr schwierigen Problem. Das ist bis heute noch nicht geschehen. Das haben wir leider in den vergangenen Jahren versäumt, obwohl gelegentlich dazu Anlässe schon da waren.

Wehner: Ich will jetzt in diesem Moment nicht in die Diskussion eingreifen. Ich wollte nur eines sagen – gegen vielleicht missverständlich aus dem, was ich vorhin gesagt habe. Hier geht es nicht um eine Resolution, die in irgendeiner Weise ins Plenum geht. Hier geht es überhaupt nicht um eine Resolution, die in irgendeiner Weise ein Antrag vielleicht auch nur an den Koalitionspartner ist, sondern eine Erklärung hier. Und ich hatte gesagt, wenn dazu die Neigung nicht so einheitlich wie denkbar ist, dann sollten, müssen wir es sein lassen. Aber gegen jede Resolution zu sprechen ist jedermanns Recht, nur eines wollte ich hier klarstellen: fürs Plenum ist sie nicht bestimmt. Es sind viele Wortmeldungen. Ich bitte um Entschuldigung, dass ich dazwischen diese Erläuterung zu geben versucht habe. Bruno *Friedrich*.

Friedrich: Ich möchte etwas sagen zu dem, was Helmut *Rohde* hier eingeführt hat. Wer sich die Presse anschaut, der muss ja überrascht sein, was da hochkommt, was wir in der Gesellschaft und im Journalismus nicht für möglich gehalten haben. Zunächst ist die heutige Tendenz ja, da ist der Schorsch *Leber* und da sind 40 vom linken Flügel der SPD und da gibt's ein paar anständige Soldaten, die haben mal da leichtsinnig gequatscht und damit ist nun die ganze Sache erklärt. Das geht bis weit in die Illustrierten hinein. Wenn ich dann höre, dass ein Mann, der sicher nicht als in unserem Sinne immer schreibend gewertet werden kann, der uns aber publizistisch aufs Auge gedrückt wird, wie *Wesemann*[60] im »Deutschlandfunk« sagt, aber jetzt sei doch eine innere Aussöhnung in der Bundeswehr notwendig, um auch mit einem solchen Mann wie *Rudel* zurechtzukommen[61], dann muss uns doch klar sein, dass hier etwas hochkommt, was wir auch im Bundestagswahlkampf gespürt haben, dass nämlich die Erinnerung an Nationalsozialismus und das, was einmal war, in der deutschen Öffentlichkeit verdrängt worden ist. Und deshalb halte ich es für höchst wichtig, dass wir den Versuch unternehmen – ich weiß, dass dies ein Versuch ist, und es war schwierig genug bei der Abfassung dieser Entschließung –, zumindest einmal das Wesentliche, um das es geht, anzusprechen. Und da ist

---

60 Fried *Wesemann*, Pressemitarbeiter beim SPD-Parteivorstand.
61 Der Kommentar *Wesemanns* vom 8. November 1976 im »Deutschlandfunk« ist in Ausschnitten wiedergegeben in: Presse- und Informationsamt der Bundesregierung, Kommentarübersicht Fernsehen, Rundfunk, Nr. 220 vom 9. November 1976, S. 3. In diesem Ausschnitt findet sich keine entsprechende Passage.

nun mal das Wesentliche, dass das Verhältnis zur Armee darin bestanden hat, dass bis 1945 sich die Armee in diesem Land der politischen Kontrolle entzogen hat oder dass sie ein willenloses Instrument war und dass es notwendig war, eine völlig neue Tradition, nämlich die einer demokratischen Armee, aufzubauen. Insoweit ist die Bundeswehr der Bundesrepublik Deutschland in einer völlig anderen Situation als jede Armee eines demokratischen Staates. Und wenn wir dies nicht klarstellen, dann werden wir in der ganzen Angelegenheit in einer Defensivposition sein und daraus ergibt sich ein Spannungsverhältnis, Genossen, da braucht man ja nur die Zeitungen anzusehen.

Die andere Frage ist, ob wir dazu schweigen wollen, was *Rudel* heute bedeutet, und ob wir dazu etwas sagen, dass nämlich hier die Frage der Unterordnung des Militärischen unter das Politische infrage gestellt worden ist. Ich meine, das müssen wir tun und insoweit, Helmut *Rohde*, bin ich der Meinung, können wir auf diese drei Absätze oder sollten wir nicht verzichten. Sonst würde es nur eine Zustimmung zu einem Vorgang, der nun vom Minister, also im Rahmen der gesetzlichen Mittel vorgenommen worden ist. Ich meine aber, dass eine politische Begründung dazu gehört.

Wehner: Erwin *Horn*.

Horn: Genossinnen und Genossen, ich bin der Auffassung, wir sollten uns nicht mehr verfransen über diese andere Geschichte hinsichtlich der Presseveröffentlichung. Dass sie nicht hilfreich für den Genossen *Leber* war, das wissen wir allesamt. Dass ich selbst einmal in einem Punkt meinen Part geleistet habe, der nicht allzu glücklich war, das wissen wir auch. Infolgedessen bin ich der Auffassung, dass wir den Reißverschluss hier nicht aufziehen, weil wir morgen vor einer wichtigen Debatte stehen, wobei es um anderes geht. Da müssen wir irgendwie gesammelt mit unserer Kraft dastehen.

Ich bin allerdings auch der Auffassung, Bruno *Friedrich*, dass es bei dieser Resolution doch nicht darum gehen kann, auf der einen Seite historisierende Darstellungen zu geben oder in eine ideologische Auseinandersetzung hier zu treten. Genau dann kommen wir nämlich auf den falschen Dampfer, den wir morgen politisch offensiv nicht vertreten wollen. Das ist meine Auffassung. Das muss aufgearbeitet werden, aufgearbeitet werden in einer sachkundigen [Art] und in einem größeren Tiefgang. Das ist über eine Resolution nicht zu fassen. Es ging doch im Grunde genommen um Folgendes – und die gute Absicht kann ich verstehen, zumal ich zu den Verfassern auch eines analogen Papiers gehöre[62], das zwar etwas kürzer war, das inzwischen auch dem Fraktionsvorstand und dem Vorsitzenden mindestens zugeleitet wurde – nicht, ist prima, ist in Ordnung, nämlich keine. Es ging doch im Grunde genommen hier um drei Dinge dabei. Es ging doch nicht um die Innenauseinandersetzung Bundeswehr und Gesellschaft, sondern meiner Auffassung nach um Folgendes: Diese Fraktion bekennt sich ganz klar und eindeutig angesichts der schweren politischen Hintergründe, die im Augenblick dort im Gange sind, [zur][63] Sicherheitspolitik von Georg *Leber* und zweitens auch zur Person von Georg *Leber*. Das ist doch die Essenz, um die es hier im Augenblick geht. Und ich bin der Auffassung, dass dies auch nicht mehr notwendig ist, hier noch eine zusätzliche Darstellung zu geben. Denn die Entscheidung Georg *Lebers*, die Bundeswehrgenerale *Krupinski* und *Franke* in den Ruhestand zu versetzen, ist so überzeugend und sachlich gerechtfertigt, dass sie in dieser Fraktion überhaupt nicht umstritten ist, nicht umstritten ist seine Sicherheitspolitik, nicht umstritten ist seine Persönlichkeit und infolgedessen brauchen wir hier nicht noch in eine zusätzliche Art Alibifunktion zu treten, die der Genosse *Leber* gar nicht notwendig hat.

---

62 Es ist unklar, welche Erklärung *Horn* anspricht.
63 Bei der Bearbeitung eingesetzt, dafür gestrichen: »hinter die«.

Wehner: Werner *Buchstaller.*

Buchstaller: Liebe Genossinnen und Genossen, ich bin sehr froh darüber, dass Georg *Leber* seinen Bericht hier in so offensiver Form vorgetragen hat, und ich hoffe auch, dass dies die Grundlage der Gesamtdebatte sein wird.

Ich möchte noch einmal unterstreichen, was er hier sagte. Wir haben uns weder zu entschuldigen noch zu rechtfertigen, noch zu verteidigen. Es ist völlig unmöglich, dass Generale mit nachweisbar diesen Aussagen in der Bundeswehr noch Verantwortung im Sinne des demokratischen Staats tragen können und tragen dürfen. Sie müssen raus! Welcher Weg und welche Schwierigkeiten dabei Schorsch *Leber* hat, ist eine zweite Sache. Aber inzwischen ist der Fall *Rudel*, *Krupinski* und *Franke* ja ein Fall und ein Politikum geworden der Haltung der Opposition.[64]

In dem Moment, wo die Opposition, die offensichtlich der Auffassung ist, offensichtlich der Auffassung, wenn Herbert *Wehner* schon von allen verketzert werden darf, von Politikern, von Journalisten, warum soll er dann plötzlich nicht von Generalen verketzert werden dürfen, dann meine ich, kann nicht deutlich genug herausgestellt werden, welche unverantwortliche Haltung im Sinne der Demokratie von dieser Opposition mit diesem Antrag hier dem deutschen Volk aufgetischt wird. Und es kann nicht deutlich genug gemacht werden, dass eine solche Partei auf keinen Fall regierungsfähig ist, wenn sie überhaupt nicht noch etwas anderes nicht ist. Und man stelle sich einmal vor, einer, der einmal Verteidigungsminister werden wollte, nämlich der *Wörner*, stellt sich hinter diese Pflichtverletzungen, die sind Verletzungen ja nur doch deshalb, weil es einen Sozialdemokraten angegriffen hat. Ich möchte ihn gehört haben, wenn sie was gegen Franz Josef *Strauß*[65] gesagt hätten.

Und hier – meine ich – sollten wir nicht auf Details eingehen, auch nicht auf Nebenkriegsschauplätze. Etwa Stilfragen, ob der Schorsch *Leber* das freundlich oder unfreundlich gemacht hat oder ob der Stil im Gesetz vorgeschrieben ist oder nicht oder ob Hermann *Schmidt* – zu spät ja, zu spät nein –, das sind alles Nebenkriegsschauplätze. Wir konzentrieren uns auf das, was die zwei Generäle gesagt haben und der Missbilligungsantrag der Opposition sagt weiter nichts: Na ja, war ja weiter nicht schlimm, die haben es ja gegen Herbert *Wehner* gesagt. Und da meine ich, sollten wir strikt uns daran halten, in diesem Punkt die Opposition und nicht jetzt den anderen in den Mittelpunkt der morgigen Debatte zu stellen. Und was nun die Resolution anbetrifft, lieber Bruno [*Friedrich*], weißt du, die Bundeswehr besteht jetzt seit 20 Jahren, seit über 20 Jahren und wenn wir immer noch erklären müssen, warum, weshalb, wodurch die integriert werden soll, obgleich die eigentlich integriert ist, aber dass noch mehr getan werden muss, obwohl das heute anders ist als früher, dann muss ich sagen, dann hört der Staatskundeunterricht in diesem Sinne wohl die nächsten hundert Jahre nicht auf, nicht wahr. Hier hat man sich in einer Resolution auf die Kernpunkte zu konzentrieren, wenn überhaupt und sich darauf zu konzentrieren, den Antrag der Opposition morgen in einer guten Debatte abzulehnen.

---

64 Der CDU-Bundesvorsitzende *Kohl* führte in der Sitzung des CDU-Bundesvorstands am 8. November 1976 aus, dass man von dem Begriff Generalsaffäre wegkommen und den Vorgang mit dem Namen *Leber* verknüpfen solle. Der gesamte Vorgang ließe sich – »wenn wir hier mit Klugheit und Geschick operieren« – geschickt für die Opposition nutzen und könne, so deutete *Kohl* indirekt an, auf eine Entlassung *Lebers* hinauslaufen. Karl *Carstens* führte unter anderem aus, *Leber* habe »dem Druck der Linken in der SPD nachgegeben«. Zur Sitzung des CDU-Bundesvorstands vom 8. November 1976 vgl. PROTOKOLLE DES CDU-BUNDESVORSTANDS 1976–1980, Dok. Nr. 3, S. 92–104, hier S. 98 f. (Kohl), S. 107 (Carstens).

65 Vorsitzender der CSU.

Fraktionssitzung 09.11.1976 **143.**

Wehner: Manfred *Coppik*. Schorsch *Leber*.

Leber: Genossen, ich wollte zur Sache gar nichts mehr sagen. Ich wollte nur nicht missverstanden werden. Ich habe vorhin angeraten, dem Bundestag keinen Antrag von uns vorzulegen. Gegen eine entsprechend kurzgefasste Entschließung hier hätte ich natürlich nichts einzuwenden.

Wehner: Wilderich *Ostman von der Leye*.

Ostman von der Leye: Genossinnen und Genossen, zunächst einmal scheint es mir nicht angebracht, heute eine innerfraktionelle Auseinandersetzung stattfinden zu lassen, sondern ich glaube, heute ist der Zeitpunkt, wo wir uns alle gemeinsam vor Schorsch *Leber* und Herbert *Wehner* stellen müssen. Das ist die entscheidende Frage, dass wir in dieser Fraktionssitzung und nicht morgen bei der Ablehnung eines CDU-Antrages unser Vertrauen hier deutlich aussprechen sollten. Das kann man nur, wenn man heute eine Resolution mit den entsprechenden Sätzen, das Vertrauen auszudrücken gegenüber beiden Genossen, hier verabschiedet. Ich allerdings bin der Meinung, dass die Resolution, die wir hier vorliegen haben, in diesem Punkt ein wenig zu lang ausgefallen ist. Sie hätte ein wenig kürzer und auch durchaus verletzender gegenüber der CDU sein können. Es ist die Frage, ob das jetzt noch zustandekommen kann. Ich glaube kaum noch, dass jetzt also eine redaktionelle Änderung möglich ist. Deswegen würde ich auch meinen Entwurf jetzt nicht hier zur Abstimmung stellen, den ich gestern eingereicht hatte, sondern ich würde meinen, dass man dann also diese Resolution verabschieden sollte, wenn sie nicht noch kürzbar wäre.

Wehner: Peter *Conradi*. Manfred *Schulte*.

Schulte: Genossinnen und Genossen, es ist mein Eindruck, dass in der Bevölkerung der politische Gehalt dieser Auseinandersetzung erkannt ist. Ich meine, wir müssten als Fraktion darauf politisch reagieren, und ich möchte deshalb die Anregung geben, an diesem Punkt, wo wir sichtbar Anfängen wehren müssen, morgen den Antrag der CDU in einer namentlichen Abstimmung abzulehnen. Ich sage dies auch deshalb, weil ich der Auffassung von Willy *Brandt* bin, dass es in der Opposition außer den reaktionären Kräften konservative Kreise gibt, die sich bei dieser politischen Polarisation auch nicht mittelbar mit einem Herrn *Rudel* in Verbindung bringen lassen wollen. Hier könnte eine Nagelprobe gemacht werden, und ich könnte mir vorstellen, dass unser Koalitionspartner hier eindeutig auf unserer Seite stehen wird und dass es hier keine Schwierigkeiten gäbe.

(Leichter Beifall.)

Wehner: Günther *Metzger*.

Metzger: Liebe Genossinnen und Genossen, der Fraktionsvorstand hat gestern ausdrücklich begrüßt, dass die Bundesregierung in Form einer Regierungserklärung durch Georg *Leber* die Möglichkeit hat, den Sachverhalt, der in den letzten Tagen in der Presse ja sehr unterschiedlich dargestellt wurde, diesen Sachverhalt aufzuklären und den Sachverhalt auch vor dem Parlament im Einzelnen darzulegen. Der Fraktionsvorstand hat es gestern auch begrüßt, dass die Bundesregierung durch diese Regierungserklärung die Gelegenheit hat, die Gelegenheit bekommt, über die Darlegung des Sachverhaltes hinaus eine politische Wertung und auch eine politische Gewichtung dieser Vorfälle der letzten Tage vorzunehmen. Ich greife hier bereits auf Punkt 6 unserer Tagesordnung zurück und ich nehme an, Herbert, dass du damit einverstanden bist, dass wir Punkt 6 der Tagesordnung hier gleich in der Debatte mit abhandeln. Und wir waren gestern auch im Fraktionsvorstand der Auffassung, dass wir im Parlament, in der Debatte auf der Linie, die Georg *Leber*, aber auch Willy *Brandt* hier vorgetragen haben, taktieren sollten und vor allen Dingen eine politische Wertung der Vorfälle, eine politische Wertung dieser Vorgänge vornehmen sollten.

Es war nicht so [zu] verstehen – und Georg *Leber* hat eben noch einmal darauf hingewiesen –, dass die Fraktion morgen zu dem Antrag der CDU/CSU, dem Bundesverteidigungsminister beziehungsweise seiner Entscheidung eine Missbilligung auszusprechen, diesem Antrag eine Erklärung oder eine Resolution entgegensetzen [sollte]. Aber wir waren der Auffassung, dass heute die Fraktion als Ergebnis der Diskussion in der Fraktionssitzung eine Erklärung abgeben sollte, und dieser Entwurf, der vor einer Stunde hier verteilt worden ist, könnte nach unserer Auffassung eine Grundlage für eine solche Erklärung sein.

Dabei ist es nach meiner Auffassung nicht möglich, dass wir uns ausschließlich konzentrieren auf die Verhaltensweise der beiden Generale oder dass wir uns ausschließlich konzentrieren auf die Konsequenzen, auf die berechtigten Konsequenzen, die Georg *Leber* aus dieser Verhaltensweise gezogen hat, sondern wir waren der Auffassung – vor allen die beiden Verfasser, Bruno *Friedrich* und ich –, dass wir über diesen konkreten Anlass hinaus noch einmal deutlich machen sollen, einmal die Haltung der sozialdemokratischen Partei oder der sozialdemokratischen Bundestagsfraktion auf der Grundlage der Beschlüsse des Karlsruher Parteitages.[66] Willy *Brandt* hat bereits darauf hingewiesen, dass wir noch einmal deutlich machen sollen das Verhältnis der sozialdemokratischen Partei zur Bundeswehr, dass wir aber auch noch einmal deutlich machen sollen das Verhältnis der Bundeswehr zur demokratischen Staats- und Gesellschaftsordnung und damit auch zum Parlament und zur Bundesregierung selbst.

Und ich bin auch der Auffassung, und das sollte morgen in der Debatte auch angesprochen werden, auch das findet sich hier in dieser Erklärung wieder, dass wir ein Wort sagen sollten zur Tradition der Bundeswehr, die nach meiner Auffassung nicht nur verstanden werden sollte und verstanden werden kann als eine Anknüpfung an eine Zeit vor 1945, sondern in erster Linie als eine Behandlung der Zeit nach 1945 – also eine Zeit der letzten 20 Jahre, in der sich die Bundeswehr entwickelt hat. Und ich bin auch der Meinung, dass die Behandlung des Themas Tradition der Bundeswehr nicht möglich ist ohne Geschichtsverständnis, nicht möglich ist auch ohne die Bereitschaft, aus der Geschichte zu lernen. Das heißt, ganz konkrete Konsequenzen zu ziehen für die Situation der Bundeswehr in unserer heutigen Zeit und damit auch für das Verhalten der beiden Generale im Zusammenhang mit der Einladung von dem früheren Oberst *Rudel* zu einem Traditionstreffen der Bundeswehr. Auch hierzu sollte nach meiner Auffassung oder sollte nach unserer Auffassung die Fraktion heute in dieser Erklärung, die als Entwurf vorgelegt ist, einiges zu sagen.

Ich stimme Helmut *Rohde* zu, dass dieser eine Satz, den er hier wörtlich zitiert hat, der letzte Satz im vierten Absatz dieser Entschließung zu Missverständnissen Anlass geben kann. Deshalb würde ich vorschlagen, dass in diesem Satz, der lautet: »In einem möglichen Konfliktfall muss aber die demokratische Verpflichtung absoluten Vorrang vor Bindungen an historische Traditionen haben«, dass in diesem Satz das Wort »Konfliktfall« gestrichen wird, damit deutlich wird, dass in jedem Fall die demokratische Verpflichtung absoluten Vorrang hat vor historischen Traditionen.

Wehner: Alfons *Pawelczyk*.

Pawelczyk: Genossinnen und Genossen, ich möchte mich auch für eine Erklärung der Fraktion aussprechen und würde die Erklärung nicht verstehen als eine Adresse an die

---

[66] Vgl. Anm. 49.

| Fraktionssitzung | 09.11.1976 **143.** |

Bundeswehr, sondern als eine Adresse an die Öffentlichkeit. Und ich denke, das ist auch deshalb wichtig, weil mit Sicherheit die Diskussion über die Nebensachen von der Opposition weiter fortgeführt wird, weil sie halt das Gefühl hat, dass es in ihre Konfliktstrategie hereinpasst. Wie sich das insgesamt auswirkt, darüber kann ja morgen geredet werden. Deshalb müssen wir, glaube ich, etwas Grundsätzliches gegenüberstellen, zumal es ja darum geht, hier den geistigen Gehalt dessen, was wir Wehrverfassung nennen, hier noch einmal darzustellen und auch klarzumachen, dass das das Ergebnis sozialdemokratischer Politik in den '50er Jahren war. Gegen den Mehrheitswillen und weil wir die Sperrminorität hatten in der Verfassung, ist die Ausformung so geschehen, wie sie hier geschehen ist, und ich finde, das ist ein guter Anlass, das hier darzustellen.[67]

Und im Zusammenhang mit der fortlaufenden Diskussion, glaube ich, lohnt es sich dann auch, darauf aufmerksam zu machen, dass die Frage, ob die Streitkräfte in der Demokratie im Konsens gehalten werden können, davon abhängt, wie die Politik sie ständig zwingt und herausfordert, die gesellschaftspolitische Diskussion, die ständig fortschreitet, geistig mit zu vollziehen. Und da gibt es, da bin ich auch der Meinung, durchaus einige Punkte, über die man zu diskutieren hat, die aber ja nicht im Dissens unter uns hier diskutiert zu werden brauchen. Danke.

Wehner: Bisher letzte Wortmeldung: Helga *Timm*.

Timm: Liebe Genossinnen und Genossen, ich möchte anknüpfen an das, was Alfons [*Pawelczyk*] und Günther *Metzger* eben gesagt haben. Ich meine auch, dass es wohl Anlass ist, dass die Fraktion in Form eines Statements aus dieser Sitzung etwas herausgibt, was eben an die Adresse der Öffentlichkeit gerichtet ist. Aber ich meine, es kann nur etwas sein, auf das wir uns alle ganz klar einigen und gleichzeitig auch etwas ist, was die Öffentlichkeit dann auch reproduziert, das heißt wiedergibt, und dann muss es kürzer sein. Ich fürchte, Alfons, dass die wichtigen Dinge zur Begründung in einem solchen Statement einfach von der Presse überhaupt nicht aufgenommen werden. Ich meine, das alles, was hier gesagt wurde dazu und was hier kurzgefasst dargelegt ist, gehört in die morgige Debatte, ganz klar. Ich hätte einen Vorschlag und überlegt das mal. Macht euch vielleicht dazu einige Notizen. Den ersten Absatz zu lassen, wie wir uns morgen im Plenum zu verhalten gedenken, worin gleichzeitig ein Vertrauensvotum für Schorsch *Leber* drinsteht. Dann alles, was auf der Seite ist, streichen und auf der zweiten Seite mit dem dann folgenden zweiten Absatz beginnen. Und da müsste es dann heißen: »unsere Missbilligung des Verhaltens«, damit man anknüpfen kann. Und damit bezeichnen wir den Kern des Konflikts in unserer Sicht. Der dann folgende Absatz muss auch stehenbleiben, weil es direkt unsere Stellungnahme zum In-den-Dreck-ziehen von Herbert *Wehner* angeht. Der dritte Absatz müsste auch stehenbleiben, weil wir sagen wollen, dieses ist ja nicht, wie die Bundeswehr im Ganzen dasteht, also unsere Einschätzung der Bundeswehr, wie sie aufgrund der 20-jährigen Entwicklung geworden ist. Und der vierte Satz muss auch stehenbleiben, das Verhältnis der SPD zur Bundeswehr überhaupt. Wenn ihr das mal jetzt so im Zusammenhang seht, sind das klare Statements mit den Inhalten, die, glaube ich, als Ergebnis dieser Diskussion mit den Informationen, die wir dankenswerterweise von Schorsch *Leber* bekommen haben und dem Statement von Willy *Brandt* und all denen dazu, als Ergebnis der Diskussion zusammenfassend, glaube ich, unsere Meinung wiedergeben könnten. Schönen Dank.

---

67 Zur Wiederbewaffnung vgl. unter anderem die SPD-Fraktionssitzung am 7. September 1950, online, und die Plenarsitzung am 6. März 1956, BT Plenarprotokoll 02/132. – Am 22. Mai 1956 trat die mit großer Mehrheit beschlossene Wehrverfassung (zentrale Norm, Ergänzung des Grundgesetzes Art. 87a GG) in Kraft, am 1. April 1956 das Gesetz über die Rechtsstellung des Soldaten (Soldatengesetz) und am 25. Juli 1956 das Wehrpflichtgesetz. Vgl. BGBl. 1956, I, S. 114–126 und S. 652–661.

Wehner: Der Bundeskanzler.

Schmidt (Hamburg): Liebe Freunde, ich habe nur zwei Sätze zu sagen nach dem Vielen, was schon wir gehört haben und insbesondere nach der mir sehr zusagenden Gesamtbeurteilung durch den Parteivorsitzenden. Mir liegt nur daran, dass jeder hier weiß, dass an jenem Wochenende – ich glaube, es war ein Sonnabend, als Schorsch *Leber* und ich zum ersten Mal in Kontakt waren miteinander über diese Sache – es zwischen dem Verteidigungsminister und dem Bundeskanzler keinerlei Frage gab, dass diese beiden Herren aus dem Dienst würden entfernt werden müssen.

Mir scheint nach einigem, was ich so zwischen den Zeilen gehört habe bei dem hier, bei der Debatte, dass das jeder wissen sollte. Es ist eine solche Entscheidung, die man nicht zu zweit alleine treffen kann. Ihr habt ja aus den Zeitungen entnommen, dass nach Recht und Gesetz auch noch andere daran mitzuwirken haben, dass dabei auch Formen zu beachten sind. Nicht eine Erleichterung, wenn man das, was man sowieso aus eigenem Entschluss und aus eigener Pflichterfüllung zu leisten hat, einem quasi öffentlich von anderen vorgehalten wird, dass man es gefälligst tun soll, wenn man vielleicht aus eigener Kraft nicht stark genug dazu sei.

Wehner: Wird noch das Wort gewünscht? Das scheint nicht der Fall zu sein. Ich muss jetzt wohl die Frage stellen, ob die Neigung besteht, um eine der Variationsmöglichkeiten, die hier vorgebracht worden ist, eine andere war die von Helmut *Rohde* – betraf drei Absätze auf der ersten Seite –, ob dieser Variationsmöglichkeit, die eben hier Helga *Timm* erläutert hat, gegenüber Neigung besteht. Oder ob die Meinung überwiegt, es in dieser Situation überhaupt nicht durch eine Erklärung der Fraktion deutlich zu machen, wie sie nach den Berichten und nach einer Aussprache zu den Fragen, um die es geht und morgen im Bundestag gehen wird, steht. Darf ich einmal fragen, ob die Neigung besteht in dieser Form etwa. Wir können jetzt ja nicht eine große Redaktionskommission aus der Fraktionssitzung machen. Sollte eine Entschließung – die Entschließung in ihrem Text, der sonst unverändert bliebe, mit diesen wesentlichen Kürzungen und damit Straffungen herauszubringen, dann bitte ich um ein Handzeichen, wer sich dieser Meinung geneigt zeigt. Danke. Die gegenteilige Meinung. Ja, Genossen, das wäre also die überwiegende Mehrheit. Die braucht nicht ausgezählt zu werden. Darf ich mir dann erlauben zu fragen, ob mit der einen Wortänderung – die die Helga auf Seite 2 zu Beginn des Absatzes, »die Missbilligung«, mit »unsere Missbilligung« eingebracht hat, ob dann dieser Text so gebilligt wird, bitte ich um ein Handzeichen. Danke. Gegenteilige Meinung. Das heißt, ohne Gegenstimmen angenommen. Ich danke sehr herzlich dafür.

Ich will dem Bundeskanzler nicht vorgreifen oder ihm was nachsagen. Ich wollte ihm auch keinen Zwischenruf machen, aber ich denke, die Fraktion wäre – abgesehen jetzt, dass wir sonst die Debatte abgeschlossen haben – dankbar, wenn er zwei Sätze sagen würde über die Tatsache, dass im Kabinett am Mittwoch gesprochen worden ist und wie. Ist das möglich, frage ich den Bundeskanzler.

Schmidt (Hamburg): Ja, sicher.

Wehner: Ja, dann, die Fraktion scheint der Meinung zu sein, dass der Bundeskanzler sagt – einfach informativ, es wird ja keine Einzelheit verlangt.

(Zwischenruf *Schmidt* (Hamburg): Herbert, worüber soll ich reden?)

Ja, die Tatsache für jemand, der wie ich in dem gestrigen Koalitionsgespräch sein musste und durfte, ist ja klar, dass dort gesagt worden ist, dass das Kabinett, wie der Bundeskanzler das gesagt hat, eine gute Stunde und sehr intensiv und übereinstimmend zu einer Feststellung gekommen ist, die dem Vorgang und der Behandlung durch den Vertei-

Fraktionssitzung 09.11.1976 **143.**

digungsminister galt.[68] Um das und weiter nichts ging es mir, weil das – glaube ich – für die Debatte nicht ganz schlecht ist. Der Bundeskanzler hat das Wort.

Schmidt (Hamburg): Ich nehme das Wort jetzt nicht, um die Darstellung, die Herbert gegeben hat, ausdrücklich zu bestätigen. Dessen bedarf es nicht. Das ist so zutreffend. Das Kabinett hat auf Vortrag von *Leber* hin sich damit eine Stunde beschäftigt, und es gab keine abweichenden Meinungen. Ich muss hier nur darauf hinweisen, dass nach dem Gesetz das Kabinett einen Beschluss nicht zu fassen hatte. Dass das hier jetzt nicht falsch verstanden wird, sondern nach dem Gesetz ist es so: Der Bundespräsident entlässt auf Vorschlag des zuständigen Bundesministers, hier also des Verteidigungsministers, der wiederum bedarf dazu der Zustimmung des Bundeskanzlers. Die hatte er bereits seit Sonnabend der vorvergangenen Woche. Wohl aber ist die ganze Sache politisch so gewichtig, dass natürlich das Kabinett darüber debattiert hat – es hat dort keine abweichende Meinung gegeben –, aber keinen rechtsförmlichen Beschluss, weil von der Rechtsform her, von der Prozedur her das Kabinett nach dem Gesetz gar nicht zu beteiligen war.[69]

Wehner: Herzlichen Dank. Ich komme dann dazu aufzurufen –

(Zwischenruf.)

Ja, namentliche Abstimmung. Ich hatte gedacht, dem würde nichts entgegenzusetzen sein. Also – wenn [das] die Meinung der Fraktion ist, sollten wir das morgen tatsächlich beantragen. Das muss man ja beantragen und kann nicht abgelehnt werden – also namentliche Abstimmung. Dann also bitte ich den Bundeskanzler, das Wort zu nehmen zum Politischen Bericht.

Schmidt (Hamburg): Liebe Freunde, ich will versuchen, nach dieser schon sehr lange dauernden Debatte meinerseits sehr zu raffen und zu straffen, und bitte um Nachsicht, wenn nicht alle Punkte so geraten dabei, dass jeder schon das unmittelbar entnehmen kann, was er gerne hören möchte. Ich möchte vorweg herzlichen Dank sagen für vielerlei Beiträge und Anregungen, die schriftlich an die Bundesregierung, an die Parteiführung, auch an mich gelangt sind im Hinblick auf die Koalitionsverhandlungen und im Hinblick auf die Vorbereitung der Regierungserklärung.

Ihr wisst, dass inzwischen drei Sitzungen stattgefunden haben zwischen zwei annähernd gleich großen Delegationen der Freien Demokraten und der Sozialdemokraten. Auf unserer Seite sind es Willy *Brandt*, Herbert *Wehner*, Hans *Koschnick*[70], Walter *Arendt*, Hans *Apel* und ich. Das dritte Gespräch war gestern.[71] Ich rechne damit, dass – beginnend ungefähr mit dem 23. dieses Monats, das wird das vierte Gespräch sein – noch ungefähr acht weitere Gespräche notwendig sind. Wir haben uns im Augenblick etwas Zeit gelassen, weil die FDP mit der Vorbereitung ihres Parteitags beschäftigt ist.[72] Die intensiven und dann Tag für Tag zügig erfolgenden Beratungen unter jeweiligem Rückgriff,

---

68 Zur Kabinettssitzung vom 10. November 1976 vgl. KABINETTSPROTOKOLLE DER BUNDESREGIERUNG, online.
69 Die ursprünglich geplante Rede Lebers wurde im Kabinett ungewöhnlich kontrovers diskutiert. Im Kabinett wurde *Leber* dringend davon abgeraten, in seiner Rede die Vorgeschichte zum Besuch *Rudels* ebenfalls als Entlassungsgrund mit zu nennen, wovon sich *Leber* erst nach längerer Diskussion überzeugen ließ. Vgl. u. a. den Artikel »Bonn: Des Kanzlers wacklige Stützen«; »Der Spiegel« vom 15. November 1976, S. 27–29.
70 Präsident des Bremer Senats, Bremer Bürgermeister, stellvertretender Bundesvorsitzender der SPD.
71 Vgl. u. a. den Artikel: »Renten sind das Hauptthema. Heute in Bonn erstes Koalitionsgespräch über Sachthema«; »Frankfurter Rundschau« vom 8. November 1976, S. 1 f.
72 Der Parteitag der FDP fand am 19. und 20. November 1976 in Frankfurt a. M. statt.

wenn er notwendig erscheint, auf die Fachleute der Fraktionen oder auf Beamte in den Ministerien werden also dann Ende November stattfinden. Was ihr alles in den Zeitungen lesen mögt über Personalfragen, dieses bitte ich jedermann nicht ernst zu nehmen, und wenn ich also an eure Güte noch ein bisschen weiter appellieren darf.[73] Es wäre natürlich noch besser, wenn ihr euch daran nicht beteiligen würdet. Es ist ganz klar, dass vielerlei Geschreibsel und Geschwätz in den Zeitungen – auch das, was in Gänsefüßchen einzelnen von uns in den Mund gelegt wird, sei es der Marie *Schlei* zum Beispiel oder mir oder anderen Kollegen, einzelnen gegenwärtigen Bundesministern –, könnt ihr alles getrost in den Papierkorb werfen. Über Personalien wird erst am Schluss geredet werden.

Zur amerikanischen Präsidentenwahl sollte ich vielleicht sagen, dass damit das Ende der wahlkampfbedingten und damit zwangsläufigen Stagnation in der amerikanischen Politik in Sicht kommt.[74] Ich bin ganz sicher, dass sich die enge und freundschaftliche Zusammenarbeit zwischen unseren beiden Ländern fortsetzen wird – auch mit der neuen Administration. Den Willen dazu und die Bereitschaft dazu habe ich dem künftigen Präsidenten[75] gegenüber ausgedrückt und ich habe dem Präsidenten [Gerald] *Ford* meinen Dank gesagt und hinzugefügt, dass unter seiner Regierung die deutsch-amerikanischen Beziehungen einen bisher unerreicht gewesenen Grad von Freundschaft und gegenseitigem Verständnis, gegenseitiger Kooperation erreicht haben. Natürlich sind die zukünftige Außenpolitik der Vereinigten Staaten von Amerika und ihre Wirtschaftspolitik die beiden wichtigsten Aspekte etwaiger Veränderungen, auf die wir zu schauen haben. Ich glaube, dass auf vielen Feldern der Politik, die für uns von Bedeutung sind, im Laufe des Jahres 1977 die neue Administration auf ähnlichen Positionen angekommen sein wird, wenn sie sich erst mal gebildet und gesettelt hat wie die bisherige. Die Variationsbreiten auch für die amerikanische Politik sind nicht sehr groß. Es mag einzelne neue Akzente geben. Es gibt sicherlich einen neuen Akzent – man weiß nicht, ob er sehr schnell zum Ausdruck kommen wird – auf dem Feld der Nichtverbreitungspolitik und der Problematik der Exporte nuklearer ziviler Technologie. Das – scheint mir – kann man im Augenblick erkennen. Alles andere muss man noch stärker abwarten wie auf diesem Feld.

Ein Wort zur Veränderung in der DDR-Spitze.[76] Mir scheint, dass man die Veränderung wohl im Wesentlichen ansehen darf als aus innenpolitischen und innerparteilichen Bedürfnissen der DDR und der SED motiviert – im Wesentlichen wohl als von daher motiviert betrachten muss. Ich will nicht meinerseits hier als Astrologe auftreten und alles Mögliche hineingeheimnissen, will aber auch darauf hinweisen, dass [Willi] *Stoph*[77] als jemand gilt, der einerseits in Moskau besonderes Vertrauen hat, andererseits als jemand gilt in der DDR, der von den Führungspersonen der SED – wenn man sie alle nebeneinander betrachtet, von diesen Führungspersonen aus mit den Augen des Bürgers der DDR betrachtet – wohl als ein eher sympathischer Mann gesehen wird im Vergleich mit anderen. Wir können nicht erkennen, dass diese Veränderungen in der Staatsspitze wesentliche Veränderungen der Außenpolitik oder der Deutschlandpolitik der DDR einleiten. Manches Urteil, was gesprochen worden ist nach jener Volkskammersit-

---

73 Vgl. u. a. die Artikel »Kein ›Super-Kanzleramt‹«; »Frankfurter Rundschau« vom 26. Oktober 1976, S. 1; »Der Ärger beginnt im zweiten Glied«; »Frankfurter Rundschau« vom 27. Oktober 1976, S. 3.
74 Die 48. Wahl des Präsidenten der Vereinigten Staaten von Amerika fand am 2. November 1976 statt.
75 Jimmy *Carter*.
76 Am 29. Oktober 1976 wurde Erich *Honecker* als Vorsitzender des Staatsrats Nachfolger von Willi *Stoph*. Vgl. EUROPA-ARCHIV 1976, Z 196. – Vgl. u. a. auch den Artikel »Mehr Macht für Honecker«; »Die Zeit« vom 5. November 1976, S. 6.
77 Vorsitzender des Ministerrats der DDR.

zung, schien mir ein bisschen vorschnell zu sein.[78] Da war eine gewisse Rollenverteilung in dem, was *Stoph* gesagt hat, und in dem, was der Fraktionsvorsitzende der SED-Fraktion[79] gesagt hat. Aber ganz eindeutig sind beides Positionen relativer Zurückhaltung, relativen Abwartens. Sie hielten das Gleichgewicht zwischen Zurückweisung angeblicher Anti-DDR-Kampagnen in der Bundesrepublik einerseits und dem Bekenntnis zur Weiterführung der Entspannungspolitik andererseits. Das gilt auch für die strikte Einhaltung und die volle Anwendung des Vier-Mächte-Abkommens[80] hinsichtlich Berlins.

Lasst mich ein Wort zu Berlin hinzufügen. Mir scheint, dass wir hier im Bundestag und auch übrigens in der Partei in anderen Zusammenhängen, dass wir aufpassen müssen, dass wir die Entwicklung Berlins, seitdem das Vier-Mächte-Abkommen in Kraft ist, nun nicht für einen so selbstverständlichen Prozess halten dürfen, dass man sich darum nicht mehr zu bekümmern braucht. Sondern mir scheint, es muss ins Bewusstsein gehoben werden, dass die Debatte, die in Berlin leider ziemlich öffentlich sich vollzieht in den Zeitungen mit Interviews und Entschließungen, dass diese Debatte innerhalb der Berliner Partei auch einen realen Hintergrund hat.

Berlin ist nicht mehr in dem gleichen Maße wie vor dem Vier-Mächte-Abkommen so etwas wie ein Punkt, an dem symptomatisch Politik sich ausdrückt. Berlin ist auch ja nicht mehr ein Ort, um den und an dem jeden Tag gekämpft werden muss in der Auseinandersetzung mit Kräften, die seinerzeit die Freiheit West-Berlins gefährdeten oder doch zu gefährden schienen. Berlin bleibt ein neuralgischer Punkt. Die Lage in Berlin und um Berlin bleibt Gradmesser der Entspannungspolitik, aber es bleibt ebenso auch richtig, dass weitere Verbesserungen in Berlin nicht möglich sind, wenn nicht unser Verhältnis zur Sowjetunion mindestens so gut bleibt, wie es gegenwärtig ist. Wenn es sich verschlechtern sollte, wenn es sich verschlechtern sollte, wird das nicht auf die Dauer ohne Auswirkungen in Berlin bleiben. Das Entscheidende scheint mir, dass wir alle verstehen, dass das eigentliche Zentrum der Anstrengungen für Berlin sich verlagern muss auf das wirtschaftliche – ich sage es ganz deutlich –, das unternehmenswirtschaftliche Gebiet, und dieses enorme Potenzial intelligenter Arbeitnehmer in Berlin genutzt wird zu Investitionen, die die produktive Arbeit in Berlin ausweitet, und dass man einem Irrtum anheimfiele, wenn man meint, dieses alles könne geschafft werden im Bereich der öffentlichen Verwaltung allein. Es gibt hier eine ganze Menge Anstrengungen seitens des Berliner Senats und seitens auch der Berliner Wirtschaft – auch der westdeutschen Wirtschaft –, aber es wäre gut, wenn wir dem allen jeweils in unseren Wirkungskreisen, soweit wir Einfluss nehmen können, etwas beihelfen möchten.

Ich verzichte im Augenblick darauf, zu Umweltschutz, nuklearen Kraftwerken und dergleichen viel zu sagen, weil die Stimmung der Fraktion nicht dazu angetan ist, im Augenblick lange Vorträge zu halten. Es ist klar, dass die Regierungserklärung sich diesem Thema auch zuwenden musste, selbst wenn diese Ereignisse in Brokdorf und anderswo und in Niedersachsen wegen der dortigen Bohrungen in den Salzstockgebieten nicht schon Unruhe ausgelöst hätten.[81] Vielleicht gibt es einen Anlass oder jedenfalls gibt es

---

78 Die Volkskammersitzung fand am 29. Oktober 1976 statt.
79 Friedrich *Ebert* (junior, 1894–1979), seit 1971 Vorsitzender der SED-Fraktion und stellvertretender Vorsitzender des Staatsrates.
80 Zum Vier-Mächte-Abkommen über Berlin vom 3. September 1971 und begleitende Dokumente vgl. EUROPA-ARCHIV 1971, D 443–459. – SPD-Fraktionssitzung am 21. September 1971, SVP A, online. – Bulletin der Bundesregierung, Nr. 127 (Sonderausgabe) vom 3. September 1971.
81 Im November 1976 fanden in Brokdorf Großdemonstrationen der Atomkraftgegner gegen das dort in Bau befindliche Kernkraftwerk statt. Vgl. den Artikel »Sie kämpfen weiter«; »Die Zeit« vom 5. November 1976, S. 13.

eine Notwendigkeit für die Fraktion, im Lauf der nächsten Wochen sich damit näher zu beschäftigen. Die Partei wird das auch tun müssen, weil dies eine Diskussion ist, die wir notwendigerweise miteinander zu führen haben, wenn wir nicht alle in verschiedene Richtungen auseinanderlaufen wollen.

Ich will nur auf eines ganz deutlich hinweisen. Auch wenn durch die Weltrezession bedingt der Zuwachs an Energieverbrauch in den letzten Jahren nicht so steil gewesen ist, wie er in den energiepolitischen Programmen der Bundesregierung vorhergesehen war[82], so bleibt richtig, dass wir in Zukunft in Lagen kommen können, wo wir nicht mehr genug Strom haben, jedenfalls in einzelnen Regionen des Landes nicht mehr genug Strom haben werden. Und deswegen will ich den einen Satz wenigstens hier sagen. Wenn es zu einer Verzögerung kommen sollte oder müsste auf dem Feld des Baues nuklearer Kraftwerke, dann muss das kompensiert werden durch die entsprechende Beschleunigung des Baues konventioneller Kraftwerke.

(Beifall.)

Und es muss die Versöhnung oder die Harmonisierung zwischen lebensnotwendigen Gesichtspunkten zum Schutz der natürlichen Umwelt mit dem Bau von Kraftwerken überhaupt, die muss stattfinden, und wir Sozialdemokraten dürfen nicht teilnehmen an einer Veränderung der Qualität dieser Debatte ins Religiöse, denn den Strom brauchen wir, schon wegen unserer Arbeitsplätze. Unsere Industrie braucht den Strom und auch unsere Privathaushalte, und es gibt jetzt inzwischen Gebiete, Teile der Bundesrepublik Deutschland, wo Privathaushalten Beschränkungen ihres Stromverbrauchs auferlegt werden. Ich will die Debatte weiter nicht vertiefen, sondern darauf hinweisen, dass sie der qualifizierten Vertiefung bedarf und dass möglicherweise aus verschiedenen Ecken von Umweltschutzgesichtspunkten her, von energiepolitischen Gesichtspunkten her, von standortpolitischen Gesichtspunkten her sich die Kollegen in der Fraktion bitte damit beschäftigen mögen, ehe dass wir uns in voreilige öffentliche Festlegungen verrennen, die uns leid tun mögen nachher, wenn wir die Tatsachen ganz auf dem Tisch haben und die Sache von allen Seiten betrachten können. Niemand wird daraus herauslesen, dass ich solche Nacht-und-Nebel-Polizeiaktionen billigen kann, wie sie da oben in einem nördlichen Bundesland zu überflüssiger, zu überflüssiger Provokation eines großen Teils ernsthaft besorgter Bürger geraten sind.[83]

(Beifall.)

Die allgemeine wirtschaftliche Entwicklung ist im Augenblick wieder etwas positiver als nach der Sommerflaute. Das zeigt sich bei den Auftragseingangsziffern der letzten acht Wochen, zeigt sich auch bei der Entwicklung der Arbeitslosigkeit. Notabene, wir haben heute eine Preissteigerungsrate, die niedriger ist als alles, was wir in den letzten fünf-

---

82 Die Bundesregierung ging von einem stark steigenden Strombedarf und einer »Energielücke« ab 1980 aus und setzte auf den Ausbau der Kernenergie. Bis 1985 sollten AKW mit einer Gesamtkapazität von 45 000 bis 50 000 MW errichtet sein. Außerdem erwartete man den Bau mehrerer sogenannter Schneller Brüter und Anlagen zur Wiederaufarbeitung von Brennelementen. Zum Energieprogramm der Bundesregierung vom September 1973 vgl. BT Drs. 07/1057. – Vgl. auch den Artikel »Bonn kürzt Kernkraftpläne«; »Frankfurter Rundschau« vom 5. November 1976, S. 1. – Herbert *Wehner*: »Atomkraft: Die Bürger nicht überrumpeln ...«; »Express« vom 18. November 1976, BT Pressedokumentation, Personenordner Herbert Wehner.

83 Nachdem in der Gemeinde Brokdorf in Schleswig-Holstein umfangreiche Sicherungsmaßnahmen für den Bau eines Kernkraftwerks vorgenommen worden waren, wehrten sich am Wochenende, 30./31. Oktober 1976, 5 000 Demonstranten gegen den Bau des Kernkraftwerks. Ein Teil der Demonstranten besetzte das Gelände, das die Polizei daraufhin gewaltsam räumte. Vgl. zu diesen Vorgängen u. a. den Artikel »Sie kämpfen weiter«; »Die Zeit«, Nr. 46 vom 5. November 1976, S. 13.

Fraktionssitzung 09.11.1976 **143.**

einhalb Jahren erlebt haben. Niedriger ist sie seit 1971 nicht gewesen. Hier ist also eine ganze Menge Positives auch zu bemerken. Mit Besorgnis sehe ich allerdings im unmittelbar benachbarten europäischen Umland innerhalb der Europäischen Gemeinschaft, aber auch über Europa hinaus, dass manche andere Länder wirtschaftlich in große zusätzliche Schwierigkeiten gekommen sind im Lauf der letzten Wochen und Monate. Und ich habe das auf dem Berliner SPD-Parteitag öffentlich gesagt[84], ich brauche das hier nicht auszuführen, denn euch ist die Rede zugegangen, dies wird von uns eine ganze Menge Solidarität noch verlangen im Lauf der nächsten Monate und vielleicht Jahre, die nicht nur aus moralischer Pflicht, sondern auch geleistet werden muss, um uns selbst damit zu helfen. Es ist undenkbar, dass wir auf die Dauer aus einem Schlamassel herauskommen, wenn die anderen noch tiefer hineingeraten. Undenkbar in einer so stark außenwirtschaftlich verzahnten Volkswirtschaft wie der unsrigen.

Ich muss der Fraktion dann auch mitteilen, was sie aus den Zeitungen schon weiß, dass der Bundespräsident zunächst mündlich im Gespräch und sodann inzwischen förmlich mir mitgeteilt hat, dass er Zweifel nicht überwinden kann daran, ob das Gesetz zur Novellierung des Wehrdienstgesetzes und des Zivildienstgesetzes in Übereinstimmung mit Artikel 87 b (2) des Grundgesetzes zustande gekommen sei.[85] Der Bundespräsident hat keine Kritik geübt am materiellen Inhalt des Gesetzes, sondern er hat sich ausschließlich auf das beschränkt, was ich eben in einem dürren Satz zitiert habe. Dieses wirft für die Koalitionsfraktionen die Frage auf, ob sie, wann sie und wie sie das, was sie mit der Gesetzgebung in der Substanz beabsichtigten, in der neuen Legislaturperiode in einer zustimmungsfreien Weise erneut einbringen wollen. Die Bundesregierung ist hier zu technischer Hilfe durchaus in der Lage und bereit. Das ist sicherlich nicht eine Sache, die man hier im Handgalopp präjudizieren will. Ich will nur darauf hinweisen, dass nach meinem Urteil der Bundespräsident gehandelt hat in einer Weise, die nicht kritisiert werden sollte.

Ein anderes aktuelles Problem muss ich in noch größerer Lapidarität abhandeln, weil nicht nur der Zeitpunkt falsch gewählt ist, weil die Koalitionsgespräche an dem Punkt noch nicht angekommen sind, sondern weil sie auch bei der Öffentlichkeit, in der wir hier miteinander reden, einen möglichen, einen notwendigen Einigungsprozess in diesem Feld erschweren könnten. Es ist ganz sicher so, dass die Konsolidierung, finanzwirtschaftliche Konsolidierung bei der Rentenversicherung wie auch bei der Krankenversicherung möglich ist. Dabei werden verschiedene Präferenzen eine Rolle spielen. Es wird, wenn das Koalitionsgespräch an die Lösungsmöglichkeiten herankommt – Walter *Arendt* hat gestern nur einen Überblick über die Lage gegeben, aber nicht über die möglichen Komponenten der Lösungen –, wenn das Koalitionsgespräch also an die Lösungsmöglichkeiten herankommt, wird sicherlich bei diesem Thema, aber wie auch bei anderen Themen, die in der Koalition behandelt werden müssen, der Rückgriff auf die Fachleute der Fraktion unausweichlich werden. Wir haben dazu aus der Fraktion sehr sorgfältig durchgearbeitete Zuarbeit bekommen. Ich möchte mich hier ganz besonders bedanken für das, was wir bekommen haben – war besonders ausführlich und sorgfältig. Die Sache ist nicht leichter geworden im Lauf der letzten drei Wochen. Jeder von uns wird das spüren aus den Veröffentlichungen, die dieser Sozialversicherungsbeirat – ich weiß nicht, ob das genau der richtige Titel ist, den ich ihm eben gegeben habe, Sozi-

---

84 Helmut *Schmidt* hielt am 12. Oktober 1976 beim 41. Berliner Landesparteitag der SPD eine Rede über »Ergebnisse des 3. Oktober 1976: Analysen und Schlussfolgerungen nach der Bundestagswahl«.
85 Vgl. u. a. den Artikel »Scheel unterrichtet Schmidt über seine Weigerung«; »Frankfurter Allgemeine Zeitung« vom 5. November 1976, S. 1 f.; Chronik der deutschen Sozialdemokratie, Bd. III, S. 732.

albeirat – oder die von Herren oder Mitgliedern des Sozialbeirats in Veröffentlichungen in den letzten Tagen nach draußen gedrungen sind, sie ist nicht leichter geworden, weil einige Leute eben mehr ins Grundsätzliche gedacht haben.[86]

Sie wird auch nicht leichter dadurch – da habe ich im Wahlkampf überall, in jeder öffentlichen Massenkundgebung drauf hingewiesen –, weil wir nicht umhin können, bei all dem, was wir jetzt tun, einzubeziehen die Notwendigkeit, dass nach dem Urteil des Verfassungsgerichts, das wir anerkennen und dem wir entsprechen wollen und müssen, bis 1984 die Gleichstellung in der Hinterbliebenenversorgung bei der Rente zu lösen haben und die Gleichbehandlung zwischen Witwern und Witwen.[87]

(Zwischenruf.)

Ja, wie du das auch immer ausdrückst. Zwischen Witwern und Witwen, nicht zwischen Männern und Frauen, sondern es handelt sich um die Hinterbliebenenversorgung und nicht um eine generelle Gleichstellung auf allen möglichen anderen Gebieten. Die haben wir zu lösen bis 1984, und es ist undenkbar, jetzt in der Rentenversicherung – mit Auswirkungen auf die Krankenversicherung, die Auswirkungen sind unvermeidlich, das hängt beides auf vielfältige Weise aneinander –, es ist nicht denkbar, heute hier unter Inkaufnahme mancher Schmerzen etwas zu tun und dann gegen Ende der Legislaturperiode auf das Problem erneut gestoßen zu werden und erneut operieren zu müssen, sondern die jetzigen Operationen müssen Rücksicht nehmen auf die spätestens '84 notwendig werdenden und sicherlich gegen Ende der jetzigen Legislaturperiode die dann stattfindende Rentendebatte schon weit überschattenden erneuten Operationen, sodass das Ganze in Wirklichkeit noch komplizierter ist, als es im Augenblick von der veröffentlichten, von den veröffentlichten Debattenbeiträgen bisher gesehen worden ist. Aber ich sage noch einmal, ich halte es in keiner Weise für unlösbar.

Die Koalitionsverhandlungen sind durch Zufall – durch geschichtlichen Zufall finden sie in einem Zeitpunkt statt, in dem gleichzeitig ein neuer Haushalt gemacht werden muss – das macht die Sache auch zusätzlich schwieriger – und in der gleichzeitig diese Rentendebatte nun nach beinahe drei Jahren Rezession unvermeidbar geworden ist. Ich glaube aber, dass man sie insgesamt als bisher anständig, schlüssig, kooperativ, normal bezeichnen darf. Ich habe gar keinen Grund, sie heute in ihrem erwarteten und erhofften Ausgang anders zu beurteilen als damals unmittelbar nach dem Wahltag.

(Beifall.)

Wehner: Ich danke dem Bundeskanzler. Ich wollte nur, Genossen, die Gelegenheit benutzen, ganz kurz als eine Bemerkung zu dem, was hier gesagt worden ist bezüglich des vom Bundespräsidenten nicht unterschriebenen Gesetzes, das ja seinerzeit als Initiativgesetzentwurf eingebracht worden ist – Wehrdienst und Zivildienst. Dass wir gestern

---

[86] Der Sozialbeirat ist ein aus zwölf Mitgliedern bestehendes Beratungsgremium für die gesetzgebenden Körperschaften und die Bundesregierung. Er gibt jährlich eine gutachterliche Stellungnahme zum von der Bundesregierung zu verfassenden Rentenanpassungsbericht ab und äußert sich dabei auch zu aktuellen Entwicklungen aus dem Bereich der Altersvorsorge. Der Rentenanpassungsbericht für das Jahr 1977 verzögerte sich und erschien erst im Februar 1977 (BT Drs. 08/132). Vgl. den Artikel »Rentenbericht erst später«; »Frankfurter Rundschau« vom 27. Oktober 1976, S. 1. Der Sozialbeirat erstellte aber ein Gutachten zur finanziellen Sanierung der Rentenversicherung, das am 6./7. November 1976 fertiggestellt wurde. Vgl. den Artikel »Renten sind das Hauptthema«; »Frankfurter Rundschau« vom 8. November 1976, S. 1 f. Zur »Stellungnahme des Sozialbeirats vom 15. Oktober 1976 zu den sich aus der Finanzlage der gesetzlichen Rentenversicherungen ergebenden Folgerungen mit Begründung vom 5. November 1976« vgl. BT Drs. 08/132, Anlage 1.

[87] Zum Urteil sowie Beschluss des Bundesverfassungsgerichts vom 12. März 1975 vgl. BVerfGE 39, 169 und 196.

Fraktionssitzung 09.11.1976 **143.**

übereingekommen sind in dem Gespräch, in dem drei anstehende Fragen zu behandeln waren, wenn die Fraktionen am Zuge bleiben wollen und das werden sie ja wollen und die Bundesregierung um die, wenn man das Wort nicht falsch versteht, Hilfe bitten, auf dem Wege der technischen Hilfe einen gesetzgeberischen Weg zu zeigen, der zum Zuge bringt die Aussetzung dessen, worum es dabei gegangen ist – wir haben uns ja damals auf Aussetzung verständigen müssen, weil sonst in keinem Fall der Bundesrat nicht zustimmungsberechtigt wäre –, die Aussetzung, und vermeidet, die Zuständigkeit der Länder zu berühren. Das war gestern die übereinstimmende Meinung der beiden Koalitionspartner.

Dann, Genossen, bevor ich Andreas *von Bülow* das Wort gebe, der sich zu Wort gemeldet, zu Helmuts Ausführungen, weil so schnell ihr nicht in Besitz dieses Textes kommen werdet, der vor ein paar Minuten hereingekommen ist, vielleicht hilft es dem einen oder anderen oder der anderen auch, dass es doch nicht ganz so falsch war, dass wir selbst eine Äußerung gegeben haben. Hier gibt's also nun – ist inzwischen auf dem Markt – eine Erklärung *Mischnicks*[88] und *Genschers*[89] vor der Fraktion.

Überschrift: »Verteidigungsminister *Leber* hat das Vertrauen der Freien Demokraten«

Und dann im Text:

»Die Bundestagsfraktion der FDP hat heute beschlossen, den Antrag der Fraktion der CDU/CSU, das Verhalten des Bundesministers der Verteidigung zu missbilligen, abzulehnen. In der Aussprache der Fraktion würdigten der Parteivorsitzende *Genscher* und der Fraktionsvorsitzende *Mischnick* die Verdienste *Lebers* um die Bundeswehr und das hohe Ansehen, das der Bundesminister der Verteidigung im westlichen Verteidigungsbündnis genießt. Sie sprachen *Leber* das Vertrauen der Freien Demokratischen Partei und der Bundestagsfraktion der FDP aus. Der Bundesvorsitzende der FDP und der Vorsitzende der Bundestagsfraktion unterstrichen im Blick auf die Debatte, die morgen im Deutschen Bundestag stattfinden wird, die Notwendigkeit, dass alle an der Diskussion Beteiligten ihrer Verantwortung gegenüber der Bundeswehr und ihren Angehörigen gerecht werden. Die Bundeswehr sei voll in den demokratischen Staat integriert. Sie werde vom Vertrauen der demokratischen Parteien in der Bundesrepublik Deutschland getragen.«

So weit der Text der FDP als eine heutige Erklärung.

(Beifall.)

Das Wort hat Andreas.

von Bülow: Liebe Genossinnen und Genossen, aus der Zeitung kann man entnehmen, dass die Regierung sich demnächst beschäftigen wird mit einem arbeitsmarktpolitischen Programm, was eine Größenordnung von etwa einer halben Milliarde wohl umfassen wird.[90] Dabei ist vorgesehen Mobilitätshilfen, Umzugskostenerstattung, Eingliederungshilfen und Schwerbehindertenzulage. Die Finanzierung, wenn ich das richtig sehe, wird wohl abgewickelt werden im Haushalt 1976 über eine außerplanmäßige Ausgabe, vielleicht auch überplanmäßige.[91] Ich weiß nicht, welchen Ansatzpunkt man findet. Sie wird im Jahr 1977 in den Haushalt wohl eingegliedert werden müssen und sie

---

88 Wolfgang *Mischnick*, Vorsitzender der Bundestagsfraktion der FDP.
89 Hans-Dietrich *Genscher*, Bundesvorsitzender der FDP und Bundesminister des Auswärtigen.
90 Vgl. bspw. den Artikel »Sonderprogramm für Arbeitslose verabschiedet«; »Frankfurter Rundschau« vom 11. November 1976, S. 5. Vgl. auch: Der Arbeitsmarkt in der Bundesrepublik Deutschland 1977 (insgesamt und regional) und die Auswirkungen arbeitsmarktpolitischer Maßnahmen, in: Mitteilungen aus der Arbeitsmarkt- und Berufsforschung, 10. Jahrgang, 1977 (Sonderdruck).
91 Vgl. bspw. Kabinettssitzung am 10. November 1976, Kabinettsprotokolle der Bundesregierung, online; Chronik der deutschen Sozialdemokratie, Bd. III, S. 732 f.

wird Gegenstand der Parlamentsberatung dieses Haushalts '77 in den zuständigen Ausschüssen sein. Es steht aber völlig außer Zweifel, dass – wenn dieses Programm durchs Kabinett verabschiedet worden ist – schnell gehandelt werden muss durch die Bundesanstalt für Arbeit und die ihr unterstehenden administrativen Einheiten und dass dieses Parlament überhaupt keine Chance erhält, an diesem Programm mitzuarbeiten, weil die Beratungen des Haushalts 1977 zu spät kommen. Und die Frage ist, wie das vorgesehen ist vonseiten des Kabinetts oder der Regierung. Man könnte daran denken: Konjunkturprogramm. Das – haben wir gesagt – machen wir nicht. Die Haushaltsberatungen '77 kommen zu spät. Nach längeren Überlegungen scheint mir eigentlich nur ein Weg richtig zu sein, das wäre der des Nachtragshaushalts, der auch wieder seine Nachteile hat. Ich lege so großen Wert auf die Beteiligung des Parlamentes, weil wir wohl in allen unseren Wahlkreisen oder in vielen Wahlkreisen Erfahrungen mit der Arbeitsverwaltung gemacht haben mit einer geradezu teilweise haarsträubenden Verwaltung des Arbeitsförderungsgesetzes.[92] Gerade in letzter Zeit sind so unglaubliche Fälle an mich herangetragen worden, dass ich das größte Misstrauen habe, ob diese Arbeitsverwaltung ohne zusätzliche Richtlinien, ohne zusätzliche Überwachung überhaupt in der Lage ist, diese über 400 Millionen D-Mark – immerhin fast eine halbe Milliarde D-Mark – ordentlich an den Mann zu bringen. Ich habe zum Beispiel den einen Fall, wo ein Arbeitsamt im Ruhrgebiet erklärt, Fahrzeiten von 15 Minuten auf der Bahn sind unzumutbar. Ich habe den Fall dieses selben Arbeitsamtes, das sich außerstande sieht, Angebote auf dem freien Arbeitsmarkt mit in die Arbeitsvermittlung einzubeziehen, wo Leute offensichtlich ins Schwimmbad gehen, die an sich über den privaten Anzeigenmarkt vermittelt werden könnten, aber da das Arbeitsamt nicht willens ist, diesen Markt zu verfolgen, keinen Nachweis für einen Arbeitsplatz bekommen und damit als arbeitslos erklärt werden. Das heißt, um den Missbrauch dieser Programme zu steuern, wäre ich an sich sehr dankbar, wenn es schon bei diesem Programm nicht geht, aber in Zukunft dieses Parlament und diese Fraktion mit einbezogen wird in die Verabschiedung derartiger Programme.

(Beifall.)

Wehner: Hans Georg *Schachtschabel*.

Schachtschabel: Genossinnen und Genossen, ich möchte eine Frage an Helmut *Schmidt* richten, unter Bezugnahme auf seine Ausführungen. Helmut *Schmidt*, du hast durchaus zu Recht betont, wie ich meine, dass wegen der laufenden Koalitionsgespräche vor allem die Personalfragen nicht von unserer Seite – oder nicht dazu Stellung genommen werden soll und auch nicht kann. Das ist verständlich und durchaus zu billigen. Die Frage ist jedoch, warum wir gewisse Sachpunkte aus diesen Koalitionsgesprächen fast dauernd in unterschiedlichen Auffassungen in der Presse entgegennehmen müssen, und zwar nicht nur aus dem Munde von Vertretern der FDP, sondern auch aus dem Munde sozialdemokratischer Minister. Ich erinnere beispielsweise an die Mehrwertsteuer, die uns schon einige Schwierigkeiten bereitet hat vor dem Wahltag und auch jetzt wieder mit sehr unterschiedlichen Interpretationen in der Presse angekündigt wird[93] sowohl wegen der Durchführung dieser Steuer als auch wegen des Termins, und ich wäre dankbar, wenn wir vielleicht dazu eine kurze Stellungnahme erhalten könnten.

Wehner: Carl *Ewen*.

---

92 Zum »Arbeitsförderungsgesetz« in der Fassung vom 25. Juni 1969 vgl. BGBl. 1969, I, Nr. 51, S. 582–632.

93 Vgl. u. a. den Artikel »Bonn und Länder ringen um Mehrwertsteuer«; »Frankfurter Rundschau« vom 30. Oktober 1976, S. 6.

Fraktionssitzung 09.11.1976 **143.**

Ewen: In Weiterführung dessen, was unser Vorsitzender des Haushaltsausschusses[94] gesagt hat, möchte ich auf ein Problem aufmerksam machen. Ich bin aufmerksam gemacht worden aus Kreisen der Wirtschaft wie aus Kreisen von Arbeitsämtern, dass unter Umständen mit Mobilitätszulagen zwei Effekte passieren. Die einen werden rausgeschmissen und die anderen werden mit Zulagen eingestellt. Wenn wir das nicht wasserdicht machen können, haben wir unterm Strich die gleiche Zahl von Arbeitslosen, haben sie nur ausgetauscht. Dies kann weiter dazu führen, dass genau diejenigen, die wir heute noch qualifiziert beschäftigen, aus weniger gut entwickelten Gebieten abwandern in andere und dort dann wieder beschäftigt werden. Auch hier kann also Missbrauch mit diesen Mitteln getrieben werden. Ich darf die Fachleute bitten, hier sehr aufzupassen, dass wir eine wasserdichte Lösung kriegen, die nicht negative Effekte bewirkt.

Wehner: Eugen *Glombig*.

Glombig: Der Vollständigkeit halber möchte ich nur darauf hinweisen, Andreas [*von Bülow*], dass das, was zum Sonderprogramm für Schwerbehinderte gesagt worden ist, mit dem Haushalt nichts zu tun hat. Das sind 100 Millionen aus der Ausgleichsabgabe für Schwerbehinderte am Schwerbehindertengesetz, die werden aufgebracht zu 60 Prozent vonseiten der Länder und zu 40 Prozent vonseiten des Bundes, aber nur aus dem Aufkommen aus der Ausgleichsabgabe, nicht aus dem Bundeshaushalt.[95]

Wehner: Ja, Genossen, soweit ich unterrichtet bin, wird ein Teil dieser Fragen von Walter *Arendt* beantwortet. Bitte.

Arendt: Genossinnen und Genossen, wir befinden uns vom Arbeitsmarkt her gesehen in einer Übergangsphase. Um hier die Problemgruppen des Arbeitsmarktes, zum Beispiel längerfristig arbeitslose gehandicapte Jugendliche, schnell und unmittelbar in den Arbeitsmarkt einzubringen, haben wir flankierende arbeitsmarktpolitische Maßnahmen abgestimmt, die morgen im Kabinett behandelt werden sollen und die dann aufgrund des Arbeitsförderungsgesetzes durch die Bundesanstalt für Arbeit zur Durchführung gelangen.[96] Eugen *Glombig* hat schon darauf hingewiesen, es werden Mittel des Bundes, der Bundesanstalt und Mittel aus der Ausgleichsabgabe der Behinderten in Anspruch genommen. Wir haben die Abklärung mit den Ressorts und mit der Bundesanstalt vorgenommen. Ich weiß natürlich auch, dass man über manche Maßnahme lange diskutieren kann, aber für diese Problemgruppen kommt es darauf an, dass in dieser Zeit jetzt schnell gehandelt wird, und da gibt es nur das Instrument der Bundesanstalt. Ich wäre sehr froh, mein lieber Alexander *von Bülow*, wenn du mal sagen würdest – Andreas, Andreas,

(Unruhe)

das ist eine große Fraktion, nicht wahr –, ich wäre sehr froh, wenn du diese Erfahrungen, die dir übermittelt worden sind, wo die Bundesanstalt sich nicht als geeignetes Instrument erwiesen hat, wenn du das auch mal mitteilen würdest, damit wir diesen Dingen mal nachgehen können. Das kann man ja nicht so ohne weiteres erfahren. Dass da Menschen am Werke sind, ist auch klar. Ich will jetzt nicht zu den Auswirkungen etwas sagen. Ich will nicht zu den Auswirkungen etwas sagen, wie diese Maßnahmen im Einzelnen wirken. Nur, ich sage noch einmal, ich glaube, es ist an der Zeit, dass man diese saisonalen Auswirkungen des Arbeitsmarktes durch solche flankierenden Programme ein bisschen abmildert.

---

94 Eventuell ist der Vorsitzende des Haushaltsausschusses Albert *Leicht* (CDU), gemeint.
95 Zum »Gesetz über die Beschäftigung Schwerbeschädigter (Schwerbeschädigtengesetz)« vom 16. Juni 1953, § 9: Ausgleichsabgabe, vgl. BGBl. 1953, I, Nr. 28, S. 389–401, hier S. 392.
96 Vgl. Anm. 91.

Wehner: Ich erteile das Wort Hans *Apel.*

Apel: Ich möchte hier zu diesem Thema nur für die Haushaltspolitiker Folgendes ergänzen. Von diesen 430 Millionen D-Mark, die aus dem Bundeshaushalt kommen für dieses Programm, können wir aus dem laufenden Haushalt 1976 nur 30 Millionen nehmen, und da haben wir kein Problem, das können wir außerplanmäßig machen. Der Haushaltsausschuss wird eingeschaltet. Die große Masse des Geldes fließt in 1977 ab, das sind 400 Millionen und da machen wir eine überplanmäßige Verpflichtungsermächtigung. Das wird dann nachher quasi im Haushalt sanktioniert. Nur jeder soll sich natürlich darüber im Klaren sein, dass, wenn wir für diese Maßnahmen jetzt 400 Millionen D-Mark ausgeben, ich meine ausgeben müssen – und das Ganze findet ja mit der Zustimmung des Finanzministers statt –, dann sind diese 400 Millionen eben für andere Vorhaben in 1977 bei der Enge des Bundeshaushaltes nicht mehr verfügbar. Darüber muss man sich völlig im Klaren sein. Man kann jede Mark nur einmal ausgeben.

Dann hat der Genosse *Schachtschabel* Bemerkungen gemacht zur Mehrwertsteuer. Ich lese ja nun Zeitungen ziemlich genau von Amtswegen. Ich kann nicht feststellen, dass es hier unterschiedliche Betrachtungen der Koalitionsfraktionen gibt. Die Koalitionsfraktionen und auch die Mitglieder der Regierung haben bisher gesagt, sie bleiben bei ihrer bisherigen Haltung, dass Einnahmeverbesserungen notwendig sind, und Einnahmeverbesserung ist nur eine vornehme Umschreibung für Mehrwertsteueranhebung. Dass es natürlich eine Debatte zu geben haben wird im Zusammenhang mit der Fortsetzung der Koalitionsverhandlungen über etwaige Termine, ist eine andere Frage. Nur offizielle Stellungnahmen – weder von der FDP noch von den Sozialdemokraten – zu diesem Thema gibt es nicht. Ich lese auch jeden Tag Zeitungen. Was da steht, das ist dann eben so. Die Zeitungen müssen ja voll werden und da wir relativ konsequent den Mund halten, wird eben umso mehr philosophiert.

Wehner: Hansmartin *Simpfendörfer.*

Simpfendörfer: {...}[97] die praktisch ohne unsere Mitwirkung ausgegeben werden, denn die Mitwirkung, die hat Hans *Apel* ja gerade erklärt, wird im Haushalt '77 praktisch eine Sanktionierung sein dessen, was die Regierung möglicherweise morgen beschließt. Und hier haben wir doch einen Punkt, glaube ich, wo man überlegen muss, wieso haben wir im Haushaltsstrukturverbesserungsgesetz[98] die Möglichkeiten der Zumutbarkeit der Arbeit drastisch eingeschränkt, was etwa die Zumutbarkeit der Entfernung oder die Zumutbarkeit geringeren Verdienstes angeht, wenn jetzt wiederum nachträglich in diesem Programm vorgesehen wird, dass man Prämien dafür bekommt, wenn man weiterfährt oder Prämien dafür bekommt, wenn man weniger verdient. Das heißt, der Grundsatz der Einschränkung der Zumutbarkeit im Haushaltsstrukturgesetz wird jetzt nachträglich durch Prämien wieder aufgeweicht. Das ist einer der Widersprüche, die ich in diesem Vorhaben sehe, und dazu als Parlament nichts sagen zu können, ist frustrierend – ist eine Stilfrage, meine ich, die in Zukunft zumindest aber nach Möglichkeit ganz sicher anders gelöst werden soll.

Wehner: Uwe *Jens.*

Jens: Genossinnen und Genossen, ich habe das Gefühl, die zurzeit durchgeführte Diskussion über die Rentenfinanzierung, die ärgert uns alle – mich persönlich wenigstens –

---

97 *Simpfendörfer* spricht offenbar, ohne das Mikrofon zu ergreifen bzw. ohne dass das Mikrofon aktiviert wurde.
98 Zum »Gesetz zur Verbesserung der Haushaltsstruktur im Geltungsbereich des Arbeitsförderungs- und des Bundesversorgungsgesetzes (HStruktG – AFG)« vom 18. Dezember 1975 vgl. BGBl. 1975, I, Nr. 144, S. 3113–3120.

Fraktionssitzung 10.11.1976 **144.**

viel mehr als die Diskussion vor den Wahlen[99], und ich würde darum bitten, doch zwei Fixpunkte bei den Verhandlungen zu beachten, damit wir nicht völlig unglaubwürdig werden. Erstens, meine ich, muss es wohl am 1. Juli des nächsten Jahres eine Erhöhung geben wie vorgesehen und zweitens, meine ich, darf es keinen allgemeinen Beitrag zur Krankenversicherung für alle Rentner geben.[100] Das habe ich wenigstens vor den Wahlen zum Ausdruck gebracht, dass das für uns nicht infrage kommen kann, und ich würde sehr darum bitten, dass das auch eingehalten wird.

Wehner: Danke. Sind noch Wortmeldungen zu des Bundeskanzlers Ausführungen? Nicht der Fall. Willst du noch etwas zum Abschluss sagen? Nicht.

[B.–D.] → online unter www.fraktionsprotokolle.de

144.

10. November 1976: Fraktionssitzung (Tonbandtranskript)

AdsD, SPD-BT-Fraktion 7. WP, 6/TONS000057. Überschrift: »Fraktionssitzung am 10. November«. Beginn: 13.47 Uhr. Aufnahmedauer: 00:08.24. Vorsitz: Wehner.

Sitzungsverlauf:

A. Unterrichtung über den Krankenhausaufenthalt des Bundesministers der Verteidigung, *Leber*, und den parlamentarischen Umgang damit.

[A.] → online unter www.fraktionsprotokolle.de

145.

30. November 1976: Fraktionssitzung (Tonbandtranskript)

AdsD, SPD-BT-Fraktion 7. WP, 6/TONS000057. Überschrift: »Fraktionssitzung am 30. November 1976«. Beginn: 11.00 Uhr. Aufnahmedauer: 03:11:04. Vorsitz: Wehner.

Sitzungsverlauf:

A. TOP 1: Politischer Bericht des Parteivorsitzenden *Brandt* (Zehnjähriges Jubiläum der Großen Koalition von 1966 bis 1969; Lage der CDU und CSU; Koalitionsverhandlungen mit der FDP; Genfer Kongress der Sozialistischen Internationale; Nord-Süd-Dialog; angeblicher Dissens zwischen Bundeskanzler *Schmidt* und dem österreichischen Bundeskanzler *Kreisky*; Kontroverse um die wirtschaftspolitische Resolution des Gen-

---

99 Zu Fraktionssitzungen bzgl. des Rentenanpassungsgesetzes vgl. u. a. die Fraktionssitzung vom 17. Februar 1976, SVP A und D, sowie vom 6. April 1976, SVP B und E.
100 Vgl. u. a. den Artikel »Die Krankenkassen schlagen Alarm«; »Frankfurter Rundschau« vom 29. Oktober 1976, S. 1 f.

146. 07.12.1976 Fraktionssitzung

fer Kongresses, die sich kritisch zur freien Marktwirtschaft äußert; Analyse des Bundestagswahlkampfs durch den SPD-Parteivorstand; Lage der SPD; kommender SPD-Bundesparteitag). – Diskussion der Fraktion über den Bericht (Sozialistische Internationale; Nord-Süd-Ausgleich; Energiepolitik; fehlende Einbeziehung der Abgeordneten an den Koalitionsverhandlungen; Verhältnis zur FDP). – TOP 2: Bericht aus der Fraktionsvorstandssitzung (Diätengesetzgebung; Konstituierung des 8. Deutschen Bundestags; Besetzung der Bundestagsausschüsse).

B. TOP 3: Informationen (Bundesdeutsche Enthaltung bei einer UN-Abstimmung zur Verurteilung der chilenischen Militärregierung; Entwicklungshilfe für Chile; Exilierung von chilenischen Regimegegnern; Konjunkturkrise in der Werkzeugmaschinenindustrie). – TOP 4: Aktuelles aus den Arbeitskreisen.

C. Vorbereitung der Plenarsitzung: TOP 5: Tagesordnung und Ablauf der Plenarsitzung. – TOP 6: 2. und 3. Beratung Gesetz über die Rechtsstellung der Abgeordneten.

D. Sonstiges: TOP 7: Konstituierung des 8. Bundestages. – TOP 8: Nächste Termine. – Verschiedenes.

[A.–D.] → online unter www.fraktionsprotokolle.de

146.

7. Dezember 1976: Fraktionssitzung (Tonbandtranskript)

AdsD, SPD-BT-Fraktion 7. WP, 6/TONS000058. Titel: »Fraktionssitzung vom 07.12.1976«. Aufnahmedauer: 02:56:31. Vorsitz: Möller.

Sitzungsverlauf:

A. TOP 1: Bericht aus der Fraktionsvorstandssitzung (Rechtsstellung der Bundestagsabgeordneten und Diätengesetz; Wahl des Bundestagspräsidenten und seiner Vizepräsidenten; Fraktionsvorstandswahlen; Bundesverfassungsgericht). – Diskussion der Fraktion über den Bericht (Wahlmodus für den Fraktionsvorstand; Information über die Koalitionsverhandlungen).

B. Vorbereitung der Plenarsitzungen: TOP 2: Tagesordnung und Ablauf der Plenarsitzung. – TOP 3: 2. und 3. Beratung Gesetz über die Rechtsstellung der Abgeordneten. – TOP 4: Vorschlag zur Wahl des Bundestagspräsidenten und der Vizepräsidenten. – Fortsetzung TOP 3: Diskussion über den Gesetzentwurf zur Rechtsstellung der Abgeordneten. – Glückwünsche zum 80. Geburtstag an Carlo *Schmid*. – Fortsetzung TOP 3: Diskussion über den Gesetzentwurf zur Rechtsstellung der Abgeordneten. – TOP 5: Informationen. – TOP 6: Aktuelles aus den Arbeitskreisen.

C. Sonstiges: TOP 7: Planung der Bundestagsneubauten. – TOP 8: Nächste Termine. – Verschiedenes.

[A.–C.] → online unter www.fraktionsprotokolle.de

Die SPD-Fraktion
im Deutschen Bundestag
1972–1976

Personenregister

Hinweise zur Benutzung des Personenregisters:
- Für die Abgeordneten der SPD-Bundestagsfraktion der 7. Wahlperiode, die durch * hervorgehoben werden, liegen im einleitenden Teil der Edition ausführliche Kurzbiographien vor.
- Die aufgeführten Seitenzahlen können sich sowohl auf den Text der Dokumente als auch auf die Kommentierung beziehen.

A

Achenbach, Ernst 524
Adams, Rudi* 871
Adenauer, Konrad 39, 61, 161, 266, 429, 476
Ahlers, Conrad* 52*, 110*, 50, 185, 275–277, 507f., 797, 805, 809f., 813, 815, 822, 834, 880
Ahrens, Karl* 313f., 365, 379
Albrecht, Ernst 109*, 751, 753, 782, 806
Allende, Salvador 99*, 279, 280
Almeyda Medina, Clodomiro 563
Al Shirawi, Yousuf Ahmed 373
Althammer, Walter 858
Andersen, Knud Børge 257
Apel, Hans* 17*, 41*, 43*, 48*, 53*, 64*, 98*, 100*, 104f.*, 40, 53, 90, 186, 193, 199, 298, 393, 401, 496, 515f., 519–521, 523, 527f., 549, 559, 565f., 666f., 670, 741, 749, 759, 779, 899, 908
Arendt, Rudolf 695
Arendt, Walter* 42*, 78*, 90f.*, 102*, 23, 44, 47, 50, 54, 56, 82, 155, 168, 214, 218, 220, 251, 289, 291, 356, 416, 426–428, 430–432, 436f., 439–441, 443, 502, 605, 658, 707, 709f., 718f., 722–724, 727, 729, 758, 772, 860, 899, 903, 907
Arndt, Adolf 45*
Arndt, Claus* 750
Arndt, Klaus Dieter* 21*, 30*, 102*, 18, 167, 295, 297f., 324, 328f., 331, 333, 336, 342f., 346, 392, 445
Arndt, Rudi 684, 691, 700
Augstein, Rudolf 84*, 546, 548

B

Baader, Andreas 74*, 93*, 95*, 97*, 222, 608, 623
Baeuchle, Hans-Joachim 129, 132
Bahl, Holger 62*
Bahr, Egon* 48*, 42, 49, 57, 150, 254, 273, 311, 444, 536, 551, 788, 839
Backlund, Sven Einar 608
Bandaranaike, Sirimavo 527
Bangemann, Martin 714
Barche, Hermann* 23*, 102, 212
Bardens, Hans* 40*, 80*, 113, 300, 451, 454, 462, 469, 484f., 516, 574, 580, 587, 800, 808f., 812, 821
Barzel, Rainer 12f.*, 58*–60*, 75*, 22, 39, 62, 85, 110, 126, 129, 131, 553
Baudissin, Wolf Graf von 567, 823
Bauer, Leopold 65*
Bäuerle, Willi* 779
Bayerl, Alfons* 44
Bazille, Helmut 25*
Bebel, Ferdinand August 38

Becker, Curt 114, 451
Becker, Helmuth* 18, 105f., 137, 142, 182f., 205
Beermann, Friedrich* 23f.*, 99*, 188, 190, 475, 707
Behrendt, Walter* 136
Benneter, Klaus-Uwe 784
Berkhan, Karl Wilhelm* 33*, 44, 211, 496, 591, 593f., 596, 601–603
Biedenkopf, Kurt 16, 18f., 752, 853, 861, 865, 867
Biermann, Günter* 32f., 77
Birckholtz, Johannes 509
Blank, Bertram* 50*, 331, 545, 553
Bleibinghaus, Hans 781
Bleiß, Paul 716
Blüm, Norbert 80*, 114, 451, 547
Böhm, Wilfried 776
Böhme, Rolf* 652f.
Böll, Heinrich 15f.*, 55*, 76, 442, 445
Bölling, Klaus 772, 858
Börner, Holger* 12*, 23*, 39*, 44*, 56*, 110f.*, 9, 43, 71, 74, 333, 335–337, 342, 477, 480f., 507, 578, 581, 598, 601, 611, 614, 645, 659, 662, 669f., 697, 701, 771f., 786f., 790f., 805, 809f., 820, 842f., 845, 855f., 861–865, 867f., 871
Bothmer, Lenelotte von 21*, 53*, 64*, 72, 191, 193, 347, 871
Brandt, Hugo* 116, 118, 203, 212, 468, 598, 601f.
Brandt, Willy* 11*–13*, 15f.*, 18*, 23*, 25*, 36*, 39*, 41*–43*, 45*, 47*–57*, 59*, 61*, 63f.*, 66*, 68*–72*, 74*–76*, 80*, 87*, 93*, 95*–101*, 109f.*, 3–5, 7, 9, 11, 13, 19, 31, 34f., 38, 43, 54–58, 61f., 64, 67–71, 74f., 77, 79, 82, 86f., 99f., 106, 124f., 131, 139, 150, 157, 164, 187f., 193, 196, 211–213, 219, 221f., 225f., 229f., 233f., 236, 241, 246, 250–253, 255, 257, 259, 261f., 266–269, 272–277, 286f., 291, 294, 296, 298, 301, 304–306, 311–313, 323, 326, 346–351, 353, 355, 361, 367f., 372–374, 377–379, 389, 391, 394f., 415f., 429, 440, 444, 478, 482, 489f., 492–494, 496–499, 504–507, 510, 513, 524, 526, 534, 541–544, 548, 552f., 557f., 560, 562, 565, 573, 575, 590, 599, 605f., 612f., 616, 623, 626, 628, 630, 634–636, 638f., 642–644, 659, 661, 663, 666–668, 670f., 674, 678, 680f., 683, 687–689, 693, 705, 719, 753, 756, 759, 763, 768–770, 774f., 777, 780, 783f., 791, 794f., 798, 801–806, 809, 812, 817, 819–821, 824, 831f., 834, 841–844, 857, 860f., 863, 869, 875, 883, 886, 888–890, 895–897, 899, 909
Brenner, Otto 220
Breschnew, Leonid Iljitsch 59, 121, 225, 268f., 310, 663f.

Brück, Alwin* 39*, 41*, 99*, 150, 154f., 171, 189–191, 252, 277, 279–283, 285, 477f., 667–669, 672
Brück, Dorothea 44*
Brüning, Heinrich 102*, 681
Buback, Siegfried 472, 754
Buchstaller, Werner* 28*, 32f.*, 39f.*, 64f.*, 170f., 192, 568, 583, 591–593, 596, 599–601, 894
Bülow, Andreas von* 37*, 82, 103f., 325, 740, 884, 905, 907
Bünemann, Richard 24*, 707f.
Burkhardt, Horst 860
Burmester, Greta 872
Buschfort, Hermann* 16, 28, 430, 439
Bußmann, Bernhard* 278f., 515

C
Callaghan, James 762
Carstens, Karl 89*, 110, 126f., 130, 261, 277f., 284, 533f., 570, 675, 773, 776, 840, 894
Carstens, Manfred 114, 451
Carter, James Earl (gen. Jimmy) 900
Charbonnel, Jean 308
Chirac, Jacques 224
Chňoupek, Bohuslav 255
Chruschtschow, Nikita Sergejewitsch 265
Collet, Hugo* 63*, 82f.*, 97*, 104*, 21, 32, 105, 133, 145, 147f., 150, 157, 185, 205, 250f., 278f., 402, 412, 457, 462, 486f., 540, 551, 667, 701, 785f., 866, 870
Conradi, Andreas 125
Conradi, Peter* 49*, 27, 72, 75f., 104f., 133, 167, 171, 177, 179, 186–189, 201f., 278f., 600–602, 623f., 626f., 630, 633, 637, 803, 809, 895
Coppik, Manfred* 62*, 64*, 66*, 71*, 100*, 105*, 192, 374, 391, 431f., 437, 441, 567, 602, 624, 627f., 632, 635, 650–652, 745, 748, 886, 895
Corterier, Peter* 52*, 64*, 67*, 198, 266
Cosgrave, Liam 529
Czaja, Herbert 776

D
Dahrendorf, Rolf 87*, 686
Dattel, Daniel (gen. Dany) 517
Däubler-Gmelin, Herta* 21f.*, 32, 212, 573, 585f., 588f., 628, 635, 637, 728
Dehler, Thomas 583
De Martino, Francesco 768
den Uyl, Joop 759, 826
de With, Hans* 39*, 32, 116f., 119, 159–161, 402, 404f., 407f., 410f., 413, 451–453, 457f., 463, 468, 575, 580, 620, 646, 648, 651f.
Dichgans, Hans 629
Dittrich, Kurt 546

Döbertin, Winfried 67*, 814, 820
Dönhoff, Marion Gräfin 879–881
Dohnanyi, Klaus von* 43*, 45, 54, 82, 290, 355, 742, 744–747
Drechsler, Hanno 763
Dregger, Alfred 6, 623, 799
von Drenkmann, George Richard Ernst 93*
Dröscher, Wilhelm 64*, 446, 507, 674
Dübber, Ulrich* 179
Dürig, Günter 458
Dürr, Hermann* 41*, 80*, 100, 113–115, 119, 121, 142, 244, 315, 402, 414, 428, 432, 451, 454, 468, 579, 622, 636–639, 641, 646, 648f., 651–654, 744

E
Ebert, Friedrich (jr.) 901
Ecevit, Mustafa Bülent 599
Eckerland, Günther* 102, 212
Ehmke, Horst* 45*, 56*, 75f.*, 94*, 45, 47, 83, 100, 275, 277, 316, 321, 325, 327–330, 332–336, 340f., 343–346, 384, 391, 444, 570–575, 580, 587, 599f., 613, 630f., 633, 646, 649, 651, 654, 665, 669, 691, 694f., 769f., 778, 868
Ehrenberg, Herbert* 30*, 56*, 50, 153f., 158, 160, 163, 175, 238, 331, 334, 337, 340–343, 365f., 396, 398, 400f., 437, 460, 478–481, 540, 639, 659, 691, 694, 706
Eilers, Elfriede* 21*, 40*, 56, 334, 468, 483, 646
Elchlepp, Dietrich* 45*
Emeis, Hans-Uwe* 24*, 708
Emmerlich, Alfred* 102, 132, 441, 639, 641, 689, 694, 769
Engelhard, Hans Arnold 646
Engholm, Björn* 347f., 639, 744f., 871
Ensslin, Gudrun 93*
Eppler, Erhard* 45*, 17, 483, 487, 523, 536, 588f., 606, 680f., 707, 795f., 801, 822
Erhard, Ludwig 11*, 131, 228f., 244, 353
Erler, Friedrich 67*, 175, 782f., 807
Erler, Käthe 67*, 782, 807, 821
Ernst, Werner 11
Ertl, Josef 13, 39, 224, 487
Eschenburg, Theodor 509
Ewen, Carl* 861f., 865, 906f.

F
Farthmann, Friedhelm* 68*, 85*, 90f.*, 146, 240, 244f., 249f., 426, 428f., 431–434, 437–440, 463, 486, 575–578, 581, 588, 619f.
Faisal ibn Abd al-Aziz 351, 362
Felfe, Heinz 476, 479
Fellermaier, Ludwig* 142, 324, 376, 668, 775
Figgen, Werner 198

Filbinger, Hans 561, 623, 757, 774, 799, 804, 823, 835, 842
Fischer, Willi* 525
Flach, Karl-Hermann 9, 13, 25
Flämig, Gerhard* 83
Flick, Friedrich Karl 418
Focke, Katharina* 21*, 43*, 46, 49, 54, 321, 502, 861 f.
Ford, Gerald 526, 559, 663, 900
Förster, Horst 472
Franco, Francisco 618 f.
Franke, Egon* 31 f.*, 60*, 63 f.*, 48, 194 f., 198–200, 202–204, 206 f., 478, 561, 875,
Franke, Heinrich 82
Franke, Karl-Heinz 70*, 878, 881, 893 f.
Frehsee, Heinz* 212
Frenzel, Alfred 477
von Freytag-Loringhoven, Bernd 80
Friderichs, Hans 71*, 102 f.*, 40, 289, 294, 356, 396, 546, 759, 774
Friedrich*, Bruno 87, 159, 161, 164 f., 177, 283, 585, 666–668, 670, 751, 784, 802 f., 807, 809, 834, 887, 892–894, 896
Funcke, Lieselotte 38*, 82*, 13, 135, 450, 460 f., 569, 646, 649

G
Gabert, Volkmar 767
Gaddafi, Muammar al- 362
Gansel, Norbert* 12*, 19*, 27*, 32*, 48*–50*, 56*, 61*, 64*, 69*, 81*, 91*, 93 f.*, 102*, 105 f.*, 108*–110*, 30, 64, 66–70, 72, 78–80, 123, 168, 170, 172, 178 f., 182, 193, 195, 202 f., 211, 230, 233–235, 238, 240 f., 244, 247 f., 386, 432, 437, 441, 473 f., 479, 519–521, 547, 581, 613–616, 641, 724, 728, 772, 787, 812, 816, 831, 833, 862
Gaus, Günter 67, 526, 759, 769
Gehlhoff, Walter 661
Geiger, Hans* 121, 248, 816
Geißler, Heiner 108, 111
Geldner, Karl 138
Genscher, Hans-Dietrich 55*, 72*, 75*, 98*, 11, 13, 39, 41, 52, 54, 87 f., 99, 247, 496, 525 f., 661, 752, 757, 773, 777, 853, 905
Gerlach, Horst* 103, 107, 871
Gerstenmeier, Eugen 261
Geßner, Manfred* 29, 74, 814
Gierek, Edward 758 f., 773, 776, 840, 855
Gingold, Etty 844
Gingold, Peter 844
Gingold, Silvia 97*, 844
Girgensohn, Jürgen 745
Giscard d'Estaing, Valéry 512, 529, 666, 759, 846, 881

Glombig, Eugen* 40*, 18–21, 46 f., 114, 117–120, 333, 340, 907
Glotz, Peter* 132, 145–148, 154 f., 194, 332, 347, 428–430, 432, 523, 547, 739, 741 f., 745, 808, 823, 835
Götz, Volker 223
Grabert, Horst 49, 127, 472
Grass, Günter 12*, 15 f.*, 55*, 78*, 296, 442, 445
Grobecker, Claus* 92*, 107*, 520, 645, 729
Grolle, Joist 687 f.
Gromyko, Andrej 254 f., 272, 524–526, 664
Grunenberg, Horst* 69*, 241 f., 332 f., 337, 783, 786, 819, 823, 890
Grützmann, Angela* 21*
Gscheidle, Kurt 24*, 320, 333, 338, 342, 344, 562, 708, 730
Guevara, Ernesto »Che« 66*
Guillaume, Günter 48*, 55*–57*, 61*, 72*, 75*, 83*, 50, 471–475, 478–482, 489, 504–506, 509, 512, 524, 534, 542 f., 547 f., 553–555, 560, 566, 605

H
Haack, Dieter* 45, 465, 786
Haage, Hermann 198
Haar, Ernst* 47, 384 f., 388 f., 400
Haase, Detlef* 476, 525
Haase, Horst* 154, 278 f., 325, 329 f., 332, 345 f., 381, 391, 476, 689, 701, 864
Haehser, Karl* 40*, 62*, 779
Haferkamp, Wilhelm 350, 374, 376, 378 f., 381
Halfmeier, Friedhelm 61*, 182 f., 185, 314, 441, 484–486, 515
Hankel, Wilhelm 517
Hansen, Karl-Heinz* 31*, 64*, 100*, 71, 141, 191 f., 194, 200, 202, 204, 207 f., 622 f., 629, 635, 835 f., 886, 891
Hansing, Ernst Günter 869, 873
Harpprecht, Klaus 54*
Hartling, Poul 529
Hassel, Kai-Uwe von 407
Hauck, Rudolf* 39*, 111, 468
Hauff, Volker* 47, 333, 341, 343
Healey, Denis 762, 848
Heath, Edward 51, 96, 294
Heck, Bruno 76*, 80*, 114, 451, 453 f., 457, 466, 484, 487, 823
Heckel, Max von 780 f., 789, 792, 832
Heinemann, Gustav 11*, 15*, 85*, 38, 58, 267, 395, 489, 503, 508, 561, 629, 637
Heinz, Helmut 876
Helms, Wilhelm 59*
Henke, Erich* 187, 189, 362, 380, 385, 491, 696 f., 804, 871

Herles, Helmut 45*
Hermsdorf, Hans* 44, 359
Herold, Horst 489
Herold, Karl* 64 f.*, 48, 305, 525, 599, 601
Heubl, Franz 855 f.
Heyen, Roelf* 32, 250, 619, 639
Heymann, Horst 793
Hildebrandt, Horst 100*, 882
Hillegaart, Heinz 610
Hilmar, Fritz 790
Hirsch, Burkhard 569
Hitler, Adolf 102*
Hochhuth, Rolf 879, 885, 889
Hoffie, Klaus-Jürgen 347
Hofmann, Karl* 871
Höhmann, Egon* 60*, 132 f., 135 f., 139 f., 594 f., 597
Holtz, Uwe* 39*, 64*, 535 f., 666 f.
Honecker, Erich 50*, 524, 526, 547 f., 555, 561, 900
Horn, Erwin* 32, 893
Huber, Antje* 21*, 98, 164 f., 179, 327 f., 464, 483, 486, 574, 699, 780, 785
Humphrey, Hubert H. 257
Huonker, Gunter* 181, 188 f., 203, 384, 667 f.
Hupka, Herbert 40*, 84*, 130, 277, 483, 776

I

Ils, Hans 716
Immelmann, Max Franz 875
Immer, Klaus* 871
Irle, Werner 125

J

Jackson, Henry M. 257
Jaeger, Richard 388
Jäger, Claus 407
Jahn, Friedrich-Adolf 114, 451
Jahn, Gerhard* 34*, 38 f.*, 43*, 55*, 79*, 84*–86*, 89*, 93*, 108*, 44, 54, 104 f., 133, 291, 471 f., 474, 476–478, 480, 563, 731, 735, 744 f., 870, 873
Jansen, Wolfgang 25*, 29*, 43*, 181–183, 842
Jens, Uwe* 45*, 253, 729, 864, 908
Jobst, Dionys 128
Jochimsen, Reimut 49
Johnson, Lyndon B. 257
Junghans, Hans-Jürgen* 40*, 18, 29, 217, 313, 332, 361, 366–368, 379, 396, 399–401, 538, 540, 551
Junker, Heinrich* 793, 817

K

Kahn-Ackermann, Georg 136, 140 f., 296, 298, 311 f., 385, 389, 491, 525

Kasimier, Helmut 109*
Kater, Helmut* 707
Katzer, Hans 682
Kellermeier, Jürgen 263
Kern, Karl-Hans* 40*, 66, 139, 325
Kiep, Walther Leisler 774
Kiesinger, Kurt Georg 73*, 87*, 775, 784
Kirchschläger, Rudolf 297
Kissinger, Henry 57, 254 f., 257 f., 605, 668
Klasen, Karl 106*
Kleinert, Detlef 569, 646, 649
Klose, Hans-Ulrich 681
Kloten, Norbert 752
Kluncker, Heinz 54 f.*, 247
Knack, Hans-Joachim 707
Koch, Paul 716
Kohl, Helmut 526, 534, 664, 675, 681 f., 757, 774, 799, 816, 840, 854–857, 865, 879, 894
Köhnen, Helga 44*
Konrad, Klaus* 788, 865 f.
Kopp, Heinz 75
Koschnick, Hans 28*, 53*, 65*, 24, 291, 301, 539, 552, 765, 771, 774, 778, 780, 783 f., 786, 791 f., 797, 805, 832, 899
Kossygin, Alexei Nikolajewitsch 269
Köster, Gottfried 80*, 84*, 114, 451, 483–485
Kox, Thea 25*, 36*, 43*, 46*
Krämer, Kristine 579
Krampe, Wilhelm 82
Kratz, Paul* 92, 871
Krause, Walter 822
Kreisky, Bruno 764, 766, 909
Kreutzmann, Heinz* 672
Krockert, Horst* 23*, 93 f.*, 65 f., 69–71, 73, 116, 133, 260, 297, 412 f., 612–616, 719
Krollmann, Hans 633
Kronawitter, Georg 780 f., 784 f., 832
Krupinski, Walter 70*, 875 f., 878, 880 f., 893 f.
Kubel, Alfred 109*
Kuhlmann, Werner 99
Kühn, Heinz 53*, 61 f.*, 13, 496, 507
Kulawig, Alwin* 56
Kusnezow, Nikolai Gerassimowitsch 262

L

Laird, Melvin Robert 73
Lange, Bettina 44*
Lantermann, Wilhelm 101
Läpple, Friedel 868
Lattmann, Dieter* 94*, 347, 478
Lauritzen, Laurtiz* 44, 47, 54, 80–82, 157, 247

Leber, Georg* 56*, 62*, 65*, 70 f.*, 100*, 13, 44, 80, 210, 224, 304, 334, 480 f., 555, 591–593, 605, 702, 766, 782, 803, 869, 874–876, 878–880, 882–899, 905, 909
Leber, Julius 783
Leicht, Albert 907
Lemp, Hans* 686, 695
Lenders, Helmut* 36*, 18, 135, 180
Lenz, Carl Otto 773
Lenz, Siegfried 12*, 76*
Lepsius, Renate* 21*, 77, 544 f., 639, 641, 646
Leussink, Hans 42*, 737, 742, 747
Liedtke, Karl* 40*, 93*, 165, 180, 246 f., 345, 623, 628, 633, 636–638, 701
Limberg, Gerhard 875
Loderer, Eugen 220, 229, 532
Löffler, Lothar* 32, 138
Lohmar, Ulrich* 39*, 41*, 42*, 347
Longo, Luigi 775
Lorenz, Jürgen 865
Lorenz, Peter 93*, 611, 615, 866
Löwenthal, Gerhard 141, 143
Lücke, Paul 40
Ludendorff, Erich 243
Luedde-Neurath, Kurt 280
Lueg, Ernst Dieter 266
Luns, Joseph 306
Luther, Angela 610

M
MacArthur, Douglas 881
Mahne, Erhard* 365
Maihofer, Werner 18, 42, 88, 214, 439, 608, 620, 758
Mansfield, Michael Joseph 255, 257
Marquardt, Werner* 691, 695
Marschall, Manfred* 64*, 99*, 282 f., 287, 300, 750
(Riedel-)Martiny, Anke 21 f.*, 515
Marx, Werner 128, 208
Matthiesen, Klaus 868
Matthöfer, Hans* 43*, 64*, 66*, 23, 47, 199, 204–206, 284, 434, 440, 728
Mattick, Kurt* 40 f.*, 65*, 212, 275, 333, 400 f., 476–478, 665, 790, 793, 805–807, 822
Maunz, Theodor 458
Maurer, Ulrich 395
Mauroy, Pierre 845
McCarthy, Joseph 222
Meermann, Hedwig* 23, 134, 137, 212, 349, 479 f., 584, 588
Meinecke, Rolf* 40*, 49*, 17, 28, 66, 68, 70–72, 76–78, 203, 347, 534 f., 750

Meinhof, Ulrike 74*, 93*, 95*, 97*, 222, 561, 608, 623
Meinike, Erich* 19*, 247, 349, 735 f., 744, 886
Meir, Golda 60
Mende, Erich 228
Mercker, Reinhold 566
Merseburger, Peter 67, 544
Mertes, Werner 72*, 13, 460, 462
Meschkat, Klaus 100*, 280
Metzger, Günther 30*, 65*, 85*, 104, 135, 142, 184, 200–203, 328, 331, 336, 524, 639, 886, 895, 897
Meysel, Inge 12*
Mirbach, Andreas von 609 f.
Mischnick, Wolfgang 72*, 91*, 13, 84, 115, 136, 138, 346, 450, 461 f., 496, 569, 591, 621, 753, 905
Mitterrand, François 59, 97*, 842, 844 f.
Moersch, Karl 90, 279, 282
Möhring, Helmuth* 311
Möllemann, Jürgen 347, 736 f.
Möller, Alex* 30*, 40*, 12 f., 30, 43, 52, 172, 278, 287, 321, 325 f., 329, 331, 334, 336, 343, 349, 385, 485, 488, 520, 639, 678, 681, 707, 798, 804, 853, 872–874
Mugrauer, Hans 716
Müller, Albrecht 50
Müller, Gebhard 509
Müller, Gerhard 781
Müller, Heinrich 83, 283
Müller-Emmert, Adolf* 39*, 41*, 80*, 82*–85*, 113, 116, 451, 453 f., 458–460, 462, 464, 466, 469 f., 483–487, 589, 648, 651
Müller-Heydenreich, Eckhart 809
Müller-Meiningen (jr.), Ernst 406 f.

N
Nagel, Werner* 886
Narr, Wolf-Dieter 786, 790
Nasser, Gamal Abdel 306
Nau, Alfred 27*, 46*, 100, 447
Naumann, Friedrich 38
Neuberger, Josef 637
Neumann, Paul* 333, 481, 567 f.
Nieß, Charlotte 95*, 730
Nipperdey, Thomas 629
Nixon, Richard 78, 94, 255, 306 f., 351, 526
Noelle-Neumann, Elisabeth 361
Nollau, Günther 489, 505
Nölling, Wilhelm* 40*, 437
Nordlohne, Franz-Josef 114, 451
Nowottny, Friedrich 266, 269 f.

O

von Oertzen, Peter 790, 818
Oetting, Hermann* 79, 97, 140, 436, 441 f., 722, 724, 725
Offergeld, Rainer* 40*, 17, 44, 103, 279, 379, 383, 385, 467, 491, 493 f., 503, 564
Ollenhauer, Erich 175
Ollesch, Alfred 115
Olszowski, Stefan 255, 758
Opel, Fritz 374
Orth, Elisabeth* 21*, 102, 253, 349
Ortoli, François-Xavier 847
Orwell, George 49
Osswald, Albert 871
Ostman von der Leye, Wilderich Freiherr* 83*, 85*, 86*, 206, 462, 478, 572, 652, 668–670, 699, 895
Otto, Weithart 125

P

Palme, Olof 59, 614, 764, 766
Papandreou, Andreas 665
Patolitschew, Nikolai S. 262, 265
Pawelczyk, Alfons* 59*, 601, 896 f.
Penner, Willfried* 132, 574, 589, 646, 651 f.
Pfromm, Karl 404, 408 f., 411
Picht, Georg 87*
Pieroth, Elmar 547 f.
Pinheiro de Azevedo, José Baptista 675
Pinochet, Augusto 99*, 279
Pittermann, Bruno 59
Podgornyj, Nikolaj Viktorovič 261 f., 264 f., 268
Pöhl, Karl Otto 398
Polkehn, Walter* 70*, 598, 687, 871
Pompidou, Georges 224, 257, 308 f., 350
Ponomarjow, Boris Nikolajewitsch 263, 266, 664
Porzner, Konrad* 38*, 17, 28, 44, 103, 330, 547, 549, 594, 597 f., 602 f., 708, 844
Posser, Diether 223
Preißinger, Hans 781 f.

R

Radbruch, Gustav 585
Ranke-Heinemann, Uta 67, 70
Rapp, Heinz* 74, 151, 159 f., 163, 175 f., 189, 284, 367, 451, 457, 468, 483, 519 f., 537, 551, 582, 584 f., 646, 650 f., 725
Rappe, Hermann* 76, 137, 170, 249, 367, 539–541, 543–545, 551, 622, 725
Ravens, Karl* 43*, 109*, 23, 27, 45, 49, 76, 149, 217, 359, 399–401, 550 f., 707, 751, 753, 758, 843

Rawe, Wilhelm 128
Reddemann, Gerhard 128, 260 f., 277, 414, 759, 772
Rehlen, Wiltrud* 21*
Reiche, Hans-Joachim 507
Reiser, Hermann* 71, 80 f., 180, 332
Renger, Annemarie* 21*, 29*, 52*, 64*, 32, 58, 166, 188–190, 253, 266, 268, 271, 402, 408, 411 f., 451, 453, 576 f., 585, 619, 702, 708, 839
Reuschenbach, Peter* 45*, 54*, 49 f., 97, 106, 171, 185, 239, 269, 272–274, 278 f., 312 f., 365, 631, 769 f., 774 f., 801, 803, 805, 809, 812, 822, 832, 867 f.
Reuter, Ernst 782 f.
Richardson, Elliot Lee 73, 255
Richter, Klaus* 305
Richter, Willi 3
Riemer, Ludwig 417
Rockefeller, Nelson 526
Rogers, William P. 57, 254
Rohde, Helmut* 43*, 66*, 68*, 17, 28, 44, 82 f., 102, 159, 161, 163, 176, 236, 238, 250, 563, 604, 638 f., 643, 646, 654, 657 f., 681, 700, 735, 737, 740 f., 746 f., 788, 793, 809, 822, 872, 891–893, 896, 898
Rohwedder, Detlev 313, 353, 359, 381, 399 f.
Rosenberg, Ludwig 106*, 108*
Rosenthal, Philip* 94*, 133, 205, 207, 416, 425, 428, 432, 439, 614, 728, 814, 824, 830, 834, 871
Roth, Wolfgang 238, 790, 802, 812, 817 f.
Rothemund, Helmut 781, 797
Rudel, Hans-Ulrich 70*, 119*, 869 f., 875–878, 880, 886, 888, 892–896, 899
Ruhnau, Heinz 53*, 220, 496
Rupp-von Brünneck, Wiltraut 568, 571, 582, 637

S

Sacharow, Andrei Dmitrijewitsch 296
Sadat, Anwar as 288, 778
Sagladin, Wadim Walentinowitsch 263
Sahm, Ulrich 296
Samtlebe, Günter 805
Sander, Engelbert* 98
Sanguinetti, Antoine 881
Saragat, Guiseppe 768, 776
Saxowski, Karl-Heinz* 180
Schachtschabel, Hans Georg* 40*, 538, 549, 551, 906, 908
Schade, Fritz 876
Schäfer, Friedrich* 30*, 39*, 41*, 92*, 88, 132, 135 f., 147, 178 f., 181, 460, 462, 464, 524, 623, 632, 634, 637, 639, 703, 753, 795, 874

Schäfer, Harald* 212, 538, 551f., 566f., 807f., 811
Schalck-Golodkowski, Alexander 62*
Scheel, Walter 15*, 25*, 5, 10, 13, 37, 39, 42, 53, 75, 90, 107, 213, 224f., 253, 255f., 258, 263, 310f., 349, 490, 492, 496, 506, 508f., 515, 759, 777, 853, 880, 882
Scheer, Hermann 786, 790
Scheffler, Hermann* 539f., 657
Schellenberg, Ernst* 25*, 30*, 39*, 42*, 23, 111, 113, 159, 406, 639f., 853
von Schenck, Guntram 36*, 45*
Scheu, Adolf* 70, 102, 137, 486, 488, 567, 601, 891
Schiller, Karl 11*, 17, 37, 197, 553, 848
Schily, Otto 93*
Schimschok, Hildegard* 21*
Schinzel, Dieter* 64*, 89*, 345, 391, 397f., 737, 739–741, 745, 748, 886
Schirmer, Friedel 25*, 779
Schlaga, Georg* 64*, 142, 165, 190, 277, 399
Schlecht, Otto 89
Schlei, Marie* 21*, 87*, 31, 121, 143, 468f., 748, 870, 900
Schlesinger, James R. 312
Schleyer, Hanns Martin 220, 228
Schmid, Carlo 35, 43, 71, 910
Schmidt, Adolf* 30*, 68*, 91f.*, 97, 243f., 248, 435, 437f., 440, 639, 704, 720, 722f.,
Schmidt, Helmut* 15*, 17*, 25*, 28*, 31*, 33*, 39*, 41*–43*, 47f.*, 50*, 52*, 55*, 57*–59*, 62*, 65f.*, 69*, 71f.*, 74*, 77*, 79*, 89*, 93*, 98*, 100*, 103*–105*, 110*, 10–13, 24, 27, 29, 40, 44, 53f., 57f., 69, 72, 74, 90–92, 97f., 100–102, 155f., 161, 164, 167, 169–171, 175, 213, 241, 244, 248, 252–254, 258, 273, 275–277, 286, 289f., 317, 324, 348f., 353, 356, 359, 368f., 375, 377f., 383, 385, 388, 394f., 398, 415, 439, 443, 490–492, 494, 496, 504, 506f., 510–512, 522, 524f., 535, 538, 540, 545, 549, 551, 555–559, 562, 576, 595f., 599, 601f., 604–606, 608f., 611f., 614, 617f., 620, 637, 640, 643, 656, 670f., 673, 675, 680, 686, 689–691, 693, 698, 702, 704, 707, 743, 746, 749f., 752, 754–757, 759, 765f., 768, 773f., 776–778, 794f., 798, 800, 803, 809, 814f., 817, 819–821, 824, 831, 835–837, 839, 842, 846–848, 852, 854–858, 860, 866f., 869f., 872, 885f., 898f., 903, 906, 909
Schmidt, Hermann* 33*, 39*, 41*, 70*, 486, 591, 594, 871, 876, 884, 888, 894
Schmidt, Horst 197
Schmidt, Manfred* 56*, 139, 274, 276, 479f., 588f.
Schmidt, Reinhold Martin* 39*–41*, 63, 297f.
Schmidt-Wittmack, Karlfranz 482

Schmitt-Vockenhausen, Hermann* 29*, 32, 540, 552
Schmude, Jürgen* 41*, 64*, 132f., 137, 140–142, 184, 207, 278f., 313, 545f.
Schmücker, Kurt 353
Schneider, Bernd 820
Schnell, Karl 80
Schöfberger, Rudolf* 64*, 211, 843
von Schoeler, Andreas 569, 646, 649
Schöttle, Erwin 404
Schopenhauer, Arthur 873
Schreiber, Hermann 52*, 300f., 504
Schröder, Gerhard 493, 503, 508, 775
Schröder, Horst 776
von Schroeter, Horst 638
Schuchardt, Helga 347, 737, 773
Schueler, Hans 878
Schulte, Manfred* 34*, 37*–39*, 72*, 135, 152–154, 160, 163f., 175, 278f., 294, 384, 400, 403, 450, 455, 457–459, 461, 465f., 516, 546f., 560, 646, 895
Schumacher, Kurt 597, 782f.
Schütz, Klaus 27*, 48, 61, 302, 310, 563, 841
Schwabe, Wolfgang* 174f., 177, 197, 386, 519f., 773f., 777
Schwartz, Lothar 70f.
Schwedler, Rolf* 349
Schweitzer, Carl-Christoph* 18*, 27*, 52*, 82*, 69, 134, 149f., 163, 167, 171, 179, 183f., 189f., 192f., 199, 203, 207, 272f., 347, 460–463, 573f., 580, 585
Schwencke, Olaf* 184, 333, 337
Seibert, Philipp* 68*, 230, 233f., 238, 240, 871
Seidel, Max 20
Seiters, Rudolf 28*, 404f., 407, 410, 413f.
Seuffert, Walter 634
Seume, Franz 130
Shultz, George P. 265
Sieglerschmidt, Hellmut* 17, 28, 132, 465f., 584f., 587, 627, 635, 769
Simon, Helmut 568, 571, 582
Simpfendörfer, Hansmartin* 104, 134, 203, 333, 340, 383, 385, 465–467, 658, 908
Slotta, Günter 137, 253, 260
Smith, Adam 695
Soares, Mário 638, 643f., 665, 675, 766f.
Solschenizyn, Alexander Issajewitsch 24*, 296
Sommer, Theo 300f., 504, 810
Spangenberg, Dietrich 841
Späth, Lothar 799
Sperling, Dietrich* 30*, 48*, 64*, 68f.*, 108*, 17, 27–29, 75f., 106f., 132, 229, 239–241, 247, 249f., 267–269, 271, 333f., 340, 474, 485, 567, 575, 631–633, 650f., 695, 737, 740–742, 783, 889, 891

Spillecke, Hermann* 102, 616
Spöri, Dieter 786
Springer, Axel 327, 546
Sprung, Rudolf 547
Staak, Werner* 21*, 170, 175, 205
Staeck, Klaus 75 f.*
Stahl, Erwin* 312 f.
Stalin, Josef 224
Steffen, Jochen 64*, 783–788, 790, 797, 809
Steiner, Julius 37*, 59*–61*, 127, 129–132, 136, 211
Steinhauer, Waltraud* 21*
Stern, Elisabeth 843
Stienen, Karl-Heinz* 24*, 76, 464
Stoltenberg, Gerhard 41*, 534, 681 f., 744
Stoph, Willi 900 f.
Strasser, Johannes 790, 818
Strauß, Franz Josef 62*, 73 f.*, 78*, 106*, 6, 228, 270, 274, 277, 534, 553, 590, 604, 757, 768, 799, 810, 855 f., 894
Strobel, Käthe 43*, 46
Stücklen, Richard 76*, 62, 128, 130, 261, 482
Suck, Walter* 871

T

Tanassi, Mario 767 f.
Tandler, Gerold 407
Terjung, Knut 43*
Theissen, Otto 608
Thorn, Gaston 847
Tietjen, Günther* 525, 871
Timm, Helga* 21*, 26*, 28*, 32*, 36*–38*, 45 f.*, 74*, 114, 116 f., 135, 468, 525, 569, 573, 576 f., 585–589, 646, 652 f., 897 f.
Tindemans, Leonard Clemence 619, 674, 755 f., 794, 825
Todenhöfer, Jürgen 682
Troll, Thaddäus 15 f.*, 55*, 442, 445
Truman, Harry S. 57, 881
Tsatsos, Dimitris 99

U

Unland, Hermann Josef 114, 451
Urbaniak, Hans* 250, 330, 337, 540, 552, 698 f., 818, 871
Urrutia Manzano, Enrique 282

V

Vaerst, Wolfgang 28*, 393
Vahlberg, Jürgen* 64*, 789
van Nouhuys, Heinz 548
Vetter, Heinz Oskar 220, 229, 552, 828
Vitt, Werner 790

Vogel, Bernhard 738 f., 744
Vogel, Friedrich 8, 127, 136
Vogel, Hans-Jochen* 56*, 65*, 70*, 83*–85*, 93*, 94*, 23, 27, 40, 45, 49, 54, 79 f., 157, 289, 291, 463, 481 f., 486 f., 541, 569 f., 572, 575, 580, 583 f., 586, 588, 608, 615, 620, 792, 870
Vogelsang, Kurt 347
Voigt, Karsten* 64*, 67*, 71*, 184, 192, 199, 206 f., 790, 871
Vorster, Balthazar Johannes 841

W

Wagner, Leo 60*
Walkhoff, Karl-Heinz* 64*, 18, 77, 79, 239, 283, 285, 525, 871
Waltemathe, Ernst* 27*, 32*, 174, 199, 302, 330, 580, 585 f., 737, 886, 890
Walther, Rudolf 871
Weber, Hans-Günther 67*, 814, 817, 820 f.
Weber, Hubert* 61*, 413, 518
von Wechmar, Rüdiger 472
Wehner, Charlotte 872
Wehner, Herbert* 12*, 16*, 18 f.*, 24*–27*, 29 f.*, 32 f.*, 35*–38*, 41 f.*, 47*–53*, 55*–59*, 61 f.*, 64*–66*, 70*–72*, 80*, 82*–85*, 91*, 93 f.*, 98*–100*, 102 f.*, 111*, 3, 13, 18–23, 27–34, 38, 43 f., 53, 56, 64–67, 69–72, 74–84, 87–89, 92, 97 f., 101, 103–107, 111–113, 115–119, 121, 124 f., 131–140, 142 f., 145–155, 159–161, 163–165, 167 f., 170–172, 174–194, 196–200, 202–207, 212, 226, 228–230, 233–235, 238–241, 243 f., 246, 248–250, 252 f., 259–263, 266–279, 282–287, 294–298, 300–302, 305, 311–316, 321, 323–333, 335, 337 f., 340 f., 343–346, 349, 356, 361, 365–368, 374, 376, 378, 380–386, 388 f., 391 f., 395 f., 398–403, 407, 410–414, 416, 425, 428, 430–442, 444, 450, 455, 457–469, 471, 473–491, 493, 496, 503–507, 515, 519–521, 524, 534–541, 543–549, 551 f., 558, 560, 566–568, 571–589, 591, 593–596, 598–603, 608, 612–616, 619, 621, 623 f., 626–628, 630–633, 635–639, 641, 645, 648–653, 657–659, 666–672, 675, 677, 680, 682 f., 686 f., 689, 691, 694–700, 707–710, 719 f., 722, 724 f., 727–729, 731, 735–737, 739, 741 f., 744–747, 749 f., 757, 763, 768–776, 779 f., 783–790, 792–795, 800–808, 810, 812, 814, 816–821, 824, 835 f., 840, 843, 846, 853, 856, 860–870, 872 f., 877 f., 880, 883, 886, 888–899, 902, 904, 906–909
Weinstein, Adelbert 80 f.
Wende, Manfred* 871
Wendt, Martin* 32, 463 f.
Wenger, Paul Wilhelm 278
Wernitz, Axel* 741 f., 745, 768, 771, 806
Wesemann, Fried 892
Westphal, Heinz* 23*, 19–21, 46, 467 f.

Wichert, Günter* 64*, 17 f., 80, 135, 196, 329, 345 f., 347, 524
Wickert, Günter 494
Wieczorek-Zeul, Heidemarie 70*, 75*, 790, 793
Wienand, Karl* 21*, 27*, 35*–38*, 45*, 47*, 57*–62*, 72*, 82 f.*, 108*, 13, 28, 32 f., 59 f., 64, 84, 107, 111 f., 115–119, 123, 125 f., 128 f., 131–141, 143, 211, 402–410, 412–414, 442, 450, 456 f., 461, 473, 487, 490, 515 f., 524, 534, 548, 559 f.
Wiesen, Hans 24*, 707 f.
Wilke, Reinhard 50
Willmann, Hanne 198
Wilson, Harold 51, 186, 665, 756, 762, 829 f.
Windelen, Heinrich 277, 769
Wischnewski, Hans-Jürgen* 40*, 99*, 43, 132, 252, 279, 282 f., 286, 326, 330, 334 f., 338, 341, 559, 643, 770
Wittmann, Fritz 776
Wittmann, Otto* 270, 272
Wohlrabe, Jürgen 759

Wolff von Amerongen, Otto 106*
Wolfram, Erich* 297, 433, 545, 702, 727
Wörner, Manfred 875, 894
Wrede, Lothar* 135, 176, 382, 385, 475, 485, 601, 774
Würtz, Peter* 32, 481
Wüster, Kurt* 347, 843
Wurche, Gottfried* 620
Wuttke, Günther* 325, 333, 344

Z

Zander, Karl Fred* 21, 45, 348
Zarapkin, Semjon Konstantinowitsch 354
Zdovc, Edvin 754
Zebisch, Franz Josef* 287
Zenha, Salgado 766
Zhou, Enlai 526
Zinn, Georg August 779
Zweigert, Konrad 870

Die SPD-Fraktion
im Deutschen Bundestag
1972–1976

Sachregister

Hinweise zur Benutzung des Sachregisters:
- Besonderer Wert wurde auf die Bildung übergreifender sachbezogener Schlagwörter gelegt, deren Feingliederung durch Unterschlagwörter Möglichkeiten für eine differenzierte Nutzung eröffnet. Hinzu kommt ein sachgemäßes System von Querverweisen bei den Schlagwörtern. Auf diese Weise wird eine Häufung von Einträgen vermieden und eine sinnvolle Benutzung des Sachregisters ermöglicht.
- Um einen noch zielführenderen Zugriff auf den Stoff zu ermöglichen, wurden in einer Reihe von Fällen die vorhandenen Unterschlagwörter in mehrere Rubriken aufgeteilt.
- Die ausgewiesenen Schlagwörter und Unterschlagwörter bzw. die zugehörigen Seitenzahlen können sich sowohl auf die Sitzungsverlaufspunkte, den Text der Dokumente als auch auf die Kommentierung beziehen.
- Die Einleitung findet im Sachregister keine Berücksichtigung, da in diesem Fall das Inhaltsverzeichnis eine ausreichende sachbezogene Orientierungshilfe darstellt.

Abkommen und Verträge (Auswahl)
- Münchener Abkommen vom 29.9.1938
  siehe: Tschechoslowakei
- UNO-Charta vom 26.6.1945
  siehe: UNO
- Vertrag vom 22.1.1963 zwischen der Bundesrepublik Deutschland und Frankreich über die deutsch-französische Zusammenarbeit
  siehe: Frankreich
- Vertrag vom 1.7.1968 über die Nichtverbreitung von Kernwaffen
  siehe: Atomwaffen/Nichtverbreitung von Atomwaffen
- Vertrag vom 12.8.1970 zwischen der Bundesrepublik Deutschland und der UdSSR
  siehe: Moskauer Vertrag
- Vertrag vom 7.12.1970 zwischen der Bundesrepublik Deutschland und Polen über die Grundlagen der Normalisierung ihrer gegenseitigen Beziehungen
  siehe: Warschauer Vertrag
- Vier-Mächte-Abkommen vom 3.9.1971 über Berlin
  siehe: Berlin (Berlin-Abkommen)
- Abkommen vom 17.12.1971 zwischen der Regierung der Bundesrepublik Deutschland und der Regierung der DDR über den Transitverkehr von zivilen Personen und Gütern zwischen der Bundesrepublik und Berlin (West)
  siehe: DDR (Beziehungen zwischen der Bundesrepublik und der DDR: Transitverkehr)

Abrüstung und Rüstungskontrolle
siehe auch: Atomwaffen – Entspannungspolitik – Europäische Sicherheitskonferenz/KSZE – Nichtverbreitung von Atomwaffen
123, 131, 224, 659, 702, 900
- Nichtverbreitung von Atomwaffen/Vertrag über die Nichtverbreitung von Kernwaffen vom 1.7.1968 (Atomsperrvertrag)
  122
- MBFR (Verhandlungen über beiderseitige und ausgewogene Truppenverminderungen)
  60, 167, 256, 265, 304, 311, 525, 663
- SALT (Strategic Arms Limitation Talks)
  224, 663

Ägypten/Vereinigte Arabische Republik
288, 535f., 663f., 665, 778, 839

Afrika
210

Agrarpolitik/Landwirtschaft
siehe auch: Europäische Gemeinschaften
97, 158, 293, 395, 533, 705, 753, 757
- Agrarbericht
  90, 444, 566, 757
- Fischerei
  91, 122
- Forstwirtschaft
  98f., 109
- Weingesetz
  90

Aktienrecht/Aktiengesetz
417–419, 728, 839

Albanien
68

Angola
754

Antisemitismus
siehe: Judentum – NS-Vergangenheit

Arbeit/Arbeitspolitik
siehe auch: Sozialpolitik – Wirtschaft/Wirtschaftspolitik – Bundesminister(ium) für Arbeit und Sozialordnung
88, 109, 211, 205, 252, 491, 605f., 617, 691, 704, 754, 760, 837, 870, 905
- Arbeitslosigkeit
  24, 333, 355, 356, 358, 365, 367f., 375f., 377, 381, 398f., 514, 530, 537, 539, 540, 550, 551, 558, 563f., 590, 617, 690, 754f., 760, 837, 840, 902f.
- Arbeitssicherheit/Arbeitsschutz
  101, 109, 238
- Ausbildung/Ausbildungsförderungsgesetz
  101, 109–111, 209, 211, 251, 395, 445, 448, 502, 512–514, 605, 639, 706, 830, 839, 840, 842
- Ausländische Arbeitskräfte/Gastarbeiter
  347, 356, 491, 523, 530, 563f.
- Betriebsräte/Betriebsverfassungsgesetz
  173, 217, 235f., 240, 251f., 302, 303, 347, 420, 422, 425, 433, 437, 440, 441, 714f., 722f., 728, 761f.
- Mitbestimmung (im Aufsichtsrat)
  3, 16, 18f., 54f., 85, 87, 131, 146, 162, 186, 211, 214, 230, 237, 286, 291, 395, 415–444, 501, 555, 605, 619, 622, 655f., 694, 699, 704, 707–730, 749, 753, 756, 761, 764, 816, 818, 855
- Arbeitskampf (Streik/wilde Streiks/Aussperrung)
  209, 211f., 218, 221, 226–232, 234f., 240, 242f., 247f., 270, 367, 444, 858, 861
- Arbeitskampf: Bummelstreik der Fluglotsen
  209, 221, 235, 247

Arbeitgeber-/Unternehmerverbände
237
- Bundesvereinigung der Deutschen Arbeitgeberverbände (BDA)
  220, 431
- Bundesverband der Deutschen Industrie (BDI)
  705

925

– Gesamtmetall
  234

Arbeitskreise/Arbeitsgruppen der SPD-Fraktion
14, 45, 90, 144, 168f., 171f., 174, 177f., 180, 187, 194, 200, 216, 251f., 278f., 299, 305, 332, 376, 397, 512–514, 554, 605–607, 616–618, 631, 638, 641, 646, 661, 671f., 701, 703f., 706, 751, 753, 755f., 778, 837f., 840f., 852, 870, 910
– Arbeitsgruppe Arbeit und Sozialordnung
  117, 340f.
– Arbeitsgruppe Außenpolitik und Sicherheitspolitik
  225, 289, 304
– Arbeitsgruppe Berufliche Bildung
  607
– Arbeitsgruppe Europäisches Parlament
  607
– Arbeitsgruppe Forschung und Technologie
  657
– Arbeitsgruppe Fremdenverkehr
  607, 617
– Arbeitsgruppe Haushalt/Projektgruppe Haushalt Bundestag
  278, 538, 605
– Arbeitsgruppe Jugend, Familie und Gesundheit
  558
– Arbeitsgruppe Jugendarbeitslosigkeit
  754
– Arbeitsgruppe Kulturpolitik
  17
– Arbeitsgruppe Menschenrechte
  753
– Arbeitsgruppe Postgebühren
  374
– Arbeitsgruppe Recht
  114, 142, 169, 701
– Arbeitsgruppe Reform der beruflichen Bildung
  348
– Arbeitsgruppe Strafrechtsreform/Paragraph 218 StGB
  116f., 119, 646, 648, 841
– Arbeitsgruppe Vermögensbildung
  840
– Arbeitsgruppe Wirtschaft
  313, 392
– Arbeitsgruppe Weltwirtschaftsordnung
  839
– Arbeitskreis Auswärtige und innerdeutsche Beziehungen, Sicherheitsfragen – AK I:
  568, 601, 674
– Arbeitskreis Inneres, Bildung und Sport, Forschung, Technologie, Post und Fernmeldewesen – AK II:
  632, 634
– Arbeitskreis Rechtswesen – AK VI:
  291, 468, 637
– Arbeitskreis Sozialpolitik – AK IV:
  397
– Arbeitskreis Wirtschaftspolitik – AK III:
  293, 329, 336f., 348, 353, 361, 366, 392, 396f., 538, 566

Atomenergie/Atompolitik
siehe auch: Energie/Energiepolitik – Europäische Atomgemeinschaft
363f., 369, 447, 560, 604, 606, 752, 838, 840–842, 870, 900
– Neubau von Kernkraftwerken/Proteste
  870, 901f.

Atomwaffen/Nichtverbreitung von Atomwaffen
siehe auch: Abrüstung – NATO
900

Ausländer/Ausländerpolitik
siehe auch: Asyl/Asylpolitik – Aussiedler
21, 162f., 347, 491, 523, 530, 564

Außenpolitik
siehe dazu die Nachweise zu den einzelnen Staaten sowie besonders: Abrüstung und Rüstungskontrolle – Außenwirtschaftsgesetz – Auswärtiges Amt – Deutschlandpolitik – Dritte Welt – Entspannungspolitik – Entwicklungshilfe – Europäische Gemeinschaften/Europapolitik – Konferenz für Sicherheit und Zusammenarbeit in Europa – Nahost-Konflikt – NATO – Ostblockstaaten – Sicherheitspolitik – Vereinte Nationen – Weltwirtschaft

Außenwirtschaftsgesetz
92, 667

Aussiedler
769

Australien
93, 851

Auswärtiges Amt/Bundesminister des Auswärtigen/Staatsminister
40, 53, 57, 90, 107, 224, 254, 259, 261, 267, 271, 273, 280, 282, 288f., 297, 301f., 442, 490, 536, 661

Automobilindustrie
355, 359, 397, 532f., 537, 540, 682, 754

Baden-Württemberg
75, 132, 172, 290, 561, 606, 624, 637, 706f., 732, 757, 760, 763f., 791, 793–824, 827f., 835, 842, 858, 861, 865

Bangladesch
536

Banken
517–521, 554, 618, 691, 696, 706, 753
- Deutsche Genossenschaftsbank
606
- Herstatt-Bank (Zusammenbruch)
515–517, 519, 521
- Lastenausgleichsbank
617
- Sparkassen/Landesbanken/öffentlich-rechtliche Finanzinstitute
322, 517–521

Baugewerbe
617, 671, 673, 755

Bayern
216, 533, 553, 557, 682, 730, 733, 742 f., 745, 780–782, 785, 802, 809, 838

Beamte
siehe auch: Öffentlicher Dienst
446 f., 555, 559, 619, 621, 628, 702 f., 730, 755 f., 839, 842
- Besoldungsneuregelung/Besoldungserhöhungsgesetze
11, 100, 122, 210, 566, 618, 838

Belgien
92, 294, 826, 827

Bergbau
97, 101, 106, 151, 362 f., 377, 382, 384, 390 f., 399, 436, 514, 527, 553
- Montan-Mitbestimmung
417–419, 422 f., 433, 435

Berlin/Berlinpolitik
siehe auch: Deutschlandpolitik
37, 53, 61, 89, 225, 259, 262, 620, 659, 664, 703, 706, 747, 841, 870
- Berlin-Abkommen der Vier Mächte vom 3.9.1971
48, 56, 61, 252, 254, 259, 263, 267 f., 271–273, 302, 901
- Berlinfrage und DDR
304, 310, 901
- Berlinfrage und UdSSR
311, 664
- Berlinverkehr: Transitabkommen vom 17.12.1971
302, 304
- Berlinverkehr; Zugang nach Berlin (West)
89, 302, 310, 526, 563
- innerstädtische und wirtschaftliche Situation von Berlin (West)
557, 563, 841, 901
- Präsenz des Bundestages und der Bundesversammlung in Berlin (West); Präsenz von Bundeskabinett/-behörden in Berlin (West)
302, 326, 344, 345, 437, 528

- Rechtsstatus von Berlin; Bindungen von Berlin (West) an den Bund
617, 752
- Senat von Berlin/Regierender Bürgermeister
31, 48 f., 310, 563, 608, 841, 901

Bildung/Bildungspolitik
siehe auch: Forschung und Wissenschaft – Hochschulen/Hochschulpolitik – Jugend/Jugendpolitik
18, 26, 53 f., 85, 88, 211, 214, 555, 607, 618, 639, 650, 681, 701, 703, 724, 735, 737, 743, 752, 762, 808, 811, 818, 841
- Berufsbildung
45, 54, 82, 214, 252
- Bildungsgesamtplan
158, 214 f., 291, 445

Bremen
333, 552, 560 f., 597, 747, 765

Bulgarien
225, 272

Bundesanstalt für Arbeit
333, 907

Bundesanzeiger
605, 863

Bundesarbeitsgericht
720

Bundeshaushalt und Haushaltspolitik
siehe auch: Finanzpolitik – Steuern/Steuerpolitik
24, 295, 317, 321–325, 327, 331, 334 f., 342, 346, 367, 371, 499, 533 f., 537, 539, 559, 564, 619, 622, 639, 662, 670, 705 f., 730, 741, 754, 778, 804
- Bundeshaushalt 1972
7, 20, 33 f., 55, 564, 841
- Bundeshaushalt 1973
12 f., 25 f., 63, 89, 91, 99, 161, 165, 167, 210
- Bundeshaushalt 1974
211, 213, 215, 246, 251, 303, 317, 324, 374, 512
- Bundeshaushalt 1975
317, 496–499, 523 f., 550, 554, 562, 595 f., 602, 604, 667, 671–673, 702 f.
- Bundeshaushalt 1976
317, 622, 640, 659, 704, 730, 779, 837 f., 905–909
- Haushaltsstrukturgesetz
702–706, 730 f., 736, 741, 749, 755, 778, 804, 813, 830, 908
- Mittelfristige Finanzplanung
26, 99, 166, 215

Bundeskanzler
30, 33, 35 f., 42, 123, 288, 289, 299, 301, 442, 593, 594, 642

927

Bundeskanzleramt | Bundesregierung

- Guillaume-Affäre/Rücktritt/Kanzlerwechsel
  471–482, 489–512, 548, 553 f.

Bundeskanzleramt
49, 127, 299, 471–481, 505, 540, 592, 597, 602

Bundeskartellamt
353, 362, 368, 396

Bundeskriminalamt
41, 122, 471–481, 489, 505, 559

Bundesminister ohne besonderen Geschäftsbereich
53 f.

Bundesminister für besondere Aufgaben beim Bundeskanzler
42, 57, 150, 254

Bundesminister für besondere Aufgaben beim Stellvertreter des Bundeskanzlers
49

Bundesminister(ium) des Auswärtigen/Auswärtiges Amtes
siehe: Auswärtiges Amt

Bundesminister(ium) für Arbeit und Sozialordnung
82, 424 f., 432, 605

Bundesminister(ium) der Finanzen
81, 89, 210, 258, 334, 336, 353, 362 f., 518, 564 f., 639 f., 779

Bundesminister(ium) für Forschung und Technologie
45–47, 657

Bundesminister(ium) für Wirtschaft und Finanzen
11, 17, 37

Bundesminister(ium) für Wirtschaft
97, 103, 156, 197, 294, 320, 335 f., 338, 353, 355, 358, 362, 367, 381 f., 390, 396–399, 425, 536, 673

Bundesminister(ium) der Justiz
291 f., 471, 569 f., 608

Bundesminister(ium) der Verteidigung
166 f., 210, 481, 593, 604 f., 883, 887–889, 893–896, 899, 905, 909

Bundesminister(ium) des Innern
40 f., 46, 99, 303, 608, 622 f., 629 f., 638, 730

Bundesminister(ium) für innerdeutsche Beziehungen
48, 615

Bundesminister(ium) für Jugend, Familie und Gesundheit
18

Bundesminister(ium) für Bildung und Wissenschaft
778

Bundesminister(ium) für wirtschaftliche Zusammenarbeit
40, 446, 668, 839

Bundesminister(ium) für Verkehr
384, 386, 400, 708

Bundesminister(ium) für das Post- und Fernmeldewesen
316, 325, 334–336, 341, 345, 512

Bundesminister(ium) für Raumordnung, Städtebau und Wohnungswesen
44 f., 47

Bundesminister(ium) für Ernährung, Landwirtschaft und Forsten
90, 224

Bundesministerien, gemeinsame Geschäftsordnung der
160

Bundespräsident/Bundespräsidentenwahl/Bundespräsidialamt
38, 49, 51, 58, 198, 267, 303, 395, 415, 489 f., 492, 496, 503, 505 f., 508, 510, 515, 561, 870, 880 f., 899, 903–905

Bundesrat
108, 112, 122, 211, 213, 292, 308, 315 f., 340, 354, 357, 395, 402, 417, 443, 492, 504, 515 f., 522, 566, 605, 607, 618–620, 629 f., 682, 730–733, 753, 755 f., 763, 806, 810, 822, 834, 842
- Vermittlungsausschuss von Bundestag und Bundesrat
  112, 123, 135, 173, 210, 304, 315, 402, 414, 444–446, 492, 512, 515, 523, 565, 570, 604, 607, 638, 641, 702 f., 738, 741 f., 744, 748, 750, 753 f., 757, 836, 838, 869

Bundesrechnungshof
15, 331, 446, 564, 754

Bundesregierung
siehe auch: Bundeshaushalt
- Bundeskabinett
  230, 291–293, 302, 312, 316–318, 322–326, 328, 331 f., 335 f., 338, 345, 349, 353 f., 396 f., 399, 424, 509, 609 f., 686, 862, 899

Kabinettsausschuss für Finanzen (Finanzkabinett)
316f., 320, 336f.
- Misstrauensvotum 1972
22, 123, 129–131
- Regierungsbildung
3–30, 34–55, 146, 491, 496, 504, 511f., 855
- Regierungserklärung(en)
7, 11, 17f., 21, 29, 54–57, 62, 64, 68, 78, 80, 84–86, 88f., 99, 110, 213, 224, 228, 256f., 259, 354, 361, 416, 490, 496–498, 503, 510, 512, 524, 542, 560, 609, 611f., 615, 659, 671, 675, 824, 869f., 874

Bundestagswahl
29, 155, 182, 495, 542, 866, 1013f., 1031f.
- Bundestagswahl 1972
3, 4, 36, 131, 493, 508, 823, 854, 858
- Bundestagswahl 1976
334, 429, 545, 591, 642, 645, 656, 678, 718, 729, 750, 753, 756, 781, 795, 798, 803, 805, 808, 811, 822, 835, 837, 839, 841f., 852, 856–868–870, 910
- Bundeswahlgesetz/Wahlrecht
252, 605, 839

Bundesverfassungsgericht/Verfassungsklage
siehe auch: Grundgesetz
88, 103f., 262, 300, 302, 576, 621, 625, 627f., 632, 635, 637f., 703, 709, 711, 724, 739, 741, 747, 910
- Verfassungsklagen/Urteile: Diäten-Urteil (1975)
616f., 704, 840
- Verfassungsklagen/Urteile: Grundlagenvertrag (1973)
210, 262
- Verfassungsklagen/Urteile: Schwangerschaftsabbruch, 218 StGB (1975)
455f., 458, 523f., 564–590, 641, 646f., 649f., 652f., 748

Bundesverwaltungsgericht
621, 627f.

Bundeswehr/Wehrdienst
siehe auch: NATO – Sicherheitspolitik – Ziviler Ersatzdienst
10, 80, 90, 166, 252, 304, 312, 348, 593, 618, 870, 875–899
- Innere Führung
618, 638, 875–888, 891
- »Rudel-Affäre«
875–899, 904f.
- Rüstung/Beschaffung/MRCA
304, 449, 555f., 839
- Personal/Truppenstärke
616, 639, 751, 841, 870
- Wehrbeauftragter
348, 559, 565–568, 583f., 590–593, 597, 601f., 606, 704, 794, 840f.

- Wehrdienst/Wehrdienstverweigerer
617f., 706, 765, 794, 838f., 903
- Wehrstrukturreform/Wehrstrukturkommission
3, 15, 211, 216, 224, 302, 304, 348, 593
- Weißbuch
447, 841

Bundeszentrale für politische Bildung
100, 514

CDU/CSU-Fraktion im Deutschen Bundestag
siehe auch: CDU und CSU
86, 108, 110f., 114, 116, 119, 123, 125–132, 136, 138, 181–183, 211, 261, 291, 344, 404, 405, 408, 412–414, 450, 452, 454, 459–461, 474, 482–488, 503, 508f., 516, 533, 570, 572, 579, 582, 589, 599, 601, 608, 610, 635, 637, 656, 659f., 669, 682, 698, 705, 735–737, 742, 754–756, 773, 776f., 779, 808, 813, 829, 837, 840, 853, 855, 862f.
- Anträge/Gesetzentwürfe/Anfragen
109, 114f., 121, 130–132, 209, 252, 303, 308, 603, 605, 607, 616, 618, 620, 639, 671, 672, 702–706, 730f., 750–756, 778, 839, 841f., 875, 883, 889, 891f., 895f.
- Interfraktionelle Anträge/Gesetzentwürfe/Anfragen
siehe: SPD-Fraktion

Ceylon/Sri Lanka
526f., 535

Chile
211, 223, 251f., 279–287, 300, 305, 348, 394f., 415, 443f., 554f., 557, 559, 562f., 604, 671, 706, 910

Christlich-Demokratische Union Deutschlands (CDU)
siehe auch: CDU/CSU-Fraktion
62, 107, 239, 438–440, 505, 638, 643, 645, 661, 675, 752, 768, 799, 808, 810, 837, 840, 862f., 865f., 894
- Parteitag(e)
215, 645
- Pressedienste
504, 628, 636, 768
- Ring Christlich Demokratischer Studenten
738f., 741
- Sozialausschüsse/Christlich-Demokratische Arbeitnehmerschaft (CDA)
644

Christlich-Soziale Union (CSU)
siehe auch: CDU/CSU-Fraktion
261, 406, 590, 604, 638, 644f., 745, 758, 781f., 806f., 832, 837, 855f., 862f.

Dänemark
92, 208, 257, 309, 499, 527, 529, 569, 751, 825, 827

Datenschutz
838, 840, 869f.

DDR
siehe auch: Berlin – Deutsche Frage und Wiedervereinigung – Gewaltverzicht – Ostblockstaaten – Ostpolitik
209, 259, 756, 759, 769, 837, 900
– Aufnahme der Bundesrepublik und der DDR in die UNO
siehe unter: UNO
– Beziehungen/Gespräche zwischen der Bundesrepublik und der DDR
100, 110, 524, 526, 547f., 555, 561, 605, 607, 616, 639, 702, 769, 900
– Beziehungen/Gespräche zwischen der Bundesrepublik und der DDR: Grundvertrag; Grundverhältnis; Verkehrsvertrag
6, 48, 55, 62, 84, 90, 100, 121f., 131, 169, 210, 563, 748, 759
– Einreisebedingungen/Visagebühren
30, 91, 151
– Ministerium für Staatssicherheit
471–481, 489, 505f.
– Republikflüchtlinge/Häftlingsfreikauf
750
– Sozialistische Einheitspartei Deutschlands (SED)/Blockparteien
900f.

Demonstrationsrecht
315

Demoskopie/Meinungsumfragen
291, 296, 317, 394, 494, 523, 529, 533, 604, 685, 755, 803, 813, 832, 842, 853f., 856

Deutsche Bundesbahn
siehe unter: Verkehr/Verkehrspolitik

Deutsche Bundesbank
217, 365f., 371, 373, 394, 399, 517–519, 521, 527, 531, 760f.

Deutsche Bundespost
13, 55, 89, 100, 302, 304, 316–348, 371, 395, 444, 557, 563f., 566, 701, 706, 751f., 837, 840

Deutsche Frage und Wiedervereinigung
siehe auch: Berlin – Entspannungspolitik – Gewaltverzicht – Moskauer Vertrag – Ostpolitik – Warschauer Vertrag
8, 53, 210, 262, 660
– »17. Juni«/Tag der Deutschen Einheit
210, 512, 514, 619, 622

– Anerkennung/Souveränität der DDR
siehe unter: DDR
– Aufnahme der Bundesrepublik und der DDR in die UNO
siehe unter: UNO
– Bericht(e) der Bundesregierung zur Lage der Nation
62, 84, 759
– Deutsche Frage/Grenzfrage und UdSSR
siehe: Moskauer Vertrag
– Deutsche Frage/Grenzfrage und USA
62
– Grenze zur DDR/Demarkationslinie
607, 639
– Grenzen; Oder-Neiße-Linie; Ostgebiete des Deutschen Reiches; Offenhalten der Grenzfrage
776
– Rechte/Verantwortung der Vier Mächte
siehe auch: Deutschlandvertrag; Potsdamer Abkommen
48f., 61, 252, 254, 259, 267, 272, 302
– Staatsangehörigkeitsfrage
287, 299f.

Deutsche Kommunistische Partei (DKP)
184, 239, 621, 625, 627f., 635, 706, 763, 837

Deutscher Bundestag
siehe auch: Bundestagswahl – Parteiengesetz/Parteienfinanzierung
4, 36, 493, 514, 613, 618, 706, 750, 794, 830, 841, 852
– Aktuelle Stunde
344, 474, 481, 620
– Ältestenrat
90, 107f., 111, 118, 123, 126, 161, 278, 299, 405, 414, 450–452, 454–457, 460–462, 467, 470, 490f., 515f., 522, 617
– Altersversorgung der Abgeordneten
447
– Ausschüsse
9, 14, 55, 447, 490, 605f., 616f., 631, 639, 671, 750, 752, 840–842
– Ausschüsse: Ausschuss für Arbeit und Sozialordnung
121, 640, 708–710, 719, 724f.
– Ausschüsse: Ausschuss für innerdeutsche Beziehungen
305, 445
– Ausschüsse: Ausschuss für Jugend, Familie und Gesundheit
111, 121, 393, 468, 494, 754f.
– Ausschüsse: Ausschuss für Städtebau und Wohnungswesen
177, 403f., 841
– Ausschüsse: Ausschuss für Verkehr und für das Post- und Fernmeldewesen
437

- Ausschüsse: Ausschuss für Wahlprüfung, Immunität und Geschäftsordnung
402–404, 406–408, 410–412, 838
- Ausschüsse: Auswärtiger Ausschuss
279, 493, 616, 775
- Ausschüsse: Innenausschuss
99, 123, 468, 494, 621, 634
- Ausschüsse: Finanzausschuss
177, 187, 468, 494
- Ausschüsse: Gemeinsamer Ausschuss
347
- Ausschüsse: Haushaltsausschuss
415, 449, 513, 639, 907
- Ausschüsse: Petitionsausschuss
750
- Ausschüsse: Rechtsausschuss
177–179, 621, 625
- Ausschüsse: Sonderausschuss Art. 48 GG Diätenreform
705 f., 839 f., 842
- Ausschüsse: Sonderausschuss für die Strafrechtsreform
393, 451–453, 458 f., 468, 648
- Ausschüsse: Verteidigungsausschuss
592, 601, 604–606
- Berliner Abgeordnete
592
- Bundestagspräsident/Bundestagspräsidium
13, 30–34, 58, 61, 135, 253, 261, 402 f., 405–414, 450–452, 483, 487, 515, 567, 603, 605, 619, 708, 839, 910
- Diäten/Diätenreform
251, 322, 415, 511–513, 524, 554–557, 616 f., 672, 704, 706, 754, 757, 794, 840–842, 869 f., 874, 910
- Enquete-Kommissionen
3, 11, 87 f., 91, 100 f., 108 f., 111, 114, 121, 161, 305, 446, 605, 837
- Fragestunde
31, 89, 107, 110 f., 113 f, 299, 387, 403, 641, 858
- Geschäftsordnung des Bundestages
31, 450–458, 463–469, 487, 522, 594, 752
- Gremium nach Artikel 10 des Grundgesetzes
38
- Gremien mit parlamentarischer Beteiligung
617, 639, 755
- Große Anfragen
561, 616, 618, 705, 751 f., 838, 840, 842
- Kleine Anfragen
299, 347, 617, 703, 754, 757, 778
- Parlamentariergruppen
639
- Reisen und Delegationen
211, 252 f., 259–261, 279–284, 617, 639, 702, 839
- Sondersitzungen
659–661, 842
- Unterausschüsse
404
- Untersuchungsausschuss Guillaume-Affäre
513, 524, 542, 554 f., 560, 562, 566, 605
- Untersuchungsausschuss Misstrauensvotum April 1972
125 f., 129–143, 209–211, 404, 447, 524, 548
- Untersuchungsausschuss Paninternational
126, 128, 137, 404
- Vermittlungsausschuss von Bundestag und Bundesrat
siehe unter: Bundesrat
- Wahlmännerausschuss
581, 583
- Wissenschaftliche Dienste
563
- Wohn- und Arbeitssituation der Abgeordneten
91

Deutscher Gewerkschaftsbund
siehe unter: Gewerkschaften

Deutscher Industrie- und Handelstag
554

Deutscher Städtetag
540, 552, 645

Deutschlandpolitik
siehe: Deutsche Frage und Wiedervereinigung

Deutschlandvertrag (in der Fassung vom 23.10.1954) und Zusatzverträge
siehe: Deutsche Frage und Wiedervereinigung

Diskriminierung
siehe auch: Frauenpolitik – Homosexualität
- Behinderte/Menschen mit Behinderung
siehe auch: »Stiftung Hilfswerk für behinderte Kinder«
108, 117 f., 121, 251, 618, 842, 906 f.

Dritte Welt
siehe: Entwicklungshilfe

Energie/Energiepolitik
siehe auch: Atomkraft/Atompolitik
11 f., 157, 216, 605–607, 671, 683, 704, 706, 751 f., 754, 840
- Ölkrise/Ölpreiskrise
286, 292, 294 f., 297 f., 302, 304, 307–310, 312–315, 325, 328, 346, 348, 350 f., 353, 355–401, 415, 442, 500, 504, 512, 524, 526 f., 529, 535, 537, 545, 558–560, 606, 618, 840
- OPEC/OAPEC
292, 298, 309, 368, 370, 375, 529, 536, 551, 604, 851
- Steinkohle
704, 711, 751

Entspannungspolitik
siehe auch: Abrüstung und Rüstungskontrolle – Europäische Sicherheitskonferenz / KSZE – Gewaltverzicht – Ostpolitik – SALT
224, 304

Entwicklungshilfe/Entwicklungspolitik
siehe auch: Dritte Welt
90, 210, 281–285, 449, 513, 524, 535–538, 551, 643, 705, 730, 837, 839, 850–852, 870, 910

Erinnerungskultur/Geschichte
siehe auch: NS-Vergangenheit
875–888

Europäische Atomgemeinschaft (Euratom)
siehe auch: Europäische Gemeinschaften – Europäisches Parlament
377–379, 390, 590

Europäische Gemeinschaft für Kohle und Stahl (EGKS)
siehe auch: Europäische Gemeinschaften – Europäisches Parlament
377

Europäische Gemeinschaften (EG)/Europäische Wirtschaftsgemeinschaft (EWG)
siehe auch: Europäische Atomgemeinschaft – Europäische Gemeinschaft für Kohle und Stahl – Europäischer Gerichtshof – Europäisches Parlament – Weltwirtschaft/Internationale Finanz- und Währungspolitik
25, 91f., 98, 131, 158, 224, 256, 266, 296, 305, 350f., 376, 415, 501f., 529, 553, 590, 618f., 665, 671, 702, 829, 837, 839
– Agrarpolitik der EG
285f., 293f., 297, 524, 530, 554, 563
– Assoziierungen
297
– Beitrittsgesuche; Erweiterung der EG
825
– EG und Frankreich
293, 298, 309, 351, 381, 391, 501
– EG und Großbritannien; Beitritt Großbritanniens
309, 351, 590, 604
– EG und USA
302, 306f., 522, 618
– Europäische Kommission
24, 302, 306f., 522, 617, 667, 825, 838
– EG-Ministerrat
12, 24, 40, 144, 350, 377f., 531, 554, 666f., 824f., 828
– EWG-Vertrag
378
– Europäische Politische Zusammenarbeit (EPZ)
288, 296, 298, 304, 308–310, 313, 349, 531

– Konferenzen der Staats- und Regierungschefs der EG-Staaten
309, 349, 350, 376, 378, 530, 531, 559
– Wirtschafts- und Währungsunion/innerer Ausbau der EG/Reform der EG
131, 293–295, 309, 378, 527–529, 619, 671, 674f., 755f., 794, 825,

Europäische Sicherheitskonferenz / KSZE
siehe auch: Abrüstung und Rüstungskontrolle – Entspannungspolitik – Europäische Sicherheit – Gewaltverzicht
60, 121, 211, 224, 256, 265, 269, 304, 311, 525, 659–661, 663, 666, 757, 758, 777

Europäische Weltraumagentur (ESA)
841

Europäische Wirtschaftsgemeinschaft (EWG)
siehe: Europäische Gemeinschaften

Europäisches Parlament
14, 144, 294, 296f., 377, 447, 514, 607, 775
– Wahlen zum Europäischen Parlament
674f., 703, 705, 794, 825
– Parteien/Vereinigungen/Fraktionen im Europäischen Parlament
605, 674

Europapolitik
8, 53, 211, 643

Europarat
14, 102, 296f., 491, 525, 605

European Free Trade Association (EFTA)
297

Familienpolitik
siehe auch: Bildung – Sozialpolitik
115, 117, 120, 448, 450, 468, 556, 558, 560, 617, 837

FDP-Fraktion im Deutschen Bundestag
108f., 114–116, 119, 127, 138, 181–183, 320, 323, 608, 620, 634, 641, 646–649, 652, 661, 736, 746, 753, 839, 899, 909
– Anträge/Gesetzentwürfe der FDP-Fraktion
11
– Interfraktionelle Anträge/Gesetzentwürfe/ Anfragen
siehe: SPD-Fraktion
– Koalitionsfragen/-kompromisse
89, 899, 903, 905

Finanzpolitik
siehe auch: Bundeshaushalt und Haushaltspolitik – Steuerpolitik – Weltwirtschaft/Internationale Finanz- und Währungspolitik
3, 11, 63, 221, 333, 383, 415, 752, 812

– Staatsverschuldung
342, 371, 497, 501, 533, 550, 553 f.

Finnland
94

Föderalismus
623, 703, 706,
– Verhältnis Bund-Länder
286, 290, 354, 356 f., 399, 498 f., 501, 504, 510, 539, 549 f., 640, 681, 691, 738, 810

Forschung und Wissenschaft
siehe auch: Bildung/Bildungspolitik – Weltraum/Weltraumpolitik
82, 122, 841, 870

Frankreich
59, 92, 97, 122, 127, 210, 224, 257, 266, 307, 369 f., 377, 385, 501, 534, 666, 756, 826, 842, 844–847, 849, 881
– Währungspolitik Frankreichs
756, 759 f.

Frauen/Frauenpolitik
46, 101, 109, 161, 205, 305, 564
– Schwangerschaftsabbruch/§ 218 StGB
55, 85, 99, 101 f., 108, 110–113, 116–121, 173, 302, 392, 395, 415, 446, 449–470, 481–488, 513, 523 f., 564–566, 568–590, 618, 638 f., 641, 646–653, 701 f., 704, 748, 754, 762, 841

Freie Demokratische Partei (FDP)
siehe auch: FDP-Fraktion
9, 18, 23, 25, 40, 42, 87 f., 223, 471–475, 480, 622, 646, 655, 699 f., 709 f., 714, 720, 798 f., 899

Friedensnobelpreis
77

Friedenspolitik
siehe auch: Abrüstung – Friedensbewegung

Generalbundesanwalt beim Bundesgerichtshof
471, 473, 480

Gesundheit/Gesundheitspolitik
siehe auch: Gentechnologie
305, 618, 643, 705, 752 f., 778, 840
– Alkohol/Drogen/Suchtgefahren
122
– Bundesärztekammer
286, 300
– Gesundheitsreform/Kranken- und Unfallversicherung
393, 564
– Krankenkasse/Krankenversicherung
117–121, 252, 513, 617, 778, 840 f., 869

Gewerkschaften
63, 191, 219, 222, 227–240, 242, 246, 248, 356, 360, 368, 372, 417–421, 424, 426, 428, 431–434, 438, 440, 677, 688, 694, 699, 721, 723–728, 761, 811, 816, 828, 833, 848 f.
– Beamtenbund
559, 563
– Deutsche Angestellten-Gewerkschaft (DAG)
422, 726
– Deutscher Gewerkschaftsbund (DGB)
3, 205, 291, 420–422, 431, 433–436, 438, 499, 691 f., 694, 711, 721, 726, 729
– gelbe Gewerkschaften
249
– IG Chemie, Papier, Keramik
420, 692
– IG Metall
220, 230, 242, 249, 291, 420–422, 431, 433–436, 438, 499, 692, 694 f., 833
– Öffentliche Dienste, Transport und Verkehr (ÖTV)
741
– Tarifpolitik /-verhandlungen
siehe auch: Öffentlicher Dienst
98, 211 f., 219, 227–232, 235–250, 303, 323, 339, 349, 364, 374, 395, 415, 497, 499 f., 514, 670, 682, 694, 699, 724 f., 750, 761
– Union Leitender Angestellte (ULA)
420 f., 720

Griechenland
67, 90, 99, 149, 192, 208, 251, 304, 334, 393, 395, 512, 515, 535 f., 557–559, 564, 659, 750

Großbritannien
25, 51, 53, 93, 95–97, 134, 136, 257, 359, 369, 499 f., 527 f., 618, 639, 666, 702, 756, 762, 827, 829 f., 840, 847, 848 f.
– Beziehungen zur Bundesrepublik
294, 559
– EG und Großbritannien
293 f., 309, 530, 825, 827, 840

Große Koalition
22, 195, 254, 296, 354, 558, 909

Grundgesetz
siehe auch: Bundesverfassungsgericht
161, 405 f., 409, 412, 452, 493, 626
– Grundgesetzänderungen
52, 87, 287, 299, 305, 607, 705, 841 f.

Hamburg
128, 150, 220, 242, 444, 747

Heimarbeit
251

Hessen
216, 472–476, 554, 626, 633, 636, 691, 733, 737, 740, 745, 747, 779, 820

933

Hochschulen/Hochschulpolitik
siehe auch: Forschung
211, 435, 442, 867
- Hochschulrahmengesetz
45, 164, 215, 396, 442, 515, 522f., 554, 558, 560, 566, 604, 731–775
- Studenten/Studentenunruhen
502, 738, 771, 867

Homosexualität
315

Humanitäre Hilfe
209

Indien
536

Indonesien
90

Innenpolitik/Innere Sicherheit
siehe auch: Rechtsextremismus – Rechtspolitik/Justizwesen
53, 63, 199, 443, 509, 559, 590, 607–617, 619f., 634f., 649, 754
- Bundesamt für Verfassungsschutz/Geheimdienste (BND)
41, 127, 471–481, 489, 505, 630, 705
- Notstandsgesetze
22, 195, 784
- Polizei/Bundesgrenzschutz
91, 99f., 122, 607, 706, 838
- Radikalenerlass
211, 222f., 444, 449, 619f., 622–638, 671, 702f., 730, 837, 839, 844–846
- Terrorismus/RAF
608–616, 618, 623, 629, 633, 701, 754, 840, 842, 867

Internationale Arbeitsorganisation
109

Internationaler Währungsfonds (IWF)
94, 258, 286, 516, 536, 549, 852

Internationales Rotes Kreuz (IRK)
281

Interparlamentarische Union (IPU)
91, 122, 130, 416, 513f., 562, 639

Iran
292, 353, 355, 443, 536, 704

Irland
25, 93, 97, 529, 825

Islam
610

Island
91, 122, 618

Israel
siehe auch: Antisemitismus – Nahost-Konflikt – Judentum – Palästinenser
60, 124, 157, 209, 288, 298, 559f., 663f., 820
- Beziehungen zur Bundesrepublik: deutsch-israelische Parlamentariergruppe
301, 307, 309, 312f., 351

Italien
293, 499f., 527f., 531, 532, 585, 666, 756, 767f., 775, 826f., 829, 841, 847f., 851

Japan
94f., 258, 265, 355, 370, 847

Jemen
604

Jordanien
665

Jugend/Jugendpolitik
siehe auch: Bildung/Bildungspolitik
110, 316, 359, 446, 538, 564, 590, 617f., 702, 706, 751f., 754f., 778, 818, 838, 840, 906
- Bundesjugendplan
101, 110
- Jugendschutz
617

Jugoslawien
210, 289, 444, 513, 530, 564, 665, 754

Kambodscha
606

Kanada
94, 258, 847

Kartellrecht/Kartellgesetz
3, 12, 17, 23, 85, 87, 89f., 122, 156, 173, 209, 353, 362, 368, 378, 396, 449

Katholische Kirche
266, 538, 839

Kenia
850

Kernenergie/Kernforschung
siehe: Atomenergie

Kinder
siehe auch: Familienpolitik
606, 617, 705, 837
- Kindergeld/Erziehungsgeld
111, 122, 156, 448, 450, 467f., 493f., 497f., 500–502, 510, 523, 532, 540, 552,

555, 563, 566, 605, 607, 616, 618, 752, 827f., 840–842

Kommunalwahlen
26, 102, 221, 445, 447, 532, 606, 863f.

Kommunen/Kommunalpolitik
330f., 339, 371, 497f., 539f., 549f., 552, 557, 642f., 681

Kommunismus
siehe auch: Ostblockstaaten – UdSSR – Volksrepublik China

Kommunistische Partei Deutschlands (KPD)
184

Konjunkturpolitik
siehe unter: Wirtschaft/Wirtschaftspolitik

Krankenversicherung
siehe unter: Gesundheit/Gesundheitspolitik

Kriegsfolgelasten
siehe auch: Kriegsopferfürsorge/NS-Vergangenheit
122, 446, 617, 706, 755
– Lastenausgleich
122, 305, 414, 443, 554, 559f., 607, 617
– Wiedergutmachung/Entschädigung von NS-Opfern
98, 701

Kriegsopferfürsorge
siehe auch: Rentenpolitik
98, 100, 122, 211, 251f., 299, 445, 502, 606f., 755, 828

Kultur/Kulturpolitik/Auswärtige Kulturpolitik
siehe auch: Erinnerungskultur
91, 161, 837

Kuweit
559, 839

Länder der Bundesrepublik/Landespolitik
siehe dazu auch die Nachweise zu den einzelnen Ländern sowie: Bundesrat – Landtagswahlen
– Länderfinanzausgleich
340f., 415, 445, 504, 510, 539f.

Landtagswahlen
43, 216, 444, 507, 511, 513, 540–542, 551f., 558, 562, 590f., 598, 603, 605f., 608, 610, 638, 644f., 654, 662, 708, 791, 794–824, 827f., 856–858, 863, 867, 869

Landwirtschaft
siehe: Agrarpolitik/Landwirtschaft

Libanon
665, 839f.

Libyen
298

Lockheed-Affäre
754f., 767f., 870

Luftfahrtbundesamt
128

Luftverkehr/Luftfahrtindustrie
221f., 332, 349, 513, 524, 606, 681, 684

Luxemburg
342, 824, 828

Medien (Presse, Rundfunk, Fernsehen)
siehe auch: Zeitungen/Zeitschriften
17, 46, 122, 209, 276, 318, 327, 337f., 360, 395, 405f., 425, 429, 439, 441f., 447, 471, 475f., 494, 496, 506f., 517, 534, 543f., 546, 553, 556, 564–596, 598, 605, 609, 616, 705, 755, 757, 768, 812f., 838, 841f., 859, 864f., 877, 892, 895
– ARD
253, 263
– Axel-Springer-Verlag
327, 546–548, 579, 813, 864
– »Bericht aus Bonn«
263, 266
– »Deutsche Welle«
209, 759
– »Deutschlandfunk«
759, 765, 892
– Norddeutscher Rundfunk
263, 266
– Presserechtsrahmengesetz
46
– Radio Liberty/Free Europe
269
– »Zweites Deutsches Fernsehen« (ZDF)
132, 141, 143, 693, 765, 865

Menschenrechte/Menschenrechtspolitik
siehe auch: Rassismus/Apartheid
395, 705, 752, 839

Mexiko
605

Misstrauensvotum/Konstruktives Misstraensvotum (am 27.4.1972)
125, 129, 210f., 493
Moskauer Vertrag vom 12.8.1970
siehe auch: Deutsche Frage und Wiedervereinigung – Entspannungspolitik – Gewalt-

verzicht – Ostpolitik – UdSSR
129 f., 262, 268 f., 271, 301, 660

Nahost-Konflikt/Nahost-Politik/Jom-Kippur-Krieg
siehe auch: Iran – Irak – Israel – Palästinenser
56, 60, 121, 224, 256, 286–288, 292, 297 f., 302–309, 312 f., 351, 355, 369, 377, 388, 536, 605, 663 f., 752, 839

Nationalsozialismus
siehe: Kriegsfolgelasten – NS-Vergangenheit

NATO
siehe auch: Abrüstung und Rüstungskontrolle – Atomwaffen – Bundeswehr – Sicherheitspolitik
84, 255 f., 258, 306 f., 349, 504, 619, 885
– Engagement der USA in Europa
siehe unter: Sicherheitspolitik
– NATO-Ministerrat; Ständiger NATO-Rat
561, 618
– Nordatlantische Versammlung
616 f., 753

Naturschutz
siehe: Umweltschutz/Umweltpolitik

Neuseeland
93, 851
Nichtverbreitung von Atomwaffen / Vertrag über die Nichtverbreitung von Kernwaffen vom 1.7.1968
siehe auch: Abrüstung und Rüstungskontrolle – Atomwaffen
299, 305

Niederlande
92, 294, 314 f., 342, 377, 401, 759, 826
– Beziehungen zur Bundesrepublik: deutsch-niederländische Parlamentariergruppe
350

Niedersachsen
111, 216, 305, 474, 507, 511, 513, 524, 532, 540, 687, 739, 751, 753, 774, 810, 863 f., 901

Nigeria / Biafra
355

Nordrhein-Westfalen
103, 328, 541, 562, 564, 591, 594, 603, 605, 611, 614, 616, 620, 637, 654, 673, 692, 738, 740, 747, 785, 796, 858

Norwegen
94, 355, 766, 827

NPD
503, 508

NS-Vergangenheit
siehe auch: Antisemitismus – Kriegsfolgelasten – Kriegsopferfürsorge – Rechtsextremismus
664 f., 701, 756, 875

OECD
377

Öffentlicher Dienst
siehe auch: Beamte
3, 53, 63, 211, 222, 239, 447, 513, 554, 565, 620, 702 f., 830, 833, 839
– Personalvertretungsgesetz
17 f., 90, 251
– Tarifverhandlungen / Tarifabschlüsse
231, 248, 323, 339, 415, 442, 444, 562, 565, 750 f., 753, 761

Ökologie
siehe insbesondere: Umweltpolitik/Umweltschutz/Ökologie

Österreich
94, 297 f., 396, 764, 771, 909

Ostblockstaaten
siehe auch: Bulgarien – DDR – Polen – Rumänien – Tschechoslowakei – UdSSR – Ungarn – Warschauer Pakt

Ostpolitik
siehe auch: Berlin – Deutsche Frage und Wiedervereinigung – Entspannungspolitik – Europäische Sicherheitskonferenz / KSZE – Gewaltverzicht – Moskauer Vertrag – Ostblockstaaten – Tschechoslowakei – Warschauer Vertrag
129–131, 272, 277, 286, 289, 855
– Berlin-Abkommen und Ostverträge (Zusammenhang / Junktim / Gegenjunktim)
siehe unter: Berlin
– Ostverträge
siehe auch: Bundesverfassungsgericht; Grundgesetz
129–131, 260, 267

Parlamentarische Staatssekretäre
8, 10, 14, 45, 47–49, 51–53, 82, 84, 90, 153, 157 f., 171, 210, 251, 341, 346, 395, 514, 538, 591, 593 f., 604, 779, 876, 879, 884, 888

Parteiengesetz/Parteienfinanzierung
415, 512

Polen
siehe auch: Ostblockstaaten – Ostpolitik
90 f., 106, 209, 251, 255, 263, 271, 273, 671, 675, 840, 855
– Beziehungen zur Bundesrepublik
255, 287, 289, 296, 301, 302, 311, 555, 619, 702

- Familienzusammenführung und humanitäre Fragen; Lage und Rechtsstellung der Deutschen in Polen
443, 768
- Warschauer Vertrag vom 7. Dezember 1970
777, 855
- Sozialversicherungsabkommen vom 9. Oktober 1975
209, 675, 705, 750, 754–758, 763, 769, 774, 810, 834, 855

Portugal
564, 590, 605, 618, 636, 638, 643 f., 659, 664–670, 675, 687, 702, 705, 756, 766, 771, 821

Presse- und Informationsamt der Bundesregierung
50, 444, 472, 556, 838, 868

Rat für gegenseitige Wirtschaftshilfe
849

Raumordnung
40, 251 f., 837

Rechtspolitik/Justizwesen
siehe auch: Innenpolitik/Innere Sicherheit
53 f., 85, 87, 90, 99 f., 114, 120, 122, 211, 260, 315, 316, 403–413, 433, 556, 562, 607, 616–619, 631, 639, 701, 703 f., 730, 751, 753, 778, 839 f., 869
- Adoptionsrecht
101, 108, 115, 118, 209, 564, 606, 837
- Änderung der Strafprozessordnung und des Gerichtsverfassungsgesetzes/und des Strafvollzugsgesetzes (Bildung einer terroristischen Vereinigung (§ 129a StGB)
99, 287, 555, 566, 619, 630 f., 840
- Forderung nach Ausschluss der Vertrauensanwälte der Terroristen/Pflichtverteidiger für Terroristen
619
- Reform des Ehe- und Familienrechts
122, 172, 560 f., 564, 604, 618, 638 f., 641, 649, 703, 706, 730, 749, 756, 794, 836
- Reform des Paragraphen 218 Strafgesetzbuch
87, 99, 101 f., 108, 110–113, 116–121, 173, 302, 392, 395, 415, 446, 449–470, 481–488, 513, 523 f., 564–566, 568–590, 606, 618, 638 f., 701, 704, 754, 762, 841
- Strafprozessordnung/Strafvollzug/Untersuchungshaft
369, 607, 639, 818, 838

Renten/Rentenpolitik
siehe auch: Sozialpolitik – Senioren/Seniorenpolitik
251, 502, 523, 554, 560, 658, 754 f., 794, 828, 840

- Rentenversicherung
55 f., 83, 91, 122, 172, 753, 828, 903 f., 908 f.
- Rentenreform
6, 22, 30, 56, 83, 100 f., 108, 111–113, 605

Rheinland-Pfalz
446, 540, 532, 565, 590, 608, 610, 682, 738, 757, 867

Rote Armee Fraktion (RAF)
siehe unter: Innenpolitik/Innere Sicherheit (Terrorismus/RAF)

Rumänien
301

Rundfunk und Fernsehen
siehe unter: Medien/Presse/Rundfunk und Fernsehen

Saarland
514, 604–606, 611, 614, 616, 654, 796

SALT (»strategic arms limitation talks«)
siehe unter: Abrüstung und Rüstungskontrolle

Saudi-Arabien
351, 536 f., 839

Schleswig-Holstein
447, 532 f., 565, 591, 605 f., 611, 621, 654, 707 f., 744, 783, 796

Schulwesen
siehe unter: Bildung/Bildungspolitik

Schweden
59, 94 f., 222, 306, 569, 608–616, 764, 844 f., 866, 872

Schweiz
329, 396, 909

Senioren/Seniorenpolitik
siehe auch: Renten/Rentenpolitik
523

Sicherheitspolitik/Sicherheit und Verteidigung
siehe auch: Abrüstung und Rüstungskontrolle – Atomwaffen – Bundeswehr – Europäische Sicherheitskonferenz – Gewaltverzicht – NATO – Nichtverbreitung von Atomwaffen – Ostpolitik
10, 53, 165, 299, 302, 504, 643, 830

Sowjetunion
siehe: UdSSR

937

Sozialdemokratische Partei Deutschlands (SPD)
siehe auch: SPD-Fraktion
472–474, 638, 642 f., 676–700, 743, 751, 754, 854, 858, 869
- Arbeitsgemeinschaft für Arbeitnehmerfragen (AfA)
638, 643, 654–658, 764, 773, 788 f., 793, 861,
- Arbeitsgemeinschaften und Gesamtpartei
642, 687 f., 693, 698, 768, 770–772
- Bezirke/Unterbezirke
25, 64, 103, 200, 226, 330, 475 f., 479–481, 541, 592, 597, 541, 611, 625, 627, 632, 636, 662, 671, 675, 677, 680, 683, 686, 689, 691 f., 694, 696 f., 698, 772, 780–782, 802, 808, 818, 856, 859
- Bundesgeschäftsführer
43, 70, 507, 610, 645, 662, 701, 790 f., 843 f., 855–861, 863–868
- Bundesparteitag 1972 Dortmund
4, 45, 60
- Bundesparteitag 1973 in Hannover
60, 99, 101, 103 f., 162, 197, 211, 223, 226, 620, 623–625, 626, 629, 633 f., 635, 643, 676
- Bundesparteitag 1975 in Mannheim
624, 634, 638, 642, 671, 676, 679, 687, 689, 694 f., 697, 703, 705, 710, 719, 785, 788, 793, 797 f., 800, 819, 821, 835
- Bundesparteitag 1976 in Dortmund
642, 693, 800, 839, 841, 852, 856 f.
- Bundesparteitage
417, 632 f., 642, 655, 700, 885, 896, 910
- Geschichte
823
- innerparteiliche Auseinandersetzungen/Flügelkämpfe
778, 780–794, 802, 806 f., 809, 814, 816–820, 830 f., 869
- Jungsozialisten
75 f., 79, 184, 192, 211, 219, 226, 230, 233, 235 f., 238 f., 242, 248 f., 372, 442, 520, 555 f., 561, 677, 687 f., 696, 698, 704, 756, 770, 787 f., 793, 809, 818, 842
- Landesparteitage
170, 632, 674
- Landesverbände
35, 75, 136, 328, 343, 606, 611, 686, 794–824, 903
- Parteibasis
431, 433, 444
- Parteipräsidium
21, 58, 60, 69 f., 218 f., 226, 258, 291, 360, 490, 507, 544, 569, 572, 577 f., 584, 621, 626–628, 630, 637, 659, 661 f., 674, 680, 775, 786, 799, 862, 865
- Parteiprogramm/Godesberger Programm 1959
235, 375, 676, 693, 696, 766 f., 782, 822, 885
- Parteiprogramm/Orientierungsrahmen 85
99, 162, 395, 642, 657, 671, 674, 676–703
- Parteirat
35, 37, 43, 45, 286 f., 289, 291, 360, 491 f., 494, 503, 565, 642, 772
- Parteivorstand
24, 43, 147, 162, 197, 219 f., 223, 226, 229 f., 233, 236, 238 f., 252, 286 f., 289, 291, 295, 335, 360, 376, 394, 491 f., 496, 507, 516, 541–544, 558, 565, 577, 610, 622, 630, 642, 645, 674, 677, 686, 691, 697 f., 770, 778, 780, 787, 794, 796 f., 799, 801, 805, 807, 809 f., 814, 819 f., 830, 860 f., 864, 866, 899
- Pressedienste/sozialdemokratische Zeitschriften
523, 641, 783, 787, 790, 794, 807, 817, 822 f.
- Rechtspolitischer Kongress
619–621, 629, 637
- Verhältnis zu kommunistischen Organisationen
625, 627, 687, 752, 763, 774, 837, 844–846, 877
- »Vorwärts«
31, 185, 188, 190, 662, 790, 803, 880–882
- Wahlkämpfe
5, 35, 43, 55, 60, 611 f., 771 f., 782, 786, 788, 791, 799, 803, 805, 811, 816, 818, 822 f., 834, 837, 842, 852, 854, 856–868

Sozialdemokratische Wählerinitiative (SWI)
444 f.

Sport/Sportpolitik
100, 122, 210 f., 706, 753
- Olympische Spiele in Moskau 1980
26

Steuern/Steuerpolitik
siehe auch: Bundeshaushalt und Haushaltspolitik – Finanzpolitik
11, 27, 54, 98, 177, 237, 252, 317, 322, 325, 327 f., 336 f., 342, 372 f., 386, 399, 443, 499 f., 557, 564, 607, 618–620, 638, 703–705, 746, 840, 869
- Branntweinsteuer
100, 122, 617, 752, 755, 838
- Grundsteuer
99, 123, 173, 403, 549
- Investitionssteuer
89, 246, 356 f., 364, 367, 379, 398 f., 415, 531
- Körperschaftssteuer
26, 156, 213, 750, 754, 756 f., 815, 838, 840, 842
- Kraftfahrzeugsteuer
286, 305, 328, 515, 563, 565, 656, 702, 737
- Lohn- und Einkommenssteuer
26, 91, 102 f., 152, 213, 246, 337, 380, 399, 409, 415, 448, 501, 606
- Mehrwertsteuer/Umsatzsteuer
246, 286, 290, 354, 362, 373, 380 f., 383–386, 389, 498, 551, 560, 616, 640, 703, 752, 756, 778, 814, 817, 836, 838, 906, 908
- Mineralölsteuer
100, 122, 151, 156, 318, 362, 380, 416, 556, 560, 564

- Steuerreform
17, 55, 85, 100, 122, 131, 156, 165, 211, 213, 246, 289f., 302, 330, 364, 395f., 415, 440, 447f., 468, 490–493, 495–502, 504, 510, 514f., 522, 532, 536, 539, 552, 554, 606, 827
- Vermögenssteuer
173, 252, 379, 446

Sozialistische Internationale (SI)
58f., 279f., 283, 705, 909

Sozialpolitik
siehe auch: Arbeit/Arbeitspolitik – Familienpolitik – Gesundheit/Gesundheitspolitik – Renten/Rentenpolitik
26, 53f., 85, 115, 120, 122, 162, 236–238, 251, 289, 330, 340f., 562, 659, 662, 753, 808, 828, 840, 842, 907
- Künstlersozialversicherung
841
- Mieten/Mietpreisbindung/Mieterschutz/Wohngeld/sozialer Wohnungsbau
98, 209, 211, 287, 305, 328, 349, 380f., 387, 394f., 402f., 442f., 512, 554, 556, 563, 616, 619, 671–673, 681, 685, 702f., 755, 804, 838, 841
- Sozialgesetzbuch
251, 639, 842, 869
- Sozialhilfe/Bundessozialhilfegesetz
18, 99, 321, 330, 337, 340f., 387, 415, 445, 702
- »Stiftung Hilfswerk für behinderte Kinder«/Contergan-Stiftung
837f., 842
- Teuerungszulagen
218, 231, 247, 251
- Weihnachtsgeld
247

Spanien
564, 618f., 672, 705

SPD-Fraktion im Deutschen Bundestag
siehe auch: Arbeitskreise/Arbeitsgruppen – Sozialdemokratische Partei Deutschlands
- Arbeitsklima/Solidarität in der Fraktion
239, 338, 483f., 486, 488, 495, 539, 596–602, 786, 872f.
- Arbeitsweise der Fraktion
143–208, 252, 343, 607, 615, 639
- Berichte von Kabinettsmitgliedern in der Fraktion
34–64, 68f., 72–75, 87f., 90–98, 100, 121, 155–159, 210–226, 252–260, 273f., 286–294, 302, 304–311, 316–321, 338–340, 348–361, 368–374, 394, 415–425, 439–441, 443f., 472f., 494–504, 510, 512, 514–518, 522, 524–534, 551–554, 557, 559, 562f., 565, 605f., 617f., 670f., 702, 704, 710–719, 730–738, 746–759, 838f., 842, 846–856, 869f., 875–883, 899–905
- Besetzung von Ausschüssen und Gremien des Bundestages
89f., 99, 209, 443, 447, 512–514, 524, 559, 561, 563, 565, 594, 606f., 617, 619f., 671, 752, 840
- Diäten/(Neben-)Einkünfte der Abgeordneten/Verhaltensregeln für Abgeordnete
79, 323, 512f., 704, 754, 757, 794, 840
- Fraktionsdisziplin
891
- Fraktionsgeschäftsführung
757
- Fraktionshaushalt/Finanzen
55f., 618f., 843
- Fraktionsreisen/-delegationen in die Bundesländer
617, 671, 706, 750
- Fraktionssitzungen in Berlin
211, 251, 343, 345, 558, 560, 838, 841
- Fraktionsvorsitzender: Wahl/Kompetenzen/Konflikte
3, 14, 43, 89, 252, 301, 347f., 393, 524, 544f., 547, 558, 591, 597, 888f., 910
- Fraktionsvorstand
3, 14, 28, 30, 33, 56f., 67, 78, 80, 89, 106, 115, 144, 197, 209–212, 219, 226, 229, 249, 251f., 278f., 289, 295, 298–300, 304, 343, 347f., 353, 378, 393, 395, 401, 405, 415, 442f., 447, 449, 491f., 505, 507, 509, 512f., 515f., 523, 547, 555, 557, 591–593, 596, 603, 605, 607, 616–619, 621, 625, 638f., 659, 673, 702f., 706, 709, 719, 752–756, 778f., 837, 839f., 870, 874f., 895, 910
- Fraktionswechsel
707f.
- Geschäftsordnung der Fraktion
3, 14, 30, 89, 347, 594, 597, 603
- Interfraktionelle Anträge/Gesetzentwürfe/Anfragen
11, 33, 109, 308, 312, 343, 354, 432, 437, 440, 509, 705
- Innerfraktionelle Gruppenbildung (Leverkusener Kreis, Kanalarbeiter, Linke Mitte)
124, 184–208, 599, 818, 831f., 886
- Klausursitzungen der Fraktion
101, 106f., 123f., 167, 211, 251, 278, 287, 298f., 302, 431, 445f.
- Mandatsniederlegungen
524f., 559f., 619f., 871
- Mitarbeiter/-innen der Abgeordneten
147
- Mitarbeiter/-innen der Fraktion
447, 480, 730
- Organisation/Struktur der Fraktion
124, 143–208, 607, 869
- Parlamentarische Geschäftsführung/-führer/Vorwürfe gegen Karl Wienand
89, 123–143, 402–414, 450, 459, 464, 505, 509, 559–562, 589, 641
- Präsenz in der Fraktion, im Bundestag und den Ausschüssen des Bundestags

169, 753
- Pressestelle/Presse- und Öffentlichkeitsarbeit
  181, 394, 444, 564, 641, 671, 811, 842
- Reisen einer Delegation des Bundestages mit dem Fraktionsvorsitzenden Wehner nach Moskau 1973/Kritik Wehners an Bundesregierung
  260–278
- Reisen von Abgeordneten
  210f., 259–261, 279–284, 444, 559, 561, 605, 663, 664
- Verhältnis zum Koalitionspartner
  37, 291, 305, 308, 315–317, 320, 323, 346, 348, 354, 361, 365f., 374, 399, 401, 405, 416–418, 424f., 427, 429, 431f., 452, 454f., 457, 460f., 467–469, 482–488, 492f., 496, 504, 506, 549, 552, 560, 562, 568f., 572, 592, 595, 622, 641, 646, 657, 671, 680, 686, 700f., 724, 730, 750, 753, 755, 762, 765f., 773, 788, 853, 869f., 903, 906, 909f.
- Verhältnis zur Bundesregierung / Kooperation
  285, 304, 326, 328f., 338f., 343, 345f., 356, 452, 494, 503, 540, 545f., 687, 701, 890
- Verhältnis zur Partei
  278, 286f., 289, 295, 348, 416, 540, 544f., 671, 673, 676f., 689, 697, 854

Strafrechtsreform
siehe auch: Frauen/Frauenpolitik – Homosexualität
116f., 292, 304, 315f., 392f., 395, 444, 446, 449–470, 481–488, 513, 515f., 523, 555, 568–590, 607
- Pornografie
  146, 316

Südafrika
619, 702f., 840f.

Syrien
665

Terrorismus
siehe unter: Innenpolitik/Innere Sicherheit

Togo
730

Tschechoslowakei
263
- Beziehungen zur Bundesrepublik
  131, 255, 271, 301, 310f., 477
- Prager Abkommen
  131, 211, 225, 263, 267, 270, 394, 447, 493, 514–516, 522

Türkei
536, 564, 605, 618, 750

UdSSR
siehe auch: Abrüstung und Rüstungskontrolle – Atomwaffen – Berlin – Deutsche Frage und Wiedervereinigung – Entspannungspolitik – Europäische Sicherheitskonferenz / KSZE – Gewaltverzicht – Kommunismus – Moskauer Vertrag – Nichtverbreitung von Atomwaffen – Sicherheitspolitik – Ostblockstaaten – Ostpolitik
121, 209, 211, 223, 225, 252–278, 281, 659, 663f., 666, 675, 752, 770, 841, 847, 849f.
- Besuche sowjetischer Regierungsmitglieder in der Bundesrepublik
  121, 310, 523–525
- EG und UdSSR; Haltung der UdSSR zur europäischen Integration
  siehe unter: Europäische Gemeinschaften
- UdSSR und USA
  288, 298, 537, 755

Umweltschutz/Umweltpolitik/Ökologie
siehe auch: Atomkraft/Atompolitik – Energie/Energiepolitik – Naturschutz
54f., 87f., 99, 178, 205, 210, 251f., 259, 286, 292, 299, 315, 359, 364, 379, 512, 555, 603, 606, 683, 730, 754, 839, 869f., 902
- Abfallentsorgung/Sondermüll
  901f.
- Luft-, Boden- und Wasserreinhaltung
  210, 671–673, 869

Ungarn
225

UNO (Vereinte Nationen)
251, 612, 638, 754,
- Aufnahme der Bundesrepublik und der DDR in die UNO
  100, 110, 169, 211, 252f., 276
- Sicherheitsrat
  288, 309, 313
- UNCTAD
  838f.
- UNESCO
  844
- UNICEF
  100
- UNO-Charta vom 26.6.1945
  90

Urheberrecht
209

USA
siehe auch: Abrüstung und Rüstungskontrolle – Atomwaffen – Berlin – Deutsche Frage und Wiedervereinigung – Entspannungspolitik – Europäische Sicherheitskonferenz / KSZE – NATO – Nichtverbreitung von Atomwaffen – Ostpolitik – Sicherheitspolitik – Vietnam

57, 70, 73, 78, 95–97, 222, 224, 252, 255f.,
265, 351, 369, 500, 526, 528, 534, 605, 643,
693, 695, 766, 826, 847, 851, 881, 900
- Beziehungen zur Bundesrepublik
304, 312, 444, 526, 559, 663, 702
- Beziehungen zur Bundesrepublik: Devisenausgleich/Offset-Abkommen; amerikanische Truppen in der Bundesrepublik
257, 590
- EG und USA
siehe unter: Europäische Gemeinschaften
- USA und UdSSR
siehe unter: UdSSR
- Währungspolitik der USA
siehe unter: Weltwirtschaft/Internationale Finanz- und Währungspolitik

Venezuela
605

Verbraucherpolitik
90, 122, 216, 292, 300, 841

Verkehr/Verkehrspolitik
11 f., 81, 152, 216, 286, 317 f., 332, 337, 363,
382–389, 400 f., 415, 444, 515, 538, 554, 556 f.,
562 f., 605, 607, 616–618, 702 f., 730, 754, 837,
840
- Deutsche Bundesbahn
13, 80 f., 89, 318, 335, 344, 347, 363, 371, 382–
386, 388 f., 393, 400, 563 f., 566, 590, 681 f.,
706, 730, 752 f., 817, 837, 839 f.
- Schifffahrt
90, 194, 209, 251, 619, 638
- Sonntagsfahrverbot
308, 354, 356 f., 368, 383, 388, 390, 397 f., 401

Vermögensbildung/Vermögensbildungspolitik
28, 85, 123, 131, 167, 178 f., 203, 209, 211,
213 f., 395, 415, 427, 429, 431, 441, 504, 511,
729, 754, 815, 838–840
- Beteiligungslohngesetz/Burgbacher-Plan
540, 755

Verteidigung/Verteidigungspolitik
siehe: Bundeswehr – NATO – Sicherheitspolitik

Vertriebene/Vertriebenenverbände
siehe auch: Deutsche Frage und Wiedervereinigung
99, 260, 263, 478
- Presseausschuss »Demokratische Aktion«
260 f.

Vietnam/Vietnamkrieg
56–59, 62, 64–82, 90, 150, 233, 395, 605 f.

Volksrepublik China
526, 534, 704, 750

Völkerrecht
64, 272–274, 372

Währungsfragen/Währungspolitik
siehe: Weltwirtschaft/Internationale Finanz- und Währungspolitik

Warschauer Pakt
259

Weltbank
258, 435, 774, 788

Welthungerhilfe
535

Weltwirtschaft/Internationale Finanz- und Währungspolitik
siehe auch: Wirtschaft/Wirtschaftspolitik
90–98, 100, 181, 258, 365, 368, 371, 373, 415,
504, 510, 514–516, 526–528, 532, 538, 549,
558, 839 f., 842, 846–852
- Dollarkrise/Aufwertung und Freigabe der Wechselkurse
759 f, 826 f., 840, 842
- GATT
258, 538, 849, 852
- Währungspolitik der USA
373, 826
- Währungspolitik Frankreichs
92, 756, 759 f., 826
- Währungspolitik in der EG
93 f., 290, 293, 756, 759, 826 f., 840

Weltraum/Weltraumpolitik
841

Wiedervereinigung Deutschlands
siehe: Deutsche Frage und Wiedervereinigung

Wirtschaft/Wirtschaftspolitik
siehe auch: Agrarpolitik – Arbeit/Arbeitspolitik – Atomkraft/Atompolitik – Chemie/Chemische Industrie – Energie/Energiepolitik – Weltwirtschaft/Internationale Finanz- und Währungspolitik – Wirtschaftsunternehmen
3, 24, 63, 94, 96, 99, 104 f., 122, 155, 205, 209,
211, 237, 247, 257, 355 f., 359, 362, 369, 397,
532 f., 537, 540, 618, 639, 644, 837, 900
- Gemeinschaftsdiagnose »Die Lage der Weltwirtschaft und der deutschen Wirtschaft«
606
- Inflation/Preissteigerung
12, 25, 27 f., 53, 102, 232, 241, 245, 252, 279,
286, 290, 303, 309, 322, 325 f., 328, 337, 348,
358, 365 f., 370–372, 374, 381, 386 f., 394, 398,

941

443, 497, 500–502, 522, 526, 531, 534, 537, 545, 690, 760, 794, 826 f., 848, 902 f.
- Investitionslenkung
  197, 303, 367, 657, 673, 676–678, 683, 687, 690, 692, 694–696, 699, 702
- Jahresgutachten des Sachverständigenrats zur Beurteilung der gesamtwirtschaftlichen Entwicklung
  12, 15, 24, 26, 91, 565, 671, 684, 689, 752, 755
- Jahreswirtschaftsbericht
  12, 63, 91, 565, 752, 755
- Konjunkturausgleichsrücklage
  295, 331, 342, 371, 551
- Konjunkturpolitik/Konjunkturelle Lage
  91, 100–102, 110, 122, 197, 203, 211, 289, 317, 322, 326, 329, 331, 334, 342, 355, 358, 361, 364, 366–369, 374, 394–398, 442, 491, 496–498, 522, 531 f., 538, 545, 558 f., 605 f., 620, 622, 638, 655–657, 659, 670, 675, 750, 755 f., 778, 829, 839, 902
- Konjunkturprogramm
  605, 670, 675, 704, 906
- Konjunkturzuschlag
  55, 89
- Konzertierte Aktion
  356, 689, 700
- Rüstungsproduktion/Rüstungsexport
  295, 298, 304, 306, 312, 334, 393, 395, 753, 839
- Schiffsbau/Werften
  24, 97, 685
- Stabilitätsgesetz
  12, 25, 53, 91, 122, 156, 331
- Stabilitätsprogramme/Stabilitätspolitik
  101–103, 167, 180 f., 218, 228 f., 237, 241, 245
- Stahlindustrie
  211, 218, 270
- Subventionen
  209, 324, 379, 616
- Wirtschaftskriminalität
  607, 840

Wirtschaftsunternehmen
- AEG
  435, 682, 722
- Airbus
  209
- British Petroleum (BP)
  314
- Daimler-Benz AG
  364, 559, 562
- Deutsche Lufthansa AG
  446, 608
- Dynamit Nobel AG
  418
- Esso
  314, 372
- Ford
  364
- Gelsenkirchener Bergwerks AG (GBAG)
  353, 415, 449, 716

- Hochtief
  696
- IBM
  833
- Klöckner-Humboldt-Deutz AG
  431, 716
- Neckermann
  569
- Opel
  364
- Paninternational (Fluggesellschaft)
  126, 128, 137
- Philipp Holzmann
  696
- Rheinische Stahlwerke AG
  418, 435
- Rosenthal AG
  815
- Ruhrkohle AG
  106, 363 f., 672, 683
- Salzgitter AG
  217, 221, 342, 716
- Siemens AG
  421, 431, 682, 722
- Veba
  353, 415, 435, 449, 618, 722
- Viag
  446
- Volkswagen
  245, 364, 373, 605, 606, 684 f., 722, 864

Wohnungs- und Städtebaupolitik
siehe auch: Sozialpolitik
27, 104 f., 177, 209 f., 252, 393, 402 f., 442 f., 449, 532 f., 537, 550, 562, 605, 617, 619, 639, 671, 703, 705, 753–755
- Bodenrecht(sreform)
  45, 54, 63, 85, 87, 177–179, 187, 189, 214, 286, 289, 291, 395, 429, 431, 441, 481 f., 641
- Städtebauförderungsgesetz
  23

Zaire
702

Zeitungen/Zeitschriften/Nachrichtenagenturen
siehe auch: Medien/Presse/Rundfunk und Fernsehen
- »Berliner Morgenpost«
  579
- »Bild«-Zeitung/»Bild am Sonntag«
  471, 533, 546
- »Bonner Rundschau«
  803
- »Deutsche Presse-Agentur« (dpa)
  475
- »Frankfurter Allgemeine«
  80, 605, 658, 889
- »Frankfurter Rundschau«
  817, 831, 832

- »General-Anzeiger« (Bonn)
  779
- »Hamburger Morgenpost«
  124f., 150, 210,
- »Handelsblatt«
  429
- »konkret«
  66
- »Prawda« (Moskau)
  263, 265
- »Quick« (München)
  260f., 547f.
- »Der Spiegel«
  97, 127, 133, 225, 286, 300–302, 372, 504, 507, 543, 546, 548, 553, 560, 709, 809
- »Stern«
  404, 504–508, 805, 810, 860
- »stpresse«
  75
- »Süddeutsche Zeitung«
  406, 518, 640, 779
- »UZ – Unsere Zeit«
  628f., 635
- »Die Welt«
  97, 136, 225, 766, 803, 831
- »Welt am Sonntag«
  129
- »Wirtschaftswoche«
  696, 806, 810
- »Die Zeit«
  300, 504, 810, 880f.

Ziviler Ersatzdienst
  90, 101, 109, 605, 618, 639, 756, 838, 870, 903

Zonenrandgebiete
  311, 513, 685, 753

Bibliografische Information der Deutschen Nationalbibliothek

Die Deutsche Nationalbibliothek verzeichnet diese Publikation in der Deutschen Nationalbibliografie; detaillierte bibliografische Daten sind im Internet über http://dnb.d-nb.de abrufbar.

EX OFFICINA
2020

Schriften
Linotype Stempel Garamond Pro

Schutzumschlag
31 grad branddesign, Berlin

Satz
dtp-studio schwarz auf weiss, Berlin

Druck und Herstellung
Verlagsdruckerei Schmidt
Neustadt an der Aisch

Printed in Germany